Reinhard Olt (Hrsg.)

CHRONIK SÜDTIROL

stv

Reinhard Olt (Hrsg.)

Chronik Südtirol

Wegmarken, Weichenstellungen und Wendepunkte im Ringen um die Selbstbehauptung des Tiroler Landesteils an Eisack und Etsch

Mit detaillierter Dokumentation des Widerstandskampfes 1959–1969:
Zusammengestellt von Erhard Hartung und Peter Kienesberger (†)

Leopold Stocker Verlag
Graz – Stuttgart

Umschlaggestaltung: Werbeagentur Rypka, A-8143 Dobl/Graz
Bildnachweis: Die Fotos für Umschlag und Textteil wurden dem Leopold Stocker Verlag vom Bildarchiv der Kameradschaft ehemaliger Südtiroler Freiheitskämpfer, vom Privatarchiv Dr. Helmut Golowitsch, dem Archiv des Informationsdienstes Südtirol (SID), dem Archiv des Südtiroler Schützenbundes (SSB), dem Archiv des Südtiroler Heimatbundes (SHB), dem Archiv der Süd-Tiroler Freiheit (STF), dem Archiv der Tageszeitung „Dolomiten" und deren Online-Auftritt „stol.it", dem Archiv der Südtiroler Volkspartei (SVP) sowie dem Internetmedium „Unser Tirol 24" (www.unsertirol24.com) freundlicherweise zur Verfügung gestellt.

Bibliographische Information der Deutschen Nationalbibliothek
Die Deutsche Nationalbibliothek verzeichnet diese Publikation in der Deutschen Nationalbibliographie; detaillierte bibliographische Daten sind im Internet über http://dnb.d-nb.de abrufbar.

Autonome Provinz Bozen
Provincia autonoma di Bolzano
Provinzia autonoma de Bulsan
SÜDTIROL · ALTO ADIGE

Gedruckt mit finanzieller Unterstützung durch die Südtiroler Landesregierung, Abteilung Deutsche Kultur.

Hinweis:
Dieses Buch wurde auf chlorfrei gebleichtem Papier gedruckt. Die zum Schutz vor Verschmutzung verwendete Einschweißfolie ist aus Polyethylen chlor- und schwefelfrei hergestellt. Diese umweltfreundliche Folie verhält sich grundwasserneutral, ist voll recyclingfähig und verbrennt in Müllverbrennungsanlagen völlig ungiftig.

Auf Wunsch senden wir Ihnen gerne kostenlos unser Verlagsverzeichnis zu:
Leopold Stocker Verlag GmbH
Hofgasse 5 / Postfach 438
A-8011 Graz
Tel.: +43 (0)316/82 16 36
Fax: +43 (0)316/83 56 12
E-Mail: stocker-verlag@stocker-verlag.com
www.stocker-verlag.com

ISBN 978-3-7020-2111-5

Layout: Ecotext-Verlag, Mag. G. Schneeweiß-Arnoldstein, Wien

INHALT

TEIL 3:
AUF STEINIGEM WEG ZU PAKET UND NEUEM AUTONOMIESTATUT

CHRONOLOGISCHE DOKUMENTATION DER GESCHEHNISSE
1959–1969

TEIL 4:
VOM „ZWEITEN AUTONOMIESTATUT“
ZUR „STREITBEILEGUNG“

TEIL 5:
VON DER „STREITBEILEGUNG“
ZUR ILLUSION EINER „VOLLAUTONOMIE“

TEIL 6: BRÜCHE IN DER SÜDTIROLPOLITIK

SCHLUSSBETRACHTUNG UND EPILOG

LITERATUR ZU SÜDTIROL (IN AUSWAHL)

PERSONENREGISTER

VORWORT

Historische Forschung ist stets ein Ringen um Wahrheitssuche, und Geschichtsschreibung ist ausschließlich der Wahrheit verpflichtet, nicht einer Ideologie, einem sogenannten „erkenntnisleitenden Interesse“. Ein solches führt zu einer mitunter staatlichen wie nationalen Maßgaben geschuldeten Geschichtspolitik. Geschichtsforschung und -schreibung hat jedweder Versuchung zu widerstehen, aus berufspolitischem oder akademischem Opportunismus oder beidem, bisweilen gepaart mit Sendungsbewußtsein und/oder Eiferertum, (politisches, wirtschaftliches, soziales, gesellschaftliches) Geschehen anders zu schildern, als es wirklich war, und zu bewerten, wie es der politischen Korrektheit, dem Zeitgeist und dem Mainstream frommt.

Geschichte bedarf bisweilen der Revision. Revision heißt, sie aufs Neue in den Blick zu nehmen. Erstmals aufgefundene oder unterbelichtet gebliebene, mitunter auch bisher gänzlich unbeachtete oder dem freien Zugang entzogene Dokumente zeitigen meist erhellende Einblikke und nicht selten ertragreiche Befunde. Wobei die akribische Auswertung und sorgfältige Analyse von ans Licht geholten Fakten jene „Erkenntnisse“ nicht selten grundlegend erschüttern, worauf die bis dato für sakrosankt erachteten, historiographisch festgeschriebenen wie massenmedial verbreiteten „Wahrheiten“ und/oder Meinungen respektive „Überzeugungen“ beruhten.

Eine derart „revisionistische“ Umschreibung bisher nicht nur von bestallten Repräsentanten der Zeitgeschichtezunft, sondern auch von Politik und Medien verbreiteter Gewißheiten ist nunmehr aufgrund neuerlicher Inaugenscheinnahme des an Spannungen reichsten Kapitels der jüngeren österreichisch-italienischen Beziehungen zwingend geboten gewesen. Im Allgemeinen ist dieses Kapitel vom Südtirol-Konflikt sowie vom Freiheitskampf mutiger Idealisten und im Besonderen von den sogenannten „Bombenjahren“ geprägt. Die nunmehr vorliegende Neuausgabe der „Chronik Südtirol“ rückt einiges von dem zuvor für sicher und allein für „wahr“ Gehaltenen ins rechte Licht und stellt damit manches vom Kopf auf die Füße.

Der Kern der 1996 ursprünglich erschienenen Ausgabe der *„Chronik Südtirol 1959–1969. Von der Kolonie Alto Adige zur Autonomen Provinz Bozen“,* der die Ereignisse und Geschehensabläufe dieses in vielfältiger Weise für den südlichen Teil des nach dem Ersten Weltkrieg zerrissenen vormaligen Habsburgerkronlandes Tirol epochalen Jahrzehnts nahezu Tag für Tag minutiös wiedergibt, ist bis auf minimale Korrekturen respektive Ergänzungen vollinhaltlich beibehalten worden. In die Neuausgabe wurde sie eingebettet in die Betrachtung der wesentlichen vorausgegangenen sowie nachfolgenden historisch-politischen sowie wirtschaftlich-sozialen Wegmarken, Weichenstellungen und Wendepunkte im Ringen um die Selbstbehauptung des Tiroler Landesteils an Eisack und Etsch, wobei zwangsläufig mehr als ein Jahrhundert in den Blick genommen ist. Sie ist daher auch Reminiszenz an die vom Verein Südtiroler Geschichte in der Bozner Laubengasse eingerichtete Dauerausstellung über den Tiroler Freiheitskampf.

Der Herausgeber hat diese Neuausgabe so angelegt und ihren Inhalt so verfaßt, daß sie weit über Gesamttirol und Österreich hinaus in breiten Kreisen Interesse wecken soll. Da er seit vierzig Jahren mit der Südtirol-Frage befaßt ist, zahlreiche wissenschaftliche Aufsätze und journalistische Artikel darüber publizierte, zudem wegen seiner erzählerisch-erklärenden Herangehensweise sowie seines unterscheidbaren Stils mit der Herausgabe des Buches beauftragt wurde, hat er trotz stofflicher Fülle auf Übersicht und schnörkellose Lesbarkeit gesetzt, daher auf den sonst üblichen üppigen Apparat verzichtet und nur die wirklich notwendigen Anmerkungen in Endnoten gesetzt. Die Neuausgabe ist reich illustriert. Herausgeber und Verlag haben sich redlich bemüht, alle Inhaber von Copyright- bzw. Bildrechten zu ermitteln. Leider war dies mitunter nicht möglich oder zweifelhaft. Berechtigte mögen sich diesfalls an den Verlag wenden.

Alljährlich gedenkt man in St. Pauls (Gemeinde Eppan) der verstorbenen und der noch lebenden Tiroler Freiheitskämpfer der 1950er und 1960er Jahre. Der Todestag des an den

Folgen von italienischer Folter und Haft am 7. Dezember 1964 verstorbenen Gründers und Nestors des Befreiungsausschusses Südtirol (BAS), Sepp Kerschbaumer, gibt dafür die ehrende Gedenkpflicht terminlich vor. Sie stand und steht unter der gleichsam theologisch-moralischen wie politisch-gesellschaftlichen und nicht zuletzt juristisch legitimierten Maxime „Wenn Unrecht Recht wird, wird Widerstand Pflicht!". Die Ende 2024 im Manuskript fertiggestellte Neuausgabe erinnert zugleich an die Verewigung Kerschbaumers und seines engen Mitstreiters Luis Amplatz – zu Tode gekommen durch die frevlerische Tat eines von einem italienischen Staatsorgan eigens dafür gedungenen und alimentierten Mörders – vor nunmehr 60 Jahren. Beider uneigennütziger und heldenhafter Einsatz für die Heimat ist ebenso wie der ihrer engeren und weiteren Mitstreiter von in Gesamttirol und Österreich Regierenden in Form öffentlich(keitswirksam)er Bekundungen oder gar protokollarischer Ehrungen unbedankt geblieben. Umsomehr ist dieses Buch auch ihrem Gedächtnis gewidmet.

Wien, im März 2025
Der Herausgeber und Verfasser

TEIL 1: VON DER TEILUNG DES LANDES BIS ZUM ENDE DES ZWEITEN WELTKRIEGS

Zur Genese des Südtirol-Konflikts

Zu den historischen Fakten seit der Besatzung (3. November 1918) und Annexion (10. Oktober 1920) des südlichen Teils des einstigen Habsburger-Kronlandes Tirol durch Italien und der Eingliederung seines Territoriums zufolge des (Unrechts-/Schand-)Vertrags von Saint-Germain-en-Laye (10. September 1919) ist eine Fülle zeitgenössischer und zeitgeschichtlicher Literatur erschienen (s. u. Literaturverzeichnis). Daher kann die Herausbildung und Entwicklung des Südtirol-Konflikts als einer letztlich noch nicht wirklich/gänzlich beantworteten historisch-politischen Frage hier in einer vergröberten, sozusagen kursorischen Weise abgehandelt werden. Herausgegriffen werden dabei naturgemäß die bestimmenden Schlaglichter des historisch-politischen Geschehens im Tiroler Freiheitskampf seit der Teilung des Landes.

Im Zuge der nach-napoleonischen Neuordnung Europas erhoben Kräfte, die sich der nationalstaatlichen Einigung Italiens verschrieben hatten, Anspruch auf eine Grenze am Brenner. 1848/49 forderten die Trentiner Volksvertreter im österreichischen Reichstag und in der Frankfurter Nationalversammlung (in der Paulskirche) die Abtrennung des Trentino, mithin des weitestgehend italienischsprachigen Landesteils des alten Kronlandes Tirol. Auf national-italienischer Seite ertönte nach der staatlichen Einheit als Königreich Italien 1861 umso öfter der Ruf nach „Erlösung der unerlösten Gebiete", insbesondere der „Erlösung Trients und Triests" (Stichwort Irredentismus). Daher wurden in der zweiten Hälfte des 19. Jahrhunderts derartige Rufe unter dem Schlagwort der natürlichen Grenzen Italiens, worunter die Hauptwasserscheide der Zentralalpen verstanden wurde, von vorerst nur wenig beachteten Fanatikern propagiert. Einer der Wortführer und Hauptakteure war Ettore Tolomei (1865–1952), ein autodidaktischer Geograph, der dann nach 1918 im einverleibten südlichen Tirol das irredentistische Ideengebäude in fanatisiertem Eiferertum auch und gerade in praktikable Entnationalisierung umsetzen sollte.

Das Verlangen der Irredentisten gründete in jenem Theorem, wonach zwischen Romania und Germania eine „naturgewollte" Völkergrenze am Alpenhauptkamm bestehe, wo sich die Wasser schieden: auf der einen Seite die Etsch, die in die Adria und somit ins Mittelmeer, auf der anderen Seite der Inn und die Drau, die in die Donau und somit ins Schwarze Meer münden. Doch nie in der Geschichte, auch nicht in der mehr als drei Jahrhunderte währenden römischen Kaiserzeit (anno 27 vor bis anno 284 nach Christus), bildete der Alpenhauptkamm eine Völker- oder Staatsgrenze. Denn weder damals noch nach der Translatio imperii endete das Imperium Romanum am Alpenhauptkamm; überdies war es um ein Vielfaches größer als die in der Epoche des Risorgimento (des „Wiedererstehens" 1815–1871) erzielte nationalstaatliche Einheit mit der Proklamation als Königreich 1861 sowie der Eroberung des Kirchenstaats und der Einnahme Roms 1870/71. Was nach der Geisteshaltung bzw. in den Augen der Risorgimentisten/Irredentisten zur Vollendung der Einheit fehlte, war daher die Eingliederung der größtenteils unter der Herrschaft Österreich-Ungarns stehenden „unerlösten Gebiete" („Terre irredente"), welche mehr oder minder von italienischsprachiger Bevölkerung bewohnt waren, respektive südlich des Alpenhauptkamms lagen, in den neuen Staat: Welschtirol (Trentino), Triest, Dalmatien, das Tessin und Istrien. (1)

Als Italien gemäß dem am 26. April 1915 in London mit der Entente (England, Frankreich, Rußland) geschlossenen Geheimvertrag, in welchem ihm die Gebiete Alttirols jenseits des Brenners zugesichert worden waren (2), den Dreibund (geschlossen 1882 zwischen Deutschem Reich, Österreich-Ungarn und Italien) verließ und gegen Österreich und Deutschland in den Krieg eintrat, verteidigten Landsturm und Kaiserschützen die Grenzen Tirols (3) zwar erfolgreich. Doch nach dem Untergang der Donaumonarchie scheiterten die Versuche der Republik Deutschösterreich, das Habsburgerkronland vor der Teilung zu bewahren. In besagtem Friedensdiktat von Saint-Germain-en-Laye wurde zusätzlich zum (mehrheitlich von italienischer Bevölkerung bewohnten) Welschtirol (Trentino) auch der deutschtiroler Landesteil südlich des Brenners Italien zugeschlagen. Der amerikanische Präsident Thomas Woodrow Wilson (1856–1924) konnte sich auf der Pariser Friedenskonferenz der alliierten Siegermächte mit seinem 14-Punkte-Plan, worin die Grenzziehung entlang der Sprachgrenzen sowie der Anspruch auf Verwirklichung des Selbstbestimmungsrechts enthalten war, gegenüber Ministerpräsident Georges Clemenceau (Frankreich) und Premier David Lloyd George (Großbritannien) nicht durchsetzen und stimmte nach längerem Zögern der Teilung zu. Italien erhielt im Friedensvertrag keinerlei Auflage für den Schutz der deutschtiroler und ladinischen Minderheiten. König Viktor Emmanuel sicherte allerdings in seiner Thronrede am 1. Dezember 1919 „den neuen Provinzen sorgfältige Wahrung der lokalen Institutionen und der Selbstverwaltung" zu. Doch gewährte auch das vorfaschistische Italien den Südtirolern keinerlei autonome Rechte.

Italienische Geschichtspolitik – ein nötiger Exkurs

Unter Matteo Renzi, von Februar 2014 bis Dezember 2016 Präsident des Ministerrats (Regierungschef), zeigten sich anno 2015 in aller Klarheit die Konstituenten italienischer Geschichtspolitik unabhängig von der Couleur der gerade die Macht innehabenden politischen Kraft. Er verordnete nämlich den Rückgriff auf eine außerhalb der heimischen Historikerzunft und jenseits der Republik Italien umstrittene Symbolik, und es trug Züge dessen, was in Moskau ins Werk gesetzt worden war. Dort ließ Wladimir Putin just die pompösen Feierlichkeiten auf dem Roten Platz aus Anlass des „Sieges im Großen Vaterländischen Kriege" 70 Jahre zuvor bewußt im Geiste, Gehabe und in der imperialen Geste des Generalissimus Josef Stalin inszenieren. Renzi hingegen ließ nicht etwa ein Kriegsende feiern, sondern ordnete zum 100. Jahrestag des Eintritts Italiens in den „Grande Guerra" (24. Mai 1915) die Beflaggung aller öffentlichen Gebäude mit der Trikolore an.

Während man in Moskau auf die allseits bekannte Art, nämlich mit einer an die überwunden geglaubte Sowjetzeit gemahnenden martialischen Heer- und Waffenschau, an das Ende des Zweiten Weltkriegs erinnerte, ließ man sich in Rom dazu hinreißen, sozusagen regierungsamtlich den für Italien maßgeblichen Beginn des Ersten Weltkriegs zu glorifizieren.

Eine merk- und denkwürdige Symbolik, denn nirgendwo sonst wird in staatlichem Rahmen noch ein Kriegseintritt gefeiert. Verständlich wird ihre Bedeutung für diejenigen, die sich des geschichtlichen Hintergrunds vergewissern, mehr noch für all jene, die direkt oder indirekt zu den Leidtragenden der damaligen italienischen Entscheidung gezählt werden müssen. Das sind samt und sonders die Nachfahren derer, die sich nach Abschluß der Pariser Vorortverträge 1919 in einem ungeliebten Staat und daher in fremdnationaler Umgebung wiederfanden, weil sich die eng mit dem römischen Seitenwechsel 1915 verbundenen imperialistischen Kriegsziele Italiens verwirklichen hatten lassen. Hier sind die Südtiroler in erster Linie zu nennen.

Der unmittelbar auf die Kriegserklärung folgende Kriegseintritt gegen den verbliebenen Zweibund aus Deutschem Reich und Österreich-Ungarn traf vor allem Wien mental wie militärisch unvorbereitet. Hatte doch das Königreich Italien bis dahin dem im Mai 1882 geschlossenen Dreibund angehört, einem Verteidigungsbündnis, welches die Unterzeichner zu gegenseitiger

Unterstützung im Falle eines Angriffs anderer Mächte auf eines oder alle Mitglieder verpflichtete.

Italien hatte sich beim damaligen Vertragsabschluß davon Rückhalt für seine kolonialen Bestrebungen in Afrika erhofft. Doch im Laufe von zwei Jahrzehnten büßte der Pakt merklich an Bedeutung ein, wobei die Annexion Bosniens durch Österreich-Ungarn 1908 das Verhältnis Roms zu Wien enorm belastete. Mit Ausbruch des Ersten Weltkriegs – infolge der Ermordung des österreichischen Thronfolgers Erzherzog Franz Ferdinand und seiner Gemahlin Sophie von Hohenberg – und der Kriegserklärung Wiens an Belgrad erklärte sich Rom mit der formell korrekten Begründung für neutral, der Bündnisfall sei nicht gegeben, denn Österreich-Ungarn und das Deutsche Reich hätten als erste die Kriegserklärungen abgegeben.

Die damalige italienische Regierung Antonio Salandra entschied sich dann in der Frage, auf wessen Seite es für den Fall der Neutralitätsbeendigung wechseln sollte, für einen Kriegseintritt zugunsten der aus Frankreich, Großbritannien und Rußland bestehenden Entente. Mit dem berüchtigten Wort vom „Sacro egoismo" („Heiligen Eigennutz") begründete Außenminister Sidney Sonnino das, was in Wien der greise Kaiser Franz Joseph nicht zu Unrecht „Treuebruch" nannte, wenngleich uns seine hinzugefügte Einstufung „dessengleichen die Geschichte nicht kennt" heute überhöht dünkt.

Zuvor waren Kompensationsforderungen für die Aufrechterhaltung der Neutralität – unter anderem die territoriale Ausdehnung bis zum Grenzverlauf des napoleonischen Staates im frühen 19. Jahrhundert – von Wien abgelehnt worden. Denn dies hätte neben dem Verlust des nahezu zur Gänze italienischsprachigen Welschtirols (Trentino) – worauf Wien durchaus zu verzichten bereit gewesen wäre – auch die Abtretung des damals zu mehr denn 90 Prozent deutschsprachigen südlichen Teils des heutigen Südtirols unter Einschluß Bozens bedeutet.

Dagegen gestanden die Entente-Mächte in dem am 26. April 1915 in London abgeschlossenen Geheimvertrag dem Seitenwechsler Italien weit mehr zu: Nämlich außer dem trientinischen den gesamten cisalpinen Teil des alten Habsburgerkronlandes Tirol bis zu der (von Irredentisten und Risorgimentisten nach der „Einigung Italiens" 1861 ins Auge gefaßten) „natürlichen geographischen Grenze am Brenner".

Das südliche Tirol wurde – waffenstillstandswidrig – zu Kriegsende annektiert und gelangte gemäß dem geheimen Londoner Abkommen auf der Grundlage des Friedensvertrags von St. Germain-en-Laye (10. September 1919) als Kriegsbeute an Italien; ebenso wie übrigens das Kärntner Kanaltal, wie Istrien mitsamt der Hafenstadt Triest, sowie Gebiete an der dalmatinischen und albanischen Küste. Die rachsüchtigen Sieger waren nicht dem Vorschlag des amerikanischen Präsidenten Wilson gefolgt, bei der Nachkriegsgrenzziehung die sprachlich-ethnischen Verhältnisse zu berücksichtigen.

Zwischen Kriegsende und Mussolinis Machtübernahme

Schon unmittelbar nach dem Waffenstillstand (am 3. November 1918 in der Villa des Grafen Vettor Giusti del Giardino bei Padua) hatte der Ministerpräsident Vittorio Emanuele Orlando den Leiter des „Ufficio di preparazione per il trattamento del germanismo cisalpino" („Vorbereitungsbüro für die Behandlung des Deutschtums diesseits der Alpen") Ettore Tolomei angewiesen, dieses Kommissariat von Rom nach Bozen zu verlegen, was aber zunächst sowohl am Leiter der Militärverwaltung, General Pecori Giraldi, als auch an Differenzen zwischen Tolomei und Orlandos Nachfolger Francesco Saverio Nitti scheiterte. Auch unter Giovanni Giolitti, dem letzten „liberalen" Ministerpräsidenten vor Mussolinis Machtübernahme, legte Rom Wert darauf, Unmut in der Südtiroler Bevölkerung zu vermeiden, „Säuberungen" in Gemeinden, Justiz sowie Erziehungswesen zu unterlassen. Wer in der öffentlichen Verwaltung freiwillig seinen Dienst quittierte, durfte ins nördliche Tirol bzw. überhaupt nach Österreich zurückkehren, die anderen konnten ihren Dienst auf Provinz-, Bezirks- und Gemeindeebene fortsetzen, sofern sie nicht aus politischen Gründen entlassen wurden. Indes wurden die Bezirkshauptleute durch italienische Kommissare ersetzt, während die Bürgermeister und Gemeinderäte zunächst weiter im Amt bleiben durften.

Am 12. Oktober 1921 fand am Brenner (sowie am Reschenpaß) jenes Ereignis statt, welches die im Jahr zuvor vollzogene formelle Annexion des südlichen Landesteils Tirols in das Königreich Italien symbolträchtig markieren sollte. König Viktor Emanuel III. war mit Gattin (Elena von Montenegro) eigens zu diesem symbolträchtigen Akt der „feierlichen Grenzmarkierung“ angereist. Den königlichen Sonderzug mit Königspaar und Gefolge begrüßten Würdenträger tags zuvor am Bahnhof von Trient, sodann nahm der Monarch auf dem Dante-Platz im Stadtzentrum die Huldigungen von Honoratioren und Volk entgegen.

Desgleichen auch in Bozen. Daran nahmen aber kaum angestammte Bozner, sondern vornehmlich formelle Repräsentanten des italienischen Staates, seiner Behörden und Institutionen sowie von deutscher wie ladinischer Südtiroler Bevölkerung als Besatzer empfundene Soldaten teil. Der Bozner Bürgermeister Julius Perathoner – als vormaliger Abgeordneter im Reichsrat sowie im Tiroler Landtag einer der führenden Vertreter der damals dominanten Deutschfreiheitlichen Partei bekleidete er das Amt von 1895 bis zur Absetzung am 3. Oktober 1922 (nach dem „Marsch auf Bozen“ der Schwarzhemden Mussolinis am 2./3. Oktober) – ließ es dabei bewußt zum Affront kommen.

Der Überlieferung nach begrüßte er den König am Bozner Bahnhof auf deutsch und drückte in seiner ebenfalls auf deutsch gehaltenen kurzen Ansprache in deutlichen Worten sein Mißfallen über die Zustände unter italienischer Herrschaft über die Stadt und Südtirol aus. Ohne längeren Aufenthalt und ohne Besichtigung der Stadt reiste daraufhin der Hofstaat über Klausen und Brixen zum Brenner, wo, wie danach am Reschen, der markante Grenzstein geweiht wurde.

Italien, über das Bismarck einst befand, es sei „hungrig und hat schlechte Zähne“, hatte mit dem Akt der königlichen Grenzmarkierung nunmehr den südlichen Landesteil Tirols mitsamt dem bis Ende des Ersten Weltkriegs zu Österreich-Ungarn gehörenden Welschtirol (Trentino) symbolisch-farbenschillernd übernommen. Die rechtskräftige Einverleibung in den italienischen Staatsverband war bereits am 10. Oktober 1920 auf der Grundlage eines am 9. August am Tiber von der Abgeordnetenkammer und am 24. September 1920 vom Senat verabschiedeten königlichen Dekrets vollzogen worden. Gegen diese „Einverleibung durch Abstimmung“ hatten sich lediglich die italienischen Sozialisten ausgesprochen und völlig zurecht argumentiert, die „strategische Sicherheit des Landes“, worauf sich alle anderen Parteien beriefen, könne „keinesfalls die Annexion der deutschen Bevölkerung und dieses mit deutschen Traditionen erfüllten Landes begründen“, zumal da „Österreich keine Gefahr mehr für Italien bilden kann“. Ihr Gründer und Fraktionschef, Filippo Turati, mahnte am 14. Juli 1919 in der Abgeordnetenkammer, die „Annexion von mehr als einer Viertelmillion Deutschen abzulehnen, die, stolz auf Abstammung, Heimat und Freiheit, einen „ewigen Samen des Unfriedens und der Rebellion darstellen“ würden („l’annessione di oltre un quarto milione di tedeschi, gelosi della loro stirpe, della loro patria, della loro libertà, seme perenne di discordia e di ribellione“. [Zitiert nach: Peterlini, Oskar, The Structure of the State – an Instrument of Peace?, Bozen, Prokop & Hechensteiner 2012, S. 12]) Mit ihrer Forderung nach einer Volksabstimmung hatten sich die Sozialisten gegen die anderen politischen Formationen – von der katholischen Volkspartei (PPI) über Liberale und Zentristen bis zu den nationalistischen Kräften – nicht durchsetzen können.

In Südtirol kam es zu Protestkundgebungen, die sogleich untersagt und für die Zukunft verboten wurden. Nach der Abstimmung hatte es in Trient eine offizielle Anschlußfeier gegeben, wozu auch Südtiroler Bürgermeister eingeladen waren. Bürgermeister Perathoner hatte dies – ebenso wie seine Amtskollegen – als „Zumutung“ abgelehnt und auf die Einladung durch den Bürgermeister von Trient geantwortet, es sei *„nichts anderes als Spott, wenn Euer Hochwohlgeboren mich einladen, an einem Feste teilzunehmen, welches der Feier jenes Gewaltfriedens von St. Germain gilt, durch welchen die Stadt Bozen mit dem übrigen Deutsch-Südtirol von dem deutschen Mutterlande – ungeachtet aller Proteste gegen die zum Himmel schreiende Verletzung des vom Präsidenten Wilson als Friedensgrundlage aufgestellten Selbstbestimmungsrechtes losgetrennt und einem fremdsprachigen Staatswesen einverleibt wurde. Ihre Zumutung, den Tag der Inkraftsetzung eines solchen Gewaltfriedens festlich zu begehen, leh-*

ne ich daher und zwar auch im Namen meiner Gemeinderatskollegen als eine Frotzelei mit aller Entschiedenheit ab."

Julius Perathoner wurde – in den politischen Wirren der beiden auf Giolitti folgenden schwachen römischen Regierungschefs Ivanoe Bonomi bzw. Luigi Facta (1921/1922) – seines Amtes enthoben. Es war dies – im Rahmen des „Marsches auf Bozen", welcher sozusagen die „Generalprobe" für den „Marsch auf Rom" bilden sollte – quasi die regionale Inauguration faschistischen Herrschaftsgebarens zur erobernden Aneignung der Staatsgewalt. Im Vordergrund des Gebarens der Faschisten des Alto Adige („Oberetsch" oder „Hochetsch") standen vornehmlich „nationale" Themen: Kampf gegen den „Südtiroler Irredentismus"; Durchsetzung nationalstaatlicher Rituale und Symbolik; Italianisierung der deutsch- sowie der ladinischsprachigen Bevölkerung. Der Italien einverleibte südliche Teil Tirols, also sowohl das deutsche Südtirol wie das benachbarte Welschtirol (Trentino), bildeten die Provinz „Venezia Tridentina". Dort stand der faschistische Provinzialverband unter Führung Achille Staraces, den Benito Mussolini nach Gründung (1919) des Partito Nazionale Fascista (PNF; National-Faschistische Partei) mit deren Etablierung im Nordosten Italiens beauftragt hatte.
Staatsfunktionäre, Polizei und Militär waren nicht bereit oder in der Lage, auch nur halbwegs rechtsstaatliche Verhältnisse zu gewährleisten. Faschisten wurden, auch wenn sie öffentlich schwere Straftaten begingen, so gut wie nie verhaftet. Typisch für den Niedergang der Ordnung ist etwa die politische Wandlung Luigi Credaros, des als Generalzivilkommissar höchsten Staatsfunktionärs in der Venezia Tridentina, der zunächst eine rechtsstaatliche, nahezu moderat zu nennende Politik verfolgte, später aber auf die übliche Anbiederungshaltung gegenüber den Faschisten einschwenkte. (4)

Der Bozner Blutsonntag

Die PNF des Alto Adige war ursprünglich schwach; der Bozner Ableger, der vorwiegend aus italienischen Kaufleuten, Offizieren und Eisenbahnern bestand, bedurfte behufs Einschüchterung des politischen Gegners und dessen Repräsentanten sowie der staatlichen Funktionsträger der tatkräftigen, zuschlagenden Unterstützung aus dem Trentino.

Zum gewalttätigen Akt kam es beim ersten Marsch auf Bozen aus Anlaß der traditionsreichen Messe, die vom 19. bis 26. April 1921 stattfand. Ungefähr 300 überwiegend von auswärts herbeibeorderte Faschisten überfielen den als irredentistische Demonstration betrachteten traditionellen Trachtenumzug. In einer Seitenstraße wurden der Lehrer Franz Innerhofer, Musikant der Trachtenkapelle Marling, willkürlich ermordet und mehr als 50 Besucher des Trachtenumzugs verletzt.

Messeplakat

Der 24. April hatte ganz im Zeichen des großen Trachtenfestes gestanden, welches am Nachtmittag mit einem feierlichen Umzug durch Bozen eröffnet worden war. Zivilgeneralkommissär Luigi Credaro hatte der Veranstaltung die behördliche Genehmigung erteilt und versichert, die staatlichen Ordnungskräfte mit einer Besatzung von 3000 Mann Militär und 600 Carabinieri würden Störmanöver im Keim ersticken.

Doch schon am Vormittag waren erste mit Schußwaffen und Handgranaten bewaffnete Faschistengruppen am Bozner Bahnhof angekommen und, Kampflieder grölend sowie Drohrufe gegen die Bevölkerung schreiend, in Richtung Waltherplatz gezogen. Dort störten sie die aufspielende Untermaiser Musikkapelle und formierten sich anschließend vor dem Rathaus. Die positionierten italienischen Ordnungskräfte sahen dem

Das Foto zeigt die in den Trachtenumzug sich gewaltsam einreihenden faschistischen „squadre d'azione". Die Zeitung „Der Tiroler" beschrieb sie als „Veroneser Faschistenguppe Squadra disperatissima, von weitem gleich erkenntlich an ihren schwarzen Zipfelhauben, ausgerüstet mit sogenannten Totschlägern, Revolvern und Handgranaten."

Der Bozner Obstmarkt kurz nach den Ausschreitungen: Carabinieri und Soldaten sperren den Ort des Geschehens ab.

Treiben der randalierenden Extremisten tatenlos zu. Weder wurden ihnen die Waffen abgenommen, noch wurden sie in ihrer Bewegungsfreiheit eingegrenzt. Als der Festzug, vom Waltherplatz kommend, die Poststraße erreichte, reihten sich die Faschisten, schreiend, gestikulierend und Stöcke schwingend, gewaltsam in den Festzug ein. Am Obstmarkt wurde die Empörung unter den Schaulustigen, die zu Hunderten die Straßen säumten, lauter. Als die Festzugsteilnehmer versuchten, die Extremisten wieder abzudrängen, schlugen diese auf einmal mit ihren Stöcken auf die Leute ein, schossen mit ihren Revolvern in die wehrlose Menschenmenge und zündeten Handgranaten. Panik griff um sich. Die um Leben und Gesundheit fürchtenden Fliehenden brachten sich in Richtung Franziskanerkirche und durch die Museumstraße entweichend in Sicherheit, womit sich das Gedränge allmählich auflöste.

Die am Obstplatz stationierten Carabinieri- und Militärpatrouillen konnten mit Mühe und Not weitere Ausschreitungen der Faschisten unterbinden, indem sie den Ort des Geschehens absperrten und den Waltherplatz besetzten. Die Verletzten wurden geborgen, erstversorgt und ins Krankenhaus gebracht. Während sich die Menschenmenge auflöste und die Lage am Obstmarkt wieder beruhigte, zogen die Faschisten in freiem Geleit, von einer Carabinieri-Einheit begleitet, zum Bahnhof. Als ihr Zug in Richtung Süden losfuhr, schossen die Faschisten zum Abschied blindlings mit ihren Revolvern aus den Waggonfenstern. Rasch verbreitete sich die Nachricht in ganz Tirol, daß der faschistische Überfall den Lehrer Franz Innerhofer aus Marling, der sich in einem Hauseingang schützend vor ein bedrohtes junges Mitglied seiner Musikkapelle stellte, das Leben gekostet und mehrere Schwerverletzte gefordert hatte. Giovanni Battista Daprà, ein aus dem Fleimstal stammender Sägewerksarbeiter und Vater von fünf Kindern, war, neben Franz Innerhofer, das zweite Todesopfer des Faschistenangriffs auf den Messefestumzug. Daprà befand sich unter den Schwerverletzten, überlebte aber trotz Operationen und Wundbehandlungen im Spital, wohin er eingeliefert worden war, nicht und verstarb am 12. Juli 1921. Anläßlich seines 100. Todestages gedachten der Südtiroler Heimatbund (SHB) und der Südtiroler Schützenbund (SSB) sowie der Kulturverein Noi Tiroles/Wir Tiroler seiner mit einer Kranzniederlegung am Peter-Mayr-Denkmal an der Außenmauer des Doms zu Bozen. (5)

Gedenktafel für Franz Innerhofer am Haus in Bozen

Während es die Staatsgewalt verabsäumte, den Anmaßungen des organisierten faschistischen Schlägertums wirkungsvoll entgegenzutreten, widersetzten sich die politischen Repräsentanten der Südtiroler an der Spitze der Städte und Gemeinden trotz Konzessionen hie und da standhaft der an Kontur gewinnenden und tatkräftig um sich greifenden neuen politischen Kraft. Weshalb der Bürgermeister von Bozen, Julius Perathoner, der allen Bestrebungen mit konsequenter Obstruktion begegnete, welche die staatlicherseits vorangetriebene Italianisierung augenfällig begünstigten, in den haßerfüllten Augen der Faschisten eine zu entfernende Figur war.

Der „Marsch auf Bozen“ als Probe auf den „Marsch auf Rom“

1922 kam es auf massiven faschistischen Druck hin zur Amtsenthebung des Bürgermeisters und zum Rücktritt des gesamten Gemeinderats. Am 18. Juli hatte Ettore Tolomei in der in Trient erscheinenden Zeitung „Libertá“ ein „Kulturprogramm“ aus seiner Sicht veröffentlicht und darin im Bestreben, das äußere Erscheinungsbild Südtirols im Sinne der Italianità nachhaltig zu verändern, verlangt, in Bozen eine der vier gemeindlichen Schulen als italienische auszuweisen. Im Falle der Widersetzung sei die deutsch-österreichische Stadtverwaltung unverzüglich aufzulösen.

In Anlehnung daran legte die Bozner Ortsgruppe der Faschisten am 12. September 1922 der Stadtverwaltung einen zehn Punkte umfassenden Forderungskatalog vor, in dem der Rücktritt des Bürgermeisters an erster Stelle stand. Ein weiterer zentraler Forderungspunkt war die Überlassung der „Elisabeth-Schule“ und deren Umwandlung in eine italienische Anstalt. Infolgedessen telegraphierte der Generalzivilkommissar Luigi Credaro nach Rom, in Bozen bestehe die Gefahr einer faschistischen Revolte, und nannte Bürgermeister Perathoner als größtes Hindernis für eine Verständigung mit den Faschisten. Infolgedessen wurde die nach der Gemeinderatswahl vom 22. Januar 1922 und Bürgermeisterwahl durch den Gemeinderat am 29. Januar per königlichem Dekret vom 14. Juli erfolgte staatsamtliche Bürgermeisterbestellung Perathoners am 29. September 1922 von Rom annulliert, womit er förmlich abgesetzt war.

Weil die Gremien der Stadt auch nicht sofort auf die Forderung nach der Übertragung der „Elisabeth-Schule" reagierten, besetzten die Faschisten, deren ungefähr 3000 aus dem Trentino, aus dem Veneto und aus der Lombardei nach Bozen eingeströmt waren, unter Führung des späteren Parteisekretärs Achille Starace am 1. Oktober 1922 die „Elisabeth-Schule"

Die treibende Kraft dieser Aktion war vor allem der aus Apulien stammende politische Sekretär des „fascio" von Bozen, Achille Starace (links), der es später zum Sekretär des gesamtstaatlichen PFN bringen sollte. Das Bild rechts zeigt den abgesetzten Bürgermeister Dr. Julius Perathoner.

und bekundeten, daß hier von sofort an der Unterricht in italienischer Sprache erteilt werde. Tags darauf rückten 700 Faschisten aus und stürmten das Bozner Rathaus. Die staatlichen Ordnungskräfte waren in den Straßen der Innenstadt zwar präsent, blieben aber trotz zehn Verletzten in den eigenen Reihen nahezu untätig. Alberto De Stefani, einer aus der Führungsgruppe um Starace, der später – nach dem vom 27. bis 31. Oktober 1922 erfolgten „Marsch auf Rom" und der dortigen Machtübernahme Mussolinis – mittels Ernennungsdekrets König Viktor Emanuels III. vom 30. Oktober zum Regierungschef und Finanzminister werden sollte, wandte sich daraufhin vom Rathausbalkon aus an die Stadtbevölkerung und gab die alsbald für Bozen und für das ganze südliche Tirol geltende Parole aus: „Es gibt nur ein einziges Gesetz, und das heißt Italien." In Bozen erklärte angesichts dieser ereignisreichen Entwicklung der Gemeinderat am 3. Oktober 1922 seinen Rücktritt. (6)

Südtirol unter faschistischer Knute

Mit der Übernahme der Staatsmacht durch Benito Mussolini nach dem Marsch seiner Schwarzhemden auf Rom, der sich eigentlich als grandiose Überrumpelungsfarce darstellte, wie insbesondere Günther Rauch beispielhaft aufzeigte (7), war in Südtirol die Stunde Ettore Tolomeis gekommen. Der Hasser allen Deutschtums nahm im Auftrag des Duce, der ihn zum Senator erhob, seinen Sitz in Bozen, errichtete das Institut für das Oberetsch (Istituto per l'Alto Adige), wie Südtirol fortan in offizieller italofaschistischer Nomenklatur hieß, und begann mit der systematischen Italianisierung des Landes.

Die „Provvedimenti per l'Alto Adige"

Am 15. Juli 1923 verkündete Ettore Tolomei (8) im Rahmen einer Veranstaltung der Legione Trentina im Bozner Stadttheater das faschistische Programm zur Entdeutschung Südtirols.

Die „Provvedimenti per l'Alto Adige“ („Maßnahmen für das Hochetsch“), ein aus 32 Punkten bestehender Katalog, hatten all das zum offiziell verkündeten Inhalt, was im Zusammenhang mit der angestrebten assimilativen Umvolkung vor allem der deutschsprachigen Bewohner des südlichen Tirols angewendet und vollzogen werden sollte. Im Wesentlichen gründeten die einzelnen Punkte dieses Katalogs in einer im Rahmen seines Archivio per l'Alto Adige schon 1915 erstellten Programmschrift (9), wobei sich die nun kundgemachten Provvedimenti davon insoweit unterschieden, als daß sie eine strenger durchdachte Struktur aufwiesen und eine zeitlich rasche und kompromißlos durchgeführte Verwirklichung verlangten.

> *„Um Völker auszulöschen, beginnt man damit, sie ihrer Erinnerung zu berauben. Man zerstört ihre Bücher, ihre Kultur, ihre Geschichte, ihre Symbole, ihre Fahne. Andere schreiben dann ihre Bücher, geben ihnen eine andere Kultur, erfinden für sie eine andere Geschichte und zwingen ihnen andere Symbole und eine andere Fahne auf. Danach beginnt das Volk zu vergessen, wer es gewesen ist, wenn nicht die geschichtliche Erinnerung von neuem geweckt wird.“*

Als Gabriele Marzocco, der 2021 verstorbene neapolitanische Publizist und Streiter für die Wahrung ethnischer Identitäten zu dieser Feststellung gelangte, hatte er gewiss nicht allein seine neapolitanischen Mitbürger im Blick gehabt, für deren volkliche Eigenarten und Eigenständigkeit er sich in der von ihm gegründeten Zeitschrift „Nazione Napoletana“ vehement einsetzte. Selbstverständlich war ihm auch das Schicksal derer vertraut, die sich Italien insbesondere nach dem Ersten Weltkrieg einverleibte und – ganz gleich wer in Rom bestimmte – einer rücksichtslosen Entnationalisierungspolitik mit dem Ziel der „ewigen Italianità“ unterzog. Markantestes Beispiel dafür ist der südliche Landesteil Tirols, den es 1918 besetzte, wegen seines 1915 vollzogenen Seitenwechsels sodann im schändlichen „Friedensvertrag“ von Saint-Germain-en-Laye 1919 als Kriegsbeute zugesprochen bekam und sich 1920 auch förmlich einverleibte. Das faschistische Italien suchte nach der Machtübernahme Mussolinis alles auszumerzen, was zwischen Brenner und Salurn auch nur im Entferntesten an die in Jahrhunderten entstandene deutsch-österreichische kulturelle Prägung erinnerte. Denn wer dem eigenen fremdes Territorium einverleibt, muß der angestammten Bevölkerung die Identität rauben, soll die Annexion Bestand haben.

Der Entnationalisierung sind die zugefügten immateriellen Schäden auf Dauer besonders förderlich, wenn zuvorderst die Umbenennung von Namen, die an Orten, Plätzen, Siedlungen, Wegen, Bächen, Flüssen und Bergen haften, angeordnet und – bis hin zu Vor- und Familiennamen, selbst auf Grabstätten – unerbittlich durchgesetzt wird. Seit der Machtübernahme Mussolinis war Südtirol Exerzierfeld römischer „Umvolkungspolitiker“. Unter seinem Getreuen Ettore Tolomei, der dies an der Spitze einer Gruppe fanatischer geistiger Eroberer von Bozen aus ins Werk setzte, wurde bis zum zweiten Seitenwechsel Italiens 1943 das gesamte Namensgut des „Alto Adige“ („Hochetsch“) italianisiert. Mit den willkürlich gebildeten identitätsverfälschenden Namen sollte der fremdgeprägte Kulturraum nicht etwa nur geistig Italien unterworfen werden, sondern nach außen hin wurde der sprachliche Vergewaltigungsakt als „Re-Italianisierung“ ausgegeben.

Grundlage dafür waren die „Provvedimenti per l'Alto Adige, intesi ad una azione ordinata, pronta ed efficace di assimilazione italiana“ (auf deutsch: „Maßnahmen für das Hochetsch zum Zwecke einer geordneten, schnellen und wirksamen italienischen Assimilation“) als Vorgabe des Großrats des Faschismus vom 12. März 1923. Zu deren Durchführung wurden drei Dekrete (1923, 1940 und 1942) erlassen, mit denen ausschließlich sogenannte „italienische“ Orts- und Flurnamen für amtlich gültig erklärt wurden. Dies kam faktisch einem Verbot der deutschen und ladinischen Namen gleich. Bei den sogenannten „italienischen Namen“ handelte es sich indes größtenteils um Konstrukte aus der Feder besagten Ettore Tolomeis, der schon 1919 der faschistischen Partei beigetreten war. Bis zum Jahr 1942 waren so mehr als 10.000 Eintragungen, die zu Buche schlugen, wie der Namenkundler Cristian Kollmann in der Tiroler Schützenzeitung (Nr. 3 vom Juni 2023 auf Seite 12) begründet darlegte.

Seite 10. „Der Landsmann" Samstag, den 24. Oktober 1925

Italienisch-deutsches Ortsnamenverzeichnis

Die Ortsnamen unseres Gebietes

Zufolge behördlichen Auftrages, der sich auf das Präfekturdekret vom 28. Oktober 1923, Nr. 14718 stützt, müssen die im nachfolgenden Verzeichnis angegebenen Ortsnamen unseres Gebietes, enthalten im königlichen Dekret vom 29 März 1923, Nr. 800, nun auch in der Zeitung in der offiziellen Bezeichnung gebraucht werden. An Hand der Gegenüberstellung der offiziellen Bezeichnungen der Orte und deren alten Namen haben die Leser die Möglichkeit zu ersehen, welcher Ort unter der ihnen vielleicht nicht geläufigen neuen Bezeichnung gemeint ist.

Acereto — Abornach*)
Aica — Aicha
Albés — Albeins
Alliz — Allitz
Andriano — Andrian

Covelano — Göflan*)
Curòn — Graun*)

Dobbiaco — Toblach
Doladizza — Kalditsch

Egna — Neumarkt
Elle — Ellen
Eores — Afers*)

Fàlzes — Pfalzen
Faògna (Favogna) — Fennberg
Fié — Völs am Schlern
Fleres — Pflersch
Foiana — Völlan*)
Fontanefredde — Kaltenbrunn
Fortezza — Franzensfeste
Fundres — Pfunders
Funés — Villnöß*)

Gais — Gais
Gargazzone — Gargazon
Gleno — Glen
Glorenza — Glurns*)
Grimaldo — Greinwalden*)
Gomagoi — Gomagoi
Gries — Gries
Gudòn — Gufidaun*)
Guncinà — Guntschna*)

Nalles — Nals
Naturno — Naturns
Naz — Naz
Novacella — Neustift*)
Novale di Lajòn — Lajenried*)
Nova Levante — Welschnofen
Nova Ponente — Deutschnofen

Oltrisarco — Oberau*)
Onies — Onach
Ora — Auer
Oris — Eyrs
Ortisei — St. Ulrich in Gröden

Parcines — Partschins
Passo di Pordoi — Pordoljoch
Perca — Percha
Pianezza — Planitzing
Piccolini — Piccolein
Pieve di Livinallongo — Buchenstein (Ort)
Plata — Platt
Planòl — Planeil
Plaus — Plaus
Ponte all'Isarco — Waidbruck*)
Ponte d'Adige — Station Sigmundskron
Pontenova — Birchabruck*)
Postàl — Burgstall*)
Pradisotto — Unterau*)
Prati — Wiesen*)
Prato alla Drava — Winnebach*)
Prato all'Isarco — Blumau*)

Scena — Schenna
Sciaves — Schabs
Selva — Wolkenstein i. Gröden
Selva dei Molini — Mühlwald*)
Senale — U. L. Frau im Wald
Senales — Schnals
Sesto — Sexten
Sette Querce — Siebeneich*)
Silandro — Schlanders
Siusi — Seis
Slingia — Schlinig*)
Sluderno — Schluderns*)
Solda di dentro — Innersulden
Soprabolzano — Oberbozen
Spinga — Spinges
Spondigna — Spondinig
Stava — Staben
Stella — Lichtenstern*)
Stelvio — Stilfs
Stilves — Stilfes

Tablà — Tabland
Tanàs — Tannas
Tarces — Tartsch
Tarres — Tarsch
Tel — Töll
Telves — Telfes
Teodone — Dietenheim*)
Terento — Terenten
Terlano — Terlan
Terme del Brennero — Brennerbad

Bild: Archiv Helmut Golowitsch

Mitteilung der Zeitung „Der Landsmann" (zuvor „Der Tiroler") vom 24. Oktober 1925 über den zwingend vorgeschriebenen Gebrauch der italienischen Ortsnamen-Erfindungen.

Rom erließ ein prinzipielles Verbot der deutschen Sprache in der Öffentlichkeit, in Ämtern, auf Behörden, in Zeitungen, Zeitschriften und sonstigen Publikationen. Eines von unzähligen Beispielen der Verbotsauswirkung: Am 15. November 1925 verhafteten vier Carabinieri die 72 Jahre alte Gemüsehändlerin Maria Huber in ihrem Laden in Sankt Leonhard im Passeier. Zu Fuß schleppte man sie nach Meran, wo sie wegen „schweren Verbrechens gegen den Staat" in Haft kam. Ihr Verbrechen: Sie hatte im Laden ein Heiligenbild hängen mit der Aufschrift: „Hl. Antonius bitte für uns." Da diese deutschen Worte nicht überklebt waren, war sie schuldig.

Die Natur der Entnationalisierung verlangte, vor allem das Schulwesen für die Italianisierung der Deutschtiroler in der Provinz Alto Adige zu nutzen. Daher wütete der faschistisch-brachiale Umerziehungsfuror hier am rigorosesten. Eine von einer Autorengruppe unter Ägide des Vereins Südtiroler Geschichte zusammengestellte Dokumentation veranschaulicht dies auf prägnante Weise, versehen mit aussagestarken authentischen Beispielen, die auch für Gegenwart und Zukunft Mahnung sind. Eine symptomatische Äußerung des nach der Einverleibung Südtirols in den italienischen Staatsverband von Rom eingesetzten Vizepräfekten der Provinz Bozen, Giuseppe Bolis, kann als Richtlinie für das nachmalige faschistische Erziehungswesen gelten: *„Die Deutschen brauchen keine Schulen, und wir brauchen auch keine Deutschen."* (10)

Die Italianisierung des Schul- und Erziehungswesens

Die vom faschistischen Italien erstrebte Ausmerzung der deutschen Sprache aus dem öffentlichen Leben im südlichen Tirol erhält mit der nach dem Philosophen Giovanni Gentile, Erziehungsminister in Mussolinis erstem Kabinett, benannten Schul- und Hochschulreform ihre Grundlegung. Zufolge dieser *Riforma Gentile (auch als Lex Gentile geläufig)* durfte in Südtirol vom 1. Oktober 1923 an jedweder Unterricht in allen Grundschulklassen ausschließlich in italienischer Sprache erteilt werden. Von den österreichischen deutschsprachigen Lehrern wurden die in Südtirol gebürtigen in ihre Heimatorte zurückgeschickt und Aushilfslehrer, die gekündigte Lehrer vertraten, mit Inkrafttreten der Lex Gentile entlassen. Wer binnen dreier Jahre eine Befähigungsprüfung ablegte, um in italienischer Sprache unterrichten zu können, wurde nach bestandener Prüfung in andere italienische Regionen versetzt. Milena Cosetto führt in ihrer Publikation „1900–2000 – Bozen, Schulgeschichten" aus, daß es *„1934 keinen einzigen deutschsprachigen Lehrer mehr in Südtirol gab"*. Die neuen Lehrer kamen aus verschiedenen italienischen Regionen, denn selbst Lehrer aus Welschtirol (Trentino) waren in den Schulen Südtirols unerwünscht, weil sie „zu sehr mit der alten habsburgischen Welt verbunden waren". (11)

Die italienischen Lehrer erzählten den Südtiroler Kindern von einer unbekannten und entfernten Welt; die Schulbücher enthielten Inhalte und Symbole, die der Welt der Südtiroler Berge fremd waren, sie stellten ein Milieu dar, das nicht dem bekannten und vertrauten entsprach. Oft war deshalb die Feindseligkeit gegenüber den neuen Lehrern offensichtlich. Claus Gatterer (1924–1984), in Südtirol geborener Historiker und ORF-Journalist, bemerkte über seine Schulzeit in Sexten:

„Die Kinder der Minderheiten lernten noch mehr, als dies im Allgemeinen bei allen Kindern der Staaten mit diktatorischer Regierung der Fall ist, sich ein schizophrenes Verhalten zuzulegen. Zuhause, in der Familie, galten Cesare Battisti oder Guglielmo Oberdan als Verräter, in der Schule wurden sie als Helden gefeiert. Die Väter der meisten dieser Kinder hatten – mehr oder weniger gern – auf der österreichischen Seite im Weltkrieg gekämpft. Und jetzt wurde in der Schule gelehrt, daß die österreichischen Soldaten Barbaren, unmenschlich, grausam waren; die Kinder mußten dies im Geschichtsunterricht wiederholen, und sie lernten es auswendig, schrieben die Aufsätze wie vorgeschrieben, jedoch sie wußten, daß man sie zwang, Unwahres zu schreiben. Muß man sich wundern, daß sie alles, was die Italiener – Lehrer oder nicht – ihnen sagten, als unwahr ansahen? Daß sie den Italienern in ihrer Phantasie all das zuschrieben, was in den Schulbüchern ihren Vätern nachgesagt wurde? Deutschen Schulen in Südtirol und slawischen Schulen in Julisch-Venetien wäre es nie gelungen, soviel Haß gegenüber Italien zu säen und zu verbreiten wie den italienischen Schulen, die den Kindern dieses Gebiets aufgezwungen wurden.“ (12)

Katakombenschulen

Das Gentile-Gesetz zog in Südtirol geradezu zwangsläufig aktiven Widerstand nach sich, welcher sich in tatkräftiger Organisation deutsch(sprachig)er Notschulen im Untergrund des Zwangs zu erwehren trachtete. Trotz aller Widrigkeiten, welche die Staatsgewalt entgegensetzte, wurden diese *Katakombenschulen* mit ausschlaggebender Unterstützung des deutschtiroler Klerus, vor allem der Ortspfarrer, durch den mutigen Einsatz jenes Lehrpersonals initiiert und am Leben erhalten, das zufolge der Zwangsitalianisierung entlassen worden war. Der Unterricht zu Hause oder an schwer zugänglichen, jedenfalls im Verborgenen gehalten Plätzen und Stätten wurde massiv unterdrückt und alle Beteiligten verfolgt. Ziel war es, die deutsche Muttersprache am Leben zu erhalten. So gingen die Kinder, nachdem sie die italienische Schule besucht hatten, am späten Nachmittag und/oder Abend in Kellern, Stuben, Pfarreien, Scheunen oder Berghütten zur Schule und lernten die deutsche Schrift, lernten in den alten ABC-Büchern lesen, die ersten Worte an der Tafel zu schreiben, ohne eine Spur zu hinterlassen, denn die Carabinieri durften nichts finden, falls sie kamen. Die Kinder hatten Angst, entdeckt zu werden, ebenso die Katakombenlehrer(innen), denen schwere Strafen drohten. Eine Lehrperson durfte nie mehr als vier oder fünf Kinder an- und in den Unterricht aufnehmen; sie mußten einzeln zum Treffpunkt kommen, ohne Hefte, ohne Bleistifte, und dann einzeln wieder weggehen, damit sie nicht ertappt wurden.

Die zentrale Figur hinsichtlich Gründung und Organisation der Geheimschulen war Kanonikus (Domherr) Michael Gamper. Der aus Prissian in der Gemeinde Tisens stammende Geistliche, Herausgeber und Chefredakteur der katholischen Wochenzeitung „Volksbote“ sorgte insbesondere für Ersatz, als die deutschen Schulbücher zur Neige gingen. Also schmuggelten Studenten die verbotenen Bücher über die Alpen. Mithilfe seiner Getreuen – hier sind vor allem Maria Nicolussi, Richard Holzeis, Rudolf Mali und Emma von Leurs zu nennen sowie Josef Noldin, Rudolf Riedl und Angela Nikoletti, die der Verfolgung zum Opfer fielen und deshalb zurecht als „Märtyrer der deutschen Schule“ gelten – entstand ein dichtes und gegliedertes Netzwerk an Katakombenschulen. Der Geheimunterricht fand vor allem an den schulfreien Tagen Donnerstag und Sonntag statt, an welchen die Lehrpersonen oft bis zu zehn Stunden bei geringer Entlohnung unterrichteten. Man traf sich in Stuben, Kellern, Scheunen und auf Dachböden. Häufig wurden zur gleichen Zeit Kinder unterschiedlicher Altersgruppen unterrichtet, sodaß die Unterrichtenden verschiedene Schwierigkeitsstufen zu berücksichtigen hatten. Unterrichtsgegenstände waren vorwiegend Lesen und Schreiben; bei ausreichender Zeit wurden auch Volkslieder gesungen und Heimatkunde und die Tiroler Geschichte gelehrt. Insgesamt waren in der Katakombenschule nahezu 500 Lehrkräfte tätig; mit ihrem Unterricht wurden die meisten der in Frage kommenden Kinder erfaßt. (13)

Ungezählte mutige Priester stellten sich den Zwangsmaßnahmen entgegen. Sie nahmen dafür bittere Verfolgung auf sich, verteidigten und bewahrten den Gebrauch der deutschen Sprache in den Kindergärten, im Schul- und Religionsunterricht und im öffentlichen Leben. So schrieben die deutschen Priester Südtirols am 11. Mai 1925 an den Erzbischof Celestino Endrici in Trient: So es um Naturrecht gehe, um das zukünftige Geschlecht, um religiösen Unterricht in Schule und Kirche, *„da ist für den Priester nur eine Stellung denkbar: die an der Seite des ihm anvertrauten, hart bedrängten Volkes"*. Letztlich scheiterte auch an ihrem nahezu unbedankten bzw. von Nachgeborenen weithin ignorierten Wirken der staatlich geplante kulturelle Volksmord durch ins Werk gesetzte Umerziehung. (14)

Verbot des Namens Tirol

Einer der besagten 32 Punkte aus Ettore Tolomeis Programm enthielt die Vorgabe, daß die Namen „Tirol" und „Südtirol" sowie alle substantivischen und adjektivischen Ableitungen daraus zu verbieten seien. So erließ der oberste Staatsvertreter in der Venezia Tridentina, Präfekt Giuseppe Guadagnini, am 8. August 1923 ein zweisprachig ausgefertigtes Dekret, „das am fünfzehnten Tag nach seiner Datierung in Kraft" trat, und das bestimmte, daß fortan nurmehr die Bezeichnung „Alto Adige" zugelassen war, wobei „der Gebrauch der Ausdrükke ‚Hochetsch' und ‚Etschländer', welche den Ausdrücken ‚Alto Adige' und ‚Atesino' entsprechen, vorläufig geduldet" wurde, während „jede andere Bezeichnung, insbesondere die Bezeichnung ‚Süd-Tirol', ‚Deutsch-Südtirol', ‚Tirol' ‚Tiroler' und andere gleichbedeutende und ähnliche" Ausformungen verboten und „nach den Bestimmungen des Artikels 434 des Strafgesetzes bestraft" wurden.

Dieser Artikel aus dem Strafgesetzbuch hatte konkret zur Folge daß jede Mißachtung dieser Verordnung des Präfekten mit einer Haftstrafe bis zu einem Monat oder mit einer Geldbuße von zwischen 20 und 300 Lire geahndet werden würde. Auf daß ja nicht die geringste Unklarheit entstünde, bestimmte Präfekt Guadagnini weiter, daß „alle gedruckten Texte, öffentlichen Kundmachungen, Zeitungen, Schriften, Aufschriften, öffentlichen Mitteilungen, Ansichtskarten usw., in welchen verbotene Bezeichnungen enthalten sind, von den Funktionären und Agenten der gerichtlichen Polizei" zu konfiszieren seien.

Die Bevölkerung empfand dieses Verbot wie einen Faustschlag ins Gesicht, erlitt es wie einen schmerzhaften Stich ins Fleisch des Landes. Die Tageszeitung „Der Tiroler" veröffentlichte in den wenigen verbleibenden Tagen bis zum Inkrafttreten des Dekrets Appelle an die Landsleute, in Treue zusammenzustehen, auf den Gang der Geschichte zu vertrauen und auf gewogenere Zeiten zu hoffen, denn Tirol werde „nur mit seinen Bergen vergehen" (Ausgabe vom 14. August 1923). In derselben Ausgabe appellierten auch die vier ins italienische Parlament gewählten Südtiroler Abgeordneten des „Deutschen Verbands" (DV; Zusammenschluß der katholisch-konservativen „Tiroler Volkspartei" mit der großdeutschen „Freiheitlichen Partei") Eduard Reut-Nicolussi, Friedrich Graf Toggenburg, Karl Tinzl und Wilhelm von Walther an ihre Landsleute, in Zukunft „erst recht tirolisch zu sein, zu leben, zu denken und zu fühlen" und dies „ vor aller Welt" kundzutun, unbeschadet der Tatsache, daß „Euch Eure Abgeordneten heute das letzte Mal feierlich bei Eurem Namen rufen, der Euch angestammt ist von Euren Vätern her", und bestärkt in der Gewissheit, „daß der Widerhall dieses Rufes in Eurem Herzen niemals verhallen" werde. Die „Ordre der nächsten Zeit" laute: „Nie davon reden, aber immer daran denken". (Diese Sentenz war dem Appell „Toujours y penser, jamais en parler " des einstigen französischen republikanischen Kurzzeitregierungschefs Léon Gambetta, eines gebürtigen Italieners, entlehnt, der ihn in revanchistischer Manier gegenüber dem deutschen Kaiserreich nach dessen Sieg im Krieg von 1870/71 geprägt hatte.)

Alle Appelle an Rom mit Hinweisen auf Gestalten des italienischen Geisteslebens wie Niccolò Macchiavelli, der Bozen einmal als „reichen Ort in der Grafschaft Tirol“ bezeichnet hatte, oder auf den Londoner Vertrag von 1915, worin Italien für seinen Seitenwechsel „Tyrol cisalpin“ versprochen worden war, blieben italienischerseits ohne Resonanz. So erwies es sich als unausweichlich: Mit dem 23. August 1923 war der jahrhundertealte Name des Landes getilgt, wie es schien für immer. Es blieb den Tirolern unterm Brenner daher nichts anderes übrig als den verbotenen Namen und damit sich selbst „in ewiges Schweigen“ zu hüllen, was die Zeitung „Der Landsmann“ – Umbenennung des Vorgängerblatts „Der Tiroler“ – „mit treuem landsmännischen Gruße“ zu tun empfahl.

Der Tiroler

Schriftleitung und Verwaltung: Bozen, Museumstraße 42. Telephon Nr. 46 und 374

Nr. 188. — 42. Jahrg. | Samstag, | Sonntag-Ausgabe | 18. August 1923. | Post-Konto-Korrent

Unterdrückung der Namen „Tirol“, „Tiroler“, „Südtirol“

Ade, mein Land Tirol!

Faksimile

Bild: Archiv „Dolomiten“

Daß „Der Tiroler“ seine Bezieher/Leser aufgefordert hatte, einen nomenklatorischen Ersatz für das vom Verbot des Namens Tirol betroffene Blatt zu benennen, woraus dann „Der Landsmann“ als Zeitungsname hervorging, blieb letztlich nur eine Episode in der Abfolge von Anordnungen und Verboten der neuen Herren Italiens, die auch fortan in kolonialistischer Herrschaftsgebärde das südliche Tirol und dessen Bevölkerung kujonierten und dabei hinsichtlich gänzlicher Entrechtung der Menschen und möglichst weitgehender Entdeutschung des öffentlichen Lebens und seiner Institutionen sowie vielfach auch privater Einrichtungen ganze Arbeit leisteten. Am 26. Oktober 1925 erschien auch „Der Landsmann“ zufolge einer Verordnung des Präfekten Giuseppe Guadagnini zum letzten Mal.

Zwar erwies sich das Aus für den „Landsmann“ aus Sicht der faschistischen Machthaber im Lande als günstiger Moment, die „Alpenzeitung“ als neue, von ihnen kontrollierte deutschsprachige Tageszeitung herauszubringen, um auch auf diesem Wege ihr Ziel, die totale Assimilierung des südlichen Teils Tirols zu erreichen. Doch dessen Bewohner hatten von Anfang an erkannt, daß diese „Alpenzeitung“ lediglich ein italienisches Surrogat in deutscher Sprache war, weswegen sie das Blatt weitestgehend ignorierten und Zuflucht bei den „Dolomiten“ und dem „Volksboten“ nahmen, den beiden verbliebenen Publikationsorganen aus dem Verlag „Vogelweider“ (zuvor „Tyrolia“).

Neben der „Alpenzeitung“ hatten deutscherseits zwar noch der „Burggräfler“, das „Volksblatt“ (vormals „Südtiroler Volksblatt“ bzw. „Tiroler Volksblatt“) sowie die Wochenzeitungen „Volksbote“, „Dolomiten“ und „Pustertaler Bote“ existiert. Doch nach einem Attentat auf Mussolini schien für das Regime der Zeitpunkt gekommen, in der Presselandschaft italienweit noch einmal scharf durchzugreifen, was in Südtirol zum abrupten Ende besagter Blätter führte. Damit hatte „die zeitungslose, die schreckliche Zeit“ begonnen, wie es in der 1955 erschienenen Festschrift „Südtirol in Not und Bewährung“ hieß, die dem 70. Geburtstag von Kanonikus Michael Gamper, Chefredakteur des „Volksboten“ und Inaugurator der Katakombenschulen, gewidmet war. Doch die „Dolomiten“ konnten im Gegensatz zu den anderen deutschsprachigen Zeitungen, deren Verbot bestehenblieb, ihre Redaktionstätigkeit zu Heiligabend 1926 wiederaufnehmen. Das Blatt erschien sodann – mit vielen Auflagen und Einschränkungen versehen – bis zum Verbot am 9. September 1943 durch die NS-Behörden der Operationszone Alpenvorland. (15)

Die Italianisierung des Namenguts – eine Kulturschande

Alle deutschen wirtschaftlich-sozialen Verbände (Bauernbund, Gewerkschaften) und auch alle deutschen Vereine (Alpenverein, Turnvereine und andere) wurden aufgelöst und ihres Vermögens beraubt. Die Ortsverbände und Fachgruppen der Freien Gewerkschaften sowie die Arbeitervereine im südlichen Tirol traf es bereits im März 1923, als faschistische Schlägertrupps sich des Bozner Gewerkschaftshauses bemächtigten; im Jahr darauf waren alle Arbeiter, ob gewerkschaftlich organisiert oder nicht, Zwangsmitglieder der faschistischen Syndikatsbewegung. (16)

Das in 1200 Jahren gewachsene Deutschtum sollte für alle Zeit aus dem öffentlichen Leben verbannt sein. Den Namen des Landes zu verwenden war bei Strafe verboten, die Aufhebung der Gemeindeautonomie und die Ersetzung gewählter Bürgermeister durch jeweilige „Podestà" (faschistische Amtsbürgermeister) sowie die Ablösung des heimischen Gemeindesekretärs durch einen Italiener und – parallel dazu – die Zerschlagung des deutschen Beamtenapparates mit Einführung der italienischen Amtssprache war bereits weit gediehen, als jene Maßnahmen umgesetzt wurden, die man nicht anders denn als frevelhafte Kulturschande bezeichnen kann, nämlich die Italianisierung des historisch gewachsenen Namenguts. Tolomei hatte alle Ortsbezeichnungen ins Italienische übertragen lassen, und der faschistische Staatsapparat setzte selbst die entnationalisierende Umbenennung deutscher Vor- und Familiennamen ins Werk, sogar jene auf Grabsteinen. Auch alle öffentlichen Bekundungen, Wegweiser, Aufschriften, Firmenschilder mußten in italienischer Sprache abgefaßt sein. Damit sollte alles getilgt werden, was auf anderes denn Italianità hinwies; gemäß der ideologischen Vorgabe, es gehe darum, ehedem germanisierten Boden zu re-italianisieren.

Tolomeis Konzeption einer nationalfaschistischen Politik in Südtirol weist ihn als Theoretiker der „inneren Kolonisation" aus und läßt ihn seine von der Staatsmacht vorangetriebene „ethnische Melioration", das bevölkerungspolitische Ziel, vollziehen. An dessen Ende sollte über die vertraglich vereinbarte politische Option für das „Reich" und die „Rückwanderung" die Ansiedelung der Optanten in (von Himmler) zugewiesenen Siedlungsräumen (vorgesehen

Senator Ettore Tolomei (hoch zu Roß, ganz links) an der Seite Mussolinis (mit „römischem Gruß" ganz rechts) 1931 in Rom

Bild: SID

waren Gebiete im Elsaß, in Kärnten, in Galizien und in der Ukraine) stehen. Teil dieser Entnationalisierung des österreichisch-deutschen und ladinischen Volks der Tiroler im südlichen Landesteil war daher die konsequente Italianisierung der Namen.

Tolomei ignorierte dabei weitgehend die frühmittelalterliche bairisch-germanische Siedlungsgeschichte und rekurrierte auf die „zweitausendjährige Kontinuität lateinisch-römischer Kultur". Die verknüpfte er wirkungsvoll mit der Ladiner-Frage. Die Ladiner wurden als Relikt römischer Herrschaft über den Alpenraum vereinnahmt, dem Ladinischen wurde der Rang einer eigenständigen Sprache abgesprochen und stattdessen der Charakter einer italienischen Mundart zuerkannt. Ganz im Sinne seiner Geschichtsauffassung präsentierte Tolomei auch die Ortsnomenklatur als in der historischen Tradition verankertes Namensgut: Es genügte ihm, „alte Ortsbezeichnungen" wiederzubeleben und dabei gegebenenfalls „Deformationen", die auf „germanische Einflüsse" zurückzuführen waren, rückgängig zu machen.

Dabei konnte Tolomei auf umgangssprachliche Bezeichnungen der Italiener für Ortschaften zurückgreifen, zum anderen archivalisch überlieferte Namensformen verwenden. In den meisten Fällen aber mußten er oder seine Mitarbeiter Namen frei erfinden oder „übersetzende“ Entsprechungen einführen. So entstand etwa aus Niederndorf „Villabassa“, aus Weissenbach „Riobianco“ oder aus einem „Grünen See“ ein „Lago Verde“. Für die dritte Auflage seines „Prontuario dei nomi locali“ nahm Tolomei neben den Ortsnamen alle Oberflächenbenennungen Südtirols (Bäche, Hänge,

Ettore Tolomei

Weinberge, Wege, Steige, Berge, Weiher, Weiler) in re-italianisierenden Nennungen auf – mehr als 90 Prozent aller „italienischen“ Bezeichnungen mußten im oben erwähnten Sinne „gefunden“ werden. Die verzeichneten Namen wurden zu amtlich einzig gültigen erklärt und in allen Kartenwerken verzeichnet. Das demokratische Italien hat sich bis heute noch nicht bereitgefunden, das zugrundeliegende faschistische Gesetz zu beseitigen.

Das Gesamtverzeichnis aller Toponyme (Örtlichkeitsbezeichnungen wie Orts- und Flurnamen), wie es Ettore Tolomei und seine Mitfälscher im PRONTUARIO DEI NOMI LOCALI DELL'ALTO ADIGE zusammengestellt hatten, enthält 16.735 Einträge. Mit Dekret Nr. 800 vom 29. März 1923 wurde das Verzeichnis für amtlich erklärt und am 27. April 1923 im Amtsblatt Gazzetta Ufficiale veröffentlicht. Weitere Dekrete von

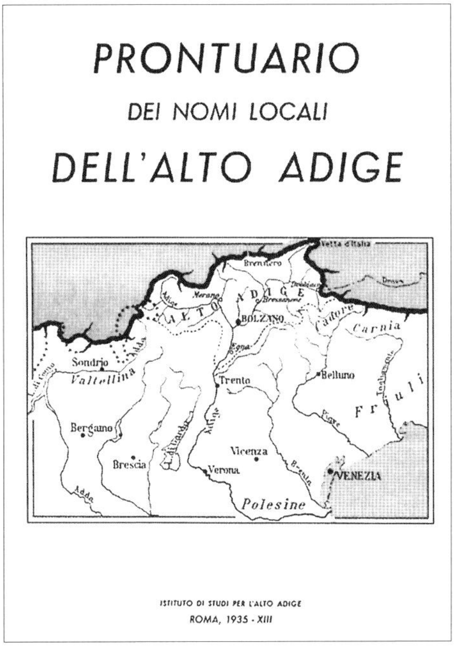

Deutscher Ortsname	*Tolomeis italienische „Übersetzung“*
Algund	Lagundo
Brixen	Bressanone
Campill	Longiarú
Deutschnofen	Nova Ponente
Eppan	Appiano
Franzensfeste	Fortezza
Gossensaß	Colle Isarco
Hafling	Avelengo
Innichen	San Cándido
Jenesien	San Genésio
Kaltern	Caldaro
Leifers	Laives
Mühlbach	Rio di Pusteria
Neumarkt	Egna
Olang	Valdaora
Pufels	Bulla
Ritten	Renon
Sterzing	Vipiteno
Tramin	Termeno
Unsere Liebe Frau im Walde	Senale
Völs	Fiè allo Sciliar
Waidbruck	Ponte Gardena
Zwischenwasser	Longega

1940 und 1942 ergänzten und festigten die Amtlichkeit, die, da nie vom „demokratischen Italien" revidiert oder annulliert, fortgilt und die Kulturschändlichkeit unterstreicht. (17) Es sollen hier zur Dokumentation und Verdeutlichung eine Reihe von Ortsnamen in alphabetischer Reihenfolge angeführt werden, aus denen die „Arbeitsweise" Tolomeis und seiner engsten Mitstreiter Ettore De Togni und Vittorio Baroncelli im von Tolomei 1906 gegründeten „Archivio per l'Alto Adige" ersichtlich ist (siehe Tabelle auf der vorherigen Seite).

Mit der Italianisierung der Toponyme ging alsbald diejenige der Vor- und Familiennamen einher. Vom 1. Januar 1924 an galten Tolomeis Richtlinien über die Italianisierung der Namen, die er in einem „Elenco dei cognomi atesini" niedergelegt hatte. Und Mitte der dreißiger Jahre wurden sie mit aller Unerbittlichkeit angewandt: In allen amtlichen Schriftstücken, aber auch auf allen öffentlichen Aufschriften hatten „italienische Namen" zu erscheinen, so daß sogar auf Grabsteinen rückwirkend beispielsweise aus einem Nikolaus ein „Niccolò" (Vorname) oder „Nicolussi" (Familienname), aus einem Wilhelm Oberdank ein „Guglielmo Oberdan" zu werden hatte. Der Erfinder der Falschnamen setzte rund 6000 Familiennamen an die Stelle der von alters her gebräuchlichen.

Hier können natürlich nicht alle italianisierten Familiennamen Südtirols angeführt werden. Zur veranschaulichenden Dokumentation des Tuns Tolomeis möge eine Seite aus seiner 1936 erschienenen einschlägigen Publikation „La Restituzione del cognome Atesino – Elenco dei Cognomi dell'Alto Adige" [Die Wiederherstellung des Etschländer Familiennamens – Verzeichnis der Familiennamen des Hochetsch] genügen.

Völlig zurecht fällt der renommierte Südtiroler Namenkundler Cristian Kollmann ein vernichtendes Urteil über diese von Tolomei und dem italienischen Faschismus zu verantwortende Vergewaltigung der gesamten Nomenklatur. Weshalb im folgenden sein Befund im Begleittext zu dem im Jahre 2008 vom Südtiroler Heimatbund (SHB) veranlassten Nachdruck von Tolomeis Familiennamenbuch ausführlich zitiert sei:

„Tolomeis Fantasienamen für alle erdenklich entlegenen Orte Südtirols wurden mit drei faschistischen Dekreten zum Gesetz: 1923, 1940 und 1942. Der amtliche Gebrauch der deutschen und ladinischen Ortsnamen wurde gleichzeitig verboten. An diesem Zustand hat sich bis heute de iure nichts geändert. De facto ist es zwar so, daß seit 1943 neben den pseudoitalienischen (über 8000) und echten italienischen Ortsnamen (nach dem neuesten Forschungsstand sind dies über 200) auch die deutschen und ladinischen Ortsnamen amtlich gebraucht werden, amtlich verbindlich ist deren Gebrauch aber nicht. Über den Gebrauch der deutschen Namen belehrt uns auch der Artikel 101 des Autonomiestatuts für die Region Trentino-Südtirol: ‚In der Provinz Bozen müssen die öffentlichen Verwaltungen gegenüber den deutschsprachigen Bürgern auch die deutschen Ortsnamen verwenden, wenn ein Landesgesetz ihr Vorhandensein festgestellt und die Bezeichnung genehmigt hat.' Laut diesem Artikel müssen also in erster Linie die ‚italienischen' Ortsnamen verwendet werden, ohne daß man sich überhaupt festlegt, was mit ‚italienisch' gemeint ist. Erst in einem zweiten Schritt dürfen neben den ‚italienischen' Ortsnamen auch die deutschen Ortsnamen verwendet werden, dies jedoch erst dann, nachdem diese durch ein Landesgesetz festgestellt und genehmigt worden sind. Tatsache ist, daß seit 1972 immer noch kein Landesgesetz geschaffen worden ist, das die Amtlichkeit der deutschen Ortsnamen festgestellt und genehmigt hat, geschweige denn eines, das die tolomeisch-faschistischen, also pseudoitalienischen Ortsnamen aus dem amtlichen Gebrauch entfernt hätte. Im Klartext heißt dies, daß einzig und allein die ‚italienischen' (d.h. die tolomeisch-faschistischen und italienischen) Namen amtlich gültig sind, und daß die Verwendung der deutschen Namen zwar gang und gäbe ist, aber in keinem Landesgesetz verankert ist.

Während also die tolomeisch-faschistische Ortsnamengebung noch immer Gesetz und somit Gegenwart ist, ist die tolomeisch-faschistische Familiennamengebung Geschichte. Zur Umsetzung der tolomeisch-faschistischen Familiennamengebung ist es aufgrund der Option nur mehr zum Teil gekommen. Außerdem, und das ist das Ausschlaggebende, wird mit Absatz 1, Buchstabe b des Pariser Vertrages von 1946 den deutschsprachigen Einwohnern der Provinz Bozen und der benachbarten zweisprachigen Gemeinden der Provinz Trient das

Recht zuerkannt, ‚die deutschen Familiennamen wieder zu erwerben, die im Laufe der vergangenen Jahre italianisiert wurden'. Eine entsprechende Stelle, die auch die Wiederherstellung der italianisierten Ortsnamen vorsieht, suchen wir sowohl im Pariser Vertrag als auch im Autonomiestatut vergebens.

10 LA RESTITUZIONE DEL COGNOME ATESINO

COGNOME	COMUNE	DOCUMENTAZIONE	OSSERVAZIONI	FORMA RESTITUITA
Amorth	S. Leonardo P.	—	—	Dall'Orlo
Ampferthaler	Valle di Casies, Bressanone	Prontuario	—	Vallerómice
Amplatz	Lasa, Gargazzone, Appiano, Nova Ponente, Villandro, Bolzano, Termeno, Montagna, Valdagno, Ora, Egna, Trodena, Caldaro	—	—	Dallapiazza
Amrain	Valle di Casies	—	—	Dallariva
Amtmann	Bolzano	—	mat. ambet-mann « funzionario »	Giudici
Andergassen	Appiano, Merano, Caldaro, Nova Ponente, Bolzano, Termeno, Cortaccia	—	—	Dallavia
Andergasser	Lana, Appiano	—	—	Dallavia
Anderlan	Caldaro, Appiano, Brunico, Ortisei, Bolzano, Bressanone	dal 1693 a Ortisei: da Caldaro	—	Dallafrana, Lavina, Frana, Frèina, Dalla Frana
An der Lan	Salorno	—	—	Dallafrana, Alla frana
Ànderle	Brunico, Bolzano, Bressanone	—	—	Andreini
Anderlinger	Bressanone	—	—	Andreini
Andermarcher	Selva dei Molini	—	Invertito l'ordine dei prenomi	Marcandrea
Andermarker	Campo Tures	—	—	Marcandrea
Andersag	Lana, Laces, Tirolo, Naturno, Cermes, Marlengo, Ultimo, Terlano, Merano	—	—	Dallasega
Andlinger	Bolzano	Schneller, *F.N.*, 25	deriv. dal personale Andilo	Andelengo
Andolf	Bolzano	—	—	Andolfi
Andòrfer	Silandro	—	—	Davilla
Andratsch	Badia, Rio di Pusteria, Bressanone	1589 de Andraze; 1577 de Andrazo	—	D'Andraccio, Andraccio, Andràz
Andreaus	Postal, Lagundo, Merano, Bolzano, Bressanone, Magrè a. A.	—	—	D'Andrea Andrei
Andreas	Caldaro	—	—	Andrei, D'Andrea
Andres, Andress	Lana, Lasa, Tubre, S. Leonardo P., Merano, Ortisei, Bolzano	—	—	D'Andrea, Andrei
Andrian	Bolzano	—	—	Andriani
Andrick	Lana, Appiano, Bolzano, Caldaro	—	—	Andrighi, Endrighi, Endrici, Endrizzi
Anegg	Egna, Magrè a. A., Caldaro	—	forma corrotta di Anich	Àneghi, Ànico,
Anfang	Brennero (Fleres)	Schneller, *I.N.*, 109	Anfang cfr. Amort, Amende	Capolecase
Àngel	Varna	—	—	Àngolo
Àngerer	S. Candido, Lasa, Caldaro, Laces, Prato a. S., Martello, Malles, Nalles, Lagundo, Appiano, S. Leonardo P. Varna, Renòn, Terlano, S. Andrea, i. M., Valle di Vizze, Silandro, Vipiteno, Brunico, Merano	—	Sluderno, Glorenza, Bolzano	Bròlo, Bròilo, Dalbroilo, Pomarolo, Dall'orto

Über https://de.scribd.com/doc/2464089/Die-gewaltsame-Italianisierung-der-Familiennamen-in-Sudtirol kann das vom SHB 2008 nachgedruckte Familiennamenbuch Tolomeis aufgerufen werden, woraus das Faksimile entnommen worden ist.

Dabei sind Familienname und Ortsname ihrem Wesen und ihrer Funktion nach ein- und dasselbe. Beide bezeichnen etwas Individuelles, etwas Einzigartiges, etwas Eigenes, daher auch der Begriff Eigenname. Namen, und somit nicht nur Ortsnamen und Nachnamen, sondern auch Vornamen, schaffen Identität und Heimat. Sie erzählen uns viel über die Sprache eines Landes, über die Eigentümlichkeit der Völker. Eigennamen haben einen hohen emotionalen und symbolischen Wert. Jede willkürliche Veränderung eines Namens kommt einer Geschichtsfälschung und einer kulturellen Vergewaltigung gleich und bedeutet die Entwürdigung des Ortes oder der Person, die davon betroffen sind.

Ettore Tolomei, der Erfinder des ‚Alto Adige', wusste über diese besondere Funktion der Namen bestens Bescheid, und diese hat er gezielt für seine Zwecke missbraucht. Durch seine schier zahllosen Namenfälschungen nahm er jeder Örtlichkeit und jedem Individuum ihre eigene Geschichte, ihre eigene Identität, die bloß nicht zu deutsch anmuten durften, und hauchte ihnen eine fremde, italienisch anmutende Seele ein. In Bezug auf die Ortsnamengebung ist das vom Faschismus eingeführte Unrecht immer noch Recht, in Bezug auf die Familiennamengebung ist den Südtirolern Gerechtigkeit widerfahren." (18)

Dem ist nichts hinzuzufügen.

Exkurs: Faschismus und Ladiner

Hinsichtlich der exzessiven Wirkung des Mussolini-Regimes seit dessen Machtübernahme im südlichen Tirol ist es unerläßlich, auch den Ladinern den gebührenden historisch-politischen Blick zuzuwenden. Die Ladiner sind sozusagen „Ureinwohner der Alpen". Zu ihren bekanntesten zeitgenössischen Vertretern zählte Luis Trenker, „König der Berge" ist er genannt worden. Trenker (1892–1990) hielt seit den 1920er Jahren die Alpenliebhaber in Atem; sein ganzes Trachten galt zeitlebens der Bergsteigerei. In Film, Funk und Literatur hat er sie verklärt. Er war Kind eines Landstrichs, den viele aus Unwissenheit oder mangelndem Interesse „italienisch" wähnen: Südtirol. Er sprach im allgemeinen deutsch, ein stark „klingendes", „zischendes", „gaumentönendes", eben ein dialektal eingefärbtes bairisch-tirolisches Deutsch, weil es auch im südlichen Teil Tirols die althergebrachte Umgangssprache ist. Er sprach natürlich auch Italienisch, weil seine Heimat zu Italien kam, als er ein Mittzwanziger war. Und gelegentlich redete er in einer Italienern und Deutschen gleichermaßen unverständlichen „hölzernen" Sprache, die er sozusagen „mit der Muttermilch" in sich aufgenommen hatte: Ladinisch war seine Muttersprache.

Trenker war Angehöriger des kleinsten Alpenvolks, der Ladiner. Die „Ureinwohner" der Zentralalpen sind Nachfahren der von den Römern im Jahre 15 vor Christi Geburt unterworfenen Räter. Die rätischen Volkssprachen wurden mit der Zeit latinisiert. Sprachlich hatten sich die Räter das gemeine Latein der Soldaten, der bereits romanisierten Verwalter und der Missionare von Aquileia angeeignet. Viele ihrer Wörter und die Orts- und Lagebezeichnungen behielten sie aus ihrem angestammten Idiom bei.

Das Ladinische stammt also keineswegs vom Italienischen ab; es ist die nahtlose Fortentwicklung des in Rätien gebräuchlich gewesenen volkssprachlichen Lateins, eine eigenständige Sprache. Die ladinische Sprachgruppe ist auch die älteste der Region. Erst das Eindringen germanischer und slawischer Stämme warf die „Rätoromanen" in die Hochtäler des Gebirges zurück. Die waren bis ins Mittelalter politisch oder wirtschaftlich ohne Bedeutung; so konnten sie sich in den Dolomiten, in (dem heute schweizerischen) Graubünden und im Engadin, im norditalienischen Comelico und in Friaul niederlassen und dort jahrhundertelang ungestört ihre Kultur bewahren. Erst an der Wende zum 20. Jahrhundert – mit ihrer Öffnung zur technisierten Welt und mit dem Einzug des Massentourismus – veränderte sich wie im gesamten Alpenraum auch in den ladinischen Dolomitentälern die althergebrachte Lebensart.

Als das Römische Reich unterging, wurde Rätien von Völkerwanderungsschüben heimgesucht. In den südlichen Teil Tirols strömten Alemannen, Bajuwaren und Franken. Sie waren Bauern, die unter Führung ihrer „He(e)rzöge" und auf Geheiß ihrer Kirchenoberen auf der Suche nach Siedlungsplätzen kolonisatorisch wirkten. In den folgenden Jahrhunderten wur-

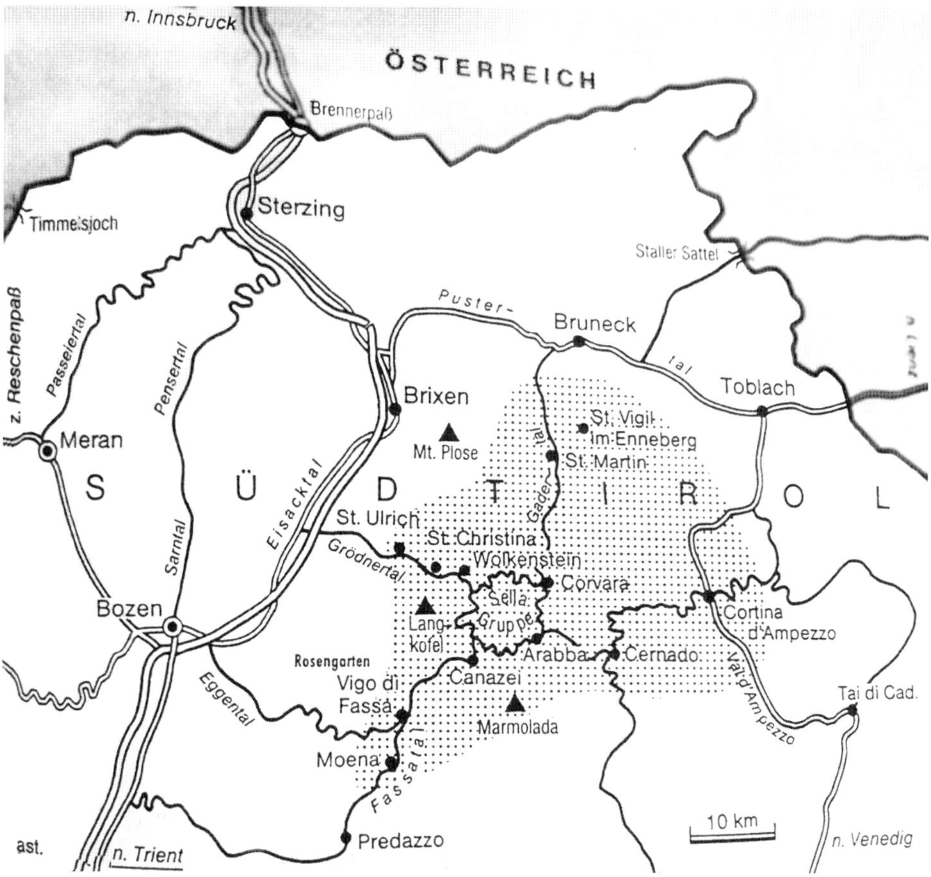

Graphik der in Anmerkung 20 zitierten Publikation von R. Olt entnommen

Das Siedlungsgebiet der Ladiner

den weite Gebiete des südlichen Tirols, des Trientiner Gebiets und der Landstriche um den Gardasee bis hinab nach Verona und Ravenna nach und nach germanisiert. Etwa um 1000 herrschte die deutsche Sprache vor.

Unter den aufgeklärten Habsburgern des 19. Jahrhunderts konnte sogar der Begriff der „ladinischen Nation" Fuß fassen; 1870 schlossen sich im Priesterseminar zu Brixen ladinische Theologen zur „Naziun Ladina" zusammen. Die Ladiner haben sich jedoch – trotz des auch unter ihnen erwachenden Nationalbewußtseins – nie als „Gefangene des österreichisch-ungarischen Völkerkerkers" verstanden, als die sie besonders italienische Irredentisten titulierten, um sie in die Risorgimento-Bewegung einzuspannen. Dem haben sie sich allzeit geschickt entzogen.

Die Sprache der Ladiner wurde im vorigen Jahrhundert wissenschaftlich „entdeckt". Es folgten die ersten ladinisch verfaßten Bücher, und die 1905 in Innsbruck gegründete „Uniun Ladina" („Ladinervereinigung") setzte sich bereits „die nationale Vereinigung sämtlicher in Tirol lebender Ladiner" zum Ziel. Nach dem Ende des Ersten Weltkriegs forderten die Ladiner ebenso wie die Deutschtiroler Selbstbestimmung in der Absicht, bei einem zu Österreich gehörigen Tirol zu verbleiben. Auf zahlreichen Kundgebungen erklärten sie sich als „eine eigenständige Volksgruppe mit eigener Sprache" und hißten ihre blau-weiß-grüne Nationalflagge mit dem Edelweiß. In einem von vielen Aufrufen hieß es:

„Deutschtiroler! Mit Bangen sehen wir Ladiner der Zukunft entgegen! Die Stunde, die über unser Schicksal und über die Zukunft unserer heimatlichen Täler entscheidet, steht unmittelbar bevor. Auf dem Brixner Volkstag, der von allen ladinischen Tälern beschickt worden ist, konnten unsere Vertreter infolge der bekannten unliebsamen Vorkommnisse unsere

Angelegenheit leider nicht zur Sprache bringen. Der guttirolische Geist der Dolomitenladiner, ihre Anhänglichkeit an das geliebte Heimatland Tirol und ihre streng deutschfreundliche Gesinnung sind bekannt und haben sich im gegenwärtigen Völkerringen neuerlich bewährt. Trotzdem ist die Befürchtung nicht von der Hand zu weisen, daß über unsere Köpfe hinweg, entgegen der in unseren Tälern herrschenden Volksstimmung, über unsere Zukunft entschieden wird. Wie die übrigen Völker Österreichs verlangen auch wir, die älteste bodenständige Bevölkerung Tirols, das Selbstbestimmungsrecht. Wir sind keine Italiener, wollten von jeher nicht zu ihnen gezählt werden und wollen auch in Zukunft keine Italiener sein. Ein selbständiges Volk, das seine Geschicke selber bestimmt. Unser Volkscharakter, unsere Sitten und Gebräuche, unsere wirtschaftlichen Interessen, die neuen Dolomitenbahnen, die großartigen Dolomitenstraßen, Handel und Gewerbe, Fremdenverkehr und Industrie, kurz und gut, unser gesamtes Leben und Streben erheischt gebieterisch einen engen Anschluß an Deutschtirol, an unsere nördlichen Nachbarn. Das Schicksal der Deutschtiroler sei auch unser Schicksal. Ihre Zukunft sei auch unsere Zukunft. Mit ihnen haben wir und haben unsere Väter von jeher im engsten Zusammenschluß und in bestem Einvernehmen gelebt. So soll es auch fürderhin bleiben. Tiroler sind wir, und Tiroler wollen wir bleiben!“ (19)

Doch es sollte anders kommen. Als Tirol im Vertrag von St. Germain 1919 geteilt wurde und der Landesteil südlich des Brenners Italien zufiel, wurden auch die Ladiner italienische Staatsbürger. Um sie zu „zähmen“, da sie behaupteten, Ladiner „sind keine Italiener, sondern ein Volk für sich“, teilte Mussolini ihre Heimat auf. Ampezzo und Buchenstein wurden ungeachtet der Protestbekundungen der Bevölkerung der Provinz Belluno angegliedert, das Fassatal (Val Fascia) der Provinz Trient einverleibt. Am 21. Januar 1923 war das königliche Dekret Nr. 93 erlassen worden, mit dem die Provinz Trient eingerichtet, aber die Gemeinden Anpezo/Cortina d'Ampezzo, Fodom/Buchenstein/Livinallongo und Col de Santa Lizia/Colle S. Lucia (gemeinsame Bezeichnung Souramont) an die neu errichtete Provinz Belluno angeschlossen wurden.

In der ersten italienischen Volkszählung 1921 hatten sich in Ladinien 17.406 Personen als Ladiner, 435 als Deutsche und 4308 als Italiener bekannt. 1927 wurde das Gebiet der Ladiner bei der Schaffung der Provinz Bozen noch einmal geteilt, sodaß seit damals Ladinien zu drei Provinzen gehört: Ampezzo und Buchenstein zur Provinz Belluno, Fassa zur Provinz Trient, Gröden und Gadertal zur Provinz Bozen.

Nachdem alle Bemühungen, die Ladiner zu entnationalisieren und zu assimilieren, fehlgeschlagen waren, wurde die ladinische Volksgruppe mit der deutschen zur fremdstämmigen,

Bild: Museum Ladin St. Martin i. T.

Dr. Sisto Ghedina, Präsident der ladinischen Bewegung „Zent Ladina Dolomites“, spricht am 14. Juli 1946 vor 3000 Ladinern auf der großen Kundgebung am Sellajoch, auf der sie die Wiedervereinigung Ladiniens forderten.

also nichtitalienischen, erklärt und 1939 zur Option (s. u.) für die deutsche Staatsbürgerschaft und zur Auswanderung gedrängt. Der Zusammenbruch der italienischen und der deutschen Diktatur vereitelte die „Umsiedlung“ eines Großteils der Ladiner.

Unzählige Male forderten die Ladiner die Wiedervereinigung. Am 14. Juli 1946 demonstrierten 3000 Ladiner am Jëuf de Sela/Sellajoch für dieses Ziel – erfolglos. Und obwohl in einem Referendum am 28./29. Oktober 2007 78,86 Prozent der Bevölkerung der drei ladinischen Gemeinden (Souramont) in der Provinz Belluno für die Angliederung an die Provinz Bozen-Südtirol stimmten, geschah nichts.

Die Option

Trotz aller Anordnungen, Dekrete und Verbote, trotz Knebelns und Kujonierens der angestammten Bevölkerung und trotz der Ansiedlung von Betrieben in der neugeschaffenen Bozner Gewerbezone sowie der forcierten Umsiedlung italienischer Familien aus Mittel- und Süditalien in den Norden konnte das in „Alto Adige“ (Hochetsch) umbenannte Südtirol nicht in einen „durch und durch italienischen Landstrich“ verwandelt werden. Daher leitete der Faschismus eine zweite Phase seiner „Re-Italianisierung“ ein. Am 20. Februar 1935 erteilte Mussolini der Großindustrie in Mailand und im Piemont den Auftrag, Niederlassungen in Bozen zu errichten. Er unterstrich besonders das „hohe politische Interesse“, welches mit dieser Maßnahme verbunden sei. Die Baugründe, etwa 300 Hektar (das sind drei Millionen Quadratmeter) fruchtbarsten Schwemmbodens am Südrand der Stadt, wurden enteignet und im Spätsommer 1935 besetzt. 50.000 Obstbäume und Tausende Edelreben vernichtete man unmittelbar vor der Ernte.

Bild: Archiv R. Olt

Anfang 1937 nahmen Zweigbetriebe des Lancia-Werks von Turin, des Stahlwerks von Mailand, des Aluminium-Werks der Montecatini und das aus dem Boden gestampfte Magnesium-Werk (obschon Magnesium über Hunderte von Kilometern herbeigeschafft werden mußte) in Bozen die Produktion auf. Um sie mit der Industrie in anderen Landesteilen konkurrenzfähig zu machen, mußte man sie mit Vergünstigung der Frachtspesen, mit Steuererleichterungen und mit Gebührenbefreiungen bedenken. Parallel mit dem Aufbau der Bozner Industriezone wurden Tausende italienische Familien nach Südtirol geschleust. Südtiroler durften in den Werken nicht beschäftigt werden. Doch auch die ökonomischen und migrationssoziologischen Pressionen des Mussolini-Regimes, welche auf Assimilation, Entnationalisierung, Umvolkung und Italianisierung zielten, konnten Südtiroler schließlich nicht zu Italienern machen.

Das Abkommen

Als der dem Duce wesensverwandte Diktator im Norden, Adolf Hitler, 1938 seine Heimat Österreich an das Deutsche Reich „anschloß“ und Mussolini für seine Kriegsabsichten zum Bundesgenossen zu gewinnen suchte, stand die Südtirol-Frage schon längst nicht mehr im Wege. Schon in einer seiner weniger bekannten Schriften aus der „Kampfzeit“ – „Die Südtiroler Frage und das Deutsche Bündnisproblem" (München 1926, NSDAP-Parteiverlag F. Eher) – hatte der „böhmische Gefreite" zu erkennen gegeben, daß er die Südtiroler als ein Hindernis auf dem Wege zur Annäherung an den späteren Achsenpartner betrachtete.

Am 14. August 1928 hatte sich Hitler über Vermittlung des italienischen Generalkonsulats in München mit Ettore Tolomei getroffen. Tolomei fertigte handschriftliche Notizen über sein Gespräch mit ihm an.

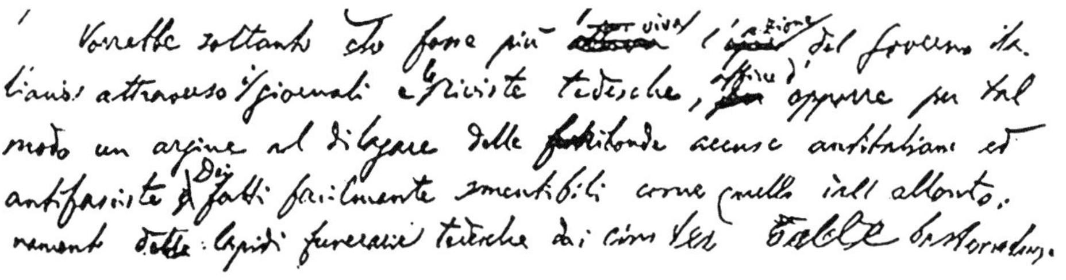

Wiedergegeben in: Karl Heinz Ritschel, Diplomatie um Südtirol, Stuttgart 1966, S. 135

Im Bericht Tolomeis an Mussolini hieß es, Hitler wolle *„sich eines Tages an der Spitze Deutschlands sehen, ihm sein Programm auferlegen".* Hinsichtlich des von Tolomei ins Gespräch gebrachten Themas der *„italienischen Assimilierung des Alto Adige"* äußerte sich Hitler zur Genugtuung seines Gesprächspartners eindeutig:

„Er sprach sich sehr rüde in Worten, die ich geradezu als grob bezeichnen könnte, aus (‚ganz wurst', ‚ich pfeif darauf'). […] Älpler von Bozen und Meran dürfen Deutschland nicht hindern, das im Spiel seiner außenpolitischen Beziehungen frei sein will, für seine großen Interessen in der Welt […] zu sorgen, […] wobei man sich von der Behinderung durch kleine gefühlvolle Rückstände befreien muß, wie es gerade die irritierende Frage des Alto Adige ist. […] Er legt sich Rechenschaft ab, daß in einem kurzen Zeitraum die größeren Zentren des Alto Adige soweit italianisiert werden, daß sogar die Pangermanisten den Eindruck einer verlorenen Partie erhalten werden und daß folglich die Assimilierung der Hochtäler und der abgelegenen Täler nur eine Frage der Zeit sein wird." Tolomei empfahl Mussolini, jenen Teil des außenpolitischen Konzepts Hitlers zu fördern, *„der das absolute Desinteressement an der italienischen Assimilierung des Oberetsch enthält."* (In deutscher Übersetzung ebenfalls wiedergegeben in: Karl Heinz Ritschel, a.a.O., S. 134 ff.)

Nach dem „Anschluß" Österreichs im März 1938 zerstreute Hitler anläßlich seines Staatsbesuchs auch persönlich italienische Befürchtungen, nunmehr könnte eine Rückgliederung Südtirols bevorstehen, indem er am 7. Mai 1938 in Rom erklärte: *„Es ist mein unerschütterlicher Wille und mein Vermächtnis an das deutsche Volk, daß es die von der Natur uns beiden aufgerichtete Alpengrenze immer als eine unantastbare ansieht."* Diese Erklärung fand in dem am 22. Mai 1939 in Berlin im Beisein Hitlers von den Außenministern Joachim von Ribbentrop und Galeazzo Graf Ciano (Schwiegersohn Mussolinis) unterzeichneten „Stahlpakt" ihre Bekräftigung. Und um die in diesem Abkommen genannte „ewige Grenze" auch „volkstumspolitisch" zu untermauern, handelten Ciano und Reichsführer-SS Heinrich Himmler am 23. Juni 1939 Optionsverfahren und Umsiedlungsabkommen aus.

Das Abkommen sah vor, daß sich Deutschsüdtiroler und Ladiner in der Provinz Alto Adige („Hochetsch") sowie die Bewohner des zur Provinz Trient gehörenden Südtiroler Unterlandes, aber auch jene des bis 1918 zu Kärnten gehörenden Kanaltals – es erstreckt sich vom heutigen Grenzübergang Thörl-Maglern/Arnoldstein über Tarvis/Tarvisio bis Pontafel/Pontebba – sowie des Fersentals und der deutschen Sprachinseln im Trentino für Italien oder für das Deutsche Reich zu entscheiden hatten. „Optierten" sie bis zum 31. Dezember 1939 für das Reich, so war damit die Aus- bzw. Umsiedlung ins Reich verbunden. Entschieden sie sich für den Verbleib in der angestammten Heimat, so in der Gewißheit, keinen Schutz mehr für ihre Volksgruppe in Anspruch nehmen zu können.

Am 1. August 1939 wurde im Verlautbarungsblatt der Staatsbahnen angekündigt, daß „in nächster Zeit Transporte von Personen und Gütern aus dem Hochetsch in südliche Provinzen abgehen“ sollten. Giuseppe Mastromattei, zwischen 1933 und 1940 faschistischer Präfekt in Bozen, ließ über die Zeitschrift „Atesia Augusta“ verlauten, „wer immer Treue zu Italien und zu den Einrichtungen des Regimes bewiesen“ habe, dürfe bleiben. Da die meisten Südtiroler das faschistische Regime ablehnten, waren sie folglich von ausweisender Umsiedlung in südliche Provinzen Italiens bedroht. Hinzu kam, daß gemäß Arbeitsvermittlungsgesetz nur Italiener als Ersatz für entlassene Deutschsüdtiroler beschäftigt werden durften. Italienischen Privatbetrieben wurde die Beschäftigung von Südtirolern ebenso untersagt wie den Obstgenossenschaften die Beschäftigung deutschtiroler Saisonarbeiter. Höchste Repräsentanten des Faschismus gaben in öffentlichen Äußerungen zu verstehen, für Italien optierende Südtiroler könnten nach Sizilien umgesiedelt werden, wo das Regime gerade eine Landreform mit dem Ziel in Gang gesetzt hatte, 20.000 neue Hofstellen zu schaffen.

Als die Nachricht vom Optionsabkommen bekannt wurde, ging eine Welle der Empörung durch Südtirol. Männer aus dem von den Faschisten aufgelösten Deutschen Verband (DV; 1921 hervorgegangen aus dem Zusammenschluß der Christlich-Sozialen und der Liberalen) sowie die im „Völkischen Kampfring Südtirols“ (VKS) organisierten Jugendgruppen waren sich in der völligen Ablehnung der vorgesehenen Maßnahmen einig. Beide stimmten zudem darin überein, daß die einzige Möglichkeit, sich gegen das Optionsabkommen zu wehren, in der Taktik bestehe, sich als Volksgruppe geschlossen für eine der beiden Möglichkeiten zu entscheiden und sich nicht spalten zu lassen, damit die Chance stiege, daß eine gewaltsame Lösung wegen der Blamage vor der europäischen Öffentlichkeit schwieriger, wenn nicht gar unmöglich würde. Deshalb votierten beide Organisationen zuerst gemeinsam für das Bleiben.

Das italienische Arbeitsvermittlungsgesetz, wonach der Arbeitsmarkt nur Italienern offenstand und Deutschsüdtiroler nicht mehr angestellt werden durften, war einer der zentralen Punkte, der den VKS dann zum Umschwenken veranlaßte: Als der Unternehmer Walter Amonn bei einer denkwürdigen Zusammenkunft der VKS-Führungsgruppe im Carli-Haus am Bozner Obstmarkt mitteilte, daß 70–80 % der Belegschaft seiner Firma für das Gehen optieren würden, weil sie beim Verlust ihrer Stelle keine Chance hätten, eine andere Arbeitsstelle zu finden, kam es nach heftiger Diskussion im VKS zum scheinbar diametralen Kurswechsel, der eigentlich keiner war, denn man blieb dem ursprünglich mit dem DV vereinbarten gemeinsamen Prinzip treu nach dem Motto: Wenn die Einigkeit der Volksgruppe für das Bleiben so wenig Chancen hat, dann muß versucht werden, die Einigkeit für das Gehen zu erreichen.

Bild: Archiv SHB

Als sich der VKS direkt an Himmler gewandt und für Bleiben ausgesprochen hatte, erklärte dieser anläßlich einer Begegnung mit VKS-Abgesandten am Tegernsee unverblümt, daß das Deutsche Reich die „Dableiber“, also die Optanten für Italien, ihrem Schicksal, mithin dem unabwendbaren nationalen Untergang, überlassen werde. Der VKS schwenkte daraufhin um und begann, mit reichsdeutscher Unterstützung für eine möglichst geschlossene Option für Deutschland zu werben. Kanonikus Michael Gamper und sein Freundeskreis von DV und Andreas-Hofer-Bund (AHB) waren hingegen überzeugt, daß man im Lande bleiben und auf eine Änderung der Verhältnisse hoffen müsse. Die emotionalen Auseinandersetzungen führten zu einer tiefgreifenden Spaltung der Bevölkerung, die durch die Dörfer und insbesondere auch durch viele Familien ging. Es kam zu gegenseitigen Vorwürfen des „Verrats“, wobei die Deutschland-Optanten als „Heimatverräter“ und die „Dableiber“ als „Volksverräter“ beschimpft wurden.

Schließlich optierten von den 246.036 Abstimmungsberechtigten 211.799 für die deutsche Staatsbürgerschaft und das Aussiedeln, 34.237 votierten für die Beibehaltung der italienischen und das Bleiben. Wer ging, ließ alle unbewegliche Habe zurück. In der Folge wurden etwa 76.000 der Optanten für das Reich ausgesiedelt. Ihre Behausungen und Höfe, über deren Wert hastig Kommissionen befanden, erhielten zumeist süditalienische Umsiedler – der ganze Landstrich sollte ja seinen „deutschen Charakter" verlieren.

Bild: Archiv SHB

Der Zweite Weltkrieg verhinderte indes die vollständige Ausführung der Umsiedlung der Optanten ins Reich oder in besetzte Gebiete, sodaß sie 1941 völlig zum Erliegen kam. Von 1943 an wurde in der „Operationszone Alpenvorland", zu der Südtirol mit der deutschen Besetzung Norditaliens gehörte, nachdem Mussolini 1943 vom Faschistischen Großrat abgesetzt worden war und in der „Republik von Salò" als Satrap Hitlers „regierte", nicht mehr nach „Optanten" oder „Dableibern" gefragt. Gestellungsbefehle an die Front erreichten Angehörige beider Lager.

Optionsfolgen

Schon an dieser Stelle sei ein Blick auf die Nachkriegsfolgen der Option geworfen. Nach Kriegsende blieb im Land zwischen Brenner und Salurn, zwischen Reschen und Rosengarten der Graben zwischen Optanten und Dableibern lange offen. Auch der von Angehörigen beider Lager gegründeten Südtiroler Volkspartei (SVP), an deren Spitze später für gut drei Jahrzehnte der Optant Silvius Magnago stehen sollte, fiel es nicht leicht, ihn zuzuschütten.

Mehr als alles andere stieß nach Kriegsende überhaupt die Rückkehr von Optanten („Rückoption") in ihre eigentliche Heimat auf enorme Schwierigkeiten. Trotz des zwischen dem italienischen Ministerpräsidenten De Gasperi und dem österreichischen Außenminister Gruber 1946 in Paris geschlossenen Abkommens über die Autonomie Südtirols, das auch die „Revision der Option" umfaßte, bedurfte es zäher Verhandlungen, den zunächst Staatenlosen, überdies als Nazis Gebrandmarkten, die italienische Staatsangehörigkeit wieder zuzuerkennen.

Für lange Zeit belastete zudem die vermögens- und versicherungsrechtliche sowie -technische Abgeltung von Leistungen für Optanten das deutsch-italienische Nachkriegsverhältnis. Die Optanten hatten sämtliche Guthaben verloren. Die Ablösungssumme für zwischen 1939 bis 1941 in Südtirol verlassenen Besitz war auf Sperrkonten ohne Verfügungsberechtigung überwiesen worden. In Österreich, wohin viele ausgesiedelt worden waren, raffte die Geldentwertung die „freien Einlagen" dahin. Dort – oder in Ansiedlungsgebieten wie Böhmen und Elsaß – wurden Liegenschaften, welche von der NS-Besatzungsverwaltung Optanten zugewiesen oder von ihnen erworben worden waren, als „deutsches Eigentum" entschädigungslos enteignet.

In Südtirol bemühten sich Josef Zingerle, diözesaner Caritasdirektor von Brixen, Rudolf Freiherr Unterrichter von Rechtenthal, Johannes Schauff von der in Genf ansässigen „Internationalen Katholischen Wanderungskommission" sowie die SVP-Senatoren Karl Tinzl und Karl Mitterdorfer um Rücksiedlungshilfen für rückkehrwillige Ex-Optanten. Erst Anfang der 1960er Jahre konnten ihre Bemühungen mit finanzieller Hilfe Bonns in geordnete Bahnen gelenkt werden, indem deutsches Finanzministerium und deutsches Bundesausgleichsamt eine „humanitäre Regelung" entwickelten, in die später das Arbeits- und Sozialministerium eingebunden war. Grundlage dafür war das 14. Lastenausgleichsgesetz, welches 1963 auf „Umsiedlungsgeschädigte und Optanten" angewandt wurde.

Die Bundesrepublik Deutschland legte Wert auf gutes Zusammenwirken mit Italien, das für die Entschädigungsabsicht „aus humanitären Gründen" Verständnis aufbrachte, als es darum ging, in Bozen einen „Beratungsausschuß für Umsiedlungsgeschädigte" einzurichten. Darüber wurde das Verfahren zur individuellen Entschädigung nach dem deutschen Reparationsschädengesetz abgewickelt; ein „Abkommen zur Regelung von Kriegsschäden italienischer Staatsangehöriger in der Bundesrepublik Deutschland und deutscher Staatsangehöriger in der Republik Italien" trat 1969 in Kraft. Dem folgte das deutsch-italienische Rentenabkommen von 1976. Doch bis zur endgültigen Befriedung im Jahre 1998 bedurfte es noch etlicher Verhandlungsrunden in den Jahren 1983, 1986 und 1991.

Der Bozner Beratungsausschuß war 1964 ins Leben gerufen worden, zu Mitgliedern bestimmte man Vertreter der Optanten, der Sozialverbände, der Kirche und des öffentlichen Lebens. Die Leistungen wurden nach dem Einzelantragsprinzip gewährt. Zahlungen zur Abgeltung von Vermögensansprüchen gingen an Geschädigte oder antragsberechtigte Erben, Rentenansprüche und -zahlungen wurden im Zusammenwirken mit dem italienischen Rentenversicherungsträger NISF/INPS geregelt. Nach dem Bonner Lastenausgleichsgesetz sind insgesamt 121,3 Millionen Mark bewilligt worden, die deutschen Aufwendungen im Rahmen des Rentenabkommens beliefen sich auf 262 Millionen Mark. Dreißigtausend Akten hat der Beratungsausschuß angelegt, mehr als fünfzehntausend Anträge bearbeitet; nahezu zehntausend Begünstigte kamen in den Genuß von Zahlungen. In einer separaten Regelung für Optanten aus dem Fersental und aus Lusern ermöglichte der Beratungsausschuß die Rückübertragung von 27.000 Grundparzellen im Trentino und 1971 den Umtausch von Vermögenswerten auf Basis der Deutschen Mark, die einst in Reichsmark festgesetzt worden waren.

35 Jahre nach seiner Gründung und 60 Jahre nach dem Optionsabkommen hat der Beratungsausschuß seine gänzlich ehrenamtliche Tätigkeit beendet. Damit schloß sich mehr oder weniger geräuschlos ein beklemmendes Kapitel der Geschichte. Den Festakt in Bozen im Juni 1999 trübte indes der Umstand, daß sich ein Beteiligter gegenüber den Ansprüchen der Optanten nicht in der Pflicht sah. So führten dem Abschlußbericht des Ausschußvorsitzenden zufolge „die Verhandlungen um eine Entschädigung seitens der Republik Österreich für die Einbehaltung von zirka 11.000 Wohnungen, die mit Geldern der Südtiroler Umsiedler, gestützt auf Reichsbürgschaften, noch während des Zweiten Weltkrieges für diese errichtet wurden, zu keinem Erfolg". Es wäre sicherlich opportun gewesen, wenn die damalige CA-Bank Innsbruck alle Konten der Optanten nach dem Vorbild der Schweizer Banken offengelegt hätte, zumal sich Wien stets als „Schutzmacht" Südtirols auszugeben pflegt(e). Doch als es ihm gut angestanden hätte, zusammen mit Deutschland Rückgrat zu zeigen, da zog sich Österreich auf den von ihm vertretenen Standpunkt der „Nichtexistenz als Völkerrechtssubjekt zwischen 1938 und 1945" zurück – er kostet(e) nichts. (20)

Von der Ablösung Mussolinis zum Kriegsende

Am 11. Juni 1943 landeten Truppen der Alliierten auf der für uneinnehmbar gehaltenen Vulkaninsel Pantelleria zwischen der Südspitze des Stiefelstaats und dem afrikanischen Kontinent. Tags darauf hißte man unweit davon, auf der Insel Lampedusa, die weiße Fahne, und am 10. Juli 1943 gelang Briten und Amerikanern die Landung auf Sizilien. Diese epochale Wendung im Kriegsgeschehen des Sommers 1943 – im Mai hatte die „Heeresgruppe Afrika" kapituliert, 250.000 deutsche und italienische Soldaten waren in Gefangenschaft geraten, und seit Kriegsbeginn waren 300.000 italienische Soldaten gefallen – ließ die Kriegsmüdigkeit im Reich des „Duce" offenbar werden und markierte den Zerfall des faschistischen Regimes.

Am 24. Juli trat der aus 28 Mitgliedern bestehende Faschistische Großrat zusammen und legte dem sich davon äußerlich unbeeindruckt gebenden Mussolini nahe, er möge den König ersuchen, wieder den Oberbefehl über die Streitkräfte zu übernehmen. Am 25. Juli forderte König Viktor Emanuel III. Mussolini zum Rücktritt auf und nannte ihm sogleich seinen Nachfolger, Marschall Pietro Badoglio. Mussolini erklärte formell seinen Rücktritt nicht, wurde aber nach Verlassen des Königspalastes sogleich festgenommen und am Gran Sasso in den

Vittorio Emanuele III. (links), Pietro Badoglio (recht)

Mussolini wird nach seiner Befreiung von deutschen und italienischen Soldaten, darunter links neben ihm Otto Skorzeny, zum Flugzeug, einem „Fieseler Storch“, begleitet.

Bild: Bundesarchiv/Toni Schneiders 12. 9. 1943

Abruzzen inhaftiert. Dort landeten deutsche Fallschirmjäger im Beisein des SS-Hauptsturmführers Otto Skorzeny, der sich in das vom Kommandeur der Fallschirmjägertruppe, Generaloberst Kurt Student, und von Major Harald Mors ausgearbeitete „Unternehmen Eiche“ gedrängt hatte, und einiger seiner Mannen mit Lastenseglern und befreiten Mussolini. Der Wiener Skorzeny, der später unter Rückendeckung von Reichsführer SS Himmler die propagandistisch verbrämte „Heldentat“ für sich und die SS beanspruchte, brachte ihn persönlich zu Hitler.

Unter der Losung „Achse“ wurde, nachdem die Amerikaner bei Salerno gelandet und Rom am 10. September von deutschen Fallschirmjägern unter dem Oberbefehl von Generalfeldmarschall Kesselring eingenommen worden war, Italien besetzt und dessen Armee entwaffnet. Hitler setzte Mussolini als Regierungschef in Norditalien ein, von wo aus der Duce mit Getreuen und eigenen Kräften sozusagen „die Gegenrevolution“ einleiten sollte. Dieser schlug seinen Sitz an der Spitze der Italienischen Sozialrepublik (Repubblica Sociale Italiana, RSI; bisweilen auch Repubblica di Salò genannt) im Städtchen Salò am Gardasee auf und „regierte“ den faschistischen Marionettenstaat als Satrap Hitlers unter militärischer Protektion von Reich und Wehrmacht. Mit seiner Geliebten Clara Petacci fand er auf der versuchten Flucht in

die Schweiz am 28. April sein Ende, von Partisanen erschossen und mit dem Kopf nach unten auf der Piazza Loreto in Mailand aufgehängt, dem letzten „Regierungssitz" des Duce in der einstigen faschistischen Hochburg.

Anders als die Italiener empfanden viele Südtiroler den Einmarsch der deutschen Soldaten als Befreiung vom Faschismus. Nach dem Sturz Mussolinis, dem Einmarsch der Wehrmacht und der Errichtung der Operationszone Alpenvorland unter Leitung des Obersten Kommissars Franz Hofer, des Gauleiters von Tirol-Vorarlberg, wurden die Optionsmaßnahmen ebenso wie die Zuwanderung von Italienern beendet. An den Schulen wurde wieder Deutschunterricht erteilt, und in den Gemeinden übernahmen Alteingesessene die Verwaltung, selbstredend unter NS- bzw. Kommissarsvorgaben Hofers. Am 6. November 1943 war, obwohl das Gebiet de iure nicht Teil des Deutschen Reichs war, die allgemeine Wehrpflicht eingeführt worden. Sowohl wehr- und dienstpflichtige Optanten, welche aufgrund der Kriegsereignisse und -entwicklungen gar nicht mehr umgesiedelt werden konnten, als auch Dableiber (wiewohl letztere formell italienische Staatsbürger waren) wurden in deutsche Verbände, darunter auch Einheiten der SS, eingegliedert. An Eisack und Etsch übernahm der „Südtiroler Ordnungsdienst" (SOD), eine von den NS-Machthabern unterstützte und legitimierte polizeiähnliche Hilfstruppe, quasi die Polizeigewalt, und der Deutschtiroler Karl Tinzl fungierte als von den NS-Behörden unter Hofer eingesetzter Präfekt. Mit der bedingungslosen Kapitulation der in Italien kämpfenden deutschen Verbände (am 29. April 1945 in Caserta unterzeichnet und am 2. Mai in Kraft getreten) endete auch im südlichen Teil Tirols der Zweite Weltkrieg. (21)

Anmerkungen zu Teil 1

1 Indes führten die eigenständig geführten Autonomiebestrebungen des Trentino nach längeren parlamentarischen Verhandlungen 1902 nicht zum von dessen Vertretern im Wiener Reichsrat sowie von Trient, aber auch von Rom erwünschten Ergebnis.

2 Weil Wien aus italienischer Sicht auf die Forderungen Roms nicht hinreichend eingegangen war, schloß das Königreich Italien, formell noch immer im Dreibund mit Deutschland und Österreich, am 26. April 1915 in London mit England, Frankreich und Russland besagten Ge-

heimvertrag. Darin verpflichtete es sich gegen erhebliche territoriale Gewinne zum Kriegseintritt auf Seiten der Entente. Für den Seitenwechsel wurden Rom Südtirol, Istrien, große Teile Dalmatiens, die Dodekanes, Teile Albaniens und Kleinasiens sowie deutsche Kolonien zugesichert; zudem wurde ihm der Besitz Libyens garantiert. In einem Zusatzvertrag gewährte Großbritannien Italien zudem den Zugriff auf Äthiopien. Nach der Oktoberrevolution in Rußland 1917 machten Lenins Bolschewiki die Geheimverträge publik. Dabei stellte sich auch heraus, daß Italien schon am 24. Oktober 1909 in Racconigi (bei Turin) mit Zar Nikolaus II. von Russland einen gegen Österreich-Ungarn gerichteten Geheimvertrag geschlossen hatte, worin beide sich ihrer Interessen auf dem Balkan mit dem Ziel versicherten, dortige Machtverschiebungen zugunsten Wiens zu verhindern. Das schwächte die Position der italienischen Regierung in den Pariser Friedensverhandlungen, weshalb es 1919/20 zwar Südtirol, Istrien und die Dodekanes erhielt, aber letztlich auf Dalmatien, deutsche Kolonien und Teile der Türkei verzichten mußte.

3 Die heutige Bezeichnung „Südtirol" für den südlichen Teil des Großraums Tirol entwikkelte sich nach der Grenzziehung von 1918/19. Zuvor war „Tirolo del Sud"/„Sud Tirolo" maßgeblich für die Bezeichnung Welschtirols (Trentino) verwendet worden, das ehedem Teil des Habsburgerkronlands gewesen war. Nach 1919, mithin der Trennung von Österreich, wurde die deutsche Benennung lediglich im deutschsprachigen Untergrund gebraucht, da die deutsche Sprache ebenso verboten war wie der Name Tirol. So hieß von diesem Zeitpunkt an der südliche Teil Tirols „Alto Adige" („Hochetsch"), benannt nach der italienischen Bezeichnung für die Etsch (Zur sprachgeschichtlichen Herausbildung der Bezeichnung ziehe man den Beitrag des Sprachwissenschaftlers und Namenkundlers Cristian Kollmann https://suedtiroler-freiheit.com/2013/06/27/faschistisch-belastete-bezeichnung-alto-adige/#:~:text=Der%20Begriff%20Alto%20Adige%20wird,zum%20Teil%20auch%20heute%20noch.&text=Der%20deutsche%20Name%20S%C3%BCdtirol%20ist,auf%20allen%20%C3%B6ffentlichen%20Dokumenten%20tabu) heran; siehe dazu zudem: Kollmann, Cristian/Egon Kühebacher, Südtirol – Alto Adige – Südtirolo. Beiträge zur Tiroler Identität, Wien 2003 (= Eckartschrift 167).

4 Ausführlich dargestellt in: Stefan Lechner, Die Eroberung der Fremdstämmigen. Provinzfaschismus in Südtirol 1921–1926 (= Veröffentlichungen des Südtiroler Landesarchivs 20), Innsbruck 2005.

5 Die Darstellung folgt sowohl der Dokumentation „24. April 1921 – Der Bozner Blutsonntag. Zeitzeugenberichte über die Ermordung des Lehrers Franz Innerhofer und die faschistischen Ausschreitungen gegen die Südtiroler Bevölkerung" (= Edition Südtiroler Zeitgeschichte), Neumarkt a.d. Etsch (Effekt!-Verlag) 2011, als auch der einschlägigen Betrachtung des Historikers Norbert Parschalk (https://www.stol.it/artikel/chronik/der-bozner-blutsonntag-der-furchtbare-tag-vor-100-jahren; eingesehen am 6. 6. 2023).

6 Diese Darstellung fußt auf Othmar Partelis anlassbezogenem Rückblick von 2022 auf das Geschehen ein Jahrhundert zuvor (https://www.stol.it/artikel/kultur/bildung/es-gibt-nur-ein-einziges-gesetz-und-das-heisst-italien; eingesehen am 6. 6. 2023).

7 Günther Rauch, der sich seit einigen Jahren Verdienste um das Erhellen wenig ausgeleuchteter Vorgänge erwarb, konnte in seinem 2022 in Neumarkt/Südtirol (im Verlag Effekt!) erschienenen Buch „Der Marsch auf Bozen. Wie der Fall Südtirol Mussolini und Hitler Lust auf mehr machte" unter anderem zeigen, daß der „Marsch auf Bozen" im darauffolgenden Oktober 1922 vom Geschehensablauf her im Grunde eine Farce war, die in der Überrumpelung der schwachen Regierung und des Monarchen gipfelte. Rauch bringt in diesem Buch auch bislang unbekannte Details über die enge Zusammenarbeit zwischen Mussolini und Hitler, die bereits nach dem „Marsch auf Bozen" einsetzte. Dazu gehörte die geheime Finanzierung des politischen Aufstieges der Hitler-Bewegung durch den „Duce", welche Rauch mit erstmals veröffentlichten Dokumenten belegt, die er in Archiven aufspürte. Der Wandel von Hitlers Position in der Südtirolfrage sowie die politische Debatte darob in den 1920er Jahren ist Thema einer einlässlichen Darstellung: Sabine Viktoria Kofler, Adolf Hitler entlarvt! Die Südtirolfrage im öffentlichen Diskurs 1920 bis 1928, Bozen (Raetia) 2023.

8 Ettore Tolomei (∗ 1865 in Rovereto, † 1952 Glen/Montan) erwies sich schon früh als glühender Aktivist der politischen Bewegung der „Irredenta" – was soviel wie „Befreiung" bedeutet. In deren Visier der Rückführung in den neuen italienischen Nationalstaat standen die fremdbeherrschten und mehrheitlich italienischsprachigen Gebiete wie das Tessin, Welschtirol bis Salurn, Triest und Istrien sowie einige ehedem venezianische Abschnitte an der dalmatinischen Küste. Schon als Student hatte sich Tolomei für die vom Geographen Giovanni Marinelli postulierte „Wasserscheiden-Theorie" begeistern lassen, der zufolge der Alpenhauptkamm die natürliche Nordgrenze Italiens sei und das Einzugsgebiet der Etsch vom Reschen über den Brenner bis nach Innichen umfaßte – ungeachtet der hier ansässigen ladinischen und deutschsprachigen Bevölkerung. Alsbald beschäftigte sich der Geograph Tolomei mit der Italianisierung der Süd-

tiroler Orts-, Flur- und Familiennamen und fand im Klockerkarkopf im Ahrntal die nördlichste Erhebung seines neuen Italiens, die er in „Vetta d'Italia" umtaufte. Als Italien aus imperialistischen Überlegungen den Dreibund mit dem Deutschen Reich und Österreich-Ungarn aufkündigte, seine Neutralität aufgab und 1915 an der Seite der Entente gegen die ehemaligen Bündnispartner in den Krieg eintrat, werden im Geheimvertrag zu London die Gebietszuschläge für den Fahnenwechsel festgeschrieben: Tolomei hatte es verstanden, Roms Außenminister Sonnino von der Einforderung der Brennergrenze zu überzeugen. 1917 öffnete Lenin das Archiv des Zaren und man erfuhr erstmals von einer Verschiebung der italienischen Grenze auf den Brennerpaß. Als aber der amerikanische Präsident Wilson gemäß seinem 14-Punkte-Friedensprogramm die neuen Grenzen in Europa nach klaren Sprachgrenzen ziehen wollte, schien ein Verlust Deutsch-Südtirols abgewendet. In den Pariser Friedensverhandlungen mußte Rom jedoch zugunsten des neuen Staates Jugoslawien (damals SHS, Königreich der Serben-Kroaten-Slowenen) auf die ausgehandelten Gebiete an der Adria verzichten, wofür Wilson in eine Grenzverlegung auf den Brenner einwilligte. Gegen den Protest seiner eigenen Delegation und Österreichs blieb Wilson bei seiner Entscheidung. Als Sonnino zur Rechtfertigung seiner Forderung die von Tolomei gefälschten und italianisierten Landkarten Südtirols vorlegte und auf den frei erfundenen Grenzgipfel „Vetta d'Italia" verwies, soll Wilson angeblich gesagt haben: „Der Name spricht doch für sich." (vgl. dazu die filmische Dokumentation https://www.tirolerland.tv/ettore-tolomei-1-teil/)

9 L'Alto Adige durante la guerra. Annessione e adattamento. Ettore Tolomei Archivio per L'Alto Adige con Ampezzo e Livinalongo. Ettore Tolomei 1915; man vergewissere sich Tolomeis missionarischer Getriebenheit insbesondere auch anhand der luziden Betrachtungen von Wolfgang Strobl, DRUSUS PATER? Ettore Tolomeis rastloser Kampf für die Apotheose des römischen Feldherrn Drusus durch das faschistische Regime in Italien (1922–1943); in: Quellen und Forschungen aus italienischen Archiven und Bibliotheken, hgg. vom Deutschen Historischen Institut in Rom, Bd. 93 (2013), S. 303–362.

10 Die Deutschen brauchen keine Schulen, hgg. vom Verein Südtiroler Geschichte, mit Beiträgen von Karl Saxer, Günther Rauch, Othmar Parteli, Karl Pfeifhofer, Margareth Lun, Miriam Brunner, Eva Klotz, Efrem Oberlechner, Verena Geier, Bernard Wittmann, Johannes Ausserladscheiter; Neumarkt a. d. Etsch (Effekt!-Verlag) 2020.

11 Cosetto Milena: 1900–2000 – Bozen, Schulgeschichten, Bozen (Semirurali_e_dintorni) 2004.

12 Gatterer Claus, Im Kampf gegen Rom, Bozen 1994, hier S. 530. Der von Gatterer genannte Sozialist Cesare Battisti (1875–1916) war führender Trientiner Irredentist im Wiener Reichsrat sowie im Tiroler Landtag und wurde als Hochverräter hingerichtet; Guglielmo Oberdan, geboren 1858 in Triest als Wilhelm Oberdank, änderte seinen Namen, um sich als Italiener zu bekennen, plante ein Attentat auf Kaiser Franz Joseph und wurde 1882 gehenkt.

13 Die Darstellung folgt zuvorderst der grundlegenden Arbeit von Maria Villgrater, Katakombenschule. Faschismus und Schule in Südtirol, Bozen (Athesia) 1984, sowie jener der Milena Cosetto (s. Anm. 11). Eine schätzenswerte Aufbereitung bietet auch das einschlägige Kapitel über die Katakombenschule in der bilokalen Dissertation von Andrea Eberhöfer, Die Entwicklung der in Südtirol eingesetzten Schulbücher von 1919 bis in die 1960er Jahre: Inhaltliche Transformationsprozesse in den Fibeln, Augsburg/Bozen 2009 (freigeschaltet 2011 in: https://opus.bibliothek.uni-augsburg.de/opus4/frontdoor/index/index/docId/1482/.

14 Ein reich illustriertes Werk hat diesem priesterlichen Dienst ein bleibendes Denkmal gesetzt: Helmut Golowitsch, An der Seite des Volkes. Südtiroler Geistliche unter dem Faschismus 1918–1939; Neumarkt a. d. Etsch (Effekt!-Verlag) 2022.

15 Über die Verbotsentwicklung hin zur „zeitungslosen, schrecklichen Zeit" unterrichtete Othmar Parteli in der „Dolomiten"-Ausgabe vom 2. 11. 2001.

16 Eine ausführliche Darstellung der Vorgänge findet sich in: Perkmann, Josef/Günther Rauch, Vergessene Geschichte. Die Zerschlagung der Südtiroler Arbeiterbewegung nach dem Ersten Weltkrieg, Bozen (Athesia) 2020.

17 Tolomeis Orts- und Flurnamenverzeichnis in der dekretierten – und schändlicherweise bis heute gültigen – amtlichen Form von 1923 kann als pdf-Dokument heruntergeladen werden (https://www.mori.bz.it/toponomastica/prontuario.pdf) und/oder ist als Digitalisat auf https://www.mori.bz.it/toponomastica/index.htm abrufbar. Grundlegend in der Darlegung von Werk und Wirkung Tolomeis ist nach wie vor die Monographie von Gisela Framke, Im Kampf um Südtirol. Ettore Tolomei (1865–1952) und das „Archivio per l'Alto Adige", Tübingen 1987.

18 Cristian Kollmanns Begleittext ist auf dem wiederholt eingesehenen Link https://de.scribd.com/doc/2464089/Die-gewaltsame-Italianisierung-der-Familiennamen-in-Sudtirol zur Gänze enthalten. (Zuletzt eingesehen am 26. 7. 2023).

19 Vgl. Videsott, Paul: Die Ladiner nach dem Ersten Weltkrieg – statt Selbstbestimmung Dreiteilung, in: Europäisches Journal für Min-

derheitenfragen (EJM) 2019, Heft 3–4, S. 312–326. Siehe dazu insbesondere: Olt, Reinhard; „Das Schicksal der Deutschtiroler sei auch unser Schicksal". Die Ladiner – ein historisch-politisch-sprachlicher Essay, in: Augst, Gerhard/Ehrismann, Otfrid/Ramge, Hans (Hgg.), Festschrift für Heinz Engels zum 65. Geburtstag, Göppingen 1991, S. 241–253, hier: S. 249.

20 Vgl. hierzu „Flüchten oder standhalten?", in: FAZ vom 6. 11. 1989, S. 10; vgl. insbesondere: Reinhard Olt, Folgen der Option – Ein Kapitel deutsch-italienischer Nachkriegsgeschichte ohne Mitwirkung Österreichs geschlossen, in: FAZ vom 7. 6. 1999, S. 16. Die historiographischen Kontroversen erschließen sich aus den in dem vom Bergsteiger und damaligen grün-alternativen Politiker Reinhold Messner hgg. Buch „Die Option. 1939 stimmten 86 Prozent der Südtiroler für das Aufgeben der Heimat. Warum? Ein Lehrstück in Zeitgeschichte", München (Serie Piper 2133) 1995, enthaltenen Beiträgen und der instruktiven Darstellung dieses Kapitels von Othmar Parteli in dem von ihm verfaßten Halbband „Südtirol" des Bandes 4 „Die Zeit von 1918 bis 1970" der vierbändigen „Geschichte des Landes Tirol", hgg. von Josef Fontana, Peter W. Haider, Walter Leidner, Georg Mühlberger, Rudolf Palme, Othmar Parteli und Josef Riedmann; Bozen (Athesia) 1985–1989.

21 Die Betrachtung folgt im Wesentlichen der Darstellung des Geschehens durch Rolf Steininger https://www.stol.it/artikel/kultur/bildung/es-geht-um-die-zukunft-des-landes (eingesehen am 25. Juli 2023); zur Entwicklung in Südtirol zwischen 1943 und Kriegsende siehe ders.: Südtirol. Vom Ersten Weltkrieg bis zur Gegenwart, Innsbruck 2014, S. 57 f.

TEIL 2: VOM KRIEGSENDE ZUM AUFBEGEHREN DER SÜDTIROLER

Die unmittelbare Nachkriegszeit

Ohne Wissen des deutschen Hauptquartiers hatte SS-Obergruppenführer und General der Waffen-SS Karl Wolff, seit Juni 1944 „bevollmächtigter General der deutschen Wehrmacht", über Schweizer Mittelsmänner Verhandlungen mit den Amerikanern geführt, woraus schließlich am 30. April 1945 ein Waffenstillstand mit den Alliierten resultierte. Von da an blieb Südtirol von weiteren Bombenangriffen der Alliierten verschont. Als diese Anfang Mai in Südtirol eingerückt waren, bildeten sie eine Militärregierung und bestellten zu deren Leiter Bruno De Angelis, einen führenden Funktionär des „Komitees der nationalen Befreiung" („Comitato di Liberazione Nazionale", CLN). De Angelis übernahm die Geschäfte am 17. Mai 1945 vom abgelösten Präfekten Tinzl. Auf Betreiben der Alliierten, insbesondere der Briten und Amerikaner, erhielten aber auch Vertreter der deutschen Bevölkerungsgruppe, die sich, insbesondere im AHB (dem Andreas-Hofer-Bund), gegen den Nationalsozialismus hervorgetan hatten, eine – wenn auch nur eingeschränkte – Mitwirkungsmöglichkeit. Gerald Steinacher ist der umfängliche Nachweis zu verdanken, daß im Rahmen des Zusammenwirkens zwischen dem Office of Strategic Services (OSS), dem Geheimdienst des amerikanischen Kriegsministeriums, mit dem Servizio Informazioni Militare (SIM), dem italienischen Militärgeheimdienst, dafür gesorgt wurde, in Bozen Leute an Schaltstellen zu bringen, die prinzipiell auf den Verbleib des Südteils Tirols bei Italien statt einer Rückgliederung an Österreich hinwirkten. (1)

Der AHB hatte mit Gegenpropaganda gegen die im Zuge der Option verbreiteten Gerüchte zu wirken versucht, wonach den erklärten Dableibern die Verbannung nach Süditalien und Sizilien drohe. Trotz teils gewaltsamen Vorgehens der deutschen Behörden gegen ihn gelang es dem AHB, Kontakte zu den Alliierten aufzubauen und die bestehenden Kontakte zu Präfekt Tinzl zu erhalten. Hans Egarter, führender AHB-Mann und später Gründungsmitglied sowie Funktionär der am 8. Mai 1945 gegründeten Südtiroler Volkspartei (SVP), übermittelte den Alliierten im Sommer 1944 wichtige militärische und politische Informationen. Die Interessen von AHB und CLN unterschieden sich hinsichtlich der Zukunft des südlichen Tirols allerdings fundamental. Während sich der CLN für den Verbleib bei Italien aussprach, war es die erklärte Absicht des AHB, das Land in ein demokratisches Österreich rückzuführen und einzugliedern. (2)

Die von dem Kaufmann Erich Amonn in der Villa Malfèr in Bozen-Gries mit Gleichgesinnten, wovon die meisten dem AHB entstammten, gegründete SVP verlangte das Selbstbestimmungsrecht für die Südtiroler. Sie führt dieses Verlangen als programmatisches Ziel ihres politisch-gesellschaftlichen Wirkens nach wie vor im Parteistatut, wenngleich man ohne Arg festzustellen geneigt ist, daß diese statuarische Vorgabe nurmehr eine Reminiszenz ist, die allenfalls noch den Charakter eines lippenbekenntnisartigen Stehsatzes ohne reelle Wirkkraft aufweist.

Schon seit sich die Niederlage NS-Deutschlands in Umrissen abgezeichnet hatte, setzten im Gebiet der „Operationszone Alpenvorland", zu der das südliche Tirol nach Absetzung Mussolinis und dem Seitenwechsel Italiens 1943 gehörte, italienische Partisanen aus dem „befreiten

Italien" alles daran, Fakten zu schaffen, welche von vornherein für die Zeit nach Kriegsende den Verbleib Südtirols im Stiefelstaat gewährleisten sollten. Es ist das bleibende Verdienst des Historikers und Publizisten Helmut Golowitsch, eindrücklich und mustergültig dokumentiert zu haben, wie diese Insurgenten operierten, um die Südtirol-Frage auf ihre Art und Weise ein für alle Mal zugunsten des abermaligen Kriegsgewinnlers Italien zu beantworten. (3)

Man fragt sich, warum diese zum einen im Bozner, zum andern im Innsbrucker Landesarchiv sowie nicht zuletzt im Österreichischen Staatsarchiv zu Wien frei zugänglichen Sammlungen authentischer Berichte aus dem während des faktischen „Interregnums" von massiven Repressalien überzogenen südlichen Landesteil Tirols sich unbesehen in dunklen Archivmagazinen befanden, bis sie Golowitsch ans Licht hob. Und kann sich eigentlich nur eine naheliegende Antwort geben, nämlich daß die herkömmliche (und zumindest in Teilen ideologisch dogmatisierende universitäre) Zeitgeschichtsforschung zum Südtirol-Konflikt dieses authentische Quellenmaterial ignorierte, weil dessen bestürzender Inhalt der in der Zunft dominanten zeitgeistigen politisch-korrekten „Opinio communis", insbesondere hinsichtlich ihrer quasi kanonisierten Betrachtungen über „bella Italia", zuwiderläuft.

Wie stellt sich nun das Ergebnis der Kärrnerarbeit Golowitschs für uns Nachgeborene dar, und welche gewinnbringende Erkenntnis vermögen wir daraus zu ziehen? Gegen Kriegsende keimte in Südtirol die Hoffnung auf Wiederangliederung an Nord- und Osttirol und damit auf Rückkehr zu Österreich. Alle Kundgebungen, auf denen diesem Wunsch Ausdruck gegeben werden sollten, liefen den Interessen der westlichen Siegermächte zuwider, die, den niedergehenden „Eisernen Vorhang" und den auf Stalins rigider Machtpolitik zur Absicherung des Moskowiter Vorhofs dräuenden Ost-West-Konflikt vor Augen, Italien, wo zudem die KPI zusehends an Anhängerschaft gewann, in ein Bündnis einbauen wollten, weshalb insbesondere Washington die römische Politik tatkräftig unterstützte. Mithin unterlagen in Südtirol alle Bemühungen, dem Wiedervereinigungsverlangen öffentlich Stimme und Gewicht zu verleihen, den vom amerikanischen Militär angeordneten Kundgebungsverboten. Überdies wurden alle Versuche, die zum Ziel hatten, weithin vernehmlich einzutreten für die Selbstbestimmung und für das Recht, sie zu ermöglichen, durch behördlich geduldete Terroraktionen gegen die Bevölkerung unterbunden.

Terror durch „Nachkriegspartisanen" und uniformierte Plünderer

An massiven Übergriffen auf Proponenten von Selbstbestimmung und Rückgliederung sowie gegen die prinzipiell zu Nazis gestempelten deutsch-österreichischen und ladinischen Bevölkerungsteile Südtirols waren neben marodierenden und gleichsam in Banden umherzie-

Bilder: Archiv Golowitsch

Carabinieri und Alpini in Südtirol schritten nicht gegen den Terror ein – Uniformierte beteiligten sich zum Teil sogar daran.

Bilder: Archiv Golowitsch

Italienische Bewaffnete zu Kriegsende – unter ihnen zahlreiche „Nachkriegspartisanen"

Bild: Archiv Golowitsch

Bild: Archiv Golowitsch

Soldaten der Kampfgruppe „Folgore" („Blitz")

henden Trägern italienischer Uniformen vor allem auch Angehörige des sich „antifaschistisch" gebenden italienischen Befreiungsausschusses CLN (Comitato di Liberazione Nazionale) beteiligt. In dessen „Resistenza"-Formation reihten sich naturgemäß vormalige Faschisten ein, die rasch die Montur, aber nicht die Stoßrichtung gewechselt hatten, nämlich die beschleunigte Fortführung der Unterwanderung mit dem Ziel der unauslöschlichen Verwandlung Südtirols in einen in jeder Hinsicht rein italienischen Landstrich.

Im Mittelpunkt der Publikation Golowitschs stehen daher die gegen Personen(gruppen) und Sachen verübten Gewalttaten sowie die im südlichen Tirol zwischen (den Wirren und der eher unübersichtlichen Lage bis zum) Kriegsende 1945 und der Entscheidung der alliierten Außenminister vom 1. Mai 1946, die Forderung Österreichs nach Rückgliederung Südtirols abzuweisen, insgesamt obwaltende Repression. „Nachkriegspartisanen" sowie Gewalttäter aus den Reihen des die amerikanischen Besatzungstruppen ablösenden italienischen Militärs, wie etwa der „Kampfgruppe Folgore" und der „Kampfgruppe Friuli", bedrohten die deutsche und ladinische Bevölkerung, plünderten, raubten, mordeten ungesühnt und hielten damit die aus persönlichem Erleben wie kollektiver Erfahrung seit 1918 eher verängstigte Südtiroler Bevölkerung nieder.

Mit sozusagen von oben begünstigtem, weil staatlich gebilligtem Terror konnte daher im „demokratischen Italien" die nahezu bruchlose Fortführung der faschistischen Politik einhergehen. Es gab eine Reihe Südtiroler Mordopfer. Die an ihnen begangenen Untaten wurden nie gesühnt.

Die Refaschisierung des Landes

Frühere Faschisten wurden weithin in ihre vormals bekleideten Ämter und Funktionen wiedereingesetzt, sodaß sich im öffentlichen Leben allmählich eine faktische Refaschisierung einstellte. Golowitschs Dokumentation fördert klar zutage, wie eben just ab 1945 die römische Zwischenkriegspolitik des Ethnozids im neuen, aber kaum anders gestrickten Gewande fortgesetzt wurde. Deren Bestimmung war es, durch staatlich geförderte Zuwanderung aus dem Süden Italiens die zuvor von Mussolini und seinen Getreuen bis an die „Grenze des Vaterlandes", wie es das geschichtsfälschende faschistische „Siegesdenkmal" in Bozen propagiert, ins Werk gesetzte Auslöschung der deutschen und ladinischen Teile des Tiroler Volkskörpers zu vollenden und das Land an Eisack und Etsch gänzlich der Italianità anzuverwandeln.

Um nur eines von vielen markanten Beispielen aus der Fülle der zeitgenössischen Zeugnisse zu nennen, sei hier jener aufschlußreiche Vermerk vom September 1945 erwähnt, worin es heißt, die am 8. Mai 1945 gegründete (und bis heute im Lande dominante) Südtiroler Volkspartei (SVP) habe wöchentlich mehrere Überfälle, Diebstähle, Raub, Plünderung und Mord bezeugende Tatberichte erhalten. Der „Volksbote", das SVP-Parteiorgan, meldete am 21. März 1946, in einer einzigen Eingabe an die zuständigen Behörden seien 60 teils blutige, teils unblutige Überfälle aufgezählt gewesen.

Sich duckende politische Führung – Klerus auf Seite des Volkes

Zu denen, die derartige Geschehnisse ereignis- und ablaufgetreu wiedergaben sowie nicht selten selbst schriftlich festhielten, in Berichtsform abfaßten und an sichere Gewährsleute übergaben, die sie nach Innsbruck brachten, gehörten in vielen Fällen katholische Geistliche.

Golowitschs Dokumentation förderte auch von Ängstlichkeit, Unterwerfung und Arrangement hervorgerufene Leisetreterei zutage, die sich nicht anders denn als politisches Fehlverhalten charakterisieren läßt. So fürchteten Parteigründer und erster SVP-Obmann Erich Amonn und sein Parteisekretär Josef Raffeiner eigener Aussage zufolge für den Fall, daß sie die ihnen aus Ortsgruppen ihrer Partei zugegangenen Tatberichte öffentlich gemacht hätten, Anklage und Verurteilung wegen des strafbewehrten Delikts „Schmähung der italienischen Nation und der bewaffneten Streitkräfte" aus dem trotz Regimewechsels nach wie vor in Kraft befindlichen faschistischen „Codice Penale". Weshalb sie die Berichte zwar verwahrten, aber verschwiegen. Selbst Vertreter der alliierten Siegermächte, die ja der Form nach die eigentliche Gewalt im Lande hätten innehaben und ausüben müssen, wozu gehört hätte, die offenkundigen italienischen Umtriebe zu unterbinden, setzten sie nur mündlich davon in Kenntnis und konnten allenfalls ein Achselzucken erwarten.

Dasselbe gilt auch für Politiker der unter Viermächte-Statut der alliierten Besatzer stehenden und zwischen 27. April und 20. Dezember 1945 gebildeten Provisorischen Regierung zu Wien, der unter Leitung des sozialistischen Staatskanzlers Karl Renner zu gleichen Teilen Vertreter von ÖVP, SPÖ und KPÖ angehörten. Und ganz besonders gilt es für die aus der er-

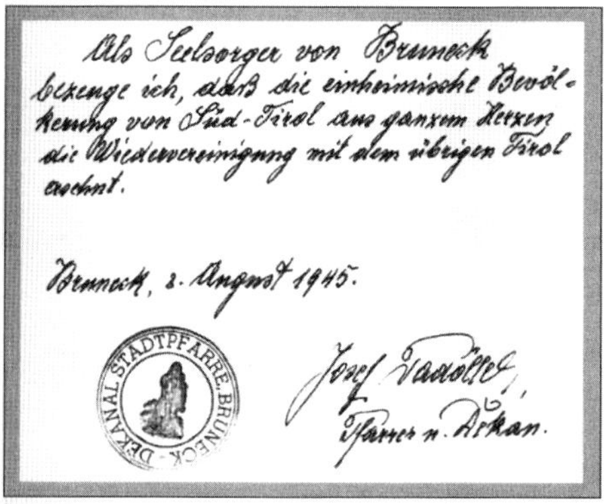

Als Seelsorger von Bruneck bezeuge ich, daß die einheimische Bevölkerung von Süd-Tirol aus ganzem Herzen die Wiedervereinigung mit dem übrigen Tirol ersehnt.

Bruneck, 2. August 1945.

DEKANAL STADTPFARRE BRUNECK

Pfarrer u. Dekan.

Als Seelsorger von Agums-Prad bezeuge ich, daß die einheimische Bevölkerung von Südtirol aus ganzem Herzen die Wiedervereinigung mit dem übrigen Tirol ersehnt.

Agums-Prad, den 3. August 1945

PFARRAMT

Josef Rainalter Pfarrer

Bild: Archiv Golowitsch

Nahezu alle Ortspfarrer Südtirols sammelten und unterschrieben Petitionen, in denen die Wiedervereinigung Tirols und die Rückkehr zu Österreich gefordert wurde.

sten Nationalratswahl (25. 11. 1945) hervorgegangene und vom 20. 12. 1945 bis 8. 11. 1949 amtierende Regierung unter ÖVP-Kanzler Leopold Figl mit sieben Ministern der ÖVP, fünf Ministern (ab 24. 11. 1947 deren sechs) der SPÖ und (bis 24. 11. 1947) einem von der KPÖ gestellten Minister.

Viele der Berichte über die Vorgänge in Südtirol gelangten im Original oder in Abschrift nach Nordtirol und von dort auch zur Kenntnis der in Wien Regierenden, zumal da der auf das Engste mit der Causa „Zukunft Südtirols“ vertraute Außenminister Karl Gruber (ÖVP) Tiroler (mit Wohnsitz in Innsbruck) war. In Wien machte man, auf die Wünsche vor allem der amerikanischen und britischen Besatzungsmächte Rücksicht nehmend, die ja mit den Kommandantura-Sowjets – als den mißtrauischsten und sich stets als gegnerische Macht gebärdenden Besatzern – auskommen mußten, den Inhalt der Südtiroler Berichte nicht zugänglich, um öffentliche Sympathiebekundungen für die Südtiroler und eventuell damit verbundene Aufwallungen gar nicht erst aufkommen zu lassen. Am 5. September 1946, wenige Monate nach Amtsantritt Figls, traf Gruber in Paris jene Vereinbarung mit De Gasperi, die für den von den Siegermächten bestimmten Verbleib Südtirols bei Italien und die damit eingeläutete Nachkriegsentwicklung maßgeblich sein sollte.

Fazit: Wer die dadurch und in den Folgejahren hervorgerufenen Enttäuschungen der Südtiroler ob ihrer neokolonialistischen Unterjochung durch Rom und ihre zunächst hilflose Wut bis hin zur auch gewaltbereiten und gewalttätigen Auflehnung idealistischer Aktivisten des Befreiungsausschusses Südtirol (BAS) vom Ende der 1950er bis hin in die 1970er Jahre sozusagen von der Wurzel her begreifen will, kommt an Golowitschs Dokumentation nicht vorbei. (4)

Das Pariser Abkommen

Am 1. Mai 1946 wiesen die Außenminister der vier Großmächte Forderungen aus Wien, Innsbruck und Bozen nach Ausübung des Selbstbestimmungsrechts, mithin einer Volksabstimmung im südlichen Tirol, ebenso ab wie dessen Rückgliederung bzw. Wiedervereinigung mit dem aus Nord- und Osttirol bestehenden Bundesland Tirol. Am 24. Juni 1946 lehnten sie auch den vom österreichischen Außenminister Karl Gruber ohne Absprache mit den in Paris anwesenden Abgesandten aus (der) Südtirol(er Volkspartei; SVP) Friedl Volgger, Otto von Guggenberg und Hans Schoefl vorgelegten Antrag auf eine „kleine Grenzberichtigung“ (im Pustertal) ab. Auf der Pariser Friedenskonferenz (29. Juli bis 15. Oktober 1946) kam es dann aber zum Abschluß eines Schutzvertrags für das Italien neuerlich zugesprochene Südtirol. Das als Pariser Abkommen oder Pariser Übereinkommen oder auch Südtirol-Abkommen bezeichnete Papier wurde sozusagen „am Rande der Friedenskonferenz“, nämlich in der Gesandt-

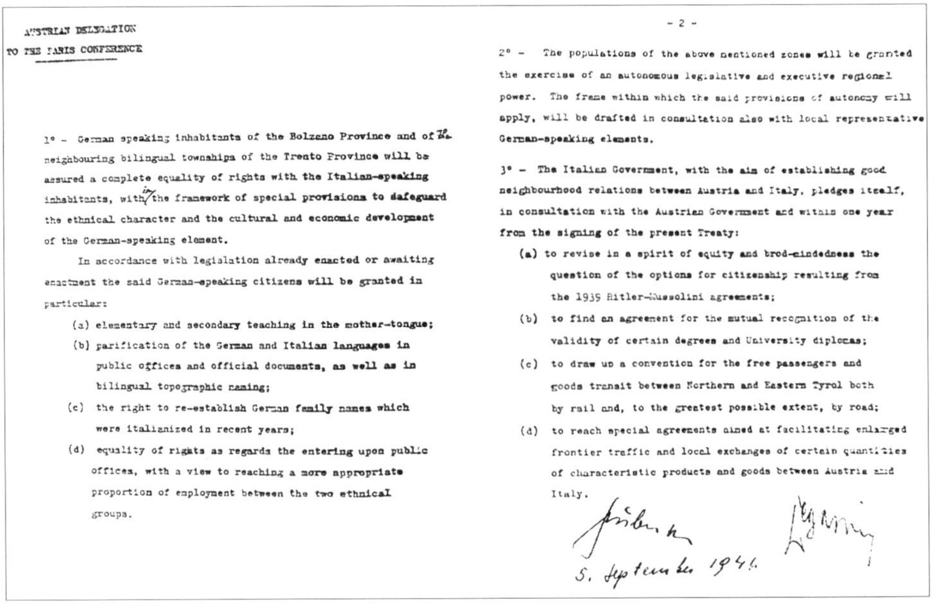

AUSTRIAN DELEGATION
TO THE PARIS CONFERENCE

1° – German speaking inhabitants of the Bolzano Province and of the neighbouring bilingual townships of the Trento Province will be assured a complete equality of rights with the Italian-speaking inhabitants, within the framework of special provisions to safeguard the ethnical character and the cultural and economic development of the German-speaking element.

In accordance with legislation already enacted or awaiting enactment the said German-speaking citizens will be granted in particular:

(a) elementary and secondary teaching in the mother-tongue;
(b) parification of the German and Italian languages in public offices and official documents, as well as in bilingual topographic naming;
(c) the right to re-establish German family names which were italianized in recent years;
(d) equality of rights as regards the entering upon public offices, with a view to reaching a more appropriate proportion of employment between the two ethnical groups.

– 2 –

2° – The populations of the above mentioned zones will be granted the exercise of an autonomous legislative and executive regional power. The frame within which the said provisions of autonomy will apply, will be drafted in consultation also with local representative German-speaking elements.

3° – The Italian Government, with the aim of establishing good neighbourhood relations between Austria and Italy, pledges itself, in consultation with the Austrian Government and within one year from the signing of the present Treaty:

(a) to revise in a spirit of equity and brod-mindedness the question of the options for citizenship resulting from the 1939 Hitler-Mussolini agreements;
(b) to find an agreement for the mutual recognition of the validity of certain degrees and University diplomas;
(c) to draw up a convention for the free passengers and goods transit between Northern and Eastern Tyrol both by rail and, to the greatest possible extent, by road;
(d) to reach special agreements aimed at facilitating enlarged frontier traffic and local exchanges of certain quantities of characteristic products and goods between Austria and Italy.

5. September 1946.

Faksimile entnommen aus: https://www.landtag-bz.org/de/pariser-vertrag-autonomiestatut, S. 68 f.

schaft Roms, am 5. September 1946 vom italienischen Ministerpräsidenten Alcide De Gasperi und von Außenminister Karl Gruber unterzeichnet.

Es sicherte den deutschsprachigen Bewohnern Südtirols sowie der Randgemeinden in der Nachbarprovinz Trient Maßnahmen zur Erhaltung des Volkscharakters sowie der wirtschaftlichen und kulturellen Entfaltung zu. Dazu zählten Schulen in der Muttersprache, Gleichstellung der deutschen Sprache, Gleichberechtigung bei der Einstellung in den öffentlichen Dienst, Revision der Option und, als wichtigste Klausel, die Gewährung einer Autonomie für die Provinz Bozen.

Das Pariser Abkommen wird häufig mit diesem Bild von Gruber (links) und De Gasperi (rechts) verbunden. In Wirklichkeit wurde dieses Foto anläßlich der Unterzeichnung des italienisch-österreichischen Kulturabkommens 1952 in Rom aufgenommen. Von der Unterzeichnung des Abkommens in der italienischen Gesandtschaft zu Paris am 5. September 1946 gibt es keine Bilder.

Der Text des Pariser Vertrages

1. Die deutschsprachigen Bewohner der Provinz Bozen und der benachbarten zweisprachigen Gemeinden der Provinz Trient genießen die volle Gleichberechtigung mit den italienischsprachigen Einwohnern im Rahmen besonderer Maßnahmen zum Schutze der völkischen Eigenart und der kulturellen und wirtschaftlichen Entwicklung der deutschen Sprachgruppe. In Übereinstimmung mit den bereits erlassenen oder zu erlassenden gesetzlichen Maßnahmen wird den Staatsbürgern deutscher Zunge im besonderen gewährt:

- *Volks- und Mittelschulunterricht in ihrer Muttersprache;*
- *Gleichberechtigung im Gebrauch der deutschen und italienischen Sprache in öffentlichen Ämtern und amtlichen Urkunden wie auch in der zweisprachigen Ortsnamengebung;*
- *das Recht, die deutschen Familiennamen wiederzuerwerben, die im Laufe der vergangenen Jahre italienisiert wurden;*
- *Gleichberechtigung bei Zulassung zu öffentlichen Ämtern, zum Zwecke, eine angemessenere Verteilung der Beamtenstellen zwischen den beiden Volksgruppen zu verwirklichen.*

2. *Der Bevölkerung obengenannter Gebiete wird die Ausübung einer autonomen Gesetzgebungs- und Vollzugsgewalt für den Bereich ihrer Gebiete zuerkannt. Der Rahmen, in welchem die besagte Autonomie Anwendung findet, wird noch bestimmt, wobei auch örtliche Vertreter der deutschsprachigen Bevölkerung zu Rate gezogen werden.*
3. *Die italienische Regierung verpflichtet sich, zum Zwecke der Herstellung gutnachbarlicher Beziehungen zwischen Österreich und Italien, nach Beratung mit der österreichischen Regierung und innerhalb eines Jahres nach Unterzeichnung vorliegenden Vertrags:*
   - *im Geiste der Billigkeit und Weitherzigkeit die Frage der Staatsbürgerschaftsoptionen, welche sich aus dem Abkommen Hitler-Mussolini vom Jahre 1939 ergibt, neu zu regeln;*
   - *eine Vereinbarung über die gegenseitige Anerkennung der Gültigkeit gewisser Studientitel und Hochschuldiplome zu treffen;*
   - *ein Abkommen über den freien Personen- und Güterverkehr zwischen Nordtirol und Osttirol auf dem Schienenwege und in möglichst weitgehendem Umfange auch auf dem Straßenwege zu treffen;*
   - *Sonderabmachungen zur Erleichterung eines erweiterten Grenzverkehrs und örtlichen Austausches bestimmter Mengen heimischer Erzeugnisse und Güter zwischen Österreich und Italien zu treffen.*

(übernommen aus https://www.provinz.bz.it/pariservertrag/vertrag/vertrag.asp)
Das Abkommen wurde als Anhang IV in den am 10. Februar 1947 in Paris unterzeichneten Friedensvertrag mit Italien aufgenommen. Dort heißt es unter

„Bestimmungen, die von der Österreichischen und Italienischen Regierung am 5. September 1946 vereinbart wurden:

1. *Den deutsch sprechenden Einwohnern der Provinz Bozen und der umliegenden zweisprachigen Stadtgemeinden der Provinz Trient wird im Rahmen besonderer Bestimmungen zur Sicherung des ethnischen Charakters und der kulturellen und wirtschaftlichen Entwicklung des deutsch-sprachigen Elements vollständige Rechtsgleichheit mit den italienisch sprechenden Einwohnern zugesichert.*
   Im Einklang mit der bereits erlassenen oder noch zu erwartenden Gesetzgebung wird den besagten deutschsprachigen Einwohnern insbesondere gewährt:
   a) Unterricht in Grund- und Höheren Schulen in der Muttersprache;
   b) Gleichstellung der deutschen und italienischen Sprache in öffentlichen Dienststellen und offiziellen Dokumenten, sowie in doppelsprachiger topographischer Benennung;
   c) Das Recht, deutsche Familiennamen wieder einzuführen, die in den kürzlich vergangenen Jahren italienisiert wurden;
   d) Rechtsgleichheit bezüglich des Eintritts in öffentliche Ämter mit dem Ziel, ein angemessenes Verhältnis der Beschäftigung zwischen den beiden Volksgruppen zu erreichen.
2. *Der Bevölkerung der oben erwähnten Zonen wird die Ausübung autonomer legislativer und exekutiver Gewalt für diese Gegend gewährt werden. Der Rahmen, in dem die besagten Autonomiebestimmungen sich halten werden, wird in Beratung auch mit deutschsprachigen Elementen als örtlichen Vertretern entworfen werden.*

3. *In der Absicht, gutnachbarliche Beziehungen zwischen Österreich und Italien zu schaffen, verpflichtet Italien sich feierlich, in Beratung mit der Österreichischen Regierung und innerhalb eines Jahres von der Unterzeichnung des vorliegenden Vertrages an:*
   a) *die aus den Hitler-Mussolini-Abkommen von 1939 herrührende Frage der Optionen für die Staatsangehörigkeit in einem Geist der Gerechtigkeit und Großzügigkeit zu revidieren;*
   b) *eine Vereinbarung für die gegenseitige Anerkennung der Gültigkeit gewisser Grade und Universitätsdiplome zu erzielen;*
   c) *ein Übereinkommen für den freien Passagier- und Gütertransit zwischen Nord- und Osttirol sowohl auf dem Schienenweg als auch in größtmöglichem Ausmaß auf dem Straßenweg abzufassen;*
   d) *Sonderabkommen zu treffen mit dem Ziel, den vergrößerten Grenzverkehr und den örtlichen Austausch gewisser Mengen charakteristischer Produkte und Güter zwischen Österreich und Italien zu erleichtern."*

(https://www.verfassungen.eu/it/frieden47-i.htm; eingesehen am 4. 9. 2023)

Zur Genese des umstrittenen Abkommens

Das Abkommen und die Folgen, die es hervorrief, sind unter Parteien zwischen Wien, Innsbruck und Bozen je nach politischer Couleur respektive „regierender" oder „opponierender" Stellung wie unter Historikern und deren jeweiligem „erkenntnisleitendem Interesse" höchst umstritten. Wenn, wie zu den Feierlichkeiten 2016 respektive 2021, Vertreter der „ersten politischen Garden" aus Wien und Rom sowie aus Innsbruck und Bozen zusammenkommen, stimmen sie beim Champagnisieren Elogen auf diese angebliche „Magna Charta für Südtirol" an. Wer dazu aus welchen Gründen auch immer – und es gibt deren einige – nicht mitzumachen bereit ist, wird kurzerhand zum „Ewiggestrigen" erklärt. Wiederum andere haben sich mit dem Pariser Vertrag nolens volens arrangiert, wenngleich er für sie wie für Bruno Kreisky, der einst als Wiener Außenminister die Südtirol-Frage vor die Vereinten Nationen (UN) trug, ein „einmaliges Dokument österreichischer Schwäche" ist. Und schließlich gibt es jene, die neben Inhalt und Folgen des Vertrags vor allem dessen Zustandekommen als „Verrat an den Südtirolern" erachten.

Wie war es damals überhaupt zu diesem Vertrag gekommen? Laut einem Bericht der „Neuen Zürcher Zeitung" (NZZ) ließ Rom am 24. August 1945 verlauten, man werde dem Aostatal und der dortigen mehrheitlich ethnisch französischen Bevölkerung „die vollständige sprachliche Gleichberechtigung" sowie „eine großzügige, neuartige administrative Dezentralisierung in allen örtlichen Angelegenheiten gewähren". Die italienische Regierung beabsichtige zudem, „Maßnahmen für die östlichen und nördlichen Grenzgebiete nach dem Vorbild der dem Aostatal gewährten Autonomie auszuarbeiten und zu diesem Zweck mit den Vertretern der Bevölkerung und der örtlichen Interessen Fühlung zu nehmen".

„Wiederherstellung der Freiheit für Südtirol"

Das dürfte den Vertretern der alliierten Siegermächte im „Rat der Außenminister" – einer aus der Konferenz von Potsdam hervorgegangenen Einrichtung – gerade rechtgekommen sein und bereits als Signal für die Londoner Außenministerkonferenz (11. September bis 2. Oktober 1945) genügt haben, um Grubers Ersuchen rundheraus abzulehnen: Der Tiroler Landeshauptmann und Außenamtsstaatssekretär in der provisorischen Regierung unter Staatskanzler Karl Renner hatte in gleichlautenden Telegrammen an den amerikanischen Präsidenten Harry S. Truman und dessen Außenminister James F. Byrnes, an den britischen Außenminister Ernest Bevin, an Charles de Gaulle, Chef der provisorischen Regierung Frankreichs, und dessen Außenminister Georges Bidault sowie an den sowjetischen Generalissimus (Iosif Wissarionowitsch Dschugaschwili) Stalin und dessen Außenminister Wjatscheslaw Michailowitsch Molotow um „die Wiederherstellung der Freiheit für Südtirol" sowie „Vorbereitung einer

Bild: Chronik Südtirol

Karl Gruber, damals provisorischer Landeshauptmann von Tirol, auf der Südtirolkundgebung am 4. September 1945 in Innsbruck, bei der Tausende die Rückkehr Südtirols zu Österreich forderten.

Volksabstimmung" zwischen Brenner und Salurner Klause und um „Zulassung einer österreichischen Delegation zu den Verhandlungen" ersucht (s. o.).

In Innsbruck hatten Gruber und sein kurzzeitiges Regierungsmitglied Eduard Reut-Nicolussi auf einer Großkundgebung vor 30.000 Menschen am 4. September 1945 gesprochen; in der dort verabschiedeten Resolution wurde die Rückkehr des südlichen Landesteils zu Tirol und Österreich gefordert.

General Marie Émile Antoine Béthouart, Kommandeur der französischen Besatzungstruppen, ließ seine Sympathie dafür offen erkennen. Am 28. September erreichte ihn allerdings ein Exposé des Quai d'Orsay, worin es hieß, wegen „der ungewissen Zukunft Österreichs angesichts einer dauerhaften sowjetischen Besatzungszone" sei „eine Rückgabe Südtirols aus strategischen Gründen sehr gefährlich", denn damit drohe eine „Ausbreitung der sowjetischen Einflussnahme bis zur Po-Ebene".

Wien: Selbstbestimmung und Rückgliederung

Derweil legte sich die provisorische österreichische Regierung Renner am 5. September per Kabinettsratsbeschluß auf die Forderung nach Selbstbestimmung für Südtirol fest. Sie richtete ein Memorandum an die Londoner Außenministerkonferenz, in welchem sie die „Rückgliederung Südtirols" forderte. In London, wo es seit 11. September primär um die Behandlung des Friedenschlusses mit Italien sowie um Friedensverträge mit Rumänien, Bulgarien, Ungarn und Finnland ging, vereitelte der Brite Bevin den Vorschlag des Amerikaners Byrnes nach einschränkungsfreier Anhörung Wiens zur österreichisch-italienischen Grenze sowie Entsendung einer Untersuchungskommission. Schon am 14. September legten sich die Außenminister auf die Beibehaltung der Brennergrenze fest, wobei Byrnes eine Zusatzformel im Hinblick auf territoriale Regelungen einbrachte, in der es hieß: *„Die Grenze mit Österreich wird unverändert bleiben, mit der Ausnahme, jeden Fall zu hören, den Österreich für kleinere Grenzberichtigungen zu seinen Gunsten vorbringt."*

Von alldem wußte man jedoch weder in Wien und Innsbruck noch in Bozen etwas. In Wien überreichte die Regierung Renner am 12. September dem Alliierten Rat ein „Memorandum über die Rückgliederung Südtirols an Österreich", worin sie darum ersuchte, es möge „eine über die Zugehörigkeit dieses Gebietes endgültig entscheidende, freie Volksabstimmung angeordnet" werden. Auf zwei Kundgebungen in Anwesenheit Renners sowie führender Vertreter der von den Besatzungsmächten zugelassenen Parteien (ÖVP, SPÖ, KPÖ) wurden am 3. und am 14. Oktober Resolutionen für die Rückkehr Südtirols verabschiedet; am 5. November überreichte die Regierung dem Alliierten Rat zur Weiterleitung an die jeweiligen Regierungen ein weiteres Memorandum zur Südtirol-Frage.

Rom täuscht

Derweil bemühte sich Italien um die Forcierung seiner Interessen und Ziele. Dem auf Täuschung zielenden „Beweis guten Willens“ unter Hinweis De Gasperis auf das Aostatal diente das am 27. Oktober erlassene Gesetzesdekret 755, mit dem „deutsche Schulen in Südtirol genehmigt“ wurden. Am 4. November sprach er in Mailand von der „Notwendigkeit der Brennergrenze für die Entwicklung und Verteidigung Italiens“.

Zur österreichischen Forderung nach einer Volksabstimmung in Südtirol hieß es in einer von italienischen Presseorganen am 20. November wiedergegebenen Verlautbarung aus Rom: „Es gibt überhaupt keine Südtiroler Frage. Alles, was sich auf Südtirol bezieht, ist eine inneritalienische Angelegenheit, die Italien in versöhnlichem Geiste lösen will.“ Und in einem am 7. Dezember in der in Bozen erscheinenden Zeitung „Alto Adige“ veröffentlichten „Offenen Brief“ des Präfekten Bruno De Angelis, eines vormaligen Faschisten, an die SVP-Führung hieß es, die italienische Regierung sei der Auffassung, daß die Südtirolfrage mittels Erlaß eines Autonomiegesetzes gelöst werden sollte.

Gruber, nach der infolge Nationalratswahl vom 25. November (ÖVP 85, SPÖ 76, KPÖ 4 Sitze) gebildeten ersten regulären Regierung unter Kanzler Leopold Figl (ÖVP) nunmehr auch formell Außenminister, schlug daraufhin vor, die offenen wirtschaftlichen Fragen bezüglich Südtirols „durch eine österreichisch-italienische Treuhandgesellschaft klären und lösen zu lassen“.

De Gasperi erklärte indes nach einer Kabinettssitzung am 14. Dezember, es werde eine „Kommission zur Ausarbeitung einer Verwaltungsautonomie für Südtirol“ gebildet, „die aus Vertretern beider Nationalitäten zusammengesetzt sein“ solle. Zwei Wochen später ließ er verlauten, die Provinz Alto Adige gehöre zur „geographischen Einheit Italiens“. Und: „Die Grenzen eines Staates mit 45 Millionen Einwohnern können nicht durch unbedeutende Minderheiten entschieden werden, die noch dazu zum Großteil Nazi-Anhänger waren und vor und nach dem Kriege Hitler halfen.“ Sozusagen als Kontrapunkt zur österreichischen Note an den Alliierten Rat richtete er zu Jahresbeginn 1946 an die Botschafter der Alliierten in Rom eine Note, in welcher er am Verbleib Südtirols bei Italien festhielt, zumal es „unentbehrliches Hinterland für die Industrie der Po-Ebene“ sei.

Gruber ließ daraufhin am 21. Januar 1946 dem Alliierten Rat ein Memorandum zukommen, worin er für den Fall der Rückgliederung Südtirols anbot: Verbleib der Wasserkräfte bei Italien und deren Nutzung durch österreichisch-italienische Gesellschaften; freie Wahl der Staatsbürgerschaft für die in Südtirol lebenden Italiener bei privilegiertem Sonderstatus hinsichtlich Sprache und Kultur; Unterstellung Südtirols unter UN-Schutz der Vereinten Nationen; Gewährung einer Freihafenzone für Italien an der Donau. Daraufhin bekundete William B. Mack, Vertreter des britischen Foreign Office in Wien – London hatte ihn zwei Wochen zuvor bereits wissen lassen, es bestünden keine Einwände, die österreichische Regierung über die „provisorische Entscheidung“ zu informieren, daß Südtirol „mit Ausnahme kleinerer Grenzänderungen“ nicht zu Österreich zurückgelangen werde –, Grubers Memorandum sei „ein großzügiger und staatsmännischer Beitrag zur Lösung des Problems“.

Bevin: Italien wichtiger als Österreich

Wiewohl im britischen Oberhaus Sympathie für eine Rückgliederung Südtirols an Österreich vorherrschte, ließ Außenminister Bevin im Unterhaus keinen Zweifel daran, daß wegen der Entwicklung hin zum „Eisernen Vorhang“, der sich, wie Winston Churchill in einer Rede dargelegt hatte, „von der Ostsee bis Triest über Europa gelegt“ habe, Italien für den Westen wichtiger sei als Österreich. Daher könne es bis auf kleinere Berichtigungen keine Grenzänderungen geben. Weder die an Kanzler Leopold Figl am 22. April in Innsbruck während einer

Bild: Landeshauptstadt Innsbruck

Zwölf Buben in Meraner Tracht übergeben Figl am 22. April 1946 in Innsbruck 155.000 Südtiroler Unterschriften mit der Bitte, sich verstärkt dafür einzusetzen, daß die „verlorene Heimat" wieder an Österreich komme.

Großkundgebung übergebenen und später nach Paris weitergereichten 155.000 Unterschriften von Südtirolern für die Wiedervereinigung Tirols noch die Forderung nach Gewährung der Selbstbestimmung, wie sie auf Kundgebungen – trotz diverser Behinderung durch italienische Stellen – in Innichen, Brixen, Bozen und Meran erhoben worden waren, konnten die Alliierten dazu bringen, wenigstens eine – selbst auch vom Amerikaner Byrnes ins Spiel gebrachte, aber von Molotow abgelehnte – Kommission zur Ergründung der Verhältnisse zu entsenden.

Auch Grubers im Auftrag Figls an die Alliierten gerichtete Bitte um Anhörung einer österreichischen Delegation blieb unbeantwortet. Derweil passte die von Nicolò Carandini, dem von De Gasperi mit der Verhandlungsführung betrauten italienischen Botschafter in London, vorgebrachte Bekundung, wonach Italien eine „liberale und demokratische Politik betreiben" und „lokale Autonomien" wie im Falle Aosta installieren werde, eher zu den Plänen der Siegermächte, vornehmlich der westlichen.

Ablehnung der „Bozen-" und der „Pustertal-Lösung"

Wiewohl er – ebenso wie die Regierung Figl – offiziell für Selbstbestimmung und Rückgliederung des ganzen südlichen Tiroler Landesteils eintrat, überreichte Gruber offenbar unter dem Eindruck, der Inhalt könne unter dem Rubrum „kleinere Grenzberichtigungen" Wirkung entfalten, am 12. April ein geheimes, namentlich nicht gezeichnetes Memorandum an Mack. Im Wesentlichen sollte gemäß dem darin enthaltenen Vorschlag Südtirol einschließlich der Stadt Bozen – aber ohne deren während des Faschismus aus dem Boden gestampfte Industriezone und ohne erhebliche Teile des Südtiroler Unterlands – zu Österreich kommen. Doch dies fand ebensowenig Gehör wie seine später – formell in eine Regierungsnote gekleidete – angebotene „Pustertal-Lösung". Sie sah dessen Rückgliederung vor, womit die direkte Verbindung Nordtirols mit (dem wegen des Grenzverlaufs abgetrennten) Osttirol möglich geworden wäre; wiewohl Mack bekundet hatte, Bevin sei bereit, Österreich zu unterstützen, sofern es Anspruch auf das Pustertal erhebe.

Am 11. Mai hatte Norbert Bischoff, Österreichs Gesandter in Paris, im Auftrag der Bundesregierung eine an die tagende Vier-Mächte-Außenministerkonferenz gerichtete Note übergeben, in der die Rückgliederung des Pustertals, des oberen Eisacktales und der Stadt Brixen als „kleinere Grenzberichtigung" mit der Begründung der Wiederherstellung einer direkten Eisenbahnverbindung zwischen Nord- und Osttirol verlangt wurde. Am 30. April bestätigten Bidault, Byrnes, Bevin und Molotow jedoch den schon am 14. September 1945 gefaßten Beschluß, „keine größeren Grenzveränderungen zwischen Österreich und Italien vorzunehmen". Und am 1. Mai bekräftigten sie die damalige Festlegung, wonach Südtirol bei Italien bleibe und das von der Regierung in Wien sowie in mehreren auf Kundgebungen beschlossenen Resolutionen geforderte Plebiszit abgelehnt werde.

Massive Vorbehalte gegen Grubers Politik

Die Bekanntgabe bewirkte in Tirol einen allgemeinen fünfstündigen Proteststreik sowie Demonstrationen, auch in Bozen, Meran und Brixen kam es zu Protestkundgebungen. Sämtliche Glocken Tirols läuteten zum Zeichen der Trauer. In Wien demonstrierten mehr als 100.000 Menschen für die Selbstbestimmung der Südtiroler und die Rückkehr des Landesteils zu Österreich.

Derweil klammerte man sich in Südtirol an die auch von der Veröffentlichung einer Stellungnahme des Kanonikus Michael Gamper im „Volksboten" (2. Mai) und in den „Dolomiten" (3. Mai) genährte Hoffnung, wonach in der Festlegung der Außenministerkonferenz lediglich eine „Vorentscheidung" zu sehen und „keineswegs das letzte Wort über Südtirol" gesprochen sei. Auch die persönliche Vorsprache Grubers bei Bevin – aufgrund erstmaliger Einladung nach Paris und Weiterreise nach London – änderte daran kein Jota. Ins Leere ging auch sein unterdessen bekanntgewordener und von der gesamten österreichischen Regierung mittels formellen Verlangens gebilligter Vorstoß in Sachen Pustertal-Lösung – bei Aufrechterhaltung eines Rechtsvorbehalts auf Südtirol als Ganzes.

Daraufhin kamen in einer Besprechung von Vertretern Nord- und Südtirols am 10. Juni in Innsbruck massive Vorbehalte gegen die Politik des Außenministers zum Ausdruck, und der stellvertretende Landesregierungschef Franz Hüttenberger (SPÖ) warf „den für Österreichs Außenpolitik verantwortlichen Männern" vor, sie hätten „in der Behandlung des Problems Ungeschicklichkeiten begangen, welche die gerechte Sache Südtirols ungünstig beeinflussen". In der zwischen 15. Juni und 12. Juli zu Paris fortgesetzten Viermächte-Außenministerkonferenz wurde Österreichs Anspruch auf Südtirol abermals abgelehnt.

Im Unterhaus Protest der Konservativen gegen Bevin

Im britischen Unterhaus protestierten derweil 150 Abgeordnete (vornehmlich der Konservativen) formell gegen die Entscheidung der Außenministerkonferenz in Paris über die Belassung Südtirols bei Italien. In der Erklärung hieß es, die einstige Abtrennung Südtirols von Österreich im Friedensvertrag von Saint-Germain sei „die ernsthafteste Verletzung des von Wilson aufgestellten Grundprinzips der Selbstbestimmung der Völker gewesen". Labour-Premier Bevin antwortete auf die enthaltene Frage, ob „Großbritannien den schmutzigen Schacher, den der Berliner Pakt zwischen Hitler und Mussolini über Südtirol darstellte, unterschreiben wolle", Österreich sei noch nicht frei, und man wisse nicht einmal, ob Ostösterreich nicht vom Westen ganz abgeschnitten werde. Die Entscheidung über Südtirol sei im September 1945 in London gefallen, und er habe sich einverstanden erklärt und trage dafür die Verantwortung.

Gruber kontaktiert De Gasperi

Wenngleich die SVP in einem Telegramm vom 17. Juli an das britische Oberhaus den Anspruch auf Selbstbestimmung erhob und bat, die Südtiroler dabei zu unterstützen, erklärten sich ihr Obmann Erich Amonn und ihr Generalsekretär Josef Raffeiner gegenüber dem Bozner Präfekten Silvio Innocenti zur Mitarbeit in der Autonomiefrage bereit. Beide dementierten allerdings später Vorhaltungen, wonach sie sich mit De Gasperis letztlich zum Tragen gekommenem Autonomieprojekt (Südtirol zusammen mit dem Trentino) einverstanden erklärt gehabt hätten, wie es Innocenti und De Gasperi in der Öffentlichkeit darstellten. Gruber ließ indes De Gasperi über den italienischen Botschaftssekretär Roberto Gaja wissen, er sei zu einem „Gespräch über freundschaftliche Beziehungen und der Zusammenarbeit" bereit, woraufhin De Gasperi am 20. Juli via Gaja mitteilen ließ, daß er dazu bereit sei, wenn territoriale Fragen nicht zur Diskussion stünden.

Die Pariser Friedenskonferenz

Im Pariser Palais Luxembourg begann am 15. Juli die Friedenskonferenz; sie dauerte bis 15. Oktober 1946. Der Konferenz lagen die Entwürfe des Rates der Außenminister der Großen Vier respektive der von ihnen beauftragten Stellvertreter zu den Friedensverträgen mit Italien, Finnland, Bulgarien, Rumänien und Ungarn sowie noch nicht geklärte Fragen vor. Den insgesamt 21 Delegationen wurden vier Südtirol-Memoranden unterbreitet, in denen eine Volksabstimmung über dessen Zukunft verlangt wurde: eines von der österreichischen Bundesregierung; ein vom SVP-Obmann Amonn und dem Vorsitzenden der Sozialdemokratischen Partei Südtirols, Lorenz Unterkircher, sowie vier Südtiroler Mitgliedern des letzten gewählten italienischen Parlaments und sieben Mitgliedern des letzten gewählten Südtiroler Landtags unterzeichnetes; ein drittes von Vertretern der Ladiner; schließlich das vierte vom Brixner Fürstbischof Johannes Geisler. Die SVP hatte einer – offiziell nicht zugelassenen – Südtiroler Delegation (Friedl Volgger, Otto von Guggenberg und Hans Schoefl) als Vorgabe aufgetragen: Falls kein Plebiszit durchsetzbar sei, möge man entweder auf eine „Liechtenstein-Lösung" oder auf ein „Südtirol unter internationaler Kontrolle" oder auf eine „Autonomie" (allerdings nur unter den Bedingungen einer internationalen Garantie und ausschließlich für die Provinz Bozen) hinwirken.

Auftritte De Gasperis und Grubers

De Gasperi trat am 10. August vor die Friedenskonferenz und erklärte, hinsichtlich des „Alto Adige" werde eine „weitreichende Autonomie vorbereitet", und die Vertreter Südtirols hätten einer „Regionalautonomie bereits zugestimmt". Nach dem Beschluß zur Anhörung Österreichs – wogegen die Sowjetunion, Weißrußland und die Ukraine (die Sitz und Stimme in der UNO hatten und bei der Friedenskonferenz anwesend waren), Polen, Jugoslawien und die Tschechoslowakei stimmten – reiste Gruber nach Paris und vertrat am 21. August in seiner (zusammen mit Figl ausgearbeiteten) Rede vor der Vollversammlung der Konferenz den bekannten Standpunkt Wiens. Auch das am 25. August der Konferenz vorgelegte Südtirol-Memorandum Österreichs führte letztlich nicht zu einer Änderung der Alliierten-Position, Südtirol bei Italien zu belassen.

Es ging nur mehr um eine Autonomie-Lösung

Im weiteren Fortgang der Ereignisse stand infolgedessen nur mehr die Autonomie-Frage im Mittelpunkt aller Überlegungen. Nach einer Unterredung Grubers mit den Delegierten Belgiens, die ihm nahelegt hatten, sich um eine direkte Einigung mit Italien zu bemühen, sowie Gesprächen mit Nicolò Carandini (italienischer Botschafter in London und Sonderbeauftragter für Paris) sowie Frankreichs Außenminister Bidault verlangte Gruber von den Südtiroler Delegierten am 23. August, sie sollten ihm ihre Autonomie-Vorstellungen unterbreiten. Volgger, von Guggenberg und Schoefl brachten am 26. August ihr Mißfallen zum Ausdruck, daß in dem von Gruber dem Generalsekretariat der Friedenskonferenz überreichten neuen Memorandum der österreichischen Regierung lediglich „eine Verwaltungsautonomie, wie sie Italien den Aostanern gewährt", verlangt worden sei. Damit habe Gruber „vorzeitig alle Karten aufgedeckt", und es werde „offenkundig, wie weit nachzugeben die österreichische Regierung bereit" sei. Das Heranziehen der Aostatal-Autonomie als Muster kritisierten sie als „verunglückt und gefährlich".

Dessenungeachtet deutete Gruber gegenüber Carandini die Bereitschaft an, Innocentis Vorschläge zur Grundlage für die Autonomie zu machen; dies allerdings nur unter der Bedingung, daß sie in einigen Punkten modifiziert würden. Doch auf die von Österreich gewünschte „eindeutige territoriale Abgrenzung des autonomen Gebiets" ließ sich De Gasperi gar nicht erst ein.

Als Carandini mit dessen unveränderlichen Instruktionen am 1. September nach Paris zurückgekehrt war, kam es zu heftigen Auseinandersetzungen zwischen Gruber und der Südtiroler Delegation. Diese nannte den Vorschlag Carandinis (und somit De Gasperis) ungenügend und wies ihn glatt zurück.

Vertrag ohne klare Geltungsfestlegung

Nachdem Gruber die Bereitschaft bekundet hatte, die Frage der Nennung des territorialen Geltungsbereichs der Autonomie offenzulassen und keine Formel zu verlangen, die das autonome Gebiet unbedingt auf die Provinz Bozen beschränkte und Carandini sozusagen absichtsverschleiernd zusagte, nicht direkt auf die Vereinigung der beiden Provinzen Bozen und Trient hinzuweisen, war der Weg für die Unterzeichnung zwischen Alcide De Gasperi und Karl Gruber am 5. September 1946 in der italienischen Gesandtschaft zu Paris geebnet. Just die von ihm reklamierte und von Gruber zugestandene Unbestimmtheit der territorialen Geltung nutzte De Gasperi – wider sein Versprechen, die Südtiroler vor Änderungen zu hören – schamlos zugunsten der erst noch formell und institutionell zu schaffenden Region Trentino-Alto Adige (Autonomiestatut vom 29. Januar; in Kraft getreten am 14. März 1948) aus. Deshalb sorgte das Abkommen in der Folge für fortdauerndes Mißtrauen und daher gerechtfertigte Auflehnung in Südtirol.

Der oberösterreichische Historiker und Publizist Helmut Golowitsch – als junger Mann in den 1960er Jahren selbst an Aktionen gegen italienische Einrichtungen beteiligt und nach Festnahme mehrere Jahre in italienischer Haft – hat indes in einer beachtlichen Dokumentation aufgezeigt, daß Figl wider die von Gruber in Paris bei Gesprächen mit Viermächte-Vertretern sowie Italiens Verhandlungsbeauftragtem Carandini vorgetragenen Forderungen gegenüber De Gasperis Einlassungen signalisierte, daß sich Wien dem nicht wirklich entgegenstellen werde. Dies vollzog sich Golowitschs Dokumentation zufolge zuvorderst im Geheimen, und zwar über den Kärntner Unternehmer Rudolf Moser, einen Mitkämpfer aus der gemeinsamen Zeit bei den einstigen Ostmärkischen Sturmscharen, in deren Reihen Moser als Gauführer und Figl als niederösterreichischer Landesführer fungierten. (5)

Moser betätigte sich als beflissener italophiler Emissär und machte sich dabei seine über vielfältige Geschäftsbeziehungen mit Italien entstandenen engen Beziehungen zu führenden

Gauführer Moser

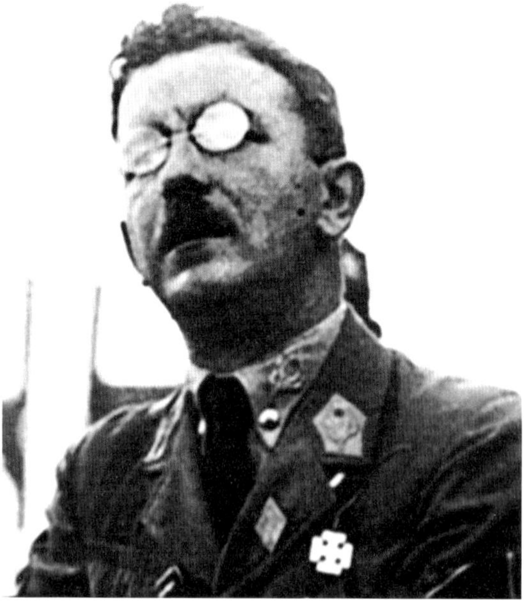

Bild: Archiv Golowitsch

Landesführer Figl

Bild: Archiv Golowitsch

Als Kanzler Figl in Innsbruck 155.000 Unterschriften für die Rückkehr Südtirols zu Österreich entgegennahm und „Wir wollen unser Südtirol wieder!" ausrief, hatte der geheime Emissär Rudolf Moser (links im Bild) dem italienischen Ministerpräsidenten De Gasperi (im Vordergrund) bereits die Bereitschaft Wiens zum Verzicht auf Südtirol übermittelt.

DC-Politikern und in den Vatikan zunutze. Die Signale, die er aus Wien übermittelte und allem Anschein nach noch aus eigenem Antrieb anreichernd verstärkte, lassen für heutige Betrachter eigentlich nur den Schluß zu, daß es den führenden politisch Handelnden in Wien, insbesondere den damaligen Granden der ÖVP, mindestens so sehr wie auf Bedachtnahme auf (die) Südtirol(er), vielleicht mehr noch, auf gutes Auskommen mit Rom und vor allem auf gedeihliches Einvernehmen mit der weltanschaulich der ÖVP gleichartigen Democrazia Cristiana (DC) angekommen war. Aus dem persönlichen Nachlaß des Rudolf Moser, den Golowitsch aufgearbeitet und durch hinterlassene Papiere Figls aus dem Niederösterreichischen Landesarchiv angereichert hat, geht zweifelsfrei hervor, daß es im für Südtirol entscheidenden politischen Nachkriegsgeschehen Geheimtreffen zwischen Figl und De Gasperi gab, die Moser minutiös mitorganisiert hatte.

Der Emissär

In Italien, wohin seine Firma gute Geschäftskontakte unterhielt, hielt sich Moser häufig für längere Zeit auf und kam mit namhaften Persönlichkeiten des Staates ebenso wie mit katholischen Kreisen und dem Klerus in engen Kontakt. Moser, den auch Papst Pius XII. mehrmals in Rom persönlich empfing, wirkte zudem als Vertrauensmann des Vatikans. Insofern nimmt es nicht wunder, daß sich der die italienische Sprache mündlich wie schriftlich nahezu perfekt beherrschende und absolut diskret agierende Moser nach 1945 geradezu ideal für die Aufnahme, Pflege und Aufrechterhaltung einer trotz Südtirol-Unbill dennoch äußerst belastbaren Verbindung zwischen ÖVP und Democrazia Cristiana (DC) eignete, die sich weltanschaulich ohnedies nahestanden. Dazu paßte, daß er sich der Rolle des (partei)politischen Postillons und verdeckt arbeitenden Unterhändlers mit geradezu missionarischem Eifer hingab.

Das erste für das Nachkriegsschicksal der Südtiroler bedeutende und in seiner Wirkung fatale Wirken Mosers entfaltete sich im Frühjahr 1946. Während nämlich die österreichische Bundesregierung offiziell – besonders Kanzler Figl, der in seiner Regierungserklärung am 21. Dezember 1945 vor dem Nationalrat gesagt hatte: *„Eines aber ist für uns kein Politikum, sondern eine Herzenssache, das ist Südtirol. Die Rückkehr Südtirols nach Österreich ist ein Gebet jedes Österreichers"* – die Selbstbestimmungslösung mittels Volksabstimmung verlangte, die Außenminister Gruber gegenüber den Siegermächten und dem Vertreter Italiens in Paris bis dahin einigermaßen aufrechterhalten hatte, wurde Rom auf der Ebene parteipolitischer Beziehungen vertraulich darüber in Kenntnis gesetzt, daß sich Wien gegebenenfalls auch mit einer Autonomielösung anstelle eines Plebiszits einverstanden erklären könne. Das Signal dazu gab Figl via Moser, der über Vermittlung eines Priesters aus dem Trentino den gebürtigen Trientiner De Gasperi am 3. April 1946 im Palazzo del Viminale, dem Amtssitz des italienischen Ministerpräsidenten, zu einer ausgiebigen geheimen Unterredung traf.

Daß das Duo Figl/Moser damit Grubers Aktivitäten konterkarierte, dürfte auch dem Umstand geschuldet gewesen sein, daß die beiden ÖVP-Politiker Figl und Gruber sozusagen „in herzlicher Abneigung" einander zugetan waren. Daß es dem Kanzler primär um gutnachbarschaftliche politische (und wirtschaftliche) Beziehungen Wiens zu Rom sowie vielleicht mehr noch um freundschaftliche Verbindungen seiner ÖVP mit De Gasperis DC zu tun gewesen sein dürfte, ist kaum von der Hand zu weisen.

Dieses widersprüchliche politische Gebaren sollte sich, wie die von Golowitsch erstellte Dokumentation zeigt, unter den auf Figl folgenden ÖVP-Kanzlern bis in die für das österreichisch-italienische Verhältnis äußerst schwierigen 1960er Jahre fortsetzen, unter der ÖVP-Alleinregierung unter Josef Klaus ihren Kulminationspunkt erreichen und darüber hinaus – wie man als Beobachter späterer Phasen hinzufügen muss – gleichsam eine politische Konstante bilden, der in aller Regel die beanspruchte Schutz(macht)funktion Österreichs für Südtirol offensichtlich untergeordnet worden ist. Allen damals führenden ÖVP-Granden stand Rudolf Moser emsig bemüht, lautlos werkelnd und wirkend für Spitzentreffen inkognito – mehrmals in seinem Haus in Sachsenburg – zur Verfügung, mal als Emissär, mal als besänftigender Schlichter, mal operierte er als anspornender Impulsgeber. Mitunter war er verdeckt als Capo einer geheimen ÖVP-Sondierungsgruppe unterwegs oder auch gänzlich unverdeckt als Mitglied einer offiziellen ÖVP-Delegation auf DC-Parteitagen zugegen. Und nicht selten nahm er die Rolle eines Beschwichtigers von ÖVP-Politikern und -Funktionären wahr.

Bild: Archiv Golowitsch

Geheimtreffen De Gasperis (links) mit Figl (rechts) am Karerpaß

So regte er auch die erste geheime Begegnung Figls mit De Gasperi an, wie aus einem mit Briefkopf des Kanzlers versehenen Schreiben vom 16. Juli 1951 an Moser hervorgeht. Das *„inoffizielle Zusammentreffen"* fand im Hinterzimmer eines Gasthauses am Karerpaß in Südtirol statt, wohin der in Matrei (Osttirol) sommerfrischende österreichische und der in Borgo (Valsugana) urlaubende italienische Regierungschef reisten, um sich *„auf halbem Wege"* und *„nach außen hin zufällig"* zu treffen. Über Inhalt und Ergebnis dieses ersten Geheimtreffens – über das es ebensowenig Aufzeichnungen gibt wie über weitere konspirative Begegnungen mit anderen Persönlichkeiten – wurden weder Süd- noch Nordtiroler Politiker informiert. Während des gesamten Zeitraums, für die Golowitschs Dokumentation steht, hatten ÖVP-Kanzler und ÖVP-Parteiführung allem Anschein nach unter gänzlicher Umgehung der dem südlichen Landesteil naturgemäß besonders zugetanen Tiroler ÖVP agiert.

Unter Historikern ist man sich heute mit Bezug auf die Südtirol-Frage unmittelbar nach dem Zweiten Weltkrieg und das Gruber-De Gasperi-Abkommen zwar weitgehend einig, daß die Selbstbestimmung 1946 aufgrund der damaligen Lage und den sich herausbildenden Interessengegensätzen nicht erreichbar gewesen sei. Es gilt aber durchaus als nicht wirklich-

Daheim in Sachsenburg (Kärnten) empfängt Moser (links) seinen Gast De Gasperi (rechts) vor seinem Anwesen; hinten ist Mosers Ehefrau zu sehen.

keitsfremd, was Michael Gehler (Hildesheim, früher Innsbruck) gegenüber einer Zeitung und wider jene, die das Pariser Abkommen als die „Magna Charta Südtirols" bejubeln, einmal so ausdrückte: Es wäre mehr zu holen gewesen, „Gruber hat sich viel zu schnell auf Kompromisse eingelassen; bei einer besseren Verhandlungsführung wäre durch die unablässige Forderung nach einer Volksabstimmung eine echte Autonomie im Sinne einer inneren Selbstbestimmung möglich gewesen". (6)

Von De Gasperis Finte zum „Los von Trient"

Am 31. Januar 1948 verabschiedete die italienische Nationalversammlung das erste Autonomiestatut. Die Enttäuschung zwischen Brenner und Salurner Klause kannte keine Grenzen, weil der italienische Ministerpräsident Alcide De Gasperi, ein Trientiner, die Gültigkeit jener Vereinbarung vom 5. September 1946, welche eigentlich zum Schutz der Südtiroler bestimmt sein sollte, fintenreich der aus den Provinzen Bolzano-Alto Adige und Trentino gebildeten Region Trentino-Alto Adige zugeordnet hatte. In besagter Region überwog das ethnische italienische Bevölkerungselement bei weitem, sodaß die – vom „demokratischen Italien" bis in die 1970er Jahre ohnedies gleich einem Kolonialvolk gehaltenen – Südtiroler altösterreichisch-deutscher sowie ladinischer Ethnizität und Zunge politisch, gesellschaftlich, wirtschaftlich, sozial und kulturell majorisiert wurden. Zudem mußten sie sich faktisch durch die im Mussolini-Faschismus brachial betriebene und nunmehr gleichsam bruchlos fortgesetzte Ansiedlung von Zigtausenden weiteren Italienern aus südlichen Gebieten des Stiefelstaates von kontinuierlicher Unterwanderung ihrer Heimat bedroht und quasi einer „Entnationalisierung im demokratischen Gewande" ausgesetzt sehen. Die faktische Italianisierung schritt damit unaufhaltsam voran. Infolge Zuzugs von Italienern und wirtschaftlich-sozial erzwungener Abwanderung von Südtirolern wuchs der italienische Bevölkerungsanteil in Südtirol jährlich um drei Prozent. Mit mathematischer Sicherheit ließ sich berechnen, daß die Südtiroler ab Mitte der 1960er Jahre in der eigenen Heimat in die Minderheit geraten würden.

Kanonikus Michael Gamper (1885–1956), als Priester und Publizist die bedeutende zentrale Gestalt im Kampfe für die Rechte seines Volkes seit der Gewaltpolitik des italienischen

Faschismus (s. o. in den Abschnitten zu „Katakombenschulen" sowie „Option"), nannte das, was Nachkriegsitalien gegenüber seinen Landsleuten vollführte, in einem am 28. Oktober 1953 in der von ihm redaktionell und als Herausgeber geleiteten deutschsprachigen Tageszeitung „Dolomiten" erschienenen Leitartikel einen „Todesmarsch":

„Die gewollte Unterwanderung unseres Volkes geht unaufhaltsam weiter. [...] *Viele Zehntausende sind nach 1945 und nach Abschluss des Pariser Vertrages aus den südlichen Provinzen in unser Land eingewandert, während zur gleichen Zeit die Rückkehr von einigen Zehntausenden unserer umgesiedelten Landsleute unterbunden wurde. Von Jahr zu Jahr sinkt so der Prozentsatz der einheimischen Bevölkerung steil ab gegenüber dem unheimlichen Anschwellen der Einwanderer. Fast mit mathematischer Sicherheit können wir den Zeitpunkt errechnen, zu dem wir nicht bloß innerhalb der zu unserer Majorisierung geschaffenen Region, sondern auch innerhalb der engeren Landesgrenzen eine wehrlose Minderheit bilden werden. Dies in einem Raume, in dem noch vor kurzem die Italiener nur drei Prozent der Gesamtbevölkerung ausgemacht hatten. Es ist ein Todesmarsch, auf dem wir Südtiroler seit 1945 uns befinden, wenn nicht noch in letzter Stunde Rettung kommt."*

Bild: SHB

Kanonikus Michael Gamper am Schreibtisch

Der (Nord-)Tiroler Landeshauptmann Alois Grauß (1890–1957) verlangte – nicht nur namens seiner ÖVP, sondern aller Abgeordneten – am 24. November 1953 im Landtag zu Innsbruck unter Berufung auf Gampers Warnung das Selbstbestimmungsrecht für Südtirol.

Zum dörflichen Alltag im damaligen Südtirol und zum Empfinden und Erleben seiner deutsch- und ladinisch(sprachig)en Bewohner gehörten damals mit Maschinenpistolen bewaffnete patrouillierende Carabinieri, die mißtrauisch darauf achteten, daß es ja keine Regungen bzw. Vorkommnisse „antiitalienischen Charakters" gab. Sie schritten schon ein, wenn ein rotes, ein weißes und wieder ein rotes Leintuch auf der Wäscheleine nebeneinander hingen. Ähnlich ging es mit den Balkonblumen, bestraft wurden rot-weiß-rot gestrichene Fensterläden, das Hissen der Tiroler Fahne oder gar das Zeigen des Landeswappens.

Die Arbeitslosigkeit unter den jungen Südtirolern grassierte, sie sahen sich gezwungen, nach Nordtirol, in die Schweiz oder nach Deutschland auszuweichen, um dort Arbeit zu finden. Zugleich fand die staatlich gelenkte Massenzuwanderung von Arbeitern aus dem Sü-

Nr. 272 — Mittwoch, den 25. November 1953

Tiroler Tageszeitung

UNABHÄNGIGES ÖSTERREICHISCHES VOLKSBLATT

wiedergewählte Landeshauptmann vor dem neuen Landtag:

„Südtirol auf dem Todesmarsch"

Südtirol ist nicht durch freien Willen der Bevölkerung, sondern durch machtpolitische Vorgänge in der Weltpolitik zu einem anderen Staatsverband gekommen. Zwei Friedensverträge haben seine Rechte — entgegen dem Naturrecht, entgegen den 14 Punkten Wilsons, entgegen den Grundsätzen der Atlantik-Charta — mißachtet. Nicht einmal die im Pariser Vertrag übernommenen Verpflichtungen werden gehörig erfüllt. Die vom Faschismus betriebene Ueberfremdung wird planmäßig fortgesetzt. Es kann uns nicht kaltlassen, wenn in der Südtiroler Presse festgestellt wird, daß sich Südtirol auf dem Todesmarsch befindet.

Es ist unser ehrlicher Wunsch, zu unserem großen Nachbarn im Süden gute Beziehungen zu erhalten. Höher aber steht unsere nationale Pflicht, den Südtirolern bei der Durchsetzung ihrer Rechte getreuen Beistand zu leisten. Müßte nicht auch für Südtirol billig sein, was der italienische Regierungschef für Triest als recht erachtet? Der Tiroler Landtag wird sich mit diesen Lebensfragen Südtirols bis zu ihrer annehmbaren Lösung befassen.

Alois Grauß bezieht sich auf den Leitartikel des Kanonikus Michael Gamper.

Bilder: Archiv Golowitsch und SHB

den Italiens statt. Eigens für sie und ihre mitgekommenen Familienangehörigen und engeren Anverwandten wurden tausende Wohnungen gebaut. Arbeit fanden sie vornehmlich in der Bozner Industriezone, die Mussolini auf den enteigneten Obst- und Weingärten hatte errichten lassen und die nach dem Krieg mit Förderung aus Rom sukzessive erweitert wurde. Oder sie kamen im Staatsdienst bzw. staatsnahen Dienst unter, bei Post, Bahn und Behörden. Unschwer war das Ziel zu erkennen, nämlich rasch zu einer italienischen Bevölkerungsmehrheit auch in der Provinz Alto Adige, mithin in Südtirol, zu gelangen.

Die im Pariser Vertrag festgelegte autonome Selbstverwaltung, friedensvertraglich fixiert und 1948 in der italienischen Verfassung formell verankert, wurde von den amtierenden römischen Statthaltern in Bozen ebenso wie im benachbarten Trient, mit dem man ja durch De Gasperis Finte regionalstatuarisch verknüpft war, behindert, verzögert, verwässert und somit faktisch ad absurdum geführt. Die verankerte Zweisprachigkeit der italienischen Beamten gab es nicht, wer kein Italienisch konnte (oder sprechen wollte, da man sich ja eigentlich auf die Zweisprachigkeit von italienischen Behördenmitarbeitern berufen konnte) – und das traf auf viele Südtiroler zu –, mußte auf den Ämtern oft stundenlang warten, wenn man ihn nicht ohnedies gänzlich ignorierte, respektive überhaupt abwies. Die im Landtag zu Bozen beschlossenen Gesetze und Verordnungen wies Rom zumeist zurück. Dagegen lehnte sich die SVP als Sammelpartei der deutsch- und ladinischsprachigen Südtiroler auf, und Wien führte in Rom Beschwerde wegen der mangelhaften Durchführung des Pariser Vertrags – ohne Erfolg. (7)

All dies mündete in eine sich zusehends verbreitende Hoffnungslosigkeit und Gefühle der Ohnmacht und Verzweiflung, die auf jener legendären Massenkundgebung zu Sigmundskron ihren entladenden Ausdruck fand. Am 17. November 1957 versammelten sich dort trotz starker Polizeipräsenz 35.000 Südtiroler unter dem Panier der SVP, an deren Spitze der neue Vorsitzende Silvius Magnago stand, mit dem sicherlich mehrheitlich verbreiteten Ansinnen der Selbstbestimmung. Letztlich erhob man aber das als SVP-parteiamtlich vorgegebene und zu verfolgende Verlangen des „Los von Trient" (anstatt des „Los von Rom) zum („realpolitischen") Ziel – eine Minimalforderung, welche Rom nicht nur nicht erfüllte, sondern der Ministerrat (die Regierung) mit dem Erlaß einer Anordnung, den staatlichen Wohnungsbau für nach Südtirol weiter zuwandernde Italiener über das gewohnte Maß hinaus zusätzlich beschleunigend zu verstärken, konterkarierte. Es folgten erste punktuelle Sprengstoffanschläge auf derartige neue, meist noch im Rohbau bzw. der handwerklichen Fertigstellung befindlichen staatlichen „Volkswohnbauten", ausgeführt von Männern unter Führung des bei der Zeitung „Dolomiten" tätigen Druckereibediensteten Hans Stieler, um „Zeichen zu setzen".

Stieler (1926–2010) war der erste Südtirolaktivist, der zu Sprengstoff griff, um auf die Zustände in Südtirol aufmerksam zu machen. Sein ganzes Leben war von Geradlinigkeit,

Bild: SHB

Die „Gruppe Stieler" vor Gericht; Hans Stieler ist ganz rechts zu sehen.

Kämpfergeist und tiefer Heimatliebe geprägt. Zu seiner aus sechs Mitkämpfern bestehenden Widerstandsgruppe, die als „Gruppe Stieler" in die Annalen einging, gehörten auch zwei seiner Brüder. Dreimal wurden sie verhaftet, unzähligen Hausdurchsuchungen und Verhören durch Polizei, Carabinieri und Geheimdienstleuten unterzogen, sie wurden gefoltert und zu mehrjährigen Haftstrafen verurteilt. Stieler war Gründungsmitglied des 1974 aus ehemaligen Freiheitskämpfern hervorgegangenen Südtiroler Heimatbundes (SHB) und stand diesem bis 1990 als Obmann vor.

Der italienische Arbeitsminister Guiseppe Togni hatte am 1. Oktober 1957 überdies den Bau eines neuen Bozner Stadtviertels mit 5000 Wohneinheiten für italienische Zuwanderer angekündigt. Dagegen war es zu kleineren und größeren Protestaktionen gekommen, und Südtiroler Politiker hatten vergeblich dagegen in Rom Einspruch erhoben. Diese Vorgänge und die von der gesamten Südtiroler Bevölkerung erkennbare Aussichtslosigkeit des politischen Bemühens waren daher zwangsläufig der unmittelbare Anlaß für die Massenkundgebung auf Sigmundskron. (8)

Bei aller Wertschätzung für das von der damaligen Lage bestimmte besonnene Handeln des „Realpolitikers" sei an dieser Stelle festgehalten: Magnagos „Los von Trient" – und eben nicht das „Los von Rom", was mutmaßlich der Wille von 90 Prozent der Südtiroler Bevölkerung und annähernd 100 Prozent des altösterreichisch-deutschen Anteils gewesen sein dürfte – bedeutete faktisch das Einschlagen eines Weges, den die SVP unter seiner und seiner Nachfolger Führung fortan unbeirrt weiterbeschreiten sollte. Faktisch hat sich die „Sammelpartei" seitdem sukzessive von einer Festlegung verabschiedet, unter der sie am 8. Mai 1945 gegründet worden ist. Denn im SVP-Parteistatut ist für die Südtiroler als Ziel die (Ausübung des) Selbstbestimmung(srechts) fixiert. Im Pariser Vorort Saint-Germain-en-Laye, wo man 1919 Österreich jenes Friedensdiktat auferlegte, aufgrund dessen Südtirol an Italien fiel, war die Selbstbestimmung entgegen dem Vorhaben des amerikanischen Präsidenten Wilson ebenso verweigert worden wie von den alliierten Siegermächten aufs Neue nach Ende des Zweiten Weltkriegs. Das ebendort in Paris geschlossene Gruber-De Gasperi-Abkommen vom 5. September 1946 durfte sozusagen als „Ersatzlösung" für die Selbstbestimmung gelten. Die daraus resultierende und 1948 verfälschte Selbstverwaltung Südtirols durfte als „Zwischenlösung" interpretiert werden, Ihr Versprechen blieb, auf ihr eigentliches Objekt bezogen, uneingelöst. Bei sachgerechter historisch-politischer Auslegung hat sich an dieser Situation bis heute nichts geändert.

Rund um Kreiskys Gang vor die Vereinten Nationen (UN)

Mit dem Staatsvertrag von 1955 war Österreich außenpolitisch handlungsfähig geworden und hatte die von SVP-Obmann Silvius Magnago erhobene Forderung nach dem Los von Trient unterstützt. Als weitere Proteste und diplomatische Demarchen Wiens in Rom nichts fruchteten, trug der damalige österreichische Außenminister Bruno Kreisky (SPÖ) das Südtirol-Problem 1960 schließlich vor die Vereinten Nationen (UN). Die Südtiroler durchlebten davor und danach aufwühlende Jahre, die sie nicht nur an die schlimmsten Zeiten längst überwunden geglaubter faschistischer Herrschaftsmethoden erinnerten, sondern geradezu dorthin zurückführten. Stets war die einheimische, will sagen: ethnisch nicht-italienische, Bevölkerung nicht nur punktueller staatlicher Repression, der Verhöhnung, der Anpöbelung und Diffamierung ausgesetzt. Italienische Schlägertrupps, vornehmlich aus Parteigängern und Sympathisanten des neofaschistischen Movimento Sociale Italiano (MSI), störten Versammlungen der ethnisch deutschen respektive ladinischen Südtiroler. Rigoros wandte die italienische Justiz die politischen Unterdrückungsparagraphen des nach wie vor in Geltung befindlichen faschistischen Strafgesetzbuches „Codice Rocco“ an. Das Bemalen von Fensterläden in den Tiroler Landesfarben wurde ebenso strafrechtlich geahndet wie das Hissen der Landesfahne. Zahlreiche Südtiroler wurden wegen angeblicher Schmähung des Staates bzw. der „italienischen Nation“ verurteilt. Die staatlichen „Ordnungshüter“ der diversen Polizeiorgane waren darauf aus, jedwede Regung gelebter Tirolität (Sitten, Gebräuche, Riten etc.) im Keim zu ersticken; und in Kriminalfällen wurden zuvörderst Südtiroler zu Verursachern bzw. Schuldigen erklärt. Zwei von vielen Beispielen seien daher im folgenden exemplarisch angeführt.

Die Pfunderer

In der Nacht des 15. August 1956 waren sieben junge Bauernburschen in Pfunders, einem kleinen Gebirgsort in einem Seitental des Pustertals, vor einem Gasthaus in eine Rauferei mit zwei italienischen Finanzpolizisten geraten, mit denen sie vorher ausgiebig gezecht hatten. Einer der Finanzer, der schwer alkoholisierte Raimondo Falqui, war davongerannt und in der Dunkelheit von einer steinernen Brücke ohne Geländer 3 Meter tief in das ausgetrocknete und mit Felsbrocken übersäte Bachbett des Roanerbachs gestürzt. Bei seinem Sturz hatte sich Falqui offensichtlich an einem Stein die Stirn eingeschlagen. Die spätere Untersuchung ergab, daß Falqui 1,7 Promille Alkohol im Blut hatte. Die vor dem Gasthaus Zurückgebliebenen hatten Falquis Sturz nicht mitbekommen, gingen ebenso wie dessen Kollegen nach Hause und schliefen ihren Rausch aus. Am nächsten Tag wurden die Bauernburschen als „Mörder“ verhaftet.

Die Voruntersuchungen durch Carabinieri waren höchst oberflächlich. Der Gemeindearzt Dr. Karl Kofler, der den eingetretenen Tod Falquis amtlich festgestellt und als Erster dessen mutmaßlich durch den Sturz in das Geröll des Bachbetts verursachte Kopfverletzung gesehen hatte, wurde trotz Antrags der Verteidigung in beiden Instanzen nicht als Zeuge vor Gericht zugelassen und nicht einvernommen. Die Begründung: Das Gericht wisse ohnehin, daß er nichts Sachdienliches auszusagen habe. Selbst der amtlich bestellte Gerichtsmediziner Professor Franchini kam in seinem Obduktionsbefund zum Schluß, daß die wissenschaftlich annehmbarste Hypothese diejenige sei, daß Falqui in das Bachbett gestürzt sei und sich dabei an einem Stein die tödliche Schädelverletzung zugezogen habe. Darüber setzte sich das Gericht in Bozen ebenfalls einfach hinweg. Die These der Vernehmenden und später des Gerichtes lautete, Falqui sei zu Tode geprügelt und dann in das Bachbett geworfen worden. Die Burschen waren, wie sie später vor Gericht aussagten, so lange geschlagen worden, bis sie die italienischen Protokolle, deren Inhalt sie nicht verstanden, unterschrieben. Diese Protokolle enthielten „Geständnisse“, die zur Grundlage der Verurteilung der Burschen wurden. Den Angeklagten half es nichts, daß sie aussagten, bei den Verhören geschlagen und zur Unterschrift der in italienischer Sprache abgefaßten Protokolle erpreßt worden zu sein. Das Gericht verwarf ihren Widerruf. Die Verhandlung wurde nur in italienischer Sprache geführt. Die angeklagten Bauernburschen konnten weder den Aussagen der Zeugen noch der Beweisführung der Ankläger folgen. Der Staatsanwalt Mario Martin erklärte: „Ich verlange von euch Richtern eine Mutprobe! Euer Schuldspruch stimme überein mit dem Gefühl des Volkes, von dem ihr delegiert worden seid.“ (Zitiert nach: „Justiz in Südtirol“, hgg. von der Österreichischen Liga für Menschenrechte, Sektion Tirol, Innsbruck 1958, S. 19f.)

Die Vertreter der Privatanklagen nannten die Angeklagten „Hyänen“, „Bestien“ und „Meute“, die Bewohner des „finsteren und zurückgebliebenen Südtiroler Tales Pfunders“ hätten, politisch von der einheimischen Presse verhetzt, den sardischen Finanzer Falqui, „den Bringer des Fortschritts und der Kultur“, gehaßt und mit Mordlust verfolgt. Der Nebenkläger Dott. Vigilio Dadea aus Mailand beschimpfte unter wohlwollender Duldung des Gerichtsvorsitzenden Dott. Leone Borzaga die Bauernburschen als „Ränkeschmiede mit dem finsteren Blick des Verbrechers, abgefeimte Delinquenten unter der Maske der Naivität, halbe Kannibalen, Wegelagerer und Mörder." Am 16. Juli 1957 wurden die sieben Pfunderer Burschen zu Strafen zwischen 10 und 24 Jahren verurteilt.

Am 27. März 1958 wurden in der Berufungsverhandlung in Trient nach fünfstündiger Beratung neuerlich die Urteile gesprochen. Die Angeklagten standen kreidebleich zwischen den Carabinieri. Keiner sprach ein Wort, dann wurden sie in Ketten hinausgeführt.

Das Urteil rief in ganz Tirol Entsetzen hervor. Am 1. April 1958 ruhte in ganz Nordtirol von 10 Uhr bis 10.05 Uhr alle Arbeit zu einem Gedenken an die unglücklichen Pfunderer

In Ketten wie Vieh aneinandergehängt, wurden die „Pfunderer Buam" zur Verhandlung nach Trient gebracht

Bild: SHB

Burschen. Deren Martyrium sollte mehr als zehn Jahre dauern. In Rom war man sich Ende der 1960er Jahre bewußt, daß es sich bei dem Fall um einen politischen gehandelt hatte. Im Zuge der abschließenden Verhandlungen zum Südtirol-Autonomiepaket wurden sechs der Verurteilten am 18. Dezember 1968 durch Staatspräsident Giuseppe Saragat begnadigt; nur einer, Luis Ebner, dessen Fehlurteil „lebenslänglich" gelautet hatte, konnte erst am 25. November 1969 als Begnadigter nach Hause zurückkehren.

Der Bozner „Knüppelsonntag"

Unter großer Beteiligung aus ganz Tirol war am 30. September 1900 über dem in Vergessenheit geratenen und damals wieder festgestellten Grabplatz des „Wirts an der Mahr" Peter Mayr an der Bozner Pfarrkirche ein vom Münchner Architekten und Künstler Georg Joseph Ritter von Hauberrisser entworfenes Denkmal eingeweiht worden, das 1943 durch Bombeneinwirkung beschädigt wurde. Nach dem Zweiten Weltkrieg restaurierte der Bozner Heimatschutzverein das Denkmal und ließ es als Mahnmal am Sonntag, dem 21. Februar 1960, einsegnen. Die Einsegnungsfeier war von einem brutalen Übergriff italienischer Ordnungskräfte gekennzeichnet. Die an der Feier teilnehmenden Menschen wurden von der sicherheitspolizeilichen Einsatzgruppe „Celere" niedergeknüppelt, als aus der Menge das Andreas-Hofer-Lied angestimmt wurde. „Rädelsführer" wurden verhaftet und vom Gericht als „Unruhestifter" zu Haftstrafen verurteilt.

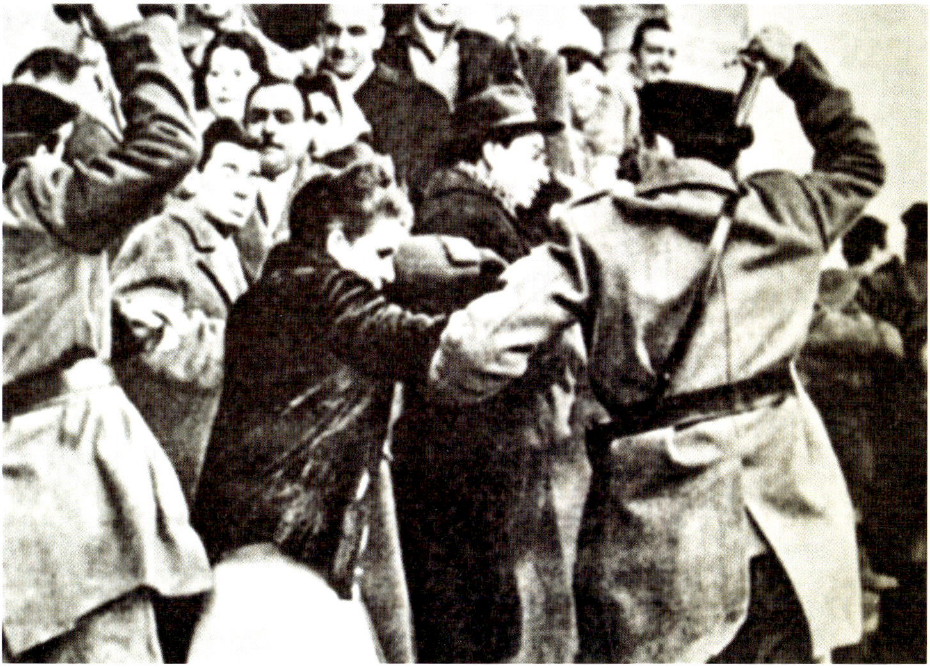

Bild: SHB

Das Geschehen ging als „Knüppelsonntag“ in die Geschichte ein.

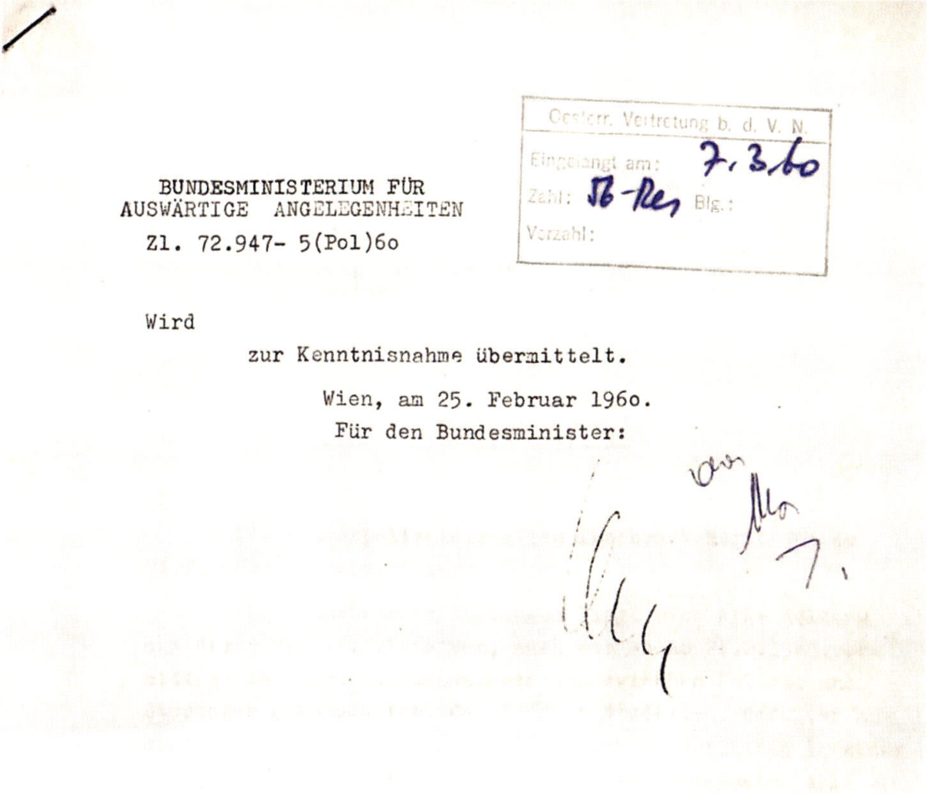

Oesterr. Vertretung b. d. V. N.
Eingelangt am: 7.3.60
Zahl: 56-Res Blg.:
Vorzahl:

BUNDESMINISTERIUM FÜR
AUSWÄRTIGE ANGELEGENHEITEN

Zl. 72.947- 5(Pol)6o

Wird

zur Kenntnisnahme übermittelt.

Wien, am 25. Februar 196o.

Für den Bundesminister:

Bild: Freundlicherweise zur Verfügung gestelltes Faksimile des Originals der Abschrift im Kreisky-Archiv Wien

Bericht der österreichischen Staatspolizei (StaPo) über den Bozner Knüppelsonntag (siehe auch die Folgeseiten)

Abschrift

Bundesministerium für Inneres
Gruppe Staatspolizei

I n f o r m a t i o n

Die Bundespolizeidirektion Innsbruck berichtet am 21.2.1960 fernschriftlich:

"Bei Innsbrucker Zeitungen liegt eine APA- Meldung aus Bozen vom 21.2.1960 vor, nach der es am 21.2.1960 vormittags in Bozen zu Zusammenstössen zwischen Polizei und Studenten gekommen ist. Ca. hundert Studenten, darunter angeblich dreissig aus Innsbruck, hätten am Vormittag in einer Bozener Kirche an einer Andreas- Hofer- Gedenkmesse teil - genommen und anschliessend in einem Gebäude eine Peter Mayr- Büste enthüllen wollen. Zwei italienische Polizeiposten hätten ihnen unter Hinweis auf das für Bozen erlassene Versammlungsverbot den Zutritt verwehrt, doch hätten die Studenten den Zutritt erzwungen. Polizeiverstärkungen hätten die Studenten auf die Strasse abgedrängt. Dort sei es anschliessend zu einem Handgemenge gekommen. Zehn Personen seien verhaftet und viele verletzt worden. Soweit die APA-Meldung.

Über diese Vorkommnisse konnte vertraulich folgendes erfahren werden:

Am 19.2.1960 hätte in Bozen ein Peter Mayr-Denkmal eingeweiht werden sollen. Die Feier musste wegen des

./.

inzwischen erlassenen Versammlungsverbotes abgesagt werden. Am Sonntag, den 21.2.1960 fand am Vormittag in der Bozener Pfarrkirche ein Andreas- Hofer- Gedenkgottesdienst statt, an dem ca. 2.500 Personen teilnahmen. Nach dem Gottesdienst begaben sich ca. 1.500 der Kirchenbesucher zu dem nahe gelegenen Peter Mayr- Denkmal. Südtiroler Schützen in Tracht stellten sich vor dem Denkmal auf. Es entwickelte sich spontan eine kurze Feier, in deren Verlauf das Andreas Hoferlied und das Bozener Bergsteigerlied gesungen wurden. Dabei kam es zu keinen Zwischenfällen. An der Feier nahmen auch dreissig Studenten aus Innsbruck teil. Als die Feier zu Ende war und die Menschen sich aufzulösen begannen, riefen die Studenten: "Es lebe Tirol" und warfen, studentischer Gepflogenheit gemäss, ihre Mützen in die Luft.

Diese Geste scheint die italienische Polizei missverstanden und für ein verdächtiges Signal gehalten zu haben. Jedenfalls fuhren starke Polizeikräfte mit Jeeps und LKW auf und gingen gegen die Anwesenden vor. Diese hätten sich nicht gewehrt und seien mit Brachialgewalt zerstreut worden.

Es heisst, dass die Polizei nicht sonderlich umsichtig und mit unnötiger Härte eingeschritten sei. Als Beispiel wird angeführt, dass ein hoher Beamter der Quästur, Dr. Peternell, der den Vorkommnissen in Zivil beigewohnt habe, selbst von Polizeibeamten geschlagen und verletzt worden sei. Ein italienischer Journalist sei ebenfalls von Polizeibeamten an Nase und Augen schwer verletzt worden. Zahlreichen deutschen Touristen, die Zeugen der Vorfälle gewesen seien und sie photografiert hätten, habe man die Filme aus den Apparaten gerissen, einige sollen auch geschlagen worden sein.

Festgenommen wurden angeblich fünf Personen, darunter

./.

- 3 -

der Student Walter K o r n e x e l aus Innsbruck.

Die weiteren vier festgenommenen Personen sind Südtiroler und zwar: L o c h m a n n Hans, 18 Jahre alt, Bauer aus Schönna bei Meran, B e r g e r Richard, 33 Jahre alt, Wirt und Bauer bei Moritzing b. Bozen, E g g e r Anton, 37 Jahre alt, Schaffer des Stiftes Neustift in Gries, H a r b e r Heinrich, 17 Jahre alt, Bauernsohn aus Oberau bei Bozen.

Walter K o r n e x e l , 22.11.1938 geb., Student der Rechte an der Universität Innsbruck, dzt. in Innsbruck, Innrain 46 wh., ist seit dem Wintersemester Angehöriger der CV- Verbindung Rätobavaria. Er ist am 21.2.196o mit anderen Studenten unter der Leitung des Vorsitzenden der Österr. Hochschulgemeinschaft Paul L a d u r n e r , 27.5.1936 in Brixen geb., Student in Innsbruck, nach Bozen gefahren.

Reisende, die von Bozen kommend in den Abendstunden nach Österreich einreisten, haben folgendes angegeben:

Nach Beendigung eines Gedenkgottesdienstes in der Bozener Pfarrkirche haben sich 3 Südtiroler in Tracht zum Peter Mayr-Denkmal begeben und dort einen Kranz niedergelegt. Es wurde hiebei das Andreas Hoferlied von Trachten- und Musikgruppen gespielt, das von den Zuschauern mitgesungen wurde. Bei Anstimmen dee Liedes "Wohl ist die Welt so gross" traten bereitgestellte Karabinierieinheiten in Aktion und versuchten, die Menge zu zerstreuen. Diese Einheiten kamen mit Einsatzfahrzeugen, ihre Besatzung machte von den Gummiknüppeln Gebrauch. Von den Festteilnehmern wurde der Einsatz mit Pfeifen und Schreien begleitet. Einige Festteilnehmer wurden festgenommen und mit geschlossenen Fahrzeugen abtransportiert. Etliche Personen wurden verletzt.

22. Februar 196o

Dr. K o t h n y eh.

Dolomiten

Einzelnummer 30 Lire

Anzeigenpreise: Die 45 mm breite Anzeige 100 Lire. Gerichtsanzeige 150 Lire. — Anzeige im Text 300 Lire pro Millimeter Höhe. — Kleine Anzeigen nach besonderem Tarif. Die Steuer wird eigens berechnet. Anzeigenvertretung außerhalb der Provinz Bozen bei allen Filialen der Società Pubblicità Italiana. – Oesterreich: Tyrolia, Innsbruck, Maximilianstraße 9. – Deutschland-Vertretung: Mager-Maack, Postfach 148, Bozen. – Die Redaktion behält sich das Recht vor, Inseratenaufträge allenfalls zurückzuweisen. – Postsparkassekonto Nr. 14/712.

Tagblatt der Südtiroler

Bezugspreise: Inland jährlich [illegible] Lire, halbjährlich [illegible] Lire, vierteljährlich [illegible] Lire, monatlich [illegible] Lire. Ausland (für Länder, die der Pariser Postkonvention [illegible] beigetreten sind) jährlich [illegible] Lire, halbjährlich [illegible] Lire, vierteljährlich [illegible] Lire, monatlich [illegible] Lire. Für das übrige Ausland: jährlich [illegible] Lire, halbjährlich [illegible] Lire, vierteljährlich [illegible] Lire, monatlich [illegible] Lire. In Oesterreich: Einzelnummer 2.50 Schilling

SPED. IN ABB. POSTALE – GRUPPO PRIMO

Direktion, Schriftleitung, Verwaltung und Druckerei: Bozen, Museumstraße 42 und 42 a, Telephon 27-7-76 — Schriftleitung Meran: Telephon 22-8-17 — Schriftleitung Brixen: Telephon 22-2-39

Nr. 43 | Montag, den 22. Februar 1960 | 37. Jahrgang

Gummiknüppel gegen 2000 Kirchenbesucher in Bozen

Polizisten prügelten wahllos alles, was vor der Pfarrkirche stand

Bozen, 21. Februar.

In Unfreiheit mußte Südtirols Landeshauptstadt die Abschlußfeier des 1809-Gedenkjahres am gestrigen Sonntag begehen und ihr Ausklang hatte echt faschistische Tonart: schwerbewaffnete Polizeiaufgebote, Schläge mit Gummiknüppeln und Festnahmen.

Das wohl mit Absicht im allerletzten Augenblick erlassene Verbot der Abhaltung öffentlicher Feiern in Bozen und Meran hatte begreifliche Erbitterung hervorgerufen. Trotzdem hatte sicher niemand an Auflehnung und Widersetzlichkeit gedacht. Auch die Bergfeuer, die am Samstag abend durch Regen und Nebel vom Guntschnaberg herableuchteten — die wackere Bozner und Grieser Jugend hatte sich weder durch Wetter noch durch Schnee und schlechte Wege abhalten lassen — waren lediglich eine Mahnung zum Heldengedenken am 150. Todestag Andreas Hofers.

Durch das Verbot bedingt, mußte sich die Feier, die ihren geplanten Höhepunkt in der Enthüllung des wiedererrichteten Peter-Mayr-Denkmals, verbunden mit Heldenehrung, finden sollte, auf dem Gedächtnisgottesdienst in der Pfarrkirche beschränken. Umso stärker war auf diesen die Feierstimmung konzentriert. Man hatte, da es Sonntag war, an welchem die Kirche kein Requiem hält, von der Aufstellung eines Katafalks und Absingen des Libera abgesehen, und der Stadtseelsorger Msgr. Propst Kalser zelebrierte das Opfer im violetten Meßgewand der Vorfastenzeit; die Worte, die er nach dem Evangelium an die Gläubigen in der drückend voll gefüllten Kirche sprach, bezogen sich rein auf den religiösen Standpunkt, aus welchen die Haltung der Männer von 1809, vor allem Andreas Hofers und Peter Mayrs, zu betrachten und zu werten ist. Im Presbyterium, das nun nach der Oeffnung des Chores mit dem herrlichen barocken Hochaltar sich wieder in seiner imposanten Weite zeigt, standen lediglich die Fahnen und Banner der Katholischen Jugend, und die volkhafte Note gab einzig die Gruppe in Alt-Rittner Tracht, die Familie Mayr vom Rammlhof in Rentsch, direkte Nachkommen des aus Siffian stammenden Mahrwirtes. In vorderster Reihe befand sich auch die Witwe des Altlehrers Ubald v. Lutz mit Tochter, ebenfalls Nachkommen Peter Mayrs; bei der Enthüllung des Denkmals im Jahre 1900 war dem damaligen Studenten Ubald v. Lutz die Aufgabe der Kranzniederlegung zugefallen.

An Vertretern des öffentlichen Lebens bemerkten wir in der Pfarrkirche den Präsidenten des Regionalrates und Obmann der SVP., Dr. Silvius Magnago, Abg. Dr. Toni Ebner, Landesassessor Dr. v. Fioreschy, Handelskammerpräsident Dr. von Walther, Herrn Walther Amonn, Gemeinderäte der deutschen Volksgruppe, eine Abordnung der SVP. Bozen mit Herrn Bezirksobmann Josef Rößler an der Spitze, Vertreter der verschiedenen Körperschaften, vor allem auch des Heimatschutzvereines, der zusammen mit dem Museumsverein das Peter-Mayr-Denkmal wiedererrichtet hat, des Verbandes für Heimatpflege, des Südtiroler Kulturinstitutes, des

(Fortsetzung auf Seite 2)

Eine Schande

„Was hier aufgeführt wird, ist eine Schande! Friedliche Bürger werden von der Polizei ohne Grund verprügelt. Niemand hatte die Absicht, eine „verbotene" Kundgebung zu veranstalten. Das Massenaufgebot an Polizeikräften und deren Verhalten hat die Leute am Heimgang von der Kirche gehindert! Ihr wolltet eben einen Zwischenfall!" Mit diesen und anderen Vorwürfen haben wir gestern Vormittag den mit der Durchführung einer brutalen Polizeiaktion beauftragten Vizequästor überschütten müssen. Wir müssen die in der Hitze des Gefechtes gemachten Vorwürfe nur bestätigen. An anderer Stelle dieser Ausgabe berichten wir rein sachlich über die kirchliche Feier in der Bozner Pfarrkirche zum Abschluß der Gedenkfeiern an die Freiheitskämpfer. Die im Anschluß daran geplante Einweihung und Enthüllung des Denkmales für Peter Mayr mit Festansprache mußte wegen des bekannten „Verbotes" des Regierungskommissärs unterbleiben. Umso zahlreicher war die Bevölkerung von Bozen und Gries zum Gottesdienst erschienen. Der Gesichtsausdruck der Leute war ernst, aber nicht aufrührerisch. Sie hatten zwar kein Verständnis für das in letzter Minute ergangene Verbot, dessen Begründung keinen Südtiroler überzeugt hat, aber sie hielten sich daran, das heißt, sie wollten sich daran halten.

Nach dem feierlichen Gottesdienst strömte die gewaltige Menschenmenge, darunter viele Frauen und Kinder und sehr viele einfache Menschen ohne besonderen Namen, auf den Pfarrplatz. Der Zugang zum Pfarrheim in der Eisackstraße, in dessen Hof das Denkmal für Peter Mayr steht, war von einem halben Dutzend Carabinieri bewacht, die nach einigem Hin und Her vielleicht hundert Personen passieren lassen mußten, darunter zwanzig Grieser Schützen und die Fahnenträger der Katholischen Jugend. Am Denkmal wurde in aller Stille ein Kranz niedergelegt und das Andreas-Hofer-Lied „Zu Mantua in Banden …" erklang, zwei Hochrufe auf Tirol und Südtirol erschollen, worauf sich die Menge unter Absingen des Bozner Heimatliedes heimwärts begeben wollte. Diese „Nachfeier" dauerte vielleicht zehn Minuten, während welcher die zweitausendköpfige Volksmenge noch aus der Kirche strömte oder auf dem Pfarrplatz verweilte. Alles wäre in bester

So geschehen am Andreas-Hofer-Sonntag in Bozen

Von der Kirche zogen Bannerträger der Katholischen Jugend zum Peter-Mayr-Denkmal

Die Menschen wollten schon heimgehen …

… aber die Polizei wollte vorher noch knüppeln …

… dabei fand sie auch „Resistenten"

Bericht der „Dolomiten" über das brutale Geschehen tags zuvor, Faksimile-Archiv Dolomiten

Verhärtung Roms trotz UN-Resolutionen

Eine graduelle Besserung schien erst in Aussicht zu kommen, nachdem sich Österreich als „Schutzmacht" Südtirols auf Initiative des damaligen Außenministers Bruno Kreisky an die Vereinten Nationen (UN) gewandt und die Weltorganisation am 31. Oktober 1960 mit der Resolution 1497 Italien und Österreich zu Verhandlungen über die Erfüllung des Pariser Abkommens aufgefordert hatte. Doch Rom betrieb, um jegliche Zugeständnisse mit der Parole von der „inneren Angelegenheit Italiens" vermeiden zu können, eine Obstruktionspolitik und ließ alle Verhandlungen ergebnislos enden. Daran änderte sich auch nach der zweiten hinsichtlich des Südtirol-Konflikts ergangenen UN-Resolution 1667 vom 28. November 1961 zunächst nichts Wesentliches. (9)

Sepp Kerschbaumer und der BAS

Weil sich Italien nicht nur nicht bewegte, sondern alle politischen Verhandlungen ins Leere laufen ließ, trat in dem von Hoffnungslosigkeit bis Verzweiflung geprägten südlichen Tirol eine bereits seit 1957 insgeheim wirkende Gemeinschaft von Aktivisten ins Rampenlicht, die von der Freiheit des Landes und dessen angestammter Bewohner beseelt und zum Handeln entschlossen waren. Sie wollte mittels spektakulärer Maßnahmen die internationale Öffentlichkeit auf den Konflikt und auf die Entrechtung des altösterreichisch-deutschen und -ladinischen Bevölkerungsteils Südtirols aufmerksam zu machen. Die um den Frangarter Kaufmann (und anfänglichen SVP-Ortsobmann) Sepp Kerschbaumer im „Befreiungsausschuß Südtirol" (BAS) versammelten Gleichgesinnten aus beiden Teilen Tirols – einige auch aus anderen österreichischen Bundesländern sowie der Hauptstadt Wien – protestierten zunächst mittels

Bild: SHB

BAS-Gründer Sepp Kerschbaumer

Bild: SHB

Sepp Kerschbaumer im Kreise seiner Familie

Flugblättern, Rundbriefen und an öffentlichen Gebäuden sowie auf Straßen angebrachten Aufschriften. Kerschbaumer hatte während der machtvollen Sigmundskron-Kundgebung im November 1957 BAS-Flugblätter unter den Kundgebungsteilnehmern verteilen lassen, auf denen es hieß:

„Landsleute! Noch nie in den fast 40 Jahren italienischer Herrschaft hat sich unser Volk in einer so gefährlichen Lage befunden wie heute. Was dem Faschismus in nahezu 20 Jahren mit gewaltsamen Unterdrückungsmethoden nicht gelungen ist, hat das demokratische Italien in nahezu 10 Jahren beinahe erreicht. Trotz des Pariser Vertrages! Noch 10 Jahre ‚christlich-

Begräbnis von BAS-Gründer Sepp Kerschbaumer 1964

demokratische' Herrschaft in Südtirol und sie haben es erreicht, was sie sich von Anfang an zum Ziele gesetzt haben: Die Südtiroler im eigenen Lande in die Minderheit zu drängen. [...] Landsleute! Es ist fünf vor zwölf [...] Südtirol erwache! Rüstet euch zum Kampf! Zum Kampf um unsere Existenz. Es geht um Sein oder Nichtsein unseres Volkes! Es geht um den Bestand unserer Kinder, unserer Kindeskinder! Frei wollen wir wieder werden in unserem Lande, frei wie unsere Vorväter es gewesen über 1000 Jahre im deutschen Südtirol!"

Doch mit derartigen Mahnungen und Aufrufen war umso weniger getan, als sich die Unnachgiebigkeit Roms zusehends verhärtete. So gingen die BAS-Aktivisten – einfache Bauern, Arbeiter, Handwerker, Kleingewerbetreibende – zu gezielten Anschlägen gegen Symbole der unterdrückenden Staatsmacht über. So sprengten in der Nacht vom 29. auf den 30. Januar 1961 BAS-Leute aus Nord- und Südtirol den sogenannten „Aluminium-Duce", ein überdimensioniertes Mussolini-Denkmal vor dem Kraftwerk in Waidbruck, welches zu dessen Lebzeiten die verherrlichende Widmung „Al Genio del Fascismo" („An den Genius des Faschismus") trug.

Und am 1. Februar 1961 sprengte der BAS-Aktivist Josef Fontana aus Neumarkt a. d. Etsch ein Loch in die Wand der Villa des faschistischen Senators Ettore Tolomei in Montan, der einst maßgeblich die theoretischen und praktischen Vorgaben und Anweisungen zu Entnationalisierung der Südtiroler ausgearbeitet hatte.

In der Nacht vom 29. auf den 30. Januar 1961 sprengten die Nordtiroler BAS-Leute Heinrich Klier und Kurt Welser (beide aus Innsbruck; das Bild zeigt Welser) zusammen mit ihrem Südtiroler BAS-Kameraden Alfons Obermair (aus Bozen) den „Duce" samt Ross vom Sockel. Das Denkmal wurde nicht wieder aufgestellt.

Bild: Werner Thaler STF

Bild: Werner Thaler STF

Tolomeis Verehrer leg(t)en immer wieder Kränze an seiner – nach Anschlägen in Beton gehüllten – Grabstätte nieder.

Es kam auch zu weiteren Anschlägen auf Neubauten, in denen Wohnungen für italienische Zuwanderer errichtet werden sollten. Mit welch repressiven Maßnahmen, die nicht einmal vor Religionsausübung und kirchlichem Brauchtum haltmachten, die italienischen Staatsorgane gegen die Bevölkerung Südtirols vorging, offenbart ein Bericht über Geschehnisse zur Fronleichnamsprozession 1962 aus dem Gemeindeblatt von Eppan, welcher auf der Folgeseite faksimiliert wiedergegeben wird.

Die Erhebung

Da die nachfolgende eigentliche Chronik die Ereignisse während der 1960er Jahre detailliert wiedergibt, genügt im folgenden ein knapper und also vergröberter Überblick über das Geschehen.

Das eigentlich wirkmächtige Aufbegehren der im Geiste der Tiroler Volkserhebung an der Wende vom 18. zum 19. Jahrhundert unter Andreas Hofer handelnden Freiheitskämpfer des BAS kulminiert im „Großen Schlag" in der nachgerade legendären „Nacht vor dem Herz-Jesu-Sonntag" vom 11. auf den 12. Juni 1961, bekannt geworden unter der trefflichen Bezeichnung „Feuernacht". Episoden aus deren Herbeiführung seien im folgenden angeführt:

„Ein Reisebus verlässt Innsbruck. Die Insassen begeben sich auf ‚Exkursion' nach Verona. ‚Pro arte et musica' heißt das Programm, zu dem sie Günther Andergassen mitnimmt, ein Hochschullehrer am Salzburger Mozarteum. Doch diese Begründung für die Fahrt am 10. Juni 1961 ist lediglich Tarnung. Auch Herlinde Molling, die am selben Tag ihr Sport-Coupé mit dem Kennzeichen M-LE 333 nach Süden fährt, um im verschwiegenen Nonstal ihren Mann Klaudius zu treffen, der an der Busreise teilnimmt, geht es nicht um einen Kunstgenuss. Im Kofferraum transportiert sie Sprengstoff. Derlei führen auch die Businsassen in ihren

Rucksäcken mit sich. Auf Almhütten, Waldlichtungen, in einem Gasthof in Bozen trifft man sich mit Landsleuten aus dem südlichen Teil Tirols und übergibt ihnen die ‚Mitbringsel'.

Am späten Abend des darauffolgenden Tages verlässt Luis Steinegger seinen Hof und holt oberhalb von Tramin aus einer Höhle das Donarit, das einer der Exkursionsteilnehmer überbracht hat. Mit seinem Freund Oswald Kofler befestigt er den Sprengstoff an zwei Strommasten in Altenburg. Den selbstgebauten Zeitzünder stellen sie auf ein Uhr. Pünktlich zur vorgegebenen Zeit detonieren die Ladungen, die Strommasten krachen in sich zusammen. Dasselbe geschieht in Sinich nahe Meran, wo Sepp Innerhofer von Schenna aus beobachtet, wie die von ihm ‚geladenen' Masten umknicken. Auch in Bozen reißt ein lauter Knall viele aus dem Schlaf. Zwischen eins und halb vier blitzt und knallt es rund um den Bozner Talkessel, krachen stählerne Ungetüme zu Boden." (10)

GEMEINDEBLATT FREITAG, 29. JUNI 1962

Fronleichnams-Prozession 1962

in St. Michael und Girlan

Der Gemeinderat hat in seiner Sitzung vom 22. Juni 1962 hinsichtlich der Vorkommnisse am Beginn der Fronleichnamsprozession in St. Michael und Girlan stimmeneinhellig mit zwei Enthaltungen bei 18 Anwesenden und Abstimmenden beschlossen, an die im Schreiben angeführten Behörden nachfolgende Protestnote zu richten:

S. E.
dem Herrn Vizeregierungskommissär
Dr. Francesco Puglisi
Bozen

Herrn
Landeshauptmann D. Silvius Magnago
Bozen

An das
Kommando der Territoriallegion
der Karabinieri Bozen

und, zur Kenntnisnahme,

An S. E.
dem Herrn Innenminister Rom

An das Staatssekretariat
Sr. Heiligkeit Vatikanstadt-Rom

Der Gemeinderat als Vertretung der Bevölkerung von Eppan nimmt energisch Stellung gegen die Vorfälle, welche sich anläßlich der diesjährigen Fronleichnamsprozession in der hiesigen Fraktion St. Michael wie folgt ereignet haben:

In Auslegung der Verordnung N. 7740 vom 7. 8. 1961 des Regierungskommissärs hat der Oberleutnant der Karabinieristation von Eppan bei Beginn der Prozession diejenigen Körperschaften, welche ihre Vereinsfahnen, bar jeden politischen Anstriches, mitführten, aufgefordert, auch die Nationalflagge mitzutragen. Während dieser Intervention mußte der H. H. Pfarrer mit dem Allerheiligsten wenigstens 10 Minuten vor dem Kircheingang warten. Der Oberleutnant ging dann noch so weit, außer den oben erwähnten Vereinsfahnen auch das Mittragen der Banner der Kath. Jugend deutscher und italienischer Angehörigkeit zu verbieten.

Hier zur Kenntnis gebrachter Vorfall hat unter der Bevölkerung größte Empörung und Verbitterung verursacht, die hierin eine empfindliche Störung einer religiösen Handlung sieht.

Ein ähnlicher Fall hat sich bei derselben Gelegenheit auch in der Fraktion Girlan dieser Gemeinde ereignet.

Der Gemeinderat fordert eine sofortige Untersuchung dieser Vorfälle und verlangt, daß der Verantwortliche zur Rechenschaft gezogen werde.

Damit sich ähnliche Vorfälle, welche östlich-kommunistischen Methoden ähneln und nur dazu angetan sind, die Gemüter der katholischen Bevölkerung zu erregen, nicht wiederholen, wird um eine Revision der oben erwähnten Verfügung gebeten.

Mit vorzüglicher Hochachtung.

Der Bürgermeister:
Fritz Dellago

Faksimile aus Archiv SHB

Bild: Archiv Molling

Herlinde Mollings Karmann-Ghia

In ganz Südtirol stürzen infolge sorgfältig initiierter und organisierter Sprengung Strommasten von Überlandleitungen des staatlichen italienischen Energieversorgers in sich zusammen. In der am 13. Juli 1961 folgenden „Kleinen Feuernacht" trifft es weitere Masten. Trotz Straßensperren und verschärften Personenkontrollen war es den BAS-Aktivisten gelungen, die Stromversorgung in Teilen Südtirols und Norditaliens zu unterbrechen. Das Flugblatt, das jede BAS-Kämpfergruppe an ihrem jeweiligen Objekt hinterließ, endete mit der Bekundung: *„Die Südtiroler Freiheitsbewegung [...] wird so lange am Werk sein, bis wir in unserer Heimat wieder als freie Tiroler leben können, und dann erst wird Ruhe und Frieden in Südtirol einkehren."*

Insgesamt verübten die BAS-Aktivisten in „Feuernacht" und „Kleiner Feuernacht" 49 Anschläge: auf 37 Strommasten, 8 Eisenbahnlinien, 2 Hochdruckleitungen sowie einen Staudamm. Dabei wurden sieben der neun Freileitungen, die Südtirol mit norditalienischen Großstädten verbanden, beschädigt, wodurch acht Kraftwerke lahmgelegt und damit die Produktionskapazität der Bozner Industriezone temporär um vier Fünftel vermindert wurde. Den Gesamtschaden bezifferten italienische Stellen mit etwa drei Milliarden Lire. Da jedoch einige Sprengungen fehlschlugen, konnte das BAS sein ursprüngliches Ziel, die Stromversorgung der Bozner Industriezone vollständig zu unterbrechen und damit einen Totalausfall der Stahlerzeugung zu erzielen, nicht erreichen.

Gesprengter Mast am Kalterer See – Bild entnommen aus dem Buch von Hans Karl Peterlini, Feuernacht. Südtirols Bombenjahre, Bozen 2016, S. 126

Die Freiheitskämpfer des BAS wählten ihre Anschlagsziele so, daß nach menschlichem Ermessen Menschenleben nicht gefährdet waren. So hatte es Sepp Kerschbaumer von seinen Kameraden verlangt, und alle waren sich darin einig gewesen: Der Freiheitskampf sollte unblutig sein. Dennoch kam es zu einem tragischen Vorfall: Der Straßenarbeiter Giovanni Postal entdeckte nahe Salurn eine nicht detonierte Sprengladung, wollte sie eigenhändig vom Baum, an dem sie befestigt gewesen war, entfernen, wobei sie nunmehr zündete und er zu Tode kam. Es sollte hinfort nicht der einzige Tote bleiben.

Italien bot zur Unterminierung des von der Bevölkerung weitestgehend getragenen Aufbegehrens der BAS-Leute zusätzliche Militärverbände auf, sodaß in der Folgezeit mehr als 40.000 Soldaten zwischen Salurn und Brenner, zwischen Reschen und Dolomiten stationiert, Privathäuser für zusätzliche Quartiere und alpine Schutzhütten zur Verwendung als militärische Stützpunkte beschlagnahmt sowie Sondergesetze und zusätzliche Verordnungen erlassen wurden. (11)

Willkürlich verhafteten Carabinieri, Soldaten und Geheimdienstleute „verdächtige" Südtiroler. Nahezu alle aktiven BAS-Leute traf in den Wochen und Monaten nach der „Feuernacht" dieses Schicksal. Einige konnten sich, ahnend was kommen würde, nachdem die ersten Kameraden festgenommen worden waren, nach Österreich in vorläufige Sicherheit bringen. Mit Billigung des Innenministers Mario Scelba folterte man viele der Inhaftierten und erpreßte nicht selten Geständnisse von Festgesetzten. Schon im Juli war in Laas Schützenmajor

Der Staatsanwalt Dott. Mario Martin war ein Mann mit faschistischer Vergangenheit, der offenbar seine Gesinnung nicht gewechselt hatte. Er deckte nach der „Feuernacht“ als Untersuchungsrichter die grausamen Folterungen Südtiroler Häftlinge, ignorierte deren Klagen und drohte den Gefolterten zudem mit Verleumdungsklagen.

Bild: SHB

Bild: SHB

Häftling Sepp Mitterhofer

Franz Höflers Leichnam im Bozner Spital

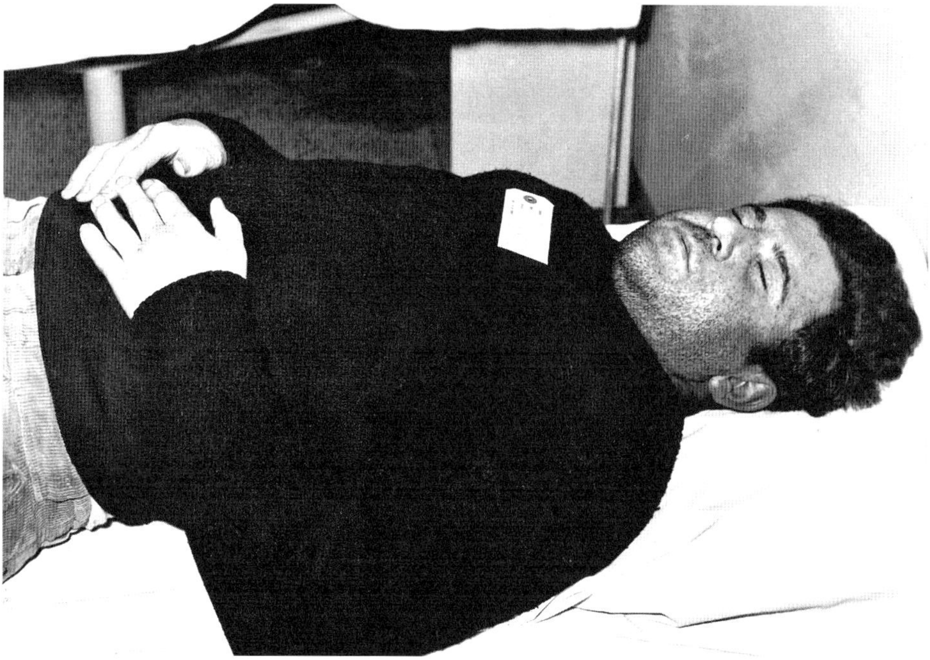
Bild: SHB

Fast 10.000 Menschen folgten dem Sarg Anton Gostners zur Begräbnisstätte im Januar 1962.

Franz Muther verhaftet und in der Carabinieri-Kaserne von Meran einer „Sonderbehandlung" unterzogen worden, bis er unter der Folter Namen von Mitverschwörern preisgab. Die nächsten Verhaftungen mit anschließender Folter galten Schützenmajor Jörg Pircher aus Lana und BAS-Hauptgründer Sepp Kerschbaumer selbst. Bis Ende September 1961 waren mehr als

17. JAN. 1963
20892

Folgendes Schreiben wurde aus dem Gerichtsgefängnis in Bozen geschmuggelt:
Seit über einem Jahr schmachten wir Südtiroler Häftlinge in den italienischen Kerkern. Wir tragen die Male der Folterungen an unseren Leibern. Die Male sind Narben geworden - doch in unseren Herzen sind es Wunden, die bis zur Stunde bluten. Wir können in den vielen Nächten nicht vergessen, wie man uns aus den Wohnungen verhaftet und wie eine entmenschte, uniformierte Foltertruppe jeden von uns quälte und marterte und die Würde unseres Menschentums, die Gott uns gab, hohnlachend mit Füßen trat. Nacht für Nacht erleiden wir die Schändung und Vergewaltigung unseres Menschentums nocheinmal in einer grausigen Erinnerung.
Ein verbrecherischer italienischer Innenminister mit Namen Mario Scelba und sein Handlanger: ein gewissenloser Staatsanwalt namens Paolo Castellano, sind die beiden Hauptverantwortlichen. Sie zeichneten mehrere Folterknechte, die uns gemartert hatten, mit Orden und Ehrenzeichen aus, leugneten vor aller Welt ihre Schuld und taten alles, um eine, von allen italienischen Parteien geforderte parlamentarische Untersuchungskommission zu verhindern. Sie leugneten bis zum heutigen Tag - obwohl ein mutiger italienischer Richter in Trient die Folterungen vor Gericht als erwiesen angeprangert hat. Mit der Taktik des Schweigens versuchen sie, den Mantel des Vergessens über uns als ihre Opfer auszubreiten. Noch im vergangenen Herbst stellte der Generalstaatsanwalt die völlige Unschuld von mehreren Südtiroler Häftlingen fest und ordnete ihre Entlassung an. Doch diese Südtiroler werden immer noch in italienischen Gefängnissen festgehalten.
Der Großteil von uns, von mehr als 7o Häftlingen, war an den am 12. Juni 1961 erfolgten Sprengstoffanschlägen völlig unbeteiligt. Lediglich durch Folterungen erzwang die italienische Polizei von schmerzgequälten Menschen "Geständnisse", die ihr paßten.

Jene wenigen aber, die aus Verzweiflung über die Not unserer Heimat zur Selbsthilfe griffen, sie machten aus ihren Taten keinen Hehl. Ihre Tat war der Aufschrei eines seit vier Jahrzehnten diabolisch geqälten Volkes, das nichts anderes will, als in Frieden und Freiheit leben. Frieden und Freiheit haben ihm vierzig Jahre lang die italienischen Unterdrücker mit ihrem haßerfüllten Nationalismus bis zum heutigen Tag verweigert.

Wir politische Südtiroler Häftlinge möchten der Welt sagen: Was wir taten - taten wir selbstlos und reinen Herzens für unsere Heimat. Was wir erlitten haben an Folterungen, und was wir an namenloser Qual bis zur Stunde erleiden, opfern wir unserem geknechteten Land, in dem wir geboren wurden, das unsere Kindheit umhegte und das wir lieben mit jeder Faser unseres Herzens, weil es unsere und unserer toten Väter Heimat ist, in deren karger Erde sie begraben liegen seit tausend Jahren. Wieder kommt Weihnachten! Es ist die zweite Heilige Nacht, die wir geschändet und verhöhnt in den Gefängnissen des italienischen Staates verbringen müssen.

140 BAS-Kämpfer verhaftet und skrupellos der Folter ausgesetzt worden; höhnisch erklärten ihnen ihre Peiniger, Innenminister Mario Scelba persönlich habe ihnen *„carta bianca"* – „freie Hand" – gelassen, damit sie mit den Häftlingen anstellen könnten, was immer ihnen beliebe. Infolge Folterns starben die Südtiroler Franz Höfler und Anton Gostner.

Folter-Folgen führten auch bei Sepp Kerschbaumer im Gefängnis von Verona 1964 zum Tode. Andere Folteropfer trugen, wie der Unterhasler-Bauer Sepp Mitterhofer aus Meran-Obermais, lebenslange Gesundheitsschäden davon, andere verstarben vorzeitig. (12)

Während die Welt die Geburt Christi feiert und das Weihnachtsevangelium vom "Frieden auf Erden den Menschen die guten Willens sind" verkündet wird, klammern wir uns an die Eisenstäbe unserer Kerkerfenster. Zur selben Stunde weinen unsere Frauen und Kinder, unsere Eltern und Geschwister um uns und mit uns.

Wir rufen aus den italienischen Gefängnissen alle Menschen, die guten Willens sind und bitten sie:

Wenn ihr in der Heiligen Nacht in das Licht der brennenden Kerzen schaut, dann denkt auch an uns - nur einen Herzschlag lang! Gott der Herr, dessen Glorie in dieser Nacht die Glocken jubelnd verkünden, möge es euch tausendfach vergelten und uns Kraft geben in unserer Verlassenheit.

Wir glauben daran, daß wir und unsere weinenden Kinder, Frauen, Mütter und Väter in der Heiligen Nacht nicht vergessen sind. Unsere Hoffnung ist, daß es im Abendland und auf dem weiten Erdengrund noch viele Menschen gibt, die an die Reinheit des Herzens, an den Opfermut und an die Größe der Liebe glauben. Mit reinem Herzen und ehrlichen Händen haben wir gehandelt und diesSchändung unserer Leiber und unserer Seelen ließen wir wehr- und schutzlos über uns ergehen. Wenn wir damit helfen können unserer gequälten Heimat Frieden und Freiheit zu erringen, soll uns kein Opfer zu groß sein.

Zwei von uns sind bereits an den erlittenen Martern gestorben: Anton Gostner und Franz Höfler! Ihre Opfer sind uns Verpflichtung. Denn: "Der ist der größte unter euch, der das Leben gibt für seine Brüder!"
Nocheinmal bitten wir: Vergesset uns politische Südtiroler Häftlinge nicht! Die beiden Toten in ihren Gräbern und uns Lebende hinter den Kerkermauern! Denkt an uns in der Heiligen Nacht -- ihr alle, die ihr guten Willens seid. "

Die politischen Südtiroler Häftlinge
in den Gefängnissen von Bozen, Trient
und Verona.

Einer von mehreren Folterberichten, welche brieflich an Außenminister Bruno Kreisky gingen und dort als Verschlußsache archiviert wurden. Aus philologischer Sicht interessant ist daran, daß andere Häftlingsbriefe, die wir kennen, vornehmlich in handschriftlicher Abfassung vorliegen und den jeweiligen, in der Regel dialektal-mundartlich geprägten Sprachduktus des Schreibers aufweisen. (Siehe im folgenden den an den SVP-Obmann und Südtiroler Landeshauptmann Silvius Magnago gerichteten Folterbericht des in der „Feuernacht" aktiven Ultner BAS-Kämpfers Vigil Schwienbacher vom 18. September 1961.) Es spricht einiges dafür, daß dieser maschinenschriftliche Brief an den damaligen Außenminister außerhalb der Haftanstalt(en) und zudem von jemandem verfaßt worden ist, der unzweifelhaft über hoch- bzw. standardsprachliche deutsche Sprachkompetenz verfügte. Es dürfte jemand gewesen sein, dem der Besuch bei den in den genannten Städten einsitzenden Häftlingen nicht verweigert werden konnte und der das dort gewahrte physische und geistig-mentale Leid sowie die seelischen Empfindungen der Einzelnen grammatikalisch, syntaktisch und stilistisch korrekt in ein anrührendes kollektives „Sprachdenkmal" mit dem Impetus zu verwandeln verstand, seine Wirkung nicht zu verfehlen. Mit hoher Wahrscheinlichkeit dürfte es ein Anwalt oder ein Priester gewesen sein – und womöglich ist der Brief diktiert und in einer Kanzlei respektive einem Pfarr- oder diözesanen, vielleicht auch einem Ordensbüro getippt und mittels Kurier über den Brenner geschafft worden, wofür der Innsbrucker Poststempel spricht. Es ist auch nicht abwegig anzunehmen, daß das Schriftstück sogar erst dort – in Innsbruck – verfaßt worden sein könnte. (13)

44 Südtiroler Häftlinge erstatteten gegen 21 ihrer namentlich bekannten Folterknechte – die meisten Carabinieri – Anzeige. Lediglich deren sieben wurden justiziell berücksichtigt und nur zehn „Foltercarabinieri" 1963 in Trient vor Gericht gestellt, die anderen sogleich amnestiert. Im laufenden Verfahren wurden zwei Carabinieri verurteilt und unmittelbar nach dem Urteilsspruch amnestiert, die übrigen Folterer sofort freigesprochen. Anschließend wurden sie allesamt in Rom von General Giovanni De Lorenzo, dem Oberbefehlshaber der Carabinieri,

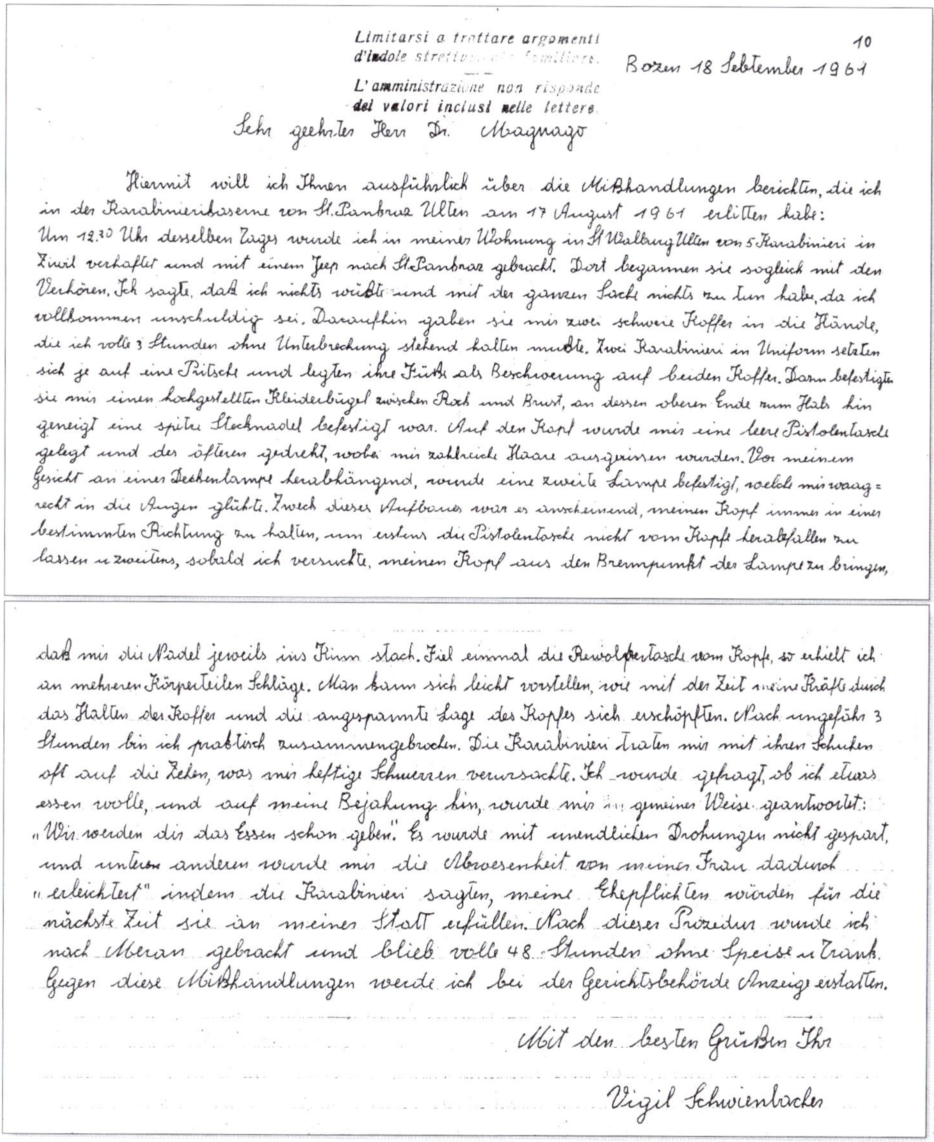

Limitarsi a trattare argomenti d'indole stretta[illegible] familiare.
L'amministrazione non risponde dei valori inclusi nelle lettere

10

Bozen 18 Sebtember 1961

Sehr geehrter Herr Dr. Magnago

Hiermit will ich Ihnen ausführlich über die Mißhandlungen berichten, die ich in der Karabinierikaserne von St. Pankraz Ulten am 17 August 1961 erlitten habe: Um 12.30 Uhr desselben Tages wurde ich in meiner Wohnung in St. Walburg Ulten von 5 Karabinieri in Zivil verhaftet und mit einem Jeep nach St. Pankraz gebracht. Dort begannen sie sogleich mit den Verhören. Ich sagte, daß ich nichts wüßte und mit der ganzen Sache nichts zu tun habe, da ich vollkommen unschuldig sei. Daraufhin gaben sie mir zwei schwere Koffer in die Hände, die ich volle 3 Stunden ohne Unterbrechung stehend halten mußte. Zwei Karabinieri in Uniform setzten sich je auf eine Pritsche und legten ihre Füße als Beschwerung auf beiden Koffer. Dann befestigten sie mir einen hochgestellten Kleiderbügel zwischen Rock und Brust, an dessen oberen Ende zum Hals hin geneigt eine spitze Stecknadel befestigt war. Auf den Kopf wurde mir eine leere Pistolentasche gelegt und des öfteren gedreht, wobei mir zahlreiche Haare ausgerissen wurden. Vor meinem Gesicht an einer Deckenlampe herabhängend, wurde eine zweite Lampe befestigt, welche mir waagrecht in die Augen glühte. Zweck dieser Aufbaues war es anscheinend, meinen Kopf immer in einer bestimmten Richtung zu halten, um erstens die Pistolentasche nicht vom Kopfe herabfallen zu lassen u. zweitens, sobald ich versuchte, meinen Kopf aus den Brennpunkt der Lampe zu bringen, daß mir die Nadel jeweils ins Kinn stach. Fiel einmal die Rewolvertasche vom Kopf, so erhielt ich an mehreren Körperteilen Schläge. Man kann sich leicht vorstellen, wie mit der Zeit meine Kräfte durch das Halten der Koffer und die angespannte Lage des Kopfes sich erschöpften. Nach ungefähr 3 Stunden bin ich praktisch zusammengebrochen. Die Karabinieri traten mir mit ihren Schuhen oft auf die Zehen, was mir heftige Schmerzen verursachte. Ich wurde gefragt, ob ich etwas essen wolle, und auf meine Bejahung hin, wurde mir in gemeiner Weise geantwortet: „Wir werden dir das Essen schon geben". Es wurde mit unendlichen Drohungen nicht gespart, und unter anderen wurde mir die Abwesenheit von meiner Frau dadurch „erleichtert" indem die Karabinieri sagten, meine Ehepflichten würden für die nächste Zeit sie an meiner Statt erfüllen. Nach dieser Prozedur wurde ich nach Meran gebracht und blieb volle 48 Stunden ohne Speise u. Trank. Gegen diese Mißhandlungen werde ich bei der Gerichtsbehörde Anzeige erstatten.

Mit den besten Grüßen Ihr

Vigil Schwienbacher

Schreiben von Vigil Schwienbacher an Südtirols Landeshauptmann Silvius Magnago

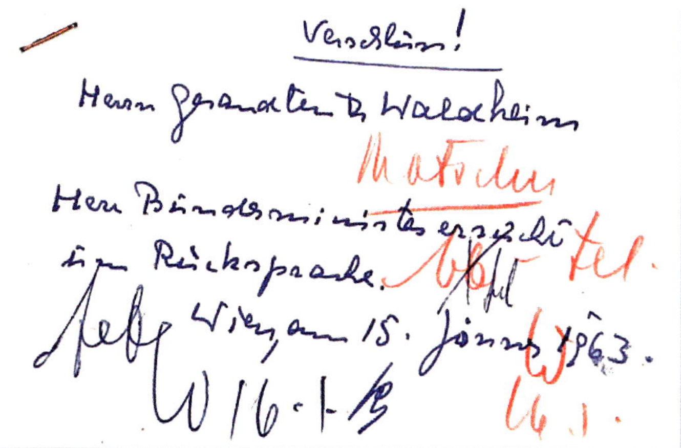

Verschluss!

Herrn Gesandten Dr. Waldheim

Herrn Bundesminister ersucht um Rücksprache.

Wien, am 15. Jänner 1963.

Aus diesem beigehefteten Vermerk geht hervor, daß dieser an Kreisky gerichtete Folterbrief als Verschlußsache zu den Akten genommen und nicht veröffentlicht wurde.

Bild: STF

Italienisches Fahndungsplakat aus den 1960er Jahren

Chef des Militärgeheimdienstes und späteren neofaschistischen römischen Kammerabgeordneten des Parlaments öffentlich für ihren „vorbildlichen Einsatz" belobigt, ausgezeichnet und einige sogar befördert.

Die meisten der verhafteten BAS-Aktivisten wurden indes zu hohen Haftstrafen verurteilt, ihre gesamte Habe wurde eingezogen. Einige wenige blieben trotz der Verhaftungswelle nach der „Feuernacht" unerkannt, andere konnten in letzter Minute über die Grenze nach Österreich entkommen: So der legendäre Schützenmajor Georg Klotz (1919–1976) aus Walten (Gemeinde St. Leonhard in Passeier); so der mit ihm befreundete Schützenleutnant Luis Amplatz aus Bozen-Gries (1926–1964) und die „Pusterer Buben" (im Volksmund „Puschtra Buibm") Siegfried Steger, Sepp Forer, Heinrich Oberlechner und Heinrich Oberleiter. Sie flüchteten nach Österreich und kamen zu gegebenen Anlässen allein oder zusammen mit österreichischen Kameraden immer wieder über die Grenze, um ihren Kampf nach Bekanntwerden der Folterungen bewaffnet weiterzuführen: Denn sie waren fest entschlossen, eher im Feuergefecht zu sterben denn Folterern in die Hände zu fallen. Es kam zu weiteren bewaffneten Aktionen, und es gab Opfer auf Seiten der italienischen Sicherheitskräfte wie der Freiheitskämpfer des BAS.

Erst nach dieser italienischerseits staatlich geduldeten Verletzungen der Menschenrechte und der (bis heute) ungesühnten todbringenden Folterung von Freiheitskämpfern bewaffneten sich einzelne ihrer Kommando-Gruppen. Obwohl bereits eine nicht unerhebliche Zahl von BAS-Leuten inhaftiert waren, gelang es dem italienischen Militär nicht, die Situation zu beherrschen und die Lage unter Kontrolle zu bringen. Im Gegenteil: der Widerstand gegen die als Besatzung empfundene italienische Fremdherrschaft wuchs und wurde trotz politischer, amtskirchlicher und medialer Verteufelung vom Gros der Bevölkerung getragen.

Die in einzelnen Gruppen aktiven, öfter ohne unmittelbaren Kontakt bzw. gesicherte Verbindung zu anderen Mitkämpfern aktiven Freiheitskämpfer agierten in den Jahren nach dem „Großen Schlag" in der „Feuernacht", nachdem die Kerngruppe des BAS festgesetzt war, in ihrer engeren oder weiteren Heimat, wo sie Leute und lokale Besonderheiten genau kannten. Von Landsleuten wohlwollend aufgenommen, informiert und aktiv unterstützt, griffen sie, teils in Notwehr, Gruppen und/oder kleinere Formationen italienischer Sicherheitskräfte an und verwickelten diese in Feuergefechte. Dabei wurde in der Regel bewußt über die Köpfe der Soldaten oder Carabinieri geschossen, denn Menschen sollten nicht zu Schaden kommen. Dies galt insbesondere, so sich Gegner zum eigenen Schutze hinter einheimischen Kindern und Zivilpersonen verschanzten. Trotz des gewaltigen Militäraufgebots und von Spezialeinheiten wurden in Südtirol auch nach der „Feuernacht“ immer wieder elektrische Überlandleitungen und Militäreinrichtungen gesprengt. Vornehmlich im Winter fielen BAS-Attacken auch grenznahe Berghütten, die zweckentfremdet zu alpinen Militärstützpunkten ausgebaut worden waren, zum Opfer. Freiheitskämpfer sickerten in Bozen und anderen italienischen Städten ein und verunsicherten durch ihre vielfachen Aktivitäten (z. B. die wiederholte Sprengung des faschistischen Alpini-Denkmals in Bruneck, welches an die mit den Massakern an Äthiopiern belastete Truppe erinnert) das italienische Militär, die Behörden und die Öffentlichkeit. Nach italienischen Angaben gab es in den „bleiernen Jahren“ knapp über 400 Attentate, dutzende italienische Soldaten sollen in Ausübung ihrer Pflicht zum Teil schwer verletzt

Bild: privat

Bild entnommen dem Buch von Christoph Franceschini, Segretissimo – Streng geheim! Südtirol im Fadenkreuz fremder Mächte, Bozen 2021, S. 153

Luis Amplatz (links) und sein Mörder Christian Kerbler mit Jörg Klotz in Innsbruck (rechts)

worden und 16 von ihnen gefallen sein. Auch italienische Mütter trauerten fortan um ihre Söhne. Kein einziger Südtiroler Freiheitskämpfer fiel im Kampfe. Luis Amplatz starb am 7. September 1964 durch die Kugel eines gedungenen Mörders, des aus Hall im Inntal stammenden Spitzels des italienischen Militärgeheimdienstes SIFAR, Christian Kerbler.

Kerbler, dessen Mordauftrag sich nicht auf Amplatz beschränkte, hatte Georg („Jörg“) Klotz, dessen Kameraden, im Heustadel auf den „Brunner Mahdern“ im Passeier durch Schüsse „nur“ schwer verwundet. Klotz konnte sich, wie durch ein Wunder, aus eigener Kraft mittels eines 46 Stunden währenden Gewaltmarschs über die Hochgebirgsgrenze nach Nordtirol in Sicherheit bringen. (14)

Auch im Zusammenhang mit weiteren späteren Vorkommnissen haben, wie bei diesem Mord(versuch), italienische Geheimdienste(inflüsse) eine weit größere Rolle gespielt, als dies in früheren historischen Betrachtungen zu den „Bombenjahren“ (© Hans Karl Peterlini im Titel seines Buches „Feuernacht. Südtirols Bombenjahre“, Bozen 1992) aufschien. So legen jüngere Forschungsergebnisse, auf die an anderer Stelle genauer eingegangen wird, offen, daß die meisten Anschläge/Attentate, die dem BAS sowie ihm verbundenen nachmaligen Kämpfern und Gruppierungen zugeschrieben worden sind, eher auf das Konto italienischer Organe respektive von Angehörigen der von Geheimdienstlern und neofaschistischen Parteigängern bzw. Sympathisanten durchsetzten „Gladisten“, Angehörigen des italienischen Zweigs der „Stay-behind“-Verbände der Nato, gehen dürften.

Viel ist darüber gerätselt – weil behauptet, widersprochen, formell dementiert und/oder doch bestätigt – und manches darüber geschrieben worden, wer von politischer Seite von

Bild entnommen dem Buch von Christoph Franceschini, Segretissimo – Streng geheim! Südtirol im Fadenkreuz fremder Mächte, Bozen 2021, S. 281

Jörg Klotz in der Pose des furchtlosen BAS-Kämpfers

BAS-Aktionen der 1960er Jahre wußte oder zumindest Kenntnis hatte. Es seien daher hier lediglich Politiker genannt, deren Kenntnis von Vorgängen vor und nach der „Feuernacht" zweifelsfrei bezeugt ist. In Österreich war dies vor allem der Außenminister und nachmalige Bundeskanzler sowie Bundesparteivorsitzende der SPÖ, Bruno Kreisky. Ihn machte der langjährige Nationalratsabgeordnete Rupert Zechtl (SPÖ) und spätere (Nord-)Tiroler Landesrat (Landesminister), der über engste Kontakte zum BAS und dessen Gründer Kerschbaumer verfügte, auf bevorstehende Aktionen aufmerksam:

Aufgrund seines Engagements im BAS war Zechtls Pendant von der ÖVP, Landesrat Aloys Oberhammer, völlig im Bilde. Auch andere bedeutende Persönlichkeiten waren mehr oder weniger „eingeweiht", wußten von den Plänen der Freiheitskämpfer des BAS; so insbesondere der renommierte Staats-, Verfassungs- und Völkerrechtler Felix Ermacora (ÖVP), der sich nicht allein als Nationalratsabgeordneter, sondern auch als Ordinarius mit einschlägigen wissenschaftlichen Publikationen zur Südtirol-Frage einen Namen machte (https://suedtiroler-freiheit.com/2023/10/07/shb-zum-100-geburtstag-von-univ-prof-dr-felix-ermacora/). Informiert waren auch Eduard Widmoser, Chef des Bergisel-Bundes, sowie – natürlich – Eduard Wallnöfer, der langjährige (Nord-)Tiroler Landeshauptmann (ÖVP), der oft schützend die Hand über manche BAS-Leute hielt, so insbesondere über den nach Nordtirol geflüchteten und stets unter Bedrohung lebenden Georg Klotz.

In Südtirol zählten SVP-Obmannstellvertreter und Landtagsabgeordneter Hans Dietl, die SVP-Landtagsabgeordneten Friedl Volgger und Peter Brugger sowie einige andere SVP-Funktionäre – wie etwa das Parteiausschußmitglied Franz Widmann und Parteisekretär Hans Stanek – zu den Vertrauensleuten des BAS. Ihre Namen wurden von den nachmals Verhafteten trotz erlittener Folter nicht preisgegeben. Auch Parteiobmann und Landeshauptmann Magnago war in groben Zügen unterrichtet, denn Kerschbaumer und Klotz – einer der leidenschaftlichsten Freiheitskämpfer – hatten ihm unmißverständlich bedeutet, daß Widerstandshandlungen bevorstünden. Jahrzehnte später bestritt dies Magnago auch nicht, erklärte aber, den beiden von illegalen Aktionen abgeraten zu haben. Wie auch immer – in Einzelheiten bevorstehender Aktionen wurde Magnago tatsächlich nicht eingeweiht; man wollte weder ihn kompromittieren noch seine Partei SVP schädigen, der nicht wenige Südtiroler BAS-Leute – so ursprünglich auch Kerschbaumer – angehörten und über der die römische Verbotsdrohung schwebte. (15)

NATIONALRAT
DER REPUBLIK ÖSTERREICH

Innsbruck, den 8.9.1959

An Herrn
Bundesminister
für Auswärtige Angelegenheiten
Dr. Bruno K r e i s k y

W i e n I

Bundeskanzleramt

Lieber Freund !

Möchte Dich über eine in Südtirol bestehende Untergrundbewegung die sich " BAS " (Befreiungsausschuss für Südtirol) nennt, informieren.

Der Befreiuungsausschuss für Südtirol besteht aus einer Anzahl von Südtirolern, die sich durch gegenseitige Eidesleistung verpflichtet haben, für die Freiheit Südtirols bis zur letzten Konsequenz einzutreten und die ihr Endziel im Anschluss Südtirol an Tirol erblicken. Gegenwärtig dürfte der BAS ca. 25o organisierte Mitglieder haben. Die Zahl soll jedoch im Ansteigen sein, da es gelungen ist, auf die Schützenkompagnien einen entsprechenden Einfluss zu nehmen und aus diesen weitere Mitglieder zu gewinnen. Der BAS setzt sich aus Arbeitern, Bauern, selbständigen kleinen Gewerbetreibenden, einigen Intellektuellen und Geistlichen zusammen. Ein Teil der Mitglieder waren teilweise in der alten illegalen Südtiroler Freiheitsbewegung, die in den Jahren 1929 bis 1939 bestanden hat, tätig. Diese alten Kämpfer taten sich in den Jahren nach dem 1. Weltkrieg zusammen, als die Faschisten mit ihren Massnahmen gegen Südtirol begannen. Prof. Reuth-Niccolussi, Kanonikus Gamper und der jetzt verstorbene Monsignore Dr. Kolb hatten zu dieser Gruppe Verbindung.

Als in Österreich die nationalsozialistische Propaganda einsetzte, wurde auch die Südtiroler Freiheitsbewegung von ihr erfasst. Die Nazis haben den Leuten den Anschluss Südtirols an das grosse deutsche Reich versprochen. Durch das praktische Gegenteil trat eine tiefe Enttäuschung bei diesen Aktivisten ein. Die letzte Hoffnung eines Anschlusses an Österreich, wurden 1945 durch die Massnahmen der Amerikaner in Südtirol und 1946 durch das Gruber-Degasperi-Abkommen zerstört.

Die ausgewanderten Südtiroler, die teilweise als Reoptanten wieder nach Südtirol zurückkehrten, mussten bald erkennen, dass man ihnen in ihrer Berufsausübung,im Wohnwesen, wie auch in kultureller Hinsicht nur Schwierigkeiten bereitete. Diese Schwierigkeiten kamen nicht nur unter den Italienern, sie wurden auch von den eigenen Landsleuten die während des Krieges zu Hause waren und sich wirtschaftlich sanieren konnten, bereitet. Die gleiche Feststellung mussten sie zum Teil auch bei den Politikern der SVP machen.

Aus diesen Gründen der Enttäuschung und Erbitterung, wurde erstmals 1952 in Bruneck nach vorhergehenden kleineren Beratungen eine Besprechung grösseren Ausmasses von Angehörigen der ehemaligen Südtiroler Freiheitsbewegung abgehalten. Die Anwesenden waren wie schon erwähnt, entweder Angehörige der Südtiroler Freiheitsbewegung, ausgewanderte und zurückgekehrte Südtiroler, sowie Soldaten der ehemaligen deutschen Wehrmacht, vornehmlich der Angehörigen der " Division Brandenburg." Bei dieser Zusammenkunft

Freundlicherweise zur Verfügung gestellte Faksimiles aus dem Kreisky-Archiv Wien

wurde einhellig beschlossen, den Kampf für die Befreiung Südtirols wieder aufzunehmen und bis zum Anschluss an Österreich bedingungslos fortzuführen. Es wurde beschlossen, den BAS als Untergrundbewegung zu führen und nach entsprechender Organisation mit Propagandatätigkeit und Sabotageakten zu beginnen. Es wurde einhellig zum Ausdruck gebracht, dass Menschenleben bei diesen Aktionen um jeden Preis vermieden werden sollten. Die Sabotageakte, die sich gegen Wasserkraftwerke richten sollten, wollte man das oberitalienische Industriegebiet treffen und besonders wollte man die Reaktionen der italienischen wie auch der österreichischen Regierung, der österreichischen Bevölkerung sowie der Weltöffentlichkeit erforschen und weitere Massnahmen nach diesem Ergebnis abstimmen. Durch die Gründung des Berg-Iselbundes verhoffte man sich österreichischerseits eine weitgehende Unterstützung, wurde aber jedoch bitter enttäuscht.

Von den Südtiroler Politikern hält der BAS im allgemeinen nicht viel. Man ist der Meinung, dass der massgebende Teil im wesentlichen das sogenannte nimmersatte Bürgertum vertritt und dieses wiederum nachdem es die italienischen Geschäftsmethoden kennengelernt hat, gar kein Interesse an einen Anschluss an Österreich hat. Es gäbe nach dieser Meinung nur einige Politiker wie Benedikter, Dietl, Brugger, Stanek und vielleicht auch Magnago, die sich mit der Wirklichkeit beschäftigen. Diese könnten jedoch auch nicht wie sie wollten.

Aus der Erkenntnis, dass die zwischenstaatlichen Verhandlungen zu keinem Ergebnis führten und die Südtiroler Politiker nicht in der Lage sind sich durchzusetzen, beschloss der BAS eben durch Sabotageakte die Weltöffentlichkeit auf sich zu lenken. Sie sprengte das Denkmal des Tolomei, verübte Sprengstoffanschläge auf das Haus der Inakasa in Bozen und machte weitere verschiedene Anschläge auf Hochspannungsmasten und E-Werksanlagen, die jedoch nur zum Teil gelangen. Die Zahl der Anschläge beläuft sich bisher auf ca. 12, bei denen keine Menschenleben zu beklagen waren.

Ferner wurden verschiedene Flugzettelaktionen durchgeführt, in denen die Italiener aufgefordert wurden, Südtirol zu verlassen und die Unterwanderung einzustellen. Der für die Anschläge notwendige Sprengstoff wurde nicht gestohlen, sondern mit eigenen Mitteln auf verschiedenen Baustellen italienischer Firmen angekauft. Weiters besitzt der BAS einige Maschinengewehre, Maschinenpistolen, Handgranaten und Pistolen sowie Molotow-Coktails. Bei diesen Waffen handelts es sich durchwegs um solche der ehemaligen deutschen Wehrmacht.

Die Mitglieder des BAS erklären nachdrücklich, dass sie mit keiner Partei zu tun haben, sondern dass die Bewegung aus einer nationalen Notwendigkeit heraus geschaffen worden ist. Zur Zeit werden Reserven an Sprengstoff und Waffen angelegt und auf die einzelnen Gruppen verteilt, um zum gegebenen Zeitpunkt, wie man es in diesen Kreisen nennt, losschlagen zu können. Dem Vernehmen nach will der BAS mit seinen Sabotageaktionen bis Oktober 1959 pausieren. Dies einerseits um die Italiener etwas zu beruhigen und um von sich abzulenken, damit die Organisation noch besser ausgebaut werden kann. Gruppen des BAS bestehen in Bozen, Brixen, sowie in allen Orten des Bozener Unterlandes, Pustertal und Vintschgau. Sie sind nach Bezirken organisiert.

Der Artikel des Sulzbergers über Südtirol in der New York Times, glaubt man ebenfalls in diesen Kreisen, stammen die Unterlagen von einem schwäbischen Journalisten namens Otto Theodor Klingele, der mit einer Bozner Bürgerstochter verheiratet ist und über einen gewissen Kerschbaumer Verbindung zum BAS hat. Dieser stellte zur Herstellung von Flugblättern auch seine Schreibmaschine zur Verfügung.

Freundlicherweise zur Verfügung gestellte Faksimiles aus dem Kreisky-Archiv Wien

- 3 -

Diese Schreibmaschine wurde bei der letzten Aktion der italienischen Sicherheitspolizei in Bozen mit 3o kg Sprengstoff in einem Versteck in Sigmundskron aufgefunden und beschlagnahmt.

Klingele wird als Sensationsjournalist bezeichnet. Wie erfahren werden konnte, soll sich der BAS auch an den Führer der EOKA Oberst Grivas um Rat gewandt haben. Dieser soll die Auskunft gegeben haben, für eine Untergrundbewegung sollen nur junge Leute angeworben werden, weil nur von diesen die nötige Härte und Rücksichtslosigkeit zu erwarten sei, zumal diese ja weniger Bindungen und daher auch weniger Hemmungen haben.

Die massgeblichen Leute des BAS sind namentlich bekannt und werden aus begreiflichen Gründen in dieser Sachverhaltsdarstellung nicht genannt.

Dir lieber Genosse Kreisky möchte ich eine nicht uninteressante Information zur Kenntnis bringen:

Gewisse Kreise der ÖVP in Tirol, die sich speziell mit Südtirolerfragen beschäftigen, wollten gegen Dich eine ganz grosse Gemeinheit vorbereiten und durchführen. Man wollte in einem Artikel Dich verantwortlich machen, dass Du bei der Abfassung des Artikels Sulzbergers über Südtirol beteiligt gewesen wärst und besonders dafür verantwortlich gemacht werden musst für den Passus, dass Landesrat Oberhammer in Verbindung mit einer bewaffneten Organisation in Südtirol gebracht wird.

Man hatte die Absicht, Dich als einen Denunzianten hinzustellen und den Oberhammer als Märtyrer herauszustreichen. Man ist über diese Aktion nicht einig geworden und hat sie sicherlich die Konsequenzen bedenkend, unterlassen. Wie verhält es sich wirklich? Es stimmt, dass Oberhammer mit einem Mitglied des BAS in Verbindung ist, von diesem laufend Informationen erhält, aber dieser Gewährsmann wird im BAS mit grossem Misstrauen betrachtet und es besteht die Absicht ihn aus dieser Organisation auszuschliessen.

Diesen Bericht zu Deiner freundlichen Information.

Mit herzlichen Parteigrüssen
Dein

R. Zechtl

(R.Zechtl)

Freundlicherweise zur Verfügung gestellte Faksimiles aus dem Kreisky-Archiv Wien

Die dem Herrn Bundesminister von befreundeter Seite zugekommenen vertraulichen Informationen über die Tätigkeit des BAS im Zeitraum zu Ende des Jahres 1969 wäre im Auftrag des Herrn Bundesministers unter Verschluss aufzubewahren.

Freundlicherweise zur Verfügung gestellte Faksimiles aus dem Kreisky-Archiv Wien

Anmerkungen zu Teil 2

1 So Forcher, Michael, Kleine Geschichte Tirols, Innsbruck 2012, S. 245. Zu den Aktivitäten des amerikanischen Geheimdienstes OSS im Zusammenwirken mit dem italienischen SIM in der entscheidenden Phase 1943 bis 1945 ist die Publikation von Gerald Steinacher, Die Zukunft Südtirols im Lichte der Akten des amerikanischen Kriegsgeheimdienstes (OSS) 1943–1945, (1996). Faculty Publications, Department of History, 120 (https://digitalcommons.unl.edu/historyfacpub/120) grundlegend. Ergänzend dazu ist für die Lage in Südtirol und insbesondere Bozen im Jahre 1945 heranzuziehen: Lun, Margareth, Der Zusammenbruch 1945 – Das Vorspiel zum Ende in Italien, in: Der Schlern, Jg. 68, Heft 8/9,1994, S. 512 und 515 ff.

2 So Steininger, Rolf, Südtirol im 20. Jahrhundert. Vom Leben und Überleben einer Minderheit, Innsbruck 2004[3], S. 125 f.

3 Golowitsch, Helmut, Repression. Wie Südtirol 1945/46 wieder unter das Joch gezwungen wurde, Neumarkt/Etsch (Effekt!-Verlag) 2020.

4 Die vorliegende Darstellung ist mit freundlicher Genehmigung des Eigentümers und Herausgebers der „Du bist Tirol-Genossenschaft" partiell meinem Blog-Eintrag vom 27. 11. 2020 auf der Internet-Plattform „UnserTirol24.com" entnommen (siehe https://www.unsertirol24.com/blog/unters-joch-zwingen/).

5 Golowitsch, Helmut, Südtirol – Opfer für das westliche Bündnis: Wie sich die österreichische Politik ein unliebsames Problem vom Hals schaffte, Graz (Leopold Stocker Verlag) 2017.

6 Gehler, Michael, Verspielte Selbstbestimmung und verweigerte Autonomie 1945–1948: Das Pariser Abkommen – keine Magna Charta für Südtirol!, in: Obwexer, Walter/Eva Pfanzelter (Hrsg.), 70 Jahre Pariser Vertrag. Handbuch, Wien (Verlag Österreich) 2017, S. 63–94. Es ist die Gegenposition zu dem in demselben Handbuch enthaltenen Beitrag von Rolf Steininger, Das Gruber-De Gasperi-Abkommen: Südtirols Magna Charta, S. 31–62. Beider Beiträge gehen, wie das Handbuch selbst, auf Konferenzen zurück, welche die Südtiroler Landesregierung und die Universität Innsbruck aus Anlaß von 70 Jahren Pariser Abkommen 2016 veranstalteten.

7 Die Darstellung beruht partiell auf dem Beitrag eines wachen Zeitgenossen aus der Erlebnisgeneration; siehe Hartung, Erhard: Zankapfel Südtirol – Ein Freiheitskampf in unserer Zeit, in: Neue Ordnung IV/2009, S. 24–29.

8 Eine detaillierte Darstellung der Geschehnisse rund um die Großkundgebung auf Sigmundskron bietet Lun, Margareth: Der Tag von Sigmundskron. Eine Kundgebung macht Geschichte. 17. November 1957, Bozen/Neumarkt a. d. Etsch (Effekt!-Buch) 2007.

9 Siehe dazu insbesondere Steininger, Rolf: Österreichs Südtirolpolitik nach dem Zweiten Weltkrieg, in: Pfeifer, Gustav/Maria Steiner (Hgg.), Bruno Kreisky und die Südtirolfrage (= Veröffentlichungen des Südtiroler Landesarchivs, Sonderband 4), Bozen (Edition Raetia) 2016.

10 Siehe meinen aus Anlaß des damaligen 50-Jahre-Geschehensrückblicks erschienenen Bericht mit dem Titel „Die Feuernacht" (F.A.Z. Nr. 138 vom 16. 6. 2011, S. 12).

11 Eine ausführliche Darstellung der Geschehnisse rund um den „Großen Schlag" bietet Roland Lang: Feuernacht. Die Notwehr eines Volkes, Bozen/Neumarkt a. d. Etsch (Effekt!-Verlag) 2021.

12 Zu Sepp Mitterhofer siehe meinen Nachruf „Ein Leben für Südtirol. Zu denen, die dieses Jahr von uns gingen, gehörte auch der Südtiroler Freiheitskämpfer Sepp Mitterhofer", in: Preußische Allgemeine Zeitung Nr. 52 vom 31. 12. 2021, S. 11.

13 Eine Kopie des Folterberichts von Vigil Schwienbacher wurde freundlicherweise von Südtiroler Heimatbund (SHB) zur Verfügung gestellt. Der maschinenschriftliche Folterbericht, der an Kreisky ging, wurde vom Herausgeber dieses Buches im Kreisky-Archiv Wien kopiert und ist dort als Folterbericht 1963 unter der Signatur ST1D K[ar]t[on] 109 ALT enthalten.

14 Zu Georg („Jörg") Klotz und seinem Wirken gibt es eine beträchtliche Literatur. Nach wie vor empfiehlt sich indes der Hinweis auf die Biographie von Karl Springenschmid: Der Jörg. Aus dem Leben des Südtiroler Freiheitskämpfers Georg Klotz, Preußisch Oldendorf 1980; sowie vor allem jene sehr persönliche der Tochter Klotz' und ehemaligen Politikerin der Partei Südtiroler Freiheit (STF), Eva Klotz: Georg Klotz. Freiheitskämpfer für die Einheit Tirols, Neumarkt a. d. Etsch (Effekt!-Buch) 2010.

15 Rupert Zechtls Brief, worin er Kreisky über den BAS und bevorstehende Aktionen informiert, ist im Kreisky-Archiv verwahrt und am 25. 10. 2020 von mir eingesehen und kopiert. Die Ausführungen über Entstehung und Wirken des BAS wurden partiell der vom SHB herausgegebenen Publikation „BAS. Die geheimen Mitwisser und Förderer. Wissen und Förderung durch die politischen Kräfte in Südtirol und Österreich. Text Helmut Golowitsch; Neumarkt a. d. Etsch (Effekt!-Buch) 2023" mit freundlicher Genehmigung des Verlages entnommen.

TEIL 3: AUF STEINIGEM WEG ZU PAKET UND NEUEM AUTONOMIESTATUT

Zufolge der Geschehnisse rund um die „Feuernacht“ sah sich Rom allmählich gezwungen, politisch einzulenken. Doch es hatte erst zahlreicher Anschläge und Kreiskys UN-Vorstoß 1960, der beiden UN-Resolutionen und ganz offensichtlich des Aufbegehrens, verbunden mit Leid und Tod, massiven Vergeltungsmaßnahmen und Menschenrechtsverletzungen von Seiten Italiens, bedurft, daß es endlich zu Verhandlungen im Dreieck Wien–Bozen–Rom kam, insbesondere zwischen den Außenministerien in Wien und Rom, wie es UN-Resolutionsvorgabe war. Und: Unter dem Eindruck von Anschlägen, deren Urheberschaft jüngsten Forschungsergebnissen zufolge weithin anders zu bewerten sind als in der bisherigen Zeitgeschichtsschreibung geschehen, setzte der italienische Ministerrat eine Kommission ein, die die Südtirol-Frage „unter allen Gesichtspunkten studieren und Vorschläge zu ihrer Lösung unterbreiten“ sollte. Diese sogenannte „19er-Kommission“ (elf Italiener, acht Südtiroler) schloß ihre Arbeit 1964 ab, ihre Empfehlungen boten die Grundlage für Besprechungen österreichischer und italienischer Fachleute auf Konferenzen in Genf, Klagenfurt und Kopenhagen.

Die Kommission präsentierte im April 1964 ihre Ergebnisse; im Dezember desselben Jahres erzielten die Außenminister Saragat und Kreisky eine grundlegende Einigung darüber. Allerdings lehnte die SVP die Saragat-Kreisky-Übereinkunft ab, woraufhin sich Kreisky aus der aktiven Beteiligung zurückzog. Erst nach sich hinziehenden und oft auch für längere Zeit aufgrund von weiteren Anschlägen unterbrochenen Nachverhandlungen – in Italien bedingt auch durch sich rasch ändernde Konstellationen hinsichtlich Administration und Regierung(spolitikern), in Österreich war es 1966 zu einer ÖVP-Alleinregierung unter Kanzler Josef Klaus gekommen – konnte schließlich eine Eini-

Bilder: colaimages/Alamy und SVP

Kurt Waldheim und Aldo Moro sowie Silvius Magnago handelten schließlich das „Paket“ aus, welches 1969 in Meran mit knapper Mehrheit akzeptiert wurde.

gung über das sogenannte „Südtirol-Paket" erzielt werden. Zu Schlüsselfiguren der in die Verhandlungen zwischen Wien und Rom eingebetteten Kontakte zwischen Bozen und Rom wurden der Ministerpräsident und zeitweilige Außenminister Aldo Moro, der damalige österreichische Außenminister Kurt Waldheim sowie der Südtiroler Landeshauptmann und SVP-Obmann Silvius Magnago.

Exkurs: Unabweisliche Nachweise zu aufsehenerregenden Vorfällen und wie Italien während der „Bombenjahre" manipulierte und täuschte

Über einige der vielen Anschläge, die sich währenddessen ereigneten und stets den auch nach der Verhaftungswelle im Gefolge der „Feuernacht" agierenden BAS-Leuten und/oder als Neonazisten verunglimpften Gruppierungen aus burschenschaftlichem Milieu zugeordnet wurden und werden, wissen wir aufgrund jüngerer Forschungsergebnisse heute mehr. Sie sollen daher im folgenden neu beleuchtet werden, zumal sich vieles, was in der historisch-publizistischen wie in der wissenschaftlichen Betrachtung noch immer als quasi sakrosankte „Opinio Communis" im Raum steht und fortwährend als gegeben tradiert wird, als nicht mehr haltbar erweist.

Brisante Akten

Es gehört zu den wissenschaftlichen Sternstunden, wenn es sich ergibt, daß die historische Forschung hervorbringt, was ihre ureigene Aufgabe und Zweckbestimmung sein sollte, nämlich neue Einblicke auf Handlungen und Einsichten in Geschehnisse zu eröffnen, für die bis dahin gemeinhin galt, es seien alle Tatbestände und Zusammenhänge bereits klar gewesen und in der Geschichtsschreibung quasi amtlich oder unverrückbar dargestellt worden. Nicht selten spielt dabei die Entdeckung und akribische Analyse bisher unbekannter oder gar ignorierter Archivalien die entscheidende Rolle. Erstmals aufgefundene oder unterbelichtet gebliebene, mitunter auch bisher gänzlich unbeachtete oder dem freien Zugang entzogene Dokumente zeitigen meist erhellende Einblicke und nicht selten ertragreiche Befunde. Wobei die akribische Auswertung und sorgfältige Analyse von ans Licht geholten Fakten jene „Erkenntnisse" grundlegend zu erschüttern vermögen, worauf die bis dato für unumstößlich erachteten, historiographisch festgeschriebenen wie massenmedial verbreiteten „Wahrheiten" und/oder Meinungen respektive „Überzeugungen" beruhten.

Geschichte bedarf daher bisweilen der Revision. Revision heißt, sie aufs Neue in den Blick zu nehmen. Eine derart „revisionistische" Umschreibung zeitgeschichtlicher Gewißheiten ist nunmehr aufgrund der neuerlichen Inaugenscheinnahme des an Spannungen reichsten Kapitels der jüngeren österreichisch-italienischen Beziehungen zwingend geboten. Im Allgemeinen ist dieses Kapitel vom Südtirol-Konflikt sowie vom Freiheitskampf mutiger Idealisten und im Besonderen von den sogenannten „Bombenjahren" geprägt gewesen. Der österreichische Militärhistoriker Hubert Speckner, der sich wie nie jemand zuvor intensiv mit den brisantesten Akten seines Landes über die Geschehnisse der 1960er Jahre befaßte, legte dazu Forschungsergebnisse vor, welche manches zuvor für sicher, weil für „wahr" Gehaltene ins rechte Licht zu rücken und damit vom Kopf auf die Füße zu stellen vermögen. (1)

Speckners Ergebnisse sind Ertrag disziplinierter mehrjähriger, umsichtiger Studien im Österreichischen Staatsarchiv/Archiv der Republik. Darüber hinaus erstreckten sie sich auf die – der breiteren Öffentlichkeit nicht zugänglichen – Bestände der Staatspolizei (StaPo) und der Justiz sowie auf einschlägige Dokumentationen des Entschärfungsdienstes des Innenministeriums; sie erfaßten schließlich auch „streng geheime" Bestände des Ministeriums für Landesverteidigung über den Einsatz des Bundesheeres an der Grenze zu Italien anno 1967. Daraus ergab sich für den auch an der Landesverteidigungsakademie in Wien tätigen Milizoffizier der Befund, daß der Truppeneinsatz sozusagen den Höhepunkt der „verstärkten Grenzüberwachung" der Sicherheitskräfte der Republik Österreich nach der „Feuernacht" (11./12. Juni 1961) in Südtirol bildete, in der die Aktivisten des „Befreiungsausschusses Südtirol" (BAS) in einer konzertierten Aktion mittels Sprengung von ungefähr 40 Hochspannungsmasten die Energieversorgung im Bozner Becken zeitweise lahmgelegt und damit der Industrie Norditaliens partiell Schaden zugefügt hatten.

Von 1961 bis zum Sommer 1967, dem absoluten „Höhepunkt" der Südtirol-Problematik nach dem Zweiten Weltkrieg, geriet Österreich unter wachsenden Druck Italiens. Dies führte nach dem „Vorfall auf der Porzescharte", in dessen Folge gemäß amtlichen italienischen Verlautbarungen am 25. Juni 1967 vier italienische Soldaten den Tod fanden, einerseits zum Veto Italiens gegen die damaligen EWG-Assoziierungsverhandlungen Österreichs, andererseits zur „verstärkten Grenzüberwachung" durch sein Militär. Dem Geschehen rund um den Vorfall vom Juni 1967 hatte Speckner bereits eine aufsehenerregende Studie gewidmet. (2)

Anschließend nahm er sich aller vorhandenen sicherheitsdienstlichen Akten zu Südtirol an, denen die maßgebliche zeitgeschichtliche Forschung – entgegen dem weithin erweckten Eindruck, wonach „eigentlich alles gesagt" sei – ein nur äußerst geringes Interesse entgegengebracht hatte. Daher seien von den akribisch aufbereiteten 48 „aktenkundig" gewordenen Vorfällen einige exemplarisch vorgestellt, bei denen die aus den Inhalten der jeweiligen österreichischen Dokumente gewonnenen Erkenntnisse massiv von den jeweiligen offiziellen italienischen Darstellungen abweichen.

Vertuschung der wahren Sachverhalte

So hatte Italien mittels einer „diplomatischen Note" unverzüglich die angebliche „Untätigkeit der österreichischen Sicherheitsbehörden gegen die Terroristen, die von Österreich aus operieren" angeprangert, als es in der Nacht vom 12. auf den 13. September 1965 am Reschenpaß angeblich zu einem „Angriff von BAS-Aktivisten gegen eine Alpini-Kaserne" gekommen sei. Indes ergaben die Nachforschungen der StaPo, daß es sich lediglich um eine in der „Manuela-Bar" in Reschen unter angetrunkenen italienischen Soldaten ausgebrochene Streiterei wegen anwesender deutscher Urlauberinnen gehandelt hatte. Einige Soldaten verließen demnach die Bar, holten in der Kaserne ihre Waffen und eröffneten das Feuer auf die im Lokal Verbliebenen. Dagegen waren laut StaPo nirgendwo Einschläge oder Schäden durch angeblich von BAS-Leuten geworfene Handgranaten zu registrieren gewesen. Stattdessen hatte der ebenfalls anwesende und ebenfalls alkoholisierte Kasernenkommandant am nächsten Morgen einen „Terroristenüberfall" gemeldet, um den wahren Sachverhalt zu vertuschen. Und Italien überzog Österreich mit Anschuldigungen. Die Schüsse am Reschenpaß wurden fortan und werden bis heute wahrheitswidrig als „BAS-Anschlag" dargestellt.

Ähnlich verhielt es sich hinsichtlich eines Vorfalls, der sich am 23. Mai 1966 am Pfitscherjoch – am Grenzverlauf zwischen Südtiroler Pfitschtal und Nordtiroler Zillertal – zutrug. Laut offizieller italienischer Darstellung hatte Bruno Bolognesi, Angehöriger der Guardia di Finanza (Finanzwache), beim Betreten der Schutzhütte nahe der Grenze eine 50-kg-Sprengladung ausgelöst, die ihm das Leben gekostet habe. Italien verdächtigte und beschuldigte sofort die „Pusterer Buben", vier BAS-Aktivisten aus dem Ahrntal, der Tat und führte ohne Beiziehung österreichischer Sicherheitsbehörden im Zillertal Erhebungen durch. Allerdings existiert eine vom Bozner Kommando der Guardia di Finanza zu dem Vorfall angelegte Bilddokumentation, derer die österreichischen Behörden habhaft wurden. Laut unabhängig voneinander vorgenommenen Expertisen von Spreng(stoff)sachverständigen belegen die Aufnahmen – ebenso wie das Foto, welches den toten Bolognesi zeigt – indes keinesfalls die Explosion von 50 kg Sprengstoff, sondern vielmehr eine Gasexplosion in der Schutzhütte. Doch nach wie vor hält Italien an seiner Beschuldigung fest. Wohingegen die „Strafverfolgung" für jene italienischen Neofaschisten ans Lächerliche grenzt, die für zweifelsfrei erwiesene Sprengstoffanschläge auf österreichische Einrichtungen – wie am 1. Oktober 1961 auf das Andreas-Hofer-Denkmal in Innsbruck oder am 18. August 1962 auf das „Russendenkmal" in Wien, respektive den für einen österreichischen Polizisten tödlichen Anschlag vom 23. September 1963 am Ebensee – verantwortlich waren.

Ein „Attentat", das keines war

Der spektakulärste und für die damaligen österreichisch-italienischen Beziehungen folgenschwerste Vorfall trug sich am 25./26. Juni 1967 auf der Porzescharte, am Grenzverlauf zwischen Osttirol und der italienischen Provinz Belluno, zu. Die vorliegenden österreichischen Akten beweisen zweifelsfrei, daß die offizielle italienische Version, wonach die angeblich von drei „Terroristi" aus Österreich begangene Tat – Sprengung eines Strommastes und Verlegen einer Sprengfalle, bei deren Detonation vier Soldaten getötet und einer schwer verletzt worden sein sollen – so nicht stimmen kann. Darüber hinaus ging aus mehreren Geländebegehungen und Feldstudien sowie aus der Expertise ausgewiesener Sachverständiger die sprengtechnische Unmöglichkeit dieser bis heute offiziellen Darstellung hervor, was Italien bis zur Stunde ignoriert. Für die Experten gilt es als gesichert, daß sich dort mindestens drei Explosionen ereignet haben müssen. Und es zeigt(e) sich mit einiger Deutlichkeit, daß Angehörige der italienischen „Stay-behind"-Organisation „Gladio" im Zuge der von staatsstreichbeseelten Militärgeheimdienstoffizieren verfolgten „Strategie der Spannung" als wahre Verursacher der Geschehnisse gelten müssen, deren Machenschaften in Italien erst zu Beginn der 1990er Jahre publik werden sollten. Was allerdings für die 1971 in Florenz zu Unrecht – weil für eine nicht begangene Tat – und darüber hinaus wider die Europäische Menschenrechtskonvention – weil in Abwesenheit – zu lebenslanger Haft verurteilten drei Österreicher, von denen noch zwei am Leben sind, bis zur Stunde folgenlos geblieben ist.

Instrumentalisierte, gezielte Anschuldigungen

Aus dem, was Hubert Speckner sorgsam zusammengetragen, gründlich ausgewertet und im Zusammenwirken mit Sachverständigen aufbereitet sowie durch schlüssige Analysen untermauert hat, lassen sich wichtige Erkenntnisse gewinnen und resümierend einige revisionistische Schlüsse ziehen. So fanden Aktionen des BAS ungefähr zeitgleich eine gewisse Parallelität durch italienische Neofaschisten. Umgehend instrumentalisierte Italien vor allem jene Vorfälle mit bis heute nicht einwandfrei geklärten Hintergründen und nutzte sie politisch wie medial gegen Österreich. Hatte Italien nach dem Zweiten Weltkrieg alles versucht, um die Südtiroler – mit Hinweis auf die zwischen Hitler und Mussolini 1939 vereinbarte „Option" – zu Nazis abzustempeln, so stellt(e) es seit Ende der 1950er Jahre alle BAS-Aktivisten in die rechte Ecke und politisch wie publizistisch unter Generalverdacht des N(eon)azismus. Was in politischen Milieus Österreichs und Deutschlands von ganz links bis zur Mitte verfing und bis heute anhält. Und womit den Aktivisten, die aus Verzweiflung ob der kolonialistischen Unterwerfungspolitik – auch des „demokratischen" Nachkriegsitaliens – handelten, bis zur Stunde Unrecht geschieht.

Der BAS-Grundsatz, wonach „bei Anschlägen keine Menschen zu Schaden kommen dürfen", wurde trotz Eskalation der Gewalt zwischen 1961 („Feuernacht") und 1969 (mehrheitliche Annahme des Südtirol-„Pakets" durch die Südtiroler Volkspartei) weitestgehend eingehalten. Der Tod nahezu aller während dieser Jahre gewaltsam ums Leben gekommenen Personen ist nicht dem BAS als solchem anzulasten, wie dies fälschlicherweise von der italienischen Justiz und diversen Medien wahrheitswidrig festgestellt sowie verbreitet wurde und noch heute behauptet wird. Stattdessen handelte es sich mit hoher Wahrscheinlichkeit um Unfälle – so im Falle des Todes von Bruno Bolognesi in der Pfitscherjoch-Hütte am 23. 6. 1966 sowie von Herbert Volgger, Martino Cossu und Franco Petrucci am 9. 9. 1966 auf der Steinalm-Hütte. Oder um einen Unfall in Verbindung mit einer Geheimdienstaktion – so im Falle des Todes von Olivo Dordi, Francesco Gentile, Mario Di Lecce und Armando Piva am 25./26. 6. 1967 auf der Porzescharte. Oder um Geheimdienstaktivitäten wie im Falle des Todes von Filippo Foti und Edoardo Martini im „Alpenexpreß" zu Trient am 30. 9. 1967. In anderen ungeklärten Todesfällen – wie jenem des Vittorio Tiralongo (3. 9. 1964) sowie dem des Palmero Ariu und des Luigi De Gennaro (26. 8. 1965), schließlich auch jenem des Salvatore Gabitta und Guiseppe D'Ignoti (24. 8. 1966) – sind die Strafverfahren ohne Anklageerhebung infolge nicht ausreichender Erkenntnisse ohnedies eingestellt worden. In der „Causa Tiralongo" beispielsweise sagte der frühere Carabiniere Bruno Budroni Jahre später aus, „ein Streit unter Carabinieri" sei Ursache für jene Bluttat gewesen, bei der sein Kamerad Tiralongo am 3. September 1964 durch einen Schuß durchs Fenster der Mühlwalder Kaserne getötet worden war, wofür italienischerseits offiziell die „Pusterer Buben" verantwortlich gemacht wurden. Über diese Aussage berichteten die „Dolomiten" in der Ausgabe vom 7. September 2009. Gegenüber der Zeitung beteuerte Budroni: „Ich habe meine Version schon damals erzählt. Wenn man ihr keine Bedeutung schenkte, so deshalb, weil etwas Politisches dahintersteckte."

Auch gegenüber dem Fernsehen des Bayerischen Rundfunks (BR) hatte Budroni in der Sendung „Unter unserem Himmel" seine Kenntnisse darüber bekundet. Auf diese Aussagen hin ließ der italienische Leitende Staatsanwalt Guido Rispoli in Bozen verlauten, er wolle den Fall Tiralongo erneut untersuchen. Dann hörte man lange nichts mehr davon, bis die italienische Tageszeitung „Alto Adige" am 13. Dezember 2011 berichtete, die Ermittlung werde eingestellt und der Fall archiviert. (Nachzulesen: https://www.suedtiroler-freiheitskampf.net/nachruf-fuer-den-ehemaligen-carabiniere-bruno-budroni/ ; eingesehen am 6. 11. 2023)

Verdrehung der Tatsachen

Für einige im Zusammenhang mit dem Südtirol-Konflikt zwischen 1961 und 1963 in Österreich geplante und/oder ausgeführte Anschläge ist dem BAS ursprünglich die Täterschaft zugeschrieben worden. Es waren dies die Explosion einer am Denkmal der Republik in Wien angebrachten Sprengladung (30. 4. 1961), die Sprengung des Andreas-Hofer-Denkmals in Innsbruck (1. 10. 1961), Schüsse auf die italienische Botschaft in Wien (8. 10. 1961), Anschlagsversuche am Wiener Heldenplatz (27. 12. 1961) und auf das sowjetische Ehrenmal („Russendenkmal") in Wien (18. 8. 1962) sowie der für den Gendarmen Kurt Gruber todbringende Sprengstoffanschlag in Ebensee (23. 9. 1963), bei dem es zudem zwei Schwer- und neun Leichtverletzte gab. Fälschlicherweise – denn die Taten waren von italienischen Neofaschisten bzw. von österreichischen Rechtsextremisten, die nicht dem BAS angehörten oder mit ihm in Verbindung standen, begangen worden. Ein Zusammenhang zwischen den Anschlägen und dem BAS wurde wahrheitswidrig von ideologisierten Personen sowie von (bewußt) falsch informierten/informierenden Medien in Österreich und nicht zuletzt von italienischen Stellen zur Gänze behauptet, um den BAS zu diskreditieren.

Der Südtiroler Freiheitskampf der 1960er Jahre war letztendlich erfolgreich und hat entscheidend zur politischen Lösung des Konflikts (s. u.) beigetragen. Zum „Höhepunkt" des Aufbegehrens der BAS-Aktivisten wurden etwa 15.000 italienische Soldaten zusätzlich in Südtirol stationiert, wodurch dort die Sicherheitskräfte auf insgesamt circa 40.000 Mann aufgestockt worden waren. Dennoch war deren Einsatz letztlich praktisch wirkungslos. Aufgrund dieses Umstands hat der Ruf der italienischen Streitkräfte stark gelitten. Und wegen dieses Gesichtsverlusts und der enorm hohen zusätzlichen Kosten hatten, wie Speckner schlußfolgerte, in Rom letztendlich die „Tauben" über die „Falken" die Oberhand gewonnen, worauf auch zurückgeführt werden könne, daß unter Regierungschef Aldo Moro eine politische Lösung, das „Südtirol-Paket", erreicht werden konnte. Damit dürfte auch die von den Historikern Rolf Steininger (Innsbruck) und Leopold Steurer (Meran) aufgestellte sowie weidlich instrumentalisierte und wider alle Einwände von Zeitzeugen vertretene These, daß sowohl die „Feuernacht" als auch der Südtiroler Freiheitskampf insgesamt kontraproduktiv gewesen sei – „Die Feuernacht hat nichts, rein gar nichts gebracht" bzw. „trotz und nicht wegen der Attentate wurde die 19er Kommission eingesetzt" –, als wenn nicht widerlegt, so doch höchst fragwürdig gelten. (3)

Expertisen anerkannter beeideter Fachleute

Die bisher grob umrissenen Geschehnisse und Vorfälle seien im folgenden zur weiteren Erhellung noch etwas ausführlicher beleuchtet. Im Zusammenwirken mit amtlich anerkannten

Fachleuten und deren fundierten technischen Expertisen stellte Speckner nämlich die drei echoreichsten, blutigsten Fälle auf rationale und wissenschaftlich begründete Weise vom Kopf auf die Füße und führte damit deren amtliche italienische Darstellungen ad absurdum. (4)

Der Fall Pfitscherjoch

So im Falle eines todbringenden Ereignisses, das sich am 23. Mai 1966 ereignet hatte. Die ehedem hölzerne und später durch einen Steinanbau erweiterte ehemalige Schutzhütte am Pfitscherjoch diente als Stützpunkt für die italienische Finanzwache (Guardia di Finanza) sowie für Carabinieri und Alpini-Soldaten. Dort war infolge einer Explosion ein Angehöriger der Finanzwache ums Leben gekommen. Laut der „offiziellen“ italienischen Version des Geschehens habe dieser während des Patrouillengangs die Tür zum Schutzhaus geöffnet, worauf eine Sprengladung von ungefähr 50 kg Sprengstoff explodiert sei.

Wie bei ähnlich gelagerten Vorfällen in den 1960er Jahren „wußten“ italienische Medien wie Politik sofort, daß die „gewaltige“, das Gebäude nahezu völlig zerstörende Explosion von „terroristi“ verursacht worden sei. Tatsächlich wurde aber nur der leichte Holzhütten-Teil zerstört, der Steinbau blieb stehen. Noch heute hält das Museum der Finanzer-Truppe in seiner offiziellen Darstellung fest: *„Der Anschlag, der auch den Einsturz der Kaserne zur Folge hatte, entpuppte sich als Werk der Südtiroler Separatistenorganisation Befreiungsausschuß Südtirol (BAS)“*, welche *„die gewaltige Ladung wenige Tage zuvor installiert“* habe. Und alsbald wurden die vier „Puschtra Buibm“ („Pusterer Buben“) Siegfried Steger, Josef Forer, Heinrich Oberleiter und Heinrich Oberlechner als Täter beschuldigt. Der Beurteilung mehrerer damaliger Sprengsachverständiger zufolge – darunter eines Experten des Entschärfungsdienstes des österreichischen Innenministeriums – weist die Aufnahme des Getöteten ebenso wie die Fotos von der zerstörten Holzhütte ursächlich auf eine Gasexplosion in der Küche der Schutzhütte hin, währenddessen sich das Opfer in der Toilette direkt neben dem Explosionsherd aufgehalten haben dürfte. Auch das auf den offiziellen Tatortfotos der Guardia di Finanza zu erkennende eingesackte Dach der Hütte widerspreche mit aller Deutlichkeit der Verwendung von Sprengstoff, noch dazu in der erwähnten Menge von 50 kg: diesfalls wäre das Dach, anstatt in sich zusammenzusacken, vielmehr in Trümmern in die Luft geflogen.

Bild: Aus dem Buch Speckners

Man sieht auf diesem Bild des Pfitscherjoch-Hauses, daß nur die leichte Holzkonstruktion zerstört wurde, der im Hintergrund sichtbare steinerne Anteil des Hauses jedoch stehenblieb. Das Dach wurde nicht in Trümmern durch die Luft weggeschleudert, sondern war in sich zusammengesackt.

Die von Speckner aus den von ihm entdeckten und erstmals ausgewerteten Archivalien ermittelten Ergebnisse, wonach sich der Pfitscherjoch-Vorfall *„also kaum so zugetragen haben konnte wie von offizieller italienischer Seite dargestellt“*, ist von auf modernen naturwissenschaftlich-sprengtechnischen Instrumentarien fußenden umfangreichen Untersuchungen durch Fachleute erhärtet worden. Ihre Expertisen kommen der Wahrheit des Geschehens zweifelsfrei am nächsten und dürfen somit als bewiesen gelten. So allein schon durch die Fallbeurteilung des gerichtlich zertifizierten Sachverständigen für Sprengtechnik, Max Ruspeckhofer, der in seinem Beitrag „COLD CASE PFITSCHERJOCH – Wie ein Unfall zu einem Anschlag wurde“ kurz und bündig feststellt: *„Wenn man alle diese Dinge in Betracht zieht, bleibt eigentlich nur mehr eine einzige Schlußfolgerung übrig: Es handelte sich bei diesem Ereignis nicht um ein*

Attentat, bei dem bewußt der Tod von Menschen in Kauf genommen wurde, sondern um einen tragischen Unfall".

Eine letztvergewissernde Expertise durch den gerichtlich zertifizierten Sachverständigen für Sprengwesen Harald Hasler wurde zudem durch dessen ballistische Berechnungen in Bezug auf das Verhalten von Personen bei Explosionen auf Grundlage der international anerkannten Basisliteratur TNO Green Book (Methods for the determination of possible damage to people and objects resulting from releases of hazardous materials) komplettiert. Diese Expertise untermauert nicht nur Ruspeckhofers Befund, sondern stellt die amtliche italienische Darstellung gänzlich in Abrede. Vielmehr steht für Hasler fest, daß *„aufgrund der festgestellten technischen Tatsachen und Sachverhalte zweifelsfrei klar* [ist], *daß sich der aktenkundig beschriebene Vorfall am 23. Mai 1966 am Pfitscherjoch mit an Sicherheit grenzender Wahrscheinlichkeit so NICHT ereignet haben kann. Alle Indizien sprechen eindeutig für eine Gasexplosion. Sachverhaltsdarstellungen, Fachbeurteilungen und entscheidende Schlußfolgerungen aus den vorliegenden Akten sind in keinster Weise nachvollziehbar, mangelhaft und unterliegen keinen fachlich fundierten und objektiv ermittelten gerichtsverwertbaren Erkenntnissen".*

Der Fall Steinalm

Analog dazu ergaben sich für Speckner wie für die beigezogenen Sachverständigen in der „Causa Steinalm" ähnlich geartete Ergebnisse. Knapp fünf Monate nach dem Geschehen rund um das Pfitscherjoch-Haus waren zufolge einer Explosion in einem kasernierten Stützpunkt der Guardia di Finanza auf der Steinalm nahe dem Brennerpaß zwei Finanzwache-Soldaten ums Leben gekommen, ein Schwerverletzter starb wenige Tage später. Bis heute werden in Italien drei BAS-Aktivisten, darunter der legendäre Freiheitskämpfer und Schützenmajor Georg („Jörg") Klotz, des *„blutrünstigen Anschlags"* bezichtigt und politisch sowie justizamtlich der Tat beschuldigt. Die Grundschullehrerin Rosa Klotz, dessen Ehefrau, war daraufhin verhaftet und für 14 Monate eingekerkert und ihre sechs minderjährigen Kinder an Verwandte und Nachbarn überstellt worden.

Bild: Archiv STF

Rosa Pöll-Klotz, die Frau von Georg Klotz, wurde als „Komplizin" am 12. Oktober 1967 verhaftet und 14 Monate lang eingekerkert. Rechts der Passeier Carabinieri-Brigadier Dino Bergamo

Wenngleich damals schon mehrere Gutachten von Sachverständigen die Explosion einer Gasflasche sowie die Detonation einer Kiste mit Handgranaten in deren unmittelbarer Nähe als ursächlich für den Tod der Finanzer sowie die Zerstörung des Stützpunktes ansahen, blieb und bleibt Rom geradezu doktrinär bei seiner Hergangsversion und der Täterbeschuldigung und wies, wie stets bei derartigen Vorfällen, Wien eine „Mitschuld" zu, da die österreichischen Behörden zu wenig gegen den Terrorismus unternommen hätten.

Daß diese offizielle römische Schuldzuschreibung zu verwerfen ist, zeigte eigentlich allein schon Speckners Durchleuchtung des damaligen Vorfalls. Zudem untermauert die eigens durchgeführte neue wissenschaftlich begründete Begutachtung durch den Sachverständigen Hasler seine aktenmäßig erschlossenen historischen Ergebnisse. Hasler stellt nämlich aufgrund seiner umfangreichen Befunde, einer forensischen, kriminaltechnischen Analyse sowie der Bewertung der angeführten einzelnen Sachverhalte unumwunden fest, *„daß sich der aktenkundig beschriebene Vorfall am 9. September 1966 auf der Steinalm mit an Sicherheit* *grenzender Wahrscheinlichkeit so NICHT ereignet haben konnte"*. Infolgedessen verwirft er die dem damaligen Gerichtsverfahren und Urteil zugrundlegenden Ergebnisse italienischer Gutachter, indem er konstatiert, sie unterlägen *„keinen fachlich fundierten und objektiv ermittelten gerichtsverwertbaren Schlußfolgerungen"*.

Der Fall Porzescharte

Schließlich der an Tragik und Verwerflichkeit des amtlichen Wirkens italienischer Politik wohl kaum zu übertreffende „Fall Porzescharte". In einer Auflistung von (nach heutigen Erkenntnissen angeblichen) Terroranschlägen, die einer Wien übermittelten diplomatischen „Verbalnote" des römischen Außenministeriums vom 18. Juli 1967 beigeheftet ist, wurden die Vorgänge auf der Porzescharte am 25. Juni 1967 wie folgt *„klar und eindeutig"* beschrieben: *„Sprengung des Mastes einer Hochspannungsleitung durch eine mit Uhrwerk versehene Sprengvorrichtung. Während des Lokalaugenscheins tritt der Alpini-Soldat Armando Piva auf eine Tretmine und verursacht eine Explosion. Infolge der schweren Verletzungen stirbt der Soldat kurz darauf im Zivilkrankenhaus von Innichen. Gegen 15 Uhr desselben Tages gerät eine Feuerwerker-Truppe nach Säuberung des um den Hochspannungsmast gelegenen Geländes in eine weitere Minenfalle. Die Explosion verursacht den Tod des Karabinierihauptmanns Francesco GENTILE, des Fallschirmjägerleutnants Mario DI LEGGE und des Fallschirmjäger-Unteroffiziers Olivo TOZZI* [sic!, der richtige Name ist DORDI], *sowie schwere Verletzung des Fallschirmjäger-Feldwebels Marcello FAGNANI. Am Tatort wurde ein Gerät mit der Aufschrift B.A.S. aufgefunden."*

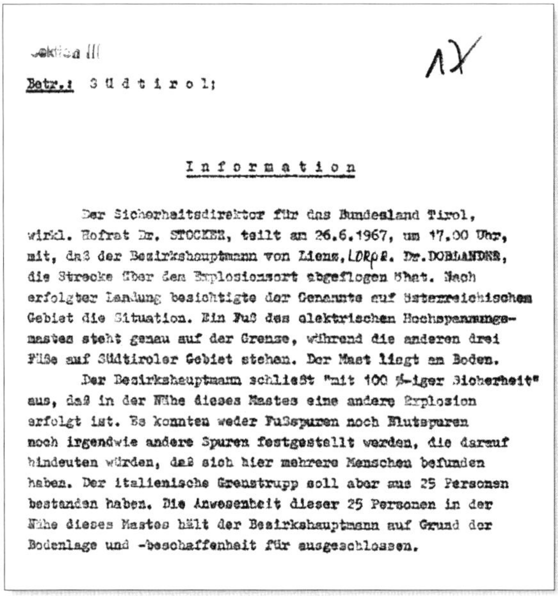
Sektion III

1X

Betr.: Südtirol;

Information

Der Sicherheitsdirektor für das Bundesland Tirol, wirkl. Hofrat Dr. STOCKER, teilt am 26.6.1967, um 17.00 Uhr, mit, daß der Bezirkshauptmann von Lienz, LORpR. Dr. DOBLANDER, die Strecke über den Explosionsort abgeflogen hat. Nach erfolgter Landung besichtigte der Genannte auf österreichischem Gebiet die Situation. Ein Fuß des elektrischen Hochspannungsmastes steht genau auf der Grenze, während die anderen drei Füße auf Südtiroler Gebiet stehen. Der Mast liegt am Boden.

Der Bezirkshauptmann schließt "mit 100 %-iger Sicherheit" aus, daß in der Nähe dieses Mastes eine andere Explosion erfolgt ist. Es konnten weder Fußspuren noch Blutspuren noch irgendwie andere Spuren festgestellt werden, die darauf hindeuten würden, daß sich hier mehrere Menschen befunden haben. Der italienische Grenztrupp soll aber aus 25 Personen bestanden haben. Die Anwesenheit dieser 25 Personen in der Nähe dieses Mastes hält der Bezirkshauptmann auf Grund der Bodenlage und -beschaffenheit für ausgeschlossen.

Bericht der Sicherheitsdirektion für Tirol an das österreichische Innenministerium vom 28. 6. 1967; freundlicherweise zur Verfügung gestelltes Faksimile der Abschrift aus dem Kreisky-Archiv Wien

Schon von Anfang an hatten sich jedoch äußerst auffällige Widersprüche gezeigt. Bereits am 26. Juni, also einen Tag nach den ersten italienischen Meldungen, die österreichischen Stellen übermittelt worden waren, ließ sich der Osttiroler Bezirkshauptmann Dr. Doblander mit einem Hubschrauber an den Ort des Geschehens bringen. Das Ergebnis seines Erkundungsfluges meldete die Sicherheitsdirektion für Tirol an das österreichische Innenministerium: *„Der Bezirkshauptmann schließt ‚mit 100 %-iger Sicherheit' aus, daß in der Nähe dieses Mastes eine andere Explosion erfolgt ist. Es konnten weder Fußspuren noch Blutspuren noch irgendwie andere Spuren festgestellt werden, die darauf hindeuten würden, daß sich hier mehrere Menschen befunden haben. Der italienische Grenztrupp soll aber aus 25 Personen bestanden haben. Die Anwesenheit dieser 25 Personen in der Nähe dieses Mastes hält der Bezirkshauptmann auf Grund der Bodenlage und -beschaffenheit für ausgeschlossen."*

Dieser Bericht deckte sich mit dem Inhalt eines Aktenvermerks der Tiroler Sicherheitsdirektion aufgrund von Angaben der Österreichischen Verbundgesellschaft, wonach zwei ihrer Monteure aus dem Standort Lienz in Begleitung eines Gendarmeriebeamten am 27. Juni zur Schadensbegutachtung an der Leitung von Lienz nach Pelos auf der Porzescharte waren. In besagtem Aktenvermerk wurde daraufhin festgehalten: *„Im näheren Bereich des Mastes auch auf italienischem Gebiet konnte außer einem Zettel, italienisch beschriftet, einigen Drähten, keine Spuren gefunden werden, die auf Minenexplosionen und vor allem auf das Verunglücken von Menschen schließen lassen. Es wäre anzunehmen, daß in solchen Fällen Verbandreste, Blutspuren oder ähnliches wahrnehmbar gewesen wäre. Außer einem weit entfernten Posten in der meist besetzten Kaverne aus dem 1. Weltkrieg waren im gesamten Bereich weder Grenzschutzorgane, Militär noch Arbeiter zu bemerken."*

Die „Tiroler Tageszeitung" (TT) hatte zuvor aufgrund eigener Recherchen Ähnliches berichtet, dem italienischerseits widersprochen worden war. Woraufhin sich die TT nach Vorliegen des Berichts des Verbundgesellschaft-Bautrupps bestätigt sah:

...r Tageszeitung

UNABHÄNGIGES ÖSTERREICHISCHES VOLKSBLATT Einzelpreis S 1.80, DM –.40, Lire 60

Bautrupp der Verbundgesellschaft untersuchte Porzescharte-Gebiet und stellte fest: Die „TT" hat recht

Italienische Erklärungen sind falsch!

Auf der Porzescharte sind keine Minen explodiert • Der Bozner General sagte nicht die Wahrheit

Bericht der „Tiroler Tageszeitung" vom 30. 6. 1967, S. 1

Der „blutigste Terrorakt"

Fest steht, daß die alsbald für *„den blutigsten Terrorakt"* verantwortlich gemachten und in Innsbruck in Untersuchungshaft genommenen BAS-Leute Erhard Hartung (Arzt), Peter Kienesberger (Elektriker) und Egon Kufner (Soldat im österreichischen Bundesheer) in der betreffenden Nacht auf den 25. Juni 1967 gemeinsam in der Nähe des Geschehens waren. Sie waren am 24. nach Einbruch der Dunkelheit – um vom Alpini-Stützpunkt Forcella Dignas aus nicht gesehen zu werden – in Richtung Porzescharte aufgestiegen, um, wie sie stets beteuerten, dort einen verwundeten Südtiroler BAS-Mann zu übernehmen. Kienesberger hatte eine geheim übermittelte schriftliche Mitteilung aus Südtirol erhalten, wonach ein verwundeter Südtiroler auf der Porzescharte abgeholt und nach Österreich in medizinische Behandlung gebracht werden sollte. Deshalb war auch der junge Arzt Dr. Hartung mitgekommen, um eine Versorgung auf dem Transport zu gewährleisten. Allerdings hatte in dem Kienesberger übermittelten Schreiben das sonst verwendete Code-Wort gefehlt, weswegen dieser schon von Anfang an mißtrauisch gewesen war.

Die Gruppe brach das Vorhaben dann ab aufgrund einer Wahrnehmung nur kurz sichtbarer Lichter in der Höhe. Kienesberger war zu dem Schluß gekommen, daß die Gruppe in eine italienische Falle gelockt werden sollte. (Speckner arbeitete heraus, daß Kienesbergers Wahrnehmung, in dieser Nacht nicht allein dort gewesen zu sein, der Wirklichkeit entsprochen haben dürfte.) Vehement stell(t)en Hartung und Kufner, die beiden noch Lebenden – Kienesberger verstarb 2015 – das von italienischer Seite unterstellte Ziel und Delikt der gezielten Tötung von Angehörigen der italienischen Sicherheitskräfte mittels Minen stets in Abrede.

Daraufhin wurden der im Zusammenhang mit früheren BAS-Aktionen namhafte Kienesberger sowie die bis dahin unauffälligen Dr. Hartung und Kufner des von Politik, Sicherheitsbehörden und Militär in Italien und Österreich sowie in Medien beider Länder und darüber hinaus so genannten „blutigsten Attentats des Südtirol-Terrorismus" bezichtigt, in Österreich inhaftiert und schließlich sowohl in Österreich als auch in Italien angeklagt. In Florenz lautete das Urteil für Kienesberger und Hartung lebenslänglich, Kufner sollte für 24 Jahre hinter Gitter. Die drei waren durch „Geständnisse" belastet worden, welche zwei im Keller der Carabinieri-Kaserne in der Bozner Drusus-Straße gefolterte österreichische BAS-Aktivisten unterzeichnet hatten.

Die „Behandlungen" durch mehrere Folterer und in mehrtägiger Dunkelhaft – über einen Tisch gespannt und mit brutalen Schlägen auf die Genitalien sowie der Drohung der „Erschießung auf der Flucht" gefügig gemacht, um nur weniges aus dem „Werkzeugkasten" der besonders bei Südtirolern angewandten „Cautio criminalis" zu erwähnen – ließen die beiden Protokolle unterschreiben, welche der berüchtigte Bozner Untersuchungsrichter Mario Martin zu deren Anklage verwendete. Zudem waren sie im Verfahren zu Florenz von Bedeutung. (Erschütternd der Zeitzeugenbericht eines der beiden Gefolterten auf http://www.tirolerland.tv/hans-juerg-humer-1-teil-zeitzeugen-der-1960er-jahre-in-suedtirol/ und http://www.tirolerland.tv/hans-juerg-humer-2-teil-zeitzeugen-der-1960er-jahre-in-suedtirol/)

Die florentinischen Urteilssprüche ergingen in Abwesenheit der Angeklagten und fußten auf Gesetzen aus der Zeit des italienischen Faschismus. Aufgrund späterer Erkenntnisse/Urteile österreichischer und deutscher Höchstgerichte verstieß das Verfahren in Florenz vor allem dadurch, daß die Angeklagten nicht zur Hauptverhandlung geladen worden und ihnen weder die Anklageschrift noch das Urteil zugestellt worden war, gegen die Europäische Menschenrechtskonvention (EMRK).

In Österreich hingegen wurden die drei freigesprochen. Der Freispruch war letztlich auf ein mittels Sachverständigengutachten untermauertes Hauptargument der Verteidigung zurückzuführen. Er erfolgte wider gewisse justizielle Bemühungen, die Täter mittels Schuldnachweis zu überführen. (Diese Nachweise gelten heute weithin als konstruiert, politisch beeinflußt und dürften zudem auf fingierten italienischen „Beweismitteln" beruhen.) Das Sachverständigengutachten ergab aber, daß die den Dreien zur Last gelegte Tat im mehrfach bezeugten Zeitrahmen nicht zu bewerkstelligen war, wofür die Anwälte insbesondere das gutachterliche Weg-Zeit-Diagramm ins Feld führen konnten. Ein weiteres von der Staatsanwaltschaft auf dem Einspruchswege in Gang gesetztes Gerichtsverfahren ließ der österreichische Bundespräsident Dr. Rudolf Kirchschläger 1975 endgültig einstellen.

Foto: Bild aus Speckners Buch

Die in Österreich freigesprochenen Angeklagten (v. l. n. r.) Egon Kufner, Erhard Hartung und Peter Kienesberger

Die beiden lebenden Aktivisten beteuer(te)n (damals wie heute) in aller Klarheit, mit dem Tod der vier italienischen Soldaten nicht das Geringste zu tun (gehabt) zu haben. Dies wird in den österreichischen Gerichtsverfahren von einem damals von den Verteidigern initiierten Gutachten sowie von den in Speckners Buch vorgelegten jüngsten Sachverständigen-Expertisen untermauert.

Gemäß italienischer Darstellung der Ereignisse um den 25. Juni 1967, der sich Österreich nicht widersetzte und die von Politik und Sicherheits- sowie partiell auch Justizorganen letztlich übernommen worden war, soll die Gruppe Kienesberger in der Zeit von nur einer halben Stunde den Strommast direkt an der Grenze doppelt vermint und zwei perfekt getarnte Sprengfallen derart optimal verlegt haben, daß sie ihr mörderisches Ziel erreicht hätten. Diese Durchführung in der zur Verfügung stehenden kurzen Zeit ist – wie schon das von den Verteidigern im Wiener Prozeß vorgelegte Gutachten feststellte – nach Erkenntnissen der Sachverständigen Max Ruspeckhofer und Harald Hasler ein Ding der Unmöglichkeit. Die italienische Darstellung mißachtete die sicherheitsdienstliche Aktenlage sowie die sprengtechnischen und naturwissenschaftlichen Bedingungen des Geschehensablaufs auf der Porzescharte. Diese werden in gutachterlichen Stellungnahmen Ruspeckhofers und Haslers ausführlich erörtert. So resümiert der Sprengsachverständige Max Ruspeckhofer die von ihm angestellten umfänglichen sprengtechnischen Analysen und faßt deren Ergebnisse unumwunden in der aussagekräftigen Feststellung *„ein Attentat das keines war“* zusammen. Harald Hasler stellte nach vier Jahren umfangreicher wissenschaftlicher Feldversuche Rekonstruktionen zu dem Vorfall und den beschriebenen Sachverhalten im Detail zusammen.

Fotos: Bilder aus dem Buch Speckners

Die Sprengsachverständigen Max Ruspeckhofer (links) und Harald Hasler (rechts) bei einer Begehung auf der Porzescharte.

In forensischen Untersuchungen wurden die aufgrund der vorhandenen Akten sich ergebenden Sachverhalte mit modernsten, aus naturwissenschaftlich-sprengtechnischen Erkenntnissen gewonnenen Methoden auf Plausibilität sowie Reproduzierbarkeit hin überprüft und bewertet sowie schließlich den offiziellen aktenkundigen Darstellungen gegenübergestellt. Gutachter Hasler stellte zusammenfassend fest: *„Aufgrund der sehr umfangreichen Befundaufnahme, der Feldversuche/Rekonstruktionen sowie Detailanalysen der einzelnen Sachverhalte zu den aktenkundigen Angaben der Ereignisse vom 25. Juni 1967 auf der Porzescharte kann* […] *mit an Sicherheit grenzender Wahrscheinlichkeit gesagt werden, daß sich die Ereignisse so NICHT ereignet haben können. Die dokumentierten Ereignisse sind nicht im Ansatz reproduzierbar, absolut unerklärbar und nicht im Ansatz nachvollziehbar.* […] *Praktische Feldversuche bei denen die Sprengung vom 25.06.1967 mehrmals mit ballistischer Gelatine, humanoiden Dummies und Indikatoren nach den Aktenangaben wissenschaftlich hinterfragt und nachgestellt wurden“*, belegten dies *„eindeutig und zweifelsfrei“*. Harald Hasler hat die Ergebnisse seiner Versuche in einer Dokumentation auf 461 Seiten mit zahlreichen Bildern sowie Berechnungs- und Meßwertdarstellungen als Monographie veröffentlicht. (5)

Einer von mehreren Schnappschüssen aus den umfänglichen Hasler'schen Sprengversuchsreihen mit humanoiden „Dummies", in der die amtlichen italienischen Angaben und Darstellungen von 1967 einer Überprüfung mit modernsten wissenschaftlich-technischen Methoden unterzogen wurden.

Einer von vielen Sprengversuchen mit humanoiden „Dummies", bei denen sich zeigte, daß die Auswirkungen auf deren Körper ganz andere waren, als in den italienischen offiziellen Darstellungen behauptet worden war.

Versuchsanordnungen, wobei die Sprengwirkung hinsichtlich Detonation und Wirkung auf Körper wissenschaftlich-technisch nachgestellt und überprüft wurde.

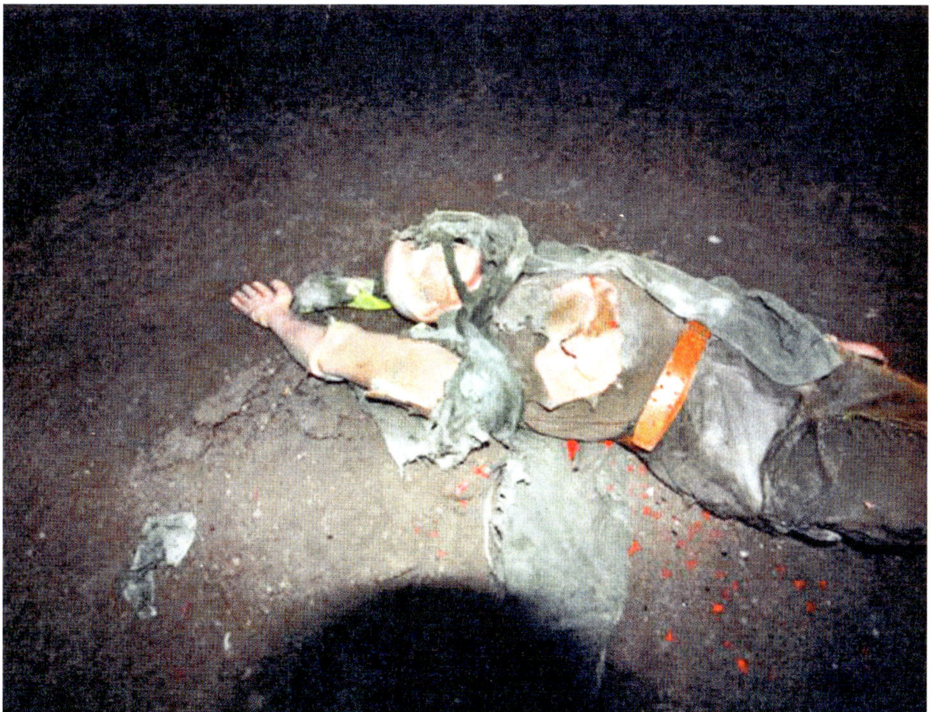

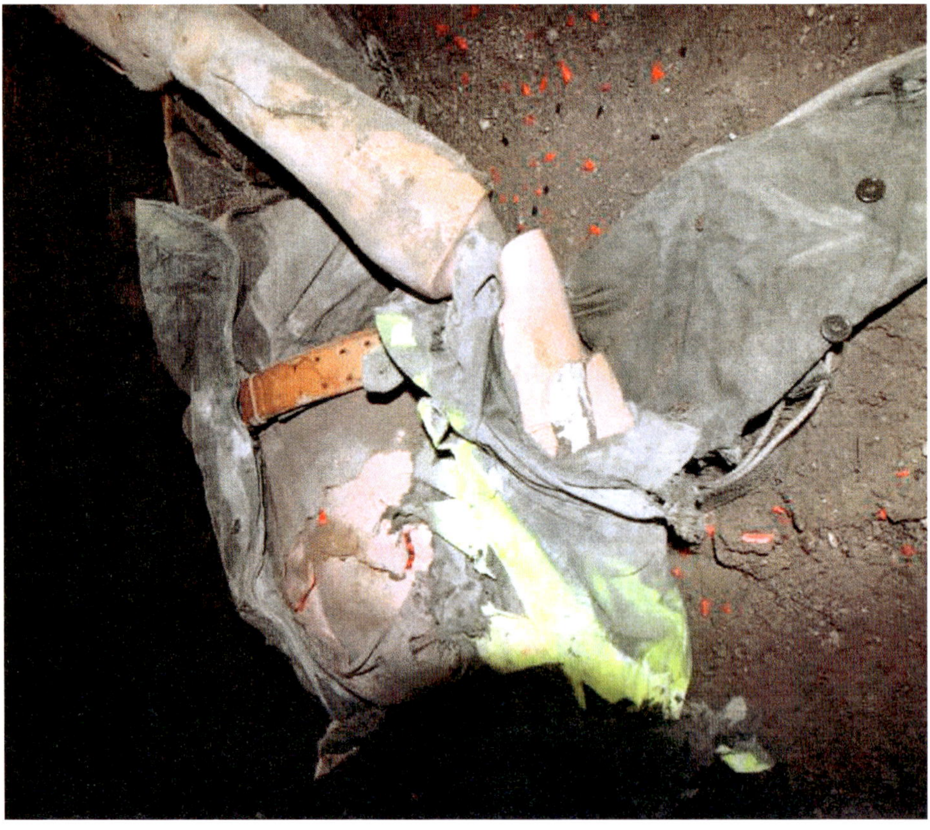

Auch die Versehrtheit (Schäden, Verletzungen) stellt sich aufgrund der Sprengversuche Haslers erheblich anders dar, als dies die damaligen italienischen Untersuchungsergebnisse nahelegten. (Alle Abbildungen aus Haslers Monographie)

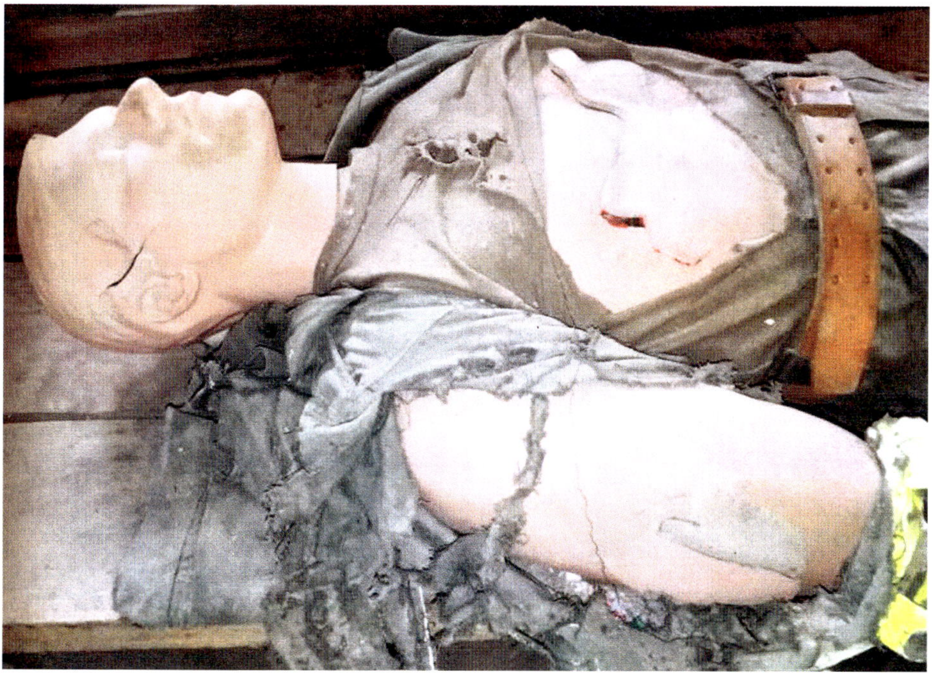

Vollends konnte der Sachverständige Hasler im Jahre 2024 die zuvor schon dargelegten plausiblen Ergebnisse seiner auf fundierten Nachweisen beruhenden Expertisen mittels einer „erweiterten wissenschaftlichen Neubeurteilung“ untermauern, indem er zweifelsfrei nachwies, daß der im Mittelpunkt des Geschehens in der Nacht vom 25. auf den 26. Juni 1967 stehende Mast nicht einmal, sondern zweimal gesprengt worden war. In seinem diesbezüglichen Neubeurteilungsgutachten, dessen Kurzfassung vom 13. 12. 2024 im Anhang faksimiliert wiedergegeben ist, unterstreicht er dies. Dies bedeutet in letzter Konsequenz, daß der gesamte auf italienischen Angaben beruhende aktenkundliche Geschehensablauf nicht der Wahrheit entspricht, sondern auf Manipulation fußt. Die in Florenz Verurteilten konnten somit die todbringende Tat, derer sie bezichtigt wurden (und noch immer werden), nicht begangen haben – was ja im maßgeblichen österreichischen Gerichtsverfahren schon durch das von der Verteidigung vorgelegte Weg-Zeit-Diagramm als erwiesen galt.

Die Frage des „Corriere della Sera“ sollte sich aufgrund der längst in Österreich vorliegenden und im Falle der aus Speckners auch ins Italienische übersetzten maßgeblichen Studien gewonnenen neuen Erkenntnisse nicht nur dieses Medium stellen und sich auf die Suche nach in Italien zu verortenden Tätern sowie jenen Verantwortlichen und staatlichen Stellen machen, die die Wahrheit(en) seit Jahrzehnten unter „Segreto di stato“-

DOMENICA DEL CORRIERE

Settimanale del CORRIERE DELLA SERA Anno 69 - N. 29 - L. 100 - 11 luglio 1967

ALTO ADIGE

CHI SONO GLI ASSASSINI DEI NOSTRI 4 SOLDATI

Interviste col ministro Taviani e con Magnago presidente della S.V.P.

Ezio Benetti: Guerra e miliardi sulla via del tabacco

Alberto Cavallari: L'ESODO DEGLI ARABI

LUI LEI E PAPA' Il caso di Rita Pavone

Italienische Medien folg(t)en stets willig den offiziellen staatlichen Darstellungen. So fragte die Sonntagsausgabe des „Corriere della Sera“ vom 11. 7. 1967: Wer sind die Mörder unserer 4 Soldaten?“

Verschluß halten. Es gereicht dem italienischen Staat ebenso wie einer gewissen Spezies der Historiker- und Politologenzunft wenig zur Ehre, trotz Widersprüchlichkeiten und nachgewiesener Unrichtigkeiten unnachgiebig die Absicht zu verfolgen, an den überholten Darstellungen festzuhalten. Denn es ist mittels neuester wissenschaftlicher Methoden zweifelsfrei nachgewiesen, daß der Mast auf der Porzescharte und die angeblich dort gelegten Minen, welche nach amtlichen italienischen (und österreichischerseits übernommenen) Angaben vier italienische Soldaten getötet haben sollen, nicht von Hartung, Kienesberger und Kufner oder anderen BAS-Aktivisten gesprengt bzw. angebracht wurden.

Es wäre längst an der Zeit gewesen, insbesondere von Wien aus alles zu unternehmen, um Rom dazu zu bewegen, besagtes florentinisches Fehlurteil wider österreichische Staatsbürger, das eines Rechtsstaats(anspruchs) unwürdig ist, zu annullieren. Das läge insofern auch in österreichischem Staatsinteresse, als seinerzeit das vermeintliche Ereignis auf der Porzescharte von Italien genutzt worden war, im Zeichen des italienischen Kampfes gegen die sogenannten „Südtirol-Terroristen" Österreich politisch unter Druck zu setzen. Die ÖVP-Alleinregierung unter Josef Klaus (1966–1970) war sichtlich bemüht, den Konflikt möglichst rasch beizulegen. Der Tiroler Landeshauptmann Eduard Wallnöfer (1963–1987), der es Jahre später öffentlich abgelehnt hatte, Klaus einen (Partei-)Freund zu nennen, mußte Einsicht für die „staatspolitisch notwendige Vorgangsweise" zeigen, wenngleich er BAS-Leute in Schutz nahm und ihnen die Flucht nach Bayern ermöglichte. Der aus Tirol stammende Innenminister Franz Hetzenauer (ÖVP) war in einer delikaten „Zwittersituation", wie er es selbst nannte.

Österreich hatte noch vor Erstellung des ersten „Tatort"-Protokolls der italienisch-österreichischen „Untersuchungskommission" auf der Porzescharte mit Ministerratsbeschluß vom 4. Juli die offizielle italienische Darstellung übernommen und das Ereignis zu einem „Anschlag" erklärt. Lediglich (der parteifreie) Justizminister Hans Richard Klecatsky nannte die „Causa Porzescharte" von Anfang an eine „italienische Manipulation". Wiewohl das von Italien an Österreich übergebene „Beweismaterial" mehr Zweifel hätte entstehen lassen als Klarheit erbringen müssen, wurden Kienesberger, Hartung und Kufner als tatverdächtig verhaftet. Und im Rahmen der österreichischen Porzescharte-Prozesse wurden Richter von Regierungsseite nachweislich darauf aufmerksam gemacht, daß eine Verurteilung „außenpolitisch von Vorteil" wäre.

Bild: SID

Univ.-Prof. Dr. med. Erhard Hartung (rechts) zusammen mit dem damaligen österreichischen Justizminister Univ.-Prof Dr. iur. Hans Richard Klecatsky

Auf italienischen Druck hin und aus angeblicher Staatsräson hatte Wien damals wider besseres Wissen in vielen die Südtirol-Frage bestimmenden Angelegenheiten den römischen Forderungen nachgegeben. Und zum Nachteil von Südtirol-Aktivisten war seinerzeit von beteiligten österreichischen Stellen sozusagen in vorauseilendem Gehorsam, mitunter aber auch aus bestimmten Interessenlagen, Recht gebeugt worden. Es wäre daher nur recht und billig, daß Österreich alles unternähme, um auf die völlige Rehabilitation der in Italien zu Unrecht Verurteilten und in aller Öffentlichkeit Stigmatisierten hinzuwirken. Wien sollte zudem offensiv gegenüber Rom auftreten, damit Italien seine diese Zeit betreffenden Archivalien freigibt und seiner moralischen Verpflichtung nachkommt, der Forschung die Möglichkeit zur Revision dieses von ihm unsäglich geklitterten Kapitels auch seiner eigenen politischen Geschichte zu gewähren. Schuldig wäre es dies sowohl den fremden wie den eigenen Opfern.

Festzuhalten ist aufgrund all dessen: BAS-Leute haben auf der Porzescharte kein Attentat verübt. Die dafür verantwortlich gemachten Personen (Univ.-Prof. i. R. Dr. med. Erhard Hartung, Egon Kufner sowie der mittlerweile verstorbene Peter Kienesberger) sind zu Unrecht verfolgt worden. Mehr als ein halbes Jahrhundert nach dem Geschehen, das sich offenkundig anders denn offiziell dargestellt abspielte, wäre es an der Zeit, das florentinische Schandurteil aus der Welt zu schaffen, mit denen sie gänzlich wahrheits- und rechtswidrig für eine offenkundig nicht begangene Tat verurteilt und damit zu Mördern gestempelt worden sind. Es versteht sich daher eigentlich von selbst, daß die trotz Freispruchs in Österreich nach wie vor mit dem Makel der Täterschaft behafteten und in ihrer persönlichen (Reise-)Freiheit eingeschränkten Personen endlich offiziell und überdies auf öffentlich vernehmliche Weise zu rehabilitieren sind.

Im Österreichischen Nationalrat haben sich vornehmlich FPÖ-Politiker just darum bemüht. Jedoch erwies sich der dahingehende, an den damaligen Bundeskanzler Werner Faymann (SPÖ) gerichtete Versuch des FPÖ-Abgeordneten Werner Neubauer vom 17. 12. 2013 als ergebnislos. Faymann gab sich in seiner schriftlichen Antwort vom 17. 2. 2014 (GZ: BKA-353.110/0008-I/4/2014) auf Neubauers umfangreichen Fragenkatalog ahnungslos – sowohl gegenüber den Erkenntnissen aus Speckners Forschungsergebnissen als auch gegenüber Fragen nach eventuell vorliegenden Unterlagen zur „Intervention des Kanzlers Klaus bezüglich der Prozeßführung durch den Richter Dr. Kubernat im Dezember 1968 beim Landesgerichtspräsidenten". Und in allen anderen Fragen erklärte Faymann das Kanzleramt für unzuständig.

Auch an das österreichische Staatsoberhaupt gerichtete Anfragen erwiesen sich letztlich als nicht zielführend. Der damalige Bundespräsident Dr. Heinz Fischer hatte zwar, „Auftrag gegeben, Speckners Buch eingehend zu studieren. Erst nachher wird die Beurteilung der Frage möglich sein, ob sich über den bisher schon bekannten Sachverhalt hinaus neue Gesichtspunkte in dieser Angelegenheit ergeben", wie er am 28. August 2013 an den „sehr geehrten Herrn Klubobmann des Freiheitlichen Parlamentsclubs, Abg. z. NR Heinz-Christian Strache, FPÖ Bundesparteiobmann" schrieb.

Doch am 7. Februar 2014 teilte Fischer Strache mit: „Wie ich in meinem Schreiben vom 28. August 2013 in Aussicht gestellt habe, wurde dieses Buch von Mitarbeitern der Österreichischen Präsidentschaftskanzlei durchgelesen. Ein Beweis dahingehend, daß die vom italienischen Geschworenengericht verurteilten Personen nicht ‚die Täter gewesen sein konnten', ist aus dem Buch nach Ansicht meiner Mitarbeiter nicht eindeutig abzuleiten. Was mögliche Begnadigungen anlangt, darf ich auf die Ihnen bekannten, bisher schon gesetzten Schritte hinweisen. Ich werde dieses Thema bei geeigneten Gelegenheiten auch in Zukunft im Auge behalten."

Auf neuerliches Nachsetzen des FPÖ-Abgeordneten Neubauer (Schreiben vom 1. 12. 2014) ließ Fischer am 12. 12. 2014 seinen „Berater für europäische und internationale Angelegenheiten", Botschafter Dr. Helmut Freudenschuß, antworten (GZ S130040/221-IA/2014). Dieser schrieb, es gehe „nicht um die Bewertung des Buches, sondern ausschließlich darum, ob die darin enthaltenen Ausführungen über die bereits gesetzten Schritte hinaus eine weitere Intervention gegenüber den italienischen Organen nahelegt. Sie wissen sicher, daß der Herr Bundespräsident das Thema der Begnadigungen immer wieder – zuletzt am 11. November 2014 – im Gespräch mit dem italienischen Staatspräsidenten zur Sprache gebracht hat. Die italienische Vorbedingung – nämlich Gnadengesuche der Betroffenen – ist aber offenbar nicht erfüllbar".

Seit Jahren raten und/oder empfehlen regierende österreichische Bundes- und Landespolitiker (vornehmlich jene Tirols und zuvorderst jene von ÖVP und SPÖ), aber auch Politiker des 1918/19 von Italien annektierten südlichen Teils Tirols, vorzugsweise jene der Südtiroler Volkspartei (SVP), den „Betroffenen", deren Taten – seien sie bewiesen oder unbewiesen; seien sie begangen oder nichtbegangen; seien sie von BAS-Aktivisten verübt oder diesen durch italienische Manipulationen untergeschoben worden – bereits ein halbes Jahrhundert und länger zurückliegen, sie sollten doch bitteschön Gnadengesuche einreichen. Mit Verlaub – das ist Chuzpe.

Abgesehen davon, daß italienische Staatsoberhäupter längst Terroristen aus den Reihen der „Roten Brigaden" respektive aus dem rechtsextremistischen Milieu begnadigten, sich bisher aber stets ablehnend gegenüber den letzten verbliebenen Südtirolern wie etwa den legendären „Pusterer Buben" verhielten, setzt der Gnadenakt für Südtirol deren Gnadengesuch voraus. Alle unrechtmäßig Beschuldigten und zudem menschenrechtswidrig Verurteilten – und um solche handelt es sich bei den drei „Betroffenen" der „Causa Porzescharte", von denen nurmehr Erhard Hartung und Egon Kufner unter den Lebenden weilen – wären doch von allen guten Geistern verlassen, so sie um Gnade bettelten für eine Tat, die sie nicht begangen haben. Daß indes maßgebliche Organe der Republik Österreich, die sich damals schon hasenfüßig und Italien gegenüber unterwürfig verhielten, auch heute noch ihrer Fürsorgepflicht für zwei ihrer jahrelang politisch und justitiell verfolgten Staatsbürger (offenkundig) nicht nachkommen (wollen), darf man mit Fug und Recht eine Schande nennen. (6)

Römische Dienste und Gladisten (7)

Die Redlichkeit gebietet es, bezüglich der zutage geförderten Befunde und Ergebnisse aufs Neue auch die Rolle gewisser Dienste in den Blick zu nehmen. Denn die überaus bedeutsamen und wirkungsvollen geheimdienstlichen Aktivitäten Italiens, welche in Bezug auf die Südtirol-Problematik von Belang und Substanz sind, wurden trotz vorliegender einschlägiger Publikationen Peterlinis (8) und Franceschinis (9) für das in unserem Zusammenhang bedeutsame Aktionsfeld noch nicht hinreichend dargestellt.

Mittlerweile wissen wir ja über die aktenkundigen Ungereimtheiten der Vorfälle auf dem Pfitscherjoch, der Steinalm sowie der Porzescharte genauer Bescheid. Und auch hinsichtlich italienischer geheimdienstlicher wie paramilitärischer Denkwürdigkeiten im Zusammenhang mit der Eindämmung des Südtiroler Freiheitskampfs im Rahmen der nirgendwo mehr bestrittenen „Strategie der Spannung" sind wir erheblich besser unterrichtet. So paßte just das „Porze-Attentat" nur allzugut in eben jene Strategie. Mit der *„strategia della tensione"* trachteten verschwörerische Kreise – organisiert in geheim(bündlerisch)en Vereinigungen alt- und neofaschistischen Zuschnitts wie *„Ordine nuovo"* und *„Avanguardia Nazionale"*, aber auch verankert in Teilen der militärischen Nachrichtendienste SID (*Servizio Informazioni Difesa;* 1965–1977) bzw. SISMI (*Servizio per le Informazioni e la Sicurezza Militare;* 1977–2007) bzw. des zivilen SISDE (*Servizio per le Informazioni e la Sicurezza Democratica;* 1977–2007) sowie (des geheimen „Gladio"-Netzwerks) des Militärs – danach, die gesellschaftliche Unterfütterung für einen (letztlich gottlob erfolglos gebliebenen) Wechsel in Italien hin zu einem autoritären Regime zu bereiten.

Der lange Arm von Gladio

Wie weit der lange Arm des in die „Stay-behind"-Aktivitäten der NATO eingebetteten italienischen „Gladio"-Netzwerks damals reichte, machte die Aussage des italienischen Staatsbürgers Giuseppe Gulotta – er war 1976 gefoltert worden, hatte infolgedessen ein „Geständnis" abgelegt und wurde schuldlos für 22 Jahre inhaftiert – in Markus Lanz' „Talkshow" im ZDF vom 17. Februar 2013 deutlich. Demnach gab es einen bis dahin totgeschwiegenen Folterskandal mit offenkundig geheimdienstlichem Hintergrund, einen Skandal, der frappierend an die Folterungen Südtiroler Freiheitskämpfer in den 1960er Jahren erinnert, welche italienische Politiker in Südtirol noch heute kurzerhand in Abrede stellen. (Fernsehaufnahme https://www.youtube.com/watch?v=ZeeDohEIC3c mehrmals eingesehen, so zuletzt am 18. 10. 2023; hier ein Interview mit Gulotta auf Italienisch: https://www.youtube.com/watch?v=ZmxSuSQY2a8).

Gulotta hat, neben unzähligen Interviews, die er dazu gab, seine Geschichte mithilfe des Journalisten Nicola Biondo auch als Buch (10) veröffentlicht.

Für verdeckt arbeitende Nachrichten- und Sicherheitsdienste gehört Tarnen und Täuschen sozusagen zum Handwerkszeug. Sie bewegen sich in Grauzonen und überschreiten dabei, gedeckt vom vorgeblichen „Interesse des Staates", jedwede rechtliche Schranken, an denen es im demokratischen Italien keineswegs fehlte. Den Diensten ging/geht es um den Schutz falscher Identitäten, um Täuschung über wahre Zielsetzungen, um Konspiration, Provokation und zuvörderst um das Vortäuschen falscher Tatsachen, um das Legendieren von Taten. Eine noch größere Dimension wird beim Begehen schwerer Verbrechen im Rahmen besagter „Strategie der Spannung" erreicht, von der Hans Karl Peterlini zurecht sagt, die *„strategia della tensione"* in Italien habe stets das Ziel verfolgt, „daß unerwünschte politische Strömungen diskreditiert, die Vertreter des starken Staates gestützt, Geheimdienste und Polizeieinheiten ausgebaut und Putschpläne greifbar" werden sollten. (11)

„Unter falscher Flagge"

Bei alldem konnte es gar nicht ausbleiben, daß es zu mancherlei Attentat(sversuch)en sozusagen „unter falscher Flagge" kommen mußte, zu Aktionen, bei denen die Akteure in der Absicht, bestimmte Ziele zu erreichen, skrupellos und ohne Rücksicht auf Verluste vorgingen. War es zum einen das Ziel italienischer Dienste, mittels fingierter Anschläge die Südtiroler Freiheitskämpfer zu diskreditieren und – nicht ohne Wissen und Zustimmung, ja sogar auf Geheiß politischer Verantwortungsträger – damit politischen Druck auf Österreich auszuüben, so hatten darein involvierte oder gar Regie führende Leute des Gladio-Netzwerks als Teil der geheimen italienischen „Stay behind"-Einheiten ein zusätzliches Interesse, damit die Spannungsmomente zu erhöhen, ein Bedrohungsbild zu erzeugen und die Südtirol-Aktionen im Sinne ihrer Umsturzpläne zu instrumentalisieren.

Es gab daher im Rahmen der „Strategie der Spannung" durchaus nicht wenige „getürkte" Attentat(sversuch)e. Ein Beispiel: am 20. August 1961 ließ Hauptmann Amos Spiazzi bei Durnholz im Sarntal zwei bewaffnete Zivilisten verhaften. Die Männer führten in ihren Rucksäcken TNT und Zündmittel mit sich und waren gerade dabei, Sprengladungen vorzubereiten. Die beiden gaben sich als Agenten des militärischen Geheimdienstes SIFAR zu erkennen und wiesen sich als solche aus, weshalb sie nach Überprüfung ihrer Angaben wieder freigelassen werden mußten. Amos Spiazzi di Corte Regia (so sein vollständiger Adelsname), Sohn eines Generals und Absolvent der Militärakademie von Modena, diente Ende der 1950er bis Ende der 1960er Jahre im Panzerabwehrartillerieregiment 35, im Flugabwehrraketenartillerieregiment 4 und im Artillerieregiment 11 *„Legnano"*. Der wie sein Vater monarchistisch Gesinnte gehörte der auf der äußersten Rechten angesiedelten Gruppierung *„Ordine Nuovo"* an, aus der *„Gladio"* einen Teil seiner Verdeckten rekrutierte. Seinerzeit, als er die SIFAR-Agenten im Sarntal verhaften ließ, die wieder freigelassen werden mußten, war Spiazzi Chef einer Sicherungseinheit mit der internen Bezeichnung *„Gruppo Antiguerilla di Bolzano"*/„Antiguerillagruppe Bozen" und dürfte schon damals mutmaßlich als „Gladist" geführt worden sein.

Parallele Strukturen

Fest steht, daß Spiazzi auch später in brisante verschwörerische rechtsextremistische Vorfälle verwickelt war, wovon seine umstrittene Rolle im Putschversuch des neofaschistischen Hochadeligen Junio Valerio Scipione Borghese (der „schwarze Prinz") in der Nacht vom 7. auf den 8. Dezember 1970 einer der markantesten war. Schlagzeilenträchtig auch die Rolle Spiazzis, die zur Verhaftung und Anklage am 13. Januar 1974 durch den Untersuchungsrichter Giovanni Tamburino in der sogenannten „Windrose"-Affäre führte (s. u.). Demnach gehörte der damalige Oberst Spiazzi zusammen mit einem Oberst namens Angelo Dominoni sowie einem General namens Francesco Nardella (Mitglied in Licio Gellis Loge P2) einer Parallelstruktur des SID (*Servizio Informazioni Difesa*), vormals Militärgeheimdienst SIFAR (*Servizio Informazioni Forze Armate*), an, deren Führungsgruppe sich aus italienischen und amerikanischen Geheimdienstlern und Industriellen zusammensetzte und von multinationalen Unternehmen finanziert wurde. Diese Organisation koordinierte über Mittelsmänner subversive Gruppen und verfolgte das Ziel, Unruhe zu stiften, um ein autoritäres Eingreifen des Staates erforderlich zu machen. Sie war Teil der „Strategie der Spannung" und mit *„Gladio"* zum Teil personell verquickt. Die drei Genannten sollen subversive Gruppen koordiniert haben, weshalb Richter Tamburino Spiazzi et alii wegen „politischer Verschwörung durch Assoziation" gemäß Art. 305 Codice Rocco (aus der Zeit des Faschismus herrührendes Strafgesetzbuch) anklagte; das Verfahren wurde dann nach Einschreiten von höchster Stelle, nämlich durch Staatspräsident Francesco Cossiga höchstselbst, nach Rom verlagert und abgewürgt (s. u.), was aber letztlich die Arbeit der parlamentarischen Untersuchungskommission nicht unterband, sondern eigentlich eher beflügelte.

Am 15. November 1964 erhielten die italienischen Behörden einen anonymen telephonischen Hinweis, daß sich im Gepäckwagen des Brenner-Expreß eine Bombe befinde. Der Zug wurde in Brixen auf ein Nebengleis umgeleitet, kurze Zeit später explodierte der abgekoppelte Gepäckwagen. In Österreich verhaftete die Polizei den deutschen Staatsbürger Karl Franz Joosten, der sich als Südtirolfreund ausgegeben und bei der Familie Felder in Absam, Quartiergeber des nach Nordtirol geflüchteten Georg Klotz, eingemietet hatte. Klotz befand sich vorübergehend in Polizeigewahrsam, und Joosten nutzte die Gelegenheit, einen Klotz gehörenden und mit dessen Namen beschrifteten Koffer zu entwenden, ihn mit Sprengstoff zu füllen und mit einem Zeitzünder zu versehen. In Innsbruck gab er den Koffer als Expreßgut auf. Joosten wurde für diese Tat 1965 von einem österreichischen Gericht zu 18 Monaten Haft verurteilt. Wie im Untersuchungsbericht des Senators Marco Boato *(„Relazione preliminare su episodi relativi all'attività di corpi militari, di polizia o di sicurezza dello stato in connessione con le vicende del terrorismo in Alto Adige – Südtirol*; Rom 1992) fast 30 Jahre später enthüllt wurde, hatte Joosten die Tat im Auftrag des Bozner Quästors Alitto Bonanno, des Chefs der Polizei in Südtirol, mit dem Ziel begangen, in der Öffentlichkeit Abscheu und Empörung gegen die Aktivisten des BAS hervorzurufen und sie als völlig skrupellose Mörder hinzustellen.

Der ungeliebte Aufdecker Felice Casson

„Zusammenhänge mit staatlichen und halbstaatlichen Interessen, realisiert von ‚Gladio' und italienischem Geheimdienst als Drahtzieher von Terror bzw. Gegenterror sind schwer von der Hand zu weisen", stellte Rudolf Jeřábek in der vom österreichischen Bundesministerium des Inneren (BMI) herausgegebenen Zeitschrift „Öffentliche Sicherheit" (Heft 1–2, 2006, S. 42) lapidar fest. Die Tageszeitung *„Corriere della Sera"* gab sich später gewiß, daß viele Taten von General Giovanni De Lorenzo persönlich befohlen worden sein mußten. De Lorenzo befand sich damals auf dem Höhepunkt seiner Macht: Er war Generalkommandant der Carabinieri und leitete zugleich den militärischen Geheimdienst SIFAR; zudem arbeitete er im Auftrag des Staatspräsidenten Antonio Segni einen Putschplan für einen Staatsstreich („Piano Solo") aus. Daß Geheimdienstleute und „Gladisten" – nicht selten handelte es sich um identische Personen – während der Südtiroler Bombenjahre oft die Hand im Spiel hatten, dafür sprechen auch Recherchen des Präsidenten der Belluneser Anwaltskammer Peppino Zangrando. Für ihn stand fest, daß in die Causa Porzescharte, in der er recherchiert hatte, italienische Geheimdienstler und/oder Mitglieder genannter Gruppierungen involviert waren. 1994 wollte er den Fall neu aufrollen, scheiterte aber mit seinem Wiederaufnahmeantrag an der Staatsanwaltschaft.

General Giovanni de Lorenzo als Generalstabschef des Heeres 1965

Schließlich deckte der venezianische Untersuchungsrichter Felice Casson die Gladio-Umtriebe in Italien auf. Die Konturen des Netzwerks, das in Italien unter dem Decknamen *„Gla-*

dio" (italienisch für: Kurzschwert) operierte, waren im Sommer 1990 sichtbar geworden, nachdem Casson das italienische Parlament mit seinen Ermittlungen alarmiert hatte. Ministerpräsident Giulio Andreotti sah sich gezwungen, die Existenz geheimer Guerilla-Einheiten unter Führung des Militärgeheimdienstes zu bestätigen. (12) *„Gladio"*-Entdecker Casson hat die Namen von 622 Mitgliedern des Netzwerks dokumentiert und im Zuge seiner Recherchen in den Archiven des SISMI die Existenz einer „geheimen komplexen Struktur innerhalb des italienischen Staates" aufgedeckt. Er fand heraus, daß darin sowohl Leute des SISMI bzw. der Vorgängerorganisation SID, der 1964 auf den aufgelösten SIFAR folgte, wirkten, als auch neofaschistische Organisationen wie *„Avanguardia Nazionale"* und *„Ordine Nuovo"*, zudem Teile des *Gladio*-Netzwerks, worin auch Leute von Gruppierungen wie API (*Associazione Protezione Italiani*) und MIA (*Movimento Italiani Alto Adige*) verstrickt waren. Recherchen des Journalisten Ruggero Zangrandi, welche zunächst in der KPI-nahen Zeitung *„Paese Sera"* und 1970 auch in seinem Buch *„Inchiesta sul SIFAR"* erschienen, dokumentierten die Geheimdienstaktionen sowohl in Bezug auf Persönlichkeiten von Politik und Wirtschaft – so wurden die engeren Mitarbeiter von Aldo Moro und Enrico Mattei, des Chefs des staatlichen Erdölkonzerns ENI, ausspioniert – als auch in Bezug auf die Finanzierung politischer Organisationen des Verfassungsbogens sowie der Neofaschisten, wie *Ordine Nuovo, Fronte Nazionale, Europa Civiltà, Soccorso Tricolore* und *Avanguardia Nazionale.*

Silvano Russomanno (links, als Ruheständler) und Federico Marzollo (rechts, ebenfalls als Pensionär). Beide Aufnahmen sind dem Buch von Christoph Franceschini, Segretissimo Streng geheim! Südtirol im Fadenkreuz fremder Mächte, Bozen 2021, a. a. O., S. 164 und 199 entnommen.

Auf dem Gebiet Südtirols gehörten der bereits im Zusammenhang mit der „Causa Porzescharte" namhaft gewordene Silvano Russomanno sowie der sich während seiner Dienstzeit als Carabinieri-Kommandant in Meran als Folterknecht hervorgetanene Federico Marzollo, der es bis zum General brachte, mutmaßlich dazu. Angehörige genannter Gruppierungen hatten von den 1960ern bis in die 1980er Jahre „zahlreiche politisch motivierte Terroranschläge und Morde in Italien begangen". Cassons Befunde, später publiziert in *„Servizi segreti e il segreto di stato"* („Geheimdienste und Staatssicherheit", 1992), hatten schließlich dazu geführt, daß sich eine Untersuchungskommission des italienischen Parlaments mit dem Komplex „Terrorismus in Italien" und also auch mit Vorgängen rund um die Südtiroler Bombenjahre befaßte. Sie gelangte 1991 immerhin zu dem Schluß, daß „die Geheimdienste des Landes Aktivitäten des BAS durchdrungen hatten". (13)

Darüber hinaus faßte Casson in einem 1994 veröffentlichten Buch alle ihm bis dahin begegneten staatlichen Absonderlichkeiten unter den Leitthemen „Freimaurerei", „Richter und Francesco Cossiga", „Geheimdienste und Massaker", „Kriminalität und Staat", „Tangentopoli", „Justiz und Information – zwischen Rechten und Pflichten" zusammen. (14) Im Kapitel über „Geheimdienste und Staatsgeheimnisse", basierend auf einem Vortrag, den der Autor 1990 auf einer vom Journalistenverband organisierten Veranstaltung hielt, prangerte er das Schweigen (die *„Omertà"*) derer, die aufgrund ihrer institutionellen Pflicht manches hätten wissen und offenbaren müssen, es aber stattdessen vertuscht haben, und die Gleichgültigkeit

Bild: Barbara Zanon/Alamy

Felice Casson

der politischen Macht an: „Die Präsenz der Geheimdienste bei allen kriminellen Handlungen und Irreführungen, die sich in Italien ereignet haben, ist eine Konstante, ebenso wie die Einschüchterungsversuche gegenüber der Justiz, die die Ermittlungen durchführte."

Cassons Wirken war von höchster Stelle untergraben und schließlich in einem hohen Grade unterbunden worden. Nicht nur in der italienischen, sondern auch in der Auslandspresse, so naturgemäß insbesondere in Österreich, erschienen in diesem Zusammenhang sensationelle Berichte über die Umtriebe der italienischen Geheimdienste. So fanden sich in „Presse" und „Standard" (Ausgaben vom 7. und 8. Juni 1991) sowie in den „Salzburger Nachrichten" vom 17. Juni 1991 bemerkens- und bedenkenswerte Einzelheiten über die Enthüllungen des unter höchst merkwürdigen Umständen zu Tode gekommenen Carabinieri-Generals Giorgio Manes. Manes hatte in einem am 15. Juni 1967 verfaßten Bericht „die Degeneration der Carabineri durch General De Lorenzo" angeprangert. Laut Bericht hatten Brigadegeneräle und Oberstleutnante Manes gegenüber zugegeben, an geheimen Sitzungen des Generalkommandos teilgenommen zu haben, in denen operative Phasen von *„Piano Solo"* (so die Bezeichnung für den ins Auge gefaßten Staatsstreich), die Verteilung von Proskriptionslisten und Anweisungen für die Deportation von Gefangenen – an Orte, die später von den parlamentarischen Gremien zur Untersuchung der Affäre Gladio genannt wurden – an die drei Stabschefs der Carabinieri erörtert worden seien.

Die Tagebücher des Giorgio Manes

Aus seinen zwischen 1962 und 1968 geführten Tagebüchern, welche Manes' Witwe dem Untersuchungsrichter Casson übergeben hatte, der über mögliche Verbindungen der geheimnisvollen Nato-Untergrundorganisation *„Gladio"* zur rechten Terrorszene in Italien ermittelte, ging hervor, daß „viele Attentate in Südtirol vom militärischen Abwehrdienst vorgetäuscht" wurden. Manes war mit Ermittlungen über Putschpläne des obersten Carabinieri-Chefs, General Giovanni De Lorenzo, befaßt gewesen und hielt in seinen Aufzeichnungen fest, daß während der 1960er Jahre die gladistisch-geheimdienstlich betriebene „Strategie der Spannung" auch und gerade in Südtirol angewandt worden war. General Manes hätte im Juni 1969 vor einem parlamentarischen Untersuchungsausschuß in Rom über seine Ermittlungsergebnisse berichten sollen. Doch auf der Fahrt dorthin fiel Manes einem Verkehrsunfall zum Opfer, dessen Ursachen nie wirklich geklärt worden sind.

Casson stellte die Tagebücher 1991 jener parlamentarischen Kommission in Rom zur Verfügung, die sich mit der „Strategie der Spannung" befaßte. Die Tagebuchaufzeichnungen beweisen, daß höchste Carabinieri-Offiziere in Bozen damals offenbar bereit waren, brutal gegen die Zivilbevölkerung vorzugehen, dabei aber verschiedentlich in Konflikt mit der Justiz und korrekten Carabinieri-Kollegen gerieten. Bezeichnend für die damaligen Machenschaften ist ein Vorfall während einer Inspektion von Carabinieri-Chef De Lorenzo in Südtirol, den Manes so beschrieb: „Als der General mit dem Hubschrauber die Gegend überflog, wurde eine Bombenexplosion vorgetäuscht, um die Stimmung anzuheizen."

Wie man mit Beamten umsprang, die den illegalen Machenschaften nicht länger tatenlos zusehen wollten, zeigt das Beispiel eines Carabinieri-Oberstleutnants namens Ferrari. Aus Gewissensgründen wollte er sich an die Justiz wenden, daraufhin wurde ihm laut Manes' Tagebuchaufzeichnung kurzerhand „das Kommando entzogen". Als Ferrari sich an höhere Stelle in Rom wandte, um formell Protest gegen die Machenschaften einzulegen und Anzeige zu erstatten, soll ihm das Oberkommando der Carabinieri mit „Einweisung in eine Irrenanstalt" gedroht haben, falls er tatsächlich zur Anzeige schreite. Es sei der Carabinieri-Führung schließlich gelungen, „Ferrari zu beruhigen", vermerkte Manes im Tagebuch.

Auch von Seiten der italienischen Justiz in Bozen schritt man bisweilen gegen fragwürdiges Vorgehen der Carabinieri ein, berichtete Manes. 1964 wollte ein kommandierender Carabinieri-Offizier laut Manes' Tagebuchaufzeichnungen zu Kriegsrechtsmethoden gegen die Zivilbevölkerung greifen: „Das nächste Mal werden wir zurückschießen", soll der Oberst damals gedroht haben, „und für jeden Italiener fünf Südtiroler erschießen." Eine Äußerung, die den geharnischten Widerspruch eines Bozner Staatsanwalts namens Conias hervorgerufen haben soll. Daraufhin wollte der Oberst als Vergeltungsmaßnahme 600 Südtiroler festnehmen lassen, was besagter Staatsanwalt untersagt haben soll.

Dennoch wurde tags darauf das Bergdorf Tesselberg in der Pustertaler Gemeinde Gais von einem Großaufgebot an Sicherheitskräften heimgesucht. Die 130 Einwohner – darunter alte Menschen, Frauen, Kinder – wurden aus ihren Häusern getrieben, zusammengekettet und auf den Erdboden geworfen oder mußten aufrecht stehen, insgesamt 19 lange Stunden, von Carabinieri mit Maschinenpistolen bewacht und bedroht, während die anderen Carabinieri Häuser verwüsteten und zum Teil zerstörten.

30 Jahre später, am 27. Juli 1991, berichtete der Carabinierigeneral im Ruhestand Giancarlo Guidici in einem Interview mit der Zeitung „La Repubblica", erschienen am 27. 7. 1991, was er damals als Einsatzleiter in Tesselberg erlebt hatte: Während die Razzia in vollem Gange war, kam der Kommandant der Carabinierilegion Bozen, Oberst Francesco Marasco, mit einem Hubschrauber eingeflogen und erteilte dem damaligen Oberstleutnant Giudici einen Wahnsinnsbefehl: *„Hast du 15 Personen festgenommen? Gut! Stell sie an die Wand und lasse sie erschießen! Dann brenn das Dorf nieder!"* Giudici weigerte sich. Marasco erneut: *„Du mußt sie erschießen, hast du verstanden? Stell sie an die Wand und dann brenn das ganze Dorf nieder! Brenn es nieder bis zum Boden!"* Giudici: *„Du bist verrückt!"* Marasco: *„Ich belange dich wegen Befehlsverweigerung!"* Giudici packte Marasco am Arm, zog ihn zum Hubschrauber und befahl dem Piloten, den tobenden Marasco wegzubringen. Giudici begab sich dann nach Toblach, telefonierte mit dem Oberbefehlshaber der Carabinieri, General De Lorenzo, und berichtete ihm den Vorfall. De Lorenzo nahm den Bericht ohne Kommentar zur Kenntnis. Einen Tag später wurde Giudici nach Udine versetzt.

Auch zur Ermordung des BAS-Freiheitskämpfers Luis Amplatz in der Nacht vom 6. auf 7. September 1964 und zum fehlgeschlagenen Mordversuch an dessen Kameraden, dem legendären Schützenmajor Georg („Jörg") Klotz, in einer Almhütte auf der „Brunner Mahder" in Passeier fanden sich in den Aufzeichnungen Manes' Einzelheiten. So hielt er fest: „Luis Amplatz wurde mit der Dienstpistole eines in Brixen stationierten Carabinieri-Maresciallo erschossen." Klotz und Amplatz befanden sich in Begleitung eines aus Hall/Tirol stammenden Österreichers namens Christian Kerbler, einem SIFAR-Agenten mit dem Decknamen „Peter Hofmann".

Sie übernachteten in besagter Almhütte, und in der Nacht schoß Kerbler auf die Schlafenden, dreimal auf Amplatz, dann dreimal auf Klotz. Amplatz war sofort tot. Klotz bekam einen Schuß in die Brust und einen ins Gesicht. Der dritte Schuß verfehlte sein Ziel. Klotz floh, mit einem Steckschuß und einer Oberlippenverletzung, barfuß über die 2.862 Meter hohe Schwarzscharte nach Nordtirol. Kerbler, zunächst festgenommen, konnte laut italienischem Polizeibericht über die Schweiz nach London entweichen. Der wegen des Mordes in Perugia in Abwesenheit zu 22 Jahren Gefängnis Verurteilte hat seine Strafe nie abgesessen, da er durch den italienischen Geheimdienst gedeckt wurde, weshalb auch ein formeller römischer Auslieferungsantrag gegenüber London nicht zur Überstellung führte und er auf Nimmerwiedersehen abtauchte.

Umso mehr, als in der internationalen Presse Artikel erschienen, worin es hieß „Italiens Geheimdienst bombte in Südtirol mit" – so der Titel eines aufsehenerregenden Berichts in der deutschen Tageszeitung „Die Welt" vom 11. Juni 1991 – sah man sich in Rom zum Einschreiten gegen „Verräter" und gegen als unbotmäßig sowie als mögliche Durchstecher an die Medien erachtete Juristen veranlaßt. Dies bekamen insbesondere der besagte junge venezianische Untersuchungsrichter Casson und sein Paduaner Kollege Giovanni Tamburino zu spüren, wie die Zeitung „Die Presse" in ihrer Ausgabe vom 23. Oktober 1991 ausführlich berichtete. Demnach war Tamburino die Causa „Windrose-Skandal" (s. o.) just in dem Moment entzogen worden, als die Ermittlungen für den Staat äußerst unangenehm wurden. Seine These: Für die mithilfe der Geheimdienste verfolgte „Strategie der Spannung" seien Aktionen der Südtiroler Freiheitskämpfer das willkommene Exerzierfeld gewesen.

Ein Abkommen, geschlossen zwischen SIFAR und CIA

Casson hatte in den Archiven des SIFAR in Rom eine mit 1. Juni 1959 datierte „Übereinkunft zwischen SIFAR und der CIA hinsichtlich der Organisation und Aktivität des geheimen italienisch-amerikanischen Netzwerks nach der Besetzung (stay-behind)" entdeckt und seine Ermittlungen über Gladio intensiviert. (15) Der italienischen Parlamentskommission, welche sich mit der Gladio-Affäre befaßte, ist die Existenz des bereits am 26. November 1956 abgeschlossenen Grundvertrags mit dem Titel *„Accordo fra il Servizio Informazioni Italiano ed il Servizio Informazioni USA relativo alla Organizzazzione ed all Attivita della Rete Clandestina Post-Occupazione (stay-behind) Italo Statunitense"* [Abkommen zwischen dem italienischen Geheimdienst und dem US-Geheimdienst über die Organisation und den Betrieb des geheimen italienisch-amerikanischen Stay-Behind-Netzes] erst durch das von Casson entdeckte Dokument zur Kenntnis gekommen. Sein Befund unter Bezug auf das von ihm entdeckte Abkommen lautete: „Gladio wurde in Zusammenarbeit mit dem amerikanischen Geheimdienst CIA gegründet."

Die einem aus Italienern und Amerikanern bestehenden Komitee unterliegende Koordination oblag laut Dokument vom 1. Juni 1959 dem im SIFAR angesiedelten *„Ufficio R – Sezione SAD (Studi ed addestramento): Le forze speciali del SIFAR e l'operazione GLADIO"*. [Büro R – Abteilung SAD (Studien und Ausbildung): SIFAR-Spezialkräfte und Operation GLADIO]. Das Koordinationskomitee bestand aus acht SIFAR- und drei CIA-Leuten. Die operativen Bereiche von Gladio waren: Aufklärung, Exfiltration (Verlassen des Gebiets hinter den feindlichen Linien), Information, Kommunikation, Propaganda, Sabotage. Man leistete sich sogar eine supergeheime „Sektion K", an deren Spitze ein gewisser Francesco Stoppani stand, der auch in Südtirol aktiv war. (Nach damaligen Medienberichten, die offiziell nicht dementiert worden waren, soll „K" für „Killer" gestanden haben.) Senator Marco Boato zitierte in seinem damaligen Bericht für den Gladio-Untersuchungsausschuß einen Amtsvermerk des Dienstes, demzufolge „SISMI-Agent Francesco Stoppani, Leiter einer Gladio-Spezialeinheit, im Jahr 1980 in Nürnberg den Terroristen Kienesberger lokalisiert und die Aufgabe habe, diesen über die Schweiz nach Italien zu entführen. Sollte der Entführungsversuch jedoch scheitern, so sollte Kienesberger in seinem Haus mit einer Präzisionswaffe getötet werden".

Hans Karl Peterlini spürte insbesondere für die 1970er Jahre direkte Verbindungen zwischen den in Südtirol zu verortenden neofaschistischen Gruppierungen MIA *(„Movimento Italiano Alto Adige"*/„Bewegung der Italiener im Hochetsch") und API *(„Associazione Protezione Italiani"*/„Vereinigung zum Schutz der Italiener") sowie Gladio auf. Ein MIA-Flugblatt von 1988 enthielt bereits das erst 1990/1991 in der Öffentlichkeit bekanntgewordene Gladio-Symbol, das römische Kurzschwert. *„Das kann nur bedeuten, daß die Terroristen von MIA genau um Gladio Bescheid wußten. Und weil Gladio zu diesem Zeitpunkt striktes Staatsgeheimnis war, bleibt fast nur die Schlußfolgerung übrig, daß es eine direkte Verbindung vom staatlichen Geheimdienst Gladio zum italienischen Südtirol-Terrorismus von MIA gibt."* (16) Außerdem sei Francesco Stoppani 1980 in einer Carabinieri-Kaserne mit dem Auftrag vorstellig geworden, „den Südtirol-Terrorismus mit allen Mitteln zu stoppen", und untermauerte das mit der Aussage, er kenne den „Chef von MIA". Die beiden Gruppierungen verübten Anschläge auf Seilbahnen, auf die Bahnstrecke Meran–Bozen, auf das Landtagsgebäude sowie auf das Privathaus von Landeshauptmann Magnago und den Bozner Sitz der Democrazia Cristiana (DC).

Es gibt ernstzunehmende Hinweise darauf, daß im Herbst 1966 Oberst Mario Monaco und Hauptmann Vito Formica, zwei Gladisten, in Südtirol eingesetzt worden waren: Monaco war Kommandant des Gladio-Trainingszentrums auf Sardinien, Formica einer der Ausbildungsoffiziere. General Manilo Capriata sagte 1992 vor dem Untersuchungsausschuß des römischen Senats aus, daß „Gladio während dieser Jahre in Südtirol eingesetzt" war. Im April 1962 hatte der SIFAR-Chef General De Lorenzo paramilitärische Einheiten in Südtirol aktiviert: „He told me that the means available in this area had been insufficent [...] and that thus one had to draw upon particular forces." Es sollen sich „in den Gängen von Schloß Sigmundskron ein Gladio-Waffenlager" befunden haben und „in den Sarntaler Alpen Waffen- und Sprengstoffausbildungen abgehalten" worden sein. Welche Bedeutung dem Terrain Südtirol und Trentino innerhalb der Gladio-Struktur zukam, läßt sich auch daran ablesen, daß die dortige Stärke einschließlich des Unterstützungspersonals ungefähr 2.600 Mann betragen haben soll. Mit 200 von insgesamt 622 Zellen war es überhaupt das Schwerpunktgebiet von Gladio in Italien. 1991 wurden zudem die Namen von 21 Gladio-Angehörigen in Südtirol bekannt: Sie waren von Guiseppe Landi, dem Präsidenten des Bozner Fallschirmspringerklubs, aus dem Klub rekrutiert worden. Landi bestritt indes, daß Gladio etwas mit den Südtirol-Anschlägen zu tun gehabt habe. Die Organisation sei nur „gegen die kommunistischen Feinde" gerichtet gewesen. (17)

Als die Gladio-Affäre aufgrund von Felice Cassons stupenden Ermittlungen ruchbar wurde und sich zur großen Staatsaffäre auszuwachsen anschickte, beschimpfte Staatspräsident Cossiga den unbequemen und auch ihm gefährlich zu werden drohenden Untersuchungsrichter in aller Öffentlichkeit als *„ragazzaccio"*, als „Lausbuben". Es sei eine Schande, daß so einer Richter bleibe. Zur „Vor-Verurteilung", wie sie Casson vornehme, habe ein Richter kein Recht, denn für „Gladio mit allem Drumherum" sei die römische Staatsanwaltschaft zuständig. Diese könnte von Rechts wegen den Fall ohne Rücksicht auf die Ermittlungen Cassons völlig neu aufziehen oder auch einstellen.

Casson selbst äußerte laut dem Bericht der „Presse" vom 23. Oktober 1991 dazu, er baue darauf, daß er mit seinen Ermittlungen ja auch politisch etwas bewegt habe, vor allem im Parlamentarischen Untersuchungsausschuß zur Aufklärung der blutigen Attentate in Italien. Doch auch dieses Gremium wollte Cossiga offenbar abwürgen, denn er kündigte an, er werde das zum Jahresende auslaufende Mandat des Ausschusses nicht verlängern.

Cossiga war es dennoch nicht gelungen, die auf Ebene der Justiz andernorts weiterlaufenden Ermittlungen „abzudrehen". Wie die Zeitung *„Repubblica"* am 30. August 1991 berichtet hatte, führte sie ein anderer venezianischer Richter namens Carlo Mastelloni weiter. Dieser hielt fest, daß „Männer aus dem Staatsapparat an der Ermordung des Südtirolers Luis Amplatz beteiligt waren". In einer Darstellung an die Justizbehörden, die nach Cossigas Intervention für die Fortsetzung der Ermittlungen zuständig war, nannte er den damaligen Polizeichef von Bozen, Ferruccio Alitto Bonanno, und den aus Rom hinzugezogenen Leiter des Büros für vertrauliche Angelegenheiten und späteren stellvertretenden SISDE-Chef Silvano Russomanno als besagte Beteiligte.

Mastelloni warf Bonanno und Russomanno folgende Straftaten vor: vorsätzliche Tötung und Beihilfe zur Flucht der des Mordes verdächtigten Person. Im Rahmen seiner Ermittlungen hatte Mastelloni den Carabinieri-Oberst Renzo Monico, der damals die SIFAR-Einsätze in Südtirol leitete, sowie den ehemaligen Leiter der Politischen Polizei in Bozen, Giovanni Peternel, und schließlich Eva Klotz, die Tochter des in jener dunklen Aktion verwundeten Georg Klotz, befragt. In der Nacht vom 6. auf den 7. September 1964 war Luis Amplatz in einer Almhütte getötet und Georg Klotz verwundet worden. Unmittelbar nach dem Mord meldete sich der Tat verdächtige Christian Kerbler in einer Alpini-Kaserne, und während des Transports von Meran nach Bozen zu Peternel gelang es ihm zu entkommen. Eva Klotz hatte den italienischen Behörden stets vorgeworfen, Kerbler entkommen zu lassen und nicht nach ihm zu suchen, um nicht zu riskieren, daß er erzählte, was er über die tragische Nacht wußte.

Die ersten dieses Geheimnis umhüllenden Schleier lüfteten die genannten Tagebücher des für eine interne Untersuchung über die in der Carabinieri-Truppe obwaltenden Umstände zuständigen Generals Giorgio Manes (s. o.) Zur Causa Amplatz/Klotz hatte er vermerkt: „Die für das Attentat verwendete Pistole war die des Maresciallo der Kompanie Brixen." Laut Mastellonis Ermittlungsprotokoll sagte Peternel aus: „Kerbler war einer unserer Informanten, er lieferte uns Daten über die Grenzübertritte der Südtiroler Terroristen." Peternel weiter: „Die Überraschung wurde auf hoher Ebene organisiert und vom Innenministerium mit den Carabinieri abgestimmt, Russomanno kam eigens aus Rom. [...] Ich habe gehört, daß die Carabinieri geschossen haben. Es war also nicht Kerbler, oder nicht nur er, der in dieser Nacht geschossen hat, sondern Männer des Staatsapparates, nach einer Entscheidung, die von oben getroffen wurde. Ich habe mit einigen meiner Kollegen über diese Aktion diskutiert und war damit nicht einverstanden, denn ich war der Meinung, daß es besser gewesen wäre, sie festzunehmen."

Eva Klotz sagte gegenüber Mastelloni aus: „Mein Vater war sich nicht sicher, daß Kerbler der Schütze war, er behauptete, andere Stimmen in der Nähe der Hütte gehört zu haben. Und Senator Volgger hat mir erzählt, daß es die Carabinieri waren, die ihn erschossen haben".

Daß es in Bezug auf Südtiroler Freiheitskämpfer Tötungsanweisungen gab, bekundete auch Giancarlo Giudici, damals Kommandeur eines Carabinieri-Bataillons, gegenüber *„La Repubblica"*. Er sagte, sein damaliger Vorgesetzter, Oberst Francesco Marasco, habe ihm befohlen, 15 Tiroler zu erschießen, die im Passeiertal zusammengetrieben worden und in einem Waldstück bewacht worden seien. Er habe sich geweigert und sei versetzt worden. (s. o.) Marasco bestritt dies gegenüber Mastelloni, doch der Carabinieri-Oberst und für Südtirol zuständige SIFAR-Einsatzleiter Renzo Monico bestätigte Giudicis Angaben. (18)

Giulio Andreottis Offenbarung

Regierungschef Giulio Andreotti hielt es angesichts der Aufdeckungen zunächst nur für angebracht, den allmächtigen SISMI-Chef (und „Gladio"-Chef von 1974 bis 1986) Paolo Inzerilli in Pension zu schicken. Dann gab er im Rahmen der parlamentarischen Untersuchung an, daß *Gladio* nicht nur in Italien, sondern auch in anderen europäischen Ländern existiere, was auch dort parlamentarische Anfragen und Untersuchungskommissionen zur Folge hatte. Vorerst erhielten der Südtiroler Senator Roland Riz, Rechtsprofessor und (nach Abgang Magnagos kurzzeitig) SVP-Obmann, sowie sein Trientiner Senatskollege Marco Boato (Verdi/Grüne), Mitglied des Parlamentarischen Untersuchungsausschusses, ebenso wie die Südtiroler Kommunisten, von Unterstaatssekretär Claudio Mastella im Senat eine Abfuhr. Alle in der Fragestunde erhobenen Anfragen quittierte Mastella namens der Regierung Andreotti mit der Bemerkung „Keine konkreten Beweise".

Doch die Vorhaltungen wurden heftiger, und die Dinge ließen sich nicht länger unter der Decke halten. Der christdemokratische Ministerpräsident Giulio Andreotti war nicht bereit, die ganze Schuld allein zu tragen, und erklärte vor dem Parlament: „Jeder Regierungschef wurde über die Existenz von Gladio informiert." Dies kompromittierte unter anderen den ehemaligen sozialistischen Regierungschef Bettino Craxi (PSI), dessen Vorgänger Giovanni Spadolini von der linksliberalen Republikanischen Partei (PRI), der – als Andreotti seine regierungsamtlichen Enthüllungen von sich gab – Senatspräsident war, sowie den ehemaligen Regierungschef Arnaldo Forlani (DC), der 1990 als Generalsekretär der regierenden DC fungierte. Und nicht zuletzt brachte Andreottis Offenbarung insbesondere den amtierenden Staatspräsidenten Francesco Cossiga in Verlegenheit, der ebenfalls schon Ministerpräsident gewesen war.

Die ranghohen Amtsinhaber wurden von Andreotti mit in die Tiefe gezogen und reagierten zum Teil bizarr. Craxi etwa behauptete, er sei nicht informiert gewesen, bis er mit einem Dokument zu *Gladio* konfrontiert wurde, welches er als Regierungschef selbst abgezeichnet hatte. Spadolini und Forlani litten ebenfalls unter Gedächtnisschwund, sahen sich jedoch alsbald zu Ergänzungen vorheriger Ahnungslosigkeitsaussagen gezwungen. Während Spadolini zur allgemeinen Erheiterung sagte, es gebe einen Unterschied zwischen dem, was er als vormaliger Verteidigungsminister, und dem, was er als ehemaliger Ministerpräsident gewußt habe, holten Forlani, der nicht allein in journalistischen Kreisen zuvor als das „Rassepferd der

DC“ galt, zu allem Überfluß auch noch seine Verstrickungen in die Gruppierungen rund um die ursprüngliche Freimaurer-Loge *„Propaganda Due“* (P2) des Unternehmers und (Alt- wie Neo-)Faschisten Licio Gelli wieder ein.

Der Hintergrund: P2 hatte sich zu einem Geheimbund entwickelt, worin Gelli ein konspiratives Netzwerk aus Führungspersonen von Polizei, Militär, Wirtschaft (wie u. a. Silvio Berlusconi), Politik (wie u. a. Forlani), Mafia und Geheimdiensten organisiert und ernstlich Pläne für einen Staatsstreich entwickelt hatte. P2 stand mit Terroranschlägen „unter falscher Flagge“ in Zusammenhang. 1981 hatten Ermittlungen im Zuge des Falles von Michele Sindona, dessen beide Banken zusammengebrochen waren, eine Liste mit 962 verzeichneten Mitgliedern in Gellis Haus zutage gefördert, darunter drei amtierende Leiter italienischer Geheimdienste, der amtierende Regierungschef Arnaldo Forlani sowie dessen Kabinettschef, der Unternehmer und spätere dreimalige Ministerpräsident Silvio Berlusconi, und schließlich Viktor Emanuel von Savoyen, Sohn Umbertos II., des letzten Königs von Italien. (19)

Der stolze Gladist Francesco Cossiga

Indes bestätigte Francesco Cossiga, Staatspräsident seit 1985, nach Andreottis Offenbarung im Brustton der Überzeugung seine maßgebliche Beteiligung an *Gladio*. Während eines offiziellen Besuchs in Schottland betonte er, er sei „stolz und glücklich“, als damaliger stellvertretender Verteidigungsminister seinen Beitrag dabei geleistet zu haben, in den 1950er Jahren diese geheime Armee-Organisation ins Leben zu rufen. Er erklärte, alle Gladisten seien „gute Patrioten gewesen“, und fuhr fort, er betrachte es „als große Ehre und als Akt des Vertrauens, daß ich mit dieser heiklen Aufgabe betraut wurde. Ich muß sagen, daß ich stolz darauf bin, daß wir dieses Geheimnis 45 Jahre lang bewahrt haben“. (so in nahezu gleichlautenden Berichten des *„Observer“* und der Zeitschrift *„L'Europeo“* vom 18. Januar 1991)

Mit dieser positiven Einstellung zur enttarnten Geheimarmee, die mit Terrorismus in Verbindung stand, befand sich der Präsident nach seiner Rückkehr nach Italien inmitten eines politischen Sturms, und aus allen Parteien wurden Forderungen nach seinem sofortigen Rücktritt bzw. einem Verfahren zur Amtsenthebung wegen Hochverrats laut. Richter Casson forderte Cossiga auf, vor dem Untersuchungsausschuß auszusagen. Doch der Präsident weigerte sich verärgert und drohte, die gesamte parlamentarische Untersuchung in der Causa *Gladio* einzustellen: „Ich werde das Gesetz, das dieses Mandat prolongiert, ans Parlament zurückverweisen, und sollte es ihm wieder zustimmen, werde ich den Text erneut überprüfen, um zu sehen, ob Bedingungen vorliegen, diesen extremen Regreß durch eine absolute (präsidiale) Zurückweisung zu unterbinden.“ Doch dieses öffentlich geäußerte Ansinnen entbehrte jeglicher verfassungsrechtlichen Grundlage, sodaß Parlamentarier „die geistige Gesundheit des Präsidenten“ in Zweifel zogen, woraufhin Cossiga im April 1992, drei Monate vor dem Ende seiner Amtszeit, zurücktrat.

Eine italienische parlamentarische Untersuchungskommission, die *Gladio* und die italienischen Massaker untersuchte, zog im Jahr 2000 den Schluß: *„Diese Massaker, diese Bomben, diese militärischen Aktionen wurden von Männern innerhalb italienischer staatlicher Einrichtungen organisiert oder gefördert oder unterstützt und, wie kürzlich aufgedeckt wurde, auch von Männern aus dem Umfeld der Geheimdienste der USA.“* (20)

Moralische Verpflichtung Roms – Ehre und Unehre

Aus diesem Exkurs darf man festhalten, daß zufolge gründlicher jüngerer Forschungsarbeiten der Nachweis erbracht werden konnte, daß die behaupteten „Anschläge“ von 1966 und 1967 auf dem Pfitscherjoch, der Steinalm und der Porzescharte keineswegs unter die Verantwortung der Freiheitskämpfer des BAS rubriziert werden dürfen. Die damaligen Geschehnisse sind als „Terrorakte“ instrumentalisiert worden und als angeordnete oder gebilligte Umtriebe italienischer Dienste höchsten Stellen, Amtsträgern und Politikern des italienischen Staates zuzuordnen.

Auf Druck Roms hin und aus angeblicher Staatsräson hatte Wien damals wider besseres Wissen in vielen die Südtirol-Frage bestimmenden Angelegenheiten den italienischen Forderungen nachgegeben. Wien sollte offensiv gegenüber Rom auftreten, damit Italien seine diese Zeit betreffenden Archivalien freigibt und seiner moralischen Verpflichtung nachkommt, der Forschung die Möglichkeit zur Revision dieses von ihm unsäglich geklitterten Kapitels seiner eigenen politischen Geschichte zu gewähren. Allen in die Südtirol-Frage involvierten Amts- und Funktionsträgern in Politik, Justiz, Wissenschaft und Medien Österreichs und darüber hinaus, vor allem auch Gesamttirols, ist leider der Vorwurf nicht zu ersparen, angesichts aller neuen Erkenntnisse, die sie aufrütteln müßten, vor diesem untragbaren Zustand die Augen zu verschließen. Zum Nachteil von Südtirol-Aktivisten war seinerzeit von beteiligten österreichischen Stellen sozusagen aus vorauseilendem Gehorsam, mitunter aber auch aus bestimmten Interessenlagen, massiv Recht gebeugt worden. Es wäre daher nur recht und billig, daß Österreich alles unternähme, um auf die völlige Rehabilitation der in Italien zu Unrecht Verurteilten und in aller Öffentlichkeit Stigmatisierten hinzuwirken.

Die „Paketschlacht"

Im Januar 1969 kündigte der österreichische Bundeskanzler Josef Klaus (ÖVP) vor Korrespondenten in- und ausländischer Presseorgane den bevorstehenden Abschluß der Südtirol-Verhandlungen an. In Gesprächen zwischen den Außenministern Österreichs und Italiens in Straßburg und Genf „zur Bereinigung der Südtirol-Frage" sowie in Expertengesprächen in London, Montreux und New York im vergangenen Jahr seien bedeutende Fortschritte erzielt worden, sodaß man – nach Klärung noch offener Punkte – nunmehr die Verhandlungen abschließen könne. In Südtirol warnte Hans Dietl, einer der führenden SVP-Politiker, Kontaktmann zum BAS und Gegner der „Paket"-Politik, in den von ihm als Gegenpol zur Quasi-Monopolstellung des Verlagshauses Athesia und dessen Zeitung „Dolomiten" gegründeten „Südtiroler Nachrichten" vor dem nach seiner Überzeugung zu erwartenden Druck Wiens: Österreich verlange mit der Zustimmung zum „Paket" von den Südtirolern die Zustimmung zu einem Verhandlungsergebnis, „das sogar gewählten Südtiroler Vertretern heute noch, im Vorfeld des Vertragsabschlusses, weitestgehend schleierhaft ist", hieß es in der Ausgabe vom 16. Januar 1969. Und aus Innsbruck erhielt Dietl Schützenhilfe von Landesrat Rupert Zechtl (SPÖ): Bezüglich des „Pakets" bestehe in Rom immer noch die Auffassung, es sei eine rein italienische Angelegenheit, in die Österreich sich nicht einmischen könne. Dabei bestehe völlige Unklarheit über die Auslegung der einzelnen Punkte des „Pakets". Sie würden in Bozen und in Rom anders interpretiert, obwohl das Wiener Außenamt behaupte, die Interpretation sei klar und eindeutig. „Es gibt zumindest zwei verschiedene ‚Pakete', eines in Händen des italienischen Ministerpräsidenten und ein zweites in den Händen des Südtiroler Landeshauptmannes Dr. Magnago", befand Zechtl.

Biographie des Johann („Hans") Dietl

Rupert Zechtl

Auf der am 15. Februar in Innsbruck anberaumten Südtirolkonferenz, an der von Südtiroler Seite Magnago, alle Parlamentarier und Bezirksobleute der SVP, von Nordtirol Landeshauptmann Wallnöfer (ÖVP) sowie Vertreter von ÖVP, SPÖ und FPÖ teilnahmen, stellten die Genannten sowie der österreichische Außenminister Kurt Waldheim und seine Entourage in den Verhandlungen mit Italien eine größere Anzahl von Unterschieden zwischen dem von der SVP aufgrund direkter Kontakte mit der italienischen Regierung verfaßten „Paket"-Text und einem Textentwurf, den die italienische Regierung angefertigt hat, fest. Dies machte weitere Abklärungen Magnagos in Rom notwendig. Magnago reiste infolgedessen zweimal nach Rom, um im Innenministerium mit den zuständigen Beamten eine Abgleichung der verschiedenen „Paket"-Texte herzustellen. Derweil ließ SPÖ-Parteichef Kreisky verlauten, seine Partei werde im Nationalrat der „derzeitigen Südtirol-Lösung nicht zustimmen" können, woraufhin ÖVP-Generalsekretär Hermann Withalm – zugleich Vizekanzler in der ÖVP-Alleinregierung Klaus – bekundete, seine Partei werde die von Waldheim mit Italien vereinbarte Südtirol-Lösung im Parlament notfalls auch allein durchdrücken, sollten sich die Oppositionsparteien SPÖ und FPÖ dagegen aussprechen. Im römischen Senat erklärte Italiens Außenminister Pietro Nenni, das „Südtirolpaket", über das mit Wien Verhandlungen liefen, sei kein neuer internationaler Vertrag, sondern allein eine „innere Angelegenheit Italiens". Dies wies Kreisky am 27. Februar 1969 im italienischen Rundfunk zurück.

Die erheblichen Differenzen, die sich längst in der SVP aufgetan hatten, wurden in einem abermaligen öffentlich ausgetragenen Disput zwischen Magnago und Dietl deutlich. Magnago erklärte, die letzten Differenzen über die Formulierungen des „Paket"-Textes seien bereinigt und es herrsche zwischen Rom und Bozen weitgehende Übereinstimmung, sodaß der Augenblick gekommen sei, in dem jeder seine Verantwortung für „Paket" und „Operationskalender" übernehmen müsse. Dies stellte Dietl in Abrede und kommentierte in den „Südtiroler Nachrichten" in scharfen Worten die Haltung der Regierung Klaus und der ÖVP, insbesondere auch, daß sich der bis dato äußerst skeptische Nordtiroler Landeshauptmann Wallnöfer (ÖVP), ein gebürtiger Südtiroler, auf die Seite Wiens und der österreichischen Außenpolitik geschlagen habe, der es vornehmlich um die rasche Regelung der lästigen Südtirolfrage gehe, um das „Plazet Italiens für die EWG-Assoziierung Österreichs durch die Beendigung des Südtirol-Streitfalls" zu erhalten.

Auf der 20. Ordentlichen SVP-Landesversammlung (= Parteitag) am 10. Mai 1969 in Meran konnte die ursprünglich geplante „Paket"-Abstimmung nicht erfolgen, da – wie Magnago mitteilte – eine Reihe offener Fragen noch der Klärung bedurften. Der SVP-Obmann und Südtiroler Landeshauptmann bestätigte indes, was vorher allenthalben bestritten worden war, daß es zwei Versionen des „Pakets" gebe: eine SVP-Fassung und eine römische Fassung des Textes. Ministerpräsident Mariano Rumor (DC) sei bisher leider seiner, Magnagos, Aufforderung nicht nachgekommen, zur Südtiroler Version Stellung zu nehmen. (Die amtliche Textfassung sollte dann tatsächlich erst am 27. September fixiert und in Bozen von Magnago und anderen überprüft vorliegen.) Nach den parteiinternen Wahlen, in denen er nur 78 Prozent der Delegiertenstimmen für die Bestätigung in der Funktion des Parteivorsitzenden auf sich vereinigen konnte, gab Magnago eine Stellungnahme ab, in welcher er seine Enttäuschung darüber äußerte, daß die Landesversammlung mit Senator Peter Brugger und Landesrat Joachim Dalsass zwei erklärte Gegner seiner „Paket"-Abschluß-Linie zu seinen Stellvertretern gewählt hatte.

Infolge des Rücktritts der Regierung des DC-Politikers Mariano Rumor am 6. Juli 1969 in Rom sah es zunächst so aus, als ob, wie es Wallnöfer in Innsbruck ausdrückte, „die Möglichkeit der Lösung der Südtirol-Frage auf unabsehbare Zeit verschüttet" sei. Doch knapp drei Wochen später, am 25. Juli, einigten sich der österreichische Delegationsleiter Botschafter Halusa und sein italienisches Pendant Gaja in Paris über Inhalt und zeitliche Abfolge der 18 Punkte des sogenannten „Operationskalenders", mit welchem das „Paket" schrittweise in Kraft gesetzt und durchgeführt werden sollte; zugleich wurde auch eine Übereinkunft über die EWG-Assoziierung Österreichs getroffen. Diesbezüglich wurde vereinbart, daß Wien eine öffentliche Erklärung abgeben solle, worin der „Terrorismus" verurteilt werde, woraufhin Rom sein EWG-Veto zurückziehen werde. Dadurch sollte die Fiktion aufrechterhalten werden, das italienische EWG-Veto habe stets mit der Haltung Österreichs gegenüber den Freiheitskämpfern zu tun gehabt. Doch vielmehr war die EWG-Frage ein Druckmittel in der Hand Italiens gewesen, Österreich in den Südtirol-Verhandlungen gefügig zu machen, denn die österreichische Regierung hatte schon seit Jahren – wider besseres Wissen – diverse „Anti-Terror“-Erklärungen abgegeben.

Einen Monat danach, mit der Vereidigung am 6. August 1969 durch Staatspräsident Saragat, war die neue Regierung Rumor – die zweite von dreien, die er bildete – im Amt. Sie war zwar eine ebenso kurzlebige (6. 8. 1969–28. 3. 1970) wie die erste (13. 12. 1968–6. 8. 1969) und die dritte (28. 3. 1970–6. 8. 1970) von ihm gebildete, aber immerhin – besser: trotz Kurzlebigkeit – kam unter seiner Ägide dann tatsächlich das „Paket“ zustande. Rumors Außenminister, (der 1978 ermordete) Aldo Moro (ebenfalls DC wie alle anderen 24 Kabinettsmitglieder und zwischen 1963 und 1968 selbst dreimal Regierungschef) hatte durch die Verhandlungen mit seinem österreichischen Amtskollegen Waldheim einen nicht unwesentlichen Anteil.

Bekannt wurde bereits der sogenannte „Operationskalender“ als wesentlicher Bestandteil und „Fahrplan“ zur Implementierung sowie Umsetzung des „Pakets“. In der SVP-Führung sprachen sich schon frühzeitig und entschieden Senator Peter Brugger, Landeshauptmannstellvertreter Alfons Benedikter und Landesrat Joachim Dalsass gegen den vorliegenden

Peter Brugger

Alfons Benedikter

Joachim Dalsass

Bilder: SHB, Familienarchiv Benedikter, Wikimedia Commons/ European Union 1998-2025, gemeinfrei

„Operationskalender“ aus. Es handele sich lediglich um ein „Gentlemen's Agreement“, das „Paket“ sei dadurch weder rechtlich noch politisch abgesichert. Österreich werde damit seine Rolle als Schutzmacht der Südtiroler verlieren. In den Beratungen der SVP-Führungsgremien über das „Paket“ stellte sich denn auch heraus, daß es keine eigene, weitgehend selbständige, autonome Region Südtirol geben werde, sondern daß Südtirol in die gemeinsame Region „Trentino-Südtirol“ eingebunden bleibe. Allerdings sollten mittels der 137 Maßnahmen des „Operationskalenders“ Befugnisse auf die Provinz Bozen-Südtirol übertragen und somit die Subautonomie Südtirols beträchtlich gestärkt werden. Österreich und Italien sollten zeitlich aufeinander abgestimmte Schritte Zug um Zug setzen, bis das Ziel der Streitbeilegungserklärung durch Österreich erreicht sein würde. Mit Streitigkeiten über die Erfüllung des „Pakets“ sollten nicht, wie 1960/61 die UN, internationale politische Instanzen, sondern der Internationale Gerichtshof (IGH) in Den Haag befaßt werden. Südtirol sollte als reine Rechtsfrage vor den IGH gebracht werden. Zu diesem Zweck sollte mittels eines abzuschließenden „IGH-Vertrages“ das „Europäische Übereinkommen zur friedlichen Beilegung von Streitigkeiten“ im Verhältnis zwischen Österreich und Italien so abgeändert werden, daß rückwirkend auch der „Pariser Vertrag“ von 1946 davon erfaßt würde. Die genannte Konvention sah den IGH als zuständig für allfällige Streitfälle vor. Die „Paket“-Gegner verwiesen darauf, daß das „Paket“ selbst nicht einklagbar sein werde, weil nur der Pariser Vertrag ein einklagbares internationales Abkommen darstelle, nicht jedoch das „Paket“ selbst.

Am 5. November 1969 veröffentlichten die maßgeblichen „Paket"-Gegner Brugger, Benedikter und Dalsass eine Informationsschrift unter dem Titel „Südtirol vor der Entscheidung. Fragen und Antworten zu ‚Paket' und ‚Operationskalender'". In der 61-seitigen Informationsschrift kamen sie zu dem Schluß, daß gemäß den Resolutionen des SVP-Parteiausschusses vom 21. 10. 1967 und vom 20. 10. 1969 auch die Durchführung des „Pakets bei weitem nicht den Zustand einer echten Landesautonomie erreicht". Herbe Kritik übten die Autoren am „Operationskalender": „Der ‚Operationskalender' bietet vor allem auch keine Garantie für die Südtiroler, wenn Italien die zur Verwirklichung des ‚Pakets' notwendigen Gesetze laut ‚Operationskalender' zwar erläßt, sie später jedoch nicht durchführt oder nicht sinngemäß anwendet oder durch andere Gesetze ihres Inhalts beraubt." Österreich habe dann keine Möglichkeit zu intervenieren, weil es in der Streitbeendigungserklärung bescheinige, daß die „Paket"-Maßnahmen mit dem Pariser Abkommen nichts zu tun hätten. (Schon an dieser Stelle sei angemerkt, daß dieser Befund dann realpolitisch bis zur tatsächlichen Streitbeilegungserklärung Gültigkeit behalten sollte, und erst die nach langem Hin und Her erfolgte briefliche (und damit vertragsrechtliche Bindekraft erhaltende) Erklärung durch Ministerpräsident Andreotti 1992 den ausdrücklichen Bezug auf das Pariser Abkommen enthielt.)

So fundiert die Aufklärungsschrift auch war, so kam sie doch zu spät. In der kurzen Zeit bis zum 22. November, dem Datum der SVP-Landesversammlung, konnten Brugger, Benedikter und Dalsass keineswegs mehr allen Delegierten und Ortsobleuten der Partei ihre Argumente erläutern, während der befürwortende Teil des SVP-Parteiapparats und die Mitstreiter Magnagos (wie Roland Riz und Friedl Volgger, um nur zwei seiner Getreuen zu nennen) – kräftig unterstützt von Bischof Josef Gargitter, aber auch von der damals quasi-monopolartigen Stellung der Athesia-Zeitung „Dolomiten" – für die „Paket"-Annahme trommelten. Zudem ließ in Wien Kanzler Klaus offiziell verlauten, das vorliegende „Paket" nebst „Operationskalender" seien zwar keine „ideale Regelung, wohl aber die unter den gegebenen Umständen bestmögliche", und der Lösungsvorschlag stelle das Maximum des Erreichbaren dar, die Delegierten zur SVP-Landesversammlung sollten sich in ihren Bezirken und Tälern für ihn einsetzen. Im gleichen Atemzuge verlangte der Bundeskanzler von den Massenmedien, nicht gegen das „Paket" zu polemisieren und die „unbeeinflußte Willensbildung der Südtiroler zu respektieren".

In einer „Südtirolerklärung" bekundete dagegen der SPÖ-Vorsitzende Kreisky: „Die Beurteilung des ‚Pakets' als die Summe der Selbstverwaltungsrechte ist Angelegenheit der Südtiroler. Unsere Sache dagegen ist die Frage der Verankerung. Es liegt in der Verantwortung Österreichs, daß von den Italienern auch alles eingehalten wird. Der ‚Operationskalender' ist hier jedoch wirklich nur ein Kalender, eine Absicherung ist er nicht. Er bietet keine Möglichkeit für Österreich, irgendwo oder bei irgend jemandem Klage zu erheben, falls Regierung oder Behörden Italiens ihre Versprechen nicht halten. Wenn die Bundesregierung glaubt, daß der ‚Operationskalender' genügt, können wir sie nicht hindern. Aber wir werden uns nicht schuldig machen, etwas gutzuheißen, das wir nach reiflicher Überlegung für schlecht befunden haben. [...] Wir werden nichts billigen, was die Stellung Österreichs und sein Recht, für Südtirol einzutreten, schwächt."

Am Tag vor der entscheidenden SVP-Landesversammlung drohte Magnago in der Zeitung „Dolomiten", im Falle einer Ablehnung des „Pakets" zurückzutreten. Er sei davon überzeugt, daß in absehbarer Zeit keine Aussicht bestehe, etwas Besseres zu erreichen und wandte sich gegen eine „Annahme mit Bedingungen". Man müsse das „Paket" so annehmen, wie es vorliege, alles andere komme einer Ablehnung gleich.

Der SVP-Landesversammlung am 22. November in Meran lagen zwei Resolutionen zur Abstimmung vor: die des Parteiobmannes Magnago sowie seiner „Paket"-befürwortenden Mitstreiter und jene des Obmannstellvertreters Brugger und Getreuen, die eine Annahme des „Pakets" in der vorliegenden Form ablehnten. Bis zur Abstimmung in den frühen Morgenstunden des 23. November wurde im geschichtsträchtigen Kurhaus der Stadt an der Passer höchst emotional über das Für und Wider gestritten. Schlußendlich setzten sich die Paketbefürworter um Magnago, Riz und Volgger mit 583 Stimmen (52,9%) gegen die Paketgegner um Brugger,

Bild: tirol.ORF.at

Der Kursaal in Meran war vollbesetzt. Alle SVP-Delegierten wollten ihre Stimme zum „Paket“ abgeben – entweder als Befürworter oder als Gegner.

Bild: stol.it/Archiv „Dolomiten“

Der historische Handschlag: Paketgegner Peter Brugger (links) und -befürworter Silvius Magnago (rechts) reichen sich die Hand. Die SVP-Landesversammlung am 22. November 1969 nimmt nach 18 Stunden Debatte Paket und Operationskalender mit knapper Mehrheit an.

Benedikter und Dalsass durch, für deren Resolution „nur“ 492 Delegierte (44,5%) stimmten. 15 Stimmzettel waren weiß abgegeben worden, 14 waren ungültig. Insgesamt waren 1104 Stimmen von 1111 möglichen abgegeben worden.

Danach kam es zu jener legendären Geste, welche das Bild vom Sieg der Mehrheit über die Minderheit in ein Signal für die Überwindung der Gegnerschaft hin zur Einheit der Partei signalisieren sollte, dem Handschlag zwischen den beiden jeweiligen Proponenten.

Das italienische Parlament und der österreichische Nationalrat stimmten jeweils mit großen Mehrheiten Paket und Operationskalender zu, sodaß drei Jahre später, 1972, das neue, das zweite Autonomiestatut in Kraft treten konnte. Bis 1974 sollten die Durchführungsbestimmungen erlassen werden. Die meisten Punkte konnten bis dahin geklärt, die meisten Durchführungsbestimmungen in den folgenden Jahren verabschiedet werden. Doch sieben, darunter gewichtige, weil fundamentale, wie die Frage nach dem IGH in Streitfällen, zudem die später virulent werdende und bis zur Stunde eine maßgebliche Rolle spielende „Ausrichtungs- und Koordinierungsbefugnis“ (AKB) Roms, standen bis unmittelbar vor der völkerrechtlich-formellen Beseitigung des Konflikts 1992 noch aus.

Anmerkungen zu Teil 3

1 Speckner, Hubert, Von der „Feuernacht" zur „Porzescharte". Das „Südtirolproblem" der 1960er Jahre in den österreichischen sicherheitsdienstlichen Akten, Wien (Verlag Gra & Wis) 2016.

2 DERS., „Zwischen Porze und Roßkarspitz …": Der „Vorfall" vom 25. Juni 1967 in den österreichischen sicherheitsdienstlichen Akten, Wien (Verlag Gra & Wis) 2013.

3 Steininger, der seine Thesen auch in mehreren seiner zahlreichen Bücher und bedeutenden Akteneditionen zum Südtirol-Konflikt publizierte, und Steurer trugen dies sozusagen ex cathedra während einer von der Südtiroler Landesregierung 2011 veranstalteten Tagung „50 Jahre Feuernacht" vor. Der Bozner (eigentlich Eppaner) Historiker und Publizist Christoph Franceschini, dem – neben anderem – bedeutende Aktenfunde und gewichtige Publikationen zu Geheimdienstaktivitäten in Südtirol sowie eine sehenswerte Filmdokumentation über die „Feuernacht" zu verdanken sind, urteilte zurecht, in Steiningers und Steurers Positionierung manifestiere sich der „Kampf um die Deutungshoheit" (so der gleichnamige Titel von Franceschinis Beitrag in der „Neuen Südtiroler Tageszeitung" vom 11./12. Juni 2011).

4 Speckner, Hubert, Pfitscherjoch, Steinalm, Porzescharte: Die drei „merkwürdigen Vorfälle" des Höhepunktes der Südtiroler Bombenjahre in den Jahren 1966 und 1967, Neumarkt a. d. Etsch (Effekt!-Verlag) 2022.

5 Hasler, Harald, Wissenschaftliche Neubeurteilung in der Rechtssache „Porzescharte 25. Juni 1967" : qualifizierte Sachverständigen-Untersuchung und Prüfung: experimentelle forensische Rekonstruktion und Plausibilitätsprüfung eines bedeutenden historischen Vorfalles im österreichisch-italienischen Grenzgebiet aus dem Jahr 1967, Wien (Fachverlag Hohe Warte) 2021.

6 Die Betrachtungen zum „Komplex Pfitscherjoch Steinalm Porzescharte" folgen im Wesentlichen den Darlegungen in dem Internet-Beitrag „Terroranschläge, die keine der Beschuldigten waren" (https://kpkrause.de/2023/01/09/terroranschlaege-die-keine-der-beschuldigten-waren/). Partiell sind auch Passagen aus meinem und Speckners Beitrag für den Bericht der sogenannten FPÖ-Historikerkommission enthalten: Olt, Reinhard/Hubert Speckner, Die FPÖ und Österreichs Südtirol-Politik seit 1945, in: BERICHT DER HISTORIKERKOMMISSION – Analysen und Materialien zur Geschichte des Dritten Lagers und der FPÖ, Wien (Edition K3-Gesellschaft für Sozialpolitische Studien, Verlags- und Beratungs-Ges.m.b.H.) 2019, S.171–232 (siehe auch: https://www.fpoe.at/fileadmin/user_upload/www.fpoe.at/dokumente/2019/PDFs/Buch-Historikerkommission-Web.pdf; entnommen mit freundlicher Genehmigung des Geschäftsführers des Freiheitlichen Bildungsinstituts (FBI), Dr. Klaus Nittmann MSc., erteilt am 13. 6. 2023).

7 Die Betrachtungen zu den Umtrieben italienischer Geheimdienste und Gladisten ist zu großen Teilen identisch mit meinem Beitrag „Römische nachrichtendienstliche Denkwürdigkeiten" in: Speckner, Hubert, Pfitscherjoch, Steinalm, Porzescharte. Die drei „merkwürdigen Vorfälle" des Höhepunktes der Südtiroler Bombenjahre in den Jahren 1966 und 1967, Neumarkt/Etsch (Effekt!-Verlag) 2022, S. 260–273. Mit freundlicher Genehmigung des Effekt!-Verlags, erteilt am 28. 7. 2023 durch Verlagsleiter Elmar Thaler, übernommen.

8 Peterlini, Hans Karl, Bomben aus zweiter Hand. Zwischen Gladio und Stasi: Südtirols mißbrauchter Terrorismus, Bozen (Edition Raetia) 1992.

9 Franceschini, Christoph, Südtirol im Fadenkeuz fremder Mächte; Band 1: Geheimdienste, Agenten, Spione; Band 2: Segretissimo, streng geheim!, Bozen (Edition Raetia) 2020 und 2021.

10 Vgl. Biondo, Nicola/Giuseppe Gulotta: Alkamar. La mia vita in carcere da innocente; Mailand 2015; zu beziehen über https://www.amazon.it/Alkamar-mia-vita-carcere-innocente/dp/8861907318. (Der Buchinhalt ist in Kurzfassung unter folgendem Link auch auf deutsch einzusehen: https://nicolariccardobiondo.medium.com/dalla-strage-di-via-damelio-al-caso-gulotta-due-fake-news-mainstream-7680f9e89fcb).

11 wie Anm. 8; hier insbesondere S. 12.

12 Vgl. „Die dunkle Seite des Westens", in: Der Spiegel 15/2005; https://magazin.spiegel.de/EpubDelivery/spiegel/pdf/39997525; abgerufen und eingesehen am 25. Februar 2023.

13 Dargelegt in: Commissione Parlamentare d'Inchiesta sul Terrorismo in Italia e sulle Cause della Mancata individuazione dei Responsabili delle Stragi, 1991, Dok. XXII, n. 52.

14 Casson, Felice, Lo Stato violato. Un magistrato scomodo nell'Italia delle congiure [Der vergewaltigte Staat. Ein unbequemer Untersuchungsrichter im Italien der Verschwörungen], Venedig 1994

15 Der Text des Dokuments in: Coglitore, Mario/Sandro Scarso, La notte dei gladiatori. Omissioni e silenzi della Repubblica [Die Nacht der Gladiatoren. Unterlassungen und Schweigen der Republik], Padua 1992, S. 118–130.

16 wie Anm. 8; hier insbesondere S. 56 f

17 Angaben nach: Riegler, Thomas, „Wir setzen uns rein und mischen da richtig mit". Die DDR-Staatssicherheit und der Südtirolkonflikt;

in: zeitgeschichte, 40. Jahrgang, Mai/Juni 2013, Heft 3, 166–180, hier S. 169.

18 Peterlini, Hans Karl, Südtiroler Bombenjahre: Von Blut und Tränen zum Happy End?, Bozen (Raetia) 2005, hier S. 282; dazu die Aussagen in der Zeitung „La Repubblica": http://ricerca.repubblica.it/repubblica/archivio/repubblica/1991/08/30/per-quel-terrorista-ucciso-nel.html (eingesehen am 19. 10. 2023).

19 Zu den Verstrickungen der P2 siehe: Vivian Zoakos, Italy's P-2 Scandal Implicates Haig and the Trilateralists, und: Umberto Pascali, A History of the P-2 Conspiracy, in: Executive Intelligence Review, Volume 8, Number 27, July 7, 1981.

20 Zit. nach: Ganser, Daniele, Nato-Geheimarmeen in Europa. Inszenierter Terror und verdeckte Kriegsführung. Mit einem Vorwort von Georg Kreis, aus dem Englischen übersetzt von Carsten Roth, Zürich 9. Aufl. 2014, S. 24.

ANHANG

Erweiterter Exkurs - Neuerkenntnisse: Fachmännische Sachverständigenbeurteilung und erweiterte wissenschaftliche Neubeurteilung zur Strommastensprengung und den kausalen Explosionsereignissen am 25.06.1967 auf der PORZESCHARTE (Gutachterliche Kurzfassung)

Gerichtlich zertifizierter und beeideter Sachverständiger Prof. Dr. Ing. Harald Hasler BSc MSc MA

20. 12. 2024

Der SV Dr. Ing. Hasler hat sehr umfassende, wissenschaftlich objektive Untersuchungen durchgeführt und wesentliche Neuerkenntnisse zu dem Sprengstoffanschlag mit der Mastensprengung und den vier toten italienischen Soldaten auf der Porzescharte nach ingenieurstechnischen Methoden und dem Stand der Technik eindeutig festgestellt und diese in Form von Gutachten und Buchpublikationen vorgelegt. Durch den SV wurden hier massivste, eindeutig belegbare Widersprüche zu den dokumentierten Sachverhalten in den Akten forensisch und ballistisch nach dem Stand der Technik aufbereitet und zweifelsfrei nachgewiesen. Aufgrund all dieser Nachweise hat er, beauftragt durch die juristische Südtiroler Interessensvertretung, weitere vertiefte Untersuchungen zum Thema „Mastensprengung und Fallrichtung" angestellt. Hier stand im Fokus, das Knickverhalten des Mastes im Moment der Sprengung mit den statischen Auswirkungen und Mastreaktionen, sowie die Fallrichtung, auf Plausibilität und technische Nachweisbarkeit auf dem Stand der Technik zu überprüfen. Hochkomplexe computerbasierte Finite Elemente(FE) Modellsimulationen wurden zur Mastensprengung über Monate durchgeführt und gutachterlich ausgewertet. Ziel war es, die Sprengung des Strommastes hinsichtlich der auftretenden Verformungen und plastischen Dehnungen mit Hilfe der Finite-Elemente-Methode dynamisch nichtlinear nachzurechnen und auszuwerten. Werkstoffkennwerte sind dem Modell hinterlegt. Die Geometrieaufbereitung und Erstellung erfolgte mit Hypermesh 2024. Die Berechnungen wurden mit Abaqus2024 durchgeführt. Die Gesamtmasse des Modells beträgt mit Fachwerk und Leitungen 19.130 kg. Das Modell besteht aus 50.000 Knoten und 47.000 Elementen.

Rechenalgorithmus des FE-Modells

Die Berechnungen erfolgten unter Berücksichtigung des plastischen Materialverhaltens, des reibungsbehafteten Kontaktverhaltens und der geometrischen Nichtlinearität.

Für beide Sprengungen wurde zunächst eine statisch nichtlineare Berechnung durchgeführt, um die Spannungs- und Verformungssituation, welche vor dem Auftrennen der Fachwerkstruktur aufgrund des Eigengewichts vorliegt, zu erfassen. Anschließen wurden die entsprechenden Elemente gelöscht und das jeweilige Modell mitsamt der statischen Lösung in eine dynamisch nichtlineare Analyse importiert. Hierbei wurde das darauffolgende transiente Verhalten der Struktur ermittelt.

Um Instabilitäten der Lösung aufgrund des Knickverhaltens der Balkenelemente zu vermeiden, wurden Imperfektionen in das Modell eingebracht. Dafür wurde eine Eigenmodenanalyse durchgeführt, ermittelte Eigenmoden überlagert und anschließend genutzt, um die translatorischen Freiheitsgrade der Struktur geringfügig zu variieren. Aufgrund der Feststellung weiterer, sachlich gravierender Fragen, technischer Zweifel am Vorfallshergang und den Vorfallsumständen zum Hergang der Mastensprengung sowie der Fallrichtung des gesprengten Mastes nach der aktenkundigen kausalen Sprengung in der Nacht vom 25.06.1967, wurden neuerlich umfassende technische Detailermittlungen und Rekonstruktionen über ein Jahr durchgeführt.

Bei der laufenden SV-Beurteilung und Auswertung von Akten, Bildern und Dokumenten speziell zu den Details der Mastensprengung, sowie der daraus resultierenden Fallrichtung unter der Berücksichtigung aller technischer, physikalischer Einflussfaktoren auf das Ereignis, verdichteten sich im Rahmen des Prozesses die Indizien, dass hier eindeutig Unstimmigkeiten, viele offene Fragen und Zweifel am Sachverhalt bestehen. Es wurden nicht erklärbare forensische Spuren in einem eigenen, spezifischen Sachverständigenuntersuchungsverfahren ausgewertet, welche eindeutig einen massiven Zweifel an den Beschreibungen und Feststellungen in den Gerichtsakten ergaben. Durch SV Dr. Ing. Hasler wurden ergänzende Lokalaugenscheine und Vermessungen vor Ort am 220KV Strommast durchgeführt, um die ermittelten Indizien durch die Darstellung in nummerischen, hochauflösenden FEA-Modellsimulationen(Finite Elemente Analyse) und durch die Festlegung des gesamten Strommastes als physikalisches Festigkeits- und Verformungsberechnungsgebiet mittels endlich vielen Teilkörpern (finiten Elementen), zu prüfen. Mit diesen Untersuchungen wurde ermittelt, ob sich die laut Akten beschriebene Mastensprengung auch im nummerischen Computermodell wie dort beschrieben verhält und damit das Umfallen und die Fallrichtung des Mastes nachweisbar sind. Der Mast und die Profile wurden neuerlich detailvermessen sowie die gutachterlichen Erkenntnisse und Ausführungen von Dr. Ing. Rainer Melzer (vereidigter, deutscher Sachverständiger für Einsturzverhalten an Bauwerken und Sonderbauten) im Modellaufbau maßgeblich herangezogen.

Aufgrund der Berechnungen und statischen Untersuchungen, der maßgeblichen forensischen Bildauswertung der historischen Aktenbilder, sowie der Indizien und des Widerspruches, dass der Masten in die entgegengesetzte Richtung der richtungswirkenden Leitungsabspannung umgestürzt ist, hat SV Dr. Ing. Hasler die **Hypothese** aufgestellt, dass der Mast nach der Sprengung nicht umgefallen ist, sondern kurz nachgegeben hat und verspannt durch das Gitterbauwerk und die Art der Leitungsabspannung, stehen geblieben ist. Das würde bedeuten, dass, wenn bei dem Mast entsprechend den Aktenangaben in den dokumentierten Höhen die vier Eckprofile auf einen Schlag durchgesprengt wurden, der Mast sich zwar etwas abgesenkt hat, aber durch das Gitterbauwerk und die Zug-/Druckkräfte der Leitungen nicht umgefallen, sondern instabil in seiner stehenden Position verharrt ist. Die genaue forensische Analyse der Bilder mit den Bruchstellen der Eckprofile und der Schadensbilder lässt diesen Schluss zu. Damit, und das wäre sehr entscheidend, wäre **keine** stromführende Leitung am Boden aufgeschlagen und es konnte zu keinem Erdschluss, wie im Aktenprotoll der österreichischen Verbundgesellschaft angegeben, gekommen sein. In der Aktennotiz Nr. 760 der österreichischen Verbundgesellschaft ist dokumentiert, dass es am 25.06.1967 um 02:12 (österreichischer Zeit) zu einem Erdschluss auf der stromführenden Leitung zwischen Lienz und Soverzene gekommen ist, wodurch der Schutzschalter die Leitung abgeschaltet habe. Nach einem vergeblichen Versuch die Leitung wieder zu aktivieren, wurde die Leitung wegen eines „Fehlers" auf italienischem Staatsgebiet durch den Erdschluss um 02:18 Uhr in Soverzene ganz abgeschaltet.

Weiters gab es nach den Akten erst um 02:45 Uhr (österreichischer Zeit) ein lautes „Donnern aus der Richtung der Grenzlinie" woraufhin die italienischen Alpini vom Schutzhaus Vallona zur Porzescharte aufstiegen.

Grundsätzlich ergeben sich daraus massive Widersprüche, welche für den SV absolut unplausibel, widersprüchlich und nicht erklärbar sind. Unter der Annahme der Hypothese, dass der Masten nach der Sprengung stehenblieb, wäre die Ursache für den dokumentierten Erdschluss nicht diese Sprengung, da die Leitungen den Boden durch das Ereignis nicht berühren konnten.

Die Zeitdifferenz von **ca. 35 Minuten** zwischen der Leitungsabschaltung und dem durch die italienischen Alpini in Form eines „Donners" beschriebenen Mastensprengung, ist aus fachlicher Sicht total widersprüchlich und absolut nicht erklärbar. Ein anderes Explosionsereignis oder ein „Donner" vor 02:45 Uhr (österreichischer Zeit), welcher in einen zeitlichen Zusammenhang mit der Stromabschaltung um 02:12 Uhr gebracht werden kann, ist in den Akten nicht dokumentiert.

Die oben beschriebenen zeitlichen Abläufe der Ereignisse der Mastensprengung und der Wahrnehmung der Sprengung durch die italienischen Soldaten sind für den SV Dr. Ing. Hasler **total unplausibel** und aus technischer Sicht **nicht nachvollziehbar** sowie durch die Aktenangaben der italienischen Soldaten im zeitlichen Ablauf zu den Ereignissen **total widersprüchlich**. Das um 02:12 Uhr wo die Leitung laut Akten einen Erdschluss hatte, keinerlei Wahrnehmung über eine Explosion stattfand, welche in den Akten irgendwie erwähnt wurde, zeigt die **massiven Widersprüche** zu den aktenkundigen Ereignissen und Darstellungen.

Um die Hypothese über das „Umfallen" und die Fallrichtung des Mastes auf dem Stand der Technik zu überprüfen, wurde der Mast mitsamt den Leitungen abmessungsgetreu, richtungsgetreu und situationsgetreu nummerisch im **FEA-Modell** programmiert, um die Explosion computerbasiert nachzustellen und eindeutige Schlüsse daraus ziehen zu können. Spezialisten für die wissenschaftliche Simulation von FEA-Modellen wurde beigezogen.

Durch die wissenschaftliche Analyse und das Feststellen des Knickverhaltens (Postbuckling Analyse) lässt sich das physikalische Verhalten des ganzen Mastes samt den einwirkenden Stromleitungen exakt darstellen und auswerten.

Die FEA-Analyse und Auswertung wurde in Kooperation, Abstimmung zwischen SV Dr. Ing. Hasler und einem deutschen Spezialunternehmen für solche nummerischen Modellsimulation hochdynamischer Kurzeitereignisse erstellt.

Darstellung und Bewertung der Ergebnisse der FEA-Analyse und computerbasierten Modellsimulation der aktenkundigen Mastensprengung

In dem Modell werden auch farblich die Zug-/Druckspannungen in den Metallstreben dargestellt. Bei den Sprengstellen, wurden mit 0,75kg gelatinösen Sprengstoff, Sprengstücke von 15cm aus den Eckprofilen herausgesprengt. Diese Erkenntnisse zeigten die praktischen Feldversuche zur Mastensprengung laut der Buchpublikation von SV Dr. Ing. Hasler. Die Sprengstücke sind in den Simulationen zu sehen.

Modelldarstellung der Mastensprengung:

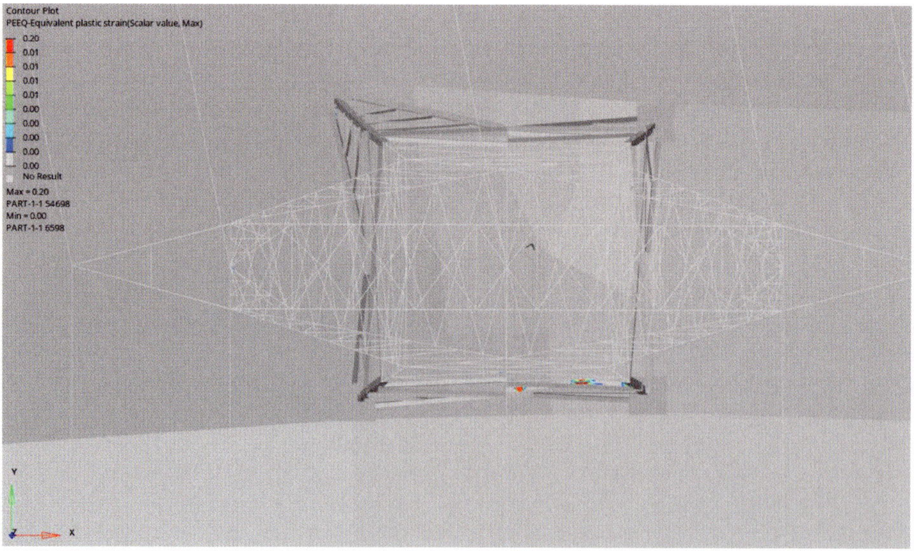

Auf dem Bild ist erkennbar, wie das Sprengstück eines Eckprofiles durch die Explosion weggeschleudert wird.

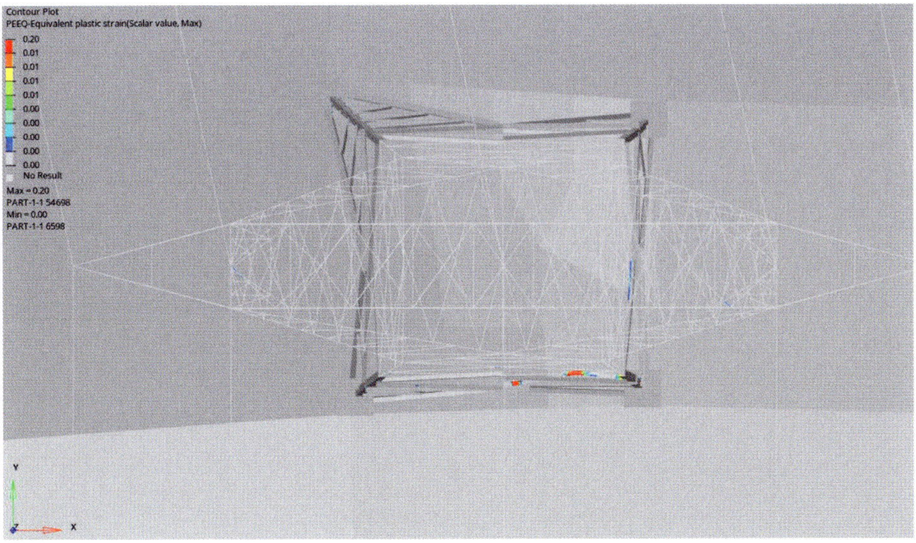

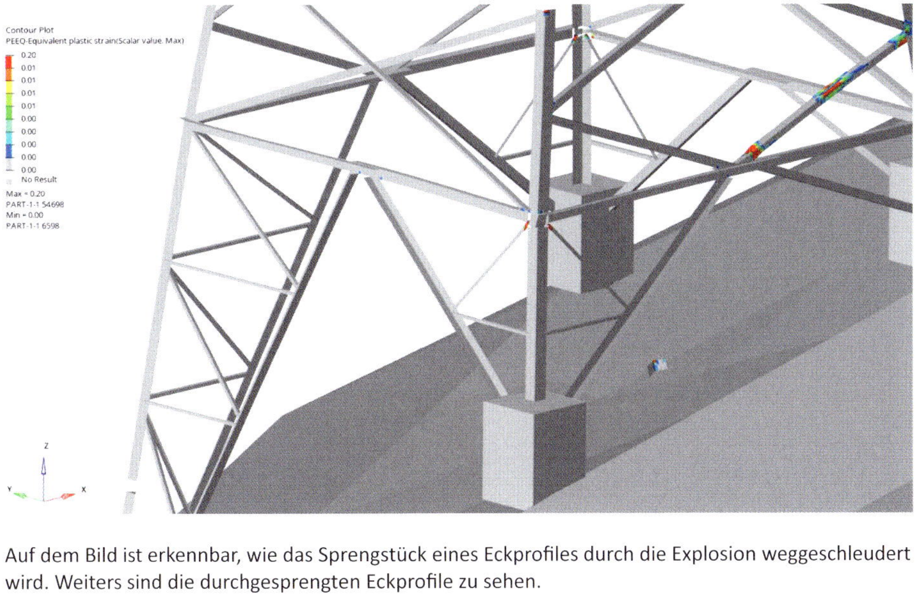

Auf dem Bild ist erkennbar, wie das Sprengstück eines Eckprofiles durch die Explosion weggeschleudert wird. Weiters sind die durchgesprengten Eckprofile zu sehen.

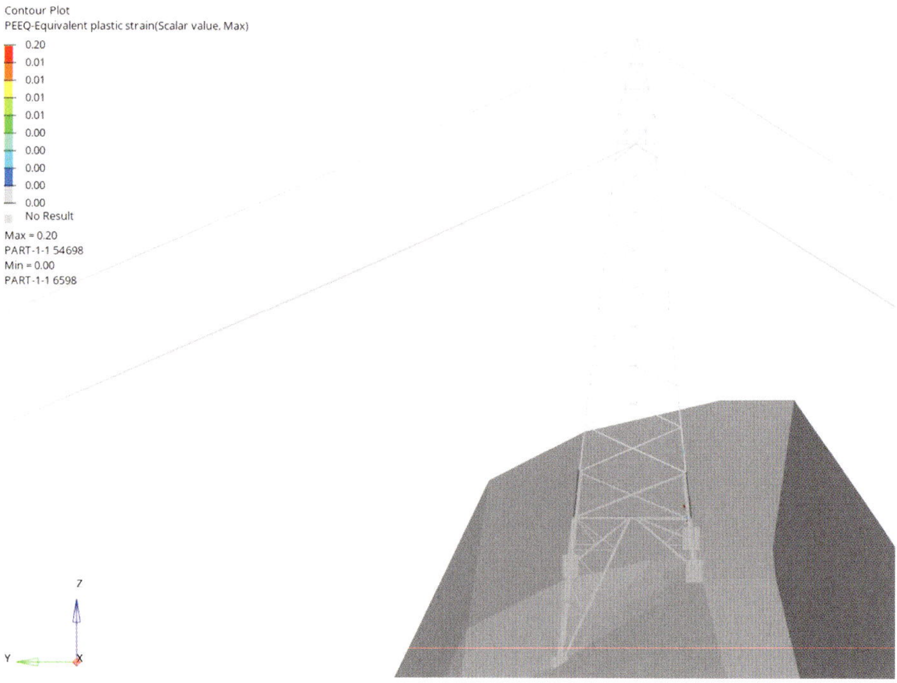
Contour Plot
PEEQ-Equivalent plastic strain(Scalar value, Max)
0.20
0.01
0.01
0.01
0.01
0.00
0.00
0.00
0.00
0.00
No Result
Max = 0.20
PART-1-1 54698
Min = 0.00
PART-1-1 6598
Z
Y
X

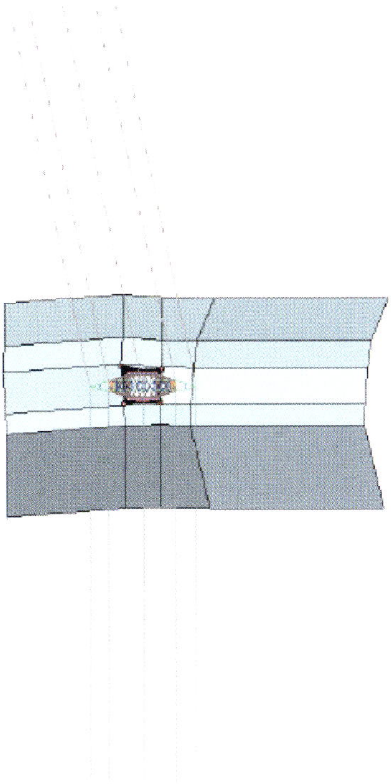

Darstellung der Leitungsabspannungen

Ergebnis der Modellsimulation:

Die nummerische Modellsimulation hat eindeutig gezeigt und den Nachweis erbracht, dass der Strommast wirklich nach der aktenkundigen Sprengung der vier Eckprofile stehenblieb und nicht umgefallen ist. Keine stromführende Leitung ist durch diese Sprengung gerissen oder hat den Boden berührt. Damit kann die brisante Hypothese von SV Dr. Ing. Hasler zweifelsfrei nach dem hochmodernen FEA-Nachweisverfahren als Stand der Technik bestätigt werden. Durch das Gitterbauwerk, die Querverstrebungen und die Leitungsabspannungen wurde der Mast in aufrechter Position gehalten und hat sich verspannt sowie mit den Bruchstücken verkeilt, sodass er nicht umfallen konnte!

Für den SV Dr. Ing. Hasler ist das Ergebnis unter dem Anspruch der unabhängigen, objektiven Expertenuntersuchung und Schlussfolgerung absolut klar, fachspezifisch geprüft und eindeutig plausibel nachweisbar. Die Erkenntnisse können jederzeit zur Einsicht vorgelegt werden.

SV Dr. Ing. Hasler hat mit dem Ergebnis der Untersuchung mit an **Sicherheit grenzender Wahrscheinlichkeit** festgestellt, dass der Mast unter der nummerischen FEA-Modellsimulation der aktenkundigen Sprengung nach dem Stand der Technik, **nicht umgefallen ist**, sondern in seiner stehenden Position verharrte!

Die stromführenden Leitungen wurden daher nicht beschädigt oder abgerissen, womit es **ausgeschlossen** ist, dass die Leitungen durch die Mastensprengung den Boden berühren konnten und damit einen Erdschluss produzierten.

Durch die Untersuchung mit der Modellierung, kann als Schlussfolgerung festgelegt werden, dass durch die damalige, aktenkundige Ausführung der Sprengung des Mastes, dieser **nicht** wie in den Akten beschrieben umgefallen sein kann und die dokumentierte Fallrichtung mit der Endposition eingenommen haben kann.

Diese Aussagen zu den Sachverhaltsnachweisen und den technischen Belegen können durch die Modellsimulation fundiert, reproduzierbar und jederzeit nachweisbar vorgelegt werden.

Damit stellt sich die berechtigte Fachfrage für den SV, wie es möglich war, dass der Mast doch umgefallen ist und die aktenkundige Fallrichtung und Endposition unter der Berücksichtigung aller relevanten technischen Einflussparamater eingenommen hat?

Dazu wurden wieder umfassende wissenschaftliche forensische, ballistische Untersuchungen mit Auswertungen der Schadensbilder durch den SV gemacht, sowie aufgrund dieser Indizien die Erkenntnisse in einer weiteren nummerischen Modellsimulation basierend auf dem Modell der ersten Sprengung aufgesetzt und simuliert.

SV Dr. Ing. Hasler hat hier die weitere Hypothese aufgestellt, dass der Mast ein zweites Mal gesprengt wurde, und zwar so, dass auf der Nordseite bei den beiden Eckprofilen, jeweils ca. einen Meter oberhalb der ersten Sprengstelle, ein weiteres Mal das Eckprofil durchgesprengt wurde. Damit wäre der Mast nach Norden, entsprechend den Akten, umgefallen und hätte so seine aktenkundige Endposition eingenommen.

Zu einer zweiten Mastensprengung gibt es keinerlei offizielle Aussagen, oder irgendwelche Nachweise, Anhalte oder Erwähnungen in den Akten.

Jedoch gibt es eine sehr interessante Aussage über eine aktenkundige Wahrnehmung des Lehrers Hr. Gernot Scheran aus Obertilliach, welcher am 25.06.1967 um ca. 11:00 Uhr einen oder zwei laute Knalle in Form einer Detonation im Umfeld wahrgenommen hat. Der Lehrer war zur Zeit der Explosionen am Spitzköfele, auf zirka derselben Seehöhe wie die Porzescharte und beobachtete von dort aus den umgefallenen Strommast nach den Detonationen.

Wissenschaftliche forensische Analyse der aktenkundigen Schadensbilder zur Fallrichtung und zum kausalen Einknickverhalten sowie dem statischen Versagen des Mastes

Durch SV Dr. Ing. Hasler wurden die verfügbaren, aktenkundigen Schadensbilder zur Mastensprengung akribisch forensisch untersucht, vermessen und ballistisch ausgewertet. Dabei wurde durch die Abmessungen der Bruchstücke und durch die maßstabsgetreue Gesamtbeurteilung der verbliebenen Gitterkonstruktionselemente auf den Bildern festgestellt, dass auf der Nordseite an den beiden Eckprofilen, ca. je ein Meter des Eckprofiles in der Gesamtlänge fehlt.

Daraus ergab sich die naheliegende Hypothese mit dem logischen Schluss, dass bei den beiden nördlichen Eckprofilen ca. einen Meter oberhalb der ersten Sprengstelle eine zweite Sprengung der Profile stattgefunden hat. Nach einer zweiten Sprengung müsste der Mast zweifellos nach Norden umknicken und mit einer den Aktenbildern entsprechenden Fallrichtung zum Liegen und zur aktenkundigen Endposition kommen. Damit gäbe es auch einen Erdschluss der Stromleitungen, der zu der besagten Abschaltung des Stromnetztes führen müsste.

Durch die wesentlichen Wahrnehmungen des Obertilliacher Lehrers Hr. Gernot Scheran wäre die notwendige zweite Sprengung mit der Detonation und dem Umfallen des Mastes in einen eindeutigen kausalen Zusammenhang zu bringen und im Ablauf der Ereignisse absolut plausibel, da der Lehrer das Umstürzen des Mastes gesehen hat.

Durch die FEA-Modellsimulation soll, aufgesetzt auf das Ergebnis des nummerischen Modells der ersten Sprengung, die zweite Sprengung simuliert und ausgewertet werden. Kernfrage ist hier das Knickverhalten und die Fallrichtung des Mastes aufgrund der statischen Fachwerkskonstruktion (Gittermasten) und dem Richtungseinfluss der Stromleitungskabel.

Darstellung und Bewertung der Ergebnisse der FEA-Analyse und computerbasierten Modellsimulation der zweiten Mastensprengung

Die zweite Mastensprengung wurde auf das nummerische Ergebnis der ersten Mastensprengung aufgesetzt, um die Folgereaktionen zu simulieren. Es wurde in dem Modell einen Meter oberhalb der ersten Sprengstelle, jeweils eine weitere Sprengladung mit 0,75kg gelatinösen Sprengstoff an den beiden nördlichen Eckprofilen platziert. Im Ergebnis wurden schlagartig wieder Sprengstücke mit 15cm aus dem Eckprofil herausgesprengt. Diese Sprengstücke sind in den Simulationen zu sehen.

Im Modell ist eindeutig zu sehen, dass der Mast durch die zweite Sprengung nach Norden umfällt und die Fallrichtung sowie die Endposition mit den Aktenbildern übereinstimmt.

Modelldarstellung der zweiten Mastensprengung:

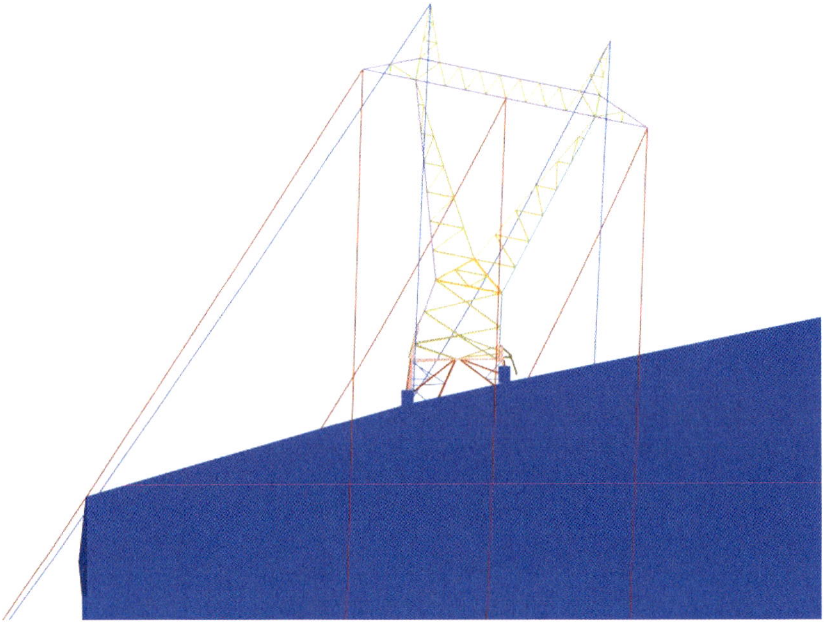

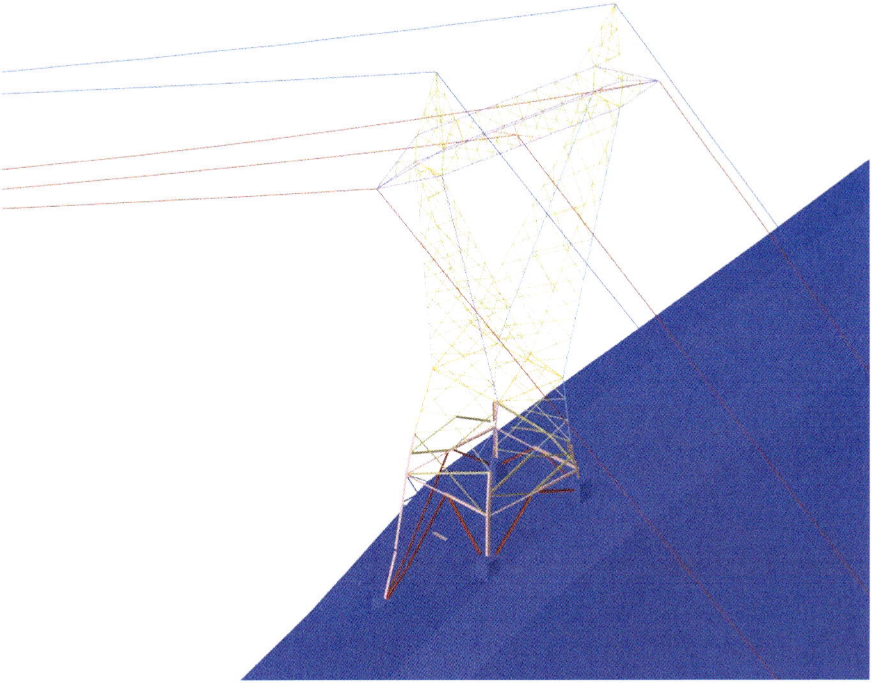

Auf dem Bild ist erkennbar, wie das Sprengstück eines Eckprofiles durch die Explosion weggeschleudert wird.

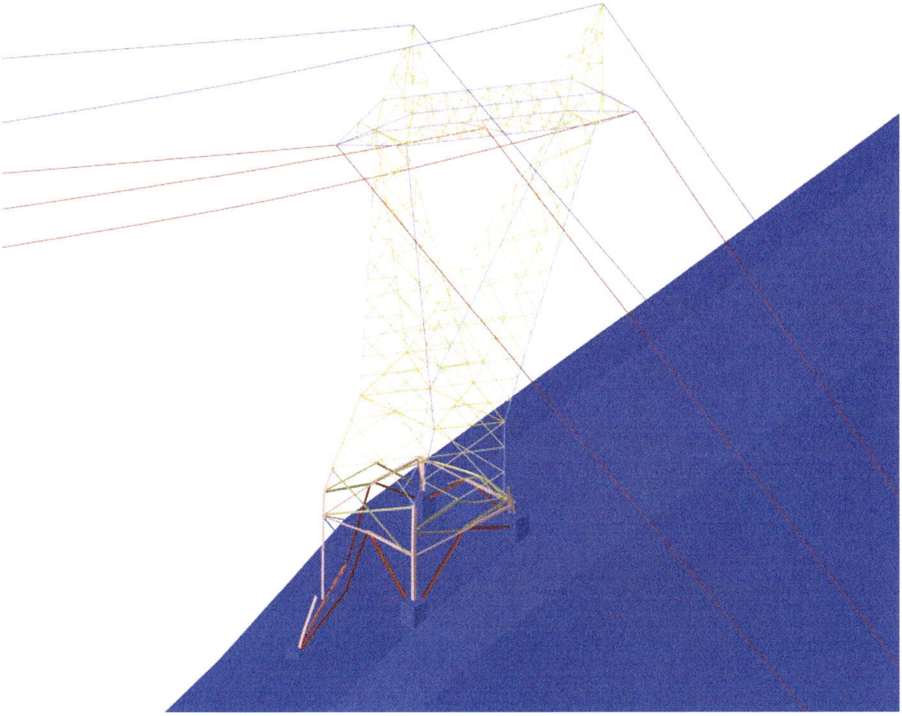

Die hohe Druck-/ Zugbelastung in den Querverstrebungen am Mastfuß (rot) ist in der Simulation deutlich zu erkennen.

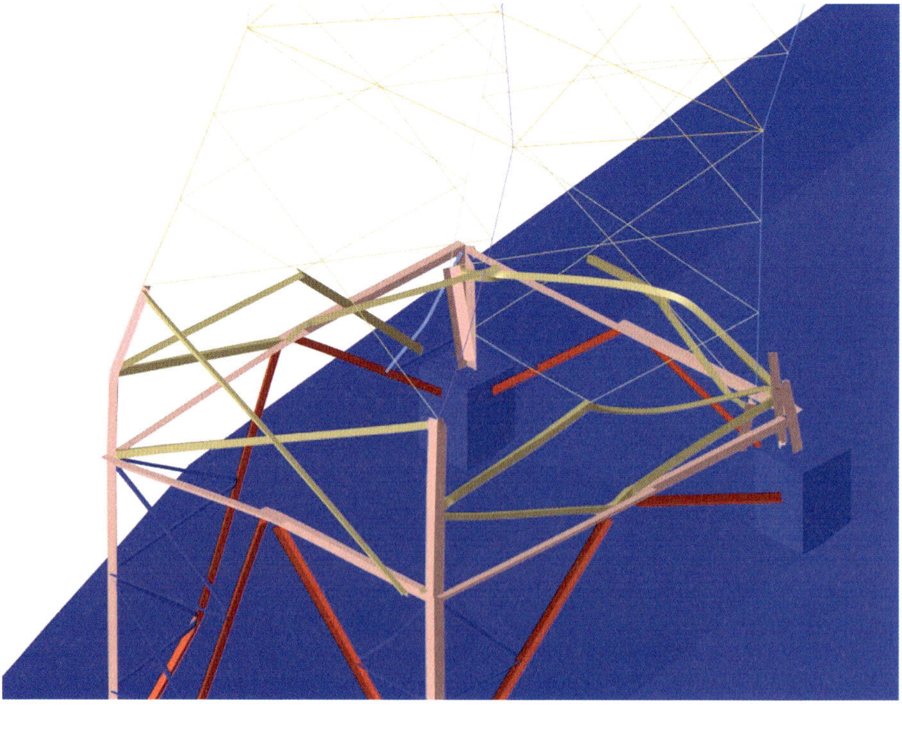

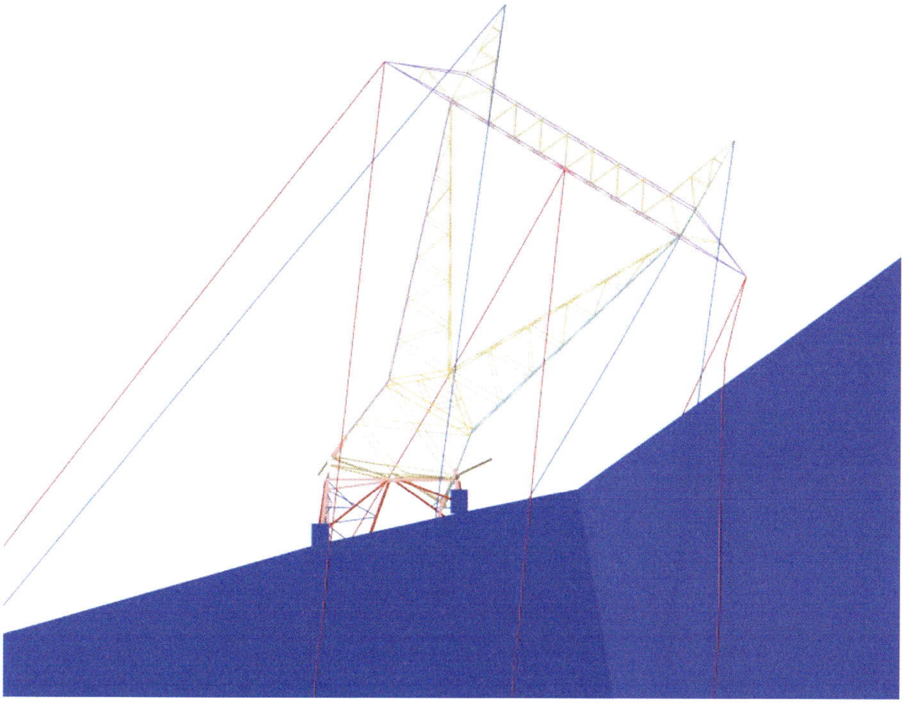

Ergebnis der zweiten Modellsimulation:

Die nummerische Modellsimulation hat eindeutig gezeigt und den Nachweis erbracht, dass der Strommast wirklich nach der zweiten Sprengung, bei der bei den beiden nördlichen Eckprofilen einen Meter oberhalb der ersten Sprengstelle nochmals eine Sprengladung gezündet wurde, einknickte und, den Aktenbildern vom 25. Juni 1967 entsprechend, genau nach Norden umfällt und zum Liegen kam. Die Stromleitungen berührten dabei den Boden.

Für den SV Dr. Ing. Hasler ist das Ergebnis unter dem Anspruch der unabhängigen, objektiven Expertenuntersuchung und Schlussfolgerung absolut klar, fachspezifisch geprüft und eindeutig plausibel nachweisbar. Die Erkenntnisse können jederzeit zur Einsicht vorgelegt werden.

SV Dr. Ing. Hasler hat mit dem Ergebnis der Untersuchung mit an **Sicherheit grenzender Wahrscheinlichkeit** festgestellt, dass der Mast unter der nummerischen FEA-Modellsimulation der aktenkundigen Sprengung nach dem Stand der Technik, nach einer zweiten Sprengung von den zwei nördlichen Eckprofilen, einknickte und den historischen Aktenbildern entsprechend nach Norden umfiel und zum Liegen kam.

Die stromführenden Leitungen berührten somit den Boden, wodurch es sicher zu einem Erdschluss kam.

Durch die wissenschaftliche Untersuchung mit der Modellierung, kann als Schlussfolgerung festgelegt werden, dass erst durch eine zweite, nachfolgende Sprengung am Mast dieser erst eingeknickt, dann umgefallen ist und so die dokumentierte Fallrichtung und Endposition eingenommen haben kann.

Durch diese zweite Sprengung kann es **erst** zu einem Erdschluss der stromführenden Leitungen gekommen sein, was als eine sehr wesentliche weitere Erkenntnis aus den Untersuchungen abgeleitet und festgestellt werden konnte.

Diese Aussagen zu den Sachverhaltsnachweisen und den technischen Belegen können durch die Modellsimulation fundiert, reproduzierbar und jederzeit nachweisbar vorgelegt werden.

Conclusio zu der fachmännischen Sachverständigenuntersuchung und der erweiterten wissenschaftliche Neubeurteilung zur Strommastensprengung und den kausalen Explosionsereignissen am 25.06.1967 auf der PORZESCHARTE

Nach der umfassenden, wissenschaftlichen nummerischen FEA-Modellsimulation der Mastensprengung des 220KV Strommastes auf der Porzescharte, auf Basis der aktenkundigen Angaben durch den Sachverständigen Dr. Ing. Harald Hasler und deutschen Spezialisten für die finite Elemente Modellierung und Berechnung des Fachwerksverhaltes im Explosionsfall, können durch den Sachverständigen weitere essentielle neue Erkenntnisse und Nachweise mit Schlussfolgerungen zu den aktenkundigen Darstellungen der Ereignisse in der Nacht vom 25.06.1967 festgestellt werden. Damit liegt eine weitere wissenschaftliche Neubeurteilung zu der Mastensprengung und dem Knickverhalten sowie der Fallrichtung und der Endposition des gesprengten Gittermastes durch den beeideten Sachverständigen Dr. Ing. Hasler vor. Die Neubeurteilung betrachtet das Explosionsverhalten am Mast im Detail und stellte unter der Annahme von SV-Hypothesen eindeutig fest, ob diese Hypothesen nach dem Stand der Technik zweifelsfrei bestätigt werden können. Mit der eingesetzten nummerischen Modellsimulation ist es möglich, die aktenkundigen Darstellungen des gesprengten Gittermastes zu rekonstruieren und erlaubt es das Explosionsverhalten des Fachwerkes plausibel als Fachmann zu erklären, sowie die restlose Klärung der technischen Sachverhalte zu dem Sprengstoffanschlag vorzulegen.

SV Dr. Ing. Hasler hat mit dem Ergebnis der Untersuchung mit an **Sicherheit grenzender Wahrscheinlichkeit** festgestellt, dass der Mast unter der nummerischen FEA-Modellsimulation der aktenkundigen Sprengung nach dem Stand der Technik, nach der aktenkundigen Ausführung der Sprengung in der Nacht am 25.06.1967 **nicht umgefallen ist**, sondern in seiner stehenden Position verharrte.

Die stromführenden Leitungen wurden daher nicht beschädigt oder abgerissen, womit es **ausgeschlossen** ist, dass die Leitungen durch diese Mastensprengung den Boden berühren konnten und damit einen Erdschluss produzierten, welcher zur Abschaltung des Stromnetztes laut Aktenprotokoll führte.

Durch die Untersuchung mit der Modellierung, kann als Schlussfolgerung festgelegt werden, dass durch die damalige, aktenkundige Ausführung der Sprengung des Mastes, dieser **nicht** wie in den Akten beschrieben umgefallen sein kann und die dokumentierte Fallrichtung mit der Endposition eingenommen haben kann. Diese Feststellung ist für den SV **zweifelsfrei** und objektiv eindeutig erklärbar.

Nur durch eine zweite, nachträgliche Sprengung am Mast, ist es mit an **Sicherheit grenzender Wahrscheinlichkeit** möglich, dass der Masten die Fallrichtung und die Endposition laut den Akten einnimmt. Die nummerische Modellsimulation hat eindeutig gezeigt und den Nachweis erbracht, dass der Strommast wirklich erst nach der zweiten Sprengung, wo die beiden nördlichen Eckprofile nochmal einen Meter oberhalb der ersten Sprengstelle gesprengt werden, einknickt, versagt und nach den Aktenbildern vom 25. Juni 1967 entsprechend genau nach Norden umfällt und zum Liegen kommt.

Die stromführenden Leitungen berührten somit erst nach der zweiten Sprengung den Boden, wo es **sicher** zu einem Erdschluss gekommen ist.

Erst durch diese zweite Sprengung kann es zu einem Erdschluss der stromführenden Leitungen gekommen sein, was als eine **sehr wesentliche**, weitere Erkenntnis aus den Untersuchungen abgeleitet und festgestellt werden konnte.

Die akustischen und optischen Wahrnehmungen des Lehrers Hr. Gernot Scheran, dokumentiert durch seine Aussagen in den Akten, stehen mit diesen SV Sachverhaltsdarstellungen eindeutig im Einklang und würden eine zweite, kausale Sprengung mit dem Umfallen und dem Erdschluss des Mastens auch plausibel erklären und bestätigen.

Für den SV Dr. Ing. Hasler ist das Ergebnis, unter dem Anspruch der unabhängigen, objektiven Expertenuntersuchung und Schlussfolgerung, absolut eindeutig und klar, fachspezifisch nach dem Stand der Technik geprüft und mit an **Sicherheit grenzender Wahrscheinlichkeit** plausibel nachweisbar: Es gab eine zweite, kausale Sprengung am Mast, welche das statische Versagen und Umfallen des Mastes bewirkte und erst durch diese zweite Sprengung ein Erdschluss der stromführenden Leitungen möglich war. Zu einer zweiten Sprengung gibt es jedoch keinerlei Anhaltspunkte, Hinweise, oder Aussagen in den Akten.

Der sehr wesentliche, Umstand laut dem aktenkundigen Protokoll des Strombetreibers, wonach es bereits um 02:12 Uhr in der Nacht des 25.06.1967 durch die Sprengung des Strommastes zu einem statischen Mastversagen mit dem Umfallen des Mastes und dadurch zu einem Erdschuss der stromführenden Leitungen gekommen sein soll, kann durch die fundiert vorgelegten ingenieurstechnischen SV Nachweise, mit an Sicherheit grenzender Wahrscheinlichkeit ausgeschlossen werden.

Durch welchen Umstand es laut Aktenprotokoll um 02:12 Uhr zu einem Erdschluss und Stromausfall gekommen sein soll, ist für den SV nicht erklärbar, unplausibel und in keinen kausalen Zusammenhang mit der Sprengung zu bringen. Die erste Sprengung des Mastens kann daher nicht die Ursache für den Erdschluss und Stromausfall gewesen sein.

Diese Aussagen zu den Sachverhaltsnachweisen und den technischen Belegen können durch die Modellsimulation fundiert, reproduzierbar und jederzeit nachweisbar vorgelegt werden.

Die Befunderhebung und Gutachtenserstellung in Form einer Kurzfassung der Untersuchungsvorgehensweise und der Ergebnisse, erfolgte objektiv, unabhängig und nach bestem Wissen und Gewissen des SV.

Prof. Dr. Ing. Harald Hasler BSc MSc MA

Allgemein beeideter und gerichtlich zertifizierter Sachverständiger
Ing. Harald HASLER MSc MA
Fachgebiete
09,25 16,01
16,02 16,10
16,30

CHRONOLOGISCHE DOKUMENTATION DER GESCHEHNISSE 1959–1969

Die Autoren der Dokumentation sind Peter Kienesberger (†) und Univ.-Prof Dr. med. Erhard Hartung von Hartungen. Beide waren Mitbetroffene des Zeitgeschehens; ihr Anteil an den Ereignissen geht aus dem Inhalt der Chronologie hervor. Der gebürtige Oberösterreicher Peter Kienesberger (1942–2015) war als Publizist, Verleger und Buchhändler in Nürnberg tätig. Univ.-Prof. Dr. med. Erhard Hartung, ein gebürtiger Innsbrucker, Träger des Samuel-Hahnemann-Ringes, ist ein international tätiger Wissenschaftler auf dem Gebiet der Anästhesie und Schmerztherapeutik mit Lehr- und Vortragstätigkeit an amerikanischen, chinesischen, israelischen und deutschen Universitäten.

Eine Überarbeitung und Aktualisierung der Dokumentation erfolgte durch Prof. Dr. phil. Dr. h.c. Reinhard Olt und Dr. Helmut Golowitsch; beide sind durch Publikationen zur Südtirolfrage hervorgetreten.

— 1959 —

<u>9. Januar 1959</u>

Trotz Wohnungsbaus immer größere Wohnungsnot: Indikator für staatlich geförderte, rasant zunehmende Zuwanderung Südtiroler sollen zur Minderheit im eigenen Land hinuntergedrückt werden

Im Krieg waren durch Luftangriffe 2.490 Wohnungen in Trient und 1.500 in Bozen durch Bomben zerstört worden. Seit 1945 waren in Trient zwar nur 1.466 Wohnungen wiederaufgebaut worden, aber dennoch herrschte keine Wohnungsnot so wie in Bozen, wo, obwohl 9.205 Wohnungen errichtet worden waren, dennoch eine immer größer werdende Wohnungsnot um sich zu greifen begann. Die Erklärung lag in der staatlich geförderten, rasant zunehmenden Zuwanderung von Italienern aus dem armen Süden! Man konnte gar nicht so viele Wohnungen bauen, wie Zuwanderer aus dem Süden Wohnungen begehrten. Sie hausten in Baracken, Notunterkünften, in Ruinen und sogar unter Flußbrücken. Die Inhaber dieser Notunterkünfte rangierten an erster Stelle bei der Wohnungsvergabe und hatten aus *„sozialen Gründen"* die höchste Punktezahl zur Erlangung derselben. Es war allerdings ein ewiges Ringelspiel, denn die Notunterkünfte wurden weiter für die stetige Zuwanderung benutzt. Eine Familie zog aus der Notwohnung aus und die nächste zog bereits ein – so riß der Strom nicht ab. Die buchstäblich besitzlosen italienischen Proletarier kamen aus dem Elend des Südens in den „reichen Norden", in ein Land, wo Milch und Honig fließen sollten. Sie kamen mit einem Koffer oder einem Pappkarton unter dem Arm, schliefen auf Parkbänken, auf dem Bahnhof, in Kellern oder unter der Brücke. Dann suchten sie eine Notunterkunft, holten die Familie nach und erhielten als Obdachlose Sozialwohnungen zugewiesen, während wohnungssuchenden Südtirolern diese „Volkswohnungen" weitgehend verweigert wurden (bis 1958 waren 94,6 % aller Volkswohnungen an Italiener vergeben worden und nur 5,6 % an Südtiroler). Die Zuwanderer bekamen anschließend Arbeitsplätze in der von Mussolini gegründeten und immer weiter ausgebauten Industriezone zugewiesen oder wurden in den öffentlichen Dienst – von den Ämtern bis hin zu Straßenbau, Eisenbahn oder kommunalen Arbeitsplätzen – übernommen. So nahm nach 1945 die Zuwanderung rasant zu. Die Südtiroler konnten sich ausrechnen, wann sie zur rechtlosen Minderheit im eigenen Land herabgesunken sein würden. Die Zahl der Italiener war von 3 % im Jahre 1910 auf 33,5 % im Jahre 1953 gestiegen und sollte bis 1961 noch auf 34,3 % steigen, bis der einsetzende Freiheitskampf die staatlich geförderte Unterwanderungspolitik auf den Müllhaufen der Geschichte warf.

<u>16. Januar 1959</u>

Ministerrat und Volkswohnbau

In Anwesenheit des Regionalausschußpräsidenten Dr. Tullio Odorizzi genehmigte der römische Ministerrat Durchführungsbestimmungen zum Volkswohnbau in der Provinz Bozen. Dadurch wurden dem Land Südtirol jedoch nicht die durch das Autonomiestatut zugesicherten Kompetenzen auf diesem Gebiet übertragen, sondern es wurde dem Land jeder Einfluß auf die Wohnbauprogramme und die Aufteilung der Wohnungen auf die Volksgruppen entzogen, so daß der soziale Wohnbau weiterhin als Instrument der Unterwanderung erhalten blieb. Die Durchführungsbestimmungen stellten einen klaren Bruch des Autonomiestatuts der Region „Trentino-Südtirol" von 1948 dar, dessen Artikel 11 den Volkswohnbau klar in die Kompetenz der Provinz verwies.

<u>30. Januar 1959</u>

Die Waffe der sozialen Benachteiligung

In einem Telegramm an den österreichischen Bundeskanzler Raab wies der Bergisel-Bund darauf hin, daß die nicht erbenden Geschwister in bäuerlichen Familien Südtirols (nur ein Anerbe konnte den „geschlossenen Hof" übernehmen, die anderen Geschwister mußten weichen und wurden ausbezahlt) in den Städten Südtirols keine Arbeit fänden. Die Aussichtslosigkeit für junge Menschen, im eigenen Land Arbeit zu finden, habe nun dazu geführt, daß 28 Prozent der männlichen Bevölkerung Südtirols im Alter von 40 und mehr Jahren unverheiratet seien. Die gegen die Südtiroler gerichteten Durchführungsbestimmungen der Regierung Fanfani in bezug auf den Volkswohnbau verschärften nun diese Lage noch. Gegen die Südtiroler wurde gezielt die Waffe der sozialen Benachteiligung eingesetzt.

31. Januar 1959

SVP bricht mit der Regionalregierung

Der Parteiausschuß der Südtiroler Volkspartei beschloß, der „Democrazia Cristiana" (DC) die zehnjährige Zusammenarbeit im Regionalausschuß (Regionalregierung) in Trient aufzukündigen und ihre Vertreter aus dem Regionalausschuß zurückzuziehen. Die SVP legte in einer Entschließung die Gründe dar: Verweigerung einer eigenen Autonomie für Südtirol (ohne das Trentino), Verhinderung einer ausreichenden Landesautonomie, Fortsetzung der Italianisierung Südtirols mit geschickt getarnten Methoden, weiterer Mißbrauch des sozialen Wohnbaues als Mittel zur weiteren Italianisierung des Landes, Ausschluß der Südtiroler vom sozialen Aufstieg, Übernahme neofaschistischer Forderungen und Standpunkte durch die DC. Nach dem Ausscheiden der SVP aus der Regierung stützte sich Regionalausschußpräsident Odorizzi (DC) im Regionalrat vor allem auf die Stimmen der Neofaschisten (MSI).

SVP bleibt im Landtag in Koalition mit der DC

Nach ihrem Auszug aus der Regionalregierung verblieb die SVP in einer seltsamen Halbopposition. Sie blieb nämlich im Südtiroler Landtag in Koalition mit der DC und begab sich daher der Möglichkeit, italienische Linksparteien gegen die von der DC gestützte Entnationalisierungspolitik auszuspielen. Hier konnte die SVP offenbar nicht über ihren konfessionellen Schatten springen. Gedankt wurde ihr dies von der DC zu keiner Minute.

2. Februar 1959

SVP-Abordnung in Wien

Eine fünfköpfige Abordnung der Südtiroler Volkspartei unter Dr. Silvius Magnago wurde in Wien von Bundeskanzler Raab, in Anwesenheit von Vizekanzler Pittermann, Außenminister Figl und den Staatssekretären Gschnitzer und Kreisky, empfangen. Die Abordnung schilderte die Verletzung des Pariser Abkommens und des Autonomiestatuts vor allem durch die Durchführungsbestimmungen zum Volkswohnbaugesetz. An demselben Tag wurde die SVP-Delegation auch beim italienischen Botschafter in Wien vorstellig, um nicht den Eindruck zu erwecken, hinter dem Rücken der italienischen Regierung handeln zu wollen.

4. Februar 1959

Neofaschisten zeigen Dr. Magnago an

Wegen der Reise der SVP-Delegation nach Wien kündigte die neofaschistische Partei Italiens Strafanzeigen gegen Regionalratspräsident Dr. Magnago und seine vier Begleiter an. Die Gespräche mit der österreichischen Regierung stellten nach Auffassung der Neofaschisten einen Verstoß gegen den Artikel 269 (*„antinationale Tätigkeit von Staatsbürgern im Ausland"*) des aus der Mussolini-Zeit stammenden Strafgesetzbuches – des „Codice penale" – dar. Dieser faschistische Gummiparagraph bedrohte und bedroht jeden italienischen Staatsbürger, der im Ausland *„falsche, übertriebene oder tendenziöse Nachrichten über den inneren Zustand des Staates verbreitet"* oder überhaupt eine Tätigkeit entfaltet, die *„den nationalen Interessen Schaden zufügt"* mit mindestens fünf Jahren Kerker. Mit diesem Paragraphen hatte Mussolini seine innenpolitischen Feinde verfolgt. Nun sollte er gegen die SVP-Spitze angewendet werden. (Im Jahre 1987 wurde dieser Artikel gegen „Heimatbund"-Funktionäre wiederum angewandt. Siehe im Textteil den Artikel „Die Justiz als politische Waffe"!)

16. Februar 1959

Einreiseverbote

Die italienische Regierung wies den Nordtiroler ÖVP-Obmann Dr. Aloys Oberhammer am

Brenner zurück, als er seine erkrankte Frau von Meran abholen wollte. Gleichzeitig wurde mitgeteilt, daß dem Nordtiroler Landeshauptmann Dr. Tschiggfrey und den Mitgliedern des Nordtiroler Landtages die Einreise zur Eröffnung der Gedenkfeiern für 1809 in Bozen verweigert werde werden. Weiters wurden der Innsbrucker Exl-Schauspielergruppe, die in Bozen das Kranebitter-Drama „Andre Hofer" hätte aufführen sollen, sowie einem Kamerateam des Österreichischen Fernsehens die Einreise verwehrt.

17. Februar 1959
Österreichischer Protest
Bundeskanzler Raab beauftragte die österreichische Botschaft in Rom, das österreichische Befremden über die verhängten Einreiseverbote für österreichische Politiker zum Ausdruck zu bringen.

19. Februar 1959
Österreichischer Protest zurückgewiesen
Der italienische Außenminister Pella wies den österreichischen Protest gegen die Einreiseverbote für Tiroler Politiker als *„nicht gerechtfertigt"* zurück.

Beginn der 150-Jahr-Feier für den Freiheitskampf von 1809
„Tirol ruft das Gewissen der Welt", schrieb Senator Dr. Sand in den „Dolomiten" zur Eröffnung der 150-Jahr-Feier angesichts *„der Zerrissenheit des Landes und Bedrohung des Volkes im abgetrennten Stammlande durch Untergang infolge Überfremdung und Aushöhlung seines Charakters"*. In Abwesenheit der Vertreter aus Nord- und Osttirol wurde in Bozen das Andreas Hofer-Gedenkjahr auf dem Reichsrieglerhof eröffnet. Erschienen waren alle kirchlichen und weltlichen Autoritäten deutscher Zunge, der italienische Regierungskommissar ließ sich telegraphisch infolge *„dienstlicher Verhinderung"* entschuldigen. Landeshauptmann Pupp erinnerte an die Einheit Tirols und bezeichnete das Einreiseverbot als eine *„Beleidigung des Landes, die fern ist von jedem europäischen Geist"*. SVP-Parteiobmann Dr. Magnago würdigte den Sinn der Gedenkfeier von 1809 und bezeichnete Südtirols Kampf um seine Rechte als einen Baustein für das neue Europa. Landeshauptmann Ing. Pupp verlas ein Grußtelegramm seines Nordtiroler Kollegen Dr. Tschiggfrey, der den Südtirolern die *„Brudergrüße Nord- und Osttirols"* entbot. Zur gleichen Stunde trat in Innsbruck der Nordtiroler Landtag zu einer Sondersitzung zusammen, auf der Landtagspräsident Obermoser das Einreiseverbot als Beleidigung des Landes bezeichnete. Landeshauptmann Dr. Tschiggfrey erklärte, daß er hier seine für Bozen geplante Rede halte, die nicht eine neue Botschaft des Hasses, sondern der Verständigung sei. Der Landtag nahm eine Entschließung für Südtirol an. Am Abend fand auf dem Sandhof in Passeier eine Feierstunde beim Geburtshaus Andreas Hofers statt.

20. Februar 1959
Opferbereitschaft für Südtirols Zukunft
Mit einem Festakt wurde in Innsbruck, der Landeshauptstadt Tirols, von Landeshauptmann Dr. Tschiggfrey die Feier für das Gedenkjahr 1809 eröffnet. Nach einer Schilderung der Lage von 1809 und heute forderte er: *„Auch das Problem Südtirol ist bei gutem Willen zu lösen. Italien könnte hier eine für die ganze westliche Welt beispielgebende Tat setzen. Laßt uns den Weg in die gemeinsame europäische Zukunft antreten ohne unselige Hypotheken aus überholter, von imperialistischem Denken erfüllter Vergangenheit. Macht es uns möglich, ohne Groll und Weh europäische Brüder zu sein. Handelt europäisch auch in Südtirol!"*

Böller auf faschistisches Alpini-Denkmal
Auf das Alpini-Denkmal in Bruneck – im Volksmund wurde der eine Kapuze tragende Alpino „Kapuziner-Wastl" genannt – wurde ein Böller geworfen, der leichten Sachschaden verursachte. Am 8. 11. 1962 wurden drei Südtiroler für den Bölleranschlag zu je einem Jahr und zwei Monaten Gefängnis verurteilt. (Das verhaßte Denkmal wurde am 2. 12. 1966 erneut zerstört.)

Luis Amplatz zeigt an Andreas Hofers Todestag die Tiroler Fahne: Anzeige und Verurteilung

Eine Carabinieristreife sah in Moritzing bei Bozen-Gries am Haus des Weinbauern Alois Amplatz eine große rot-weiße Fahne vom Dachgiebel hängen und darunter ein Bild, das einen roten Tiroler Adler darstellte und die Aufschrift trug „Hoch Tirol!" Auf Zurufe über den Zaun, die Fahne zu entfernen, erschien eine Magd und rief zurück: *„Heint feiern mir, und wenn ös feiert's, nacher stören mir enk a net."* Sprach's und verschwand. Auf Befehl des Kommandanten stiegen die Carabinieri mit einer Leiter über den Zaun und bargen die gefährliche Fahne und den aufrührerischen Adler. Luis Amplatz, der spätere Freiheitskämpfer, wurde angezeigt und zu 1 Monat und 15 Tagen Gefängnis verurteilt. („Dolomiten", 23. 1. 62.)

<u>21. Februar 1959</u>

Klagen der Südtiroler Volksgruppe sind berechtigt

Bundeskanzler Raab bezeichnete die Einreiseverbote als äußerst unfreundlichen Akt und erklärte weiter: *„Das Einreiseverbot für Tiroler Funktionäre beweist, daß die Klagen der Südtiroler Volksgruppe berechtigt sind. Es beweist vor allem, daß dort nicht die richtige Freiheit vorhanden ist, die man heute, im 20. Jahrhundert, erwarten darf. Freiheit herrscht überall dort, wo das Recht respektiert wird."*

Gerichtliche Voruntersuchung gegen Südtiroler Parteiführer

Das Oberlandesgericht Trient hatte, der neofaschistischen Anzeige vom 4. Februar folgend, das Gericht in Bozen angewiesen, die gerichtliche Voruntersuchung gegen die Südtiroler Parteiführer wegen „antinationaler Tätigkeit" nach Artikel 269 des „Codice penale" einzuleiten. (Siehe auch: 4. Februar !) Betroffen waren Dr. Magnago, Präsident des Regionalrates, Dr. Alfons Benedikter, Dr. Friedl Volgger, Hans Dietl und Dr. Hans Stanek.

<u>22. Februar 1959</u>

Südtiroler Politiker – „abgeschmackte Nazis?"

Die Mailänder politische Wochenzeitung „Candido" kommentierte die eingeleitete Gerichtsuntersuchung gegen die Südtiroler Politiker so: *„Die abgeschmackten Nazis, die an der Spitze aller Umtriebe stehen und durch bestimmte Bande auch mit dem internationalen Kommunismus und der Sowjetzentrale in Prag in Verbindung stehen, haben sich bereits strafrechtlich verfolgbar gemacht."*

<u>24. Februar 1959</u>

Segni und das Pariser Abkommen

Der neue italienische Ministerpräsident Segni stellte in seiner Regierungserklärung fest, daß *„die Anwendung des Pariser Abkommens unter italienische Zuständigkeit fällt, wie auch ausschließlich Italien das Recht und die Pflicht zum Schutz der Traditionen und berechtigten Interessen der in Italien lebenden Minderheiten obliegt."*

Österreichischer Botschafter aus Rom zurückberufen

Der Ministerrat in Wien beschloß aufgrund der italienischen Regierungserklärung, den Botschafter in Rom, Löwenthal-Chlumecky, zur sofortigen Berichterstattung zurückzurufen.

Besorgnis im Ausland

Die Regierungen von Frankreich und England gaben ihrer Besorgnis über die Lage in Südtirol Ausdruck.

Tumult im Römischen Parlament: „Geht nach Wien!"

Die SVP-Abgeordneten erklärten in der Kammer, daß sie der Regierung Segni ihr Vertrauen verweigern. Abg. Dr. Toni Ebner führte dazu aus: *„Die Zypernfrage hat ihre Lösung gefunden und Sie bereiten sich vor, Somaliland die Unabhängigkeit zu gewähren. Glauben Sie wirklich, die Südtiroler Frage durch Gewaltanwendung lösen zu können, wo die ethnische Grup-*

pe nur die Anwendung des internationalen Gruber-De Gasperi-Abkommens fordert? Wie können Sie einem Vertragspartner das Recht verweigern, die Anwendung des Vertrages zu fordern?" Es kam zu Tumulten, bei denen italienische Abgeordneten riefen: *„Wir sind in Italien!", „Geht nach Wien!".*

Neofaschistische Demonstrationen
In Rom und einer Reihe anderer italienischer Städte meldete sich die italienische Jugend zu Wort. Tausende Schüler und Studenten marschierten, brüllten und sangen faschistische Lieder. In Rom mußte die österreichische Botschaft mit einem starken Polizeiaufgebot geschützt werden. Schüler der italienischen Mittelschulen von Bozen konnten mit Zustimmung ihrer Direktoren und Professoren eine Demonstration gegen Südtirol veranstalten, wobei sie den Unterricht deutscher Schulen mit Pfeifkonzerten zu stören und gewaltsam in das von Polizeikräften geschützte Verlagshaus der „Dolomiten" einzudringen versuchten.

25. Februar 1959
„New York Herald Tribune": Kolonialvolk im Herzen Europas
Die „New York Herald Tribune" schrieb: *„ . . . man muß erwarten, daß Österreich die Angelegenheit vor die Vereinten Nationen oder den Haager Gerichtshof bringen wird, wenn sie dieses Jahr nicht auf friedlichem Weg gelöst werden kann. Italien ist entschlossen zu verhindern, daß Südtirol . . . an Österreich zurückfällt, während die Österreicher ebenso entschlossen sind zu verhindern, daß Männer und Frauen ihrer eigenen Nationalität im Herzen Europas als Kolonialvolk behandelt werden."*

26. Februar 1959
Debatte im Regionalrat
„Die Südtiroler Frage wird immer mehr eine soziale Frage", erklärte Regionalrat Dr. Brugger im Regionalrat. *„Wir sind gegen jede Industrialisierung, die im Verein mit dem Volkswohnbau Zuwanderern Arbeit schafft, die Südtiroler aber ausschaltet."* Regionalausschußpräsident Dr. Odorizzi erklärte, es sei seine Richtlinie, *„nichts zuzulassen, was zum Schaden der italienischen Bevölkerung wäre"*.

27. Februar 1959
SVP-Nein-Stimmen für Segni
Die Südtiroler Abgeordneten gaben in der römischen Kammer bei der Vertrauensabstimmung für das neue Kabinett Segni ihre Nein-Stimmen ab.

28. Februar 1959
„Manchester Guardian" zum Thema Südtirol
Die britische Zeitung nahm Stellung zu der italienischen These, wonach Südtirol ein rein internes italienisches Problem sei, und meinte ironisch, man müsse sich erinnern, *„daß Italien das Pariser Abkommen nicht mit sich selbst abgeschlossen"* habe.

Gewaltsame Freiheitsbestrebungen haben Erfolg
Wie die Wiener „WOCHENPRESSE" meldete, habe innerhalb der Südtiroler Volksgruppe die Diskussion darüber begonnen, daß in *„Westeuropa alle gewaltsamen Freiheitsbestrebungen der letzten Jahrzehnte zu einem zumindest teilweisen Erfolg geführt hätten . . . In den Staatskanzleien von Rom und Wien fragt man sich besorgt, ob die in Südtirol entstandenen Spannungen nicht den Keim für ein zweites Zypern im Herzen Europas in sich bergen. 600 Tote waren der Preis, der für die Errichtung eines freien Staates Zypern in den letzten dreieinhalb Jahren bezahlt werden mußte."*

Appell der Südtiroler Hochschüler
Die Südtiroler Hochschülerschaft protestierte gegen die italienischen Schüler- und Studen-

Am 24. Februar 1959 veranstalteten zumeist neofaschistisch gelenkte Jugendliche in mehreren italienischen Städten Demonstrationen gegen Südtirol und Österreich. Die Republik wurde in gehässiger Weise verspottet und der Südtiroler Landeshauptmann – als Puppe am Galgen hängend – präsentiert.

In Bozen versuchten von den Neofaschisten aufgehetzte Schüler das Verlagshaus der Tageszeitung „Dolomiten" zu stürmen, wurden jedoch von der Polizei daran gehindert.

24. Februar 1959: Sturm auf die österreichische Botschaft in Rom.

Das erneuerte Mussolini-Relief auf dem Finanzamt in Bozen (früher faschistisches Hauptquartier). Es trägt die Aufschrift: „Glauben, gehorchen, kämpfen" – natürlich für den Faschismus. – Der mit römischem Gruß hoch zu Roß sitzende Duce kann heute noch bewundert werden (19. Juni 1959).

tenkundgebungen gegen Südtirol und forderte die italienischen Behörden zur Bekämpfung des wiederaufsteigenden faschistischen Geistes auf.

3. März 1959

Verbot, deutsch zu schreiben

Der Regierungskommissär teilte dem Landeshauptmann von Südtirol mit, daß der Schriftverkehr zwischen Landesverwaltung und Südtiroler Gemeinden ausschließlich in italienischer Sprache zu erfolgen habe. Dies, obwohl der Pariser Vertrag den gleichberechtigten Gebrauch der deutschen und der italienischen Sprache vorsah.

4. März 1959

Große Südtiroldebatte im Wiener Parlament

Unter Bezug auf eine parlamentarische Anfrage von Abgeordneten aller vier Parlamentsparteien vom 18. Februar gab Außenminister Dr. Figl dem Nationalrat einen Bericht über den Stand der Südtirol-Verhandlungen und legte den Standpunkt der österreichischen Regierung dar: Die im Gruber-De Gasperi-Abkommen zugebilligte Autonomie sei den Südtirolern in wesentlichen Teilen bis heute vorenthalten worden. Den Vorschlag Österreichs von 1956, die strittigen Fragen durch eine österreichisch-italienische Expertenkommission prüfen zu lassen, habe Italien 1957 zurückgewiesen, und seitdem liefen ergebnislose Verhandlungen mit immer wechselnden italienischen Regierungen. In der Zwischenzeit sei die Italianisierung Südtirols weiter vorangeschritten und die Südtiroler würden auch sozial schwerstens benachteiligt – in bezug auf den Volkswohnbau und die Arbeit in der Industrie. Die im Pariser Abkommen zugesicherte Gleichstellung der deutschen und italienischen Sprache sei bisher nicht verwirklicht worden. Vielmehr sei Italienisch bis heute die alleinige Amtssprache und Deutsch nur Hilfssprache. Der Verkehr zwischen den Ämtern der Provinz habe sich ausschließlich in Italienisch zu vollziehen. Der Verkehr der Ämter und der öffentlichen Einrichtungen mit dem Publikum vollziehe sich fast ausschließlich in Italienisch. Vor der Polizei und dem Gericht erwüchsen der deutschsprachigen Bevölkerung dadurch schwere Nachteile. Der Beamtenkörper bestehe seit den Jahren des Faschismus zu 90 % aus Italienern. All dies widerspreche den Bestimmungen des Pariser Vertrages, der ein angemesseneres Verhältnis der Stellenverteilung zwischen den Volksgruppen in Südtirol garantiere. Daher verlange Österreich den ethnischen Proporz in der gesamten staatlichen und halbstaatlichen Verwaltung und in der Gerichtsbarkeit. In der Debatte erklärte der ÖVP-Abgeordnete Dr. Gorbach: *„Wie absurd ist die Auffassung, daß ein geeintes Europa entstehen könnte, wenn ein 40-Millionen-Volk unter dem Vorwand der verfassungsmäßig geregelten Gleichberechtigung eine kleine Minderheit von 20.000 anderssprachigen Staatsbürgern durch Unterwanderung auszulöschen versucht . . .“* Der SPÖ-Abgeordnete Neugebauer wies darauf hin, daß sich bei Nichtlösung der Frage ***„mitten in Europa ein Brandherd entwickelt, dessen Auswirkungen nicht abzusehen sind . . .“*** Anschließend nahm der österreichische Nationalrat eine gemeinsame Entschließung an, in der die Bundesregierung aufgefordert wurde, alles zu unternehmen, um eine Verwirklichung des Pariser Abkommens zu erreichen. Diese einmütige Entschließung war eine jener seltenen Gelegenheiten, bei der sich die Österreichische Volkspartei, die Sozialistische Partei, die Freiheitliche Partei und die Kommunistische Partei einig waren. Nationalratspräsident Hurdes stellte zum Abschluß der Debatte fest: *„Der Nationalrat hat sich heute wieder zum Dolmetsch der Gefühle gemacht, von denen das ganze österreichische Volk beseelt ist, wenn es um die Frage Südtirols geht. Nicht nur das Bundesland Tirol, ganz Österreich nimmt aufs innigste Anteil am Schicksal der Südtiroler. Es ist uns eine wahre Herzenssache, das Los dieser Volksgruppe erträglich zu gestalten und die Existenz der Südtiroler sichern zu helfen.“*

6. März 1959

Südtirol ist eine Frage der Italianität

Nach der Debatte über die Regierungserklärung sagte Ministerpräsident Segni im italienischen Senat: ***„Südtirol ist und bleibt italienischer Boden. Die Brennergrenze ist ein für allemal festgelegt, und die Südtiroler Frage bildet keinen Gegenstand internationaler Diskussion. Südtirol ist eine Frage der Italianität.*** *Man kann den Südtirolern nicht zubilligen, daß sie sich direkt an eine ausländische Regierung wenden und diese dann in Problemen interveniert, die in der Zuständigkeit Italiens liegen."* Ihm erwiderte sogleich Senator Dr. Sand und sagte, auf die Anlehnung der DC in der Regierung Segni an die Neofaschisten („Movimento Sociale Italiano" MSI) anspielend: *„Wir wollen nicht die Kosten der Ehe DCV–MSI tragen! Das Südtiroler Abkommen wurde verfälscht. Die Südtiroler haben seit 40 Jahren den Beweis ihrer Loyalität geliefert, aber niemals Loyalität erhalten. Die beste Verteidigung des Ansehens und der Autorität des Staates wird in der Anerkennung der Rechte der Minderheit bestehen."*

8. März 1959

Warnung vor zweitem Algerien

In der Zeitschrift „Europeo" schrieb der italienische Journalist Indro Montanelli in einem Artikel über Südtirol, daß *„wir da oben bald ein zweites Algerien haben werden!" „Unser lächerlicher, absurder Anspruch,"* sagte Montanelli weiter, *„die Südtiroler Frage als italienisches ‚internes' Problem zu behandeln, hat das Unheil ausgelöst . . . Wenn es eines Tages zu Unruhen kommen sollte, die öffentliche Weltmeinung das Problem zur Kenntnis nehmen müßte und ein öffentliches Gericht anrufen würde, glauben wir wirklich, daß es uns dann möglich wäre, die Forderung nach dem Selbstbestimmungsrecht abzuweisen, jetzt wo sich England anschickt, Zypern zu verlassen?"* Die italienische Verwaltung habe in Südtirol eine große Aufgabe gehabt, *„weil ein großes Vorbild zu übertreffen war. Wer glaubt, dies durch Handschellen und Verschleppungen ersetzen zu können, . . . ist nur ein armseliger Narr."*

10. März 1959

Neuerliche Warnung vor europäischem Algerien

In der römischen Zeitung „Il Mondo" schrieb das Mitglied des Exekutivbüros der „Europäischen Föderalistischen Union", Altiero Spinelli: *„Wenn wir Italiener nicht begreifen, was unsere elementarste Pflicht als zivilisiertes Volk ist, das neben den anderen zivilisierten Völkern leben will, werden wir aus jenem Gebiet* (Südtirol; Anm. der Verf.) *ein kleines europäisches Algerien machen, ein Saatbeet nationalistischen Hasses . . ."*

25. März 1959

Südtirol um zwei Milliarden Lire geprellt

Im Regionalrat stellte Dr. Benedikter fest, daß die Region jährlich vom italienischen Staat um zwei Milliarden Lire aus Steuergeldern geprellt werde.

Weltöffentlichkeit hat Verständnis für Südtirol

Außenminister Figl sprach vor der Akademischen Vereinigung für Außenpolitik in Wien über die internationalen Wege für Südtirol. Die Auswertung der internationalen Pressestimmen beweise, daß die Weltöffentlichkeit Südtirol recht gebe.

2. April 1959

Einreiseverbot für Dr. Oberhammer aufgehoben

Das Einreiseverbot für Landesrat Dr. Aloys Oberhammer wurde aufgehoben, was dieser wie folgt kommentierte: *„Es handelt sich bei der Aufhebung des Einreiseverbotes seitens Italiens um nichts anderes als darum, ein Unrecht, das die italienische Regierung gesetzt hatte, wiedergutzumachen . . . Auch wenn ich mein Leben lag nicht mehr nach Südtirol fahren dürfte, würde ich mir nicht vorschreiben lassen, daß ich das Unrecht, das in Südtirol Tag für Tag geschieht, mit Schweigen hinnehme. Wir werden uns wehren!"*

3. April 1959

Traminer Bürgermeister beugt sich nicht

Als die Gemeinde Tramin eine Anfrage des österreichischen Generalkonsulats in Mailand in deutscher Sprache beantwortete, schrieb der Vizeregierungskommissär dem Traminer Bürgermeister, *„daß der Briefverkehr der Gemeinde mit anderen öffentlichen Ämtern gemäß den geltenden Bestimmungen in italienischer Sprache zu erfolgen hat“*. Darauf antwortete der Bürgermeister Fritz Morandell: *„Auf Grund des Gesetzes ist der Unterfertigte der Ansicht, daß er das Recht hat – gemäß der Gleichstellung der deutschen mit der italienischen Sprache im Abkommen vom 5. September 1946 – die deutsche Sprache auch im Verkehr zwischen Ämtern zu gebrauchen.“*

8. April 1959

Sprengstoffanschlag

Auf einen noch unbewohnten, für neue Zuwanderer bestimmten Neubau in der Sassaristraße im italienischen Neubauviertel Bozens wurde ein Sprengstoffanschlag verübt, der beträchtlichen Sachschaden anrichtete. Der Anschlag erfolgte zum Auftakt des Gedenkjahres zum 150. Todestag von Andreas Hofer. Am Tatort wurden Flugblätter zurückgelassen, auf denen ein Totenkopf zu sehen war und auf denen stand: *„Stop der Unterwanderung! Euch zugewanderten Italienern wird dringend geraten, Südtiroler Boden zu verlassen.“* Mit diesem Anschlag protestierte eine erste Gruppe der im Aufbau befindlichen Südtiroler Freiheitskämpfer gegen die anhaltende Zuwanderung von Italienern nach Südtirol. Der Minister für öffentliche Arbeiten, Togni, hatte nämlich in einer Sitzung des Komitees für Volkswohnbau an die Architekten und Ingenieure der Provinz Bozen die Aufforderung gerichtet, Pläne zur Errichtung neuer Volkswohnungssiedlungen in Bozen vorzulegen. Vorläufig seien zwei Milliarden Lire ausgesetzt, um die schlechten Wohnverhältnisse italienischer Familien in Bozen zu beseitigen.

Verhaftungswelle und Hausdurchsuchungen

Zahlreiche Verhaftungen und Hausdurchsuchungen brachten kein Ergebnis.

10. April 1959

Landespersonalordnung abermals zurückgewiesen

Weil die Zulassungsprüfungen für Bewerber um Stellen bei der Südtiroler Landesverwaltung in der Muttersprache abgenommen werden sollten, wies der Vizeregierungskommissär zum zweitenmal die Landespersonalordnung zurück.

Anschläge auf österreichische Einrichtungen

Im österreichischen Kulturinstitut in Rom explodierte eine Brandbombe und vor dem Gebäude wurde eine österreichische Fahne von Demonstranten verbrannt. Auch auf das österreichische Generalkonsulat in Triest wurde ein Bombenanschlag verübt.

14. April 1959

Protesttelegramm an Regierung

Wegen besonders krasser Fälle der Verletzung der Sprachbestimmungen des Pariser Abkommens hinsichtlich der Gleichstellung der deutschen Sprache richtete die Parteileitung der SVP ein Protesttelegramm an Ministerpräsident Segni. Sie verwies besonders auf die Zurückweisung der Landespersonalordnung und die Sprachanweisung des Vizeregierungskommissars an den Bürgermeister von Tramin.

17. April 1959

Unhaltbare Zustände für einen Rechtsstaat

Bei der Debatte über die Regionalbilanz kritisierte namens der SVP Dr. Benedikter den Haushaltsplan. Er lehnte eine künstliche Industrialisierung und die Ausschaltung der Südtiroler von den Arbeitsplätzen, bei laufender Anforderung italienischer Arbeitskräfte, ab. Er wies auf unhaltbare Zustände hin, wie: **Abhören der Telefongespräche, Foltermethoden bei Poli-**

10. April 1959: Demonstranten verbrennen vor dem österreichischen Kulturinstitut in Rom die österreichische Fahne. Die Carabinieri löschen den Brand – indem sie auf ihr herumtrampeln.

zeiverhören, Duldung faschistischer Aktionsgruppen und ihrer provokatorischen Anschläge, Verbot angemeldeter Südtiroler Kundgebungen, aber Zulassung italienischer Schülerkundgebungen.

<u>18. April 1959</u>

Italienischer Journalist Montanelli : Italien kann gegen den Willen der Bevölkerung nur dann in Südtirol bleiben, wenn es sich zu einem autoritären Staat umformt

Unter dem Pseudonym „Marmidone" stellte der bekannte italienische Journalist Indro Montanelli in der Wochenzeitung „Europeo" und in einem Briefwechsel mit der Wiener Tageszeitung „Die Presse" zur Südtirolfrage klar: *„Dieser Affäre liegt eine Wahrheit zugrunde, gegen die kein juristisches Argument ankommt und vor der kein Vertrag Gültigkeit hat: daß nämlich Südtirol in überwiegender Mehrheit von Deutschen bewohnt ist, die sich nicht als Italiener fühlen . . . Unser lächerlicher, absurder Anspruch, die Südtiroler Frage als ein italienisches ‚internes Problem' zu behandeln, hat das Unheil ausgelöst . . . Was mich am italienischen Nationalismus am meisten irritiert, ist sein unheilbarer Drang, alles in schöne Worte aufzulösen. Die sechshunderttausend Toten, die heiligen Grenzen, Dante, die Inflation an Denkmälern und Feiern – das sind keine Argumente, das sind nur Phrasen . . ."* Montanelli meinte weiter: Italien könne nur dann gegen den Willen der betroffenen Bevölkerung in Südtirol bleiben, wenn es bereit wäre, sich in einen autoritären Staat mit eiserner Faust und skrupelloser Polizei umzuformen. Da dies niemand wollen könne, sollte Italien sein gescheitertes Südtirolexperiment so schnell wie möglich liquidieren und sich mit Österreich zu neuen Verhandlungen zusammensetzen. Den Südtirolern solle es überlassen werden, sich selbst zu verwalten.

<u>20. April 1959</u>

Zwischenfall vor dem Europarat

Als der österreichische Außenminister Figl bei der Jubiläumssitzung des Europarates in Straßburg in seiner Rede die Südtirolfrage anschneiden wollte, sprang der italienische Monarchist Roberto Luzifero auf und protestierte erregt. Auf Anweisung des Präsidenten Dehousse (Belgien) führte Figl seine Rede ohne Erwähnung Südtirols zu Ende. Die von Figl ausgelassene Textpassage hatte in dem vorbereiteten Entwurf seiner Rede so gelautet: *„Es hieße Vogel-Strauß-Politik betreiben, wollte man übersehen, daß in Südtirol ein gefährlicher Krisenherd im Entstehen begriffen ist, dessen Beseitigung ein rasches Handeln erforderlich macht. Ich kann nur an alle gut gesinnten Europäer den dringenden Appell richten, diesem Problem die ihm gebührende Aufmerksamkeit zu schenken und alles dazu beizutragen, um den Konflikt so rasch wie möglich aus der Welt zu schaffen und damit Europa von einem gefährlichen Element der Unruhe zu befreien."* Zuvor war der Text schon an die Presse verteilt worden. Daß Figl sich so ohne weiteres einschüchtern ließ, wurde in Österreich mit großem Mißfallen und in Südtirol mit Enttäuschung aufgenommen.

<u>22. April 1959</u>

Südtirol vor dem Europarat

Die politische Kommission des Europarates hatte mit Unterstützung durch den Vorsitzenden, den belgischen Senatspräsidenten Struye, beschlossen, die Frage Südtirol in der Plenarsitzung der Konsultativversammlung des Europarates zu behandeln. Am 22. April sprachen die österreichischen Nationalräte Tončić-Sorinj (ÖVP) und Czernetz (SPÖ) sowie der italienische Kammerabgeordnete Badini-Confalonieri, der Senator Azara und nach ihnen der Südtiroler Abgeordnete und Direktor der „Dolomiten", Dr. Toni Ebner, zur Südtirolfrage. *„Die Lösung im konkreten Falle würde gewaltig erleichtert"* sagte er, *„mit der Schaffung eines allgemein gültigen Volksgruppenrechtes mit höchstrichterlicher Instanz, und zwar in Form einer Zusatzkonvention zur Europäischen Konvention der Menschenrechte. Diese Forderung möchte ich heute noch einmal hier vor dem Europarat erhoben haben."*

28. April 1959

Willkürliche Verhaftung

Nachdem der österreichische Staatssekretär Dr. Franz Gschnitzer in einem Gasthaus in Terlan eingekehrt war, erschienen die Carabinieri und führten unter dem Vorwand, die Sprengstofftäter vom 8. April 1959 suchen zu müssen, eine Hausdurchsuchung durch. Dabei „fand" der Maresciallo Mangiaterra auf einem Kasten einen bis dahin von den Hausbewohnern nie gesehenen Revolver. Der Wirt und sein Bruder wurden verhaftet. Doch später beantragte selbst der Staatsanwalt für beide einen Freispruch.

5. Mai 1959

Verfassungsgerichtshof für faschistische Straßennamen

Die Gemeinde Tramin wollte die faschistischen und ortsfremden Straßenbezeichnungen wieder durch die historischen Namen ersetzen. Mit einem Dekret des italienischen Staatspräsidenten wurde diese Absicht untersagt. Nach einer Klage der Region stellte das Verfassungsgericht in Rom fest, daß die Anordnung des Staatspräsidenten rechtens sei und die faschistischen Ortsbezeichnungen belassen werden müßten.

8. Mai 1959

Politische Willkür der Polizeibehörden

Einen besonderen Beweis für die Überheblichkeit der italienischen Verwaltung in Südtirol lieferten die Carabinieri von Brixen. Einen als Friedensrichter vorgeschlagenen Südtiroler beurteilten sie als *„fachlich gut, aber militantes Mitglied der Südtiroler Volkspartei"*, der *„wegen zweifelhafter politischer Gesinnung abzulehnen"* sei.

20. Mai 1959

Tinzl-Ebner-Entwurf über ein Autonomiestatut erneut dem Parlament vorgelegt

Nach der Neuwahl des italienischen Parlamentes wurde der bereits am 4. Februar 1958 erstmals eingebrachte und nun überarbeitete Entwurf für ein Regional-Autonomiestatut für Südtirol erneut der Römischen Kammer vorgelegt. Dieser maßvolle Entwurf wurde in der Folge von den italienischen Parteien weder in der Kammer noch im Senat einer Erörterung für würdig gehalten.

13. Juni 1959

70 Jahre Kampf gegen Südtirol

In einem ausführlich dokumentierten Artikel befaßte sich die Tageszeitung „Dolomiten" mit dem seit 70 Jahren von der sogenannten „Kulturgesellschaft Dante Alighieri" geführten Kampf gegen Südtirol. Während die Zweigstellen dieser Gesellschaft im Ausland italienischer Kulturarbeit dienten, waren sie in Südtirol die führende Organisation zur Italianisierung des Landes und Leitstellen eines extremen Nationalismus. Insbesondere hatte die Gesellschaft unter dem Titel *„Wiederverbrüderung"* die Italianisierung Südtirols durch Einrichtung einer italienischen Kunstschule, eines Kulturhauses und eines italienischen Kindergartens in Bozen gefördert. Durch Aufrufe an die italienische Nation, Appellationen an die Regierung in Rom und Verschickung von Propagandamaterial an Abgeordnete und Politiker in aller Welt hatte die Gesellschaft versucht, die Italianisierungspolitik in Südtirol zu stützen. Diese „Kulturgesellschaft", die neben ihrem kulturellen Auftrag aber auch die alte faschistische Entnationalisierungspolitik weiter betrieb, verfügte 1959 über 337 Komitees in aller Welt mit einer Mitgliederzahl von 2,042.000 und stellte somit den größten derartigen Propagandaapparat auf der Welt dar. Ab 1961 sollte die Gesellschaft dann noch laut Gesetzesdekret einen jährlichen staatlichen Zuschuß von 50 Millionen Lire erhalten. Bereits im Mai 1959 hatte der Präsident der Gesellschaft, Aldo Ferrabino, der Regierung angeboten, das Netz von Dante-Komitees zur *„Aufklärungsarbeit"* in aller Welt zu benützen.

14. Juni 1959

1809-Feier des Unterlandes im Zeichen von Morandell

Magnago: Wir dürfen der Heimat nicht durch eigene Schuld verlustig gehen !

In Kaltern feierte das Bozener Unterland das Gedächtnis des Jahres 1809 im Zeichen des hier beheimateten Schützenmajors Josef Valentin Morandell in überwältigender Weise. SVP-Parteiobmann Dr. Magnago forderte zum Einstehen für die Heimat auf: *„Unser Kampf für Freiheit und Recht wird unser nicht unwesentlicher Beitrag zum Aufbau eines neuen Europa sein. Solange wir keine echte und wirkliche Selbstverwaltung besitzen, die uns in jeder Hinsicht Gewähr gibt, daß die Existenz unseres Volkes auch in Zukunft gesichert ist, solange die Muttersprache der einheimischen Tiroler nicht gleichgestellt wird mit jener der zugewanderten Italiener, solange wir das Gefühl haben, daß auch das jetzige Bevölkerungsverhältnis in Südtirol zu unseren Ungunsten verschoben werden soll – solange wird es keinen Frieden geben, weil ein solcher Frieden nicht echt wäre. Wir dürfen der Heimat nicht durch eigene Schuld verlustig gehen.“* Senator Sand erklärte: *„Das dreigeteilte Tirol legt ein Bekenntnis ab zu der auch durch Grenzen unteilbaren Einheit des Landes, zur verpflichtenden Einheit von Glaube, Heimat und Volk . . . Wie ein aufrechter Mann, so fordert auch ein freies Volk die ihm zustehende Teilnahme an Regierung und Verwaltung und lehnt es ab, nur Gegenstand zu sein. So feiert Südtirol 1809 als rückhaltloses Bekenntnis zum Rechtsgedanken und zur Freiheitsidee . . .“*

18. Juni 1959

Deutsch muß Gerichtssprache werden

Im Senat forderte Abg. Dr. Tinzl die immer noch ausstehende Eingliederung des Gerichtsbezirkes Neumarkt und der sechs zu den Gerichtssprengeln Cavalese und Cles gehörenden deutschen Gemeinden in den Bereich des Landesgerichtes Bozen, auf die schon seit 14 Jahren gewartet wurde. Ausführlich begründete er, daß Deutsch endlich auch Gerichtssprache werden müsse. Ein Dolmetschersystem genüge nicht. Im Strafprozeß sei die Muttersprache des Angeklagten zu gebrauchen, und die Verletzung dieses Grundsatzes müsse die Nichtigkeit des ganzen Verfahrens zur Folge haben.

19. Juni 1959

SVP-Abgeordneter: Mussolini-Relief wurde in Bozen erneuert

In der Budgetdebatte des Außenministeriums verlangte Abg. Dr. Roland Riz von Außenminister Dr. Pella Auskunft über den Stand der Südtirol-Verhandlungen mit Österreich. Er warf der Regierung absoluten Mangel an Verständnis für die Anliegen und Rechte Südtirols vor: Er belegte mit zahlreichen Einzelbeispielen die Einseitigkeit, mit der italienische Einrichtungen in Südtirol gefördert und die Südtiroler zurückgesetzt und entrechtet würden. Es bleibe den Südtirolern gegenüber nur bei Worten, und die Gleichberechtigung stehe auf dem Papier. Er warf die Frage auf, was die öffentliche Meinung sagen würde, wenn in einer anderen Stadt ein Mussolini-Relief von der Regierung erneuert würde mit allen faschistischen Phrasen und Emblemen, wie dies nun in Bozen geschehen war. (Das 36 m lange und 5,5 m hohe Mussolini-Relief auf dem Bozener Finanzamt – früher Hauptquartier der Faschisten in Bozen – wurde auf Staatskosten erneuert, weil es als *„künstlerisch wertvoll“* galt.)

21. Juni 1959

Italien lehnt echte Autonomie ab

Mehr als zwei Monate brauchte es, bis sich der italienische Botschafter dem neuen Außenminister Dr. Kreisky nach dessen Bestellung im Mai vorstellte und dabei ein Aide-memoire der italienischen Regierung überreichte, in welchem eine Prüfung einzelner Anliegen der deutschen Volksgruppe in Südtirol in Aussicht gestellt, des weiteren jedoch eine Änderung des derzeitigen Autonomiestatuts abgelehnt wurde.

23. Juni 1959

Jahrestag des Umsiedelungsabkommens

Vor zwanzig Jahren wurde das von den Italienern erdachte und mit aller Energie betriebene unmenschliche Umsiedelungsabkommen in Berlin, unter Vorsitz von Heinrich Himmler, von Deutschland und Italien unterschrieben. Diese sogenannte Berliner Vereinbarung sah vor, daß sich die Südtiroler entscheiden sollten, ob sie italienische Staatsbürger – ohne jede Minderheitenrechte – bleiben oder für die deutsche Staatsbürgerschaft und damit die Umsiedlung optieren wollten. In der Konferenz von Tremezzo vom 10. bis 13. Oktober 1939 wurde die Erklärungsfrist mit dem 31. 12. 1939 und die Endfrist der Umsiedelung mit dem 31. 12. 1942 festgelegt. Die Kriegsereignisse verhinderten die restlose Durchführung. Als am 8. 9. 1943 die deutsche Wehrmacht in Südtirol die Macht übernahm, waren allerdings bereits an die 75.000 Südtiroler ausgesiedelt, von denen die meisten nach Kriegsende – auch auf Grund italienischer Schikanen – nicht mehr zurückkehren konnten.

25. Juni 1959

Liberale Behandlung der Südtiroler

In seiner Rede am Schluß der Debatte seines Ressorts sagte Außenminister Pella, daß *„sich keine Minderheit in keinem Land einer so liberalen Behandlung erfreut, wie sie die deutschsprachige Minderheit in Südtirol genießt . . . Es sei klar gesagt, daß alles, was nicht unter die mit dem Pariser Vertrag von Italien übernommenen Verpflichtungen fällt, ausschließlich in unsere Zuständigkeit gehört.“* Er drückte die Hoffnung aus, daß die Meinungsverschiedenheiten zwischen Italien und Österreich *„im Geiste der Freundschaft“* beigelegt werden können.

28. Juni 1959

Peter Sigmair-Feier in Olang

Das Pustertal gedachte in Olang seiner Helden des Jahres 1809, insbesondere des Bekenners der Vaterlandsliebe, des Tharerwirtes Peter Sigmair. Der Gemeinderat beschloß, den Dorfplatz in Peter-Sigmair-Platz umzubenennen. Landeshauptmann Pupp erklärte vor dem Denkmal des Tharerwirtes: *„Ein unglückseliger Krieg hat Südtirol vom Mutterland getrennt. Eine 20jährige schwere Unterdrückung und Erniedrigung hat Südtirols Volk zutiefst erschüttert. Vieles ist anders geworden, aber etwas ist geblieben: das felsenfeste Vertrauen des Volkes zu seinem göttlichen Bundesherrn, die Liebe zu unserer wunderbaren Bergheimat und die tiefe Anhänglichkeit zur Väterscholle.“* In seiner Festrede sagte Landtagsabgeordneter Ing. Plaikner: *„Ein Minderheitenproblem, wie es Südtirol darstellt, muß endlich im europäischen und demokratischen Geist gelöst werden. Solange aber Rom nur vom europäischen Geist spricht und uns Südtirolern die natürlichen und verbrieften Rechte – diesem Geist zuwiderhandelnd – vorenthält, wird es in Südtirol keine Entspannung und keinen Frieden geben.“*

15. Juli 1959

Steiermark am Grabe Erzherzog Johanns

Unter Führung von Landeshauptmann Josef Krainer kamen zahlreiche Steirer an das Grab von Erzherzog Johann in Schenna. Der Landeshauptmann sagte: *„Das Vermächtnis Erzherzog Johanns verpflichtet uns dazu, jenem Lande, das er selbst so sehr liebte, die Treue zu halten und ihm beizustehen, wo immer es uns möglich ist.“* Beim Festabend im Meraner Kursaal sagte Universitätsprofessor Landesrat Dr. Koren: *„Tirol war seine erste und unvergängliche Liebe . . . Es wurde heuer der Wunsch laut, ihn heimzuholen in die Steiermark. Wir glauben, daß er hier in Schenna den Jüngsten Tag erwarten soll, in seinem geliebten Tirol. Wir erkennen in der Wahl seiner Ruhestätte den Beweis einer unverbrüchlichen Treue, die für uns Vorbild sein muß; ein Vorbild der Treue zur Heimat und zum Vaterland, zu allen Menschen, die mit uns eine gemeinsame Muttersprache sprechen, die mit uns in den Idealen der Menschlichkeit eine sittliche Verpflichtung erkennen. Unser steirischer Prinz ist und bleibt in Schenna bei Meran bestattet. Darin ist uns ein fester Punkt gegeben von seinem Leben, das der Stei-*

ermark gewidmet war. Alle unsere Gedanken gehen hin zu diesem Land Tirol und zu seinen Menschen, so wahr uns Gott helfe. Amen."

17. Juli 1959

Österreich fordert Verwirklichung des Pariser Vertrags

Bundeskanzler Ingenieur Julius Raab sagte am 17. Juli in seiner Regierungserklärung zum Südtirolproblem: *„Wir sind überzeugt, daß eine Regelung dann zu einer echten Entspannung führen wird, wenn sie der Südtiroler Volksgruppe jene Rechte, Freiheiten und Lebensverhältnisse sichert, zu deren Verwirklichung das Abkommen vom 5. September 1946 geschaffen wurde und die allein geeignet sind, die Zustimmung der Volksgruppe zu finden."* In gleichem Sinn äußerte sich der neue Außenminister Dr. Bruno Kreisky vor dem Nationalrat.

19. Juli 1959

Schlanders feiert Martin Teimer

Magnago: Wir werden einen kompromißlosen Kampf führen

Die Anno-Neun-Gedenkfeier im Vintschgau stand im Zeichen des 1778 in Schlanders geborenen Majors Martin Teimer. Regionalratspräsident Dr. Silvius Magnago zeichnete die historische Gestalt Teimers nach und erinnerte an den Rechtskampf Tirols 1809 und heute. *„Wer heute meint, daß sich der Kampf um die Existenz des Südtiroler Volkes nur mit rein diplomatischen Mitteln, mit einer geschickten Taktik führen läßt, der täuscht sich schwer . . . Mit Gottes Hilfe und wenn uns die Südtiroler gegen jene unterstützen, denen Recht und Vertragstreue kein Begriff sind, werden wir einen kompromißlosen Kampf führen mit allen legalen Mitteln, bis die Existenz unseres Volkes für heute und morgen gesichert ist."* Staatssekretär Dr. Gschnitzer brachte die Grüße Österreichs: *„Der Vintschgau ist die Wiege Tirols. Von hier aus ist das Land unter den Grafen von Tirol geeint worden. Wenn es gilt, Tirols Art, Tirols Freiheit zu verteidigen – die Vintschgauer stellen ihren Mann. Um was es heute geht? . . . um was es dem Tiroler immer gegangen ist, ‚Mia wölln ins selbst regieren.' Tirol ist das Land im Gebirge, und am Berg gelten zwei Regeln: Die erste ruft der Tiroler dem zu, dem er am Berg begegnet: ‚Derweil lassen, Zeit lassen, sonst geht einem der Atem aus.' Die zweite Regel lautet: ‚Nit lugg lassen! Aushalten, aushältig sein. Schritt für Schritt setzen, bedächtig, aber beständig; so erreichen wir das Ziel . . .' Darum: Zeit lassen! Nit lugg lassen, und Tirol wird leben. Tirol lebe hoch!"* In seiner Festrede sagte Senator Dr. Karl Tinzl: *„Alle diese Gedenkfeiern haben eine größere Bedeutung. Sie offenbaren uns ein Heldentum, das bereit war, alles zu opfern für eine hohe Gesinnung: für Glaube, Freiheit und Recht. Dafür sind die Tiroler damals eingestanden und in diesem Sinn und in diesem Geist sollen wir die Verpflichtung weitertragen: Bereit zu sein und zu leben, aber auch zu sterben für diese Güter: Glaube, Freiheit und Recht."*

25. Juli 1959

Partschins ehrt Johann Graf Stachelburg

Kraft und Ansporn für die Zukunft aus den Ruhmeszeiten schöpfen

Partschins am Tore des Vintschgaus ehrte seine Gefallenen von 1809 und besonders Johann Graf Stachelburg, der als Letzter seines Stammes fiel. Landtagsabgeordneter Dr. Anton Kapfinger würdigte dessen Person und sagte: *„Wir wollen keine Gelegenheit ungenützt lassen, um zu bezeugen, daß hier noch eine deutsche Volksgruppe sich mit Stolz und Treue zu ihrer Art und zu ihren Ahnen bekennt. Ein jedes Kulturvolk, das noch gesund ist, gedenkt mit Dank und Verehrung seiner Ruhmeszeiten und nimmt daraus Kraft und Ansporn für die Zukunft . . . Schuldig machen wir uns, wenn wir nicht unsere Pflicht erfüllen an unserem Volk, an unserer Heimat, an Südtirol!"*

28. Juli 1959

Volkszugehörigkeitsgesetz abgelehnt

Die aus Democristiani, Neofaschisten und Liberalen bestehende Mehrheit lehnte im Regionalrat in Trient einen Antrag der SVP ab, welcher die Feststellung der Volkszugehörigkeit durch das freie Bekenntnis des einzelnen zu sichern suchte. Die italienische Mehrheit forderte ein *„gemischtes System"*: die freie Erklärung des einzelnen könne nicht endgültig und unabdingbar sein, sie müßte durch *„objektive Tatbestände"* wie Abstammung, Name, Sprache und dergleichen korrigiert werden können.

„New York Times" warnt vor Gewaltausbruch in Südtirol

In der „New York Times" schrieb der angesehene Journalist C. L. Sulzberger, wenn Österreich und Italien das Südtirolproblem nicht lösten, bestünde entschieden die Möglichkeit, daß es in dem umstrittenen Gebiet zu einem Aufflackern von Gewalt käme. Der Schreiber nannte Zypern als Parallelfall. Sulzberger forderte die USA auf, sich in der Rolle des ehrlichen Maklers zu versuchen. *„In Zypern haben wir gewartet, bis es zu spät war, nun läuft die Uhr in Südtirol ab."*

Südtirol darf kein zweites Zypern werden

In einem Bericht zum Südtirolproblem stellte die englische Zeitung „Manchester Guardian" fest, daß durch die Einbeziehung des überwiegend italienischen Trentino in die Autonomie die Tiroler von Rom bewußt in die Minderheit gedrängt worden waren. Das Blatt empfahl Italien Weisheit, politische Großzügigkeit und erhob die Forderung: *„Südtirol darf kein zweites Zypern werden"*.

15. August 1959

Höhepunkte der Landesfeier 1809-1959

Am Hohen Frauentag erklärteLandeshauptmann Dr. Tschiggfrey in Innsbruck: *„Brenner- und Reschenpaß werden auch in Zukunft trotz der vorhandenen Staatsgrenze die Klammer bleiben, die Nord- und Südtirol als eine ethnische, religiöse, historische und sprachliche Einheit zusammenhalten."* Bei der Festsitzung des Tiroler Landtages würdigte Landtagspräsident Obermoser das Geschehen von 1809, aus dem Kraft für den Auftrag von heute und morgen hergeleitet werde. *„In vier Jahren begeht Tirol seine 600jährige Zugehörigkeit zu Österreich . . . Und dennoch ist unser Herz von Gram und Schmerz erfüllt. So wie zur Zeit unserer Vorfahren ist Tirol auch heute zerrissen und geteilt. Seit vierzig Jahren muß Südtirol – das Stammland und Herzland von Tirol – unter einer Herrschaft leben, die es nicht gewählt hat. In einer Zeit, in der die Selbstbestimmung in allen Teilen der Erde Parole ist, wird die Sicherung der unabdingbaren und gottgewollten Lebensrechte jenem Land mitten in Europa vorenthalten, das im Freiheitskampf von 1809 der ganzen Welt ein Beispiel gab. Heute aber kämpfen unsere Brüder in Südtirol einen verzweifelten Kampf um die Erhaltung der Heimat. Mit tödlichem Würgegriff klammert sich die Unterwanderung um ihren Hals. Unsere Hoffnungen auf die Charta der Vereinten Nationen haben sich nicht erfüllt. In unseren Erwartungen auf faire Erfüllung des Pariser Abkommens wurden wir enttäuscht. Die Welt hat nicht zur Kenntnis genommen, daß im Jahre 1946 fast alle erwachsenen Südtiroler, die damals in Südtirol wohnhaft waren, in einer noch heute vorhandenen Unterschriftensammlung ihren Willen klar und unmißverständlich zum Ausdruck brachten. Das Land jenseits des Brenners ist zu einem Problem von europäischer Bedeutung geworden. Es ist zum Prüfstein geworden für die gesamte westliche Welt. Nach der Lösung der Saar- und der Zypernfrage muß endlich auch Südtirol zu seinem Recht kommen."*

30. August 1959

Brixen gedenkt der Helden von 1809

Landeshauptmann Pupp: Das Volk wird seine Kraft anspannen, um das Land deutsch zu erhalten – es braucht den Geist der Männer von 1809

Peter Mayr, Wirt an der Mahr, Johann Kircher von St. Leonhard, Bartholomäus Pichler von Milland und Johann Haller von Neustift standen im Mittelpunkt des 1809-Gedenkens der Stadt Brixen. Höhenfeuer und ein Fackelzug leiteten am Samstagabend die Feier ein. Propst Dr.

Ambros Giner zelebrierte den Pontifikalgottesdienst am Brixener Domplatz, und Kanonikus Dr. Karl Wolfsgruber hielt die Festpredigt, der er Peter Mayrs Worte: *„Um eine Lüge erkaufe ich mein Leben nicht!"* zugrunde legte. Die Festrede hielt Landeshauptmann Ing. Alois Pupp. Er erklärte, es hätte an Italien gelegen, *„das gewaltige Unrecht am Südtiroler Volk wieder gutzumachen, indem es die Forderung des Volkes nach eigener Selbstverwaltung angenommen und erfüllt hätte. Aber die alten faschistischen Feinde sind nicht gestorben, sie versuchen weiterhin, ihre nationalistischen Ziele zu erreichen, sie hören den Freiheitsruf des Südtiroler Volkes nicht, sie überhören die Forderungen des Volkes nach Recht und Gerechtigkeit, sie vergessen auch heute noch, daß dieses Land immer ein freies deutsches Land war und daß das Südtiroler Volk in seinem unbändigen Freiheitssinn seine ganze Kraft anspannen wird, um es deutsch zu erhalten. Diesen Herren, die in Wirklichkeit die Friedensstörer des Landes sind, heißt es nun weiterhin den harten Tiroler Schädel mit aller Entschiedenheit entgegenzuhalten. Dazu braucht es aber den Geist der Männer von 1809. Möge der Mahnruf dieser Feierstunde an den Freiheitssinn aller Völker nicht ungehört verhallen. Mehr denn je ist die Freiheit aller abendländischen Völker gefährdet, und nur wenn sich diese Völker endlich noch in letzter Stunde aufraffen, die nationalistischen Gegensätze zu überwinden, Recht und Gerechtigkeit statt Lüge und Haß walten zu lassen, nur dann wird sich jener Weg der gemeinsamen Verständigung finden lassen, der Europa vor dem endgültigen Untergang retten können wird!"*

11. September 1959

Drohungen einer italienischen Geheimorganisation

Ein anonymes *„Komitee zur Verteidigung der nationalen Einheit Italiens"* verteilte in Bozen in großer Anzahl Flugzettel, in denen unter dem Titel *„Bozen bei Italien – Italien in Bozen"* angedroht wurde, daß man Südtirol eher zu einer Wüste machen würde, bevor man die Zustimmung Roms zu einer Autonomie anzuerkennen bereit sei.

13. September 1959

Festzug in Innsbruck: Ein Bekenntnis zur Einheit Tirols

In Anwesenheit des österreichischen Bundespräsidenten, des Regierenden Fürsten von Liechtenstein, der Bundesregierung, der Landesregierung von Nord- und Südtirol und der gewählten Volksvertretungen fand in Innsbruck der größte Festzug in der Geschichte des Landes statt. 25.000 Schützen und Musikanten aus allen Landesteilen zogen vor fast 300.000 Zuschauern durch die Straßen der Landeshauptstadt. Ein Tag grenzenloser Begeisterung und ein unübertreffliches Bekenntnis zur Landeseinheit war dieser Gedenktag *„150 Jahre Tiroler Freiheitskampf!"*. In dem Buch „Gedenkjahr 1959" schrieb Benedikt Posch: *„Marschierende Schützen und Musikanten, wehende Fahnen und bunte Trachten, fröhliches Winken und begeisterter Beifall – war das der alleinige Sinn des Festzuges? Was ist dies alles wert in einer Welt, in der nur gilt, was Geld und Macht bedeutet? Wer im Tiroler Festzug 1959 nicht nur gesehen hat, was sichtbar in Erscheinung getreten ist, weiß, daß dieses Äußere der Ausdruck einer inneren Haltung und Gesinnung ist, die auch eine Macht, eine geistige Macht darstellen. Was hatte uns der Festzug also zu sagen? Er hat uns gezeigt, was Tirol ist, was es war und – mit Gottes Hilfe – bleiben wird . . . Der Festzug hat uns das freiheitsliebende Tirol gezeigt. Tirol besitzt eine der ältesten freiheitlichen Verfassungen Europas . . . die in Tirol lebendig gebliebene Gesinnung der Wehrhaftigkeit stellt eine geistige Kraft dar, die im Hinblick auf die der Heimat drohenden inneren und äußeren Gefahren von großer Bedeutung ist."*

Südtiroler Bekenntnis zur Landeseinheit

An der Spitze des gewaltigen Zuges trugen Schützen aus dem Burggrafenamt – unter ihnen der später an den Folgen der Carabinieri-Folter verstorbene Franz Höfler – einen mächtigen Tiroler Adler als Zeichen der Einheit des Landes. Es waren alle Patrioten aus Südtirol nach Innsbruck gekommen. 2.000 Südtiroler Schützen zogen im Festzug mit. Sie waren von den Nordtiroler Kameraden durch das Fehlen der Gewehre bei der Mannschaft und der Säbel bei den Offizieren deutlich zu unterscheiden. Das Fehlen dieser äußeren Zeichen der Tiroler Wehr-

sie staatenlos gemacht und ausgewiesen. Wenn aber die Südtiroler nun wirklich die bestbehandelte Minderheit der Welt seien, *„warum verweigert man ihr dann jene Autonomierechte, die der schwedischen Minorität auf den finnischen Ålandinseln eingeräumt wird?"*

26. September 1959

Kundgebung des Bergisel-Bundes in Innsbruck

Auf einer Großkundgebung des Bergisel-Bundes in Innsbruck erläuterte Regionalrat Dr. Peter Brugger unter Anführung zahlreicher Beispiele, wie der Pariser Vertrag von den Italienern ratenweise zurückgenommen worden sei. Dr. Widmoser meinte abschließend, wenn Italien nicht bald einer gerechten Lösung zustimme, bleibe nur mehr die Lösung in Form einer Volksabstimmung in Südtirol.

27. September 1959

Der Befreiungsausschuß Südtirol (BAS) und BAS-Nordtirol beschließen enge Zusammenarbeit

Im Anschluß an eine 1809-Feier in Sterzing trafen sich die Männer des BAS-Südtirol mit der Gruppe, die Pfaundler in Österreich und insbesondere in Innsbruck aufgebaut hatte, und erörterten den weiteren Aufbau der Widerstandsorganisation. Vertreter verschiedener Gruppen aus Südtirol und Österreich waren sich über die Notwendigkeit des aktiven Widerstandes einig, um die Weltöffentlichkeit auf das Problem Südtirol aufmerksam zu machen, die anhaltende Unterwanderung zu stoppen und um Italien zu Verhandlungen mit Österreich zu nötigen. Zur Vorbereitung des Freiheitskampfes in Südtirol wurde eine intensive Zusammenarbeit vereinbart und eine Aufgabenteilung vorgenommen. Kurt Welser, das Innsbrucker Künstlerehepaar Molling und Wolfgang Pfaundler brachten große Mengen Sprengstoff nach Südtirol. Pfaundler und Fritz Molden kümmerten sich auch um die Finanzen. Helmut Riedl, Forstreferent im Amt der Tiroler Landesregierung, Kurt Welser und Otto Schimpp, Chef des Tiroler Lawinenwarndienstes, organisierten Sprengkurse in Südtirol und Nordtirol, an denen auch ein Hauptmann der Deutschen Bundeswehr mitwirkte, der unter einem Decknamen auftrat. Norbert Burger beschaffte aus Niederösterreich und Oberösterreich Sprengstoff in großen Mengen, der teils aus dem Kriege stammte, teils über Bezugsberechtigte offiziell gekauft wurde. So wurde auch im Hinterland ein logistisches Netz geknüpft, während die Vorbereitungen für die Ausführung auf allen Ebenen liefen.

Kontakte zu Politikern

Aloys Oberhammer, Fritz Molden und Gerd Bacher waren vor allem auch auf der politischen Schiene tätig. Die politischen Kontakte in Nordtirol, so zum Landeshauptmannstellvertreter Hans Gamper, vermittelte natürlich vor allem der Landesrat Aloys Oberhammer. Es kam auch zu Treffen mit dem sozialistischen Nordtiroler Südtirolexperten, dem Landtagsabgeordneten und späteren Landesrat Rupert Zechtl, der Kontakte und Gespräche mit Außenminister Kreisky vermittelte. Sepp Kerschbaumer und Zechtl wurden persönlich gute Freunde. Oft saß Kerschbaumer mit Zechtl in dessen Haus an einem Tisch und schüttete ihm sein Herz aus. Bei einigen Gesprächen waren auch die Südtiroler Politiker wie Erich Amonn und Friedl Volgger dabei. Jörg Pircher aus Lana pflegte gute Kontakte zum Salzburger Landeshauptmann und späteren Bundeskanzler Josef Klaus. Es gab auch gute Kontakte zum steirischen Landeshauptmann Josef Krainer. Luis Gutmann war einige Male bei Otto von Habsburg-Lothringen, wo seiner Mitteilung nach sehr offen gesprochen wurde. Allerdings vermieden es die BAS-Leute, die Südtiroler Politiker in die geplanten Attentate einzuweihen. Man hielt dies für viel zu gefährlich und fürchtete ein Verbot der Südtiroler Volkspartei. Die Gespräche mit Südtiroler Politikern beschränkten sich auf die politische Seite der Südtirolfrage. („Die Welle der Sprengstoffanschläge in Südtirol", in: Pelinka / Maislinger (Hrsg.): „Handbuch zur neueren Geschichte Tirols", Band 2, Zeitgeschichte, Innsbruck 1993, S. 467ff; Baumgartner / Mayr / Mumelter:„Feuernacht. Südtirols Bombenjahre. Ein zeitgeschichtliches Lesebuch", Bozen 1992, S. 21ff.)

Auf ein paar Masten soll es uns nicht ankommen

Etwas mehr dürfte man allerdings den österreichischen Politikern erzählt haben. Am 18. März 1991 strahlte der RAI-Sender Bozen ein auf Tonband aufgezeichnetes Interview aus, das Elisabeth Baumgartner mit Fritz Molden aufgenommen hatte. Molden erzählte, Kreisky hätte damals den Satz ausgesprochen: *„Auf ein paar Masten mehr oder weniger soll es uns nicht ankommen.“* Laut Molden *„war Kreisky klug genug, das zu begreifen . . ., daß es ein bißchen tuschen muß, aber nicht zuviel.“* (Zitiert nach einem Bericht in der Wiener „Presse“ vom 19. 3. 1991.)

9. Oktober 1959

Italien: Für Selbstbestimmung in Algerien – gegen Autonomie in Südtirol

Im Außenpolitischen Ausschuß des Senats erklärte Außenminister Pella: *„Italien und die Vereinigten Staaten haben mit lebhafter Befriedigung die jüngste Erklärung de Gaulles über Algerien zur Kenntnis genommen. Sie läßt darauf hoffen, daß man eine Lösung des dornigen Problems auf der Grundlage der freien Meinungsäußerung der interessierten Bevölkerung finde.“* Sodann erklärte Pella zu dem Vorhaben der österreichischen Regierung, die Südtirolfrage auf die Tagesordnung der Vollversammlung der Vereinten Nationen zu setzen: Italien habe die Unzuständigkeit dieses Forums betont, weil es sich nicht um eine Sache handle, die den Weltfrieden bedrohe oder die grundsätzliche Menschenrechte gefährde. Der österreichische Schritt könne nur einen polemischen Zweck verfolgen. Er ziele darauf ab, die typische Taktik der tirolischen Aufwiegler im Schoße der UNO fortzusetzen. Die Einwände, welche man heute von österreichischer Seite erhebe, schienen gewissen politischen Absichten zu entspringen, deren Ziel weit über die Anwendung des Gruber-De Gasperi-Abkommens hinausgehe. Gegenüber solchen Plänen müsse Italien eine Haltung absoluter Festigkeit einnehmen. *„Die italienische Regierung erfüllt skrupelhaft ihre Verpflichtungen. Sie ist entschlossen, ihr gutes Recht zu verteidigen. Die italienische Regierung ist zu jeder objektiven Prüfung berechtigter Ansprüche jederzeit bereit; sie weigert sich aber, daß ein wegen unberechtigter Motive aus dem Nichts geschaffener Streitfall vor nicht zuständigen Instanzen aufgeworfen wird in dem Bestreben, die harmonische Entwicklung der interessierten Bevölkerung, die Italien mit aller Zähigkeit verfolgt, wie auch die Beziehungen zwischen Italien und Österreich zu beeinträchtigen.“*

12. Oktober 1959

Faschistisches Weißbuch: Gegen Südtirol und Österreich gerichtete Forderungen

„Es gibt im Oberetsch kein Problem einer deutschsprachigen Minderheit, die von einer italienischen Mehrheit unterdrückt wird. Vielmehr ist ein anderes Problem vorhanden, das sich mit jedem Tag verschärft, nämlich das Problem einer italienischen Minderheit, die von einer Mehrheit aus politischen Gründen unterdrückt wird“, schrieb Abgeordneter Michelini, Sekretär der neofaschistischen Partei Italiens, in einem der Regierung in Rom vorgelegten „Weißbuch“ und klagte über das angeblich bittere Los der nach Südtirol eingewanderten Italiener: *„Die Privilegierten sind die Bürger deutscher Zunge, die ihren Wohlstand zu einem sehr großen Teil italienischer Arbeit verdanken, die weniger Steuern zahlen und ein Fünftel des Budgets verschlingen, das durch italienische Opfer aufgebracht wird.“*

Sodann forderten die Neofaschisten in dem „Weißbuch“:

1. Unterbrechung der diplomatischen Gespräche zwischen Italien und Österreich.
2. Einreiseverbot für Gschnitzer, Oberhammer, Widmoser und Tiroler Journalisten.
3. Kampf gegen die Propaganda der SVP und Österreichs.
4. Prozeß gegen Magnago, Benedikter, Brugger und Stanek.
5. Aberkennung der Staatsbürgerschaft der Rückoptanten.
6. Gründung eines deutschen Blattes zur Bekämpfung der „Dolomiten“.

17. Oktober 1959

Vizekanzler Pittermann zur Südtirolfrage

Der sozialistische Parteiobmann und österreichische Vizekanzler Pittermann erklärte: „*Für Italien ist die Durchführung des Pariser Abkommens eine Verpflichtung internationalen Rechtes, nicht ein fremdes Joch. Die vom österreichischen Außenminister Kreisky vor der UNO erhobenen Klagen richten sich in erster Linie gegen die Taktik, die Durchführung des Pariser Abkommens durch jahrelange Verhandlungen zu verhindern, Verhandlungen, die zu keinem Ergebnis führen. Das österreichische Volk ist sich völlig einig in dem berechtigten Verlangen, daß diese Verhandlungen innerhalb einer bestimmten Zeit abgeschlossen werden, und zwar, wie wir hoffen, mit einem Resultat, das die Aufrechterhaltung der freundschaftlichen Beziehungen mit Italien ermöglicht.*“

21. Oktober 1959

Bozener Bebauungsplan: Ganze neue Stadtteile für Immigranten aus dem Süden

Am laufenden Band lehnte die italienische Bozener Gemeinderatsmehrheit die Rekurse gegen den Bebauungsplan ab, der die Errichtung ganzer neuer Stadtteile zur Aufnahme von Zusiedlern vorsah. Stadtrat Dr. Knoll fragte, wo denn die 67.000 Neubozener bis zum Jahr 2000 herkommen würden. Natürlich aus Süditalien! Er prangerte die italienischen Zuwanderungsmethoden an und wies auf den Verkauf von Elendsquartieren hin, mit denen Ansprüche auf eine Volkswohnung erlangt wurden. Gemeinderat Dr. Magnago hob hervor, daß weder die Bauern am Stadtrand von Bozen, denen man Gründe zur Schaffung neuer Siedlungsflächen enteignete, noch die Rücksiedler aus der Option von 1939 Wohnungen in Bozen bekämen. So werde den Deutschen der Weg in die eigene Stadt versperrt. Aus 1.500 Italienern seien in Bozen in vierzig Jahren 65.000 geworden, die Deutschen seien von 28.000 aber auf 18.000 herabgesunken! Und nun solle Bozen in weiteren vierzig Jahren nicht bloß 110.000, sondern sogar 150.000 Einwohner haben. „*Da haben wir wohl allen Grund, mißtrauisch zu sein.*“

Italienisches „Verständnis“

Darauf antwortete der Sozialist Prof. Ragni: „*Ich verstehe euer Drama . . . Ich möchte nicht in eurer Lage sein. Wenn die Ereignisse zu einer Beschneidung eurer Volksgruppe führen, so wird das nicht unsere Schuld sein, sondern die Folge einer schicksalhaften Notwendigkeit, die in dieser Zeit liegt.*“ Der Kommunist Mascagni erklärte: „*Die Deutschen sind Deutsche, dagegen ist nichts zu machen. Sie können nur eines: provozieren!*“

23. Oktober 1959

UNO bleibt Forum für Südtirol

In Innsbruck erklärte Außenminister Kreisky, daß das Verhältnis Österreichs zu Italien durch die Südtirolfrage belastet sei. Österreich habe lange und geduldig verhandelt, sei aber dann zur Auffassung gelangt, daß Italien die Verhandlungen nur hinziehe. Deshalb habe Österreich die Südtirolfrage vor die Vollversammlung der UNO gebracht. Der italienische Außenminister Pella habe vor der UNO sehr gereizt geantwortet und behauptet, es habe schon einmal eine Art Volksabstimmung in Südtirol gegeben, nämlich die Rückoption. Später habe Pella diese Äußerung wieder zurückgenommen. Österreich wolle den Plan, die Südtirolfrage vor die UNO zu bringen, nicht aufgeben und die Zeit bis zur nächsten Generalversammlung benützen, um unter den Mitgliedstaaten der UNO für den Standpunkt der österreichischen Regierung in der Südtirolfrage zu werben.

28. Oktober 1959

Österreichisches Arbeitsdokument zur Frage der Autonomie

Die österreichische Bundesregierung überreichte dem italienischen Botschafter ein „*Arbeitsdokument zur Frage der Autonomie*“, in dem die österreichische Auffassung, daß nur eine eigene regionale Autonomie für Südtirol dem Pariser Abkommen gerecht werde, nochmals präzise untermauert wurde.

29. Oktober 1959

Unverletzliche Brennergrenze

Laut italienischer Nachrichtenagentur ANSA erklärte Außenminister Pella: *„Die Wiener Regierung hat nie territoriale Ansprüche erhoben, weil genügend bekannt ist, daß die Brennergrenze unverletzlich ist. Es gibt jedoch politische Bewegungen jenseits der Alpen mit Verästelungen diesseits, die über den Standpunkt der österreichischen Regierung hinausgehen. Wir beabsichtigen, das Gruber-De Gasperi-Abkommen durchzuführen und all das, was uns in diesem Abkommen auferlegt ist. Alles, was nicht im Vertrag enthalten ist, kann nicht Gegenstand einer Besprechung mit irgend jemandem sein, weil es in die ausschließliche Zuständigkeit der italienischen Regierung fällt. Die italienische Regierung muß das Abkommen durchführen. Der andere Partner kann nur feststellen, ob die Durchführung vorgenommen wurde. Weiter darf er nicht gehen."*

7. November 1959

Landesversammlung der Südtiroler Volkspartei: Landesautonomie – oder der Ruf nach Selbstbestimmung könnte übermächtig werden!

Auf der 12. Landesversammlung der Südtiroler Volkspartei kam es zu harten Debatten, da ein großer Teil der Delegierten nach den bisher erfolglos verlaufenen Verhandlungen das Selbstbestimmungsrecht für Südtirol forderte. In der Entschließung kam diese Forderung auch zum Ausdruck. Es hieß unter anderem: *„Die Landesversammlung bekräftigt noch einmal auf das nachdrücklichste, daß die Erfüllung des Pariser Vertrages nur in der Gewährung der Landesautonomie für die Provinz Bozen . . . erblickt werden kann . . . Die Landesversammlung verweist auf den Umstand, daß die Forderung nach Gewährung einer echten Selbstverwaltung äußerst bescheiden ist, in einem Zeitalter, in dem den Volksstämmen Afrikas der Reihe nach das Selbstbestimmungsrecht zuerkannt wird. Aus dieser Haltung der Südtiroler spricht eine wahre europäische Gesinnung. Sollte aber Italien für solche europäische Bereitschaft in Zukunft kein Verständnis aufbringen, so muß es damit rechnen, daß der Ruf nach Selbstbestimmung im Südtiroler Volk übermächtig werden wird."* Dieser Schlußsatz war bereits eine gemäßigte Kompromißformel, die nur durch einen Zusatz zustande kam, gemäß dem die Parteileitung im nächsten Frühjahr eine neue, außerordentliche Landesversammlung einzuberufen habe, um die politische Linie zu überprüfen. Eine weitere Entschließung forderte Arbeit und Wohnung für Einheimische, eine andere gedachte der verurteilten Pfunderer Burschen. Als Obmann wurde Dr. Silvius Magnago wiedergewählt, als Stellvertreter wurden Dr. Volgger, Dr. Benedikter und Hans Dietl bestimmt.

16. November 1959

Keine Gesprächsbereitschaft Italiens bei Verhandlungen in Wien

Das italienische Außenministerium erklärte, daß man weiterhin mit bestem Willen an einem Fortgang der österreichisch-italienischen Gespräche über Südtirol festhalte und versuche, die Schwierigkeiten mit konstruktivem Geist zu überwinden. Forderungen, die nicht im Gruber-De Gasperi-Abkommen enthalten sind, seien unzulässig und könnten infolgedessen niemals Gegenstand von Besprechungen zwischen beiden Ländern sein. Mit dieser Formulierung hatte Italien klargestellt, daß es nicht bereit war, über die Südtirolfrage ernstlich zu verhandeln. Die Tageszeitung „Corriere della Sera" schrieb über diese Verhandlungen: *„Nun bleibt unseres Dafürhaltens nichts mehr zu tun, als sie abzuschließen. Es gibt eine Grenze im Verleugnen der Wirklichkeit, die nicht einmal der findigste Diplomat übersehen kann."*

25. November 1959

Austreibung der Südtiroler ins Auge gefaßt?

Das offizielle Parteiorgan der Trentiner „Democrazia Cristiana" (DC), „L'Adige", beschuldigt die Südtiroler, allein schon durch ihre Forderungen nach einer Autonomie für die Provinz Bozen den Pariser Vertrag verletzt zu haben. Da viele Südtiroler aber aufgrund dieses Vertrages als ehemalige Optanten die italienische Staatsbürgerschaft zurückerhalten hätten, könne die Regierung durchaus mit Sanktionen gegen sie vorgehen. Politiker der SVP vermuteten in diesem Zusammenhang, daß damit Ausbürgerung und Vertreibung gemeint seien. Betroffen wären von einer solchen Maßnahme mehr als 80 % der damaligen Optanten, insgesamt die Mehrheit der erwachsenen Südtiroler.

27. November 1959

Brixner Bürgermeister teilweise des Amtes enthoben

Der 4. November wird alljährlich in Italien als *„Tag der bewaffneten Macht“* zum Gedenken an den Waffenstillstand von 1918 und des „Sieges“ über Österreich gefeiert. In Bozen geschah dies traditionellerweise mit einer pompösen militärischen Feier vor dem faschistischen Siegesdenkmal mit seiner beleidigenden Inschrift *„Hic patriae fines siste signa hinc ceteros excoluimus lingua legibus artibus“ („Hier sind die Grenzen des Vaterlandes – setze die Zeichen – von hier aus haben wir die übrigen durch Sprache, Gesetze und die Künste kultiviert“).* Als ob die Südtiroler vor der Ankunft der Italiener der menschlichen Sprache nicht mächtig gewesen wären, gesetzlos gelebt und die schönen Künste nicht gekannt hätten. Der anmaßende Vers ist übrigens dem lateinischen Dichter Vergil entwendet, wobei es bei diesem statt *„ceteros“ („die übrigen“)* noch geheißen hatte *„barbaros“ („die Barbaren“)*, was der geistigen Absicht dieses Denkmales wohl auch voll entsprochen hätte, was man aber öffentlich hinzuschreiben doch nicht gewagt hatte. Es ist verständlich, daß die Südtiroler diese Feiern, noch dazu an diesem Ort, bis heute als Provokation empfinden. Der Brixner Bürgermeister Dr. Valerius Dejaco lehnte eine Teilnahme aus diesen grundsätzlichen Erwägungen ab. Der Regierungsvizekommissar ordnete als Statthalter Roms in Bozen daraufhin seine teilweise Amtsenthebung an, da er *„Obliegenheiten als Amtsträger des Staates verletzt hat.“* Für die Amtsgeschäfte im Standesamt, dem Wahl und Musterungsamt wurde für den Zeitraum von drei Monaten der Vizepräfekt Dr. D'Amico als Staatskommissar eingesetzt.

29. November 1959

Brixen demonstriert für Bürgermeister Dejaco

Nach dem Abendgottesdienst im Brixner Dom demonstrierten auf dem Domplatz etwa 3.000 Bürger spontan gegen den Willkürakt gegen Bürgermeister Dejaco und gegen die Wiederkehr faschistischer Methoden. Stadtrat Oberhuber und Landesassessor Dr. Schatz ergriffen das Wort, und letzterer verlas eine Entscheidung gegen die gesetzwidrige Aktion des Regierungsvizekommissars. Bürgermeister Dr. Dejaco dankte für das Vertrauen und forderte zur Heimattreue auf.

30. November 1959

Strafanzeige wegen der Brixner Protestkundgebung

Wegen nicht erfolgter Anmeldung der spontanen Kundgebung am Brixner Domplatz wurde Strafanzeige gegen Stadtrat Oberhuber, Landesassessor Dr. Schatz und Bürgermeister Dr. Dejaco erstattet.

2. Dezember 1959

Südtirol im österreichischen Nationalrat

Außenminister Kreisky erklärte, die Südtiroler Frage sei auch deshalb von allgemeiner und internationaler Bedeutung, *„weil letzten Endes durch die Behandlung dieser Fragen entschieden wird, ob die Methoden des friedlichen Verhandelns zur Erfolglosigkeit verurteilt sein müssen, während man mit anderen Methoden, wie Beispiele in den letzten Jahren zeigten, zum Recht kommen kann“.*

8. Dezember 1959

Staatssekretär Gschnitzer: Landesautonomie oder Selbstbestimmung

Bei der Noldin-Feier des Bergisel-Bundes in Innsbruck hielt der Südtiroler Landeshauptmannstellvertreter Dr. von Fioreschy die Gedenkrede für den an den Folgen der faschistischen

Haft und Verbannung gestorbenen Märtyrer Dr. Josef Noldin aus Salurn. Er betonte: *„Die Südtiroler glauben, daß sie ihr mit Füßen getretenes, verweigertes und vorenthaltenes Recht allein mit legalen Mitteln erkämpfen können. Wenn sie die Landesautonomie fordern, dann verlangen sie nur die Erfüllung des Pariser Vertrages allein für die Provinz Bozen. Forderten sie die Selbstbestimmung, würden sie sich zu nichts anderem bekennen als zum Königsgedanken des italienischen Risorgimento, von dem Außenminister Pella einvernehmlich mit Staatspräsident Einaudi gesagt hat, daß es lebendig und noch heute gültig ist."* Staatssekretär Dr. Gschnitzer zeichnete ein Bild der Entwicklung und gegenwärtigen Lage Südtirols, aus dem hervorging, daß Tolomeis Ungeist weiterlebe, die Unterwanderung andauere und keine Rede von einer Selbstregierung sein könne. Es gebe nur folgende Lösungen: Landesautonomie oder Selbstbestimmung. *„Entweder sagt sich Italien los vom Ungeist eines Tolomei und gibt aus eigenen Stücken die Sonderautonomie, oder es bleibt nichts anderes übrig als die Geltendmachung des Selbstbestimmungsrechts."*

11. Dezember 1959

Brixner Bürgermeister unter Anklage

Weil sie auf einer nicht bewilligten Versammlung, nämlich auf der nach der teilweisen Amtsenthebung des Brixner Bürgermeisters am 28. November am Brixner Domplatz spontan stattgefundenen Protestkundgebung der Brixner Bürger, gesprochen haben, erhob Staatsanwalt Dr. Rocco, ein Altfaschist aus der Mussolini-Zeit, vor dem Landesgericht in Bozen Anklage gegen Bürgermeister Dejaco, Assessor Schatz und Stadtrat Oberhuber.

12. Dezember 1959

Wahl zwischen Demütigung und Gewalt

In Mailand stellte der Sekretär der italienischen Liberalen Partei fest: *„In Südtirol ist die Gefahr groß. Die Regierung steht ihr ohne klares Programm und ohne jede politische Vorbereitung, weder auf internem noch auf internationalem Gebiet, hilflos gegenüber. Wir haben gewarnt und wiederholen nochmals die Meinung: Ein Land wie das unsere darf es nicht hinnehmen, vielleicht schon in Kürze vor die Wahl zwischen Demütigung oder Gewalt gestellt zu werden."*

15. und 16. Dezember 1959

Ärzte und Sanitäter müssen nicht deutsch können

Die italienische Mehrheit im Regionalrat lehnte das Sanitätsgesetz und den Stellenplan mit der Forderung auf deutsche Sprachkenntnis bei Ärzten, Tierärzten, Hebammen und Sanitätern ab. Diese Abstimmung zeigte deutlich, daß man den Südtirolern eine Behandlung in der Muttersprache vorenthalten wollte. Im Bozner Krankenhaus waren von den 35 Ärzten nur vier Südtiroler und nur sieben, die deutsch sprechen konnten, von 120 diplomierten Pflegepersonen waren nur zwei Südtiroler und fünf mit Deutschkenntnissen, und unter den 57 Schwestern gab es keine Südtirolerin und nur eine (!) war der deutschen Sprache mächtig.

Rückblick

Als sich die Vertreter der Gemeinde Blumau 1934 bei dem faschistischen Präfekten von Bozen, Giuseppe Mastromattei, darüber beschwerten, daß der neue Gemeindearzt kein Wort deutsch spreche, antwortete dieser achselzuckend: *„Anche il veterinario non puo intendersi colle bestie" („Auch der Tierarzt kann mit dem Vieh nicht sprechen!").*

24. Dezember 1959

Faschistische Forderungen von Regierung erfüllt: Neuerliche Einreiseverbote

Die italienische Regierung erließ neuerlich ein Einreiseverbot für Staatssekretär Univ.-Prof. Dr. Franz Gschnitzer, Landesrat Dr. Oberhammer und den geschäftsführenden Obmann des Bergisel-Bundes, Dr. Eduard Widmoser. Damit war eine mehrfach öffentlich erhobene Forderung der neofaschistischen Partei MSI erfüllt.

<u>25. Dezember 1959</u>

Raab kündigt Südtirol-Appell an

„Mit geradezu übermenschlicher Geduld hat Österreich durch Jahre versucht“, erklärte Bundeskanzler Raab im Rundfunk, *„die volle Durchführung des Pariser Abkommens zu erreichen. Bedauerlicherweise – und dies tut mir im Innersten meines Herzens leid – war es nicht möglich, auf dem sonst unter zivilisierten Völkern üblichen Weg von Verhandlungen befriedigende Ergebnisse zu erzielen. Die allen bekannten Tatsachen dieses Jahres haben Österreich genötigt, die Südtirolfrage vor der Weltöffentlichkeit aufzurollen, wo sich auch Verständnis für die gerechten Forderungen Österreichs gezeigt hat. Wir sind nach wie vor zu Verhandlungen bereit, wenn diese aber nicht bald zu einem Ergebnis führen, müßten wir aber ein internationales Forum zur Entscheidung anrufen.“*

— 1960 —

1. Januar 1960

Italien verschärft Lage um Südtirol

Im Rundfunk erklärte Vizekanzler Dr. Bruno Pittermann zum Einreiseverbot der Italiener für den Staatssekretär Dr. Gschnitzer, den Nordtiroler ÖVP-Parteiobmann Dr. Oberhammer und Generalsekretär des Bergisel-Bundes Dr. Widmoser: *„Dieser unfreundliche Akt, gerichtet gegen Funktionäre, die der Österreichischen Volkspartei angehören, wird auch von den österreichischen Sozialisten als gegen die Republik Österreich und eine wohl beabsichtigte Verschärfung der Beziehungen zwischen zwei Nachbarstaaten empfunden."*

12. Januar 1960

Kompetenzstreit über Wohnungszuweisung dauert an

Die ohnedies dem Land fast alle Rechte auf dem Gebiet des Volkswohnbaues beschneidenden Durchführungsbestimmungen gaben zu immer neuen Rechtsstreitigkeiten Anlaß. Die Landesverwaltung ernannte auf ihrer Grundlage eine Zuweisungskommission. Arbeitsminister Togni erklärte daraufhin die Zuweisungen von Wohnungen durch diese vom Land ernannte Kommission als null und nichtig. Die Landesverwaltung legte gegen diese Willkürhandlung des Arbeitsministers vergeblichen Protest beim Ministerpräsidenten ein.

15. Januar 1960

Faschistische Würde ersetzt akademische Titel

Bei der Erörterung der Mißstände im Bozner Spital wurde bekannt, daß Verwaltungsdirektor Acinapura keinen der erforderlichen akademischen Titel bzw. keine dementsprechende Ausbildung besaß. Dafür hieß es in seiner Bestellungsurkunde: *„Dekret vom 9. Juni 1941, 19. Jahr der faschistischen Ära. Nach Einsichtnahme in das Aufnahmegesuch des Squadristen Herrn Acinapu wird beschlossen, den Squadristen als Verwaltungsdirektor des Bozner Spitals definitiv anzustellen."* Der Bozner Gemeinderat Tinaglia bemerkte dazu: *„Dies ist ein Beschluß, der keines Kommentars bedarf. Die Eigenschaft eines faschistischen ‚Squadristen' konnte damals den vom Gesetz vorgeschriebenen akademischen Titel ersetzen!"* Offiziell wurde der Faschismus abgeschafft, die faschistischen Beamten blieben jedoch in ihren Positionen.

16. Januar 1960

Urteil gegen Pfunderer Buben in Rom bestätigt: Furchtbarer Justizirrtum

Der Kassationsgerichtshof in Rom hat nach siebenstündiger Beratung das Urteil erster und zweiter Instanz gegen die von Senator Dr. Sand, Professor Dr. Perego und Dr. Dander verteidigten sechs, des Mordes an dem Finanzer Raimondo Falqui angeklagten, Pfunderer Bauernbuben Alois und Bernhard Ebner, Isidor und Paul Unterkirchner, Florian Weissteiner und Georg Knollseisen im Ausmaß von 10 Jahren 8 Monaten bis 24 Jahren 4 Monaten bestätigt. Südtirol in Wort und Bild berichtet dazu: *„So hat ein furchtbarer Justizirrtum eine letzte unanfechtbare Bestätigung erhalten. In Pfunders ereignete sich in der Nacht des Himmelfahrtstages 1956 ein Unglück, die Schwurgerichte in Bozen und Trient und das Kassationsgericht in Rom verübten jedoch ein sechsfaches Verbrechen. Der Ablauf des ganzen Verfahrens war eine fortgesetzte Kette von Fehlern und Mängeln der Justizorgane, von der Beweisaufnahme angefangen bis zum Schlußakt vor dem höchsten Gericht in Rom. Alle maßgebenden Beweisgründe wurden außer acht gelassen oder abgewiesen. Ein derart fehlerhaftes und rechtswidriges gerichtliches Verfahren steht in der Rechtsgeschichte der zivilisierten Welt beispiellos da. Eine solche Fülle von Mißverständnissen, Mißdeutungen und Rechtsmängeln kennt kaum ein zweiter in den Annalen der Gerichtsbarkeit verzeichneter Prozeß. Das Tal Pfunders und seine Bergbauernfamilien sind in tiefes Unglück gestürzt, das Vertrauen der Südtiroler in die Objektivität der italienischen Justiz ist aufs schwerste erschüttert, die Warnung vor jedem fraternisierenden Umgang mit italienischen Amtspersonen in Südtirol steht nun unverkennbar jeder-*

mann vor Augen. Es gibt keine Rechtsinstanz mehr in Italien, welche das verletzte Recht wiederherstellen kann. Es bleibt nur der Weg zum Europäischen Gerichtshof und die Anrufung der Kommission zum Schutz der Menschenrechte.“

20. Januar 1960
Appell für die Pfunderer Burschen
Der Bergisel-Bund appellierte an die österreichische Regierung, die europäischen Instanzen, die zur Wahrung der Menschenrechte eingesetzt sind, mit dem unfaßbaren Urteil gegen die Pfunderer Burschen zu befassen.

Kommissar für Volkswohnhäuser-Institut
Durch Ministerialverfügung wurde der Vizepräfekt Dr. Marcello D'Amico zum außerordentlichen Kommissar für das Volkswohnhäuser-Institut in Bozen ernannt. Diese Ernennung bedeutete einen schweren Eingriff in den Artikel 6 der Durchführungsbestimmungen zum Volkswohnbau.

26. Januar 1960
„Nach den ersten Toten wird es zu spät sein“
In der westdeutschen Wochenzeitung „Zeit“ erschien aus der Feder des italienischen Journalisten Indro Montanelli ein Artikel unter dem Titel „Sorge um Südtirol“. Darin stellte er einleitend fest, daß seiner Ansicht nach Südtirol ein österreichisches Land, die Annexion ein Irrtum und der Sinn des Pariser Vertrages verfälscht worden seien. Er griff die italienischen Behörden an, weil sie durch ihr Festhalten an der Meinung, daß Südtirol eine inneritalienische Angelegenheit sei, die heutige Situation heraufbeschworen hätten. Montanelli beurteilte die Zukunft sehr kritisch und bedauerte, daß die italienische Außenpolitik die Lage nicht erkenne. Er schloß voraussehend: *„Nach den ersten Toten wird es zu spät sein!“*

27. Januar 1960
Besprechung Kreisky – BAS
Der Nordtiroler Schriftsteller und Journalist Wolfgang Pfaundler, einst prominenter Widerstandskämpfer gegen das NS-Regime, hatte in seiner Eigenschaft als Gründungs- und Führungsmitglied des „Befreiungsausschusses Südtirol“ (BAS) ein Treffen des Außenministers Dr. Bruno Kreisky mit dem Südtiroler Freiheitskämpfer und Schützenmajor Georg Klotz arrangiert. Das Interesse an einer Aussprache mit dem illegalen Untergrund in Südtirol war auch auf seiten des österreichischen Außenministers gegeben. Ursprünglich waren sogar regelmäßige und durchaus konspirative Treffen auf neutralem Boden geplant gewesen. Die rasche und radikale Entwicklung der Dinge ließ diese institutionalisierten Treffen dann nicht mehr zu. (Baumgartner, Elisabeth: „Bomben für Herrgott und Heimat“, in: Baumgartner / Mayr / Mumelter: „Feuernacht“, Bozen 1992, S. 29, Anm. 114.) Die Besprechung mit Pfaundler und Klotz fand in den Amtsräumen des Außenministeriums statt und dauerte von 9 Uhr 20 bis 10 Uhr 45. Pfaundler und Klotz sprachen hierbei das Thema des gewaltsamen Widerstandes gegen die italienische Politik in Südtirol an. Dies geht auch aus einer Aktennotiz hervor, die Außenminister Dr. Kreisky zwei Jahre (!) später zu seinem eigenen Schutz anlegte und auch gleich seinem Regierungskollegen Dr. Broda (SPÖ) übersandte, der zu diesem Zeitpunkt bereits mit der gerichtlichen Verfolgung der Südtiroler Freiheitskämpfer befaßt war. In dieser Aktennotiz heißt es: *„Bei der . . . Diskussion über Südtirol habe ich . . . Klotz und Pfaundler ausdrücklich darauf aufmerksam gemacht, daß nur friedliche Mittel zielführend sein können und daß alle anderen Aktionen mit einer Niederlage enden müssen.“* (Akte des Bundesministeriums für Auswärtige Angelegenheiten, 23. 7. 62, Geschäftszahl 504 K /62, zitiert in: Franceschini, Christoph: „Die Welle der Sprengstoffanschläge in Südtirol“, in: Pelinka / Maislinger (Hrsg.): „Handbuch zur neueren Geschichte Tirols“, Band 2, Zeitgeschichte, Innsbruck 1993, S. 476.) Klotz freilich konnte sich später nie daran erinnern, daß Kreisky von gewaltsamem Widerstand abgeraten hätte. Er erwähnte im Freundeskreis immer wieder, bei dieser Bespre-

chung habe *„völlige Übereinstimmung"* in allen Südtirol betreffenden Fragen geherrscht. (Gedächtnisprotokoll von Peter Kienesberger, einem ehemaligen Mitkämpfer von Georg Klotz.) Auch der Freiheitskämpfer Luis Amplatz, dem Georg Klotz von dieser Unterredung berichtete, gab in seinem Testament eine eindeutige Darstellung: *„Klotz sagte damals zu Kreisky: ‚Die Italiener werden immer frecher in unserem Land. Die Faschisten gewinnen immer mehr an Boden und unterdrücken uns Südtiroler. Wenn es so weitergeht, dann werden wir eines Tages zurückschlagen.' Kreisky: ‚Das ist die einzige Möglichkeit, um sich Luft zu machen.'"* (Das am 14. 8. 1964 vor dem Wiener Notar Dr. Herbert Raudorf unterzeichnete Testament ist wiedergegeben in: Ermacora, Felix: „Südtirol und das Vaterland Österreich", Wien 1984, S. 119ff.) Die Aktennotiz des Jahres 1962 legte Kreisky zu seinem eigenen Schutz nachträglich zu einem Zeitpunkt an, als die österreichische Bundesregierung sich unter dem Druck der italienischen Vorhaltungen, sie unterstütze die Südtiroler Attentäter, von den Freiheitskämpfern zu distanzieren und ihre Aktionen zu verdammen begann. Es war die Zeit, in der sich die sozialistische „Arbeiterzeitung" unter dem Titel „Neonazismus" auf den Freiheitskampf einzuschießen begann und alle sozialistischen Mandatare und Funktionäre aufgefordert wurden, aus dem „Bergisel-Bund" auszutreten, weil dieser die „radikale Richtung" begünstige. Zu diesem Zeitpunkt wurde es für Kreisky wichtig, im Nachhinein festzuhalten, er habe die Freiheitskämpfer nicht zu ihren Taten ermutigt, sondern sogar davon abgeraten. Am 27. Januar 1960 war von Distanzierung jedenfalls noch nichts zu spüren gewesen. Amikal hatte der Außenminister seine Besucher zum Abschluß durch das alte Palais am Ballhausplatz geführt und Georg Klotz zum Abschied noch ein Kistchen bester Zigarren überreicht, aus welchem dieser später nur an hohen Feiertagen und zu besonderen Anlässen eine zu rauchen pflegte. (Baumgartner / Mayr / Mumelter: a.a.O., S. 29.)

Fritz Molden: Genügend Maschinengewehre für den Kampf

Der Südtiroler Historiker Christoph Franceschini berichtet, daß Georg Klotz und Wolfgang Pfaundler sich anschließend an die Besprechung mit Dr. Kreisky noch mit dem Verleger und BAS-Mitglied Fritz Molden getroffen hatten. Molden, der später betonen wird, er habe im „politischen Komitee" des BAS auf der legalen Ebene gehandelt, eröffnete, laut Franceschini, den beiden Freiheitskämpfern, *„daß er genügend Maschinengewehre für den Kampf in Südtirol angesammelt habe."* (Franceschini, Christoph: „Unsere Waffe ist der Sprengstoff und die Nacht", Teil I, in: „Südtiroler Illustrierte FF" Nr. 24/91, S. 15.)

<u>30. Januar 1960</u>

Zusicherung an Faschisten: Keine Autonomie für Südtirol!

Bei einer Bozner Versammlung erklärte der neofaschistische Abgeordnete Almirante, daß Außenminister Pella den Neofaschisten die Versicherung gegeben hat, die italienische Regierung werde der Forderung nach einer Landesautonomie für Südtirol nicht nachkommen, weil sie das Vorspiel einer pro-österreichischen Volksabstimmung wäre. Almirante forderte auf dieser Versammlung auch Sonderzulagen für italienische Beamte in Südtirol, eine noch stärkere Förderung der Industriezone von Bozen und die Aberkennung der italienischen Staatsbürgerschaft der ehemaligen Optanten von 1939.

<u>4. Februar 1960</u>

Forderung nach Sprachengleichheit im Rundfunk

Im Südtiroler Landtag wurde ein Gesetzesentwurf, die Ausgewogenheit der Sprachgruppen bei Rundfunksendungen betreffend, eingebracht. Von den 234 Sendestunden der drei Bozner Sender waren bisher 25 Stunden und 15 Minuten der deutschen Volksgruppe und eine Stunde den Ladinern eingeräumt worden. Der Leiter des deutschsprachigen Programms konnte selbst nicht Deutsch.

<u>9. Februar 1960</u>

Südtirolfrage in London vorgetragen

Außenminister Dr. Kreisky und Staatssekretär Dr. Gschnitzer trugen im Verlauf eines Treffens in London dem britischen Außenminister Selwyn Lloyd den österreichischen Standpunkt in der Südtirolfrage vor. Bei einer anschließenden Pressekonferenz erklärte Dr. Kreisky: *„Die Bedrängnis des Tiroler Volkes ist derart, daß es nicht mehr zwei oder drei Jahre warten kann, die vielleicht nötig sind, um einen Schiedsspruch des Haager Gerichtshofes zu erlangen. Jeden Tag vernehmen die Südtiroler, daß es irgendeinem afrikanischen Volk gelungen ist, einen unabhängigen Staat zu bilden. Die Südtiroler sind aber wegen der Weigerung der italienischen Behörden nicht einmal imstande, ein Autonomiestatut zu erreichen. Nach Auffassung der österreichischen Regierung hat jede Minderheit in jedem Teil der Welt ein Recht auf Autonomie."*

12. Februar 1960

Polizeigewalt gegen Autonomie

Die Übergabe der Amtsgeschäfte des Kommissars an den vom Land eingesetzten Kommissar für das Volkswohnhäuser-Institut, Dr. Gustav Meßner, seitens des widerrechtlich fungierenden Präfekten Dr. Marcello D'Amico konnte nicht erfolgen, weil dieser die Übergabe verweigerte und erklärte, daß er die Staatspolizei einsetzen und Dr. Meßner mit Gewalt entfernen würde.

Nutznießer der Faschisten

Im Regionalrat wies Dr. Dalsass darauf hin, daß die von Südtirolern gestifteten und für Südtiroler bestimmten Einrichtungen wie Rainerum, Elisabethinum und Kofler-Knaben-Asyl, welche während des Faschismus zweckentfremdet worden waren, nicht an die Volksgruppe zurückerstattet wurden. Weiter prangerte er die Zurücksetzung von Südtiroler Arbeitern durch die amtliche Arbeits- und Stellenvermittlung an.

16. Februar 1960

Landeshauptmann Pupp: „So kann's nicht mehr weitergehen!"

Ausgehend von der vor fünf Jahren von Landeshauptmann Dr. Karl Erckert gemachten Feststellung, daß die *„Verwirklichung der Autonomie im argen liegt"*, sagte Landeshauptmann Ing. Alois Pupp im Regionalrat, es sei seither nur noch schlimmer geworden und man müsse feststellen: *„So kann's nicht weitergehen!"* Ausführlich zeigte er die bitteren Erfahrungen mit der Region auf. Wenn es um die Angelegenheit Südtirol gehe, dann würden die Südtiroler auf Regionalebene einfach überstimmt und es geschähe, was den Trentinern nützte und den Südtirolern schadete. *„Wenn nun, nach allen bitteren Erfahrungen, die Mehrheit unseres Volkes über alle diese Verhältnisse Beschwerde führt, so ist sie damit in vollem Recht. Es ist weder gerechtfertigt noch ehrlich, deren gewählte Vertreter deshalb als Staatsfeinde und Irredentisten hinzustellen, weil sie die Verwirklichung dessen verlangen, was der deutschen Volksgruppe auf Grund von internationalen Verträgen und von Verfassungsrechten als gutes Recht zusteht."*

17. Februar 1960

Südtirol bleibt innere Angelegenheit Italiens

Auf Anfrage des monarchistischen Abgeordneten Roberto Lucifero erklärte der italienische Außenminister Pella, daß Südtirol eine innere Angelegenheit Italiens bleiben werde, auch wenn die Südtirolfrage vor die UNO komme.

18. Februar 1960

Italien treibt Politik der Unterwanderung

In Klagenfurt gab Staatssekretär Dr. Gschnitzer ein Bild der Lage in Südtirol. Er stellte fest, daß Italien die Politik der Unterwanderung fortsetze und man in der Frage der Autonomie keinen Schritt weitergekommen sei.

Sprengstoffanschlag

In Meran wurde auf einen für Zuwanderer bestimmten, noch unbewohnten Neubau in der Enrico-Toti-Straße ein Sprengstoffanschlag verübt, der beträchtlichen Sachschaden anrichtete.

19. Februar 1960

Verbot der Andreas Hofer-Feiern

Regierungskommissar Bianchi di Lavagna verlautbarte: „*Mit unmittelbarer Wirkung und für die Dauer von 30 Tagen ist in den Städten Bozen und Meran jede öffentliche Kundgebung und Versammlung verboten. Der Quästor und die Carabinieri-Kommandeure sind mit der Durchführung dieses Dekretes beauftragt.*" Begründet wurde diese Verfügung mit dem Sprengstoffanschlag in Meran. „Südtirol in Wort und Bild" kommentierte: „*Mit einem Verbot begann und endet das Tiroler Gedenkjahr. Zuerst wurde dem Tiroler Landeshauptmann Dr. Tschiggfrey und dem Landesrat Dr. Oberhammer die Einreise zur Eröffnung der 150-Jahr-Feiern in Bozen und am Sandhof verboten. Nun steht am Jahresende das Verbot der Andreas Hofer-Schlußfeier und der Peter Mayr-Feier in Bozen und Meran. Es darf nicht verheimlicht werden, daß es bei Südtiroler Kundgebungen noch nie zu Ausschreitungen gekommen ist und diese niemals die öffentliche Ruhe und Ordnung gefährdet haben. Gegen sie aber wurden immer wieder Verbote erlassen, hingegen konnten italienische Verbände, Politiker und Schüler jederzeit randalieren und Ausschreitungen veranstalten. Der Regierungskommissar hat mit seinem Verbot der Schlußfeiern des Andreas Hofer-Jahres der Entspannung keinen Dienst erwiesen.*"

20. Februar 1960

Würdiger Abschluß des Tiroler Gedenkjahres

In festlichem Rahmen wurde das Tiroler Gedenkjahr in allen Teilen Tirols abgeschlossen. Nach einem von Bischof Dr. Rusch zelebrierten Pontifikalrequiem fand ein Festakt im Riesensaal der Innsbrucker Hofburg statt. Landeshauptmann Dr. Tschiggfrey gedachte in seiner Rede besonders Südtirols. Er wies auf das Einreiseverbot am Beginn, das zu Weihnachten ergangene neue Einreiseverbot, die Nichterfüllung des Pariser Vertrages, die Schwierigkeiten für die Südtiroler und die Vorenthaltung der Autonomie hin. Zur gleichen Zeit legte die Tiroler Jugend am Gedenkstein in Mantua einen Kranz nieder. Am Abend fand beim Sandwirt in Passeier die Schlußfeier statt. In Innsbruck wie beim Sandwirt waren alle führenden Persönlichkeiten aus Nord-, Süd- und Osttirol anwesend. Am Sandwirtshof sprachen Landeshauptmann Ing. Pupp und der Obmann der SVP, Dr. Magnago. Dr. Magnago gab der tiefen Sorge um die Heimat Ausdruck und versprach, daß die Tiroler von heute wie jene von 1809 alles einsetzen werden, damit Tirol ihre Heimat bleibe.

21. Februar 1960

„Knüppelsonntag": Gummiknüppel gegen Kirchenbesucher in Bozen

Wie in allen Orten Tirols fand auch in Bozen am Sonntag ein festlicher Gottesdienst zum Abschluß des Gedenkjahres statt. Außerdem wurde hier die Wiederaufstellung des Peter Mayr-Denkmals begangen, wobei die Feier, die vor dem Denkmal stattfinden sollte, wegen des Versammlungsverbotes abgesagt und verschoben worden war. Nach dem Gottesdienst strömten die etwa zweitausend Kirchgänger aus der Bozner Pfarrkirche. In Stille wurde ein Kranz am Peter Mayr-Denkmal niedergelegt und es erklang das Lied „Zu Mantua in Banden . . ." Als die Kirchgänger sich über den Kirchplatz heimbegeben wollten, traf plötzlich mit Sirenengeheul die „Celere", die schnelle Alarmabteilung der Polizei, ein und ging brutal mit geschwungenen Gummiknüppeln auf die Kinder und Greise, die Männer und Frauen, die vom Gottesdienst kamen, los. Kein Wunder, daß ein Pfeifkonzert und Pfui-Geschrei gegen die Attacke erscholl und es zu Zusammenstößen kam. Die Polizei verhaftete vier Südtiroler und einen Innsbrucker Studenten und beschlagnahmte Photoapparate, damit keine Bildzeugnisse von diesem Gummiknüppelangriff auf Kirchenbesucher gemacht werden könnten. Trotzdem konnte ein Kirchgänger einige Dokumentarbilder schießen. Abgeordneter Dr. Toni Ebner, der Direktor der „Dolomiten", protestierte gegen diese Gummiknüppelaktion auf der Quästur und nahm in den „Dolomiten" in einem Leitartikel unter dem Titel „*Eine Schande*" gegen diesen Polizeiexzeß Stellung.

Protest

Die empörenden Vorkommnisse bei der Kranzniederlegung vor dem Peter Mayr-Denkmal

21. Februar 1960: „Knüppelsonntag" in Bozen. Polizisten schlagen auf Gottesdienstbesucher ein.

Dieser Flugzettel des BAS wurde am 7. Mai 1960 anläßlich der Landesversammlung der SVP von der Galerie hinuntergestreut.

veranlaßten den Bozner Rechtsanwalt Dr. Rudolf Straudi, das ihm verliehene „Ritterkreuz des Verdienstordens der Italienischen Republik" an Staatspräsidenten Gronchi zurückzusenden.

22. Februar 1960

SVP bekundet ihre Empörung

In einer Entschließung erklärte die SVP: *„Die SVP bringt die Empörung und Entrüstung der ganzen Südtiroler Bevölkerung gegen das unqualifizierbare Vorgehen der Polizei nach dem Gedenkgottesdienst in Bozen zum Ausdruck. Sie erwartet, daß gegen die Verantwortlichen der vollkommen ungerechtfertigten Knüppelei auf Kirchenbesucher vor dem Gotteshaus, die uns an die dunkelsten Zeiten des Faschismus erinnert, eine Untersuchung eingeleitet wird und entsprechende Strafmaßnahmen ergriffen werden. Die SVP fordert, daß die von der Polizei verhafteten Personen unverzüglich auf freien Fuß gesetzt werden, weil sie durch deren willkürliches und brutales Eingreifen gezwungen wurden, sich zu verteidigen."*

23. Februar 1960

„Aufruhr" gegen Neofaschisten

Im Wahlkampf des Frühjahres 1958 zogen die Neofaschisten unter Führung des Regionalrates Mitolo durch die Südtiroler Dörfer, um einzuschüchtern. Am 22. Mai kamen sie auch nach Tramin, und zwar mit Polizeischutz. Als die Traminer die neofaschistische Lektion nicht über sich ergehen ließen, sondern mit einem Pfeifkonzert antworteten, stürzten die Neofaschisten mit Gummiknüppeln und Stöcken auf die Traminer. Da ertönte die Feuersirene vom Traminer Kirchturm, und mit Hilfe der Carabinieri konnten die Neofaschisten gerade noch flüchten. Indessen kam die „Celere" zur Hilfe herbei, konnte aber die Situation nicht mehr retten. Erst das Eintreffen des SVP-Parteiobmanns Magnago konnte die Einwohner von Tramin, die durch den mit Polizeischutz erfolgten Einbruch der Neofaschisten in ihrem Dorffrieden gestört worden war, beruhigen. Nichts geschah gegen neofaschistische Provokateure, aber gegen 45 Traminer wurde die Anklage wegen Aufruhr erhoben. Nun sollte der Prozeß stattfinden, doch war infolge der Länge der Untersuchung inzwischen Amnestie eingetreten und so kamen die 45 Traminer umsonst zur anberaumten Verhandlung nach Trient. Das Verfahren wurde eingestellt.

Verfassungsgerichtshof enttäuscht Südtirol

Im Regionalrat setzte sich Landesassessor Dr. Benedikter ausführlich mit der Tätigkeit des Verfassungsgerichtshofes in allen Südtirol betreffenden Angelegenheiten auseinander. Er hob hervor, daß dieser aus *„nationalen Interessen"* auch dort gegen das Recht der Südtiroler und gegen das Wesen der Autonomie entschieden habe, wo er nach der Verfassung die Pflicht gehabt hätte, zugunsten der Südtiroler zu entscheiden.

26. Februar 1960

Zuwanderungswelle in Brixen

Der am 27. November 1959 (siehe dort) für den Brixener Bürgermeister eingesetzte staatliche Kommissar hatte während seiner auf drei Monate befristeten Vertretertätigkeit mehr als 300 italienischen Zuwanderern Wohnrecht und damit alle politischen Rechte in Brixen erteilt. Dadurch wurde die Vermutung bestätigt, daß die Einsetzung des Kommissars nur eine beschleunigte Zuwanderung bezweckte, um Brixen ebenfalls zu einer mehrheitlich italienischen Stadt zu machen.

29. Februar und 1. März 1960

Gerichtliches Nachspiel für „Knüppelsonntag"

An diesen beiden Tagen wurde im Bozner Justizpalast gegen die sich seit dem 21. Februar in Haft befindlichen Gottesdienstbesucher verhandelt. Die fünf Angeklagten wurden in Ketten vorgeführt. In sichtlich nervöser Stimmung ließ der Vorsitzende weder Fragen der Verteidigung noch prominente Augenzeugen zu. Trotzdem konnten Walter Amonn, Direktor Fuchs,

Hochwürden Nicolussi und andere klarstellen, daß die Zwischenfälle nur durch das Fehlverhalten der Polizei zustande gekommen waren. Die Verteidiger stellten übereinstimmend fest, daß die unter Anklage gestellten Tatbestände der Amtsehrenbeleidigung, Widersetzlichkeit, des unerlaubten Waffentragens etc. nicht gegeben waren. Abg. Dr. Roland Riz wies die höhnenden Worte des Staatsanwaltes gegen die Angeklagten entschieden zurück. Der Staatsanwalt irre, wenn er diese Gesindel nenne und vom Gericht die Erteilung einer Lektion verlange. Alle Kirchgänger hätten sich einwandfrei und als ehrenhafte Bürger verhalten. Er schloß mit dem Wunsch, daß der Spruch des Gerichts eine einwandfreie Verurteilung des Gummiknüppels sein werde. Das Gericht folgte den Strafanträgen (bis zu neun Monate Haft) des Staatsanwaltes nicht, sondern sprach die Angeklagten von den meisten Anklagepunkten frei. Anton Egger wurde jedoch wegen Amtsehrenbeleidigung zu 4 Monaten 10 Tagen, Hans Lochmann wegen des selben Deliktes zu 4 Monaten und 10 Tagen und wegen Nichtbefolgung des Platzverweises zu 30 Tagen und 2.000 Lire Geldstrafe verurteilt. Der österreichische Student Walter Kornexl erhielt wegen Nichtbefolgung des Platzverweises eine Strafe von 20 Tagen Haft und 2.000 Lire Geldstrafe. Alle Strafen waren bedingt und wurden nicht ins Strafregister eingetragen. Richard Berger und Walter Harter wurden freigesprochen. Alle fünf Inhaftierten wurden sogleich auf freien Fuß gesetzt. Von den prügelnden Polizisten war nicht ein einziger auch nur in Untersuchung gezogen worden.

17. März 1960

Polizei gegen Traminer „Leaslbuabn"

Gegen 75 Traminer Burschen, welche in üblicher Weise den Tauglichkeitsbefund bei der Musterung in Bozen feiern wollten, schritt die Polizei ein. Der Stein des Anstoßes war eine mitgetragene Tafel, auf der stand: *„Lustig sein mir allezeit und lieben unser Land. Wir rufens weit und breit: Tirol bleibt fest beinand."*

4. April 1960

Nur Floskeln für Südtirol

Der mit Hilfe der Neofaschistischen Partei MSI zu einer knappen Mehrheit gelangte Ministerpräsident Tambroni sagte in seiner Regierungserklärung: *„Es muß von beiden Seiten eine aufrichtige und objektive Anstrengung gemacht werden, um eine Lösung der gegenwärtigen Schwierigkeiten zu finden, welche die traditionelle Freundschaft mit Österreich jetzt stören. Die Suche nach einer solchen Lösung muß mit offenem und liberalem Geist geführt werden. In ihrer Durchführung muß eine Lösung aber auf der klaren Unterscheidung fußen zwischen dem, was Materie internationalen Charakters ist, und dem, was in die Zuständigkeit der internen Ordnung des Staates fällt."*

Verfassungsgericht gegen Südtirol

Der Verfassungsgerichtshof in Rom erklärte die Gesetzmäßigkeit des Südtiroler Volkswohnbaugesetzes vom 13. November 1959 als nicht gegeben. Von sieben Artikeln wurde nur die Hälfte des ersten Artikels unbestritten gelassen, alle anderen Teile hingegen aufgehoben. Die Richter begründeten dies damit, daß Bozen und Trient zwar eigene Gesetzgebungs- und Verwaltungsbefugnisse für den Volkswohnbau hätten, aber der Staat Vorsorge zur *„Befriedigung nationaler Interessen"* treffen könnte.

7. April 1960

Kein Vertrauen in die Regierung Tambroni

Als Abg. Dr. Mitterdorfer zur Regierungserklärung des Ministerpräsidenten Tambroni in der Generaldebatte der Kammer Stellung nahm, unterbrach ihn auf Grund eines neofaschistischen Zwischenrufes der Kammerpräsident mit der Bemerkung, die offizielle Bezeichnung heiße nicht Südtirol, sondern „Trentino-Alto Adige", und er sei verpflichtet, diesen Ausdruck zu gebrauchen. Daraufhin erklärte Abg. Dr. Mitterdorfer, *„daß etwa gehegte Erwartungen auf ein besseres Verständnis unserer Probleme enttäuscht wurden. Nichts in der Regierungser-*

klärung nahm direkten Bezug auf das Problem der Südtiroler Volksgruppe, außer einem sehr allgemein gehaltenen Satz."

8. April 1960

Südtiroler Lehrerschaft für Schulautonomie

Im Anschluß an pädagogische Tagungen in Bruneck, Brixen, Bozen und Meran genehmigte die gesamte Südtiroler Lehrerschaft eine Resolution, in der es heißt: *„Die Südtiroler Lehrerschaft sieht in der Durchführung der Kultur- und Schulautonomie eine unerläßliche Voraussetzung für die weitere Sicherung des kulturellen Bestandes und die Entfaltung der Südtiroler Volksgruppe. Die Lehrerschaft bekennt sich zur unanfechtbaren Forderung des Elternrechtes und verlangt die Unabhängigkeit und Freiheit der Lehrerschaft in der Ausübung ihres Berufes, wie es von der christlichen Erziehungslehre verlangt wird."*

15. April 1960

Südtirol muß erneut vor die UNO

Im Rahmen eines zwischen Außenminister Dr. Kreisky und den Vertretern der Nord- und Südtiroler Landesregierungen in Innsbruck geführten Informationsgespräches wurde beschlossen, daß die österreichische Bundesregierung erneut beantragen möge, die Südtirolfrage auf die Tagesordnung der UNO zu setzen.

19. April 1960

Aufruf Sepp Kerschbaumers an die Südtiroler Öffentlichkeit: „100 Jahre Unrecht machen keine Stunde Recht"

In einem an die Öffentlichkeit gerichteten und als Flugblatt verteilten Rundschreiben schrieb Sepp Kerschbaumer: *„Der Wunsch, in Frieden leben zu können, ist so alt wie die Menschheit selbst. Aber es ist eine Tatsache, daß dies immer nur ein frommer, schöner Wunsch geblieben ist. Und die geschichtliche Erfahrung lehrt, daß ohne Gerechtigkeit und Wahrheit sowohl im großen wie im kleinen kein echter Friede unter den Menschen zustande kommen kann. Diese Gedanken drängen sich mir auf, wenn ich die heutigen Bemühungen der großen Weltmächte sehe zur Herstellung eines dauerhaften Friedens. Aber, so frage ich mich immer wieder, wie will man auf großer Ebene zu einem wirklichen Frieden gelangen, wenn man dies nicht einmal im kleinsten Rahmen imstande ist? Ich meine dabei unser schweres Heimatproblem. Ein jeder, der nicht auf dem Monde lebt, glaube ich, spürt, daß wir alles eher als im Frieden leben. In diesem Zusammenhange muß man immer wieder hören, schuld daran seien die ‚Hitzköpfe', und man meint dabei jene, die nicht gewillt sind, so mir nichts dir nichts die Gewaltmethoden der Italiener in unserer Heimat hinzunehmen. Nun hat aber jeder Streit bzw. Unfriede irgendwo seine Wurzeln. Denn nichts kommt von ungefähr (auch nicht der Kommunismus!). Leider Gottes ist man aber gerade heutzutage in den meisten Fällen sehr weit davon entfernt, sich nach den wirklichen Ursachen umzusehen. Ganz allgemein und in unserem besonderen Falle liegt die Ursache, daß kein Friede zustande kommen kann, eben darin, daß die fundamentalsten christlichen Grundsätze von Gerechtigkeit und Wahrheit einfach nicht mehr als Grundlage dienen. Im Gegenteil, man möchte, und das erleben wir schon seit über 40 Jahren, mit der nackten Gewalt und der gemeinen Zwecklüge, dem größten Feind des Friedens überhaupt, den Frieden bei uns erzwingen. Nun, so einfach geht das nicht. Es gibt eben für die Menschheit schlechthin und nicht nur in unserem besonderen Falle nur mehr ein Entweder – Oder. Entweder man bekennt sich zu den christlichen Grundsätzen, zu Gerechtigkeit und Wahrheit – Grundsätze, die allein die Gewähr bieten, daß der Friede unter den Menschen gesichert und verankert wird – oder man tut das Gegenteil davon – wie es in Südtirol schon seit Jahrzehnten der Fall ist – nämlich man öffnet der Ungerechtigkeit und Unwahrheit Tür und Tor und schließt somit den Frieden aus. Was man hier in unserer Heimat, an unserem Volke und den einzelnen unseres Volkes tut, ist ein Verbrechen gegen den Frieden schlechthin. Es handelt sich dabei um dieselben Verbrechen, Methoden und Praktiken, wie sie vom Kommunismus zur Erreichung seiner Ziele angewandt werden, nämlich um Gewalt, Betrug* *und Lüge. Wenn Italien von Kommunisten regiert würde, wäre dies alles gar nicht verwunderlich. Aber das ist das Seltsame, daß gerade diejenigen italienischen Staatsmänner, die schon seit Kriegsende, also seit 15 Jahren an der Macht sind, sogenannte christliche Männer (z.B. De Gasperi, Odorizzi), mit Lug und Betrug – im Gegensatz zum Kommunismus höchstens mit raffinierteren Methoden – gegen uns Südtiroler zu Felde ziehen. Oder wer von unserem Volke zweifelt noch daran, daß es diese christlichen Regierungsmänner nicht alle letzten Endes auf die Vernichtung unserer Volksgruppe abgesehen haben? Hundert Jahre Unrecht machen keine Stunde Recht, sagt ein altes Sprichwort. Und Unrecht erzeugt neues Unrecht. Diese Tatsache müssen wir immer wieder auch in unserem Falle feststellen. Seit wir bei Italien sind, hat man uns gegenüber alle rechtlichen und moralischen Grundsätze über Bord geworfen, wir sind für sie vogelfrei, minderwertig, mit denen man nach Belieben verfahren kann und denen man weder rechtliche, noch menschliche Rücksicht schuldig ist. Daher die gemeinsame Diskriminierung unseres Volkes durch die höchsten italienischen Stellen, daher die brutale Rücksichtslosigkeit und der wilde Haß gegen alles, was tirolerisch ist, daher die Wort- und Vertragsbrüche am laufenden Band seit über 40 Jahren und daher schließlich die himmelschreienden Justizverbrechen der italienischen Gerichte (Pfunderprozeß), Beleidigungen wider jede menschliche Würde. Für mich sind alle Männer, in deren Namen und Auftrag diese Südtirolpolitik betrieben wird, ganz gleich, welche Stellung sie im öffentlichen Leben bekleiden, ganz gemeine Verbrecher und keinen Deut besser als die Kommunisten. Im Gegenteil, sie sind noch weitaus schlechter als diese, denn gleichzeitig besitzen sie noch die Frechheit, sich als Christen zu bezeichnen und berufen sich bei ihrer ungerechten Handlungsweise immer wieder auf Gott (z.B. ‚Gottgewollte Grenze' usw.). Wir haben es im Pfunderer Prozeß mit Schaudern erlebt, daß sogar das Gericht, dem die Gerechtigkeit in besonderer Weise anhaften sollte und das nur da sein sollte ‚Recht zu sprechen', in drei Instanzen einen fast einmalig dastehenden Betrug und ein Gewaltverbrechen an einfachen Bergsöhnen und ihren bedauernswerten Familien begangen hat. Und was mich dabei am meisten entsetzt hat, ist die Tatsache, daß dies unter Anrufung des Höchsten als Zeugen von den Richtern und Geschworenen begangen wurde, im Zeichen von Gerechtigkeit, Wahrheit und Liebe. Wir waren solche Justizverbrechen bei allen Gewaltsystemen, beim Kommunismus, Faschismus und Nationalsozialismus und bei den Kolonialmächten gewohnt. Aber daß wir diese Schande auch unter einer sogenannten christlichen Regierung erleben müssen, verschlägt einem die Stimme. Wir alle, die wir den Prozeß vom Anfang bis zum Ende in Rom genauestens verfolgt haben, wissen Bescheid, wie die Richter vorgegangen sind, um zu diesen Schandurteilen zu kommen. Nicht nur uns haben diese Urteile empört, die ganze Weltöffentlichkeit war sprachlos und entsetzt über eine solche Vorgangsweise bei italienischen Gerichten. Und Prof. Mergen, einer der größten und bekanntesten Juristen, hat genauestens aufgezeigt, wo und wie den Pfunderer Burschen überall von seiten der Richter Unrecht geschehen ist. Das Unrecht liegt nirgends klarer zu Tage als bei diesen Urteilen. Aber, so frage ich, wo unter unserem Volke, denn uns geht es am meisten an, findet sich derjenige, der wie ein Johannes vor Herodes hinzutreten wagt, um zu sagen: ‚Es ist dir verboten!'? Oder ist es unseren Verantwortlichen wirklich gleichgültig, wenn diese armen Burschen jahrelang unter Verbrechern im Zuchthaus sitzen müssen? Und ist es ihnen nicht zum Bewußtsein gekommen, daß sie mit ihrem Stillschweigen mitverantwortlich werden vor dem Herrgott und ihren Mitmenschen? Wie will man imstande sein, die christliche Moral im Volke zu heben, wenn der verantwortliche christliche Mensch sich davor scheut, gegen ein solches Verbrechen mit allen ihm zu Gebote stehenden Mitteln Sturm zu laufen? Was ist schließlich schuld an diesem unverzeihlichen Versagen verantwortlicher christlicher Männer? Bevor mir jemand mit einer Ausrede kommt, und ich kann mir vorstellen, daß man darum nicht verlegen sein wird, muß ich meine Antwort vorwegnehmen. Es gibt hier keine Entschuldigung und keine Ausrede. Hier muß es sich endlich zeigen, ob sie bereit sind, bis zum äußersten konsequent zu sein, und für das einzustehen, was ihnen das Gewissen und der Herrgott vorschreibt ... Wer bis heute noch nicht verstanden hat bzw. nicht verstehen will, worum es geht, der ist entweder so töricht, oder er will es wegen seiner materialistischen Einstellung nicht verstehen, da es ihm nur um wirtschaftlichen Wohlstand, und nur um diesen, geht, wobei man auch die breite Masse mit diesem Lockmittel zu ködern versucht in der Absicht, von dem Volkstumskampf, um den es bei uns hier geht oder gehen müßte, abzulenken. Andererseits bin ich davon fest überzeugt, daß die beauftragten Verteidiger der Pfundererburschen ihr Möglichstes getan haben, um die schweren Beschuldigungen vor Gericht zu widerlegen. Aber alles blieb umsonst! Und warum? Weil gerade unsere verantwortlichen christlichen Männer bis jetzt nicht den Mut aufgebracht haben, ihre Stimme zu erheben! Wir hatten schon so oft Gelegenheit festzustellen, daß Prozesse, die gegen Südtiroler geführt werden, ausschließlich unter dem Motto: ‚Macht geht vor Recht!' geführt wurden. In diesem Zusammenhange denke ich immer an einen Ausspruch, den ein Südtiroler Verteidiger vor Jahren vor Gericht gebraucht hat: ‚Wenn im Gerichtssaale die Politik zur Tür hereinkommt, dann geht die Gerechtigkeit zum Fenster hinaus!' War es vielleicht nur ein Zufall, daß gerade der Allgewaltige der Christlich-Demokraten, Alcide De Gasperi, es war, es sich zur Hauptaufgabe zu machen, uns Südtirolern in besonders gemeiner Weise um unsere Rechte (der eigenen Landesautonomie) zu betrügen, und ist es Zufall, daß heute diese Rolle der christlich-demokratische Dr. Tullio Odorizzi schon seit langem ungestört weiterspielt? Bei allem Pessimismus, dem man hier notgedrungen verfallen muß, dürfen sie nicht in den einen Fehler fallen, und still und stumm resignieren. Wie will man noch gegen eine Weltmacht des Unrechtes, den Kommunismus, Sturm laufen, wenn man nicht einmal mehr imstande ist, diesem Unrecht und Verbrechen in den eigenen christlichen Reihen die Stirn zu bieten, wo es keine Gewalt und kein Blutvergießen kosten würde? Was es hier braucht, ist nichts anderes als mutige christliche Männer, die sich getrauen, mit der ganzen Macht ihrer Persönlichkeit und ihres Ansehens dem Unrecht zu Leibe zu rücken. Oder sind wir wirklich schon so weit, daß von unseren christlichen verantwortlichen Männern niemand mehr diesen Mut aufbringt und nur mehr mit schönen, salbungsvollen Worten über friedliches Zusammenleben über diese Tatsachen hinwegzutäuschen versucht? Was ist die Folge dieses Schweigens? Die jüngste Vergangenheit lehrt es uns. Man greift italienischerseits auf immer gemeinere und brutalere Methoden zurück, wie sie in der dunkelsten Zeit des Faschismus angewandt und erprobt wurden. Man verweigert immer häufiger den einfachsten Südtirolern die Ausreisedokumente, bearbeitet harmlose Kirchenbesucher, darunter Frauen und Kinder, mit Gummiknüppeln, Staatsanwälte diskriminieren unser Volk usw. Man könnte noch lange fortfahren mit dem Aufzählen solcher Beispiele, die jeden verantwortlichen Katholiken in Alarmbereitschaft versetzen müßten, gegen das Unrecht und die Lüge mit allen uns zu Gebote stehenden Mitteln Sturm zu laufen. Aber wo soll das hinführen, wenn man nicht einmal mehr den Mut aufbringt, das Unrecht und die Lüge offen beim Namen zu nennen? Jedes Unrecht, jedes Vergehen ruft nach Strafe und Wiedergutmachung. Italien hätte nach dem letzten Weltkriege die Möglichkeit gehabt, durch die Gewährung einer gerechten Autonomie das himmelschreiende Unrecht des Faschismus an Südtirol wieder auszugleichen und gutzumachen. Es wäre viel zu tun gewesen, um die Qual jener Zeiten der Verfolgung, die Not der Vertriebenen, die Bedrängnis der Verbliebenen, die Zertrümmerung der guten alten Einrichtungen, die Zersetzung der Volksgemeinschaft, die Vergiftung der Jugend, die Schändung der Friedhöfe usw. wiedergutzumachen. Und was hat das christliche Italien wirklich getan? Es hat die durch den Faschismus gewonnenen Positionen nicht nur gehalten, sondern noch weiter ausgebaut, neues Unrecht auf Unrecht gehäuft, die Vertrags- und Wortbrüche vermehrt, und mit Lug und Betrug wird weiterhin versucht, Südtirol immer mehr zu einer italienischen Provinz zu machen. Nach all den bitteren Erfahrungen und schweren Enttäuschungen muß nun auch der letzte Tiroler, der bis jetzt noch an eine Verständigung, an eine Wendung zum Guten geglaubt und darauf gehofft und gebaut hat, eines Besseren belehrt worden sein. So stehen wir jetzt an einem Scheideweg: Entweder wir finden uns damit ab, daß unsere Heimat auch weiterhin eine italienische Kolonie bleibt, bis zur gänzlichen Aufsaugung unseres Volkes durch das italienische Element, und wirken somit direkt oder indirekt als Totengräber unserer tirolerischen Freiheit mit, oder wir alle, vor allem unsere verantwortlichen Männer, müssen uns endlich entscheiden, voll und ganz zu unseren übernommenen Verpflichtungen und der Verantwortung bis zur äußersten Konsequenz zu stehen. Das Um und Auf dieses Verantwortungsbewußtseins ist und bleibt das mannhafte Eintreten für Gerechtigkeit und Wahrheit, die Grundpfeiler, auf denen allein ein echter und dauerhafter Friede bestehen könnte. Wir Südtiroler wünschen und fordern mit Recht nicht weniger und nicht mehr als unsere tirolerische Freiheit, welche unser Land seit urdenklichen Zeiten besessen hat. Tirol ist unser und muß unser bleiben. Und es wird nur dann unser bleiben, wenn wir alle entschlossen und bereit sind, dafür unser Letztes herzugeben. Mit heimatlichen Grüßen Sepp Kerschbaumer"*

25. April 1960
Magnago: Langer und schwerer Kampf steht bevor
Vor der Vereinigung Vorarlberger Akademiker in Dornbirn sprach der Obmann der SVP Dr. Magnago: *„Die Lage in Südtirol ist dadurch charakterisiert, daß die zugewanderte italienische Volksgruppe versucht, jene Positionen zu halten oder auszubauen, die ihr der Faschismus verschafft hat. Auf der anderen Seite versuchen die Südtiroler, die Freiheiten und Positionen zu verteidigen, die ihnen der Faschismus nicht geraubt hat, und das in der faschistischen Zeit entrissene Terrain zurückzugewinnen."* Mit zahlreichen Beispielen wies Magnago die Nichterfüllung des Pariser Vertrages nach. Die Südtiroler Autonomie sei das Zentralthema des Pariser Vertrages. *„Es wird noch ein langer und schwerer Kampf werden, bis die volle Autonomie für Südtirol errungen sein wird, bis die Italiener zu der Überzeugung kommen, daß ohne volle Autonomie für Südtirol eine Befriedung nicht erreicht werden kann."*

26. April 1960
Landeshauptmann vor dem Landtag
Im Südtiroler Landtag erklärte Landeshauptmann Ing. Pupp zur kritischen Lage in der Region: *„Die Forderungen der SVP bewegen sich innerhalb eines von Italien unterzeichneten Vertrages, könnten also ohne Schwierigkeiten mit einem neuen italienischen Gesetz anerkannt und erfüllt werden. Der Ruf und das Verlangen ‚Los von Trient' ist nicht nur das Hetzwort einiger führender Männer einer Partei. Dieser Ruf erschallt immer mächtiger und immer nachhaltiger aus einer breiten Schicht des Volkes. Diesem Ruf muß ein demokratischer Staat Folge leisten, will er nicht mit Recht der Unterdrückung einer Minderheit angeklagt werden, will er nicht die fundamentalsten Grundsätze der Demokratie verletzen und den Weg der Diktatur und des Faschismus beschreiten. Italien würde durch Erfüllung des Pariser Vertrages und Gewährung der tatsächlichen Landesvollautonomie einen wesentlichen Beitrag zur Befriedung und damit zur Beruhigung in Südtirol leisten und damit die Interessen aller in der Provinz lebenden Volksgruppen wahrnehmen. Dies liegt wohl nicht nur im höchsteigenen Interesse Italiens, sondern ganz Westeuropas, dem die Geschichte die Lösung bedeutend schwierigerer Aufgaben übertragen hat."*

29. April 1960
Kein Vertrauen in die italienische Regierung
Der abermals vom Staatspräsidenten bestätigten Regierung Tambroni wurde im Senat mit den Stimmen der Neofaschisten bei einer knappen Mehrheit von acht Stimmen das Vertrauen ausgesprochen. Senator Dr. Sand begründete die ablehnende Haltung der Südtiroler Volkspartei: *„Auch wenn die Unterstützung seitens der neofaschistischen Partei weder erbeten noch herausgefordert wurde, so bildet die Tatsache allein, daß die faschistischen Stimmen ausschlaggebend sind, eine niederdrückende Hypothek voll Ungewißheit. Unsere streng katholische, aufrichtig demokratische und entschieden antifaschistische Volksgruppe kann das erforderliche Vertrauen in eine Regierung nicht aufbringen, die sich nur mit Hilfe der neofaschistischen Partei auf den Beinen halten kann, die in der Vergangenheit die Existenz einer volklichen Minderheit überhaupt geleugnet hat und heute den Pariser Vertrag seines grundsätzlichen Inhaltes entkleiden will, nämlich der Provinzialautonomie für Bozen. Unser klares und unmißverständliches ‚Nein' einer Regierung gegenüber, die auch nur für eine Notstandsverwaltung und eine begrenzte Zeitspanne, um überhaupt bestehen zu können, die Stimmen der Faschisten benötigt! Unser klares ‚Nein' bedeutet den entschiedenen Willen, den Widerstand*

nicht nur gegen eine vergangene Diktatur, sondern auch, wenn nötig, gegen eine gegenwärtige Demokratie fortzusetzen, die sich als nicht mehr christlich, sondern faschistisch erweisen sollte."

30. April 1960

Zum Rassismus zurück: Apartheid für deutsche Kinder

Deutsche Südtiroler hatten den Kindergarten in Gries bei Bozen gestiftet. Diese deutsche Stiftung wurde gleich allen anderen von Faschisten beschlagnahmt. Zwar konnten nach 1945 deutsche Kinder den italienisch geleiteten Kindergarten wieder mitbenutzen, aber sie durften ihn nicht durch den Haupteingang, sondern nur durch eine Hintertür betreten. Beide Volksgruppen stellten annähernd gleich viele Kinder, die aber in jeder Hinsicht verschieden behandelt wurden. So hatten die Italiener mehr und größere Räume, während die Deutschen mit Nebenräumen vorliebnehmen mußten. Interessant aber war, daß die Verfügung, nach welcher die deutschen Kinder im Gegensatz zu den italienischen nicht den Haupteingang benutzen durften, nach Aussage der italienischen Kindergärtnerinnen *„über höheren Auftrag"* im November 1959 erfolgt war.

1. Mai 1960

Im Herzen Europas eine Kolonie

Bei der 1. Mai-Feier in Innsbruck beklagte der sozialistische Nationalrat Rupert Zechtl die zwiespältige Haltung Italiens, das in Berlin und Ostdeutschland die Selbstbestimmung unterstützte, aber Südtirol den Anspruch auf Landesautonomie verweigerte. *„Das Ziel Italiens ist und bleibt, aus Südtirol eine mehrheitlich italienisch bewohnte Provinz zu machen. In Bozen und Meran hat man uns gezeigt, wie man es in ganz Südtirol machen will. Wir aber sagen: Nicht Vergewaltigung und Eroberung sind die geeignetsten Methoden für das Zusammenleben der Völker. Italien muß dies einsehen, je früher, um so besser. Wenn Italien ernst genommen werden will, dann muß es durch die Tat die Durchsetzung der Grundsätze der UNO beweisen. Tut Italien dies nicht, dann gibt es nur einen Ausdruck dafür: Italien ist im Herzen Europas eine Kolonialmacht, die überholte und verworfen Beherrschungsmethoden zur eigenen Schande seiner Kultur und seines Ansehens anwendet. Österreich muß seine Anstrengungen für die Sicherheit der Lebensexistenz der Südtiroler verstärken. Sollte Italien aber weiter diesen verhängnisvollen Weg gehen, dann muß die österreichische Regierung unter Berufung auf die Vereinten Nationen Klage wegen Vertragsbruchs vor der UNO erheben."*

4. Mai 1960

Wien gegen Italiens Verschleppungspolitik

Bundesminister Kreisky empfing den italienischen Botschafter Guidotti und wies darauf hin, daß Österreich im Sinne der Erfüllung des Pariser Vertrages wiederholt eine Landesautonomie für Südtirol verlangt habe. Er ersuchte um eine baldige Stellungnahme der italienischen Regierung.

7. Mai 1960

Außerordentliche Landesversammlung der SVP in Bozen: Landesautonomie oder Selbstbestimmung

Nach Grußworten der österreichischen Nationalratsabgeordneten Withalm (ÖVP) und Zechtl (SPÖ) sowie des Nordtiroler Landeshauptmannstellvertreters Gamper erstattete Parteiobmann Dr. Magnago den Lagebericht, der eine Fülle von Enttäuschungen beinhaltete, die das Vertrauen gegenüber Italien auf den Nullpunkt gedrückt hatten. Neben Klagen über die Solidarität zwischen der DC und den Neofaschisten sowie über das Verhalten der Polizei unterstrich er erneut die Forderung nach Landesautonomie. In einer sehr lebhaften Ansprache erscholl fast einhellig der Ruf nach dem Selbstbestimmungsrecht. Wiederum konnte Dr. Magnago im letzten Augenblick bremsen und folgende Entschließung verabschieden lassen: *„Trotz aller bitteren Enttäuschungen richtet die Landesversammlung nochmals den eindringlichen Appell*

an Parlament und Regierung des italienischen Staates, endlich für das Land Südtirol allein, losgelöst vom Trentino, eine echte Landesautonomie . . . zu gewähren . . . Falls Italien diese europäische Haltung der Südtiroler nicht zu würdigen wissen sollte und falls alle Bemühungen auf innerstaatlicher und internationaler Ebene um eine echte Landesautonomie scheitern würden, erklärt sich die Landesversammlung außerstande, das Drängen des Volkes auf Ausübung des Selbstbestimmungsrechtes aufzuhalten!"
Da diese Entschließung angenommen wurde, ließ die Versammlungsleitung über eine weitergehende Entschließung nicht mehr abstimmen, mit welcher die italienische Regierung aufgefordert werden sollte, Südtirol umgehend die Selbstbestimmung zu gewähren. Wieder einmal hatte Magnago es mit geschickter Regie verstanden, die Forderung nach Selbstbestimmung hintanzuhalten.

BAS-Flugzettel auf der Landesversammlung

Von der Galerie wurden Flugblätter gestreut, auf denen die Selbstbestimmung verlangt wurde. Sie zeigten als Emblem ein T im Kreis, neben dem Tiroler Adler das zweite gebräuchliche Emblem des „Befreiungsausschusses Südtirol" (BAS), der hier öffentlich in Erscheinung trat.

12. Mai 1960

Nur Volksabstimmung eine dauerhafte Lösung

Der Bergisel-Bund gab auf Grund der bei der letzten Landesversammlung der SVP zu Tage getretenen Stimmung der Südtiroler Bevölkerung der Meinung Ausdruck, daß nur durch eine Volksabstimmung eine echte, gerechte und dauerhafte Lösung der Südtirolfrage erreicht werden könne. Er forderte die Bundesregierung daher auf, das Südtirolproblem ohne Zögern vor die UNO zu bringen.

14. Mai 1960

Rom weicht in der Frage der Stellenbesetzung aus

Unerfüllt geblieben war jene Forderung des Pariser Vertrages, nach der die Aufnahme von deutschsprachigen Personen in den Staatsdienst erfolgen sollte, *„um ein angemesseneres Verhältnis der Stellenverteilung zwischen beiden Volksgruppen zu erzielen."* In den nun erlassenen Durchführungsbestimmungen zum Autonomiestatut von 1948 zur Frage der Stellenbesetzung im öffentlichen Dienst blieb die Aufnahme von deutschsprachigen Staatsangestellten weiterhin Ermessenssache der Regierung.

17. Mai 1960

Verfassungsgericht erneut gegen Südtirol

Der Verfassungsgerichtshof hat das von der römischen Regierung angefochtene Südtiroler Landesgesetz über die Doppelsprachigkeit als verfassungswidrig erklärt, weil die Regelung dieser Frage nicht in die autonome Zuständigkeit falle, sondern dem staatlichen Gesetzgeber vorbehalten bliebe. Außerdem wurde bei der Anfechtung der Durchführungsbestimmungen über den Gebrauch der deutschen Sprache vom Verfassungsgerichtshof festgestellt, daß die Region kein Recht habe, Beschwerde gegen Verletzungen internationaler Abkommen durch den Staat zu erheben.

18. Mai 1960

Ministerpräsident Tambroni schreibt Raab

Der neue italienische Ministerpräsident Tambroni nahm den Briefwechsel seines Vorgängers Segni auf und schlug dem österreichischen Bundeskanzler Raab ein persönliches Treffen vor, das durch Vertrauensleute vorbereitet werden könnte. In einer sonntäglichen Rundfunkansprache erklärte Raab am 29. Mai, daß dieser Brief keine Verhandlungsgrundlage sei, weil er nichts enthalte, das der Auslegung des Pariser Abkommens nach Buchstaben und Sinn entsprechen würde. Er meinte: *„Ich brauche nicht zu wiederholen, daß Österreich an einem Ergebnis auf Grund direkter Verhandlungen mit Italien interessiert ist. Auf italienischer Sei-*

te müßte man sich jedoch entscheiden, rasch zu handeln, weil wir wirklich lange genug gewartet haben."

21. Mai 1960

Aufzüge zu Peter Mayr-Feier in Bozen verboten

Weil die Polizeibehörde sich außerstande sah beziehungsweise nicht willens war, eine Feierstunde der Südtiroler in Bozen vor den Neofaschisten zu schützen, wurde die bereits am 21. Februar abgesagte Peter Mayr-Feier zum wiederholten Male verboten.

23. Mai 1960

Italienische Antwort auf österreichisches Arbeitsdokument

Nach fast sieben Monaten beantwortete die italienische Regierung das österreichische Arbeitsdokument vom 28. 10. 1959, in dem konkrete Vorschläge unterbreitet worden waren. Italien erklärte sich zwar zu einem Meinungsaustausch bereit, war aber der Meinung, den Pariser Vertrag erfüllt zu haben, und lehnte die Befassung internationaler Instanzen ab. Statt dessen schlug Tambroni die Befassung des Internationalen Gerichtshofes in Den Haag vor.

25. Mai 1960

Benachteiligung der Südtiroler Schüler

Anläßlich der Einweihung des Kanonikus-Gamper-Schülerheimes in Bozen gab Senator Tinzl folgende Zahlen aus dem Schulsektor bekannt: 1958 gab es in Südtirol 30.500 Volksschüler deutscher, 1.900 ladinischer und 12.000 italienischer Muttersprache, hingegen aber nur 4.500 Mittelschüler deutscher und ladinischer, aber 7.000 italienischer Volksangehörigkeit. Während 72 Prozent der deutschen und ladinischen Kinder mit der Volksschule abschließen mußten, so waren dies nur 9 Prozent der italienischen Schüler.

27. Mai 1960

Segni: UNO für Südtirolfrage nicht zuständig, weil diese die Sicherheit nicht bedroht

Im Rahmen von außenpolitischen Ausführungen im Senatsausschuß für Auswärtige Angelegenheiten erklärte Außenminister Segni zur Südtirolfrage, daß man sich *„von italienischer Seite ständig bemüht hat, den Meinungsaustausch mit der österreichischen Regierung voranzutreiben. Italien ist zu jeder freundschaftlichen Diskussion mit Österreich bereit. Italien ist auch bereit, die Frage vor dem Haager Gerichtshof zu diskutieren im Rahmen der Straßburger Konvention, die beide Partner unterschrieben und ratifiziert haben. Falls aber Österreich die Südtiroler Frage vor die Vereinten Nationen bringen sollte,* ***wird Italien das Recht dieser Organisation bestreiten, sich in eine Frage einzumischen, die nicht die Sicherheit bedroht****."* Nun, bald sollte die Südtirolfrage die Sicherheit in Europa bedrohen.

5. Juni 1960

Föderalistische Union der Volksgruppen erörtert Südtirolfrage

Auf dem zehnten Kongreß der Föderalistischen Union europäischer Volksgruppen lag der Schwerpunkt der Erörterungen auf der Südtirolfrage. Senator Dr. Tinzl hielt ein Referat, das die Geschichte und Probleme Südtirols umfassend darstellte. Er schilderte Südtirol als seit tausend Jahren deutsches Sprach- und Kulturgebiet, auf dem 1918 nicht einmal 10.000 Italiener lebten, während durch Entnationalisierungsmaßnahmen die Zahl nun auf 120.000 gebracht worden sei. Die deutsche Volksgruppe sei mit 240.000 dagegen stationär, weil ihr Zuwachs abwandern müsse, um Arbeit zu finden. Das vertraglich zugesicherte Selbstverwaltungsrecht werde Südtirol verweigert. Es sei damit zu rechnen, daß der Rechtsanspruch der Südtiroler auf Autonomie im Herbst dieses Jahres vor der Vollversammlung der Vereinten Nationen erörtert werde.

15. Juni 1960

Bergisel-Bund fordert Selbstbestimmung!

Pressemitteilung: *„Der Bergisel-Bund hat in seiner letzten Bundesvorstandssitzung, an der die Vertreter aller seiner österreichischen Landesverbände teilgenommen haben, den Beschluß gefaßt, an die Österreichische Bundesregierung den Appell zu richten, anläßlich der bevorstehenden Schritte bei den Vereinten Nationen dem Wunsch der Bevölkerung von Südtirol nach Ausübung des Selbstbestimmungsrechtes zu entsprechen. Der Bergisel-Bund vertritt die Auffassung, daß ein weiteres Anstreben der Autonomie für Südtirol im Hinblick auf die von Italien eindeutig geäußerte Ablehnung nicht mehr zielführend ist. Nach den bisher gemachten jahrelangen bitteren Erfahrungen mit Italien könnte eine Gewährung der Landesautonomie auch keine Garantie für die Erhaltung unserer Volksgruppe in Südtirol bieten. Die einzige wirkliche, echte und ehrliche Lösung der Südtiroler Frage besteht in der Ausrufung des Selbstbestimmungsrechtes. Der wahre Wunsch und Wille des Volkes von Südtirol ist soeben durch das Ergebnis einer repräsentativen Befragung, die von einem maßgeblichen Meinungsforschungsinstitut durchgeführt wurde, mit überzeugender Deutlichkeit erhärtet worden: 82% der angestammten Bevölkerung von Südtirol verlangen die Rückkehr zu Österreich. Der Bergisel-Bund macht auf die Verantwortung aufmerksam, die Österreich übernimmt, wenn es diese Forderung unserer Südtiroler Landsleute überhört."* (Allensbach-Umfrage: siehe 18. Juni 1960. Die Allensbach-Umfrage wurde am 18. Juni der Öffentlichkeit vorgestellt.)

17. Juni 1960

Südtiroler verlassen den Regionalrat

Im Regionalrat wurde namens der DC erklärt, daß die Partei *„auch nicht im mindesten der Forderung der SVP nachgeben wird."* Darauf erklärte namens der SVP Dr. Brugger, daß bei der Wahl des Regionalratspräsidenten am 8. Juni von ihm erklärt worden war, daß die Vertreter der SVP in Odorizzi *„nicht den aufrechten Vertreter der Belange der Autonomie im allgemeinen und der Rechte der Südtiroler im besonderen gegenüber der römischen Zentralregierung des Staates sehen, um mit weniger Sorgen einer Überfremdung der Heimat entgegensehen zu können, als sie vor Beginn der regionalen Institution bestand . . . Mit Geld aus Rom kann nicht Ersatz für mangelnde Verwirklichung der uns zustehenden Rechte geleistet werden . . . Entscheidend für die unter rauschendem Beifall der DC-Vertreter bekanntgegebene Wiederwahl des Dr. Odorizzi waren die zwei Stimmen der Neofaschisten im Regionalrat. So wird nun die neue Regionalregierung mit dem alten Präsidenten von der Faschisten Gnaden die noch leere Regierungsbank des Regionalrates besetzen. Der Beweis ist somit offener denn je, daß die gegenwärtige Führung der Christdemokratischen Partei der Region zur Fortsetzung ihres getarnten Programmes gegen unsere Volksgruppe die wahren Bundesgenossen bei den Faschisten gefunden hat . . . Darum kündigen wir hiermit jede Zusammenarbeit der Südtiroler im Regionalrat auf und werden an den Sitzungen des Regionalrates und der Gesetzkommissionen so lange nicht teilnehmen, als Dr. Odorizzi Präsident der Region ist, der zu diesem Amt entscheidend mit den Stimmen der Faschisten gerufen wurde. Mit dieser Erklärung soll jedoch die Tür zu weiteren Verhandlungen nicht geschlossen werden."* Nach dieser Erklärung erhoben sich die 15 Vertreter der SVP und zogen aus dem Sitzungssaal aus.

18. Juni 1960

Von BAS-Mitglied in Auftrag gegeben: Allensbach-Meinungsumfrage in Südtirol
82 % der Südtiroler für Heimkehr Südtirols zu Österreich

Das „Institut für Demoskopie" in Allensbach legte die Ergebnisse einer im April in Südtirol durchgeführten Meinungsumfrage vor. Das wichtigste Resultat war der Wunsch von 82% der Bevölkerung nach Wiedervereinigung mit Nordtirol. Im Falle einer Abstimmung – so die Studie – würde die Zustimmung wahrscheinlich noch höher ausfallen. *„Wäre eine Abstimmung möglich, ob Südtirol im italienischen Staatsverband bleiben oder Österreich angeschlossen werden sollte, würden sich zur Zeit 80-90 Prozent der Südtiroler für einen Anschluß an Österreich entscheiden."*

Unterstützung des Freiheitskampfes
Bei Ausbrechen eines Freiheitskampfes würden 26 % die Kämpfer unterstützen. *„Man kann weiter damit rechnen, daß neben den Aktivisten eine ebenso große Bevölkerungsgruppe mit dramatischen, demonstrativen Akten mit der Rebellion sympathisieren würde."*

Umfrage diente auch zur Orientierung des BAS
Der Verleger Fritz Molden, führendes Mitglied des österreichischen Zweiges des BAS, hatte die Umfrage in Auftrag gegeben und auch finanziert. Ziel der Umfrage war, festzustellen, auf wie große Resonanz die Forderungen und die Tätigkeit des BAS unter der Südtiroler Bevölkerung stoßen würden. Entsprechend eindeutig waren auch die Fragen gestellt worden (siehe Bildteil).

21. Juni 1960

Deutschamerikaner für Südtiroler
Auf dem „Deutschen Tag" in Chicago, an dem 20.000 Amerikaner deutscher Abstammung teilnahmen, wurde in einer Entschließung das Selbstbestimmungsrecht für Südtirol gefordert.

22. Juni 1960

Keine Hilfe aus Deutschland
Auf eine Anfrage des Abgeordneten Bucher (FDP), ob die Bonner Regierung bereit sei, die italienische Regierung darüber zu informieren, daß eine praktische Verwirklichung der Südtirol zugesicherten Autonomie in der Deutschen Bundesrepublik begrüßt würde, erklärte Bundesaußenminister von Brentano, eine deutsche Initiative wäre eine Einmischung in eine Angelegenheit, die Österreich und Italien vorbehalten sei.

28. Juni 1960

Südtirol kommt vor die UNO
Der österreichische Ministerrat beschloß einstimmig, die Südtirolfrage vor die UNO zu bringen und Außenminister Kreisky zu beauftragen, die notwendigen Schritte vorzubereiten. Mit diesem Beschluß wurde eine neue Phase der österreichischen Südtirolpolitik Wirklichkeit.

6. Juli 1960

Südtirol-Memorandum an die Vereinten Nationen
Das Memorandum, das dem Schreiben des österreichischen Außenministers Dr. Bruno Kreisky an den Generalsekretär Dag Hammarskjöld beilag, in dem ersucht wird, das Problem der österreichischen Minderheit in Italien auf die Tagesordnung der nächsten UN-Vollversammlung zu setzen, hatte folgenden Wortlaut: *„Durch den Staatsvertrag von Saint-Germain wurde im Jahre 1919 das Gebiet der heutigen Provinz Bozen, das durch Jahrhunderte ein integraler Bestandteil Österreichs war, als Folge des Ersten Weltkrieges auf Grund des bekannten Londoner Vertrages von 1915 Italien zuerkannt. Diese Abtrennung erfolgte gegen den ausdrücklichen Wunsch der österreichischen Bevölkerung Südtirols, die damals 97 Prozent der gesamten Einwohnerzahl des Gebietes betrug, und lief somit eindeutig den Grundsätzen des 14-Punkte-Programms des Präsidenten Wilson, das die Grundlage für den Waffenstillstand und die künftigen Friedensverhandlungen bildete, zuwider, und zwar sowohl dem Punkt 9 (Ziehung der österreichisch-italienischen Grenze nach klar erkennbaren nationalen Richtlinien) als dem im Punkt 10 enthaltenen Selbstbestimmungsrecht der Völker. Österreich protestierte mit Nachdruck gegen diese Entscheidung der Friedenskonferenz, ohne jedoch eine Änderung herbeiführen zu können. Daß die Entscheidung verfehlt war, haben alliierte Staatsmänner in der Folge öffentlich bekannt. Die gegen ihren Willen Italien eingegliederte Bevölkerung Südtirols forderte im Spätherbst 1919 in Rom eine Autonomie für das geschlossene und zusammenhängende deutsche und ladinische Stamm- und Sprachgebiet. Höchste italienische Stellen gaben die Zusicherung, den ethnischen Charakter des Gebietes zu wahren und die Forderung nach Autonomie zu erfüllen. Diese Versprechungen wurden jedoch nicht gehalten. Vielmehr nahm sofort die Italianisierung des Gebietes ihren Anfang, steiger-*

te sich nach der Machtergreifung durch die Faschisten und gipfelte in einem Abkommen zwischen Mussolini und Hitler vom 23. Juni 1939, das die Umsiedlung der Südtiroler Bevölkerung in das damalige Deutsche Reich zum Gegenstand hatte. Nur der Ausbruch des Krieges und der Zusammenbruch der Diktaturen verhinderten, daß die Umsiedlung zu Ende geführt wurde. Immerhin hat diese Entwicklung dazu geführt, daß der italienische Bevölkerungsanteil von 3 Prozent im Zeitpunkt der Abtrennung Südtirols von Österreich auf 8 Prozent bis zum Jahre 1921 und auf 24 Prozent bis zum Jahre 1939 angestiegen war. Im Jahre 1953 betrug er 34 Prozent. Nach dem Ende des Zweiten Weltkrieges strebte die Südtiroler Bevölkerung erneut die Rückkehr zu Österreich an. Ihre Vertreter überreichten 1946 dem damaligen österreichischen Bundeskanzler eine Sammlung von 123.777 Unterschriften, mit denen die Angliederung Südtirols an Österreich gefordert wurde. Da die österreichische Minderheit damals rund 230.000 Köpfe zählte, stellte die Unterschriftensammlung praktisch die Willenserklärung aller stimmberechtigten Südtiroler dar. Die Konferenz der Außenminister in Paris entschied dessen ungeachtet am 20. April 1946, daß Südtirol bei Italien zu verbleiben habe. Zum Schutz des ethnischen und kulturellen Charakters der österreichischen Minderheit in Südtirol wurde jedoch am 5. September 1946 zwischen dem damaligen österreichischen Außenminister Gruber und dem italienischen Ministerpräsidenten De Gasperi ein Abkommen unterzeichnet, das die Gewährung einer autonomen Gesetzgebungs- und Verwaltungsbefugnis für die Bevölkerung Südtirols vorsieht. Dieses Abkommen ist als Annex IV in den Friedensvertrag der alliierten Mächte mit Italien aufgenommen worden und hat daher internationalen Charakter erhalten. Es sieht neben bestimmten beispielsweise aufgezählten Maßnahmen, die in erster Linie der Wiedergutmachung des faschistischen Unrechts dienen sollten, u. a. die Gleichstellung der deutschen mit der italienischen Sprache in den öffentlichen Ämtern und die Herstellung eines angemesseneren Verhältnisses in der Stellenbesetzung bei den öffentlichen Ämtern vor. Seine wichtigste Bestimmung ist aber im Artikel 2 enthalten, der der Bevölkerung der Provinz Bozen die Ausübung einer regionalen Gesetzgebungs- und Vollzugsgewalt zusichert. Bedauerlicherweise wurde dieses Abkommen von Italien in einer Weise ausgelegt und angewendet, die seinem Zweck in wesentlichen Punkten widerspricht. Vor allem war es die im gegenwärtigen Autonomiestatut vom Jahre 1948 vollzogene Vereinigung der Provinz Bozen mit dem italienischen Trentino zu einer autonomen Region, die eine Majorisierung der Südtiroler durch die Italiener von zwei Drittel gegenüber einem Drittel mit sich brachte und damit das der Bevölkerung der Provinz Bozen gegebene Autonomieversprechen trotz Einräumung einer gewissen Subautonomie weitgehend gegenstandslos machte. Aber auch die in der Subautonomie der Provinz Bozen eingeräumten geringen Kompetenzen wurden durch Durchführungsbestimmungen der italienischen Regierung und durch die Spruchpraxis des italienischen Verfassungsgerichtshofes oft in einer Weise eingeengt, daß von einer Autonomie, im Vergleich mit der vorbildlichen Autonomie für die Ålandinseln und Färöer, aber auch mit anderen Autonomien in Italien, kaum mehr gesprochen werden kann. Es könnte jedoch – und darüber besteht wohl kein Zweifel – nicht der Sinn des Gruber-De Gasperi-Abkommens gewesen sein, autonome Rechte für die italienische Bevölkerung des Trentino zu verlangen, dazu hätte Österreich auch über keinerlei Rechtstitel verfügt. Die österreichische Minderheit hat daher durch diese Regelung nicht die ihr zugesagte Selbstverwaltung erhalten, diese wird vielmehr von der italienischen Mehrheit ausgeübt. In der Folge haben sich, wie zu erwarten war, die Nachteile dieser Regelung in zunehmendem Maße eingestellt und in Südtirol immer mehr Verbitterung ausgelöst. Im Jahre 1954 überreichten die Südtiroler der italienischen Regierung eine Beschwerdeschrift, in der die Mängel des Abkommens aufgezeigt wurden. Diese blieb unbeantwortet. Seither hat sich Österreich jahrelang bemüht, eine Regelung des Fragenkomplexes in Verhandlungen mit der italienischen Regierung zu finden und nichts unversucht gelassen, um eine Lösung auf bilateralem Wege herbeizuführen. Die österreichische Bundesregierung hat zunächst eine österreichisch-italienische gemischte Kommission zur Prüfung der Frage vorgeschlagen, sich jedoch, nachdem diese von italienischer Seite abgelehnt worden war, auch bereit erklärt, dem Wunsche der italienischen Regierung zu entsprechen und Verhandlungen auf diplomatischem Wege einzuleiten. Bedauerlicherweise haben diese bis zum heutigen Tag zu keinen konkreten Ergebnissen geführt, sondern vielmehr in den letzten Monaten durch die Weigerung der italienischen Regierung, über die Kernfrage, nämlich die Autonomie für die Provinz Bozen, überhaupt zu sprechen, einen toten Punkt erreicht. Mittlerweile hat sich die Situation an Ort und Stelle zugespitzt, da sich bei der Bevölkerung der Eindruck verstärkt, daß ihr das im Pariser Abkommen zugesicherte Recht auf Selbstverwaltung vorenthalten wird. Im Hinblick auf die ergebnislosen Bemühungen, das Problem auf bilateraler Ebene zu lösen, und angesichts der gespannten Lage in Südtirol sieht sich die österreichische Bundesregierung als Vertragspartner des mehrfach genannten Abkommens veranlaßt und verpflichtet, die Behandlung der Frage auf der diesjährigen Vollversammlung zu beantragen. Die Vollversammlung hat in der Resolution 217-C-III vom 10. Dezember 1948 festgestellt, daß die Vereinten Nationen nicht indifferent dem Schicksal der Minderheiten gegenüberstehen könnten, und in der Resolution 532-B-IV vom 4. Februar 1952 den Schutz von Minderheiten als einen der wichtigsten Bereiche der positiven Arbeit der Vereinten Nationen angeführt. Österreich richtet daher an die Vollversammlung gemäß Artikel 10 und Artikel 14 der UN-Satzung das Ersuchen, den aus der Vorenthaltung der Autonomie entstandenen österreichisch-italienischen Streitfall zu behandeln und im Geiste der Charta eine demokratischen Grundsätzen entsprechende gerechte Lösung herbeizuführen, die der österreichischen Minderheit in Italien die von ihr geforderte und zur Erhaltung ihrer Existenz als Minderheit auch benötigte Selbstverwaltung und Selbstregierung im Sinne einer echten Autonomie gewährt und sicherstellt.“

29. Juli 1960

Projekt der Brenner-Autobahn vorgelegt

Die Ingenieure Dr. Unterrichter und Gentili unterbreiteten dem Provinzialausschuß in Trient das fertige Projekt der Brennerautobahn zwischen der Staatsgrenze und Modena.

5. August 1960

Ohne Landesautonomie keine Befriedung

In der römischen Kammer ergriff Abg. Dr. Roland Riz das Wort und betonte, daß die früheren Zusagen für Südtirol nicht eingehalten wurden. „*Aus dem eindeutigen Wortlaut des Pariser Vertrages ergibt sich die Notwendigkeit einer Verwirklichung der Autonomie für die Provinz Bozen allein. Seit der Zwangsehe mit der Provinz Trient, die eine größere Bevölkerungszahl als die Provinz Bozen hat, der zufolge wir auch nur 15 von 48 Regionalräten haben, sind wir von dem guten Willen einer Mehrheit abhängig, die nicht aus unserer Provinz ist, und dies ist die Verneinung des Begriffes Autonomie. Es gibt nur drei Wege, um unser Problem zu lösen: Der Weg der Gewalt, der vom Faschismus gegangen wurde und negative Früchte in Hülle und Fülle gezeigt hat. Der Weg der Untätigkeit, der das Vorhandensein der Probleme ignorieren und die Rechte unserer Volksgruppe verschwinden lassen möchte und der auf die Dauer nicht fortgesetzt werden kann, weil er Unbehagen, Mißtrauen und Unzufriedenheit schafft. Schließlich der Weg der Vernunft, der auf der vollen Verwirklichung des Vertrages und der Verpflichtungen aufgebaut ist und die Lösung des Problems zu finden sucht. Wie von selbst erhebt sich die Frage: Warum gewährt man die Autonomie nicht einer Region, welche die Provinz allein umfaßt, und warum versucht man nicht, damit die vorhandenen Mißhelligkeiten aus der Welt zu schaffen?“*

5. September 1960

Südtirol-Memorandum an die Vereinten Nationen: Der Ernst der Lage!

Den Vereinten Nationen wurde ein österreichisches Memorandum überreicht, in dem Österreich das Geschick Tirols seit 1918 schilderte. Es wurde aufgezeigt, wie Südtirol gegen den Willen der Bevölkerung und unter Mißachtung des Selbstbestimmungsrechtes von Italien annektiert wurde, wie die bereits 1919 versprochene Autonomie nicht gegeben wurde, wie die Zwangsitalianisierung in Angriff genommen wurde und die Südtiroler die ersten Opfer des Faschismus wurden. Weiters führte das Memorandum aus: „*Das Fehlschlagen der jah-*

relangen österreichisch-italienischen Verhandlungen hat naturgemäß zu einer Verbitterung der Südtiroler Bevölkerung geführt, die sich um das ihr im Pariser Vertrag zugesicherte Recht der ‚Ausübung der autonomen regionalen Gesetzgebungs- und Vollzugsgewalt', das heißt auf Selbstregierung und Selbstverwaltung, betrogen fühlte. Die Südtiroler sind eine äußerst lebenskräftige, kinderreiche Volksgruppe. Die italienische Verwaltungspraxis jedoch gefährdet die Grundlage ihrer Existenz auf dem Boden ihrer Heimat und zwingt die jungen Südtiroler in immer stärkerem Maße zur Auswanderung. Die Arbeitsämter benachteiligen die Südtiroler bei der Arbeitsvermittlung; von den seit Kriegsende mit staatlicher Beihilfe in Südtirol gebauten Wohnungen wurden den Südtirolern bisher kaum 7 Prozent zur Verfügung gestellt. Die Südtiroler Frage ist daher nicht nur ein nationales, sondern auch ein sehr ernstes soziales und wirtschaftliches Problem geworden. Die Besetzung der staatlichen Stellen (Polizei, Justiz, Finanz, Bahn und Post) zu 90 Prozent und mehr mit Angestellten italienischer Volkszugehörigkeit verstößt nicht nur gegen Artikel I, lit. d des Pariser Abkommens, sondern verhindert auch die soziale Entwicklung der Südtiroler Volksgruppe." Auf Grund der mangelnden Erfüllung des Pariser Vertrages sei Österreich nun entschlossen, sich an die UNO zu wenden. *„Für die Befassung dieses Forums spricht vor allem auch der Ernst der gegenwärtigen Lage in Südtirol, der nach Auffassung der österreichischen Bundesregierung keinen weiteren Zeitaufschub mehr duldet."*

22. September 1960

Südtirolproblem auf der Tagesordnung der politischen Spezialkommission der UNO

Im Leitungsausschuß der Generalversammlung der Vereinten Nationen wurde nach reger Diskussion folgender Tagesordnungspunkt aufgenommen: *„Der Status des deutschsprachigen Elements in der Provinz Bolzano (Bozen). Anwendung des Pariser Vertrages vom 5. September 1946."*

29. September 1960

Italienische Niederlage und italienischer Erfolg – keine Diskussion über Selbstbestimmung

Die Südtirolfrage wurde der politischen Spezialkommission und nicht – wie von Italien gewünscht – der juristischen Kommission zugeteilt. Italien hatte insofern eine Niederlage erlitten, weil das Problem als internationales politisches Problem abgehandelt wurde. Gleichzeitig durfte die italienische Delegation aber frohlocken, weil der Tagesordnungspunkt rein auf die Frage der Autonomie beschränkt war und keine Gefahr mehr bestand, daß eine Diskussion über das Selbstbestimmungsrecht daraus werde. Der österreichische Außenminister Dr. Kreisky stellte vor der Generalversammlung fest, daß die Vereinten Nationen ihrer Charta entsprechend drei große Ziele hätten: die globale Zusammenarbeit, die Verhinderung des Ausbruchs von Konflikten und die Förderung der Selbstregierung und Selbstbestimmung der Völker. Im Sinne dieser Ziele könne das Südtirolproblem eine befriedigende Lösung durch eine Autonomie finden, wie sie die freigewählten Südtiroler Abgeordneten 1958 verlangt hätten. Konkrete Verhandlungen darüber seien von Italien bisher abgelehnt worden. Österreich werde einen Antrag in der Generalversammlung stellen, der die Verwirklichung der erwähnten Autonomie zum Ziele habe.

2. Oktober 1960

Südtiroler Appell an die Vereinten Nationen

Die drei Südtiroler Politiker Senator Dr. Sand, Landtagsabg. Dr. Benedikter und Parteivizeobmann Dr. Volgger übergaben dem stellvertretenden Generalsekretär der Vereinten Nationen einen Appell der freigewählten politischen Vertreter Südtirols, in dem es hieß: *„Die freigewählten Vertreter des Südtiroler Volkes im italienischen Parlament, im Landtag und in den Gemeinden der Provinz Bozen, welche die gesamte Südtiroler Bevölkerung vertreten, vertrauen auf die Kraft des Rechtes und bringen ihre feste Überzeugung zum Ausdruck, daß die Südtirolfrage vor der UNO eine gerechte und schnelle Lösung im Geiste des Statutes der Ver-*

einten Nationen finden wird." Der Appell war von den fünf Südtiroler Parlamentariern, 15 Landtagsabgeordneten und den gewählten Vertretern von 114 Gemeinden unterschrieben.

3. Oktober 1960

Italienischer Protest gegen Südtiroler Appell

Die italienische Delegation bei den Vereinten Nationen protestierte dagegen, daß die Südtiroler Delegierten mit der Übergabe des sogenannten Appells der Südtiroler an die UNO Gelegenheit hatten, einem hochgestellten Funktionär der Weltorganisation die Forderung nach Selbstregierung und Selbstverwaltung zu überreichen.

Rom hat kein Verständnis für Sonderautonomie

Vor der DC-Fraktion in Rom erklärte sich der Trentiner Abg. Piccolo gegen eine Lösung Bozens von Trient und gegen eine Kräftigung der autonomen Einrichtungen Südtirols. Der Abg. Berloffa forderte Verstärkung des Schutzes der italienischen Minderheit in Südtirol. Außenminister Segni sagte, daß es sich bei Südtirol höchstens um ein juridisches Problem handle und man keine Revision der Verträge anerkennen könne.

8. Oktober 1960

Das Gedenken Tirols an die Zerreißung des Landes vor 40 Jahren

Schwarze Fahnen in ganz Nordtirol kündigten bereits die Trauer an, die ganz Tirol über die Zerreißung des Landes am 10. Oktober 1920 empfand. In allen Schulen Nordtirols wurde dieses Anlasses gedacht und in allen Betrieben herrschte fünf Minuten Arbeitsruhe. Alle Fahrzeuge standen still. Über den Rundfunk sprach der Nordtiroler Landeshauptmann Dr. Hans Tschiggfrey die Worte: *„Möge das Gewissen der Welt endlich auch für Südtirol erwachen und dem natürlichen Recht der Südtiroler auf Freiheit und angestammte Lebensart zum Durchbruch verhelfen. Mit dem Gelöbnis, unseren Landsleuten an Etsch und Eisack immer brüderliche Treue zu halten, grüßen wir heißen Herzens hinein über Brenner, Reschen und Pustertal nach Südtirol."*

„. . . nur eine Lösung, die Dauer verspricht"

Um 12 Uhr schlugen alle Kirchenglocken Innsbrucks und der Landtag eröffnete seine Gedenksitzung. Die Vertreter Tirols bei der UNO hatten ein Telegramm gesandt, welches nun verlesen wurde und in dem es heißt: *„Die bittere Erinnerung an die Zerreißung unseres Landes und der Rückblick auf Leid und Not, die für Heimat und Landsleute in vierzig Jahren daraus erwuchsen, läßt uns hart und unablässig unsere Aufgabe bei den Vereinten Nationen verfolgen."* Das Telegramm schloß mit den Worten: *„Wir glauben aber, nur in einer Lösung, die Dauer verspricht, den Auftrag erfüllen zu können. Wir denken an diesem Tag mit dem Landtag und mit unseren Landsleuten nur einen Gedanken: Das Land Tirol!"* In der „Sozialistischen Korrespondenz" forderte Landeshauptmann-Stellvertreter Dr. Karl Kunst die Selbstverwaltung auch für Südtirol, *„wenn schon den Völkern in Asien und Afrika volle Freiheit eingeräumt wird."*

Bergisel-Bund: Wiederherstellung der äußeren Einheit – „Das Volk bleibt eins"

Der Bergisel-Bund forderte in Aufrufen in Presse und Rundfunk, durch Maueranschläge und Lautsprecherwagen die Bevölkerung zu einem Fackelzug und anschließender Großkundgebung für Südtirols Recht und Freiheit in der Landeshauptstadt Innsbruck auf. In Flugzetteln und Plakaten „Niemals vergessen" wurden bedeutende Tiroler Proklamationen wiedergegeben: Die Stellungnahme des Tiroler Landtages vom 4. September 1919: *„ . . . Entscheidend erscheint der Vertretung des Landes Tirol, daß kein Rechtsfriede, sondern ein Gewaltfriede vorliegt . . . Tirol erkennt daher den Zustand, der durch den Frieden geschaffen werden soll, nicht als Rechtszustand an und wendet sich schon jetzt an den Völkerbund, damit er dem betreffs Südtirol mit Füßen getretenen Selbstbestimmungsrechte Anerkennung verschaffe und . . . das schwere Unrecht beseitige, das dem Lande Tirol widerfahren ist . . ."* Der gemeinsame Aufruf der politischen Parteien Südtirols vom 10. Oktober 1920: *„Wir Südtiroler haben die unerschütterliche Hoffnung, daß der Tag kommen wird, an welchem uns Gerechtigkeit und*

Am 8. Oktober 1960 gedachte Tirol – einem Aufruf des Bergisel-Bundes folgend – der bereits vierzig Jahre währenden Zerreißung des Landes. Am Abend demonstrierten Studenten der Universität Innsbruck gemeinsam mit Südtirolern.

Vereinte Nationen, 1960: Die österreichische Delegation unter Führung von Außenminister Dr. Kreisky (links) erzielte einen guten Erfolg und erhielt den Verhandlungsauftrag der UN in Sachen Südtirol. Rechts der Diplomat und spätere Bundespräsident Dr. Kurt Waldheim.

weitschauende Politik die nationale Befreiung bringen wird ..." Sodann die Entschließung des Tiroler Landtages in der Trauersitzung vom 10. Oktober 1920: *„Das Land kann man zerteilen, das Volk bleibt eins! An dieser inneren Einheit festhaltend, werden wir auch niemals die Hoffnung aufgeben, daß die äußere Einheit einmal wiederhergestellt werden wird ... Die Tiroler Landesvertretung ihrerseits aber gibt das feierliche Versprechen, niemals etwas zu unternehmen, das abträglich sein könnte der Erfüllung unserer gemeinsamen Hoffnung auf das Wiedererstehen eines einigen und freien Tirols ...*"

Die Großkundgebung: „Niemals zu lassen von diesem Land!"

Am Abend versammelten sich mehrere zehntausend Menschen in Innsbruck und zogen in einem gewaltigen Fackelzug an der Landesregierung vorbei, die sich auf dem Balkon des Landhauses eingefunden hatte, und weiter am Rathaus vorbei, wo sich Bürgermeister Dr. Lugger mit dem Stadtrat versammelt hatte. An der Spitze des Zuges ritten drei Tiroler Bauernburschen in Tracht und führten eine alte Schützenfahne mit Trauerflor mit. Es folgten die Kaiserjäger und Kaiserschützen mit den Regimentsfahnen und dann wieder Schützen aus allen Teilen des Landes, Bürger, Frauen und die Jugend. Vor dem Landestheater bot sich ein unvergeßliches Bild: der geteilte Adler als Symbol der Zerreißung des Landes, die Fahnen der Schützen, die Burschenschaften und Corps der Universität in ihrer Festtracht. Der geschäftsführende Obmann des Bergisel-Bundes, Dr. Widmoser, rief in seiner Rede den Politikern und der Menge zu: *„Wir werden dieses Unrecht des geteilten Landes niemals anerkennen. Das Recht muß wieder hergestellt werden, um Tirols Leben zu garantieren. Das ist das Gesetz der Heimat, das ist von Gott gegebenes Recht, dem unsere Väter Gut und Blut, Leib und Leben, Schweiß und Tränen und ihr Gebet opferten. Das ist das Gesetz, dem wir von Geburt an unterworfen sind!" „Italien,"* rief Dr. Widmoser, *„hat kein geschichtliches Recht auf unser Südtirol. Südtirol aber hat das Recht auf Freiheit!"* Auf die Hofkirche hinüber deutend, wo Andreas Hofer begraben liegt, schloß Widmoser mit den Worten: *„So klingt unser Bekenntnis, ja unser Schwur hinüber zum Grabe dieses Mannes: Niemals zu lassen von diesem Land, niemals zu vergessen dieses Unrecht, niemals zu ruhen, das Recht für dieses Land, dieses heilige Land im Gebirge, für dieses unser Tirol zu fordern!"*

<u>9. Oktober 1960</u>

Bittgottesdienst für die Freiheit Tirols

Am Sonntag, dem 9. Oktober, fanden sich wieder die Spitzen der Politik und eine dichtgedrängte Menschenmenge in der Hofkirche zu Innsbruck zu einem Bittgottesdienst für die Freiheit Südtirols ein.

<u>10. Oktober 1960</u>

Tirol bis Salurn

Am Abend des nächsten Tages glühte unter der Innsbrucker Nordkette die Flammenschrift „Tirol bis Salurn", das Bekenntnis der Jugend Tirols, die trotz Sturm und Schneetreiben mit Fackeln die Schrift in Brand hielt.

Linz: 20.000 Menschen bei Südtirol-Kundgebung

Auf dem Hauptplatz in Linz nahmen in Gegenwart des Landeshauptmannes Dr. Heinrich Geißner 20.000 Menschen an einer vom Obmann des Bergisel-Bundes OÖ, Direktor Alteneder, angesetzten Großkundgebung teil, auf welcher der Redakteur der „Oberösterreichischen Nachrichten", Dr. Josef Laßl, erklärte, die Staatsgrenze am Brenner sei nur dann zumutbar, wenn die Volkstumsgrenze am Brenner bleibe. Italien habe Angst vor der Forderung nach Selbstbestimmung, Österreich jedoch könne einer Volksabstimmung in Südtirol ruhig und gelassen entgegensehen. Diese werde nicht gegen Österreich ausgehen. Weitere Kundgebungen fanden in Bregenz, Wels, Steyr, Braunau, Salzburg, Graz, Leoben, Wien und in vielen kleineren Orten Österreichs statt.

Annexion Südtirols vor 40 Jahren
Fast alle österreichischen Zeitungen brachten ausführliche Berichte anläßlich des 40. Jahrestages der Annexion Südtirols durch Italien. Die „Dolomiten" brachten einen mehrseitigen Dokumentarbericht über die Bewegung des italienischen Risorgimento, welche der Welt zu allererst das Prinzip der Selbstbestimmung mitgeteilt hatte.

12. Oktober 1960
Österreichischer Resolutionsentwurf vor der 15. UN-Vollversammlung
Die österreichische Delegation bei den Vereinten Nationen übermittelte dem Generalsekretariat der UN folgenden Resolutionsentwurf: *„Die Vollversammlung ist der Ansicht, daß die Vereinten Nationen dem Schicksal der Minderheiten nicht gleichgültig gegenüberstehen können. Sie nimmt zur Kenntnis, daß zwischen Österreich und Italien wegen des Problems der österreichischen Minderheit in Italien ein Zwist entstanden ist. Sie nimmt weiter zur Kenntnis, daß die Frage, welchem Gebiet eine substantielle und wirksame Regionalautonomie gewährt werden soll, um die Existenz der österreichischen Minorität zu wahren, im Mittelpunkt der Auseinandersetzung steht. Sie nimmt weiter zur Kenntnis, daß die jahrelang geführten bilateralen Verhandlungen bisher keine zufriedenstellenden Ergebnisse im Sinne eines wirksamen Schutzes der Minorität durch Gewährung einer Autonomie an die Provinz Bozen gezeitigt haben, wo die Südtiroler in der Mehrheit sind. Sie stellt ferner fest, daß die italienische Verfassung autonome Regionen vorsieht und daß solche Regionen in Italien schon stehen. Sie stellt fest, daß die Zustimmung freigewählter Vertreter der Südtiroler für eine zufriedenstellende Lösung des Problems notwendig ist. Sie nimmt den wiederholt zum Ausdruck gebrachten Willen der Südtiroler, das Problem in Einklang mit den Grundsätzen der UN-Charta zu lösen, zur Kenntnis. Die Vollversammlung ist besorgt darüber, daß die durch den Disput entstandene gespannte Lage die freundschaftlichen Beziehungen zwischen den beiden Ländern beeinträchtigen könnte. Sie anerkennt die gerechtfertigte Forderung der Südtiroler nach einer substantiellen wirksamen Regionalautonomie und empfiehlt, daß die beiden betroffenen Parteien unverzüglich Verhandlungen über die Errichtung einer Provinz Bozen–Bolzano– als autonome Region mit Legislativ- und Exekutivgewalt aufnehmen. Aus all diesen Gründen fordern sie die beiden Parteien auf, der XVI. Vollversammlung den Bericht über das Ergebnis dieser Verhandlungen vorzulegen."*

13. Oktober 1960
„Erste pangermanistische Aktion seit dem Tode Hitlers"
Auf diplomatischem Weg hat Italien Bundeskanzler Adenauer und die deutsche Bundesregierung informiert, daß es sich angesichts der Südtiroldebatte vor der UNO genötigt sehe, die Erörterung der Südtirolfrage auf Antrag Österreichs als *„erste pangermanistische Aktion seit Hitlers Tod"* zu kennzeichnen.

„Neonazi und Jude"
Seit Tagen kam es in italienischen Großstädten zu Demonstrationen, wobei österreichische und Tiroler Fahnen verbrannt und die Südtiroler als „crucchi" und „bastardi" bezeichnet wurden. Der österreichische Außenminister Dr. Bruno Kreisky wurde auf Kundgebungen gleichzeitig als „Neonazi" und „Jude" bezeichnet.

17. Oktober 1960
Die angekündigte Nazi-Walze
wurde prompt von der italienischen Delegation abgespielt. Auf einer Pressekonferenz erklärte der italienische Delegationsführer bei der UNO, Prof. Martino: *„Es ist ungeheuerlich, daß Österreich, nachdem es den Pariser Vertrag unterschrieben und dessen Anwendung erhalten hat, mit der größten Unbefangenheit vorschlägt, einen neuen Vertrag auszuhandeln . . . Der von Österreich vorgebrachte Antrag beweist die Heuchelei, mit welcher die österreichische Regierung die Debatte dieses Problems vor den Vereinten Nationen angegangen ist. Diese*

Machenschaft ist unehrenhaft. Diese Einstellung erinnert gewissermaßen an das Vorgehen des Österreichers Adolf Hitler, der jeden abgeschlossenen Vertrag nur als Grundlage für weitere Forderungen benützte . . ."

<u>18. Oktober 1960</u>

Programmatische Erklärung Kreiskys vor der UNO

In einer programmatischen Erklärung vor dem politischen Spezialausschuß der UNO erläuterte der österreichische Außenminister Kreisky das österreichische Anliegen. Nachdem er erneut einen historischen Überblick gegeben und die Forderung nach einer Landesautonomie für Südtirol erläutert hatte, appellierte er an die Mitgliedstaaten der Vereinten Nationen: *„Ich bitte Sie daher alle, nehmen Sie diese Debatte nicht leicht. Wir wissen, daß man sie von mancher Seite bagatellisieren möchte. Ich appelliere hier vor allem an jene Staaten und Völker, die erst in jüngster Zeit ihre Freiheit und Unabhängigkeit erlangt haben und deren Bestrebungen Österreich mit so großer Sympathie verfolgte, unserem Anliegen nicht teilnahmslos gegenüberzustehen. Wir Österreicher haben viele Erfahrungen in unserer leidvollen Geschichte gemacht, und man kann uns gewiß auch manchen Fehler vorwerfen. Aber soll die Geschichte für die Völker einen Sinn haben, dann müssen die Männer, die ausersehen sind, ihre Geschicke zu lenken, aus ihr lernen. Eine der Erkenntnisse der geschichtlichen Erfahrung ist, daß man den Grundsätzen und Ideen seines eigenen Freiheitskampfes treu bleiben muß, treu bleiben muß auch dann, wenn man aufgerufen wird, zu dem anderer Völker Stellung zu nehmen.*" Kreisky stellte das Schweizer Kantonalsystem als Vorbild für Autonomielösungen dar und zeigte auf, daß auch die italienische Verfassung die Einrichtungen autonomer Regionen mit Sonderstatut vorsehe. Eben das fordere Österreich nun für Südtirol.

Außenminister Segni antwortet

Noch am selben Tage antwortete der italienische Außenminister Segni auf Kreiskys Ausführungen. Er behauptete, die Südtiroler Bevölkerung gehe *„auf einen alten Germanisierungsprozeß der italienischen Bewohner dieses Gebietes zurück"*. Trotzdem habe Italien in großzügiger Weise den Pariser Vertrag unterzeichnet und sodann eine beispielhafte Autonomielösung verwirklicht, so daß die deutschsprachige Bevölkerung eine *„der bestbehandelten Minderheiten der Welt"* sei. Italien habe die Bestimmungen des Pariser Abkommens voll eingehalten. Sollten hinsichtlich der einen oder anderen Bestimmung Meinungsverschiedenheiten auftreten, sei Italien bereit, die Frage zur Überprüfung dem Internationalen Gerichtshof vorzulegen.

Südtiroler Wirklichkeit

In einem Bus der SASA ereignete sich ein Zwischenfall, der die Lage in Südtirol besser als alles andere charakterisierte. Als ein deutscher Bauer mit dem Schaffner deutsch sprach, fuhr ihn dieser in italienischer Sprache an: *„Rede, daß ich dich verstehe, und wenn es dir nicht paßt, so bleibe ein andermal draußen."* Darauf sagte ihm der Fahrgast Theo Nigg: *„Entschuldigen Sie, es ist Ihre Pflicht, die Fahrgäste zu verstehen und nicht umgekehrt."* Daraufhin wurden Rufe laut wie *„cattivi"* (*„ihr Bösen"*) und *„siamo in Italia"*. Worauf Herr Nigg sagte: *„Wenn wir cattivi wären, so würden wir es nicht dulden, daß solche Schaffner in unserem Land Dienst machen. Ich jedenfalls würde mich schämen, als Schaffner die Fahrgäste nicht zu verstehen."* Daraufhin ertönten Worte wie *„porchi (Schweine), vigliacchi (Schurken), cattivi, siamo in Italia"* u. dgl. Der Schaffner aber ließ den Wagen anhalten und Herr Nigg wurde aus dem Wagen expediert. Der Schaffner spuckte aus dem abfahrenden Wagen auf ihn. Auf eine Beschwerde über dieses Ereignis an den Verkehrsbetrieb SASA teilte Präsident Peromuti mit: Die Untersuchung habe ergeben, ein unkorrekter Fahrgast habe das korrekte Personal gestört und durch sein Verhalten die *„italienische Gemeinschaft"* beleidigt.

<u>19. bis 31. Oktober 1960</u>

Südtiroldebatte vor den Vereinten Nationen

Die Botschafterin der USA, Frances E. Willis, unterstützte im politischen Spezialausschuß die italienische Position. Die amerikanische Stellungnahme war offensichtlich von Rücksicht auf den NATO-Partner Italien diktiert. Eine ähnliche Position nahm Großbritannien ein, sprach sich jedoch für direkte österreichisch-italienische Verhandlungen aus. Der österreichische Staatssekretär Gschnitzer begründete ausführlich die Zuständigkeit der Vereinten Nationen für Fragen des Minderheitenschutzes. Für die italienische Delegation erklärte Gaetano Martino, daß das österreichische Begehren nichts anderes sei als die Vorbereitung einer Korrektur der Brennergrenze. Afghanistan trat für die Gewährung des Selbstbestimmungsrechtes ein. Eine Reihe von Staaten trat zwar für direkte österreichisch-italienische Verhandlungen ein, sprach sich jedoch dafür aus, daß im Falle des Scheiterns der Verhandlungen der IGH mit der Frage befaßt werden sollte. Nachdem erkennbar wurde, daß die ursprüngliche Resolution Österreichs keine Aussicht hatte, angenommen zu werden, legte Österreich eine neue, etwas geänderte Resolution vor. Vier südamerikanische Staaten antworteten mit einer Gegenresolution, die im italienischen Sinne gehalten war.

Die endgültige UNO-Resolution

Nach längerem Tauziehen im politischen Spezialausschuß nahm dieser am 27. Oktober eine endgültige Resolution an, die von 18 Staaten eingebracht worden war und die am 31. Oktober einstimmig durch Akklamation von der Vollversammlung angenommen wurde. Sie hatte folgenden Wortlaut: „*Resolution 1497/X V/ Die Generalversammlung, nach Behandlung des Punktes 68 der Tagesordnung, in der Erwägung, daß der Status des deutschsprachigen Bevölkerungsteils der Provinz Bolzano (Bozen) durch ein von Österreich und Italien am 5. September 1946 in Paris unterzeichnetes Abkommen geregelt wurde, – in Erwägung, daß das erwähnte Abkommen ein System schafft, welches den deutschsprachigen Einwohnern der genannten Provinz vollständige Rechtsgleichheit mit den italienischsprachigen Einwohnern im Rahmen besonderer Maßnahmen zum Schutze des Volkscharakters und der kulturellen und wirtschaftlichen Entwicklung des deutschsprachigen Bevölkerungsteils garantieren soll, – unter Berücksichtigung der Tatsache, daß ein Streit zwischen Österreich und Italien über die Durchführung des Pariser Abkommens vom 5. September 1946 entstanden ist, – vom Wunsche geleitet, zu verhindern, daß die durch diesen Streit entstandene Situation die freundschaftlichen Beziehungen zwischen den beiden Staaten beeinträchtigt, –1) empfiehlt den beiden Parteien dringend, die Verhandlungen mit dem Ziel wieder aufzunehmen, eine Lösung aller Differenzen hinsichtlich der Durchführung des genannten Abkommens zu finden;–2) empfiehlt, daß beide Parteien, falls die im vorhergehenden Absatz erwähnten Verhandlungen nicht innerhalb eines angemessenen Zeitraums zu befriedigenden Ergebnissen führen, die Möglichkeit wohlwollend in Betracht ziehen, eine Lösung ihrer Differenzen durch ein in der Charta der Vereinten Nationen vorgesehenes Mittel, einschließlich der Befassung des Internationalen Gerichtshofes, oder durch irgend ein anderes friedliches Mittel ihrer eigenen Wahl zu suchen; –3) empfiehlt ferner, daß die betreffenden Staaten sich jeder Handlung enthalten, die ihre freundschaftlichen Beziehungen beeinträchtigen können.*“

Der Erfolg der Österreicher

Der Erfolg für Österreich – erzielt durch Kreisky und Gschnitzer – lag darin, daß die UNO ein Verhandlungsmandat erteilt hatte und Italiens Position, die Südtirolfrage sei eine interne italienische Frage und gehe Österreich eigentlich nichts an, nicht mehr haltbar war. Österreich hatte nun einen internationalen Rechtstitel, auf direkten Verhandlungen Wien – Rom zu bestehen. Vor allem aber war es gelungen, die Anerkennung der Südtirolfrage als internationales politisches Problem zu erreichen und nicht zwangsläufig auf den Gang zum Internationalen Gerichtshof verwiesen zu werden, wo die Chancen Österreichs angesichts des unbrauchbaren Textes des Gruber-De Gasperi-Abkommens höchst zweifelhaft gewesen wären.

<u>6. November 1960</u>

Landtagswahlen

Die Südtiroler Volkspartei erhielt von 207.236 gültigen Stimmen 132.346 (63,8 %), während die sieben italienischen Parteien 64.890 Stimmen erhielten. Die Mandatsverteilung war unverändert wie bei den Landtagswahlen von 1952 und 1956: die SVP erhielt 15 Sitze, die Democrazia Cristiana drei, die Nenni-Sozialisten, Neofaschisten, Sozialdemokraten und Kommunisten je einen Sitz. In den Landtag von Südtirol wurden folgende SVP-Vertreter gewählt: Dr. Silvius Magnago, Dr. Alfons Benedikter, Dr. Peter Brugger, Ing. Alois Pupp, Hans Dietl, Dr. Franz Wahlmüller, Dr. Robert von Fioreschy, Dr. Joachim Dalsass, Dr. Hans Stanek, Dr. Anton Schatz, Dr. Josef Ziernhöld, Hans Plaikner, Dr. Friedl Volgger, Dr. Anton Zelger, Dr. Anton Kapfinger. Weiter wurden gewählt die Italiener Armando Bertrorelle, Lino Ziller und Sandro Panizza (alle DC), Silvio Nicolodi (PS), Decio Molignoni (PSDI), Ettore Nardin (PCI) und Andrea Mitolo (MSI).

17. November 1960
Aufforderung zu Verhandlungen
Außenminister Dr. Kreisky empfing den italienischen Botschafter Gastone Guidotti und teilte ihm den Wunsch der österreichischen Bundesregierung nach rascher Aufnahme von Verhandlungen im Sinne des UNO-Verhandlungsmandates mit.

27. November 1960
Treffen des Außenministers Dr. Kreisky mit der Führungsspitze des BAS
Die Südtiroler Gruppe des „Befreiungsausschusses Südtirol" (BAS) hatte von Anfang an Wert darauf gelegt, zu allen demokratischen Parteien in Österreich gute Beziehungen herzustellen. Ihr Ansprechpartner und Vertrauensmann auf seiten der Sozialisten wurde der Nordtiroler Landtagsabgeordnete Rupert Zechtl, ein Eisenbahner und Mann des Volkes. Bald verband ihn eine innige Freundschaft mit dem BAS-Führungsmitglied Sepp Kerschbaumer in Frangart und dessen Kampfgefährten. Zechtl organisierte das wichtigste politische Treffen des BAS im Vorfeld des „großen Schlages" der Herz-Jesu-Nacht von 1961. Das Treffen fand am 27. November 1960 in Wien, in der Wohnung von Außenminister Dr. Bruno Kreisky in der Armbrustergasse im 19. Bezirk, statt. Der Freiheitskämpfer Luis Amplatz schrieb darüber in seinem Testament: *„Im Zuge des politischen Aufstandes in Südtirol gegen Italien, der im Jahre 1956 mit der Stieler Gruppe seinen Anfang nahm und im Jahre 1958 mit Josef Kerschbaumer, Frangart, Georg Klotz, Walten im Passeier, Georg Pircher, Lana, Karl Tietscher, Bruneck, und meiner Wenigkeit an der Spitze fortging, hatten wir in den Jahren 1959 bis 1960 verschiedene Vorbesprechungen mit maßgeblichen politischen Personen in Österreich . . . Auf unser Vorhaben aufmerksam geworden, ließen sich mehrere Politiker herbei. So der Sozialist Rupert Zechtl aus Tirol, der uns mehrere Male den Vorschlag machte, mit Außenminister Dr. Kreisky und anderen Politikern seiner Partei zu sprechen . . . Wir sollten zu viert fahren, ein Bauer, ein Geschäftsmann, ein Handwerker und ein Arbeiter, damit Kreisky von verschiedenen Schichten die Meinung hört. Mittlerweile haben mir aber die Italiener meinen Paß gesperrt und so fuhren nur noch drei: Kerschbaumer – Geschäftsmann, Pircher – Bauer und Titscher – Handwerker. Kreisky hatte sie herzlich empfangen, nahm sie in seine Wohnung mit . . . Die drei Männer haben ihren Standpunkt dargelegt und mit offenen Karten gespielt. Sie haben auch gesagt, daß es demnächst in Südtirol ‚schnölln' wird. Kreisky hat aufmerksam zugehorcht und war mit dem, was die Männer gesagt haben, auch einverstanden. Wörtlich sagte er: ‚Ich hätte nicht geglaubt, daß es in Südtirol noch solche Männer gibt, die sich für solch gefährliche Dinge hergeben.' Er hat um so mehr gestaunt, als ihm Kerschbaumer erzählte, daß er sechs Kinder hat, Pircher sieben Kinder. Weiter sagte Kreisky: ‚Es ist gut, wenn es in Südtirol einmal bumst, denn nur so wird die Welt auf dieses Problem aufmerksam.' Das gleiche hat Kreisky etliche Monate vorher auch zu Georg Klotz gesagt . . ."* (Das am 14. 8. 1964 vor dem Wiener Notar Dr. Herbert Raudorf unterzeichnete Testament ist wiedergegeben in: Ermacora, Felix: „Südtirol und das Vaterland Österreich", Wien 1984, S. 119ff. In dem Amplatz-Testament sind allerdings kleine sachliche Fehler – Terminverwechslungen – enthalten.)
Kreisky hat später im Zuge der laufenden Südtirolverhandlungen natürlich gegenüber der italienischen Seite und der Presse dementiert, daß er die Freiheitskämpfer ermutigt habe. Auch Rupert Zechtl, der sozialistische Verbindungsmann des BAS zu Dr. Bruno Kreisky, hat später gleichermaßen dementiert, in seinem Dementi aber mehr eingestanden als verleugnet.

Nur ein „politisch-menschliches" Gespräch

Der Südtiroler Historiker Christoph Franceschini führte im November 1991 ein Gespräch mit Zechtl, das hier auszugsweise wiedergegeben sei:

Frage: „Woher kam eigentlich die Initiative zum Treffen Kreisky – BAS?"

Zechtl: *„Ich glaube, der Wunsch ist beiderseitig vorhanden gewesen: sich kennenzulernen und die Gedanken auszutauschen, um zu wissen, mit wem man es zu tun hat. Kreisky wollte als oberster Verantwortlicher der österreichischen Südtirolpolitik erfahren, wie die Südtirol-Situation ausschaute. Es ist daher begreiflich, daß er auch die Leute kennenlernen wollte, die in diesem Sinne tätig waren."*

Frage: „Und dabei haben Sie die Vermittlerrolle gespielt?"

Zechtl: *„Ich habe erfahren, daß die Südtiroler BAS-Leute schon mehrmals Bemühungen unternommen haben, mit Kreisky in Wien reden zu können ... Einer der Südtiroler ist dann an mich herangetreten, ob ich nicht die Möglichkeit hätte, mit Kreisky zu reden."*

Frage: „Das haben Sie dann in New York während der Südtiroldebatte vor der UNO getan?"

Zechtl: *„Ja, ich habe Kreisky den Wunsch vorgetragen, und er war sofort bereit, mit diesen Leuten zu reden. Es wurde ein Termin ausgemacht, und die Leute sind mit mir nach Wien gefahren. Es waren der Sepp Kerschbaumer, der Jörg Pircher, der Karl Titscher und ich. Wir haben uns dann in der Wohnung Kreiskys in der Armbrustergasse getroffen ..."*

Frage: „Was wurde an jenem 27. November 1960 in der Armbrustergasse wirklich besprochen?"

Zechtl: *„Wenn Leute glauben, daß über Aktionen des BAS gesprochen wurde, so muß ich das gleich von vornherein energisch verneinen. Es war vom Anfang bis zum Ende ein politisch-menschliches Gespräch. Ich betone politisch-menschliches Gespräch, denn Kreisky hat sich von jedem einzelnen den Lebenslauf schildern lassen ..."*

Frage: „Kreisky wußte doch genau, daß er mit Leuten sprach, die in Südtirol Anschläge planen und ausführen?"

Zechtl: *„Nein, Irrtum. Kreisky hat gewußt, was das für Leute sind. Er hat aber beileibe nicht gewußt, was für Aktionen der Kerschbaumer gemacht hat oder was der Pircher getan hat. Von den aktiven Aktionen hat Kreisky nichts gewußt. Er wußte natürlich, daß sie in diesem Kreis sind, mehr aber nicht. Zudem gab es auch unter den Südtirolern ein stilles Einverständnis, nicht über Details zu reden."* (Franceschini, Christoph: „Die Welle der Sprengstoffanschläge in Südtirol", in: Pelinka / Maislinger (Hrsg.): „Handbuch zur neueren Geschichte Tirols", Band 2, Zeitgeschichte, Innsbruck 1993, S. 478.)

28. November 1960

Volkswohnungen nur für Italiener

Im Bozner Volkswohnhaus Ecke Palermo-Mailandstraße sollten von den 57 neuen Wohnungen 15 an Südtiroler vergeben werden. Vom Regierungskommissar wurden jedoch alle Wohnungen für Italiener beschlagnahmt. Die zuständige Volkswohnbaubehörde verwaltete an diesem Tag insgesamt 3.988 Wohnungen, davon 3.950 in Bozen. Nur 145 davon waren Südtirolern zugeteilt worden, obschon die deutsche Bevölkerung den Großteil der Bau- und Verwaltungskosten zu tragen hatte.

3. Dezember 1960

Protest bei Fanfani wegen Wohnungsbeschlagnahme

Der Parteiausschuß der SVP richtete an Ministerpräsident Fanfani einen vergeblichen Protest wegen der Beschlagnahme der 15 für Südtiroler Familien bestimmt gewesenen Wohnungen.

6. Dezember 1960

Ergebnis der UN-Debatte

Anläßlich der Budget-Debatte über das Kapitel Äußeres erklärte Dr. Bruno Kreisky, daß als wichtigstes Ergebnis der Südtirol UN-Debatte die Anerkennung der österreichischen Verhandlungslegitimation durch die Resolution 1497/XV anzusehen sei. Bisher habe es die italienische Regierung immer abgelehnt, mit Österreich Verhandlungen über das Südtirol-Problem zu führen. Sie sei lediglich zu Gesprächen bereit gewesen, da es sich hierbei um eine inneritalienische Angelegenheit handle. Kreisky sagte: „*Die für Außenstehende scheinbar so nebensächliche Frage, ob Gespräche oder Verhandlungen geführt wurden, ist von großer Wichtigkeit, weil durch die langjährige Weigerung der italienischen Regierung, richtiggehende Verhandlungen über Südtirol zu führen, Österreich das Recht abgesprochen werden sollte, das ihm auf Grund des Pariser Vertrages zustehen muß, sich für die Erfüllung dieses Vertrages nicht nur zu interessieren, sondern auch dann, wenn seine Nichterfüllung behauptet wird, hierüber Verhandlungen zu führen. Als Signatarstaat des Pariser Vertrages hat die österreichische Regierung die Pflicht, sich ständig über den Grad der Erfüllung des Vertrages zu unterrichten. Dazu ist sie aber nur imstande, wenn sie mit den politischen Repräsentanten des Südtiroler Volkes in Kontakt tritt. Daraus den Südtiroler Vertretern einen Vorwurf machen zu wollen, ist unbegründet und würde eine Einschränkung ihrer demokratischen Rechte und Pflichten darstellen.*“

8. Dezember 1960

BAS beschließt, den Kampf zu eröffnen

Der Südtiroler Historiker Christoph Franceschini berichtet über eine entscheidende Sitzung des BAS, die am 8. Dezember in Innsbruck stattfand:

„*Fritz Molden war laut eigenen Angaben bis zum 8. Dezember 1960 im BAS. An diesem Tag traf man sich zur entscheidenden Sitzung in Innsbruck. Die UNO-Befassung, bei der auch zwei Vertrauensleute des BAS – Fritz Molden und Gerd Bacher – in New York waren, hatte nicht das entscheidende Ergebnis gebracht. Vor allem die Innsbrucker Gruppe um Wolfgang Pfaundler, weniger die Südtiroler um Sepp Kerschbaumer, wollten endlich losschlagen. In der besagten Sitzung sollte darüber abgestimmt werden . . . anwesend war ein Politiker, genauer gesagt ein Mitglied der Nordtiroler Landesregierung: Landesrat Alois Oberhammer. ‚Ich und Gerd Bacher wollten noch warten‘, erinnert sich Molden. ‚Bei der Abstimmung waren wir aber in der Minderheit, so haben wir unsere Funktionen zurückgelegt und sind aus dem BAS ausgeschieden.‘ Heute relativiert Molden seinen damaligen Entschluß, ‚ich muß einsehen, daß das damals ein Fehler war, denn die anfänglichen milden Attentate und die Feuernacht haben die erhoffte Wende gebracht‘. Wenn Molden und Bacher auch gegen die Feuernacht waren, so stimmt es nicht, daß sie im Dezember 1960 ihre Aktivitäten für den BAS niederlegten. Denn beide hatten mindestens bis Ende 1961 Kontakte zum BAS. So schreibt der Attentäter Peter Kienesberger in seinem bereits 1971 erschienenen Buch ‚Sie nannten uns Terroristen‘, daß er Ende November 1961 in Alpbach zwei Herren traf, um ihnen über eine seiner Aktionen in Südtirol zu berichten. Kienesberger nennt keine Namen. Doch seine Beschreibung paßt eindeutig. Die zwei Herren waren Fritz Molden und Gerd Bacher.*“ (Franceschini, Christoph: „Der Aluminiumduce beim Kreisky“, in: „Südtiroler Illustrierte FF“, Nr. 14/91, 17f.)

Meinungsverschiedenheiten im BAS über Kampfmethoden

Nachdem Wolfgang Pfaundler und Fritz Molden selbst offenherzige Interviews über ihre damalige Rolle gegeben haben, liegt den Verfassern der Chronik nun auch ein Gedächtnisprotokoll des ehemaligen Freiheitskämpfers Peter Kienesberger zu dem Thema vor. Demnach war es nicht nur um die Frage des Zeitpunktes des Losschlagens gegangen. Es hatte im BAS vor allem grundsätzliche Meinungsverschiedenheiten darüber gegeben, wie der Kampf geführt werden sollte. Kienesberger teilt mit, daß diese Meinungsverschiedenheiten sich nach seiner eigenen Beobachtung zumindest bis in den Herbst 1961 hineingezogen hatten. Die Gruppe um Sepp Kerschbaumer hatte sich bekanntlicherweise – wie heute aus zahlreichen authentischen Quellen bekannt ist – auf das Sprengen von Masten beschränken wollen. Das Konzept von Pfaundler, Molden und Georg Klotz, aber auch der Gruppe der „Pusterer Buam“ – so Kienesberger – sei das Konzept eines bewaffneten Partisanenkampfes mit kleinen Gruppen gewesen, die sich immer wieder nach Österreich hätten zurückziehen können. Insbesondere Pfaundler sei der – wie man heute sagen könne – richtigen Auffassung gewesen, daß die Attentäter der Sprengungen nicht wieder nach Hause zurückkehren hätten dürfen. Sie hätten in den Wald und dann nach Österreich gehen müssen. Auch Klotz sei der gleichen Meinung gewesen. Dem wurde im BAS entgegengehalten, daß in einem besiedelten Gebiet in Mitteleuropa solche Operationen nicht möglich seien. Aus heutiger Sicht, sagt Kienesberger, habe jedoch Pfaundler die Situation richtig eingeschätzt. Das Nichtobsiegen der Linie Pfaundlers, der die Leitung der Innsbrucker Gruppe in der Folge an Heinrich Klier abgab, sei im Rückblick eine große Fehlentscheidung im BAS gewesen. Es sei mit den Verhaftungen nach der Herz-Jesu-Nacht dann alles so gekommen, wie Pfaundler und auch Klotz es vorhergesehen hätten: Einer nach dem anderen wurden die Attentäter ausgehoben und verhaftet. Zwei Einsätze, bei denen Kienesberger zusammen mit Georg Klotz im Sommer und Herbst 1961 dabei war, hätten nachträglich bewiesen, daß die von Pfaundler und Molden vorgeschlagene Kampfart durchaus möglich war.

Ein denkwürdiges Treffen

Es sei nach diesen Einsätzen zu einem denkwürdigen Treffen gekommen, das Kienesberger so schildert: *„Im August und September 1961 haben Klotz und ich zwei militärisch geplante Feuerüberfälle im Passeier und Rabenstein durchgeführt. In wechselnder Besetzung waren dabei die Südtiroler Amplatz, Oberlechner und Almberger und die Österreicher Hülsner und Fritz. Logistik und Abholung nach Rückkehr lagen in erster Linie bei Pfaundler und Schimpp. Klotz und ich wurden einige Zeit nachher nach Alpbach gebracht. Mit dabei waren Pfaundler, Schimpp, Schwarzenbacher (ein Zollbeamter) und Franz Sigmund. Pfaundler war schon in Alpbach, der Rest fuhr in den Autos von Schimpp und Sigmund. In Alpbach wurden wir Molden und Bacher vorgestellt, bzw. ich. Klotz kannte beide schon. Schon bei der Fahrt wurden wir über die Bedeutung des Treffens informiert. Es ging vor allem darum, ausführlich zu schildern, wie diese beiden Partisanenaktionen durchgeführt worden waren. Innerhalb des BAS ging ja ein jahrelanger Streit voraus, ob man nur Anschläge durchführen sollte oder Partisanenaktionen, wie am Ende des Krieges. Pfaundler, Klotz, Molden waren eindeutig für Partisanenaktionen. Auch im Gespräch später wurde ausführlich erörtert, daß es keine Verhaftungen und Folterungen gegeben hätte, wenn man nach den Anschlägen in militärische Partisanengruppen abgetaucht wäre. Beide Aktionen von Klotz lieferten den Anhängern dieser These den Beweis, daß diese Art des bewaffneten Kampfes problemlos möglich war. Molden begrüßte Klotz überschwenglich herzlich und auch mich. Er bedankte sich für meinen Mut, daß ich als Österreicher bereit war, solche gefährlichen Einsätze mitzumachen. Er ließ sich von Klotz ausführlich den gesamten Einsatz schildern, Ausrüstung, Grenzübergang, Verhalten der Bevölkerung, Verpflegung aus der Bevölkerung, Gegenmaßnahmen der Italiener. Molden unterbrach sehr häufig mit Zusatzfragen an mich, weil er von mir wissen wollte, ob ich dies oder jenes auch so sähe wie Klotz. Teilweise übernahm überhaupt ich die Schilderung. Besonders imponierte Molden die Schilderung, daß wir oft tagelang unsere schweren Rucksäcke nicht tragen mußten, weil sich immer wieder Bauern fanden, die uns stückweise begleiteten und weiterreichten. Molden sagte auch immer wieder, dies sei der Beweis, daß seine (und Pfaundlers Ansichten) richtig waren . . . Molden bedankte sich am Ende nochmals, bat, dies auch an die anderen Teilnehmer weiterzusagen, und ließ sich von Klotz die geheime Anschrift geben. (Scheibenhof Mutters). Er sandte auch unmittelbar eine Kiste besonders guten Wein zu Klotz als Zeichen des persönlichen Dankes für diese Einsätze.“* (Gedächtnisprotokoll Peter Kienesberger vom 6. 8. 1996)

11. Dezember 1960

Sprengstoffanschlag

In dem noch nicht bezogenen Volkswohnhaus Nr. 80 in der Palermostraße in Bozen explodierte um 3 Uhr früh eine Sprengladung, die beträchtlichen Sachschaden anrichtete.

20. Dezember 1960

Italien hat Angst vor dem Selbstbestimmungsrecht

Bei Beantwortung von Anfragen zur Außenpolitik äußerte Außenminister Segni in der Kammer des Parlamentes: Italien habe sich für das Selbstbestimmungsrecht der Algerier ausgesprochen, aber dagegen, daß die Volksabstimmung von der UNO organisiert und beaufsichtigt wird, denn das würde *„einen für Italien gefährlichen Präzedenzfall schaffen.“*

31. Dezember 1960

Südtiroler Landesregierung gebildet

Der aus den Wahlen am 6. November hervorgegangene vierte Südtiroler Landtag wählte Ing. Alois Pupp zum Landtagspräsidenten und Silvio Nicolesi (Sozialist) zu seinem Stellvertreter. Präsident des Landesausschusses und damit Landeshauptmann wurde Dr. Silvius Magnago, Landeshauptmannstellvertreter Dr. Alfons Benedikter, Landesräte (Assessoren) wurden Dr. Alfons Benedikter, Dr. Peter Brugger, Dr. Joachim Dalsass, Dr. Robert von Fioreschy, Lino Ziller (DC) und Sandro Panizza (DC), Vizeassessoren Dr. Franz Wahlmüller, Dr. Anton Zelger und Dr. Armando Bertorelle (DC).

— 1961 —

4. Januar 1961

Dr. Brugger lehnt Region Trentino-Südtirol ab

Der Sprecher der SVP-Fraktion im Regionalrat, Dr. Brugger, lehnte, wie die „Dolomiten" berichteten, in einer Grundsatzerklärung die Region Trentino-Südtirol ab, die gegen den Willen der Südtiroler geschaffen worden sei.

8. Januar 1961

Dr. Silvius Magnago zur wirtschaftlichen Lage: Folgen der faschistischen Unterdrückungspolitik

Der Landeshauptmann von Südtirol, Dr. Silvius Magnago, sagte in einem der „Österreichischen Neuen Tageszeitung" gewährten Interview, daß Südtirol infolge der Entwicklung der letzten 40 Jahre wirtschaftlich im Rückstand sei. Das Ringen um die volle Autonomie sei auch ein Ringen um die Entfaltung der bodenständigen Südtiroler Wirtschaft: *„Nur die volle Autonomie wird es ermöglichen, den Rückstand der letzten 40 Jahre aufzuholen. Vor dem Ersten Weltkrieg lebten 61 Prozent der Südtiroler auf dem Lande und 39 Prozent in den Städten, heute aber 70 Prozent von der Landwirtschaft und 30 Prozent von anderen Wirtschaftszweigen und in der Stadt. So liegt viele Arbeitskraft brach und ist viel versteckte Arbeitslosigkeit in Südtirol vorhanden. Das ist die Folge der faschistischen Unterdrückungspolitik, welche die Südtiroler von bestimmten Berufen und Wirtschaftszweigen ausschloß, und die es auch seit 1945 den Südtirolern verwehrt, an der industriellen Entwicklung und am konjunkturellen Aufschwung teilzunehmen. Nur auf dem Gebiet der geschlossenen Höfe und des Handwerks hat Südtirol gewisse Kompetenzen, auf allen anderen Gebieten ist die Zuständigkeit bei der mehrheitlich italienischen Regierung, und dies wirkt sich wirtschaftshemmend aus. Südtirol braucht keine neuen Großindustrien, sondern mittlere und kleine Betriebe, welche den Südtiroler Bauernburschen Arbeitsplätze schaffen. Da der Wohnungsbau in italienischer Hand ist, sind in den Städten auch für die Menschen der Südtiroler Stadtumgebung keine Wohnräume vorhanden. Wir Südtiroler wollen endlich eine klare und endgültige Lösung und keine faulen Kompromisse, welche die Wurzel neuen Unfriedens sein müßten. Wir brauchen die Lösung auch, damit die Stagnation endet und Südtirol nicht weiter wirtschaftliches Notstandsgebiet sein muß."*

21. Januar 1961

Das Trentino hat nichts mit Südtirol zu tun

Der verantwortliche Redakteur der „Dolomiten", Dr. Friedl Volgger, stellte in einem Leitartikel, ausgehend von der italienischen Äußerung, daß Italien bei den Verhandlungen in Mailand die Südtirolfrage *„ein für allemal aus der Welt schaffen wolle"* fest: *„Bei den österreichisch-italienischen Verhandlungen in Mailand steht nur die Durchführung des Pariser Abkommens zur Diskussion . . . allein die Zukunft der tirolerischen Minderheit in Italien . . . Die Frage des Schicksals der italienischsprachigen Provinz Trient mag und muß für die Trentiner selbst interessant sein; sie hat aber auf der Tagesordnung der Mailänder Konferenz nichts zu suchen. Vom Trentino ist im Pariser Vertrag mit keinem Wort Erwähnung getan . . . Deswegen müssen wir Südtiroler mit allem Nachdruck erklären, daß die Südtirolfrage ‚ein für allemal' nur dann aus der Welt geschafft wird, wenn Italien dem Volk von Südtirol eine echte Landesautonomie, getrennt von Trentino, gewährt im Sinne des Gesetzentwurfes der Südtiroler Parlamentarier."*

Bozner Gericht: 18 Italiener – 1 Südtiroler

Die Tageszeitung „Dolomiten" brachte eine Zusammenstellung der Richter im Bozner Landesgericht und bei der Staatsanwaltschaft: *„Neben 18 Italienern findet sich ein einziger Deutscher. Die Staatsanwaltschaft ist rein italienisch. Dies in einer Provinz, wo zwei Drittel der*

Bevölkerung deutsch sind. Von diesen 18 italienischen Richtern und Staatsanwälten verstehen nur zwei oder drei auch die deutsche Sprache. Keine der demokratischen Nachkriegsregierungen hat an den durch den Faschismus entstandenen Zuständen etwas geändert."

25. Januar 1961

Südtiroldebatte im römischen Außenpolitischen Ausschuß

Bei der Sitzung des Außenpolitischen Ausschusses der römischen Kammer berichteten Außenminister Segni und der Chefdelegierte Martino über die Südtirolfrage. Sehr besorgt äußerte sich Ministerpräsident Tambroni, der meinte, eine Autonomie sei nur Vorstufe zum Anschluß an Österreich.

Bergisel-Bund fordert Vollautonomie

In Hinblick auf die bevorstehenden Verhandlungen in Mailand erklärte der Bergisel-Bund, daß ein Abgehen von der Mindestforderung nach einer international abgesicherten Landesautonomie für Südtirol *„einem Verrat Österreichs an Südtirol"* gleichkommen würde.

27. und 28. Januar 1961

Mailänder Verhandlungen gescheitert – Italien lehnt volle Autonomie für Südtirol ab

Die Verhandlungen zwischen einer österreichischen Delegation unter Führung des Bundesministers für Auswärtige Angelegenheiten, Dr. Bruno Kreisky, und des Staatssekretärs Dr. Franz Gschnitzer sowie einer italienischen Delegation unter Führung des italienischen Außenministers Antonio Segni, die am 27. Januar in der Villa Comunale in Mailand im Sinne der Resolution der UN-Vollversammlung vom 31. Oktober 1960 begonnen hatten, wurden am 28. Januar ergebnislos abgebrochen. Der italienische Außenminister Segni hatte lediglich einige Zugeständnisse auf den Gebieten der Sprache und der Stellenbesetzung im öffentlichen Dienst angeboten und von Österreich verlangt, daraufhin den Streitfall ein für alle Mal für beendet zu erklären. Österreich hatte die Gewährung einer eigenen Landesautonomie für Südtirol verlangt und eine Liste von Kompetenzforderungen für Südtirol vorgelegt. Die italienische Seite erklärte, daß eine Änderung der italienischen Verfassung oder des bestehenden Regionalstatuts nicht in Frage komme. Das Scheitern der Verhandlung wurde in einem gemeinsamen Kommuniqué festgehalten.

Demonstrationen gegen Österreich

Österreichische Delegation mußte geschützt werden

Während der Verhandlungen der beiden Delegationen demonstrierten und randalierten italienische Faschisten in den Straßen Mailands gegen Südtirol und Österreich, vor denen die österreichische Delegation durch die Polizei geschützt werden mußte.

30. Januar 1961

Südtiroler Freiheitskämpfer sprengen Mussolinidenkmal – ÖVP-Landesrat Oberhammer am Attentatsbeschluß beteiligt

Aus Protest gegen die starre Haltung Italiens bei den Mailänder Verhandlungen und um die Weltöffentlichkeit gegen das seit mehr als 40 Jahre andauernde Unrecht aufmerksam zu machen, das Südtirol angetan wurde, sprengte ein Kommando des BAS den „Aluminium-Duce" bei Waidbruck. Dieses aus Aluminium gegossene Denkmal stellte den „Duce" mit faschistischem Gruß hoch zu Roß dar. Vor 1945 hatte es die Inschrift getragen „Al genio del fascismo". 1945 war lediglich die Aufschrift entfernt worden, der „Duce" blieb bis zu diesem 30. Januar 1961 auf seinem Roß sitzen. Zusammen mit dem Bozener Kaufmann und Bergsteiger Martl Koch und mit der Hilfe von vier jungen Nord- und Südtirolern nahmen der Innsbrucker Alpinist und Schriftsteller Dr. Heinrich Klier und der Kaufmann Kurt Welser trotz scharfer Bewachung die Sprengung vor. Diese Protestaktion war Ende Januar 1961 auf einem Treffen beschlossen worden, an dem neben Landesrat Oberhammer auch Luis Amplatz, Heinrich Klier und Martin Koch teilgenommen hatten. In ganz Südtirol wurde ein Flugblatt der

Südtiroler Freiheitskämpfer mit folgendem Text verteilt: *„Tiroler! Italien zeigte uns wieder die kalte Schulter. Italien sagte wiederum NEIN zu unserer primitivsten Forderung nach Landesautonomie. JETZT ist unsere Geduld zu Ende! JETZT gibt es nur mehr EINE Forderung: SELBSTBESTIMMUNG FÜR SÜDTIROL!"*

Außenminister Dr. Kreisky erhält Alu-Splitter vom „Alu-Duce" zur Erinnerung

„Drei Tage nach dem Anschlag standen im Büro von Fritz Molden zwei österreichische BAS-Leute und überreichten ihm ein kleines Aluminiumstückchen, das von der gesprengten Reiterstatue stammte: ‚Ich habe es heute noch zu Hause', behauptet Fritz Molden. Danach seien die Männer mit ihm noch zu Bruno Kreisky gegangen, so der Verleger, und hätten auch diesem ein Aluminiumstück überreicht." (Gespräch des Südtiroler Historikers Christoph Franceschini mit Fritz Molden, in: Franceschini, Christoph: „Die Welle der Sprengstoffanschläge in Südtirol", in: Pelinka / Maislinger [Hrsg]: „Handbuch . . ." a.a.O., S. 482.)

Hausdurchsuchung bei der SVP – Landesleitung

Bei Auffinden von Belastungsmaterial sollte SVP verboten werden

Der Bozener Staatsanwalt Dr. Rocco ordnete nach Ersuchen der Polizeibehörde und des Carabinierikommandos eine Hausdurchsuchung in der Parteileitung der Südtiroler Volkspartei in der Villa Brigl in Bozen unter Leitung des stellvertretenden Staatsanwaltes Dr. Castellano an. Diese fand von 14. 55 Uhr bis 17. 55 Uhr statt. Ziel der Hausdurchsuchung war sicherlich, etwas zu finden oder zu unterschieben, woraufhin die SVP verboten hätte werden sollen. Wenn ein solches Vorhaben bestanden haben sollte, so scheiterte es an der Anwesenheit einiger Südtiroler Politiker, die den durchsuchenden Beamten auf die Finger sahen. Dr. Magnago, der zur Sitzung der Landesleitung um 15 Uhr eintraf, sagte zum Staatsanwalt: *„Das ist ein sehr schwerwiegender Fall. Ich fühle mich persönlich beleidigt."* Die anwesenden Senatoren Sand und Tinzl und die Abgeordneten Ebner und Mitterdorfer protestierten gegen die Hausdurchsuchung in ihrer Eigenschaft als Parlamentarier. An Ministerpräsident Fanfani, Innenminister Scelba und an den Justizminister wurde folgendes Protesttelegramm gesandt: *„Wir bringen Ihnen zur Kenntnis, daß der Zentralsitz der Südtiroler Volkspartei drei Stunden lang von Carabinieri und Polizei in Anwesenheit eines Staatsanwaltes durchsucht wurde. Die Durchsuchungsverordnung des Staatsanwaltes gab keinen Grund und im besonderen keinen Hinweis eines Vergehens an, welcher diese unglaubliche Verfügung hätte rechtfertigen können. Die Durchsuchung blieb natürlich ohne jedes Ergebnis. Wir protestieren auf das nachdrücklichste gegen diese unerhörte Maßnahme, die bei uns in der Nachkriegszeit noch nie vorgekommen ist, weil sie eine schwere Verletzung der politischen und demokratischen Grundrechte aller Bürger darstellt und nur als ein Akt der Feindseligkeit und der politischen Verfolgung der politischen Vertretung des Südtiroler Volkes ausgelegt werden kann. Der Obmann der SVP, Dr. Silvius Magnago."*

31. Januar 1961

Fanfani bejaht den Aluminium-Duce

Auf das Protesttelegramm des Obmannes der Südtiroler Volkspartei, Magnago, antwortete Ministerpräsident Fanfani: *„Habe Ihr heutiges Telegramm erhalten. Sie hätten besser getan, wenn Sie sich allen Bürgern unserer freien Demokratie angeschlossen hätten, welche gegen die Sprengstoffattentäter von Waidbruck und deren Aufwiegler protestierten."* Die „Dolomiten" kommentieren zutreffend: *„Kein Verständnis können wir dafür aufbringen, daß man die Sammelpartei der Südtiroler, die SVP, der Mitverantwortung an einem Anschlag verdächtigt. Oder sollte der Anschlag in Waidbruck nur als Vorwand für den seit langem geplanten ‚Angriff' gegen die Villa Brigl (Sitz der SVP) gedient haben? War die Hausdurchsuchung etwa nur ein Racheakt wegen des Schiffbruches der Mailänder Konferenz? Fragen, die Fanfani beantworten sollte."*

Gebührende Zurückweisung Fanfanis durch Magnago

Der Parteiobmann der SVP, Dr. Magnago, sandte einen offenen Brief an Ministerpräsident Fanfani, in dem es u. a. hieß:

„Bezüglich des Sprengstoffanschlages von Waidbruck bitte ich Sie, zur Kenntnis nehmen zu wollen, daß das Objekt der Attentäter nicht eine x-beliebige ‚Reiterstatue' war, wie man glauben machen möchte, sondern der ‚Aluminium-Duce', wie ihn die Südtiroler heißen, der im Jahre 1938 errichtet wurde und auf dem Sockel die Inschrift trug: ‚Dem Genius des Faschismus'. Dies ändert allerdings nichts daran, daß die von mir vertretene Partei auch diesen Gewaltakt verurteilt. In Südtirol sind leider trotz des Unterganges des Faschismus und seiner Verdammung Abzeichen, Inschriften und Denkmäler, die an den Faschismus erinnern und ihn verherrlichen, erhalten geblieben und sogar restauriert worden. Wenn man an die Leiden der Südtiroler unter diesem Regime und an die brutale Entnationalisierungspolitik, die es ihnen gegenüber betrieb, denkt, so muß man mindestens zu der Schlußfolgerung kommen, daß es eine grobe Geschmacklosigkeit und Herausforderung bedeutet, wenn man die äußeren Zeichen einer Zeit, die nicht wiederkehren darf, gerade in Südtirol beläßt, während sie in den anderen Provinzen entfernt wurden. Ich und mit mir die ganze Südtiroler Bevölkerung . . . wären Ihnen dankbar, wenn Sie die Entfernung der faschistischen Symbole anordneten. Ich kann Ihnen auf Verlangen alle notwendigen Hinweise geben. Seit Jahren betreibt die große Mehrheit der italienischen Presse einen Verleumdungsfeldzug gegen das Südtiroler Volk und seine Vertreter, der darauf abzielt, die öffentliche Meinung Italiens gegen die Südtiroler Minderheit aufzuhetzen. Leider hat die Regierung nie mit Erklärungen oder sonstwie eingegriffen, um wenigstens die gröbsten Fälschungen uns gegenüber auch nur zum Teil richtigzustellen und die Anliegen der Südtiroler zu vertreten. Unverständlich erscheint uns jener Teil des Telegramms, der von den Pflichten aller, auch der Rückoptanten, spricht. Wir begreifen nicht, warum Sie auf die Rückoptanten, italienische Staatsbürger, anspielen, welche die Opfer des berüchtigten Hitler-Mussolini-Paktes waren. Ich sehe mich schließlich genötigt, den von mir im Namen des Südtiroler Volkes erhobenen Protest nochmals zu bestätigen, weil die in meinem Telegramm dafür dargelegten Gründe aufrecht bleiben.
Der Präsident der Südtiroler Volkspartei
Dr. Silvius Magnago"

Hausdurchsuchungen und Demonstrationen
Im Zusammenhang mit dem Sprengstoffanschlag auf das Mussolinidenkmal und der großangelegten Flugblattaktion der Freiheitskämpfer fanden in ganz Südtirol wahllos Hausdurchsuchungen und willkürliche Festnahmen statt. Unter Führung ihrer Lehrer veranstalteten italienische Schüler in Bozen eine Demonstration, bei der die Südtiroler Volkspartei und die deutschen Bewohner geschmäht und beschimpft wurden. Ähnliche Demonstrationen fanden auch in anderen Städten statt. Die Demonstranten trugen Spruchtafeln mit Todesdrohungen gegen Landeshauptmann Dr. Magnago mit sich, ohne daß die Polizei dies unterband.

1. Februar 1961
Sprengstoffanschlag gegen Tolomei-Haus in Glen
Der zu einem Museum und Wallfahrtsort für Neofaschisten umgestaltete letzte Wohnsitz des Deutschenhassers (*„Die Südtiroler sind die schweinischen Überreste der germanischen Rasse"*) Ettore Tolomei wurde durch einen Sprengstoffanschlag schwer beschädigt. Der faschistische Senator Tolomei war der Erfinder der italienischen Ortsbezeichnungen in Südtirol, des faschistischen Entnationalisierungsprogrammes und des Aussiedlungsprogrammes für die Südtiroler gewesen. Er wurde unter Mussolini in den Grafenstand erhoben und zum Senator ernannt. 1946 – im demokratischen Italien – wurde er wegen seiner Verdienste für die Italianisierung Südtirols zum Senator auf Lebenszeit bestätigt. 1952 erhielt er in Glen ein Staatsbegräbnis und wurde seinem Letzten Willen gemäß so liegend begraben, daß er aus dem Grabe sehen könne, wie der letzte Deutsche über den Brenner aus Südtirol hinausmarschiere.
Der Täter, Josef Fontana aus Neumarkt, berichtete später beim Mailänder Prozeß: *„Als ich im Radio hörte, daß die Verhandlungen* (Österreich – Italien) *geplatzt seien, nahm ich etwa zehn Kilo Dynamit und ging ganz allein zur Villa Tolomei. Ich paßte genau auf, daß bei der Sprengung niemand verletzt werden würde. Ich brachte die Ladung an der Südseite der Villa an,*

damit die Bewohner des auf der anderen Seite der Villa liegenden Pächterhauses nicht verletzt würden."

Italienische Schüler für Mussolini-Denkmal

Bozen war erneut Schauplatz eines Aufmarsches halbwüchsiger italienischer Schüler. Die zum Schutz gegen den Schneefall in Trikoloren gehüllten Kinder trugen Transparente mit antiösterreichischen und antitirolischen Phrasen mit sich. Unter anderen wurde die sofortige Wiederherstellung des Mussolinidenkmals in Waidbruck gefordert. Nach einem Besuch beim Vizeregierungskommissar und einem Marsch durch die Stadt randalierten die Jugendlichen vor dem Sitz der Südtiroler Volkspartei.

„Südtiroler Ruf" deckt faschistische Vergangenheit des Ministerpräsidenten Fanfani auf

Das Organ des Bergisel-Bundes, der „Südtiroler Ruf", deckte die faschistische Vergangenheit des italienischen Ministerpräsidenten Amintore Fanfani auf. Fanfani, der sich gerne als „Verfolgter des Faschismus" feiern läßt, hat im Jahre 1939 die faschistische Rassenpolitik und den Antisemitismus in den höchsten Tönen gelobt. In der Zeitschrift „Rivista internazionale di scienze sociali" schrieb der nachmals zum „Widerstandskämpfer" Gewandelte noch unverfroren: *„ . . . es verwirklichte sich die traditionell faschistische Politik zur Verteidigung der Rasse . . . Diese notwendige Politik trat 1933 deutlicher zum Vorschein . . . für die Macht und Zukunft der Nation müssen die Italiener nicht nur zahlreich und von gesunder Natur sein, sondern müssen auch rassisch rein sein."* In diesem Artikel erwähnt Fanfani in diesem Zusammenhang ausdrücklich *„die Trennung der Semiten von der nationalen Volksgruppe."* 1940 schrieb Fanfani in derselben Zeitschrift über die Zukunft Europas und kündigte die *„allgemeine Einführung autoritärer Regierungsformen"* an sowie die *„harmonische Abstimmung der verschiedenen Systeme auf die Grundsätze des Faschismus und Nationalsozialismus."*

2. Februar 1961

Mussolinidenkmal soll wiederaufgebaut werden

Krawalle gegen Österreich und Südtirol in Rom und Bozen

Der italienische Ministerpräsident Amintore Fanfani erteilte dem Arbeitsminister Zaggagnini die Anweisung, umgehend für den Wiederaufbau des gesprengten Aluminiumstandbildes Mussolinis in Waidbruck Sorge zu tragen. Diese Anordnung zur Wiedererrichtung des „Alu-Duce" (die aufgrund internationaler Proteste dann doch nicht durchgeführt wurde) war von heftigen faschistischen Demonstrationen gegen die österreichische Botschaft in Rom begleitet. Die von neofaschistischen Abgeordneten gelenkten Krawalle gipfelten in der Forderung nach einem sofortigen Verbot der Südtiroler Volkspartei. Mit Duldung der Schulleitungen, der Polizei und der Verwaltungsbehörden randalierten auch in Bozen erneut halbwüchsige Schüler und zogen unter Schmährufen auf die deutschsprachige Bevölkerung durch die Stadt. Sie trugen Transparente mit sich, auf denen z.B. ein Galgen abgebildet war und der Tod des Südtiroler Landeshauptmannes Dr. Silvius Magnago und dergleichen mehr gefordert wurde. Die Polizei beschränkte sich auf den Schutz der Redaktion der „Dolomiten" und der Südtiroler Volkspartei, ließ aber ansonsten den Demonstranten jede Freiheit. Auch an anderen Orten Italiens, so zum Beispiel in Trient und Mailand, kam es zu Kundgebungen faschistischer Jugendlicher gegen Österreich.

Hausdurchsuchungen und Verhaftungen

Die Hausdurchsuchungen und Festnahmen deutscher Südtiroler gingen weiter. Unter den mehr als hundert von der Polizei festgehaltenen Südtirolern befanden sich vor allen Persönlichkeiten der Südtiroler Volkspartei, der Schützen und der Freiwilligen Feuerwehr, darunter die Schützenoffiziere Georg Klotz, Luis Amplatz, der SVP-Bezirksobmann Neuhauser und der Geschäftsführer des Schützenbundes Pardatscher.

Die österreichische Südtirol-Expertin Dr. Viktoria Stadlmayer wurde nach ihrer Entlassung aus dem Bozener Gefängnis am Brenner mit Blumen empfangen. Der italienische Untersuchungsrichter hatte versucht, ihr eine Beteiligung an den Sprengstoffanschlägen anzuhängen (10. Juni 1961).

2. Februar 1961: Nach der Sprengung des Mussolini-Denkmals in Waidbruck wurde ganz Italien von neofaschistischen Demonstrationen erschüttert. In Bozen und Rom zeigten Schüler Tafeln, auf denen die SVP, am Galgen hängend, präsentiert wurde. Die Demonstrationen forderten „Fuori l'a straniero" („Hinaus mit den Fremden"). Gemeint war, daß die Südtiroler aus ihrer eigenen Heimat vertrieben werden sollten.

3. Februar 1961

Kreisky: Selbstbestimmungsrecht kein Verbrechen

Dr. Bruno Kreisky erklärte bei einer Pressekonferenz in Wien, daß die Resolution der UN-Vollversammlung nicht nur den Österreichern, sondern auch den Italienern den Auftrag erteilt habe, sich in Gesprächen um eine Annäherung der Standpunkte zu bemühen. Nach Meinung der österreichischen Regierung käme vor allem die Einsetzung einer internationalen Untersuchungskommission in Betracht, weil die Ergebnisse einer solchen Untersuchung für eine Lösung von außerordentlicher Bedeutung wären. Von italienischer Seite werde immer wieder das Argument geltend gemacht, daß die Österreicher mit dem Autonomiestatut anfangen und mit dem Selbstbestimmungsrecht aufhören würden. Nun halte Österreich grundsätzlich das Selbstbestimmungsrecht nicht für ein Verbrechen und sehe es auch nicht als ein Unglück an, wenn man es in Südtirol anwende. Es sei aber Österreich vollkommen klar, daß die Stellung dieser Forderung in Europa ungünstige Folgen zeitigen würde. Die österreichische Regierung habe sich daher entschlossen, eine Erklärung abzugeben, daß sie mit der Verwirklichung der Autonomie das Gruber-De Gasperi-Abkommen als erfüllt anerkennen werde. Sie werde aber nur eine Lösung akzeptieren, mit der die Südtiroler Vertreter einverstanden sind.

„Ihr müßt stolz sein, Italiener sein zu dürfen"

Der italienische UN-Delegationsführer Martino erklärte im italienischen Parlament, daß Italien einer eigenen Landesautonomie für Südtirol niemals zustimmen werde. Der italienische Außenminister Antonio Segni erklärte, die Verhandlungen mit Österreich würden weitergeführt werden. Der SVP-Abgeordnete Dr. Karl Mitterdorfer erklärte: Das in Italien herrschende Mißtrauen gegen die Südtiroler sei das Ergebnis einer verschiedenen Geisteshaltung, denn die Südtiroler unterschieden sich in ihrer Mentalität vom italienischen Volk. Er wurde vom Parlamentspräsidenten Giovanni Leone mit dem Ruf unterbrochen: *„Es gibt nur ein italienisches Volk, dem auch Sie, Herr Abgeordneter Mitterdorfer, angehören. Deshalb müssen Sie von unserem Volk sprechen!"* Der neofaschistische Abgeordnete Nicosia ergänzte: *„Ihr müßt stolz sein, Italiener sein zu dürfen!"*

6. Februar 1961

Südtiroler ausweisen!

Gesetz zum Entzug der Staatsbürgerschaft eingebracht

Die römische Tageszeitung „Il Tempo" erinnerte an das Mussolini-Hitler-Abkommen über die Auswanderung der Südtiroler und forderte die Aussiedlung der Südtiroler. *„Wir hoffen, das Parlament wird der Regierung die Vollmachten übertragen. Wir glauben, es wird nicht notwendig sein, alle 200.000 Einwohner der deutschen Volksgruppe zu strafen oder eine der Massenaustreibungen anzuordnen, von denen in der Nachkriegszeit Europa und Asien erschüttert wurden . . . Es würde genügen, etwa 1.000, 2.000, 10.000 nazistischen Agitatoren die Staatsbürgerschaft zu entziehen, und alles würde in jener Grenzzone wieder in Ordnung kommen."* Gestützt auf diese Auffassungen brachten die Senatoren A. Romano, P. Piasenti und De Bosio im Senat einen Antrag zur Novellierung des Staatsbürgerschaftsgesetzes ein. Diese Gesetzesnovellierung sah die Möglichkeit des Entzuges jeder einmal erfolgten Staatsbürgerschaftsverleihung vor, wenn die betreffende Person Handlungen begangen hätte, die mit den Pflichten der Treue zur italienischen Republik nicht vereinbar seien. Davon wären alle Optanten, mehr als 80 % der Südtiroler Bevölkerung, betroffen gewesen. Rom hätte damit eine Waffe in der Hand gehabt, die gesamte Volksgruppe niederzuhalten, und hätte fast jeden Mißliebigen über den Brenner des Landes verweisen können. Dies hätte auch die politischen Führer der Volksgruppe betroffen. (Siehe weiter: 27. April 1961.)

Polizei verschärft Gangart gegen Südtiroler

Die seit Tagen andauernden Festnahmen von Südtirolern wurden nun durch eine neue Schikane erweitert. Selbst Personen, die nur zu Zeugenaussagen auf die Carabinieristationen gebracht wurden, mußten auf Anordnungen der zuständigen Offiziere in Ketten (!) mittelalterlicher Art abgeführt und gedemütigt werden. In ganz Südtirol gingen die Hausdurchsuchungen weiter.

7. Februar 1961

Das Recht wird siegen

In einer Rundfunkansprache betonte der Nordtiroler Landeshauptmann Dr. Hans Tschiggfrey die Enttäuschung über das Scheitern der Mailänder Verhandlungen. *„Wir sahen, daß Ideologien, die in unserer Zeit keinen Boden mehr haben, noch immer ihr Haupt erheben. Wir mußten erkennen, daß man von dem so notwendigen und so viel im Munde geführten europäischen Denken noch immer weit entfernt ist. Wie in den Tagen Mussolinis zogen jugendliche Scharen schreiend und drohend durch die Gassen, jenen Geist bekundend, der unsere Landsleute jenseits des Brenners so sehr peinigte und bedrängte und nicht einmal auf dem Friedhof in Ruhe ließ. Dennoch geben wir die Hoffnung nicht auf. Wir glauben, daß europäische Gesinnung auch dort, wo wir sie besonders schmerzlich vermissen, Einkehr halten muß. Es kann nicht sein, daß man sich auf der einen Seite zu den Kreuzrittern des Rechtes und der Freiheit gesellt und diese hehren Begriffe auf der anderen, innerhalb der eigenen Grenzen, auf die Dauer mißachtet. Man kann einem freiheitgewohnten Volk im Herzen Europas nicht den von ihm geforderten Teil jenes Rechtes vorenthalten, das heute in Afrika und in Asien als selbstverständlich in Anspruch genommen wird. Die Aufmerksamkeit der Welt ist weiter auf Südtirol gerichtet. Das Recht wird siegen, das Recht muß siegen."*

Südtiroler Volkspartei gegen Polizeischikanen

Die Landesleitung der SVP nahm gegen die in der Geschichte des Landes noch nie dagewesene Welle von Hausdurchsuchungen und Festnahmen, die wahllos und zur Einschüchterung der Bevölkerung erfolgen, energisch Stellung. *„Das Verhalten der Polizeiorgane bei Einvernahme und Festnahme steht oft in krassestem Gegensatz zu den Grundsätzen der europäischen Menschenrechtskonvention."* Gleichzeitig würden randalierende Schüler vom Regierungsvizekommissar empfangen, und während angesehene Südtiroler in Ketten wie Verbrecher abgeführt werden, könnten italienische Demonstranten zum Mord auffordern.

Ohrfeigen für deutsche Lieder

Im Gasthof Mader in Sterzing wurden die Musiker bei der Probe wegen ihres deutschen Singens durch zwei Carabinieri angestänkert und tätlich angegriffen. *„Wir glauben nicht, daß selbst in der Hochblüte des Kolonialzeitalters die Sicherheitsbehörden einer europäischen Macht sich in irgendeinem Teile Asiens oder Afrikas auch nur etwas Ähnliches geleistet hätten, wie die Polizisten des demokratischen Italien in einer alten Kulturstadt im Herzen Europas"*, bemerkte der knappe Kommentar der „Dolomiten" dazu.

9. Februar 1961

Österreich verzichtet auf Selbstbestimmungsrecht für Südtirol, wenn volle Autonomie gewährt wird

Der Bundesminister für Auswärtige Angelegenheiten, Dr. Bruno Kreisky, berichtete vor dem Nationalrat über die abgebrochenen österreichisch-italienischen Südtirolverhandlungen in Mailand und gab bekannt, daß sowohl die österreichische als auch die italienische Regierung ihre Bereitschaft zum Ausdruck brachten, die Verhandlungen fortzusetzen. Kreisky erklärte, daß er schon zu Beginn der Mailänder Verhandlungen erklärt habe, daß Österreich auf die Anwendung des Selbstbestimmungsrechts der Südtiroler verzichte, sofern Italien der Provinz Bozen eine volle Regionalautonomie zuerkenne. Kreisky erklärte weiters, daß er am Schluß der Mailänder Verhandlungen der italienischen Delegation folgende österreichische Vorschläge für weitere Verhandlungen übergeben habe:

Sicherung des ethnischen Charakters:

Vollständige Gleichberechtigung der deutschen und italienischen Sprache im öffentlichen Leben. Volle Gesetzgebung und Verwaltung auf dem Gebiete des Schul- und Erziehungswesens.

Regelung des Wohnsitzrechtes im Sinne einer Sicherung der wirtschaftlichen und sozialen Interessen der in der Provinz Bozen ansässigen Angehörigen aller Bevölkerungsgruppen.
Sicherung der wirtschaftlichen Entwicklung:
Gesetzgebung und Verwaltung in Land- und Forstwirtschaft, Handel, Kreditwesen, Industrie, Fremdenverkehr, Gesundheitswesen, Sozialfürsorge sowie öffentlicher Wohltätigkeit.
Regelung der Arbeitsvermittlung im Sinne des Vorranges der Interessen der in der Provinz Bozen ansässigen Bevölkerung.
Besetzung der öffentlichen Stellen unter Berücksichtigung des Bevölkerungsverhältnisses, also des ethnischen Proporzes.
Sicherung der kulturellen Entwicklung:
Gesetzgebung und Verwaltung in allen Bereichen des kulturellen Lebens unter besonderer Berücksichtigung der kulturellen Interessen der in der Provinz ansässigen Bevölkerungsgruppen. Gesetzgebung über die Organisation der öffentlichen Verwaltung (unmittelbar und mittelbar durch Körperschaften und Institute) auf allen Sachgebieten der autonomen Zuständigkeit sowie über Gemeinden einschließlich deren Sekretäre. Eine der Erfüllung der autonomen Aufgaben der Provinz angemessene Steuer- und Finanzhoheit. Der Schutz der ethnischen, wirtschaftlichen und kulturellen Interessen der italienischsprachigen Bevölkerung in der Provinz Bozen ist in vollem Ausmaß zu gewährleisten.

Tiroler Landtag besteht auf voller Landesautonomie für Südtirol
In einem Entschließungsantrag bedauerte der Tiroler Landtag das Scheitern der Mailänder Verhandlungen, betonte, daß auf einer vollen Landesautonomie bestanden werden müsse und versicherte, die gerechten Forderungen der Südtiroler jederzeit zu unterstützen. Es sprachen die Abg. Obermoser, Oberhammer, Kunst, Wendling und Gamper, der erklärte: *„Wenn man schon den Südtirolern das an sich unveräußerliche Recht der Selbstbestimmung nimmt, dann ist die volle Landesautonomie nur ein Ersatz für einen schmerzlichen Verzicht."*

10. Februar 1961
Für Achtung der menschlichen Würde
Die Landesleitung des Katholischen Verbandes der Werktätigen, die Katholische Bewegung, und die Arbeitsgemeinschaft katholischer Ärzte Bozen haben sich in einem Protest und Appell an das Ministerratspräsidium, den Regierungsvizekommissar und den Quästor von Bozen gewandt und scharf die Beleidigung der menschlichen Würde durch das Vorgehen in letzter Zeit verurteilt, nämlich das Abführen unschuldiger Menschen in Ketten, die Rücksichtslosigkeit gegen alte und kranke Menschen, die Festhaltung in ungenügender Kleidung und unhygienischen Lokalen, die Schülerdemonstrationen, die Beleidigung der deutschen Bevölkerung, die Morddrohungen gegen den Landeshauptmann. Sie richteten einen dringenden Appell zur Abstellung derartiger Maßnahmen und Sicherung der Freiheit und Würde des einzelnen wie des Südtiroler Volkes an die Regierung.

17. Februar 1961
Polizei kann Sicherheit nicht garantieren
Zum dritten Male mußte die Einweihung des vor der Bozner Stadtpfarrkirche wiedererrichteten Peter Mayr-Denkmals verschoben werden. Die Polizei verbot die Teilnahme der Musikkapelle und der Schützenkompanie aus Gries mit der Begründung, für die Sicherheit nicht garantieren zu können. Auf die Anfrage eines Journalisten teilte zum gleichen Zeitpunkt das Büro des Vizeregierungskommissars mit, daß an ein Verbot der italienischen Schülerdemonstrationen nicht gedacht sei.

Gemeinde Montan protestiert
Die wahllosen und unmotivierten Hausdurchsuchungen, zahllose Festnahmen und andere Übergriffe der Polizei veranlaßten die Gemeinde Montan, öffentlich gegen diese Willkürmaßnahmen zu protestieren.

21. Februar 1961

Auseinandersetzungen vor dem Peter Mayr-Denkmal

Nach dem Verbot der feierlichen Wiedereinweihung des Peter Mayr-Denkmals hatten Unbekannte in der Nacht einen Kranz mit den italienischen Farben und der Aufschrift *„Gli italiani di Bolzano a Peter Mayr" („Von den Italienern Bozens für Peter Mayr")* vor dem Tiroler Nationalhelden niedergelegt. Der 18jährige Helmut Masoner riß nach dem Kirchgang die zum Zwecke der Provokation angebrachte Kranzschleife ab. Sofort wurde er von bereitstehenden Geheimpolizisten überwältigt und abgeführt. Die Südtiroler Franz Palman, Florian Pircher, Friedrich Kröß und andere unbekannt Gebliebene griffen die Polizei mit Steinwürfen an.

6. März 1961

Waffenlager der Freiheitskämpfer in Innsbruck ausgehoben
Geheimdienstaktion – Wolfgang Pfaundler angezeigt

In einem von dem BAS-Gründungsmitglied Wolfgang Pfaundler am Haydnplatz 4 in Innsbruck angemieteten Zimmer wurden 2 Maschinengewehre, 3 Schnellfeuergewehre, 10 Pistolen, 6 Plastikflaschen mit Donarit-Sprengstoff, Munition, diverses Sprengmaterial, Gebirgsausrüstungen und eine Karte mit eingezeichneten Attentatszielen in ganz Südtirol gefunden. Die Vermieterin der Wohnung, die Witwe des holländischen Konsuls namens Elli Oberwurzer-Brenken, war eine Bekannte des Leiters des italienischen Kulturinstitutes in Innsbruck, Antonio Stefanini, welches gleichzeitig als Innsbrucker Residentur des italienischen militärischen Geheimdienstes SIFAR und als Anlaufstelle für die Anwerbung von Agenten diente. Als die Dame gegenüber Stefanini den Namen ihres Untermieters Pfaundler erwähnte, wurde dieser hellhörig, da die Italiener Pfaundler schon längst verdächtigten. Er bat, einen Blick in das Zimmer werfen zu dürfen, und als er die Koffer und Kisten sah, war für ihn der Fall klar. Am 3. März 1961 hatte dann ein Mitarbeiter des italienischen Geheimdienstes das Waffenlager bei dem Abwehroffizier des österreichischen Bundesheeres, Major Cutitz, in Innsbruck telephonisch angezeigt. Dieser hatte die Staatspolizei verständigt. (Baumgartner / Mayr / Mumelter: „Feuernacht", Bozen 1992, S. 32.) Der Journalist Pfaundler, der im Zweiten Weltkrieg eine führende Rolle in der österreichischen Widerstandsbewegung gespielt hatte, blieb auf freiem Fuß, wurde aber gerichtlich angezeigt. Der „SPIEGEL" (Nr. 17/1961) vermerkte darüber süffisant: *„Bei einem großen Prozeß gegen Pfaundler könnte sich plötzlich herausstellen, daß die halbe Bundesregierung von den Partisanenspielen gewußt hat."* Es kam aber doch zum Prozeß, jedoch mit glimpflichem Ausgang: Freispruch durch ein Grazer Geschworenengericht am 25. Juni 1962 (siehe dort!). Daß die Anzeige – offiziell anonym – an einen Mitarbeiter des österreichischen militärischen Geheimdienstes erstattet worden war, hatte sicherlich seinen guten Grund. Wahrscheinlich fürchteten die Italiener, daß die Staatspolizei Pfaundler warnen oder die Anzeige unter den Tisch fallen lassen könnte. So wählte man den Weg über den österreichischen Geheimdienstkollegen und verhinderte ein Vertuschen der Angelegenheit.

7. März 1961

Direktor der deutschen Handelsschule amtsenthoben

Den Schulen wurden von einem Komitee für die Jahrhundertfeier der Einigung Italiens Unterlagen zugesandt. Der Direktor der deutschen Handels- und Handelsvorbildungsschule, Dr. Anton Tirler, ließ das Anschauungsmaterial an das private Nationalkomitee zurücksenden. Da das italienische Komitee offenbar der Meinung war, daß alleine schon die Rücksendung eine Beleidigung Italiens sei, beschwerte es sich, und der Unterrichtsminister ordnete die einstweilige Dienstenthebung des Direktors und Entfernung einer als Sekretärin arbeitenden Gemeindeangestellten an.

12. März 1961

Polizei bricht Bankgeheimnis

Die italienische Polizei hat bei der Spar- und Vorschußkassa in Bozen das Konto des Bergisel-Bundes geöffnet und die gesamten Unterlagen an sich gebracht. Alle in den Buchungsunterlagen genannten Personen wurden in der Folge scharfen Verhören unterzogen.

13. März 1961

Österreich ersucht um Präzisierung der italienischen Vorschläge

Die österreichische Regierung übermittelte der italienischen Regierung ein umfangreiches Dokument, in welchem die bei der Mailänder Konferenz von Österreich geforderte Regionalautonomie für Südtirol präzisiert wurde. Die österreichische Regierung ersuchte gleichzeitig die italienische Regierung, die Konzessionen näher zu präzisieren, zu denen sie bereit sei und die sie bei der Mailänder Konferenz nur in groben Umrissen bekanntgegeben hatte.

19. März 1961

Regionalrat Hans Dietl verurteilt

Zu einem grotesken Urteil kam es vor dem Strafsenat des Landesgerichtes in Bozen. Richter Nardi verurteilte den Regionalrat Hans Dietl (SVP) zu acht Monaten Gefängnis mit Bewährungsfrist und 67.000 Lire Geldstrafe, weil er in seiner Zeitung „Realta Sudtirolese" den Professor Italo Maffei als einen Faschisten bezeichnet hatte. Maffei war ein führendes Mitglied der neofaschistischen Partei MSI.

25. März 1961

14. Landesversammlung der Südtiroler Volkspartei

Die Landesversammlung stand unter dem Schatten der politischen Ereignisse der letzten Zeit. Hausdurchsuchungen, Festnahmen, Demonstrationen gegen die deutsche Bevölkerung waren die Hauptthemen der mehr als 600 Delegierten aus allen Landesteilen. Der Parteivorsitzende Dr. Silvius Magnago verurteilte das Vorgehen der italienischen Behörden und forderte die Beseitigung der faschistischen Embleme und Denkmäler und unterstrich den unzerstörten Lebenswillen des Südtiroler Volkes. In zwei Entschließungen wurde die Erfüllung des Pariser Vertrages und Gewährung der Regionalautonomie gefordert. Sollte die Gewährung der Regionalautonomie jedoch an der *„uneuropäischen Haltung Italiens"* scheitern, so dürfe die Partei nicht mehr zögern, sondern müsse *„dem Willen des Volkes Rechnung tragen"* gemäß der *„Idee des Risorgimento"*, welche *„die Staatszugehörigkeit nach dem Grundsatz der Selbstbestimmung beinhaltet."* Vom Südtiroler Volk könne nicht *„Geduld bis zur Selbstaufgabe"* verlangt werden.

27. März 1961

100. Jahrestag der Einheit Italiens:
Sprengstoffanschläge gegen Zuwanderung

Der BAS wählte den Tag des 100jährigen Jubiläums der Einheit Italiens, um gegen die staatlich geförderte Unterwanderung Südtirols zu protestieren. Als Ziel wählte man Rohbauten, die nach Fertigstellung Zuwanderern aus dem Süden geförderte Sozialwohnungen bieten sollten. Nach Absprache mit Sepp Kerschbaumer wurde von Jörg Pircher ein Neubau der Ina-Casa-Gesellschaft in der Rossinistraße in Meran und von Josef Fontana ein Rohbau in der Reschenstraße in Bozen durch Sprengladungen zerstört.

Straßenwärter beseitigt Sprengladung

Der Straßenwärter Giovanni Postal entdeckte in der Salurner Klause eine nicht detonierte Sprengladung, deren Zündschnur erloschen war, montierte sie ab und brachte sie zu den Carabinieri. Die Freiheitskämpfer hatten versucht, durch die Sprengung eines Alleebaumes bei Salurn an die Volks- und Sprachgrenze zu erinnern. Auf einem Schuppen hinterließen sie die Aufschrift: „Hier ist Südtirol!"

28. März 1961

Faschistische Denkmäler könnten beseitigt werden

In der Fragestunde des Regionalrates wies Regionalrat Dr. Canestrini darauf hin, daß ausgerechnet in Südtirol noch so viele faschistische Denkmäler vorhanden seien. Was den Wiederaufbau des gesprengten faschistischen Reiters von Waidbruck anbelangt, so wäre das ein Beweis mehr dafür, daß die Behörden die Erinnerung und den Geist des Faschismus ausgerechnet in Südtirol, wo er so viel Schaden angerichtet habe, wachhalten wollen. Man müsse zur Schlußfolgerung kommen, daß die faschistischen Denkmäler in Südtirol in die Luft gesprengt werden müßten, damit sie durch andere, demokratische, ersetzt werden können. Er verurteile Gewaltanschläge; vorzuziehen sei, wenn man diesen Denkmälern mit behördlicher Genehmigung bei hellichtem Tag einen Strick umlegen und sie niederreißen könnte.

7. April 1961

Demonstrationssprengung gegen Unterwanderung

Der Nervenkrieg gegen zugewanderte Italiener ging weiter. Um 3 Uhr nachts explodierte in Bundschen (Sarntal) 70 m hinter einem italienischen Wohnblock eine von Luis Amplatz gelegte Sprengladung. Die Druckwelle zerstörte die Fensterscheiben in dem der Gesellschaft „Societa Elettrica Trentina" gehörenden Haus. In einem aufgefundenen Flugblatt wurden die Italiener zum Verlassen Südtirols aufgefordert. Sofort durchgeführte Straßensperren und Hausdurchsuchungen in der näheren Umgebung blieben erfolglos.

8. April 1961

SVP – Ortsobmann Kritzinger verhaftet

Die Carabinieri nahmen den Demonstrationsanschlag von Bundschen zum Anlaß, gegen den Ortsobmann der Südtiroler Volkspartei in Sarntheim, Helmut Kritzinger, den lange vorbereiteten Schlag zu führen. Nach einer umfangreichen Hausdurchsuchung und der Beschlagnahme von Briefen von und an österreichische Politiker wurde er verhaftet. Man hatte bei ihm einen Brief der Nordtiroler Landesbeamtin und Südtirolsachbearbeiterin Dr. Viktoria Stadlmayer gefunden, in welchem diese aufgefordert hatte, man solle *„Zwischenfälle provozieren."* Gemeint waren damit, wie Stadlmayer später präzisiert hat, legale Protestaktionen, wie zum Beispiel das demonstrative Bestehen auf dem Recht, in Ämtern deutsch zu reden. Nach seiner provisorischen Freilassung am 25. November 1961 konnte sich Kritzinger weiterer Strafverfolgung durch Flucht nach Österreich entziehen. Erst 1969 kehrte er in seine Heimat zurück.

16. April 1961

Sprengstoffanschlag und Unruhen in Tramin – Abgeordneter festgenommen – Kirchturm in Tiroler Landesfarben gestrichen – Carabiniere als Lockspitzel

Nach politischen Spannungen mit dem Besitzer Antenore Ferrari, Steinwürfen und Sachbeschädigungen kam es zu einem schweren Sprengstoffanschlag auf die seit 18 Jahren bestehende Ferrari-Bar in Tramin. Das Lokal wurde schwer beschädigt, Personen kamen bei dem Anschlag nicht zu Schaden. In der gleichen Nacht wurde der Turm der Traminer Jakobskirche in den Tiroler Landesfarben gestrichen. Bei einer Besichtigung durch den Abgeordneten im römischen Parlament und Chefredakteur der „Dolomiten", Dr. Toni Ebner, wurde dieser durch den Südtiroler Carabiniere und Provokateur Rienzner (siehe auch 5. 6. und 21. 7. 61) beschimpft und festgenommen. Nachdem ein 15jähriger Ortsbewohner von einem Polizisten wegen seiner deutschen Sprache geohrfeigt worden war, kam es zu Auseinandersetzungen und Schlägereien zwischen der Traminer Bevölkerung und den Carabinieri- und Celere-Alarmeinheiten aus Bozen. Erst als Franz Roner mit Hilfe der Feuerwehrsirene den ganzen Ort alarmiert hatte, konnte dank dem Eingreifen besonnener Offiziere die Ruhe wiederhergestellt werden. Nur wenige Stunden nach dem Anschlag ordnete der italienische Innenminister Scelba folgende Maßnahmen an:

Der Staat übernimmt die Kosten für die Wiederherstellung der Ferrari-Bar.

In Tramin wird ein Kommissariat der politischen Polizei errichtet.

Das Gasthaus „Löwe" wird beschlagnahmt und mit Polizeieinheiten belegt.

Für die Polizeieinheiten und Angehörigen des Kommissariats werden Wohnhäuser und ein italienischer Kindergarten errichtet.
Laut einer Mitteilung der Nachrichtenagentur ANSA gehörten diese Maßnahmen zu einem lange vorbereiteten Plan, um die Sicherheit der italienischen Zuwanderer zu gewährleisten. Nicht nur die Traminer Bevölkerung nahm diese provokatorischen Anordnungen und die Anordnung zum Bau weiterer Wohnhäuser und eines Kindergartens für Italiener mit Erbitterung zur Kenntnis. Der Carabiniere Rienzner, der so rabiat gegen den Südtiroler Abgeordneten Dr. Ebner vorgegangen war, ist den Südtirolern kein Unbekannter. 1936 in Toblach Stockerboden (Dornerschmiede) geboren, trat er 1955 als junger Bursch in Rom der berittenen Polizei bei. Mit Zunehmen der politischen Spannungen wurde Rienzner 1960 nach Südtirol versetzt, wo er zumeist in Sarner Tracht, mit blauem Schurz angetan, seine Landsleute in Gasthäusern bespitzelte und in Streitgespräche über die „Walschen" verwickelte, die zumeist mit gerichtlichen Verfahren wegen „Schmähung der italienischen Nation" oder „Schmähung der Armee" endeten. Rienzner zog mit teilweisem Erfolg ein Netz von Spitzeln und Informanten auf. Nach der Herz Jesu-Nacht wird uns Rienzner in den Folterkasernen wieder begegnen, wo er seine Deutschkenntnisse für die Verhöre zur Verfügung stellen wird. In Innsbruck wird Rienzner versuchen, geheimdienstlich tätig zu werden, wird am 13. Oktober 1961 jedoch im Innsbrucker Centralkeller im Gespräch mit italienischen Spitzeln erkannt werden und meidet seitdem weitgehendst den Norden Tirols (Gedächtnisprotokoll von Peter Kienesberger von 1961).

19. April 1961

Anschlag auf Südtiroler Obst- und Weinbauern

Nach Drohungen und Aufforderung zum Verlassen ihrer Höfe wurden Südtiroler Obstbauern in der Nähe der italienischen Volkswohnsiedlungen zwischen Bozen und Gries Obstbäume umgeschnitten, Jungbäume ausgerissen und hunderte Rebstöcke zerstört. Der beträchtliche Sachschaden wurde vom italienischen Staat nicht ersetzt.

21. April 1961

Sprengstoffanschlag in Schlanders

Auf das Haus der Finanzwache in Schlanders wurde ein Sprengstoffanschlag verübt, der schweren Sachschaden anrichtete.

22. April 1961

Scelba verbietet Tracht der Südtiroler Schützen

„Mit heutigem Erlaß hat Innenminister On. Scelba verfügt, daß das Tragen von Uniformen in der Öffentlichkeit, wie es im Gesetzdekret vom 14. Februar 1948 und im Ministerialdekret vom 13. Dezember 1960 enthalten ist, auch auf die Angehörigen des Südtiroler Schützenbundes ausgedehnt wird." Der Landeskommandant des Südtiroler Schützenbundes, Abg. Dr. Karl Mitterdorfer, verurteilte diese Maßnahme aufs schärfste: *„Sie zeigt im Grunde lediglich, wie wenig Verständnis man für den Ausdruck des eigenständigen kulturellen Lebens unserer Volksgruppe in diesem Staate aufbringt und wie man versucht, diesen Ausdruck mit Maßnahmen zu unterbinden, die nur zu sehr an die vergangene faschistische Ära erinnern. Daß dem Erlaß des Innenministeriums eine geradezu diffamatorische Kampagne in der als rechtsextremistisch und nationalistisch bekannten Presse vorangegangen ist, läßt den Verdacht begründet erscheinen, daß man in Regierungskreisen gewillt ist, sich mit dem staatlichen Machtapparat hinter die Forderungen dieses Rechtsextremismus und der unbelehrbaren Ultras zu stellen, um mit Gewalt den Willen zur Eigenständigkeit unseres Volkes zu unterdrücken."*

SVP zu den Vorfällen in Südtirol

Der Parteiausschuß der SVP verurteilte alle Gewaltakte als Mittel des politischen Kampfes mit Nachdruck, beklagte aber auch das rücksichtslose Vorgehen der Polizeibehörden. Es seien Hunderte von Hausdurchsuchungen und zahlreiche Festnahmen vorgenommen worden. Die Tatsache, daß von diesem rücksichtslosen Vorgehen in erster Linie Funktionäre der SVP, ihre Bezirks- und Ortsobmänner betroffen seien, beweise, daß von den Behörden mit diesen Maßnahmen eine Einschüchterung der Südtiroler bezweckt werde. Mit Empörung habe der Parteiausschuß von den drakonischen Maßnahmen des Innenministers Scelba vom 16. April dieses Jahres als Antwort auf einen in Tramin am gleichen Tag von Unbekannten verübten Anschlag Kenntnis genommen. Man könne diese Maßnahme des Ministers nur als rein politische Repressalie betrachten, die in keinerlei Zusammenhang mit den Aufgaben der italienischen Polizei steht. Was könnte denn die Erbauung von Kasernen und Wohnungen sowie der Bau eines italienischen Kindergartens mit der Ausforschung der Urheber eines Sprengstoffanschlages auch zu tun haben? Diese Frage sei um so berechtigter, weil die *„schon längst von der italienischen Regierung vorbereitete Maßnahme"* – wie die italienische Nachrichtenagentur ANSA meldete – *„zur Verstärkung der Anwesenheit der italienischen Bevölkerung in der Provinz Bozen"* dienen soll.

23. April 1961
Sprengstoffanschlag
Zwischen Sinich und Marling wurde eine einzementierte Rohrleitung zu einer chemischen Fabrik durch einen Sprengstoffanschlag zerstört. Die Leitung war seit längerer Zeit stillgelegt und daher war der Sachschaden gering.

27. April 1961
Ausbürgerungsgesetz im Senat angenommen
Der von mehreren Senatoren am 6. Februar (siehe dort!) eingebrachte Antrag, mißliebigen Südtirolern die Staatsbürgerschaft zu entziehen, wurde im Senat mit den Stimmen der DC und mit einer beängstigend großen Mehrheit angenommen.

30. April 1961
Verhaftung von Frau Dr. Viktoria Stadlmayer
Um 13. 50 Uhr wurde am Brenner beim Grenzübertritt die Leiterin der Südtirol-Abteilung im Amt der Nordtiroler Landesregierung, Frau Regierungsrat Dr. Viktoria Stadlmayer, auf Grund eines Haftbefehls des Bozner Staatsanwalts Dr. Rocco verhaftet und ins Bozner Gerichtsgefängnis eingeliefert. Sie wurde der „antinationalen Tätigkeit" im Sinne des Artikels 273 des faschistischen Strafgesetzbuches beschuldigt. Botschafter Dr. Löwenthal-Chlumetzky verlangte im Auftrag des Außenministers Dr. Kreisky Aufklärung über die Verhaftung. Ihm wurde erklärt, daß *„sehr kompromittierendes Material"* vorläge, besonders ein Briefwechsel zwischen Frau Dr. Stadlmayer und dem der Urheberschaft am Sprenganschlag bei Bundschen im Sarntal beschuldigten Helmut Kritzinger. Die Verhaftung der durch ihre Korrektheit und Sachkenntnis hervorragenden Referentin der Tiroler Landesregierung, welche bei den Verhandlungen bei der UNO in New York als Expertin teilgenommen hatte, hat allgemein Empörung ausgelöst. (Siehe weiter: 10. Juni 1961.)

1. Mai 1961
Landtag gegen Verbot der Schützentrachten
Die SVP hat im Südtiroler Landtag in einem Antrag gegen das Verbot der Schützentrachten durch Innenminister Scelba Stellung genommen. Der Antrag stellt fest, daß dieses Verbot die Angehörigen einer freien Vereinigung trifft, einen schweren Eingriff in das kulturelle Leben der Südtiroler Volksgruppe darstellt, in der ganzen Welt anerkannte Menschen- und Naturrechte verletzt, eine Verletzung des Pariser Abkommens, der Verfassung und der Verfassungsgesetze darstellt.

Verhaftungen
In Schlanders wurden drei Südtiroler verhaftet, darunter der Schützenhauptmann Friedrich

Tumler, weil sie verdächtigt wurden, bei dem Sprengstoffanschlag in Bundschen beteiligt gewesen zu sein. Den Beschuldigungen, die sich später als ungerechtfertigt herausgestellt haben, lag angebliches Beweismaterial, das beim Ortsobmann Helmut Kritzinger gefunden worden sein soll, zugrunde.

Deutsche Schweine nach Österreich
In Schlanders wurden 25 Marillenbäume mutwillig abgeschnitten, und es wurden Flugzettel hinterlassen, auf denen geschrieben stand: „Porchi tedeschi cercatevi le strade per l'Austria" („Deutsche Schweine, sucht euch den Weg nach Österreich") und „Eviva la frutta tirolese" („Es lebe das Tiroler Obst").

Südtirol gedachte des ersten Märtyrers
Am Grabe von Franz Innerhofer, der am 24. April 1921 beim Festzug der Bozner Messe als Tambourmajor der Marlinger Musikkapelle von einer italienischen Faschistenhorde meuchlings ermordet wurde, fand eine würdige Gedenkfeier statt.

2. Mai 1961
Protest gegen Verhaftung von Dr. Stadlmayer
In einer Sondersitzung gab die Tiroler Landesregierung ihrer Entrüstung über die willkürliche Verhaftung ihrer Beamtin Frau Dr. Viktoria Stadlmayer Ausdruck und hob hervor, daß bald kein Österreicher mehr sicher sein werde, wenn er italienischen Boden betrete. Sie forderte die Bundesregierung auf, gegen dieses unglaubliche Vorgehen zu protestieren und die Freilassung zu verlangen.

Hausdurchsuchung
Beim Feuerwehrkommandanten Georg Mayr wurde eine Hausdurchsuchung gemacht, bei der nichts Belastendes gefunden wurde. Die sechs Kinder wurden von den Carabinieri während der Hausdurchsuchung in den Stall gesperrt und davor ein Posten aufgestellt.

Carabiniere bei nächtlicher Schmierarbeit ertappt
Gegen Mitternacht ertappten Autofahrer an einer Kurve bei Marling einen Carabiniere, wie er nationalistische Parolen an die Straßenmauer pinselte.

3. Mai 1961
Protestnote in Rom überreicht
Österreichs Botschafter in Rom hat eine Protestnote wegen der Verhaftung von Frau Dr. Stadlmayer überreicht.

„Italienische Freikorps" rühren sich
Bei der Redaktion der „Presse" und der „Dolomiten" trafen mit „Italienische Freikorps" gezeichnete Briefe ein, welche ankündigten, daß nach der Sprengung des Denkmals der Republikväter in Wien weitere Attentate erfolgen würden. Die Briefe wurden in Mantua aufgegeben.

5. Mai 1961
Enthaftung für Frau Dr. Stadlmayer abgelehnt
Untersuchungsrichter und Staatsanwalt lehnten den von Verteidiger Dr. Riz gestellten Enthaftungsantrag für Frau Dr. Stadlmayer ab, erteilten aber diesem und dem österreichischen Generalkonsul in Mailand Sprecherlaubnis.

Forderung nach Landesautonomie bleibt aufrecht
Zur politischen Lage und den die Rechte der deutschsprachigen Bevölkerung Südtirols einengenden Maßnahmen nahm Landeshauptmann Dr. Silvius Magnago bei Eröffnung der Haus-

haltsdebatte des Landtages ausführlich Stellung. Er bezeichnete die jüngsten Maßnahmen der italienischen Regierung als Rückfall in den Geist des Faschismus. Dazu zähle die geplante Errichtung eines italienischen Kindergartens in der Gemeinde Tramin in Zusammenhang mit einem Sprengstoffanschlag. Nicht minder verfehlt seien das Trachtenverbot für die Schützen und der Versuch, ein Gesetz zu schaffen, das den Optanten die Staatsbürgerschaft entzieht. Italien wage immer noch, aus dem Hitler-Mussolini-Abkommen zur Aussiedlung der Südtiroler politisches Kapital zu schlagen. *„Wir sind gegen den Zentralismus"*, sagte Magnago, *„und wollen los von Trient. Wir wollen eine Autonomie, welche die Gesetzgebung und Verwaltung in die Hände der Provinz Bozen legt. Wir sind gegen jeden Zentralismus, ob er nun von Trient oder Rom kommt."*

6. Mai 1961

Botschafter Dr. Max Löwenthal-Chlumecky interveniert

Der österreichische Botschafter in Rom, Dr. Max Löwenthal-Chlumecky, intervenierte bei der italienischen Regierung gegen die Verhaftung Frau Dr. Stadlmayers und verlangte ihre provisorische Freilassung. Er protestierte ferner gegen ein vom italienischen Innenministerium erlassenes Verbot der Südtiroler Schützentrachten, was nach österreichischer Auffassung einen Eingriff in das kulturelle Leben der Minderheit darstelle und damit das Pariser Abkommen verletze.

7. Mai 1961

Strafanzeige gegen Dr. Volgger

Gegen den verantwortlichen Redakteur der „Dolomiten", Landtagsabg. Dr. Friedl Volgger, erstattete der Carabinierihauptmann von Meran, De Rosa, Strafanzeige wegen „Schmähung der bewaffneten Macht" und der „Verbreitung falscher und tendenziöser Nachrichten". Der nachts bei Marling ertappte Carabiniere habe nicht Schmierparolen angebracht, sondern sie entfernen wollen und der Schmierer sei der 21jährige Adolfo Tommeri aus Meran gewesen, der sich nach Erscheinen des Berichtes in den „Dolomiten" sofort freiwillig gemeldet habe. „Südtirol in Wort und Bild" kommentiert: *„Wer lächelt nicht: Ein Carabiniere zieht nächtens aus, um Schmierparolen zu entfernen und nimmt dabei Pinsel und Farbtopf mit. Und das läßt den italienischen angeblichen Täter nicht ruhen. Nachdem er in den ‚Dolomiten' den Tatsachenbericht gelesen hat, nimmt er die Schuld auf sich, indem er sich zu den Carabinieri begibt und sich als Täter bekennt."*

Keine Danksagung an Carabinieri – sofortige Verhaftung

Die Bozener Tageszeitung „Dolomiten" (31. 10. 62) berichtete: *„Am 7. Mai vergangenen Jahres fand in Eppan eine Versammlung der Freiwilligen Feuerwehr statt, zu welcher auch die Wehren aus den verschiedenen Fraktionen der Gemeinde Eppan und mehrere Persönlichkeiten aus dem öffentlichen Leben erschienen waren. Bei der Versammlung sprachen verschiedene Redner, und der Feuerwehrhauptmann von Eppan benützte die gebotene Gelegenheit, um dem anwesenden Maresciallo der Carabinieri im Namen der Feuerwehr von Eppan für das bisher erwiesene Entgegenkommen zu danken. Nach diesen Worten des Feuerwehrhauptmanns soll jemand gepfiffen und ausgerufen haben: ‚Ich protestiere dagegen, daß dem Maresciallo gedankt wird, denn gerade die Carabinieri behindern unsere Veranstaltungen!' Von dem ebenfalls anwesenden Oberleutnant der Carabinieri von Eppan wurde der Feuerwehrhauptmann von Frangart, Petermaier, für diesen Zwischenruf verantwortlich gemacht. Dieser wurde sofort festgenommen und bis zum 23. Mai 1961 in Haft behalten. Später wurde Petermaier neuerlich verhaftet, diesmal aber im Zusammenhang mit den im vergangenen Sommer verübten Sprenganschlägen."*

Tatsächlich hatte sich Petermaier entschlossen, sich den Freiheitskämpfern anzuschließen, und er sprengte am 12. Juli einen Mast bei Kaltern. Er wurde verhaftet, schwer mißhandelt, in Mailand vor Gericht gestellt und am 16. Juli 1964 zu 8 Jahren und 4 Monaten Kerker verurteilt.

19. Mai 1961
Gemeindewahlkampf in Bozen
Der Kandidat der SVP, Posch, erinnerte zum Beginn des Gemeinderatswahlkampfes daran, daß in Bozen nicht mehr, wie 1922, 29.000 Deutsche und 2.000 Italiener leben, sondern 70.000 Italiener und 20.000 Deutsche. Dr. Ebner ergänzte diese Angaben, daß seit 1948 mehr als 20.000 Italiener zugewandert seien. Er schloß seinen Aufruf: *„Wir kämpfen mit den Waffen des Geistes und des Rechtes. Gebt also diesen Männern der Südtiroler Volkspartei die Stimme!"*

Gericht lehnt provisorische Freilassung ab
Das Appellationsgericht in Trient lehnte einen Antrag auf provisorische Freilassung der Frau Dr. Stadlmayer ab.

20. Mai 1961
Verhaftungen
Der Drogist Karl Thaler aus Tramin, der Hotelportier Anton Gostner (bezüglich seiner Folterung siehe weiter am 18. 7. 61), Josef Fontana und Anton Tappeiner aus Neumarkt und der Bauer Ignaz Auer wurden unter der Beschuldigung der antinationalen Tätigkeit festgenommen. Den Beschuldigungen lagen Geldüberweisungen des Bergisel-Bundes zugrunde, die durch die Beschlagnahme der Bankunterlagen am 12. März 1961 festgestellt worden waren. Der Obstbauer Luis Amplatz aus Bozen, führendes Mitglied des BAS, konnte sich der Festnahme durch Flucht nach Österreich entziehen. Der Ortsausschuß der SVP in Tramin protestierte gegen die Verhaftung ihres Mitgliedes Karl Thaler.

23. Mai 1961
Römische Kammer berät über Südtirol
Stärkung der deutschen Volksgruppe „im Namen des Europäismus" ist abzulehnen
Auf Antrag des Neofaschisten De Marsacich trat der außenpolitische Ausschuß der römischen Kammer zusammen. Für den Fall des Scheiterns der Verhandlungen verlangte er Ablehnung weiterer Diskussionen in der UNO. Abg. Cantalupo wies auf die versöhnliche Rede Dr. Ebners in Bozen hin, meinte aber, eine Stärkung der deutschen Volksgruppe in Südtirol würde den Europagedanken beeinträchtigen und sei daher *„im Namen des Europäismus"* abzulehnen. Segni sagte, daß auf diplomatischer Ebene keine neuen Aspekte des Südtirolproblems vorlägen, auf politischer Ebene aber die Unruhe in Südtirol gewachsen sei. Der Kommunist Pajetta beschwor den Geist des deutschen Revanchismus. Der Liberale Martino forderte den Schutz der italienischen Minderheit vor der Erdrückung durch die deutsche Minderheit, andererseits forderte er ebenso wie die Abg. Berloffa und Piccoli Durchführung noch offener Fragen des Autonomiestatuts.

24. Mai 1961
Andreas Hofer-Gedenkstätte in Mantua gesprengt
Der von Major Franz Siller 1860 auf dem Rasenboden der Erschießungsstätte Andreas Hofers in Mantua erneuerte, 1,5 m hohe Gedenkstein mit der deutschen Inschrift „Andreas Hofer – am 20. Februar 1810" wurde um 20. 30 Uhr laut einem Bekennerschreiben von den „Corpi Franchi Italiani" (Italienische Freikorps) gesprengt.

24. und 25. Mai 1961
Erfolglose Südtirolverhandlungen in Klagenfurt – Kreisky fordert Freilassung von Frau Dr. Stadlmayer
Die Fortsetzung der österreichisch-italienischen Verhandlungen in Klagenfurt stand unter dem Vorzeichen der noch andauernden Inhaftierung eine Mitgliedes der österreichischen Delegation in Italien, von Frau Dr. Viktoria Stadlmayer. Der österreichische Außenminister Dr. Bruno Kreisky wandte sich zu Beginn des Gespräches an Italiens Außenminister Segni: *„Ich möchte auch bei dieser Gelegenheit feststellen, daß uns die italienische Seite bis heute die Gründe, die*

für ihre Verhaftung maßgebend waren, nicht mitgeteilt hat. Ich kann nur der Hoffnung Ausdruck geben, daß Frau Dr. Stadlmayer vor ihrer nahen Enthaftung steht." Bei den anschließenden Verhandlungen vermied die österreichische Delegation die ausdrückliche Forderung nach einer Regionalautonomie für Südtirol, zählte inhaltlich jedoch die für eine echte Autonomie notwendigen verwaltungsmäßigen und gesetzgeberischen Kompetenzen auf. Die Italiener gingen jedoch nicht darauf ein und konterten, sie hätten das Pariser Abkommen erfüllt, lediglich über das Zugeständnis einiger weiterer Verwaltungsbefugnisse an die Provinz Bozen könne man reden. Nach praktisch ergebnislosen Gesprächen einigte man sich schließlich darauf, daß eine Expertengruppe eine nächste Verhandlungsrunde am 24. Juni vorbereiten solle. Von österreichischer Seite gehörten der Expertengruppe Kirchschläger, Gschnitzer, Stadlmayer und Ermacora an.

1. Juni 1961
Der BAS beschließt die Feuernacht
Zu Fronleichnam trafen sich in Zernez in der Schweiz die Anführer des „Befreiungsausschusses Südtirol" (BAS). Die Nordtiroler BAS-Gruppe hatte auf den „großen Schlag" gedrängt. Sepp Kerschbaumer war skeptisch gewesen, wurde aber nun in Zernez überzeugt. Südtirol wurde in Operationszonen eingeteilt, die einzelnen Gruppen zugewiesen wurden. Die Rolle der mitwirkenden Österreicher wurde ebenfalls festgelegt. (Nach Christoph Franceschini: „Unsere Waffe ist der Sprengstoff und die Nacht", „Südtiroler Illustrierte FF" Nr. 24/91.)

4. und 5. Juni 1961
Die Einzelheiten für die Feuernacht werden festgelegt
Im Gasthaus Schenk in Frangart trafen sich die Führer einzelner BAS-Gruppen am 4. Juni und legten die Details für die Feuernacht fest. Am nächsten Tag fand eine weitere Besprechung in Schenna statt. Sepp Kerschbaumer gab die Weisung aus, nur Strommasten zu sprengen, die so weit weg von Häusern und Bahnlinien standen, daß keine Menschenleben gefährdet würden. (Christoph Franceschini: „Unsere Waffe ist der Sprengstoff und die Nacht", „Südtiroler Illustrierte FF" Nr. 24/91.)

5. Juni 1961
Carabinieri gegen Schüler
„Ich möchte kein Carabiniere sein!" sagte der Schüler Hans Mairhofer, als er an der Kaserne in der Bozner Drususstraße vorbeiging. Dies hörte der dort stehende Carabiniere Rienzner, drückte die Alarmklingel, und bald mußten sich fünf verhaftete Schüler vorhalten lassen, einer von ihnen habe *„welsche Schweine"* gesagt. Dies hatte nämlich Rienzner gemeldet. Nur durch Intervention des Regionalrates Fioreschy konnten die fünf Schüler nachmittags zur Prüfung erscheinen, um dann wieder inhaftiert zu werden. Abends wurden sie freigelassen, weil sich die Haltlosigkeit der Anschuldigung Rienzners erwiesen hatte. Der aus Toblach (Südtirol) stammende Carabiniere Rienzner war bereits bei der Festnahme des Abgeordneten Dr. Toni Ebner in Tramin am 16. April 1961 sowie bei anderen Gelegenheiten als Provokateur aufgefallen. Darüber hinaus hatte er bereits mehrfach unwahre Behauptungen aufgestellt und zu Polizeiverhören falsche Protokolle angefertigt. (Siehe auch 16. 4. und 21. 7. 61.)

Carabinieri gegen Kinder
Regionalrat Fioreschy beschwerte sich, daß – was nicht einmal in faschistischer Zeit vorgekommen war – gegen Kinder in Tracht bei der Fronleichnamsprozession in Auer seitens der Carabinieri vorgegangen wurde. Sogar aus der Kirche waren Kinder in Tracht herausgeholt und der Gottesdienst erheblich gestört worden.

7. Juni 1961
Prof. Dr. Gschnitzer – Italienische Methoden sind faschistisch
Dr. Dalsass: Schutz gegen Unterwanderung nötig
Vor Tausenden Wienern bezeichnete auf einer Großkundgebung des Bergisel-Bundes der

österreichische Staatssekretär a.D. Prof. Dr. Gschnitzer die derzeit von Italien in Südtirol angewandten Methoden als faschistisch. Bei den Verhandlungen in Klagenfurt habe Italien Österreich davor gewarnt, sich den Weg in die EWG nicht durch *„Hartnäckigkeit in der Südtirolfrage"* zu verbauen. *„Südtirol"*, sagte Prof. Gschnitzer, *„darf aber nicht sogenannten höheren Interessen zum Opfer gebracht werden."* Mit scharfen Worten protestierte Gschnitzer dagegen, daß der italienische Botschafter in Wien wegen angeblicher *„Verdienste um die Republik Österreich"* ausgezeichnet wurde. *„Man sagt jetzt, das entspreche den diplomatischen Gepflogenheiten. Da müssen wir aber doch fragen, ob es auch den diplomatischen Gepflogenheiten entsprochen hat, als Frau Dr. Stadlmayer von den Italienern verhaftet worden ist."*
In Graz fand ebenfalls eine Kundgebung des Bergisel-Bundes statt. Das Mitglied der Südtiroler Landesregierung, Dr. Dalsass, forderte eine echte Landesautonomie für Südtirol, die echten Schutz gegen die von Rom geförderte Unterwanderung bieten müsse. Als Versammlungsteilnehmer in Sprechchören die Selbstbestimmung für Südtirol forderten, erklärte Dalsass, daß die gewählten Vertreter des Südtiroler Volkes bisher die Selbstbestimmung *„aus europäischer Verantwortung heraus"* nicht gefordert hätten und rief: *„Wir wollen Europa dieses Opfer bringen."* Wenn aber die Verhandlungen über eine volle Landesautonomie nicht zu einem erfolgreichen Ende kommen sollten, müsse auf die Forderung nach Selbstbestimmung zurückgegriffen werden.

Widmoser: Gschnitzer aus taktischen Gründen aus der Regierung ausgebootet

Der geschäftsführende Obmann des Bergisel-Bundes, Dr. Widmoser, erklärte auf der Grazer Kundgebung, daß Dr. Gschnitzer aus parteitaktischen Gründen aus der Regierung ausgebootet worden sei. Man müsse sich auch fragen, ob Österreich mit der Entlassung Gschnitzers nicht der Forderung Italiens nachgegeben habe, die „Extremisten" auszuschalten.

So stellt man sich in Italien die Lösung vor: „Jagt sie über den Brenner!"

Die italienische Wochenzeitung „Candido" brachte eine längere Abhandlung über „die einzig mögliche Lösung" der Südtirolfrage und machte den Vorschlag: *„Italien soll an Hand des Optionsdekretes von 1948 und des derzeit im Senat zur Debatte stehenden Staatsbürgerschaftgesetzes die Südtiroler über den Brenner jagen."* Dazu legte „Candido" auch gleich dem Innenminister eine Liste jener Südtiroler Politiker vor, die sofort ausgewiesen werden sollten: die Senatoren Dr. Tinzl und Dr. Sand, die Abg. Dr. Ebner und Dr. Mitterdorfer, Landeshauptmann Magnago, Landtagspräsident Ing. Pupp, die Landesräte Dr. Benedikter und Dr. Dalsass, der Abg. Dr. Brugger und der „Dolomiten"-Redakteur Dr. Volgger.

9. Juni 1961

Bundestag des Bergisel-Bundes: Entscheidung auf Leben und Tod

Auf dem Bundestag des Bergisel-Bundes in Ried im Innkreis erklärte der Nordtiroler Landesrat Dr. Aloys Oberhammer, der insgeheim führendes Mitglied des Befreiungsausschusses Südtirol (BAS) war, daß in Südtirol eine *„Entscheidung auf Leben und Tod"* bevorstehe, und da dürfe Bequemlichkeit nicht den Ausschlag geben. Es gelte, zusammenzustehen: *„Es gibt keine Extremisten und Gemäßigte, es gibt keine Narren und Besonnene, es gibt keine Parteien in dieser Frage, es gibt nur Österreicher, die ihre Landsleute in Not wissen und nicht eher ruhen, bis sie frei sind."*

10. Juni 1961

Die „Dolomiten" melden: Ein „geräuschiger" Mann wegen „vilipendio" verhaftet

„Es erscheint fast unglaublich, durch wievielerlei Arten und Weisen man hierzulande die italienische Nation ‚schmähen', d. h. beleidigen kann. Ungefähr ein Jahr ist es her, da berichteten wir in unserem Blatte von einem Burschen aus Gries, der mit dem Traktor an der Kaserne bei der alten Meraner Straße vorbeifuhr und auf eine Anflegelung dort stehender Soldaten hin vor dem Wachtposten eine Grimasse riß. Der Bursche wurde wegen Beleidigung der bewaffneten Macht zur Anzeige gebracht. Hierzu kommt nun ein Fall von ‚vilipendio', der sich am Donnerstag abends auf dem Brixener Bahnhof zutrug. Der 27jährige Paul Fischnal-

ler aus der Umgebung von Brixen wartete dort auf den Zug. Als plötzlich eine Alpinistreife an ihm vorbeiging, entging ihm ein Geräusch, das der größte italienische Dichter Dante Alighieri an einer Stelle seines unsterblichen Werkes der ‚Divina Comedia' folgendermaßen umschrieb: ‚E col . . . fece trombetta'. Die Alpinistreife hatte aber offensichtlich für dieses ‚Geräusch' wenig Verständnis, denn sie verständigte sofort das Carabinierikommando. Die Polizisten verhafteten dann den ‚geräuschigen' Mann auf der Stelle wegen ‚Schmähung der italienischen Wehrmacht'."

10. Juni 1961

Frau Dr. Stadlmayer aus der Haft entlassen

Am 30. April war das Mitglied der österreichischen Südtirol-Verhandlungsdelegation, die Leiterin der Südtirolabteilung der Nordtiroler Landesregierung, am Brenner festgenommen worden, weil man bei einem SVP-Funktionär namens Helmut Kritzinger einen völlig harmlosen Brief von Frau Dr. Stadlmayer gefunden hatte. Die italienische Presse feierte die Verhaftung als Beweis dafür, daß man eine *„gefährliche Drahtzieherin des Terrors"* gefaßt habe und daß nun erwiesen sei, daß die Anschläge letztlich von österreichischen Regierungskreisen ausgingen. Den italienischen Behörden war es wohl auch darum gegangen, mit Frau Dr. Stadlmayer die herausragende Südtirolexpertin in der österreichischen Verhandlungsdelegation auszuschalten. Der ebenfalls verhaftete Kritzinger mußte jedoch bald wieder freigelassen werden, weil man ihm nicht das Geringste nachweisen konnte. Nach 43 Gefängnistagen mußte Untersuchungsrichter Dr. Mario Martin nun auch Frau Dr. Stadlmayer „provisorisch" aus der Haft entlassen. Als Begründung der Haft blieb die vage Anschuldigung der „antinationalen Tätigkeit". Frau Dr. Stadlmayer durfte allerdings die Region Trentino-Südtirol nicht mehr betreten, außer bei Vorladung zu einer Gerichtsverhandlung. Frau Regierungsrat Dr. Stadlmayer wurde an der Brennergrenze von ÖVP-Landesobmann Dr. Oberhammer, dem BAS-Gründungsmitglied Wolfgang Pfaundler und vielen Freunden mit Blumen empfangen. Sie erklärte gegenüber der Presse, daß der Bozener Untersuchungsrichter Dr. Mario Martin zunächst versucht habe, ihr sämtliche in Südtirol zu verzeichnenden Sprengstoffanschläge zur Last zu legen. Sie sei siebenmal verhört worden.

„SPIEGEL"-Märchen: Sie war ausgezeichnet informiert !

Der „SPIEGEL" (27/1961) berichtete unter dem Titel „Wie 1809" über die Heimkehr von Frau Dr. Viktoria Stadlmayer:

„Auch nach 42 Tagen Haft in italienischen Gefängnissen zeigte sich die österreichische Regierungsrätin Dr. Viktoria Stadlmayer, Südtirol-Referentin der Innsbrucker Landesregierung, noch ausgezeichnet informiert. ‚Ihr solltet nach Südtirol fahren', riet sie einigen Journalisten, die am 11. Juni an der Brennergrenze auf die Haftentlassene gewartet hatten, ‚dort könnte morgen allerhand los sein . . .' Frau Stadlmayers Rat war richtig. In den folgenden 72 Stunden explodierten in der italienischen Provinz Oberetsch, jenem nach dem Ersten Weltkrieg von Österreich abgetrennten Südzipfel Tirols, 47 Plastikbomben. 37 Hochspannungsmasten wurden zerstört. Acht Kraftwerke lagen still."

Die „SPIEGEL"-Geschichte war frei erfunden, die Zeitschrift wurde zu einer Geldstrafe verurteilt und mußte eine Berichtigung bringen. Niemand, der bei der Begrüßung von Frau Dr. Stadlmayer dabei gewesen war, hatte solche Worte gehört.

11. Juni 1961

Außenminister Segni: Italien hat Pariser Vertrag erfüllt

Im italienischen Fernsehen erklärte Außenminister Segni: *„Italien hat das Pariser Abkommen loyal und im liberalen Geiste"* erfüllt.

Briefe der Freiheitskämpfer an Politiker

An folgende Persönlichkeiten sandten die Südtiroler Freiheitskämpfer Briefe, in denen sie die Herz-Jesu-Nacht ankündigten: Außenminister B. Kreisky, Kardinal F. König, Landeshauptmann S. Magnago, Vizekanzler B. Pittermann, Staatssekretär L. Steiner, Landeshauptmann

H. Tschiggfrey, Chefredakteur M. Nayer („Tiroler Tageszeitung"), Landesrat A. Oberhammer, Chefredakteur F. Volgger, Direktor F. Molden, Staatssekretär Univ.-Prof. F. Gschnitzer, Bundeskanzler A. Gorbach. Nachstehend der Text dreier Briefe:

„Herrn Bundesminister
Dr. Bruno Kreisky
Wien I
Ballhausplatz 2

Herr Bundesminister!
11. Juni 1961

Unser Dank gilt Ihnen, der Sie sich bis jetzt unermüdlich für unsere Interessen eingesetzt haben. Doch wird dieser Einsatz vergeblich sein müssen. Denn Italien wird niemals geben, was Sie und wir verlangen.
Wir müssen daher zum anderen Mittel greifen, um der Politik die Richtung zu geben, die wir Südtiroler und – wir wissen es – auch die andern Österreicher wünschen.
Heute nacht und weiterhin werden Italien und die Welt es zu hören bekommen, daß wir die Selbstbestimmung wollen.
Wir wissen, weil wir Ihre Reden gelesen haben, daß Sie die Selbstbestimmung für moralisch gerechtfertigt halten. Doch ist uns auch bekannt, daß Sie es bisher für einen unrealen Wahnsinn hielten, sie zu fordern. Vielleicht sind wir der Realität einer Selbstbestimmung nun näher gekommen. Nützen Sie die Chance, setzen Sie sich wieder an die Spitze der Entwicklung, wie Sie es schon einmal getan haben! Das Recht ist mit uns.
Wir wollen über uns selbst bestimmen und über unser politisches Geschick. Auch wenn sich eine Rückkehr zu Österreich zunächst nicht verwirklichen läßt, nur weg von Italien! Ein eigenes Gemeinwesen zu sein, frei von fremder Unterdrückung und Furcht – schon damit wäre viel gewonnen. Machen Sie sich auf den Weg und werben Sie für unser Ziel: für die Selbstbestimmung – wir bitten Sie!

DIE SÜDTIROLER FREIHEITSKÄMPFER."

„Herrn Landeshauptmann
Dr. Silvius Magnago
Bozen
Runkelsteinerstr. 18

Herr Landeshauptmann, Herr Parteiobmann!
12. Juni 1961

Sie werden die Donnerschläge dieser Nacht und auch die anderen Zeichen kaum überhört haben. Es geht jetzt um die Selbstbestimmung.
Wir können Ihnen nicht verhehlen, daß uns im vorigen Jahr, als alles auf Spitz und Knopf stand, die Reden von Ihnen und Herrn Dietl enttäuscht haben. Damals haben Sie das Zeichen zu einer unheilvollen Entwicklung gegeben. Die Früchte tragen wir heute: Es geht nicht mehr um die Landesautonomie, es geht um einen Kompromiß zwischen gar nichts und den italienischen bescheidenen Angeboten. Auch diese werden noch davonschwimmen. Denn die österreichische Regierung selbst wird von Tag zu Tag weicher. Und jetzt, wo sie sich daran macht, den EFTA-Kurs zu verlassen, wird sie unter dem Druck der Wirtschaftskreise vielleicht sogar lieber Südtirol verkaufen wollen als auf die EWG verzichten. Schon einmal war Südtirol der Kaufpreis für ein Bündnis.
Noch ist es Zeit, anders zu handeln.
Wir erleichtern es Ihnen. Wir sind die Südtiroler, die weiterdenken und bereit sind, auch Leid

zu ertragen, die keine Angst haben, Posten und Pension zu verlieren, die aber auch wissen, daß allein die Forderung auf Selbstbestimmung das Ruder herum werfen kann.
Es ist eine Forderung des ganzen Volkes. Daran können Sie und Ihr Parteivorstand nichts ändern. Sie werden mitgerissen werden, wenn Sie sich nicht selbst an die Spitze der Entwicklung stellen.
Professor Gschnitzer hat vor einigen Monaten im österreichischen Parlament gesagt – wir haben genau hingehört –, daß es ebenso gerecht ist, für die Freiheit zu kämpfen wie sie zu verteidigen. Wir kämpfen jetzt für sie.

DIE SÜDTIROLER FREIHEITSKÄMPFER."

„Herrn Staatssekretär
Dr. Ludwig Steiner
Wien 1.
Ballhausplatz 2

Herr Staatssekretär!
12. Juni1961

Da die Politiker nicht handeln, müssen wir selber handeln. Heute nacht haben wir angefangen, und wir werden nicht mehr aufhören, bis uns die Welt hört. Wir wollen nicht schlechter als unsere Vorfahren sein und nicht den Vorwurf unserer Kinder auf uns laden, wir hätten es versäumt, für unser Land mit der Tat einzustehen, als es höchste Zeit war.
Es ist höchste Zeit. Wir wissen nicht, ob wir gewinnen werden, aber wir wissen sicher, daß wir verlieren werden, wenn wir die Hände weiter im Schoß lassen. Klagenfurt hat uns gezeigt, wohin wir treiben. Wir können Ihnen die Mitteilung nicht ersparen, daß unser Mut um ein gutes Stück gesunken ist, seit Sie an die Stelle von Professor Gschnitzer getreten sind, obwohl auch Sie Ihrer Herkunft nach Tiroler sind und obwohl Sie vor 16 Jahren Ihr eigenes Leben für die Freiheit und gegen die Unterdrückung eingesetzt haben.
Wir können diese Wandlung schwer verstehen. Aber wir geben die Hoffnung nicht auf, daß von Ihrem Mut und Freiheitsdrang noch etwas übrig ist in Ihrem Herzen. Helfen Sie Ihrem Land, dem Sie Ihre Berufung danken, bleiben Sie auch in Wien Tiroler und verhindern Sie, daß unser Land ein zweites Mal ‚höheren Interessen' geopfert wird. Wir möchten gerne mit dem gleichen Vertrauen zu Ihnen aufblicken wie zu Ihrem Vorgänger. Wagen Sie es, für die Selbstbestimmung einzutreten, denn daß die Autonomie ein Trugbild ist, müssen Sie spätestens jetzt erkennen!

DIE SÜDTIROLER FREIHEITSKÄMPFER."

(Ermacora, Felix: „Südtirol und das Vaterland Österreich", Wien – München 1984, S. 94.)

11. und 12. Juni 1961

„Herz-Jesu-Nacht": 37 Hochspannungsmasten gesprengt

In einer einzigen Aktion sprengte der BAS in der Nacht vom 11. auf den 12. Juni 37 Hochspannungsmasten und beschädigte einige weitere schwer. Als Zeitpunkt war die Herz-Jesu-Nacht gewählt worden, die an das Gelöbnis der Tiroler Landstände vom 1. 6. 1796 erinnerte, fortan das Fest des Herzen Jesu feierlich begehen zu wollen, wenn Tirol von der drohenden Feindesgefahr befreit werden sollte. Das Ziel war: durch größtmögliche Schädigung des italienischen Staates, jedoch unter Schonung von Menschen und Privateigentum, die Weltöffentlichkeit auf das ungelöste Südtirolproblem aufmerksam zu machen und dadurch auf Italien Druck auszuüben. BAS-Aktivisten aus Süd- und Nordtirol unterbrachen durch gezielte Sprengstoffanschläge die wichtigsten elektrischen Überlandleitungen. Dadurch wurde die Stromversorgung Bozens für Stunden unterbrochen und die der bedeutendsten oberitalienischen Industriezonen empfindlich gestört. In ganz Südtirol, besonders in der Gegend von Schlanders, Kematen, Meran-Sinnich, Salurn, Altenburg, Pfatten, Untermais, Marling, Lana,

Terlan, St. Jakob, Eppan, Ulten und Bozen, wurden 37 Hochspannungsmasten zerstört sowie weitere beschädigt. In Eppan wurde ein militärisches Munitionsdepot in Brand gesteckt. In Völlan unternahm Jörg Pircher aus Lana zusammen mit Walter Gruber und Luis Egger einen Anschlag auf die Wasserröhren des E-Werkes, auch im Sarntal erfolgte ein Anschlag auf das Kraftwerk. Insgesamt wurden acht Kraftwerke stillgelegt und sieben von insgesamt neun Überlandleitungen unterbrochen. Die meisten Sprengladungen detonierten gegen 1 Uhr in der Früh, einige auch später. Allein rund um Bozen flogen 19 Masten in die Luft, in der Stadt brach Panik unter der italienischen Bevölkerung aus. Viele Italiener meinten, die Österreicher rückten mit Truppenmacht über den Brenner und ihre Artillerie schieße schon bis Bozen herein. Sie rannten zu den Kasernen, um sich unter den Schutz italienischer Truppen und der Polizei zu begeben. Die BAS-Führung war sehr geschickt vorgegangen. Die meisten Anführer hatten für die Nacht ein sicheres Alibi besorgt. Diese Sicherheitsmaßnahmen erwiesen sich dann angesichts der durch Folterungen erzwungenen Geständnisse als vergeblich.

Die Hilfe der Österreicher

Innsbrucker Verbindungsstudenten im Einsatz

Am Morgen des 11. Juni war in Innsbruck ein Autobus, voll mit Frauen und Männern, die wie gewöhnliche Sonntagsausflügler aussahen, nach Südtirol losgefahren. Unter den Reiseteilnehmern befanden sich auch zahlreiche Mitglieder „schlagender" Innsbrucker Studentenverbindungen sowie auch einige katholische Verbindungsstudenten. In Bozen trafen sie sich mit Mitgliedern der Bozener BAS-Gruppe und halfen, insgesamt etwa zwei Dutzend Hochspannungsmasten zu „laden". Gegen 22 Uhr fuhr der Bus vom Grieser Viehmarktplatz wieder zurück nach Innsbruck. Zwei Männer, die sich verspätet hatten, kehrten mit dem Zug über die Schweiz wieder zurück. Die Nordtiroler Kurt Welser und Heinrich Klier waren mit dem PKW nach Südtirol gekommen und hatten eigenhändig Sprengladungen gelegt.

Der tragische Tod des Straßenwärters

Bei der Sprachgrenze in Salurn sollte eine Pappel an der Staatsstraße 12 durch eine Sprengladung über die Fahrbahn gelegt werden. Bei dem Versuch, die Ladung zu entfernen, ohne auf die Spezialisten der Polizei zu warten, wurde der 67jährige Straßenwärter und Familienvater Giovanni Postal tödlich verletzt, da ihm die Sprengladung in den Händen explodierte. Postal hatte schon einmal, im März 1961, eine wegen defekter Zündschnur nicht explodierte Sprengladung von einem Baum entfernt, der an der Südtiroler Sprachgrenze bei Salurn hätte umfallen und symbolisch die Tiroler Landesgrenze hätte bezeichnen sollen. An einem daneben stehenden Geräteschuppen war die Losung gestanden: „Hier ist Südtirol." Diesmal ging die Ladung um 9 Uhr 30 hoch, als Postal an ihr hantierte. Für diesen Anschlag übernahm später Sepp Kerschbaumer die persönliche Verantwortung.

Sicherheitskräfte überrascht und eingeschüchtert

Polizei- und Carabinierieinheiten zogen sich vielfach in die Kasernen zurück und versuchten oft erst nach Stunden, die Explosionsorte festzustellen oder Erhebungen zu tätigen. Die Zahl der Anschläge, die Präzision der Ausführung und die Kenntnis der Verbundschaltpläne überraschten die Behörden völlig, die trotz vereinzelter Hinweise von Lockspitzeln und Agenten (Stötter, Henckelmann, Selm) bisher eher mit Aktionen verzweifelter Einzelpersonen gerechnet hatten. Das Ausmaß der Verschwörung war ihnen offenbar bis zuletzt verborgen geblieben. Die Widerstandshandlungen der Südtiroler Freiheitskämpfer in dieser Nacht fanden weltweite Aufmerksamkeit. Entgegen ihrer späteren Haltung standen die Massenmedien in Österreich dem Aufbegehren der Südtiroler zunächst mit Wohlwollen gegenüber. In allen Landesteilen Österreichs wurden Flugblätter verbreitet, in denen die Gründe für den Freiheitskampf erläutert wurden und die Bevölkerung zur Unterstützung aufgefordert wurde. In hunderten Briefen wurden Politiker und Journalisten informiert.

Die „Dolomiten" beschrieben die „Feuernacht" so:

„Das dumpfe, unheimliche Gedröhne der zahlreichen Detonationen, die im Laufe der Nacht

LANDSLEUTE!

Die Stunde der Bewährung ist da!

40 Jahre lang hat Südtirol alle Leiden erduldet und immer wieder auf die Einsicht Italiens, auf die Hilfe der Mächtigen und auf Gerechtigkeit gehofft. Obwohl wir keine Italiener sind, waren wir 40 Jahre lang anständige Bürger des italienischen Staates. Vergeblich!

1919 und 1946 hat man uns das natürliche Recht auf Selbstbestimmung vorenthalten und dafür Versprechungen gemacht. 15 Jahre lang warten wir nun vergeblich auf die Einlösung dieser Versprechungen. Jeder vernünftige Mensch aber muß nach all den ergebnislosen Verhandlungen erkennen, daß die italienischen Regierungen uns nicht einmal eine bescheidene Autonomie gewähren wollen.

Das „demokratische" Italien setzt in Südtirol die Methoden der faschistischen Gewaltherrscher fort und überbietet sie noch: Willkürliche Verhaftungen, das Verbot der Schützen, Beschlagnahme von Privateigentum, wahllose Hausdurchsuchungen, Störung religiöser Bräuche.

Täglich wächst die soziale Not: Zu Tausenden müssen junge Südtiroler auswandern, weil italienische Zuzügler die Volkswohnungen und die Arbeitsplätze zugeteilt bekommen. Obwohl sie oft nicht lesen und schreiben können, erklären die italienischen Arbeitsämter diese Zuwanderer zu Fachkräften. Unsere Söhne aber müssen mit Hungerlöhnen vorlieb nehmen.

1918 lebten 7000 Italiener in Südtirol, heute sind es 130.000! Wohin das Zögern und Verhandeln geführt hat, zeigen auch die letzten Bozner Gemeindewahlen. 1920: kein einziger Italiener im Gemeinderat! 1961: 31 Italiener und nur noch 9 Südtiroler! Und welche Parteien haben seit 1957 Stimmen gewonnen? Einzig und allein die Neufaschisten und die Kommunisten! Das ist das Ergebnis unserer Geduld!

Rom beschließt eben jetzt ein Gesetz, das jedem Südtiroler nach Belieben die Staatsbürgerschaft entziehen kann. Dieses Gesetz öffnet der Willkür Tür und Tor: Man kann uns wie Verbrecher aus der Heimat vertreiben. Aus dem Unrecht, das Hitler unserem Land zugefügt hat, versucht Rom sein Recht abzuleiten. Italien erniedrigt das alte Kulturland an Etsch und Eisack zu einer Kolonie.

Hat man in Rom noch nicht gemerkt, daß wir im Zeitalter der Selbstbestimmung der Völker leben? Wir sind sicher, daß alle Gegner des Kolonialismus unsere Bundesgenossen sind.

WIR FORDERN FÜR SÜDTIROL DAS SELBSTBESTIMMUNGSRECHT!

Landsleute! Unser Vertrauen zum italienischen Staat ist zerstört. Er hat kein Versprechen und keinen Vertrag gehalten. Er mißbraucht seine Kräfte dazu, das vom Faschismus begonnene Vernichtungswerk fortzusetzen und unsere Volksgruppe auszulöschen.

In dieser Stunde erheben sich die treuesten Söhne unserer Heimat gegen die Gewalt und schreiten schweren Herzens — so wie anno 1809 — zur Tat. Nicht der Haß gegenüber Menschen einer anderen Sprache leitet uns: Unsere Erhebung ist Notwehr gegen einen Staat, der uns unseres Volkstums wegen verfolgt und uns geistig und physisch vernichten will.

Europa und die Welt werden unseren Notschrei hören und erkennen, daß der Freiheitskampf der Südtiroler ein Kampf für Europa ist und gegen die Tyrannei.

Landsleute! Unterstützt den Freiheitkampf! Es geht um unsere Heimat! Wir ziehen in den Kampf mit einem Wort unseres Kanonikus Gamper: „Ein Volk, das um nichts anderes kämpft, als um sein natürliches und verbrieftes Recht, wird den Herrgott zum Bundesgenossen haben!"

Befreiungs-Ausschuß Südtirol
B. A. S.

Aufruf der Südtiroler Freiheitskämpfer zur „Feuernacht" (Herz-Jesu-Nacht, 12. Juni 1961).

durch eineinhalb Stunden aufeinander folgten, haben den Großteil der Bewohner der Stadt Bozen und Umgebung aus dem Schlafe gerissen. In einigen Straßen, besonders in Richtung Oberau, soll es fast zu Panikszenen gekommen sein. Viele Bewohner suchten Zuflucht bei den Sicherheitsbehörden. Ausgelöst wurde diese Angst nicht allein durch die Explosionen, sondern nicht zuletzt durch die völlige Finsternis, die in der ganzen Stadt herrschte. Immer wieder wurde diese unheimliche Dunkelheit durch das Aufblitzen an den Explosionsstellen unterbrochen. Vor allem in Richtung Oberau war die Nacht minutenweise taghell beleuchtet, so daß man den Eindruck hatte, es seien Scheinwerfer in Tätigkeit. In Wirklichkeit handelte es sich jedoch um gewaltige Stichflammen, die durch das Zusammenfallen der einzelnen Hochspannungskabeln entstanden waren. Am Marklhof im Überetsch sagte uns die Wirtin, daß das ganze Haus, obwohl auch die dortige Gegend ohne Strom geblieben war, längere Zeit von Oberau her taghell erleuchtet wurde".

Sepp Mitterhofer, ein Freiheitskämpfer, der später in Mailand zu 12 Jahren Haft verurteilt wurde, erinnert sich so an die „Feuernacht":
„Eine Nacht wie viele andere. Auf den Bergen im Burggrafenamt ein Kranz von Lichtern, welche wie Kerzen in den Himmel ragen. Auf den steilen Berghängen sieht man mehrere Herzen aus Feuer mit einem Kreuz, als würden sie mit einem mahnenden Finger nach oben zeigen. Alles läuft wie gewohnt ab, die Menschen auf den Straßen, die sich die vielen Bergfeuer ansehen und die Gelegenheit benützen, ein kurzes Gespräch zu führen. Später dann, gegen Mitternacht, kommen die Jungen und auch Ältere vom ‚Feuern' müde zurück. Sie haben oft unter schweren Strapazen und nicht ungefährlichen Wegen den Brennstoff auf die Höhen und Bergspitzen getragen. Noch herrscht Ruhe. Für uns Eingeweihte gespannte Ruhe. Dann, so nach ein Uhr nachts, geht's los. Ein dumpfes Grollen vom Bozner Talkessel herauf, als ob ein Gewitter im Anzug wäre. Dann wieder eines, ein Leuchten und ein harter starker Krach im Meraner Kessel, dann noch einmal einer. Von Bozen herauf hört man nun mehrere hintereinander, es hört sich an wie Kanonendonner. Von allen Seiten kracht es, als wäre ein Krieg ausgebrochen. Viele Menschen rennen erschrocken auf die Balkone, um das schaurige Blitzen und Krachen besser verfolgen zu können. Besonders stark ist es in Bozen, dort werden am meisten Masten gesprengt – für uns Eingeweihte und Aktivisten ein herrliches Schauspiel, man kann wohl sagen, die Krönung unserer langen Vorbereitung und Aufbauarbeit!"
(Mitterhofer, Sepp: „Herz-Jesu-Nacht 1961. Vorbereitung, Durchführung und Folgen." In: Rainer, Peter Paul: „ . . . grüß mir die Heimat, die ich mehr als mein Leben geliebt", Eppan 1994, S. 11 ff.)

Einige Pressestimmen aus Österreich:
„Kronen Zeitung": *„Nun haben diese todesmutigen Kämpfer für die Freiheit ihrer Heimat einen neuerlichen Beweis ihrer Schlagkraft und guten Organisation geliefert".*
„Vorarlberger Nachrichten": *„Der Zeitpunkt und die Planung der letzten Terrorserie läßt jedoch annehmen, daß eine Südtiroler Untergrundbewegung mit einem vorzüglichen Generalstab und beträchtlichen Sprengstoffvorräten am Werk ist."*
Claus Gatterer in der „Presse": *„Die Südtiroler Nacht vom 12. Juni ruft eine andere Nacht einer anderen, freilich in weit größeren Dimensionen verlaufenden Tragödie ins Gedächtnis: den 1. November 1954 von Algerien, jene Nacht, in welcher der nunmehr siebenjährige, schmutzige Krieg mit einer ähnlichen Attentatsserie begonnen hat". „Was sich da nun entlädt, ist jahrelang gestaute Ungeduld, ist Enttäuschung über hundert gegebene und unerfüllt gebliebene Versprechen, ist die tiefe Unrast einer Entwicklung, welche in vier Jahrzehnten die Südtiroler in ihrer eigenen Heimat zu Staatsbürgern zweiter Ordnung gemacht hat".*
„Neue Tageszeitung": *„Das Vorenthalten von Rechten, die einer Volksgruppe zustehen, muß sich einmal rächen".*
„Wiener Montag": *„Die Erfahrung hat bisher gelehrt, daß die UNO und der Weltfriedensrat erst dann ernstlich in Aktion zu treten versuchen, wenn Gewalt bereits ausgebrochen ist. Völkische Minderheiten aber, die ein solches feierliches Recht für sich fordern, haben leider nur*

dann Aussicht, von der großen Welt gehört zu werden, wenn sie notfalls zur Gewaltanwendung entschlossen sind. Die Wahrheit ist nicht zu leugnen: die Zyprioten hätten heute ihre Freiheit nicht, wenn sie nicht einen blutigen Kampf darum geführt hätten".

Flugblatt der Südtiroler Freiheitskämpfer
In der Herz-Jesu-Nacht wurde in ganz Südtirol ein Aufruf der Freiheitskämpfer verbreitet, in welchem die Motive der Aufständischen dargelegt wurden. (Siehe Bildteil!)

„Schrei der Hyäne"
Die italienische Bozner Tageszeitung „Alto Adige" bezeichnet in ihrer Ausgabe vom 15. Juni 1961 den Inhalt dieses Aufrufes als den *„Schrei der Hyäne"* (*„urlo della iena"*).

Dr. Tinzl im römischen Senat: Staatsbürgerschaftsgesetz degradiert Südtiroler
Überraschend wurde die Fortsetzung der Behandlung des Staatsbürgerschaftsgesetzes auf die Tagesordnung der Senatssitzung gesetzt. Dr. Tinzl wandte sich heftig gegen den Gesetzesentwurf, der die Südtiroler zu Staatsbürgern minderen Rechtes und zweiten Ranges degradiere und die elementarsten Grundsätze internationalen Rechtes verletze. Er hoffe, daß dieses Gesetz, sollte es der Senat beschließen, wenigstens in der Kammer des Parlaments verworfen werde. Bekanntlich sah der eingebrachte Gesetzesentwurf vor, daß ehemalige Südtiroler Optanten, die nach 1945 wieder italienische Staatsbürger wurden, mittels eines einfachen Verwaltungsaktes ihrer Staatsbürgerschaft beraubt werden könnten, wenn sie *„die Treuepflicht gegen die Republik und ihre Einrichtungen"* verletzten. Mit Recht wurde dieses geplante Gesetz ein „Austreibungsgesetz" genannt. (Der Südtiroler Freiheitskampf warf dieses Vorhaben auf den Müllhaufen der Geschichte. Zur Abstimmung in der Abgeordnetenkammer sollte es nie kommen. Man ließ das schändliche Vorhaben still in der Schublade verschwinden.)

Landesleitung der SVP verurteilt die Anschläge
Die Landesleitung der SVP teilte mit: *„Die Parteileitung hat in ihrer heutigen Sitzung nach den schwerwiegenden Vorfällen der letzten Nacht erneut mit aller Energie die erfolgten Sprengstoffanschläge auf das schärfste verurteilt. Sie hat Gewaltakte als Form des politischen Kampfes immer entschieden abgelehnt und lehnt sie ab. Die Parteileitung hat den Parteiausschuß am kommenden Samstag einberufen."*

Innenminister Mario Scelba beruhigte den Ministerpräsidenten
Der Ministerpräsident telefonierte aus Washington sehr lange mit Innenminister Scelba, welcher versicherte, daß er geeignete Maßnahmen vorgesehen habe, um die für die Attentate Verantwortlichen auszuforschen und zu bestrafen. Die Regierung würde mit Festigkeit und in kürzester Zeit handeln, um die öffentliche Ordnung wiederherzustellen.

Österreichischer Ministerrat verurteilt Anschläge
Der österreichische Ministerrat stellte im Zusammenhang mit den Sprengstoffanschlägen in Südtirol fest, daß die Bundesregierung Anschläge und Gewaltakte, wo und von welcher Seite sie immer verübt werden mögen, als Mittel des politischen Kampfes schärfstens verurteile. Das Problem Südtirol lasse sich nur mit friedlichen Mitteln lösen.

Spitzenkonferenz der Sicherheitsbehörden bei Innenminister Scelba
Am Vormittag führte Innenminister Mario Scelba (DC) in seinem Amtssitz, dem „Viminale", eine lange Besprechung mit dem Staatssekretär des Verteidigungsministeriums, Caiati, dem Oberbefehlshaber der Carabinieriwaffe, General De Lorenzo, dem Oberbefehlshaber der Finanzwache, General Mellano, und dem Chef der Polizei, Präfekt Vicari. Ferner waren anwesend der Regierungskommissar für die Provinz Bozen, Bianchi di Lavagna, und Vizekommissar Puglisi. Man beriet über zu ergreifende Polizeimaßnahmen in Südtirol. Nachdem sich der Innenminister der Loyalität der Volksvertreter versichert hatte (siehe nächsten Abschnitt!),

wurde um 16 Uhr die Sicherheitskonferenz fortgesetzt, an der nun auch der Chef des Rechtsbüros des Innenministeriums, Präfekt Gambardella, teilnahm. Dann wurden die konkreten Maßnahmen beschlossen, um die Provinz Bozen wieder zu befrieden. Die notwendigen Instruktionen wurden in der Sitzung noch an den Regierungskommissar und den Vizekommissar erteilt. Die Sitzung endete um 18. 30 Uhr. Der Presse gegenüber war Scelba nicht bereit, die beschlossenen Maßnahmen und Instruktionen zu nennen. Er gab jedoch klar zu erkennen, daß die Organe der Polizei und der Justiz *„perfekt wissen, wie sie vorgehen werden."* („Alto Adige" vom 14. Juni 1961.) Nach Mitteilung der italienischen Bozner Tageszeitung „Alto Adige" hat Scelba in der Sitzung geäußert: *„Die Grenzen Italiens sind unantastbar, und die Regierung hat daher die Pflicht, die Brandherde des Terrorismus zu beseitigen. Die Regierung wird daher die notwendigen Maßnahmen ergreifen."* Eine positive Gesamtbeurteilung der Besprechungsergebnisse dieses Tages gab der italienische DC-Abgeordnete Berloffa gegenüber der Presse ab: Da alle die Gewalt verurteilt hätten, könne die Aufforderung Scelbas an die Vertreter aller politischen Richtungen, gegen die Ruhestörer zusammenzuarbeiten, nicht ohne praktische Folgen bleiben!

Gespräch mit den politischen Repräsentanten und Zusage ihrer Loyalität Magnago bittet um Schonung der Bevölkerung

Der Innenminister unterbrach am späten Vormittag die Sicherheitskonferenz und empfing den Präsidenten des Regionalausschusses Dr. Dalvit, Landeshauptmann Dr. Magnago, den Regierungskommissar, den Vizekommissar und die Parlamentarier Berloffa (DC), Ebner, Riz, Mitterdorfer sowie die Senatoren Tinzl und Sand. Scelba wollte sich der Loyalität der Volksvertreter zu dem italienischen Staat versichern. Er richtete an diese die Aufforderung, aktiv mit der Staatsautorität zusammenzuarbeiten, um jede Rückkehr zur Gewalt im Lande zu entmutigen. Die Anschläge, sagte Scelba, richteten sich gegen die Souveränität und Sicherheit des Staates. Er warnte die deutsche Bevölkerung: diese habe von Wiederholungen der Attentate und von *„künstlichen Agitationen nichts zu gewinnen, aber alles zu verlieren."* Landeshauptmann Dr. Magnago sprach dem Innenminister das lebhafteste Bedauern über die Anschläge aus. Nach Beendigung der Sitzung erklärte Landeshauptmann Dr. Magnago den Journalisten, daß er den Innenminister gebeten habe, keine Maßnahmen zu ergreifen, *„die den Eindruck erwecken könnten, die Rechte der deutschen Volksgruppe zu verletzen. Dies würde nämlich nur bedeuten, das Spiel der Terroristen zu spielen."* Darüber hinaus habe er dem Innenminister erklärt, daß die Lage in Südtirol einer raschen Lösung bedürfe, die auch von den Vertretern der deutschen Volksgruppe *„als zufriedenstellend"* angesehen werden könne. Damit hatte Dr. Magnago dem Innenminister klar zu verstehen gegeben, daß die Führung der Südtiroler Volkspartei die Lösung nicht in der Ausübung des Selbstbestimmungsrechtes, sondern innerhalb des italienischen Staatsverbandes suchen werde. Diesen Kurs vertrat Magnago dann auch auf der kommenden Landesversammlung der SVP.

Italienische Sozialdemokraten fordern Austreibung von Südtirolern und die Aussetzung von Kopfgeldern

Der Provinzialausschuß der PSDI in Bozen forderte in einem Kommuniqué, daß jenen Elementen, die *„klar und in nicht besserungsfähiger Weise mit der nazistischen Doktrin verbunden sind"*, die Staatsbürgerschaft entzogen werde und dieselben des Landes verwiesen würden. Diese Maßnahme sei *„die Voraussetzung für eine Entdramatisierung des Südtirolproblems."* Um den *„Kreis der Verschwiegenheit"* in der deutschen Bevölkerung zu zerbrechen, müßten bedeutende Kopfgelder ausgesetzt werden.

Sprengstoffund

In den Morgenstunden wurde in der Nähe der sechs kolossalen Druckleitungen des Kraftwerkes von Kardaun eine große Menge Sprengstoff und Zünder entdeckt. Man nahm später an, daß Luis Amplatz dort die Sprengung eines Zulaufviaduktes hätte vornehmen wollen.

Herz-Jesu-Nacht 1961: Gesprengte Masten bei Bozen und am Kalterer See.

13. bis 17. Juni 1961

Expertengespräche in Zürich

Die bei der Konferenz von Klagenfurt vereinbarten österreichisch-italienischen Expertengespräche in Zürich dienten der Vorbereitung der österreichisch-italienischen Regierungsverhandlungen, die am 24. Juni gleichfalls in Zürich beginnen sollten. Die Aufgabe der Experten bestand nicht darin, Entscheidungen zu treffen, sondern die österreichischen Forderungen mit den italienischen Angeboten zu vergleichen. Der frühere Staatssekretär Prof. Dr. Franz Gschnitzer erklärte am Schluß der Gespräche, es seien keine Fortschritte erzielt worden. Österreich bestehe weiterhin auf voller Autonomie für die Provinz Bozen, wogegen die Italiener immer noch nur administrative Zugeständnisse machen wollten.

14. Juni 1961

Italienische Zeitung fordert „radikale Aktion" der Regierung, um Massenauswanderung von Italienern zu verhindern

Die italienische Bozener Tageszeitung „Alto Adige" meldete, daß die Untersuchungen der Carabinieri und der Quästur (der Polizei) bis jetzt keine brauchbaren Resultate ergeben hätten. Offenbar habe man es mit einer terroristischen Organisation zu tun, die über Mittel und Menschen in *„praktisch unbegrenzter Zahl"* sowie über eine perfekte Organisation verfüge, die von einem Netz der Verschwiegenheit (omerta) umgeben sei. Die Zeitung kam zu dem Schluß: *„Um so dringender ist eine radikale und energische Aktion seitens der Regierung und der Polizei geboten, damit der Terrorismus nicht den von ihm gewollten Effekt erreiche, die Italiener zu veranlassen, diese Provinz zu verlassen, um ihre persönliche Habe und ihr Leben in Sicherheit zu bringen."*

Betrüger täuscht Attentat vor

Der italienische Kaufmann Dino Fabbri behauptete, in der vergangenen Nacht bei Salurn aus einer Hecke beschossen worden zu sein, und zeigte der Presse die „Einschüsse". Später stellte sich heraus, daß Fabbri unter Hinterlassung hoher Schulden aus Südtirol flüchten wollte, *„weil er sich seines Lebens nicht mehr sicher fühle."* Er wurde verhaftet. Die „Einschüsse" in der Windschutzscheibe wurden durch Steinschlag verursacht. („Tiroler Nachrichten", Innsbruck, 3. 8. 61.)

Südtirol wird entwaffnet

Als eine der ersten Maßnahmen nach der Herz-Jesu-Nacht verfügte der italienische Regierungskommissar für die Provinz Bozen, daß alle Waffen, Munitionsbestände, Hagelabwehrraketen und Sprengstoffe innerhalb von drei Tagen bei den zuständigen Polizeidienststellen abgegeben werden müßten.

Anschlag in Bozen

Luis Amplatz zerstörte durch einen Sprengstoffanschlag den Lieferwagen eines italienischen Zuwanderers in der Sassaristraße in Bozen. Obwohl bei diesem Anschlag niemand verletzt oder gefährdet wurde, löste er in Bozens italienischen Vierteln panikartige Reaktionen aus.

Carabinierisondereinheit aufgestellt

In dem 12 km von Trient entfernten, auf dem Monte Bondone gelegenen Sommerfrischeort Candriai wurde eine zirka 200 Mann starke Carabinierisondereinheit, u. a. ausgerüstet mit 80 Fahrzeugen und 20 Hunden, zusammengezogen. Dort mied sie jeden Kontakt mit der einheimischen Bevölkerung, da sie für den Einsatz in Südtirol, insbesondere für die „verschärfte" Vernehmung von Gefangenen, intensiv geschult wurde.

15. Juni 1961

Sprengstoffanschläge

Zwischen Sinich und Untermais bei Meran wurden drei Hochspannungsmasten durch Sprengladungen zerstört. Dadurch kam es zu mehrstündigen Unterbrechungen des Eisenbahnverkehrs und der Stromversorgung. In der Gegend des Kalterer Sees wurde gleichfalls ein Elektromast gesprengt.

Liberale für Aberkennung der Staatsbürgerschaft
Der Abgeordnete Alpini von der „Liberalen Partei" (PLI) forderte gegenüber der Presse, daß die Regierung die *„allzu generös gewährten Rückoptionen"* von Südtirolern neu überprüfen solle. Er sprach sich damit für eine Aberkennung der Staatsbürgerschaft und die Ausbürgerung von Südtirolern aus.

16. Juni 1961
Italienische Eingriffe nähern sich dem Ausnahmezustand
Mit sofortiger Wirkung verordnete der Vizeregierungskommissär für die Region Trentino-Südtirol ein Verbot der Annäherung und des Stehenbleibens im Umkreis von 200 Metern bei Wasserleitungen, Gasometern, Stauseen, Staudämmen, Wehranlagen, Wasserbrücken, Druckleitungen, Hochspannungsleitungen, Wasserkraftwerken, Transformatorenanlagen, Fernsprechanlagen, Rundfunk-, Funktelefon-, Fernseh- und Telegrafenanlagen, Eisenbahnanlagen, Tunnels, Viadukten, Bahnmagazinen, Seilschwebe- und Standseilbahnen, Kraftstofflagern, Industrieanlagen und Lagerhäusern bei Strafe und Gefahr des Gebrauches der Schußwaffe durch die aufgestellten Posten. Die Verlautbarung dieser Verordnung erfolgte aber erst Tage später, so daß in der Nacht des 18. Juni (siehe dort!) zwei Südtiroler Opfer dieses ihnen unbekannten Schießbefehles wurden.

Gegen die Südtiroler Freiheitskämpfer werden 40.000 Soldaten und Polizisten aufgeboten
Auf Anordnung der Regierung übernahm der Vizechef der italienischen Polizei, Generalinspekteur Vincenzo Agnesina, das Kommando über die vereinigten, uniformierten Einheiten in Bozen. Aus ganz Italien waren Polizei und Militäreinheiten nach Südtirol in Marsch gesetzt worden, um die örtlichen Kräfte zu verstärken und die angeordnete Bewachung zu übernehmen. Auf fünf erwachsene Südtiroler kam ein Soldat.

Unterschieben von Beweismitteln
30 Jahre nach der Feuernacht schilderte Frau Anna Mayr-Raml aus Bozen-Rentsch in einem Leserbrief an die „Südtiroler Illustrierte FF" (Nr. 26/91), wie man damals versucht hatte, ihr falsches Beweismaterial zu unterschieben:
„Nicht Empörung, sondern Verwunderung haben die drei gründlichen Hausdurchsuchungen gleich nach der Feuernacht in mir ausgelöst, da ich nicht im mindesten eine Ahnung hatte, wer den Feuerzauber gemacht hatte, und keinen einzigen der später Verhafteten kannte. Den Packen Flugzettel, den man mir zwei Tage nach der Feuernacht im offenen Holzschuppen hinterlegt hatte, habe ich rechtzeitig beseitigt. Erst bei der dritten Kontrolle (10 bis 15 Mann) wurden sie nun fündig. In meinem Flickkorb war so eine Art Dolch, eingewickelt in einer Tiroler Zeitung, und im Weingut hat man ein kleines Fläschchen Schwarzpulver ausgegraben. Die vielen späteren Hauskontrollen, bei denen es um Adressen, Post, Bücher, Schreibmaschinen, Amplatz-Versteck usw. ging, habe ich gelassen ertragen. Heute stimme ich dem Leserbrief von Rosa Ebner aus Mühlen . . . zu, daß man am Siegesdenkmal die Inschrift ergänzen soll mit den Worten: ‚. . . wir brachten den Barbaren die Kultur und die Mafia'!!!"

Zwei Journalisten am Brenner verhaftet
Beim Überschreiten der Brennergrenze wurden die beiden Mitarbeiter der „Tiroler Nachrichten", der Fotograf Fedor Habermüller und der Redakteur Volkmar Hauser, verhaftet. Sie waren vor drei Tagen nach Südtirol eingereist, um die Örtlichkeiten der Anschläge zu fotografieren und eine Reportage über die Lage zu machen. Dabei hatte Volkmar Hauser am 15. Juni seinen Paß in der Nähe eines gesprengten Mastes verloren.

Der italienische Innenminister Scelba (rechts) gab den Sicherheitsbehörden „freie Hand" („carta bianca") bei den Verhören der Südtiroler Freiheitskämpfer. Ab sofort setzten die Folterungen ein (18. Juni 1961).

Die Folgen des Scelba-Freibriefs: Die Verhaftung und schwere Folterung von Franz Muther aus Laas lösten eine weitere Welle von Verhaftungen und Folterungen aus (10. Juli 1961).

19. Juni 1961: Landeshauptmann Dr. Silvius Magnago bei der Verabschiedung des 21 Jahre alten Josef Locher, der von Carabinieri erschossen wurde. Der Dorfjugend, die ihren Alterskameraden zu Grabe getragen hat, steht das fassungslose Entsetzen über das Geschehen ins Gesicht geschrieben.

Italienische Kommunisten warnen vor Bürgerkrieg
Der italienische Kommunistenchef Dr. Palmiro Toglatti warnte in der Parteizeitung „Unita“: *„Wenn Dinge wie bisher weiterlaufen, werden wir in kürzester Zeit mit einer fremdvölkischen Provinz im offenen Bürgerkrieg und Belagerungszustand sein!“*

Polizeichef kündigt „präventive und repressive Maßnahmen“ an
Aus Rom kommend, trafen in Bozen ein namentlich nicht genannter Carabinierigeneral und der stellvertretende Oberbefehlshaber der Polizei, Agnesina, ein. Sie begaben sich in das Hauptquartier der Bozner Polizei. Dort in der Quästur fand ein Rapport aller höheren Dienstränge der Polizei und der Carabinieri statt. Anschließend erklärte der hohe Polizeifunktionär Agnesina der Presse, daß angeordnet sei, *„alle präventiven und repressiven Maßnahmen“* zu ergreifen. Hierzu würden angemessene Polizeikräfte zur Verfügung stehen. Wie der „Alto Adige“ meldete, sei den Worten Agnesinas auch zu entnehmen gewesen, daß Kopfgelder auf die Attentäter ausgesetzt würden.

Georg Klotz verhaftet
Gegen 4 Uhr früh wurde der Schützenmajor Georg Klotz in Walten im Passeier aus dem Bett geholt und nach Meran zur Einvernahme gebracht. Dort sagte man ihm auf den Kopf zu, daß er mit der Widerstandsbewegung zu tun habe. Der Oberleutnant der Carabinieri, Manucci, versuchte Klotz zur Zusammenarbeit mit den Carabinieri gegen seine eigenen Landsleute zu überreden. Klotz bot ein nicht zu erschütterndes Alibi für die Herz-Jesu-Nacht an und bestritt im übrigen alles. In seiner Abwesenheit wurden die Dielenbretter im Haus herausgerissen. Im Haus und in der Werkstatt wurden jedoch nur ein altes, verrostetes Gewehr und ein legal gekaufter Jagdstutzen gefunden. Am 20. Juni mußten die Behörden Klotz wieder enthaften. (Drechsler, Robert H.: „Georg Klotz“, Wien 1976, S. 98.) Seine Frau, Rosa, erklärte später, daß der eigene Neffe von Georg Klotz, Josef Selm, diesen an die Carabinieri verraten gehabt hatte (Baumgartner / Mayr / Mumelter: „Feuernacht“, S. 363.)

17. Juni 1961
„Dolomiten“ kündigen Distanzierung der SVP an
In einem Leitartikel auf Seite 1 sprach die deutsche Tageszeitung „Dolomiten“ die Erwartung aus, daß sich der soeben tagende Parteiausschuß der SVP genauso wie die in zwei Tagen beginnende außerordentliche Landesversammlung der SVP *„nicht nur der Form, sondern auch im Wesen nach in aller Form von den verbrecherischen Taten distanzieren werden.“* Der Obmann der Partei, Dr. Silvius Magnago, habe in seinen Erklärungen vor dem Innenminister Scelba und auch nachher vor der Presse keinen Zweifel darüber gelassen, *„daß die SVP diese Anschläge schärfstens verurteilt, weil sie grundsätzlich gegen Gewaltanwendung ist . . .“*

Hotels als Unterkunft beschlagnahmt
Da Kasernen und Feldlager nicht zur Unterbringung der starken Militäreinheiten ausreichten, wurden in Bozen das Hotel „Mondschein“, in Brixen die Hotels „Jarolim“, „Goldene Rose“, „Goldener Schlüssel“ und „Goldene Krone“ und in Meran das Hotel „Kronprinz“ beschlagnahmt und in militärische Massenquartiere umgewandelt. Zurückkehrende Gäste fanden ihr Gepäck bereits in den Hotelhallen vor und durften ihre Zimmer nicht mehr betreten.

Sprengladung in Bozen entschärft
In einem für italienische Zuwanderer bestimmten, noch nicht bezogenen Rohbau der Ina-Casa-Gesellschaft in Bozen konnte eine von Luis Amplatz angebrachte Sprengladung nach Versagen des Uhrwerkzeitzünders entschärft werden.

18. Juni 1961
Innenminister kündigt Kampf „mit allen Mitteln“ an
Der italienische Innenminister Scelba erklärte auf einer von ihm einberufenen Sitzung vor

allen Bürgermeistern der Südtiroler Gemeinden sowie Vertretern der Wirtschaft und der Politik: *„Im Namen des Schicksals, das uns ohne Unterschied der Sprache zu einer Interessengemeinschaft verbindet, und gemäß der Pflicht zur Loyalität gegenüber dem Staat fordere ich Sie zur aktiven Zusammenarbeit auf, um die Gewalttäter zu isolieren und unschädlich zu machen!"* Weiters erklärte Scelba die feste Entschlossenheit der Regierung *„mit allen Mitteln für die Aufrechterhaltung der Ordnung zu sorgen."* Er bekräftigte ferner, daß sich die Bewohner *„deutscher Sprache in den italienischen Grenzgebieten"* mit den Realitäten abzufinden hätten und daß keine Grenzen verändert werden könnten, es sei denn, durch ein so großes Unglück wie den Krieg. Er fuhr fort: *„Und wenn mit Gewalttätigkeit versucht werden sollte, diese Realität zu ändern, so versichern wir ohne Zögern, daß sie dazu bestimmt ist, am italienischen Recht zu zerbrechen!"*

Innenminister gibt Folterbefehl

Im Anschluß an das Treffen mit den Bürgermeistern gab Scelba Offizieren der Carabinieri, darunter Oberstleutnant Gobbi, Hauptmann De Rosa, den Leutnants Vilardo und Rotellini sowie den Spezialisten der am Monte Bondone zusammengezogenen Sondereinheit Befehl für härtestes Durchgreifen. Ausdrücklich erteilte Scelba einen Freibrief („carta bianca") zur Behandlung von Gefangenen. Dem politischen Häftling Martin Koch gegenüber brüstete sich Leutnant Vilardo später: *„Scelba hat gesagt, wenn ihr einen von diesen Dinamitardi erwischt, könnt ihr mit ihm nach Belieben verfahren!"*

Italiener wird verhaftet und gefoltert

Der 41jährige Kaufmann Livio Pergol aus Lavis in der Provinz Trient wurde verhaftet, weil er Südtirolern Sprengstoff zum Sprengen von Wurzelstöcken verkauft hatte, ohne deren Befugnis dazu zu überprüfen. Der Sprengstoff war zum Sprengen von Masten eingesetzt worden. Pergol wurde in die Carabinierikaserne Neumarkt im Unterland eingeliefert und von dem Leutnant Rotellini und dem Carabiniere Marras schwerstens mißhandelt. Er wurde von Marras mit den Fäusten auf den Kopf geschlagen, dann auf den Boden gelegt und mit Eisengeräten zwischen den Rippen gequetscht. Wenn er ohnmächtig wurde, übergossen ihn die Peiniger mit kaltem Wasser. Weitere furchtbare Details schilderte Pergols Anwalt Dott. Vialli, Trient, in einem Brief vom 27. September 1961 an die Untersuchungssektion des Appellationsgerichtes Trient, in dem es hieß (Auszug, Übersetzung aus dem Italienischen):

„Lange Zeit mußte er mit erhobenen Armen stehen, und wenn er erschöpft die Arme sinken ließ, wurden ihm Fausthiebe, Fußtritte und Ohrfeigen in alle Körperteile, auch in den Bauch, verabreicht. Vier Carabinieri packten Pergol bei den Händen und Füßen, hoben ihn vom Boden auf und schwangen seinen Körper hin und her, so daß er mit dem Rücken und mit den Lenden gegen die Kanten und die Oberfläche einer darunterliegenden Kiste schlug. Als Pergol auf diese Folter hin so erledigt war, daß er im Begriffe stand, ohnmächtig zu werden, und auf dem Rücken auf der Kiste lag, den Kopf nach unten hängend, goß ihm ein Carabinierileutnant, ein gewisser Rotellini, eine beträchtliche Menge Wasser, das nichtgelöstes Salz enthielt (also etwas anderes als Salzwasser!) in den Mund, so daß Pergol glaubte, ersticken zu müssen. Als Pergol in dieser Lage versuchte, das entsetzliche Getränk zu erbrechen, platzte hinten im Mund ein Gefäß, so daß er zu wiederholten Malen beachtliche Mengen Blut ausspuckte. Abgesehen von den Faustschlägen und Fußtritten, deren Spuren der Unterzeichnete an den Blutergüssen auf den Armen feststellen konnte und die noch einen Monat später sichtbar waren, wurde ihm elektrischer Strom in der Stärke von 4 bis 5 Volt in den Hoden, in die Zunge und in die Arme geleitet. Nach 18 Stunden derartiger Behandlung, und zwar am 19. Juni 1961, um 7 Uhr früh, und nach einer schlaflosen Nacht ohne Speise und Trank, gestand Pergol. Von diesem Augenblick an wurde Pergol in Ruhe gelassen; angesichts des Zustands, in dem sich Pergol befand und der sehr ernst schien, und angesichts des unsagbar schmutzigen Zustands, in dem sich dessen Kleider befanden, forderte ein Carabiniere der Station Neumarkt aus rein menschlichen Motiven Frau Pergol telephonisch auf, sich nach Neumarkt zu begeben, um ihren Gatten zu besuchen, ihm Kleider zu bringen und ihn irgendwie zu trösten.

Noch am 20. begab sich Frau Pergol in die Carabinieristation nach Neumarkt, wo sie ihren Mann in einem Zustand tiefster Depression fand, überdeckt mit blauen Flecken und Blutergüssen; noch schmerzten ihn die erlittenen Folterungen, und seine Kleider befanden sich in einem beklagenswerten Zustand. Frau Pergol konnte ihm das Unterhemd, die Unterhosen, die Hosen und das Hemd abnehmen, die zum Teil in Fetzen aufgelöst waren und zum Teil voll von Flecken waren und die sich jetzt noch in ihrem Besitz befinden. Am 21. Juli wurde Pergol vom Amtsrichter in Neumarkt einvernommen und gestand das oben Erwähnte, dann wurde er nach Trient überstellt, wo er am 25. 7. 1961 vom Staatsanwalt einvernommen wurde." (Walla, Max [Hrsg.]: „Schändung der Menschenwürde in Südtirol", a.a.O., S. 112f.) (Siehe weiter: 21. Juli 61!)

Innenminister beim Südtiroler Bischof
Nach dem Treffen mit den Bürgermeistern und den Carabinierioffizieren begab sich der Innenminister zum Südtiroler Bischof Dr. Josef Gargitter nach Brixen, wo er um 17. 30 Uhr eintraf. Der Bischof begrüßte den Minister freundlich, welcher diesem die Hand küßte. Nach einem kurzen Gespräch mit den anwesenden Vertretern der Behörden lud Gargitter den Minister in sein Arbeitszimmer zu einem Gespräch unter vier Augen ein, welches etwa eine Stunde dauerte. Anschließend wurden der Presse gegenüber keine Mitteilungen über den Inhalt des Gespräches gemacht.

Ordinariate Brixen und Trient: Freiheitskampf ist Verbrechen !
Die Ordinariate Brixen und Trient, die zu den Belangen Südtirols ansonsten immer stumm blieben, erklärten, *„daß diese Anschläge nicht bloß vor dem weltlichen Gesetz, sondern auch vor Gott und dem Gewissen schwere Verbrechen und darum schärfstens zu verurteilen sind."* („Katholisches Sonntagsblatt" vom 18. 6. 61)

Innsbrucker Journalisten frei
Die am 16. 6. festgenommenen Innsbrucker Journalisten Volkmar Hauser und Fedor Habermüller wurden nach einem Verhör über die fotografierten Objekte Samstag wieder freigelassen.

<u>19. Juni 1961</u>
Ministerrat in Rom billigt und beschließt Polizeimaßnahmen in Südtirol
Von 11 Uhr 30 bis 16 Uhr tagte der Ministerrat in Rom und befaßte sich etwa drei Stunden allein mit der Südtirolfrage. Innenminister Scelba berichtete im Detail über die von ihm angeordneten Polizeimaßnahmen in Südtirol und erhielt die Billigung aller Minister. Scelba erklärte seinen Kollegen: *„Die Regierung hat in dieser Situation die Pflicht, nicht tolerant zu sein!"* Der Minister sagte weiter, daß der italienische Staat über alle notwendigen Mittel verfüge, *„jede kriminelle Aktivität"* zu unterdrücken. Der Minister schloß mit der Ankündigung, daß es nicht auszuschließen sei, daß die Regierung schon in den nächsten Tagen in der Lage sein werde, der Justiz zumindest einen Teil der Schuldigen, wenn nicht schon alle, zuzuführen. Diese Ankündigung wirkte sensationell, da die Behörden bisher keine Erfolge aufzuweisen gehabt hatten.

Außerordentliche Landesversammlung der SVP
Magnago verhindert Forderung nach Selbstbestimmung
Inneritalienische Problemlösung angestrebt
Mehr als 500 Delegierte wohnten der Landesversammlung bei, welche ganz unter dem Vorzeichen des Selbstbestimmungsrechtes stand. In fast allen Gastreden, Debattenbeiträgen und Zwischenrufen wurde die Forderung nach dem Selbstbestimmungsrecht erhoben. Die von dem Landtagsabgeordneten Dietl eingebrachte Resolution, wonach bei einem Scheitern der Verhandlungen und Nichterreichen einer Verhandlungslösung das Selbstbestimmungsrecht bei der UNO zu fordern sei, fand nicht die Mehrheit der Landesversammlung, weil man

Schüsse gefährden Bevölkerung
Ängstliche Soldaten und Polizisten eröffneten mehrfach das Feuer aus Maschinenwaffen auf angebliche nächtliche Schatten und mysteriöse Geräusche. In Kardaun schlugen zwei Kugeln in das Mansardenzimmer der 3jährigen Margret Legeder. Nur wenige Zentimeter und eine durchschossene Bettdecke trennten das Kind vom Tod. In Bozen wurde der Nachtwächter Karl Vogel bei einem Kontrollgang beschossen. Neben dem Zahnarzt Carl-Otto Wild in Algund wurde eine Glastüre zerschossen sowie das Hausdach der Familie Fössinger mit einer Maschinengewehrgarbe bedacht.

Weitere Hotels beschlagnahmt
In Meran, Franzensfeste, Mauls und anderen Orten wurden weitere Hotels und Gasthäuser beschlagnahmt und von Militäreinheiten besetzt.

Viele Festnahmen – keine Erfolge
Der Kommandant der 8. Carabinieribrigade in Padua, General Giovanni Celi, inspizierte eine Reihe von Carabinierikommandos in der Provinz Bozen, wobei er von dem Kommandanten der Carabinierilegion von Bozen, Oberst Pietro Loretelli, begleitet wurde. Offenbar sollen die Anstrengungen verstärkt werden, die Urheber der Attentate auszuforschen. Trotz vieler vorübergehender Festnahmen haben die Behörden noch keine Erfolge zu verzeichnen.

22. Juni 1961
Rom bereitet „ökonomisch-kulturellen" Plan für Südtirol vor
Wie die Bozner italienische Tageszeitung „Alto Adige" aus Rom meldete, werde dort ein *„ökonomisch-kultureller"* Plan für Südtirol vorbereitet. Italiens Haltung, meldete das Blatt, werde weiter fest bleiben, und es werde Südtirol keine Regionalautonomie gewährt werden. Jedoch sei Rom bereit, eine weitere Dezentralisierung der Verwaltung und einige *„Delegierungen"* an die Provinz zuzugestehen. Außerdem solle eine Universität in Bozen errichtet und die Autobahn Verona – Bozen schneller als geplant gebaut werden. Hierzu ist anzumerken, daß die Südtiroler stets die Errichtung einer Universität in Bozen abgelehnt haben, da sich die Landesuniversität in Innsbruck befindet und von einer eigenen Universität in Bozen nur eine Vertiefung der Teilung des Landes in den geistig-kulturellen Bereich hinein und eine Stärkung des italienischen Elementes zu erwarten wäre. Von einem Autobahnbau zum gegenwärtigen Zeitpunkt war außerdem nur eine Ansässigkeitsmachung weiterer Süditaliener in Südtirol zu erwarten.

Scelba: Annahme der „Angebote der Südtiroler Politiker zur Zusammenarbeit"
Innenminister Scelba beantwortete in der Kammer des römischen Parlamentes die Anfragen, die in Zusammenhang mit den Ereignissen an ihn gestellt worden waren: Gerade weil die Regierung die Südtiroler als italienische Staatsbürger ansehe, habe er es für seine Pflicht gehalten, die Vorschläge der Südtiroler Politiker anzuhören und *„ihre Angebote der Zusammenarbeit"* entgegenzunehmen.
Keine Autonomie, um die „rassistische Politik" der Südtiroler zu konsolidieren
„Es ist jedoch in keiner Weise gerechtfertigt, eine erweiterte Autonomie zu fordern, um die rassistische Politik (der Südtiroler) *zu konsolidieren und härter zu gestalten."* Die italienische Regierung könne, sagte Scelba, in diesem Zusammenhang das Bestehen einer Partei nicht ignorieren, welche die ganze deutsche Bevölkerung zusammenfaßt, wobei sie ausschließlich rassistische Motive ausnütze. Dadurch verurteile sie die italienische Gruppe gegenüber der deutschen, sich als Minderheit zu fühlen. Es bestehe der Verdacht, daß die politisch *„stärkere Gruppe"* die *„Rassentrennung"* bewußt betreibe, um die gegenwärtige politische *„Vorherrschaft"* aufrechtzuerhalten. Was die weitere Entwicklung der Provinz Bozen anbelange, erklärte Scelba, sei es ein Irrtum zu denken, daß sich alles nur auf einen Schutz der Rechte der deutschen Minderheit begrenzen werde, welche übrigens niemand einzuschränken gedenke.

Südtirol verwandelte sich in ein Heerlager. Insgesamt wurden im Juni 1961 an die 40.000 Soldaten und Polizisten in das Land verlegt.

Scelba zu der Erschießung zweier Südtiroler
Zu der Erschießung der beiden jungen Südtiroler Locher und Sprenger erklärte Scelba, daß die Verantwortung auf die Attentäter, ihre Organisatoren und Mandanten diesseits und jenseits der Grenze falle *„und auf alle jene, welche in unerhörter und ungerechtfertigter Hetzkampagne gegen unser Land sogar das einfache Volk zu Terroranschlägen getrieben haben."*
Scelba zu dem geplanten Austreibungsgesetz
Dieser Gesetzesentwurf, der gegenwärtig zur Beratung stehe, sei *„nicht ohne Begründung"*.
Erfolg der bisherigen italienischen Südtirolpolitik
Die italienische Politik des Verhandelns habe, so sagte Scelba, bereits einen entscheidenden Punkt zugunsten Italiens eingebracht: Die UNO habe durch ihren Verhandlungsauftrag die österreichischen Forderungen auf die Verwirklichung des Gruber-De Gasperi-Abkommens begrenzt und damit jeden Versuch der Überschreitung desselben ausgeschaltet.

Kommandowechsel bei Carabinieri
Neuer Kommandant des „Gruppo interno" der Carabinieri in Bozen wurde Major Michelangelo Gobbi, 1921 in Neapel geboren, welcher bisher in Mantua Dienst machte. Major Gobbi eilte der Ruf eines energischen und äußerst entschlossenen Carabinierioffiziers voraus, der bekannt war für hartes Durchgreifen. Er löste jetzt Oberstleutnant Osmano Bonapace ab.

Statistik der Attentate
Innenminister Scelba zählte vor dem Parlament die Zahl der Attentate in Südtirol seit 1957 auf:
1957: 10 Anschläge.
1958: 4 Anschläge.
1959: 9 Anschläge.
1960: 11 Anschläge.
1961: bis zum 12. Juni einige Dutzend.

23. Juni 1961
Erschossene Südtiroler zu Grabe getragen
Unter der Anteilnahme vieler Tausender Südtiroler wurden die beiden Opfer schießwütiger Soldaten in ihren Heimatgemeinden zu Grabe getragen. Beim Begräbnis von Josef Locher waren neben dem Landeshauptmann Magnago die Abgeordneten Ebner, Pupp, Fioreschy, Plaikner und Schatz vertreten. Die Nordtiroler Landesregierung hatte durch eine Abordnung einen Kranz niederlegen lassen. Die Einsegnung von Hubert Sprenger in Mals nahm der Weihbischof Forer vor. Auch hier waren hohe Vertreter der SVP unter den Trauergästen!

24. und 25. Juni 1961
Südtirolverhandlungen in Zürich gescheitert
Österreich beharrte auf voller Autonomie für Südtirol, Italien lehnte ab
Zu Beginn der Verhandlungen gaben die beiden Außenminister grundsätzliche Erklärungen ab. Außenminister Antonio Segni beschuldigte Österreich, die Sprengstoffanschläge der letzten Zeit, die von einer terroristischen Organisation in Österreich gesteuert würden, geduldet zu haben. Verantwortliche Persönlichkeiten in Österreich hätten gegen Italien eine unerhörte und ungerechtfertigte Haßkampagne entfesselt. Gegen die Teilnahme von Frau Dr. Stadlmayer an der Konferenz legte Segni Verwahrung ein. Dr. Bruno Kreisky entgegnete, daß die österreichische Regierung Gewaltakte, von wo und welcher Seite sie immer verübt werden, schärfstens verurteile. Es habe aber das Vorgehen der italienischen Exekutivorgane in Südtirol große Bestürzung hervorgerufen. Über die Verhandlungsfragen konnte man sich sodann nicht einigen. Die italienische Seite bot wiederum die Delegierung einiger Verwaltungsbefugnisse von der Region zur Provinz Bozen (Südtirol) an, und die österreichische Seite unterstrich ihre Forderung nach einer vollen Regionalautonomie für Südtirol. Die österreichische Delegation forderte sodann eine internationale Untersuchungskommission zur Prüfung der Tatsachen und Vorschläge, die Italiener konterten, daß der Internationale Gerichtshof in Den Haag (bei dem

man nur das unbrauchbare Pariser Abkommen einklagen kann; Anm. d. Hrsg.) das geeignete Instrument zur Konfliktlösung wäre. Um vier Uhr früh wurden die Gespräche abgebrochen, und die österreichische Seite überreichte noch eine Erklärung Außenministers Dr. Kreisky, in welcher dieser betonte, daß Österreich von der Forderung nach Regionalautonomie nicht abgehen könne.

Kreisky auf Pressekonferenz: Italienisches Vertreibungsgesetz inakzeptabel
Im Lesesaal des Hotel Dolder in Zürich, wo die Verhandlungen stattgefunden hatten, nahm Dr. Kreisky vor der Presse zu den gescheiterten Verhandlungen Stellung und verwies darauf, daß die italienischen Angebote diesmal noch unter dem Stand gelegen seien, den man bereits 1948 verhandelt habe. In sehr scharfen Worten nahm der österreichische Außenminister gegen den italienischen Plan Stellung, durch einen Artikel in einem neuen Staatsbürgerschaftsgesetz die Möglichkeit zu einer Ausbürgerung von Südtirolern zu schaffen. Dieser Artikel war bereits im italienischen Senat verabschiedet und sah vor, daß Südtiroler Rückoptanten durch bloßen Verwaltungsakt der Staatsbürgerschaft entkleidet werden könnten, sobald sie *„eine Tätigkeit ausüben, die mit der Treuepflicht gegenüber dem Staate und seinen Institutionen nicht vereinbar ist“*. Der ganze Entwurf bedurfte jedoch noch der Bestätigung durch die italienische Kammer. Kreisky sagte: *„Ich mache darauf aufmerksam, daß bei einer Verwirklichung dieses Staatsbürgerschaftsgesetzes die österreichische Regierung zu allen Maßnahmen ihre Zuflucht nehmen müßte, die ihr möglich und zweckmäßig erscheinen.“* Österreich würde dieses Gesetz, das internationale Vereinbarungen und entscheidende Menschenrechte verletze, mit aller Schärfe bekämpfen. Wenn das Gesetz Wirklichkeit würde, sagte Kreisky, so werde man an die Ereignisse im Jahre 1938 und im Jahre 1945 erinnert: 1938 wurden Menschen diffamiert, weil sie einem bestimmten Religionsbekenntnis angehörten, 1945 wurden Menschen deutscher Abstammung von den kommunistischen Staaten ausgetrieben. Kreisky bezeichnete es als unfaßbar und undenkbar, daß ein demokratisches Parlament ein solches Gesetz beschließen könnte, um so die Südtiroler im Lande ihrer Vorväter wehrlos und vogelfrei zu machen.

25. Juni 1961
Südtiroler Soldat erschossen
Der 22jährige wehrpflichtige Südtiroler Peter Thaler vom Temlhof bei Brixen wurde unweit Welsberg durch den italienischen Soldaten Alessandro Voltolini erschossen. Die näheren Umstände wurden nie geklärt.

28. Juni 1961
Italienische Armee befleckt sich selbst
Staatssekretär Univ. Prof. Dr. Franz Gschnitzer gab in Innsbruck bekannt, daß den in Südtirol Dienst tuenden italienischen Soldaten 20.000 Lire und 14 Tage Sonderurlaub als „Schußprämie“ versprochen wurde. Die „Tiroler Nachrichten“ (Innsbruck) kommentierten diese Mitteilung folgendermaßen: *„Die Mordschützen dürfen getrost ihr Blutgeld nehmen, die italienische Armee wird weder von Südtiroler Bauernburschen noch von Nordtiroler Redakteuren geschmäht, sie befleckt sich selbst!“*

Hausdurchsuchung bei Noldin
Bei der Witwe des in der Faschistenzeit verfolgten Dr. Josef Noldin in Salurn wurde eine Hausdurchsuchung durchgeführt. Nach dem Verbot der deutschen Schule hatte Noldin heimlich Unterricht in der Muttersprache erteilt. Dafür wurde er auf die Liparischen Inseln verbannt. Bereits todkrank, wurde er 1929 von Mussolini begnadigt, starb aber kurz danach an den Folgen der Haft.

Protest gegen Übergriffe der Polizei
Der „Freund“ Scelba
Die SVP-Abgeordneten Dr. Toni Ebner und Dr. Roland Riz begaben sich heute in Rom zu

Innenminister Scelba und protestierten gegen Übergriffe der Behörden bei Hausdurchsuchungen, Beschlagnahme von Hotels und anderen Anlässen. Sie beklagten auch das andauernde Verbot der Hagelabwehr. Scelba erklärte, daß ihm diese Übergriffe nicht bekannt seien, er diese jedoch überprüfen werde. Gegenüber der „Stuttgarter Zeitung“ erklärte Dr. Toni Ebner: *„Diesmal verlief das zweistündige Gespräch ausgesprochen kollegial. Scelba ist Abgeordneter wie wir und hat uns als Freunde empfangen.“*

29. Juni 1961

Vor entscheidenden Aktionen gegen die Attentäter – Die Chefs der Sicherheitsbehörden in Bozen eingetroffen

Aus Rom kommend, trafen der Chef der Polizei, Präfekt Vicari, und Carabinieri-General De Francesco in Bozen ein. Im Palast des Vizekommissars der Regierung hielt der Polizeichef Vicari noch am Vormittag eine Konferenz hoher Offiziere und Funktionäre ab, an der auch der Vizekommissar Dr. Puglisi, der Quästor Testa, Polizeigeneral Guzzardi (Inspektor des Polizeikreises Mailand), der Vizequästor Piazza, der Gruppenkommandant der Polizei Oberstleutnant Morici, der Kabinettschef des Quästors, Nicolodi, General Celi, Oberst Loretelli, Kommandant der Carabinierilegion von Bozen, der Leiter des politischen Büros der Quästur, Dr. Peternel, sowie eine große Anzahl von Polizeikommissaren und kommandierenden Offizieren teilnahmen. Im Innenhof des Legionskommandos in Bozen fand anschließend ein Rapport der Carabinierioffiziere der Provinz statt. Um 18 Uhr begab sich General De Francesco zum Vizekommissar der Regierung, Dr. Puglisi, und führte mit diesem ein langes Gespräch in seinen Amtsräumen. Anschließend begab sich der Carabinierigeneral auf eine Rundreise durch die Provinz, um die regionalen Behörden und peripheren Carabinierikommandos aufzusuchen. Wie sich später herausstellte, wurden an diesem Tage die letzten Einzelheiten der großen Verhaftungsaktion besprochen, die, durch den spektakulären angeblichen „Anschlag“ auf den Journalisten Benno Steiner ausgelöst, zur Verhaftung von Franz Muther und – nach dessen schwerer Folterung – zur Festnahme weiterer Freiheitskämpfer führen sollte.

Kundgebung in Innsbruck: Los von Italien!

Im überfüllten Innsbrucker Stadtsaal und in Gegenwart des Landesrates Dr. Aloys Oberhammer und des Bürgermeisters Dr. Lugger forderte der Bergisel-Bund-Obmann, Staatssekretär Dr. Franz Gschnitzer, die Einsetzung einer internationalen Untersuchungskommission zur Überprüfung der Lage in Südtirol. Landesrat Zechtl (SPÖ) prangerte mit leidenschaftlichen Worten die brutale Gewaltherrschaft Italiens in Südtirol an. Der Beifall im Saal steigerte sich zum Orkan, als ein junger Südtiroler der Versammlung zurief: *„Liebe Landsleute, nun zur Sache. Was wollen wir Tiroler südlich des Brenner? Diese Anwort kann ich euch gleich geben: Los von Italien!“*

1. Juli 1961

Magnago: „Bisherige Politik hat versagt!“

In der „Bunten Illustrierten“ gab Landeshauptmann Dr. Magnago folgende Stellungnahme zu den aktuellen Geschehnissen ab: *„Über zehn Jahre sind vertan worden. Wir haben kein Vertrauen mehr zu Rom. Uns bleibt nur noch der internationale Weg. Die Welt muß uns helfen. Es gibt für uns keinen Kompromiß in der Autonomiefrage. Wir wollen unser Schicksal nicht mehr von Trient bestimmen lassen. In einem autonomen Südtirol sollen die Italiener alle ihre Rechte behalten . . . Ich distanziere mich von den Attentätern, die zweifellos Idealisten sind und ihr Eigentum und ihr Leben riskieren. Sie wollen demonstrieren, daß die bisherige Politik versagte.“* Der Landesarchivar von Nordtirol und Geschäftsführer des Bergisel-Bundes, Dr. Eduard Widmoser, äußerte sich noch entschiedener: *„Wir kennen als Schutzverband für Südtirol nur eine Aufgabe und ein Ziel: In entschlossenem Handeln den Tirolern südlich des Brenners die Heimat als tirolisches Land zu erhalten und ihnen durch die Tat das Recht auf Selbstbestimmung erringen zu helfen . . . Ich bedaure die Gewaltakte in Südtirol – aber ich kann sie nicht verurteilen. Wir hoffen jetzt auf eine Untersuchungskommission der UN. Vielleicht werden wir so das Ziel erreichen: eine Volksabstimmung.“*

4. Juli 1961

Österreich verlangt Untersuchungskommission

In einer Note an Italien schlug die österreichische Bundesregierung vor, daß eine internationale Untersuchungskommission *„die für eine friedliche Bereinigung des Streitfalles wesentlichen Tatsachen und Verhältnisse in Südtirol“* feststellen solle.

7. Juli 1961

Italien will Südtirolfrage dem Internationalen Gerichtshof vorlegen

Der italienische Außenminister Antonio Segni gab bekannt, daß der Ministerrat beschlossen habe, die Südtirolfrage dem Internationalen Gerichtshof in Den Haag zu unterbreiten und den österreichischen Vorschlag der Entsendung einer UN-Untersuchungskommission nach Südtirol bzw. einer Vermittlung durch den UN-Generalsekretär Dag Hammarskjöld abzulehnen.

„Associated Press“: Dr. Oberhammer sagt „Jahre blutigen Kampfes“ voraus

Die Nachrichtenagentur „Associated Press“ verbreitete folgende Meldung in einem Interview mit dem Mitglied der Nordtiroler Landesregierung und Parteivorsitzenden der Landes-ÖVP, Dr. Aloys Oberhammer: *„‚Die Südtiroler werden für ihre natürlichen Rechte kämpfen, auch wenn dies Jahre eines blutigen Kampfes bedeutet. Der Widerstand gegen die italienische Unterdrückung nimmt täglich an Kraft zu und wird sich wie ein Waldbrand verbreiten, bis die Italiener letztlich nachgeben.‘ Oberhammer, der Landesleiter der Volkspartei des Bundeskanzlers Alfons Gorbach im österreichischen Tirol, vertritt jenen Flügel der Partei, der die Selbstbestimmung für die Provinz Bozen verlangt, die vor dem Ersten Weltkrieg zu Österreich gehörte. Die österreichische Regierung hat die Forderung auf Selbstbestimmung offiziell zugunsten eines gemäßigten Kurses verlagert und statt dessen Italien dringend nahegelegt, der Provinz Bozen die Vollautonomie zu geben. Gespräche zwischen den beiden Ländern, von den Vereinten Nationen auf höherer Ebene empfohlen, um den Streitfall zu regeln, scheiterten. Es wird erwartet, daß Österreich sich an den Generalsekretär der Vereinten Nationen, Dag Hammarskjöld, um Vermittlung wenden wird oder den Streitfall im nächsten Herbst erneut vor die UNO bringt. Italien hat ein derartiges Vorgehen zurückgewiesen und dafür den Internationalen Gerichtshof vorgeschlagen. Oberhammer stellte jedoch eindeutig fest, daß sein Parteiflügel eine Diplomatie des Mittelweges nicht mehr für durchführbar hält. Er sagte: ‚Autonomie ist ein abgegriffenes Wort geworden, an das niemand mehr glaubt. Die Italiener haben ausreichend bewiesen, daß sie die Freiheiten der Südtiroler nicht zu erweitern wünschen. Die einzige Antwort für uns ist daher: Selbstbestimmung!‘ Die jüngste Welle von Sprengstoffattentaten und Schießereien zwischen extremistischen Südtirolern und italienischen Sicherheitsorganen sei, eine Warnung an Italien und die Welt,‘ sagte Oberhammer. ‚Es handle sich hier nur um einen Anfang, es gibt noch viel mehr, was die Südtiroler tun können.‘ Oberhammer betonte, daß er und seine Anhänger in die Terrorakte ‚nicht aktiv verwickelt seien, wie Italien behauptet.‘ Wir sind nicht glücklich darüber, was in der Provinz Bozen geschieht, aber offenbar haben die Südtiroler keine andere Wahl, sich Gehör zu verschaffen‘, sagte er. ‚Wir sind nicht aktiv in den Kampf verwickelt, wir wissen aber, daß unsere Brüder südlich der Grenze den Kampf bis zum bitteren Ende‘ oder zum Sieg führen werden. Sie sind bereit und gewillt, Familien und Heimstätten aufzugeben und selbst für Jahre in den Untergrund zu gehen‘, behauptete Oberhammer. Gefragt, welche Möglichkeiten er sehe, die österreichische Diplomatie auf die Forderung nach Selbstbestimmung umzustellen, meinte Oberhammer: ‚Die Selbstbestimmung als ein Ziel für Südtirol hat Österreich nie aufgegeben. Mit Rücksicht auf die Vereinten Nationen haben wir diese Forderung jedoch verschoben. Da Italien es offen verabsäumte, der UNO-Resolution des Jahres 1960 zu entsprechen, sind wir der Meinung, daß wir jetzt jedes Recht haben, die Forderung auf Selbstbestimmung wieder aufzugreifen.‘“* (Wortgetreue Übersetzung des englischen Textes.) Wie Dr. Oberhammer später mitteilte, hatte er den Text dieses Interviews nicht autorisiert und Teile desselben in dieser Form nicht geäußert. Trotzdem wurde dieser Text als politische Waffe gegen Dr. Oberhammer verwendet, da der Journalist Hans Benedict strikt dabei blieb, daß Oberhammer diese Worte gesagt habe.

Magnago signalisiert Verhandlungswillen nach Rom und billigt Auslieferung der „Unverantwortlichen an die Gerechtigkeit“

„Wir alle müssen überprüfen“, sagte Landeshauptmann Dr. Magnago vor dem Landtag, *„ob nicht gewisse von den politischen Parteien und politischen Persönlichkeiten eingenommene Haltungen schlecht ausgelegt wurden und den einen oder anderen dazu verleitet haben könnten, eine bequeme Rechtfertigung für die verübten ungesetzlichen Handlungen zu finden.“* Es sei aber auch an der Zeit, daß die Regierung *„mit jenen Verbindung aufnimmt, die das Volk vertreten, und sich nicht nur darauf beschränkt, vereinzelte Kontakte mit Personen aufzunehmen, die diese Bevölkerung nicht vertreten. Das Problem löst man nicht, indem man die Vertreter der Bevölkerung oder des Großteils derselben schlecht macht und so ihre Forderungen entwertet.“* Er, Magnago, wolle sich keinesfalls der Verantwortung entziehen, seinen Teil zur Befriedung und Normalisierung in Südtirol sowie zur Lösung seiner Probleme beizutragen. Gerade deswegen dürfe man aber auch kritisieren oder protestieren, wenn Maßnahmen getroffen würden, die ein Hindernis für diese Befriedung bilden. Sonst würde man *„nur das Spiel der Attentäter machen.“* Unter solchen Maßnahmen verstehe er aber nicht allein die polizeilichen, sondern auch die politischer Natur, *„die mit der notwendigen und gebührenden Wiederherstellung geordneter Verhältnisse und mit der Auslieferung der Verantwortlichen oder besser der Unverantwortlichen an die Gerechtigkeit nichts zu tun haben.“*

Südtirols Alpinisten von Verhaftungen betroffen

Die Broschüre „Alpenverein Südtirol 1945-1978“ (Bozen) berichtet: *„Dann kam der 12. Juni 1961, die Feuernacht des Herz-Jesu-Sonntages . . . Die anschließende Verhaftungswelle traf eine ganze Reihe von AVS-Mitgliedern, unter ihnen auch den ersten Führer der AVS-Hochtouristengruppe Bozen und den Führer des Bergrettungsdienstes der Sektion Bozen.“*

9. Juli 1961

Geheimes Treffen des BAS

In einem Gasthof oberhalb von Schenna trafen sich die BAS-Mitglieder Sepp Kerschbaumer, Martin Koch, Siegfried Carli, Sepp Innerhofer, Sepp Mitterhofer, ein Vertreter des BAS-Vintschgau und der Vertreter des BAS-Innsbruck, der Universitätsassistent Dr. Helmut Heuberger. Es wurde die Vorbereitung einer weiteren „kleinen Feuernacht“ für die Nacht vom 12. auf den 13. Juli beschlossen. (Christoph Franceschini: „Die Welle der Sprengstoffanschläge in Südtirol“, in: Pelinka / Maislinger [Hrsg.]: „Handbuch zur neueren Geschichte Tirols“, Band 2, Zeitgeschichte, Innsbruck 1993, S. 467ff.)

Mysteriöses „Attentat“

Der Journalist Benno Steiner untersuchte „zufällig“ sein Auto und konnte eine angebrachte Bombe feststellen, die durch den Carabinierihauptmann De Rosa persönlich entschärft wurde. Benno Steiner war früher Angestellter der Provinzialverwaltung. Dort schied er im Streit, ging dann nach Wien, wo er die „Südtiroler Freiheitsbewegung“ und „Rote Adler-Liste“ gründete. Nach dem blamablen Scheitern als Parteiführer wurde er Journalist bei der faschistophilen italienischen Tageszeitung „Alto Adige“. Dort wurde ihm ob seiner feindlichen Haltung, die er gegenüber Südtiroler Patrioten einnahm, besondere Wertschätzung zuteil. Unter seinen Landsleuten galt er als „Verräter“ und Spitzel.

10. Juli 1961

Geheimdienstaktion: Benno Steiner löst Verhaftungswelle aus

Schwere Folterung von Franz Muther

Nach dem angeblichen „Attentat“ auf sein Auto „erinnerte“ sich der Journalist Benno Steiner „plötzlich“, daß er im Herbst 1956 zufällig zu einem Gespräch zwischen Georg Klotz und Franz Muther dazugekommen sei, in welchem diese die Gründung einer Untergrundbewegung besprochen hätten. Diese plötzliche Erinnerung teilte Steiner nun den Carabinieri mit, welche daraufhin Franz Muther (geb. 22. 12. 1922) und Mathias Parth (geb. 11. 9. 1919) verhafteten, während Georg Klotz kaltblütig ein vorbereitetes Versteck aufsuchte, während das Verhaftungskommando unter Hauptmann De Rosa vergeblich vor dem Hause wartete. Muther und Parth wurden schrecklich gefoltert. Sie waren die ersten in einer langen Reihe von entsetzlich mißhandelten Südtirolern, mit denen die Carabinieri aufgrund eines von Innenminister Scelba ausgestellten Freibriefes machten, was sie wollten. Niemand in Südtirol glaubte die Geschichte mit der plötzlichen „Erinnerung" des Benno Steiner. Man war der Ansicht, daß der ganze „Anschlag" auf Benno Steiner vom Geheimdienst gestellt war, um einen Vorwand zu dem brutalen Vorgehen zu erhalten. Franz Muther schildert seine Verhaftung so: *„Möchte Ihnen folgendes mitteilen, damit Sie sich ein Bild machen können, wie man in einem freien demokratischen Staat die Polizeiverhöre führt. Ich wurde am 10. Juli dieses Jahres vom Carabinieribrigadier von Laas in die Kaserne gerufen, es war gegen 17. 30 Uhr. In der Kaserne sagte der Brigadier, es würde jemand kommen, um einige Fragen an mich zu richten, dann könnte ich gleich wieder nach Hause gehen. Ich mußte warten, gegen 21 Uhr wurde ich aus der Kaserne geführt und mußte in eine Campagnola, welche vor der Kaserne stand, einsteigen. Gleich darauf brachte man Matthias Parth aus Eyrs, welcher ebenfalls im Wagen Platz nehmen mußte. Es wurde schnell die Plane verschnürt und abgefahren. Ein Carabiniere hat uns gegenüber Platz genommen, mit der Maschinenpistole im Anschlag. Wir wurden nach Meran in die Carabinierikaserne gebracht, in ein Zimmer geführt, wo wir unter Bewachung stehen mußten, ohne uns bewegen zu dürfen. Gegen Mitternacht wurde ich in ein anderes Zimmer geführt, dort stellte ein Mann in Zivil einige Fragen an mich. Wie ich nachher erfahren konnte, war es Capitano Gazolla oder Marzolla. Nachdem ich diese Fragen nicht zu seiner Zufriedenheit beantworten konnte, wurde ich beschimpft und verhöhnt, er drohte mir mit Mißhandlungen, unter anderem würde man mir die ganzen Haare ausreißen. Ich mußte die Hände hochhalten, dann schlug er mir mit einem Eisenstäbchen auf die Finger. Marzolla rief nach einem gewissen Lungo – dieser war ein großer kräftiger Mann – und gab ihm den Befehl, mich abzufahren zur ‚Cura speziale', wie er sich ausdrückte. Ich wurde wiederum in ein anderes Zimmer gebracht, mit dem Rücken gegen die Wand gestellt und von zwei kleinen Scheinwerfern, welche auf Augenhöhe 80 cm von mir aufgestellt wurden, angestrahlt. Nach kurzer Zeit, als meine Augen genügend geblendet waren, wurde ich in die Mitte des Zimmers gezogen, um mich herum standen ungefähr sechs bis acht Mann in Zivilkleidung und einer in Uniform. Jener in Uniform ging auf mich zu, verhöhnte, beschimpfte mich, drohte mir auf das schärfste, dann auf einmal faßte er mich an der Brust, riß mir das Hemd herunter und zugleich Haare aus der Brust. Dann schlug er mit der Faust auf die Schädeldecke los, zugleich schlug der Lungo an die Seite meines Kopfes, besonders aufs linke Ohr, wo ich heute noch immer Schmerzen habe und auch schlecht höre. Von den anderen erhielt ich Fußtritte im Unterleib, ich konnte nicht mehr sehen, mir wurde schwarz vor den Augen. Nach einiger Zeit wurde ich wiederum mit dem Rücken gegen eine Wand gestellt, diesmal brachten sie einen großen Scheinwerfer, welcher wieder auf Augenhöhe 60 bis 80 cm vor mir aufgebaut wurde. Ich mußte in die Mitte des Lichtkegels schauen. Jedesmal wenn mir vor Schmerz die Augen zufielen, erhielt ich Stöße in alle Körperteile, besonders Fußtritte an den Schienbeinen, am rechten Bein sind heute noch die Narben zu sehen. Dieses Bein war längere Zeit angeschwollen und ganz gelb. Diese Tortur vor dem großen Scheinwerfer dauerte fünf bis sechs Stunden ununterbrochen. Ich glaubte, wahnsinnig zu werden. Meine Bitte um Wasser wurde höhnisch verneint. Als endlich die Scheinwerfer abgeschaltet wurden, glaubte ich, das Augenlicht verloren zu haben, da ich einige Zeit nicht mehr sehen konnte. Ich war am ganzen Körper naß von Schweiß, besonders am Kopf. Ich wurde in die Mitte des Zimmers auf einen Stuhl gebracht, es war eine fürchterliche Zugluft, da Fenster und Türen offen waren. Gazolla drohte mir auch, 20 Kilo Gewichte an die Geschlechtsteile hängen zu lassen. Ein anderer sagte mir, jetzt würde man meine Frau holen, die wird man schon zum Sprechen bringen. Es war nicht mehr auszuhalten. Der Gedanke, daß man jetzt auch noch eine unschuldige Frau auf solche Weise, wofür es für einen zivilisierten Menschen keinen Ausdruck mehr gibt, verhört, war für mich furchtbar. Ja, zuzumuten war es ihnen ohne weiteres, habe es doch am eigenen Leib erfahren, und wo nun einmal die moralische Vernunft versagt, der Haß überhandnimmt, dort beginnen die Wahnsinns-*

taten. Ich hatte auch roten Urin, auch zwei bis drei Tage im Bozner Gefängnis, wo ich am Sonntag den 17. Juli eingeliefert wurde. Wegen Platzmangels möchte ich davon absehen, die Ausdrücke, welche man mir gegenüber gegen unsere Volksvertreter und das ganze deutsche Volk gebrauchte, zu wiederholen. Jedoch sei eines erwähnt, daß jener in Uniform mich anschrie: ‚Voi tutti porchi tedeschi si dovrebbe impiccare' (‚Euch deutsche Schweine müßte man alle aufhängen!'). Ja, und dies alles in einer Zeit, wo man an ein vereintes Europa denkt. In diesem Sinne habe ich auch Anfang Oktober eine Anzeige wegen der Mißhandlungen an die Staatsanwaltschaft von Bozen gemacht. Nachdem ich aber bis heute nichts davon gehört habe, befürchte ich, daß man alles vertuschen will. Nachdem ich seelisch, moralisch und körperlich vollkommen zerschlagen war, kann ich mich nicht mehr erinnern, was ich bei den Carabinieri sowie auch beim Staatsanwalt Dr. Castellano aussagte und unterschrieb. Die hier angeführten Mißhandlungen entsprechen voll und ganz der Wahrheit. Ich möchte Sie aufrichtig bitten, daß Sie alles daransetzen, um weitere solche Schandtaten am Südtiroler Volk zu verhindern. Es wäre noch viel zu sagen, aber ich habe kein Papier mehr.

Es zeichnet hochachtungsvoll
Franz Muther, Laas."

Folterung Muthers löst Verhaftungswelle aus

Der Freiheitskämpfer Sepp Mitterhofer schildert aus seiner Erinnerung: *„. . . lenkte Benno Steiner die Polizei auf die Spur von Franz Muther und damit nahm das Verhängnis seinen Lauf. Muther wurde von den Carabinieri verhaftet. Wie eine Lawine brach nun eine Verhaftungswelle vom Vintschgau herunter, durchs Etschtal hinunter bis Salurn, hinaus ins Eisack- und Pustertal über uns herein. Franz Muther wurde nach seiner Verhaftung so brutal mißhandelt, daß ich ihn kaum wiedererkannte, als er mir nach meiner Verhaftung gegenübergestellt wurde. Ich wurde selbst schwer mißhandelt und habe es ihm deshalb nie nachgetragen, daß er bei der Gegenüberstellung meine Zugehörigkeit zum BAS bestätigte. Fast alle von uns wurden hinter den dicken Mauern der Kasernen schwer gefoltert. Auf solche Methoden waren wir nicht vorbereitet. Ich bin der Meinung, daß kein Mensch einer solchen Brutalität, wie wir sie erleiden mußten, standgehalten hätte . . . Daß wir unter dem angedeuteten Druck viele Namen unserer Mitstreiter nannten und zum Teil uns vorgelegte Geständnisse, welche nur in italienisch verfaßt waren, unterschrieben haben, die nicht der Wahrheit entsprachen, darf niemanden verwundern."* (Mitterhofer, Sepp: „Herz-Jesu-Nacht 1961", in: Rainer, Peter Paul [Hrsg.]: „. . . grüß mir die Heimat, die ich mehr als mein Leben geliebt. 1964-1994 Zum 30. Todestag von Sepp Kerschbaumer und Luis Amplatz", Eppan 1994.)

Anschläge auf Eisenbahnlinien

Eine Serie von schweren Anschlägen auf die elektrischen Oberleitungen von Eisenbahnlinien erschütterte Oberitalien. Der Zugverkehr auf der Brennerlinie wurde 30 km vor Verona und auf der Simplonstrecke in Tunnelnähe unterbrochen. Weitere Anschläge erfolgten auf die Oberleitungen der für den Warenverkehr wichtigen Strecke Luino – Pino und der Gotthardstrecke. Bei den Sprengstoffanschlägen wurde niemand verletzt, es entstand aber schwerer Sachschaden. Flugblätter mit folgendem Text blieben zurück: *„Wieder haben wir uns bemüht, Menschenleben zu schonen, jedoch der Polizeiterror in unserem Land und die unnachgiebige Haltung der Zentralregierung in Rom werden uns zu immer schärferen Gegenschlägen zwingen. Wir werden in nächster Zeit mehrfach die italienischen Verkehrslinien unterbrechen. Daher warnen wir vor Urlaubsreisen nach Italien. Die Mühe, ein anderes Reiseland auszuwählen, ist klein im Vergleich zu den Opfern, die wir Südtiroler seit 40 Jahren bringen und die uns noch bevorstehen, bis wir das Selbstbestimmungsrecht erkämpft haben. – Die Südtiroler Freiheitskämpfer."*

<u>11. Juli 1961</u>

Italien führt Paß- und Visumzwang für Österreicher ein

Der römische Ministerrat beschloß mit Wirkung vom 12. Juli 1961, 18 Uhr, den Visum- und

Paßzwang für alle Österreicher einzuführen. Italienische Reisende nach Österreich mußten einen Stempel „Gültig für Österreich" in den Reisepapieren haben. Mit diesen Maßnahmen hoffte Italien, die Südtiroler Freiheitskämpfer entscheidend zu treffen. Dafür nahm es die Schädigung des Fremdenverkehrs in Kauf.

12. Juli 1961

Sprengstoffanschläge

Trotz schärfster Bewachungsmaßnahmen, Straßensperren und ständiger Personenkontrollen gelang es den Südtiroler Freiheitskämpfern in der Nacht auf den 13. Juli bei Kurtatsch, Eppan, Schlanders, Petersberg und Kaltern insgesamt acht Hochspannungsmasten zu sprengen. Otto Petermaier aus Eppan sprengte bei Kaltern einen Hochspannungsmast. (Siehe auch 7. Mai 61.) Die Stromversorgung in Teilen Südtirols und Oberitaliens wurde dadurch unterbrochen. An allen Attentatsorten wurden Flugblätter mit folgendem Text gefunden: *„Obwohl unsere Heimat von Polizeikräften überflutet wird, setzen wir Südtiroler Freiheitskämpfer unbeirrt den Kampf für Recht und Freiheit fort. Daran werden uns weder Scelba mit seiner Polizei noch andere Kreise hindern können. Jenen, die uns als Verbrecher hinstellen wollen, sei gesagt: Schuld an dieser Entwicklung trifft in erster Linie die Besatzungsmacht Italien, die ungeachtet aller Verträge, Versprechungen und Staatsbürgerschaftsentzug immer noch glaubt, das Südtirolproblem mit Polizeiterror lösen zu können, und leider auch jene Kreise, die entgegen ihrer eigenen Überzeugung sich von den Walschen immer noch durch Versprechungen hinhalten lassen. Mit Feigheit hat noch kein Volk seine Freiheit erlangt! Allen Freunden unseres Volkes erklären wir: Die Südtiroler Freiheitsbewegung ist nunmehr eine Tatsache, die sich nicht mehr aus der Welt schaffen läßt, und wird solange am Werk sein, bis wir in unserer Heimat wieder als freie Tiroler leben können, und dann erst wird Ruhe und Frieden in Südtirol einkehren. – BAS."*

Italienischer Protest

Die italienische Regierung übermittelte der österreichischen Regierung eine Note, in der erklärt wird, daß bei den Sprengstoffanschlägen auch Material österreichischer Herkunft aufgefunden worden sei und daß die österreichische Regierung auf ihrem Gebiet nicht alle zur Verhütung solcher Vorkommnisse notwendigen Maßnahmen ergriffen habe. Außerdem wurde gegen Erklärungen einiger Persönlichkeiten protestiert, die als Ermutigung der Freiheitskämpfer aufgefaßt werden konnten.

Zwei Redakteure der „Dolomiten" ausgewiesen

Mit sofortiger Wirkung wurden auf Beschluß des Ministerrates durch den Innenminister vier österreichische Staatsbürger ausgewiesen: der Kultur-Redakteur der „Dolomiten", Dr. Franz Hieronymus Riedl, der Wirtschafts-Redakteur der „Dolomiten", Dr. Otto Brandstätter, der Korrektor Otto Groß und der Mitarbeiter der Inseratenabteilung Nikolaus Maximoff. Um 13 Uhr wurde ihnen das vom Innenminister Scelba unterfertigte Dekret, das keine Begründung enthielt, übergeben, um 19 Uhr mußten sie unter Bewachung abreisen. Im Dekret wurden sie davor gewarnt, ohne besondere Erlaubnis des Innenministeriums Italien wieder zu betreten. Gegen die vier Personen, die seit 14 Jahren bei den „Dolomiten" arbeiteten, Otto Groß sogar seit 40 Jahren, und auch in der Faschistenzeit nicht belästigt worden waren, konnten keine konkreten Beschuldigungen erhoben werden.

13. Juli 1961

Stellungnahme Segnis in Rom zum Südtirol-Konflikt

Der italienische Außenminister Antonio Segni nahm vor dem Außenpolitischen Komitee des Senats in Rom zum Südtirol-Konflikt Stellung. Er erklärte, er könne nicht sagen, wie sich der Konflikt mit Österreich über Südtirol weiterentwickeln werde. Italien sei zur Wiederaufnahme von Verhandlungen mit Österreich bereit, falls die österreichische Regierung die Diskussion ohne Vorbedingungen fortzusetzen wünsche. Segni fügte hinzu, der Fehlschlag der italienisch-österreichischen Verhandlungen in Zürich sei der *„präjudizierenden Forderung"* Österreichs nach voller Autonomie für Südtirol zuzuschreiben. Es sei symptomatisch, daß es zu einem Zeitpunkt zum schlimmsten Ausbruch von Gewalttätigkeit gekommen sei, als sich in den Verhandlungen zwischen Rom und Wien ein gewisser Fortschritt angekündigt habe. Der Außenminister bemerkte weiter: *„Die öffentliche Meinung ist der Ansicht, daß die Terroristen von jenseits der Grenze ermutigt und gesteuert werden. Die Pressepropaganda und die heftigen Erklärungen der Südtiroler Politiker stellen eine fortwährende Ermutigung für den Weg der Gewalt dar."*

Justiz gegen Pressefreiheit

Der verantwortliche Redakteur der „Dolomiten", Dr. Friedl Volgger, wurde in einem Schnellverfahren vom Bozener Gericht zu 20 Tagen Haft verurteilt, weil er den Tatsachen entsprechend über die lebensgefährlichen Schüsse in ein Kinderzimmer am 21. Juni berichtet hatte.

Sondereinheit vom Monte Bondone nach Südtirol verlegt

Die Verhaftungswelle in Südtirol kündigte sich durch Verlegung der Carabinieri-Sondereinheit an, die in den letzten Wochen eine Spezialausbildung am Monte Bondone bei Trient erhalten hatte. Die 200 Mann starke Truppe wurde in einer Nacht und Nebel-Aktion nach Südtirol verlegt. Dort sollte sie den örtlichen Einheiten beim Erreichen von Geständnissen behilflich sein.

Verhaftungen

Engelbert Angerer (Laas *7. 2. 1930), Josef Fabi (Burgeis *16. 5. 1919), Johann Oberhofer (Goldrain *11. 2. 1934), Georg Pircher (Lana *23. 2. 1926), Josef Selm (Scheinverhaftung, Agent der Carabinieri, *28. 6. 1940), Franz Tappeiner (Laas *17. 11. 1926), Josef Tschenett (Graun *15. 1. 1924), Paul Zangerle (Eyrs *14. 8. 1925).

Ein Spitzel namens Selm

Durch die Scheinverhaftung des 23jährigen Studenten Josef Selm sollte verschleiert werden, daß dieser ein Spitzel der Carabinieri war und für den Carabinierileutnant Manucci arbeitete. Selm, ein Neffe des Freiheitskämpfers Georg Klotz, war von diesem darauf angesprochen worden, an dem Freiheitskampf teilzunehmen. Klotz ahnte nichts von der Verräterrolle des eigenen Neffen, der ihm am 16. Juni die Carabinieri auf den Hals gehetzt hatte (siehe 16. 6. 61). Nach der Scheinverhaftung wurde Selm im Bozener Gefängnis als Spitzel gegen die dort einsitzenden Südtiroler Freiheitskämpfer verwendet (Mitteilung von Luis Steinegger, in: Baumgartner / Mayr / Mumelter: „Feuernacht", Bozen 1992, S. 180.) Um den Schein bis zuletzt zu wahren, wurde Selm 1964 in Mailand angeklagt und auf freiem Fuß einvernommen, so daß er seine belastenden Aussagen machen konnte. Er wurde natürlich freigesprochen. (Gedächtnisprotokoll von Peter Kienesberger aus 1961.)

14. Juli 1961

Parlamentsdebatte in Rom

Während der Debatte erklärte Fanfani, Rom sei bereit, die Österreich zuletzt gemachten Angebote hinsichtlich Südtirols zu garantieren und über geeignete Formen dieser Garantie zu diskutieren, jedoch gab er keine Einzelheiten solcher Garantien bekannt. Er erklärte, die Regierung werde sich in ihren Handlungen von der Sorge um die Ruhe und Sicherheit des Landes leiten lassen. Er sagte: *„Während wir die Staatsbürger deutscher Zunge auffordern, Vertrauen in die Ritterlichkeit des demokratischen Geistes Italiens zu haben, darf niemand darauf zählen, daß die Staatsbehörden den Gesetzen nicht Geltung verschaffen werden. Wir weisen darauf hin, daß einschüchternde und gewaltsame Umtriebe nicht mit guten Absichten und dem Bemühen um eine Verständigung Hand in Hand gehen können."* Für die Südtiroler Volkspartei antwortete Abgeordneter Riz dem Ministerpräsidenten. Die SVP, sagte Riz, beklage zutiefst die Attentate und die Anwendung von Gewalt im allgemeinen, die niemals zur Lösung der Probleme führen könnten und gegen die Gefühle und die Interessen der Bevölkerung Südtirols gerichtet seien. Dr. Riz vertrat die Ansicht, daß die Gewaltakte *„nicht von Elementen der Südtiroler Bevölkerung“* begangen würden. Zur Beilegung der gegenwärtigen Schwierigkeiten schlug der Abgeordnete als Provisorium bis zur endgültigen Lösung des Autonomieprogramms der Regierung folgendes Zweipunkteprogramm vor: 1.) die rasche Verwirklichung der Maßnahmen, die Rom selbst bei den Zürcher Verhandlungen vorgeschlagen hat, und 2.) die Einsetzung einer Parlamentskommission, um die Probleme der echten Verwirklichung des Gruber-De Gasperi-Abkommens unter allen seinen Aspekten zu prüfen.

15. Juli 1961

Verhaftungen

Siegfried Brenner (Prad), Josef Crepaz (St. Ulrich), Johann Fischer (Kurtatsch), Franz Höfler (Lana *26. 9. 1939), Luis Höfler (Lana), Karl Höfler (Lana), Siegfried Graf (Prad *23. 5. 1934), Sepp Kerschbaumer (Frangart *4. 11. 1913), Josef Matscher (Tisens *16. 8. 1916), Josef Mitterhofer (Meran *2. 2. 1932), Dr. Max Röggla (Auer), Josef Spieß (Latsch *8. 1. 1926), Johann Stampfl (Bozen *8. 8. 1923), Fritz Stecher (Prad), Viktor Steck (Tartsch *21. 4. 1919), Eduard Tanzer (Laas *9. 10. 1929), Sepp Verdorfer (Lana), Karl Wallnöfer (Tisens *29. 4. 1926), Hermann Weinreich (Eppan).

Der Vater fing an, zu weinen . . .

Sepp Mitterhofer schildert, was mit ihm geschah: *„Am Vormittag hatte ich mich noch mit meinem Mitstreiter Siegfried Carli aus Meran getroffen. Wir erkannten die kritische Situation und entschlossen uns zur Flucht in den freien Teil unserer Heimat, nach Nordtirol. Ihm ist es gelungen, mir nicht. Ich hatte alles Notwendige zusammengepackt, habe noch etwas gegessen, und plötzlich waren sie da: Ein großer, breiter, muskulöser Typ namens Pozzer, ein berüchtigter Schläger in Meran, kam bei der Tür herein und forderte mich im Befehlston auf, mitzukommen. Ich fragte, ob ich nicht eine andere Jacke anziehen dürfte, da ich einen belastenden Brief in der Tasche meiner Jacke trug. Ich wollte zur hinteren Tür hinausgehen, und spürte sofort eine Faust im Nacken, die mich schroff zurückholte. Sie waren zu viert gekommen, da hatte ich keine Chance. Als wir im Hof der Kaserne ankamen, bekam ich vom Schläger einen Fußtritt, daß ich durch die Tür ins Haus hineinflog. Die folgenden Tage und Nächte waren grausam. 60 Stunden ohne Essen, Trinken und Schlaf . Die meiste Zeit in Habtacht-Stellung und zeitweise mit erhobenen Händen. Ließen wir die Arme aus Erschöpfung sinken, wurde sofort mit dem Gewehrkolben auf uns eingeschlagen. Dazwischen wurden wir einzeln zur Sonderbehandlung in einen geschlossenen Raum gebracht. Das Radio wurde auf volle Lautstärke aufgedreht, damit die Schreie der Gefolterten nicht nach außen drangen. Wenn man in diesem Augenblick so allein und verlassen, zum Teil nackt, 8-10 Carabinieri gegenüberstand, die einen aufs Übelste verhöhnten und schlugen, wie einen Spielball im Raum hin- und herstießen, die Haare ausrissen, oder mit voller Bekleidung bei der damaligen Sommerhitze stundenlang vor die Quarzlampe stellten, bis man fast erblindet war und das Hemd durch den Schweiß am Körper klebte, dann kam man sich vor wie ein armseliger, elender Wurm, auf dem die halbe Menschheit herumtrampelt. Sie hatten es verstanden, uns körperlich zu quälen, durch die Folterungen die Menschenwürde zu schänden, durch die Verhöhnungen uns seelisch fertig zu machen und durch die ausgefallensten Methoden den Willen zu brechen. Dazu gehörte auch die berüchtigte ‚cassetta‘, kombiniert mit dem Einschütten von Säure in den Mund, die Behandlung mit Strom, das Anhängen von Gewichten an den Geschlechtsteilen, das Einstreichen von Menschenkot in den Mund, um nur einige zu nennen . . . Das Schlimmste war fast der Durst; es herrschte eine unvorstellbare Hitze, und wir durften die Jacken nicht ausziehen. Vor meinen Augen ließen sie das Wasser von der Flasche in den Becher plätschern und lockten damit, ohne daß ich jedoch auch nur eine Tropfen erhielt. Am zweiten Tag gab ich eine Sprengung zu, am dritten Tag zeigte ich ihnen mein Sprengstoffversteck und die Pistole. Ich erinnere mich noch gut: Wir fuhren im Auto zu meinem Haus, ich war mit Handschellen gefesselt, umgeben von drei Begleitern, die die entsicherten Pistolen in den Händen hiel-*

Ein Opfer der Folter: Franz Höfler (rechts) aus Lana bei Meran in der Tracht seiner Schützenkompanie.

Franz Höflers Mutter am Grab ihres Sohnes. Sie hatte den mit dem Tode Ringenden nicht sprechen dürfen . . .

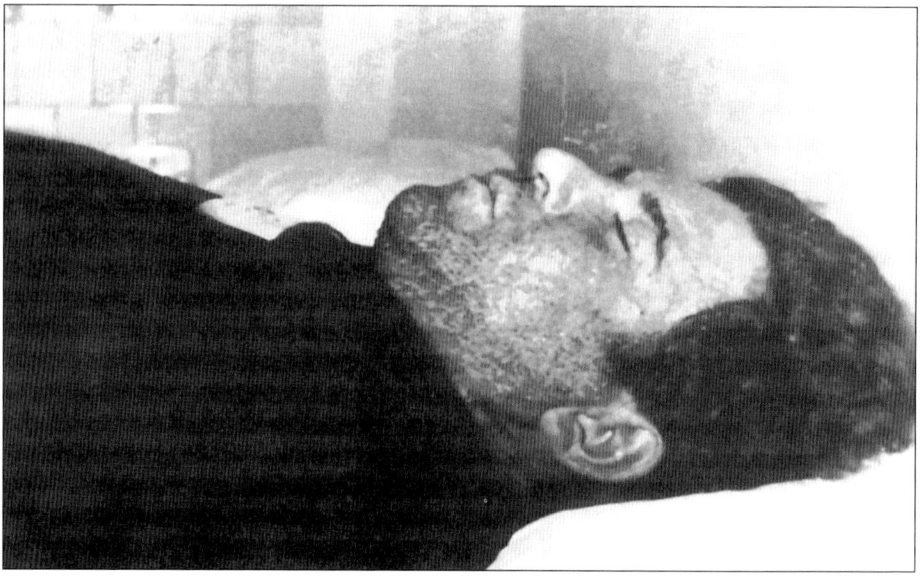

Am 15. Juli 1961 wurde er verhaftet und in der Meraner Carabinieri-Kaserne schwerst gefoltert. Am 22. November verstarb er. Dieses Bild zeigt ihn auf der Totenbahre.

ten. Am hinteren Hauseingang begegneten wir meinem 77jährigen Vater. Als er mich in diesem Zustand sah, lehnte er sich an die Wand und fing an zu weinen, dieser Anblick hat mir fast das Herz zerrissen. Zum Glück war meine schwangere Frau mit unserem zweijährigen Sohn nicht zu Hause, so hat sie mich in diesem armseligen Zustand nicht gesehen. Im Hausinneren angekommen, sagte Hauptmann Marzollo, der Chef der Spezialeinheit, die die Verhöre durchführte: ‚Dieses schöne Gewölbe und das Haus; ich kann nicht verstehen, wieso ein junger Bauer mit Frau und Kind solche Sachen macht.' Er hatte nicht im geringsten begriffen, worum wir kämpften. Daß wir gegen die Unterdrückung, gegen die Fremdbestimmung kämpften. Daß wir aufgestanden waren, um unser Volkstum zu verteidigen und für die Freiheit unseres Landes zu kämpfen." (Sepp Mitterhofer: „Herz-Jesu-Nacht 1961", in: Rainer, Peter Paul [Hrsg.]: „. . . grüß mir die Heimat, die ich mehr als mein Leben geliebt. 1964-1994. Zum 30. Todestag von Sepp Kerschbaumer und Luis Amplatz", Eppan 1994.)

<u>16. Juli 1961</u>
SVP-Generalsekretär Dr. Hans Stanek verhaftet
Belastungsmaterial unterschoben

Auf Anordnung des Carabinieri-Obersten Marasco führte in Brixen der Hauptmann der Carabinieri, Pagani, eine Hausdurchsuchung in der Wohnung des Rechtsanwaltes, Abgeordneten zum Regionalrat und Generalsekretärs der SVP, Dr. Hans Stanek (geb. 17. 5. 1900), durch. Als sich der Generalsekretär am 16. Juli 1961 seinem Haus näherte, bemerkte er, daß dieses von zahlreichen Carabinieri mit schußbereiten Maschinenpistolen umstellt war. Vor dem Haus traf Dr. Stanek die beiden Carabinierihauptleute Pagani und Vetulli. Auf die Frage nach dem Hausdurchsuchungsbefehl erklärten diese, ein solcher sei bei Gefahr im Verzug nicht notwendig. Dr. Stanek durfte sein eigenes Haus nicht betreten und an der Durchsuchung nicht teilnehmen. Seine Frau durfte ihm nur schnell ein kleines Köfferchen packen, dann wurde Dr. Stanek von den Carabinieri weggebracht. Die Hauptleute Pagani und Vetulli betraten nun das Haus und begannen in Gegenwart von Frau Stanek mit der Durchsuchung der Garage. Plötzlich ließ Hauptmann Pagani, der eine Aktentasche trug, Frau Stanek und den Hauptmann Vetulli allein in der Garage und ging in das Haus. Dort sah die Hausgehilfin Maria Überbacher, wie Pagani sich an einem verglasten Bücherkasten im Vorzimmer zu schaffen machte und dabei den Kasten öffnete. Sie half dann dem Offizier sogar, den Kasten wieder zu schließen, als dieser mit dem Riegel nicht zurechtkam. Wenige Minuten später kam Hauptmann Vetulli mit Frau Stanek aus der fertig durchsuchten Garage und begann nun eben denselben Kasten zu durchsuchen, an dem sich zuvor Pagani zu schaffen gemacht hatte. Während sich Pagani, scheinbar interessiert, gerade Fotos von Frau Stanek zeigen ließ, „fand" nun triumphierend Hauptmann Vetulli einen Pack von 255 Flugzetteln der Südtiroler Freiheitskämpfer. Es waren dies Flugblätter der gleichen Art, wie sie von den Südtiroler Freiheitskämpfern bei den Anschlägen auf die Nord-Süd-Eisenbahnlinien am 11. Juli 1961 verwendet worden waren. Damit war die große Verschwörung bewiesen! Bei der Hausdurchsuchung nahmen die Carabinieri auch das Archiv Dr. Staneks und den Briefwechsel mit österreichischen Regierungsstellen wie dem Außenminister Dr. Kreisky und dem Nordtiroler Landeshauptmann Tschiggfrey mit. Nach einer Vernehmung wurde Dr. Stanek verhaftet. Während der sechzigjährige herzleidende Dr. Stanek im Gefängnis saß und einer langen Haft entgegenblickte, brach in der italienischen Presse ein Orkan von Beschimpfungen und Verwünschungen gegen die politische Vertretung der Südtiroler, die Südtiroler Volkspartei, los. Ein Nest von Verschwörern und Terroristen sei die Partei, die umgehend verboten gehörte. Der „neonazistische" und „pangermanistische" Charakter der Verschwörung sei bewiesen, denn Stanek habe Kontakte nach Innsbruck und Wien gehabt. Daß diese Kontakte zu österreichischen Politikern zu den ganz normalen Amtsobliegenheilen eines SVP-Generalsekretärs gehörten, wurde verschwiegen. Dr. Stanek wurde im 1. Mailänder Südtirolprozeß vor Gericht gestellt. Diesen Prozeß hatte der Untersuchungsrichter Dr. Mario Martin instruiert, der genau im Bilde darüber gewesen sein muß, was hier mit Dr. Stanek aufgeführt wurde. Dr. Mario Martin hatte den SVP-Generalsekretär selbst verhört und er hatte selbst Kenntnis von dem bei Dr. Stanek gefundenen politischen Briefwechsel mit österreichischen Politikern. Mario Martin hat wohl kaum ernsthaft den SVP-Generalsekretär für einen Attentäter oder gar Flugzettelverteiler des BAS gehalten. Er ließ ihn aber fast drei Jahre in Untersuchungshaft dunsten und ließ dann den herzkranken, mittlerweile 63 Jahre alten Mann in Mailand vor Gericht zerren, wo Dr. Stanek mitten in der Verhandlung eine weitere Herzattacke erlitt. Bei der Gerichtsverhandlung in Mailand wurde durch Zeugenaussagen eindeutig nachgewiesen, daß die Flugblätter zum Zwecke der Diffamierung untergeschoben worden waren. Daß Dr. Stanek nach seinem unvermeidlichen Freispruch viel zu früh verstarb, war wohl der jahrelangen ungerechtfertigten Haft mit zuzuschreiben, die dieser Mann auf Veranlassung des Dr. Mario Martin erlitten hatte.

Verhaftungen
Hubert Alessandri (Eppan *23. 12. 1935), Fritz Mandl (Sterzing *26. 6. 1931), Otto Petermaier (Eppan *1. 5. 1920), Paul Pichler (Schenna *31. 8. 1926), Sigmund Roner (Eppan *30. 1. 1940).

17. Juli 1961

Martino: Österreich führt Krieg!
Der ehemalige Außenminister und Chef der italienischen UNO-Delegation, Martino, hat sich im „Giornale d'Italia" zu der Behauptung verstiegen: *„Österreich begeht kriegerische Handlungen gegen Italien, zumindest aber stehen wir vor Tatsachen, die den Frieden gefährden können."* Italien müsse den Sicherheitsrat der UNO anrufen.

Verhaftungen
Franz Ambach (Kaltern *11. 3. 1914), Stephan Brummer (St. Peter), Heinrich Erharter (Innichen), Luis Gutmann (Eppan *1. 6. 1930), Josef Huber (Sigmundskron *12. 12. 1927), Max Innerhofer (Sand), Martin Koch (Bozen *31. 12. 1924), Alfons Obermaier (Bozen *3. 12. 1922), Hubert Pezzei (Bruneck), Karl Titscher (Bruneck *1. 1. 1921), Franz Ungerank (Partschings *7. 2. 1923).

18. Juli 1961

Verhaftungen
Hermann Anrather (Kurtatsch *15. 5. 1930), Johann Clementi (Neumarkt *30. 12. 1922), Luis Dissertori (Kaltern *19. 12. 1921), Franz Egger (Vill *5. 8. 1927), Norbert Gallmetzer (Kaltern *29. 1. 1931), Franz Gamper (Vahrn *9. 2. 1942), Walter Gruber (Lana *2. 8. 1932), Luis Hauser (Kurtatsch *12. 3. 1931), Herbert Hinteregger (Ratschings *6. 6. 1924), Oswald Kofler (Tramin *7. 1. 1933), Konrad Matuella (Neumarkt *20. 10. 1933), Josef Orian (Kurtatsch *27. 3. 1935), Franz Riegler (Bozen *15. 1. 1938), Lorenz Riegler (Bozen *30. 6. 1928), Jakob Scherer (Eppan *10. 12. 1929), Luis Steinegger (Tramin 15. 11. 1921), Luis Thaler (Bozen *15. 1. 1932), Viktor Thaler (Tramin *28. 6. 1930), Bruno Veronesi (Neumarkt *20. 10. 1933), Erich Walter (Neumarkt *18. 4. 1936), Albin Zwerger (Tramin *18. 10. 1903).

Deutsche Touristen können wegen der Schreie der Gefolterten nicht schlafen
„Die nächtlichen Schreie aus den Polizeigefängnissen vermittelten auch deutschen Touristen, so etwa den Gästen in Eppans, Pension Etschland, akustische Eindrücke von den Verhörsitten Italiens. Erinnert sich ein Ehepaar in Neumarkt, das unweit der dortigen Polizeikaserne wohnt: ‚Am Dienstag, dem 18. Juli, sind wir gegen 2.30 Uhr aufgewacht und konnten bis 4 Uhr wegen des Gebrülls nicht mehr einschlafen.'" („DER SPIEGEL", Nr. 34/1961.)

Der herzkranke Anton Gostner wird gefoltert
Bergisel-Bund und die österreichische Außenpolitik sollen belastet werden
Mit schriftlicher Bewilligung des Untersuchungsrichters Dott. Mario Martin (laut dem Südtiroler Historiker Steurer ein ehemaliger Faschist der Mussolini-Republik von Salo) wurde

der seit dem 20. Mai 1961 einsitzende herzkranke Anton Gostner aus St. Leonhard bei Brixen aus dem Gefängnis wiederum an die Carabinieri ausgeliefert und in der Kaserne von Eppan einer schweren Folter unterzogen. Anton Gostner, ein einfacher Hotelportier, war alleine deswegen in Haft genommen worden, weil man ihm vorwarf, an Versammlungen des Bergisel-Bundes in Innsbruck teilgenommen und karitative finanzielle Unterstützungsbeiträge nach Südtirol gebracht zu haben. Nun, nach den Ereignissen der Herz-Jesu-Nacht, wollten die Carabinieri mit allen Mitteln aus Gostner herauspressen, was er allenfalls über die Attentäter wisse, und vor allem wollten sie, daß Gostner den Bergisel-Bund mit seinem Obmann, Staatssekretär Univ.-Prof. Dr. Franz Gschnitzer, und dem geschäftsführenden Obmann, Landesarchivar Dr. Eduard Widmoser, als „terroristische Vereinigung" belaste. Damit wäre auch die österreichische Außenpolitik desavouiert worden, da Außenminister Dr. Bruno Kreisky Ehrenmitglied war. In einem Brief an seinen Anwalt Dr. Egger schilderte Gostner, was ihm in der Kaserne widerfuhr:
„Sehr geehrter Herr Dr. Egger!
Wie Sie mir in Ihrem Brief mitteilten, von dem Geld, das kann ich nicht verstehen und nicht begreifen, denn das muß ein Irrtum sein oder sonst rein von der Luft gegriffen. Ich bin überzeugt, daß es in der ganzen Welt keinen Menschen gibt, der das behaupten kann.
Was meine Mißhandlung betrifft, das möchte ich Ihnen kurz berichten und hier niederschreiben. Ich bin am 20. Mai 1961 verhaftet worden, hier in Bozen.
Wurde beschuldigt, bei Versammlungen im Ausland, bei einem nicht festgesetzten Zeitpunkt teilgenommen zu haben und Geld vom Ausland bekommen zu haben, was alles ein Irrtum oder eine Erfindung ist.
Dann, am 18. 7. 1961, holten mich drei Carabinieri vom Gefängnis ab und führten mich geschlossen nach Brixen – ohne meine Frage zu beantworten, was mit mir geschehen solle. Man brachte mich in die Carabinierikaserne von Brixen und verhörte mich dort bis zum nächsten Tag, zirka 10 Uhr. Die Behandlung war nicht gerade die angenehmste. Man gab mir abwechselnd immer mehr oder weniger Schläge. Man stellte mich an die Wand unter die Quarzlampe, mit den Händen immer hoch über dem Kopf, nicht weniger als wenigstens 4 Stunden ununterbrochen, wobei ich drei- oder viermal ohnmächtig wurde.
Man zog mich bei den Haaren auf dem Boden. Man setzte mir Käfer an, auf dem Bauch, deren Gattung ich nicht kenne, sie waren ziemlich groß. Ich denke, sie hatten die Eigenschaft, sich eine Vertiefung zu graben mit den Zangen, was sie auch taten.
Dann brachte man mich nach Eppan, wo es noch weitaus schlimmer war. Man schlug mich so heftig, daß ich oft nicht mehr wußte, wo ich war. Man hat mich nackt ausgezogen, über einen Tisch gelegt, mit dem Kopf nach unten, und schüttete mir drei volle Stunden Salzwasser, vielleicht mit einer Säure gemischt, in den Mund und Nase, daß man fast jede Minute glaubte, ersticken zu müssen, und das immer so lange, bis man ohnmächtig war. Man schlug mich dann nieder, und dann ging es immer wieder auf ein Neues. Man steckte mir brennende Zigaretten in die Nasenlöcher und auf die Stirn, wo man noch heute die Brandwunden erkennen kann . . . (Aus Rücksicht auf jugendliche Leser sei hier ein Detail unterdrückt.) *So ging es mir mehr oder weniger 10 Tage, bis man mich wieder ins Bozner Gefängnis brachte. Ich möchte Sie bitten, Herr Doktor, sich zu erkundigen, ob das wirklich alles erlaubt ist. Noch dazu mit meinem Herzleiden, was ich habe. Ich könnte es verstehen, wenn ich wirklich ein Verbrecher wäre, aber so kommt es mir schon ein bißchen kraß vor.*
Ich danke Ihnen im vorhinaus und grüße Sie
hochachtungsvoll
Gostner Anton." (Walla, Max [Hrsg.]: a.a.O., S. 29f.)

Sein Bruder, Engelbert Gostner, schilderte später im 1. Mailänder Prozeß eine Gegenüberstellung in Eppan, bei der er zahlreiche Brandwunden im Gesicht seines Bruders sah. Der ebenfalls schwer gefolterte und später nach Österreich geflüchtete Siegfried Graf aus Prad im Vintschgau gab im Oktober 1961 in Österreich eine eidesstattliche Erklärung ab, in der er den weiteren Leidensweg Anton Gostners schilderte:

„ . . . Dort wurde er mit dem Kopf über eine Wanne mit ätzender Säure gehalten. Es wurde eine Decke über seinen Kopf geworfen und er in dieser Lage bis zur Bewußtlosigkeit belassen. Noch nach vielen Wochen war er im Gefängnis in Bozen mit tränenden und vereiterten Augen in Behandlung." (Walla, Max [Hrsg.]: a.a.O., S. 95.)
Am 7. Januar 1962 wird Anton Gostner im Gefängnishof tot zusammenbrechen. Todesursache: Bruch der Herzschlagader, ein typischer Tod bei schweren körperlichen Verletzungen. Am 11. Januar 1962 wird die Tageszeitung „Dolomiten" bis heute unwidersprochen behaupten, daß der Untersuchungsrichter Mario Martin, der Gostner an die Carabinieri überstellt hatte, Kenntnis von der Folterung Anton Gostners gehabt habe.

10. bis 20. Juli 1961
Folterung von Häftlingen
In verschiedenen Carabinierikasernen, besonders in Neumarkt, Tramin und Meran, wurden die Häftlinge geschlagen, mißhandelt und zum Teil mit mittelalterlichen Methoden regelrecht gefoltert. Einzelheiten sind der Dokumentation „Schändung der Menschenwürde in Südtirol" zu entnehmen.

19. Juli 1961
Vizeregierungskommissär Dr. Puglisi kündigt Aufklärung der Anschläge an: „Geduldet euch noch ein paar Tage!"
In einer Pressekonferenz kündigte Dr. Puglisi die völlige Aufklärung aller Attentate an: *„Geduldet euch noch ein paar Tage, dann werdet ihr alles erfahren!"* Die Attentäter seien aus freiem Willen geständig. Die Verhafteten verhielten sich im Verhör *„kalt"* und *„diszipliniert"*. Sie machten ihre Aussagen laut Dr. Puglisi *„gehorsam"*, wobei sie so wirkten, *„als sprächen Soldaten zu ihren Vorgesetzten."* Einer der an der Pressekonferenz teilnehmenden Zonenkommandanten der Carabinieri sagte zu den umfangreichen Sprengstoffunden der letzten Tage, daß diese nicht durch Minensuchgeräte zustande gekommen seien, denn diese zeigten den tief vergrabenen und in Plastik verpackten Sprengstoff nicht an. Vielmehr hätten die verhafteten Attentäter die Carabinieri *„freiwillig"* zu den Verstecken geführt. Nahezu alle bisher gemachten Sprengstoffunde seien so zustande gekommen. Die Zahl der Verhafteten sei jetzt bei nahezu 80 Personen angelangt, nachdem weitere 12 Personen verhaftet worden seien.

Römischer Eifer in der Staatsbürgerschaftsfrage
Der Beschluß der vereinigten Kommissionen für interne Angelegenheiten und Justiz des Abgeordnetenhauses, bei der Kommission für Verfassungsfragen ein Gutachten hinsichtlich der Verfassungsmäßigkeit- bzw. -widrigkeit der Art. 5 und 22 des neuen Staatsbürgerschaftsgesetzes einzuholen, wurde in parlamentarischen und politischen Kreisen in dem Sinne ausgelegt, daß die Weiterbehandlung des Gesetzes erst nach den Parlamentsferien, die Ende dieser Woche beginnen sollen, erfolgen würde. Im Verlaufe des Nachmittages wurde aber zur allgemeinen Überraschung bekannt, daß die Verfassungskommission bereits für Donnerstag vormittag und die beiden Kommissionen für interne Angelegenheiten und Justiz für den Nachmittag desselben Tages einberufen worden sind. Entgegen den parlamentarischen Gepflogenheiten wolle die Regierung die Behandlung forcieren und die Verabschiedung des für die Südtiroler Bevölkerung so verheerenden Gesetzes vor den Parlamentsferien erzwingen.

. . . sehr ernstliche Verletzung wesentlicher Vereinbarungen
Der österreichische Außenminister Dr. Kreisky erklärte dazu: *„Auf die Frage, ob die Bundesregierung eine Novellierung des italienischen Staatsbürgerschaftsgesetzes im Sinne einer Ausweisungsmöglichkeit von Südtirolern als Bruch des Pariser Abkommens ansehen würde"*, erwiderte Dr. Kreisky, *„daß Österreich eine solche Maßnahme als eine sehr ernste Verletzung wesentlicher Vereinbarungen, die zwischen Österreich und Italien bestehen, betrachten würde. Die Bundesregierung würde in diesem Falle alle ihr möglichen Schritte gegen eine solche Maßnahme unternehmen und diese für eine Wiederholung jener Maßnahmen ansehen,*

die nach 1938 gegen Angehörige bestimmter Religionsgemeinschaften und nach 1945 gegen Angehörige deutschsprachiger Volksgruppen gerichtet waren. Eine Novellierung des italienischen Staatsbürgerschaftsgesetzes in der angedeuteten Richtung wäre auch in keiner Weise mit rechtsstaatlichen Grundsätzen in Einklang zu bringen."

Soldat von Kameraden erschossen
In Mals im Vintschgau wurde der 22jährige Pionier Luciano Valinotti vom Obergefreiten Franco Maranzano versehentlich erschossen.

<u>20. Juli 1961</u>
Skepsis gegenüber „disziplinierten Aussagen"
In ihrer heutigen Ausgabe meldeten die „Dolomiten" Skepsis gegenüber den vom Regierungsvizekommissär erwähnten *„disziplinierten Aussagen"* der verhafteten Südtiroler an. Es sei nicht leicht, sich darunter etwas vorzustellen!

Verhaftungen
Paul Gamper (Vahrn *29. 12. 1936), Engelbert Gostner (Brixen *4. 9. 1925), Josef Innerhofer (Meran *13. 4. 1928), Dr. Rudolf Oberhuber (Stadtrat in Brixen *11. 10. 1917), Franz Piok (*25. 3. 1935), Andreas Schwingshackl (Welsberg *29. 6. 1926), Ernst Villgratner (Bozen).

Magnago verspricht Stillschweigen über Folterungen
Der Obmann der Südtiroler Volkspartei und Landeshauptmann von Südtirol, Dr. Silvius Magnago, machte den für die Polizei zuständigen Vizeregierungskommissär Dr. Francesco Puglisi in einem Brief auf die Folterungen von wehrlosen Häftlingen aufmerksam, indem er diese als „Mißstände" bezeichnete und versprach gleichzeitig in „diplomatischer Weise" Stillschweigen, falls Puglisi dagegen einschreite. Der bemerkenswerte Text hatte folgenden Wortlaut: *„Ich habe – zumindest vorerst – nicht die Absicht, dieses Thema in die Öffentlichkeit zu bringen, weil ich die Lage nicht zusätzlich anheizen will. Ich bin aber sicher, daß Sie in geeigneter Form eingreifen werden, um in Zukunft die von mir beklagten Mißstände abzustellen."* (Baumgartner / Mayr / Mumelter: „Feuernacht", Bozen 1992, S. 86.)
Puglisi wußte, wie man mit einem solchen Vorbringen umgehen konnte. Er beantwortete den Brief nicht einmal.

<u>21. Juli 1961</u>
Magnago schlägt Untersuchungskommission vor
Landeshauptmann Dr. Silvius Magnago schlug in einem Telegramm an den Ministerpräsidenten Fanfani, den Justizminister Gonella und den Innenminister Scelba die Einsetzung einer Untersuchungskommission vor, um die Übergriffe der Polizei zu überprüfen. Das Telegramm wurde nie beantwortet.

Dank der italienischen Nation
Ministerpräsident Fanfani sprach den in Südtirol operierenden Polizei- und Militäreinheiten und allen anderen Behörden den Dank der ganzen Nation aus.

Folteropfer verhöhnt
Um 11 Uhr 30 fuhr ein Lastwagen der Carabinieri am Hauptmarkt von Tramin vor. Leutnant Vilardo beorderte den Gemeindesekretär herbei, dann ließ er vor der Bevölkerung Luis Gutmann und fünf andere Häftlinge absteigen.
Vilardo fragte die Häftlinge: *„Seid ihr geschlagen worden?"*
Gemeinsame Antwort der Häftlinge: *„Nein, Herr Leutnant!"*
Vilardo: *„Aber Dir, Luis, habe ich doch zwei Ohrfeigen gegeben."*
Gutmann: *„Jawohl, Herr Leutnant!"*

Vilardo: *„Hast Du sie verdient, Luis?"*
Gutmann: *„Jawohl, Herr Leutnant!"*
Vilardo: *„Dann wollen wir gute Freunde sein und ein Glas miteinander trinken."*
Damit beendete Vilardo die „Vorstellung" und führte die Häftlinge und deren Bewacher in ein Gasthaus. Die Zeugen dieses beschämenden Vorfalles sahen die blutunterlaufenen Augen und geschundenen Körper der politischen Häftlinge. Gutmann selbst berichtet darüber: *„Die Leute merkten aber sofort, wie es um mich stand. Denn ich war damals in einem solchen Zustand, daß ich niemand erkannte und sogar zweifelte, ob wir überhaupt in Tramin waren. Ich glaube, ich wäre damals über den Platz gekrochen, wenn man es mir befohlen hätte."* (Christoph Franceschini: „Die Welle der Sprengstoffanschläge in Südtirol", in: Pelinka / Maislinger [Hrsg.]: „Handbuch zur neueren Geschichte Tirols", Band 2, Zeitgeschichte, Innsbruck 1993, S. 493, Interview mit Luis Gutmann.)

Folterer Vilardo

Gutmann selbst schilderte später seine Erfahrungen mit Vilardo, einen der übelsten Folterknechte, in einem Brief an die Südtiroler Volkspartei so: *„Ich wurde am 17. 7. 1961 um 5 Uhr abends in Tramin verhaftet und sogleich nach Eppan gebracht, wo Oberleutnant Vilardo die Verhöre durchführte oder, besser gesagt, leitete. Mit harter Mühe in ein anderes Zimmer angelangt, mußte ich aus zirka 10 cm Entfernung in eine sehr starke elektrische Lampe schauen. Nach einer halben Stunde zirka wurde mir ein Mann vorgestellt, den ich wirklich nicht kannte. Darauf schleppte man mich wieder in eine alte Folterkammer, dort wurde ich wieder nackt ausgezogen, und es hagelte wieder unaufhörlich Fausthiebe ins Gesicht und auf den Kopf und Unterleib sowie Fußtritte, wo man nur dazukam, bis ich wieder bewußtlos zu Boden fiel. Als ich nach einiger Zeit wieder zu mir kam, fühlte ich wieder, wie man mir Säure, immer dieselbe wie oben genannt, in den Mund und Nase goß, man zog mich dann nackt auf dem großen Bretterboden umher, so daß ich eine große Wunde am linken Oberschenkel davontrug, man zog mich an meinen Kopfhaaren, man spuckte mich an. Ich habe sie mit der wenigen Kraft, die ich noch hatte, gebeten, man möge mich gleich umbringen, dann wäre ich wenigstens erlöst, man spottete mich dabei aus und sagte mit lachendem Gesicht, das würde mir gefallen, das machen wir ganz langsam. Ob ich nicht gehört hätte, daß man mit uns tun kann, was sie wollen, und sie hätten ‚carta bianca'. Das haben sie mir nicht nur einmal gesagt. Ich glaubte, es sei die letzte Stunde für mich. Ich schämte mich in diesem Augenblick, als Mensch geboren worden zu sein. Man riß mich wieder vom Boden auf, ich konnte mich auch nur mit ganz harter Mühe auf den Füßen halten. Die gemeinsten und brutalsten Schimpfwörter warf man mir wieder ins Gesicht, wie ‚crucchi', ihr verfluchten Deutschen und verflucht sei die Mutter, die dich geboren und auch von allen anderen, und noch vieles andere. Auf einmal verspürte ich einen sehr starken Schlag auf meiner linken Brustseite, ich weiß nicht, mit was man mir den Schlag zufügte, ich taumelte abermals zu Boden und weiß wieder eine schöne Zeit nichts mehr. Als ich wieder zu mir kam, ging es erst richtig los. Man hob mich, immer noch nackt, auf einen Tisch, wo eine Kiste, oder besser gesagt Holzkoffer, stand, hinauf, und dort legte man mich auf dem Rücken nieder, so daß Kopf und Füße nach unten hingen. Von Zeit zu Zeit senkte man mich so, daß ich vor Schmerzen fast verzweifelt bin und dazu noch das Gefühl hatte, man würde mich mitten entzweireißen. Immer wieder in derselben Position, und nackt goß man mir wieder dieselbe Flüssigkeit beziehungsweise Säure in Mund und Nase, so daß ich mich dem Erstickungstod nahe fühlte. Nicht genug damit. Andere machten sich über meine Geschlechtsteile her, rissen mir dort die Haare aus, zogen an meinem Geschlechtsglied und machten sich darüber lustig, und ich hörte dabei wieder die menschenunmöglichsten Wörter fallen, das alles, obwohl ich nur mehr röcheln konnte vor Erschöpftheit. Es ist fast unmöglich, das alles in Worten niederzuschreiben, wie es einer fühlte. Das alles hat zirka sechs bis sieben Stunden ununterbrochen gedauert. Ich war so zugerichtet, daß ich halb von Sinnen war und auch mein Todesurteil unterschrieben hätte, falls man mir das vorgelegt hätte. Kurz gesagt, ich war am Ende meiner Kräfte. Nach schlaflosen Nächten immer wieder Drohungen, Verhöre am laufenden Band, ich wurde immer wieder gerufen, wenn sie einen Neuen brachten, und ich mußte ihm sagen, er müsse sprechen, sonst ginge es ihm wie mir, und mußte*

erzählen, wie es mir ergangen ist. Meinen Ortskameraden Albin Zwerger kannte ich nicht mehr, als ich ihn sah. So war auch er zugerichtet. Ich wurde dann, Wochen, nachdem ich ins Bozner Gefängnis eingeliefert worden war, nach ärztlicher Untersuchung und Feststellung von starken Schmerzen und vermutlich einem Rippenbruch ins Gefängnisspital von Trient überführt und untersucht. Ich mußte in Trient sagen, wo ich mir das getan habe, und somit weiß ich heute noch nichts vom Ergebnis. Wahrscheinlich negativ. So hat man mich und viele andere meiner Kameraden und Leidensgenossen verhört. Mit Faust- und Schuhhieben, Foltertischen, Säuren, schlaflosen Nächten und stundenlangem Stehen und viel anderem noch. Das waren Methoden von solchen, die im Jahre 1961 für Freiheit und Menschenrechte ihren Thron behaupten wollen.
gez. Gutmann Luis."
(Walla, Max [Hrsg.]: „Schändung der Menschenwürde in Südtirol", a.a.O., S. 97ff.)

„Ein Folterknecht namens Rienzner"
Unter diesem Titel brachten die „Tiroler Nachrichten" die Zuschrift eines Südtirolers, der gebeten hatte, seinen Namen in der Zeitung nicht zu nennen. Die „TN" erklärten, daß sie im Besitz weiterer Zeugenaussagen seien, welche die nachstehende Aussage des den „TN" namentlich bekannten Südtirolers bestätigten:
„Ich wurde vor zehn Tagen unfreiwilliger Zeuge eines grauenhaften Vorfalles in St. Michael-Eppan. Was ich dort am 17. Juli gesehen und gehört habe, hat mich dermaßen erschüttert, daß ich es bis heute nicht zu Papier bringen konnte. Jede Zeile des folgenden Berichtes entspricht der vollen Wahrheit und ist nicht im geringsten übertrieben. Im Zusammenhang mit den Sprengstoffanschlägen wurden von der italienischen Polizei auch in Überetsch eine Reihe von Personen verhaftet. Diese wurden vorerst auf die Carabinieristation von St. Michael-Eppan gebracht und dort einvernommen. Zu den Verhören, die immer nachts stattfanden, zog man auch den nunmehr in ganz Südtirol bekannten Carabinieri Rienzner aus Toblach heran. Rienzner arbeitete noch vor wenigen Jahren als Bauernknecht auf einem Hofe in Tramin, half auch als Taglöhner bei mehreren Bauern aus und wechselte innerhalb eines Jahres nicht weniger als ein dutzendmal seine Arbeitsstelle. Er machte sich überall als gewalttätiger und unehrlicher Mensch unbeliebt; außerdem hatte er sich mehrmals kleinere Diebereien zuschulden kommen lassen. Zum Schluß versuchte Rienzner sein Glück bei den Carabinieri; dort konnte man ihn brauchen. Man teilte ihn sogar auf Grund seiner Deutschkenntnisse der Interpolgruppe zu, deren Abzeichen er mit Stolz am rechten Rockärmel trägt. Rienzner hat sich im Verlaufe seiner dreijährigen Polizeilaufbahn besonders bei Maßnahmen gegen Südtiroler ‚verdient' gemacht. So nach dem Sprengstoffanschlag auf die Ferraribar in Tramin, wo er in seinem Eifer sogar einen Südtiroler Kammerabgeordneten festnahm, und unlängst vor dem Kasernentor der Carabinierilegion in Bozen. Dort verhaftete er einen vorbeigehenden Südtiroler Schüler, weil dieser zu seinem Freund gesagt hatte, er möchte kein Carabinieri sein. Der 18jährige Bursche wurde von Rienzner blaugeschlagen und wegen Schmähung der italienischen Polizei der Gerichtsbehörde angezeigt. Leute wie Rienzner konnte die italienische Polizei gut gebrauchen. Aus diesem Grund schaltete man ihn auch bei den Verhören der in jüngster Zeit verhafteten Südtiroler ein. Rienzner wurde am Abend des 17. Juli, kurz nach Einbruch der Dunkelheit, vom Sitz der Carabinierilegion in Bozen mit einem zugedeckten Jeep nach St. Michael-Eppan gefahren. Der Schreiber dieser Zeilen stand an der Umfriedung der Carabinieri-Station und sah Rienzner mit einem anderen Carabinieri sowie einem Offizier aus dem Fahrzeug steigen. Die drei verschwanden hinter dem Tor der Carabinierikaserne. Zehn Minuten später hörte man laute und verzweifelte Schreie aus dem Vernehmungszimmer dringen und dazwischen die Stimme Rienzners: ‚Sag es, du Schwein, oder ich bringe dich um!' Die erschütternden Schmerzensschreie der gefolterten Südtiroler hielten in Abständen bis zum Morgengrauen an. Mitunter hörte man sogar das dumpfe Niederprasseln von Fausthieben oder sonstigen Schlägen und lautes, entsetzliches Stöhnen. Diese Vorgangsweise wurde selbst dem Carabinierimaresciallo (Unteroffizier; Anm. d. Verf.) *zuviel, der nach einer Stunde etwa die Kaserne verließ. Ich saß hinter einem Busch nahe dem Zaun und konnte alles genau hören.*

Als auf die Schreie hin einige Personen auf der nahen Straße anhielten, drehten die Carabinieri das Radio auf volle Lautstärke auf, um die Schmerzensschreie der gepeinigten Südtiroler zu übertönen. Carabinieri Rienzner öffnete für einen Augenblick das Fenster und rief zu dem vor dem Eingang stehenden Fahrer hinab, er möge den Motor des Fahrzeuges aufheulen lassen. Dann hörte ich plötzlich einen langgezogenen, entsetzlich schrillen Schrei, der nach wenigen Sekunden jäh verstummte. Mir kam das Grauen. Gegen drei Uhr früh schleppten zwei Carabinieri – einer war Rienzner – einen jungen Burschen zum Auto. Im Lichte des Autoscheinwerfers sah ich, daß er auf und auf blutbeschmiert war. Er zog die Beine nach. Die zwei Peiniger hielten ihn links und rechts an den Oberarmen fest. Als einer der Polizisten die rückwärtige Wagentür aufmachen wollte und den Burschen für einen Augenblick losließ, sank dieser bewußtlos zu Boden. Rienzner, der ihn an der anderen Hand hielt, versetzte dem Unglücklichen einen Fußtritt und schrie: ‚Steh auf, du Schwein'. Der Bursche regte sich aber nicht. Er mußte wie ein Mehlsack in den Wagen gehoben werden. Der Wagen fuhr dann wieder mit den beiden Carabinieri in großer Geschwindigkeit in Richtung Bozen. Ich schwöre, daß jedes Wort, das ich hier niedergeschrieben, der vollen Wahrheit entspricht. Seit Tagen trage ich das grausame Erlebnis mit mir herum. Nun halte ich es aber nicht mehr aus: Ich muß es sagen, denn solche grausame Polizeimethoden dürfen nicht verschwiegen werden. Ich bin bereit, wenn es zu einer Untersuchung kommt, Zeugschaft über das Gehörte und Gesehene abzulegen." („Tiroler Nachrichten", Innsbruck, 1. 8. 61; siehe auch 16. 4. und 5. 6. 61.)

„Neue Zürcher Zeitung": Österreichische Politiker in Anschläge verwickelt!
Unter Berufung auf informierte Kreise meldet das angesehene Schweizer Blatt: *„Von politischen Persönlichkeiten . . . kann man die Versicherung erhalten, nicht nur der Tiroler Volksparteiobmann Oberhammer und der ebenfalls aus Tirol stammende frühere Staatssekretär Gschnitzer, sondern auch der frühere Verteidigungsminister Graf, Innenminister Afritsch und Außenminister Kreisky hätten in den verschiedenen Phasen des Aufbaues einer Partisanenorganisation teils durch direkte Teilnahme, teils durch aktive Vorschubleistung, teils durch eine mitwissende Duldung eine helfende Rolle gespielt."* Sowohl die Sozialistische Korrespondenz als auch der ÖVP-Pressedienst weisen diese Ausführungen als unwahr zurück.

<u>22. Juli 1961</u>
Folterungen werden bekannt
Mit folgendem Bericht teilte der Innsbrucker Universitätsprofessor und stellvertretende Vorsitzende der UNO-Menschenrechtskommission Dr. Felix Ermacora in den „Salzburger Nachrichten" der Öffentlichkeit erste Einzelheiten über die Folterungen mit: *„Menschen, bei denen Sprengstoff gefunden wurde, der nach Pressemeldungen identisch gewesen sein soll mit jenem, der an Tatorten verwendet worden sei, hat man, um ein Geständnis zu erzwingen, auf der Carabinieristation so mißhandelt, daß sie Zähne verloren haben; aus der Haft bereits Entlassene seien als des Attentatsversuchs Verdächtige nach ihrer Verhaftung bis zu 20 Stunden zum Stehen gezwungen worden; während dieser Zeit seien sie verhört worden, und sie hätten während dieser 20 Stunden keine Nahrung erhalten; sie seien in derselben Zeit von einer Höhensonne bestrahlt worden; die von der Hitze Erschöpften seien weiteren Verhören ausgesetzt gewesen; Wasser und Zigaretten, die man ihnen zunächst angeboten habe, hätte man ihnen – bei Zugreifen – entzogen; mit ärarischen Schuhen sei man ihnen auf den Füßen herumgetrampelt; das Verhör sei ausschließlich in italienischer Sprache erfolgt; ein Arbeiter, der unschuldig verhaftet und demnach wieder freigelassen worden ist, sei so mißhandelt worden, daß er nach ärztlicher Feststellung monatelang in ärztlicher Behandlung sein müsse; zugleich habe dieser Südtiroler sich bei seiner Entlassung verpflichten müssen, zu erklären, daß ihm nichts widerfahren sei, andernfalls er mit einer neuerlichen Verhaftung zu rechnen habe; erst vor wenigen Tagen sei ein verhafteter Südtiroler bei der Fahrt zu einem angeblichen Sprengstofflager seinen Verwandten konfrontiert worden; Schaum sei dem Verhafteten vor den Lippen gestanden; er sei so verstört gewesen, daß er auf Anreden nächster Verwandter vollkommen teilnahmslos blieb und nicht sprach. So unglaublich es klingen mag: Die Wäsche*

eines Verhafteten sei der Mutter zugesandt worden; das Stoffwerk sei zerfetzt und blutgetränkt gewesen. Der Verfasser dieser Zeilen ist jederzeit bereit, Ort und Zeit, Namen und Umstände der behaupteten Vorgänge jenen Instanzen zu unterbreiten, die dem Behaupteten nachgehen würden."

„Uns Österreichern mitten ins Gesicht geschlagen!"

Unter dieser Überschrift berichtete die „Tiroler Tageszeitung": *„... Dieser junge Mann wurde vom Arbeitsplatz weg verhaftet und in die Carabinierikaserne gebracht. In einem Kellerraum wurde er mit anderen an die Wand gestellt und mit elektrischen Höhensonnen und Scheinwerfern angestrahlt. In dieser Lichtglut und Hitze wurde mit dem Verhör begonnen. Wenn er nicht sofort antwortete, erhielt er einen Fausthieb, und da er seine Unschuld beteuerte, bekam er auch für jede Beteuerung einen Hieb. Er war in Schweiß gebadet und blutete aus Rißwunden am Mund. Nach mehreren Stunden bekam er einen Schwächeanfall und fiel um. Er wurde mit kaltem Wasser übergossen und wieder in die Höhe geprügelt. Da das Verhör keine Ergebnisse brachte (und auch gar keine bringen konnte), steigerten die Carabinieri ihre Grausamkeiten. Sie traten vor den Erschöpften und stampften ihm mit den grobgenagelten Militärstiefeln auf die Zehen. Als auch dies nichts fruchtete, ließ man ihn wieder – zusammen mit den anderen – stundenlang im Scheinwerferlicht stehen. Dann reichte man ihnen Gläser mit Wasser; sobald aber die Verdurstenden danach griffen, entzog man ihnen das Wasser wieder und wollte Geständnisse. Auch Zigaretten wurden ihnen vor den Mund gehalten und wieder entzogen. Dazwischen bekamen sie Kolbenhiebe und Fußtritte. Die Folter dauerte volle 20 Stunden. Danach waren die Burschen vollkommen zerbrochen, körperlich, aber auch geistig-seelisch. Erst als diese Menschen zu willenlosen Geschöpfen erniedrigt waren, die alles gesagt hätten, hätten sie etwas gewußt, mußten die Schinder einsehen, daß sie Unschuldige gefoltert hatten ..."*

Gorbach: Verzweiflungsakte!

Der österreichische Bundeskanzler erklärte im Rundfunk: *„Die Ablehnung direkter Forderungen durch viele Jahre hat einen Nährboden für Verzweiflungsakte geschaffen."*

24. Juli 1961

Fanfani erinnert an österreichische Galgen und nennt Freiheitskämpfer Trunkenbolde und Verrückte

Der italienische Ministerpräsident Amintore Fanfani führte in einer Rede in Palermo aus: *„Der österreichische Bundeskanzler hat wohl die Anwendung von Gewalt verurteilt, gleichzeitig aber, vielleicht ohne sich dessen bewußt zu sein, zur Förderung der Legende beigetragen, daß italienische Bajonette die Freiheit einer Minderheit verletzen. Ein derartiger Hinweis auf italienische Bajonette, die lediglich aufgepflanzt wurden, um Leitungsmasten zu schützen, damit die Träger von Stromleitungen und die Arbeit daran nicht Trunkenbolden und Verrückten als Ziel dienen können, erinnert uns im Jahr der Zentenarfeier Italiens an Dinge, die wir zu vergessen versucht haben: die Bajonette und Galgen des Wiener Hofs. Italien wird nach wie vor die herzlichste, aufrichtigste und konstruktivste Freundschaft zu allen Völkern, auch zum österreichischen Volke, pflegen und diese Freundschaft nicht, sei es auch nur indirekt, durch diejenigen beeinträchtigen lassen, die mit Dynamit gewiß nicht Eintracht verbreiten, sondern alles zerstören und ruinieren. Es gibt Dinge, die für Italien möglich sind, und Dinge, die für Italien unmöglich sind. Was für Italien möglich ist, haben wir vor zehn Tagen im Parlament erklärt, und wir bestätigen dies. Es hat aber keinen Zweck, von uns Dinge zu verlangen, die unmöglich sind, weil wir sie nie tun werden."*

Italienische Justiz setzt auf äußerste Härte

Der Staatsanwalt von Trient, Dr. Spadea, übermittelte den im Gefängnis von Trient einsitzenden Südtiroler Häftlingen den Haftbefehl und die Anklage wegen Hochverrates nach Artikel 241 des „Codice penale" , der eine lebenslange Haftstrafe vorsieht.

Scelba schlägt „inneritalienischen Weg" zur Problemlösung vor
Am Vormittag hatten die Südtiroler Parlamentarier eine zweistündige Unterredung mit Innenminister Scelba. Wie sie später der Presse mitteilten, sei die Unterredung „in sehr freundschaftlichem und konstruktivem Geiste" geführt worden. Hierbei machte Scelba den Südtirolern den Vorschlag, das Südtirolproblem auf „inneritalienischem Wege" zu behandeln. Hierzu solle eine Studienkommission auf parlamentarischer Basis eingesetzt werden, der auch Südtiroler angehören sollen. Diese Kommission sollen „die lokalen Vertreter der verschiedenen Sprachgruppen und die interessierten Kategorien" anhören und anschließend der Regierung berichten und Vorschläge unterbreiten.

SVP-Parlamentarier weisen Innenminister auf „unzulässige Vorgangsweisen einzelner Polizisten" hin
Im Zuge der heutigen Unterredung verurteilten die Südtiroler Parlamentarier erneut die Anschläge, wiesen jedoch den Innenminister auf „unzulässige Vorgangsweisen einzelner Polizisten" bei den Verhören hin. Dies ist eine sehr „vorsichtige" Formulierung angesichts der Tatsache, daß die grauenhaftesten Folterungen nahezu aller verhafteten Südtiroler bekannt geworden sind und die SVP auch bereits über schriftliches Beweismaterial verfügt. Scelba erwiderte, daß sich die Polizei *„laut zahlreicher Klagen in aller Herren Länder auch unzulässiger Methoden bedient"*. Er könne dies daher auch bei der italienischen Polizei in Südtirol *„nicht von vorne herein ausschließen."* Er höre heute zum ersten Mal davon, werde jedoch den Beschwerden nachgehen und das Nötige veranlassen. Wie die Südtiroler Parlamentarier der Presse weiter mitteilten, werde man in den nächsten Tagen wieder mit Innenminister Scelba zusammentreffen. *„Wir können die heutige Unterredung als konstruktiven und vielversprechenden Beginn betrachten."*

<u>25. Juli 1961</u>
Italiens Presse begrüßt und erwartet die diplomatische Ausschaltung Österreichs
Die der Regierung nahestehende Zeitung „Il Tempo" in Rom schrieb: *„Unser Innenminister hat ... die Absicht, einen friedlichen Modus vivendi ... durch eine direkte Verständigung mit der SVP zu suchen und damit den von Österreich unternommenen internationalen Schritten den Inhalt zu nehmen. Falls diese Politik zum Erfolg führen sollte, würde die österreichische Initiative dann wertlos sein."* Das DC-Parteiorgan „Il Populo" schreibt: *„ ... läßt sich sofort der Vorteil erkennen, das Problem einem Klima des Druckes nationalistischer Tiroler Kreise und beunruhigender pangermanistischer Tendenzen ... zu entziehen."*

Folterungen! Entschließungen der Nordtiroler Landesregierung
„Der Landesregierung kommen Berichte zur Kenntnis, wonach Südtiroler im Zuge von Verhaftungen durch italienische Polizeiorgane erniedrigender, menschenunwürdiger Behandlung, ja sogar schweren körperlichen Mißhandlungen unterworfen wurden. Die Landesregierung verweist auch auf den Protest des Landeshauptmannes von Südtirol an Parlament und Regierung Italiens und auf den Bericht des Vizepräsidenten der Menschenrechtskommission der Vereinten Nationen, Universitätsprofessor Dr. Felix Ermacora in den ‚Salzburger Nachrichten' vom 22. Juli 1961. Die Vielzahl der Berichte, die genauen Angaben von Personen und Örtlichkeiten, lassen mit Sicherheit darauf schließen, daß ihnen Tatsachen zugrunde liegen. Die Landesregierung gibt ihrer tiefen Erschütterung über eine so unmenschliche Behandlung wehrloser Gefangener Ausdruck und ersucht die Bundesregierung dringend, diese Berichte unverzüglich zu überprüfen und alle ihr möglichen Schritte zu tun, um Italien zur Einhaltung der im Artikel 3 der Europäischen Konvention zum Schutze der Menschenrechte übernommenen Verpflichtungen zu verhalten."

<u>26. Juli 1961</u>
Kreisky: Bin kein Denunziant für Italien! Justizminister Broda: Keine Bütteldienste!
In einer Pressekonferenz nahm Außenminister Dr. Kreisky zu den Vorwürfen der „Neuen Zür-

cher Zeitung“ vom 21. Juli, wonach österreichische Minister an den Vorbereitungen der Anschläge in Südtirol helfend oder duldend mitgewirkt haben sollen, Stellung. Kreisky wies diese Thesen zurück, kündigte jedoch an, er werde von gerichtlichen Schritten Abstand nehmen, *„um nicht den Anschein zu erwecken, daß ausländische Korrespondenten auf diese Weise eingeschüchtert werden sollen.“* Auf die Frage, wann er, Kreisky, erstmals von geplanten Partisanenaktionen in Südtirol gehört habe, sagte Kreisky: *„Ich bin seit meinem Amtsantritt von Plänen der Extremisten und über Namen informiert worden und habe solche Angaben zur entsprechenden Verwertung weitergeleitet und sie selber zur Warnung, z.B. in meiner Rede vor den Vereinten Nationen, benutzt. Wenn man aber von mir verlange, daß ich der italienischen Polizei gegenüber den Denunzianten spiele, muß ich dies ablehnen!“* Seine Aufgabe als Minister sei es doch nicht, Denunziant für fremde Polizeiorgane zu sein. Justizminister Dr. Broda erklärte, daß er als Justizminister gegen jede Person vorgehen werde, die österreichische Gesetze verletze. *„Ich werde aber nicht zulassen, daß einem ausländischen Staat bei der Verfolgung politischer Delikte österreichischerseits Rechtshilfe geleistet wird.“*

Italien bekommt Ostblockhilfe für Kampagne gegen „Pangermanismus“

Wie Außenminister Dr. Kreisky in derselben Pressekonferenz mitteilte, lägen ihm Informationen vor, wonach der Ostblock Italien seine Unterstützung zugesichert hätte, wenn Italien das Südtirolproblem öffentlich auf die *„pangermanistische Ebene“* hebe.

Unfaßbare Verhörmethoden
Kreisky: „Ich habe noch keine schriftlichen Unterlagen“

Zu den Berichten über *„haarsträubende und unfaßbare Verhörmethoden, die ich nicht näher qualifizieren will“*, die jedoch gegen die elementarsten Grundmenschenrechte verstießen, sprach sich der Außenminister neuerdings für die Einsetzung einer Untersuchungskommission aus. Dr. Kreisky sagte, bislang seien ihm darüber nur mündliche Mitteilungen zugegangen. Er habe aber nach dem Lesen des in den „Salzburger Nachrichten“ erschienenen Artikels von Prof. Ermacora schriftliche Berichte angefordert, um nach Prüfung derselben weitere Schritte in die Wege zu leiten. („Tagblatt“, Linz, 27. 7. 61.)

Italienische Protestnote an Österreich – Mitschuld der österreichischen Regierung an Anschlägen behauptet

Die italienische Regierung übermittelte der österreichischen Regierung eine Protestnote, in der sie behauptete, daß die österreichische Regierung eine Untergrundorganisation dulde, welche die Anschläge in Südtirol vorbereite, finanziere und durchführen helfe.

Anton Stötter, italienischer „Kronzeuge“ gegen Österreich, ist ein „agent provocateur“ des Geheimdienstes SIFAR und ein gesuchter Betrüger

In einer spektakulären Aktion „verhafteten“ die Carabinieri einen eigenen Agenten, um ihn der Öffentlichkeit dann als „geständigen Terroristen“ präsentieren zu können, der durch sein „Geständnis“ bedeutende Personen in Österreich und zahlreiche Südtiroler belastete und den italienischen Behörden den Anlaß zu ihrer Verfolgung geben konnte. Unmittelbar nach der „Verhaftung“ des Stötter gab das Bozener Polizeihauptquartier dann auch triumphierend sensationelle „Enthüllungen“ bekannt. Der verhaftete „Terrorist“ habe gestanden, daß er unter dem direkten Befehl des Generalsekretärs des Bergisel-Bundes, Dr. Widmoser, stehend, in dessen Auftrag eine Terroristengruppe in Südtirol, die „Traminer Löwen“, organisiert habe. Damit war gegenüber der Weltöffentlichkeit „bewiesen“, daß der Italien so lästige Bergisel-Bund, der zehntausende Österreicher und zahlreiche Politiker zu seinen Mitgliedern zählte, in Wahrheit eine *„terroristische Organisation“* sei. Die Räuberpistole hatte eine geheimdienstliche Vorgeschichte, die bereits 1960 begonnen hatte. Im September 1960 tauchte in Innsbruck ein 54jähriger Bayer auf und nahm Kontakt mit dem Bergisel-Bund auf. Anton Stötter aus Augsburg heuchelte dem Bergisel-Bund-Geschäftsführer Dr. Widmoser vor, Sympathie für die Südtiroler Sache zu empfinden und bot ihm an, Boten- und Hilfsdienste für den

Bergisel-Bund in Südtirol zu verrichten. Inwieweit Dr. Widmoser dem Anton Stötter wirklich vertraut hat, ist heute nicht mehr nachzuvollziehen, da Dr. Widmoser verstorben ist. Jedenfalls begab sich Stötter nun nach Südtirol und suchte in Dramen den Drogisten Karl Thaler auf, von dem Stötter offenbar wußte, daß er ein persönlicher Bekannter des BIB-Chefs Dr. Widmoser war. Thaler hatte Dr. Widmoser 1959 kennengelernt, als er mit dem Traminer Kirchenchor nach Innsbruck gefahren war. Seitdem waren die Familien Thaler und Widmoser befreundet. Stötter führte sich nun in Tramin bei Karl Thaler ein und nahm Quartier in der Pension der Frau Erna Geier. Ihr sollte Stötter später noch besonders für seine freundliche Aufnahme danken. Im Mailänder Prozeß wurden Aussagen des Stötter vorgelegt, daß Frau Geier ihn kostenlos beherbergt hätte, weil er ihr erklärt hätte, er sei für den Tiroler Befreiungskampf tätig. (Frau Geier wurde ihre Lizenz für zwei Jahre entzogen!) Thaler hat später im Mailänder Südtirolprozeß als Angeklagter berichtet, wie Stötter ihn hineingeritten hat. Stötter erschien Ende 1960 in seiner Drogerie, gab sich als Reporter und ehemaliger Offizier der Deutschen Wehrmacht aus (was Stötter nie gewesen war). Als Thaler ihm gesprächsweise berichtete, daß er nur eine kleine Kriegsopferrente von 5.510 Lire monatlich beziehe, erklärte Stötter, hier etwas unternehmen zu können. Er habe die Beziehungen und Möglichkeiten, helfen zu können. Er werde eine Aktion in Gang setzen, um den armen Kriegsopfern und auch bedürftigen Studenten in Südtirol zu helfen. Stötter diktierte dem Drogisten ein Schreiben, in dem nun auf einmal die Rede von einer „Südtiroler Aktion für die Erhaltung der deutschen Sprache und Kultur“ die Rede war. Auf den Einwand des Drogisten, daß dies doch nichts mit der Unterstützung von Kriegsopfern zu tun habe, erklärte Stötter barsch, wenn er, Thaler, wolle, daß ihm und anderen geholfen werde, dann müsse der Text so lauten und nicht anders. Sonst könne er, Stötter, nichts für sie tun! Außer Thaler mußten auch gleich noch einige Freunde mit unterschreiben. Die Unterschriften, erklärte Stötter, brauche er für die Eröffnung des Bankkontos und zur Motivation der Spender. Wie der „SPIEGEL“ (Nr. 20/1964) enthüllte, war Stötter ein mehrfach vorbestrafter Betrüger, der zu diesem Zeitpunkt bereits für den italienischen Geheimdienst SIFAR arbeitete. In der Bundesrepublik Deutschland warteten Gericht und Haftanstalt auf ihn, er wurde wegen der Unterschlagung von DM 6.000 gesucht. In Südtirol konnte er die Leute betrügen und dafür noch gutes Geld von den Italienern kassieren. Wie der „SPIEGEL“ berichtete, hatte Stötter in Innsbruck erstmals 1960 mit dem italienischen Konsulat Kontakt aufgenommen, das ihn an die SIFAR-Geheimdienstleute weitervermittelt hatte. Stötter hielt über die Bozener Telephonnummer 31368 mit seinen Geheimdienstchefs Kontakt. Es war dies eine Nummer, unter der man das Armee-Hauptquartier in Bozen erreichte. Der erste konspirative Treff wurde am 20. Dezember 1960 im Bozener Hotel „Vittoria“ abgehalten, zu dem ein Hauptmann der Abwehr mit dem Decknamen „Dr. Bernhard“ erschien sowie Colonello (Oberst) Fratarelli von dem Büro „R“ (R = „ricerche = Aufklärung, Fahndung) des militärischen Geheimdienstes SISMI. (Das Büro „R“ steuerte auch die Tätigkeit der streng geheimen „Gladio“-Gruppen und die Terrorgruppen der neofaschistischen Partei MSI, die Terroranschläge in Österreich und in Südtirol verübten, die dann den Südtiroler Freiheitskämpfern in die Schuhe geschoben wurden.) Stötter wurde als Agent „Friedrich“ verpflichtet und erhielt für seine Dienste 300.000 Lire pro Monat. Andere Zusammenkünfte fanden dann am Bozener Bahnhof und in der Cafeteria „Domino“ statt. Schriftliche Berichte lieferte Stötter direkt ab oder sandte sie über das Postfach 91 mit dem Decknamen „Amico Gioacchino“ (Freund Joachim) an den Oberst Fratarelli. Stötter sammelte Namen, Namen und wieder Namen. Er lernte in Tramin und Umgebung alle patriotischen Tiroler kennen, die Schützen, die Leute von der Feuerwehr, die bodenständigen Bauern. Bald füllten zahlreiche Namen, Querverbindungen, Bekanntschaften und Gerüchte sein Notizbuch. Immer dicker wurde der Akt, den der Geheimdienst über die Traminer Bevölkerung führte. Stötters Rolle flog zu diesem Zeitpunkt noch nicht auf. Er konnte weiter sein Unwesen treiben und zahlreiche andere Südtiroler wie Luis Steinegger, Albin Zwerger, Verdorfer, Waid und Dibiasi bei den Carabinieri auf die Liste setzen. Alle diese Südtiroler wurden später ebenfalls verhaftet und in Mailand angeklagt. Steinegger und Zwerger hatten Stötters Aufruf mit unterschrieben, andere hatten Geld für das angeblich geplante Hilfswerk gespendet. Dieses Geld,

das Stötter veruntreute, wurde als Beweis dafür gewertet, daß die Angeklagten an einer „antiitalienischen Verschwörung“ teilhatten und diese sogar noch finanzierten. Am 4. August 1961 enttarnte die „Augsburger Allgemeine Zeitung“ den „Verschwörer“ und „Belastungszeugen“ Anton Stötter und veröffentlichte, daß dieser von der Staatsanwaltschaft Augsburg wegen Betruges zur Fahndung ausgeschrieben war. Jetzt wurde der prächtige Kronzeuge der Bozener Justiz langsam zu heiß. Was nun folgte, war eine Serie von Verschleierungsmanövern, um die miese Rolle des Anton Stötter und der mit ihm so eng zusammenarbeitenden italienischen Dienststellen nicht allzu offenkundig werden zu lassen. Im Bozener Gefängnis mußte Anton Stötter besonders bewacht werden, da ihn ansonsten die Südtiroler Häftlinge übel zugerichtet hätten. Noch war die Bozener Justiz nicht bereit, die Agentenrolle Stötters zuzugeben. So wurde weiterhin die Fiktion von dem „Terroristen“ Stötter aufrechterhalten, zur Vorsicht wurde aber sein Verfahren von dem der anderen Südtiroler abgetrennt. Inzwischen war aber ein Auslieferungsbegehren der Staatsanwaltschaft Augsburg eingetroffen, man konnte Stötter nun auch nicht mehr still und leise enthaften. Immerhin konnte man ihn aber elegant loswerden. Stötter wurde also nach Augsburg ausgeliefert und saß dort 15 Monate wegen Betruges ab. Dann lieferten die Deutschen den Anton Stötter aber zum großen Mißfallen der Italiener wieder an Italien aus, damit Stötter für den Mailänder Südtirolprozeß zur Verfügung stehe. Am 7. Januar 1964 traf Stötter in Mailand ein. Dort hatte man aber gar keine Freude mit ihm, sondern brachte ihn zum deutschen Generalkonsulat, damit ihn dieses wieder heimschaffe. Im Mailänder Prozeß dienten Stötters Aussageprotokolle dann als Beweismittel der Anklage. Stötter konnte aber von den Verteidigern wegen der von ihm in diesen Protokollen niedergelegten Lügen nicht in das Verhör genommen werden, weil er nicht auf der Anklagebank saß. Am 17. Juli 1964 sprach das Schwurgericht in Mailand den Anton Stötter von der Anklage frei, an den Anschlägen beteiligt gewesen zu sein. Das Gericht folgte damit dem Antrag des Staatsanwaltes Dr. Gresti, der erstmals die Katze aus dem Sack gelassen hatte: Stötter sei freizusprechen, da er sich schon 1960 von der Verschwörung zurückgezogen und mit den italienischen Behörden *„zusammengearbeitet“* habe! Damit war die Agentenrolle Stötters eingestanden. Mit Dr. Widmoser und anderen Angeklagten hatte das Gericht nicht soviel Erbarmen: Dr. Widmoser erhielt in Abwesenheit 19 Jahre und 4 Monate Kerker. Er konnte sein geliebtes Südtirol zeit seines Lebens nicht mehr betreten. Luis Steinegger, einer der Unterzeichner der „Gründungsurkunde“, erhielt 8 Jahre und 10 Monate. Zahlreiche andere Angeklagte der „Traminer Gruppe“ erhielten ebenfalls hohe Strafen. Karl Thaler erhielt für nichts und wieder nichts 1 Jahr und 4 Monate. Mit der Verurteilung Widmosers hatte die italienische Justiz die These der aus Österreich gesteuerten „Verschwörung“ untermauert. Die politische Folge war, daß sich die SPÖ und später auch die ÖVP immer mehr vom Bergisel-Bund distanzierten, bis dieser zur politischen Bedeutungslosigkeit herabsank.
(„Der Tiroler“, Nürnberg, Nr. 4/90 – 1/91, „DER SPIEGEL“ Nr. 20/64, „WOCHENPRESSE“, Wien, 10. 10. 64, „Augsburger Allgemeine Zeitung“, 4. 8. 61 und 18. 12. 63, „Tiroler Nachrichten“, Innsbruck, 29. 7. 61 und 5. 8. 61.)

War Stötter den Italienern von einem „befreundeten Dienst“ – einem deutschen Dienst – zur Verfügung gestellt worden?

Am 18. 12. 1963 schrieb Karl Pflugmacher in der „Augsburger Allgemeinen Zeitung“: *„Hier gaben italienische Zeitungen einen Fingerzeig, als sie schrieben, das Komplott der Südtiroler habe die Polizei nur dank der Unterstützung durch Nachrichtendienste befreundeter Nationen aufdecken können. Da Stötter während und nach dem Krieg, höchstwahrscheinlich sogar schon früher, Agent war, ist es durchaus möglich, daß ein Geheimdienst Stötter in extreme Südtiroler Kreise einschleuste.“* Die „Tiroler Nachrichten“ in Innsbruck berichteten am 5. August 1961 über einen Artikel in der italienischen Zeitschrift „L'Espresso“, in dem es hieß: *„Die Gegenspionage der Deutschen Bundesrepublik hat die Italiener bei der Aufdeckung eines Großteils der Südtiroler Terroristen unterstützt.“* Es seien vor allem die Amerikaner gewesen, die mit dem Argument, daß die Südtiroler Attentate eine Bedrohung des Atlantikpaktes bedeuteten, Druck auf die Deutschen ausgeübt hätten, damit diese die Italiener bei der Unterdrückung der „Terroraktionen" unterstützten. Deutsche Agenten hätten keine sprachliche Schwierigkeiten, und überdies stünden die Südtiroler Attentäter offenbar auch mit Münchner Kreisen in Verbindung. Der deutsche Geheimdienst habe die Aufforderung angenommen und sei tätig geworden. Am 11. August berichteten die „Tiroler Nachrichten", daß Dr. Prohaska vom „Kulturwerk für Südtirol" in München erklärt habe, daß Informationen vorlägen, daß Stötter häufig in die deutsche Sowjetzone gefahren sei. (Dies könnte ebenfalls ein Hinweis auf eine Tätigkeit für einen deutschen Dienst sein.)

27. Juli 1961

Spitzenberatung der Sicherheitskräfte in Meran

Nachdem die gegen Südtiroler Freiheitskämpfer angewandten Foltermethoden beträchtliches internationales Aufsehen erregt hatten, trafen in Meran Carabinierigeneral Celi, Oberst Loretelli und Hauptmann De Rosa zusammen, um die Lage zu besprechen. Auch nach diesem Spitzengespräch änderte sich jedoch nichts an der Behandlung verhafteter Verdächtiger. Offenbar hatte General Celi keine Weisung aus Rom mitgebracht, diese schweren Rechtsverletzungen zu unterbinden, da sich die öffentlichen Proteste dagegen noch in für Italien erträglichen Grenzen halten.

Bundesrepublik lehnt Vermittlungstätigkeit ab

Bundeskanzler Konrad Adenauer hat jede Vermittlungstätigkeit in der Südtirolfrage abgelehnt. Wie der Vorsitzende der Freien Demokratischen Partei (FDP) Dr. Erich Mende mitteilte, hat Adenauer seine Bitte, in den Konflikt ausgleichend einzugreifen, damit beantwortet, daß er seit längerem angeordnet habe, daß deutsche Stellen sich aus der Südtirolfrage heraushalten sollen, mehr könne die Bundesrepublik nach Lage der Dinge nicht tun.

28. Juli 1961

Südtirolkundgebung in Innsbruck verboten

Eine vom Bergisel-Bund geplante und vom Landesrat Dr. Oberhammer unterstützte Kundgebung in Innsbruck wurde durch eine Anordnung des österreichischen Ministerrates verboten. Auf der Großkundgebung sollte der Innsbrucker Schriftsteller Dr. Heinrich Klier, Mitglied des Bergisel-Bundes und führendes Mitgliedes des BAS, über Mißhandlungen in den Carabinierikasernen berichten und zur aktuellen politischen Lage sprechen. Nach dem Verbot der Kundgebung erklärte sich die „Tiroler Tageszeitung" demonstrativ bereit, die geplante Rede Dr. Kliers im Wortlaut abzudrucken. In dieser Rede bezeichnet Dr. Klier die Sprengstoffanschläge *„als einen Ausdruck verzweifelter Menschen"*, als *„einen Aufstand im Herzen Tirols"*.

Französische Stimme für Südtirol

Die Pariser Wochenzeitung „Rivarol" verteidigte die Deutschen gegen heftige Angriffe aus Italien und führte aus: *„Die italienische Zeitung ‚il Tempo' meint, die Tiroler Sprengstoffanschläge deuteten auf eine Wiederbelebung des Nazismus hin. Das ist eine Behauptung, die uns an eine ähnliche erinnert: als vor 18 Monaten in Deutschland und anderswo Hakenkreuze erschienen, versicherte uns eine gewisse Presse ebenfalls, das sei ein Zeichen des Wiederauflebens des Nationalsozialismus. Aktiver Widerstand, wie ihn während des Krieges Polen, Franzosen und Jugoslawen praktizierten, ist weder ein Begriff der Hitlerzeit noch eine deutsche Eigenschaft. In keiner Epoche der modernen Geschichte hat eine deutsche Bevölkerung, die einer fremden Macht untertan war, mit Gewalt gegen diese angekämpft. Attentate und Bomben auf den Bahngleisen sind Handlungen, die der deutschen Mentalität zuwiderlaufen. Ob das nun überrascht oder nicht, das deutsche Volk ist nur für passiven Widerstand geeignet. Ein Beweis dafür ist die Niederlage der Verschwörer, die gegen Hitler eingestellt waren, und ein anderer ist die Tatsache, daß der Widerstand gegen den Kommunismus in der Sowjetzone ähnlich demjenigen ist, den man während der französischen Besatzung der Ruhr erlebte, er war passiv und nicht spektakulär. In der Geschichte der Völker deutscher Sprache gibt* *es nur ein Beispiel für einen bewaffneten Widerstand: Andreas Hofer. Die Südtiroler Bauern haben eine ganz andere Mentalität als ihre nördlichen Nachbarn, sie sind viel geschmeidiger. Diese robusten Bauern sind Kämpfernaturen wie die Bayern, sie wollen ihre Bräuche und ihren deutschen Sprachschatz bewahren, sie lassen sich nicht assimilieren und sind gegen jede Italianisierung. Und der Wunsch, das zu bleiben, was man ist, hat absolut nichts mit Nationalsozialismus zu tun.“*

29. Juli 1961
Scelba: keine Vollautonomie für Südtirol
In einem Interview des Deutschen Fernsehens erklärte Innenminister Mario Scelba, daß die von „Südtiroler Extremisten“ und der österreichischen Regierung geforderte Vollautonomie für Südtirol nicht in Frage komme, da Südtirol dann der Souveränität des italienischen Staates entzogen würde. Südtirol würde damit zu einem „Naturschutzgebiet“ für deutsche Bewohner, und es würde die Bewegungsfreiheit der Italiener „in ihrem eigenen Vaterland“ eingeschränkt.

31. Juli 1961
Sprengstoffanschläge
Eine der Verhaftungswelle entgangene Gruppe der Freiheitskämpfer konnte im Tauferer Tal einen Hochspannungsmasten durch einen Sprengstoffanschlag zerstören und einen weiteren schwer beschädigen. Die nach dem Anschlag das erste Mal eingesetzten speziellen „Antisabotageeinheiten“ blieben bei der Suche nach den Tätern erfolglos.

Südtiroler Freiheitskämpfer schwer angeschlagen
Mehr als 100 politische Häftlinge, darunter Ortsobmänner, Schützenoffiziere und Feuerwehrhauptleute waren verhaftet worden. Das war ein schwerer Schlag gegen den organisierten Freiheitskampf. Unter den Festgenommenen befanden sich Männer aus den entscheidenden Schlüsselfunktionen des Widerstandes. Auf Grund der durch Folter erpreßten Geständnisse konnte die italienische Polizei mehr als 1.000 kg Sprengstoff, mechanische und chemische Zeitzünder, Waffen, Munition und Ausrüstungsgegenstände beschlagnahmen. Nur wenige Zellen des BAS hatten die Verfolgungswelle überstanden, einigen Freiheitskämpfern war es gelungen, in den Untergrund zu verschwinden oder nach Österreich zu flüchten. Dort versuchten vor allem Luis Amplatz und Jörg Klotz mit Unterstützung von Dr. Norbert Burger und Kurt Welser den Freiheitskampf neu zu organisieren und weitere Aktionen zu planen.

1. August 1961
Österreichische Verbalnote
Der österreichische Außenminister Dr. Kreisky überreichte dem italienischen Botschafter in Wien, Martino, in Beantwortung der italienischen Note vom 26. Juli 1961 eine Verbalnote. Darin wies Österreich den Vorwurf der Verantwortlichkeit für die Anschläge zurück. In der Note hieß es weiter: *„Es ist aber nach der bekannten internationalen Staatenpraxis und nach dem Inhalt der italienischen Rechtsvorschriften wohl überflüssig zu betonen, daß im Ausland aus politischen Motiven gesetzte Taten im Inland weder verfolgt werden können, noch daß zur Verfolgung solcher Taten Rechtshilfe geleistet werden kann.“* Die österreichische Regierung forderte in der Note sodann erneut eine internationale Untersuchungskommission, welche die italienischen Beschuldigungen durch Einsichtnahme in die österreichischen Unterlagen zu prüfen und den tatsächlichen Sachverhalt festzustellen hätte.

Jagdaufseher zum Krüppel geschossen
Während eines Kontrollganges im Gebiet des Penser Weißhornes wurde der Ratschinger Jagdaufseher Walter Haller (24) aus einem Hubschrauber der italienischen Armee mehrfach beschossen. Der Schwerverletzte konnte sich mit Hilfe zweier Hirten in Deckung bringen. Der herbeigeholte Arzt aus Sarnthein geriet ebenso wie die beiden Retter mehrfach in Gefahr,

aus dem immer wieder anfliegenden Hubschrauber erschossen zu werden. Nachdem der Verletzte ins Tal und von dort ins Bozner Krankenhaus gebracht worden war, mußte ihm das rechte Bein amputiert werden. Offenbar um zu verhindern, daß die Wahrheit über diesen Übergriff ans Tageslicht kam, wurde Walter Haller im Krankenhaus unter Militärbewachung gestellt. Carabinierimajor Gobbi erklärte der Presse gegenüber lakonisch, der Offizier habe sich im Hubschrauber (!) bedroht gefühlt, weil er den Jagdaufseher für einen Tiroler Partisanen gehalten habe.

Erpreßt Italien mit EWG-Beitritt?
Wie das „Giornale d'Italia" meldet, behält Italien sich ein Veto zu dem von Österreich gewünschten EWG-Betritt vor. Italien würde es befremdlich finden, schreibt das Blatt, *„Österreich als Partner im Rahmen der EWG zu begrüßen, solange Österreich den Kampf zur Abtrennung eines Teiles des italienischen Staatsgebietes weiterführt."*

Dr. Norbert Mumelter verhaftet
Der Schriftsteller, Landesbeamte und Präsident des Verbandes für Heimatpflege, Dr. Norbert Mumelter, wurde nach einer Leibesvisitation und Hausdurchsuchung verhaftet, nachdem er schon im März von den Carabinieri verhört worden war. Damals war es darum gegangen, daß vor ein bis zwei Jahren das „Kulturwerk für Südtirol" Geld an ihn überwiesen hatte. Nun wurde ihm vorgeworfen, Geld auf ein Bozener Konto der von Dr. Widmoser herausgegebenen Zeitschrift „Südtirol in Wort und Bild" eingezahlt zu haben. Damit habe er „antiitalienische Propaganda" im Sinne der „Terroristen" unterstützt. Der angesehene Kulturpolitiker wurde von dem Untersuchungsrichter Mario Martin nach den Artikel 241, 246 und 272 des alten faschistischen „Codice penale" angeklagt. Die Anklage lautete auf Hochverrat, Bestechung durch Ausländer und antinationale Propaganda. Die Strafandrohung war lebenslanger Kerker. Was half es, daß Dr. Mumelter nachweisen konnte, daß es sich um Hilfsgelder für soziale und kulturelle Zwecke handelte? Für die Bozener Justiz genügte die Geldeinzahlung, um dem Bergisel-Bund und dem verhaßten Dr. Widmoser ein weiteres „Verbrechen" anzuhängen. Natürlich kam nichts heraus, und Dr. Mumelter mußte wieder freigelassen werden. Für den Augenblick tat die Aktion aber ihre propagandistische Wirkung.

3. August 1961
Internationale Empörung über Folterungen
Nach österreichischen und deutschen Zeitungen berichteten im zunehmenden Maß internationale Blätter über die Folterungen an Südtiroler politischen Häftlingen. Besonderes Aufsehen erregte ein Brief an die Londoner „Times", der aus der Feder des angesehenen Professors der Universität Chicago Dr. F. A. Hajek stammte:
„An den Herausgeber der ‚Times'!
Sir – ich hatte gestern Gelegenheit, in einem entlegenen Tal Südtirols ausführlich mit zwei einheimischen Männern, die einige Tage vorher von den dortigen Carabinieri einvernommen worden waren, zu sprechen. Die beiden Männer wurden mir auf meine Bitte von einem alten Freund, den ich als absolut verläßlich kenne, vorgeführt. Beide waren ruhige, solide Männer, in der zweiten Hälfte der Dreißig, beide verheiratet, mit großen Familien, beide Mitglieder des Gemeinderates ihres Ortes und beide hochgeachtet von ihren Mitmenschen. Bestimmt nicht Typen, von denen man erwarten würde, daß sie sich mit Gewalttaten beschäftigen. Sie waren bei ihrer Arbeit verhaftet worden, es wurde ihnen verboten ihre Familien zu verständigen oder auch nur einen Überrock mitzunehmen. In Hemdsärmeln wurden sie auf die nächste Carabinieristation gebracht und dreieinhalb Tage lang ohne Verbindung mit der Außenwelt festgehalten. Die Verhaftung war offensichtlich ausschließlich zum Zwecke der Informationseinholung erfolgt, da gegen die beiden Männer während der Einvernahme keinerlei Beschuldigungen erhoben wurden und sie lediglich über die angeblichen Tätigkeiten dritter Personen, die zu kennen ihnen nachgesagt wurde, befragt worden sind. Vor ihrer Einvernahme wurde der eine der beiden zehn, der andere über zwanzig Stunden gezwungen, aufrecht in

Habtachtstellung zu stehen. Jedesmal, wenn der eine oder der andere in seiner Haltung nachließ, begannen mehrere Carabinieri auf Gesicht und Körper einzuschlagen Die beiden erhielten überdies durch 36 Stunden weder Speise noch Trank. Beide Männer wurden zwei Tage nach ihrer Entlassung medizinisch untersucht, und ich habe die Zertifikate des Amtsarztes persönlich überprüft. Neben offenen Wunden und anderen deutlichen Anzeichen schwerer Mißhandlungen, die die Körper beider Männer aufwiesen, hatte der eine einen Kieferbruch erlitten, der durch Röntgenaufnahmen nachgewiesen ist. Die Polizeiuntersuchung spielte sich ausschließlich auf italienisch ab, das beide Männer nur sehr unzulänglich beherrschen. Jede Unterstützung durch einen Dolmetscher wurde verweigert. Danach folgten erneut die oben beschriebenen Behandlungsmethoden, und schließlich wurden die Männer mit der Drohung entlassen, daß man sie bald wieder holen würde. Beide waren durch ihr Erlebnis so verängstigt, daß sie nur auf Grund meines Versprechens, ihre Namen nicht preiszugeben, bereit waren, mir eine genaue Schilderung zu geben. Auf Grund meiner Kenntnis der Menschen in dieser Gegend habe ich nicht den geringsten Zweifel, daß diese Beschreibung Wort für Wort wahr ist. In diesen beiden Fällen waren die Methoden der Polizei noch relativ milde, da es völlig offensichtlich war, daß beide Verhafteten keinerlei direkte Verbindung mit den verschiedenen Anschlägen der letzten Zeit hatten. Ein von mir befragter Rechtsanwalt in Meran berichtete von zwei Männern, deren Fall er kennt, da es sich um Klienten von ihm handelt. Diese wurden auf der Carabinieristation gezwungen, 24 Stunden lang auf ihren Zehenspitzen zu stehen. Sie wurden so lange auf ihre Weichteile geschlagen, bis dieselben viele Zentimeter dick angeschwollen waren. Während ihrer stundenlangen Verhöre wurden ihre Augen ständig mit starken Lampen bestrahlt. Alles dies hat sich in einem ruhigen Gebiet, ziemlich weit von den Orten der Anschläge, abgespielt. Noch viel ärgere Berichte erhielt ich von durchaus vertrauenswürdigen Personen, insbesondere von Dorfgeistlichen aus einem Gebiet südlich des Landes, wo größere Unruhe herrscht. In dieser Gegend wurden Verdächtige während ihrer Einvernahme gezwungen, eine ätzende Flüssigkeit zu trinken. Wenn sie sich weigerten, wurden ihre Münder mit Werkzeugen geöffnet und die Flüssigkeit in ihren Schlund gegossen. Die Art der ‚Geständnisse', die von der Polizei publiziert wurden, hat den hier weitverbreiteten Glauben, daß Rauschgifte bei den Einvernahmen verwendet wurden, nur noch bestärkt. Ein Gerücht, das unter der Bevölkerung kursiert, besagt, daß die von der Polizei verwendeten Methoden sich in keiner Weise von jenen in Ungarn nach dem Aufstand verwendeten unterscheiden. Besondere Empörung muß der Bericht über eine Antwort, die Herr Scelba einer protestierenden Delegation von Südtiroler Parlamentariern gegeben hat, erwecken. Er soll erklärt haben, daß solche Methoden eben von der Polizei der ganzen Welt angewendet würden. Nicht nur das Gedächtnis der Südtiroler ist gut genug, um zu wissen, daß dies nicht wahr ist. Es kann kein Zweifel darüber bestehen, daß viele Südtiroler, die sich nach dem Jahre 1946 mit der Einverleibung ihres Landes in das italienische Staatsgebiet abgefunden hatten, durch die oben geschilderten Ereignisse zu der Überzeugung gelangt sind, daß die italienische Herrschaft unerträglich geworden ist.
Univ.-Prof. Dr. Hajek, University of Chicago."

4. August 1961
Scelba: Meldungen über Folterungen sind Erfindungen der „Terroristen"
Das italienische Innenministerium gab bekannt: *„Die österreichische Presse bemüht sich, die Auswirkung der in der westlichen Welt einmütigen Verurteilung der verbrecherischen Sprengstoffanschläge in Südtirol zu neutralisieren und versucht Behauptungen glaubhaft zu machen, wonach die wegen Verdachtes der Mittäterschaft Inhaftierten mißhandelt würden. Die Einzelheiten der ausgegebenen Meldungen machen aber offenkundig, daß die Informationsquelle ein und dieselbe ist."*
Das Kommuniqué fährt fort: *„Wie aus den bei den Sicherheitsbehörden eingelangten Berichten geschlossen werden kann, ist die Verbreitung der Nachrichten über diese angeblichen Mißhandlungen von denselben Zentren aus organisiert, die auch die verbrecherischen Anschläge organisiert haben.*

Dazu wird folgendes festgestellt:

1. Die Zahl der Festgenommenen, die in Verdacht stehen, die schweren Anschläge organisiert oder ausgeführt zu haben, beläuft sich auf 77. Die geringe Zahl der Inhaftierten allein beweist schon die Absurdität der österreichischen Propaganda über die schwierigen Verhältnisse, unter denen die Südtiroler angeblich leben.

2. Nachdem von Südtiroler Parlamentariern dem Innenminister On. Scelba über angebliche Mißhandlungen der Inhaftierten berichtet worden war, hat der Innenminister sie gebeten, ihm die Namen der Mißhandelten und alle in ihrem Besitze stehenden Einzelheiten mitzuteilen; er versicherte, daß er eine strenge Untersuchung anordnen würde. Obwohl seither schon eine beträchtliche Zeit verflossen ist, ist bis heute noch keine Mitteilung eingegangen, was an und für sich schon beweisen könnte, daß die Anschuldigungen der Presse nicht begründet sind.

3. Trotzdem führen die Behörden in Bozen auf Anweisung des Innenministers Erhebungen über diese Pressenachrichten durch, und falls irgendwelche Vergehen bekannt werden sollten, würde man gegen die Verantwortlichen in aller Strenge vorgehen. Das gute Recht Italiens, fügt das Kommuniqué hinzu, hat es nicht nötig – nicht einmal um Gleiches mit Gleichem zu vergelten –, zu unzivilisierten Methoden zu greifen, zu welchen ihrerseits aber die Befürworter des Südtiroler Extremismus gegriffen haben.

4. Es ist noch hinzuzufügen, daß die richterliche Behörde, welche in Italien wie in allen freien Ländern unabhängig ist von der Exekutive, darüber wacht, daß auch gegen solche, die eines Vergehens verdächtigt werden, die Legalität gewahrt werde. Von dieser selben Gerichtsbehörde ist auch die Kriminalpolizei abhängig."

Dem Kommuniqué des Innenministeriums ist vorderhand nur hinzuzufügen, daß Landeshauptmann Dr. Magnago und die Südtiroler Parlamentarier dem Innenminister die gewünschten Unterlagen sobald als möglich vorlegen werden. Wie wir bereits mehrmals berichteten, sind die zuständigen Stellen dabei, hieb- und stichfeste Unterlagen beizubringen. Unter den gegebenen Verhältnissen und Umständen handelt es sich aber um eine schwere Arbeit, die viel Zeit und Mühe erfordert.

5. August 1961

„L'Espresso": Bundesnachrichtendienst hat italienischer Polizei geholfen!

Die italienische Zeitung schrieb, daß auf Ersuchen des italienischen Geheimdienstes und unter Einschaltung der NATO und der Amerikaner, die Sorge um die Sicherheit der Raketenstützpunkte in Südtirol gehabt hätten, der deutsche Bundesnachrichtendienst bei der Ausforschung der Südtiroler Attentäter mitgeholfen habe. Es habe sich um eine *„durchaus übliche Hilfeleistung im Rahmen der NATO gehandelt."* Die Mitarbeit des BND sei *„durchaus erfolgreich gewesen"*. (Siehe auch 26. Juli 61, Agent Stötter.)

Die Grenze zu Österreich wird militärisch besetzt

Zur Verstärkung der Finanzeinheiten entlang der Grenze zu Nordtirol sind in Bozen neue Polizeieinheiten eingetroffen, die für den Gebirgseinsatz geschult und mit leichten Infanteriewaffen ausgestattet sind.

Deutscher Urlauber wegen „Schmähung der Nation" angeklagt

Weil er in einem Lokal in Kaltern über die italienischen Polizeimaßnahmen in Südtirol geäußert hatte: *„Hier ist es schlechter als in Rußland"*, wurde der deutsche Staatsbürger Ing. Karl Eichler nach zwei Wochen Untersuchungshaft nun wegen „Schmähung der italienischen Nation" gerichtlich angeklagt. Bis zu seinem Prozeß wurde er gegen eine Kaution von ungefähr DM 2.000,- provisorisch in Freiheit gesetzt.

7. August 1961

Scelba: Südtirols Rechte beruhen nur auf der italienischen Verfassung

Innenminister Mario Scelba hat in Rom erklärt, daß die Rechte der Südtiroler nicht auf dem

Pariser Vertrag, sondern nur auf der italienischen Verfassung beruhen können. Dies veranlaßt die Wiener „Presse“ zu folgendem Kommentar: *„Was ihm vorschwebt, ist in der Tat ein Südtirolproblem als rein innenpolitische, im Wechselspiel von Polizeiaktion und Konzession lösbare Frage, wobei die Konzessionen jenen gelten, die dem Staat als gesetzesfürchtige Staatsbürger und nicht als Angehörige einer schutzbedürftigen Minderheit entgegentreten würden. Und über Gesetzesfurcht würde natürlich wieder der Innenminister befinden.“*

„Dolomiten“ veröffentlichen Einzelheiten der möglichen „Lösung“ der Südtirolfrage
In einem Leitartikel veröffentlichen die Bozener „Dolomiten“ Einzelheiten einer möglichen „Lösung“ der Südtirolfrage, wie sie auf dem „inneritalienischen Weg“ mit Innenminister Scelba ausgehandelt werden könnten. Aus Kreisen der SVP verlautet, daß in diesem Falle die Region Trentino – Südtirol zwar bestehen bleiben würde, jedoch durch Übertragung einzelner Kompetenzen auf die Provinz Bozen eine „Beinahe-Autonomie“ erzielt werden könnte. Falls eine solche „Lösung“ bis Herbst in Sichtweite rücke, werde Wien nach Meinung von Bozner Politikern dann darauf verzichten, vor der diesjährigen UNO-Vollversammlung „auf die große Pauke“ zu hauen. Kreisky würde vielmehr in New York „kurz treten“ und abwarten, was Bozen und Rom erreichen. Nun ist die offizielle Südtiroler Politik tatsächlich auf das allergeringste Ausmaß von Minimalforderungen zurückgegangen. Das „Kurztreten“ Kreiskys vor der UNO wird dann auch so aussehen, daß sich Kreisky von den Italienern lieber einen Lügner nennen lassen wird, statt die Beweise für Folterungen öffentlich vorzulegen. Am Ende ihres heutigen Artikels schreiben die „Dolomiten“: *„Nicht eingesetzt sind in diese optimistische Rechnung mögliche neue Attentatswellen und andere Aktionen radikaler, der SVP entglittener Elemente.“*

SVP-Parteivorstand berät Scelbas Angebot
Heute berät der Parteivorstand der SVP das von Innenminister Scelba am 24. Juli in einer Besprechung mit Südtiroler Parlamentariern gemachte Angebot, das Südtirolproblem als „rein inneritalienisches Problem“ ohne Mitwirkung der Schutzmacht Österreich zu lösen.

Entschließung des SVP-Ausschusses
Der Ausschuß der Südtiroler Volkspartei hat folgende Entschließung angenommen: *„Der Ausschuß der Südtiroler Volkspartei nimmt Bezug auf das Telegramm, womit der Präsident des Landesausschusses von Bozen am 21. Juli 1961 die Einsetzung einer parlamentarischen Untersuchungskommission vorgeschlagen hat zwecks Feststellung des Vorgehens von Polizeiangehörigen gegenüber Personen, die im Zusammenhang mit Sprengstoffanschlägen festgenommen oder verhaftet worden sind. Es liegt bereits umfangreiches Beweismaterial vor, aus dem hervorgeht, daß Festgenommene von Polizeiangehörigen mißhandelt wurden, zum Teil auch schwer. Der Parteiausschuß fordert mit allem Nachdruck die Einsetzung der genannten parlamentarischen Untersuchungskommission zur Überprüfung dieser Polizeimethoden, welche das Gesetz, das demokratische Prinzip und die Würde des Menschen verletzen. Das entsprechende Beweismaterial wird einer solchen Untersuchungskommission vorgelegt werden.“* Der Parteiausschuß schlug die Einsetzung einer parlamentarischen Untersuchungskommission vor, die aus Abgeordneten des Parlamentes und des Südtiroler Landtages zusammengesetzt sein sollte.

Tiroler Fahne gefährdet italienische Sicherheit
„In Erwägung der gegenwärtigen Lage der öffentlichen Sicherheit in der Region Trentino-Alto Adige“ befürchtete Regierungskommissar Bianchi, *„daß das Aushängen von Flaggen, Fahnen, Standarten, Aushängetüchern oder von Emblemen jeglicher Art ohne die gleichzeitige Hissung der Nationalfahne die schwersten Störungen der Ruhe und Ordnung auslösen kann.“* Deshalb verordnete er, daß bei öffentlichem Zeigen der Tiroler Fahne in mindestens gleicher Größe rechts daneben oder darüber die italienische Nationalfahne auszuhängen sei.

8. August 1961

Von Innenminister Scelba inspirierter „Hirtenbrief"?

Bischof Gargitter: „Kampf des Gottlosentums gegen die christliche Welt!"

In einem „Hirtenbrief", der eher einer politische Streitschrift glich, nahm Bischof Gargitter massiv Einfluß auf die politische aktuelle Lage und behauptete, die Sprengstoffanschläge seien das Werk gottloser Kommunisten: *„Es geht in dieser Stunde in diesem Land um viel mehr als um gute oder schlechte Politik. Hier sucht vor allem auch der Kommunismus einen Unruheherd im Herzen Europas, hier geht es um den Kampf des Gottlosentums gegen die freie, christliche Welt. Es ist hohe Zeit, daß die christlichen Kräfte auf beiden Seiten sich zusammentun, um in mutiger und rascher Arbeit die bestehenden Gegensätze zu überwinden und gemeinsam den rechten Frieden im Zeichen des guten Willens und der christlichen Liebe herzustellen. Nur so kann man verhindern, daß gottlose und totalitäre Kräfte, die schon seit geraumer Zeit am Werke sind, verschiedene Leute zu weiteren verwerflichen Gewalttaten verleiten und schließlich unser gutes katholisches Volk an den Rand des Abgrundes bringen."* In Südtiroler politischen Kreisen wurde angenommen, daß Innenminister Scelba bei seinem vertraulichen Gespräch mit dem Bischof am 18. Juni in Brixen Gargitter bewogen hatte, sich mit der Autorität seines Kirchenamtes dergestalt zu äußern. Verwunderung und auch Trauer rief in Südtirol die Tatsache hervor, daß Gargitter sich zu den bekannt gewordenen entsetzlichen Folterungen wehrloser Häftlinge in seinem ‚Hirtenbrief" nur mit folgender schwächlichen „Bitte" äußerte: *„An die zuständigen Organe der öffentlichen Sicherheit richte ich die Bitte, daß sie bei den notwendigen Untersuchungen auf ein korrektes und menschlich rücksichtsvolles Vorgehen der ihnen untergebenen Polizeikräfte sehen und daß auch die in Untersuchungshaft befindlichen Personen eine der Würde und dem Recht der menschlichen Person zustehende Behandlung erfahren."* Auf die Empörung der Öffentlichkeit über die Folterungen anspielend, ermahnte Gargitter die Gläubigen: *„Laßt euch durch keine Ereignisse und durch keine Propaganda, welche die gegenwärtigen Zustände ausnützt, um überall Haß, Verbitterung und Angst zu verbreiten, verwirren und von eurer christlichen Haltung abbringen. Nicht Haß und Abneigung, sondern die Liebe ist unsere Kraft und bringt die Rettung."*

Verhältnis des Bischofs zu seinen Landsleuten schwer gestört

Als Bischof Gargitter später das Bozener Gefängnis besuchte, verlangten einige Südtiroler Häftlinge von Gargitter eine Entschuldigung für die in seinem „Hirtenbrief" ausgesprochenen Beschimpfungen und verweigerten den Besuch der Messe, als Gargitter ihnen die Entschuldigung schuldig blieb. Später hatte Gargitter im Gefängnis von Trient dann nur die kriminellen, nicht aber die einsitzenden Südtiroler politischen Gefangenen besucht. Das hat das Verhältnis vieler Südtiroler zu dem Bischof bis zu dessen Tod belastet.

Freiheitskämpfer stellen Ultimatum: Es wird geschossen, wenn das Rote Kreuz nicht in die Gefängnisse darf

In einem offenen Brief an Innenminister Scelba, der den Medien zugeleitet wurde, nahmen die Südtiroler Freiheitskämpfer zu den Folterungen Stellung. Dort forderten sie u. a. eine internationale Untersuchungskommission. In dem Schreiben hieß es unter anderem: *„Wir haben unseren Kampf in Südtirol fair geführt und auch dann noch Menschenleben geschont, als durch Ihre Schergen bereits Unschuldige erschossen worden waren. Wir verlangen so schnell wie möglich, jedenfalls bis spätestens 20. August, daß eine Kommission des Internationalen Roten Kreuzes Gelegenheit erhält, mit den Gefangenen zu sprechen bzw. die von der SVP gesammelten Unterlagen über Mißhandlungen zu überprüfen und zu veröffentlichen, daß zweitens die für die Folterung Verantwortlichen bestraft werden und daß Sie drittens die Weisung erteilen, daß mit sofortiger Wirkung in der Provinz Bozen und Trient jede weitere Mißhandlung und Peinigung von Gefangenen sowie die Verwendung von Drogen und sogenannten Wahrheitsseren verboten werden. Wir erwarten Ihre Antwort bis zum 10. August durch den ‚Corriere della Sera'. Sollten Sie diesen letzten Mahnruf zu einer humanitären Haltung in den*

Wind schlagen, so schießen wir scharf zurück und Sie selbst tragen die Verantwortung für das Blutvergießen, das dann unvermeidlich geworden ist.

Die Südtiroler Freiheitskämpfer."

Sprengstoffanschlag

Nur einen Kilometer von der Schweizer Grenze entfernt wurde durch den BAS einer der höchstgelegenen Hochspannungsmasten Europas am Stilfser Joch durch einen Sprengstoffanschlag schwer beschädigt. Auch wenn der Mast nicht umstürzte, mußte während der wochenlangen Reparaturarbeiten die Stromleitung ausgeschaltet werden.

9. August 1961

Haftbefehl gegen Dr. Mumelter erlassen – lebenslange Strafandrohung

Weil er Geld auf ein Konto der von Dr. Widmoser herausgegebenen Zeitschrift „Südtirol in Wort und Bild" eingezahlt hätte, wurde nun gegen den am 1. August festgenommenen Dr. Mumelter von der Staatsanwaltschaft Haftbefehl erlassen, und zwar nach den Artikeln 241, 246 und 272 des „Codice penale" . Es handelt sich hier um die Delikte des Hochverrates, der Bestechung durch Ausländer und antinationale Propaganda. Die Strafandrohung ist lebenslanger Kerker. Dazu stellte Dr. Eduard Widmoser, der geschäftsführende Bundesobmann des Bergisel-Bundes und Schriftleiter der kulturpolitischen Vierteljahreszeitschrift „Südtirol in Wort und Bild", ausdrücklich fest: *„Dr. Norbert Mumelter nahm auf Anweisung des Kulturwerkes für Südtirol, München, die Überweisung auf ein Konto des Bergisel-Bundes bei der Spar- und Vorschußkasse in Bozen vor. Er war daher nur ausführendes Organ eines Auftrages. Die von Dr. Mumelter überwiesenen Beträge dienten nachweislich zu kulturellen und sozialen Zwecken. Dr. Mumelter ist daher vollkommen unschuldig."*

Umorientierung der österreichischen Südtirolpolitik – Beseitigung des Nordtiroler Landesrates Dr. Oberhammer gefordert

Nachdem die Führungsspitze der Südtiroler Volkspartei zusammen mit dem italienischen Innenminister Scelba die Südtirolpolitik völlig neu orientiert hatte, wechselte auch das Wiener Außenministerium den Kurs. Die SVP-Spitze hatte Abschied von der Forderung nach einer vollen Regionalautonomie für Südtirol genommen und beschied sich mit dem Ziel, vermehrte Kompetenzen von der Region Trentino-Südtirol auf die Provinz Bozen übertragen zu bekommen und eine „Subautonomie" zu erhalten. Als einziger Widersacher dieser neuen Politik verblieb der Nordtiroler Landesrat Dr. Aloys Oberhammer, der als Südtirolreferent der Landesregierung und als Mitglied der österreichischen UNO-Delegation die Südtirolpolitik bisher maßgeblich mitgestaltet hatte. In einem scharfen und beleidigenden Leitartikel eröffnete die sozialistische „Arbeiter-Zeitung" das Schießen auf Dr. Oberhammer. Es stehe seine Politik sowohl in Gegensatz zu den Auffassungen der Kirchenoberen, wie sie in dem Hirtenbrief des Brixener Bischofs Gargitter *„so erfreulich"* zum Ausdruck kommen, als auch in Gegensatz zu den Meinungen der maßgebenden Männer seiner Partei. In einem Interview mit der „Associated Press" habe Oberhammer die Forderung nach Selbstbestimmung für Südtirol, das heißt nach der staatlichen Loslösung von Italien statt der Autonomie, erhoben. Diese Äußerungen *„stehen aber in schärfstem Gegensatz zur Politik der österreichischen Regierung."* Außerdem habe Dr. Oberhammer die Leute vom Bergisel-Bund unlängst *„dazu aufgeputscht"*, eine Südtirolkundgebung in Innsbruck abzuhalten. *„Es bedurfte einer Beratung in der Bundesregierung und ihres Eingreifens, der sozialistische Innenminister Afritsch verbot die Kundgebung." „Der Herr Dr. Oberhammer mit seinem Geschrei und seinen Intrigen"*, schrieb die „Arbeiter-Zeitung" weiter, befinde sich darüber hinaus im Gegensatz zur erklärten Meinung der *„verantwortlichen Führer der Südtiroler"*. Oberhammer habe lange genug, so die „Arbeiter-Zeitung", *„Österreich und den Südtirolern geschadet"*. Der Artikel schloß mit den Worten: *„Hinaus mit den Hetzern! Schluß mit Oberhammer!"*

<u>10. August 1961</u>

Das letzte Hindernis für die „neue Südtirolpolitik" beseitigt: BAS-Mitglied Landesrat Dr. Oberhammer legt alle politischen Funktionen zurück

Landesrat Dr. Aloys Oberhammer wertete den scharfen und beleidigenden Angriff der sozialistischen „Arbeiter-Zeitung" auf seine Person als *„Auftakt für eine Änderung seitens der Bundesregierung in der bisherigen Südtirolpolitik."* In einem Schreiben an den stellvertretenden Landesparteiobmann von Nordtirol, Landesrat Wallnöfer, teilte Dr. Oberhammer mit, daß er seine Ämter als Obmann der Nordtiroler ÖVP und als Landesrat der Innsbrucker Regierung niederlege. *„Die zu befürchtende Schwenkung der österreichischen Südtirolpolitik"* wollte Dr. Oberhammer, wie er in seinem Schreiben ausführte, nicht mitmachen. Dem Rücktritt Oberhammers war eine Sitzung des Parteivorstandes der ÖVP in Innsbruck vorausgegangen, an der auch Staatssekretär Steiner teilgenommen hatte. Dieser beantwortete die Frage, ob Oberhammers Äußerung den Verhandlungen mit Italien schadeten, mit Ja. Oberhammer selbst, der erklärt hatte, er habe das Interview so wörtlich nicht gegeben, lehnte jedoch jede Distanzierung von dem Freiheitskampf ab. Damit ließ ihn der Parteivorstand nach einem Telephonat mit Bundeskanzler Dr. Gorbach (ÖVP) fallen. (Baumgartner / Mayr / Mumelter: „Feuernacht", Bozen 1992, S. 57f.) Mit Dr. Oberhammer war nicht nur ein Gründungsmitglied des BAS, sondern auch ein Befürworter der Selbstbestimmungslösung für die Südtirolfrage aus der offiziellen österreichischen Südtirolpolitik verschwunden.

Höhenfeuer verboten

Der Regierungskommissär verbot das Abbrennen von Berg- und Talfeuern mit der Begründung, durch diesen alten Volksbrauch könnten schwere Störungen der öffentlichen Ordnung ausgelöst werden.

Anzeigen wegen Mißhandlungen durch die italienische Polizei offiziell erstattet

Beim Bezirksgericht Meran wurden vier Anzeigen wegen Mißhandlung erstattet. Die erste der Anzeigen stammt vom 37jährigen Franz Brugger aus Moos im Passeier, der, wie er angibt, am 18. Juli vormittag von seinem Arbeitsplatz von Polizeibeamten abgeholt und in die Carabinieristation von Gratsch eingeliefert worden war. Wie es in seiner Anzeige heißt, habe er ab 13 Uhr bis nach 19 Uhr an einer Wand in Habtachtstellung verbringen müssen. Dann sei der dortige Kommandant erschienen und habe ihn mit Ausdrücken wie: „Ihr Schweine, ihr wollt uns alle umbringen", angebrüllt und ihn dabei wiederholt, teils mit der flachen Hand, teils mit der Faust, ins Gesicht geschlagen. Daraufhin sei Brugger zu Boden gefallen und habe für kurze Zeit die Besinnung verloren. Als er wieder zu sich kam, habe er sich erneut an die Wand stellen müssen, und zwar bis gegen Mitternacht. Einige Stunden später sei er dann in die Kaserne von Meran gebracht worden, wo er allerdings nicht mehr mißhandelt wurde. In den Verhören habe man ihn, Brugger, beschuldigt, daß er einen Sprengkurs besucht habe, worauf Brugger erklärte, daß er diesen Sprengkurs in Bozen, und zwar als Angestellter der Wildbachverbauung, besucht habe. Brugger wurde am 21. Juli abends wieder auf freien Fuß gesetzt. Im beigeschlossenen Attest des Gemeindearztes von St. Leonhard, ausgestellt von Doktor Mair-Egg, wird folgende Diagnose gestellt: Prellung des Beckenknochens mit Bluterguß, Abschürfungen an der Stirn, verminderte Hörfähigkeit des rechten Ohrs und Fraktion des rechten Kieferknochens. Der Kieferbruch wurde durch Röntgenaufnahme festgestellt. Die zweite Anzeige stammt von dem 38jährigen Josef Platter aus Platt im Passeier. Auch dieser wurde am 18. Juli in die Carabinieristation Gratsch eingeliefert und mußte von etwa 14 bis etwa 12 Uhr nächsten Tages dort in Habtachtstellung verbringen. Wie er angibt, sei er in der Abenddämmerung von einem Carabinieri-Feldwebel mehrmals beschimpft und wiederholt mit der Faust in das Gesicht und auf den Hals geschlagen worden. Von ihm wollten die vernehmenden Beamten wissen, welche Beziehungen er zu Georg Klotz, der geflüchtet ist, gehabt habe. Platter wurde am 21. Juli wieder freigelassen. Die von demselben Arzt gestellte Diagnose spricht von einer Augenverletzung, einer Prellung der Halswirbelsäule sowie Empfindlichkeitsstörungen am rechten Fuß. Diese Empfindlichkeitsstörungen stammen vom 20stündigen

Stehen. Die letzten Anzeigen stammen von Hans Schiener aus Meran sowie von Hermann Prister, ebenfalls aus Meran. Die beiden waren am 10. Juli nachmittags verhaftet und in die Kaserne in Meran gebracht worden. Dort wurden sie zuerst gemeinsam einvernommen und später, ab etwa 19 Uhr, neuen Verhören unterzogen, die sich bis Mittag des nächsten Tages erstreckten. Während der ganzen Dauer dieser Verhöre und der dazwischen eingelegten Pausen mußten sowohl Schiener als auch Prister stehen. Sie bekamen während dieser Zeit weder zu essen noch zu trinken. Bei diesen beiden hatte man behauptet, man hätte sie beobachtet, wie sie im Auto des Ingenieurs Benno Steiner, einem Redakteur der Zeitung „Alto Adige", Sprengstoff untergebracht hätten. Als sie dies in Abrede stellten, wurden sie wiederholt von einem der Verhörenden, der Zivilkleidung trug, ins Gesicht geschlagen. Prister wurde außerdem ungefähr zwei Stunden lang mit zwei starken Scheinwerfern angestrahlt, deren Hitze und Lichtstärke ihm schwer zusetzten. Als die beiden trotzdem noch immer ihre Unschuld beteuerten, drohte man ihnen an, daß sie weitere 20 Stunden stehen müßten, und daß man sie weiter unter Bestrahlung setzen und dann foltern würde. Sie wurden dennoch noch am 11. Juli in den Nachmittagsstunden entlassen.

11. August 1961

Bergisel-Bund: Auf dem Boden des Rechtes – gegen das Unrecht

Die Bundesleitung des Bergisel-Bundes nahm in einer Presseaussendung zu den Anschuldigungen Stellung, die in der letzten italienischen Note an die österreichische Bundesregierung gegen den Bergisel-Bund erhoben worden waren. Darin hieß es u.a.:

„Die Tätigkeit des Bergisel-Bundes vollzieht sich in Übereinstimmung mit seinen Statuten nur auf dem Boden des Rechts und der Legalität. Er bekennt sich vorbehaltlos zum Prinzip der friedlichen Regelung politischer Streitfragen und kann nicht umhin, festzustellen, daß Italien in der Behandlung der Südtiroler Volksgruppe seit mehr als vier Jahrzehnten diesen Grundsatz immer wieder gröblich verletzt hat . . . Die italienische Regierung behauptet, die vom Bergisel-Bund nach Südtirol überwiesenen Gelder würden für eine extremistische politische Tätigkeit bzw. für anti-italienische Propaganda verwendet. Die italienischen Behörden haben in diesem Zusammenhang mehrere Südtiroler verhaftet und sie der Annahme von Bestechungsgeldern beschuldigt. Der Bergisel-Bund, dessen finanzielle Mittel gemäß seinen Statuten ausschließlich zum Schutz und zur Erhaltung unseres Volkstums in Südtirol verwendet werden, muß diese Haltung Italiens als uneuropäisch und undemokratisch qualifizieren. Die politische, kulturelle und soziale Unterstützung einer sprachlichen Minderheit von seiten des Mutterlandes kann in der freien Welt, zu der wir alle gehören, nicht unerlaubt sein! Wenn die italienischen Behörden die Tätigkeit des Bergisel-Bundes als in Widerspruch mit dem italienischen Strafrecht stehend erklären, so muß daran erinnert werden, daß der noch heute gültige ‚Codice penale' ein vom Faschismus geschaffenes Gesetzbuch ist . . . Die italienische Regierung beschuldigt den Bergisel-Bund schließlich, in seinen Publikationen auf das Unrecht der Annexion Südtirols hinzuweisen und sich zur Einsicht Tirols zu bekennen. Der Bergisel-Bund erklärt, daß er das dem Land Tirol zugefügte Unrecht auch weiterhin anprangern wird. Die willkürliche Zerreißung eines seit mehr als 1.000 Jahren gewachsenen Volkes und Landes ist und bleibt ein Unrecht . . . Wir erinnern in diesem Zusammenhang an die Worte des italienischen Ministerpräsidenten Giuseppe Pella vom 13. September 1953, als die von Italien künstlich provozierten blutigen Unruhen in Triest ihrem Höhepunkt zustrebten: ‚Imperialismus ist es, wenn man die grundlegendsten völkischen Prinzipien verneinen will, wenn man die klare Anwendung des Rechts durch Willkür ersetzt und an Stelle der tiefverwurzelten Gefühle der direkt Interessierten die Gewalt sprechen läßt . . . Der Leidensweg dieser Menschen dauert schon lange. Ihnen muß das Wort erteilt werden. Ihnen steht das endgültige Urteil über ihr Schicksal zu.' Was für Triest gilt, das sollte auch für die Südtiroler gelten. Ihr Leidensweg dauert viel länger . . . Fast täglich wird der Bergisel-Bund von der italienischen Presse des Nazismus bezichtigt Diese Lüge ist um so absurder, als Südtirol, dessen Schutz und Erhaltung sich der Bergisel-Bund zum Ziel gesetzt hat, eines der ersten Opfer der faschistischen und nationalsozialistischen Gewaltenpolitik geworden ist . . . Die Bundesleitung des

Bergisel-Bundes stimmt Bundeskanzler Dr. Alfons Gorbach zu, der gesagt hat: ‚Wenn die Frage nach den Schuldigen der Gewaltakte in Südtirol aufgeworfen wird, dann kann man an der Schuld jener nicht vorübergehen, die durch jahrelanges Ablehnen gerechter Forderungen den Nährboden für Verzweiflungsschritte geschaffen haben. Zu verurteilen ist nicht nur die Gewalt, die aus der Verzweiflung wächst, zu verurteilen sind ebenso nachdrücklich Unterdrückung, Polizeimethoden und administrative Schikanen.' Das demokratische Italien ist in den letzten Wochen wieder zur Politik der offenen Verfolgung und Einschüchterung, wie die erschütternden Berichte über grausame Folterungen von Südtirolern zeigen, zurückgekehrt. Dazu kann und wird der Bergisel-Bund nicht schweigen."

12. August 1961
Geheimdienst gegen Südtiroler
Hundert Carabinieri und 60 Geheimpolizisten unter Oberstleutnant Gengo durchsuchten im Durnholzertal Bauernhöfe. Dort nahmen sie Johann Thaler (*21. 11. 1901), seine Söhne Christoph (*2. 2. 1936), Georg (*23. 12. 1940) und Johann (*11. 7. 1942) sowie 18 weitere Bewohner fest. An den Durchsuchungen nahm der „Carabiniere Franco Spinelli" in Uniform teil, bei dem es sich in Wirklichkeit um den bundesdeutschen Staatsbürger Robert Henckelmann gehandelt hat.

Der Judas vom Sarntal: Agent Henckelmann
Die Rolle dieses Mannes sei hier geschildert: Robert Henckelmann war nach Südtirol gekommen, weil er die deutsche Justiz aus mehreren Gründen zu scheuen hatte: 1944 war eine Gewehrsalve über Neunkirchen in der Eifel gedonnert. In einem Waldstück außerhalb des Ortes wälzten sich 5 Männer in ihrem Blut: Fremdarbeiter, die ein SS-Rollkommando wegen Sabotage erschossen hatte. Kommandant des Erschießungskommandos war ein junger Oberscharführer namens Robert Henckelmann gewesen. Jedoch nicht nur deswegen ermittelte die deutsche Justiz gegen ihn, sondern auch wegen zahlreicher Betrügereien. Anfang 1961 verurteilte die Strafkammer in Dortmund den bereits mehrfach vorbestraften Ganoven zu einer längeren Gefängnisstrafe. Mit einem Sprung aus dem zweiten Stock des Inquisitenspitals in Unna, wo Henckelmann wegen TBC eingeliefert worden war, entzog sich Henckelmann der Haft. Wenige Tage später tauchte er bereits in Südtirol auf, zusammen mit seiner Freundin Edith Vitz. Seine Reise ging weiter das Etschtal entlang bis Cavalese, wo Henckelmann einen Autounfall verursachte und in das Spital eingeliefert wurde. Das weitere Geschehen beschrieb die Wiener „WOCHENPRESSE" (Nr. 42/1964):
„Als sich der Deutsche im Ortskrankenhaus bereits auf dem Weg der Besserung befand und sich glücklich unerkannt wähnte, kam es eines Tages zur schicksalhaften Wendung seines Lebens. Zur nachmittägigen Visite erschienen anstatt der Ärzte zwei fremde Männer an Henckelmanns Bett, wiesen sich als italienische Polizeibeamte aus und forderten den Rekonvaleszenten höflich, aber entschieden auf: ‚Entweder Sie arbeiten für unseren Geheimdienst oder wir liefern Sie an Deutschland aus.' Henckelmann entschied sich für den Geheimdienst. Dies umso lieber, als ihm die beiden Detektive für seine ‚Arbeit' eine Monatsgage von 300.000 Lire (12.000 Schilling) versprachen. Inzwischen hallte Südtirol von den Detonationen gesprengter Masten wider und stürzte die Feuernacht die italienischen Behörden in höchste Verwirrung. In diesen Tagen, da die Welt auf Südtirol aufmerksam wurde, tauchte Henckelmann im Sarntal bei Bozen auf und versuchte, bei den Bauern Stimmung für einen ‚Aufstand' gegen die ‚Welschen' zu machen. Anfang August erschien der Westfale mit seiner Freundin, die schicklichkeitshalber einen Ehering trug, auf dem Hof des ‚Agraterbauern' Johann Thaler im Dorf Sarnthein und bat für sich und seine ‚Frau' um Quartier. Tagelang lag Henckelmann dem gastfreundlichen Gastwirt in den Ohren. Die Zeit zum Losschlagen gegen die Italiener sei jetzt gekommen, er, der Agraterbauer, habe doch gewiß irgendwo Waffen versteckt. Thaler möchte doch die Gewehre ins Haus schaffen, um im Augenblick des Losschlagens bereit zu sein. Zehn Tage widerstand der Agraterbauer allen Versuchungen. Dann führte er den ‚hilfsbereiten' Deutschen, der Thalers Söhnen ein Motorrad versprochen hatte, zum gehei-

men Versteck. Gemeinsam schafften sie die Waffen ins Haus. (Alte Waffen aus dem Zweiten Weltkrieg, die beim Rückzug liegen geblieben waren und die der Bauer vergraben gehabt hatte, Anm. d. Verf.) *Aber Henckelmann wollte mehr. ‚Ihr habt doch noch andere Waffen und Munition. Schafft sie herbei, wir brauchen alles!' Als Johann Thaler ehrlich verneinte, ging in seinem Gast plötzlich ein erschreckender Wandel vor sich. Henckelmann wurde brutal und drohte: ‚Entweder ihr zeigt mir das ganze Lager oder ich ziehe andere Saiten auf.' Thaler war zu Tode erschrocken. Die Familie ahnte, daß sie einem Verräter aufgesessen war. Henckelmann aber, der seine Mission erfüllt sah, verschwand. Am 11. August 1961 hatte Henckelmann um 23 Uhr den Hof verlassen. Sechs Stunden später, im Morgengrauen, donnerten Kolbenschläge gegen die Tür. Die Carabinieri holten den Agraterbauern und seine Söhne in das Gefängnis, das sie erst Jahre später verlassen sollten."*

Der Leidensweg und die Folter

Die Aktion der Carabinieri im Sarntal war eine der größten ihrer Art. Die Carabinieri riegelten das ganze (!) Sarntal hermetisch ab und kämmten das Gebiet planmäßig durch, wobei sie sich den Anschein gaben, als ob sie zufällig auf das Waffenversteck bei dem „Agraterbauern" gestoßen wären. In Wirklichkeit befand sich mitten unter ihnen ein Mann, der sich die Carabinierimütze tief ins Gesicht zog. Es war der „Carabiniere Franco Spinelli" alias Robert Henckelmann, der in Uniform an der Razzia teilnehmen durfte und der natürlich auf Anhieb das Waffenversteck auf dem Hof „fand". Neben dem Bauern Johann Thaler und dessen Söhnen Christof, Georg und Johann wurden noch weitere 18 Einwohner von Sarnthein verhaftet. Vater Thaler und die Söhne wurden schwer gefoltert. Wie dies geschah, schilderte Johann Thaler jr. in einer Niederschrift im Gefängnis in Bozen:

„THALER Johann, Sarnthein:

Gefängnis Bozen, 18. 9. 1961. Ich, unterfertigter Johann Thaler, schildere den Vorgang bei meiner Verhaftung. Im Hange einer politischen Verhaftungswelle, ausgelöst durch einen gewissen Robert Henckelmann, wurde ich mit anderen 14 Personen am 12. 8. 1961 verhaftet. Robert Henckelmann schien in Geld zu schwimmen, war in Begleitung einer unbekannten Frau mit Namen Edith. Er machte sich an die einfältigsten Dorfbewohner heran, schrieb in ihren Häusern Flugblätter und versuchte Waffen oder Sprengstoff zu veräußern, aber erfolglos. Am 11. August 1961 um 23 Uhr verschwand Henckelmann, und um 5 Uhr morgens des 12. 8. wurden wir von den Carabinieri aus den Betten geholt. Ich, mein Bruder und Vater sowie andere 17 Personen aus der Umgebung wurden zuerst nach Sarnthein und anschließend zur Carabinierikaserne von Bozen gebracht. Um 2 Uhr früh des 13. 8 begannen die Verhöre. Wie sich herausstellte, hatten die Carabinieri von Henckelmann eine Menge unwahre Informationen, die wir mit dem besten Willen nicht bestätigen konnten. Darauf wurden unser 6 Personen, darunter mein Vater und Bruder, an die Wand gestellt. Gegen Mittag fiel mein Vater, 54 Jahre alt, vor Schwäche und Müdigkeit zu Boden. Zwei oder drei Carabinieri stürzten sich auf ihn, und mit Geschrei und Fußtritten in Brust und Gesäß wurde er aufgerissen. Es war zirka 13 Uhr, da durften wir uns setzen, bekamen zum erstenmal Wasser, Pasta und Brot. Anschließend mußten wir weiter mit Händen in die Höhe an die Wand stehen bis 16 Uhr, darauf wieder Einzelverhör. Vater konnte nicht mehr stehen, und in der Verzweiflung gab er an, ich hätte Dynamit versteckt. Ich wurde bis 20 Uhr mit Schlägen ins Gesicht und Handkantenhieben in die Nieren gefoltert und dann bis 9 Uhr des nächsten Tages in den Keller gesperrt. Nun ging es von neuem los, und um Vater den Frieden zu lassen, führte ich die Carabinieri nach Sarnthein, im Glauben, wirklich ein Versteck in den Felsen zu finden, von dem sie zu wissen vorgaben, welches ich aber nicht finden konnte, einfach weil es nicht existierte. Ich wurde gleich zurückgefahren und in das Gefängnis gesteckt. Am 16. 8. um 23 Uhr wurde ich mit Vater und Bruder zu einem Verhör in die Kaserne geholt: ich kam in eine Kammer und mußte mich nackt ausziehen. Vorerst wurde ich ermüdet, indem ich Kniebeugen, Liegestützen, stehend auf den Zehenspitzen, und Händehochstellung machen mußte. Dann wurde auf den Tisch eine Holzkiste daraufgesetzt, wo ich mit dem Rücken daraufgelegt wurde. Die Füße wurden von den Carabinieri auf einer Seite auf den Boden gedrückt und die Hände auf die andere. Ein anderer Carabiniere faßte mich bei den Haaren und knickte den Kopf nach hinten, schüt-

tete eine brennende Säure über die Augen, füllte damit Nase und Mund, und ich wurde somit dem Ersticken und dem Wahnsinn nahegebracht. Dreimal wurde eine Pause gemacht, um die Herzschläge abzuhören. Während der Folter verspottete man mich, auf das Geschlechtsteil zeigend, von dem ich, soweit ich bei Besinnung war, nur soviel verstand, daß es sich um Schweinereien handelte, die zu schildern ich mich schäme. Bin bereit, das hier Geschilderte vor jeder höheren Person zu bestätigen. Ich habe keine Anzeige gemacht. Gez. Johann Thaler, 21 Jahre alt, Bauernsohn aus Sarntal.“
(„WOCHENPRESSE“, Wien, Nr. 42/64.)

Der betrogene Betrüger – Spitzelrolle im Gefängnis

Henckelmann wollte nun ausgerechnet in Südtirol die Früchte seiner „Arbeit“ genießen. Die Wiener „WOCHENPRESSE“ (Nr. 42/1964) berichtete darüber:

„Henckelmann hatte sein ‚Gesellenstück‘ als italienischer Polizeispitzel geleistet. Während der folgenden Monate korrespondierte er unter der Deckadresse Franco Spinelli, Postfach 43, Bozen, eifrig mit der italienischen Polizei und gab dringende Meldungen unter der Bozener Telephonnummer 25 485 an die Abwehr, die Sifar (Servizio d'Informazione Forze Armate) weiter . . . Kaum waren im Herbst 1961 die Namen der wichtigsten Bombenwerfer bekannt und saßen die Rädelsführer im Gefängnis, kaum war in dem von Krämpfen geschüttelten Südtirol vorwinterliche Stille eingekehrt, entledigte sich der Geheimdienst seines eifrigsten Konfidenten. Aber Henckelmann wollte die Früchte des Verrats genießen. Ausgerechnet in Südtirol. Er mietete in Brixen eine Wohnung – um hier am Schauplatz seiner Agententätigkeit – mit dem Spitzelgeld eine deutsche Buchgemeinschaft zu gründen. Der Sifar und den Carabinieri war indessen an dem neuen Bürger nichts gelegen. Mußte der Geheimdienst doch fürchten, daß Henckelmann ‚plaudern‘ könnte. Prompt stellte sich daher via Interpol ein deutsches Auslieferungsbegehren ein. Dieselben Hintermänner, die Henckelmanns Judasdienste fürstlich belohnt hatten, ließen den ausgedienten Spitzel nun verhaften. Fast ein halbes Jahr verbrachte der Ganove im Gefängnis von Trient, wo seit vergangenem Sommer die von Henckelmann verratenen Bauern saßen.“

Dann wurde Henckelmann nach Bozen überstellt. In dem dortigen Gefängnis scheint dem Agenten „Spinelli“ alias Henckelmann die Aufgabe zugedacht gewesen zu sein, die einsitzenden Südtiroler Häftlinge auszuhorchen und sich in ihr Vertrauen zu schleichen. Diese miese Rolle konnte Henckelmann aber nicht mehr spielen, denn Frau Thaler, die Frau des eingesperrten Bauern, verdarb den Plan.

Am 11. Jänner 1962 berichteten die „TIROLER NACHRICHTEN“:

„Es war Donnerstag. Die Frauen der politischen Häftlinge waren zu ihren Männern zu Besuch gekommen. Seit Stunden warteten sie schon bei beißender Kälte im Hofe des Gefängnisses. Plötzlich fuhr der Gefängniswagen vor. Schwer gefesselt und unter starker Bewachung wurde ein Mann aus dem Wagen geholt. Man schleppte ihn an den wartenden Frauen vorbei, so daß jede ihn sehen konnte. Man legte offenbar großen Wert darauf, zu zeigen, daß hier wieder ein neuer politischer Häftling eingefangen worden sei. Eine der Frauen näherte sich plötzlich dem Gefesselten und überschüttete den Neuankömmling mit allen denkbaren Schimpfnamen: ‚Du Schuft, du bist schuld daran, daß mein Mann und meine Söhne hier sitzen müssen!‘ Der Angesprochene blieb verdutzt stehen und gab an, die Frau nicht zu kennen. Diese, es war Frau Thaler aus Rainswald, wußte aber genau, wen sie da vor sich hatte. Es war das Individuum, das im Sommer dieses Jahres eines Tages beim Agraterbauern in Rainswald aufgekreuzt war und den Bauern aufgefordert hatte, Sprenganschläge zu verüben. Er bot damals dem Bauern Waffen in Hülle und Fülle an, fuhr ihn in seinem Wagen spazieren und versuchte auf diese Weise das Vertrauen des Bauern zu gewinnen. Der Bauer verriet ihm dabei, daß er wohl ein paar ältere Gewehre in der Nähe des Hauses in einem Felsloch versteckt habe. Aber von Sprenganschlägen wollte er nichts wissen. Dies wurde ihm zum Verhängnis. Am nächsten Tage wurde das ganze Sarntal mit einem Riesenaufgebot von Polizisten und Militär von der Außenwelt abgesperrt. Am Hofe des Agraterbauern Hans Thaler tauchte ein größerer Trupp Carabinieri auf, darunter befand sich auch der Spion, der dem Bauern das Versteck der Waffen entlockt hatte.“

Der Agent wird nicht ausgeliefert
Henckelmann, der so große „Verdienste" hatte, wurde von den Italienern nicht an die Bundesrepublik ausgeliefert, wo er sich wegen seiner Verbrechen und Betrügereien hätte verantworten müssen. Er wurde still und heimlich in die Schweiz abgeschoben. Kurze Zeit später starb der Provokateur, der Unschuldige hineingelegt hatte, in Lugano an der Tuberkulose („WOCHENPRESSE Nr. 42/1964). Der Bauer Thaler aber blieb bis zum 17. Juli 1964 in Haft.

Sprengstoffanschläge
Bei Waidbruck wurde in unmittelbarer Nähe der Wachposten an der Eisenbahnlinie noch bei Tageslicht ein Hochspannungsmast gesprengt. Die schweren Ladungen wuchteten den Masten aus den Verankerungen, so daß der fallende Mast einen zweiten, in der Nähe stehenden, mitriß.

13. August 1961
Mauerbau in Berlin – Kriegsgefahr – Südtirol und die NATO
Um der „Abstimmung mit Füßen", der ständig anwachsenden Fluchtbewegung aus der Ostzone Deutschlands, Einhalt zu gebieten, ließ Walter Ulbricht Ostberlin völlig abriegeln und eine Mauer durch die geteilte Stadt Berlin errichten. Dadurch wurde die Südtirolfrage aus der internationalen Aufmerksamkeit verdrängt. Die internationale Spannung zwischen Ost und West stieg. Für die NATO wurde die „Befriedung" Südtirols immer wichtiger, da im Kriegsfalle der Verbindungsweg zwischen dem Südteil der NATO und dem Nordteil über Tirol führen mußte.

17. August 1961
Verhaftungen
Sepp Dona (St. Leonhard), Luis Egger (St. Walburg *19. 4. 1921), Georg Gamper (Ultental), Vigil Schwienbacher (St. Walburg *4. 2. 1925), Bernhard Unterholzer (St. Walburg *13. 1. 1943.)

18. August 1961
Sprengstoffanschläge
Zwischen Mühlen und Bruneck wurden vier Hochspannungsmasten durch Sprengstoffanschläge zerstört. Eine weitere Sprengladung an einer Druckwasserleitung wurde von Carabinieri sichergestellt und in ein Munitionsdepot in St. Georgen bei Bruneck gebracht. Dort explodierte die Bombe am 19. August zusammen mit den eingelagerten Sprengmitteln und zerstörte das Munitionsdepot fast vollständig. Für die italienischen Sicherheitskräfte war dieser Vorfall Anlaß, künftig Sprengladungen an Ort und Stelle in die Luft zu jagen.

19. August 1961
Dr. Norbert Burger in Österreich verhaftet
Auf Grund eines Haftbefehles des Landesgerichtes Innsbruck wurde der Universitätsassistent Dr. Norbert Burger wegen seiner Beteiligung am Südtiroler Freiheitskampf verhaftet. Seit 1959 war er führendes BAS-Mitglied. Die Verhaftung und die Durchsuchung der Diensträume am wirtschaftswissenschaftlichen Institut lösten sowohl beim akademischen Senat als auch bei nichtuniversitären Gremien Empörung und entrüstete Stellungnahmen aus.

20. August 1961
Italienischer Hauptmann verhaftet Bombenleger des italienischen Geheimdienstes
Der Hauptmann Amos Spiazzi, der eine Kompanie der militärischen Sicherheitskräfte kommandierte, schilderte am 21. August in seinem Tagesbericht an das Oberkommando der Sicherheitskräfte („Comando Distaccamento O. P. , Caserma Huber, Bolzano") , was ihm am Vortag widerfahren war:
„Ich teile mit, daß ich gestern, am 20. August gegen 21 Uhr, während ich mit der Inspekti-

ons- und Kontrolleinheit von Durnholz im Sarntal gegen Corvara zurückkam, zur Festnahme von zwei verdächtigen Individuen geschritten bin. Nachdem wir Durnholz in einem Marsch von 20 Minuten in aufgelöster Formation verlassen hatten, habe ich auf einer kleinen Lichtung zwei Individuen überrascht, die wie einheimische Gebirgsbewohner gekleidet waren. Sie hatten große Rucksäcke mit sich und waren offensichtlich damit beschäftigt, Sprengladungen zu überprüfen und vorzubereiten. Entsprechend der Vorschrift wurden sie mit vorgehaltenen Waffen zum Stehenbleiben aufgefordert. Die beiden streckten die Hände in die Höhe und erklärten, sie seien italienische Militärpersonen. Nachdem sie sich ohne Gegenwehr durchsuchen ließen, stellten wir fest, daß beide mit Pistolen, Modell 35, mit je zwei Reservemagazinen bewaffnet waren und daß sich in den Rucksäcken beträchtliche Mengen TNT eines Typs befanden, mit dem das italienische Heer nicht ausgerüstet ist. Weiters hatten sie langsam und schnell brennende Zündschnüre und Zünder, alle verschieden von dem Material, mit dem das italienische Militär ausgestattet ist. Bei einem kurzen Verhör erklärten die beiden, sie seien Agenten des SIFAR (des militärischen Geheimdienstes; Anm. d. Hrsg.) *und seien mit Spezialaufgaben betraut. Die einzigen Dokumente, die sie bei sich hatten, waren offensichtlich echte Ausweise des genannten Dienstes, ausgestellt auf die vermutlichen Decknamen Salvatore Caputo und Franz Rossi. Ich habe sie für festgenommen erklärt: Sie zeigten keine Reaktion und benahmen sich diszipliniert. Sie schienen nur ungehalten über unser Einschreiten zu sein, zeigten aber keine Angst vor der Festnahme. Als wir dann mit ihnen abmarschierten, versuchte ich sie dazu zu bringen, daß sie redeten und die Gründe für ihren Aufenthalt in dieser Gegend erklärten. Ich erklärte ihnen, daß ich nur wegen des verdächtigen Inhaltes ihrer Rucksäcke ihre Festnahme vorgenommen hätte und daß eine überzeugende Erklärung ihrerseits diese für uns alle unerfreuliche Situation beenden würde. Sie lehnten jedoch höflich ab, eine Erklärung zu geben. Als wir die Staatsstraße im Sarntal in der Nähe von Corvara erreichten, wo wir die Transportwagen geparkt hatten, ließ ich die beiden mit einer Eskorte auf meinen Wagen steigen und habe ihrer Forderung, von den Fesseln befreit zu werden, nicht nachgegeben. Es war meine Absicht, die beiden gemäß den Weisungen dieses Kommandos in möglichst kurzer Zeit dem Gruppenkommando der Carabinieri in Bozen zu übergeben und nicht der Bahnpolizei, weil diese für das Sarntal nicht zuständig ist. Während wir abfuhren, habe ich ohne Erfolg versucht, mich über Funk mit meiner Truppeneinheit in Verbindung zu setzen . . . Am Stadtrand von Bozen trafen wir auf eine Straßensperre, die aus einem Wagen mit uniformierten Polizisten und zwei Autos mit Beamten in Zivil bestand. Ein Polizeibeamter, der aber weder der Inspektor Pinelli noch der Dr. Trio war, der sich aber als Beamter der Sicherheitsabteilung der P. S.* („Pubblica Sicurezza“ = „Öffentliche Sicherheit“ = Polizeieinheit) *auswies und der meiner Ansicht nach Kenntnis von der erfolgen Festnahme der beiden Männer hatte, übernahm diese sowie ihre Waffen und das beschlagnahmte Material und übergab mir vorschriftsmäßig die beiliegende Empfangsbestätigung . . .*
Der Kommandant der Kompanie O. P. „Bolzano“
Hauptmann Amos Spiazzi.“
(Parlamentarischer Untersuchungsbericht des Senators Marco Boato, Rom 1992, S. 54. Amos Spiazzi hat diese Begebenheit 1983 vor dem Untersuchungsausschuß des italienischen Parlamentes bestätigt, der die illegale Rolle der Geheimdienste im Rahmen der „Strategie der Spannung“ untersuchte. Am 17. Januar 1990 bestätigte Spiazzi in der Fernsehsendung „La notte della Repubblica“ vor Millionen Zuschauern nochmals den Sachverhalt. Spiazzi bestätigte, daß neben den italienischen Geheimdiensten auch Mitglieder der neofaschistischen Organisation „Avanguardia Nazionale“ zusammen mit Agenten des militärischen Geheimdienstes SIFAR subversiv in Südtirol tätig gewesen seien.)

22. August 1961

Freiheitskämpfer greifen Carabinierieinheit an

Unter Führung des Schützenmajors Jörg Klotz sprengte eine Gruppe des BAS einen Hochspannungsmasten bei St. Martin im Passeier. Als um Mitternacht ein starkes Carabinierikommando unter Hauptmann De Rosa am Ort des Anschlages angekommen war, eröffneten die Freiheitskämpfer ***über den Köpfen*** der Polizei das Feuer aus mehreren Maschinenwaffen. Nach einem ca. 10 Minuten dauernden Schußwechsel stellten die italienischen Sicherheitskräfte das Feuer ein und zogen sich in sichere Deckungen zurück. Die Freiheitskämpfer zerschossen anschließend Fahrzeuge und kehrten in die Berge zurück. Dieser nach Ablauf des Ultimatums vom 8. 8. 1961 durchgeführte Feuerüberfall galt besonders Hauptmann De Rosa, der noch wenige Tage vorher verhaftete Südtiroler schwer mißhandeln hatte lassen. Während in den frühen Morgenstunden starke Militäreinheiten mit Unterstützung gepanzerter Fahrzeuge das Passeiertal abriegelten, zog sich Jörg Klotz mit seinen Leuten unbehelligt über die Grenze nach Österreich zurück. Eine auf der Zwickauerhütte stationierte starke Einheit der Sicherheitsstreitkräfte verließ, offenbar aus Angst, auch angegriffen zu werden, ihren Stützpunkt.

Über das Verhalten des Hauptmannes De Rosa berichtete der am 17. 8. 1961 verhaftete Luis Egger: *„Sehr geehrter Herr Dr. Magnago! Das ist meine Anzeige an das Tribunal der Strafabteilung Bozen: Der unterfertigte Alois Egger, geb. am 19. 4. 1921 in St. Walburg/Ulten, wohnhaft in St. Walburg/Ulten, gegenwärtig in Untersuchungshaft im Gerichtsgefängnis von Bozen, reicht hiermit wegen der aus folgender Darstellung hervorgehenden Mißhandlung durch mir namentlich nicht bekannten Personen Strafklage ein. Der Unterfertigte wurde am 17. August in St. Walburg in Ulten festgenommen und in einem Auto, begleitet von einem Carabinieri in Uniform als Fahrer und zwei Mann in Zivil, zur Carabinieristation St. Pankraz gebracht. In einem Dienstraum jener Station wurden mir von dem Carabiniericapitano Rosa von Meran einige Fragen gestellt, und als derselbe wieder gegangen war, wurde ich von einem Carabinieri in Anwesenheit einiger Carabinieri von St. Pankraz mißhandelt. Zuerst schlug mir dieser beide Hände zugleich mit Leibeskräften von links und rechts an den Kopf. Dann versuchte er mich mit der Bemerkung ‚Du deutsches Schwein, dich erdrossle ich' (‚Ti strozzo via la testa'), einzuschüchtern. An der Vollendung dieser Absicht wurde er schließlich aber durch einige gerade eintretende Personen gehindert. Bald darauf befestigte ein anderer Carabinieri am Ende eines hölzernen Kleiderbügels eine Nadel und steckte mir diesen so an der Brust senkrecht in die Kleider, daß ich das Kinn krampfhaft nach oben und den Kopf nach hinten gebeugt haben mußte, damit die Nadel mir so wenig als möglich in das Kinn stach. So mußte ich drei bis vier Stunden stehen bleiben. Nach dieser Zeit nahm derselbe Carabinieri bei einer Vernehmung die Schnur eines Bügeleisens und schlug mit den zwei Enden und den daran befestigten Steckern wahllos auf mich ein. Ein solcher Hieb traf mich heftig auf der linken Seite des Kopfes, die durch eine Splitterverwundung aus dem Kriege beeinträchtigt ist und nun anhaltende Schmerzen als Folge des Schlages verursacht. In dieser Zeit trampelten sie mir, unbekannt wie oft, auf meinen Füßen herum, so daß diese offen wurden. Am Abend des gleichen Tages wurde ich nach Meran gebracht, da machten sie die Bemerkung, nun würde das restliche folgen . . . Sie erzählten auch, wie sie Muther und Pircher zum Reden gebracht hätten. Capitano Rosa sagte zu mir ‚tutti hanno cantato cosi facciamo anche tè' (‚Alle haben sie gesungen, und so werden wir es auch mit dir machen',). In den acht Tagen in Meran holten sie mich einmal gegen Mitternacht aus der Sicherheitskammer und brachten mich in einen Raum, wo acht Carabinieri in Zivil anwesend waren. Die machten mich moralisch und seelisch total fertig. Ich brach, mir unbekannt wie oft, zusammen, dabei kann ich mich erinnern, von zweien einmal gestützt und in einem Auto nach Untermais gebracht worden zu sein. Zwei Tage blieb ich ohne Nahrung und Trank, obschon darauf hingewiesen wurde, daß ich magenleidend sei und wenig vorher einen Magendurchbruch hatte. Auf dem Transport von Meran nach Bozen begleiteten mich drei Mann in Zivil. Diese verspotteten unsere Volksvertreter auf das niederträchtigste mit der Bemerkung, das, was Mussolini nicht fertiggebracht hat, werden wir vollenden. Wir werden euch alle ausrotten. Dann fragten sie, ob ich verheiratet wäre, nach der Bejahung sagte einer: ‚Zu euren Frauen heim gehen schon wir, denn für euch gibt es keine Möglichkeit mehr.' Sie würden Sorge tragen, daß wir alle hingerichtet werden. Das alles haben Italiener einem Südtiroler Vater von sechs Kindern, kleinen Kindern, der nur eines will und für das er auch*

bereit ist, sein Leben zu geben, daß die Heimat das werde, was ihr von Natur aus zusteht und auch ihr Recht ist, angetan.
Bozen, am 20. Oktober 1961
Hochachtungsvoll gez. Egger Alois."
(Walla, Max: a.a.O., S 84f.)

25. August 1961
Eine Chance oder eine Falle für Südtirol?
Die katholische Wochenzeitschrift „Christ und Welt" brachte einen in Südtirol viel beachteten Artikel zur aktuellen Lage. Die Zeitschrift schreibt über den „Terror":
„Es ist schrecklich, zu sagen, und dennoch wahr, daß er dem Konflikt am Brenner mehr Aufmerksamkeit und Ernstgenommenwerden einbrachte als alle Deklarationen bis dahin." Über die jüngste österreichische Südtirolpolitik urteilt die katholische Zeitschrift so: *„In dieser Lage ist freilich nichts törichter als die Eilfertigkeit, mit der man sich in Österreich vielfach von dem unbequem gewordenen Engagement zu befreien sucht. Das gleicht einem Fahrer, der das Gefährt in den Graben fuhr und nun den Insassen auffordert, es möglichst selber herauszuziehen."* Zur Scelba-Initiative der Studienkommission für Südtirol stellt die Zeitung die Frage: *„Eine Chance oder eine Falle für Südtirol?"*

30. August 1961
Protest gegen Folter
In einer öffentlichen Erklärung haben 21 bekannte Vertreter des österreichischen Geistes- und Kulturlebens gegen die Mißhandlung von Häftlingen protestiert und eine unparteiische Untersuchung gefordert. In der Erklärung heißt es unter anderem:
„Dokumente aus Südtirol selbst bezeugen, daß die Polizei Verhafteten während 24 bis 40 Stunden Speise und Trank verweigerte, sie weder sitzen noch niederlegen ließ, sondern oftmals mit erhobenen Händen zu stehen zwang, vielfach ins Gesicht, auf den Kopf und am ganzen Körper geschlagen und ins Gesicht gespuckt hat. Es gibt Häftlinge, die man mit den Haaren am Boden schleifte, mit Zigaretten brannte, nackt auszog und, auf dem Rücken liegend, mit Händen und Füßen an Tischbeine band, sie in dieser qualvollen Haltung schlug und Salzwasser in Mund und Nase schüttete. Der Landeshauptmann von Südtirol hat die Einsetzung einer parlamentarischen Untersuchungskommission verlangt, die Tiroler Landesregierung hat die österreichische Bundesregierung zur Intervention aufgefordert, der Bischof von Brixen und Apostolische Administrator von Trient hat mahnende Worte an die italienischen Behörden gerichtet. Inzwischen ist auch in einzelnen Fällen Anzeige erstattet worden, doch steht zu befürchten, daß in weit mehr Fällen die Mißhandelten oder deren Angehörigen eine Anzeige nicht wagen. Drohungen der Polizeiorgane, welche Folgen Anzeigen haben würden, sind bekannt. Viele, deren Mißhandlung bezeugt ist, sind noch in Haft und konnten keine Anzeige erstatten. Gewalttaten als Mittel der Politik sind abzulehnen. Aber es gibt kein Verbrechen, das solche Maßnahmen rechtfertigen oder entschuldigen könnte, wie sie die Exekutive in Südtirol anwendet. Die Menschenwürde muß selbst am Schuldigen geachtet werden, um so mehr am Unschuldigen oder bloß Verdächtigen. Der Mißbrauch einer vom Recht gegebenen Macht gegen Wehrlose ist moralisch verabscheuungswürdig. Die Folter verletzt nicht nur die Menschenrechte des Opfers, der Folterknecht vergeht sich auch gegen seine eigene Menschenwürde. Die Unterzeichneten sind entsetzt, daß Methoden, die in totalitären Staaten geübt werden, Methoden, gegen die die freie Welt ins Feld gezogen ist und gegen die sie sich heute verteidigt, mitten im freien Europa wieder auftreten. Und das in einem Staat, der die Konvention zum Schutze der Menschenrechte unterzeichnet hat. Was verhafteten Südtirolern jetzt widerfährt, geht alle an, alle die für die Freiheit, für den Rechtsstaat und für die Menschenwürde eintreten. Die Unterzeichneten fordern daher, daß die Vorgänge bei den polizeilichen Vernehmungen in Südtirol unparteiisch überprüft und sofort geeignete Maßnahmen ergriffen werden, um die Fortsetzung solcher Methoden zu verhindern und die Schuldigen zur Verantwortung zu ziehen. Die Unterzeichneten hoffen, daß darüber hinaus das Übel an der Wurzel besei-

tigt und die Frage Südtirols im Einklang mit den Grundsätzen der freien Welt mit friedlichen Mitteln gerecht gelöst werden." Unterzeichnet hatten: Der bekannte Schriftsteller und Prediger aus dem Kapuzinerorden P. Dr. Heinrich Suso Braun; die Universitätsprofessoren aus dem Jesuitenorden Dr. Josef Andreas Jungmann und Dr. Karl Rahner; Univ.-Prof. Michael Pfliegler, Wien; Univ.-Prof. Dr. Johannes Meßner; Generaldirektor der katholischen Verlagsanstalt „Herold" in Wien, Dr. Willy Lorenz; der Chefredakteur des österreichischen katholischen Wochenblattes „Der Volksbote", Benedikt Posch; Staatssekretär a.D. Dr. Franz Gschnitzer; Univ.-Prof. Dr. Hans Asperger; Univ.-Prof. Dr. Wolfgang Göbner; Univ.-Prof. Dr. Friedrich Nowakowski; Univ.-Prof. Dr. Theodor Rittler; der Dichter Max Mell; die Dichterin Dr. Gertrud Fussenegger; Landesgerichtspräsident Dr. Robert Skorpil; Prof. Dr. Ludwig Ficker; Prof. Erik Kühnelt-Leddihn; Chefredakteur Doz. Dr. René Marcic; Anna Exl; Dr. Felix Braun, Wien, und Superintendent Wilhelm Mensing-Braun, Linz.

1. September 1961
Südtirolkommission eingesetzt
Südtirol wird mit Zustimmung der SVP wieder zur inneritalienischen Frage
Unter dem Eindruck der schweren Anschläge ernannte der italienische Ministerrat, auf Vorschlag von Innenminister Scelba, eine 19gliedrige Kommission zum Studium der Probleme Südtirols und ordnete eine ständige Berichterstattung gegenüber der Regierung an. Damit schlug Rom drei Fliegen mit einer Klappe: Indem Verhandlungsbereitschaft signalisiert wurde, hoffte man, den Freiheitskämpfern den Wind aus den Segeln nehmen zu können. Gleichzeitig wurde durch die Gangart einer einvernehmlich mit der SVP gesuchten „inneritalienischen Lösung" die Forderung nach Selbstbestimmung durch die SVP vermieden. Zu guterletzt wurde Österreich aus der Verhandlungsposition weitgehend hinausgeboxt und kaltgestellt. Damit war auch das Thema einer weiteren Behandlung vor der UNO entschärft. Der Kommission gehören an: die Südtiroler Parlamentarier Dr. Sand, Dr. Tinzl, Dr. Ebner, Dr. Mitterdorfer, Dr. Riz, Landeshauptmann Dr. Magnago und Präsident der Union de Ladins, Franz Prugger; Abg. Dr. Berloffa, Dr. Guido de Unterrichter, Abg. Dr. Piccoli und Ballardini; Regionalausschußpräsident Dr. Dalvit, Handelskammerpräsident Detassis; weiter Senator Barocco, Prof. Tramarollo, Abg. Rossi und Lucifredi. Vorsitzender ist Abg. Paolo Rossi, Sekretär Präfekt Dr. Dabiani. Nach lebhaften Diskussionen im Ministerrat wurde der Kommission das Recht zuerkannt, Vertreter der politischen Parteien, der kulturellen, wirtschaftlichen und gewerkschaftlichen Organisationen, der Sprachgruppen, der örtlichen Verwalter und Experten in Regionalfragen anzuhören.

6. September 1961
Unteroffizier störten deutsche Aufschriften
Ein Polizeibrigadier in Auer wollte unter Hinweis auf den bereits abgeschafften Artikel 18 des faschistischen Polizeireglements die Gastwirte zur Anbringung italienischer neben den deutschen Aufschriften zwingen. Assessor Dr. Fioreschy unternahm bei den zuständigen Behörden entsprechende Schritte, und der zu eifrige Brigadier mußte sich mit dem Zustand rein deutscher Aufschriften abfinden.

7. September 1961
Südtirolausschuß im Europarat
Das Europaparlament in Straßburg beschloß, einen Unterausschuß des Politischen Ausschusses für Südtirol unter Vorsitz des belgischen Senatspräsidenten Paul Struye einzusetzen.

10. September 1961
Brandanschläge in Italien
Aus Empörung über die schwere Mißhandlung wehrloser Südtiroler Gefangener kam es zu Brandanschlägen in Rom, Rimini, Monza, Verona, Rovereto und Trient. Diese „Zizi" genannte Aktion wurde von österreichischen und bundesdeutschen Studenten ausgeführt. Auf Grund

26. Juli 1961: Theater für die Öffentlichkeit: Der italienische Agent Anton Stötter wurde zum Schein verhaftet, nur damit seine Rolle ja nicht offenkundig werde.

Der Bauer Johann Thaler am Tage seiner Entlassung (12. August 1961) vor dem Mailänder Kerker. Er war drei Jahre lang in Untersuchungshaft gewesen, bevor ihn das Gericht zu einem Jahr und vier Monaten Haft verurteilte. Auf seinen Hof wurde eine Hypothek gelegt. (Siehe auch: 12. August 1961.)

Der in Trient verhaftete österreichische Student Helmut Golowitsch (links) und sein Erlanger Kommilitone Johannes Klein (10. September 1961).

technischer Mängel an den Zündern wurde in Rom der Österreicher Helmut Wintersberger selbst schwer verletzt. Die übrigen Mitglieder seiner Gruppe, die Österreicher Rainer Mauritz und Richard Schwach, wurden von der Polizei festgenommen. Auch in Trient kam es auf Grund technischer Fehler an den Zündern zu einer frühzeitigen Zündung. Die deutschen Staatsbürger Albert Meuer, August Schlegl und Johannes Klein sowie der Österreicher Helmut Golowitsch wurden deshalb verhaftet. Eine Reihe weiterer Gruppen konnte unbehelligt nach Österreich zurückkehren. Die verhafteten Studenten wurden zwar nicht – wie die Südtiroler – gefoltert, wurden aber immerhin zwei Tage und zwei Nächte lang unter Verabreichung von Ohrfeigen verhört, ohne daß man sie schlafen ließ. Sie mußten zwischen den Verhören stehen und durften sich laut Befehl der Carabinierioffziere nicht setzen. (Dieses Verbot mißachtete ein junger Carabiniere bewußt, wenn seine Vorgesetzten nicht anwesend waren. Er ließ die Verhafteten sitzend ausruhen.)

Wer organisierte die „Zizi"-Aktion ?

Nachdem die „Zizi"-Aktion als Desaster geendet hatte, kam in den folgenden Jahren immer wieder die Diskussion in Gang, wer diesen Mißerfolg verschuldet hatte. Da der Wiener Student Günther Schweinberger (Deckname „Max") derselben Studentenverbindung wie Dr. Norbert Burger angehörte, wurde der „Burger"-Kreis dahinter vermutet. Andere nannten Dr. Heinrich Klier als Organisator. Nun hat einer der maßgeblichen damaligen Organisatoren der „Zizi"-Aktion, der deutsche Staatsbürger und Innsbrucker Student Hubert Sauer (Deckname „Ludwig"), die Vorgeschichte berichtet. Es war Kurt Welser, der Hubert Sauer mit der Planung und Durchführung der „Zizi"-Aktion beauftragt hatte. Sauer war als deutscher Staatsbürger nicht dem Visumzwang unterworfen. Er hatte für Welser zahlreiche Kurierfahrten und Schmuggelfahrten (Sprengstoff) nach Südtirol unternommen. Sauer hatte den Umgang mit Dr. Burger gemieden, weil dieser schon zu bekannt war und damit beobachtet wurde. Die Verhaftung Burgers vor der „Zizi"-Aktion hatte Sauer Recht gegeben. Bereits im Frühjahr 1961 hatte Kurt Welser Hubert Sauer über die technische Entwicklung der Zünder informiert, die an einer Innsbrucker HTL („Höhere Technische Lehranstalt") entwickelt und gebaut wurden. Der Test der ersten Serie endete mit einem Mißerfolg. Im Sommer 1961 teilte Kurt Welser dann Sauer mit, daß der BAS nun die Entscheidung getroffen habe, die Aktion mit einer zweiten Serie von Zündern, bei denen die Zünddauer von zwei auf sechs Stunden angehoben wurde, durchführen zu lassen.

Die Überlegungen des BAS – ein relativ harmloses, aber zweckmäßiges Mittel

Welser teilte auch die Überlegungen des BAS mit, die hinter dieser Entscheidung standen: Den Italienern sei es relativ gleichgültig, was da oben in Südtirol passiere, solange sie selber nicht betroffen seien. Vor allem sei von den Auswirkungen der Bombenanschläge ausschließlich der Südtiroler Fremdenverkehr betroffen. Es sei nun an der Zeit, dies zu ändern. Man werde diese Aktion durchführen, damit die Italiener vor ihrer Haustüre betroffen seien, und nach einem Erfolg werde man die Aktion noch öfters wiederholen. Dazu sei die „Zizi" ein relativ harmloses, aber zweckmäßiges Mittel (Gespräch mit Hubert Sauer im August 1996).

Die Durchführung

Hubert Sauer, der den Studenten Schweinberger in Wien persönlich kannte, spannte diesen nun ein, um eine Wiener und eine Linzer Gruppe auf die Beine zu stellen. Auf Ersuchen Kurt Welsers sprach er in seiner früheren Studienstadt Erlangen einige Kommilitonen an, die sich ebenfalls zur Verfügung stellten. Eine Innsbrucker Gruppe wurde von Kurt Welser technisch eingewiesen. Alle Gruppen hatten sich dann vor der Aktion im Gasthaus „Rumer Hof" in Rum bei Innsbruck getroffen, wo die Zünder und die für die Fahrten notwendigen Geldmittel an die Gruppen ausgegeben und die Ziele der Anschläge – meist Gepäckaufbewahrungen von Bahnhöfen, da nur Sachschaden beabsichtigt war – zugeteilt wurden. Dann waren die Einsatzgruppen zu ihren jeweiligen Zielen aufgebrochen. Zwei Gruppen, die römische und die Trentiner, wurden verhaftet, weil ihre Zünder teilweise nach einer Viertelstunde statt nach sechs Stunden los gingen. Bis heute ist die technische Ursache ungeklärt, und immer wieder war der bislang nie beweisbare Verdacht auf Sabotage durch einen eingeschleusten Agenten hochgekommen.

12. November 1961
Bischof Gargitter betet mit den Folterern
Im Zuge seiner Pastoralvisitation in Meran hielt Bischof Gargitter eine Heilige Messe für die italienische Bevölkerung Merans, an der General Corsini für die Militärbehörde, Major Palmieri für die Finanzwache und Hauptmann De Rosa für die Carabinieri zusammen mit Untergebenen teilnahmen. De Rosa kommandiert die Meraner Carabinierikompanie. In der Meraner Kaserne fanden Folterungen schlimmster Art an zahlreichen Südtiroler Häftlingen statt. De Rosa nahm auch an dem anschließenden Festempfang des Bischofs im Rathaus teil.

13. September 1961
Einsetzung der „Neunzehner-Kommission"
Innenminister Scelba setzte in Rom die „Kommission zum Studium der Probleme in Südtirol mit Berichterstattung an die Regierung" ein. Vorsitzender war der italienische Abgeordnete Paolo Rossi. Die Kommission hatte 19 Mitglieder, wovon nur 7 Deutsche waren. Die Ladiner waren nicht vertreten. Senator Dr. Tinzl gab im Namen der deutschen Kommissionsmitglieder eine Erklärung ab, in der er die vorbehaltslose Verurteilung der Bombenanschläge wiederholte. Weiter gab Tinzl der Hoffnung Ausdruck, daß die Kommission eine größere Bedeutung erlangen werde, als der Name „Studienkommission" vermuten lasse. Innenminister Scelba wies in seiner Rede darauf hin, daß das bestehende Regionalstatut der Region Trentino-Südtirol keineswegs das Pariser Abkommen verletze. Wäre dies der Fall, sagte der Minister, hätte Österreich längst vor dem Internationalen Gerichtshof klagen können. Scelba erinnerte daran, daß nicht nur *„die Südtiroler fürchten, von den ansässigen Bürgern italienischer Sprache unterdrückt zu werden"* sondern auch umgekehrt die Italiener diese Angst in Südtirol hätten. Zur Frage einer behaupteten Unterwanderung Südtirols wies der Minister darauf hin, daß alle Verfassungen freier Völker *„die Freizügigkeit und das Recht der Bürger"* schützen, *„innerhalb des Staatsgebietes nach Belieben den Wohnsitz aufzuschlagen."* Niemand könne von einem demokratischen Staat verlangen, daß er künstliche Barrieren aufrichte, *„um eine Verbrüderung zu verhindern."* Die Aufgaben und Rechte der Kommission beschrieb Scelba mit den vielsagenden Worten: *„Praktisch wird es Aufgabe der Kommission sein, die Ansichten aller Interessierten festzustellen. Sie soll ferner die Gründe für die einzelnen Stellungnahmen erforschen, ebenso die Perspektiven einer harmonischen Entwicklung aller Sprachgruppen bei Bewahrung ihrer ethnischen und kulturellen Eigenschaften."*

21. September 1961
Freiheitskämpfer greifen Militäreinheit an – Italienischer Offizier benützt Kind als Deckung
Noch in der Abenddämmerung kam es bei Rabenstein im Sarntal zu einem mindestens halbstündigen Schußwechsel zwischen Freiheitskämpfern und einer zur Bewachung eingesetzten Militäreinheit. Unter Führung von Jörg Klotz hatten Luis Amplatz, Peter Kienesberger, Herbert Fritz, Helmut Hülsner und ein weiterer Südtiroler jene Pioniereinheit angegriffen, in deren Reihen sich der Mörder von Sepp Locher (siehe 19. Juni 1961) befand. Bei den heftigen Auseinandersetzungen wurden von beiden Seiten auch Maschinengewehre in Einsatz gebracht. Drei der Beteiligten berichteten später übereinstimmend vor einem Gericht in Graz, daß ein italienischer Offizier ein Kind als Deckung in einem Fenster benützt und über den Kopf des Kindes das Feuer erwidert habe. Dies habe zum Abbruch des Schußwechsels geführt. Während sich die Gruppe Klotz in das Passeiertal zurückzog, marschierte Luis Amplatz unbehelligt nach Bozen. Die zur Unterstützung mit gepanzerten Fahrzeugen eintreffenden italienischen Soldaten aus Meran und Bozen verließen die Straßen nicht, sondern verschanzten sich hinter eilig errichteten Sandsackstellungen.

22. September 1961
Schüsse auf Urlauber
Vor einer Fernsprechverstärkeranlage in der Nähe von Mittenwald eröffnete der Wachposten

mit einer Maschinenpistole das Feuer auf ein vorbeifahrendes Auto. Der 25jährige Manfred Raven aus Krefeld blieb wie durch ein Wunder unverletzt, in dem Auto wurden mehrere Einschläge festgestellt. Bereits in den vergangenen Wochen war es mehrfach zum Gebrauch von Schußwaffen gegen „Schatten" gekommen. Militärposten längs der Eisenbahnlinien oder anderer wichtiger Einrichtungen werteten fallendes Obst als Steinwürfe, und so kam es in Schlanders, Latsch, Terlan, Sigmundskron, Sterzing und anderen Orten zum nächtlichen Gebrauch der Waffen. Wiederholt beschossen sich Streifen der italienischen Streitkräfte gegenseitig.

25. September 1961

Sprengstoffanschlag

Die Gruppe Klotz versuchte oberhalb St. Leonhards im Passeiertal drei Hochspannungsmasten zu sprengen. Die Säurezeitzünder, wie sie im Zweiten Weltkrieg von den Widerstandsbewegungen in Frankreich und Italien verwendet worden waren, versagten teilweise. Von drei Masten fiel nur einer. Die anderen Ladungen wurden gefunden und konnten durch Feuerwerker entschärft werden.

26. September 1961

Benzinflaschen gefährden Einheit des italienischen Staates

Gegen die vier in Trient befindlichen Häftlinge Albert Meurer, Helmut Golowitsch, Hans Klein und August Schlegel, die am 12. 9. 1961 einen Brandanschlag in Trient versucht hatten, wurde Anklage wegen Anschlages auf die Einheit und Integrität des Staates (Art. 241 „Codice penale", mit lebenslanger Strafe bedroht) und Bandenbildung zum Zweck politischer Konspiration erhoben. Die Justizbehörden beschuldigten den 30jährigen Günther Schweinberger aus Wien, Auftraggeber und Organisator der Brandanschläge in Italien gewesen zu sein.

Sprengstoffanschläge

In St. Michael an der Etsch entstanden durch Explosionen an Hochspannungsmasten leichte Sachschäden. Die Stromversorgung wurde nicht unterbrochen.

Italien legt Dokumente zur Südtirolfrage vor

Der italienische Außenminister Segni leitete dem Parlament eine umfangreiche Dokumentensammlung über das Südtirolproblem in Form eines „Grünbuches" zu. Die Sammlung enthielt den Notenwechsel zwischen der italienischen und der österreichischen Regierung, die Pressekommuniqués und Erklärungen der beiden Außenminister sowie die Protokolle der italienisch-österreichischen Verhandlungen. Unter anderem enthielt der Band mehrere Memoranden über die Verhöre von österreichischen und deutschen Staatsbürgern, die in die jüngsten Brandanschläge verwickelt waren.

29. September 1961

Sitzung der Südtirol-Kommission

In Rom trat die Studienkommission für Südtirol zusammen, wobei verschiedene Mitglieder, darunter Dr. Tinzl, zu dem in Bozen bei der ersten Sitzung gehaltenen Referat des Vorsitzenden Rossi Stellung nahmen.

30. September 1961

Gründung der „Aufbau"-Gruppe: „Absage an Extremisten"

Der Herausgeber der „Dolomiten" und Parlamentsabgeordnete Dr. Toni Ebner stellte in den „Dolomiten" das Programm der „Aufbau"-Gruppe in der SVP vor. Die Gruppe wurde von Senator Dr. Roland Riz, zahlreichen Wirtschaftstreibenden und Bürgermeistern unterstützt. Die Gruppe lehnte „jeden übertriebenen Nationalismus" ab und trat für *„direkte Verhandlungen mit den italienischen Behörden"* ein, unter Außerachtlassung der bisherigen Schutzmacht

Österreich. Die Südtiroler Volkspartei stand nun in der Zerreißprobe, da die „Aufbau"-Gruppe sowohl über die finanziellen als auch über die publizistischen Mittel verfügte, um sich von der SVP trennen zu können, falls diese nicht auf den „Aufbau"-Kurs einschwenkte.

1. Oktober 1961

Scelba-Sprachrohr begrüßt „Aufbau"-Gründung: „Aufbau ist das Ende der Freiheitskämpfer"

Unmittelbar nach der Grüdung der Gruppe „Aufbau" in der SVP hat die Innenminister Scelba nahestehende Zeitung „Il Messaggero" in Rom deren Programm vollinhaltlich wiedergegeben, was beweist, welche Bedeutung man in Rom der „Aufbau"-Gruppe zumißt. In der SVP bahne sich, so kommentiert der „Messaggero", eine sehr ernst zu nehmende Neuorientierung an. Besonders sei das eindeutige Bekenntnis zu einer Loyalitätspolitik gegenüber dem italienischen Staat zu begrüßen. Dadurch werde es auch der italienischen Regierung erleichtert, auf neuer Grundlage mit den Südtirolern zu verhandeln. Der Erfolg der Richtung „Aufbau" werde schließlich das Ende der sogenannten „Südtiroler Freiheitskämpfer bedeuten".

Andreas Hofer-Denkmal auf dem Bergisel gesprengt

Durch eine große Sprengladung wurde das Andreas Hofer-Standbild auf der historischen Stätte am Bergisel zerstört. Der Statue wurden die Beine abgerissen, so daß sie herabstürzte.

ÖVP-Zeitung: „Neonazis" waren Täter

Das ÖVP-Organ „Das kleine Volksblatt" in Wien wußte am 4. Oktober zu melden, daß es höchst unwahrscheinlich sei, daß italienische Extremisten die Täter gewesen seien, viel eher sei die Täterschaft von österreichischen oder deutschen „Neonazis" anzunehmen, die das Nationalgefühl der Tiroler neu entfachen wollten.

Täterschaft von Neofaschisten und GLADIO-Agenten wahrscheinlich

Offenbar mit Rücksicht auf die Verhandlungen mit Italien verschwiegen die österreichischen Behörden und damit auch die Zeitungen, daß die Täter am Tatort Blanko-Ausweise der faschistischen Jugendorganisation „Giovane Italia" und der neofaschistischen Studentenvereinigung „Associazione studentesca di azione nazionale" mit sorgsam entfernten Mitgliedsnummern als „Visitenkarten" zurückgelassen hatten. (Im August 1962 wird ein gescheiterter Anschlag auf das Russendenkmal in Wien versucht werden, und im September 1963 werden dann die Anschläge in Ebensee stattfinden. Auch dort werden diese Ausweise als „Visitenkarten" zurückgelassen. Als Täter für die Anschläge in Wien und Ebensee werden später junge Neofaschisten in Italien verhaftet werden, und sie werden die Taten gestehen. Das von Ing. Massak verfaßte sprengtechnische Gutachten wird ausweisen, daß in allen diesen Fällen militärisches Zünd- und Sprengmaterial der italienischen Pioniere sowie aus US-Beständen verwendet wurde. Heute weiß man, daß die terroristische Geheimdienstorganisation GLADIO über Vorratslager mit dieser Ausrüstung verfügte und daß vor allem militante Neofaschisten als GLADIO-Agenten eingesetzt worden waren. Der Bericht der Bundespolizeidirektion Wien, Abteilung I, vom 26. 12. 1962 Zl.: I-Pos 347/1/62 wird festhalten, daß die Gleichartigkeit der Zünder, der Zeituhr und des Sprengstoffes auf den gleichen Täterkreis in Wien und Innsbruck hindeuten.)

3. Oktober 1961

Sprengstoffanschläge

Erneut gelang es Luis Amplatz und seinen Leuten, am Stadtrand von Bozen zwei Hochspannungsmasten zu sprengen. Die Stromleitung vom Werk St. Anton nach Lana wurde in der Nähe des Glaninger Weges unterbrochen. Die Antisabotageeinheiten errichteten Straßensperren und durchsuchten vor allem ausländische Kraftfahrzeuge. Da sie die Straßen und deren nähere Umgebung nicht verließen, stellten sie für die ortskundige Widerstandsgruppe keine Gefahr dar. Die italienische Bevölkerung der Stadt reagierte verschreckt auf die neuerlichen Anschläge in ihrer unmittelbaren Nähe.

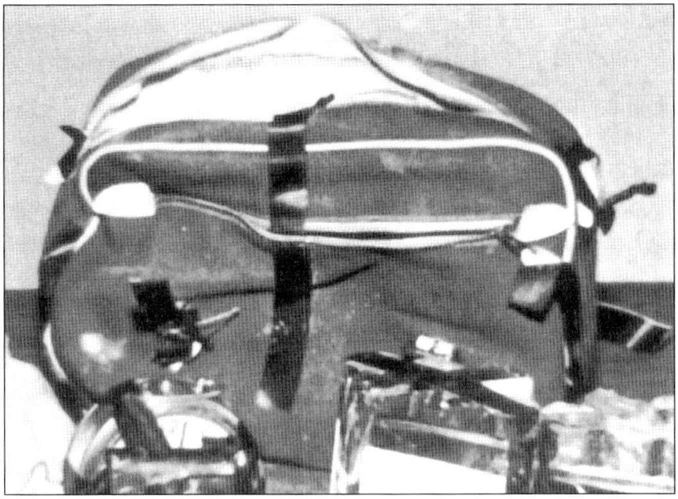

In dieser Tasche befand sich der Sprengstoff für die versuchte Sprengung des Sowjet-Denkmals in Wien. Der Wecker war, wie das Sprengmaterial, italienischer Herkunft.

Sprengung des Andreas-Hofer-Denkmals auf dem Bergisel in Innsbruck am 1. Oktober 1961. Das ÖVP-Organ „Volksblatt" wußte sogleich zu vermelden, daß österreichische „Neonazis" am Werk waren. Ein Bericht der Bundespolizeidirektion Wien an die Staatsanwaltschaft vom 26. Dezember 1962 stellte allerdings fest, daß als Zeitzünderuhr ein Wecker der italienischen Marke „Veglia" verwendet worden war, daß die Täter als Bekennerzeichen Ausweise der neofaschistischen Organisation „Giovane Italia" zurückgelassen hatten und daß somit ein Zusammenhang mit dem versuchten Sprengstoffanschlag auf das sojwetische Heldendenkmal auf dem Schwarzenbergplatz in Wien vom 18. August 1962 bestehe, bei dem wiederum italienischer Sprengstoff der Fa. Sorlini sichergestellt werden konnte. Als italienische Neofaschisten am 23. September 1963 in Ebensee Sprengstoffanschläge verübten, ließen sie am Tatort wiederum Ausweise der „Giovane Italia" (kleines Bild) zurück. Als Täter von Wien und Ebensee wurden schließlich Neofaschisten und mutmaßliche Mitglieder der italienischen Geheimdienstorganisation „Gladio" eruiert.

9. Oktober 1961

Österreich erläßt Haftbefehle gegen Freiheitskämpfer

Die von Italien an Österreich übergebenen Unterlagen zu den Brandanschlägen vom 10. 9. 1961 führten zu Haftbefehlen in Österreich. Der Innsbrucker Kaufmann Kurt Welser wurde von der Staatspolizei festgenommen. Dr. Heinrich Klier konnte rechtzeitig nach München flüchten, während sich Günther Schweinberger in Nordtirol dem Zugriff der Behörden entzog.

11. Oktober 1961

Scelba: italienische Politik hat bereits Früchte getragen!

Im Senat erklärte der Innenminister heute, daß die italienische Politik gegenüber der SVP bereits Früchte getragen habe, denn *„in der SVP sind bereits Stimmen laut geworden und Initiativen ergriffen worden, die auf ein friedliches Zusammenleben der beiden in Südtirol lebende Volksgruppen gerichtet sind."*

Sprengstoffanschlag

Am Stadtrand von Sterzing wurde ein Hochspannungsmast durch vier Sprengladungen zerstört. Obwohl sich der Mast am Rand einer Militärstraße befand und ständige Streifen die Gegend sicherten, konnten die Ladungen angebracht werden, ohne daß die Aktivisten behelligt wurden. Die Stromversorgung war für längere Zeit unterbrochen.

Tote bei Feuergefecht?

Die Tageszeitung „Tiroler Nachrichten" in Innsbruck meldete, daß es bei dem Feuergefecht am 22. August 1961 im Passeiertal fünf Tote auf Seiten der italienischen Einheiten gegeben habe. Die Zeitung, die sich auf vertrauliche Mitteilungen berufen hatte, vertrat die Auffassung, daß der Tod der Soldaten nur deswegen nicht bekannt gegeben worden sei, um die ohnedies schon schlechte Moral der Bewachungsmannschaften nicht noch weiter zu untergraben. Ein Sprecher der Freiheitskämpfer gab in Anrufen an Nachrichtenagenturen bekannt, daß ihnen diese Gerüchte bekannt seien, aber keine gesicherten Erkenntnisse über den Wahrheitsgehalt vorlägen. Sie selbst hielten aber diese Nachrichten für unglaubwürdig, da ihr Kommando absichtlich über die Köpfe der Carabinierieinheiten geschossen habe.

16. Oktober 1961

Spaltung der SVP vermieden

Am 9. und am 16. Oktober fand je eine Sitzung des Parteiausschusses statt, die sich mit der „Aufbau"-Gruppe und ihrem Programm befaßte. Die Debatten wurden teilweise sehr heftig geführt. Da der Parteiausschuß jedoch weitgehend auf die „Aufbau"-Linie einschwenkte, konnte eine Spaltung der Partei vermieden werden. Die „Aufbau"-Linie sah im wesentlichen einen Verzicht auf die sogenannte „harte" Linie in den Verhandlungen und weitgehend Kompromißbereitschaft gegenüber Rom vor. Es stellte daher der Parteiausschuß in positiver Beurteilung des „Aufbau"-Programmes einhellig fest, daß auch die SVP jeden *„übertriebenen Nationalismus"* verurteile, *„weil dieser nur zu einer bedauernswerten Radikalisierung führt."* Die SVP sehe jedoch die Erfüllung des Pariser Vertrages in einer echten Landesautonomie.

17. Oktober 1961

Entschließung des Parteiausschusses der SVP: Beharren auf voller Landesautonomie

In den Parteiausschußsitzungen der SVP am 9. und 16. Oktober kam es zum Teil zu einer sehr offenen und heftigen Aussprache über die politische Lage. Der Parteiausschuß veröffentlichte darüber eine Entschließung:

„Das Parteiprogramm der SVP vom 11. Februar 1947, das klar und eindeutig eine echte Autonomie für das Land Südtirol vom Brenner bis Salurn anstrebt, ist nach wie vor die Grundlage des Wirkens der Südtiroler Volkspartei. In Durchführung dieser Zielsetzung und gemäß der überwältigenden Willenskundgebung des Südtiroler Volkes vom 17. November 1957 in Sig-

mundskron haben die gewählten Vertreter des Südtiroler Volkes im Senat und in der Abgeordnetenkammer in Rom vor Jahren den Gesetzentwurf eingebracht, der eine echte Landesautonomie für Südtirol allein vorsieht. In der Verwirklichung dieses Entwurfes sieht die SVP die Erfüllung des Pariser Vertrages ... Die Sicherung des Südtiroler Volkes deutscher und ladinischer Zunge in seiner angestammten Heimat, bei gleichzeitiger Achtung der Rechte des im Lande lebenden italienischen Staatsvolkes ist Voraussetzung für ein friedliches und gedeihliches Zusammenleben der verschiedenen Volksgruppen in einem Klima gegenseitigen Vertrauens ...“

29. Oktober 1961
Selbstbestimmung bleibt unverzichtbar
Nationalrat Kranebitter (ÖVP) appellierte an den Tiroler Landesbauernrat, niemals auf das Selbstbestimmungsrecht für Südtirol zu verzichten, auch wenn Italien Südtirol eine echte Landesautonomie gewähren sollte. Der Parteiobmann der Tiroler ÖVP, Landesrat Wallnöfer, antwortete darauf, daß es keinen Tiroler gibt, der auf das Selbstbestimmungsrecht für Südtirol verzichtet.

3. November 1961
Ausnahmebestimmungen verschärft
Das bereits bestehende Verbot, sich Anlagen von öffentlichem Interesse weniger als 200 m zu nähern oder sich innerhalb dieser Zone aufzuhalten, wurde auf die Zeit von 18 Uhr bis 6 Uhr früh erweitert. Unter dies Verbot fielen alle militärischen Anlagen, Wasserleitungen, Gasometer, Stauanlagen, E-Werke, Hochspannungsleitungen, Telefon-, Rundfunk- und Fernsehanlagen, Eisenbahn-, Treibstoff-, Industrieanlagen und Lagerhäuser.

7. November 1961
Landeshauptmann Tschiggfrey zu Südtirol
Der bei Zusammentritt des am 22. November von Ost- und Nordtirol gewählten Landtages im Innsbrucker Landhaus wieder zum Landeshauptmann gewählte Dr. Tschiggfrey sagte in seiner Regierungserklärung: *„Die Frage Südtirol müssen wir als brennende Frage in das neue Regierungsprogramm übertragen, wenn auch nach dem Pariser Abkommen nicht Tirol, sondern Österreich als Verhandlungspartner gegenüber Italien gilt.“*

15. November 1961
Südtiroldebatte vor der UNO – Kreisky prangert Folterungen an
Der österreichische Außenminister Dr. Bruno Kreisky forderte vor der politischen Sonderkommission der UN-Vollversammlung die Bildung einer internationalen Kommission zur Lösung der Südtirolfrage. Er hob weiter hervor, daß Österreich im Interesse der Aufrechterhaltung des Friedens die Forderung nach dem Selbstbestimmungsrecht nicht erhebe, jedoch mit allem Nachdruck das Recht auf Selbstverwaltung verlangt werde. Zu den Folterungen führte Kreisky aus: *„Die italienischen Behörden wandten die schrecklichsten Martern an, Martern, die mit dem Schlimmsten vergleichbar sind, was unter den Nazi und unter dem faschistischen Regime in Übung stand. Die Menschenwürde wurde in einer Weise verletzt, die nach Untersuchung ruft!“*

16. November 1961
Italienischer Außenminister bezichtigt Kreisky der Lüge
Vor dem Politischen Sonderausschuß der UNO lehnte Außenminister Segni den Gedanken des Selbstbestimmungsrechtes ab und bezeichnete die großherzige Haltung der italienischen Regierung und ihren Willen zur Vertragserfüllung als verschieden von der Haltung Österreichs. Man könne sich schwer eine negativere Haltung vorstellen als die von Wien eingenommene. Südtirol besitze bereits weitgehend Zuständigkeiten regionaler Art. Segni wies auf die Terroranschläge in Südtirol hin, die auf Machenschaften von Extremisten zurückzuführen

seien, deren Zentrum sich in Innsbruck befinde. Die italienische Regierung habe die Verantwortung gewisser österreichischer Vereinigungen und insbesondere des Bergisel-Bundes dokumentiert. Zu den Vorwürfen der Folterung sagte er: *„Ich muß die Erklärung des österreichischen Außenministers Lügen strafen. Niemals haben die italienischen Behörden solche Methoden angewandt. Angesichts des Fehlens von Beweisen brauche ich keine weiteren Erklärungen abzugeben."*

17. November 1961

Franz Höfler wird ins Krankenhaus eingeliefert

Der am 15. Juli zusammen mit seinen Brüdern verhaftete und in der Meraner Carabinierikaserne schwer gefolterte Schützenleutnant Franz Höfler wurde nach Auftreten von Lähmungserscheinungen vom Bozener Gefängnisarzt Dr. Piazza in das Krankenhaus Bozen eingewiesen. Dr. Piazza hatte den schwer verletzten Höfler im Gefängnis behandelt und trotz der sichtbaren schweren Verletzungen keine Anzeige gegen dessen Folterer erstattet.

20. November 1961

Kerker für den Sohn des Provinzialratspräsidenten

Zu zehn Monaten Kerker verurteilte das Bozener Schwurgericht den Sohn des Präsidenten des Provinzialrates von Bozen, den 22jährigen Ferdinand Pupp, wegen „antinationaler Aktivität" und „Schmähung der italienischen Nation." Pupp hatte in einem Gasthaus in Brixen im August 1959 erklärt: *„Wir sind hier nicht in Italien, sondern in Südtirol, also in Österreich."*

Sprengstoffanschläge

BAS: Welt auf Südtirol aufmerksam gemacht

In der Nähe von Terlan kamen zwei Hochspannungsmasten durch Sprengladungen zu Fall, wodurch die Stromversorgung für längere Zeit unterbrochen war. Am Ort des Anschlages fanden sich Flugblätter der Südtiroler Freiheitskämpfer, in denen erklärt wurde, daß das erste Ziel der Freiheitskämpfer, die Welt auf das Südtirolproblem aufmerksam zu machen, bereits erreicht wurde. Damit sei etwas erreicht worden, *„was die Politiker in 40 Jahren nicht zustande gebracht haben."* Als Antwort auf die Bezeichnung der Freiheitskämpfer als „gottlose Kommunisten" durch Bischof Gargitter (siehe 8. August 61) und auf andere Verdächtigungen hieß es in dem Flugblatt: *„Auch die Verleumdungen haben unsere Kraft nicht gebrochen. Wer uns als Nazi, Pangermanisten oder Kommunisten verdächtigt, hat unseren Kampf und unsere Herkunft nicht begriffen."*

21. November 1961

Kreisky antwortet dem italienischen Außenminister

Vor dem politischen Sonderausschuß der Vereinten Nationen antwortete der österreichische Außenminister auf die Ausführungen des italienischen Ministers vom 16. November. Er stellte verschiedene Äußerungen richtig und wies die Vorwürfe einer Duldung der Sprengstoffanschläge in Südtirol durch Österreich zurück.

22. November 1961

Franz Höfler – Märtyrer des Freiheitskampfes

Mutter durfte sterbenden Sohn nicht sehen

Im Bozner Krankenhaus starb Franz Höfler an den Folgen der erlittenen Folterungen. Seine Mutter berichtete über den Versuch, ihren Sohn noch einmal sprechen zu dürfen, in einem Brief an den Generalvikar eines Ordens in Rom: *„Ja, es ist wahr, daß ich mit meinem Sohn Franz das letzte Mal in seinem Leben nicht sprechen durfte, weil ich nicht italienisch kann. Man sagte uns in der Bozener Quästur gleich, wenn wir nicht italienisch sprechen, dürften wir nicht hinein. Meine Tochter versprach, es zu tun, um ihn überhaupt nur zu sehen, also gab man uns die Bewilligung. Meine Tochter fragte ihn, wie es ihm gehe, und er bewegte den Arm, um mir zu zeigen, daß er ihn wieder ein wenig bewegen konnte. Dann sprach ich ein paar*

Worte deutsch und wir wurden gleich aufgefordert, zu gehen. Das ganze hat nicht drei Minuten gedauert." Dem Antrag der Mutter auf Obduktion der Leiche wurde stattgegeben. Nach dem Befund war Höfler am Bruch der Aorta „*mit Herzbeuteltamponade*" gestorben. „*Bei Franz Höfler war durch das starke Ansteigen des Blutdruckes infolge der Folterungen die Innenhaut der Schlagader gerissen; das Blut war durch den Aortariß im Hautzwischenraum zurück in den Herzbeutel geflossen und hatte das Herz langsam komprimiert.*" (Christoph Franceschini: „Die Welle der Sprengstoffanschläge in Südtirol", in: „Handbuch zur neueren Geschichte Tirols", Bd. 2, Zeitgeschichte, 1. Teil Politische Geschichte, Innsbruck 1993, S. 495; Franceschini bezieht sich auf eine Unterredung mit Dr. Roland Köllensperger, der als Freund der Familie Höfler und Privatgutachter an der Obduktion teilgenommen hatte.)

Bereits am 26. September 1961 hatte Franz Höfler der Südtiroler Volkspartei seine in Polizeihaft erlittenen Mißhandlungen schriftlich mitgeteilt gehabt. In dem Brief hieß es: „*Bin am Samstag, 15. Juli, nachts verhaftet worden. Mußte vom Samstag bis Dienstag früh ununterbrochen in Habtachtstellung stehen ohne Essen und Trinken. Am Dienstag wurde ich dann verhört, wo man mir das Unglaublichste vorwarf. Als ich dies alles verneinte, wurde ich dann mit Fußtritten und Fausthieben ins Gesicht überdeckt. Ebenso wurde mir mit dem Gewehrschaft so schwer auf die Zehen geschlagen, daß ich heute noch nach zwei Monaten am großen Zehen nicht geheilt bin und ärztlicher Pflege bedarf. Bin dann noch drei bis vier Stunden unter einer Lampe gestanden und habe daraus Schaden gezogen, da ich in den Augen empfindlich bin und jetzt viel weniger sehe. Am Mittwoch wurde ich dann nochmals zu Boden geschlagen, und ich war fast bewußtlos. Um diesen Mißhandlungen endlich zu entgehen, habe ich dann ein vorgelegtes Protokoll unterschrieben. Als ich schon vor dem Untersuchungsrichter war, habe ich aus den Carabinieriprotokollen entnommen, mit was für Lügendokumenten die Polizei versucht hatte, mich schuldig zu stempeln. Ich glaube, Sie haben eine kleine Vorstellung von der Art der Mißhandlungen der Polizei. Diese Art von Behandlung wird sicher keine Früchte bringen und keine Liebe den anderen gegenüber zeitigen.*" (Walla, Max, Hrsg.: „Schändung der Menschenwürde in Südtirol", a.a.O., S. 28.)

In einem früheren Brief vom 15. August hatte Franz Höfler geschrieben:

„*Franz Höfler, Lana. In der Carabinierikaserne von Meran. Drei Tage stehen, ohne Essen, ohne Schlafen, teilweise unter Quarzlampen. Fausthiebe ins Gesicht. Linker Ohrlappen losgerissen. Höre sehr wenig seither. Schläge am Nacken. War ganz verschwollen. Viele Zeugen vorhanden. Auf Zehenspitzen stehen, wenn bewegt, mit Gewehrkolben auf Zehen geschlagen. Heute, 15. August, sind die Zehen vereitert. War in Behandlung von Gefängnisarzt Dr. Piazza in Bozen. Franz Höfler.*" („Südtiroler Ruf" Nr. 5/ Innsbruck, Nov. 1961.)

In einer eidesstattlichen Erklärung hatte Siegfried Graf seine Beobachtungen wie folgt geschildert: „*Franz Höfler aus Lana bei Meran wurden beide Ohren nahezu abgerissen. Bei einem meiner Verhöre kam eine Unterbrechung dadurch zustande, daß im Zimmer Verbandsmaterial verlangt wurde im Zusammenhang mit Höfler. Das veranlaßte einen Carabinierihauptmann zur Bemerkung: ‚Das geht auf eure Rechnung, ich will kein Blut sehen!'*" (Walla, Max, Hrsg.: „Schändung der Menschenwürde in Südtirol", a.a.O., S. 95.)

<u>23. November 1961</u>

Vereinte Nationen: Segni bestreitet Folterungen

Segni bezeichnete vor den Vereinten Nationen den Hinweis Kreiskys auf die Folterungen als Lüge: „Niemals haben die italienischen Behörden solche Methoden angewandt." Ausgerechnet am Vortag war aber Franz Höfler an den Folgen dieser angeblich niemals angewandten Methoden gestorben. Den Vorwurf der Lüge ließ der österreichische Außenminister Dr. Kreisky mit Rücksicht auf die Interessen der Südtiroler Volkspartei (SVP), wie er später erklären sollte, unwidersprochen, obwohl die österreichische Delegation Beweise und Unterlagen über die Folterungen hatte. (Siehe Buchkapitel über „Tauschgeschäfte mit den Qualen der Gefolterten"!)

UNO-Resolution

Die Politische Sonderkommission der UNO billigte einstimmig den Resolutionsantrag, der von Zypern, Indonesien und Indien vorgeschlagen worden war: „*Die Vollversammlung unter Bezugnahme auf ihre Resolution vom 31. Oktober 1960 nimmt mit Befriedigung die Verhandlungen der beiden Streitparteien zur Kenntnis, nimmt ferner zur Kenntnis, daß der Streitfall noch nicht geschlichtet ist, und lädt die beiden Parteien ein, ihre Bemühungen zur Erreichung einer den Paragraphen 1, 2 und 3 der vorerwähnten Resolution entsprechenden Lösung fortzusetzen.*"

24. November 1961

Mutter Franz Höflers fordert Aufklärung

In einem Brief an die Staatsanwaltschaft beantragte die Mutter Franz Höflers Aufklärung am Tode ihres Sohnes: „*Aus der Zeitung erfuhr ich die Nachricht vom Tode meines Sohnes Franz Höfler. Mir ist bekannt, daß mein Sohn nach seinen Verhören bei der Polizei Anzeige wegen schwerer Mißhandlungen erstattet hat. Ich verlange als Mutter, daß einwandfrei geklärt wird, ob der plötzliche Tod meines 28jährigen Sohnes, der in seinem Leben nie eine Stunde lang krank war, im ursächlichen Zusammenhang mit den von ihm angezeigten Mißhandlungen steht, und stelle den Antrag, daß ich als Mutter zur ärztlichen Untersuchung einen Privatsachverständigen meines Vertrauens entsenden kann.*
Falls die ärztliche Untersuchung den schweren Verdacht bestätigen sollte, daß der Tod meines armen Sohnes auf die von ihm beklagten und dem Gericht angezeigten Mißhandlungen zurückzuführen ist, stelle ich schon heute Strafantrag gegen die Schuldigen." Unter dem Druck der Öffentlichkeit wurden zwei Sachverständige mit den Untersuchungen beauftragt und zwei Tiroler Privatsachverständige zugelassen.

Dr. Magnago wiederholt Forderung nach Untersuchungsausschuß

Der Südtiroler Landeshauptmann Dr. Silvius Magnago sandte an den italienischen Ministerpräsidenten, den Justizminister und den Senats- und Kammerpräsidenten sowie an den Regierungskommissar folgendes Telegramm: „*Am 22. November ist Herr Franz Höfler, 28 Jahre alt, gestorben, der im Zusammenhang mit den Sprengstoffanschlägen im Gefängnis von Bozen festgehalten wurde. Mir steht fest, daß er Anzeige wegen erlittener schwerer Mißhandlung erstattet hat. Ich nehme Bezug auf mein Telegramm vom 20. Juli des Jahres, das unbeantwortet blieb, in welchem ich die Einsetzung einer parlamentarischen Untersuchungskommission vorgeschlagen habe, um das Verhalten einzelner Mitglieder der Polizei gegenüber zahlreichen Personen festzustellen, die im Zusammenhang mit den Dynamitanschlägen festgenommen oder eingekerkert wurden. Ich erlaube mir, diesen Vorschlag mit Dringlichkeit zu wiederholen.*"

27. November 1961

Warum Kreisky die Folterdokumente vor der UNO nicht vorlegte

Außenminister Dr. Kreisky gab heute im Presseclub Concordia in Wien eine Pressekonferenz, auf der er auch gefragt wurde, warum die österreichische Delegation die Folterungen und Mißhandlungen von Häftlingen durch die Carabinieri erst so spät vorgebracht habe. Weiter wurde Kreisky gefragt, warum die Österreicher den UNO-Delegierten und der Presse keine Dokumentation ausgehändigt hatten, als der italienische Außenminister Segni Kreisky der Lüge geziehen hatte, als dieser behauptete, Südtiroler Häftlinge seien gefoltert worden. Der fragende Journalist wies darauf hin, daß die österreichische Delegation doch schriftliche Beweise und Dokumente mitgeführt, dann aber nicht offengelegt habe. Kreisky sagte dazu: „*Das wäre auch von den besten Freunden Österreichs als eine unwillkommene Verschärfung der Debatte betrachtet worden!*" Zudem habe die Südtiroler Volkspartei eine parlamentarische Untersuchung gefordert, welcher man nicht vorgreifen wolle. Aus Bozen verlautete, Kreisky sei von Südtiroler Seite gebeten worden, das Thema nicht hochzuspielen, um den „inneritalienischen Verhandlungsweg" und die Arbeit der „Studienkommission" nicht zu gefährden.

29. November 1961

Franz Höfler zu Grabe getragen

Unter Beteiligung vieler Tausender Menschen wurde in Niederlana Franz Höfler zu Grabe getragen. Schützenkameraden trugen die Kränze, darunter welche mit den Schleifen *„Deine Kameraden aus Zelle 10"* und *„Die politisch Inhaftierten von Bozen"!* Der Trauerzug wurde von zehn Geistlichen angeführt, in deren Reihen sich der Gefängnisgeistliche Don Nicolli eingeordnet hatte. Gegen 12 Uhr 30 wurden in Lana auf den Stützpfeilern eines Hochspannungsmasten der Leitung Lana-Gargazon vier Sprengladungen aufgefunden, die am Nachmittag während des Begräbnisses hätten explodieren sollen. Sie waren als letzter Gruß der Südtiroler Freiheitskämpfer von Günther Andergassen und Peter Kienesberger angebracht, aber vorzeitig entdeckt worden.

1. Dezember 1961

Verfolgung in Österreich

Den österreichischen Behörden war es gelungen, die Identität eines hinter dem Decknamen „Paul" verborgenen Freiheitskämpfers festzustellen. Staatspolizisten aus Wien versuchten in Nordtirol, Peter Kienesberger zu verhaften. Mit Hilfe Einheimischer gelang es ihm jedoch, sich der Festnahme zu entziehen.

5. Dezember 1961

Parlament in Wien zu Südtirol

In einer Sondersitzung des österreichischen Nationalrates über Südtirol berichtete Außenminister Kreisky über die Aufklärung der Weltöffentlichkeit über die Südtirolfrage. Für eine Sonderbeilage einer New Yorker Zeitung habe Italien 75 Millionen Lire oder drei Millionen Schilling aufgewendet, obwohl der Nutzen mehr als fraglich ist. Österreich ziehe der Reklame eine sachliche und nüchterne Aufklärung vor.

6. und 7. Dezember 1961

Erster Grazer Südtirolprozeß

Gegen Kurt Welser (Innsbruck), Elisabeth Weiser (Innsbruck), Ottokar Destaller (Graz), Dipl. Ing. Ludwig Messerklinger (Graz) und Dipl. Ing. Hubert Thumer fand in Graz der erste österreichische Südtirolprozeß gegen Freiheitskämpfer statt. Die Angeklagten wurden beschuldigt, Sprengstoff für den Widerstand in Südtirol beschafft und weitergegeben zu haben. Da man dem Innsbrucker Gericht mißtraute, war der Prozeß nach Graz delegiert worden. Das Urteil: Kurt Welser 1 Jahr, Ottokar Destaller 8 Monate, Elisabeth Weiser und Ing. Messerklinger je 6 Monate schweren und verschärften Kerker. Hubert Thumer wurde freigesprochen. Dipl. Ing. Messerklinger hatte die Verse von Anton Wildgans zitiert: *„ . . . dieses Volkes Händefalten ist nur gerichtet auf Gerechtigkeit"* und hatte unter dem Beifall des Publikums erklärt, daß er es für seine moralische Pflicht erachte, den Südtirolern zu helfen. („Oberösterreichische Nachrichten", 7. 12. 61.)

Innsbrucker Hochschülerschaft über Prozeßausgang erschüttert

„Die Österreichische Hochschülerschaft an der Leopold-Franzens-Universität zu Innsbruck beschloß in ihrer letzten Sitzung eine Resolution an den Tiroler Landtag und an die Tiroler Landesregierung, in der sie erklärt, sie sei über die Auswirkungen des ‚Grazer Prozesses', bei dem Strafen für die Lieferung von Sprengstoff nach Südtirol ausgesprochen wurden, erschüttert. Durch die Gerichtsverhandlung wurde den in Italien in Haft befindlichen Südtirolern schwerer Schaden zugefügt: In Südtirol müsse der Eindruck entstehen, daß Österreich ohne Rücksicht auf das Schicksal einer Gruppe von Südtirolern, denen man zumindest Hingabe und Tapferkeit nicht absprechen könne, vorgegangen sei. Die Hochschülerschaft der Universität Innsbruck erhoffe und erwarte von Landtag und Regierung Tirols Schutz und Schirm für alle, die mit aufrichtigem Herzen glaubten, für Tirol handeln und eintreten zu müssen." („Oberösterreichische Nachrichten", 18. 12. 61.)

8. Dezember 1961

Protest gegen die Verurteilung der Südtirolkämpfer in Österreich

Bei einer Adventfeier der „Österreichischen Frauenbewegung“ beschlossen die mehr als 300 anwesenden Frauen aus allen Teilen Tirols folgende Resolution: *„Wir Tiroler Frauen bringen unsere tiefste Empörung und Entrüstung über das Urteil gegen eine Tirolerin zum Ausdruck, das in den letzten Tagen ein Grazer Gericht ausgesprochen hat. Es ist ein ungerechtes, unmenschliches Urteil! Frau Elisabeth Weiser, Mutter eines Säuglings und eines vierjährigen an Kinderlähmung erkrankten Kindes, wird zu sechs Monaten schweren Kerker, verschärft durch einen Fasttag monatlich, verurteilt. Zeitungen, die das Urteil gegen diese Frau und Mutter brachten, berichteten gleichzeitig vom Urteil gegen einen siebenmal vorbestraften Verbrecher, der sich wieder eines schweren Diebstahls schuldig gemacht hat und der lediglich zu vier Monaten verschärften Kerker verurteilt worden ist. Ein weiterer Kommentar erübrigt sich. Wir sind der Überzeugung, daß selbst die Franzosen 1809 menschlicher gegen eine Frau vorgegangen wären!“*

Stromleitung für Monate unterbrochen

Ein schwer zugänglicher Hochspannungsmast bei Uttenheim, der bei einem früheren Anschlag beschädigt worden war, stürzte im starken Sturm um. Die Techniker der INDEL-Gesellschaft waren der Meinung gewesen, daß der beschädigte Mast dem Druck noch länger standhalten würde.

9. Dezember 1961

Italienische Anschläge in Südtirol

Vor dem Rechtsanwaltsbüro des Senators Dr. Luis Sand in der Laubengasse in Bozen explodierte ein von Mitgliedern der „Associazione Nazionalista Italiana“ geworfener Molotow-Cocktail und setzte die Tür in Brand. Zur gleichen Zeit wurde ein Denkmal auf der Wassermauer-Promenade von ebenso unbekannt gebliebenen Tätern mit Kot beschmiert. Zur selben Zeit warfen der 42jährige Angelo Cascone, der 56jährige Emilio Toti und Adelino Ruggeri aus Brescia, alle Mitglieder der „Associazione Nazionalista Italiana“, aus einem Auto zwischen Brixen und Bozen und Bozen und Meran Tausende Flugzettel dieser Gesellschaft mit dem Wortlaut: *„Die Italienische Nationalistische Vereinigung erinnert mit Verehrung an die 600.000 Männer, die im Kriege 1915-1918 ihr Leben opferten, um die echt italienischen Länder, die der grausamen Herrschaft des österreichisch-ungarischen Kaisertums untertan waren, zu befreien. Er warnt die Verräter der Volkspartei, die Österreicher und die Pro-Österreicher aller Gattungen und Richtungen, daß der Alto Adige italienisch ist und trotz der Mordversuche, die gegen Italiener begangen werden, italienisch bleiben wird. – Endlich erinnert er, daß die Geduld nicht grenzenlos ist, und daß jede Beleidigung die richtige Reaktion verursachen wird. Sollte diese sich erheben, wird sie fürchterlich und unversöhnlich sein.“* Die drei Personen wurden von der Polizei angehalten. Sie bestritten, mit den Anschlägen auf das Büro von Dr. Sand und auf das Denkmal etwas zu tun zu haben, wurden darauf wieder freigelassen und konnten unbehelligt nach Brescia heimfahren.

17. Dezember 1961

Sprengstoffanschläge

In der Nähe von Altenburg wurden zwei Hochspannungsmasten der Montecatini-Werke durch Sprengladungen zerstört. Die beiden Masten wurden bereits in der Herz-Jesu-Nacht am 12./13. Juni 1961 zu Fall gebracht und waren erst seit einigen Wochen wieder hergestellt worden. Es blieben Flugblätter zurück, wie sie bereits bei dem Sprengstoffanschlag am 20. November aufgefunden worden waren.

23. Dezember 1961

Freiheit für einige wenige politische Häftlinge

Nach monatelanger Untersuchungshaft wurden auf Anordnung des Untersuchungsrichters Dr.

Martin folgende Häftlinge aus dem Bozener Gefängnis entlassen: Josef Anegg, Josef Crepaz, Sepp Dona, Anton Felderer, Peter Kargruber, Dr. Max Röggla.

Uniformverbot verlängert
Das Verbot zum Tragen von Uniformen (Trachten) wurde auf Anordnung des Innenministeriums für die Provinz Bozen bis zum 31. 12. 1962 verlängert.

28. Dezember 1961
Feuergefecht
In Rain bei Sand kam es zu einem längeren Feuergefecht zwischen unbekannten Tätern und Soldaten der Grenzbewachung. In den Sandsackdeckungen und in der Finanzerkaserne konnten Einschüsse festgestellt werden. Anschließende Verhöre, Hausdurchsuchungen und Straßensperren durch Antisabotageeinheiten brachten keine Hinweise auf die Täter.

30. Dezember 1961
Unterrichtsminister nimmt verhaftete Studenten in Schutz
In einem offenen Brief an den Rektor der Universität Wien, Prof. Dr. Arnold, nahm der österreichische Unterrichtsminister Dr. Drimmel die Anfang September in Rom und Trient verhafteten Studenten der Universität Wien in Schutz. Der Minister schrieb: *„Einzelne Studierende, die sich zu gesetzeswidrigen Handlungen verleiten ließen, wurden nicht einfach durch neue nazistische Ideale in die Irre gelenkt; sie waren vielmehr der Meinung, im Gegensatz zur lässigen Lebensweise gewisser Alterskameraden einen Einsatz wagen zu müssen, der Mut und Opfer verlangt."* („Oberösterreichische Nachrichten", Linz, 30. 12. 61.)

31. Dezember 1961
Sprengstoffanschlag
In der Silvesternacht sprengten die Südtiroler Freiheitskämpfer bei Perdonig einen Hochspannungsmast und unterbrachen für weite Gebiete die Stromversorgung. Die italienische Tageszeitung „Alto Adige" kommentierte diesen Anschlag: *„Es wird ein schlechtes Jahr werden, die Dinamitardi denken gar nicht daran, aufzuhören!"*

— 1962 —

7. Januar 1962

Anton Gostner im Gefängnis gestorben

Im Bozner Gerichtsgefängnis verstarb der 42jährige politische Häftling Anton Gostner an den Folgen von Mißhandlungen durch die italienische Polizei. Sein damaliger politischer Mithäftling Sepp Mitterhofer schildert sein Ende: „*Am 7. Jänner 1962 gingen wir im Gefängnishof spazieren, als Toni Gostner plötzlich über ein beklemmendes Gefühl in der Brust und einen starken Schmerz im linken Arm klagte. Auf der Krankenstation wurde er kurz behandelt und in seine Zelle zurückgebracht. Einige Minuten später kamen auch wir vom ‚Auslauf' im Gefängnishof zurück. Wir waren zu viert in derselben Zelle zusammengeschlossen. Ich setzte mich auf Gostners Pritsche und fragte, wie es ihm gehe. Wir wechselten ein paar Worte, und plötzlich riß es ihn nach hinten, er rang nach Luft, wurde ganz blau im Gesicht und starb. Er wurde von den Wärtern fortgetragen, und wir blieben in tiefer Niedergeschlagenheit zurück. Am nächsten Tag gingen wir mit hängenden Köpfen im Gefängnishof spazieren, da sagte Sepp Kerschbaumer: ‚Das ist das zweite Opfer der Folterungen, dabei bleibt es wohl nicht. Wer wird der dritte sein?' Wir schauten uns betroffen in die Augen. Er konnte nicht ahnen, daß er es selbst sein sollte, oder doch?!*" (Rainer, Peter Paul [Hrsg.]): „. . . grüß mir die Heimat, die ich mehr als mein Leben geliebt. 1964-1994. Zum 30. Todestag von Sepp Kerschbaumer und Luis Amplatz", Eppan 1994, S. 19f.) *Gostner wäre vielleicht zu retten gewesen, wenn man der Forderung des mit inhaftierten Südtiroler Arztes Dr. Sullmann gefolgt wäre und Gostner schnellstens in ein Spital gebracht hätte. Anton Gostner hatte schon in der Carabinierikaserne von Brixen, in der er gefoltert wurde, die Ahnung gehabt, daß er all das nicht überstehen werde. Seine Kinder hatten ihn kurz in der Kaserne besuchen dürfen und dort hatte er ihnen seinen Letzten Willen mitgeteilt und dabei gesagt, daß er wohl nicht mehr lebend herauskommen werde.* (Baumgartner / Mayr / Mumelter: „Feuernacht. Südtirols Bombenjahre. Ein zeitgeschichtliches Lesebuch.", Bozen 1992, S. 87.) Gostners Frau und die fünf Kinder erfuhren den schmerzhaften Verlust aus den Zeitungen. Gostner war am 20. 5. 1961 unter der Beschuldigung verhaftet worden, Propagandamaterial des Bergisel-Bundes aufbewahrt zu haben. Es handelte sich um einen gedruckten Aufruf an die Wirte und Geschäftsleute, Gasthausnamen und Geschäftsbezeichnungen in deutscher Sprache zu führen, was aufgrund eines kurz vorher ergangenen Gerichtsurteiles legal war. Mit Bewilligung des Untersuchungsrichters Dr. Martin war der herzkranke Gostner am 18. 7. 1961 (siehe dort!) aus dem gerichtlichen Gewahrsam erneut in die Carabinierikaserne Eppan gebracht und dort schwer gefoltert worden.

8. Januar 1962

Nach dem Tod Gostners: SVP bringt verheimlichten Folterbrief eiligst zu den „Dolomiten"

Wie die deutsche Bozener Tageszeitung „Dolomiten" später, am 27. Januar, enthüllen wird, brachten am 8. Januar zwei Funktionäre der SVP in aller Eile den Brief Gostners, den dieser bereits am 16. August 1961 (!) an seinen Rechtsanwalt Dr. Fritz Egger in Bozen gerichtet und in dem er die an ihm verübten schweren Folterungen geschildert hatte, in die Redaktion der Tageszeitung. Dieser Brief war bereits am 21. August 1961 von Dr. Egger an die SVP weitergeleitet worden. Dann hatte der Anwalt nichts mehr weiter unternommen. Dort hatte der Brief dann viereinhalb Monate bis zum Tode Gostners in der Schublade geschlummert. Nun hatte es die SVP auf einmal eilig bekommen, den Brief herauszurücken, wohl damit nicht der Vorwurf erhoben werde, sie hätte dieses Dokument unterdrücken wollen. Die „Dolomiten" veröffentlichten nun den Brief auszugsweise sogar im Faksimile. Dabei wurde sichtbar, daß der Brief den Zensurstempel des Gefängnisses trug, also nicht heimlich herausgeschmuggelt, sondern offiziell an den Anwalt geschrieben worden war, damit dieser etwas unternehme. Gostner hatte keineswegs gewollt, daß dieser Brief verheimlicht werde. (Inhalt des Briefes: siehe 18. 7. 1961.) (Siehe weiter: 27. Januar.)

10. Januar 1962

Bischof Gargitter kann nicht länger schweigen: Milde Mahnung an die Folterknechte

Der Tod eines zweiten politischen Häftlings und die damit verbundene Erschütterung weiter Bevölkerungskreise veranlaßten den als Freund der italienischen Staatsmacht bekannten Bischof von Brixen, Dr. Josef Gargitter, der Öffentlichkeit eine gewundene und vorsichtig formulierte Erklärung zu übergeben: *„Die Tatsache, daß innerhalb kurzer Zeit zwei von den im Gefängnis in Bozen befindlichen politischen Häftlingen plötzlich gestorben sind, hat in der Bevölkerung größte Besorgnis hervorgerufen und die Meinung entstehen lassen, daß Gerüchte, die schon seit Monaten im Umlauf waren, über Mißhandlungen politischer Häftlinge durch Sicherheitsorgane begründet sind. Wie ein Alpdruck liegt auf den Herzen vieler die Befürchtung, daß in diesem Grenzgebiet nicht allen Bürgern der Rechtsschutz des Staates in genügender Weise gesichert sei. Wo das Vertrauen in den Rechtsschutz des Staates in den Bürgern erschüttert ist, ist einer unheilvollen Entwicklung Tor und Tür geöffnet. Es liegt deshalb gleicherweise im Interesse des Staates wie im Interesse der Bevölkerung, daß die zuständigen Behörden in der Angelegenheit der Klagen über erfolgte Mißhandlungen der politischen Häftlinge umgehend völlige Klarheit schaffen, den wahren Sachverhalt feststellen und die Öffentlichkeit darüber unterrichten. Das Volk muß die Sicherheit haben, daß alle Bürger ohne Ausnahme, auch die in Untersuchungshaft befindlichen Personen, den Rechtsschutz des Gesetzes genießen, in ihren Rechten und in ihrer Würde als menschliche Personen geachtet werden und vor aller Willkür geschützt sind. Als Oberhirte dieses Gebietes habe ich heute in Begleitung des Weihbischofes Msgr. Forer und des Generalvikars von Brixen den Vizeregierungskommissär in Bozen, S. Exz. Puglisi, aufgesucht, um ihm als dem Vertreter der Regierung die Schwere der gegenwärtigen Lage darzulegen, sowie ihn auf die Notwendigkeit einer raschen Intervention der berufenen Organe des Staates hinzuweisen. Der Vizeregierungskommissär hat seine persönliche Interessennahme und die sofortige Weiterleitung der vorgebrachten Anliegen an die zuständigen Regierungsstellen zugesichert. Es ist meine Pflicht als Bischof, auch in dieser schweren Stunde nochmals mit aller Klarheit für Recht und Gerechtigkeit für alle in gleicher Weise einzutreten und jede ungesetzliche Gewalttat, von wem und an wem immer sie geschieht, als gegen die christliche Sittenordnung verstoßend zu verurteilen. Euch alle aber bitte ich von Herzen, unterlaßt auch jetzt alles, was die bestehenden Gegensätze vergrößern und neuen Haß und Verbitterung hervorrufen könnte. Der Herr ist mit denen, die sein Gebot achten und dem Frieden dienen, auch in schwieriger Lage. Möge Gottes Vorsehung es lenken, daß diese schmerzlichen Ereignisse Anlaß werden zu baldiger Herbeiführung ruhiger und glücklicherer Zustände in unserem Lande."* Wieso die Folterungen Anlaß zur Herbeiführung ruhigerer und glücklicherer Zustände sein sollten, blieb wohl das Geheimnis des Bischofs. Seine milden Worte in Richtung der Folterknechte änderten jedenfalls nichts. Sie folterten weiter, und der Bischof persönlich las den Carabinieri auch weiterhin jährlich die Hl. Messen.

Katholische Männerbewegung verlangt Untersuchungskommission

Die katholische Männerbewegung von Bozen verlangte in einer von mehr als hundert Personen unterzeichneten Stellungnahme die sofortige Einsetzung einer Untersuchungskommission zur Prüfung der Übergriffe durch Polizei- und Justizbehörden.

Obduktion der Leiche Anton Gostners

In der Totenhalle des Bozener Krankenhauses wurde durch die Ärzte Professor Franchini vom gerichtsmedinzinischen Institut der Universität Padua, dessen Assistenten Dr. Introna, Dr. Köllensperger aus Bozen und Prof. Dr. Wolfgang Laves, Vorstand des gerichtsmedizinischen Institutes der Universität München, die Obduktion des plötzlich verstorbenen politischen Häftlings Anton Gostner vorgenommen.

11. Januar 1962

Strenge Bestrafung gefordert

Die „Trentiner Tiroler Volkspartei" forderte eine strenge Bestrafung der Verantwortlichen für die Mißhandlungen von politischen Südtiroler Häftlingen.

Untersuchungskommission gefordert
Die Südtiroler Parlamentarier forderten in einem Antrag von Kammer und Senat in Rom die Einsetzung einer parlamentarischen Untersuchungskommission zur Aufklärung der Häftlingsmißhandlungen und des Todes von Franz Höfler und Anton Gostner.

12. Januar 1962
Erklärung der Nordtiroler Landesregierung
In einer Erklärung schilderte die Nordtiroler Landesregierung in knappen Worten die Vorfälle in Südtirol und äußerte dann die Bitte, *„daß Recht und Gerechtigkeit und Menschenwürde auch im alten Kulturland Südtirol endlich wieder Einzug halten. Sie wendet sich mit diesem Appell auch an das Volk von Italien; es kann und wird nicht dulden, daß sein Name durch die Methoden italienischer Polizeiorgane befleckt wird . . . Mehr denn je ist die Tiroler Landesregierung entschlossen, in Treue zum Volk von Südtirol zu stehen."*

Häftling ins Krankenhaus eingeliefert
Der 39jährige Arzt Dr. Josef Sullmann aus St. Pankraz im Ultental wurde wegen einer Herzerkrankung aus der Untersuchungshaft im Bozener Gerichtsgefängnis ins Bozener Krankenhaus gebracht.

Carabinieri verhört
Auf Veranlassung des mutigen Untersuchungsrichters von Neumarkt wurden im Amtsgericht in Cles am Nonsberg Offiziere und Unteroffiziere, die an den Untersuchungen gegen Südtiroler teilgenommen hatten, einvernommen.

Carabinieriofffziere besprechen Verschleierung der Folterung
Die Carabinierigeneräle Coppiello und Celi, die Kommandeure der Divisionen Mailand und Padua, der Oberst der Legion Bozen, Loretelli, und der Generalstaatsanwalt Dr. Tartaglia besprachen in Trient die Vorwürfe gegen die Folterer und das weitere Vorgehen der Justiz in dieser Sache.

13. Januar 1962
Südtiroler Landtag fordert Untersuchungskommission – Dietl verliest Folterbrief
Der Südtiroler Landtag nahm mit allen Stimmen, ausgenommen jener des Neofaschisten Mitolo, einen Antrag auf Einsetzung einer parlamentarischen Untersuchungskommission zur Untersuchung der Folterungen an. Zum Antrag gab namens der SVP-Landtagsabgeordneten Hans Dietl eine ausführliche Begründung ab und verlas dabei einen Brief des Häftlings Sepp Innerhofer, in welchem dieser die erlittenen Folterungen schilderte:
„Sehr geehrter Herr Dr. Magnago!
Entschuldigen Sie vielmals, daß ich Ihnen durch mein Schreiben noch mehr Arbeit bereite, aber da ich gehört habe, daß die Öffentlichkeit über die Art und Weise der Mißhandlungen nicht im Bilde ist, möchte ich durch eine nur die wichtigsten Angaben umfassenden Schilderung Ihnen diesen Brief schreiben.
Nach meiner Verhaftung am 17. Juli (Montag nachts) mußte ich den ganzen Dienstag und Mittwoch ununterbrochen aufrecht stehen, ohne Essen und Trinken. Bin immer wieder inzwischen vorgeführt worden, um verhört zu werden. Gleich am Dienstag schon bekam ich die ersten Schläge ins Gesicht und in die Rippen. Da ich von der ganzen Sache überhaupt nichts wußte, habe ich jedesmal auf ihre Fragen verneinen müssen. Zwei Stunden wurde ich dann unter eine starke Glühlampe gestellt. Beim nächsten Verhör hatte mir dann ein bestimmter Herr Pozzi (in Zivil) mit der Faust so stark ins Gesicht geschlagen, daß mir die Lippe aufsprang und ein Oberzahn losgeschlagen wurde. Dann mußte ich wieder im Gang stehen, und die Wache wurde beauftragt, mir bei unaufrechtem Stehen auf die Fußspitzen zu treten, was auch etliche Male geschehen ist, da ich fast nicht mehr imstande war, aufrecht zu stehen. Nach meiner Vernehmung am Mittwoch vor dem Staatsanwalt wurde ich 24 Stunden in den

Keller, auch wieder ohne Essen und Trinken, gesperrt. Donnerstag nacht wurde ich dann zu einer ‚Sonderbehandlung' nach Eppan gebracht. Wurde nach einem weiteren Verhör in eine Kammer gebracht, wo ich mich vollständig nackt ausziehen mußte. Wurde dann mit Hosen- und Gewehrriemen furchtbar über den ganzen Körper geschlagen. Als ich um Wasser bat, wollte man mir etwas anderes (gelbes Wasser) einschütten. Da ich den Mund nicht auftat, wurden mir bei den Geschlechtsteilen die Haare ausgezupft!!! – um mich dadurch zum Schreien zu bringen. Da alle meine Kraft zu Ende war, habe ich um ein Verhör gebeten und habe mich dann durch eine ausgedachte Lüge vor weiteren Mißhandlungen geschützt. Freitag früh kam ich dann wieder nach Meran und glaubte, daß ich endlich Ruhe finden würde. Jedoch ging es gleich mit Verhören und weiteren Schlägen wieder weiter. Freitag zu Mittag bekam ich das erstemal nach vier Tagen einen Klumpen kalte Pasta und Wasser. Nachmittags kamen dann furchtbare Stunden. Wurde wiederum beim Verhör mit harten Faustschlägen auf den Hinterkopf behandelt. Zweimal fiel ich vom Stuhl zu Boden. Nach einem weiteren starken Schlag weiß ich nichts mehr. Bin am Samstag früh noch ganz benommen aufgewacht, und mir wurde dann ein langes Protokoll vorgelegt, das ich, ohne es zu lesen, unterschrieben habe. Weiß heute noch nicht, was darin steht, da ich der italienischen Sprache nicht mächtig bin und ebenso noch nicht vor dem Untersuchungsrichter war. Habe heute noch, nach zwei Monaten Haft, mit dem Kopf zu leiden. Wurde hier in Bozen behandelt sowie 14 Tage nach Trient ins Krankenhaus gebracht, jedoch mein Kopfweh blieb, und ich kann fast gar nicht schlafen."

14. Januar 1962

Tirol verabschiedet Anton Gostner

Mehr als 10.000 Menschen aus allen Landesteilen Tirols nahmen am Begräbnis Anton Gostners in seiner Heimatgemeinde St. Andrä bei Brixen teil. Den Kondukt von über 20 Priestern führte Pfarrer Aichner an. Den letzten Gruß des Tiroler Volkes an den Märtyrer des Tiroler Freiheitskampfes sprach der Bürgermeister von Brixen, Dr. Valerius Dejaco.

Einreiseverbot für den Landesrat Zechtl

Eine Delegation der Nordtiroler Landesregierung mit Landeshauptmann Dr. Tschiggfrey (ÖVP), den Landesräten Wallnöfer (ÖVP) und Zechtl (SPÖ) sowie hohen Landesbeamten wollte am Begräbnis Gostners teilnehmen. Da die italienischen Behörden am Brenner dem sozialistischen Landesrat Zechtl die Einreise verweigerten, kehrte die gesamte Delegation nach Innsbruck zurück. Unter Teilnahme der Delegationsmitglieder und der Bevölkerung fand daraufhin um 19 Uhr in der Hofkirche in Innsbruck ein Gedenkgottesdienst statt.

Häftlingsfrauen wollten zum Bischof

Nach dem Begräbnis von Anton Gostner regte Rosa Klotz, die Frau des Freiheitskämpfers Georg Klotz, an, Bischof Gargitter die Aufwartung zu machen. Die Frauen und Mütter der Häftlinge zogen vor die Brixener Hofburg und verlangten eine Vorsprache bei dem Bischof. Ein aufgeregter Monsignore wehrte den Vorstoß der Frauen ab, der Bischof ließ sich nicht finden.

Hungerstreik der politischen Häftlinge

Mehr als 90 Häftlinge in den Gefängnissen von Bozen und Trient traten in den Hungerstreik. Sie verwiesen darauf, daß sich weitere Häftlinge auf Grund der Folterungen in einem bedenklichen Gesundheitszustand befanden und verlangten eine internationale Untersuchungskommission, die sich *„an Ort und Stelle von den Schandtaten der italienischen Polizei überzeugen könne."* Die Häftlinge gaben weiters der Befürchtung Ausdruck, daß die Regierung die schuldigen Polizisten decken werde, da man die Stirn habe, diese Folterungen zu leugnen, obschon seit Monaten mehr als 40 Strafanzeigen wegen schwerer Torturen bei der Staatsanwaltschaft lagen.

15. Januar 1962

Kontroverse zwischen Rom und Wien

Außenminister Kreisky wies ein vom Wiener italienischen Botschafter Martino überreichtes Aide-mémoire zurück, in welchem behauptet wurde, die italienische Regierung habe keine Kenntnis davon, daß Anton Gostner eines unnatürlichen Todes gestorben sei, und der österreichischen Regierung vorgeworfen wurde, sie mache sich die *„Zurückhaltung der italienischen Regierung vor der Selbständigkeit der Gerichtsorgane zunutze, um von der Verantwortung Österreichs für die in Italien verübten Terrorakte abzulenken.*" Minister Kreisky wies diese Ausflucht Italiens schärfstens zurück und betonte, daß den österreichischen Behörden dokumentarisches Material zur Verfügung stehe, *„das schwerwiegende Belastungen gegen italienische Exekutivorgane enthält."*

Struye darf nicht nach Bozen

Der Vorsitzende der Südtirolkommission des Europarates, der Belgier Struye, trat nach Gesprächen mit Mitgliedern der Regierung in Rom die Rückreise an. Die italienische Regierung hatte die Absicht Struyes, auch in Bozen Gespräche zu führen, als nicht erwünscht bezeichnet. Im Anschluß an seine Besprechungen in Wien und Rom gab Struye bekannt, daß die Südtirolkommission des Europarates ihre Debatte über die Südtirolfrage bis zum Abschluß der gegenwärtigen Arbeiten der italienischen Studienkommision vertagen würde.

Südtiroler Volkspartei verlangt erneut Untersuchungskommission

Erneut forderte der Parteiausschuß der SVP die Einsetzung einer parlamentarischen Kommission zur Untersuchung der Folterungen in Südtirol.

16. Januar 1962

Alpenverein Südtirol fordert Wahrung der Menschenwürde

Auf der Jahreshauptversammlung der 24 Sektionen des Südtiroler Alpenvereins gaben die anwesenden Delegierten einhellig ihrer Empörung über die Mißhandlung der Häftlinge, welche im Gegensatz zu den Grundsätzen der Freiheit und der Menschenwürde stehe, Ausdruck.

Südtirol trauert

Die Südtiroler Volkspartei, Schützenkompanien, Feuerwehren, der Alpenverein sowie andere Vereine und Verbände sagten alle Veranstaltungen und Belustigungen ab. Sie wollten auf diese Weise ihrer Trauer und Empörung und dem Mitgefühl mit den politischen Häftlingen und deren Angehörigen Ausdruck geben.

Brenner: Grenze durch den Charakter

Die nach Österreich geflüchteten Südtiroler Schützenoffiziere Georg Klotz, Luis Amplatz und andere Führer des Südtiroler Freiheitskampfes versuchten in vielen Gesprächen mit Offizieren der Bundesleitung vergeblich, den Nordtiroler Schützenbund zu einer solidarischen Haltung und zur Absage der Faschingsveranstaltungen zu veranlassen. In einigen Kompanien, besonders in Absam und Hall, kam es zu demonstrativen Austritten. Der Landeskurat der Schützen, Pater Madersbacher, bedauerte in Gesprächen mit Freiheitskämpfern die Haltung des Schützenbundes und erklärte, daß die Grenze des Unrechts offenbar nicht nur durch das Land, sondern auch durch die Herzen und den Charakter gehe.

17. Januar 1962

Innenminister Scelba will keine Untersuchung

Vor Vertretern der Auslandspresse in Rom wandte sich der italienische Innenminister Scelba, der persönlich den Freibrief für Folterungen erteilt hatte, entschieden gegen die Einsetzung einer parlamentarischen Untersuchungskommission und erklärte, eine Überprüfung der beanstandeten Polizeimethoden fiele ausschließlich unter die Kompetenz der italienischen Justiz. Die Regierung werde sich daher jeder derartigen Kommission widersetzen. Sie glaube, daß die Nachrichten über Folterungen nur die Anschläge der Südtiroler „Terroristen“ vergessen machen sollen.

Sprengstoffanschlag
Die Südtiroler Freiheitskämpfer beschädigten bei Frangart einen Hochspannungsmast durch einen Sprengstoffanschlag schwer. Die abgerissenen Kabel führten zu einem längeren Ausfall der Leitung. Die anschließende Fahndung durch Antisabotageeinheiten blieb erfolglos.

18. Januar 1962
Auf Initiative linksgerichteter Abgeordneter: Regionalrat für Aufklärung der Folterungen
Der Regionalratsabg. und Strafverteidiger Sandro Canestrini verlas vor dem Regionalrat für Trentino-Südtirol zwei erschütternde Briefe Südtiroler Häftlinge, in welchen diese die Foltern schilderten, die sie von den Carabinieri erdulden mußten. Unter dem betretenen Schweigen der Abgeordneten verlas Canestrini aus dem Brief von Josef Anegg aus Kurtatsch folgende Schilderung:
„Ich bin am 17. 7. 1961 in die Carabinierikaserne von Kurtatsch eingeliefert worden. Man fragte mich, ob ich wüßte, weshalb ich hier sei; ich verneinte es. Daraufhin gab man mir Ohrfeigen und verschiedene Faustschläge. Außerdem fragte man mich: ‚Weißt du, wer die Sprengstoffanschläge verübt hat?‘ Darauf antwortete ich in voller Wahrheit, ich wisse wirklich nichts. Sie wollten es nicht glauben, und daher versetzte man mir zahlreiche Ohrfeigen und Faustschläge gegen den Unterleib, die Rippen und die Geschlechtsorgane. Ich mußte ungefähr sechs Stunden hindurch den linken Arm hochhalten. Ich mußte mich nackt ausziehen bis auf die Schuhe. Mit einer brennenden Zigarette verbrannte man mir die Lippen, die Hände, die Brustwarzen und die Geschlechtsteile. An den Geschlechtsteilen verbrannte man mir mit Zündhölzern Haare, andere rissen sie mir ebendort mit einer Zange aus. Mit derselben Zange riß man mir auch Haare an den Achselhöhlen und an der Brust aus. Mit dieser Zange fuhren sie mir dann an beiden Seiten längs der Rippen auf und ab. Ich mußte mich dann bücken, und ein Carabinieri näherte sich mir von hinten und wollte – wie er sagte – eine ‚chiavata alle pecorine‘, (das heißt Geschlechtsverkehr von hinten). Er wurde nicht ausgeführt, aber neuerdings rissen sie mir mit der Zange Haare aus. Dreimal spuckte man mir in den Mund, und ich mußte es schlucken; außerdem spuckte man mir ins Gesicht, wo es allein trocknen mußte, da ich mich nicht reinigen durfte. Mit den Schuhen versetzte man mir Fußtritte gegen die Beine und Geschlechtsteile. Mit der Zange preßten sie mir die Finger zusammen, und dabei zerquetschten sie mir den Nerv des rechten Mittelfingers. Mit der Lederhülle einer Pistole schlugen sie mir so lange auf den Kopf, bis diese in Stücke ging. Außerdem schlugen sie mir mit einem Ladestreifen einer Maschinenpistole auf den Kopf, bis ich ohnmächtig zu Boden fiel. Mit einem ungefähr 50 cm langen Eisen im Mund und mit erhobenen Händen mußte ich die Knie beugen, bis ich zu Boden fiel. Dann mußte ich mir die Schuhe ausziehen, und sie trampelten dann auf meinen Zehen herum. Mit einem Teppichklopfer schlugen sie mir auf den Rücken und auf die Hände. Dann stießen sie einen Besen in Menschenkot ein und strichen mir damit um den Mund. Mit demselben Besen schlugen sie mir auf die Hände, Ohren und auf den Kopf; nachdem sie mich mit einer Kette an das Stiegengeländer gebunden hatten, zwickten sie mich.“
Der Regionalrat beschloß sodann auf Antrag des sozialistischen Regionalratsabgeordneten Nardin und des kommunistischen Regionalrates Canestrini, von Rom eine parlamentarische Untersuchungskommission zu fordern.

19. Januar 1962
Italien protestiert
Botschafter Martino protestierte bei der österreichischen Bundesregierung dagegen, daß österreichische Zeitungen Italiens Innenminister wegen des Todes zweier Südtiroler Häftlinge angegriffen hatten.

22. Januar 1962

Italien gegen Pressefreiheit

Der Verkauf der „Tiroler Nachrichten", des Nordtiroler Organs der Österreichischen Volkspartei, wurde in Italien wegen einer angeblichen *„Verleumdungskampagne"* verboten. Die in Innsbruck erschienene Tageszeitung hatte aus dem Gefängnis herausgeschmuggelte Folterbriefe an das Licht der Öffentlichkeit gebracht.

Schikane für österreichische Journalisten

Neben dem bereits bestehenden Visumzwang wurde für österreichische Journalisten eine zusätzliche Meldeauflage eingeführt. Mit einem eigenen Formular mußten sie sich nach der Einreise bei der Polizei melden und jeden vierten Tag zur neuerlichen Kontrolle erscheinen.

23. Januar 1962

Feierliche Belobigung für Folter-Carabinieri

Im Gebäude der Carabinierilegion in Bozen wurden mehr als 60 Offiziere und Unteroffiziere für ihren „besonderen Eifer" bei der Suche nach Südtiroler Freiheitskämpfern ausgezeichnet. *„Il plauso della nazione tutta"* – der Beifall der gesamten Nation – wurde den Spezialisten für Folterung und Gefangenenmißhandlung durch General Giovanni Celi überbracht. Unter den Ausgezeichneten befanden sich: Oberst Marasco, die Hauptleute De Rosa, Marzollo, Boracci und die Leutnante Vilardo und Rotellini. In der Ehrenurkunde für Oberleutnant Vilardo, der sich durch eine besondere Brutalität bei den Häftlingsverhören ausgezeichnet hatte, hieß es, *„er leistete mit Begeisterung und Opfergeist seinen Vorgesetzten wertvolle Unterstützung!"* Zur weiteren Belohnung wurde Vilardo als Lehrer an die Unteroffiziersschule in Moncalieri bei Turin berufen. Angesichts der Südtiroler Volkstrauer, der noch nicht verwelkten Kränze auf dem Grabe Gostners, der ein Opfer Vilardos war, eine ungeheure Provokation!

Schikanen für Häftlinge

Für die politischen Häftlinge wurde die Besuchs- und Paketregelung drastisch verschärft, Postzustellung von Paketen wurde verboten, und nur mehr engste Angehörige durften das Besuchsrecht wahrnehmen. Angesichts der großen Entfernungen zu den Heimatorten wurde dies als Schikane empfunden.

24. Januar 1962

„Dolomiten": Folterer sind Faschisten!

Die Zeitung schreibt zu den an Südtiroler Häftlingen verübten Mißhandlungen: *„Es liegt die Vermutung nahe, daß jene sadistischen Folterknechte im Sicherheitsdienst untergetauchte Faschisten sind, die in dieser willkommenen Tarnung . . . mit wehrlosen Südtirolern Schindluder treiben durften."*

„Laßt siegen die Gerechtigkeit"

Frauen und Mütter der politischen Gefangenen, besorgt um das Schicksal ihrer im Kerker befindlichen Angehörigen, appellierten an Italien und Europa: *„Seit vielen Monaten schmachten unsere Männer in Bozen und Trient. Sie sind politische Häftlinge. Wir wissen, daß eine eventuelle Schuld eine Sühne zur Folge hat, aber wir sehen auch, wie sie gefaßt und vertrauensvoll einem gerechten und unvoreingenommenen Spruch des Gerichtes entgegensehen, in der festen Überzeugung, daß sie zum größten Teil die ihnen zur Last gelegten Verbrechen niemals begangen haben. Wir Südtiroler Frauen wissen aber auch, daß unsere Männer vielfach Folterungen erlitten haben, die zum Himmel schreien. Diesbezügliche Dementis hoher und höchster Stellen sagen uns und der Welt nichts: Dementis sind keine Beweise, wir hingegen haben über die Folterungen die Beweise in der Hand und werden sie notfalls aller Welt zeigen. Viele von uns sahen bei ihren ersten Besuchen an ihren Angehörigen noch die Merkmale von schrecklichen Mißhandlungen, wir hörten von den ersten Tagen unserer Besuche an mit eigenen Ohren ihre Klagen über Schmerzen und Beschwerden als Folge derselben, und* *mancher unserer Männer war noch so verstört und benommen, daß er uns, seine Angehörigen, nicht erkannte. Die handschriftlichen Anklagen unserer Männer, ungezählte eidesstattliche Zeugenbeweise der Leidensgenossen liegen vor, die den abscheulichen Mißhandlungen zwangsweise und vielleicht zur Wollust anderer zusehen mußten. Vor allem aber – so weh es uns tut – sind immer noch Verletzungen schwerwiegender Natur festzustellen, die aber keine Behörde sehen will, weil alle das Gesicht davor verbergen. So geht es nicht weiter. Der Schaden ist bereits unermeßlich und droht immer größer zu werden. Ein gemeinsamer, vieltausendfacher Schrei bricht aus unseren Herzen voll Wunden und Tränen. Wir rufen Italien! Nicht jene Kreise, die ja keine Zeit haben und unsere Stimme nicht hören wollen. Wir rufen das italienische Volk, vor allem die italienischen Frauen, in der Überzeugung, daß diese den guten Namen ihres Landes nicht mit Schmutz beflecken lassen durch die Untaten einzelner und durch die Taubheit einiger Behörden. Wir rufen die Frauen und Mütter Italiens, die durch die Schandtaten der Diktatoren großes Leid erlitten haben. Wir wissen um das viele unschuldige Blut, das auch in Italien geflossen, um die Wunden und Tränen, die diesen Unmenschlichkeiten folgten. Wir rufen Europa! Wir können an dieses Europa aber niemals glauben, solange im Herzen dieses Kontinents, in einem uralten Kulturland, noch Folterungen und Maßnahmen geschehen, die an die Zeit des barbarischen Mittelalters erinnern. Im Ringen um das Schicksal unserer Männer sagen wir hiermit den offenen Kampf allen Personen und Behörden an, die vor dem Schicksal unserer Lieben taub und blind bleiben. Es ist nur ein Kampf um Gerechtigkeit und Menschlichkeit. Unsere Waffen sind das Gebet und der nimmer ermüdende Mahnruf an das christliche Gewissen des Abendlandes. Wir werden, wenn es not tut, geschlossen auf die Straßen und Plätze treten, diszipliniert und friedlich, und nimmer aufhören zu mahnen: Laßt ab vom Haß, schafft Abhilfe dem Leid, laßt siegen die Gerechtigkeit. Wir fordern in tausend Stimmen: Sofortige Bereitstellung von Vertrauensärzten, die, ihrer edlen Sendung bewußt, unseren Gefangenen schnelle und beste Hilfe angedeihen lassen, damit ihr bisheriges Leiden gelindert und vor allem weitere Schäden vermieden werden. Die sofortige Ernennung einer parlamentarischen Kommission, die ohne die berühmten bürokratischen Verzögerungen über die Folterungen zu befinden und für die sofortige entsprechende Bestrafung der Schuldigen und vor allem der Verantwortlichen Sorge zu tragen hat."* (Walla, Max [Hrsg.]: „Die Schändung der Menschenwürde in Südtirol", S. 42ff.)

<u>25. Januar 1962</u>
Rom fordert Bütteldienste

Das römische Außenamt überreichte dem österreichischen Botschafter in Rom eine Note, in welcher die österreichische Regierung beschuldigt wurde, seit mehr als einem Jahr die Tätigkeit österreichischer Staatsbürger toleriert zu haben, die von österreichischem Staatsgebiet aus Anschläge auf italienischem Staatsgebiet organisierten. Die italienische Regierung bezog sich hierbei auf Details aus den Akten des 1. Grazer Südtirolprozesses (siehe 6. 12. 1961), was bedeutete, daß diese Akten auf irgendeinem Wege in den Besitz der Italiener gelangt waren. Die italienische Regierung forderte die österreichische Regierung auf, *„ihr alle übrigen Elemente"* zu nennen, *„die in Zusammenhang mit der antiitalienischen terroristischen Aktivität stehen und die anläßlich der Nachforschungen der Polizei und der Gerichtseinvernahmen noch auftauchen, damit die italienische Regierung noch wirksamer der terroristischen Tätigkeit ein Ende setzen kann."* (Der vollständige Text der Note ist wiedergegeben in: Ritschel, Karl-Heinz: „Diplomatie um Südtirol", Stuttgart 1966, S. 397ff.)

<u>27. Januar 1962</u>
Österreich weist italienische Note zurück

Österreichs Botschafter in Rom, Dr. Löwenthal-Chlumetzky, gab die italienische Note mit einer österreichischen Begleitnote, in welcher die österreichische Nichtannahme motiviert wurde, wieder zurück. Österreich wies die Behauptung zurück, daß die österreichische Regierung *„Terrorakte"* gedeckt habe. Weiters lehnte die österreichische Regierung die Zumutung ab, eigene Staatsbürger den italienischen Behörden gegenüber zu denunzieren. Am Abend wurde der österreichische Botschafter erneut in das Außenamt gebeten, wo er die österreichische Begleitnote mit einer zweiten italienischen Note zurückerhielt. Der Botschafter verweigerte die Annahme und Weiterleitung nach Wien.

Folterungen: „Dolomiten" verteidigen Bischof Gargitter und SVP
Weitere von der SVP zurückgehaltene Folterbriefe

Die deutsche Tageszeitung „Dolomiten" versuchte nach dem Tode Anton Gostners ihren Lesern zu erklären, daß die monatelange Unterdrückung des Folterbriefes Gostners und der Briefe anderer Häftlinge in deren eigenem Interesse gewesen sei:
„Durch fünf Monate lastete ein unheimlicher Druck über Land und Menschen. Viel wurde geredet und vermutet. Glaubwürdige und überzeugende Beweise sollten zwar vorhanden sein, aber aus den später angegebenen Gründen der Presse und somit der Öffentlichkeit nicht zur Verfügung gestellt werden. Man kann darüber geteilter Meinung sein, ob diese ‚Zurückhaltung' berechtigt und im wahren Interesse der Mißhandelten war. Vieles spricht dafür. Die politischen Instanzen, die Rechtsanwälte und die Angehörigen, die um diese schrecklichen Anklagen ... wußten, haben dies sicher gut überlegt und, fern der Öffentlichkeit, bei den zuständigen Behörden alles Notwendige und Menschenmögliche getan, um den mißhandelten Häftlingen vor allem anderen die erforderliche ärztliche und sonstige Betreuung zukommen zu lassen. Die verzögerte Bekanntgabe der Mißhandlungen führte zu den unglaublichen und gemeinen Angriffen und Verdächtigungen, denen u. a. der Bischof von Brixen ... ausgesetzt wurde, weil er ‚erst jetzt' Stellung dazu bezogen hätte."
Dazu, daß erst unmittelbar nach dem Tode Gostners zwei SVP-Funktionäre in aller Eile den bislang verheimlichten Folterbrief Gostners in die „Dolomiten"-Redaktion zwecks Veröffentlichung gebracht hatten, schreib die Zeitung erklärend:
„Es handelte sich um den Brief eines Toten, dem niemand mehr schaden, aber dem auch niemand mehr in seinen Leiden helfen oder seine Wunden heilen konnte. Man wußte, daß weitere 40 lebende Häftlinge ähnlich-, gleich- oder noch schlimmerlautende Anklagen erhoben hatten, die aber weiterhin zwecks Vorlage an die geforderte Untersuchungskommission zurückgehalten würden."
Wie die „Dolomiten" weiter schrieben, hätten der Landtagsabgeordnete Dietl (durch Verlesung des mit 21. September 1961 datierten Folterbriefes von Sepp Innerhofer an Dr. Magnago im Landtag am 20. Januar 1962) sowie der kommunistische Regionalrat Canestrini, der die Verteidigung einiger Südtiroler Häftlinge übernommen hatte, *„die bisher geübte Rücksicht den Mißhandelten gegenüber fallen gelassen"*, wobei *„eine eigene Begründung"* nicht gegeben worden sei. *„Als besonders regsam haben sich in Bozen und Trient die beiden Kommunisten Nardin und Canestrini erwiesen, die für sich und den Kommunismus aus den Leiden der Südtiroler Kapital schlagen möchten ... ihr hiesiger Einsatz ist auf Gimpelfängerei ausgerichtet."* Die *„dem Zufall überlassene"* Veröffentlichung von einzelnen Folterbriefen schade eigentlich nur allen Beteiligten, ebenso wie die Veröffentlichung ungezeichneter Flugschriften, denen man in Österreich begegne, befanden die „Dolomiten". Solange nicht eine *„zusammenfassende Darstellung"* veröffentlicht werde, sei mit Rücksicht auf die Inhaftierten Zurückhaltung geboten. *„Aus obigen Gründen stellen wir vorderhand einen erschütternden Brief neuesten Datums von einem Häftling an seinen Seelsorger zurück ..."*
(Anmerkung: **Eine Reihe von Folterbriefen war ganz offiziell durch die Gefängniszensur an die SVP gerichtet worden. Dies hatten die Häftlinge aber nicht getan, damit die SVP ein besseres Druckmittel für politische Tauschgeschäfte mit dem Herrn Innenminister Scelba, der sie hatte foltern lassen, in der Hand habe, sondern damit ihre Anklagen in die Öffentlichkeit gebracht würden.** Die politischen Instanzen hatten keineswegs *„fern der Öffentlichkeit"* für die Inhaftierten alles zum Besten bestellt, sie hatten auch gar keine Möglichkeit dazu. Den Angehörigen war keinesfalls an Diskretion und Leisetreterei gelegen, sie suchten vielmehr verzweifelt die Öffentlichkeit, welche die SVP in dieser Frage scheute und nur im nötigsten Ausmaß in Anspruch nahm. Der Regionalrat Nardin, der zusammen mit Canestrini im Trentiner Regionalrat gegen die Folterungen aufgetreten war, war kein Kommunist,

sondern Sozialist. Der damalige Kommunist Canestrini war keineswegs auf „Gimpelfang" in Südtirol aus, sondern hat sich zeit seines Lebens in Südtirol nicht parteipolitisch betätigt. Im Trentino hat ihm sein Eintreten für die Südtiroler unter seinen italienischen Landsleuten vielfach Anfeindungen eingebracht. Der Landtagsabgeordnete Dietl hatte nicht „Rücksichten" gegenüber den Häftlingen fallen lassen, sondern hatte nicht mehr mitansehen können, wie man die Folterbeweise unter der Decke verschwinden ließ, während die italienische Presse triumphierend von den Lügen der Häftlinge und ihrer Angehörigen sprach. Deshalb hatte Dietl, dem der Kragen geplatzt war, am 13. Januar den Folterbrief Sepp Innerhofers verlesen. Die Folterbriefe blieben auch weiterhin in der Versenkung, bis SVP-Politiker, denen diese Vertuschungsmethode zuwider war, die Folterbriefe nach Nordtirol brachten. Diese wurden dann von Max Walla im Rahmen des „Mondseer Arbeitskreises" mit Unterstützung der Nordtiroler Landesregierung in der Dokumentation „Schändung der Menschenwürde in Südtirol" 1964 veröffentlicht. Später wurde unter den Vorzeichen der Paketpolitik die Auslieferung wieder behindert und eine Anzahl der Broschüren eingestampft. Als 1978 die „Kameradschaft der ehemaligen Südtiroler Freiheitskämpfer" eine Neuherausgabe plante, drohte der Anwalt der Nordtiroler Landesregierung mit gerichtlichen Schritten. Trotz dieser Drohung erfolgte die Neuauflage – schließlich konnte die Landesregierung keine Eigentumsrechte an den Briefen Dritter geltend machen –, welche bis jetzt an über 45.000 Interessenten, vornehmlich in Südtirol, versandt wurde.)

„Verleumdung der Carabinieri"
Der 26jährige Ernst Moroder aus St. Ulrich wurde in einem Lokal in Eppan verhaftet, weil er sich in betrunkenem Zustand einem Carabinierioffizier widersetzt habe. Der Bruder des Verhafteten, der 21jährige Helmut Moroder und seine Freunde Wilhelm Valentinelli und Georg Schmidt aus Frankfurt am Main, hatten gesehen, wie Ernst Moroder bei der Überführung in die Carabinieristation von Eppan, von wo aus er weiter in das Gefängnis in Bozen geliefert wurde, mißhandelt worden war. Sie erstatteten auf der Bozener Quästur Anzeige gegen die Eppaner Carabinieri und wurden prompt von diesen wegen Verleumdung der Carabinieri bei Gericht angezeigt.

29. Januar 1962
Notenkrieg statt Autonomie
Staatssekretär Dr. Steiner erklärte in Wien: *„Italien will mit seinem sinnlosen Notenkrieg nichts anderes, als den schlechten Eindruck verwischen, der durch das Bekanntwerden der Zustände in den Bozener Gefängnissen und durch die saumselige Reaktion der verantwortlichen italienischen Zentralstellen entstanden ist. Es wäre sicher viel besser und auch zweckdienlicher, wenn die italienischen Juristen, anstatt diplomatische Noten an Österreich zu verfassen, endlich über die längst fälligen und notwendigen Verbesserungen des Autonomiestatuts nachdenken würden. Da die Weltöffentlichkeit durch die korrekte Haltung der österreichischen Bundesregierung gegenüber der Gewalt in Südtirol klar erkannt hat, daß Österreich keine Verantwortung an den Attentaten trifft, soll offenkundig noch einmal der Versuch gemacht werden, uns neuerlich zu belasten und Österreichs Verhalten gegenüber Italien ins Gegenteil zu verdrehen. Italien scheint vor direkten Verhandlungen mit Österreich offenkundig Sorge gehabt zu haben."*

31. Januar 1962
Südtiroler Bürgermeister verkünden den Protest der Bevölkerung
Die Südtiroler Bürgermeister beschlossen einstimmig eine Resolution, die an Deutlichkeit nichts zu wünschen übrig ließ: *„Die aus den frei gewählten Bürgermeistern der Mitgliedergemeinden zusammengesetzte Außerordentliche Vollversammlung des Gemeindeverbandes der Provinz Bozen hält es für ihre dringende Pflicht, zu den schweren und traurigen Ereignissen in unserer Provinz Stellung zu nehmen, die bei der durch sie vertretenen Bevölkerung Verbitterung und Unruhe hervorgerufen haben . . . Aus den Kreisen der von ihr vertretenen*

Bevölkerung sind den Bürgermeistern schwerste und unmenschliche Mißhandlungen an Häftlingen, deren Schuld noch nicht gerichtlich nachgewiesen, ja in einigen Fällen durch die inzwischen erfolgte Entlassung widerlegt ist, zugekommen ... Überzeugt von der Unvereinbarkeit eines derartigen Vorgehens der Polizeiorgane mit den elementarsten Grundsätzen eines demokratischen Rechtsstaates, muß die Vollversammlung der Bürgermeister Südtirols verlangen, daß ohne jede Rücksicht auf Personen und Prestige volle Klarheit über diese Vorfälle geschaffen werde. Die Bürgermeister, die als Regierungsvertreter verantwortlich sind für die öffentliche Sicherheit in den Gemeinden, halten es für unvereinbar, mit jenen Polizeiorganen zusammenzuarbeiten, denen die Anwendung solcher Methoden nachgewiesen wird. Hierzu scheint der Vollversammlung, unbeschadet der Zuständigkeit der Gerichtsbehörden, das geeignetste Mittel die Einsetzung einer parlamentarischen Untersuchungskommission, die sich aus frei gewählten Vertretern des Volkes zusammensetzt."

Österreichischer Justizminister: Italienische Vorhalte sollen von Methoden in italienischen Gefängnissen ablenken
In der parlamentarischen Fragestunde erklärte Justizminister Dr. Broda, daß eine ausländische Einmischung in die österreichische Gerichtsbarkeit abgelehnt und keinem ausländischen Staat in politischen Verfahren Rechtshilfe geleistet werde. Italienische Vorhalte seien sachlich ungerechtfertigt und sollen offenbar von Methoden in italienischen Gefängnissen ablenken.

1. Februar 1962
Neue Schikanen gegen politische Häftlinge
Neun Südtiroler politische Häftlinge wurden aus dem Bozener Gefängnis versetzt und auf die Gefängnisse von Trient, Vicenza und Verona aufgeteilt. Eine Begründung dieser Maßnahme wurde nicht gegeben.

2. Februar 1962
Die Folterungsanzeigen werden geprüft
Der Präsident des Oberlandesgerichtes Trient ernannte die Mitglieder der Untersuchungssektion, welche sich mit der Prüfung der von Südtiroler Häftlingen erstatteten Anzeigen über Mißhandlungen durch Polizeiorgane zu befassen haben.

Ettore Tolomeis Erben klagen auf Schadenersatz
Die Erben des verstorbenen ehemaligen faschistischen Senators und Deutschenhassers Ettore Tolomei reichten gegen Personen, die am 1. Februar 1960 auf das als Museum und Faschisten-Wallfahrtsort dienende Tolomei-Haus in Glen bei Montan einen Sprenganschlag verübt haben sollen, Zivilklage ein und stellten Schadenersatzansprüche.

Geförderte Wohnungen fast nur für Italiener
Das Volkswohnbauinstitut baute 1936 bis 1943 Gebäude mit 2.442 Wohnungen, seit 1945 weitere 83 Gebäude mit 833 Wohnungen. Im Rahmen des Romita-Gesetzes (1954) wurden 362 Wohnungen (davon 287 allein in Bozen) gebaut. Im Rahmen des INA-Casa-Programms (1949, verlängert 1955) wurden von 1949 bis 1956 1.745 Wohnungen gebaut. Für die zweite Siebenjahresperiode sind 1.900 Wohnungen geplant. Bis 1961 wurden bereits 902 Wohnungen fertiggestellt. Im Rahmen kleinerer Programme wurden 392 Wohnungen errichtet. Von insgesamt 6.676 erstellten Wohnungen wurden nur 394 den Südtirolern zugewiesen.

3. Februar 1962
Krise im Bergisel-Bund (BIB). Gschnitzer legt den Bundesobmann zurück
Die Vorstandsmitglieder, Abgeordneter Universitätsprofessor Dr. Franz Gschnitzer, Universitätsprofessor Dr. Eugen Thurnher, Dr. Hubert Senn und Benedikt Posch (Chefredakteur der katholischen Wochenschrift „Volksbote" in Innsbruck) stellten im Hinblick auf italienische

Behauptungen, der Bergisel-Bund arbeite mit neonazistischen Kreisen zusammen und habe die Anschläge in Südtirol organisiert, im Bundesvorstand den Antrag auf Änderung der Geschäftsordnung dahingehend, daß *„jede Art von neonazistischer Betätigung"* mit den Zielen und Aufgaben des Bergisel-Bundes unvereinbar sei. Funktionäre des Bergisel-Bundes könnten demnach nur Personen sein, die den Nationalsozialismus ablehnten und sich aus ehrlicher Überzeugung zum österreichischen Vaterland bekennen. Der Bergisel-Bund stehe vorbehaltslos auf dem Boden der Legalität. *„Daher haben sich Mandatare bzw. Funktionäre des Bergisel-Bundes, gleichgültig, in welcher Position sie sich befinden, in ihrer Arbeit für Südtirol ausschließlich gesetzlicher Mittel zu bedienen. Eine Teilnahme an ungesetzlichen Aktionen ist ihnen nicht erlaubt."* Mit diesem Antrag versuchte Univ.-Prof. Dr. Gschnitzer sich aus der mißlichen Position zu befreien, ständig von der italienischen Seite als Chef einer *„terroristischen Vereinigung"* angegriffen zu werden. Diesen Angriffen hatte er schon den Verlust seines Postens als Staatssekretär zu verdanken gehabt, und nun schien auch seine Position als Mitglied der österreichischen Verhandlungsdelegationen gefährdet. Eine Annahme des Antrages hätte bedeutet, daß die im 1. Grazer Südtirolprozeß verurteilten Freiheitskämpfer Ottokar Destaller und Dipl. Ing. Ludwig Messerklinger aus der Führung des Bergisel-Bundes hätten ausscheiden müssen. Die Gruppe im Vorstand um Landesrat Dr. Aloys Oberhammer (BAS-Mitglied) und den Geschäftsführer Dr. Eduard Widmoser stellte sich gegen den Antrag. Man gebe nur der italienischen Propaganda Recht, die behaupte, daß der Bergisel-Bund sowohl eine *„neonazistische"* als auch *„terroristische"* Organisation sei, und an der Hetze werde sich gar nichts ändern. Die Annahme des Antrages werde in der Öffentlichkeit als Rechtfertigung der Hetze Italiens und als *„mea culpa"* des Vorstandes angesehen müssen. Der Antrag wurde abgelehnt, wobei anwesende stimmberechtigte hohe Nordtiroler Landesbeamte sich der Stimme enthielten. Daraufhin verließ Univ.-Prof. Dr. Gschnitzer zusammen mit den übrigen Antragstellern den Vorstand. Nunmehr wurde der BIB von dem geschäftsführenden Obmann Dr. Widmoser weiter geleitet.

Hämischer Kommentar der „ITALIA"

Am 7. Februar kommentierte der in Bozen erscheinende „Deutsche Sonderdienst der Nachrichtenagentur ITALIA" in seiner Ausgabe Nr. 6 hämisch den Rücktritt Professor Gschnitzers: *„Der Rücktritt könnte ein Anzeichen für die Besorgnis sein, direkt in die Mitverantwortlichkeit an den Terrorakten hineingezogen zu werden."*

Freiheitskämpfer zur Verfolgung freigegeben – BIB ein Opfer des Kurswechsels Österreichs

Obwohl Außenminister Dr. Kreisky, sein Parteigenosse Landesrat Zechtl in Innsbruck und einige hochgestellte ÖVP-Politiker noch vor der Herz-Jesu-Nacht über die bevorstehenden Anschläge informiert worden waren und obwohl der ÖVP-Landesrat Oberhammer selbst führendes Mitglied des Befreiungsausschusses Südtirol (BAS) war, hatte unter dem Druck des propagandistischen Trommelfeuer Italiens das offizielle Österreich beschlossen, nie zuvor etwas gehört oder gewußt zu haben und im übrigen die Südtiroler Freiheitskämpfer als Kriminelle zu verfolgen. Das zweite österreichische Heldenzeitalter war auf Regierungsebene und in den Medien, die den Regierungsparteien nahestanden, nur sehr kurz gewesen. Ab nun waren die Freiheitskämpfer vogelfrei und etwa seit Herbst 1961 der Behandlung durch Polizei und Gerichte freigegeben. Diese Richtungsänderung bedeutete auch den Rückzug der offiziellen Politik aus dem Bergisel-Bund, der ab nun der italienischen und einer losbrechenden österreichischen Hetzkampagne preisgegeben war. Auch er paßte nicht in die „neue" österreichische Südtirolpolitik, deren Verhalten jenen gegenüber, denen man noch gestern aufmunternd auf die Schultern geklopft hatte, wohl erbärmlich zu nennen war.

Pressehetze gegen den Bergisel-Bund auch in Österreich

In Österreich brach nun ein mediales Kesseltreiben gegen den Bergisel-Bund los, an dessen Spitze sich die „Arbeiterzeitung" und der „KURIER" setzten. Die Schreibweise war kaum mehr von jener der nationalistischen italienischen Presse zu unterscheiden. Der „KURIER" schrieb, daß mit der Abweisung der Anträge Gschnitzers *„ein offenes Bekenntnis zur neonazistischen und illegalen Aktivität abgelegt wurde."* Dr. Oberhammer (ÖVP-Landesrat a.D.) und Dr. Widmoser seien *„Unbelehrbare"*, die eine *„NS-Politik verfolgen."* Dies sei nur noch *„eine Angelegenheit für das Innenministerium und den Staatsanwalt."* („KURIER" vom 10. 2. 1962.)

Volksabstimmung in Sicht?
Der Nordtiroler Landeshauptmann Dr. Tschiggfrey appellierte anläßlich der Semmeringtagung der Österreichischen Volkspartei an die Teilnehmer, sich ihrer Verpflichtung bewußt zu sein und weiterhin für die Lösung des Südtirolproblems zu arbeiten. Optimistisch meinte er: Man brauche nicht mehr lange zu waren, bis Italien bereit sei, einer Volksabstimmung zuzustimmen.

6. Februar 1962
Bürgermeister verhaftet
Im Anschluß an eine Beerdigung in Magreid wurde der SVP-Bezirksobmann und Bürgermeister von Kurtinig, Franz Stimpfl, verhaftet. Dem Lehrer wurde vorgeworfen, am 1. Februar auf einer Veranstaltung den Südtiroler Freiheitskampf verteidigt zu haben. Am 26. Mai 1962 wurde Stimpfl dann in Trient mangels an Beweisen freigesprochen und anschließend von der Kurtiniger Bevölkerung im Triumphzug aus der Haft heimgeleitet. Am 4. März 1963 erhielt Franz Stimpfl aus der Hand des Nordtiroler Landeshauptmannes Dr. Tschiggfrey das Ehrenzeichen des Landes Tirol.

8. Februar 1962
Südtiroler Häftling ins Gefängnis überstellt
Wegen der sich bedrohlich verschlechternden Gesundheit wurde Schützenhauptmann Luis Egger aus St. Walburg/Ulten in das Gefängnislazarett in Trient überstellt. Egger war einer der am schwersten gefolterten politischen Häftlinge (Folterbericht: siehe 22. 8. 1961).

9. Februar 1962
Sprengstoffanschlag
In der Nähe von Perdonig versuchten Freiheitskämpfer, einen Hochspannungsmast mit vier Sprengladungen in die Luft zu jagen. Nach Versagen der Zeitzünder wurden die Ladungen durch Carabinieri gefunden und an Ort und Stelle zur Explosion gebracht. Auf Grund der Fußspuren wurde der 21jährige Rudolf Kofler als Täter ermittelt. Ihm und seinem Onkel Richard Kofler gelang die Flucht, während seine Mutter verhaftet wurde. Bei der Hausdurchsuchung konnten Sprengstoff und Zündmittel aufgefunden werden.

9. bis 26. Februar 1962
Südtirolprozeß in Rom
Vor dem Schwurgericht in Rom hatten sich acht österreichische und bundesdeutsche Studenten zu verantworten. Den Angeklagten wurde vorgeworfen, an der im September 1961 durchgeführten Brandflaschenaktion gegen Sachwerte (Gepäckaufbewahrungen in Bahnhöfen) beteiligt gewesen zu sein. Wegen technisch mangelhafter Zünder und dadurch verursachter frühzeitiger Zündung der Brandflaschen konnten sie in Rom und Trient festgenommen werden. Unter Vorsitz von Richter Dr. La Bua wurden Helmut Wintersberger (Ö), Rainer Mauritz (Ö) und Richard Schwach (Ö) wegen „politischer Verschwörung", Besitzes von Sprengmitteln und versuchter Sachbeschädigung zu je 5 Jahren, 5 Monaten und 10 Tagen Haft verurteilt. Helmut Golowitsch (Ö), August Schlegl (D), Johannes Klein (D) und Albert Meurer (D) erhielten für die gleichen Delikte 4 Jahre, 1 Monat und 10 Tage Gefängnis. Die Angeklagten waren mit einer Anklage auf lebenslange Haft in die Verhandlung gegangen. Erst in der Verhandlung war der Staatsanwalt De Gennaro von der Hochverratsanklage nach Artikel 241 („Anschlag auf die Einheit des Staates") des alten faschistischen „Codice penale" zurück-

9. Februar 1962: Südtirolprozeß in Rom.

Wiederherstellung des auf dem Stilfser Joch durch eine Sprengung schwer beschädigten Hochspannungsmasten (20. März 1962).

getreten. Immerhin bezeichnete er in seiner Schlußrede die Jugendlichen pathetisch als *„eine Gefahr für die ganze Welt“ („. . . un pericolo per tutto il mondo“)*. Die Angeklagten hatten in der Verhandlung ausgesagt, daß sie – anders als die Südtiroler – von den Carabinieri nicht gefoltert worden seien. Man hatte sie nur zwei Tage und zwei Nächte lang aufrecht stehen, nicht schlafen lassen und ihnen Ohrfeigen gegeben. Alle Angeklagten legten gegen das Urteil Berufung ein, das in der österreichischen Presse als *„drakonisch“* bezeichnet wurde.

11. Februar 1962

Auch die Ladiner fordern Minderheitenschutz

Im Namen aller Gemeinden der ladinischen Täler Südtirols überreichte Bürgermeister Moroder von St. Ulrich der Studienkommission für Südtirol ein Memorandum, in dem u. a. gefordert wird, die der deutschen Volksgruppe einzuräumenden Rechte auf die ladinische Bevölkerung Südtirols und des Trentino auszudehnen.

14. Februar 1962

Mitleid mit Waisen verboten und strafbar

In Auer wurden fünf Südtiroler wegen Verstoßes gegen das Gesetz über die öffentliche Sicherheit angezeigt, weil sie für die Familie des an den Folgen der Folter verstorbenen Anton Gostner Unterstützungsbeiträge gesammelt hatten. Anton Gostner hinterließ fünf minderjährige Kinder.

15. Februar 1962

Medizinische Untersuchung der politischen Südtiroler Häftlinge
Italienisches Innenministerium: Alles bestens!

Eine medizinische Untersuchung aller Häftlinge und Untersuchungsgefangenen in den Gefängnissen von Trient und Bozen, die vom italienischen Justizministerium angeordnet worden war, habe, so meldete die italienische Presseagentur ANSA, keine Hinweise auf Mißhandlungen bei den Verhören durch die Carabinieri ergeben. Lediglich Franz Muther aus dem Vintschgau, der über dauernde Schmerzen an Kopf und Ohren klage, sei zur weiteren Beobachtung in die Krankenabteilung des Gefängnisses von Trient eingewiesen worden.

17. Februar 1962

Protestbewegung gegen den Bischof: „Walscher Seppele“

Die Anti-Gargitter-Stimmung in Südtirol verstärkte sich zunehmend. Die Kritik am Bischof von Brixen gipfelte im Vorwurf der einseitigen Parteinahme zugunsten der italienischen Staatsmacht. Insbesondere wurden ihm sein langes Schweigen zu den Folterungen sowie die Weigerung, am Begräbnis Gostners teilzunehmen, vorgeworfen. In Südtirol war im Volksmund für ihn der Spitzname *„walscher Seppele“* gebräuchlich geworden. Aus Protest gegen ihn und seine Haltung wurde vor allem in Schützenkreisen zum Fernbleiben von kirchlichen und religiösen Veranstaltungen aufgerufen. Dies veranlaßte den Hauptmann der Schützenkompanie „Peter Mayr“ in Brixen, Peter Mayerhofer, per Befehl Treue zum Kirchenfürsten zu verordnen. Er veröffentlichte folgende Erklärung: *„Es gibt im Bezirk Brixen keine Schützenkompanie, die es gestatten würde, unseren hochwürdigen Oberhirten durch demonstratives Bestreiken des Kirchenganges zu beleidigen; solche Elemente hätten mit dem Ausschluß aus der Kompanie zu rechnen und wären nicht mehr würdig, das Ehrenkleid unseres Vaterlandes zu tragen!“*

18. Februar 1962

Streit im Bergisel-Bund geht weiter

Der im Bundesvorstand verbliebene Osttiroler ÖVP-Nationalratsabgeordnete Franz Kranebitter erklärte: Die Ablehnung des Antrages vom 3. Februar 1962 durch ihn und andere Mitglieder des Bundesvorstandes sei erfolgt, da die Leitung des Bergisel- Bundes bereits am 11. August 1961 gegen die italienischen Vorwürfe einer Unterstützung der Gewaltanwendung und des Neonazismus eindeutig Stellung genommen habe und da eine neuerliche Feststellung im Sinne des Antrages von den Feinden des Bergisel-Bundes als ein Schuldbekenntnis ausgelegt werden könnte. Deshalb sei er für eine Ablehnung des Antrages und gegen einen öffentlichen Protest des Bundes eingetreten.

20. Februar 1962

Andreas Hofer-Gedenktag: Tiroler Fahnen an Hochspannungsmasten

Am Todestag Andreas Hofers wurden in verschiedenen Orten des Unterlandes und im Vintschgau Gedenkfeuer entzündet. In Frangart und im Pustertal wurden an Hochspannungsmasten Tiroler Fahnen gehißt, die im Laufe des Tages von schwerbewaffneten Carabinierieinheiten entfernt wurden.

22. Februar 1962

Bergisel-Bund-Geschäftsführer Dr. Widmoser kündigt Rücktritt an

Der geschäftsführende Obmann des Bergisel-Bundes, Dr. Eduard Widmoser, erklärte in einer Pressekonferenz in Wien, daß er auf der bevorstehenden Jahreshauptversammlung des Bergisel-Bundes seine Funktion zurücklegen und nicht mehr kandidieren werde, um auf diese Weise zur Klärung der Situation beizutragen. Bei dieser Pressekonferenz, bei der Vertreter in- und ausländischer Zeitungen sowie Angehörige der italienischen Botschaft teilgenommen hatten, sagten Dr. Widmoser und der Obmann des Landesverbandes Steiermark des Bergisel-Bundes, Univ.-Prof. Dr. Hermann Wiesflecker, daß alle Vorstandsmitglieder sich ausnahms- und bedingungslos zur Republik Österreich bekennen, in der Frage Südtirol jede Gewalt ablehnen und zur Lösung der Probleme allein friedliche Mittel für richtig erachten. Eine Zustimmung zu den Anträgen, die am 3. Februar bei der Bundesvorstandssitzung von Univ.-Prof. Dr. Gschnitzer und drei anderen Mitgliedern des Bundesvorstandes gestellt wurden, erachteten die beiden Genannten als unnötig, da aus den Statuten des Bundes die Ablehnung jeder neonazistischen Tätigkeit eindeutig hervorgehe. Dr. Widmoser und Univ.-Prof. Dr. Wiesflecker stellten aber gleichzeitig fest, daß sie aber für die Anträge gestimmt hätten, wenn die Folgen dieser Differenzen abzusehen gewesen wären. Mit dem Inhalt sei man einverstanden gewesen, man habe sich nur gegen die Form gewendet, die einer Selbstbezichtigung des Bergisel-Bundes gleichgekommen wäre. Prof. Dr. Wiesflecker stellte auch fest, daß Prof. Dr. Gschnitzer durch seinen Rücktritt der Sache schlecht gedient habe, da man *„nicht aus einem fahrenden Auto aussteigen kann, ohne Schaden anzurichten."*

25. Februar 1962

Neuer Obmann des Bergisel-Bundes gewählt

Bei Stimmenthaltung der Landesverbände Wien, Niederösterreich und Oberösterreich wählten die anderen Landesverbände des Bergisel-Bundes in Innsbruck den Nationalratsabgeordneten Franz Kranebitter zum provisorischen Bundesobmann des Verbandes. Im Laufe der Debatte sagte ein Sprecher, die Tiroler Landesregierung solle besser ihre Andreas Hofer-Feiern einstellen, *„weil der Tiroler Freiheitsheld in der heutigen Zeit nicht mehr lange auf freiem Fuß wäre."* („Oberösterreichische Nachrichten", 26. 2. 62.)

27. Februar 1962

Sozialisten gehen aus der Schußlinie und aus dem Bergisel-Bund
Diplomatische Absetzbewegung von Exponenten des Freiheitskampfes
Der ÖVP die Rolle der „Extremisten" zugewiesen

Angesichts des ständigen Beschusses, dem der Ex-Landesrat Dr. Oberhammer (ÖVP) und Dr. Widmoser ausgesetzt waren, konnte der österreichische Außenminister sich ausrechnen, wielange es dauern würde, bis er mit seinen Kontakten zu den Südtiroler Freiheitskämpfern, die ihn vor Beginn der Anschläge über ihr Vorhaben informiert hatten, in das Visier der italienischen Politiker und Medien gelangen würde. Der Nordtiroler SPÖ-Landesrat Zechtl, der die Verbindung der Südtiroler Freiheitskämpfer zu Außenminister Dr. Kreisky hergestellt hatte, würde ebenfalls unter Beschuß kommen. Kreisky und Zechtl erklärten daher, daß sie austreten würden. Die SPÖ entschied sich in dieser Situation für die Gangart, „voll Empörung" mit dem Bergisel-Bund mit der Begründung zu brechen, daß sich dort die „gemäßigte Richtung" nicht durchsetze, auf der letzten Generalversammlung Dr. Oberhammer begeisterten Applaus erhalten habe und der ÖVP-Nationalratsabg. Kranebitter zum neuen Obmann gewählt worden sei. Mit einer Aufforderung an alle Mandatare, Funktionäre und Mitglieder der SPÖ, den Bergisel-Bund zu verlassen, gab die „Sozialistische Korrespondenz" (SK) diese Entscheidung bekannt. Damit hatte die Sozialistische Partei als erste die gemeinsame Plattform des „Herzensanliegens aller Österreicher" verlassen. Den Exponenten der ÖVP war nun die Rolle der „Extremisten" zugewiesen. Auch die Bundes-ÖVP hatte es bald eilig, zu den Freiheitskämpfern auf feindliche Distanz zu gehen, während in Tirol die Uhren nach wie vor ein wenig anders gehen sollten.

Dr. Mumelter und andere Häftlinge entlassen. „Ohne Indizien" ein halbes Jahr „gesessen"

Der Untersuchungsrichter Dr. Mario Martin verfügte die Enthaftung von Dr. Norbert Mumelter aus Bozen, Anton Tappeiner aus Schlanders und Hans Vetter aus Obermais *„mangels Indizien"* sowie die Freilassung von Ignaz Auer aus Passeier und Christian Schgör, gegen die aber noch eine Anklage wegen „antinationaler Propaganda" aufrechterhalten wurde. Dr. Mumelter, Tappeiner und Vetter waren „ohne Indizien" der politischen Verschwörung und des Hochverrats mit einer lebenslangen Strafandrohung angeklagt gewesen und hatten „ohne Indizien" mehr als ein halbes Jahr im Kerker verbracht.

4. März 1962

Südtirol auf dem Landesparteitag der Nordtiroler ÖVP

Auf dem 9. Landesparteitag der ÖVP-Tirol wurde Landeshauptmann Dr. Hans Tschiggfrey zum neuen Landesparteiobmann gewählt. Zur Frage Südtirol erklärte Dr. Tschiggfrey u. a.: *„Die Autonomie Südtirols muß auch in Zukunft das Ziel der österreichischen Politik bleiben, und nur die Südtiroler selbst könnten Österreich zu einer anderen Politik veranlassen."*

Folterungen: Vornehme Zurückhaltung Österreichs

Staatssekretär Steiner erklärte, daß man immer noch darauf warte, daß sich die italienische Regierung *„klar von den Sadisten in den Reihen ihrer Polizei"* distanziere. *„Wir sind"*, sagte Steiner, *„weit davon entfernt, mit dem Leid und den furchtbaren Qualen, die Südtiroler Häftlinge mitmachen mußten, etwa eine makabre politische Propaganda zu entfalten."* (Walla, Max [Hrsg.]: „Die Schändung der Menschenwürde in Südtirol", a.a.O., S. 46.) Im Rückblick kann man allerdings sagen: Hätte Österreich weniger vornehme Zurückhaltung geübt und ein wenig mehr *„makabre politische Propaganda"* gemacht, hätten die Folterungen unter dem Druck der internationalen Öffentlichkeit wahrscheinlich aufgehört.

7. März 1962

Folterungen: SVP-Abgeordneter stützt italienische These vom „natürlichen Tod" der gefolterten Häftlinge Gostner und Höfler und spricht von „eventuellen Mißhandlungen"

Der SVP-Abgeordnete Dr. Karl Mitterdorfer führte in der Frage der Folterungen im römischen Parlament einen wahren Eiertanz auf. Einerseits gingen in Südtirol die Wogen der Empörung hoch und die Bevölkerung erwartete von ihren gewählten Vertretern politische Schritte, andererseits sollte das politische Einvernehmen mit Rom nicht gestört werden. So erklärte der SVP-Politiker in der Abgeordnetenkammer in Rom in gewundenen Worten, daß Nachrichten über Mißhandlungen von Häftlingen bei Polizeiverhören *„lebhaftesten Eindruck"* auf die Südtiroler Bevölkerung gemacht hätten. Die Südtiroler Volkspartei habe *„durch Monate hindurch die Aufmerksamkeit der kompetenten Organe verantwortungsbewußt auf diese Nachrichten gelenkt."* In dieser *„Atmosphäre der Spannung"*, die *„auch auf den Mangel einer rechtzeitigen Erklärung zurückzuführen war"*, habe der Tod zweier Inhaftierter *„eine* *sichtliche Reaktion und eine gefährliche moralische Niedergeschlagenheit hervorgerufen*". Obwohl über die beiden Todesfälle Gutachten der ärztlichen Untersuchungskommission vorlägen, *„welche einen Zusammenhang zwischen der Todesursache und den eventuellen* (sic!) *Mißhandlungen ausschließen*", habe die SVP angesichts des *„Umstandes allgemeiner Unsicherheit*" den Antrag auf eine parlamentarische Untersuchungskommission eingebracht. Er sei nun der Meinung, daß es auch im eigenen Interesse des Staates liege, eine solche Kommission einzusetzen. Auf diese milden Ausführungen hinaus dachte man in der italienischen Regierung nicht daran, eine parlamentarische Kommission einzusetzen. Die SVP sollte sich in der Folge auch damit abfinden. Was den Tod von Gostner und Höfler anbelangte, so waren Mitterdorfers Ausführungen, die einer Reinwaschung der Folterer gleich kamen, ein Skandal. Gostner und Höfler waren nicht unmittelbar unter der Folter gestorben. Das war bekannt und unbestritten. Nichts anderes sagten die Obduktionsbefunde. Der festgestellte Bruch der Innenhaut der Hauptschlagader mit anschließender Komprimierung des Herzbeutels bei Franz Höfler, völlig untypisch für einen Menschen dieses Lebensalters, war medizinisch aber sehr wohl auf die ungeheure körperliche Belastung während der Torturen zurückführbar. Der hohe Blutdruck während des Erleidens der Folter hatte die Haut der Schlagader reißen lassen. Die amtliche Feststellung, daß Gostner am *„Herzstillstand*" verstorben war, konnte wohl nur durch einen Volksvertreter wie Karl Mitterdorfer als *„natürliche Todesursache*" und damit als Freisprechung der Folterer interpretiert werden.

8. März 1962

Österreich will Verhandlungen wieder aufnehmen

Die österreichische Bundesregierung richtete eine Note an Rom mit dem Vorschlag, die Verhandlungen entsprechend dem UNO-Mandat wieder aufzunehmen.

10. März 1962

Südtiroler Freiheitskämpfer verursachten riesigen Sachschaden

Eine von den italienischen Gerichtsbehörden eingesetzte Expertenkommission kam zu dem Schluß, daß durch die Anschläge der Freiheitskämpfer allein im Jahre 1961 mehr als 2 Milliarden Lire Schaden entstanden sei. Sie stellte weiter fest, daß den Tätern genaue Pläne der Elektroleitungen vorgelegen haben müssen, da die Sprengungen nach der wirtschaftlichen Bedeutung der Masten erfolgt sei und so die Lahmlegung der Industriezone teilweise erreicht wurde.

Neuerliche Note an Rom

Da aus Rom auf die österreichische Note vom 8. März nur eine hinhaltende Antwort gekommen war, urgierte Österreich mit einer neuerlichen Note die Wiederaufnahme von Südtirol-Verhandlungen, um dem Verhandlungsmandat der Vereinten Nationen zu entsprechen.

13. März 1962

Magnago: „Ich würde eigenen Bruder anzeigen"

„Am 13. März 1962 veröffentlichte der ‚Alto Adige' eine Aussage von Dr. Magnago, die wir auch wie einen Schlag ins Gesicht empfanden. Wörtlich sagte der damalige SVP-Obmann: ‚Selbst wenn ich einen Bruder hätte und wüßte, daß er mit den Anschlägen etwas zu tun hätte, würde ich ihn anzeigen!' Wir konnten das nicht begreifen, nachdem die meisten von uns damals SVP-Anhänger waren und er uns politisch sicher viel zu verdanken hatte. Außerdem hatten wir immer stärker den Eindruck, daß die Vertreter der SVP nicht genug Mut und Zivilcourage besaßen, um die Wirkung der Anschläge politisch richtig zu nutzen." (Der acht Jahre lang inhaftierte Freiheitskämpfer Sepp Mitterhofer aus Obermais in: Rainer, Peter Paul [Hrsg.]: „. . . grüß mir die Heimat, die ich mehr als mein Leben geliebt. 1964-1994 Zum 30. Todestag von Sepp Kerschbaumer und Luis Amplatz", Eppan 1994, S. 20.) Silvius Magnago hat Jahrzehnte später, wenn er in öffentlichen Diskussionen darauf angesprochen wurde, diese Worte immer sehr ärgerlich als Erfindung der italienischen Zeitung bezeichnet, aber nicht erklärt, wieso er sie damals und dann noch jahrzehntelang unwidersprochen gelassen hat.

18. März 1962

Sprengstoffanschlag verhindert

Bei Tisens fand eine Carabinieristreife an einem Hochspannungsmast zwei Sprengladungen, die durch Feuerwerker umgehend zur Explosion gebracht wurden.

20. März 1962

Sprengstoffanschlag

Einer Gruppe Südtiroler Freiheitskämpfer, drei Südtirolern und einem Österreicher, gelang es, die wichtige, über das Stilfser-Joch führende Stromleitung für Monate zu unterbrechen. Der auf 2.600 m Seehöhe befindliche Hochspannungsmast Nr. 81 wurde durch 40 kg Sprengstoff zerstört. Bei Temperaturen von minus 20 Grad und 6 bis 8 m hohem Schnee war diese Aktion auch eine alpinistische Leistung. Das italienische Untersuchungskommando konnte die Sprengstelle nur mit dem Hubschrauber erreichen. Mit dem Wiederaufbau konnte erst nach Wochen begonnen werden.

Brandanschlag auf Kaserne

Auf die Carabinierikaserne in Toblach wurde ein Brandanschlag verübt, der schwersten Sachschaden anrichtete. Stundenlang bestand die Gefahr, daß die Munitionsvorräte zur Explosion gelangen könnten. Die Täter hatten vorher die Hydranten für die Feuerwehr unbrauchbar gemacht.

24. März 1962

Gorbach: 16 Jahre reichliche Frist für Vertragserfüllung

Bundeskanzler Dr. Gorbach erklärte anläßlich seines Staatsbesuches in London auf einer Pressekonferenz zur Südtirolfrage: *„Wir sind nach wie vor der Überzeugung, daß sich im Verhandlungswege eine vernünftige Lösung erreichen ließe, wenn auf allen Seiten der gute Wille vorhanden ist. Wir können allerdings eine Verschleppungstaktik nicht akzeptieren, da wir glauben, daß 16 Jahre eine reichlich bemessene Frist zur Erfüllung eines zwischen zwei Kulturstaaten abgeschlossenen Vertrages darstellen.“*

26. März 1962

Schützenmajor Jörg Klotz verhaftet

Der Südtiroler Schützenoffizier Jörg Klotz, der einer Verhaftung durch Carabinieri im letzten Augenblick durch eine Flucht nach Österreich entkommen war, wurde unter dem Verdacht, an Sprengstoffanschlägen in Südtirol beteiligt gewesen zu sein, auf dem Scheibenhof in Raitis (Nordtirol) verhaftet und in das Gefangenenhaus Innsbruck eingeliefert. Jörg Klotz hatte zu jenen Südtirolern gehört, die vor den ersten Anschlägen persönlich Außenminister Kreisky von der Absicht, den Kampf gegen Italien aufzunehmen, informiert hatten. (Siehe auch 27. Januar 1960, 27. November 1960, 26. Juli 1961.) Der stellvertretende Nordtiroler Landeshauptmann Hans Gamper (ÖVP) suchte Klotz im Gefängnis auf.

28. März 1962

Weitere Verhaftungen in Österreich

Der 18jährige Bruder des Freiheitskämpfers Kurt Welser, Guntram Welser, wurde von der Innsbrucker Staatspolizei unter dem Verdacht festgenommen, sein Fahrzeug für den Sprengstofftransport zum Stilfser-Joch-Anschlag zur Verfügung gestellt zu haben.

29. März 1962

Nord- und Südtirol gemeinsam an den Verhandlungstisch

Auf einer Präsidiumssitzung der Österreichischen Volkspartei in Innsbruck wurde die Forderung erhoben, daß bei künftigen Südtirolverhandlungen Vertreter aus Nord- und Südtirol anwesend sein müßten.

Neuerliche Forderung nach Untersuchungskommission
Anläßlich der Haushaltsdebatte des Südtiroler Landtages erhob Landeshauptmann Dr. Silvius Magnago neuerlich die Forderung nach Einsetzung einer parlamentarischen Kommission zur Untersuchung der Mißhandlungen von Südtiroler Häftlingen durch italienische Polizeiorgane.

4. April 1962
Sozialistische Minister und Abgeordnete einig in dem Bestreben, die Freiheitskämpfer in Österreich zu verfolgen
Innenminister Afritsch (SPÖ) und Justizminister Dr. Broda (SPÖ) berichteten im Klub der SPÖ-Nationalratsabgeordneten und -Bundesräte über die Maßnahmen der österreichischen Polizei- und Gerichtsbehörden gegen Vorbereitungshandlungen zu weiteren „terroristischen Anschlägen" in Südtirol. Die „Dolomiten" meldeten dazu am 6. April: *„Der Klub nahm einstimmig eine Entschließung an, in der es hieß: ‚Die SP-Abgeordneten werden auch in Zukunft jede Aktion von Regierungsmitgliedern unterstützen, die bereits im Anfangsstadium alle Versuche unterdrückt, in den politischen Auseinandersetzungen wieder Gewaltmethoden anzuwenden. Sie sind bereit, mit allen österreichischen Demokraten eng zusammenzuarbeiten, um zu verhindern, daß in Österreich private Waffen- und Sprengstofflager errichtet werden und wieder Zustände eintreten, die einmal zu ernsten Beunruhigungen in der österreichischen Innenpolitik führen könnten.'*
In ihren Berichten befaßten sich die beiden Minister mit den Verhaftungen von Südtiroler Extremisten. Der Innenminister teilte mit, daß bei einer bei dem Südtiroler Flüchtling Georg Klotz vorgenommen Hausdurchsuchung ein Waffen- und Sprengstofflager gefunden wurde. Da sich Klotz somit gegen österreichische Gesetze vergangen hatte, wurde er verhaftet. Ferner ergaben sich eindeutige Hinweise dafür, daß in einen Sprengstoffanschlag auch Mitglieder des Bergisel-Bundes verwickelt waren. Der Innenminister verwies darauf, daß die SPÖ den Austritt ihrer Mitglieder aus diesem Bund beschlossen hat. Der Innenminister erklärte, gegen jede Art illegaler Tätigkeit mit allen gesetzlichen Mitteln vorzugehen. Justizminister Dr. Broda betonte, daß niemand das Recht hat, in Österreich illegale Lager von Waffen und anderen Kampfmitteln, zu welchem Zweck immer, anzulegen und zu unterhalten. Die Einhaltung der Grundsätze des Rechtsstaates verpflichte die Justiz, ohne Rücksicht auf Personen und Motive alle jene vor Gericht zu stellen, die sich der Verletzung der Gesetze der Republik schuldig gemacht haben. Die Österreicher wollen nichts von jenen dilettantischen Abenteuern wissen, deren Sinnlosigkeit und Verwerflichkeit jedem Einsichtigen klar ist. Diese Abenteuer haben schon genug Opfer gekostet. Es darf kein neues Opfer mehr – auf welcher Seite immer – hinzukommen. Schließlich teilte der Justizminister mit, daß schon in nächster Zeit eine ganze Reihe von Südtirol-Prozessen durchgeführt werden wird. Im Falle Pfaundler sei die Anklageschrift bereits überreicht worden, das Verfahren wird bei der nächsten Session des Grazer Geschworenengerichtes durchgeführt werden."
(Angesichts der engen Kontakte zweier SPÖ-Politiker, des Außenministers Dr. Kreisky und des Landesrates Zechtl, zu den Attentätern vor Durchführung der Anschläge, wird eine Bewertung der vehementen Verdammung der *„dilettantischen Abenteuer, . . . deren Sinnlosigkeit und Verwerflichkeit"* den SPÖ-Abgeordneten so klar war, nicht schwer fallen. Anm. d. Hrsg.)

5. April 1962
Tiroler Politiker gegen Durchführung österreichischer Südtirolprozesse
Der Nordtiroler Landeshauptmann Tschiggfrey (ÖVP) und Landesrat Zechtl (SPÖ) sprachen bei Justizminister Dr. Broda vor und legten ihre schweren Bedenken gegen eine Durchführung des in Graz vorgesehenen Prozesses gegen Südtiroler Freiheitskämpfer vor.

12. April 1962
Soldaten schießen Wald in Brand
Bei Kastelruth wurde von italienischen Soldaten ein Wald durch Leuchtspurgeschosse in Brand

geschossen. Die freiwilligen Feuerwehren der Umgebung löschten diesen in mehrstündiger Arbeit. Die italienischen Soldaten verursachten durch Nervosität und Unsicherheit häufig solche Zwischenfälle und eröffneten bei Schatten und Geräuschen oftmals ungezieltes Feuer.

<u>14. April 1962</u>
Nordtiroler Landesregierung gegen Verfolgung der Südtiroler Freiheitskämpfer
In Innsbruck kam es erneut zu einer eingehenden Aussprache zwischen Mitgliedern der Nordtiroler Landesregierung und dem österreichischen Justizminister Dr. Christian Broda über das Vorhaben, Südtirolprozesse in Österreich durchzuführen. Im nachhinein wurde kolportiert, daß von Nordtiroler Seite energisch eine rasche Beendigung der Verfolgung der Südtiroler Freiheitskämpfer durch Österreich verlangt und auch auf die nachteiligen außenpolitischen Folgen hingewiesen worden sei. Der Minister habe ausdrücklich erklärt, die Rechtsstaatlichkeit gewähre Spielraum und es sei Sache der politischen Entscheidung, ob man die Prozesse jetzt durchführe oder nicht. Weiters sei die Tatsache zur Sprache gekommen, daß im Dezember 1961 der gesamte Akteninhalt des Grazer Prozesses den italienischen Behörden bekannt wurde und dadurch für die in Italien inhaftierten Südtiroler großer Schaden entstanden sei.

<u>17. April 1962</u>
Plant Innenministerium in Wien Auflösung des Bergisel-Bundes?
Der „Deutsche Sonderdienst der Nachrichtenagentur Italia" in Bozen meldete, daß der österreichische Innenminister Afritsch *„ein Dekret zur Auflösung des Bergisel-Bundes"* ausarbeiten habe lassen, sich jedoch Bundeskanzler Gorbach der Auflösung widersetzt habe.

<u>18. April 1962</u>
Anklage gegen Südtiroler und Österreicher
Untersuchungsrichter Dr. Mario Martin erhob auf Antrag der Staatsanwaltschaft Anklage gegen 93 Südtiroler und Österreicher, die verdächtigt wurden, am Südtiroler Freiheitskampf beteiligt gewesen zu sein. Die kollektive Anklage legte den Männern alle Anschläge zur Last, die zwischen der Sprengung des Mussolinidenkmals im Januar 1961 und dem November 1961 geschehen waren. Danach wurden die seit Frühjahr 1961 inhaftierten Südtiroler auch für Anschläge, die im Herbst des gleichen Jahres stattfanden, mitverantwortlich gemacht.

<u>19. April 1962</u>
Bozener Staatsanwalt klagt Nordtiroler Journalisten
Die Bozener Staatsanwaltschaft übersandte dem Bezirksgericht Innsbruck die Anklageschriften gegen den Chefredakteur der „Tiroler Tageszeitung", Dr. Manfred Nayer, und gegen den verantwortlichen Redakteur der „Tiroler Nachrichten", Dr. Hölbling. Beide wurden wegen „Schmähung der italienischen Nation" angeklagt. Das Bezirksgericht Innsbruck weigerte sich, die Anklageschriften und die Vorladungen auszuhändigen, da bei Anklagen wegen politischer Delikte nach dem österreichisch-italienischen Rechtshilfeabkommen keine Rechtshilfe zu leisten war. Das Bezirksgericht hatte statt dessen die Anklageschriften und die Vorladungen an das österreichische Justizministerium weitergeschickt, welches die Unterlagen nach Italien zurücksandte.

<u>20. April 1962</u>
Keine Enthaftung von Dr. Stanek
Dr. Mario Martin lehnte eine Enthaftung des Landtagsabgeordneten und Generalsekretärs der Südtiroler Volkspartei ab. Rechtsanwalt Dr. Riz erhob gegen diese Verfügung des Bozner Richters Beschwerde, die vom Trienter Appellationsgerichtshof verworfen wurde.

<u>24. April 1962</u>
Justiz gegen Presse
Der Journalist Dr. Thomas Ross, Korrespondent der Wiener Tageszeitung „Die Presse", sollte sich laut italienischen Pressemeldungen wegen „Verbreitung falscher und tendenziöser

Nachrichten" vor dem Schwurgericht in Bozen verantworten müssen. Er hatte im Juli 1961 über Folterungen an Südtiroler Häftlingen berichtet. Ross hatte damals das gesamte Material dem Regierungsvizekommissar als dem höchsten italienischen Beamten in Südtirol angeboten. Nachdem dieser die Annahme verweigert hatte, veröffentlichte er es in seiner Zeitung. Die österreichischen Gerichte lehnten die Zustellung der Anklage und der Vorladung ab. Die Verhandlung sollte am 24. Juli 1962 stattfinden.

26. April 1962

Brandanschlag gegen Verleumderin

Die Wohnbaracke der Wäscherin Maria Ilmer aus Schlanders wurde ein Raub der Flammen. Frau Ilmer hatte bei der Polizei und der italienischen Zeitung „Alto Adige" mehrfach die Südtiroler Eduard Schönthaler und Wendelin Pfitscher beschuldigt, am Südtiroler Freiheitskampf beteiligt zu sein. Sie hätte beide jeweils nach Anschlägen gesehen und erkannt. Wegen dieser falschen Beschuldigung kamen beide Männer für Monate in Untersuchungshaft.

30. April 1962

„Schmähungs"-Prozesse

Vor dem Bozener Schwurgericht waren allein für den Monat Mai 15 Prozesse wegen „Schmähung der italienischen Nation" anhängig. Die Anklage gründete sich auf das faschistische Strafgesetzbuch mit seinem berüchtigten Artikel 291, welcher mit 1 bis 3 Jahren Kerker denjenigen bedroht, *„der öffentlich die italienische Nation schmäht."*

3. Mai 1962

„Schmähungs"-Prozeß gegen Dr. Manfred Nayer vertagt

Die Schwurgerichtsverhandlung gegen den Chefredakteur der „Tiroler Tageszeitung", Dr. Manfred Nayer, mußte vertagt werden, da die Zustellung der Vorladung nicht bestätigt werden konnte. Dr. Nayer wurde von der italienischen Gerichtsbehörde wegen „antinationaler Propaganda" und „Schmähung der italienischen Nation und Wehrmacht" angeklagt, weil er über die Folterungen von Südtirolern berichtet hatte. Zu den Prozessen gegen österreichische Journalisten ließ das österreichische Justizministerium der Presse folgende Stellungnahme zugehen: *„Die Staatsanwaltschaft Bozen hat das Bezirksgericht Innsbruck im Wege der Rechtshilfe ersucht, an den Chefredakteur bzw. den verantwortlichen Redakteur zweier Tiroler Tageszeitungen Vorladungen zuzustellen, in denen sie aufgefordert werden, demnächst zu der vom Gerichtshof in Bozen anberaumten Hauptverhandlung zu erscheinen, um sich wegen Schmähung der italienischen Nation und italienischer verfassungsmäßiger Einrichtungen, wegen Veröffentlichung zur Störung der öffentlichen Ordnung in Italien geeigneter Nachrichten und wegen anderer Straftaten zu verantworten. Diese Straftaten wurden ihnen von der Staatsanwaltschaft Bozen im Zusammenhang mit Berichten über Vorfälle in Südtirol zur Last gelegt, die in den beiden Tiroler Tageszeitungen Ende Juli 1961 erschienen waren. Das Bezirksgericht Innsbruck hat es nach Unterrichtung des Bundesministeriums für Justiz abgelehnt, die Vorladungen zuzustellen, weil bei Strafsachen politischen Charakters nach einem völkerrechtlich allgemein anerkannten Grundsatz Rechtshilfe nicht geleistet wird."*

4. Mai 1962

1 Jahr Kerker für „unanständigen Laut"

Der am 8. Juni 1961 verhaftete Paul Fischnaller aus Tschötsch bei Brixen wurde vom Schwurgericht in Bozen zu einem Jahr Kerker wegen „Schmähung" der italienischen Wehrmacht verurteilt. Fischnaller war auf dem Bahnsteig von Brixen ein „unanständiger Laut" entfahren, als gerade eine Alpini-Streife vorbeiging. Das Urteil wurde auf Bewährung ausgesprochen, 80 Tage war Fischnaller allerdings bereits in Untersuchungshaft gesessen.

6. Mai 1962

Associated Press: Österreich will Südtirol nicht mehr vor die Vereinten Nationen bringen

Der AP-Korrespondent Stan Swinton meldete unter Berufung auf Äußerungen Kanzler Gorbachs im New Yorker „Overseas Press Club", daß Österreich aufgrund *„nachgelassener Spannungen"* nicht mehr vorhabe, das Südtirolproblem wieder vor die Vereinten Nationen zu bringen.

10. Mai 1962

Drakonische Strafen für Journalisten

Mit der Verurteilung des ehemaligen verantwortlichen Redakteurs der „Dolomiten", Dr. Friedl Volgger, fand der von den Carabinieri gegen die „Dolomiten" angestrengte Prozeß seinen vorläufigen Abschluß. Nach einstündiger Beratung des ausschließlich aus Italienern zusammengesetzten Schwurgerichtshofes verkündete Präsident Coratolo ein Urteil, das den Carabinieri in allem recht gab: zwei Jahre Gefängnis wegen „Schmähung des italienischen Heeres" und zwei Monate Arrest wegen „Verbreitung falscher und tendenziöser Nachrichten durch die Presse". Dr. Volgger, der sich auf freiem Fuß befindet, hat sofort Berufung eingelegt. Somit konnte das Urteil nicht vollstreckt werden. Die Wiener „Arbeiter-Zeitung" (SPÖ) schrieb dazu: *„Jene Österreicher, die sich stundenlang um ein Visum für Italien angestellt haben, werden gut daran tun, im Urlaub den Mund zu halten. Denn das demokratische Italien scheint eben im Begriffe zu sein, sich unversehens in einen schikanösen Polizeistaat zu verwandeln. Wurde vor kurzem ein österreichischer Staatsbürger in Bozen wegen ‚Wehrkraftzersetzung' zu 16 Monaten Gefängnis verurteilt – er hatte zu einem Südtiroler in Uniform gesagt, es sei eine Schande, in der italienischen Armee zu dienen –, so wurde nun Friedl Volgger, Redakteur der Südtiroler Zeitung ‚Dolomiten', gleich zu 26 Monaten Gefängnis verurteilt. Die ‚Dolomiten' haben die wichtige Funktion, alles Unrecht aufzuzeigen, das in Südtirol geschieht. Wie sollen sie sie aber erfüllen, wenn sie derart schikaniert werden? Volgger ist schon voriges Jahr wegen einer ähnlichen Notiz zu einer Kerkerstrafe verurteilt, aber in zweiter Instanz wieder freigesprochen worden. Hoffentlich nehmen die Italiener auch diesmal rechtzeitig Vernunft an!"*

11. Mai I 962

Durchreiseverbot

Dem Nordtiroler Landtagsabg. Dr. Heinz Mader wurde die in bilateralen Verträgen garantierte Durchreise durch das Pustertal verweigert. Er steht auf der „schwarzen Liste" der Italiener.

12. Mai 1962

Prof. Dr. Gschnitzer darf nicht einreisen

Der ehemalige Staatssekretär Univ.-Prof. Dr. Franz Gschnitzer wurde an der Einreise nach Südtirol gehindert. Dies war ihm das letzte Mal 1959 widerfahren. Kurz vorher hatten die italienischen Grenzwachen den österreichischen Abgeordneten zum Nationalrat Franz Kranebitter zurückgewiesen. Dasselbe Schicksal erlitten in den letzten Wochen hohe Beamte der Nordtiroler Landesregierung, Mitglieder des 1938 (!) aufgelösten Andreas Hofer-Bundes sowie zahlreiche aus Südtirol gebürtige österreichische Staatsbürger.

15. Mai 1962

Tiroler Freiheit diesseits und jenseits des Brenner

Anläßlich der Feier zum Gedenken der Unterzeichnung des österreichischen Staatsvertrages erklärte der Obmann der Österreichischen Jugendbewegung in Tirol, Ing. Andergassen: *„Die Jugend Tirols hat immer an diesen Tag der Freiheit geglaubt und wird auch weiterhin die geistigen Kräfte stärken, um diese Freiheit für Österreich zu erhalten. In dieser Gesinnung entzünden wir heute das Feuer der Freiheit vor dem Tiroler Landhaus und werden dieses Feuer in die Herzen der Jugend tragen. Unsere Freunde in den anderen Bundesländern entzünden die Feuer der Freiheit auf den Bergen. Die Jugend Tirols wird diese Feuer der Freiheit erst* *dann auf den Bergen lodern lassen, wenn diese Feuer in voller Freiheit diesseits und jenseits des Brenner erglühen können."*

17. Mai 1962

Europarat wünscht Bericht der Neunzehner-Kommission

In einer Erklärung sprach der Vorsitzende der Südtirol-Kommission des Europarates, Struye, die Hoffnung aus, bis zum 28. Juni im Besitz des Abschlußberichtes der Neunzehner-Kommission zu sein.

SVP-Labg. Plaikner rechnet im Regionalrat mit den Folterern ab

Der Landtagsabgeordnete der Südtiroler Volkspartei, Ing. Hans Plaikner, nahm im Regionalrat in Trient in einer ausführlichen Rede zu den Folterungen Südtiroler Häftlinge Stellung und erklärte, daß die nicht gesühnten Folterungen das Vertrauen in die Institutionen des Staates völlig zerstört hätten. Erst eine völlige Aufklärung der Untaten und die Bestrafung der Schuldigen könne wieder zu einer gedeihlichen Zusammenarbeit zwischen den Volksgruppen führen.

Beweise für die Folterungen

Es gebe vielleicht in diesem Gremium, dem Regionalrat, einige Kollegen, sagte Plaikner, die der Meinung seien, die Berichte über die Folterungen seien übertrieben und bewußt in die Welt gesetzte Verleumdungen. Dem sei ganz gewiß nicht so. Plaikner führte weiter aus:

„Das negative Obduktionsresultat der im Gefängnis verstorbenen Südtiroler hat vielleicht bei manchen diese bestehende Meinung bestärkt. Die italienische Presse und besonders der ‚Alto Adige' hat ja nach Bekanntgabe der Obduktionsergebnisse triumphierend erklärt, daß nun das Lügengebäude der SVP endgültig zusammengebrochen und der Beweis erbracht sei, daß es sich wirklich um eine politische Spekulation gehandelt hätte.

Was nun diese Obduktionsergebnisse anbelangt, so möchte ich feststellen, daß sie keinesfalls den einzigen und alleinigen Beweis für die Mißhandlungen geliefert haben, und wir haben auch nie behauptet, daß sie den Beweis erbringen werden. Allerdings schließt die Feststellung des natürlichen Todes vorhergegangene Mißhandlungen weder juristisch noch medizinisch aus. Die Mißhandlungen können die indirekte Todesursache gewesen sein, und im übrigen sind die Obduktionsergebnisse gar nicht so negativ, wie eine gewisse Presse es glauben machen möchte. So wurde beispielsweise bei Franz Höfler festgestellt, daß an der rechten großen Zehe Gewebeveränderungen eingetreten waren."

Bruch der Hauptschlagader: Gewaltanwendung ging voran

„Der Tod Höflers ist durch den Bruch der Hauptschlagader eingetreten. Laut einstimmigem Urteil der Gerichtsmediziner muß als Ursache des Bruches dieser Ader bei jungen Menschen – und um einen solchen handelte es sich bei Höfler – in neunzig Prozent der Fälle äußere Gewaltanwendung angesehen werden."

Ausgeschlagene Zähne, zerstörte Trommelfelle

„Aber außer den Obduktionsergebnissen gibt es noch viele konkretere Beweise für die Mißhandlungen. Es liegt eine ganze Reihe von medizinischen Gutachten von Inhaftierten vor. Die schweren Körper- und Gesundheitsschäden, die manche davongetragen haben, kann man nicht mehr ableugnen: Ausgeschlagene Zähne und zerstörte Trommelfelle sind wohl sehr handgreifliche und leicht feststellbare Beweise. Ich persönlich habe mit einigen der freigelassenen Häftlinge gesprochen. Es waren einfache Leute, wortkarge Bauern, die mir absolut glaubwürdig erscheinen mußten."

Schottischer Schriftsteller berichtet über italienische Folterungen

„Es gibt aber auch noch andere Beweise dafür, daß solche und ähnliche Mißhandlungen an Häftlingen auch anderswo in Italien verübt wurden, wie sie mir diese Südtiroler bewiesen haben. Ich möchte daher hier einige Stellen aus einem Buch wiedergeben, das von dem bekannten schottischen Schriftsteller Gavin Maxwell geschrieben wurde und den Titel ‚Die zehn Todesqualen' trägt. Maxwell hat sich als Reiseschriftsteller einen Namen gemacht und hat in dieser Eigenschaft auch mehrere Jahre in Sizilien verbracht. Er widmete dieses Buch ‚Dem

einfachen Volk von Westsizilien in Mitgefühl und tiefer Zuneigung'. Auf Seite 72 schildert der Verfasser, was ihm ein gewesener Inhaftierter über die Vorgänge nach seiner Festnahme erzählte. Ich zitiere: ‚Wie viele Geständnisse haben sie von mir erpreßt, weil ich die Folter nicht aushalten konnte! Ich mußte sagen, daß ich an irgend etwas beteiligt gewesen wäre, auch wenn es gar nicht stimmte. Sie fragten: >Stimmt es, daß du an dem und dem Ort warst?< – und ich sagte: >Ja, ja.< >Stimmt es, daß du das und das getan oder den und den Weg gegangen bist?< und ich sagte: >Ja, ja, es stimmt.< Dabei hatte ich mit der Sache, von der sie redeten, vielleicht überhaupt nichts zu tun. Aber wenn man nein gesagt hätte, da hätte man was erleben können – man mußte immer ja sagen. Wenn ich nein sagte, schlugen sie mich, und sie gossen mir mit einem Gummischlauch Salzwasser in den Hals, und wenn ich dann noch nicht weich war, brannten sie mein Fleisch mit einem rotglühenden Eisen. Sie schlugen mich, sie ließen mich hungern, sie gaben mir Elektroschocks in Fingerspitzen und Hoden – das tut so weh, daß man sterben könnte –, und so wurde ich zu Geständnissen gezwungen, die gar nicht stimmten.'"

Die „cassetta"

„Als entsprechende Ergänzung zu den Aussagen dieses Häftlings möchte ich nun die Darstellung verlesen, die ein Polizeimann über die Verhörmethoden in Sizilien gab. Auf Seite 252 des Buches von Maxwell heißt es: ‚Wir wenden vielerlei Foltern an – ich kann Ihnen ruhig davon erzählen, denn ich habe Ihnen ja auseinandergesetzt, daß sie notwendig sind. Die am häufigsten angewandte ist die sogenannte >cassetta<. Der Mann wird mit zurückgezogenem Kopf auf ein Holzgerüst gebunden. Man stülpt eine Gasmaske über sein Gesicht und gießt Salzwasser durch das Rohr des Mundstückes. Ich bin gegen den Anblick abgehärtet, das wird man in meinem Beruf, aber angenehm ist er nicht, kann ich Ihnen sagen. Sein Leib schwillt zu einem Ballon an, und er leidet Höllenqualen. Dann drückt man auf seinen Leib, damit das Wasser wieder herauskommt, und dann fängt man wieder an. Oft wird das mit anderen Foltern verbunden, der Mann ist nackt, man kann mit ihm machen, was man will. Wir nehmen uns die empfindlichsten Körperteile vor, Füße und Geschlechtsteile. Die Füße werden gebrannt oder geschlagen oder auch beides – daß man jemandem die Zehennägel herausgerissen hat, habe ich nie gesehen, und ich glaube nicht, daß es gemacht wird. Warum, weiß ich nicht . . .' Die Berichte in diesem Buche stimmen ganz auffallend mit dem Inhalt der Briefe der Südtiroler Häftlinge überein, von denen einige in der Presse veröffentlicht und im Regionalrat vom Abgeordneten Dr. Canestrini verlesen wurden. Ich greife beispielsweise nur das Wort ‚cassetta' heraus, das auch in vielen Briefen der Südtiroler Häftlinge vorkommt, unter anderem auch in dem bekannten Brief von Anton Gostner. Die von Anton Gostner beschriebene ‚Cassetta-Methode', so wie sie an ihm angewandt wurde, stimmt mit der Schilderung in diesem Buche vollkommen überein. Ich muß in diesem Zusammenhang noch darauf aufmerksam machen, daß das Buch von Maxwell im Jahre 1959 in englischer Sprache erschienen ist und erst im Jahre 1961 in deutscher Übersetzung herausgegeben wurde."

Das erinnert an die Zeit des Faschismus

„Solche Systeme erinnern an die schwärzeste Zeit des Faschismus und Nazismus und müßten in einem demokratischen Staat undenkbar und untragbar sein. Ich glaube, daß es im Interesse und Ansehen des italienischen Staates im In- und Ausland ist, diesen Vorfällen ganz auf den Grund zu gehen und raschestens Abhilfe zu schaffen. Ich möchte mich hier auch zum Sprecher des sizilianischen Volkes machen, das, wie wir aus dem Buch von Maxwell erfahren, nicht minder schmerzlich empfindet als unser Volk, das genauso leidet unter diesem jede Menschenwürde verletzenden Vorgehen gewisser Polizeiorgane. Wenn ich also nochmals den Präsidenten Dr. Dalvit ersuche, in aller Form und mit aller Energie in Rom zu intervenieren, damit raschestens die parlamentarische Untersuchungskommission eingesetzt werde, so tue ich das auch im Namen des Volkes in Sizilien. Wir Vertreter des Südtiroler Volkes nehmen zwar zur Kenntnis, daß sich der Appellationsgerichtshof in Trient eingeschaltet und eine Untersuchung eingeleitet hat. Unabhängig davon müssen wir aber auf die Einsetzung der parlamentarischen Untersuchungskommission bestehen, weil wir nur in diese das Vertrauen setzen können, daß wir durch diese vorbehaltlose Aufklärung bekommen können. Selbst die Polizei,

Anton Gostner (rechts) wird im Mai 1961 ins Gefängnis eingeliefert. Dies ist das letzte Bild, das ihn als Lebenden zeigt (Bericht aus „Alto Adige", Bozen). (7. Januar 1962.)

Der in italienischer Untersuchungshaft verstorbene Gostner wird in St. Andrä bei Brixen zu Grabe getragen. Rund 10.000 Menschen wohnten dem Begräbnis bei. Unter Führung von Landeshauptmann Tschiggfrey wollte auch eine Abordnung des Landes Tirol daran teilnehmen. Dem Mitglied Rupert Zechtl wurde jedoch die Einreise verweigert, worauf die österreichische Delegation wieder umkehrte.

8. Juli 1962: Sprengstoffanschlag auf den Bozener Bahnhof. Die Täterschaft blieb unklar; der Anschlag war für den BAS untypisch.

besonders die Polizei, die ihren Dienst korrekt, sauber und unparteiisch versehen hat und versieht, müßte im Interesse ihres Ansehens größten Wert auf eine Aufklärung legen. Im übrigen richten sich die Anklagebriefe der Südtiroler nicht gegen die gesamte Polizei als solche, sondern nur gegen gewisse Organe derselben. Es ist sehr verwunderlich, daß das Parlament bisher das in es gesetzte Vertrauen nicht richtig zu schätzen wußte. Ein Zeichen, daß auch im römischen Parlament das Verständnis für unsere Minderheit mangelt. Es bleibt uns nur die Hoffnung, daß der von unserer Volksgruppe in die höchste Institution des Staates zum Ausdruck gebrachte Vertrauensbeweis doch endlich richtig gewertet und gewürdigt werde. Abschließend möchte ich sagen, daß die von allen erwartete politische Lösung der Südtirolfrage, möge sie auch noch so gut sein, weitgehendst entwertet bleiben muß, solange die Frage der Mißhandlungen nicht zuerst auf rein menschlicher Ebene eine Lösung gefunden hat."

20. Mai 1962

Indro Montanelli: „Das hat es unter Stalin nicht gegeben . . ."

Im „L'Europeo" erschien ein offener Brief des bekannten Journalisten Indro Montanelli an den italienischen Staatspräsidenten, in welchem Montanelli die Abschaffung des faschistischen „Schmähungsartikels" im italienischen Strafgesetz verlangt. Was sich in dieser Hinsicht in Italien abspiele, schrieb Montanelli, *„hat es in der Sowjetunion nicht einmal unter Stalin gegeben!"*

Gerichtssessionen 1962: 32 „Schmähprozesse" gegen Südtiroler anhängig

In der Frühjahrs- und Herbstsession 1962 sind insgesamt 35 Prozesse wegen „Schmähung" der italienischen Wehrmacht, der italienischen Nation etc. gegen Südtiroler anhängig, die alle vor dem Schwurgericht stattfinden und in denen jeweils bis zu mehrjährige Kerkerstrafen drohen.

22. Mai 1962

Wien überreicht Rom neue Südtirol-Note

Die österreichischen Regierung überreichte dem italienischen Botschafter Enrico Martino eine neue Note zum Südtirolproblem, in der dringend die Wiederaufnahme von Südtirolverhandlungen zwischen Österreich und Italien gefordert wurde. Rom hatte die letzte österreichische Note vom 10. März dahingehend beantwortet, daß vor der Wiederaufnahme von Verhandlungen zuerst die Ergebnisse der Neunzehner-Kommission abgewartet werden müßten. Damit wollte Rom ohne Zweifel wiederum den innenpolitischen Charakter der Südtirolfrage betonen und Österreich nach Möglichkeit aus den Verhandlungen heraushalten. Nun erklärte Wien in der jüngsten Note, daß die österreichische Bundesregierung bislang überhaupt keine Mitteilung über den Verlauf der Beratungen in der Kommission erhalten habe. Auch hier hatte Rom Wert darauf gelegt, den Österreichern zu zeigen, daß die „inneritalienische" Südtirolfrage sie eigentlich nichts angehe.

24. Mai 1962

Südtiroler Politiker einvernommen

Dr. De Baggis, Präsident der Untersuchungssektion des Trienter Appellationsgerichtshofes, wurde mit der Untersuchung der von den Südtiroler Gefangenen angezeigten Mißhandlungen beauftragt. Die Südtiroler Politiker Dr. Magnago, Hans Dietl und Dr. Friedl Volgger wurden als Zeugen vernommen.

31. Mai 1962

Nordtiroler Landesregierung weiter gegen Verfolgung der Südtiroler Freiheitskämpfer

Im Auftrag der Nordtiroler Landesregierung überreichten Landeshauptmann Dr. Tschiggfrey (ÖVP), Landesrat Wallnöfer (ÖVP) und Landesrat Zechtl (SPÖ) der österreichischen

Bundesregierung ein Memorandum. In diesem ersuchte die Landesregierung um Einstellung, zumindest aber Aufschub aller Südtirol-Prozesse gegen österreichische Staatsbürger. Die Landesregierung weist darauf hin, daß sich die italienischen Gerichte keine wirksamere Rechtshilfe vorstellen könnten als die Durchführung von Prozessen in Österreich. Diese müßten automatisch zu Schuldsprüchen auch vor italienischen Gerichten führen.

6. Juni 1962

Hypotheken auf dem Besitz der politischen Häftlinge

Zur Sicherstellung von Schadensersatzansprüchen des italienischen Staates wurde angeordnet, den Besitz der angeklagten politischen Häftlinge mit Zwangshypotheken zu belasten.

7. Juni 1962

Wien verlangt Aufhebung des Visumzwanges

Abgeordnete der ÖVP richteten im österreichischen Nationalrat an Außenminister Dr. Bruno Kreisky die Frage, was die österreichische Regierung zu tun gedenke, um von der italienischen Regierung die Aufhebung des Visumzwanges zu erwirken. Dr. Kreisky antwortete, er habe bereits am 23. Mai dem italienischen Botschafter Martino ein Memorandum übergeben, in welchem er die Abschaffung des Visumzwanges urgierte.

Carabinierispitzel soll ausgeliefert werden

Wie der Staatssekretär im Justizministerium Dr. Franz Josef Strauß in einer Fragestunde des Deutschen Bundestages mitteilte, sei gegen den Carabinierispitzel Robert Henckelmann ein Strafverfahren wegen Betruges anhängig, deshalb wurde seine Auslieferung von Italien beantragt. Die italienischen Behörden ließen jedoch ihren bezahlten Spitzel und Provokateur (siehe 12. 8. 1961) unbehelligt in die Schweiz ausreisen.

13. Juni 1962

Rom antwortet auf die Südtirol-Note Wiens: Südtirol ist eine rein innerstaatliche Angelegenheit

Der italienische Botschafter in Wien, Martino, überreichte dem österreichischen Außenministerium die Antwortnote auf den österreichischen Vorschlag von Ende Mai, die zweiseitigen Verhandlungen über Südtirol wieder aufzunehmen. In dieser Note lehnte Rom es ab, Österreich über die Ergebnisse der Neunzehner-Kommission zu informieren, da es sich bei deren Arbeit ausschließlich um innerstaatliche Belange handle, über die keine internationalen Beratungen stattfinden könnten. Rom stimmte jedoch einer Außenministerkonferenz zu.

14. Juni 1962

„Dolomiten"-Redakteure freigesprochen

Wegen „Veröffentlichung falscher und übertriebener oder tendenziöser Nachrichten, welche geeignet sind, die öffentliche Ordnung zu stören", mußte sich der „Dolomiten"-Redakteur Dr. Oberhollenzer vor dem Gericht in Bozen verantworten. Die „Dolomiten" hatten am 16. Jänner 1962 einen Brief der politischen Häftlinge der Gefängnisse von Bozen und Trient abgedruckt gehabt, in dem diese mitteilten, daß sie aus Protest gegen den Tod von Franz Höfler und Anton Gostner, die an den Folgen erlittener Mißhandlungen gestorben seien, in den Hungerstreik traten. Die Veröffentlichung dieses Schreibens hatte zur Anklageerhebung genügt. Dr. Oberhollenzer wurde aber von dieser Anklage freigesprochen.

15. Juni 1962

Politische Südtiroler Häftlinge fordern die Einsetzung einer internationalen Untersuchungskommission

Ihr „Verbrechen": Daß sie sich gegen die Vernichtung ihres Volkes zur Wehr setzten!

„Wir politischen Südtiroler Häftlinge haben im Jänner 1962 durch einen Hungerstreik protestiert, weil zwei unserer Mithäftlinge an den Folgen der bestialischen Folterungen, die sie

durch die italienische Polizei erleiden mußten, gestorben sind. Zahlreiche andere Mithäftlinge, die infolge der Mißhandlungen ebenfalls schwere gesundheitliche Schäden erlitten hatten, mußten ins Spital gebracht werden. Die von Südtiroler Parlamentariern und dem Südtiroler Landtag schon vor Monaten geforderte Einsetzung einer parlamentarischen Untersuchungskommission ist bis heute von der italienischen Regierung sabotiert worden. Wir Südtiroler Häftlinge wiederholen daher neuerdings unsere Forderung nach einer internationalen Untersuchungskommission, die sich hier an Ort und Stelle von den schändlichen Methoden überzeugen möge, die von der Polizei gegen uns politische Häftlinge angewandt wurden."

Italienischen Gerichten geht es nicht um Wahrheitsfindung, sondern um Einschüchterung

„Wir betonen nochmals: Unser Vertrauen in die demokratischen Einrichtungen des italienischen Rechtsstaates ist restlos zerstört. Das von der Gerichtsbehörde eingeleitete Untersuchungsverfahren über die Folterungen und die damit zusammenhängenden Verhöre und Gegenüberstellungen mit Carabinieri haben eindeutig bewiesen, daß es den italienischen Gerichten nicht um Wahrheitsfindung, sondern darum geht, uns durch Drohungen, Versprechungen und Schikanen zu zwingen, unsere Anzeigen gegen die Folterknechte zurückzunehmen. Wie diese Untersuchung geführt wird, spottet dem primitivsten Rechtsempfinden! Sämtliche Folterknechte leugnen heute, und Richter und Polizei machen sich bei den Verhören über uns lustig, genau wie es bei den Folterungen der Fall war. Wir klagen daher vor aller Welt an: die italienische Regierung, die trotz genauer Kenntnis der Tatsachen immer noch die Folterungen abzuleugnen versucht, die Folterknechte nicht nur deckt, sondern sie noch auszeichnet, und mit gekünstelter Entrüstung gegen Foltermeldungen im Ausland protestiert."

Anklage gegen Innenminister und seine Folterknechte

„Wir klagen an: den ehemaligen Innenminister Scelba als Hauptverantwortlichen. Scelba hat persönlich die Folterungen in Südtirol angeordnet. Wir haben die Beweise dafür: Offiziere haben während der Folterung sich auf Scelbas ‚Freibrief' berufen. In einem sogenannten demokratischen Land, welches die Konvention der Menschenrechte mit unterzeichnete, wurden und werden heute noch Polizisten zu Folterknechten ausgebildet. Unter anderen folgende Namen: Die Carabinierioffiziere Hauptleute Marzollo und De Rosa (Meran), Hauptmann Silvestro Boracci, Oberst Francesco Marasco, Leutnant Fulvio Esposito, Leutnant Vittorio Rotellini, Leutnant Luigi Vilardo und die Mannschaften Vizebrigadier Rodolfo Schgör, Brigadier Paolo Girolami, Maresciallo Giuseppe Mazzea, Maresciallo Paolo Rainer, Carabinieri Giovanni Marras und Pozzer usw. Wir klagen an die Gefängnisärzte von Bozen und Trient, die unsere Häftlinge bei der Einlieferung in das Gerichtsgefängnis überhaupt nicht oder einige nur oberflächlich untersuchten, darüber keine Eintragungen machten. Im besonderen den Gefängnisarzt von Bozen, Dr. Piazza, der durch gröblichste Verletzung seines Berufseides mitverantwortlich ist am Tode von zwei Häftlingen."

Anklage gegen Justiz: Staatsanwalt Castellano und Untersuchungsrichter Martin

„Wir klagen an die italienische Justiz, die den Staatsanwalt Dr. Castellano beauftragte, blutiggeschlagene Häftlinge zu vernehmen, der sie, wenn sie noch nicht ‚geständnisreif' waren, für weitere Folterungen der Polizei übergab und der sich schließlich weigerte, die Anzeigen über Mißhandlungen zu Protokoll zu geben. Wir klagen an den Untersuchungsrichter im Sprengstoffprozeß, Dr. Martin, der nach kommunistischem Beispiel die Dinge auf den Kopf stellt und gegen uns Anklagen erhoben hat, an die er selbst am wenigsten glaubt, die von abgrundtiefem Haß gegen Angehörige einer wehrlosen Minderheit diktiert sind: als Terroristen, Mörder, Gemeinverbrecher sollen wir vor italienische Richter gezerrt und der Willkür und Terrorjustiz ausgeliefert werden. Dabei besteht das ‚Hauptverbrechen' der meisten Inhaftierten ausschließlich darin, daß sie sich gegen die Vernichtung unseres Volkes zur Wehr setzten. Wir appellieren damit noch einmal an die Weltöffentlichkeit, nicht tatenlos zuzusehen, wie heute noch in einem westlichen, sogenannten demokratischen ‚Rechtsstaat' das Recht und die Menschenwürde mit Füßen getreten werden. Helft und veranlaßt, daß eine internationale Kommission diese Schande im Herzen Europas untersucht und schnelle Abhilfe schafft!

Die politischen Südtiroler Häftlinge in den Gefängnissen von Bozen, Trient und Verona."
(Walla, Max [Hrsg.]: „Die Schändung der Menschenwürde in Südtirol", S. 55ff.)

16. Juni 1962

Südtirolkommission in Bozen

Die Neunzehner-Kommission begab sich nach Bozen, um an Ort und Stelle die „Exponenten und Vertreter der öffentlichen Verwaltungen und der wirtschaftlichen, gewerkschaftlichen und sozialen Kategorien" anzuhören, welchen Standpunkt sie zu den Problemen Südtirols bezogen. Die Vertreter der Südtiroler Volkspartei überreichten der Kommission ein Memorandum, in dem sie die Anwendung des Pariser Vertrages von 1946 verlangten. Eine Abordnung der Südtiroler Bürgermeister brachte ein ausführliches Memorandum zur Verlesung, das von allen anwesenden Südtiroler Bürgermeistern unterschrieben worden war. In dieser Denkschrift verlangten sie die volle Gemeindeautonomie. Die Vertreter der Südtiroler Wirtschaft und des Südtiroler Bauernbundes forderten unter der Losung „Los von Trient" die Trennung der Provinz Bozen von der Provinz Trient und die Zuerkennung einer eigenen Landesautonomie für Südtirol. Der Katholische Verband der Werktätigen legte den Anspruch der Werktätigen Südtirols auf Arbeit und Aufstiegsmöglichkeit in der eigenen Heimat dar. Der Südtiroler Kriegsopfer- und Frontkämpferverband verlangte die Anerkennung des Frontdienstes und der Dienstgrade in der Wehrmacht hinsichtlich der Zuerkennung von Pensionen.

21. Juni 1962

Bergfeuer am Herz-Jesu-Sonntag verboten

Der Obmann der SVP, Dr. Silvius Magnago, machte an den Regierungskommissär die Eingabe, das bis 31. August befristete Verbot, im freien Gelände Feuer anzuzünden, aufzuheben, damit die Südtiroler Jugend am Herz-Jesu-Sonntag in Ausübung eines alten Tiroler Brauches die traditionellen Bergfeuer abbrennen könne. Der Regierungskommissär gab diesem Ersuchen nicht statt.

Carabinieri stören Fronleichnamsprozession im Überetsch: Wimpel der Katholischen Jugend beschlagnahmt

Die Carabinieri von Eppan störten die Fronleichnamsprozessionen in Eppan, St. Michael und Girlan, indem sie verlangten, daß die Banner und Wimpel der Katholischen Jugend nicht mitgetragen werden durften und diese aus der bereits in Gang befindlichen Prozession entfernten. Dieser Vorgangsweise lag ein Dekret des Regierungskommissars zugrunde, welches nach der Herz-Jesu-Nacht von 1961 erlassen worden war und verfügte, daß Fahnen und Wimpel nur zusammen mit der italienischen Tricolore gezeigt werden durften.

22. Juni 1962

Hauptversammlung des Nordtiroler Bergisel-Bundes

Resolution gegen Südtirolprozesse

Der Nordtiroler Bergisel-Bund hielt in Solbad Hall in Tirol seine Jahreshauptversammlung ab. Nach dem Tätigkeitsbericht des Landesobmannes Dr. Eduard Widmoser, der die volle Zustimmung der Anwesenden fand und der auf Grund eines einstimmigen Beschlusses allen Mitgliedern des Nordtiroler Verbandes zur Kenntnis gebracht werden muß, wurde Dr. Eduard Widmoser einstimmig zum Ehrenobmann gewählt, da er eine Wiederwahl zum Landesobmann ablehnte. Mit großer Mehrheit wurden der Intendant von Radio Tirol, Hofrat Dr. Josef Scheidle, zum Bundesobmann-Stellvertreter, Dr. Rainer Hardt-Stremayr zum Zweiten Landesobmann-Stellvertreter, Gert Gunsch zum Schriftführer und Alois Braun zum Kassier gewählt. Die Wahl stand unter dem Vorsitz des Altlandesrates und Ehrenobmannes Hofrat Dr. Aloys Oberhammer. Mit großem Beifall wurde die Entschließung angenommen: *„Schluß mit den Südtirol-Prozessen gegen Tiroler Patrioten."*

25. Juni 1962

Südtirolprozeß in Österreich

Landesrat Wallnöfer: Italiener haben mehrfach versucht, Unbequeme fälschlich zu belasten

Vor einem Geschworenengericht in Graz mußte sich das Gründungsmitglied des Befreiungsausschusses Südtirol (BAS), der Innsbrucker Schriftsteller Wolfgang Pfaundler, der bereits vor 1945 in der österreichischen Widerstandsbewegung tätig gewesen war, wegen Verdacht des Verstoßes gegen das Waffen- und Sprengstoffgesetz verantworten. In einem von Pfaundler in Innsbruck zum Zwecke ungestörter schriftstellerischer Tätigkeit angemieteten Zimmer waren größere Mengen Sprengstoff, Waffen und Ausrüstungsgegenstände nach einer Anzeige des italienischen militärischen Geheimdienstes SIFAR an die österreichischen Kollegen von der militärischen Abwehr gefunden worden. Pfaundler verantwortete sich dahingehend, daß ihm die Gegenstände vom italienischen Geheimdienst in Zusammenarbeit mit einem polnischen Grafen namens Bninski unterschoben worden seien. Jener Bninski sei ein Freund des Leiters des italienischen Kulturinstitutes in Innsbruck gewesen und habe gut gelebt, obgleich er keinerlei sichtbarer beruflicher Tätigkeit nachging. Die Zimmervermieterin habe dem Bninski, einem angeblichen Grandseigneur, ihren Wohnungsschlüssel geborgt, damit dieser sich ihrer Bibliothek bedienen könne. Der Innsbrucker Polizeirat Uiberreiter bestätigte als Zeuge, daß er wisse, daß die Italiener schon vor der anonymen Anzeige Kenntnis von dem Waffenlager gehabt hätten. *„Aber wir haben keine Verbindung zum italienischen Geheimdienst."* Aus Sympathie zu Pfaundler wohnten Landeshauptmannstellvertreter Dr. Hans Gamper und der ehemalige Landesrat Dr. Aloys Oberhammer als Beobachter der Verhandlung bei. Die Journalisten Claus Gatterer und Dr. Raming wurden im Laufe des Verfahrens als Zeugen der Verteidigung einvernommen. Gleichfalls kam ein Brief des damaligen Landesrates Wallnöfer zur Verlesung. Darin hieß es: *„Es sind mir Fälle bekannt, daß die italienischen Stellen versucht haben, politisch Unbequeme zu belasten, wie dies im Falle Pfaundler getan worden sein muß. Sie müssen verstehen, daß ich mit Rücksicht auf meine Südtiroler Landsleute nicht imstande bin, genauere Angaben zu machen."* In seinem Schlußvortrag erklärte der Wiener Strafverteidiger Dr. Michael Stern: *„Wir werden bei den Italienern nicht in der Achtung steigen, wenn wir die eigenen Leute verfolgen. Wenn ein Volk sich derartig erniedrigt, daß es eine solche Anklage erhebt, dann ist es kein Wunder, wenn wir um italienische Visa Schlange stehen müssen!"* Die Geschworenen in Graz folgten der Argumentation der Verteidigung und sprachen Pfaundler mit 8:0 Stimmen von der Anklage frei.

30. Juni 1962

Neuwahl im Bergisel-Bund. Die „Waffen des Geistes"

In Bregenz fand die Bundeshauptversammlung des Bergisel-Bundes statt, auf der die Neuwahl der Bundesleitung vorgenommen wurde. Zum Bundesobmann wurde der Abgeordnete zum Nationalrat Franz Kranebitter (ÖVP), zum Geschäftsführenden Bundesobmann und Bundesobmannstellvertreter der Rundfunk-Intendant Hofrat Dr. Josef Scheidle, zum Schriftführer Stadtrat Direktor Arthur Haidl, zum Kassier Landtagsabgeordneter Dr. Heinz Mader (FPÖ) gewählt. Die Bundeshauptversammlung beschloß Leitsätze für das künftige Wirken des Bergisel-Bundes in Österreich, wonach *„Gewalt als Kampfmittel"* abzulehnen sei und nur mit den *„Waffen des Geistes"* gekämpft werden dürfe.

Folgende Anträge wurden gebilligt:

„1. Das Memorandum der Tiroler Landesregierung an die Bundesregierung, das die laufenden Gerichtsverfahren betrifft, wird unterstützt und der Tiroler Landesregierung für ihr Eintreten gedankt. 2. Die Bundesleitung des Bergisel-Bundes wird ermächtigt, selbst an die österreichische Bundesregierung mit der Bitte heranzutreten, österreichische Staatsbürger nicht deshalb zu verfolgen, weil sie sich nur gegen die Sicherheit eines fremden Staates vergangen und sich sonst keiner Delikte schuldig gemacht haben. 3. Die Bundesleitung des Bergisel-Bundes wird beauftragt, geeignete Schritte zu unternehmen, um den Heiligen Stuhl zu ersu-

chen, daß er seine Stimme für eine menschliche Behandlung der in Italien inhaftierten Südtiroler erheben möge."

Völkerrechtsexperte Dr. Veiter: Selbstbestimmungsrecht ist Bestandteil des Völkerrechtes

An der Pressekonferenz nahmen auch vier italienische Zeitungskorrespondenten teil. Auf die Frage eines italienischen Journalisten, auf welchem Wege der Bergisel-Bund allenfalls das Selbstbestimmungsrecht für Südtirol durchsetzen wolle, erklärte der Landesobmann von Vorarlberg, der Völkerrechtler Dr. Theodor Veiter, daß Italien selbst Signatar einer Konvention gegen den Kolonialismus sei, in der das Selbstbestimmungsrecht als grundsätzlicher Bestandteil des Völkerrechtes ausdrücklich anerkannt werde.

„Pangermanist" Kranebitter

Die Nachrichtenagentur „Italia" erklärte in ihrer deutschen Ausgabe Nr. 27 vom 4. Juli, daß die „radikale Linie" des Bergisel-Bundes bestätigt worden sei. Der Obmann Kranebitter sei ein *„Pangermanist"*.

4. Juli 1962

Dr. Magnago in Trient freigesprochen

Vor mehr als zwei Jahren fand in Tramin die Einweihung des Kriegerdenkmals für die Gefallenen der beiden Weltkriege statt. Dr. Silvius Magnago hielt die Gedenkrede. Die italienische Polizei erstattete die Strafanzeige, weil nach ihrer Auffassung die Einweihung des Kriegerdenkmals nicht vorschriftsmäßig angemeldet worden war. Dr. Magnago wurde ebenfalls angezeigt, weil er auf einer nicht angemeldeten öffentlichen Veranstaltung das Wort ergriffen hatte. Das Bezirksgericht in Neumarkt verurteilte Dr. Magnago, der aber Berufung einlegte. Das Tribunal in Trient sprach ihn nun frei.

6. Juli 1962

Grenzverletzung durch italienische Soldaten

Unter Führung eines Offiziers drangen bei guter Witterungslage und Sicht bewaffnete italienische Soldaten im Gebiet des Fradersattels (Brennergebiet) über eineinhalb Kilometer auf österreichisches Gebiet vor. Einige Tage später verletzten im Gebiet des Hohen Lorenzen neuerlich sechs italienische Soldaten österreichisches Hoheitsgebiet. In beiden Fällen hatten die Eindringlinge österreichische Alpenvereinskarten dabei, so daß ein „zufälliges Verirren" wohl ausgeschlossen werden konnte.

Kommuniqué des Europarates

Das Südtirolkomitee des Europarates konstatierte erfreuliche Fortschritte der Neunzehner-Kommission und erhoffte die Wiederherstellung des freien Personenverkehrs zwischen Italien und Österreich.

8. Juli 1962

Straßentunnel mit faschistischem Symbol eingeweiht

Ein neuer Straßentunnel durch den Virgilberg in Oberau wurde eingeweiht. Als die Tricolore von dem Portal des Tunnels gezogen wurde, kam darunter ein römischer Adler zum Vorschein, der ein faschistisches Liktorenbündel in den Krallen hält.

Sprengstoffanschlag

Ein Sprengstoffanschlag richtete auf dem Bozner Bahnhof schwere Verwüstungen an und brachte eine Decke zum Einsturz. Die Bombe war in einem Gang zur Toilette versteckt worden und explodierte, als der Bahnhof für Publikumsverkehr gesperrt war. Ein Bahnbeamter wurde verletzt.

25. Juli 1962
Georg Klotz in Innsbruck enthaftet
Der am 26. März in Natters wegen illegalen Waffen- und Sprengstoffbesitzes verhaftete 44jährige Schützenmajor Georg Klotz aus dem Passeier wurde auf Beschluß der Ratskammer des Landesgerichtes Innsbruck enthaftet und auf freien Fuß gesetzt.

27. Juli 1962
„Schmähung der Nation" wegen Streit über Rechnung
Der Inhaber des Sterzinger Parkhotels, Rudolf Stetter, bekam mit einem italienischen Gast Streit wegen der Höhe der Rechnung. Der Gast – ein Luftwaffenoffizier – zeigte den Hotelier wegen „Schmähung der italienischen Nation" bei den Carabinieri an, welche diesen verhafteten. Erst am nächsten Tag wurde er bis zu einer Verhandlung in „provisorische Freiheit" gesetzt.

30. Juli 1962
SVP „schuld an Judenmorden"
Im Bozener Gemeinderat erklärte der Neofaschist Andrea Mitolo, daß die SVP „mitschuldig an der Ermordung von 6 Millionen Juden" sei.

31. Juli 1962
Ergebnislose Südtirolkonferenz in Venedig
Trotzdem: Stärkung der österreichischen Position
Nach längerer Vorbereitungszeit fanden in Venedig die bilateralen Südtirolgespräche zwischen dem österreichischen Außenminister Kreisky und seinem italienischen Amtskollegen Piccioni statt. Mit nur fünf Stunden Verhandlungsdauer war es die kürzeste Konferenz in dieser Frage. In der Sache selbst wurde nicht verhandelt. Es wurde vereinbart, daß zunächst die Ergebnisse der innerstaatlichen Neunzehner-Kommission abgewartet werden sollten. Daher wurde vereinbart, das Südtirolproblem nicht auf die Tagesordnung der diesjährigen Generalversammlung der Vereinten Nationen zu setzen, sondern diese nur darüber zu unterrichten, daß es nach Abschluß der Kommissionsberatungen zu einem neuerlichen Außenministertreffen kommen werde, um allenfalls noch offene Fragen zu klären. Basis der Verhandlungen würden dann der Bericht der Neunzehner-Kommission und die Beschlüsse der italienischen Regierung zu diesem Bericht sein. In den Bericht der Neunzehner-Kommission würde jene Forderungen der Südtiroler, welche diese in der Kommission nicht durchsetzen hätten können, aufgenommen werden. Der diplomatische Ton des gemeinsamen Schlußkommuniqués konnte dann auch nicht darüber hinwegtäuschen, daß in der Sache selbst in Venedig nichts erreicht worden war. Die „Vorarlberger Nachrichten" kommentierten die Verhandlungen unter dem Titel: *„Venedig war kaum mehr als ein verbindliches Lächeln"*. Der Artikel schloß mit einem Wort von Karl Kraus: *„Diplomatie ist ein Schachspiel, bei dem die Völker matt gesetzt werden!"*
Stärkung der österreichischen Position
Mit der Vereinbarung, nach Vorliegen der Kommissionsergebnisse ein Außenministertreffen zu veranstalten, war jedoch die österreichische Verhandlungsposition entscheidend gestärkt worden. Die ursprüngliche italienische Absicht, die Kommissionsberatungen anstelle bilateraler Verhandlungen zu führen und Österreich damit aus diesem Prozeß auszuschließen, konnte nicht weiter verfolgt werden. Nun konnten die Arbeiten der Kommission als interne Vorarbeit für bilaterale Verhandlungen auf der Basis der UNO-Resolutionen interpretiert werden.
Versuch, Neunzehner-Kommission entschlafen zu lassen
In Italien schienen zentralistische Kräfte in Rom die Konsequenzen der Vereinbarungen von Venedig rasch begriffen zu haben. Die Südtiroler gewannen den Eindruck, daß Rom die Kommission ohne Ergebnisse sanft entschlafen lassen wollte. Monatelang ging nichts mehr weiter, bis am 9. Januar 1963 der belgische Senatspräsident Paul Struye in seiner Eigenschaft als Vorsitzender der Südtirol-Kommission des Europarates nach Rom kam, um sich über den

Fortgang der Arbeiten zu informieren. Aldo Moro, der damalige Sekretär der Democrazia Cristiana, drängte auf den Fortgang der Arbeiten, die dann auch wieder ins Laufen kamen. (Fontana, Josef: „Ohne Anschläge keine Neunzehner-Kommission, ohne Neunzehner-Kommission kein Paket?", in: Baumgartner / Mayr / Mumelter: a.a.O., S. 145.)

Pfaundler: Die Anschläge haben die Unterwanderung gestoppt!

Der in Graz freigesprochene Schriftsteller Wolfgang Pfaundler gab der Zeitschrift „Freiheit für Südtirol" ein Interview, in dem es hieß:

Frage: *„Sind die Attentäter Patrioten?"*

Pfaundler: *„Entweder war Andreas Hofer ein Terrorist, ein Extremist, oder es sind die Südtiroler Freiheitskämpfer von 1961 mindestens ebensolche Freiheitshelden wie ihre Vorfahren von 1809. Ich habe vor diesen tapferen Südtirolern ebensoviel Respekt als vor Andreas Hofer und seiner Schar, denn unsere Südtiroler sind völlig auf sich allein gestellt, ohne Hinterland, ohne jede materielle oder gar militärische Hilfe. 250.000 gegen 50 Millionen! Ihre moralischen Aufrufe beweisen, daß es sich nicht um Abenteurer handelt, sondern um verzweifelte Menschen, die jahrzehntelang betrogen wurden! Die Wahl ihrer Objekte zeigt ein hohes Maß an menschlicher Verantwortung. Die Sprache ihrer Rechtfertigung läßt deutlich ihre christliche Ethik erkennen."*

Frage: *„Sie selbst sind bekanntlich in Italien angeklagt?"*

Pfaundler: *„Von dem neofaschistischen Italien angeklagt zu werden, ist für jeden Tiroler eine Ehre."*

Frage: *„Sind Sie ein Italienfreund?"*

Pfaundler: *„Weil ich mich nicht freundlich über die italienische Polizei und Justiz äußere? Es ist doch allgemein bekannt, daß in Italien fast nur Gesindel zur Polizei geht. Und mit der Justiz ist es – zumindest in den von Italien besetzten Gebieten – nicht sehr viel besser. Ich erinnere mich noch an meinen Besuch beim allgewaltigen Staatsanwalt Dell'Antonio: Ein unrasiertes böses Zwergerl, mit schmutzigem Hemdkragen und zerkauten Fingernägeln, unentwegt in der Nase bohrend, das seine charakterliche Impotenz durch Brutalität an Wehrlosen zu kompensieren versuchte. Nein, ich liebe Italien und auch die Italiener. Die meisten Italiener sind ja keine Polizisten oder Staatsanwälte, aber am allerliebsten sehe ich Italiener erst südlich von Salurn."*

Frage: *„Wie sollte sich Österreich nach Ihrer Ansicht gegenüber den Südtiroler Freiheitskämpfern verhalten?"*

Pfaundler: *„Das allererste, was wir von unseren Landsleuten haben müssen, die sich schweren Herzens erhoben hatten, ist Respekt, grenzenloser Respekt! Ich erinnere an die prophetischen Worte, die der wohl bei Freund und Feind angesehenste christliche Politiker der Ersten und Zweiten Republik, Leopold Kunschak, im September 1919 im Parlament sagte: ‚Die Tiroler sollen sich in die italienische Knechtschaft begeben. Ich sehe im Geist die Südtiroler in der Sklaverei, ich sehe im Geist aber auch an den steilen Felshängen der herrlichen Tiroler Berge den Schatten eines Andreas Hofer aufsteigen. In der Erinnerung an diesen Tiroler Helden und in dessen Geist wird der Kampf geführt werden, solange, bis aller Widerstand überwunden und das erwachte Gewissen der gesamten Kulturwelt den Südtirolern ihren Platz wieder an der Seite der Nordtiroler angewiesen haben wird.'"*

Frage: *„Glauben Sie, Herr Pfaundler, an einen Erfolg der Sprengstoffanschläge?"*

Pfaundler: *„Das kommt darauf an, was Sie unter ‚Erfolg' verstehen. Zunächst haben die Vorfälle im vergangenen Sommer gezeigt, ob die Südtiroler wirklich die ‚am besten behandelte Minderheit' sind, wie es Fanfani in New York behauptet hatte. Was in den letzten 40 Jahren nicht möglich war, daß sich mehrere internationale Körperschaften und verschiedene Kommissionen ernsthaft mit Südtirol beschäftigen, das ist den Südtiroler Freiheitskämpfern mit ihren Methoden innerhalb weniger Wochen gelungen. Sicherlich ist auch durch diese Anschläge die italienische Unterwanderung gestoppt worden. Außerdem wurde ja den Südtiroler Freiheitskämpfern von berufenster Seite höchstes Lob gespendet."*

Frage: „*Wieso?*"
Pfaundler: „*Der österreichische Außenminister Dr. Kreisky hat dem deutschen Nachrichtenmagazin ‚Spiegel' ein sehr ausführliches Interview gegeben. Gleich die erste Frage lautete dort: ‚Wie ist es zu der plötzlichen Belebung dieses jahrzehntealten Problems gekommen?' Und Minister Kreisky mußte antworten: ‚Zum Teil ist es darauf zurückzuführen, daß es junge Leute in Südtirol gibt, die das Recht haben, ungeduldig zu sein.'*"
Frage: „*Meinen Sie, daß das offizielle Österreich in letzter Zeit etwas falsch gemacht hat?*"
Pfaundler: „*Mehrere Vorfälle aus allerjüngster Vergangenheit zeugen von tiefster nationaler Erniedrigung Österreichs gegenüber Italien, wie wir sie sonst in der Geschichte nur bei Sklavenvölkern kennengelernt haben: Da dringen bewaffnete italienische Soldaten auf österreichisches Staatsgebiet vor, kundschaften mit Plänen die Gegend aus, vermessen das Gelände und halten mit ihrer Befehlsstelle in Italien während dieser Spionagetätigkeit die Funkverbindung aufrecht. Sie haben sich nach dem österreichischen Strafgesetz vieler schwerer Verbrechen schuldig gemacht, unter anderem auch nach § 17 des Staatsschutzgesetzes, der die Auskundschaftung zugunsten einer fremden Macht mit Kerkerstrafen bedroht. Abgesehen davon ist die Duldung solcher Vorkommnisse schon wegen unserer militärischen Neutralität außenpolitisch untragbar. Ein Südtiroler, der – angeblich mit Waffen – auf österreichisches Staatsgebiet geflüchtet ist, wurde vier Monate im Gefängnis des Innsbrucker Landesgerichtes eingesperrt. Aber italienische Soldaten wurden trotz Überführung des gleichen Deliktes höflich zurückgeschickt, statt daß man sie nun gegen die österreichischen Gefangenen in Italien ausgetauscht hätte.*"
Frage: „*Eine allerletzte Frage: Was sagen Sie zu Venedig?*"
Pfaundler: „*Ein Erfolg für die Italiener. Sie haben wieder einmal Zeit gewonnen. Am auffallendsten aber ist, daß man in Wien zu umgehen verstand, auch nur einen einzigen Tiroler Parlamentarier oder ein Mitglied der Tiroler Landesregierung nach Venedig mitzunehmen. Berufsdiplomaten sind schnell zufrieden, wenn das Mittagessen gut war. Aber finden Sie nicht, man hätte wenigstens beim Kaffee über das Schicksal der Südtiroler Gefangenen sprechen können? Ich glaube, in Venedig ging es überhaupt nicht um Südtirol, sonder um die EWG. Und daß unsere Diplomaten kein anderes EWG-Mitglied finden, das den österreichischen Standpunkt unterstützen soll, als ausgerechnet Italien – das ja auch noch einer der schwächsten EWG-Partner ist –, halte ich für sehr beschämend.*"

<u>1. August 1962</u>
Priester angezeigt
Wie die Bozener Zeitung „Alto Adige" meldete, haben die Carabinieri den Bozener Caritasdirektor und Priester Pius Holzknecht wegen Beschimpfung angezeigt.

<u>15. August 1962</u>
Sozialistische Mittelschüler beurteilen die Lage in Südtirol
In der Zeitschrift „Rote Tafel", dem Organ des „Verbandes Sozialistischer Mittelschüler Österreichs" (SPÖ), fand sich unter der sinnigen Überschrift „Südtirol – Alto Adige?" folgender Beitrag (Auszug): „ . . . *Ebenso sind Trachtenumzüge, Männchen mit Bärten à la Hofer, mit bajuwarischen Hosenlätzen und Steinschloßflinten, sowie Schützenfeste mit allem notwendigen Drum und Dran kaum als kulturelle Ereignisse, als Kulturgut zu bezeichnen. Sie stellen vielmehr eine Kompensation eines Triebes dar, das Land mit dem Gewehr für Gott, Volk und Kaiser (hier ist jeweils das opportunste Hauptwort einzusetzen) zu verteidigen sowie sich an den anschließenden Saufereien und derben Späßen zu vergnügen – oder aber man sieht darin das letzte Erheben gegen eine andere, überlegene Kultur, der man nichts Besseres mehr entgegenzustellen hat . . . Es wird auch Beschwerde darüber geführt, daß immer mehr und mehr Süditaliener nach Südtirol einwandern, um dort in einem der zahlreichen Industriebetriebe unterkommen zu können. Gerade wir als Sozialisten müssen diese Erscheinung* (gemeint damit ist die Unterwanderung, Anm. d. Verf.) *begrüßen, ist es doch niemandem zuzumuten,*

im tiefsten Kalabrien dahinzuvegetieren, wo man beim besten Willen nur von der Hand im Mund leben kann. Aber hat man vielleicht schon von verhungerten Südtirolern gehört? ... Einen schlechten Dienst erwiesen der deutschsprachigen Minderheit die Bumser und Sprenger, die vorwiegend 1961 auftraten. Aber es lag ja in ihrer Absicht (siehe Oberhammer und Co.), den Nationalitätenhaß wieder aufleben zu lassen, um ihre schmutzigen Ziele, von denen sich jeder ehrliche Mensch distanzieren muß, verwirklichen zu können ...“

Lob von profaschistischer Seite

Die linke Parteijugend erhielt dafür von der den Neofaschisten nahe stehenden Nachrichtenagentur „Italia“ unter dem Titel *„Die sozialistische Jugend Österreichs stellt sich im Europageist der Südtirolfrage“* Zustimmung und höchstes Lob. (Nr. 39 vom 17. 10. 62.)

31. August 1962

Strafverfolgung in Österreich: ein politisches Unglück

Der Grazer Untersuchungsrichter vernahm das ehemalige Mitglied der österreichischen Südtiroldelegation, Landesrat a.D. Dr. Aloys Oberhammer, und den Innsbrucker Schriftsteller Dr. Heinrich Klier als Beschuldigte unter dem Verdacht der Beteiligung am Südtiroler Freiheitskampf. Dr. Klier war nur gegen Zusicherung des „freien Geleits“ aus München zurückgekehrt. Hofrat Oberhammer verantwortete sich in aller Kürze und stellte mit Entschiedenheit fest, daß er die Verfolgung von „Südtirol-Delikten“ in Österreich für ein politisches Unglück empfinde.

14. September 1962

Italien hebt Visumzwang für Österreicher auf

„Schwarze Listen“ mit Einreiseverboten

Starke Einbußen im Urlauberverkehr und massive diplomatische Vorstellungen Österreichs veranlaßten die italienische Regierung, den Visumzwang für Österreicher wieder aufzuheben. Gleichzeitig wurde bekannt, daß an den Grenzstellen „Schwarze Listen“ mit Namen von Südtirolfreunden aus Österreich auflagen. Diese blieben von der Einreise nach Italien weiterhin ausgeschlossen. Auf dieser Liste befanden sich Politiker, Journalisten, Universitätsprofessoren und Mitglieder von Südtirolverbänden. Aus diesem Anlaß erinnerte die Tageszeitung „Dolomiten“ an eine Rede des italienischen Außenministers Sforza vom 12. September 1948: *„Die staatlichen Grenzen sollen in Hinkunft so unfühlbar sein, als wären sie mit dem Bleistift gezeichnet.“*

Drei Südtiroler am Brenner verhaftet

Am Brenner wurden die Südtiroler Sepp Verdorfer aus Lana, Toni Waid aus Tramin und Arnold Dibiasi aus Kurtatsch am Brenner verhaftet, als sie nach Südtirol einreisen wollten. Die Vorgenannten waren im Sommer vorigen Jahres nach Nordtirol geflüchtet, um einer allfälligen Verhaftung zu entgehen. Sie reisten mit deutschen Pässen, die auf andere Namen lauteten, ein. Gleichzeitig wurde Ludwig Neuner aus Garmisch festgenommen, der die drei in seinem Wagen per Anhalter mitgenommen hatte.

15. September 1962

Innenministerium: Burschenschaft Olympia nicht wegen „Neonazismus“ aufgelöst

Nach der Verhaftung mehrerer ihrer Mitglieder, die unter dem Verdacht standen, sich an dem Südtiroler Freiheitskampf aktiv beteiligt zu haben, war die traditionsreiche, 1859 gegründete Wiener akademische Burschenschaft Olympia durch den sozialistischen Innenminister Afritsch nach einer Hetzkampagne des SPÖ-Organs „Arbeiter-Zeitung“ wegen *„Neonazismus“* aufgelöst worden. Dagegen hatte der Vorstand Einspruch erhoben und hatte zum Beweis dafür, daß die Burschenschaft keine NS-Gesinnung habe, die vereinsinternen Beratungsprotokolle dem Innenministerium zur Durchsicht übergeben. Darin fanden nun die Polizeijuristen einen Beschluß protokolliert, wonach alle „Bundesbrüder“ verpflichtet waren, eine finanzielle Unterstützung für die Inhaftierten und ihre Familien zu leisten. Da diese Zwangsumlage durch die Vereinssatzung nicht gedeckt war, wurde nun die rechtlich nicht haltbare Auflösung wegen *„NS-Wiederbetätigung"* in eine solche wegen *„Überschreitung der Vereinsstatuten"* umgewandelt. Man wollte die Auflösung dieser Burschenschaft unter allen Umständen und unter jedem möglichen Titel aufrechterhalten. Den geänderten Bescheid berichtete am 15. 9. die Zeitschrift „Freiheit für Südtirol". Die italienische und Teile der österreichischen Presse nahmen den neuen Beschluß nicht zur Kenntnis und blieben bei der These, daß das österreichische Innenministerium den Beweis erbracht habe, daß die *„Drahtzieher"* der Südtirolattentate *„Pangermanisten"* und *„Neonazis"* seien.

16. September 1962

Italienischer Abgeordneter Piccoli: Subautonomie für Südtirol

In einem Interview mit der Wiener Tageszeitung „Die Presse" erklärte das Mitglied der Neunzehner-Kommission, der Trentiner Abgeordnete Dr. Piccoli, daß der Vorsitzende der Kommission, Rossi, den Südtiroler Kommissionsmitgliedern vorgeschlagen habe, daß zwar der Rahmen der gemeinsamen Autonomie für die Region Trentino-Südtirol beibehalten werde, daß jedoch Südtirol (Provinz Bozen) im Rahmen einer Subautonomie erweiterte Rechte erhalten sollte. Die Südtiroler hätten dem gegenüber bisher das Autonomieprojekt des seinerzeitigen Abg. Dr. Tinzl zur Debatte gestellt, welches für die Provinzen Trient und Bozen jeweils eine volle, aber eigene regionale Autonomie vorsah.

22. September 1962

Trienter Untersuchungsrichter bestätigt Mißhandlungen an Südtiroler Gefangenen – und stellt Verfahren gegen die Folterer ein

Der Untersuchungsrichter von Trient, Dr. Deluca, stellte in seinem Untersuchungsurteil über den Mißhandlungsfall Livio Pergol aus Lavis fest: *„An dieser Stelle ergibt sich die Pflicht, solche Vorkommnisse (Mißhandlungen durch die Carabinieri) aus Gründen der Kultur und der menschlichen Anständigkeit zu verurteilen. Ein scharfer Verweis muß jenen Soldaten erteilt werden, die bewußt jenes Gesetz verletzt haben, dessen Sklaven sie sein müßten. Es darf nicht geduldet werden, daß in einem Land mit alter Kultur, wie der italienischen Republik, die sich den Schutz des Staatsbürgers gegen jegliche Art von Gewalt und Unterdrückung, von welcher Seite auch immer sie kommen mag, als erstes und oberstes Ziel gesetzt hat, ein Staatsbürger körperlicher Gewaltanwendung irgendwelcher Art ausgesetzt wird. Es sind auch die ewigen Gesetze der Religion, das so hervorragende Erbgut der Kultur und Zivilisation, der hohe Stand des erreichten Fortschritts, die Pflicht, jene Freiheit zu schützen, die mit so hartem Preis, mit Blut und Leid erkauft worden ist, welche verlangen, daß von seiten des Richters die Stimme des Tadels gegen solch verabscheuungswürdige Taten erhoben wird, die so erniedrigend sind, sowohl für das Opfer als auch für den, der sie ausführt, Taten, die so feig sind, weil sie an einem wehrlosen Menschen verübt werden, der keine, auch nicht die geringste Möglichkeit hat, sich zu wehren."*

Folter nicht strafbar, wenn zum Erlangen „nützlicher Aussagen" angewendet

Nach diesen ergreifenden Ausführungen kam der Richter zu der Frage, ob jene, die so verwerflich gehandelt hatten, zu bestrafen seien. Seine erstaunliche Antwort: Nein! *„Es fehlt vollkommen das Element der Absicht, weil die Carabinieri in dieser besonderen Zeit* (gemeint war die Zeit nach den Sprengstoffanschlägen) *so gehandelt haben, nicht um sich an den Leiden der Opfer zu weiden, sondern aus einer falschen Pflichtauffassung heraus, um zu erreichen, daß Pergol nützliche Aussagen für die Identifizierung der Urheber der Sprengstoffanschläge mache."*

24. September 1962

Italienisch-österreichischer Sanftmut vor UNO – Außenminister lesen sich Südtirol-Reden vor

Außenminister Kreisky und sein italienischer Kollege Attilio Piccioni wollen den Teil ihrer Reden vor der UNO-Vollversammlung, der sich auf Südtirol bezieht, vorher miteinander abstimmen. Die beiden Minister trafen diese Vereinbarung Sonntag bei einem kurzen Gespräch im UNO-Gebäude in New York.

Auftakt zum großen Südtirolprozeß: Untersuchungsakten gegen 161 Südtiroler hinterlegt
Im Büro des Untersuchungsrichters Dr. Mario Martin in Bozen wurden von Staatsanwalt Dr. Corrias die Untersuchungsakten gegen 161 Südtiroler hinterlegt, gegen die wegen der Ausführung von Sprengstoffanschlägen und anderer politischer Delikte, wie z.B. „antinationaler Propaganda", die nach alten faschistischen Paragraphen strafbar sind, ermittelt worden war. An Dr. Martin lag es nun, die Durchführung der Hauptverhandlung anzuordnen.

25. September 1962
Südtirol vor der UNO
Der österreichische Außenminister Dr. Bruno Kreisky sprach vor der 17. Generalversammlung der Vereinten Nationen. Dort führte er unter anderem aus: Österreich habe in den vergangenen zwei Jahren eines seiner wichtigsten Probleme, die Südtirolfrage, der Vollversammlung unterbreitet, um eine Lösung zu erleichtern. Um die Beratungen in der italienischen innerstaatlichen Neunzehner-Kommission nicht zu erschweren, wolle man die Frage nicht wiederum auf die Tagesordnung der UNO setzen, der Vollversammlung aber Bericht über die bisherigen Verhandlungen erstatten und mitteilen, daß das Ergebnis der Beratungen der Neunzehner-Kommission, nach Vorliegen der Stellungnahme der italienischen Regierung dazu, noch im Herbst in einem weiteren Außenministertreffen behandelt werden solle. Gleichzeitig habe eine durchaus erfreuliche Entwicklung innerhalb des Europarates begonnen und zur Einsetzung eines Unterausschusses der politischen Kommission der Konsultativversammlung geführt. Von österreichischer Seite habe man alles getan, um die Dinge weiterhin positiv zu entwickeln.

28. September 1962
Italienische Stellungnahme vor der UNO
Der italienische Außenminister Piccioni antwortete vor der Vollversammlung der Vereinten Nationen auf die Rede Kreiskys. Unter anderem teilte er mit, daß Italiens Regierung den Wunsch habe, die Kontroverse über Südtirol zu beenden und das freundschaftliche Verhältnis mit Österreich wieder herzustellen. Der Streitfall Südtirol sei vor allem ein juristischer und gehöre damit vor den Internationalen Gerichtshof. Er führte dann die Texte der beiden vor den Vereinten Nationen im Jahre 1960 und 1961 verfaßten Resolutionen an und verwies darauf, daß die Terrorakte in Südtirol den Eindruck hinterlassen hätten, es ginge darum, eine Revision der im Friedensvertrag festgelegten Brennergrenze, der natürlichen Grenze Italiens, zu erwirken. Italien werde aber keine wie immer geartete Revision der Südtirol betreffenden Verträge (diese sind der Friedensvertrag von St. Germain und der Pariser Vertrag von 1946) akzeptieren.

2. Oktober 1962
Südtiroler wegen Beleidigung verhaftet
Der 38jährige Heinrich Hernegger wurde wegen „Schmähung der Nation", „Schmähung des Heeres", Amtsehrenbeleidigung und Widersetzlichkeit verhaftet und in das Gefängnis in der Dantestraße in Bozen eingeliefert. Er hätte angeblich in einem Gasthaus in Ehrenburg zu einem Carabiniere geäußert *„Ös Karpf (Carabinieri) seids Fockn (Schweine)."* Er wurde von den Carabinieri an Händen und Füßen gebunden und mit dem Kopf in den Sand gesteckt, den er ausspuckte. Wegen dieser „Bespuckung" und wegen Widerstandes bei der Fesselung wurde er auch angezeigt. Er saß mehrere Monate in Untersuchungshaft und wurde dann zu 1 Jahr, 6 Monaten und 15 Tagen Gefängnis verurteilt.

5. Oktober 1962
Senator Dr. Sand fordert erneut parlamentarische Untersuchungskommission
Im Rahmen der Bilanzdebatte ergriff der Südtiroler Senator Dr. Luis Sand im römischen Senat das Wort und forderte neuerdings mit Nachdruck die noch immer ausständige, schon seit über einem Jahr geforderte Einsetzung einer parlamentarischen Untersuchungskom-

mission über die Mißhandlung der Südtiroler politischen Gefangenen durch die italienische Polizei.

10. bis 14. Oktober 1962

Rom: Milderes Urteil im Südtirolprozeß

In der Berufungsverhandlung gegen die sieben österreichischen und bundesdeutschen Angeklagten (siehe 9. bis 26. Februar 1962), die beschuldigt worden waren, im Herbst 1961 Brandflaschenanschläge verübt bzw. geplant zu haben, wurden die Strafen um je sechs Monate Haft herabgesetzt.

16. Oktober 1962

Sprengstoffanschlag

Bei St. Georgen, am Stadtrand von Bozen, wurde durch einen Sprengstoffanschlag ein Mast der 220.000 Volt Überlandleitung St. Anton-Lana zerstört. Der durch Stacheldrahtverhaue besonders gesicherte Träger war bereits am 12. Juni 1961 gesprengt worden und stürzte über eine Felswand.

Neue Mißhandlungen durch Carabinieri

Bei der Vernehmung des Arbeiters Alois Siller aus Mareit bei Sterzing im Zuge der Suche nach einem entsprungenen Häftling – Siller wurde beschuldigt, diesem einen Pullover verkauft zu haben – wurden wiederum Vernehmungsmethoden angewandt, die zur Folge hatten, daß Siller nach seiner Einvernahme spitalärztlicher Hilfe und Behandlung bedurfte. Siller hatte sich damit verantwortet, daß er nicht gewußt habe, daß es sich um einen entsprungenen Gefangenen gehandelt habe. Daraufhin hatten die Carabinieri das Verhör „verschärft". Alois Siller erstattete gegen die Carabinieri von Sterzing Anzeige wegen Mißhandlung. Einige Tage später erstatteten die Carabinieri von Sterzing ihrerseits Anzeige gegen Alois Siller wegen Verleumdung.

17. bis 19. Oktober 1962

Straßenkrawalle in Bozen

In Bozen randalierten italienische Jugendliche vor dem Sitz der Südtiroler Volkspartei, den Redaktionsräumen der Tageszeitung „Dolomiten" und der deutschen Buchhandlung „Athesia". Dabei wurden die deutschen Südtiroler und ihre politischen Vertreter geschmäht und beschimpft. Die Ausschreitungen waren von der neofaschistischen Partei MSI organisiert worden.

18. Oktober 1962

Pauschale Anklageerhebung gegen 93 Südtiroler: Unfall eines Straßenwärters ist „Mord"

Die „Dolomiten" veröffentlichten Einzelheiten aus der Anklageschrift gegen 93 verhaftete Südtiroler Freiheitskämpfer. Mit einer kühnen juristischen Konstruktion eines „concorso ideologico" – einer „ideologischen Mittäterschaft" – hatte Staatsanwalt Corrias den Tod des Straßenwärters Giovanni Postal, der bei dem tragischen, aber leichtfertigen Versuch, als absoluter Laie eine nicht detonierte Sprengladung selbst abzubauen, die Detonation ausgelöst hatte, allen Angeklagten als vorsätzlichen Mord zur Last gelegt. Auch Feuergefechte, die nach ihrer Inhaftierung stattgefunden hatten, wurden ihnen als „Mordversuch" angelastet, da sie sich organisiert gehabt hätten, solche Gewalttaten zu verüben, und nun für die Taten ihrer Organisation mitverantwortlich seien.

20. Oktober 1962

Sprengstoffanschlag und Desinformation

Als Antwort auf die von der neofaschistischen Partei MSI organisierten Straßenkrawalle versuchte im Auftrag der BAS-Führung ein Österreicher einen Sprengstoffanschlag auf das Büro dieser Partei in Bozen. Um sicherzustellen, daß keine Personen gefährdet werden, warnte der Täter telefonisch vor der bevorstehenden Explosion. Die Sprengladung konnte entschärft werden. Am nächsten Tag jedoch wurde die gleiche Sprengladung unter „dramatischen" Umständen vor einer Handelsschule aufgefunden und im „letzten Augenblick" entschärft. Damit sollte der Bevölkerung weisgemacht werden, daß die Südtiroler Freiheitskämpfer nun auf das Leben von Kindern abzielten. Um die Sicherung weiterer Spuren zu verhindern, wurde die ca. 8 kg schwere Ladung im Talferbett von Feuerwerkern der italienischen Armee vernichtet.

Provokation östlicher Geheimdienste ?
In Verona explodierte in der Gepäckaufbewahrung des Bahnhofes eine Bombe, die nicht nur schwere Schäden hinterließ, sondern auch den Bahnbeamten Gaspare Erzen tötete. Weitere 20 Personen wurden zum Teil schwer verletzt. In Trient kam es ebenfalls zu einem Anschlag auf die Gepäckaufbewahrung, der glücklicherweise nur Sachschaden anrichtete. Diese Anschläge unterschieden sich sowohl in der Art der Durchführung als auch in ihrer Rücksichtslosigkeit von dem bisherigen Vorgehen der Südtiroler Freiheitskämpfer. Trotzdem wurden diese Attentate von der Presse und der italienischen Polizei dem BAS in die Schuhe geschoben. Erst durch die Aussagen des tschechischen Geheimdienstoffiziers Frolik, der nach dem Einmarsch der sowjetischen Armee in die CSSR in den Westen flüchtete, wurde bekannt, daß eine Abteilung des tschechischen Geheimdienstes mehrfach derartige Anschläge in Südtirol durchführte, um Unruhen im NATO-Staat Italien zu fördern und einen Keil zwischen die NATO-Verbündeten zu treiben. Dieses Bild wurde durch einen Schauprozeß in Ostberlin abgerundet, wo sich ein junger bundesdeutscher Staatsbürger selbst dieser Taten bezichtigte. Gleichzeitig „gestand" er, in Paris für die OAS (Geheimarmee für ein französisches Algerien) einen Anschlag verübt und einen Mordanschlag auf einen ehemaligen NS-Offizier vorbereitet zu haben, der sich von seiner Vergangenheit losgesagt hatte. Diesem „Geständnis" zufolge sei der deutsche Bundesnachrichtendienst (BND) Auftraggeber dieser Aktionen gewesen. In Ostberlin beschuldigte während einer internationalen Pressekonferenz der DDR-Propagandaminister Albert Norden den „internationalen Revanchismus" der Zusammenarbeit mit bundesdeutschen *„Naziministern", „revanchistischen Abgeordneten"* und *„verbrecherischen"* Heimatvertriebenen. Als Beweis wurden auch die von „deutschen Faschisten" durchgeführten Anschläge von Trient und Verona genannt. Einem Aktenvermerk des Grazer Südtirolprozesses (AZ: 4Vr I 920/61) ist allerdings zu entnehmen, daß die österreichischen Ermittlungsbehörden bereits 1965 von der Urheberschaft dieser Attentate durch östliche Geheimdienste überzeugt waren. Letzte Aufschlüsse über die Behauptungen Froliks wird man wohl erst erhalten, wenn die tschechischen Geheimdienstarchive geöffnet und aufgearbeitet sind.
Freiheitskämpfer waren von neofaschistischer Täterschaft überzeugt
Die Südtiroler Freiheitskämpfer waren aufgrund bestimmter Umstände (siehe 21. Oktober und 12. November) davon überzeugt, daß diese Anschläge in provokatorischer Absicht von Neofaschisten begangen worden seien. Heute weiß man, daß östliche Geheimdienste versucht haben, in Südtirol mitzumischen, daß vor allem aber Neofaschisten und gekaufte Agenten als Provokateure Anschläge verübt haben, die aufgrund ihrer abscheulichen Zielsetzung (Wohnhäuser, Schulen, Eisenbahnzüge etc.) Abscheu und Empörung gegen die Freiheitskämpfer hervorrufen sollten.

21. Oktober 1962
Magnago: „Diese Anschläge schaden Südtirol"
Landeshauptmann Dr. Magnago erklärte zu den Anschlägen, daß diese nur von unverantwortlichen Personen ausgeführt worden sein können, die Interesse haben, in Südtirol ein Klima der gegenseitigen Verhetzung zu schaffen und die Entspannung zu verhindern.
Südtiroler Freiheitskämpfer distanzieren sich
Unmittelbar nach dem Bekanntwerden der Sprengstoffanschläge von Trient und Verona gab der „Befreiungsausschuß Südtirol" (BAS) in einer Presseerklärung bekannt, daß diese Anschläge nicht von den Südtiroler Freiheitskämpfern durchgeführt worden waren. In einem

Brief an den österreichischen Bundespräsidenten Dr. Schärf distanzierten sich die Freiheitskämpfer nochmals von diesen Attentaten und erklärten: *„Als treue Tiroler schwören wir Ihnen, daß wir diese mörderischen Anschläge weder geplant noch ausgeführt haben.“* In einer weiteren Erklärung (siehe 12. November) wiesen sie auf Spuren hin, die zu den Neofaschisten führten.

Feuergefecht
Bei Sarnthein kam es zu einem Feuergefecht mit Freiheitskämpfern, als Alpini ein Buschwerk durchsuchen wollten. Es gab keine Verletzten.

23. Oktober 1962
Magnago Ziel eines Attentäters? Hintergründe vertuscht
Leibwächter des Landeshauptmannes Dr. Silvius Magnago nahmen den 31jährigen Umberto Santoleri aus Bozen fest, als er in das Haus Magnagos eindringen wollte. Über die Hintergründe dieser mysteriösen Affäre gab die Polizei keine Auskunft.

24. Oktober 1962
Kinder-Demonstration in Rom
Vor dem österreichischen Konsulat demonstrierten 500 Schulkinder, die von der neofaschistischen Partei MSI aufgeboten worden waren, gegen den Freiheitskampf in Südtirol. Sie warfen Steine auf die Polizei.

27. Oktober 1962
Frau Dr. Stadlmayer stellt „Alto Adige“ richtig
In seiner Reportage über die Anklageschrift des Bozner Staatsanwaltes hinsichtlich der Sprengstoffanschläge des vergangenen Jahres befaßte sich die italienische Tageszeitung Bozens, „Alto Adige“, am 27. Oktober in großer Aufmachung mit der Person und den Verantwortlichkeiten des ehemaligen geschäftsführenden Obmanns des Bergisel-Bundes, Dr. Eduard Widmoser. In diesem Bericht waren auch einige „Aussagen“ eingeflochten, die Frau Dr. Stadlmayer während ihrer Haft im Bozner Gefängnis gemacht haben soll. Dazu gab Frau Dr. Stadlmayer folgende Richtigstellung: *„Verzeihen Sie mir bitte, wenn ich mich, wie schon am 14. Februar 1962, wiederum in einer persönlichen Sache an Sie wende. Der ‚Alto Adige‘ vom 27. Oktober befaßt sich in einem Dr. Widmoser gewidmeten Artikel auch mit mir und mit meinen angeblichen ‚Geständnissen‘ während meiner Untersuchungshaft über die Tätigkeit Dr. Widmosers. Es heißt darin, aus meinen Verhören sei hervorgegangen, daß Dr. Widmoser der Politik des Bergisel-Bundes den Stempel der Gewalt aufgeprägt und daß diese Politik im wesentlichen in den Sprengstoffanschlägen bestanden habe. Es heißt weiter, ich habe nicht gezögert, dem Untersuchungsrichter zu ‚gestehen‘, daß Dr. Widmoser in öffentlichen Reden einen bewaffneten Aufstand in Südtirol befürwortet und verherrlicht habe. Sie werden verstehen, daß ich diese Behauptungen nicht stillschweigend hinnehmen kann. Es geht mir nicht um die Person Doktor Widmosers, es geht mir um die Wahrheit. Ich habe vom ersten bis zum siebten (und letzten) Verhör erklärt, daß ich aus persönlichen Gründen im November 1959 aus dem Vorstand des BIB austrat und daß der BIB bis zu diesem Zeitpunkt von seinen statutarischen Zielsetzungen nicht abgewichen ist. Ich habe ausdrücklich erklärt, daß nach meiner Überzeugung Dr. Widmoser nichts mit den Sprengstoffanschlägen zu tun habe. Nach dem Abschluß des letzten Verhörs, am 8. Juni 1961, fragte der stellvertretende Staatsanwalt Dr. Martinolli wörtlich: ‚Jetzt haben Sie das Protokoll unterschrieben, jetzt können Sie uns ja sagen, wer nach Ihrer privaten Ansicht die Anschläge organisiert hat.‘ Ich antwortete ihm wörtlich: ‚Ich weiß es jetzt ebensowenig wie vor fünf Minuten; ich würde es aber sehr gerne wissen!‘ Bei der Bezugnahme auf die öffentlichen Reden Dr. Widmosers handelt es sich um folgendes: Untersuchungsrichter Dr. Martin fragte mich im Verhör vom 25. Mai, ob ich bei der Kundgebung des BIB in Solbad Hall am 5. Jänner 1960 anwesend gewesen sei. Ich bejahte dies den Tatsachen entsprechend. Der ‚Alto Adige‘ vom 6. Jänner 1960 hatte ja auch über meine Teilnahme berichtet. Ob Dr. Widmo-*

ser tatsächlich gesagt habe, wenn es nicht bald zu einer Lösung der Südtiroler Frage komme, könnten dort noch Kampfgruppen entstehen, fragte Dr. Martin weiter. (Diese Äußerung war damals in vielen Zeitungen gestanden, und Dr. Widmoser hatte sie in einer an den ‚Alto Adige' gerichteten Berichtigung bestätigt – ‚Alto Adige' vom 15. Jänner 1960 –, wobei die Berichtigung sich darauf bezog, daß Dr. Widmoser dies als eine mögliche Folge der Untätigkeit der Regierung gemeint habe.) Ich bejahte diese Frage auch und fügte hinzu, daß nach meiner Ansicht dieser gewiß nicht glückliche Ausspruch als Warnung, nicht als Drohung gemeint gewesen war. Am 3. Juni erklärte Untersuchungsrichter Dr. Martin in einem Verhör, er fürchte, der Staatsanwalt (Dr. Rocco) werde mir die schwersten Straftaten zur Last legen, wenn ich nicht über den BIB aussage. Ich antwortete, daß das aber nichts daran ändere, daß ich sie nicht begangen habe und daß ich nichts über den BIB weiß. Nach diesem Verhör erhielt ich eine neue Anklage nach Art 271 CP (Leitung einer Organisation zur Zerstörung des italienischen Nationalgefühls) ausgehändigt. Sie wissen wohl, sehr geehrte Herren, daß ich immer versucht habe, meiner persönlichen Überzeugung zu folgen. Ich habe gerade in den letzten Wochen die unmenschlichen Mißhandlungen durch die italienische Polizei (Fall Pergol, ‚Volksbote', Innsbruck, v. 29. September 62) ebenso scharf angegriffen wie die verbrecherischen Attentate vom 20. Oktober (‚Volksbote' vom 27. Oktober 1962). Deshalb trifft mich die oben zitierte italienische Darstellung besonders. Im Bemühen der italienischen Presse, die sich auf Ermittlungen der Behörden zu stützen vorgibt, mich zu einer Kronzeugin gegen Dr. Widmoser und den BIB zu machen, nachdem man die gegen mich ursprünglich mit großem Lärm vorgebrachten Anschuldigungen nicht aufrechterhalten kann, sehe ich die Absicht, meine Person zu diffamieren. Denn wenn ich in den Verhören Dr. Widmoser und den BIB der Vorbereitung der Attentate bezichtigt hätte, hätte ich mich nicht nur von recht anfechtbarer Ehrenhaftigkeit erwiesen, ich hätte, und das ist noch entscheidender, bewußt gelogen, da mir selbst heute nichts über derartige Vorbereitungen durch Dr. Widmoser und den BIB bekannt ist. Ich bitte Sie deshalb, mir zu helfen, wenn ich mich gegen diese Darstellungen zur Wehr setze, und diesen Brief zu veröffentlichen. Dr. Viktoria Stadlmayer."

<u>30. Oktober 1962</u>

Italien fordert „Endgültigkeit" eines Abkommens

Der italienische Außenminister Attilio Piccioni erklärte, daß Vorbereitungsarbeiten für neue Verhandlungen mit Österreich im Gange seien. Die letzten Kontakte mit Österreich im Juli in Venedig und neuerlich in New York seien im Zeichen einer *„realistischen Betrachtung"* des Problems durch Österreich gestanden. Es müsse klar sein, sagte Piccioni, daß das von Italien gewünschte Übereinkommen über Südtirol endgültigen Charakter haben müsse. Italien sei sicher, daß Österreich alles tun werde, die *„verbrecherischen Gewaltakte"* zu unterdrücken, die in *„einer neuen Welle der Kriminalität"* gegen diese positive Entwicklung entfesselt worden seien.

<u>4. November 1962</u>

Proteste gegen „Siegesparade". Versuchter Anschlag

Zur Erinnerung an den Kriegsschluß 1918 fand in Bozen die obligatorische und provokante „Siegesparade" der Italiener statt. In Bozen, Tramin und anderen Orten des Unterlandes tauchten in großer Zahl Flugzettel mit der Aufschrift „Selbstbestimmung für Südtirol – die Südtiroler Freiheitskämpfer" auf. In Kurtatsch und Frangart wurden österreichische und Tiroler Fahnen gehißt, im Ahrntal einer große Tafel mit einem Tiroler Adler aufgestellt. In Gais versuchten die Südtiroler Freiheitskämpfer einen Sprengstoffanschlag auf eine Hochspannungsleitung. Der Bürgermeister Florian Kronbichler fand die Ladung und meldete den Fund an die Carabinieri in Bruneck, die sie durch Feuerwerker zur Explosion brachten. In allen Fällen riegelten schwerbewaffnete Polizeieinheiten die Tatorte ab, entfernten Fahnen und stellten Flugblätter sicher. Die Fahndung nach den Urhebern blieb erfolglos.

5. November 1962

Südtirolkonferenz verschoben

Die für den 7. November in Salzburg in Aussicht genommene Südtirolkonferenz der Außenminister Italiens und Österreichs wurde verschoben. Von österreichischer Seite wurde in diesem Zusammenhang erklärt, daß man Wert darauf gelegt habe, daß der österreichischen Delegation auch zwei Mitglieder der Tiroler Landesregierung angehören. Rom habe daraufhin die Auffassung vertreten, daß dadurch der Charakter der Verhandlungen, wie sie in Venedig geführt wurden, verändert werden würde und daß für diese Art von Verhandlungen eine zusätzliche Vorbereitungszeit notwendig sei. Die italienische Regierung habe daher um eine kurzfristige Verschiebung der Konferenz gebeten. Damit versuchte Italien, Österreich zu zwingen, keine Tiroler in die Verhandlungsdelegation aufzunehmen. Erst im Juli 1963 werden die Gespräche weitergehen.

6. November 1962

Luis Amplatz von „Schmähung der Nation“ freigesprochen

Der nach Österreich geflohene Südtiroler Freiheitskämpfer Luis Amplatz wurde im Frühjahr 1962 vom Bozener Schwurgericht in Abwesenheit wegen „Schmähung der italienischen Nation“ zu 14 Monaten Gefängnis verurteilt, weil er dem verantwortlichen Redakteur der in Bozen erscheinenden italienischen Zeitung „Alto Adige“ einen „Schmähbrief“ geschrieben hätte. Gegen dieses Urteil wurde Berufung eingelegt. Das Trienter Appellationsgericht sprach Luis Amplatz jedoch frei, weil seine Tat keine strafbare Handlung gewesen sei.

8. November 1962

Gerichtsverfahren gegen Südtiroler

Am 20. November 1959 explodierte am Alpini-Denkmal in Bruneck ein Böller, ohne Schaden anzurichten. Die Carabinieri kamen diesem Anschlag lange nicht auf die Spur. Erst im Sommer 1961 konnten der 27jährige Mechaniker Max Innerhofer aus Sand in Taufers und der 24jährige Erich Erharter aus Innichen durch die Folterungen des 28jährigen Siegfried Graf aus Prad ermittelt werden. Das Bozener Gericht kam im Prozeß gegen diese drei Südtiroler nun zur Ansicht, daß diese Böllerei mit einem Jahr und zwei Monaten Gefängnis geahndet werden müßte. Die Verurteilten, bei Siegfried Graf erfolgte das Urteil in seiner Abwesenheit, legten dagegen Berufung ein.

9. November 1962

Weitere Verfolgung von Journalisten

Carabinieri in Zivil nahmen bei den Redakteuren der Südtiroler Tageszeitung „Dolomiten“, Dr. Bernhard Wurzer und Franz Berger, eine Hausdurchsuchung vor. Auf der Suche nach propagandistischen Schriftstücken widmeten sie sich mit besonderer Hingabe dem Bücherschrank. Jedes Buch wurde Blatt für Blatt durchsucht, in einem Fall wurde sogar dem Kohlenkeller ein Besuch abgestattet. Mit der Durchführung der Hausdurchsuchung war der Carabinierihauptmann Federico Marzollo beauftragt.

Verurteilung Dr. Friedl Volggers

Der ehemalige verantwortliche Redakteur der „Dolomiten“, Dr. Friedl Volgger, wurde am 10. Mai 1962 in Bozen wegen *„Verbreitung falscher und tendenziöser Nachrichten durch die Presse“* zu zwei Monaten Haft verurteilt. Gegen dieses Urteil legte Dr. Volgger Berufung ein. Der Trienter Appellationsgerichtshof befaßte sich mit der Berufung und kam zur Erkenntnis, daß das Bozener Urteil bestätigt werden müsse. Dr. Volgger stellte daraufhin einen Antrag auf Revision beim italienischen Kassationsgericht.

Nordtiroler Landesbeamter in Italien unerwünscht

Der Beamte der Nordtiroler Landesregierung, Dr. Hubert Senn, der in Bozen weilte, wurde von Funktionären der italienischen Sicherheitsbehörden in seiner Abwesenheit in seinem

Quartier gesucht. Als er davon erfuhr, begab er sich sofort zur Quästur, wo ihm eröffnet wurde, daß seine Anwesenheit in Italien bis auf weiteres „unerwünscht" sei. Dr. Senn wurde dann von Agenten der italienischen Polizei zum Brenner gebracht. Dr. Hubert Senn war bislang, auch während des Visumzwanges, die Einreise niemals verweigert worden. Eine Begründung dieser Maßnahme wurde italienischerseits nicht gegeben.

11. November 1962

Italiener verletzt sich selbst mit Sprengkörper: Hintergründe unbekannt

Im italienischen Bozener Volkswohnviertel wurde der 18jährige junge Neofaschist Antonio Papparella beim Hantieren mit einem Sprengkörper schwer verletzt. Die Polizei hüllte sich hinsichtlich der Hintergründe in Schweigen. Nach heutigem Wissensstand über die Umtriebe der italienischen Geheimdienste darf die Vorbereitung zu einem provokatorischen Anschlag vermutet werden.

12. November 1962

Südtiroler Freiheitskämpfer gegen provokatorische neofaschistische Anschläge

In einem Brief an Zeitungs- und Rundfunkredaktionen in Südtirol und Österreich prangerten die Südtiroler Freiheitskämpfer die letzten Anschläge von Bozen, Trient und Verona als provokatorische Anschläge von italienischen Faschisten an:

„Bozen, 12. Nov. 1962

Die italienische Polizei sowie die Regierung in Rom wissen, daß die Bombenanschläge in Bozen, Trient und Verona von italienischen Faschisten zu Bozen verübt wurden. Trotzdem werden die Südtiroler, die Österreicher und die Bundesdeutschen weiterhin verdächtigt. Zugleich verbreitete der ‚Deutsche Sonderdienst' der Nachrichtenagentur ‚Italia' am 7. Nov. die Behauptung, daß die im Oktober erfolgte Schießerei im Sarntal von Südtirolern ausgegangen sei. Damals wurde in der Dunkelheit ein italienischer Unteroffizier angeschossen. Eine ballistische Untersuchung von seiten der italienischen Behörden ergab jedoch, daß der Unteroffizier von einem seiner Soldaten angeschossen worden war. Das Geschoß drang von rückwärts in den Stahlhelm. Die italienischen Behörden selbst gaben zu, daß sich bereits 12 Soldaten gegenseitig aus Irrtum bei nächtlichen Wachdiensten erschossen hatten (!!!) In den letzten Tagen wurde im Bozner Bahnhofspark in Abständen dreimal Sprengmaterial italienischer Fabrikation gefunden. Das Material stammte aus den Montecatini-Werken, zu denen nur Italiener Zutritt haben. Trotzdem wird von der Nachrichtenagentur ‚Italia, behauptet, daß dieser Sprengstoff von den Südtiroler Freiheitskämpfern stamme. Ein neuerlicher Beweis für die italienische Täterschaft ergab sich am 11. Nov. in den Abendstunden: Der 18jährige Antonio Papparella, Mitglied der Neofaschistischen Partei in Bozen, hantierte mit einem Sprengkörper und löste dabei eine Explosion aus, die ihm die rechte Hand zerfleischte. Der Vorfall ereignete sich im italienischen Volkswohnviertel. Ein jugendlicher ‚Parteigenosse', der in seiner Begleitung war, blieb unverletzt. Die beiden Faschisten wollten der Polizei glaubhaft machen, sie hätten den Sprengstoff auf der Straße gefunden. Der Verdacht besteht, daß hier ein neuerliches Attentat ausgeführt werden sollte, mit der Absicht, es wiederum den Südtiroler Freiheitskämpfern in die Schuhe zu schieben. Wir erklären der Weltöffentlichkeit ausdrücklich, daß wir keine Sprengaktionen gegen Menschen führen. Unser Kampf geht um die Selbstbestimmung, die wir am 4. Nov. durch eine in ganz Südtirol durchgeführte Flugzettel-Aktion bekundet haben."

13. November 1962

Proteste gegen Ausweisung von Dr. Senn

Die Nordtiroler Landesregierung erklärte, daß Dr. Hubert Senn von ihr beauftragt war, die notwendigen Kontakte mit der Südtiroler Landesregierung zu halten. Zu diesem Zweck hatte er sogar während des Visumzwangs eine italienische Dauerbewilligung. In der Abschiebung am 9. November sah die Landesregierung ein Affront. Die österreichische Bundesregierung beauftragte Dr. Löwenthal, ihren Botschafter in Rom, gegen die Ausweisung des Dr. Senn sowie gegen das Einreiseverbot weiterer österreichischer Staatsbürger im italienischen Außenamt zu protestieren.

15. November 1962
Der Intendant von Radio Tirol am Brenner zurückgewiesen
Der Intendant von Radio Tirol und Geschäftsführende Obmann des Bergisel-Bundes, Dr. Josef Scheidle, wollte nach Südtirol einreisen, um mit anderen Persönlichkeiten des österreichischen Rundfunks den Multscher-Altar zu besichtigen. Am Brenner wurde ihm von der italienischen Grenzpolizei ohne Angabe von Gründen die Einreise verweigert.

16. November 1962
Wiederum ein „Schmähprozeß"
Gegen Hermann Überegger und Albert Zingerle aus Mauls fand beim Bozener Schwurgericht ein Prozeß statt, weil sie laut Anklageschrift in einem Gasthaus am 22. Mai 1960 zu italienischen Soldaten, die sie beim Kartenspiel belästigten, gesagt haben sollen: *„Ihr Alpini seid alles Scheißkerle und blöde Hunde, hinaus mit den Italienern, hier kommandieren wir Südtiroler!"* Bei dem Prozeß selbst ergab sich jedoch, daß sich der Sachverhalt gänzlich anders abgespielt hatte, und die Angeklagten wurden daher wegen Mangels an Beweisen freigesprochen.

21. November 1962
Verhaftung
Der 59jährige Leo Gallmetzer aus Auer wurde wegen Teilnahme an Anschlägen verhaftet.

25. November 1962
Gschnitzer: Südtirol nicht für EWG-Beitritt opfern!
Österreich muß an Forderung nach Regionalautonomie festhalten
Staatssekretär a.D. Univ.-Prof. Dr. Gschnitzer erklärte in Bregenz in einer Rede über die Südtirol-Verhandlungen: In Venedig sei am 31. Juli ein „Burgfriede" zwischen Österreich und Italien geschlossen worden, um die Arbeiten der Neunzehner-Kommission ungestört laufen zu lassen. Dieser Burgfriede gehe aber zu Lasten Südtirols und Österreichs. Österreich habe von Italien sehr rasch die Quittung für seine Zurückhaltung vor der UNO erhalten: Die für den 7. November bereits festgesetzten Verhandlungen in Salzburg wurden im letzten Augenblick durch Italien mit der Begründung abgesagt, daß die vorgesehene Teilnahme von zwei Vertretern der Tiroler Landesregierung eine neue Lage schaffe. Österreich müsse aber an seiner ursprünglichen Forderung nach Gewährung einer Regionalautonomie festhalten. Scharf verurteilte Gschnitzer gewisse Forderungen, die anscheinend aussichtslose Sache Südtirols zugunsten einer leichteren Assoziierung an die EWG fallen zu lassen. *„Wie oft in seiner Geschichte soll Südtirol denn noch geopfert werden?"*, fragte Dr. Gschnitzer. (APA-Meldung vom 25. November 1962.)

27. November 1962
Zweisprachigkeit in Finnland
Der finnische Reichstag beschloß ein Gesetz, wonach in jeder Gemeinde, in der die schwedische Minderheit mindestens 5.000 Personen umfaßt, die Zweisprachigkeit bei Aufschriften und in der Verwaltung verpflichtend ist. Darunter fiel sogar die Hauptstadt Helsinki. Südtirol war weit von einer solchen Lösung entfernt, und in den Zürcher Außenministerverhandlungen vom Juni 1961 hatte Italien die grundsätzliche Gleichstellung der deutschen Sprache in Südtirol rundweg abgelehnt gehabt.

2. Dezember 1962
Brandanschlag gegen deutsche Vereine
Im zweiten Stock des Hauses Dr. Streitergasse 20 in Bozen explodierte eine mit einem Docht

gezündete Spiritusflasche. Eine daran befestigte Handgranate kam glücklicherweise nicht zur Detonation. In dem Haus waren die Büroräume der Südtiroler Hochschülerschaft, des Südtiroler Kulturinstituts, der Teßmannbibliothek und des Kanonikus Michael Gamper-Werkes untergebracht.

3. Dezember 1962

Die 15. ordentliche Landesversammlung der Südtiroler Volkspartei

Die 15. ordentliche Landesversammlung der Südtiroler Volkspartei fand in Bozen statt. Ungefähr 600 Delegierte waren aus allen Teilen des Landes zusammengekommen, um den Bericht des Parteiobmannes, Landeshauptmann Dr. Silvius Magnago, entgegenzunehmen, über die Lage Südtirols zu beraten, die Neuwahl der Parteileitung durchzuführen und Beschlüsse zu fassen. Als Gäste konnte Dr. Magnago den Vertreter der Tiroler ÖVP, Landesrat Troppmaier, Nationalrat Mahnert als Vertreter der FPÖ, Vertreter der italienischen Parteien, mit Ausnahme der Neofaschisten, Kommunisten und Monarchisten, sowie den Obmann der Trentiner Tiroler Partei, Dr. Heinrich Pruner, begrüßen. Die Sozialistische Partei Österreichs sandte ein Telegramm, ebenso der Generalsekretär der ÖVP, Dr. Withalm. Nach den Grußworten der Gäste erstattete Dr. Magnago einen langen Bericht über die Lage in Südtirol.

SVP hat Material über Folterungen

Dabei erklärte Magnago wiederum, daß die SVP umfangreiches Material über die Folterungen wehrloser Häftlinge besitze. Dieses Material wolle sie einer parlamentarischen Untersuchungskommission zur Verfügung stellen, deren Einsetzung Magnago wiederum forderte.

Magnago verzichtet auf Regionalautonomie

Von Interesse waren auf dieser Landesversammlung die Ausführungen des Parteiobmannes, der den Verzicht der SVP-Führung auf die Regionalautonomie verkündete: *„Es wird für die Lösung der Autonomiefrage weniger ausschlaggebend sein, ob wir uns morgen Provinz oder Region nennen, sonder vielmehr, ob wir durch die Neufassung eines Autonomiestatutes die Gesetzgebung und Verwaltung über alle für uns notwendigen Zuständigkeiten bekommen."* Damit hatte Magnago seine Politik skizziert, die darin bestand, die Volksgruppe behutsam von der Forderung nach Selbstbestimmung über die Forderung einer Regionalautonomie bis hin zu einer Subautonomie der Provinz wegzuführen.

Abrechnung mit „Aufbau"

Mit der „Aufbau"-Gruppe um die Abgeordneten Dr. Roland Riz und Dr. Toni Ebner rechnete Magnago scharf ab und beschuldigte sie, eine *„Partei in der Partei"* bilden zu wollen. Andere Redner warfen der „Aufbau"-Gruppe vor, sich um jeden Preis mit den Italienern arrangieren und die Autonomie um ein Linsengericht verkaufen zu wollen.

Obmannswahlen und politische Entschließung

Als Obmann wurde Dr. Silvius Magnago und als Obmann-Stellvertreter wurden Dr. Friedl Volgger, Hans Dietl, Dr. Alfons Benedikter und Dr. Ing. Alois Pupp gewählt. Den Abschluß bildete eine politische Entschließung, in der die Fortführung der Arbeiten der Neunzehner-Kommission und die Wiederaufnahme bilateraler Verhandlungen zwischen Österreich und Italien gefordert wurden. Für Südtirol wurde in der Entschließung nur *„eine echte Autonomie"* gefordert, ohne dieselbe zu präzisieren. Damit war der Weg offen, den Vorstellungen der Italiener in der Neunzehner-Kommission zu folgen, die auf eine Subautonomie Südtirols im Rahmen der Region Trentino-Südtirol abzielten.

Tiroler Frauen mahnen

Es war ein ergreifender Augenblick in der Landesversammlung, als sich eine Abordnung von Frauen und Müttern der Südtiroler politischen Gefangenen hinter dem Rednerpult aufstellte. Eine junge Frau trat zum Mikrophon und sagte: *„Es sei mir gestattet, im Namen aller Frauen der politischen Häftlinge einige Worte an Sie zu richten. Wir wissen, daß unsere Männer, auch wenn sie nicht hier anwesend sein können, doch mit dem Herzen an der Landesversammlung teilnehmen, denn all ihr Hoffen und Bangen gilt dem Lande, dessen namhafteste Vertreter hier versammelt sind. Viel, sehr viel ist über unsere Männer in den letzten eineinhalb Jahren geredet worden: Gutes und auch Böses. Wie immer man ihre Handlungsweise*

beurteilen mag, eines wissen wir Frauen bestimmt: Alles, was sie getan haben mögen, taten sie allein aus Liebe zu ihrem Lande. Vergeßt das nie, liebe Landsleute! Unseren Männern ging es allein darum, unserem Lande zu seinem Recht zu verhelfen. Dafür haben sie auch das Schlimmste auf sich genommen. Denkt an diese Männer, Vertreter Südtirols, denn ihr Schicksal ist unlöslich mit dem unseren verknüpft. Vergeßt das nie!"
Dann trat eine Mutter vor und sprach: *„In unserer seelischen Not möchte ich die herzliche Bitte an alle Vertreter richten, findet einen Weg und helft ein bißl. Die im Gefängnis drinnen sagen, sie meinen, sie sind für alle gestorben. Das nimmt ihnen die Kraft, die Widerstandskraft, auszuhalten. Ich möchte alle herzlich bitten, helft ihnen, so viel ihr könnt. Wir danken von ganzem Herzen, die Kinder, die Mütter und die Frauen. Sie alle werden euch von Herzen dankbar sein!"*

4. Dezember 1962
Faschistisches Terrorurteil bestätigt
Welchen Stellenwert der Faschismus immer noch in der italienischen Justiz hat, wurde ersichtlich, als jetzt der Römische Kassationsgerichtshof das Urteil eines faschistischen Sondergerichtes aus dem Jahr 1940 bestätigte, in dem der Sozialist Agnello Giannetti zu 5 Jahren Kerker verurteilt worden war, weil er öffentlich an dem Sieg Mussolinis gezweifelt hatte. In der Ablehnung des Rekurses erklärte der Gerichtshof, das Urteil von 1940 sei *„nicht von politischen Motiven beeinflußt"* gewesen und deshalb nicht anfechtbar.

10. Dezember 1962
Bestätigung von „Schmäh"-Urteilen
Am 15. Mai 1962 verurteilte das Bozener Schwurgericht den Schwerinvaliden Otto Maier wegen Schmähung der italienischen Nation zu 8 Monaten und 15 Tagen Gefängnis. Ein gewisser Capellari soll „antinationale" Äußerungen aus dem Munde Maiers gehört haben. Der Trienter Appellationsgerichtshof bestätigte nun das Urteil.

12. Dezember 1962
Presseagentur „Italia": Gschnitzer verantwortlich für „neonazistische" Südtirolpolitik
Bezugnehmend auf Dankesworte des ÖVP-Landesrates Eduard Wallnöfer an den ehemaligen Staatssekretär Univ. Prof. Dr. Franz Gschnitzer erklärte die Nachrichtenagentur „Italia": *„In politischen und diplomatischen Kreisen Italiens und des Auslandes vergißt man aber nicht, daß der Begründer des Bergisel-Bundes, Professor Gschnitzer, der moralische Hauptverantwortliche für die pangermanistische und neonazistische Ausrichtung der Südtirolkampagne ist."*

19. Dezember 1962
Deutscher Journalist angeklagt
Der in Wien arbeitende deutsche Pressekorrespondent Herbert Lucht erhielt durch gewöhnliche Postzustellung die Mitteilung der Staatsanwaltschaft Bozen, daß gegen ihn und den verantwortlichen Redakteur der Wiener „WOCHENPRESSE" ein Strafverfahren wegen Schmähung der italienischen Polizei und des italienischen Gerichtswesens eingeleitet worden sei. Lucht hatte am 17. 2. 1962 in der „WOCHENPRESSE" über die Folterungen von Südtirolern geschrieben. Bereits am 11. April 1962 war Lucht auf der Quästur in Bozen zwei Stunden lang festgehalten und verhört worden, wobei ihm ein Schwurgerichtsprozeß angekündigt worden war.

21. Dezember 1962
Schweigemarsch für Häftlinge
Das Mitglied des Parteiausschusses der Südtiroler Volkspartei und des Südtiroler Kriegsopfer- und Frontkämpferverbandes, Josef Wielander, kündigte im Namen vieler Bürger von Schlanders einen Schweigemarsch an. Er unterrichtete sowohl den Landeshauptmann als auch die Südtiroler Volkspartei von seiner Absicht. In seinem an die Polizei gerichteten Antrag hieß

es: *„Im Sinne der Artikel 15 und 19 des Polizeigesetzes von 1940 meldet der gefertigte Josef Wielander namens einer Anzahl Mitbürger aus Schlanders, die sich menschlich mit den Angehörigen der Inhaftierten verbunden fühlen und deren Väter, Ehegatten und Brüder im Zusammenhang mit den Sprengstoffanschlägen des Jahres 1961 eingekerkert wurden, einen Schweigemarsch aus Protest wegen der versprochenen, aber nicht eingehaltenen Freilassung eines Teiles der Inhaftierten zum Weihnachtsfest an. Der Protestmarsch findet am Montag, den 24. Dezember 1962 um 16 Uhr statt. Die Abordnung wird folgenden Weg nehmen . . . Dem Herrn Bezirksrichter von Vintschgau wird ein Protestschreiben zur Weiterleitung an die vorgesetzte Behörde überreicht. Es werden 4 Plakate oder Transparente mit folgender Inschrift mitgeführt: ‚Wir fordern Freilassung der unschuldig Inhaftierten! Eineinhalb Jahre Sühne sind genug. Gibt es im Lande, das den Oberhirten der Christenheit beherbergt, keine Gnade? Was ist mit der vielgepriesenen Amnestie für sämtliche Häftlinge zu Weihnachten?‘ Die voraussichtliche Dauer des Schweigemarsches wird 20 Minuten betragen.“*

Aufruf an die Bevölkerung
Die Landesleitung der Südtiroler Volkspartei veröffentlichte einen Aufruf der Frauen von Frangart, in dem es hieß: *„Wir wenden uns an die Bevölkerung mit der Bitte, am Heiligen Abend im Fenster ein Kerzlein anzuzünden als Weihnachtsgruß an unsere Gefangenen!“*

24. Dezember 1962
Schweigemarsch verboten
Der demokratische Protest der Bürger von Schlanders gegen die überlange Inhaftierung von Südtirolern wurde vom italienischen Vizeregierungskommissar in Bozen verboten.

Wallnöfer: „Ehrliche Patrioten nicht als Nazisten und Pangermanisten abstempeln“
Der Südtirolreferent der Nordtiroler Landesregierung, Eduard Wallnöfer, erklärte in den „Tiroler Nachrichten“: *„Für unsere Landsleute in Südtirol geht ein schweres Jahr zu Ende. Es begann mit menschlicher Tragik: mit dem Tod Anton Gostners im Gefängnis von Bozen am 7. Jänner. Es endet mit tiefer politischer Besorgnis: die Hoffnung, daß Italien selbst den Weg finden werde, um den Südtirolern endlich ihr Recht zu bringen, scheint sich nicht zu erfüllen. Fast 100 Südtiroler befinden sich seit eineinhalb Jahren aus politischen Gründen im Gefängnis. Hundert Familien bangen um das Schicksal ihrer Männer und Väter. Sie warteten vergebens auf ein Gerichtsverfahren, das vielen die Freiheit bringen muß; sie warteten vergeblich auf ein Verfahren gegen jene Peiniger, die nicht nur die Gesundheit vieler dieser Südtiroler Häftlinge zerstörten, sondern, das ist fast noch wichtiger, ihre Menschenwürde tief verletzten. Der knapp vor der UNO-Session aufgehobene Visumzwang für Österreicher – als Geste des guten Willens überall gepriesen – wurde durch umfangreiche schwarze Listen ersetzt, die in ihren Auswirkungen noch einschneidender sind als selbst der Visumzwang. Ein sehr negatives Jahr für Tirol also? Bestimmt kein positives Jahr . . . Die Ereignisse von 1961 hatten Südtirol und die Südtirol-Politik Österreichs in eine große Krise gestürzt. Sie boten Italien Gelegenheit, eine weltweite Propaganda gegen Südtirol und Österreich zu entfachen, ehrliche Patrioten als Nazisten und als Pangermanisten abzustempeln . . . Selbst verantwortungsbewußte Italiener beginnen zu erkennen, daß es wichtiger ist, nach dem Warum der Ereignisse in Südtirol zu fragen, statt über die ‚Südtiroler Verbrecher‘ herzufallen. Was aber ist die Lehre dieses Jahres? Nichtstun bringt keine Früchte, aber Geduld bringt auf alle Fälle Früchte. Deshalb bitte ich unsere Landsleute in Südtirol: Verliert die Geduld nicht, verliert aber auch den Mut nicht und bleibt einig wie bisher . . . In diesem Geiste wünsche ich allen Landsleuten südlich und nördlich des Brenners ein gesegnetes Weihnachtsfest und ein gutes neues Jahr!“*

Brief der Südtiroler Häftlinge
Am Heiligen Abend wurde ein aus dem Bozner Gerichtsgefängnis geschmuggeltes Schreiben der Südtiroler politischen Häftlinge veröffentlicht: *„Seit über einem Jahr schmachten wir Süd-*

tiroler Häftlinge in den italienischen Kerkern. Wir tragen die Male der Folterungen an unseren Leibern. Die Male sind Narben geworden – doch in unseren Herzen sind es Wunden, die bis zur Stunde bluten. Wir können in den vielen Nächten nicht vergessen, wie man uns aus den Wohnungen verhaftet und wie eine entmenschte, uniformierte Foltertruppe jeden von uns quälte und marterte und die Würde unseres Menschentums, die Gott uns gab, hohnlachend mit Füßen trat. Nacht für Nacht erleiden wir die Schändung und Vergewaltigung unseres Menschentums noch einmal in einer grausigen Erinnerung. Ein verbrecherischer italienischer Innenminister mit Namen Mario Scelba und sein Handlanger, ein gewissenloser Staatsanwalt namens Paolo Castellano, sind die beiden Hauptverantwortlichen. Sie zeichneten mehrere Folterknechte, die uns gemartert hatten, mit Orden und Ehrenzeichen aus, leugneten vor aller Welt ihre Schuld und taten alles, um eine von allen italienischen Parteien geforderte parlamentarische Untersuchungskommission zu verhindern. Sie leugneten bis zum heutigen Tag – obwohl ein mutiger italienischer Richter in Trient die Folterungen vor Gericht als erwiesen angeprangert hat. Mit der Taktik des Schweigens versuchen sie, den Mantel des Vergessens über uns als ihre Opfer auszubreiten. Noch im vergangenen Herbst stellte der Generalstaatsanwalt die völlige Unschuld von mehreren Südtiroler Häftlingen fest und ordnete ihre Entlassung an. Doch diese Südtiroler werden immer noch in italienischen Gefängnissen festgehalten. Der Großteil von uns, von mehr als 70 Häftlingen, war an den am 12. Juni 1961 erfolgten Sprengstoffanschlägen völlig unbeteiligt. Lediglich durch Folterungen erzwang die italienische Polizei von schmerzgequälten Menschen ‚Geständnisse', die ihr paßten. Jene wenigen aber, die aus Verzweiflung über die Not unserer Heimat zur Selbsthilfe griffen, sie machten aus ihren Taten kein Hehl. Ihre Tat war der Aufschrei eines seit vier Jahrzehnten diabolisch gequälten Volkes, das nichts anderes will, als in Frieden und Freiheit leben. Frieden und Freiheit haben ihm 40 Jahre lang die italienischen Unterdrücker mit ihrem haßerfüllten Nationalismus bis zum heutigen Tag verweigert. Wir politische Südtiroler Häftlinge möchten der Welt sagen: Was wir taten, taten wir selbstlos und reinen Herzens für unsere Heimat. Was wir erlitten haben an Folterungen und was wir an namenloser Qual bis zur Stunde erleiden, opfern wir unserem geknechteten Land, in dem wir geboren wurden, das unsere Kindheit umhegt und das wir lieben mit jeder Faser unseres Herzens, weil es unsere und unserer toten Väter Heimat ist, in deren karger Erde sie begraben liegen seit tausend Jahren. Wieder kommt Weihnachten! Es ist die zweite Heilige Nacht, die wir geschändet und verhöhnt in den Gefängnissen des italienischen Staates verbringen müssen. Während die Welt die Geburt Christi feiert und das Weihnachtsevangelium vom ‚Frieden auf Erden den Menschen, die guten Willens sind' verkündet wird, klammern wir uns an die Eisenstäbe unserer Kerkerfenster. Zur selben Stunde weinen unsere Frauen und Kinder, unsere Eltern und Geschwister um uns und mit uns. Wir rufen aus den italienischen Gefängnissen alle Menschen, die guten Willens sind, und bitten sie: Wenn ihr in der Heiligen Nacht in das Licht der brennenden Kerzen schaut, dann denkt auch an uns – nur einen Herzschlag lang. Gott der Herr, dessen Gloria in dieser Nacht die Glocken jubelnd verkünden, möge es euch tausendfach vergelten und uns Kraft geben in unserer Verlassenheit. Wir glauben daran, daß wir und unsere weinenden Kinder, Frauen, Mütter und Väter in der Heiligen Nacht nicht vergessen sind. Unsere Hoffnung ist, daß es im Abendland und auf dem weiten Erdenrund noch viele Menschen gibt, die an die Reinheit des Herzens, an den Opfermut und an die Größe der Liebe glauben. Mit reinem Herzen und ehrlichen Händen haben wir gehandelt, und die Schändung unserer Leiber und unserer Seelen ließen wir wehr- und schutzlos über uns ergehen. Wenn wir damit helfen können, unserer gequälten Heimat Frieden und Freiheit zu erringen, soll uns kein Opfer zu groß sein. Zwei von uns sind bereits an den erlittenen Martern gestorben: Anton Gostner und Franz Höfler! Ihre Opfer sind uns Verpflichtung. Denn: ‚Der ist der größte unter euch, der das Leben gibt für seine Brüder!' Noch einmal bitten wir: Vergesset uns politische Südtiroler Häftlinge nicht! Die beiden Toten in ihren Gräbern und uns Lebende hinter den Kerkermauern! Denkt an uns in der Heiligen Nacht – ihr alle, die ihr guten Willens seid.
Die politischen Südtiroler Häftlinge in den Gefängnissen von Bozen, Trient und Verona."

29. Dezember 1962

Zehn Südtiroler aus der Haft entlassen

Wegen „Mangel an Beweisen" wurden zehn Südtiroler nach eineinhalbjähriger Untersuchungshaft auf freien Fuß gesetzt. Es waren dies: Wendelin Pfitscher (Schlanders), Eduard Schönthaler (Schlanders), Paul Zangerle (Eyrs), Franz Ambach (Kaltern), Paul Gamper (Vahrn), Christoph, Georg und Johann Thaler (Sarnthein), Adolf Pomella (Kurtatsch) und Josef Orian (Kurtatsch). Des weiteren wurden die beiden Carabinierispitzel Josef Selm (Lana) und Anton Stötter (Bundesrepublik), die für die Verhaftung vieler Südtiroler verantwortlich waren, enthaftet. Gegen Stötter lief noch ein Auslieferungsbegehren der Bundesrepublik wegen krimineller Delikte, über das Italien erst entscheiden mußte. Mit welchen Methoden die nun freigelassenen Südtiroler belastet worden waren, läßt sich an einigen Beispielen zeigen.

So waren die „Geständnisse" zustande gekommen

Folterbericht des Johann Thaler: siehe 12. August 1961

Aus dem Bericht von Josef Orian aus Kurtatsch: Carabiniere onanierte neben dem Gefolterten

„Schon gleich als mich die Carabinieri von Kurtatsch mit ihrem Jeep aus dem Hof brachten, schlug man mir mit einer Faust ins Gesicht, ohne etwas zu fragen oder ein Wort zu sagen. Das Blut rann mir aus Nase und Mund. Ein Carabiniere fluchte, weil jetzt das Auto beschmutzt wurde. In der Kaserne angekommen, schlug man mich windelweich. Mit Fausthieben, mit dem Stiel des Teppichklopfers . . . Mir wurde immer und immer wieder ins Gesicht gespuckt und dabei mußte ich Kniebeugen machen und ausrufen: Evviva l'Italia – abasso Südtirol, evviva l'Italia – abasso i Schützen! (Es lebe Italien, nieder mit Südtirol, nieder mit den Schützen! Anm. d. Hrsg.) *Ein Carabiniere ging später in den Abort und beschmutzte dort einen zirka 60 cm langen fingerdicken Eisenhaken mit Urinstein, diese beschmutzte und gebogene Spitze mußte ich mit der Spitze nach oben in den Mund halten und wieder Kniebeugen machen, und immer wieder Schläge und Tritte. Man drohte mir, den Hodensack zu zerquetschen. Mit einer Zigarette wurde ich an den Lippen, an der Nase und an den Augenliedern verbrannt. In der Nacht – ich lag auf dem Boden – onanierte neben mir der Carabiniere. Ich schäme mich, es zu sagen, aber ich hörte ganz deutlich die Geräusche, umwenden konnte ich mich nicht. Mit einem Gürtel würgte man mich, und gleichzeitig schlug man mir in den Unterleib. Vier Carabinieri waren dabei beschäftigt."* Gefängnis in Trient, undatiert.

Aus dem Bericht von Adolf Pomella aus Kurtatsch: Geschlechtsglied mit Feuerzeug verbrannt

„Sehr viele Fausthiebe ins Gesicht, auf den Kopf und den ganzen Körper, Magen, Bauch, Achselhöhlen usw. In kniender Stellung, den Kopf nach unten gedrückt, bekam ich solche Hiebe auf den Nacken. Die Folgen waren große Kopfschmerzen, die auch viele Wochen anhielten. Ebenso wurde mir auch mit einem Lademagazin einer Pistole auf den Kopf geschlagen, bis jenes Magazin in Stücke zerfiel. Mit Besenstiel, Suppenschöpfer und Pistolentasche auf Kopf und Gesicht . . . Man drohte und versprach mir, mit Spagat das Geschlechtsteil abzubinden, man hielt den Spagat schon bereit. Mit brennender Zigarette wurde ich an Nase, Vorderarm und am Geschlechtsglied verbrannt. Am Arm war eine Blase. Am Geschlechtsglied hat man auch mit brennendem Feuerzeug und Zündhölzern gebrannt . . . Mit einer Flachzange hat man mir den rechten Mittelfinger gequetscht, bis das Blut herausspritzte . . . Vor meinen Augen lud man eine Maschinenpistole und sagte, man werde mich gleich erschießen . . ." Gefängnis in Trient, am 11. 11. 1961.

Aus dem Bericht von Paul Gamper aus Vahrn: Einer ist hier mit geplatztem Trommelfell

„. . . Säure in den Mund und Nase geleert, die den Marsch in die Atemwege nahm und den Menschen zum Ersticken brachte, oder in den Mund gespien und anschließend mit dem Abortbesen ausgewischt. Ununterbrochenes Stehen . . . 80 Stunden, teils vor der Blendlampe . . . elektrische Schläge und Haarausreißen am Geschlechtsteil. Beschädigung der Nieren, 3 bis 4 Tage Blut im Urin . . . Einer ist hier mit geplatztem Trommelfell, mit schwerer Sehstörung (Blendlampen) . . ." Gefängnis in Bozen, am 10. 11. 1961.

Aus dem Bericht von Paul Zangerle aus Eyrs: 30 Stunden lang mißhandelt

„. . . mußte in Habtachtstellung stehen bleiben . . . ohne Essen und Trinken zu bekommen. In diesen 28 bis 30 schweren Stunden wurde ich inzwischen zweimal von einem Carabiniere in Zivil gerufen, der mich ins Gesicht schlug und mir Fußtritte gab. Als ich schwach war und fast nicht mehr ruhig stehen konnte, wurde mir auf die Füße getreten oder mit dem Gewehrkolben auf die Fußspitze gestampft. Schließlich holten mich wieder zwei der Zivilisten ein drittes Mal heraus. Einer davon gab mir wieder Fußtritte und schlug mir ins Gesicht, der andere schlug mir auf die Brust . . . Dann stellte man mich vor einen Scheinwerfer, wie lange, kann ich nicht mehr sagen. Schließlich kam ich der Ohnmacht nahe und so unterschrieb ich alles, was mir vorgelegt wurde. Am 15. Juli 1961 wurde ich ins Gefängnis von Bozen eingeliefert, wo ich bis heute noch bin. Ich bin mir keiner Schuld bewußt, habe nie Sprengstoff oder sonst Waffen besessen und nie etwas verbrochen." Gefängnis in Bozen, undatiert.

(Alle Folterberichte aus: Walla, Max [Hrsg.] : „Die Schändung der Menschenwürde in Südtirol". Eine Dokumentation über die Folterung der Südtiroler politischen Gefangenen durch italienische Polizei. Schriftenreihe des Mondseer Arbeitskreises, Bd. 3, Mondsee, Nachdruck durch die „Kameradschaft der ehemaligen Südtiroler Freiheitskämpfer", verlegt im Buchdienst Südtirol, Nürnberg.)

— 1963 —

__1. Januar 1963__
Sprengstoffanschlag
In der Nähe von Magreid wurde ein Hochspannungsmast durch einen Sprengstoffanschlag beschädigt. Zwei Hauptstreben wurden abgerissen, eine dritte Ladung explodierte nicht. Trotz mehrfacher Polizeistreifen konnte der Explosionsort erst nach einigen Tagen aufgefunden werden.

__2. Januar 1963__
Neofaschistischer Sprengstoffanschlag
Der antifaschistische Film „Marcia su Roma" („Marsch auf Rom"), der die Machtergreifung Mussolinis 1922 zum Inhalt hatte, wurde auch in Bozen aufgeführt. Nachdem es bereits in anderen Städten zu Anschlägen und Krawallen gekommen war, die von Neofaschisten verursacht worden waren, wurde auch auf das Kinogebäude in Bozen ein Sprengstoffanschlag verübt, der schweren Sachschaden verursachte. Die neofaschistische Partei „Movimento Sociale Italiano" (MSI) war seit den letzten Gemeinderatswahlen vom 28. Mai 1961 in Bozen mit 20,5 % der abgegebenen italienischen Stimmen vertreten. Als zweitstärkste Bastion des Faschismus folgte Rom mit 14,4 % der Stimmen.

__4. Januar 1963__
Faschingsbälle abgesagt
Die Freiwillige Feuerwehr und der Südtiroler Kriegsopferverband in Frangart sagten aus Solidarität mit den Südtiroler Gefangenen auch für 1963 die Faschingsveranstaltungen ab.

__5. Januar 1963__
„Blinder Konservativismus" oder nötiger Nachholbedarf?
Die Turiner Tageszeitung „Stampa" warf Landeshauptmann Dr. Magnago „blinden Konservativismus" vor, weil dieser sich in der Neunzehner-Kommission für die Unversetzbarkeit Südtiroler Staatsbeamter eingesetzt hatte. Der ehemalige Staatssekretär Univ. Prof. Dr. Franz Gschnitzer nahm dazu in der von ihm in Innsbruck herausgegebenen und weithin beachteten „SID. Südtirol Information Dokumentation" Nr. 3, 1963 Stellung:
„Dazu ist folgendes zu sagen: Die reale Lage in Südtirol ist durch ein erschreckendes Mißverhältnis im sozialen Gefüge gekennzeichnet. Während im Jahre 1910 21,2 % der Südtiroler ihr Einkommen aus der Tätigkeit in öffentlichen Diensten, in freien Berufen, im Kreditwesen und im Klerus bezogen, waren 1951 nur 7,1 % der 240.000 Südtiroler, aber 52% der nach Südtirol eingewanderten 120.000 Italiener in diesen Sparten beschäftigt. Dieses Mißverhältnis ist eine Folge der 25jährigen vorfaschistischen und faschistischen Politik, die zur zwangsweisen Ausschaltung aller Südtiroler aus dem öffentlichen Leben und aus dem Schulwesen geführt hat. Als im Herbst 1945 das deutsche Schulwesen in Südtirol wieder gesetzlich verankert wurde, gab es für über 20.000 deutsche Volksschulkinder nur 49 voll ausgebildete deutsche Lehrer. Es gab keine Südtiroler Ärzte an öffentlichen Spitälern. Da diese Stellen nach dem italienischen Wettbewerbssystem besetzt werden, sind heute noch am Spital in Bozen unter 31 Ärzten nur fünf Südtiroler tätig. Für Südtiroler Ärzte wird als Voraussetzung der Anstellung eine mehrjährige Praxis in Altitalien gefordert. Es gibt fast keine Südtiroler Notare. Anwärter auf diese Stellung mußten sich bisher in gesamtstaatlichen Wettbewerben mit 2.000 bis 2.500 Bewerbern für 100 bis 200 freie Posten stellen; die Einstufung unter den ersten 200 hängt kaum mehr vom Können ab. Was aber für Mailand gleichgültig sein mag, ob nämlich ein Mailänder oder ein Veroneser ein freies Notariat erhält, ist für Südtirol von wirklicher Bedeutung. Es gibt sechs deutschsprachige Richter in Südtirol; keinen einzigen deutschsprachigen Staatsanwalt, ja, keinen einzigen Staatsanwalt, der die deutsche Sprache beherrscht. Als im Jahre 1953 vier Südtiroler Richter wieder eingestellt wurden, wurden zwei hiervon sofort nach

Altitalien versetzt. Erst im Sommer 1961, als man im Gefolge der Sprengstoffattentate über 100 Südtiroler verhaftete, wurden zwei Untersuchungsrichter, die Deutsch können, an das Landesgericht Bozen versetzt. Der Ausbruch ernster Unruhen in Südtirol hat also erst Maßnahmen bewirkt, deren rechtzeitiger Erlaß wahrscheinlich dazu beigetragen hätte, diese Unruhen zu verhindern."

6. Januar 1963

Österreich „droht" Italien

In einem aufsehenerregenden Artikel der Wiener Tageszeitung „Die Presse" schrieb der Staatssekretär im österreichischen Außenministerium Dr. Ludwig Steiner: *„Die Südtirol-Politik tritt in einen entscheidenden Abschnitt. Es muß in der nächsten Zeit gelingen, die Tore für eine gerechte Regelung des Südtirol-Problems weit zu öffnen. Gelingt dies nicht, müßten dann nicht die Hoffnungen, dieses Problem mit den bisherigen Methoden zu lösen, als gescheitert betrachtet werden? Das ist eine sehr ernste Überlegung – ernst vor allem deshalb, weil die Alternativen zu den bisherigen Methoden nicht sehr zahlreich und vor allem sehr unerfreulich wären, und zwar für alle Beteiligten . . ."* In einigen italienischen Zeitungen wurden diese Worte als verhüllte Warnung Österreichs verstanden, die Verhandlungen als gescheitert zu betrachten und künftig die Südtiroler Freiheitskämpfer aktiv zu unterstützen. In Wahrheit war jedoch wohl ein erneuter Gang zu den Vereinten Nationen gemeint gewesen.

16. Januar 1963

Faschistisches Gesetz bleibt rechtswirksam. Unterlassen italienischer Aufschriften strafbar

Nach Mitteilung der Tageszeitung „Alto Adige" hatte das Bezirksgericht Brixen ein bedeutungsvolles Urteil gefällt. Eine Südtirolerin war angeklagt worden, da sie auf ihrem Geschäft nur deutsche und nicht auch italienische Aufschriften angebracht hatte. Dies war laut Art. 18 des Ausführungsgesetzes zum Gesetz über die öffentliche Sicherheit vom 6. Mai 1940 strafbar. Dieses faschistische Gesetz schrieb den Gebrauch der italienischen Sprache bei Geschäftsschildern und dergleichen zwingend vor. Die Verordnung des Ministerpräsidiums vom 11. August 1959, Nr. 200/5208/3.3., hatte dieses faschistische Gesetz aufgehoben. In den Verhandlungen mit Österreich hatte Italien diesen Erlaß als Beispiel dafür angeführt, wie großzügig Italien das Pariser Abkommen von 1946 durchgeführt habe. Die Südtirolerin hatte sich nun auf den Erlaß des Ministerpräsidiums und auf eine dementsprechende Entscheidung des Bezirksgerichtes Meran vom 15. September 1959 (siehe dort) berufen. Das Bezirksgericht Brixen sprach die Südtirolerin nun zwar frei, weil sie sich der Strafbarkeit ihrer Handlung nicht bewußt gewesen sei, hielt aber in seinem Urteil fest, daß das Unterlassen italienischer Aufschriften strafbar sei, weil das Gesetz von 1940 nicht durch eine einfache Verordnung aufgehoben werden könne.

Anklageerhebung gegen Foltercarabinieri

Der Oberstaatsanwalt von Trient, Dr. Agostini, hinterlegte bei der Untersuchungssektion des Appellationsgerichtshofes in Trient die Anklageschrift gegen elf Polizeiorgane wegen der Mißhandlung von Südtiroler Häftlingen: Oberleutnant Luigi Vilardo, ehemaliger Kommandant der Carabinieristation Eppan, Oberleutnant Vittorio Rotellini, ehemaliger Kommandant der Carabinieristation Neumarkt, die Vizebrigadiere Luigi D'Andrea, Giovanni De Montis und Rodolfo Schgör, die Carabinieri Biagio Armao, Giovanni Marras, Angelo Pasquali, Giovanni Lagnese, Giuseppe Grendene und Amanzio Pozzer. Für weitere zehn Carabinieri, die ebenfalls wegen Mißhandlung von Häftlingen angezeigt worden waren, beantragte Dr. Agostini die Einstellung des Verfahrens, *„weil sie die Tat nicht begangen haben oder die Anzeige zu spät erfolgt ist."* Es werden daher vor allem Hauptleute, darunter der berüchtigte Hauptmann De Rosa von den Carabinieri in Meran, nicht verfolgt werden.

17. Januar 1963

Sitzung der Neunzehner-Kommission: Die Arbeiten werden angesichts der Intervention des Europarates doch fortgesetzt

Präsident Struye, der Leiter des Südtirol-Unterausschusses des Europarates, hatte sich am 9. Januar in Rom bei dem Vorsitzenden der Neunzehner-Kommission, dem sozialdemokratischen Kammerabgeordneten Paolo Rossi, über den Fortgang der Beratungen erkundigt. Diese Kommission hatte seit Juli 1962 nur einmal, am 18. Oktober, noch kurz getagt. Substantiell war seit dem Juli 1962 nichts mehr weiter gediehen, und es war offenkundig geworden, daß verschiedene politische Kräfte in Italien die Arbeiten der Kommission scheitern lassen wollten. Die Initiative der Europarats-Kommission brachte nun die Dinge wieder in Bewegung, und in der Sitzung vom 17. Januar wurde nun die Bildung zweier Unterausschüsse beschlossen, deren einer sich mit den zentralen Fragen der Autonomie, der andere mit Nebenfragen beschäftigen wird. Die Neunzehner-Kommission war nicht einmal paritätisch besetzt: 7 deutsche und 1 ladinischer Vertreter standen 11 Italienern gegenüber.

Sitzung des Unterausschusses für Südtirol des Europarates in Straßburg

Präsident Paul Struye erstattete den Mitgliedern des Unterausschusses ausführlichen Bericht über seine Romreise und über die dort erzielten Ergebnisse. („SID. Südtirol Information Dokumentation", Innsbruck, Nr. 1/Nr.2, 1963.)

23. Januar 1963

Keine Amnestie für Südtiroler

Die beschwörenden Worte der SVP-Abgeordneten Dr. Riz und Dr. Sand im römischen Parlament, *„Zeichen der Versöhnung zu setzen"* und die etwa 200 in Südtirol laufenden politischen Verfahren (Beteiligung am Freiheitskampf, „Schmähung" der Nation oder Armee und „tendenziöse" Berichterstattung) in die geplante allgemeine Amnestie mit einzuschließen, blieben erfolglos. Dagegen beschloß das italienische Parlament eine großzügige Amnestie für circa 800.000 Kriminelle, nahm jedoch politische Vergehen und Pressedelikte ausdrücklich von den gewährten teilweisen und gänzlichen Strafnachlässen aus.

27. Januar 1963

Deutsche und italienische „Schweine"

Der junge italienische Journalist Dr. Umberto Gandini stellte in der Tageszeitung „Alto Adige" unter dem Titel *„In Südtirol gibt es Staatsbürger erster und zweiter Klasse"* Betrachtungen über die Gerechtigkeit an. Er schrieb: *„Wenn ein Italiener und ein Deutscher in einem Gasthaus Karten spielen, in Streit geraten und der Deutsche brüllt ‚Italienisches Schwein', so endet er wegen Beleidigung der italienischen Nation vor dem Schwurgericht, während der Italiener, der ihm ‚Deutsches Schwein' antwortet, vor das Bezirksgericht kommt, und auch nur dann, wenn ihn sein Gegner* (wegen Ehrenbeleidigung, Anm. d . Red.) *klagt."*
Die Ausführungen Gandinis erregten in der Südtiroler Öffentlichkeit Aufsehen, da es das erste Mal war, daß in der extrem nationalistischen Zeitung „Alto Adige" derartige Worte zu lesen waren (es sollte sich auch nicht mehr wiederholen).

„Schmähungs"-Prozesse in Bozen und Trient

Allein in Bozen waren in der Herbstsession 1962 von insgesamt 9 Schwurgerichtsprozessen 5 „vilipendio"-Prozesse. Die *„Schmähung der italienischen Nation" („Vilipendio alla nazione italiana")* wurde und wird vor dem Schwurgericht verhandelt und mit bis zu 3 Jahren Gefängnis bestraft. In Trient, wo die Berufungsprozesse stattfanden, waren es 8 Prozesse. Alle Verurteilten hatten bis zum Urteil zumeist mehrere Monate Haft hinter sich, so daß die teilweise Verhängung bedingter Strafen für die Betroffenen eine Verhöhnung blieb.

31. Januar 1963

Sepp Kerschbaumer: Hungerstreik im Kerker

Der in Verona in Untersuchungshaft befindliche Freiheitskämpfer Sepp Kerschbaumer schrieb an Staatsanwalt Corrias in Bozen und kündigte einen zehntägigen Hungerstreik an. Er begründet diesen Schritt damit, daß 68 Südtiroler politische Häftlinge nun schon seit gut anderthalb Jahren in Untersuchungshaft sind und der bevorstehende Prozeß immer noch hinausgeschoben werde. Kerschbaumer schrieb: *„Und dies alles müssen Angehörige einer kleinen Volksgruppe im Herzen des freien Europa erleben ... in einem christlich-demokratischen Staat."*

Sprengstoffanschlag
In Trient wurde in der Nähe des Sitzes des Regierungskommissars eine Bombe geworfen. Die italienischen Korrespondenten internationaler Agenturen berichteten, daß es sich um einen neuen, bedenklichen Anschlag gehandelt habe. Mutmaßlicher Täter sei der Fahrer eines Wagens mit deutschem Kennzeichen. In Wirklichkeit hat die Polizei festgestellt, daß es sich um einen Sprengkörper der italienischen Armee gehandelt hat. Noch am selben Tag wurde der Heereswachtmeister Romano Guagni als Attentäter ausgeforscht, zur Anzeige gebracht, jedoch in Freiheit belassen (!). Die Hintergründe der Tat – eine neofaschistische Provokation? – blieben ungeklärt. Die Polizei gab sich mit der seltsamen Behauptung Guagnis zufrieden, er habe lediglich seine in der Nähe wohnende Braut mit dem Werfen eines Böllers grüßen wollen. („Alto Adige" vom 1. u. 2. Februar.)

2. Februar 1963
Sprengstoffanschläge
In der Nähe von Altenburg wurden zwei Hochspannungsmasten der Gesellschaft Montecatini gesprengt. Die Südtiroler Freiheitskämpfer hinterließen Flugblätter mit der Aufschrift *„Selbstbestimmung für Südtirol"* und den Jahreszahlen „1363-1963", die sich auf die 600jährige Zugehörigkeit Tirols zu Österreich bezogen. Beide Masten waren bereits am 21. 6. und am 17. 12. 1961 durch Anschläge zerstört worden. Der Einsatz von Antisabotageeinheiten und Straßensperren blieb erfolglos.

8. Februar 1963
Keine Arbeitsgenehmigung für Österreicher
Wie die Südtirol Information Dokumentation (SID) meldete, hat das italienische Innenministerium angeordnet, ab sofort keine Arbeitsgenehmigungen mehr an österreichische Staatsbürger zu erteilen.

13. Februar 1963
Verhaftungswelle in Österreich
Nach langen Ermittlungen gelang es den österreichischen Behörden, die Österreicher Godefried Höfner und Peter Kienesberger am Brenner festzunehmen und 10 kg Sprengstoff, Zeituhren und eine Pistole sicherzustellen. Bei anschließenden Hausdurchsuchungen in Innsbruck wurde weiteres Material gefunden, und es wurden die Studentinnen Renate Gmünd und Ingrid Brinkmann sowie Helmut Hornberg und Günther Bernhard verhaftet. Dr. Norbert Burger konnte sich der Festnahme entziehen und nach Deutschland entkommen. Im Laufe der weiteren Untersuchungen wurden der Innsbrucker Univ. Ass. Dr. Helmut Heuberger, der Hotelbesitzer Dr. Niederkirchner, der Arzt Dr. Rigolf Hennig und die Südtiroler Sepp Forer, Siegfried Sieger und Heinrich Oberlechner verhaftet. (Siehe: 28. Februar !) Die meisten mußten nach kurzer Zeit wieder freigelassen werden. Heuberger war, wie auch Pfaundler, während des Krieges Mitglied einer Widerstandsgruppe gewesen. Er machte vor einiger Zeit als Mitglied einer Himalaja-Expedition von sich reden. Die Verhaftung des NS-Gegners Heuberger läßt die dauernden italienischen Behauptungen, bei den Freiheitskämpfern handle es sich um „Nazis", als Zwecklüge erkennen. Heuberger war ebenso wie der am 16. Juni 1962 in Graz freigesprochene Schriftsteller Wolfgang Pfaundler mit einer Urkunde des Landes Tirol wegen seines Widerstandes gegen den Nationalsozialismus ausgezeichnet worden. Die „WOCHENPRESSE" in Wien meinte nun, daß jene österreichischen „Linksjournalisten", die bereits den Alten Herren der katholischen CV-Verbindung „Alpinia", den Nordtiroler Chef des Lawinenwarn-

dienstes, Dr. Otto Schimpp, den Franziskanerpater Fritz Paseller und den Anti-NS-Widerstandskämpfer Wolfgang Pfaundler als „Neonazi“ abklassifiziert hatten, ihre „terrible simplification“ nun langsam revidieren müßten. Die „WOCHENPRESSE“ zitierte auch Pfaundlers Vater, der auf die Frage, was seinen Sohn bewogen habe, am Südtiroler Widerstand teilzunehmen, gesagt hat: *„Die von keinem Nationalismus getrübte, im kosmopolitischen Wien kaum verstandene Liebe zur engeren Heimat Tirol.“*

15. Februar 1963

Neofaschistische Kundgebung in Bozen

Wie das Faschistenblatt „Vetta d'Italia“ meldet, wurde in Bozen zum Jahrestag der Gründung der faschistischen Miliz eine kirchliche Feier abgehalten. Der Geistliche verlas vom Altar einen Aufruf des Herzogs von Pistoia, des Kommandanten der „Schwarzhemden-Brigade 23. März“. In dem Aufruf wurden die „Kriegstaten“ der faschistischen Miliz anläßlich des Überfalls auf Abessinien 1935/36 verherrlicht.

Südtiroler Frontkämpfer noch immer nicht anerkannt

1958 trat das italienische Gesetz, wonach die Südtiroler Frontkämpfer den Frontkämpfern des italienischen Heeres gleichgestellt werden, in Kraft. Dieses Gesetz fand bis jetzt noch immer keine Durchführung. Im Verlaufe von fünf Jahren wurde nur ein einziger Fall positiv erledigt.

20. Februar 1963

Pfaundler: Freiheitskämpfer werden in den Schulbüchern stehen!

Der Innsbrucker Publizist und Südtiroler Freiheitskämpfer Wolfgang Pfaundler – in Österreich 1962 angeklagt und freigesprochen – hat zum Todestag Andreas Hofers einen offenen Brief an eine Südtiroler-Zeitschrift gerichtet, in dem es heißt: *„Von dem neofaschistischen Italien angeklagt zu werden, ist für jeden Tiroler eine Ehre. Die Namen jener Südtiroler, die als Gefangene der italienischen Polizeijustiz die letzten zwei Jahre ‚verbrachten‘ werden eines Tages, und ich glaube, nicht in ferner Zukunft, in unseren Schulbüchern stehen, denn diese Südtiroler haben schon heute einen legendären Ruf. Was sie wegen ihres Patriotismus mitgemacht haben, ist in unserer Wohlfahrtgesellschaft unvorstellbar. In diesem Jahr, in dem die 600jährige Zugehörigkeit Tirols zu Österreich gefeiert wird, sollen wir nicht bequem nur an historische Taten erinnern, sondern vor allem auf das sehen, was heute diese Südtiroler aus Treue zu ihrer Heimat Tirol und ihrem Vaterland Österreich leisten. Ist es Ihnen nicht aufgefallen, daß nach längerer Ruhe ausgerechnet an dem Tag, an welchem mit den 600-Jahr-Feiern in Österreich begonnen wurde, in Südtirol wieder gesprengt worden ist? Was wollen die Südtiroler Freiheitskämpfer damit sagen? Daß es eine große Lüge ist, wenn die Zugehörigkeit Tirols zu Österreich gefeiert wird, weil ja heute nur mehr das Resttirol bei Österreich, aber das Stammland Tirols bei Italien ist. So war der Vorschlag eines Tiroler Regierungsmitgliedes, statt zu feiern, schwarze Fahnen herauszuhängen, gar nicht als Beleidigung gedacht, sondern ein guter Gedanke, um in würdiger Form daran zu erinnern, daß Österreich Tirol verloren hat. Stellen Sie sich vor, der erste Wiener Gemeindebezirk käme an die Tschechoslowakei. Die anderen Bezirke Wiens blieben bei Österreich. Würden die Wiener das auf sich beruhen lassen und gar nichts unternehmen? Würden sie das feiern? Genau, aber ganz genau das gleiche ist bei uns passiert, denn das Kernland Tirols ist nicht mehr bei Österreich, sondern unter Fremdherrschaft.“*

22. Februar 1963

Dr. Stanek zum Kandidaten für den Senat nominiert

Der Parteiausschuß der Südtiroler Volkspartei beschloß am 22. Februar 1963, den Generalsekretär der Südtiroler Volkspartei, Dr. Hans Stanek, als ihren Kandidaten für die Senatswahlen im Wahlkreis Bozen aufzustellen. Dr. Stanek wurde am 16. Juli 1961 (siehe dort!) verhaftet, wobei die gesamte italienische Öffentlichkeit dies als Beweis wertete, daß die Leitung der Südtiroler Volkspartei in die Sprengstoffanschläge verwickelt sei. Dr. Stanek wurde des

„Anschlags auf die Integrität des italienischen Staatsgebiets" (Art. 241 des italienischen Strafgesetzbuches, Strafandrohung: lebenslange Haft!) beschuldigt. Die Anschuldigung gründete sich laut Anklageschrift des Staatsanwalts konkret auf die Tatsache, daß bei einer anläßlich der Verhaftung Dr. Staneks in seiner Wohnung vorgenommenen Hausdurchsuchung illegale Flugzettel aufgefunden worden seien. Die Anwesenheit Dr. Staneks bei der Hausdurchsuchung war trotz seines ausdrücklichen Ersuchens von den untersuchenden Carabinierioffizieren, den Hauptleuten Vetulli und Pagani, abgelehnt worden. Hauptmann Vetulli gehört zu den vom Oberlandesgericht Trient der Mißhandlung an Südtiroler Häftlingen beschuldigten Polizisten, doch wurde das Verfahren gegen ihn eingestellt. Im Rahmen der gerichtlichen Voruntersuchung war ein Antrag Dr. Staneks, das Paket der gefundenen Flugzettel auf Fingerabdrücke zu prüfen, abgelehnt worden. Dr. Stanek hatte stets darauf beharrt, daß ihm diese Flugzettel unterschoben worden waren. Dr. Stanek (63) war schwer herzkrank und erhielt auch in der Haft ständig Injektionen. Dr. Stanek war bereits Kandidat der Südtiroler Volkspartei bei den Parlamentswahlen vom Mai 1958; im November 1960 wurde er in den Regionalrat für Trentino-Südtirol gewählt. Seine nunmehrige Aufstellung als Senatskandidat der Südtiroler Volkspartei erfolgte, um zu unterstreichen, daß die Leitung der Südtiroler Volkspartei von der Unschuld ihres Generalsekretärs überzeugt war.

28. Februar 1963

Südtiroler in Österreich verhaftet

In Zirl wurden auf Grund eines Haftbefehles des Landesgerichtes Innsbruck drei der vier „Pusterer Buben", Siegfried Steger und Heinrich Oberlechner aus Mühlen sowie Josef Forer aus Brixen, verhaftet. Ebenfalls festgenommen wurde der Besitzer des Hotels „Post" in Zirl, Dr. Anton Niederkirchner. Es wurde ihnen der Besitz von Sprengstoff zur Last gelegt. Hausdurchsuchungen erbrachten jedoch kein Ergebnis.

4. März 1963

Dr. Kofler tritt von der Senatskandidatur zurück

Weil er nicht gemeinsam mit dem inhaftierten Dr. Hans Stanek für den Senat kandidieren wollte, trat Dr. David Kofler, Direktor der Mittelschule in Bruneck, von der Senatswahlliste zurück.

5. März 1963

Brennergrenze und Berliner Mauer

Der Schwiegersohn Chruschtschows und Chefredakteur der „Iswestija", Adschubej, verglich in einer Pressekonferenz in Neapel die Brennergrenze mit der Berliner Mauer. Er sagte, es gebe heute zwei deutsche Staaten, und niemand könne es einem der beiden verbieten, seine Grenzen zu schließen, so wie es auch Italien mit Österreich gehalten habe, als es mit Wien Streit hatte.

8. März 1963

Dr. Hans Stanek von der Senatskandidatur zurückgetreten

Der sich in Haft befindliche Generalsekretär der Südtiroler Volkspartei, Dr. Hans Stanek, legte die Senatskandidatur zurück. Diesen Schritt begründete er in einem an Dr. Magnago gerichteten Telegramm: *„Im höheren Interesse der guten Sache unseres Landes verzichte ich auf meine Senatskandidatur. Ich sehe mit ruhigem Gewissen dem Prozeß entgegen, weil ich unschuldig bin. Dr. Hans Stanek."* Weiters ließ Stanek über seine Frau übermitteln, daß er auch Rücksicht auf seine Mitangeklagten zu nehmen habe und den Prozeß daher nicht verschleppen wolle.

„Corriere della Sera": Freiheitskämpfer handeln wie Adolf Eichmann

Die bedeutende Tageszeitung schrieb, daß die inhaftierten Südtiroler Freiheitskämpfer aus den gleichen Motiven wie der im Dritten Reich für die Judendeportationen verantwortliche Adolf Eichmann gehandelt hätten.

12. März 1963

Dr. Raffeiner kandidiert in Bozen und Brixen für den Senat

Der „Aufbau"-Exponent und SVP-Altsenator Dr. Josef Raffeiner gab seine Senatskandidatur auf einer eigenen Listenverbindung mit der autonomiefeindlichen Liberalen Partei Italiens bekannt. Sein Ziel sei, *„die Diktatur der Südtiroler Volkspartei zu brechen."*

18. März 1963

Vizeobmann der SVP darf Südtirol nicht verlassen

Wie die Tagespresse meldet, haben die Carabinieri dem Obmannstellvertreter der SVP, Dr. Friedl Volgger, an der Brennergrenze den Reisepaß abgenommen, als er nach Innsbruck fahren wollte. Dr. Volgger darf das Land nicht verlassen, denn gegen ihn läuft ein Verfahren wegen Beleidigung des italienischen Heeres und der italienischen Nation, die in den „Dolomiten" erschienen sein soll, als Dr. Volgger verantwortlicher Redakteur des Blattes war.

20. März 1963

Unschuldige Südtiroler werden amnestiert

Der Strafsenat des Bozner Landesgerichtes verfügte auf Grund eines italienischen Amnestiegesetzes die Einstellung von 22 Strafverfahren, die im Zusammenhang mit den Sprengstoffattentaten wegen kleinerer Vergehen eingeleitet worden waren. Es handelte sich um antinationale Propaganda, Verstoß gegen die Anordnung des Regierungskommissars zur Waffenablieferung und ähnliche Verwaltungsvorschriften. Die Amnestierten waren: Josef Mutschlechner (St. Lorenzen), Alfred Oberhofer (Mühlbach), Adolf Pomella (Kurtatsch), Franz Ambach (Kaltern), Oswald Kienzl (Hafling), Albert Gruber (Lana), Anton Egger (Lana), Georg Gamper (St. Walburg), Heinrich Gurtschler (Schlanders), Rudolf Albert (Schlanders), Benedikt Burger (Partschins), Franz Gamper (Riffian), Hans Thaler jun. (Sarnthein), Georg Thaler (Sarnthein), Maria Müller (Eppan), Florian Stuffer (Sarnthein), Jakob Kienzl (Sarnthein) und Josef Burger (Sarnthein). Alle Personen befanden sich zur Zeit der Amnestie in Freiheit.

26. März 1963

Internationale Journalisten-Föderation verurteilt Italien

Eine im Mai 1962 von der „Internationalen Föderation der Journalisten" eingeleitete Untersuchung kam zu dem Schluß, daß Italien österreichische Journalisten zu Unrecht angeklagt hat, die Berichte über die Folterungen verantwortungsbewußt und der Wahrheit entsprechend abgefaßt hatten.

27. März 1963

Kampf gegen Schatten

Wie die italienischen Nachrichtenagenturen meldeten, sei die Cadorna-Kaserne in Bozen bei Nacht von „Terroristen" beschossen worden, woraufhin der Neapolitaner Nicola Grassi vom 2. Pionierregiment, welcher Wache hielt, das Feuer eröffnet habe. Es stellte sich heraus, daß der Soldat eingeschlafen war, dabei den Abzug seiner Waffe berührt und mit einer Garbe von sieben Schüssen den Stoff seines eigenen Tarnanzuges durchschossen hatte.

30. März 1963

600 Jahre Tirol bei Österreich

Zur Feier dieses Tages zogen Tiroler Schützen – die Pradler Kompanie angeführt von dem Freiheitskämpfer Georg Klotz – über die Wiener Ringstraße. Eine Südtiroler Abordnung führte ein Landeswappen mit Trauerflor umschlungen mit. Der Jubel des dichten Spaliers machte Ergriffenheit Platz, als diese Gruppe erschien. In dem übervollen Stephansdom wurde eine Gedenkmesse für Andreas Hofer gelesen.

3. April 1963

Regierungserklärung zur Südtirolfrage

Bundeskanzler Dr. Alfons Gorbach sagte in seiner Regierungserklärung, daß Österreich nach wie vor auf die Gewährung einer Regionalautonomie für Südtirol abziele, daß die Neunzehner-Kommission das Problem einer Lösung näher bringen könne, daß die beiden Südtirolresolutionen der UNO jedoch noch nicht erfüllt seien und daher die bilateralen Verhandlungen wieder aufgenommen werden müßten.

10. April 1963

Papst Johannes XXIII. für das Recht der nationalen Minderheiten

In der Enzyklika „Pacem in terris" legte Papst Johannes XXIII. die grundlegenden Auffassungen der katholischen Kirche über das Recht der nationalen Minderheit dar. Der betreffende Abschnitt lautet wörtlich *„Hierher gehört im besonderen jene Tendenz, die seit dem 19. Jahrhundert sich im Staatsleben überall verbreitete und zunahm. Sie besteht darin, daß die Menschen gleicher Abstammung selbständig und zu einer Nation vereint sein wollen. Dies kann jedoch aus verschiedenen Gründen nicht immer durchgeführt werden, und daraus ergibt sich die Tatsache, daß völkische Minderheiten innerhalb des Gebietes einer anderen Nation festgehalten werden und dann schwerwiegende Fragen aufwerfen. Hierzu muß offen gesagt werden: Was immer gegen diese Völker zur Unterdrückung der Lebenskraft und des Wachstums ihres Stammes unternommen wird, ist eine schwere Verletzung der Gerechtigkeit, und dies um so mehr, wenn derartige Versuche auf die Ausrottung der Minderheit selbst abzielen. Hingegen entspricht es vollkommen den Geboten der Gerechtigkeit, wenn die Staatslenker sich tatkräftig bemühen, die Lebensbedingungen der Minderheit zu heben, namentlich in dem, was deren Sprache, Kultur, Herkommen und Gebräuche sowie wirtschaftliche Unternehmungen und Initiativen betrifft."* Zu den Fragen des Gehorsames gegenüber der Obrigkeit und des Rechtes auf Widerstand sagte der Hl. Vater in der Enzyklika: *„Die staatliche Obrigkeit darf die Menschen nur dann im Gewissen verpflichten, wenn ihre Autorität mit Gottes Autorität im Einklang steht und an dieser teilhat. Da die staatliche Gewalt von der Ordnung der geistigen Dinge gefordert wird und von Gott ausgeht, können weder erlassene Gesetze noch erteilte Vollmachten die Staatsbürger verpflichten, wenn die Staatslenker gegen diese Ordnung und deshalb gegen Gottes Willen Gesetze erlassen oder etwa vorschreiben; denn ‚man muß Gott mehr gehorchen als den Menschen'. In diesem Fall wird die Autorität sogar ganz hinfällig und zum Mißbrauch der Gewalt, wie der heilige Thomas von Aquin lehrt. Insofern das Gesetz von der Vernunft abweicht, wird es als ungerechtes Gesetz bezeichnet, und es hat nicht die Beschaffenheit eines Gesetzes, sondern eher die einer Gewalttätigkeit. Wenn Staatsbehörden die Rechte der Menschen verletzen, verlieren ihre Anordnungen jede rechtliche Verpflichtung."*

Neue Zeitung in Südtirol

Der Landtagsabgeordnete Dr. Ing. Hans Plaikner gründete die „Südtiroler Nachrichten", die im zweiwöchigen Abstand den *„Interessen der Südtiroler Volkspartei"* und der *„heiklen Frage Südtirol"* dienen sollten.

27. April 1963

Prominente Südtiroler rufen zur Parteispaltung auf

Die Auseinandersetzungen innerhalb der SVP erreichten mit einem Wahlaufruf von Erich Amonn, Josef Menz-Popp, Franz Innerhofer-Lanner und dem Chefredakteur der „Dolomiten", Dr. Toni Ebner, einen Höhepunkt. Sie forderten die Südtiroler Wähler auf, Dr. Josef Raffeiner, der mit der autonomiefeindlichen italienischen Liberalen Partei eine Listenverbindung eingegangen war, ihre Stimmen zu geben. In der Erklärung hieß es: *„Mit wachsender Sorge haben wir seit mehr als einem halben Jahrzehnt die inner- und außerparteiliche Entwicklung und die maßlos übertriebene Verschärfung der Südtirolpolitik verfolgt, welche zusammen mit den für Land und Volk so schädlichen Sprengstoffanschlägen die früher immer festgefügte politische Einheit der von uns als Sammelpartei gegründeten und aufgebauten Südtiroler Volkspartei schwerstens erschüttert haben ... Da für die Südtiroler Wählerschaft bei den Senatswahlen in Brixen und Bozen die Möglichkeit einer Auswahl gegeben ist,* *erklären wir, unsere Stimme dem unabhängigen Kandidaten – mit dem Wahl- und Wahrzeichen Schloß Tirol –, Dr. Josef Raffeiner, zu geben . . .“*

28. April 1963

Ergebnisse der Senats- und Kammerwahlen in Südtirol

„Aufbau“-Raffeiner fällt durch

Bei den Senatswahlen wurden die Kandidaten der SVP, Dr. Luis Sand für den Wahlkreis Bozen mit 41.474 und Ing. Hans Saxl für den Wahlkreis Brixen mit 69.057 Stimmen, gewählt. Der unabhängige Südtiroler Kandidat Dr. Raffeiner erhielt in beiden Wahlkreisen zusammen 15.187 Stimmen. Er wurde nicht gewählt, obwohl er im Reststimmenverfahren mit den italienischen Liberalen des Trentinos in einer Listenverbindung gekoppelt war. Die Liberale Partei hatte in den Südtiroler Wahlkreisen keine eigenen Kandidaten aufgestellt. Wie sich aus den Resultaten ergab, wurden mindestens 5.000 bis 6.000 italienische Stimmen für Raffeiner abgegeben. Damit hatten die Südtiroler Wähler nicht nur Dr. Raffeiner, sondern auch den um die „Aufbaugruppe“ gesammelten „Gemäßigten“ in der Südtiroler Volkspartei eine deutliche Abfuhr erteilt. Bei den Wahlen zur Abgeordnetenkammer in der Provinz Bozen erhielt die Südtiroler Volkspartei 132.217 Stimmen (56,6 %) gegen 130.955 (60,8 %) im Mai 1958. Beim Rückgang des prozentuellen Anteils war der stark ins Gewicht fallende Stimmenanteil des in Südtirol stationierten Militärs zu berücksichtigen. In 15 Gemeinden betrug daher die Wahlbeteiligung weit über 100 % der örtlich ansässigen Wahlberechtigten. So z.B. in Innichen 133 %. Die Kandidaten der Edelweißliste erhielten an Vorzugsstimmen: Dr. Ing. Karl Vaja 16.638 (1958 16.164), Dr. Karl Mitterdorfer 19.540 (1958 35.043), Hans Dietl 18.325, Dr. Valerius Dejaco 14.422, Dr. Egmont Jenny 12.528 und Dr. Karl Zanon 11.118. Die Südtiroler Volkspartei entsandte daher in das römische Parlament: Dr. Ing. Karl Vaja, Neumarkt, Dr. Karl Mitterdorfer, Bozen, der bereits in der letzten Legislaturperiode Abgeordneter war, und Hans Dietl, Schlanders, bisher Landtagsabgeordneter.

Sprengstoffanschläge gegen Masten

Mutmaßlich neofaschistischer Anschlag auf Mailänder Bahnhof

In Mailand, Como und Cesano di Manderno kam es zu Sprengstoffanschlägen auf Hochspannungsmasten, die beträchtlichen Sachschaden anrichteten. In Mailand wurden sechs Personen bei einem Anschlag auf den Hauptbahnhof verletzt. In einem italienischen Bekennerbrief an Nachrichtenagenturen wurde ein Zusammenhang des Mailänder Anschlages mit den Wahlen in Südtirol hergestellt. Demnach wäre der Anschlag mutmaßlich von Neofaschisten verübt worden. Die italienischen Zeitungen schrieben aber auch den Mailänder Anschlag den Südtiroler Freiheitskämpfern zu, ohne dafür Beweise zu haben. (Siehe auch 22. Mai!)

3. Mai 1963

Südtiroler Frontkämpfer noch um Rechte betrogen

Wie die Südtirol Information Dokumentation (SID) in Innsbruck meldet, hat der italienische Verteidigungsminister Andreotti in Beantwortung einer Südtiroler Parlamentsanfrage zugegeben, daß nun, 18 Jahre nach Kriegsende und 5 Jahre nach Erlaß des Gesetzes, erst ein einziger (!) Südtiroler Frontkämpfer die rechtliche Gleichstellung mit den Italienern erhalten hat, obwohl tausende Gesuche vorlagen. Es ging hier um Einstellung in den öffentlichen Dienst, Wohnungsverteilungen etc.

7. Mai 1963

Kreisky: Zwei Wege zur Lösung des Südtirolproblems

Außenminister Dr. Bruno Kreisky nahm vor der Beratenden Versammlung des Europarates zu verschiedenen Fragen Stellung, darunter auch zu Südtirol. Er erklärte, daß man versuche, auf zweierlei Wegen zum Ziel zu gelangen. Die italienische Neunzehner-Kommission habe in einigen wichtigen Fragen durchaus positive Ergebnisse erzielt, in anderen wichtigen Fragen gingen allerdings die Meinungen zwischen den italienischen Mitgliedern der Kommission und den Südtiroler Mitgliedern noch weit auseinander. Der zweite Weg sei jener der bilateralen Verhandlungen zwischen Österreich und Italien, die auf zwei einstimmig gefaßte Resolutionen der UNO-Generalversammlung zurückgehen.

Dr. Burger in München verhaftet
Dr. Norbert Burger wurde in München ohne Vorliegen eines Fahndungsbegehrens vorübergehend festgenommen und am 22. Mai wieder enthaftet.

11. Mai 1963
Italien wegen Verletzung der Pressefreiheit international verurteilt
Der VI. Weltkongreß der „Internationalen Föderation der Journalisten" (IFJ, mit Sitz in Brüssel) verurteilte in einem Untersuchungsbericht Italien wegen andauernder Verletzung der Pressefreiheit.

12. Mai 1963
Nordtiroler Politiker am Brenner zurückgewiesen
Bundesrat Dr. Franz Gschnitzer wollte sich zum Südtiroler Landesmusikfest nach Meran begeben. Am Brenner wurde ihm von den italienischen Beamten, die im Fahndungsbuch seinen Namen feststellten, die Einreise verweigert. Die Grenzbeamten erklärten, daß für die Einreise nach Südtirol die Bewilligung des italienischen Innenministers notwendig sei. Kurz vorher wurde Nationalrat Franz Kranebitter an der Grenze bei Innichen von den Italienern zurückgehalten. Auch der Innsbrucker Stadtrat Otto Gamper mußte am 1. Mai am Brenner wieder umkehren. Dem Tiroler Abgeordneten Dr. Heinz Mader wurde ebenfalls, als er über Südtirol nach Kärnten reiste, die Rückreise über das Pustertal bei der Osttiroler Grenzstelle von den italienischen Organen verwehrt.

20. Mai 1963
Dr. Friedl Volgger amnestiert
Der Oberste Gerichtshof in Rom brachte gegenüber dem ehemaligen verantwortlichen Redakteur der „Dolomiten", Landtagsabgeordneter Dr. Friedl Volgger, die Amnestie zur Anwendung. Dr. Volgger war am 10. Mai 1962 vom Bozner Schwurgericht wegen *„Verbreitung falscher und tendenziöser Nachrichten durch die Presse"* zu zwei Monaten Haft und wegen *„Schmähung der bewaffneten Macht"* zu zwei Jahren Gefängnis verurteilt worden. Das Berufungsgericht in Trient setzte die Strafe von zwei Jahren auf acht Monate herab. Von der anderen Anklage wurde Dr. Volgger in Trient gänzlich freigesprochen. Dr. Volgger beantragte die Aufhebung des Trienter Urteils beim Obersten Gerichtshof. Doch inzwischen war dieser Fall unter die Amnestie gefallen.

22. Mai 1963
Provokation: Bombendrohung von der „SS"
Die „Oberösterreichischen Nachrichten" meldeten, daß in Mailand auf dem Hauptbahnhof Bombenalarm gegeben wurde, nachdem ein Mann angerufen und erklärt hatte: *„Ich bin Südtiroler, ehemaliges Mitglied der SS, und habe eine Bombe gelegt."* Die Polizei konnte den Anrufer festnehmen. Es handelte sich um einen jungen Italiener aus Trient namens Arturo Pedeguana. Bereits am 27. April war ein Bombenanschlag auf den Hauptbahnhof verübt worden, bei dem sechs Personen verletzt worden waren. Die italienischen Zeitungen hatten diesen Anschlag den Südtiroler Freiheitskämpfern zugeschrieben, ohne dafür Beweise zu haben. Dieser Anruf durch ein „Mitglied der SS" sollte wohl eine derartige Spur legen.

29. Mai 1963
Prozeß gegen Südtiroler Freiheitskämpfer nach Mailand verlegt
Der Kassationsgerichtshof in Rom gab dem Antrag des Generalstaatsanwaltes in Trient statt

und bestimmte Mailand zum Ort der Hauptverhandlung gegen die Südtiroler Sprengstofftäter. *„Gründe der öffentlichen Sicherheit"* wurden für diese Maßnahme angeführt.

1. Juni 1963

Dr. Toni Ebner: Selbstbestimmung bleibt unverzichtbar

Unter dem Titel *„Autonomie und Selbstbestimmung"* schrieb der Chefredakteur Dr. Toni Ebner einen Leitartikel in den „Dolomiten", in dem es unter anderem hieß: *„ . . . bis dahin unser Volkstum zu bewahren und dem Lande seinen deutsch-tirolischen Charakter zu erhalten, ist seit der widerrechtlichen Einverleibung Südtirols in den italienischen Staatsverband Aufgabe und Verpflichtung der aufeinanderfolgenden Generationen. Die Kunst der politischen Führung muß es sein, die für die Erreichung dieser Zielsetzung jeweils richtigen Wege aufzuzeigen und zu gehen. Für Deutschland wie für Südtirol bleibt das Recht auf Selbstbestimmung, auch wenn es heute keine Erfolgsaussichten hat, unabdingbar und unverzichtbar."*

12. Juni 1963

Erzbischof von Trient besucht politische Häftlinge in Bozen

Der italienische Erzbischof von Trient, Dr. Alexander Gottardi, besuchte im Anschluß an einen viertägigen Besuch in Bozen auch politische Häftlinge. Diese brachten bei dieser Gelegenheit ihren Wunsch zum Ausdruck, der Erzbischof möge sich dafür verwenden, daß ihnen auch in Mailand, wohin sie zur Hauptverhandlung überstellt werden, ein Priester zur religiösen Betreuung beigestellt werde, welcher der deutschen Sprache mächtig sei. Im Anschluß an diesen Besuch wurde in Südtirol erneut heftige Kritik an dem Südtiroler Bischof Gargitter laut, der sich trotz vielfacher Bitten nicht zu einem Besuch bei seinen gefolterten Landsleuten hatte entschließen können.

13. Juni 1963

Tragischer Tod bei Häftlingsfrau

Am Fronleichnamstag fanden Passanten zu ihrem Entsetzen im Suldenbach zwischen großen Steinen die Leiche einer Frau. Später stellte es sich heraus, daß die Tote die 38jährige Marianne Tschenett aus Lichtenberg im Vintschgau war, die schon seit mehreren Tagen vermißt wurde. Marianne Tschenett war die Frau des Häftlings Josef Tschenett, der sich seit zwei Jahren im Zuge der Sprengstoffanschläge in Haft befand. Nach der Einkerkerung ihres Mannes, der von Beruf Tischler war, brach die Not über die Familie herein: die Tischlerei stand verwaist da, dazu kamen noch die Sorgen um ein bereits im Bau stehendes Haus. Die Arbeiten mußten wegen Geldmangels eingestellt werden. Marianne Tschenett dürfte sich unter dem Eindruck der schweren finanziellen Sorge und in der großen Sorge um ihren Mann in einem Augenblick der tiefsten Depression das Leben genommen haben. Sie hinterließ vier Kinder, drei davon noch unmündig.

Carabinieri verhaften Trachtenträger während Prozession

Zu einem empörenden Vorfall kam es vor der Kirche in Pfalzen. Die Carabinieri verhafteten Paul Baumgartner mitten aus einer Fronleichnamsprozession, da er seine Tracht trug. Aus Protest löste sich anschließend die Prozession auf.

14. Juni 1963

Österreich läßt sich nicht aus Südtirolfrage hinausdrängen

Außenminister Dr. Kreisky erklärte auf einer Pressekonferenz, daß neben der Behandlung der Südtirolfrage auf inneritalienischer Ebene in der sogenannten Neunzehner-Kommission die bilateralen Verhandlungen zwischen Österreich und Italien weitergehen müßten, um die Südtirolfrage entsprechend dem Verhandlungsauftrag der UNO von 1960 und 1961 zu lösen. Damit hat Dr. Kreisky klargestellt, daß sich Österreich nicht damit einverstanden erklärt, daß die Südtirolfrage als rein „inneritalienisches Problem" behandelt wird, wie dies vom Schöpfer der Neunzehner-Kommission, Innenminister Scelba, beabsichtigt gewesen war.

19. Juni 1963
Weder Gnade noch Recht
Das Gnadengesuch, welches die Pfunderer Burschen Luis und Bernhard Ebner an den italienischen Staatspräsidenten gerichtet hatten, wurde abgewiesen. Nachdem der innerstaatliche Rechtsweg ausgeschöpft war, eine Begnadigung abgelehnt wurde, blieb nach mehr als acht Jahren unverschuldeter Haft nur mehr die Hoffnung auf die europäische Menschenrechtskommission in Straßburg. Luis Ebner hat eine Strafe von 24 Jahren und Bernhard eine Strafe von 16 Jahren zu verbüßen.

20. Juni 1963
Faschistische Auffassung von der Nation: Südtiroler sind „Italiener"
Wie die „Dolomiten" meldeten, hatte Parlamentspräsident Giovanni Leone bei der Parlamentsdebatte über Südtirol den Abgeordneten Dr. Karl Mitterdorfer energisch läutend unterbrochen, als dieser in seiner Rede erklärt hatte, das in Italien herrschende Mißtrauen gegen die Südtiroler sei das Ergebnis einer unterschiedlichen Geisteshaltung der Italiener und der Südtiroler. *„Es gibt nur ein italienisches Volk"*, rief Leone, *„dem auch Sie, Abgeordneter Mitterdorfer, angehören. Deshalb müssen Sie von ‚unserem Volk' sprechen!"* Die Äußerung Leones, der immerhin Lehrstuhlinhaber für Strafrecht an der Universität Rom ist, zeigt, daß auch gebildete Italiener Volksgruppenfragen offenbar verständnislos gegenüberstehen und immer noch der faschistischen Auffassung einer gemeinsamen „Staatsnation" sind, in der alle Volksgruppen – sich auflösend – aufzugehen haben. (*„Nicht die Nation erschafft den Staat, sondern der Staat die Nation!"* Mussolini, Benito: „La dottrina del fascismo", S. 19.) Mit diesem Konzept einer Staatsnation, welches differenzierende ethnische Bekenntnisse ausschloß, hatte Mussolini in einem neuen faschistischen Imperium zahlreiche nichtitalienische Volksgruppen zwangsweise italianisieren wollen.

26. Juni 1963
Kreisky zu den „Schwarzen Listen"
Der Tiroler Nationalrat Klaus Mahnert fragte in der Fragestunde des österreichischen Nationalrates Außenminister Kreisky, welche Schritte unternommen worden seien, um die Schwarzen Listen abzuschaffen, durch die österreichischen Staatsbürgern die Einreise nach Italien verwehrt wird. Kreisky antwortete, daß die Bundesregierung gegenüber dem Außenministerium in Rom klargestellt habe, daß *„diese Art der Diskriminierung keineswegs geeignet ist, die guten Beziehungen zwischen Österreich und Italien zu fördern. Wir haben auch vorgeschlagen, daß man uns die Namen, die auf diesen Schwarzen Listen stehen, bekanntgibt, damit wir in der Lage sind, einerseits uns ein Bild über die Berechtigung dieser Maßnahmen zu machen und andererseits auch zu vermeiden, daß die Betroffenen Reisen unternehmen, bei denen ihnen die Einreise nach Italien verwehrt wird."*

27. und 28. Juni 1963
Politische Gefangene in Ketten nach Mailand überführt
Die ersten rund 40 politischen Häftlinge wurden aus Bozen nach Mailand in das Gefängnis San Vittore überstellt. Sie wurden in Ketten durch die Stadt getrieben. Der Weg von der Haftanstalt zum Bahnhof wurde vor dem Abtransport von Polizeitruppen zerniert. Die Straßenränder waren von Schaulustigen gesäumt. Die Südtiroler, darunter der herzkranke Generalsekretär der SVP, Dr. Hans Stanek, waren in Ketten aneinandergefesselt. Weitere Häftlinge aus Trient und Verona folgten in den nächsten Tagen, zum Teil zuerst in die Gefängnisse von Mantua und Parma.

3. Juli 1963
Nur einige der Foltercarabinieri kommen vor Gericht
Die Untersuchungssektion beim Oberlandesgericht Trient ordnete gegen zehn Carabinieri ein Strafverfahren wegen Mißhandlung von Südtiroler politischen Gefangenen an. Gegen elf wei-

tere Carabinieri wurde die Einstellung des Verfahrens verfügt, weil die ihnen zur Last gelegten Taten inzwischen unter Amnestie gefallen waren.

Erster Grazer Sprengstoffprozeß vor dem Obersten Gerichtshof

Vor dem Obersten Gerichtshof in Wien fand die Berufungsverhandlung gegen das Urteil statt, durch das am 7. Dezember 1961 vom Grazer Schwurgericht Kurt Welser, Innsbruck, zu einem Jahr Kerker, seine Frau Elisabeth zu sechs Monaten, Ottokar Destaller, Graz, ebenfalls zu acht Monaten und Dipl. Ing. Ludwig Messerklinger, Graz, zu acht Monaten Kerker wegen Verwicklung in die Südtiroler Sprengstoffanschläge verurteilt wurden. Der Oberste Gerichtshof wies den Rekurs bei Kurt Welser, Ottokar Destaller und Dipl. Ing. Ludwig Messerklinger ab, während bei Elisabeth Welser ein neuer Prozeß vor dem Grazer Schwurgericht angeordnet wurde.

Flugblätter der Südtiroler Freiheitskämpfer

Anläßlich des bevorstehenden Besuches des amerikanischen Präsidenten Kennedy verteilten die Südtiroler Freiheitskämpfer in Südtirol und in Österreich ein Flugblatt, das folgenden Wortlaut hatte: *„Landsleute von Tirol! Freude herrscht in Westeuropa über den Besuch des Präsidenten Kennedy. Auch Tirol, das kleine Land in den Alpen, grüßt den ersten Mann der führenden Macht unseres Erdballes. Mit höchst politischen Situationen wird er in Europa vertraut gemacht werden. Kennedy wird und muß aber auch die blutende Wunde erblicken, die zwischen Italien und Österreich klafft. Seit 45 Jahren ist Tirol zerrissen, ebenso lange befindet sich der südliche Teil des freiheitlichen Landes unter Fremdherrschaft . . . Seit diesem Zeitpunkt wird Südtirol von Italien geschmäht, unterdrückt und wie eine Kolonie behandelt. Gleich dem königlichen und später dem faschistischen Italien ist auch das heutige demokratische Italien darauf aus, aus uns Südtirolern mit allen Mitteln Italiener zu machen. Hier im Herzen Europas wird einem kleinen Volke ein furchtbares Unrecht zugefügt, ein Unrecht, das gleichfalls die Zusammenarbeit und Eintracht zwischen Deutschland, Österreich und Italien schwer belastet . . . Südtirol war österreichisch und will nach langer und schmerzvoller Trennung endlich wieder zum Vaterland Österreich zurückkehren. Daher Schluß mit der Besetzung Südtirols durch Italien, hinaus mit den welschen Beamten, hinaus mit den feindlichen Polizeikräften, die unsere Freiheitskämpfer foltern und unmenschlich behandeln . . . Neue Versprechungen, die uns Italien in diesen Tagen gibt und immerfort geben wird, haben für uns keine Geltung mehr. Alle gegebenen Worte wurden bisher von Italien gebrochen. Und nochmals: Nie wird sich das Verhältnis Österreichs zu Italien normalisieren lassen, ehe die fatale Grenze am Brenner nicht abgetragen sein wird. Was die Besatzungsmacht Italien unserem Südtirol an Leid und Trauer zugefügt hat, ist unbeschreiblich. All das aufgehäufte Unglück, das über uns gekommen, läßt die Freiheitskämpfer erneut zur gerechten und gottgewollten Notwehr aufrufen. Wir werden nicht ruhen, bis Tirol, willkürlich und brutal auseinandergerissen, wieder eins ist. Eher, als unter welscher Fremdherrschaft zu stehen, sind wir bereit, unser Leben, unsere Freiheit und unseren Besitz zu opfern. Unsere Geduld geht zur Neige. Dies möge Präsident Kennedy bei seinem Europabesuch zur Kenntnis nehmen."*

4. Juli 1963

Justizminister Dr. Broda hatte Angst vor Italien

In einem Interview mit der Zeitschrift „Freiheit für Südtirol" erklärte der Strafverteidiger in österreichischen Südtirolprozessen, der steirische Landtagspräsident Dr. Kaan, daß er gegenüber Dr. Broda schwere Bedenken gegen eine öffentliche Hauptverhandlung gegen den Südtiroler Freiheitskämpfer Kurt Welser geäußert hätte. Dr. Broda habe jedoch erwidert, daß er Österreich nicht in die Situation kommen lassen wolle wie Serbien 1914. (Bekanntlich stellte Österreich Serbien ein Ultimatum, weil es die Nachforschungen nach den Mördern des österreichischen Thronfolgers nicht energisch genug betrieb.)

8. Juli 1963

Staatsanwaltschaft beschlagnahmt „Presserundschau"

Der Bozner Staatsanwalt Dr. Corrias ließ die von der Südtiroler Landesregierung herausgegebene „Presserundschau" beschlagnahmen. Dort wurde über ein wissenschaftliches Werk des deutschen Moraltheologen Prof. DDr. Franz Klüber berichtet. Darin wurde der Südtiroler Freiheitskampf als moralisch hochstehend und rechtlich erlaubt dargestellt. (Univ.-Prof. DDr. Franz Klüber: „Moraltheologische und rechtliche Beurteilung aktiven Widerstandes im Kampf um Südtirol", Schriftenreihe des Mondseer Arbeitskreises, Bd. 2.)

Rom regt Außenministertreffen an

Die italienische Regierung ließ durch ihren Wiener Botschafter ihre Bereitschaft zu einem neuen Außenministertreffen bekunden.

13. Juli 1963

Eduard Wallnöfer neuer Landeshauptmann von Nordtirol: Ein treuer Sohn seiner Heimat

Nachdem Landeshauptmann Dr. Hans Tschiggfrey am 30. Juni überraschend verstorben war, wurde der bisherige Landesrat Eduard Wallnöfer, geboren am 11. 12. 1911 im Vintschgau in Südtirol, zum neuen Landeshauptmann gewählt. Sein Leben lang sollte er sich als Patriot und treuer Sohn seiner Heimat erweisen. Die Freiheitskämpfer und ihre Familien unterstützte er menschlich und sozial, wo er konnte. Einigen von ihnen, mit denen er persönlich befreundet war, gewährte er, wenn sie verfolgt wurden, sogar auf seinem Hof in Barwies eine sichere Zufluchtstätte. In seiner Regierungserklärung führte er unter anderem aus: *„Ganz besonders belastet mich die Sorge um unsere Landsleute jenseits des Brenners. Dort, in diesem herrlichen Land, haben im Jahre 1918 245.400 deutschsprachige Tiroler und Ladiner sowie 7.000 Italiener gewohnt. Im Jahre 1951 wohnten dort 217.000 Südtiroler und Ladiner und 118.000 Italiener. Niemand wird leugnen, daß der Vertrag vom Jahre 1946 für die Südtiroler Erleichterung gebracht hat. Es gibt seitdem wieder deutsche Schulen, eine gewählte Gemeindeverwaltung und einen Südtiroler Landtag, wenn auch mit geringen Kompetenzen. Die sprunghafte und ganz unorganische Massierung einer zum Teil standortfalschen Industrie im Raume von Bozen und die einseitig gelenkte Wohnbaupolitik haben bewirkt, daß seit 1945 vorwiegend Italiener in Südtirol beschäftigt und seßhaft gemacht werden, während die jungen Südtiroler im Ausland Arbeit und Brot suchen müssen . . .* ***Ich möchte aber auch aus tiefstem Herzen die Hoffnung aussprechen, daß die in Südtirol in Haft Gehaltenen nicht als Verbrecher, sondern als Menschen behandelt werden, denen in der letzten Konsequenz zuzubilligen ist, daß sie aus Liebe zur Heimat gehandelt haben.*** *Wenn endlich Recht und Frieden in Südtirol eintreten, kann sich das Land diesseits und jenseits des Brenners, das alte Paßland Tirol, wieder als wirkliches Bindeglied zwischen dem Norden und Süden eines – wie wir hoffen – bald gemeinsamen Europas fühlen."*

15. Juli 1963

Sepp Kerschbaumer: Wir sind Freiwild!

Sepp Kerschbaumer hat, vor Eintreten in einen Hungerstreik, seinem Anwalt, Dr. v. Vintschger, nachfolgendes Schreiben zugeleitet: *„Sehr geehrter Herr Doktor! An wen soll ich mich wenden? Diese Frage stelle ich mir schon seit geraumer Zeit, – das heißt, seit der Zeit, wo ich mich allen Ernstes fragen mußte, was man denn mit uns 68 Südtiroler politischen Häftlingen von italienischer Seite überhaupt vor hat. Weil ich wirklich nicht mehr weiß, welche Persönlichkeit für unsere Angelegenheit zuständig ist und weil mir andererseits wahrscheinlich nicht viele Möglichkeiten offen stehen, so habe ich mich entschlossen, vorliegendes Schreiben an Sie, Herr Doktor, als meinen Rechtsbeistand, zu senden, mit der Bitte, es an eine verantwortliche Persönlichkeit weiterzuleiten, die Sie für zuständig erachten. Wie Sie, Herr Doktor, leider selbst wissen, sind es nun zwei Jahre (bei manchen ist es schon einige Monate darüber hinaus), daß wir 68 Südtiroler uns in italienischen Gefängnissen in Haft befinden. Vor*

6 1/2 Monaten waren wir unser 80 usw. Nun hat man uns von Anfang an von allen Seiten immer wieder erklärt, daß innerhalb von zwei Jahren der Prozeß stattfinden muß, ansonsten man uns freilassen muß. Erst vor 14 Tagen bestätigte uns dies der für dieses Gefängnis hier zuständige Aufsichtsrichter von Verona und er gab auch sein Erstaunen über unseren ‚besonderen Ausnahmefall' kund. Auch er betonte, daß der Prozeßtermin immer mit zwei Jahren eingehalten wurde, und ich muß noch besonders erwähnen, daß er unseren ‚besonderen Ausnahmefall' einfach nicht verstehen konnte. Was nun gesetzlich richtig oder falsch ist, weiß ich nicht und ich weiß auch nicht, ob man uns unabsichtlich oder absichtlich hingehalten hat. Eines ist mir aber heute vollkommen klar. Nämlich, daß man mit uns Südtirolern tun kann, was man will, und daß wir in den Augen der italienischen zuständigen verantwortlichen Stellen bzw. Menschen nichts anderes sind als Freiwild, mit dem man tun und lassen kann, was man will. Ich will es mir ersparen, auf einzelne besondere Aspekte der ganzen menschlichen Tragödie, die unser Fall darstellt, einzugehen, denn alles ist dem, der will, zur Genüge bekannt. Und dieses traurige und zugleich tragische Schauspiel, das sich mit unserem Falle der ganzen Welt offenbart, findet in dem christlich-demokratischen italienischen Staate statt! Wohl selten haben höchste kirchliche Würdenträger, italienische und andere Staatsmänner von großen und kleinen demokratisch regierten Nationen so oft, so eindringlich und so überzeugend von der menschlichen Würde, von der Freiheit und von der Gerechtigkeit geredet und die Säumigen gemahnt, daß ich mir allen Ernstes die Frage stellen muß – nach Gegenüberstellung der nackten Tatsachen –, ob wir Südtiroler im gesamten und in unserem besonderen Falle als politische Häftlinge gesehen, wirklich nicht mehr sind als Freiwild, wie ich schon eingangs erwähnt habe. Ist es vielleicht übertrieben, wenn ich behaupte, daß Italien – jenes von gestern und jenes von heute – an uns Südtirolern, als Volksgruppe im ganzen und an uns politischen Häftlinge im besonderen, das gerade Gegenteil von dem praktiziert, was die christliche und menschliche Moral und die Charta der Vereinten Nationen vorschreibt und zugleich jedes Gewissen dazu verpflichtet, – nämlich die Menschenwürde zu achten, die Freiheit und die Gerechtigkeit . . . Und wenn Italien wirklich ernstlich gesinnt und gewillt ist, den Weltfrieden zu fördern und am Hause Europas tatkräftig mitzubauen, dann mögen seine verantwortlichen Männer endlich und zuvor das tun, was das Naheliegendste und Dringlichste für sie zu tun wäre: Dem Volk von Südtirol seine Rechte und seine Freiheit wiederzugeben und somit auch uns, den gefolterten und eingesperrten politischen Gefangenen! Es sind heute zwei Jahre, daß ich mich mit meinen Landsleuten im Gefängnis befinde, – ohne Prozeß und ohne zu wissen, was man mit uns überhaupt vorhat. Hier ist jedes tragbare Maß überschritten worden und deshalb, weil dieser Zustand in jeder Weise unhaltbar und in keiner Weise mehr zu vertreten ist, habe ich mich entschlossen, mit heutigem Tage, dem 15. Juli 1963, so lange in Hungerstreik zu treten, bis sich dieser Zustand klar ersichtlich zum Recht hinwendet. Mit den besten Wünschen verbleibe ich Ihr Sepp Kerschbaumer."

22. Juli 1963

Menschenwürdige Behandlung der Südtiroler politischen Gefangenen gefordert

Rechtsanwalt Dr. Karl Gartner, der elf inhaftierte Südtiroler verteidigte, richtete an die Mailänder Staatsanwaltschaft eine Eingabe. Darin forderte er, für die Unterbringung der Südtiroler Häftlinge ausreichende Vorkehrungen zu treffen und die menschliche Würde der Gefangenen zu wahren. Die derzeitige Behandlung stünde im offenkundigen Gegensatz zur Konvention der Menschenrechte und der Grundfreiheiten.

23. Juli 1963

Neunzehner-Kommission beendet Arbeiten

Die 1961 von Innenminister Scelba zu dem Zweck eingesetzte Studienkommission, das Südtirolproblem von der internationalen auf die innerstaatliche Ebene zu verlagern, beendete ihre Arbeiten. Der Abschlußbericht wurde jedoch erst am 10. 4. 1964 unterzeichnet. (Siehe dort!)

28. Juli 1963

Eisenbahnverbindung unterbrochen, Flugblätter

An der Eisenbahnlinie Mailand-Chiasso bei Como und an der Simplonstrecke zwischen Preglio und Varzo (Novara) sowie an der Strecke Tarvis-Udine wurden je ein Mast der Oberleitung gesprengt. Der internationale Nord-Süd-Verkehr war auf allen Strecken für viele Stunden unterbrochen. Am Tatort blieben Flugblätter zurück, die auch in vielen Orten Nord- und Südtirols verteilt und an in- und ausländische Zeitungsredaktionen versandt worden waren. Darin hieß es: *„Vor kurzem wurden die gefolterten politischen Häftlinge wie Vieh, mit Ketten aneinandergehängt, durch die Straßen Mailands getrieben. Obwohl wir meinen, daß die einzige gerechte Wiedergutmachung des uns Südtirolern von den Nazis und den Faschisten zugefügten Unrechtes die Gewährung des Selbstbestimmungsrechtes wäre, sind wir, um jede Differenz zur Politik der österreichischen Regierung zu vermeiden, schweren Herzens bereit, uns mit einer Regionalautonomie für Südtirol zufriedenzustellen – wie die Kurden im Irak. Dies gilt jedoch nur, wenn es in kurzer Frist zur Autonomie kommt.* ***Wir schwören aber feierlich, daß wir unseren Kampf nicht aufgeben und daß daher nicht Ruhe werden wird, solange sich auch nur einer unserer politischen Häftlinge noch in Haft befindet. Es liegt also an der italienischen Regierung, durch rasche Gewährung der Autonomie und Amnestie die Ruhe im Lande wiederherzustellen.“***

4. August 1963

Sprengstoffanschläge und neue Flugblätter

In Mühlen wurden zwei Hochspannungsmasten gesprengt. Ein weiterer Leitungsmast fiel nicht, wurde aber schwer beschädigt. Einige Stunden später explodierte in der Carabinieristation von Sand in Taufers ein Sprengkörper. Dadurch wurden die beiden Südtiroler Franz Ebner und Josef Laner, die nach den Anschlägen auf die Leitungsmasten festgenommen und gerade durch den Brigadier Belpassi verhört worden waren, verletzt. Ein mit „Die Südtiroler Freiheitskämpfer“ unterzeichnetes Flugblatt wurde verbreitet. Wie die nächtlichen Attentäter später dem „SPIEGEL“ berichteten, hatte sich der Anschlag so abgespielt: Die Freiheitskämpfer *„legten drei Strommasten im Ahrntal um und hängten, nachdem die Carabinieri die Verfolgung aufgenommen hatten, in den Schornsteinen der nahen Carabinieri-Kaserne Sand in Taufers einen Nylon-Sack mit Sprengstoff und einen Taschenuhrenzünder.“* Wie die nächtlichen Attentäter dem „SPIEGEL“ weiter berichteten, blieb die Ladung im dritten Stockwerk an einem Vorsprung im Kamin hängen: *„Nach der Detonation kamen die zurückgebliebenen Carabinieri aus den Unterkünften gestürmt und schossen auf ihre eigene Kaserne. Die Kaserne brach aus den Fugen, die Polizisten quartierten sich im Kindergarten ein.“*

Tatsächlich riß die Explosion Türen und Stöcke aus den Mauern, drückte Zwischenwände ein, verursachte meterlange Sprünge im Mauerwerk und brachte das Dach zum Einsturz.

Durchsichtiges Manöver: „Nazi“-Drohbrief

Im Büro der staatlichen Rundfunk- und Fernsehanstalt RAI in Bozen traf ein mit Hakenkreuzen verzierter Brief ein, in welchem die Sprengung des Gebäudes angedroht wurde. Für die italienischen Zeitungen war dies wieder ein „Beweis“ dafür, daß es sich bei den Freiheitskämpfern um „Nazis“ handle.

5. August 1963

Sprengstoffanschläge

Unter Führung von Luis Amplatz verübte eine Gruppe Südtiroler Freiheitskämpfer in Bozen Sprengstoffanschläge. In Abständen von 30 Minuten zerrissen im italienischen Wohnviertel drei Sprengladungen die Motoren eines Baukrans, die hölzerne Konsumsteuer-Einhebungsstelle und den Treppenaufgang eines für zusiedelnde Italiener bestimmten, aber noch nicht bewohnten Neubaues.

4. August 1963: Die gesprengte Carabinieristation in Sand in Taufers.

Urteilsverkündung gegen die Foltercarabinieri in Trient: Die einen wurden freigesprochen, die anderen amnestiert, keiner von ihnen saß auch nur einen Tag im Gefängnis. An der Wand höhnt die Aufschrift: „Das Gesetz ist für alle gleich". (29. August 1963.)

Verhaftungen
Sondereinheiten der Carabinieri und Militärverstärkungen durchstreiften im Tauferer Tal die Wälder, durchsuchten planmäßig Wohnhäuser und nahmen Südtiroler zu Verhören fest.

SVP hofft, daß Südtiroler Freiheitskämpfer „unschädlich" gemacht werden
Die Landesleitung der Südtiroler Volkspartei beschloß: „*Die Landesleitung der Südtiroler Volkspartei weiß sich der Zustimmung des ganzen Südtiroler Volkes sicher, wenn sie ihrer Empörung über die letzten verbrecherischen Anschläge Ausdruck verleiht. Die Landesleitung der Südtiroler Volkspartei äußert die Hoffnung, daß deren Urheber, von welcher Seite sie auch immer kommen mögen, möglichst bald unschädlich gemacht werden. Sie ist sich bewußt, damit der Erwartung des ganzen Südtiroler Volkes zu entsprechen. Die Südtiroler Volkspartei wird sich in ihrem ehrlichen Ringen um eine gerechte und friedliche Lösung der Südtirolfrage durch die Atmosphäre des Hasses und der Unversöhnlichkeit, welche man offenbar durch solche Aktionen hervorrufen will, in keiner Weise beirren lassen.*"

6. August 1963
Gorbach und Kreisky verurteilen Sprengstoffanschläge
Der österreichische Bundeskanzler Dr. Gorbach verurteilte die jüngsten Sprengstoffanschläge und nannte die Urheber unverantwortliche Elemente, welche die sich anbahnende Verständigung stören wollen. In ähnlichem Sinne äußerte sich Außenminister Dr. Kreisky.

Sprengstoffanschlag
Auf die Südtiroler Rückwanderersiedlung in Bozen-Haslach wurde vermutlich von neofaschistischer Seite ein Anschlag verübt, bei dem der 56jährige Arbeitsinvalide Alois Kratter verletzt wurde.

8. August 1963
Versuchter Sprengstoffanschlag
Bei Kematen in Taufers konnte an einem Hochspannungsmast eine Sprengladung entschärft werden.

Fallschirmjäger gegen Freiheitskämpfer
Um Sondereinheiten von Carabinieri und Militär zu verstärken, wurden im Ahrn- und Tauferertal zusätzlich 1.500 Fallschirmjäger gegen Südtiroler Freiheitskämpfer eingesetzt.

10. August 1963
Feuergefecht
Der Finanzerstützpunkt bei Luttach im Ahrntal wurde um 22 Uhr mit automatischen Waffen beschossen. Der Feuerüberfall erfolgte von der Scheitelhöhe einer Felswand aus und zerstörte alle Fenster der Kaserne. Da die Finanzer sofort in Deckung gingen, gab es keine Verletzten. Carabinieri- und Polizeieinheiten unternahmen mit Spürhunden eine Razzia im Ahrntal, die als die größte bisherige ihrer Art bezeichnet wurde. Es wurde Haus um Haus durchsucht, auf den Straßen wurden Sperren errichtet und an den Grenzübergängen wurden Stellungen durch Hochgebirgseinheiten der Carabinieri und Finanzieri, unterstützt von Hubschraubern der Alpini-Brigade „Tridentina", errichtet.

11. August 1963
Angst vor Gasflaschen
Eine leere 5-Liter-Gasflasche unter einer Brücke bei Kilometer 199 auf der Brenner-Bahnlinie zwischen Mittewald und Franzensfeste hielt wegen blinden Bombenalarms den „Mediolanum", den „Gondoliere" und andere Züge für zweieinhalb Stunden auf.

16. August 1963
Großalarm in Bozen
In dem italienischen Viertel um die Sassaristraße in Bozen wurde von den italienischen Behörden Großalarm gegeben, da den Behörden angeblich Hinweise für weitere Aktionen der Freiheitskämpfer vorlagen.

18. August 1963
Sprengstoffanschläge
Bei Uttenheim im Tauferertal wurden durch die Südtiroler Freiheitskämpfer erneut drei Hochspannungsmasten durch Sprengstoffanschläge schwer beschädigt.

20. bis 29. August 1963
Trient: Prozeß gegen Foltercarabinieri. Staatsanwalt benimmt sich wie ein Verteidiger
Unter Vorsitz von Dr. Giacomelli, dem die Richter Dr. Traversa und Dr. Verger als Beisitzer dienten, wurde vor dem Landesgericht Trient gegen zehn Carabinieri verhandelt. Der Staatsanwalt Dr. Zanfei klagte die Oberleutnante Vittorio Rotellini und Luigi Vilardo, die Unteroffiziere und Mannschaften Luigi D'Andrea, Giovanni De Montis, Biagio Armao, Giovanni Marras, Angelo Pasquali, Giuseppe Grendene, Amanzio Pozzer und Giovanni Lagnese an, die Südtiroler politischen Häftlinge mißhandelt zu haben. Sie wurden vom neofaschistischen Abgeordneten Dr. Mitolo und dem neofaschistischen Rechtsanwalt Corradino verteidigt. Gegen weitere elf Carabinieri war bereits am 3. Juli 1963 das Verfahren wegen Amnestie eingestellt worden. Das Carabinierikommando hatte Staatsadvokat Dr. Pifferi zum Verteidiger bestellt. Als Kläger traten die mißhandelten Südtiroler Bruno Veronesi, Franz Egger, Konrad Matuella, Adolf Pomella, Luis Hauser, Hermann Anrather, Erich Walter und Josef Innerhofer auf, die von Senator Dr. Sand, den Abgeordneten Dr. Nicolissi-Leck und Dr. Canestrini und den Rechtsanwälten Dr. Gartner, Dr. Gallo und Dr. Monauni vertreten wurden. Die Beschuldigten Carabinieri sagten übereinstimmend aus, daß die Foltervorwürfe erfunden und die Häftlinge stets bestens behandelt worden seien. Die Einvernahme der Südtiroler sowie das Gutachten des Gerichtsmediziners Dr. Zanaldi, Universität Padua, zeigten ein erschütterndes Bild der geschehenen Mißhandlungen. Gestützt wurden diese Aussagen durch die Zeugen Josef Spieß, Rosa Innerhofer, Karl Walter, Franz Gruber, Marianne Debiasi, Anna Egger, Josef Anegg, Josef und Siegfried Mair, Paul Pichler und Sepp Kerschbaumer, die überzeugend ihre persönlichen Wahrnehmungen schilderten. Die als Entlastungszeugen gehörten Carabinierioffiziere Gobbi, Rosetti, Pagani – alle selbst als Verantwortliche für Übergriffe bekannt – bestritten jede Mißhandlung, und der bereits abgelöste Gefängnisarzt Dr. Mario Piazza machte ausweichende Aussagen. Der Gefängnisgeistliche von Bozen, Don Nicolli, schilderte seine damaligen Wahrnehmungen sehr vorsichtig. Allerdings richtete er nach seiner Aussage den Appell an die gefolterten Südtiroler, daß sie doch, *„als Christen"* verzeihen mögen. Nach einem Lokalaugenschein in Neumarkt, der überzeugend die Aussagen der Südtiroler bestätigte, erklärte der Staatsanwalt Dr. Zanfei, der Augenschein sei für die Angeklagten *„unglücklicherweise"* (!) ungünstig ausgefallen. Auch sprach sich dieser seltsame Vertreter der Anklage dagegen (!) aus, daß neues Beweismaterial gegen die Angeklagten im Prozeß vorgebracht werde. Trotz der erdrückenden Beweise beantragte er drei Freisprüche und die Anwendung der Amnestie für den Rest der Angeklagten. Der Staatsadvokat Pifferi bestritt überhaupt jede Mißhandlung und meinte, *„die Carabinieri hätten vielmehr ein Übermaß an Humanität gezeigt (!)"*. Die Rechtsanwälte der gefolterten Südtiroler forderten eine Verurteilung und eine Säuberung des Carabiniericorps von solchen Elementen, um das Vertrauen der Südtiroler in die Justiz wiederherzustellen. Rechtsanwalt Gartner rief aus: *„Der Innenminister hat gesagt, jede Polizei der Welt schlägt. Dies kommt besonders häufig in Kolonien vor, aber Südtirol ist keine Kolonie Italiens!"* Eine seltsame Rolle spielte der Staatsanwalt, der sich gegenüber den angeklagten Carabinieri wie ein Verteidiger benahm und die Aufnahme weiteren Beweismaterials in den Prozeß gegen die Angeklagten ablehnte. (Weitere Einzelheiten über den Prozeßablauf in: Walla, Max [Hrsg.]: „Schändung der Menschenwürde in Südtirol".) (Das Urteil: siehe 29. 8. 1963!)

21. August 1963

Trient: Seltsamkeiten im Folter-Prozeß

Vor Gericht behauptete der Carabinieri Rotellini, daß sich seiner Meinung nach die Häftlinge *„im Auftrag ihrer Chefs"* selbst verletzt hätten. Der Carabiniere Biagio Armao erzählte dem Gericht, daß er sich so fürsorglich um die Häftlinge gekümmert habe, daß er sogar dem Häftling, der ihn jetzt verklagt habe, Essen ins Gefängnis gebracht habe. Bei diesen Besuchen habe er jedoch *„nie Wunden an ihm festgestellt."* Nach diesem Rührstück trat Rechtsanwalt Senator Sand vor das Gericht und erklärte, daß er am 24. Juli 1961 dem Innenminister Scelba über seine Kenntnis der Folterungen berichtet habe. Dieser habe dies mit den wegwerfenden Worten abgetan: *„Sie wissen doch, daß jede Polizei der Welt schlägt."*

22. August 1963

Feuerüberfall

Die Carabinierikaserne von Villanders wurde aus einer Entfernung von circa 80 m mehrmals beschossen. Bei der Untersuchung wurden Einschüsse festgestellt und 18 Patronenhülsen gefunden. Verletzt wurde ein Carabinieri. Etwa 100 Carabinieri führten im ganzen Ort Hausdurchsuchungen durch und nahmen 15 Personen fest. Darunter Johann Gasser, Bauernbundobmann und stellvertretender Feuerwehrkommandant. 500 weitere Soldaten führten großangelegte Streifzüge durch, wobei sie von Flugzeugen und Hubschraubern unterstützt wurden.

Zuvorkommendste Behandlung

Im Trienter Folterprozeß schilderte die Frau des Häftlings Josef Innerhofer, wie sie ihren Mann im Gefängnis besuchte. Ihr Mann machte einen verstörten Eindruck und hatte einen verwirrten Blick. Seine angeschwollene Oberlippe hatte einen Riß, und am Körper hatte er blaue Flecken. Er preßte das kleine Kind, das sie mitgebracht hatte, an sich und sagte nur: *„Es ist furchtbar, es ist unmenschlich, was sie mir in Eppan getan haben."* Zwei Carabinieri-Offiziere sagten als Zeugen aus, daß alle Geständnisse der politischen Häftlinge *„frei und ohne Anwendung besonderer Druckmittel erfolgten. Man hat ihnen immer die zuvorkommendste Behandlung angedeihen lassen."*

26. August 1963

Neues Flugblatt der Südtiroler Freiheitskämpfer: Vorwürfe an die Adresse der SVP

In Südtirol wurde auf dem Postweg ein neues Flugblatt der Freiheitskämpfer verbreitet, das folgenden Inhalt hatte: *„Liebe Landsleute! Seit bald 20 Jahren versuchen die Vertreter unseres Landes und jene Österreichs, das Südtirolproblem mit friedlichen Mitteln zu lösen. Über diese Zeitspanne erstreckt sich eine lange Kette von Verhandlungen mit den italienischen Staatsbehörden. Ergebnis Null! Trotz international verankerter Verträge weigert sich Italien, den eingegangenen Verpflichtungen nachzukommen, es baut sogar die von den Faschisten in Südtirol mit Gewalt und Terror erzwungenen Stellungen immer noch weiter aus. Die demokratischen Vertreter Italiens folgen dem Beispiel ihrer faschistischen Vorgänger und haben sich zum Ziel gesetzt, die Südtiroler in ihrer angestammten Heimat durch Unterwanderung und Assimilierung auszurotten. Die Neunzehner-Kommission war ihnen dazu wieder einmal ein geeignetes Mittel. So wurden die Südtiroler zwei weitere Jahre mit Versprechungen hingehalten. Die nachgiebige und ziellose Politik der SVP-Führung hat diese sattsam bekannte welsche Verzögerungstaktik abermals ermöglicht. Wenn heute in Südtirol wieder Bomben explodieren, so sind die Vertreter der SVP dafür wesentlich verantwortlich. Sie haben den wahren Willen ihres Volkes niemals durchzusetzen versucht. Ist es nicht auch eine unerhörte Anmaßung, wenn der Obmann der SVP, Dr. Silvius Magnago, und wenige seiner Volksleute ‚im Namen des ganzen Südtiroler Volkes' sprechen und die leider notwendigen Aktionen der Südtiroler Freiheitskämpfer als ‚verbrecherisch' bezeichnen? Diese Herren haben den Kontakt zu ihrem Volke verloren! Über 40 Jahre lang hat Italien in unserem Lande Unrecht auf Unrecht gehäuft und die elementarsten Menschenrechte mit Füßen getreten. Es hat brutal den Volkswillen unterdrückt und ist nicht einmal davor zurückgeschreckt, wehrlose Menschen auf* *grausamste Weise zu foltern. ‚Damit hat Italien, nachdem es im Kampf gegen Südtirol den Boden des Rechtsstaates schon seit 40 Jahren verlassen hat, nun auch den Schein der Rechtsstaatlichkeit aufgegeben und die Verkehrung seines Staates in einen Unrechtsstaat dem Zweifel entzogen'. (Univ.-Prof. Dr. Dr. Franz Klüber). Das Gewissen befiehlt uns als höchste Pflicht, die Freiheit von diesem Unrechtsstaat zu erkämpfen. Unrecht bleibt Unrecht – in Berlin wie in Südtirol! Auch in Südtirol ist und bleibt die einzig echte Lösung die Selbstbestimmung. Und für diese Selbstbestimmung gibt es nicht zweierlei Maß. Wir wissen uns mit dem Südtiroler Volke einig, wenn wir für eben diese Selbstbestimmung kämpfen. Es lebe die Freiheit! Es lebe Tirol!"*

Offener Brief der Südtiroler Freiheitskämpfer an Bundeskanzler Dr. Gorbach: Kampf für die Selbstbestimmung!

In einem „offenen Brief" nahmen die Freiheitskämpfer zu den Ausführungen des österreichischen Bundeskanzlers Dr. Gorbach am 6. 8. 1963 Stellung. Der Brief hatte folgenden Wortlaut: *„Sie haben es für notwendig erachtet, zu den jüngsten Anschlägen in Südtirol Stellung zu nehmen. In Ihrer Feststellung – in der Sie Ihre Meinung unverständlicherweise mit der des gesamten österreichischen Volkes gleichsetzen – verurteilen Sie die ‚unverantwortlichen Elemente', welche die sich anbahnende Verständigung zwischen Österreich und Italien ‚durch Sprenganschläge vereiteln wollen'. Wie können Sie nach bald 17jährigen Verhandlungen, heute, bei der schwächlichen Haltung der Wiener Regierung, noch an die Möglichkeit glauben, der raffinierte italienische Vertragspartner sei ernstlich bereit, das Südtirolproblem einer annähernd zufriedenstellenden Lösung zuzuführen? Als Südtiroler wissen wir nur zu gut, wie irrig und unrealistisch eine solche Annahme ist. Ist es möglich, daß Sie immer noch nicht erkannt haben, daß es den Italienern nur darum geht, durch Verschleppung der Verhandlungen Zeit zu gewinnen, um durch Unterwanderung und Assimilierung das Südtiroler Volk auszurotten? Man braucht kein Hellseher zu sein, um voraussagen zu können, daß Italien sogar zu einer Volksabstimmung bereit sein wird, wenn es uns einmal in unserem Lande zu 51 Prozent majorisiert haben wird. Das ist die wahre Absicht Italiens mit der ‚friedlichen Lösung'! Aus dieser Erkenntnis heraus hat uns unser Gewissen aufgerufen, der Welt zu zeigen, daß Südtirol nicht sterben, sondern leben will! Es gibt keinen anderen Weg: Das allen Menschen zustehende Recht auf Selbstbestimmung muß auch in Südtirol angewendet werden! Für dieses Ziel kämpfen wir, Herr Bundeskanzler! Sind wir deshalb Verbrecher? Das unnütze Warten auf eine friedliche Lösung ist vorbei! Wie viele entrechtete Volksgruppen vor uns mußten auch wir schweren Herzens den Weg der Gewalt gehen. Die Freiheit ist den höchsten Einsatz wert. Es lebe Tirol!"*

27. August 1963

Gefängnis für aufgekrempelte Hemdsärmel

Das Gericht in Bozen verurteilte die deutschen Urlauber Ernst Pohl, 20, Klaus Kaufmann, 19, und Helmut Zimmermann, 19, wegen Ruhestörung und Beleidigung der Carabinieriwaffe zu insgesamt 28 Monaten Gefängnis und 30.000 Lire Geldstrafe. Laut Anklage hatten die von jungen Mädchen begleiteten Burschen *„durch aufgekrempelte Hemdsärmel bekundet"*, die Carabinierikaserne in Eppan stürmen zu wollen. Begonnen hatte alles mit einer ausgelassenen Urlaubsfeier, bis die Carabinieri einen der Burschen wegen „Ruhestörung" mitnahmen und einsperrten. Als die anderen Feriengäste vor der Kaserne erschienen, um die Freilassung ihres Kameraden zu fordern, wurden acht von ihnen verhaftet und eine Woche lang in Untersuchungshaft genommen.

Sprengstoff in einem italienischen Volkswohnhaus in Laas: Provokation?
Polizeiwillkür gegen Laaser Pfarrer

In einem von Italienern bewohnten INA CASA-Volkswohnhaus in Laas wurde eine Sprengladung entdeckt, von der niemals geklärt werden konnte, wer sie hinterlegt hatte. (Im Jahr 1965 wird der italienische Agent Kranzer gestehen, im Auftrag der Italiener eine solche Sprengladung in einem anderen Haus hinterlegt zu haben, um Haß gegen die Südtiroler Freiheitskämpfer hervorzurufen, die nun schon Mordversuche an harmlosen Zivilisten unternähmen. Siehe: 20. Mai 1965.) Sofort trafen Laas, Latsch, Prad und andere Orte harte Polizeiaktionen, deren hervorragendstes Ziel der Pfarrer Georg Tumler in Laas war. Dieser Pfarrer hatte sich nach der Herz-Jesu-Nacht in einer sehr anständigen Weise um die Familien der Inhaftierten gekümmert, insbesondere um die Familie des Freiheitskämpfers Franz Muther, und war deshalb den Carabinieri ein Dorn im Auge. Pfarrer Tumler saß gerade im Gasthaus und unterhielt sich mit Mitgliedern der Pfarrgemeinde, als um 12 Uhr viele Frauen in die Wirtsstube stürzten und verzweifelt riefen: *„Die Carabinieri holen unsere Männer ab, Herr Pfarrer, greifen Sie ein!“* Pfarrer Tumler verließ das Gasthaus, da sah er schon, daß auch das Widum umstellt war. Als er den Pfarrhof betrat, mußte er feststellen, daß die Carabinieri in seiner Abwesenheit eine „Hausdurchsuchung“ durchgeführt hatten, die mehr einer Verwüstung glich. Gefunden wurde natürlich nichts. In zahlreichen anderen Häusern wurden ähnliche Hausdurchsuchungen durchgeführt, die mit großer Brutalität und Rücksichtslosigkeit abgewickelt wurden. Etwa 30 Einheimische wurden vorübergehend festgenommen und verhört, darunter der Bürgermeister Ernst Muther und der Gemeindepfarrer Tumler. Allen wurde die Verständigung der Angehörigen oder eines Rechtsanwaltes verwehrt. Die Südtiroler Abgeordneten Dr. Benedikter, Dr. Mitterdorfer und dankenswerterweise auch der italienische Abgeordnete Dr. Berloffa protestierten in der Folge gegen das rücksichtslose Vorgehen der Polizei. Pfarrer Tumler ließ sich nicht einschüchtern. Als Franz Muther 1967 entlassen wurde, kletterte der Pfarrer in die Jennwand oberhalb von Laas und pflückte Edelweiß, um es dem Franz dann in der Kirche vor versammelter Gemeinde als heimatlichen Willkommensgruß zu überreichen.

28. August 1963

Rudolf Kofler aus Eppan durch Verrat festgenommen; Luis Amplatz konnte zuvor entkommen

Die Rolle des Agenten „Bernardo“ alias „Fausto“

Bereits im Alter von 17 Jahren hatte sich der junge Automechaniker Rudolf Kofler aus Unterrain Luis Amplatz und Sepp Kerschbaumer angeschlossen gehabt. Am 9. Februar 1962 mußte Rudl Kofler zusammen mit seinem Onkel Richard nach Innsbruck flüchten. Im Juli 1963 beschloß Luis Amplatz, zusammen mit seinem jungen Freund Rudl wieder nach Südtirol hineinzugehen, wo sie Waffen- und Sprengstofflager sowie Stützpunkte in Höhlen angelegt hatten. Zunächst versuchten sie den Grenzübergang bei Sillian in Osttirol. Dort war jedoch die Grenze zu dicht bewacht, so daß die beiden beschlossen, im Hochgebirge den Grenzübertritt mit einer alpinistischen Hochtour zu bewerkstelligen. Sie fuhren zurück ins Ötztal, nach Vent, von dort ging es mit dem Bergseil und Steigeisen über das 3.152 m hoch gelegene Eisjoch und die Eishöfe, weiter über die Gletscherregion der Texel-Gruppe ins Zieltal, wo das erste Mal auf der privat geführten Nassereith-Hütte unter einem Dach geschlafen werden konnte. Dann ging es weiter – hoch am Berghang – bis Vellau und hinunter bis Algund, von wo sie ein deutscher Urlauber bis Bozen mitnahm. Der Marsch hatte sechs Tage gedauert. Geschlafen wurde tagsüber im versteckten Biwak, gegangen wurde, auch im hochalpinen Gelände, bei Nacht. Die beiden Freiheitskämpfer zogen in ihren Stützpunkt, eine ausgebaute Höhle im Tschögglberg bei Bozen, oberhalb von Glaning. Das war die engere Heimat von Luis Amplatz, wo er jeden Steig und jede Geländeformation kannte. Als die beiden tagsüber, nur mit Pistolen bewaffnet, da man Maschinenpistolen am hellen Tag in einer so belebten Gegend nicht mitführen konnte, loszogen, um Hochspannungsmasten auszukundschaften, stießen sie auf vier Carabinieri, die ihnen den Weg abschneiden wollten. Einer erwischte sie, hob die MP und schrie „Halt!“ Amplatz erwiderte ihm auf italienisch, daß sie friedliche Leute seien, die nur Pilze suchen wollten. Im gleichen Augenblick ließen sich Amplatz und Kofler über die nicht gangbare Bergflanke hinunterfallen. Nachgefeuerte Schüsse gingen weit daneben. Im Unterholz warteten sie die Nacht ab. Die Nachsuche der Carabinieri blieb vergebens. Dann wollten sie zu ihrem dreiviertel Stunden entfernten Stützpunkt aufbrechen, benötigten dazu jedoch sieben Stunden, weil Luis Amplatz eine schwere Meniskusverletzung erlitten hatte. Drei Tage lang lag er in der Höhle und nahm Morphiumtabletten, dann war klar, daß er ärztliche Hilfe benötigen würde. Am 22. August packte sich Rudl Kofler seinen Freund noch einmal „auf den Buckel" und trug ihn ins Tal bis Moritzing, an der Ausfallstraße von Bozen nach Meran. Dort wartete ein Freund mit dem Auto, der Luis Amplatz in private Pflege und zu ärztlicher Versorgung brachte. (Baumgartner / Mayr / Mumelter: „Feuernacht", Bozen 1992, S. 281f.) Nach acht Tagen trat Amplatz den Weg zurück an. Er selbst schilderte diese alpinistische Leistung: *„Nach acht Tagen bin ich über einen Gletscher nach Österreich gegangen. Statt eines Eispickels hatte ich einen Spatenstiel, zum Essen nur noch ein Stück Brot. Es ging ein fürchterlicher Sturm. Vor den Gletscherspalten habe ich mich mehr gefürchtet als vor zehn Carabinieri."* (Interview mit Luis Amplatz, „DER SPIEGEL" Nr. 10/1964.) Sein Freund, Rudl Kofler, hatte Pech. Er hatte sich in sein eigenes Depot, in eine Höhle bei seinem Heimatort Unterrain am Fuß der Mendel, zurückgezogen. Dort überraschten ihn am 28. August um 4 Uhr früh die Carabinieri. Kofler lag noch im Schlafsack und konnte sich nicht wehren. In seinem Unterschlupf wurden 70 kg Sprengstoff, ein Raketenabschußgerät sowie Ausrüstungsgegenstände gefunden. Der 21jährige Kofler gestand im Verhör die Beteiligung am Sprengstoffanschlag vom 5. 8. 1963. Kofler war verraten worden. Der Südtiroler Historiker Christoph Franceschini hat aufgedeckt, daß ein Südtiroler aus Bozen-Gries, Heinrich Berger, unter den Decknamen „Bernardo" und „Fausto" für den italienischen militärischen Geheimdienst SIFAR gearbeitet hatte. Dieser Heinrich Berger, so wie Amplatz aus Gries stammend und diesen seit der Jugend her kennend, hatte sich in Innsbruck in das Vertrauen des Freiheitskämpfers eingeschlichen und sogar Waffen- und Sprengstofftransporte durchgeführt. Er kannte die geheimen Stützpunkte der Freiheitskämpfer. Von ihm erfuhr der Leiter des „Centro Controspionaggio" (CS), des Gegenspionagezentrums in Verona, Major Renzo Monico, im Sommer 1963, daß Amplatz und Rudolf Kofler nach Südtirol kommen, um in der Umgebung von Bozen Anschläge durchzuführen. *„‚Faustos‚ Dienste ermöglichen schließlich die Festnahme Koflers, Amplatz kann entwischen."* (Christoph Franceschini: „Im Auftrag des italienischen Staates", in: „Südtirol-Profil" Nr. 3/1993.) (Weitere Einzelheiten über Agent „Bernardo" alias „Fausto" siehe: 2. April 1964!)

29. August 1963

Foltercarabinieri freigesprochen

Der Prozeß gegen die Foltercarabinieri in Trient endete, nach 13stündiger Beratung, völlig überraschend mit acht Freisprüchen und zwei Verfahrenseinstellungen, da die Tat zwischenzeitlich unter Amnestie gefallen war. Das Urteil wurde von den anwesenden Italienern mit Beifall und Jubelrufen wie *„Viva l'Arma, viva l'Italia"(„Es lebe die Carabinieri-Waffengattung, es lebe Italien!")* aufgenommen. Der neofaschistische Verteidiger Mitolo und sein Mandant Vilardo lagen sich lange in den Armen. Der Südtiroler Senator und Rechtsanwalt Dr. Luis Sand kommentierte das Urteil spontan: *„Wir sind der Ansicht, daß die in der Verhandlung beigebrachten Beweise gegen sämtliche Angeklagten erdrückend sind. Deshalb können wir über die Freisprüche nicht befriedigt sein."*

Österreichische Buchausstellung verboten

Der italienische Präfekt Dr. Puglisi teilte grundlos mit, daß die vom Südtiroler Kulturinstitut gemeinsam mit dem Verband österreichischer Buchhändler für den 9. bis 23. September in Bozen geplante Buchausstellung verboten wurde.

Hausdurchsuchung ohne Ermächtigung

In Latsch wurde das Haus des Südtiroler Landesbeamten Jakob Trafojer von Carabinieri durchsucht, die auf die Frage nach einem richterlichen Befehl erklärten, ein solcher sei in Südtirol nicht notwendig.

Stellungnahmen zum Carabinieriprozeß

Nordtiroler Landesregierung: *„Tief bestürzt erfuhren wir vom Freispruch im Carabinieri-*

prozeß in Trient. Trotz des erdrückenden Beweismaterials, aus dem einwandfrei die Mißhandlungen von Südtiroler Häftlingen und die Erpressung von Geständnissen hervorgingen, unterblieb jeglicher Schuldspruch. Ein italienisches Gericht hat somit die angewandten Foltermethoden durch sein Urteil gedeckt. Versuchte der italienische Innenminister schon bei Bekanntwerden der Gewalttaten, diese mit der Erklärung zu beschönigen, daß die Polizei in der ganzen Welt Schläge austeilt, so bedeutet der erfolgte Freispruch eine Ermunterung für die italienischen Ordnungsorgane, mit ihren Gewaltmethoden fortzufahren . . . Im faschistischen Italien wäre dieser Prozeß unterblieben, im demokratischen Italien wurde er zum Hohn auf jedes Recht. Kein Tiroler wird das, was in Trient geschah, jemals vergessen. Auch in Südtirol wird einmal das Recht wieder siegen." **Österreichische Volkspartei, Nordtirol:** *„Das Urteil von Trient ist ein Schlag gegen die Rechtsstaatlichkeit und Menschenwürde, der dem Geist eines jeden Kulturvolkes widerspricht."* **Österreichischer Akademikerbund:** *„Der Akademikerbund hat mit Erschütterung und Sorge das Urteil im Carabinieriprozeß von Trient erfahren. Daß nach dem Prozeßverlauf, der die Tatbestände des Verbrechens gegen die Menschlichkeit und die Verletzung der Menschenwürde erwiesen hat, alle zehn Angeklagten praktisch freigesprochen worden sind, schafft eine Lage, die das Vertrauen der Südtiroler Volksgruppe in die Rechtsstaatlichkeit Italiens auf das schwerste erschüttern muß. Mit dem Urteil von Trient ist die Anwendung von Gewalt in der Auseinandersetzung um Südtirol erstmals durch ein unabhängiges Gericht sanktioniert worden. Dies wiegt ungeheuer schwer."* **Freiheitliche Partei Österreichs:** *„Die Folterungen sind bewiesen. Der Sieg einer falsch verstandenen Staatsräson über das Recht ist unverständlich und empörend. Österreich muß und wird die notwendigen Schritte auf Grund der Menschenrechtskonvention unternehmen."* **Sozialdemokratische Partei Deutschlands:** *„Was den inhaftierten Südtirolern geschehen ist, widerspricht jedem Gerechtigkeitsempfinden und dem Geist der Straßburger Menschenrechte. Die italienische Regierung wird nicht darum herumkommen, Südtirol endlich ein Mindestmaß an Autonomie zu gewähren."* **Bundestagsabgeordneter Josef Ertl:** *„Die deutsche Öffentlichkeit muß durch ein Urteil wie den Richterspruch von Trient alarmiert sein, denn sie erwartet, daß in einem demokratischen Rechtsstaat Erwägungen ausscheiden, die rein subjektiv der Wahrung eines nationalen Prestiges dienen. Im freien Teil der Welt ist jedem die Gleichheit vor dem Gesetz verbürgt, deshalb muß es beunruhigen, wenn in Trient diese grundlegenden demokratischen Prinzipien offensichtlich verletzt werden."* (Weitere Stellungnahmen in der Dokumentation „Schändung der Menschenwürde in Südtirol".)

30. August 1963

Innsbruck: Protestdemonstration

Vor dem italienischen Generalkonsulat in Innsbruck fand sich eine große Menschenmenge ein, die mit Sprechchören, Schildern aber auch mit Steinwürfen gegen das Urteil von Trient protestierte. Nach einem Zug durch die Stadt wurde eine Delegation der Demonstranten unter Führung von Rechtsanwalt Dr. Wilhelm Steidl von Landeshauptmann Wallnöfer, seinem Stellvertreter Dr. Gamper und den Abgeordneten Zechtl und Dr. Mader empfangen.

Sprengstoffanschlag

Aus Protest gegen das Urteil in Trient sprengte Jörg Klotz gemeinsam mit einem Helfer einen Hochspannungsmast nahe der Jaufenstraße im Passeiertal.

Graz: Protestdemonstration: Anschläge wurden von Italien provoziert!

Gegen den Protest des italienischen Konsuls in Klagenfurt gestatteten die österreichischen Behörden in Graz eine Protestdemonstration gegen das Urteil von Trient, an der Nationalrat Dr. Piffl (ÖVP) und NR Dr. Kandutsch (FPÖ) als Redner sowie zahlreiche Landespolitiker zusammen mit Tausenden Grazern teilnahmen. Kandutsch erklärte: *„Dem Völkermord in Südtirol können wir nicht tatenlos zusehen! Man mag zu den Anschlägen in Südtirol stehen, wie man will, doch stelle ich hier ausdrücklich fest, daß diese Verzweiflungstaten von Italien provoziert wurden."*

Nach Freispruch auch — „Belobigung"

Die römische Zeitung „Il Tempo" vom 1. September berichtete, daß die zehn Carabinieri, die in Trient wegen Mißhandlung von Südtiroler Häftlingen vor Gericht gestanden sind, in Rom vom Kommandanten der Carabinieri, General de Lorenzo, empfangen wurden, der ihnen seine Anerkennung für ihr Verhalten während des Prozesses aussprach. Das Blatt veröffentlicht auf Seite 1 in großer Aufmachung obiges Photo der zehn Carabinieri in voller Uniform, das nach ihrer Ankunft in Rom aufgenommen wurde. In der Bildunterschrift wird auch auf das „provokatorische Verhalten" der Südtiroler Häftlinge während des Prozesses hingewiesen. Die Tatsache, daß die zehn Carabinieri nach dem Freispruch nun auch von ihrem höchsten Vorgesetzten eine „Belobigung" erhielten, hat zur Beruhigung der Gemüter bestimmt nicht beigetragen. Der Artikel im „Tempo" trieft vor Haß gegen Oesterreich.

Folterprozeß in Trient: Nach dem Freispruch Auszeichnung und Belobigung (Bericht aus den „Dolomiten"). (1. September 1963.)

30. August 1963: Protestdemonstration in Innsbruck gegen den Freispruch der Foltercarabinieri.

31. August 1963

Italien hat die Stirn, zu protestieren

In einer dem österreichischen Botschafter in Rom übergebenen Note bezeichnet die italienische Regierung die Stellungnahme der Nordtiroler Landesregierung zu dem Freispruch der Foltercarabinieri in Trient als ***„unannehmbare Einmischung in die inneren Angelegenheiten Italiens.“***

„Il Popolo“, das Zentralorgan der Democrazia Cristiana (DC), nahm das Urteil im Folterprozeß von Trient *„mit Genugtuung“* auf und wertete es als Beweis für die *„Unbestechlichkeit und Lauterkeit“* der Justiz. **„Il Quotidiano“**, das Organ der italienischen Katholischen Aktion, nannte das Trentiner Urteil einen *„Akt der Gerechtigkeit, mehr noch, einen Akt der Wiedergutmachung gegenüber den Beschützern der Ordnung und der Rechtmäßigkeit.“*

„L'Adige“, das Trentiner Organ der DC, meinte: *„Die Kräfte der Ordnung, die in Südtirol gewirkt haben, ... verdienen Anerkennung und Dankbarkeit ... Der Prozeß stellt einen absoluten Wert dar. Er zeigt die ganze Spannweite des Freiheitsbogens, den die italienische Verfassung hat reifen lassen, und er beweist, daß die nationale Minderheit alle Instrumente zur Verfügung hat, welche die ... Rechte des Individuums garantieren.“*

Verletzter Carabiniere

In Pfalzen wurde der 34jährige Carabinieriunteroffizier Rinaldo Magagnini bei einem Feuergefecht schwer verletzt. Nach anschließenden Straßensperren und Hausdurchsuchungen wurden tags darauf die beiden Südtiroler Hermann Atzwanger und Josef Hofer wegen Mordversuches festgenommen. Beide mußten am 14. Januar 1964 wieder entlassen werden, da sich ihre Unschuld herausgestellt hatte.

1. September 1963

Folterer von ihrem Oberbefehlshaber belobigt

Wie die römische Zeitung „Il Tempo“ meldete, wurden die 10 Carabinieri, die in Trient wegen der Folterung Südtiroler Häftlinge vor Gericht gestanden sind, in Rom von dem Oberbefehlshaber der Carabinieri, General De Lorenzo, in voller Uniform feierlich empfangen. Der Kommandant sprach ihnen seine Anerkennung für ihr Verhalten während des Prozesses aus. De Lorenzo hatte während der Polizeiaktionen und Folterungen bereits den Oberbefehl über die Carabinieri und hatte in seiner zweiten Eigenschaft als Chef des militärischen Geheimdienstes SIFAR die Verhaftungen und Verhöre in Besprechungen und Sitzungen mit seinen Offizieren vorbereitet gehabt. De Lorenzo wird später, im Jahre 1964, die Vorbereitungen zu einem neofaschistischen Staatsstreich treffen helfen und Anfang der siebziger Jahre, nach aufgedecktem Putschversuch und Amtsenthebung, als neofaschistischer MSI-Abgeordneter in das römische Parlament einziehen.

2. September 1963

Außenministertreffen verschoben

Italien regte die Verschiebung eines Außenministertreffens zur Südtirolfrage an, das ursprünglich für Anfang September in Salzburg vorgesehen war.

3. September 1963

Österreich soll Menschenrechtskommission anrufen

Die Österreichische Liga für Menschenrechte hat in einer Aussendung zum Ergebnis des Carabinieri-Prozesses in Trient sehr vorsichtig Stellung genommen. Sie bezeichnete das Urteil als eines demokratischen Staates unwürdig und außerdem als innen- und außenpolitisch unklug. Es sei nur mit einem erschreckenden Anwachsen des Chauvinismus zu erklären, der stets mit politischer Kurzsichtigkeit Hand in Hand gehe. Da Italien, heißt es in der Aussendung, als einer der wenigen Staaten des Europarates das Recht auf Individualbeschwerde bei der Menschenrechtskommission in Straßburg nicht anerkannt hat, haben die gefolterten Südtiroler auch nicht die Möglichkeit, sich nach Erschöpfung des innerstaatlichen Rechtszuges mit einer

Beschwerde an die Menschenrechtskommission zu wenden. Doch bestimme Artikel 24 der Konvention zum Schutz der Menschenrechte und Grundfreiheiten, daß jeder vertragschließende Teil – also auch Österreich – durch Vermittlung des Generalsekretärs des Europarates diese Kommission mit jeder angeblichen Verletzung der Bestimmungen der Menschenrechtskonvention (in diesem Fall Artikel 3: „*Niemand darf der Folter ... unterworfen werden*") durch einen anderen vertragschließenden Teil – in diesem Fall Italien – befassen kann. Es werde daher Sache der österreichischen Bundesregierung sein, nach Erschöpfung des italienischen innerstaatlichen Rechtszuges die nötigen Schritte in Straßburg einzuleiten. Österreich wird dies in der Folge nicht tun und die SVP wird dies auch von Österreich nicht verlangen.

Sprengstoffanschläge

Am Stilfser Joch wurde nur 100 m neben einer Kaserne der italienischen Finanzpolizei ein Hochspannungsmast gesprengt. Die 2.700 m hoch gelegene Leitung der Montecatini-Gesellschaft wurde dadurch für lange Zeit unterbrochen. Zwischen Mühltal und dem Pustertal wurden zwei Masten schwer beschädigt.

4. September 1963

Parteiausschuß der SVP zum Trienter Urteil

SVP verlangt Zuständigkeit Südtirols für die Polizei

Zum Freispruch der Foltercarabinieri in Trient faßte der Parteiausschuß der SVP einstimmig eine Entschließung, in welcher an die beiden toten Südtiroler Häftlinge Gostner und Höfler erinnert und erneut an eine parlamentarische Untersuchungskommission verlangt wurde. Es hieß weiter: „ ... *Die Südtiroler Bevölkerung befürchtet, daß dieses Urteil einen Freibrief für die Fortführung der beklagten Polizeimethoden darstellt. Angesichts dieser Lage ergibt sich die Notwendigkeit eines besonderen verfassungsrechtlichen Schutzes der menschlichen Grundrechte und Freiheiten für alle Angehörigen der Südtiroler Minderheit. Ohne diesen Schutz ist eine echte Autonomie nicht denkbar. In dieser Stunde und im Bewußtsein ihrer Verantwortung für eine gerechte Lösung der Südtirolfrage in einem freien Europa verlangt die Südtiroler Volkspartei von der italienischen Regierung und vom Parlament im Sinne des Pariser Vertrages und im Wege der erwarteten Reform des Autonomiestatus: 1. die Übertragung der Verantwortung für die öffentliche Ordnung an das Land und das volkliche Verhältnis bei den Polizeistreitkräften in Südtirol in allen Verwaltungsstellen und Dienstgraden; 2. das volkliche Verhältnis bei den Gerichten und in der Justizverwaltung; 3. die besondere Gewähr, daß kein Südtiroler seinem natürlichen Richter entzogen wird. Der Parteiausschuß verpflichtet alle Mandatare der Partei zur Durchführung dieser Resolution auf allen Ebenen. Das Südtiroler Volk appelliert an die freie Welt um Verständnis und Unterstützung seiner gerechten Forderungen und ersucht Österreich als Partner des Pariser Vertrages, die sich aus der neuen Lage ergebenden Schritte auch in den geeigneten internationalen Gremien einzuleiten.*"

Sprengstoffanschlag

Trotz der erneut verschärften Sicherheitsmaßnahmen konnten die Freiheitskämpfer zwischen Uttenheim und Aufhofen im Tauferer Tal einen Hochspannungsmast sprengen und einen weiteren Masten schwer beschädigen.

Jagd auf Luis Amplatz

Im Raum Bozen wurde eine fieberhafte Jagd auf Luis Amplatz durchgeführt, der nach dem Auffinden eines versteckten Stützpunktes in Gefahr schwebte, festgenommen zu werden. Militär und Polizei begannen mit gründlicher Suche nach möglichen Verstecken.

5. September 1963

Anklage gegen Parteiausschuß der SVP nach altem Faschistengesetz

Gegen 26 Mitglieder des Parteiausschusses der SVP hat die Staatsanwaltschaft Anklage wegen der am 4. September beschlossenen Protestresolution gegen den Freispruch der Foltercarabinieri in Trient erhoben. Die Anklage lautet auf *„Verbreitung falscher, übertriebener oder tendenziöser Nachrichten"* (Art. 656 des „Codice penale", Strafe: Gefängnis bis zu 3 Monaten) und *„Verbreitung falscher, übertriebener oder tendenziöser Berichte im Ausland"* (Art. 269 des „Codice penale", Strafe: nicht unter 5 Jahren). Es handelte sich hier um immer noch in Geltung befindliche faschistische Staatsschutzparagraphen, die ursprünglich in Kraft gesetzt worden waren, um Kritik im Inneren und die Meinungsäußerung antifaschistischer Emigranten im Ausland zu unterdrücken. Unter den Angeklagten befanden sich auch die Abgeordneten Dietl und Mitterdorfer sowie Senator Sand. Die gerichtliche Untersuchung schleppte sich bis 1967 hin, dann wurde das Verfahren durch eine Amnestie eingestellt.

Europarat für weitere Südtirolverhandlungen

Von der politischen Kommission des Europarates wurde an Österreich und Italien der Wunsch herangetragen, die Südtirolverhandlungen, unbeschadet der in letzter Zeit aufgetretenen Schwierigkeiten, ohne Verzögerung wieder aufzunehmen.

Luis Amplatz erneut entkommen

Der infolge einer Knieverletzung fast gehunfähige Luis Amplatz kam erneut in Gefahr, in die Hand der italienischen Einheiten zu fallen. Letztlich konnte er unterhalb des Guntschnaberges bei Bozen in einem engen Wasserabflußrohr Zuflucht finden, während direkt über ihm (!) ein Kommandowagen der Carabinieri stand, von dem über Funk die Suche nach ihm unter Einsatz von Hubschraubern geleitet wurde. In Bozen-Gries wurden einige Häuser mit einem Großaufgebot von Bewaffneten durchsucht.

Nürnberger Studenten begnadigt

Auf Grund der Bemühungen des deutschen auswärtigen Amtes hat der italienische Staatspräsident Segni die drei deutschen Studenten Meurer, Klein und Schlegl (siehe 10. bis 15. Oktober 1962) begnadigt. Sie waren ob ihrer Beteiligung an Brandanschlägen verurteilt worden. Vier österreichische Mittäter mußten weiter in Haft bleiben.

6. September 1963

Österreichische Regierung kritisiert das Trienter Urteil

Die österreichische Bundesregierung verurteilte in einer Stellungnahme zum Trienter Carabinieri-Prozeß *„die Folterungen, denen Südtiroler Häftlinge ausgesetzt gewesen sind"*. Sie gab auch ihrem Erstaunen *„über das merkwürdige Verhalten des Staatsanwaltes beim Prozeß in Trient Ausdruck."*

Feuerüberfall

Auf ein Streifenauto der Polizei wurden bei Meran-Untermais 40 Schüsse aus automatischen Waffen abgegeben. Der Polizist Origlia wurde dabei in der linken Schulter getroffen. Trotz 30 Festnahmen blieb die Fahndung erfolglos.

8. September 1963

Neofaschistische Straßenschlacht in Bozen

Hunderte Neofaschisten demonstrierten in Bozen für eine *„energischere Politik"* der Regierung und versuchten, den Sitz der SVP und der „Dolomiten" anzugreifen. Es entwickelte sich eine wilde Straßenschlacht mit der Polizei.

Freiheitskämpfer kündigen Kampf gegen Folterer an. Folterungen waren gelenkt

Sechs namentlich nicht genannte, führende Angehörige des BAS kündigten in einem Interview im „Münchner Merkur", welches in Südtirol aufgenommen worden war, an, daß die Freiheitskämpfer zwar weiterhin das Leben von Zivilisten schonen wollten, nicht jedoch das Leben von denen, welche Folterungen begangen oder die Täter gedeckt hätten. *„Diesen Leuten gegenüber werden wir die Rücksicht nicht mehr kennen!"* Man werde in erster Linie versuchen, die Folterknechte selbst zu treffen, im übrigen aber nach den Freisprüchen im Trienter Carabinieriprozeß auf die gesamte Carabinieriwaffe, die sogenannte „Arma benemerita" (die „verdiente Waffe") keine Rücksicht mehr nehmen können. *„Es ist erwiesen, daß diese Folterungen gelenkt waren. Wir wissen sogar, daß diese Folterknechte systematisch auf dem Monte Bondone in Trient ausgebildet wurden. Schon die Einheitlichkeit in der Art der Folterungen läßt darauf schließen, daß die Leute dafür ausgebildet wurden."* (Auf dem Monte Bondone stehen alte österreichische Kasernenanlagen für die Ausbildung der Gebirgstruppen, die nach 1918 in den Gebrauch der italienischen Armee übergingen. Diese in der Bergwelt abgelegenen Anlagen benützten die Italiener zur Ausbildung der „Vernehmungsspezialisten"; Anm. d. Hrsg.)

BAS hat sowjetische Hilfe abgelehnt

Auf die Frage, ob ihnen von kommunistischer Seite jemals Hilfe angeboten wurde und von welcher Seite genau, erklärten die Vertreter des BAS dem „Münchner Merkur": *„Rußland. Von sowjetischer Seite. Es wurde ganz konkret Unterstützung angeboten. Akut war das Problem damals, als die Amerikaner in Südtirol Raketenbasen zu bauen begannen. Das ist schon einige Zeit her. Im Zusammenhang damit und vor allem im Hinblick auf die mögliche Zerstörung amerikanischer Raketenbasen haben sie ganz konkrete Angebote gemacht, die von uns ganz eindeutig abgelehnt wurden. Sie haben gesagt, sie geben Geld und Material, wenn wir es brauchen. Diese Offerte wurden ganz entschieden abgelehnt; es sind drei Leute hier, die bei diesem Gespräch dabei waren. Wir haben ganz eindeutig erklärt, daß wir von dort keine Unterstützung wollen, schon weil wir Tiroler und Südtiroler antimarxistisch schon auf Grund unserer starken religiösen Bindung sind. Ich persönlich stehe auf dem Standpunkt, ich verkaufe lieber meinen Erbteil, als daß ich von den Bolschewisten Geld nehme. Ich glaube, die Sache, die wir vertreten, ist so gut und gerecht, daß sich nicht nur Leute finden, die Kopf und Kragen riskieren, sondern auch einige, die Geld hergeben."* (Dr. Eva Klotz, die Tochter von Georg Klotz, bestätigt, daß ihr Vater seinerzeit in Wien ein sowjetisches Angebot bekam und dieses aus den gleichen, wie in diesem Interview geschilderten Gründen ablehnte.)

Kreisky kritisiert Italien

Anläßlich eines Treffens der Auslandsösterreicher in Wien gab der österreichische Außenminister Kreisky eine Erklärung zur Südtirolfrage ab. Es hieß darin: *„Die Art und Weise, in der von italienischer Seite das Südtirolproblem in den letzten Monaten behandelt wurde, ist ein Schulbeispiel dafür, wie durch Unschlüssigkeit und mangelnde Bereitschaft zu klaren und raschen Entscheidungen die Lösung eines Problems, die bereits in Sichtweite zu sein schien, wieder erschwert wird . . .* ***Besonders verschlechtert aber wurde diese Atmosphäre durch den sogenannten Carabinieri-Prozeß. Daß die verhafteten Südtiroler in der unmenschlichsten Weise gefoltert wurden, hat dieser Prozeß jedenfalls bewiesen.*** *Ich möchte das Urteil eines fremden Gerichtes nicht kritisieren. Das Bedenklichste an diesem Prozeß aber ist die Tatsache, daß der Vertreter des Staates, der Vertreter der Regierung, nämlich der Staatsanwalt, eine Rede gehalten hat, die eher ein Plädoyer für die Folterer als eine Anklagerede gegen sie gewesen ist – und das trotz unwiderlegbarer Tatsachen!* ***Ich erkläre heute hier und in aller Form, daß die Bundesregierung das, was in den Gefängnissen der Carabinieri den Südtirolern zugefügt wurde, als eine ernste Verletzung der europäischen Menschenrechtskonvention ansieht."***

Verhaftung eines stillen Helden
Karl Masoner aus Sigmundskron wurde verhaftet, nachdem er die für die deutsche Illustrierte „Revue“ arbeitenden Journalisten von Nagy und Siebecke zum Agraterhof und zum Leiterhof im Sarntal begleitet hatte, da von diesen Höfen zwei Söhne und einer der Bauern in Haft waren. Nachdem die „Revue“ über die Umstände der Haft berichtet und Bilder von Hausdurchsuchungen gebracht hatte, wurde der Südtiroler festgenommen. Offiziell vorgeworfen wurde ihm Beamtenbestechung im Bozener Gefängnis. Masoner, ein schlichter Bauer und Freund von Sepp Kerschbaumer, war in jenen Jahren einer der stillen Helden im Lande. Zusammen mit Grete Koch, der Frau des inhaftierten Freiheitskämpfers Martin Koch, sowie mit Frau Midl von Sölder, dem „Engel der Gefangenen“, hatte Masoner ein privat organisiertes Hilfswerk aufgezogen. Es wurden nicht nur die Häftlingsfamilien unterstützt, sondern Masoner lieferte auch Lebensmittel in das Bozener Gefängnis, wobei auch das Wachpersonal etwas abbekam, damit es keine Schwierigkeiten machte. Dies wurde Masoner nun als „Bestechung“ ausgelegt und er blieb einen Monat lang in Haft. Nach seiner Entlassung setzte der tapfere Mann sein Werk der Nächstenliebe unerschüttert fort.

9. September 1963
Südtirol wird wieder zu einem Heerlager
In Bozen traf am Mittwoch abend ein Einsatzbataillon Carabinieri ein. Der 400 Mann starken Einheit gehörten einem Polizeisprecher zufolge auch Fallschirmjäger an. Die italienischen Behörden hatten schon in den letzten Tagen Polizeiverstärkungen nach Südtirol beordert. Informierte Kreise sprachen davon, daß die Stärke der in Südtirol eingesetzten zusätzlichen Polizeistreitkräfte rund 10.000 Mann betrage.

Feuergefecht gegen Jäger
Am Vorabend lieferten zwei Alpini, die einen Fernsehsender im Pustertal bewachten, ein langes „Feuergefecht“ gegen den Rand eines Waldes, in dem die konzessionierte Jagdflinte des Jägers Albin Pichler geknallt hatte. Der Jäger wurde nicht verletzt, er hatte sich nur über das entfernte Salvenschießen gewundert. Die Militärbehörden gaben bekannt, daß sich ein weiteres Feuergefecht bei einem Aquädukt ereignet habe.

Österreich schlägt neues Südtiroltreffen vor
Das österreichische Außenministerium ließ dem italienischen Ministerium eine Note überreichen, in der ein neues Außenministertreffen für Mitte Oktober vorgeschlagen wurde.

Schüsse
Am Walser Stausee wurden von Bewachungsmannschaften Schüsse auf Schatten, die sich den Stauwerkeinrichtungen nähern wollten, abgeben.

10. September 1963
Justizminister Bosco: Italien strahlt das Licht des Rechts aus!
Italiens Justizminister Bosco nahm in Rom vor dem Abgeordnetenhaus zu der durch das Urteil im Trienter Carabinieri-Prozeß ausgelösten internationalen Debatte Stellung und erklärte wörtlich: *„Da in den vergangenen Tagen eine ausländische Regierung unannehmbare Kritik und Vorbehalte bezüglich eines kürzlichen Urteils eines italienischen Gerichtes ausgesprochen hat, das ob seiner absoluten Objektivität den einstimmigen Beifall der Nation erntete, wünsche ich noch einmal in diesem freien Parlament mit Nachdruck zu betonen, daß die Unabhängigkeit des Gerichtes in Italien garantiert ist, und zwar nicht nur von der Verfassung und den Gesetzen, sondern in erster Linie von dem Gewissen des italienischen Volkes selbst, in dessen tausendjähriger Kultur die römisch-juridische Weisheit einen wesentlichen Bestand bildet. Sie strahlte in die Welt das Licht des Rechtes aus. Italiens Rechtsordnung gebührt die einstimmige Achtung der Nation ob ihrer Objektivität, Weisheit und Gewissenhaftigkeit, durch die sich das Werk der italienischen Richter auszeichnet.“* Die von Bosco so gerühmte Rechts-

ordnung besteht bis heute auch aus dem immer noch gültigen faschistischen Strafgesetz und der faschistischen Strafprozeßordnung von 1930 mit den berüchtigten Staatsschutzparagraphen.

Lombardische Föderalisten: Wahre Ursachen der Verzweiflung
Hingegen nahm das Komitee der „Föderalistischen Bewegung" der Lombardei – Kanton Tessin – dieser Tage eine Entschließung an, die sich mit der Lage in Südtirol befaßte und in der es hieß: *„Die lombardischen Föderalisten rufen dazu auf, über die jüngsten und über die der Vergangenheit angehörenden Ursachen nachzudenken, die die verzweifelte Handlungsweise des Terrorismus entfesselten. Sie erkennen als nächste Ursache für diese Entwicklung die Verweigerung der Südtiroler Autonomie, das heißt, die Verweigerung der natürlichen Rechte der Südtiroler, und als entfernte Ursache das nationale Prinzip, die ausschließliche Verschmelzung zwischen Nation und Staat, die die Achtung der volklichen Minderheit schwierig oder unmöglich und polizeilich Willkürmaßnahmen unvermeidbar macht. Vor allem bedauern sie die schleppenden Verzögerungen, die die italienische Regierung und Bürokratie bei der Durchführung des Gruber-De Gasperi-Abkommens an den Tag legen."*

11. September 1963
Italien bezichtigt Österreich der Verdrehung von Tatsachen
Der italienische Ministerrat kündigte eine Protestnote an, mit der er die österreichischen Vorwürfe hinsichtlich der Folterungen und des Ausganges des Carabinieriprozesses in Trient zurückweisen wolle. Österreich verdrehe die Tatsachen und ermuntere damit die *„Terroristen"*. Die österreichischen Vorwürfe seien *„unvereinbar mit der nationalen Souveränität"* Italiens. Österreich habe bei der Suche nach den Urhebern des Terrors keinerlei Mithilfe geleistet. Italien aber werde den Terror *„mit fester Hand unterdrücken."*
Mafia-Sondergesetze für Südtirol?
„La Stampa" in Turin meldete in diesem Zusammenhang, daß in Rom erwogen werde, die Sondergesetze zur Bekämpfung der Mafia auf Sizilien auch in Südtirol anzuwenden.

13. September 1963
Italien protestiert
Die italienische Regierung protestierte mit einer Verbalnote gegen offizielle Stellungnahmen in Österreich zum Carabinieriprozeß und verbat sich darin jegliche Kritik.

Sprengstoffanschlag
In St. Leonhard wurde von den Freiheitskämpfern erneut ein Hochspannungsmast gesprengt und die Stromversorgung unterbrochen.

15. September 1963
Polizeiverstärkungen nach Bozen
Um neue Kontingente von Polizei und Carabinieri aufnehmen zu können, hat der Vize-Regierungskommissär Dr. Puglisi die städtische Garage von Bozen und das Hotel Vittoria gegenüber dem Bahnhof beschlagnahmt.

Bischof Gargitter gegen katholischen Moraltheologen
In einem politischen sogenannten „Hirtenbrief" griff der Bischof von Brixen, Josef Gargitter, zusammen mit dem Erzbischof von Trient, Gottardi, massiv *„die beharrliche Tätigkeit extremistischer Kreise"* sowie jene Zeitungen an, *„welche die öffentliche Meinung verwirren oder sogar erregen."* Außerdem sei *„auch von qualifizierter Seite"*, versucht worden, die *„Gewaltakte zu rechtfertigen, mit dem Hinweis auf die Unzulänglichkeit anderer Mittel, um gewünschte Zielsetzungen zu erreichen."* In Südtirol wird allgemein angenommen, daß dieser scharfe politische Angriff Gargitters vor allem dem Regensburger Moraltheologen Univ.-Prof. DDr. Franz Klüber galt, der auf der Basis der katholischen Soziallehre und Moraltheologie in einem

theologischen Werk darauf hingewiesen hat, daß *„ohne den Einsatz von Gewalt, welche die Guten schützt und die Bösen bekämpft* (vergl. Römer 13,3 f) *menschliche Gemeinschaft ganz unmöglich ist."* DDr. Klüber untersuchte in seinem Werk „Moraltheologische und rechtliche Beurteilung aktiven Widerstandes im Kampf um Südtirol", welches auch in Südtirol weite Verbreitung fand, die Frage der Berechtigung des aktiven Widerstandes. Er kam zu dem Schluß, daß der aktive Widerstand dem Naturrecht nach und auch im Sinne der Lehren des Thomas von Aquin gegen ein Regime zulässig und geboten ist, welches das Gemeinwohl zerstört. Für die Situation in Südtirol bejahte Klüber diese Frage ausdrücklich und nannte den Widerstand *„moralisch und rechtlich erlaubt und ethisch von hohem Wert."* Mit dieser Beurteilung, die Klüber in der Folge auch in zahlreichen katholischen Zeitungen und wissenschaftlichen Publikationen veröffentlichte und erläuterte, griff Klüber auch indirekt die von dem Bischof von Brixen betriebene Politik in Südtirol an.

Warnschüsse
Bei Mühlwald wurden Warnschüsse auf einen Baustellen-LKW abgegeben, der für italienische Kraftwerksbauten eingesetzt wurde. Die Freiheitskämpfer wollten damit Südtiroler Firmen warnen. Sie bekamen gleichzeitig brieflich mitgeteilt, nicht für italienische Kraftwerksgesellschaften tätig zu sein.

Verhaftung im Krankenhaus
Die beiden Südtiroler Josef Laner und Franz Ebner wurden unter dem Verdacht, am Freiheitskampf beteiligt zu sein, verhaftet. Ebner befand sich noch in stationärer Krankenhausbehandlung, da er durch die Explosion einer Sprengladung in der Carabinieristation Sand in Taufers, in welcher er sich damals gerade zum Verhör befunden hatte, verletzt worden war.

16. September 1963

Polizeimaßnahmen gegen die Südtiroler Volkspartei
Der Chef der politischen Abteilung der Bozener Quästur, Peternel, beschlagnahmte im Sitz der SVP in der Sparkassenstraße die Unterlagen der Parteileitungssitzung vom 3. 9. und die Protokolle der Sitzung des Parteiausschusses vom 4. 9. 1963. An beiden Tagen hatten sich die Parteigremien mit dem Freispruch der Foltercarabinieri in Trient befaßt.

Sprengstoffanschläge
Zwischen Kematen und Uttenheim sprengten die Südtiroler Freiheitskämpfer erneut zwei Hochspannungsmasten, einer stürzte um, ein anderer wurde schwer beschädigt. Neben 500 Carabinieri und einer Sondereinheit wurden auch als Bergsteiger und Freiheitskämpfer getarnte Jagdkommandos eingesetzt, um die Stützpunkte der Freiheitskämpfer auszuforschen. Die Sprengladung unterbrach zwei Hauptleitungen, deren Reparatur eine Woche dauerte. Der Schaden betrug 36 Millionen Lire. In der Folge wurden 30 Personen festgenommen, die alle wieder entlassen werden mußten.

18. September 1963

Verrat an Jörg Klotz
Im Passeiertal konnte von den Carabinieri durch Verrat ein Stützpunkt von Jörg Klotz entdeckt werden. In der Wohnhöhle wurden Waffen, darunter ein Maschinengewehr, Sprengstoff und Ausrüstungsgegenstände gefunden. Klotz war im letzten Augenblick die Flucht geglückt; als die Carabinieri das Versteck aufstöberten, war eine Herdplatte noch heiß.

Neue Forderung nach Untersuchungskommission
Zur Klärung der Frage der Mißhandlungen forderte der Abgeordnete Hans Dietl in der italienischen Kammer erneut eine parlamentarische Untersuchungskommission.

Schußwechsel
In der Nähe der Bahnstation Blumau kam es in den frühen Morgenstunden zu einem 10 Minuten dauernden Feuergefecht zwischen Carabinieri und Unbekannten.

19. September 1963
ÖVP-Parteitag: Südtirol darf nicht Tauschobjekt sein
Die Landesgruppe Tirol stellte auf dem Parteitag der ÖVP einen Antrag und forderte, daß Südtirol auf keinen Fall zum Tauschobjekt für die Assoziierung Österreichs an die EWG, wofür bekanntlich die Zustimmung Italiens notwendig war, gemacht werde.

21. September 1963
Der Befreiungsausschuß Südtirol will die freigesprochenen Carabinieri bestrafen
Der „Befreiungsausschuß Südtirol (BAS)" hat den Redaktionen der in Bozen erscheinenden Zeitungen einen Brief mit Drohungen gegen den ehemaligen Innenminister Scelba, den Staatsanwalt Paolo Castellano und den stellvertretenden Regierungskommissar Puglisi sowie gegen die im Trienter Prozeß freigesprochenen Carabinieri zugehen lassen. In dem Brief hieß es, die Südtiroler Freiheitskämpfer sähen sich gezwungen, selbst die Bestrafung der Genannten in die Hand zu nehmen, denn *„nach dem Freispruch (von Trient) kann man nicht erwarten, daß die italienische Justiz die Carabinieri und deren drei Auftraggeber verfolgen wird."* In dem Brief wird Staatspräsident Segni beschuldigt, zugunsten der Carabinieri bei Gericht interveniert zu haben, und Scelba habe als Innenminister den Carabinieri in Südtirol freie Hand gegeben. Diese seien *„auf seine Instruktion hin in der Anwendung von Foltermethoden unterrichtet"* worden. Castellano wird beschuldigt, den Carabinieri die Befehle erteilt zu haben, und Puglisi, die Befehle durch seine Autorität gedeckt zu haben. Der in deutsch geschriebene und auf dem Bozener Bahnhof aufgegebene Brief war mit „BAS" (Befreiungsausschuß Südtirol) unterzeichnet.

Schikane der Italiener
Die italienischen Grenzbehörden verweigerten dem amtsführenden Stadtrat der Stadtgemeinde Innsbruck und Landesjugendreferenten, Arthur Haidl, die Durchreise durch Südtirol nach Innsbruck.

23. September 1963
Neofaschistische Sprengstoffanschläge in Österreich
Italienische Neofaschisten legten im oberösterreichischen Ort Ebensee mehrere Bomben. In der Saline Ebensee wurden an zwei Silos Haftladungen angebracht, wovon eine explodierte und den Gendarmeriebeamten Gruber tötete. Rittmeister Schröder und Inspektor Winkler wurden schwer (Verlust des Augenlichtes), zwei weitere Personen leicht verletzt. Zwei nicht detonierte Bomben wurden an einer Kabine der Feuerkogel-Seilbahn gefunden. Mit dieser Gondel sollte eine Schulklasse bergwärts fahren. Weiter wurde das Löwendenkmal an der Salzkammergutstraße gesprengt. Dort blieben auch italienische Flugblätter mit der Trikolore, Ausweise und Abzeichen einer neofaschistischen Jugendorganisation zurück. Zeugen konnten vier Männer und das Täterfahrzeug mit italienischer Nummer beschreiben. Trotzdem wurde Kurt Welser, führendes Mitglied der Südtiroler Freiheitskämpfer, am 26. Mai 1964 (siehe dort) unter der Beschuldigung verhaftet, an diesen Anschlägen beteiligt gewesen zu sein. Am 17. Februar 1965 (siehe dort) konnten in Mailand die wirklichen italienischen Täter festgestellt werden. Es handelte sich um Neofaschisten und mit großer Sicherheit um Mitglieder der Geheimdienstorganisation „GLADIO", die vom militärischen Geheimdienst SIFAR gesteuert wurde.
Mailänder Richter Salvini: US-Geheimdienst CIA hatte die Hand im Spiel
Paolo Cagnan berichtete am 25. Juni 1996 in der Bozener Tageszeitung „Alto Adige", daß der Mailänder Richter Guido Salvini neuerlich eine gerichtliche Untersuchung über die neofaschistischen Bombenanschläge in der „Banca dell'Agricultura" auf der Piazza Fontana in Mai-

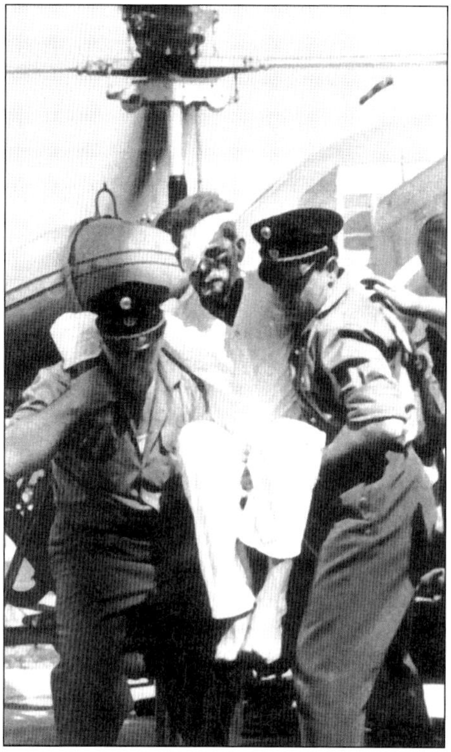

Neofaschistischer Anschlag auf die Saline in Ebensee. Der schwer verletzte Gendarmerieinspektor Winkler wird mit dem Hubschrauber in das Krankenhaus gebracht (23. September 1963).

Rittmeister Schröder wurde bei der Detonation getötet. Hier steht ein Kollege fassungslos vor der mit einer Plane bedeckten Leiche. Er selbst hat noch die Spritzer der Sole von der Detonation auf seinem Gewand.

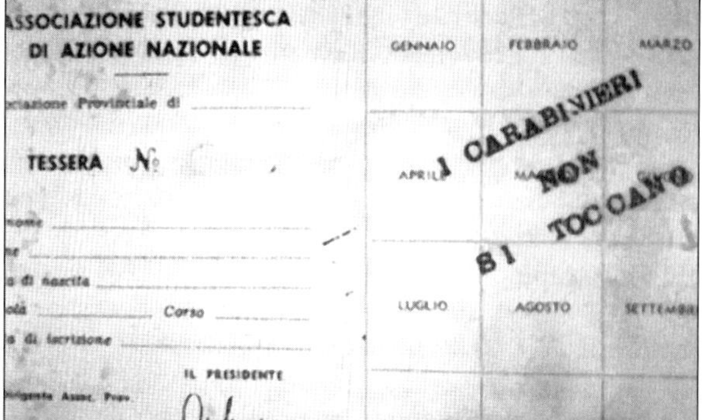

Am Tatort bleiben Blankoausweise der neofaschistischen Organisation „Givane Italia“ und deren studentischer Unterorganisation „Associazione studentesca di azione nazionale“ zurück. Aufgestempelt war die Losung „I carabinieri non si toccano“ – „Die Carabinieri darf man nicht anrühren“.

land 1969 und gegen eine antifaschistische Demonstration auf der Piazza della Loggia in Brescia 1974 aufgenommen habe. Diese Anschläge hatten im Rahmen einer „Strategie der Spannung" dazu gedient, das Klima für eine Machtergreifung des Militärs nach dem Vorbild des griechischen Obristenputsches vorzubereiten. Die ausführenden Attentäter waren junge Neofaschisten, dahinter stand die Steuerung des italienischen militärischen Geheimdienstes und der CIA. Richter Salvini sei bei seinen Untersuchungen auf einen ehemaligen Faschisten namens Sergio Minetto gestoßen, der im Auftrag der CIA die Attentate in Ebensee vorbereitete und durchführte. In dem Bericht Cagnans heißt es:
„Die Provinz Bozen war ein richtiges Pulverfaß, strategisch im Herzen Europas gelegen. Es war logisch, daß die Nato alles Interesse daran hatte, den ‚status quo' zu erhalten, und daß sie die Aktionen des Burger als extreme Gefahr in Hinblick auf die geopolitischen Gegebenheiten in Zentraleuropa ansah. Es war notwendig, den pangermanistischen Terroristen auch um den Preis, einen zwischenstaatlichen Streit zu entfesseln, zu antworten. Wenn dies nicht überhaupt sogar die Absicht war. Das war daher die italienische Antwort: Die Entsendung einer Strafexpedition mit einem Kommando, das zumindest aus vier Neofaschisten bestand, die im September 1963 die Grenze nach Österreich überschritten, um es indirekt Burger heimzuzahlen: Drei Attentate in Ebensee im Salzkammergut fordern ein Todesopfer und neun Verletzte. Die Täter sind der Mailänder Giorgio Massara, ein ehemaliger Fremdenlegionär, und drei Veneter: Sergio Tazio Poltronieri, Luciano Rolando und Maurizio Perito. Und der Auftraggeber? Laut dem Mailänder Richter Guido Salvini . . . war es die CIA. Salvini ist bei seinen Nachforschungen auf eine in dieser Angelegenheit möglicherweise entscheidende Persönlichkeit gestoßen: auf Sergio Minetto, einen Ex-Faschisten, der seinerzeit nach Argentinien geflohen und der von dem mächtigen amerikanischen Geheimdienst CIA beauftragt wurde, die italienische Antwort an die Neonazis zu organisieren. Es sei tatsächlich Mineto der Kopf hinter dem Unternehmen der Neofaschisten in Österreich gewesen . . . Diese ‚Getreuesten' des Minetto hätten sich schon ein Jahr zuvor, im August 1962, bei dem Anschlag auf das Denkmal der Roten Armee in Wien als verläßlich erwiesen. Alles in allem: Gegenterrorismus."

Der Geheimdienst „Gladio" verübte provokatorische Anschläge: Es mußte Tote geben!

Allein mit „Gegenterrorismus" sei es aber nicht abgetan gewesen, berichtete Cagnan weiter. *„Bereits 1981, als noch niemand davon träumen konnte, daß man von der Organisation ‚Gladio' sprechen würde, schrieb Gianni Flamini in seinem Buch ‚Die Partei des Staatsstreichs' darüber, daß die geheime Sicherheitsorganisation der Nato dazu übergegangen sei, den Sicherheitsinteressen der atlantischen Allianz entsprechend Tote in Südtirol zu produzieren und diese als Opfer des Südtiroler Irredentismus zu tarnen. Der Qualitätssprung – von gesprengten Masten zu ermordeten Soldaten – zeige die neue Strategie. Es seien die Toten notwendig gewesen, um die öffentliche Meinung davon zu überzeugen, daß ein Programm ablaufe, das darauf gerichtet sei, die öffentliche Ordnung des Westens zu zerstören. Es sei daher notwendig, um jeden Preis die ‚westliche Zivilisation' zu verteidigen: gegen die Neonazis, aber vor allem auch gegen die politische Linke. Deshalb schickte der Geheimdienst die Neofaschisten nach Österreich . . . In jenen Jahren hielt sich Minetto im NATO-Kommando FTASE (‚Forze terrestri alleate del Sud Europa') in Verona auf. Der Richter Salvini ermittelt auch hinsichtlich eines Attentates, welches im April 1969 auf den Regionalpalast in Trient verübt worden war, welches den Stempel desselben Minetto und seiner Söldnerschar trage."*

Neofaschisten auch in Südtirol tätig – provokatorische Anschläge nun erklärbar

Riccardo Dello Sbarba berichtet in der „Südtiroler Illustrierte FF" Nr. 27/96 unter dem Titel *„Prove di Golpe in Sudtirolo" („Staatsstreich-Übungen in Südtirol")*, daß Richter Salvini über eine Bericht der Carabinieri-Spezialeinheit ROS („Reparti Operativi Speciali di Carabinieri") verfüge, in welchem die Aussage eines inhaftierten Ex-Aktivisten der neofaschistischen Terrororganisation „Ordine Nuovo", Carlo Digilio, enthalten sei. Dieser habe ausgesagt, daß damals neofaschistische Gruppen ein geheimes Netz von *„Staatsverteidigungsgruppen" („Nuclei di difesa dello Stato")* über halb Italien gelegt hätten und mit Bombenanschlägen versucht hätten, ein Klima öffentlicher Unsicherheit zu schaffen, bis die Situation reif für einen militärischen Staatsstreich gewesen wäre. Digilio habe aber auch ausgesagt, wie sie bei dieser Arbeit *„durch Teile des Heeres und durch italienische Geheimdienste und den amerikanischen Geheimdienst unterstützt worden seien. Die Ausbildungsstätten dieses Netzes waren die neofaschistischen Gruppen der Lombardei und vor allem des Veneto, die operative Zentrale befand sich in Verona. Dort, bei dem Natokommando für Südeuropa, war die Kontaktstelle zur CIA, welche die Neofaschisten im Auge behielt und ihre Aktivitäten ausnützte. Der Verbindungsmann zwischen den Militärs und den Neofaschisten war . . . Sergio Minetto . . . der ungestört in dem Natostützpunkt aus- und eingehen konnte. Von Minetto führt eine direkte Verbindung nach Bozen . . .Daß Südtirol ein Operationsgebiet für den Neofaschismus des Veneto gewesen sei, ist nichts Neues . . . Für die Umstürzler war eine einzigartige Gelegenheit, sich einzuschalten und wertvolle Kontakte zu dem Militärapparat zu knüpfen, indem sie ihre Mitarbeit bei dieser ‚patriotischen Mission' anboten."* Nach diesen Enthüllungen wird die Urheberschaft so manchen provokatorischen Anschlages erklärbar, von dem die Freiheitskämpfer des BAS sich stets distanziert hatten, deren Urheberschaft aber im Dunklen geblieben war.

25. September 1963
Sprengstoffanschläge
Am Vorabend der Südtiroldebatte vor den Vereinten Nationen sprengten die Südtiroler Freiheitskämpfer erneut zwei Hochspannungsmasten bei Bruneck-Aufhofen. Es geschah dies buchstäblich unter den Augen eines Carabinieri-Großaufgebots, das noch nach den Tätern der Anschläge vom 16. 9. 1963 suchte. Ein weiterer Mast wurde im Moor bei Kaltern gesprengt. Dieser war bereits einmal am 12. 6. 1961 zerstört worden.

Schikane gegen Dr. Benedikter
Landesrat Dr. Benedikter (Bozen), der zusammen mit Chefredakteur Dr. Friedl Volgger zu den Südtirolverhandlungen nach New York hätte fliegen sollen, mußte seine Reise aufgeben. Sein Reisepaß, versehen mit einem gültigen amerikanischen Visum, war in den letzten Monaten bis zur letzten Seite voll geworden. Benedikter mußte den Paß deshalb zwecks Neuausstellung bei der Quästur abgeben. Als er nun, entsprechend den Versicherungen der Quästur, das amerikanische Visum in den neuen Paß transferieren lassen wollte, teilte man ihm mit, daß sämtliche Dokumente verbrannt worden seien. Die Südtiroler waren in New York daher nur durch Dr. Volgger vertreten.

26. und 27. September 1963
Südtirol erneut vor der UNO
Der österreichische Außenminister Kreisky nahm vor der 18. Generalversammlung der Vereinten Nationen zur Südtirolfrage Stellung. Er führte unter anderem aus: *„Es ist meine Überzeugung, daß, hätte man sich in den vergangenen zwei Jahren seit der letzten UNO-Resolution, mit größter Intensität und größerer Energie um die Durchführung von Verhandlungen von allen Seiten in gleicher Weise bemüht, heute eine ruhigere Atmosphäre herrschen würde. Es ist zutiefst bedauerlich, daß diese Auseinandersetzung zwischen Österreich und Italien in der Südtirolfrage zur Vernichtung von Menschenleben geführt hat. Wir wollen keine Dramatisierung der Auseinandersetzungen, wir wollen eine Bereinigung durch Verhandlungen. Aber man soll sich endlich auf italienischer Seite dazu bereit finden."*
Kreisky über die Folterungen: Österreich übte größte Zurückhaltung
Dann kam Dr. Kreisky auf die Folterungen der inhaftierten Südtiroler zu sprechen: *„Schon vor zwei Jahren habe ich im politischen Spezialkomitee darauf aufmerksam gemacht, daß die österreichische Regierung über Dokumente verfügt, die von Folterungen inhaftierter Südtiroler durch italienische Polizeiorgane Zeugnis ablegen. Seit 1961 haben wir uns die größte Zurückhaltung auferlegt, um es den italienischen Behörden zu ermöglichen, von sich aus die Angelegenheit zu bereinigen. Das ist nicht geschehen . . ."*(Hier muß der Chronist anmerken, daß diese noble Rücksichtnahme, die wohl mit der Spitze der SVP abgesprochen gewesen sein muß, es Italien außerordentlich erleichtert hat, weiter foltern zu lassen.)

Kreisky verlangt Wiederaufnahme der Verhandlungen
Kreisky bemerkte weiter, Österreich habe sich seit März 1962 um die Wiederaufnahme von Verhandlungen bemüht. Dies sei von Italien mit Einwendungen bezüglich der Zusammensetzung der österreichischen Presse abgelehnt worden. Der italienische Außenminister Piccioni erwiderte auf die Ausführungen Kreiskys: Er sei zur Wiederaufnahme von zweiseitigen Verhandlungen bereit, vorausgesetzt, daß keine weiteren Versuche unternommen würden, *„die Atmosphäre zwischen Italien und Österreich zu vergiften."*

__29. September 1963__
Tirol 600 Jahre bei Österreich
Am 28. September 1363 ging die Grafschaft Tirol auf das Haus Habsburg über, da Margarete Maultasch ihre Rechte an Herzog Rudolf IV. abtrat. In Innsbruck gedachte das Volk von Tirol dieses bedeutenden Ereignisses mit der Enthüllung eines Gedenksteines und würdigen Feiern. Der Landeshauptmann von Nordtirol, Eduard Wallnöfer, erklärte in seiner Festrede u. a.: *„Auf diese festliche Stunde fallen schwere Schatten: Nicht dem ganzen Tiroler Volk wurde nach 1918 die freie Entscheidung seiner Zukunft gegönnt. Entgegen der feierlich proklamierten Selbstbestimmung wurde der Süden des Landes durch die Siegermächte wider das Recht und wider die Geschichte gewaltsam abgetrennt und dem Nationalstaat Italien zwangsweise eingegliedert. Wir alle kennen den Leidensweg, den das Südtiroler Volk in den zwanziger und dreißiger Jahren, insbesondere unter der faschistischen Herrschaft, gehen mußte. Vor wenigen Wochen, am 25. Juni dieses Jahres, sprach der Präsident der Vereinigten Staaten, Kennedy, in der Frankfurter Paulskirche folgende Worte: ‚Wir im Westen müssen unserer Überzeugung treu bleiben, daß erst dann von wirklichem allgemeinem Frieden in Europa die Rede sein kann, wenn überall in Europa die Menschen in Frieden und Freiheit wählen können, wie ihr Land regiert werden soll und wenn sie sich – ohne Bedrohung irgendeines Nachbarn – für eine Vereinigung mit ihren Landsleuten entscheiden können.' Das sind schöne und wahre Worte. Aber für wen gelten sie? . . . Die Südtiroler müssen aber durch ihre gewählten Vertreter wenigstens eine echte Autonomie verlangen, die den Bestand ihres Volkstums, ihrer Kultur und ihrer Freiheit im europäischen Sinn sichert."* An den Feiern und an dem Festzug nahmen mehr als 30.000 Menschen teil, die, wie die ÖVP-Zeitung „Volksblatt" meldete, immer wieder in den Ruf *„Freiheit für Südtirol"* ausbrachen.

Feuergefechte
Bei Riffian im Passeiertal wurden mehrere Schüsse auf eine Carabinieristreife abgegeben. Zu einer weiteren Schießerei zwischen Carabinieristreifen und Freiheitskämpfern kam es im Rojental.

__30. September 1963__
Italienische Anschläge nicht vergleichbar mit Verzweiflungstaten der Südtiroler
Der österreichische Bundeskanzler Gorbach drückte in einer Erklärung sein Entsetzen über die Sprengstoffanschläge in Ebensee aus, die einem Polizeibeamten das Leben gekostet hatten. Er unterstrich, daß die hinterhältigen Anschläge in Ebensee auf keinen Fall mit den Verzweiflungstaten der Südtiroler zu vergleichen seien.

__2. Oktober 1963__
Südtirol sympathisiert mit den Freiheitskämpfern
Die deutsche Tageszeitung „Bild" brachte unter dem Titel *„Terror, Trauer, Tränen"* (Untertitel: *„Ein Kolonialregime mitten in Europa. Südtirol: Folterungen wie im Mittelalter"*) eine ausführliche Darstellung des Trienter Carabinieriprozesses. Zum Abschluß zitierte sie einen prominenten Südtiroler Politiker, der nicht genannt sein wollte und der zu dem Reporter gesagt hatte: *„Ich will diese neuen Sprengstoffanschläge nicht entschuldigen. Aber vielleicht sind sie eine verzweifelte Antwort auf den Hochmut von Trient . . . Wir lehnen nach wie vor mit aller*

Schärfe die Sprengstoffanschläge ab. ***Aber ich sehe mit Entsetzen, daß meine Landsleute zunehmend mit den Attentätern sympathisieren. Die deutschsprechende Bevölkerung fühlt sich von Rom verraten. Das Urteil von Trient kann noch üble Folgen haben.“***

3. Oktober 1963

BAS beschuldigt Mitolo der Urheberschaft der Ebensee-Attentate

Der Befreiungsausschuß Südtirol (BAS) bezichtigte in einem offenen Brief Dr. Andrea Mitolo, Führer der Neofaschisten in Bozen, der Urheberschaft an den Sprengstoffanschlägen von Ebensee. In zwei Briefen an die Presse gaben die Südtiroler Freiheitskämpfer Beobachtungen bekannt: Demnach hatten am 10. 9. 1963 vor Mitolos Wohnhaus in der Martin-Koller-Straße 2 zwei Fahrzeuge mit Veroner Kennzeichen geparkt. In einem seien der Mineur Mauro Prati und ein Mädchen mit dem Vornamen Lydia gesessen, die von einer Erkundungsfahrt nach Ebensee zurückgekommen seien. Bei dieser Gelegenheit sei der 23. September als Attentatszeitpunkt festgelegt worden. Eine weitere Spur zu den Attentätern sollte über die Druckerei Arno in Florenz zu den Tätern führen. Die italienische Polizei gehe weder den Hinweisen nach, noch zeige sie Interesse, die Täter zu finden. (Hier sei erinnert, daß Mitolo die Folter-carabinieri verteidigte und beste Kontakte zu Polizeikreisen hatte. Er selbst dementierte die Beschuldigungen.)

8. Oktober 1963

„Dreiste Behauptungen“ eines italienischen Richters

„Dreiste Behauptungen“ nannte die „Tiroler Tageszeitung“ die von dem beisitzenden Richter Dr. Francesco Traversa formulierte Begründung der Freisprüche im Folterprozeß von Trient, die jetzt in der Gerichtskanzlei hinterlegt wurde und in der es hieß: *„Es besteht kein Zweifel, daß das ‚Unternehmen Prozeß‘ gegen die Carabinieri in extremistischen Kreisen jenseits der Alpen vorgeschlagen und geplant war, um die italienische Polizei in ein schlechtes Licht zu rücken und sich die für sie positiven Ergebnisse der Untersuchungen zunutze zu machen.“*

Trient ein „Trauerspiel der Justiz“

Während einer die Justiz betreffenden Senatsdebatte ergriff Senator Dr. Luis Sand das Wort und bezeichnete den Carabinieriprozeß von Trient als *„ein Trauerspiel der Justiz“*.

9. Oktober 1963

Südtirol-Anfrage im Deutschen Bundestag

Der Bundestagsabgeordnete und Vorsitzende des Kulturwerkes für Südtirol, Josef Ertl, richtete an die Bundesregierung die Anfrage, ob diese bereit sei, eine Untersuchung der Folterung Südtiroler Häftlinge durch die Menschenrechtskommission in Straßburg zu unterstützen. Staatssekretär Carstens erklärte, daß die Bundesregierung diese Frage nicht beantworten wolle. Auf die Zusatzfrage, ob die Bundesregierung nicht den Mut habe, etwas zu unternehmen, antwortete Carstens: *„Dies ist keine Frage des Mutes, sondern eine Frage der Verantwortung.“*

10. Oktober 1963

Einreiseverbot für Völkerrechtsgelehrten

Der international bekannte Völkerrechtsexperte Dr. Theodor Veiter, welcher auch stellvertretender Generalsekretär einer internationalen Organisation mit beratendem Status bei den Vereinten Nationen ist, wurde an der Brennergrenze zurückgewiesen. Die bemerkenswerte Begründung lautete, daß Italien die Einreise von Personen, die sich mit Fragen der ethnischen Gruppen in Italien befassen, derzeit nicht für opportun halte.

13. Oktober 1963

Südtirol bleibt weiter unter UNO-Beobachtung

Nach seiner Rückkehr aus New York erklärte Außenminister Kreisky: *„Bei der Sitzung der UNO-Vollversammlung hat sich klar gezeigt, daß die Südtirolfrage auch weiterhin unter der*

Beobachtung und Kontrolle der UNO bleiben muß. Diese Frage ist nicht auf die Tagesordnung der Vollversammlung gestellt worden, aber man hat ihr dennoch Aufmerksamkeit geschenkt, und Freunde Österreichs haben es für richtig gehalten, daß die Behandlung in dieser Form geschehen ist."

Sprengstoffanschläge
Bei Iduno (Provinz Mailand) wurden vier riesige Hochspannungsmasten durch die Südtiroler Freiheitskämpfer zerstört. Bei einem fünften Leitungsmasten versagten die Zündanlagen. Die Stromversorgung in Oberitalien wurde für Tage behindert und zum Teil zur Gänze unterbrochen.

15. Oktober 1963
Sprengstoffanschlag
Zwischen Laag und Salurn wurde ein Bagger einer italienischen Baufirma durch eine Sprengladung zerstört.

BAS kündigt Waffenruhe an
Der Befreiungsausschuß Südtirol (BAS) kündigte in Schreiben an die Tageszeitungen „Dolomiten" und „Alto Adige" aus Gründen der Humanität eine dreiwöchige Waffenruhe an. In dieser Zeit sollte den italienischen Streitkräften die Möglichkeit gegeben werden, mit den Hilfsaktionen im Vajont-Tal fortzufahren und der obdachlosen Bevölkerung zu helfen. Bei einem Dammbruch hatte es Tote, Verletzte und Tausende Obdachlose gegeben.

17. Oktober 1963
Italiens Herrschaft ruht auf der Spitze der Bajonette
Anläßlich einer Festkundgebung zur 600jährigen Zugehörigkeit Tirols zu Österreich führte Dr. Franz Gschnitzer in Ried im Innkreis aus: *„Die Feier der 600jährigen Zugehörigkeit Tirols zu Österreich hat zwei Gesichter: Mit Freude bekennt sich Tirol zu Österreich, aber mit doppeltem Schmerz wird uns dabei bewußt, daß sich nur ein Teil des Landes zu Österreich bekennen darf, daß Südtirol, abgetrennt vom Mutterland, losgerissen ist. Das schon vorher erschütterte Vertrauen der Südtiroler in die italienische Justiz muß durch das Urteil im Carabinieriprozeß völlig zerstört worden sein. Ein altes Wort heißt: Wo keine Gerechtigkeit ist, ist keine Freiheit, und wo keine Freiheit ist, ist keine Gerechtigkeit. Ich lehne aus Überzeugung die Gewalt als Mittel der Politik ab. Aber damit sind jene nicht entschuldigt, die es so weit gebracht haben, daß der Unterdrückte kein anderes Mittel mehr zu haben glaubte. Wer die italienische Politik in Südtirol verfolgt, der weiß, wo die Schuld liegt.* ***Das Südtirolkonto Italiens in Südtirol ist riesengroß. Heute ruht Italiens Herrschaft in Südtirol auf der Spitze der Bajonette. Das ist eine Bankrotterklärung der italienischen Südtirolpolitik."***

21. Oktober 1963
Altfaschist hetzt gegen Südtirol
Bemerkenswert schnell hatte sich die im März dieses Jahres gegründete Presseagentur „Alpe" durchgesetzt, die viermal wöchentlich tendenziös gefärbte Nachrichten und Kommentare aus Südtirol verbreitete, die nahezu von der gesamten italienischen Presse übernommen wurden. Als Direktor zeichnete Fabio Masotti, der Sohn des römischen Korrespondenten von „Alto Adige" verantwortlich, während Giuseppe Mastromattai, der einstige faschistische Präfekt von Bozen (1933-1940), als Herausgeber fungierte. Mastromattei, Gründer des Fascio von Genua, Teilnehmer des Marsches auf Rom, General der Faschistischen Miliz und Parteiinspektor der Faschistischen Partei (1930-1933), war einer der gefährlichsten Feinde des deutschen Volkstums in Südtirol. Auf seine Initiativen ging die Errichtung der Industriezone von Bozen zurück, durch welche zahllose süditalienische Arbeiter nach Südtirol kamen, bis die Mehrheit der städtischen Bevölkerung Bozens schließlich aus Italienern bestand. Seine „große Zeit" aber hielt Mastromattei erst für gekommen, als es ihm möglich wurde, die von Hitler

und Mussolini beschlossene Umsiedlung der Südtiroler ins Reich durchzuführen. Nun war Mastromattei, den vor Jahren selbst eine italienische Zeitung als *„Giftmischer Nr. 1 des Hasses und der nationalen Gegensätze"* bezeichnet hatte, durch die Hintertür zurückgekehrt, um publizistisch und propagandistisch den Kampf gegen die Südtiroler Volksgruppe fortzusetzen.

22. Oktober 1963

Italiener kämpfen gegen Italiener

Zwischen Wachsoldaten beim Kraftwerk Vierschach im Pustertal und einer Einheit Gebirgsartilleristen kam es zu einem stundenlangen heftigen Feuerwechsel mit Gewehren und Maschinenpistolen. Aus Angst vor Blamage, statt gegen Freiheitskämpfer gegeneinander gekämpft zu haben, wurden mysteriöse „Südtiroler Schatten" erfunden. Aus Protest gegen diesen „Angriff" versammelten sich am 23.10. hunderte neofaschistische Studenten in Rom und forderten die sofortige Absage des geplanten Außenministertreffens. Erst eine Woche später ließ sich die Wahrheit nicht mehr länger verbergen. Zwar war es vielfach zu einzelnen kurzen Schußwechseln zwischen Wachposten und Militärstreifen gekommen. In Vierschach kam es jedoch erstmals zu einer mehrstündigen „Schlacht".

23. Oktober 1963

Österreichischer Erfolg bei Außenministertreffen in Genf: Italien stimmt Verhandlungen zu, wenn Ergebnis der 19er-Kommmission vorliegt

Unter Führung der Außenminister Kreisky und Piccione trafen sich die Delegationen aus Österreich und Italien zu Südtirolgesprächen in Genf. Während Kreisky das Gespräch mit *„Wir sind sehr zufrieden"* einstufte, meinte Piccione: *„Nützlich und positiv"*. In dem gemeinsamen Kommuniqué hieß es:

„1. Außenminister Piccione erklärt feierlich, daß die italienische Regierung der Südtirolfrage eine ebenso große Bedeutung zumesse wie Österreich und daß sie deren Lösung als äußerst dringlich ansehe.

2. Eine neue Südtirol-Konferenz wird sofort einberufen, wenn die neue italienische Regierung die Ergebnisse der Neunzehner-Kommission geprüft und hierüber ihre Beschlüsse gefaßt haben wird.

3. In dieser nächsten Konferenz wird über das Meritum der Frage verhandelt werden. Basis dieser Verhandlungen werden die Beschlüsse der Regierung zu den Ergebnissen der Neunzehner-Kommission bilden.

4. In den Bericht der Neunzehner-Kommission werden jene Forderungen der Südtiroler, die sie in der Kommission selbst nicht durchsetzen konnten, aufgenommen werden."

Dies war ein großer Erfolg für Dr. Kreisky und für Österreich. Damit war Österreichs Position im diplomatischen Ringen um die Rechte Südtirols gesichert, und der Versuch, Österreich durch die internen Beratungen der Neunzehner-Kommission aus seiner Schutzmachtrolle hinauszudrängen, war gescheitert.

Menschenrechtskommission empfiehlt Begnadigung der Pfunderer-Burschen

Die Kommission für Menschenrechte in Straßburg lehnte den von Österreich eingebrachten Antrag betreffend die Pfunderer Burschen ab. Die Kommission stellte fest, daß Italien keine Menschenrechte verletzt habe. Die Kommission beschloß aber einstimmig, der italienischen Regierung die Begnadigung der sechs Bauernburschen nahezulegen.

26. Oktober 1963

Unmenschliche Behandlung der Häftlinge in Mailand

Die „Oberösterreichischen Nachrichten" meldeten, daß die Südtiroler Häftlinge in Mailand in Zellen mit nur 6 Quadratmetern zu dritt leben mußten. Die Zellen seien von Ungeziefer verseucht, und die Notdurft müsse in Kübel verrichtet werden. Die Verpflegung sei mangelhaft, und die ärztliche Betreuung werde im Falle des lungenkranken Traminers Josef Fontana verweigert, der schon seit über drei Wochen mit Fieber darniederliege.

31. Oktober 1963

Die Brüder Kerbler verdingen sich als Agenten

In der Nacht auf den 1. November trafen sich in Innsbruck die Brüder Christian und Franz Kerbler aus Hall in Tirol mit dem Leiter der politischen Polizei in Bozen, Giovanni Peternel, sowie mit zwei weiteren Beamten der Bozener Quästur (des Polizeipräsidiums), um sich den Italienern als Agenten und Spitzel gegen den Südtiroler Freiheitskämpfer Georg Klotz zu verdingen. (Der Historiker Christoph Franceschini anhand von italienischen Geheimdienstakten im „Südtirol-Profil" 3/93: „Im Auftrag des italienischen Staates".) Das Treffen hatte eine Vorgeschichte gehabt: Bereits im Frühjahr 1963 war Christian Kerbler, der in München laut Mitteilung der Polizei ohne Aufenthaltsgenehmigung und „von nicht kontrollierbaren Einkünften" als angeblich „freiberuflicher Journalist" gelebt hatte, über seinen Freund, den Innsbrucker Pressefotografen Hans Paul Wagner, mit dem Südtiroler Freiheitskämpfer Georg Klotz, der in Absam bei Hall lebte, in Verbindung getreten. Beiden Kerbler-Brüdern, die aus einer angesehenen Familie in Hall stammten (der Vater war Kaiserjägeroffizier gewesen) gelang es in kurzer Zeit, durch tätige Mithilfe bei Kurierfahrten und Sprengstofftransporten nach Südtirol das Vertrauen von Georg Klotz zu erringen.

Was dann geschah, schilderte im Jahre 1992 der von dem Senator Marco Boato verfaßte Bericht der italienischen parlamentarischen Untersuchungskommission („Commissione stragi") über terroristische Umtriebe der italienischen Geheimdienste: Cosimo Provenzano, damals diensttuender Unteroffizier der Carabinieri im Gegenspionagezentrum Bozen, habe vor dem italienischen Untersuchungsrichter Mastelloni erklärt, *„daß er wisse, daß sich die Kerbler-Brüder bei dem italienischen Konsulat in Innsbruck mit der Erklärung präsentiert hätten, sie seien bereit, mit den italienischen Behörden zwecks Verhaftung von Terroristen zusammenzuarbeiten. Der Konsul habe sie an den Polizeiposten auf dem Brenner weitergeleitet, von wo sie nach Bozen zur Quästur gebracht worden seien."* Der Leiter der politischen Polizei in Bozen, Giovanni Peternel, erklärte laut Boato-Bericht am 16. Juli 1991 vor dem Untersuchungsrichter Mastelloni: *„Der Quästor Allitto Bonanno koordinierte die Arbeit. Dabei gab es eine ständige Verbindung zu Monico (Chef des Gegenspionagezentrums Verona), zu dem Untersuchungsrichter Martin und dem Staatsanwalt Corrias."* Bezahlt worden seien die Kerblers aus dem Fonds des italienischen Innenministeriums. Diese Aussagen bestätigte der Geheimdienstoberst Renzo Monico am 5. Juli 1991 vor dem Untersuchungsrichter Carlo Mastelloni, und der damalige Leiter der Polizeistelle am Brenner, Secolo Perusco, gab sogar an, die Kerblers persönlich mit dem Auto nach Bozen in die Quästur gebracht zu haben (Christoph Franceschini in der Südtiroler Fernsehillustrierten FF 49/92). Das Motiv für die Kerblers war sicherlich die Geldgier gewesen. Christian Kerbler hatte sich in München als „Pressemanager" des Filmsternchens Kai Fischer betätigt und gleichzeitig als Strichjunge in Kreisen der oberen Zehntausend verkehrt. Seit dem 28. Oktober 1963 war er aber von der Polizei wegen seiner mangelnden Aufenthaltserlaubnis und seiner „unkontrollierbaren Einkünfte" mit Aufenthaltsverbot für die Bundesrepublik Deutschland belegt worden („SPIEGEL" Nr. 44/1964). Nun suchten er und sein Bruder Franz in Österreich das leicht zu verdienende Geld.

2. November 1963

Beginn der Arbeit der Agenten Kerbler

Ein weiteres Treffen italienischer Geheimdienstmitarbeiter mit den Brüdern Kerbler fand statt und eröffnete eine einjährige Zusammenarbeit, die mit dem bestellten Mord an dem Freiheitskämpfer Luis Amplatz im September 1964 enden wird. Zwischen November 1963 und September 1964 fanden gut 30 Treffen zwischen Christian Kerbler und Peternel sowie dem Quästor Bonanno in Bozen statt, an denen seit April 1964 auch immer öfter Franz Kerbler teilnahm. Bei allen Treffen war auch der Mitarbeiter des italienischen militärischen Geheimdienstes SIFAR, Angelo Pignatelli, zugegen, der die Berichte der Brüder Kerbler an Oberst Monico im Gegenspionagezentrum Verona (dem die Bozener Zweigstelle unterstellt war) weiterleitete. Die Brüder Kerbler lieferten umfangreiches Material über Georg Klotz und seine Gruppe in Innsbruck und Hall sowie Dutzende Fotos, anhand derer BAS-Leute identifiziert werden konnten. (Christoph Franceschini: „Im Auftrag des italienischen Staates", „Südtirol-Profil" 3/93.) Noch im Winter 1963 reiste der Pressefotograf Hans Paul Wagner im Auftrag der Brüder Kerbler nach Berlin und holte von dort aus einer unbekannten Quelle Sprengstoff, um ihn Georg Klotz zu übergeben. Er sollte Ende Dezember dann auch noch Sprengstoff aus Graz besorgen. (Christoph Franceschini: „Unsere Waffe ist der Sprengstoff und die Nacht", „Südtiroler Illustrierte FF" 28/91.)

4. November 1963

Sprengstoffanschläge

Da die italienischen Einheiten mit Razzien, Durchsuchungsmaßnahmen und Fahndung nach Freiheitskämpfern fortfuhren, beendete der BAS die angekündigte Waffenruhe einige Tage vor Ablauf und sprengte zwischen Gais und Uttenheim zwei Hochspannungsmasten. Weitere zwei Masten wurden bei Neumarkt durch Sprengladungen schwer beschädigt.

Deutscher Bischof auf italienischer Siegesfeier

Mit Unverständnis und Verbitterung registrierten zahlreiche Südtiroler, daß Weihbischof Heinrich Forer am *„Tag der bewaffneten Macht"* – am sogenannten Tage des „Sieges" über Österreich – auf der Ehrentribüne zur Militärparade Platz genommen hatte. Im Rahmen dieser Feier, an der die politisch Verantwortlichen für die Folterungen an den Südtiroler Häftlingen, Regierungskommissär Bianchi di Lavagna und Vizekommissär Dr. Puglisi, teilnahmen, wurden vor dem faschistischen „Siegesdenkmal" 80 Kränze niedergelegt, die aus ganz Italien nach Bozen geschickt worden waren. Bei dieser die Südtiroler beleidigenden und sie erniedrigenden Feier war auch der Armeecorpsgeneral Ciglieri zugegen.

13. November 1963

Dr. Burger in der Bundesrepublik unerwünscht

„Nicht jede Verfolgung wegen politischer Überzeugung gewährleistet einen Anspruch auf Asyl in der Bundesrepublik Deutschland." Mit dieser Begründung hatte das Bayrische Verwaltungsgericht entschieden, daß der Innsbrucker Universitätsassistent Dr. Norbert Burger Deutschland verlassen müsse. Er war am 7. Mai in München festgenommen und nach einigen Tagen wieder auf freien Fuß gesetzt worden. Der Bundesinnenminister Höcherl erklärte nach dem Urteil im Bundestag, die Bundesregierung werde sich doch noch für eine Asylgewährung verwenden. Bis zu dieser Entscheidung, erklärte Burger, wolle er sich verborgen halten.

30. November 1963

Strafverfahren gegen SVP-Ausschuß muß eingestellt werden

Der Bozener Staatsanwalt Dr. Corrias wollte gegen 26 Mitglieder des Parteiausschusses der SVP Anklage wegen Vergehens gegen den Artikel 269 des Strafgesetzbuches („Antinationale Aktivität des Staatsbürgers im Ausland") erheben. Diese Anklageerhebung sollte sich auf die Tatsache stützen, daß der Wortlaut der SVP-Entschließung vom 4. September 1963 zum Urteil im Trienter Carabinieriprozeß auch in ausländischen Zeitungen erschienen war. Die Strafprozeßordnung sah jedoch vor, daß zur Verfolgung dieses „Verbrechens" die Erlaubnis des Justizministeriums erforderlich war. Diese Genehmigung erteilte der italienische Justizminister nicht, so daß das Verfahren eingestellt werden mußte.

2. Dezember 1963

Freiheitskämpfer glückt die Flucht

Mit einem Motorroller versuchte der 22jährige Heinrich Oberleiter aus St. Johann im Ahrntal, einer der sogenannten „Pusterer Buam", in Grenznähe zu kommen, um nach Österreich zu flüchten. Mit ihm war die Südtiroler Verkäuferin Rosa Ebner. Sie wurden von einem Jeep verfolgt und festgenommen. Bei der Rückfahrt kam der Jeep ins Schleudern, so daß Oberleiter barfuß, nur in Unterhosen – um Fluchtmöglichkeiten zu verhindern, hatte er die Kleidungsstücke ausziehen müssen – und trotz Salven aus Maschinenpistolen entkommen konnte. Erst nach einem Tag konnte er sich Schuhe und Kleider verschaffen und nach Österreich flüchten. Bei seiner ursprünglichen Festnahme waren Unterlagen gefunden worden, die zur Auffindung von mehreren Stützpunkten der Freiheitskämpfer führten. In den Verstecken wurden ein MG, 3 Gewehre, 2 Maschinenpistolen, 3 Pistolen, 74 kg Sprengstoff, Lebensmittel, Uniformen, Betten, Kocher und BAS-Flugblätter gefunden. Einige weitere Materiallager konnten von den Carabinieri nicht aufgefunden werden.

Geheimdiensthintergrund

Der so knapp geglückten Flucht Oberleiters war ein wahrer Agentenkrimi vorangegangen. Der Leiter des Gegenspionagezentrums Verona, Oberst Monico, hatte im Sommer 1963 mit Erfolg einen Agenten in eine der gefürchtetsten Freiheitskämpfergruppen, bei den vier „Pusterer Buam" Siegfried Steger, Josef Forer, Heinrich Oberleiter und Heinrich Oberlechner, eingeschleust gehabt. Der Spitzel firmierte in den Akten des Geheimdienstes unter dem Decknamen „Heini", den der Historiker Christoph Franceschini im „Südtirol-Profil" 3/93 („Im Auftrag des italienischen Staates") anhand ihm zugänglicher Geheimdienstakten als den Ahornacher Bauern Hermann Volgger („Kröpfl-Bauer") identifizierte. Dieser hatte sich an Heinrich Oberleiter und dessen Bruder David herangemacht und sogar an einem Sprengstoffanschlag auf einen Strommast im Ahrntal am 3. November 1963 teilgenommen, um das Vertrauen der „Pusterer Buam" zu erringen. Sein Auftrag war es gewesen, alle vier „Pusterer Buam" in eine Falle der Italiener zu locken. Die BAS-Leute schöpften jedoch Verdacht. „Der war einfach bei den Anschlägen viel zu ruhig", sagte einer der Beteiligten. Die Oberleiter-Brüder setzten den Spitzel unter Druck und dieser gestand, für den militärischen Geheimdienst SIFAR zu arbeiten. Heinrich Oberleiter gelang daraufhin in letzter Minute die Flucht.

Bombenanschlag gegen Südtiroler Einrichtungen

Gegen 23 Uhr detonierte vor der Eingangstür des „Südtiroler Kulturinstitutes" in Bozen eine Handgranate, die an einer Benzinflasche befestigt war. Die Detonation richtete Sachschaden an. Im selben Haus befanden sich auch die Räumlichkeiten der Südtiroler Hochschülerschaft, des Michael-Gamper-Werkes sowie der Teßmannbibliothek. In Bozen wurde der Anschlag allgemein den Neofaschisten zugeschrieben.

3. Dezember 1963

Südtirol auch ein soziales Problem. Beste Lösung wäre Selbstbestimmung

In der Universität Frankfurt/Main sprach Außenminister Kreisky über außenpolitische Probleme Österreichs. Zur Frage Südtirols erklärte er: *„Südtirol ist für uns ein soziales Problem. Vier Fünftel der Bevölkerung leben oben auf den Bergen und müssen darben."* Wenn der Bergbauer sterbe, erbe der älteste Sohn den Hof. Er sei aber so arm, daß er seine Geschwister nicht auszahlen könne. Mittellos müsse er sie ins Tal schicken. Hier bekämen sie aber keinen Arbeitsplatz, weil sie keine Wohnung am Platz hätten, die Wohnung bekämen sie aber nur dann, wenn sie einen Arbeitsplatz nachweisen könnten. *„Und nun spüren die Südtiroler erst richtig, wie arg sie in diesem Land diskriminiert werden."* Die beste Lösung für Südtirol wäre die Selbstbestimmung, doch sei die österreichische Regierung im Einverständnis mit den Südtiroler Politikern davon abgegangen, eine solche anzustreben. Das Ziel, das man zu erreichen suche, sei zur Zeit vielmehr die Verwirklichung der Autonomie.

9. Dezember 1963 bis 16. Juni 1964

Erster Mailänder Südtirolprozeß

Menschenrechtswidrige Abwesenheitsverfahren

Unter Vorsitz des Landesgerichtspräsidenten Dr. Simonetti begann in Mailand einer der größten politischen Prozesse der Nachkriegsgeschichte, der 93 Verhandlungstage dauern sollte. Es wurde gegen 94 Personen, davon 86 Südtiroler, 6 Österreicher und 2 deutsche Staatsbürger Anklage erhoben. 69 Südtiroler befanden sich in Haft. Gegen die abwesenden 11 Südtiroler und die Österreicher wurde – obwohl sie nicht ordnungsgemäß zum Prozeß geladen waren,

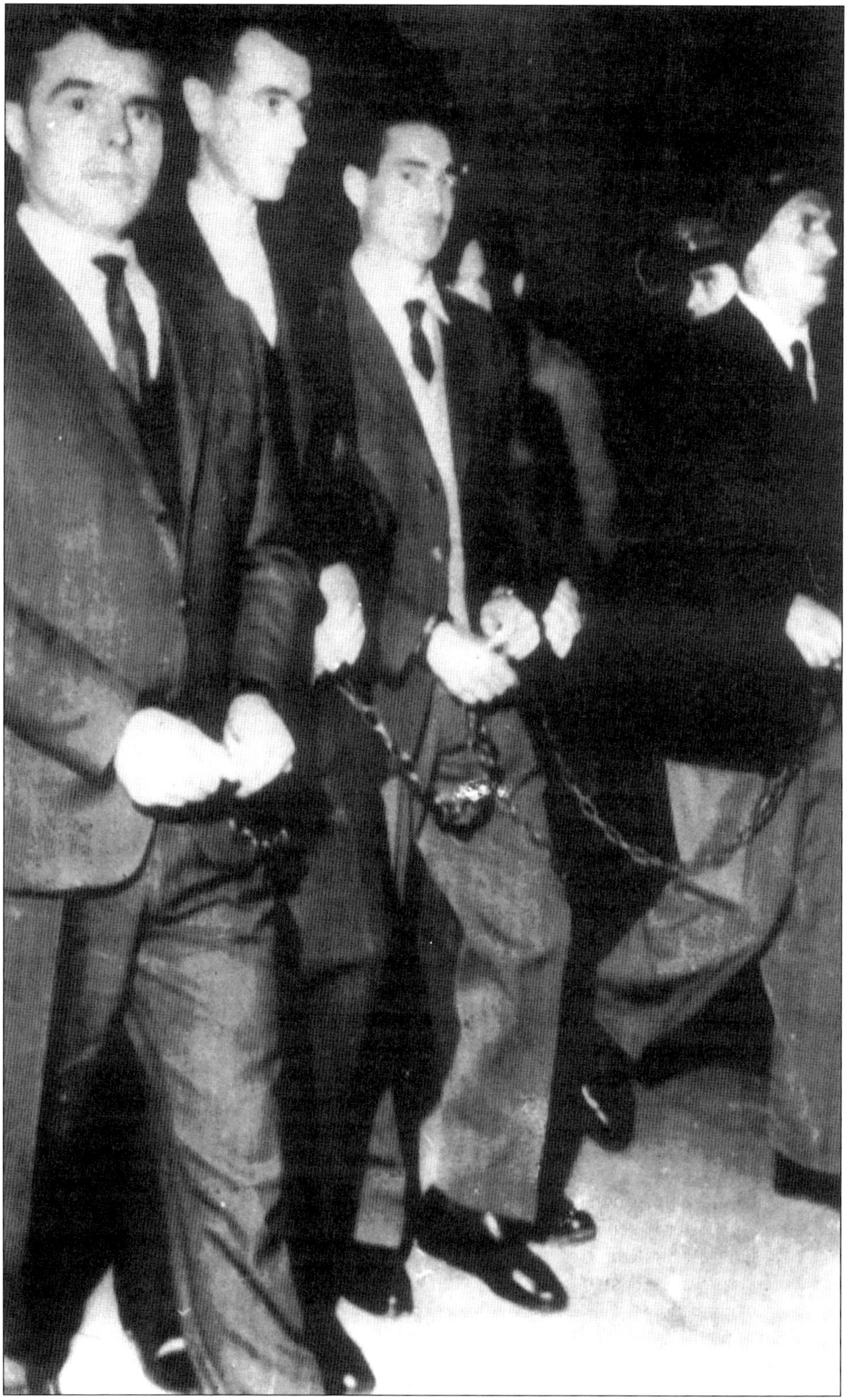

Angekettet wie Tiere: Die Angeklagten Josef Spiess, Jörg Pircher, Engelbert Angerer und Franz Muther auf dem Weg in den Mailänder Gerichtssaal (9. Dezember 1963).

sich keine Verteidigung besorgen konnten und nie eine Anklageschrift gesehen hatten – trotzdem in Abwesenheit verhandelt. Das widersprach klar den Bestimmungen der Europäischen Menschenrechtskonvention, kümmerte jedoch die italienische Justiz wenig, die sich, von aller internationalen Kritik unberührt, an die immer noch geltenden Bestimmungen des faschistischen Strafgesetzbuches und der faschistischen Strafprozeßordnung hielt. Zwei ursprünglich mitangeklagte Südtiroler waren vor Verhandlungsbeginn an den Folgen von in der Haft erlittenen Mißhandlungen gestorben. Das Durchschnittsalter der sich in Haft befindlichen Angeklagten betrug 35 Jahre. 37 Häftlinge waren verheiratet und hatten insgesamt 155 Kinder. Von Beruf waren die Angeklagten Bauern, Kaufleute, Handwerker, Arbeiter, aber auch ein Rechtsanwalt und ein Arzt waren darunter. Die Anklageschrift umfaßte 644 und die Prozeßakten über 20.000 Seiten. Den Beschuldigten wurden Anschläge auf 77 Hochspannungsmasten, 14 Eisenbahnmasten, 8 im Bau befindliche italienische Wohnhäuser und 3 militärische Einrichtungen angelastet, die sich zwischen dem 8. März 1959 und dem 9. März 1962 ereignet hatten. Der unglückselige Tod des Straßenwärters Postal wurde allen Angeklagten als „Mord" angelastet. (Er starb durch eigenes, unbefugtes Hantieren an einer gefundenen Sprengladung). Als Verteidiger traten neun Südtiroler Anwälte (Dr. Hugo Gamper, Dr. Gartner, Dr. Monauni, Dr. Nicolussi-Leck, Dr. Roland Riz, Senator Dr. Luis Sand, Dr. Tiefenbrunner, Dr. Vinatzer und Dr. v. Vintschger) und sieben Italiener (Abg. Dr. Canestrini, Dr. De Caro, Univ.-Prof. Dr. Delitala, Dr. De Luca, Dr. Gallo, Univ.-Prof. Dr. Nuvolone und Dr. Ricci) auf. In dem Verfahren wurden 435 Zeugen gehört, und nach Schätzungen der Zeitung „Corriere della Sera" belief sich der Kostenaufwand auf rund 50 Millionen Lire.

Verhaftung
Der deutsche Staatsbürger Joachim Dunkel wurde von italienischen Behörden festgenommen, als er von der Schweiz Sprengstoff nach Italien transportieren wollte. Er gab zu, im Auftrag Dr. Burgers Anschläge im Raume Mailand geplant zu haben.

10. Dezember 1963
Kreisky: Komplizierte Verhandlungen stehen bevor
In der Budgetdebatte des österreichischen Nationalrates erklärte Außenminister Dr. Kreisky, man werde sich noch auf komplizierte Verhandlungen in der Südtirolfrage gefaßt machen müssen.

13. Dezember 1963
Aldo Moro neuer Ministerpräsident, Giuseppe Saragat neuer Außenminister
Der neue italienische Ministerpräsident Aldo Moro legte das Programm seiner Mitte-Links-Regierung dem Parlament vor. Zur Frage Südtirols sagte er: *„Was dann Südtirol betrifft, wird die Regierung in der vollen Achtung der Rechte Italiens das gerechte und friedliche Zusammenleben der Bevölkerungen italienischer, deutscher und ladinischer Zunge fördern und dabei u. a. die Ergebnisse der Neunzehner-Kommission zeitgerecht verwerten, um in der Region Ruhe und Vertrauen zu gewährleisten."* Außenminister wurde der Sozialdemokrat Giuseppe Saragat.

17. Dezember 1963
Ergebnis der Neunzehner-Kommission kaum zufriedenstellend
Die Ergebnisse der sogenannten Neunzehner-Kommission dürften kaum eine zufriedenstellende Lösung für Südtirol darstellen, erklärte am Wochenende der Sprecher der SVP, Assessor Dr. Dalsass, in einer stark besuchten Bürgerversammlung in Gries-Bozen. Zwar seien die Ergebnisse noch nicht offiziell bekannt, doch wisse man inoffiziell genug, um von einer nicht zufriedenstellenden Lösung sprechen zu können.

Mailänder Prozeß: Selbstbestimmungsrecht für Triest und für Südtirol
Der Gerichtspräsident in Verlegenheit
Der Hauptangeklagte, Sepp Kerschbaumer, brachte den Gerichtspräsidenten Dr. Simonetti in

Verlegenheit, indem er sagte: *„Ich möchte ein Beispiel für die Art geben, in der hier in Italien das Selbstbestimmungsrecht ausgelegt wird. Im Jahre 1953 forderte der damalige Ministerpräsident Pella das Recht der Selbstbestimmung für die Stadt Triest* (damals unter jugoslawischer Verwaltung; Anm. d. Hrsg.). *Zur gleichen Zeit schrieben zwei Studenten aus Bruneck auf eine Hausmauer: ‚Selbstbestimmung für Südtirol'. Einer wurde verhaftet und zu mehreren Monaten Gefängnis verurteilt, dem anderen gelang die Flucht nach Österreich."* Und dann fuhr Kerschbaumer fort: *„Ich möchte fragen, ob Italien – das das Selbstbestimmungsrecht für Triest verlangt hat –, berechtigt ist, die Südtiroler für dieselbe Forderung zu bestrafen?"* Daraufhin wandte sich Dr. Simonetti an die Verteidiger: *„Meine Herren, Sie werden verstehen, daß ich diese spezielle Frage nicht beantworten kann."*

18. Dezember 1963

Der italienische Agent Kerbler bietet sich als Propagandist an

Im Stiftskeller in Innsbruck fand ein Südtirolabend des „Tiroler Arbeitsbundes", einer wahlwerbenden Tiroler Liste, mit Südtirolverteidiger Rechtsanwalt Dr. Wilhelm Steidl und Univ.-Prof. Dr. Felix Ermacora als Rednern statt. Auch die Leiterin der Südtirolabteilung des Amtes der Tiroler Landesregierung, Frau Hofrat Dr. Viktoria Stadlmayer, war zugegen, ebenso der Südtiroler Freiheitskämpfer Georg Klotz. Frau Stadlmayer erinnerte sich später: Ein Jüngling, demonstrativ um einen rheinländischen Akzent bemüht, ohne jedoch seinen Tiroler Einschlag verleugnen zu können, meldete sich zu Wort und erklärte, es gäbe zu wenig Medien-Propaganda für Südtirol und die Kontakte zu den bundesdeutschen Zeitungen werde zu wenig gepflegt. Er selbst sei Vertreter der renommierten „Frankfurter Allgemeinen Zeitung" und dort wisse man gar nichts über Südtirol. Dann unterhielt sich der junge Mann eingehend mit Georg Klotz. Daraufhin entschloß sich Frau Stadlmayer zu einem diskreten Wink und sagte in einem geeigneten Augenblick zu Georg Klotz: *„Passen Sie auf, Herr Klotz, das ist nie im Leben ein FAZ-Redakteur, das ist ein Spitzel."*

Wenige Wochen später erschien Christian Kerbler zusammen mit Hans Paul Wagner im Amt bei Frau Dr. Stadlmayer und schlug ihr den Plan vor, einen Film über Sprengungen in Südtirol für eine kanadische Fernsehgesellschaft an den tatsächlichen Schauplätzen des Geschehens zu drehen. Die Südtirolreferentin wies die beiden Provokateure aus ihrem Büro. (Baumgartner / Mayr / Mumelter: „Feuernacht", Bozen 1992, S. 282.)

20. Dezember 1963

Verhaftung

Am Reschenpaß wurde der deutsche Staatsbürger Hugo Knoll festgenommen, der von den Carabinieri beschuldigt wurde, am 26. 8. 1963 einen Sprengstoffanschlag in Laas versucht zu haben.

— 1964 —

1. Januar 1964
Nordtiroler Landeshauptmann hofft auf Verständnis
Nordtirols Landeshauptmann Wallnöfer gab in seiner Neujahrserklärung der Hoffnung Ausdruck, daß im Mailänder Prozeß ein Urteil gefällt werde, das den Weg zu einer Versöhnung öffne. Wörtlich hieß es: „*Das Jahr 1964 wird in Mailand und in Rom die Entscheidung bringen, ob Italien endlich, nach langen Perioden des Unverstehens, verstanden hat, worum es dem Südtiroler geht.*"

13. Januar 1964
Geständnis durch Mißhandlungen erpreßt
Wie der „KURIER" am nächsten Tag meldete, erklärte im Mailänder Südtirolprozeß der Angeklagte Luis Hauser, daß sein ursprüngliches Geständnis, am 4. November 1958 einen Pfeil mit einer Benzinflasche auf eine italienische Fahne abgeschossen zu haben, von den Carabinieri erpreßt worden sei. „*Ich wurde von den Carabinieri in Eppan schwer mißhandelt. Man versetzte mir Faustschläge, Fußtritte, spuckte mir ins Gesicht, schlug mich mit einem Verkehrsstab unter die Achselhöhle und mit einer Dynamitpatrone auf den Kopf, bis ich bewußtlos zusammenbrach. Dann goß man mir Salzwasser in die Kehle. Ich habe nur gestanden, weil ich so mißhandelt wurde. Ich bin unschuldig, und das ist die Wahrheit.*"

16. Januar 1964
Südtiroler aus der Untersuchungshaft entlassen
Die beiden Südtiroler Hermann Atzwanger und Josef Hofer aus Kiens im Pustertal wurden nach mehr als vier Monaten aus der Untersuchungshaft entlassen. Die Beschuldigung, an dem Attentat auf den Carabinieri Magagnin (siehe 31. 8. 1963) in Pfalzen teilgenommen zu haben, hatte sich als haltlos herausgestellt.

Mailand: Folterungen geschildert
Der Angeklagte Konrad Matuella aus Neumarkt schilderte dem Gericht die Foltermethode der „cassetta", bei welcher der Häftling mit dem Rücken so über eine Kiste gebeugt und dann mit allerlei Instrumenten geschlagen und gepeinigt wird, daß ihm dabei das Rückgrat zu brechen droht. Der Angeklagte Franz Egger aus Neumarkt erklärte ebenfalls, nur deshalb ein vorbereitetes „Geständnis" unterschrieben zu haben, weil er schwer mißhandelt wurde.

17. Januar 1964
Visumpflicht für österreichische Staatsbürger in Italien
Für ständig in Italien wohnhafte österreichische Staatsbürger wurde für die Wiedereinreise Visumpflicht eingeführt. Ohne das von der Quästur auszustellende Visum verfiel die Aufenthaltsgenehmigung.

20. Januar 1964
Mailänder Prozeß: Die Rolle des Polizeispitzels Stötter
Der einbeinige Kriegsinvalide Karl Thaler aus Tramin schilderte dem Gericht, warum er angeklagt ist: Erstens, weil er den geschäftsführenden Bergisel-Bund-Obmann Dr. Widmoser und dessen Frau persönlich kennt und mit ihnen befreundet ist. Zweitens, weil er dem Polizeispitzel Stötter die Gründungsurkunde einer „Südtiroler Aktion zur Erhaltung der deutschen Sprache und Kultur" unterschrieben habe. Stötter hatte sich als deutscher Reporter ausgegeben und behauptet, er brauche diese Unterschrift, um für Thaler, welcher nur eine Invalidenpension von 5. 510 Lire (etwa 231 Schilling) bezog, und andere Südtiroler Kriegsinvalide in Deutschland eine finanzielle Unterstützung auftreiben zu können. Thaler hatte dann noch andere Unterschriften besorgt. Thaler gab Stötter außerdem noch einen Betrag von 40.000

Lire. Stötter, der von den Carabinieri beauftragt worden war, Namen von Freiheitskämpfern ausfindig zu machen, hatte diesen dann das Schriftstück mit den Unterschriften als „Gründungsdokument" einer „Terrorgruppe" übergeben.
Daraufhin waren eine ganze Reihe Traminer verhaftet worden. Zum Unwillen des ihn unterbrechenden Gerichtsvorsitzenden bezeichnet sich Thaler in seiner Aussage als „faschistischer KZ-Häftling", da er aufgrund rein faschistischer Strafgesetzbestimmungen angeklagt ist.

21. Januar 1964

Italienischer Innenminister gab freie Hand zur Mißhandlung von Häftlingen

Am 13. Verhandlungstag im Mailänder Südtirolprozeß schildert der ehemalige SVP-Ortsobmann aus Tramin, Luis Gutmann, die fürchterlichen Folterungen, die er in der Carabinierikaserne Eppan erleiden mußte. Er gab an, daß sich Oberleutnant Vilardo während der Mißhandlungen damit gebrüstet habe, von Innenminister Scelba persönlich freie Hand für jegliche Behandlung der politischen Häftlinge erhalten zu haben („carta bianca"). *„Wer die Folter der ‚cassetta' einmal mitgemacht hat, möchte lieber sterben, als das noch einmal zu erdulden,"* erklärte Gutmann zum Abschluß seiner Aussage. Oswald Kofler und Viktor Thaler aus Tramin schilderten ebenfalls schwere Mißhandlungen durch die Carabinieri.

24. Januar 1964

Es wird weiter gefoltert

Daß in Südtirol noch immer politische Südtiroler Häftlinge bei ihrer Einvernahme durch die Polizeiorgane gefoltert werden, geht aus der Darstellung eines jungen Pustertalers hervor. Der 26jährige Johann Kirchler aus Ahornbach im Pustertal war im Dezember vergangenen Jahres im Zusammenhang mit der Verhaftung seiner Schwester Martha und Rosa Ebner, einer anderen jungen Pustertalerin, von den Carabinieri festgenommen und in das Gefängnis nach Bruneck gebracht worden. Den Grund seiner Verhaftung und was man ihm vorwerfe, erfuhr Kirchler nie. Als Kirchler nach einigen Tagen wieder entlassen wurde, erzählte er von der Behandlung, die er durch die Carabinieri erfahren hatte: *„Nachdem ich schon einige Stunden verhört worden war, schlugen mir die Carabinieri mit den Fäusten ins Gesicht und traten mir mit den Füßen in den Bauch."* Der junge Bauernbursch erzählte weiter, daß man ihm seine grüne Krawatte, auf der mit rotem Zwirn der Tiroler Adler eingestickt war, vor die Nase gehalten und ihn gefragt habe, ob er denn wisse, was das sei. *„Ja, der Tiroler Adler!"* Den dürfe man nicht tragen, das sei verboten, war die Antwort. Wo er diese Krawatte gekauft habe? *„In einem Geschäft in Bruneck"*, antwortete Kirchler. Nun forderten die Carabinieri den Gefangenen auf, den gestickten Tiroler Adler mit den Zähnen aus der Krawatte herauszubeißen. *„Das werde ich nie tun"*, entgegnete der junge Pustertaler. Daraufhin setzte es wieder Hiebe, und mit glühenden Zigaretten verbrannten die Carabinieri dem Gefangenen die untere Gesichtshälfte.

27. Januar 1964

Grazer Studenten verhaftet – Geheimdienstintrige

In Graz holte die Staatspolizei vier Studenten aus einem Zug, der zur Abfahrt nach Innsbruck bereit stand, und nahm sie fest. Es handelte sich um Harald Hagen (24), Dietmar Möhler (23), Ulf Castanjen (20) und Walter Hemmer (22). Zwei Tage später wurden der Angestellte Karl Iglar (24) und der Fachschullehrer Ing. Karl Pristolitsch aus Graz festgenommen. Die gutgläubigen Studenten waren von dem stellvertretenden „Führer" der „Legion Europa", dem Grazer Gerhard Neuhuber, angeworben worden, um zusammen mit dem Südtiroler Freiheitskämpfer Georg Klotz Aktionen in Südtirol durchzuführen. Neuhuber hielt sich seit Herbst 1963 in Absam bei Georg Klotz auf. Sein Statthalter bei der „Legion Europa" in Graz war Karl Iglar. Auf einem der vorbereitenden Treffen hatte Gerhard Neuhuber den Studenten erklärt, daß Südtirol mit Hilfe der „Legion Europa" militärisch befreit werden sollte. Nach gelungener Befreiung sollte die „Legion" als ständig bereite Sondereinheit in das Bundesheer integriert werden und für kühne Sonderaktionen dann zur weiteren Verfügung stehen. Die ganze Räuberpistole, die man den Jungen vorsetzte, hatte einen geheimdienstlichen Hintergrund. Die „Legion Europa" war eine rechtsextremistisch aufgezogene, paramilitärische Tarnorganisation, die von der österreichischen Staatspolizei unbehelligt blieb und hinter der sich das „stay behind"-Konzept der CIA verbarg. „Legionsführer" war der Wiener „Journalist" Fred Borth, der bei einer obskuren „Nachrichtenagentur" namens IFA arbeitete, die in Wahrheit eine Außenstelle der CIA gewesen sein dürfte. Borth arbeitete nicht nur mit der österreichischen Staatspolizei zusammen, sondern war auch, wie die parlamentarischen Untersuchungsberichte der Senatoren Boato und Bertoldi 1992 enthüllten, italienischer Geheimagent, der über die GLADIO-Organisation gesteuert wurde. Sein „Legions"-Stellvertreter Neuhuber hatte den Auftrag erhalten, Georg Klotz mit Leuten und Hilfsmitteln zu versorgen und so unter Beobachtung und Kontrolle zu halten. Neuhuber, der möglicherweise über die Agententätigkeit seines „Führers" nicht informiert war, berichtete laufend aus Tirol über den Fortgang der Dinge rund um Georg Klotz an Borth, und dieser gab die Berichte an die Italiener weiter. Als nun die Gefahr bestand, daß entschlossene junge Männer mit Begeisterung in einen militärischen Einsatz gehen würden, war entweder den Italienern oder der österreichischen Staatspolizei das Risiko offenbar zu hoch. Einem der Studenten wurde im Verhör von einem Stapo-Beamten lächelnd erklärt, daß er sich wundern würde, wenn er wüßte, wer die Gruppe habe hochgehen lassen (Gedächtnisprotokoll eines Beteiligten im Besitz des Hrsg.). Nach mehreren Wochen wurde das Verfahren eingestellt, und die Verhafteten wurden wieder auf freien Fuß gesetzt. Offensichtlich war niemand an der Aufklärung der wahren Hintergründe interessiert. Agent Borth arbeitete unbehelligt weiter.

Ende Januar 1964

Fackelzug für Südtiroler in Mainz

Studenten der Universität in Mainz demonstrierten mit einem Fackelzug für die in Mailand angeklagten Südtiroler.

6. Februar 1964

Mailand: Gerichtspräsident will nichts von Folter hören

Als Engelbert Gostner aus Brixen, der Bruder des an den Folgen der Folterung verstorbenen Anton Gostner, seine Aussage machte, kam es zu einem Zwischenfall. Gostner erzählte, daß er in der Carabinierikaserne Eppan seinem Bruder gegenübergestellt worden sei und Brandspuren von Zigaretten in seinem Gesicht gesehen habe. Hier unterbrach der Gerichtspräsident unwillig und bemerkte, dies stünde nicht zur Debatte.

7. Februar1964

Carabinieri mißhandeln wieder

Die Zeitschrift „Freiheit für Südtirol" berichtete, daß der 26jährige Pustertaler Johann Kirchler aus Ahornbach im Dezember 1993 einige Tage grundlos in Gewahrsam der Carabinieri gewesen sei und daß diese ihn laut seinen Aussagen in den Bauch getreten und mit Zigaretten im Gesicht verbrannt hätten, als er sich weigerte, den gestickten Tiroler Adler aus seiner Krawatte herauszureißen.

Züricher „Tagesanzeiger": „Der Geßlerhut ist ein Dreck dagegen!"

Die Zeitschrift „Freiheit für Südtirol" gab einen Artikel der renommierten Schweizer Zeitung wieder, die unter dem Titel „Terroristen oder Freiheitskämpfer" schrieb: *„Man kann vielleicht sagen: Wenn Terroristen lange genug Bomben geworfen haben, vor allem aber, wenn sie dabei Erfolg hatten, werden sie zu Freiheitskämpfern."* Über die italienischen Methoden in Südtirol berichtete der Autor Graeser: *„Der Geßlerhut ist ein Dreck dagegen! . . . So ungefähr liegen die Dinge. Wenn Sie mich aber nun fragen, ob man Bomben werfen darf, kann ich Ihnen nur sagen: Natürlich nicht, ebensowenig, wie man Landvögte erschießen darf . . ."*

9. Februar 1964

Das Agentennetz um Georg Klotz wird geknüpft

Kerbler organisiert die „Terroristenschule" und das Interview

Die italienische Illustrierte „Europeo" veröffentlichte eine sensationelle Reportage über Georg

Klotz und seine Gruppe von Freiheitskämpfern, die den Titel trug: *„Nel covo dei terroristi. I nostri inviati tra i terroristi", „In der Höhle der Terroristen. Unsere Berichterstatter unter den Terroristen".* Der Reporter des „Europeo", Gianni Roghi, und der Fotograf Gianfranco Moroldo stellten einem erschauernden italienischen Millionenpublikum in Wort und Bild eine *„Terroristenschule"* in Bayern nahe der Tiroler Grenze vor, die gleichzeitig das *„quartiere generale"* der *„terroristi altoatesini"* darstelle. In einem ausführlichen Interview erklärte Georg Klotz die Beweggründe der Südtiroler Freiheitskämpfer und kündigte für den kommenden Herbst eine Offensive gegen Italien an. In einer Bildreportage stellte Moroldo die Ausbildung der *„terroristi"* an Waffen und Sprengstoff vor. Die ganze Schau hatte Christian Kerbler eingefädelt gehabt, der seit Ende 1963 für den italienischen Geheimdienst arbeitete. Der Fotograf Moroldo hatte eine Innsbrucker Büroangestellte namens Susi Troniarsky kennengelernt, in deren Freundeskreis wiederum der frischgebackene Agent Christian Kerbler verkehrte. Es war Kerbler, der die Troniarsky um ein Treffen mit Moroldo bat, das dann an einem Freitagabend im Jänner 1964 in einem Bozener Nachtlokal in der Museumstraße stattfand. In Christian Kerblers Begleitung war Hans Paul Wagner, in der Begleitung von Susi Troniarsky und Moroldo der Reporter Gianni Roghi. Hier saßen sich nun, möglicherweise ohne dies voneinander zu wissen, mehrere italienische Agenten gegenüber, denn sowohl Roghi als auch Moroldo werden später verdächtigt, ebenfalls für italienische Dienste gearbeitet zu haben. Von Roghi hätten damals auch Innsbrucker Staatspolizisten angenommen, ein Offizier der italienischen Abwehr zu sein. (Gedächtnisprotokoll Peter Kienesberger.) Susanne Troniarsky hat später berichtet, der Quästor Alitto Bonanno habe sie in Bozen anwerben wollen und ihr für Informationen ein Auto versprochen, sie habe jedoch abgelehnt. (Baumgartner / Mayr / Mumelter: „Feuernacht", Bozen 1992, S. 289.) Bei dem Treffen in der Nachtbar in Bozen wurde man sich jedoch einig. Kerbler und Wagner forderten 30.000 Schilling für Fototermin und Interviews im „Terroristen-Hauptquartier". Wenige Tage später trafen Moroldo und Roghi in Innsbruck ein und wurden mit verbundenen Augen angeblich über die bayrische Grenze, in Wahrheit jedoch in eine Villa bei Gnadenwald gebracht, die einer Freundin der Troniarsky gehörte. Dort wurde den Italienern das Theater mit dem „Ausbildungszentrum" und „Hauptquartier" vorgeführt. Versammelt waren dort neben einigen harmlosen Studenten bereits die Creme der auf Georg Klotz angesetzten Agenten: Hermann Munk, Innsbrucker Häusermakler und mutmaßlicher Resident des deutschen Bundesnachrichtendienstes (BND), ein Freund der Brüder Kerbler. Weiters Christian Kerbler, Hans Paul Wagner und ein Grazer namens Neuhuber, der zu Georg Klotz nach Absam gekommen war, um ihm aus ganz Europa freiwillige oder bezahlte Kämpfer einer obskuren „Legion Europa" zuzuführen. Neuhuber war in eben dieser „Legion Europa" der Stellvertreter des „Legionsführers" Fred Borth, eines Journalisten in Wien. Borth wiederum aber war italienischer Geheimagent. 1992 werden die Untersuchungsberichte der italienischen parlamentarischen Untersuchungskommission über die Rolle der Geheimdienste in Zusammenhang mit dem Terrorismus enthüllen, daß der Leiter des Gegenspionagezentrums in Verona und der Abteilung „D" (difesa = Abwehr) des militärischen Geheimdienstes SIFAR, Renzo Monico, folgendes ausgesagt hatte: *„Von dem Büro ‚R', von dem aus Gladio* (Supergeheimer „Dienst im Dienst" mit schweren Verwicklungen in die italienische Terrorszene; Anm. d. Hrsg.) *geleitet wurde, bekamen wir Informationen über die Aktivitäten von Klotz in Österreich, über einen Journalisten namens Borth, der von dem Büro ‚R' angeworben worden war. Borth ist ein Neonazi der Legion Europa."* (Bericht des Senators Lionello Bertoldi, Rom 1992, S. 10. Ähnlich auch im Bericht des Senators Marco Boato, S. 81.) Die „Legion Europa" fügte sich in jenen Jahren in die paramilitärischen Verbindungen der äußersten Rechten in ganz Europa ein, die im Rahmen der amerikanischen Konzeption „stay behind" im Ernstfall als antikommunistische Guerrilla hätte fungieren sollen. In Italien hieß das Pendant „Gladio" und war mit Neofaschisten durchsetzt, zu diesen Kreisen hielt wiederum der österreichische „Legionsführer" Borth, der nun als italienischer Agent gegen die Südtiroler mobilisiert worden war, Kontakte. Sein „Stellvertreter" Neuhuber gab nun in Absam bei Georg Klotz den Ton an. Neuhuber, Kerbler, Wagner und Munk inszenierten für die italienischen Journalisten das „Terroristen-Spektakel" und machten dabei Georg Klotz weis, man habe mit dieser Propaganda der Sache Südtirols einen großen Dienst erwiesen. Ab nun genoß vor allem Christian Kerbler das Vertrauen des einfachen Passeirer Schmiedes Georg Klotz, der glücklich war, für den BAS einen solchen Pressespezialisten gewonnen zu haben. (Siehe: 2. März 1964.) Für Klotz und auch für Amplatz sollte das Interview noch fatale Folgen haben, nämlich die Verhängung der Schubhaft. (Siehe: 4. und 7. April.)

18. Februar 1964

Mailänder Prozeß: Italiener bestätigt Mißhandlungen

Der italienische Sprengstoffhändler Livio Pergol aus Lavis, bei dem zahlreiche Südtiroler Sprengstoff für landwirtschaftliche Zwecke, wie Baumstrünke sprengen, gekauft hatten, bestätigte in der Gerichtsverhandlung die Mißhandlungen: *„Ich wurde von den Carabinieri so lange geschlagen, bis ich alles zugab, was sie wollten."*

Bayrischer Minister gegen Freiheitskampf

Auf der in Rosenheim abgehaltenen Bezirksversammlung der Jungen Union (CSU) Oberbayerns kommt es zu erregten Diskussionen über Südtirol. Der bayrische Landwirtschaftsminister Dr. Alois Hundhammer erklärt: *„Wer heute im politischen Kampf zu Bomben greift, begeht ein Verbrechen."* Auf den Zwischenruf eines jungen Teilnehmers, dann habe auch Graf Stauffenberg, der am 20. Juli ein Bombenattentat auf Hitler unternahm, ein Verbrechen begangen, antwortete Hundhammer: *„Nach meiner Meinung hat auch Stauffenberg falsch gehandelt."*

23. Februar 1964

Außerordentliche Landesversammlung der Südtiroler Volkspartei

Die SVP hielt in Bozen eine außerordentliche Landesversammlung ab, die hauptsächlich der Genehmigung der neuen Satzungen gewidmet war.

2. März 1964

Agent Kerbler machte sich als „Pressemann" unentbehrlich: „SPIEGEL"-Interview mit Luis Amplatz

Großes Aufsehen, vor allem in Italien, erregte ein in Nordtirol aufgezeichnetes Interview im „SPIEGEL" Nr. 10/64 (*„Die Italiener haben uns das Land gestohlen"*), in welchem der Südtiroler Freiheitskämpfer Luis Amplatz die Motive des Südtiroler Widerstandes erklärte und das Selbstbestimmungsrecht für Südtirol forderte. Das Interview hatten die italienischen Agenten Christian Kerbler und Hans Paul Wagner vermittelt und einmal mehr ihre „Unentbehrlichkeit" als Medienberater für die „Südtiroler Sache" unter Beweis gestellt. Für Luis Amplatz sollte das Interview noch böse Folgen haben: Die Verhängung der Schubhaft am 7. April.

Film für das österreichische Fernsehen?

Die beiden Kerbler-Brüder begannen zusammen mit Hans Paul Wagner in Absam einen Schmalfilm über den Tiroler Freiheitskampf mit Georg Klotz als Hauptdarsteller zu drehen. Sie erzählten überall herum, daß Dr. Brantl vom österreichischen Fernsehen bereits zugesagt habe, den „Dokumentarfilm" zu erwerben und zu senden. Der Film wurde nie gesendet, hatte jedoch wieder dazu gedient, gegenüber Georg Klotz und anderen biederen Tirolern die Wichtigkeit dieser „Medienexperten" Kerbler und Wagner zu unterstreichen (siehe weiter: 8. März.).

8. März 1964

Erster Grundsatz: Brennergrenze bleibt unantastbar

Paolo Rossi, Präsident der Neunzehner-Kommission, hielt in Vicenza in der „Schule für katholische Kultur" einen Vortrag über das Südtirolproblem. Er meinte, daß Dantes Idee vom italienischen Volk, welches geographisch und völkisch eine Einheit bilde, abstrakt sei und nicht der Wirklichkeit entspreche. Man müsse die Sprachgrenze bei Salurn zur Kenntnis nehmen. Rossi meinte, daß nur eine offene, liberale und ehrliche Politik zu einer Lösung führen könnte, die allerdings auf zwei Grundsätzen beruhen müsse. Als ersten Grundsatz nannte Rossi die **Unantastbarkeit der Brennergrenze,** die international garantiert sei und deren Verlegung das Problem der beiden Volksgruppen nicht beseitigen würde. Der zweite Grundsatz sei die Tatsache, daß innerhalb dieses Gebietes über 300.000 Bürger deutscher Zunge leben und es das Ziel der italienischen Politik sein müsse, nicht eine gewaltsame Integration zu erzwingen. Zum Abschluß sagte er: *„Südtirol muß eine Brücke und nicht eine Grenze zwischen zwei Kulturen sein."*

„Alto Adige" ortet bayrische „Terrorschule" in Österreich

In großer Aufmachung berichtete die italienische Bozener Tageszeitung, daß die Ortsangabe im „Europeo"-Bericht vom 9. Februar über die „Terroristen"-Schule in Bayern falsch gewesen war und daß dieses *„Terroristenhauptquartier"* sich in Wahrheit in Österreich befinde. Als Beweis zeigte die Zeitung ein Bild, auf dem der italienische Agent Christian Kerbler den Freiheitskämpfer Georg Klotz so aus dem Haus in Gnadenwald führte, daß der „Alto Adige"-Fotograf ihn bestens ins Bild bekam. Die Botschaft sollte wohl lauten: Österreich duldet die Umtriebe bewaffneter „Terroristen" auf seinem Staatsgebiet wohlwollend.

11. März 1964

Carabinieri hatten Ermächtigung zu Mißhandlungen

Im Mailänder Südtirolprozeß sagte der italienische Zeuge Luigi Clementi aus und berichtete, er sei in der Kaserne von Eppan geprügelt worden, als er sich weigerte, verhaftete Südtiroler zu belasten. Man habe ihm gedroht: *„Wenn Sie nicht sagen, was wir wollen, werden wir Sie solange schlagen, bis Sie daliegen.* ***Wir haben dazu von höherer Instanz die Ermächtigung!****"*

17. März 1964

Kein Recht auf deutsche Sprache

Im Mailänder Südtirolprozeß sollte am 38. Verhandlungstag der Südtiroler Abgeordnete Hans Dietl als Zeuge einvernommen werden. Der Vorsitzende Simonetti erklärte Dietl, daß er in deutsch aussagen könne, wenn er sich in italienischer Sprache nicht vollkommen sicher fühle. Dietl erklärte, daß er die italienische Sprache sehr gut beherrsche, er aber das Recht habe, in der Muttersprache vernommen zu werden. Nach kurzer Debatte über diese Frage zog sich der Gerichtshof zur Beratung zurück und traf dann folgenden Beschluß: *„Laut Artikel 137 der Strafprozeßordnung haben sich alle, die der italienischen Sprache mächtig sind, bei Aussagen vor Gericht dieser Sprache zu bedienen. Für das Gebiet der Provinz Bozen gilt jedoch die Ausnahmebestimmung, wonach jeder – unabhängig von seiner Kenntnis der italienischen Sprache – das Recht hat, sich vor Gericht in seiner Muttersprache auszudrücken. Dieses Recht besteht auch hinsichtlich der Berufungsverfahren vor dem Trienter Oberlandesgericht. Vor einem anderen Gericht, das sich außerhalb der Provinz Bozen befindet, sind jedoch die für ganz Italien geltenden allgemeinen Normen anwendbar . . ."*

18. März 1964

Geheimdienstchef Monico plant Entführung von Georg Klotz und Aktion gegen Andergassen

In einem internen Aktenvermerk (Protokoll 2. 957) hielt der Leiter des Gegenspionagezentrums in Verona, zuständig für Norditalien und Südtirol, Oberst Renzo Monico, fest, daß der von dem Agenten Christian Kerbler gemachte Vorschlag, den Freiheitskämpfer Georg Klotz *„zu entführen und nach Südtirol zu bringen"*, noch etwas zurückgestellt werden müsse. *„Auf jeden Fall"*, so hielt Monico fest, *„muß diese Aktion erst nach der bereits festgelegten Aktion gegen Andergassen durchgeführt werden, damit dieser nicht im allerletzten Moment sei-*

ne geplante Reise nach Italien abbläst.“ (Christoph Franceschini: „Im Auftrag des italienischen Staates“, „Südtirol-Profil“ 3/93.)

Mailand: Dietl bekennt sich zum Selbstbestimmungsrecht

Im Mailänder Südtirol-Prozeß setzte der SVP-Abgeordnete Hans Dietl seine Aussagen fort. Im Gegensatz zu anderen Politikern, die durch abschwächende Ausreden kein gutes Bild boten, vertrat Dietl mannhaft seine Auffassungen. Er bekannte sich zu dem in der UNO-Charta verankerten Selbstbestimmungsrecht und meinte, es müßte selbstverständlich sein, daß die Bevölkerung durch Volksabstimmung zwischen voller Landesautonomie und einem Anschluß an Österreich wählen könne. Er wies darauf hin, daß Italien für Triest das Selbstbestimmungsrecht verlangt habe und die Einigung Italiens durch Volksabstimmung vollzogen wurde. Im Gegensatz zu anderen SVP-Mandataren bekannte er sich zu seinen politischen Kontakten nach Österreich. Unter starkem Beifall der Angeklagten ging Dietl auf eine Bemerkung des Neofaschistenführers und Privatklagevertreters, Dr. Mitolo, ein und sicherte ihm die Wahlberechtigung im Falle einer Abstimmung über das Schicksal Südtirols zu.

25. März 1964

Ebensee-Attentat: Falsche Spuren werden gelegt

In dem Gasthaus „Wilder Mann“ in Innsbruck traf eine illustre Agentenrunde zusammen, um zu beraten, wie man die Anschläge von Ebensee (vom 23. September 1993) den Südtiroler Freiheitskämpfern in die Schuhe schieben könne. Den Vorsitz führte der stellvertretende „Führer“ der „Legion Europa“, Gerhard Neuhuber. Weitere Teilnehmer an der Besprechung: Die italienischen Agenten Christian Kerbler und Wagner, der sich später entweder umbrachte oder ermordet wurde, sowie der Gebäudemakler Hermann Munk, der mutmaßlich örtlicher Resident des deutschen Bundesnachrichtendienstes (BND) war. Bei der „Legion Europa“, der Neuhuber angehörte, handelte es sich um eine Tarnorganisation, hinter der sich die Agententätigkeit des „Legionsführers“ Fred Borth verbarg, eines Wiener „Journalisten“, der für das US-Untergrundnetz „stay behind“ in Österreich und gleichzeitig für die italienische Schwesterorganisation „Gladio“ arbeitete, die wiederum dem italienischen militärischen Geheimdienst SISMI unterstand.

Gerhard Neuhuber hatte bereits im November 1963 seinen Wohnort Graz und seine Arbeitsstelle verlassen und war zu Georg Klotz nach Absam gegangen, um diesem im Freiheitskampf „beizustehen“. Neuhuber hatte regelmäßig an Borth in Wien berichtet, der wiederum die Berichte an den italienischen Geheimdienst weitergab (Berichte der parlamentarischen ital. Untersuchungskommission, verfaßt von den Senatoren Boato und Bertoldi, Rom 1992). Nun hatte Neuhuber von Borth den Auftrag erhalten, belastendes Material gegen BAS-Angehörige hinsichtlich der Ebensee-Anschläge zu beschaffen (Einvernahmeprotokoll der Polizei Innsbruck mit Gerhard Neuhuber vom 9. 4. 1964, im Besitz des Herausgebers). Neuhuber war der Wortführer in der Sitzung, Christian Kerbler führte das Protokoll, demzufolge Neuhuber erklärte: *„Das Innenministerium will radikal durchgreifen. Wenn es nicht gelingt, die fehlenden Beweise schneller als das Innenministerium in die Hand zu bekommen, werden wir mit in die Sache verwickelt. Wir müssen alles tun, damit unser Kreis aus der Sache herausgehalten wird, was nur mehr so geht.“* Die Runde einigte sich darauf, den Freiheitskämpfer Kurt Welser als Täter hinzustellen, denn die ebenfalls zur Debatte stehenden Freiheitskämpfer Dr. Klier und Georg Klotz schieden wegen einer Afrikareise und eines Einsatzes in Südtirol zur Tatzeit der Ebensee-Anschläge aus. (Das Protokoll der Sitzung wurde von Munk im Jahre 1965 aus nicht bekannten Motiven der „Tiroler Tageszeitung“ zugespielt, welche es teilweise im Faksimile am 17. Februar 1965 veröffentlichte.) Aufgrund dieses Legens falscher Spuren wurde Kurt Welser dann am 26. Mai 1964 in Innsbruck verhaftet.

Spurenverwischung im Falle Ebensee: Bei einer Besprechung am 25. März 1964 führte der italienische Agent Christian Kerbler (hier im Bild), der spätere Mörder von Luis Amplatz, das Protokoll, in welchem festgehalten wurde, BAS-Mitglieder mit der Täterschaft in Ebensee zu belasten und damit von den Spuren der neofaschistischen Aktivisten abzulenken.

Gerhard Neuhuber, Stellvertreter von Fred Borth in der „Legion Europa", hatte bei der Besprechung vom 25. März 1964 den Auftrag erteilt, BAS-Angehörige mit der Täterschaft im Falle Ebensee zu belasten (österreichisches Polizeifoto).

Eines der „getürkten" Fotos der „Terroristenschule": Einige junge Innsbrucker mimen mit umgehängter Maschinenpistole in einem Wald bei Gnadenwald „Freiheitskämpfer im Einsatz". Kerbler hatte die Show für italienische Journalisten eingefädelt, um sich bei Georg Klotz als „Propagandaspezialist" unentbehrlich zu machen (9. Februar 1964).

1. April 1964

Bundeskanzler Klaus über Südtirol

In seiner Regierungserklärung vor dem österreichischen Nationalrat sagte Bundeskanzler Dr. Josef Klaus zur Frage Südtirol: *„Ein Herzensanliegen der Bundesregierung ist die Sicherung der Lebensrechte der Südtiroler Volksgruppe. Der Bericht der Neunzehner-Kommission befindet sich gegenwärtig im Stadium der Endredaktion, und die österreichische Bundesregierung hofft, daß er Vorschläge an die italienische Regierung enthalten wird, deren Verwirklichung zu der im Pariser Vertrag vom 5. September 1964 zwischen Österreich und Italien vereinbarten Regionalautonomie für Südtirol führt.“*

2. April 1964

Günther Andergassen in Venedig verhaftet

In Venedig wurde der berühmte Komponist und Innsbrucker Musikprofessor Günther Andergassen, der einer amerikanischen Studiengruppe als Reiseleiter diente, verhaftet. Andergassen war vor allem Komponist geistlicher Chorwerke, die auch vor Papst Johannes XXIII. aufgeführt worden waren. Andergassen war führendes Mitglied des Befreiungsausschusses Südtirol, zuständig für organisatorische Aufgaben in Südtirol. Andergassen wurde umgehend nach Bozen gebracht und dort drei Tage und Nächte lang verhört, ohne daß er schlafen konnte. Mutmaßlich durch Drogen, die ihm mit Milch verabreicht wurden, wie er später vor Gericht angab, konnte er rasch zu Aussagen vor der Polizei gebracht werden, an die er sich später ebenso wenig erinnern konnte, wie an die Verhörprotokolle und seine Unterschriftsleistung. So gab er Namen von Freiheitskämpfern und politischen Verbindungsleuten sowie Waffenverstecke und Sprengstofflager preis. Insbesondere gab es nach den Verhören Andergassens nun Vernehmungsprotokolle, in denen der SVP-Kammerabgeordnete Hans Dietl als Mitverschwörer und *„geistiger Promotor“* des *„Terrors“* bezeichnet wurde. Tatsächlich widerrief Andergassen rasch sein „Geständnis“ mit den Dietl belastenden Passagen.

Druck und Geheimdienstmethoden

Der Widerruf des Geständnisses paßte dem Untersuchungsrichter Mario Martin nicht, der deshalb weiterhin Agenten des Geheimdienstes zu ihm ins Gefängnis ließ. Sie übten Druck auf ihn aus, damit er die Beschuldigungen gegen Dietl aufrecht halte. Andergassen weigerte sich jedoch. Diese Einzelheiten erzählte er in seiner Verhandlung vor dem Mailänder Schwurgericht. (Siehe 18. Januar 1966.)

Geheimdienstaktion gegen Andergassen aufgedeckt

Erst Jahrzehnte nach Andergassens Verhaftung konnte der Südtiroler Historiker Christoph Franceschini anhand von Originalakten des italienischen militärischen Geheimdienstes nachweisen, daß Andergassen in einer Geheimdienstaktion in eine Falle gelockt worden war. Die Schlüsselpersonen hießen Franz und Heinrich Berger. Franz Berger war Fotograf für die Südtiroler Tageszeitung „Dolomiten“ und ein Jugendfreund von Luis Amplatz und Sepp Kerschbaumer, für den er auch Texte von BAS-Flugzetteln entwarf. Bei der Verhaftungswelle im Sommer 1961 wurde Franz Berger seltsamerweise nicht verhaftet und blieb völlig unbehelligt. So konnte er weiter Kontakt zu Luis Amplatz im Innsbrucker Exil und zu den anderen BAS-Exponenten in Nordtirol halten. Während hinsichtlich Franz Bergers eine Anwerbung durch einen italienischen Dienst bislang nicht nachweisbar war, liegen dem Historiker Franceschini, wie er schreibt, für dessen Bruder Heinrich Berger die Dokumente des italienischen militärischen Geheimdienstes SIFAR vor. Im Sommer 1961 wurde Heinrich Berger durch den damaligen Leiter des Gegenspionagezentrums Verona (Centro Controspionaggio – CS), Major Ettore dal Piaz, als Agent angeworben und berichtete fast wöchentlich unter dem Decknamen „Bernardo“ über die Innsbrucker BAS-Szene. Heinrich Berger hatte laufend beruflich für die deutsch-italienische Kerzenfirma Birmelin in Mailand und in Nordtirol, Vorarlberg und Deutschland zu tun. Berger meldete listenweise Namen und geplante Aktionen. Luis Amplatz vertraute Heinrich Berger völlig und bildete ihn sogar im November 1961 in Zirl im Umgang mit Sprengstoff aus. Heinrich Berger arbeitete in der Folge auch als Kurier des BAS und lernte damit auch viele Verbindungsleute in Südtirol kennen. Ab Dezember 1961 berichtete Berger unter dem neuen Decknamen „Fausto". Ab 1962 war sein neuer Chef der Major und spätere Oberst Renzo Monico, der nicht nur das Gegenspionagezentrum Verona, sondern auch die örtliche Dependence in Bozen leitete. Zu diesem Zeitpunkt war der Komponist und Musikprofessor Günther Andergassen BAS-Chef geworden und damit direkter Gegenspieler von Monico. Während Andergassen nichts über Monico wußte, war jener im Detail über Andergassen informiert. Andergassens wichtiger Verbindungsmann und Kurier nach Südtirol war nämlich Franz Berger, und über Heinrich Berger erfuhr Monico jeden Schritt des BAS-Chefs. So erfuhr er auch im Frühjahr 1964, daß der Musikprofessor beruflich eine Gruppe amerikanischer Studenten nach Venedig, Florenz und Rom führen mußte. Da Andergassen eine offizielle Einreise nach Italien nach der Verhaftung von Rudolf Kofler nicht mehr wagte, plante er zusammen mit Franz Berger einen illegalen Grenzübertritt. Von diesem Plan wußten nur Franz Berger – und sein Bruder Heinrich, alias „Fausto". Bald jedoch wußte auch Monico in Verona davon und verschob die geplante Entführung von Georg Klotz, um den Grenzübertritt von Andergassen nicht zu gefährden. Dieser fand dann in den letzten Märztagen 1964 bei Winnebach im Pustertal statt. Franz Berger brachte dann den BAS-Chef nach Cortina, von wo er dann nach Venedig weiterfuhr. Am 2. April schnappte dann in Venedig die vorbereitete Falle zu. Nach der Verhaftung Andergassens wurde man in Innsbruck gegenüber den Brüdern Berger argwöhnisch, und Renzo Monico beschwerte sich in einem internen SIFAR-Bericht vom 12. Oktober 1964 (Protokoll 14. 542) *„über die letztlich geleistete Produktion der Quelle"*, die an Qualität nachgelassen habe. Er erklärte sich die mangelnde Nachrichtenqualität der „fonte Fausto": *„Man kann nicht ausschließen, daß nach der Aktion, die mit der Verhaftung Andergassens endete, gegen ihn oder gegen seinen Bruder Verdachtsmomente innerhalb des BAS bestehen."* Diese bestanden tatsächlich. Trotzdem konnten Franz und Heinrich Berger sich noch ein ganzes Jahr im Kreise des BAS bewegen, bis der merkwürdige Tod des BAS-Mannes Helmuth Immervoll am 17. Juli 1965 die beiden völlig isolierte. Spätestens ab 1967 wurde Heinrich Berger von der österreichischen Staatspolizei als italienischer Agent geführt (Stapo-Bericht E-10. 058/67.) (Christoph Franceschini: „Im Auftrag des italienischen Staates", „Südtirol-Profil" 3/93.)

4. April 1964
Verhaftungen

Aufgrund der Aussagen Andergassens wurden folgende Verhaftungen vorgenommen: Hans Barbieri (Terlan), Toni Degasperi (Auer), Richard und Robert Franzelin (Auer), Georg Lanz (Terlan), Siegfried Mayr (Terlan), Ferdinand Pellegrin (Auer) und Robert Tiefenthaler (Montan). Bei der Verhaftung von Georg Lanz kam es zu einem Zwischenfall: Nach Festnahme und Verhör kam der bereits 1961 von den Carabinieri mißhandelte Mann völlig verstört überraschend nach Hause, wo er mit einem giftigen Spritzmittel Selbstmord zu begehen versuchte. In lebensbedrohlichem Zustand wurde Lanz in das Krankenhaus Bozen eingeliefert.

Georg Klotz in Schubhaft
Italienische Presse: Pluspunkt für neue ÖVP-Regierung

Das Innenministerium in Wien verhängte über Georg Klotz die Schubhaft und ließ ihn nach Wien ins Gefängnis bringen. Als Grund für diese Maßnahme wurde das „Europeo"-Interview vom 9. Februar angegeben, in dem sich Klotz zum Freiheitskampf bekannt hatte. Die italienische Presse würdigte diese Maßnahme als Pluspunkt für die neue ÖVP-Regierung Klaus.

6. April 1964
Rossi: Fehlschlag der Südtirolpolitik Roms

Die Wiener „PRESSE" berichtete: Der Präsident der Neunzehner-Kommission, Paolo Rossi, stellte in einem Interview mit der Zeitschrift „Socialismo democratico" fest, daß Rom in den vergangenen Jahren nichts getan habe, um die Zulassung von Südtirolern zu den öffentlichen Ämtern zu erleichtern. Außerdem sei die faschistische Politik, Arbeiter aus dem Süden zur Einwanderung nach Südtirol zu veranlassen, fortgesetzt worden. Da eine zwangsweise

Absorbierung der Südtiroler aber nicht mehr in Frage kommen könne, müsse nun eine kluge Politik der Versöhnung Platz greifen, wobei aber die Brennergrenze nicht angetastet werden dürfe.

Sprengstoffunde und Verhaftungen

Weitere Opfer der von Andergassen ausgelösten Verhaftungswelle wurden folgende Personen: Franz Fischer (Meran), Peter Hofer (Tils), Richard Gutmann (Tramin) und Andreas Ladurner (Meran). In einer Familiengruft in Meran-Untermais wurden 90 kg Sprengstoff, 45 kg Schwarzpulver, 570 Sprengkapseln, 4 Zeitzünder, 1 Maschinenpistole, 2 Gewehre und 4 Pistolen gefunden. In Auer und Terlan konnten von den Carabinieri weitere 60 kg Sprengstoff, 1 Maschinenpistole, 1 Gewehr und 2 Pistolen beschlagnahmt werden.

Exil-Südtiroler verhaftet

In Absam und Innsbruck wurden die Exil-Südtiroler Jörg Klotz und Luis Amplatz festgenommen. Sie wurden beschuldigt, durch Interviews zur Südtirolfrage das Asylrecht in Österreich verletzt zu haben. Beide wurden nach Wien gebracht, und es wurde über sie die Schubhaft verhängt.

7. April 1964

Verhaftungen

Paul Guntsch (Tartsch), Oswald Moser (Tramin), Alois Schönauer (Bozen), Hans Staffler (Bozen) und Leo Thurner (Vilpian).

Auch Luis Amplatz in Schubhaft

Das Innenministerium in Wien gab bekannt, daß auch über den Freiheitskämpfer Luis Amplatz die Schubhaft verhängt und er nach Wien gebracht worden sei. Begründet wurde die Schubhaft mit seinem Interview im „SPIEGEL" vom 2. März 1964.

Carabinieri-Oberst: Landeshauptmann ein „Terrorist"

Wie der „KURIER" berichtete, erklärte im Mailänder Prozeß der Carabinieri-Oberst Marasco, daß es für ihn klar sei, daß der SVP-Generalsekretär Dr. Stanek *„terroristisch aktiv"* gewesen sei, denn er habe sich in Innsbruck mit dem ÖVP-Landesrat Dr. Oberhammer und *„anderen Terroristen"* getroffen. Auf die Frage eines Verteidigers, wer hiermit noch gemeint sei, nannte Marasco den Nordtiroler Landeshauptmann Dr. Tschiggfrey.

Spitzel belastet Dr. Stanek

Der „KURIER" berichtete, daß im Mailänder Prozeß der italienische Agent Josef Selm in seiner Zeugenaussage Dr. Stanek belastete, indem er von engen Kontakten desselben zu dem Innsbrucker Journalisten Wolfgang Pfaundler berichtete, der Führungsmitglied des BAS gewesen sei. Bei Selm handelte es sich um einen 23jährigen Neffen von Georg Klotz, der sich den Carabinieri als Spitzel zur Verfügung gestellt hatte. Im Mailänder Prozeß war er zwar pro forma angeklagt, allerdings auf freiem Fuß, und wurde auch prompt freigesprochen.

8. April 1964

Mailand: Häftling erkennt Folterer wieder

Als im Südtirolprozeß der Carabiniere Italo Rech aussagte, erhob sich der Angeklagte Franz Gamper und erklärte, in Rech einen derjenigen zu erkennen, die ihn in der Eppaner Kaserne gefoltert hatten. 1961 war Gampers Anzeige von den Gerichtsbehörden zurückgewiesen worden, da er die Namen seiner Peiniger nicht nennen konnte, und eine Gegenüberstellung mit den Eppaner Carabinieri wurde Gamper verweigert.

Georg Klotz wird nicht ausgeliefert

Sollen Klotz faschistische Anschläge angelastet werden?

Der „KURIER" meldete, daß der Südtiroler Freiheitskämpfer Georg Klotz, über den die

„Schubhaft" verhängt worden war, jedenfalls nicht an Italien ausgeliefert werden würde. Wie dem „KURIER" weiters zu entnehmen war, versuchte man offensichtlich, Georg Klotz die von italienischen Neofaschisten in Österreich begangenen Anschläge in die Schuhe zu schieben. Man habe, so der „KURIER", im Innenministerium *„eine lange Liste, die Klotz verhängnisvoll werden könnte: Zusammenhänge mit den Ebensee-Attentaten, der Sprengung des Innsbrucker Andreas Hofer-Denkmals und mit dem Anschlag auf das Sowjetdenkmal auf dem Wiener Schwarzenbergplatz scheinen möglich."*

9. April 1964

Magnago als Zeuge in Mailand

Im Mailänder Südtirolprozeß wurde Parteiobmann Dr. Silvius Magnago als Zeuge einvernommen. Er bestätigte dem Gericht, daß die Einflußnahme des Generalsekretärs des Bergisel-Bundes, Dr. Eduard Widmoser, auf SVP-Ortsobmänner zugunsten des Selbstbestimmungsrechtes die Parteiführung und ihn verärgerte. Jedoch habe sich der Angeklagte Dr. Stanek immer an seine Weisungen gehalten und gegen den Selbstbestimmungsantrag Dietls gestimmt. Nach diesen Aussagen gab Dr. Magnago folgende grundsätzliche Erklärung zum Selbstbestimmungsrecht ab: *„Dieser Frage muß ich vorausschicken, daß das Selbstbestimmungsrecht unveräußerlich und unverzichtbar ist und jedem Volk zusteht. Dies vorausgesetzt, muß ich sagen, daß ich nicht gegen das Selbstbestimmungsrecht bin, sonst wäre ich ein schlechter Demokrat. Ich war aber gegen die Forderung nach dem Selbstbestimmungsrecht, weil sie unrealistisch und praktisch nicht zu verwirklichen war. Außerdem sieht das Parteiprogramm den Schutz der deutschen Minderheit im Rahmen des italienischen Staatsverbandes vor."*

Üble Provokation

Wie die „Österreichische Neue Tageszeitung" meldete, wurden zahlreichen Studenten in Wien, Linz und Innsbruck von unbekannten Absendern Klebezettel zugeschickt, mit der Bitte, diese an der italienischen Botschaft und an italienischen Konsulaten anzubringen. Diese Klebezettel beinhalten einen Aufruf einer *„Freiheitskampfschar"*, gegen Italien zu kämpfen, um so für den in Mailand angeklagten SVP-Parteisekretär Dr. Stanek einzutreten und darüber hinaus für die *„Selbstbestimmung für Südtirol"* einzutreten. Die Zeitung bezeichnete diese Aktion als einen üblen Provokationsversuch, der offensichtlich dazu dienen solle, die in Mailand Angeklagten und insbesondere den SVP-Sekretär Dr. Stanek in den Augen der italienischen Öffentlichkeit zu belasten.

Verhaftungen

Von Sondereinheiten der Carabinieri wurden folgende Personen festgenommen: Hermann, Josef, Matthias und Valentin Alber (Meran-Obermais), Luis Clementi (Leifers), Rudolf Hölzl (Schenna), Josef Rungg (Prad) und Johann Vetter (Meran-Obermais).

10. April 1964

Mageres Ergebnis der Neunzehner-Kommission

Nach zweieinhalbjähriger Tätigkeit und mehr als 200 Sitzungen wurde im Palast des Innenministeriums der Abschlußbericht der aus 19 Mitgliedern bestehenden Studienkommission für Südtirol unterzeichnet. Unter dem Eindruck der Anschläge der Herz-Jesu-Nacht 1961 hatten Ministerpräsident Fanfani und Innenminister Scelba bereits im August 1961 vorgeschlagen, eine innerstaatliche Studienkommission über das Südtirol-Problem zu installieren. Die SVP stimmte dieser Vorgangsweise unter der Bedingung zu, daß die einstimmig erzielten Ergebnisse einer internationalen Verankerung zugeführt würden. Da die Kommission nicht paritätisch zusammengesetzt war (7 Vertreter Südtirols in einer Kommission von 19), erklärte die SVP, daß Mehrheitsbeschlüsse gegen die Stimmen der Südtiroler von diesen nicht als bindend angesehen würden und sie sich freie Hand vorbehielten, die Durchsetzung ihrer Forderungen auf anderen Ebenen weiter zu betreiben. Eingesetzt wurde die Kommission am 13. September von Innenminister Mario Scelba und nicht von dem Regierungschef. Damit soll-

te der innenpolitische Charakter der Maßnahme unterstrichen werden. *„Das Ziel, das Italien mit seiner Vorgangsweise verfolgte, lag klar auf der Hand: Das durch die UN-Resolution von 1960 ‚internationalisierte' Südtirol-Problem sollte auf die innerstaatliche Ebene zurückverlagert werden, wofür sich eine auf nationaler Ebene gebildete Kommission geradezu anbot. Österreich als Partner der von der UN-Resolution geforderten Verhandlungslösung sollte damit ausgeschaltet werden. Diese Strategie der Verhinderung einer ‚Bilateralisierung' bzw. einer internationalen Verankerung der neu zu setzenden Maßnahmen zugunsten der Südtiroler Bevölkerung sollte auch in Zukunft für die Marschrichtung der italienischen Außenpolitik bestimmend sein. Die sogenannte ‚Neunzehner-Kommission' nahm am 13. 9. 1961 in Rom ihre Arbeit auf. Obwohl ursprünglich lediglich drei Monate dafür vorgesehen waren, konnte diese erst am 10. 4. 1964 abgeschlossen werden. In der Zwischenzeit versuchte Rom, die bilateralen Verhandlungen mit Österreich durch den Hinweis auf die noch laufenden Arbeiten der ‚Neunzehner-Kommission' einschlafen zu lassen. Überdies wurde Österreich jegliche Information über die Verhandlungen in der Kommission mit Berufung auf die rein innerstaatliche Zuständigkeit verwehrt. Als die ‚Neunzehner-Kommission' Mitte des Jahres 1962 zum Kernpunkt des Problems, nämlich der territorialen Ausdehnung des Autonomiegebietes, vorgestoßen war, wurde sie nach der Sommerpause nicht mehr einberufen. Die Arbeiten der Kommission wurden erst am 17. 1. 1963 nach der Intervention des Vorsitzenden des am 5. 9. 1961 vom politischen Ausschuß des Europarates gebildeten Unterausschusses für die Lösung des Südtirol-Problems, Paul Struye, wiederaufgenommen."* (Karl Zeller, a.a.O., S. 23.)
Es wurden in dem Abschlußbericht im wesentlichen nur jene Empfehlungen einstimmig verabschiedet, die sich auf Schutzrechte für Italiener in der Provinz Bozen bezogen. In wesentlichen Fragen der Autonomie wurden die Südtiroler von den Italienern überstimmt, und der Vertreter der Parteileitung der DC, Roberto Lucifredi, hatte Rechtsvorbehalte in allen Punkten abgegeben, die eine Ausdehnung der Rechte für die Südtiroler vorsahen. Daher lagen die abgegebenen Empfehlungen deutlich unter dem Wunschkatalog der Südtiroler. So lehnte die Kommission von vornherein die Schaffung einer autonomen Region Südtirol ab und empfahl lediglich Erweiterung und Übertragung von Kompetenzen auf die Provinz Bozen. Es wurden zwar Verbesserungen auf den Gebieten der öffentlichen Stellenbesetzung, der Schule, der Gleichstellung der Sprachen und der kulturellen Belange empfohlen, gleichzeitig sollte aber den zugewanderten Italienern der Status einer geschlossenen Volksgruppe und zu schützenden Minderheit in Südtirol zugesprochen werden. Die Kommission hatte daher ein ganzes System von Schutzklauseln und Vetomöglichkeiten entworfen, durch das die Provinzautonomie lahmgelegt werden konnte. Die Wiener „Presse" berichtete daher bereits am 9. April, daß die Kommission nur einen Teil der Südtiroler Autonomiewünsche berücksichtigt habe.

Hausdurchsuchung bei Pircher-Hoffmann in Lana
Beim Vater des in Mailand vor Gericht stehenden Schützenmajors Jörg Pircher, Georg Pircher-Hoffmann, Sprecher des Südtiroler Volkes bei der Kundgebung von Sigmundskron 1957, wurde von Carabinieri eine Hausdurchsuchung durchgeführt.

Verhaftungen
Josef Gostner (18jähriger Sohn des von Carabinieri zu Tode gefolterten Anton Gostner), Josef Kröss (Algund) und Anton Reinstadler (Sulden).

<u>14. April 1964</u>
Raffeiner: SVP-Mitglieder deckten BAS
Der ehemalige Generalsekretär der SVP, Dr. Raffeiner, der sich in der Zwischenzeit von der Partei losgesagt und mit einer eigenen Parteigründung die Aufmerksamkeit auf sich gelenkt hatte, griff als Zeuge im Mailänder Südtirolprozeß die Südtiroler Volkspartei scharf an. Er warf ihr eine zwiespältige Politik vor und meinte, ein Teil der Parteimitglieder habe ganz offensichtlich den Befreiungsausschuß Südtirol (BAS) decken wollen. Er gab der radikalen SVP-Politik die Schuld dafür, daß in Mailand Südtiroler auf der Anklagebank sitzen mußten.

16. April 1964

Aufklärung über neue Polizeiübergriffe verlangt

Gemäß dem Beschluß der SVP-Parteileitung brachten die Abgeordneten Dietl, Mitterdorfer und Vaja in der römischen Kammer eine Anfrage ein, die der Aufklärung neuer Übergriffe durch die Polizei dienen sollte. Sie lautet: *„Die Gefertigten erlauben sich, den Innenminister und den Justizminister zu fragen, ob sie über die letzthin in der Provinz Bozen durchgeführten polizeilichen Maßnahmen in Kenntnis sind, u. zw.:*

a) daß laut divergierenden Pressemitteilungen eine Person, die durch Tage in Polizeihaft war, knapp nach erfolgter Freilassung einen Selbstmordversuch verübt oder einen Zusammenbruch erlitten habe, so daß deren Einlieferung in das Bozner Krankenhaus schleunigst erfolgen mußte;

b) daß laut Pressemitteilungen eine andere, in Bozen in Haft gehaltene Person sich die Pulsadern aufgeschnitten habe.

Dies vorausgeschickt, möchten die Fragesteller wissen, ob die Minister nicht beabsichtigen, dringend gebotene Maßnahmen zwecks eindeutiger Feststellung des wirklichen Sachverhaltes zu ergreifen, dies auch, um die öffentliche Meinung, die begreiflicherweise erschüttert ist, zu beruhigen. Ferner möchten sie wissen, ob die befragten Minister nicht beabsichtigen, die öffentliche Meinung erschöpfend aufzuklären, nachdem die Polizeimaßnahmen nunmehr soweit gediehen sind. Dies auch zum Zwecke, um allfälligen Spekulationen – gleichgültig, von welcher Seite sie kommen mögen – vorzubeugen.“

Mailänder Prozeß: Ein Krimineller als „Kronzeuge“

Überraschend wurde ein zehnfach vorbestrafter Südtiroler Gewohnheitsdieb namens Oskar Carli aus dem Zuchthaus in Florenz, wo er gerade eine Strafe wegen Betruges verbüßte, nach Mailand gebracht, um dort für die Anklage gegen die Südtiroler auszusagen. Carli begann seine Aussage mit der Eröffnung, mit einem der Angeklagten *„sexuelle Beziehungen“* gehabt zu haben, nannte allerdings dessen Namen nicht. Dann behauptete er, den SVP-Parteisekretär Dr. Stanek, der zu den in Mailand Angeklagten gehörte, vor der Herz-Jesu-Nacht kennengelernt zu haben. Dieser sei in die Gründung einer Terroristenorganisation verwickelt. Im Gefängnis von Bozen habe er dann Dr. Stanek wieder getroffen, und dieser habe ihm 13 Millionen Lire geboten, wenn er, Carli, ihm eine in seinem Besitz befindliche Liste mit den Namen der Attentäter und deren Aufgaben aushändige, damit diese nicht in italienische Hände gelange. Diese Liste, erklärte Carli weiter, habe er seinerzeit seinem „Freund“ entwendet und derzeit in Meran versteckt. Wenn man ihn nach Meran bringe, werde er die Liste den Behörden geben. Dr. Stanek erklärte bei der Gegenüberstellung, daß es sich um lauter Lügen handle, und enthüllte noch ein besonders perfides Detail: Vor einigen Tagen habe Carli über Mittelsmänner einen Brief zu Dr. Stanek in das Gefängnis schmuggeln lassen, in welchem er mitteilte, Dr. Stanek möge beruhigt sein, niemand wisse etwas und er, Carli, nehme die angebotenen 10 Millionen an. Dieses Schreiben war in Staneks Zelle hinterlegt und von Dr. Stanek sofort nach Auffindung dem diensthabenden Unteroffizier übergeben worden. Nun wurde es auch dem Gerichtspräsidenten zuviel, und er entließ sichtlich erbost diesen „Zeugen“. (Anm. d. Hrsg.: Die Methode, mit Hilfe von Kriminellen Südtiroler zu belasten, wurde in der Faschistenzeit erstmals häufig angewendet und ist seitdem immer wieder angewendet worden. Im Falle des Dr. Stanek war klar, daß ein Mitglied des Gefängnispersonals bei der geheimdienstlich gesteuerten Intrige mitgespielt haben mußte.)

Provokateur entdeckt: Munition sollte unterschoben werden

Wie die „Dolomiten“ 14 Tage später berichteten, wanderten vier junge Leute von Obergutschna nach Glaning hinüber und trafen auf diesem Weg den in der Glaninger Gegend bekannten Gelegenheitsarbeiter Angelo Olivotto, der einen Sack auf dem Buckel trug. Die jungen Leute machten dabei die überraschende Entdeckung, daß aus einem Loch dieses Sackes, von Olivotto unbemerkt, Gewehr- und Pistolenmunition auf den Boden fiel. In Glaning angelangt, ging Olivotto durch das Feld des „Meßnerwirtes“ und versteckte dort, als er sich unbeobach-

Der italienische Gladio-Agent Fred Borth aus Wien in seiner Pseudouniform als „Führer" der „Legion Europa", einer rechtsradikalen Tarnorganisation, hinter der sich die Tätigkeit für das amerikanische „stay behind"-Netz und den italienischen Geheimdienst verbarg. (27. Januar, 9. Februar, 28. August und 3. September 1964.)

COMMISSIONE PARLAMENTARE D'INCHIESTA SUL TERRORISMO IN ITALIA E SULLE CAUSE DELLA MANCATA INDIVIDUAZIONE DEI RESPONSABILI DELLE STRAGI

RELAZIONE PRELIMINARE SU EPISODI RELATIVI ALL'ATTIVITÀ DI CORPI MILITARI, DI POLIZIA O DI SICUREZZA DELLO STATO IN CONNESSIONE CON LE VICENDE DEL TERRORISMO IN ALTO ADIGE/SÜDTIROL

presentata dal senatore

MARCO BOATO

Nel corso della sua più volte ricordata deposizione a Venezia, il col. Renzo Monico è stato sentito anche in relazione alle dichiarazioni del gen. Capriata e ad altri aspetti

•Gladio.

SENATO DELLA REPUBBLICA

BOZZA DI RELAZIONE SU "TERRORISMO IN ALTO ADIGE"

CONTRIBUTO DEL SENATORE LIONELLO BERTOLDI

Il colonnello Renzo Monico dell'ufficio D del SIFAR e poi del SID, capo centro C.S. Verona dal 1962, dichiara: dall'ufficio R da cui dipendeva Gladio si ebbero informazioni sull'attività di Klotz in Austria, tramite un giornalista tale Borth, agganciato dall'ufficio R. E' Fred Borth neonazista di Legione Europa.

Auszüge aus den Berichten der italienischen parlamentarischen Untersuchungskommission: Borth vom Geheimdienstbüro „R" angeworben. Die Informationen gingen weiter an das Büro „D", welches für die „Terrorbekämpfung" zuständig war (9. Februar 1964).

tet glaubte, den Sack unter einem Haufen Kastanienlaub. Einer der jungen Leute, Josef Höller vom Steinwenderhof, erzählte den Vorfall den Wirtsleuten, die sofort die Carabinieri verständigten. Diese fanden den Sack, der die Aufschrift „Made in Germany" trug und 7 Kilogramm Munition enthielt. Olivotto wurde pro forma festgenommen und einen Tag später freigelassen, als wäre nichts geschehen. Olivotto, der laut „Dolomiten" auch eine Pistole bei sich gehabt hatte, lief einen Tag später wieder vergnügt in Bozen herum.

17. April 1964

Südtiroler Zeuge über Unterwanderung

Im Mailänder Südtirolprozeß sagte der Zeuge Landesrat Dr. Benedikter, daß rund 80 % der Mittel für den Volkswohnbau auf das Gebiet der Stadt Bozen konzentriert würden, wo nur 7,48 % der deutschen Bevölkerung leben. Die Zuwanderung von Italienern zwischen 1936 und 1961 bezifferte der Zeuge mit 87.000. Von 7.800 Staatsbeamten (mit Ausnahme der Lehrer) gehören nur 730 der deutschen Volksgruppe an.

23. April 1964

Italien schuld an Gewaltanwendung

Anläßlich einer SVP-Ortsversammlung in Brixen verurteilte Landeshauptmann Dr. Magnago jegliche Form von Gewaltanwendung, stellte aber fest, daß die Schuld, warum es in Südtirol so weit gekommen sei, bei der italienischen Regierung liege, die nie ernsthaft um die Lösung des Südtirolproblems bemüht gewesen sei.

25. April 1964

Spitzelunwesen in Tirol

Leserbrief in dem SVP-Organ „Der Volksbote": *„Am 25./26. April machte ich mit einer Gruppe junger Leute eine zweitägige Studienfahrt nach Südtirol. Am Brenner wurde mir der Paß abgenommen; zwei italienische Beamte in Zivil notierten sich – nach einem Blick in ihre ‚schwarze Liste' – meine Daten, verschwanden im Bahnhofsgebäude und kamen mit einem sehr gut Deutsch sprechenden Italiener zurück. Dieser unterzog mich einem kurzen, aber für mich aufschlußreichen Verhör. Seine Kenntnisse über meine private und berufliche Tätigkeit in Innsbruck waren so reichhaltig, daß sie nur durch ein gut organisiertes Spitzelwesen ausgekundschaftet worden sein konnten. So wurde ich nach einigen mir bekannten Persönlichkeiten gefragt; als ich mich anfänglich unwissend zeigte, sagte der Polizeibeamte: ‚Wir meinen den Herrn NN, mit dem Sie sich am x-ten um Y Uhr bei der Triumphpforte in Innsbruck getroffen haben!' Der Beamte war genau über meine Arbeitsstelle, ja sogar über Leserbriefe, die ich über die Südtirolfrage in österreichischen Zeitungen geschrieben hatte, informiert. Nach dem Verhör konnten wir weiterfahren, wurden aber auf Schritt und Tritt von Polizeiagenten verfolgt und beobachtet. Am ersten Tag begleiteten uns zwei Beamte bis zu unserem Quartierort. Im Gasthof kontrollierten sie unsere Pässe und notierten sich alles. Am folgenden Tag wich einer der beiden nicht mehr von unserer Seite, obwohl wir viele Stunden wanderten. In den Gasthof zurückgekehrt, wartete auf uns jener Polizist, der mir am Brenner den Paß abgenommen hatte. Eine ähnliche Prozedur wie bei der Einfahrt vollzog sich auch bei der Ausfahrt am Brenner wieder. Das Ärgste kommt aber erst jetzt: Bei unserer Ankunft auf dem Innsbrucker Hauptbahnhof – es war gegen Mitternacht – stand derselbe Polizeibeamte in Zivil, der mir am Brenner den Paß abnahm und uns dann in Südtirol nachspürte, in Begleitung eines zweiten vor dem Ausgang, musterte uns und folgte uns eine Zeitlang auf unserem Weg in die Stadt. Es ist wohl höchste Zeit, daß dieser offenen italienischen Spionagetätigkeit in Nordtirol ein Ende gesetzt wird. W. H., Innsbruck."*

4. Mai 1964

Luis Amplatz aus der Schubhaft entlassen

Der Wiener Staranwalt Michael Stern, Träger der Großen Silbernen Tapferkeitsmedaille des Ersten Weltkrieges (Südfront), schritt, ohne Honorar zu verlangen, für den Südtiroler Freiheitskämpfer Luis Amplatz ein und holte ihn aus der Schubhaft heraus. Über Amplatz wurden eine Aufenthaltsbeschränkung auf Wien und eine Meldepflicht bei der Polizei verhängt.

9. Mai 1964

Räuberischer Besatzer

Bei Vahrn wurde ein Bahnwärterhaus beschossen. Nachdem ursprünglich politische Motive genannt wurden, stellte sich bald heraus, daß der nach Südtirol verlegte Soldat Zambioni einen Überfall auf einen Bahnbeamten versucht hatte. Er wurde am 17. 2. 1965 wegen versuchten Raubüberfalls zu 9 Monaten und 4 Tagen Gefängnis verurteilt.

13. Mai 1964

Carabinierioffizier foltert in Bergamo nun weiter

Wie die italienische Presse meldet, hat der wegen seines „erfolgreichen" Wirkens bei den Folterungen an Südtiroler Häftlingen angeklagte, amnestierte, belobigte und zum Hauptmann beförderte Vittorio Rotellini in seinem neuen Wirkungsbereich, in Bergamo, wieder gefoltert. Von 27 unbescholtenen italienischen Bürgern wurde das Geständnis erpreßt, Angehörige einer angeblichen Räuberbande zu sein. Den untergeordneten Carabinieri wurde dabei eingeschärft: ***„Man darf auf keinen Fall Spuren sehen. Gewisse Dinge muß man gut machen, . . . so wie bei den Südtirolern!"*** („Südtiroler Nachrichten" vom 25. Nov. 1965.) In der Folge stellte sich die absolute Schuldlosigkeit der in Bergamo gefolterten und „geständigen" Italiener heraus.

21. Mai 1964

Entschließung der SVP zum Arbeitsergebnis der Neunzehner-Kommission: Die SVP geht von der Forderung nach eigener Regionalautonomie ab

Der Parteiausschuß der SVP nahm zu den Arbeitsergebnissen der Neunzehner-Kommission Stellung: Die Vorschläge der Kommission bedeuteten einen Fortschritt, wenn die italienische Regierung den Beschluß fasse, den Südtirolern wirklich ein autonomes Leben zu sichern. Dies könne auch unter Beibehaltung der Region Trentino-Südtirol geschehen, wenn der Provinz Bozen die nötigen Befugnisse im Rahmen einer Subautonomie übertragen würden. Anschließend listete der Parteiausschuß die Kompetenzen auf, die auf die Provinz übertragen werden sollten.

23. Mai 1964

Appell an die geistige Einheit des Landes Tirol

Auf dem 10. Landesparteitag der ÖVP in Innsbruck bedankte sich für die Südtiroler Volkspartei Dr. Friedl Volgger für die Hilfe, welche Nordtirol den Brüdern und Schwestern in dieser schweren Zeit angedeihen ließ. Er schloß mit dem Aufruf: *„Wenn die Tiroler diese geistige Einheit hochhalten, wenn die Tiroler nicht immer bloß starr auf die Grenze blicken, sondern diese geistig zu überwinden versuchen, dann wird das Volk von Tirol die Brennergrenze überleben."*

25. Mai 1964

Genf: Keine Verhandlungen in der Sache

Kreisky schlägt Schiedskommission für internationale Verankerung vor

In Genf fand die 6. Südtirolkonferenz seit der UNO-Resolution von 1960 statt, wobei in der Sache selbst nicht verhandelt wurde, jedoch die Einsetzung einer Expertenkommission vereinbart werden konnte. Diese sollte weitere Außenministertreffen vorbereiten. Als Grundlage für die zu erstellenden Vorschläge sollten die Vorschläge der „Neunzehner-Kommission" dienen. Außenminister Dr. Kreisky brachte auch das Problem der internationalen Absicherung (Verankerung) der zu vereinbarenden Maßnahmen zur Sprache und schlug zu diesem Zweck eine Schieds- oder Vergleichskommission vor. Kreisky forderte von seinem sozialistischen Amtskollegen Saragat auch die Freilassung des letzten österreichischen Kriegsgefangenen, des in Gaeta auf der Festung inhaftierten Major Reder.

25. Mai 1964

Mailänder Prozeß: Privatankläger plädiert auf Hochverrat

„Mit einem ungeheuren Stimmaufwand und grotesken theatralischen Gebärden wetterte der Turiner Anwalt Dr. Chiusano in seiner Eigenschaft als Privatankläger für die geschädigte staatliche Elektrizitätsgesellschaft Enel nicht nur gegen die Angeklagten, sondern gegen die gesamte Südtiroler Volksgruppe. Es gebe, meinte er, unter den Südtirolern so etwas wie eine allgemeine Schweigepflicht, die mit der der Mafia vergleichbar wäre. Bei den Mißhandlungen handle es sich um Erfindungen der Häftlinge, die sich des Hochverrates schuldig gemacht hätten, was durch ihre enge Verbindung zum Bergisel-Bund und zu dem Staatssekretär Dr. Gschnitzer erwiesen sei." (Sonderberichterstatter Rudolf Lehr in „Oberösterreichische Nachrichten" vom 26. 5. 64.)

26. Mai 1964

Kurt Welser in Österreich verhaftet

Auf Grund gezielter Desinformationen aus italienischen Agentenkreisen (Borth, Kerbler, Neuhuber) verhafteten Beamte der Sicherheitsdirektion Oberösterreich den Innsbrucker Kurt Welser unter dem Verdacht, das Attentat am 23. September 1963 in Ebensee begangen zu haben. Nur dem Untersuchungsrichter Dr. Fleißner, der sofort nach Innsbruck reiste, um Alibizeugen und Vertreter der Südtiroler Freiheitskämpfer als Zeugen einzuvernehmen, war es zu verdanken, daß diese Machenschaft zusammenbrach. Am 23. Juni 1964 mußte Kurt Welser, der ein eindeutiges Alibi hatte, aus der Untersuchungshaft entlassen werden, und in einem Lokal nahm der Untersuchungsrichter den Dank des bekannten Südtirolkämpfers entgegen. Die Verhaftung Welsers erfolgte unter der Begleitmusik einer Presseerklärung des Innenministeriums, in der es hieß, daß gegen Welser *„erdrückende Beweise"* vorlägen, *„zusammen mit Komplizen"* die Tat vollführt zu haben. Zudem sei Welser *„einschlägig vorbestraft"*. Er hätte *„die grauenvolle Tat begangen, um sie dann Italienern in die Schuhe schieben zu können."* („Abend-Express", 27. 5. 64. Bei dieser Zeitung arbeitete damals der italienische Gladio-Agent Fred Borth.) Die tatsächlichen italienischen Täter, alle junge Neofaschisten und mutmaßlich „GLADIO"-Agenten, wurden am 17. 2. 1965 und in den darauffolgenden Tagen in Mailand verhaftet.

27. Mai 1964

Dietl verlangt Aufhebung seiner parlamentarischen Immunität

In einem Brief an den Justizminister Reale verlangte der Kammerabgeordnete Dietl (SVP) die umgehende Aufhebung seiner parlamentarischen Immunität, um sich gegen die Vorwürfe des Bozner Staatsanwaltes Dr. Corrias vor einem ordentlichen Gericht verteidigen zu können. Corrias hatte gegen Dietl die Anschuldigung erhoben, an der Bildung des „Befreiungsausschusses Südtirol" (BAS) beteiligt gewesen zu sein und eine „Terroristengruppe" organisiert zu haben. Die Bozener Staatsanwaltschaft hatte an das italienische Parlament den Antrag gestellt, gegen den Abgeordneten Dietl ein Gerichtsverfahren einleiten zu dürfen.

30. Mai 1964

Tiroler Sicherheitsbehörden von Wien ausgeschaltet

Die „Tiroler Tageszeitung" meldet, daß zahlreiche Zeugen die Anwesenheit des Freiheitskämpfers Kurt Welser im Oberland bestätigen könnten, als die Attentate in Ebensee erfolgten. Auch Peter Kienesberger, den das Innenministerium ebenfalls verdächtigte, könne nicht der Täter sein, da er sich zu jenem Zeitpunkt in österreichischer Untersuchungshaft (!) befand. Die Zeitung schreibt weiters wörtlich: *„In politischen Kreisen Tirols sieht man mit zunehmender Sorge, daß die Ausschaltung der Tiroler Sicherheitsbehörden besondere Nachteile für ‚Verdächtige' mit sich bringt. Man hofft, daß der ‚neue Stil' im Innenministerium in den Angelegenheiten, die Tirol betreffen, seine verfassungsrechtlich gesetzten Grenzen nicht überschreitet."*

Fred Borth tauchte auch zusammen mit Franz Kerbler auf einem Pfingstlager der „Nationalen Jugend" im Jahre 1964 bei Nürnberg auf. Kerbler fotografierte alle Teilnehmer der Lagers. Als kurze Zeit später einige der Jugendlichen eine Radwanderung zum Geburtshaus Andreas Hofers in Südtirol machten, waren sie schon avisiert worden. Sie wurden nach Mailand gebracht, wo man ihnen die Fotos aus Nürnberg zeigte, sie verhörte und dann per Schub nach Hause schickte. – Die Bilder zeigen Fred Borth mit einem Freund (oben), Franz Kerbler (mit Fotoapparat) mit demselben Mann auf dem Pfingstlager (unten) sowie zwei der nach Mailand gebrachten Jugendlichen.

5. Juni 1964
Georg Klotz aus Schubhaft entlassen
Nachdem Georg Klotz in Wien aus der Schubhaft entlassen wurde, verhängte die Verwaltungsbehörde über ihn (wie schon vorher über den ebenfalls in Wien konfinierten Luis Amplatz) eine Aufenthaltsbeschränkung, die beide an Wien band und ihnen eine tägliche Meldepflicht bei der Polizei auferlegte.

8. Juni 1964
Strafanträge im 1. Mailänder Südtirolprozeß
Im Mailänder Südtirol-Prozeß stellte Staatsanwalt Cresti am Ende eines 6tägigen Plädoyers gegen die angeklagten Südtiroler Freiheitskämpfer Strafanträge in einer Gesamthöhe von 858 Jahren Gefängnis.

9. Juni 1964
Mailänder Prozeß: Italienischer Gelehrter verteidigt Selbstbestimmungsrecht
Der Strafverteidiger Prof. Dr. Nuvolone, Ordinarius für Strafrecht an der Universität Mailand, erklärte in seiner Verteidigungsrede, daß das Verlangen nach Selbstbestimmung nie den Tatbestand des Hochverrates bilden könne. Das Recht auf Selbstbestimmung stehe nicht, wie der Staatsanwalt meine, nur Völkern als Ganzes zu, sondern selbstverständlich auch Volksgruppen. Ansonsten verliere dieses Recht jeden Sinn. Zur Frage der Folterungen meinte der Rechtsgelehrte, daß die These des Staatsanwaltes, wonach auch erzwungene Geständnisse als Beweismittel verwendet werden könnten, abzulehnen sei. In einem zivilisierten Staat dürften erpreßte Geständnisse nicht in die Waagschale geworfen werden.

10. Juni 1964
10 Stunden Busfahrt für 5 Minuten Gespräch
Nach zum Teil mehr als 10stündiger Anreise durften einige Angehörige in Mailand mit den Angeklagten genau 5 Minuten sprechen. Die Angehörigen waren vor allem durch die hohen Strafanträge des Staatsanwaltes in Verzweiflung geraten. Während des kurzen Gespräches versuchten die Häftlinge, ihnen Mut zuzusprechen.

13. Juni 1964
16. Landesversammlung der SVP
Im Kino „Roma" in Bozen fand die 16. Landesversammlung der Südtiroler Volkspartei statt, in deren Mittelpunkt der Bericht des Parteiobmannes über die politischen Ereignisse stand. Die Ausführungen Magnagos über den Abschlußbericht der Neunzehner-Kommission gipfelten in der Feststellung, daß die Ergebnisse einen Anfangserfolg auf dem Wege zur Durchführung des Pariser Vertrages und zur Verwirklichung einer echten Autonomie darstellten. Eine Debatte über die Ergebnisse der Neunzehner-Kommission werde erst nach der Stellungnahme der italienischen Regierung stattfinden. Die Wahl des Parteiobmannes und seiner Stellvertreter ergab: Parteiobmann: Dr. Silvius Magnago, Obmann-Stellvertreter: Dr. Friedl Volgger und Dr. Alfons Benedikter.

21. Juni 1964
Dr. Norbert Burger in Österreich verhaftet und knapp einem Mord- und Entführungsversuch entgangen
Der seit dem Frühjahr 1963 in Österreich gesuchte Innsbrucker Universitätsassistent Dr. Norbert Burger wurde in einem Klagenfurter Lokal festgenommen. Die Anzeige bei der österreichischen Polizei hatte ein gewisser Peter Knips erstattet, der als freiberuflicher Kameramann gelegentlich für das deutsche Fernsehen gearbeitet hatte. Bei Dr. Burger hatte sich Knips eingeschlichen, indem er Begeisterung für die Südtiroler Sache heuchelte und versprach, einen Fernsehfilm über den Freiheitskampf zu drehen. Um Vertrauen zu gewinnen, wirkte Knips auch bei Waffen- und Sprengstofftransporten mit. Knips hatte sodann versucht, Dr. Burger über die

italienische Staatsgrenze zu locken, unter dem Vorwand, mit ihm Dokumentaraufnahmen in Südtirol drehen zu wollen. Als Burger dies ablehnte, weil er der Sache doch nicht ganz traute, veranlaßten Knips seine Auftraggeber, den polizeilich gesuchten Dr. Burger zumindest den österreichischen Behörden auszuliefern. Obwohl Knips bei der Staatspolizei seine Agententätigkeit zugab und eindeutige Beweise dafür vorlagen, daß er ursprünglich einen Mordanschlag auf Burger geplant hatte, wurde Knips von den österreichischen Behörden die Ausreise nach Deutschland erlaubt. Knips war außerdem im Besitz mehrerer Pässe gewesen, von denen, wie die österreichische Polizei feststellte, zumindest einer teilweise gefälscht war. (Gedächtnisprotokoll Kienesberger.) Nach der Verhaftung Burgers wurde bekannt, daß Knips lange in Mailand ansässig gewesen war und eine Pistole mit italienischem Waffenschein besaß („KURIER", 23. 6. 64). Im Zuge der Ermittlungen gegen Burger wurden in Oberösterreich Max Ammering, Günther Colli, Hans Dzugan, Sepp Holzinger, Dr. Ing. Hufnagel, Reinulf Grünbart und Walter Scherz als Sprengstoff- und Waffenlieferanten verhaftet.

22. bis 28. Juni 1964
Südtirolexpertenkommission nimmt Arbeit auf
Die bei den Südtirolverhandlungen am 25. 5. 1964 vereinbarten Expertengespräche begannen in Genf. Die österreichische Delegation stand unter der Leitung des Gesandten Kirchschläger und die italienische unter dem bevollmächtigten Minister Dr. Gaja. In einem kurzen Abschlußkommuniqué hieß es: *„Die österreichisch-italienische Expertenkommission hat heute, wie vorgesehen, die erste Session ihrer Arbeit in einer freundschaftlichen Atmosphäre abgeschlossen. Die beiden Präsidenten bleiben miteinander in Verbindung, um den Zeitpunkt der Wiederaufnahme der Gespräche festzulegen, der für die erste Julihälfte vorgesehen ist."*

23. Juni 1964
Südtiroler Treffen in Klagenfurt
Jahre nach der furchtbaren Entscheidung, zwischen Bewahrung des Volkstums oder Bewahrung der Heimat wählen zu müssen, trafen heute in Klagenfurt Abordnungen ehemaliger Optanten aus dem ganzen deutschen Raum zusammen. Vor dem Landhaus in Klagenfurt betonte Landeshauptmann Wedenig das Verständnis der Kärntner für die Südtiroler, da auch Kärnten zweimal in seiner Geschichte um die Einheit des Landes habe bangen müssen. Aus Südtirol waren Landeshauptmann Dr. Magnago und die Musik von Lana gekommen. Auf einem Festzug durch die Stadt trugen vier Südtiroler Burschen ein großes Herz mit einer Dornenkrone und dem Schriftzug „Südtirol" voran.

24. Juni 1964
Verhaftungen in der Bundesrepublik
In München wurden die österreichischen Staatsbürger Josef Zinkl, Peter Wittinger und der Bundesdeutsche Rudolf Hessler in Haft genommen. Ihnen wurde Unterstützung des Südtiroler Freiheitskampfes vorgeworfen.

28. Juni 1964
Agent Christian Kerbler bereitet Aktion gegen Klotz und Amplatz vor
Der italienische Agent Christian Kerbler fuhr ins Passeier Tal zu Rosa Klotz, die ihn aus Absam kannte, weil sie ihn vor einem dreiviertel Jahr zuvor dort in Gegenwart ihres Mannes kennengelernt hatte. Obgleich Kerbler noch am 8. März zusammen mit Georg Klotz in der italienischen Zeitung „Alto Adige" abgebildet worden war, schöpfte Frau Klotz keinen Verdacht, daß Kerbler nun so unbefangen eingereist war. Sie ließ sich von Kerbler dazu überreden, mit ihm und seinem Bruder Franz zusammen nach Wien zu fahren. Dort wurde dann mutmaßlich die zwei Monate später stattfindende Aktion abgesprochen, die Luis Amplatz das Leben kostete. Georg Klotz hatte beschlossen, nach dem bevorstehenden Ende des Mailänder Prozesses den bewaffneten Kampf, der einige Monate lang geruht hatte, wieder aufzunehmen. Desgleichen hatte die Gruppe der „Pusterer Buam" (Josef Forer, Siegfried Steger, Heinrich Oberlechner und

Dieses Foto, das Kurt Welser auf einer Bergtour nachweislich am Tag des Attentats von Ebensee zeigt, seine Eintragung im Hüttenbuch sowie Zeugenaussagen retteten den Südtiroler Freiheitskämpfer davor, als Täter von Ebensee verurteilt zu werden (26. Mai 1964.)

Der verhaftete Kurt Welser bei der erkennungsdienstlichen Behandlung.

Mailänder Südtirolprozeß: Rechtsanwalt Dr. Canestrini – ein erklärter Freund der Südtiroler aus dem trentinischen Rovereto – spricht. (Siehe auch: 16. Juli 1964.)

Heinrich Oberleiter) den Beschluß gefaßt, im Pustertal wieder tätig zu werden. Klotz wollte im Passeier- und Sarntal aktiv werden. Dabei sollte der Passeirer Toni Platter, ebenso wie die Brüder Kerbler ein angeheuerter Agent der Italiener, Klotz unterstützen. (Christoph Franceschini: „Unsere Waffe ist der Sprengstoff und die Nacht", „Südtiroler Illustrierte FF" 28/91.) Die Brüder Kerbler waren dazu ausersehen, legal einzureisen, um dann vor Ort Vorbereitungen zu treffen, daß Klotz zielgerichtet handeln konnte. Dazu hätten das Anlegen von Depots und das Beschaffen von Ausrüstung gehört. Damit war Klotz bei dieser Aktion von Anfang an in ein tödliches Netz von Betrug und Verrat verwickelt. Zu diesem Zeitpunkt war noch nicht klar, daß Amplatz zusammen mit Klotz tätig werden würde. Amplatz traute den Kerbler-Brüdern von Anfang an nicht und hatte dies auch in Wien zu Freunden gesagt. Amplatz hatte mit Peter Kienesberger vereinbart gehabt, daß beide zusammen in den Einsatz gehen würden, wobei noch offen geblieben war, ob man zusammen mit Klotz bis zur Grenze gehen und sich dort trennen oder überhaupt völlig getrennt gehen würde. Die Verhaftung Kienesbergers am 17. Juli 1964 beraubte dann Amplatz seines Gefährten, und er schloß sich tragischerweise Georg Klotz für die gesamte Unternehmung an. (Gedächtnisprotokoll Peter Kienesberger.)

<u>3. Juli 1964</u>

Italienische Sozialdemokraten fordern die Gewährung der vollen Autonomie für Bozen

In einem gestern nacht unterzeichneten Dokument forderte die PSDI (Partito Socialdemocratico Italiano) von Bozen die Eliminierung der derzeitigen Regionalstruktur von Trient – Südtirol und die Gewährung einer vollen Autonomie für die Provinz Bozen. Wie es darin heißt, sei nunmehr der Augenblick gekommen, die Region Trient – Südtirol, die keinerlei Kompetenz und praktische Bedeutung habe, aufzulösen.

<u>8. bis 15. Juli 1964</u>

Fortsetzung der Expertengespräche in Genf

In Genf fanden die Sachverständigengespräche zur Lösung der Südtirolfrage ihre Fortsetzung.

<u>14. Juli 1964</u>

Folter-Carabinierigeneral De Lorenzo bereitet rechtsextremen Staatsstreich vor

In Rom fand unter dem Vorsitz des Carabinierigenerals und Oberkommandierenden der Carabinieri, Giovanni De Lorenzo, eine geheime Besprechung höchster Carabinierioffiziere statt. Der General, welcher von 1956 bis 1962 den militärischen Geheimdienst SIFAR (Servizio d'Informazione delle Forze Armate) leitete und noch als Oberbefehlshaber der Carabinieri den Geheimdienst kontrollierte, übergab den versammelten Offizieren umfangreiche Listen von Personen, die bei Verkündigung des „Notstandes" sofort zu verhaften seien. De Lorenzo informierte die Offiziere, daß Staatspräsident Segni den Entschluß gefaßt habe, eine „Notstandsregierung" aus Fachleuten und Militärs zu bilden, falls der mit der Bildung einer neuen Regierung betraute Ministerpräsident Aldo Moro mit dem Versuch zur Bildung einer neuen, gemäßigten Mitte-Links-Regierung scheitern sollte. Um jeden Widerstand der Straße gegen die Machtergreifung der „Notstandsregierung" im Keime zu ersticken, trete auf Befehl ein „Piano Solo" in Kraft. „Solo" bedeutete, daß allein mit der Hilfe der 60.000 Mann starken Carabinieritruppe ein Staatsstreich durchgeführt werden sollte. Der Plan sah folgendes vor: 1) Die Besetzung der Zentralen der Linksparteien und der Gewerkschaften, die Kontrolle der Präfekturen, die Schließung linker Redaktionen, die Ausübung der Kontrolle über die Rundfunk- und Fernsehstationen. 2) Die nächtliche Verhaftung von 731 politischen Exponenten der Linken und deren Verschickung in ein Konzentrationslager auf Sardinien (Capo Marrargiu), das unter der Kontrolle der GLADIO-Geheimdienststruktur stand. Nachdem die Befehle für den Alarmfall ausgegeben worden waren, beschloß De Lorenzo die Sitzung. De Lorenzo war jener General, unter dessen Oberbefehl die Verhaftungen und die entsetzlichen Folterungen in Südtirol stattfanden, zu denen der christdemokratische Innenminister Mario Scelba ausdrücklich Erlaubnis und Befehl erteilt hatte. Als Chef des „SIFAR" hatte De Lorenzo außerdem die umfangreichen Verhaftungslisten heimattreuer Südtiroler vorbereiten lassen.

Nun hatte De Lorenzo einer großen Anzahl eigener Landsleute ein ähnliches Schicksal zugedacht. De Lorenzo stand zunächst den Monarchisten nahe und wurde später neofaschistischer Parlamentsabgeordneter des MSI. Einige dieser Offiziere sagen später gegen De Lorenzo vor Gericht aus. (Siehe weiter: 6. Februar 1967.) Zu dem Staatsstreich kam es dann nicht, weil der Sozialistenführer Nenni, noch in der Nacht auf den 17. Juli mit dem „Piano Solo" konfrontiert, auf seine weitreichenden Forderungen nach einer sozialistischen Bodenreform mit Enteignungen von Bauland verzichtete und einem gemäßigten Regierungsprogramm einer neuen Mitte-Links-Regierung zustimmte. In der Folge erlitt Staatspräsident Segni einen Herzinfarkt, der ihn Monate später zum Rücktritt zwang.

15. Juli 1964

Mailänder Prozeß: „Wir sind Tiroler, wir wollen Tiroler bleiben!"

Am 93. und letzten Verhandlungstag sprachen Franz Muther, Martin Koch und Jörg Pircher die Schlußworte für die Angeklagten. Jörg Pircher sagte: *„Der Gerichtshof möge berücksichtigen, daß auf der Anklagebank nicht nur die 68 Beschuldigten, sondern ganz Südtirol sitzt. Wenn die Ankläger sagen, wir sind Terroristen, Irredentisten und Pangermanisten, so kann ich nur sagen: Wir sind Tiroler und wollen Tiroler bleiben."*

Abschied von Dr. Karl Tinzl

In Meran wurde unter großer Anteilnahme der Bevölkerung Dr. Karl Tinzl zu Grabe getragen, der bereits seit 1921 als Abgeordneter zur römischen Kammer, 1943 unter der deutschen Verwaltung als Präfekt von Südtirol, 1953 wieder als Kammerabgeordneter und 1958 als Senator stets mannhaft für die Rechte Südtirols eingetreten war. Unvergessen bleiben auch seine wissenschaftlichen Arbeiten, so die grundlegende Untersuchung über das System des „Geschlossenen Hofes" (verhindert die Zerreißung geschlossenen bäuerlichen Besitzes im Erbfall) und sein berühmter Autonomieentwurf, der richtungsweisend für die politische Position der Südtiroler Volkspartei wurde.

16. Juli 1964

Urteil im Mailänder Südtirolprozeß: 431 Jahre Haft

Nach einer Beratungszeit von über 35 Stunden betraten um 20. 58 Uhr die Richter den Saal. Bereits den ganzen Tag über waren die Gänge des Gerichtes mit Angehörigen und Freunden der Angeklagten überfüllt. Um 18 Uhr wurden die Angeklagten in den Gerichtssaal geführt, 30 Carabinieri und weitere 30 Kriminalbeamte hatten den Ordnungsdienst übernommen. Vor dem Gebäude waren schwerbewaffnete Sondereinheiten aufmarschiert. In den grabesstillen Saal hinein wurden Strafen von insgesamt über 431 Jahren verkündet. Von den 91 Angeklagten wurden 27 freigesprochen und amnestiert (darunter 17 in Haft befindliche Angeklagte), 35 erhielten Gefängnisstrafen bis zu 4 Jahren (darunter 27 Häftlinge, denen die Reststrafe erlassen wurde), 17 anwesende Angeklagte wurden zu Gefängnisstrafen zwischen 4 und 10 Jahren verurteilt, 8 Angeklagte (darunter 5 Häftlinge) erhielten Strafen zwischen 10 und 20 Jahren, 4 flüchtige Beschuldigte wurden zu Gefängnisstrafen von über 20 Jahren verurteilt. 46 Häftlinge konnten nach Hause zurückkehren, 22 mußten in Haft bleiben. Viele der Zuschauer verbargen die Tränen nicht, die zu schwersten Strafen verurteilten Männer nahmen den Schuldspruch mit Fassung entgegen.

Südtirol empfängt die Heimkehrenden im Triumphzug – Nervosität bei der Besatzungsmacht

In sieben Bussen verließen die freigelassenen Häftlinge mit ihren Angehörigen Mailand, um in ihre Heimatorte zurückzukehren. Die Fahrt gestaltete sich zu einem Triumphzug. In Salurn war die Dorfbevölkerung mit ihrer Musikkapelle versammelt, um die Freiheitskämpfer auf heimatlichem, deutschem Boden zu begrüßen. Kurz vor Ankunft der Busse verbot der Carabinierikommandant jede Feierlichkeit und forderte Verstärkung an. Trotz schußbereiter Schnellfeuergewehre kümmerten sich weder die Bevölkerung noch die Häftlinge um die

Anordnung der Besatzer. Bekannte und Unbekannte fielen sich in die Arme. In Neumarkt versuchten 50 Carabinieri, die Busse an der Weiterfahrt zu hindern. Der italienische Rechtsanwalt und kommunistische Regionalrat Dr. Canestrini stellte sich auf die Seite der Südtiroler, und es kam zu erregten Auseinandersetzungen mit Offizieren der Polizei. Obwohl die Carabinieri mit größter Brutalität selbst gegen Frauen und Kinder vorgingen, gelang es der Bevölkerung, die Absperrung zu durchbrechen und die Heimkehrer zu begrüßen. In Tramin kam es bereits vor Ankunft der Busse zu Handgreiflichkeiten. Auf der Straße nach Bozen patrouillierten Überfallwagen und schwerbewaffnete Militäreinheiten. Bozen glich einer belagerten Stadt. An den Straßenecken sah man Doppelposten mit Maschinenpistolen, und vor dem Landhaus standen 15 Jeeps mit aufmontierten Maschinengewehren. Obwohl Angehörige auf dem Bahnhofsplatz warteten, lenkte die Polizei den Bus um. Dies führte erneut zu Handgreiflichkeiten. Die Freiheitskämpfer, die jahrelang unter menschenunwürdigen Bedingungen eingekerkert und zum Teil schwerst gefoltert worden waren, erlebten die Freude, den Jubel und die Begeisterung ihrer Landsleute sowie die Arroganz einer Besatzungsmacht. In manchen kleinen Orten zwangen Carabinieri einzelne Heimkehrer, vor dem Ort den Bus zu verlassen und über Hinterhöfe ihr Haus zu betreten. Trotz dieser unwürdigen Begleiterscheinungen war der Empfang in Südtirol der beste Beweis für die Haltung der Bevölkerung zum Freiheitskampf.

Angeklagte und Urteile im 1. Mailänder Südtirolprozeß

Name	**Geburtsjahr**	**Heimatort**	**Antrag des Staatsanwaltes**	**Urteil 1. Instanz**	**Urteil 2. Instanz**
Allessandri, Hubert	1935	Eppan	28 Mon.	8 Mon.	8 Mon.
Amplatz, Alois [3]	1926	Bozen	30 J.	25 J. 6 Mon.	ermordet am 7. 9. 1964
Angerer, Engelbert	1930	Laas	8 J. 8 Mon.	2 J.	7 J. 4 Mon.
Anrather, Hermann	1930	Kurtatsch	9 J. 6 Mon.	2 J. 8 Mon.	7 J. 4 Mon.
Carli, Siegfried [3]	1936	Meran	30 J.	19 J. 11 Mon.	17 J. 11 Mon.
Clementi, Johann	1922	Montan	13 J. 6 Mon.	8 J. 10 Mon.	8 J. 10 Mon.
Destaller, Ottokar [1)3)]	1908	Graz (Öst.)1	8 J. 4 Mon.	Freispr. m.a.B.	Freispr. m.a.B.
Dibiasi, Arnold	1941	Kurtatsch	Freispr. m.a.B.	Freispr. m.a.B.	Freispr. m.a.B.
Dissertori, Alois	1921	Kaltern	2 J. 8 Mon.	2 J.	2 J.
Egger, Alois	1921	St. Walburg	10 J. 10 Mon.	9 J.	7 J. 4 Mon.
Egger, Franz	1937	Neumarkt	7 J. 4 Mon.	1 J. 4 Mon.	1 J. 4 Mon.
Fabi, Josef	1919	Burgeis	7 J. 4 Mon.	1 J. 4 Mon.	1 J. 4 Mon.
Felderer, Anton	1931	Samthein	9 J. 6 Mon.	2 J. 7 Mon.	7 J. 4 Mon.
Finatzer, Karl [3]	1924	Neumarkt	10 Mon.	8 Mon.	Freispruch
Fontana, Josef	1937	Neumarkt	16 J. 4 Mon.	10 J. 6 Mon.	9 J. 9 Mon.
Forer, Josef [3]	1940	Sand i. T.	5 J.	1 J. 3 Mon.	8 Mon.
Gallmetzer, Leo	1903	Auer	Freispruch	Freispruch	4)
Gallmetzer, Norbert	1931	Kaltern	2 J. 8 Mon.	8 Mon.	8 Mon.
Gamper, Franz	1932	Vahrn	8 J. 8 Mon.	7 J. 4 Mon.	7 J. 4 Mon.
Gostner, Engelbert	1925	St. Andrae	9 J. 4 Mon.	7 J. 4 Mon.	7 J. 4 Mon.
Gruber, Walter	1932	Lana	10 J. 10 Mon.	3 J.	7 J. 4 Mon.
Gutmann, Alois	1930	Tramin	14 J. 6 Mon.	9 J. 4 Mon.	8 J. 2 Mon.
Hauser, Luis	1931	Kurtatsch	15 J. 2 Mon.	9 J. 1 Mon.	7 J. 8 Mon.
Hinteregger, Herbert	1934	Sterzing	7 J. 4 Mon.	Freispruch	Freispruch
Huber, Josef	1927	Sigmundskron	10 J. 10 Mon.	3 J. 8 Mon.	7 J. 4 Mon.
Innerhofer, Josef	1928	Schenna	12 J. 8 Mon.	3 J. 3 Mon.	7 J. 7 Mon.
Kasal, Oswald	1936	Tramin	Amnestie	Amnestie	Freispruch
Kerschbaumer, Josef	1913	Frangart	24 J.	15 J. 11 Mon.	7. 12. 64 im Gefängnis gest.

Kienesberger, Peter [1,3]	1942	Gmunden	Freispr. m.a.B.	Freispr. m.a.B.	Freispr. m.a.B.
Klier, Dr. Heinrich [1,3]	1928	Zirl (Öst.)	30 J.	21 J. 10 Mon.	19 J. 11 Mon.
Klotz, Georg [3]	1919	Walten	30 J.	18 J. 2 Mon.	18 J. 2 Mon.
Koch, Martin	1924	Bozen	18 J. 4 Mon.	9 J. 7 Mon.	8 J. 3 Mon.
Kofler, Oswald	1933	Tramin	16 J. 2 Mon.	11 J. 4 Mon.	10 J. 2 Mon.
Kofler, Richard [3]	1930	Eppan	Freispr. m.a.B.	Freispr. m.a.B.	Freispr. m.a.B.
Kofler, Rudolf	1941	Eppan	Verfahren am 11. 12. 63 abgetr.		
Krause, Leopold [3]	1926	Vahrn	Amnestie	Amnestie	Freispruch
Mandl, Friedrich	1931	Sterzing	13 J. 4 Mon.	7 J. 4 Mon.	7 J. 4 Mon.
Matscher, Josef	1916	Tisens	2 J. 8 Mon.	2 J.	8 Mon.
Matuella, Konrad	1933	Montan	11 J. 4 Mon.	7 J. 4 Mon.	7 J. 4 Mon.
Mitterhofer, Josef	1932	Obermais	16 J. 4 Mon.	11 J. 11 Mon.	9 J. 11 Mon.
Muther, Franz	1922	Laas	18 J. 8 Mon.	9 J. 5 Mon.	8 J. 1 Mon.
Niedermair, Kaspar	1911	Kortsch	Amnestie	Amnestie	
Niedermair, Oskar	1943	Kortsch	Freispr. m.a.B.	Freispr. m.a.B.	Freispr. m.a.B.
Oberhofer Johann	1934	Latsch	14 J. 2 Mon.	9 J.	7 J. 4 Mon.
Oberhuber, Dr. Rudolf	1917	Brixen	Freispr. m.a.B.	Freispr. m.a.B.	Freispruch
Obermair, Alfons	1922	Bozen	15 J.	Freispr. m.a.B.	Freispr. m.a.B.
Oberrauch, Luitfried [3]	1919	Bozen	7 J.	2 J. 11 Mon.	1 J. 6 Mon.
Parth, Matthias	1919	Laas	15 J. 4 Mon.	Freispruch	Tödl. verungl.
Pergol, Livio	1920	Lavis	2 J.	8 Mon.	8 Mon.
Petermaier, Otto	1920	Eppan	9 J. 6 Mon.	8 J. 4 Mon.	6 J. 8 Mon.
Peternel, Paul [1,3]	1909	München	Freispr. m.a.B.	Freispr. m.a.B.	Freispr. m.a.B.
Pfaundler, Wolfgang [1,3]	1924	Innsbruck	30 J.	22 J. 10 Mon.	20 J. 11 Mon.
Pichler, Paul	1926	Schenna	9 J. 4 Mon.	Freispruch	Freispruch
Piock, Engelbert	1928	Brixen	8 J. 8 Mon.	2 J.	8 Mon.
Piock, Franz [3]	1935	Lüsen	1 J. 4 Mon.	8 Mon.	8 Mon.
Pircher, Jörg	1926	Lana	19 J. 10 Mon.	14 J. 7 Mon.	11 J. 4 Mon.
Prantner, Donat	1921	Bozen	15 J. 4 Mon.	6 J. 8 Mon.	6 J. 8 Mon.
Riegler, Franz	1938	Bozen	10 J. 10 Mon.	3 J. 10 Mon.	8 J. 1 Mon.
Riegler, Lorent	1928	Bozen	7 J. 6 Mon.	3 J.	7 J. 4 Mon.
Roner, Sigismund	1940	Eppan	13 J. 6 Mon.	3 J. 8 Mon.	7 J. 4 Mon.
Scherer, Jakob	1929	Eppan	Verfahren am 11. 12. 63 abgetr.		
Schgör, Christian			Verfahren am 11. 12. 63 abgetr.		
Schwienbacher, Vigil	1925	St. Walburg	9 J. 6 Mon.	Freispr. m.a.B.	6 J. 8 Mon.
Schwingshackl, Andreas	1926	Welsberg	17 J. 4 Mon.	8 J. 4 Mon.	8 J. 4 Mon.
Selm, Josef (ital. Agent)	1940	Lana	Einstellung	Freispruch	4)
Spiß, Josef	1926	Latsch	Freispr. m.a.B.	Freispr. m.a.B.	Freispr. m.a.B.
Stampel, Hans	1933	Gries	9 J. 4 Mon.	2 J.	8 Mon.
Stanek, Dr. Hans	1900	Brixen	5 J.	Freispr. m.a.B.	Berufung d. StAnw. unzul.
Steck, Viktor	1919	Tartsch	Freispr. m.a.B.	Freispr. m.a.B.	Freispr. m.a.B.
Steger, Johann	1906	Sand i. T.	Amnestie	Amnestie	Amnestie
Steger, Siegfried [3]	1939	Sand i. T.	5 J.	1 J. 3 Mon.	8 Mon.
Steinegger, Alois	1921	Tramin	12 J. 8 Mon.	8 J. 8 Mon.	7 J. 6 Mon.
Stötter, Anton [2] (ital. Agent)	1907	Augsburg	Verfahren am 11. 12. 63 abgetr.		
Sullmann, Dr. Josef	1922	St. Walburg	11 J. 4 Mon.	Freispr. m.a.B.	2 J. 6 Mon. 5)
Tanzer, Eduard	1929	Laas	7 J. 4 Mon.	1 J. 4 Mon.	1 J. 4 Mon.
Tappeiner, Franz	1926	Laas	2 J. 8 Mon.	2 J.	2 J.
Thaler, Alois	1932	St. Peter	13 J. 9 Mon.	9 J. 3 Mon.	8 J. 2 Mon.
Thaler, Johann	1901	Sarnthein	3 J.	1 J. 4 Mon.	Freispruch
Thaler, Josefine	1928	Tramin	Amnestie	Amnestie	Freispruch

Thaler, Karl	1928	Tramin	7 J. 4 Mon.	1 J. 4 Mon.	1 J. 4 Mon.
Thaler, Viktor	1930	Tramin	9 J. 9 Mon.	8 J. 4 Mon.	6 J. 8 Mon.
Tietscher, Karl	1921	Bruneck	6 J.	3 J. 4 Mon.	3 J. 4 Mon.
Tschenett, Josef	1924	Prad	8 J. 8 Mon.	2 J.	2 J.
Ungerank, Franz	1923	Ratschings	8 J. 8 Mon.	2 J.	2 J.
Unterholzer, Bernhard	1943	St. Walburg	7 J. 4 Mon.	Freispr. m.a.B.	1 J. 4 Mon.
Verdorfer, Josef	1931	Lana	Freispr. m.a.B.	Freispr. m.a.B.	Freispr. m.a.B.
Veronesi, Bruno	1931	Laag	3 J. 4 Mon.	2 J. 4 Mon.	2 J. 4 Mon.
Villgrattner, Ernst	1935	Tiers	3 J. 4 Mon.	1 J. 4 Mon.	1 J. 4 Mon.
Waid, Anton	1939	Tramin	Freispr. m.a.B.	Freispr. m.a.B.	Freispr. m.a.B.
Wallnöfer, Karl	1926	Tisens	2 J. 8 Mon.	2 J.	8 Mon.
Walter, Erich	1936	Neumarkt	7 J. 4 Mon.	Freispruch	6 J. 8 Mon.
Welser, Kurt [1)3)]	1931	Innsbruck	30 J.	23 J. 10 Mon.	tödl. verungl.
Widmoser, Dr. Eduard [1)3)]	1919	Innsbruck	30 J.	19 J. 4 Mon.	19 J. 4 Mon.
Zwerger, Albuin	1930	Tramin	9 J. 9 Mon.	3 J. 2 Mon.	6 J. 8 Mon.

Anmerkungen: [1)] Österreichische Staatsbürger; [2)] Staatsbürger der Bundesrepublik Deutschland; [3)] Verhandlung in Abwesenheit; [4)] Urteil wurde bereits in der Vorinstanz rechtskräftig; [5)] Dieses Urteil wurde als einziges Urteil durch den Kassationsgerichtshof aufgehoben und in einen Freispruch m. a. B. abgewandelt.

17. Juli 1964

Zwei Minderjährige wegen „antinationaler Propaganda" verhaftet

Gestern begrüßten die beiden minderjährigen Jugendlichen Meinrad Berger, 16, aus Bozen, und Alfred Asten, 17, vom Ritten, die aus Mailand heimkehrenden ehemaligen Häftlinge auf ihre Weise: Von einem Moped aus streuten sie in Bozen selbstgefertigte Flugzettel, auf denen geschrieben stand: „Freiheit für die Südtiroler Häftlinge". Heute wurden sie von den Carabinieri ausgeforscht, verhaftet und in Bozen inhaftiert; nach drei Wochen Einzelhaft überstellte man sie ins Jugendgefängnis Venedig. Die Anzeige lautet auf „antinationale Propaganda", „Schmähung der italienischen Nation" und unerlaubter Waffenbesitz, da man bei einem der beiden zu Hause ein altes Bajonett aus dem 1. Weltkrieg gefunden hatte. Formell enthaftet wurden sie zwar Ende August; allerdings mußten sie in der Zelle bleiben, von wo aus man sie zu „psychologischen Gesprächen" brachte, und in der Schusterei (Alfred) bzw. Schlosserei (Meinrad) arbeiten. Endgültig in Freiheit gelangten sie Mitte Oktober 1964.

Peter Kienesberger in Österreich verhaftet

Luis Amplatz schließt sich Georg Klotz an

Beamte der Sicherheitsdirektion Oberösterreich nahmen in Innsbruck Peter Kienesberger fest, der im Verdacht stand, mit den bereits in Oberösterreich verhafteten Personen Sprengstoff für Südtirol besorgt zu haben. Die Überstellung in das Gefängnis nach Graz erfolgte, nachdem Kienesberger die Frage: *„Wenn Sie uns sagen, woher der Sprengstoff kommt, können Sie gehen, sonst fahren wir ins Gefängnis"*, mit *„Dann fahren wir!"*, beantwortet hatte. Die anschließende Untersuchungshaft dauerte fast vier Monate. Die Verhaftung hatte die tragische Folge, daß Luis Amplatz, der zusammen mit Kienesberger in den Einsatz nach Südtirol hatte gehen wollen, sich nun Georg Klotz anschloß und damit zusammen mit ihm in die italienische Agentenfalle lief.

21. Juli 1964

Sie handelten aus lauteren Motiven . . .

Nordtirols Landeshauptmann Eduard Wallnöfer erklärte zu dem Urteil von Mailand: die Angeklagten hätten *„aus lauteren Motiven"* gehandelt. Letztlich habe das Vorgehen Italiens zu den Sprengstoffattentaten geführt. *„In Mailand ist das italienische System in Südtirol unter Anklage gestanden."* („WOCHENPRESSE"). Die Wiener „Arbeiter-Zeitung" (SPÖ) schrieb in einem Leitartikel: *„Die angeklagten Südtiroler waren keine Terroristen um des Terrors halber. Sepp Kerschbaumer wollte nur demonstrieren. Er benutzte Sprengmittel in einer subjek-*

Mailänder Südtirolprozeß: Im Hintergrund der angeklagte SVP-Parteisekretär Dr. Stanek mit seinem Verteidiger Dr. Riz. Im Vordergrund rechts der Verteidiger Univ.-Prof. Dr. Nuvolone, der dem Gericht darlegte, daß die Ausübung des Menschenrechtes der Selbstbestimmung niemals Hochverrat sein könne (7. April und 9. Juni 1964).

Sepp Kerschbaumer tritt nach der Urteilsverkündung seine letzte Reise an. Sie führt ihn in das Gefängnis von Verona, das er nicht mehr lebend verlassen wird (16. Juli 1964).

tiv ehrlichen . . . Absicht." Die Wiener „WOCHENPRESSE" erklärte: *„Jene Kreise in Italien, aber auch im übrigen Westen und in den Ostblockstaaten, die das Anliegen der Freiheitskämpfer als ‚Neonazismus' zu diffamieren versuchten, wurden zum Schweigen gebracht."* Die „Frankfurter Allgemeine Zeitung" bezeichnete die Sache der Freiheitskämpfer als *„legitim"* und schrieb weiter: *„Damit ist die politische Bewegung der Südtiroler als das erkannt worden, was sie ist: ein Kampf um Heimatrechte."*

22. Juli 1964

Empfang in Tramin: Demonstration zur Heimat

Der Redakteur der „Oberösterreichischen Nachrichten", Dr. Walter Knoglinger, berichtete aus Südtirol, daß innerhalb der Südtiroler Volkspartei noch keine einheitliche Auffassung in der Beurteilung des Mailänder Gerichtsverfahrens herrsche. Sowohl Volkspartei als auch Landesregierung hätten deshalb keinen Empfang der aus dem Gefängnis heimkehrenden Südtiroler vorgesehen gehabt. Dies führte unter anderem zu einer Anfrage des Traminer Bürgermeisters, warum kein offizieller Vertreter zum Empfang der Häftlinge nach Tramin entsandt worden sei. Partei und Landesregierung wollten jedoch mit Rücksicht auf Italien offizielle Empfänge unterlassen. Die „Oberösterreichischen Nachrichten" schreiben dazu: *„Landeshauptmann Dr. Magnago hat sich mit Rücksicht auf ein gutes Einvernehmen mit den italienischen Regierungsstellen ganz bewußt offizieller Erklärungen zum Urteil enthalten."* Wie der Berichterstatter der „OÖN", Dr. Walter Knoglinger, weiter meldet, hat das Volk jedoch eindeutig Stellung bezogen. Als in Tramin die Carabinieri mit Gewalt gegen die zum Empfang der Häftlinge aufspielende Musikkapelle vorgingen, hatte dies zur Folge, *„daß wie aus einer Kehle plötzlich urgewaltig das Südtiroler Heimatlied hervorbrach und alle Kleinlichkeit und Feindseligkeit hinwegfegte. So wurde dieser Empfang in Tramin zu einer ursprünglich keineswegs beabsichtigten machtvollen Demonstration der Deutschen in Südtirol zu ihrer Heimat."*

23. Juli 1964

Abgeordneter Dietl spricht in der römischen Kammer

Im Rahmen der Haushaltsdebatte ergriff in der römischen Kammer der Südtiroler Abgeordnete Hans Dietl das Wort. Neben Fragen des Baus der Brenner-Autobahn, der verbotenen Hagelabwehr und der abgewiesenen Optanten, kam er auf seinen eigenen Fall zu sprechen. Er fragte, ob der Antrag um Aufhebung der Immunität von der Staatsanwaltschaft Bozen schon eingegangen sei und sprach den Wunsch aus, daß man diesem Verlangen umgehend stattgeben möge, damit er sich vor Gericht verantworten könne. Zum Schluß kündigte er an, daß die Vertreter der SVP dem Haushaltsvoranschlag nicht zustimmen könnten und führte dazu aus: *„Wenn wir uns der Stimme enthalten, so in der leider schon oft enttäuschten Hoffnung, daß die Regierung endlich mit der Durchführung des Pariser Vertrages sowie des Artikels 6 der Verfassung unsere Probleme regeln werde."*

Südtirol steht hinter den Freiheitskämpfern

Die Linksparteien brachten im Regionalrat einen Antrag ein, in dem gefordert wurde, beim Innenministerium vorstellig zu werden, um Entschädigungen für die 1961 und später von der Polizei beschlagnahmten Hotels sicherzustellen. Der Neofaschist Dr. Mitolo machte dazu folgende Ausführungen: *„Wofür wollen denn die Gastwirte entschädigt werden? Wenn schon Schäden angerichtet wurden, was ich nicht glaube, so soll das Land dafür aufkommen. Das wäre nur gerecht. Denn die Terroristen, deretwegen die Gasthöfe beschlagnahmt wurden, gehören zur deutschen Volksgruppe. Im Mailänder Prozeß ist offenbar geworden, daß die ganze Südtiroler Bevölkerung hinter den Terroristen stand!"*

2. August 1964

Geheimdienst-Aktion gegen Klotz und Amplatz beginnt:
Agent Toni Platter kündigt Grenzübertritt der Freiheitskämpfer an

In einem internen Protokoll mit der Nummer 10. 497 hielt das Gegenspionagezentrum Verona des militärischen Geheimdienstes SIFAR Zeitpunkt und Route des in einem Monat beabsichtigten Grenzübertrittes der Südtiroler Freiheitskämpfer Luis Amplatz und Georg Klotz fest. Darüber hinaus gab das Dokument genaue Hinweise auf beabsichtigte Anschläge der „Pusterer Buam" im August im Puster- und Ahrntal. „Quelle" der Meldung war der Passeirer Anton Platter aus St. Martin. Dieser 1926 in St. Martin im Passeier geborene Platter hat bereits vom Kriegsende her eine außergewöhnliche Vorgeschichte. Er war als Deserteur der Deutschen Wehrmacht nach Dachau gekommen und 1945 wieder nach Südtirol zurückgekommen. Er schloß sich dann einer Bande ehemaliger Deserteure im Passeier an, die vor Kriegsende als gejagte und verzweifelte Menschen die Bauern überfielen, um sich den Lebensunterhalt zu sichern. Unter diesen teils Bedauernswerten befanden sich aber auch schwer kriminelle Elemente. So kam es, daß nächtens im Passeier die Höfe brannten und Unschuldige ermordet wurden. Nach dem Einmarsch der Alliierten wurde die Bande als alliierte Hilfspolizei eingesetzt, um ihrerseits nun in den Bergen deutsche Soldaten zu jagen und in die Gefangenenlager einzuliefern. Im Oktober 1945 wurden der Bande jedoch die alliierten Hilfspolizeiausweise wieder abgenommen, da die Bandenmitglieder Albert Haller und Ignaz Pfitscher am 8. September 1945 als gemeine Verbrecher in einem Feuergefecht mit den Carabinieri gefallen waren. Außerdem waren ein italienischer Arbeiter sowie mehrere Bauern zu Opfern von Raubmorden der Bande geworden. Der Chef der Bande, Karl Gufler aus St. Martin im Passeier, dem Heimatort des weiteren Bandenmitgliedes Anton Platter, wurde übrigens am 20. März 1947 als Räuber von den Carabinieri erschossen. Ein Teil der überlebenden Bandenmitglieder wurde 1951 und 1954 vor Gericht gestellt und zu unterschiedlich langen Freiheitsstrafen verurteilt. (Golowitsch-Fierlinger: „Kapitulation in Paris", Nürnberg-Graz 1989, S. 23 ff.) Wie der Südtiroler Historiker Christoph Franceschini anhand italienischer Geheimdienstakten enthüllte, hatte sich das ehemalige Mitglied der Gufler-Bande Anton („Toni") Platter Ende 1962 in Österreich an Georg Klotz herangemacht, den er von seinem Heimattal her kannte. Zuvor hatte sich Platter bei Frau Rosa Klotz, der Ehefrau des Freiheitskämpfers, in das Vertrauen eingeschlichen und um „Fluchthilfe" nach Österreich gebeten, damit er zu Georg Klotz gelangen könne. Platter behauptete, politisch verfolgt zu sein und in den BAS einsteigen und für Südtirol kämpfen zu wollen. Seine Behauptungen unterstützte Platter dadurch, daß er sich wie ein Gejagter bei Bergbauern aufhielt und so tat, als müsse er sich verstecken. Tatsächlich wurde Platter von Freunden der Familie Klotz schwarz über die Grenze gebracht und hielt sich eine ganze Woche bei Klotz in Absam, später dann wieder im Passeier auf, wo er bei Rosa Klotz und der mit den Klotz befreundeten Familie Rudolf Marth ein und aus ging. (Mitteilung der Familie Klotz an Peter Kienesberger.) Um das Vertrauen von Georg Klotz zu erringen, schoß Platter im Herbst 1963 auf den Jeep des für die Gegenspionage tätigen Meraner Carabinierihauptmannes Mario Rocchetti-March, der später auch in den Mord an Luis Amplatz verwickelt sein wird. Der Feuerüberfall war eine gestellte Aktion, die jedoch Georg Klotz dazu bewog, Platter sein Vertrauen zu schenken und ihn in seine Gruppe aufzunehmen. In Wahrheit war Platter bereits in den Diensten der Passeirer Carabinieri, die seine Berichte an das Gegenspionagezentrum Verona zur Auswertung weitergaben. Ab nun lieferte Platter monatelang Informationen und war auch am Aufbau der Fallen gegen Amplatz und Klotz im Herbst 1964 beteiligt. (Christoph Franceschini: „Fall Amplatz: Wir haben das Attentat fingiert", „Südtiroler Illustrierte FF" 49/92, „Im Auftrag des italienischen Staates", Südtirol-Profil 3/93.) Auf dem Sterbebett hat der unheilbar an Kehlkopfkrebs erkrankte Platter dem Gemeindearzt von St. Martin, Dr. Frötscher, gestanden, ein italienischer Agent gewesen zu sein. Der Gemeindearzt Frötscher hatte sich noch persönlich davon überzeugen können, daß der angeblich „gejagte" Toni Platter all die Jahre einen gültigen und jährlich abgestempelten Reisepaß des italienischen Staates besessen hatte. (Mitteilung der Familie Klotz an Peter Kienesberger, sowie: Baumgartner / Mayr / Mumelter: „Feuernacht", Bozen 1992, S. 367, Mitteilung von Frau Rosa Klotz.)

4. August 1964

Dr. Stanek spricht im Regionalrat zum Mailänder Urteil

Der Abgeordnete Dr. Hans Stanek, der infolge Inhaftierung drei Jahre nicht mehr an den Sitzungen teilnehmen konnte, führte nach einer Begrüßung durch Dr. Brugger und Vizepräs. Rosa im Regionalrat aus: *„Man hat in letzter Zeit immer wieder lesen müssen, daß das Urteil milde ausgefallen sei. Einzig der ‚Alto Adige' hat geschrieben, er wolle sich kein Urteil darüber anmaßen, ob das Urteil von Mailand mild oder hart ausgefallen sei. Ich möchte dazu sagen: Man kann die Urteile über die 68 Häftlinge nicht alle über einen Kamm scheren. Man kann nicht von Milde sprechen, wenn Strafen zwischen sieben und 16 Jahren verhängt wurden. Der Grund, warum so hohe Strafen verhängt wurden, ist bekannt. Er liegt darin, daß der Artikel 283 angewandt wurde, der den Anschlag auf die Verfassung bestraft. Nachdem ich nun drei Jahre lang mit den Verurteilten zusammen war, glaube ich, daß ich mir ein Urteil darüber erlauben kann. Ich weiß, daß keiner der Häftlinge die Absicht hatte, sich gegen die Verfassung zu vergehen. Sie wollten nur die Rechte erreichen, die ihnen der Pariser Vertrag eingeräumt hat. Ich glaube, daß ich diese Erklärung im Namen der Verurteilten nicht nur machen darf, sondern machen muß. Diese meine Worte sollen jedoch keine Kritik am Urteil sein. Das überlasse ich den Anwälten."*

13. August 1964
Südtiroler Häftlinge nach Trient gebracht
Die 22 Südtiroler, die in Mailand verurteilt und ihre Strafe nicht in der Untersuchungshaft abgebüßt haben, wurden mit Ausnahme von Martin Koch und Josef Fontana, die wegen ihres schlechten Gesundheitszustandes nicht transportfähig waren, in das Gerichtsgefängnis von Trient überstellt.

14. August 1964
Luis Amplatz hinterlegt in Wien sein Testament: Die Österreicher haben alles gewußt!
Vor dem öffentlichen Notar Dr. Herbert Raudorf in Wien-Favoriten erschien der in Wien zwangskonfinierte Freiheitskämpfer Luis Amplatz und setzte seine Unterschrift unter ein letztwilliges „Testament und Erklärung" mit folgendem Wortlaut: *„Testament und Erklärung. – Ich, unterfertigter Amplatz Luis, geboren am 28. August 1926 in Gries-Bozen, Südtirol, zur Zeit in Wien III., Fasangasse 23, verfüge letztwillig wie folgt: . . .* (Nun folgt das persönliche Testament) *Außerdem gebe ich folgende eidesstattliche Erklärung über einen bestimmten Sachverhalt ab, der mein Leben entscheidend beeinflußt hat. Von dem Inhalt können jene Personen Gebrauch machen, die zur Behebung dieses Schriftstückes befugt sind für den Fall, daß dies im Interesse meiner Person, meiner Familie oder meiner Freunde ist: Im Zuge des politischen Aufstandes in Südtirol gegen Italien, der im Jahre 1956 mit der Stieler-Gruppe seinen Anfang nahm und im Jahre 1958 mit Josef Kerschbaumer, Frangart, Georg Klotz, Walten im Passeier, Georg Pircher, Lana, Karl Tietscher, Bruneck, und meiner Wenigkeit an der Spitze fortging, hatten wir in den Jahren 1959 bis 1960 verschiedene Vorbesprechungen mit maßgeblichen politischen Personen in Österreich. Die ersten Besprechungen hatten wir mit dem Journalisten Wolfgang Pfaundler in Innsbruck, der uns dann mit dem Journalisten Fritz Molden aus Wien zusammenbrachte. Wolfgang Pfaundler hatte die Aufgabe, für Propaganda zu sorgen und Fritz Molden für Geld und Waffen. Diese Zusammenarbeit hat sehr gut geklappt. Wir erhielten sehr gute Waffen, die später von anderen Personen nach Südtirol gebracht wurden. Auf unser Vorhaben aufmerksam geworden, ließen sich mehrere Politiker herbei. So der Sozialist Landesrat Rupert Zechtl aus Tirol, der uns mehrere Male den Vorschlag machte, mit Außenminister Dr. Kreisky und anderen Politikern seiner Partei zu sprechen. Mitte September 1959 sind wir, Kerschbaumer und ich, durch Zechtl bei Außenminister Dr. Kreisky zu Besprechungen über unser Vorhaben vorgeladen worden. Wir fuhren nach Wien und haben in einem Hotel oder Heim ‚Zum Auge Gottes' Quartier genommen. Am nächsten Tag sind wir mit einem Taxi zum Bundeskanzleramt gefahren. Die Ausweise hatten wir im Hotel liegen lassen, aber man ließ uns, nachdem wir gesagt haben, wer wir sind und zu wem wir wollen, durch. Wir sind hinauf in den 1. Stock, und da sagte uns ein Beamter, daß Dr. Kreisky nicht hier sei. In der Meinung, daß er später kommen wird, sind wir zum Staatssekretär im Außenministerium Prof. Dr. Franz Gschnitzer gegangen. Wir sprachen mit ihm über die bevorste-*

Amplatz bringt eine Sprengladung an einem Hochspannungsmasten an.

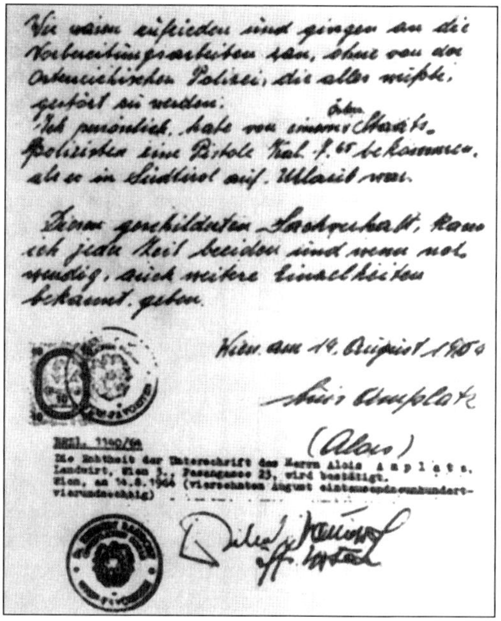

Wir waren zufrieden und gingen an die Vorbereitungsarbeiten ran, ohne von der Österreichischen Polizei, die alles wußte, gestört zu werden.
Ich persönlich habe von einem österr. Staatspolizisten eine Pistole Kal. 7.65 bekommen, als er in Südtirol auf Urlaub war.

Diesen geschilderten Sachverhalt kann ich jederzeit beeiden und wenn notwendig, auch weitere Einzelheiten bekannt geben.

Wien am 14. August 1964

Luis Amplatz

(Alois)

[illegible] 1140/64
Die Echtheit der Unterschrift des Herrn Alois A m p l a t z, Landwirt, Wien 3., [illegible] 23, wird bestätigt.
Wien, am 14.8.1964 (vierzehnten August eintausendneunhundertvierundsechzig)

Amplatz-Testament: Die österreichischen Behörden wußten alles (14. August 1964).

Luis Amplatz war ein erfahrener Bergsteiger und unerschrockener Kämpfer. Er beherrschte die Jagdkommandotaktik perfekt und ging nur mit verläßlichen Freunden in den Einsatz. Als er erstmals eine Ausnahme machte und akzeptierte, daß die Kerbler-Brüder mitgehen durften, war dies sein erster, aber tödlicher Fehler (27. August 1964).

henden Verhandlungen über Südtirol bei der UNO. Die Unterredung dauerte ungefähr eine halbe Stunde. Wir haben ihm zu verstehen gegeben, was in Südtirol passiert, wenn die Verhandlungen scheitern sollten. Bei einer Feier in Schlanders 1959 hat Gschnitzer zu den Schützen gesprochen und hat u.a. gesagt: Ausharren, schneidig sein und nit lugg lossn! An diese Worte habe ich ihn erinnert und habe gesagt, auch er soll bei den UNO ‚nit lugg lossn'. Wir hatten uns dann verabschiedet und wollten beim Kreisky noch mal probieren. Wir gingen wieder zu dem Beamten, der uns sagte, daß es nutzlos sei, auf ihn zu warten, weil er erst wieder in einigen Tagen kommen wird. Wir sind dann wieder nach Innsbruck gefahren und haben dem Zechtl Bericht erstattet. Zechtl hat sich dann beim Kreisky erkundigt und erhielt die Antwort, daß er (Kreisky) vier Stunden auf uns gewartet hat und daß sich der Beamte geirrt haben muß. Dann wurde ein anderer Termin ausgemacht. Einige Wochen später sollten wir nochmals nach Wien fahren und mit dem Außenminister sprechen. Wir sollten zu viert fahren, ein Bauer, ein Geschäftsmann, ein Handwerker und ein Arbeiter, damit Kreisky von verschiedenen Schichten die Meinung hört. Mittlerweile haben mir aber die Italiener meinen Paß gesperrt, und so fuhren nur noch drei. Kerschbaumer – Geschäftsführer, Pircher – Bauer, und Tietscher – Handwerker. Kreisky hat sie herzlich empfangen, nahm sie in seine Wohnung mit. Sie konnten sich aber in der Wohnung nicht aufhalten, weil dort der Maler arbeitete und alles drunter und drüber war, und so gingen sie mitsammen zu einem ‚Heurigen'. Die drei Männer haben ihren Standpunkt dargelegt und mit offenen Karten gespielt. Sie haben auch gesagt, daß es demnächst in Südtirol ‚schnölln' wird. Kreisky hat aufmerksam zugehorcht und war mit dem, was die Männer gesagt haben, auch einverstanden. Wörtlich sagte er: Ich hätte nicht geglaubt, daß es in Südtirol noch solche Männer gibt, die sich für solch gefährliche Dinge hergeben. Er war um so mehr erstaunt, als ihm Kerschbaumer erzählte, daß er sechs Kinder hat, der Pircher sieben Kinder. Weiters sagte Kreisky: Es ist gut, wenn es in Südtirol einmal bumst, denn nur so wird die Welt auf dieses Problem aufmerksam. Das gleiche hat Kreisky etliche Monate vorher auch zu Georg Klotz gesagt. Die Begegnung Kreisky – Klotz fand im Februar 1959 statt. Klotz sagte damals zu Kreisky: Die Italiener werden immer frecher in unserem Lande. Die Faschisten gewinnen immer mehr Boden und unterdrücken uns Südtiroler. Wenn es so weitergeht, dann werden wir eines Tages zurückschlagen. Kreisky: Das ist die einzige Möglichkeit, um sich Luft zu machen. (Klotz ist Vater von sechs Kindern.) Es schien alles in bester Ordnung, wir wollten nur noch wissen, was die Polizei macht im Falle, daß Südtiroler flüchten müßten. So haben wir mit einem Mann der Staatspolizei in Innsbruck Kontakt aufgenommen. Dieser hat dann mit seinem Chef Oberpolizeirat Dr. Uiberreiter gesprochen, der dann den Wunsch äußerte, mit einem von uns zu sprechen. Tietscher, der am besten reden konnte, schien uns der geeignete Mann, und so schickten wir ihn zu Uiberreiter nach Innsbruck. Die erste Unterredung Uiberreiter – Tietscher hat im April, die zweite Ende Mai 1960 stattgefunden. Tietscher hat dem Uiberreiter alles klipp und klar erzählt. Uiberreiter versicherte, daß es keinen Haken hat, wenn geflüchtete Südtiroler nach Österreich kommen sollten. Sie werden wie jeder andere Flüchtling in Österreich aufgenommen und bekommen einen Asylausweis. Auch an Arbeit wird es nicht fehlen. Wir waren zufrieden und gingen an die Vorbereitungsarbeiten ran, ohne von der österreichischen Polizei, die alles wußte, gestört zu werden. Ich persönlich habe von einem österreichischen Staatspolizisten eine Pistole Kal. 7,65 bekommen, als er in Südtirol auf Urlaub war. Diesen geschilderten Sachverhalt kann ich jederzeit beeiden und wenn notwendig auch weitere Einzelheiten bekanntgeben. Wien, am 14. August 1964, gez. Luis Amplatz (Alois). Die Echtheit der Unterschrift des Herrn Alois Amplatz, Landwirt, Wien III. , Fasangasse 23, wird bestätigt. Wien, am 14. August 1964, mit dem Siegel des öffentl. Notars Dr. Herbert Raudorf, Wien, Favoriten." Soweit das Amplatz-Testament. Außenminister Dr. Kreisky hat später dazu erklärt: *„Dazu stelle ich fest, daß ich Luis Amplatz nicht begegnet bin und daher auch keinerlei Gespräche mit ihm geführt habe."* Hier dementierte Dr. Kreisky etwas, was Amplatz in seinem Testament nie behauptet hat. Amplatz schrieb, daß er Kreisky bei dem ersten versuchten Gespräch verfehlt habe und bei dem zweiten, zustande gekommenen Gespräch hätten dann Kerschbaumer, Pircher und Tietscher mit Dr. Kreisky gesprochen. Dieses Zusammentreffen sowie jenes von 1959 mit Georg Klotz hat Dr. Kreisky in seiner Erklärung nicht dementiert.

Die jugendlichen Flugzettelstreuer in die Besserungsanstalt
Meinrad Berger, 16, und Alfred Asten, 17, die beiden Jugendlichen, die am 16. Juli in Bozen Flugblätter mit dem Text *„Freiheit für die Südtiroler Häftlinge"* gestreut hatten, wurden nach fast einem Monat Untersuchungshaft im Jugendgefängnis Trient in „provisorische Freiheit" gesetzt. Die beiden Burschen wurden aber sofort in eine Besserungsanstalt für Jugendliche in Venedig eingeliefert. Diese Maßnahme wurde von dem Untersuchungsrichter gemäß Artikel 206 des „Codice penale" bis zum Prozeß verfügt. Die Anklage lautet auf „antinationale Propaganda", „Schmähung der italienischen Nation" und unbefugten Waffenbesitz (ein uraltes Bajonett wurde gefunden) mit einer drohenden Höchststrafe von 8 Jahren und 4 Monaten (abzüglich des Milderungsgrundes der Minderjährigkeit). Am 10. 3. 1965 wurde dann allerdings das Verfahren eingestellt.

25. August 1964
Die Agenten Franz und Christian Kerbler treffen in Südtirol ein
Klotz hatte nach seiner Flucht aus Wien die Kerbler-Brüder in Innsbruck getroffen, und sie waren von dem Nichtsahnenden angewiesen worden, auf legalem Wege nach Südtirol einzureisen, da sie nach Meinung von Klotz nicht von den Italienern gesucht würden. Sie sollten sich am 22. August mit Toni Platter in St. Martin treffen, den Klotz für einen Freund hielt, der aber ebenso wie die Kerbler-Brüder für die Italiener arbeitete. Die Kerbler kamen jedoch erst am Abend des 25. August in St. Martin bei Rosa Klotz an und fragten sie nach „Toni", von dem sie nur den Vornamen kannten. (Gedächtnisprotokoll Kienesberger, beruhend auf späteren Gesprächen mit Georg Klotz.) Der Grund für die Verzögerung liegt im Dunkeln, wird aber wohl mit einem Treffen der Kerbler mit ihren italienischen Führungsleuten zu tun gehabt haben, die bereits daran arbeiten, eine große Falle für Klotz und Amplatz unmittelbar hinter der Grenze aufzubauen. Wahrscheinlich hatten die Brüder Kerbler bei dieser Gelegenheit auch ihre letzten Instruktionen und das als Fotoapparat getarnte Funkgerät erhalten, das ihre Quartiergeberin, Frau Marth, entdecken sollte. Gegenüber Rosa Klotz gaben die beiden jedoch angebliche Schwierigkeiten beim Grenzübertritt als Ursache ihres verspäteten Eintreffens an. (Christoph Franceschini: „Unsere Waffe ist der Sprengstoff und die Nacht", „Südtiroler Illustrierte FF" 28/91. Franceschini stützt sich auf Aufzeichnungen des Journalisten und Historikers Claus Gatterer, der in Gesprächen mit Georg Klotz die Geschehnisse zu rekonstruieren versucht hatte.)

26. August 1964
Die Brüder Kerbler werden zu „Toni" gebracht. Getarntes Funkgerät im Fotoapparat
Christian und Franz Kerbler trafen bei Frau Klotz einen Freund der Familie Klotz, Rudi Marth, bei dem sie sich einquartierten und der sie in einer Hütte oberhalb von Saltaus mit Toni Platter zusammenbrachte. Es ist bis heute nicht sicher, daß die Agenten Kerbler wußten, daß Toni Platter ebenfalls ein Agent war. Die Kerbler blieben einige Tage bei der Familie Marth. Frau Anna Marth riskierte einmal einen Blick in den Rucksack von Christian Kerbler und entdeckte dort das Innenleben eines Fotoapparates, einer Leica. Die für den „Journalisten" Kerbler unverdächtige Kamera, mit der Kerbler wahrscheinlich „Werbefotos" für den Freiheitskampf zu machen vorgegeben hatte, enthielt ein Funkgerät. Frau Marth erzählte ihre verblüffende Entdeckung leider erst der Familie Klotz, als alles schon zu spät war. (Baumgartner / Mayr / Mumelter: „Feuernacht", Bozen 1992, S. 298f.)

27. August 1964
Klotz und Amplatz brechen zu ihrem letzten Einsatz auf
Unter Bruch ihrer behördlichen Auflagen (tägliche Meldepflicht) verschwanden die Freiheitskämpfer Klotz und Amplatz heimlich aus Wien und fuhren nach Innsbruck, um zu dem mit den italienischen Agenten Kerbler vereinbarten gemeinsamen Einsatz nach Südtirol aufzubrechen.

Die Falle für Klotz und Amplatz ist bereits vorbereitet
Italienischer Agent Wagner will abspringen und wird ermordet
In seiner Wohnung im Olympischen Dorf in Innsbruck wurde der Freund der Brüder Kerbler, der Pressefotograf Hans Paul Wagner, tot aufgefunden. Wagner war ebenso wie die Kerbler-Brüder Mitarbeiter des italienischen Geheimdienstes und speziell auf Georg Klotz angesetzt gewesen. Von diesem hatte er Fotos angefertigt und an Zeitungen verkauft, die den Freiheitskämpfer mit seiner, Wagners FN-Pistole bewaffnet zeigten. Nun hatte er (laut „Tiroler Tageszeitung" vom 17. Februar 1965) drei Kugeln aus eben dieser Waffe in seinem Leib, von denen mindestens zwei tödlich gewesen sein sollen. Der Mord an Wagner, der offiziell als Selbstmord „wegen Depressionen" ad acta gelegt wurde, ist demnach unter Mitwirkung der österreichischen Behörden vertuscht worden, da kaum anzunehmen ist, daß Wagner sich gleich selbst mehrmals erschossen hat. Gegen die behaupteten „Depressionen" sprach, daß Wagner im Juli 1964 geheiratet hatte und glücklich war. Er hatte jedoch im Sommer 1964 mit seinen einstigen Freunden, den Brüdern Kerbler, gebrochen, die als italienische Agenten zu diesem Zeitpunkt bereits die italienische Falle für die Freiheitskämpfer Amplatz und Klotz vorbereiteten. Wagner hatte sich aus seiner geheimdienstlichen Tätigkeit für Italien zu einem Zeitpunkt zurückziehen wollen, als die bedeutendste Geheimaktion gegen die Freiheitskämpfer in ihr entscheidendes Stadium trat. Der Südtiroler Historiker Christoph Franceschini berichtet, daß Wagner sich im Sommer 1964 mit der Nordtiroler Sicherheitsdirektion in Verbindung gesetzt habe: *„Wagner will mit der Polizei zusammenarbeiten, wenn man ihm Straffreiheit zusichert. Es finden mehrere Treffen mit ihm statt . . ."* Der Tod Wagners beseitigte diese Gefahr. Die österreichischen Behörden hatten es eilig, sich der bequemen These vom „Selbstmord" anzuschließen. Auch ihre zweifelhafte Rolle in diesem Geschehen wird nie aufgeklärt. (Christoph Franceschini: „Unsere Waffe ist der Sprengstoff und die Nacht", „Südtiroler Illustrierte FF" 28/91. Siehe auch: Baumgartner / Mayr / Mumelter: „Feuernacht", Bozen 1992, S. 259 sowie Peter Kienesberger: „Sie nannten uns Terroristen", Wien 1971, S. 227.) Wagner äußerte damals in Innsbruck, daß er bedroht würde und Angst habe. Diese Angst kann er aber nicht vor den Freiheitskämpfern gehabt haben, die zu diesem Zeitpunkt noch ihm und den Brüdern Kerbler vertrauten. (Gedächtnisprotokoll Kienesberger.)

Sprengstoffattentat
Bei Percha wurde auf ein gegen Freiheitskämpfer operierendes Militärfahrzeug ein Attentat verübt. Durch eine am Straßenrand versteckte Sprengladung wurde der Jeep schwer beschädigt, die Soldaten Zambanini, Breda, Anselmi und Vicentini verletzt und in das Krankenhaus in Bruneck eingeliefert.

<u>28. August 1964</u>
Der letzte Einsatz des Freiheitskämpfers Amplatz beginnt
Nachdem sie in Innsbruck mit Waffen und alpiner Ausrüstung versehen worden waren, wurden Georg Klotz und Luis Amplatz von Freunden in das Ötztal bis Obergurgl gebracht.
Agententreffen in St. Martin im Passeier – Mord an Amplatz abgesprochen?
Die kommunistische Wiener Zeitung „Volksstimme" meldete (später, am 16. und am 21. Jänner 1965), daß am 28. August in St. Martin ein Treffen stattgefunden habe, an dem die beiden italienischen Agenten Franz und Christian Kerbler, der Innsbrucker Agent des deutschen Bundesnachrichtendienstes Munk und der „Führer" der paramilitärischen rechtsextremen „Legion Europa", Fred Borth, teilgenommen hätten. Bei dieser Zusammenkunft sei wahrscheinlich der Mord an Luis Amplatz abgesprochen worden. Fred Borth wurde im Jahre 1992 aufgrund italienischer parlamentarischer Untersuchungsberichte als italienischer Agent enttarnt, der auf Georg Klotz angesetzt worden war.

<u>29. August 1964</u>
Die Freiheitskämpfer sind einen Tag zu früh gekommen, die Falle ist noch nicht fertig
Klotz und Amplatz stiegen über den zerklüfteten Rotmoosferner zum Rotmoosjoch auf, über-

Jagd auf Klotz und Amplatz: Carabinieri mit Suchhunden im Einsatz.

29. August 1964: Die Italiener stellten für Klotz und Amplatz eine Falle. Da die beiden aber einen Tag früher kamen, als den Italienern von den Kerbler-Brüdern angekündigt worden war, war der Einschließungsring noch nicht fertig, und die beiden konnten entkommen.

querten dort in 3.156 m Höhe die Staatsgrenze und stiegen Richtung Pfelders im Pfeldterertal ab. Da Neuschnee gefallen war, übernachteten sie in einer Almhütte in der Nähe der alten Zwickauer Hütte, die einem 30 Mann starken Grenzposten als Stützpunkt diente. Sie waren einen Tag früher dran, als sie mit den Kerbler-Brüdern vereinbart hatten. Toni Platter, Franz und Christian Kerbler hatten schon Tage vorher den genauen Plan des Grenzübertrittes dem Geheimdienst SIFAR mitgeteilt. So liefen Klotz und Amplatz zwar mitten in einen gewaltigen Truppenaufmarsch hinein, die Falle war jedoch erst im Aufbau, die Hinterhalte waren noch nicht fertig. (Christoph Franceschini aufgrund italienischer Geheimdienstakten in „Das ganze Magazin nachgeschossen", „Südtirol-Profil" 3/93; sowie: Gedächtnisprotokoll von Peter Kienesberger, basierend auf einem späteren Bericht von Georg Klotz.) Der damalige Hüttenwirt der Zwickauer Hütte hat viele Jahre später dem Südtiroler Historiker Franceschini folgendes erzählt: Einige Tage vor den Ereignissen sei eine Abteilung Finanzer auf die Hütte gekommen. Er habe einen Funkspruch mitgehört, in dem durchgesagt wurde: „Sie kommen!" Die Finanzer hätten daraufhin über Funk Verstärkung angefordert. Dabei sei der Hüttenwirt von dem Kommandanten der Truppe als Mithörer ertappt und streng ermahnt worden, niemandem zu sagen, daß er diesen Funkspruch gehört habe. Dann seien die Finanzer schlafen gegangen. In der Nacht sei dann tatsächlich Klotz mit zumindest einem Begleiter vorbeigekommen, und der Hüttenwirt, der aufgeblieben war, hatte Klotz gewarnt: In der Hütte seien Italiener, und sie würden schon auf ihn warten. Klotz war dann mit seiner Gruppe weitergezogen. (Mitteilung von Christoph Franceschini. Offenbar waren die Finanzer schlafen gegangen, weil man erst für den nächsten Tag mit dem Auftauchen der Freiheitskämpfer gerechnet hatte.)

<u>**30. August 1964**</u>

Grotesker Zwischenfall

In den Morgenstunden geschah etwas Groteskes. Vier Finanzer in Zivil waren im Anmarsch zur Grenze und suchten ausgerechnet in jener Almhütte Schutz vor einem Schneesturm, in der die beiden Freiheitskämpfer biwakierten. Als die Finanzer die Hütte betraten, blickten sie in zwei Pistolenläufe. Die Finanzer waren wie erstarrt, Klotz und Amplatz schossen nicht auf die Finanzer, da sie weitere Kräfte in der Nähe vermuteten. Man trennte sich schweigend. Amplatz und Klotz verschwanden im dichten Nebel. (Wolfram Klotz nach einem Bericht seines Vaters. In: Baumgartner / Mayr / Mumelter: „Feuernacht", Bozen 1992, S. 297. Der Vorfall wurde auch vom „KURIER" am 2. 9. 64 berichtet.)

Feuergefecht

Klotz und Amplatz zogen weiter taleinwärts. Sie gingen das Pfeldererertal Richtung Lazinsertal aus, um so zu der Valtmar-Alm zu gelangen, wo sie vereinbarungsgemäß die Kerbler-Brüder treffen sollten. Auf der Lazinser Alm oberhalb Lazins bei Pfelders liefen sie einer schwerbewaffneten Patrouille von Finanzsoldaten (finanzieri), die im Aufstieg zur Grenze begriffen waren, auf eine kurze Distanz von 50 – 60 m Entfernung über den Weg. Es handelte sich um die von den Finanzern der Zwickauer Hütte angeforderte Verstärkung. Die Finanzer hatten jedoch so früh noch nicht mit dem Auftauchen der Freiheitskämpfer gerechnet, die einen Tag früher, als von den Agenten angekündigt, kamen. Nun waren sie ebenso überrascht wie die beiden Südtiroler. Sie eröffneten panisch und ungezielt das Feuer aus ihren Maschinenpistolen, worauf Klotz zurückschoß, während Amplatz Ladehemmung hatte. Nach einem kurzen Feuergefecht wurde der Vizebrigadier (Unteroffizier) Arrigo Tiboni durch einen Schuß von Klotz in die Schulter getroffen. Darauf gingen die Finanzer hinter Felsblöcken in Deckung, so daß Amplatz und Klotz durch eine steile Felsrinne unter Hintanlassung ihrer Rucksäcke entkommen konnten. Sie hatten selbst nicht mehr an ihre Rettung geglaubt. Luis Amplatz rief aus: „Jörg, heut' sterb' mer . . ." Sie hatten nämlich weitere anrückende Kolonnen von Soldaten erkannt, die ihnen den Weg abschneiden wollten. Erst als sie auf der anderen Talseite waren, ging im Talboden ein gewaltiges Feuergefecht los, das bis in die Nacht dauerte, darunter Schüsse aus schweren Kalibern. Georg Klotz erinnerte dies später noch an den Krieg, den er in Rußland mitgemacht hatte. Die beiden

Freiheitskämpfer zogen auf der Höhenlinie weiter in Richtung St. Martin im Passeier, wo sie hoch über dem Ort in einer Almhütte nächtigten. (Baumgartner / Mayr / Mumelter: „Feuernacht“, Bozen 1992, S. 297f. Dieser Bericht bezieht sich auf Mitteilungen von Wolfram Klotz; Peter Kienesberger: „Sie nannten uns Terroristen“, Wien 1971, S. 228. Er bezieht sich auf einen Bericht von Georg Klotz.)

31. August 1964

Eine Nacht im Walde

Klotz und Amplatz zogen nach einer schlafarmen Nacht, in der sie immer gewärtig waren, vor heranrückenden Patrouillen flüchten zu müssen, weiter in Richtung Inner-Riederberg oberhalb Saltaus, wo sie kurz vor Mitternacht im Wald nächtigten und sich mangels Schlafsäcken in Mulden legten und mit Laub zudeckten. (Peter Kienesberger: „Sie nannten uns Terroristen“, Wien 1971, S. 228.)

31. August bis 5. September 1964

Fortsetzung der Expertengespräche in Genf

Die Südtirolexperten der beiden Regierungsdelegationen trafen sich zu weiteren Gesprächen in Genf.

1. und 2. September 1964

Die Brüder Kerbler werden instruiert und stoßen zu Klotz und Amplatz

Am Abend des 1. September stößt Christian Kerbler zu Klotz und Amplatz in einer Hütte auf dem Riederberg oberhalb Saltaus, am 2. September trifft Bruder Franz ein. Diese Almhütte war als Ausweichtreffpunkt für den Fall festgelegt worden, daß das Treffen auf der Valtmaralm im Lazinsertal nicht klappen sollte. Durch den Schußwechsel mit der italienischen Patrouille hatten Klotz und Amplatz nicht auf der Valtmaralm bleiben können, sondern hatten weiterziehen müssen. Vorher seien beide Kerbler, wie sie Amplatz und Klotz erzählten, auf dem Weg zu dem ursprünglichen Treffpunkt von Carabinieri festgenommen worden, seien jedoch dann freigelassen worden, weil gegen sie nichts vorgelegen habe. (Christoph Franceschini: „Unsere Waffe ist der Sprengstoff und die Nacht“, „Südtiroler Illustrierte FF“ 28/91. Ebenso: Baumgartner / Mayr / Mumelter: „Feuernacht“, Bozen 1992, S. 298.) Die Wahrheit war wohl, daß die angebliche vorübergehende Festnahme lediglich die Legende war, mit der ein allfällig beobachtetes Zusammensein mit Polizeikräften plausibel erklärt werden konnte; ein Zusammensein, nach dem sie, mit den letzten Instruktionen versehen, erneut auf ihre Opfer angesetzt worden waren. In den nächsten Tagen wechselten die Männer des öfteren die Almhütten, in denen sie schliefen. Diese Vorsichtsmaßnahme sollte in den nächsten Tagen in der Tat verhindern, daß Klotz und Amplatz von den Italienern geschnappt wurden, so daß letztlich als letzter Ausweg der Mordauftrag an Christian Kerbler erteilt wurde.

Die angebliche Verhaftung des Toni Platter

Ein weiterer „Helfer“, Toni Platter, mit dem sich die Kerbler-Brüder getroffen hatten, mußte ebenfalls im Notfall erklären können, weshalb er im Tal mit der aufmarschierenden uniformierten und bewaffneten Macht im engen Gespräch gewesen und mutmaßlich dabei auch von Einwohnern beobachtet worden war. Nach offzieller Version, die auch von der Zeitschrift „Europeo“ in ihrer Ausgabe vom 4. 10. 1964 verbreitet worden war, wurde Platter von den Carabinieri verhaftet und nach Meran gebracht. Dort habe er der Polizei angeboten, sie zu einem Sprengstoffversteck zu führen und habe einen so steilen Weg gewählt, daß man ihn von seinen Handschellen befreien habe müssen. So habe er fliehen können. Die Wahrheit ist freilich eine andere: Augenzeugen aus dem Passeier beobachteten, wie Platter ganz alleine die Carabinieri traf. (Baumgartner / Mayr / Mumelter: „Feuernacht“, Bozen 1992, S. 298.) Aufgrund von Geheimdienstakten kann der Historiker Christoph Franceschini das Bild vervollständigen: Der Agent Toni Platter habe in Wahrheit in der Zeit, in der er in der Einsatzleitung der Carabinieri in deren Meraner Kaserne mit ihnen zusammen war, zwei Aktionen gegen Klotz und Amplatz vorbereiten geholfen. Die erste Aktion sei die Umstellung einer Hütte gewesen, in der sich die Freiheitskämpfer vereinbarungsgemäß aufhalten hätten sollen. Da Amplatz und Klotz aber auf eine andere Hütte ausgewichen seien, sei die Aktion erfolglos geblieben. Dann habe Platter zusammen mit den Carabinieri die nächste Aktion geplant, die zu dem Feuergefecht des 4. September führte, das Georg Klotz beinahe das Leben gekostet hätte.

2. September 1964

Feuerüberfall auf Finanzerkaserne

Gegen 2 Uhr 30 zündeten unbekannte Täter eine Sprengladung in der Nähe der italienischen Finanzerkaserne auf dem Timmelsjoch. Anscheinend hätte die Besatzung aus der Kaserne gelockt werden sollen. Die Finanzieri wagten jedoch nicht, die Kaserne zu verlassen und begannen, aus den Fenstern zu schießen. Die unbekannten Täter eröffneten nun ebenfalls das Feuer aus automatischen Waffen auf das Gebäude. Es wurde niemand verletzt.

Waffenlager entdeckt

In der Nähe von Mals im Vintschgau entdeckten Finanzieri in einer Felsspalte ein in Plastikhüllen verpacktes Waffen- und Sprengstofflager: Ein Gewehr, eine Pistole, 18 Handgranaten, 3 kg Sprengstoff und 25 m Zündschnur.

3. September 1964

Auch der italienische Agent Fred Borth im Passeier

Einige Tage vor der Ermordung des Freiheitskämpfers Luis Amplatz befanden sich die von der österreichischen Polizei verhafteten Südtirolkämpfer Dr. Norbert Burger und Peter Kienesberger im Grazer Gefangenenhaus. Dort saß auch der Grazer Gerd Neuhuber ein, der stellvertretender „Führer" einer „Legion Europa" war. Die „Legion Europa" war eine von der österreichischen Staatspolizei seltsamerweise nicht behelligte rechtsgerichtete paramilitärische Organisation mit besten Kontakten zu italienischen neofaschistischen Organisationen und zu Kreisen der französischen Untergrundarmee OAS, welche die französische Regierung wegen deren Algerienpolitik bekämpfte und zahlreiche Anschläge verübte. „Führer" der „Legion Europa" war der Wiener Journalist Fred Borth, der 1992 in den parlamentarischen Untersuchungsberichten der italienischen Senatoren Marco Boato und Lionello Bertoldi als italienischer Agent enttarnt wurde. Seine Aufgabe war es gewesen, über das Büro „R" des italienischen militärischen Geheimdienstes SIFAR, über welches die Geheimdiensttruppe „GLADIO" gesteuert wurde, Informationen über die Tätigkeit von Georg Klotz in Österreich zu übermitteln. Zu diesem Zweck hatte Borth seinen Stellvertreter Neuhuber auf Klotz angesetzt gehabt, der möglicherweise über die geheimdienstlichen Machenschaften seines „Chefs" nicht unterrichtet war. Nun nahm Neuhuber bei einem Hofgang und mittels eines Kassibers Kontakt mit Burger und Kienesberger auf und berichtete diesen stolz, daß Fred Borth gerade im Passeier sei und ihm eine Karte aus St. Leonhard im Passeier ins Gefängnis geschrieben habe. Als Kienesberger von dem Mord an Luis Amplatz hörte, erstattete er bei der Sicherheitsdirektion Tirol Anzeige gegen Borth. Nach seiner Enthaftung am 6. November fragte er dort nach, was man in dieser Sache unternommen habe. Es wurde ihm mitgeteilt, daß man das Innenministerium in Wien unterrichtet habe. Dort habe man aber kein Interesse an diesem Material, weil Borth auch ein Konfident der österreichischen Staatspolizei sei. (Gedächtnisprotokoll Kienesberger.)

Attentat auf Carabiniere

Gegen 20 Uhr 30 wurde in Außermühlen im Taufererta1 der 24jährige, aus Sizilien stammende Carabiniere Vittorio Tiralongo vor dem Eingang der Carabinieristation durch einen Schuß aus dem Hinterhalt getötet. Für diese Tat wurden die Südtiroler Freiheitskämpfer verantwortlich gemacht. Allerdings wurde bekannt, daß neben seiner Verlobten eine sizilianische Freundin ein Kind von ihm erwartete und der Mord ein Racheakt aus gekränkter Familienehre gewesen sein soll. Die Untersuchungen darüber wurden nie veröffentlicht.

General De Lorenzo erteilt Mordbefehl
Noch in der Nacht nach dem Mord fand eine Krisensitzung der Polizei- und Militärbefehlshaber und Vertretern der Justiz statt. Der Kommandant der Carabinierilegion Bozen, Colonello (Oberst) Francesco Marasco, verlangte von dem Bozener Staatsanwalt Corrias 600 Blankohaftbefehle, was Corrias als ungesetzlich verweigerte. (Marasco war über diese Ablehnung so wütend, daß er einige Tage später bei einem Lokalaugenschein so laut zu seinen Untergebenen sagte, daß Staatsanwalt Corrias es hören konnte: *„Das nächste Mal schießen wir auf den da!"*) Dann schlug Marasco dem Leiter des Gegenspionagezentrums Verona, Renzo Monico, vor, einige namentlich genannte Personen, die er als Terroristen bezeichnete, als Repressalie erschießen zu lassen. Der Befehl dazu sei direkt aus Rom von dem Oberkommandierenden der Carabinieri, De Lorenzo, gekommen, der eigens deshalb angerufen habe. Monico weigerte sich, bei diesem Verbrechen mitzumachen, und Marasco verband ihn telephonisch mit De Lorenzo, der den Mordbefehl wiederholte. Der entsetzte Monico weigerte sich weiterhin und wurde umgehend zu einer Unterredung in Rom bestellt, bei der er standhaft blieb, so daß dann General De Lorenzo nachgab und den Mordbefehl zurückzog. (Erst Jahre später wurde bekannt, daß De Lorenzo in Absprache mit der CIA seit 1963 Vorbereitungen für einen später im letzten Augenblick abgeblasenen Militärputsch unter dem Decknamen „Piano Solo" traf, der die politische Linke von der demokratischen Machtergreifung in Italien fernhalten sollte. Dabei sollte es zu Erschießungen, Massenverhaftungen und der Einrichtung von Konzentrationslagern für Sozialisten und Kommunisten kommen. Südtirol betrachtete der General offenbar als Übungsgebiet für seine Putschpläne. (Parlamentarischer Untersuchungsbericht des Senators Lionello Bertoldi, der die Aussage von Renzo Monico vor dem venezianischen Untersuchungsrichter Mastelloni wiedergibt. Rom 1992, S. 18.)

Amplatz und Klotz: Sondieren der Umgebung
Die im Passeiertal angekommenen Freiheitskämpfer Amplatz und Klotz sowie die beiden italienischen Agenten Kerbler traten den Marsch ins Tal an, um in Ortsnähe allfällige Aufmärsche und Bewegungen italienischer Truppen im Tal zu beobachten. Die Luft schien jedoch rein zu sein. Die Männer traten den Rückmarsch auf ihre Almhütte an, und Klotz und Amplatz beschlossen, daß zwei von ihnen am nächsten Tag in das Tal gehen könnten, um Lebensmittel zu holen.

<u>4. September 1964</u>
Toni Platters und Kerblers Agentenfalle: Anschlag auf Georg Klotz
Es wurde der Beschluß gefaßt, daß Franz Kerbler die Lebensmittel aus Saltaus holen sollte. Da er nicht ortskundig war, sollte Georg Klotz ihn bis zum Ortsrand begleiten, auf ihn warten und ihn dann wieder zurück zu dem Versteck auf der Almhütte bringen, die sich oberhalb des Unterwiederhofes befand. Ob Franz Kerbler das Essen in Saltaus kaufen oder aus einem vorher angelegten Versteck holen sollte, ist nicht mehr nachzuvollziehen. Der übrige Ablauf ist jedoch aus späteren Schilderungen von Georg Klotz gegenüber seinem Sohn Wolfram und gegenüber seinem Kameraden Peter Kienesberger klar darzustellen: Es war bereits dunkel, als Franz Kerbler mit seinem schwer bepackten Rucksack zurückkam und an der Ortsgrenze wieder mit dem auf ihn wartenden Georg Klotz zusammentraf. Franz Kerbler weigerte sich als nicht Ortskundiger, auf dem Rückweg in der Dunkelheit voranzugehen. Es ist anzunehmen, daß Franz Kerbler in Saltaus Kontakte zu dort verborgenen italienischen Sicherheitskräften hatte und daß er aufgrund der dort erhaltenen Instruktionen darauf bestanden hatte, daß Georg Klotz vorausgehe. So ging Georg Klotz mit der Maschinenpistole in der Hand voran, mit entsprechendem Sicherheitsabstand folgte Franz Kerbler. In der Nähe des Unterwiederhofes führte der Anstieg durch einen Hohlweg. Dort war es dann soweit. Gleißendes Licht erhellte den Hohlweg. Dann knallten die Schüsse, Salven peitschten in den Hohlweg. Der erfahrene Frontsoldat und Patrouillenführer des Zweiten Weltkrieges, Georg Klotz, warf sich zur Seite und sprang die Böschung hoch, um rasch aus dem Hohlweg zu entkommen. Dabei wurde ihm die Spitze seines Schuhs durchschossen. Kaum war Klotz im Unterholz, im Wald

und damit in der Nacht verschwunden, hörte das Feuer auf. Allein traf Klotz bei Amplatz und Christian Kerbler, die das Feuer gehört hatten, auf der Almhütte ein. Von Franz Kerbler fehlte jede Spur. Klotz machte sich Sorgen, ob Franz Kerbler allenfalls verwundet zurückgeblieben sei. Später, nach den tragischen Ereignissen jener Tage, kam es Klotz zu Bewußtsein, daß offenbar nur in jenem Wegabschnitt geschossen wurde, in dem er voranging, nicht jedoch in dem Abschnitt hinter ihm, wo Franz Kerbler des Weges kam. Später analysierte Klotz die Situation dahingehend, daß nur er, nicht jedoch Franz Kerbler hätte getroffen werden sollen. (Gedächtnisprotokoll Peter Kienesberger über Mitteilungen von Georg Klotz an ihn.) Der Südtiroler Historiker Franceschini konnte anhand italienischer Geheimdienstakten feststellen, daß an dem Aufbau des Hinterhaltes auch der Agent Toni Platter beteiligt gewesen war. Platter hatte gewußt, daß Klotz und Amplatz sich in einer der Almhütten oberhalb des Unterwiederhofes aufhalten und beim Besorgen von Nahrungsmitteln im Tale zwangsweise auf einem von zwei Wegen unterhalb des Hofes vorbeikommen mußten. Er teilte dies dem Kommandanten der Passeirer Carabinieri, Mauro Santini und dem Brigadier (Unteroffizier) Giuseppe Stilo mit. Zwanzig Carabinieri, die von den Hauptleuten Santini und Magliuolo geführt wurden, sollten Klotz und Amplatz dort gefangennehmen. Wie wenig heldenhaft sich die beiden Hauptleute dann verhielten, schilderte Giuseppe Stilo am 7. Jänner 1992 vor dem Bozener Staatsanwalt Dr. Cuno Tarfusser: *„Vom Hof gingen zwei Wege weg. Wir hatten wegen der totalen Finsternis größte Schwierigkeiten . . . Als wir etwa zwei- bis dreihundert Meter unterhalb des Hofes angekommen waren, zweifelten die Hauptmänner Santini und Magliuolo plötzlich, ob man die Aktion fortsetzen sollte. Da der Befehl zu dieser Aktion aber vom Gruppenkommandanten Ferrari gekommen war, und als ich die Zweifel und die Angst der zwei Hauptleute sah, beschloß ich, auf eigene Initiative weiterzugehen. Ich fragte noch, wer mir folgen wollte.“* Es fanden sich nur drei Carabinieri, die bereit waren, mit Stilo zugehen. Sie legten sich jeweils zu zweit an den beiden Wegen auf die Lauer. Nach ein paar Stunden sah Stilo ein Licht auf dem Weg. Die Carabinieri schossen eine Leuchtgranate und eröffneten das Feuer. Dann kam es zu einer skurrilen Begebenheit. Stilo berichtete dem Staatsanwalt Tarfusser: *„Plötzlich sah ich den Schatten eines Mannes, der ungefähr 300 Meter vor mir, also außer Schußweite, davonlief. Ich dachte, es sei einer der Terroristen, und habe ihm das ganze Magazin meiner MAB* (Mitragliatrice Automatica Beretta; Anm. d. Hrsg.) *nachgeschossen. Ich habe erst nachher gehört, daß es der Hauptmann Magliuolo war, der da abgehauen ist.“* (Christoph Franceschini: „Das ganze Magazin nachgeschossen“, „Südtirol-Profil“ 3/93.) Klotz konnte, wie geschildert, entkommen, Franz Kerbler blieb, immer der Schilderung des Giuseppe Stilo folgend, im Hohlweg liegen und wurde dann von den Carabinieri ins Tal gebracht. Er wurde nun von der Aktion abgezogen. Wahrscheinlich wäre es zu auffällig und verdächtig gewesen, wenn man ihn nochmals auf die Almhütte geschickt hätte. Franz Kerbler hielt sich die nächsten Tage, unbehelligt von dem aufmarschierenden Großaufgebot an Streitkräften, weiter im Passeier auf. Für die Nacht vom 7. auf den 8. September ist sein Aufenthalt im Gasthaus Quellenhof bei St. Martin durch eine Eintragung im Gästebuch nachgewiesen.

Polizeiwillkür im Pustertal

Nach dem Attentat auf den Carabinieri Tiralongo reagierten die italienischen Behörden wie eine Kolonialmacht im Aufstandsgebiet. Alle Bürgerrechte waren außer Kraft gesetzt. Es kam zu einer großangelegten Polizeiaktion, die sich nicht gegen den oder die Täter, sondern gegen die Südtiroler Bevölkerung richtete. In den ersten Morgenstunden wurden die Ortschaften Mühlen, Sand und Kematen von Oberst Marasco mit Polizeikräften umstellt, die man aus dem ganzen Land geholt hatte. Rund vier- bis fünfhundert Personen im Alter von 16 bis 70 Jahren, darunter auch Frauen, wurden aus den Betten geholt und festgenommen. In den Häusern wüteten die Carabinieri, welche die Kästen und Schubladen aufrissen und den Inhalt auf den Boden warfen. Straßensperren hielten alle Autos, auch Autobusse an. Die Insassen mußten aussteigen und wurden ebenfalls festgenommen. Alle wurden dann in die Carabinierikaserne in Mühlen gebracht und dort stundenlang verhört. Die Festgenommenen bekamen kein Essen und hatten keine Möglichkeit, Angehörige oder Rechtsanwälte zu verständigen. In Mühlen wurden zwei Uniformierte und zwei Zivilisten durch einen unachtsamen Schuß verletzt. Die durchsuchten Wohnungen blieben verwüstet zurück. In Sand wurden im Hause des verhafteten Lehrers Moritz Frisch die Türen mit Gewehrkolben eingeschlagen. Der über 60 Jahre alte Konrad Leimgruber aus Sand wurde verhaftet und kam am folgenden Tag nach dem Verhör verstört und gebrochen zurück und erlitt daraufhin einen Schlaganfall, der ihn teilweise lähmte. Mangels der von Staatsanwalt Corrias verweigerten Blankohaftbefehle mußte Marasco die Festgenommenen nach ergebnislosen Verhören wieder freilassen. In einem Interview mit einer Münchner Zeitung gab der Abgeordnete Dr. Peter Brugger folgende Erklärung ab: *„Frage: Wie stehen Sie zu den Polizeiaktionen der letzten Tage?* ***Dr. Brugger: ‚Diese Polizeiaktionen haben bewirkt, daß ein Großteil der Bevölkerung von der Haltung der Südtiroler Volkspartei nichts mehr wissen will. Viele werfen uns vor, Kompromißler zu sein, die das Land verkaufen. Es besteht die Gefahr, daß Teile der Bevölkerung, die unbedingt zu den Gemäßigten gehören, jetzt eher zum Radikalismus tendieren'.“***

Magnago zum Carabiniere-Attentat

Der Südtiroler Landeshauptmann sandte dem Ministerpräsidenten Aldo Moro folgendes Telegramm: *„In meinem Namen und in dem der ganzen Bevölkerung gebe ich der entschiedenen Verurteilung und dem allgemeinen Beileid hinsichtlich der hinterhältigen Ermordung des Carabiniere Vittorio Tiralongo Ausdruck.“*

Christian Kerbler geht ins Tal

Der Morgen des 5. September graute heran. Stellungswechsel war geboten, mußte man doch mit dem Herannahen von Patrouillen rechnen. Die Gruppe – ohne Franz Kerbler – zog weiter in Richtung Ausser-Ried und bezog eine neue Almhütte. Die Gruppe war ohne Nahrungsmittel, die in dem von Franz Kerbler getragenen Rucksack gewesen waren. Christian Kerbler erklärte sich nun bereit, nach Saltaus zu gehen, um einerseits Lebensmittel zu holen und andererseits zu erkunden, was aus seinem Bruder geworden war. Klotz und Amplatz nahmen ihm die Sorge um den Bruder ab und ließen ihn ziehen, Christian Kerbler versprach, bis zum Abend wieder zurück zu sein. Er kam jedoch an diesem Abend nicht zurück. (Peter Kienesberger: „Sie nannten uns Terroristen“, Wien 1971, S. 230; Christoph Franceschini: „Unsere Waffe ist der Sprengstoff und die Nacht“, „Südtiroler Illustrierte FF“ 28/91.) Zu diesem Zeitpunkt bewegte sich Franz Kerbler völlig offen in Saltaus, offenbar waren die italienischen Sicherheitskräfte über seine Rolle voll informiert. Der damalige Bozener Carabinierikommandant Enrico Ferrari wird fast drei Jahrzehnte später dazu aussagen: *„Auf (meinem) Rückweg nach Bozen sah ich eher talauswärts an der Straße auf einem Wehrstein Franz Kerbler sitzen. Es dürfte so um 18-19 Uhr abends gewesen sein.“* (Verhör durch den Bozener Staatsanwalt Dr. Cuno Tarfusser am 9. 1. 92. Tarfusser hatte versucht, den Amplatz-Mord wieder aufzurollen, das durch ihn eingeleitete Verfahren wurde aber rasch wieder durch den Untersuchungsrichter Mori, der im Geruche geheimdienstlicher Verbindungen steht, für immer eingestellt.) Wahrscheinlich hatte Franz Kerbler auf seinen Bruder Christian gewartet, dem bald ein besonderer Auftrag erteilt werden sollte.

6. September 1964

Der Mordauftrag

Christian Kerbler wandte sich in Saltaus sofort an die Carabinieri und setzte sich mit der Quästur in Verbindung. Dort mußte nun rasch eine Entscheidung fallen, wie die Aktion weitergeführt werden sollte. Darüber, was nun in Bozen geschah, berichtet der Historiker Christoph Franceschini aus den Akten des italienischen Geheimdienstes SIFAR: *„Man berief für Sonntagmorgen eine Versammlung in der Quästur ein. Bei dieser Versammlung, an die sich einzig und allein der im Bozener SIFAR-Zentrum tätige Brigadier Cosimo Provenzano erinnert, waren neben dem Quästor auch Giovanni Peternel, der Carabinieri-Oberstleutnant Enrico Ferrari, der damalige Kabinettchef Nicolodi und der spätere Chef der Bozener Digos* (Politische Polizei; Anm. d. Hrsg.) *Renato Compagnone, anwesend. Während dieser Zusammen-*

kunft wurde der Mord an Luis Amplatz und Georg Klotz entschieden. Fieberhaft wurde nach einer Pistole für Christian Kerbler gesucht. Schließlich wurde ihm die Polizeipistole Beretta 9 Millimeter mit der Matrikelnummer 616. 534 gegeben. Daß eine Dienstpistole der Carabinieri verwendet wurde, hatte einen einfachen Grund: Nur so konnte von den Carabinieri später ein Schußwechsel vorgetäuscht werden, bei dem die zwei meistgesuchten Südtirolterroristen umgekommen wären. Der Plan ging nicht auf, weil Georg Klotz die Schüsse Kerblers überlebte." (Christoph Franceschini: „Das ganze Magazin nachgeschossen", „Südtirol-Profil" 3/93.) Die Kerbler übergebene Pistole war die Dienstwaffe des „Maresciallo" (Wachtmeisters) der Carabinerikompanie Brixen. (Aus den Tagebuchaufzeichnungen des Generals der Carabinieri Giorgio Manes vom 1. 9. 1965; wiedergegeben im parlamentarischen Untersuchungsbericht des Senators Marco Boato, Rom 1992, S. 44. Manes war seit 1962 Vizekommandant der Carabinieri und hatte in Südtirolfragen eng mit Renzo Monico, dem Leiter des Gegenspionagezentrums Verona, zusammengearbeitet.) Die Einzelheiten des Mordkomplottes waren erst Jahrzehnte nach der Tat bekannt geworden, genauer gesagt, am 13. November 1991, als der Untersuchungsrichter Carlo Mastelloni aus Venedig den mittlerweile 82jährigen pensionierten SIFAR-Geheimagenten Cosimo Provenzano einvernahm, der in den sechziger Jahren in der Bozener Außenstelle des Gegenspionagezentrums Verona Dienst getan hatte. Mastelloni, der die Umtriebe und Verbrechen der italienischen Geheimdienste untersuchte, ließ sich von Provenzano das damalige Mordkomplott im Detail berichten: *„Am Morgen vor der Tat beorderte mich gegen halb zehn Uhr der Quästor Alitto in die Quästur. Dort fand ich mich in der Gesellschaft des Quästors, des Kommandanten der Carabinierigruppe Bozen, Ferrari, des Leiters des politischen Büros Peternel sowie des Kabinettchefs Nicolodi und Compagnone . . . Mir wurde von Alitto in Gegenwart der anderen gesagt, daß Amplatz und Klotz und der eingeschleuste Agent Kerbler vor kurzer Zeit nach Südtirol gegangen waren und daß sie von Männern der Finanzwache und der Carabinieri beschattet würden . . . Ich kann aufgrund meiner direkten Wahrnehmung und Erkenntnis nur sagen, daß bei den Personen, die in der Quästur anwesend waren, eine vorgefaßte Meinung bestanden hat, die beiden Terroristen physisch zu eliminieren oder eliminieren zu lassen . . ."* Auf Eile zur Ausführung des Mordes habe, so berichtete Provenzano weiter, insbesondere Enrico Ferrari gedrängt, da er in einigen Tagen zu einem Kurs nach Rom fahren sollte und vorher die Angelegenheit erledigt haben wollte. Als der Quästor auch die SIFAR-Stelle und Provenzano einschalten wollte, habe er mit der Begründung, er habe keine Männer verfügbar, abgelehnt, berichtete Provenzano. Der Leiter des Gegenspionagezentrums Verona, Renzo Monico, habe seine Entscheidung, sich herauszuhalten, gutgeheißen, da es sich um eine *„schmutzige Angelegenheit" („una cosa sporca")* gehandelt habe. Nach dem Mord habe Monico zu ihm gesagt: *„Hast du gesehen, wie schmutzig die Aktion war?"* (Christoph Franceschini: „Staatlich geplanter Mord", „Südtiroler Illustrierte FF" 41/92.) Der pensionierte Carabinierigeneral Federico Marzollo, bis 1967 Gruppenkommandant der Carabinieri in der Provinz Bozen, sagte am 6. November 1991 vor dem venezianischen Untersuchungsrichter Mastelloni aus, daß *„die Operation, Amplatz und Klotz eliminieren zu lassen, zwischen dem Quästor Alitto Bonanno, dem Leiter des politischen Büros der Quästur, Peternel, dem Chef des Gegenspionagezentrums Verona, Oberst Monico, und dem Chef der Zweigstelle Bozen, Pignatelli, vereinbart worden war."* (Parlamentarischer Untersuchungsbericht des Senators Marco Boato, Rom 1992, S. 70.) Wann Kerbler genau die Waffe überreicht worden war, mit der er auf Amplatz und Klotz schießen sollte, ist heute aus den Aussagen nicht mehr rekonstruierbar. Wahrscheinlich geschah dies in Saltaus, wo Kerbler mit einem Verbindungsmann gesehen wurde. Die Tochter des Gastwirtes Pircher vom Gasthaus „Saltaus" beobachtete nämlich Christian Kerbler, wie er sich sehr lange „mit einem Mann in einem schwarzen Auto" unterhielt. (Baumgartner / Mayr / Mumelter: „Feuernacht", Bozen 1992, S. 299.) Bereits am 28. Oktober 1964 hatte der „SPIEGEL" berichtet, daß Einwohner von Saltaus gesehen hätten, daß Christian Kerbler bei seinem Proviant-Kauf in Saltaus von einem schwarzen Fiat 1800 mit Mailänder Kennzeichen erwartet worden wäre und sich mit dessen Fahrer unterhalten habe.

Christian Kerbler kehrt zurück
Klotz und Amplatz wollen sich von Kerbler trennen
Am späten Vormittag des 6. September kehrte Christian Kerbler zu Klotz und Amplatz auf die Brunner Mahder zurück. Jörg Klotz hat später seiner Tochter Eva die Ereignisse dieses Abends erzählt, und diese hat am 7. September 1989 in der Tageszeitung „Dolomiten" darüber berichtet: „Am Abend des 6. September regnet es. Amplatz, Klotz und Christian Kerbler kehren beim alten Brunnerbauern auf der Mahdern (Alm) ein, um etwas Warmes zu essen. Der Luis kocht eine Suppe. Christian Kerbler verläßt für einige Zeit die Hütte, möglicherweise um mit seinen Auftraggebern Funkkontakt aufzunehmen – von Beruf Fotograf, hat er eine Leica bei sich, von der Zeugen behaupten, sie sei zu einem kleinen Funkgerät umgebaut gewesen. Bevor er zurück ist, deuten Amplatz und Klotz an, daß sie am nächsten Tag ins Sarntal hinüberwechseln wollen ohne Kerbler, von dem sie annehmen, er könne sich im Tal verdächtig gemacht haben und so eine Gefahr für sie darstellen, weil man ihnen ja immer dichter auf den Fersen ist. Nachdem sie gegessen haben, machen sich alle drei gemeinsam auf zum kleinen Schupfen unterhalb der Alm, der bereits gut mit Heu gefüllt ist. Sie waren schon die Nacht vorher dort gewesen, weil er strategisch einzigartig gelegen ist – vom Tal her nicht einsehbar, da einige Lärchen und Birken vorstehen; an der Hinterfront befindet sich eine Luke, durch die man leicht ein- und aussteigen kann, ohne gesehen zu werden, weil sich ein kleiner Felsen mit Baumbestand dort erhebt. Mit dem Fernglas kann man von hier aus das gesamte Tal bis zum Übergang am Jaufen überblicken und beobachten. Gleich neben der Hütte beginnt der Jungwald, der zur Schlucht mit Wasser führt. Es ist alles ruhig; man kann nichts feststellen. Da fängt Kerbler an: *‚Bei diesem Regen wird es heute nacht sicher ruhig bleiben; ihr müßt ziemlich müde sein nach den Vorfällen der letzten Tage, ihr habt ja keine Nacht mehr richtig geschlafen. Heute kann ich die Nachtwache übernehmen und meinen Schlafsack Jörg überlassen; ich nehme dann die Decke!'* " Für Christian Kerbler mußte die Ankündigung, daß sich Klotz und Amplatz von ihm trennen wollten, den letzten Anstoß gegeben haben, die ihm aufgetragene Mordtat noch in dieser Nacht auszuführen. Die drei Männer legten sich nieder, Luis Amplatz mit dem Schlafsack in die linke Ecke der Hütte, Georg Klotz in Kerblers Schlafsack im Vordergrund in der Nähe der Einstiegsluke und Christian Kerbler in der Mitte. Amplatz und Klotz waren todmüde. Georg Klotz hat später seiner Familie berichtet, und darüber gibt es ein Tonband, daß er und sein Gefährte die Nacht, in der sie auf Kerbler gewartet hatten, kein Auge zugetan hätten, und die Nacht davor hatte es den Zusammenstoß und den Schußwechsel mit den Carabinieri im Hohlweg gegeben, und auch da sei an Schlaf nicht zu denken gewesen. Es ist später die Vermutung aufgetaucht, Kerbler habe Amplatz und Klotz heimlich im Getränk ein Schlafmittel verabreicht. Tatsächlich erfolgte an diesem Abend die Verpflegung aus den Beständen von Christian Kerbler. Klotz berichtete später nach seiner Flucht in Österreich, er habe an jenem Abend an einer *„sonst nie gekannten bleiernen Müdigkeit gelitten."* Amplatz war wie Klotz im Schlaf sehr hellhörig. Wenn er mit Klotz unterwegs war, brauchte nie eine Wache aufgestellt werden, er war bei dem geringsten Geräusch sofort wach. An diesem Abend aber versagte seine Hellhörigkeit, und selbst Klotz kam nach insgesamt sechs abgegebenen Schüssen erst langsam zu sich und begriff selbst dann die Situation noch nicht. Es spricht einiges für die Annahme, daß den beiden Opfern ein Betäubungsmittel verabreicht worden war. (Bericht in der „Tiroler Tageszeitung" vom 2. Oktober 1964.)

6. September 1964
Sprengstoffanschlag
Trotz der hermetischen Abriegelung des österreichischen Grenzgebietes und Masseneinsatz von Armee und Polizei gelang es einem Kommando der Freiheitskämpfer, bei Vintl einen wichtigen Fernsprechmasten zu sprengen und die Nachrichtenverbindungen zu unterbrechen.

7. September 1964
Der Mord
Über das Geschehen in der Mordnacht gibt es eine authentische Schilderung des überleben-

den Georg Klotz: „ . . . *ich wache dann ungefähr um 2 Uhr auf einmal auf, durch Schüsse und ich denk mir dann, Herrschaft, wo kommen denn diese Walschen her? Wohl bin ich der Annahme gewesen, die Walschen schießen von außer herein, net. Ich fahr auf, sitzt der Kerbler so ungefähr wie du da . . . und leuchtet mir mit der Taschenlampe ins Gesicht. Und ich denk mir noch, beim Elend! Und ich hab natürlich auch mehrere Schuß, das heißt, zwei Streifschüsse, ein Streifschuß da an der Oberlippe, ein Streifschuß an der Brust und einen Einschuß da und durch die Brust durch . . . da ist die Kugel gesteckt. Und ich denk mir, Herrgott, der leuchtet da, und da draußen schießens rein und der Trottel leuchtet! Ich sag ihm, Mensch, mach doch das Licht aus! Er löscht's Licht aus und ich habs im Heu rascheln gehört, von mir weg. Jetzt, mein erster Griff, die rechte Hand war flügellahm . . . und mein erster Griff war mit der linken Hand nach der Nullacht. Wir haben ja die Tasche offen gehabt, jederzeit aktionsbereit, zieg's heraus und sitz da am Heu und hör von draußen nichts – der muß ein Gefühl gehabt haben, der Kerbler, er leuchtet mir, ich hab von ihm nichts gesehen . . . weil wenn man in die Taschenlampe hineinschauen muß, sieht man nicht, was dahinter steckt. Ja und wirklich, ich hab seine Hände nicht gesehen und auch keine Pistole in seiner Hand . . . Aber er hat auf den Amplatz Luis drei Schuß geschossen und mir drei, hat anscheinend – die Beretta faßt nur sechs Schuß im Magazin und einen im Lauf – aber wahrscheinlich hat er nur das Magazin voll gehabt . . . das muß für ihn jetzt ein Gefühl gewesen sein, er ist ausgeschossen, und ich habe die vollgeladene Nullacht! Und er war wahrscheinlich der Meinung, ich durchschaue ihn, aber ich habe ihn bei Gott nicht durchschaut, weil sonst hätte es bei mir natürlich geknackt – klar. Ich hab dann noch den Luis angerufen, aber der Luis hat natürlich sich nicht bemerkbar gemacht, ich hab ihn angerufen, Luis auf! Nichts, und dann hab ich mir denkt, armer Teufel, der ist tot! Dann bin ich hinausgesprungen, habe geschaut, sehe nichts, da ist es dunkel gewesen, aber so Silhouetten sieht man auch im Dunkeln . . . und ich hab mich außen niedergekniet, damit ich tief bin und schau und sehe nichts. Nullacht in der Hand, Sturmgewehr nicht mehr mitgenommen, weil der rechte Arm nimmer funktioniert hat – barfuß, ich war immer der Meinung, die Italiener sind da . . ., sind da oben vorgegangen, haben einfach blindwütig da hineingeschossen . . . Und ich hab noch einmal zurückgerufen, also mir nach in die Schlucht . . . in der Schlucht obi und wach an der gegenüberliegenden Seite der Schlucht eine ganze Stunde, hör nichts, seh nichts und denk mir, die passen jetzt die ganze Weile . . .*". Klotz war zu diesem Zeitpunkt noch der Meinung, daß von außen in die Hütte hereingeschossen worden war und daß die Italiener immer noch im Hinterhalt lägen und auf ihn lauerten. Kerbler sei wohl unverletzt geblieben, weil die dicken Balken vielleicht die für ihn bestimmten Kugeln gefangen hätten, während Amplatz und er selbst das Pech gehabt hätten, die Kugeln zu erwischen, die durch die dünnen Schindeln gefeuert worden wären. Klotz schildert weiter: „*Ich hab dann gewartet, bis es angefangen hat, leicht grau zu werden und hab mir gedacht, so, jetzt mußt weg. Inzwischen hab ich mir gedacht, aber weit kommst du nicht. Hab in einem Schuppen drin eine MP drinnen . . . da bin ich hineingegangen und habe mir eine Zigarette angezunden . . . und hab mir gedacht, wenn die Lunge durchschossen ist, dann muß ja der Rauch beim Loch herausgehen. Es hat aber überhaupt nicht und ich hab gedacht, Herrgott noch einmal, es muß aber. Ich war ja sechs Jahre bei den Sturmpionieren . . . Ich hab mir gedacht, so, jetzt mußt abhauen, die Walschen dürfen dich nicht kriegen, weder lebend noch tot! So bin ich dann gebückt so langsam, schön in aller Ruhe gegangen, und unten sind sie dann wirklich aufgefahren, kolonnenweise, nur so zu dreißig, vierzig LKW, Panzerspähwagen, Hubschrauber . . . Ich hab sie schön beobachtet. Bin dann zu einem Bauer zugekehrt, eh mein Cousin. Hab mir Schuhe besorgt, ich war ja barfuß unterwegs . . . und eine alte Joppe und einen alten Hut, nur so zur Tarnung . . . Ich bin dann wieder weiter bis zum Abend, so gegen die Ötztaler zu . . . Und bin dann wieder zugekehrt bei meinigen Verwandten, beziehungsweise Verwandten meiner Frau, hab mich dort verbinden lassen.*" (Tonbandprotokoll von Georg Klotz, aufgenommen 1971, im Besitz seiner Familie. In: Baumgartner / Mayr / Mumelter: „Feuernacht", a.a.O., S. 301f.) 1991 hat die Tochter Eva Klotz in einem Leserbrief in der „Südtiroler Illustrierten FF" (Nr. 30/91) den dramatischen Bericht noch durch Einzelheiten ergänzt: „*Es ist keine Legende, daß mein Vater barfuß taleinwärts bis zu jenem Bau-*

Das Foto, das den „Studenten Hofmann" (rechts hinten) als Christian Kerbler identifizierte und auf dem er mit Georg Klotz zu sehen ist.

7. September 1964: Christian Kerbler erschoß Luis Amplatz und verletzte Georg Klotz schwer.

In dieser Hütte geschah der Mord.

ernhof gegangen ist, mit dem Steckschuß in der Brust und ziemlichem Blutverlust, wo er notdürftig verbunden wurde und Stiefel bekam . . . Es dürfte gegen 5 Uhr 30 gewesen sein, als sich die Bäuerin gerade auf den Weg zur Frühmesse ins Tal gemacht hatte und erschrak, weil sie meinen Vater mit blutigem Hemd vor sich sah . . . Nach einer Stärkung beim hochgelegenen Hof in Matatz ist mein Vater allein und zu Fuß nach Ulfas gegangen. Gegen 20 Uhr 30 wurde er in der Nähe des Hofes von Verwandten bemerkt. Der auf Urlaub weilende Medizinstudent versorgte die Wunde, Vater bekam etwas zu essen, besseres Schuhwerk und machte sich dann in Begleitung eines jungen Helfers zu Fuß auf den Weg."

Luis Amplatz ist tot

Christian Kerbler flüchtete ebenfalls aus dem Heuschuppen, eilte jedoch nicht Georg Klotz nach, sondern flüchtete ins Tal zu seinen Auftraggebern. Im Heuschuppen blieb der tote Luis Amplatz zurück. Die gerichtsmedizinische Untersuchung wird später ergeben, daß sowohl auf Klotz wie auf Amplatz jeweils drei Schüsse aus der Beretta-Pistole des Christian Kerbler abgefeuert worden waren. Die Kugel, die man Klotz später in Wörgl aus dem Körper operieren wird, stammte aus derselben Waffe, wie die Kugeln, die man aus dem Körper von Luis Amplatz holte. Amplatz wurde von allen drei Kugeln getroffen, eine davon war tödlich. Sie trat durch den Ellbogen ein und traf die Halsschlagader. Amplatz wurde aus einer Entfernung von 6 m getroffen. Dies entsprach genau der Distanz von der Position in der linken Ecke der Hütte, in der Klotz Kerbler nach seinem Aufwachen sah, bis hin zur rechten Ecke der Hütte, in der Amplatz schlief. Klotz wurde aus ganz naher Entfernung durch einen Streifschuß an der Oberlippe und durch einen Steckschuß in der linken Brustseite verletzt.

Christian Kerbler flüchtet nach Saltaus

Gegen 4 Uhr in der Früh tauchte Christian Kerbler in Saltaus auf, „tremante", zitternd, wie Cosimo Provenzano später vor dem Untersuchungsrichter Mastelloni aussagen wird. Kerbler habe im Gasthaus „Saltaus" dringend nach dem „Doktor" (Peternel, von der politischen Abteilung der Quästur Bozen) verlangt. Er müsse unbedingt telephonisch die Bozener Polizei erreichen oder man möge ihm helfen, daß er rasch mit einer Carabinieristation Kontakt bekomme. Christian Kerbler wurde in die Gaststube des Gasthauses „Saltaus" gebracht und unter Bewachung gestellt, nachdem der Wirt Pircher eine nahegelegene Alpiniabteilung benachrichtigt hatte. Die Wirtin Helga Pircher berichtete später, der junge Mann sei übermüdet und erregt gewesen und habe wirre Sätze gestammelt, in denen zuerst von einem Autounfall und dann von einer Schießerei auf einer Berghütte die Rede gewesen sei. Mittlerweile traf der Carabinierikommandant von St. Leonhard im Passeier, der Brigadiere Dino Bergamo, ein. Kerbler übergab ihm die Beretta-Pistole Kaliber 9 mm mit leergeschossenem Magazin. Bergamo erhielt vom Kommandanten der Carabinierikompanie Meran, Capitano Mario Rocchetti-March, die telephonische Weisung, Christian Kerbler in die Carabinierikaserne in Meran zu bringen. Gegen 6 Uhr holte Bergamo mit drei weiteren Carabinieri Christian Kerbler aus dem Gasthaus „Saltaus" ab und fuhr ihn nach Meran, wo er ihn dem Kommandanten Capitano Rocchetti-March übergab. In dessen Büro befanden sich außerdem noch Dr. Giovanni Peternel sowie der Gruppenkommandant der Carabinieri Bozen, Oberstleutnant Ferrari (Ablauf zitiert aus dem Urteil des Schwurgerichtes Perugia gegen Christian Kerbler vom 21. Juli 1971).

Franz Kerbler im Passeier – geheimnisvolle Besucher

Am 7. September hielt sich Franz Kerbler nachweislich noch unweit von Saltaus auf, in St. Martin im Passeier. Er nächtigte dort im Gasthaus „Quellenhof", wie die Eintragung im Gästebuch beweist. In dem Gasthaus war er sehr spät gegen 23 Uhr eingetroffen und hatte erklärt, er habe eine Panne mit dem Motorroller gehabt. Franz Kerbler hatte einen großen Rucksack bei sich. Auf die Frage, ob er nicht von den zahlreichen Polizeistreifen kontrolliert worden sei, erklärte er gegenüber der Wirtin: Jedes Mal, wenn eine Polizeistreife vorbeigekommen sei, habe er in dem schützenden Schatten eines Baumes gestanden. Franz Kerbler wurde in der etwas abgelegenen Dependance untergebracht. Frau Luise Dorfer, die heutige Chefin des „Quellenhof", schlief damals im Zimmer darunter. Sie erinnert sich, daß sie damals in der Nacht so viel Lärm aus diesem Zimmer hörte, daß sie dachte, darinnen müßten sich vier bis fünf Personen aufgehalten haben. (Baumgartner / Mayr / Mumelter: „Feuernacht", Bozen 1992, S. 306.)

Renzo Monico: Aktion mißglückt – Die Jagd auf Klotz

Wie der ehemalige Kommandant der Carabinierigruppe Bozen, General Federico Marzollo, später dem venezianischen Untersuchungsrichter Mastelloni berichtete, war der Leiter des Gegenspionagezentrums Verona, Renzo Monico, mit dem Ausgang der Operation nicht zufrieden gewesen. Er hatte das Unternehmen sogar als gescheitert bezeichnet, weil es nicht gelungen war, auch Georg Klotz zu eliminieren. (Parlamentarischer Untersuchungsbericht des Senators Marco Boato, Rom 1992, S. 70.) Die Ermordung von Luis Amplatz ließ sich nun nicht mehr als Todesfall im Zuge eines Feuergefechtes mit den Carabinieri darstellen, weil ein Augenzeuge – Georg Klotz – überlebt hatte. Trotzdem wurde noch der Versuch gemacht, diese Version zu verbreiten und eine Zeit lang aufrechtzuhalten. Zu diesem Zweck inszenierten die Carabinieri, die am 7. September erst gegen 15 Uhr auf der Brunner Mahder eintrafen, ein eindrucksvolles „Feuergefecht". Zunächst feuerte der Brigadiere Giuseppe Stilo, der mit einer Patrouille hochgestiegen war, aus einer Beretta-Maschinenpistole auf und in die Hütte, in die man dann noch eine Handgranate warf. Dann wartete Stilo, bis der Carabinierileutnant Mauro Santini eintraf, der nun persönlich die Leiche von Luis Amplatz in der Hütte entdecken durfte. (Aus der Begründung des Urteiles des Schwurgerichtes Perugia in dem Prozeß gegen Christian Kerbler vom 21. Juli 1971.) Die Einschüsse in die Balken der Hütte helfen interessierten Kreisen später immer wieder, die Zwecklegende zu erzählen, Amplatz sei doch Opfer eines Feuergefechtes mit Carabinieri geworden. Die Tochter von Georg Klotz, Eva, ist später den Geschehnissen nachgegangen und berichtete: *„Die erste Version der schrecklichen Ereignisse, wonach Luis Amplatz und Georg Klotz in der Hütte von den Carabinieri umstellt und in einem anschließenden Feuerwechsel getötet worden seien, läßt sich nicht lange halten. Der zweite Schlafsack in der Hütte ist nämlich leer, er weist aber Durchschüsse in Brusthöhe und Blutspuren auf; Georg Klotz kann nicht weit gekommen sein! Die größte Polizeiaktion, die es im Tal gegeben hat, setzt ein; ein mehrere tausend Mann starkes Kontingent italienischer Uniformierter nimmt die Verfolgung auf, unterstützt von Hubschraubern und Polizeihunden. Die Hetzjagd auf den schwer verwundeten Klotz beginnt. Da sich seine Blutspur in einer tiefen Felsenschlucht in der Nähe der Hütte verliert, wird vor allem in diesen tiefen Abgrund hineingeballert. Es herrscht große Aufregung und es geht furchtbar zu. Der alte Brunnerbauer, der sich gerade auf seiner Alm aufhält, schildert es später so: ‚Ich habe zwei Weltkriege mitgemacht, aber so etwas habe ich noch nicht erlebt. Ich habe geglaubt, der dritte Weltkrieg sei im Gang, so wild haben die da den ganzen Tag herumgeschossen.'"* (Eva Klotz: „Der Mordanschlag in Passeier", „Dolomiten" vom 7. 9. 1989.)

Der Hubschrauber mit den 2 Särgen

Am Mittag des 7. September landete ein Hubschrauber auf der Brunner Mahder, der zwei Särge an Bord hatte, an jeder Kufe war ein Sarg montiert. Dies zeigte, daß man erwartet hatte, zwei Mordopfer bergen zu können. So konnte aber nur der tote Luis Amplatz abtransportiert werden.

<u>7. und 8. September 1964</u>

Südtirolverhandlungen der Außenminister in Genf

Die österreichisch-italienischen Gespräche standen unter dem Eindruck der in Südtirol wieder aufgeflammten Anschläge. Trotzdem konnte ein Fortschritt erzielt werden, da erstmals über konkrete Autonomiefragen diskutiert wurde. Der Tiroler Landeshauptmann Wallnöfer bezeichnete die Ergebnisse als gut und hoffte, daß schon in den nächsten Monaten ein Ergebnis erzielt werden könnte. Der italienische Außenminister Saragat stellte fest: *„Zum ersten Mal seit Jahren haben sich die Gespräche nicht allein mit den Verfahrensfragen, sondern mit der Frage an sich beschäftigt!"* Dabei hatte Saragat den italienischen Standpunkt unterstrichen, daß das Pariser Abkommen bereits durch Italien erfüllt sei. Alle weiteren „Zugeständnisse" gingen darüber hinaus und seien „freiwillige Mehrleistungen" Italiens. Die Kompetenz einer zu schaffenden Schiedskommission müsse aber auf die Frage der Erfüllung des Pariser

Vertrages beschränkt bleiben. Das hieß, daß *„weitere Zugeständnisse"* nicht einklagbar sein würden.

8. September 1964

Christian Kerbler alias „Hofmann" „flüchtet"

„Wieviel haben Sie den Mördern von Amplatz bezahlt?"

Natürlich war es undenkbar gewesen, Christian Kerbler in das Bozener Gefängnis einzuliefern, ihm einen Prozeß zu machen und sich dann vor Gericht anzuhören, wie er sich unter Berufung auf seinen staatlichen Mordauftrag verteidigte. Man mußte ihn also loswerden. Aber wie? Zu allererst galt es, die Identität Kerblers zu verschleiern und Desinformation zu verbreiten: Das Presseamt des Regierungskommissariats in Bozen gab bekannt, daß in Saltaus im Passeier ein junger Mann mit einer Pistole verhaftet worden sei. Nach den Ausweispapieren handle es sich um einen 25jährigen Medizinstudenten namens Peter Hofmann aus Österreich, dem es leider gelungen sei, bei der Überstellung nach Bozen aus einem offenen Polizeijeep zu flüchten. Der verantwortliche Polizeifunktionär Dr. Peternel habe dabei einen Nervenschock erlitten und sei für keinen Journalisten zu sprechen. Auf einer Pressekonferenz im Alten Landhaus in Bozen wurde der Quästor Bonanno, *„ein Neapolitaner von olivfarbenem Teint und der Glätte einer Schlange"*, von Journalisten mit Fragen bedrängt: *„Quanti millioni avete pagato ai bravi di Amplatz?"*, *„Wieviel Millionen habt ihr den Mördern von Amplatz bezahlt?"*, rief ein italienischer Journalist dem Quästor hallend über den Gang entgegen. („WOCHENPRESSE" 19. 9. 64.) Die wirkliche Identität des „Studenten Hofmann" kam aber rasch an das Tageslicht. (Am 20. September veröffentlichte die italienische Illustrierte „Europeo" ein Foto, das Christian Kerbler zusammen mit Georg Klotz zeigte, und die Wirtsleute vom Gasthaus „Saltaus" identifizierten den „Studenten Hofmann" als Christian Kerbler.) Giovanni Peternel hat noch jahrzehntelang das Märchen von der Flucht des ungefesselten Kerbler aufrechtzuhalten gesucht. So hat er am 16. Juli 1991 dem venezianischen Untersuchungsrichter Mastelloni erklärt, er habe am 8. September, dem Tag nach dem Mord, den Befehl des Quästors erhalten, sich nach Meran zu begeben, um den offiziellen Bericht zu verfassen. Er habe diesen Bericht weisungsgemäß verfaßt, *„ohne die früheren Beziehungen zu Kerbler zu erwähnen."* Um zwei Uhr morgens sei Christian Kerbler zu Giovanni Peternel in einen offenen Polizeijeep gestiegen, um nach Bozen überstellt zu werden. Er habe keine Handschellen angelegt bekommen. Mit im Jeep gewesen seien der damalige Polizeileutnant Renato Compagnone, der später bis zum Chef der politischen Polizei Digos in Bozen aufsteigen wird, sowie der Polizeikommandant Enrico Benevento. Auf der Fahrt von Meran nach Bozen, in der Nähe von Gargazon, so sagte Peternel aus, habe Kerbler ihm in das Lenkrad gegriffen, dadurch habe er die Herrschaft über den Wagen verloren. In diesem Augenblick sei Kerbler entsprungen. Man sei ihm nachgelaufen, habe ihn jedoch nicht mehr einholen können. (Parlamentarischer Untersuchungsbericht des Senators Marco Boato, Rom 1992, S. 67.) Dieses Märchen wurde bereits unmittelbar nach der „Flucht" schon nicht geglaubt, wurde jedoch aktenkundig widerlegt, als der Carabinierigeneral Federico Marzollo am 6. November 1991 dem venezianischen Untersuchungsrichter Mastelloni erklärte, daß der Quästor und Oberst Monico, der Chef des Gegenspionagezentrums Verona, gemeinsam entschieden hätten, Kerbler fliehen zu lassen. Der Quästor selbst habe Peternel den Befehl gegeben, die angebliche Flucht auf dem Weg von Meran nach Bozen zu organisieren. Am 13. November 1991 ergänzte der mittlerweile pensionierte Carabinieri-Maresciallo Cosimo Provenzano vor dem venezianischen Untersuchungsrichter den Sachverhalt und sagte aus, daß Peternel Kerbler einen falschen Paß überreicht habe, der von dem Innenministerium zur Verfügung gestellt worden sei sowie eine Summe von vielen Millionen Lire. (Parlamentarischer Untersuchungsbericht des Senators Lionello Bertoldi, Rom 1992, S. 13.)

Der Mörder wird in die Schweiz gebracht

Während die Medien das Märchen von dem „geflüchteten Studenten Hofmann" verbreiteten, wurde Christian Kerbler mit einem schwarzen PKW mit Bozener Kennzeichen nach Glurns im Vintschgau, nahe der Schweizer Grenze, gebracht. Dort wurden ihm von Giovanni Peternel der falsche Paß und die erste Abschlagzahlung des Mordgeldes in der Höhe von 20.000 Schweizer Franken übergeben. Peternel machte Christian Kerbler in Glurns mit Gertrude („Traudl") Lechner, geb. Parth, aus Bozen bekannt. Diese Frau wurde von Giovanni Peternel im Sommer 1961 bei den Verhören gefangener Südtiroler Freiheitskämpfer als Dolmetscherin, in der Folge dann als bezahlte Agentin der politischen Abteilung der Quästur eingesetzt. Nun war es ihre Aufgabe, mit Christian Kerbler in dessen Exil Kontakt zu halten und ihm weitere Geldzahlungen zu bringen. Sie traf sich in der Folge wiederholt mit Kerbler. 1967 wurde die Lechner auf Dr. Norbert Burger angesetzt und sollte dessen Entführung nach Italien arrangieren. Sie verliebte sich aber in den Freiheitskämpfer und offenbarte ihm ihre Rolle einschließlich ihrer Unterstützung für Kerbler. Nach dem Treffen in Glurns fuhr Kerbler über die Schweizer Grenze und behob in einer Bank in Luzern einen für ihn von den Italienern hinterlegten Betrag von weiteren 500.000 Schilling (Dr. Norbert Burger im Jahre 1969 in einem Brief an den Vorsitzenden des Gerichtshofes in Perugia, wiedergegeben in „Freiheit für Südtirol", Nr. 344/20. 5. 69; Peter Kienesberger: „Sie nannten uns Terroristen", Wien 1971, S. 249; Christoph Franceschini: „Die Mata Hari des Polizeichefs", „Südtirol-Profil" 4/93; Gedächtnisprotokoll Kienesberger). Christian und Franz Kerbler hielten sich mutmaßlich zusammen einige Tage in Zürich auf, bis Christian Kerbler die Fortsetzung der Flucht nach London ermöglicht wurde. Christian Kerblers italienischer Kontaktmann in Zürich war der Vizedirektor der Swissair, Ravanelli, der ihn mit einer Flugkarte nach London ausstattete und kurze Zeit später unter seltsamen Umständen „Selbstmord" beging („Controinformazione. Periodico d'informazione", 9-10/1977, Milano; Gedächtnisprotokoll Kienesberger). Aus der Schweiz flog Christian Kerbler zu Freunden nach London und reiste weiter nach Holland, wo der italienische Südtirolagent Anton Stötter ebenfalls ein sicheres Exil gefunden hatte („SPIEGEL" 20/1964). Kerblers Grenzübertritte gingen glatt vonstatten, denn er führte neben seinem italienischen Reisepaß auch noch einen belgischen Personalausweis und österreichische Blankopässe mit den laufenden Nummern 544.723 bis 544.730 mit sich („SPIEGEL" 44/1964). (Siehe weiter: 18. September.)

Franz Kerbler reist ab

Nachdem in der Nacht sein Bruder Christian aus dem italienischen Gewahrsam „geflüchtet" war, nahm sein Bruder Franz in der Früh den Postbus nach Meran. Plötzlich war keine Rede mehr von einem defekten Motorroller. Wahrscheinlich hat Franz Kerbler in Meran noch seinen Bruder Christian getroffen, da er sich zusammen mit diesem nach dem 8. September einige Tage lang in Zürich aufhalten wird, bevor er sich in Österreich den Behörden stellt.

Gemeinderat von Sand verurteilt Vorgangsweise der Polizei

Der Gemeinderat von Sand in Taufers nahm folgendermaßen zu der Vorgangsweise der Polizei Stellung: *„Der Gemeinderat muß aber auch mit tiefster Erbitterung und Empörung die Vorgangsweise von Polizeikräften am Freitag und Samstag der vergangenen Woche der Bevölkerung gegenüber zur Kenntnis nehmen und aufs schärfste verurteilen. Der Gemeinderat stellt aber auch fest, daß sich die Carabinieri der örtlichen Station korrekt verhalten haben. Besonders zu beklagen ist die äußerst respektlose Behandlung der wiederholt Intervenierenden geistlichen und weltlichen Obrigkeiten. Der Gemeinderat ersucht die zuständigen Stellen, geeignete Schritte zu unternehmen, um in Hinkunft ein solches gesetzwidriges, undemokratisches Vorgehen im Interesse eines friedlichen Zusammenlebens und Zusammenwirkens beider Volksgruppen zu verhindern."*

9. September 1964

„Dolomiten" vermuten Mord

Die Bozener Tageszeitung „Dolomiten" berichtete, daß die italienischen Journalisten bei der Pressekonferenz vom Vortag den Quästor Dr. Bonanno mit der Vermutung konfrontiert hätten, der „Student Hofmann" sei in Wahrheit ein Spitzel der Polizei, der Amplatz ermordet habe, und seine angebliche „Flucht" sei ein Täuschungsmanöver. In Wahrheit habe man ihn nach Durchführung des Auftrages mit der entsprechenden Belohnung laufen lassen. Entsprechend berichtete nun auch die österreichische Presse, wie z.B. die „Kronen Zeitung“: *„Der Judas von Tirol war es . . .“*

Klotz in Österreich verhaftet – Stapo abgewiesen

In einem äußerst kühnen, 43 Stunden dauernden Gewaltmarsch war es dem schwerverletzten Klotz gelungen, seinen mehr als 3.000 Verfolgern über die Berge nach Obergurgel im Ötztal zu entkommen. Georg Klotz war in Begleitung des jungen Medizinstudenten, der ihn auf dem Bauernhof in Ulfas verbunden hatte, über die Schwarzscharte (2.865 m) und die Siegerlandhütte nach Nordtirol gelangt. Unterwegs sahen die beiden italienische Patrouillen, und einmal konnten sie sich in letzter Sekunde vor einem suchenden Hubschrauber verbergen. (Bericht des Studenten, wiedergegeben von Karl Springenschmid in seinem Buch „Der Jörg“, Pr. Oldendorf 1980, S. 193ff.)

Georg Klotz hat später seiner Familie einen mündlichen Bericht über diese dramatische Flucht und die erlittenen Strapazen gegeben: *„Früher bin ich ein verdammt guter Geher gewesen, aber wenn man Jahre nicht geht in den Felsen . . . man schwindelt sich hinauf am Anfang . . . mit meiner lädierten Hand, jetzt war da oben Schnee . . . Ich hab gedacht, das packst du nicht. Dann hab ich gesehen, wie die oben hineingeteufelt sind in Pfelders, 36 Wagen, große Truppenlastwägen, und ein Bataillon steht schon drin, weil mit dem Bataillon sind wir schon vorher zusammengekracht . . . Jetzt, wenn man rechnet, daß so 25 Mann in einen Truppenwagen hineingehen . . . , das sind dann 1.500 Mann da drin. Die haben die Texelgruppe eingekreist, das heißt, von Meran weg, den Vintschgau hinein, in Schnals die linke Zone, Passeiertal und dort herüber die Ötztaler entlang, und Pfelders die rechte Zone und oben an der Schneid kommen sie zusammen. Und dort haben sie angeblich zwanzigtausend Mann raufgebracht, und ich bin natürlich die Nacht noch den Einschließungsring durchbrochen und bin gegen die Stubaier rechts ausgewichen und dort war kein Schwanz. Bin dann den nächsten Tag auf der Siegerlandhütte gelandet.* (Frage*: Wie lange warst du unterwegs?) 43 Stunden genau . . . verletzt.“* (Tonband und Protokoll im Besitz der Familie Klotz.)

Von dort verständigte Klotz seinen Freund, den BAS-Mitbegründer Wolfgang Pfaundler, der sofort einen Rettungswagen losschickte. Zwischenzeitlich wurde jedoch Klotz nach Verrat durch Gendarmeriebeamte erkannt und im Auftrag österreichischer Sicherheitsbehörden in einem Gasthaus in Sölden verhaftet und in das Krankenhaus nach Wörgl gebracht. Dort wurde die Kugel, die in der linken Achselhöhle eingedrungen war, aus der rechten Schulter entfernt. Wie kriminaltechnische Untersuchungen später ergaben, stammte dieses Geschoß aus der gleichen Waffe (Beretta 9 mm), mit der Amplatz ermordet worden war. Es wurde eine Schußdistanz von nur 80 cm ermittelt. Damit war nachgewiesen, daß Kerbler geschossen hatte und daß Klotz von keiner Kugel getroffen worden war, die von außerhalb der Hütte abgefeuert worden war (Gerichtsgutachten des Prof. Dr. Breitenecker, Universität Wien). Erst nach der Operation in Wörgl stieg Klotz der Verdacht gegen Christian Kerbler hoch. Bis dahin hatte er immer noch geglaubt, von Carabinieri angeschossen worden zu sein, und hatte sich Sorgen um Christian Kerbler gemacht. Aus Wien wurden umgehend zwei Beamte der Staatspolizei zusammen mit einem Polizeiarzt nach Wörgl entsandt, um Klotz nach Wien zu bringen. Sie bekamen in Wörgl den Verwundeten nicht einmal zu Gesicht. Als das Innenministerium den sofortigen Transport forderte, *„drohte man in Tirol mit Gewalt.“* („Neues Österreich“ vom 25. 10. 64.) Innenminister Czettel hatte die Tiroler Sicherheitsbehörden von seiner Vorgangsweise nicht benachrichtigt, jedoch die Staatspolizisten angewiesen gehabt, die Auslieferung von Klotz gegebenenfalls mit Gewalt zu erzwingen. Dies gelang jedoch nicht, weil Landeshauptmann Wallnöfer energisch dagegen intervenierte.

Sprengstoffattentat

Bei Salomonsbrunn im Antholzertal wurde ein Jeep der Carabinieri durch die Explosion einer Mine schwer beschädigt. Der 27jährige Brigadier Giuseppe Viscione wurde schwer, die vier anderen Insassen leicht verletzt.

10. September 1964

Abschied von Luis Amplatz – ein Bekenntnis zur Freiheit

Das Begräbnis des ermordeten Führers des Südtiroler Freiheitskampfes gestaltete sich zu einer einmaligen Demonstration. Zwischen 15- und 20.000 Menschen waren aus allen Landesteilen nach Bozen gekommen, um ihm das letzte Geleit zu geben. Als um 15 Uhr der Pfarrer von Gries, Anselm Lochmann, unter Assistenz vieler Welt- und Ordensgeistlicher, den Trauerzug anführte, schritten auch die Abgeordneten Hans Dietl, Dr. Friedl Volgger, Ing. Hans Plaikner, Heinrich Pruner und viele Bezirks- und Ortsobmänner im Trauerzug mit. Aus dem Passeier, aus Lana, dem Sarntal, vom Ritten und anderen Orten waren Abordnungen in Tracht erschienen. Carabinieri verweigerten ihnen den Zugang zum Friedhof, und alle Vermittlungsversuche, ihnen doch noch Einlaß zu verschaffen, blieben erfolglos. So verharren mehrere hundert Tiroler, den Rosenkranz betend, vor dem Friedhof. Als ihnen auch nach dem Trauerakt der Abschied am offenen Grab verweigert wurde, kam es zu Ausschreitungen. Junge Männer überkletterten die Friedhofsmauer, und die erregte Menge schob Streifenfahrzeuge in den Straßengraben und erzwang sich so Einlaß. Noch nach Stunden zog ein endloser Zug von Trauernden am Grab des Freiheitskämpfers Amplatz vorbei. Es wurden dabei immer wieder Rufe laut wie: *„Wir werden weiter für die Sache kämpfen, für die Amplatz sein Leben ließ!“* Es fiel (der „Tiroler Tageszeitung“) auf, daß der Vorsitzende der SVP, Dr. Magnago, nicht zum Begräbnis gekommen war.

Zwiespältige Haltung in Österreich

Kränze mit den Aufschriften *„Luis Amplatz in ehrendem Gedenken – opfervoll gestorben im Glauben an die Freiheit Tirols“* waren vor dem Landhaus in Innsbruck an der Gedenktafel für die Widerstandskämpfer gegen das Dritte Reich, am Bergisel und in der Hofkirche niedergelegt worden. Die Polizei entfernte die Kränze am Bergisel und vor dem Landhaus und schnitt von dem Kranz in der Hofkirche die Schleifen ab. Erst nach stürmischen Protesten und einem Machtwort des Nordtiroler Landeshauptmannes Wallnöfer mußte die Staatspolizei die Kränze und Schleifen wieder herausgeben und die Ehrung zulassen. (Anm.: 1977 beschloß der Innsbrucker Gemeinderat unter Vorsitz von Bürgermeister Dr. Lugger, eine Straße nach Luis Amplatz zu benennen.)

Bericht vom Begräbnis in Bozen

„Meine Lieben!

Schnell ein paar Zeilen, um meiner Erschütterung Herr zu werden, die ich gestern in Bozen verpaßt bekam! War gestern mit W. A. beim Begräbnis von Luis Amplatz in Bozen – ein Südtiroler Ereignis, das von unseren Zeitungen falsch oder gar nicht kommentiert wird, die Lage in Südtirol ist viel ernster, als wir auf Grund der nur halbrichtigen Informationen unserer Zeitungen annehmen. War auch ich der Meinung, daß die ‚Terroristen‘ in Südtirol nur krasse Außenseiter der Bevölkerung seien – dieses Begräbnis hat mich eines besseren belehrt. Wir ließen unseren Wagen auf dem Pfarrplatz in Bozen stehen und fuhren mit dem öffentlichen Autobus nach Oberau zum Begräbnis. X Sonderautobusse mußten eingesetzt werden, um des Andranges der deutschen Bevölkerung Herr zu werden. Fahrzeit normal zehn Minuten – gebraucht wurden dreißig Minuten im Bus und zehn Minuten Fußmarsch zum Friedhof. Hast Du es schon einmal erlebt, wenn ein ganzer Autobus – alt und jung – betet, immer wieder? Ich nicht. Die Straßen zum Friedhof waren verstopft, in den Fahrzeugkolonnen saß ebenfalls alt und jung – in Trauerkleidung – ein weißhaariger Bürger in Schwarz fuhr mit seiner Familie im schweren Wagen zum Friedhof – junge Rollerfahrer mit schwarzen Krawatten preschten vorbei – ein Invalide im Rollwagerl strebte demselben Ziele zu. Ein Volk ehrte seinen Toren! Der Friedhof war außen von Polizei und Militär umstellt, aber Zivilisten wurden anstandslos eingelassen. Allerdings: Die Musikkapelle Bozen, die Schützenkompanien Meran und Sarntal, die in Südtiroltracht erschienen waren – zumeist alte und junge Bauern – standen den Maschinenpistolen des Carabinieri-Kordons gegenüber, Aug in Aug – auf Tuchfühlung – sie wurden nicht eingelassen. Der Friedhof war überfüllt, wieviele Leute es genau waren, kann man wohl nicht sagen, schwarz von Menschen. Ein Trauerzug in der Öffentlich-

keit war verboten worden, so bewegte sich eine nicht abreißende Prozession von Menschen von der Aufbahrungshalle zum Grab. A. und ich brauchten eine Stunde, um zum Grab zu gelangen und weitere zwei, um eine einigermaßen befriedigende Aufnahme machen zu können. Einer aus der Menge stimmte den ‚Guten Kameraden' an und Tausende sangen ergriffen mit und schämten sich nicht der Tränen. Ein Vertreter der FDP aus Deutschland legte einen Kranz nieder und rettete die Lage, indem er ein paar Worte des Gedenkens für den mysteriös Erschossenen sprach – die Menge stimmte das ‚Andreas Hofer-Lied' an, es war ein ergreifendes Treuebekenntnis. Die Schleifen der prachtvollen Kränze (von denen mich wunderte, daß sie nicht beschlagnahmt wurden) ‚Sei uns Vorbild – Deine Kameraden'; ‚Letzte Grüße– die politischen Häftlinge Tirols'; ‚In treuem Gedenken – Dein Kamerad Kerschbaumer'; ‚Wir grüßen Dich in Treue – Schützenkompanie Lana' usw. waren allein schon eine Demonstration für sich. Vor dem Eingang standen während dieser ganzen Zeit die beiden Schützenkompanien und die Musikkapelle, die wegen der Tracht den Friedhof nicht betreten durften – vor den Pistolen der Carabinieri ‚das Weiße im Auge des Feindes', ein alter Bauer in Meraner Tracht beherrschte die mit Hochspannung geladene Situation, er betete das ‚Vater unser' und den Rosenkranz – immer wieder – drei Stunden lang und alle Ausgeschlossenen vor dem Kordon mit. Als man von innen den ‚Guten Kameraden' und das ‚Andreas Hofer-Lied' hörte, knieten alle nieder, es war, wenn man diesen Bauern – alt und jung – ins Gesicht sah, wie ein Gebet vor der Schlacht. Es war wie ein Gemälde des Jahres 1809 – so müssen die heute als Helden verehrten Ahnen dieser Bauern ausgesehen haben – widergespiegelt in den harten, verbissenen, trotzigen und doch gläubigen Konturen dieser Bauern aus dem Burggrafenamt, aus Passeier und Sarntal. Wehe, wenn dieser Sturm losbricht! Demgegenüber die Carabinieri, in Schweiß gebadet, wachsbleich, zum Zerreißen gespannt, ein Funke des Irrsinns, die Menge hätte sie wie Fliegen an der Wand zerquetscht. Als die letzten Zivilisten aus dem Friedhof kamen, wollte man die Eingangsgitter schließen, da flogen die Kränze über das Gitter, einer sprang nach – die Sperre mußte aufgehoben werden – der eine aber wurde festgenommen, um ihn wurde hart und verbissen gekämpft, die Polizei mußte ihn schließlich ausliefern, der Zorn der Menge war zu groß: ‚Fangts die Lebendigen und laßt wenigstens die Toten in Ruh'. ‚Luis ist nicht der Letzte – ihr müßt uns noch alle begraben, aber ihr geht mit!' Vox populi . . . Das war Bozen am 10. September 1964! Das waren nicht jugendliche und unbesonnene Terroristen, dar war ein Volk, bei dem es ‚Ums Letzte' geht – mit dem Mute der Verzweiflung, aus Not – das war das Begräbnis eines ‚Terroristen', eines ‚Partisanen' aus den Bergen Tirols, den letzten Salut schossen zur selben Zeit erstmalig seine Brüder im Pustertal. Wir Wirtschaftswunderkinder aus Österreich verstehen diesen Geist nicht mehr – wir sind zu erhaben und zu bequem dafür, bei uns herrscht das Geschäft. Und schamrot muß man werden, wenn man uns in Südtirol die Fehler, Schlamperei und die Aufgabe des Landes durch Österreich vorhält!"

(Brief eines ungenannt bleiben wollenden Augenzeugen, im Besitz von Peter Kienesberger.)

Bundesminister a.D. Dr. Drimmel ehrt Luis Amplatz

Unter dem Namen „Schützenbegräbnis" veröffentlicht Unterrichtsminister a.D. Dr. Heinrich Drimmel (ÖVP) in mehreren österreichischen Tages- und Wochenzeitungen einen ehrenden Nachruf für Luis Amplatz, in dem es heißt: *„Der Schützenhauptmann, den man unlängst in Tirol begraben hat, hat gar kein Schützenbegräbnis bekommen. Nichts von aller Farbe und Form und Musik. Selbst von den Kränzen hat man die Schleifen entfernt, weil in Tirol Farbe noch Sinn hat. Und überdies: Man begrub ja einen Terroristen. Einen Extremisten. Einen, der mit dem Tod Umgang hatte und den der Tod dabei gefaßt hat . . . Es gibt also etwas in unserer Zeit, das ist das Leben wert. Wieviel ist das Leben wert? Der Mutter die Gefahr für das Kind, dem Feuerwehrmann bedrohtes Leben und Gut; dem Bauern Haus und Hof. O ja, es gibt noch einen Heroismus in unserer Zeit, der echt und ohne Pathos ist."* In seinem Artikel blickt Drimmel in die jüngste Geschichte zurück, in der jeder Österreicher einmal „illegal" gewesen sei und zwar jeweils für eine Sache, *„die im Wechsel der Zeiten einmal gepriesen und einmal verdammt wurde."* Luis Amplatz habe nichts als seine Heimat gehabt. *„So arm"*, schreibt Drimmel, *„muß man in dieser unserer Zeit des Wohlstandes vielleicht sein, um die-*

ser Heimat – trotz Irrungen und Wirrungen – zuletzt alles zu geben . . . Und deswegen: eine Generaldecharge über das stille Grab in den Bergen!"

Erneutes Feuergefecht

Auf Grund der Hinweise eines deutschen, für die italienische Polizei tätigen Spitzels versuchten Einheiten der Carabinieri, einen Heuschuppen bei dem Weiler Gais bei Tesselberg zu umstellen, in dem sich drei der „Pusterer Buben" verborgen hielten. Dabei kam es zu einem für beide Seiten überraschenden Zusammenstoß und einem Schußwechsel mit automatischen Waffen. Die Carabinieri Salvatore Petorniti und Salvatore Barbonieri wurden schwer verletzt. Die Freiheitskämpfer konnten unter Zurücklassung aller Ausrüstungsgegenstände nur in Unterwäsche entweichen und wurden von Kommando-Trupps mit Hunden gejagt. Die Verfolger konnten teilweise bis auf wenige Meter herankommen, und nur durch die Hilfe der Bevölkerung konnten die Männer endgültig entkommen. Bei der Verfolgungsjagd überschlug sich ein Militärjeep, wodurch der Alpini-Soldat Silvano Rigotti tödlich verletzt wurde. Im Zuge der von Tausenden Soldaten durchgeführten Absperrmaßnahmen nördlich von Bruneck schoß ein verängstigter Alpini auf ein „Rascheln" im Gebüsch und tötete damit seinen Kameraden Guilio Meloni. Am Ort des ersten Feuergefechtes bei Gais fuhren Schützenpanzer auf und schossen einen Heustadel in Brand. Nach Mitteilung eines Armeesprechers soll in diesem Heustadel eine verkohlte Leiche eines „Terroristen" gefunden worden sein. Diese Nachricht mußte jedoch am nächsten Tag zurückgezogen werden. Sie war nur dem Wunschdenken entsprungen.

Carabinieri stürmen Südtiroler Ort Tesselberg

Der kleine 120 Seelen zählende Ort Tesselberg wurde von einer 1.200 Mann starken Carabinierieinheit gestürmt, verwüstet und geplündert. Während des Mittagläutens – später bezeichneten die Carabinierioffiziere dies als *„Alarmierung der Terroristen"* – begannen die Einheiten einen Sturm auf den Ort. Handgranaten wurden in Hauseingänge geworfen, Bauern auf den Feldern beschossen, die gesamten männlichen Bewohner abgeführt, Häuser durchsucht und ausgeplündert. Die gehbehinderte Taubstumme Hilde Mayr (22) wurde angeschossen und durch einen Brustdurchschuß schwer verletzt. Sie mußte die Zeit von Donnerstag bis Freitag nachmittag verwundet auf einem Stuhl verbringen. Die Carabinieri weigerten sich, sie in ein Spital zu bringen. Der Arzt wurde schließlich von dem Feuerwehrhauptmann von Gais mit einem Feuerwehrjeep nach Tesselberg gebracht, da sich die Carabinieri auch weigerten, den Arzt zu fahren. Zwei Heuschober, eine Mühle und ein Heuschuppen wurden in Brand gesteckt. Die Tageszeitung „Dolomiten" berichtete: *„Das Bergdorf Tesselberg erlebte einen halben Tag lang ungezügelten Polizeiterror. Man evakuierte sämtliche Häuser der Ortschaft und trieb die Bewohner, Frauen, Kinder und Männer, in einer Wiese zusammen, man fesselte den Männern Hände und Füße und zwang sie, bäuchlings auf der Wiese zu liegen. Wenn sich einer bewegte, so schlugen ihm die Polizisten den Gewehrkolben ins Kreuz. Stundenlang lagen die Menschen auf der nassen Wiese mit dem Gesicht zu Boden, gepeinigt von vielen Ameisen. Etwas abseits standen Frauen und Kinder. Ihre Gesichter waren von Schreck und Tränen gezeichnet. Nicht weniger unmenschlich war die Art und Weise, wie schließlich an die 25 Personen abgeführt wurden: Zwischen zwei Jeeps eingekeilt mußten Frauen und Männer den Bergweg hinunterlaufen. Erst in der Talsohle angekommen, wurden die Festgenommenen auf Fahrzeuge verladen und auf die Polizeistation nach Bruneck und Mühlbach gebracht. Inzwischen durchsuchte ein rund tausend Mann starkes Polizeiaufgebot die Höfe, aus denen die Leute ausgetrieben worden waren. Wie man dabei zu Werke ging, spottet jeder Beschreibung. In der Befürchtung, daß sich noch jemand darin aufhalten könnte, schossen die Uniformierten durch Fenster und Türen und warfen Handgranaten in die Hausgänge. Erst als sie sicher waren, daß sich keine Katze mehr darin rührte, drangen die Polizisten in die Häuser ein und verrichteten ihr zerstörerisches Werk."* Hier Augenzeugenberichte: **Frau Maier**: *„Ich habe vom Kornschneiden einmal kurz aufgeschaut und da sah ich Soldaten in Tarnanzügen und mit Stahlhelmen den Wald heraufschleichen. Es waren sehr viele. Auf einmal fingen sie an zu*

10. September 1964: Das Begräbnis von Luis Amplatz auf dem Friedhof von Bozen-Oberau. An die 20.000 Menschen waren gekommen.

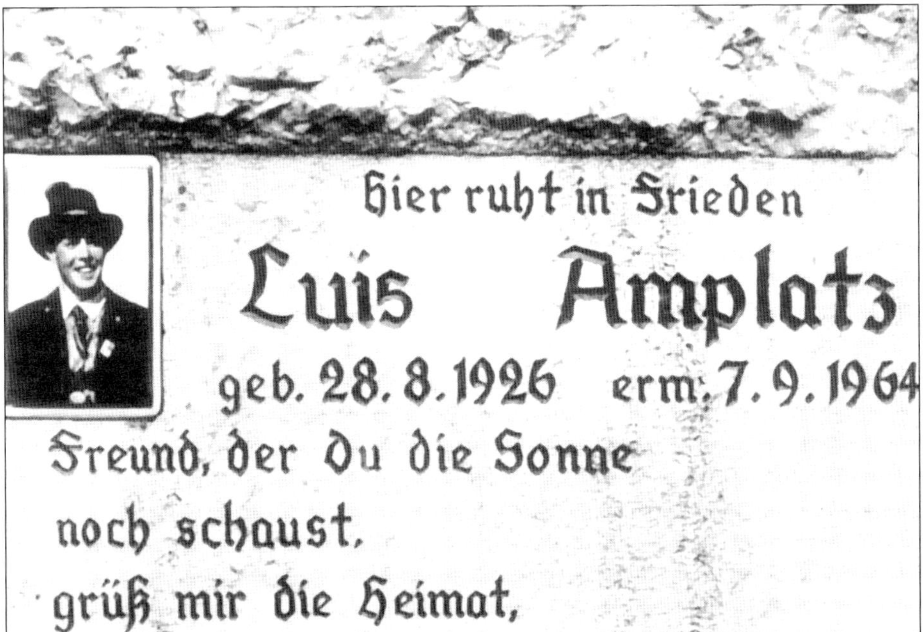

Der Grabstein von Luis Amplatz.

9. September 1964: Georg Klotz wird in Österreich verhaftet, nachdem er mit einer Kugel in der Brust in einem 43stündigen Gewaltmarsch den italienischen Einschließungsring durchbrochen und die Grenze passiert hatte.

Die Italiener schafften Tausende von Soldaten in das Gebirge, um Georg Klotz den Weg abzuschneiden.

schießen. Wir waren ganz erschrocken. Der Dreck spritzte uns ins Gesicht und die Kinder schrien ... Ich habe geglaubt, es ist wieder Krieg ... Ich rannte mit den Kindern ins Haus, da kamen sie zur Haustür herein, sie jagten uns aus dem Haus und wir mußten uns auf den Boden legen ... Die Carabinieri haben durch alle Fenster geschossen, und dann hat es furchtbar gekracht und ich habe Angst gehabt, sie könnten das Haus anzünden ... Ja die Taubstumme, sie hatte einen Brustkorbdurchschuß und sie lag den ganzen Donnerstag und die Nacht auf Freitag bis zum neuen Nachmittag hilflos im Haus. Wir durften ja nicht hin. Das Vieh brüllte vor Hunger in den Ställen, wir durften auch die Kühe nicht melken ... Ich weiß nicht, warum sie geschossen haben ... Erst war alles still, aber dann kamen die Flugzeuge, die ständig über das Dorf flogen ..." **Maria Mutschlechner:** „*Wir waren gerade beim Essen, da haben wir die Schießerei gehört, und der Vater ist raus und wollte nachschauen. Da sind die Soldaten hereingekommen, und wir mußten uns nebeneinanderstellen und sie haben uns die Gewehre an die Brust gehalten, wir waren ja nur vier Frauen ... Wir mußten zwischen Jeeps den Berg hinunterlaufen, bevor wir nach Mühlen gebracht wurden.*" **Johann Mayr, Großvater des taubstummen Mädchens, 82 Jahre:** „*Rauskommen, befahlen mir die Polizisten. Ich kann das Mädchen nicht allein lassen, sagte ich, es kann sich nicht aus dem Stuhl bewegen. Wir werden euch Beine machen, antwortete ein Polizist. Dann traten sie vom Haus zurück und jagten einen Feuerstoß aus der Maschinenpistole. Ich konnte in Deckung gehen, aber eine Kugel traf das Mädchen.*"

Carabinieri plündern in Tesselberg

Neben zerschlagenen Einrichtungsgegenständen, beschädigten Meßgewändern und angezündetem Heustadel kam es zu Plünderungen durch die Ordnungshüter. Im einzelnen wurden folgende Gegenstände gestohlen: Dem Wirt Bier, Fruchtsäfte, Wein, Lebensmittel. Dem Anton Oberparleiter ein Bargeldbetrag von 100.000 Lire, zwei Ferngläser und ein Fotoapparat; neun Kilogramm Honig und 5.000 Lire fehlten dem Sebastian Engel; Eßwaren, Wein und 2.000 Lire dem Johann Lercher; 50.000 Lire, ein Kofferradio, ein Fernglas, ein angemeldetes Schrotgewehr und ein Zielfernrohr dem Karl Lahner. Dem Bauer Johann Engel wurden zwei Ferngläser, zehn Pakete Zigaretten, zwei angemeldete Jagdgewehre und 10.000 Lire Bargeld entwendet. Auch am Lercherhof kam ein Fernglas abhanden, und dem Sohn fehlten 10.000 Lire aus der Brieftasche.

Stimmungsbericht aus Tesselberg

Die deutsche Reporterin Regina Dahl besuchte einige Tage danach die Orte des Geschehens und berichtete: „*Im Gasthaus Windschar in Gais sitzen die Männer beisammen. Sie trinken Rotwein und reden. Vor allem der Fall des angeschossenen Mädchens empört sie. An zweiter Stelle steht der Zorn über die Vernichtung der Heuernte – die Arbeit eines Sommers – und die Zerstörung der Maschinen. ‚Wenn ich keine Familie hätt ...', sagt der eine vielsagend. ‚Statt 250.000 sollten wir 4 Millionen sein, dann ...', sagt ein anderer. ‚Mander, seids staad', warnt ein dritter. So begnügen sie sich damit, für eine Medaille zu sammeln. Sie soll den tapferen Carabinieri überreicht werden, die auf eine Gelähmte schossen und Feuer legten.*" („National-Zeitung", München.)

Mordbefehl des Obersten Marasco: Stelle 15 Südtiroler an die Wand und erschieße sie!

Die Südtiroler waren bei der Razzia in Tesselberg noch einmal gut davon gekommen. 30 Jahre später, am 27. Juli 1991, berichtete der Carabinierigeneral im Ruhestand, Giancarlo Giudici, in einem Interview mit der Zeitung „La Repubblica", was er damals als Einsatzleiter in Tesselberg erlebt hatte: Während die Razzia in vollem Gange war, kam der Kommandant der Carabinierilegion Bozen, Oberst Marasco, mit einem Hubschrauber eingeflogen und erteilte dem damaligen Oberstleutnant Giudici einen Wahnsinnsbefehl: „*Hast du 15 Personen festgenommen? Gut! Stell sie an die Wand und laß sie erschießen! Dann brenn das Dorf nieder!*" Giudici weigerte sich. Marasco erneut: „*Du mußt sie erschießen, hast du verstanden? Stell sie an die Wand und dann brenn das ganze Dorf nieder! Brenn es nie-*

der bis zum Boden!" Giudici: *„Du bist verrückt!"* Marasco: *„Ich belange dich wegen Befehlsverweigerung!"* Giudici packte Marasco am Arm, zog ihn zum Hubschrauber und befahl dem Piloten, den tobenden Marasco wegzubringen. Giudici begab sich dann nach Toblach und telephonierte mit dem Oberbefehlshaber der Carabinieri, General De Lorenzo, und berichtete ihm den Vorfall. De Lorenzo nahm den Bericht ohne Kommentar zur Kenntnis. Einen Tag später wurde Giudici jedoch nach Udine versetzt („La Repubblica", 27. 7. 91; General Giorgio Manes, der von 1966 bis 1968 mit der Untersuchung der Staatsstreichpläne des Generals De Lorenzo beauftragt war, hat diese Fakten bestätigt. Er hat in einer Tagebucheintragung vom 30. August 1965 hinterlassen, daß Oberst Marasco für jeden getöteten Italiener fünf Südtiroler erschießen lassen wollte: *„Der Befehl dazu ist direkt von Giovanni De Lorenzo gekommen".*) Noch schlechter war es dem Oberstleutnant Ferrari ergangen, der im September die Ungesetzlichkeiten dem Staatsanwalt Corrias mitteilen wollte und dies dem Obersten Marasco sagte. Er wurde von General De Lorenzo sofort seiner Funktion enthoben und versetzt. Auf Weisung von De Lorenzo wurde ihm mitgeteilt, daß es für ihn besser sei, wenn er schweigen würde. Für den Fall der Widerspenstigkeit war bereits die Einlieferung in ein Irrenhaus vorbereitet. Ferrari zeigte sich „einsichtig" und schwieg fortan (Tagebuchaufzeichnung des Generals Manes, wiedergegeben im parlamentarischen Untersuchungsbericht des Senators Boato, Rom 1992, S. 43f).

Verhaftung
Der 52jährige Bauer Karl Mutschlechner aus Tesselberg wurde verhaftet und in das Gerichtsgefängnis Bozen überstellt. Der völlig Unschuldige wurde erst am 6. Dezember 1964 aus der Haft entlassen.

Democrazia Cristiana: „Rechte der Italiener"
Der Generalsekretär der DC, Rumor, erklärte gegenüber der Presse in Rom, Italien sei nicht gewillt, die Rechte der Italiener in Südtirol *„dem Willen einer Gruppe fanatischer Verbrecher"* zu opfern.

11. September 1964

„Weltwoche": Südtiroler unterstützen Widerstand
Die Schweizer „Weltwoche" schrieb, daß Luis Amplatz als *„ein zweiter Andreas Hofer zu Grabe getragen wurde."* Die Widerstandsbewegung werde von viel breiteren Volksschichten unterstützt, als man dies bisher wahrhaben wollte, denn sonst hätte auch der von 3.000 Carabinieri und Alpini gejagte Georg Klotz nicht entkommen können. Ohne Unterstützung breiter Kreise der Grenzbevölkerung hätte auch Luis Amplatz nicht *„unzählige Male"* die schwerbewachte Grenze passieren können.

13. September 1964

Carabinieri-General rechtfertigt die „Erstürmung" von Tesselberg
Der Carabinieri-Kommandant De Lorenzo gab, wie die Wiener Zeitung „Neues Österreich" später am 29. Oktober in einem Bericht melden wird, zu den Gewalttaten der Carabinieri in Tesselberg gegenüber dem Südtiroler Abgeordneten Dr. Vaja folgenden Kommentar ab: *„Die Bevölkerung muß so eingeschüchtert werden, daß sie von sich aus alle Partisanen verjagt. O collaborazione o botte – Zusammenarbeit oder Schläge!"* sagte der General. De Lorenzo, unter dessen Oberkommando die Carabinieri in Südtirol gefoltert haben, hatte am 14. Juli 1964 einen neofaschistischen Staatsstreich vorbereitet, der dann aber nicht zur Ausführung kam. Später werden wir De Lorenzo als neofaschistischem Parlamentsabgeordneten wiederbegegnen.

SVP-Abgeordneter Dietl verurteilt Exzesse in Tesselberg
Gegenüber der Presse sagte Dietl knapp: *„Es war ein unbeschreiblicher Skandal."* Dietl riskierte mit diesen Worten ein Verfahren wegen Schmähung der italienischen Armee.

14. September 1964

Südtiroler Parlamentarier gegen Polizeiwillkür

Die Südtiroler Abgeordneten in der römischen Kammer und im Senat richteten an Ministerpräsident Moro folgendes Protesttelegramm: „*Auf Grund einer in Tesselberg in der Gemeinde Gais vorgenommenen Augenscheinnahme und mit Bezugnahme auf die kürzlich in Mühlwald, Mühlen, Sand in Taufers und Rasen im Antholzertal – den Zentren der Polizeiaktion zur Bekämpfung der Terroranschläge – durchgeführten Ermittlungen protestierten die Gerechtfertigten gegen das undifferenzierte Wüten von Polizeiorganen gegen die arbeitsame Bevölkerung. Die psychologischen Folgen sind unheilvoll. Wir fordern: Erstens eine rasche Untersuchung der schwerwiegenden, ungesetzlichen Vorgangsweise der Polizeiorgane, besonders in den erwähnten Orten, strenge Maßnahmen gegen die Verantwortlichen sowie die Wiedergutmachung der angerichteten materiellen und moralischen Schäden; zweitens zweckdienliche Anweisungen an die in der Provinz Bozen tätigen Polizeiorgane, damit verhindert wird, daß sich die beklagten schwerwiegenden illegalen Handlungen wiederholen. Im Zusammenhang mit den geschilderten Vorfällen und den erhobenen Forderungen bitten wir Sie, uns in einer dringenden Audienz zu empfangen.*“

Polizeichef will lieber über Fußball reden

Der Vizekommandant der italienischen Polizei, Generalinspektor Dr. Ortona, gab in Bozen eine Pressekonferenz, in der über die Polizeimaßnahmen berichtet wurde. Auf Frage von Journalisten, ob Übergriffe stattgefunden hätten, antwortete Dr. Ortona nur: „*Ja, ja, es mag vielleicht sein, daß der eine oder andere Stuhl in Brüche gegangen ist.*“ Auf weitere Fragen meinte er, er wolle nicht in schwebende Verfahren eingreifen. Man möge ihn besser nach dem Verlauf des letzten Fußballspiels befragen.

Feuergefecht

In 3.000 m Höhe bei Ridnaun kam es zu einem kurzen Feuergefecht zwischen Freiheitskämpfern und einer Armee-Einheit. Niemand wurde verletzt. Bei der Suche nach den Freiheitskämpfern wurden 5.000 Soldaten eingesetzt und weitere 10.000 im Inneren Südtirols in den Tallagen sowie Hubschrauber und Flugzeuge.

15. September 1964

Österreich wünscht Untersuchung

Der österreichische Ministerrat beauftragte Außenminister Kreisky, in Angelegenheit der Polizeiaktionen in Südtirol in entsprechender Form der italienischen Regierung zur Kenntnis zu bringen, daß die österreichische Bundesregierung die Einleitung einer sofortigen, genauen Untersuchung dieser Vorfälle wünsche.

Studenten protestieren gegen Polizei

Die bei den Meraner Hochschulwochen anwesenden Studenten beschlossen folgende Resolution: „*Mit Empörung haben die Studenten der XI. Internationalen Meraner Hochschulwochen von den menschenunwürdigen Übergriffen der italienischen Polizei auf die Bevölkerung des Pustertales Kenntnis genommen. Während hier in Meran im Geiste europäischer Solidarität allgemeingültige Probleme von großer Bedeutung für die Zukunft unserer Länder diskutiert werden, müssen sich einfache, unschuldige Menschen kaum 100 km von hier einer jeglichen Humanität und den Prinzipien des freien europäischen Rechtsstaates spottenden Behandlung unterziehen. Wir Studenten erklären uns mir dem Schmerz der so schwer getroffenen Bevölkerung solidarisch und fordern, daß die an dem Übergriff Beteiligten im Sinne der christlich-rechtsstaatlichen Ordnung Italiens zur Verantwortung gezogen werden und sofort die Polizeiaktionen auf das durch den Gesetzgeber bestimmte Maß begrenzt werden. Wir vertrauen den verantwortlichen Instanzen, daß sie genügend Maß und Überlegung besitzen, um solche, den italienischen Staat diskriminierenden Maßnahmen fortan zu unterbinden.*“

Flugblatt der Freiheitskämpfer

Österreichische Zeitungen erhielten mittels Post eine Information mit folgendem Wortlaut: *„Wir Südtiroler Freiheitskämpfer geben bekannt: 1. Das alleinige Ziel unseres Kampfes ist die Wiederherstellung von Freiheit, Recht und Gerechtigkeit in Südtirol. Wir Südtiroler wollen die Geschicke unseres Landes wieder selbst in Händen haben, es soll nicht von Rom aus regiert werden. 2. Wir werden unseren Kampf unbeirrbar fortsetzen, bis dieses unser Ziel erreicht sein wird. 3. Wir lehnen jeden Rechts- oder Linksextremismus entschieden ab und halten Rechts- und Linksextremisten für absolut ungeeignet, uns wirksam zu unterstützen. 4. Wir wissen, daß die überwältigende Mehrheit der arbeitenden Südtiroler Bevölkerung unserem Kampfe wohlwollend gegenübersteht und daß auch das Südtiroler Kapital und die von ihm bezahlten ‚Dolomiten' sowie Quislinge wie Raffeiner daran nichts werden ändern können. 5. Wir hassen die italienischen Menschen nicht. Wir treten ihnen daher im Zuge der Kampfhandlungen nur notgedrungen in ihrer Eigenschaft als Repräsentanten des italienischen Staates entgegen. 6. Unsere Kampfhandlungen stellen entgegen den Behauptungen der italienischen Presse ebensowenig kriminelle Verbrechen wie die aller anderen Soldaten der Welt dar."*

Österreicher über Staatsgrenze verschleppt

Wie der „KURIER" meldete, wurde das Wiener Ehepaar Erich und Christiana Brandstätter im Bereich des Fernau-Ferner am Wilden Pfaff in den Stubaier Alpen aus einer auf österreichischem Gebiet liegenden Zollhütte von italienischen Uniformierten mit vorgehaltener Waffe auf italienisches Gebiet verschleppt, einvernommen und erst am nächsten Tag wieder freigelassen.

16. September 1964

Italien will keine Untersuchung

Das italienische Außenministerium teilte mit, daß keine Untersuchung über das Verhalten der italienischen Sicherheitsstreitkräfte in Südtirol eingeleitet werde. Nach den jüngsten Attentaten wären die Durchkämmungs- und Säuberungsaktionen *„im Interesse der ganzen Bevölkerung"*.

17. September 1964

„Brüder Kerbler besaßen 8 Millionen Lire" – Die Schüsse fielen aus der Nähe

Die Wiener Tageszeitung „Neues Österreich" meldete, daß in Hall in Tirol bekannt sei, daß die Brüder Kerbler bereits vor dem Verschwinden von Klotz und Amplatz aus Wien 8 Millionen Lire besessen und somit im voraus einen Teil der ausgesetzten italienischen Prämie kassiert hätten. Die Untersuchungen der Abteilung 13 des Wiener Innenministeriums an der Kugel, die in der Achsel von Klotz gesteckt hatte, sowie die italienischen Obduktionsergebnisse an der Leiche von Amplatz hätten ergeben, daß aus nächster Nähe und nicht, wie von Klotz ursprünglich angenommen, aus 20 bis 30 Meter Entfernung von außerhalb der Hütte geschossen worden sei.

18. September 1964

Trauerfeier für Luis Amplatz

Am 18. September d. J. fand zu Ehren des am 7. September heimtückisch ermordeten Tiroler Freiheitskämpfers Luis Amplatz in der Grazer Stadtpfarrkirche Mariahilf ein feierliches Requiem statt, zu welchem der „Freundeskreis Südtirol", Graz, geladen hatte. Unter den weit über tausend Trauergästen sah man den Präsidenten des Steiermärkischen Landtages, Dr. Richard Kaan, und viele andere Persönlichkeiten. Besonderen Eindruck machte eine Abordnung von Südtirolern in Tracht, die mit ihrer Fahne vor dem Altar Aufstellung genommen hatten. Prachtvolle Kränze vom Freundeskreis Südtirol, dem Kulturwerk und dem Verein heimattreuer Österreicher lagen vor dem Altare. Vom Bergisel-Bund und aus Tirol waren Grüße gekommen. Am Schluß sang die tausendköpfige Menschenmenge ergriffen das Andreas Hofer-

Lied, und lange währte es, bis die Trauergemeinde an den Kränzen vorbeigezogen war, um dem Toten so die letzte Ehre zu erweisen. Als zum Schlusse ein Gebet um die endliche Befreiung Südtirols von der fremden Besatzung gesprochen wurde, schämte sich niemand seiner Tränen.

Strafanzeigen gegen Oberst Marasco und die Carabinieri
Staatsanwalt Corrias wird das Verfahren abgenommen und eingestellt

Mehrere Bauern aus Tesselberg erstatteten Anzeige gegen Unbekannt wegen schwerer Sachbeschädigung. Die Carabinieri sind nach bewährter Manier zum juristischen Gegenangriff angetreten und haben gegen die Bauern sowie gegen die Zeitung „Dolomiten" Strafanzeige wegen *„Schmähung der Armee"* erstattet. Staatsanwalt Corrias leitete ein Untersuchungsverfahren gegen Oberst Marasco und sieben weitere Carabinieri ein. Bereits im Dezember 1964 wurde ihm aber das Verfahren von dem Oberlandesgericht Trient abgenommen und dem stellvertretenden Generalstaatsanwalt Mario Agostini übertragen, der 10 Jahre später als Vertuscher von Straftaten der Geheimdienste in Erscheinung treten sollte. Agostini ließ Gras über den Fall Tesselberg wachsen und schloß im Oktober 1965 die Untersuchung mit dem Begehren ab, Marasco und die Carabinieri voll zu rehabilitieren. Ende Oktober schloß der sattsam bekannte Untersuchungsrichter Mario Martin das Verfahren mit einem Freispruch für Marasco und die Carabinieri. (Christoph Franceschini: „Unsere Waffe ist der Sprengstoff und die Nacht", in: „Südtiroler Illustrierte FF" 29/91.)

Franz Kerbler stellt sich in Österreich

Nachdem er einige Tage lang mit seinem Bruder Christian in Zürich verbracht hatte, stellte sich Franz Kerbler in Innsbruck der Polizei und wurde in Untersuchungshaft genommen. Nach einiger Zeit wurde das Verfahren gegen ihn aber eingestellt, da ihm eine Beteiligung an dem Mord an Luis Amplatz nicht nachgewiesen werden konnte und eine Agententätigkeit nur dann strafbar ist, wenn sie zum Nachteil der Republik Österreich erfolgt. Die Staatsanwaltschaft entschied, daß die Tätigkeit Franz Kerblers nicht zum Nachteil der Republik Österreich gewesen sei.

Die Deutschen kündigen Auslieferung Christian Kerblers an

Die deutsche Grenzpolizeiinspektion Kiefersfelden teilte dem Fremdenpolizeireferenten der Bezirkshauptmannschaft Kufstein telephonisch mit, *„daß am 19. oder 20. 9. 1964 ein österreichischer Staatsangehöriger mit zwei Kriminalbeamten des Präsidiums Stuttgart in Kiefersfelden eintreffen werde und die österreichischen Behörden möchten dafür Sorge tragen, daß der österreichische Staatsbürger an der Grenzkontrollstelle Kufstein sofort übernommen wird. Auf Rückfrage des Referenten Schwaiger betonte der deutsche Beamte, es handle sich um eine Geheimsache und um einen gewissen Kerbler, gegen den in der Bundesrepublik ein Aufenthaltsverbot bestehe."* Die deutsche Grenzpolizeiinspektion Kiefersfelden war ihrerseits von Regierungsrat Giese vom Bundesgrenzschutzkommando Koblenz verständigt worden. (Bundesministerium für Inneres, Gruppe Staatspolizei. Streng vertraulich. Information vom 16. Oktober 1964, an BM für Inneres, BM für Justiz, BM für AA, gez. Dr. Kothny). (Siehe weiter: 23. September.)

<u>19. September 1964</u>

Brandanschlag auf den Sandhof

Auf das Geburtshaus Andreas Hofers, den Sandhof im Passeiertal, wurde ein Brandanschlag verübt. Das mit petroleumgetränkten Strohbüscheln gelegte Feuer konnte rechtzeitig entdeckt werden, so daß nur ein Stadel den Flammen zum Opfer fiel. Nur ein Zufall hatte ein Übergreifen auf das Hauptgebäude verhindert.

<u>20. September 1964</u>

Christian Kerbler identifiziert

Nach einem Bild in der Zeitschrift „Europeo", das Klotz zusammen mit dem „Studenten Hofmann" zeigte, wurde dieser von dem Gastwirt aus Saltaus und von einem Carabinieri-Unteroffizier als Christian Kerbler identifiziert. Die Presse berichtete sofort groß darüber. Damit war die amtliche italienische Lügengeschichte um den „Studenten Hofmann" geplatzt.

Österreicher beschlagnahmen Beweise für Kerblers Agententätigkeit

Die österreichische Polizei durchsuchte das Innsbrucker Absteigequartier der Brüder Kerbler in der Kiebachgasse 13. Dabei fand man einen hochqualitativen Kurzwellenempfänger und einen Gepäckaufbewahrungsschein für den Innsbrucker Hauptbahnhof. In einem dort sichergestellten Aktenkoffer fanden sich Durchschläge ihrer Agentenberichte und Abrechnungen über Spitzelberichte. (Mitteilung eines Staatspolizisten an Peter Kienesberger; Gedächtnisprotokoll Kienesberger.)

23. September 1964

Rücksichtnahme auf Italien – Christian Kerbler wird nicht ausgeliefert
Kerbler setzt Legende über eigenen Tod in die Welt

„Auf Ersuchen der Sicherheitsdirektion für Tirol setzte sich am 23. 9. 1964 der diensthabende Beamte der Grenzpolizieinspektion mit dem Grenzpolizeikommissariat Rosenheim in Verbindung und teilte mit, daß österreichische Sicherheitsorgane anfragen ließen, wieso der am 18. 9. 1964 angekündigte österreichische Staatsbürger bisher nicht zur Übergabe gelangte. Man möge sich mit Regierungsrat Giese bzw. mit dem Polizeipräsidium Stuttgart in Verbindung setzen. Nach mehreren Stunden teilte das Grenzpolizeikommissariat Rosenheim der Grenzpolizeiinspektion Kiefersfelden fernmündlich folgendes mit: Den Organen der Tiroler Sicherheitsdirektion ist mitzuteilen, daß laut Eröffnung des Innenministeriums in Bonn Christian Kerbler sich nicht in der Deutschen Bundesrepublik aufhält und die seinerzeitige Mitteilung des Regierungsrates Giese auf einem Irrtum beruhe." Dies hielt am 16. Oktober 1964 im Innenministerium in Wien Dr. Kothny von der Gruppe Staatspolizei in einer „streng vertraulich" klassifizierten Information für den Innenminister, den Justizminister und den Außenminister fest. Die Österreicher glaubten keinen Moment an die Geschichte von dem „Irrtum" des Regierungsrates Giese. Dr. Kothny hielt dazu schriftlich fest: *„Nach ho. Ansicht dürfte sohin Christian Kerbler anläßlich seines Aufenthaltes in der Deutschen Bundesrepublik aufgrund eines bestehenden Aufenthaltsverbotes zwecks Abschiebung nach Österreich festgenommen worden sein. Vermutlich hat er daraufhin um politisches Asyl in der Bundesrepublik Deutschland angesucht. Auf Grund dieses Ansuchens ist offensichtlich mit der Angelegenheit das Bundesministerium des Inneren in Bonn befaßt worden. Mittlerweile hat, wie bereits angeführt, die österreichische Botschaft beim Bundesministerium des Inneren in Bonn um Überprüfung der über Christian Kerbler vorliegenden Informationen ersucht. Die vom Bundeskriminalamt Wiesbaden diesbezüglich in so vorsichtiger Weise erteilte Auskunft ist nach ho. Dafürhalten eine Bestätigung der oben ausgeführten Annahme."*

Die österreichische Annahme war, daß der NATO-Staat Bundesrepublik Deutschland den Agenten eines befreundeten NATO-Staates nicht ausliefern wollte. In der Folge betrieb Christian Kerbler Desinformation und rief unter dem Decknamen „Trollberg" österreichische Diplomaten in Bonn an und erklärte ihnen, Christian Kerbler sei am 18. September von Amplatz-Freunden erschossen und im Bodensee versenkt worden. In der ersten Oktoberwoche erhielt die Austria Presse Agentur (APA) in Wien einen Anruf, in welchem diese Behauptung wiederholt wurde („SPIEGEL" Nr. 44/64). Daraufhin suchte die Seepolizei dreier Staaten unter Einsatz von Tauchern nach der Leiche. Am 28. Oktober 1964 brachte die „Bunte Österreich Illustrierte" ein Interview mit dem durchaus lebenden Christian Kerbler, in welchem er seine Unschuld am Tod von Luis Amplatz beteuerte und Georg Klotz der Tat beschuldigte. Diese Beschuldigung erhob er nochmals in einem am 10. Januar 1965 in der Wiener Tageszeitung „Neues Österreich" veröffentlichten Interview. Kerbler hatte sich mit dem linksgedrallten Wiener Polit-Kabarettisten und Journalisten Kuno Knöbl (der es später noch im ORF weit bringen sollte) zusammengetan, der seine Version als „Sensation" unkritisch willig abdruckte, den Mörder jedoch nicht der Polizei auslieferte. Knöbl war es in seinem Bericht und in einigen darauf folgenden Artikeln vor allem darum zu tun, „rechtsradikale Hintermänner" des „Südtirolterrors" zu enttarnen. Dazu war ihm auch die unkritische Wiedergabe der Version Kerblers gut genug. Nach diesem letzten Versuch, Desinformation zu verbreiten, wurde es still um Knöbl wie um Kerbler.

1967: Christian Kerbler knapp verfehlt

Aus München kam die Nachricht nach Österreich, daß Christian Kerbler sich wieder in seinem alten Milieu herumtreibe. Ein Taxifahrer hatte ihn als ständigen Besucher des „Hahnhof" in Schwabing identifiziert. Ein Kommando von Südtirolaktivisten, die Kerbler der Gerechtigkeit überliefern wollten, verfehlten ihn buchstäblich nur um Stunden. Kerbler war wieder auf der Flucht in das Ausland (Mitteilung von Dr. Norbert Burger, 1992 verstorben).

1971: Scheinprozeß in Italien

Italien mußte den Schein aufrechterhalten, daß der Staat keine Mordbefehle erteile. Da sich die Täterschaft Kerblers nicht länger leugnen ließ, mußten zumindest die italienischen Behörden in einem gerichtlichen Verfahren reingewaschen werden. Ende 1967 wurde in Abwesenheit Anklage gegen Christian Kerbler erhoben und der Bozener Untersuchungsrichter Mario Martin mit der Voruntersuchung betraut. Dieser sorgte dafür, daß die Rolle der italienischen Geheimdienste, die des Chefs der politischen Polizei Peternel und des Quästors Bonanno bei der Planung der Mordtat wie bei der „Flucht" des Christian Kerbler im Dunkeln blieben. Was dann 1971 vor dem Schwurgericht in Perugia ablief, war eine Justizfarce, bei der auf die Tatsache, daß es mit Kerbler kein Verhörprotokoll gab, ebensowenig eingegangen wurde wie auf die Frage, weshalb nur eine einzige deformierte Kugel für die ballistischen Untersuchungen zur Verfügung gestanden hatte. Immerhin konnte an dem ballistischen Gutachten nicht vorbeigegangen werden, wonach Klotz aus unmittelbarer Nähe von ein paar Metern angeschossen worden war und wonach die einzige erhalten gebliebene Kugel vom Kaliber Beretta 9 mm kurz aus der Beretta-Pistole mit der Nummer 616.534 abgefeuert worden war, die „Hofmann"-Kerbler von dem Brigadiere Bergamo abgenommen worden war. Das Gericht fand es nicht der Mühe wert, die Herkunft der Waffe zu klären. Es verurteilte Christian Kerbler am 21. Juli 1971 in Abwesenheit zu 22 Jahren Gefängnis und verzichtete in seiner Urteilsbegründung darauf, ein Tatmotiv anzugeben. Der italienische Staat stand wieder in blütenreiner Unschuld da.

1976: Christian Kerbler in London inhaftiert – weder Italien noch Österreich stellen Auslieferungsantrag

Scotland Yard nahm Christian Kerbler fest und setzte ihn in Auslieferungshaft. Österreich und Italien wurden davon verständigt. Keiner der beiden Staaten stellte ein Auslieferungsansuchen, so daß Kerbler wieder freigelassen werden mußte und ungehindert ausreisen konnte.

1992: Agentenrolle enthüllt – Verfahren gegen Auftraggeber des Mordes eingestellt

Die italienische parlamentarische Untersuchungskommission, welche die Verstrickungen des Geheimdienstes „Gladio" untersuchte, enthüllte aufgrund von Dokumenten und Verhörprotokollen die Agentenrolle der Brüder Kerbler und den durch italienische Behörden erteilten Mordauftrag. Der venezianische Untersuchungsrichter Mastelloni drängte auf Einleitung eines Gerichtsverfahrens gegen die staatlichen Auftraggeber des Mordes an Amplatz. Der Bozener Staatsanwalt Cuno Tarfusser eröffnete eine gerichtliche Untersuchung, die der Untersuchungsrichter Edoardo Mori im Dezember 1992 einstellte. Der Untersuchungsrichter, dem man in Bozen enge Kontakte zu Neofaschisten und Geheimdiensten nachsagt, negierte alle Zeugenaussagen und Sachbeweise hinsichtlich einer Beteiligung italienischer Staatsorgane und erklärte in seinem Einstellungsbeschluß die Bluttat an Amplatz lediglich mit „den schwachen Nerven eines Homosexuellen", der in Panik auf Amplatz geschossen habe. Mit diesem billigen Schmierenstück war die gerichtliche Ahndung des Kapitalverbrechens ein für alle Mal erledigt.

Haben die Kerbler-Brüder auch für die österreichische STAPO gearbeitet?

Der Bozener Journalist Hans Mayr hält es zumindest für möglich. Im Jahre 1964 standen die Verhandlungen zwischen Saragat und Kreisky vor dem Abschluß, und auch die österreichische Seite hatte alles Interesse, in die Aktivitäten des BAS hineinzuwirken, um Aktionen zu verhindern, die ein Scheitern der Verhandlungen nachziehen konnten (Baumgartner / Mayr / Mumelter: „Feuernacht", Bozen 1992, S. 313). Der österreichischen Staatspolizei, welche die Szene um Georg Klotz in Absam genau überwachte, kann nicht entgangen sein, wie eng sich die Kerbler-Brüder an Georg Klotz heranmachten. Die Kerblers aber wurden nie von der Staatspolizei behelligt oder in ihrer Tätigkeit behindert. Zudem muß die Staatspolizei auch gewußt haben, daß Franz Kerbler in Deutschland kriminell vorbestraft und daß sein Bruder Christian im Nobelstrichmilieu in München unterwegs gewesen war. Mit einem einzigen Hinweis an Georg Klotz hätte man die Tätigkeit der beiden Agenten lahmlegen können. Man tat es aber nicht. Auch dies könnte ein Indiz dafür sein, daß auch die österreichische Staatspolizei die beiden als Nachrichtenquellen „abschöpfte". Dies würde auch den mangelnden österreichischen Nachdruck erklären, des Christian Kerbler habhaft zu werden und den Franz Kerbler gerichtlich zu verfolgen.

25. September 1964

Dr. Hans Plaikner tödlich abgestürzt

Landtagsabgeordneter Dr. Ing. Hans Plaikner, Herausgeber und Gründer der „Südtiroler Nachrichten" stürzte in der Geislergrupppe tödlich ab. Der 41jährige Politiker stammte aus Geiselsberg. Mit ihm verloren die Freiheitskämpfer einen guten Ansprechpartner und Freund.

Verbote

Der Regierungskommissar verlängerte das Verbot, Fahnen, Flaggen oder Embleme zu hissen, ohne daß gleichzeitig eine mindestens gleich große Trikolore gezeigt wird. Außerdem blieb das traditionelle Entzünden von Höhenfeuern verboten.

28. September bis 3. Oktober 1964

Expertengespräche in Genf

In Genf trafen sich die Südtirolexperten der beiden Länder.

28. September 1964

Klotz in Schubhaft

Der Freiheitskämpfer Georg Klotz wurde nach Wien überstellt und in der Polizeikaserne an der Roßauerlände in Schubhaft gesetzt. Er hatte auch mit einem Gerichtsverfahren wegen Waffenbesitzes zu rechnen.

1. Oktober 1964

Nordtiroler Landeshauptmann-Stellvertreter: Südtiroler Freiheitskämpfer sind keine Nazis!

Als „blühenden Unsinn" bezeichnete Landeshauptmann-Stellv. Prof. Dr. Hans Gamper in einem Artikel im „Südtiroler Ruf" (Organ des Bergisel-Bundes) die von einem Teil der österreichischen Presse aufgestellte These, daß die Südtiroler Freiheitskämpfer zum Teil „Nazis" seien. Der kürzlich ermordete Luis Amplatz, schreibt Gamper, *„hat nicht gegen das eigene Vaterland gekämpft, sondern dafür." „In Vergangenheit und Gegenwart"*, sagte Gamper, *„hat kein Volk der Erde seine langsame Vernichtung widerstandslos hingenommen."* Genau dies hätte Italien aber mit den Südtirolern versucht. *„Daher antworteten die ‚Terroristen' auf jeden Vorhalt erbittert: Die Städte haben sie uns bereits genommen, sollen wir warten, bis uns auch noch das Land geraubt wird?"* Würden hingegen die Ideen des „Risorgimento" (also die Selbstbestimmung) auf Südtirol angewendet, dann würden die Gewalttaten von selbst aufhören.

9. Oktober 1964

Mysteriöser „Unfall" eines Attentäters

In der Nähe des italienischen Kriegerdenkmals und Beinhauses auf der Malser Heide wurde ein völlig zerrissener Körper eines jungen Mannes gefunden. Die Behörden gaben bekannt, daß es sich laut eines völlig unversehrt neben der Leiche aufgefundenen Personalausweises um den am 12. Januar 1939 in Riffian im Passeier geborenen Friedrich Rainer handle, der offenbar einen Sprenganschlag auf das Beinhaus vorgehabt habe und versehentlich bei dem Scharfmachen von der eigenen Sprengladung zerrissen worden sei. Der Tod sei nach polizeiärztli-

Der Ort Tesselberg wurde von Carabinieri- und Militäreinheiten regelrecht überfallen und mußte Stunden des Terrors über sich ergehen lassen (10. September 1964).

Terror in Tesselberg: Vater Mayr sitzt an jenem Tisch, hinter dem seine taubstumme Tochter Hilde angeschossen wurde.

cher Untersuchung am 8. Oktober eingetreten. Die ersten Widersprüche tauchten bereits bei der amtlichen Verlautbarung und bei der Veröffentlichung der Tatortfotos am 10. 10. 1964 in den „Dolomiten" und im „Alto Adige" auf. Die Fotos im „Alto Adige" zeigen eine bis zur Unkenntlichkeit buchstäblich in Fetzen zerrissene Leiche, während der Personalausweis erhalten blieb, so daß der Tote identifiziert werden konnte. Noch seltsamer: Am Tatort, aber im Gras versteckt und ein Stück von der Leiche entfernt, fand sich ein nicht explodierter Teil einer Sprengladung. Bereits kurze Zeit nach dem Unglück sickerte durch, daß Bauern aus der Umgebung bereits am 7. Oktober (also einen Tag vor der offiziellen Version) um 18 Uhr 20 eine starke Detonation in der Richtung des Beinhauses gehört hatten. Zwei Südtiroler Zeugen konnten unmittelbar darauf beobachten, wie unmittelbar nach dem Anschlag Uniformierte, die offenbar im Hinterhalt gelegen hatten, einen jungen Mann stellten und wegbrachten. Tatsächlich hatte Friedrich Rainer sich in Innsbruck bei Mitgliedern des Befreiungsausschusses Südtirol (BAS) Sprengstoff besorgt und wollte mit einem ihm bekannten Südtiroler den Anschlag auf das Beinhaus verüben. Bei diesem Beinhaus handelt es sich um ein faschistisches Denkmal, in welches Gebeine von italienischen Soldaten eingemauert sind, die auf italienischem Boden gefallen waren, aus ihren Gräbern exhumiert und nach Südtirol in dieses Denkmal verbracht wurden. Damit sollte vorgetäuscht werden, daß italienische Soldaten im Ersten Weltkrieg Südtiroler Boden betreten und auf ihm gekämpft hätten. Da Rainer den Verdacht bekam, bei seinem Gefährten handle es sich um einen Spitzel der Carabinieri, schickte er diesen Bekannten heim und begab sich allein zu dem Denkmal – leider zu der ursprünglich geplanten Zeit – am 7. Oktober. Am 8. Oktober wollte Rainer wieder in Innsbruck sein und hatte sein Kommen Freunden angekündigt. Er lief offenbar in eine Falle, und nach offizieller Version wurde er nun zwei Tage später (!) – nach seiner Verhaftung – beim Schärfen seiner Sprengladung zerrissen, wobei sonderbarer Weise ein Teil der Sprengladung intakt blieb, wie auf den Tatortfotos zu sehen ist und auch in der Zeitung vermerkt wurde. Rainer stammte aus einer kinderreichen Südtiroler Familie. Ein Bruder, Luis Rainer, verbüßte zu dieser Zeit eine dreijährige Kerkerstrafe, weil er bereits vor Beginn des Freiheitskampfes drei Carabinieri in Kartaus entwaffnet und geschlagen hatte. Mitglieder des BAS erklärten in Innsbruck gegenüber Journalisten, daß ihrer Meinung nach der gefangengenommene Friedrich Rainer lebendigen Leibes von den Carabinieri in die Luft gesprengt worden sei. Möglicherweise sei er nach einem intensiven Verhör unter Anwendung der Folter nicht mehr „vorzeigbar" gewesen (Gedächtnisprotokoll Kienesberger). Immerhin hatte einen Monat zuvor der Oberbefehlshaber der Carabinieri, General De Lorenzo, den Befehl gegeben, ein paar „Terroristen" zu eliminieren. Rainer könnte also sehr wohl ein Opfer dieses Befehles geworden sein. (Diese Frage wirft auch Hans Mayr in dem Buch „Feuernacht", Bozen 1992, S. 260, auf.)

21. Oktober 1964
Südtirol-Verhandlungen in Genf
In Genf traten wieder österreichische und italienische Südtirolexperten zu weiteren Beratungen zusammen. Wie Außenminister Dr. Kreisky mitteilte, seien bisher 90 Programmpunkte einer Erledigung zugeführt worden, die wichtigsten Punkte, 18 an der Zahl, seien aber noch offen.

26. Oktober 1964
Volksgruppenzählung
Die Ergebnisse der Volkszählung von 1961 wurden amtlich bekanntgegeben.* Um das Ausmaß der Unterwanderung aufzuzeigen, werden sie im Vergleich mit den Ergebnissen von 1910 und 1921 gebracht.

	Deutsche	Italiener	Ladiner	andere
1910	223.913 (92,4 %)	6.860 (2,8 %)	9.908 (4,1 %)	1.628 (0,7 %)
1921	193.271 (75,9 %)	27.048 (10,6 %)	9.910 (3,9 %)	24.506 (9,6%)
1961	232.717 (62,2 %)	128.271 (34,5 %)	12.594 (3,4 %)	281 (0,1 %)

* Amtliches Ergebnis der Volksgruppenzählung

27. Oktober 1964

Südtirolexperte klagt Österreichs Politik an

In den „Salzburger Nachrichten" schrieb der Publizist und Südtirolexperte Prof. Karl-Heinz Ritschel: *„Ein Thema . . . ist in den Hintergrund getreten, obwohl es das menschlichste ist: die Mißhandlungen der Häftlinge. Die österreichische Außenpolitik hat hier kläglich versagt."*

3. November 1964

Sprengstoffanschlag – mutmaßlich Provokation!

Am Vorabend des „Tages der bewaffneten Macht", der in Bozen üblicherweise mit einer militärischen Parade gefeiert wurde, kam es im italienischen Bozner „Volkswohnviertel" zu einem Anschlag. Die Sprengladung explodierte gegen 21 Uhr 40 auf der Kellertreppe eines Hauses in der Rovigostraße 44. Im Treppenhaus, an den Türen und an den Fenstern, auch der umliegenden Häuser, entstand Sachschaden, verletzt wurde niemand. Keine Gruppe der Südtiroler Freiheitskämpfer hat je die Verantwortung für diesen Anschlag übernommen. In Kreisen des BAS war man überzeugt, daß es sich um einen provokatorischen Anschlag handelte, welcher der Bevölkerung weismachen sollte, daß die Freiheitskämpfer nicht vor Mord an Zivilpersonen zurückschreckten (Gedächtnisprotokoll Kienesberger). Tatsächlich wurde ein Jahr später der italienische Agent Kranzer überführt, ebenfalls eine provokatorische Bombe in ein italienisches Wohnhaus in Bozen gelegt zu haben (siehe 20. Mai 1965).

6. November 1964

Italienische Faschisten werfen Flugblätter über Innsbruck ab

Aus einem Mailänder Sportflugzeug wurden faschistische Flugblätter über Innsbruck abgeworfen. Der Text des auf drei Seiten mit den italienischen Farben umrahmten Flugzettels lautet in deutscher Übersetzung: *„Österreicher! Nach 46 Jahren kehrt am Himmel Eurer Stadt ein Trikoloreflugzeug zurück, um den Willen der heutigen italienischen Jugend zu bezeugen, nie auf die Grenze zu verzichten, die durch das blutige Opfer der Väter geheiligt wurde. Auf dem Brenner steht mit allen seinen Toten und seinen Lebenden Italien."* Unterfertigt waren die Flugzettel mit „A.S.A.N. Giovane Italia", d. i. die Jugendorganisation der neofaschistischen Partei Italiens (MSI).

10. November 1964

Anfrage über Nichteinhaltung des ethnischen Proporzes

Landesassessor Dr. Alfons Benedikter richtete an den Präsidenten der Region Trentino-Südtirol eine dringende Anfrage:

„. . . Ob es stimmt, daß bisher von 43 Abteilungen der Regionalverwaltung nur 4 durch einen Abteilungsleiter der deutschen Sprachgruppe besetzt worden sind . . . daß im gesamten Generalsekretariat des Präsidiums des Regionalausschusses, das aus 5 Abteilungen besteht und 79 Beamte umfaßt, nur ein Beamter der leitenden und zwei der gehobenen Laufbahn der deutschen Sprachgruppe angehören? . . ."

15. November 1964

Keine deutsche Messe in Salurn

Der deutsche Kooperator verkündete von der Kanzel, daß mit Billigung des Bischofs von Bozen-Brixen, Josef Gargitter, ab sofort in Salurn jeden Sonntag auch eine deutsche Messe gelesen werde. Hier wurde der Kooperator durch die Stimme des italienischen Pfarrers unterbrochen, der auf Italienisch sagte: *„Dieser dort oben möge herunterkommen. Ich unterbreche den Gottesdienst. Der Kooperator ist mein Untergebener und hat mir sofort in die Sakristei zu folgen."* Die verwirrte Menge strömte auf den Kirchplatz, und ein Salurner sagte zu einem österreichischen Augenzeugen: *„Das erzählt's den Österreichern, wie fein wir es hier haben; die reden doch immer, wie gut es uns bei den Walschen geht."*

3. November 1964: Vermutlich provokatorischer Anschlag in einem Bozener Volkswohnhaus.

Agentenprovokation: Der gesprengte Gepäckwagen des Brenner-Expreß (15. November 1964).

Der italienische Agent Joosten (links) mit dem von ihm hineingezogenen und -gelegten Schmied Felder am 16. November 1965 vor Gericht in Graz. Der Anschlag auf den Brenner-Expreß sollte den Freiheitskämpfern und, vor allem, Georg Klotz angelastet werden.

Italienischer Agent als Bombenleger: Klotz sollte belastet und die Südtiroler Landtagswahlen sollten beeinflußt werden

Brixen, 4 Uhr 51. Auf einem Nebengeleise in dem von Carabinieri hermetisch abgeriegelten Bahnhof explodierte ein dort abgekoppelter Gepäckwagen des Ex 61 „Brennerexpreß", der von München nach Rovereto geführt wurde. Es war der Morgen vor der Landtagswahl, und noch bevor die Wähler zu den Urnen gingen, konnten sie die offiziell verbreitete Version hören, wonach die „Terroristen" nun nicht mehr davor zurückschreckten, Bomben in Züge zu legen und Massaker ungeahnten Ausmaßes zu verursachen. Diese Horrormeldung war dazu geeignet, italienische Wähler der Partei zuzuführen, die ständig als „Hüterin des italienischen Vaterlandes" auftrat, dem neofaschistischen „Movimento Sociale Italiano" (MSI). Nach offizieller Darstellung hatte ein braver Eisenbahner ein verdächtiges Ticken aus einem in Innsbruck aufgegebenen Koffer gehört, und in letzter Minute habe man den Waggon abgekoppelt und auf ein Nebengleis schieben können. Ende November 1964 verhaftete die österreichische Staatspolizei dann den Absamer Schmied Josef Felder, bei dem der Südtiroler Freiheitskämpfer Georg Klotz lebte, wegen illegalen Waffenbesitzes. Felder gestand dabei, daß ein ebenfalls in seinem Hause lebender deutscher angeblicher „Innenarchitekt" namens Karl Franz Joosten die Sprengladung präpariert hatte, diese in einen alten leeren Koffer des abwesenden und noch in österreichischem Polizeigewahrsam befindlichen Georg Klotz plaziert und den Koffer anschließend in Innsbruck aufgegeben hatte. Er, Felder, habe Joosten dabei gutgläubig geholfen, weil Joosten ein großer Freund des Südtiroler Freiheitskampfes und der Südtiroler Freiheitskämpfer gewesen sei. Joosten habe ihm als Begründung für den geplanten Anschlag gesagt, man müsse am Tag der Südtiroler Landtagswahl *„den Walschen einen Gruß senden."* Nun wurde auch Joosten verhaftet. Am 16. November 1965 wurden Felder und Joosten vor ein Grazer Geschworenengericht gestellt, das den gutgläubigen Schmied Felder zu 12 Monaten und Joosten zu 18 Monaten Haft verurteilte. In der Verhandlung sagte der Chef der Innsbrucker Staatspolizei, Oberpolizeirat Dr. Uiberreiter, aus, daß Joosten seiner Meinung nach ein italienischer Agent sei und nach seiner Verhaftung sehr viel Geld bei sich geführt und einen neuen Wagen besessen habe. Nach seiner Enthaftung begab sich Joosten nach Zürich, wo er, in besten Verhältnissen lebend, den italienischen Sensationsjournalisten Lojacono, dem man beste Beziehungen zu italienischen Geheimdiensten nachsagte, empfing und ihm ein „Memorandum" mit den Namen all jener „gefährlichen Terroristen" übergab, deren Namen er in der Zeit seines Absamer Aufenthaltes erfahren hatte. Dies waren zufällig Namen von Südtirolern, denen die italienischen Behörden schon lange ans Leder wollten. Die volle Wahrheit über Joosten kam erst 1992 heraus, als die Senatoren Boato und Bertoldi ihre parlamentarischen Untersuchungsberichte über die Umtriebe der italienischen Geheimdienste in Südtirol veröffentlichten: Joosten war ein vorbestrafter Hochstapler und ein italienischer Agent, der früher für die Amerikaner gearbeitet hatte. Er wurde direkt von dem obersten Polizeichef Südtirols, dem Quästor Alitto Bonanno, geleitet und wurde in den Akten des italienischen militärischen Geheimdienstes SIFAR unter dem Namen *„elemento numero 3"* geführt. Die Bombe legte er im Auftrag des Quästors (Boato-Bericht, Rom 1992, S. 74f., Bertoldi-Bericht, Rom 1992, S. 14). Am Tag des Attentates hätte Georg Klotz laut österreichischen Pressemeldungen schon in Freiheit sein sollen. Deshalb hatte Joosten einen alten Koffer von Klotz zur Aufnahme der Sprengladung benützt. Wahrscheinlich hätte man anhand der Überreste dann Klotz als „Täter" festnageln und erneut verhaften sollen. Pech für die Anstifter: Klotz wurde einen Tag später als vorgesehen aus der österreichischen Haft entlassen. Joosten tritt dann noch ein letztes Mal 1966 in Erscheinung, als er in der italienischen Zeitschrift „Domenica del Corriere" sensationelle „Enthüllungen" über die Südtiroler Freiheitskämpfer von sich gab. Eine Zöllnerstation auf der Steinalm war mutmaßlich wegen einer Gasflaschenexplosion, die ein Munitionslager entzündet hatte, in die Luft geflogen. Joosten „enthüllte" nun, daß die Südtirol-Attentäter mit Hilfe einer improvisierten Seilbahn über der Zöllnerstation eine ferngezündete Bombe abgeworfen hätten. („Dolomiten", 29. 10. 1966.) Diese Räuberpistole wurde nicht einmal in Italien ernst genommen.

Landtagswahlen in Südtirol
Südtirol und das Trentino wählten ihre Abgeordneten in den Regionalrat. Um die 25 Sitze in Südtirol bewarben sich 10 Parteien, davon die Südtiroler Volkspartei und die Tiroler Heimatpartei als deutsche Wahlwerber. Die von dem Ex-Senator Raffeiner geführte Heimatpartei, die für einen Ausgleich mit Italien und um die Stimmen gemäßigter Südtiroler warb, erlitt eine schwere Niederlage.
Die Wahlergebnisse:

	Stimmen	**Sitze**
Südtiroler Volkspartei	134.178	16
Tiroler Heimatpartei	5.258	1
Democrazia Cristiana	29.597	3
Nenni-Sozialisten	11.780	1
Kommunisten	8.061	1
Sozialdemokraten	8.369	1
PSIUP-Sozialisten	1.955	—
Neofaschisten	13.615	1
Liberale	5.413	1
Republikaner	772	—

Von den 25 Kandidaten der Südtiroler Volkspartei wurden gewählt:
Dr. Silvius Magnago, Dr. Peter Brugger, Dr. Alfons Benedikter, Dr. Franz Spögler, Josef Posch, Waltraud Gebert, Dr. Joachim Dalsass, Adolf Unterpertinger, Alois Pupp, Dr. Anton Zelger, Dr. Egmont Jenny, Dr. Reinhold Steger, Dr. Robert v. Fioreschy, Dr. Anton Kapfinger, Dr. Friedl Volgger, Arnold Bernhard.

17. November 1964
Rom protestiert in Wien
Die italienische Regierung protestierte wegen des Anschlages auf den „Brenner-Expreß", den in Wahrheit einer ihrer eigenen Agenten verübt hatte (siehe 15. Nov.). Österreich wurde aufgefordert, alles zu unternehmen, damit sich solche Aktionen nicht wiederholen können. Wien sagte eine strenge Untersuchung zu. Es ist anzunehmen, daß die italienische Regierung vom eigenen Geheimdienst über seine Aktivitäten im Fall „Brenner-Expreß" im unklaren belassen wurde.

Paketsperre gegen Österreich
Die Generaldirektion der italienischen Staatsbahnen gab eine Beförderungssperre für alle in Österreich aufgegebenen Reisegepäckstücke bekannt.

19. November 1964
Südtirol kein Handelsobjekt
Im Rahmen einer Veranstaltung vor dem Grazer Akademikerbund erklärte Staatssekretär Bobleter, die 250.000 Südtiroler könnten für Österreich niemals ein Handelsobjekt für ein Sonderarrangement mit der EWG sein. Bereits am Vormittag hatte er auf einer Pressekonferenz erklärt, daß Italien es noch immer an Bereitschaft zur Gewährung echter Konzessionen in der Südtirolfrage fehlen lasse. Vor allen in der Frage einer internationalen Verankerung sei kein Fortschritt zu erblicken.

24. November 1964
Verhaftung
Der 22jährige Franz Tappeiner, Sohn des ehemaligen Bürgermeisters, wurde in Laas unter dem Verdacht, bei dem Sprengstoffanschlag auf die Carabinierikaserne beteiligt gewesen zu sein, verhaftet. Er mußte nach einiger Zeit wieder freigelassen werden.

<u>7. Dezember 1964</u>
Sepp Kerschbaumer ist tot
Im Alter von 51 Jahren verstarb der Kaufmann Sepp Kerschbaumer im Zentralgefängnis von Verona. Gegen 11 Uhr ging er von der Werkstatt zur Toilette. Beim Herauskommen begann er zu taumeln und stürzte mit dem Gesicht zur Erde. Justizbeamte und Mithäftlinge trugen ihn ins Krankenrevier, wo er kurz darauf – nach offiziellen Angaben – an Herzlähmung starb. Sein Gesundheitszustand war seit den schweren Mißhandlungen durch die Carabinieri ein schlechter gewesen. Als dritter politischer Südtirol-Häftling gab er im Gefängnis sein Leben für die Heimat. Mit Sepp Kerschbaumer verlor der Südtiroler Freiheitskampf die überragende menschliche Leitfigur. Er hatte ob seiner Haltung Journalisten, Richtern, Freund und Feind Achtung und Anerkennung abgenötigt. Eine große Tageszeitung, die „Nürnberger Zeitung", überschrieb einen Nachruf mit dem Titel *„Der neue Andreas Hofer"* und meinte, daß in Südtirol ein Licht erloschen sei.

<u>10. und 12. Dezember 1964</u>
Trauer um Sepp Kerschbaumer auch in Österreich
Die verschiedenen Südtirolverbände in Wien hielten eine gemeinsame Trauerkundgebung für Sepp Kerschbaumer ab. In der Hofkirche in Innsbruck wurde ein Trauergottesdienst in Anwesenheit des Landeshauptmannstellvertreters Dr. Gamper und des Landesrates Zechtl sowie zahlreicher Freunde des Verstorbenen abgehalten. Schon vorher waren Kränze am Bergisel, in der Hofkirche und vor dem Landhaus niedergelegt worden.

<u>13. Dezember 1964</u>
Beerdigung von Sepp Kerschbaumer
Schon die Ausfahrtstraße von Bozen war völlig verstopft. Verkehrspolizei und schwerbewaffnete Carabinieri versuchten, die kilometerlange Autoschlange nach Frangart zu leiten. Unter freiem Himmel war dort der dunkle Sarg aufgebahrt und mit einem riesigen rot-weißen Nelkengebinde bedeckt. Die ehemaligen Mithäftlinge aus Mailand, Erich Walter, Franz Egger, Anton Felderer, Josef Fabi, Walter Gruber, Oskar Niedermeier, Siegmund Roner, Josef Innerhofer, Josef Spieß, Karl Wallnöfer, Lorenz und Karl Riegler, hielten die Totenwache. *„Im Sinne der Freiheit und Gerechtigkeit sei Du uns Vorbild"* stand auf dem Kranz der ehemaligen Häftlinge. Um 14 Uhr setzte sich der wenigstens fünf Kilometer lange Trauerzug in Bewegung, nach der Familie kamen die Häftlingsfrauen, die Verteidiger von Mailand, Politiker, Schützen, Vertreter von Verbänden, Alte und Junge, Frauen und Männer, das Volk von Südtirol. Der zweistündige Marsch zum Bergfriedhof von St. Pauls führte vorbei an den Soldaten mit Maschinengewehren. Es war eine einzige Demonstration nicht nur für den Menschen Kerschbaumer, der in Mailand die Verantwortung für die Sprengstoffanschläge auf sich genommen hatte, sondern ein einziges Bekenntnis zu Freiheitswillen und Heimatliebe. Zwischen 35.000 und 40.000 Menschen hatten sich in und um den Friedhof versammelt, als sein Rechtsanwalt Dr. Nicolussi und der Bauer Pircher-Hoffmann aus Lana, Vater des in Mailand zu über 14 Jahren verurteilten Jörg Pircher, die Trauerreden hielten. Unter den Trauergästen waren Landeshauptmann Magnago, Senator Dr. Sand, die Kammerabgeordneten Dietl, Dr. Vaja und Dr. Mitterhofer, fast alle Landtagsabgeordneten der SVP und andere Politiker aus Nord- und Südtirol. Mehr als 100 Kränze, darunter einer der Sozialistischen Partei Österreichs (SPÖ), waren ein letzter Gruß, als eine große Tiroler Fahne das Grab eines Mannes deckte, der aus Liebe für ein geeintes Tirol – von Kufstein bis Salurn – alles opferte.

<u>16. Dezember 1964</u>
Paris: Geheimkonferenz über Südtirol
Weitgehende italienische Vorschläge, jedoch keine Lösung bei den Kernfragen
Im Chateau de la Muette in Paris kam es zu einer Geheimkonferenz zwischen den Außenministern Kreisky und Saragat, die beide eine sehr kleine Delegation mitbrachten. Diese Gespräche waren insofern bedeutungsvoll, als zum ersten Mal eine Verhandlungslösung in

den Bereich des Möglichen gerückt war. Die österreichisch-italienische Fachleutekommission hatte ihr Beratungsergebnis vorgelegt. Von 110 Punkten, welche die Verhandlungsmaterie zwischen Österreich und Italien bildeten, waren 16 offen geblieben, diese waren allerdings die wichtigsten. Über zwei der 16 offenen Punkte einigten sich Kreisky und Saragat noch in der Sitzung, ebenfalls einigten sie sich in der Frage des Schiedsgerichtes.
Von den mehrstimmigen Beschlüssen der Neunzehner-Kommission wurden die Empfehlungen auf den Sachgebieten Polizeieinheiten, Geschworenenbänke, Gemeindeverfassung und Auflösung der Organe lokaler Körperschaften von Rom nicht berücksichtigt. Auf den Sachgebieten Wassernutzung und Wasserbauten, Gesundheitswesen und Spitalpflege, öffentliche Fürsorge und Armenwesen, Schulordnung und Arbeitsvermittlung wurden die positiven Abstimmungen der Neunzehner-Kommission teilweise berücksichtigt oder, wie auf dem Schulsektor, eine neue Regelung vorgeschlagen. Eine Reihe von Zusagen ging über die mehrstimmigen Beschlüsse der Neunzehner-Kommission hinaus. Zusammenfassend das Verzeichnis der italienischen Angebote:

Unterhalb der Neunzehner-Kommission:

1. Öffentliche Gewässer und Wasserbauten
2. Spektakelpolizei
3. Polizeieinheiten
4. Geschworenenbänke
5. Gesundheitswesen und Spitalpflege
6. öffentliche Fürsorge und Armenwesen
7. Gemeindeverfassung
8. Auflösung der Organe lokaler Körperschaften
9. Gemeindesekretäre
10. Vetorecht bei Bilanzabstimmungen
11. Schulordnung
12. Arbeitsvermittlung

Über der Neunzehner-Kommission:

1. Ausschluß einer verbleibenden Regionalkompetenz für
    a) Straßenwesen
    b) Verkehr und Transport
    c) Übernahme öffentlicher Dienste
2. Kleinindustrieförderung
3. Schutz des Kulturgutes
4. Anfechtung von Provinzial- und Regionalgesetzen bei Gleichheitsverletzung
5. Anfechtung von Verwaltungsmaßnahmen
6. Artikel 14, Delegierung von Verwaltungsbefugnissen an die Provinz
7. Enteignungen

Sicherung der Erfüllung der italienischen Zusagen und der Erfüllung des Pariser Vertrages:

1. Abschluß eines Schiedsvertrages mit einer aus fünf Mitgliedern bestehenden Schiedskommission, von denen je ein eigener und je ein fremder Staatsangehöriger von der österreichischen und italienischen Regierung ernannt und der Vorsitzende von beiden Regierungen gemeinsam gewählt wird.

2. Bestimmungen der internationalen Garantie:
    a) Die italienische Regierung gibt eine formale Erklärung vor dem Parlament ab, in der alle Maßnahmen (Paket) in einem Annex ausdrücklich aufgezählt sind.
    b) Nach Erteilung der Zustimmung zu diesem Regierungsprogramm durch das italienische Parlament gibt die österreichische Bundesregierung ebenfalls eine Regierungs-

erklärung vor dem Parlament ab mit der Absichtsbekundung, daß sie nach Erfüllung der von Italien zugesagten Maßnahmen die zwischen Österreich und Italien bestehenden Meinungsverschiedenheiten über die Durchführung des Pariser Vertrages für beendet erklärt.

c) Die österreichische und italienische Regierung geben darüber den Vereinten Nationen einen entsprechenden Bericht.

d) Die Schiedskommission kann für einen Zeitraum von fünf Jahren ab Inkrafttreten des Abkommens darüber entscheiden, ob die von der italienischen Regierung angekündigten Maßnahmen durchgeführt worden sind. Für diese Dauer von fünf Jahren bedarf es daher keines weiteren Einverständnisses mit dem italienischen Vertragspartner, um die Durchführung der Maßnahmen durch die Schiedskommission zu erzwingen. Sollte nach diesem Zeitraum von fünf Jahren eine bereits durchgeführte italienische Zusage widerrufen werden, steht es Österreich jederzeit frei, die Einhaltung dieser Zusage aus dem Titel des Pariser Vertrages vor der Schiedskommission einzuklagen, allerdings mit dem notwendigen Beweis, daß die Zusage durch die Bestimmungen des Pariser Vertrages gedeckt ist, oder den für beendet erklärten Streit über die Durchführung des Pariser Abkommens wieder aufzunehmen.

3. Kontaktmechanismus:
   a) Zwischen den Südtirolern und dem italienischen Ministerratspräsidium wird ein Kontaktkomitee geschaffen. Zu diesem Zweck wird vom Landtag der Provinz Bozen aus seiner Mitte eine Delegation, bestehend aus vier deutschsprachigen, zwei italienischsprachigen Mitgliedern und einem Mitglied der ladinischen Sprachgruppe, gewählt, die regelmäßig die Fragen prüft, die die Provinz Bozen betreffen.
   b) Der Schiedsvertrag zwischen Österreich und Italien sieht eine Vergleichsinstanz vor.

Kreisky forderte Saragat am Ende der Sitzung auf, weitere Verhandlungsbereitschaft bezüglich der noch offenen Fragen zu zeigen. Saragat erwiderte, daß er bereits an die äußersten Grenzen seines Verhandlungsspielraumes gegangen sei. Wenn die österreichische Regierung dieses Ergebnis nicht für ausreichend halte, wisse er nicht, ob es unter diesen Umständen überhaupt noch zu einer weiteren Verhandlungsbegegnung kommen könne und ob seine Regierung ihn überhaupt autorisieren werde, auf dieser Basis weiter zu verhandeln. Somit wurde die Begegnung ohne akzeptiertes Verhandlungsergebnis abgebrochen. In der Folge sollten die Südtiroler das Verhandlungsergebnis für ungenügend erklären. (Siehe weiter: 8. Jänner 1965!)

22. Dezember 1964

Grazer Trauergottesdienst für Sepp Kerschbaumer

An dem Trauergottesdienst in der Mariahilfkirche nahmen Landeshauptmann-Stellv. Univ.-Prof. Dr. Hanns Koren, der Landesamtsdirektor Hofrat Dr. Junger, der ev. Landesbischof Dr. Achberger, der Rektor der Technischen Hochschule und zahlreiche andere Persönlichkeiten des öffentlichen Lebens teil. Der Kirchenchor sang das Andreas Hofer-Lied, in das die mehr als tausend Trauergäste bewegt einstimmten. Der Stadtpfarrer schloß den Gottesdienst mit einem ergreifenden Gebet um die Befreiung Südtirols.

— 1965 —

<u>**8. Januar 1965**</u>

Das Verhandlungsergebnis wird geprüft – und durch die SVP-Politiker verworfen

In Innsbruck fand eine Südtirolkonferenz statt, auf der das Ergebnis der Pariser Geheimkonferenz vom 16. Dezember 1964 (siehe dort!) bewertet wurde. Anwesend waren aus Österreich: Außenminister Kreisky, Staatssekretär Bobleter, die Gesandten Haymerle, Kirchschläger, Löwenthal, die Legationssekretäre Ehrlich, Hinteregger und Walser, die Professoren Ermacora und Gschnitzer, Landeshauptmann Wallnöfer, Staatssekretär Hetzenauer, Landesrat Zechtl, der Innsbrucker Bürgermeister Lugger, die Nationalräte Horejs und Mahnert, Landtagsabgeordneter Mader, Landesamtsdirektor Kathrein, die Leiterin der Südtirolabteilung der Nordtiroler Landesregierung, Viktoria Stadlmayer, und ihr Mitarbeiter Senn. Die Südtiroler Delegation: Landeshauptmann Magnago, Landtagspräsident Pupp, die Assessoren Alfons Benedikter, Brugger, Dalsass, Fioreschy und Zelger, Senator Saxl, die Parlamentsabgeordneten Dietl, Mitterdorfer und Vaja, Landtagsabgeordneter Volgger sowie die Bezirksobmänner der SVP, darunter der erst kürzlich in Mailand freigesprochene Brixener Stadtrat Oberhuber, sowie der Landessekretär der SVP, Rubner. Eingangs legte Außenminister Dr. Kreisky den erzielten Verhandlungsstand dar (siehe 16. Dezember 1964). Wenn das vorliegende Ergebnis nicht befriedige, dann gäbe es nur noch zwei Möglichkeiten: entweder die Dinge scheitern lassen wie seinerzeit in Zürich – oder aber auf dem inneritalienischen Weg versuchen, noch etwas mehr herauszuholen. *„Ich habe gar nichts dagegen, wenn Sie glauben, daß Sie inneritalienisch mehr Glück haben, alles das, was die Neunzehner-Kommission beschlossen hat, durchzusetzen, dann würde ich geradezu davor warnen, auf eine solche Möglichkeit zu verzichten."* Warnend fügte Kreisky aber hinzu: *„Italien hat aber dann überhaupt kein Interesse mehr, eine internationale Vereinbarung mit Österreich zu schließen."* Von einem neuerlichen Gang zur UNO erwarte er sich nichts: *„Die UNO ist ramponiert, was glauben Sie, was die Amerikaner sagen, wenn wir jetzt mit Südtirol kommen . . . und unsere westeuropäischen Freunde haben uns nie unterstützt."* Gesandter Kirchschläger schilderte sodann den materiellen Inhalt des Verhandlungsergebnisses. Dann nahmen die Südtiroler dazu Stellung, daß nur sieben Verhandlungspunkte über den Beschlüssen der Neunzehner-Kommission lagen, und zwar die unwichtigeren. Zwölf sehr wichtige Materien lagen jedoch unterhalb des Ergebnisses der Neunzehner-Kommission, wie Landeshauptmann Dr. Magnago ausführte. Der Abgeordnete Dietl erklärte klipp und klar, daß das Ergebnis zu mager sei, um der Landesversammlung vorgelegt werden zu können. Landeshauptmann Magnago führte dann die Punkte an, bei denen auf erweiterte Kompetenzen bestanden werden müsse: Schule (hier müssen auch die Kompetenzen für die ladinische Schule und deren Personal auf die Provinz übergehen); Kreditwesen; Industrie; Wohnsitzrecht; Budgethoheit; Arbeitsvermittlung. Er, Magnago, sehe sich daher derzeit auch nicht in der Lage, der Landesversammlung die Annahme zu empfehlen. Kreisky erwiderte, daß es nicht so sei, daß man keine Verhandlungen mit den Italienern führen könne. Er habe mit Saragat lediglich vereinbart, daß die Delegationen an ihre Regierungen berichten und daß dann ein neuer Verhandlungstermin angesetzt werde. Der SVP-Abg. Mitterdorfer meinte: Er glaube aber nicht, daß Saragat wirklich schon bis zum Äußersten gegangen sei, bis zu dem Limit, das ihm seine Regierung gestellt habe. Daher sollten die Südtiroler in Gesprächen mit italienischen Regierungskreisen festzustellen versuchen, ob nicht doch noch mehr erreicht werden könne. Kreisky: *„Ich greife diesen Vorschlag mit Begeisterung auf . . . sehen Sie, ob uns Saragat etwas vorgemacht hat oder nicht . . . Das hätten Sie allerdings schon längst machen können. Prüfen Sie das, es wird uns unsere Verhandlungen wesentlich erleichtern. Sie werden Grundlagen liefern, die wir bisher noch nicht hatten."* Die Konferenz endet mit der Entscheidung, weiter zu verhandeln, da das vorliegende Angebot noch nicht ausreichte. Ab nun begann die Politik der geheimen Kontakte. (Man vergleiche die entschlossene Nein-Haltung Magnagos und Mitterdorfers mit jener Haltung, die sie ab 1966 einnehmen werden, ab dem Zeitpunkt, da die „monocolore" ÖVP-Regierung um einen Abschluß bemüht sein wird.)

13. Januar 1965

Wortlaut des Testaments von Luis Amplatz veröffentlicht

Mit der Verbalnote 301 117-II/65 übergab das österreichische Außenministerium der italienischen Botschaft das Testament von Luis Amplatz. (Wortlaut siehe 14. August 1964!) Nachdem der Inhalt des politischen Testaments, in dem vor allem Außenminister Dr. Kreisky der Mitwisserschaft bei den Vorbereitungen zum Südtiroler Freiheitskampf beschuldigt wurde, am Zeitungsmarkt mit einigen 10.000,- DM gehandelt und es auch schon unter Auslassung von Namen veröffentlicht worden war, entschloß sich Dr. Kreisky, den Vorwürfen die Spitze abzubrechen und den Wortlaut selbst bekanntzugeben. Kreisky nahm zum Inhalt wie folgt Stellung: *„Einige österreichische Zeitungen haben ein Testament von Luis Amplatz veröffentlicht, wobei in der dem Testament angeschlossenen Erklärung die Namen der betroffenen Personen ausgelassen wurden. Nach meinen Informationen wird mein Name in diesem Zusammenhang genannt. Dazu stelle ich fest, daß ich Luis Amplatz nie begegnet bin und daher auch keinerlei Gespräche mit ihm geführt habe. Ich habe immer in allen Gesprächen mit Südtirolern und anderen Personen die terroristische Aktivität verurteilt und auf ihre Gefährlichkeit und Nutzlosigkeit für die Sache Südtirols hingewiesen. Insbesondere habe ich auch die großen persönlichen Gefahren und das Unglück, das die Angehörigen der Beteiligten an solchen Aktionen trifft, unterstrichen."* Kreisky dementierte hier etwas, was Amplatz nicht behauptet hatte. Amplatz hatte in seinem Testament geschrieben, daß er selbst Kreisky in Wien nicht angetroffen hatte. Zu einem späteren Termin hätten jedoch die Freiheitskämpfer Kerschbaumer, Pircher und Titscher Kreisky über die bevorstehenden Attentate informiert, wobei Kreisky diese Aktion gebilligt hätte. Georg Klotz habe ebenfalls mit Kreisky gesprochen, und auch hier habe Kreisky Verständnis für die Notwendigkeit der bevorstehenden Aktionen gezeigt.

14. Januar 1965

Österreich muß die Rechte der Südtiroler schützen

Im Rahmen eines Vortrages sagte Staatssekretär Dr. Carl Bobleter vor der Industriellenvereinigung in Innsbruck: *„Die Südtirolfrage steht mit der Ostpolitik in einem gewissen ideellen Zusammenhang. Wie sollen wir mit dem Blick über den Eisernen Vorhang hinweg von Recht und Freiheit sprechen, wie sollen wir in den Augen der sich nach Freiheit sehnenden Völker des Ostens zum Hort dieser Freiheit werden, wenn wir, alle Österreicher, als Mutterland der Südtiroler und als Garant für die Einhaltung des Pariser Abkommens nicht selbst mit aller Kraft bereit sind, die Freiheit unserer Brüder und Schwestern vom Brenner bis Salurn durchzusetzen und zu schützen? . . . Schon unserer Jugend gegenüber sind wir verpflichtet, eine feste, unbeirrbare Außenpolitik zu führen, die ihr zeigt, daß Österreich eine Aufgabe hat und diese im Rahmen des Rechts mit Geschick und Würde zu erfüllen weiß. Deshalb keine Passivität, aber auch keine Zweideutigkeit in unserer Südtirolpolitik! Recht bleibt auch dann Recht, wenn es für Tiroler, für deutsche Südtiroler gefordert wird!"*

19. Januar 1965

Tiroler Protest gegen Innenminister

In einem scharfen Leitartikel wandte sich die „Tiroler Tageszeitung" gegen das Vorhaben Innenminister Czettels (SPÖ), den Tiroler Schützenkompanien mittels eines neuen Waffengesetzes das Tragen der Stutzen zu verbieten. Ein diesbezüglicher Gesetzesvorschlag war im Innenministerium ausgearbeitet worden, da in den vergangenen Jahren verschiedentlich Angriffe auf italienische Kasernen mit alten Militärgewehren ausgeführt worden waren, wie sie bei den Schützen Nordtirols in Verwendung sind. Die „Tiroler Tageszeitung" verweist nun darauf, daß die Tiroler seit dem „Landlibell" Kaiser Maximilians im Jahre 1511 das Recht besitzen, Waffen zu tragen und damit die Heimat zu verteidigen. In dem ablehnenden Artikel verweist der Autor auf Czettels Vergangenheit als Hitlerjugend-Führer, *„der einst das braune Hemd des Führers trug"* und dem es an Verständnis für die Tiroler Traditionen mangle. Die Zeitung verwies darauf, daß der geplante Anschlag auf das Nordtiroler Schützenwesen ausgerechnet im 50. Gedenkjahr des Auszuges der Standschützen an die Südfront 1915 stattfinden solle.

20. Januar 1965

Fred Borth als Hintermann des Mordes an Amplatz beschuldigt

Die Bozener italienische Tageszeitung „Alto Adige" veröffentlichte einen bereits am 5. Dezember 1964 in Innsbruck aufgegebenen Brief, in dem „Freunde von Luis Amplatz" den 37jährigen Wiener Fred Borth, den „Führer" der rechtsextremen und paramilitärischen „Legion Europa", beschuldigen, einer der Verantwortlichen für den Tod von Luis Amplatz zu sein. Er habe mit den Brüdern Kerbler in engem Kontakt gestanden und sei die graue Eminenz dieser Agentengruppe gewesen. Borth sei seit zwei Jahren auch Konfident der österreichischen Staatspolizei, und diese habe als Gegenleistung nichts gegen seine „Legion Europa" unternommen. (Im Jahre 1992 wird Borth in italienischen parlamentarischen Untersuchungsberichten als italienischer Agent, der auf Klotz angesetzt war, enttarnt werden).

1. Februar 1965

Wallnöfer: Verhandlungsergebnisse noch nicht ausreichend

In der Zeitschrift „Südtirol in Wort und Bild", welche als Organ des Bergisel-Bundes in Innsbruck erscheint, legte Landeshauptmann Wallnöfer dar, weshalb der derzeitige Stand der Verhandlungen mit Italien noch keinen Abschluß eines Abkommens zur Regelung der Südtirolfrage erlaube: *„Die Fachleutekommission arbeitete auf der Basis der Ergebnisse der Neunzehner-Kommission. Sehr bald stellte sich heraus, daß sich der italienische Verhandlungspartner fast alle materiellen Kompetenzen, über die die Neunzehner-Kommission bereits positive Beschlüsse gefaßt hatte, in zähem Ringen Schritt für Schritt und stückweise nur mühsam abringen ließ. Er hatte sein ‚Ausgangsangebot' unverhältnismäßig niedrig angesetzt, um später auf die Größe der im Laufe der Verhandlungen gemachten ‚Konzessionen' verweisen zu können. Heute ist die Ebene der Beschlüsse der Neunzehner-Kommission noch nicht zur Gänze erreicht, in kleinen Detailfragen gelangte man darüber hinaus. Aber die Hauptfragen wie Industrie, Kredit, Arbeitsvermittlung, Gemeindeordnung sind nach wie vor offen. In der Frage der Stellenbesetzung, die bereits geregelt schien, haben italienische Zeitungen und Politiker in den letzten Wochen einen Pressefeldzug entfesselt, der das Gewährte zunichte machen soll. Kurz, es zeichnen sich Bestrebungen ab, daß in allen Sektoren, in denen die unter dem Faschismus nach Südtirol gekommenen Italiener starke Interessen haben, die Interessen der Südtiroler zurücktreten und zurückgedrängt werden sollen."*

1. bis 9. Februar 1965

Dr. Burger im Hungerstreik

In Graz trat Dr. Norbert Burger in einen Hungerstreik, um gegen die lange Untersuchungshaft und eine Verschleppung des Verfahrens zu protestieren. Erst nachdem ihm ein baldiger Prozeßtermin verbindlich zugesagt worden war, beendete er die Aktion.

3. Februar 1965

„Presserundschau" freigesprochen

Vor dem Bozener Bezirksgericht fand gegen Landeshauptmann Dr. Silvius Magnago und Dr. Hans Benedikter eine Verhandlung wegen Übertretung des Pressegesetzes statt, da von der Südtiroler Landesregierung eine periodische Zeitschrift ohne Registrierung und ohne Angabe des verantwortlichen Direktors herausgegeben worden war. Beide wurden von dieser Anklage freigesprochen, weil die „Presserundschau" keine Zeitschrift war, die öffentlich zum Verkauf gelangte. Anlaß zu diesem Prozeß war folgender Tatbestand: In der „Presserundschau" vom 1. Juli 1963 wurde ein Artikel aus dem „Reichsruf" in Hannover abgedruckt. In diesem Aufsatz wurde die von Professor Dr. Franz Klüber vertretene Auffassung gutgeheißen, daß der bewaffnete Widerstand der Südtiroler gegen Italien moraltheologisch gerechtfertigt sei. Die Bozener Staatsanwaltschaft ließ diese Ausgabe beschlagnahmen und erhob Anklage gegen Dr. Magnago und Dr. Benedikter.

4. Februar 1965

Südtiroler Landesregierung gewählt

Nach zweimaliger Vertagung wurde 81 Tage nach der Wahl vom Landtag die neue Südtiroler Landesregierung gewählt: Landeshauptmann: Dr. Silvius Magnago; Assessoren: Dr. Alfons Benedikter, Dr. Peter Brugger, Dr. Joachim Dalsass, Dr. Robert Fioreschy (alle SVP), Dr. Armando Bertorelle, Prof. Lidia Menapace (beide DC); Ersatz-Assessoren: Dr. Anton Zeiger, Waltraut Gebert (beide SVP) und Prof. Decio Molignoni (DC).

6. Februar 1965

Klotz' Auslieferung an Wien hat Nachspiel: Nordtirol will eigene Polizei

Wie die „WOCHENPRESSE" meldete, trug sich die Nordtiroler Landesregierung mit dem Gedanken, eine eigene Landespolizei aufzustellen. Dabei spielen auch auf Südtirol bezogene Überlegungen ein Rolle: *„Die einheimischen Wächter sollten hintanhalten, daß flüchtige Südtiroler Freiheitskämpfer vom Stile des Klotz gegen den Willen der Bevölkerung an das ‚rote Wien' ausgeliefert würden."*

7. Februar 1965

Carabinierikommando bedankt sich bei Faschisten

Die Zeitung „L' Espresso" meldet über den neofaschistischen Führer der sogenannten „Grünhemden", den MSI-Gemeinderat Romano Fassio aus Savona, dem ein Bombenanschlag gegen die Parteizentrale der Democrazia Cristiana in Rom zugeschrieben wird: *„Wenn immer in Südtirol ein Mast gesprengt wurde oder ein Carabinieri Opfer eines Anschlags wurde, hat Romano Fassio Demonstrationen organisiert oder Telegramme an die Kommandos der Carabinieri geschickt. Es existiert von ihm ein Rundschreiben, in dem es heißt: ‚Das Carabinierikommando hat . . . durch einen Telephonanruf des kommandierenden Majors, den Jugendgruppen des MSI bewegten Dank für die Anteilnahme ausgesprochen und mitgeteilt, daß eine Kopie des Manifests am Schwarzen Brett der Kaserne angeschlagen worden ist.'"*

10. Februar 1965

Regionalregierung weiter ohne Südtiroler Volkspartei

Die Christdemokraten, Sozialdemokraten und Sozialisten bildeten in der Region Trentino-Südtirol eine „Mitte-Links-Regierung". Zum Präsidenten der Regionalregierung wurde Dr. Dalvit wiedergewählt. Die Südtiroler Volkspartei gehörte auch weiterhin nicht dem Regionalausschuß an, weil die Gründe, die seinerzeit maßgeblich für den Austritt waren, fortbestanden. Eines der drei den Vertretern Südtirols zustehenden Assessorate übernahm Dr. Josef Raffeiner von der Tiroler Heimatpartei. Er wurde im zweiten Wahlgang mit den Stimmen der Italiener gewählt.

Einsatzübung gegen Südtiroler Freiheitskämpfer

Im Beisein von Verteidigungsminister Andreotti wurde im Pustertal ein großangelegtes Manöver abgehalten. Einziges Übungsziel: Einsatzmöglichkeiten gegen Südtiroler Freiheitskämpfer.

17. Februar 1965

Ebensee-Anschläge aufgeklärt und ungesühnt

Im Zuge der Suche nach den Urhebern mehrerer Sprengstoffanschläge auf die Sitze politischer Parteien, zu denen es 1964 in Mailand gekommen war, stieß die Polizei auf den bekannten Neofaschisten Georgio Massara. In seiner Wohnung wurden die gleichen Ausweise der neofaschistischen Jugendorganisation „Giovane Italia" gefunden wie bei den Sprengstoffanschlägen in Ebensee (siehe 23. 9. 1963). Massara gestand, 1962 die Anschläge gegen das Russendenkmal in Wien und 1964 in Ebensee als Revanche für die Anschläge der Südtiroler Freiheitskämpfer durchgeführt zu haben. Auf Grund seiner Angaben wurden einen Tag später Tazio Sergio Paltronieri, Franco Panizza und Luciano Rolando aus Verona als Mittäter festgenommen, während Maurizio Perito, ein weiterer Mittäter, sich nach Südafrika absetzen konnte. Bei den Hausdurchsuchungen wurden Sprengstoff und Aufzeichnungen über die durchgeführten Anschläge beschlagnahmt. In der Folge beeilte sich die italienische Justiz jedoch, den Neofaschisten wieder aus ihrer prekären Situation herauszuhelfen. Die Verhafteten wurden von der Staatsanwaltschaft Mailand lediglich wegen illegalen Sprengstoffbesitzes (Artikel 435 des Strafgesetzbuches, Strafe 1-5 Jahre) angeklagt, während die Sprengstoffanschläge selbst, die den Tod eines österreichischen Gendarmeriebeamten und die schweren Verletzungen zweier weiterer österreichischer Beamter sowie schwere Sachschäden verursacht hatten, nicht angeklagt wurden, weil sie politische Delikte österreichischer Staatsbürger im Ausland darstellten und nicht ohne Genehmigung des italienischen Justizministeriums angeklagt werden konnten. Deshalb konnten die Verhafteten auch umgehend wieder freigelassen werden, woraufhin sich diese sofort absetzten. Erst am 11. Mai 1965 erteilte das Justizministerium die Genehmigung, auch wegen Sachbeschädigung und fahrlässiger Tötung gegen die Attentäter vorzugehen (Telexbericht des österreichischen Botschafters Löwenthal an das Außenamt in Wien vom 24. 9. 65, im Besitz der Herausgeber). Nun wurde ein neuerlicher Haftbefehl gegen die Attentäter erlassen. Da waren diese mit Ausnahme des Giorgio Massara, der 1967 noch einmal kurz inhaftiert und nach kurzer Untersuchungshaft wieder in Freiheit gesetzt wurde, schon in Sicherheit. In der Folge wurden die Körperverletzungsdelikte amnestiert, und am 17. März 1968 beantragte Staatsanwalt Roberto Scaravelli die Einschränkung der Anklage auf einige wenige Punkte, weil die Angeklagten „die anderen Taten nicht begangen haben". Am 25. Januar 1969 verurteilte das Gericht in Verona den minderbelasteten Franco Panizza, der als einziger Angeklagter vor Gericht erschienen war, zu 1 Jahr Gefängnis auf Bewährung. Gegenüber den abwesenden Angeklagten konnten die Richter ihre „unbestechliche Härte" beweisen: Giorgio Massara erhielt 9 Jahre und 4 Monate, Maurizio Perito 6 Jahre und 6 Monate, Luciano Rolando und Sergio Poltronieri wurden zu je 1 Jahr Gefängnis verurteilt.

„Aus Motiven von besonderem moralischen und sozialen Wert"

Wie um die Opfer zu verhöhnen, hatten die Richter einen außerordentlichen Milderungsgrund zur Anwendung gebracht, und zwar den Artikel 62, Absatz 1, des „Codice penale", welcher geringfügigere Strafen für „Handlungen aus Motiven von besonderem moralischen oder sozialen Wert" vorsieht. Am 3. Juli 1971 setzte das Appellationsgericht in Verona die Strafen für alle Angeklagten außer Massara (dieser war zwischenzeitlich verstorben) rund um die Hälfte herab. Am 3. März 1972 sprach der Kassationsgerichtshof Poltronieri und Rolando überhaupt frei, weil ihre Taten der Verjährung unterlägen. Damit war der Fall erledigt. Keiner der Täter saß auch nur einen Tag in Strafhaft.

Es war ein GLADIO-Unternehmen

Bei der ersten Verhandlung im Januar 1969 hatte der Angeklagte Franco Panizza kryptisch erklärt: *„Die Angelegenheit betraf die Verteidigung des Staatsgebietes. Mehr kann ich dazu nicht sagen."* Am 4. Juni 1991, 22 Jahre später, fiel ein weiteres Schlaglicht auf die Ereignisse von Ebensee. An diesem Tag wurde nämlich in Bozen der Neofaschist Giancarlo Masiero wegen Waffen- und Rauschgifthandels verhaftet. In seinem Besitz fand sich ein Tagebuch, in dem er über die „geheime Struktur" in Südtirol berichtete, die aus Neofaschisten bestand und mit dem Büro „R" des militärischen Geheimdienstes zusammengehangen hätte. Nur war aber das „Büro R" die Steuerungszentrale für die GLADIO-Geheimdiensteinheiten, die vor allem für Sabotageakte zuständig waren. In seinem Tagebuch listete Masiero zahlreiche Geheimdienstaktionen auf, die tatsächlich stattgefunden hatten. Dann nimmt Masiero Bezug auf Ebensee. In dem Kapitel „Aktivitäten der Gruppe 1961/1968" hieß es: „Unterkunft für Aktion Österreich. Fall Poltronieri, Aufstiegsanlagen, Sprengstoff und Basis in Innsbruck, Wohnung von bekannten Lieferanten von Sanitätsartikeln: Conti Veneziani." („Dolomiten" vom 29. 6. 1991.) Wer die „venezianischen Grafen" waren, ist nicht bekannt, jedoch war Poltronieri einer der Attentäter von Ebensee. Der parlamentarische Untersuchungsbericht des Senators Lionello Bertoldi über die Umtriebe des italienischen Geheimdienstes in Südtirol ordnet die Ebensee-Attentate der Geheimdienstorganisation GLADIO zu (Bertoldi-Bericht, Rom 1992, S. 19). Der begleitende Bericht seines Kollegen Senator Marco Boato (Boato-Bericht, Rom 1992, S. 18) liefert dazu noch eine wesentliche Ergänzung. Am 2. April 1991 sagte General Manlio Capriata vor dem venezianischen Untersuchungsrichter Mastelloni zu dem Komplex „GLADIO" aus, daß er im Februar 1962 in den militärischen Geheimdienst SIFAR eingetreten sei und daß ihm der Oberkommandierende der Carabinieri, General De Lorenzo, im April 1962 erklärt habe, er habe die GLADIO-Saboteure in Südtirol mobilisiert, weil die bisher getroffenen Maßnahmen sich als nicht ausreichend erwiesen hätten (Boato-Bericht, Rom 1992, S. 80f). Am 18. August 1962 fand dann der Anschlag auf das Russendenkmal in Wien statt, und am 23. September 1963 verübte das neofaschistische Terrorkommando die Anschläge in Ebensee. Die Behandlung, die den Attentätern dann durch die italienische Justiz zuteil wurde, ist ein weiteres starkes Indiz dafür, daß hier einem GLADIO-Kommando, das Pech gehabt hatte, wieder elegant aus der Patsche geholfen wurde. Weitere Hinweise auf eine Verbindung der Terrorgruppe zu Geheimdiensten sind jüngst durch richterliche Erhebungen in Italien bekannt geworden. (Siehe 23. September 1963!)

<u>20. Februar 1965</u>
Andreas Hofer-Todestag und Südtiroler Freiheitskampf
Wie alljährlich wurde in Innsbruck und an vielen anderen Orten Österreichs des Todestages Andreas Hofers gedacht. In der Hofkirche zu Innsbruck wurde vor den Ehrenformationen der Polizei und des Bundesheeres in Anwesenheit von Mitgliedern der Tiroler Landesregierung ein Kranz für die kürzlich gefallenen und ermordeten Südtiroler Freiheitskämpfer niedergelegt. In Wien marschierte der Südtiroler Schützenmajor Jörg Klotz an der Spitze der Schützenkompanie Amras zu einem Requiem in den Stephansdom, an dem 3.000 Menschen teilnahmen.

Ehemaliger Innenminister deckt Rufmord an Südtiroler Freiheitskämpfern auf
In der „Tiroler Tageszeitung" berichtete der ehemalige Innenminister Franz Olah über Kontroversen zwischen dem Justizministerium und ihm. Während er sofort am Tatort in Ebensee (siehe 23. 9. 1963) auf die eindeutigen Beweise für italienische Täter hingewiesen habe, hielt der Vertreter des Justizministeriums daran fest, daß *„österreichische Neonazi"* die Täter sein müßten. Justizminister Broda sei an der Verfolgung all jener Spuren, die auf eine italienische Täterschaft hinwiesen, uninteressiert gewesen. In diesem Sinne sei die Presse falsch informiert worden.

<u>24. Februar 1965</u>
Faschistische „Grünhemden"-Terroristen ausgehoben
Die italienischen Sicherheitsbehörden gaben bekannt, daß 200 neofaschistische „Grünhemden"-Terroristen in ganz Italien verhaftet wurden, denen Anschläge auf Parteihauptquartiere der DC und der PCI (KP) nachgewiesen wurden. Diese faschistische Organisation unterhielt in der Nähe von Genua eine regelrechte Terrorschule, der auch die Neofaschisten angehörten, welche die Sprenganschläge in Ebensee durchführten, bei denen ein österreichischer Gendarm getötet und zwei Gendarmen verletzt wurden.

<u>26. Februar 1965</u>
München: Freiheitskämpfer verurteilt – österreichische Regierung Mitwisser?
Unter Vorsitz des Landgerichtsdirektors Dr. Hoffmann wurden die Studenten Josef Zinkl, Peter Wittinger und Rudolf Hessler zu jeweils mehrmonatigen Gefängnisstrafen verurteilt, weil sie am Südtiroler Freiheitskampf teilgenommen hatten. Die Angeklagten verantworteten sich vor Gericht damit, daß sie sich nicht wie die Generation ihrer Eltern später vorwerfen lassen wollten, sie hätten sich nicht rechtzeitig dem Unrecht entgegengestellt. Deshalb hätten sie das Menschenrecht der Südtiroler auf Selbstbestimmung durch die Tat unterstützt. Bei den Verurteilten handelt es sich um bundesdeutsche bzw. österreichische Studenten, die in Österreich mit Freiheitskämpfern in Kontakt gekommen waren und sich ihnen angeschlossen hatten. Am zweiten Verhandlungstag hatte Josef Zinkl aus Wien die österreichische Regierung schwer belastet. Zu dem Testament des Freiheitskämpfers Luis Amplatz befragt, in welchem dieser über die Mitwisserschaft der österreichischen Regierung bei den Vorbereitungen zum Frei-

heitskampf berichtete, sagte Zinkl, daß ihm das Testament selbst inhaltlich nicht bekannt sei. Luis Amplatz habe ihm aber 1961 gesagt, daß die österreichische Regierung über alles informiert sei und den Widerstand billige. Nach einer Pause zündete Zinkl dann die Bombe im Gerichtssaal: *„Ich weiß, daß solche Gespräche stattgefunden haben. Ich habe selbst an einem solchen Gespräch teilgenommen."* Als dann der Vorsitzende fragte, ob Zinkl von österreichischen Politikern zu strafbaren Handlungen ermutigt worden sei, erklärte der Student, er sei nicht bereit, diese Frage zu beantworten.

11. März 1965
„Südtirol braucht uns"
Der Alpenländische Kulturverband veranstaltete in Graz eine Enquete „Südtirol braucht uns", auf der Landeshauptmann Krainer, der Staatssekretär Dr. Bobleter und Senator Dr. Sand sprachen. Der steirische Landeshauptmann forderte die Bevölkerung auf, ein Notopfer für Südtirol zu erbringen. Nicht nur Deklarationen seien wichtig, sondern die Sympathie müsse sich in Taten umsetzen. Dr. Sand berichtete über die Lage der Verurteilten und über den Stand des Prozesses. Da in nächster Zeit ein zweiter Südtirolprozeß durchgeführt werde, wäre eine Hilfsaktion von größter Wichtigkeit.

12. März 1965
Südtirolerklärung im italienischen Abgeordnetenhaus
Abgeordneter Dr. Mitterdorfer gab im Rahmen der Debatte über den Mißtrauensantrag gegen die Regierung Moro eine Erklärung zur Stimmenthaltung der Abgeordneten der SVP ab. Darin gab er einen deutlichen Hinweis, daß die Regierung direkte Gespräche mit der SVP führen solle: *„Wir haben nicht verzichtet und werden weiterhin nicht auf die internationalen Garantien, die uns der Pariser Vertrag sichert, verzichten. Wir haben auch keine neuen Vorgangsweisen bei dieser Gelegenheit vorzuschlagen, es sei denn jene, denen die Regierung nach Abschluß der Arbeiten der Neunzehner-Kommission gefolgt ist. Heute bestätigen wir lediglich, daß wir zur Verfügung stehen, damit die internationalen Kontakte nicht zu einer Ausschaltung der direkten Beziehung führen, die die Regierung mit uns haben kann und muß, damit die Regierung selbst die Situation, unsere Forderungen, die Aussichten und die Lösungen besser beurteilen könne, für die wir dann die Zustimmung der Südtiroler haben müssen."*

23. März 1965
Sprache und Kultur nicht vergessen
Im Rahmen der Haushaltsdebatte des Südtiroler Landtages nahm Prof. Dr. Zelger zu kulturellen Fragen Stellung. Das Südtirolproblem habe auch eine kulturelle Seite, die vor allem im Ringen um eine echte Schulautonomie bestehe. Die Schulverwaltung müsse endlich dezentralisiert und die deutsche Schule einen deutschen Kopf bekommen. Die Kompetenzen, die der deutsche Vizeschulamtsleiter habe, seien gleich Null. In Ermangelung der einschlägigen Durchführungsbestimmungen habe das Land auf kulturellem Gebiet überhaupt keine Kompetenzen. Die Vorschläge der Neunzehner-Kommission bezüglich der Schulautonomie stellten das Minimum dar, wozu die Südtiroler vielleicht noch ja sagen könnten. Die Ergebnisse der Verhandlungen in Genf sehen aber eine solche Schulautonomie nicht mehr für alle drei Sprachgruppen vor.

28. März bis 30. März 1965
Wunschliste der Südtiroler wird präsentiert
Eine Südtiroler Delegation traf sich in Innsbruck mit Vertretern des Außenministeriums und mit den Experten der Nordtiroler Landesregierung. Hierbei wurde von den Südtirolern ein Katalog mit 14 Punkten präsentiert, der eine Verbesserung der internationalen Verankerung vorsah und wesentliche Forderungen in bezug auf den „Paket"-Inhalt selbst enthielt. Insbesonders sollten jene Kompetenzen, die die Region derzeit auf dem Gebiet Kreditwesen besitzt, auf die Provinz Bozen übergehen. Die Verwaltungsbefugnisse des Innenministers auf dem

Gebiete des Ansässigkeitswesens sollten auf den Präsidenten des Landesausschusses übergehen. Die Arbeitsämter sollten in die Zuständigkeit der Provinz übernommen werden. Ein Budgetveto der italienischen Volksgruppe wurde abgelehnt. Auf den Gebieten Industrie, Handelskammer und Wassernutzung sollte die Provinz sekundäre Gesetzgebung erhalten, primäre hingegen auf den Gebieten Gesundheitsdienst, Spitalpflege, Schulhausbau, Berufsausbildung. Es wurde die Schaffung eigener Polizeieinheiten der Provinz zur Ausführung der provinzialen Rechtsvorschriften gefordert. Gefordert wurde ferner auch das Recht, die deutsche Sprache bei der Abfassung von Verwaltungs- und Gerichtsakten gleichberechtigt mit der italienischen zu verwenden. Dieser Forderungskatalog wurde von dem österreichischen Außenministerium am 29. März an die Botschaft in Rom gekabelt, damit auf der italienischen Seite der Gesandte Gaja damit bekannt gemacht würde. In dem Telegramm wurde die österreichische Botschaft darauf hingewiesen, daß Österreich diese Forderungen der Südtiroler unterstützt. Am 30. März wurde dem italienischen Außenamt die österreichische Note überreicht. (Ab 1966 werden maßgebende Führer der SVP wie Magnago und Mitterdorfer unter dem Eindruck einer anzustrebenden christlich-sozialen Einheit von ÖVP, SVP und DC es viel billiger geben.)

1. April 1965

SVP-Delegation bei Ministerpräsident Moro

Der italienische Ministerpräsident Moro empfing Landeshauptmann Dr. Magnago, die Senatoren Dr. Sand und Saxl und die Abgeordneten Dr. Mitterdorfer, Hans Dietl und Dr. Vaja zu einer Unterredung. Bei dieser Gelegenheit übergaben die Südtiroler einen Forderungskatalog, der am 28. 3. 1965 in Innsbruck erarbeitet worden war. Diese Forderungen der Südtiroler hatte sich auch Österreich zu eigen gemacht. Die Delegation der Südtiroler erläuterte dem italienischen Ministerpräsidenten auch, warum das Angebot vom Dezember 1964 nicht akzeptiert werden konnte. Der Forderungskatalog beinhaltete einen Terminplan von zwei Jahren für die Erfüllung der in Aussicht gestellten Maßnahmen, damit rechtzeitig der innerstaatliche Rechtsweg erschöpft und die ins Auge gefaßte Schiedsinstanz angerufen werden könne. (Siehe auch 28. März 1965.)

Kreisky legt Rechenschaft ab

Vor dem österreichischen Parlament gab Außenminister Dr. Kreisky in Form eines Zwischenberichtes bekannt, daß mit Italien eine „Annäherung" in bezug auf die internationale Verankerung eines Abkommens erreicht werden konnte. Hinsichtlich der Beschlüsse der Neunzehner-Kommission sei die Frage der offenen Punkte von 110 auf 16 reduziert worden. Jedoch seien auch nach der Pariser Begegnung diese für die Südtiroler so wichtigen Punkte nicht zur Zufriedenheit der Betroffenen erledigt worden, so daß ein Verhandlungsabschluß nicht vorgenommen werden konnte.

7. April 1965

Südtirol-Symposion in Mailand

In Mailand fand ein Südtirol-Symposion statt, bei welchem Landeshauptmann Dr. Magnago, die Assessorin Lidia Menapace und der Jesuit Castelli von der katholischen Universität Mailand teilnahmen. Magnago kam auch auf die immer wiederkehrenden Vorwürfe zu sprechen, die Südtiroler hätten nach der Besetzung des Landes durch deutsche Truppen im Jahr 1943 furchtbare Rache geübt, die er entschieden zurückwies. Wörtlich erklärte er: *„Man wirft den Südtirolern vor, sie hätten gegen die Italiener Grausamkeiten begangen, die selbst der SS bis dahin unbekannt waren. Mir sind solche Fälle nicht bekannt, denn die unmittelbar nach Kriegsende erhobenen Behauptungen dieser Art haben sich alle als falsch erwiesen. Ich darf nur auf die Fosse Ardeatine verweisen. Das Attentat in der römischen Via Rasella hatte 32 Angehörige des Polizeiregimentes Bozen getötet. Zu diesem Polizeiregiment waren zwangsweise ältere Südtiroler eingezogen worden. Es wurde berufen, die grausamen Vergeltungsmaßnahmen an der zehnfachen Zahl italienischer Gefangener durchzuführen, aber der Kom-*

mandant des Regimentes, ein deutscher Offizier, weigerte sich mit der Begründung: ‚Meine Leute sind alle älter und alle katholisch!'"

14. April 1965

Verfassungsgericht gegen Südtirol

Der Regionalrat Trentino-Südtirol hatte bereits 1962 eine Änderung zum Wahlgesetz beschlossen, das 1964 von der Zentralregierung zurückgewiesen und danach neuerdings verabschiedet worden war. Der italienische Verfassungsgerichtshof erklärte die darin enthaltene Ansässigkeitsklausel als verfassungswidrig. Der beanstandete Artikel des Wahlgesetzes hatte nur jene Personen zur Wahl zugelassen, die mindestens drei Jahre ununterbrochen in der Region Trentino-Südtirol ansässig waren.

15. April 1965

Faschistensymbole bleiben

Anläßlich des bevorstehenden 20. Jahrestages der Befreiung Italiens vom Faschismus forderten Südtiroler Widerstandskämpfer gegen das Dritte Reich die Beseitigung faschistischer Embleme und der Aufschrift auf dem faschistischen „Siegesdenkmal". Nachdem dieser Wunsch von italienischer Seite abgeschlagen worden war, verließen Dr. Friedl Volgger und andere Südtiroler das vorbereitende Komitee für die Gestaltung der Feierlichkeiten.

18. April 1965

Materielle Entschädigung für Carabinieriübergriffe in Tesselberg

Die italienischen Behörden mußten sich angesichts eingebrachter gerichtlicher Klagen entschließen, für die Übergriffe der Polizei (gestohlene Wertgegenstände, Sachschäden an Häusern und Mobilar, unschuldige Haft, in einem Fall bis zu zwei Monaten, etc.) Entschädigung zu zahlen.

23. April 1965

Flugblätter der Südtiroler Freiheitskämpfer

„Liebe Landsleute! Wir wollen nicht mehr länger schlechter behandelt werden als irgendein Negerstamm. Wir wollen die Selbstbestimmung. Wir kämpfen für die Selbstbestimmung, allen Verleumdungen zum Trotz. Locher, Sprenger, Gostner, Höfler, Rainer, Amplatz und Kerschbaumer sind nicht umsonst gestorben! Unterstützt die Freiheitskämpfer weiterhin, wo ihr könnt! Es lebe die Freiheit! Es lebe Tirol! – Die Südtiroler Freiheitskämpfer." Diese Flugblätter wurden in vielen Orten Südtirols, besonders aber im Ahrntal in großer Zahl verbreitet.

25. April 1965

Ebensee-Attentäter werden nicht verfolgt

Giorgio Massara, Sergio Paltronieri und Luciano Rolando, verantwortlich für die Sprengstoffanschläge in Ebensee, die einen Toten gefordert hatten (siehe 23. 9. 1963), wurden in Mailand enthaftet. Der Mailänder Untersuchungsrichter erklärte, daß eine formelle Anklage wegen eines im Ausland begangenen Verbrechens nur auf besondere Weisung des Justizministers erhoben werden könne. Der Justizminister verweigerte jedoch die Zustimmung zu einer Strafverfolgung.

29. April 1965

Politische Südtiroler Häftlinge im Hungerstreik

20 im Mailänder Sprengstoffprozeß verurteilte Südtiroler, die sich im Gefängnis von Trient befanden, traten aus Protest gegen die Freilassung der Attentäter von Ebensee in den Hungerstreik. Sie begründeten ihren Entschluß folgend: *„Mit dem 29. April 1965 treten wir, die politischen Häftlinge des Trienter Gefängnisses, in den Hungerstreik aus Protest gegen die Freilassung der Attentäter vom Ebensee, denen – laut Zeitungsberichten – nach kaum zwei Monaten Haft die ‚provisorische Freiheit' gewährt wurde, obwohl man ihnen vorgeworfen*

Als die Täter von Ebensee in Mailand die Lokale mißliebiger politischer Parteien in die Luft zu sprengen begannen, wurden sie verhaftet. Man fand bei ihnen dann die Beweise für ihre Täterschaft in Ebensee und für den versuchten Anschlag auf das sowjetische Heldendenkmal in Wien. Letzterer hätte offensichtlich dazu dienen sollen, Österreich Schwierigkeiten mit der UdSSR zu verschaffen.

Die Täter von Ebensee (von links nach rechts): Giorgio Massara, Luciano Rolando, Maurizio Perito, Sergio Poltronieri.

hatte, Mitbegründer der neofaschistischen ‚Grünhemden' zu sein, Anschläge gegen Parteigebäude und gezielte Aktionen gegen Menschenleben durchgeführt zu haben. Auf der anderen Seite aber mußten Südtiroler jahrelang auf einen Prozeß warten und müssen andere es heuer wieder. Zudem haben die im Mailänder Prozeß zu schweren Kerkerstrafen verurteilten Südtiroler bis zur Stunde noch nicht einmal eine genaue Urteilsbegründung erhalten. Wir verweisen darauf, daß wir jedem Menschen die Freiheit gönnen, aber wir verlangen auch, daß der Grundsatz, welcher in allen italienischen Gerichtsgebäuden in großen Lettern angebracht ist: ‚Das Gesetz ist für alle gleich', auch für uns und unsere Landsleute Anwendung findet. Wir, die wir Opfer nicht eingehaltener Versprechungen sind, fordern alle verantwortlichen Politiker auf, dringendst die seit Monaten unterbrochenen Verhandlungen fortzusetzen, um unserer Heimat endlich, 20 Jahre nach Ende der Diktatur, dieses grunddemokratische Recht der Selbstverwaltung zu erwirken. Wir richten an alle rechtlich Denkenden den eindringlichen Appell, anläßlich der derzeit stattfindenden Widerstandsfeiern nicht zu vergessen, daß wir Südtiroler, wie kaum ein anderes Volk, Opfer der faschistischen Diktatur in Europa sind. Wir geben zu bedenken, daß jene Freiheit, für die viele Widerstandskämpfer gekämpft haben und gefallen sind, auch unsere Freiheit ist, die Freiheit, für die wir uns eingesetzt haben."

1. Mai 1965

Brandstiftung

Während eines Musikfestes in Terlan wurde in vier Häusern Feuer gelegt. Nur durch das rasche Eingreifen entstand kein größerer Schaden. Die Täter wurden in italienischen neofaschistischen Kreisen vermutet.

Abermals Bombenfund im „Brenner-Express": Provokation?

Während der Zug im Bahnhof Brenner hielt, „entdeckten" aufgrund eines angeblich anonymen Anrufes Beamte der italienischen Polizei in einer Toilette eine Bombe, bestehend aus 19 Kerzen Donarit. Der Zeitzünder war auf 9. 40 Uhr, der planmäßigen Ankunft in Mailand, eingestellt. Sprengmaterial, Uhr, Batterien und Verpackung („Corriere della Sera" vom 11. 10. 1963) ähnelten jener Zeitbombe, die am 15. 11. 1964 von dem italienischen Agenten Karl Franz Joosten gelegt worden war. Mit diesem „verhinderten" Verbrechen sollten die Südtiroler Freiheitskämpfer wahrscheinlich abermals diffamiert werden. Die Hintermänner dieser nie aufgeklärten Tat dürften in Kreisen des italienischen Geheimdienstes zu finden sein.

4. Mai 1965

Südtiroler Arbeitskreis für sozialen Fortschritt

Der Landtagsabgeordnete Dr. Egmont Jenny versandte im Namen eines neugegründeten „Südtiroler Arbeitskreises für sozialen Fortschritt" ein Schreiben, in dem er forderte, aus dem landwirtschaftlichen Reservat herauszutreten und zu einer modernen Umgestaltung des sozialen Lebens zu kommen.

Südtirolflugblätter beim Nürnberger Vertriebenentag

Bei einer großen landsmannschaftlichen Veranstaltung der Heimatvertriebenen in Nürnberg wurden Flugblätter verteilt, die in der Mitte den roten Tiroler Adler führten und folgenden Text hatten: *„Freiheit und Recht in Deutschland und Europa sind ein großes Anliegen. Auch Südtirol liegt in Europa! Auch die Südtiroler sind Deutsche, sind Europäer! Schluß mit der Heuchelei! Alle Kraft für die Freiheit unserer Schwestern und Brüder in Südtirol!"*

6. Mai 1965

Bergisel-Bund fordert Selbstbestimmung

In Innsbruck fand nach dreijähriger Pause wieder eine Hauptversammlung des Bergisel-Bundes statt. Nationalrat Franz Kranebitter wurde wieder zum Bundesobmann gewählt. In einer Resolution hieß es: *„Der Bergisel-Bund Österreichs fordert daher die Verantwortlichen der Welt auf, die einstige Willenskundgebung von 1946 als Volksabstimmungsergebnis anzuer-*

kennen, andernfalls so rasch als möglich alle Voraussetzungen zu schaffen, daß die Südtiroler Bevölkerung unter internationalem Schutz über die Zukunft ihrer Heimat selbst bestimmen kann. Dieses Kampfziel ist rechtlich und moralisch voll begründet, denn es entspricht dem einmütigen Wunsch und Willen aller wahlberechtigten deutsch- und ladinischsprechenden Südtiroler nach der Wiedervereinigung mit Österreich, den sie im Jahre 1946 in einer Unterschriftensammlung zum Ausdruck gebracht haben.“

10. bis 21. Mai 1965

3. Grazer Südtirolprozeß

Vor einem Schöffensenat des Landesgerichtes Graz wurde gegen 22 österreichische und deutsche Staatsbürger wegen Verdachtes der aktiven Beteiligung am Südtiroler Freiheitskampf verhandelt. Den Vorsitz führte der Oberlandesgerichtsrat Dr. Peyer, die Anklage wurde von Staatsanwalt Dr. Hlauschek vertreten. Die Angeklagten wurden von elf aus ganz Österreich stammenden Strafverteidigern, angeführt vom steirischen Landtagspräsidenten Dr. Richard Kaan, verteidigt. Angeklagt waren: Dr. Norbert Burger (Univ.-Ass. , Innsbruck, in Haft), Dr. Helmut Riedl (Forstreferent bei der Landwirtschaftskammer Nord-Tirol, Innsbruck), Hans Hubert Sauer (deutscher Staatsbürger, Angestellter, Wien), Dipl. Vw. Günther Schweinberger (Angestellter, Wien), Kurt Welser (Angestellter, Innsbruck), Dr. Heinrich Klier (Schriftsteller, Innsbruck), Herbert Fritz (Student, Wien), Udo Doupona (Kraftfahrer, Wien), Klaus Starzengruber (Schüler, Linz), Bruno Zimbran (Fußbodenleger, Wien), Dr. Otto Schimpp (Leiter des Lawinenwarndienstes der Nordtiroler Landesregierung, Hall), Max Amering (Transportunternehmer, Grünau), Günther Colli (Angestellter, Gmunden), Hans Dzugan (Baumschulbesitzer, Braunau), Reinulf Grünbart (Landwirt, Geinberg), Sepp Holzinger (Angestellter, Gmunden), Dr. Dipl. Ing. Hans Hufnagel (Forstwirtschaftsrat bei der Bauernkammer, Ried i. Innkreis), Peter Kienesberger (Angestellter, Gmunden), Herwig Nachtmann (Student, Innsbruck), Walter Scherz (Kraftfahrer, Kirchberg am Wechsel), Rudolf Watschinger (Student, Innsbruck). Angeklagt waren Verstöße gegen das Sprengstoffgesetz, die Beteiligung an Anschlägen in Südtirol und Italien, Beschaffung von Sprengstoff und Unterstützung des Südtiroler Freiheitskampfes. An zehn Verhandlungstagen bekannten sich die Angeklagten zu den ihnen zur Last gelegten Handlungen, rechtfertigten die Gewaltanwendung in Südtirol und gaben freiwillig Verstöße gegen das Waffengesetz zu. Die Staatsanwaltschaft hatte, um nur vor einem Schöffengericht anklagen zu müssen, all jene Delikte, für die ein Geschworenengericht zwingend ist, in der Anklage unterschlagen. Eine Verurteilung schien der weisungsgebundenen Anklagevertretung durch diese Manipulation wahrscheinlicher. Entschieden forderten Rechtsanwälte und Angeklagte eine Unzuständigkeitserklärung des Schöffensenates. Der sozialistische Landtagsabgeordnete Rechtsanwalt Dr. Zamponi verlangte entweder einen Freispruch oder eine Unzuständigkeitserklärung des Gerichts. (Siehe auch 18. und 21. Mai 1965.)

11. Mai 1965

Sprengstoffanschläge und Flugblätter

In der Nähe des Bahnhofes Neumarkt wurde ein riesiger Hochspannungsmast gesprengt. Durch die gerissenen Kabel wurden eine weitere Lichtleitung und die Straße nach Tramin unterbrochen. In Nals wurde ein weiterer Leitungsmast mit Sprengstoff schwer beschädigt. An den Tatorten blieben folgende Flugblätter zurück: *„Wieder einmal ist unser gutmütiges Südtiroler Volk in seiner Hoffnung auf erfolgreiche Verhandlungen betrogen worden. Wieder ist es unseren Unterdrückern gelungen, nach bewährter Methode Zeit zu gewinnen. Und es ist auch gar nicht abzusehen, wie lange das noch so weitergehen soll. Wie lange wollen wir uns noch der Täuschung hingeben, daß uns die Italiener irgendwann einmal ehrlich und loyal als Gleichberechtigte behandeln werden? Uns genügen 44 Jahre betrogener Hoffnung! Darum kämpfen wir weiter für unser gutes Recht, das überall in der Welt verstanden wird: Für das Selbstbestimmungsrecht! – Die Südtiroler Freiheitskämpfer.“*

15. Mai 1965

Landesversammlung der Südtiroler Volkspartei

Magnago teilt Gründe für Südtiroler Ablehnung des bisherigen Verhandlungsergebnisses mit

Die SVP hielt in Bozen ihre 17. Landesversammlung ab, die im Zeichen der Gründung der SVP vor 20 Jahren stand. Der Obmann Dr. Magnago gab einen umfassenden Rechenschaftsbericht und erklärte zur aktuellen Lage: *„Wir haben die österreichische Regierung wissen lassen, daß das bisher Erreichte, wenn es auch einen schönen Fortschritt bedeutet, der anerkannt werden muß, in Anbetracht der noch offen gebliebenen und wichtigen Fragen, die noch keine Erledigung erfahren haben, keine Lösung für die Südtirolfrage darstellt, und sie gebeten, weitere Anstrengungen zu unternehmen, damit auch die noch offenen Probleme einer zufriedenstellenden Lösung zugeführt werden können."* Insbesondere sei jeder Vorschlag eines Veto-Rechtes einer Volksgruppe in Südtirol unannehmbar, *„weil dadurch die Demokratie auf den Kopf gestellt und eine Mauer zwischen den Volksgruppen errichtet würde."* Das bisher auf bilateraler Ebene Verhandelte entspräche im großen und ganzen dem Resultat der Vorschläge der Neunzehner-Kommission. In einigen Bereichen liege man darunter, in einigen Bereichen darüber. Wichtige offenstehende Fragen müßten noch einer Klärung zugeführt und es müsse daher weiterverhandelt werden.

Brief der politischen Häftlinge: „Was ist dies anderes als Diktatur?"

In der Diskussion wurde von Pircher-Hoffmann aus Lana, Vater eines in Mailand verurteilten Südtirolers, ein Brief der politischen Häftlinge an die Ortsobmänner der SVP verlesen. Darin hieß es, daß seit Kriegsende schon wieder 20 Jahre vergangen seien, in denen man den Südtirolern ihre Rechte vorenthalten habe. Diese Zeit sei fast so lange wie die Zeit, in welcher der Faschismus in Südtirol geherrscht habe. Man müsse nun dem italienischen Staat energisch die Frage stellen, ob er endlich dazu bereit sei, den Südtirolern ihre Rechte zu geben. In Südtirol herrsche der Ausnahmezustand. Die Verwaltung liege immer noch in den Händen der Italiener. Ein Regierungskommissar, der den Südtiroler aufgezwungen worden sei, erteile seine Weisungen. Was sei dies anderes als Diktatur? Die politischen Häftlinge hätten sich dagegen erhoben. Die Partei aber habe mit mehr Eifer verurteilt als die Italiener, ohne die tiefen Ursachen dieser Handlung aufzuzeigen. Es handle sich hier um eine Selbstzerfleischung, wie sie nur im Südtiroler Volke feststellbar sei. Sie, die politischen Häftlinge, seien weder von Haß- noch Rachegefühlen erfüllt, aber einmal sei auch bei ihnen der Faden der Geduld gerissen. Der Brief schloß mit den Worten: *„Gott schütze unser geliebtes Tirol!"*

Magnago verweigert Totenehrung

Einen Schatten auf die Landesversammlung warf das Bemühen der Parteiführung, sich sogar noch von den toten Freiheitskämpfern zu distanzieren. So wurden bei der Totenehrung *„die beiden großen Volkshelden Amplatz und Kerschbaumer vergessen"*, wie ein Delegierter bemängelte und daraufhin den Antrag stellte, diese Ehrung nachzuholen. Dr. Brugger, der den Vorsitz führte, erklärte, man habe nur der seit der letzten Landesversammlung gestorbenen Parteimitglieder gedenken wollen. Ein anderer Delegierter: *„Kerschbaumer war doch auch Ortsobmann von Frangart!"* Daraufhin meldete sich Magnago zu Wort und meinte, daß sich die Landesversammlung nicht vom Gemüt treiben lassen dürfe, und er empfehle, nur das zu tun, was der Volksgruppe nütze, und alles zu unterlassen, was ihr schade. Die Ehrung unterblieb.

18. Mai 1965

Grazer Südtirolprozeß:

Zeuge: Nicht zur Ehre der österreichischen Justiz!

Als Zeuge war der ehemalige ÖVP-Obmann von Nordtirol, Landesrat und Südtirolreferent der Landesregierung, Hofrat Dr. Oberhammer, geladen. Er sollte dazu befragt werden, inwieweit österreichische Politiker von den Anschlägen des Jahres 1961 vorher informiert gewesen seien und ob diese mit der Billigung dieser Politiker stattgefunden hätten. Er sagte, er sei nur sehr ungern zu einem Prozeß nach Graz gekommen, der der österreichischen Justiz bestimmt nicht zur Ehre gereiche, weil hier Mut und Patriotismus unter Anklage gestellt worden seien. Er und der nächste, ebenfalls aus Innsbruck kommende Zeuge Wolfgang Pfaundler, der im zweiten Südtirolprozeß freigesprochen worden war, entschlugen sich der Aussage.

Grauenhafte Folterungen

Über die Aussage des Zeugen Siegfried Graf berichtete die Grazer „Südost-Tagespost": *„Ein dritter Zeuge, der Südtiroler Siegfried Graf, von Beruf Elektromechaniker, wurde eingehend über die Folterungen durch italienische Polizisten in Bozener und Meraner Carabinieri-Kasernen befragt. Die Schilderung seiner persönlichen Erlebnisse war so grauenvoll, daß es unmöglich ist, sie in allen blutigen Einzelheiten wiederzugeben. Die italienischen Polizisten und ihre Offiziere, die sich diese Folterungen zuschulden kommen ließen, können als Menschen wahrhaftig nicht mehr angesprochen werden. Man hat die Südtiroler achtstündigen pausenlosen Verhören unterworfen, wobei sie stehen und in grelle, 10.000 Watt starke Quarzlampen schauen mußten, ununterbrochen geprügelt und mißhandelt wurden, bis sie schließlich zusammensackten. Mehr als eine Stunde gab man ihnen nie Zeit, dann begannen die Verhöre, die Marterungen und Qualen von neuem. Es gab kein Essen, kein Trinken, keinen Schlaf. Schließlich wurden sie nackt ausgezogen und am ganzen Körper mit glühenden Zigaretten gebrannt, mit Stahlruten ausgepeitscht, bis der Körper nur noch ein blutverschmierter Fleischklumpen war, bis die Augen mit Fleischwülsten verschwollen waren, bis manche das Gehör eingebüßt hatten, wenn ihnen nicht, wie einem Freund des Zeugen, die Ohrmuscheln überhaupt abgerissen wurden. Die Frage eines Verteidigers, ob die Namen der Carabinieri den italienischen Behörden bekanntgegeben wurden, bejahte der Zeuge. Verteidiger: Sind die Carabinieri bestraft worden? Zeuge: Im Gegenteil. Sie sind belobt und viele sogar befördert worden."*

<u>20. Mai 1965</u>

Agentenprovokation: Bombenattrappe in Wohnhaus zur Prozeßbeeinflussung

Im Auftrag seines Führungsoffiziers Staroppoli, den er am Brenner unter der konspirativen Telefonnummer 66128 anzurufen pflegte, besorgte sich der in Innsbruck tätige italienische Lockspitzel und Agent Robert Kranzer aus Klobenstein am 12. Mai Sprengstoff und das nötige Material, um eine Bombe zu bauen. Er hinterlegte in einem von Italienern bewohnten Wohnhaus dann eine allerdings nicht zündbereite Sprengladung, deren „aufsehenerregende Entdeckung" durch die Carabinieri dann beweisen sollte, daß die Freiheitskämpfer auf das Leben unschuldiger Zivilisten, Frauen und Kinder abzielen. Diese Aktion sollte vor allem den Ausgang des Grazer Südtirolprozesses beeinflussen, der seit dem 10. Mai im Gange war. Nach der Hinterlegung fuhr Kranzer auf den Brenner und machte in der dortigen Grenzstation einem „Dottore" Meldung über die hinterlegte Sprengladung. Die Carabinieri fanden jedoch die deponierte Bombe nicht, wie geplant, am 18. Mai, zwei Tage vor der Urteilsfindung im Grazer Südtirolprozeß. Kranzer wurde am 19. Mai in Innsbruck verständigt, daß die Carabinieri die Bombe nicht finden könnten. Er mußte daher am 20. Mai nochmals mit dem D 67 „Brennerexpreß" zum Brenner fahren, um Staroppoli, seinem Kontaktmann, die Örtlichkeit der Bombenhinterlegung genau zu beschreiben. Nunmehr lief am 20. Mai die „Bombenauffindung" im Beisein der italienischen Presse endlich mit vollem Getöse über die Bühne, und folgende Meldung konnte über „Associated Press (AP)" am 21. Mai in alle Welt ausgestrahlt werden: *„Bombenanschlag in Bozen im letzten Augenblick verhindert. Drei Kilo TNT-Sprengstoff mit einer bereits tickenden Zeitzündervorrichtung wurden gestern nachmittag im Keller eines dreistöckigen Wohnhauses in der Baristraße 40 in Bozen, das von acht Familien bewohnt wird, entdeckt. Die 23jährige Luisa Rovari schnitt die Verbindungsschnur zwischen der Uhr und dem Sprengstoff durch und erlitt später einen Ohnmachtsanfall, als Sachverständige sie darauf aufmerksam machten, daß sie gerade dadurch die Explosion hätte auslösen können, durch die möglicherweise das ganze Haus eingestürzt wäre."* Das gut inszenierte Rührstück mitsamt „italienischer Heldin" und „Tiroler Schurken" verfehlte allerdings seine Wirkung, da die Meldung zu spät kam, um den Grazer Südtirolprozeß noch zu beeinflussen. Zu dem Zeitpunkt der AP-Meldung, die dann auch von der APA übernommen wurde, saßen in Graz die

Schöffen schon im Beratungszimmer und fällten den von der Verteidigung beantragten Beschluß auf Unzuständigkeit des Schöffensenates und der Zuständigkeit eines Schwurgerichtes. (Siehe 21. Mai 1965.) Robert Kranzer, der auch als Spitzel für die österreichische Staatspolizei arbeitete, gestand später den Südtiroler Freiheitskämpfern seine Agententätigkeit und die Inszenierung des vorgetäuschten „Bombenalarms".

21. Mai 1965

Grazer Südtirolprozeß endet mit Erfolg der Angeklagten

Nach stundenlanger Beratung erklärte sich das Schöffengericht in Graz, den Anträgen der Angeklagten folgend, am zehnten Verhandlungstag für unzuständig. Zur Begründung wurde angeführt, daß die Angeklagten selbst durch ihre erweiterten Geständnisse bewiesen hatten, daß nicht nur Sprengstoffdelikte begangen wurden. Die Angeklagten, Rechtsanwälte und Zuschauer nahmen diese Entscheidung mit Begeisterung auf und unter den Protestrufen des Gerichtsvorsitzenden und dem Surren der Fernsehkameras sangen sie gemeinsam das Andreas Hofer-Lied. Der Staatsanwalt legte gegen diese Gerichtsentscheidung sofortige Nichtigkeitsbeschwerde ein, mußte diese jedoch auf Anordnung des Justizministeriums zurückziehen. Er wurde angewiesen, vor einem Geschworenengericht neu anzuklagen.

„Sieg des Rechtes"

Unter diesem Titel kommentierte Hans Dichand, Chefredakteur der größten österreichischen Tageszeitung, der „Kronen Zeitung", den Prozeßausgang. *„Der Staatsanwalt wollte die Aktionen der Südtiroler Widerstandsbewegung, soweit sie mit der Anklage des Grazer Prozesses in Zusammenhang stehen, als rein kriminelle Taten ohne jeden politischen Hintergrund verurteilt wissen. Die Angeklagten, ihre Verteidiger und wohl auch die Mehrheit der österreichischen Bevölkerung sehen die Anklagepunkte jedoch als politisch motiviert an . . . Im Gerichtssaal stimmten die Angeklagten das Andreas Hofer-Lied an und die Zuhörer sangen voller Begeisterung mit. Auch wir hätten, wären wir in dem Grazer Gerichtssaal anwesend gewesen, das Andreas Hofer-Lied mitgesungen; galt es doch, einen Sieg des Rechtes zu feiern. Und solche Anlässe, ein Freiheitslied anzustimmen, scheinen uns immer seltener zu werden . . ."* Die „Südost-Tagespost" in Graz kommentierte das Urteil so: *„Österreich ist als Rechtsstaat in der letzten Zeit reichlich unterhöhlt worden. Um so mehr muß der Staatsbürger seiner Freude darüber Ausdruck geben, daß sich unter der Führung eines im Dienste der Rechtsfindung ergrauten Richters ein Senat bereit fand, eine konstruierte und der Verfassung widersprechende Anklage abzulehnen, und zwar in der Form der Unzuständigkeitserklärung. Es ist dies ein Lichtblick sondergleichen in unserer wiederholt durch äußere Einflüsse – so etwa durch willkürliche Einstellungen von Verfahren – in Mißkredit gebrachten Rechtsprechung. Der Dank, den einer der Senioren der Verteidigung, Landtagspräsident Dr. Kaan, dem Vorsitzenden am Abend vor der ‚Urteilsfällung' präsumtiv gezollt hat, ist durch das Ergebnis des gestrigen Tages vollauf gerechtfertigt. Der Dank wurde auch dem Beisitzer und den Schöffen abgestattet und nicht zuletzt dem Anklagevertreter, der seine Pflicht in vollem Ausmaß, wenn auch schweren Herzens, erfüllte, weil – und dies lassen wir uns nicht nehmen – die Anklage in dieser Form nicht sein Werk war."*

26. Mai 1965

Sprengstoffanschlag

Mit Hilfe von drei Kilogramm Sprengstoff wurde in Riffian ein Hochspannungsmast schwer beschädigt. Entgegen der sonst von den Südtiroler Freiheitskämpfern geübten Technik war kein Zeitzünder, sondern eine normale Zündschnur verwendet worden. Die sofort unter Einsatz von Hubschraubern, Jeeps und gepanzerten Fahrzeugen eingeleitete Suche blieb erfolglos.

6. Juni 1965

Standschützengedenktag: Die wirkliche Grenze Tirols

Anläßlich des 50. Jahrestages des Ausrückens der Tiroler Standschützen im Ersten Weltkrieg fand in Innsbruck ein Festzug statt. Schützen, Musikkapellen sowie Traditionsverbände der beiden Weltkriege und des österreichischen Bundesheeres zogen an der Ehrentribüne vorbei. Als die Südtiroler vorbeikamen, wurden Rufe wie „Hoch Südtirol", „Freiheit für Südtirol" und „Wir bleiben Tiroler" laut. Als die Standschützen des Ersten Weltkrieges vorbeikamen, wurde von den Südtiroler Freiheitskämpfern ein 10 x 5 m großes Transparent mit der Aufschrift „War euer Opfer umsonst? – Freiheit für Südtirol" enthüllt. In der Festrede erklärte der Nordtiroler Landeshauptmann Wallnöfer: *„Wenn auch die Mächtigen der Welt – gegen das Recht und gegen den einmütigen Willen des Tiroler Volkes – die staatlichen Grenzen anders gezogen haben, wenn so scheinbar der beispiellose heldenmütige Kampf der Tiroler Standschützen und ihrer Kameraden in den Tiroler Bergen vergeblich war, die Stätten, wo sie gekämpft haben und wo sie gefallen sind, bleiben nach wie vor die unverrückbaren wirklichen Grenzen Tirols. Wir wissen, daß wir die staatliche Unrechtgrenze nicht mit Gewalt ändern können.* ***Aber niemand kann von uns erwarten, daß wir jemals das Unrecht Recht heißen und daß wir je aufhören, leidenschaftlich unsere ganze Kraft einzusetzen für das Recht in Nord- und Südtirol."***

8. Juni 1965

Südtiroler Lehrerschaft fordert Schulautonomie

Vertreter der Südtiroler Lehrerschaft sprachen beim italienischen Unterrichtsminister Gui vor, um eine baldige Durchführung der Schulautonomie und die Verwirklichung der Vorschläge der Neunzehner-Kommission zu erreichen.

Sprengstoffund

In Meran wurde vor einer Mietgarage in der Carduccistraße 73, in der Nähe des Hotel „Derby", eine drei Kilogramm schwere Sprengladung gefunden. Unklar blieb, ob hier ein Anschlag geplant oder nur ein Versteck entdeckt worden war. Nachforschungen der Polizei blieben ergebnislos.

10. Juni 1965

Jörg Klotz wieder in Nordtirol

Dem Südtiroler Schützenmajor Jörg Klotz wurde nach monatelanger Verbannung (in Wien) wieder der Aufenthalt in Nordtirol bewilligt. Er nahm im Oberinntal Wohnsitz.

Kreisky: Die Ålandinseln genießen den besten Minderheitenschutz.

Im Rahmen der Fragestunde des österreichischen Nationalrates stellte Außenminister Dr. Kreisky fest, daß die schwedische Minderheit auf den Ålandinseln sich des besten Minderheitenschutzes erfreue, der nur denkbar sei. Die Stellung der französischen Minderheit im Aostatal innerhalb der italienischen Republik sei besser als die der Südtiroler Minderheit, aber in jeder Beziehung schwächer als die der schwedischen Minderheit auf den Ålandinseln.

13. Juni 1965

Gemeindewahlen in Südtirol

In Bozen und in acht anderen Orten Südtirols fanden Gemeindewahlen statt. In Bozen konnte sich die deutsche Volksgruppe im wesentlichen behaupten, wenn auch der Stimmenanteil gegenüber 1964 etwas gesunken war. Sie verfügte wie bisher über neun Sitze im Gemeinderat, von denen die Südtiroler Volkspartei (SVP) acht Sitze (11.417 Stimmen, 20,31 %) und die Tiroler Heimatpartei einen Sitz (1.179 Stimmen, 2,10 %) bekam. Auf der Liste der Kommunistischen Partei (PCI) zog ein deutscher Vertreter in den Gemeinderat ein.

17. Juni 1965

Südtirol und die deutsche Einheit

„Der 17. Juni (Gedenktag für den Volksaufstand in der sowjetisch besetzten Zone 1953) *macht uns Südtiroler in Deutschland das gemeinsame Schicksal zwischen uns und dem schwergeprüften deutschen Volk – insbesondere der Bevölkerung in der geteilten Stadt Berlin – bewußt. Als Angehörige einer Volksgruppe, die schon über 40 Jahre die Teilung der Heimat ertragen*

muß, haben wir größtes Verständnis und Mitgefühl für das Leid, das durch die Zerreißung über das deutsche Volk hereingebrochen ist.“ Mit dieser Erklärung traten die in Berlin lebenden Südtiroler an die Öffentlichkeit. An der Gedenktafel für den Südtiroler Journalisten Dr. Oskar Pohl, der in Ausübung seiner Pflicht während des Freiheitskampfes 1953 ums Leben gekommen war, legten sie außerdem einen Kranz mit einer rotweißen Schleife und der Inschrift *„Unserem Landsmann – allen Opfern für Freiheit und Recht – zum Gedenken – Die Südtiroler in Deutschland“* nieder.

20. Juni 1965

Italienischer Aufmarsch gegen Südtiroler Freiheitskämpfer

Die italienischen Streitkräfte waren fest entschlossen, noch in diesem Jahr eine Entscheidung im Kampf gegen die Südtiroler Freiheitskämpfer herbeizuführen. Längs der Grenze zu Österreich wurden weitere Schutzhütten besetzt und mit Stacheldraht und Sandsackdeckungen zu militärischen Stützpunkten ausgebaut. Hubschrauberlandeplätze wurden angelegt, Sondereinheiten in die Grenztäler verlegt, Carabinieriposten verstärkt und die Anwerbung von Spitzeln – meist erfolglos – versucht. Der Bundestagsabgeordnete Ertl richtete an den deutschen Außenminister Schröder eine Anfrage. Darin wies er darauf hin, daß die Beschlagnahme von Schutzhütten als Beweis für eine Art Ausnahmezustand in Südtirol gewertet werden müsse. Gleichzeitig erinnerte er an die Zusage Italiens von 1964, daß man ausländische Urlauber in Zukunft in der Bewegungsfreiheit nicht mehr einschränken werde.

21. Juni 1965

Gefährliche Tracht

Der österreichische Arnoldsteiner Grenzland-Chor fuhr zu einer Konzertreise nach Südtirol. An der Grenze in Tarvis wurde dem Chor mitgeteilt, daß er in Tracht nicht einreisen dürfe. Der Chor kehrte um, später kamen die männlichen Mitglieder in Hemden und die weiblichen mit Regenmänteln über den Dirndlkleidern unbeanstandet über die Grenze.

25. Juni 1965

1964: Zuwanderung nach Bozen nicht völlig gestoppt

In Bozen wurden die Bevölkerungszahlen für den Stichtag 31. Dezember 1964 bekanntgegeben. Die Einwohnerzahl der Landeshauptstadt stieg zwischen 1951 und 1964 um 26.000 auf 96.701 Bürger. Die Zunahme war durch einen Geburtenüberschuß von 10.385 Personen, eine Zuwanderung von 8.900 Personen aus Südtirol selbst, eine Zuwanderung von 483 aus dem Ausland und eine Zuwanderung von 6.030 Personen aus Italien bedingt.

Dr. Norbert Burger in Graz enthaftet

Das Oberlandesgericht Graz verfügte gegen eine Kaution von 200.000,- Schilling die Enthaftung von Dr. Norbert Burger, der sich seit dem 21. 6. 1964 in Untersuchungshaft befand.

30. Juni 1965

Südtiroler Freiheitskämpfer warnen Italienreisende

In einem an Reisebüros und Autobusunternehmer versandten und in Bahnhöfen und internationalen Zügen verteilten Flugblatt warnte der Befreiungsausschuß Südtirol vor Fahrten nach Italien, da dort die persönliche Sicherheit von Reisenden – im Gegensatz zu Südtirol – nicht gewährleistet werden könne.

1. Juli 1965

Südtiroler im Schulwesen weiter benachteiligt

In Südtirol begannen die sogenannten Matura- und Diplomprüfungen. Von den 814 gemeldeten Kandidaten waren nur 290 Südtiroler, obschon diese Zweidrittel der Bevölkerung stellen. Mit diesen Zahlen läßt sich die anhaltende Benachteiligung der Südtiroler im Bereich des Schulwesens beweisen.

2. Juli 1965

Neuer „Globalvorschlag" wird erarbeitet

Nachdem Österreich mit seiner Note vom 30. März 1965 die Annahme des italienischen „Globalvorschlages" in der Form der am 16. Dezember 1964 von Saragat dem österreichischen Außenminister Kreisky unterbreiteten Vorschläge abgelehnt und wesentliche inhaltliche Ergänzungen verlangt hatte, beschloß die italienische Regierung, den alten „Globalvorschlag" nicht länger aufrechtzuerhalten. Die italienische Regierung beschloß, die gemischte Expertenkommission die Arbeit wiederaufnehmen zu lassen, um eine neue These für einen neuen „Globalvorschlag" aufnehmen zu lassen, der sich vor allem in der Frage der Verankerung von dem alten Vorschlag unterscheiden sollte. Er sollte nämlich keine internationale Garantie für die „Paket"-Durchführung mehr enthalten.

7. Juli 1965

Auch zweiter Südtirolprozeß in Mailand

Die erste Sektion des Kassationsgerichtshofes in Rom entschied über einen Antrag des Generalstaatsanwaltes in Trient, daß auch der zweite Sprengstoffprozeß gegen Südtiroler Freiheitskämpfer in Mailand stattfinden müsse. Mit der Durchführung wurde das gleiche Schwurgericht wie bei dem ersten Prozeß beauftragt.

11. Juli 1965

Sprengstoffund – Provokation?

In einem am Mailänder Bahnhof abgestellten, aus München kommenden Waggon des „Brenner-Expresses" wurde von der Bahnpolizei Sprengstoff gefunden.

13. Juli 1965

Schutzhütten in Südtirol beschlagnahmt

Nachdem sie bereits vorher zu befestigten Gebirgsstützpunkten umgebaut worden waren, wurden nun auf Anordnung des Vizeregierungskommissars 19 Schutzhütten offiziell beschlagnahmt. Es handelte sich um folgende Häuser: Weißkugelhütte, Stettiner Hütte, Zwickauerhütte, Grohmannhütte, Müllerhütte, Becherhaus, Tribulaunhaus, Wiener Hütte, Edelrauthütte, Similaunhütte, Gasthaus „Zur schönen Aussicht", Freigerhütte, Magdeburgerhütte, Auerhahnhütte, Riesenfernerhaus, Chemnitzerhütte, Schwarzensteinhütte, Lenkjöchl- und Kasselerhütte. Besondere Empörung löste die Mitteilung aus, daß diese Schutzhäuser in Zukunft weder für Nächtigungszwecke noch als Zuflucht zur Verfügung stünden.

Immunität von Hans Dietl aufgehoben

Das italienische Parlament genehmigte die Aufhebung der Immunität des Abgeordneten Hans Dietl. Er war durch die Aussagen von Günther Andergassen belastet worden, mit den Südtiroler Freiheitskämpfern in Verbindung gestanden zu haben. Um die Haltlosigkeit der Vorwürfe beweisen zu können, hatte sich Dietl mehrfach selbst um die Aufhebung der Immunität bemüht. Die Abgeordnetenkammer gab zwar nun die Zustimmung zu einer Strafverfolgung, lehnte aber die Autorisierung eines beantragten Haftbefehls ausdrücklich ab.

16. Juli 1965

Ethnischer Proporz und Doppelsprachigkeit in Meran

Im Gemeinderat von Meran wurde mit den Stimmen der SVP, DC und der sozialistischen Parteien gegen die Stimmen der Neofaschisten und der Liberalen beschlossen, Stellenbesetzungen in der Gemeindeverwaltung nach dem ethnischen Proporz durchzuführen und Doppelsprachigkeit der Bewerber zu verlangen. Damit wurde erstmals nach 20 Jahren in Meran nach dem Sinne des Pariser Vertrages gehandelt.

Tödliche Sprengstoffexplosion in Bozen
War es eine Falle des Geheimdienstes?
In einer Bozner Wohnung, die dem im Mailänder Südtirolprozeß zu neun Jahren verurteilten Martin Koch gehörte, kam es zu einer folgenschweren Sprengstoffexplosion, durch die der 24jährige österreichische Bauingenieur Helmut Immervoll tödlich verletzt wurde. Frau Grete Koch, die Frau des inhaftierten Freiheitskämpfers wurde daraufhin verhaftet. Neben dem Toten fand sich eine Pistole und ein Uhrenzeitzünder. Die offizielle Version lautete, daß Immervoll bei dem Scharfmachen einer Sprengladung, die wohl für das nahe gelegene Gerichtsgebäude in Bozen bestimmt gewesen sei, sein Leben verloren habe. In Nordtiroler BAS-Kreisen bestanden erhebliche Zweifel an der offiziellen Todesversion. Dort war man der Meinung, Immervoll sei in eine Falle des italienischen Geheimdienstes gelaufen und Opfer einer „getürkten" Sprengkapsel geworden. (Hans Mayr: „Die blutigen Nachwehen", in: Baumgartner / Mayr / Mumelter: „Feuernacht", Bozen 1992, S. 262.) Peter Kienesberger erinnert sich: *„Es gab einen nie ausgeräumten starken Verdacht gegen einen Südtiroler, der damals auf Grund seiner beruflichen Position relativ gefahrlos Kurierfahrten unternahm, Hilfsdienste leistete und die Verbindung zu dem Nordtiroler BAS hielt. Ein hieb- und stichfester Beweis für eine Agententätigkeit dieses Mannes konnte jedoch bisher nicht erbracht werden. Aus rechtlichen wie aus menschlichen Gründen kann sein Name daher nicht genannt werden, denn der Vorwurf einer Beteiligung am Meuchelmord ist ein äußerst schwerwiegender."* (Mitteilung Peter Kienesbergers am 15. 7. 96.)

20. Juli 1965
Streit um Doppelsprachigkeit am Brixner Krankenhaus
Am Krankenhaus in Brixen kam es bereits am 29. 4. 1965 zu Auseinandersetzungen, als der Primar der chirurgischen Abteilung von seinen beiden Südtiroler Assistenten verlangte, die Krankengeschichten in Zukunft nur mehr in italienischer Sprache abzufassen. Nach einer Anfrage des Abg. Dr. Jenny, die unbefriedigend beantwortet wurde, verlangte nun die SVP im Regionalrat einen Beschluß, mit dem diese Anordnung in Brixen zurückgenommen werden sollte.

24. Juli 1965
Österreicher wegen Flugblattaktion in Innsbruck am Brenner verhaftet
Italienische Polizeibeamte nahmen am Brenner den 20jährigen Innsbrucker Albert Schafferer fest. Sie warfen ihm vor, in Innsbruck (!) gegen Italien gerichtete Südtirolflugblätter verteilt zu haben. Neben der Tatsache, daß Italien eine Flugblattaktion in Österreich zum Anlaß zu einer Strafverfolgung nahm, blieb bis heute aufklärungsbedürftig, wie die italienischen Behörden von der nur der Innsbrucker Polizei bekannten Werbeaktion Albert Schafferers erfahren hatten. Anhand dieses Vorfalles und zahlreicher anderer seltsamer Ereignisse kann darauf geschlossen werden, daß die italienischen Geheimdienste Mitarbeiter bei österreichischen Dienststellen hatten. Der österreichische Generalkonsul in Mailand, Dr. Heininger, bemühte sich vorbildlich, aber vergeblich, um die Freilassung des jungen Mannes.

27. Juli 1965
Freiheitskämpfer überführen italienischen Agenten
Die Komplizenrolle der österreichischen Staatspolizei
Nachdem sie ihn in eine Innsbrucker Privatwohnung eingeladen hatten, gelang es den Freiheitskämpfern Godefried Höfner und Peter Kienesberger, den italienischen Agenten Robert Kranzer soweit einzuschüchtern, daß er ein volles Geständnis über seine Agententätigkeit ablegte und die überprüfbaren Details in einem Protokoll festhielt. Am 18. August 1965 veröffentlichte die Wiener „WOCHENPRESSE" dann die Einzelheiten aus dem ihr zugänglich gemachten Protokoll des Agenten. Aus dem Geständnis des Robert Kranzer ergab sich folgendes: Der am 30. 4. 1942 in Bozen geborene und in Klobenstein Nr. 42 am Ritten wohnhafte Robert Kranzer ist vermutlich das ledige Kind einer Südtirolerin und eines Carabiniere.

Bereits 1963 arbeitete er mit den Carabinieri zusammen und meldete eine Woche vor Fronleichnam, daß eine Ortsgruppe der SVP das damals verbotene Abschießen von Böllern und Hissen von Fahnen plane. Die Zusammenarbeit Kranzers war von dem Carabinieri-Unteroffizier Giuseppe Musnovo erpreßt worden, der ihm wegen Fahrens ohne Führerschein die Wahl zwischen Strafverfolgung und Spitzeltätigkeit gelassen hatte. Außerdem wurde ihm großzügige finanzielle Entlohnung versprochen.

Bespitzelungsobjekt Bruno Hosp

Insbesonders sollte Kranzer in seiner Heimatgemeinde die als Freiheitskämpfer verdächtigten Mitbürger Johann Tauferer, Franz Tauferer, Franz Fink, Max Wiesenheimer und viele andere bespitzeln. **Vor allem aber sollte er auch ein Auge auf den in Wien studierenden Bruno Hosp (den ehemaligen Generalsekretär der SVP und derzeitigen Landesrat; Anm. d. Red.) haben und ihm die Verbindung zu den Freiheitskämpfern nachweisen.**

Denunziation eines Landsmannes

Im Herbst 1964 bot sich Kranzer an, dem Franz Tauferer bei der Heuernte zu helfen. Zur Jausenzeit holte er aus dem Keller Wein und Speck und entdeckte dabei hinter einem Weinfaß vier Gewehre. Kranzer meldete dies sofort dem Brigadiere Musnovo, und Franz Tauferer wurde verhaftet, auf der Carabinieristation Ritten mit dem Pistolenknauf niedergeschlagen und schwer mißhandelt. 24 Stunden lang wurde er in der Kaserne ohne Wasser und Essen gefangengehalten, bis er nach Bozen überstellt wurde.

Spitzeltätigkeit in „Tiroler Heimatpartei" und bei Kaufleuten

Wiederum im Auftrag der Carabinieri wurde Kranzer Funktionär in der betont italienfreundlichen „Tiroler Heimatpartei" des ehemaligen SVP-Senators Raffeiner, wo er sich unter anderem als Fahrer eines Lautsprecherwagens betätigte. Diese Tätigkeit erlaubte ihm, ohne Verdacht bei der Bevölkerung zu erregen, im ganzen Land herumzufahren und in den Wirtshäusern politische Gespräche mit der Bevölkerung zu führen. Außerdem sammelte er vor allem bei den Bozener Geschäftsleuten unter den Lauben für die politischen Häftlinge *(„Wer für diese Leute nicht spendet, ist ein Lump!")*. Die Namen der Spender übermittelte er den Carabinieri. Dann beschlossen seine Führungsleute eine Ausweitung seiner Tätigkeit nach Nordtirol.

Kranzer wird nach Innsbruck geschickt

Zwei Tage nach dem Tod von Sepp Kerschbaumer berieten Brigadiere Musnovo und vier Geheimpolizisten aus Bozen in der Bozener Dante-Bar zusammen mit Kranzer, wie dieser in Innsbruck befindliche Freiheitskämpfer am besten ausspionieren könne. Am 25. Januar 1964 reiste Kranzer daher nach Innsbruck. Als Führungsoffizier war ihm ein Signore Staroppoli am Brenner zugewiesen worden. Auftragsgemäß meldete sich Kranzer sofort bei dem Bergisel-Bund als „politischer Flüchtling" und wurde auf dessen Vermittlung von dem patriotisch eingestellten Landeshauptmannstellvertreter Dr. Hans Gamper und dem Landesbeamten Dr. Senn von der Südtirolabteilung des Amtes der Tiroler Landesregierung empfangen, denen sich Kranzer als politischer Flüchtling präsentierte. Dr. Senn brachte Kranzer zur Sicherheitsdirektion, wo dieser wiederum seine Märchen erzählte und als Grund für seine „Flucht" aus Südtirol eine angebliche Hausdurchsuchung angab. Umgehend begann Kranzer seine Tätigkeit. Er besuchte den in Innsbruck inhaftierten Freiheitskämpfer Josef Felder im Gefängnis und nahm Kontakt mit den Exilsüdtirolern Sepp Almberger und Alfred Schelly auf. Vor allem aber bot er Peter Kienesberger und Godefried Höfner seine Mitarbeit bei Sprenganschlägen an. Diese, dem so spontanen Angebot gegenüber mißtrauisch, vertrösteten Kranzer auf später.

Provokatorische Bombe in Wohnhaus, um Freiheitskämpfer zu belasten

Am 18. Mai 1965 hinterlegte Kranzer im Auftrag der Italiener eine nicht zündfertige Bombe in einem Bozener Wohnhaus, welche dann mit großer Öffentlichkeitswirkung am 20. Mai 1965 (siehe dort!) „gefunden" wurde. Diese Bombe sollte den Schöffen im Grazer Südtirolprozeß den Beweis liefern, daß die Freiheitskämpfer nun auf Leben von Frauen und Kindern zielten und damit eine sichere Verurteilung bewirken. Sie hätte eigentlich schon zwei Tage früher zur Beeinflussung der Urteilsfindung im Grazer Südtirolprozeß gefunden werden sollen, aber Kranzer hatte den Carabinieri eine schlechte Ortsbeschreibung geliefert, so daß sich die Auffindung verzögerte.

Kranzer wird aufgedeckt und zum „Doppelagenten“ gemacht

Kranzer arbeitete in verschiedenen Tiroler Hotels, zum Schluß im noblen Sporthotel Igls, als Kellner. In diesem von Touristen wimmelnden Haus waren einem Angestellten Anfang Juni mehrere tausend Schilling gestohlen worden. Die Hoteldetektive machten sich auf die Suche und öffneten die Zimmer und Schränke der anderen Angestellten. Sie staunten nicht schlecht, als sie in Kranzers Zimmer ein Arsenal, bestehend aus einer Pistole P 38 mit Munition, 10 kg Sprengstoff, 25 m Knallzündschnur und zwei Zeitzündern fanden. Die alarmierte österreichische Staatspolizei beschlagnahmte das gefährliche Material, ließ den potentiellen Attentäter jedoch ungeschoren. Für die Südtiroler Freiheitskämpfer Godefried Höfner und Peter Kienesberger war nun klar, daß Kranzer, den sie auf Grund von Warnungen aus Südtirol ohnedies für einen Lockspitzel der Italiener hielten, nun auch zum Informanten der Staatspolizei geworden war. Sie beschlossen, der allzu großen Schonung italienischer Spitzel durch die österreichischen Behörden ein Ende zu setzen und auf eigene Faust Ermittlungsbehörde zu spielen.

Kranzers Geständnis und die Festnahme von Höfner und Kienesberger

Am 26. Juli beging Kranzer die Unvorsichtigkeit, den beiden Freiheitskämpfern zu einem „konspirativen Gespräch“, über welches er seinen Auftraggebern berichten zu können hoffte, in die Wohnung des abwesenden Univ. Ass. Dr. Norbert Burger in Innsbruck zu folgen. Dort erfuhr Kranzer, daß er hier keine Geheimnisse erfahren würde, sondern welche preiszugeben hatte. Gegenüber der Polizei behauptete Kranzer später, daß eine auf ihn gerichtete Pistole sein Erinnerungsvermögen steigern geholfen hatte. Kranzer legte ein lückenloses Geständnis ab, dessen Daten überprüft werden konnten. Darüber wurden eine Niederschrift sowie noch ein ergänzendes Protokoll an Ort und Stelle angefertigt und von Kranzer unterfertigt. Damit war der Doppelagent enttarnt und für den direkten weiteren Einsatz gegen die Freiheitskämpfer unbrauchbar. Unmittelbar nach dem Verhör und dem Geständnis vor den Freiheitskämpfern eilte Robert Kranzer zu seinem Kontaktmann Ennemoser von der österreichischen Staatspolizei und berichtete ihm die Geschichte seiner Enttarnung. Für die Staatspolizei war die Angelegenheit mehr als peinlich: Ein geständiger Bombenleger und italienischer Provokateur als Mitarbeiter einer österreichischen Behörde! Medienberichte waren zu befürchten. So entschloß man sich, das Problem umgehend durch die Festnahme von Höfner und Kienesberger zu lösen. Die Staatspolizei erstattete gegen die beiden Anzeige wegen Erpressung und Einschränkung der persönlichen Freiheit.

Totschweigen verhindert: Die Enthüllungen in der „WOCHENPRESSE“

Am 29. Juli unterfertigte Untersuchungsrichter Dr. Hule den Haftbefehl, und am 30. Juli wurden Höfner und Kienesberger verhaftet. Vorher hatten sie aber die Kranzer-Protokolle an einen befreundeten Journalisten bei der „WOCHENPRESSE“ geschickt und einen Teil der von ihnen bei Kranzer aufgefundenen Beweismittel für die Agententätigkeit Kranzers in Sicherheit gebracht. Die Hoffnung der Staatspolizei, die beiden Freiheitskämpfer würden im Gefängnis still vor sich hin dunsten und nicht in der Lage sein, die Medien zu unterrichten, zerschlug sich. Am 18. August brachte die „WOCHENPRESSE“ in Wien in ihrer Ausgabe Nr. 34 einen großen Bericht mit wörtlicher Wiedergabe des Geständnisses von Kranzer vor den Freiheitskämpfern.

(„WOCHENPRESSE“ Nr. 34 vom 18. 8. 65, Kranzers Geständnisprotokolle im Archiv von Peter Kienesberger, Gedächtnisprotokoll Kienesberger.)

Vergebliche Anzeige gegen Kranzer, der freigelassen wird
Freiheitskämpfer bleiben in Haft

In der Haft erstattete Peter Kienesberger sowohl vor der Staatspolizei als auch vor dem Untersuchungsrichter Anzeige gegen Kranzer wegen des Verbrechens nach dem Sprengstoff- und Waffengesetz sowie wegen des Verbrechens der Verleumdung. Kranzer wurde kurze Zeit in Haft genommen und dann – wie in allen ähnlich gelagerten Fällen üblich – ohne Aufsehen und Peinlichkeit für die Italiener still entlassen. Weder der Besitz von Waffen und Sprengstoff noch eine Anzeige des Geschäftsführers des Olympiahotels in der Axamer Lizum wegen Unterschlagung hatten diesen Schützling der italienischen und der österreichischen politischen Polizei in der Haft festhalten können. Kranzer begab sich nach Salzburg, wo er mitten in der Festspielzeit im teuersten Hotel Salzburgs, im Hotel Winkler, Aufenthalt nahm und dort längere Zeit wohnte. Dies, obwohl er vorher in Innsbruck noch genau über 200 Schilling verfügt hatte. Während sich Kranzer, finanziell gut versorgt, für neue Spitzeldienste in der Festspielstadt erholte, blieben Höfner und Kienesberger bis 20. September 1965 in Haft, dann wurde das Verfahren gegen sie unter „Verfolgungsvorbehalt" eingestellt.

Erneute Spitzeltätigkeit in Südtirol und Belastungszeuge in Mailand

Kranzer kehrte nach Südtirol zurück, wo die „Dolomiten" am 16. September 1965 davor warnten, daß er sich mit gefälschten Papieren wiederum als angeblicher „Spendensammler" für die politischen Häftlinge betätige. Am 18. 2. 1969 (siehe dort!) trat Kranzer als Belastungszeuge der Anklage im 3. Mailänder Südtirolprozeß, „Steinalm-Prozeß") gegen die angeklagten Südtiroler und Österreicher auf.

Mahnung aus Tirol

Am 13. August 1965 sandte der Nordtiroler Landeshauptmannstellvertreter Dr. Gamper Briefe an Innenminister Czettel und Justizminister Dr. Broda und ersuchte die Regierungsmitglieder, dafür Sorge zu tragen, daß sich die österreichische Staatspolizei *„künftig nicht der gleichen Spitzel bedienen möge wie die Italiener."*

Sprengstoffund: Provokation

Unter dem Sitz eines Kurswagens Dortmund-Mailand wurde ein Paket mit drei Kilogramm Sprengstoff, ohne Zündanlage, gefunden. Dieser Vorfall läßt sich in eine Reihe ähnlicher „Attentate" einreihen, die vom italienischen Geheimdienst zum Zweck der Diffamierung der Freiheitskämpfer inszeniert wurden.

Verschärfte Kontrollen der Italiener

Die Kontrollen der Fahrzeuge und Züge nach Italien wurden in den letzten Tagen drastisch verschärft, da die italienischen Behörden mit dem Aufflammen neuer Widerstandshandlungen rechneten. Die an der Grenze zu Österreich eingesetzten Militäreinheiten wurden ebenfalls erneut verstärkt.

28. Juli 1965

Geheimkonferenz der Experten in London: Italien lehnt „Paket"-Erweiterung ab

Löwenthal, Kirchschläger und Kathrein auf der einen Seite und Toscano und Gaja auf der anderen Seite verhandelten in London auf Expertenebene. Zur Debatte standen die 14 Forderungen der Südtiroler als Ergänzung zum Kreisky-Saragat-„Paket" (1 Punkt hinsichtlich der Verankerung, 13 Punkte zum Inhalt des „Paketes"), die am 10. April auch als offizielle Forderungen Österreichs in Form einer Note überreicht worden waren. Die Italiener erklärten, daß die bisherige Summe der italienischen Angebote nicht überschritten werden könne. Wenn man also eine Bereicherung des „Paketes" wolle, werde die Verankerung geschmälert und umgekehrt. Die Österreicher erklärten dazu, daß eine Schmälerung der Garantie nicht in Frage komme, denn eine halbe Garantie sei gar keine Garantie. Der Vorschlag Österreichs, zunächst das Ergebnis von Paris (siehe 16. Dezember 1964!) anzunehmen und dann über die offenen Punkte weiter zu verhandeln, ließ Toscano heftig reagieren: Dies komme nicht in Frage. Die Streitbeilegung müsse eine endgültige sein! Toscano erklärte, daß man auf den Stand der Dinge vor den Londoner Gesprächen und den Pariser Verhandlungen zurückgehen müsse, wenn Österreich nicht auf der Basis von Paris abschließen wolle. Dann seien aber die damaligen 18 offenen Punkte im „Paket" wiederum offen, wobei Italien die meisten von ihnen nicht annehmen könne. Die Einklagbarkeit des „Paket"-Inhaltes sei auf diesem Stand der Dinge ebenfalls nicht mehr gegeben. Somit endete die Verhandlung der Experten ohne Einigung.

29. Juli 1965

Kühne Propagandaaktion

Nachdem schon in den letzten Tagen in ganz Tirol Aufschriften gepinselt worden waren wie *„Freiheit für Südtirol"* und *„Selbstbestimmung"*, brachten Unbekannte in der Nacht an der

Europabrücke in hunderten Metern Höhe eine rot-weiß-rote Tafel an mit der weithin sichtbaren Aufschrift *„Südtirol zurück an Österreich!“*

1. August 1965

Bobleter: Italiener verweigern lebenswichtige Kompetenzen

In der in Innsbruck erscheinenden Zeitschrift „Südtirol in Wort und Bild“ erklärte der Staatssekretär im Außenministerium, Dr. Carl Bobleter, daß sich Italien in den bisherigen „Paket“-Verhandlungen geweigert habe, der Provinz Bozen folgende für das Überleben der deutschen Volksgruppe wichtigen Kompetenzen zuzugestehen:

1) Zuständigkeit auf dem Gebiet der Industrie;
2) Kompetenz auf dem Gebiet der Arbeitsvermittlung;
3) Zuständigkeit für das Kreditwesen;
4) Gleichberechtigung der deutschen mit der italienischen Sprache;
5) Budgethoheit.

Laut Bobleter könnte diese Liste noch weiter verlängert werden. Deshalb reiche der derzeitige Verhandlungsstand nicht für einen Abschluß mit Italien aus.

3. August 1965

„Wir brauchen in Tirol keine italienischen Agenten“

Unter diesem Titel forderte das Organ der Nordtiroler ÖVP, die „Tiroler Nachrichten“, daß die österreichische Staatspolizei nicht mehr mit italienischen Agenten zusammenarbeiten und diesen nicht freien Spielraum in Österreich einräumen solle. Die Zeitung verwies darauf, daß die österreichische Polizei ein Jahr lang untersucht habe, ob nicht doch vielleicht ein Österreicher die Anschläge von Ebensee begangen haben könnte, obwohl die Spuren von Anfang an nach Italien gewiesen hatten. Statt sich in dieser Weise zu betätigen, solle die Staatspolizei endlich mit dem italienischen Agentenwesen aufräumen, welches sich in Nordtirol und insbesondere in Innsbruck breitgemacht habe. Wie das deutsche Nachrichtenmagazin „DER SPIEGEL“ bereits in seiner Nr. 44/1964 gemeldet hatte, habe Italien insgesamt 600 Spitzel und Agenten gegen die Freiheitskämpfer eingesetzt.

5. August 1965

Interne Südtirol-Konferenz in Klagenfurt

Aus Österreich nahmen Kreisky, Kirchschläger, Wallnöfer und Kathrein teil, aus Südtirol Magnago, Pupp, Mitterdorfer, Benedikter, Brugger, Volgger und der SVP-Sekretär Atz. Gesandter Kirchschläger stellte fest, daß das Pariser Ergebnis von Saragat – Kreisky tatsächlich das Maximum der italienischen Zugeständnisse gewesen sei und Italien jetzt zu dem Stand davor, nämlich dem der 5. Expertengespräche von Genf mit den 18 offenen „Paket“-Punkten, zurückkehren wolle. Kreisky führte die veränderte Verhandlungsbereitschaft auch auf die erfolgten Veränderungen in der personellen Zusammensetzung der Regierung in Italien zurück. Insbesondere sei der neue Außenminister Fanfani gewillt, sich für eine weitere Karriere zu profilieren und denke nicht daran, etwas Unpopuläres im Parlament durchzubringen. Der Sozialist Saragat habe auf seine kleine Partei nicht soviel Rücksicht nehmen müssen und hatte weiter gehen können, während die Christdemokraten nun etwas zu verlieren hätten in Hinblick auf die bevorstehenden Wahlen. Landeshauptmann Magnago nahm zu dem Vorschlag des Nordtiroler Landeshauptmannes Wallnöfer, auf der Basis der bisherigen Zugeständnisse Italiens vorläufig abzuschließen und die offenen Punkte später nachzuverhandeln, Stellung. Er fürchte, daß Italien die offenen Punkte später nicht mehr mit Österreich diskutieren wolle. Der Gesandte Kirchschläger sagte, daß die italienische Seite die Auffassung vertrete, daß die Summe der Zugeständnisse gleich bleiben müsse. Wenn man nun auf der Seite der Verankerung mehr wolle, so werde Italien bei dem „Paket“-Inhalt Abstriche machen und umgekehrt. Einen Abschluß auf Raten akzeptiere Italien nicht, sondern verlange eine endgültige Regelung der Frage. Kreisky erklärte, die Südtiroler sollten nicht die Stellung der Österreicher als Unterhändler untergraben, man käme sonst in die unangenehme Lage, daß die Italiener äußern könnten, die Österreicher maßten sich eine Schutzmachtrolle an, welche die Südtiroler gar nicht sonderlich wünschten. Die Sitzung endete ohne konkretes Ergebnis. Kreisky betonte, Österreich wolle die Südtiroler nicht unter Druck setzen und ihnen keine Lösung vorschlagen, die ihnen nicht liege. Im übrigen erklärte Kreisky unter Hinweis auf Erkenntnisse des Innenministeriums, er wolle den Konferenzteilnehmern mitteilen, *daß „die Radikalen“* eine *„neue Terrorwelle“* vorbereiteten.

15. August 1965
Bergtod von Kurt Welser
Der Innsbrucker Kaufmann Kurt Welser fand am Zinalrothorn in der Schweiz den Bergtod. Als einer der ersten zog er Ende der fünfziger Jahre aus den erfolglosen Verhandlungen mit Italien die Konsequenz. Tatkräftig war er am Aufbau des Befreiungsausschusses Südtirol beteiligt. Als er im Januar 1961 gemeinsam mit Kameraden das Mussolinidenkmal in Waidbruck sprengte, gehörte er zu jenen Tirolern, die ein Fanal setzten. Zweimal wurde er deshalb in Österreich vor Gericht gestellt, wegen des Ebensee-Attentats verleumdet und unschuldig inhaftiert. Dennoch bewies er Standhaftigkeit und unerschütterliche Liebe zu Tirol.

21. August 1965
Welser-Begräbnis
Auf dem Wiltener Friedhof in Innsbruck wurde der in Italien in Abwesenheit zu 23 Jahren Kerker verurteilte Freiheitskämpfer Kurt Welser zu Grabe getragen. Mehr als 1.500 Freunde gaben ihm die letzte Ehre. Sein Kamerad im Freiheitskampf und am Berg, Dr. Heinrich Klier, nahm von ihm mit den Worten Abschied: *„Kurt Welser hat die beiden Begriffe Freiheit und Rechtlichkeit mit Leben und Wärme erfüllt und er hat sich mutig für ihre Durchsetzung im Süden Tirols eingesetzt. Er war mit jeder Faser ein freiheitsliebender Mensch, die Art, wie er ging und sprach, dieser große prachtvolle Kerl, die verriet, daß er ein Freier war. Sein Schritt mag für diese Welt zu groß gewesen sein, sein Denken zu redlich, sein Handeln zu mutig: deshalb mußte er immer wieder anecken.“* Der Friedhof konnte nicht alle Kränze fassen, so daß viele auf der Mauer aufgelegt werden mußten. Kranzschleifen trugen folgende Aufschriften: *„In treuem Angedenken – die politischen Gefangenen Südtirols.“ „Wir führen es zu Ende. BAS.“ „Grüß mir meinen Luis! Anna Amplatz.“ „Deine Liebe zur Heimat lebt in uns weiter. Deine Pusterer Buben.“ „Dem Streiter für die Einheit Tirols. Die Südtiroler Freiheitskämpfer.“ „Dein Werk ist nicht mit Dir gestorben. Deine Oberösterreicher.“*
Zu Zwischenfällen kam es auf dem Friedhof, als der Fotograf Salomon von der Bozener italienischen Tageszeitung „Alto Adige“ versuchte, die Begräbnisteilnehmer auf dem Friedhof mit einer Teleoptik Gesicht für Gesicht zu fotografieren. Von jungen Tirolern verfolgt, rettete er sich in die Innsbrucker Polizeidirektion, wo ihm die Polizei die Filme mit der Begründung abnahm, dieselben würden sonst in die Hand des italienischen Geheimdienstes gelangen. Offenbar war Salomon den österreichischen Behörden einschlägig bekannt. Wie den Freiheitskämpfern später bekannt wurde, soll Salomon tatsächlich mit italienischen Geheimdiensten zusammengearbeitet haben.

26. August 1965
Geheimtreffen Klaus – Moro auf Trentiner Berghaus
Zwischen dem österreichischen Bundeskanzler Klaus und dem italienischen Ministerpräsidenten Moro kam es auf einem Berghaus im Fleimstal zu einem Geheimtreffen, über welches Klaus nicht einmal seinen Außenminister Dr. Kreisky informiert hatte. Der Kärntner Papierfabrikant Rudolf Moser aus Sachsenburg, bekannt für seine intensiven Kontakte zur italienischen Democrazia Cristiana, hatte dieses Treffen unter Umgehung aller diplomatischen Dienststellen „privat“ vorbereitet. Durch eine Indiskretion der „Süd-Ost-Tagespost“ (am 31. August) erfuhren die Süd- und Nordtiroler Politiker, daß über ihren Kopf hinweg Verhandlungen geführt worden waren. Auf eine parlamentarische Anfrage der SPÖ-Abgeordneten Dr. Winter und Horejs nach dem Inhalt der geheim geführten Gespräche antwortete Bundeskanzler

Dr. Klaus am 8. Oktober vor dem Parlament: *„Da es sich um eine inoffizielle und strikt private (!) Begegnung gehandelt hat, bestand keine Ursache, über dieses Treffen ohne Zustimmung meines Gesprächspartners eine amtliche Verlautbarung auszugeben."* Unter Hinweis auf den „privaten Charakter" des heimlichen Treffens in der Almhütte verweigerte Dr. Klaus auch vor dem Parlament jede Auskunft über die Gesprächsinhalte. Der italienische Ministerpräsident Aldo Moro konnte hingegen am 13. Oktober 1965 in der italienischen Kammer erklären, daß er sich mit Wissen des italienischen Außenministers mit Klaus getroffen habe, daß also die Begegnung keineswegs privat gewesen war.

Klaus gab politischen Charakter des Treffens zu

Im „Geist der christlichen Demokratie" sollte der sozialistische Außenminister aus den Südtirolverhandlungen ausgeschaltet werden

Vor Pressevertretern in Innsbruck gab der österreichische Bundeskanzler eine Erklärung ab, in der er u. a. sagte: *„Ich bin der festen Überzeugung, daß im Geiste der christlichen Demokratie und der gegenseitigen Verantwortung der europäischen Völkerfamilie Lösungen gefunden werden können, die auf dem Boden des Rechts zugleich auch den Bestand und die freie Entfaltung der Südtiroler Volksgruppe sichern. Diesen Eindruck fand ich bestätigt in mehreren Gesprächen mit Spitzenfunktionären Italiens, nicht zuletzt bei einem ausführlichen und fruchtbaren Gespräch, das ich in letzter Zeit mit dem italienischen Ministerpräsidenten Aldo Moro führte."* Einzelheiten über das Treffen teilte Klaus nicht mit. („Südtiroler Nachrichten", 8. 10. 65.)

Feuerüberfall auf Carabinieristation: 2 Tote

Zweifel an Südtiroler Täterschaft – ein Journalist berichtet über Täuschungsmanöver und Geheimdienststrategien

Um 21 Uhr wurde auf die Carabinieristation Sexten ein Feuerüberfall verübt. Durch Feuerstöße aus Maschinenpistolen wurden die Carabinieri Palmerio Ariu aus Mogoro (Sardinien) und Luigi De Gennaro aus Trani (Provinz Bari) getötet. Zwei andere Carabinieri konnten sich in Sicherheit bringen. In der Kaserne wurden später 33 Einschüsse gezählt. Der offizielle Bericht meldete, daß Augenzeugen erkannt haben wollten, daß 4 – 5 in Tarnanzüge gekleidete Angreifer sich über den 2.500 m hohen Helm nach Österreich zurückgezogen hätten. Von der Staatsanwaltschaft wurden die Südtiroler Forer, Steger, Oberlechner und Oberleiter (die vier „Pusterer Buben") der Täterschaft beschuldigt. Diese dementierten bereits am 17. 9. 1965. Einem Mädchen in Sexten, das die Angreifer vor dem Attentat gesehen hatte, wurden Bilder der vier „Pusterer Buben" vorgelegt. Das Mädchen erklärte, diese seien nicht die Täter gewesen. Der italienische Journalist Luciano Cossetto, von 1964 bis 1975 Leiter des Büros der italienischen Nachrichtenagentur ANSA, vermutete einen südländischen Racheakt, der von offizieller Seite dann dazu ausgenützt worden sei, die Freiheitskämpfer in Mißkredit zu bringen. Er gab der „Südtiroler Illustrierte FF" ein Interview, welches in der Ausgabe 9/1990 erschien und in welchem er zu der Rolle der italienischen Geheimdienste in Südtirol Stellung nahm:

„Und die Attentate in Sexten und Gsies?"

Cossetto: *„In Sexten wurden zwei Carabinieri, in Gsies zwei oder drei Finanzer getötet. Man gab die Schuld den sogenannten ‚quattro bravi ragazzi della Valle Aurina', die tatsächlich schon einen Finanzbeamten auf dem Gewissen hatten."*

„Und die waren unschuldig?"

Cossetto: *„Es blieben viele Zweifel: Denn die ermordeten Carabinieri von Sexten und die Finanzbeamten in Gsies waren ganz plötzlich aus Süditalien abbeordert worden. Bei ihrer Beerdigung wurden die Journalisten von den Angehörigen ferngehalten. Einige nahmen deshalb an, die Burschen wären nach Südtirol versetzt worden, damit sich Feinde aus ihrer Heimatprovinz nicht an ihnen rächen könnten."*

„Also keine politische Tat, sondern ein billiger Racheakt?"

Cossetto: *„Sicherlich sind die Morde nicht von Finanzern oder Carabinieri begangen worden, sondern von jemandem, der aus der Heimatprovinz der Opfer kam. Ein Racheakt möglicherweise mit familiärem Hintergrund."*

„Wiederum nur eine Annahme."

Cossetto: *„Ja, die aber durch andere Tatsachen gestützt wird."*

„Und hier wurde die Tat als politische ausgelegt. Wer konnte daran Interesse haben?“
Cossetto: *„Extremistische Kreise in Südtirol, die die Italiener haßten. Noch willkommener allerdings waren solche Akte jenen, die in Südtirol die Spannung aufrechterhalten wollten. Die verhindern wollten, daß den Südtirolern weitere Zugeständnisse gemacht wurden.“*
Cossetto nannte im Interview noch Beispiele für die „anderen Tatsachen“, durch die seine These, daß sich nicht alle Dinge so abgespielt hatten, wie sie offiziell dargestellt wurden, gestützt werde. So habe der Bozener Quästor Allitto Bonanno eines Tages den Journalisten erklärt, daß er einen Vertrauensmann bei den „Terroristen“ in Bozen eingeschleust habe. Und der sollte, um seine Verläßlichkeit zu beweisen, in der Toilette des Brixener Bahnhofes eine Bombe legen. Dies sollte an einem Montag erfolgen. Doch plötzlich kam an diesem Tag der Verteidigungsminister nach Südtirol. *„Der Quästor sagte uns, man werde die Bombe ‚finden‘, aber wir sollten die Nachricht so lange zurückhalten, bis der Minister wieder abgereist sei. Die Carabinieri von Brixen, die von der Abmachung nichts wußten, informierten die Medien über den Bombenfund, und die Tageszeitung ‚Dolomiten‘, die ebenfalls nichts wußte, veröffentlichte die Meldung zum großen Leidwesen des Quästors. Diese Groteske beweist, daß einige Dinge ‚kombiniert‘ wurden.“*
Cossetto berichtete weiters, man habe bei Hausdurchsuchungen immer wieder dieselben Waffen „gefunden“ und auf Pressekonferenzen präsentiert. Er habe einmal selbst einen Karabiner heimlich gekennzeichnet, und der wurde immer wieder „gefunden“. Mindestens zwei damals in Bozen stationierte Carabinierikommandanten seien Mitglieder der mit den Geheimdiensten und den Neofaschisten eng verbundenen Geheimloge P-2 gewesen (die in mehrere Staatsstreichvorbereitungen verwickelt war), was beweise, daß man damals in Südtirol ein Klima der Spannung aufrechterhalten wollte. *„Es sollte einer Rechtsregierung die Möglichkeit geben, in Südtirol geradezu den Belagerungszustand auszurufen.“*

30. August 1965

Stellungnahmen zum Sextner Feuerüberfall

Die Südtiroler Volkspartei verurteilte das *„hinterhältige Vorgehen“* in Sexten einmütig. In der gleichen Erklärung erinnerte die SVP jedoch daran, daß aus dem Anschlag eine Verpflichtung für eine rasche, gerechte und demokratische Lösung der Südtirolfrage entstanden sei. Bischof Gargitter schrieb an den Oberst der Carabinierilegion, daß ihn die Nachricht von Sexten *„mit tiefem Schmerz“* erfüllt habe. Innenminister Taviani machte den *„neonazistischen Terrorismus“* für die Anschläge im *„äußersten Gebiet italienischer Erde“* verantwortlich. Die neofaschistische Partei MSI forderte den sofortigen Abbruch diplomatischer Beziehungen zu Österreich. Die Tageszeitung „Münchner Merkur“ schrieb: *„Ob Südtirol die nächsten Wochen ohne schwere Erschütterungen übersteht, hängt von den Carabinieri ab, die sich schon aus geringeren Anlässen zu Ausschreitungen hinreißen ließen, etwa im Bergdorf Tesselberg. Trotz aller Beschwichtigungen aus Rom ist der Pariser Vertrag, der die Südtiroler Autonomie sichern soll, im Grund nur ein Fetzen Papier geblieben. Die Empfehlungen der Neunzehner-Kommission ruhen bei den Akten. Mit Halbheiten versucht Rom seine Pflichten zu umgehen. Der Doppelmord von Sexten steht am Ende einer Reihe böser Unterlassungen.“*

Fahndungsmaßnahmen

Auch die intensiven Fahndungsmaßnahmen und verschärften Grenzkontrollen der italienischen Behörden führten zu keinerlei Ergebnissen bei der Suche nach Attentätern. Die Familien der von den Italienern beschuldigten Südtiroler wurden unter Polizeischutz gestellt, trotzdem (deswegen behaupten heute noch Ortsbewohner) wurde auf das Elternhaus des 1961 nach Österreich geflüchteten Siegfried Steger eine Sprengladung geworfen, die allerdings nur geringen Schaden anrichtete.

31. August 1965

Österreich bereit zur Zusammenarbeit mit italienischer Polizei

Der österreichische Geschäftsträger in Rom, Dr. Fröhlichsthal, teilte der italienischen Regierung im Auftrag des Bundeskanzlers Dr. Klaus mit, daß die österreichischen Behörden bereit seien, mit der italienischen Polizei zusammenzuarbeiten.

8. September 1965

Fanfani stellt weitere Verhandlungen in Frage

Außenminister Fanfani stellte in einer Rede vor dem außenpolitischen Ausschuß des italienischen Parlamentes fest, daß diese Handlungen – er meinte die Vorfälle von Sexten – nicht geeignet seien, die Fortsetzung einer sorgfältigen Suche nach geeigneten Mitteln zu gewährleisten, um den Fortschritt für die Volksgruppen in Südtirol in Ruhe und Ordnung sicherzustellen.

9. und 10. September 1965

Vorwürfe an Optanten und Antwort der SVP

Der italienische Senatspräsident Merzagora erklärte in seiner Eröffnungsansprache vor dem Senat: *„Auch eines anderen schmerzlichen Ereignisses müssen wir gedenken. In Südtirol haben Mörderhände in der feigsten und verbrecherischsten Weise das Leben von zwei braven Carabinieri ausgelöscht, die in ihrer ruhigen Unterkunft tödlich getroffen wurden. Ganz Italien, und nicht nur die ruhmvolle Carabinieriwaffe, der die Opfer angehörten, hat an dieser neuen Trauer teilgenommen. Wir wissen, daß der Ursprung dieser Verbrechen in jener trüben Umgebung gesucht werden muß, der von jenen geschaffen und ständig wachgehalten wird, die, nachdem sie für Deutschland und Hitler optiert hatten, wieder in unsere Gemeinschaft aufgenommen wurden.“* Angesichts dieser ungeheuerlichen Beschuldigung beauftragte der Parteiausschuß der SVP Dr. Magnago, einen Brief an den Präsidenten zu schreiben, in dem es hieß, daß die SVP eindeutig den Mord verurteilt habe. *„. . . Um so mehr müssen wir unser höchstes Erstaunen zum Ausdruck bringen, daß Sie, Herr Präsident, den nazifaschistischen Umsiedlungsvertrag vom Jahre 1939 jetzt noch dazu benützen, um den Ursprung der sehr bedauernswerten Vorfälle in unserer Provinz in einem ganz falschen Licht zu erblicken . . . Mit allen Nachdruck müssen wir uns gegen die Darstellung verwahren, daß die Option ein Bekenntnis zu Hitler gewesen wäre . . . Sie war der Aufschrei eines geknebelten und entrechteten kleinen Volksstammes.“* Da dieser Brief auch in dem „Volksboten“ veröffentlicht wurde, beantwortete der Privatsekretär Merzagoras das Schreiben mit der Bemerkung, daß der Präsident *„nicht verfehlen wird, ihn aus der Zeitung zu erfahren. Hochachtungsvolle Grüße.“* In einem persönlichem Telegramm bedankte sich Merzagora aber bei dem neofaschistischen Bozener Landtagsabgeordneten Dr. Mitolo, der Merzagora eine begeisterte Huldigungsadresse geschickt hatte.

11. September 1965

Innsbrucker Südtirolkonferenz: Südtiroler ersuchen Kreisky, weiter zu verhandeln

Bei einer großen Besprechung in Innsbruck trafen Minister Kreisky, Löwenthal, Haymerle, Stadlmayer, Kirchschläger, Wallnöfer, Hetzenauer, Zechtl, Mader, Kathrein, Gschnitzer, Ermacora und Senn mit den Südtirolern Magnago, Pupp, Saxl, Vaja, Benedikter, Brugger und Atz zusammen. Prof. Gschnitzer gab seinem Glauben Ausdruck, daß Moro guten Willens sei und man daher versuchen solle, noch Wesentliches herauszuholen. Er, Gschnitzer, stimme Minister Kreisky zu, daß man das „Paket“ ohne Verankerung nicht durch das österreichische Parlament bekommen könne. Magnago stellte zu den zwischen Österreich und den Südtirolern aufgetretenen Differenzen fest, daß die SVP der Meinung sei, sich gegenüber der österreichischen Bundesregierung sowie Minister Kreisky immer korrekt verhalten zu haben, obwohl die ÖVP der SVP weltanschaulich näher stehe als die SPÖ. Zu dem weiteren Fortgang der Verhandlungen hätten die höchsten Parteigremien der SVP beschlossen, daß die SVP derzeit nur ein bedingtes Ja zum „Paket“ abgeben könnte und man daher Österreich ersuche, so vorzugehen, daß die offenen Fragen für weitere Verhandlungen offen bleiben können. Man solle von österreichischer Seite zwar hart auf der Verankerung des „Paketes“ bestehen, aber zugleich versuchen, von den Italienern herauszubekommen, um wieviel das „Paket“ angerei-

3. Grazer Südtirolprozeß vom 20. September bis 14. Oktober 1965: Der Platz des am Zinalrothorn (Schweiz) tödlich verunglückten Kurt Welser zwischen seinen Mitangeklagten Schweinberger (links) und Heinrich Klier ist leer geblieben. Darauf liegt ein Nelkenstrauß in den Tiroler Landesfarben Rot-Weiß. – In der hinteren Reihe von links nach rechts die Angeklagten Hans Dzugan, Reinulf Grünbart und Sepp Holzinger.

Dr. Norbert Burger mit seinem Rechtsanwalt, dem OÖ. Landtagsabgeordneten Dr. Franz Zamponi (SPÖ).

3. Südtirolprozeß in Graz, 20. September 1965: In der ersten Reihe von links nach rechts: Dr. Helmut Riedl, der Sprengmeister und Lehrer des BAS, der Hauptangeklagte Dr. Norbert Burger und der Student Herbert Fritz.

chert werden könne, wenn man bei der Verankerung Abstriche mache. Man müsse wieder ins Gespräch kommen. Die Entscheidung müsse aber einem späteren Zeitpunkt vorbehalten bleiben.

Kreisky zur Selbstbestimmungsfrage
Auf einer Wahlveranstaltung der Sozialistischen Partei in Zirl kam es zu einer regen Diskussion zwischen Dr. Kreisky und Südtiroler Freiheitskämpfern, darunter Dr. Burger. Kreisky erklärte auf Fragen unter anderem: *„Ich selbst habe vor der UNO erklärt, die gerechteste Lösung wäre das Selbstbestimmungsrecht, wir haben nur kein Verständnis gefunden . . . Die österreichische Bundesregierung hat niemals von den Südtirolern verlangt, daß sie auf das Selbstbestimmungsrecht verzichten sollen. Wir wissen allerdings nicht, wie man heute das Selbstbestimmungsrecht durchsetzen sollte. Mit Gewaltmethoden geht es jedenfalls nicht . . . Man hat von mir in Bonn einmal verlangt, ich solle über die Oder-Neisse-Linie eine Erklärung abgeben. Ich habe erklärt: Dies kann ich nicht. Denn: Ich kann nicht über die Oder-Neisse-Linie reden und über die Brennergrenze schweigen."*

Flugblätter im Bozner Unterland
In verschiedenen Orten des Bozner Unterlandes wurden Flugblätter des Bergisel-Bundes mit der Forderung *„Südtirol niemals vergessen"* gestreut und an Urlauber verteilt. Sepp Kerschbaumer junior, Sohn des im Gefängnis verstorbenen Südtiroler Freiheitskämpfers, und andere junge Südtiroler wurden im Zusammenhang mit dieser Flugblattaktion vorübergehend festgenommen.

12./13. September 1965
Feuergefecht
Die Alpini-Kaserne am Reschen wurde sechs Stunden lang von Südtiroler Freiheitskämpfern angegriffen. Nachdem die Telefonleitung unterbrochen worden war, wurde die Kaserne mit einem Maschinengewehr und automatischen Waffen beschossen. Handgranaten und Sprengkörper fanden ebenfalls Verwendung. Trotz heftiger Gegenwehr der italienischen Übermacht konnten sich die Freiheitskämpfer unerkannt und ohne Verlust zurückziehen.

15. September 1965
Sprengstoffanschläge
An einem Bürogebäude der staatlichen Elektrizitätsgesellschaft ENEL in Lappach explodierte eine Sprengladung, die beträchtlichen Sachschaden anrichtete. Ein Angestellter wurde leicht verletzt. Am Abend des gleichen Tages explodierte vor dem Carabinieriposten in Mühlwald eine Sprengladung. Durch den Detonationsdruck gingen die Fensterscheiben zu Bruch.

Feuerüberfall
Als nach dem Sprengstoffanschlag auf das ENEL-Bürohaus die Carabinieri von Mühlwald zur Verstärkung ausrücken wollten, wurden auf ihre Unterkunft zwei Schüsse abgegeben. Die Suchaktion nach den Tätern wurde eingestellt und erst die mit dem Morgengrauen eintreffenden Verstärkungen abgewartet.

Österreich lehnt jede Verantwortung für Anschläge ab
Der italienische Geschäftsträger in Wien, Calenda, wurde im Außenamt vorstellig und wollte die *„Aufmerksamkeit der österreichischen Behörden auf die jüngst erfolgten Überfälle in Südtirol lenken."* Der österreichische Gesandte Dr. Kirschschläger drückte sein Erstaunen aus, daß die italienische Regierung Vorfälle auf italienischem Staatsgebiet zu einer Vorsprache in Wien benütze. Österreich, so betonte Kirchschläger, müsse jede Verantwortung für die Überfälle in Südtirol ablehnen. Ebenso müsse Verwahrung dagegen eingelegt werden, daß Italien immer den Eindruck einer Mitverantwortung Österreichs erwecken wolle. Sollten Grenzübertritte im Zusammenhang mit Vorfällen in Südtirol tatsächlich erfolgt sein – wofür bisher

keinerlei Beweise vorliegen –, dann hätten diese von den italienischen Behörden, welche starke Sicherheitsvorkehrungen in unmittelbarer Nähe der Staatsgrenze getroffen haben, ebenso verhindert werden können wie von den österreichischen Behörden.

19. September 1965

Neofaschistische Krawalle in Bozen

Mit Österreich und Südtirol schmähenden Transparenten und randalierend zogen 300 Bozner Neofaschisten zum „Sieges-Denkmal". Dort kam es zur Schlägerei mit der Polizei, bei der neben etlichen Polizisten und Faschisten auch der Faschistenführer Abg. Dr. Mitolo, bekannt als Verteidiger der Foltercarabinieri, verletzt wurde. Von den Demonstranten wurde auch eine Brandbombe in das „Athesia-Verlagshaus" geworfen, in dem die deutsche Tageszeitung „Dolomiten" erscheint. Auf einer Tafel hatten die Neofaschisten gefordert: *„Das Alto Adige ist italienische Erde!"* und *„M"* („Morte" = Tod) für die SVP (Südtiroler Volkspartei).

20. September bis 14. Oktober 1965

3. Grazer Südtirolprozeß vor den Geschworenen

Der am 21. Mai 1965 mit einem Unzuständigkeitsurteil beendete 3. Grazer Südtirolprozeß wurde unter dem gleichen Vorsitzenden Dr. Peyer vor einem Geschworenengericht wiederaufgenommen. Von den Angeklagten (siehe unter 10. 5. 1965) war Kurt Welser nach einem tödlichen Bergunfall ausgeschieden. Die Mitangeklagten hielten eine Trauerminute ab und legten auf den Platz ihres Mitangeklagten einen Blumenstrauß in den Tiroler Farben nieder. Durch Zusammenschluß mit einem Verfahren gegen Peter Kienesberger waren folgende Angeklagte dazugekommen: Renate Gmünd (Studentin in Innsbruck, deutsche Staatsangehörige aus Aachen), Dipl. Vw. Ingrid Brinkmann (deutsche Staatsangehörige aus Bremen), Dr. Rigolf Hennig (Arzt, deutscher Staatsangehöriger aus Augsburg), Godefried Höfner (Medizinstudent, Hallein), Helmut Hornberg (Student, Perg), Günther Bernhard (Student, Hall). Dieser Gruppe wurde die Beschaffung von Sprengmitteln aus Bauhütten und dem Lager eines Großvertriebes vorgeworfen. Wie bereits im Frühjahr, bekannten sich alle Angeklagten zum Südtiroler Freiheitskampf. Sie beriefen sich auf die Befreiungsbewegungen in aller Welt, griffen Italien wegen Verletzung der Menschenrechte scharf an und beklagten die Untätigkeit der österreichischen Regierung. Am vierten Verhandlungstag bekannte sich der prominente Innsbrucker Schriftsteller Dr. Heinrich Klier zur Sprengung des Mussolini-Denkmals in Waidbruck am 30. 1. 1965. Als seine Helfer bezeichnete er Kurt Welser und zwei Südtiroler. Höhepunkte des Prozesses bildeten die Aussagen von Südtiroler Zeugen, die über Übergriffe der Carabinieri und Folterungen im Gefängnis berichteten. Der Südtiroler Schützenmajor Jörg Klotz gab als Zeuge eine Schilderung der Lage vor Beginn der Sprengstoffanschläge und erklärte: *„Kerschbaumer und mich hat es zum Handeln getrieben, weil wir nicht erleben wollten, daß unsere Kinder uns einmal Vorhalte machen und uns fragen würden: Haben unsere Väter gehandelt oder nicht?"* Dann fuhr er unter dem Beifall des Publikums fort: *„Ich muß diesen Angeklagten für ihre Hilfe danken!"*

Dr. Burger: Kein Unrecht dulden!

Zur moralischen Seite des Widerstandes führte der Angeklagte Dr. Norbert Burger, Universitätsassistent aus Innsbruck, aus: *„Unseren Vätern wurde zum Vorwurf gemacht, daß sie in den Jahren 1934 bis 1945 Unrecht schweigend geduldet hätten, das damals von den Machthabern verübt wurde. Ich habe mir deshalb geschworen, niemals Unrecht schweigend hinzunehmen, gleichgültig von welcher Seite es geschieht. Jetzt, da bei den Befreiungsfeiern mit Recht auf die faschistischen Verbrechen während des Krieges hingewiesen wird, müssen auch die Verbrechen verurteilt und bekämpft werden, die von faschistischer Seite in Südtirol begangen wurden und heute noch begangen werden."* Dr. Burger zitiert hierauf aus einem Vortrag des Justizministers Dr. Broda Sätze über das Widerstandsrecht jedes Menschen. Dr. Broda habe ausdrücklich gesagt, daß gewisse Dinge von den Menschen nicht widerstandslos hingenommen werden dürfen. Die Pflicht zum Widerstand beginne schon dort, wo der kleinste Versuch unternommen werde, die Menschenrechte zu verletzen. *„Nach diesen Ausführun-*

Die italienischen Finanzieri, Alpini und Carabinieri besetzten Schutzhütten im Hochgebirge und bauten sie zu befestigten Stützpunkten gegen die Operationen der Freiheitskämpfer aus, um die Grenzübergänge in den Zentralalpen zu kontrollieren (20. Juni 1965).

Robert Kranzer, der italienische Spitzel und provokatorische Bombenleger, hier in einer Pause seines Verhörs durch Kienesberger und Höfner (27. Juni 1965).

Feuerüberfall auf die Carabinieristation in Sexten, 26. August 1965. Von Anfang an gab es Ungereimtheiten: Die Anlage war von einem Maschenzaun umgeben, über den die Täter aber nur dann ungesehen gelangen konnten, wenn die unter dem Dach angebrachte Vorfeldbeleuchtung ausgefallen war. Nach der Tat wurde festgestellt – deshalb lehnt die Leiter an dem Haus –, daß die Lampe herausgeschraubt worden war. Dies aber konnte nur ein Mitglied der Stützpunktbesatzung getan haben.

So schilderte „Domenica del Corriere", die Sonntagsausgabe des „Corriere della Sera", ihren Lesern die Tätigkeit des Freiheitssenders (1. und 12. Dezember 1965).

Im 2. Mailänder Südtirolprozeß wurde der Innsbrucker Staatspolizist Ludwig Reiter (2. von links, neben Dr. Burger) angeklagt, weil er Luis Amplatz eine Pistole übergeben habe. Rechts im Bild Peter Kienesberger (15. November 1965).

Anschlag auf ein Bürogebäude der staatlichen Elektrizitätsgesellschaft ENEL in Lappach (15. September 1965).

gen Dr. Brodas fühlen daher auch wir uns berechtigt, vom Widerstandsrecht Gebrauch zu machen."

21. September 1965

Italienischer Spitzel Kranzer wieder bei seinen Auftraggebern

Das in Bozen erscheinende italienische Blatt „Alto Adige" brachte ein Interview mit dem italienischen Polizeispitzel Robert Kranzer (24), der von Peter Kienesberger und Godefried Höfner in Innsbruck als Agent enttarnt worden war. Kranzer, ein vom Ritten stammender Südtiroler, war von der österreichischen Polizei angewiesen worden, Salzburg nicht zu verlassen. Er sollte als Zeuge der Anklage in Graz gegen die angeklagten Freiheitskämpfer auftreten. Kranzers Angst vor den Freiheitskämpfern zerstörte diesen Plan der österreichischen Justiz, einen Verräter im Solde Italiens als Zeuge gegen Patrioten zu gebrauchen. Kranzer setzte sich heimlich nach Bozen ab und begründete gegenüber der Zeitung „Alto Adige" seine Rückkehr mit der Angst um sein Leben.

Taviani über die Südtiroler Freiheitskämpfer

Der zunehmend härter werdende Widerstand in Südtirol zwang den italienischen Innenminister Taviani, vor der Senatskommission für Inneres beruhigende Erklärungen abzugeben. Es handle sich hier um isolierte Erscheinungen, und der Großteil der Anschläge scheine von kleinen Fanatikergruppen organisiert zu sein.

29. September 1965

Neofaschisten verhaftet und Waffenlager ausgehoben

Spuren nach Österreich und Südtirol: GLADIO-Struktur aufgeflogen

In der Via Cassia bei Rom wurde in dem Haus des Gianfranco Corsi ein Waffen- und Sprengstofflager ausgehoben, in welchem sich 50 Maschinenpistolen, siebzig automatische Gewehre, fünfzig andere Gewehre, vierzig Revolver, zwei Zentner Munition, Handgranaten, Säcke voll Sprengstoff und Leuchtpistolen befanden. Der 31jährige Corsi, Mitglied der neofaschistischen „Avanguardia Nazionale", wurde verhaftet. Man fand bei ihm einen Brief aus Österreich, in dem er gewarnt wurde, daß die österreichische Polizei Verdacht gegen ihn geschöpft habe. Weiters wurden der Waffenhändler Garibaldi Malgherini und der seit einem Jahr in einer Villa auf Sardinien lebende Amerikaner Marvin Kenneth verhaftet, mit denen Corsi in Verbindung gestanden hatte. Auch in dem Haus des Amerikaners fanden sich zahlreiche Waffen und interessanterweise Unterlagen über die Tätigkeit des in Österreich im Exil lebenden Freiheitskämpfers Georg Klotz. Zu weiteren Aktionen der italienischen Polizei kam es in Mailand, Neapel und Palermo. („Südtiroler Nachrichten", Bozen, 8. Oktober 1965.) Anschließend wurde es still um die Affäre, man hörte nie wieder etwas in den Medien. Offenbar wurden alle Beteiligten still und heimlich wieder auf freien Fuß gesetzt. Wahrscheinlich war die Polizei peinlicherweise einer aus Faschisten bestehenden GLADIO-Struktur auf die Spur gekommen, und die Angelegenheit mußte im stillen wieder repariert werden. So erfuhr man nie, ob der Amerikaner etwa CIA-Agent war, der mit GLADIO-Agenten zusammenarbeitete, und ob es sich bei dem Brief aus Österreich etwa um ein Schreiben des GLADIO-Agenten Fred Borth in Wien gehandelt hatte, dessen Auftrag es war, im Dienste der Italiener Georg Klotz zu bespitzeln und darüber zu berichten. Das wäre auch eine Erklärung für die bei dem Amerikaner gefundenen Berichte über Georg Klotz.

3. Oktober 1965

Feuerüberfall

Auf dem Portjoch in 2.100 m Höhe wurde ein Alpinistützpunkt mit Schnellfeuerwaffen angegriffen. Dabei wurde der 21jährige Gebirgsartillerist Mario Torner verletzt. Durch Funk herbeigerufene Verstärkungen wurden ebenfalls beschossen und mußten den Versuch, den Stützpunkt zu erreichen, bis zum Morgengrauen aufgeben. Nach dem Rückzug der Freiheitskämpfer wurden frische Blutspuren und eine Sprengladung aufgefunden.

4. Oktober 1965

Sprengstoffexperte belastet österreichische Behörden

Italienischer Agent trotz Sprengstofftransportes nicht angeklagt

Der als Zeuge im 3. Grazer Südtirolprozeß einvernommene Sprengstoffexperte Ing. Massak vom österreichischen Innenministerium sorgte für eine Sensation im Gerichtssaal, als er über die Sprengstoffanschläge vom September 1963 in Ebensee sprach. Massak erklärte, daß er, als Sprengfachmann des Innenministeriums zur Untersuchung der verwüsteten Saline zugezogen, Zünder italienischer Herkunft und italienisches Sprengmaterial entdeckt habe. Somit hätten die Spuren bereits unmittelbar nach der Tat eindeutig nach Italien gewiesen. Später habe ihm auch Innenminister Olah bestätigt, daß es sich um italienische Täter handeln müsse. Die Verteidigung wies den Zeugen darauf hin, daß aber damals das Innenministerium gegenüber der Presse behauptet hatte, bei dem Freiheitskämpfer Kurt Welser handle es sich um den mutmaßlichen Attentäter. Nahezu die gesamte österreichische Presse hatte damals geschrieben, daß die Südtiroler Freiheitskämpfer die Attentate in Ebensee unternommen hätten, um diese dann den Italienern in die Schuhe schieben zu können. Welser saß geraume Zeit in Untersuchungshaft. Verteidiger Dr. Steidl fragte den Zeugen: „Haben Sie Ihre Wahrneh*mungen sofort und in eindeutiger Weise Ihren Vorgesetzten im Innenministerium zur Kenntnis gebracht?*" Ing. Massak: *„Ich bin nicht von dem Dienstgeheimnis entbunden!"* Zu heftigen Auseinandersetzungen zwischen Verteidigung und Anklage kam es auch, als verschiedene Zeugen über die Umstände aussagten, die im Jahre 1964 zur Verhaftung Dr. Burgers geführt hatten. Der Streit entzündete sich an der schriftlichen Aussage des italienischen Agenten Knips, der sich an Dr. Burger herangemacht hatte, um ihn seinen italienischen Auftraggebern in die Hand zu spielen. Als ihm dies nicht gelang, verriet er ihn, wie auch schon früher den Baumschulbesitzer Dzugan, an die österreichischen Behörden. Auf eine Anfrage der Verteidigung gab der Senatsvorsitzende an, daß gegen Knips keine Anklage erhoben wurde. Die Verteidigung stellte dazu fest, daß der Agent Knips im Rahmen seiner Tätigkeit auch mit Dr. Burger Sprengstoff transportiert hat, der in Südtirol verwendet wurde. Dies sei Grund genug für eine Anklage gegen Knips, der sein Treiben in seiner Heimat, der Bundesrepublik Deutschland, fortsetze. Mit diesen Bemerkungen, die ein bezeichnendes Schlaglicht auf die Machenschaften verschiedener italienischer Agenten und ihre Zusammenarbeit mit der österreichischen Staatspolizei werfen, wurde der Verhandlungstag beschlossen.

5. Oktober 1965

Zwischenlandung in Rom: Kreisky warnt Italien

Minister Kreisky nahm die Gelegenheit wahr, bei einer Auslandsreise in Rom zwischenzulanden. Er nahm nicht nur mit der österreichischen Botschaft, sondern auch im römischen Außenministerium mit dem Gesandten Gaja Kontakt auf. Er erklärte, daß man alles unternommen habe, um die Terroraktionen von Österreich aus zu unterbinden. Und er habe sich in eingehender Auseinandersetzung mit den Südtirolern davon überzeugt, daß Magnago, auch wenn er wollte, das gewiß beachtliche Ergebnis der bisherigen Verhandlungen nicht akzeptieren könnte, weil er nicht in der Lage wäre, dessen Annahme in der SVP durchzusetzen. Er, Kreisky, könne kein Abkommen schließen, welches die Südtiroler selbst als unbefriedigend bezeichnen. Er sei auch nicht bereit, vor dem österreichischen Parlament eine nicht wirksame Lösung zu vertreten. Er verkenne aber auch die Schwierigkeiten der italienischen Regierung nicht, weshalb er mit größter Sorge in die Zukunft sehe. Denn es sei klar, daß ein Scheitern der Verhandlungen zu einer Intensivierung der Terroraktivität und in gewissen Kreisen auf beiden Seiten des Brenners zur Erhebung der Forderung nach Selbstbestimmung führen werde. Kreisky betonte, daß er die Folgen dieser Entwicklung für die österreichisch-italienischen Beziehungen ungemein bedauern würde, weil er überzeugt sei, daß beide Staaten eine ersprießliche Zusammenarbeit entwickeln könnten. Das sei auch der Grund, warum er sich zu dem nicht alltäglichen Schritt der Zwischenlandung entschlossen habe, um einen dringenden Appell an Italien zu richten. Nur eine großzügige Entscheidung der italienischen Regierung könne die Situation retten. Eine echte Autonomie würde die Südtiroler befriedigen. Warum sollte sie tabu sein? Eine Lösung, die den Südtirolern das Gefühl der Sicherung ihrer Volksgruppe gäbe, würde die Stellung der Gemäßigten festigen und den Radikalen den Wind aus den Segeln nehmen. Er müsse aber betonen, daß diese Lösung noch substantielle Zugeständnisse im „Paket" erfordern würde und wirksam verankert sein müßte. Unter den Punkten im „Paket", die noch bereinigt werden müßten, seien die Arbeitsvermittlung, Industriekompetenz, Kreditwesen, eine Mitverantwortung für die öffentliche Sicherheit usw. Ein Scheitern der Verhandlungen aber würde zu einer Intensivierung der Terrortätigkeit und in gewissen Kreisen auf beiden Seiten des Brenners zur Erhebung der Forderung nach Selbstbestimmung führen.

Italien: Nein

Der Leiter der politischen Abteilung im italienischen Außenamt, Botschafter Gaja, antwortete, daß sich an dem italienischen Standpunkt nichts geändert habe. Da Österreich und die Südtiroler nicht bereit gewesen seien, das Globalangebot vom 16. Dezember 1964 anzunehmen, müßten neue Verhandlungen ihren Ausgangspunkt wieder bei dem Stand davor nehmen. An eine internationale Verankerung durch ein Schiedsgericht sei aus italienischer Sicht nicht mehr zu denken.

Schreckschüsse auf Carabinieristation

Um Mitternacht wurden auf die Carabinieristation Pfalzen mehrere Schüsse aus einer Pistole abgegeben. Der 18jährige Peter Mark aus Innsbruck gestand später, die Schüsse aus einer Schreckschußpistole abgegeben zu haben, um einem Mädchen zu imponieren.

Landtagspräsident Dr. Kaan: Widerstand beendete Unterwanderung

Im Grazer Südtirolprozeß kam es zu einem sensationellen Beweisantrag des steirischen Landtagspräsidenten Dr. Kaan (ÖVP), der die Freiheitskämpfer anwaltlich vertrat. Es herrschte Stille im Verhandlungssaal, als Landtagspräsident Dr. Kaan den Beweis dafür antrat, daß seit dem Einsetzen der von den Angeklagten verübten Anschläge der Todesmarsch der Südtiroler Volksgruppe aufgehalten worden sei. Die italienische Unterwanderung sei fast ganz zum Erliegen gekommen. In einigen Orten sei bereits festzustellen, daß die Italiener in ihre ursprüngliche Heimat zurückwandern. Zur Unterstützung seiner Behauptungen legte der Verteidiger die Ergebnisse der Südtiroler Landtagswahlen von 1956, 1960 und 1964 vor. Die Gegenüberstellung dieser Zahlen ergab, daß von 1960 bis 1964 der Stimmenanteil der Italiener nur mehr unwesentlich gestiegen war, was durch den natürlichen Zuwachs zu erklären ist. In über 30 Gemeinden war eine deutliche Abwanderung festzustellen. Verteidiger Dr. Kaan wies darauf hin, daß diese Tatsachen hinlänglich bewiesen, daß es den Angeklagten gelungen sei, den Notstand abzuwenden. Dies stelle einen Schuldausschließungsgrund dar. *„Es ist somit"* – folgerte Dr. Kaan – *„dem tätigen Widerstand jener entscheidende Erfolg beschieden gewesen, der den friedlichen Mitteln von 1918 bis 1960 nicht gelungen war."* Die statistischen Unterlagen zu diesem Beweisantrag Dr. Kaans hatte der Wiener Rechtsanwalt Dr. Harald Ofner, der spätere FPÖ-Nationalratsabgeordnete und österreichische Justizminister, zusammengestellt und Dr. Kaan zur Verfügung gestellt.

<u>6. Oktober 1965</u>

Grazer Südtirolprozeß: Erschütternde Aussagen über Folterungen

Entsetzen stand in den Gesichtern der Zuhörer geschrieben, als der Zeuge Graf im Grazer Südtirolprozeß über die bestialischen Folterungen berichtete, denen ihn italienische Carabinieri unterzogen hatten. Der aus Prad stammende Siegfried Graf wurde im Juli 1961 verhaftet, grausam gefoltert und schließlich versehentlich wieder auf freien Fuß gesetzt. Schon bei der Einlieferung in die Carabinieri-Kaserne in Meran hatte ihm ein italienischer Offizier erklärt: *„Die deutschen Schweine sollten am besten alle aufgehängt werden."* Graf erzählte dem Gericht mit tonloser Stimme über die erlittenen Qualen: *„Zwei Stunden vor der Quarzlampe, Fußtritte, fünf Stunden lang Schläge, dann wurde ich bewußtlos, wieder Prügel . . . Ich mußte mich nackt ausziehen, dann haben sie mich mit Zigaretten gebrannt, die Narben* *habe ich noch heute.“* Dazwischen immer wieder Fragen: Er müsse doch Waffen besitzen, er müsse doch Leute des Tiroler Widerstandes kennen, er müsse ihnen alles sagen, was er wüßte. Graf: *„Ich habe ihnen nichts gesagt, ich habe ja auch nichts gewußt. Dann haben sie mich einem ‚Spezialisten‘ übergeben. Man hat mir Kopfhörer aufgesetzt und mich mit Lärm gefoltert. Auf dem rechten Ohr habe ich dadurch das Gehör zu 90 Prozent verloren . . .“*

7. Oktober 1965

Kein Druck auf die Südtiroler Volkspartei

Weder die Bundesregierung noch der Bundeskanzler habe auf die Südtiroler Druck ausgeübt, um sie zur Annahme der Verhandlungsergebnisse zu veranlassen. Mit diesen Worten beantwortete Bundeskanzler Klaus im österreichischen Parlament eine Anfrage des Abgeordneten Horejs (SPÖ), der sich auf diesbezügliche Ausführungen Dr. Magnagos bezogen hatte.

9. Oktober 1965

Abg. Dr. Zamponi: Freiheitskampf in Österreich nicht strafbar!

Die „Österreichischen Nachrichten“ veröffentlichten ein aufsehenerregendes Interview mit dem oberösterreichischen Landtagsabgeordneten Dr. Zamponi (SPÖ), welcher in Graz die Freiheitskämpfer mit verteidigte. Darin heißt es: *„Es besteht kein Zweifel, daß nach den gehörten Darstellungen ein wirklicher oder doch zumindest ein vermeintlicher Notstand in Südtirol herrscht. Ich habe die Linie der Verteidigung darauf abgestellt, daß die wegen des Verbringens und Sammelns von Donarit und Waffen Angeklagten ihre Handlungen im Rahmen eines Hochverrates gegen Italien begangen haben, weil man eine komplexe Handlung, wenn der Komplex einen Tatbestand darstellt, nicht in einzelne Teilhandlungen zerlegen und jede einzelne Teilhandlung gesondert anklagen kann.“* Frage: *„Herr Dr. Zamponi, ist eine Hochverratshandlung gegen Italien in Österreich strafbar?“* Dr. Zamponi: *„Nein! Wenn man den Standpunkt vertritt, daß es sich bei dem Komplex um eine Hochverratshandlung gegen Italien handelt, dann ist dies zwar in Italien, nicht aber in Österreich strafbar, weil in Österreich Hochverrat gegen einen fremden Staat nur dann nach § 66 Strafgesetz strafbar ist, wenn eine Gegenseitigkeitsvereinbarung mit diesem Staat besteht. Es geht daher nicht um die Frage, ob das Verhalten der Angeklagten gebilligt wird oder nicht, sondern um die Frage, ob nach unserem Recht bestraft werden kann. Die Rechtsstaatlichkeit zeigt sich doch vor allem darin, daß selbst nicht vertretbare Handlungen nur bestraft werden können, wenn sie einen strafbaren Tatbestand beinhalten und die prozessualen Voraussetzungen gegeben sind.“*

10. Oktober 1965

Tirol trauert um verlorene Einheit

Nach einer Trauersitzung der Nordtiroler Landesregierung am 8. Oktober zelebrierte der Abt des Stiftes Wilten, Prälat Stöger, einen Gedenkgottesdienst in der Hofkirche zu Innsbruck. Alle öffentlichen Gebäude trugen Trauerfahnen, und in den Straßen Innsbrucks wurden tausende Flugzettel mit der Aufschrift *„Südtirol im Widerspruch zum Selbstbestimmungsrecht annektiert – 10. Oktober 1920-10. Oktober 1965 – 45 Jahre Unrecht“*. Im Grazer Südtirolprozeß erschienen die 27 Angeklagten mit Trauerschleifen im Gerichtssaal.

Flugblatt und Anklage – Anmaßung der Bozener Staatsanwaltschaft

Ein Flugblatt, in dem es hieß „45 Jahre Fremdherrschaft in Südtirol brachten Wortbruch, Gewalt, Scheinverhandlungen, Prozesse, Mord und Unfrieden!“, wurde zu Tausenden in Graz verteilt. Der Verfasser, der ehemalige Südtirol-Häftling Helmut Golowitsch, wurde wegen dieses harmlosen Inhaltes 1968 von der Staatsanwaltschaft Bozen unter Anklage gestellt und mit bis zu drei Jahren Haft nach dem faschistischen Artikel 291 des „Codice penale“ („Schmähung der italienischen Nation“) bedroht. (Siehe auch: 16. Oktober 1968.) Die Bozener Staatsanwaltschaft maßte sich bereits an, unter Strafe zu stellen, was ein Österreicher in Österreich sagte.

11. Oktober 1965

„Patriotisch“: Sich verurteilen lassen!

Im Grazer Südtirolprozeß malte der Staatsanwalt Dr. Hlauschek die Kriegsgefahr an die Wand, die aus den Taten der Angeklagten erwüchse. Zuletzt verstieg er sich zu der Behauptung, daß die Angeklagten *„als Patrioten die Größe hätten aufbringen müssen, sich still und leise verurteilen zu lassen!“*

Verteidigung: „Übergesetzlicher Notstand in Südtirol“

Das „Salzburger Volksblatt“ veröffentlichte ein Interview mit dem Dornbirner Rechtsanwalt Dr. Troppmayr, welches die grundlegende Rechtsposition der Verteidigung wiedergab, wie sie in den Schlußplädoyers zum Ausdruck kommen wird: Volksblatt: *„Wie Sie wissen, Herr Dr. Troppmayr, vertritt Staatsanwalt Dr. Hlauschek die These, daß nur das Leben, die Freiheit und das Eigentum von Einzelpersonen, nicht aber die Bedrohung der Existenz einer ganzen Volksgruppe notstandsfähig sind.“* **Dr. Troppmayr:** *„Das halte ich nicht für richtig. Wenn unser Strafgesetz gemäß § 2 lit. g ausdrücklich das Leben, die Freiheit und das Vermögen von einzelnen als notwehrfähige Güter erachtet, so gilt dies doch um so mehr, wenn das Leben, die Freiheit und das Vermögen einer ganzen Volksgruppe, die da aus einzelnen besteht, gefährdet sind. Diese unsere Auffassung wird untermauert durch die am 9. 12. 1948 ohne Stimmenthaltung oder Gegenstimme angenommene Resolution der UNO über den Völkermord. Darin wird der Tatbestand des Völkermordes schon dann als erfüllt angesehen, wenn vorbedacht Lebensbedingungen zur Vernichtung einer ganzen Volksgruppe oder eines Teiles derselben geschaffen werden oder einzelne Angehörige einer solchen Volksgruppe getötet werden. Diese beiden Tatbestände wurden durch die staatlich gelenkte Unterwanderungspolitik der Italiener sowie durch die Tötung von Angehörigen der Volksgruppe bei Folterungen gesetzt. Daher bin ich der Überzeugung, daß zur Tatzeit in Südtirol tatsächlich eine echte Notstandsituation herrschte und daß die Angeklagten daher mit Recht sich auf den schuldausschließenden Rechtfertigungsgrund des übergesetzlichen Notstandes berufen.“*

12. Oktober 1965

Kreisky spricht vor der UNO zur Südtirolfrage

Der österreichische Außenminister Dr. Kreisky ergriff in der Generaldebatte der Vereinten Nationen das Wort. Er berichtete über den Stand der bilateralen Verhandlungen und bekundete die Bereitschaft, das Problem im Geiste der UNO-Charta zu lösen. Kreisky fügte hinzu, es sei seine Pflicht, die Vollversammlung darauf aufmerksam zu machen, daß eine Lösung nur dann möglich sei, wenn die Bevölkerung Südtirols eine wirksame Autonomie erhalte.

Verhaftungen in Österreich

Das Landesgericht Innsbruck erließ gegen drei in Österreich im Exil lebende Südtiroler, Karl Ausserer, Alois Larch und Adolf Obexer, Haftbefehl, weil sie im Verdacht standen, an dem Feuerüberfall am 3. 10. 1965 beteiligt gewesen zu sein.

13. Oktober 1965

Moro zur Südtirolfrage

Ministerpräsident Aldo Moro befaßte sich in der römischen Abgeordnetenkammer ausführlich mit dem Südtirolproblem. Zuerst berichtete er über das Treffen mit dem österreichischen Bundeskanzler Klaus am 26. 8. 1965. Dann versicherte er, daß, bei welchen Kontakten auch immer, die italienische Staatsgrenze weder zur Diskussion gestellt worden sei noch jemals gestellt werde. Moro befaßte sich anschließend mit den von den italienischen Behörden getroffenen Maßnahmen zur Verhinderung von Anschlägen. Er meinte, daß die Attentate zu einer Gefahr für die Aufrechterhaltung der guten Beziehungen der beiden Staaten werden könnten. Die „Terroristen“ dürften auch nicht indirekt ermuntert werden. Zum Abschluß stellte er fest: Der italienische Wille zur Erreichung einer Lösung der Südtirolfrage setze außerdem voraus, daß die Wiener Regierung mit aller Energie zur Vorbeugung und Unterdrückung von Handlungen zusammenarbeite, die ihrer Natur nach die Aufrechterhaltung der guten Beziehungen zwischen beiden Ländern nicht garantieren könne.

14. Oktober 1965

Südtirolprozeß: Andreas Hofer-Lied nach Freispruch

In Graz hatte das Volk, vertreten durch fünf Frauen und drei Männer aus verschiedenen Berufsschichten, sein Urteil darüber gesprochen, ob die Frauen und Männer, die aktiven Widerstand gegen das italienische Unrecht in Südtirol geleistet haben, als gemeine Verbrecher oder aber als Idealisten zu betrachten waren, die in hochverräterischer Absicht gegen den italienischen Staat gehandelt haben. Der Obmann der Geschworenen verlas, während er sichtlich mit innerer Rührung und Ergriffenheit kämpfte, den Spruch der Geschworenen: Mit jeweils acht Nein-Stimmen, keiner Gegenstimme und keiner Stimmenthaltung verneinten die Geschworenen sämtliche 70 an sie gestellten Haupt- und Nebenfragen. Im Saal wurde die Verlesung der Fragen mit feierlicher Stille aufgenommen, nur durch das Weinen einiger Zuhörer unterbrochen. Daraufhin erhob sich der Vorsitzende des Gerichtes, Hofrat Dr. Peyer, und verlas das Urteil: *„Alle 27 Angeklagten sind von den ihnen zur Last gelegten Taten freizusprechen."* Nach einer kurzen Pause fuhr Hofrat Dr. Peyer aber fort und verkündete, daß der aus den drei Berufsrichtern bestehende Senat des Gerichtes das Urteil in 42 Punkten der insgesamt 70 Fragen aufgehoben habe, wegen *„Irrtums der Geschworenen"*. Zehn Angeklagte blieben gänzlich freigesprochen, die restlichen der 27 Angeklagten aber sollten erneut vor ein Geschworenengericht gestellt werden. Als der Vorsitzende geendet hatte, sangen Angeklagte und Zeugen ergriffen das Lied: „Zu Mantua in Banden . . ." („Kronen Zeitung" vom 15. 10. 1965.)
Der Freispruch wurde damit nur in folgenden Fällen rechtskräftig: Dr. Schimpp, Dr. Hufnagel, Nachtmann, Watschinger, Dipl. Vw. Schweinberger, Sauer, Doupona, Dr. Hennig, Zimbran, Starzengruber, Bernhard.

15. Oktober 1965

Rom: Wohlverhalten Österreichs gefordert

Wie der Wiener „Kurier" meldet, habe die italienische Regierung Österreich zu verstehen gegeben, daß die in Innsbruck abgehaltenen 45-Jahr-Trauerfeiern der Abtrennung Südtirols nicht dazu beitragen könnten, das Klima zwischen den beiden Staaten zu verbessern und zu einer Lösung des Südtirolproblems beizutragen.

Bevölkerung feiert freigesprochene Südtirolkämpfer

Die in Graz freigesprochenen Oberösterreicher wurden auf dem Stadtplatz in Ried im Innkreis von vielen hundert Menschen unter den Klängen einer Trachtenmusikkapelle begeistert empfangen. Die Begrüßungsworte auf dem Stadtplatz sprach Oberlandesgerichtsrat Dr. Kirchmaier.

16. Oktober 1965

Berloffa hat es plötzlich eilig

Unter dem Eindruck der letzten Anschläge und des Freispruches der Freiheitskämpfer in Österreich forderte der italienische Bozner DC-Abgeordnete Berloffa in einer Rede eine rasche Lösung der Südtirolfrage, damit die Position *„aller demokratisch Gesinnten"* nicht weiter untergraben werde.

20. Oktober 1965

Drohung mit der Selbstbestimmung

Die italienische Wochenzeitung „Oggi" veröffentlichte im Rahmen einer Artikelserie über Südtirol ein Interview mit dem Landeshauptmann Dr. Magnago und dem Abg. Hans Dietl, das Aufsehen erregte. Magnago erklärte darin, daß sich die SVP dafür einsetzen werde, die Erfüllung aller Forderungen zu erreichen, da sie dies für gerecht und rechtmäßig halte. *„Man wirft uns vor, hart und starrköpfig und nie zufrieden zu sein. Darauf muß ich antworten, daß* *ein verantwortlicher Politiker, wenn er wirklich den Frieden liebt und wünscht, nur einer Lösung seine Zustimmung geben kann, von welcher er sich diesen Frieden erhofft."* Der Parlamentsabgeordnete Hans Dietl wurde noch deutlicher: *„Nach meinem Dafürhalten, um das Programm meiner Partei getreu auszulegen, ist die Situation folgende: Entweder gewährt man uns aufs schnellste, was auf Grund des Pariser Abkommens nur für die Provinz Bozen vorgesehen ist und wozu man sich verpflichtet hat, es auch zu gewähren, oder man kann auch auf der anderen Seite nicht verlangen, daß früher oder später nicht die Forderung nach Selbstbestimmung erhoben wird, nachdem man gesehen hat, daß nichts zu bekommen ist. Es bleibt kein anderer Ausweg, wenn man von den Worten nicht zu den Taten übergeht, als die Forderung nach Selbstbestimmung zu erheben. Früher oder später, habe ich gesagt, jedoch sicherlich nicht sehr spät."*

Feuerüberfall
Auf den bereits am 3. 10. 1965 angegriffenen Alpinistützpunkt am Portjoch wurde neuerlich ein Feuerüberfall durchgeführt. Die Südtiroler Freiheitskämpfer wollten damit beweisen, daß die Verhaftung von drei Südtirolern Unschuldige getroffen hatte und daß durch Festnahmen die Schlagkraft des BAS nicht eingeschränkt werden konnte.

21. Oktober 1965
Kreisky warnt Italien vor Gefahr weiterer Radikalisierung in Südtirol
In einem Interview mit der Presseagentur „UPI" appellierte Dr. Kreisky an die italienische Regierung, großzügig zu verfahren und den Südtirolern volle Autonomie zuzugestehen. Falls keine Lösung gefunden werde, warnte er, könne es zu einer weiteren Radikalisierung des Südtirolproblems kommen.

26. Oktober 1965
Flugblätter für Südtirol im Wiener Parlament
Nachdem der Nationalratspräsident seine Festrede auf der gemeinsamen Sitzung des National- und Bundesrates zum Staatsfeiertag beschlossen hatte, regnete es plötzlich 300 Flugblätter von der Galerie auf die Abgeordneten nieder. In den Flugblättern wurde auf die immer noch andauernde Abtrennung Südtirols hingewiesen. Als Ordner den Demonstranten, den Musikprofessor Eugen Simbrunner, von der Galerie drängten, rief dieser laut in das Plenum: *„Ich bekunde hiermit die geistige Anwesenheit und das Treuebekenntnis Südtirols zu Österreich!"*

31. Oktober 1965
„Stolzes Lachen" für Südtiroler Freiheitskämpfer
In der Londoner Zeitung „The Observer" berichtete der Journalist Neal Ascherson in einem ausführlichen Artikel über das Südtirolproblem und die Bombenanschläge. Er meinte zum Abschluß: Die Aufmerksamkeit, die die Welt dem Südtirolproblem bezeuge, sei unschätzbar, und die Tiroler Politiker könnten sich wie die Bergbauern eines *„stolzen Lachens"* nicht erwehren, wenn von den Explosionen die Rede sei, denn durch diese Explosionen seien die italienischen Politiker gezwungen worden, mit den Südtirolgesprächen zu beginnen.

2. November 1965
Wallnöfer wieder Landeshauptmann von Nordtirol
Der neue Nordtiroler Landtag wählte Eduard Wallnöfer wieder einstimmig zum Landeshauptmann. In seiner Regierungserklärung sagte er zum Südtirolproblem folgendes: *„Mit großer Bitterkeit müssen wir zur Kenntnis nehmen, daß 45 Jahre nach der Abtrennung Südtirols und fast 20 Jahre nach Abschluß des Pariser Vertrages den Südtirolern feierlich versprochene Rechte noch immer vorenthalten werden. Wir müssen aber – und davon werden wir nicht abgehen – für die Südtiroler fordern und durchsetzen, daß der Fortbestand ihres Volkstums und ihrer kulturellen Eigenart gewährleistet ist."*

Kranzschleife am Amplatz-Grab beschlagnahmt

Die Bozener Polizei entfernte eine in den rot-weißen Tiroler Farben gehaltene Kranzschleife von dem Grabe des Freiheitskämpfers Luis Amplatz, auf welcher geschrieben stand: *„Unserem Märtyrer!"*. Diese Tat wurde von zahlreichen Friedhofsbesuchern mit Erbitterung vermerkt.

3. November 1965

Strafverfahren in Bozen eingestellt

Dr. Mario Martin, Untersuchungsrichter beim Landesgericht Bozen, stellte auf Antrag des Generalstaatsanwaltes das Verfahren gegen Siegfried Steger, Heinrich Oberlechner, Johann Lercher, Dr. Oberhollenzer und Franz Berger ein. Die drei ersteren waren beschuldigt worden, die tödlichen Schüsse auf einen Carabinieri am 3. 9. 1964 abgegeben zu haben, und die beiden anderen hatten als Journalisten in den „Dolomiten" von Übergriffen der Carabinieri in Tesselberg berichtet.

Tesselberg bleibt ohne Sühne

Untersuchungsrichter Dr. Mario Martin in Bozen stellte auf Antrag des Trentiner stellvertretenden Generalstaatsanwaltes Mario Agostini das Verfahren gegen die Carabinieri ein, die der schweren Übergriffe gegen die Tesselberger Bevölkerung beschuldigt worden waren. Dies betraf auch den Kommandanten der Bozener Carabinierilegion, Oberst Marasco. Nach den Zeugenaussagen der betroffenen Tesselberger hatte Oberst Marasco bei der Polizeiaktion im September vergangenen Jahres seinen Untergebenen den Befehl erteilt, die Tesselberger Bevölkerung an Händen und Füßen zu fesseln und sie auf die Erde zu legen. Sieben weitere namentlich genannte Carabinieri waren des Diebstahls, der Sachbeschädigung und der schweren Körperverletzung beschuldigt worden. Gegen zahlreiche weitere Carabinieri war erst gar keine Untersuchung eingeleitet worden, da die Tesselberger Bauern deren Namen nicht zu nennen wußten. Mario Martin erklärte nun in seinem freisprechenden Untersuchungsurteil, daß Oberst Marasco *„nachweisen"* habe können, daß er an den *„einzelnen Übergriffen"* keinen Anteil gehabt habe.

5. November 1965

Frau Koch freigelassen

Die 53jährige Gattin des im Mailänder Südtirolprozeß verurteilten Martin Koch, Grete, wurde nach monatelanger Untersuchungshaft freigelassen und das Strafverfahren wegen „Anschlages auf die Einheit des Staates" fallengelassen. (Siehe 16. Juli 1965.)

5. und 11. November 1965

4. Grazer Südtirolprozeß. „Richter" als Betrüger entlarvt.

Vor einem Schöffensenat unter Oberlandesgerichtsrat „Dr." Kofler mußte sich der 23jährige Bundeswehrleutnant d. Res. und Student Walter Vortisch wegen seiner Beteiligung am Südtiroler Freiheitskampf verantworten. Der deutsche Staatsbürger verlangte vor ein Geschworenengericht gestellt zu werden. Nachdem der Vorsitzende Kofler schon den bloßen Antrag mit rüden Worten zurückgewiesen hatte, legte der Wahlverteidiger Dr. Rudolf Pippan sein Mandat nieder. Er lehnte es auch ab, von Kofler als Pflichtverteidiger eingesetzt zu werden. Nach einer Vertagung wurde Vortisch wegen Waffenbesitzes und Sprengstoffvergehen zu 6 Monaten Gefängnis und Landesverweis verurteilt. Dieser Prozeß löste in der Folge einen Skandal in der österreichischen Justizgeschichte aus. Auf Grund des übereifrigen Vorgehens von Richter Kofler wurden Erkundigungen über seine Vergangenheit angestellt. Dabei stellte sich rasch heraus, daß Kofler sein juristisches Studium nicht abgeschlossen und sich nach 1945 das Richteramt mit gefälschten Zeugnissen erschlichen hatte. Der Betrüger Kofler wurde, nachdem Dr. Pippan seine Unterlagen dem österreichischen Justizminister vorgelegt hatte, sofort aus dem Justizdienst entfernt. Wie die „Kronen Zeitung" kommentierte, blieb nach diesem Urteil *„ein bitterer Geschmack"* zurück, da alle Beweisanträge der Verteidigung abgelehnt worden waren und das Gericht keinen einzigen Zeugen angehört hatte. Dazu hatte sich noch der später als Betrüger entlarvte „Richter“ Kofler dem Angeklagten gegenüber in gehässigster Weise benommen und gegenüber Dritten schon vor der Urteilsverkündung mitgeteilt, daß er Vortisch „verknacken“ werde.

8. November 1965

Versuchter Menschenraub gescheitert

Anfang Juni 1991 wurde in Bozen der Neofaschist Giancarlo Masiero, Angestellter des Bozener „Movimento Sociale Italiano“ (MSI – italienische neofaschistische Partei), unter dem Verdacht des Waffen- und Drogenhandels verhaftet. Bei der Hausdurchsuchung fand sich ein Tagebuch, aus dem hervorging, daß Masiero Mitglied einer neofaschistischen Terrorgruppe war, die über das Büro „R“ des italienischen militärischen Geheimdienstes SISMI (früher SIFAR) gesteuert wurde und offenbar ein Bestandteil der terroristischen GLADIO-Geheimdienststruktur war. In dem Tagebuch waren zahlreiche verbrecherische Aktionen der Neofaschisten aufgeführt, die diese in Zusammenarbeit mit dem Geheimdienst begingen. Darunter fand sich auch ein Bericht über einen gescheiterten Versuch des Menschenraubes:
„Aktion Österreich (Nov. 65). Es handelte sich darum, gemeinsam mit dem Dienst Georg Klotz nach Italien ‚zurückzubringen‘ und Norbert Burger zu entführen und die Gruppe der 4 vom Ahmtal zu eliminieren. Mit Mitteln, die in Informationen und Geld von der Abteilung ‚R‘ und der Leitung des MSI bestanden, wurde einige Monate lang verfolgt, kontrolliert, überwacht und photographiert: Klotz in Absam, Burger im Viertel Alt Pradl von Innsbruck, Universität, in Traunstein, im Salzburger Grenzgebiet, wo er sich mit deutschen Elementen aus München traf. Am 8. November 1965 fuhren fünf Personen mit zwei Autos, einer alten Appia mit Kennzeichen BZ und einer Flaminia, die dafür vorbereitet waren und Verstecke im Kofferraum und unter der Rückbank hatten, sowie einem FIAT 124 für den Waffentransport nach Innsbruck. Die Basis in Innsbruck diente für Kommunikationen und die vorübergehende Lagerung der Waffen. Am 9. sollte die Aktion losgehen, die aber aufgeschoben wurde, weil die beiden Wohnungen eigenartigerweise stärker überwacht wurden. Wir kehrten zum Brenner zurück, wo wir die beiden Parlamentsabgeordneten des MSI, die dort warteten, falls es beim Überschreiten der Grenze Probleme gegeben hätte, informierten. Sie unterrichteten einen Oberst der Dienste, der in der Carabinierikaserne am Brenner wartete.“ („Dolomiten“, 29. Juni 1991.)

9. November 1965

Italien verlangt von Österreich Auslieferung von Südtirolern

Die italienischen Behörden stellten einen Antrag auf Auslieferung der Südtiroler Siegfried Steger, Sepp Forer, Heinrich Oberleitner und Heinrich Oberlechner. Diese waren zum Teil schon 1961 nach Österreich geflüchtet und hatten hier um politisches Asyl angesucht. Sie wurden von Italien beschuldigt, an dem Feuerüberfall auf die Carabinieristation Sexten beteiligt gewesen zu sein. Der italienische Verteidigungsminister Andreotti fügte drohend hinzu, daß es sehr schwerwiegend wäre, wenn Österreich die Mordverdächtigen den Richtern entziehen wolle.

15. November 1965

Neuer Grazer Südtirolprozeß: Von Italienern gefälschte Rechtshilfeansuchen bei österreichischen Gerichten

Italienischer Agent verurteilt

Vor einem Geschworenengericht unter Vorsitz von Oberlandesgerichtsrat Dr. Pammer wurde über den Sprengstoffanschlag auf den Brenner-Expreß vom 15. 11. 1964 (siehe dort) verhandelt. Der mehrfach vorbestrafte deutsche Staatsbürger und selbsternannte Architekt Carl Joosten wurde von Innsbrucker Staatspolizisten beschuldigt, Agent des italienischen Geheimdienstes gewesen zu sein und Felderer, einen gutgläubigen Patrioten, zu diesem Anschlag überredet zu haben. Dies bekräftigte der Chef der Staatspolizei in Innsbruck, Oberpolizeirat Uiberreiter, mit den Worten: *„Ja, ich nehme an, daß Joosten mit den Italienern zusammen-*

arbeitet." (Mittlerweile ist anhand italienischer Akten offenkundig geworden, daß Joosten tatsächlich italienischer Agent war.) Das Gericht verurteilte den Agenten Joosten zu 18 Monaten schwerem, verschärften Kerker und den Absamer Schmied Karl Felderer zu 12 Monaten. Sensationell war in diesem Prozeß auch gewesen, daß es den Verteidigern Dr. Molling und Dr. Pippan gelungen war, nachzuweisen, daß offenbar auf Grund gefälschter Rechtshilfeansuchen das Landesgericht Innsbruck Rechtshilfe gegen zwei österreichische Staatspolizisten an das Mailänder Gericht geleistet hatte. Sie legten eine beglaubigte Abschrift der Anklageschrift des 2. Mailänder Prozesses vor, aus der hervorging, daß die gewährte Rechtshilfe nicht vom Mailänder Gericht angefordert worden war. Da bei dem Landesgericht Innsbruck aber ein offizielles Ansuchen vorliege, müsse dies von italienischen Agenten gefälscht sein. Das „Salzburger Volksblatt" und die „Kronen Zeitung" vermerkten in diesem Zusammenhang mit Empörung, daß Österreich überhaupt Rechtshilfe an Italien leiste. In dem gegenständlichen Fall zum Nachteil von zwei Innsbrucker Staatspolizisten, die der Unterstützung der Freiheitskämpfer beschuldigt wurden.

17. November 1965
Sucht der Osten Einfluß auf die Entwicklung Südtirols?
Im österreichischen Nationalrat brachten die ÖVP-Abgeordneten Dr. Weißmann, Dr. Basetti und Kummer eine Anfrage an die Minister für Justiz und Inneres ein, die folgenden Wortlaut hatte: *„Dem Bundesminister für Justiz ist vor längerer Zeit ein vertraulicher Akt zugekommen, wonach ein östlicher Nachrichtendienst seit je über alle mit Südtirol zusammenhängenden Fragen genauestens informiert und durch diesen die Entwicklung um Südtirol nachteilig beeinflußt wird. Die Schlüsselfigur dieser Aktivität soll ein Wiener Rechtsanwalt sein, der gegenwärtig Mitglied des Verfassungsgerichtshofes ist. Da über die Behandlung dieses Aktes keinerlei Mitteilung gemacht wurde, richten die Abgeordneten an den Bundesminister für Justiz bzw. an den Bundesminister für Inneres die Frage, was wurde seitens der beiden Ministerien mit diesem Akt veranlaßt bzw. welche Schritte wurden unternommen, um den Inhalt dieser Information zu überprüfen und allfällige Gegenmaßnahmen zu setzen?"* In den Antworten erklärten die beiden Minister es für richtig, daß der Staatspolizei 1963 ein derartiges Gerücht bekannt geworden sei. Bei dem genannten Verfassungsrichter handle es sich um Rechtsanwalt Hofrat Dr. Johann Dostal. Weitere Untersuchungen hätten jedoch keine konkreten Hinweise ergeben.

18. November 1965
„Ahnungsloser" Innenminister
Die Abgeordneten der Freiheitlichen Partei stellten an den Innenminister die Anfrage, was er gegen die zunehmende Spitzeltätigkeit italienischer Agenten in Österreich zu tun gedenke. In seiner Antwort stellte Innenminister Czettel fest, daß keine konkreten Hinweise für die Tätigkeit italienischer Staatspolizisten in Österreich bekannt geworden seien. Er meinte, daß eventuell die Tätigkeit italienischer Sicherheitsorgane, denen in Zügen übereinkommensgemäß die Paß- und Zollkontrolle zwischen Innsbruck und Brenner gestattet war, Anlaß für dieses Gerücht gewesen sei. In Innsbruck genossen diese uniformierten Beamten volle Bewegungsfreiheit.

22. November 1965
Freiheitskämpfer: „Bundesdeutsche und österreichische Hilfe für Italiens Justiz"
Der „Grazer Montag" und der „Wiener Montag" veröffentlichten heute einen „offenen Brief" der Südtirolkämpfer Dr. Burger und Peter Kienesberger an Österreichs Justizminister Dr. Broda, in welchem sie Beschwerde darüber führten, daß Italiens Justiz bei politischen Südtirolverfahren Rechtshilfe gewährt werde. So habe das Bayrische Landeskriminalamt in München den dort Beschuldigten Photokopien von Akten und Beweisstücken aus dem 3. Grazer Südtirolprozeß vorgelegt. Auch den italienischen Polizei- und Gerichtsbehörden seien Photokopien von Akten und Beweisstücken zur Verfügung gestellt worden, ja sogar die bei der österreichischen Polizei von Südtiroler Freiheitskämpfern gemachten Photos befänden sich in den

Händen der Italiener. In der Anklageschrift zum zweiten Mailänder Südtirolprozeß heiße es im Zusammenhang mit den dort beschuldigten österreichischen Staatspolizisten Franz Spörr und Ludwig Reiter aus Innsbruck, daß beim Untersuchungsrichter in Bozen zwei Vernehmungsschriften über die Verhöre der beiden Beamten vor einem Richter des Landesgerichtes Innsbruck eingegangen seien. In diesem Falle sei österreichischerseits sogar eine freiwillige, von den Italienern gar nicht erbetene Rechtshilfe geleistet worden. Der „offene Brief" schließt mit der Frage, ob der Minister von diesen Vorgängen Kenntnis habe.

Zwei österreichische Polizeibeamte im kommenden Mailänder Prozeß angeklagt

Die „WOCHENPRESSE" in Wien gab Details aus der Mailänder Anklageschrift bekannt, die sich Verteidiger Dr. Wilhelm Steidl in Innsbruck als einer der ersten Österreicher besorgt hatte. Darin heißt es über die Innsbrucker Staatspolizisten Franz Spörr und Ludwig Reiter: *„... der Mißbrauch ihrer Stellung als Polizeibeamte versetzte sie in die Lage, als Leiter und Rädelsführer an der politischen Verschwörung mitzuarbeiten, die den Gegenstand dieser Voruntersuchung bildet."* Die Anklageschrift legte Spörr und Reiter das Verbrechen des *„Anschlages auf die Unversehrtheit des Staates"* nach Art. 241 „Codice penale" (Strafandrohung lebenslanger Kerker) zur Last. Es handelte sich um einen auch heute noch in Geltung befindlichen alten faschistischen Staatsschutzparagraphen.

25. November 1965

Italien schaltet auf „hart" und präsentiert Grundzüge der späteren „Paket"-Lösung von 1969

In einem Kontaktgespräch auf Diplomatenebene in London erklärten die italienischen Teilnehmer, daß von italienischer Seite nur 6 bis 8 Punkte von insgesamt 18 offenen Punkten des „Paketes" (nach dem Stand vor Paris 1964) noch einer weiteren Erörterung zugänglich seien. Eine Verankerung in der Form von Paris sei nicht mehr im italienischen Parlament durchsetzbar, da sich die öffentliche Meinung gewandelt habe. Als Ersatz dafür bot die italienische Seite an: Österreich gäbe eine Streitbeilegungserklärung erst dann ab, wenn die italienischen Zusagen erfüllt seien, und erst nach diesem Zeitpunkt werde auch eine entsprechende Note an die Vereinten Nationen abgesendet.

Das interne Kontaktkomitee Rom – Bozen solle zu einer Kommission mit fester Mitgliedschaft umgewandelt werden. Außerdem solle der Landeshauptmann dem Ministerrat zugezogen werden, wenn Fragen behandelt würden, die direkte Auswirkungen auf die Provinz Bozen hätten. Entweder der Internationale Gerichtshof in Den Haag oder ein zuständiger Schiedsgerichtshof solle über die Erfüllung des Pariser Abkommens urteilen. Darüber sei sich die italienische Regierung noch nicht einig. Italien sei auch bereit, eine „interne Garantie" zu geben.

Damit war im Prinzip bereits eine „Lösung" skizziert, wie sie nach ständigem österreichischen Nachgeben 1969 verwirklicht werden sollte. Die Österreicher erwiderten, daß Italien eine internationale Verankerung gewähren oder der Provinz Bozen den Status einer Region zubilligen müsse. Die Italiener erwiderten, daß dies derzeit überhaupt nicht in Frage komme, weil man sich damit der österreichischen Rechtsauffassung unterwerfen müsse. Später, sobald ein gewisses Vertrauensverhältnis Platz gegriffen habe, könne man eventuell darüber reden.

1. Dezember 1965

Bundeskanzler Klaus bei der UNO

In seiner Rede vor der Vollversammlung der Vereinten Nationen erklärte der österreichische Bundeskanzler Klaus kurz zur Südtirolfrage: *„Die Konflikte zwischen den Völkern in dieser Zeit sollten einzig durch Gebrauch jener friedlichen Mittel ausgetragen werden, die die Charta der Vereinten Nationen nennt. Wir Österreicher werden stets bereit sein, uns daran zu halten. In diesem Zusammenhang kann ich nur unterstreichen, daß Österreich fest entschlossen ist, den Streit über die Durchführung des Pariser Abkommens durch Verhandlungen ... einer Lösung zuzuführen."* In New York kam es auch zu einem Südtirolgespräch zwischen dem italienischen Außenminister Fanfani, der Präsident der UN-Generalversammlung war, und dem österreichischen Bundeskanzler.

Geheimsender „Freies Tirol“ angekündigt

Unter dem Titel „Die Radiopiraten“ kündigte die in Wien erscheinende „WOCHENPRESSE“ an, daß die Tiroler Freiheitskämpfer einen Geheimsender installieren wollen, der in Nord- und Südtirol tätig werden wolle, *„da es in Südtirol nur eine beschränkte Meinungsfreiheit gibt.“* Diese Nachricht schlug wie eine Bombe ein. Die gesamte österreichische Tagespresse druckte diese Meldung, die von der Austria-Presse-Agentur (APA) verbreitet und auch von Radio Tirol ausgestrahlt wurde. Sieben überregionale bundesdeutsche, einige schweizerische und zahlreiche italienische Zeitungen brachten die Meldung in großer Aufmachung. Aus Rom wurde gemeldet, daß in Regierungskreisen angesichts der nunmehr gegebenen technischen Möglichkeit der Freiheitskämpfer, ihre politischen Standpunkte über Radio zu verbreiten, Unbehagen herrsche.

Anklage gegen Folter-Hauptmann Rotellini

Der wegen schwerer Folterungen an Südtiroler Häftlingen im Trienter Folterprozeß 1963 verurteilte, aber sofort amnestierte und vom Leutnant zum Hauptmann beförderte Carabinieri-Offizier Vittorio Rotellini wurde angeklagt. Die Staatsanwaltschaft in Rom hat Anklage gegen ihn sowie gegen Major Siani und Leutnant Sportiello erhoben, weil er 1964 in seinem neuen Dienstbereich Bergamo 27 unschuldige und unbescholtene Bürger hatte foltern lassen, um von ihnen Geständnisse bezüglich der Mitgliedschaft in einer Räuberbande zu erhalten. Alle waren geständig – und alle waren unschuldig, wie sich kurze Zeit später herausstellte. Noch 1963 hatte Rotellini vor Gericht erklärt, die Südtiroler Häftlinge hätten sich die Verletzungen selbst zugefügt. Die jetzt in Bergamo aufgedeckten Folterungen waren jedoch identisch mit den Folterungen in Südtirol. So erzählte beispielsweise der Zeuge Stanga: *„Nach der Gegenüberstellung mit Rolando Costa schlug mich der Hauptmann Rotellini, als wir einen Augenblick allein waren. Um mich zu erschrecken, hetzten sie einen Wolfshund auf mich. Sie kamen jede Viertelstunde mit dem Hund zu mir. Auch die Carabinieri müssen sich zu einem gewissen Zeitpunkt Sorgen über meinen Zustand gemacht haben. Leutnant Sportiello ließ mich von einem Militärarzt untersuchen. Der junge Arzt tat dies und sagte dann zum Leutnant, ich hätte nur ein bißchen Fieber, aber sie könnten schon noch weitermachen. Ich weiß nicht, was man damit sagen wollte. Ich weiß nur, daß meine Knöchel anschwollen, wegen des langen Stehens. Als ich mich darüber beklagte, versetzte mir ein Carabinieri einen Fußtritt dorthin. Der Major Siani schickte ihn dann weg, und ich sah ihn dann nicht mehr wieder. Es war ein Carabiniere, der mir zu verstehen gab, aus welchem Grund der Major eingeschritten sei:* ***Man dürfe auf keinen Fall Spuren sehen, sagte er. Gewisse Dinge müsse man gut machen, wie bei den Südtirolern.*** *Kurz und gut, schließlich gestand auch ich alles. Ich konnte einfach nicht mehr.“*

10. Dezember 1965

Musikpreis für Freiheitskämpfer Prof. Andergassen

Nachdem die feierlichen Klänge seiner preisgekrönten „Missa brevis“ verklungen waren, wurde in einem Festakt der Musikförderungspreis 1964 der Stadt Innsbruck dem in Italien inhaftierten Freiheitskämpfer Prof. Andergassen in Abwesenheit verliehen. Andergassen, der einer lebenslangen Haftstrafe entgegensah, hatte drei Messen, zwei Liederzyklen und eine Chorkantate geschrieben.

12. Dezember 1965

Erste Geheimsendung des Senders „Freies Tirol“

Vom Hause des Schützenhauptmannes von Oberperfuß in Nordtirol sendete der Geheimsender auf 97 Megahertz die erste Sendung der Tiroler Freiheitskämpfer. Trotz eines Großaufgebotes von Peilwagen der österreichischen Gendarmerie konnte der Sender nicht entdeckt werden. In der Sendung wurden scharfe Angriffe gegen die Haltung mancher Südtiroler Politiker gerichtet, die sich mehr auf die Seite der Italiener als auf die der Freiheitskämpfer gestellt hätten. Der Sender kündigte weiters an, daß es seine Aufgabe sei, alle jene Nachrichten den Südtiroler und Nordtiroler Landsleuten mitzuteilen, *„die in Südtirol nicht geschrieben werden können, ohne daß die Autoren mit schweren Kerkerstrafen rechnen müssen, und die in Österreich häufig aus Unwissenheit oder vermeintlichen Opportunitätserwägungen nicht geschrieben werden."* Die „WOCHENPRESSE" schrieb dann doch und brachte am 15. Dezember den Inhalt der Sendung auf einer ganzen Seite.

13. Dezember 1965

Italienische Sozialdemokraten für eigene Regionalautonomie für Südtirol

Auf ihrem Landeskongreß in Bozen sprach sich die Sozialdemokratische Partei Italiens („Saragat-Sozialisten") für eine eigene, von Trient getrennte autonome Region Südtirol aus. Diese Stellungnahme wurde von den Deutschen und Ladinern in Südtirol als sensationell empfunden, stellte sie doch eine bislang von italienischer Seite noch nie erhobene Forderung dar, die sich mit den Wünschen der Südtiroler deckte.

14. Dezember 1965

Häftlingsfrau ohrfeigte Carabiniere

Vor dem Bozner Landesgericht fand ein Prozeß gegen die Schwester von Luis Amplatz, Theresia Stampfl, statt. Sie hatte am 15. 7. 1961, als man ihren Mann Hans Stampfl um 4 Uhr früh aus dem Bett heraus verhaftete, dem Carabiniere Maesa ins Gesicht geschlagen und ihn als *„walsches Schwein"* bezeichnet. Das Verfahren wegen Widerstandes, Körperverletzung und Amtsehrenbeleidigung wurde auf Grund einer Amnestie eingestellt.

15. Dezember 1965

Mit Freundlichkeiten allein ist das Südtirolproblem nicht zu lösen

Außenminister Dr. Kreisky stellte in einem Interview in Hamburg fest, daß es nicht neu sei, daß italienische Politiker das Südtirolproblem lösen wollen. Er sagte: *„Sie wollen es aber auf eine Art lösen, die nicht unserer Auffassung entspricht oder genügend weit entgegenkommt."* Alles könne man nicht mit der guten Atmosphäre machen, und mit dem Austausch von Freundlichkeiten löse man solch ein kompliziertes Problem nicht. Das müsse er sagen, weil sonst die Gefahr bestehe, daß man sich wieder Illusionen mache.

Auch 1966 Ausnahmezustand in Südtirol

Der Regierungskommissar hat verfügt, daß der Ausnahmezustand in Südtirol auch 1966 andauern wird. Demnach dürfen sich Südtiroler in den Abend- und Nachtstunden keinen öffentlichen Einrichtungen, die in einer endlosen Liste aufgezählt sind, auf weniger als 200 Meter nähern, ansonsten von der Schußwaffe Gebrauch gemacht werden kann.

18. Dezember 1965

Vorbildliche Aktion der „Kronen Zeitung": „Helft die Not lindern!"

Als einzige große Tageszeitung Österreichs wiederholte die „Kronen Zeitung" eine karitative Aktion, die sie schon einmal im vergangenen Jahr durchgeführt hatte. Unter dem Titel „Helft die Not lindern!" veröffentlichte die Zeitung einen Spendenaufruf des Bergisel-Bundes mit Bekannntgabe der Spendenkonten. Schon im Vorjahr hatte ein Vertreter des oberösterreichischen Bergisel-Bundes zusammen mit einer Delegation bereits aus dem Gefängnis entlassener Südtiroler Häftlinge den Chefredakteur und Herausgeber Hans Dichand im Pressehaus in Wien besucht und ihm die triste soziale Situation der allein gelassenen Häftlingsfamilien berichtet. Hans Dichand hatte, ohne zu zögern, den Redakteur Ernst Trost nach Südtirol geschickt und vor Ort recherchieren lassen. Das Ergebnis war eine mehrwöchige ergreifende und bedrückende Fortsetzungsserie in Form eines Bildberichtes gewesen. Redakteur Trost hatte mit Bild und Text auch ein schönes Beispiel seiner eigenen Menschlichkeit geliefert. Die Reihe der Spender hatte die „Kronen Zeitung" selbst mit einem namhaften Betrag eröffnet. Das Gesamtergebnis lag weit über einer Million Schilling und wurde dem Südtiroler Abgeordneten Dr. Hans Dietl übergeben. Nun führte Hans Dichand die Aktion ein zweites Mal durch und versetzte den „Bergisel-Bund“ in die Lage, den Ärmsten der Armen zu Weihnachten ihre drückende Lage etwas zu erleichtern.

19. Dezember 1965

Freiheitssender: Georg Klotz grüßt die Häftlinge

Diesmal war der Sender „Freies Tirol“ sowohl in Innsbruck wie auch in weiten Teilen Südtirols zu hören. Georg Klotz wandte sich an seine Landsleute und schickte besonders herzliche Grüße an die Häftlinge, denen er versprach, daß er und seine Freunde den Kampf nicht aufgeben werden, bis Italien das Problem im europäischen Geist bereinigte. Trotz eifriger Suche konnte die österreichische Gendarmerie den Sender nicht finden.

20. Dezember 1965

Südtirol Prüfstein für das demokratische Italien

Die Sprecher aller drei Fraktionen nahmen anläßlich der Haushaltsdebatte im Nordtiroler Landtag zu Südtirol Stellung. Abg. Thomann erklärte für die ÖVP: „*Südtirol gilt nach wie vor unsere Sorge. Die heute selbst unterentwickelten Ländern zugestandene Selbstbestimmung blieb dem freiheitsgewohnten Volk an Etsch und Eisack vorenthalten . . . Noch immer sind in Südtirol der Ungeist des Faschismus und überholter italienischer Chauvinismus zu spüren . . . Der Landtag hat die Pflicht, auf jede vertretbare Weise immer wieder Anwalt und Rufer Südtirols zu sein, bis die Lebensrechte gesichert sind und kein Boden mehr für Verzweiflungsausbrüche und Gewalten da ist.*“ Für die SPÖ erklärte Landesrat Zechtl unter anderem: „*Soll Befriedung eintreten, gibt es für Italien nur eine Politik: eine großzügige Lösung. Viel von den Faschisten geschaffenes Unrecht besteht auch heute noch in Südtirol. Solange in Italien noch Faschisten als Hintermänner imstande sind, im Ungeist Tolomeis zu wirken und eine mögliche Lösung zu torpedieren, werden in Südtirol Unsicherheit, Mißtrauen und Unzufriedenheit herrschen. Südtirol ist der Prüfstein für das demokratische Italien.*“ Dr. Heinz Mader meinte für die FPÖ, daß man sich hüten solle, nur einmal im Jahr über Südtirol zu reden, wenn sonst nichts geschehe. Die Resignation in Südtirol über die Haltung Österreichs sei bedrückend.

— 1966 —

2. Januar 1966
Freiheitssender nicht zu fassen
Sieben Peilwagen der österreichischen Post konnten den vom österreichischen Territorium aus von 20 Uhr 30 bis 20 Uhr 47 strahlenden Sender „Freies Tirol" nicht ausheben. In der Sendung forderte der Innsbrucker Schriftsteller und Alpinist Dr. Heinrich Klier die Selbstbestimmung für Südtirol.

3. Januar 1966
Diplomatischer Protest gegen Reportage über Freiheitssender
Das „Erste Deutsche Fernsehen" (ARD) brachte eine sensationell aufgemachte Reportage über den Tiroler Freiheitssender. Mit diesem Bericht wurden die Forderungen und Ziele der Südtiroler Freiheitskämpfer vielen Millionen Zusehern in Deutschland vermittelt. Der italienische Botschafter legte bei dem Auswärtigen Amt in Bonn Protest ein.

10. Januar 1966
Wieder diplomatischer Protest gegen Fernsehen
Nun befaßte sich auch das „Zweite Deutsche Fernsehen" (ZDF) in einer Sendung mit dem Tiroler Freiheitssender. Hierbei kamen Freiheitskämpfer ausführlich zu Wort. Wiederum erhob der italienische Botschafter Protest beim Bonner Auswärtigen Amt.

12. Januar bis 20. April 1966
Zweiter Mailänder Südtirolprozeß
Mario Martin erstellte politisches Untersuchungsurteil – Propaganda wie bei Ettore Tolomei
In Mailand begann der zweite Mailänder Südtirolprozeß. Der von dem Südtiroler Historiker Leopold Steurer als „Altfaschist" bezeichnete Dr. Mario Martin hatte als Untersuchungsrichter, wie schon im ersten Mailänder Prozeß, das Untersuchungsurteil erstellt, das dann zur Grundlage der Anklageschrift und auch im Prozeß verlesen wurde. Im zweiten Mailänder Verfahren hatte das Untersuchungsurteil einen Umfang von 928 Seiten und enthielt einen historisch-politischen Teil, der den Geschworenen klarmachen sollte, worum es in diesem Prozeß eigentlich politisch gehe. Mario Martins politische Ausführungen hatten vor allem den Zweck, den „historischen Anspruch" Italiens auf Südtirol zu begründen. In der pseudowissenschaftlichen Manier eines Ettore Tolomei begründete Mario Martin den „Anspruch" Italiens mit der napoleonischen Grenze, die schon einmal Tirol geteilt hatte. Ein Zitat aus dem „Inferno" Dantes mußte, aus dem Zusammenhang gerissen, ebenfalls herhalten, um darzutun, daß Südtirol immer uritalienisch gewesen sei. In dieser Geschichtsbetrachtung fiel die Existenz der ladinischen Volksgruppe dann ebenso unter den Tisch wie die bayrische Besiedlungsgeschichte Tirols, die Geschichte Tirols, die Übertragung an die Herrschaft Österreichs sowie die Tatsache, daß nach mehr als 600 Jahren Zugehörigkeit zu Österreich die gesamte Bevölkerung Südtirols sowohl im Jahre 1919 wie auch 1945 gegen die Abtrennung von Österreich protestiert hatte. Stattdessen führte der Pseudohistoriker Mario Martin in seiner politischen „Eifererschrift" eine obskure italienische Landkarte aus dem Jahre 1860 (!) an, die einen „gerechten Anspruch Italiens" auf Südtirol beweisen sollte. Mit solchen „Geschichtskenntnissen" durch Mario Martin ausgerüstet, fiel es den italienischen Geschworenen dann schon leichter, die „richtigen" Urteile zu fällen. Vor dem Schwurgericht unter Vorsitz von Präsident Dr. Luigi Lantieri mußten sich 58 Angeklagte unter anderem wegen Anschlags auf die Einheit des Staates, politische Verschwörung, Anschlag auf Elektroanlagen usw. verantworten. Sieben Südtiroler, zwei Bundesdeutsche und ein Österreicher befanden sich in Haft, 16 Südtiroler auf freiem Fuß. Gegen die übrigen 32 (davon 14 Südtiroler, 11 Österreicher und 7 Bundesdeutsche) wurde in Abwesenheit verhandelt. Hauptangeklagter war der österreichische Musikprofessor

Günther Andergassen, einer der verantwortlichen Führer des BAS, zu den „Flüchtigen" zählte der Landesrat a.D. , Hofrat Dr. Aloys Oberhammer aus Innsbruck, zwei Nordtiroler Staatspolizisten und die Universitätsassistenten Dr. Norbert Burger und Dr. Helmut Heuberger. Bei Dr. Heuberger handelte es sich um einen Freiheitskämpfer, der bereits während des Krieges Widerstand gegen Hitler geleistet hatte. Nach der Vernehmung von 391 Zeugen, darunter der Südtiroler Landeshauptmann Dr. Silvius Magnago, beantragte der Staatsanwalt 425 Jahre Gefängnis. (Siehe weiter: 18. Januar!)

<u>12. Januar 1966</u>

Faschistisches Strafrecht verstößt gegen Menschenrechte

Das führende österreichische Nachrichtenmagazin „WOCHENPRESSE" wandte sich scharf gegen die Abhaltung des zweiten Mailänder Prozesses, da dieser auf der Basis des 1930 von Mussolini und seinem faschistischen Justizminister Rocco geschaffenen Strafgesetzes geführt werde. Dieses unverständlicherweise immer noch in Kraft befindliche Strafrecht verstoße gegen die nach 1945 international verankerten Menschenrechte. Die „WOCHENPRESSE" wies darauf hin, daß es in der Präambel zum „Codice penale" heißt: *„Die Philosophie dieses Strafgesetzes ist nichts anderes als eine Ableitung der allgemeinen Rechtsphilosophie des Faschismus."*

<u>16. Januar 1966</u>

Sender „Freies Tirol" stellt Ultimatum

Der illegale Sender der „Südtiroler Freiheitskämpfer" „Freies Tirol" erklärte in seinem Programm unter anderem: *„Wenn bis zum 1. Juni 1966 keine europäische Lösung des Südtirolproblems gefunden wird, wird eine verstärkte Aktivität die Antwort sein. Dann hat Italien die Verantwortung für alles zu tragen. Wir geben ein letztes Mal noch eine Spanne Zeit."* Obwohl der Wortlaut der Sendung ohne jeden Kommentar von der Tageszeitung „Dolomiten" übernommen worden war, brachte „Freies Tirol" am 23. 1. 1966 das gleiche Programm als Wiederholung. Trotz neuerlichen Großeinsatzes aller österreichischen Peilkommandos konnte der Sender nicht ausfindig gemacht werden.

<u>18. Januar 1966</u>

Keine italienischen Agenten in Österreich

Diese absurde Behauptung stellte der österreichische Innenminister Czettel (SPÖ) in Beantwortung einer parlamentarischen Anfrage des Abg. Mahnert (FPÖ) auf. Aus diesem Grunde seien auch weiters keine Maßnahmen österreichischer Behörden zu veranlassen.

2. Mailänder Prozeß: Andergassen über italienische Verhörmethoden
Untersuchungsrichter Mario Martin schickte Agenten ins Gefängnis

Im zweiten Mailänder Südtirolprozeß wurde der 1964 durch einen Spitzel verratene und dann in Venedig verhaftete Angeklagte Günther Andergassen, Komponist, Musikprofessor und ehemaliger BAS-Chef, einvernommen. Andergassen war bei seinen Polizeiverhören offenbar unter Drogen gesetzt worden, die ihm in Milch verabreicht wurden. Jedenfalls hatte er in einem Zustand geistiger Abwesenheit vorbereitete Geständnisse unterschrieben, an die er sich später überhaupt nicht erinnern konnte und die er nach den Polizeiverhören im Gefängnis widerrief. In diesen „Geständnissen" hatte er den SVP-Parlamentsabgeordneten und Vizeobmann der SVP, Hans Dietl, als *„Mitverschwörer"* und BAS-Mitglied belastet. Wie Andergassen nun am 18. Jänner vor dem Mailänder Gericht erklärte, habe Untersuchungsrichter Mario Martin Agenten des Geheimdienstes zu ihm ins Gefängnis gelassen, die ihn laufend weiter verhört hätten und ihn bewegen wollten, die Beschuldigungen gegen den SVP-Abgeordneten Dietl aufrecht zu halten. Nun wurden die Inquisitoren des Andergassen als Zeugen aufgerufen. Der Bozener Polizeikommissar Dr. Enrico Benevento leugnete voll Empörung, daß man Andergassen eine willenslähmende Droge zusammen mit der Milch eingegeben habe. Er selbst und der vernehmende Leutnant hätten von der Milch getrunken. Mit Andergassen sei man überhaupt nur „plaudernd“ zusammengesessen. Der Verhaftete habe sich in guter Verfassung befunden. Das Geständnis sei dann „spontan“ erfolgt.

Moralische Vorhaltungen und „spontanes Geständnis“

Der Carabinierikommandant von Bozen, Oberstleutnant Ferrari, löste vor Gericht das erstaunliche Rätsel des „spontanen“ Andergassen-Geständnisses. Man habe dem Professor Andergassen vorgehalten, wie *„unmoralisch“* Attentate seien. Dieser habe nun Gewissensbisse und einen Weinkrampf bekommen und dann alles „spontan“ gestanden, natürlich auch die Verschwörerrolle des Abgeordneten Dietl. Diese ergreifende Geschichte konnte Hauptmann Dante von der Justizpolizei nur bestätigen. Andergassen sei aus Gewissensgründen zu seinem Geständnis getrieben worden. Dr. Giovanni Peternel, Kommissar der politischen Abteilung der Quästur Bozen, konnte dem ebenfalls nur zustimmen. Als Andergassen-Verteidiger Dr. Gamper den Kommissar fragte, ob man Andergassen den Namen des Abgeordneten Dietl nicht zumindest in den Mund gelegt habe, da verneinte Dr. Peternel dies im Brustton der Überzeugung: Nie und nimmer! Andergassen habe ganz von selbst und nur von Gewissensbissen und Reue getrieben, sein bedrücktes Gewissen um den Namen Dietls erleichtert! Bei so viel Glaubwürdigkeit der Belastungszeugen konnte das Ende nicht fraglich sein: Andergassen erhielt am 20. April dann 30 Jahre Kerker, gegen den SVP-Abgeordneten Dietl wurde ein Strafverfahren eingeleitet. (Siehe 20. April.)

20. Januar 1966

Folterungen: „Die Wäsche war voll Blut . . .“

Der 33jährige Weinbauer Richard Gutmann aus Tramin schilderte im zweiten Mailänder Südtirolprozeß dem Gericht, daß ihn die Folterung seines Bruders Luis durch die Carabinieri dazu bewogen hätte, am Freiheitskampf teilzunehmen: *„Mein Bruder war bei bester Gesundheit, bevor er ins Gefängnis kam. Dort erst hat man ihn so hergerichtet. Die Wäsche meines Bruders, die wir zum Waschen bekamen, war voll Blut.“*

23. Januar 1966

Freiheitssender: Italienische Zeitung berichtet

Groß aufgemacht brachte die Wochenendnummer des „Corriere della Sera“, „Domenica del Corriere“, einen Bericht über den Tiroler Freiheitssender. In einem Interview erklärte dazu Jörg Klotz, daß die Selbstbestimmung die einzige Lösung für Südtirol sei. Damit wurden die Forderungen der Freiheitskämpfer in ganz Italien bekanntgemacht.

Druck auf Nordtiroler Landesregierung

Offenbar in Zusammenhang mit den von Klotz gemachten Äußerungen im Interview erklärte der österreichische Innenminister Czettel (SPÖ) gegenüber der Nordtiroler Landesregierung, daß die Bundesregierung das Verhalten des Freiheitskämpfers *„nicht mehr hinnehmen könne.“*

26. Januar 1966

Freiheitskämpfer greifen Justizminister an

In einem offenen Brief griffen die Freiheitskämpfer Rudolf Watschinger aus Fritzens und Herwig Nachtmann aus Innsbruck den österreichischen Justizminister Dr. Broda schwer an. Um leichter Verurteilungen von Freiheitskämpfern erzielen zu können, klagten die weisungsgebundenen Untergebenen des Dr. Broda willkürlich nach Opportunitätserwägungen vor Schöffen- oder Schwurgerichten oder auch in der gleichen Sache vor dem Einzelrichter an, *„weil man sich dort offenbar mehr Chancen für eine Verurteilung erwartet.“ „Ihre weisungsgebundenen Untergebenen,“* heißt es weiter in dem offenen Brief, *„haben es nun tatsächlich fertig gebracht, daß z.B. bei einem Delikt, bei dem Waffen und Sprengstoff zur Begehung eines Anschlages verwendet wurden, die Pistolen vor einem Einzelrichter, der Sprengstoff vor dem Schöffengericht, der Anschlag selbst vor einem Schwurgericht verhandelt werden, der Besitz, der Transport und die Verwendung von Maschinenwaffen jedoch überhaupt straffrei bleiben.“*

27. Januar 1966

Freiheitskämpfer Jörg Klotz in Schubhaft

Auf Weisung der Bundesregierung verhängte die Bezirkshauptmannschaft Innsbruck über den Passeirer Schützenmajor die Abschiebung nach Linz und die „Schubhaft", die normalerweise einer Abschiebung in das Ausland vorangeht. Klotz wurde in das Polizeigefangenenhaus Linz eingeliefert. Freunde fürchteten eine Auslieferung an Italien. Die Maßnahme wurde von dem Innenministerium damit begründet, daß Klotz dem deutschen Fernsehen gegenüber Erklärungen über Südtirol abgegeben, einem italienischen Journalisten ein Interview gewährt und über den Freiheitssender zu seinen Landsleuten gesprochen habe.

30. Januar 1966

Interviewverbot für Klotz

Auf Anweisung des Innenministers Czettel (SPÖ) durfte die Presse nicht mit dem in Schubhaft befindlichen Freiheitskämpfer Jörg Klotz in Verbindung treten. Diesem war auch die schriftliche Beantwortung von Fragen untersagt.

8. Februar 1966

Italien zahlt einen hohen Preis

Wie dem Bericht des in Südtirol stationierten 4. Armeekorps zu entnehmen war, kamen in den letzten vier Jahren 18 italienische Soldaten bei dem Einsatz gegen Freiheitskämpfer ums Leben. 137 Soldaten wurden verletzt. Die meisten Verluste traten durch Autounfälle, fehlgegangene Schüsse und durch andere Unfallursachen ein. Demselben Bericht war zu entnehmen, daß die Armee einen „Gefahrenstreifen" entlang der Grenze zu Österreich eingerichtet hatte, um das Einsickern von Freiheitskämpfern zu erschweren. Im vergangenen Sommer wurden in dieser Zone rund tausend Mann zu Durchsuchungen von Berghütten und Almen eingesetzt. Gebirgstruppen wurden in mehrere Gefechte verwickelt. Flugzeuge und Hubschrauber standen während der letzten vier Jahre 994 Flugstunden lang im Einsatz.

11. Februar 1966

Kulturwerk widerspricht Bozener Polizeichef

Das „Kulturwerk für Südtirol" in München dementierte mit Entschiedenheit eine Aussage von Dr. Peternel, Leiter der politischen Abteilung der Quästur in Bozen, der im zweiten Mailänder Südtirolprozeß behauptet hatte, Dr. Norbert Burger und Peter Kienesberger hätten durch die Vermittlung des Kulturwerkes gefälschte Personalausweise erhalten. Der Vorsitzende, Bundestagsabgeordneter Josef Ertl, wandte sich an den Außenminister Schröder mit der Bitte um Beistand gegen diese Verleumdung.

20. Februar 1966

Klotz in Hungerstreik

Der in Linz in Schubhaft befindliche Freiheitskämpfer Jörg Klotz teilte der Öffentlichkeit über seinen Anwalt mit, daß er sich entschlossen habe, *„zum Protest gegen die von mir sowohl widerrechtlich als auch unwürdig empfundene Festhaltung mit 20. Februar, dem Jahrestag der Erschießung unseres Tiroler Freiheitshelden Andreas Hofer zu Mantua, in den Hungerstreik zu treten. Gott mit Südtirol!"*

Demonstration in Innsbruck

Als, wie alljährlich, auch diesmal die Spitzen der Nordtiroler Politik nach einer Gedenkmesse zu Ehren Andreas Hofers die Kapuzinerkirche verließen, erwartete sie eine Schar von Demonstranten, welche mit einem Transparent auf die doppelte Moral hinwiesen: den Freiheitskämpfer von 1809 zu feiern und den Freiheitskämpfer von 1966 mit Haft und Abschiebung zu verfolgen. Ein entsprechendes Foto dieser Kundgebung schmückte tags darauf die Titelseite der „Kronen Zeitung" und kam so Millionen Österreichern zur Kenntnis.

22. Februar 1966

Österreich rückt vorsichtig von „internationaler Garantie" in Form eines Schiedsgerichtes ab

Die österreichische Bundesregierung informierte Rom auf offiziellem Wege, daß sie bezüglich der „internationalen Garantie" des „Paketes" eine Einigung auf der Basis des Verhandlungsergebnisses vom 16. Dezember 1964 anstrebe. Sollte dies jedoch für Italien nicht akzeptabel sein, so müßte eine andere Art von Garantie studiert werden, die sowohl real als auch wirksam sei. Österreich schlug der italienischen Regierung weiters vor, in zukünftigen Verhandlungen jene Fragen abzuschließen, über die man sich einigen würde und jene für spätere Verhandlungen offen zu lassen, über die man sich jetzt nicht einigen könnte. Das italienische Außenministerium lehnte die österreichischen Vorschläge umgehend ab, da diese *„die Südtiroler Frage permanent ungelöst lassen würden."*

24. Februar 1966

Altfaschist als politischer Zeuge gegen Südtiroler

Im zweiten Mailänder Südtirolprozeß sagte der Altfaschist und Mitarbeiter des faschistischen Senators Tolomei, Prof. Carlo Battisti, als Zeuge aus. Er behauptete, daß die Südtiroler Bevölkerung ursprünglich *„durchwegs italienische Namen"* getragen habe. Erst unter österreichischer Herrschaft seien die Südtiroler *„germanisiert"* worden und so sei *„künstlich eine angeblich deutsche Bevölkerung"* geschaffen worden. Von Italianisierungsmaßnahmen während der Faschistenzeit sei ihm nichts bekannt.

27. Februar 1966

Klotz ins Spital überführt

Aufgrund seines sich durch den Hungerstreik rapide verschlechternden Gesundheitszustandes mußte der Freiheitskämpfer Klotz aus dem Polizeigefangenenhaus Linz in das Spital der Barmherzigen Brüder gebracht werden, wo Klotz den Hungerstreik fortsetzte.

1. März 1966

Lebensgefahr für Georg Klotz

Der Anwalt des in Schubhaft und Hungerstreik befindlichen Jörg Klotz, Dr. Würl aus Wels, teilte der Presse mit, daß der Gesundheitszustand des Freiheitskämpfers laut Mitteilung der behandelnden Ärzte kritisch geworden und bereits Gefahr für das Leben eingetreten sei.

4. März 1966

Klotz erhielt Sterbesakramente

Obwohl der behandelnde Arzt, Primar Dr. Schweitzer, zusammen mit Rechtsanwalt Dr. Würl dem noch immer in Hungerstreik befindlichen Schützenmajor Jörg Klotz dringend geraten hatte, den Hungerstreik abzubrechen, weil akute Lebensgefahr bestehe, hungerte Klotz weiter. Dies teilte RA Dr. Würl auf einer Pressekonferenz mit. Scharf wandte sich Dr. Würl gegen eine offenbar von dem Innenministerium lancierte und von der Austria Presse Agentur (APA) verbreitete Meldung, wonach der Gesundheitszustand von Georg Klotz bestens sei. Dr. Würl bezeichnete diese Meldung als unverantwortlich und als Gemeinheit. Klotz wurde zwischenzeitlich mit den Sterbesakramenten versehen. Primar Dr. Schweitzer erklärte zu der mysteriösen APA-Meldung, daß er sich diese nicht erklären könne, da die Polizei während der letzten drei Tage kein ärztliches Bulletin von ihm eingeholt habe. Tatsächlich seien die Vergiftungen im Körper des Hungernden bereits so gravierend, daß auch bei sofortigem Abbruch des Hungerstreiks Dauerschäden zurückbleiben könnten.

5. März 1966

Demonstration für Klotz – Politiker geben nach

Mehrere hundert Menschen demonstrierten in Linz für die Freilassung des in Schubhaft befindlichen Freiheitskämpfers Jörg Klotz. Die Kundgebung, die vom oberösterreichischen Berg-

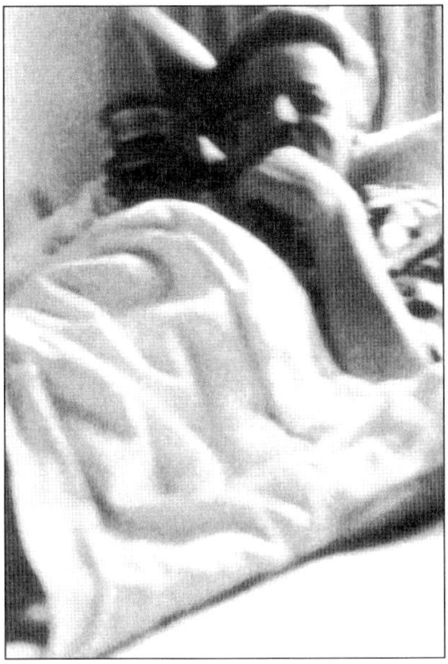

27. Februar 1966: Der im Hungerstreik befindliche Georg Klotz in seinem Spitalsbett (die Aufnahme wurde heimlich gemacht).

Demonstration in Linz vor dem Polizeipräsidium und auf der Landstraße (5. März 1966).

iselbund-Obmann Richard von Helly angeführt wurde, legte den Verkehr der Innenstadt lahm. In Sprechchören wurde gefordert: *„Klotz raus, Czettel rein!"* Czettel (SPÖ) war der österreichische Innenminister. Vor der Polizeidirektion wuchs die Menschenmenge auf mehr als 1.500 Personen an. Unter den Demonstranten bemerkte man auch die freiheitlichen Landtagsabgeordneten Horst Schender und Dr. Walter Bauer. Als der Polizeidirektor dem Innenminister telephonisch das Verlangen der Demonstranten nach Freilassung von Klotz übermittelte, lehnte dieser unter Hinweis auf die Zuständigkeit des Ministerrates ab. Es kam daraufhin zu Sprechchören: *„Innenminister zu feige zu eigenen Entscheidungen."* Während die Demonstration noch andauerte, unterfertigte Klotz auf Anraten der Anwälte Dr. Würl aus Wels und Dr. Steidl sowie Dr. Molling aus Innsbruck eine Loyalitätserklärung gegenüber der Republik Österreich. Klotz tat dies mit den Worten: *„Österreich ist ohnedies der Staat, zu dem meine Heimat zurückkehren soll!"* Diese sachlich sinnlose Loyalitätserklärung ermöglichte es aber nun dem Nordtiroler Landeshauptmann Wallnöfer, öffentlich die Erklärung abzugeben, daß er sich für die Freilassung des Freiheitskämpfers einsetzen wolle, und er sandte ein entsprechendes Telegramm an Dr. Würl. Nun meldete sich notgedrungen auch der Bundeskanzler Dr. Klaus mit einem Telegramm, in welchem er die Freilassung in Aussicht stellte. Daraufhin brach Klotz seinen Hungerstreik ab. Die Schubhaft wurde am 14. März offiziell aufgehoben. Damit stand auch eine allfällige Auslieferung des Freiheitskämpfers an Italien nicht mehr zur Debatte.

6. März 1966

Wahlen in Österreich – Tončić-Sorinj neuer Außenminister

Bei den österreichischen Nationalratswahlen erreichte die ÖVP mit 85 Mandaten die absolute Mehrheit. Bundeskanzler Dr. Josef Klaus bildete eine ÖVP-Alleinregierung. Die Sozialisten gingen in die Oppositionsbänke, und Außenminister Dr. Bruno Kreisky wurde durch Dr. Lujo Toncic-Sorinj (ÖVP) ersetzt.

Landeshauptmannstellvertreter a.D. Dr. Hans Gamper für Selbstbestimmung

Sowohl der Freiheitskämpfer Klotz als auch Prof. Dr. Gamper sprachen sich in einem Interview in der katholischen westdeutschen Illustrierten „Feuerreiter" dafür aus, *„daß unser Heimatland von Kufstein bis zur Salurner Klause mit Österreich wiedervereinigt wird."*

Gefährliche Bergfeuer

Zwei 16jährige Burschen, Leo Grasser und Leo Lugin, wurden von den Carabinieri in Meran dem Gericht angezeigt, weil sie am Todestag Andreas Hofers „gefährliche Bergfeuer" angezündet hätten.

8. März 1966

Pariser Vertrag „voll und loyal" erfüllt

In einer Stellungnahme zur Südtirolfrage erklärte der italienische Ministerpräsident Aldo Moro im Senat: *„Was die Anwendung des Gruber-De Gasperi-Abkommens betrifft, kann ich nicht umhin, heute das zu wiederholen, was Italien schon mehrmals betont hat, daß nämlich die italienische Regierung der Ansicht ist, daß sie den Verpflichtungen voll und loyal nachgekommen ist, die ihr aus diesem Vertrag erwachsen sind."*

Innsbruck: Hungerstreik und Mißhandlung Südtiroler Häftlinge

In Innsbruck traten die inhaftierten Freiheitskämpfer Adolf Obexer, Karl Ausserer und Alois Larch in den Hungerstreik. Sie standen unter dem Verdacht, den Alpini-Stützpunkt am Portjoch im Vorjahr angegriffen zu haben. Mit einem einwöchigen Hungerstreik wollten die Südtiroler, die schon seit 15. Oktober 1965 in Haft waren, endlich die Anklageerhebung erzwingen. Außerdem protestierten sie dagegen, daß Larch nach einem Fluchtversuch von einem Aufseher mit Faustschlägen mißhandelt wurde. Der Direktor des Gefangenenhauses, Walchshofer, ließ alle drei Südtiroler in wasserlose Korrektionszellen verlegen. Nachdem am 20. März der oberösterreichische Bergisel-Bund in einer Presseaussendung protestiert hatte, nahmen sich die „WOCHENPRESSE" und zahlreiche Tageszeitungen des Skandals an, woraufhin die Südtiroler wieder in die normale Haft überführt wurden. Gegen das Personal des Gefangenenhauses erstattete Anwalt Dr. Molling Strafanzeige.

15. März 1966

Staatsadvokat gegen Schutz der deutschen Volksgruppe

In seinem Schlußvortrag im zweiten Mailänder Südtirolprozeß erklärte Staatsadvokat Dr. Di Tarsia, daß eine Volksgruppe kein Recht auf globalen Schutz hätte. Italien sei auch mit dem Pariser Vertrag keineswegs die Verpflichtung eingegangen, *„in Südtirol zur ewigen Erhaltung der ethnischen Minderheit einen Nationalpark einzurichten."*

19. März 1966

„Union für Südtirol" in Wien gegründet

Der „Bergisel-Bund", der „Notring für Südtirol", der „Bund der Tiroler" in Wien, der „Verband der Südtiroler", der „Freundeskreis Südtirol" und der „Bund für Südtirol" gründeten in Wien die Arbeitsgemeinschaft „Union für Südtirol". Damit sollte die Wirksamkeit der Südtirolverbände in Österreich gestärkt werden. Die Union für Südtirol verlangte von der Regierung die Wiedereinrichtung eines Staatssekretariats für Südtirol, eine neuerliche Befassung der UNO mit der Südtirolfrage und die Schaffung eines Südtirolfonds aus den Mitteln des Bundes und der Länder.

4. April 1966

Mailand: Verteidiger klagt Italien an

Im zweiten Mailänder Südtirolprozeß rechnete Verteidiger Dr. Mario Manelli in scharfen Worten mit Italiens Politik ab. Die Angeklagten stünden unter einer Anklage, die auf faschistischen Gesetzen beruhe. Die Aneignung Südtirols nach dem Ersten Weltkrieg sei das erste große Unrecht gewesen, das man den Südtirolern angetan habe. Der Faschismus habe weiteres Unrecht hinzugefügt und dieses habe sich bis heute erhalten. Dr. Manelli wurde scharf von dem Vorsitzenden unterbrochen, der sich *„Angriffe auf die Gefühle der Anwesenden"* verbat.

5. April 1966

Mario Martin in Aktion: Für einen Leserbrief ins Gefängnis . . .

mußte Rosa Ebner aus Mühlen im Pustertal. Am 3. September 1962 druckte die Wiener „Presse" einen Leserbrief der Südtirolerin ab, in welchem sie folgende Sätze geschrieben hatte: *„Denn bei Gott, wir selber haben keinen Grund zur Zuversicht. Es sei denn, wir freuten uns an dem, was sich nach den Sprengstoffanschlägen in den Gefängnissen von Bozen und Eppan abgespielt hat: an den Folterungen und daß zwei daran gestorben sind, an den zu Krüppeln Geschlagenen . . ."* Nach mehr als drei Jahren wurde sie nun deshalb verhaftet. Der Bozener Untersuchungsrichter Mario Martin befragte sie, ob sie den Leserbrief geschrieben hatte, in welchem sie die Folterungen an den Gefangenen aufzeigte. Sie bejahte. Die Anklage lautete daraufhin auf *„antinationale Tätigkeit im Ausland"*. Dieser Paragraph stammt – wie das gesamte Strafgesetzbuch – aus der Faschistenzeit und sieht Kerker nicht unter fünf Jahren vor. (Am 17. Juni wird Rosa Ebner aus der Haft entlassen und das Verfahren wegen Amnestie eingestellt werden. Sie war in der Zwischenzeit herzkrank und in die Krankenabteilung des Gefängnisses von Trient eingeliefert worden.)

12. April 1966

Dr. Jenny aus der Südtiroler Volkspartei ausgeschlossen

Wegen Verletzung der Partei- und Fraktionsdisziplin wurde der Landtagsabgeordnete Dr. Egmont Jenny, Leiter des „Arbeitskreises für sozialen Fortschritt", aus der Südtiroler Volkspartei ausgeschlossen. Die Entscheidung wurde durch das Parteischiedsgericht gefällt. Dr. Jenny, der zunächst eine Sammlung von Sozialdemokraten innerhalb der Südtiroler Volkspartei versucht hatte, um eine stärkere Gewichtung auf soziale Anliegen zu erreichen, war bereits im Februar 1965 in die Schußlinie des Bischofs von Brixen, Josef Gargitter, geraten.

In einem „Hirtenwort" hatte der Bischof im Februar 1965 die Gläubigen davor gewarnt, *„im Sozialismus die Lösung der sozialen Probleme in Südtirol"* zu sehen. Die Gläubigen sollten *„vor Gott prüfen, was sie tun."*

13. April 1966

Geheimer Schießbefehl wie in der „DDR"

Bei einer Zusammenkunft hoher italienischer Militärbehörden wurde der Befehl an die Sicherheitskräfte ausgegeben, einen rigorosen Schießbefehl zu befolgen. Tausende von Kopien mit den Fotos bekannter Freiheitskämpfer wurden an Polizei und Truppen ausgegeben, mit der Weisung, auf diese Personen „auf Sicht" sofort zu schießen. Weiters sei das Feuer sofort auf alle Personen zu eröffnen, die sich im Grenzgebiet Kasernen und Stützpunkten nähern. Dieser rigorose Schießbefehl, der dem von den „DDR-Grenztruppen" an Berliner Mauer und Zonengrenze geübten Befehl nahekam, wurde streng geheimgehalten und erst von Innenminister Taviani in der Parlamentssitzung vom 12. -15. September enthüllt, als ihm Vorwürfe wegen zu lascher Maßnahmen gemacht wurden. Wie Taviani weiters enthüllte, hatten die Militärbehörden auch die Errichtung von Sperranlagen an der Grenze erwogen, das Projekt aber verworfen, da es sich bei den „Terroristen" um geübte Kletterer handle, welche auch diese Sperranlagen überwinden würden.

14. April 1966

Verhaftungen

Othmar Albenberger (23) und Karl Werth (31) aus Eppan sowie Alois Kerschbaumer (23) aus Girlan wurden von den Carabinieri verhaftet. Auf Grund ihrer Angaben wurden größere Mengen Sprengstoff und 20 Hagelabwehrraketen aufgefunden.

18. April 1966

Soziale Fortschrittspartei gegründet

Der aus der Südtiroler Volkspartei ausgeschlossene Landtagsabgeordnete Dr. Egmont Jenny kündigte die Gründung einer neuen Partei in Südtirol, der „Sozialen Fortschrittspartei" an. Sie sollte eine sozialdemokratische Politik betreiben.

19. April 1966

ÖVP-Regierung in Österreich

Nach dem Wahlsieg der ÖVP am 6. März wurde die Alleinregierung der ÖVP angelobt. Außenminister wurde der aus Dalmatien stammende Dr. Lujo Toncic-Sorinj, der gegen Ende des Krieges von der Deutschen Wehrmacht zu den Partisanen in Kroatien desertiert war und nach dem Krieg ÖVP-Karriere gemacht hatte.

Dr. Karl Gruber wieder in der Regierung

Als Staatssekretär in das Bundeskanzleramt holte sich Bundeskanzler Dr. Klaus Dr. Gruber, jenen Mann, der 1946 das „Pariser Abkommen" unterschrieben und Druck auf die Südtiroler ausgeübt hatte, die Zwangsgemeinschaft mit Trient in der Region „Trentino – Südtirol" zu akzeptieren und auf eine eigene Regionalautonomie zu verzichten.

Italienische Gratulation zu ÖVP-Wahlsieg

Die italienische Democrazia Cristiana hat mit Genugtuung den Wahlsieg der ÖVP zur Kenntnis genommen. Der politische Generalsekretär der DC, Mariano Rumor, hat an Bundeskanzler Klaus folgendes Glückwunschtelegramm gerichtet: *„Der große und bedeutungsvolle Sieg der österreichischen Volkspartei, der größte seit 1945 bis heute, ist ein unumstößlicher Beweis für die Gültigkeit der christlich-demokratischen Ideale, für ihre Verbreitungsfähigkeit und für ihre Gültigkeit in Europa und in der Welt. Im Namen der italienischen DC drücke ich Ihnen die innigsten und herzlichsten Glückwünsche für den erzielten Erfolg aus, in der Überzeugung, daß sich auch dieser Erfolg zukünftig im Dienst der gemeinsamen Inspiration als Ver-*

pflichtung für eine freiere und gerechtere Gesellschaft bestätigen wird. Mögen Sie, Herr Bundeskanzler, den Ausdruck der tiefsten Freundschaft der italienischen Christdemokraten und meiner eigenen entgegennehmen."

20. April 1966

Urteil im 2. Mailänder Südtirolprozeß: Drakonische Strafen

Alle Anträge der Verteidigung abgelehnt – Kienesberger: Menschenrechtswidriges Abwesenheitsverfahren

Das Gericht hatte in diesem Prozeß alle Anträge der Verteidigung mit lakonischen Begründungen abgelehnt. Der Nordtiroler Landesrat a.D. Dr. Aloys Oberhammer hatte einen Brief an das Gericht geschickt, in welchem er erklärte, daß er auf jede Verteidigung verzichte. Wenn jemand in seinem Namen das Wort ergreife, geschehe dies gegen seinen Willen. Der in Abwesenheit angeklagte Österreicher Peter Kienesberger forderte das Gericht auf, ihm ein in seiner Muttersprache abgefaßtes Exemplar der Anklageschrift zu übersenden, widrigenfalls er gegen dieses menschenrechtswidrige Abwesenheitsverfahren bei dem Gerichtshof für Menschenrechte in Straßburg Klage gegen die Republik Italien einbringen werde.

Das Urteil

Nach 47 Verhandlungstagen und einer Urteilsberatung von 51 Stunden und 40 Minuten verkündete Präsident Dr. Lantieri das Urteil. Zwar wurde der Artikel 241 (Anschlag auf die Einheit des Staates) fallengelassen, aber es wurden trotzdem drakonische Strafen verkündet. Mehr als 354 Jahre Kerker wurden gegen die 57 Angeklagten verhängt. Wie zum Hohn richtete der Präsident folgende Worte an die Angeklagten: *„Die italienische Justiz ist mit euch generös gewesen, in der Hoffnung, daß sie dadurch einen Beitrag zur Befriedung in Südtirol geleistet hat. Das ist aber kein Zeichen von Schwäche, sondern von Stärke: Nur wer stark ist, kann großzügig sein. Diejenigen von euch, die jetzt oder in naher Zukunft wieder nach Hause zurückkehren, sollen Worte des Friedens sprechen."* Das Urteil wurde in Österreich und der Bundesrepublik Deutschland fast einhellig abgelehnt. Die „Dolomiten" schrieben: *„Das Urteil wird nicht überall als ‚großzügig' gelten . . . Wir sind der Meinung, daß die Justiz zur Entspannung der Lage in Südtirol einen wirksameren und überzeugenderen Beitrag hätte leisten können."* Die „Tiroler Tageszeitung" bezeichnete die Strafen als *„Haß-Urteil gegen Österreich"* und bezeichnete die Worte Lantieris als *„puren Hohn"*. Die „Saarbrückner Zeitung" warf dem Urteil *„nationalistischen Geist"* vor, und die „Oberösterreichischen Nachrichten" schrieben: *„Das Unausgesprochene – jetzt haben wir endlich einmal einen Österreicher – kennzeichnete diesen Prozeß. Die schmerzlichste Wunde Österreichs ist wieder aufgebrochen."* Die „Rheinische Post" meinte *„ . . . dieses Urteil schafft höchstens Friedhofsruhe, aber keine Befriedung"*, und die „Presse" kommentierte einfach: *„Ungeheuerlich!"*

Angeklagte im 2. Mailänder Südtirolprozeß

Name	Geburtsjahr	Heimatort	Antrag des Staatsanwaltes	Urteil 1. Instanz	Urteil 2. Instanz
Alber, Josef [1]	1927	Meran	3 J.	2 J. 10 Mon.	2 J. 10 Mon.
Almberger, Josef [3]	1928	St. Leonhard		1 J. 4 Mon.	
Andergassen, Günther	1930	Innsbruck	lebenslänglich	30 J.	30 J.
Assner, Franz [2]	1935	Brixen	Freispr. m.a.B.	Freispr. m.a.B.	[6]
Barbieri, Hans [2]	1922	Terlan	Freispr. m.a.B.	Freispruch	[6]
Becker, Ulrich [3][5]	1944	Marbach	3 J.	8 Mon.	8 Mon.
Bünger, Dr. Fritz [3][5]	1935	Düsseldorf	30 J.	21 J. 7 Mon.	26 J. 8 Mon.
Bünger, Dr. Heinrich [2][5]	1935	Düsseldorf	30 J.	21 J. 7 Mon.	
Burger, Dr. Norbert [3][4]	1929	Kirchberg/W.	lebenslänglich	28 J. 4 Mon.	30 J.
Carli, Siegfried [3]	1936	Meran	1 J. 4 Mon.	Freispr. m.a.B.	Freispr. m.a.B.

Clementi, Alois [2]	1927	Leifers	Freispr. m.a.B.	Freispruch	[6]
Dunkel, Joachim [1] [3])	1943	Stuttgart	4 J.	2 J. 4 Mon.	2 J. 4 Mon.
Ebner, Franz [1]	1918	Mühlen	4 J.	Freispr. m.a.B.	Freispr. m.a.B.
Ebner, Rosa [2]	1925	Mühlen	Freispr. m.a.B.	Freispr. m.a.B.	Freispr. m.a.B.
Fischer, Franz [1]	1945	Meran	13 J. 2 Mon.	5 J.	4 J. 1 Mon.
Florer, Sepp [3]	1940	Sand i. T.	30 J.	20 J. 10 Mon.	25 J. 4 Mon.
Freidl, Ing. Franz [3] [4]	1926	Innsbruck	30 J.	9 J. 8 Mon.	9 J. 8 Mon.
Fröschle, Dietmar [3] [5]	1935	Eßlingen	5 J.	2 J.	2 J.
Graf, Siegfried [3]	1934	Prad	2 J.	Freispr. m.a.B.	1 J. 4 Mon.
Gunsch, Paul [2]	1927	Tartsch	Freispr. m.a.B.	Freispruch	[6]
Gutmann, Richard [1]	1932	Tramin	3 J. 5 Mon.	2 J. 10 Mon.	2 J. 8 Mon.
Heuberger, Dr. Helmut [3] [4]	1923	Innsbruck	24 J.	30 J.	30 J.
Hofer, Peter [2]	1926	Brixen	Freispr. m.a.B.	Freispr. m.a.B.	Freispr. m.a.B.
Kienesberger, Peter [3] [4]	1942	Gmunden	30 J.	20 J. 2 Mon.	25 J. 2 Mon.
Klier, Dr. Heinrich [3] [4]	1926	Innsbruck	Freispruch	Freispruch	Freispruch
Klopfer, Richard [3]	1930	Eppan	2 J.	1 J. 4 Mon.	1 J. 4 Mon.
Klotz, Jörg [3]	1919	Walten	25 J. 4 Mon.	4 J. 4 Mon.	3 J. 6 Mon.
Knoll, Hugo [1] [5]	1928	Kiefersfelden	4 J. 3 Mon.	2 J. 6 Mon.	2 J. 3 Mon.
Kofler, Maria [2]	1921	Eppan	Einstellung	Freispruch	[6]
Kofler, Rudolf [1]	1941	Eppan	7 J.	5 J. 5 Mon.	4 J. 10 Mon.
Kritzinger, Helmut [3]	1928	Sarthein	Freispr. m.a.B.	Freispr. m.a.B.	Freispr.m.a.B.
Kühn, Herbert [3] [5]	1941	Berlin	30 J.	21 J. 7 Mon.	26 J. 8 Mon.
Ladurner, Andreas [1]	1945	Meran	17 J. 3 Mon.	6 J. 9 Mon.	6 J. 1 Mon.
Laner, Josef [1]	1937	Mühlen	4 J.	Freispr. m.a.B.	Freispr. m.a.B.
Lanz, Georg [2]	1922	Terlan	6 Mon.	8 Mon.	Einstellung
Mayr, Siegfried [2]	1910	Terlan	2 J. 4 Mon.	8 Mon.	2 J.
Miller, Hartmuth [3] [5]		Stuttgart	Einstellung	Einstellung	Einstellung
Moser, Oswald [2]	1920	Tramin	1 J.	10 Mon.	8 Mon.
Oberdörfer, Ernst [2]	1942	Latsch	Freispr. m.a.B.	Freispr. m.a.B.	Freispr. m.a.B.
Oberhammer, Dr. Alois [3] [4]	1900	Innsbruck	24 J.	30 J.	30 J.
Oberlechner, Heinrich [3]	1940	Sand i. T.	30 J.	20 J. 10 Mon.	25 J. 4 Mon.
Oberleitner, Heinrich [3]	1941	St. Johann. i.A.	30 J.	20 J. 10 Mon.	25 J. 4 Mon.
Oberrauch, Luitfried [3]	1919	Bozen	Freispr. m.a.B.	Freispr. m.a.B.	Freispr. m.a.B.
Pellegrini, Ferdinand [2]	1912	Auer	Freispr. m.a.B.	Freispr. m.a.B.	Freispr. m.a.B.
Rainer, Walter [3]	1946	Meran	13 J. 2 Mon.	5 J. 2 Mon.	4 J. 4 Mon.
Reiter, Ludwig [3] [4]	1910	Innsbruck	Freispr. m.a.B.	Freispruch	Freispruch
Reiterer, Frieda [2]	1925	Eppan	Freispr. m.a.B.	Freispruch	[6]
Ritsch, Heinrich [3]	1923	Kurtatsch	2 J.	1 J. 4 Mon.	1 J. 4 Mon.
Sauer, Hans Hubert [3] [5]	1931	Wien	5 J.	4 J.	4 J.
Schönauer, Alois [2]	1918	Bozen	2 J. 6 Mon.	1 J. 6 Mon.	1 J. 4 Mon.
Schweinberger, Günther [3] [4]	1930	Wien	5 J.	4 J.	4 J.
Spörr, Franz [3] [4]	1922	Innsbruck	3 J. 6 Mon.	Freispr. m.a.B.	Freispr. m.a.B.
Staffler, Hans [2]	1910	Bozen	1 J. 2 Mon.	1 J. 6 Mon.	1 J. 4 Mon.
Steger, Siegfried [3]	1939	Sand i. T.	30 J.	20 J. 10 Mon.	25 J. 4 Mon.
Welser, Guntram [3] [4]	1943	Innsbruck	Freispruch	Freispruch	[6]
Wittinger, Peter [3] [4]	1937	Grieskirchen	2 J.	2 J.	2 J.

Anm.: Bei den Urteilen wurden „Tage" weggelassen; [1] beim ersten Prozeß in Haft; [2] Angeklagte auf freien Fuß; [3] abwesende Angeklagte; [4] österr. Staatsbürger; [5] deutsche Staatsbürger; [6] bereits in der 1. Instanz rechtskräftig

2. Mailänder Südtirolprozeß, 20. April 1966: die Angeklagten, 1. Reihe von links nach rechts: Andreas Ladurner, Franz Fischer, Josef Alber, Rudolf Kofler, Hugo Knoll. – 2. Reihe: Joachim Dunkel, Josef Laner, Günther Andergassen, Franz Ebner, Richard Gutmann. – Das Bild zeigt nicht alle Angeklagten.

20. April bis 30. Juni 1966

Berufungsverhandlung zum 1. Mailänder Südtirolprozeß

Gegen 84 Angeklagte des ersten Mailänder Südtirolprozesses wurde wieder in Mailand die Berufungsverhandlung durchgeführt. Von den damaligen Angeklagten waren Kurt Welser und Mathias Parth tödlich verunglückt, Sepp Kerschbaumer unter ungeklärten Umständen im Gefängnis verstorben und Luis Amplatz im Auftrag des italienischen Geheimdienstes ermordet worden. Den Vorsitz hatte Dr. Marcello Giustiniani, der – wie sich zeigte – von der Lage in Südtirol keine Ahnung hatte.

21. April 1966

Sprengstoffanschlag

Die Freiheitskämpfer beantworteten das Urteil von Mailand mit der Sprengung eines Oberleitungsmasten der Eisenbahn bei Mailand.

22. April 1966

Kreisky: Pariser Vertrag „furchtbare Hypothek"

Anläßlich der Debatte zur Regierungserklärung des Bundeskanzlers Dr. Klaus, welcher die „Verdienste" des einstigen Außenministers Dr. Karl Gruber hervorgehoben hatte, kritisierte der ehemalige Außenminister Dr. Kreisky im österreichischen Nationalrat den „Pariser Vertrag" von 1946: ***„Meine Damen und Herren! Wissen Sie, wie das berühmte Pariser Abkommen ausschaut? Da haben Sie es!*** (Der Redner hält ein aus zwei Blättern bestehendes Schriftstück in die Höhe.) ***Das ist alles! Auf diesen eineinhalb Seiten haben De Gasperi und Dr. Karl Gruber das Problem der Südtiroler Minderheit zu lösen geglaubt.*** (Abgeordneter Zeillinger: *„Wo ist der Täter?"*) ***Daß wir bis heute noch nicht weitergekommen sind, als wir es in mühsamen Verhandlungen erreichen konnten, ist darauf zurückzuführen, daß wir diese furchtbare Hypothek auf uns lasten haben! Wollen Sie wissen, was über die Rechte des Südtiroler Volkes da drinnensteht? . . .*** *‚Der Bevölkerung der oben erwähnten Gebiete wird die Ausübung der autonomen regionalen Gesetzgebungs- und Vollzugsgewalt gewährt werden. Der Rahmen für die Anwendung dieser Autonomiemaßnahmen wird in Beratung auch mit den einheimischen deutschsprachigen Repräsentanten festgelegt werden.'* ***Alles andere, vorher und nachher, sind allgemeine Phrasen, denn was kann denn schon da drinnenstehen?"*** (Der Redner zeigt nochmals die zwei Blätter vor.) (Stenographisches Protokoll der 4. Sitzung des Nationalrates der Republik Österreich, XI. Gesetzgebungsperiode, 22. April 1966.)

Südtirolprozeß in Bozen

Von einem Bozener Schwurgericht wurden die beiden Österreicher Albert und Dieter Schafferer von der Beschuldigung, den Freiheitskampf unterstützt zu haben, freigesprochen. Die beiden hatten gemeinsam mit österreichischen Freunden italienischen Reportern eine „Terroristenschule" in Bayern vorgegaukelt, worüber die Zeitschrift „L'Europeo" einen sensationell aufgemachten Bericht gebracht hatte. Eingefädelt gehabt hatte die ganze Schau der italienische Agent Christian Kerbler, der sich damit bei Georg Klotz in das Vertrauen einschlich. Am 20. Dezember 1966 wurde das Urteil jedoch von dem Berufungsgericht in Trient kassiert und die beiden Brüder wurden zu 2 Jahren Kerker in Abwesenheit verurteilt.

Für den Staatsanwalt zu geringe Strafen im 2. Mailänder Prozeß

Staatsanwalt Bonelli berief gegen die ohnehin drakonischen Strafen im zweiten Mailänder Südtirolprozeß (mehr als 354 Jahre Kerker!), weil der lebenslange Haftstrafe vorsehende Artikel 241 (Anschlag auf die Einheit des Staates) nicht angewendet worden war.

26. bis 29. April 1966

3. Mailänder Südtirolprozeß gegen Hans Dietl

Dem Südtiroler Parlamentsabgeordneten Hans Dietl wurde vor dem Schwurgericht in Mai-

Berufungsverhandlung zum 1. Mailänder Südtirolprozeß: Die Gefangenen werden in Ketten angeliefert und durch die Stadt zum Gerichtsgebäude geführt (20. April 1966).

Prozeß gegen einen Südtiroler Abgeordneten: der Kammerabgeordnete Hans Dietl (rechts) mit seinem Verteidiger Dr. Fortuna (26. April 1966).

land (Vorsitzender Richter: Dr. Lantieri) wegen politischer Verschwörung, Anschlag auf die Einheit des Staates und Sprengstoffverbrechens der Prozeß gemacht. Die Beschuldigungen stützten sich auf die Angaben des Innsbrucker Musikprofessors Andergassen, der Hans Dietl schwer belastet hatte. Über diese unverständlichen Aussagen Andergassens war es bereits im zweiten Mailänder Südtirolprozeß zu folgendem Dialog gekommen: Andergassen: „*Was man über Dietl zu wissen glaubte, gab man zu Protokoll, und ich habe willenlos alles unterschrieben.*" Richter: „*Aber Sie haben Dietl auch in einer ihrer Denkschriften belastet.*" Andergassen: „*... aber am nächsten Tag alles widerrufen ... Das zeigt doch am besten, in welcher Verfassung ich war. Ich war ohne Zweifel nicht normal.*" (Damit spielte Andergassen darauf an, daß man ihm seiner Meinung nach eine Droge mit Milch verabreicht hatte. Bei der Zeugeneinvernahme mußte der Carabinieri-Oberstleutnant Ferrari zugeben, daß Dietl von ihnen immer schon als „*Extremist*" eingestuft worden war und man dem „*spontanen*" Geständnis Andergassens „*etwas nachgeholfen*" habe. Ihm wurden Namen und Fakten vorgelegt, die dieser nur zu bestätigen brauchte. Die Aussage von Secolo Perusco von der Grenzpolizei am Brenner brachte ans Tageslicht, daß Dietl und andere SVP-Politiker seit 1961 ständig überwacht wurden, wobei jeder Grenzübertritt registriert und nach Bozen gemeldet wurde. In seinen Ausführungen machte Hans Dietl keinen Hehl aus seiner Einstellung. **Er sehe die Forderung nach dem Selbstbestimmungsrecht als legale Alternative zu einer Autonomie. Man müsse in der Politik auch mehr verlangen, um wenigstens das erforderliche Minimum zu erreichen.** Während der Staatsanwalt dreieinhalb Jahre Gefängnis wegen Teilnahme an einer politischen Verschwörung forderte, stellte der Verteidiger, der sozialistische Parlamentsabgeordnete Dr. Fortuna, den mutigen Politiker vor, der für sein Volk eintrat. **Das Gericht sprach Dietl nach langer Beratung wegen erwiesener Unschuld frei.** Am Tage des Urteils wurde Hans Dietl Vater seines 12. Kindes.

4. Mai 1966

Beginn der Tončić-Sorinj-Geheimdienstdiplomatie – Fanfani lehnt internationale Garantie ab

Anläßlich einer Europaratstagung trafen Außenminister Tončić-Sorinj und Außenminister Fanfani in Straßburg zusammen. Tončić-Sorinj ersuchte um Wiederaufnahme der Gespräche in einer „*Atmosphäre wiederhergestellten Vertrauens*". Fanfani wies Tončić-Sorinj darauf hin, daß öffentliche Südtirolmanifestationen in Österreich und die Teilnahme österreichischer Politiker an Veranstaltungen in Südtirol wesentliche Hindernisse auf dem Wege zu einer ruhigen Atmosphäre seien. **Eine internationale Garantie lehnte Fanfani strikt ab. Es handle sich darum, daß Italien einseitig den Wünschen der Bevölkerung Südtirols begegne und dem internationalen Streit damit ein Ende setze. Tončić-Sorinj erklärte, daß er von Fanfani kein Abgehen von diesen Grundsätzen verlange, jedoch um die Weiterführung der Verhandlungen ohne Vorbedingungen bitte, da nun in beiden Ländern Christdemokraten die Verantwortung trügen und daher die Weiterführung des bisherigen Zustandes nicht denkbar sei.** Fanfani, der darin kein Risiko sah, stimmte der Weiterführung von Verhandlungen zu. **Auf diesem Treffen wurde beschlossen, die weiteren Verhandlungen als Geheimverhandlungen zu führen.** (So Dr. Hans Benedikter in „Die Furche", Wien, 3. 9. 66.)

6. bis 21. Mai 1966

Südtiroler Häftling im Hungerstreik

Der am 5. 10. 1965 in Innsbruck inhaftierte Südtiroler Alois Larch trat in den Hungerstreik. Er protestierte gegen eine weitere Verschleppung seines Verfahrens und erzwang so die Verlegung nach Graz. Larch hatte bereits einmal einen Fluchtversuch unternommen und war danach von Justizwachebeamten geschlagen worden. Zeitungsberichte veranlaßten das Justizministerium zu einer genauen Untersuchung.

7. Mai 1966

Soziale Frage nur durch Gleichberechtigung zu lösen

Die Benachteiligung der Südtiroler Arbeiter gegenüber den Italienern war das Thema einer Kundgebung des „Autonomen Südtiroler Gewerkschaftsbundes" in Gries. Folgende Zahlen wurden bekannt: In Südtirol gehörten von 2.570 Beschäftigten der Eisenbahn nur 190 der deutschen Volksgruppe an, von den 14.800 Angestellten in der öffentlichen Verwaltung waren nur 3.462 Südtiroler, aber rund 15.000 Südtiroler mußten im Ausland ihr Brot verdienen. Der Gewerkschaftsbund forderte zur Lösung dieser sozialen Frage Gleichberechtigung für alle Südtiroler. Ursprünglich wollten die Südtiroler ihre Kundgebung in Bozen auf dem Waltherplatz abhalten, was von der Quästur verboten wurde, während die Neofaschisten hingegen alle ihre Demonstrationen stets im Stadtzentrum abhalten durften.

12. Mai 1966

Mailänder Berufungsprozeß: Rom läßt die Maske fallen

Dr. Paolo Di Tarsia, Staatsadvokat, Vertreter der italienischen Regierung, erklärte im Mailänder Berufungsprozeß in seinem Plädoyer, daß **eine völkische Minderheit kein Recht auf Minderheitenschutz habe.** Dieser stünde nur den einzelnen Angehörigen der Volksgruppe zu, aber auch nur vorübergehend. **Völkische Minderheiten müßten vom Staate langsam und ohne Zwang absorbiert werden, weil sie sonst einen Fremdkörper, einen dauernden Unruheherd darstellen und die Einheit des Staates gefährden.** Am 19. Mai 1966 richteten die Südtiroler Abgeordneten Dr. Mitterdorfer, Hans Dietl und Dr. Vaja eine Anfrage an den Ministerpräsidenten Moro, die folgenden Wortlaut hatte: *„Die Unterfertigten möchten vom Ministerpräsidenten erfahren, wie die vom Staatsadvokaten im Berufungsprozeß von Mailand vertretene Ansicht mit dem Artikel 6 der Verfassung vereinbar ist, welcher vorsieht: ‚Die Republik schützt mit besonderen Bestimmungen die sprachlichen Minderheiten!'"*

15. Mai 1966

„Radio Freies Tirol" kündigt bewaffneten Kampf an

Nach einer längeren Pause nahm „Radio Freies Tirol" seine Sendungen wieder auf. Die Sprecher der Südtiroler Freiheitskämpfer appellierten an die neue Wiener Regierung, alle Bemühungen zu unternehmen, um die Südtirolfrage zu lösen. Den Politikern der Democrazia Cristiana (DC) warfen sie vor, Christentum nur außerhalb von Südtirol zu praktizieren. Weiters wurde angekündigt, daß nach dem 1. Juni der bewaffnete Kampf wieder aufgenommen werde, wenn es bis dahin nicht zu befriedigenden Lösungsansätzen gekommen sei.

23. Mai 1966

Sprengstoffanschlag

Im Grenzgebiet wurde die Pfitscherjochhütte (2.270 m) durch eine vermutlich 50 kg schwere Sprengladung schwerstbeschädigt. Die Detonation, die durch das Öffnen der Türe ausgelöst wurde, tötete den Finanzsoldaten Bruno Bolognesi (24). Nach Meinung italienischer Fachleute mußte die Bombe schon Monate vorher angebracht worden sein, weil die Hütte im Winter durch den hohen Schnee unerreichbar gewesen sein soll. Wir wissen nach Untersuchungen gerichtlich vereidigter Spreng(stoff)sachverständiger und deren Expertisen, daß sich der aktenkundig beschriebene Vorfall mit an Sicherheit grenzender Wahrscheinlichkeit so NICHT ereignet haben konnte. Alle Indizien sprechen eindeutig für eine zugrundeliegende ursächliche GASEXPLOSION. Sachverhaltsdarstellungen, Fachbeurteilungen und entscheidende Schlussfolgerungen aus den vorliegenden Akten sind für die Sachverständigen nicht nachvollziehbar, mangelhaft und unterliegen keinen fachlich fundierten und objektiv ermittelten gerichtsverwertbaren Erkenntnissen.

24. und 25. Mai 1966

Ultimatives italienisches „Globalangebot"

Unter strengster Geheimhaltung praktizierten österreichische und italienische Experten in London den neuen vertraulichen „Verhandlungsstil", wie er zwischen Tončić-Sorinj und Fanfani vereinbart worden war. Zu Beginn der Verhandlungen erklärten die Italiener, daß man bis Juli zu einem Ergebnis kommen müsse, ansonsten werde Italien die Verhandlungen beenden. Botschafter Toscano und Gesandter Gaja beschwerten sich, daß in Österreich verschiedene Akte gesetzt würden, die Italien als unfreundlich bezeichnen müsse, wie beispielsweise eine Sammlung für die Südtiroler Häftlinge, die in Kärnten durchgeführt wurde, und dergleichen mehr. Für Österreich verhandelten Gesandter Kirchschläger und Landesamtsdirektor Kathrein. Von österreichischer Seite wurde erklärt, daß auch Minister Tončić-Sorinj manche Vorkommnisse in Österreich bedauere, sie aber nicht verhindern könne. Bei der Debatte wurde von der italienischen Seite ein „Globalangebot" unterbreitet. Hinsichtlich der Verankerung der Ergebnisse wurde angeboten, daß die Durchführung der wesentlichen Zusagen durch Verfassungsgesetze abgesichert werden solle. Weiters, daß der Ministerrat den Landeshauptmann von Südtirol an Sitzungen, die Südtirol betreffen, teilnehmen lassen werde, daß ein internes Kontaktorgan geschaffen werde und daß die Provinz das ansonsten nur Regionen zustehende Recht erhalten werde, vor dem Verfassungsgerichtshof Beschwerden einzubringen. Die österreichischen Unterhändler verwiesen darauf, daß das Kontaktorgan keinerlei Beschlüsse fassen könne und daher keine Sicherheiten biete. Bezüglich der Verankerung boten die Italiener an, daß Österreich jederzeit mit dem „Pariser Abkommen" vor dem Internationalen Gerichtshof in Den Haag klagen könne, jedoch das „Paket" selbst nicht der Rechtsprechung des Gerichtshofes unterworfen werden könne. Immerhin könne Österreich aber seine Endfertigungserklärung (Streitbeilegungserklärung) *„auf die Zukunft abstellen"*. Eine internationale Verankerung, wie 1964 angeboten, komme nicht mehr in Frage. Die italienischen Unterhändler erklärten, eine Fortsetzung des Gespräches sei aber nur dann zweckmäßig, wenn Österreich im grundsätzlichen bereit sei, den italienischen Standpunkt anzuerkennen. („Zechtl-Papiere": Der sozialistische Landesrat Zechtl machte vertrauliche Verhandlungsunterlagen, die in seinen Besitz gekommen waren, dem Freundeskreis des BAS-Mitgliedes Dr. Norbert Burger zugänglich, der wiederum mehrere österreichische Tageszeitungen und die „WOCHENPRESSE" mit den Unterlagen versah.)

24. Mai 1966

Dr. Kreisky in Südtirol „unerwünscht" - Österreich protestiert nicht!

Der ehemalige Außenminister Dr. Kreisky sollte auf Einladung der „Sozialen Fortschrittspartei" in Bozen einen Vortrag halten. Am Dienstag erschien beim Abgeordneten Dr. Bruno Kreisky, wie dieser der APA mitteilte, der italienische Geschäftsträger Dr. Carlo Calenda um ihm mitzuteilen, daß in Anbetracht des am Montag erfolgten Todes des Finanzers Bruno Bolognesi die italienische Regierung nicht in der Lage wäre, die Sicherheit Dr. Kreiskys zu gewährleisten. Die Erregung in italienischen Kreisen in Bozen sei sehr groß. Dr. Kreisky erklärte: *„Ich habe dem Geschäftsträger, Calenda, geantwortet, daß ich den Kreisen, die mit dem Sprengstoffanschlag in Zusammenhang gebracht werden, und deren Aktivität vollkommen fernstehe. Das weiß jeder. Ich erkläre ferner, daß ich daher die Absicht habe, der Einladung zu dem Vortrag in Bozen Folge zu leisten. In einem zweiten Gespräch teilte mir Dr. Calenda dann mit, daß man meine Reise nach Bozen zu diesem Zeitpunkt als unerwünscht betrachte. Unter diesen Umständen bin ich allerdings außerstande, die Reise anzutreten."*

Kreisky erklärte im österreichischen Nationalrat: *„Ich habe sehr bald erfahren, daß man über diesen Vortrag in Bozen nicht froh war. Nicht gepaßt hat er einigen Herren in Rom, einigen in Bozen und schließlich auch einigen Herren in Wien. Ich bin bei meinen vielen Reisen im Ausland, einschließlich Ostblockländern, nie als unerwünscht bezeichnet worden, obwohl ich auch in kommunistischen Ländern Vorträge mit oft sehr unangenehmen Diskussionen gehalten habe. Dies allein blieb der italienischen Regierung vorbehalten, und man hätte eigentlich einen Protest der Bundesregierung über diese Haltung erwarten können."*

Bei einem Anschlag wurde das von Finanzieri als Stützpunkt dienende Pfitscherjochhaus schwer beschädigt. Der Finanzer Bruno Bolognesi (rechts) kam ums Leben (23. Mai 1966).

Die Explosion auf dem Finanzerstützpunkt auf dem Steinjoch. Der Stützpunkt lag inmitten einer überblickbaren Wiese und war durch einen Stacheldrahtverhau gesichert. Posten mit Hunden patroullierten. – Wie sollte ein Attentäter in das Gebäudeinnere gelangt sein (9. September 1966)?

Landesrat Zechtl die Durchreise verweigert
Dem Nordtiroler sozialistischen Landesrat Zechtl, Mitglied der österreichischen Delegation bei den Südtirolverhandlungen, wurde von der italienischen Regierung die Durchreise mit dem Korridorzug nach Lienz verweigert.

Tončić-Sorinj: Das machen, was den Südtirolern „nützt", statt das, was sie wünschen
Im österreichischen Parlament stellte der Außenminister Dr. Tončić-Sorinj fest: *„Das Problem Südtirol ist nach der tiefsten Überzeugung des Ministers keine Angelegenheit einer Partei, schon gar nicht einer Person, sondern es ist eine Angelegenheit von uns allen in unserer Verantwortung für Südtirol. Wir sollen jeweils das machen, was den Südtirolern nützt."* Damit entfernt sich der Minister von der bisher geübten Praxis des Wiener Außenamtes, ausschließlich das zu tun, was die Südtiroler wünschen, daß es getan werde.

26. Mai 1966
Tončić-Sorinjs Geheimdiplomatie: SVP nicht informiert
Wie das Organ der Südtiroler Volkspartei, der „Volksbote" meldet, sei die SVP nicht über den Inhalt der Gespräche zwischen Tončić-Sorinj und Fanfani am 4. Mai in Straßburg informiert worden. Daher könne die SVP auch nicht zu den Gerüchten Stellung nehmen, die besagen, daß italienische Fachleute jetzt ein neues Angebot an Wien ausarbeiten. In der Tat hatten bereits wieder zwei Tage zuvor weitreichende Verhandlungen stattgefunden, in denen ein italienisches Globalangebot vorgelegt wurde. Diese Verhandlungen waren offenbar auch vor den Südtirolern geheimgehalten worden.

Schutzhütten beschlagnahmt
Italien verstärkte die Grenztruppen und beschlagnahmte eine Reihe weiterer Schutzhütten oberhalb des Schnalstales.

31. Mai 1966
Senator Sand: Italien ist schuld!
Im ersten Mailänder Berufungsprozeß erklärte Verteidiger Senator Dr. Sand (SVP), daß nicht Österreich, sondern allein Italien an der in Südtirol eingetretenen Situation schuld sei. Der Faschismus habe mit Gewaltmaßnahmen versucht, die deutsche Volksgruppe auszulöschen. Als das am Widerstand der Bevölkerung scheiterte, hatte man zur *„Endlösung"* gegriffen und die Aussiedlung der Südtiroler mit Hilfe der Option betrieben. *„Doch auch nach dem Faschismus ist das Südtiroler Volk desillusioniert worden, denn was hat sich schon in Südtirol geändert? Wenig oder nichts!"*

1. Juni 1966
Internationaler Volksgruppenkongreß verboten
Unter Berufung auf einen unter Mussolini in Kraft gesetzten Erlaß verbot die italienische Regierung einen internationalen Kongreß der „Föderalistischen Union Europäischer Volksgruppen" (FUEV) in Görz.

4. Juni 1966
Landesversammlung der SVP: Geheimverhandlungen verschwiegen
In Meran fand die 18. ordentliche Landesversammlung der SVP statt. Die satzungsgemäß vorgeschriebene Wahl der Obmänner ergab mit großer Mehrheit Dr. Silvius Magnago als Obmann und Hans Dietl und Dr. Friedl Volgger als Obmann-Stellvertreter. In seinem Bericht erklärte Parteiobmann Magnago, daß es auf politischem Gebiet keinen Fortschritt gebe, sondern ein Stillstand in den Verhandlungen eingetreten sei. Mit keinem Wort erwähnte Magnago die am 24. und 25. Mai abgehaltenen Geheimverhandlungen in London. Es wurde folgende Entschließung genehmigt: *„Vor nahezu 20 Jahren wurde auf der Pariser Friedenskonferenz zwischen den Außenministern Italiens und Österreichs, Alcide De Gasperi und Dr. Karl Gruber,*

das Südtirolabkommen unterzeichnet. In dem Vertrag wurde der Bevölkerung der heutigen Provinz Bozen zur Sicherstellung des Volkscharakters sowie der kulturellen und wirtschaftlichen Entwicklung der deutschsprachigen Volksgruppe die ‚Ausübung einer autonomen regionalen Gesetzgebungs- und Vollzugsgewalt' zugesichert. Südtirol gebührt also aufgrund eines internationalen Abkommens eine eigene regionale Autonomie. Zur Zeit des Abschlusses des Pariser Vertrages waren in Italien bereits Regionalautonomien vorhanden. Die Insel Sizilien hatte eine solche am 15. Mai 1946 zugebilligt erhalten. Dem französischen Aostatal, das bevölkerungs- und gebietsmäßig viel kleiner ist als Südtirol, war eine regionale Autonomie am 7. September 1945 zuerkannt worden. Diese beiden autonomen Regionen dienten als Muster für Inhalt und Umfang auch der späteren Regionalautonomien. Die bisher letzte Regionalautonomie ist erst mit 31. Jänner 1963 für Friaul-Julisch-Venetien geschaffen worden und beinhaltet auf den wirtschaftlichen und sozialen Sachgebieten beachtliche Befugnisse. Anstatt dem Lande Südtirol die ihm aufgrund einer internationalen Verpflichtung zustehende eigene regionale Autonomie zu gewähren, wurde unsere Provinz mit der italienischsprachigen, größeren Nachbarprovinz Trient zu einer autonomen Region zusammengelegt und unserem Lande nur eine völlig unzureichende Teilautonomie eingeräumt. Die Ausübung der im Pariser Vertrag zugesicherten autonomen regionalen Gesetzgebungs- und Vollzugsgewalt, besonders auf den wirtschaftlichen und sozialen Sachgebieten, wurde im Widerspruch zum Wortlaut des Vertrages in die Hände der italienischen Mehrheit der Region gelegt. Nach Erlangung seiner vollen Souveränität im Mai 1955 konnte Österreich als Vertragspartner, zunächst auf zwischenstaatlicher und später auf internationaler Ebene, die Durchführung des Südtirol-Abkommens mit größerem Nachdruck betreiben. In zwei von der UN-Vollversammlung 1960 und 1961 einstimmig angenommenen Entschließungen wurden Italien und Österreich dringend aufgefordert, die Verhandlungen zwecks Bereinigung der Südtirol-Streitfrage wieder aufzunehmen bzw. fortzusetzen. Die Landesversammlung anerkennt, daß auch durch die im April 1964 abgeschlossenen Arbeiten der Neunzehner-Kommission und die hernach fortgesetzten italienisch-österreichischen Verhandlungen Vorschläge erarbeitet wurden, deren Durchführung beachtliche Fortschritte in Richtung einer wirklichen Selbstregierung für die Provinz Bozen bedeuten würden. ***Die Landesversammlung muß aber mit Nachdruck feststellen, daß die im Verlauf dieser Verhandlungen grundsätzlich erzielten Ergebnisse noch nicht ausreichen für eine echte Autonomie. Es fehlen noch Befugnisse, die für eine echte Selbstverwaltung besonders auf dem wirtschaftlichen und sozialen Sektor unerläßlich sind. Gerade diese Befugnisse braucht unsere Provinz dringend, um wirksamer als bisher der jungen Generation dieses Landes Arbeit und Wohnung in der Heimat sichern zu können.*** *"*

6. Juni 1966

Mailand: Attacke auf das „faschistische Strafgesetz"

Im ersten Mailänder Berufungsverfahren wies der italienische Strafverteidiger und Rechtsgelehrte Prof. Dr. Ettore Gallo darauf hin, daß das in diesem Verfahren angewendete Strafgesetz mit seinen Staatsschutzparagraphen aus der Zeit Mussolinis stamme und damals *„von der präzisen Absicht diktiert war, den faschistischen Staat zu verteidigen."*

12. Juni 1966

„Bleib immer ein aufrechter und guter Tiroler!"

Das sagte Generalvikar Prälat Dr. Simmerstätter zu dem kleinen Andreas Amplatz. Der neunjährige Sohn des 1964 im Auftrag des italienischen Geheimdienstes ermordeten Südtiroler Freiheitskämpfers Luis Amplatz wurde im Nordtiroler Kirchbichl von dem Generalvikar in Vertretung des Salzburger Erzbischofs Dr. Rohracher, welcher wegen Krankheit verhindert war, gefirmt. Pate war der aus der Heimat vertriebene Südtiroler Anton Thaler aus Innsbruck. Rohracher, ein großer Freund Südtirols und ein Vorkämpfer der Tiroler Landeseinheit, sandte dem kleinen Andreas herzliche Grüße. Die Witwe von Luis Amplatz und der Firmpate wollten die Firmung zwar auf Tiroler Boden, nicht aber durch Bischof Rusch, einen Gegner der Freiheitskämpfer, vorgenommen wissen. Zu der Firmung waren auch enge Freunde des ermordeten Freiheitskämpfers, wie Dr. Norbert Burger und Peter Kienesberger, erschienen.

18. Juni 1966

Tončić-Sorinj: seltsame Ankündigung

Wie die Wochenzeitung „Der Volksbote" in Innsbruck meldete, habe Außenminister Tončić-Sorinj kürzlich in einer Rede vor Studenten in Salzburg erklärt, man müsse *„auch in der Außenpolitik Mut zu unpopulären Maßnahmen"* haben. Diese seltsame Mitteilung des österreichischen Außenministers erhalte nach Meinung des „Volksboten" ihr volles Gewicht, wenn man wisse, daß sie vom Mailänder „Corriere della Sera" in großer Aufmachung registriert worden sei.

ÖTB-Bundesturnfest in Innsbruck: Regierung bat um Leisetreten

Am Vorabend des dritten Bundesturnfestes des Österreichischen Turnerbundes (ÖTB) gab Bundesobmann Dr. Bauer auf einer Pressekonferenz bekannt, daß die Österreichische Bundesregierung den ÖTB ersucht habe, auf dem Bundesturnfest, zu dem viele tausende Turner erwartet werden, *„Südtirol nicht allzusehr in den Vordergrund zu stellen."* Die Bundesregierung habe dies mit *„bevorstehenden Verhandlungen"* begründet. Bauer erklärte, daß man zwar Südtirols *„in würdiger Form gedenken"*, sich jedoch ansonsten an den Wunsch der Wiener Regierung halten werde. Weiters sagte Bauer, daß die Polizeibehörde um die vorherige Vorlage der geplanten Reden ersucht habe. Auch diesen Wunsch habe man erfüllt (obwohl es keine gesetzliche Deckung für diese Vorzensur gebe). Damit war das Vorhaben des Freiheitskämpfers und ÖTB-Jugendführers Sepp Holzinger aus Linz endgültig gescheitert, mit tausenden Turnern in einem Protestzug zum Brenner zu ziehen und dort gegen die Teilung des Landes zu protestieren. Mit dieser Vorgangsweise hatten sowohl Wien als auch der ÖTB willfährig den Wünschen Fanfanis entsprochen, die dieser in der Geheimverhandlung des 4. Mai in Straßburg geäußert hatte. (Siehe 4. Mai 1966.)

16. bis 18. Juni 1966

Verhandlungen wieder auf Stand von 1960

Die am 24./25. Mai 1966 begonnenen geheimen Expertengespräche zwischen österreichischen und italienischen Fachleuten wurden in Montreux fortgesetzt. Die Italiener beschwerten sich vor allem über mangelnde Geheimhaltung. Die Österreicher legten die Resolution der Landesversammlung der SVP vor, in der eine internationale Verankerung verlangt wurde. Die italienischen Gesprächspartner reagierten negativ. Es komme lediglich das Rechtsverfahren vor dem IGH in Frage, wobei nur der „Pariser Vertrag", nicht aber das „Paket" einklagbar gemacht werden könnte. Die Österreicher erwiderten, daß man damit wieder auf dem Verhandlungsstand von 1960 angelangt sei. Nun legten die Österreicher einzelne, am 10. Juni mit den Südtirolern abgesprochene Forderungspunkte vor, die von den Italienern zumeist abgelehnt wurden. Zum Abschluß des Treffens verlangten die Italiener, daß eine geheime Außenministerkonferenz zum Abschluß der Verhandlungen einberufen werden solle. Bezüglich der Geheimhaltung wurde vereinbart – wie die in Trient erscheinende Tageszeitung „L'Adige" später meldete –, daß das Treffen *„als nicht existent"* betrachtet werden solle. Es sollte bei der Fiktion bleiben, daß die Teilnehmer an der Besprechung sich *„ganz zufällig und nur vorübergehend"* am Genfer See aufgehalten hätten. Trotz dieser Methoden konnte das „Salzburger Volksblatt" am 9. Juli die wesentlichen Details der Konferenz auf der Titelseite berichten.

19. Juni 1966

Lösungsmöglichkeit im „Geist der Freundschaft"

In einem Interview im „Salzburger Volksboten" erklärte Außenminister Tončić-Sorinj: *„Ich habe seit dem 18. April geschwiegen, aber gehandelt. ... Das Südtirolproblem kann man nur mit Italien und nicht gegen Italien bereinigen. Dies wird aber nur im Geist der Freundschaft und nicht in einer Atmosphäre der Feindschaft möglich sein."* Tončić-Sorinj fügte noch hinzu, daß dies von der Bevölkerung eine *„besondere seelische Leistung"* verlange, sich zu dieser *„Erkenntnis"* durchzuringen.

Österreichischer Innenminister befolgt italienische Wünsche – scharfe Überwachung der Grenze und der Nordtiroler Täler durch Hubschrauber
Die von Innenminister Hetzenauer angekündigten Maßnahmen gegen ein Wiederaufleben des Tiroler Freiheitskampfes zeigten in Tirol sichtbare Auswirkungen. Entlang der Staatsgrenze patrouillierten österreichische Hubschrauber und übten eine Bewachungstätigkeit aus, die in den letzten Jahren den Italienern vorbehalten geblieben war. In den Nordtiroler Tälern, deren Ausläufer zum Alpenhauptkamm und somit zur Staatsgrenze reichen, fanden laufend Kontrollen durch die Gendarmerie statt. Im hinteren Ötztal, das eines der wichtigsten Fremdenverkehrsgebiete Tirols ist, führte die Gendarmerie besonders strenge Autokontrollen durch. Insgesamt wurden 500 zusätzliche Gendarmen aus anderen Bundesländern mit einer großen Anzahl geländegängiger Fahrzeuge und Hubschrauber nach Nordtirol verlegt.

20. Juni 1966
Zeitung deckt geheime „Verzichtsverhandlungen" auf
Wie eine Bombe schlug in Wiener politischen Kreisen ein groß aufgemachter Bericht des „Salzburger Volksblattes" über geheim geführte „Verzichtsverhandlungen" des österreichischen Außenministers Dr. Lujo Tončić-Sorinj ein. Während der Minister die Öffentlichkeit glauben machen wollte, daß lediglich vorbereitende Kontaktgespräche für Verhandlungen geführt würden, habe man sich in Wahrheit schon sehr weitgehend über ein Verzichtsergebnis geeinigt, welches man im Juli überraschend der Öffentlichkeit als „Lösung" präsentieren wolle. Tončić-Sorinj sei bereit, ein Ergebnis zu akzeptieren, welches noch unter den unzureichenden Zugeständnissen liege, die Saragat 1964 in Paris Dr. Kreisky angeboten hatte. Österreich verzichte demnach:
1) auf eine Vollautonomie für Südtirol;
2) auf für den Weiterbestand der deutschen Volksgruppe wesentliche Punkte wie die Kompetenzen für die Arbeitsvermittlung, das Kreditwesen und die Industriekompetenzen;
3) auf eine internationale Garantie dieses mageren Verhandlungsergebnisses.

Das Ergebnis solle zunächst als *„vorläufig"* ausgegeben werden, in Wahrheit aber den endgültigen Ausverkauf Südtirols einleiten, weil in der Folge keine großen Anstrengungen mehr gemacht werden könnten, das Ergebnis zu verbessern. Das „Salzburger Volksblatt" war durch einen Journalisten informiert worden, der die Unterlagen von dem sozialistischen Landesrat Zechtl erhalten hatte.

21. Juni 1966
Schwere Angriffe auf Tončić-Sorinj im Nationalrat
Nachdem der Befreiungsausschuß Südtirol (BAS) über einen befreundeten Journalisten die Parlamentsfraktionen der FPÖ und der SPÖ über die Geheimverhandlungen des Außenministers Tončić-Sorinj und deren Ergebnisse informiert hatte, sah sich der Minister jetzt im Nationalrat schwersten Angriffen der hintergangenen Oppositionsparteien ausgesetzt. Abg. Horejs (SPÖ) warf Tončić-Sorinj vor, daß die Opposition seit Monaten nicht mehr über den Stand der Südtirol-Verhandlungen informiert werde, auf anderen Wegen die notwendigen Informationen erlangen müsse und daß die Regierung bereit sei, weitgehende Verzichte an Italien zu leisten. Dies sei offenbar der Preis für Österreichs Zulassung zur EWG. Die SPÖ werde aber keiner Regelung zustimmen, die nicht durch ein internationales Schiedsgericht ausreichend international garantiert sei. Horejs rief: *„Wir warnen davor, Südtirol wieder als Schacherobjekt zu behandeln, wie es bereits unter Seipel, Dollfuß und Hitler geschehen ist."* Abg. Dr. Scrinzi (FPÖ) forderte den Außenminister auf, den Inhalt der Geheimverhandlungen, von dem die Opposition durch Indiskretionen erfahren habe, dem Hohen Haus offenzulegen. Während der Rede Scrinzis saß Dr. Tončić-Sorinj stumm auf der Regierungsbank, ohne zu den Vorwürfen Stellung zu nehmen.

Bundeskanzler Dr. Klaus will um jeden Preis abschließen
Der österreichische Südtirolexperte Prof. Dr. Felix Ermacora, seit einiger Zeit wohlweislich von den Expertenverhandlungen mit den Italienern ausgeschlossen, sprach bei Bundeskanzler Dr. Klaus vor, um diesen dazu zu bewegen, keine Erklärungen gegenüber Italien abzugeben, die nicht auch die Frage einer internationalen Garantie für das „Paket" einschließen. Klaus entgegnete, daß man das italienische Angebot jetzt annehmen müsse. Auf die Frage Ermacoras, ob dieses Angebot substantiell sei, antwortete Klaus ausweichend: *„Ja und nein!"* Es werde, so sagte Klaus weiter, Unruhe im Land eintreten, wenn man nicht abschließe. Es werde ein Vertrag geschlossen werden. (Details in: Ermacora, Felix: „Südtirol und das Vaterland Österreich", Wien – München 1984, S. 140.)

22. Juni 1966
Burger-Buch: „Südtirol – wohin?"
Als Sensation wertete die Wiener „WOCHENPRESSE" das soeben erschienene Südtirolbuch des Freiheitskämpfers und Innsbrucker Universitätsassistenten Dr. Norbert Burger. Dieser habe *„Details und Zusammenhänge ans Tageslicht"* gefördert, *„welche die traditionelle Literatur bisher übersehen hat."*

23. Juni 1966
Geheimverhandlungen offenbar
Das „Salzburger Volksblatt" veröffentlichte ein entlarvendes Interview, welches Außenminister Tončić-Sorinj dem Südtirol-Korrespondenten des Blattes gab. Befragt, warum er dem Parlament keine Aufschlüsse zu dem Inhalt der Geheimverhandlungen mit Italien gegeben habe, räumte Tončić-Sorinj ein, daß er Gründe habe, sich *„zum gegenwärtigen Zeitpunkt sehr zurückhaltend zu äußern"* Er könne zu den geäußerten Vorwürfen derzeit *„keine Erklärungen, welcher Art auch immer"* abgeben: *„Ich möchte sehr zurückhaltend sein!"* Um das Problem Südtirol *„einer Lösung zuzuführen"*, könne er *„nichts sagen!"* Die Zeitung brachte dieses Interview ihren Lesern *„wegen seiner Einmaligkeit"* wörtlich zur Kenntnis.

24. Juni 1966
Freiheitssender: Südtirol nicht verschachern!
Pünktlich um 20.30 Uhr, wie angekündigt, meldete sich der Tiroler Freiheitssender auf UKW, Wellenlänge 100 Megahertz, im Äther. In scharfer Form nahm der Sprecher des Senders gegen die zwischen Österreich und Italien stattfindenden geheimen Verhandlungen Stellung. *„Was müssen das für unredliche Verhandlungen sein, wenn der österreichische Außenminister es nicht wagt, dem Parlament und der österreichischen Bevölkerung Rede und Antwort zu stehen"*, rief der Sprecher aus. Die Südtiroler Freiheitskämpfer aber wüßten genau, was geplant sei. Südtirol solle um den Preis des Beitrittes Österreichs zur EWG verschachert werden. Dafür aber seien Kerschbaumer und Amplatz, Gostner und Höfler nicht gestorben. Sie seien vielmehr für die Wahrheit gestorben, daß 90 Prozent aller Südtiroler mit brennenden Herzen wieder heim nach Österreich wollten. Die österreichische Regierung aber müßte man fragen, ob sie wirklich glaube, das den Tirolern und der ganzen österreichischen Bevölkerung gegebene Wahlversprechen so rasch und so ungeheuerlich brechen zu können. Wie auch schon bei der letzten Sendung waren diesmal Störgeräusche zu vernehmen. Wie verlautet, soll die österreichische Post in Innsbruck einen Störsender eingerichtet haben, nachdem es ihr nicht gelungen war, den Tiroler Freiheitssender anzupeilen und auszuheben.

Geheimsitzung in Wien: Fachleute und Südtiroler Politiker gegen billigen Abschluß – Tončić-Sorinj: Es kommt doch nicht auf diese oder jene Kompetenz an – Bundeskanzler Klaus will abschließen
Unter strenger Geheimhaltung fand in Wien eine Südtirolsitzung statt, an der neben den Landeshauptleuten Wallnöfer und Magnago, dem Minister Tončić-Sorinj und Beamten seines Ministeriums auch zahlreiche Politiker aus Nord- und Südtirol sowie die Südtirolexperten

Prof. Dr. Gschnitzer und Prof. Dr. Ermacora teilnahmen. Tončić-Sorinj eröffnete die Sitzung mit der bemerkenswerten Feststellung, daß seiner Auffassung nach Italien seriös verhandle, daß jedoch über die vorliegenden Ergebnisse hinaus kein großer Spielraum mehr vorhanden sei. Wieder vor die UNO zu gehen, habe wenig Sinn, da nichts dabei herauskommen werde. Daher sei ein Abschluß in der Frage zu empfehlen. Insgesamt seien im „Paket" noch 18 Fragen offen. Wie Tončić-Sorinj berichtete, würden die Schritte zum „Paket"-Abschluß den italienischen Vorschlägen des *„procedere"* erfolgen. Bereits im August sollten Expertengespräche in London stattfinden, und ein „drafting committee" solle sofort die Texte des Abschlusses erstellen. Magnago legte eine Liste von Punkten vor, die noch in einem neuen Gespräch behandelt werden sollten, sowie eine Liste von Punkten für ein Abschlußgespräch auf Ministerebene. Mit dem internationalen Gerichtshof (IGH) sei er, Magnago, nur dann einverstanden, wenn dort auch das „Paket" mit seinen Bestimmungen einklagbar gemacht werde. (Diesen Standpunkt wird Magnago noch ändern!) Prof. Dr. Gschnitzer unterstrich, daß man aufgrund der mit Italien gemachten Erfahrungen auf eine Internationalisierung sowie auf eine Fixierung der Verhandlungsergebnisse in einem regelrechten Vertrag nicht verzichten könne. Prof. Dr. Ermacora sprach sich für eine erneute Anrufung der Vereinten Nationen aus, da er nicht die Meinung des Außenministers teile, daß ohnehin nichts herauskomme. Außerdem könnten noch andere Verankerungsmöglichkeiten geprüft werden, wie der Freundschafts- und Schiedsvertrag von 1930, oder Möglichkeiten, die der Europarat böte. Der Südtiroler Abg. Dietl erklärte, daß er überhaupt gegen die jetzt ins Auge gefaßte Regelung einer Provinzialautonomie im Rahmen der Region sei und nur eine völlige Regionalautonomie für richtig halte. Bundeskanzler Dr. Klaus war trotz Zusage nicht zu der Sitzung erschienen. Die Sitzung endete, ohne daß eine einhellige Meinung gefunden wurde, und Tončić-Sorinj teilte mit, daß weitere Gespräche mit den Italienern geführt werden würden. Im Zuge eines Privatgespräches teilte Tončić-Sorinj dem Südtirolexperten Prof. Dr. Ermacora mit, bevor letzterer vor Ende der Sitzung zu Repräsentationsaufgaben bei der „Liga der Vereinten Nationen" enteilte, daß Bundeskanzler Klaus abschließen wolle. Es komme doch nicht auf diese oder jene Kompetenz an. Italien und Österreich seien in Freundschaft verbunden, bis auf Südtirol. Daher erfordere diese Gesamtlage den Abschluß. (Ermacora, Felix: „Südtirol und das Vaterland Österreich" Wien – München 1984, S. 141.) Am 28. Juni war das Ergebnis der geheimen Beratung schon wieder an die Öffentlichkeit durchgesickert. Sowohl „Salzburger Volksblatt" als auch „Kronen Zeitung" meldeten, daß seit den Enthüllungen vom 20. Juni im „Salzburger Volksblatt" sich in der Südtiroler Volkspartei eine breite Widerstandsfront gegen die Wiener Verzichtspolitik gebildet habe und daß am 24. Juni Außenminister Tončić-Sorinj das „Nein" der Südtiroler überreicht worden sei.

25. Juni 1966

Scrinzi für die FPÖ: Entweder Vollautonomie oder Selbstbestimmung

Im „Salzburger Volksblatt" erklärte der Südtirolsprecher der FPÖ, Dr. Scrinzi, daß die österreichische Südtirolpolitik eine volle Autonomie für Südtirol anstreben müsse, wobei die für das Weiterbestehen der deutschen Volksgruppe wichtigen Kompetenzen (Industrie, Arbeitsvermittlung, Kreditwesen, Budgethoheit der Provinz) der Provinz Bozen zufallen müßten. Ein solches Ergebnis müsse auch international über eine Schiedskommission abgesichert werden. Für das Erreichen dieser Lösung müsse eine Frist gesetzt werden. Wenn Italien nicht innerhalb dieser Frist zustimme, müßten die Verhandlungen für gescheitert erklärt werden und Österreich müßte erneut die UNO mit der Südtirolfrage befassen. *„Die Forderung, die wir dann erheben müssen, kann eindeutig und klar nur noch die nach Selbstbestimmung sein!"*

29. Juni 1966

Mutiger Angeklagter in Mailand: „Todesmarsch der Volksgruppe"

Der Angeklagte Otto Petermaier hielt in der Berufungsverhandlung zum ersten Mailänder Südtirolprozeß das Schlußwort für die Angeklagten. Er sagte, daß das von der Anklage behauptete Recht auf Assimilierung der deutschen Volksgruppe durch die Italiener nicht existiere. Die Haltung der Anklage, welche auch von den Zivilklägern vertreten werde, zeige jedoch deutlich, daß die angeklagten Südtiroler im Recht seien, wenn sie zu der Auffassung kommen, daß sich ihre Volksgruppe tatsächlich auf dem Todesmarsch befinde.

Die Persönlichkeit Otto Petermaiers

Otto Petermaier war eine der strahlendsten Gestalten des Freiheitskampfes. An dieser Stelle seien die Worte wiedergegeben, die sein Verteidiger, Dr. Hermann Nicolussi-Leck, 1975 an seinem Grabe sprach, nachdem Petermaier als Feuerwehrkommandant ein Opfer der freiwillig auf sich genommenen Pflicht geworden war: *„In Frangart am 1. Mai 1920 geboren, trieb ein hartes Schicksal ihn, Kind noch, aus der Heimat in die Fremde und, kaum zum Mann geworden, in den Krieg. Dort formte sich unter dem Bersten der Panzergranaten und dem brechenden Blick der sterbenden Kameraden seine Persönlichkeit. Er erfuhr, daß der einzelne die Gemeinschaft braucht, daß Gemeinschaft aber nicht möglich ist ohne Einordnung, Einsatzbereitschaft und Pflichterfüllung des einzelnen. Diese Leitwerte bestimmen fürderhin Haltung und Handeln für sein ganzes Leben ... Vor allem als Kommandant der Feuerwehr erzog er die Männer von Frangart zu Disziplin, Pflichterfüllung und Einsatzbereitschaft zum Schutze von Haus und Leben der Mitbürger vor Feuer und Wasser, stets von sich mehr fordernd als von den anderen. So auch beim letzten Einsatz am 26. April 1975 auf dem Abhang von Matschatsch, wo er die Gefahr erkennend, nicht an sich dachte, sondern an die Kameraden, und sie alle aufrief, sich in Sicherheit zu bringen. Wie er dann im Bemühen, sich Rauch und Feuer zu entziehen, selbst in einen flammenumloderten Felsspalt abstürzte, hörten die Kameraden ihn noch immer rufen, aber nicht etwa:‚Helft mir', sondern ‚rettet euch!'. Das war Otto Petermaier. Da seinem Volk die ihm von Natur, Verfassung und internationalem Vertrag zustehenden Rechte für seinen Fortbestand nach 15 Jahren Verhandlungen immer noch vorenthalten wurden, war er mit Sepp Kerschbaumer und anderen Getreuen bereit, Besitz, Freiheit und Leben zu wagen, aber nicht etwa, wie es heute geschieht, durch feige Geiselnahme und Mord an unbeteiligten Menschen, sondern durch reparablen Sachschaden, aus der Überzeugung, daß verbogene Maste wieder aufgerichtet werden könnten, aber die verbogene Seele und zerbrochene Zukunft des Volkes nicht. So wurden die beiden Frangarter, Sepp Kerschbaumer und Otto Petermaier, der eine durch seinen tiefen Glauben, der andere durch seine Charaktergröße, zu den ritterlichsten und edelsten Freiheitskämpfern unserer Zeit. ...“*

30. Juni 1966

Urteil in der Berufungsverhandlung im 1. Mailänder Südtirolprozeß

Nach 15stündiger Beratung fällte das Gericht durch zusätzliche Anwendung des Strafartikels „Anschlag auf die Verfassung“ harte Strafen. Während in 26 Fällen die Urteile geringfügig nach unten korrigiert wurden (insgesamt 38 Jahre 5 Monate) kam es in 15 Fällen zu einschneidenden Strafverschärfungen von 76 Jahren. Diese unverständliche Verschärfung wurde selbst von italienischen Zeitungen kritisiert. „L'Adige“ stellte *„Bitterkeit und Erstaunen über das Urteil“* fest. Gegen die Angeklagten, deren Strafen verschärft worden waren, wurde Polizeiaufsicht nach erfolgter Haftverbüßung angeordnet.

1. Juli 1966

6. Grazer Südtirolprozeß

Vor einem Schöffensenat des Landesgerichtes Graz wurde gegen die drei Südtiroler Karl Ausserer, Alois Larch und Adolf Obexer Anklage erhoben. Sie wurden beschuldigt, am 3. Oktober 1965 am Portjoch mit einer Alpinineinheit ein Feuergefecht geführt zu haben. Nach Zeugeneinvernahmen und den Ausführungen der Verteidiger erklärte sich das Schöffengericht für unzuständig und beschloß die Verweisung an ein Geschworenengericht. Die drei Angeklagten wurden aus der Untersuchungshaft entlassen.

5. Juli 1966

Breite Front gegen Verzichtsabkommen

Wie das „Salzburger Volksblatt“ meldete, hat sich aufgrund der Aufdeckung der Geheimverhandlungen eine breite Front gegen ein Verzichtsabkommen gebildet. So habe der Nordtiroler Landeshauptmann den Minister Tončić-Sorinj wissen lassen, daß eine künftige Lösung der Zustimmung *„aller Teile Tirols und aller politischen Parteien Österreichs“* bedürfe. Die Südtiroler Volkspartei lehne die geheim ausgehandelten Verhandlungsergebnisse noch als unzureichend ab und betone, daß jedes mögliche Ergebnis der Zustimmung der SVP-Landesversammlung bedürfe. Unter dem Druck der öffentlichen Empörung solle Tončić-Sorinj bereit sein, die Südtirolexperten Prof. Ermacora und Prof. Gschnitzer an dem bevorstehenden Ministertreffen teilnehmen zu lassen. Die Zeitung schrieb: *„Es ist zu erwarten, daß diese Südtirol-Experten keinem als vorläufiges Abkommen getarnten Verzicht ihre Zustimmung geben werden.“*

Unverschämte Forderungen Italiens

Wie die Zeitung weiter meldete, habe der italienische Konsul in Innsbruck bei Landeshauptmann Wallnöfer interveniert, um diesen zu veranlassen, eine Straßensammlung des Bergisel-Bundes verbieten zu lassen. Bereits im Frühjahr hatte der italienische Botschafter bei Landeshauptmann Krainer in der Steiermark vorgesprochen und gegen eine Straßensammlung für Südtirol protestiert. Er war abgewiesen worden. Nun habe Italien für ein allfälliges Südtirol-Abkommen als Bedingungen gestellt, daß keine Demonstrationen, keine Anschläge und keine Presseindiskretionen mehr stattfänden.

6. Juli 1966

Späte Einsicht

Jahre nach Kriegsende hat der Verfassungsgerichtshof in Rom Absatz 2 des berüchtigten Artikels 272 des faschistischen „Codice penale“ außer Kraft gesetzt, demzufolge es ein Verbrechen war, *„gegen das Nationalgefühl“* gerichtete Meinungen zu äußern. Das Gericht erklärte zur Begründung, daß nationale Einheit auch nationale Gefühle voraussetze, daß aber solche Vorstellungen dem geistigen Bereich zuzuzählen seien, der nicht durch Gesetze reguliert werden dürfe. Nach dem Gesetz konnten bisher Personen, die wegen gegen das „Nationalgefühl“ gerichteter Äußerungen überführt wurden, mit Gefängnis bis zu zwei Jahren bestraft werden. Anfang 1966 war noch ein katholischer Geistlicher unter dieser Anklage vor Gericht zitiert worden. Er hatte geschrieben, daß die meisten Kriege und viel Unheil, das in der Welt geschehe, auf das Konto *„nationaler Ideale“* gehe. Es handelte sich um den im Juni d. J. verstorbenen Don Lorenzo Milani, der sich wiederholt den Unwillen und Haß der chauvinistischen Kreise Italiens zugezogen hatte, weil er mutig für die Rechte der Südtiroler eingetreten war. Weiterhin blieb jedoch *„antinationale Propaganda“* strafbar, wobei Gefängnisstrafen bis zu fünf Jahren verhängt werden konnten.

10. Juli 1966

Droht Abspaltung der Nordtiroler ÖVP?

In namentlichen nicht gezeichneten Flugblättern, die in Innsbruck in einer Auflage von etwa 30.000 Stück gestreut wurden, hieß es: *„Klaus und Tončić-Sorinj, kein Verrat an Südtirol!“* Aus Innsbruck wurde verlautet, wie der „Grazer Montag“ meldete, daß im Falle eines Verzichtsabkommens über die Köpfe der Tiroler hinweg die Abspaltung der Nordtiroler ÖVP von der Mutterpartei drohe, welche dann zusammen mit der Opposition ein solches Verzichts bkommen im Parlament niederstimmen würde. Die Flugblattaktion soll von diesen Tiroler ÖVP-Kreisen ausgegangen sein.

Burger im deutschen Fernsehen – Italien protestiert

In einem Interview erklärte der Innsbrucker Universitätsassistent und Freiheitskämpfer, daß sich Italien durch die Folterung von Häftlingen nicht mehr als Demokratie, sondern als

„Unrechtsstaat" darstelle, dem man keine Minderheiten anvertrauen könne. Angesichts eines solchen Polizei- und Unterdrückungsregimes könne man nur noch die Forderung nach Selbstbestimmung vertreten. Der italienische Botschafter erhob diplomatischen Protest bei dem Auswärtigen Amt in Bonn.

11. Juli 1966

Geheime Ausschußsitzung in Wien

Vor dem Außenpolitischen Ausschuß des österreichischen Nationalrates gab der Außenminister Dr. Tončić-Sorinj einen Bericht über den Stand der Südtirolverhandlungen. Er beabsichtige nicht, die Südtirolfrage auf die Tagesordnung der Vereinten Nationen setzen zu lassen. Wie der FPÖ-Südtirolsprecher Dr. Scrinzi dem „Grazer Montag" in einem Interview am 8. Juli erklärte, sei die Unterrichtung der Opposition sehr oberflächlich gewesen. Jedenfalls sei die Südtirolpolitik bei dem Sozialisten Dr. Kreisky in besseren Händen gewesen. Bei Bundeskanzler Klaus und seinem Außenminister Tončić-Sorinj habe man den fatalen Eindruck, daß sie bereit seien, Südtirol *„einer doktrinären und unrealistischen Europapolitik zu opfern."*

13. Juli 1966

„Bilaterale Begegnung" anstelle von Verankerung

In der Wiener „Presse" enthüllt der Publizist Claus Gatterer: *„Als ‚Verankerung' bietet Italien heute an Stelle der von Saragat und Kreisky vereinbarten Schiedskommission – und auch dies nur gesprächsweise – eine ‚alljährliche bilaterale östereichisch-italienische Begegnung'."* Inhaltlich teilte Gatterer zum „Paket" mit, daß Italien hinsichtlich Arbeitsvermittlung und Sicherheitswesen keine Konzessionen mache. Hinsichtlich der Industrie sollen die Südtiroler keine Kompetenzen bezüglich der Betriebe mit staatlicher Beteiligung erhalten. Rom verlange überdies, daß diese *„billige Lösung"* von Wien als *„endgültige Lösung"* akzeptiert werde.

14. Juli 1966

Tončić-Sorinj verzichtet auf Befassung der UNO

In der Fragestunde des Parlamentes erklärte Außenminister Tončić-Sorinj, daß er nicht gedenke, die UNO-Generalversammlung erneut mit der Südtirolfrage zu befassen.

Bekenntnis zu Südtirol

Vor tausenden jugendlichen Turnern des Österreichischen Turnerbundes (ÖTB) fand auf Schloß Ambras bei Innsbruck die Feierstunde der Jugend statt, die in einem feierlichen Bekenntnis zu Südtirol gipfelte. In einem Fackelzug zogen die Turnerinnen und Turner nach Innsbruck hinunter und in einem stillen Schweigemarsch in der Hofkirche an dem Grabmal Andreas Hofers vorbei. Die Feier hatte der Südtirolkämpfer Sepp Holzinger aus Linz gestaltet.

Italienische Agenten zu Bundesturnfest abgestellt

Einem mit dem Befreiungsausschuß Südtirol (BAS) befreundeten Journalisten gegenüber äußerten Beamte der Innsbrucker Staatspolizei, daß Italien seine Agenten in Innsbruck anläßlich des Bundesturnfestes um 40 Mann verstärkt habe, die als Journalisten und Touristen getarnt alle jene Personen fotografierten, welche mit bekannten Freiheitskämpfern wie Dr. Burger und Peter Kienesberger öffentlich sprachen.

17. Juli 1966

Sprengstoffanschlag

Die Südtiroler Freiheitskämpfer beschädigten bei Mestre einen Hochspannungsmast durch Sprengladungen. Die Stromleitung nach Venedig war damit unterbrochen.

18. bis 20. Juli 1966

Geheimverhandlungen in London

In London fanden geschmackvollerweise in der Wohnung der Freundin des italienischen Unterhändlers Toscano streng geheime Verhandlungen statt. Gesandter Dr. Rudolf Kirchschläger (Außenministerium) und der Nordtiroler Landesamtsdirektor Dr. Kathrein auf der österreichischen Seite und Botschafter Dr. Roberto Gaja (Direktor der politischen Abteilung des Außenministeriums) sowie Prof. Dr. Mario Toscano auf der italienischen Seite nahmen daran teil. Hierbei legten die Italiener das „letzte Verhandlungsangebot" Italiens vor. Nach diesen Verhandlungen informierte der SPÖ-Landesrat Zechtl den Freundeskreis des BAS-Mitgliedes Dr. Burger über alle Details und machte diesem die österreichischen Konferenznotizen zugänglich, die auch ihm auf vertraulichem Wege zugekommen waren. Dieser informierte über journalistische Kontakte die „WOCHENPRESSE", die „Kronen-Zeitung", den „Wiener Montag" und das „Salzburger Volksblatt", die in großer Aufmachung im August den Inhalt des streng geheimen „Paketes" veröffentlichten und damit die Geheimdiplomatie Tončić-Sorinjs zerschlugen. Am 24. August gab die „WOCHENPRESSE" anhand dieser Informationen die Londoner Geheimgespräche wieder:

„Das geheime Paket"

In London wurden die Verhandlungen zwischen Italien und Österreich abgeschlossen. Der Inhalt des vertraulichen Angebots

In einem neun Punkte umfassenden ‚Paket' wurden die Verhandlungsergebnisse dieser Experten schließlich zusammengefaßt. Im Zusammenhang mit dem Ergebnis der Neunzehner-Kommission ergibt sich gegenwärtig folgendes Bild: keine Trennung der Provinz Bozen von Trentino. Die Südtiroler bleiben im Regionalrat weiterhin von der italienischen Gruppe majorisiert;

- *keine eigenen Sicherheitspolizeieinheiten für Südtirol;*
- *keine sekundäre Gesetzgebung über öffentliche Betriebe;*
- *keine Gesetzgebung der Provinz Bozen zur Regelung des Südtiroler Vorrechtes bei der Arbeitsvermittlung, es werden den Südtirolern lediglich ‚Kontrollkommissionen' ohne wirkliche Befugnisse eingeräumt;*
- *keine Einführung des ethnischen Proporzes bei der Besetzung öffentlicher Stellen, eine Änderung der bestehenden Verhältniszahl zwischen Südtirolern und Italienern kann nur durch Neuaufnahmen und Pensionierungen – allerdings wohl nur innerhalb eines sehr langen Zeitraumes – erreicht werden;*
- *keine Zuständigkeit der Provinz Bozen für die Feststellung des Ansässigkeitsrechtes und für die Eintragung in das Bevölkerungsregister, lediglich dem Präsidenten des Landesausschusses wird zugestanden, sich ‚durch Inspektionen' darüber zu unterrichten, wie viele Menschen aus anderen Teilen Italiens pro Jahr nach Südtirol zuwandern;*
- *keine Befreiung der Südtiroler vom italienischen Wehrdienst;*
- *keine Zuständigkeit der Provinz Bozen für Gemeindeordnungen, Handelskammerordnungen sowie für die Ordnungen der Fürsorge und Unterstützungskörperschaften.*

Zum Teil waren von der Neunzehner-Kommission für einige dieser Punkte bereits für die Südtiroler bessere Formulierungen gefunden worden. Nur in drei Punkten wurden Kirchschläger und Kathrein bessere Bedingungen als je zuvor angeboten:

- *das Gebiet des Kreditwesens geht zwar nicht zur Gänze in die Zuständigkeit der Provinz Bozen über, doch fällt bei der Ernennung der Präsidenten und Vizepräsidenten das bisher geübte Vetorecht des Schatzministers der Region weg, so daß in diesem Punkt die Südtiroler ihre Wünsche durchsetzen können;*
- *die Nutzung der öffentlichen Gewässer in der Provinz obliegt nun der von den Südtirolern dominierten Provinz Bozen – selbstverständlich nur soweit es das System der staatlichen Verbundgesellschaft Enel zuläßt;*
- *die Zuständigkeit für die Industrie geht ebenfalls auf die Südtiroler über, wenn die Provinz die zur Förderung vorgesehenen Mittel ‚einvernehmlich' mit dem italienischen Staat verwendet.*

Mario Toscano bestätigt Enthüllungen

In seinen Memoiren bestätigte einer der beiden italienischen Chefunterhändler, Prof. Mario Toscano, die Enthüllungen des BAS und gibt offen zu, daß bei dem Ministertreffen zwischen Tončić-Sorinj und Fanfani im Anschluß an die Londoner Geheimverhandlungen ein überfallsartiger Abschluß der Südtirolverhandlungen hätte stattfinden sollen, mit welchem man die Öffentlichkeit vor vollendete Tatsachen gestellt hätte: *„... wenn alle ausständigen Fragen ... gelöst wären, würde es möglich sein, eine endgültige politische Entscheidung bei einem Treffen auf hoher politischer Ebene zu finden. Diese Entscheidung würde lediglich gleichbedeutend mit einer Ratifikation eines Übereinkommens sein, welches man zuvor bei Expertengesprächen von Regierungsbeamten erzielt hätte."*
(Toscano, Mario: „Alto Adige – South Tyrol", Baltimore, London 1975, S. 222.)

Vernichtendes Expertenurteil

In seinem Tagebuch vermerkte der österreichische Experte Prof. Dr. Ermacora am 28. Juli dazu: *„Es schien nur so, als sei die Gefahr abgewendet. In Wahrheit haben die Italiener ein neues Angebot gesandt. Es taugt wenig oder nur für Leichtgläubige. Die Experten werden nicht mehr gehört, nur Magnago und Volgger."*

21. Juli 1966

Geheimkonferenz in Zirl: Tončić-Sorinj stellt Ultimatum

Außenminister Tončić-Sorinj unterrichtete zusammen mit dem Gesandten Dr. Kirchschläger die Nordtiroler Landesregierung sowie Vertreter der SVP über die Ergebnisse der Londoner Geheimverhandlungen und legte den Tirolern insbesondere nahe, auf die internationale Verankerung des „Paketes" zu verzichten. Tončić-Sorinj betonte, daß er eine Zustimmung der SVP auf dieser Basis wünsche, widrigenfalls er glaube, daß auf lange Zeit nichts mehr in der Südtirolfrage getan werden könne.

24. Juli 1966

Feuerüberfall

Kurz nach Mitternacht wurden in St. Martin im Gsiesertal mehr als 50 Schüsse aus Schnellfeuerwaffen auf drei Finanzsoldaten abgegeben. Der 25jährige Salvatore Gabitta aus Porto Torres war sofort tot. Giuseppe D'Ignoti aus Valenzia erlag am 1. 8. 1966 seinen schweren Schußverletzungen. Der dritte Mann der Streife, Cosimo Guzzo, wurde leicht verletzt.

25. Juli 1966

Minenfallen gegen Freiheitskämpfer?

Das „Salzburger Volksblatt" berichtete: Am 9. Juli sei nach italienischen Pressemeldungen ein italienischer Feldwebel in Südtirol *„bei einem Manöver"* von einer scharfen Mine zerrissen worden. In einem Manöver verwende man aber keine scharfen Minen. Entweder befasse sich das italienische Heer damit, Sprengfallen gegen Freiheitskämpfer auszulegen – oder aber stimme diese Version aus anderen Gründen nicht.

29. Juli 1966

BAS-Mitglieder im deutschen Fernsehen – diplomatischer Protest Roms

Das erste Deutsche Fernsehen strahlte in der Sendung „Monitor" ein Interview mit den BAS-Mitgliedern Dr. Norbert Burger und Peter Kienesberger aus. Das erregte nicht nur Aufsehen, sondern löste auch diplomatische Interventionen aus. Nach Beschwerden der Italiener teilte das Auswärtige Amt in Bonn dem verantwortlichen Koordinator der Arbeitsgemeinschaft der Rundfunkanstalten Deutschlands mit, daß *„derartige Sendungen den auswärtigen Beziehungen der Bundesrepublik abträglich sind."* Hier Auszüge aus dem Interview:
Reporter: *„Sie glauben, Bomben und Zündschnüre für die Freiheit zu legen. Aber verursacht das nicht Gegenterror?"*

Dr. Burger: *„Unser Terror ist schon Gegenterror, nämlich Terror gegen den Terror, den die Italiener in Südtirol seit 1918 ausüben. Mit dem Terror begonnen haben nicht wir, sondern die Italiener. Und wir wehren uns nun nach 45 Jahren eben mit den gleichen Waffen, die die Italiener seit 45 Jahren gegen uns anwenden."*
Reporter: *„Sie gehen also nicht ab von Ihrer Ansicht, daß Terror das richtige Mittel ist?"* Kienesberger: *„Glauben Sie, daß wir liebend gerne darauf verzichten würden, unser Leben einzusetzen, wenn es andere, friedlichere Mittel geben würde, die Selbstbestimmung zu erreichen."*

30. Juli 1966

Seltsame Methoden bei Südtirolberatung

Bei einer Besprechung in der Nordtiroler Landesregierung, an der auch der Experte Prof. Dr. Ermacora teilnahm, gab Landesamtsdirektor Dr. Kathrein einen Bericht über die Londoner Geheimverhandlungen vom 18. bis 20. Juli 1966. Kathrein las das Protokoll so schnell ab, daß Ermacora nicht einmal in der Lage war, mitzustenographieren. Ausgehändigt wurde das Protokoll den Teilnehmern nicht. Man konnte jedoch trotzdem mitbekommen, daß das „Paket" nicht garantiert war. Der sozialistische Landesrat Zechtl sprach sich daraufhin gegen eine Annahme aus. Nun entstand ein Streit darüber, ob der Gesandte Kirchschläger gesagt habe, das „Paket" sei garantiert. Kirchschläger: Nein, er habe das nicht gesagt! Kathrein war gegen Schluß der erregten Debatte ungehalten und erklärte, man wolle hier gar keinen Beschluß der Anwesenden. Man werde mit den Südtirolern reden. Er habe aber schon von jedem Gespräch genug. Dies betonte er zweimal. Somit endete die Unterredung ohne Beschlußfassung. (Ermacora, Felix: „Südtirol und das Vaterland Österreich", Wien – München 1984, S. 141, Tagebuchnotizen.)

Ritschel warnt

In den „Salzburger Nachrichten" warnte der bekannte Publizist und Südtirolexperte Karl-Heinz Ritschel vor einer Annahme der italienischen Vorschläge. Es sei, schrieb Ritschel, *„die Stunde höchster Gefahr, daß ... Südtirol ... fallengelassen ... wird."*

Tončić-Sorinj bekennt Verabredung zur Geheimhaltung ein

Auf den Stand der Südtirolverhandlungen angesprochen, erklärte laut „Salzburger Nachrichten" Außenminister Tončić-Sorinj: *„Ich kann keine Stellungnahme abgeben, weil wir – Rom und Wien – uns gegenseitig das Versprechen gegeben haben, vor Abschluß der Verhandlungen nichts zu sagen. Wir sind noch mitten in den Verhandlungen. Mir kommt es darauf an, die Südtirolfrage bestmöglich zu lösen."* Unwirsch schloß Tončić-Sorinj: *„Wenn die Betroffenen diese Lösung nicht annehmen wollen, dann eben nicht."*

1. August 1966

„Dolomiten": Neues „Paket"-Konzept enthüllt – Italien am Ziel seiner Wünsche?

Wie die Südtiroler Tageszeitung enthüllte, sahen die italienischen Vorschläge, die den Österreichern auf Beamtenebene bei den letzten Verhandlungen überreicht worden seien, einen Verzicht auf eine internationale Verankerung des „Paketes" vor. An deren Stelle sollten *„feierliche Erklärungen in den Parlamenten von Wien und Rom"* – Streitbeilegungserklärungen – treten. Die „Paket"-Bestimmungen selbst sollten nur auf der Basis des „Pariser Vertrages" von 1946 bei dem „Internationalen Gerichtshof" in Den Haag einklagbar sein. (Alles was über die lapidaren und unpräzisen Bestimmungen hinausging und aus italienischer Sicht freiwillige Mehrleistungen Italiens darstellte, war damit nicht mehr einforderbar.) Die Unterordnung der Provinz Bozen unter die gemeinsame Autonomie der Region Trentino–Südtirol sollte erhalten bleiben, die Südtiroler Befugnisse sollten in einer Subautonomie erweitert werden. Hier zeichneten sich schon die Grundlinien der späteren Regelung von 1969 ab, Grundlinien, die von Italien gezeichnet wurden und denen sich Österreich fügte.

3. August 1966

Oberösterreichische Verbände gegen Verzichtsabkommen

Der katholische „Cartell-Verband" (CV), der „Freiheitliche Akademikerverband", der „Turngau Oberösterreich" des „Österreichischen Turnerbundes", die „Vereinigung Alter Burschenschafter" und der „Bergisel-Bund" in Oberösterreich richteten an den Nordtiroler Landeshauptmann Wallnöfer folgendes Schreiben:

„In schwerer Stunde wenden sich die unterzeichneten Verbände und Personen hilfesuchend an Sie. Nach über 45jährigem Leiden der Südtiroler darf die Standhaftigkeit des bedrängten Landes nicht mit einem Verzicht auf die elementarsten Lebensrechte der Volksgruppe beantwortet werden. Vor allem aber darf bei der bekannten Vertragstreue der Italiener nicht auf die internationale Garantie der Einhaltung jeglichen Südtirolabkommens durch ein international besetztes Schiedsgericht verzichtet werden. Die unterzeichneten Verbände und Personen bitten Sie und erwarten von Ihnen als Tiroler, daß Sie sich jeglichem Ausverkauf Südtirols energisch entgegenstellen. ***Die Geschichte soll uns allen dereinst nicht den Vorwurf machen können, daß wir aus Opportunismus und durch charakterlose Haltung den Süden preisgegeben und verraten haben."*** Diese über die Presseagenturen verbreitete Resolution fand auch außerhalb der österreichischen Grenzen starke Beachtung. Daß dieses Memorandum an den Nordtiroler Landeshauptmann und nicht an das Außenministerium gerichtet wurde, bezeichnete die „Frankfurter Allgemeine Zeitung" als *„Desavouierung des Ballhausplatzes"*.

„Erfolg" der Fahndung

Unter dem Druck der italienischen Zeitungen stehend, gaben die Polizeibehörden in Bozen „großartige" Erfolge bekannt. Sie wollten in einem Wald bei Toblach 3.630 kg Sprengstoff gefunden und ein weiteres Depot bei Bruneck mit Gewehren und Maschinenpistolen aufgestöbert haben. Diese Meldungen waren schlicht falsch.

Sprengstoffanschlag auf Bozener Justizpalast

In Bozen explodierte im gut bewachten Justizpalast um 20.15 Uhr – zu einem Zeitpunkt, als kein Parteienverkehr mehr stattfand – eine Sprengladung, die schweren Sachschaden anrichtete. Aus zerstörten Rohrleitungen ausströmendes Wasser vergrößerte den Schaden und verwischte wichtige Spuren.

Anschlag auf Bahnunterführung – Provokation?

Eine weitere Bombe explodierte auf der Brennerstrecke in einer Bahnunterführung bei Blumau. Die Urheber dieses Anschlages blieben – auch innerhalb des BAS – unbekannt. Im Jahr 1966 wurden die Bahnlinien lückenlos durch Posten bewacht, die entlang der gesamten Bahnlinie Blickkontakt miteinander hatten. Bei Brücken, Unterführungen und Tunneln standen Doppelposten. Die Wahrscheinlichkeit, daß es sich um einen italienischen provokatorischen Anschlag handelte, um die Freiheitskämpfer zu diskreditieren, indem man Angst und Schrekken unter der Bevölkerung verbreitete, die schließlich auch die Bahn benutzte, war zumindest größer als die Wahrscheinlichkeit, daß ein Südtiroler an so streng und lückenlos bewachten Bahnlinien in aller Ruhe Löcher graben und Sprengladungen plazieren konnte. (Siehe auch 12. August 1966!)

4. August 1966

Nordtiroler (FPÖ) und SPÖ gegen „Paket"-Annahme

Über die politischen Frontstellungen in der „Paket"-Frage in Süd- und Nordtirol berichtet das „Salzburger Volksblatt": *„Als entschiedendste Gegner des österreichischen Verzichtsvorschlages gelten Abgeordneter Dietl und der Assessor Benedikter, während Friedl Volgger schon verzichtswillig zu sein scheint. Der Südtiroler Landeshauptmann Dr. Magnago hingegen hat noch nicht eindeutig Position bezogen. So wie in Südtirol geht die Front der Meinungen auch in Nordtirol mitten durch das Lager der Volkspartei. Während der Nordtiroler Landesamtsdirektor Kathrein allgemein als Vertreter der weichen Verzichtslinie gilt, ist LH Wallnöfer die*

Hoffnung derer, die gegen einen weitgehenden Verzicht in der Südtirolfrage sind. Die Sozialistische Partei Nordtirols hat sich mittlerweile ebenso wie die Freiheitliche Partei energisch gegen die Geheimverhandlungen ausgesprochen. Landesrat Zechtl von der Nordtiroler SPÖ erklärte dem ,Salzburger Volksblatt': ,Wir haben unsere Ablehnung bereits dem Landeshauptmann zur Kenntnis gebracht. Was Dr. Tončić-Sorinj hier präsentiert, beinhaltet keine echte internationale Garantie für die Einhaltung der italienischen Versprechungen. Außerdem sind die italienischen Zugeständnisse auch in ihrer Substanz völlig unzureichend.'"

5. August 1966

Staatsrechtler Prof. Ermacora gegen Tončić-Sorinj-„Lösung"

Die „Kleine Zeitung" in Graz veröffentlichte einen Fachartikel des österreichischen Südtirolexperten und Teilnehmer vieler österreichischer Verhandlungsdelegationen, Univ.-Prof. Dr. Felix Ermacora, welcher sich entschieden gegen den Tončić-Sorinj-Plan wandte, den Internationalen Gerichtshof in Den Haag als Schiedsinstanz bei einem Südtirol-Abkommen mit Italien vorzusehen. Der IGH könne nur im Einvernehmen mit Italien und nur auf der Basis des Pariser Vertrages angerufen werden. Dies sei keine echte internationale und wirksame Absicherung. Dies bedeutete letztlich eine praktische Preisgabe der Verhandlungsergebnisse.

„Italia": Tončić-Sorinj und Volgger für Verzichtsabkommen

Die italienische Nachrichtenagentur „Italia" meldete lobend, daß der SVP-Obmannstellvertreter Dr. Volgger gegenüber einem Redakteur der „Italia" rühmend erklärt habe, das jetzige italienische Angebot ginge über die Kreisky-Saragat-Ergebnisse von 1964 hinaus. „Italia" berief sich weiters auf *„zuverlässige Indiskretionen"*, wonach Außenminister Tončić-Sorinj den Nordtiroler Landeshauptmann mit der Mitteilung unter Druck gesetzt habe, daß das derzeitige italienische Angebot das Maximum an Konzessionsbereitschaft darstelle. Über dieses Angebot hinaus sei *„kein Spielraum und keine Verhandlungsmöglichkeit"* mehr gegeben.

6. August 1966

„Münchner Merkur": „Südtirol-Opfer auf dem Altar der EWG?"

Unter diesem Titel berichtet die angesehene Münchner Zeitung, daß Italien die EWG-Frage mit der Südtirolfrage koppelte: *„Ob sich jemals die Pforten der EWG für Wien öffnen, hängt nicht zuletzt vom Placet des italienischen EWG-Partners ab. Österreichs Bundeskanzler Klaus ist nicht zu beneiden. Wenn er sein Land der EWG assoziieren möchte, muß er seinem italienischen Kollegen Moro Zugeständnisse machen, Zugeständnisse auf Kosten Bozens. Eine verteufelte Alternative."* Zu dem Inhalt des italienischen Angebotes meinte das Blatt: *„Rom will .... die Mittel zur Steuerung der italienischen Einwanderung nicht aus der Hand geben."*

Von Italienern gelegte Bombe in Güterzug?

Der österreichische Güterwagenschaffner Grundhammer entdeckte in Gries am Brenner auf einem Autotransportwagen eine an einem Benzinkanister angebrachte Sprengladung, die dann sofort von österreichischen Spezialisten entschärft wurde. Hierbei kamen folgende seltsame Tatsachen zum Vorschein:

1) Die Bombe war nicht zündfertig, da einer der beiden Pole nicht angeschlossen worden war.
2) Gleichsam als „Absender" und Visitenkarte klebte ein großer roter Tiroler Adler auf der Ladung – fotogen genug für italienische Pressephotographen, aber nur sinnvoll, wenn die Bombe nicht detonierte und der Adler somit abgebildet werden konnte.

Am 9. August meldete sich der „Befreiungsausschuß Südtirol" (BAS) bei zahlreichen österreichischen Tageszeitungen und distanzierte sich mit den Worten des Sprechers *„von dieser italienischen Geheimdienstprovokation, mit welcher eine verstärkte Aktivität österreichischer Behörden gegen die Freiheitskämpfer hätte erzwungen werden sollen."* Nach der Darstellung des BAS sollte die Aktion auch dazu dienen, die Freiheitskämpfer zu diskreditieren, *„da niemand Verständnis für Anschläge auf Züge hat!"* Am 10. August meldete die „Kronen Zeitung", daß die Innsbrucker Polizei *„die Täterschaft von Ausländern für möglich hält und* *auch in dieser Richtung ermittelt.*" Diese Ermittlungen richteten sich gegen die zahlreichen in Innsbruck wohnenden und auf dem Hauptbahnhof ihren Dienst antretenden italienischen Eisenbahner, welche das ansonsten scharf bewachte und kontrollierte Innsbrucker Bahnhofsgelände frei betreten konnten. Die Tiroler Polizei teilte dazu auch mit, daß die Bombe, die nach Meinung des BAS-Sprechers erst am Brenner „zufällig" von italienischen Organen hätte entdeckt werden sollen, offenbar von einem im Bahnhofsgelände Ortskundigen auf den Waggon gelegt worden war.

Tiroler Freiheitssender warnt – Flugblätter des BAS
Um 20.30 Uhr meldete sich der im Untergrund arbeitende Freiheitssender und griff die Regierung Klaus scharf an, weil sich diese mit einem unzureichenden Verhandlungsergebnis in der Südtirolfrage zufriedengeben wolle, um nur Österreich mit Zustimmung Italiens in die EWG zu bringen. Die Landeshauptleute Magnago und Wallnöfer wurden aufgefordert, diesen *„schmählichen Plan eines Kuhhandels"* zu Fall zu bringen. In Innsbruck wurden zum selben Zeitpunkt tausende Flugblätter des Befreiungsausschusses Südtirol (BAS) mit gleichlautendem Inhalt gestreut.

8. August 1966
Verhaftung
Der deutsche Femlastfahrer Udo Lanzen (27) aus Kiel wurde am Waltherplatz in Bozen verhaftet, weil er die dort spielende italienische Heeresmusikkapelle angeblich mit Schmäh- und Schimpfworten bedachte.

9. August 1966
Italienischer Pater: Wer sind die Wölfe? Wer züchtet den Haß?
Die katholische Trentiner DC-Tageszeitung „L'Adige" veröffentlichte einen Brief des Trentiner Servitenpaters Lino Pedot, welcher zur Zeit in Mestre wirkte. Er warf der Zeitung vor, daß sie *„Rassismus"* vertrete und die katholische Bevölkerung des Trentino zum Haß gegen die katholische Bevölkerung Südtirols führe. *„Dieser Haß steht im Dienst der rassisch ausgerichteten Interessen. Christus ist bei Ihnen belanglos und bedeutet nichts: was zählt, sind die Interessen des Staates."* In seinem Brief erwähnt der Pater die Opfer, die dieser Haß gefordert habe, *„dazu kommen die vielen, die auf Grund von Urteilssprüchen, die von Haß und Rachsucht diktiert wurden, im Gefängnis schmachten."* Dann nahm Pater Pedot Bezug auf die Erklärung des Abg. Piccoli, welcher im italienischen Fernsehen erklärt hatte, die Südtiroler seien *„nazifreundlich"* und *„imstande, Taten zu wiederholen, die wir schon kennen."* Der Pater sagte dazu: *„Hier handelt es sich um eine Mentalität, die das seit allzuvielen Jahren in Südtirol eingerichtete Polizei- und Militärregime rechtfertigen möchte ... mit seinen Maschinenpistolen, Lastwagen, Kanonen, Uniformen, als ginge es um eine Feldschlacht, mit seinen Gruppen und Abertausenden von Bewaffneten aller möglichen Gattungen. Welch trauriger, dem Sinn des Konzils entgegengerichteter Eindruck! Ist dies nicht die beschämendste Verdammung einer Art und Weise und einer Mentalität, mit der eine Minderheit mit streng katholischer Gesinnung regiert wird?"*
Pater Pedot macht der Zeitung „L'Adige" den Vorwurf, die Leute *„zum Haß gegen die nahen Brüder anderer Rasse"* zu treiben. Die Zeitung sei daher ein *„Wolf im Schafspelz"*, da sie sich katholisch gebe. *„Mit dem Haß können Sie selbstverständlich nicht der Mitschuld an dem entgehen, was vom Haß geschaffen wird. Hochachtungsvoll, Pater Lino Pedot."*

„L'Adige" verteidigt sich unter Berufung auf Bischof Gargitter
Pater Pedot, *„der offenbar nur gelegentlich Zeitung liest"*, sei uninformiert, entgegnet das Trentiner DC-Blatt auf die massiven Vorwürfe des Geistlichen. Er hätte in Innsbruck nicht *„die schauerliche Parade des Turnerbundes"* gesehen, mit *„einem nazistischen Bühnenbild mit einem hier und da erklingendem Heil Hitler"*. Er wisse nicht, daß es in Bayern einen „Witikobund" (eine kulturelle Vereinigung heimatvertriebener Sudetendeutscher, Anm. d. Verf.)

gebe, *„welcher die fanatischsten, die Rückkehr des Hitlertums ersehnenden Sudetenflüchtlinge aufnimmt"*. Dieser „Witikobund" stehe hinter den Aktionen der Südtiroler Freiheitskämpfer, hinter ihren „Strafaktionen" und finanziere diese. Außerdem stehe es Katholiken zu, *„die gerechte Staatsraison zu verteidigen ... Darüber handelt nicht zufällig auch ein noch nicht vergessener Hirtenbrief des Bischofs Gargitter ..."*

11. August 1966
Wird Österreich erpreßt?
Die sozialistische Presse Österreichs („Arbeiter-Zeitung" in Wien, „Tagblatt" in Linz) meldete, daß die österreichische Regierung um jeden Preis bis zum Herbst die Annahme des italienischen Verhandlungsangebotes durchdrücken wolle. Der Grund dafür sei die Absicht des italienischen Ministerpräsidenten Moro, einer Erweiterung des Verhandlungsmandates der EWG-Kommission mit Österreich im Herbst nur dann zuzustimmen, wenn Österreich den in Geheimverhandlungen ausgearbeiteten Südtirol-Vorschlägen Italiens beitritt. Damit dieses Ziel erreicht werden könne, würden die Südtiroler durch Klaus und Tončić-Sorinj unter Druck gesetzt.

Polizeiaktion gegen Südtirol-Flugzettelverteiler
Ein junger Tiroler Bursch und die 16jährige Schülerin Weneroth aus Kassel verteilten auf der Nordtiroler Seite des Brennerpasses Flugzettel an deutsche Touristen, in denen diese aufgefordert wurden, *„nicht kalten Herzens an den Folterkerkern"* der Carabinieri vorbei nach dem Süden zu fahren, sondern im Land Tirol – in Südtirol – zu bleiben und später in der eigenen Heimat die Forderung nach Selbstbestimmung für Südtirol zu vertreten. Die Gendarmerie nahm die beiden jungen Leute fest und nach langen Telephonaten mit Wien wurden die beiden stundenlang verhört. Der für den Inhalt der Flugzettel verantwortliche „Bergiselbund OÖ" protestierte bei dem Innenminister in Wien gegen das unglaubliche Vorgehen der Exekutive und gegen *„das liebedienerische Verhalten gegenüber Italien"*.

12. August 1966
Sprengstoffanschlag auf Bahnstrecke – Geheimdienstprovokation?
Um 6.20 Uhr explodierte auf einer Eisenbahnbrücke der Brennerbahn bei Freienfeld unter der Lokomotive des Güterzuges 5819 eine Sprengladung. Während der Lokführer bloß erschrak, wurde der Hilfsmaschinist Giulio Scarpa leicht verletzt. Die Lokomotive wurde schwer beschädigt und die Geleise barsten, ohne daß jedoch der Zug entgleiste. Kurze Zeit später hätte der Expreßzug „Italicus" (Rom–München) planmäßig die Strecke passieren sollen. Er konnte rechtzeitig angehalten werden. Auf Grund dieses Vorfalles wurde der Eisenbahnverkehr auf das unbedingt notwendige Maß reduziert. Von nun an fuhr als besondere Sicherheitsmaßnahme jedem Zug eine Draisine voran. Der „Befreiungsausschuß Südtirol" distanzierte sich von diesem Anschlag. Der österreichischen „Kleinen Zeitung" fiel folgendes auf: *„Fachleuten scheint es unverständlich, wie es den Tätern bei der gegenwärtigen in Südtirol üblichen Bewachung der Bahnstrecke – vor allem von Brücken durch bewaffnete Doppelposten – möglich war, die Sprengladung anzubringen."* („Kleine Zeitung", Klagenfurt, Graz, 13. August 1966.)
Nun, dafür gibt es schon eine Erklärung:

Anschläge auf Züge – die „Strategie der Spannung"
Die Handschrift der Geheimdienste
Daß mit den Anschlägen auf Züge in Wahrheit die Handschrift des italienischen militärischen Geheimdienstes und der mit diesem verbündeten Neofaschisten zum Vorschein gekommen sein mag, zeigt ein Anschlag auf einen Zug, der sich 1974 ereignete, mit dem aber Personen zu tun hatten, die sich in den sechziger Jahren in Südtirol aufhielten, genauer gesagt: in Brixen, unweit der Stelle des Anschlages auf die Bahnlinie. Am 31. Juli 1974 verließ Signorina Claudia Ajello, eine Angestellte des militärischen Geheimdienstes „SID" (Nachfolgeorganisation des „SIFAR") ihr Büro in der Abteilung „Gegenspionage" in Rom, welches von Federico

Marzollo geleitet wurde, der 1961 als Capitano der Carabinieri die inhaftierten Südtiroler Freiheitskämpfer in der Carabinierikaserne von Meran der „cura speciale" hatte unterziehen lassen und der es mittlerweile zum General und einer leitenden Position im Geheimdienst gebracht hatte. Signorina Ajello, die Mitarbeiterin des Geheimdienst-Generals, begab sich zu einem öffentlichen Telephon in einem Lotteriebüro und rief eine unbekannte Person an. Sie sprach laut, etwas zu laut, wie sich später herausstellen sollte, denn drei Zeugen hörten folgende Worte der Ajello: *„Die Bomben sind fertig ... der Zug wird in Bologna eintreffen ... es ist ein Auto bereit, das dich nach Mestre bringen wird ... bleibt ruhig, die Pässe sind fertig ... ihr werdet die Grenze überqueren ... bleibt ruhig."* In der Nacht vom 3. auf den 4. August hatte der Expreßzug „Italicus", der von Rom über Bologna nach München fuhr, 40 Minuten Verspätung. Und er hatte eine Bombe an Bord. Sie detonierte um 1.20 Uhr nachts im fünften Waggon, während der Zug sich am Ausgang des Tunnels von San Benedetto Val di Sambro befand, der einen Teil des Appenin durchquert. In dem Inferno im Tunnel kamen 12 Menschen zu Tode, 48 wurden verletzt. Wäre der Zug pünktlich gewesen, hätte er zu dieser Zeit mitten im Bahnhof von Bologna gestanden und die Zahl der Opfer wäre viel höher gewesen. Nun erstatteten zwei Zeugen, die beiden im Lotteriebüro beschäftigten Frauen, am 9. August Anzeige gegen die Ajello, welche sie gut kannten. Dann begann ein Spiel, das Italien aus zahlreichen ähnlichen Fällen gut kennt: Die Ermittlungen wurden verzögert und blockiert. Der Untersuchungsrichter in Bologna vernahm die beiden Zeugen erst am 24. September, und die Ajello wurde erst am 30. September zum ersten Mal verhört. Ein Hauptmann des Geheimdienstes durfte ihr bei der Einvernahme durch den Untersuchungsrichter entgegen allen gesetzlichen Bestimmungen zur Seite stehen. Sie hatte folgende Ausrede parat: Die Zeugen hätten alles falsch verstanden. Sie habe mit ihrer Mutter, die sie zärtlich „Sexy Bombe" zu nennen pflege, ein gänzlich harmloses Gespräch geführt. Die Mutter bestätigte das natürlich. Der Untersuchungsrichter stellte die Ermittlungen gegen die Ajello ein, nachdem der Geheimdienst „SID" sich mit einem Schreiben an das Gericht für die Integrität der Claudia Ajello verbürgt und mitgeteilt hatte, daß *„mit Hilfe der Familie Ajello, Mutter, Tochter und Vater ... folgende Geheimdienstoperationen durchgeführt wurden ..."* (Bei der Veröffentlichung des Dokumentes schwärzten die Behörden dann die Zeilen, in denen die geheimen Aktionen aufgelistet waren.) Auch General Marzollo stellte seiner Angestellten ein gutes Zeugnis aus: Er habe die Familie Ajello schon seit 1964 in Südtirol gekannt, wo Vater Ajello als Hauptmann der Carabinieri – und Mitarbeiter des Geheimdienstes – den Posten Brixen befehligt hatte. Der Kreis zurück nach Brixen hatte sich geschlossen.

Militärputsch war geplant – die Kommunisten sollten beschuldigt werden

Später wurde im Zuge der gerichtlichen Untersuchungen gegen die Geheimloge „P2" bekannt, daß der General Ugo Ricci seit Mai 1974 hohe Militärs davon überzeugt hatte, daß in einer Situation eines durch kommunistischen Terror ausgelösten nationalen Notstandes das Militär die Macht in Italien übernehmen müsse. Man hatte auch schon Sündenböcke für den „kommunistischen Terror" vorbereitet. Am 17. Juli 1974, achtzehn Tage vor dem Massaker im „Italicus", waren die neofaschistischen MSI-Abgeordneten Almirante und Covelli bei dem Chef der Antiterrorismus-Abteilung der Polizei in Rom erschienen und hatten erklärt, ein der neofaschistischen Partei nahestehender Anwalt habe ihnen vertraulich mitgeteilt, daß er erfahren habe, daß von kommunistischer Seite ein Attentat auf einen Schnellzug geplant sei. Ausführender werde ein bestimmter kommunistischer Funktionär sein. Der Putsch unterblieb, weil staatstreue Geheimdienstkreise den Kreis der Verschwörer infiltriert und hinter den Kulissen lahmgelegt hatten, ohne es aber zum öffentlichen Skandal kommen zu lassen. Die Untersuchungen gegen General Ricci und seine Mitverschworenen versandeten natürlich ebenso wie die Untersuchung gegen die Ajello. Als materielle Täter werden für den „Italicus"-Anschlag später die Neofaschisten Tuti und Franci zu lebenslanger Haft verurteilt. Hintergründe und Auftraggeber werden nie enthüllt. 1986 annuliert der Kassationsgerichtshof – einigen seiner Mitglieder sagt man erstklassige Geheimdienstverbindungen nach – das Urteil. Es hat sich alles ins Nichts aufgelöst. (De Lutiis, Giuseppe: „Storia die servizi segreti in Italia", Roma 1984, S. 227ff.)

Anschlag der Freiheitskämpfer
In Kematen wurde ein Hochspannungsmast durch einen Sprengstoffanschlag ebenfalls schwer beschädigt.

Dr. Jenny: „Südtirol nicht gegen EWG-Zusagen verschachern!"
Das sozialistische Linzer „Tagblatt" berichtete über ein Interview, in welchem Dr. Egmont Jenny von der „Südtiroler Fortschrittspartei" ganz offen von einem Überrumpelungsversuch von Teilen der SVP-Führung sprach, welche ein praktisch unannehmbares Südtirol-Übereinkommen durchziehen wollten.

13. August 1966
Wallnöfer: „98 Prozent der Südtiroler für Österreich"
Anläßlich der Delegiertenkonferenz der „Union für Südtirol" empfing Nordtirols Landeshauptmann Wallnöfer die Spitzenfunktionäre im Innsbrucker Landhaus. Hierbei äußerte er, daß 98% der Südtiroler für Österreich stimmen würden, wenn sie ohne Druck seitens der Italiener frei abstimmen könnten.

Union für Südtirol verlangt die Karten auf den Tisch
Die Delegiertenkonferenz der in der „Union für Südtirol" zusammengeschlossenen Südtirolverbände lehnte in einer Resolution die gehandhabte Geheimdiplomatie strikt ab und verlangte volle Aufklärung der Bevölkerung. Die Union verlangte, daß keiner Zwischenlösung zugestimmt werde, die das Recht auf Selbstbestimmung einengen würde.

14. August 1966
Prämien für Schattenschießen
In der vergangenen Nacht schossen fünf zur Bewachung der Brennerlinie zwischen Pflersch und Giggelberg Streife gehende Alpini auf mysteriöse Schatten in der Nacht. Für diese tapfere Tat erkannte der Innenminister Emilio Taviani den Eltern der fünf Soldaten eine Prämie in der Höhe von je 100.000 Lire wegen *„der Tapferkeit ihrer Söhne"* zu. In einem Festakt übergab der Präfekt der norditalienischen Stadt Cuneo den eigens geladenen Eltern der Helden mit ehrenden Worten den Betrag.

15. August 1966
Urlaub bei Freunden: Bundeskanzler Klaus in Bonassola
Bundeskanzler Klaus traf mit Familie zu einem mehrtägigen Urlaub in Bonassola an der ligurischen Küste ein, wo er auch zu einem vertraulichen Gespräch mit Ministerpräsident Moro über Südtirol zusammentreffen wollte.

„Terroristengipfel" in Rom
Zu geheimen Beratungen trafen im römischen Innenministerium Innenminister Taviani, der Generalstabschef der Armee, der Polizeichef und der Oberkommandierende der Carabinieri zusammen. Thema war die verstärkte Aktivität der Südtiroler Freiheitskämpfer.

16. August 1966
Geheimverhandlungen enttarnt
In großer Aufmachung berichteten das „Salzburger Volksblatt", der „Wiener Montag" und der „Grazer Montag" über den Ablauf der Geheimverhandlungen, die vom 18. bis 20. Juli in London stattgefunden hatten. Die Zeitungen gaben auch die wesentlichen Inhalte des italienischen „Globalvorschlages" wieder. Die Presseorgane hatten Ihre Information über einen Journalisten von dem Freundeskreis des BAS-Mitgliedes Dr. Burger erhalten, der wiederum von dem

sozialistischen Nordtiroler Landesrat Zechtl informiert worden war. Ab nun war es vorbei mit der Geheimdiplomatie, und die öffentliche Diskussion über die Tončić-Sorinj-Verzichtspolitik riß nicht mehr ab. Ab nun gelang es dem glücklosen Minister auch nicht mehr, die Italien zugesagte Vertraulichkeit zu wahren.

18. August 1966

Sprengstoffanschlag

Am Reschenpaß explodierte an einem Ski-Lift-Mast eine Sprengladung. In der Nähe des Tatortes wurde von den Carabinieri eine weitere Sprengladung entschärft.

Verhaftung wegen Meinungsäußerung

Der aus Frankfurt am Main stammende deutsche Staatsbürger Georg Willig (42) wurde in Bozen wegen *„antiitalienischer Propaganda"* verhaftet und in das Gerichtsgefängnis eingeliefert. Willig hatte in der Bundesrepublik legale und mit einem Impressum versehene Flugblätter zur Südtirolfrage herstellen lassen und diese 1964 während der Olympischen Winterspiele in Innsbruck verteilt.

19. August 1966

Claus Gatterer über Geheimdiplomatie von Magnago und Klaus

Die „Kleine Zeitung" in Graz zitiert den österreichischen Publizisten Klaus Gatterer zu dem Thema „Geheim-Verhandlungen": *„In der Führung der Südtiroler Volkspartei ist das in den bilateralen Verhandlungen bisher erzielte Übereinkommen nur einer Hand voll Leuten bekannt (und die Angabe scheint hochgegriffen); die anderen sind informiert, aber ohne den Gesamttext, ohne die genaue Textierung der wesentlichen Abschnitte je im Wortlaut gelesen zu haben. In Innsbruck und Wien verhält es sich nicht anders ... Es ist fraglich, ob die von Rom verlangte Geheimdiplomatie je gut war, sicher ist, daß sie jetzt nur noch von Übel sein kann."*

Sprengstoffanschlag

Durch eine Sprengladung wurde bei Alassio (Riviera) eine Eisenbahnbrücke schwer beschädigt. Dadurch war der gesamte Bahnverkehr Genua – Nizza für Stunden unterbrochen. Der BAS hat sich zu diesem Anschlag nie bekannt.

20. August 1966

Sprengstoffanschlag in Wien – wahrscheinlich eine Provokation

Auf das Büro der italienischen Luftfahrtgesellschaft „Alitalia" wurde ein Sprengstoffanschlag verübt, der schweren Sachschaden anrichtete. Die Südtiroler Freiheitskämpfer distanzierten sich umgehend von diesem Anschlag und erklärten, daß Sprengstoffanschläge in Österreich der gerechten Sache Südtirols nichts nützten. Als Täter wurden später die beiden Wiener Hannes Falk (32) und Emanuel Kubart (22) überführt und verurteilt. Beide hatten keine Verbindungen zu Südtiroler Freiheitskämpfern. Dies wurde auch von der Wiener Staatspolizei am 24. August gegenüber der „Tiroler Tageszeitung" bestätigt. Der ältere der beiden Attentäter, der 32jährige Cafetier Hannes Falk, war eine schillernde Figur mit Geheimdienstkontakten. Bei seiner zweiten Eheschließung – er heiratete die Tochter eines österreichischen Staatspolizisten – war der Innsbrucker Gebäudemakler Munk Trauzeuge. Dieser war der Innsbrucker Resident des deutschen Bundesnachrichtendienstes und hatte dienstlichen Kontakt zu dem italienischen militärischen Geheimdienst. Er war auch gut bekannt mit Christian und Franz Kerbler, die wiederum italienische Agenten waren. Man sagte Falk in Wien beste Verbindungen zur Staatspolizei nach, er ging im Polizeipräsidium ein und aus. Im Verhör gestand Kubart, von Falk zur Tat angestiftet und auch mit dem Auto zum Tatort gebracht worden zu sein. Hinter dem Anschlag stünden aber auch noch andere „Mandanten", deren Namen Kubart aber nicht nannte. Einiges deutete darauf hin, daß der junge Kubart zu einem provokatorischen Bombenanschlag mißbraucht worden war, der in der österreichischen Bevölkerung, die kein Verständnis für Sprengaktionen mitten in Wien haben konnte, die Sympathien für die Freiheitskämpfer zerstören sollte. Hannes Falk hatte Pech gehabt, er mußte mit ins Gefängnis.

24. August 1966

Geheimverhandlungen detailliert aufgedeckt

Während der österreichische Außenminister Tončić-Sorinj noch ängstlich die bereits weitgehend enttarnten Geheimnisse der Londoner Geheimverhandlungen vom 18. bis 20. Juli zu wahren versuchte, legte nun auch die Wiener „WOCHENPRESSE“ in einem mit Balkenlettem angekündigten Artikel die letzten intimen Einzelheiten vor der Öffentlichkeit bloß.

25. August 1966

Kreisky kritisiert Wiener Südtirolpolitik

Der ehemalige Außenminister Kreisky warnte in einem ausführlichen Artikel zur Südtirolfrage in der Zeitschrift „Kristall“ vor der Auffassung, *„daß man ohne internationale Schiedsinstanz“* eine Vereinbarung abschließen könne. Kreisky schrieb weiter, daß wiederholt politische Fehler gemacht worden seien. Ein solcher Fehler, meinte er, sei das geheime Treffen von Bundeskanzler Klaus mit Ministerpräsident Moro im Sommer 1965 gewesen. Beide seien mit der Materie wenig vertraut, und Italien könnte den Eindruck gewonnen haben, daß man auf österreichischer Seite der Südtirolfrage keine große Bedeutung beimesse.

BAS wird Untergrundtätigkeit steigern

In einem Interview mit der „Associated Press“ (AP) kündigte Dr. Norbert Burger eine weitere Verschärfung des Südtiroler Freiheitskampfes an. Der BAS werde den Untergrundkampf in verstärktem Maß fortsetzen, bis das Ziel – Selbstbestimmung oder die Gewährung einer echten Autonomie – erreicht sei. Burger meinte: *„Wir rechnen nicht mit einem allgemeinen Volksaufstand, wie etwa in Zypern oder Algerien. Dennoch wird der BAS die Untergrundtätigkeit in Zukunft steigern.“* Der italienische Botschafter in Wien protestierte im Auftrag des italienischen Außenministers Fanfani bei der Wiener Regierung gegen dieses Interview und drückte seine Bestürzung aus, daß Burger in aller Ruhe Erklärungen abgeben könne, die zu einer Ermutigung der „Terrortätigkeit“ in Südtirol beitragen könnten. Die Staatsanwaltschaft Wien wurde angewiesen, gegen Dr. Burger zu ermitteln.

27. August 1966

Ermacora lehnt italienisches Angebot scharf ab

In der Wiener Tageszeitung „Neues Österreich“ schrieb der österreichische Südtirolexperte Univ.-Prof. Dr. Felix Ermacora: *„Sicher ist, daß in diesem Angebot der De-facto-Autonomie solche Punkte nicht zur Zufriedenheit geklärt sind, die seit eh und je im Mittelpunkt des Entnationalisierungsprogrammes Tolomeis standen. Fragen, von denen her der soziale Wohlstand der gesamten Bevölkerung wirksam gesteuert werden kann ... Und endlich findet sich in dem umfassenden Katalog der Angelegenheiten die Forderung Italiens, die unter anderen Verhältnissen zum ständigen Streit der Türken und Griechen auf Zypern führte: der Wunsch, das Budget des unter Südtiroler Mehrheit stehenden Landtages der Provinz Bozen durch ein Veto der italienischen Minderheit nicht wirksam werden zu lassen oder die Wirksamkeit an Bedingungen zu knüpfen. Nur mit Verwunderung wird der Kenner der politischen Bedeutung des Budgetrechtes diese Forderung aufnehmen, wenn man weiß, daß gleichartige Fragen in Zypern zum dauernden Konflikt führen.“* Ermacora sagte weiter: *„Es wird also die entscheidende Frage für Österreich sein, ob man neben das unverbindlich wirkende Pariser Abkommen ein noch unverbindlicheres Zusatzversprechen setzen darf und dann mit ruhigem Gewissen erklären kann: Das ist die Lösung des Problems.“* Zur derzeitigen Situation der Südtirolpolitik vermerkt der Experte weiter: *„Zunächst muß die Öffentlichkeit wissen, daß man die ‚Leiter der gerechten Forderung‘ – allerdings immer mit verklausulierten Vorbehalten – österreichischerseits weit heruntergegangen ist: von der Selbstbestimmungsforderung im Jahre 1945*

20. August 1966: Mutmaßlich eine Provokation, um die Südtiroler Freiheitskämpfer zu diskreditieren: Anschlag auf das Büro der italienischen Luftfahrtlinie „ALITALIA" in Wien.

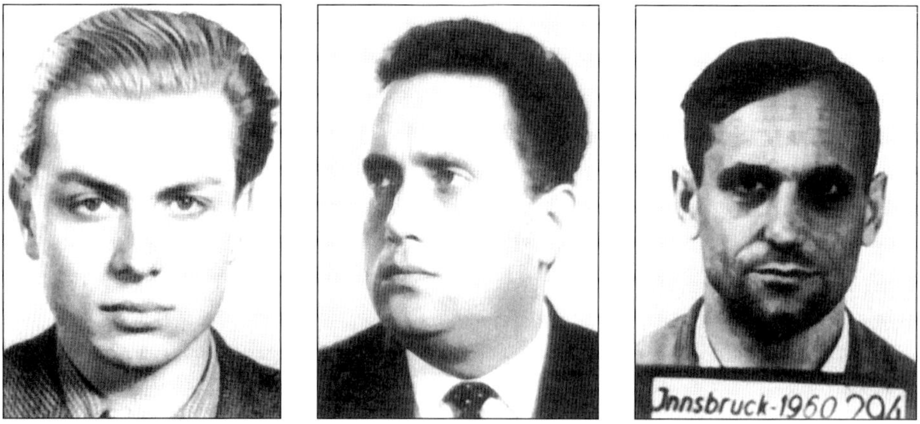

Täter war der junge Emanuel Kubart (links), Anstifter war Hannes Falk (Mitte), ein Freund des Innsbrucker Residenten des Deutschen Bundesnachrichtendienstes (BND) Hermann Munk (rechts). Letzterer arbeitete wiederum mit dem italienischen militärischen Nachrichtendienst „SIFAR" zusammen und kannte die Agenten Franz und Christian Kerbler (Mörder von Luis Amplatz) bestens.

auf die Forderung nach regionaler Autonomie, von dieser Forderung auf die Forderung der Trennung Bozens von Trient; von dieser wiederum abwärts auf die De-Facto-Autonomie."

Innsbrucker Südtirolkonferenz: Regierung will „Paket" durchdrücken!
Bundeskanzler Dr. Klaus, Außenminister Dr. Tončić-Sorinj, Innenminister Hetzenauer, Experten des Ballhausplatzes, die Landeshauptleute Magnago und Wallnöfer, die Professoren Gschnitzer und Ermacora, die Leiterin der Südtirolabteilung der Nordtiroler Landesregierung, Frau Dr. Stadlmayer, sowie zahlreiche Politiker aus Nord- und Südtirol trafen zu einer streng abgeschirmten Sitzung in Innsbruck zusammen. Unter strengster Geheimhaltung sollten die Weichen in Richtung Ablehnung oder Annahme des italienischen Verhandlungsangebotes, welches seit 20. Juli auf dem Tisch lag, gestellt werden. Der Südtiroler Sozialdemokrat Dr. Egmont Jenny, der auf Ersuchen der SPÖ-Teilnehmer an der Konferenz eigens nach Innsbruck gekommen war, wurde auf Verlangen Magnagos nicht zugelassen. In der Debatte zeigte sich, daß Parteiobmann Magnago und sein Stellvertreter Dr. Friedl Volgger auf die Seite der österreichischen Regierung geschwenkt waren und die Annahme der italienischen Vorschläge empfahlen. Die Geister schieden sich insbesondere am Thema „internationale Verankerung". Hier erhoben die Südtiroler Dietl, Alfons Benedikter, Peter Brugger und Joachim Dalsass erhebliche Einwände gegen die Zuständigkeit des IGH, unterstützt durch die Experten Prof. Gschnitzer, Prof. Ermacora und Dr. Stadlmayer. Die österreichische Regierungsseite hielt dagegen, daß Italien sich darauf festgelegt habe, daß das „Paket" keinen internationalen Charakter habe, deshalb in keinem internationalen und einklagbaren Abkommen festgehalten werden könne, sondern einen reinen innerstaatlichen Akt Italiens darstelle. Von dieser Haltung, so betonte Tončić-Sorinj, sei Rom nicht mehr abzubringen. Prof. Dr. Ermacora zeigte schließlich eine Kompromißmöglichkeit auf, die dann zum Ziele führen könnte, wenn die italienische Seite zwar auf die Wahrung ihres formalen Standpunktes achten, im übrigen aber die gemachten Zusagen korrekt erfüllen wolle: Demnach sollte sich Italien in einer Note verpflichten, auf das Mittel der Prozeßeinrede zu verzichten, wenn Österreich einen Verhandlungspunkt des „Paketes" als Auslegung des „Pariser Abkommens" einklage. Auf diese Weise könnte das „Paket" ohne weiteren internationalen Vertrag abgesichert werden, falls Italien guten Willen zeige. Die Konferenz schloß mit dem Ergebnis, daß der vorliegende Stand der Dinge nun dem Parteiausschuß der SVP vorzulegen sei. (Italien hat übrigens kurz darauf das Ermacora-Konzept in einer Note zurückgewiesen.)

Gefecht am Reschen
Auf einen italienischen Grenzstützpunkt am Reschen wurde vergangene Nacht ein Feuerüberfall verübt, der sich zu einem Feuergefecht ausweitete, als die italienischen Soldaten das Feuer mit Maschinengewehren erwiderten. Im Zuge der Kampfhandlung wurden zwei Handgranaten und eine selbstgefertigte Bombe gegen den Stützpunkt geworfen. Es gab keine Verletzten, da die Italiener in ihrem Stützpunkt verschanzt blieben und in der Nacht auch keine Verfolgung einleiteten. Der beschossene Grenzposten Nauders wies zahlreiche Einschüsse auf, zehn Fensterscheiben waren geborsten und ein Stück Mauer war weggesprengt worden.

28. August 1966
Publizist fordert Deportation von Südtirolern
Der 1922 von den Faschisten bei ihrem „Marsch auf Bozen" eingesetzte ehemalige Staatskommissar von Bozen und spätere Leitartikler des „Corriere della Sera", Augusto Guerriero, fordert in einem Leitartikel in der der Regierung nahestehenden Zeitschrift „L'Epoca" die sofortige Erlassung eines Deportationsgesetzes für Südtiroler. Der Artikel wurde von zahlreichen Zeitungen übernommen und verschiedentlich als „Versuchsballon" der Regierung in Rom bezeichnet, die offenbar Sondergesetze gegen die Südtiroler plane und nun das internationale Echo auf ein solches Vorhaben testen wolle. In dem Artikel heißt es: *„Das Gesetz kann präventiven und repressiven Charakter haben. Präventiv: Rund tausend des Terrorismus verdächtigte Südtiroler müssen außerhalb von Südtirol leben. Repressiv: Jedesmal, wenn ein*

Anschlag gegen Züge oder Kasernen unternommen wird, muß eine gewisse Anzahl von Südtirolern aus dem betreffenden Gebiet in andere Provinzen umgesiedelt werden. Vergeltung? Nein. Denn diese Personen können sich die schönsten Gegenden aussuchen, aber außerhalb von Südtirol. Dies ist die einzige Möglichkeit, die Kette des Stillschweigens und der Mittäterschaft zu brechen. Niemand wird es mehr wagen, Terroristen zu helfen, wenn man weiß, daß man damit die Deportation riskiert."

29. August 1966
Sprengstoffanschlag
In Frangart wurde auf ein Transformatorhäuschen der Etschwerke ein Anschlag verübt, eine Mauer stürzte teilweise ein.

29. August bis 1. September 1966
Schwere Auseinandersetzungen im SVP-Parteiausschuß
Magnago will Abschluß durchdrücken
Zu schweren Auseinandersetzungen kam es im 57köpfigen Parteiausschuß der SVP in der Frage „Annahme oder Ablehnung" des „Paketes". Abg. Dietl trat als Sprecher einer Gruppe von Ausschußmitgliedem auf, die keineswegs gewillt waren, auf eine echte internationale Verankerung in Form einer Schiedskommission zu verzichten. Scharfe Kritik wurde auch daran geübt, daß alle Einzelheiten des „Paketes" bislang auch vor dem Parteiausschuß geheimgehalten worden waren und daß nun den Mitgliedern zugemutet werde, die schwierige Materie in wenigen Stunden zu prüfen und darüber Beschluß zu fassen. Zahlreiche Mitglieder des Ausschusses beharrten auf gründlicher Prüfung der Materie, weshalb die Beratung nicht, wie geplant, am 29. August beendet werden konnte, sondern bis 1. September verlängert werden mußte. Landeshauptmann und Parteiobmann Dr. Magnago drohte (nach Mitteilung der Wiener „WOCHENPRESSE" vom 31. 8. 66) mit seinem Rücktritt, falls das „Paket" nicht angenommen werde. In der Frage der Verankerung wurde den Delegierten ein angeblicher Ausweg aufgezeigt: Der von dem österreichischen Experten Prof. Ermacora gemachte Kompromißvorschlag (siehe 27. Aug. 66) sei Ministerpräsident Moro durch einen Mittelsmann in sein Urlaubsdomizil Predazzo überbracht worden. Moro habe bereits vorbehaltlich der Zustimmung seiner Regierungskollegen zugestimmt. Nach diesem „Lichtblick" stimmten die Ausschußmitglieder dem „Paket" mit dem Vorbehalt zu, daß inhaltlich noch in 14 Punkten „Klärungen" herbeizuführen seien. Nach der befriedigenden Regelung dieser Sachgebiete könne erst der Landesversammlung die „Paket"-Annahme empfohlen werden. (Die angebliche „Zustimmung" Moros, die wesentlichen Anteil an der bedingten Zustimmung des Parteiausschusses hatte, wurde unmittelbar danach wieder zurückgezogen.)

30. August 1966
Italiener erfreut über Magnago – Deutsche und Schweizer skeptisch
Im Hinblick auf den ersten Verhandlungstag des SVP-Parteiausschusses nannte die regierungsnahe Zeitung „Messaggero" in Rom das klare Eintreten Magnagos für die „Paket"-Annahme die Sensation des Tages. Der Mailänder „Il Giorno" forderte von Magnago *„Mut zum Kompromiß"* zum Vorteile Österreichs und Italiens. Der „Münchner Merkur" bezeichnete einen Abschluß gemäß den vorliegenden italienischen Vorschlägen als *„eine versteckte Kapitulation"*. Die „Neue Zürcher Zeitung" meinte, der Verzicht auf eine internationale Verankerung stelle *„eine schmerzliche und Risiken in sich bergende Preisgabe dar."*

Mordversuch an Südtiroler Mädchen
Aus einem von zwei Personen besetzten Auto mit Trentiner Kennzeichen wurde der 14jährigen Hermine Mayer bei Gossensass eine Tüte übergeben, in der sich eine scharfgemachte Handgranate befand. Nur durch ein Wunder kam es zu keiner Explosion, und die herbeigerufenen Carabinieri konnten die Handgranate entschärfen. Die Übergabe fand auf einer nicht für den öffentlichen Verkehr zugelassenen Militärstraße statt.

Raming gegen „Paket"-Scheinlösung
In der „Diskussion der Chefredakteure" im österreichischen Hörfunk lehnte der Chefredakteur der Kirchenzeitung und Funktionär der „Union für Südtirol", Walter Raming, das „Paket" in sehr scharfer Weise als Scheinlösung ab, da es sich um keine volle Autonomie handle. Raming verwies auf die Unabdingbarkeit einer internationalen Verankerung. Darüber hinaus könne aber auch die beste Autonomie nur eine Zwischenlösung zu Beendigung italienischer Unterwanderungspolitik sein. Das Ziel bleibe letztlich die Wiedererlangung der Einheit Tirols.

1. September 1966
Schüsse
Eine Alpini-Streife stieß unweit der Zwickauer Hütte auf vier Unbekannte, „identifizierte" sie sofort als „Terroristen", eröffnete das Feuer und „zwang" sie so, sich nach Österreich zurückzuziehen.

Ist Bischof an Geheimdiplomatie beteiligt?
Wie die in Bozen erscheinende italienische Tageszeitung „Alto Adige" meldete, habe der Bischof von Brixen, Josef Gargitter, bei den Geheimverhandlungen zwischen Österreich und Italien seine Hände mit im Spiel. Gargitter soll sich durch Boten direkt in die Verhandlungen eingeschaltet haben. Am 9. September wird der „Alto Adige" diese Behauptung wiederholen. Gargitter verfolgte eine Politik der „christlichen Einheit" zwischen SVP und DC, um ein „christliches Bollwerk" in Südtirol gegen den Kommunismus zu bilden. Dieser Politik hatte sich alles unterzuordnen, weshalb Gargitter alle Bestrebungen nach Selbstbestimmung ablehnte und mit politischen „Hirtenbriefen", welche direkt in die Landespolitik eingriffen, bekämpfte. (Siehe: 5. August 1961, 8. August 1961, 10. Januar 1962, 15. Dezember 1966.)

9. September 1966
Explosion in einem Finanzerstützpunkt auf der Steinalm
Niemand konnte ungesehen in die Nähe der „caserma" (Kaserne) gelangen
Auf der Steinalm in der Nähe des Brenners flog um ca. 11 Uhr vormittag ein kompletter Stützpunkt der italienischen Finanzpolizei in die Luft, wobei der 27jährige Südtiroler Unteroffizier Herbert Volgger und der 20jährige Finanzsoldat Martino Cossu auf der Stelle getötet wurden, während der schwer verletzte Leutnant Franco Petrucci (27) am 23. 9. 1966 im Sterzinger Spital starb. Drei weitere Soldaten wurden leicht verletzt. Die italienische Presse sprach sofort von einem Bombenattentat der „terroristi altoatesini". Die „Dolomiten" wiesen jedoch darauf hin, daß die Kaserne mitten in einer überblickbaren Wiese liegt, daß die Kaserne außen durch ein lückenloses Stacheldrahtverhau und durch Posten gesichert und zum Zeitpunkt der Explosion mit 12 Mann besetzt war. Der Zeitung erscheint es ein Rätsel, wie es unter solchen Umständen etwaigen Attentätern gelungen sein sollte, eine Sprengladung – noch dazu am hellen Tag – in die Kaserne zu schaffen. Auch der italienische Autor Vittorio Lojacono schreibt in seinem Buch „Alto Adige – Südtirol" (Milano 1968, S. 227): *„Es ist aber unverständlich, wie es den Terroristen gelungen sein soll, bis zu dem Bauwerk zu gelangen, das isoliert steht und leicht zu kontrollieren ist."*

Widersprechende Gutachten zur Ursache der Explosion
Zunächst erklärte die Finanzwache, die ein Interesse daran hatte, daß ihre Soldaten nicht der mangelnden Wachsamkeit beschuldigt würden, das Gebäude sei wahrscheinlich mit einem Granatwerfer von einem benachbarten Hügel beschossen worden. Dann hieß es plötzlich, es habe sich um kein Attentat, sondern um eine Gasexplosion gehandelt. *„Jemand hat eine Gasflasche geöffnet, das Gas ist in die Umgebung ausgeströmt. Dann hat jemand ein Streichholz angezündet, und alles ist in die Luft geflogen."* (Lojacono: a.a.O., S. 228.) Für diese Version sprach ein erstes Untersuchungsergebnis, wonach sich die Explosion im Inneren des Gebäudes ereignet habe, und zwar in der Nähe eines elektrischen Generators, in dessen Nähe Handgranaten gestapelt waren. Der in Mailand erscheinende „Corriere d'informazione" gab

am 10. September nach Befragung der Überlebenden eine genaue Schilderung: Demnach war am 9. September gegen 10 Uhr der Leutnant Petrucci zur Inspektion des Stützpunktes erschienen. Man hatte den doppelten Stacheldrahtverhau überprüft sowie die aufgelockerte Erde des Spurenstreifens rund um die Kaserne – keine Spuren. Die in der Nähe und entlang der Grenze zum Brenner stationierten Wachposten und die mobilen Streifen hatten ebenfalls keine Vorkommnisse gemeldet. Als Petrucci das Innere inspizieren wollte, erfolgte die schreckliche Explosion, bei der das Munitionslager in die Luft flog. Wie „Il Giorno" aus Mailand am 11. September meldete, vertraten hohe Offiziere der Finanzwache die Meinung, die Kaserne sei mit einem Granatwerfer beschossen worden, andere meinten, mit einem Panzerabwehrrohr. Carabinierigeneral Sensi wies diese Spekulationen zurück, da nur die Granate „eines 381er Schiffsgeschützes" solche Zerstörungen anrichten könne. Ein Finanzer berichtete der Zeitung, daß auch der Stützpunktbesatzung die Explosion ein Rätsel sei, da Tag und Nacht zwei Wachen um das Haus gegangen seien und sich niemand habe unbemerkt einschleichen können. Sprengstoffexperten stellten fest, daß die Explosion im Inneren des Hauses am Fuß des Kamins stattgefunden hatte und daß die Ladung mindestens 30 kg betragen haben müßte. Eine Annäherung an das Gebäude – geschweige denn ein Eindringen – sei aber laut „Il Giorno" auch deshalb kaum möglich gewesen, da in den letzten Tagen das gesamte Gebiet von Carabinieri in Tarnanzügen in verborgenen Stellungen bei Tag und Nacht lückenlos überwacht worden war, da man die Grenze heimlich passierende Freiheitskämpfer in Hinterhalte locken wollte.

Die politische Attentatsthese

Obwohl alle objektiven Tatbestände somit für einen tragischen Unfall im Munitionsdepot sprachen, gab am 10. September der Regierungsvizekommissar in Bozen bereits die offizielle Stellungnahme ab, daß es sich um ein Attentat und nicht um einen Unfall gehandelt habe. Ab nun wurde ausschließlich diese These in der italienischen Presse breitgetreten. Am 11. September gestand der „Corriere della Sera" allerdings ein, daß die Explosion durch 60 mitdetonierende Handgranaten „verstärkt" worden sei, welche im Kommandantenzimmer aufbewahrt worden seien. Dies hätten die Untersuchungen ergeben. Am 15. September schließlich sollte der „Corriere della Sera" mitteilen, daß die Behörden einen *„Superfachmann"*, den früheren Pionieroberst Edoardo Cerri, zur Untersuchung beigezogen hätten. Dieser habe nun einen ganz neuen Tatbestand festgestellt: nämlich, daß die Sprengladung nicht, wie vorher behauptet, beim Kamin, sondern auf dem Inneren des Fensterbrettes des Kommandantenzimmers gezündet worden sei. Sie habe sich in einem der Sandsäcke befunden, die als Kugelfang auf dem inneren Fensterbrett gelegen hatten. Es habe sich um genau 22 Kilo gehandelt, nicht mehr und nicht weniger. Da das Fenster aber auch durch ein Stahlgitter gesichert war, erhob sich die Frage, wie die Ladung sozusagen unter die Nase des Kommandanten auf dessen Fensterbrett von innen her gelegt worden sein konnte. Am 22. September stellten die Bozener „Dolomiten" dem Vizeregierungskommissär diese Frage. Dessen Amt aber hüllte sich in Schweigen. Eine weitere abenteuerliche Variante lieferte der italienische Agent Joosten aus seinem Exil in Zürich. Er schilderte dem Journalisten Vittorio Lojacono, wie sich das Attentat zugetragen habe: Die Attentäter hätten ein langes Seil über die flache Mulde der Steinalm gespannt und die mit einem Luftballon stabilisierte Bombe mittels einer Rolle genau über den Stützpunkt gefahren und dann mit einem Zugseil dieselbe ausgeklinkt. Durch den Ballon habe die Bombe eine *„weiche Landung"* gemacht, landete genau an dem gewünschten Punkt und ging dann pünktlich zu dem vorbestimmten Zeitpunkt in die Luft. Die Räubergeschichte erschien in der Illustrierten „Domenica del Corriere" und wurde am 29. Oktober 1966 mit entsprechendem Kommentar auch in den „Dolomiten" wiedergegeben. Das Trentiner Tagblatt der „Democrazia Cristiana", „L'Adige", berichtete am 17. Oktober in großer Aufmachung, der in Südtirol verhaftete Richard Kofler (er war im zweiten Mailänder Prozeß wegen politischer Verschwörung zu einem Jahr und vier Monaten Gefängnis verurteilt worden; um in den Genuß einer Amnestie zu kommen, hatte er sich am 2. Oktober den italienischen Behörden am Brenner gestellt und war nach kurzer Freilassung wieder verhaftet worden) habe zusammen mit den in

Österreich lebenden Exilsüdtirolern Alois Larch und Alois Rainer den Stützpunkt gesprengt. Alois Rainer war aber nach Feststellungen der österreichischen Polizei in Wahrheit ein italienischer Agent. Der solle den Finanzerstützpunkt gesprengt haben? Am 18. Oktober wußte das italienische Bozener Nationalistenblatt „Alto Adige" noch mehr zu vermelden: Es seien außer den Genannten noch Georg Klotz und *„der nach Österreich geflüchtete Alois Schönauer"* an dem Attentat beteiligt gewesen. Georg Klotz hatte allerdings ein hieb- und stichfestes Alibi, während Schönauer gar nicht nach Österreich geflüchtet war, sondern in Bozen seiner Arbeit nachging, wie das SVP-Organ „Volksbote" am 17. November süffisant feststellte.

Rom hatte eingegriffen

Luciano Cossetto, von 1964 bis 1975 Leiter des Bozener Büros der Nachrichtenagentur „ANSA", berichtete in einem Interview in der „Südtiroler Illustrierte FF" Nr. 9/1990:
„Und die Affäre auf der Steinalm, wo eine Finanzkaserne in die Luft flog?"
Cossetto: *„Da ist gegenüber den Journalisten etwas Unsympathisches passiert. In Bozen wurde die Meldung verbreitet, es hätte sich um eine Explosion gehandelt. Rom korrigierte und sprach von einem Anschlag. Und dies, obwohl die These von einem Anschlag kaum zu halten war. Als die RAI einen Finanzoberst interviewte, behauptete dieser, Georg Klotz habe mit einem Mörser über die Grenze geschossen und den Kamin der Kaserne getroffen. Das war ja zum Lachen."*

Österreichischer Fachmann: mutmaßlich Unfall

Bei dem späteren Gerichtsverfahren („Steinalmprozeß") vom 3. 2. bis 27. 3. 1969 wurde auch der österreichische Sprengexperte Oberst Massak als Sachverständiger zugezogen. Seine Zeugenaussage und sein Gutachten legten dar, daß sich der Explosionsmittelpunkt in jenem Raum befunden hatte, in welchem Gasflaschen, Munition, Signalkörper und Handgranaten zuhauf gelagert waren, daß es sich also mutmaßlich um einen Unfall gehandelt habe. Massak ließ keinen Zweifel daran, daß er die Angeklagten für unschuldig hielt. Bei Gericht setzte sich jedoch die abenteuerliche These durch, *„Jörg Klotz habe die Bombe plaziert. Er sei an Hunden und Wachmannschaften vorbeispaziert und habe es angesichts der kartenspielenden Finanzpolizisten irgendwie doch geschafft, die Bombe neben dem Munitionsbehälter zu deponieren."* (Baumgartner / Mayr / Mumelter: „Feuernacht", Bozen 1992, S. 267.) Bis heute beharrt Italien offiziell auf der „Attentatsversion".

Geheimdienstverwicklungen? Venezianischer Richter will untersuchen, Bozener Justiz stellt das Verfahren ein

Im Jahre 1992 sollte die Explosion auf der Steinalm noch ein seltsames gerichtliches Nachspiel haben, wobei es zwischen der Bozener Staatsanwaltschaft und dem venezianischen Untersuchungsrichter Mastelloni zu einem regelrechten „Justizkrieg" kam. Mastelloni hatte über die Verwicklungen der Geheimdienste in einige Anschläge in Südtirol ermittelt. Dabei hatte ein Oberst der Carabinieri ausgesagt, daß der Geheimdienst Kenntnis von einem bevorstehenden Anschlag auf der Steinalm gehabt, diese Kenntnis aber nicht weitergegeben habe. Mastelloni leitete daher eine gerichtliche Untersuchung gegen unbekannte Täter im Geheimdienst wegen Nichtverhinderung eines Blutbades ein. Zuständigkeitshalber wurden die Ermittlungen an die Bozener Staatsanwaltschaft abgetreten. Staatsanwalt Cuno Tarfusser stellte im März 1992 das Verfahren ein und ging mit seinem Kollegen Mastelloni in Venedig rüde ins Gericht. In gestelzter Gerichtssprache erklärte er *„Der Untersuchungsrichter Mastelloni scheint die traurige und komplexe Geschichte des Terrorismus der sechziger Jahre in Südtirol auf gerichtlichem Wege umschreiben zu wollen, offensichtlich ohne über die notwendigen Spezialkenntnisse zu verfügen ... Dieser Staatsanwalt (Tarfusser) ist der Ansicht, daß die Beweisführung des Richters Mastelloni durch eine voreingenommene Annahme der Schuld der Geheimdienstagenten verdorben ist."* („Alto Adige", Bozen, 13. 4. 1992.) Doch damit noch nicht genug: Tarfusser stellte alle von Mastelloni gegen die Geheimdienstumtriebe eingeleiteten Verfahren ein. Am 15. Januar 1992 meldeten die „Dolomiten", daß Oberstaatsanwalt

Mario Martin und Staatsanwalt Cuno Tarfusser Dienstaufsichtsbeschwerde gegen Mastelloni an die Generalstaatsanwaltschaft beim Kassationsgerichtshof und beim Obersten Richterrat in Rom eingebracht hätten. Tatsächlich waren die Vermutungen Mastellonis brisanter, als sie auf den ersten Blick erschienen. Kursierten im militärischen Geheimdienst tatsächlich Nachrichten über ein bevorstehendes Attentat und war gleichzeitig aber auszuschließen, daß Südtiroler in das Gelände der „caserrma" gelangen konnten, so mußten die Schlußfolgerungen beängstigend sein.

Reaktionen auf Steinalmexplosion
Der österreichische Außenminister Tončić-Sorinj beeilte sich, noch am Tag der Explosion ein Telegramm an Außenminister Fanfani zu senden, in welchem er ihn seines *„tiefsten Abscheus über den verbrecherischen Anschlag"* versicherte. Österreichs Innenminister Hetzenauer ordnete sofort massiven Einsatz österreichischer Gendarmerie und aller in Innsbruck stationierten Luftfahrzeuge an, *„um den Tätern allenfalls den Fluchtweg abzuschneiden."* Bundeskanzler Dr. Klaus erklärte im Rundfunk, daß die *„Terroristen"* Feinde seien. Italiens Botschafter erhielt den Auftrag, bei der Wiener Regierung energisch gegen das *„Attentat"* zu protestieren und diese zu fragen, welche konkreten Maßnahmen Österreich auch gegen die *„Terrorpropagandisten"* zu ergreifen gedenke. Die Neofaschisten verlangten von Rom die Ausrufung des Ausnahmezustandes in Südtirol, Ministerpräsident Moro rief zur *„Verteidigung des Vaterlandes"* auf, und Staatspräsident Saragat sprach von einer *„schmachvollen Herausforderung des Neonazismus"*. „Il Messaggero" in Rom kommentierte: *„Geben wir die Heuchelei auf. Die österreichische Regierung hat uns den Krieg gebracht."* Während sich der Südtiroler Landesausschuß verschüchtert und gehorsam ebenfalls gegen *„den Gewaltakt"* aussprach, beließ es Landeshauptmann Magnago dabei, den Angehörigen der Opfer sein Beileid auszusprechen. Gesunden Menschenverstand ließ in all dieser Hysterie so ziemlich allein die Nordtiroler Landesregierung walten, welche Zweifel an der Attentatsversion anmeldete und jede Verantwortung Österreichs ablehnte. Der BAS lehnte am 13. September (siehe dort) jede Verantwortung ab.

<u>10. September 1966</u>
Verhaftung, Folter, Flucht
Auf eine rastende Carabinieristreife auf der Sambockalm bei Pfalzen wurden mehrere Schüsse aus einer Pistole abgegeben, die jedoch nicht trafen. Als Täter wurde der 19jährige Bergbauernsohn Konrad Auer festgenommen. Bei einer Hausdurchsuchung wurden drei Jagdgewehre unter dem Stubenboden entdeckt. Daraufhin wurde auch der 23jährige Bruder Paul verhaftet und auf der Carabinieristation von Bruneck verhört. Drei Tage lang hörte er aus dem Nebenraum seinen jüngeren Bruder schreien, der schwer mißhandelt wurde. Als die Carabinieri ihm eine ähnliche Behandlung androhten, versprach Paul, ihnen ein Waffenlager in den Bergen zu zeigen. Er wurde, an einen Carabiniere gefesselt und barfuß, mit in die Berge genommen. Vor einem Felsspalt blieb er stehen und sagte: *„Dort drüben ist es. Ihr müßt mich aber losbinden, denn zusammengebunden können wir da nicht hinüberspringen."* Sie banden ihn los, Paul sprang – und wurde nicht mehr gesehen. Drei Tage später meldete er sich bei der österreichischen Gendarmerie in Lienz. Barfuß hatte er sich nachts – am Tage suchten ihn die Hubschrauber – 40 Kilometer weit über die Berge gequält. Die Carabinieri hatten ihm nämlich die Schuhe ausgezogen gehabt, um eine Flucht unmöglich zu machen. (Siehe auch: 12. u. 13. Juni 1967.)

Brandanschlag auf österreichischen Reisebus
In Rom steckten Jugendliche einen österreichischen Reisebus mit Hilfe von Benzin in Brand.

11. September 1966

Anschlag auf österreichische Botschaft in Rom

Ein Aufruf des italienischen Ministerpräsidenten Moro, das Vaterland zu verteidigen, hatte heroische Folgen: Auf Österreichs Botschaft in Rom wurde ein Molotow-Cocktail geworfen.

Drei Masten gesprengt

Ein in Grenznähe fliegender österreichischer Hubschrauber entdeckte, daß zwei Masten der von Lienz nach Udine laufenden Hochspannungsleitung auf italienischem Gebiet gesprengt waren. Die Italiener wurden benachrichtigt. Im Passeiertal wurde ebenfalls ein Mast gesprengt.

12. September 1966

Erneuter Anschlag auf österreichische Botschaft

Auf die österreichische Botschaft in Rom wurde erneut ein Anschlag verübt. Eine auf das Gebäude geworfene Handgranate beschädigte Außenmauer und Bürgersteig. Als Täter wurde der jugendliche Neofaschist Vittorio Sbardella ausgeforscht. Weitere Neofaschisten veranstalteten antiösterreichische Krawalle auf der Piazza San Silvestro.

Sprengstoffanschlag

Bei St. Martin im Passeier wurde ein Hochspannungsmast der ENEL-Gesellschaft durch einen Sprengstoffanschlag zerstört.

13. September 1966

Feuergefecht

In der Nähe der Schwarzensteinhütte im Ahrntal kam es zwischen einer fünf Mann starken Carabinieristreife und Südtiroler Freiheitskämpfern zu einem Feuergefecht. Der Brigadier Manlio Milli wurde durch einen Streifschuß am Fuß verletzt.

Befreiungsausschuß weist Verantwortung für Steinalmexplosion zurück

Ein Sprecher des BAS erklärte gegenüber der „Associated Press", daß die Freiheitskämpfer nichts mit der Explosion auf der Steinalm zu tun hätten, bei der es sich um einen Unfall handeln müsse. Dies wüßten auch die italienischen Behörden aufgrund der nun vorliegenden Untersuchungsergebnisse genau. Da aber namhafte italienische Politiker zum Zwecke der Beschuldigung Österreichs sich auf die „Attentatsversion" festgelegt hätten, könnten sie nun nicht mehr zurück, ohne ihr Gesicht zu verlieren.

Zu kritisieren sei aber vor allem auch, daß österreichische Politiker wie Dr. Klaus und Dr. Tončić-Sorinj sich bereits in den ersten Stunden nach der Explosion, als noch keinerlei Untersuchungsergebnisse vorlagen, den italienischen Zweckbehauptungen voreilig anschlossen und damit die österreichische Position unnötig belasteten.

Nordtiroler Landesregierung: Befremden über Vorwürfe

In einer Aussendung des Landtagspräsidenten nahm die Landesregierung zu der Explosion auf der Steinalm Stellung: *„Mit Befremden muß die Tiroler Landesregierung allerdings feststellen, daß hohe und höchste italienische Stellen von vornherein von einem Attentat sprechen und gegen Österreich den Vorwurf erheben, in der Bekämpfung der Terroristen auf österreichischem Boden säumig zu sein, bevor die zuständigen italienischen Untersuchungsorgane überhaupt die Ursache der Explosion am Steinjoch klären, noch viel weniger der österreichischen Exekutive Hinweise für die Spuren der angeblichen Attentäter geben konnten."*

Neofaschisten bieten sich als Helden an

In ganz Rom streuten die Neofaschisten Flugblätter, in denen sie heldenhaft erklärten, daß sie bereit seien, Leute nach Südtirol zur Verstärkung der Armee- und Polizeieinheiten zu senden.

Drohen Italiener mit Terror in Österreich?
Wie der Chefredakteur der „Tiroler Tageszeitung", Dr. Manfred Nayer, in einem Leitartikel ohne Quellenangabe meldet, sei *„eine Liste von Objekten bekannt geworden, die in absehbarer Zeit von italienischen ‚Bumsern' auf österreichischem Gebiet angegriffen werden sollen. Darunter befinden sich in der Hauptsache Bauwerke in Nordtirol."* Seit Abschluß neuerlicher gutachterlicher Überprüfungen aller Sachverhalte mittels modernster Methodik hat sich herausgestellt, daß für die beauftragten unabhängingen Fachexperten und beeideten unabhängigen Sachverständigen aufgrund der festgestellten technischen Tatsachen und Sachverhalte zweifelsfrei klar ist, daß sich der aktenkundig beschriebene Vorfall am 9. September 1966 auf der Steinalm mit an Sicherheit grenzender Wahrscheinlichkeit so NICHT ereignet haben konnte und keinen fachlich fundierten sowie objektiv ermittelten gerichtsverwertbaren Schlußfolgerungen unterliegt. Die damalige Beurteilung und Bewertung der einzelnen Sachverhalte mit den festgehaltenen Detailerkenntnissen durch die einst beteiligten italienischen Sachverständigen ist sehr widersprüchlich, fraglich und mangelhaft sowie im Widerspruch zu allen wissenschaftlich anerkannten Aussagen und Herangehensweisen. Da die gutachterlichen Schlußfolgerungen die Basis für das Gerichtsurteil bildeten und die fachlichen Erkenntnisse durch das Gericht als erwiesen angesehen wurden, muß aufgrund der Fakten dieser Neubeurteilung die Objektivität und fachliche Eignung der damaligen italienischen Gutachter angezeiweifelt werden.

14. September 1966
Carabinieri-General Ciglieri: „Es geht um Menschenjagd"
Nach einer erneuten Schießerei in der Nähe der österreichischen Grenze erklärte der Carabinieri-General Ciglieri, daß Italien seine Wachsamkeit vervielfachen müsse. *„Jetzt haben wir den Punkt erreicht, wo es um Menschenjagd geht!"* (Kurier, 15. 7. 66.) Wie der „Corriere della Sera" am 14. 7. 66 meldete, hatte der „Menschenjäger" Ciglieri, Oberbefehlshaber des 4. Armeecorps, die Carabinierieinheiten Südtirols eng mit dem Kommando des Armeecorps verbunden, motorisierte Verstärkungen herangeschafft und die Carabinieri durch Antiguerrillaeinheiten des Heeres verstärkt, welche bei der „Menschenjagd" helfen sollten.

15. September 1966
Deutsche Regierung läßt Italien jede Hilfe angedeihen
Bundesminister Schröder (CDU) erklärte in einer Fragestunde des Deutschen Bundestages zu den im Parlament in Rom gegenüber Bonn erhobenen Vorwürfen: *„Die deutsche Regierung läßt der Aufklärung und Verfolgung von Straftaten seitens der italienischen und österreichischen Behörden jede Hilfe angedeihen. Sie wird auch weiterhin dazu beitragen, um im Einvernehmen mit österreichischen und italienischen Stellen alle notwendigen Maßnahmen zur Bekämpfung des Terrors zu treffen. Sie steht zu jeder erforderlichen Aufklärung zur Verfügung."* Auf weitere Befragung teilte Schröder mit, daß der italienische Botschafter wegen deutscher Fernseh- und Rundfunksendungen in der letzten Zeit siebenmal beim Auswärtigen Amt vorstellig geworden sei.

FPÖ gegen Scheinlösung
Der Bundesvorstand der FPÖ stellte nach eingehenden Beratungen in einer Resolution fest, daß die FPÖ keiner *„Scheinlösung"* für Südtirol zustimmen werde, *„die das Recht Österreichs schmälert, vor internationalen Instanzen für die Lebensrechte Südtirols bis zu einer wirklichen Lösung wirksam einzutreten."* Man wolle nicht die Südtiroler erneut *„der Willkür Italiens ausliefern."*

12. bis 15. September 1966
Große Südtiroldebatte im italienischen Parlament
Innenminister Taviani: Der Kampf wird lang und schwer sein
Zu Beginn der großen Debatte gab Innenminister Taviani einen Überblick über die Aktivitäten der Freiheitskämpfer. Im Jahre 1965 fanden sieben gelungene Anschläge statt, wovon einer Menschenleben forderte. 14 Anschläge wurden vereitelt, und drei mißlangen durch höhere Gewalt. 1966 hätten sich bislang sechs Attentate ereignet, wovon drei Anschläge auch insgesamt fünf Menschenleben forderten. Drei Militärpersonen wurden leicht verletzt, ein Soldat schwer (er starb später). Fünf Anschläge seien verhindert worden, sechs wurden durch höhere Gewalt vereitelt. Nach dem Sachbericht begann Tavianis Märchenstunde, offenbar abgehalten mit Blick auf die Auslandspresse: Die „Terroristen" seien in drei Gruppen organisiert, wovon eine unter der Leitung von Dr. Norbert Burger stehe. Alle drei Gruppen seien jedoch „neonazistischer Inspiration". Taviani weiter: *„Es ist nunmehr klar, daß für viele dieser fanatischen und wahnsinnigen Attentäter oder Heckenschützen Südtirol eine Schachfigur in einem weitaus ehrgeizigeren revanchistischen Plan ist, welcher auf einen neuen Anschluß hinzielt."* Auf eine Zwischenfrage stellte Taviani klar, daß die bewaffneten italienischen Einheiten Befehl hätten, ohne Zögern von der Schußwaffe Gebrauch zu machen. Trotzdem stünden Italien noch schwere Zeiten bevor: *„Das Problem des Kampfes gegen den neonazistischen Terror wird keine leichte Lösung finden und nicht von kurzer Dauer sein; im Gegenteil, es wird ein langer und schwieriger Kampf sein."*

Moro vor dem Parlament: Österreichische Endfertigungserklärung verlangt
„Paket" schließt neue politische Forderung aus!
In seiner Regierungserklärung vor der Römischen Kammer zeigte Ministerpräsident Aldo Moro die Vorteile auf, die Italien durch die österreichische Zustimmung zu dem „Paket" erwachsen würden: *„Sowohl die Zusammensetzung als auch die Verfahrensweise des Internationalen Gerichtshofes in Den Haag schließen aus, daß ein uns demütigendes ‚Condominium'* (Gemeinsame Herrschaft, Anm. d. Red.) *Österreichs und Italiens über Südtirol zustande kommen würde. Die Anerkennung der Rechtsprechung des Gerichtshofes schließt vielmehr neue politische Forderungen aus ... Die nun vorgeschlagene Lösung der Frage sieht eine vollständige Erklärung kompletter Zufriedenstellung vor, die von der österreichischen Regierung abgegeben werden muß, wenn Italien seine angekündigten Maßnahmen zugunsten der deutsch sprechenden Einwohner Südtirols durchgeführt hat. Diese Erklärung, daß der Streit beendet ist, wird daher nicht dem Gutdünken der österreichischen Regierung überlassen bleiben, sondern automatisch folgen, wenn Italien die geplanten Maßnahmen durchgeführt hat."* Der Ministerpräsident erklärte weiters: *„Dem Staate sollen die für die nationale Sicherheit und das Zusammenleben der Bürger wesentlichen Befugnisse vorbehalten bleiben. In diesem Geiste hat man sich enthalten, jegliche Hypothese der Übertragung von Befugnis hinsichtlich öffentlicher Ordnung, Ansässigkeit und Arbeitsvermittlung in Betracht zu ziehen."*

Mafia-Gesetz gegen Südtiroler gefordert
Der Liberale Badini Confalioneri forderte ein Sondergesetz für Südtirol, welches jenem entsprechen sollte, das die Regierung in den vergangenen Jahren zur Bekämpfung der Mafia auf Sizilien erlassen habe.

„Wie eine Herde von Steinböcken auf den Gipfeln ihrer Berge"
Der Monarchist Cuttitta erklärte: *„Die Attentate werden zudem noch mit offener Unterstützung der deutschsprachigen Südtiroler Bevölkerung, die rassisch gesehen so isoliert bleiben möchte wie eine Herde von Steinböcken auf den Gipfeln ihrer Berge, vorbereitet und ausgeführt."*

„Die nazistische Bestie erhebt wiederum ihr Haupt"

Der Kommunist Galluzzi sagte: *„... die größte Bedrohung der wiederkehrenden Vergangenheit, der nazistischen Bestie, die wiederum ihr Haupt erhebt, kommt von Seiten der überaus mächtigen deutschen Bundeswehr. Das Verhalten von Generälen und von Militärkreisen, die den sogenannten ‚versteckten Krieg' theoretisieren, um eine Revision der deutschen Grenzen zu erreichen, kann verheerende Folgen haben, die sich jeder vorstellen kann."*

Der „neonazistische Charakter des Terrorismus"

Der Sozialproletarier Luzzatto forderte die Regierung auf, eine *„absolute Verurteilung des neonazistischen Charakters des Terrorismus"* auszusprechen. Weiters möge sich die Regierung *„revanchistischen Absichten gewisser Kreise Westdeutschlands entgegenstellen und die Unantastbarkeit der gegenwärtigen Grenzen Europas bekräftigen."*

Bis jetzt haben die Südtiroler nur Versprechungen erhalten

Für die Südtiroler Volkspartei ergriff Abg. Dietl das Wort: *„Unaufschiebbar ist die Notwendigkeit, daß man nach so vielen Jahren der Diskussion und des Verhandelns endlich einige konkrete Maßnahmen ergreift."* Er erinnerte weiters daran, daß die deutschsprachige Bevölkerung Südtirols bis jetzt nur Versprechungen erhalten habe. Oft beschuldige man die Volkspartei, daß sie sich reaktionär und konservativ gebärde. Er müsse dann daran erinnern, daß Tirol eine der ältesten Demokratien Europas gewesen sei, und er für seinen Teil ein überzeugter Verfechter des freien und offenen demokratischen Dialogs in der Provinz Bozen sei. Aber Voraussetzung jedes Dialogs sei das Vertrauen. Die Südtiroler könnten von der Realität der Dinge nicht absehen. *„Es obliegt dem italienischen Parlament, der Regierung, von Worten zu Taten, von Versprechungen zu Verwirklichungen überzugehen und die natürliche Voraussetzung für das Vertrauen zu schaffen."*

Die Ideale Europas von „fanatischem Nationalismus" bedroht

Berloffa von der Democrazia Cristiana (DC) erklärte, daß es sich bei den „Tenoristen" um Extremisten handle, die *„einem törichten Traum rassischer Vorherrschaft"* anhingen.

Taviani: Es besteht strenger Schießbefehl

In seiner Rede erklärte Innenminister Taviani: Der Kampf im Grenzgebiet unterstehe einem gemeinsamen Kommando unter der Leitung der Carabinieriwaffe, welches eine Serie von Wachposten und eine Anzahl von mobilen Einheiten kommandiere. Am vergangenen 13. April habe eine Konferenz hoher Militärbehörden stattgefunden, die anschließend einen strikten Schießbefehl an die Truppe erlassen hätten. Es wurden Tausende von Kopien mit den Fotos besonders bekannter *„Terroristen"* an alle Abteilungen des öffentlichen Sicherheitsdienstes verteilt und der Truppe befohlen, auf die darauf abgebildeten Personen sofort *„auf Sicht"* zu schießen. Außerdem wurde Schießbefehl gegen jede Person erteilt, die versuche, sich Kasernen und Stützpunkten im Grenzgebiet zu nähern. Man habe auch die Möglichkeit untersucht, die Grenze nach dem Vorbild des *„Eisernen Vorhanges"* oder der *„Berliner Mauer"* abzuriegeln. Die militärischen Behörden seien aber zur Einsicht gekommen, daß eine solche Lösung weder möglich noch nützlich wäre. Die „Terroristen" treten in kleinen Gruppen mit selten mehr als drei Mann auf. Sie sind alle Alpinisten und Kletterer. Einige von ihnen vermögen ohne Schwierigkeit den 4. und 5. Grad in Fels und Eis zu bewältigen. Um die Grenze zu überschreiten, sind sie nicht auf leichte Pässe oder Scharten angewiesen. In diesem Zusammenhang möchte er aufzeigen, daß beispielsweise das Feuergefecht bei der Schwarzensteinhütte vor zwei Tagen immerhin in 3.000 m Höhe stattgefunden habe. Es wäre eine Vogel-Strauß-Politik, erklärte Taviani, zu verbergen, daß hier neonazistische Tendenzen und neue Anschlußbestrebungen an eine *„germanische Welt"* vorliegen. Er wünsche sich aber, daß die öffentliche Meinung nicht der *„Versuchung zur Mutlosigkeit"* anheimfalle. *„Jeder ernste Kampf verlangt unvermeidlich Opfer. Der Kampf gegen den neonazistischen Terror ist* *ein ernster. Italien hat sich ihm bisher entgegengestellt und wird sich ihm weiter mutig und in der Gewißheit seines guten Rechtes entgegenstellen."*

Deutsche Polizei unterstützt Italien
Taviani fügte hinzu, daß die bundesdeutsche Polizei und insbesondere das Amt für Verfassungsschutz der italienischen Polizei *„eine beträchtliche Unterstützung in beinahe allen die Südtirolfrage betreffenden Anfragen"* gegeben habe. Lediglich bezüglich *des „freien Herumlaufens"* einiger *„der gefährlichsten Terroristen"* deutscher und italienischer Staatsangehörigkeit, vor allem in Bayern, lasse die Zusammenarbeit noch zu wünschen übrig. Abschließend sagte Taviani: *„Italien ist eine große Nation, und eine große Nation muß harten und freudigen Stunden gegenüberstehen können: ersteren ohne Minderwertigkeitskomplex, den zweiten ohne Übertreibung."*

Moro: Österreich hat Hilfe und Zusammenarbeit versprochen
Ministerpräsident Moro erklärte, daß Österreich erst kürzlich *„seine Verpflichtung bekräftigt hat, den Terror zu bekämpfen"*. Gegen vier „Terroristen" aus dem Ahrntal seien österreichische Haftbefehle erlassen worden, *„gegen zwei von ihnen wegen unserer gestellten Auslieferungsanträge"*.

12. September 1966
Feuergefechte
Bei Wiesen kam es zu einem Schußwechsel zwischen einer Carabinierieinheit und Südtirolern. Verletzt wurde niemand. Bei Sterzing schossen Freiheitskämpfer auf eine Bahnstreife, ohne daß es Opfer gab.

Sprengstoffund
Vor der Carabinieristation in Blumau bei Bozen wurde eine 2½ kg schwere Sprengladung gefunden. Der Sprengkörper war noch mit keiner Zündanlage versehen.

Ausschreitungen
In Rom und Viareggio steckten Rowdies österreichische Autos in Brand.

16. September 1966
Brenner gleicht Kriegsgebiet – Hetzenauer schützt Italiens Grenze
Während auf italienischer Seite nach Mitteilung der „Kleinen Zeitung" in Graz der Brenner einem Kriegsgebiet gleiche und massierte Aufmärsche von Polizei und Militär stattfänden, hatte der österreichische Innenminister Hetzenauer die österreichischen Gendarmerieeinheiten zum Schutze der italienischen Grenze verstärkt.

18. September 1966
Rosa Klotz unter Polizeidruck
Die Gattin des in Absam bei Innsbruck lebenden Freiheitskämpfers Georg Klotz wurde, als sie nach einem Besuch ihres Mannes nach Südtirol zurückkehrte, vorübergehend festgenommen und zwei Stunden lang von den Carabinieri verhört, die versuchten, ihr Belastendes über ihren Mann zu entlocken.

Außenminister Tončić-Sorinj setzt Südtiroler unter Druck
In einem Interview im Deutschlandfunk erklärte der österreichische Außenminister Tončić-Sorinj, daß die Südtiroler jetzt das „Paket" nach dem augenblicklichen Verhandlungsstand annehmen sollten, denn später sei nicht mehr zu erreichen und es bliebe dann nur noch der keinen Erfolg versprechende Weg zum Internationalen Gerichtshof.

19. September 1966

Kreisky: „Meine Abmachungen waren besser!"

Auf einer Pressekonferenz in Zürich erklärte der ehemalige österreichische Außenminister Dr. Kreisky, daß das zwischen ihm und dem damaligen Außenminister Saragat ausgehandelte Südtirolabkommen, welches von den Südtirolern als unzureichend abgelehnt worden war, besser als das jetzige Verhandlungsangebot gewesen sei. Insbesondere sei Saragat bereit gewesen, das Abkommen einem internationalen Schiedsgericht zu unterstellen.

21. September 1966

„Union für Südtirol" fordert Ablösung Tončić-Sorinjs

Wolfgang Scheiber, Obmann des sechs Einzelverbände umfassenden Dachverbandes „Union für Südtirol" mit insgesamt mehr als hunderttausend Mitgliedern, verlangte im Auftrag der Mitgliedsverbände in einem Schreiben an Bundeskanzler Dr. Klaus den Rücktritt des Außenministers Dr. Tončić-Sorinj. In dem Schreiben hieß es:

„Dr. Tončić-Sorinj hat mit seinem übereilten, völlig auf die Attentatstheorie abgestimmten Telegramm an Außenminister Fanfani nicht nur der italienischen Stimmungsmache gegen Österreich im Zusammenhang mit dem Steinjoch unverzeihlich Vorschub geleistet. Bis heute, nahezu vierzehn Tage später, sind von Seiten des österreichischen Außenamtes keine Schritte bekannt geworden, die Bemühungen der Tiroler Landesregierung, der österreichischen Presse und der ‚Union für Südtirol' um internationale Untersuchung und Aufklärung des Falles auf diplomatischer Ebene zu unterstützen ... Wir sind deshalb nicht mehr in der Lage, in der Person von Außenminister Dr. Tončić-Sorinj den geeigneten Anwalt für die Interessenvertretung von Österreich und Südtirol zu erblicken. Die Union ... richtet deshalb an Bundeskanzler Dr. Klaus den eindringlichen Appell, die Leitung des österreichischen Außenamtes einer Persönlichkeit zu übertragen, welche den besonderen Schwierigkeiten der Gegenwartssituation gerecht zu werden und in der Bevölkerung das Vertrauen zur österreichischen Außenpolitik wiederherzustellen vermag."

Italienische Geheimdiensttätigkeit

Im Gasthof „Weißes Kreuz" in Bozen führten Polizeibeamte eine Hausdurchsuchung durch. Im Zimmer eines österreichischen Gastes wurden circa 7 kg Sprengstoff gefunden. Auf Grund eines gleichen „vertraulichen" Hinweises wurde im Café „Mohren" erfolglos nach Sprengstoff „gesucht". Erst am 6. Oktober brachte eine erneute Nachschau eine Sprengladung in einem Lüftungsschacht ans Tageslicht. Beide „Hinterlegungen" wurden durch den italienischen Agenten Erich Baroch aus Wien durchgeführt. Er hatte die Aufgabe, in Österreich lebende Südtiroler, vor allem den Schützenmajor Jörg Klotz, zu belasten. Die schlechte Absprache zwischen dem Agenten und seinen Führungsoffizieren war daran schuld, daß die Ladung im „Mohren" nicht sofort, sondern erst nach Rückfrage gefunden werden konnte. (Siehe auch 11. Oktober 1966.)

Alpini-Soldat tötet Kameraden

Aus Versehen erschoß ein Alpini seinen Kameraden Eugenio Trinelli (21) beim Wachdienst.

22. September 1966

Schüsse auf Unbekannten

In den Nachtstunden feuerte ein Grenzpolizist auf einen Unbekannten, der einen paketähnlichen Gegenstand trug und auf Anruf flüchtete.

23. September 1966

Italienische Bombendrohung

In Innsbruck wurden in großer Zahl kleine Flugzettel gestreut, in welchen Südtirol als *„vom Terror gequältes italienisches Gebiet"* bezeichnet und die Innsbrucker Bevölkerung gewarnt

Der italienische Agent Joosten in seinem Zürcher Exil (rechts), Joostens Räuberpistole (Zeichnung aus „Domenica del Corriere" (links oben), (9. September 1966)

Das Begräbnis Peter Wielands (24. September 1966).

25. JAHRESTAG

Peter Wieland Obermair

Es jährt sich der traurige Tag, an dem du auf tragische Weise im 18. Lebensjahr unschuldig auf offener Straße von einer Wachpatrouille erschossen wurdest. Allen, die sich deiner erinnern, ein herzliches Vergelt's Gott

Niederolang, am 27. September 1991

Die Angehörigen

Erinnerungsanzeige für Peter Wieland anläßlich seines 25. Todestages.

wird, daß es auch in Italien Männer gebe, *„die genauso wie die in Südtirol wirkenden Terroristen mit Bomben umzugehen verstehen."*

24. September 1966

Feuergefecht

Nach Mitteilung der Finanzieri lieferten in der Nacht bei Trinkstein im Ahrntal fünf Männer 18 Finanzsoldaten, welche sich in einer Kaserne verschanzt hielten, ein mehr als zehnminütiges Feuergefecht, bei welchem es keine Verletzten gab.

Peter Wieland Opfer des neuen Schießbefehls

Der 18jährige Peter Wieland aus Niederolang wurde das Opfer einer schießwütigen Alpinistreife und des Schießbefehls vom 13. April. Als er um 21.40 Uhr, 20 Minuten vor Ausgangssperre, von einer Gesangsprobe heimging, wurde er von einem Unteroffizier der Armee angeschossen. Dann hielt die Streife ein Auto an und zwang den Fahrer, den Schwerverletzten mit den Scheinwerfern anzuleuchten. Der junge Südtiroler blieb über zwei Stunden unversorgt. Er blutete langsam aus. Erst als Lebensgefahr bestand, wurde er ins Brunecker Krankenhaus eingeliefert, wo er 30 Minuten später an den Schußverletzungen und dem erlittenen Schock verstarb. Im weiten Umkreis des Tatortes gab es nichts – weder Hochspannungsmasten, noch Kraftwerksbauten oder militärische Anlagen –, was eine Bewachung erfordert hätte. Die Wahrheitsliebe der italienischen Behörden konnte an der der Presse übergebenen polizeilichen Mitteilung festgestellt werden. Sie lautete: *„Ein 18jähriger Südtiroler hat bei dem Versuch, sich einer Polizeikontrolle im Gebiet des Olanger Kraftwerks zu entziehen, durch einen Sturz (!) schwere Kopfverletzungen erlitten, denen er kurze Zeit darauf im Krankenhaus Bruneck erlag."* Da weder der Autofahrer noch der Krankenhausarzt die Lügengeschichte deckten, mußte man nach und nach mit der Wahrheit herausrücken. (Zum Schießbefehl siehe 13. April 1966.)

Südtiroler Freiheitskampf „erinnert" Italiener

Der italienische Präsident der Südtirolkommission (Neunzehner-Kommission) Paolo Rossi erklärte: *„Erst wenn die Sprengladungen explodieren, erinnern wir uns daran, daß es die Südtiroler gibt."*

25. September 1966

„Verankerung" – Instrument für Österreich

Einer der führenden Politiker der Südtiroler Volkspartei, Assessor Dr. Brugger, stellte in den „Südtiroler Nachrichten" fest, Österreich habe 1946 in Paris nicht nur mit Italien ein Abkommen geschlossen, sondern damit (und moralisch gesehen nicht nur damit) auch den Südtirolern gegenüber eine Pflicht übernommen. Die „Verankerung des Paketes" wäre daher in erster Linie ein Instrument für Österreich. Die Südtiroler könnten diese Verankerung wünschen, dieser Wunsch bedeute aber primär, daß sich Österreich ein wirksames Instrument zum Schutz der Südtiroler Volksgruppe schaffe. Es wäre sinnlos, schrieb Dr. Brugger weiter, die Südtiroler bezüglich dieses Problems zur Entscheidung aufzurufen und bei einem etwaigen Versagen des Instruments dann den Südtirolern vorzuwerfen, sie hätten gar nicht die Möglichkeit, die Wirksamkeit eines internationalen Instrumentes zu beurteilen. Eine solche Entscheidung falle letztlich in den ureigensten Kompetenzbereich eines Außenministers.

26. September 1966

SVP fordert Aufklärung über die Todesschüsse auf Peter Wieland

Die Landesleitung der Südtiroler Volkspartei brachte ihr tiefstes Befremden über die leichtfertigen Schüsse der Patrouille in Olang zum Ausdruck, die einen jungen, unschuldigen Südtiroler das Leben kosteten. Wie Feststellungen ergaben, wurden die Schüsse an einem Ort abgefeuert, in dessen Nähe sich keine zu beschützenden Anlagen befanden. Die Landesleitung verlangte, daß die Verantwortung für die Auslöschung dieses jungen Menschenlebens einer vollen Aufklärung zugeführt werde.

Schweizer wegen „Schmähung der Nation" verhaftet
Im Zuge einer Auseinandersetzung mit dem Barkeeper und Gästen in einer Bozener Bar wurde der Schweizer Tourist Carl Rößler (30) aus Zürich wegen *„Schmähung der italienischen Nation"* verhaftet. Der wie das gesamte Strafgesetzbuch aus der Faschistenzeit stammende Paragraph sieht eine Gefängnisstrafe bis zu drei Jahren vor.

30. September 1966
Italienischer Agent der Polizei übergeben
Keine Strafverfolgung, nur Abschiebung
Am 29. und 30. September erschien ein Walter Midolo aus Rom bei dem exilierten Südtiroler Anton Thaler in dessen Café in Innsbruck. Thaler war ein bekannter Freund des Freiheitskämpfers Dr. Burger. Midolo wollte unbedingt, daß Thaler Kontakt mit Dr. Burger herstellte. Er, Midolo, wolle für die Südtiroler Freiheitskämpfer Attentate begehen, was für ihn als Italiener leichter sei als für Südtiroler oder Österreicher. Nach Rücksprache mit Dr. Burger wurde der Provokateur der Polizei übergeben. Es wurde wie immer kein Strafverfahren gegen den Agenten eingeleitet, sondern dieser wurde nur als unerwünschte Person nach Italien abgeschoben. Die Italiener setzten ihren Mann an der Brennergrenze sofort auf freien Fuß. („Tiroler Nachrichten", Innsbruck, 4. 3. 1967.)

1. Oktober 1966
Geheimdienst-Zentrum „I" der Finanzwache in Bozen eingerichtet
Auf Verlangen des militärischen Geheimdienstes „SID" (vormals „SIFAR"), welcher dem Verteidigungsministerium in Rom zugeordnet war, richtete das Generalkommando der Finanzwache aufgrund detaillierter Vorschläge des Oberstleutnants Barrecchia vom „Servizio Informazioni" der Finanzwache am 1. Oktober 1966 ein geheimes Zentrum „I" („Informazioni") in Bozen ein, welches die nachrichtendienstliche Tätigkeit „im Bereich Antiterrorismus" der Finanzwache organisieren und koordinieren sollte. Mit geheimem Befehl („riservato") vom 3. Oktober 1966 ordnete der kommandierende Armeecorpsgeneral Umberto Turrini die Ernennung des Hauptmannes Lucio Siragusa zum Kommandanten des geheimen Zentrums „I" an. Zugeteilt wurde ihm ferner der Unteroffizier („brigadiere") Salvatore Sajia.

Der geheime Informationsstab
Es war vorher schon vom SID in Bozen ein Informationsstab eingerichtet worden, dem Vertreter des 4. Armeecorps, der Carabinieri-Waffe, der Polizeibehörden und des Corps der Finanzwache angehörten. Der Kommandierende Offizier des geheimen Zentrums „I" sollte nun die Finanzwache bei den wöchentlichen geheimen Zusammenkünften des Informationsstabes vertreten und dort auch die von seiner Dienststelle gesammelten Nachrichten vorlegen. Laut streng geheimem Befehl („riservativissimo") Nr. 19067 vom 13. Oktober 1966 hatten bei den wöchentlichen Sitzungen Austausch, Prüfung und Auswahl *„der geheimen Informationselemente"* stattzufinden, die sodann augenblicklich dem Offizier „I" (Nachrichtenoffizier) des „ufficio I" (Nachrichtenbüros) des Armeecorps zu übergeben waren. Im „ufficio I" wurde die zentrale Auswertung vorgenommen, und die ausgearbeiteten Analysen wurden wieder an die in Südtirol operierenden Einrichtungen und Einheiten weitergeleitet. Zweck dieser Maßnahme war, die *„Weiterleitung von nicht ausreichend geprüften Nachrichten, die Verdoppelung und Überlagerung von Nachrichten, die widersprüchliche Ausnutzung derselben Quellen, die Ausgabe von Nachrichten an jenes Organ, welches ebendiese geliefert hatte"* zu verhindern.

Die Arbeitsweise des Zentrums „I" der Finanzwache
Der Nachrichtenfluß in das Zentrum „I" der Finanzwache hatte nach streng geheimem Befehl Nr. 19067 so zu laufen: Die von den einzelnen Einheiten der Legion gelieferten Nachrichten

waren an das Gruppenkommando in Bozen weiterzuleiten. Dieses übergab die Nachrichten dann dem „Offizier I" in Bozen, also Hauptmann Siragusa, wobei die Überbringung laut Befehl unter absoluter Geheimhaltung stattzufinden hatte. Die Informationsberichte waren unter peinlicher Einhaltung der Vorschriften über Angabe der Quellen und Bewertung ihrer Zuverlässigkeit nach Band 2.000/S. I. der Vorschriftensammlung abzufassen. Das übermittelte Material war ebenfalls dem Legionskommando zu übermitteln, welches das Material aber lediglich aufbewahren und an keine anderen Einrichtungen weiterleiten durfte. Dies stand nur dem Offizier des Zentrums „I" zu. Sämtliche Kommandostellen waren angewiesen, die Anordnungen über Geheimhaltung und Dringlichkeit zu beachten und sich nötigenfalls auch handschriftlicher Mitteilungen oder chiffrierter Funksprüche nach Code IOR/3 zu bedienen. Das Legionskommando hatte zur Bezahlung von Agenten und Spitzeln stets einen Betrag von einer Million Lire aus dem Budgetkapitel 1231 des Corps zur Verfügung, wobei die Gruppenkommandanten stets Zahlungen bis zu Lit. 50.000,- leisten durften. Für höhere Beträge war das Einverständnis des Informationsdienstes des Generalkommandos der Finanzwache einzuholen. In gleicher Weise funktionierte auch die geheimdienstliche Tätigkeit der Carabinieri und des „SID" („Servizio Informazioni Difesa" – Nachrichtendienst des Verteidigungsministeriums) sowie der Polizei. Das geheime Zentrum „I" verfügte über eigene Agenten und Spitzel sowie über eine Tarnung als Geschäftsunternehmen, ein Geschäftslokal, falsche Dokumente und getarnte Kraftfahrzeuge mit Zivilnummern.

Eine Stätte für Provokateure?

Erfolge gegen die Freiheitskämpfer hatte das Zentrum nicht zu verzeichnen, obwohl es einige Südtiroler Kriminelle und Arbeitsscheue als Spitzel verpflichten konnte. Ob das Zentrum „I" nicht vielleicht eine Brutstätte für Provokationen – für „schmutzige Arbeiten" – gewesen sein mag, diese Frage bleibt offen. Ein Ereignis in Trient im Jahr 1971 könnte darauf hindeuten: Am 18. Januar 1971 wurde im Gerichtsgebäude in Trient gerade noch rechtzeitig eine Bombe entdeckt und entschärft, die ansonsten ein Blutbad angerichtet hätte. Zunächst wurde von einigen Medien die Tat den Südtirolern in die Schuhe geschoben, von anderen Zeitungen der politischen Linken zugeordnet, bis am 7. November 1972 in der linken Zeitung „Lotta continua" („Dauernder Kampf") Marco Boato, der spätere Abgeordnete der Grünen und Mitglied der parlamentarischen Untersuchungskommission zur Aufklärung der Blutbäder in Italien, einen sensationellen Artikel veröffentlichte. Er berichtete, daß ein junger Polizeikonfident namens Sergio Zani eingestanden habe, die Bombe im Auftrag der Polizei gelegt zu haben, offenbar, damit die Tat dann der politischen Linken in die Schuhe geschoben werde. Boato schrieb weiters, er kenne den Inhalt eines Geheimdienstberichtes des SID, in welchem es heiße, daß der Geheimdienst ermittelt und es an einem gewissen Punkt für angemessen gehalten habe, die Ermittlungen einzustellen, als klar geworden sei, daß das Attentat *„von einer anderen Polizeieinheit"* organisiert worden sei. Die Staatsanwaltschaft erhob Anklage gegen die Zeitung wegen der *„Verbreitung tendenziöser Nachrichten, die geeignet seien, die öffentliche Ordnung zu stören."* Der Prozeß dauerte drei Jahre, dann wurde die Zeitung vollständig freigesprochen. Nun war es unvermeidlich geworden, eine Untersuchung einzuleiten. Nun beschuldigten die Carabinieri den mittlerweile zum Obersten beförderten Lucio Siragusa und Unteroffizier Salvatore Sajia – die beiden ehemaligen Leiter des Zentrums „I" –, das verhinderte Attentat in Auftrag gegeben zu haben. Siragusa und Sajia waren nach wie vor für die Finanzwache und nach wie vor geheimdienstlich bei den „Servizi speziali" („Spezialdiensten"), nun jedoch in Trient, tätig. Sie hätten nach Darstellung der Carabinieri drei ihrer Konfidenten das Sprengmaterial übergeben, die wiederum Sergio Zani das Material zur Begehung der Tat übergeben hätten. Nun wurden Zani, Siragusa und Sajia verhaftet. Die Finanzwache schlug zurück und wies mit eigenen Dossiers nach, daß die Ankläger – der Carabinierioberst Santoro und der SID-Oberst Pignatelli – selbst bis zum Hals im Dreck steckten. Zum Schluß kam nichts heraus, es gab Freisprüche aus Mangel an Beweisen, offiziell blieb es bei „unbekannten Tätern".

Ein Südtiroler namens Oberhofer
Ein Mann ist in diesem Zusammenhang noch interessant, weil er eine direkte Verbindung zu Südtirol und der Arbeitsweise des Zentrums „I“ herstellen könnte: Herbert Oberhofer aus Bozen. Die Tageszeitung „Il Gazzettino“ in Venedig berichtete, daß er in den sechziger Jahren ein Südtiroler Informant der Finanzwache und deshalb ein geduldeter Schmuggler gewesen sei. 1967 habe er den Sicherheitsbehörden eine Bombe im Schnellzug Bozen–München angezeigt. Eine Bombe, die vorher von Provokateuren des Zentrums „I“ gelegt worden war? In der Trienter Bombenaffäre sollte Oberhofer – immer noch in Kontakt mit der Finanzwache – als Belastungszeuge aussagen. Vor Gericht wußte er auf einmal nichts mehr zu berichten. Am 22. Dezember 1980 ging es Oberhofer vorübergehend an den Kragen, er wurde verhaftet. Die Behörden hatten auf Oberhofers Grundstück 110 kg Morphin, den Rohstoff zur Herstellung von Heroin, gefunden. Etwas später fanden sie noch größere Mengen Waffen. Oberhofer wurde zu 17 Jahren Gefängnis verurteilt. Aber o Wunder: Das Appellationsgericht in Venedig sprach ihn in zweiter Instanz vollkommen frei. Solch ein Glück hatten die in den Südtirolprozessen verurteilten Freiheitskämpfer freilich nie gehabt. Sie hatten aber sicherlich auch nicht so gute Beziehungen zur Finanzwache gehabt wie Oberhofer, der laut einer Südtiroler Illustrierten nicht einmal Steuererklärungen abgegeben habe, ohne daß dies die Finanzwache gestört habe. Oberhofer sei sehr wohlhabend gewesen: Zwei Ansitze, ein Restaurant und mehrere Wohnungen hätten ihm gehört. („Südtiroler Illustrierte“, Bozen, Nr. 52/1985.)

2. Oktober 1966
Ein voreiliger Schritt: Südtiroler stellt sich freiwillig
Richard Kofler war 1962 nach Österreich geflüchtet. Im ersten Mailänder Prozeß war er freigesprochen worden. Im zweiten Mailänder Prozeß war er wegen politischer Verschwörung zu einem Jahr und vier Monaten Gefängnis verurteilt worden. Um in den Genuß einer Amnestie zu kommen, hatte er sich nun den italienischen Behörden am Brenner gestellt. Er wurde verhört, dann freigelassen und nach zehn Tagen wieder verhaftet. Nun wurde er beschuldigt, am 9. September den Finanzerstützpunkt auf der Steinalm gesprengt zu haben. In einem Interview mit der Zeitschrift „Freiheit für Südtirol“, Nr. 711 vom 1. 3. 1978, erklärte Kofler, bei seiner Einvernahme im Jahre 1966 gefoltert worden zu sein, bis er ein „Geständnis“ unterschrieb, das er später widerrief. Er wurde im „Steinalmprozeß“ 1969 freigesprochen, von dem Appellationsgerichtshof aber zu 23 Jahren verurteilt. Dieses Urteil wurde vom Kassationsgerichtshof bestätigt. Kofler mußte die Strafe, die wohl einem „lebenslänglich“ gleichkam, nicht absitzen, weil er vor einer neuerlichen Verhaftung rechtzeitig nach Österreich floh. Am 12. Januar 1978 trat Kofler vor dem Grabmal Andreas Hofers in der Hofkirche zu Innsbruck in einen 9tägigen Hungerstreik, um auf das ihm angetane Unrecht aufmerksam zu machen. Er brach den Hungerstreik ab, als sich Landeshauptmann Wallnöfer mit ihm in Verbindung setzte, ihm politische Unterstützung, Wohnung und einen Arbeitsplatz zusicherte.

4. Oktober 1966
Südtirollösung ohne Garantien ein großes Unglück
In der Fernsehsendung „Horizonte“ griff Dr. Kreisky erneut die Südtirolfrage auf. Er bezeichnete jede Lösung ohne ein Schiedsgericht als ein großes Unglück. Er werde auf jeden Fall der Opposition (SPÖ) empfehlen, einer Lösung, die diese Garantien nicht enthalte, nicht zuzustimmen. In der gleichen Sendung erklärte der Nordtiroler Landeshauptmann Wallnöfer: *„Wenn die italienische Regierung und das Parlament den gemachten Zusagen definitiv zustimmen, dann würde ich sagen, es wurden Fortschritte erzielt.“*

5. und 13. Oktober 1966
Vereinte Nationen: Tončić-Sorinj „hoffnungsvoll“
Vor der XXI. Generalversammlung der Vereinten Nationen erklärte Außenminister Tončić-Sorinj, daß in den Südtirolverhandlungen *„beträchtliche Fortschritte“* erzielt worden seien. Dickes Lob spendete Tončić-Sorinj den Italienern: *„Auf Grund der von unserem Verhand-*

lungspartner wiederholt zum Ausdruck gebrachten Äußerungen des guten Willens habe ich die Zuversicht, daß auch seinerseits alle Anstrengungen unternommen werden, um die noch bestehenden letzten Schwierigkeiten zu beseitigen. Unter dieser Voraussetzung besteht sicherlich Hoffnung, daß der gegenständliche Streitfall in naher Zukunft beigelegt und der Minderheit jenes Gefühl der Sicherheit in ihrer Situation gegeben wird, das letzten Endes seine Verankerung in den hohen Idealen und Zielen unserer Organisation für die gesamte Menschheit findet." Auf diese wunderschöne Rede hin beglückwünschte der italienische Außenminister Fanfani Tončić-Sorinj zu seinen Äußerungen. Am 13. Oktober sollte der italienische Delegationsführer Piccioni auf Tončić-Sorinj antworten, dann war wiederum eine Replik von Tončić-Sorinj vorgesehen. Tončić-Sorinj verzichtete am Vorabend auf die Möglichkeit der Erwiderung und sandte am 12. Oktober eine persönliche Botschaft an Fanfani, welche mit dem Wunsch schloß, Italien möge die österreichische Geste würdigen, daß auf die Replik verzichtet werde. Am nächsten Tag folgte die kalte Dusche: Der Führer der italienischen UNO-Delegation, Piccioni, bezeichnete die bisherigen Verhandlungen lediglich als „*Fühlungnahmen*" und erklärte des weiteren, daß das Problem in den österreichisch-italienischen Beziehungen darin bestehe, daß Österreich „*an der Beseitigung des schwerwiegenden Terrorismus*" mitarbeiten solle, um den in der UNO-Resolution enthaltenen Aufforderungen zur „*Festigung der Freundschaftlichen Beziehungen zwischen Österreich und Italien*" nachzukommen. Trotz allem erklärte Tončić-Sorinj nach seiner Rückkehr in Wien, er sei sehr befriedigt und hoffe, daß in einigen Monaten eine Lösung zustande komme.

6. Oktober 1966
Italienischer Geheimdienst am Werk?
In Bozen wurde in der Nähe einer Kirche (Eisackstraße) in einem Keller eine Sprengladung gefunden. Wie bereits am 21. 9. 1966 handelte es sich mutmaßlich um eine Aktion des italienischen Geheimdienstes.

Italienische Note: Österreichische Maßnahmen verlangt
In einer Note an den Ballhausplatz stellte die italienische Regierung fest, „*alles getan zu haben, was in ihrer Macht stand, um das friedliche Zusammenleben der Südtiroler Bevölkerung zu festigen und der Aufforderung der Resolutionen der UNO nachzukommen ... Die italienische Regierung bleibe bei der Hypothese, daß die Meinungsverschiedenheiten abgeschlossen sind.*" Die Note wirft der österreichischen Regierung vor, nicht die „*propagandistische Tätigkeit*" unterdrückt zu haben, welche „*die Voraussetzung von Handlungen aggressiven Charakters auf italienischem Gebiet sind.*" Außerdem seien die „*Stützpunkte des Terrors auf österreichischem Gebiet*". Die „*Terroristen*" seien „*von Ideologien inspiriert, von denen die Welt erhoffte, sie würden für immer untergegangen sein.*" Die „*Terroristen*" hätten völlige Aktionsfreiheit in Österreich, die soweit ginge, daß sie ausländischen Zeitungen und Fernsehstationen Interviews geben könnten und daß sie durch wohlbekannte extremistische Organisationen ermutigt würden. Außerdem bestätigten zahlreiche Wandaufschriften, Verteilung antiitalienischer Pamphlete, Südtirolsammlungen in Tirol, Steiermark und anderen Gebieten Österreichs für nebulose kulturelle und wohltätige Zwecke und die ungestörte Aktivität extremistischer Organisationen, daß die österreichischen Behörden offensichtlich nicht gegen die „*Brutstätten des Terrorismus*" einschritten. Die Note schloß mit dem Verlangen der italienischen Regierung, daß Österreich eine ganze Serie von Maßnahmen treffen solle. (Siehe auch 3. und 5. Dezember 1966.)
(Diese Note wurde von der österreichischen Regierung geheimgehalten; ihr Inhalt wurde erstmals veröffentlicht in: Toscano, Mario: „Alto Adige – South Tyrol", Baltimore, London 1975, S. 232f.)

7. Oktober 1966

Gestelltes Attentat auf Carabinieri-Leutnant

Auf den Carabinieri-Leutnant Carmine Triglione wurden auf einer Fahrt in das Martelltal mehrere Pistolenschüsse von einem Unbekannten abgegeben, der neben einem in Meran gestohlenen Sportwagen Giulietta Sprint am Straßenrand stand. Zuerst entging der Leutnant „wie durch ein Wunder" zwei Schüssen, die in Kopfhöhe in die Windschutzscheibe seines Fiat 600 schlugen. Dann fuhr er schnell reagierend „zick-zack", ließ sich in den Straßengraben fallen und „feuerte" angeblich aus seiner Maschinenpistole zurück und traf den gestohlenen Sportwagen vier Mal. Der Angreifer schoß angeblich noch einmal und flüchtete in den Wald, ohne daß Leutnant Carmine ihn aus einigen Metern Entfernung mit seiner Maschinenpistole treffen konnte. So wurde durch die Carabinieri der Vorfall geschildert. In Wirklichkeit handelte es sich um eine reine Theatervorstellung des italienischen Geheimdienstes, der damit versuchte, einen Südtiroler Agenten als „mutig und vertrauenswürdig" bei den Südtiroler Freiheitskämpfen einzuschleusen. Dieser Mann meldete sich einige Tage später bei Südtiroler Freiheitskämpfern in Innsbruck und bot unter Berufung auf seine „Heldentat" seine Dienste an. Die BAS-Leute zogen Erkundigungen über ihn in seiner Heimatgemeinde ein, und es stellte sich heraus, daß dieser Mann noch nie durch Patriotismus aufgefallen war, hingegen enge Kontakte zu den Carabinieri und ein weitgehend ungeklärtes Einkommen hatte. Die Betrachtung der in den Zeitungen veröffentlichten Einschüsse am Wagen des Leutnants zeigten überdies, daß die Geschichte, so wie sie erzählt wurde, nicht stimmen konnte. Es gab Einschüsse, die eindeutig von schräg oben abgefeuert waren. Dazu mußte der Schütze unmittelbar vor der Kühlerhaube gestanden haben. Damit war klar, daß der Leutnant selbst auf seinen Wagen gefeuert hatte. Der eingeschleuste Agent wurde in der Folge dazu benützt, seine Auftraggeber mit falschen Nachrichten zu füttern.

Geheimdienstprovokation: Sprengstoffund

Von Eingebung geleitet, fanden Carabinieri in der vorwiegend von Italienern besuchten Bar „Al Moro" in der Bozener Museumstraße mithilfe von an einem Stock befestigten Spiegeln in einem abgewinkelten Mauerloch auf der Herrentoilette einen Sprengsatz, dessen Zündkabel nicht verbunden waren und der somit nicht sprengfähig war. Die italienische Polizei schrieb dies der „Unachtsamkeit" des „Attentäters" zu. Für die Presse war der Sprengsatz fotogen in eine Ausgabe des Wiener „Kurier" verpackt, der gleichsam als österreichische Visitenkarte diente, um auch dem Dümmsten klar zu machen, daß der Terror von „oltre Brennero" – von jenseits des Brenners – komme. Der BAS distanzierte sich von dieser Aktion und wies darauf hin, daß der italienische Geheimdienst so wie schon am 21. September und am 6. Oktober selbst die Sprengsätze in der Stadt deponiert habe, um die Freiheitskämpfer in den Augen der Öffentlichkeit zu Bestien zu stempeln, die Massaker unter der Zivilbevölkerung anrichten möchten.

8. Oktober 1966

Neofaschistische Kundgebung in Rom

Auf einer Kundgebung der neofaschistischen Partei MSI verlangte der Altfaschist Valerio Borghese einerseits die *„Rückkehr"* Istriens von Jugoslawien zu Italien und proklamierte andererseits aber die *„Unantastbarkeit der Brennergrenze"*. An der Kundgebung nahmen der Bozener MSI-Führer Andrea Mitolo sowie einige Generäle der Armee und der Carabinieri teil.

Fanfani droht Österreich

Anläßlich der Einweihung einer neuen Carabinierikaserne sprach der italienische Außenminister gegenüber Österreich eine kaum verhüllte Drohung aus: *„Gegenüber jenen, die zwei Dialoge zu gleicher Zeit führen wollen, einen mit Worten und einen mit Bomben, kann in den von Italien bisher angewandten Methoden eine Änderung eintreten!"*

10. Oktober 1966

Nordtiroler Landtag gedenkt Südtirol

Der Präsident des Nordtiroler Landtages, DDr. Alois Lugger, gab im Landtag folgende Erklärung ab: *„Der 10. Oktober läßt in besonderem Maße unsere Gedanken nach dem verlorenen Landesteil im Süden hinlenken. Am 10. Oktober 1920 ist die Abtrennung Südtirols nach dem Friedensvertrag von St. Germain in Kraft getreten. Am heutigen Tage geben wir in feierlicher Weise der Hoffnung Ausdruck, daß die in Gang befindlichen Verhandlungen mit Italien dazu beitragen mögen, daß in diesem ehemaligen südlichen Landesteil das Tiroler Volkstum erhalten bleibe und für die Zukunft die Selbstverwaltung Südtirols gesichert werde."*

Geheimdienstaktionen und Verhaftungen

Im Passeiertal kam es zu einer großangelegten Verhaftungsaktion. Unter den Festgenommenen befand sich die Frau des Schützenmajors Jörg Klotz, Rosa. Neben ihr wurden der Gemeindearzt von St. Martin, Dr. Karl Frötscher, der Sägewerksbesitzer Rudolf Marth und die beiden Bauern Albin Auer und Hans Lenthaler verhaftet. Entgegen den italienischen Behauptungen, daß diese Festnahmen auf Aussagen des verhafteten Richard Kofler zurückgingen, waren aber der italienische Geheimdienst und ein verräterischer Südtiroler am Werk: Toni Platter. Dieser hatte sich bei Kriegsende einer Bande von Plünderern angeschlossen, die unter der Führung des später als Räuber von den Carabinieri erschossenen Karl Gufler Raubüberfälle und Morde begingen, Vieh raubten, Höfe anzündeten und sich später als „Partisanen" feiern ließen. (Golowitsch-Fierlinger: „Kapitulation in Paris", Nürnberg 1989, S. 25ff.) Möglicherweise auf Grund von Vorfällen aus dieser Zeit erpressbar, ließ sich Platter 1963 mit dem italienischen Geheimdienst ein. Über Toni Platter berichtet die Familie Klotz: *„Platter ist vor etwa sieben oder acht Jahren an Kehlkopfkrebs gestorben. Vor seinem Tode hat er dem ehemaligen politischen Häftling Dr. Karl Frötscher bekannt, daß er eine Verräterrolle gespielt hat. Er war es, der meine Mutter und die übrigen Passeirer 1967 ins Gefängnis gebracht hat ... Er hat vorgegeben, politisch verfolgt zu werden und den Freiheitskämpfern um meinen Vater anzugehören. Er bettelte um finanzielle Hilfe und um Informationen, die er auch bekam. Er hielt sich bei Bergbauern herum auf und tat so, als müsse er sich verstecken, weil er gejagt würde. In Wirklichkeit hatte er all die Jahre einen gültigen und jährlich abgestempelten Reisepaß des ital. Staates (Dr. Frötscher hat sich davon überzeugt). Alle die Leute, die ihm weitergeholfen hatten, sind dann tagelang verhört und festgenommen worden, die meisten über ein Jahr gesessen. Man hatte ihnen auch politische Verschwörung usw. aufgehalst, auch ging es um einige Masten, die in der Zeit vorher in Passeier geflogen waren. Die Flucht Platters, die Du im Brief erwähnst, war todsicher vorgetäuscht oder ganz erfunden, damit wollte er sich sicher nur bei den anderen einschleusen und sie von eventuellen Zweifeln abbringen. Vater hat ihm schon vertraut, obwohl er wußte, daß Platter am Schluß des Krieges zu den Partisanen gegangen war. Seit 63 herauf ungefähr hat Platter rege mittelbare und unmittelbare Kontakte mit meinem Vater gehabt, u. a. war er auch einmal fast eine 1 Woche bei ihm in Absam, man hatte ihn schwarz über die Grenze gebracht und dabei einiges riskiert. Dann war er aber immer in Passeier, soweit wir wissen. Du sollst unbedingt die Wahrheit über Platter schreiben, er hat eine ganz schäbige Rolle gespielt, meine Mutter hat ihm die 14 Monate und 10 Tage Haft sowie alle davon herrührenden Leiden zu verdanken. Auch sie möchte, daß Du die Wahrheit schreibst."* (Brief im Besitz der Verf.) Vittorio Lojacono berichtet in seinem Buch „Alto Adige – Südtirol" (Milano 1968, S. 230f.), daß er sich in Zürich mit dem italienischen Agenten Joosten (dem Mann, der im Auftrag des italienischen Geheimdienstes 1964 eine Bombe in den Brenner-Expreß gelegt hatte, siehe 15. 9. 64!) getroffen habe und dieser habe ihm ein Memorandum mit den Namen Südtiroler „Terroristen" übergeben, darunter hätten sich auch die Namen der Verhafteten befunden. Lojacono habe dieses Memorandum in Bozen dem Quästor (Polizeipräsidenten) übergeben, woraufhin die Verhaftungen erfolgt seien. Es sieht also so aus, daß die Verhafteten von zwei Seiten her belastet wurden. Fast alle Verhafteten blieben nach harten und erbarmungslosen Verhören an die 15 Monate in Haft. Nur Lenthaler wurde bereits nach weniger als drei Monaten entlassen. (Siehe auch Mailänder Südtirol-Prozeß 1. 2. bis 27. 3. 1969.)

Italienischer Racheakt

Einige Tage nach der Verhaftung wurde das Sägewerk von Marth auf Grund von Brandstiftung ein Raub der Flammen. Über Rudolf Marth hatte das Trentiner Nationalistenblatt „L'Adige" am 19. März 1964 berichtet: *„Es war in der Nacht des 9. 11. 1963. Es war die tragische Nacht von Vajont. Die ungeheure Mure, die sich auf Longarone ergossen hatte, war kurz zuvor vom Monte Toc abgegangen. R. Marth, der 39jährige Tischler aus St. Martin, gelangte wenige Minuten später zum Ort der ungeheuren Verwüstung. Noch wußte keiner, was in Longarone passiert war, keiner oder nur wenige ... Als der starke und mutige Feuerwehrmann aus St. Martin die ungeheure Verwüstung erkannte, als er von allen Seiten Schreie hörte, Stimmen aus den Häusern, die um Hilfe riefen, als er die ersten Opfer des Unglücks sah, gab es für ihn nur eine einzige Sache zu tun: sich inmitten dieses Schlammes hineinzuwerfen, auch das eigene Leben zu riskieren, nur um zu retten, menschliches Leben, nie gekannte Leben. Das war eine wahre und menschliche Geste Rudolf Marths ... In Longarone brauchte man Hilfe, und er gab sie. Sie leisteten Hilfe bis zum folgenden Morgen ... In den vergangenen Tagen wurde Rudolf Marth eine hohe Auszeichnung übermittelt. Herzlichen Glückwunsch!"* Das war der „Terrorist" Marth, den die Carabinieri quälten und demütigten und dem die Italiener sein Sägewerk anzündeten.

11. Oktober 1966

Verhaftung deckt italienische Agentenweisungen auf

Österreichische Gendarmeriebeamte verhafteten den Südtiroler Alois Rainer (25), als er bei Obergurgel (Ötztal) Sprengstoff, Munition und eine Maschinenpistole nach Südtirol bringen wollte. Es handelte sich um den Bruder des am 6. Oktober 1964 bei einem mißglückten Sprengstoffanschlag ums Leben gekommenen – vielleicht ermordeten – Friedrich Rainer. Wie die „Tiroler Tageszeitung" berichtete, sei aus Kreisen der österreichischen Staatspolizei bekannt geworden, daß Alois Rainer in Wahrheit ein Spitzel und „agent provocateur" der italienischen Polizei gewesen sei. Alois Rainer habe nach Mitteilung der Staatspolizei auch mit dem in Österreich verhafteten italienischen Spitzel Erich Baroch zusammengearbeitet. Baroch, ein beschäftigungsloser Tischler aus Wien, war von Alois Rainer gegen Geld angeworben worden, ihm am 21. September Sprengstoff nach Bozen in das Gasthaus „Weißes Kreuz" zu bringen. Dieser Sprengstoff hätte zu einem fingierten Attentat dienen sollen, um den Freiheitskämpfer Georg Klotz zu diskreditieren und zu belasten. Als Baroch Rainer jedoch in Bozen nicht antraf, versteckte er den Sprengstoff aus Angst in einem Lichtschacht und in einem Schrank. (Siehe 21. September 1966.) Anschließend flüchtete der in Österreich wegen krimineller Delikte gesuchte Baroch nach Paris, wo er um einen Flüchtlingspaß ansuchte. Der Chef der politischen Abteilung der Bozener Quästur (Polizeidirektion) soll sich nach Mitteilung der „Tiroler Tageszeitung" persönlich nach Paris bemüht haben, um Baroch 10 Millionen Lire dafür zu bieten, den Freiheitskämpfer Georg Klotz in eine Polizeifalle nach Südtirol zu locken. Baroch gelang es, Georg Klotz bis nach Kärnten zu locken, doch dann schöpfte dieser Verdacht und kehrte nach Absam in Nordtirol zurück. Als Baroch so seine Felle wegschwimmen sah, verkaufte er noch schnell der Wiener Tageszeitung „Kurier" die Räuberpistole seiner „Beziehungen zu rechtsradikalen Kreisen", zu den „Bumsern" und zum italienischen Geheimdienst. (Siehe 21. September 1966 und 5. November 1967.)

12. Oktober 1966

Deutscher Bundestag: Gegen kommunistisch-faschistische Hetze

Im Rahmen einer Fragestunde im Deutschen Bundestag stellte der Abg. Borm (FDP) zu den im römischen Parlament erhobenen Vorwürfen fest, daß etwa seit dem Bau der Berliner Mauer 1961 eine aus dem Ostblock gesteuerte Kampagne eingesetzt habe, welche eine Offensive gegen die Bundesrepublik mit dem Ziel eröffnet habe, die Weltöffentlichkeit von den Vorgängen in Berlin und von der Mauer abzulenken. „*Das Ziel dieser Kampagne ist, einen Zusammenhang mit den Bestrebungen unserer Regierung herzustellen, die angeblich beabsichtigt, die Probleme um die Oder und Neiße und die Probleme um das Sudetenland und Südtirol im Sinne, wie es heißt, revanchistischer und pangermanistischer Verblendung mit Gewalt zu lösen ... Diese Kampagne ist gepaart – nach bekannten Mustern – mit einer Kampagne aus dem rechtsradikalen, dem faschistischen Lager.*" Hier handle es sich „*um ein fein abgestimmtes und – wir müssen es wohl zugeben – durchaus gekonntes Zusammenspiel aller an diesen Fragen interessierten Mächte in Ost und West. Fachlich ist es die kommunistische Presse, es sind die italienischen Faschistenorgane, aber leider sind in Italien auch Organe beteiligt, die der Regierung nahestehen.*" Die Angriffe kämen aus Moskau, Ostberlin, Prag, Warschau, von der österreichischen KP, von der italienischen KP und von den Bozener Faschisten.

Ertl: Unterdrückungspolitik entgegentreten
Der FDP-Abgeordnete Ertl erklärte vor dem Bundestag: „*Wir lehnen Gewalttaten als Mittel der Politik ab. Wir sind aber der Meinung, daß kulturelle Freiheit und kulturelle Sicherheit ein Element sind, ohne das es sich in Freiheit nicht leben läßt. Ich will diese kurzen Ausführungen beenden mit einem Zitat des Außenministers Stresemann aus einer Reichstagsrede im Jahre 1926, weil ich meine, daß diese Rede für Parlament und Regierung heute noch gültig und verpflichtend sein sollte. Stresemann erklärte: Das ändert aber nichts an der Gemeinschaftlichkeit deutschen kulturellen Empfindens für Staaten deutscher Kultur, für ein Land und ein Volk, das seit Jahrhunderten deutsch gewesen ist und bis zur Stunde der deutschen Kulturgemeinschaft angehört ... Das Recht des deutschen Volkes, mit den in einem anderen Staate lebenden Menschen gleichen Blutes mit zu empfinden und zu fühlen, ist ein Recht, das wir uns von niemand nehmen und bestreiten lassen. Ein Einschreiten gegen derartige Bewegungen, die aus der Tiefe des deutschen Volkes herauswachsen, lehne ich namens der deutschen Reichsregierung auf das entschiedenste ab. Gerade wenn Unterdrückungspolitik gegenüber Minderheiten die Gesamttendenz von Europa bestimmen sollte, dann ist es notwendig, dieser Tendenz entgegenzutreten.*"

Italiener gegen Kurzurlaub eines deutschen Ministers
Ein dreitägiger Südtirol-Kurzurlaub des deutschen Bundeswohnbauministers Dr. Ewald Bucher, der von der italienischen Presse als Förderer der „Südtirolterroristen" verdächtigt worden war, löste unverständliche diplomatische Aktivitäten aus. Zuerst erkundigte sich der Gesandte der italienischen Botschaft Cavaletti beim Auswärtigen Amt in Bonn über Sinn, Zweck und Dauer der privaten (!) Reise Buchers, wobei unklar blieb, auf welche Weise die Italiener von dieser Absicht Kenntnis erhalten hatten. Zuletzt wurde der Botschafter Luciolli persönlich bei Staatssekretär Carstens vorstellig und wollte wenigstens eine Zusage, daß der deutsche Minister nicht mit Politikern der SVP zusammenkomme. Carstens gab diese Demarche telephonisch an Bucher in Naturns durch. Dort hatten sich in der Zwischenzeit die Carabinieri bei den Wirtsleuten nach der Autonummer des deutschen Ministers erkundigt. Dr. Ewald Bucher hatte den anerkennenswerten Mut, sich über die „Empfehlungen" der Italiener hinwegzusetzen, bei einem Ständchen der örtlichen Musikkapelle zeigte er sich demonstrativ mit dem Obmannstellvertreter der SVP, Dr. Friedl Volgger.

Sprengstoffanschlag
In einem Neubau in der Nähe des Legionskommandos der Finanzwache in Trient explodierte eine Sprengladung und richtete schweren Sachschaden an.

16. Oktober 1966
Sprengstoffanschlag
In der Nacht explodierte in der Rosticceria „Da Mary" in der Museumstraße in Bozen eine Sprengladung und zerstörte die Küche und die Toilettenanlagen in dem geschlossenen Lokal.

Bandenkrieg-Spezialist nach Südtirol
In der Führung der Carabinieri-Legion in Bozen wurde ein Wechsel vorgenommen. Oberst Palombi wurde zum Brigadegeneral ernannt und nach Padua versetzt. Als sein Nachfolger wurde Oberstleutnant Giulio Grassini bestimmt, der sich vorher mit der Bekämpfung sardischer Banditen in Cagliari auf Sardinien befaßt hatte.

18. Oktober 1966
Dr. Jenny findet keine Übereinstimmung mit Tončić-Sorinj
Der Obmann der Sozialen Fortschrittspartei Südtirols, Dr. Egmont Jenny, traf in Wien mit Außenminister Tončić-Sorinj zusammen, um genaue Auskünfte über den Stand der Südtirolverhandlungen zu erhalten. In einer anschließenden Pressekonferenz stellte Dr. Jenny fest, daß keine Übereinstimmung der Ansichten erreicht werden konnte und der österreichische Außenminister bei der Frage der internationalen Verankerung an den Internationalen Gerichtshof denke und damit den italienischen Standpunkt unterstütze.

19. Oktober 1966
Dr. Tončić-Sorinj verteidigt österreichische Südtirolpolitik
Auf Grund der zunehmenden Angriffe auf die österreichische Südtirolpolitik stellte sich Dr. Tončić-Sorinj der Auslandspresse in Wien. Dort meinte er, daß er über den Ausgang der Südtirolverhandlungen keine Aussagen machen könne. Er könne aber soviel sagen: *„Es handelt sich um die Übertragung von 100, 110 oder 115 Kompetenzen, davon mehrere sehr bedeutende, auf die Provinz Bozen."* Dies sei eine wesentliche Änderung im Vergleich zu früher. Zur Frage der internationalen Verankerung erklärte Tončić-Sorinj, daß Experten gegenwärtig die beste Garantieformel studierten. Zur Diskussion stünden eine politische und juridische Garantie.

20. Oktober 1966
Magnago optimistisch: „Nicht, daß ich Versprechungen erhalten habe ..."
Der Obmann der SVP und Südtiroler Landeshauptmann Dr. Magnago trug in Rom Ministerpräsident Moro drei Stunden lang die Wünsche der Südtiroler zur Anreicherung des bislang zu mageren „Paketes" vor. Es geht insbesonders um die Fragen der Arbeitsplatzvermittlung, des Ansässigkeitsrechtes, des Schulwesens, der Budgethoheit einer künftigen subautonomen Provinz Bozen und um die internationale Verankerung des „Paketes". Wie Magnago anschließend den Journalisten gegenüber erklärte, habe Moro sich die Darlegungen Magnagos *„mit großer Geduld"* angehört, freilich ohne sich irgendwelche Notizen zu machen. Deshalb werde Magnago Moro aus Bozen ein zwei oder drei Seiten langes Resümee seines Vortrages schicken. Der Ministerpräsident habe nur gelegentlich kurze Zwischenfragen eingeworfen und zum Abschluß erklärt, er werde die Angelegenheit im Ministerrat besprechen und ihm, Magnago, *„in nicht langer Zeit"* eine schriftliche Antwort geben. *„Es gibt einige Hoffnungen auf eine Lösung"*, erklärte Magnago, *„Ich habe diesen persönlichen Eindruck. Nicht, daß ich Versprechungen erhalten habe. Im ganzen bin ich jedenfalls gemäßigt optimistisch."*

24. Oktober 1966
Sprengstoffanschlag
In der italienischen ENAL-Bar in Bruneck explodierte in einer Telephonkabine gegen 23 Uhr eine kleine Sprengladung. Flaschen sowie Fensterscheiben wurden zertrümmert und Mauern beschädigt. Neun Gäste wurden zu Boden geschleudert und kamen mit dem Schrecken davon.

26. Oktober 1966
Wallnöfer: Es liegt bei Italien ...
Anläßlich des österreichischen Staatsfeiertages erklärte Nordtirols Landeshauptmann Wallnöfer zum Abzug der alliierten Truppen aus Österreich im Jahre 1955: *„Für uns Tiroler konnte nur eine halbe Freiheit errungen werden, weil der Süden des Landes, die Wiege unse-*

rer Heimat, unter fremder Herrschaft verblieben ist." Es liege nun bei Italien, guten Willen zu beweisen und einer echten Autonomie zuzustimmen, und an die Stelle des Mißtrauens das Vertrauen zu setzen. „*Wenn die italienische Presse ... die Schuld an verschiedenen Vorfällen südlich des Brenner dem österreichischen Volk oder der österreichischen Regierung zuschiebt, so ist das eine bewußte Irreführung der öffentlichen Meinung in Europa und der Welt.*"

1. November 1966

Höhenfeuer verboten

Der italienische Regierungskommisär Dr. Schiavo hat angeordnet, daß bis zum 30. Oktober 1967 in der gesamten Region Trentino–Südtirol alle Höhenfeuer, wie Sonnwendfeuer und Herz-Jesu-Feuer, verboten sind, „*da diese öffentliche Unruhe auslösen könnten.*"

3. November 1966

Sprengstoffanschlag

Am Vorabend des Gedenktages an den Waffenstillstand 1918 explodierte um 21.30 Uhr hinter der Tür des Gasthauses „Central" in Bozen eine Sprengladung. Die Haustür wurde zerstört, Fensterscheiben zersprangen und weitere Türen wurden aus den Angeln gerissen. In dieser Soldatenkneipe des Besitzers Luigi de Zordo wurden drei Alpini leicht verletzt.

4. November 1966

Sigis „Marsch auf Rom"

Aufgrund von Geheimdienstberichten und den wirren Erzählungen eines in Norditalien aufgegriffenen Stromers kamen die italienischen Behörden zu der Ansicht, der in Innsbruck lebende Südtiroler Freiheitskämpfer Siegfried („Sigi") Graf aus Prad im Vintschgau plane einen „*Marsch auf Rom*" mit anschließender Sprengung des Denkmales „*Altar des Vaterlandes*". 16.000 Carabinieri legten Sperringe um Rom und die Kraftwerke in Latina und Cottiglia. 28.000 Autos wurden untersucht, und Streifen hielten Wache vor allen öffentlichen Gebäuden, an Brücken und Straßenkreuzungen. Auf dem Hauptpostamt öffnete die Polizei 15.000 Pakete und die Oberbefehlshaber der Marine, der Luftwaffe, des Heeres und der Zollwache verfügten den Bereitschaftsalarm ihrer Truppenteile. Die Carabinieri und die Polizei erhielten Urlaubssperre. Zur Feier des „*Sieges über Österreich*" legte Staatspräsident Saragat einen Kranz am Denkmal des Unbekannten Soldaten auf der Piazza Venezia nieder, umringt von 400 Geheimpolizisten, die ihn vor Sigi schützten. Der Großalarm gegen Sigi Graf wurde erst abgeblasen, als die österreichischen Behörden den Italienern mitteilten, daß Sigi derzeit damit beschäftigt sei, in seiner Eigenschaft als Elektriker einen Elektroheizkessel im Innsbrucker Telephonwählamt zu montieren.

9. November 1966

Sprengstoffanschläge

Auf das Haus der Forstwache in Sand in Taufers, das von einem italienischen Polizisten bewohnt wurde, kam es zu einem Anschlag. Der Sprengkörper in der Regenrinne richtete erheblichen Sachschaden an. Verletzt wurde niemand. Im Mühlwaldertal wurde ein Hochspannungsmast gesprengt.

10. November 1966

Südtirolverbände bei Bundeskanzler: Gegen Verzichtsabkommen!

Vertreter der in der „Union für Südtirol" zusammengefaßten Südtirolverbände sprachen bei Bundeskanzler Dr. Klaus vor und deren Vorsitzender, Chefredakteur Walter Raming, überreicht Dr. Klaus ein Forderungsprogramm. In diesem wird das Heruntergehen Österreichs von der Forderung nach Regionalautonomie im Jahre 1961 auf die Minimalforderung einer sogenannten De-facto-Autonomie im Jahre 1966 kritisiert. Nun solle auch noch auf eine wirksame Verankerung verzichtet werden. Die „Union für Südtirol" fordert angesichts dieser Sachlage die Bundesregierung auf, erneut die UNO mit der Frage zu befassen und dabei den Gesichtspunkt der Selbstbestimmung zu beachten. Außerdem forderte die Union die Wiedererrichtung des aufgelösten Staatssekretariates für Südtirol sowie die Errichtung eines Südtirolinformationszentrums zur Unterrichtung der Auslandspresse, welche derzeit allein aus italienischen Wellen mit Nachrichten über Südtirol gespeist werde.

16. November 1966
Geheimdienstprovokation: Sprengstoffanschlag
Bei Sprechenstein in der Gemeinde Freienfeld wurde ein unbewohntes Eisenbahnerhaus durch eine Sprengladung zerstört. Der Südtiroler Täter sollte sich durch diese Aktion im Auftrag des italienischen Geheimdienstes in das Vertrauen der Südtiroler Freiheitskämpfer einschleichen. Es handelte sich um den gleichen Mann, der am 7. 10. 1966 (siehe dort) eine fingierte Aktion durchgeführt hatte. Das beschädigte Eisenbahnerhaus war zum Zeitpunkt des Anschlages bereits von den zuständigen Stellen zum Abriß freigegeben worden.

17. November 1966
Südtirol ehrt seine Freiheitskämpfer
Der im Mailänder Südtirolprozeß verurteilte Konrad Matuella wurde nach mehr als fünf Jahren aus der Haft entlassen. In seinem Heimatort wurde er von der Bevölkerung stürmisch begrüßt. Die Musikkapelle brachte dem Freiheitskämpfer ein Ständchen, und der Bürgermeister beglückwünschte den Heimkehrer.

18. November 1966
Italiener auf Schattenjagd
Als Armeeposten in der Nähe von Sterzing in den Nachtstunden das Feuer auf „Schatten" eröffneten, trafen sie die Oberleitung der Brennerbahn und legten diese für Stunden still.

27. November 1966
Italienischer Flugblattabwurf über Wien: Italien kann nicht auf seine Gebiete verzichten
Ein italienisches Sportflugzeug warf im Auftrag der italienischen „TV-Illustrazione" eine große Anzahl von Flugblättern in deutscher und italienischer Sprache in Wien ab. Im Flugzeug waren die Redakteure Daquino Maiorino und Franco Fedeli. Der Wortlaut des Flugblattes: *„Wiener! Ein Flugzeug der italienischen Wochenzeitschrift, TV-Illustrazione' (Fernsehbild) wirft diese Botschaft über die Stadt Wien ab. Wir kommen nicht als Feinde zu euch! Wir kommen als Freunde, mit einer Freundes-Botschaft, um zu verhindern, daß die traurige Lage südlich des Brenners nicht die unzähligen Bande der Sympathie, die unsere beiden Völker miteinander verbinden, endgültig zerstört. Der Terror läßt nicht davon ab, uns durch einen Abgrund von Haß zu trennen, und fährt fort, unschuldiges Blut zu vergießen. Wiener! Laßt uns vereint dieser Gefahr entgegentreten! Italien kann nicht auf Gebiete verzichten, die ein wesentlicher Teil unserer Heimat sind. Wir wollen niemanden unterdrücken, da wir niemals vergessen, daß die Zukunft Europas uns die Verbrüderung aller Völker, ja vielleicht die Abschaffung aller Grenzen bringen wird. Wiener! Verzeiht uns, daß wir bei euch eingedrungen sind. Wir grüßen euch alle, euren Stephansturm, euren Prater, eure schöne, blaue Donau. Wenn ihr nach Italien kommt, werdet ihr immer auf das herzlichste willkommen geheißen werden. Wenn ihr den Italienern etwas zu sagen habt, dann wendet euch an uns, und unsere Zeitung, die wöchentlich von fünf Millionen Italienern gelesen wird, wird eure Botschaft allen zugänglich machen. Schreibt an ‚TV-Illustrazione', Via Virgilio 8, Rom. Herzliche Grüße und auf Wiedersehen, Freunde aus Wien! Es lebe die italienisch-österreichische Freundschaft."*

28. November 1966
Präsident des Kassationsgerichtshofes bei neofaschistischer Gedächtnisfeier
Die Zeitung „L'Avanti" meldet, daß der Erste Präsident des Kassationsgerichtshofes (des obersten italienischen Berufungsgerichtes), Silvio Tavolaro, an einer von der neofaschisti-

schen Partei MSI veranstalteten Gedächtnisfeier zu Ehren des ehemaligen faschistischen Justizministers Alfredo Rocco teilgenommen habe. Rocco war der Schöpfer des heute in Kraft befindlichen Strafgesetzbuches und des berüchtigten „Tribunale Speciale“ für Staatsschutz, das zahlreiche Antifaschisten zu langen Haftstrafen oder zum Tode verurteilt hatte. Die Unterschrift Roccos zierte auch die faschistischen bzw. königlichen Dekrete über die Aberkennung der Staatsbürgerschaft und die Italianisierung der Familiennamen von 10. 1. 1926. Bei der Gedenkfeier wurde Rocco in Gegenwart des Kassationsgerichtshofspräsidenten unwidersprochen mit Worten geehrt wie: Man könne sich Rocco *„nur auf den Knien nähern“* und der *„Zyklus des Faschismus ist zwar durch die Intervention fremder Waffen abgeschlossen, als idealer Zyklus aber lebt er weiter.“* Silvio Tavolaro steht jenem obersten Gerichtshof vor, vor welchem die Südtiroler Häftlinge in letzter Instanz ihr Recht zu finden hofften.

Dr. Tončić-Sorinj weiter für Verzichtspolitik

In einem Vortrag vor dem St. Johanns-Club in Wien gab der österreichische Außenminister erneut zu erkennen, daß Österreich auf eine internationale Verankerung eines Abkommens mit Italien verzichten würde. Er meinte, daß einem Abschluß nur mehr die *„hochgespielte Frage der Garantien“* entgegenstünde. Man dürfe die Südtirollösung auf der Basis des von Italien angebotenen „Pakets“ nicht an der mangelnden internationalen Absicherung scheitern lassen.

<u>30. November 1966</u>

Südtirol im österreichischen Nationalrat: Alle gegen Tončić-Sorinj!

In der großen außenpolitischen Debatte des österreichischen Nationalrates kam auch die Frage Südtirol zur Abhandlung. Alle drei im Parlament vertretenen Parteien meldeten sich durch ihre Sprecher zu Wort. Obwohl der Regierungspartei angehörend, meinte der ÖVP-Abgeordnete Leitner aus Nordtirol, die Bevölkerung beginne im zunehmenden Maße über die weiteren Verzögerungen unruhig zu werden. Er bedauerte, daß Italien einer Untersuchung der Attentate durch ausländische Experten nicht zustimmen wolle. Es gäbe da nämlich geheimnisvolle Vorfälle, wo sich angebliche Attentäter später als italienische Agenten entpuppten. Dem Außenminister, der auf internationale Garantien für das „Paket“ zu verzichten bereit ist, hielt er entgegen, daß eine Aufrufungsmöglichkeit des Internationalen Gerichtshofes völlig ungenügend und nur eine echte Verankerung sinnvoll sei. Für die SPÖ meinte der Abgeordnete Horejs, daß die Ergebnisse der Geheimdiplomatie von einem Ausschuß genau geprüft werden müßten, damit nicht wieder durch unklare Formulierungen Scheinlösungen getroffen würden. Für die FPÖ forderte Dr. Scrinzi eine von allen Seiten zu bejahende Lösung. Dr. Bruno Kreisky warf dem Außenminister Tončić-Sorinj vor, daß er Erklärungen abgäbe, *„die man bestenfalls im italienischen Parlament abgeben kann.“*

<u>2. Dezember 1966</u>

Faschistisches Alpini-Denkmal gesprengt

Der Südtiroler Freiheitskämpfer David Oberhollenzer sprengte das schwerbewachte Alpinidenkmal in Bruneck, welches von den Faschisten 1938 als ständige Provokation der Bevölkerung in das rein deutsche Pustertal gestellt worden war. In ein Tal, welches während des Ersten Weltkrieges, wie auch sonst das gesamte Südtirol, nie von Alpini-Soldaten betreten worden war. Die zehn Tonnen schwere Statue wurde in zahlreiche Stücke zerrissen. Auf dem Sockel blieb nur das linke Bein bis zum Knie zurück. Das Denkmal, welches einen Alpinisoldaten im Umhang und Kapuze darstellt – im Volksmund „Kapuziner-Wastl“ genannt – war das erste Mal 1944 von einem deutschen Panzer von einem Sockel gezerrt worden. 1951 stellte das Nachkriegsitalien das faschistische Provokationsstück erneut auf. Am 20. 2. 1959 wurde der erste Sprenganschlag darauf verübt, später wurde das Denkmal mehrmals an den Beinen in den Tiroler Landesfarben angemalt.

Italienische Veteranen: machtvolles „basta"!
Einige Stunden nach dem Brunecker Anschlag versammelten sich die nach Südtirol zugewanderten Vorstände der verschiedenen italienischen Veteranenorganisationen. Statt sich über die Zerstörung eines herausfordernden faschistischen Denkmales zu freuen, sandten sie folgendes schwülstige Telegramm an die römische Regierung: *„Empört und im Innersten ihrer Gefühle schändlichst beleidigt, stolz auf die Symbole und Traditionen reinsten Ruhmes heldenhafter Vaterlandsliebe, vom Willen zu Gegenmaßnahmen beseelt, stehen die Südtiroler Alpini* (es müßte heißen: die nach Südtirol zugewanderten Alpini; Anm. d. Verf.) *als würdige Vertreter der großen italienischen Gemeinschaft in einsamer Bestürzung und in Verlassenheit vor den Trümmern des Alpini-Denkmals von Bruneck, das einem brutalen Sprengstoffanschlag zum Opfer fiel. Niemals bereit, ihren stolzen Willen zu beugen, zu jedem Einsatz entschlossen, unentwegt bereit, rufen sie ihr machtvolles ‚basta' (es genügt, Schluß damit)!"*

Innenminister Taviani läßt faschistisches Denkmal erneuern
Aus Steuergeldern läßt Innenminister Taviani den „Kapuzinerwastl" für zehn Millionen Lire erneuern. Bereits wenige Stunden nach dem Anschlag wurde der Unteroffizier Serafino Gerlando mit dieser Aufgabe betraut, welcher schon 1938 im Auftrag der Faschisten den kühn in die Luft hinaus stürmenden „Wastl" erstellt hatte.

3. Dezember 1966
Italien verlangt von Österreich Ausweisung von Südtirolern
Eine italienische Note an die österreichische Regierung zählte angebliche *„Terroristenbasen"* in Österreich mitsamt Trainingszentren, Vorratslagern und Zufluchtsstätten auf, wobei die Note insbesondere auf Dr. Norbert Burger hinwies, der Waffen, Munition und Sprengstoff für den Gebrauch in Südtirol erworben hätte. Die Note wies auch darauf hin, *„daß das österreichische Recht unzweifelhaft die Ausweisung der Extremisten aus dem Alto Adige verlangt"*, welche sich in Österreich aufhalten. Weiters sollte Österreich auch zeitliche Aufenthaltsbeschränkungen für Südtiroler erlassen sowie Aufenthaltsverbote in Gegenden nahe der italienischen Grenze. Die Note wies darauf hin, daß es seit der letzten italienischen Note vom 6. Oktober 1966 neue *„Ausbrüche von Terrorismus"* gegeben hätte, die vermieden hätten werden können, wenn es vorher möglich gewesen wäre, *„eine vollständige Zusammenarbeit zwischen den italienischen und österreichischen Sicherheitskräften zur Bekämpfung des Terrorismus zu erreichen."* In der Note ersuchte die italienische Regierung daher Österreich erneut, bekanntzugeben, welche konkreten Maßnahmen Österreich gegen jene setzen wolle, die für den Terrorismus verantwortlich seien. Die Note schloß mit der Mitteilung, daß in Italien ernste Befürchtungen laut geworden seien, weil der österreichische Bundeskanzler ein Memorandum der „Union für Südtirol" entgegengenommen habe, in welchem das offen einbekannte Ziel der Annexion der Provinz Bozen dargelegt wurde. Diese Befürchtungen seien durch die Tatsache verstärkt worden, daß die österreichische Regierung wiederholtermaßen vergeblich ersucht worden war, Maßnahmen gegen diese extremistischen Organisationen zu ergreifen, deren wirkliche Ziele sehr verschieden von den in ihren Statuten genannten seien. (Österreich hielt auch diese Note geheim, die erst in Toscano, Mario: „Alto Adige – South Tyrol", Baltimore, London 1975, S. 278, veröffentlicht wurde.) (Siehe auch 5. Dezember 1966.)

7. Dezember 1966
Staatspräsident berät mit Neofaschistenführer über Südtirol
Die Tageszeitung „Dolomiten" berichtete, daß der italienische Staatspräsident Saragat den italienischen Neofaschistenführer Giorgio Almirante in Privataudienz empfangen habe und das Südtirolproblem im Mittelpunkt der Gespräche gestanden sei. Almirante galt als der „Südtirol-Spezialist" seiner Partei und war jener Politiker, der 1960 im Parlament die Ausweisung aller Südtiroloptanten gefordert hatte. Am 28. April 1957 (!) hatte Almirante in einem Leitartikel in der faschistischen Zeitung „Secolo" (Rom) unter dem Titel „Das Wunder Mussolini" geschrieben: *„Nach seinem Tod wächst seine Statur von Jahr zu Jahr . . . Du bist lebendiger*

als jemals, du bist lebendiger als vor einem Jahr, jünger wie vor einem Jahr; und wir erinnern uns an deinen Tod nur deshalb, um das Privileg zu haben, demütig im Schatten deines Lebens fortzufahren."

8. Dezember 1966

Sepp-Kerschbaumer-Gedenkfeier

In Frangart fand anläßlich des zweiten Todestages von Sepp Kerschbaumer eine eindrucksvolle Gedenkfeier statt. Unter den 2.000 Besuchern befanden sich Landeshauptmann Dr. Magnago, der Abgeordnete Hans Dietl, die Landesassessoren (Landesräte) Dr. Benedikter und Dr. Dalsass, Landtagsabgeordnete und lokale SVP-Politiker. Der Politiker und Rechtsanwalt Dr. Nicolussini-Leck würdigte Kerschbaumer als Vorbild an Selbstlosigkeit und Opferbereitschaft. Die italienische Presse griff die „zweideutige" Haltung der SVP gegenüber den „Terroristen" nach dieser Feier scharf an, und auch im Südtiroler Landtag kam es zu Debatten. Vor allem wurde Magnago vorgeworfen, daß er zwar dem „Terroristen" Kerschbaumer die Ehre erwiesen habe, bei der Wiedereinweihung des gesprengten Alpini-Denkmals jedoch durch Abwesenheit geglänzt habe. Im Landtag sagte Dr. Magnago dazu: *„Weil ich Sepp Kerschbaumer sehr gut gekannt habe, weil er einmal SVP-Ortsobmann war und er im Mailänder-Prozeß eine so aufrechte Haltung an den Tag gelegt hat, war ich bei dieser Trauerfeier. Das Recht, an dieser Messe teilzunehmen, kann niemand bestreiten."*

12. Dezember 1966

„Spezialisten aus Sizilien folterten ein ganzes Südtiroler Dorf"

Unter diesem Titel meldet eine Grazer Zeitung erneute Folterungen. Der „Grazer Montag" berichtet, daß seit der Sprengung des faschistischen Alpini-Denkmales in Bruneck am 2. Dezember Massenverhaftungen im Tauferer Tal stattgefunden hätten. Sogenannte „Celere"-Kommandos (Schnelle Einsatzkommandos) der Carabinieri hätten ein Hotel in Mühlen beschlagnahmt und dort sowie in der örtlichen Carabinierikaserne umgehend mit den Verhören begonnen. Tagelang hätte man die Schreie der Mißhandelten bis auf die Straße gehört. In Mühlen sei die gesamte männliche Jugend des Ortes ohne Ausnahme verhört und dabei schwer geprügelt worden. Einem Burschen aus Mühlen seien sämtliche Zähne ausgeschlagen worden. Nach ergebnislosen Verhören mußten etwa 30 Burschen wieder entlassen werden. Max Innerhofer (31), Albert Fruh (26) und Franz Ebner (48) aus Sand in Taufers sowie Franz Lehner (34) aus St. Johann im Ahrntal blieben in Haft.

Italienische Drohungen in Innsbruck

In Innsbruck wurden Flugblätter einer „Nationalen antikommunistischen Union Freiheit und Friede" (Druckerei Zangheri, Postfach 166, Rimini) aufgefunden, in denen in deutscher Sprache Drohungen verbreitet wurden. Der Inhalt: *„An die Bürger von Innsbruck! In der Nacht vom vergangenen 23. September teilte man in den Flugblättern, die in Eurer Stadt verstreut wurden, mit: Auch in Italien gibt es Männer, die fähig sind, mit Sprengstoff umzugehen. Nachdem nicht einmal Katastrophen der Natur, die ein Drittel italienischen Gebietes schwer betroffen haben, die Hände der Attentäter gebunden haben, wollen wir noch deutlicher werden: Für jegliches neue Attentat, das vorfallen wird, warnen wir von diesem Moment an die Bevölkerung dieser Stadt, die wir für die Heimat der fanatischen Attentäter halten, daß ähnliche Handlungen zum Schaden der Hauptstadt Tirols ausgehen werden. Zum Wohle für alle hoffen wir, daß das Kommando der Gendarmerie und die Bürger wissen, wie man denjenigen, die weiterhin fortfahren, ihre Argumente dem Sprengstoff anzuvertrauen, ein Ende macht."*

13. Dezember 1966

Südtirolfrage im Nordtiroler Landtag

Im Nordtiroler Landtag befaßten sich Sprecher der drei Parteien mit der Südtirolfrage. Dr. Ersacher (ÖVP) bedauerte, daß bei den Verhandlungen mit Italien eine Stagnation eingetreten sei. Landesrat Zechtl verlangte für die Sozialisten eine internationale Absicherung einer

Verhandlungslösung und für die FPÖ stellte Dr. Mader die Frage, ob es überhaupt unter diesen Umständen noch zu verantworten sei, weiter zu verhandeln, oder ob es nicht an der Zeit wäre, die in der UNO-Resolution angezeigte Alternative eines anderen friedlichen Mittels zu ergreifen.

15. Dezember 1966
Bischof Gargitter greift in „Paket"-Politik ein
Die „Dolomiten" in Bozen druckten eine Rede des Bischofs von Brixen-Bozen, Josef Gargitter, ab, welche dieser vor einigen Tagen vor italienische Katholiken gehalten hatte. In dieser Rede verlangte Gargitter, daß die SVP Abstriche von ihrem Forderungsprogramm bezüglich des „Paketes" mache. Gargitter – ein Gegner der Südtiroler Selbstbestimmung – sprach sich für einen raschen „Paket"-Abschluß aus: *„Daher sind die Verhandlungen und der Wille zu einem positiven Abschluß auch dort zu ermuntern, wo nicht alle Wünsche der beiden Teile rechtlich und vollkommen zufriedengestellt werden können."*

16. Dezember 1966
Südtirolverhandlungen durch Wünsche der Südtiroler verzögert
Außenminister Dr. Tončić-Sorinj erklärte vor Pressevertretern, daß die Verhandlungen zur Lösung der Südtirolfrage nicht etwa versandet seien, sondern eine notwendige Verzögerung erfahren hätten, verursacht durch das Studium und die Beantwortung der von der Südtiroler Volkspartei gewünschten „Klarstellungen" Roms. Die Antwort der italienischen Regierung werde in der nächsten Zeit erteilt werden. Ob die Voraussetzungen für die Annahme des „Paketes" gegeben seien, müssen die Südtiroler entscheiden, während die Entscheidung über die Güte der vorgesehenen internationalen Verankerung in die Kompetenz der Südtiroler und der österreichischen Regierung falle.

17. Dezember 1966
Sprengstoffanschläge ungeklärter Herkunft
Im Hausflur des italienischen Gasthauses „Stella Alpina" (Besitzer Bruno Piol) in Bruneck explodierte eine Sprengladung. Mauerbrocken flogen in die Bar, Fensterscheiben zersprangen und Türen wurden aus den Angeln gerissen. In einem Geräteschuppen der Firma Stefane neben der Eisenbahnkantine des Bahnhofes Bruneck explodierte ebenfalls eine Sprengladung, die den Schuppen zerstörte und Fensterscheiben in der Umgebung zertrümmerte. In der Turinstraße in Bozen detonierte ein Papierböller, der Knall zertrümmerte zahlreiche Fensterscheiben. In Bruneck gab es nach diesen neuerlichen Anschlägen unter der italienischen Bevölkerung eine Panik. Der BAS bekannte sich nicht zu diesen Anschlägen. Ihre Urheber blieben unbekannt.

Bergisel-Bund: Anschläge beendeten Unterwanderung
Der Obmann des oberösterreichischen Bergisel-Bundes, Richard von Helly, legt in einem vielbeachteten Artikel in der auflagenstärksten westösterreichischen Tageszeitung „Oberösterreichische Nachrichten" bemerkenswerte Zahlen und Fakten vor: Die vom italienischen Staat geförderte und durchgeführte Unterwanderung habe den Anteil der Italiener von 3% im Jahre 1918 auf mehr als 36% im Jahre 1960 steigen lassen. Bei den öffentlichen Stellen und weitgehend auch in der Industrie erhielten die Südtiroler keine Arbeitsplätze, während die Italiener bei der Staatsbahn bereits 93% der Posten innehätten, bei der Justiz 87 %, bei der Post 79% und bei der Quästur (Polizei) 99%. Dadurch würden vor allem junge Südtiroler zur Auswanderung gezwungen. Man schätze derzeit die in der BRD, in Österreich und in der Schweiz beschäftigten Südtiroler Jungarbeiter auf 10.000. Die italienischen Arbeiter der von Mussolini errichteten Industriezone von Bozen, die nach dem Krieg kräftig ausgebaut wurde, bewohnten 96% aller mit Steuergeldern erbauten Volkswohnungen. Die von Italien *„mit der grausamen Waffe der sozialen Benachteiligung geführte Italianisierungspolitik"* hätte bis zum Jahre 1973 rein rechnerisch eine italienische Mehrheit von 51% geschaffen, wenn *„nicht etwas Unvor-*

hergesehenes" eingetreten wäre. *„Vor diesem brutalen Hintergrund muß man nun die 1961 beginnenden Verzweiflungsaktionen sehen, seit deren Einsätzen die italienische Unterwanderung immerhin nahezu zum Erliegen gekommen ist. Von 1960 bis 1964 hat nämlich der Anteil der Italiener nur mehr um ein Zehntel Prozent zugenommen. Sosehr Italien jetzt auch weiterhin die Verhandlungen verschleppt – die Zeit arbeitet nicht mehr gegen die Südtiroler."*

19. Dezember 1966

Bruneck: Reparatur des faschistischen Denkmals – Tat „italienischer Zivilisation"

Unter völliger Abwesenheit der einheimischen Bevölkerung feierten rund 1.000 aus ganz Italien herangekarrte Veteranen – unter ihnen zahlreiche Teilnehmer mit dem Emblem der Neofaschisten auf dem Rockaufschlag – die Wiedereinweihung des faschistischen Alpinidenkmals in Bruneck, welches am 2. Dezember in die Luft geflogen war. Auf dem Sockel wurden die Worte angebracht: *„Durch ein barbarisches Verbrechen am 2. Dezember 1966 zerstört – durch italienische Zivilisation am 19. Dezember wieder aufgebaut." („Barbaro crimine infranse 2-12-1966 – italica civilta ricompose 19-12-1966")* Der sozialistische Unterstaatssekretär Leonetto Amadei sprach im Namen der Regierung und rühmte sich dabei seiner im Kampf gegen den Nazismus erworbenen Auszeichnungen – geradeso als ob es sich hier um ein Denkmal der Demokratie handle, welches gegen Faschisten verteidigt werden müsse. Der Bozener DC-Abgeordnete Alcide Berloffa sandte eine Grußadresse, in welcher er den im Brunecker „Alpino" zu Stein gewordenen faschistischen Ungeist von 1938 zum Inbegriff demokratischer Werte hochstilisierte. Das Schreiben schloß mit den Worten: *„... der Alpino von Bruneck wird weiterhin gemeinsame Werte darstellen: wesentliche Werte, um den Frieden zu verteidigen, jenen Frieden, der uns im gleichen Schicksal vereint, das das Schicksal der freien Völker ist."*

Rosa Klotz an den Augen geschädigt

Wie der „Wiener Montag" sowie einige österreichische Tageszeitungen meldeten, sei aus Trient die Nachricht gekommen, daß die dort inhaftierte Frau des Südtiroler Freiheitskämpfers Georg Klotz schweren Schaden an ihren Augen davongetragen habe, nachdem sie von den Carabinieri während des Verhöres mit einer starken Lampe bestrahlt worden sei. Man habe sie zu Aussagen bewegen wollen, die ihren in Österreich im Exil befindlichen Mann belasten sollten.

20. Dezember 1966

Zusiedlung von Italienern nach Bozen soll gefördert werden

Daß Italien immer noch nicht Abschied von den Methoden der Unterwanderung und Italianisierung nehmen möchte, zeigte die feierliche Schlüsselübergabe an 59 Bozener Neubürgerfamilien – die meisten Zuwanderer aus dem Süden Italiens. Sie alle erhielten neu errichtete Sozialwohnungen in dem Italienerviertel an der Via Castel Flavon. Der Regierungskommissär des Autonomen Institutes des Volkswohnbaues, Dr. Varanese, kündigte an, daß die Absicht bestehe, in kurzen Zeitabständen weitere Siedlungen im Bozener Raum für italienische Arbeiter zu errichten.

21. Dezember 1966

Landeshauptmann Wallnöfer – ein „Terrorist"?

Die in Bozen erscheinende italienische Tageszeitung „Alto Adige" behauptet, daß der Nordtiroler Landeshauptmann Wallnöfer wiederholt an Sitzungen der Führungsspitze des „Befreiungsausschusses Südtirol" (BAS) *„zur Vorbereitung der Anschläge"* teilgenommen habe. Er habe andererseits als österreichischer Delegationsteilnehmer mit Italien verhandelt und so *„ein gefährliches Doppelspiel"* getrieben.

22. Dezember 1966

Union für Südtirol bei Landeshauptmann Wallnöfer

Führende Vertreter der Union für Südtirol hatten eine Aussprache mit dem Landeshauptmann für Nordtirol, Eduard Wallnöfer. Für die Delegiertenkonferenz legte Chefredakteur Walter Raming die Haltung der Union zum gegenwärtigen Stand der Südtirolpolitik dar und forderte erneut ein eigenes Staatssekretariat für Südtirol und die Errichtung eines Südtirol-Informationszentrums. Weiters forderte Walter Raming, daß sich Österreich für eine Generalamnestie für alle inhaftierten Freiheitskämpfer einsetze.

29. Dezember 1966

Magnago positiv zu „Paket"

In seiner im „Volksboten" veröffentlichten Neujahrsansprache äußert Landeshauptmann Magnago, daß das derzeitige Verhandlungsergebnis (Paket, Verankerung, Garantien) besser sei als jenes Ergebnis, welches die Südtiroler 1965 abgelehnt hätten. Viele Anzeichen sprächen dafür, daß 1967 die Entscheidung fallen könne, wenn die in Rom seitens der SVP angefragten „Aufklärungen" in nächster Zeit erfolgen würden. Damit lobte Magnago bereits öffentlich ein Verhandlungsergebnis und machte seine Annahme den Südtirolern schmackhaft, dessen Inhalte in Geheimverhandlungen ausgehandelt wurden und die man immer noch vor der eigenen Bevölkerung geheimzuhalten versuchte.

31. Dezember 1966

Andergassens Opfer ohne Dank und Belohnung

Die „Tiroler Tageszeitung" in Innsbruck veröffentlichte heute einen Brief des Florentiner Gefängnisgeistlichen Grossi an den Bozener Rechtsanwalt Dr. Hugo Gamper, in welchem er die selbstlose Haltung des in Florenz inhaftierten Komponisten und Freiheitskämpfers Günther Andergassen bei der letzten Hochwasserkatastrophe in Florenz schildert. Als die Zellenblökke wegen des steigenden Hochwassers geräumt werden mußten, habe Andergassen nicht die Flucht ergriffen. Er habe *„auf die zum Greifen nahe Freiheit verzichtet"* und habe sofort in aufopferndem Einsatz begonnen, an der Rettung von Menschenleben in dem von der Katastrophe heimgesuchten Florenz mitzuhelfen. Dadurch habe er auch andere Häftlinge bewegt, an den Rettungsarbeiten teilzunehmen, statt zu fliehen. *„In Stille und Bescheidenheit haben diese Häftlinge uns allen ein großartiges Beispiel gegeben. Ich wiederhole, daß in alledem der österreichische Häftling Andergassen sich durch Unermüdlichkeit, durch Selbstlosigkeit und Großzügigkeit hervorgetan hat."* Wie die „TT" zu diesem Brief anmerkte, wurden allen Häftlingen, die als Retter tätig geworden waren, große Teile ihrer Strafen erlassen – nur Andergassen nicht!

— 1967 —

1. Januar 1967
Bischof von Brixen-Bozen drängt auf raschen „Paket"-Abschluß
In seinem Neujahrsaufruf forderte der Bischof die Politiker auf, *„über die juristischen Normen hinaus"* guten Willen zur Lösung der Streitfrage zu zeigen. Die Kirche werde hierzu *„einen Beitrag auf der religiös-moralischen Ebene"* leisten.

Sprengstoffanschlag
In Gais wurde durch die Südtiroler Freiheitskämpfer ein Hochspannungsmast gesprengt, was in Bruneck und anderen Orten einen längeren Stromausfall verursachte.

8. Januar 1967
Magnago: Rückzieher wegen Teilnahme an Kerschbaumer-Seelenmesse
Wegen seiner Teilnahme an einer Seelenmesse für den im Gefängnis von Verona unter ungeklärten Umständen zu Tode gekommenen Freiheitskämpfer Sepp Kerschbaumer wurde Landeshauptmann Dr. Magnago von offizieller italienischer Seite mit Vorwürfen überhäuft. Nun machte Magnago einen „Rückzieher": Er habe nicht in offizieller Funktion, sondern nur privat – als Freund der Familie – an dem Gottesdienst teilgenommen. In Südtirol war allerdings allgemein bekannt, daß Magnago kein Freund Sepp Kerschbaumers war, sondern daß dieser zu Lebzeiten den politischen Kurs Magnagos abgelehnt und bekämpft hatte.

9. Januar 1967
Tončić-Sorinj: SVP-Spitze wollte angeblich Geheimhaltung
Vor dem Salzburger Presseklub verteidigte sich Außenminister Tončić-Sorinj gegen den Vorwurf, „Geheimverhandlungen" zu betreiben. Der Wunsch nach Geheimhaltung der Verhandlungen sei von der SVP-Spitze ausgegangen, erklärte Tončić-Sorinj.

10. Januar 1967
Völkerrechtler Guy Heraud verteidigt Freiheitskämpfer
In einem „Offenen Brief" an die „Südtiroler Nachrichten" wies der französische Völkerrecht-Professor Guy Heraud von der Universität Straßburg darauf hin, daß die Südtiroler keine Nutznießer des NS-Regimes, sondern vielmehr die Opfer eines *„nazi-faschistischen Bündnisses"* gewesen seien. Italien täte überdies gut daran, sich wieder die Tatsache ins Gedächtnis zu rufen, daß Mussolini der große Vorgänger und Lehrmeister Hitlers gewesen sei. In bezug auf die Freiheitskämpfer schrieb der französische Gelehrte: *„Warum sollen wir Garibaldi oder die FLN-Algerier und Andreas Hofer, der gegen Napoleon kämpfte, als vorbildliche Helden betrachten, während die heutigen Südtiroler Patrioten – die auch für die Befreiung ihrer Heimat kämpfen – als bloße Nazis zu stempeln seien? Warum soll das Selbstbestimmungsrecht – das heilige Prinzip des Risorgimento – ein einseitiges Prinzip sein, das auf Trient und Triest anwendbar wäre, auf Südtirol aber nicht?"*

15. Januar 1967
Sprengstoffanschlag
Auf die deutsche Buchhandlung Athesia in Meran wurde von italienischen Faschisten ein Sprenstoffanschlag, der erheblichen Sachschaden anrichtete, verübt. Da die Explosion am frühen Abend um 20 Uhr 50 erfolgte, wurden nur durch ein Wunder keine Passanten verletzt.

18. Januar 1967

Klaus: noch 14 „Paket"-Punkte offen
Magnago verhandelt direkt mit Moro

Bundeskanzler Dr. Klaus berichtete dem Nationalrat, daß der Südtiroler Landeshauptmann Magnago nun direkt mit dem italienischen Ministerpräsidenten Moro verhandle, um 14 noch offene Punkte einer Klärung zuzuführen. Bis hier ein Ergebnis vorliege, wolle auch die österreichische Bundesregierung mit Verhandlungen zuwarten. Das Problem der internationalen Verankerung, erklärte Klaus, bereite der Bundesregierung schon seit Jahren Kopfzerbrechen. Der ehemalige Außenminister Dr. Kreisky habe erklärt, daß das österreichische Parlament mit jenem Ausmaß an Selbstverwaltung für die Südtiroler einverstanden sein sollte, welches die Südtiroler selbst für ausreichend erachteten. Die Verwirklichung dieser Zusagen aber sollte an eine haltbare Vereinbarung zwischen der österreichischen und der italienischen Regierung gebunden werden. Für diese Frage sei Österreich verantwortlich.

21. Januar 1967

Magnago bei Ministerpräsident Moro: weitere „Vertiefungen"
Moro: Internationale Verankerung kommt nicht in Frage

Der italienische Ministerpräsident Moro empfing den Südtiroler Landeshauptmann Magnago in Rom, um ihm anhand eines von einem „interministeriellen Komitee" ausgearbeiteten Gutachtens die Stellungnahme der Regierung zu den von der SVP gewünschten „Klarstellungen" zu geben. In diesem Gespräch wies Moro eine Reihe von Südtiroler Forderungen zurück. Insbesondere erklärte der Ministerpräsident, daß eine internationale Verankerung des „Paketes" nicht in Frage komme. Journalisten gab Magnago folgende Auskünfte über den Inhalt des Gespräches: *„Einige Schritte ist man vorwärts gekommen, aber noch nicht so weit, daß ich sicher sein könnte, daß die Partei das ‚Paket' annehmen könnte. Ich selbst wäre, wenn ich entscheiden müßte, unschlüssig."*

Nur 3 Punkte „geklärt"

Wie die Wiener „WOCHENPRESSE" am 1. 2. 1967 unter dem Titel *„Alles geheim"* meldete, sollen nur 3 von 14 offenen Punkten im Sinne der Südtiroler *„geklärt"* worden sein. Vor allem stehe das von der italienischen Minderheit geforderte Vetorecht in Budgetfragen im Südtiroler Landtag allen Lösungsversuchen entgegen.

„Roms Antwort ist endgültig"

Die regierungsnahe Zeitung „Messaggero" in Rom bezeichnete die Geheimhaltung der Besprechungsergebnisse zwischen Magnago und Moro als *„gerechtfertigt"*. Die Zeitung schrieb: *„Man kann nicht behaupten, daß die von Moro gegebenen Antworten dazu dienen werden, die Südtirolfrage wieder in Fluß zu bringen. Klar ist nur eines: Die italienische Antwort ist endgültig. Dies läßt sich aus der Tatsache ableiten, daß keinerlei neuerliche Zusammenkunft zwischen Moro und Magnago vorgesehen ist, auch wenn auf anderer Ebene einige Einzelheiten, wohl vor allem technischer Natur, erörtert werden sollten."*

Italien beschuldigt Österreich der Mitschuld am „Terrorismus"
Südtirol eine „inneritalienische Angelegenheit"

In einer Antwortnote auf die österreichische Note vom 5. Dezember 1966 zeigte sich die italienische Regierung mit dem österreichischen Vorschlag, einen gemeinsamen Plan zur Unterdrückung des Südtiroler Freiheitskampfes auszuarbeiten (siehe 5. Dezember 1966) noch nicht zufriedengestellt. Die Note stellte heraus, daß Österreich in erster Linie für die Planung und den Ausbruch von Gewalttaten in Südtirol verantwortlich sei, und wies die österreichische These scharf zurück, daß der „Terror" Ursache auf italienischem Staatsgebiet haben könnte. Der österreichischen Behauptung, daß die „Terroristen" als Individuen handelten, müsse entgegengehalten werden, daß diesen nie die Unterstützung und die Ermutigung einflußreicher österreichischer Politiker gefehlt habe. Im übrigen betrachte Italien das „Pariser Abkommen" als erfüllt, und alle angebotenen Zugeständnisse Italiens seien eine inneritalienische Angelegenheit, bezüglich deren Durchführung sich Österreich nicht einzumischen habe.

23. Januar 1967
Hans Dietl als Obmann-Stellvertreter zurückgetreten
Aus Protest gegen die Geheimpolitik Magnagos gegenüber seiner eigenen Partei und dessen Bestreben, die Ortsobmänner der SVP uninformiert zu weitreichenden Entscheidungen zu treiben, erklärte der Südtiroler Parlamentsabgeordnete Hans Dietl seinen Rücktritt als Obmann-Stellvertreter der Südtiroler Volkspartei (siehe 4. Februar 1967).

27. Januar 1967
ÖVP bereitet geheim den „Paket"-Abschluß ohne internationale Verankerung vor
Im Anschluß an die ÖVP-Klausur im Hotel Panhans auf dem Semmering kam es zu einer informellen Besprechung hoher Politiker, an der auch der Chefredakteur der einflußreichen „Tiroler Tageszeitung", Manfred Nayer, teilnahm. Die Inhalte dieser Geheimbesprechung wurden in der sozialistischen Grazer „Neuen Zeit" in großer Aufmachung enthüllt und auch von Anton Fellner im „Neuen Journal" folgend beschrieben: *„Er werde halt sehen, meinte Eduard Wallnöfer, Tirols bulliger Landes-Boß, wie er's mit seinem Gewissen vereinbaren könne. Und ließ damit für sich wie das heilige Land alles offen. Schauplatz war das ‚Panhans' auf dem Semmering am Freitag, dem 27. Jänner, zu der Stunde, als die meisten Teilnehmer an der ÖVP-Klausur schon ihre Koffer gepackt hatten. Kaum jemand achtete auf jene Handvoll offensichtlicher Stachanowisten, die sich inmitten der Aufbruchsstimmung abermals an den Beratungstische zurückzogen. Die ‚Neue Zeit' wußte mit zwei Ausnahmen exakt zu berichten, wer da Überstunden gemacht hatte. Wir vervollständigen hiermit die Liste: Bundeskanzler Klaus, Innenminister Hetzenauer, Justizminister Klecatsky, Staatssekretär Gruber, Staatssekretär Bobleter, Generalsekretär Withalm, Landeshauptmann Wallnöfer, Landtagspräsident Lugger, Landesamtsdirektor Kathrein, die Gesandten Kirchschläger und Haymerle, Universitätsprofessor Ermacora und Chefredakteur Nayer. Doktor Lujo Tončić-Sorinj war verhindert. Beschlüsse wurden nicht gefaßt. Nur die Marschroute wurde festgelegt. Mit dem Ziel, den Italienern möglichst weit entgegenzukommen, die Verhandlungen auf der Grundlage des ‚Pakets' abzuschließen und den optischen Erfolg an die Fahnen zweier christlich-demokratisch geführter Regierungen zu heften. Um dieses Ziel zu erreichen, bevor die italienischen Wahlen des Frühjahrs 1968 ihre Schatten lähmend vorauswerfen, sollte man sogar in den wesentlichen Punkten nachgeben, die noch umstritten sind. Mit anderen Worten: Man sollte auf die internationale Verankerung des ‚Pakets' italienischer Konzessionen verzichten und das Vetorecht der italienischen Minderheit in Bozen gegen Mehrheitsbeschlüsse über das Budget akzeptieren."* Wie durchsickerte und am 4. 3. 1967 dann vom „Salzburger Volksblatt" gemeldet wurde, hatte man als Grund für das rasche Durchdrücken der „Paket"-Scheinlösung bei der Klausurtagung angegeben, daß die derzeitige Schneelage den Freiheitskämpfern unüberwindliche Hindernisse in den Weg lege. Wenn man sich aber Zeit lasse, würden dieselben mit ihren Aktionen einen raschen Abschluß auf der Basis der jetzt vorliegenden Ergebnisse verhindern. Wie die Grazer „Neue Zeit" meinte, wurde Chefredakteur Dr. Nayer von der „Tiroler Tageszeitung" deshalb zu den Beratungen zugezogen, weil er die Aufgabe habe, eine „Umorientierung" der öffentlichen Meinung in Nordtirol vorzunehmen.

4. Februar 1967
Offener Brief: Bergisel-Bund gegen Verzichtspolitik
Der Oberösterreichische Bergisel-Bund richtet folgenden Offenen Brief an Bundeskanzler Dr. Klaus, der auch in der Tagespresse wiedergegeben wurde: *„Sehr geehrter Herr Bundeskanzler! Wie wir der steirischen Tagespresse entnehmen konnten, trafen am 27. Januar Spitzen Ihrer Regierung im Rahmen der Klausurtagungen auf dem Semmering zu einer Südtirolbesprechung zusammen. Dieser Pressemeldung zufolge soll man sich um eines rascheren Arrangements mit der EWG willen auf einen nahezu vollständigen Verzicht in der Südtirolfrage*

geeinigt haben. Wie die steirische Tagespresse meldet, soll die österreichische Regierung die Absicht haben, auf die wirksame internationale Verankerung und Einklagbarkeit des sogenannten ‚Paketes' zu verzichten. Des weiteren soll bei Ihrer Regierung die Absicht bestehen, dem Verlangen der Italiener nach einem Veto-Recht bei der Beschließung des Südtiroler Landesbudgets im Bozener Landtag keinen Widerstand mehr entgegenzusetzen. Zu unserer größten Bestürzung hat weder der ÖVP-Pressedienst noch der Bundeskanzler diese Pressemeldung dementiert, die die Freunde Südtirols in allen politischen Lagern tief beunruhigt hat. Wir erlauben uns daher die offene Anfrage, ob die genannten Behauptungen auf Wahrheit beruhen. Im Interesse Südtirols soll hier Klarheit geschaffen werden. Wenn es sich um unwahre Behauptungen handelt, so muß ihnen entgegengetreten werden, sind sie hingegen wahr, so sind die Konsequenzen noch nicht abzusehen! Mit vorzüglicher Hochachtung für den Landesverband Oberösterreich der Landesobmannn Ing. Helly"
Am 13. Februar antwortete der Bundeskanzler mit der Behauptung, es habe sich nur um *„informelle Gespräche"* gehandelt.

Bergisel-Bund stellt Verletzung der UNO-Charta fest
Nach der Hinterlegung der Urteilsbegründung im zweiten Mailänder Südtirolprozeß richtete der Bergisel-Bund-Obmann von Oberösterreich, Richard Helly, folgendes Schreiben an das Bundeskanzleramt, welches unbeantwortet blieb:
„Der Mailänder Gerichtspräsident Dr. Lantieri hat dieser Tage die Begründung zum Urteil des 2. Mailänder Südtirolprozesses fertig gestellt und der Verteidigung zur Verfügung gestellt. Darin führt Präsident Dr. Lantieri aus, daß derjenige, welcher sich für die Anwendung des Grundsatzes der Selbstbestimmung der Minderheiten einsetzt, eine strafbare Handlung gegen den italienischen Staat begehe. Mit dieser These begründet der Gerichtspräsident nach nunmehr neun Monaten sein Urteil, im Rahmen dessen er am 20. April 1966 insgesamt 357 Jahre Kerker über 36 Südtiroler verhängte. Der Bergisel-Bund Oberösterreichs stellt dazu fest, daß Italien die UNO-Charta mit unterzeichnet hat, in der das Selbstbestimmungsrecht verankert ist. Es geht nicht an, daß die Gerichte eines Staates, der sich in einem internationalen Vertrag zum Selbstbestimmungsrecht bekennt, die Forderung nach Selbstbestimmung an sich schon unter Strafsanktion stellen. Wir sehen darin eine schwere Verletzung der UNO-Charta und eine Fortsetzung der faschistischen Zweckjustiz in Italien. Wir fordern daher von der österreichischen Bundesregierung, auf diplomatischem Weg gegen diese eklatante Verletzung eines internationalen Abkommens schärfsten Protest zu erheben, da ansonsten aus der österreichischen Bevölkerung spontane Reaktionen zu befürchten sind."

Hans Dietl begründet seinen Rücktritt: Magnago betreibt schädliche Geheimpolitik gegen seine eigene Partei – falsch informierte Ortsobmänner sollen auf der SVP-Landesversammlung überfahren werden
Der Parteiausschuß der SVP nahm mit 28 Ja- bei 7 Neinstimmen und zwei Enthaltungen den Rücktritt des Abgeordneten Hans Dietl von seiner Funktion als Parteiobmann zur Kenntnis. Das Kommuniqué lautet: *„Der Parteiausschuß der Südtiroler Volkspartei hat in seiner Sitzung den Rücktritt des Abgeordneten Dietl als Obmannstellvertreter der Partei behandelt und von seinem Schreiben und den zusätzlichen mündlichen Erläuterungen Kenntnis genommen. Der Parteiausschuß hat die Entscheidung des Abgeordneten Dietl sehr bedauert."* Hans Dietl übergab der Öffentlichkeit eine eigene Erklärung, die folgenden Wortlaut hatte: *„In der Sitzung der Parteileitung vom 30. Jänner habe ich beantragt, dem Parteiausschuß die Gründe, die mich zum Rücktritt als Obmannstellvertreter der SVP bewogen haben, zu unterbreiten. Weil ich diese als schwerwiegend ansehe und deshalb auf meinem nach reiflicher Überlegung gefaßten Beschluß beharren muß, hat der Parteiausschuß nach eingehender, in sachlichem Ton geführter Debatte meinen Rücktritt zur Kenntnis genommen. Folgende Gründe haben mich zum Rücktritt bewogen: 1. Die Tatsache, daß ich in meiner Doppelfunktion als Obmannstellvertreter und Parlamentarier in dieser außerordentlich wichtigen Phase in Rom keinen Besprechungen weder zugezogen noch darüber informiert worden bin. Dies ging so weit, daß*

man mir seitens des engsten Mitarbeiterkreises des Parteiobmannes sogar die letzte Romfahrt vorsätzlich verschwieg. 2. Das Präsidium, welches laut Parteistatut die Sitzungen vorbereitet, die laufenden Verwaltungsgeschäfte führt und in unaufschiebbaren Fällen Entscheidungen trifft, ist, seitdem ich zum Obmannstellvertreter gewählt wurde (4. Juni 1966), nie einberufen worden. Ich erachte die seit Sommer 1966 geführte Geheimhaltungspolitik in- und außerhalb Südtirols für schädlich und würde das mir von den Ortsobmännern geschenkte Vertrauen schlecht gebrauchen, wenn ich nicht die notwendige Folgerung daraus ableiten würde. Man kann Mitverantwortung nur dann tragen, wenn man durch rechtzeitige Information auch an der Vorbereitung der Entscheidungen beteiligt wird. 3. Als Abgeordneter zur Römischen Kammer weiß ich, daß in dieser Legislaturperiode die Regelung der Südtirolfrage, auch weil sie mit der für Verfassungsgesetze vorgesehenen zeitraubenden Prozedur erfolgen muß, ausgeschlossen ist, da im Frühjahr 1968 bekanntlich die Neuwahlen stattfinden. Ich habe auf diesen Umstand wiederholt verwiesen, trotzdem tut man so, als ob die Regelung der Südtirolfrage in dieser Legislatur noch möglich wäre. Auch in italienischen Parlamentskreisen wird dies ausgeschlossen. Die Folgen von all dem sind deshalb so schwerwiegend, weil man ohne Grund bestrebt ist, den Ortsobmännern als Stimmberechtigten auf der Landesversammlung innerhalb weniger Wochen eine schicksalhafte und für Südtirol für Jahrzehnte folgenschwere Entscheidung abzuverlangen. Tatsache ist weiter, daß infolge der bisher betriebenen Geheimpolitik weder die Ortsobmänner noch die Südtiroler Öffentlichkeit über Inhalt und Tragweite dieser Entscheidung in Kenntnis sind und innerhalb weniger Wochen auch nicht annähernd in Kenntnis gesetzt werden könnten. Diese Entscheidung soll dann – zum Unterschied von 1948, wo echter Zeitdruck bestand – abverlangt werden, ehe die Frage der wirksamen internationalen Verankerung auch seitens Österreichs geklärt ist."

5. Februar 1967

Sprengstoffanschlag

An einem Eisenbahnerheim in Franzensfeste entstand durch eine Sprengladung von mindestens drei Kilo Sprengstoff erheblicher Sachschaden. Türen wurden aus den Angeln gerissen, Zwischenwände eingedrückt, und auch die Fensterscheiben der umliegenden Häuser gingen in Trümmer. Unter den etwa hundert Besuchern des Klubs und bei dem am Bahnhof diensttuenden Beamten brach eine Panik aus. Verletzt wurde niemand. Innenminister Taviani überwies sofort nach Bekanntwerden des Anschlages zwei Millionen Lire zur Behebung des ersten Sachschadens.

Unterwanderung durch Hotelkäufe für Carabinieri in Meran

Auf Grund von Berichten der Tageszeitung „Dolomiten" wurde bekannt, daß eine Reihe von großen Hotels in Meran durch das Innenministerium und andere staatliche Einrichtungen aufgekauft wurden. Dabei handelt es sich im einzelnen um die Hotels „Stifterhof", „Maia", „Bavaria", „Danica" und „Excelsior", die vom Innenministerium in Erholungs- und Pensionistenheime für Carabinieri umgewandelt werden sollten. Bei den Verkaufsverhandlungen fielen von Seiten der staatlichen Vertreter mehrfach die Worte: *„Gebt sie ja nicht den Deutschen."* Die „Dolomiten" sprechen von einer *„unterschwelligen Unterwanderung"* und dem Versuch, Südtirol weiter zu italianisieren. Derzeit seien in Meran 20 von insgesamt 58 Hotels, jedoch bereits die Hälfte der Bettenkapazität, in italienischer Hand. Eine Reihe weiterer Hotels stehe zum Verkauf. Südtiroler verwiesen darauf, daß insbesondere bei der Verwendung als Pensionistenheime für Carabinieri ein dauernder Zuzug dann ständig im Lande verbleibender Pensionisten zu befürchten wäre.

6. Februar 1967

SVP-Parteileitung und Magnago zu Dietl-Vorwürfen

Peinlich betroffen von dem Rücktritt des Abgeordneten Dietl von seiner Funktion als Parteiobmann-Stellvertreter (siehe 4. 2. 67) reagierten die Parteileitung und Obmann Dr. Magnago. Magnago erklärte zu dem Vorwurf, *„schädliche Geheimdiplomatie"* betrieben zu haben, daß er 1964 und 1966 die Ortsobmänner der SVP in Bezirksausschußsitzungen über den Fortgang der Verhandlungen informiert habe. Darüber hinaus seien Parteileitung und Parteiausschuß über die Ergebnisse der Geheimbesprechungen stets im Nachhinein informiert worden. Die *„Geheimdiplomatie"* habe im übrigen wesentliche Fortschritte gegenüber einer Situation gebracht, die 1965 als festgefahren angesehen werden mußte. Zu den eigentlichen Vorwürfen, daß das statutenmäßig zuständige Parteipräsidium nicht mehr einberufen wurde und daß Dietl als Obmannstellvertreter zu den Besprechungen nicht mehr zugezogen, nicht zeitgerecht informiert noch an den Vorbereitungen der Entscheidungen beteiligt wurde, nahm Magnago nicht Stellung. Wie Kritiker in verschiedenen Presseorganen bemerkten, präsentiere sich Magnago als autoritärer Politiker, der die Geheimdiplomatie selbstherrlich gestalte, Mitsprache und Mitgestaltung seiner Parteikollegen ausschalte und nach Belieben beliebige Gremien in beliebigem Ausmaß informiere.

Skandal um militärischen Geheimdienst
Geheimakten über Politiker und 157.000 Bürger
Die Zeitung „La Voce Repubblicana" und der „Espresso" melden: Als im Zuge des Regierungswechsels der Sozialdemokrat Tremelloni Verteidigungsminister wurde und dieser die Leitung des Geheimdienstes SID (Servizio Informazione della Difesa), welcher bis vor kurzer Zeit noch SIFAR geheißen hatte, dem General Giovanni Allavena entzog und dem Konteradmiral Eugenio Henke übergab, seien merkwürdige Dinge geschehen: Während der Amtsübergabe verschwanden Tausende von geheimen Faszikeln aus den Kellerarchiven, welche politische Persönlichkeiten betrafen. Dazu verschwanden Unterlagen über eine Unzahl illegal abgehörter Telefongespräche. Die Überwachung soll auch den Staatspräsidenten betroffen haben. Außerdem wurden Parteiführer wie Togliatti, Nenni und Saragat sowie Bischöfe und Kardinäle bespitzelt, wobei man sogar versuchte, die sexuellen Neigungen der Bespitzelten herauszufinden. Zur Rede gestellt, gab Allavena zu, *„aus Gründen der Diskretion"* Unterlagen vernichtet zu haben. Der neue Minister Tremelloni hat die sofortige Einsetzung einer Untersuchungskommission angeordnet, welche die dunklen Geschehnisse im Schoße des Geheimdienstes untersuchen soll, welcher immerhin einen Geheimfond von jährlich zweieinhalb Milliarden Lire verwaltet und außerhalb Italiens über 3.000 Agenten verfügt. Die offenbar vorwiegend gegen die eigene Bevölkerung gerichtete Tätigkeit des Geheimdienstes solle auf Weisungen des ehemaligen Geheimdienstchefs und Oberbefehlshabers der Carabinieri, General De Lorenzo, zurückgehen. (Siehe weiter: 17. April 1967.)

8. Februar 1967
FPÖ-Abgeordnete strafen Bundeskanzler Dr. Klaus Lügen
Im Zuge einer schriftlichen Anfrage an den Bundeskanzler stellten die FPÖ-Abgeordneten Dr. Scrinzi und Dr. van Tongel fest, *„daß die Behauptung des Herrn Bundeskanzlers, der Nationalrat und der außenpolitische Ausschuß hätten über den Stand und die Entwicklung der Südtirol-Verhandlungen bisher präzise Mitteilungen erhalten, nicht den Tatsachen entspricht. Solche präzisen Mitteilungen fehlen sowohl über den Inhalt des ‚Paketes' als auch hinsichtlich des bisherigen Verhandlungsergebnisses in der Frage der internationalen Verankerung."*

16. Februar 1967
Italienischer Grenzstützpunkt zerstört
Eine kleine Finanzwachkaseme auf dem Klamm-Joch an der Süd-Osttiroler Grenze, in 2.300 m Seehöhe, wurde durch eine Sprengladung fast vollständig zerstört. Zum Zeitpunkt der Entdeckung mußte der im Winter unbesetzte Bau bereits einige Tage zerstört gewesen sein. Die Täter hatten offenbar mit einer Maschinenpistole die Eingangstüre aufgeschossen und 20–30 kg Donarit im Zentrum des Hauses zur Explosion gebracht. Das Dach und die Zwischenwände stürzten ein, nur eine Ecke des Hauses blieb stehen.

Proteste gegen Unterwanderungsversuche
Die „Arbeitsgemeinschaft junger Südtiroler" protestierte gegen den Ankauf von Hotels und Liegenschaften aus Staatsmitteln, um auf diese Weise Heime für Staatsangestellte aus ganz Italien in Südtirol zu errichten.

18. Februar 1967
Geheimdienstaktion
In einem Autobus der Linie Bozen–Meran wurde von einem blonden jungen Mann, der in Terlan ausstieg, eine Aktentasche zurückgelassen. Eine Haltestelle später stiegen zwei Carabinieri ein und „entdeckten zufällig", daß in der Tasche 5 kg Sprengstoff und ein Uhrwerkzünder enthalten waren. Mit dieser Aktion sollte Georg Klotz belastet und Druck auf Österreich zu dessen Auslieferung an Italien ausgeübt werden. (Siehe weiter: 27. 2. 67)

24. Februar 1967
Sprengstoffanschlag als Auftakt der Südtirolkonferenz
Kurz vor Beginn der Innsbrucker Südtirolkonferenz explodierte direkt neben der italienischen ENAL-Bar in Bruneck eine 3 kg schwere Sprengladung, zertrümmerte eine Hauswand, zerstörte ein abgestelltes Auto und zahlreiche Fensterscheiben der Umgebung.

25. Februar 1967
Anschlag auf Hauptquartier der Carabinieri-Legion in Bozen
Eine 2 kg schwere Sprengladung detonierte an der östlichen Außenmauer des streng bewachten Gebäudes, an welchem dauernd mit Maschinenpistolen bewaffnete Posten patrouillierten. Die Sprengladung schlug ein Loch in die Mauer und schräg durch den Boden in die Kellerräume. Die Kellerdecke wurde zerstört und in der näheren Umgebung wurden 400 Fenster durch die Druckwelle zertrümmert. Ein vorbeifahrender Carabinieri-Jeep wurde hochgehoben und beschädigt. Ein Carabiniere wurde verletzt.

„Was Rom uns bietet, heißt Südtirol abschreiben"
Die „Vorarlberger Nachrichten" befaßten sich in einem Leitartikel mit der Südtirolfrage. Darin hieß es unter anderem: *„Die gefinkelten Advokaten in Rom könnten am Tage, da Österreich und die SVP ihrem ‚Paket' zustimmen, einen Triumph feiern, der größer wäre, als wenn ihnen eine Absage erteilt würde. Morgen werden die maßgeblichen Politiker aus Wien, Südtirol und Tirol in Innsbruck zusammensitzen und über den Scherben einer noch vor Jahren geschlossenen Südtirolpolitik brüten. Sie müssen sich entscheiden, ob sie Roms Brosamen für eine volle Mahlzeit nehmen sollen ... Was Rom uns bietet, heißt Südtirol abschreiben ... Das haltungsarme Gerede österreichischer Politiker hat indessen erst jüngst den Unterstaatssekretär Lupis im römischen Senat ermuntert, zu erklären, das Südtirolproblem sei und bleibe ein internes Problem Italiens ... Man wird ihr* (der Südtirolpolitik) *einen sehr harten Namen geben müssen, wenn einmal die ganze Geheimdiplomatie des letzten Jahres aufgedeckt und verantwortet werden muß."*

Sprengstoffanschläge
In der Nacht vom 24. auf den 25. Februar wurde unweit von Bruneck, bei St. Georgen, ein Hochspannungsmast durch drei Sprengladungen schwer beschädigt. Eine vierte Ladung ging nicht los und konnte von Feuerwerkern entschärft werden. In der folgenden Nacht kam es in der Nähe von Tramin zu einer Explosion.

26. Februar 1967
Südtirolkonferenz in Innsbruck
Nach dem Eintreffen der von der SVP geforderten „Klarstellungen" des italienischen Ministerpräsidenten Moro fand in Innsbruck unter der Begleitmusik neuer Sprengstoffanschläge eine streng abgeschirmte Südtirolkonferenz statt, an der Bundeskanzler Dr. Klaus, Außenmi-

nister Dr. Tončić-Sorinj sowie die Delegationen der Nord- und Südtiroler Spitzenpolitiker unter der Führung der Landeshauptleute Wallnöfer und Dr. Magnago teilnahmen. Geladen waren ferner mehrere Botschafter und Gesandte des Außenamtes sowie als Staatsrechtsexperte Prof. Dr. Ermacora. Bemerkenswerterweise war auf Südtiroler Seite der als „Paket"-Gegner bekannte Abg. Hans Dietl nicht eingeladen worden. Assessor und Landeshauptmannstellvertreter Dr. Benedikter, welcher auf einer juristischen internationalen Verankerung des „Paketes" beharrte, kam nicht, weil er nur als „Experte" geladen worden war. Wie der „Grazer Montag" bemerkt (27. 2. 1967), waren von der SVP-Seite somit nur „Jasager" gekommen.

Dürftige „Klarstellungen"

Als 22 Seiten dickes Dokument wurden den Delegierten die „Klärungen" Moros auf 14 Fragen der Südtiroler vorgelegt, die zwar einige Zugeständnisse enthielten, aber wesentliche Fragen nicht lösten. Dieses Schriftstück hatte Magnago in seiner Parteizeit zwar zur Einsicht für Mitglieder der SVP-Führung aufgelegt, aus dem jedoch keine Notizen gemacht werden durften, weil über den Inhalt des „Paketes" in der österreichischen Presse schon zu viele „Indiskretionen" passiert seien. Ungelöst waren u. a. folgende Fragen: Terminierung der Verabschiedung der Durchführungsbestimmungen, Gleichberechtigung der Sprachen, Polizeikompetenz etc. Die gefährliche Bestimmung in der italienischen Verfassung, daß durch das „nationale Interesse" die Gesetzgebung der Provinz Bozen eingeschränkt werden könne, müßte weiterhin angewendet werden. Lediglich in zwei von 14 angefragten Punkten hatte Italien Verbesserungen zugestanden: In der Frage der selbständigen Verwaltung der deutschsprachigen Elementar- und Mittelschulen wurde nun doch den Wünschen der Südtiroler entsprochen; die italienischen Schulen für die Ladiner blieben jedoch unter der Aufsicht der italienischen Behörde. Das auf Drängen der italienischen Minderheit in der Provinz Bozen geplante Vetorecht der italienischen Abgeordneten bei der Verabschiedung des Landesbudgets sollte durch ein *„einvernehmliches Verfahren"* ersetzt werden. Bei einem Budgetstreit würde zunächst eine paritätisch besetzte Viererkommission (zwei Südtiroler, zwei Italiener) eine Einigung versuchen, als zweite Instanz stünde ein sechsköpfiges Verwaltungsgericht zur Verfügung. Vier Mitglieder des Verfassungsgerichts wären von den Volksgruppen zu entsenden (zwei Südtiroler, zwei Italiener), die übrigen zwei Mitglieder (ein Südtiroler und ein Italiener) würden von Rom ernannt werden, womit Rom wiederum ein starkes Instrument der Einflußnahme in der Hand hätte. Von den Gegnern einer Annahme der Vorschläge Roms wurde unter anderem eingewendet, daß gerade das geplante Verfahren zur Beilegung von Budgetstreitigkeiten in Südtirol zu – in ihren Auswirkungen nicht absehbaren – Konfliktlagen führen würde.

Keine internationale Verankerung

Nach wie vor war Italien zu keiner juridischen internationalen Verankerung eines Abkommens bereit, sondern präsentierte seine Standardformel, daß Österreich lediglich vor dem Internationalen Gerichtshof (IGH) in Den Haag nach dem Wortlaut des Pariser Abkommens wegen dessen Nichterfüllung Klage erheben, nicht aber das „Paket" selbst einklagen könne, welches als inneritalienische Angelegenheit bezeichnet wurde.

Der italienische „Verankerungsvorschlag"

In den Expertengesprächen des vergangenen Sommers in London und Montreux wurde (laut Wiener „Kurier" vom 1. 3. 1967) seitens Italiens etwa folgender Vorschlag gemacht:

1) Der italienische Ministerpräsident faßt die materiellen Verhandlungsergebnisse in einer Erklärung vor dem italienischen Parlament zusammen und verspricht, alle besprochenen Gesetze den gesetzgebenden Körperschaften vorzulegen.
2) Italien erklärt (lediglich) das „Pariser Abkommen" als vor dem Internationalen Gerichtshof in Den Haag (IGH) einklagbar, nicht jedoch das „Paket", welches keinen internationalen Vertragscharakter besitze.
3) Zwischen dem Landesausschuß in Bozen und dem Büro des italienischen Ministerpräsidenten wird ein „Kontaktkomitee" eingerichtet.

4) Der österreichische Bundeskanzler erklärt vor dem Parlament in Wien, Österreich nehme den Umfang der angebotenen Autonomie zur Kenntnis und verspreche, den Streit vor den Vereinten Nationen als für beendet zu erklären, sobald Italien die versprochenen Maßnahmen in Kraft gesetzt habe.

Klaus und Tončić-Sorinj für Annahme – Experten dagegen

Sowohl Bundeskanzler Klaus als auch Außenminister Tončić-Sorinj sprachen sich für eine Annahme dieser Vorschläge aus. Experten wiesen jedoch darauf hin, daß eine Anbindung des „Paketes" an den „Pariser Vertrag" notwendig sei, wolle man nicht nur den unbestimmten und knappen Vertrag sondern auch die Substanz der angestrebten Autonomie einklagen können. Das „Paket" müßte also in den Rang eines zwischenstaatlichen Abkommens erhoben werden. Darüber hinaus müßte Italien bereit sein, einen Einredeverzicht in bezug auf Artikel 27 b des europäischen Streitregelungsabkommens von 1959 zu leisten, da dieser Artikel innerstaatliche Fragen von der Behandlung des IGH ausschließt. (Dieser Vorschlag stammte von Univ.-Prof. Dr. Felix Ermacora und hätte einen Weg ermöglicht, die „Paket"-Inhalte selbst vor dem IGH einklagbar zu machen, ohne Italien zu zwingen, unter Gesichtsverlust von seinem Rechtsstandpunkt abzurücken.)

Die kalte Dusche: scharfe italienische Note

An diesem Punkt der Beratungen verabreichte der Wiener Diplomat Haymerle den Anwesenden eine kalte Dusche, indem er darauf verwies, daß Italien nicht daran denke, eine neue internationale Verpflichtung einzugehen. Er verlas als Beweis eine vom 21. Januar datierte italienische Note, die bislang von der österreichischen Regierung geheimgehalten worden war, da man verheerende Auswirkungen auf die öffentliche Meinung in Österreich bei ihrem Bekanntwerden befürchtet hatte, Auswirkungen, die ein Weiterverhandeln Österreichs mit Italien auf der bisherigen Basis unmöglich gemacht hätten. In der Note hieß es in scharfem Ton: Italien betrachte das Pariser Abkommen als erfüllt, es betrachte die nun angebotenen Zugeständnisse an die Südtiroler als freiwilliges Zugeständnis, Österreich habe kein Recht, sich bei der Durchführung dieser Vorschläge einzumischen. Damit aber wurde nicht nur die „wirksame Verankerung", sondern die Verhandlungslegitimation Österreichs überhaupt in Frage gestellt. Die Konferenzteilnehmer wurden gebeten, den Inhalt der Note vertraulich zu behandeln.

Es liegt kein verbindlicher „Paket"-Text vor

Da noch kein verbindlicher „Paket"-Text vorlag, beschloß die Konferenz, daß vom 6.–8. März im Wiener Außenamt Juristen aufgrund der bisherigen Verhandlungsprotokolle einen einseitigen österreichischen „Paket"-Text erstellen sollten, der allerdings noch nicht von Italien gutgeheißen würde. Er sollte zunächst als weitere Arbeitsunterlage dienen.

Südtiroler: Verankerung notwendig!

Landeshauptmann Magnago erklärte, daß die Südtiroler Landesversammlung der SVP, welche über Annahme oder Ablehnung des „Paketes" entscheiden werde, erst einberufen werden könne, wenn eine ausreichend wirksame Verankerung gefunden werde, wobei der IGH nur dann in Frage komme, wenn das „Paket" in seiner Substanz dort einklagbar gemacht werden könne. Daraufhin wurde die Expertenrunde des Wiener Außenamtes beauftragt, Möglichkeiten einer wirksamen Verankerung zu prüfen und Vorschläge zu erarbeiten.

27. Februar 1967

Kreisky kritisiert Wiens Südtirolpolitik

Auf einer Pressekonferenz in Berlin ging der SPÖ-Vorsitzende Dr. Kreisky mit der Wiener Regierung scharf ins Gericht. Er habe den Eindruck, daß die Regierung Klaus es in der Südtirolfrage *„heute wesentlich billiger gibt als wir vor einigen Jahren"*. Er forderte gleichzeitig die Schaffung eines internationalen Schiedsgerichtes, das über alle nach einer Südtirolregelung entstehenden Streitfragen entscheiden sollte, wie das seinerzeit in Paris zwischen ihm und dem damaligen Minister Saragat vereinbart worden war.

Agentenstück: Sollte im Zuge der „Paket"-Regelung Georg Klotz ausgeliefert werden? – Italienische Zeitungen freuten sich zu früh

Der Südtiroler Freiheitskämpfer Georg Klotz wurde von der österreichischen Polizei in Solbad Hall übenaschend verhaftet. Bereits am nächsten Tag meldete die Mailänder Zeitung „Corriere d'Informazione" triumphierend, daß die Auslieferung von Georg Klotz an Italien nun möglich sei, *„... gerade in den letzten Tagen, während Italien auf das österreichische Ja oder Nein und die Zustimmung der Südtiroler Volkspartei zu den italienischen Vorschlägen wartet."* Die italienische Zeitung bewertet den Drang Wiens, das „Paket" abzuschließen und Italien in der Sache Klotz gefällig zu sein, als so stark, daß sie schreibt: *„Wird Georg Klotz, jener Mann, der zusammen mit Luis Amplatz der Kopf der Südtiroler Bombenwerfer war, nun gezwungen werden, seine Ferien auf der anderen Seite des Brenners zu beenden? ... Bis jetzt hat ihn die Großzügigkeit der österreichischen Behörden vor den heimatlichen Gefängnissen bewahrt, dank des ihm gewährten politischen Asyls ... Es scheint allerdings jetzt, als habe ihm auch in Wien seine Stunde geschlagen."* Die „Operation Klotz" war vom italienischen Geheimdienst „SID" (früher „SIFAR", seit 18. 11. 1965 „SID" – „Servizio Informazioni Difesa") eingefädelt worden. Um den 15. Februar 1967 war ein 31jähriger Belgier namens Leopold Deleeuw in Innsbruck aufgetaucht und hatte sofort Kontakt mit Klotz aufgenommen und Grüße von einem angeblichen Freund von Klotz ausgerichtet. Dieser angebliche „Freund", ein Wiener „Photograph" und „Journalist", war – wie sich später herausstellte – selbst Agent des italienischen militärischen Geheimdienstes, insbesondere der höchst geheimen GLADIO-Struktur und speziell auf Klotz angesetzt. Es handelte sich um den „Führer" der rechtsextremen „Legion Europa", Fred Borth, der auch mit den Kerbler-Brüdem zusammengearbeitet hatte und dessen „Führer-Stellvertreter" Gerhard Neuhuber – vorsätzlich oder nicht wissentlich und nur von Borth gesteuert – mitgeholfen hatte, die Spuren bei den neofaschistischen Ebensee-Attentaten auf den Freiheitskämpfer Kurt Welser zu lenken. Klotz, der Fred Borth vertraute, hatte keinen Argwohn und half dem Belgier auf dessen Ersuchen den ganzen Abend lang, Arbeit in einem Hotel zu finden. Nach diesem Abend hörte Klotz nichts mehr von dem Mann. Am 18. Februar „entdeckten" Carabinieri in einem Linienbus der Strecke Bozen–Meran angeblich *„zufällig bei einer Routinekontrolle"* eine Aktentasche mit 5 kg Sprengstoff und einem Uhrwerkzünder, der jedoch nicht angeschlossen war, so daß die Sprengladung nicht zündfertig war. Kurz zuvor war ein blonder Mann – Deleeuw – aus dem Bus ausgestiegen und hatte die Tasche einfach liegen lassen. Die Sache stand dann groß in den Zeitungen ob der *„Unmenschlichkeit der Terroristen", „harmlose Fahrgäste zu gefährden".* Zehn Tage später verweigerte der Belgier Deleeuw in einem Innsbrucker Gasthaus die Bezahlung der Zeche, woraufhin, wie zu erwarten war, die Polizei erschien. Der Belgier bat die Polizisten, doch ein wenig zu warten, denn es werde alsbald Klotz auftauchen, welcher ihm noch 5.000 Schilling für die Durchführung einer *„Aktion"* schulde. Dann werde er sofort dem Wirt die Zeche bezahlen. Der Wirt rief die Polizei. Bereitwillig erzählte der Belgier im Verhör, daß Klotz ihm diesen Geldbetrag bringen werde, da er, Deleeuw, im Auftrag von Klotz den im Südtiroler Autobus gefundenen Sprengstoff nach Südtirol gebracht habe, um dort ein Hotel zu sprengen. Leider sei ihm dabei ein Mißgeschick passiert, der Autobus sei von den Carabinieri überprüft worden und er sei unter Hinterlassung des Sprengstoffes selbst nur knapp davongekommen. Ein weiterer in Österreich lebender Südtiroler, Alois Larch, habe ihn für diese Aktion mit einer Pistole ausgerüstet. Wie vom Geheimdienst SID geplant, wurden neben Deleeuw sofort auch Georg Klotz und Alois Larch von der österreichischen Staatspolizei verhaftet („Tiroler Tageszeitung", 1. 3. 67). Am 3. März fand vor dem Innsbrucker Untersuchungsrichter Dr. Sprung eine Gegenüberstellung Klotz–Deleeuw statt, bei der der offenbar nervenschwache Belgier nach kurzer Zeit zusammenbrach und gestand, Klotz im Auftrag des italienischen Geheimdienstes fälschlich belastet zu haben. Klotz wurde sofort wieder auf freien Fuß gesetzt, während aber Alois Larch in Haft blieb, da in einem unversperrten Schrank vor seiner Wohnung Sprengstoff gefunden wurde, von dem Larch aber angab, dieser sei ihm unterschoben worden. Im Zuge weiterer polizeilicher Erhebungen wurden weitere Details über den gescheiterten Agenten bekannt: Deleeuw stand auf der Fahndungsliste der Interpol und wurde von der Schweizer Polizei wegen krimineller Delikte gesucht. In Belgien war er mehrfach vorbestraft. Die Behörden vermuteten, daß er auch in Italien einiges auf dem Kerbholz hatte und gegen Zusicherung von Straffreiheit auf Georg Klotz angesetzt worden war. Darüber hinaus hatten die Innsbrucker Sicherheitsbehörden Hinweise, daß er mit dem Amplatz-Mörder Christian Kerbler gut bekannt war („Tiroler Nachrichten", 4. 3. 67).

Abschiebung des Agenten statt Verurteilung
Am 22. 1. 1968 wurde dann der Agent – wie stets in solchen Fällen – in Österreich nicht strafrechtlich verfolgt, sondern still und leise nach Mittenwald in die Bundesrepublik abgeschoben, wo sich dann seine Spur verlor. Das Justizministerium hatte es nicht für opportun gehalten, ihn anzuklagen. Offenbar, damit das Verhandlungsklima mit Italien nicht gestört werde. Dadurch wurden auch die weiteren Einzelheiten des Geständnisses, die Agententätigkeit für Italien betreffend, nicht öffentlich, und Italien wurde nicht bloßgestellt.

4. März 1967
Sprengstoffanschlag
Freiheitskämpfer sprengten oberhalb des Ahrntales eine dem „Club Alpino Italiano" (CAI) gehörende Schutzhütte, die der italienischen Armee als Stützpunkt diente.

600 italienische Agenten in Österreich
In Zusammenhang mit der Verhaftung von Georg Klotz meldete das ÖVP-Organ „Tiroler Nachrichten": *„Nach Schätzung eingeweihter Kreise befinden sich derzeit 600 italienische Geheimagenten in Österreich, davon 170 allein in Tirol ... Auch die Behörden bestätigen diese Zahlen."* Wie die italienischen Agenten arbeiten, zeigen laut Bericht der „Tiroler Nachrichten" auch folgende Beispiele: Im vergangenen Herbst habe sich der Italiener Bernardo Accarini aus Bussetto bei Parma dem BAS-Mitglied Dr. Norbert Burger für Sprengungen jenseits der Grenze angeboten und wollte sich unbedingt mit diesem und anderen Freiheitskämpfern in der Schweiz treffen. Die geplante Falle war zu plump, Dr. Burger fiel nicht darauf hinein. 1963 wollte sich in Bozen ein Spitzel in eine der Untergrundgruppen einschleichen und sprengte zum Beweis seiner „Verläßlichkeit" sogar einen Leitungsmast. Dann ließ er die Gruppe hochgehen.

5. bis 22. März 1967
Verhaftungswelle im Pustertal: Folterungen!
Im Tauferer Tal wurde eine Gruppe der Südtiroler Freiheitskämpfer verhaftet. Sie wurden verdächtigt, im Herbst 1966 und Winter 1967 im Raum Bruneck Anschläge durchgeführt zu haben. Es wurde eine Reihe von Personen festgenommen, verhört, wieder festgenommen und gefoltert. Endgültig verhaftet und nach Bozen überstellt wurden Lina und Frieda Steger, Schwester und Mutter eines nach Österreich geflüchteten Südtiroler Freiheitskämpfers, Franz Ebner, August Plaikner, Robert Forer, Peter Rier, Walter Maierl, David und Johann Oberhollenzer sowie Johann und Gottfried Auer. (Siehe auch: 10. und 14. März 1967.)

7. März 1967
Staatsrechtler Prof. Ermacora für Selbstbestimmung
In einem Vortrag in der Volkshochschule Brigittenau in Wien erklärte der bekannte Südtirolexperte und Berater der österreichischen Bundesregierung, daß eine *„politische Garantie"* anstelle einer juristischen Garantie eines „Südtirol-Paketes" abzulehnen sei. Eine solche *„politische Garantie"* in Form von Durchführungsversprechungen Italiens und Abgabe einer Endfertigungserklärung durch Österreich nach erfolgter Durchführung binde nur die beteiligten Regierungen, nicht aber die Staaten. Zu dem Stand des „Paketes" selbst erklärte

Ermacora, daß noch wichtige Fragen – wie z.B. die des Ansässigkeitsrechtes – noch nicht im Sinne der Südtiroler gelöst seien. Er verstehe übrigens nicht, warum nicht die Forderung nach Selbstbestimmung erhoben werde. *„Diese Forderung scheint mir keine unrealistische zu sein. Daß sie nicht erhoben wird, liegt wahrscheinlich sowohl an der österreichischen Politik als an dem Desinteresse der österreichischen Bevölkerung. Ich glaube nicht, daß die Forderung nach Selbstbestimmung vor der UNO ein schlechtes Bild machen würde – insbesonders im Hinblick auf die veränderte Struktur der UNO. Die afrikanischen Staaten können in einer Situation, wo es für sie noch um Angola und ähnliche Gebiete geht, kaum die Forderung nach Selbstbestimmung ablehnen."*

Ladiner fordern ihre Rechte

Unter Führung des Landtagspräsidenten Dr. Alois Pupp sprach eine Delegation aus dem ladinischen Gröden- und Gadertal beim italienischen Ministerpräsidenten vor, um ihre Forderungen vorzutragen. Diese bezogen sich vor allem auf das Schulwesen und die Schaffung eines ladinischen Wahlbezirks für die Landtagswahlen.

8. März 1967

Tončić-Sorinj verweigert dem Parlament Auskunft

Der FPÖ-Abgeordnete Dr. Scrinzi wollte von Außenminister Tončić-Sorinj wissen, was diesen zu seiner im ÖVP-Pressedienst geäußerten Meinung bewogen habe, daß das Jahr 1967 den Abschluß der Südtirolverhandlungen bringen werde. Tončić-Sorinj erklärte, daß sowohl zwischen Wien und Rom als auch zwischen Bozen und Rom Gespräche liefen, lehnte es jedoch ab, den Inhalt der bisher erzielten Verhandlungsergebnisse zu berichten.

9. März 1967

Skurrile Grotesken der Geheimdiplomatie

Der „Volksbote", das Organ der SVP, welcher aus Gründen der Magnago-Tončić-Sorinj-Geheimdi- plomatie keine Inhalte der letzten Südtirolberatungen veröffentlichen durfte, druckte Artikel des Wiener „Kurier", der „Süddeutschen Zeitung" und der „Baseler Nachrichten" ab, die sich wiederum in Mutmaßungen darüber ergingen, was denn nun im Schoße der Südtiroler Volkspartei eigentlich an materiellen „Paket"-Ergebnissen vorliege.

„Antifaschistischer Faschismus" der Südtiroler?

In der angesehenen Genfer Tageszeitung „Le Courrier" schrieb der italienisch-schweizerische Journalist Aldo Dami, daß es ein Unsinn sei, heute den gegen Rom aufbegehrenden Südtirolern *„Faschismus"* vorzuwerfen. Es sei bereits paradox, daß bei dieser Anklage gegen die Südtiroler die Kommunisten mit dem neofaschistischen „Movimento Sociale Italiano" (MSI) wetteiferten. Zudem seien die Südtiroler während der Mussolini-Zeit entschiedene Antifaschisten gewesen. Habe es sich hier also um *„Nazis mit Antifaschismus"* gehandelt? Oder um *„antifaschistische Faschisten"*? Die Wahrheit sei, daß man bei der Option die Südtiroler gezwungen habe, sich zwischen zwei faschistischen Regimen zu entscheiden, obwohl diese Antifaschisten gewesen waren. Sie hätten sich dann lediglich überwiegend für den deutschen statt für den italienischen Faschismus entschieden, weil es eine dritte Wahl nicht gab. Es gehe um das Heimatgefühl der Tiroler und dieses sei *„durch die ganze Geschichte hindurch gleich und absolut unabhängig vom Regime."* Zum Schluß seines Artikels schreibt Aldo Dami: *„Terrorismus schließlich? Sicherlich, und niemand bedauert das mehr als Sie und ich! Aber schließlich sagt mir: Warum nennt man die Attentäter ganz derselben Gattung ‚Widerstandskämpfer' oder gar ‚Helden des Widerstandes', wenn es sich um von Deutschen besetzte Länder handelte?"*

10. März 1967
Verhaftung und Folter

Diesen Brief schrieb der 23jährige Hans Auer aus dem Gefängnis: „*Liebe Landsleute! Da ich mich nun seit einiger Zeit in Haft befinde, so kann ich jedoch meine schlimmeren ersten Tage nie mehr vergessen. Ich will es auch nicht für mich behalten, sondern es soll auch die Öffentlichkeit erfahren, mit welchen Mitteln die italienische Polizei bei meinen Verhören vorgegangen ist. Am 10. 3. 1967 wurde ich abends mit hinterlistigem Vorhaben in die Carabinieri-Kaserne nach Sand in Taufers gebracht. Lange Zeit wurde ich dort mit Drohungen verhört. Da mußte ich zwei Nächte in einer kalten Zelle verbringen, wobei ich mir starke Erkältungen zuzog. Wurde dann gefesselt nach Bruneck gebracht. Nach langem Verhör mußte ich ungefähr drei Stunden, mit den beiden Zeigefingern an die Wand haltend, mit den Füßen zwei Schritte zurücktreten und so auf den Schuhspitzen stehen. Als ich vor Schwäche einsackte, schlugen sie auf mich drauflos und rissen mich mit Gewalt hoch und wieder mußte ich dasselbe machen, bis ich wirklich am Ende war. Dann mußte ich die Hände in die Höhe halten, nebenbei wurde mir ins Gesicht geschlagen, mit den Handkanten in die Rippen und auch mit den Fäusten in den Magen, daß ich gar nicht mehr schreien konnte. Sie drohten mir, daß ich nur mehr in Stücke nach Hause kommen werde. Sie verbanden mir die Augen, so eng es ging, und fesselten mich. Sie führten mich in der Kaserne hin und her, auf und ab und endlich einem Ausgang zu, zum Auto und fuhren einen Feldweg entlang. Als wir am Ziel ankamen, wurde ich radikal in eine Art Baracke gezogen. Ich stieß bald da und dort mit dem Kopf an die Wand. Ich mußte mich neben einem Hocker auf den Boden setzen, die Hände banden sie mir gefesselt über den Hocker hinten hinunter auf den Boden. Einer stand mir vorne auf die gebundenen, ausgestreckten Beine, während einer von hinten die Hände immer tiefer gegen den Boden zog oder trieb. Einer packte meinen Hals von hinten und drückte meinen Oberkörper über den Hocker rückwärts, daß ich glaubte, jeden Augenblick müßten mein Körper und meine Knochen entzwei sein. Sie schlugen mir nebenbei ins Gesicht und mit den Fäusten überall hin, wo es ihnen Spaß machte. Sie lachten mit offenen Herzen, sie verspotteten mich und hießen mich dies und jenes. Es waren mindestens sechs von der Polizei, unter denen selbstverständlich auch ein Deutscher. Nach langem Quälen brachten sie mich niedergemacht in das bereitstehende Auto und fuhren mich wieder in die Carabinieri-Kaserne von Bruneck. Es war früh am Morgen, als es bereits graute. Ich weiß nicht, wie lange das alles gedauert hatte. Wurde dann ... in eine Kanzlei gebracht und banden mir die Binde von den Augen. Schwankend stand ich ihnen da fast ohnmächtig eine lange Zeit gegenüber. Ich war das reinste Spielzeug für sie. Tagelang quälte mich der Durst, mein Mund war trocken wie Staub, daß ich kaum ein Wort herausbrachte. Sie fragten mich, obwohl sie es genau wußten, ob ich Durst hätte? Meine Antwort war selbstverständlich ‚ja'. Sie brachten mir nach einiger Zeit ein Bier, als ich es für den größten Durst fast leerte, mußte ich feststellen, daß mir schlecht, wie betäubend wurde. Es ist mir unwissentlich, wie lange ich ihnen wie ein Stück Holz zur Verfügung stand. Später wurde mir bewußt, daß ich in eine Zelle gebracht wurde. Mit schwerem, leidtragendem Schmerze verbrachte ich Tage und Nächte ohne Schlaf. Später wurde ich mit gebundenen Händen in eine Kanzlei geführt und durchsucht, dann nach Bozen ins Gerichtsgefängnis überführt, wo ich auch öfters den Verhören zugezogen wurde. Endlich erhielt ich da meine Zelle, wo ich nun meine jetzige Ruhe zu finden hoffe. Doch all dies Geschehen ertrug ich aus Liebe und Treue zu meiner Heimat Südtirol und werde desto inniger und eifriger zu ihr stehen, ohne auch nur einen einzigen Zweifel daran zu verlieren. Auer Hans. Geb. 9. 6. 1944.*" Dieser Brief war an die Südtirolerin Maja Mayer ergangen, die 1969 im 4. Mailänder Südtirolprozeß in Bologna den Gerichtshof mit dieser Schilderung konfrontierte. (Siehe: 14. Mai 1969.)

14. März 1967
Verhaftung und Folter

Nachstehend ein Brief, den der junge David Oberhollenzer am 26. 3. 67 im Gefängnis schrieb: „*Bozen, 26. 3. 67. Ich schreibe jetzt einige Zeilen über die ersten Tage meiner Verhaftung. Ich wurde am 14. 3. 1967 in Mühlen verhaftet, anschließend in die Carabinieri-Kaserne von*

Sand gebracht, dort gründlich durchsucht, gebunden und nach Bruneck gefahren. In Bruneck angekommen, hatten sie mich verhört. Sie kamen gleich wie die wilden Tiere. Sie leuchteten mir mit einer scharfen Lampe ins Gesicht, ich wurde geschlagen, bei den Haaren herumgezogen, verspottet und verhöhnt. Sie verbanden mir dann die Augen, brachten mich zu einem Wagen, der in Richtung Bozen fuhr. Bevor wir nach Bozen kamen, bedeckten sie mich noch mit einem Tuch. Ich mußte aussteigen, und sie trugen mich in ein Gebäude, wo sie mich bald hinauf, dann hinunter, hin und dann wieder her trugen, endlich stellten sie mich auf den Boden, nahmen mir die Binde ab und entfesselten mich. Zuerst war ich wie blind, dann sah ich vor mir einen Herrn sitzen und bald kamen noch drei hinzu, dann ging es wieder los. Einige blieben vor mir stehen und einige hinter mir. Zuerst bekam ich es ins Gesicht, die anderen gaben mir in den Rücken und in die Rippen, sie rissen mich bei den Haaren herum und gaben mir in den Magen, daß ich nur mehr schrie und so herumtaumelte, und sie konnten freilich lachen. Ich weiß nicht mehr, wie lange alles gedauert hat. Sie verbanden mir dann wieder die Augen, füllten die Augenhöhle mit Watte, fesselten mich und trugen mich hinaus. Sie trugen mich ins Freie, dann wieder ins Innere eines Hauses, es ging eine Stiege hinunter, dann stellten sie mich nieder. Ich riß mir die Binde vom Kopf, da sah ich, daß ich in einem Keller war. Die Gesichter dieser Männer durfte ich anscheinend nicht sehen, da sie gleich alle hinter mir waren. Ich bekam eins hinter die Ohren, dann verbanden sie mir die Augen um so strenger, so daß es schmerzte. Sie entfesselten mich, zogen mich nackt aus und setzten mich auf eine meterhohe Bank, banden mir die Füße zusammen und die Hände auf den Rücken und legten mich hin und her auf die Bank. Die Füße banden sie hinter der Bank immer tiefer hinunter, bis ich nur mehr schrie, ich habe jeden Moment geglaubt, der Rücken muß entzweibrechen, so ließen sie mich hängen. Dann wurde mir ein scharfes, salziges Wasser, ich weiß nicht, was es war, in Mund und Nase eingepumpt, so daß ich keine Luft mehr bekam. Als sie mich losließen, war ich ganz schwach und schwindelig. Sie hielten mich fest, putzten mir mit einem nassen Lappen den ganzen Körper ab, zogen mich an und trugen mich in das andere Gebäude. Dann ging das Verhör wieder weiter. Einmal brachten sie mir was zum Essen, aber ich hatte keinen Hunger mehr. Am nächsten Morgen brachten sie mich dann in eine Zelle und holten mich einige Stunden später wieder. Sie sagten, sie holen jetzt einen Pfarrer, dann kann ich beichten, weil jetzt mit mir Schluß gemacht wird. Sie schrien mich an, ich werde nur mehr in Stücken hier hinauskommen. Manchmal wurde mir ganz schwindelig vor Schwäche. Am Freitag wurde ich dann in das Gerichtsgefängnis von Bozen gebracht, dort hatte ich endlich meine Ruh, bekam zu essen und konnte schlafen. – Was ich hier nieder schrieb, ist meine Wahrheit, und ich werde diese Wahrheit nicht mehr vergessen und werde desto fester und um so treuer zu meiner Heimat Südtirol stehen. Oberhollenzer David."

Magnago schweigt zu Folterungen

Diesen Brief hatte Oberhollenzer heimlich aus dem Gefängnis an die Südtirolerin Maja Mayer übermitteln lassen. Mayer sagte 1969 im 4. Südtirol-Prozeß in Bologna aus, daß der Brief in Kopie an Landeshauptmann Magnago übergeben worden sei. (Siehe auch 14. Mai 1969.) Magnago hat dazu lediglich geschwiegen.

16. März 1967

Anhaltelager für Südtirolaktivisten geplant?

Die FPÖ-Abgeordneten Doktor Scrinzi und Melter brachten im Nationalrat drei Südtirol-Anfragen ein. Zwei davon waren im Zusammenhang mit einer angeblich beabsichtigten Verhaftung von Südtirolaktivisten an die Bundesminister für Justiz und Auswärtige Angelegenheiten gerichtet. Die gleichlautende Anfrage an den Justizminister und den Außenminister hatte folgenden Wortlaut: „*Seit einigen Tagen kursieren in Österreich Gerüchte, wonach man beabsichtige, auf dem österreichischen Bundesgebiet lebende Südtiroler Aktivisten italienischer und österreichischer Staatszugehörigkeit unter einem formalen Vorwand in Haft zu nehmen und dadurch die in der letzten Zeit durch die unbefriedigenden Erklärungen des italienischen Ministerpräsidenten Moro zu den vierzehn erklärungsbedürftigen Punkten des ‚Paketes' in er-*

hebliche Schwierigkeiten geratenen bilateralen Südtirolverhandlungen wieder in Schwung zu bringen. Ein solcher Akt müßte von der gesamten Öffentlichkeit als ein schwerer Verstoß nicht nur gegen die Menschenrechte, sondern auch gegen die innerösterreichische Rechtssicherheit gewertet werden.“ Die freiheitlichen Abgeordneten richteten daher an den Justizminister die Anfrage: *„Ist es zutreffend, daß Ihnen von einem Mitglied der derzeitigen österreichischen Bundesregierung zugemutet wurde, einen derartigen gesetzwidrigen und menschenrechtswidrigen Akt im Bereich der Ihnen nachgeordneten Behörden zu tolerieren?“* Beide Minister dementierten.

18. März 1967

Ein Kämpfer für Südtirol gestorben

Nach schwerem Leiden verstarb Otto Gamper, der Bruder des Nordtiroler Landeshauptmannstellvertreters a.D. Prof. Dr. Hans Gamper. Otto Gamper, ehemals Kriegsfreiwilliger und Leutnant an der Dolomitenfront, war von 1956 bis 1959 freiheitlicher Vizebürgermeister von Innsbruck, Mitbegründer der FPÖ und freiheitlicher Landesparteiobmann von Nordtirol gewesen. Otto Gamper verband insbesonders eine tiefe Freundschaft mit Südtirols Kanonikus Michael Gamper, dessen Kampf für eine Rückkehr Südtirols zu Österreich er als Bundesvorstandsmitglied des Bergisel-Bundes nach allen Kräften unterstützte.

19. März 1967

Geheimpapier mit erpresserischen Forderungen

Außenminister Tončić-Sorinj dementiert einen Bericht der Wiener „Presse“, wonach Italien die Fortführung der Südtirolverhandlungen in einem auf diplomatischem Wege überreichten, vom österreichischen Außenamt ängstlich geheimgehaltenen Papier von der Erfüllung folgender Forderungen abhängig mache:

1) Das österreichische Parlament müsse sein Einverständnis zu dem „Paket“ bekunden, bevor noch die Endverhandlungen über die internationale Verankerung geführt werden (und bevor übrigens die einzelnen Bestimmungen verbindlich formuliert sind). Erst nachdem anschließend auch das italienische Parlament das „Paket“ gutgeheißen haben wird, sollen die Südtiroler die Annahme des „Paketes“ behandeln, wobei sie naturgemäß unter starkem Druck und vor der Entscheidung stehen würden, entweder das vorliegende „Paket“ oder gar nichts zu erhalten.
2) Georg Klotz müsse Aufenthaltsverbot in allen an Italien angrenzenden Bundesländern erhalten.
3) Alle auf Südtirol hinweisenden öffentlichen Aufschriften in Österreich müßten entfernt werden.

Aus italienischen Quellen verlautete ergänzend, daß Rom auch die Auslieferung einiger namentlich genannter, in Österreich lebender Freiheitskämpfer gefordert habe. Nach seinem anfänglichen Dementi einer „italienischen Note“ mußte Außenminister Tončić-Sorinj auf näheres Befragen durch Journalisten einräumen, daß ein diesbezügliches *„Arbeitspapier“* überreicht worden sei.

22. März 1967

Freiheitliche Partei uneingeschränkt für Selbstbestimmung

Die „Union für Südtirol“ sandte eine Anfrage an sämtliche Abgeordnete zum österreichischen Nationalrat und Bundesrat, in welcher es hieß:

1) *„Bekennen Sie sich grundsätzlich zur Südtirol-Resolution des Österreichischen Nationalrats vom 1. Oktober 1946?“* (Damals hatte der außenpolitische Ausschuß des Nationalrats auf Antrag des sozialistischen Abgeordneten und späteren österreichischen Bundespräsidenten Dr. Adolf Schärf einstimmig mit den Stimmen von SPÖ, ÖVP und KPÖ (!) zu dem soeben abgeschlossenen Pariser Vertrag erklärt, daß dieser noch mancher Interpretation bedürfte, *„um als Zwischenlösung angesehen werden zu können. Die Haltung Österreichs bedeutet in keiner Weise einen Verzicht auf die unveräußerliche Hoffnung, daß eine geän-*

derte Weltlage in Zukunft den Südtirolern die Möglichkeit der Selbstbestimmung über ihre staatliche Zugehörigkeit geben wird." Er ist der Meinung, *„daß dieses Prinzip der einzige Weg für eine dauernde Lösung der Südtirolfrage ist, die in Österreich als gerecht und befriedigend angenommen werden könnte.")*

2) *„Halten Sie eine wirksame internationale Verankerung des ‚Paketes' als Zwischenlösung zur Durchsetzung der italienischen Zugeständnisse für erforderlich?"*

In einem an die Union für Südtirol gerichteten Antwortschreiben teilt nunmehr der Obmann der freiheitlichen Nationalratsfraktion, Abg. Dr. van Tongel, mit: *„Auf Grund des einstimmigen Beschlusses der FPÖ-Abgeordneten zum Nationalrat und in konsequenter Verfolgung der in der Südtirolfrage von der Freiheitlichen Partei Österreichs stets eingenommenen Haltung habe ich die Ehre, im Namen der Abgeordneten zum Nationalrat, Bundesparteiobmann Friedrich Peter, Othmar Meißl, Werner Melter, Dr. Otto Scrinzi, Dr. Emil van Tongel und Gustav Zeillinger, die beiden in Ihrem Schreiben gestellten Fragen ... vollinhaltlich zu bejahen."*

23. März 1967

Parteiausschuß der SVP empfiehlt bedingte Annahme des „Paketes"

Nach langen und sehr kontrovers geführten Beratungen genehmigte der Parteiausschuß der Südtiroler Volkspartei mit knapper Mehrheit eine Entschließung, mit welcher der Landesversammlung der SVP die bedingte Annahme des italienischen Angebotes („Paketes") empfohlen wurde. 29 Parteiausschußmitglieder stimmten lediglich unter der Voraussetzung einer wirksamen internationalen Verankerung zu, 24 Mitglieder befanden das gesamte Angebot als ungenügend und zwei enthielten sich der Stimme. Die Entschließung lautete: „... *Der Parteiausschuß empfiehlt der Landesversammlung die Annahme dieser von der Regierung in Aussicht genommenen Maßnahmen (‚Paket') zwecks Neuordnung der Landesautonomie und somit eines größeren Schutzes der Südtiroler volklichen Minderheit und eines besseren demokratischen Zusammenlebens in unserer Provinz, wenn auch das ‚Paket' nicht alle Befugnisse einer Autonomie enthält. Der Parteiausschuß ersucht die italienische und die österreichische Regierung mit Nachdruck, unverzüglich gemäß dem seit 1964 eingeschlagenen Verfahren Kontakt aufzunehmen, um die Ergebnisse der zwischenstaatlichen Verhandlungen zusammen mit allen auch auf interner Ebene erreichten Resultaten festzuhalten und eine wirksame Verankerung zu vereinbaren. Die Erreichung einer solchen ist Aufgabe der beiden Regierungen und wird von der Südtiroler Volkspartei als wesentliche Voraussetzung der Durchführung der geplanten Maßnahmen betrachtet. Die Landesversammlung der Südtiroler Volkspartei wird abgehalten werden, sobald es möglich sein wird, ihr auch die Annahme der erwähnten wirksamen Verankerung zu empfehlen."*

Den Beratungen des Parteiausschusses lag ein Text zugrunde, der noch nicht von italienischer Seite autorisiert worden war. Es handelte sich bisher nur um eine einseitige Zusammenfassung der bisherigen Verhandlungsergebnisse durch österreichische Experten des Wiener Außenamtes.

24. März 1967

Sprengstoffanschlag

Im Treppenhaus zwischen dem 4. und 5. Stock eines nur von Italienern bewohnten Wohnblocks am „Platz des 4. Novembers" in Bozen kam es zu einer Sprengstoffexplosion. In dem Haus, das dem Hauptquartier des IV. Armeekorps gegenüberlag, entstand am Lift, an den Wohnungen und an der Decke des Dachbodens beträchtlicher Sachschaden. Verletzt wurde niemand. Zu dem Anschlag hat sich der BAS nie bekannt.

26. März 1967

Enzyklika „Populorum Progressio": Revolution ist nicht immer Unrecht

Papst Paul VI. forderte in dieser Enzyklika soziale und wirtschaftliche Gerechtigkeit für alle Völker. Insbesondere seien Egoismus, Rassenwahn und Nationalismus zu überwinden. Eine Revolution schließlich stelle kein Unrecht dar *„im Falle der eindeutigen und lange dauernden*

Gewaltherrschaft, die die Grundrechte der Person schwer verletzt und dem Gemeinwohl des Landes gefährlich schadet.“

Sprengstoffund

In einem Erste-Klasse-Abteil eines Kurswagens München–Mailand wurden eine Ledertasche mit drei Kilo Sprengstoff und zwei Zeituhren gefunden. Allerdings waren Zeituhren und Sprengstoff nicht verbunden. Die Hintergründe dieses Sprengstoffundes konnten nicht aufgeklärt werden.

27. März 1967

Urlaub bei Freunden

Seinen Osterurlaub verbrachte Österreichs Bundeskanzler Dr. Klaus wieder bei seinen Freunden: in Bonassola in Italien, wo er auch mit seiner Frau zusammen beim Osterspaziergang fotografiert werden konnte. Viele Österreicher fanden dies geschmacklos in einer Zeit, in der italienische Gefängnisse mit zum Teil schwer gefolterten Freiheitskämpfern gefüllt waren.

2. April 1967

Sprengstoffanschlag

Auf das sogenannte „Beinhaus“ bei Mals im Vintschgau wurde mit circa 10 kg Sprengstoff ein Anschlag verübt, der erheblichen Sachschaden anrichtete. Das faschistische Monument war bereits mehrfach beschädigt worden. Die römische Zeitung „Messaggero“ schrieb: *„Die Südtiroler deutscher Zunge betrachten das Monument als falschen Beweis für eine militärische Eroberung Südtirols, die es nie gegeben hat. In der Tat: Der Erste Weltkrieg endete, ehe unsere Truppen in die Provinz Bozen vordrangen. Dort ist folglich nicht gekämpft worden. Aber der Geist des Beinhauses ist nicht der Geist eines Zeugnisses für nicht existente Kämpfe. Die Reste der Soldaten, die dort – unterhalb der natürlichen Grenze der italienischen Halbinsel – gesammelt sind, dokumentieren lediglich das Opfer, das zur Erlangung einer gerechten Grenze erbracht wurde.“*

10. bis 19. April 1967

Prozeß gegen „Alitalia“-Attentäter

Anstifter war in Verbindung mit italienischem GLADIO-Agenten

Vor einem Wiener Geschworenengericht unter Präsident Dr. Scheday mußten sich die beiden Österreicher Hannes Falk und Emanuel Kubart für den Sprengstoffanschlag auf das Wiener Büro der italienischen Fluggesellschaft „Alitalia“ am 20. 8. 1966 verantworten. Während Kubart seine Tatbeteiligung zugab und Falk als Auftraggeber bezeichnete, bestritt dieser jede Schuld. Als Zeuge erklärte Dr. Norbert Burger, daß Falk ihm mehrmals seine Mitarbeit angeboten habe. Er habe diese jedoch abgelehnt, da Falk mit einem Wiener, dem angeblichen Journalisten Fred Borth, in Verbindung stand, der als italienischer Agent gelte (der, wie aus italienischen parlamentarischen Untersuchungsberichten hervorgeht, auch tatsächlich ein GLADIO-Agent war). Burger meinte weiter, daß der Alitalia-Anschlag nur vom italienischen Geheimdienst angestiftet worden sein konnte, um dem Südtiroler Freiheitskampf zu schaden. Der BAS hatte sich bereits einen Tag nach der Tat von diesem Anschlag in Österreich distanziert. Nach einem einstimmigen Schuldspruch der Geschworenen wurde Kubart zu sechs und Falk als Anstifter zu sieben Jahren schwerem Kerker verurteilt.

11. April 1967

Tiroler Freiheitskämpfer greifen Dr. Magnago an

In einem vervielfältigten Schreiben an die Ortsobmänner der Südtiroler Volkspartei und an die Presse bezeichneten *„Tiroler Freiheitskämpfer“* Dr. Magnago als Verräter. In dem Schreiben hieß es: *„Wir haben Euch bereits wissen lassen, welche Ziele wir verfolgen. Ihr müßt den Inhalt unseres Schreibens allen deutschsprachigen Südtirolern bekannt machen, die treu zur Heimat stehen. Magnago hat uns unverantwortlich genannt, weil wir das Recht auf Selbstbe-*

stimmung verlangen, das jedem Neger-Stamm gewährt wird und das von den Vereinten Nationen garantiert ist. ... Aber Magnago ist schon lange nicht mehr der Vertreter unseres Volkes, wenn es ihm auch bisher gelungen ist, an der Spitze der Partei zu bleiben. Magnago ist zum Verräter an unserer deutschen Heimat geworden. Er ist jetzt ein Vertreter Italiens geworden, und es wundert uns gar nicht, daß er zum Liebling der italienischen Besatzer geworden ist. ... Der Volkswille kann zu einer Volksabstimmung führen. Ihr müßt mit uns das Recht auf Selbstbestimmung fordern, dann werden österreichische Diplomaten in der Lage sein, die Sache vor die Vereinten Nationen zu bringen ... Der Kampf für ein freies Tirol bis Salurn geht weiter ... Wir werden mit allen Mitteln kämpfen, die uns gegen die Übermacht der Italiener zur Verfügung stehen, bis unser Ziel erreicht ist: die Einheit und Freiheit Tirols bis Salurn! Die Tiroler Freiheitskämpfer"

Dr. Magnago reagierte betroffen und zornig und erklärte: *„Keine Drohung des BAS wird die Bevölkerung von Südtirol von dem eingeschlagenen Kurs abbringen können."* Auffällig war jedoch, daß die Freiheitskämpfer die Briefe nach den neuesten Anschriftenlisten der Südtiroler Volkspartei versenden konnten.

12. April 1967

Italienischer Innenminister zieht Bilanz und sagt neue Anschläge voraus

Der italienische Innenminister Taviani sagte im Anschluß an eine Parlamentsdebatte über eine Gesetzesvorlage, durch welche die Strafe auf Besitz von Waffen und Sprengstoff verschärft werden sollte, einen langen und schwierigen Kampf in Südtirol voraus. Taviani nannte seit 1963 98 Anschläge, die mit dem Südtirolproblem in Verbindung stünden. Die Carabinieri wollten folgende Waffen beschlagnahmt haben: 152 Mörsergeschosse, 242 Handgranaten, 197 Artilleriegeschosse, 25 Minen, 49.511 Patronen, 10.820 Sprengkapseln, 1.053 kg Sprengstoff, 4.150 m Zündschnur, 719 Leuchtraketen, drei MG, zwei MP, 196 Gewehre, 179 Pistolen und 17 Ersatzläufe. *„Alles läßt darauf schließen,"* sagte der Minister, *„daß die Neonazigruppen nicht schwächer, sondern stärker werden!"*

13. April 1967

Rom entschieden gegen „Paket"-Verankerung

Im Hinblick auf die in zwei Tagen in Innsbruck stattfindende Südtirolkonferenz veröffentlichte der regierungsnahe „Messaggero" in Rom einen Artikel zur Südtirolfrage, welcher nach Meinung des DPA-Korrespondenten von Außenminister Fanfani *„inspiriert"* ist und der die unnachgiebige Haltung Roms aufzeigte. Der Artikel lehnte eine internationale Verankerung des sogenannten „Pakets" glatt ab und wiederholte die These, daß das „Paket" der *„Ausfluß einer autonomen und souveränen Entscheidung der Regierung Italiens"* sei. Sollte es zu einer neuen österreichischen Begegnung kommen, dann habe Wien lediglich die seit Juli vorigen Jahres offene Frage Roms zu beantworten, ob es das „Paket" – ohne Verankerung – annehme oder ablehne. *„Nur einen Teil dieser Vorschläge anzunehmen, hieße"*, schreibt der „Messaggero", *„alle abzulehnen."*

15. und 16. April 1967

Südtirolkonferenz in Innsbruck:
Wien rückt von internationaler Verankerung des „Paketes" ab

18 Stunden dauerten die unter dem Eindruck des offiziösen „Messaggero"-Artikels vom 13. April im Barocksaal des Hotels „Europa" stattfindenden Beratungen des Südtirolgipfels, an dem Bundeskanzler Dr. Klaus, Außenminister Tončić-Sorinj, Delegationen aus Nord- und Südtirol sowie Experten aus Wien und Innsbruck teilnahmen. Bezüglich des „Paket"-Inhaltes hatte Südtirols Landeshauptmann Dr. Magnago von Verhandlungen in Rom einige Verbesserungen der bisherigen Substanz mitgebracht: Ethnischer Proporz auch für halbstaatliche Institutionen, einige Zugeständnisse im Schulwesen. Hinsichtlich einer Absicherung des „Paketes" stellte Dr. Tončić-Sorinj insgesamt mehrere Varianten zur Debatte. Zuletzt konzentrierte sich die Debatte auf das Problem, daß Italien darauf bestehe, den „Pariser Vertrag" erfüllt zu

haben und daher das „Paket“ als rein inneritalienische freiwillige Mehrleistung betrachte, zu der Italien rechtlich nicht verpflichtet gewesen sei und die es daher auch nicht zu garantieren gedenke. Unter diesem Gesichtspunkt sei Italien nicht bereit, das „Paket“ zum Gegenstand eines weiteren internationalen Vertrages mit Österreich zu machen.

Eine gewagte Konstruktion

Tončić-Sorinj präsentierte nun seinen Vorschlag: Das „Paket“ sei im Zuge der Verhandlungen aufgrund des Verhandlungsauftrages der Vereinten Nationen zur Streitbeilegung über die Anwendung des „Pariser Vertrages“ von 1946 entstanden. Daraus resultiere von selbst der internationale Charakter des „Paketes“ und damit automatisch seine Anbindung an den „Pariser Vertrag“. Daher könne man auch ohne formale Garantie das „Paket“ als einklagbar beim „Internationalen Gerichtshof“ (IGH) in Den Haag betrachten. Tončić-Sorinj stützte diese seine kühne Konstruktion mit juristischen Gutachten, die zum Teil aber selbst von großen Risiken dieser Auffassung sprachen.

„Es wird nicht halten!“

Der „Südtiroler Ruf“, das Organ der in der „Union für Südtirol“ zusammengeschlossenen Südtirolverbände, sprach in seiner Folge 8/1967 von einer glatten *„Kapitulation vor Italiens Standpunkt“* und sagte voraus, daß diese Konstruktion in der Praxis *„nicht halten“* und daher nur das „Pariser Abkommen“, nicht aber das „Paket“ einklagbar sein werde. Die Zeitung schrieb weiters: *„Eine besondere Delikatesse stellt die von Italien immer wieder gebrachte Feststellung dar, daß ‚Paket‘ und ‚Verankerung‘ insofern als eine Einheit zu behandeln seien, daß jede Verbesserung des ‚Paketes‘ automatisch eine Verschlechterung der ‚Verankerung‘ nach sich ziehen müsse. Eine derartige Argumentation ist aber wenig geeignet, einen Verhandlungspartner glaubhaft erscheinen zu lassen; bringt er doch damit selber zum Ausdruck, daß er größere Zugeständnisse nur dann zu versprechen bereit ist, wenn die Sicherheit für das Halten dieser Versprechungen kleiner gemacht wird.“*

Skepsis der Südtiroler

Von Südtiroler Seite wurden bereits auf der Konferenz starke Zweifel daran geäußert, ob das Tončić-Sorinj-Modell tatsächlich eine wirksame Verankerung des „Paketes“ darstelle, wie sie von dem Parteiausschuß der SVP verlangt worden war. Eine solche „Paket“-Garantie, argumentierten Konferenzteilnehmer, müsse bedeuten, daß die Verhandlungsergebnisse einklagbar und *„erzwingbar“* sind.

Wie sage ich es meinem Kinde?

Wie der „Südtiroler Ruf“ weiter meldete, sickerte folgende Wortmeldung des Bundeskanzlers Klaus über den Stand der Beratungen durch: *„Es wird schwierig sein, die österreichische Öffentlichkeit mit dieser Situation vertraut zu machen!“* (Vor kurzem hatte er noch in Beantwortung einer parlamentarischen Anfrage der FPÖ erklärt, die Regierung halte unbedingt an einer internationalen Verankerung des „Paketes“ fest.)

Weitere Verhandlungen mit Italien – noch wird an internationaler Verankerung festgehalten

Die Konferenz schloß mit dem Auftrag an Wien, im Zuge weiterer Verhandlungen die Ergänzungen zum „Paket“ mit Italien zu akkordieren und eine inhaltlich kompetente Unterlage zu erstellen. Die Öffentlichkeit wurde mit einem nichts sagenden Kommuniqué abgespeist. Noch im April wurde Italien eine Note übermittelt, in der sich Wien im wesentlichen zustimmend zu dem substantiellen Teil des „Paketes“ äußerte, jedoch nicht auf eine internationale Verankerung verzichten wollte.

16. April 1967

Sprengstoffanschlag

In der Toilette des letzten, für Personen gesperrten Wagens des Brenner-Expresses explodierte beim Aufenthalt in der Station Brenner eine kleine Sprengladung. Der Bahnbeamte Ferrucio Merci erlitt Splitterverletzungen und Knochenbrüche. Im anschließenden Tumult schoß sich aus Angst und Nervosität ein dort diensttuender Carabinieri selbst an. Die Polizei schätzte die explodierte Sprengstoffmenge auf 200 Gramm.

17. April 1967

Italiens Generalstabschef abgesetzt – 1964 war rechtsextremer Staatsstreich geplant gewesen

Fünf Stunden lang dauerte vergangenen Samstag die Sitzung des Ministerrates, welcher sich mit dem streng geheimen Untersuchungsbericht über den militärischen Geheimdienst SID befaßte. Einzelheiten sickerten dennoch durch: Aufgrund von Befehlen des Generals De Lorenzo, welcher selbst von 1956 bis 1962 Leiter des Dienstes gewesen war und auch später als Generalstabschef und Oberbefehlshaber der Carabinieri nie die Kontrolle über den Dienst aufgegeben hatte, hatte der Geheimdienst sich im Laufe der Jahre zu einer politischen Polizei gegen die eigenen Bürger entwickelt. 157.000 Spitzelakten waren angehäuft worden, darunter auch ein Akt über den amtierenden Staatspräsidenten. Der Inhalt der Akten reichte bis in den Intimbereich der Betroffenen, insbesonders aber auch in den Bereich der politischen Einstellung und des sexuellen Verhaltens. Am 14. Juli 1964 hatte der General De Lorenzo in einer Versammlung höchste Sicherheitsstufe nebst Verhaftung aller politischen Gegner ausgegeben und behauptet, dies geschehe mit Wissen und Billigung des Staatspräsidenten. Zu dem Putsch war es in der Folge nicht gekommen, weil Aldo Moro ein ordnungsgemäßes Kabinett bilden konnte und der offenbar von Italiens Generalstabschef ersehnte innenpolitische chaotische Zustand bzw. eine Links-Regierung ausblieben. Nach eingehender Beratung enthob der Ministerrat General De Lorenzo von allen seinen militärischen Funktionen. Neuer Chef des Generalstabes wurde General Guido Vedovato. (Siehe weiter: 12. Mai 1967.)

18. April 1967

Sprengstoffanschlag

Beim Haupteingang in das Gebäude der „Sommeruniversität" Padua in Brixen explodierte eine Sprengladung. Das Gebäude befindet sich in der Nähe des Carabinieri-Kommandos.

24. April 1967

Schikane: Weiter italienische Vornamen für Südtiroler

Wie der „Grazer Montag" unter Berufung auf die „Südtiroler Nachrichten" meldet, werden immer noch amtliche Dokumente mit italianisierten Vornamen an Südtiroler zwangsweise ausgegeben, obwohl dieselben Anträge eingebracht hatten, ihnen wieder die Führung ihrer ursprünglich deutschen Vornamen („Siegfried" statt „Sigfrido" in einem konkreten Fall) zu gewähren. Es wurden zwar hohe Gebühren von den Antragstellern abkassiert, dann wurden die Dokumente jedoch wieder in der gewohnten Form ausgestellt, als sei nichts geschehen.

29. April 1967

Tausende Oberösterreicher fordern Selbstbestimmungsrecht für Südtirol

Zum Abschluß einer Südtirolwoche veranstaltete der Bergisel-Bund unter der Leitung seines Obmannes Richard von Helly eine Großkundgebung in Linz, die vom Freiheitskämpfer Sepp Holzinger organisiert wurde. Angeführt von Mitgliedern des Turnerbundes, der Freiheitlichen Akademiker, Landsmannschaften und Traditionsverbände zogen mehr als 5.000 Menschen in einem Fackelzug, in dem allein fünf Musikkapellen altösterreichische Märsche spielten, zum Platz vor dem Landhaus. Dabei wurden Transparente mitgetragen, die folgende Aufschriften zeigten: *„Afrika ist frei, Südtirol eine Kolonie!"*, *„Tirol – von Kufstein bis Salurn!"*. Vor dem Landhaus wuchs die Teilnehmerzahl auf mehr als 8.000 Menschen an. An der Kundgebung

nahmen auch der Südtiroler Jörg Klotz in der Uniform eines Schützenmajors und andere führende Vertreter der Südtiroler Freiheitskämpfer teil. Vor tausenden Menschen wurde ein Grußtelegramm des stellvertretenden Landeshauptmannes von Nordtirol, Dr. Gamper, verlesen. Dort hieß es: *„Die natürliche Grenze Italiens verläuft bei Salurn und nicht am Brenner!"* Die Südtirolerin Rosa Ebner, Angeklagte im zweiten Mailänder Südtirolprozeß und Schwester eines Häftlings, lehnte das „Paket" entschieden ab, rief die Österreicher zur Treue für Südtirol auf und forderte ein entschiedeneres Eintreten für das Selbstbestimmungsrecht. In einem mit jubelndem Beifall begrüßten Resolutionsentwurf forderten die Versammelten *„den Abbruch der ergebnislosen Verhandlungen mit Italien und die Befassung der UNO mit dem Südtirolproblem unter ausdrücklicher Berufung auf das Selbstbestimmungsrecht der Völker."*
Das österreichische Fernsehen handelte wohl im Sinne der österreichischen Bundesregierung, als es die Kundgebung herunterspielte und unter Berufung auf eine Schätzung des Linzer Polizeidirektors die Teilnehmerzahl mit „etwa tausend Menschen" angab, von nur einer Musikkapelle sprach und wohlweislich keinen Filmbericht von der Kundgebung zeigte.

8. Mai 1967
Sprengstoffanschlag auf Grenzstützpunkt
Spezialeinheiten der italienischen Anti-Sabotageeinheiten stellten fest, daß die vom italienischen Militär beschlagnahmte Zwickauerhütte und die hinaufführende Materialseilbahn im Winter durch Sprengungen schwer beschädigt worden waren. Von diesem Militärstützpunkt wurde der Übergang vom österreichischen Ötztal in das Hinterpasseier kontrolliert. Dem Carabinierihauptmann Gentile gelang es, eine weitere Sprengladung unter Lebensgefahr zu entschärfen. Er wurde später dafür öffentlich belobigt und ausgezeichnet. Als man die Hütte wieder instandsetzte und als Grenzposten besetzen wollte, kam es zu einer neuerlichen Explosion. Im Zuge dieser Operation wurde ein Alpinimajor getötet. Der Öffentlichkeit wurde mitgeteilt, daß dies ein Unfall beim Besteigen eines Hubschraubers gewesen sei. Da man die Hütte nicht mehr zu betreten wagte, wurden die restlichen Baulichkeiten durch das Militär gesprengt und dem Erdboden gleichgemacht.

8. bis 31. Mai 1967
Linzer Südtirolprozeß
Vor einem Linzer Geschworenengericht unter Vorsitz von Oberlandesgerichtsrat Dr. Koppauer wurde der dritte Grazer Südtirolprozeß wiederholt (siehe unter 10. 5. bis 21. 5. 1965 und 20. 9. bis 14. 10. 1965). Nachdem die Berufsrichter den Freispruch aller Angeklagten in 15 Fällen ausgesetzt hatten, wurde etwa ein Jahr lang ein neuer Gerichtsort gesucht. Ursprünglich lehnte das Landesgericht Linz auf Grund des Fehlens eines geeigneten Saales die Durchführung ab, das Kreisgericht Wels gab gleiche Ablehnungsgründe an, und am Kreisgericht Ried im Innkreis fanden sich keine Richter, da sich alle in Frage kommenden Personen als Mitglieder des Bergisel-Bundes in korrekter Weise für befangen hielten. So mußte zuletzt der Prozeß in einem Saal der Gendarmerie-Schule in Linz durchgeführt werden. Als Vertreter der Anklage mußte der Wiener Star-Staatsanwalt Dr. Kovacs fungieren, da die Regierung unter allen Umständen eine Verurteilung der österreichischen Helfer der Südtiroler Freiheitskämpfer erreichen wollte. Wie in Graz berichteten Südtiroler Zeugen über die Verhältnisse unter der italienischen Besatzungsmacht, und der Südtiroler Schützenmajor Jörg Klotz erklärte: *„Unser Vaterland ist Österreich und nicht Italien."* Dreizehn Rechtsanwälte verlangten in überzeugenden Plädoyers einen Freispruch. So rief der Innsbrucker Anwalt Dr. Molling den Geschworenen zu, *„wer diese Angeklagten verurteilt, spricht die italienischen Folterknechte frei."* Besonders beeindruckend waren die Ausführungen des steirischen Landtagspräsidenten Dr. Kaan (ÖVP), der es nur seinem Alter zuschrieb, daß er nicht selbst auf der Anklagebank zu sitzen habe. Das Schlußwort sprachen für alle Angeklagten die beiden bundesdeutschen Mädchen, von denen Renate Gmünd-Kofler sich eine mildere Strafe als für die anderen Angeklagten verbat und Ingrid Brinkmann versicherte, daß ihre Liebe zu Südtirol ungebrochen sei.

Linzer Südtirolprozeß. Der Hauptangeklagte Dr. Norbert Burger wird einvernommen: „Ich muß den Geschworenen sagen, daß ich nicht besserungsfähig bin . . .“ (12. Mai 1967).

Der Südtiroler Siegfried Graf sagt über die erlittenen Folterungen aus. Die Schilderung ist so entsetzlich, daß einige Geschworene nur mit Mühe die Fassung bewahren (8. Mai 1967).

Verteidiger Dr. Kaan, Präsident des Steirischen Landtages, überreicht dem Gerichtshof ein Dokument. (Linzer Südtirolprozeß, 8. bis 31. Mai 1967).

11. Mai 1967

Folterungen: Schlechtes Erinnerungsvermögen von Dr. Kreisky

Bei seiner Vernehmung vor dem Schwurgericht in Linz hatte der Angeklagte Colli den ehemaligen Außenminister Dr. Kreisky beschuldigt, daß er sich vom damaligen italienischen Außenminister Segni einen Lügner habe schimpfen lassen, obwohl er genügend authentisches Material über die Folterungen an Südtiroler Häftlingen besessen habe. Hierzu gab Dr. Kreisky über die „Sozialistische Korrespondenz" folgende Erklärung ab: *„An diesen Äußerungen Günther Collis ist kein Wort wahr. Ich habe niemals mit Burger oder dem Burger-Kreis zu tun gehabt und habe auch niemals Dokumentenmaterial erhalten. Ich habe Burger lediglich in Versammlungen in Tirol, die ich abgehalten habe, als Diskussionsredner kennengelernt. Als ich in der Vollversammlung der Vereinten Nationen in New York auf die Folterungen in Südtirol hinwies, habe ich keinerlei Unterlagen mitgehabt, weil die Südtiroler, von denen ich solche Unterlagen verlangt hatte, diese nicht zur Verfügung stellen konnten und auch später nicht zur Verfügung gestellt haben. Der italienische Außenminister Segni hat repliziert, ich erinnere mich noch sehr gut, daß ich in diesem Zusammenhang den Antrag gestellt habe, eine internationale Untersuchungskommission mit diesen Fragen zu befassen. Ich wiederhole: Unterlagen über Folterungen sind mir weder vom Burger-Kreis noch von einer anderen Stelle angeboten, noch zur Verfügung gestellt worden. Ich bin bereit, diese meine Angaben jederzeit vor Gericht zu wiederholen."*

Die Südtiroler Freiheitskämpfer erinnerten in einer Aussendung umgehend an folgenden Sachverhalt: Laut den stenographischen Protokollen der UNO erklärte Kreisky am 23. 11. 1961 vor dem politischen Spezialausschuß der UNO wörtlich (!): *„Die österreichische Bundesregierung scheut keine Erörterung der Verantwortlichkeit. Wenn aber ein solches unparteiisches Organ tätig wird, dann wird es nicht umhin können, auch die Methoden zu überprüfen, die italienische Sicherheits-Wachorgane bei der Vernehmung von inhaftierten Südtirolern angewendet haben. Hier vor mir liegen Dokumente, die Zeugnis abgeben, wie wir sie nur aus der nazistischen und faschistischen Ära kennen. Diese Zeugnisse stammen von Priestern und Ärzten."*

Verhinderte SVP-Spitze internationale Untersuchung der Folterungen?

Am 27. Mai ging Kreisky in Innsbruck während einer Südtiroldiskussion erneut auf dieses Thema ein und revidierte seine Aussagen zum Teil. Er sei zwar nicht vom Burger-Kreis, aber doch von anderer Seite über die Folterungen unterrichtet worden und habe sich sofort bemüht, eine internationale Untersuchungskommission damit zu befassen. Von der SVP habe er eindeutige Beweise verlangt, jedoch keinerlei Unterlagen erlangt, die verwertbar gewesen wären. Zudem habe ihn die SVP-Führung dringend ersucht, in dieser Frage nichts zu unternehmen, bevor sie dieselbe nicht im italienischen Parlament aufgerollt habe. (Was nie erfolgte, Anm. d. Red.). (Siehe auch: 25. 5. 1967.)

Sprengstoffanschlag

Im Finanzgebäude in Bozen, über dessen Haupteingang noch immer der „Duce" auf einem Relief reitet und die faschistische Losung *„Glauben, gehorchen, kämpfen"* angebracht ist, explodierte eine Sprengladung, die beträchtlichen Schaden anrichtete.

12. Mai 1967

Sprengstoffund

Bei einer Kontrolle der beschlagnahmten und als Militärstützpunkt dienenden, grenznahen Schutzhütten wurden von einer Antisabotagegruppe in der Glockenkarhütte (Ahrntal) 15 kg Sprengstoff gefunden. Wegen Versagens des Zündmechanismus kam es zu keiner Explosion.

Linzer Südtirolprozeß: Dr. Burger beschuldigt Staatspolizei
Östliche Geheimdienste hatten versucht, sich einzuschalten

„Ich bin in Eppan in einem Garten gelegen und habe die Schreie gefolterter Freunde gehört, bis man sie morgens bewußtlos an den Füßen aus der Kaserne geschleift und auf einen Laster geworfen hat. Und ich muß den Geschworenen sagen, daß ich nicht besserungsfähig bin." Mit diesen Worten begann Dr. Norbert Burger seine Verantwortung im Linzer Südtirolprozeß. Der Innsbrucker Universitätsassistent erklärte, daß Vernehmungsprotokolle von Freiheitskämpfern, die von der österreichischen Polizei unterfertigt wurden, in Photokopie bei italienischen Behörden aufliegen. Das gelte auch für österreichische Polizeiphotos und für sein persönliches, ihm von der österreichischen Polizei abgenommenes Notizbuch. Da alle Minister behaupteten, daß keine Rechtshilfe an Italien erfolge, könnten diese Unterlagen nur von untreuen Staatspolizisten an den italienischen Geheimdienst verkauft worden sein. Dr. Burger forderte den Staatsanwalt auf, in dieser Richtung Ermittlungen anzustellen. Weiters berichtete Dr. Burger, daß östliche Geheimdienste versucht hätten, sich in den Freiheitskampf einzuschalten. Es sei umfangreiche Unterstützung in Aussicht gestellt worden, wenn die Freiheitskämpfer bereit seien, den Kampf gegen *„die imperialistischen NATO-Basen in Südtirol und Oberitalien zu führen."* Er und seine Freunde hätten diesen Kontakt, der über zwei Südtiroler gelaufen sei, unterbunden und verboten, woraufhin europaweit die Hetze der Kommunistischen Presse gegen die Freiheitskämpfer losgebrochen sei.

Widerstandskämpfer gegen das NS-Regime – er lehnte sich stets gegen das Unrecht auf

„Wie ich von den Folterungen gehört habe, habe ich mich spontan zur Verfügung gestellt." Mit diesen Worten begann der Baumschulbesitzer Hans Dzugan aus Kühberg bei Braunau seine Verantwortung vor Gericht. Er habe sich auch früher schon gegen jedes Unrecht aufgelehnt. Als Monarchist und gläubiger Katholik sei er erzogen worden. Während des Dritten Reiches habe er gefangenen Franzosen zur Flucht verholfen und sei dafür in Gestapohaft gekommen. Einer von ihnen war dann später Minister. Nach seiner Entlassung sei die Gestapo bald wieder hinter ihm her gewesen, und nach einem Schußwechsel mit seinen Häschern habe er sich bis Kriegsende im Wald verbergen müssen. Nach 1945 fungierte er eine Zeitlang als Schriftführer bei dem „Verband der politisch Verfolgten" (KZ-Verband). Er habe es jedoch stets abgelehnt, aus seiner ehemaligen Widerstandstätigkeit persönliche Vorteile zu ziehen. Das Unrecht in Südtirol habe ihn mit Dr. Burger zusammengebracht, der von einer anderen politischen Seite gekommen sei. Dann brachte Dzugan vorübergehend Heiterkeit in den Gerichtssaal. Auf die Frage des Vorsitzenden, ob er einverstanden sei, daß der in seiner Baumschule beschlagnahmte Sprengstoff für verfallen erklärt werde, erwiderte Dzugan: *„Da müssen Sie Dr. Burger fragen. Der Herr Dr. Burger ist der eigentliche Besitzer, er hat ihn bezahlt."*

Immer gegen das Unrecht aufgetreten
Dem „Salzburger Volksblatt" gab Hans Dzugan ein Interview, in dem er sagte:

„Ich bin schon vor 1945 für das eingetreten, was ich für richtig halte. Ich betätigte mich schon ab 1938 in der österreichischen Widerstandsbewegung. Mit meiner Widerstandsgruppe verhalf ich drei Franzosen, die mit dem Tode bedroht waren, aus einem Gefangenenlager zur Flucht. Während des Krieges kam ich insgesamt zehn Wochen in Gestapohaft. Ich wurde jedoch wieder freigelassen. Bei meiner neuerlichen Verhaftung schoß ich auf die Häscher, entkam und ging in den Untergrund. 1945 rettete ich durch meinen Einsatz 15 junge HJ-Buben vor der Erschießung durch angetrunkene Polen ... Für mich war der Widerstand, den ich gegen das italienische Unrecht geleistet habe, im Prinzip derselbe, den ich gegen Hitler geleistet habe."

Neue Einzelheiten über den 1964 geplanten rechtsextremen „Staatsstreich von oben"

Die Zeitschrift „Espresso" berichtete über Einzelheiten des vom Oberbefehlshaber der Carabinieri und Generalstabschef De Lorenzo 1964 vorbereiteten Staatsstreichs. Demnach sollen anhand von 158.000 Spitzelakten umfangreiche Verhaftungslisten bereit gelegen haben. Der

Putsch hätte zur Installierung einer von Staatspräsident Segni eingesetzten „Notstandsregierung“ dienen sollen, während alle mutmaßlichen „Unruhestifter“ in Konzentrationslager gewandert wären. De Lorenzo hätte in seiner doppelten Eigenschaft als Generalstabschef die Armee und den Geheimdienst einsetzen und als Chef der Carabinieri die polizeilichen Aufgaben durchführen können. Als der Christdemokrat Moro und der Sozialist Nenni sich in letzter Minute über eine Ministerliste einigten und damit die Regierungskrise von 1964 beendeten, sei der Putsch abgeblasen worden. Segni liege nun mit einem Herzinfarkt in einer Klinik. Das DC-Organ „Il Popolo“ bezeichnete die Meldungen des „Espresso“ als lügenhaft. General De Lorenzo hat angekündigt, gegen seine Absetzung berufen zu wollen. Die Südtiroler haben De Lorenzo noch in schlechtester Erinnerung: als Chef der Carabinieri, der in Südtirol Verhaftungen und Verhöre vorbereitete und plante. (Siehe weiter: 12. Dezember 1967.)

13. Mai 1967

„Volksbote“: Italien verlangt Garantie der Brennergrenze

Wie die Innsbrucker katholische Wochenzeitung „Volksbote“ meldete, sei es die Absicht führender italienischer Politiker, in Zusammenhang mit einem „Paket“-Abschluß von Österreich die immerwährende Garantie der Brennergrenze zu verlangen. Damit müßten sich in Hinkunft dann die Südtiroler nach Rom hin orientieren und Österreich müßte dann alle Bestrebungen seiner Staatsbürger, den Südtirolern zu helfen, im Hinblick auf die Vertragslage unterbinden.

22. Mai 1967

Linzer Prozeß: Italiener foltern weiter

SVP-Spitze bloßgestellt: Volkspartei verschweigt Folterungen!

Bereits am 18. Mai hätte die Südtirolerin Rosa Ebner aus Mühlen im Tauferer Tal als Zeugin der Verteidigung bezeugen sollen, daß Italiens Polizei immer noch wehrlose Häftlinge foltert. Statt Frau Rosa Ebner langte jedoch beim Gerichtsvorsitzenden Dr. Koppauer ein Brief ein, in welchem die Südtirolerin mitteilte, daß die Südtiroler Volkspartei in den Besitz von aktuellen Unterlagen über jüngst verübte Folterungen gelangt sei und diese vor der Kammer des Römischen Parlamentes zur Sprache bringen wolle. Sie wolle nicht vorgreifen und bitte daher, sich der Aussage entschlagen zu dürfen. Zwei Tage später rattert über die Fernschreiber der Zeitung die APA-Meldung, daß der Parteivorstand der SVP entschieden den Besitz von Folter-Unterlagen bestreite. Die solcherart als Lügnerin hingestellte Rosa Ebner erschien nun am 22. Mai vor Gericht und legte den von einem Häftling auf Klosettpapier geschriebenen, mit 3. Mai datierten, und aus dem Gefängnis geschmuggelten Brief dem Gericht vor, in dem es heißt: *„Liebe Landsleute! Am 3. 5. 1967, als ich verhaftet wurde und nach Bozen komme, brach der Sturm los. Ich mußte auf einem Stuhl sitzen, ohne daß ich mich bewegen durfte. Dann verlangten sie von mir, die Wahrheit zu sagen. Als ich sagte, ich weiß nichts von der Sache, ich weiß nichts, da haben sie mir mit einem Stecken über die Nasenlöcher hinauf gestochen. Dann haben sie eine echte Pistole gebracht und ich mußte den Mund aufmachen, dann haben sie den ganzen Lauf hineingesteckt und haben gesagt, wenn ich nicht zugebe, dann bin ich bald verräumt. Daß dann von mir niemand nichts weiß. Dann haben sie mir mit der Luftpistole auf den Unterleib geknallt. Um 5 Uhr in der Früh, als ich um Wasser bat, da haben sie eine Flasche geholt, ich glaubte, es wäre Schnaps darinnen. Dann mußte ich den Mund aufmachen und sie haben mir hineingeschüttet. Es war aber kein Schnaps, sondern ganz eine starke Säure, daß ich das Brot 14 Tage nicht mehr kauen konnte. Zum Essen bekomme ich erst etwas, sobald ich etwas zugegeben habe, sagten sie. Ich bin ein Schwein und ein Fack und ein Mörder. Alles wäre ich gewesen, nur Mensch keiner. Über alles bin ich unschuldig. Was ich zugegeben habe, die Wahrheit, glauben sie nicht, nur das Schlechte. Gute Nacht, auf Wiedersehen!“* Auf die Frage des Vorsitzenden bejaht Frau Ebner nochmals ausdrücklich, daß eine Reihe solcher Briefe einem führenden Mitglied der SVP übergeben worden seien. Wie sie sich das Dementi der SVP erkläre? Warum sich die SVP distanziere? fragt der Staatsanwalt. *„Die dürften schon ihre Gründe haben!“* sagte Frau Ebner. *„Die haben sie auch 1961 gehabt, als* *sie so lange geschwiegen haben."* Der Staatsanwalt: *„Ich verstehe Sie nicht!"* Frau Ebner: *„Ich bin nicht Volkspartei, ich bin Volk!"* (Siehe weiter: 31. Mai 1967.)

Pfaundler: italienische Sprachregelung gegen Freiheitskämpfer-„Nazismus"
Der ehemalige Widerstandskämpfer gegen das Dritte Reich und bekannte Tiroler Publizist Prof. Wolfgang Pfaundler sagte als Zeuge aus, daß ihm in seiner Eigenschaft als Journalist eine aus dem Jahre 1952 stammende Anweisung des Chefs der Südtirol-Abteilung im italienischen Außenministerium an italienische Dienststellen in Österreich zugekommen sei. Darin heiße es, daß Gewaltakte in Südtirol *„nazistischen Kreisen"* zugeschrieben werden müßten und daß sich die Dienststellen der Botschaft und der Konsulate an diese Sprachregelung zu halten hätten. Diese Anweisung sei zu einem Zeitpunkt erlassen worden, als es noch keine Anschläge gab, die Italiener aber bereits voraussahen, daß sich die Tiroler die Verletzung der Grundrechte nicht ewig gefallen lassen würden. Diese Grundrechtsverletzungen hätten zu Notstand in Südtirol und zu den Anschlägen geführt. Das Mussolini-Denkmal in Waidbruck würde wohl heute noch stehen, wenn nicht die Freiheitskämpfer gegen solche faschistischen Ungeheuerlichkeiten vorgegangen wären.

Klier: Verdienst des Widerstandes
Der Nordtiroler Schriftsteller, Bergsteiger und Südtiroler Freiheitskämpfer Dr. Heinrich Klier erklärte als Zeuge, daß es das Verdienst des Widerstandes sei, wenn im Zuge von Verhandlungen ein Mehr an Rechten für die Südtiroler erreicht werden könne.

23. Mai 1967
Hans Dietl gegen Annahme des „Paketes"
Der Südtiroler Parlamentsabgeordnete Hans Dietl ging in einer Rede vor der „Akademischen Vereinigung für Außenpolitik" an der Universität Innsbruck scharf mit dem „Paket" ins Gericht. Er meinte, daß man besonders in letzter Zeit den Eindruck gewinnen konnte, daß Wien und die SVP krampfhaft um einen Ausweg bemüht seien, der einen schnellen Abschluß der Vereinbarungen erlaube und dem italienischen Standpunkt Rechnung trage. Im übrigen könne man erst dann von einem verbindlichen Verhandlungsangebot sprechen, wenn ein klarer und einvernehmlich fixierter Text vorliege.

25. Mai 1967
Tauschgeschäfte mit den Qualen gefolterter Südtiroler?
Unter dem Titel *„Heraus mit der Wahrheit"* veröffentlicht der Pressedienst der Sozialen Fortschrittspartei Südtirols in Bozen folgende Aufforderung an die Spitzenpolitiker des SVP: *„Der ehemalige Außenminister, SPÖ-Vorsitzender Dr. Kreisky, hat am 11. 5. 1967 der Sozialistischen Korrespondenz wörtlich erklärt: ‚Als ich in der Vollversammlung der Vereinten Nationen in New York auf die Folterungen in Südtirol hin wies, habe ich keinerlei Unterlagen mitgehabt, weil die Südtiroler, von denen ich solche Unterlagen verlangt hatte, diese nicht zur Verfügung stellen konnten und auch später nicht zur Verfügung gestellt haben.' Niemand von der SVP-Spitze hat auf diese Feststellung reagiert, selbst die ‚Dolomiten' haben eine verlogene Polemik gegen Dr. Kreisky überraschend schnell abgebrochen. Es lohnt sich, über die Angelegenheit nachzudenken, denn gerade das Schweigen der SVP-Führer ist bezeichnend. Im Sommer 1961 kam es nach den ersten Anschlägen in der SVP zu einer richtigen Panikstimmung. Die meisten hohen Politiker ‚verreisten' oder zogen sich in stille Sommerfrischen zurück. Die Villa Brigl war wochenlang verwaist, nur LAbg. Plaikner und die Sekretärinnen waren zu finden. Die hohen Herren kamen erst zurück, als die ersten Gerüchte über die Mißhandlungen von Häftlingen auftauchten. Die SVP-Spitze wurde plötzlich wieder aktiv: Ein Schweizer Nervenarzt wurde nach Südtirol berufen, um die Angelegenheit zu untersuchen, unzählige Protokolle wurden angelegt, es gab keine parteipolitische Tagung, an der dieses Thema nicht ausführlich behandelt wurde. Heute erfährt nun die Öffentlichkeit, daß die SVP-Führung wohl darüber mit ‚großer Empörung' viel geredet, jedoch die Tatsachen scheinbar*

nur dem Archiv der SVP anvertraut hat. Dem Bundesminister Dr. Kreisky hat man die Dokumentation versprochen, aber im entscheidenden Moment verweigert. Ist das nicht eigenartig? Warum haben die SVP-Führer diese Sache in den Vordergrund gespielt, sie propagandistisch (für sich) ausgenützt, um sie dann schließlich in Wirklichkeit im Sande verlaufen zu lassen? Welch parteipolitische Spekulation hat man hier auf Kosten der Häftlinge betrieben? Was ist in Wirklichkeit in jenem Sommer 1961 geschehen, als die SVP-Führung sang- und klanglos die Forderung nach der Landesautonomie begraben hat? Hat man versucht, eigene moralische Mitverantwortung hinter leeren Phrasen und falschem Mitgefühl zu verbergen? Hat man auch in diesem Falle jenes verhängnisvolle Doppelspiel getrieben, das die Politiker der Volkspartei unglaubwürdig gemacht und in die Sackgasse geführt hat, nämlich einerseits sich radikal zu gebärden und den Andreas Hofer zu spielen und andererseits im geheimen kleinliche, persönliche, parteipolitische Geschäfte auf Kosten Südtirols zu machen? Diese Fragen rufen nach einer Antwort. Alle Südtiroler verlangen in diesen Dingen endlich Klarheit und Wahrheit, allerdings nicht die manipulierte Klarheit und Wahrheit der ‚Dolomiten', sondern die Wahrheit und Klarheit der Tatsachen." (Siehe auch: 11. 5. 1967 sowie 22. 5. 1967.)

27. Mai 1967

Magnago zu Geheimverhandlungen: Eigene Landsleute dürfen erst „Endeinigung" erfahren

In einem Interview in der „Südost-Tagespost" (Graz) sagte Landeshauptmann Dr. Magnago: *„Ich habe mir ... ein wenig Geheimdiplomatie erlaubt und man hat mir das verschiedentlich angekreidet. Meine Lage gegenüber meinen Kritikern ist dabei insofern schwierig, als ich das von Moro Zugesagte vorerst nicht mit allen Details bekanntgeben kann. Es wäre ein Vertrauensbruch, wenn der Regierungschef eines Tages das als meine Mitteilung in einer Zeitung läse, was nur gemeinsam, im Zuge einer Endeinigung, mitgeteilt werden soll."*

28. Mai 1967

Verbannung aufgrund eines Faschistengesetzes

Wie die österreichische Tagespresse meldet, wurde die bereits am 27. Mai verhaftete Mutter eines flüchtigen Freiheitskämpfers, die nahezu 60 Jahre alte Frieda Steger aus Mühlen, nun auf richterliche Weisung in die italienische Provinz Belluno verbannt. Sie wurde beschuldigt, mit ihrem nach Österreich geflohenen Sohn geheimen Kontakt aufrechterhalten zu haben. Die Verbannung erfolgte auf unbestimmte Zeit aufgrund des Artikels 282 der faschistischen Strafprozeßordnung, welche am 19. Oktober 1930 in Kraft trat, die Unterschrift von Benito Mussolini trägt und mit nur geringfügigen Änderungen auch heute (1996!) noch immer in Kraft ist. Aufgrund dieses Artikels verbannte das faschistische Italien Demokraten in entlegene Gebiete und das „demokratische" Italien verbannte nun eine mißliebige Südtirolerin, die als Mutter nicht von einer Verbindung zu ihrem Sohn lassen wollte.

Freiheitskämpfer in Österreich verhaftet

Nachdem schon vor einigen Wochen in Vorarlberg Heinrich Oberlechner verhaftet worden war, wurde nun in Nordtirol der zweite der vier „Pusterer Buam", Josef Forer, verhaftet und nach dem Sprengstoffgesetz angezeigt.

Kreisky hält Selbstbestimmungsrecht für gerechteste Lösung

Im Rahmen einer Forumsdiskussion in Innsbruck gab der ehemalige Außenminister Dr. Kreisky folgende Stellungnahme zur Südtirolfrage ab: *„In einem ersten Gespräch mit dem italienischen Außenminister Segni habe ich gesagt, daß die gerechteste Lösung in Südtirol das Recht auf Selbstbestimmung sei. Für diesen Vorschlag sei aber in der UNO niemand zu haben gewesen. Österreich habe sich daraufhin für ein hohes Maß an Selbstverwaltung der Südtiroler eingesetzt und darüber mit der italienischen Regierung verhandelt."*

31. Mai 1967

Abg. Dietl: Habe strikten Auftrag, Folterdokumente nicht zu verwenden!

Wie die „WOCHENPRESSE" in Wien in ihrer Ausgabe Nr. 22 meldete, war nunmehr das Rätsel um die beim Linzer Südtirolprozeß genannten neuen Folterdokumente gelöst (siehe: 22. Mai 1967), deren Besitz die SVP dementiert hatte. Die Südtiroler Zeugin Rosa Ebner hatte behauptet, daß ein fühlendes Parteimitglied im Besitz der Dokumente sei. Die „WOCHENPRESSE" schrieb dazu: *„Die WOCHENPRESSE eruierte den genannten prominenten Parteifunktionär in der Person des nicht gerade auf bestem Fuß mit Landeshauptmann Dr. Silvius Magnago stehenden Südtiroler Parlamentsabgeordneten Hans Dietl, der telephonisch zugab, die Briefe zu besitzen. Der Politiker schränkte jedoch ein, er habe den ‚strikten Auftrag, die Dokumente derzeit nicht zu verwenden'. Daß sich die Südtiroler Volkspartei von den Folterdokumenten distanziert hätte – umschrieb Dietl diplomatisch den herrschenden Konflikt im Fraktionsschoß – sei dem Umstand zuzuschreiben, daß er selbst zu diesem Zeitpunkt nicht in Bozen gewesen sei. Österreichische Beobachter fürchten nun, daß die Dokumente über Folterungen der im Zusammenhang mit der vor wenigen Monaten erfolgten Sprengung des Brunecker Alpini-Denkmals verhafteten Bauernburschen ebenso ‚verschwinden' könnten, wie dies schon einmal, 1961, der Fall gewesen war. Damals war der Züricher Psychiater Dr. H. Manz als neutraler Fachmann von Bozen ersucht worden, vier mißhandelte Südtiroler im Hinblick auf psychische Schäden zu untersuchen. Etwaige negative Ergebnisse sollten als Beweismittel der italienischen Regierung und dem Innenministerium vorgelegt werden. Dr. Manz stellte in seinem bisher unveröffentlichten Gutachten fest: 1. der 24jährige Südtiroler Jagdaufseher Haller sei aus einem Carabinieri-Hubschrauber ‚mutwillig' beschossen und am Oberschenkel verletzt worden; die klinische Behandlung war ‚nicht fachgerecht' gewesen, so daß trotz der leichten Verletzung die Abnahme des Beines unvermeidlich wurde; 2. bei den drei anderen Untersuchten – durchwegs gefolterten – Häftlingen kam es zu ‚Depressionen, Angstzuständen, Schlaflosigkeit und nächtlichen Schweißausbrüchen; bei einem der Mißhandelten war die Haftreaktion so stark, daß er im Gespräch mit mir glaubte, mit seiner Frau zu sprechen.' Dr. Manz erhielt zwar von der Volkspartei seine Unkosten ersetzt, ‚mein Gutachten', klagte er gegenüber der ‚WOCHENPRESSE', ‚verschwand jedoch in der Versenkung, und ich habe nie wieder etwas davon gehört.'"* Ein ähnliches „Verschwinden" befürchteten Tiroler politische Kreise auch von den jüngsten Dokumenten.

Freispruch im Linzer Südtirolprozeß

Nach 15 Verhandlungen, einer mehrstündigen Rechtsbelehrung und ausführlicher Beratung der Geschworenen wurde in Linz das Urteil verkündet: Mit 6 : 2 bzw. 7 : 1 Stimmen sprachen die Laienrichter alle Angeklagten von allen Beschuldigungen frei. Sie begründeten den Freispruch mit einem in Südtirol herrschenden übergesetzlichen Notstand. Die Zuschauer im überfüllten Saal der Gendarmerie-Kaserne begrüßten den Freispruch mit Jubel, und wie bereits in den vorausgegangenen Prozessen sangen die Angeklagten das Andreas Hofer-Lied. In 12 Fällen meldete der Staatsanwalt (erfolglos) Nichtigkeitsbeschwerde gegen das Urteil an.

Angeklagte und Geschworene feierten Freispruch

Auf Einladung des „Freiheitlichen Akademikerverbandes" kam es im Festsaal des Bahnhofrestaurants in Linz aus Anlaß des Freispruches im Linzer Südtirolprozeß zu einer Feier. Es nahmen nicht nur die 15 Angeklagten, sondern auch sieben Geschworene und die Rechtsanwälte teil. Als Sprecher der Angeklagten bedankte sich Dr. Burger bei den Geschworenen für ihre mutige und patriotische Haltung und bei den vielen Linzer Freunden für die großzügige Unterstützung während des Prozesses. Er wies darauf hin, daß mit dem Freispruch jedoch noch keineswegs der Südtiroler Freiheitskampf gewonnen und daß weitere Unterstützung notwendig sei. Eine unter den mehr als dreihundert Anwesenden durchgeführte Sammlung erbrachte eine größere Geldsumme zur Fortsetzung des Freiheitskampfes. Vor allem in den sozialistischen Zeitungen wurde nicht nur die Feier, sondern vor allem die Teilnahme der Geschworenen heftig kritisiert.

Sprengstoffanschlag
Das italienische Lokal „Rosticceria Veneta" in der Stadtgasse in Bruneck wurde durch einen Sprengstoffanschlag zerstört. Fünf Personen wurden leicht verletzt. Die Täter blieben unbekannt, der BAS bekannte sich nicht zu diesem Anschlag.

1. Juni 1967
Sprengstoffanschlag auf Grenzstützpunkt
Noch vor dem italienischen Militär entdeckten Touristen auf einer Schitour, daß oberhalb von Pfitsch die „Wiener Hütte" (2.664 m Seehöhe) am Fuße des Hochfeiler zerstört worden war. Die vom Deutsch-Österreichischen Alpenverein erbaute Schutzhütte war von den Faschisten enteignet und vom „Club Alpini Italiano" (CAI) als „Rifugio Monza" weitergeführt worden. Das zweistöckige Haus war in den letzten Jahren im Sommer als Militärstützpunkt verwendet worden. Auf eine Anfrage des Südtiroler Senators Saxl mußte der italienische Innenminister später einräumen, daß der Stützpunkt durch Sprengladungen zum Einsturz gebracht worden war.

5. bis 28. Juni 1967
Sprengstoffprozeß in Bozen
Vor dem Schwurgericht in Bozen wurde gegen die Südtiroler Othmar Albenberger (24), Alois Kerschbaumer (24) und Hans Romen (24) aus Girlan verhandelt. Sie wurden beschuldigt, mehrfach Sprengstoff gestohlen zu haben. Polizeizeugen behaupteten, daß die beiden mehrfach von einem Anschlag auf das Siegesdenkmal gesprochen hatten. Die Verteidiger stellten die Angeklagten als „Waffen- und Sprengstoffnarren" hin, die keinerlei politische Absicht verfolgt hätten. Das Gericht folgte dieser Ansicht und verurteilte Albenberger zu vier Jahren und drei Monaten und Kerschbaumer zu zwei Jahren und acht Monaten Gefängnis. Romen wurde freigesprochen.

7. Juni 1967
Italienische Liberale: Österreich einig mit „Terroristen"
Die Provinzialleitung der italienischen Liberalen Partei in Südtirol hat festgestellt, daß ein *„geheimes Einverständnis"* zwischen Österreich und den *„Terroristen"* herrsche. Zum Abschluß einer Parteisitzung wird in einem Kommuniqué darauf verwiesen, daß Österreich keine friedliche Lösung des Südtirolproblems wolle.

12. Juni 1967
Italienische Einmischung in unabhängige österreichische Justiz
Wie der „Grazer Montag" meldet, überreichte der italienische Botschafter in Wien dem österreichischen Außenminister Dr. Tončić-Sorinj eine Protestnote gegen den Freispruch von Linz vom 31. Mai 1967, wobei der Botschafter übersah, daß in Österreich die Regierung den Ausgang von Prozessen vor unabhängigen Gerichten nicht bestimmen kann.

12. und 13. Juni 1967
Prozeß um Schüsse auf Carabinieristreife
Vor dem Schwurgericht Bozen mußte sich der Bergbauernsohn Konrad Auer (20) aus Pfalzen verantworten. Gegen seinen nach Österreich geflüchteten Bruder Paul wurde in Abwesenheit verhandelt. Konrad Auer hatte am 10. 9. 1966 mit einer Pistole auf eine Carabinieristreife geschossen, die auf der Sambockalm rastete. Ob der als Wilderer bekannte Südtiroler gezielt auf die Carabinieri schoß oder diese nur erschrecken wollte, konnte nicht geklärt werden. Einer der Zeugen mußte zugeben: *„Wenn Auer uns hätte erschießen wollen, hätte er es gekonnt!"* Das Gericht folgte nicht dem Staatsanwalt, der nach nationalistischen Ausfällen auf die deutsche Volksgruppe acht Jahre Gefängnis gefordert hatte, sondern verurteilte Konrad Auer und seinen Bruder wegen Bedrohung von Sicherheitsorganen und Waffenbesitz zu 19 bzw. 21 Monaten Haft.

16. Juni 1967

Innenministerium verhindert Aufdeckung italienischer Menschenraubpläne

An einer Weisung des Wiener Innenministeriums scheiterte das Vorhaben der Innsbrucker Staatspolizei, im Zusammenwirken mit Südtiroler Freiheitskämpfern den Chef der politischen Abteilung der Bozener Quästur, Dr. Giovanni Peternel, auf österreichischem Gebiet wegen des Verbrechens des versuchten Menschenraubes festzunehmen. Giovanni Peternel hatte sich nach der Herz-Jesu-Nacht von 1961 bei der Einvernahme der Südtiroler Häftlinge der Dolmetscherdienste einer gewissen Gertrude Parth bedient, die in Südtirol bei ihren Großeltern aufgewachsen war, während ihr Vater, ein pensionierter italienischer General der Carabinieri, in Rom lebte. Peternel nahm die Parth dann als Spitzel der Quästur in seine Dienste und setzte sie zusammen mit einem vorbestraften Kärntner Kriminellen, einem Kellner namens Walter Weinberger, auf den Freiheitskämpfer Dr. Norbert Burger an. Weinberger hatte sich zu Jahresbeginn 1967 bei der Quästur in Bozen gemeldet und Peternel vorgeschlagen, Dr. Burger aus Österreich nach Italien zu entführen. Peternel hatte zusammen mit Weinberger einen teuflischen Plan ausgearbeitet. Weinberger sollte für seine Mitwirkung 20 Millionen Lire, damals etwa DM 125.000, erhalten. Anfang April trat der mehrfach wegen Betruges und Veruntreuung vorbestrafte Walter Weinberger, 36 Jahre alt, an Dr. Norbert Burger heran und bot seine Dienste an. Weinberger litt an Multipler Sklerose, die rasch fortschritt und ihn zum todgeweihten Mann machte. Er habe, sagte Weinberger, in seinem Leben „Dummheiten" gemacht. Seine Familie, vor allem sein Vater, der Kärntner Abwehrkämpfer gewesen sei, habe sich von ihm abgewandt. Nun, im Angesicht des bald zu erwartenden Todes, wolle er eine Aussöhnung herbeiführen und einmal noch in seinem Leben wenigstens eine gute Tat setzen. Zu verlieren habe er nichts mehr. Weinberger legte die klinischen Befunde vor, die seine unheilbare und rasch fortschreitende Erkrankung bewiesen.

Hinweise und Beweise für geplante Entführung

Um diese Zeit erhielt Peter Kienesberger aus Südtirol einen Hinweis, daß die italienischen Behörden planten, ihn und Dr. Burger auf italienisches Staatsgebiet zu verschleppen. Der Informant konnte aber keine näheren Details nennen. Die nähere Aufklärung lieferte Gertrude Parth, die zeitweise bei ihrer Tochter in Völs in Nordtirol wohnte und dort unter dem Namen Traudl Lechner auftrat. Auch sie hatte sich an Dr. Burger herangemacht – und sich in ihn verliebt. Anfang Juni 1967 offenbarte sich die Frau dem Freiheitskämpfer und berichtete, daß sie eine Agentin des italienischen Geheimdienstes sei. Im Auftrage des Leiters der politischen Abteilung der Bozener Quästur, Dr. Peternel, sei sie beauftragt worden, Dr. Burger und andere Entführungsopfer auszuspähen und deren Entführung vorbereiten zu helfen. Dr. Peternel habe an dem Plan schon seit vielen Monaten gearbeitet, jetzt aber habe er aus Rom grünes Licht bekommen. Dann fiel der Name des Agenten, der die Opfer in die Falle locken sollte: Walter Weinberger. Der Geheimdienstchef Peternel wollte die Entführung so gestalten, daß sie nicht wie eine solche aussah.

Wie in einem James-Bond-Film

Burger sollte von Weinberger unter dem Vorwand, ihm ein Waffendepot zu zeigen, nach Osttirol gelockt, dort niedergeschlagen, mit einer Spritze betäubt und von italienischen Geheimdienstagenten im Kofferraum über die Grenze geschafft werden. Auf Südtiroler Gebiet sollte der bewußtlose Burger zusammen mit einer Ladung Dynamit bei einem Hochspannungsmast niedergelegt werden. Zu dem Zeitpunkt seines Aufwachens sollte der benommene Mann „zufällig" von einer Carabinieristreife gefunden, verhaftet und ins Gefängnis eingeliefert werden. Burger würde keine Gelegenheit mehr haben, in einem Gerichtssaal große Erklärungen zu seiner Entführung abzugeben. In Abwesenheit bereits zu 28 Jahren Gefängnis verurteilt, würde er ohne neuen Prozeß einfach zur Strafverbüßung hinter den Gefängnismauern verschwinden. Nachdem Weinberger mit diesen Enthüllungen konfrontiert worden war, gestand er sofort. Um der drohenden Anzeige wegen versuchten Menschenraubes zu entgehen, war Weinberger bereit, sich gegen seine ursprünglichen Auftraggeber „umdrehen" zu lassen. Tatsächlich

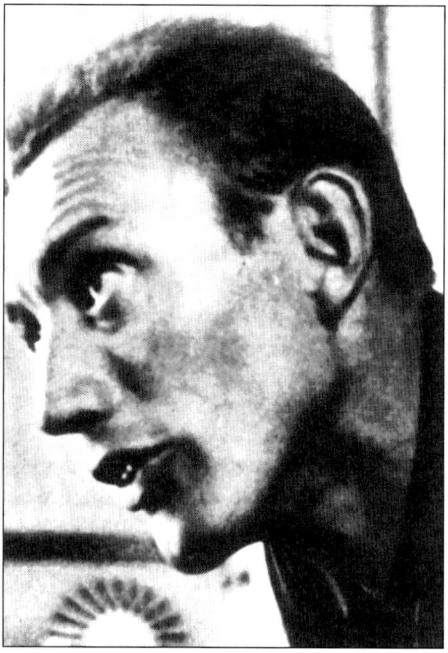

16. Juni 1967: Der Kriminelle Walter Weinberger sollte in italienischem Auftrag den Freiheitskämpfer Dr. Norbert Burger entführen.

Der Leiter der politischen Abteilung der Bozener Quästur, Giovanni Peternel, gab den Entführungsauftrag.

Gertrude Parth alias „Traudl Lechner" brachte die italienische Aktion zum Scheitern, als sie sich Dr. Burger offenbarte.

schien der Plan, den Chef der Entführerbande, Dr. Peternel, auf österreichisches Gebiet zu locken, zu gelingen.

Die Verhaftung Peternels wird vorbereitet

Weinberger und Gertrude Parth alias Traudl Lechner verlangten nun telephonisch von Peternel ein Treffen in Gries am Brenner, auf der österreichischen Seite. Peternel sollte den Entführungslohn teils mitbringen, teils eine Einzahlungsbestätigung bei einer Züricher Bank vorweisen. Das Treffen sollte am 16. Juni 1967 um 16 Uhr stattfinden. Nun informierten Peter Kienesberger und Dr. Burger die Sicherheitsdirektion Tirol und verlangten die Verhaftung des Entführers Peternel bei dem geplanten Treffen mit Weinberger und Lechner. Die Beamten waren sofort dabei. Kienesberger wurde zu seinem eigenen Schutz mit einer Pistole ausgerüstet; die Beamten wollten in zwei zivilen Wagen ankommen und überfallsartig die Verhaftung vornehmen.

Wien verfügt: Peternel bleibt frei

Man mußte allerdings noch Wien informieren. Um 15.20 Uhr kam die Weisung aus dem Innenministerium in Wien: Die Beamten dürfen Dr. Peternel nur observieren, dürfen aber nicht eingreifen! Damit war die Aktion gescheitert. Später wurde noch einmal ein Versuch gemacht, Peternel über die Grenze zu locken, dieser kam aber nicht. Offenbar war er von österreichischer Seite gewarnt worden.

Die Doppelagentin soll vom BAS weiter eingesetzt werden

Gertrude Parth alias Traudl Lechner war nun bei ihren ursprünglichen Auftraggebern kompromittiert, da sie auf beiden Schultern getragen hatte. Burger und Kienesberger entschieden, einerseits der Parth zu helfen, in Südtirol ohne Strafverfolgung davonzukommen und andererseits selbst für den BAS Nutzen aus dieser Situation zu ziehen. Sie beschlossen daher, die Parth mit einem „Erfolg" zu ihren italienischen Auftraggebern heimkehren zu lassen. (Siehe weiter: 11. August 1967.)

<u>20. Juni 1967</u>

„Folgen des Freispruches für Südtirol"

So lautet der Titel einer Fernsehsendung im österreichischen Rundfunk. Es kamen eine Reihe von Angeklagten zu Wort, die den Südtiroler Freiheitskampf entschieden verteidigten. Dr. Norbert Burger forderte wirksame Verhandlungen und Sepp Holzinger forderte die Regierung auf, das Südtirolproblem erneut vor die UNO zu bringen. Diese Auffassung vertrat auch der ÖVP-Bundesrat Hoffmann-Wellenhof. Auch der ehemalige Außenminister Dr. Kreisky kam zu Wort und nannte die österreichische Südtirolpolitik falsch. *„Nichts"* hielt der Landesobmann des Bergisel-Bundes Ing. Helly von der Politik des österreichischen Außenministers Tončić-Sorinj. Diese Fernsehsendung stieß bei den Italienern und bei der österreichischen Regierung auf scharfe Kritik.

Magnago stellt sich voll hinter das „Paket"

Auf einer Veranstaltung der „Akademischen Vereinigung für Außenpolitik" an der Universität Innsbruck nahm Landeshauptmann Dr. Magnago zur aktuellen „Paket"-Diskussion Stellung. Bezüglich des „Paket"-Inhaltes berichtete Magnago, daß zu den seinerzeit von Kreisky erreichten Ergebnissen ein Katalog von 120 neuen Kompetenzen dazugekommen sei. Magnago erklärte, daß im Bereich der Wirtschaft praktisch alle Forderungen der Südtiroler erfüllt worden seien, da fast alle Wirtschaftskompetenzen von der Region auf die Südtiroler Landesverwaltung übergehen sollten. Auch ein Teil der Wünsche im Schulwesen sei erfüllt. Der Kompromiß in bezug auf die Gleichberechtigung der deutschen Sprache und Kultur, das Fernsehen, die Meldeämter, die Arbeitsverwaltung und die Industrie sei annehmbar. Zwei Drittel aller staatlichen Stellen in Südtirol sollten Südtirolern vorbehalten werden (während es gegenwärtig zehn v. H. sind). Nur zehn v. H. der Südtiroler Staatsbeamten sollten in andere

Provinzen versetzt werden dürfen. Südtiroler im Polizeidienst sollten überhaupt nicht versetzt werden dürfen, es sei denn strafweise. Magnago sagte, das „Paket" sei *„die Marschverpflegung dafür, daß die Südtiroler leben können"*. Der Inhalt der neuen Autonomie sei *„noch nie so gut gewesen wie heute"*.

25. Juni 1967

Porzescharte-Attentat, Unfall oder mißglückte Falle des italienischen Geheimdienstes?

An diesem Tag kam es zu einem sehr schwerwiegenden Vorfall, der vier italienischen Soldaten das Leben kostete. Bis heute konnten die Hintergründe der Tat nicht zufriedenstellend geklärt und die Täter nicht festgestellt werden. Hier die italienische Darstellung: Nachdem die Starkstromleitung Lienz–Provinz Belluno, die über die Porzescharte – italienisch „Cima Vallona" – in 2.400 m Höhe führt, um 2.12 Uhr ausgefallen und im Tal eine Detonation zu hören gewesen war, machte sich eine Militärstreife vom Cadore auf den Weg, um die Ursache festzustellen. Unmittelbar an der österreichischen Grenze fand sie einen gesprengten Hochspannungsmast. Bei der Suche nach Spuren wurde der Alpinisoldat Armando Piva durch eine Minenexplosion so schwer verletzt, daß er noch am gleichen Tag im Krankenhaus Innichen starb. Nach diesem Vorfall wurde eine in Leifers stationierte Anti-Sabotage-Einheit unter Leitung von Carabinieri-Hauptmann Francesco Gentile mit Hubschraubern zum Tatort geflogen. Sie suchte auf der Porzescharte und in der näheren Umgebung erfolglos nach weiteren Minen. Auf dem Rückweg zum Hubschrauber explodierte jedoch eine weitere Mine, die Hauptmann Gentile, den Fallschirmjäger-Leutnant Mario di Lecce und den Fallschirmjäger-Unteroffizier Olivo Dordi auf der Stelle tötete. Der Fallschirmjäger-Unteroffizier Marcello Fagnoni wurde schwer verletzt.

Amtliche Nachrichtenagentur „ANSA": Manöverunglück

Die amtliche italienische Nachrichtenagentur ANSA gab am Nachmittag des 26. 6. bekannt, daß die vier Soldaten bei einem *„Manöverunglück"* (!) am Kreuzbergsattel (Nähe der Porzescharte – Anm. der Redaktion) ums Leben gekommen seien. Erst eine Stunde später wurde diese Meldung zurückgezogen, statt des vorherigen Unglückes nun ein Attentat genannt und als Ort des Geschehens die Porzescharte genannt.

Österreicher dürfen Tatort nicht betreten

Obwohl sich Italien mittlerweile gerne österreichischer Sprengfachleute, inbesondere des Spezialisten Oberst Massak, bediente, weigerten sich die italienischen Behörden die ersten Tage nach der Explosion beharrlich, einen Lokalaugenschein durch österreichische Beamte zuzulassen, und hinderten sogar eine österreichische Gendarmerie-Patrouille (siehe 2. 7. 1967) mit Waffengewalt an der Besichtigung. Erst am 3. 7. 1967 (siehe dort!) durfte eine österreichische Kommission den Tatort besichtigen und konnte Beweisgegenstände auffinden, die von Ing. Hammerschmied und einem ihn begleitenden österreichischen Gendarmen am 27. 6. – also zwei Tage nach dem Vorfall – nicht wahrgenommen worden waren, als sie den Ort des Geschehens pflichtgemäß aufgesucht hatten.

„Tiroler Tageszeitung": Manöverunglück

Die „Tiroler Tageszeitung", alles andere als den Südtiroler Freiheitskämpfern wohl gesonnen, blieb auf Grund eigener Recherchen beharrlich dabei, daß es sich bei dem Vorfall um ein Unglück gehandelt habe. Der sich ständig widersprechende Korpskommandant des zuständigen IV. Armee-Korps, General Marchesi, und die ebenso wechselnden Aussagen der Nachrichtenagentur ANSA seien dafür ein Hinweis. Am 10. 10. 1967 wurden die Österreicher Dr. Erhard Hartung und Peter Kienesberger, später dann noch der österreichische Bundesheerunteroffizier Egon Kufner, unter der Beschuldigung, *„das Attentat"* auf der Porzescharte begangen zu haben, verhaftet. Sie gaben übereinstimmend folgende, durch Zeugenaussagen und Indizien gestützte Erklärung ab: Die Porzescharte sei seit vielen Jahren, da unbewacht, als Nachschub- und Fluchtweg der Südtiroler Freiheitskämpfer verwendet worden. Sie seien kurzfristig davon verständigt worden, daß auf der Porzescharte ehebaldigst ein verwundeter Südtiroler Freiheitskämpfer zur Weiterbehandlung in Österreich übernommen werden müsse. Daher seien sie nach Obertilliach gefahren und hätten sich, im Gebirge aufsteigend, der Grenze bis auf eine ungefähre Gehzeit von einer halben Stunde genähert. Dort seien sie in einer geschützten Mulde in Deckung liegen geblieben, um wie üblich den Funkkontakt mit den am Grat wartenden Südtirolern aufzunehmen. Es kam jedoch kein Funkkontakt zustande, stattdessen hätten sie hoch am Grat kurz einen Lichtschein wie von einer Taschenlampe oder einem Feuerzeug gesehen und Geräusche und Stimmen vernommen. Die Südtiroler, die sie treffen wollten, hätten sich jedoch stets lautlos verhalten und kein Licht gebraucht. Somit bestand auch angesichts des mangelnden Funkkontaktes der Verdacht, daß sich ganz andere als die erwarteten Personen auf dem Bergsattel aufhielten. Diese Aussagen wurden dadurch untermauert, daß die vor der Porzescharte auf österreichischer Seite gelegenen Schneefelder unberührt waren, wie die österreichische Polizei zweifelsfrei festgestellt hatte. Zusätzlich erstellte ein Alpinexperte ein Weg-Zeit-Diagramm, demzufolge es den Angeklagten zeitlich unmöglich war, ein Attentat auszuführen. Dieses Weg-Zeit-Diagramm sollte dann auch vor Gericht eine entscheidende Rolle spielen.

Was geschah wirklich auf der Porzescharte?
Alpini: Unfall durch eigene Minen

Ob es sich tatsächlich um ein Attentat, ein Manöverunglück auf dem Kreuzbergsattel oder auf der Porzescharte oder um eine Falle für Südtiroler Freiheitskämpfer gehandelt hat, in die dann, durch schlechte Koordination bedingt, eigene Leute hineingelaufen waren, das wird erst dann zweifelsfrei festgestellt werden können, wenn die italienischen Archive geöffnet werden. (Neue österreichische Forschungen weisen aus, daß Hartung, Kienesberger und Kufner zu Unrecht für die Tat verantwortlich gemacht wurden; s. insbesondere Teil 3: „Ein Attentat, das keines war“.) Vielleicht hat es auch gleichzeitig ein Geschehen auf dem Kreuzbergsattel und auf der Porzescharte gegeben. Einige Fragen bleiben offen. Erhebliche Zweifel an der offiziellen Version hegten auch italienische Journalisten wie Giuseppe Gaddi. Wie jedenfalls der „Corriere della Sera“ bereits am 14. 9. 1966 meldete, hatte der Oberkommandierende des IV. Armeekorps Armeeguerrillaeinheiten des Heeres an die Grenze legen lassen. Diese Einheiten waren dazu ausgebildet, Partisanen auch mit deren eigenen Waffen, wie Hinterhalten und Sprengfallen, zu bekämpfen. In diesem Zusammenhang ist auch noch interessant, daß nach Mitteilung des Südtiroler Dichters Franz Tumler damals die in Welsberg stationierten Alpini – darunter Deutsche und Ladiner, mit denen Tumler gesprochen hatte – von einem tragischen Unglück überzeugt waren. Tumler schreibt: *„Mit einigen* (Alpini – Anm. d. Verf.) *sprach ich über den Vorfall auf der Porze-Scharte, auf der ... italienische Finanzieri auf eine Mine getreten und ums Leben gekommen waren ... Inzwischen hat sich längst eine Auffassung über den Vorfall gebildet. Wir hörten sie auch von unseren Alpini.“* Demnach seien die im Herbst vor dem Schneefall verlassenen Grenzpositionen, die erst im kommenden Frühling wieder bezogen wurden, vermint worden. *„Der Trupp, der am 25. Juni 1967 auf die Porze-Scharte kam, bestand nicht aus denselben Leuten, die im Herbst gegangen waren; er war über die Lage der Minen nicht orientiert. Die Minen flogen in die Luft und töteten die Finanzieri.* „ (Tumler, Franz: „Das Land Südtirol“, München – Zürich 1971, Neuauflage 1984, S. 199.)

Prozesse in Österreich und in Italien

Am 23. Dezember 1968 wurden von einem Schwurgericht in Wien Peter Kienesberger zu acht Jahren Haft und Erhard Hartung sowie Egon Kufner zu je einem Jahr Haft verurteilt. Im August 1970 hob der Oberste Gerichtshof das auch in der Öffentlichkeit stark kritisierte Urteil wegen gravierender Verfahrensmängel auf. In einer neuerlichen Verhandlung wurden alle Angeklagten freigesprochen. Insbesondere hatte ein Weg-Zeit-Diagramm, das von Alpingendarmen erstellt worden war, gezeigt, daß die Angeklagten zwischen den durch Zeugenaussagen gesicherten Zeitpunkten ihrer Anwesenheit an anderen Orten nicht die Zeit gehabt hätten, die Tat auf der Porzescharte zu begehen. In Florenz verurteilte ein Schwurgericht die Angeklagten

Peter Kienesberger, Erhard Hartung und Egon Kufner am 8. April 1970 zu lebenslangen Haftstrafen. Die Angeklagten hatten nie eine Prozeßvorladung erhalten, nie eine Anklageschrift gesehen, konnten nichts zu ihrer Verteidigung vorbringen und erfuhren ihre Verurteilungen aus der Zeitung.

Italienisches Urteil menschenrechtswidrig
Im Jahr 1979 ließ der österreichische Bundesminister für Inneres die italienischen Verurteilungen wegen Mordes in das österreichische Strafregister eintragen. Dagegen beriefen die Betroffenen, weil das Verfahren in Florenz nicht den Bestimmungen der „Europäischen Menschenrechtskonvention" (EMRK) über ein faires Verfahren entsprochen habe und überdies die in Florenz vorgebrachten Beweise falsche Geständnisse anderer inhaftierter Angeklagter gewesen seien, die durch Folter gewonnen worden wären. Am 29. September 1982 hob der Verwaltungsgerichtshof der Republik Österreich den innenministeriellen Bescheid (auf Eintragung in das Strafregister) unter Berufung auf die durch Italien verletzten Bestimmungen der EMRK auf und ließ so die Eintragung löschen. Am 28. Februar 1992 lehnte das Oberlandesgericht Nürnberg die von Italien beantragte Auslieferung Peter Kienesbergers aus der Bundesrepublik Deutschland nach Italien zur Verbüßung der lebenslangen Haftstrafe ab, indem es einem Antrag der Staatsanwaltschaft Nürnberg folgte, die feststellte, *„daß in dem italienischen Strafverfahren objektiv nicht die Mindestrechte der Verteidigung gewahrt worden sind, die anerkanntermaßen jedem an einer strafbaren Handlung Beschuldigten zustehen."*

26. Juni 1967
Österreich unterwürfig
Trotz der italienischen Widersprüche und der ungeklärten Sachlage verurteilte Außenminister Tončić-Sorinj im Fernsehen den „Terroranschlag". Innenminister Hetzenauer bot sofort italienischen Dienststellen die Hilfe österreichischer Sprengsachverständiger und Experten des Erkennungsdienstes an.

Taviani: „Schergen von Dachau und Mauthausen!"
Der italienische Innenminister bezeichnete es als feststehende Tatsache, daß es sich um einen „Terroranschlag" handeln müsse, verübt von *„den geistigen Nachkommen der Schergen von Dachau und Mauthausen. Die Tradition der Nazi-Barbarei wiederholt sich."*

27. Juni 1967
Klaus gegen Schuldbekenntnis
Italienischer Druck auf Österreich: Veto bei EWG!
Botschafter Martino erschien vormittags bei Bundeskanzler Klaus und überreichte eine Darstellung seiner Regierung über den Hergang der Ereignisse auf der Porzescharte. Weiters kündigte Martino ein italienisches Veto gegen die Aufnahme Österreichs in die EWG an. Vorher war Martino bei Außenminister Tončić-Sorinj gewesen, der verschärfte Maßnahmen gegen die *„Terroristen"* versprochen hatte. Bundeskanzler Klaus weigerte sich gegenüber dem italienischen Botschafter, ein Schuldbekenntnis für Österreich abzulegen, bevor der Zwischenfall nicht *„restlos und objektiv geklärt sei, notfalls durch eine internationale Kommission."*

„Kleine Zeitung": Italienische Minen an Grenze!
Die Kärntner „Kleine Zeitung" meldet, daß in Lienz allgemein bekannt sei, daß es an der Grenze zu Italien Stellen gebe, wo Tafeln mit der Aufschrift *„Achtung, vermint!"* vor einem Überschreiten der Grenze warnen. Deshalb seien Nachforschungen nötig, ob es sich bei dem Unglück auf der Porzescharte wirklich um einen Anschlag gehandelt habe.

Staatsanwalt verlangt zur Verurteilung Österreichs fünf Schweigeminuten
Der ob seiner Ausfälle bekannte Staatsanwalt Paone (Bozen) forderte während einer unpolitischen Gerichtsverhandlung das Wort. Er erklärte, daß *„die deutsche Volksgruppe beiderseits*

der Alpen," in erster Linie jedoch Österreich für die Attentate verantwortlich sei. Zu ihrer moralischen Verurteilung (!) verlangte er vom Gericht fünf Schweigeminuten. Die Tageszeitung „Dolomiten" fragte, wie lange ein Mann mit dieser Geisteshaltung Staatsanwalt sein dürfe.

EWG-Veto Italiens

Der italienischen Außenminister Fanfani wies die italienische Delegation bei der Europäischen Gemeinschaft in Luxemburg an, sich der Aufnahme von Verhandlungen zwischen der Montan-Union im Rahmen der EWG und Österreich zu widersetzen, solange die österreichische Regierung nicht bewiesen habe, daß das österreichische Staatsgebiet nicht länger als Operationsbasis der *„Terroristen"* diene. Eine ähnliche Weisung ging an die italienischen Delegierten im Ausschuß der ständigen Vertreter des EWG-Rates.

Österreich schlägt Expertenkommission vor – Italien lehnt ab

Der österreichische Außenminister Dr. Tončić-Sorinj wiederholte das Angebot, einer Untersuchungskommission oder einem Vertreter des Generalsekretärs der Vereinten Nationen Einsichtnahme in alle Unterlagen zu gewähren, die der österreichischen Regierung zur Verfügung stünden und welche die Tätigkeit von Südtirolaktivisten beträfen. Die italienische Regierung lehnte diese Vorschläge ab. Begründung: Rom wünsche keine internationale Expertenkommission einzusetzen, sondern, daß die österreichischen Behörden wirksamere Maßnahmen ergreifen mögen. Zusätzlich wurde eine vorbehaltlose Zusammenarbeit mit den italienischen Sicherheitsbehörden verlangt.

28. Juni 1967

Porzescharte: Italienische Widersprüche

Das italienische Oberkommando in Bozen gab zu, daß zu dem Zeitpunkt der Explosion auf der Porzescharte im Gebiet um Innichen Manöver von Fallschirmjägern stattgefunden hätten, beharrte jedoch auf der Attentatsversion. Österreichische Stellen erklärten, sie seien erst Stunden nach den Explosionen durch die Italiener informiert worden, was gegen deren Absicht spräche, *„flüchtige Täter"* rasch verfolgen zu lassen. Das etwa fünfstündige Schweigen der Italiener sei nicht erklärbar. Die „Tiroler Tageszeitung" meldete, daß mittlerweile festgestellt worden sei, daß sich auf dem Kreuzbergsattel (also nicht auf der Porzescharte) im Bereich italienischer Befestigungen Minenexplosionen ereignet hätten und verwundete Soldaten mit Hubschraubern nach Innichen gebracht worden seien. Diese Version stimme auch mit der ersten Meldung der italienischen Nachrichtenagentur ANSA überein, wonach italienische Soldaten durch eigene Minen verwundet worden seien. Diese Meldung wäre später zurückgezogen worden. Erst in einer späteren Version hätte die ANSA das Geschehen direkt an die Grenze verlegt und *„Terroristen"* dafür verantwortlich gemacht.

„Kleine Zeitung": Hinweise auf Unglücksfall

Wie die „Kleine Zeitung" meldet, habe Zollwachoberkontrollor Schnöller aus Oberitalien gegenüber dem Blatt erklärt, daß die Explosion durch italienische Minen ausgelöst worden sein könnte. Wie die Zeitung weiter meldet, seien im Bereich der Porzescharte Tafeln mit italienischen Aufschriften aufgestellt, die vor Minen warnen. Der Fall sei aber auch deshalb mysteriös, weil im Bereich der Porzescharte zwar ein gesprengter Mast liege, jedoch die Schneefelder keine Fußspuren zeigten, die nach Österreich führten oder von Österreich kämen. Weiters sei auch im Umkreis des Mastes nirgendwo ein Detonationsloch zu sehen, welches auf eine detonierte Minenfalle hinweise, und es seien auch keine Blutspuren vorhanden.

Innenminister Hetzenauer: Polizeiliche Zusammenarbeit mit Italien

Im österreichischen Nationalrat erklärte Hetzenauer (ÖVP), daß nach dem Zwischenfall auf der Porzescharte umgehend Kontakt zwischen österreichischen und italienischen Sicherheitsbehörden hergestellt worden sei und ein Funktionär der Sicherheitsdirektion Tirol sich auch schon mit einem hohen Carabinierifunktionär in Brixen getroffen habe. Im vergangenen Jahr hätten die österreichischen Sicherheitsbehörden 474 Patrouillen durchgeführt und 1.053 Personen sowie 435 Kraftfahrzeuge durchsucht. Den Beamten stünden Spezialfahrzeuge, Spürhunde und seit dem Vorjahr auch Hubschrauber bzw. Flugzeuge zur Verfügung. Die Aktivität der Sicherheitsbehörden im laufenden Jahr stehe hinter denen des Vorjahres nicht zurück.

29. Juni 1967

„Berechtigte Zweifel an Attentatsversion"

Wie die „Österreichischen Nachrichten" meldeten, bestünden *„trotz eines Dementis des Bozener Armeekommandos berechtigte Zweifel an der Attentatsversion ... Die zuständigen österreichischen Stellen sind, wie schon beim angeblichen Attentat auf der Steinalm, erst unverständlich spät von den Vorfällen auf dem Porzejoch unterrichtet worden. Am Brenner erfolgte die Verständigung durch die Italiener um 18 Uhr, in Sillian (Osttirol) gar erst um 21.30 Uhr des Sonntags. Die Minenexplosion ereignete sich bekanntlich in den ganz frühen Morgenstunden, etwa um vier Uhr herum, die zweite dann um etwa 15 Uhr. Es vergingen also nach der ersten Explosion etwa 14 Stunden bis zur Verständigung der Österreicher. Nach so langer Zeit sei nach Auffassung der Tiroler Sicherheitsbehörden die Verfolgung eventueller Täter auf österreichischem Gebiet im Hochgebirge praktisch aussichtslos. Mittlerweile wurde festgestellt, daß in der fraglichen Zeit, als bei der Porzescharte vier italienische Soldaten durch Minen zerrissen worden sein sollen, auf dem Kreuzbergpaß, wo italienische Stellungen sind, Minenexplosionen erfolgten. Die verwundeten italienischen Soldaten wurden zur Straße abtransportiert und in Hubschraubern nach Innichen gebracht. Diese Tatsache stimmt völlig überein mit der ersten italienischen Nachricht, es seien italienische Soldaten durch Minen verwundet worden. Alle Zeitungen im deutschsprachigen Raum hatten diese ANSA-Meldung empfangen, die dann aber von der Agentur zurückgezogen wurde, indem man später gemeldet habe, es seien drei italienische Fallschirmjäger durch von Terroristen ausgelegte Minen unmittelbar an der Grenze getötet worden. Die Verschiedenheit der von den italienischen Behörden angegebenen Örtlichkeit, wo die Minen explodiert sein sollen und wo sie in Wahrheit explodierten, erklärte die Zurückziehung der ANSA-Meldung vom Sonntag."*

EWG-Verhandlungen durch Italien blockiert

Der italienische Unterstaatssekretär Franco Malfatti erklärte während des Ministerrates der Kohle-Stahl-Gemeinschaft in Luxemburg, daß Italien alle Verhandlungen zwischen der EWG und Österreich solange blockieren werde, bis Österreich *„wirksame Maßnahmen zur Bekämpfung des Terrorismus in Südtirol ergriffen und die bekannten Terroristen bestraft habe."*

Italien verlangt Kommando über österreichische Exekutive

Italien hat auf das österreichische Anerbieten geantwortet, den Porzescharten-Zwischenfall durch eine internationale Untersuchungskommission überprüfen zu lassen. In einer durch die „Deutsche Presse-Agentur" (DPA) verbreiteten Stellungnahme heiße es: *„Der Vorschlag von internationalen Kommissionen geht am Wesen des Problems vorbei. Notwendig ist vielmehr, daß die österreichischen Sicherheitsbehörden gegenüber den Terroristen, die sich auf österreichischem Gebiet befinden, die nötigen Maßnahmen ergreifen und vorbehaltlos mit den italienischen Ordnungsbehörden zusammenarbeiten."* Dies war eine unverhüllte Forderung nach dem Kommando über die österreichische Exekutive, die dadurch zum bloßen Erfüllungsgehilfen der italienischen Polizei erniedrigt worden wäre.

„Erpressung" – unter diesem Titel schreibt der „Münchner Merkur":

„Italiener und Österreicher haben immer wieder geleugnet, daß im Hintergrund der Südtirol-Verhandlungen der Wunsch Wiens nach EWG-Assoziierung steht. Nun hat Außenminister Fanfani wenigstens mit dieser Lüge aufgeräumt: Er brachte die vier Soldaten, die bei einem Minenunglück den Tod fanden, in Zusammenhang mit Vorzugszöllen und Importlisten. Das ist, schlicht gesagt, eine Taktlosigkeit, das ist Erpressung!"

30. Juni 1967

Nordtiroler Landesregierung: Untersuchungskommission gefordert

Die Nordtiroler Landesregierung forderte in einer Stellungnahme die Mitarbeit österreichischer Experten oder die Einsetzung einer internationalen Untersuchungskommission zur einwandfreien und vollständigen Klärung des tragischen Vorfalls auf der Porzescharte. In der Erklärung stand weiter: *„Sollte dieses Ereignis durch die Tätigkeit von Terroristen bewirkt worden sein, wie es die italienischen Militärbehörden darstellen, so wiederholt die Tiroler Landesregierung ihre ständige bedingungslose Verurteilung aller Akte der Gewalt und des Terrors."*

Alpini-Denkmal in Bruneck weiter umstritten

In Bruneck wurde als Ersatz für das am 2. 12. 1966 gesprengte Alpini-Denkmal eine Nachbildung enthüllt. Nachdem es bereits am 19. 12. 1966 bei der provisorischen Wiederherstellung zu einem Streit über die Teilnahme des deutschen Bürgermeisters Dr. Ghedina gekommen war, nahm dieser neuerlich an der Feier teil und unterstützte die neueste italienische Erklärung, daß das faschistische Alpini-Denkmal *„allen in den Alpen kämpfenden Truppen"* geweiht sei. Die SVP hatte sich entschieden gegen die Wiederherstellung des Denkmals ausgesprochen.

1. Juli 1967

Bundeskanzler Klaus gegen italienische Wirtschaftserpressung

Der österreichische Bundeskanzler Dr. Klaus nahm in einer Radiorede zum angeblichen Porzescharten-Attentat und zu den von den Italienern angedrohten Gegenmaßnahmen Stellung. Er meinte wörtlich: *„Das offizielle italienische Schweigen über den Vorschlag auf Einsetzung einer internationalen Untersuchungskommission mag aus der Hitze der Empörung heraus erklärbar sein – einer nüchternen Überprüfung hält es nicht stand ... Auf keinen Fall hat diese Frage mit den österreichischen Eisen-Stahlexporten in die Montan-Union oder mit den gesamten österreichischen Exporten in die Länder der Europäischen Wirtschaftsgemeinschaft etwas zu tun."*

Österreichische Patrouille im Gebiet der Porzescharte beschossen

Eine uniformierte Grenzpatrouille der österreichischen Gendarmerie und Zollwache wurde in der Nähe der Porzescharte von einem italienischen Militärstützpunkt mit Maschinenwaffen beschossen. Die Beamten konnten sich im letzten Augenblick in Sicherheit bringen. Der österreichische Botschafter überreichte am 2. 7. 1967 in Rom eine Protestnote. Darin hieß es, es bestehe der Verdacht, daß das Feuer bewußt auf die Grenzpatrouille eröffnet worden sei. Es werde eine Bestrafung der Schuldigen begehrt. Am 8. Juli übergab Botschafter Martino ein Memorandum an die österreichische Bundesregierung, in welchem der österreichische Protest zurückgewiesen wurde. Gleichzeitig behauptete die italienische Note, daß es sich um einen illegalen Grenzübertritt zweier Zivilisten gehandelt habe, wobei die Italiener nur Warnschüsse in die Luft abgegeben hätten. Italien protestierte in der Antwortnote schärfstens gegen diesen *„illegalen Grenzübertritt von Zivilisten."*

Südtirol-Appell des österreichischen Kameradschaftsbundes

Der über vierhunderttausend Mitglieder zählende Kameradschaftsbund faßte auf seinem Bundestag in Graz auf Antrag von Monsignore Dr. Johann Dinawitzer, der Obersten Faninger und Dilitz und anderer Vorstandsmitglieder folgende Südtirolentschließung: *„Viele Kameraden, die heute Mitglieder des Kameradschaftsbundes sind, kämpften im Ersten Weltkrieg an der Kärntner und Tiroler Front gegen Italien. Sie erinnern eindringlich an die durch große Blutopfer erkauften Erfolge der Anstrengungen, die Grenzen Österreichs zu verteidigen, insbesondere an die Tatsache, daß kein Fußbreit Heimatbodens im Kampf verloren ging. Diese Altsoldaten, die als überzeugte Demokraten und Christen auf dem Boden des Selbstbestimmungsrechtes der Völker stehen, beobachten mit wachsender Sorge eine Entwicklung in Südtirol, welche die Lebensrechte des Südtiroler Volkes nicht sicherzustellen vermag."*

2. Juli 1967

Porzescharte: Zweifel an Attentatsversion

Die Wiener Tageszeitung „Expreß“ meldete, daß die österreichischen Behörden immer mehr zu der Überzeugung kämen, daß der angebliche *„Terroristenanschlag“* in Wahrheit ein Unglück gewesen sei: *„Inzwischen sind Zweifel an der Echtheit des Attentats aufgetaucht. Die italienischen Behauptungen, daß ‚Bumserchef‘ Georg Klotz kurz vor dem Attentat in Lienz, also nicht weit von der Explosionsstelle, gesehen worden sei, haben sich als unwahr heraus gestellt. Eine Untersuchungskommission des Wiener Innenministeriums begab sich gestern nach Absam, wo Klotz zu den italienischen Anschuldigungen vernommen wurde. Gleichzeitig wurden von der Staatspolizei Zeugen ermittelt, die Klotz zur Zeit des Attentats in Wien gesehen haben. Klotz hielt sich, als der Anschlag bekannt wurde, mit mehreren Auslandsjournalisten in der ‚Knödelhütte‘ bei Wien-Hütteldorf auf. Die österreichischen Behörden glauben immer mehr, daß der Terroristenanschlag ein Unglück war. Aussagen bestätigen, daß zur Zeit der Explosion italienische Fallschirmjäger ganz in der Nähe eine militärische Übung abhielten. E-Werks-Angestellte hätten auch keinerlei Fußspuren am Tatort feststellen können.“*

3. Juli 1967

„Wiener Montag“: Schüsse auf Österreicher zur Verhinderung der Wahrheit?

Wie die Wiener Zeitung meldet, hätten nach dem angeblichen Attentat österreichische Grenzer das Gebiet auf österreichischer Seite kontrolliert und keinerlei Spuren gefunden. Die Beschießung der österreichischen Patrouille am 1. Juli führte die Zeitung darauf zurück, daß die Italiener zu diesem Zeitpunkt offenbar noch nicht wollten, daß sich österreichische Exekutivbeamte den angeblichen Tatort zu genau ansähen.

Österreichische Experten auf der Porzescharte
Wer hatte wem eine Falle gestellt?

Heute durften drei Kriminalisten, zwei Wiener und ein Innsbrucker, den „Tatort“ auf der Porzescharte untersuchen. Dabei konnten sie auf Anhieb ein als Zündvorrichtung dienendes Holzkästchen finden, das den italienischen Experten während der letzten sieben Tage entgangen war. Es trug als überdeutliche Visitenkarte die Aufschrift: *„Ihr sollt sie niemals haben, des Brenners Scheidewand, erst müßt ihr euch noch graben das Grab in unserm Land – BAS“*. Aus den vorgefundenen Spuren schloß Polizeioberst Ing. Massak (Wien), daß es sich um ein Attentat handeln müsse. Massak fand folgende Spuren: Am Sockel des gesprengten Hochspannungsmastes konnte festgestellt werden, daß alle vier Ständer mit Sprengladungen versehen worden waren, von denen drei explodierten. Auf einem in der Nähe vorbeiführenden Weg wurde ein Explosionskrater festgestellt, in dessen Nähe sich Uniformreste und Blutspuren befanden. Die Explosion war nach Meinung der Experten durch eine Druckmine ausgelöst worden. Etwa 100 m unterhalb der Explosionsstelle, ebenfalls auf einem Weg, fand sich ein zweiter Sprengkrater, in dessen Nähe dann das Holzkistchen mit der als „Visitenkarte“ dienenden Aufschrift gefunden wurde. Damit war klar, daß sich auf der Porzescharte Detonationen ereignet hatten. Unklar blieb allenfalls, ob alle Toten von der Porzescharte stammten und wer dort wem eine Falle zu stellen versucht hatte. Die Italiener behaupteten, es seien die „Terroristen“ gewesen, die in Österreich später Angeklagten sagten aus, die Falle sei ihnen zugedacht gewesen und die Getöteten seien allenfalls unwissentlich in eigene italienische Sprengfallen gelaufen. Sie verwiesen auch auf die seltsame „Visitenkarte“ in Form einer Inschrift, wie sie vom BAS noch nie an einem Tatort hinterlassen worden war.

5. Juli 1967

Eigene Staatspolizeiabteilung zur Bekämpfung des Freiheitskampfes

Auf Anordnung des aus Nordtirol gebürtigen ÖVP-Innenministers Franz Hetzenauer wurde zur Bekämpfung der Südtiroler Freiheitskämpfer eigens eine neue Abteilung der Staatspolizei aufgestellt. In Zusammenarbeit mit den italienischen Behörden sollte sie die Aktivisten und Sympathisanten auf österreichischem Boden unter Beobachtung halten und ausheben.

Porzescharte: „Fragwürdige These"

Die „WOCHENPRESSE" berichtet: *„Die jüngsten Untersuchungen im Gebiet der Porzescharte lassen die italienische Attentatstheorie immer fragwürdiger erscheinen. Im ganzen Bereich der Porzescharte findet sich kein einziges Anzeichen dafür, daß hier versteckt Minen ausgelegt oder gar Minen explodiert sein sollen, die vier ... Soldaten das Leben kosteten , zog Chefredakteur Diplomvolkswirt Dr. Manfred Nayer von der ‚Tiroler Tageszeitung' nach tagelangen Recherchen Bilanz des mysteriösen Unglücks an der österreichisch-italienischen Grenze. Die Erhebungen österreichischer Fachleute und Gendarmen erschütterten die widerspruchsvolle italienische Attentatstheorie noch mehr. So konstatierte ein Bautrupp der Verbundgesellschaft, der von Lienz zur Porzescharte aufgestiegen war – die Verbundgesellschaft ist für diesen Abschnitt der Überlandleitung von Lienz zum italienischen Pelos verantwortlich –, daß am Porzejoch, entgegen der italienischen Meldung, keine todbringende Explosion stattgefunden haben konnte; vielmehr registrierten die Ingenieure Warntafeln in italienischer Sprache, die vor Minen warnten; so ergaben Recherchen in den Südtiroler Orten Innichen und Sexten, daß zur Zeit der Explosion Verminungsübungen der italienischen Fallschirmjäger im Gebiet des der Porzescharte benachbarten Kreuzpasses stattgefunden hatten und daß drei der getöteten Soldaten Fallschirmjäger waren. Während die italienischen Zeitungen die ‚Falschmeldungen' (‚Tiroler Tageszeitung') des Stabschefs des IV. Italienischen Armeekorps zum Anlaß nahmen, um in einer Kampagne von nie gekannter Heftigkeit über die ‚österreichischen Mörder' und ‚Austronazisten' herzufallen, und während Rom das Wiener Angebot der Entsendung einer internationalen Expertenkommission ablehnte, äußerten Bundeskanzler Dr. Josef Klaus und Tirols Landeshauptmann Eduard Wallnöfer Zweifel an der Attentatstheorie. Außenminister Dr. Lujo Tončić-Sorinj hatte seinerseits schon unmittelbar nach Bekanntwerden der Explosion, auf die Terroristenversion eingehend, die Italiener seines Beileids versichert. Innenminister Dr. Franz Hetzenauer nahm eine vorsichtigere Haltung ein. In einem von der ‚Frankfurter Allgemeinen Zeitung' veröffentlichten Interview erklärte er, die von den italienischen Sicherheitsbehörden den Österreichern übermittelten Berichte ‚weichen sehr wesentlich voneinander ab.' Österreichische Untersuchungen hätten ergeben, daß kein Zusammenhang zwischen den behaupteten Vorgängen auf der Porzescharte und den Minenexplosionen bestehe."*

5. und 6. Juli 1967

ÖVP-Generalsekretär Withalm zu vertraulichen Beratungen in Rom
Bundesheereinsatz angekündigt

Zu einem Blitzbesuch reiste ÖVP-Generalsekretär Withalm nach Rom, um angesichts des Vetos Roms gegen einen österreichischen EWG-Beitritt Besprechungen mit führenden italienischen Politikern zu führen. Über die Namen seiner Gesprächspartner in Rom und über die getroffenen Vereinbarungen verweigerte Withalm nach seiner Rückkehr am 7. Juli gegenüber der Presse jeden Kommentar, erklärte jedoch, daß entschlossene Maßnahmen der Bundesregierung gegen die Südtiroler Freiheitskämpfer bevorstünden. Man werde zwar keine Sondergesetze schaffen, jedoch die bestehende Gesetzeslage *„maximal ausschöpfen"*. Es sei durchaus an einen Einsatz des österreichischen Bundesheeres zum Schutz der italienischen Grenze gedacht.

Wurden Withalm in Rom „auf offiziöse Weise" Terroranschläge in Österreich angedroht?

Bei Withalms Besuch in Rom wurden Österreich offenbar *„terroristische Vergeltungsmaßnahmen"* angedroht. (Siehe 11. Juli 1967.)

Österreichische Regierung schwenkt endgültig auf italienische Attentatsversion ein

Bundeskanzler Klaus schwenkte auf die italienische Attentatsversion ein und verurteilte *„gewisse Massenmedien"* wegen *„Verniedlichung des Terrors"*. („Expreß" 9. 7. 1967.)

6. Juli 1967

Regierung schwenkt voll auf italienischen Kurs ein:
Österreichischer Bundeskanzler anerkennt Brennergrenze

Der österreichische Bundeskanzler Dr. Klaus (Österreichische Volkspartei) gewährte dem Sonderberichterstatter des „Corriere della Sera", Piero Ottone, ein Interview. Ottone gab zu bedenken, daß die öffentliche Meinung Italiens befürchte, daß spätere Forderungen der Südtiroler eines Tages in eine Korrektur der Grenze und in einen Anschluß Südtirols an Österreich münden könnten. Klaus erklärte dazu wörtlich: *„Ich habe öffentlich erklärt und wiederhole es in aller Form, daß die italienisch-österreichische Grenze von uns anerkannt wird."* Zum „Paket" erklärte Klaus: *„Das ‚Paket' stellt einen gewaltigen Schritt nach vorn dar. Wir betrachten es als zufriedenstellend."*

Tončić-Sorinj signalisiert Verzicht auf echte „Paket"-Verankerung und läßt die Katze aus dem Sack: Konkludente Handlungen statt klarer Vereinbarung – der Strohhalm der „indirekten Verankerung"

Die Hamburger Tageszeitung „Die Welt" brachte ein Interview mit Außenminister Dr. Tončić-Sorinj über das Südtirolproblem. Er führte aus, daß sich Österreich schon zufriedengeben würde, wenn *„durch eine gegenseitig festgelegte Kette konkludenter Handlungen die Möglichkeit der indirekten Judiziabilität der Vereinbarung gewährleistet wäre"*. Angesichts der Unwilligkeit Italiens, einer internationalen Verankerung zuzustimmen, und angesichts des Abschlußwillens der österreichischen Bundesregierung „um jeden Preis" war dem österreichischen Völkerrechtler diese Konstruktion eingefallen. Ermacora beurteilte sie so: *„Dann hatte eine Intervention des weltbekannten Völkerrechtlers und Alt-Südtirolers A. Verdroß im Jahr 1967 zur Idee der sogenannten konkludenten Handlungen geführt, wonach zwar nicht direkt, aber indirekt schlüssigerweise Handlungen Italiens als international relevante Anerkennung des Zugesagten zu deuten wären. Von dieser hielt FP-Abg. Scrinzi ebensowenig wie schließlich im Jahr 1969 auch Kirchschläger. Jedenfalls wurde aber so der Gedanke einer ‚Indirekten Verankerung' geboren."* (Ermacora, Felix: „Südtirol und das Vaterland Österreich", Wien – München 1984, S. 143.)

„Danach sollte bei Aufrechterhaltung der Rechtsstandpunkte beider Parteien der IGH darüber entscheiden, ob das ‚Paket' in seine Kompetenz falle oder nicht." (Zeller, Karl: „Das Problem der völkerrechtlichen Verankerung des „Südtirol-Pakets" und die Zuständigkeit des Internationalen Gerichtshofes", Ethnos 34, Wien 1989, S. 31.)

Damit hatte man sich aber auf schwankenden, unsicheren Boden begeben, getragen vom Gottvertrauen, daß der IGH schon im Sinne Österreichs entscheiden werde. Italien hatte die Präsentation dieses Konstruktes aufmerksam verfolgt und betonte seitdem bei jeder Gelegenheit die Autonomie seiner Entscheidungsgewalt und die Einseitigkeit seiner Schritte, um einer künftigen Entscheidung des IGH gegen Italien vorzubeugen.

Die tiefste Stufe der Erniedrigung:
Recht auf Meinungsäußerung abgeschafft

Nach den italienischen Terrordrohungen gegen Österreich (siehe 6. und 11. Juli 1967) hatte die Willfährigkeit der österreichischen Regierung gegenüber italienischen Pressionen einen neuen Höhepunkt erreicht. Mit textlich gleichlautenden Bescheiden hatten die Sicherheitsdirektionen in Salzburg, Innsbruck und Klagenfurt Südtirol-Kundgebungen mit der Begründung verboten, daß dort verbale Angriffe auf Italien zu erwarten seien. Der Text der Bescheide lautete: *„Eine Gefährdung des öffentlichen Wohles muß dann angenommen werden, wenn in einem konkreten Fall das Verhältnis Österreichs zu anderen Staaten gefährdet wird und damit verbunden wichtige Interessen Österreichs beeinträchtigt werden. Dies trifft im gegenständlichen Fall im Hinblick auf die Tendenz und den Inhalt der geplanten Versammlung und den Umstand zu, daß bei einer gleichartigen Versammlung des Vereines ‚Volksbewegung' für Südtirol am 28. Mai 1967 in Innsbruck Italien gröblich beschimpft worden ist. Da die für die Versammlungen in Aussicht genommenen Redner dieselben sind, die auch bei der Versammlung* *in Innsbruck gesprochen und ihre, den Auffassungen der Bundesregierung zuwiderlaufende Einstellung zum Südtirol-Problem konsequent kundgetan haben, kann kein Zweifel darüber bestehen, daß sich bei den angezeigten Versammlungen ähnliche Vorgänge ereignen würden. Derartige Ausfälle sind jedoch geeignet, das nachbarliche Verhältnis zwischen Österreich und Italien und damit das öffentliche Wohl zu gefährden. Die Ausschließung einer allfälligen Berufung ist im Interesse des öffentlichen Wohles wegen Gefahr im Verzuge dringend geboten.*" Damit hat das Innenministerium, von dem offenkundig der Text der Bescheide stammt, in Sachen Südtirol das durch die Verfassung garantierte Recht auf freie Meinungsäußerung und Versammlungsfreiheit außer Kraft gesetzt, in dem Wissen, daß eine Beschwerde vor dem Verfassungs- oder Verwaltungsgerichtshof erst dann Erfolg haben könnte, wenn die Dinge längst nicht mehr aktuell wären.

9. Juli 1967

Innsbrucker Bischof gibt politische Empfehlungen

Die große italienische Illustrierte „Epoca" brachte eine mehrseitige Reportage zum Südtirolproblem. Die Reporter sprachen u. a. mit Vertretern des Bergisel-Bundes, dem „Eichmannjäger" Simon Wiesenthal, Georg Klotz und dem Innsbrucker Rechtsanwalt Dr. Steidl, Vertreter von Südtiroler Freiheitskämpfern. Dabei wurde auch ein Gespräch mit dem Innsbrucker Bischof Dr. Paulus Rusch wiedergegeben: „*Man muß schnell machen, man muß schnell machen! Die italienisch-österreichischen Verhandlungen müssen im kürzestmöglichen Zeitraum mit Erfolg abgeschlossen werden. Dafür fordere ich auch den Beitrag der italienischen Katholiken. Wenn das nicht erfolgen sollte, wird das eine traurige Angelegenheit werden, wesentlich trauriger als jetzt. Es gibt zu viele Extremisten, die warten.*" Laut „Epoca" soll dann der Bischof verzweifelt seine Hände ausgebreitet und „*Bomben*" gemurmelt haben. Zur Unterdrückung der ebenfalls katholischen Südtiroler hatte sich Rusch in den Jahren davor freilich nie geäußert.

Versuchter Sprengstoffanschlag – Bombe des Geheimdienstes?

Am Bahnhof Franzensfeste wurden in der Toilette zwei Kilogramm Sprengstoff gefunden. Die Ladung sollte nachts, wenn der Bahnhof geschlossen ist, explodieren.

10. Juli 1967

Schützenmajor Klotz nach Wien verbannt

Die österreichischen Behörden erfüllten den Wunsch der Italiener vom 8. 3. 1967 und ordneten die Verbannung des bekannten Südtiroler Schützenmajors und Freiheitskämpfers Jörg Klotz nach Wien, Niederösterreich oder Burgenland an. Gleichzeitig verboten sie Klotz jede politische Tätigkeit. Klotz war nicht bereit, diesen Auflagen nachzukommen. Daher wurde er am 14. 7. 1967 gewaltsam von Nordtirol nach Wien gebracht. Als Begründung für die Maßnahmen führte das von Minister Hetzenauer (ÖVP) geleitete Innenministerium zwei Reden an, die Klotz bereits am 28. Mai in einer geschlossenen Gesellschaft gehalten hatte und in denen er Italien die Schuld am Zustandekommen des Südtiroler Widerstandes gegeben hatte.

Italienischer Finanzminister: Italiens „Großzügigkeit"

Finanzminister Preti erklärte in einer in Argenta bei Ferrara gehaltenen Rede, daß keine Minderheit in Europa derzeit „*derart weitgehende autonome Rechte genießt, wie sie die Südtiroler besitzen.*" Damit habe die italienische Regierung „*ihr außerordentlich hohes demokratisches Pflichtgefühl unter Beweis gestellt*", und es sei unnütz, noch mehr Zeit über die Frage einer „Internationalen Verankerung" eines zukünftigen Südtirolabkommens zu verlieren. Italien könne dieser nicht zustimmen, da sie mit der italienischen Souveränität unvereinbar sei.

11. Juli 1967

Österreichs Heer gegen Südtiroler Freiheitskämpfer eingesetzt

Auf Beschluß des österreichischen Ministerrats wurden Einheiten des Bundesheeres in das österreichisch-italienische Grenzgebiet abkommandiert. In einem Kommuniqué hieß es: „*Der Ministerrat hat auf Antrag von Innenminister Hetzenauer die Mitwirkung des Bundesheeres zur Aufrechterhaltung der Ordnung und Sicherheit im Grenzgebiet zwischen Österreich und Italien angeordnet. Das Bundesheer ist dann zur Mitwirkung an der Aufrechterhaltung der Ordnung und Sicherheit bestimmt, wenn die gesetzmäßige bürgerliche Gewalt seine Unterstützung aus besonderen Gründen in Anspruch nimmt. Seit 1961 haben sich auf italienischem Staatsgebiet wiederholt Terroranschläge unter Verwendung von Sprengstoff und Schußwaffen ereignet, wobei mehrfach festgestellt wurde, daß sich die Täter entweder zur Durchführung des Anschlages von Österreich nach Italien begeben haben, nach der Tat nach Österreich flüchteten, oder von Personen in Österreich zur Tat angestiftet bzw. unterstützt worden sind. Das ist bei strafgerichtlichen Verfahren bekannt geworden. Nach dem derzeitigen Stand der Erhebungen konnte zwar nicht nachgewiesen werden, daß bezüglich des Anschlages an der Porzescharte, dem vier italienische Soldaten zum Opfer fielen, ein solcher Zusammenhang besteht, doch kann dies auch nicht ausgeschlossen werden.*“

Bedenken des Justizministers

Wie die „Kleine Zeitung“ in Graz meldete, hatte Justizminister Klecatsky zu Beginn der Sitzung des Ministerrats verfassungsrechtliche Bedenken angemeldet. Auch andere juristische Fachleute würden die Meinung vertreten, daß der Bundesheereinsatz durch die Verfassung nicht gedeckt sei.

Keine Tiroler an die Grenze

Aus dem Verteidigungsministerium wurde verlautbart, daß keine Nordtiroler Truppenteile zum Schutze der italienischen Grenzen verwendet werden. Dies sei „*schon aus psychologischen Gründen nicht zweckmäßig*“.

Politischer Druck und italienische Terrordrohung bewirken Regierungsbeschluß

Für die Entscheidung der österreichischen Regierung, das Heer zum Schutze der italienischen Grenze einzusetzen, waren – wie später enthüllt wurde – zwei Gründe maßgebend gewesen:

1. Die Erpressung Österreichs durch das italienische Veto gegen einen österreichischen EWG- Beitritt.
2. Die massive Drohung, italienische Terroraktionen in Österreich durchzuführen.
3. Der Redakteur des „Domenica del Corriere“, Vittorio Lojacono, berichtete in einem 1968 erschienenen Buch, daß Italien gewichtige diplomatische Aktionen angedroht habe und „*auf offiziöse Weise die Österreicher wissen ließ, daß die Italiener so erbittert seien, daß nicht auszuschließen sei, daß sie freie Bahn und eine gewisse Unterstützung jenen Vielen geben würden, die sich anbieten, um den Terrorismus auf österreichisches Staatsgebiet zu tragen.*“ (Lojacono, Vittorio: „Alto Adige – Südtirol“, Milano 1968, S. 259.) „*Die feste* (gegnerische) *Haltung Italiens in der Frage eines Eintrittes Wiens in den Gemeinsamen Markt und die verhüllten Drohungen terroristischer Vergeltungen hatten auf die österreichische Regierung die Wirkung einer großen Bombe (di una grossa bomba).*“ (Lojacono, a.a.O., S. 260.) Außenminister Tončić-Sorinj bestätigt die Darstellung: „*Die Dinge verschärften sich aber noch mehr, als wir aus Italien inoffizielle Informationen erhielten, daß mit Attentaten und Sprengstoffanschlägen auch in Österreich, sozusagen mit Gegenmaßnahmen zu rechnen sei ... Um der Gefahr entgegenzutreten, beschloß der Ministerrat eine Assistenzleistung des Bundesheeres in Tirol.*“ (Tončić-Sorinj, Lujo: „Erfüllte Träume“, Wien – München 1982, S. 345.)

12. Juli 1967

Presse übt Kritik an Regierung: Nur Lichtbildausweis der Täter fehlte noch am Tatort

Der „Wiener Montag" kritisierte die Regierung in scharfer Form wegen ihres Eingehens auf die italienische Attentatsversion bezüglich der Porzescharte. Zunächst hätten die Italiener die Mitwirkung österreichischer Fachleute bei der Aufklärung auf der Porzescharte abgelehnt, ohne jedoch den geringsten Hinweis auf *„etwaige Attentäter"* zu finden. *„Um so verblüffender war der ‚Erfolg' Ing. Massaks"* – des österreichischen Sprengstoffexperten, den die Italiener nach acht Tagen an den Tatort ließen. *„Er kam, sah und fand gleich hinter dem nächsten Grasbüschel ein Holzkistchen mit selbstgebastelter Zündapparatur. Auf dessen Deckel waren in roter Schrift ein reichlich banaler nationaler Gartenlaubenspruch und das BAS-Zeichen ... zu sehen. Es besteht wohl nicht der geringste Zweifel darüber, daß die Italiener, nachdem ihre Terroristensuche ins Stocken geraten war, die österreichische Kommission nur deshalb ins Land ließen, um sich dieses von ihnen selbst gelegte Osterei finden zu lassen. Und unser Innenminister gibt sich dazu her, um solchen Unsinn weiter zu verbreiten?"* Die Grazer „Südost-Tagespost" schrieb (13. Juli): *„Nach der Explosion auf der Porzescharte wurde von den Italienern das Gelände durch acht Tage genau abgesucht. Jeder Stein wurde umgedreht und keine Belastung für Österreich gefunden. Nach acht Tagen wurde ein österreichischer Sachverständiger zugelassen, und siehe da, dieser Wundermann fand sogleich ein Kästchen, das sogar mit einer eindeutigen Aufschrift versehen war. Die Italiener haben nur vergessen, den Lichtbildausweis des Attentäters dazuzulegen."*

13. Juli 1967

Bundesheer besetzt Grenzgebiet

Unter der Verantwortung des Verteidigungsministers Prader wurden auf Weisung von General Fussenegger die zur Grenzbewachung notwendigen Einheiten in das Grenzgebiet verlegt. Da die Nordtiroler Soldaten offenbar nicht in Gewissenskonflikte gestürzt werden sollten, wurde in den Raum Brenner und Zillertal das Jägerbataillon 4, Hoch- und Deutschmeister (Wien), und das Jägerbataillon 2 (Eisenstadt), in den Raum des Ötztales und des Reschenpasses das Jägerbataillon 23 aus Vorarlberg und in das Grenzgebiet von Osttirol das Kärntner Jägerbataillon 25 verlegt. Die Gesamtleitung wurde Hofrat Dr. Stocker, Sicherheitsdirektor von Nordtirol, übertragen. Die militärische Leitung übernahm der Nordtiroler Oberstleutnant und Ritterkreuzträger des Zweiten Weltkrieges, Karl Ruef.

„Feuer frei" auf Freiheitskämpfer: „Der Feind trägt Landestracht"

Die zum Schutze der italienischen Grenze abkommandierten österreichischen Soldaten erhielten ein Merkblatt ausgehändigt, wonach das Feuer auf *„erkannte Mörder, Totschläger, bewaffnete Gewaltverbrecher"* oder auf *„erkannte Sprengstoffverbrecher"* zu eröffnen sei. Weiters dürfe in *„Notwehr"* sowie auf *„verdächtige Personen"* bei Fluchtversuchen geschossen werden. Laut Merkblatt sei nach Möglichkeit *„ein Beinschuß"* anzubringen. Wie die Wiener Tageszeitung „Express" am 16. 7. süffisant anmerkt, müssen sich die *„Krieger"* aus Wien im Gebirge erst zurechtfinden, *„der Feind hingegen trägt Landestracht?"* Das Ganze sei *„eine klamottenhafte Militärgroteske"*, sagte die Zeitung.

Bundesheersoldaten informieren Südtiroler Freiheitskämpfer

Der Einsatz des Bundesheeres gegen Tiroler Landsleute zum Schutze Italiens empörte einige Offiziere und Mannschaften. Innerhalb von 14 Tagen meldeten sich bei bekannten Südtirolaktivisten mehr als 20 verantwortliche Einheitsführer. Sie erbaten Verhaltensmaßregeln während ihres künftigen Dienstes an der Grenze. Sie teilten Dienst- und Streifenpläne mit und warnten vor „übereifrigen" Kameraden (Gedächtnisprotokoll von Peter Kienesberger).

14. Juli 1967

Bundesheereinsatz verfassungswidrig

In einer Unterredung mit Bundeskanzler Klaus bezeichnete der ehemalige Außenminister Dr. Kreisky den Einsatz des österreichischen Bundesheeres an der italienischen Grenze als verfassungswidrig. Kreisky protestierte mit aller Schärfe dagegen, daß von dieser Maßnahme zwar die „Democrazia Cristiana“ (DC) in Rom, nicht aber die SPÖ im voraus verständigt worden sei.

Bundesheereinsatz eine Frage der Würde des Landes Tirol

Als Sprecher des Bergisel-Bundes hat Wolfgang Scheiber beim Nordtiroler Landeshauptmann Wallnöfer vorgesprochen und den Standpunkt der „Union für Südtirol“ zum Einsatz des Bundesheeres klargestellt. Obwohl man sich in der Südtirolfrage stets für die Ausschöpfung der friedlichen Mittel eingesetzt habe, sei kein Fall bekannt, in welchem eine nationale Armee zum Schutz der Grenze eines anderen Staates eingesetzt worden sei. Der Einsatz des Bundesheeres sei nicht nur eine verfassungsrechtliche, sondern auch eine Frage der Würde des Landes.

15. Juli 1967

Erneut österreichische Grenzorgane beschossen

Im Bereich der Grenzsteine N 11–M 8, im sogenannten Lungauer Boden, wurde eine aus zwei Personen bestehende Streife der Zollwache auf einwandfrei österreichischem Staatsgebiet durch italienische Grenzbewacher beschossen. Ein Schuß verfehlte nur knapp sein Ziel. In einem österreichischen Memorandum vom 20. 7. 1967 wurde beim italienischen Botschafter in Wien, Martino, gegen diesen Zwischenfall protestiert. In der Note hieß es unter anderem: *„Hiebei möge allen Ernstes bedacht werden, daß die unverantwortliche und durch nichts gerechtfertigte Beschießung österreichischer Grenzsoldaten eine Situation zu schaffen geeignet ist, die unabsehbare Folgen für die Beziehung zwischen Österreich und Italien haben könnte.“*

SPÖ und FPÖ gegen Bundesheereinsatz

In scharfen Erklärungen der beiden Oppositionsparteien wurde der von der ÖVP-Alleinregierung angeordnete Einsatz des Bundesheeres an der österreichisch-italienischen Grenze kritisiert. Beide Parteien brachten auch verfassungsrechtliche Bedenken vor.

16. Juli 1967

„Das Unrecht ist nicht von Tirol ausgegangen“

Anläßlich der Feier zum 200. Geburtstag des Tiroler Freiheitshelden Josef Speckbacher in Gnadenwald nahm der Nordtiroler Landeshauptmann auch zu den aktuellen Ereignissen Stellung. Er meinte: *„Ich will nicht mißverstanden werden: Das Unrecht, das diesem Land Tirol nach dem Ersten Weltkrieg angetan wurde, daß man es zerrissen hat, können wir heute weder mit Krieg noch mit Aufstand ändern. Aber ich sehe mich angesichts der jüngsten italienischen Haltung auch veranlaßt, mit aller Klarheit festzustellen: Es ist nicht so, daß das Unrecht ursprünglich von Tirol ausgegangen ist. ... Die Gewaltakte einzelner sind nicht gleichzusetzen mit dem Unrecht der Zerreißung des Landes und am allerwenigsten mit der gnadenlosen faschistischen Gewaltherrschaft in der Zwischenkriegszeit. Es steht Männern, die früher dieser faschistischen Ideologie nahestanden, sehr schlecht an, die Tiroler Führungsschicht des Neonazismus zu bezichtigen ...“* An der Feier in Gnadenwald nahmen Schützenkompanien aus allen drei Landesteilen teil.

Proteste gegen Regierungspolitik

Die Rettenberger Speckbacher-Schützen verweigerten demonstrativ die Teilnahme. Sie überreichten dem Landeshauptmann im Anschluß an die Landesfeier eine Protestresolution gegen die derzeitige österreichische Südtirolpolitik. Die Gnadenwalder Kompanie hatte an der Fahne einen Trauerflor angebracht. Die Südtiroler Schützen waren ohnedies alle mit schwarzem

Halstuch zur Schützentracht als Zeichen der Trauer über die Zerreißung des Landes Tirol erschienen. An der Straße hatten Unbekannte Tafeln mit Protestsprüchen gegen den Bundesheereinsatz an der Grenze, die Abschiebung von Georg Klotz nach Wien und die Erklärung des Bundeskanzlers zur „Respektierung der Brennergrenze" angebracht. Demonstranten begrüßten den Landeshauptmann und die Festgäste mit großen Spruchtafeln, auf denen unter anderem geschrieben stand: *„Auch Speckbacher war ein Terrorist!", „Los von Rom und los von Wien, sonst wird das ganze Land noch hin!", „Haspinger ja, Rusch nein!", „Ja zum Freiheitskampf in Südtirol!", „Heuchler: Speckbacher ehrt ihr, Klotz verbannt ihr!"* Am Abend wurde der alljährlich auf der Nordkette abgebrannten Schrift *„Südtirol"* in großen Flammenlettern das Wort *„Verrat"* hinzugefügt. Die in großer Zahl aufgebotenen Gendarmeriebeamten konnten oder wollten die Täter nicht ermitteln.

Katholisch orientierte Zeitung verurteilt Bischof Rusch
Die katholisch orientierte und ansonsten der ÖVP nahestehende „Kleine Zeitung" in Graz verurteilte in sehr scharfen Worten den Nordtiroler Bischof Rusch, welcher in einer öffentlichen Erklärung die Freisprüche im Linzer Südtirolprozeß bedauert hatte: *„... greift offenkundig in ein schwebendes Strafverfahren ein und übt einerseits Kritik an einem Urteil eines unabhängigen Gerichtes von der nicht-juristischen Warte aus und will andererseits das ausstehende Urteil des Obersten Gerichtshofes in eine bestimmte Richtung lenken. Eine solche Vorgangsweise ist bisher in Österreich noch nie zu verzeichnen gewesen und geeignet, die Fundamente des Rechtsstaats zu erschüttern."* Abschließend schreibt die katholische Tageszeitung: *„Die österreichische Rechtsprechung ... nach den Wünschen italienischer MSI-* (Faschisten, Anm. d. Red.) *und anderer Politiker künftig hin auszurichten, kann weder Südtirol noch Österreich noch dem Naturrecht oder Europa nützen."*

17. Juli 1967
Mailand: Klotz-Puppe aufgehängt
In der Früh fand sich am Tor des Mailänder Gerichtes eine symbolisch am Hals aufgehängte Klotz-Puppe in Südtiroler Schützentracht, die eine österreichische Fahne in der Hand hielt und ein Schild um den Hals trug: *„Georg Klotz, in Abwesenheit verurteilt."*

18. Juli 1967
Rechtsradikale italienische Demonstrationen
Auf der Piazza Santi Apostoli in Rom forderten junge Neofaschisten *„eine mutige Haltung Roms"* gegenüber Südtirol. Auf der Piazza Castello in Mailand demonstrierte das *„Komitee Trikolore für die Verteidigung der Grenze Italiens"* dafür, die Grenzen Italiens durch Förderung der *„Italianita"* Südtirols zu schützen.

19. Juli 1967
Verfassungsbedenken gegen Bundesheereinsatz
Wie die „WOCHENPRESSE" meldet, hätten Verfassungsjuristen der Oppositionspartei SPÖ schwere rechtliche Bedenken gegen den Einsatz des österreichischen Bundesheeres gegen die Südtiroler Freiheitskämpfer geäußert. Insbesondere sei der in dem Merkblatt, welches jeder Soldat erhalten habe, befohlene Waffengebrauch rechtlich nicht gedeckt, wodurch die Gefahr bestünde, daß Soldaten *„in Rechtsunkenntnis zu Totschlägern"* würden, weil sie vorschnell schössen.

21. Juli 1967
Italien: Südtiroler haben alle Rechte
Der italienische Botschafter in Wien, Martino, hat am Ballhausplatz eine Note überreicht, in der festgestellt wurde, daß Recht und Frieden in Südtirol ausschließlich durch *„Terroristen"* verletzt würden, die ihre Stützpunkte in Österreich hätten und dort mit der Duldung der österreichischen Behörden ihre Aktivität und ihre Propaganda vorbereiteten; weiters hieß es

darin, daß die kulturelle und wirtschaftliche Entwicklung der Bewohner Südtirols durch die gegenwärtige Regionalgesetzgebung voll und ganz gesichert sei und daß die Durchführung des Gruber-De Gasperi-Abkommens mit den Bemühungen Österreichs um ein Arrangement mit der EWG nie junktimiert worden sei.

FPÖ zu Heereseinsatz gegen eigene Staatsbürger
FPÖ-Wehrsprecher Zeillinger bezeichnete den Einsatz des österreichischen Bundesheeres an der Grenze zu Italien als *„einen Akt, der im freien Westen ohne Beispiel"* dastehe. Bisher sei es in Ostblockstaaten üblich gewesen, Soldaten gegen eigene Landsleute einzusetzen.

22. Juli 1967
Dr. Norbert Burger in Österreich verhaftet
Das Nachrichtenmagazin „DER SPIEGEL" brachte in seiner Ausgabe vom 17. 7. 1967 ein Interview mit Dr. Norbert Burger. Darin hieß es, daß die Attentate in Südtirol notwendiger denn je seien. Nach Demarchen der Italiener am 19. 7. 1967 in Bonn und Wien wurde die Ausgabe des „SPIEGEL" in Österreich beschlagnahmt und ein Haftbefehl gegen Dr. Burger erlassen. Dr. Burger wurde drei Tage später in Krems an der Donau festgenommen.

Einsatz des Heeres „im Zwielicht"
Im „Salzburger Volksblatt" stellt der Verfassungsjurist DDr. Winkler fest, daß der Einsatz des österreichischen Bundesheeres nur zur Sicherung der österreichischen Grenzen nach außen oder zur Sicherung der Ordnung im Inneren erfolgen dürfte. Einen Einsatz zur Grenzsicherung zum Vorteile Italiens sei in der Verfassung nicht vorgesehen und nicht durch diese gedeckt. Die Zeitung nahm auch Bezug auf *„den sagenhaften Glücksfall",* daß von den Italienern eingeladene österreichische Experten den Rest einer Mine in Form eines Holzkistchens finden durften, welches den italienischen Experten bis dahin sieben Tage lang verborgen geblieben war, von den Österreichern aber *„auf Anhieb entdeckt werden konnte."* Dabei war jedes Wort eines Spruches erhalten geblieben, welcher auf das Kistchen gemalt war. Dieser spontane Fund wäre letztlich auslösend für den Bundesheereinsatz gewesen, wobei Österreich indirekt die Schuld an dem Anschlag zugegeben habe. Die Zeitung prangert an, daß das offizielle Österreich sofort bereit gewesen sei, alle italienischen Behauptungen zu glauben.

24. Juli 1967
Sozialisten: Heereseinsatz verfassungswidrig!
Im außenpolitischen Ausschuß des Österreichischen Nationalrats erklärte der SPÖ-Abgeordnete Pittermann, daß die SPÖ-Abgeordneten den Bundesheereinsatz zum Schutze der Grenzen Italiens für verfassungswidrig hielten und die Anrufung des Verfassungsgerichtshofes erwägten, falls die Entscheidung nicht auf politischer Ebene zurückgenommen werde. Dr. Scrinzi schloß sich für die FPÖ dieser Rechtsauffassung an, während Innenminister Hetzenauer (ÖVP) die Maßnahme verteidigte.

FPÖ: Südtirolverhandlungen gescheitert, Österreich hat sich Druck gebeugt
Bezugnehmend auf die Ausschußberatungen erklärte der FPÖ-Abg. Dr. Scrinzi, daß die zweiseitigen Verhandlungen zwischen Österreich und Italien erfolglos geblieben seien und daher erneut der Weg vor die Generalversammlung der UNO angetreten werden sollte. Mit dem Einsatz des österreichischen Bundesheeres habe sich die ÖVP-Regierung lediglich italienischem Druck gebeugt.

25. Juli 1967
Wieder Zwischenfall auf der Porzescharte
Auf der Porzescharte kam es erneut zu einem Zwischenfall. Das italienische IV. Armeekorps teilte mit, daß eine fünfköpfige Patrouille der Finanzwache angesichts verdächtiger Geräusche einen Scheinwerfer eingesetzt und zwei Personen am Grenzdrahtverhau bemerkt habe. Auf

Haltrufe kam vom Hang der Roßkarspitze aus einer automatischen Waffe eine lange Feuergarbe. Dort wurden zwei weitere Personen sichtbar, die sich rasch zu Boden warfen. Nachdem der Finanzer Giovanni Matiello durch ein Geschoß am Kopf getroffen worden war, erwiderten die Italiener das Feuer. Gedeckt durch Nebel und Schneegestöber, verschwanden die Unbekannten in Richtung Österreich. Nach Verständigung der Österreicher flog der Lienzer Bezirkshauptmann Dr. Doblander Gendarmeriebeamte mit dem Hubschrauber zur Porzescharte. Dort wurden ihnen elf Einschüsse und der zur Seite gedrückte Stacheldrahtverhau gezeigt.

25. bis 27. Juli 1967
Südtirolfrage im italienischen Parlament
Moro: Internationale Verankerung kommt nicht in Frage
In der dreitägigen Debatte der italienischen Kammer, die von heftigen Angriffen der Neofaschisten, Kommunisten, Monarchisten und Liberalen auf Österreich gekennzeichnet war, forderte für die Südtiroler Volkspartei der Abg. Dr. Karl Mitterdorfer nachdrücklich eine wirksame internationale Verankerung des zukünftigen Südtirolabkommens. Dann ergriff auch Ministerpräsident Aldo Moro das Wort. Moro erklärte, daß die von den Südtirolern gewünschte internationale Verankerung nicht in Frage käme und das in Aussicht genommene „Paket" nicht von Österreich einklagbar sein solle, da es sich um eine freiwillige und einseitige Maßnahme Italiens handle. Einklagen könne Österreich nur den (inhaltlich unzulänglichen, Anm. d. Red.) „Pariser Vertrag" beim Internationalen Gerichtshof in Den Haag. Er verteidigte auch entschieden das angekündigte EWG-Veto gegenüber Österreich.

„Le Monde": Kanonenbootpolitik
Die französische Zeitung „Le Monde" schrieb in einem Leitartikel dazu: *„Das Mittel des Druckes (EWG-Veto), das von Herrn Moro verwendet wird, hat in Österreich eine starke Erregung hervorgerufen, und selbst in Italien fehlt es nicht an Kritik, daß es sich hierbei um eine ungewöhnliche diplomatische Anwendung der Kanonenbootpolitik handelt."*

27. Juli 1967
Südtiroldebatte in Rom: Kaum eine italienische Partei hat Verständnis für Volksgruppenrechte
Der Neofaschist Almirante forderte die Aberkennung der Staatsbürgerschaft für mißliebige Südtiroler und die Assimilierung der sprachlichen Minderheiten. Ein liberaler Abgeordneter verstieg sich zu der Behauptung, die Brennergrenze sei schon Italiens Grenze gewesen, als es Italien noch gar nicht gegeben habe. Der Republikaner Ugo la Malfa bezeichnete die Garantie der italienischen Souveränität über Südtirol als *„die eigentliche Substanz des Pariser Vertrages."* Der ehemalige Ministerpräsident Pella (DC), der die Selbstbestimmung für Triest federführend mit erkämpft hatte, erklärte, die Südtiroler hätten *„in freier Wahl"* die Gelegenheit gehabt, sich zu entscheiden: bei der Option 1939 und im Jahr 1945. Beide Male hätten sie die Chance gehabt, das Land zu verlassen. Da sie geblieben seien, habe es nun keinen Sinn, weiter von Selbstbestimmung zu reden. Der DC-Abg. Piccoli begrüßte das Veto Italiens gegen einen österreichischen EWG-Beitritt, da man nicht zulassen könne, *„daß mit den souveränen Rechten Italiens Schindluder getrieben wird."* Die Monarchisten schließlich forderten die Ausweisung aller ehemaliger Optanten für das Deutsch Reich. Lediglich der Sozialist Paolo Rossi, der ehemalige Vorsitzende der Neunzehnerkommission, forderte eine volle, garantierte Autonomie für die Südtiroler, da dies der einzige Weg sei, *„die irredentistische Welle zu brechen."*

Kritik an Geheimdiplomatie – Magnago sieht „Positives"
In einer ersten Reaktion auf die Erklärung Moros im italienischen Parlament erklärte Landeshauptmann Magnago, die Stellungnahme Moros sei im Hinblick auf das „Paket" positiv zu bewerten und die Ablehnung einer internationalen Verankerung gebe eben nur den *„bekannten Regierungsstandpunkt"* wieder. Die vom Abg. Dietl herausgegebenen „Südtiroler Nachrichten" kamen zu einem ganz anderen Schluß: *„So hat der Verlauf der Südtiroldebatte*

in der römischen Abgeordnetenkammer eindrucksvoll bestätigt, daß die Geheimnistuerei mit dem ‚Paket' für die österreichische Verhandlungsposition schädlich und für die Südtiroler Belange nachteilig war ... Die Südtiroler wissen jetzt, daß ihr Ja zum sogenannten ‚Paket', das nur eine ‚Arbeitshypothese' ist und nicht mehr, und ihr Ja zu Tončić-Sorinjs elastischer Verankerung, die seit der Südtiroldebatte nicht einmal mehr den Schein einer Verankerung aufweist, Italiens Ja zu Österreichs Assoziierungswünschen mit der EWG erreichen soll. Wir sind zutiefst überzeugt, daß das österreichische Volk von den Südtirolern kein so schweres Opfer fordert, noch fordern wird." Die vernichtende Zurückweisung der wichtigsten österreichischen Verhandlungspositionen durch die italienische Regierung sowie die Erpressung Österreichs in der Frage der EWG-Assoziierung kommentierte die Zeitung mit den Worten: *„Außenminister Tončić-Sorinjs überstürzte Maßnahmen, die verschiedentlich kaum von Würde bestimmt waren, erhielten somit die Quittung."*

28. Juli 1967

Dr. Burger sollte entführt werden

Noch bevor Dr. Norbert Burger, ehemals Universitätsassistent in Innsbruck und Mitglied des „Befreiungsausschusses Südtirol" (BAS), am 22. Juli von der österreichischen Staatspolizei verhaftet wurde, hatte er der Illustrierten „Quick" ein Tonband mit sensationellen Mitteilungen zukommen lassen. Bereits Mitte Mai habe er von Südtiroler Freunden erfahren, daß der Chef der politischen Abteilung der Polizei in Bozen, Dr. Peternel, ihn entführen lassen wollte. Dazu war der Einsatz des von den Italienern angeheuerten Agenten Walter Weinberger geplant. Dieser sollte sich in Burgers Vertrauen einschleichen und ihn unter dem Vorwand, ein altes Waffenlager aus dem Zweiten Weltkrieg entdeckt zu haben, in ein abgelegenes Tal locken. Dort sollte er mit einem Totschläger und dann mit einer Spritze betäubt werden. Im Kofferraum eines Autos sollte er dann die Reise über den Brenner antreten. In Südtirol sollte er mit Dynamitstangen in den Taschen neben einem Hochspannungsmast wieder aufwachen, umgeben von bereits wartenden Carabinieri. Anschließend hätte er dann eine jahrzehntelange Haftstrafe abzubüßen gehabt. (Siehe: 16. Juni 1967 und 11. August 1967!)

Agent gesteht

Während Dr. Burger am 22. Juli in Krems verhaftet wurde, trafen sich die Reporter der „Quick" mit dem Agenten Walter Weinberger, der offen zugab, mit den Italienern Kontakt gehabt zu haben. Die Italiener hätten ihm für eine Entführung Burgers DM 125.000,- versprochen.

Sender „Freies Tirol" wieder tätig

Auf 100 Megahertz nahm der Freiheitssender wieder seine Tätigkeit auf und wandte sich massiv gegen den Einsatz des österreichischen Bundesheeres zum Schutz der Unrechtsgrenze am Brenner.

Wieder neuer Zwischenfall auf der Porzescharte

Alpini feuerten auf Unbekannte, die kurz nach Mitternacht versuchten, in italienisches Staatsgebiet einzudringen. Am Morgen danach wurden seltsamerweise nur Fußspuren auf der italienischen Grenzseite festgestellt.

29. Juli 1967

Feuereröffnung

Auf dem Frugnoni-Sattel auf dem Karnischen Kamm eröffneten italienische Soldaten das Feuer auf Unbekannte, ohne jemanden zu treffen.

30. Juli 1967

Neofaschistische Kundgebung in Bozen

Während die italienischen Behörden es den Südtirolern in den vergangenen Jahren nie gestattet hatten, eine Kundgebung in Bozen abzuhalten, war dies den Faschisten stets erlaubt gewesen.

Im Rahmen einer neofaschistischen Kundgebung des MSI erklärte Valerio Borghese, Chef der Veteranenvereinigung der Faschisten, vor 2.000 Teilnehmern: *„Wenn sich die Regierung unserem Appell nicht fügen wird, werden wir einen neuen Marsch auf Bozen unternehmen ... Sie* (die Österreicher) *sollen wissen, daß sie für jede Bombe zehn erhalten werden. Die Beziehung zwischen den Völkern sind Beziehungen der Macht, andere gibt es nicht."* Teilweise in alte faschistische Uniformen gekleidet, angetan mit den Symbolen der Vergangenheit, legten die Neufaschisten Kränze am Siegesdenkmal nieder und sangen die faschistische Hymne „Giovinezza", ohne daß die Polizei einschritt. Noch in den Abendstunden wurden in Bozen sogar italienische Passanten beschimpft, angepöbelt und beschuldigt, *„schweinische Verräter"* zu sein und ein *„verdächtiges Benehmen"* zu zeigen.

Sprengstoffund
In einem Abteil des D-Zuges Rom–München wurde ein herrenloser Koffer, gefüllt mit Sprengstoff, gefunden und außerhalb des Zuges von Feuerwerkern zur Explosion gebracht. Der Täterschaft wurde laut italienischen Pressemeldungen die neofaschistische Vereinigung *„Comitato Tricolore"* in Bozen verdächtigt.

Feuereröffnung
Am Tillianer Joch eröffnen italienische Finanziere das Feuer auf nächtliche Gestalten, welche die Grenze überqueren. Sie trafen niemanden.

30. Juli bis 2. August 1967
Volksgruppenkongreß: Italien betreibt Völkermord
Auf dem in Issime tagenden zweiten Kongreß der „Internationalen Vereinigung zum Schutze der Sprache und bedrohten Kulturen" wurde mit Italiens Volksgruppenpolitik hart ins Gericht gegangen. Der Kongreß stellte fest, daß Italien Völkermord im Sinne der UNO-Konvention vom 9. 12. 1948 betreibe, in welcher in Artikel 2, Ziffer c als Völkermord bezeichnet wird: *„Die absichtliche Unterstellung der Gruppe unter Existenzbedingungen, die ihre vollständige oder teilweise Zerstörung nach sich ziehen sollen."* Der Kongreß hielt fest, daß der größte Teil der nicht-italienischen Volksgruppen bereits italianisiert worden sei. Selbst im autonomen Aostatal habe Italien durch massive Unterwanderung das Problem eindeutig zu seinen Gunsten gelöst und die französischen Aostaner zu einem Kuriosum für Touristen und Forschungsreisende degradiert. Lediglich die Kroaten, Slowenen und die Südtiroler hätten bis heute die Assimilierungsversuche einigermaßen abwehren können.

Freiheitssender: Kein Schuß auf eigene Landsleute!
„Radio Freies Tirol" richtete folgenden Aufruf an die Soldaten des österreichischen Bundesheeres: *„Hier spricht Radio Freies Tirol! Soldaten! Unser Kampf ist gerecht. Der Held der westlichen Welt, Moshe Dayan, der Kriegsminister Israels, sagte vor einigen Monaten: ‚Unser Kampf ist gerecht, weil die Existenz unseres Volkes bedroht ist!' Was für Israel gilt, gilt auch für Südtirol. Die Unterwanderung und die Diskriminierung der Südtiroler bedroht die Existenz der Südtiroler Volksgruppe. Dagegen darf jedes Volk sich wehren ... Soldaten! Wir fordern euch auf, niemals auf Südtiroler Freiheitskämpfer zu schießen, wie wir auch euch versprechen, daß es niemals vorkommen wird, daß ein Südtiroler Freiheitskämpfer auf österreichische Soldaten schießen wird. Hütet euch aber, den italienischen Truppen zu nahe zu kommen. Euer junges Leben wäre zu schade. Wir wissen, daß in den letzten Tagen Beschießungen österreichischer Exekutivorgane durch italienisches Militär bereits erfolgt sind. Die Parole lautet: Für Tirol, für Österreich! Kein Schuß auf eigene Landsleute!"*

1. August 1967
Rom fordert von Wien polizeistaatliche Maßnahmen und Sondergesetze
In massiver Weise mischte sich die italienische Regierung in innerösterreichische Belange ein, als sie in zwei Noten dagegen protestierte, daß Nordtirols Landeshauptmann Wallnöfer in

Gnadenwald die Lage in Nordtirol *„als nicht zufriedenstellend"* bezeichnet hatte und daß der *„Tiroler Freiheitssender"* seine Sendung fortsetzen könne. Weiters wurde die Beschlagnahme einer italienfreundlichen österreichischen Zeitung kritisiert und Protest gegen die *„zu späte"* Berufung gegen die Freisprüche im Linzer Südtirolprozeß erhoben. Kritik fand eine Rede des österreichischen Bundeskanzlers ebenso wie die Tatsache, daß die österreichischen Bundesbahnen Zugverspätungen mit den langen italienischen Grenzkontrollen begründen. Vor allem aber verlangte Italien, daß Österreich *„eine ständige Kontrolle"* aller Personen durchführen solle, *„die terroristischer Verbindungen verdächtig sind."* Die österreichische Regierung wies die Proteste in vier Antwortnoten zurück. Ein Wiener Diplomat kommentierte: *„Jetzt werden bald wir um autonome Rechte von der Regierung in Rom streiten müssen!"* Laut Pressemeldungen hätten österreichische Verfassungsjuristen die Bundesregierung darauf hingewiesen, daß Italien aufgrund des immer noch in Kraft befindlichen faschistischen Strafgesetzbuches verdächtige Personen in entlegene ländliche Gebiete verbannen und dort unter strenger polizeilicher Aufsicht halten könne, Österreich aufgrund seiner rechtsstaatlichen Gesetzgebung diese Möglichkeit jedoch nicht habe, ohne daß Verfassungsgesetze geändert werden müßten. In den italienischen Noten war von Wien verlangt worden, *„eine neue Gesetzgebung"* zur Verfolgung des *„Terrorismus"* einzuführen, *„falls die existierenden Gesetze nicht angemessen seien."* (Toscano, Mario: „Alto Adige – South Tyrol", Baltimore and London 1968, S. 241) Die Bundesregierung ging bald in die Knie: Bei den Expertenverhandlungen vorn 16. bis 18. November wurden ernsthaft österreichische Strafgesetzänderungen diskutiert. (Siehe dort!)

Neofaschistisches Sprengstofflager
Die italienische Polizei entdeckte bei der neofaschistischen Jugendorganisation „Giovane Italia" in San Remo ein Sprengstoffarsenal und bei einem leitenden Funktionär zwei Pistolen.

3. August 1967
Wohnungsbau und ethnischer Proporz: Südtiroler schwer benachteiligt
Die italienische Presse entfachte eine Kampagne gegen die Zuweisung von Wohnungen an deutsche Arbeitnehmer in der Stadt Bozen. Der Landesvorstand des (vom italienischen Staat nicht anerkannten) „Autonomen Südtiroler Gewerkschaftsbundes" faßte in einer außerordentlichen Sitzung folgende Entschließung: *„Allein in der Stadt Bozen wurden in den letzten 30 Jahren rund 6.500 staatlich subventionierte oder vom Staat finanzierte Wohnungen gebaut: praktisch nur für Zuwanderer aus anderen Provinzen, denn ihnen wurden sie zu 94 Prozent zugewiesen. Und wenn seit 30 Jahren erstmals ein Block von 83 Wohnungen an Südtiroler zugewiesen werden soll, erhebt sich ein Sturm der Entrüstung über die vielen armen, bedürftigen, italienischen Familien, denen keine Wohnung zugewiesen wird, obwohl sie zwölf Punkte erreichen, während deutsche Familien mit ‚nur' zehn Punkten eine Wohnung erhalten. Wegen dieses Unterschiedes von zwei Punkten, der in den meisten Fällen durch eine geringere Beitragszeit im Industrie- oder Dienstleistungssektor bedingt ist, muß nun die italienische Verfassung und die Zivilisation der Völker herhalten, und rührend weiß man von deutschen Familien zu berichten, denen eine Wohnung zugewiesen worden ist, die aber erklären, sich zu ‚schämen', einem Italiener vorgezogen worden zu sein. Von keiner italienischen Familie ist aber bis heute berichtet worden, die sich etwa bei einem Unterschied von fünf und mehr Punkten auf Grund der Landesgesetze über den Volkswohnbau geschämt hätte, einer deutschsprachigen Familie die Wohnung weggenommen zu haben."*

5. August 1967
SVP zur Wohnungsvergabe
Nach dem „Autonomen Südtiroler Gewerkschaftsbund" befaßte sich auch der Parteiausschuß der SVP mit der Frage der Vergabe von Wohnungen an Südtiroler. In einer Entschließung hieß es unter anderem: *„Der Parteiausschuß sieht in der im Gange befindlichen Zuweisung von 83 Arbeiterwohnheimen an Südtiroler (gegenüber 91 an Italiener) in der Stadt Bozen*

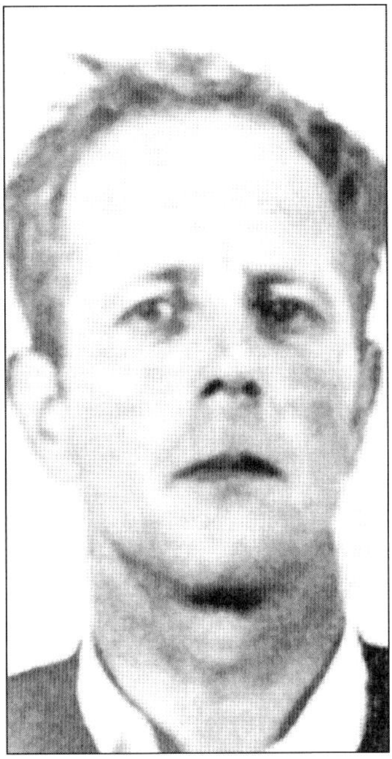

Helmut Kröss aus Meran (links), ein Neffe von Georg Klotz, hatte sich als Spitzel und Agent an die Italiener verkauft und den Osttiroler Andreas Egger (rechts), einen Freiheitskämpfer, nach Südtirol in eine Falle der Carabinieri gelockt.

Das österreichische Bundesheer wurde zum Schutz der italienischen Grenze eingesetzt (27. Oktober 1967).

einen ersten Schritt zur Schaffung eines Südtiroler Industriearbeiterstandes in der Bundeshauptstadt. Die vom Faschismus betriebene Ausschaltung der Südtiroler aus dem öffentlichen Dienst und der industriellen Entwicklung hat zur Folge, daß auch heute nur 48 Prozent der unselbständig Erwerbstätigen in Industrie und Dienstleistungen der deutschen Volksgruppe angehören. Der Parteiausschuß macht darauf aufmerksam, daß die Südtirolfrage nicht gelöst werden kann, wenn der ethnische Proporz im sozialen Wohnungsbau und im öffentlichen Dienst als praktischer Schlüssel zur effektiven sozialen Gerechtigkeit zwischen den Sprachgruppen nicht durchgeführt wird.“

Italiener jagen sich selbst
Zwei an der Grenze zu Österreich eingesetzte Alpini umschlichen in entgegengesetzter Richtung ihren Grenzstützpunkt, trafen aufeinander – und schossen. Beide wurden verletzt und kamen ins Spital nach Belluno.

Sprengstofflager entdeckt
In der Nähe von Pflanzen im Pustertal entdeckten Zollbeamte und Carabinieri ein Depot von 8 kg Sprengstoff, einem Gewehr mit 300 Schuß und 18 Sprengzündern.

8. August 1967
Wohnungsbau fördert Italienisierung in Bozen
Auf Grund der italienischen Gesetze sollten seit 1959 die durch den staatlich geförderten Volkswohnbau erstellten Wohnungen in Südtirol unter den Arbeitnehmern nach dem Verhältnis der italienischen und der deutschen Sprachgruppe aufgeteilt werden. Unter diese Bestimmung fielen auch die 900 bis 1.000 Wohnungen, die in einem Zehnjahresprogramm von 1963 bis 1972 erbaut wurden oder noch zu errichten waren. Nach der Statistik des Jahres 1961 gab es in der Provinz Bozen 46.000 nichtlandwirtschaftliche Arbeitnehmer der italienischen Sprachgruppe (51,6%) und 43.000 Arbeitnehmer der deutschen Sprachgruppe (48,4%). In den Städten Bozen und Meran arbeiteten 32.000 Italiener und 9.000 Südtiroler. In der 30jährigen Geschichte des Volkswohnbaues in Südtirol waren in Bozen 6.500 staatlich subventionierte oder vom Staat finanzierte Wohnungen erbaut worden Sie wurden zu 94 Prozent an Zuwanderer aus anderen Provinzen vergeben. Bei der Vergabe von 300 Wohnungen in Bozen und Meran erhielten jetzt erstmals seit 30 Jahren die deutschsprachigen Arbeitnehmer einen um 9% höheren Anteil an Wohnungen. Die italienische Presse in Südtirol schrieb entrüstet *„von einer Verletzung der Gesetzgebung über den Volkswohnbau.“* Sie setzte sich für die Abschaffung des ethnischen Proporzes bei der Verteilung der Wohnungen ein. In Südtiroler Kreisen sieht man in der Vergabe der Sozialwohnungen nach dem ethnischen Proporz die einzige Gewähr dafür, daß Südtiroler Arbeiter zu einer erschwinglichen Wohnung kommen.

9. August 1967
Boykott und Notenkrieg
Das italienische Außenhandelsinstitut gab in Rom bekannt, daß sich Italien auf Grund der Lage in Südtirol nicht an der Internationalen Wiener Messe beteiligen werde.

Freiheitliche Partei gegen Geheimpolitik der ÖVP-Regierung
Der freiheitliche Parteiobmann Friedrich Peter warf der Bundesregierung vor Pressevertretern vor, daß sie keine klare Haltung gegenüber Italien beziehe. Er forderte die Bundesregierung in scharfen Worten auf, endlich die österreichischen Volksvertreter über den Inhalt des „Paketes“ zu informieren. Während die Bundesregierung laufend Konferenzen über das „Paket“ abhalte, seien die österreichischen Volksvertreter noch nicht einmal über dessen Inhalt informiert.

Carabiniere erschießt Kameraden
Der Carabiniere Beppino Mula aus Sardinien, welcher in Leiters Dienst machte, wurde von seinem Kameraden Mauro Parissi versehentlich beim Waffenreinigen erschossen.

SVP verlangt ethnischen Proporz
Der Parteiausschuß der SVP erinnerte daran, daß der ethnische Proporz im sozialen Wohnbau und im öffentlichen Dienst unverzichtbar sei. Von den seit 1949 erbauten 2.633 INA-Casa-Wohnungen seien nur 440 den Südtirolern zugute gekommen, da aufgrund der Ausschaltung der Südtiroler aus dem öffentlichen Dienst und aufgrund der betriebenen Industriepolitik nur 48% der unselbständig Werktätigen in Südtirol der deutschen Volksgruppe angehörten. Überdies seien die autonomen Rechte des Landes auf dem Gebiete des sozialen Wohnbaues 1959 durch die Regierung Fanfani per Dekret beschnitten worden.

10. August 1967
Südtiroler Freiheitskämpfer kehrt heim
Nach mehr als sechs Jahren Gefängnis kehrte der Schützenmajor Franz Muther in seine Heimatgemeinde Laas zurück. Muther war im Juli 1961 als erster verhaftet und schwerst gefoltert worden. Die Dorfgemeinschaft – auch Bürgermeister Platter – begrüßte Muther auf das herzlichste. Darüber schimpften italienische Zeitungen und der italienische Gemeinderat Morelli (DC) interpellierte. Bürgermeister Platter wies den Protest entschieden zurück und blieb bei seiner Haltung.

11. August 1967
Geheimdienst-Krimi um Minenfalle:
Sollte österreichischer Sprengstoffsachverständiger Opfer werden?
Die italienische Agentin Gertrude Parth alias Traudl Lechner hatte sich den BAS-Männern Peter Kienesberger und Dr. Norbert Burger offenbart und damit einen Entführungsplan gegen Dr. Norbert Burger verhindert. Parth war damit aber auch bei ihren italienischen Auftraggebern unter Verdacht geraten. Die BAS-Leute entschlossen sich nun, die Parth mit der Legende eines geheimdienstlichen „Erfolges" auszustatten, um sie in der Folge auch weiter gegen den italienischen Geheimdienst benützen zu können. Wie dies geschah, schildert der Südtiroler Historiker Christoph Franceschini aufgrund eigener Recherchen, wobei er auch Einblick in italienische Geheimdienstunterlagen bekam:
„‚Damit sie glaubwürdig zu ihren Auftraggebern nach Bozen zurückkehren konnte, mußte sie etwas Handfestes mitbringen' sagt Peter Kienesberger. Deshalb bereitet der BAS, laut Kienesberger, vor allem auf Drängen Burgers dafür eigens einen Anschlag vor, den Traudl Lechner durch Meldung an die Bozner Quästur rechtzeitig vereiteln soll. 1967 hat der BAS bereits mehrere Südtiroler Schutzhütten an der Grenze zu Nordtirol durch Anschläge zerstört. Ziel der Terrorgruppe ist es, die Kontrolle der Grenze durch das italienische Militär zu erschweren. Auch für den nun zu inszenierenden Anschlag wählt man eine Schutzhütte. Die Landshuter Hütte liegt auf dem 2.251 Meter hohen Pfitscher Joch. Mitten durch die Hütte verläuft die Staatsgrenze, so daß zwei Drittel der Hütte auf österreichischem Gebiet und ein Drittel auf italienischem Gebiet liegen. Der italienische Teil der Hütte besteht aus einem großen Raum, der im Sommer 1967 unbesetzt und bis auf einen Haufen Sandsäcke völlig leer ist. Dort deponiert der BAS in den ersten Julitagen zwei Sprengladungen. Die eine wird von außen deutlich sichtbar an der Tür angebracht, die zweite unter den Sandsäcken versteckt. Diese zweite Sprengladung ist besonders heimtückisch gelegt. Sie ist mit einer Fotozelle gekoppelt, so daß die Ladung losgeht, sobald Licht auf die Fotozelle fällt. Genau das aber wäre passiert, wenn jemand die Sandsäcke hochgehoben hätte. Traudl Lechner ist über die Beschaffenheit und die Position der beiden Sprengladungen genau informiert worden. Sie soll ihre Kenntnisse den italienischen Auftraggebern mitteilen. ‚Damit hätte sie in den Augen der Italiener ein Massaker verhindert', sagt Peter Kienesberger, ‚und wäre damit voll rehabilitiert gewesen.' Die abenteuerlich nach einer Räuberpistole klingende Geschichte wird in Tarfussers (Dr. Cuno Tarfusser ist Staatsanwalt am Landesgericht in Bozen und hatte in der Mordsache Amplatz Akten des italienischen Geheimdienstes bearbeitet. Anm. d. Verf.) *Akten bis ins letzte Detail bestätigt. Darin sind nicht nur Dutzende Observationsberichte enthalten, sondern auch die Abschriften mehrerer abgehörter Telefongespräche, die Gertrude Parth alias Traudl Lechner*

im Juli 1967 mit Kienesberger und Burger führte. Observiert wurde Traudl Lechner im Juli 1967 vom ‚Nucleo investigativo' der Bozner Carabinieri, und dort vom Beamten Pietro Giordano ... Giordanos Observationsberichte lassen jetzt eine genaue Rekonstruktion der Ereignisse im Juli 1967 zu. In den ersten Julitagen 1967 kam Traudl Lechner zurück nach Südtirol. Sie wurde nach Meran gebracht und dort von Peternel (damals Leiter der politischen Abteilung im Bozener Polizeipräsidium, der Quästur. Anm. d. Verf.) *und von mehreren Beamten der Quästur verhört. ‚Sie haben mich dabei brutal in die Zange genommen', sagt sie wenige Tage später, laut Abhörprotokoll, in einem Telefongespräch mit Peter Kienesberger. Während dieses Verhörs macht Traudl Lechner auch genaue Angaben über die beiden Sprengladungen auf der Landshuter Hütte. In einem später verfaßten ‚Appunto' des Sifar über Gertrude Parth heißt es dazu: ‚Sie bekam von Kienesberger und Burger den Auftrag, mitzuteilen, daß sich auf der Landshuter Hütte zwei Sprengladungen befinden, damit sie sich auf dem Gebiet der Informationsbeschaffung wieder glaubwürdig machen konnte ... Da aber diese Mitteilung über die Landshuter Hütte mit Skepsis aufgenommen wurde, telefonierte sie mit Kienesberger.' Das Gespräch, geführt am 6. Juli 1967 um 10 Uhr vom Hotel Greif aus, wurde vom Sifar abgehört. Traudl Lechner war sehr aufgeregt. Sie wollte von Kienesberger unbedingt erfahren, ob die Sprengladungen wirklich auf der Landshuter Hütte angebracht worden sind. Auszug aus dem Gespräch:*
Lechner: ‚Weißt Du die Sache mit der Landshuter Hütte?'
Kienesberger: ‚Was ist damit?'
Lechner: ‚Sie sind gestern alle hinauf, da war aber nichts. Sie haben daraufhin einen großen Radau gemacht. ... Sie haben gestern eine Exkursion gemacht, ein General und der Präfekt waren dabei. Aber alles umsonst. Du kannst dir vorstellen, was sie heute früh zu mir gesagt haben.'
Kienesberger: ‚Das gibt es nicht, denn es stimmt hundertprozentig.'
Obwohl die italienischen Sicherheitskräfte angeblich am 5. Juli 1967 auf der Landshuter Hütte nach den beiden Bomben gesucht haben und über deren Bauart und Lage informiert waren, wurden die zwei Sprengladungen offiziell erst über einen Monat später, am 10. August 1967, gefunden. Dies aber merkwürdigerweise nicht von den Italienern, sondern von den Österreichern. Die italienische Polizei hatte für die Operation die österreichischen Sicherheitsbehörden um Amtshilfe ersucht. Der bekannte Wiener Sprengstoffsachverständige Oberst Alois Massak sollte nach den versteckten Bomben in der Hütte suchen und sie entschärfen. Es war aber ein Höllenfahrtskommando: Weder Massak noch dem während der Suche anwesenden Chef der Innsbruck Stapo-Abteilung Eduard Obrist war mitgeteilt worden, daß die Bozner Quästur seit über einem Monat genaueste Informationen über den Standort und die Art der Sprengladungen hatte. Trotzdem gelang es Massak, nicht nur die Sprengladung am Eingang der Hütte zu entschärfen, sondern auch die zweite Sprengladung mit der Fotozelle unschädlich zu machen. Können und wohl auch Glück hatten ihm das Leben gerettet. Sollte Massak Opfer eines ungeheuerlichen Planes werden? Die These, von Attentätern seit langem vertreten, wird durch die Akten zumindest in ihrer Schlüssigkeit erhärtet. Wenn Massak durch die Vorenthaltung der nötigen Informationen in die Luft gegangen wäre, wäre dem Anschein nach der wichtigste österreichische Sprengstoffexperte Opfer einer heimtückischen Bombenfalle des BAS geworden. Die Attentäter, die in Österreich Zuflucht gefunden hatten, wären damit endgültig diskreditiert gewesen." (Franceschini, Christoph: „Die Mata Hari des Polizeichefs", in: „Südtirol Profil", Bozen, Nr. 4/1993.)

Die Entsendung des österreichischen Sprengsachverständigen war bei einem geheimen Treffen zwischen dem stellvertretenden Leiter der Nordtiroler Sicherheitsdirektion Dr. Obrist und italienischen Offizieren am 3. August in der Nähe von Zürich von den Italienern erbeten worden. In dem Bestreben, die Kooperationsbereitschaft Österreichs gegen die Freiheitskämpfer zu demonstrieren, hatte die österreichische Bundesregierung willfährig zugestimmt. Begründet hatten die Italiener das Ersuchen damit, daß die italienischen Dienststellen wüßten, daß das Gelände um die Landshuter Hütte vermint sei, sie aber bisher keine Minen sicherstellen hätten können („Südtiroler Nachrichten" vom 15. 8. 1967). Polizeioberst Ing. Alois Massak erklärte sich bereit. So wurde er zur Landshuter Hütte geflogen, wo er mutmaßlich „höherer" politischer Ziele wegen hätte sterben sollen. Es erscheint unglaubwürdig, daß der NATO-Staat Italien mit seinen zahlreichen Streitkräften und militärischen Sonderkommandos nicht in der Lage sein sollte, selbst einen Sprengstoffsachverständigen zu stellen. Die Annahme, daß Ing. Massak dafür „verheizt" werden sollte, wurde durch seine eigenen Angaben gegenüber den Medien nach seiner Rückkehr untermauert. Er sei über Lage und Konstruktion der Bomben falsch unterrichtet worden, so daß er nur durch ein Wunder dieses Himmelfahrtskommando überlebt habe.

12. August 1967

Sprengstoffanschlag

Im letzten Waggon eines aus München kommenden Güterzuges explodierte bei Franzensfeste eine Bombe. Es entstand nur leichter Sachschaden. Der BAS bekannte sich nie zu diesem Anschlag.

13. August 1967

Südtiroler „Ja" zum „Paket" soll Österreichs EWG-Assoziierung sichern

„Österreichs Südtirolpolitik gescheitert"

Unter Zitierung der „Südtiroler Nachrichten", die von dem zur Politik Magnagos in Opposition stehenden Südtiroler Abg. Dietl herausgegeben wurden, schreibt die „Kleine Zeitung" in Graz, daß die Südtiroler nun wüßten, daß ihr „Ja" zum „Paket" dazu hätte dienen sollen, daß Österreichs Assoziierungswünsche mit der EWG von Italien nicht torpediert würden. Diese Politik sei aber nun gescheitert: *„Die österreichische Südtirol-Politik der Regierung Klaus, die im Zeichen betonter Kompromißbereitschaft stand und zu einer schnellen Lösung des Problems führen sollte, hat Schiffbruch erlitten."*

14. August 1967

Italienische Soldaten verletzen österreichisches Hoheitsgebiet

In Österreich wurden vier Zivilisten unter Androhung von Waffengewalt von italienischen Soldaten festgenommen und zu deren Stützpunkt abgeführt. Vorher waren sie von österreichischen Soldaten kontrolliert und auf die nahe Grenze aufmerksam gemacht worden. Da dem österreichischen Heer ein Einsatz inklusive Schußwaffen nur gegen die Südtiroler Freiheitskämpfer erlaubt, aber ein Einsatz gegen italienische Grenzverletzer ausdrücklich verboten war, mußten die Bundesheersoldaten bei der Festnahme hilflos zusehen.

Versuchter Sprengstoffanschlag

Im Neubau des Regionalpalastes in Trient konnten drei Sprengladungen von je 3 kg TNT entdeckt und entschärft werden. In einem Privatgarten in der Nähe konnten drei weitere Ladungen, die noch nicht mit der Zeitzündung verbunden waren, aufgefunden werden. Die Funde lösten große Bestürzung in Trient und umfangreiche Fahndungsmaßnahmen in Südtirol wie auch in Oberitalien aus.

15. August 1967

Kein Deutsch im Landeskrankenhaus

Wie die „Südtiroler Nachrichten" melden, hat die Regionalregierung der Region Trentino-Südtirol den Beschluß des Verwaltungsrates des Landeskrankenhauses Bozen annulliert, in welchem die Doppelsprachigkeit für das Landeskrankenhaus festgelegt worden war. Dagegen protestieren elf SVP-Abgeordnete zum Regionalrat, in welchem die Deutschen aber in der Minderheit waren.

Wallnöfer: „Unser Land ist zerrissen"

Anläßlich einer Feier zu Ehren des am Hohen Frauentag 1767 zu Siffian geborenen Tiroler Freiheitshelden Peter Mayr erklärte der Nordtiroler Landeshauptmann Eduard Wallnöfer auf dem Bergisel: „*Unser Land ist zerrissen, die nachhaltige Greuelpropaganda zweier Weltkriege und des mehrere Jahrzehnte herrschenden Faschismus hat unsere gerechte Tiroler Sache in den Augen von Millionen gutgläubigen Menschen in eine historisch völlig falsche Optik gestellt. ... Die Wahrheit und mit ihr das Recht muß an den Tag kommen.*“

FPÖ fordert wieder Internationalisierung der Südtirolfrage
Der Bundesparteivorstand der Freiheitlichen Partei Österreichs stellte fest: „*Die FPÖ bekräftigt ihre Überzeugung, daß eine dauerhafte und gerechte Lösung der Südtirolfrage nur auf der Grundlage des von den Vereinten Nationen ausdrücklich anerkannten Selbstbestimmungsrechtes der Völker möglich ist. Angesichts der Schwierigkeiten, die sich im Hinblick auf die weltpolitische Lage der Durchsetzung dieses Rechts entgegenstellen, ist es die Pflicht Österreichs, nicht nur ständig diese Möglichkeit im Auge zu behalten, sondern in Durchführung der UNO-Resolutionen 1960 und 1961 auch alles zu tun, um den Bestand der Volksgruppen in Südtirol auch unter den gegebenen Verhältnissen zu sichern. Die FPÖ teilt allerdings nicht die Auffassung der derzeitigen österreichischen Regierung, daß diese Sicherung des Bestandes der Südtiroler Volksgruppe erreicht werden kann, ohne auf folgenden Forderungen zu beharren:*

1. *Gewährung jener Autonomierechte, die zur Verhinderung einer weiteren Unterwanderung unerläßlich sind, wie Arbeitsvermittlung, Industrieförderung, Wohnungsbau, Ansässigkeitsrecht und uneingeschränkte Budgethoheit.*
2. *Internationale Verankerung jedes derartigen Vertrages, um die Durchführung klagbar und damit erzwingbar zu machen.*

Die sich nun fast sieben Jahre hinschleppenden Verhandlungen mit Italien haben den Beweis erbracht, daß Italien nicht gewillt ist, diese selbstverständlichen Forderungen in europäischem Geist zu erfüllen. Die FPÖ wiederholt daher ihre Forderung, die Vereinten Nationen erneut damit zu befassen, über die Erfolglosigkeit der bisherigen Bemühungen zu berichten und die Durchführung des zweiten Teiles der UNO-Resolution 1960 durch die Anwendung eines internationalen friedlichen Mittels zu erwirken ...“

16. August 1967
Neue italienische Grenzverletzung
Erneut wurden drei Bergsteiger auf österreichischem Staatsgebiet festgenommen und zu einem italienischen Militärstützpunkt abgeführt. Nach einer Durchsuchung und einem einstündigen Verhör wurden sie nach Österreich zurückgebracht.

20. August 1967
Verhaftung und Geheimdienstaktion
Ein übliches Strickmuster: Krimineller Provokateur im Auftrag der Italiener
Der Osttiroler Andreas Egger, ein enger Freund des Südtiroler Schützenmajors Jörg Klotz, wurde durch den damals 27 Jahre alten Klotz-Neffen Helmut Kröss, einen als Handelsvertreter getarnten italienischen Agenten und Kriminellen aus Meran, an den italienischen Geheimdienst verraten. Kröss hatte sich unter Berufung darauf, ein Neffe des berühmten Freiheitskämpfers Georg Klotz zu sein, in das Vertrauen des damals bereits in Italien steckbrieflich gesuchten Eggers geschlichen und ihn nach Südtirol gelockt, wo er ihn mit seinem Auto herumfuhr. Kurz vor der Rückfahrt hatte sich Kröss in Meran dann für eine halbe Stunde entfernt. In dieser Zeit muß er mit seinen Auftraggebern die Falle besprochen haben, die Egger nun gestellt werden sollte. Dann war er wieder gekommen und beide fuhren in dem Auto von Kröss nach Bozen, von wo die Weiterfahrt zum Brenner geplant war. Kurz nach Meran überholte Kröss mit hoher Geschwindigkeit einen Carabinieri-Wagen. „*Bist narrisch!*“, sagte Egger noch, da fuhr der Carabinieri-Wagen schon hinten auf sie auf, Kröss bremste, zwei Carabinieri rissen den Wagenschlag auf und legten Egger Handschellen an. Kröss wurde pro forma mit verhaftet, allerdings rasch wieder freigelassen. Bei Egger fanden die Carabinieri Propagandamaterial und eine Skizze vom Gebiet des Jaufenpasses, wo dann bei einer Nachsuche in einem

Stadel Waffen gefunden wurden. Auf Grund der neuen Vereinbarungen über eine enge Zusammenarbeit mit Österreich bei der Bekämpfung der Südtiroler Freiheitskämpfer verständigten die Carabinieri umgehend die Nordtiroler Sicherheitsdirektion in Innsbruck. Nur kurze Zeit später kam der stellvertretende Sicherheitsdirektor Dr. Obrist persönlich mittels Hubschrauber nach Laisach in Osttirol, um die Wohnung Eggers zu durchsuchen. Dort wurde eine MP, eine Pistole und Munition gefunden. Dies wurde den Italienern sofort bekanntgegeben. Egger wurde von den Italienern nun im Verhör schwer mißhandelt und *„gestand"* eine Beteiligung bei dem Anschlag auf die beiden Finanzsoldaten am 24. 7. 1966 in St. Martin in Gsies. Dabei belastete er auch den Pfarrer von Gsies, Weitlaner. (Siehe 26. 8. 1967.) Egger widerrief später diese Geständnisse. („Salzburger Nachrichten", 8. März 1969.)

Der Agent war ein Krimineller
Bald wurde offenbar, daß die Italiener nach altem Strickmuster auch diesmal ihren Agenten aus dem kriminellen Milieu rekrutiert hatten. Kröss, der wenig später wegen Bankraubes und Heiratsschwindels straffällig wurde, hatte auch in München versucht, den Exil-Südtiroler Thurner zu Anschlägen anzustiften, um ihn dann verraten zu können. Einer in Wiesbaden lebenden Frau gegenüber, der er die Ehe versprochen hatte, stattdessen aber deren Vermögen in Spanien verpraßte, rühmte sich Kröss, ein italienischer Geheimagent zu sein und Andreas Egger gegen Bezahlung nach Südtirol gelockt zu haben. („Express", Wien, 8. 2. 1969.) Bereits im Oktober 1967 hatte die italienische Zeitung „Domenica del Corriere" einen Bericht über die Tätigkeit italienischer Agenten in Österreich veröffentlicht, in welchem die Rolle von Kröss ausführlich gewürdigt wurde. Der italienische Geheimdienst habe erfahren, daß Kröss „in schwierigen finanziellen Verhältnissen" lebe. Man habe sich an ihn herangemacht und dieser habe sich bereit erklärt, Egger gegen Geld eine Falle zu stellen. Als er Egger in seinem Auto nach Südtirol gebracht hatte, habe er die Carabinieri verständigt, die ab nun Egger beschatteten. Man habe die beiden ungestört herumfahren lassen, um zu erfahren, mit wem Egger Kontakt hatte. Nach erfüllter Mission habe der italienische Geheimdienst in der Nähe von Kardaun einen Verkehrsunfall inszeniert und beide verhaftet („Wiener Montag", 30. 10. 67). Im Januar 1969 wurde Kröss in Kitzbühel verhaftet, unter anderem wurde ihm ein Raubüberfall auf die Spar- und Vorschußkasse Brixen in Kiens vom 12. Dezember 1968 zur Last gelegt, wo Kröss acht Millionen Lire erbeutet hatte. Im dritten Mailänder Südtirolprozeß mußte Egger 1969 vor Gericht, nicht jedoch Kröss, der seinen Agentenauftrag erfüllt hatte.

Carabinieri foltern weiter
Nach seiner Verhaftung am 20. August blieb Egger eine Woche lang (!) in Gewahrsam der Carabinieri. Erst nachdem er gestanden hatte, an einem Feuerüberfall auf die Polizeipatrouille beteiligt gewesen zu sein, lieferten ihn die Carabinieri in das Gefängnis von Bozen ein, wo er blutig, zerschlagen und mit zerrissener Kleidung dem Wachpersonal übergeben wurde. Da Egger noch tagelang nicht gehen konnte, trugen ihn gefangene Südtiroler auf einer improvisierten Tragbahre zum „Spaziergang" an die frische Luft in den Gefängnishof. Noch zehn Tage lang konnte sich Egger nicht fortbewegen, ohne gestützt zu werden. Als Egger wieder zu sich zurückgefunden hatte, widerrief er seine Teilnahme an dem Feuerüberfall und begründete sein Geständnis mit dem auf ihn ausgeübten Druck. Die Bozener Staatsanwaltschaft erhob gegen ihn Anklage wegen Verleumdung der Carabinieritruppe. (Meldung der „Deutschen Wochenzeitung" vom 1. 3. 1967.)

26. August 1967
Sprengstoffanschlag
Vor dem Kellerfenster der Carabinieristation Laatsch explodierte eine circa 2 kg schwere Sprengladung und richtete erheblichen Sachschaden an. Bei den Carabinieri brach Panik aus. Eine Wand des Gebäudes wurde eingedrückt.

Südtiroler Pfarrer verhaftet – Klerus für Freiheitskämpfer?
Auf Grund der Angaben Andreas Eggers wurde der Pfarrer von St. Martin im Gsies, Johann Weitlaner, verhaftet. Er sollte nach den von den Carabinieri erzwungenen Angaben Eggers die Waffen für den Anschlag auf die Finanzieri am 24. 7. 1966 (siehe dort!) in St. Martin besorgt und die Attentäter im Pfarrhaus versteckt haben. Der mit verhaftete Mesner Kassian Kahn wurde nach einem Verhör wieder freigelassen.

Trotz Alibi weiter in Haft
Pfarrer Weitlaner wurde in das Gerichtsgefängnis Bozen überstellt, obwohl sein Neffe Alois Burgmann aus Innichberg ausgesagt hatte, er sei am Abend des Anschlages bei seinem Onkel gewesen, der Pantoffeln getragen und *„einen sehr gemütlichen Eindruck"* gemacht habe. Am Abend des 2. Septembers teilte ein Carabinierioffizier dem Geistlichen mit, daß gegen ihn Anklage nach Art. 305 „Codice penale" wegen politischer Verschwörung erhoben werde. Die Strafandrohung betrug bis zu zwölf Jahren Kerker.

„Finanzierung des Terrors" vorgeworfen
Italienische Medien berichteten, daß dem Pfarrer auch die „Finanzierung des Terrors" vorgeworfen werde. Er sei mit seinem Auto häufig nach Nordtirol gefahren und habe dort *„nicht unmaßgebliche Summen zu ungeklärten Zwecken erhalten."* Die „Südtiroler Nachrichten" (Nr. 17/1967) berichtigten: *„Was seine fast wöchentlichen Fahrten ins Ausland, vor allem nach Tirol betrifft, so erklärt man in St. Martin dazu, Pfarrer Weitlaner habe für die Brandgeschädigten, Obdachlosen und vom Hochwasser Betroffenen in seiner Pfarrgemeinde viele ‚Bettelfahrten' ins Ausland unternommen und zahlreichen Leuten geholfen."*

Hetze
Die italienische Presse benutzte die Verhaftung des Pfarrers in der Folge zu scharfen Angriffen auf den niederen Südtiroler Klerus: „Domenica del Corriere": *„Weshalb die Südtiroler Pfarrer alle gegen Italien sind".* (12. September 1967) „Il Resto del Carlino": *„Ein zu gastfreundliches Widum ..."* Die Illustrierte „ABC": *„Im Schatten des Klerus und des Geldes ... Der Scharfschütze auf dem Kirchturm ... Die Geistlichen der deutschen Volksgruppe zeigen eine klare Solidarität mit den Terroristen und eine offene Sympathie mit den Neonazis ... Der Fall Weitlaner stellt keine isolierte Episode dar."*

Südtiroldemonstration in Wien
Es kam zu einem aufsehenerregenden Zwischenfall im Herzen der Wiener Innenstadt. Unbekannte Personen hatten ein Auto, das über und über mit Parolen („Freiheit für Dr. Burger") für den bekanntlich in Haft befindlichen Südtirolaktivisten Dr. Burger bepinselt war, mitten auf der Fahrbahn der Kärntner Straße abgestellt und waren unmittelbar darauf geflüchtet. Der Verkehr wurde lahmgelegt und eine große Menschenmenge sammelte sich an.

31. August 1967
Österreichische Hilfe an Italien gegen Freiheitskämpfer bewirkte Folterung
Wie die sozialistische „Neue Zeit" aus Graz meldet, wurde der am 20. 8. in Italien verhaftete Osttiroler Andreas Egger deshalb von den Italienern einem verschärften Verhör unterzogen und zu einem Geständnis gezwungen, da sie das ihn belastende Ergebnis der in seiner Wohnung in Lienz vorgenommenen Hausdurchsuchung von der österreichischen Polizei erfahren hatten. Dort waren Waffen gefunden worden. (Siehe auch: 20. August 1967.)

1. September 1967
Italien verlangt Auslieferung von Südtiroler Freiheitskämpfern
Von maßgeblichen Politikern wurden die Südtiroler Freiheitskämpfer gewarnt, daß Italien von Österreich die Auslieferung von zehn Südtirolern verlangt und Österreich eine Prüfung der Angelegenheit zugesagt habe. Über nahestehende Journalisten gelang es, diese streng

vertrauliche Angelegenheit in die Öffentlichkeit zu tragen und eine möglicherweise geplante „Nacht und Nebel-Aktion" der Regierung zu verhindern. Wie das „Salzburger Volksblatt" am 7. 9. 1967 meldete, habe die Staatsanwaltschaft Bozen auf Anfrage zugegeben, über das österreichische Außenamt die Auslieferung der Südtiroler Larch, Ausserer, Obexer, Rainer, Platter, Klotz, Steger, Oberleiter und Oberlechner verlangt zu haben.

8. September 1967

Salzburger Südtirolgipfel: Österreich soll Südtirol mit einer „Streitbeilegung" abschreiben!

Dietl nicht zur Besprechung eingeladen

Unter schärfsten Sicherheitsvorkehrungen fand in Salzburg eine Südtirolkonferenz statt, an der Bundeskanzler Klaus, Außenminister Tončić-Sorinj, Innenminister Hetzenauer, Vertreter aller drei im Nordtiroler Landtag vertretenen Parteien, Völkerrechtsexperten und das Präsidium der Südtiroler Volkspartei unter Dr. Magnago teilnahmen. In mehr als acht Stunden wurde der Stand der Verhandlungen erörtert. Italien war nach wie vor nicht bereit, eine Garantie der „Paket"-Erfüllung von Autonomiemaßnahmen in Form einer internationalen Verankerung mittels eines beim IGH einklagbaren Vertrages und der Einrichtung eines Schiedsgerichtes zu geben. Das „Paket" sei eine rein inneritalienische Angelegenheit, seine Erfüllung oder Nichterfüllung ebenfalls. Falls Österreich zu klagen wünsche, könne es dies in Den Haag nur auf der Basis des „Pariser Vertrages" tun (ohne „Paket"-Inhalt). Zur Frage der „Paket"-Absicherung machte Italien den Vorschlag, daß Österreich im Parlament erst dann eine Streitbeendigungserklärung abgebe, wenn alle „Paket"-Punkte seitens Italiens gesetzlich geregelt seien. Der referierende Außenminister Tončić-Sorinj bezeichnete dies als *„politische Absicherung"* des „Pakets". Er mußte sich von Opponenten sagen lassen, daß Italien die *„Streitbeilegungserklärung"* als Endfertigungserklärung Österreichs und damit als endgültige Erledigung des Südtirolproblems auffassen werde und daß wohl auch die Weltöffentlichkeit dies nicht anders verstehen könne. Der zunächst skeptische Nordtiroler Landeshauptmann Wallnöfer konnte auf dieser Sitzung so weit „weichgeklopft" werden, daß er der *„politischen Verankerung"* in Form der Streitbeilegungserklärung zuzustimmen bereit war. Der einer solchen „Lösung" ablehnend gegenüber stehende Abg. Hans Dietl war zu der Salzburger Konferenz nicht eingeladen worden. Mit Absicht, wie er der Presse in Bozen gegenüber erklärte. Durch ein nichtssagendes Kommuniqué wurde der Öffentlichkeit der wahre Inhalt der Beratungen verschwiegen und lediglich die Weiterführung der Verhandlungen mit Italien mitgeteilt. Begeistert über die Verzichtserklärung äußerte sich nach der Sitzung der Parteiobmannstellvertreter der SVP Dr. Friedl Volgger: *„Die österreichische Außenpolitik hat in bezug auf Südtirol ein ganz klares Konzept. Es ist bedauerlich, daß heute nur die wenigen Männer des Präsidiums und nicht alle 60 Mitglieder des Ausschusses der SVP die präzisen Ausführungen von Außenminister Tončić-Sorinj hören konnten; man wäre gewiß zu ganz anderen Urteilen gekommen."*

Tricks und Geheimdiplomatie: Nur Ja-Sager waren geladen!

Am 12. September bemerken die von dem nicht zur Salzburger Besprechung geladenen Südtiroler Parlamentarier Hans Dietl herausgegebenen „Südtiroler Nachrichten" bitter: *„Parteiobmann Dr. Magnago und sein Stellvertreter Dr. Volgger glaubten klug beraten zu sein, weder die SVP-Parlamentarier, noch die Mitglieder der Landesregierung, noch die Bezirksobmänner der SVP zur Teilnahme ... einzuladen. Man beschränkte sich auf das Parteipräsidium, das man sonderbarerweise sonst seit einem guten Jahr nicht mehr einzuberufen pflegte. Hat man vielleicht deshalb nur das Parteipräsidium nach Salzburg eingeladen, weil zufällig dessen Mitglieder zur dürftigen Mehrheit gehören, die am 23. März 1967 der Landesversammlung die bedingte Annahme des ‚Paketes' empfohlen hatte?"*

Keine Zustimmung der Südtiroler!

Trotz der euphorischen Haltung Volggers kam es während der Sitzung zu keiner geschlossenen Zustimmung der Südtiroler zur „Tončić-Sorinj-Formel" einer *„politischen Verankerung"* mittels Streitbeilegungserklärung. (Siehe daher auch Magnago-Erklärung vom 13. September!)

Freiheitskämpfer sollen nicht ausgeliefert werden
Der FPÖ-Landtagsabg. Hans Mader aus Nordtirol fragte während der Salzburger Konferenz Innenminister Hetzenauer, inwieweit die Gerüchte stimmten, daß führende Südtiroler Freiheitskämpfer, die in Österreich politisches Asyl begehrten, an Italien ausgeliefert werden sollten. Hetzenauer bestritt, daß jemals so eine Absicht bestanden habe.

Österreich ist kein italienisches Protektorat
Die Landesorganisationen Oberösterreich, Wien, Niederösterreich, Burgenland, Nordtirol und Kärnten des Bergisel-Bundes, der Österreichische Turnerbund Oberösterreich, die Heimatgruppe der Südmährer, der Verband freiheitlicher Akademiker, die Vereinigung alter Burschenschafter und eine Reihe von Akademischen Verbindungen protestierten in scharfen Worten gegen die Forderung Italiens an Österreich, Südtiroler Freiheitskämpfer auszuliefern: *„Eine der vornehmsten Errungenschaften der zivilisierten Staaten ist das Asylrecht. Die Unverschämtheit, zu verlangen, dieses Recht zu brechen, brachten weder Fidel Castro gegenüber Amerika noch Walter Ulbricht gegenüber Deutschland, noch die Volksrepublik CSSR oder Ungarn gegenüber Österreich auf. Dies blieb dem christlich-demokratischen Italien vorbehalten. Mit Abscheu und Empörung haben wir diese ungeheure Forderung Italiens nach Auslieferung von zehn Tiroler Landsleuten zur Kenntnis nehmen müssen. Österreich ist kein italienisches Protektorat, sondern ein souveräner Staat, und wir erwarten von der österreichischen Regierung, dies der italienischen Regierung endlich zur Kenntnis zu bringen ...“*

<u>9. September 1967</u>
Dr. Kreisky: Geheimdiplomatie ist ein gefährlicher Weg
Auf einer Versammlung in Oberösterreich erklärte der ehemalige Außenminister Dr. Bruno Kreisky: *„In der Südtirolfrage hat sich die ÖVP-Regierung auf einen sehr gefährlichen Weg begeben ... So wird man nicht weitermachen können. Entweder man macht Südtirol zur Sache aller vernünftigen Österreicher, oder aber es wird zu einem Objekt der Geheimdiplomatie. Nur mit einer offenen und klaren Politik kann man Südtirol helfen. Mit Tricks und Ausschaltungen geht das nicht.“*

<u>12. September 1967</u>
Verhaftungen und Folter
In Sarns bei Brixen wurden der Kaufmann Karl Schafferer und der Student Hansjörg Humer, beide aus Innsbruck, von den Carabinieri verhaftet. Schafferer hatte dort unter dem Vorwand, ein Depot seiner Handelsagentur einzurichten, ein Zimmer gemietet. Der Bauer Sebastian Mader hatte in diesem Zimmer Sprengstoff und Zeitzünder gefunden. Mader und sein Sohn Josef verständigten daraufhin die Carabinieri. Auf deren Anweisungen schrieb Mader einen Brief an Schafferer, er habe mit ihm etwas zu besprechen. Es eile und er solle rasch kommen. Schafferer glaubte, der Bauer benötige das Zimmer selbst und wolle dies mit ihm besprechen. Um zu verhindern, daß der Bauer das Zimmer ausräume und damit das Sprengstoffdepot entdecke, fuhr Schafferer zusammen mit Humer nach Sarns – und in eine vorbereitete Polizeifalle. Beim Betreten des Hauses wurden sie überrumpelt und festgenommen. Beide wurden in der Haft gefoltert und legten Geständnisse über ihre Tätigkeit als Südtiroler Freiheitskämpfer ab.

Die Folter
Schafferer berichtete später in Österreich: Ihm seien brennende Zigaretten in die Nasenlöcher gesteckt worden. Man habe ihm mit einem Sandsack auf den Kopf und mit einem Knüppel auf die Hoden geschlagen. Während der ganzen Tortur habe er einen Sack über den Kopf gestülpt getragen, damit er seine Peiniger nicht von Angesicht zu Angesicht sehen könne. Die Cara-

binieri hatten aus der Tatsache gelernt, daß die 1961 gefolterten Südtiroler Häftlinge später in der Lage waren, ihre Peiniger zu identifizieren und bei Gericht anzuzeigen. Dann wurde Schafferer nach einer mittelalterlichen Methode auf einer Bank gestreckt, bis der Schmerz in den Gelenken nicht mehr auszuhalten war. In den Mund wurde ihm mit einer Gummipumpe über ein Ansatzstück eine bitter-salzige Flüssigkeit gepumpt, die er zum Großteil schlucken mußte, wobei er einige Male zu ersticken glaubte. Die Folter dauerte drei Tage und Nächte. (Näheres in: K. Schafferer / A. Euler: „Südtirol – erlebt, erlitten", Wien 1975, S. 98 ff.) Humer wurde in derselben Weise „behandelt". Als die Mutter des Studenten ihren Sohn erstmals am 7. Oktober 1967 im Gefängnis besuchen konnte, wies der Junge 25 Tage nach der Verhaftung (!) noch ein geschwollenes Gesicht auf, zitterte am ganzen Körper und weinte. Als seine Mutter ihn fragte, warum er gestanden habe, sagte Humer, daß das, was man mit ihm gemacht habe, kein Mensch aushalten könne und er dann das gesagt habe, was man von ihm hören wollte. (Siehe auch 29. Februar 1968.)

Das Geheimdienst-Angebot: Mario Martin gehört zu uns
Im Gefängnis – wie Schafferer später schilderte – besuchten ihn zwei Zivilisten, die ihm zwei Alternativen aufzeigten: Eine lange Gefängnisstrafe oder eine Freilassung auf Kaution mit anschließender Zusammenarbeit mit dem italienischen Geheimdienst. Die Abmachung müsse geheim bleiben. Wenn er ihnen vor seiner Freilassung noch etwas zu sagen habe, solle er sich vertrauensvoll an den Untersuchungsrichter Mario Martin wenden, dieser gehöre zu ihnen. Schafferer ging auf das Angebot nicht ein. (Schafferer / Euler: a.a.O., S. 123.)

Drohung mit Verleumdungsklage
Vor dem vernehmenden Staatsanwalt erklärte Schafferer, daß sein Geständnis von den Carabinieri erpreßt worden sei. Der Staatsanwalt drohte, er werde Schafferer wegen Verleumdung verklagen, wenn dieser dabei bleibe, daß bei seinem Verhör unerlaubte Methoden angewandt worden seien. (Schafferer / Euler: a.a.O., S. 125.)

13. September 1967
„Politische Verankerung" - Differenzen zwischen Wien und Bozen
In Wien fand ein Pressegespräch mit Bundeskanzler Klaus, Außenminister Tončić-Sorinj und Landeshauptmann Wallnöfer statt. Dabei stellte sich heraus, daß Österreich sich mit einer *„politischen Verankerung"* des „Paketes" zufriedengeben und damit dem italienischen Standpunkt entgegenkommen werde. Der Südtiroler Landeshauptmann Magnago gab umgehend in Bozen eine Erklärung ab. In der hieß es: *„In Bozen kann ich nicht beurteilen, inwieweit die Meldungen aus Wien den Erklärungen der österreichischen Politiker wortgetreu gerecht werden. Auf alle Fälle möchte ich, um Mißverständnisse von vornherein aus dem Wege zu räumen, in aller Form und mit allem Nachdruck zu dieser Meldung folgendes feststellen: Die Entschließung des Parteiausschusses vom 23. März dieses Jahres enthält nachstehenden Satz: ‚... um die Ergebnisse der zwischenstaatlichen Verhandlungen zusammen mit allen, auch auf interner Ebene erreichten Resultaten festzuhalten und eine wirksame internationale Verankerung zu erreichen.' Ausgehend von dieser Entschließung haben die Südtiroler Vertreter in Salzburg auf einer wirksamen Verankerung des ‚Paketes' bestanden."*

16. September 1967
Prof. Dr. Ermacora straft Regierung Lügen
Nach Südtirols Landeshauptmann Dr. Magnago dementierte, wie das „Salzburger Volksblatt" meldete, nun auch der österreichische Staatsrechtler und Südtirolexperte Prof. Dr. Ermacora ganz energisch die Behauptung österreichischer Regierungsmitglieder, er sei auf dem Salzburger Südtirolgipfel vom 8. September 1967 mit einer *„politischen ‚Paket'-Verankerung in Form der Abgabe einer Endfertigungsklausel"* einverstanden gewesen. Wie die Zeitung weiter meldete, war vom Wiener Ballhausplatz keine Erklärung zu dieser öffentlichen Bloßstellung der Regierung zu erhalten: *„In Wien wird offiziell geschwiegen ..."*

20. September 1967
BAS kündigt „Verschärfung des Kampfes" an
Mit sofortiger Wirkung solle – wie der „Befreiungsausschuß Südtirol" (BAS) an die Presse mitgeteilt hat – eine Verschärfung des Freiheitskampfes eintreten. Die Bevölkerung wurde aufgefordert, italienische Dienststellen nur in der Zeit von 8 bis 10 Uhr zu betreten und die Annäherung an Hochspannungsleitungen und Einrichtungen des italienischen Heeres zu meiden, da diese Einrichtungen nun verstärkt angegriffen würden.

23. September 1967
Taviani inspiziert die „Wacht am Brenner"
Der italienische Innenminister besuchte die Einheiten der Polizei und des Heeres im Brennergebiet und nahm an einer Zusammenkunft der Einheitskommandanten teil, welche das weitere Vorgehen gegen die Freiheitskämpfer berieten. Am Nachmittag begab sich der Minister nach Meran, wo er die Carabinierikaserne besuchte und eine Reiterdarbietung der Carabinieri ansah.

29. September 1967
Italien droht und die Österreichische Volkspartei verhindert Südtiroldebatte im Europarat
Wie die „Kleine Zeitung" in Graz am 21. 9. gemeldet hatte, war es beim österreichischen Botschafter Gredler in Straßburg zu einem Vorstoß des italienischen Botschafters gekommen, der Österreich *„Zurückhaltung"* vor dem Europarat empfahl und mit der Verhängung von Handelssanktionen drohte. Das Außenministerium erklärte dazu am 20. 9. in der „Kleinen Zeitung", daß *„eine große Südtiroldebatte in Straßburg das Verhandlungsklima äußerst ungünstig beeinflussen würde."* Die ÖVP-Abgeordneten zum Europarat verzichteten daraufhin ebenso wie die Vertreter der SPÖ auf eine Südtiroldebatte. Wie der FPÖ-Europaratsabgeordnete Dr. Scrinzi dazu in der „Kleinen Zeitung" vom 29. 9. erklärte, hatte er die Absicht gehabt, im Rahmen der politischen Generaldebatte eine Erklärung zu Südtirol abzugeben. Die ÖVP-Delegation hat *„offensichtlich auf Weisung des Außenministeriums und der ÖVP-Zentrale in Wien unter Ausnützung formaler Möglichkeiten der Geschäftsordnung des Europarates die Wortmeldung verhindert."*

FPÖ für Selbstbestimmung und gegen „Paket"
Das „Paket" könne die Lebensrechte der Südtiroler nicht ausreichend und auf Dauer sichern, erklärte in einem Interview in der „Deutschen Wochenzeitung" der Landesparteiobmann der FPÖ von Wien, Dr. Tassilo Broesigke. Eine dauerhafte Lösung könne nur auf der Grundlage der Selbstbestimmung gefunden werden.

30. September 1967
Sprengstoffanschlag: „Die Söhne der Henker von Dachau"
Die italienischen Sicherheitsbehörden fanden im Alpen-Express von München nach Rom einen verdächtigen Koffer. In Trient trugen der Brigadier Filippo Fotti und der Polizist Eduardo Martini den Koffer an den äußersten Rand des Schienennetzes, wo er um 14 Uhr 44 beim Öffnen explodierte und beide Männer auf der Stelle tötete. Die italienischen Fachleute sprachen von circa 8 kg Sprengstoff. Innenminister Taviani nahm diesen Anschlag, dessen Hintergründe und Verursacher unbekannt blieben, zum Anlaß, eine äußerst unversöhnliche Erklärung abzugeben. Dort hieß es: *„Die Neonazisten sollen nicht rechnen mit der traditionellen Gefühlsmäßigkeit unseres Volkes oder mit der charakteristischen Pietät oder mit der angeblichen Unfähigkeit des Widerstandes der Völker, die an milde Winter und wunderbare Frühlingstage gewöhnt sind. Die Italiener werden zäh, unerbittlich, unnachgiebig Haus, Frau und Kinder verteidigen." „Der Kampf gegen den Terrorismus,"* sagte Taviani weiter, *„wird schwer und langwierig sein. Dies deshalb, weil die Lehren des Neonazismus bei Jugendlichen auf fruchtbaren Boden gefallen sind, unter die Söhne der Henker von Dachau, die das erneu-*

ern wollen, was von der Geschichte als beschämendste Zeit unseres Jahrhunderts bezeichnet werden wird.“

Feuerüberfall auf Carabinierikaserne

Eine Gruppe von sechs Südtiroler Freiheitskämpfern beschoß in Prad 20 Minuten lang mit automatischen Waffen die mit 30 Mann besetzte Carabinierikaserne. In dem Gebäude wurden sämtliche Fenster der Vorderfront zertrümmert, dutzende Einschläge waren in der Hauswand zu finden. Verletzt wurde niemand. Ein Pressesprecher zitierte später einen Alarmruf der Carabinieri an die nächstgelegene Alpinieinheit: *„Wir sind hier eingeschlossen, die schießen wie die Verrückten!“*

1. Oktober 1967

Freiheitskämpfer sind „grausame Verbrecher neonazistischer Geisteshaltung!“

In Faenza bezeichnete der italienische Finanzminister Luigi Preti die Freiheitskämpfer als *„grausame Verbrecher neonazistischer Geisteshaltung“*. Er forderte Österreich auf, *„alle Kriminellen, die kleinen neonazistischen Organisationen angehören, hinter Gitter zu bringen.“*

2. Oktober 1967

„Dolomiten“ rufen zur Denunziation auf

Die Tageszeitung „Dolomiten“ forderte die Südtiroler Bevölkerung in einem Aufruf zu einer Zusammenarbeit mit der italienischen Polizei auf. Sie meinte, daß den angeblichen Freiheitskämpfern das Handwerk gelegt werden müsse und daß die Südtiroler den Vorwurf, *„Konfidenten“* und *„Denunzianten“* zu sein, ruhig auf sich nehmen mögen. In diesem Sinne sei auch die „Denunziation“ von Brixen (siehe 12. 9. 1967!) durchaus berechtigt gewesen. Der Aufruf der „Dolomiten“ verhallte jedoch unbefolgt in der Bevölkerung.

Dr. Burger droht mit Hungerstreik

Seit zweieinhalb Monaten befand sich der Innsbrucker Universitätsassistent Dr. Norbert Burger in Innsbruck gesetzwidrigerweise in Haft, da die Staatsanwaltschaft sich geweigert hatte, fristgerecht Anklage zu erheben. Er drohte nun mit Hungerstreik. Dr. Burger war wegen des Inhaltes eines „SPIEGEL“-Interviews, in welchem die Staatsanwaltschaft ein Gutheißen von Attentaten erblickt hatte, verhaftet worden. Der Anwalt Dr. Burgers erklärte dazu, daß nachweisbar ganze Passagen des Interviews durch die Wiener „SPIEGEL“-Korrespondentin verfälscht worden seien.

3. Oktober 1967

Massive Proteste gegen Österreich

Unterstaatssekretär Giuseppe Lupis berief Österreichs Botschafter Dr. Max Löwenthal-Chlumecky zu sich, um ihm die *„tiefe Empörung Italiens“* wegen der jüngsten Anschläge mitzuteilen. Die Schuld trage Österreich zum Teil deshalb, weil Österreich es *„trotz wiederholter Vorstellungen seitens der italienischen Regierung“* verabsäumt habe, entsprechende Schritte gegen den „Befreiungsausschuß Südtirol“ (BAS) zu unternehmen. Lupis spielte damit offenbar auf das wiederholt bei Geheimverhandlungen vorgebrachte Begehren Italiens nach Sondergesetzen in Österreich gegen die Freiheitskämpfer an. Der Mailänder „Corriere d'Informazione“ wies ebenfalls Österreich die *„moralische Verantwortung“* für die Anschläge zu, welche von *„neonazistischen Banden“* unter der Leitung von Georg Klotz und seinen Freunden begangen würden. In Europa und damit in der EWG sei kein Platz für ein Land, *„dem es nicht gelingt, die Tätigkeit einer Reihe nazistischer Elemente zu unterbinden, die schon einmal Unheil über Europa gebracht hatten.“*

Liebedienerei eines Münchner Gerichtes gegenüber Italien
Ein Münchner Gericht verurteilte den Verleger Helmut Sündermann zu vier Monaten bedingter Strafe, weil er Dr. Norbert Burgers Buch „Südtirol wohin?“ verlegt hatte, in welchem der Autor den Südtiroler Freiheitskampf rechtfertigte. Das Urteil erging wegen *„Billigung von Verbrechen“*. (In Südtirol, in der Buchhandlung Athesia in Bozen, war dieses Buch hingegen frei erhältlich.)

5. Oktober 1967
Südtirolerklärung vor der UNO-Vollversammlung
Der österreichische Außenminister Dr. Tončić-Sorinj unterrichtete die Generalversammlung der UNO über den Stand der Verhandlungen. Er wies darauf hin, daß im vergangenen Jahr *„zwar Fortschritte erzielt worden sind“*, die Frage geeigneter Modalitäten für die Streitbeilegung jedoch noch offen sei. Er bedauerte die jüngsten Maßnahmen Italiens, die mit der Südtirolfrage in keinem Zusammenhang stünden und die Verhandlungssituation erschwerten. Der italienische Delegationschef, Senator Piccioni, sprach von beträchtlichen Fortschritten. Die Lage habe sich nur durch die Intensivierung terroristischer Aktionen auf italienischem Boden verschlechtert. Er erhob den Vorwurf mangelnder Wachsamkeit Österreichs *„gegen die im Stile der Nazis operierenden Terroristen“*.

Geheimverhandlungen – Österreich schwenkt auf italienische Position ein: IGH soll nur auf der Grundlage des „Pariser Vertrages“ zuständig werden
Anläßlich der UNO-Vollversammlung führte Außenminister Tončić-Sorinj streng geheime Unterredungen mit der italienischen Delegation, wobei er in der Frage der „Paket“-Garantie folgenden Vorschlag unterbreitete:
„Nach vorherigen Erklärungen der beiden Regierungschefs vor ihren Parlamenten beginnt Italien durch Verabschiedung und Inkraftsetzung der nötigen Gesetze in einem Zeitraum von ungefähr drei Jahren die Autonomie zu realisieren. Österreich verpflichtet sich bis zum Ablauf des vereinbarten Termins keine internationale Instanz mit der Südtirolfrage zu beschäftigen. Hat Italien bis zu diesem Zeitpunkt die Vereinbarungen nicht erfüllt, erhält Österreich volle Handlungsfreiheit, um seine Forderungen durchzusetzen. Hat aber Italien sie erfüllt, so gibt Österreich eine Streitbeendigungserklärung ab, deren Notifikation von Italien offiziell bestätigt wird. Beide Länder schließen ein Übereinkommen über die Anwendung der Europäischen Konvention zur friedlichen Beilegung von Streitigkeiten auf bestehende Konflikte (die Konvention ist nur auf künftige Konflikte abgestellt). *Die Streitbeendigung wird den Vereinten Nationen notifiziert. Nach Beendigung des Konfliktes schließen Österreich und Italien einen Freundschafts- und Kooperationsvertrag.“* Damit sollte nun der „Internationale Gerichtshof“ (IGH) in Den Haag für allfällige Streitfälle, die sich aus der Auslegung des „Pariser Vertrages“ von 1946 ergeben sollten, zuständig werden. Österreich hatte in diesem Zusammenhang bislang immer gefordert, daß das „Paket“ selbst als Akt der Erfüllung jenes Vertrages vor dem IGH judiziabel gemacht werden sollte. Italien nahm bis zuletzt – erfolgreich – die Haltung ein, daß das „Paket“ über die sich aus dem „Pariser Vertrag“ ergebenden Verpflichtungen hinausreiche und freiwillige Handlungen Italiens darstelle, also nicht der Rechtsprechung des IGH unterworfen werden könne. Der Tončić-Sorinj-Vorschlag bedeutete die Kapitulation vor dem italienischen Standpunkt.

Aufgrund eines faschistischen Gesetzes: Pfarrer Weitlaner in die Verbannung geschickt
Der Pfarrer von St. Martin im Gsies, Johann Weitlaner, mußte mangels Beweisen gegen ihn aus der Gerichtshaft entlassen werden. Er mußte sich allerdings verpflichten, Südtirol zu verlassen. Diese Maßnahme erfolgte aufgrund eines noch immer in Kraft befindlichen faschistischen Gesetzes, welches die Verbannung von Personen erlaubte. Er nahm im Haus der Steyler Missionare in Varone bei Riva Aufenthalt, bis er am 2. 12. 1968 endgültig nach Südtirol zurückkehren durfte. Außerdem wurden drei weitere Südtiroler, Johann Oberhollenzer, Gott-

25. Juni 1967: Luftaufnahme der Porzescharte, wo sich eine bis heute ungeklärte und folgenschwere Detonation ereignete.

Der gesprengte Mast auf der Porzescharte.

Nach der Verhaftung am 12. September 1967 und erlittener Folter: 1970 wurden Karl Schafferer (links), Hansjörg Humer (Mitte) und die Mitangeklagte Maja Mayr vor Gericht gestellt und zu langjährigen Gefängnisstrafen verurteilt.

fried Auer und Robert Forer, in provisorische Freiheit entlassen. Auch sie mußten Südtirol verlassen.

6. Oktober 1967

„Waffen“ beschlagnahmt

Wie die „Deutsche Wochenzeitung“ meldet, mußten die Mitglieder des bayrischen Trachtenvereins von Bad Wiessee ihre mit Hirschhorngriffen geschmückten Hirschfänger, die sie seitlich in ihren Lederhosen mitführten, bei den italienischen Zöllnern abgeben, als sie nach Südtirol einreisen wollten.

7. Oktober 1967

Zusammenarbeit: Rom – Wien

Das italienische Innenministerium gab den Kollegen in Wien den Hinweis, daß der in Bozen inhaftierte österreichische Staatsbürger Humer gestanden habe, daß angeblich Kienesberger und Hartung die Täter des Attentats auf der Porzescharte (25. 6. 1967) seien.

Österreichische Polizei arbeitet mit Italienern zusammen

Auf Weisung des Innenministers Hetzenauer (ÖVP) mußte sich der Sicherheitsdirektor von Nordtirol, Hofrat Stocker, nach Südtirol begeben, um dort mit dem Carabinieri-General Palombi ein gemeinsames Vorgehen gegen die Freiheitskämpfer zu besprechen.

Kalte Dusche für Tončić-Sorinj: SVP verzichtet nicht auf Verankerung

Nach einer mehrstündigen Sitzung des SVP-Parteiausschusses in Bozen gab Parteiobmann Dr. Magnago der Presse gegenüber lediglich bekannt, daß die SVP nicht auf eine Durchführungsgarantie des „Paketes“ verzichten könne.

8. Oktober 1967

Österreichischer Innenminister will verschärften Kampf gegen Südtiroler Freiheitskämpfer und bedauert, daß eine Vorbeugehaft nicht möglich ist

In einem Gespräch mit der deutschen Tageszeitung „Die Welt“ kündigte der österreichische Innenminister Hetzenauer einen verschärften Kampf gegen die Südtiroler Freiheitskämpfer, von ihm *„Terroristen“* genannt, an. Die Grenzkontrollen sollten durch weitere Sondereinheiten der Gendarmerie verschärft und verdächtige Personen ständig durch die Staatspolizei überwacht werden. (Bereits seit dem Frühjahr wurden zehn Südtiroler und Österreicher durch Kriminalbeamte aus östlichen Bundesländern Tag und Nacht beschattet.) Der Minister kündigte eine engere Zusammenarbeit mit den Sicherheitsbehörden Italiens, der Schweiz und der Bundesrepublik Deutschland an. Er bedauerte, daß das österreichische Recht keine „Sicherheitsverwahrung“ kenne. Solange die Extremisten durch Idealisten unterstützt würden, sei ihre Verfolgung ebenso schwierig wie jeder Kampf gegen Untergrundorganisationen und Partisanen.

Magnago berichtet dem SVP-Parteiausschuß – SVP mit „politischer Verankerung“ nicht einverstanden

Im Parteiausschuß der SVP berichtete Dr. Magnago über die Südtirol-Gipfelkonferenz in Salzburg. Bei dieser Gelegenheit dementierte der Parteiobmann Berichte der österreichischen Presse, daß die SVP mit einer „politischen Verankerung“ in Form einer Endfertigungsklausel zufrieden sei, auf das entschiedenste.

10. Oktober 1967

Verhaftungen

Durch Beamte der Sicherheitsdirektion Innsbruck wurden der Tiroler Arzt Dr. Erhard Hartung und Peter Kienesberger verhaftet. Sie wurden verdächtigt, das Attentat auf der Porzescharte verübt zu haben. Als Beweis dienten die durch die Folter erpreßten Aussagen des in Bozen einsitzenden Hans Jörg Humer (siehe 12. 9. 67). Am 25. Oktober wurde auch der Bundesheerunteroffizier Egon Kufner aus Linz unter der gleichen Beschuldigung festgenommen und nach Innsbruck überstellt. Darüber hinaus wurden aus dem Bekanntenkreis von Kienesberger und Dr. Hartung mehrere Personen, so Barbara Precht, Werner Piel, Gottfried Tschaikner – wie sich später heraus stellte, grundlos – für mehrere Wochen inhaftiert. Gegen Rudolf Watschinger, Herwig Nachtmann und Christian Genck wurden Haftbefehle am 16. 10. 67 erlassen.

13. Oktober 1967

Abg. Hans Dietl: Ursachen des Kampfes beseitigen

In den „Südtiroler Nachrichten" schreibt der Südtiroler Abg. Hans Dietl, daß Ruhe und Ordnung am besten wiederhergestellt werden könnten, wenn die Ursachen des Kampfes beseitigt würden und eine faire und gerechte Lösung des Südtirolproblems vorgenommen werde. Allein militärisch könne Italien das Problem nicht lösen.

14. Oktober 1967

Sprengstoffanschlag

Auf einem Fensterbrett der Carabinierikaserne in Schluderns explodierte eine 3–4 kg schwere Sprengladung, die schweren Sachschaden anrichtete. Auch in der Dienstwohnung des Brigadiers Gino Calai entstand erheblicher Schaden. Das Tor und die Fenster der Kaserne wurden vollständig zerstört.

Hetzenauer will Zusammenarbeit mit Schweizer Polizei

Gegenüber der Turiner Zeitung „La Stampa" erklärte der österreichische Innenminister, daß eine engere Zusammenarbeit auch mit der Schweizer Polizei notwendig sei, um zu verhindern, daß *„Terroristen"* über Schweizer Gebiet nach Südtirol kämen oder über dieses Gebiet Versorgung erhielten.

17. Oktober 1967

Folterungen und Provokationen auf Sardinien – wie in Südtirol

Wie der sardische Abgeordnete Pirastu vor der Kammer des italienischen Parlaments ausführte, sollen sich auf Sardinien Folterungen, ähnlich den in Südtirol durch die Carabinieri verübten, ereignet haben. Der Abgeordnete fühlte aus:

1. Ein Lokal der Quästur von Sassari wurde zur Mißhandlung und Folterung verhafteter Bürger benutzt.
2. Ein vorbestrafter Räuber wurde von der Polizei angeworben und besoldet, um verbrecherische Initiativen zu provozieren.
3. Einige der Verbrechen, die sich jüngst in Sardinien ereignet haben, sollen von der Polizei selbst organisiert worden sein.

Auf Grund dieser Enthüllungen wurden drei Polizeibeamte verhaftet.

Zweierlei Maß

... warf in diesem Zusammenhang der Südtiroler Abg. Hans Dietl in den „Südtiroler Nachrichten" den italienischen Behörden vor. Als in Südtirol gefoltert wurde, habe sich kein Staatsanwalt gefunden, der die Folterungen von Amts wegen verfolgt hätte. Selbst der mit Freisprüchen und Amnestierungen der Carabinieri endende Prozeß in Trient habe von den Häftlingen und ihren Angehörigen erzwungen werden müssen.

Dr. Jenny: Wien vertritt Italiens Standpunkt

Der Vorsitzende der „Sozialen Fortschrittspartei (SFP)" weilte in Wien und hatte eine längere Aussprache mit Außenminister Dr. Tončić-Sorinj. Im Anschluß daran erklärte Dr. Jenny vor der Presse, er sei in der Hoffnung nach Wien gekommen, den aktuellen österreichischen Standpunkt in der Südtirolfrage kennenzulernen. Statt dessen habe der österreichische Außenminister den italienischen Standpunkt vertreten und ausführlich begründet.

21. Oktober 1967

SVP-Parteiausschuß verlangt erneut internationale Verankerung des „Paketes"

Die zwiespältige Haltung der österreichischen Regierung zur internationalen Verankerung des „Paketes" veranlaßte den Parteiausschuß der Südtiroler Volkspartei, sich erneut mit dieser Frage zu befassen. Mit 48 gegen 1 Stimme bei zwei Enthaltungen sprach er sich erneut und nachdrücklich für eine wirksame internationale Garantie aus. Der Parteiausschuß beschloß ferner, der Landesversammlung das „Paket" nur dann zu empfehlen, wenn eine wirksame Verankerung gegeben sei. In der verabschiedeten Resolution hieß es: *„Unter wirksamer internationaler Verankerung ist ein System zu verstehen, das die Durchführung der im ‚Paket' vorgesehenen Maßnahmen gewährleistet. Ein solches System wäre auch unter Zugrundelegung der europäischen Streitbeilegungskonvention möglich, welche Italien noch nicht vollinhaltlich ratifiziert hat. Der Europarat könnte sich für die Erreichung einer wirksamen Verankerung durch die Inanspruchnahme europäischer Einrichtungen verwenden. Der Parteiausschuß stellt mit Bedauern fest, daß das in der Resolution vom 23. März 1967 geforderte zwischenstaatliche Festhalten der Verhandlungsergebnisse, zusammen mit allen auf interner Ebene erreichten Resultaten, bis heute nicht erfolgt ist. Unbeschadet der Standpunkte, welche die Parteiausschußmitglieder bei der Abstimmung über die erwähnte Resolution eingenommen haben, betont der Parteiausschuß, daß die dort ausgesprochene Empfehlung zur Annahme der Verhandlungsergebnisse durch die Landesversammlung für jenes ‚Paket' gilt, über welches in der damaligen Sitzung befunden wurde."*

26. Oktober 1967

Versuchter Sprengstoffanschlag

Gegen Mitternacht wurde beim Eingang der Carabinierikaserne in Töll eine Sprengladung mit 5 kg Donarit und einer Zeituhr aufgefunden und entschärft. In der Folge kam es zu 20 vorübergehenden Festnahmen.

Kreisky wird deutlich

Der Vorsitzende der SPÖ und ehemalige Außenminister Dr. Bruno Kreisky verurteilte in einem Interview, das er der Tageszeitung „Dolomiten" gewährte, die Südtirolpolitik der österreichischen Bundesregierung. Dr. Bruno Kreisky erklärte: *„Ich bin mit der Südtirolpolitik der Regierung nicht einverstanden – nicht weil wir in Opposition sind, sondern weil sie in Substanz und Technik falsch ist."*

27. Oktober 1967

Bilanz über Heereseinsatz gegen Südtiroler Freiheitskämpfer

Der österreichische Verteidigungsminister Dr. Prader zog in einem Bericht an Bundeskanzler und Innenminister Bilanz über den Einsatz des österreichischen Bundesheeres. Es habe 28 „Vorfallsmeldungen" gegeben. Insgesamt wurden 594 Personen-, Fahrzeug- und Gepäckskontrollen durchgeführt. Es konnte jedoch nur der unpolitische Grenzgänger Sebastian Innerbichler festgenommen werden. Nicht verhindern konnte das österreichische Heer die Festnahme von sieben Bergsteigern durch italienische Soldaten auf österreichischem Staatsgebiet. (Siehe 14. und 16. 8. 1967.) Der Bericht hielt auch folgende Waffen- und Sprengstofffunde fest: Am Dachboden der Jägerhütte Wildmoos wurden eine geringe Menge Sprengstoff sowie eine Maschinenpistole und beim Stützpunkt Mitterhütten wurde ein Karabiner mit drei Patronen gefunden. In diesem Bericht wurde heruntergespielt, daß häufig Telefonkabel des Bundesheeres durchschnitten, Zelte mit Steinen beworfen und Hubschrauberlandeplätze beschädigt worden waren. Nicht erwähnt wurde, daß dieser mißlungene Einsatz bereits zehn Millionen Schilling und den Oberleutnant Rudolf Brunner das Leben (Bergtod durch Absturz) gekostet hatte. Verschwiegen wurde auch, daß wiederholt italienische Soldaten weit auf österreichischem Gebiet gestellt und entwaffnet, jedoch auf Anordnung der Befehlsstellen im Innsbrucker Landhaus wieder freigelassen worden waren. Das „Salzburger Volksblatt" kommentierte: *„Das Bundesheer, das ja die österreichische Exekutive bei der Überwachung* *des Grenzraumes unterstützen sollte, um das Hinüberwechseln von Südtirolkämpfern zu verhindern, konnte lediglich ein einziges Mal eine Gruppe von Personen anhalten ... Was aber eigentlich erschreckend ist, kommt in der Tatsache zum Ausdruck, daß mehrfach italienische Uniformträger bewaffnet auf österreichisches Staatsgebiet eindrangen und bei diesen Kommandounternehmen einige Personen zur Rückkehr nach Italien zwangen, wo sie dann verhaftet wurden. Wie man anderswo darüber denkt, geht aus einer Stellungnahme der Schweizer hervor. Österreich versuchte die Eidgenossen zur Zusammenarbeit beim Schutz der italienischen Grenzen zu gewinnen, um Bombenanschläge endgültig zu verhindern. Kühl teilten die Schweizer mit, Italien solle seine Grenzen selber schützen. So denken auch maßgebliche Offiziere in Tirol. Entschieden aber wird in Wien, und dort läßt man sich am grün-weiß-roten Gängelband führen."*

Sprengstofffund
Eine Patrouille der Finanzwache entdeckt am Rande eines Steiges von Schleis nach Laatsch im Vintschgau unter Granitblöcken einen Plastiksack mit Sprengmaterialien.

30. Oktober 1967
Tončić-Sorinj: Geheim Verhandlungen bereits weit gediehen
Vor der österreichischen Gesellschaft für Außenpolitik erklärte Außenminister Dr. Lujo Tončić-Sorinj: *„Wir haben in monatelangen Arbeiten, intensiven Arbeiten, über die die Öffentlichkeit eines Tages im Detail informiert werden wird, doch erreicht, daß der Autonomiegehalt, wie er heute vorliegt und in Zukunft realisiert werden soll, unvergleichlich reichhaltiger und besser ist, als er in der Vergangenheit aussah."* In *„bestimmten Teilbereichen"* sei auch hinsichtlich der Verankerung Einverständnis erzielt worden. Weitere Einzelheiten gab der Minister nicht preis, sondern erklärte: *„Sie werden verstehen, meine Damen und Herren, daß ich zu diesem Zeitpunkt nicht mehr zu diesem Problem sagen möchte und sagen kann."*

Verhaftung
In Bozen wurde die junge Südtirolerin Maja Mayr verhaftet. Sie hatte in den vergangenen Jahren vor allem Häftlinge in Bozen betreut.

1. November 1967
Magnago: IGH nur dann akzeptabel, wenn das „Paket" einklagbar gemacht wird
In der in Innsbruck erscheinenden Zeitschrift „Südtirol in Wort und Bild" nahm Dr. Magnago in der Nummer 4/1967 zur Frage der „Paket"-Verankerung Stellung: *„Die italienische Regierung hat den internationalen Gerichtshof in Den Haag (IGH) vorgeschlagen als die von ihr gewünschte Instanz, die zu entscheiden hätte über allfällige Meinungsverschiedenheiten, die zwischen den beiden Staaten über die Erfüllung des Pariser Abkommens entstehen könnten. Der IGH ist zuständig, zu entscheiden über Differenzen, die entstehen könnten bei Auslegung oder Durchführung von Verträgen, die zwischen Staaten abgeschlossen werden. Wir wissen nun, daß Italien schon seit vielen Jahren behauptet, das Pariser Abkommen vom September 1946 (Gruber-De Gasperi-Abkommen) durchgeführt zu haben im Gegensatz zu unserer und zur Auffassung Österreichs. Demzufolge bedeutet das ‚Paket' für die italienische Regierung keine Maßnahme zur Durchführung des Pariser Vertrages, den sie, wie schon erwähnt, nach ihrer Ansicht schon erfüllt hat. Wenn aber das ‚Paket' nicht in den Pariser Vertrag eingebaut werden kann, kann es auch nicht judiziabel gemacht werden beim IGH. Zumindest würde bei einer allfälligen Klage Österreichs beim IGH wegen Nichtdurchführung des ‚Paketes' oder eines Teiles desselben von seiten Italiens die Kompetenzfrage des IGH aufgeworfen werden, und die Erfahrung belehrt uns, daß internationale Instanzen, wenn sie nicht müssen, sich mit den Dingen nicht befassen. Die Tendenz ist ja allgemein die, daß man sich dort, wo nicht klare Bestimmungen vorhanden sind, nicht gerne als zuständig erklärt. Die Südtiroler und Österreich können aber den IGH nur annehmen, wenn auch dort das ‚Paket' judiziabel gemacht wird, ohne daß vorher jedes Mal der Kompetenzstreit mit seinem unsicheren Ausgang in Kauf*

genommen werden muß.“ Mit diesen Worten verwirft Magnago genau das, was er 1969 seinen Landsleuten zur Annahme empfehlen wird.

5. November 1967

Italienischer Agent mit Samthandschuhen angefaßt

Die Wiener Tageszeitung „Express“ meldet: *„In aller Stille wurde das Verfahren gegen den Agenten Erich Baroch von der Innsbrucker Staatsanwaltschaft eingestellt. Erich Baroch, 42, aus Wien-Fünfhaus waren vom italienischen Geheimdienst zehn Millionen Lire für eine Entführung des Schützenmajors Georg Klotz geboten worden. Baroch lenkte im Oktober 1966 – angeblich aus Angst vor einem ‚Fememord‘ – die Aufmerksamkeit der Staatspolizei selbst auf sich. Bereits in den ersten Verhören gab er an, als Doppelagent sowohl für die italienische Abwehr als auch für die Bumser gearbeitet zu haben. Um mit Klotz und seinem Kreis ‚ins Gespräch zu kommen‘, habe er sich erbötig gemacht, Sprengstoff nach Südtirol zu schmuggeln. Angebliches Ergebnis: 20 illegale Transporte über Tarvisio und Ventimiglia. Baroch erzählte auch sehr freimütig die Details eines Entführungsplanes, wie ihm dieser von der italienischen Abwehr vorgeschlagen wurde. Zur Untermauerung seiner Story nannte der Doppelagent auch mehrere Namen von italienischen Geheimdienstoffizieren, die ihm für die Auslieferung des Georg Klotz einen Betrag von zehn Millionen Lire geboten hätten.“* Mit dem Freiheitskämpfer Georg Klotz hingegen sprangen die österreichischen Behörden keineswegs so glimpflich um, wie der „Express“ weiter meldete: *„Schützenmajor Klotz, derzeit in Wien, muß sich zweimal täglich bei der Staatspolizei melden. Falls er diese Verpflichtung nicht einhält, ist er auf Weisung der Tiroler Sicherheitsbehörden sofort in Haft zu nehmen.“* (Siehe auch: 21. 9. 1966 und 11. 10. 1966.)

Südtiroler in Italien wegen Zeugenaussagen in Österreich angeklagt

Wie die „Kleine Zeitung“ in Graz meldet, hat die Staatsanwaltschaft Bozen gegen jene zwölf in Österreich lebenden Exilsüdtiroler Anklage wegen *„antinationaler Propaganda“* erhoben, die als Zeugen der Verteidigung in den Südtirolprozessen in Graz und Linz zugunsten der Angeklagten ausgesagt hatten. Die Anklage beruht auf Artikel 272 des immer noch in Geltung befindlichen faschistischen Strafgesetzbuches („Codice penale“) und sieht Strafen bis zu fünf Jahren Kerker vor.

Haft wegen „antinationaler Propaganda“

Der aus Südtirol stammende österreichische Staatsbürger Anton Gritsch wurde bei der Einreise am Brenner festgenommen und ins Bezirksgefängnis von Sterzing eingeliefert. Gritsch war bereits 1957 wegen „antinationaler Propaganda“ zu elf Monaten Gefängnis verurteilt worden. Gleichzeitig wurde über ihn ein Jahr Polizeiaufsicht verhängt. 1963 wurde gegen Gritsch, der nach seiner Freilassung nach Österreich geflüchtet war, ein Haftbefehl erlassen und das vorgesehene Jahr Polizeiaufsicht in ein Jahr Arbeitslager umgewandelt. Die Anklage gegen ihn war seinerzeit nach dem aus der Faschistenzeit stammenden Artikel 272 des „Codice penale“ erfolgt.

7. November 1967

Vereinsuntersagung

Der österreichische Innenminister Dr. Hetzenauer teilte im österreichischen Nationalrat mit, daß die von Georg Klotz eingereichten Satzungen zur Gründung eines *„Vereins zur Unterstützung von Südtirolern und Südtirolerinnen“* von der Vereinsbehörde des Innenministeriums zurückgewiesen wurden.

8. und 9. November 1967

6. Grazer Südtirolprozeß

Der am 1. Juli 1966 (siehe dort) durch ein Unzuständigkeitsurteil eines Grazer Schöffensenates unterbrochene Prozeß gegen drei Südtiroler, Karl Ausserer, Alois Larch und Adolf Obexer, wurde vor einem Schöffensenat in Graz fortgesetzt. Der Oberste Gerichtshof in Wien hatte entschieden, daß es sich nur um ein *„relativ politisches"* Delikt gehandelt habe und daher ein Schöffengericht zuständig sei. Die Angeklagten bestritten keineswegs, am 3. Oktober 1965 mit einer Alpinieinheit auf dem Portjoch in ein Feuergefecht verwickelt gewesen zu sein und bekannten sich zum *„aktiven Widerstand gegen die italienische Unterdrückung Südtirols"*. Das Schöffengericht unter „Doktor" Kofler (siehe 5. 11. 1965), der kurze Zeit später als falscher Richter entlarvt wurde, verurteilte Obexer und Ausserer zu je acht und Larch zu zehn Monaten schweren, verschärften Kerkers. Alle Angeklagten hatten die Strafe bereits verbüßt. Ein Vollzug des Landesverweises wurde bis zur Rechtskraft aufgeschoben und unterblieb dann. Das Publikum sang nach der Urteilsverkündung demonstrativ das Andreas-Hofer-Lied. In und am Gerichtsgebäude wurden Südtirolblätter geklebt, in denen es unter anderem hieß *„Afrika ist frei – Südtirol noch immer eine Kolonie"*. Die italienische Tageszeitung „Corriere della Sera" nannte das Urteil im Hinblick auf das Strafmaß ein *„weiteres antiitalienisches Urteil"*.

14. November 1967
Kreisky: Saubere Lösung notwendig
Auf einer Pressekonferenz stellte der ehemalige Außenminister Dr. Kreisky (SPÖ) fest, daß die Frage Südtirol aus zwei getrennten Problemen bestehe. Einmal aus dem „Paket", von welchem die Südtiroler selbst wissen müßten, ob es ihnen ausreiche, und ferner aus der Verankerung, die brauchbar und anwendbar sein müsse. Er, Kreisky, werde sich dabei nicht auf den *„schwankenden Boden"* der *„konkludenten Handlungen"* begeben, sondern eine saubere Lösung suchen.

16. bis 18. November 1967
Österreichisch-italienische Expertengespräche in London: Bald „Paket"-Abschluß? Italien greift in Österreichs Eigenstaatlichkeit ein!
In London trafen österreichische und italienische Experten zusammen, um die Wiederaufnahme von Verhandlungen zwischen Wien und Rom auf Außenministerebene sowie den angestrebten „Paket"-Abschluß vorzubereiten. An die Stelle einer wirksamen internationalen Verankerung des „Paketes" sollte die Abgabe einer österreichischen Streitbeilegungserklärung treten, sobald Italien die zur Erfüllung notwendigen Gesetze erlassen habe bzw. das Autonomiestatut entsprechend geändert worden sei. Die praktische Durchführung des „Paketes" war damit aber nicht garantiert. Italien verlangte über die „Paket"-Materie hinaus weitgehende Maßnahmen gegen Südtiroler Freiheitskämpfer, die aufgrund der österreichischen Gesetzeslage bisher nicht möglich waren (Internierungen, Auslieferungen etc.). Um die dazu notwendigen Änderungen der österreichischen Gesetze zu beraten, nahmen Strafrechtsexperten beider Seiten an der Konferenz teil. (Siehe auch: 14. Dezember 1967.) Wie die „Kleine Zeitung" in Graz am 8. Dezember meldete, soll sich der österreichische Generalanwalt Dr. Liebscher unter den Strafrechtsexperten befunden haben, *„da von italienischer Seite Wünsche nach einer Revision österreichischer Strafbestimmungen vorgebracht wurden, um die Aburteilung von Terroristen zu erleichtern."*

„Dolomiten": „Sind Österreicher Vasallen Italiens?"
Auf die Enthüllung durch österreichische Tageszeitungen, daß Strafrechtler bei den Londoner Südtirolberatungen der Experten dabeigewesen sind, reagierte die Südtiroler Tageszeitung „Dolomiten" in einem scharfen Leitartikel: *„Wir möchten wissen, was Strafrechtler bei den diplomatischen Gesprächen um die Südtirolfrage überhaupt zu tun haben. Oder sind wir schon so weit, daß Österreicher Italiens Vasallen geworden sind, wenn sie zu den politischen Verhandlungen um die Lösung der Südtirolfrage italienische Strafrechtler zulassen bzw. eigene mitnehmen, um die Anordnung der Italiener entgegenzunehmen? Also heraus mit der Wahrheit!"* Die „Dolomiten" gehörten nicht zu denjenigen, die *„ein brauchbares Ergebnis der bilateralen Gespräche"* verhindern wollen, hieß es in dem Leitartikel weiter. Wohl aber

möchten sie ein untragbares Ergebnis und ebenso verhindern, daß die Südtirolfrage in einen würdelosen Sog hineingezogen werde. *„Dafür ist uns das gerechte Anliegen unseres Landes einfach zu gut!"* schließt die Südtiroler Tageszeitung. (Zitiert nach: „Südtirol-Press", Südtirol-Informations- und Pressedienst. Wien, 14. Dezember 1967.) (Siehe auch 6. Dezember 1967 und 14. Dezember 1967.)

22. November 1967

Fahndungslisten aus Wien?

Wie die „WOCHENPRESSE" meldete, herrschte bei den Studenten der Technischen Hochschule in Wien große Erregung darüber, daß die italienischen Grenzorgane Listen aller Absolventen der Sprengmeisterkurse besaßen und anhand dieser Listen besonders genaue Grenzkontrollen vornahmen. Gegen den Verdacht, daß seine Behörde diese Listen an die Italiener weitergegeben habe, verwahrte sich der Chef der Staatspolizei, Ministerialrat Dr. Franz Häusler, und verwies auf die Möglichkeit, daß die Listen von der Österreichischen Hochschülerschaft an die Italiener gelangt sein könnten.

BAS bedankt sich beim Bundesheer für Munitionshilfe

In einem Schreiben an die „Tiroler Nachrichten" bedankte sich der „Befreiungsausschuß für Südtirol" für die *„Munitionshilfe aus den Beständen des österreichischen Bundesheeres"*. Man möge die weitere Suche nach einem größeren Posten Munition einstellen, sie sei bereits seit längerer Zeit in sicheren Depots gelagert. Vorausgegangen war die Feststellung, daß nach dem Einsatz an der Nordtiroler Grenze beim Wiener Jäger-Bataillon eine erhebliche Anzahl Patronen abging, die auch nach Einschaltung der Kriminalpolizei nicht mehr aufgefunden werden konnten.

23. November 1967

„Paket" soll „achtungsgebietende Präsenz der Italiener" garantieren

Auf dem Mailänder DC-Kongreß nahm der Parteisekretär Mariano Rumor auch zur Südtirolfrage Stellung. Er sagte unter anderem wörtlich: *„Das von der Regierung aus gearbeitete Projekt – das sogenannte ‚Paket' – sieht auch einschneidende Maßnahmen vor, die aber immer und überall auf die unverzichtbare Pflicht Bedacht nehmen, die achtungsgebietende Präsenz des Staates zu garantieren und der italienischen Sprachgruppe das Vorhandensein ihrer unverzichtbaren Rechte zu sichern und somit in keiner Weise, weder direkt noch indirekt, die Frage der Grenzen zu präjudizieren, ein Kapitel, das bereits abgeschlossen wurde und abgeschlossen bleibt."*

24. November 1967

DC-Parteikongreß in Mailand: „Operationskalender" an Österreicher übergeben

Auf dem Parteitag der „Democrazia Cristiana" in Mailand übergab Ministerpräsident Aldo Moro dem als Ehrengast bei dem Kongreß der „Schwesterpartei" erschienenen ÖVP-Generalsekretär Hermann Withalm einen neuen „Verankerungs"-Vorschlag für das „Paket" in Form eines *„Operationskalenders"*. Am 24. November fuhr Withalm gemeinsam mit Friedl Volgger, dem Vertreter der SVP auf dem DC-Kongreß, mit dem Zug nach Hause. Withalm, der den italienischen Entwurf in der Aktentasche mit hatte, besprach diesen eingehend mit Volgger, welcher sich bis auf ein paar Punkte damit einverstanden zeigte. Withalm ersuchte daraufhin Volgger, innerhalb der SVP ausschließlich Parteiobmann Magnago zu informieren, den übrigen Spitzen der SVP jedoch den neuen italienischen Vorschlag zu verschweigen. Magnago, von Volgger heimlich informiert, erhob keine grundsätzlichen Einwände, hatte jedoch lediglich wegen einiger Detailpunkte noch Bedenken. Damit waren – auf nahezu geheimdienstliche Weise und hinter dem Rücken der zuständigen SVP Gremien – die Weichen gestellt. (Nähere Einzelheiten bei: Volgger, Friedl: „Mit Südtirol am Scheidewege", Innsbruck 1984, S. 267.)

1. Dezember 1967

Nordtirols Landeshauptmannstellvertreter a.D. würdigt Freiheitskampf

Prof. Dr. Hans Gamper, Landesschulinspektor und Landeshauptmannstellvertreter a.D., als Gegner des Hitler-Mussolini-Abkommens von 1939 während des Dritten Reiches KZ-Häftling, würdigte in einem Leitartikel in den Mitteilungen des OÖ-Bergisel-Bundes vom 1. Dezember den Südtiroler Freiheitskampf:

„Liebe Oberösterreicher! Bis zum letzten Tag des Ersten Weltkrieges verteidigten wir Tiroler Standschützen die Grenzen unseres Landes hartnäckig hinauf bis zu den Übergängen in Eis und Schnee. Trotzdem wurde der sonnige Süden des Landes den Italienern übergeben, die danach alsbald trachteten, Sprache, Kultur und zuletzt auch noch das Volk aus den Bergen zu verdrängen. Die Siegermächte waren sich des schweren Unrechtes bewußt und gaben es später auch noch offen zu. ***Trotzdem verweigert man den Südtirolern bis auf den heutigen Tag das Recht der Selbstbestimmung im Bewußtsein, daß die Mehrheit für die Wiedervereinigung mit dem übrigen Tirol und die Rückkehr zu Österreich stimmen würde.***

So kam es, wie überall in der Welt, wo einem Volk der Untergang droht, daß heimattreue Männer sich zur Wehr setzten, um das Gewissen der Welt wachzurütteln. *Sie wurden teils nach Mißhandlungen zu schwerem, langjährigen Kerker verurteilt. Ihre Familien aber wurden ihrem Schicksal überlassen, der Not und der Entbehrung. Dieses harte Los wird doppelt empfunden zu Zeiten, in denen in allen übrigen Häusern Freude und Kinderjubel einzieht, wie jetzt zu Weihnachten. Tragen wir durch eine kleine Spende bei, die Lage dieser schwergeprüften Familien zu erleichtern! Die eigene innere Genugtuung darüber wird unser schönster Lohn dafür sein.*

Dr. Hans Gamper.“

2. Dezember 1967

Landesversammlung der Südtiroler Volkspartei

In Anwesenheit von 852 Delegierten fand im Kulturhaus „Walther von der Vogelweide“ in Bozen die 19. ordentliche Landesversammlung der SVP statt. Demonstrativ billigte sie mit 782 gegen 14 Stimmen bei 56 Enthaltungen die Resolution, welche der Parteiausschuß am 20. 10. 1967 beschlossen hatte und welche eine wirksame internationale Garantie für das „Paket“ verlangte. Zu dieser Frage erklärte Dr. Magnago: *„Warum ist eigentlich die Verankerung von Bedeutung? Meines Erachtens aus zwei Gründen: Zum ersten haben wir Südtiroler in den letzten Jahrzehnten nicht immer gute Erfahrungen gemacht und wir wären hier nicht ehrlich, wenn wir nicht zugeben würden, daß eine gewisse Skepsis bzw. ein Mißtrauen herrscht, das menschlich berechtigt ist, gegenüber der Erfüllung von Versprechen und Zugeständnissen. Wir möchten also eine Garantie besitzen, daß das Zugestandene morgen auch durchgeführt wird bzw. uns nach der Durchführung nicht noch einmal genommen werden kann.“* In seinem Schlußwort sagte Dr. Benedikter: *„In der Lage, in der sich die deutsche und ladinische Volksgruppe in Südtirol befinden, und auf Grund der von uns seit 1918 gemachten Erfahrungen wissen die hier versammelten politisch aktiven Südtiroler nur zu gut, daß wir auf nichts verzichten dürfen und nicht, wie es in Goethes Faust heißt, zum Augenblick sagen dürfen: Verweile doch, du bist so schön. – Denn das würde bedeuten, daß wir uns in Fesseln schlagen lassen und gern in der Umarmung durch Assimilation zugrunde gehen.“*

Dr. Peter Brugger wurde einstimmig anstelle des zurückgetretenen Hans Dietl zum Vizeobmann der SVP gewählt. Mit dem Beschluß der Landesversammlung war klargestellt, daß die Südtiroler unter einer „wirksamen internationalen Verankerung“ bislang noch etwas anderes verstanden als die „magische Tončić-Sorinj-Formel“ der *„konkludenten Handlungen“* in Verbindung mit der Streitbeilegungserklärung.

Übereinkommen Wien–Rom praktisch fertiggestellt!

Aus Rom meldet die Wiener „Presse“, von *„diplomatisch wohlunterrichteter Seite“* habe man erfahren, es sei praktisch ein Übereinkommen in der Südtirolfrage erzielt worden. Die letzten Expertengespräche in London (16. bis 18. November 1967, siehe dort!) hätten zu einer *„magi-*

schen Formel" in der Frage der „Paket"-Verankerung geführt. Diese *„magische Formel"* sei in *„Bozen und somit auch in Wien als hinreichend und zufriedenstellend befunden"* worden. Sowohl von italienischer als auch von österreichischer Seite bestehe die feste Absicht, die *„ewige Südtirolfrage"* aus der Welt zu schaffen. Diesbezüglich habe auch ÖVP-Generalsekretär Dr. Withalm mit Exponenten der DC auf dem Mailänder DC-Parteikongreß gesprochen. (Siehe auch: 24. November 1967.) (Anmerkung: Die „magische Formel" bestand darin, daß Österreich eine Streitbeendigungserklärung nach erfolgten legistischen „Paket"-Maßnahmen Italiens abgeben sollte. Eine internationale Garantie für die Einhaltung und Durchführung des Abkommens war in dieser *„magischen Formel"* nicht enthalten. In dem „Presse"-Artikel blieb unklar, wer in Bozen diese *„magische Formel"* für zureichend befunden hatte. Die Landesversammlung der SVP war es jedenfalls nicht gewesen.)

Kalte Dusche aus Rom
Die „Deutsche Presseagentur (DPA)" meldete aus Rom: *„Das italienische Außenministerium dementierte am Sonnabend energisch deutsche und österreichische Presseberichte, nach denen endlich eine ‚magische Formel' zur Beilegung des Südtirolkonfliktes gefunden worden sei. Ein Sprecher des Ministeriums erklärte der DPA: ‚Nichts hat man gefunden' Nach den Worten des Sprechers soll mit diesem ‚leeren Gerede' von einer neuen Kompromißformel die nüchterne, inzwischen offensichtlich auch von Wien und Bozen anerkannte Wahrheit vernebelt werden, daß eine juristische internationale Verankerung des ‚Südtirol-Paketes', einer Sammlung von inneritalienischen Grenzen, indiskutabel sei."* Damit hatte Rom eine einfache Tatsache klargestellt: Die *„magische Formel"* des Außenministers Tončić-Sorinj war nur eine Nebelwand, hinter der die Kapitulation Wiens vor dem unveränderten Standpunkt Roms verborgen werden sollte.

4. Dezember 1967

Presse: Warum protestiert Wien nicht gegen die Folterungen?
In einem Leitartikel fragte der „Wiener Montag", warum die österreichische Bundesregierung nicht gegen die mittlerweile erhärteten Folterungen der österreichischen Staatsbürger Hansjörg Humer, Karl Schafferer und Andreas Egger durch italienische Carabinieri protestiert habe. Bereits seit drei Wochen würden nun schon entsprechende Berichte vorliegen und die Bundesregierung habe bisher nichts getan, um diese Berichte überhaupt zu überprüfen. Bereits im Frühsommer dieses Jahres hätten die Carabinieri mehrere Bauernburschen aus dem Pustertal mißhandelt. *„Daß es sich hierbei nicht um Gerüchte handelt, geht daraus hervor, daß drei von ihnen Anzeige erstatteten. Auch wenn es sich dabei um Südtiroler italienischer Staatsbürgerschaft handelte, hätte Österreich es als seine Pflicht ansehen müssen, Protest einzulegen."*

„Juristenkommission unglaubwürdig"
Die Zeitung prangert weiters an, daß zwar in der Österreichischen Juristenkommission helle Empörung darüber herrsche, daß das griechische Obristenregime ihr nicht die Überprüfung der Einhaltung der Menschenrechte gestatte, daß die Juristenkommission es jedoch bisher noch nicht der Mühe wert gefunden habe, die Folterungen in italienischen Carabinierikasernen zum Gegenstand ihrer Untersuchung zu machen.

5. Dezember 1967

Bozner Schwurgericht gegen Meinungsfreiheit in Deutschland
Vor dem Schwurgericht Bozen fand ein Prozeß gegen die bundesdeutschen Staatsbürger Hans-Georg Willich (geb. 1925 in Frankfurt), Erwin Schönborn (geb. 1914 in Kalbach) und Hans Schulz (geb. 1936 in Wiesbaden) statt. Willich war der Ladung gefolgt, gegen die beiden anderen wurde in Abwesenheit verhandelt. Sie wurden beschuldigt, den *„Terrorismus verherrlicht zu haben"*, da sie während der Winterolympiade in Innsbruck in Wiesbaden verlegte Flugblätter verteilt hatten. Die Flugblätter hatten folgenden Text: *„Jugend der Welt! Wisse,*

daß ganz in der Nähe Innsbrucks eine Grenze verläuft (ähnlich der in Berlin), jenseits welcher der südliche Teil Tirols von Italien geknechtet und die Einwohner gefoltert werden. Gerade jetzt stehen Freiheitskämpfer in Mailand vor Gericht, die dasselbe taten wie die Freiheitskämpfer in Ungarn, Indien, Algerien! Darum denke an Südtirol!" Diese Flugblätter waren auch an verschiedene Zeitungsredaktionen in ganz Europa versandt worden, und die Bozner Tageszeitung „Alto Adige" hatte am 5. 2. 1964 den Inhalt veröffentlicht. Staatsanwalt Dr. Paone forderte zwei Jahre Gefängnis und Ausweisung aus Italien. Willich wurde zu 16 Monaten Haft verurteilt. Nach Bezahlung der Gerichtskosten und Erlaß der Reststrafe wurde er noch am gleichen Tag ausgewiesen. Schönborn und Schulz wurden mangels an Beweisen freigesprochen.

6. bis 8. Dezember 1967

Londoner Expertengespräche

Wiederum traten in London italienische und österreichische Experten zu Geheimverhandlungen zusammen. Obwohl die 19. Landesversammlung der SVP noch am 2. Dezember auf einer wirksamen internationalen Verankerung des „Paketes" bestanden und somit die magische „Tončić-Sorinj-Formel" (politische anstelle juridischer Verankerung durch Streitbeilegungserklärung) verworfen hatte, kapitulierte Österreich auch bei dieser Besprechung voll vor der italienischen Position. (Siehe auch: 5. Oktober 1967.)

Der „Operationskalender"

An die Stelle einer internationalen Schiedskommission oder einer Einklagbarkeit des „Paketes" beim Internationalen Gerichtshof in Den Haag (was gesondert vertraglich vereinbart werden müßte und was Italien strikt ablehnte) sollte ein *„Operationskalender"* mit *„konkludenten Handlungen"* treten. Diese „politische Garantie", wie sie dann am 13. Dezember der großen Südtirolkonferenz in Innsbruck vorgelegt wurde, schilderte die Wiener „Presse" („Presse" vom 16. 12. 1967) so: *„Italien geht daran, die im ‚Paket' bereits vereinbarten Maßnahmen durchzuführen. Während dieser Zeit verzichtet Österreich darauf, ein internationales Gremium gegen Italien anzurufen – was verständlich ist, da die Autonomie nicht durch eine einzige Deklaration, sondern durch eine Kette von Beschlüssen zu realisieren ist. Diese sind: 1. einfache Regierungsverordnungen, durch die eine beträchtliche Anzahl der im ‚Paket' enthaltenen Punkte zu erfüllen wäre; 2. einfache Gesetze; 3. die Änderung des Autonomiestatuts, die als die größte Hürde gilt. Dieser Gesetzesentwurf muß zweimal mit Zweidrittelmehrheit durch die Abgeordnetenkammer und den Senat in Rom gehen; 4. Durchführungsbestimmungen zum Autonomiestatut. Der dritte Punkt, nämlich die Schaffung des Autonomiestatus, hat zwei ebenbürtige Schwestern: Bei der zweiten Abstimmung im Parlament soll gleichzeitig das Pariser Abkommen als ein beim Internationalen Gerichtshof einklagbarer Vertrag deklariert werden. Gleichzeitig erklärt der österreichische Regierungschef vor dem Parlament in Wien, daß der Streit durch die Realisierung des ‚Paketes' als Ergebnis internationaler Verhandlungen beigelegt sei."* Da Italien nicht bereit war, dem „Paket" den Charakter eines internationalen – zwischen Österreich und Italien abgeschlossenen – Vertrages zuzuerkennen und das „Paket" damit vor dem Internationalen Gerichtshof (IGH) in Den Haag justiziabel zu machen, rettete sich die österreichische Seite in eine einseitige Interpretation: Da Italien die Streitbeendigungserklärung offiziell zur Kenntnis nehmen müßte, könnte das „Paket" doch als Ergebnis *„konkludenter Handlungen"* und damit als Ergebnis bilateraler Vereinbarungen dem IGH gegebenenfalls zur Einklagbarkeit präsentiert werden.

Italien fordert Polizeistaat Österreich

Die italienische Delegation unter Leitung der Diplomaten und Professoren Gaja und Toscano – unter Mitwirkung von Strafrechtsexperten – forderte die Umwandlung Österreichs in einen „Polizeistaat". So formulierte es die sozialistische Grazer „Neue Zeit" am 18. 1. 1968: *„In einer Rede in Graz nannte der Tiroler Landesrat Zechtl Einzelheiten der italienischen Forderungen nach Änderung des österreichischen Strafrechts, die bei den Expertengesprächen* *über Südtirol in London gestellt wurden. Diese Forderungen, sagte Zechtl, wären auf die Errichtung eines Polizeistaates in Österreich hinausgelaufen ... Als Vorbeugungsmaßnahmen verlangte Italien z. B. die Schaffung gesetzlicher Möglichkeiten, wegen einer Aburteilung, Organisierung einer Kundgebung (!) oder des Verdachtes der Verbindung mit einer Terrororganisation Aufenthaltspflicht an einem bestimmten Ort oder Abschieben anzuordnen."* (Anm. d. Red.: Die italienischen Forderungen lehnen sich an die italienische Gesetzeslage an, wo das immer noch in Kraft befindliche Mussolini-Strafrecht die Verbannung eigener Staatsbürger an beliebige Orte des Staatsgebietes zuließ.)

Ultimatum

Die Italiener stellen ein Ultimatum: Bis zum 15. Januar 1968 muß sich Österreich bezüglich der sogenannten „Verankerung" des „Paketes" und der anderen italienischen Forderungen entscheiden. Damit steht Tončić-Sorinj unter einem enormen Termindruck.

7. Dezember 1967

Südtiroldebatte im österreichischen Parlament

„Österreich nicht nachlässig bei der Verfolgung von Freiheitskämpfern"

Im Rahmen der Budgetdebatte kam im österreichischen Nationalrat das Thema Südtirol ausführlich zur Sprache. Der ÖVP-Abgeordnete Fiedler wies den Vorwurf Italiens zurück, Österreich sei bei der Verfolgung Südtiroler Freiheitskämpfer nachlässig. Er überlasse gerne, sagte Fiedler, jedem italienischen Journalisten eine Liste mit den seit 1961 in Österreich gefällten Urteilen, wenn dieser bereit sei, sie auch zu veröffentlichen.

Abg. Dr. Scrinzi (FPÖ): Bestehen auf Verankerung!

Bei Scheitern der Verhandlungen Selbstbestimmung fordern!

Abg. Dr. Scrinzi von der FPÖ warf der ÖVP im Zuge der Budgetdebatte im Nationalrat vor: *„Ihre Geheimdiplomatie führte dazu, daß die Plattform einer gemeinsamen Südtirolpolitik verlassen werden mußte, und damit wurde Mißtrauen und Entzweiung in dieser alle Österreicher angehenden Frage hervorgerufen. Durch dieses Vorgehen wurde aber auch die Südtiroler Volkspartei an den Rand der Spaltung und des Zerfalls gebracht. Den Streitfall selbst konnte aber die ÖVP keinen Schritt der Lösung näherbringen."* Dr. Scrinzi führt auch aus, daß seit 1918 die Gewaltanwendung in Südtirol von der anderen Seite erfolgt sei. Bis 1961 habe Südtirol 28 Tote zu beklagen gehabt, dazu Hunderte von Inhaftierten, Verbannten und Eingekerkerten. Der freiheitliche Abgeordnete fuhr fort: *„Die FPÖ hat die größten Bedenken über die Entwicklung, die der Fall Südtirol in der letzten Zeit genommen hat. Alle drei Parteien Österreichs müssen versuchen, die Südtirol-Frage einvernehmlich und gemeinsam zu lösen. Die Bedingungen, unter denen die Freiheitlichen bereit sind, einer Lösung der Südtirol-Frage zuzustimmen, sind:*

- Wir verlangen, daß Italien noch vor der Jänner-Sitzung des Europarates den gemeinsamen Text des ‚Paketes' mit Österreich und Südtirol herstellt.
- Wir verlangen die ausdrückliche Zurücknahme des italienischen Vetos gegen die österreichischen Bemühungen um seinen Beitritt zur EWG.
- Wir verlangen, daß nach der Akkordierung des ‚Paketes' die Südtirol-Kommission des Europarates aktiviert und im Rahmen dieser Kommission die Formel zur wirksamen internationalen Verankerung gesucht wird.
- Wir verlangen, daß Italien das Streitbeilegungsabkommen des Europarates zur Gänze ratifiziert und abgeschlossene Verträge der Streitbeilegungskonvention unterwirft.
- Wir verlangen die Amnestie aller politischen Häftlinge und auch des letzten Kriegsgefangenen in Italien, Major Walter Reeder.

Bringt Italien guten Willen zu einer Bereinigung mit, wird es sich diesen Forderungen unterwerfen können. Sollte das nicht der Fall sein, haben wir Österreicher nur die Möglichkeit, sofort den Europarat und die UNO mit der Angelegenheit Südtirol zu befassen, und zwar mit der einzigen und klaren Forderung: Selbstbestimmung für Südtirol!"

Dr. Halder (ÖVP): Bundesheereinsatz „ein voller Erfolg"!
Der ÖVP-Abgeordnete Dr. Halder erklärte in der Budgetdebatte, daß die ungelösten Probleme der Südtiroler den *„Nährboden für den Terrorismus"* bilden. Zu den italienischen Vorwürfen gegenüber Österreich beeilte sich Halder herauszustreichen, wie sehr die ÖVP-Regierung doch im Interesse Italiens handle: *„Von der österreichischen Bundesregierung und den österreichischen Behörden wurde alles in ihren Möglichkeiten Liegende getan, den Terrorismus, soweit er von Österreich ausgehen sollte, zu bekämpfen. Heute schon kann gesagt werden, daß der Einsatz der konzentrierten Gendarmerieabteilung und die Assistenz durch das Bundesheer ein voller Erfolg gewesen sind. In den letzten Jahren wurden in Österreich 136 des Terrorismus in Südtirol Verdächtigte verhaftet und 39 zu Kerkerstrafen verurteilt. Weitere warten auf ihr Urteil. Ein Dr. Burger, ein Kienesberger, ein Dr. Hartung sind in Haft. Damit dürfte der Kopf dieser extremistisch-terroristischen Bewegung nunmehr unschädlich gemacht sein."*

Horejs (SPÖ): Wirksame Lösung wird von Italien abgelehnt!
Der sozialistische Abgeordnete Horejs sprach zur Frage der Verankerung illusionslos und klar: *„Die Annahme des ‚Paketes' ist nun Angelegenheit der Südtiroler selbst, die Verankerung, also die Garantie für die tatsächliche Durchführung des ‚Paketes', ist eine Angelegenheit Österreichs, die uns niemand abnimmt. In dieser Frage wird jedoch die Haltung unserer Regierung immer unsicherer und hilfloser. Alle bisher gefundenen Formen unseres Außenministers in der Frage der Verankerung haben sich entweder als unwirksam und für die Südtiroler nicht annehmbar oder als einigermaßen wirksam und daher vom italienischen Unterhändler als unannehmbar erwiesen."*

8. Dezember 1967
Keine Kapitulation vor Italien
In einem für Außenminister Tončić-Sorinj vernichtenden Leitartikel warnte der bekannte Südtirolexperte, Publizist und Chefredakteur der „Salzburger Nachrichten" Karl-Heinz Ritschel vor einem voreiligen Verhandlungsabschluß mit Italien. Er schrieb unter anderem: *„Der Ernst der Stunde gebietet, mit aller Härte ein offenes Wort zu reden. Im Moment ist eine Handvoll Männer am Werk, Außenpolitik auf dem Rücken der Betroffenen zu betreiben ... Bisher hat die österreichische Außenpolitik der beiden vergangenen Jahre einen Tiefstand erlebt, wie er für den einst so berühmten Ballhausplatz überhaupt noch nie gegeben war. Konnte man bisher immer noch zusehen, wie sich eine Amateurdiplomatie breit machte, so wird dies aber unmöglich, wenn sie auf dem Rücken der Südtiroler ausgetragen werden soll. ... Grundsätzlich ist zur Methode der derzeitigen Geheimdiplomatie festzuhalten: Italien hat bisher gezeigt, daß es ausschließlich auf seinen Vorteil hinarbeitet. ... Der Außenminister beteuert, daß absolut das Ende der Verhandlungen gekommen sei. Was er nicht sagt, ist, daß die Hypotheken zu groß sind, um einen solchen Abschluß zu rechtfertigen. Gegenwärtig ist es so, daß selbst dem aufmerksamen Österreicher grundlegende Tatsachen vorenthalten werden. Ihm wird vorgespielt, die Südtiroler hätten ein völliges Ja zu den Zugeständnissen gegeben – von den Bedingungen wird nicht geredet. Man macht der Bevölkerung vor, es gäbe zwischen Österreich und Italien einen wörtlich übereinstimmenden und abgestimmten Text der beabsichtigten Zusicherung, und man versucht vorzugaukeln, es gäbe derzeit irgendein Mittel, allfällige italienische Zusicherungen auch durchzusetzen. Und mit dem Wort ‚Verankerung' versucht der Außenminister eine wirkliche Garantie vorzuspiegeln, die es nur in seiner subjektiven Einbildung gibt! Um es nochmals zu sagen: Die sogenannte Garantie ist keine – sie ist politische Verschleierung einer Kapitulation vor Rom. In diesem Zusammenhang ist die Feststellung interessant, daß bei der jetzigen Phase der Kapitulationsverhandlungen mit Italien die Experten, die zum Teil jahrelang mit der Südtirolfrage zu tun haben, völlig ausgeschaltet worden sind ... Jedenfalls muß endlich Schluß sein mit einer seiltänzerischen, plätschernden Außenpolitik."*

12. Dezember 1967

Carabinierigeneral bestätigt geplanten Militärputsch von 1964

Der von der Presse des versuchten Staatsstreiches beschuldigte und des Dienstes enthobene Generalstabchef und Oberbefehlshaber der Carabinieri, De Lorenzo, hat die Zeitung „Espresso" geklagt. Dieser Tage habe, wie in Rom bekannt wurde, ein Carabinierigeneral in nichtöffentlicher Sitzung vor Gericht erklärt, daß De Lorenzo in der Tat am 14. Juli 1964 alle Vorbereitungen zu einem Staatsstreich getroffen habe. Ihm selbst, so sagte der namentlich nicht genannte Zeuge jetzt aus, habe De Lorenzo eine „schwarze Liste" mit den Namen von 44 Personen übergeben, die er nach der Auslösung der *„außerordentlichen Maßnahmen"* hätte verhaften sollen. Er, der Zeuge, hätte heftigen Einspruch gegen das Vorhaben seines Oberbefehlshabers geübt. Er wisse auch, daß der Geheimdienst auf Weisung De Lorenzos Einzelheiten über das Privatleben von Politikern, Spitzen der Geistlichkeit und anderen hochgestellten Personen gesammelt habe. Mit dieser Zeugenaussage waren die Chancen De Lorenzos, der seit 1961 mit Verhaftungen und Folter den Südtiroler Widerstand zu brechen versucht hatte, wieder in den aktiven Dienst zu gelangen, auf Null gesunken.

Österreichischer Justizminister gegen italienische Erpressung

Als Gast des bayrischen Justizministers Held weilte Minister Klecatsky in München und hielt einen Vortrag über das österreichische Justizsystem sowie eine anschließende Pressekonferenz. Hierbei wandte er sich in scharfen Worten gegen das seitens Roms in die Südtirolverhandlungen eingebrachte Begehren nach Sondergesetzen gegen Südtiroler Freiheitskämpfer. *„Wenn Italien uns Österreichern solche Spezialgesetze nahelegt, dann ist das eine Zumutung gegenüber einem unabhängigen Staat!"* Zu den hohen Freiheitsstrafen Mailänder Richter gegen Südtiroler sagte der Minister: *„Sie stehen in einem eklatanten Widerspruch zur europäischen Menschenrechtskonvention und lassen die Verhältnismäßigkeit vermissen, die in der Justiz üblich ist."*

Union für Südtirol: Bewahrt das Selbstbestimmungsrecht!

Einen Tag vor Beginn der Innsbrucker Südtirol-Konferenz sandten die in der Union für Südtirol zusammengefaßten Südtirolverbände folgendes Telegramm an die Konferenzteilnehmer, welches auch über den Rundfunk ausgestrahlt wurde und starkes Presseecho fand: *„Die Union für Südtirol als Sammlung der österreichischen Südtirolverbände wendet sich in dringender Form an die Teilnehmer der in Innsbruck tagenden Südtirolkonferenz: Gebt keine Lebensrechte der Südtiroler preis! Sorgt für unmißverständliche Formulierung eines akkordierten ‚Paketes'! Verzichtet keinesfalls auf wirksame internationale Verankerung! Versperrt nicht den Weg zu den internationalen Gremien UNO und Europarat! Bewahrt das Selbstbestimmungsrecht der Südtiroler! Die Republik Österreich möge sich als Schutzmacht Südtirols bewahren!*
Für den Exekutivausschuß der UNION für SÜDTIROL, Raming, Vorsitzender."

13. Dezember 1967

Südtirolgipfel in Innsbruck

Nachdem bereits auf dem Salzburger Südtirolgipfel das Präsidium der Südtiroler Volkspartei – dem vorwiegend „Paket"-Befürworter angehören – exklusiv mit der neuen Tončić-Sorinj-Formel einer „Paket"-Verankerung durch *„konkludente Handlungen"* bzw. durch eine österreichische *„Streitbeendigungserklärung"* vertraut gemacht worden war, trat nun in Innsbruck im Hotel „Europa" ein breiter Personenkreis zusammen, um das fertige, mit den Italienern im November und Dezember auf Londoner Expertentagungen angestimmte Konzept anzuhören. (Siehe auch: 5. Oktober 1967.) Zweck der Innsbrucker Zusammenkunft war es in erster Linie, zu erfahren, ob das „Tončić-Sorinj-Konzept" Aussicht auf Annahme hätte, womit der Weg zu einer spektakulären „Einigung" der Streitparteien frei wäre.

Die Teilnehmer

Außenminister Tončić-Sorinj, Staatssekretär Dr. Bobleter sowie jene Expertenrunde mit dem österreichischen Botschafter an der Spitze, die an den Expertengesprächen der letzten Zeit teilgenommen hatte; Landeshauptmann Wallnöfer (ÖVP), Landesrat Zechtl (SPÖ) und Landtagsabg. Dr. Mader (FPÖ), weitere Spitzenpolitiker Nordtirols sowie der Landesamtsdirektor und leitende Beamte des Südtirolreferates; Landeshauptmann Dr. Magnago mit seinen Obmannstellvertretern Dr. Volgger und Dr. Brugger (dieser war am 2. Dezember auf der Landesversammlung auf die vakante Stelle des Abg. Dietl nachgerückt), die Parlamentarier Dietl, Dr. Mitterdorfer sowie die Senatoren Dr. Sand und Saxl. Zuhörend nahmen noch Mitglieder der Südtiroler Landesregierung, des Landtages und der Bezirksvertretung der SVP teil.

Die Überreichung des Kapitulationsverlangens – keine Zustimmung

Außenminister Tončić-Sorinj erläuterte den Konferenzteilnehmern die in der Zeit vom 6. bis 8. Dezember 1967 in London formulierten Ergebnisse der Expertenverhandlungen. (Siehe 6. bis 8. Dezember 1967.) Die meisten Südtiroler waren sprachlos, oder, wie es die Wiener „Presse" am 16. Dezember höflicher formulierte: *„Für manche der in Innsbruck anwesenden Südtiroler war der Vorschlag oder wenigstens seine Formulierung so neu, daß sie kein Urteil abzugeben wagten."*

Wenn Bundeskanzler Dr. Klaus und Außenminister Dr. Tončić-Sorinj geglaubt hatten, überfallsartig als konkretes Ergebnis die Zustimmung der Südtiroler zu erhalten, so wurden sie enttäuscht. Die Wiener „Presse" schilderte die Gegenpositionen so: *„Der Abgeordnete Dietl hält eine Einigung unter diesem Aspekt für Kapitulation. Die Landesassessoren Brugger, Benedikter und Dalsass glauben auf Grund ihrer Erfahrung in Verwaltungsdingen zu wissen, daß das ‚Paket', ohnedies mangelhaft genug, von den Italienern in der Praxis zum Schaden der Südtiroler angewendet werden könnte. Brugger, der das von ihm 15 Jahre lang verwaltete Assessorat für Landwirtschaft nun aufgegeben hat, rüstet sich nach seinen eigenen Worten zum Vorstoß. Er will erstens beweisen, daß die von Tončić-Sorinj angebotene Garantie keine solche sei, und zweitens will er dem Publikum nachdrücklich das von ihm gehegte Projekt der Streitschlichtungskonvention als beste Verankerungsformel ins Gedächtnis rufen ... Tončić-Sorinj' ‚konkludente Handlungen' seien eine Hypothese, deren Wirksamkeit sich im voraus nicht beweisen lasse. Außerdem berge der Abschnitt über die Durchführungsbestimmungen des Autonomiestatuts arge Fallstricke."* („Die Presse", Wien, 16. 12. 1967.)

Experten gegen Tončić-Sorinj

Bereits in einer Vorbesprechung der Nord- und Südtiroler hatte der Nordtiroler Landesamtsdirektor Dr. Kathrein über die Ergebnisse der beiden Londoner Expertengespräche referiert und diese keineswegs positiv bewertet. Als Tončić-Sorinj dann vor der gesamten Runde das Konzept darlegte, verlangten anwesende Südtirolexperten, daß Rom wenigstens offiziell den „Paket"-Text an Österreich übergebe, damit ein Zusammenhang zwischen dem „Pariser Abkommen" von 1946 und dem „Paket" von 1969 hergestellt und das „Paket" somit auch beim Internationalen Gerichtshof in Den Haag einklagbar gemacht werde.

Wie der „KURIER" am 14. Dezember meldet, erklärten die Wiener Regierungsvertreter darauf, daß Italien lediglich bereit sei, den Text des „Paketes" informell bei einer Besprechung der Sicherheitsbehörden in Zürich durch einen Carabinierigeneral dem Vertreter der österreichischen Staatspolizei übergeben zu lassen. Um jeden Schein eines internationalen Abkommens zu vermeiden, habe Italien sogar die Einberufung einer abschließenden Außenministerkonferenz abgelehnt. Diese Vorschläge wurden von allen Fachleuten als *„völlig ungenügend"* abgelehnt. Im Zuge der Besprechungen wurde die Stimmung gegen Tončić-Sorinj direkt *„feindselig"*, wie Teilnehmer später berichteten.

Wallnöfer rettet Tončić-Sorinj vor Blamage

Als klar war, daß an eine Zustimmung zu den Tončić-Sorinj-Empfehlungen nicht zu denken war, und der Außenminister vor dem blamablen Scheitern der Konferenz stand, rettete Nordtirols Landeshauptmann Wallnöfer die Lage und schlug die Einsetzung eines Ausschusses zur Prüfung der Vorschläge vor: Je zwei Nord- und Südtiroler sowie zwei Vertreter des Ballhausplatzes. Dieser Vorschlag wurde angenommen.

Die Ablehnung der Kapitulation

Der Ausschuß wurde seitens der Südtiroler am 19. Dezember mit Dr. Brugger und Dr. Mitterdorfer, seitens der Nordtiroler Landesregierung mit Dr. Kathrein und Frau Dr. Stadlmayr und seitens Wiens mit dem Gesandtem Dr. Kirchschläger und einem weiteren Beamten beschickt. Der Ausschuß hatte die Aufgabe, die vorliegenden Vorschläge der „Verankerung" auf ihre Brauchbarkeit zu überprüfen. Am 29. Dezember lehnte der Ausschuß das Ansinnen der italienischen Regierung als unannehmbar ab und erarbeitete Gegenvorschläge, die von Italien abgelehnt wurden. Im Januar 1968 schied der gescheiterte Verzichtspolitiker Tončić-Sorinj unfreiwillig aus seinem Amt. Im Zuge einer Regierungsumbildung ersetzte Bundeskanzler Dr. Klaus den gescheiterten und in der Öffentlichkeit weitgehend abgelehnten Minister durch Dr. Kurt Waldheim.

14. Dezember 1967

Südtiroldebatte im Nordtiroler Landtag

Im Nordtiroler Landtag beschäftigten sich die Sprecher aller drei Parteien mit der Frage Südtirol. Selbst der ÖVP-Abgeordnete Thomann fand kritische Worte: *„Ohne auf die gegenwärtig laufenden Verhandlungen einen Einfluß ausüben zu wollen, muß ich namens unseres Klubs in aller Entschiedenheit sagen: das endliche Ergebnis dieser Verhandlungen kann von der Tiroler Landesregierung und vom Tiroler Landtag nur dann verantwortet werden, wenn es in Wahrheit den Bestand des Tiroler Volkstums in Südtirol und seine freie wirtschaftliche und kulturelle Entfaltung gewährleistet."* Der sozialistische Landesrat Rupert Zechtl warf der österreichischen Regierung Geheimniskrämerei vor. Der FPÖ-Abgeordnete Dr. Mader sagte, daß Italien die Maßnahmen, die Österreich zur Bekämpfung des Terrorismus ergriffen habe, nicht honoriert habe. Vielmehr sei es zu immer neuen Zumutungen gekommen. Landeshauptmann Wallnöfer stellte in einer abschließenden Erklärung unter allgemeinem Beifall fest: *„Eine Partei allein kann das Südtirolproblem nicht lösen. Wir sind es dem Volk von Tirol schuldig, eine Lösung außerhalb des Parteienzwists zu finden."*

Sondergesetze gegen Freiheitskämpfer geplant!

Wie Landesrat Rupert Zechtl (SPÖ) im Landtag in Innsbruck enthüllte, waren an den Londoner Expertengesprächen vom 16. bis 18. November auch Strafrechtsexperten (!) aus Italien und Österreich beteiligt. *„Es wäre interessant zu wissen, wer von wem was wollte?"*, sagte Zechtl. Die Öffentlichkeit habe ein Recht darauf, zu erfahren, worüber italienische und österreichische Strafrechtler in London verhandelt haben. (Siehe auch: 16. November und 6. Dezember 1967.)

21. Dezember 1967

Rosa Klotz aus der Haft entlassen

Nach 14 Monaten Haft wurde die Gattin des Südtiroler Freiheitskämpfers und Schützenmajors Georg Klotz, Frau Rosa Klotz, aus der Haft entlassen, in welcher ihr Augenlicht schwer geschädigt worden war. Der Frau, die beschuldigt wurde, mit ihrem in Österreich im Exil lebenden Mann konspirative Kontakte aufrechtzuerhalten, wurde ein Zwangsaufenthalt zugewiesen. Sie durfte nicht in ihre Heimat, St. Leonhard im Passeier, zurückkehren.

Weihnachtsaufruf für politische Häftlinge

Wie schon all die Jahre zuvor wurde in Frangart folgender Aufruf veröffentlicht: *„Die Frauen von Frangart richten an die Bevölkerung Südtirols die Bitte, am Heiligen Abend am Fenster ein Weihnachtskerzlein anzuzünden als Weihnachtsgruß für unsere politischen Gefangenen".* Die Zahl jener, die diesen Aufruf unterzeichneten, hatte sich seit 1963 fast verdoppelt.

30. Dezember 1967

„Abhängigkeit wie unter Dollfuß"

Das „Salzburger Volksblatt" enthüllte, daß ein von Österreich aufzunehmender Milliardenkredit von einer Finanzgruppe stammt, an der italienische Banken maßgeblich beteiligt waren. Die Zeitung schrieb im Hinblick darauf und auf das österreichische Streben, durch Wohlverhalten das italienische EWG-Veto zu überwinden, daß die österreichische Außenpolitik *„Österreich in eine weitgehende Abhängigkeit von Italien geführt"* habe, *„wie sie nur unter Dollfuß, Starhemberg und Schuschnigg bestand."*

— 1968 —

4. Januar 1968

Soll Bonn intervenieren?

Die italienische Nachrichtenagentur ANSA meldete, daß die österreichische Regierung an die Bundesrepublik Deutschland herangetreten sei, um deren Hilfe zur Aufhebung des italienischen Vetos gegen die Fortführung der Verhandlungen Österreichs mit der EWG in Anspruch zu nehmen.

Italien hält EWG-Veto aufrecht

In einer Note nahm das italienische Außenministerium zu dem von der ANSA gemeldeten Problemkreis Stellung und bekräftigte, daß das italienische EWG-Veto aufrechterhalten werde.

12. Januar 1968

Europäische Südtirol-Initiative gegen den Widerstand Italiens

Der belgische Senatspräsident Paul Struye wollte sich als Vorsitzender des Südtirol-Ausschusses des Europarates in Straßburg für eine Europäisierung der Südtirolfrage einsetzen. Er sicherte dies einer Südtiroler Delegation in Brüssel zu, der unter anderem der stellvertretende Vorsitzende der Südtiroler Volkspartei, Dr. Brugger, und Abgeordneter Hans Dietl angehörten.

14. Januar 1968

Hetzenauer bestreitet Unterstützung der „Terroristen"

In Matrei in Osttirol nahm der österreichische Innenminister Stellung zu der Behauptung der Turiner Zeitung „La Stampa", daß das offizielle Österreich die Freiheitskämpfer unterstütze. Hetzenauer bestritt dies entrüstet.

15. Januar 1968

Beginnt die Umerziehung in der Schule?

Die von der ÖVP-Regierung Klaus angestrebte *„Verzichtserledigung der Südtirolfrage"* hat nach Meinung des „Wiener Montag" bereits auf den österreichischen Schulunterricht durchgeschlagen. Wie der „Wiener Montag" meldete, habe das Unterrichtsministerium den österreichischen Schulen den Erwerb einer „Landkarte Tirol" empfohlen, auf der Südtirol als „Tiroler Etschland" eingetragen ist, mit jener Bezeichnung, die von Tolomei erfunden und in der Faschistenzeit den Südtirolern aufgezwungen worden war.

16. Januar 1968

Kreisky: Keine Spielerei mit „konkludenten Handlungen"

Die tatsächliche Lage der Südtirolverhandlungen sei *„in manchem aufrichtiger darzulegen,"* erklärte der ehemalige österreichische Außenminister Dr. Kreisky (SPÖ) vor Journalisten. Es sei eine internationale juristische „Paket"-Verankerung nötig. *„Die Spielerei mit den sogenannten konkludenten Handlungen"* solle man sich ersparen, denn sie führe zu nichts.

17. Januar 1968

Italien hat Österreich den „Paket"-Text noch nicht bekanntgegeben

Auf eine am 19. Dezember 1967 eingebrachte parlamentarische Anfrage des Abgeordneten Dr. Scrinzi antwortete der abtretende Außenminister Dr. Tončić-Sorinj: *„Italien hat sich bisher nicht bereit erklärt, den Text des sogenannten ‚Paketes' in einer für die österreichische Bundesregierung akzeptablen Form bekanntzugeben."*

Südtirolkundgebung: Recht auf Selbstbestimmung nicht aufgeben!
Der „Freundeskreis Südtirol" unter der Leitung seines Obmannes Ottokar Destaller veranstaltete im Grazer Minoritensaal eine Kundgebung, der ein Fackelzug durch Graz vorangegangen war, an dem 1.400 Grazer teilnahmen. Bei der Kundgebung wurden Transparente gezeigt wie: *„Kerker für italienische Folterknechte"*, und *„Volksabstimmung für Südtirol"*. Der Nordtiroler Landeshauptmannstellvertreter Dr. Hans Gamper hatte den Teilnehmern eine Grußbotschaft gesandt, in der er die Selbstbestimmung für Südtirol forderte. Als Ehrengäste nahmen der steirische Landtagspräsident Dr. Kaan, sein Stellvertreter Afritsch, der Vizebürgermeister Dr. Götz und zahlreiche andere Politiker teil. Der Abg. zum Nationalrat, Dr. Otto Scrinzi (FPÖ), erklärte, daß *„die Stunde der Gefahr"* für Südtirol durch die österreichische Verhandlungsposition gegenüber Italien gekommen sei. Er appellierte an den kurz vor der Angelobung stehenden neuen Außenminister Dr. Waldheim, das Südtirolproblem wieder vor die UNO und vor den Europarat zu bringen. Dr. Waldheim solle außerdem Italien endlich klarmachen, daß Österreich nicht auf das unabdingbare Recht Südtirols auf Selbstbestimmung verzichten könne. Zur Frage der Gewaltanwendung erklärte der Abgeordnete: *„Gewalt ist entstanden aus der Gewalt, die dem Lande angetan wurde!"* Der Nordtiroler Landesrat Zechtl forderte eine klare Haltung Österreichs gegenüber Italien und verwies darauf, daß Italien bei den Expertengesprächen die Umwandlung Österreichs in einen Polizeistaat verlangt habe, in dem Verurteilungen wegen Abhaltens von Südtirolkundgebungen und Verbannungen von Personen hätten möglich sein sollen. Für den Freiheitlichen Akademikerverband prangerte Dr. Hanss den Begriff *„Österreichische Nation"* als gefährliches Schlagwort an. Durch die Propagierung einer *„Staatsnation"* sähen sich die Italiener darin bestätigt, die Südtiroler ihrerseits als Angehörige der *„Italienischen Nation"* zu bezeichnen. In der einstimmig verabschiedeten Resolution wurde die österreichische Bundesregierung aufgefordert, die italienische Regierung klar zu fragen, ob sie endlich die volle Landesautonomie zu gewähren bereit sei. Wenn nicht, dann müsse Österreich unverzüglich wieder vor die UNO gehen.

<u>19. Januar 1968</u>

Neue Regierung Klaus: Außenminister Dr. Tončić-Sorinj wird durch Dr. Waldheim ersetzt – Innenminister abgelöst.

Der österreichische Außenminister Dr. Tončić-Sorinj fiel auf Grund seiner gescheiterten Südtirolpolitik einer Kabinettsumbildung zum Opfer. Er wurde durch den Gesandten Dr. Kurt Waldheim, den langjähriger Missionschef bei der UNO, zu deren Generalsekretär er später avancierte, ersetzt. Innenminister Hetzenauer wurde durch Franz Soronics ersetzt.

<u>20. Januar 1968</u>

Wallnöfer läßt die Katze aus dem Sack: Italien verlangt Streitbeilegungserklärung vor „Paket"-Durchführung

Landeshauptmann Wallnöfer äußerte sich am ÖVP-Parteitag in Kufstein zur Südtirolfrage und erklärte, er gebe sich keiner Illusion darüber hin, daß es noch längere Zeit bis zu einer befriedigenden Regelung dauern werde. Trotz mancher Enttäuschung müsse man aber feststellen, daß der Inhalt des sogenannten „Paketes" durchaus einen Erfolg darstelle. Dazu verlange man aber eine Garantie, eine wirksame Verankerung. Die italienischen Vorschläge sehen eine Art Stillhaltefrist von etwa drei Jahren vor, während der Österreich sich verpflichten soll, internationale Instanzen nicht zu befassen. Rom wolle in dieser Zeit das Verfassungsgesetz erlassen, dann solle Österreich die Streitbeilegungserklärung abgeben. Erst daraufhin werde man in Italien nach italienischen Vorstellungen die Durchführungsgesetze erlassen, und in der Folge solle bei Streitfragen der Internationale Gerichtshof auf der Grundlage des „Pariser Vertrages" entscheiden. *„Wir sind"*, sagte Landeshauptmann Wallnöfer, *„mit der Stillhaltefrist und dem Verfassungsgesetz einverstanden, aber wir wollen auch die einfachen Durchführungsgesetze abwarten und dann erst die Streitbeilegungserklärung abgeben."*

22. Januar 1968

Innsbruck: Skandalöse Behandlung eines Südtirolhäftlings aufgedeckt

Der „Wiener Montag" meldete: *„Dem Südtiroler Freiheitskämpfer Alois Larch, der aus politischen Motiven nach Österreich geflohen war und heute in Graz als Maurer seinen Lebensunterhalt verdient, wurde während seiner Haft in Innsbruck eine Behandlung zuteil, für die sich jeder Österreicher schämen muß. Nach einem Fluchtversuch wurde Alois Larch gefesselt ins Landesgerichtliche Gefangenenhaus Innsbruck zurückgebracht. – Von einem Justizbeamten (er ist uns mit Namen nicht bekannt) erhielt Larch auf dem Gang, zum Schnellergehen aufgefordert, mit einem schweren Eisenschlüssel einen Schlag in die rechte Seite. Wegen dieses Übergriffs, der einen Bluterguß zur Folge hatte, erstattete Larch eine Anzeige. Doch die Öffentlichkeit hat nicht erfahren, daß inzwischen etwas geschehen wäre. – Als Larch anschließend in einen neuntägigen Hungerstreit trat, wurde er in eine Korrektionszelle gebracht und erhielt neun Tage hindurch kein Wasser – ein Vorgehen, das absolut rechtswidrig ist, denn laut Gesetz steht jedem Gefangenen ein Liter Wasser täglich zu."*

23. Januar 1968

Brugger: Österreich ließ sich demütigen

Der stellvertretende SVP-Obmann Dr. Peter Brugger erklärte in einem Vortrag vor der „Akademischen Vereinigung für Außenpolitik" an der Universität Innsbruck, daß Österreich in der letzten Zeit auch Demütigungen in Kauf zu nehmen bereit gewesen sei, nur um zu einer raschen *„Bereinigung"* der Südtirolfrage zu gelangen. Zu dem „Paket" erklärte Brugger:

Die Verankerung des Pariser Vertrages ohne Einbeziehung des „Pakets" beim Internationalen Gerichtshof sei **nicht ausreichend.** Überhaupt sei die rechtliche Seite der Verankerung nicht genügend, um den Bestand und die Entwicklung der Südtiroler in Italien zu sichern. **Nur** überstaatliche Einrichtungen könnten die Rechte der Südtiroler ausreichend schützen!

Der Weg einer politischen Garantie durch die UN sei mit hohen Hypotheken belastet, denn Voraussetzung sei das „Ja" der Südtiroler zum angebotenen „Paket". Die Einheit der Südtiroler würde schon bei Abgabe der Zustimmung **einer sehr großen Belastungsprobe unterliegen,** die noch schwerer würde, wenn Italien etwa die rund 110 weniger wichtigen „Paket"-Maßnahmen durchführt und die Durchführung der vier bis fünf wichtigsten Maßnahmen trotz neuerlicher Aufforderung über die UN verschleppt. *„Wenn es Italien durch eine geschickte Verschleppungstaktik gelingt, Spaltung in die Reihen der Südtiroler zu bringen, ist ihre Widerstandskraft gebrochen und Italien kann die Spaltung so ausnützen, daß sich die volkliche Minderheit durch gegenseitigen Parteikampf, der noch dazu künstlich geschürt wird, von selbst erledigt. Die Südtiroler halten im Tauziehen länger durch, wenn sie nicht durch die Zustimmung zum ‚Paket' belastet sind."* Auf die Frage, warum die Südtiroler nicht (erneut!) das Selbstbestimmungsrecht verlangten, erwiderte Brugger, eine echte Lösung der Südtirolfrage sei *„derzeit nicht durchführbar"*.

27. Januar 1968

Alpinioffizier erschoß Soldaten: Anzeige erstattet

In Bozen wurde der Hauptmann einer Alpinikompanie, Antonio Dublo, der Gerichtsbehörde wegen fahrlässiger Tötung angezeigt, weil er am 3. September 1964 bei einem Patrouillengang im hintersten Anholzer Tal in der Dunkelheit ohne vorherige Warnung auf eigene Soldaten geschossen hatte, die er für „Tenoristen" hielt. Ein Soldat wurde dabei so schwer verletzt, daß er am folgenden Tag im Krankenhaus von Bruneck starb. Als 1961 zwei junge Südtiroler, die keineswegs dem Widerstand angehörten, erschossen wurden und als Peter Wieland angeschossen wurde und die Carabinieri ihn ungerührt verbluten ließen, ohne auch nur den Versuch zur Hilfe zu machen, hatte es keine gerichtlichen Anzeigen gegen die Verantwortlichen gegeben.

29. Januar bis 2. Februar 1968

Südtiroldebatte im Europarat

Auf Grund einer Initiative des Mondseer Arbeitskreises und gegen den entschiedenen Widerstand Italiens wurde das Südtirolproblem in der Vollversammlung des Europarates behandelt. Als erster Sprecher Österreichs ergriff der Nordtiroler Abgeordnete Dr. Leitner (ÖVP) das Wort. Er führte aus, daß Südtirol kein Krisenherd im Herzens Europas bleiben dürfe, der jederzeit in Brand gesteckt werden kann. Dann fuhr er wörtlich fort: *„Es ist der Wunsch Österreichs, daß die Südtirol-Unterkommission ihre Arbeit unter Vorsitz des Präsidenten Paul Struye wieder aufnimmt, damit die Verhandlungen zwischen Italien und Österreich nicht im Gestrüpp echter oder gewollter Verzögerungen scheitern ...“* In einer Replik erklärten die italienischen Abgeordneten Marchese Lucifero D'Aprigliano und Iannuzzi, das Südtirolproblem sei eine rein inneritalienische Angelegenheit, mit dem sich ein internationales Gremium wie der Europarat nicht zu befassen habe. Der österreichische Abgeordnete Dr. Scrinzi (FPÖ) begründete anschließend überzeugend die Zuständigkeit des Europarates. Nach einer Erklärung von Paul Struye ergriffen auch die Sozialisten Gratz und Czernetz für Österreich das Wort. Einen Höhepunkt bildete zweifellos die in Deutsch gehaltene Rede des der italienischen Delegation angehörenden Südtiroler Abgeordneten Dr. Toni Ebner. An seine italienischen Kollegen appellierte er, dafür zu sorgen, daß auch bei der durch die baldigen Neuwahlen in Italien notwendigen Neunominierung der Europaratsmitglieder Südtirol – wie bisher – durch einen Vertreter berücksichtigt werde. Dann meinte er: *„Gewiß, die Verhandlungen zwischen Österreich und Italien sind nicht abgebrochen worden, aber nach dem Stand der Dinge ist ein positiver Abschluß derselben nicht mehr abzusehen.“* Für allgemeine Heiterkeit sorgte der italienische Abgeordnete Sibille, als er in der anschließenden Agrardebatte folgendes sagte: *„Die große Freiheitsliebe aller im Alpenraum lebenden Völker* (daher auch der Südtiroler) *geht darauf zurück, daß sie alle einmal gemeinsam die Wohltaten der Cäsaren im Römischen Reich der Antike genossen haben.“*

Italien „lehrt Freiheit, Demokratie und Kultur ...“

Der italienische DC-Senator Iannuzzi nahm im Rahmen der Südtiroldebatte vor der Beratenden Versammlung des Europarates in Straßburg in polemischer Form zu den Ausführungen des österr. Nationalratsabgeordneten Dr. Leitner Stellung: Italien habe *„seit Jahrtausenden die Besiegten und Sieger Freiheit, Demokratie und Kultur gelehrt; für die Verteidigung der Würde der Menschen habe es einen hohen Blutzoll entrichtet.“* Sollte Abg. Leitner mit seiner Intervention in Straßburg die Absicht verfolgen, die autonomistischen oder separatistischen Tendenzen der Südtiroler zu unterstützen, müßten die bilateralen Verhandlungen mit Italien *„sofort abgebrochen werden.“* Iannuzzi meinte weiters, Italien habe den Pariser Vertrag *„sehr weitherzig“* durchgeführt und biete *„jede Garantie für das Wohl aller seiner italienischen Bürger.“*

1. Februar 1968

Das Vermächtnis des Prof. Dr. Gschnitzer: Warnung vor Verzichtspolitik!

Der langjährige Staatssekretär im Außenministerium, Univ.-Prof. Dr. Franz Gschnitzer, nahm in der in Innsbruck erscheinenden Zeitschrift „Südtirol in Wort und Bild“ (Nr. 1/1968) zu dem derzeitigen Stand der Südtirolverhandlungen Stellung. Zu dem „Paket“ sagte Gschnitzer: *„Es erregt Mißtrauen, daß Italien gerade jene Kompetenzen verweigert, die die Südtiroler gegen weitere Unterwanderung sichern würden. Bei der Verankerung stehen nach wie vor die beiden Auffassungen unvereinbar gegenüber. Italien beharrt darauf, mit dem Statut von 1948 das Pariser Abkommen erfüllt zu haben; die nunmehr verheißenen weiteren Kompetenzen will es nur intern, gleichsam aus Gnade und Barmherzigkeit geben. Österreich sieht demgegenüber in dem jetzt in Aussicht gestellten ‚Paket'-Maßnahmen zur Erfüllung des Pariser Abkommens. Daher besteht Österreich darauf, einen Vertrag zu schließen, der eine Instanz vorsieht, die darüber zu befinden hätte, ob das ‚Paket' auch durchgeführt werde. Italien weigert sich; das einzige Vertragsinstrument sei und bleibe das Pariser Abkommen, und im Zweifelsfall solle* *der Internationale Gerichtshof entscheiden, ob es erfüllt sei. Damit bliebe der Streit über die Auslegung des so allgemein gefaßten Pariser Abkommens unerledigt. Österreich kann sich nicht auf das jetzt Verhandelte berufen, sondern müßte jeweils den Nachweis führen, daß eine jetzt zugesagte und dann nicht durchgeführte Maßnahme des ‚Paketes' sich mit Notwendigkeit aus dem Pariser Abkommen ergebe ... Die Südtiroler und Österreich müssen sich auch davor hüten, eine vorzeitige Endfertigungserklärung abzugeben: Was als Recht am Papier steht, bedeutet noch lange nicht Verwirklichung im Leben. Man kann hier nicht vorsichtig genug sein. Als der Ausschuß der Südtiroler Volkspartei mit sehr geringer Mehrheit beschloß, der Landesversammlung als dem obersten, allein entscheidungsberechtigten Parteiorgan die Annahme des ‚Paketes' zu empfehlen, immer unter der Bedingung, daß eine wirksame Verankerung erreicht werde, wurde das sogleich dahin umgemünzt, daß die SVP das ‚Paket' angenommen habe. Wenn Österreich jetzt eine Endfertigungserklärung für den Zeitpunkt in Aussicht stellt, zu dem das ‚Paket' durchgeführt sein wird, wird die internationale Welt nur heraushören, daß der Streit damit beendet sei, obwohl die Durchführung noch im Schoße der parlamentarischen und bürokratischen italienischen Götter liegt. Der Vorschlag Italiens schließlich, vereinbarlich den IGH darüber entscheiden zu lassen, ob das Pariser Abkommen durchgeführt sei, ist aus den oben angegebenen Gründen ganz und gar unannehmbar. Die Durchführung des ‚Paketes' wäre damit nicht gewährleistet, wohl aber der Weg zu internationalen politischen Instanzen versperrt, denn es würde heißen: Sie haben sich ja auf den IGH geeinigt, wir brauchen uns damit nicht mehr zu befassen. Das sind die Gefahren der heutigen Lage, ähnlich der vor 20 Jahren. Es ist nicht so, daß die Mahner und Warner Extremisten wären, die keinen Abschluß wollten. Sie können aber nicht zu einem Abschluß raten, der dieselben Gefahren heraufbeschwört, die vor 20 Jahren eingetreten sind. Das gebrannte Kind scheut das Feuer. Daß man damals auf die Loyalität des Partners vertraute, mag entschuldbar sein; heute, nach den gemachten Erfahrungen, wäre es unverzeihlich."* Diese Ausführungen Gschnitzers waren seine letzte öffentliche politische Stellungnahme zu den Südtirolverhandlungen. Am 19. Juli 1968 riß ihn der Tod aus einem Leben, das dem Recht und dem Vaterland gewidmet gewesen war.

6. Februar 1968
Bundesheereinsatz beendet

Der neue österreichische Innenminister Franz Soronics erklärte vor der Presse: *„Der Bundesheereinsatz ist vom Ministerrat als beendet erklärt worden. Ich beabsichtige nicht, neue Einheiten anzufordern, weil die Exekutive durch fortschrittliche Motorisierung und Ausrüstung selbst die Grenzüberwachung klaglos durchführen kann. Es ist daran gedacht, in Zukunft nur die Exekutive – und insbesondere die Gendarmerie – heranzuziehen. Die Vorbereitungen für eine zusätzliche Zuteilung von Gendarmeriebeamten an das Kommando Tirol sind getroffen. Eine Überwachung der Grenze scheint nach bestem Wissen und Gewissen gewährleistet, obwohl es natürlich nicht möglich sein kann, eine lückenlose Überwachung durchzuführen."*

7. Februar bis 5. März 1968
Seltsame Methoden: Auslieferung mit Hilfe falscher Behauptungen verlangt

Die bayrische Grenzpolizei nahm am Grenzübergang Furth im Wald den 27jährigen Innsbrukker Studenten Herwig Nachtmann und den gleichaltrigen Rudolf Watschinger aus Fritzens in Nordtirol fest. Gegen die beiden lief ein österreichischer Haftbefehl. In einem Interview erklärte der Innsbrucker Staatsanwalt Dr. Daum gegenüber dem Österreichischen Rundfunk, daß Österreich die Auslieferung der beiden Studenten verlangen werde. Diese sei ohne weiteres möglich, da die den beiden zur Last gelegten Taten *„vorwiegend krimineller Natur"* seien. Am 8. Februar wies das Landgericht Nürnberg das österreichische Begehren auf Auslieferungshaft ab, da es sich bei den den Studenten zur Last gelegten Taten nicht um die Teilnahme an dem angeblichen Attentat auf der Porze-Scharte handelte, sondern lediglich um Begünstigung eines Verdächtigen. Dies stellte nach Meinung des Gerichtes aber ein politisches Delikt (sogar höchst geringfügiger Natur) dar. Bei politischen Delikten sei die Auslieferung nicht möglich. Am 10. Februar erklärte der österreichische Innenminister Soronics (ÖVP) im österreichischen Rundfunk, daß gegen Nachtmann und Watschinger *„ein schwerer Verdacht besteht, am Anschlag auf der Porze-Scharte beteiligt gewesen zu sein"*, doch gäbe es noch keine Beweise! In der Tat hat sich später herausgestellt, daß die beiden Studenten überhaupt nichts mit der Porze-Scharte zu tun hatten. Am 5. März erstatteten sie gegen den Innsbrucker Staatsanwalt Dr. Daum Anzeige wegen *„übler Nachrede"*. Die beiden Tiroler suchten in Bayern um politisches Asyl an.

13. Februar 1968

Nicht Weg zur Selbstbestimmung verbauen!

Die „Union für Südtirol" nahm zum Außenministerwechsel Stellung und warnte den neuen Außenminister Waldheim vor jeder Verzichtspolitik in Zusammenhang mit der EWG-Blockade Österreichs sowie vor Vereinbarungen, die den Weg zur Selbstbestimmung verbauen und die Schutzmachtfunktion Österreichs preisgeben könnten. Die Union stellte fest, daß nach wie vor ein Einreiseverbot für zahlreiche Österreicher nach Südtirol aufgrund „schwarzer Listen" bestehe und daß die längst fällige Amnestie für politische Häftlinge immer noch nicht erfolgt sei. Vom neuen Außenminister erwarte die Union, daß endlich ein Informationsbüro zur Unterrichtung der Weltöffentlichkeit über das Südtirolproblem geschaffen werde.

23. Februar 1968

Soronics will Polizeistaat ausbauen

In einem Interview in den „Salzburger Nachrichten" erklärte Innenminister Soronics, daß ein *„Generalplan"* erstellt worden sei, *„amtsbekannte Personen"* so streng zu überwachen, *„daß Überraschungsmomente und ein gewisses Unsicherheitsgefühl für diese Leute kommen"*. Es handle sich hierbei in Österreich um 230 Verdächtige, von denen bisher nur 7 angezeigt wurden. Für einen bestimmten Personenkreis, dessen Größe der Minister nicht nennen wollte, sei an eine Überwachung *„nach dem Vorbild von Georg Klotz"* gedacht, welcher sich laufend bei dem Gendarmerieposten melden muß. Der Minister übersah bei seinem im Dienste Italiens angelegten großartigen *„Generalplan"* lediglich, daß es in Österreich verfassungsrechtlich geschützte Bürgerrechte gab, die eine Durchführung dieser polizeistaatlichen Maßnahmen gegen österreichische Staatsbürger unmöglich machten. (Immerhin wurden über ein Jahr lang bekannte Südtirolaktivisten in Innsbruck mit riesigem Aufwand „und rund um die Uhr" beschattet. Diese Beschattung hatte allerdings Lücken, die technische und patriotische Ursachen hatten.)

Südtiroler wegen „Spionage" verurteilt

Der 22jährige Konrad Emst Matscher aus Tisens wurde vom Militärgericht in Verona zu einem Jahr und einem Monat Gefängnis verurteilt. Matscher, der im vergangenen Jahr in Rom seinen Militärdienst und einen kurzen Urlaub dazu benützte, nach Österreich zu flüchten, wurde vorgeworfen, *„österreichischen Behörden Nachrichten gegeben zu haben, die Militärfragen betrafen"*. Als er um Weihnachten 1967 wieder nach Tisens zurückkam, wurde er festgenommen und der Militärbehörde übergeben.

25. Februar 1968

Italienische Frontkämpfer für Faschistensymbole

Die Vereinigung der italienischen Frontkämpfer und Heimkehrer (ANCR) hielt in Anwesenheit von Vizeregierungskommissär Dr. Masci ihre Jahreshauptversammlung ab. Der wiederum als Präsident der Vereinigung bestätigte Luigi Roncador erklärte in einer mit Pathos vorgetragenen Rede, die Frontkämpfer könnten nicht untätig bleiben, wenn die *„Italianität"* dieser Erde angetastet, Gräber und Denkmäler geschändet, Anschläge auf das Leben der Soldaten und auf öffentliche Gebäude verübt würden. *„Wir verlangen vom Staate die Verteidigung der moralischen Würde und der physischen Integrität der Bürger italienischer Sprache sowie absolute Unnachgiebigkeit, was das Souveränitätsrecht Italiens in territorialer, politischer* *und verwaltungsmäßiger Hinsicht in der Provinz Bozen angeht.“* Zu der vor einiger Zeit vom Bozner Gemeinderat in Aussicht genommenen Entfernung der faschistischen Insignien am „Siegesdenkmal“ stellte Roncador fest: *„Wehe dem, der es anrührt! Die Frontkämpfer werden darüber wachen.“* Die chauvinistische Rede Roncadors wurde von der Versammlung mit frenetischem Beifall aufgenommen.

Kreisky fordert eigene Region Südtirol
In einer Rede in Solbad Hall forderte Dr. Kreisky die Errichtung einer eigenen Region für Südtirol. Die Umwandlung der Provinz Bozen in eine Region Südtirol wäre, so betonte der Redner, *„der positivste Beitrag, den Südtirolern zu zeigen, daß man jene Versprechungen ernst meint, die große italienische Staatsmänner zwei Mal, nach 1918 und nach 1945, den Südtirolern gegeben haben.“*

<u>26. Februar 1968</u>
Dr. Norbert Burger ist kein Neonazi
Der bekannte Südtirolkämpfer Dr. Norbert Burger hatte gegen den Redakteur der Zeitschrift „Der österreichische Standpunkt“, Dr. Rudolf Wengraf, Beleidigungsklage erhoben. Die Zeitschrift hatte im November 1966 und Januar 1967 Erklärungen des italienischen Innenministers Taviani veröffentlicht, der Dr. Burger als Neonazi bezeichnet hatte. Der Bezirksrichter Dr. Nekula verurteilte Dr. Wengraf wegen der Übernahme dieser Berichte zu einer Geldstrafe und führte im Urteil aus: *„Dr. Burger sieht sein Heil und seine Rettung in der Zugehörigkeit zur deutschen Nation. Aber die Beschuldigung, daß er ein Neonazi sei, ist durch nichts begründet und durch nichts erwiesen ... Eine deutschnationale Haltung bedeutet nicht eine ausgesprochen nationalistische Haltung.“*

<u>27. Februar 1968</u>
Volkswohnbau: Südtiroler benachteiligt
Die „Südtiroler Nachrichten“ meldeten: *„Aus Untersuchungen, die von der Südtiroler Landesregierung auf dem Wohnbausektor durchgeführt wurden, geht hervor, daß der staatlich subventionierte Wohnungsbau in der Provinz Bozen seit dem Jahre 1936 fast ausschließlich der seit damals aus dem Süden Italiens massiv zugewanderten italienischen Sprachgruppe zugute kam. Sie erhielt von den auf diese Weise erbauten Wohnungen 7.685 oder 87 Prozent. In den Jahren 1952 bis 1967 wurden in Südtirol mit Mitteln aus Wohnbauhilfsgesetzen 5.467 Eigentumswohnungen subventioniert. In den Genuß dieser Vergünstigungen gelangten 1.493 Südtiroler und 3.974 Italiener. Das entspricht wiederum 72,7 Prozent zugunsten der Italiener.“*

<u>28. Februar 1968</u>
Säuberung unter Italiens Militärs
Wie die „WOCHENPRESSE“ in Wien meldete, hat die italienische Regierung die Konsequenz aus dem aufgedeckten Plan eines rechtsradikalen „Präventivputsches“ des ehemaligen Generalstabschefs und Oberbefehlshabers der Carabinieri, General Giovanni de Lorenzo, gezogen. Offenbar waren viel mehr Militärs in den geplanten, aber nicht durchgeführten Putsch vom 14. Juli 1964 verwickelt, als bisher bekannt war. In einer siebenstündigen Sitzung wurde folgendes Revirement vollzogen: General Aloia, der Chef des Generalstabes, wurde durch General Guido Vedovato ersetzt, der erst im vergangenen April anstelle von General de Lorenzo das Kommando über die Landstreitkräfte übernommen hatte; zum neuen Chef der Landstreitkräfte avancierte General Engo Marchese (ehemals Bozen); General Duilio Fanali übernahm den Posten von General Aldo Remondino als Chef der Luftwaffe; anstelle von Carabinierigeneral Ciglieri, der diplomatisch die Stiegen hinauffiel und das Kommando über die III. Armee übernahm, trat General Luigi Forlezza. Ciglieris Stellvertreter – ebenfalls in den Fall verstrickt – wurde frühzeitig entlassen, da er im April in Pension ging. In dem Ehrenbeleidigungsprozeß, den General De Lorenzo gegen die Zeitung „Espresso“ angestrengt hat,

plädierte nun auch der Staatsanwalt für Freispruch der beklagten Journalisten. (Siehe auch: 6. Februar 1968, 17. April 1967, 12. Dezember 1967.) (Anmerkung: De Lorenzo gelangte nicht wieder in den aktiven Dienst zurück. Ab 1968 treffen wir ihn als monarchistischen, später neofaschistischen Parlamentsabgeordneten in Rom. Der von ihm einst geleitete Geheimdienst SIFAR war bereits 1966 umgekrempelt worden. 1966 hatte Innenminister Tremelloni den Geheimdienstchef Allavena entlassen und dem SIFAR einen neuen Namen verpaßt: SID (Servizio Informazioni Difesa). An den Putschgelüsten des Dienstes änderte sich wenig: Nach dem Mailänder Bombenattentat vom Dezember 1969 (16 Tote) vertuschte laut „SPIEGEL" Nr. 31/1981 der SID Spuren, die zu neofaschistischen Drahtziehern hätten führen können. SID-Agent Giannettini war mit zwei faschistischen Verschwörern im Bunde. Im Dezember 1970 plante Fürst Valerio Borghese zusammen mit SID-Verschwörern einen Staatsstreich, wobei das Innenministerium bereits besetzt wurde. Überraschenderweise wurde der Putsch wieder abgeblasen. SID-Chef Vito Miceli kam 1974 deswegen sogar kurzfristig hinter Gitter. Er wurde mangels an Beweisen freigesprochen und ging als neofaschistischer Abgeordneter ins Parlament. Ab Mai 1978 nannte sich der Dienst dann SISMI, dessen Mitarbeiter etwa zur Hälfte von den Carabinieri gestellt wurden und ihre Hauptaufgabe darin sahen, den anderen Dienst SISDE – eine Art Verfassungsschutz – zu bekämpfen. In der Folge werden die Geheimdienste noch in Zusammenhang mit zahlreichen Affären und Indiskretionen genannt werden – zuletzt in Verbindung mit der Freimaurerloge P2, welche vertrauliche Papiere der Geheimdienste besaß, und mit den Anschlägen der Terrorgruppe „Ein Tirol" in den achtziger Jahren in Südtirol.

„Italische Zivilisation"

Die „Nationale Vereinigung der Alpini" (ANA) der Provinz Bozen hielt in Bozen ihre Jahresversammlung ab. Der Vorsitzende der Versammlung, Barello, teilte mit, daß das am 2. Dezember 1966 durch ein Attentat zerstörte und sofort wieder aufgebaute „Alpini-Denkmal" in Bruneck (im Volksmund „Kapuziner-Wastl" genannt) nach Cuneo transportiert werde. An derselben Stelle werde am 30. Juni ein neues Denkmal zu Ehren der Alpini enthüllt, das mit dem alten in Form und Tendenz identisch sein werde. Das Denkmal war im Jahre 1937 als Symbol der „Italianita" Südtirols auf Anregung des faschistischen Präfekten von Bozen, Mastromattei, errichtet worden, vor allem, um die *„glorie africane"* der Division „Pusterese" zu feiern (so in der italienischen Zeitung „Provincia" vom 6. Juni 1938). Damals mußten die Südtiroler unfreiwillig an Mussolinis Giftgas-Kolonialkrieg in Abessinien teilnehmen, in fremder Uniform, auf fremdem Boden, für eine fremde Sache.

29. Februar 1968

Bergisel-Bund deckt schwerste Folterungen auf

Bereits Anfang des Jahres 1968 erfuhr der Bergisel-Bund OÖ., daß die am 12. September 1967 verhafteten Österreicher Karl Schafferer und Hansjörg Humer sowie der am 20. August 1967 verhaftete Österreicher Andreas Egger von den Carabinieri schwerst gefoltert worden waren. (Siehe auch: 12. September 1967.) Ein Ende Januar 1968 mit der Mutter des einen Verhafteten, Frau Amalie Humer, in Innsbruck aufgenommenes Protokoll bestätigte den Tatbestand. Am 29. Februar 1968 übersandte Bergisel-Bund-Obmann Richard von Helly das Protokoll an Bundeskanzler Dr. Klaus, Außenminister Kurt Waldheim und den Nordtiroler Landeshauptmann Eduard Wallnöfer. In einem Brief an Bundeskanzler Dr. Klaus hieß es über die Folterung des Österreichers Egger:

„Sehr geehrter Herr Bundeskanzler! Dem Bergisel-Bund Oberösterreich sind authentische Unterlagen zugekommen, daß der am 12. September 1967 bei Brixen verhaftete österreichische Staatsbürger und Student Hansjörg Humer aus Innsbruck von italienischen Polizeiorganen schwer mißhandelt wurde. Wir haben uns erlaubt, Ihnen, sehr geehrter Herr Bundeskanzler, die uns bezüglich des Falles Humer zugekommene Unterlage zuzusenden. Eine Photokopie ergeht sowohl an den Herrn Außenminister als auch an den Landeshauptmann von Nordtirol. Es ist das erste Mal seit Einsetzen der Anschläge in Südtirol, daß italienische

Polizeiorgane es gewagt haben, einen österreichischen Staatsbürger zu foltern. Bisher haben sich die Italiener auf Südtiroler (Staatsbürger des italienischen Staates) beschränkt, da diese keinen diplomatischen Schutz seitens Österreichs genießen. Es wurde im vergangenen Jahr jedoch nicht nur der Student Humer gefoltert, sondern auch der am 20. August 1967 in Südtirol verhaftete Andreas Egger aus Lienz in Osttirol. ... Als Egger am 27. August dann in das Gefängnis eingeliefert wurde, bot er einen erbarmungswürdigen Anblick. Er war blutig zerschlagen und seine Kleider waren zerfetzt. In den ersten Tagen war Egger nicht imstande, die ihm erlaubte Stunde Spaziergang im Gefängnishof zu absolvieren. Er mußte von Kameraden (gefangenen Südtirolern) auf einer improvisierten Tragbahre in den Hof hinuntergetragen werden, damit er überhaupt an die frische Luft kam. Weitere zehn Tage konnte er sich nicht fortbewegen, ohne gestützt zu werden. Egger hat mittlerweile Anzeige gegen seine Folterer erstattet und die Staatsanwaltschaft Bozen hat ihn als Antwort wegen Verleumdung geklagt. Wir haben Ihnen, sehr verehrter Herr Bundeskanzler, diese Tatsachen mitgeteilt, da wir der festen Überzeugung sind, daß Sie es nicht dulden werden, daß seitens italienischer Polizeibehörden in derartiger Weise mit unseren Staatsbürgern umgesprungen wird. Bezüglich der an Egger verübten Folterungen wären genauere Einzelheiten sicher bei seiner alten Mutter zu erfahren, die in Lienz lebt und ihren Sohn schon besuchen konnte ... Es zeichnet hochachtungsvoll der Obmann, Helly."

Brief des Bergisel-Bundes an Außenminister Waldheim:
„Sehr geehrter Herr Minister! Anbei übersenden wir Ihnen den von uns an Herrn Bundeskanzler übermittelten Brief in Kopie und lassen Ihnen auch beiliegend eine Photokopie des Folterprotokolles zukommen, dessen Original sich in dem Besitz des Herrn Bundeskanzlers befindet. Wir bedauern, daß wir Sie schon so kurz nach Ihrem Amtsantritt mit derart unangenehmen und entsetzlichen Dingen belasten müssen, wir sind jedoch der Meinung, daß Folterungen eigener Staatsbürger durch fremde Polizeiorgane nicht hingenommen werden können. In der Amtszeit Ihres Vorgängers Dr. Kreisky protestierte Österreich vor den Vereinten Nationen gegen die Mißhandlungen an Südtirolern. In der Ära Ihres unmittelbaren Amtsvorgängers Dr. Tončić-Sorinj blieben derlei Initiativen leider aus, obwohl authentisches Material sogar öffentlich bekannt geworden war (unter anderem auch im Linzer Südtirol-Prozeß). Wir setzen unser ganzen Vertrauen in Sie, Herr Minister, daß Österreich nicht eigene Staatsbürger ohne ein Wort des Protestes den grausamsten Foltermethoden ausgesetzt sein läßt. Hochachtungsvoll der Landesobmann, Helly."

Bergisel-Bund an Landeshauptmann Wallnöfer:
„Sehr geehrter Herr Landeshauptmann! Anbei übersenden wir Ihnen die Photokopie eines von Frau Humer unterzeichneten Gedächtnisprotokolls, deren Original der Herr Bundeskanzler erhalten hat. Eine Durchschrift mit beiden originalgefertigten Unterschriften wurde Herrn Dr. Eberhard Molling zur Weiterleitung an Sie übergeben. Wir legen diesem Brief auch die Kopien unserer Schreiben an den Herrn Bundeskanzler und den Herrn Außenminister zu Ihrer freundlichen Kenntnisnahme bei. Wir hoffen, daß mit aller Kraft den Folterungen an Südtirolern und an österreichischen Staatsbürgern Einhalt geboten werden wird. Hochachtungsvoll der Obmann, Helly."

Die Presse berichtet
In einer Presseaussendung teilte Richard von Helly die grausamen Folterungen der Öffentlichkeit mit: *„Ein Gefangener wurde nackt ausgezogen und sein Magen mit Salzlösung vollgepumpt ... diese Prozedur wurde mehrmals wiederholt ... wurden Gefangene an den Geschlechtsteilen mißhandelt und ihnen Körperhaare ausgerissen und sie wurden blutig geschlagen."*

Wien schweigt und duldet die Folterung eigener Staatsbürger
Weder der Bundeskanzler noch das Außenamt antworteten auf die an sie ergangenen Schreiben und auf die ihnen übermittelten authentischen Unterlagen. Es erfolgte kein Protest gegenüber Italien und keine tröstende Mitteilung an die Angehörigen der Verhafteten. Weder an Frau Humer, welche das Protokoll über die Folterung ihres Sohnes ausgefertigt hatte, noch an die in Lienz lebende Mutter von Egger trat irgendeine österreichische Dienststelle heran, um die Behauptungen des Bergisel-Bundes zu überprüfen.

Folterungen bestätigt
Nach ihrer Haftentlassung haben Karl Schafferer und Andreas Egger als Zeugen vor österreichischen Gerichten die an ihnen verübten Folterungen im Detail bestätigt.

Die italienische Reaktion
Am 6. März schrieb die amtliche Nachrichtenagentur „ITALIA": *„Diese Nachricht* (des Bergisel-Bundes über die Folterungen)*, die von einer Organisation kommt, die durch Jahre hindurch äußerst verleumderische Lügen gegen Italien verbreitet und den Terrorkampf in Südtirol finanziert und genährt hat, bedarf offensichtlich keiner Widerlegung."*

6. März 1968
Mitterdorfer unterstützt italienischen Standpunkt
Wie die Nachrichtenagentur „ITALIA" aus Bozen erfreut meldete, hat der Südtiroler Abgeordnete Dr. Mitterdorfer, der ebenso wie Magnago als Befürworter eines „Paket"-Abschlusses auf der Basis der derzeitigen Ergebnisse galt, in einer Rede in Wiesen im Pfitscher Tal seinen Landsleuten die Annahme des „Paketes" mit den Argumenten Italiens empfohlen: Das „Paket" sei annehmbar, da es das Maximum dessen darstelle, was man erreichen könne, und man dürfe nicht allzuviel von einer internationalen Verankerung erwarten. Die Erfahrung habe gezeigt, daß solche Garantien sehr oft tote Buchstaben blieben. Verglichen mit der Behandlung anderer Minderheiten, gehe es der deutschen Sprachgruppe in Südtirol nicht allzu schlecht. Ganz außerhalb der Wirklichkeit liege seiner Ansicht nach die seinerzeit von der SVP erhobene Forderung nach Unterstellung der Polizei unter die Provinz, denn der Staat könne nicht einen zweiten Polizeiapparat im Inneren dulden.

6. bis 12. März 1968
Wiener Südtirol-Prozeß: Freispruch
Um einer eventuellen Befangenheit Tiroler Richter zu begegnen, wurden alle Südtirol-Strafverfahren von Innsbruck nach Graz delegiert. Doch auch die Grazer Geschworenen waren den Südtiroler Freiheitskämpfern wohlgesonnen. Nachdem Versuche, die Kreisgerichte Wels und Ried mit Südtirolverfahren zu befassen, gescheitert waren, mußte die oberösterreichische Landeshauptstadt Linz herhalten. Auch dort fällten die Geschworenen einen Freispruch. Um zu einer Verurteilung von Südtiroler Freiheitskämpfern zu kommen, setzte das Justizministerium als letzte Hoffnung auf das „rote" Wien. Die beiden „Pusterer Buam" Heinrich Oberlechner und Josef Forer mußten sich nun vor einem Geschworenengericht unter Vorsitz von Dr. Alfred Gleissner verantworten. Beide wurden beschuldigt, 1962 größere Mengen Sprengstoff für den Widerstandskampf übernommen zu haben. Zusätzlich sollte Oberlechner sich von dem italienischen Agenten Joosten zur Hilfeleistung bei dem Anschlag auf den Brenner-Expreß am 15. 11. 1964 überreden haben lassen. Während beide die Sprengstoffübernahme bestätigten und auch ihre Beteiligung an Demonstrationssprengungen nicht in Abrede stellten, bestritt Oberlechner seine Beteiligung an dem Zugattentat entschieden. Der Leiter der Innsbrucker Staatspolizei bestätigte, daß Joosten, ein vorbestrafter, notorischer Betrüger, für eine italienische Stelle gearbeitet habe. In seinem Schlußwort betont Forer, daß er – obschon er über ein Jahr unschuldig in Untersuchungshaft verbringen mußte – am Tage der Selbstbestimmung Südtirols für einen Anschluß Südtirols an Österreich stimmen werde. Oberlechner erklärte: *„Unser Ziel ist das Selbstbestimmungsrecht für Südtirol. Die Italiener werden sonst*

ihr teuflisches Werk, Südtirol zu unterwandern und zu italianisieren, nie aufgeben." Die Wiener Geschworenen urteilten nicht anders als die Laienrichter in Graz und Linz. Sie sprachen Forer mit 8 : 0 und Oberlechner mit 7 : 1 Stimmen von der Anklage frei.

Nach Freispruch – Auslieferungshaft
Da gegen beide noch ein Auslieferungsverfahren anhängig war, wurden sie nicht enthaftet, sondern in das Landesgericht Feldkirch überstellt und in Auslieferungshaft genommen.

25. bis 27. März 1968
Wiener Südtirol-Prozeß
Wegen „*Gutheißung von Verbrechen*" mußten sich Dr. Norbert Burger und Peter Kienesberger vor einem Geschworenengericht in Wien unter Dr. Kubernat verantworten. Beide wurden beschuldigt, im deutschen Fernsehen, Burger auch im „SPIEGEL" und verschiedenen anderen Presseorganen, den Südtiroler Freiheitskampf gerechtfertigt zu haben. Beide Angeklagten wichen auch vor Gericht von dieser Haltung nicht ab und Dr. Burger hielt am ersten Tag ein fünfstündiges Plädoyer für die Gewaltanwendung in Südtirol. Dabei kam es zu harten Auseinandersetzungen mit dem Innsbrucker Staatsanwalt Dr. Daum. Nachdem wesentliche Anklagen nicht aufrechterhalten werden konnten, wurde Dr. Burger wegen eines Interviews in der italienischen Zeitung „Lo Specchio" zu acht Monaten und Kienesberger wegen eines Fernsehinterviews zu vier Monaten Arrest verurteilt. Als besonders kurios verdient festgehalten zu werden, daß das Interview mit „Lo Specchio" in Italien unbeanstandet geblieben war.

25. März bis 13. Juni 1968
Berufungsverhandlung im 2. Mailänder Südtirolprozeß
Vor einem Schwurgericht in Mailand unter Präsident Dr. Palma wurde die Berufungsverhandlung zum zweiten Mailänder Südtirol-Prozeß durchgeführt. (Liste der Angeklagten siehe 20. 4. 1966.) Am ersten Verhandlungstag beschwerte sich die Verteidigung von Prof. Dr. Andergassen über die schlechte Behandlung ihres Mandanten im Gefängnis. Er habe bei der Hochwasserkatastrophe in Florenz im November 1966 die Gelegenheit zur Flucht freiwillig unterlassen, um in den Hochwasserfluten Menschenleben zu retten. Zum Dank dafür sei er anschließend auf die Festung Volterra gebracht worden. Generalstaatsanwalt Dr. Lombardo gab seiner Hoffnung Ausdruck, daß bald alle italienischen Staatsbürger nur noch eine Sprache sprechen würden. Als Zeuge berichtete Hans Dietl über seinen Antrag auf der SVP-Landesversammlung von 1961, notfalls das Selbstbestimmungsrecht für Südtirol zu fordern. Der Gerichtsvorsitzende bemerkte dazu: „*Diese Forderung scheint mir doch etwas stark zu sein ... Wie stünden wir da, wenn wir jeder Region – den Sizilianern, Sarden, Südtirolern usw. – das Selbstbestimmungsrecht gewähren würden.*" Empörung löste das Plädoyer des 33jährigen Staatsadvokaten Dr. Maurizio Steccanella aus. Er erklärte, daß Italien den Pariser Vertrag großzügig erfüllt habe und daß deswegen kein berechtigter Anlaß zur Unzufriedenheit bestehe. In Südtirol gäbe es keine Mißstände. Deswegen betrachte er diese Verhandlung nicht als politischen Prozeß, sondern als einen Prozeß gegen Gemeinverbrecher. Diese Leute, die nicht bestehende Mißstände in Südtirol lediglich als Vorwand für ihre „*pangermanistischen Tendenzen*" nähmen und Südtirol vom italienischen Staatsgebiet abtrennen wollten, müßten die ganze Strenge des italienischen Gesetzes zu spüren bekommen; sie müßten wegen des Anschlages auf die territoriale Integrität des italienischen Staates (Art. Nr. 241) zu lebenslänglichem Zuchthaus verurteilt werden. Im weiteren Verlauf seiner Ausführungen beteuerte Dr. Steccanella, die Südtiroler seien die bestbehandelte Minderheit der Welt. Das demokratische Italien respektiere ihre Sitten und Gebräuche und habe nie die Absicht gehabt, sie zu assimilieren. Italien wolle lediglich ihre Eingliederung in den italienischen Staatsverband, ihre Freundschaft und die „*Verbrüderung mit ihnen*". Am Ende seiner Rede resümierte Dr. Steccanella ganz im Sinn der faschistischen Phraseologie, daß Südtirol erst von Italien zivilisiert und zu einem fortschrittlichen Land gemacht worden sei.

30. März 1968

„Tiroler bleiben in Tirol"

Befristet mit 31. März sollten die beiden in Nordtirol lebenden Südtiroler Karl Ausserer und Adolf Obexer aufgrund einer gerichtlichen Anweisung das Bundesland Tirol verlassen und in einem der östlichen Bundesländer Österreichs ihren Lebensunterhalt verdienen. Durch Pressenotizen in zwei Samstagszeitungen und durch hektographierte Flugzettel, die am Vormittag in den Straßen Innsbrucks verteilt wurden, aufmerksam gemacht, fanden sich gegen 14 Uhr vor dem Neuen Landhaus etwa 200 Personen ein, entfalteten auf dem Platz vor dem Neuen Landhaus vier Transparente mit den Beschriftungen: *„Tiroler bleiben Tiroler" – „Wir betteln nicht, wir fordern: kein Landesverweis für Südtiroler!" – „Tirol, wahre deine Würde!" – „Drinnen Folterung, hier Landesverrat!"* Sebastian Leitner, ein Südtiroler Umsiedler, verlas sodann auf den Stufen des Neuen Landhauses den Text einer Entschließung, die anschließend dem Landeshauptmann überreicht wurde und in der das jedem Tiroler zustehende Recht gefordert wird, in seiner Heimat in Freiheit zu leben. Aus der Mitte der Kundgebungsteilnehmer bildete sich sodann eine Abordnung, an ihrer Spitze als Delegationssprecher Altlandeshauptmannstellvertreter Prof. Dr. Johannes Gamper und der Obmann des Tiroler Bergisel-Bundes, Wolfgang Scheiber. Landeshauptmann Eduard Wallnöfer empfing die Abordnung in seinem Arbeitszimmer. Der Landeshauptmann sagte zu, daß sogleich eingebrachte Gesuche um Verbleib der beiden Südtiroler in Nordtirol von ihm unterstützt werden würden, und er versprach weiters, zunächst dafür zu sorgen, daß die am 31. März ablaufende Aufenthaltsfrist für Ausserer und Obexer in Nordtirol entsprechend erstreckt werde. Die etwa noch hundert vor dem Landhaus wartenden Teilnehmer der Protestkundgebung nahmen die Mitteilung vom Erfolg der Vorsprache mit Beifall auf und sangen abschließend das Andreas-Hofer-Lied.

26. April 1968

Waffenfund

In der Nähe der Carabinierikaseme bei Prad im Vintschgau fanden Sicherheitsorgane zwei Schnellfeuergewehre – wahrscheinlich jene, mit denen Unbekannte am 30. 9. 1967 die Kaserne unter Beschuß genommen hatten.

5. Mai 1968

Mehr als 800 Jahre Kerker

In der Sendereihe „Heimat an Etsch und Eisack" brachte Radio Tirol einen Kommentar, in dem daran erinnert wurde, daß *„italienische Gerichte in den letzten zehn Jahren gegen 150 Südtiroler wegen politischer Straftaten über 800 Jahre Kerker verhängt haben, weil sie – gewiß manchmal mit falschen Mitteln – ihre Treue zu Tirol und Österreich bekunden wollten."*

6. Mai 1968

„Dolomiten" verurteilt

Im Sommer 1966 hatten die Freiheitskämpfer Dr. Norbert Burger und Peter Kienesberger dem Deutschen Fernsehen ein Interview gegeben, in welchem sie erklärten, daß die Südtiroler aufgrund der von Italien geschaffenen Zustände ein Recht auf Widerstand besäßen. Die Bozner Tageszeitung „Dolomiten" hatte die beiden Männer als „Psychopathen" bezeichnet. Eine von dem Innsbrucker Rechtsanwalt Dr. Molling eingebrachte Klage hatte zur Folge, daß der verantwortliche Redakteur Dr. Oberhollenzer in Innsbruck zu einer Geldstrafe und zu einer Buße verurteilt wurde.

8. Mai 1968

Südtirolkommission beim Europarat bleibt bestehen

Im Europarat war der Antrag gestellt worden, aus Ersparnisgründen verschiedene Unterkommissionen aufzulösen. Es gelang Österreich, die Mehrzahl der Delegierten davon zu überzeugen, daß die Südtirolunterkommission weiter gute Dienste zur Lösung des Südtirolproblems leisten könne.

11. Mai 1968

Demonstranten fordern Freilassung der „Pusterer-Buam"

Verhaftungen und Pressewirbel: keine Auslieferung an Italien!

Eine Gruppe von Demonstranten plante in Feldkirch (Vorarlberg) eine große Kundgebung für die Freilassung der beiden Südtiroler Sepp Forer und Heinrich Oberlechner, die im März in Wien freigesprochen und seither in Feldkirch in Auslieferungshaft gehalten wurden. Auf Grund abgehörter Telephonate und überwachten Briefverkehres verhaftete die Staatspolizei vorbeugend in Linz den Obmann des Bergisel-Bundes Ing. Richard von Helly und die Oberösterreicher Sepp Holzinger, Helmut Golowitsch, Werner Plass und Helmut Kuttelwascher (österreichischer Olympiateilnehmer im Rudern von 1964). Bei ihnen wurden Flugblätter beschlagnahmt, in denen die Vorarlberger zum Widerstand gegen die Regierung aufgefordert worden waren und die mit dem Ruf *„Nieder mit der Schandgrenze am Brenner"* schlossen. Trotz starker Sicherheitsmaßnahmen gelang es zahlreichen Frauen und Männern, vor dem Gefängnis zu demonstrieren. Der Bezirkshauptmann von Feldkirch empfing Sprecher des Bergisel-Bundes. Nach seiner Zusicherung, sich für eine rasche Freilassung der Südtiroler einzusetzen, wurde die Aktion abgebrochen. Wenig später wurden die beiden Südtiroler gegen Auflagen, die ihre persönliche Freiheit sehr einschränkten, enthaftet. (Siehe auch: 2. Juli 1968.) Nach einigen Tagen wurden auch die verhafteten Oberösterreicher freigelassen. Sie waren beschuldigt worden, sie hätten *„gewaltsam das Landesgericht Feldkirch stürmen"* wollen. Insgesamt hatten die Verhaftungen und die Proteste dagegen einen solchen Wirbel in der Öffentlichkeit ausgelöst – Fernsehen und Presse berichteten ausführlich –, daß an eine schnelle und stille Auslieferung der „Pusterer Buam" an Italien nicht mehr zu denken war. Es hatte auch die „Union für Südtirol" bei Landeshauptmann Wallnöfer offiziell interveniert und dieser hatte versprochen, sich für die baldige Freilassung der „Pusterer" einzusetzen.

19. Mai 1968

Ergebnisse der Parlamentswahlen in Südtirol

Die Kammerwahlen brachten für die Südtiroler Volkspartei beachtliche Erfolge. Sie konnte ihren Stimmenanteil erheblich verbessern: Hier die auszugsweisen Ergebnisse der wichtigsten Parteien (in Klammer die Ergebnisse von 1963): Die SVP erhielt 139.120 (132.231) Stimmen und 58,49 (56,60) Prozent. Die SFP erhielt 5.533 (-) Stimmen und 2,32 (-) Prozent. Die DC erhielt 34.303 (38.557) Stimmen und 14,41 (16,50) Prozent. Die PSU (PSI und PSDI) erhielt 20.846 (29.937) und 8,76 (12,80) Prozent. Die PCI erhielt 12.735 (11.987) Stimmen und 5,35 (5,13) Prozent. Der MSI erhielt 9.816 (10.746) Stimmen und 4,12 (4,60) Prozent.

Zu Kammerabgeordneten der Provinz Bozen wurden gewählt: Dr. Karl Mitterdorfer (SVP), Dr. Roland Riz (SVP) und Hans Dietl (SVP). – Als Senatoren zogen Dr. Peter Brugger (SVP) und Dr. Friedl Volgger (SVP) in den Senat ein.

Bundesversammlung des Bergisel-Bundes

In Lienz fand die alle drei Jahre fällige Hauptversammlung des Bergisel-Bundes statt. Der Osttiroler Nationalratsabgeordnete Franz Kranebitter (ÖVP) wurde als Bundesobmann wiedergewählt.

25. Mai 1968

Appell zur Begnadigung der „Pfunderer-Burschen"

Der Mondseer-Arbeitskreis richtete an alle Abgeordneten des Europarates den dringenden Appell, sich für eine Begnadigung der „Pfunderer-Burschen" in Italien einzusetzen. Bereits am 23. 10. 1963 hatte der Generalsekretär des Europarates Italien mitgeteilt, daß die Menschenrechtskommission in Straßburg *„es aus menschlichen Gründen wünschenswert gehalten habe, in Anbetracht der Jugend der Täter Gnadenmaßnahmen zu empfehlen."* Es wurde weiter darauf hingewiesen, daß auch die italienischen Gefängnisdirektoren eine Begnadigung empfohlen hatten. Mit Ausnahme von Alois Ebner hatten alle bereits zwei Drittel ihrer Strafe verbüßt. Unschuldig waren sie 11 Jahre in Haft. Aus diesem Brief wurde auch der Öffentlichkeit bekannt, daß die Südtiroler Gefangenen auf die Haftanstalten von Padua, Fossano, Florenz und Alessandria verteilt worden waren, was nicht nur als zusätzliche Schikane empfunden wurde, sondern auch Besuche aus der Heimat fast unmöglich machte.

13. Juni 1968

Berufungsurteil im 2. Mailänder Südtirol-Prozeß

Nachdem bereits die erste Instanz ein überaus hartes Urteil in einer Gesamthöhe von 333 Jahren Kerker ausgesprochen hatte, verschärfte die Berufungsinstanz die Gesamthöhe um mehr als 30 Jahre. (Einzelurteile 1. Instanz siehe: 20. 4. 1966) Der Verteidiger Dr. Hugo Gamper kommentierte die Verschärfung mit folgenden Worten: *„Das Urteil stellt einen eklatanten Justizirrtum dar, zu dem sich jeder weitere Kommentar erübrigt.“* (Anmerkung: Der zu 30 Jahren verurteilte Günther Andergassen wurde nach Verbüßung von mehr als 6½ Jahren Haft am 18. 12. 1970 begnadigt und nach Österreich abgeschoben).

Ehrenvoller Empfang für Südtiroler Freiheitskämpfer

Der 22jährige Andreas Ladurner, der zu sechs Jahren und neun Monaten Haft verurteilt und dem ein Strafnachlaß von zwei Jahren bewilligt worden war, (er hatte am 6. 9. 1963 gemeinsam mit Fischer und Rainer einen Feuerüberfall auf eine Polizeistreife durchgeführt) konnte am gleichen Tag in seine Heimat zurückkehren. Sowohl die Musikkapelle und die Schützenkompanie Untermais als auch die Bevölkerung bereiteten den Freiheitskämpfern einen begeisterten Empfang. Der neofaschistische Abgeordnete Dr. Mitolo nahm diese Begrüßung zum Anlaß, beim Präsidium des Landesausschusses nachzufragen, ob die Schützenkompanie und Musikkapelle Untermais kulturelle Beiträge des Landes erhalten würden. Er begründete seine Empörung damit, daß diese Vereine *„einem Terroristen, der fast zum Mörder geworden wäre ... und jetzt nach Abbüßung seiner milden Strafe aus der Haft entlassen wurde ... einen ehrenvollen Empfang bereitet haben.“* (Urteile siehe 20. April 1966.)

15. Juni 1968

Dr. Burger verhaftet: Tip aus Österreich?

In den frühen Abendstunden wurde der Südtirolaktivist Dr. Norbert Burger von der deutschen Polizei nahe der Grenze bei Salzburg verhaftet. Burger wollte, wie die „Austria-Presse-Agentur“ aus Innsbruck meldete, im Transitverkehr mit einem Autobus der österreichischen Postverwaltung über Lofer und Berchtesgaden nach Salzburg fahren. Die deutschen Behörden kontrollierten den Autobus und verhafteten Burger auf Grund eines gegen ihn aufrechten Haftbefehles des Amtsgerichtes München kurz vor dem Übertritt auf österreichisches Gebiet. Er wurde nach München gebracht. Wie der „Wiener Montag“ am 17. Juni meldete, war der „Tip“ an die bundesdeutschen Kollegen angeblich von der österreichischen Polizei gekommen. Der Korridorbus fährt normalerweise unkontrolliert im Transitverkehr durch.

18. Juni 1968

SVP zu den Berufungsurteilen in Mailand

Der Parteiausschuß der SVP veröffentlichte eine Entschließung zu den Urteilen vom 13. 6. 1968 im Mailänder Südtirolprozeß: *„Der Parteiausschuß ist beeindruckt von der nicht erwarteten Härte des Urteils, welches die Südtiroler enttäuscht und die sich anbahnende politische Entspannung nicht fördert. Er ist erschüttert über die Ausführungen des Staatsanwaltes, welche für die Südtiroler oft kränkend und beleidigend waren. Seine Lobesworte für Dr. Andrea Mitolo, den Verfechter des neofaschistischen Gedankengutes in Südtirol, haben großes Befremden in der Südtiroler Bevölkerung ausgelöst und müssen entschieden zurückgewiesen werden ...“*

Pressestimme zum Berufungsurteil in Mailand

In einem Leitartikel der „Vorarlberger Nachrichten“ hieß es: *„So wenig fruchteten die Appelle gegen die maßlos übertriebenen und künstlich konstruierten Anklagen, die Appelle um*

Georg Klotz vor dem Schöffengericht in Wien (9. Oktober 1968).

13. Juni 1968: Urteilsverkündung im Berufungsverfahren zum 2. Mailänder Südtirolprozeß: Das Urteil der 1. Instanz, die 333 Jahre Kerker verhängt hatte, wurde um weitere dreißig Jahre verschärft. Franz Ebner und Richard Kofler (links) mußten im Gefängnis bleiben, Andreas Ladurner (Mitte) konnte heimkehren, Günther Andergassen erhielt 30 Jahre.

Urteile, die auf Versöhnung und Entschärfung der Südtirol-Frage gerichtet sein sollten, daß die nicht unbillige Erwartung auf politische und menschliche Verständigung einfach mit verschärfter Absage und dumpfem Haß beantwortet wurde. Es ist viel von Nazismus in den Anklagereden gesprochen worden, aber die Urteile selbst zeigen eine Sprache, wie man sie sonst nur in totalitären, in kommunistischen oder faschistischen Staaten kennt ...“

Burschenschaften protestieren gegen „Schandurteil“
Die Arbeitsgemeinschaft „Deutsche Burschenschaft“ in Österreich, die eine große Zahl akademischer Burschenschaften an allen österreichischen Hochschulen mit insgesamt mehreren tausend Mitgliedern vertritt, sandte folgende Resolution an die österreichische Bundesregierung: *„Die zweite Instanz im Mailänder Südtirolprozeß hat nach einem höchst fragwürdigen Verfahren ein Urteil wider jeden europäischen Geist gefällt. Grundlage des Schauprozesses bildeten auch diesmal wieder durch Folterungen erzwungene Geständnisse. Die Deutschen Burschenschaften in Österreich empfehlen der Bundesregierung dringend, Italien vor der Menschenrechtskommission Europas wegen dieser Schändung der Menschenwürde anzuklagen. Tief bestürzt nehmen die Deutschen Burschenschaften in Österreich diese Schandurteile zum Anlaß, erneut an die Bundesregierung die Aufforderung zu richten, die Anliegen der Deutsch-Südtiroler, insbesondere ihr Recht auf Selbstbestimmung, in den internationalen Gremien mit Nachdruck zu betreiben ...“*

21. Juni 1968
„Alto Adige addio“
Wie der „Rheinische Merkur“ in Köln meldete, hat der ehemalige Leiter des Grenzzonenamtes, Renato Cajoli, ein Buch über Südtirol unter dem Titel „Alto Adige addio“ veröffentlicht. In dem „Paket“ vorgesehener Autonomiemaßnahmen für Südtirol sieht Cajoli den entscheidenden Schritt zum unausweichlichen Verlust Südtirols für Italien. Eine erweiterte Autonomie werde die Südtiroler in der Wirtschaft und in der öffentlichen Verwaltung stärken. Dies werde eine allmähliche Loslösung des Landes von Italien einleiten, die schließlich in einer völligen Trennung enden würde. Für Cajoli ergibt sich daraus der Schluß, daß entweder eine italienische Mehrheit in Südtirol geschaffen werden müsse, oder der spätere Verlust Südtirols unausweichlich sei.

24. Juni 1968
Neues Kabinett in Rom
Der 60jährige Prof. Giovanni Leone aus Neapel bildete eine nur aus Christlichen Demokraten bestehende Minderheitsregierung. Außenminister wurde Giuseppe Medici, der seit 1924 schon verschiedenen Kabinetten angehört hatte.

25. Juni 1968
Anzeige wegen Herz-Jesu-Feuer
Die Carabinieri von Bruneck erstatten gegen drei junge Südtiroler Anzeige, weil sie am Abend des Herz-Jesu-Sonntags auf einem der umliegenden Berge von Bruneck Feuer angezündet hatten. Das Abbrennen von Feuern war laut einer Verordnung des Vizeregierungskommissärs verboten.

30. Juni 1968
SVP-Abg. Dietl zu den Methoden politischer Justiz in Südtirol
In den „Südtiroler Nachrichten“ nahm der Abg. Hans Dietl zu den Methoden italienischer, politischer Justiz Stellung: *„Laut Artikel 13 der Verfassung kann die öffentliche Sicherheitsbehörde bei schwerem Verdacht und äußerster Dringlichkeit und Notwendigkeit einstweilige Verfügungen treffen. Weiters kann die Polizei gemäß Art. 238 der italienischen Strafprozeßordnung in Fällen von Fluchtgefahr Verdächtige in Gewahrsam nehmen. Die Gerichtsbehörde muß jedoch innerhalb von 48 Stunden diesen Gewahrsam bestätigen. Der Staatsan-*

waltschaft steht jedoch die Befugnis zu, den Polizeigewahrsam auf sieben Tage auszudehnen. In Südtirol ist es nunmehr die Regel, daß bei politischen Häftlingen diese schwerwiegende Ausdehnung auf sieben Tage eingeräumt wird ... Ein Beispiel führen wir noch an, weil es eine Praxis aufzeigt, die in die Begriffsbestimmung der Sippenhaft einzustufen ist. Am 22. März 1967 wurde gegen den 19 Jahre alten Robert Forer Haftbefehl erlassen, weil er am Heiligen Abend 1965 seinen flüchtigen Bruder Josef Forer in Österreich besucht hatte. Robert Forer wurde erst nach sechs Monate langer Untersuchungshaft die provisorische Freiheit gewährt. Mit dem unlängst hinterlegten Untersuchungsurteil mußte Robert Forer jedoch in allen Anklagepunkten freigesprochen werden. So teilte auch er mit anderen Südtirolern das bittere Los, monatelang unschuldig im Gefängnis sitzen zu müssen. Aus den angeführten Beispielen, die noch vermehrt werden könnten, geht hervor, daß die Methode der Rechtsprechung in den politischen Südtirolprozessen nicht befriedigen kann. Diejenigen, die politischer Vergehen beschuldigt werden, werden von Geschworenen und vielleicht auch von Richtern beurteilt und verurteilt, die für die politischen Motive, die zu den Straftaten führten, nicht nur keinerlei Verständnis aufbringen, sondern sich sogar in falsch verstandenem nationalen Denken für verpflichtet erachten, über alle Maßen harte Urteile zu fällen.“

Verbannung wie unter dem Faschismus

Die „Südtiroler Nachrichten“ kritisierten weiters, daß der aus der Faschistenzeit stammende Artikel 282 der italienischen Strafprozeßordnung noch immer angewandt würde, wonach der Untersuchungsrichter in provisorische Freiheit gesetzte Angeklagte an fremde Verbannungsorte fern der Heimat schicken kann. So wurde der 1966 verhaftete Gemeindearzt von St. Martin im Gsies verbannt und seitdem sei der Ort ohne Arzt. Ein gleiches Schicksal habe ein Südtiroler Priester erlitten. *„Unter dem Faschismus“*, schreibt die Zeitung, *„erhielten die Konfinierten wenigstens eine Aufenthaltsentschädigung! Und heute?“*

Neuer „Kapuziner-Wastl“ eingeweiht

Das 1966 gesprengte und wieder reparierte faschistische Alpini-Denkmal, von der Bevölkerung wegen der Regenkapuze auch „Kapuziner-Wastl“ genannt, wurde nach Cuneo gebracht und dort im Kasernengelände aufgestellt. An seiner Stelle wurde ein identisches, neu erstelltes Denkmal vor 10.000 aus ganz Norditalien angereisten Alpini-Veteranen mit dem üblichen Pomp eingeweiht. Der Provinzsekretär der *„Nationalen Vereinigung der Alpinisoldaten“* (ANA), Barello, erklärte, daß das Denkmal alle jene *„zu loyalen und würdigen Taten anleiten soll, die dieses Land wahrhaft lieben.“*

2. Juli 1968

Versuchter Sprengstoffanschlag

An einem Oberleitungsmast der Brenner-Bahn wurde bei Branzoll durch eine Carabinieristreife eine 4 kg schwere Sprengladung gefunden und durch Feuerwerker entschärft.

2. bis 9. Juli 1968

Hungerstreik

Nachdem die gesetzlich festgelegte Frist längst überschritten war, traten Dr. Hartung, Kienesberger und Kufner im Innsbrucker Gefängnis aus Protest darüber, daß ihnen trotz bereits erfolgter Überschreitung der gesetzlichen Frist die Anklageschrift noch nicht zugestellt worden war, in den Hungerstreik. Dieser wurde erst beendet, nachdem sie der Präsident des Gerichtes persönlich aufgesucht hatte und ein Termin für die Übergabe der Anklageschrift zugesichert worden war.

Aufenthaltsverbot für Südtiroler

Die Bezirkshauptmannschaft Feldkirch erließ gegen zwei der vier „Pustererbuam“, gegen Josef Forer und Heinrich Oberlechner, ein unbefristetes Aufenthaltsverbot für ganz Österreich, dessen Vollstreckung bis auf weiteres aufgeschoben werden sollte, wenn die beiden Freiheitskämpfer sich jeder politischen Tätigkeit enthalten, sich täglich bei der Polizei melden und eine Reihe von Nordtiroler Bezirken meiden würden. Gegen diesen Bescheid brachten die Freiheitskämpfer Berufung ein, welche am 18. 3. 1970 von der Sicherheitsdirektion für das Land Tirol verworfen wurde.

7. Juli 1968
Versuchte Sprengung
Ein Italiener entdeckte in der Nähe der Elektrozentrale von Cimego im Trentino am Fuße eines Hochspannungsmasten ein Plastiksäckchen, das Sprengstoff und Zündkapseln enthielt. Die Sprengmaterialien waren schweizerischer Herkunft.

10. Juli 1968
Burger wird nicht ausgeliefert
Die Pressestelle des bayrischen Justizministeriums teilte mit, daß das Oberlandesgericht München den italienischen Antrag, den „Südtirol-Extremisten" Dr. Norbert Burger auszuliefern, abgelehnt hat. Der italienische Auslieferungsantrag wurde am 25. Juni im Zusammenhang mit Burgers angeblicher Beteiligung am Anschlag an der Porzescharte gestellt.

12. Juli 1968
Waffenfund
Der 44jährige Johann Kofler und der 44 Jahre alte Walter Locher aus Sarnthein wurden wegen unerlaubten Waffenbesitzes der Gerichtsbehörde angezeigt. Carabinieri hatten bei einer Hausdurchsuchung der beiden Männer ein Jagdgewehr, eine Pistole und Munition gefunden und sichergestellt.

13. Juli 1968
Freispruch
Der Brixener Bezirksrichter sprach zwei Ortsobmänner der SVP frei, die von den Carabinieri angezeigt wurden, weil sie vor den politischen Wahlen in Südtirol die weiß-rote Parteifahne der Südtiroler Volkspartei gehißt hatten.

15. Juli 1968
Südtirolkonferenz in Innsbruck
Im Landhaus in Innsbruck fand eine informelle Südtirolkonferenz statt, an der neben Vertretern des Außenministeriums auch Delegationen aus Nord- und Südtirol teilnahmen. Dr. Jenny von der „Sozialen Fortschrittspartei" war nicht eingeladen worden, weshalb auch die SPÖ-Vertreter fernblieben. Außenminister Waldheim berichtete über geplante Schritte bei der neuen Regierung in Rom: Man werde mit Italien über jene Vorschläge verhandeln, die schon in einem Memorandum an Rom übermittelt worden seien. Österreich habe sich darin bereit erklärt, drei bis vier Jahre lang die Anrufung eines internationalen Gremiums in der Südtirolfrage zu unterlassen, wodurch Italien die Möglichkeit erhielte, die im sogenannten „Paket" festgehaltenen Zugeständnisse an die Autonomie der Südtiroler Bevölkerung durchzuführen. Erst wenn die vorgesehenen Maßnahmen sowohl in der Verfassung als auch in einfachen Gesetzen und Verordnungen verwirklicht sind, würde Österreich den bilateralen Streit als beigelegt erklären. Wien und Rom sollten jedoch nach österreichischer Ansicht die Möglichkeit haben, im Falle der Überschreitung der vereinbarten Stillhaltefrist beziehungsweise des ungebührlichen Hinauszögerns der Streitbeilegungserklärung ein internationales Gremium als Schiedsrichter anzurufen.

17. Juli 1968
SPÖ kritisch gegenüber „neuer Linie" in der Südtirolpolitik
In einem Rundfunkinterview stellte Landesrat Zechtl (SPÖ) fest, daß die alte Linie der Südtirolpolitik eindeutig gewesen sei und eine klar abgezeichnete Haltung gegenüber dem italieni-

schen Partner zum Ausdruck gebracht habe. Jetzt sei es leider so, daß immer neue Varianten auftauchen und man fast nicht mehr wisse, was Gültigkeit habe. Nach Meinung Zechtls müsse wieder eine klare Bestandsaufnahme auf Grundlage der beiden entscheidenden Fragen – „Paket“ und internationale Absicherung – erarbeitet werden.

18. Juli 1968

Dr. Burger wieder frei

Dr. Burger, der vor einem Monat auf der Fahrt nach München-Stadelheim im sogenannten „Deutschen Eck“ festgenommen wurde, wurde gegen eine Kaution auf freien Fuß gesetzt. Diese Kaution sei, so versicherte Burger, nicht von einer Organisation, sondern von etwa zwölf *„Freunden in Deutschland und Österreich“* aufgebracht worden.

19. Juli 1968

Dr. Franz Gschnitzer gestorben

Der bekannte Vorkämpfer für die Rechte Südtirols, Univ.-Prof. Dr. Franz Gschnitzer, erlag im Alter von 70 Jahren einem Herzinfarkt. Von 1945 bis 1962 gehörte er dem österreichischen Nationalrat, von 1962 bis 1965 dem Bundesrat an. Als Staatssekretär im österreichischen Außenamt gestaltete er von 1956 bis 1961 die Südtirolpolitik maßgeblich mit. Bis zu seinem Tode gehörte er als Fachmann der österreichischen Südtiroldelegation an. 1945 hatte Franz Gschnitzer vor Studenten in Wien erklärt, man könne den Status quo des Jahres 1918 nur dann anerkennen, *„wenn Italien den nationalen Status quo des Jahres 1918 respektiert.“* 1956 hatte Gschnitzer am Grabe des Kanonikus Gamper die Jugend Tirols aufgerufen, dessen geistiges Erbe zu bewahren. Gamper war der unbeugsame Vorkämpfer für die Rückgliederung Südtirols an Österreich gewesen. Mit Franz Gschnitzer starb ein Mann, der seine ganze Kraft in den Dienst des Vaterlandes gestellt hatte. *„Tirol muß Tirol bleiben“,* hatte Franz Gschnitzer 1959 auf der Martin-Theimer-Feier in Schlanders ausgerufen. Dies ist seine Forderung und sein Vermächtnis!

24. und 25. Juli 1968

Südtirol-Experten trafen sich in Paris

In Fortsetzung der seit Jahren geführten Gespräche auf Beamtenebene trafen sich die Südtirol-Experten der beiden Länder in Paris. Zwar wurden nach Presseberichten Fortschritte in verschiedenen offenen Verhandlungspunkten erzielt, keine Einigung konnte jedoch in der Frage der internationalen Verankerung getroffen werden. Nach einer Meldung der „Frankfurter Allgemeinen Zeitung“ habe Österreich allerdings auf eine internationale juridische Verankerung (Schiedskommission) verzichtet und sei wieder auf die Tončić-Sorinj-Linie der *„politischen Verankerung“* zurückgewichen.

27. Juli 1968

Liebedienerei gegenüber Italien: Keine Demonstration für „Pusterer“

Die Bundespolizeidirektion Innsbruck hat durch Bescheid eine Demonstration des Bergisel-Bundes Tirol für die Freilassung der beiden „Pusterer Buam“, Josef Forer und Heinrich Oberlechner, verboten. Diese befanden sich im Landesgericht Feldkirch in Auslieferungshaft, nachdem sie vor mehr als vier Monaten in einem Prozeß in Wien freigesprochen worden waren.

29. Juli 1968

„Pusterer“ werden nicht ausgeliefert – Mordanklage in Österreich

Unter Bezugnahme auf Pressemeldungen gab das Bundesministerium für Justiz bekannt: Das Oberlandesgericht Innsbruck habe die Auslieferung der beiden Südtiroler Josef Forer und Heinrich Oberlechner nach Italien wegen in Südtirol begangener Straftaten auf Grund des politischen Charakters der Taten abgelehnt. Diese Straftaten unterlägen nicht der österreichischen Strafgerichtsbarkeit. Dagegen sei wegen der Straftaten, denen das Oberlandesgericht

Innsbruck einen solchen politischen Charakter nicht zugesprochen hat, in Österreich ein Strafverfahren durchzuführen. Das Landesgericht Feldkirch habe daher auf Antrag der Staatsanwaltschaft am 16. Juli die Einleitung der Voruntersuchung gegen Josef Forer und Heinrich Oberlechner wegen des Verdachts des Verbrechens des Mordes nach § 134 ff StG. sowie die Verhängung der obligatorischen Untersuchungshaft beschlossen. Die beiden Südtiroler wurden verdächtigt, an den Anschlägen am 26. August 1965 in Sexten (zwei Tote), am 12. Juli 1966 in St. Martin in Gsies (drei Tote) und am 23. Mai 1966 auf dem Pfitscher Joch (ein Toter) beteiligt gewesen zu sein.

3. August 1968

„Die Justiz nimmt es nicht so genau"

Unter diesem Titel schrieb Dieter Wallisch im „Salzburger Volksblatt": *„Schon Dr. Burger saß auf Anweisung des Innsbrucker Staatsanwaltes Dr. Daum mehrere Monate lang in Untersuchungshaft, ohne daß ihm eine Klage zugestellt worden wäre, wie das die Gesetze verlangen. Der Fall der beiden ‚Pusterer', Forer und Oberlechner, beleuchtet zur Zeit erneut die Zweideutigkeit, die auf die Justiz fällt, wenn sie sich in den Dienst der Politik stellt. Die beiden Südtiroler, die am aktiven Widerstand in Südtirol teilgenommen hatten, flüchteten vor den Italienern nach Österreich. Sie kamen allerdings auch hier in die Mühlen der Gerichtsmaschinerie. Im Mai 1967 wurden sie in Haft genommen und erst nahezu ein Jahr später, im März 1968, von allen Anklagepunkten freigesprochen. Oberlechner war beispielsweise von dem italienischen Agenten Joosten belastet worden. Nach dem Freispruch hörte man nichts, daß gegen diesen Agenten Schritte eingeleitet worden wären. Dafür mußten Forer und Oberlechner weiter hinter Gittern bleiben. Es lief noch ein italienischer Auslieferungsantrag. Man rechnete, daß dieses Verfahren innerhalb kürzester Zeit beendet wäre. Dem war aber nicht so. Die beiden Südtiroler wurden nach Feldkirch ins Gefängnis überstellt, weil sie vor ihrem Verfahren dort polizeilich gemeldet waren. Einsprüche und Vorsprachen häuften sich, doch die Entscheidung der Justizbehörden über die Auslieferung, die in Wahrheit nur eine Formsache war, wurde monatelang hinausgezögert. Erst als der Bergisel-Bund verschiedene Aktionen ankündigte und durchführte, kam Bewegung in die träge Masse. Diese Woche gab das Justizministerium bekannt, daß das italienische Auslieferungsbegehren abgelehnt worden sei. Die beiden Südtiroler bleiben aber trotzdem in Haft. Denn jetzt hat die Staatsanwaltschaft Innsbruck Vorerhebungen wegen Verdachtes der Beihilfe zum Mord eingeleitet. Aus der Auslieferungshaft wurde ohne Übergang die Untersuchungshaft. Da aber bisher von den Justizfunktionären keine Fakten berichtet wurden, die der Öffentlichkeit dieses Vorgehen begreiflich machen, taucht ein sehr schwerwiegender Verdacht auf. Man glaubt nämlich bereits, diese Voruntersuchung sei nur ein Vorwand, um die beiden Südtiroler weiter in Haft halten zu können, was als deutliche Vorleistung für künftige österreichisch-italienische Verhandlungen angesehen wird. Ähnlich ging es ja auch Dr. Burger, der wegen eines Presseprozesses monatelang inhaftiert war, worauf der Staatsanwalt bei der Verhandlung den Hauptpunkt der Anklage einfach zurückzog. Um die Demonstrationen des Bergisel-Bundes rankt sich aber eine weitere ‚Justizkomödie', die allerdings die Grenzen des befreienden Gelächters ebenfalls überschreitet. Vor Antritt einer Fahrt zu einer Demonstration gegen die ungebührlich lange Auslieferungshaft Forers und Oberlechners wurden Ing. Helly (Obmann des oberösterreichischen Bergisel-Bundes) und einige seiner Freunde unter einem fadenscheinigen Vorwand verhaftet. Der Öffentlichkeit wurde bekanntgegeben, sie hätten zu ungesetzlichen Handlungen aufreizen wollen. Tatsache bleibt jedoch, daß man sie ohne richterlichen Haftbefehl verhaftet und auch in ihren Entlassungspapieren die Rubrik über den Haftgrund verschämt mit einigen Strichen ausfüllte. Die Linzer dürfen ohne Bewilligung des Untersuchungsrichters die oberösterreichische Landeshauptstadt nicht verlassen. Angesichts des schamhaft verschwiegenen Haftgrundes stellt das einen ungeheuren Skandal dar. Staatspolizei und Justiz arbeiten also offenbar prächtig zusammen, wenn es darum geht, Italien die liebedienerische Bereitschaft der österreichischen Behörden zu zeigen, alle Wünsche aus Rom zu erfüllen. Wenn dabei auch Recht und Gerechtigkeit unter die Räder kommen, ficht das kaum jemand an …"*

11. August 1968
Sprengstoffanschlag und Verhaftungen
Eine Sprengladung mit Zeitzünder beschädigte einen Femsprechmast bei Vahrn, in der Nähe der Brennerstraße. Er befand sich in unmittelbarer Nähe eines Munitionslagers der italienischen Armee. In den folgenden Tagen wurden in Wien der Schützenmajor Klotz, die Wiener Harald Engelke, Wolfgang Brloh, Wolfram Vlasak, Alois Purkharthofer und Edmund Eminger als Anstifter und Täter von der österreichischen Polizei verhaftet. Ihnen wurde auch der Anschlag vom 2. 7. 1968 (siehe dort!) zur Last gelegt.

4. September 1968
Außenministertreffen in Genf: Gemeinsamer österreichisch-italienischer Druck auf die SVP?
Anläßlich der Konferenz der nichtnuklearen Staaten in Genf trafen sich der österreichische Außenminister Waldheim und sein italienischer Kollege Medici zu einer Aussprache. Ein neues Expertentreffen wurde für eine Woche später in Paris und ein neuerliches Außenministertreffen anläßlich der 23. Session der UN-Vollversammlung in New York vereinbart. Wie der italienische Unterhändler Prof. Mario Toscano berichtet (Toscano, Mario: „Alto Adige – South Tyrol", Bari 1968, S. 242.), schien es den Verhandlungspartnern nun möglich zu sein, *„ die SVP dahin zu bekommen, daß sie in der Praxis, wenn schon nicht grundsätzlich, ihre Entscheidung vom Oktober 1967 hinsichtlich der internationalen Garantie revidiere."*

7. September 1968
Eine Frage der Menschlichkeit
Dem Untersuchungshäftling Dr. Hartung wurde vom Richter Dr. Soterius in Wien untersagt, sich von seinem sterbenden Vater (Offizier der Reitenden Tiroler Kaiserschützen) zu verabschieden und an dessen Beerdigung teilzunehmen.

9. und 10. September 1968
Südtirolexperten-Treffen in Paris: Österreich läßt internationale Verankerung fallen
In Paris fanden wiederum Gespräche zwischen österreichischen und italienischen Südtirolexperten statt. Von österreichischer Seite beteiligten sich der Leiter der Südtirolabteilung im Außenamt, Tschofen, und der Landesamtsdirektor der Nordtiroler Landesregierung, Dr. Kathrein. Italien war durch Botschafter Gaja und Prof. Toscano vertreten. Im Mittelpunkt der Gespräche stand nach wie vor die Frage der „Paket"-Verankerung. Italien wollte der Zuständigkeit des IGH nicht das „Paket" unterwerfen, sondern nur den „Pariser Vertrag". Österreich ging von seiner Forderung nach einer internationalen Verankerung ab und war nun gewillt, sich mit einer *„politischen Verankerung"* in der Form einer Streitbeilegungserklärung erst nach „Paket"-Erfüllung zu bescheiden.

13. September 1968
„Operationskalender" soll „Paket" absichern
In einem Interview mit der Tageszeitung „Die Presse" bezeichnete der österreichische Außenminister Waldheim Hoffnungen auf eine unmittelbar bevorstehende Lösung des Südtirolproblems als verfrüht. Das Problem, das jetzt im Mittelpunkt der Beratungen stünde, sei die unbedingt notwendige wirksame internationale Absicherung des Verhandlungsergebnisses. Rom und Wien seien nunmehr im Begriff, sich über einen „Operationskalender" schlüssig zu werden. Damit sei eine Prozedur gemeint, die gewährleisten könne, daß das „Paket" italienischerseits den entsprechenden Niederschlag in Gesetzen und Verordnungen findet. Innerhalb des „Operationskalenders", der sich auf geraume Zeit erstrecken werde, habe Österreich eine Endfertigungserklärung abzugeben. Durch sie solle Österreich den Streit über die Durchführung des Gruber-De Gasperi-Abkommens als beigelegt erklären, sobald Italien die Autonomie durch die verschiedenen gesetzlichen Maßnahmen gewährleistet hat. Die Rolle des internationalen Gerichtshofes werde im „Operationskalender" festgelegt werden. Die Diskussion

darüber, auf welche Weise er wirksam werden könne, sei jedoch noch nicht abgeschlossen. Der Außenminister deutete in dem Interview auch an, daß Italien möglicherweise bereit sei, den Text des „Paketes“ an Österreich zu übergeben – *„wenigstens dann, wenn alle anderen Differenzen vorher bereinigt werden können.“*

28. September 1968
Wallnöfer: Erzielte Ergebnisse bedeuten einen echten Fortschritt
Der Nordtiroler Landeshauptmann Wallnöfer nahm in Innsbruck anläßlich des 11. Landesparteitages der ÖVP in seinem Rechenschaftsbericht zur Südtirolfrage Stellung. Er betonte, daß in den österreich-italienischen Verhandlungen der letzten Jahre Ergebnisse erzielt wurden, *„die für den Bestand des Südtiroler Volkstums einen echten Fortschritt bedeuten.“* Zur Zeit werde über die Formen einer Durchführungsgarantie verhandelt, *„wobei nach einem nunmehr vorliegenden Vorschlag die österreichische Streitbeilegungserklärung abgegeben würde, wenn die Gesetze und Durchführungsbestimmungen von Seiten Italiens erlassen und die verwaltungsmäßigen Kompetenzen übertragen werden.“*

3. Oktober 1968
Kreisky: SPÖ-Zustimmung nur bei völkerrechtlich abgesicherter Selbstverwaltung
Auf dem Parteitag der SPÖ in Wien erklärte der ehemalige Außenminister Kreisky: Im Jänner 1965 hätten die Vertreter der SVP das von ihm mit dem damaligen Minister Saragat vereinbarte Verhandlungsergebnis *„aus verständlichen Gründen“* abgelehnt. Heute begnüge man sich offensichtlich mit weniger. Kreisky kündigte für die SPÖ an, daß sie nur einer Lösung zustimmen werde, die den Südtirolern eine völkerrechtlich abgesicherte Selbstverwaltung garantiere.

9. bis 14. Oktober 1968
3. Wiener Südtirolprozeß
Vor einem Schöffengericht in Wien wurde ein Strafverfahren gegen den Südtiroler Freiheitskämpfer Jörg Klotz und sechs Wiener Helfer durchgeführt. Sie wurden beschuldigt, einen Anschlag auf einen Oberleitungsmast der Eisenbahn (siehe 2. 7. 1968) und einen Telefonleitungsmast (siehe 11. 8. 1968) versucht bzw. durchgeführt zu haben. Klotz bestritt jede Schuld, wurde aber durch Geständnisse von Mitangeklagten und kriminaltechnische Untersuchungen belastet. Die Angeklagten wurden zu folgenden Strafen verurteilt: Jörg Klotz (49) 15 Monate, Wolfgang Brloh (21) 12 Monate, Wolfram Vlasek (24) 12 Monate, Alois Purkarthofer (33) 8 Monate, Edmund Eminger (21) 7 Monate, Harald Engelke (21) 3 Monate und Hermine Hütter (44) 2 Monate.

10. Oktober 1968
Außenministertreffen und Expertentreffen in New York
Anläßlich der 23. Session der UN-Vollversammlung trafen sich die Außenminister von Österreich und Italien, Waldheim und Medici, zu einer Aussprache über das Südtirolproblem. Es wurde vereinbart, daß sich die Südtirolexperten der beiden Länder noch während ihres Aufenthalts in New York vom 10. bis 12. Oktober zu weiteren Verhandlungen treffen würden.

Scrinzi: Scheinverhandlungen und italienische Zensur
Im „Salzburger Volksblatt“ bewertete der FPÖ-Abgeordnete und Südtirolexperte Dr. Otto Scrinzi die New Yorker Verhandlungen. Es hätte sich um Scheinverhandlungen gehandelt, wobei die Italiener nur darauf abgezielt hätten, ohne realistische Erörterung des Streitfalles über die Herbstrunde der UNO-Vollversammlung zu kommen. Nicht zu begreifen sei das österreichische „Entgegenkommen“ gewesen, welches soweit gegangen wäre, die Rede des österreichischen Außenministers durch die Italiener zensieren zu lassen. Auf italienischen Wunsch seien dann auch tatsächlich einige Streichungen und Änderungen in der Rede Waldheims erfolgt. Diese Willfährigkeit sei damit gedankt worden, daß weder der italienische Au-

ßenminister Medici noch seine Experten es der Mühe wert fanden, bei der Rede des österreichischen Außenministers im Saale zu weilen. Sie kannten die Rede ja schon.

11. Oktober 1968

Österreichischer Außenminister spricht vor UN-Vollversammlung

Der österreichische Außenminister Dr. Waldheim sprach vor der Vollversammlung der Vereinten Nationen. Zum Südtirolproblem stellte er unter anderem fest: „... *Im Laufe der Verhandlungen ist grundsätzlich Übereinstimmung bezüglich des Inhalts der erwähnten Autonomie erzielt worden. Unsere gegenwärtigen Bemühungen konzentrieren sich darauf, eine Prozedur auszuarbeiten, die es ermöglicht, den anhängigen Streit beizulegen. Dies hat sich als besonders schwierig erwiesen, weil die beiden Seiten verschiedene Rechtsstandpunkte einnehmen. Unter diesen Umständen sind wir übereingekommen, die Verhandlungen unter Wahrung der beiderseitigen Rechtsstandpunkte zu führen. Die diesbezüglichen Verhandlungen dauern noch an.*"

16. Oktober 1968

Drei Jahre Kerker angedroht wegen „Schmähung der italienischen Nation"

Weil der Österreicher Helmut Golowitsch aus Linz ein harmloses Flugblatt verbreitet hatte, leitete die Staatsanwaltschaft Bozen gegen ihn ein Strafverfahren nach Art. 291 „Codice penale" (Strafandrohung ein bis drei Jahre) wegen „Schmähung der italienischen Nation" ein. Dieser Paragraph stammt, wie das gesamte noch in Kraft befindliche Strafgesetzbuch, aus der Faschistenzeit und diente der Verteidigung des faschistischen Staates:

Mitteilung eines Strafverfahrens an im Ausland wohnhaften Angeklagten

„Anwaltschaft der Republik – Bozen
Herrn Golowitsch
Ich teile Ihnen mit, daß zu Ihren Lasten ein Strafverfahren wegen Vergehen nach Art. 291 St.Gb. eingeleitet worden ist, da Sie öffentlich die italienische Nation geschmäht haben, indem Sie in Graz an einem Zeitpunkt vor dem Oktober 1965 Flugschriften propagierten, welche u. a. folgende Worte verzeichneten: ‚45 Jahre fremder Herrschaft in Südtirol führten zur Nichteinhaltung der Versprechen, Gewalt, Verhandlungen der Form wegen, Prozessen, Morden und Feindschaften!' Ich fordere Sie hiermit auf, für die gerichtlichen Zustellungen innerhalb dieses Staates Ihr Domizil zu erwählen, und teile Ihnen mit, daß Sie, falls Sie dieser Aufforderung nicht nachkommen sollten, als unauffindbar erklärt werden. Der Staatsanwalt Dr. Nicola Gigfre – Stellv."

Faschistisches Strafgesetzbuch

Der Österreicher schrieb am 19. November 1968 an den Staatsanwalt und bat um Verlesung seines Briefes in der Hauptverhandlung: „*Das in meinem Besitz befindliche faschistische Strafgesetzbuch trägt eingangs die Unterschrift Mussolinis, die den Geist ausdrückt, der die in diesem Strafgesetzbuch enthaltenen politischen Paragraphen trägt ... Gänzlich unfaßbar erscheint jedoch, daß heute, im demokratischen Europa des Jahres 1968, ein italienischer Staatsanwalt diesen alten faschistischen Polit-Paragraphen anwendet und der tote Diktator Mussolini auf diese Weise aus seinem Grab heraus noch in die öffentlichen Dinge der Republik bestimmend eingreift.*" Daraufhin stellte bereits einige Tage später – am 25. 11. – der Untersuchungsrichter das Verfahren wegen Amnestie ein, weswegen kein Prozeß zu erfolgen habe (und keine Briefverlesung im Gerichtssaal zu erfolgen hatte.) (Siehe auch: 10. Oktober 1965.)

26. Oktober bis 4. November 1968

Klotz im Hungerstreik

Mit einem Hungerstreik protestierte der am 14. Oktober zu 15 Monaten schweren Kerker verurteilte und nun inhaftierte Schützenmajor Georg Klotz in der Zeit vom 26. Oktober (Öster-

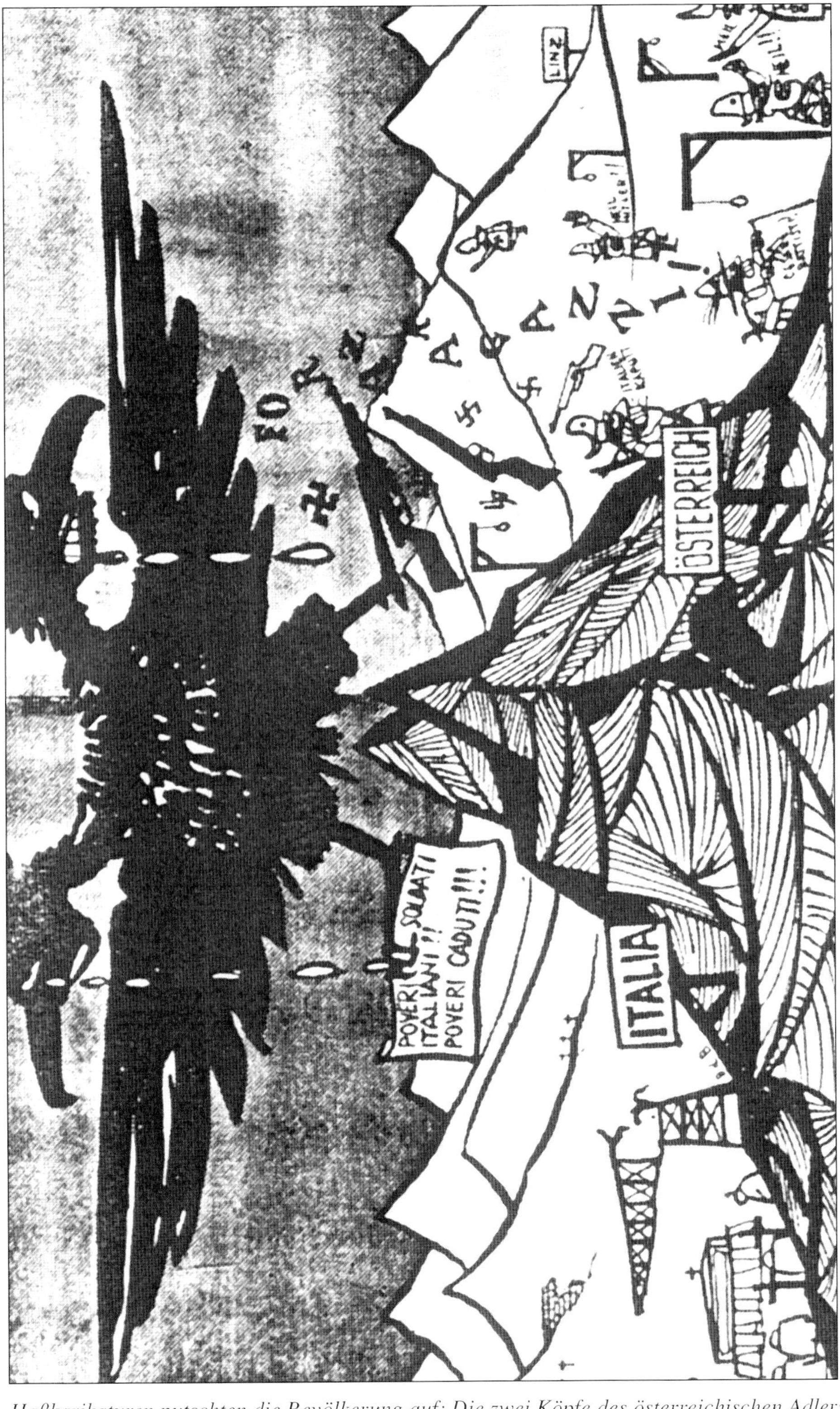

Haßkarikaturen putschten die Bevölkerung auf: Die zwei Köpfe des österreichischen Adlers („Lo Specchio", Mailand).

reichischer Staatsfeiertag) bis zum 4. November (50 Jahre Abtrennung Südtirols) gegen die Verfolgung Südtiroler Freiheitskämpfer in Österreich und die Besetzung seiner Heimat durch Italien.

30. Oktober 1968
Maja Mayr enthaftet
„Provisorisch auf freien Fuß gesetzt" wurde die Südtirolerin Maja Mayr, 22, nach einem Jahr Untersuchungshaft. Sie soll angeblich dem verhafteten Österreicher Hansjörg Humer – einem der Angeklagten im nächsten italienischen Südtirolprozeß – Unterschlupf gewährt haben.

2. November 1968
FPÖ warnt: Wiener Regierung auf Verzichtskurs!
Wie das „Salzburger Volksblatt" meldete, habe sich die Bundesregierung in der Frage der internationalen Verankerung des „Paketes" zu einem *„Zurückweichen auf der ganzen Linie durchgerungen."* Der neue Außenminister Waldheim steige in die Fußspuren von Tončić-Sorinj und versuche, *„eine Lösung über das Knie zu brechen."* Der Landesobmann der FPÖ in Nordtirol, Klaus Mahnert, hatte dazu auf dem Parteitag ausgesprochen: *„Südtirol soll verkauft werden!"*

3. November 1968
Landesgedenktag zum 50. Jahrestag der Zerreißung Tirols
Am Bergisel wurde in Anwesenheit von Landeshauptmann Wallnöfer mit der gesamten Nordtiroler Landesregierung, dem Innsbrucker Gemeinderat, den Nordtiroler Abgeordneten und den Südtiroler Parlamentariern Brugger und Dietl der Landesgedenktag 1918 bis 1968 feierlich begangen. Wallnöfer erklärte in einer Ansprache, bei nüchterner Betrachtung der Gegenwart könne festgestellt werden, daß das Tiroler Volk seine Geschlossenheit bewahrt habe. Er fuhr fort: *„Die Brennergrenze existiert, aber sie bedeutet uns nichts. Wenn es im vergangenen halben Jahrhundert trotz schwerster Bedrohung nicht möglich war, aus den Südtirolern Italiener zu machen, wenn es nicht gelungen ist, die Südtiroler auszusiedeln, wenn die kulturelle Einheit im großen und ganzen erhalten geblieben ist, so dürfen wir den nächsten fünfzig Jahren gelassen und zuversichtlich entgegensehen."*

Machtvolle Südtirolkundgebung in Wien
Die „Union für Südtirol" veranstaltete in Wien eine machtvolle Gedenkkundgebung für Südtirol. Tausende nahmen an einem Fackelzug entlang der Ringstraße teil und weitere Tausende säumten die Straßen. Aus allen Bundesländern waren Trachtengruppen, Schützen und Angehörige von akademischen Verbindungen gekommen, um ihre unerschütterliche Treue zu Südtirol zu bekunden. Unter den mehr als 10.000 Kundgebungsteilnehmern auf dem Heldenplatz befanden sich auch der Vizebürgermeister Dr. Heinrich Drimmel und eine Anzahl von Nationalratsabgeordneten. Die Redner, die der schmachvollen fünfzig Jahre währenden Teilung des Landes Tirol gedachten, betonten übereinstimmend, daß es keinen Verzicht auf das Selbstbestimmungsrecht zur Wiedervereinigung des Landes geben könne.

6. November 1968
Anzeige wegen „Schmähung"
Die Bozner Polizeibehörde hat der Redaktion der Zeitschrift „Die Brücke" vorgeworfen, italienische nationale Einrichtungen geschmäht zu haben. In einer Anzeige an die Staatsanwaltschaft wurde ein Artikel kritisiert, der die Bevölkerung zum Boykott der Feiern am 4. November anläßlich des „italienischen Sieges" im Ersten Weltkrieg aufruft. Für verantwortlich wurden die drei Studenten Alexander Langer (28), Josef Schmid (24) und Siegfried Stuffer (32) erklärt. Nach einem aus der Faschistenzeit stammenden Paragraphen können Strafen bis zu drei Jahren verhängt werden.

7. November 1968
Munitionslager entdeckt
Bei Algund in Südtirol fanden Carabinieri, in einem Sack versteckt, 1.330 Schuß Munition. Gemäß Polizeibericht war der Fund „in tadellosem Zustand".

12. November 1968
Ermacora klagt Verzichtshaltung an
In der „Tiroler Tageszeitung" nahm der Südtirol-Experte, Univ. Prof. Dr. Felix Ermacora, kritisch zur Haltung Wiens in der Südtirolfrage Stellung. In dem Artikel „Südtirol 1918–1968" führte er aus: „*Tirol hat in Österreich das Geschick Südtirols in der Hand, nicht die Wiener Regierung! So stark Tirol für Südtirol eintritt, so stark ist die Wiener Regierung auf der Seite Südtirols. Das ist in den fünfzig Jahren der Republik Österreich eine Tatsache geworden, die man an konkreten Beispielen nachweisen kann. Nur der Druck Tirols auf die Wiener Regierung war Anlaß dafür, daß gehandelt wurde. Es gehört mit in eine Fünfzigjahrfeier die Erinnerung an den Protest der Republik Deutschösterreich gegen die Besetzung Deutschsüdtirols (StGBl. Nr. 175/1919) und die Betonung im Art. 1 dieses Gesetzes, daß auch ‚Deutschsüdtirol' zum unverzichtbaren Bestandteil Deutschösterreichs gehöre. Welche Wandlungen in den Auffassungen der Politiker seit 1918 hinsichtlich dieser Frage!*"

14. November 1968
Waldheim: Streitbeendigung erst nach „Paket"-Durchführung
Vor der „Vereinigung österreichischer Industrieller" erklärte Außenminister Waldheim, daß Österreich entgegen italienischen Wünschen eine Streitbeendigungserklärung über Südtirol erst nach einer Verwirklichung der im „Paket" versprochenen italienischen Autonomiemaßnahmen abgeben könne, nicht aber schon nach deren Inaussichtstellung durch Italien.

17. November 1968
Landtagswahlen in Südtirol
Unter klimatisch sehr ungünstigen Bedingungen fanden in Südtirol Landtagswahlen statt. Die neugegründete Soziale Fortschrittspartei des ehemaligen SVP-Abgeordneten Dr. Jenny scheiterte beim Versuch, einen Abgeordneten in den Landtag zu bekommen. Die SVP erhielt 137.982 Stimmen (60,69 %) und 16 Sitze. Die DC erhielt 32.734 Stimmen (14,4 %) und 4 Sitze, die PSDI-PSI 16.328 Stimmen (7,18 %) und 2 Sitze, die PSIUP-PCI 13.569 Stimmen (5,97 %) und 1 Sitz, der MSI 11.059 Stimmen (4,86 %) und 1 Sitz, die PLI 5.872 Stimmen (2,58 %) und 1 Sitz.

23. November 1968
Gedenken an Südtirol
Anläßlich des 50. Jahrestages der Abtrennung Südtirols von Österreich veranstaltete der Bergisel-Bund in Salzburg eine Treuekundgebung.

25. bis 27. November 1968
Kassationsverfahren zum 1. Mailänder Südtirolprozeß: hartes Urteil
Vor dem obersten Gerichtshof in Rom (Corte di Cassazione) begann am 25. November der letzte Akt zu den Ereignissen des Juni 1961 in Südtirol. In einem Verfahren, in dessen Mittelpunkt der (im Kerker dann verstorbene) Frangarter Sepp Kerschbaumer gestanden war, hatte ein Mailänder Geschworenensenat unter Vorsitz von OLGR. Dr. Gustavo Simonetti nach siebenmonatiger Verhandlung am 16. Juli 1964 harte Urteile gefällt. Diese wurden nun von dem Kassationsgerichtshof in letzter Instanz im wesentlichen bestätigt. Die von 48 Angeklagten eingebrachten Berufungen wurden nur in drei Fällen als berechtigt anerkannt, während sie in allen anderen Fällen abgewiesen worden sind. Für Dr. Josef Sullmann, der in zweiter Instanz zu zwei Jahren und sechs Monaten Kerker verurteilt worden war, lautete die Entscheidung des Kassationsgerichtshofes auf Annullierung des Urteils. Bezüglich der Berufungen des ehema-

ligen SVP-Generalsekretärs Dr. Hans Stanek und Alfons Obermair, die mangels an Beweisen freigesprochen, jedoch zur Bezahlung der Gerichtskosten verurteilt worden waren, entschied der Senat, daß sie nichts zu bezahlen hätten. Somit war das Gericht wiederum zu der Ansicht gelangt, daß bei der Gruppe der Hauptangeklagten ein *„Anschlag gegen die Verfassung"* vorliege.

Magnago und Dietl zum Urteil

Die Entscheidung des Kassationsgerichtshofes trage sicherlich nicht zu einer Entspannung in Südtirol bei. Dies erklärte der Südtiroler Landeshauptmann und Vorsitzende der SVP, Silvius Magnago, unmittelbar nach dem Urteil. Er *„bedaure den Spruch sehr"*, sagte Magnago wörtlich. Als *„nahezu unglaublich"* bezeichnete der Südtiroler Parlamentsabgeordnete Hans Dietl das Urteil. Wie der Südtiroler Landeshauptmann brachte auch Dietl zum Ausdruck, daß das Urteil nicht zu einer Verbesserung des Verhältnisses der deutschen Volksgruppe zu Italien beitragen werde.

3. bis 23. Dezember 1968

4. Wiener Südtirolprozeß

Vor einem Geschworenengericht unter Dr. Richard Kubernat in Wien wurde gegen Dr. Eberhard Hartung, Peter Kienesberger und Egon Kufner wegen der Ereignisse vom 25. 6. 1967 auf der Porzescharte verhandelt. Die Staatsanwaltschaft klagte wegen Meuchelmordes und Verbrechens nach dem Sprengstoffgesetz. Die Tatvorwürfe wurden von den Beschuldigten entschieden zurückgewiesen. Sie gaben an, durch eine gefälschte Nachricht in die Nähe der Porzescharte gelockt worden zu sein, um dort einen verwundeten Freiheitskämpfer zu bergen. Nachdem sie jedoch – eine halbe Gehstunde von der Grenze entfernt – verdächtige Geräusche hörten und vor allem der stets vereinbarte Funkkontakt ausblieb, seien sie argwöhnisch geworden, nicht weiter aufgestiegen und in das Tal zurückgekehrt. Diese Aussagen wurden durch die Beweisaufnahme (unberührte Schneefelder, die passiert werden hätten müssen) unterstützt. Die Zeugenaussagen ergaben ein widersprüchliches Bild. Nach der Beweisaufnahme forderte der Staatsanwalt Dr. Karl Müller harte Strafen. Die Verteidiger Dr. Amhof, Dr. Hein, Dr. Pippan und Dr. Schaller plädierten auf Freispruch. Sie wiesen auf die fehlenden Geständnisse hin und auf widersprüchliche Indizien. Sie vermuteten eine italienische Geheimdienstfalle auf der Porzescharte oder einen Unglücksfall. (Siehe weiter: 23. 12. 68.)

4. Dezember 1968

Journalist nach faschistischem Paragraphen verurteilt

Wegen *„Schmähung der italienischen Nation"* wurde der bundesdeutsche Journalist Erich Kernmayr von dem Gericht in Bozen in Abwesenheit zu sechs Monaten Kerker verurteilt, weil er geschrieben hatte, Italien sei ein Feind ethnischer Minderheiten und seine Herrschaft in Südtirol stütze sich auf Polizeiterror. Die Anklage war nach einem Paragraphen aus der Faschistenzeit erhoben worden. Der Staatsanwalt hatte 20 Monate beantragt gehabt.

Südtiroldebatte im österreichischen Parlament

Für die ÖVP sprach der Nordtiroler Abg. Dr. Leitner und erklärte, die gerechteste Lösung für Südtirol sei die Selbstbestimmung. Eine realistische Politik müsse aber derzeit für die Erreichung eines Höchstmaßes an Selbstverwaltung eintreten. Für die FPÖ erklärte Abg. Dr. Scrinzi, daß man ab einem bestimmten Zeitpunkt sagen müsse: *„Bis hierher und nicht weiter mit den Expertengesprächen."* Dann sei wieder eine klare politische Konfrontation notwendig. Dr. Kreisky erklärte zur Frage der internationalen Verankerung eines künftigen „Paketes": *„Hier werden wir nur einer Absicherung zustimmen, die völkerrechtlich brauchbar ist. Es muß nicht die Absicherung von Paris sein"* – Kreisky meinte seine Absprachen (1964) mit Saragat –, *„aber sie darf nachher nicht das ganze Hohe Haus lächerlich gemacht haben!"* Zur Erklärung über die „Streitbeendigung" zwischen Österreich und Italien: *„Das ist ein Humbug, dem wir Sozialisten nicht aufsitzen werden! Sie glauben doch nicht, daß wir bei der UNO* *bei deren brennendem Interesse für solche Sachen viel davon haben?" „Ich appelliere an Sie"*, schloß Kreisky, *„verirren Sie sich nicht in Quasiversicherungen, die nichts bedeuten!* ***Niemand wird diesem Haus die Verantwortung für neue folgenschwere Fehler in der Südtirolpolitik abnehmen.*** *"* Die SPÖ werde aufpassen, daß nicht noch einmal passiere, was mit dem Gruber-De Gasperi-Abkommen passierte.

6. Dezember 1968

Burger: Staatspolizei beliefert Italien

Der vor kurzem in München gegen eine hohe Kaution wieder enthaftete ehemalige Innsbrukker Universitätsassistent Dr. Norbert Burger erhob in einem Offenen Brief schwere Vorwürfe gegen die österreichische Staatspolizei: Er verfüge über Beweise, daß die Italiener seit 1961 über alle Ermittlungsergebnisse und den Inhalt polizeilicher Protokolle laufend informiert wurden. So wurden in Italien verhaftete Südtiroler mit österreichischen Polizeifotos konfrontiert und es wurden ihnen Inhalte österreichischer Verhörprotokolle vorgehalten.

7. Dezember 1968

Sprengstoffexplosion

In der Nähe des Reschenpasses explodierte eine zirka 1 kg schwere Sprengladung vor einem italienischen Grenzstützpunkt. Es wurde niemand verletzt.

10. Dezember 1968

Menschenrechte für die Südtiroler gefordert

Anläßlich des 20. Jahrestages der UNO-Beschlußfassung über die Charta der Menschenrechte richtete der Bergisel-Bund Tirols die Aufforderung an die Bundesregierung und den Nordtiroler Landeshauptmann, sich dafür einzusetzen, daß auch die Südtiroler des Menschenrechtes teilhaftig werden, ihre weitere politische und wirtschaftliche Entwicklung selbst zu bestimmen.

14. Dezember 1968

Expertenverhandlungen in Paris: Österreich läßt internationale Verankerung endgültig fallen

Bei den Pariser Expertengesprächen stimmte die österreichische Seite endgültig zu, an die Stelle einer internationalen Garantie des „Paketes" einen sogenannten „Operationskalender" zu setzen, der das „Paket" „politisch absichern" solle.

Union für Südtirol fordert Offenlegung

Der Exekutivausschuß der in der „Union für Südtirol" zusammengefaßten Südtirolverbände forderte in einer Resolution von der österreichischen Bundesregierung, daß das österreichische Parlament bereits durch die Regierung informiert werde, noch bevor ein Abkommen mit Italien paraphiert werde.

16. Dezember 1968

Neue Regierung in Italien: Bald „Lösung" der Südtirolfrage?

Der am 13. 12. 1968 vom Staatspräsidenten vereidigte neue italienische Ministerpräsident Mariano Rumor gab eine Regierungserklärung ab. Zur Südtirolfrage erklärte er, daß seine Regierung diese Frage im Einvernehmen mit der österreichischen Regierung zu lösen wünsche. Rumor erklärte, er hoffe, dem Parlament in Kürze einen umfassenden Lösungsvorschlag über das „Alto Adige" unterbreiten zu können.

18. Dezember 1968

Vier Pfunderer-Burschen begnadigt

Staatspräsident Saragat begnadigte die vier Pfunderer-Burschen Bernhard Ebner, Florian Weißsteiner, Isidor Unterkirchner und Georg Knolleisen, die seit 1956 unschuldig in Haft gehalten worden waren. In den vergangenen zwölf Jahren hatten Einzelpersonen, Vereine, Österreich und nicht zuletzt die Menschenrechtskommission des Europarates versucht, eine Begnadigung zu erreichen. Die Freilassung der vier Burschen wurde durch die Tatsache überschattet, daß der zu 24 Jahren Haft verurteilte Luis Ebner von der Begnadigung ausgenommen worden war. Der Südtiroler Landeshauptmann Dr. Magnago wertete die Begnadigung als einen Akt der Versöhnung der italienischen Regierung, und der Nordtiroler Landeshauptmann Wallnöfer erklärte: *„Ich werte es als ein Zeichen dafür, daß die bevorstehenden weiteren Gespräche über die Regelung der Südtirolfrage positive Aspekte in sich bergen."* Er bedauerte nur, daß Luis Ebner von der Begnadigung ausgenommen war.

23. Dezember 1968
Urteil im Porzescharten-Prozeß in Wien
Im Porzescharten-Prozeß in Wien wurde gegen Dr. Eberhard Hartung, Peter Kienesberger und Egon Kufner das Urteil gefällt. Mit 6 : 2 Stimmen sprachen die Geschworenen die Angeklagten eines Attentates auf der Porzescharte schuldig. Nach einer ungewöhnlichen und nach Meinung der Verteidiger rechtswidrigen Rechtsbelehrung der Geschworenen, die von Dr. Kubernat aufgefordert worden waren, die außenpolitischen Folgen (!) eines Freispruches zu bedenken, erkannten die Laienrichter die Angeklagten mit 6 : 2 Stimmen für schuldig. Die beisitzenden Berufsrichter Dr. Franz Litschmann und Dr. Hans Schwarz wollten dieses Urteil sofort wegen offensichtlichen Irrtums der Geschworenen aussetzen, was auch protokolliert wurde. Der Vorsitzende verhinderte dies mit seiner entscheidenden Stimme. Unter Anwendung des außerordentlichen Milderungsrechtes wurden Kienesberger zu acht Jahren und Dr. Hartung und Kufner zu je einem Jahr Kerker verurteilt. Hartung und Kufner wurden, da die Untersuchungshaft bereits ein Jahr überschritten war, umgehend enthaftet. Der Schuldspruch der Geschworenen wurde vom obersten Gerichtshof auf Grund fehlerhafter Rechtsbelehrung der Geschworenen aufgehoben. In einer neuerlichen Verhandlung wurden die Angeklagten 1971 von den Geschworenen freigesprochen. Ein Weg-Zeit-Diagramm, das die Unmöglichkeit der Täterschaft der Angeklagten bewies, und der Nachweis, daß zumindest ein Beweismittel Kienesberger unterschoben worden war, waren wohl für den Freispruch ausschlaggebend gewesen. Nach einer neuerlichen Aufhebung des Urteils durch den Obersten Gerichtshof ließ der österreichische Bundespräsident Dr. Kirchschläger das Verfahren am 20.5.1975 endgültig einstellen.

1970: Menschenrechtswidriges Verfahren in Florenz
In der gleichen Sache und wegen anderer Delikte wurde 1970 über Südtiroler Freiheitskämpfer in Florenz zu Gericht gesessen. Am 14. Mai 1970 wurden die drakonischen Urteile gesprochen. Die Namen der Angeklagten und die Urteile lauteten:

Name	Antrag der Staatsanwaltschaft	Urteil
Burger, Dr. Norbert	lebenslänglich	lebenslänglich
Dahl, Käthe	4 J.	4 J.
Eibl, Dietrich	2 J.	2. J.
Eibl, Rudolf	2 J.	2 J.
Genck, Hans Christian	27 J. 6 Mon.	17 J. 8 Mon.
Golowitsch, Helmut	Freispruch	Freispruch
Hartung, Dr. Eberhard	lebenslänglich	lebenslänglich
Hauffe, Heinz	Freispruch	Freispruch
Humer, Hansjörg	27 J.	16 J. 6 Mon.
Kienesberger, Peter	lebenslänglich	lebenslänglich

Klinger, Erich	Freispruch	Freispruch
Kufner, Egon	30 J.	24 J.
Matern, Peter	22 J.	15 J. 8 Mon.
Mayr, Maja	1 J. 8 Mon.	Freispruch
Moritz, Helmuth	26 J.	26 J.
Nachtmann, Herwig	1 J. 10 Mon.	4 J.
Neubauer, Franz	Freispruch	Freispruch
Niemeth, Harald	Freispruch	Freispruch
Oberleitner, Heinrich	lebenslänglich	lebenslänglich
Pichl, Werner	Freispruch	Freispruch
Ritzberger, Dietmar	Freispruch	Freispruch
Schafferer, Albert	5 J.	2 J.
Schafferer, Dieter	Freispruch	Freispruch
Schafferer, Karl	27 J.	19 J. 4 Mon.
Tautermann, Gerhard	Freispruch	Freispruch
Teschner, Rolf	Freispruch	Freispruch
Tschaikner, Gottfried	21 J. 6 Mon.	22 J. 4 Mon.
Watschinger, Gerhard	1 J. 10 Mon.	1 J. 4 Mon.
Watschinger, Rudolf	1 J. 10 Mon.	1 J. 4 Mon.
Weitz, Werner	Freispruch	Freispruch

Sämtliche Angeklagten außer Humer, Karl Schafferer (beide inhaftiert) und Maja Mayr wurden in Abwesenheit verurteilt, ohne je eine Anklageschrift gesehen zu haben oder durch einen Verteidiger ihrer Wahl vertreten gewesen zu sein. In solcher Weise durchgeführte Abwesenheitsverfahren widersprechen den Vorschriften der Europäischen Menschenrechtskonvention (EMRK). Dies bestätigte auch der österreichische Verwaltungsgerichtshof, als Dr. Hartung später erfolgreich Beschwerde gegen die Eintragung dieser italienischen „Vorstrafe" in das österreichische Vorstrafenregister eingelegt hatte. Die beiden Österreicher Humer und Karl Schafferer wurden anläßlich des Besuchs des österreichischen Bundespräsidenten Jonas in Rom am 15. November 1971 in ihre Heimat entlassen.

— 1969 —

10. Januar 1969

Klaus kündigt Abschluß der Südtirolverhandlungen an

Vor Vertretern der in- und ausländischen Presse nahm Bundeskanzler Dr. Klaus zur Südtirolfrage Stellung. Die Weiterführung von Verhandlungen mit Italien zur Bereinigung der Südtirolfrage sei intensiv durch Außenministergespräche in Straßburg und Genf sowie durch Expertengespräche in London, Montreux und New York erfolgt. Bei den technischen Verhandlungen seien im abgelaufenen Jahr bedeutende Fortschritte erzielt worden. Diese Verhandlungen stünden nun vor dem Abschluß. Offene Punkte seien u.a. die Frist für die Abgabe der Abschlußerklärung von österreichischer Seite nach Erfüllung der von Italien in Aussicht gestellten Maßnahmen sowie Terminfragen im Zusammenhang mit einer Einschaltung des Internationalen Gerichtshofes.

15. Januar 1969

Dietl warnt: Druck Wiens auf die Südtiroler

In den „Südtiroler Nachrichten" schrieb der Abgeordnete Hans Dietl, daß man mit der Zustimmung zum „Paket" von den Südtirolern die Zustimmung zu einem Verhandlungsergebnis verlange, *„das sogar gewählten Südtiroler Vertretern heute noch, im Vorfeld des Vertragsabschlusses, weitestgehend schleierhaft ist."* Dies sei aber *„schließlich kein Novum."* Auch 1946, beim Abschluß des „Pariser Vertrages", habe man auf die Südtiroler von Wien aus erfolgreich Druck ausgeübt. Gleiches sei 1948 bei der Verabschiedung des Autonomiestatuts geschehen. *„Und da aller guten Dinge drei sind, wird sich in naher Zeit das gleiche wiederholen."* Nach zwölf Jahren Südtirolverhandlungen würde nach den derzeitigen Verhandlungsergebnissen die Südtirolfrage beim Internationalen Gerichtshof in Den Haag enden. Sie würde damit zum Juristendisput, dessen für Südtirol negativer Ausgang schon deshalb vorausgesagt werden könnte, weil das „Paket" nur eine innerstaatliche italienische Konzession darstelle und nicht beim IGH einklagbar sein würde.

23. Januar 1969

Zechtl ist skeptisch . . .

Der Optimismus in der Südtirolfrage, den die Erklärungen Außenminister Waldheims und Landeshauptmann Wallnöfers in letzter Zeit in der Öffentlichkeit ausgelöst haben, sei angesichts der Tatsachen nicht gerechtfertigt. Dies erklärte der sozialistische Tiroler Landesrat Zechtl im österreichischen Rundfunk. Bezüglich des „Pakets" bestehe bei den Italienern immer noch die Auffassung, es sei eine rein italienische Angelegenheit, in die Österreich sich nicht einmischen könne. Dabei bestehe völlige Unklarheit über die Auslegung der einzelnen Punkte des „Pakets". Sie würden in Bozen und in Rom anders interpretiert, obwohl das Wiener Außenamt behaupte, die Interpetation sei klar und eindeutig. *„Es gibt zumindest zwei verschiedene ‚Pakete', eines in Händen des italienischen Ministerpräsidenten und ein zweites in den Händen des Südtiroler Landeshauptmannes Dr. Magnago"*, betonte Zechtl. *„Es wäre außerordentlich wichtig, zunächst Übereinstimmung über den Inhalt der beiden ‚Pakete' zu schaffen und die Öffentlichkeit zu informieren."*

25. Januar 1969

Ebensee-Attentat ein „Kavaliersdelikt"

Mit lachhaft geringen Strafen endete der am 21. Januar begonnene Prozeß vor einem Gericht in Verona, der gegen fünf junge Neofaschisten, die Anschläge in Österreich begangen hatten, geführt worden war. Giorgio Massara, Sergio Tazio Poltronieri, Luciano Rolando, Maurizio Perito und Franco Panizza – alle Mitglieder der neofaschistischen Organisation „Giovane Italia" – wurde zur Last gelegt, am 18. August 1962 in Wien beim Gefallenendenkmal der Roten Armee und am 23. September 1963 in Ebensee Sprengstoffanschläge begangen zu haben. In

Ebensee wurden ein steinernes Denkmal bei Traunkirchen sowie ein Solebehälter gesprengt, wobei ein österreichischer Gendarmeriebeamter getötet wurde, zwei Beamte zum Teil sehr schwere Verletzungen und neun weitere Personen leichtere Verletzungen erlitten hatten. Eine Sprengladung, welche eine Seilbahngondel zerstören sollte, mit der eine Schulklasse auf den Feuerkogel fahren wollte, wurde rechtzeitig entdeckt. Die Angeklagten waren im Zuge von Erhebungen wegen Anschlägen gegen Parteilokale der Democrazia Cristiana von den Carabinieri ausgeforscht worden und hatten ihre Taten gestanden. Das Justizministerium in Rom genehmigte die schweren Anklagen wegen Mordes und Anrichten eines Blutbades nicht, weswegen alle Angeklagten auf freien Fuß gesetzt wurden, die bis auf den minderbelasteten Franco Panizza alle das Weite suchten. Die Staatsanwaltschaft erhob nach mehr als vier Jahren lediglich Anklage wegen „fahrlässiger Tötung". Der Prozeß fand aufgrund der nur geringen Strafausmaße vor einem Berufsrichtersenat anstatt vor Geschworenen statt. Die Richter waren milde: Franco Panizza erhielt ein Jahr mit Bewährung. Die flüchtigen Angeklagten Rolando und Poltronieri erhielten ein Jahr, Perito sechs Jahre und sechs Monate und Massara erhielt neun Jahre und vier Monate. Das Urteil kontrastiert auffällig mit den Urteilen, die über Südtiroler verhängt wurden.

Italienischer Staatsanwalt: Österreichische Polizei wollte Südtiroler Freiheitskämpfer belasten!

In seiner Anklageschrift hatte der italienische Staatsanwalt die Schuld an der mangelhaften Fahndung nach den Ebensee-Attentätern klar den österreichischen Behörden zugeschrieben. In der Anklageschrift hieß es: *„Die österreichische Kriminalpolizei wurde von einem unmittelbaren Zeugen auf die Spuren der Attentäter hingewiesen. Aber sie hat es bewußt unterlassen, diese Spuren zu verfolgen – weil es ihr darauf ankam, den Befreiungsausschuß für Südtirol mit diesem Verbrechen zu belasten."*

30. Januar bis 1. Februar 1969

Südtirolexperten verhandeln in Genf

Bei den Expertenverhandlungen in Genf, unter Botschafter Halusa für Österreich und Botschafter Gaja für Italien, wurde eine weitgehende Einigung über den sogenannten „Operationskalender" erzielt. Nach Erklärungen von Mitgliedern der österreichischen Delegation blieben nur noch Randfragen unerledigt, deren Bereinigung in absehbarer Zeit vorgenommen werden könne.

3. Februar bis 27. März 1969

Mailänder Südtirolprozeß

Im Mittelpunkt dieses dritten, vor einem Schwurgericht in Mailand geführten Südtirolprozesses standen die Ereignisse vom 9. 9. 1966 auf der Steinalm. Alle 14 Angeklagten (siehe Datum vom 27. 3.) waren Tiroler, davon drei mit österreichischer Staatsbürgerschaft. Zwei befanden sich in Haft, die anderen entweder auf freiem Fuß oder flüchtig. Der Hauptangeklagte Karl Kofler, ein 38jähriger Südtiroler Landwirt aus Eppan, wurde in der Hauptverhandlung zum Ankläger. Der im zweitem Mailänder Prozeß zu einem Jahr und vier Monaten verurteilte und nach Österreich geflüchtete Kofler hatte sich am 2. Oktober 1966 am Brenner den italienischen Behörden gestellt, um in den Genuß einer Amnestie zu kommen. Man hatte ihn wiederum eingesperrt und wegen der Steinalm-Explosion wegen Hochverrates, mehrfachen Mordes, politischer Verschwörung und anderer Delikte angeklagt. Im Verhör durch die Carabinieri hatte Kofler ein volles „Geständnis" abgelegt. Der Staatsanwalt forderte für Kofler 30 Jahre Haft.

Der Angeklagte wird zum Ankläger

Wie es zu Koflers „Geständnis" gekommen war, schilderte er nun vor Gericht. Aus dem Gerichtssaal berichteten die „Salzburger Nachrichten" am 6. Februar 1969:

„‚Ich weiß von nichts. Ich habe am Steinalm-Attentat nicht teilgenommen und habe früher nur deshalb gestanden, weil ich Angst vor den Carabinieri hatte. Ich fürchtete, wieder geschlagen zu werden. Das, was ich in der Voruntersuchung ausgesagt habe, stimmt alles nicht', rief Kofler aus und berichtete dem Gericht von schweren Mißhandlungen: Man habe ihn Tag und

Nacht verhört und seinen Kopf mehrmals an die Mauer geschlagen ... Man habe ihm mit brennenden Zigaretten Brandwunden zugefügt... Der Angeklagte hat in der Voruntersuchung nur aus Angst ein falsches Geständnis abgelegt. Bei den Einvernahmen vor dem Bozener Untersuchungsrichter Dr. Martin hätte ihm der anwesende Staatsanwalt Dr. Paone mehrmals damit gedroht, ihn wieder den Carabinieri auszuliefern, wenn er sein Geständnis, am Attentat auf der Steinalm beteiligt gewesen zu sein, widerrufen würde. ‚Es war stets meine Absicht gewesen, beim Prozeß die Wahrheit zu sagen', betonte Kofler gestern. Den Beteuerungen des Angeklagten darf man Glauben schenken, wenn man weiß, daß es Zeugen gibt, die ihn in der Tatnacht bei einem Ball in Mutters gesehen hatten, und daß Koflers Schilderung des Tatortes, an dem er laut Polizeiprotokoll mindestens dreimal gewesen sein soll, mit dem tatsächlichen nicht in Einklang zu bringen ist."

Mysteriöse Rolle des Geheimdienstes

Der Kommandant der Finanzerkompanie am Brenner, Hauptmann Paolo Pasini, sagte als Zeuge aus, daß der militärische Geheimdienst über *„das geplante Attentat"* unterrichtet gewesen sei und ihn, den Hauptmann, darüber informiert habe. Auch er konnte jedoch nicht erklären, wie die angeblichen Attentäter in das mit Stacheldaht umzäunte und streng bewachte Gelände um den Stützpunkt hätten eindringen und ungesehen in das Haus gelangen können.

Ein unbemerktes Eindringen war nicht möglich

Der Soldat Athos Bertarini sagte aus, daß ein unbemerktes Einschleichen in den Stützpunkt wegen der laut knarrenden Eingangstür nicht möglich gewesen sei. Der vor der Kaserne angekettete Wachhund Kaiphas, sagte ein anderer Finanzer, sei so scharf gewesen, daß er sogar eigene Leute verbellt und angegriffen habe. Zudem seien vier Mann außerhalb und zwei Mann innerhalb des Zaunes Streife gegangen.

Alibi für Kofler

Der Hotelier Hermann Egger und Frau Anna Creparz aus Mutters in Nordtirol sagten aus, daß Kofler am Abend der Explosion im Hotel „Mutterer Hof", wo er gearbeitet hatte, während eines Tanzabends Getränke ausgeschenkt habe.

Österreichischer Sachverständiger zerstörte das Gebäude des Staatsanwaltes

Auf Antrag der Verteidigung war der Sprengsachverständige des österreichischen Innenministeriums, Oberst Ing. Alois Massak, als Gutachter und sachverständiger Zeuge geladen worden. Er zerstörte das Gebäude, das der Staatsanwalt zusammen mit den italienischen Sachverständigen Cerri und Caprio aufgerichtet hatte. Die italienischen Sachverständigen hatten behauptet, daß die in dem Stützpunkt detonierten 64 Handgranaten und 134 Leuchtraketen keine ausreichende Sprengwirkung gehabt hätten, um die am Gebäude festgestellte Wirkung zu erzielen, weshalb das Einbringen einer Fremdladung erfolgt sein müsse. Diese Fremdladung müsse mehr als 9 oder 12 kg betragen haben und müsse sich auf der Höhe der Fensterbrüstung zwischen den Sandsäcken oder in einem am Fenster aufgehängten Brotbeutel befunden haben. Aufgrund der Lage der Leiche des getöteten Finanzers Volgger müsse dieser die Ladung entdeckt, mit den Händen berührt und dadurch die Detonation ausgelöst haben. Nun trat der Österreicher Massak auf und wies nach:

– daß die gelagerten Handgranaten und Raketen durchaus ausgereicht hatten, um die Sprengwirkung zu erzielen;
– daß 9 bis 10 kg Sprengstoff in keinem Brotbeutel Platz haben und Volgger die Ladung nicht berührt haben könne, denn sonst würden seine Verletzungen ganz anders ausgesehen haben;
– daß unverständlicherweise die Leiche Volggers und auch der Explosionsort chemisch nicht auf Verbrennungsreste von Sprengstoff untersucht worden waren;
– daß kein Beweis für das Vorhandensein einer Fremdladung vorliege.

Auf die Frage des Gerichtsvorsitzenden, weshalb keine eingehenden Untersuchungen vorgenommen worden seien, erklärte der „Experte" Cerri: *„Wir haben keine chemischen Untersuchungen gemacht, weil es unmöglich war. Der ganze Sprengstoff verbrennt, daher findet man nichts."* Oberst Massak darauf: *„Das stimmt nicht. Selbst die kleinste Menge Sprengstoff hinterläßt Spuren."*

Der Finanzsoldat Falkensteiner gab als Zeuge zu, daß er unmittelbar vor der Explosion einen

Schuß gehört hatte und die Waffen in unmittelbarer Nähe der Handgranaten gewesen seien. (Siehe weiter: 27. 3. 69.)

Eine italienische Stimme: Bewußt falsche Anklage

In der in Monza erscheinenden Zeitschrift „ABC" berichtete Carlo Rabich, daß die Explosion auf der Steinalm auf einen Unglücksfall zurückzuführen gewesen sei. Dies hätten auch die mit den Erhebungen betrauten Polizeiorgane eingesehen. Jedoch sei man aus Gründen der Staatsraison bei der Attentatsversion geblieben und habe damit eine Anklagerhebung gegen Unschuldige in Kauf genommen.

7. Februar 1969

Ermacora: Widerstand weckte Weltinteresse! – Warnung vor IGH

In den „Berichten und Informationen des österreichischen Forschungsinstituts für Wirtschaft und Politik", Nr. 1172, nahm der österreichische Südtirolexperte Univ. Prof. Dr. Felix Ermacora zu den Auswirkungen des Südtiroler Widerstandes Stellung: *„Im Sommer 1961 trat ein neues Element in die Südtirolfrage: Der organisierte und systematische Widerstand gegen die italienische Staatsgewalt mit der Zielsetzung, das Selbstbestimmungsrecht durchzusetzen. Der Widerstand wurde mit allen Mitteln eines Polizeistaates von italienische Seite gebrochen, wozu nach geraumer Zeit die offene Unterstützung der österreichischen Autoritäten trat, den als ‚Südtirol-Terror' bezeichneten Widerstand zu bekämpfen . . . In diesen Zeitraum fällt auch das steigende Interesse der europäischen Öffentlichkeit und der amerikanischen Presse an der Südtirolfrage, vor allem hervorgerufen durch die Gewaltanwendung in Südtirol. Der Verfasser weiß aus eigener Erfahrung, daß das ausländische Interesse – sieht man vom Interesse in Italien, der Schweiz und der Bundesrepublik Deutschland ab – mit dem Zusammenbruch des Widerstandes in Südtirol auf Null herabgesunken ist . . ."*

Weiters warnte Dr. Ermacora vor der beabsichtigten Zuständigkeit des IGH für die „Paket"-Frage: Da Österreich das „Paket" als „Durchführung des Pariser Abkommens" betrachte, werde Österreich bei Zuständigmachung des IGH für das „Pariser Abkommen" zwangsläufig mit Beschwerden vor diesem Gericht landen. *„ . . . Aber die österreichische Position vor ihm ist im Hinblick auf den Inhalt des Pariser Abkommens und die Natur des ‚Paketes' wegen den gegebenen Umständen nicht notwendigerweise zu seinen Gunsten und daher dann vor den Vereinten Nationen möglicherweise schwächer, als sie es im Jahr 1961 war . . . Wenn dies und anderes (so vor allem die Sorge um die politischen Häftlinge) so oder ähnlich bedacht ist, dann müßten die dem Volke verantwortlichen politischen Parteien die Frage zu prüfen haben, ob das vorliegende Ergebnis der außerordentlichen Bemühungen um eine Südtirollösung nicht um jeden Preis eine einhellige Billigung aller in den Parlamenten – vor allem aller im österreichischen Nationalrat – vertretenen politischen Parteien finden sollte? Man wird sich die Frage vorzulegen haben, was dann geschehen soll, wenn die präparierte Südtirollösung nicht die Billigung aller politischen Parteien fände. In einem autoritär geführten Staatswesen mag diese Frage eine ‚quantite negligeable' sein. In einer liberalen Demokratie, in der die ‚discorsi' Machiavellis nicht gerade Leitfaden politischer Überlegungen sein sollen (was aber nicht ausschließt, daß sie es tatsächlich sind), trifft die gestellte Frage den Politiker schwer."*

15. Februar 1969

Südtirolkonferenz in Innsbruck: entscheidende Phase!

In Innsbruck fand eine Südtirolkonferenz statt, bei der über den neuesten Stand der Expertenverhandlungen zwischen Wien und Rom diskutiert wurde. An den Gesprächen nahmen von Südtiroler Seite der Landeshauptmann Dr. Magnago, alle Parlamentarier und die Bezirksobmänner der SVP teil. Die Nordtiroler Delegation setzte sich aus Landeshauptmann Wallnöfer, Landesamtsdirektor Kathrein, weiteren Beamten und Vertretern der ÖVP, SPÖ und FPÖ zusammen. Außenminister Waldheim erschien mit den österreichischen Missionschefs von Rom und Prag, Löwenthal-Chlumecky und Kirchschläger sowie den Experten Tschofen und Halusa. Als Sachverständige in Rechtsfragen fungierten die Universitätsprofessoren Ermacora und Zemanek. Ein Vergleich des von der SVP aufgrund direkter Kontakte mit der italienischen Regierung verfaßten „Paket"-Textes mit einem Textentwurf, den die italienische Regierung angefertigt hatte, ergab eine größere Anzahl von Unterschieden zwischen beiden Fassungen. Dies machte weitere Abklärungen Magnagos in Rom notwendig. (Bis zum Schluß sollte noch über einen „harten Kern" von zwölf zentralen Punkten gerungen werden.) Während einige Südtiroler noch starke Vorbehalte gegen den „Operationskalender" äußerten, hatte sich Nordtirols Landeshauptmann Wallnöfer auf die Seite der Abschlußwilligen geschlagen. Nach der Konferenz äußerte *„ein hoher Funktionär des Ballhausplatzes"* erfreut gegenüber dem Berichterstatter des „Corriere della Sera": *„Endlich setzt sich die Vernunft durch!"* Der eigenen österreichischen Presse wurden alle Auskünfte verweigert. In der Folge dieser Konferenz fuhr Dr. Magnago zweimal nach Rom, um im Innenministerium mit den zuständigen Beamten eine Abgleichung der verschiedenen „Paket"-Texte durchzuführen. Auch fanden an den folgenden Samstagen bis 7. 3. 1969 Sitzungen des Vorstandes der Südtiroler Volkspartei statt, wo über die Ergebnisse dieser Südtirolkonferenz beraten und die Landesversammlung vorbereitet wurde.

17. Februar 1969
Dr. Silvius Magnago wieder zum Südtiroler Landeshauptmann gewählt
Der Südtiroler Landtag wählte den neuen Landesausschuß, dem wieder Dr. Magnago vorsteht. Stellvertreter ist Assessor Dr. Benedikter.

Kreisky: Scharfe Kritik!
Auf der sozialistischen „Gipfelkonferenz" in Meran mit dem Generalsekretär der „Sozialistischen Partei Italiens", Abg. Mauro Ferri, Dr. Jenny von der „Sozialen Fortschrittspartei Südtirols" sowie zahlreichen anderen Sozialisten bezeichnete der ehemalige österreichische Außenminister Dr. Bruno Kreisky in Meran die Absicherung des „Paketes" durch den „Operationskalender" als ungenügend. *„Ich halte das von der österreichischen Bundesregierung Gemachte für nicht genügend, weil seine einzige Sicherheit die ist, daß wieder neuer Streit entsteht."* Der IGH sei nur dann ein kompetentes Forum, wenn ihm der „Paket"-Text als österreichisch-italienischer Vertrag zur Klage unterbreitet werden könnte. Laut Kreisky habe auf der Innsbrucker Konferenz am 15. Februar ein Konferenzteilnehmer selbst erklärt, der „Operationskalender" sei keine Garantie, sondern nur eine *„Chance für die ‚Paket'-Durchführung!"*

18. Februar 1969
Polizeispitzel Kranzer als Zeuge der Anklage in Mailand: Räubergeschichten
Das „geheime Kennwort": „Servus Genossen"
Fast den ganzen Tag nahm im dritten Mailänder Südtirolprozeß die Einvernahme des Südtiroler Zeugen Robert Kranzer ein, der als Zeuge der Anklage auftrat. Kranzer war bereits am 26. Juli 1965 (siehe dort!) von den Südtiroler Freiheitskämpfern in Innsbruck als Spitzel sowohl der Carabinieri als auch der österreichischen Staatspolizei enttarnt worden und hatte diesen seine Aktivitäten im Detail gestanden. Dazu hatte auch die Hinterlegung einer Sprengladung in einem bewohnten Volkswohnhaus der Italiener in Bozen gehört, welche dann natürlich „rechtzeitig" von den Carabinieri gefunden wurde. Diese Aktion sollte damals die angeklagten Freiheitskämpfer im laufenden Grazer Südtirolprozeß belasten und den Schöffen weismachen, daß die Freiheitskämpfer nun auf das Leben von Frauen und Kindern zielten. Kranzer gab nun vor dem Mailänder Gericht an, er sei schon immer *„absolut gegen die Anschläge"* gewesen, hätte jedoch *„aus Neugier"* in Innsbruck mit den Freiheitskämpfern Kontakt aufgenommen. Er belastete eine Reihe von Freiheitskämpfern wie den Innsbrucker Schriftsteller Wolfgang Pfaundler, von dem er behauptete, dieser habe ihn mit „Südtiroler Terroristen" zusammen gebracht. Dann habe er Godefried Höfner und Peter Kienesberger kennengelernt, die ihn zu Anschlägen hätten anstiften wollen. Kranzer: *„Ich stimmte zu, aber nur aus Neugier, weil ich die Terroristen kennenlernen wollte."* Das von den „Terroristen" gebrauchte geheime Kennwort laute „Servus, Genossen." In Südtirol, sagte Kranzer, finde er nun keine Arbeit mehr, da man ihn als Polizeispitzel verdächtige und ihm seine *„Enthüllungen über die Terroristen"* übelnehme. Er sei deshalb nun schon siebenmal hintereinander entlassen worden.

21. Februar 1969

Heimkehr

Josef Fontana, im ersten Mailänder Prozeß zu zehn Jahren Kerker verurteilt, kehrte nach acht Jahren verbüßter Haft nach Hause in seinen Heimatort Neumarkt zurück, wo er von dem Landesabgeordneten Vaja, von den SVP-Mitgliedern des Gemeinderates und von einer begeisterten Menschenmenge empfangen wurde.

22. Februar 1969

Presse: Vor baldigem „Paket"-Abschluß

In der Grazer „Kleinen Zeitung" schilderte Kurt Vorhofer den aktuellen Stand der „Paket"-Verhandlungen. Demnach habe Italien die Forderung nach einem Vetorecht der italienischen Volksgruppe im Südtiroler Landtag fallen gelassen. Auf vielen Gebieten soll die Provinz Gesetzesbefugnisse oder Rechte erhalten: Land- und Forstwirtschaft, Fremdenverkehr, Industrieförderung, Volkswohnbau und Wohnbau, Arbeitsvermittlung, Schulwesen, öffentlicher Dienst (Proporz) u.a. Die Sicherung all dieser Maßnahmen und Zuständigkeiten soll durch einen „Operationskalender" erfolgen, wonach schrittweise italienische Maßnahmen mit österreichischen Gegenleistungen und einer Streitbeilegungserklärung am Ende gekoppelt werden sollen. Über die Motive, eine solche Lösung seitens der österreichischen Regierung rasch durchzudrücken, schrieb Vorhofer: *„Bei vielen Befürwortern dieser Lösung, vor allem bei Politikern der ÖVP, sind . . . Motive wirksam, die das Ganze in einem etwas fragwürdigem Licht erscheinen lassen. Die Regierungspartei lechzt geradezu nach einem Erfolg. Hier besteht tatsächlich die Gefahr, daß man das Südtirolproblem ausschließlich oder überwiegend unter dem Aspekt der Wahlpropaganda sieht . . . Doch abgesehen von wahltaktischen Überlegungen überwiegt doch in allen politischen Gruppen die Schar der Opportunisten. Diese Leute sagen doch schon seit Jahren: Nur weg mit diesem Mühlstein Südtirol!"*

Zusammenhang Südtirol – EWG-Assoziierung: Südtirol ist der Preis!

Der österreichische Außenminister Waldheim gab in einem Interview mit der französischen Zeitung „Le Monde" den bislang immer geleugneten Zusammenhang Südtirols mit einer EWG-Assoziierung Österreichs zu. Waldheim erklärte, daß für das Südtirolproblem in nicht allzu ferner Zeit eine Lösung gefunden werden könne. Daraufhin werde Italien nicht mehr die EWG-Assoziierung Österreichs blockieren.

22. Februar 1969

SPÖ wird im Parlament derzeitiger „Südtirollösung" nicht zustimmen

Der Vorsitzende der Sozialistischen Partei Österreichs, Dr. Kreisky, erklärte bei einem Vortrag an der Universität Innsbruck, daß die SPÖ beim gegenwärtigen Stand der Dinge im Parlament keine Zustimmung erteilen werde. Der SPÖ ginge es nicht um den Inhalt des „Paketes", darüber müßten die gewählten Vertreter der SVP entscheiden. *„Was wir fordern, ist ein Übereinkommen, auf Grund dessen eventuelle Meinungsverschiedenheiten über die Durchführung des ‚Paketes' im Einklang mit der europäischen Streitbeilegungskonvention behandelt werden können"*, erklärte Dr. Kreisky.

25. Februar 1969

ÖVP zum Südtirol-Alleingang bereit

Der Generalsekretär der Österreichischen Volkspartei, Dr. Withalm, bekundete in Innsbruck, daß die ÖVP die von Außenminister Waldheim mit Italien vereinbarte Südtirollösung im österreichischen Parlament auch allein durchdrücken wolle, wenn sich die Oppositionsparteien SPÖ und FPÖ dagegen aussprechen sollten.

Nenni: „Paket" hat innenpolitischen Charakter

Italiens Außenminister Pietro Nenni nannte im Senat den geplanten „Operationskalender" eine *„Serie autonomer Akte der einen und der anderen Seite"* zur Verwirklichung der neuen Zugeständnisse Roms an die Südtiroler. Nenni machte damit klar, daß das „Südtirolpaket", über das mit Wien Verhandlungen laufen, kein neuer internationaler Vertrag sei. Bei den Verhandlungen, sagt der Minister, würden für Rom vier Grundsätze gelten:

1. Die italienische Regierung halte das Gruber-De Gasperi-Abkommen für erfüllt. Von italienischer Seite sei nicht beabsichtigt, irgendwelche italienische Verpflichtungen einzugehen, die über das genannte Abkommen hinausgehen.
2. Die eventuellen Maßnahmen der italienischen Regierung zur Erweiterung der legislativen Kompetenz der Provinz Bozen müßten innenpolitischen Charakter behalten.
3. Die verschiedenen Sprachgruppen, die in Südtirol leben, müßten in Verhältnissen effektiver Parität leben.
4. Österreich und Italien müßten die Jurisdiktion des Internationalen Gerichtshofes für Interpretationsstreitigkeiten aus dem Gruber-De Gasperi-Abkommen anerkennen.

Dieser Vertrag sei in der Südtirolmaterie allein rechtlich beipflichtend. Was die italienische Regierung dem italienischen Parlament vorschlagen werde, seien *„autonome und einseitige Akte"*. Jedoch sei vorgesehen, daß die österreichische Regierung zum Schluß den Streit über Südtirol vor der UNO für beendet erklärt.

27. Februar 1969

Kreisky: Schlechte Lösung!

Der SPÖ-Vorsitzende wies im italienischen Rundfunk die Auffassung des italienischen Außenministers Nenni zurück, wonach alle Maßnahmen für eine Südtiroler Autonomie *„eine inneritalienische Angelegenheit"* seien. Die von Nenni dargelegte Lösung des Südtirolproblems sei unbefriedigend, weil *„der Operationskalender sehr ungenügend"* sei.

1. März 1969

Magnago: Der Zeitpunkt ist gekommen!

SVP-Obmann Dr. Magnago erklärte in einem Interview, daß nun die letzten Differenzen über die Formulierungen des „Paket"-Textes bereinigt seien und nun zwischen Rom und Bozen Übereinstimmung herrsche. Es seien nur noch *„einige technische Aspekte"* zwischen den Zentralstellen zu klären. Nun sei der Augenblick gekommen, in dem jeder seine Verantwortung für „Paket" und „Operationskalender" übernehmen müsse.

14. März 1969

„Südtiroler Nachrichten": Scheinlösung – Südtirol ist Preis für EWG-Assoziierung

In scharfen Worten kommentierte die dem SVP-Abg. Hans Dietl nahestehende Zeitung Äußerungen des ÖVP-Generalsekretärs Withalm nach einer ÖVP-Landesparteileitungssitzung in Nordtirol, an welcher dieser teilgenommen hatte: *„Vizekanzler Withalm hat keinen Zweifel gelassen, daß die Wiener Regierung die Südtirolfrage noch vor den auf den 1. März 1970 festgelegten Nationalratswahlen aus der Welt schaffen will. Das geht laut Withalm so weit, daß diese Südtirollösung auch dann im Nationalrat mit hauchdünner Mehrheit durchgepeitscht werden soll, falls die Sozialisten (SPÖ) und die Freiheitlichen (FPÖ) dieser Scheinlösung im Zeichen von ‚Paket' und ‚Operationskalender' nicht ihre Zustimmung geben sollten bzw. sich dagegen aussprechen würden. Generalsekretär Withalm wird sich der blinden Ergebenheit der ÖVP-Nationalräte wohl deshalb so sicher fühlen, weil ihm der Nordtiroler Landeshauptmann entsprechende Zusicherungen gegeben haben mag. Die Regelung der lästigen Südtirolfrage und die Assoziierung mit der EWG bildeten die vordringlichsten Bestrebungen der österreichischen Außenpolitik. Um es klarer auszudrücken: Es sollte Italiens Plazet für die EWG-Assoziierung durch die Beendigung des Südtirol-Streitfalls erreicht werden."*

20. März 1969

„Schmähung der italienischen Nation"

Gegen den deutschen Staatsbürger Südtiroler Abstammung Wolfgang von Welsperg erhob die

Staatsanwaltschaft Bozen in Abwesenheit Anklage wegen *„Schmähung der italienischen Nation“* nach dem aus der Faschistenzeit stammenden Artikel 290 des „Codice penale“. Welsperg hatte 1968 in einem Südtirolartikel geschrieben: *„Wer das Unrecht nicht bekämpft, fördert das Chaos . . .“* Jetzt drohten ihm bis zu drei Jahre Gefängnis.

27. März 1969
Urteil im dritten Mailänder Südtirolprozeß
Folterungen aufgedeckt! Egger: Untersuchungsrichter Mario Martin nahm Folterbericht nicht zu Protokoll

Zum Abschluß des Verfahrens behauptete der Staatsanwalt Vaccari noch, daß die Verteidiger gelogen und mit gekauften Zeugen – gemeint war auch der österreichische Sprengsachverständige Oberst Massak – gearbeitet hätten, woraufhin die Verteidiger aus Protest für einige Zeit den Gerichtssaal verließen. Nach 29 Verhandlungstagen und der Vernehmung von mehr als 200 Zeugen wurde im dritten Mailänder Südtirolprozeß um 1 Uhr früh das Urteil verkündet. Das Gericht folgte der Auffassung der Verteidigung und hielt den Anschlag auf der Steinalm für nicht erwiesen. Allerdings wurden für *„Politische Verschwörung“* und die Feuergefechte am Portjoch und bei der Zwickauerhütte über Georg Klotz und drei andere in Österreich lebende Südtiroler harte Strafen verhängt. (Siehe Liste der Angeklagten). Rudolf Kofler, für den der Staatsanwalt 30 Jahre verlangt hatte, wurde aus der Haft entlassen. (Anmerkung: Die Berufungsinstanz kam auch im Fall der Steinalm zu einem Schuldspruch.) Während des Prozesses schilderte eine Reihe von Angeklagten die Mißhandlungen, denen sie durch die Carabinieri ausgesetzt worden waren: Richard Kofler: *„Ich habe vor den Carabinieri Angst gehabt. Ich fürchtete, daß sie mich wieder schlagen würden. Das, was ich in der Voruntersuchung ausgesagt habe, stimmt alles nicht . . . Man hat meinen Kopf mehrmals gegen die Wand geschlagen . . .“* Andreas Egger aus Osttirol: *„Das Protokoll ist ein Produkt der Folterungen, denen ich von den Carabinieri unterzogen worden bin . . . Ich habe Dr. Martin sofort gesagt, daß ich mißhandelt wurde, doch dieser hat diese Aussage nicht zu Protokoll gegeben. Er sagte, daß dies, wenn es stimme, schon im Register des Gefängnisarztes vermerkt worden sei.“* Staatsanwalt Dr. Elio Vaccari erhob Verleumdungsanklage gegen Egger, als dieser in dem Carabinieribrigadier Gianluigi Ceccanti einen seiner Peiniger erkannte, der ihn mit Schlägen ins Gesicht und mit Fußtritten traktiert habe.

Name	Geburtsjahr	Geburtsort	Antrag des Staatsanwaltes	Urteil 1. Instanz
Auer Albin (4)	1930	St. Martin	Freispr. m.a.B	Freispruch
Ausserer Karl (3)	1933	Uns. lb. Frau	lebenslänglich	24 J.
Egger Andreas (1,2)	1923	Leisach	J. 4 Mon.	5 J. 3 Mon.
Freidl Franz, Ing. (1)	1926	Zams	13 J. 7 Mon.	5 J. 6 Mon.
Frötscher Karl, Dr.	1925	Eppan	5 J. 5 Mon.	1 J. 4 Mon.
Klotz Georg (3)	1919	Walten	lebenslänglich	23 J.
Klotz Rosa (4)	1920	Moss	5 J. 5 Mon.	1 J. 4 Mon.
Kofler Richard (2)	1930	Unterrain	30 J.	2 J. 4 Mon.
Larch Alois (3)	1933	Dorf Tirol	lebenslänglich	24 J.
Marth Rudolf (4)	1925	St. Martin	5 J. 5 Mon.	2 J. 4 Mon.
Masoner Karl (4)	1915	Sigmundskron	1 J.	Freispruch
Obexer Adolf	1940	Bozen	lebenslänglich	24 J.
Rainer Alois	1941	Moos	lebenslänglich	2 J.
Schelli Alfred	1926	Winsbruck	7 J.	5 J.

(1) . . . österreichischer Staatsbürger; (2) . . . in Haft; (3) . . . abwesende Angeklagte; (4) . . . Angeklagte auf freiem Fuß

14. April bis 14. Mai 1969
4. Südtirolprozeß in Bologna: Foltervorwürfe – Staatsanwalt beleidigt die Tiroler

Vor dem Schwurgericht in Bologna wurde gegen die sogenannte „Pusterer-Gruppe“ verhan-

Staatsanwalt Vaccari mit dem Gewehr, das nach Meinung der Verteidiger losgegangen war und das Explosionsunglück verursacht hatte (27. März 1969).

8. Oktober 1969: Georg Klotz wird aufgrund seines schweren Magenleidens wegen Haftunfähigkeit aus dem Landesgericht Wien entlassen.

3. Mailänder Südtirolprozeß, 27. März 1969: Der Angeklagte Andreas Egger (Bildmitte) im Gespräch mit seinem Anwalt Roland Riz. Rechts von ihm die mitangeklagte Lehrerin Rosa Klotz, Frau des Freiheitskämpfers Georg Klotz.

delt. Ihr wurde zur Last gelegt, für die Anschläge vom Oktober 1966 bis zum Frühjahr 1967 verantwortlich gewesen zu sein. Vier Südtiroler und die Schwester des nach Österreich geflüchteten Siegfried Steger waren in Haft, gegen zehn Angeklagte wurde in Abwesenheit verhandelt. David Oberhollenzer, der Hauptangeklagte, bekannte sich mutig zu den ihm zur Last gelegten Taten, darunter zur Sprengung des Alpini-Denkmals in Bruneck. Er beschuldigte die Carabinieri, ihn und die anderen nach seiner Festnahme gefoltert zu haben. Die als Zeugen geladenen Carabinieri-Offiziere und der Gefängnisarzt bestritten diese Vorwürfe. Staatsanwalt Dr. Mario Luchetti nannte in seinem Plädoyer die Tiroler ein *„Volk von äußerst mysteriöser Herkunft"*, deren Mentalität durch einen ausgesprochenen *„Opportunismus und Alkoholmißbrauch"* gekennzeichnet sei. Er meinte außerdem, der deutschen Volksgruppe in Südtirol ginge es besser als der italienischen. Seine hohen Strafwünsche nannten die „Dolomiten" *„absurde Anträge und Beleidigung der Südtiroler"*.

6. bis 7. Mai 1969

Prozeß gegen den Mörder von Luis Amplatz eröffnet und vertagt

In Perugia begann in Abwesenheit des Angeklagten der Scheinprozeß gegen den österreichischen Staatsbürger Christian Kerbler, der beschuldigt wurde, im September 1964 den Südtiroler Luis Amplatz ermordet und Georg Klotz in Mordabsicht verletzt zu haben.

10. Mai 1969

20. ordentliche Landesversammlung in Meran: Es gibt zwei „Pakete"

Brugger und Dalsass wurden als SVP-Obmann-Stellvertreter gewählt. Mit nur 78% der gültigen Stimmen wurde Magnago wieder Obmann. Abschließend gab Magnago eine Stellungnahme ab, in welcher er seine Enttäuschung äußerte, daß die Landesversammlung zwei Gegner seiner „Paket"-Abschluß-Linie zu seinen Stellvertretern gewählt hatte.

Keine Abstimmung über das „Paket"

Das „Paket" stand auf der Landesversammlung noch nicht zur Abstimmung, da – wie Magnago mitteilte – eine Reihe offener Fragen noch der Klärung bedurften.

Es gibt zwei „Paket"-Versionen

Magnago bestätigte, daß es zwei Versionen des „Paketes" gäbe: eine SVP-Fassung und eine römische Fassung. Er, Magnago, habe bereits am 28. März Ministerpräsident Mariano Rumor ersucht, zu der Südtiroler Version Stellung zu nehmen. Dies sei aber bis jetzt nicht erfolgt.

Magnago begründet Methode der Geheimverhandlungen

Die Methode der Geheimhaltung aller Verhandlungen und ihrer Ergebnisse vor dem eigenen Volk begründete Magnago damit, daß eben *„ein Verhandlungspartner nicht einseitig die jeweiligen Ergebnisse der Öffentlichkeit preisgeben könne, ohne die Zustimmung des anderen."*

14. Mai 1969

Urteil im 4. Südtirolprozeß in Bologna

Nach siebenstündiger Beratung wurde in Bologna ein *„drakonisches, unfaßbares"* („Dolomiten") Urteil über die „Pusterer-Gruppe" gefällt. Fünf der Angeklagten wurden des Anschlags auf die Einheit des Staatsgebietes für schuldig erkannt. Die weiteren Straftatbestände waren *„Politische Verschwörung"*, *„Blutbad"* (!) und *„falsche Beschuldigung der Carabinieri"*, da diese von den Angeklagten der Folterung bezichtigt worden waren. (Siehe 24. 10. 1969) Unter den Verurteilten befand sich auch die Mutter (!) eines der Hauptangeklagten, Frieda Steger. Selbst die italienische Presse bezeichnete die Urteile als sehr hart, was Staatsanwalt Dr. Luchetti nicht hinderte, wegen zu geringer Bestrafung Berufung einzulegen. (Anmerkung: In der Berufungsverhandlung vom Juli 1971 wurde den Angeklagten der Gebrauch der deutschen Sprache verwehrt; der Staatsanwalt verschärfte die Anträge in Einzelfällen auf vier Mal lebenslänglich. Vier flüchtige Angeklagte wurden zu je zwei Mal lebenslänglich und neun Jahren Gefängnis verurteilt. Einzelheiten in folgender Liste. Die in Haft befindlichen Angeklagten wurden am 15. 11. 1971 begnadigt.)

Aufsehen hatte es wegen zur Sprache gebrachter Folterungen gegeben
Im Zeugenstand sagte unter anderem auch die Südtirolerin Maja Mayr aus, ein Mädchen, welches sich selbst wegen Mitbeteiligung an der Verschwörung in einem der folgenden Prozesse zu verantworten hatte. Die Zeugin zog aus ihrer Handtasche die Photokopie eines Briefes hervor, der ihr heimlich von David Oberhollenzer aus dem Gefängnis in Bozen übermittelt worden war. In diesem Schreiben hatte Oberhollenzer seiner Freundin die Qualen geschildert, unter denen er bei den Carabinieri gelitten hatte. Wie die Zeugin dazu erklärte, sei eine Kopie des Briefes auch an Landeshauptmann Dr. Magnago übergeben worden. Das Original befinde sich bei einer nicht näher bezeichneten Person in Bozen. Die Zeugin berichtete ferner, daß sie einen ähnlichen Brief auch vom Angeklagten Johann Auer erhalten habe. Dieser Aussage, daß die Angeklagten gefoltert worden seien und man daher ihre Geständnisse erpreßt habe, widersprachen die Carabinieri als Zeugen. Auch der Gefängnisarzt Dr. Trovato erklärte, daß keiner der Beschuldigten sich bei ihm über Schmerzen oder Verletzungen beklagt habe. (Siehe auch: 10. und 14. März 1967.) Landeshauptmann Dr. Magnago, der eine Kopie des Folterbriefes erhalten hatte (er hatte auch nach dieser Zeugenaussage und dem Bericht darüber in den „Dolomiten" den Erhalt des Briefes nicht dementiert), hatte in der Folge zu den Folterungen geschwiegen und weder öffentlich protestiert noch Österreich als Schutzmacht gegen diese neuerliche Verletzung der Menschenrechte eingeschaltet. Ebenso hatten auch die Bischöfe Gargitter (Brixen – Bozen) und Rusch (Innsbruck) dazu geschwiegen, die nach späteren eigenen Angaben (siehe 22. November 1969) damit beschäftigt waren, politisch für einen „Paket"-Abschluß tätig zu sein.

Angeklagte im 4. Südtirolprozeß in Bologna

Name	**Geburtsjahr**	**Heimatort**	**Antrag des Staatsanwaltes**	**Urteil 1. Instanz**	**Urteil 2. Instanz**
Auer Gottfried [2)]	1947	Sand i. T.	6 Mon.	1 Mon.	Amnestie
Auer Johann [1)]	1944	Sand i. T.	30 J.	27 J. 8 Mon.	28 J. 3 Mon.
Ebner Franz [1)]	1918	Sand i. T.	30 J.	17 J. 9 Mon.	13 J. 4 Mon.
Forer Josef [3)]	1940	Sand i. T.	lebenslang	6 J.	2 x lebenslang + 9 J. 2 Mon.
Oberhollenzer David [1)]	1942	Sand i. T.	30 J.	17 J. 9 Mon.	13 J. 4 Mon.
Oberhollenzer Johann [2)]	1944	Sand i. T.	Geldstrafe	60.000 Lire	Amnestie
Oberlechner Heinrich [3)]	1940	Sand i. T.	lebenslang	6 J.	2 x lebenslang + 9 J. 4 Mon.
Oberleitner Heinrich [3)]	1940	Ahrntal	lebenslang	6 J.	2 x lebenslang + 9 J. 4 Mon.
Plaikner August [1)]	1933	Mühlwald	30 J.	16 J. 5 Mon.	13 J. 4 Mon.
Rier Peter [2)]	1927	Sand i. T.	Freispruch m.a.B		Freispruch
Steger Frieda [2)]	1909	Sand i. T.	2 J. 8 Mon.	1 J. 1 Mon.	Amnestie
Steger Johann [2)]	1906	Sand i. T.	Amnestie	Amnestie	
Steger Karoline [1)]	1941	Sand i. T.	6 J. 8 Mon.	3 J. 4 Mon.	Amnestie
Steger Siegfried [3)]	1939	Sand i. T.	lebenslang	lebenslang	2 x lebenslang + 9 J. 4 Mon.

Anmerkungen: Tages- und Geldstrafen wurden weggelassen; [1)] . . . Angeklagte in Haft; [2)] . . . Angeklagte auf freiem Fuß; [3)] . . . abwesende Angeklagte

<u>19. Mai 1969</u>
Stellungnahme der SVP zum Urteil im 4. Südtirolprozeß
Die Landesleitung der SVP erklärte: *„Staatsanwalt Dr. Luchetti hat in seiner Anklagerede in Bologna nicht nur ungewöhnlich hohe Strafanträge gestellt, sondern sich auch in sehr abfäl-*

liger Weise über die Südtiroler Bevölkerung geäußert. Laut Pressemeldungen bezeichnete er die Tiroler als von äußerst mysteriöser Herkunft, deren Mentalität durch einen ausgesprochenen Opportunismus gekennzeichnet sei, und als ein Volk von Alkoholikern. Wir bewerten diese Bemerkungen über die Südtiroler Bevölkerung als beleidigend und müssen eine solche Denkungsweise schärfstens verurteilen. Die Südtiroler Parlamentarier werden ersucht, sich bei den zuständigen Stellen gegen die Diffamierung einer volklichen Minderheit zu verwahren . . .“

Österreich „protestiert“ heimlich

Auf Anfrage eines Journalisten teilte Außenminister Dr. Waldheim später mit, daß die österreichische Regierung wegen der Äußerungen des Staatsanwaltes Luchetti gegenüber der italienischen Regierung *„ihr Befremden“* zum Ausdruck gebracht habe. *„Ein spektakulärer Rahmen oder eine publizistische Auswertung dieser Demarche hätten zu deren sachlicher Wirkung sicherlich nichts beigetragen.“* (Brief Waldheims an die „Volksbewegung für Südtirol“, Zl. 160. 455-5Pol/69 vom 10. 7. 1969.)

2. Juni 1969

Italienischer Staatspräsident begnadigt zwölf Südtiroler

Anläßlich des Jahrestages der Ausrufung der Republik wurden vom italienischen Staatspräsidenten Saragat zwölf Südtiroler begnadigt. Nachdem sie im ersten Verfahren bereits aus der Haft entlassen worden waren, wurden sie im Berufungsverfahren zum ersten Mailänder Südtirolprozeß zu höheren Kerkerstrafen verurteilt. Der Kassationsgerichtshof hatte die Urteile bestätigt. Daraufhin haben tausende Südtiroler ein Gnadengesuch unterschrieben, um den zwölf Männern weitere drei Jahre Haft zu ersparen. Die Namen der Begnadigten: Engelbert Angerer, Hermann Anrather, Anton Felderer, Walter Gruber, Josef Huber, Josef Innerhofer, Franz und Lorenz Riegler, Sigismund Roner, Virgil Schwienbacher, Erich Walter und Albuin Zwerger.

15. Juni 1969

Wieder Fahnen und Herz-Jesu-Feuer in Südtirol

Nach sieben Jahren Verbotszeit brannten wiederum auf allen Bergen Südtirols Herz-Jesu-Feuer. In vielen Orten waren die Häuser mit weiß-roten Tirolerfahnen geschmückt. Die Verbote für Bergfeuer und Fahnenhissen waren nicht mehr erneuert worden.

Südtirol-Verurteilter kehrt heim

Der im ersten Mailänder Südtirolprozeß zu mehr als elf Jahren Haft verurteilte Josef Mitterhofer, Bauer in Obermais bei Meran, kehrte nach acht Jahren Gefängnis in seine Heimat zurück. Die beiden acht und zehn Jahre alten Söhne holten mit ihrer Mutter und Freunden den Vater vom Gefängnis ab. Mitterhofer wurde durch die Musikkapelle und die Bevölkerung ein schöner Empfang in Obermais bereitet.

6. Juli 1969

Italienische Regierung zurückgetreten

Die italienische Regierung Rumor trat nach innenpolitischen Schwierigkeiten zurück. Der Nordtiroler Landeshauptmann erklärte enttäuscht, daß nun die Möglichkeit der Lösung der Südtirolfrage auf nicht mehr absehbare Zeit verschüttet sei.

11. Juli 1969

Abgeordneter ausgewiesen

Während einer offiziellen Informationsfahrt wurde der CSU-Landtagsabgeordnete Dr. Erwin Stein in Venedig festgenommen, in ein österreichisches Flugzeug gesetzt und nach Wien abgeschoben. Stein leitete eine für Südtirol wirkende karitative Organisation.

14. Juli 1969

Kreisky: Exfaschisten argumentieren mit „Pangermanismus"

Auf einer Pressekonferenz sprach der SPÖ-Vorsitzende Kreisky von einer totalen Stagnation der österreichischen Außenpolitik. Diese zeige sich insbesondere beim Südtirolproblem, wo eine noch aus der Mussolini-Ära stammende Bürokratie jede akzeptable Lösung dieser Frage zu verhindern wisse. Diese römischen Beamten, die seinerzeit den Faschisten dienten, scheuten nicht davor zurück, heute mit dem „Pangermanismus" zu operieren. Sie weigerten sich auch, eine europäische Streitschlichtungskommission zu akzeptieren, die nach österreichischer Auffassung wichtig sei, um für die Zukunft ein Instrument zur Schlichtung eventueller Streitigkeiten zu haben.

20. Juli 1969

Urteil gegen Neofaschisten aufgehoben

Der Wiener „Express" berichtet: *„Das Verfahren wegen der italienischen Attentate auf die Saline Ebensee, die Feuerkogelbahn und das Sowjetdenkmal auf dem Wiener Schwarzenbergplatz, die ein Todesopfer und mehrere Verletzte gefordert hatten und sechs Jahre nach der Tat heuer im Jänner zu einem Strafprozeß in Verona führten, fand eine überraschende Wendung. Das Berufungsgericht in Venedig hat das Urteil ausgesetzt und die Entscheidung über die Einwände der Verteidigung dem Verfassungsgerichtshof überwiesen. Die Verteidigung hatte den Standpunkt vertreten, daß es sich um im Ausland begangene politische Straftaten handle, die nicht von italienischen Gerichten bestraft werden dürften. Zu dem Prozeß in Verona war nur der Angeklagte erschienen, welchem keine Gefährdung von Menschen vorgeworfen wurde, da er nur am Anschlag auf das Sowjetdenkmal in Wien beteiligt war. Die Anklage in Verona hatte zu starker Kritik Anlaß gegeben, da sie unvergleichlich milder war als jene, die bei den diversen Südtirolprozessen erhoben wurde. Bei diesen Prozessen war großzügig mit dem Vorwurf der Anrichtung eines Blutbades umgegangen worden. Obwohl aber die drei Attentäter, die in Verona angeklagt waren und alle der neofaschistischen Partei angehören, mit ihrem Anschlag auf die Saline Ebensee einen Gendarmeriebeamten getötet und einen anderen des Augenlichts beraubt hatten und mit Anschlägen auf die Feuerkogelbahn von Ebensee, die damals stark von Schulklassen frequentiert wurde, und einem weiteren Anschlag auf eine Autobahnbrücke bei Salzburg leicht hätten Blutbäder anrichten können, lautete die Anklage nur auf fahrlässige Tötung, verbotenen Sprengstoffbesitz und Gefährdung der öffentlichen Sicherheit und der Sicherheit des Transportwesens. Die Vermutung, daß die italienischen Behörden kein großes Interesse an einer Ahndung dieser Terroranschläge zeigten, war schon aufgetaucht, als die Hauptschuldigen seinerzeit nach ihrer Einvernahme auf freien Fuß gesetzt wurden und damit die Möglichkeit zur Flucht erhielten."*

25. Juli 1969

Einigung über „Operationskalender" und Österreichs EWG-Assoziierung

Vertreter des italienischen und des österreichischen Außenministeriums einigten sich bei einem Expertentreffen in Paris über Inhalt und zeitliche Abfolge der 18 Punkte des sogenannten „Operationskalenders", mit welchem das „Paket" schrittweise in Kraft gesetzt und durchgeführt werden sollte. Die österreichische Delegation wurde von Botschafter Halusa angeführt, die italienische von Botschafter Gaja (Prof. Toscano war im Vorjahr verstorben). Bezüglich der österreichischen EWG-Assoziierung wurde vereinbart, daß Österreich eine öffentliche Erklärung abgeben solle, in welcher der „Terrorismus" verurteilt werde, woraufhin Italien sein EWG-Veto zurückziehen werde. Durch diese Vorgangsweise sollte die Fiktion öffentlich aufrechterhalten werden, das italienische EWG-Veto habe jemals etwas mit der Haltung Österreichs gegenüber den Freiheitskämpfern zu tun gehabt. In Wahrheit war die EWG-Frage ein Druckmittel in der Hand Italiens gewesen, Österreich in den Südtirolverhandlungen gefügig zu machen. „Anti-Terror"-Erklärungen hat die österreichische Regierung nämlich schon seit Jahren ungezählte abgegeben.

Der letzte, gültige Text des „Operationskalenders" lautete nun:

1. Paraphierung des Vertrages zur Abänderung des Artikels 27, lit. a, des Europäischen Übereinkommens zur friedlichen Beilegung von Streitigkeiten in den Beziehungen zwischen Österreich und Italien.
2. Abänderung des Artikels 18 des „Regolamento" zum Text der Gesetze über die öffentliche Sicherheit sowie Zuerkennung der Rechtspersönlichkeit an den Südtiroler Kriegsopfer- und Frontkämpferverband und an den Südtiroler Alpenverein.
3. Erklärung des italienischen Ministerpräsidenten vor dem Parlament mit zustimmendem Beschluß.
4. Erklärung des österreichischen Bundeskanzlers vor dem Nationalrat mit zustimmendem Beschluß.
5. Einsetzung des italienischen Vorbereitenden Komitees der Maßnahmen für Südtirol.
6. Mündliche Erklärungen des österreichischen und des italienischen Delegierten vor der Generalversammlung der Vereinten Nationen. (Zeitlich verschiebbar, je nach dem Termin der Generalversammlung.)
7. Erstes Votum über das italienische Verfassungsgesetz in Kammer und Senat.
8. Unterzeichnung des unter 1. erwähnten Vertrages.
9. Parlamentarische Verabschiedung des unter 1. erwähnten Vertrages und gleichzeitig endgültige Verabschiedung des italienischen Verfassungsgesetzes.
10. Verabschiedung der einfachen italienischen Gesetze.
11. Erlassung der Durchführungsbestimmungen zum italienischen Verfassungsgesetz.
12. Publikation des Dekretes betreffend den Übergang der Ämter und des Personals von der Region auf die Provinz entsprechend den neuen Kompetenzen der Provinz.
13. Abgabe der österreichischen Schlußerklärung innerhalb von 50 Tagen nach Erlassung der letzten Durchführungsbestimmungen und Austausch der Ratifizierungsurkunden des unter 1. erwähnten Vertrages am Tage vor Ablaufen dieser Frist. (Der Lauf dieser Frist würde bis zur Veröffentlichung des unter 12. erwähnten Dekretes gehemmt werden, falls das Dekret nicht innerhalb von 30 Tagen ab Erlassung der letzten Durchführungsbestimmungen zum Verfassungsgesetz ergangen ist.)
14. Italienische Verbalnote, welche die österreichische Schlußerklärung zur Kenntnis nimmt.
15. Notifizierung der Streitbeendigung an den Generalsekretär der Vereinten Nationen seitens der österreichischen und der italienischen Regierung.
16. Notifizierung des unter 1. erwähnten Vertrages an den Kanzler des Internationalen Gerichtshofes seitens der österreichischen und der italienischen Regierung.
17. Notifizierung des unter 1. erwähnten Vertrages an den Generalsekretär des Europarates seitens der österreichischen und der italienischen Regierung.
18. Allfälliger Abschluß eines österreichisch-italienischen Vertrages betreffend die freundschaftliche Zusammenarbeit.

Der Text der Streitbeilegungserklärung (wie auch später mit Verbalnote vom 11. Juni 1992 an Italien übermittelt) lautete:

„Im Hinblick darauf, daß zwischen Österreich und Italien eine Streitigkeit über die Durchführung des Pariser Abkommens vom 5. September 1946 entstanden ist; im Hinblick darauf, daß diese Streitigkeit Gegenstand der Resolutionen 1497 (XV) und 1661 (XVI) der Generalversammlung der Vereinten Nationen war; unter Bedachtnahme darauf, daß die Generalversammlung der Vereinten Nationen Österreich und Italien in den erwähnten Resolutionen empfohlen hat, die Verhandlungen mit dem Ziel wieder aufzunehmen, eine Lösung aller Differenzen hinsichtlich der Durchführung des obengenannten Abkommens zu finden; in Anbetracht der Tatsache, daß die Wiederaufnahme der Verhandlungen stattgefunden und zur Annahme einer Methode der Beratung geführt hat, welche geeignet war, die Beilegung der Streitigkeit ohne Präjudiz für die jeweiligen Rechtsstandpunkte der beiden Seiten herbeizuführen; mit Rücksicht darauf, daß die Italienische Regierung in ihrer Regierungserklärung vom . . . detailliert aufgezählte Maßnahmen angekündigt hat, die in dauerhafter Weise die Interessen der deutschsprachigen Bevölkerung Südtirols, das friedliche Zusammenleben und

die Entwicklung der Sprachgruppen Südtirols zu gewährleisten bestimmt sind; angesichts der Tatsache, daß die italienische Regierung diese in der Regierungserklärung vom . . . angekündigten Maßnahmen nunmehr verwirklicht und mit Note vom . . . mitgeteilt hat; erklärt die österreichische Bundesregierung, daß sie die zwischen Österreich und Italien bestehende Streitigkeit, welche Gegenstand der erwähnten Resolutionen der Generalversammlung der Vereinten Nationen war und den Status des deutschsprachigen Elementes der Provinz Bozen (Bolzano) – Durchführung des Pariser Abkommens vom 5. September 1946 – betrifft, als beendet erachtet."

6. August 1969

Kabinett Rumor angelobt

Die neue Regierung, die ausschließlich aus 25 Christdemokraten bestand, wurde von Staatspräsident Saragat angelobt. Außenminister wurde wiederum Aldo Moro, der dieses Ministerium bereits vom Dezember 1963 bis Juni 1968 innegehabt hatte.

7. August 1969

Forer und Oberlechner enthaftet

Die seit dem 23. Mai 1967 bzw. 18. April 1967 in Haft befindlichen „Pusterer Buam" Josef Forer und Heinrich Oberlechner wurden auf Beschluß des Landesgerichtes Feldkirchen auf freien Fuß gesetzt, da das aus Italien übermittelte Belastungsmaterial nicht ausreichte, um die bereits mehr als zwei Jahre dauernde (!) Haft und die Voruntersuchung wegen Mordes fortzusetzen.

10. August 1969

Sprengstoffanschläge

In den 1. Klasse-Abteilen von neun Zügen explodierten kurz vor Abfahrt in den Bahnhöfen Rom, Venedig und Triest Sprengladungen. Elf Personen wurden verletzt. Wie die Polizei feststellte, waren Bomben und Zeitzünder ostdeutscher Herkunft. Für die Täterschaft wurde eine „Aostertaler Befreiungsbewegung" verantwortlich gemacht.

22. August 1969

Einreiseverbot für „Paket"-Gegner – Wien und Magnago schweigen dazu

Als der Vorarlberger FPÖ-Abgeordnete Melter über das Pustertal durch Südtirol fahren wollte, wurde sein PKW nach 3 km angehalten. Es wurde ihm der Paß abgenommen und er wurde wieder zurück zur Grenze eskortiert. Begründung für die Abschiebung wurde keine gegeben. Die Italiener hatten ihre Grenzstellen mit sogenannten „schwarzen Listen" ausgestattet, auf denen Hunderte von Namen jener Österreicher aufschienen, denen Italien die Einreise nicht gestattete. Diese Listen enthielten die Namen der Funktionäre von Südtirolverbänden. Außerdem umfaßten die Listen aber vor allem die Namen jener österreichischen Politiker, die als engagierte „Paket"-Gegner bekannt waren und denen man offenbar durch das Einreiseverbot die Möglichkeit nehmen wollte, auf Ortsobmänner und Delegierte der SVP vor der Beschlußfassung über das „Paket" einzuwirken. Mit Einreiseverbot belegt waren so der sozialistische Landesrat Zechtl (SPÖ, Nordtirol), der Südtirolexperte der FPÖ-Fraktion im österreichischen Nationalrat, Dr. Scrinzi, und der Nordtiroler Landeshauptmannstellvertreter a.D. Hans Gamper. Daß beispielsweise letzterer schwerlich unter „Terrorismus"-Verdacht stehen konnte, zeigte allein schon sein Alter von über 70 Jahren.

10. September 1969

Zuwanderung von 1951 bis 1968 in Zahlen

Die „Südtiroler Nachrichten" melden, *„daß für die Zeit von 1951 bis 1968 mit einer italienischen Zuwanderung in Südtirol von mindestens 20.000 Personen gerechnet werden muß. Der Prozentsatz der Südtiroler Stimmen und somit der Südtiroler Wähler ist laufend gesunken,* *von 63,54 Prozent bei den Regionalratswahlen 1952 auf 60,75 Prozent bei den Regionalratswahlen 1968. Der Prozentsatz der italienischen Stimmen und somit der italienischen Wähler ist hingegen laufend gestiegen. (Von 36,46 Prozent auf 39,25 Prozent im selben Zeitraum.) Des Rätsels Lösung liegt in der* ***Zuwanderung****. Sie verbirgt sich in einem raffinierten Zahlenspiel und in einer schwer durchschaubaren Wanderbewegung der italienischen Bevölkerung. So steht eindeutig fest, daß die höheren Geburtenzahlen der deutschen Bevölkerung Südtirols durch die Zuwanderung von Italienern aus anderen Provinzen bisher mehr als ausgeglichen wurden. Im Fall Bozen zeigt sich besonders deutlich, wie raffiniert von seiten der Italiener die Zuwanderung verschleiert wird. Ein Großteil der fast 19.000 Italiener, die in Gemeinden mit deutscher Mehrheit zugezogen sind, benutzte diesen ersten Wohnsitz nur als Durchgangsort, um sich dann in Bozen seßhaft zu machen. Bei der Zuwanderung nach Bozen scheinen sie aber dann nicht mehr als Zuwanderer aus anderen italienischen Provinzen auf, sondern als Zuwanderer aus anderen Gemeinden Südtirols."*

13. September 1969

Feuerüberfall

In Töll wurden auf den Carabinieri-Maresciallo Curzi zwei Pistolenschüsse abgegeben, welche diesen knapp verfehlten. Die Fahndung blieb erfolglos.

17. September 1969

Freiheitliche gegen Abschiebung der Verantwortung

Das Spitzenteam der Freiheitlichen Partei Österreichs begann in Innsbruck mit der Herbstreihe öffentlicher „Kreuzfeuer"-Diskussionen in österreichischen Städten. Abg. Scrinzi, Südtirolsprecher der FPÖ im Nationalrat und Delegierter beim Europarat, prangerte die Verschleppungstaktik Italiens, die Geheimhaltungstaktik in den bilateralen Verhandlungen und die „Überfahrungsmethoden" an.

18. September 1969

Freiheitskämpfer festlich empfangen – „beispielgebende Heimatliebe"

Der vorletzte der im ersten Mailänder Südtirolprozeß verurteilten Südtiroler, Oswald Kofler aus Tramin, kehrte nach mehr als achtjähriger Haft nach Hause zurück. Seine Landsleute bereiteten ihm einen festlichen Empfang, als er in einem blumengeschmückten Volkswagen aus Tramin eintraf. Im Gefängnis von Trient blieb von den Häftlingen des ersten Prozesses nur mehr Georg Pircher aus Lana zurück. Tramin hatte alles aufgeboten, um dem jetzt 36jährigen Oswald Kofler einen festlichen Empfang zu bereiten. Den offiziellen Willkommensgruß entbot der SVP-Ortsobmann Siegfried Gutmann, der Koflers Opferbereitschaft und Idealismus unterstrich. Diesen Wünschen schloß sich auch Bürgermeister Oberhofer an. L.Abg. Vaja hielt eine kurze Ansprache, wobei er u.a. sagte, Kofler sei das Opfer einer politischen Situation geworden, für die er nicht verantwortlich gemacht werden dürfe. Der Heimkehrer habe aber eine Heimatliebe bewiesen, *„die beispielgebend sei."*

25. September 1969

Amtlicher „Paket"-Text trifft in Bozen ein

Siehe: 27. September 1969.

Südtirolfrage vor den Vereinten Nationen

Eine geschickte Regie der Italiener sorgte dafür, daß unmittelbar bevor der österreichische Außenminister Waldheim vor der UN-Vollversammlung das Wort ergriff der monatelang erwartete „Paket"-Text bei Landeshauptmann Dr. Magnago einging. Wie Waldheim später selbst bestätigte, *„entschärfte"* er im allerletzten Augenblick sein Redemanuskript.

27. September 1969

„Paket"-Text wird geprüft und – von Magnago „autorisiert" – angereichert

Dem zusammengetretenen Parteiausschuß berichtete Dr. Magnago, daß der amtliche italienische „Paket“-Text aus Rom eingetroffen sei. Dieser enthalte auch die Antwort auf die bislang noch offen gewesenen zwölf Fragen zur Verhandlungsmaterie. Außerdem habe er den Text des „Operationskalenders“ erhalten. Der Parteiausschuß konnte noch nicht mit der Prüfung von „Operationskalender“ und „Paket“ beginnen, da der Parteiobmann erklärte, er hätte noch nicht die Zeit gehabt, die beiden Texte zu prüfen. So versetzte sich Magnago noch rechtzeitig in die Lage, an dem „Paket“ mit den „Fußnoten“ zu manipulieren. Diese „Fußnoten“ erleichterten es ihm außerordentlich, das „Ja“ vom Parteiausschuß und später von der Landesversammlung zu erhalten. Ein Ausschuß aus vier Juristen (Dr. Magnago, Kammerabg. Dr. Roland Riz, Assessor Dr. Alfons Benedikter, Bezirksobmann von Bozen Dr. Erwin Walcher) wurde beauftragt, eine Studie zum Vergleich des amtlichen italienischen Textes und einer in Wien vom Außenamt erarbeiteten deutschen Version zu erarbeiten. Dieses Gremium stellte auch Verschlechterungen gegenüber dem „Paket“ von 1967 fest. Nun begann Magnago, das „Paket“ mit von ihm diktierten „Fußnoten“ anzureichern, zu deren Formulierung und Einbringung er sich fälschlich als von Rom autorisiert bezeichnete. Erst diese Vorgangsweise ermöglichte ihm die folgenden knappen Abstimmungssiege.

3. Oktober 1969

Letzte Anschläge der Freiheitskämpfer

Ein Sprengkörper beschädigte die Außenmauer der Carabinierikaserne in Naturns. Die Fensterscheiben gingen in Brüche, einige Fensterstöcke wurden herausgerissen. Eine weitere Ladung unterbrach die Eisenbahnlinie zwischen Töll und Plaus, ebenfalls im Vintschgau. An den Tatorten blieben Flugzettel des BAS zurück.

7. Oktober 1969

Verbindlicher „Paket“-Text überreicht

Einige Stunden vor dem Auftritt des österreichischen Außenministers Dr. Waldheim vor der UNO in New York überreichten die Italiener den Österreichern den kompletten und authentischen „Paket“-Text. Dieser enthielt nicht die „Fußnoten“, die Magnago dem SVP-Text hinzugefügt hatte.

8. Oktober 1969

Georg Klotz enthaftet

Der seit 12. 8. 1968 in Haft befindliche Freiheitskämpfer Georg Klotz aus St. Leonhard im Passeier, der sich seit dem 3. 10. 1969 mit blutenden Magengeschwüren in der 1. Chirurgischen Universitätsklinik in Wien befand, wurde im Hinblick auf seine schwere Erkrankung enthaftet.

Sprengstoffund

In der Nähe von Naturns wurde von der italienischen Polizei ein Sprengstofflager entdeckt. In zwei Nylonsäcken verpackt, befanden sich 2 kg Sprengstoff, 22 Zünder und eine Beretta-Maschinenpistole.

11. Oktober 1969

Schikane: Keine Einreise in Tracht

Italienische Grenzorgane verweigerten der Trachtenkapelle Flintsbach aus Bayern die Einreise bei Sillian, da die Kapelle Tracht trug und nach Meinung der Italiener daher „uniformiert“ war.

4., 11. und 13. Oktober 1969

Parteiausschuß der SVP berät „Operationskalender“

Der Parteiausschuß der SVP begann mit der Prüfung des „Paket“-Komplexes, und zwar mit dem „Operationskalender“. Der „Paket“-Text war erst am 25. September aus Rom eingelangt. Der Text wurde seit dem 27. September durch eine vierköpfige Juristenkommission der SVP mit dem deutschen, in Wien erstellten Text verglichen und selbst vor den Ausschußmitgliedern geheimgehalten. Die von Magnago eingeschlagene Taktik zielte darauf ab, den Ausschußmitgliedern alle wichtigen Unterlagen erst in letzter Minute auszufolgen. Dadurch konnte ein Meinungsbildungsprozeß in Ruhe und außerhalb der Ausschußsitzung nicht erfolgen. Die Ausschußmitglieder waren in jeder Phase der Beratung auf die Erläuterungen und Ratschläge des bestens informierten Parteiobmannes und seiner engsten Umgebung angewiesen. Senator Dr. Peter Brugger und die Assessoren Dr. Alfons Benedikter und Dr. Joachim Dalsass sprachen sich entschieden gegen den vorliegenden „Operationskalender" aus. Dieser sei lediglich ein „Gentlemen's Agreement" und könne das „Paket" weder rechtlich noch politisch absichern. Die Konsequenz sei lediglich, daß Österreich seine Rolle als Schutzmacht der Südtiroler verlieren würde.

Der Stil Magnagos

Über die in den Beratungen vom 4. bis 13. Oktober von Magnago angewandten Methoden berichtete der Abgeordnete zur römischen Kammer, Hans Dietl, in den „Südtiroler Nachrichten" unter dem Titel *„Im Schnellzug zum ‚Ja,'"*: *„Am 4. Oktober traten die Mitglieder des Parteiausschusses zur Beratung über den ‚Operationskalender' zusammen ... Es wurde festgelegt, daß aus zwingenden Termingründen die Beratungen des Parteiausschusses innerhalb Oktober abzuschließen seien. Bezeichnenderweise wurde den Mitgliedern des Parteiausschusses in der ersten Sitzung nicht einmal ein Papier ausgefolgt! Und obwohl seitens der österreichischen Experten nur auf Beamtenebene eine rein technische Einigung über den ‚Operationskalender' erzielt worden war, obgleich man der SVP nicht einmal Gelegenheit geboten hatte, sich zum ‚Operationskalender' Wien und Innsbruck gegenüber zu äußern, wurde unser Antrag auf gemeinsame Besprechung in Innsbruck vom Tisch gewischt. Für die Sitzung vom 11. Oktober war den Mitgliedern des Parteiausschusses ein nur in italienischer Sprache abgefaßtes Exemplar des ‚Operationskalenders' ausgefolgt worden. Ein in einigen Punkten abweichender Text, den Wien im letzten Augenblick besorgt hatte, wurde erst während der Sitzung verteilt ...*

Wichtige Dokumente für die Diskussion

Als dann in der Parteiausschußsitzung vom 11. Oktober, die am 13. Oktober ihre Fortsetzung fand, die berechtigte Forderung erhoben wurde, es müßten wenigstens die im ‚Operationskalender' vorgesehenen Texte der Regierungserklärungen usw. vorliegen, verschanzte sich der Parteiobmann hinter dem strikten Gebot der Geheimhaltung, das beide Regierungen, also auch Wien (!) ausgesprochen hätten. Er wollte es in einer Frage von eminenter Tragweite nur bei der Verlesung der Schriftstücke bewenden lassen. Er mußte sich schließlich bereit erklären, die Dokumente wenigstens für die Sitzungsdauer, also während der Diskussion zur Verfügung zu stellen. Er machte diese ‚Konzession' jedoch von der Forderung abhängig, daß der Parteiausschuß auf jeden Fall die Debatte am 13. Oktober um 20 Uhr abschließen müsse. Dies ist auch geschehen. Während die Obmannstellvertreter Dr. Brugger und Dr. Dalsass sowie der SVP-Fraktionsführer im Regionalrat Dr. Benedikter ihre Denkschriften zeitgerecht verteilt hatten, hielt es auch in diesem Punkt der Obmann anders: anstatt den Mitgliedern des Parteiausschusses wenigstens die fragliche Gelegenheit zu geben, trotz gleichzeitig laufender Diskussion die nur für die Sitzungsdauer ausgehändigten entscheidend wichtigen Unterlagen zu prüfen, verlas er seine Gegenausführungen zu den genannten Denkschriften, verweigerte die beantragte Verteilung seines verlesenen Schriftstückes und erreichte so, daß die Diskussion über Inhalt und Tragweite der Unterlagen zum ‚Operationskalender' unterging ...

Apodiktische Termine

In der Parteiausschuß-Sitzung vom 13. Oktober, die apodiktisch um 20 Uhr die Diskussion über den ‚Operationskalender' abschließen mußte, wurde dann der Kalender für die weiteren Sitzungen des Parteiausschusses festgelegt. Obwohl ursprünglich der ganze Oktober als Termin für den Abschluß der Arbeiten des Parteiausschusses festgesetzt war, bestand der Obmann strikte darauf, der Parteiausschuß müsse spätestens am Montag, den 20. Oktober, seine Beratung mit den Abstimmungen über ‚Paket' und ‚Operationskalender' abgeschlossen haben. Mit Ausnahme der vier Juristen, die mit dem vergleichenden Studium des letzten römi-

schen und der anderen ‚Paket'-Texte betraut sind, hat noch kein Mitglied des Parteiausschusses diesen Text zu Gesicht bekommen. Dem Parteiobmann war bekannt, daß die Mitglieder des Parteiausschusses bestenfalls zu Beginn der Sitzung am 18. Oktober die schriftliche Studie der Juristenkommission ausgehändigt erhielten. Von einer sachlichen Wertung dieser letzten ‚Paket'-Fassung und der in der Studie der Juristenkommission sicherlich aufscheinenden divergierenden Standpunkte kann bei gleichlaufender pausenloser Sitzung überhaupt keine Rede mehr sein. Wir haben zum Vorschlag des Obmannes einen Abänderungsantrag eingebracht. Wir haben darauf hingewiesen, daß ursprünglich der ganze Oktober für die Beschlußfassung des Parteiausschusses über die Empfehlung an die Landesversammlung vorgesehen war, wir haben auf unser korrektes Verhalten hingewiesen, das ferne jeder Obstruktion war und es auch bei der Behandlung des ‚Paketes' sein wird. Wir haben auf die undemokratische Art hingewiesen, unter der sich die Debatte über den ‚Operationskalender' abwickeln mußte, und wir haben die bescheidene Forderung gestellt, es mögen den Mitgliedern des Parteiausschusses wenigstens zwei bis drei Tage für das Studium des offiziellen ‚Paketes' und der Stellungnahme der Juristenkommission eingeräumt werden. Der Obmann bestand auf seinem Antrag, eine Mehrheit war auch dieses Mal zu Willen, wir wurden niedergestimmt.

Sachlichkeit fehlt

Bleibt noch zu vermerken, daß sich der Obmann geweigert hat, den von zwei Obmannstellvertretern, der eine Senator in Rom, der andere Mitglied der Landesregierung, und vom SVP-Fraktionssprecher im Regionalrat, der als Mitglied der Landesregierung Landeshauptmannstellvertreter ist, ausgearbeiteten Alternativvorschlag gleichberechtigt auf die Tagesordnung zu setzen. Die Tagesordnung für die am 18. Oktober 9. 30 Uhr beginnende Marathonsitzung lautet nämlich: 1. Diskussion über das ‚Paket'. 2. Allfälliges. Und als Nachsatz: ‚Sie werden gebeten, das Ihnen bereits früher übergebene ‚Paket' als Diskussionsgrundlage mitzunehmen (!). Gemeint ist das sogenannte SVP-‚Paket,, das am 23. März 1967 mit der bekannt knappen Mehrheit und mit wesentlichen Vorbehalten (wirksame Verankerung und italienisch-österreichische Akkordierung des ‚Paket'-Textes) der Landesversammlung zur Annahme empfohlen wurde. Eine Frage: Sollte vielleicht deshalb die Diskussion im Parteiausschuß abgewürgt werden und zu einer Farce herabsinken, um eher eine entsprechende Mehrheit für das Ja zur Empfehlung an die Landesversammlung zu erhalten? Die Frage beantwortet sich von selbst: bisher hat jede Landesversammlung die Anträge und Empfehlungen des Parteiausschusses angenommen . . . Und eine bittere Feststellung: das Statut der SVP umschreibt die Rechte und Pflichten des Obmannes u.a. wie folgt: ‚Der Obmann leitet die Partei und sorgt dafür, daß das demokratische Kräftespiel zwischen den verschiedenen Strömungen sich frei entfalten kann.' (Aus Art. 32 der Statuten.) Leider hat sich der Obmann an diese Satzung nicht gehalten. Es war nämlich beschämend, wie er beispielsweise die ehrlicher Sorge entspringende Stellungnahme eines seit Jahren ehrenamtlich tätigen Mitgliedes des Parteiausschusses in verletzender Form abtat. Wer sich aber für das Ja aussprach, genoß die Redefreiheit.

Viel Wasser

Und das Fazit: Unter ungeheurem Zeitdruck soll diese Entscheidung durchgepeitscht werden, die – ob man es wahrhaben will oder nicht – die folgenschwerste seit Jahrzehnten ist. Nicht nur über das ‚Paket' müssen wir als erste befinden. Auch zum angeblichen Verankerungssatz, will sagen ‚Operationskalender', fordert man von uns die erste Entscheidung! Dabei zeichnet für die vom Parteiausschuß im März 1967 einhellig geforderte wirksame internationale Verankerung Österreich verantwortlich, das die Verhandlungen über unseren Kopf hinweg geführt hat! Und wir sollen entscheiden, knapp vor den österreichischen Wahlen und gegenüber einer Einparteienregierung, die bei verschiedenen Wahlgängen auf Landtagsebene in den letzten Monaten Rückschläge erlitten hat. Wir sollen also als erste den Segen geben und gleichzeitig Wahlmunition liefern. Wir sollen aber auch ja sagen zu einem Zeitpunkt, zu dem Italien die schwächste Regierung seit Jahrzehnten hat, zu einem Zeitpunkt, zu dem die innerpolitische Lage in Italien kaum kritischer und prekärer sein könnte. Wenn es sich aber seine auf so schwachen Füßen stehende Regierung leisten kann, eine Südtirolregelung dem Parlament zu präsentieren, dann fürwahr muß viel Wasser in unseren Wein gegossen worden sein."

14. Oktober 1969

„Paket“-Befürworter behaupten: Österreich will sich nicht mehr engagieren

Der Korrespondent der „Presse“ meldete aus Bozen zu der soeben zu Ende gegangenen Parteiauschußtagung: *„Wie aus Konferenzkreisen verlautete, wurde auch darauf hingewiesen, daß man von Österreich nicht erwarten könne, daß es sich in aller Zukunft entgegen seinen Interessen, etwa in der EWG-Frage, für Südtirol engagiere.“*

Südtiroler unter Druck

In den „Salzburger Nachrichten“ veröffentlichte der Südtirolfachmann und Publizist Karl-Heinz Ritschel eine scharfe Kritik an der Art, wie die Südtiroler auch von Wien aus unter Druck gesetzt werden: *„Die Südtiroler sind unter massiven Druck gesetzt worden, unter ungeheuren Zeitdruck, um über Annahme oder Ablehnung des Verhandlungsergebnisses mit Rom zu entscheiden. Eine ganze Reihe von Zeitungen haben, teils von Rom und teils von Wien dazu ermuntert, den Südtiroler Parteivertretern seit Tagen eingehämmert, daß in zwei knappen Monaten nicht nur der Parteiausschuß und die Landesversammlung abgestimmt haben müssen, sondern auch die ersten vier Punkte des ‚Operationskalenders‘ über die Bühne gegangen sein müssen. Spätestens am 20. Dezember wird das österreichische Parlament aufgelöst, und dies ist der Schlußpunkt für die derzeitigen Südtirolverhandlungen, sollte die Operation noch vor den Wahlen ablaufen. Unabhängig von der Frage über Wert oder Unwert des ‚Paketes, ist der Zeitdruck abzulehnen, der nun auf den Südtirolern lastet. Die Vorgangsweise ist von Österreich und von Rom aus unfair. Egal, wie nun das Ergebnis aussieht, wird also der berühmte Schwarze Peter in Bozen stecken bleiben.“*

19. Oktober 1969

Harte Kritik an Magnago

Eine der größten Tageszeitungen Österreichs, der Wiener „Express“, veröffentlichte aus der Feder von Franz Xaver Philipp eine scharfe Kritik an der Verhandlungsweise Magnagos, dem ein Zusammenspiel mit der ÖVP zum Schaden Südtirols vorgeworfen wurde: *„Unfaßbares geschieht zur Zeit in Bozen: Dr. Magnago peitscht im Parteiausschuß der SVP die Texte von ‚Operationskalender‘ und ‚Paket‘ in einer Eile durch, die eine Abstimmung dieser Südtirollösung zur Farce macht. 30 Monate hatte Rom seit dem März 1967 benötigt, um die letzten Punkte endgültig zu fassen und zu interpretieren, deren Klärung damals vom Parteiausschuß zur Bedingung seiner Annahmeempfehlung an die Landesversammlung für das ‚Paket‘ gemacht wurde. Die Zeit, die über die Verhandlungen hinging, die Rom und Wien für den ‚Operationskalender‘, der Ersatzverankerung des ‚Pakets‘, benötigten, war nicht weniger beeindruckend. Jetzt, da die beiden für Südtirol doch wohl schicksalhaften Dokumente vorliegen, verlangt Magnago nach drei Wochensitzungen bereits im Parteiausschuß die Entscheidung über diese Papiere. Sein Verfahren im Eilzugstempo ist so überstürzt, daß kommenden Samstag die 70 Mitglieder des Parteiausschusses erst die Expertise erhalten, die von einer Juristenkommission der SVP über die Textdifferenzen der deutschsprachigen und italienischen ‚Paket‘-Fassung abgefaßt worden war. Magnago erzwingt am gleichen Samstag die Eröffnung der Generaldebatte über diese nicht nur für Südtirol überaus folgenschwere, sondern auch äußerst komplizierte Materie, obwohl von den 70 zur Entscheidung gedrängten Mandataren im Parteiausschuß außer ihm nur noch drei weitere Juristen – also die Autoren – die ‚Paket‘-Studie überhaupt kennen. Am Montag will Magnago dann unter allen Umständen das Votum zu ‚Paket‘ und ‚Operationskalender‘ einfordern. Ein solches Verfahren entwertet wohl die Beteuerungen Dr. Magnagos, daß es ihm nur um Südtirol geht.“*

Der Wiener „KURIER“ schrieb zu der Vorgangsweise Magnagos, dieser mute dem Parteiausschuß *„einen Ritt über Stock und Stein“* zu.

Außenminister Waldheim legt erst jetzt „Paket“ der Öffentlichkeit vor

Rechtzeitige Information der Südtiroler verhindert

Genau am Vortag der SVP-Parteiausschußberatungen über das „Paket“ legte Außenminister

Waldheim in einer Pressekonferenz den Inhalt des bislang nur durch Indiskretionen bekannt gewordenen „Paketes" – jedoch nur in ausgewählten Teilen – vor. Mit diesem knappen Termin verhinderte der Minister, daß vor den Südtiroler Beratungen kritische Würdigungen in der österreichischen Presse vorgenommen und die Südtiroler Delegierten rechtzeitig informiert würden.

Geschönte „Paket"-Darstellung präsentiert

Obwohl von der Zeitplanung sozusagen schon nichts mehr schief gehen konnte, fand es das Außenministerium für angebracht, aussortierte Auszüge zu veröffentlichen. Unter dem Titel *„Einsames Ringen in Bozen"* bemerkte in den „Salzburger Nachrichten" der bekannte Südtirol-Publizist Karl-Heinz Ritschel am 18. 12. 1969 dazu: *„Grundsätzlich ist die äußerst problematische Form dieser ‚Paket'-Auszüge anzumerken, weil damit ein reiner Erfolgsbericht zustandegekommen ist, dazu angetan, das Verhandlungsergebnis nicht nur als Kompromiß, sondern geradezu als Siegesmeldung erscheinen zu lassen. Es ist unzulässig und wohl auch unfair den Gegnern des ‚Paketes' gegenüber, lakonisch eine Erfolgsreihe aufzufädeln ohne dagegenzustellen, was nicht erreicht oder was abgeschwächt worden ist."*

Ritschel: „Paket" ist im Kern das von 1964

In der kritischen Beurteilung schrieb Ritschel weiters, daß das jetzt zur Abstimmung stehende „Paket" *„im Kern das Verhandlungsergebnis von 1964 geblieben"* ist, als die Führung der SVP das Ergebnis als unzureichend abgelehnt hatte, obwohl von italienischer Seite Saragat damals einer internationalen Verankerung in Form einer Schiedskommission zugestimmt hatte. Verbesserungen hätte es seit 1964 nur in *„Detailfragen"* gegeben, hingegen sei die internationale Verankerung verloren gegangen.

Ritschel warnt vor Verlust der Schutzmachtstellung

Wörtlich warnte Ritschel vor gefährlichen „Paket"-Auswirkungen wie folgt: *„Die Worte des Südtiroler Politikers Senator Brugger, wonach dann die Schutzmachtstellung Österreichs zunichte ist, haben viel Gewicht. Wenn Minister Waldheim auch die Meinung vertreten hat, daß die Interpretation Bruggers falch sei, so irrt er. Die Schutzmachtrolle wird künftighin faktisch nur mehr darin bestehen, bei einer Verletzung des Pariser Abkommens den Gerichtshof in Den Haag anzurufen. Jede internationale Instanz wird sich freudig abputzen und auf diesen Vertrag hinweisen, wonach der IGH zuständig ist."*

Wenn die maßgeblichen Politiker in Innsbruck noch „Tiroler" heißen wollen . . .

Auf dem Landesparteitag der Freiheitlichen Partei in Innsbruck ergriff auch der Bozner Vizebürgermeister und engagierte Strafverteidiger von Südtiroler Freiheitskämpfern, Dr. Hugo Gamper, das Wort. In einem dramatischen Appell forderte er die Nordtiroler auf, jetzt das Wort gegen die ungenügende „Paket"-Lösung zu erheben. Er meinte, wenn die maßgeblichen Politiker den Namen „Tiroler" noch verdient tragen wollen, dann müßten sie jetzt reden.

FPÖ fordert „Ausnützung der Selbstbestimmung"

Einhellig beschlossen die Delegierten des Nordtiroler Landesparteitages der FPÖ nachstehende „Südtiroler Entschließung": *„Der 10. ordentliche Landesparteitag der FPÖ-Landesgruppe Tirol fordert von der österreichischen Bundesregierung, der Tiroler Landesregierung und dem Tiroler Landtag die bindende Erklärung, daß Österreich seine durch die Vereinten Nationen und das Pariser Abkommen bestätigte Schutzmachtstellung über Südtirol auch in weiterer Zukunft unter keinen Umständen preisgibt, und zwar ausdrücklich auch dann nicht, wenn die Südtiroler Volkspartei entgegen dem Wunsch der österreichischen Regierungsstellen zur Ablehnung des italienischen ‚Paket'-Angebots und des bilateralen österreichisch-italienischen ‚Operationskalenders' kommt. Diese verbindliche Erklärung Österreichs und Tirols hat die weitere Inanspruchnahme internationaler und insbesondere europäischer Institutionen zur Bereinigung des Südtirolproblems einzuschließen. Durch diese Erklärung soll den Südtirolern die Möglichkeit geboten werden, ihrerseits ohne Zeitdruck und sonstige politische Pressionen unter Ausnützung der völkerrechtlich garantierten Selbstbestimmung für die uneingeschränkte Weiterentwicklung der autonomen Lebensbereiche der deutsch- und ladinischsprachigen Volksgruppe im von Österreich abgetrennten Tiroler Landesteil zu sorgen."*

18. bis 20. Oktober 1969

SVP-Parteiausschuß berät „Paket"

Der Parteiobmann und Landeshauptmann Dr. Silvius Magnago legte dem Parteiausschuß der SVP das Ergebnis der Geheimverhandlungen mit der italienischen Regierung vor. Der auch für die italienische Regierung wohl wichtigste Punkt war, daß es keine eigene, weitgehend selbständige, autonome Region Südtirol geben werde. Südtirol blieb in die gemeinsame Region „Trentino–Südtirol" eingebunden. Allerdings sollten mittels 137 Maßnahmen Befugnisse auf die Provinz Bozen (Südtirol) übertragen und somit die Subautonomie Südtirols beträchtlich gestärkt werden. Dieser materielle Teil der Vereinbarungen wurde „Paket" genannt, weil es sich um ein untrennbares Bündel von Maßnahmen handelte. An die Stelle der ursprünglich angestrebten internationalen Absicherung der Vereinbarungen sollte ein „Operationskalender" treten, der eine Art von Fahrplan einseitiger und bilateraler Handlungen darstellte. Österreich und Italien sollten zeitlich aufeinander abgestimmte Schritte Zug um Zug setzen, bis das Ziel der Streitbeilegungserklärung durch Österreich erreicht sein würde. Bei Streitigkeiten über die Erfüllung des „Paketes" sollten keine internationalen politischen Instanzen mehr befaßt werden, sondern der Streit sollte als reine Rechtsfrage vor den Internationalen Gerichtshof (IGH) in Den Haag gebracht werden. Zu diesem Zweck sollte mittels eines abzuschließenden „IGH-Vertrages" das „Europäische Übereinkommen zur friedlichen Beilegung von Streitigkeiten" im Verhältnis zwischen Österreich und Italien so abgeändert werden, daß rückwirkend auch der „Pariser Vertrag" von 1946 davon erfaßt würde. Die genannte Konvention sah den IGH als zuständig für allfällige Streitfälle vor. In der Sitzung des Parteiausschusses wurde heftige Kritik laut. Einige Ausschußmitglieder verwiesen darauf, daß das „Paket" selbst nicht einklagbar sein werde, weil nur der Pariser Vertrag ein einklagbares internationales Abkommen darstelle, nicht jedoch das „Paket", welches einseitige italienische Zugeständnisse darstelle und nicht zwischen Österreich und Italien vertraglich vereinbart werde.

Die „Paket"-Kritiker verlassen unter Protest den Saal

Gleich zu Beginn der Sitzung entstand ein Konflikt, als einige Delegierte sich mit dem lediglich 15 Seiten starken Bericht nicht zufrieden erklärten, den die vierköpfige Textprüfungskommission der SVP erstellt hatte und von dem Magnago meinte, daß er für die Delegierten als alleinige Grundlage ausreichen müßte, Unterschiede zwischen dem deutschen, sozusagen selbstgemachten, „Paket"-Text und dem amtlichen italienischen Text zu diskutieren und zu beurteilen. Die Parteiausschußmitglieder Senator Dr. Peter Brugger, Assessor Dr. Alfons Benedikter, Assessor Dr. Joachim Dalsass und der Abgeordnete Hans Dietl forderten, daß Magnago den Sitzungsteilnehmern den vollständigen „Paket"-Text zur Verfügung stelle. Parteiobmann Magnago verweigerte das mit der Begründung, er fühle sich zu Verteilung des Dokuments nicht befugt, da es die italienischen Parteien noch nicht zum Studium erhalten hätten. Er begann stattdessen, den „Paket"-Text im Eilzugstempo zu verlesen. Daraufhin erklärte der Assessor für Landwirtschaft, Dr. Reinhold Steger: *„Wenn die gewählten Vertreter der Südtiroler Bevölkerung nicht einmal in den Text Einsicht nehmen können, der das Schicksal des Landes und des Volkes entscheidet, dann haben wir überhaupt kein Recht mehr, über dieses ‚Paket' zu befinden, und ich verlasse aus Protest den Saal."* Dr. Steger schlossen sich die beiden Obmannstellvertreter Dr. Brugger und Dr. Dalsass sowie Dr. Benedikter, der Abgeordnete Hans Dietl, der Bezirksobmann des Pustertales Dr. Lechner und weitere 25 Mitglieder des Parteiausschusses an. Die Ausschußsitzung wurde jedoch weitergeführt, da immer noch mehr als 50% der Ausschußmitglieder anwesend waren. Magnago mußte dann am Nachmittag nachgeben: Man begann mit dem Photokopieren und Verteilen des italienischen Textes. Magnago nahm den Mitgliedern des Ausschusses allerdings das Versprechen ab, die Unterlage streng geheimzuhalten und auch nicht mit nach Hause zu nehmen.

Die Überraschung: „Klärungen" und „Fußnoten" im italienischen Text nicht enthalten

Nicht ohne Grund hatte Magnago die Delegierten zur Geheimhaltung des amtlichen italienischen Textes verpflichtet. Es stellte sich nämlich heraus, daß die *„Klärungen"* und *„Fußnoten"* Magnagos nicht im amtlichen Text aufschienen. Magnago erklärte den Delegierten dazu, daß er zu diesen *„Fußnoten"* als „Auslegungen" von Rom autorisiert worden sei und diese daher als authentische Interpretation Gültigkeit hätten. Dieses seltsame Verfahren erklärte am 21. Oktober der Wiener „Kurier" seinen Lesern so: *„Vor den entscheidenden Abstimmungen im Landesausschuß der SVP stand bereits fest, daß der Streit über den genauen Inhalt des ‚Autonomiepaketes' noch lange weitergehen wird. Vor allem während der vierstündigen Beratungen am Sonntag hatte sich gezeigt, daß es offenbar unmöglich ist, in Bozen einen Text vorzulegen, der die Absichten Roms hundertprozentig klarstellt. Obwohl Dr. Magnago, der sich schon im März 1967 mit eigenen, später nicht bestätigten Auslegungen aufs Glatteis gewagt hatte, seit Dezember 1968 um eine Abstimmung des deutschen und italienischen Textes bemüht ist, gibt es jetzt neuerlich ‚Klärungen' und ‚Interpretationen'. Aus dem – streng geheimen – Bericht der vierköpfigen SVP-Kommission über die Unterschiede der einzelnen ‚Paket'-Formulierungen geht hervor, daß Dr. Magnago in mehr als einem halben Dutzend Fällen die Meinungsverschiedenheiten mit ‚autorisierten Klärungen' zu beenden versuchte. Er berief sich dabei entweder auf Mitteilungen aus Rom oder ‚stellte fest', daß die (von den ausgezeichneten römischen Juristen natürlich genau überlegten) unpräzisen Stellen nur in diesem oder jenem Sinn verstanden werden könnten. Ein Musterbeispiel dafür bietet die geplante Bestimmung, in der italienische Verfassung den Schutz der Minderheiten in Südtirol zum ‚nationalen Interesse' zu erklären. Davon hängt sehr viel ab: Die Verfassung stuft nämlich das ‚nationale Interesse' rechtlich höher ein als die Interessen einer autonomen Region. Man befürchtet deshalb, daß nach der Gewährung der größeren Autonomie die in Bozen beschlossenen Landesgesetze immer wieder vor dem Verfassungsgericht wegen Verstoßes gegen das ‚nationale Interesse' angefochten werden könnten. Als auf Wunsch der Südtiroler der ‚Schutz der deutschsprachigen und ladinischen Minderheit' als ‚nationales Interesse' in das ‚Paket' aufgenommen wurde, war man beruhigt. Nun aber weicht der maßgebende italienische Text vom deutschen ab: Die Schutzbestimmung findet sich nur noch in einem Nebensatz, und es geht nicht mehr ausdrücklich um die deutsche und ladinische Minderheit, sondern um die ‚örtlichen sprachlichen Minderheiten' („minoranza linguistica locale"). Das halten viele Experten für gefährlich. Diese Formulierung kann sich nämlich auf die italienischsprachige Minderheit im Land Südtirol (etwa ein Drittel) beziehen. Rom hat zudem während der letzten Jahre immer wieder darauf hingewiesen, daß im Fall einer Südtirollösung die ‚Bürger italienischer Zunge' in der Provinz Bozen vor den für sie ungünstigen Auswirkungen der neuen Autonomie geschützt werden müßten. Die Schutzbestimmung im ‚Autonomiepaket' würde in ihrer letzten Fassung die Möglichkeit eröffnen, Landesgesetze aufzuheben, weil der Schutz der ‚lokalen sprachlichen Minderheit' – also in Südtirol der Italiener – im nationalen Interesse liege. Parteiobmann Dr. Magnago will davon nichts wissen: Es sei klar, diktierte er in das Protokoll der Textkommission, daß sich die Bestimmung nur auf die deutsche und ladinische Minderheit beziehen könne. Und: ‚Sollten Zweifel bestehen, legt der Parteiobmann eine Fußnote vor, mit der jede andere Auslegung ausgeschlossen wird.' (Selbstverständlich ist die Fußnote, weil mit Rom nicht vereinbart, im maßgebenden italienischen ‚Paket'-Text nicht enthalten.)"*

Magnagos „Interpretation"

Magnago muß nun Änderungen im „Paket"-Text zugeben

Nach der von Dietl, Brugger und anderen Oppositionellen erzwungenen Vorlage des italienischen amtlichen „Paket"-Textes mußte nun Magnago entscheidende Veränderungen des Textes gegenüber dem „Paket" von 1967 zugeben. Am Sonntag, dem 19. Oktober, erklärte er auf einer Pressekonferenz in einer Beratungspause zu den Änderungen am Autonomieangebot seit dem März 1967 (als der Parteiausschuß dem damals vorliegenden Wortlaut unter der Voraussetzung einer *„wirksamen internationalen Verankerung"* zustimmte): *„Es gibt einige Verschlechterungen und etliche Verbesserungen, wobei die Verschlechterungen zu überwiegen scheinen. Der Landesausschuß hat nun festzustellen, ob die Änderungen so schwerwiegend sind, daß der seinerzeitige Beschluß hinfällig geworden ist."* Auf die Frage des KURIER, was er von der geplanten Verfassungsbestimmung halte, daß der Schutz der Minderheiten dem „nationalen Interesse" Italiens entspreche, bestätigte Dr. Magnago bloß, daß die Formulierung im neuen italienischem „Paket" von jener im älteren deutschen abweiche. Ob sie aber besser oder schlechter sei, müsse der Landesausschuß erst beurteilen.

Die Wahrheit: „Paket" von 1969 deutlich schlechter

Das Amt der Tiroler Landesregierung (die Südtirolabteilung unter Frau Hofrat Dr. Stadlmayer) hatte einen Vergleich ausgearbeitet, demzufolge das „Paket" von 1969 sich in 69 von 137 Punkten von dem „Paket" von 1967 unterschied, wobei die Veränderungen durchwegs Verschlechterungen darstellten. Diese Untersuchung („Das italienische ‚Paket', September 1969. Im Vergleich zum SVP-‚Paket' vom März 1967 bzw. zu den bilateralen erarbeiteten österreichischen-italienischen Verhandlungsergebnissen." Innsbruck, Oktober 1969.) diente als interne Unterlage und wurde nie der Öffentlichkeit übergeben. Sie widerlegte Magnagos Behauptungen von lediglich „einigen Verschlechterungen". Den Parteiausschußmitgliedern wurde die Nordtiroler Studie nicht zugänglich gemacht. Auch die Presse war nicht im Besitz dieser Studie, so daß den Behauptungen Magnagos auf der Pressekonferenz nicht widersprochen werden konnte.

Massiver Druck auf die Delegierten: Drohungen mit negativer Haltung Österreichs!

Der „KURIER" (vom 20. 10. 1969) berichtete weiters: *„Obwohl bis Montag abend nur noch über die einzelnen Bestimmungen des ‚Pakets' diskutiert werden sollte – der Samstag ging für die erste Besichtigung der Papiere auf –, bewegte der ‚Operationskalender' für die Durchführung nach wie vor die Gemüter ungleich stärker. Die Mitglieder des Landesausschusses zeigten sich im Zusammenhang mit dem weiteren Vorgehen sehr verwirrt: Man gab ihnen nämlich zu verstehen, daß Österreich seine Bemühungen um Südtirol einstellen werde, wenn die nun angebotene Lösung keine Zustimmung fände. Dr. Magnago versicherte, etwas aufgebracht, der Presse, daß er niemals – weder im Landesausschuß noch sonstwo – derartiges gesagt habe. Sein Stellvertreter, Dr. Brugger, meinte jedoch, von der möglichen Reaktion Wiens auf ein Nein der SVP sei sehr deutlich gesprochen worden. Die Vertreter einer ablehnenden Haltung im Landesausschuß der Volkspartei befinden sich trotz ihres entschlossenen Auftretens am Rand der Resignation. ‚Wir müssen bemerken', sagte Abg. Dietl dem ‚KURIER', daß etwa die Hälfte der Delegierten durch die permanente Geheimhaltung über den Inhalt des ‚Pakets' und die Bedeutung der einzelnen Bestimmungen noch bei weitem nicht ausreichend informiert ist'. Dazu kommen der Wink mit dem Sich-Abwenden der österreichischen Regierung und die Tatsache, daß auch jetzt kein klares Bild von den Absichten Roms gewonnen werden konnte. Dr. Magnago gebe nämlich, obwohl keine weiteren Rückfragen in Rom möglich seien, neuerlich Auslegungen des Textes bekannt, zu denen er ‚autorisiert' sei. Genauso hätten sich, sagte Dietl, die Dinge im März 1967 entwickelt. In der Folge habe man aber feststellen müssen, daß die einzelnen Texte Unterschiede aufweisen und Rom sich an die Interpretationen Magnagos nicht gebunden fühle."*

Abstimmung „mit neuem Verfahren"

Zur Abstimmung lagen zwei Resolutionen vor: In einer von Dr. Magnago vorgelegten Resolution wurde die Annahme des „Paketes" befürwortet. Eine andere Resolution von Senator Dr. Brugger, den Assessoren Dr. Dalsass und Dr. Benedikter, dem Landtagsabgeordneten Mayr und dem Bezirksobmann Lechthaler sprach sich gegen die Annahme von „Paket" und „Operationskalender" aus. Die Resolution Magnagos erhielt 41, die von Brugger 23 Stimmen, zwei Mitglieder enthielten sich der Stimme. Die Abstimmung erfolgte nach einem „neuen Verfahren", das Dr. Magnago in der anschließenden Pressekonferenz ausführlich erklärte: Jeder Delegierte erhielt einen Abstimmungsschein mit seinem Namen, auf dem er die von ihm bevorzugte Resolution ankreuzte. Diese Scheine sammelte man in einer offenen Urne ein; Doktor Magnago verlas Namen und Entscheidung jedes einzelnen Mitgliedes. Der Vorteil dieses offenen Verfahrens lag darin, daß Magnago genau ersehen konnte, welche Talschaften und Bezirke bis zur Landesversammlung noch massiv zu bearbeiten waren.

Die Texte der Resolutionen

Der Wortlaut der verabschiedeten Resolution:

„Der Parteiausschuß der SVP hat die von der italienischen Regierung in Aussicht genommenen Maßnahmen (‚Paket'), betreffend die Neuordnung der Autonomie der Provinz Bozen, den besseren Schutz der Südtiroler Volksgruppe sowie das demokratische Zusammenleben in unserem Lande, unter Berücksichtigung auf die von der SVP gewünschten Erläuterungen und

Klärungen, trotz der Zeitnot, die durch die verspätete Antwort seitens der Regierung verursacht wurde, eingehend geprüft. Der Parteiausschuß stellt fest, daß er die angekündigten Maßnahmen als Akte in Durchführung des Pariser Abkommens betrachte, das weiterhin eine Grundlage für die Sicherung unseres Volkes bildet, da dessen Zielsetzung einen dauernden besonderen Schutz der Tiroler Volksgruppe beinhaltet. Der Parteiausschuß ist der Auffassung, daß das ‚Paket' nicht alle Befugnisse einer echten Selbstverwaltung enthält. Der Ausschuß pflichtet der Erklärung bei, die der Parteiobmann Dr. Silvius Magnago im Namen der Südtiroler Vertreter in der Neunzehner-Kommission nach Abschluß der Arbeiten abgegeben hat und die heute anläßlich dieser Entscheidung neuerdings bekräftigt wird und ihre volle Gültigkeit behält. Diese Erklärung lautet: ‚Die Kommission hat die Probleme Südtirols, wie sie sich gegenwärtig dartun und bestehen, untersucht, wenn auch nicht immer alle Fragen und Gesichtspunkte einer Einzelprüfung unterzogen werden konnten. Dies auch im Hinblick auf die ständige Entwicklung sowohl der politischen Einrichtungen als auch im Zusammenhang mit den wirtschaftlichen und sozialen Gegebenheiten. Eine Entwicklung, die niemandem verborgen bleiben kann, die aber notwendigerweise neue Fragen aufwirft und neue Erfordernisse erheischt. Diese könnten jedoch heute weder vorausgesehen, noch erkannt werden. Nichts ist im menschlichen Leben und in den menschlichen Beziehungen endgültig. Die ständige Entwicklung allen Daseins wird, auch in der Überwindung der starren Paragraphen, neue Erfordernisse schaffen, neue Gesichtspunkte und Probleme aufwerfen. Nur in einem Geiste der Verständigung können sie in Angriff genommen und einer Lösung zugeführt werden.' Der Parteiausschuß spricht außerdem die Erwartung aus, daß nach der Durchführung des ‚Paketes' in einem Klima des friedlichen Zusammenlebens und eines neuen Vertrauensverhältnisses zwischen dem Staat und der Volksgruppe es möglich werde, daß Italien auch den bisher unerfüllten Forderungen der Südtiroler Vertreter in einem europäischen Geist gebührend Rechnung trägt. Der Parteiausschuß der SVP hat in seinen Entschließungen vom 13. März und vom 21. Oktober 1967 die Regierungen Italiens und Österreichs mit allem Nachdruck ersucht, eine wirksame internationale Verankerung zur Durchführung des ‚Paketes' zu vereinbaren, und gleichzeitig festgestellt, daß die Erreichung einer solchen Verankerung Aufgabe der beiden Regierungen ist."

Die abgelehnte Resolution

Nachstehend der Wortlaut der von Brugger, Benedikter, Dalsass, Mayr und Lechthaler vorgelegten Resolution, die mehrheitlich abgelehnt wurde: *„Der Parteiausschuß hat den von Experten der italienischen und österreichischen Regierung auf technischer Ebene vereinbarten ‚Operationskalender' zur Durchführung der im ‚Paket' vorgesehenen Maßnahmen zur Kenntnis genommen. Er sieht in diesem ‚Operationskalender' nicht jene Vereinbarung, die in der Entschließung vom 23. März 1967 als wesentliche Voraussetzung der Durchführung der geplanten Maßnahmen betrachtet wurde. Die von italienischen und österreichischen Regierungsvertretern erarbeiteten Dokumente mußten vom Parteiausschuß unter großem Zeitdruck geprüft werden. Der Parteiausschuß ist zur Überzeugung gelangt, daß die Annahme von ‚Paket' und ‚Operationskalender' in der vorliegenden Fassung keine ausreichende Sicherung des Bestandes und der natürlichen Entwicklung der Südtiroler in ihrer Heimat – auch bei ungeschwächtem Erhaltungswillen ihrer Eigenart – gewährleistet und nicht jene Verbesserung des bestehenden Zustandes mit sich bringt, die im Programm von Sigmundskron am 17. November 1957 gefordert wurde. Die Gründe dafür sind folgende: 1) Während der Verhandlungen in Durchführung der Empfehlungen der UNO-Resolution 1497 und 1661 wurden von unseren Vertretern und von den Vertretern Österreichs alle Forderungen gestellt, die wir zur Sicherung des Bestandes und der Entwicklung der Südtiroler in ihrer Heimat für notwendig halten. Mit der bedingungslosen Annahme des ‚Paketes' und des ‚Operationskalenders' wird auf alle jene im Zuge der Verhandlungen zwar gestellten Forderungen, die aber im ‚Paket, nicht enthalten sind, verzichtet. 2) Das ‚Paket' enthält keine wirksame Handhabe, um nationalstaatliche Maßnahmen, welche die Zuwanderung fördern, abzuwehren. 3) Die im ‚Paket' enthaltenen Garantien zum Schutze der Interessen des italienischsprachigen Bevölkerungsanteils in Südtirol sind so einschneidend, daß die italienische Bevölkerung ihrerseits den*

Status einer sprachlichen Minderheit innerhalb der autonomen Provinz, also im eigenen Staatsgebiet, erhält. Sie bekommt zudem bei Abstimmung des Landeshaushaltes gleiches Gewicht wie die Südtiroler Zweidrittelmehrheit. Diese einschneidende Maßnahme zugunsten der italienischen Bevölkerung in Südtirol erhält noch durch die Erklärung Österreichs besonderes Gewicht, daß der Zweck der Neuregelung der Autonomie für Südtirol das friedliche Zusammenleben der verschiedenen Volksgruppen sei, wodurch die Zielsetzung des Pariser Vertrages, nämlich der Schutz der volklichen Eigenart und der kulturellen und wirtschaftlich-sozialen Entwicklung der deutschen Volksgruppe, dem friedlichen Zusammenleben untergeordnet wird! Aus all diesen Gründen kann der Parteiausschuß der Landesversammlung die Annahme des ‚Paketes' und des ‚Operationskalenders' nur unter der Voraussetzung empfehlen, daß eine solche Zustimmung keinen Verzicht auf jene im ‚Paket' nicht enthaltenen, jedoch geforderten Maßnahmen darstellt, welche gemäß wiederholten Beschlüssen des Parteiausschusses und der Landesversammlung zu einer dauernden Sicherung der Südtiroler in ihrer Heimat notwendig sind. Dies muß aus der Streitabschlußerklärung Österreichs hervorgehen. Nach wie vor sieht der Parteiausschuß eine wirksame Verankerung des ‚Paketes' und einen echten Schutz gegen mögliche Übergriffe des Staates zum Schaden der Südtiroler in einem überstaatlichen Schiedsgericht, das auch Entscheidungen nach Billigkeit treffen und nach Ausschöpfung der innerstaatlichen Rechtsmittel von der Schutzmacht Österreich angerufen werden kann, wenn die Tiroler Minderheit in Italien in irgendeiner Form in ihrem Fortbestand oder ihrer kulturellen und wirtschaftlichen Entwicklung bedroht ist. Vorleger: gez. Sen. Dr. P. Brugger, gez. Ass. Dr. A. Benedikter, gez. Ass. Dr. J. Dalsass, gez. L.Abg. Sepp Mayr, gez. Dr. Adolf Lechthaler."

22. Oktober 1969

Wiener Kommentar: Resignation hat Annahmeentscheidung bewirkt

SVP-Obmann hat Grenzen der Wahrheit überschritten

Arnold Klima kommentierte im Wiener „Kurier" die Entscheidung des SVP-Parteiausschusses so: *„Gewiß hat man den zum Teil leicht einzuschüchternden Ausschußmitgliedern vorgespiegelt, Österreich würde sich im Falle einer Ablehnung abwenden und nichts mehr tun; gewiß hat der Parteiobmann der SVP die Grenzen der objektiven Wahrheit in bedenklicher Weise überschritten, indem er noch im letzten Augenblick versuchte, das ‚Paket' durch (von Rom nicht gedeckte) neue Auslegungen und Fußnoten optisch zu verschönern; gewiß fällt auf, daß die Delegierten aus dem Bezirk Brixen, wo der ebenso rührige wie den Abschluß begrüßende Landesbischof residiert, fast geschlossen für die Annahme stimmten ... Und Magnago verstieg sich in seinem Schlußwort vor der Abstimmung zu der Behauptung, auf das Selbstbestimmungsrecht werde nicht verzichtet. Das kann nicht ernst genommen werden. Verhandlungen mit Rom wird nämlich künftig nur noch – auf der Ebene der Innerstaatlichkeit – der Südtiroler Landeshauptmann (und das eher als Bittsteller) führen können."*

26. Oktober 1969

Vernichtendes Gutachten über „Operationskalender"

Über den „Operationskalender" veröffentlichte der Südtirolexperte Univ.-Prof. Dr. Felix Ermacora folgendes vernichtendes Gutachten in dem in Innsbruck erscheinenden „Volksboten":

„Operationskalender", ein zweischneidiges Schwert

Bei Beurteilung des ‚Operationskalenders' (abgekürzt OK) muß man berücksichtigen, daß die Idee des OK von italienischen Juristen und Diplomaten geboren wurde. Der OK scheint einfach zu sein; er ist aber in Wahrheit ein mit großer Sachkunde erarbeitetes und durchdachtes, politischen Zwecken dienendes Instrument. Um seine wahre Bedeutung voll zu erkennen, muß man sich in die Gedanken der italienischen Juristen und Diplomaten hineinversetzen. Dies vorausgesetzt, ist zum OK folgendes zu bemerken:

1. Die Idee des OK wurde in die Diskussion geworfen, nachdem Italien eine internationale Verankerung abgelehnt hat, und zwar: es wurde ein Vertrag über das ‚Paket' abgelehnt; es wurde das Projekt einer Zuständigkeitserklärung für den IGH, über das ‚Paket' zu entscheiden, abgelehnt; es wurden im Verlaufe der Verhandlungen und Gespräche die Thesen abgelehnt, die sich auf die von Professor Verdroß entwickelte Auffassung von den konkludenten Handlungen beziehen; es wurde der Versuch, in Form der Übergabe zweier Verbalnoten die Bilateralität des ‚Paketes' zum Ausdruck zu bringen, abgelehnt; es wurde schließlich der Versuch nicht weiter verfolgt, daß unter das ‚Paket' die Unterschriften der beiden Außenminister zu setzen wären. Das alles hat sich von 1964 bis 1967/68 abgespielt.

2. Seit 1964 hat der sogenannte IGH-Vertrag immer eine Rolle gespielt. Im Jahre 1964 wollte die österreichische Seite das in Genf ausgehandelte ‚Paket' ausdrücklich dem IGH unterwerfen. Eine Vorfrage war hiebei, ob der IGH für das ‚Paket', als Durchführung des Pariser Abkommens verstanden, überhaupt zuständig sein könnte. Die Frage wurde im Zusammenhang mit Art. 27 lit. a des europäischen Übereinkommens zur friedlichen Beilegung von Streitigkeiten, das hinsichtlich des IGH von Italien und Österreich ratifiziert wurde, gestellt. Danach findet dieses Übereinkommen auf Streitigkeiten keine Anwendung, die ‚Tatsachen oder Verhältnisse aus der Zeit vor dem Inkrafttreten des genannten Übereinkommens' betreffen. Es konnten Zweifel bestehen, ob Streitigkeiten aus dem Pariser Abkommen unter die Zuständigkeit des IGH fallen. Nach juristischer Überlegung, die insbesondere auch von Verdroß vertreten worden ist, waren aber diese Zweifel nicht so zwingend, daß man sie durch einen Vertrag beseitigen müßte. Im Zuge der Verhandlungen versteifte sich Italien immer mehr, einen Vertrag abzuschließen, wonach für das Pariser Abkommen, das ja schon zehn Jahre vor dem Geltungsbeginn des europäischen Übereinkommens in Kraft getreten war, in Form eines Vertrages eine Ausnahme vom Art. 27 lit. a bestimmt werden sollte. Das Ergebnis dieser Haltung Italiens ist der sogenannte IGH-Vertrag des OK. Es bedarf keines Beweises, daß er sich nicht auf das ‚Paket', sondern nur auf das Pariser Abkommen bezieht.

3. Der IGH-Vertrag spielt heute **die** *Rolle im OK. Er ist das zweischneidigste Schwert, dem sich Österreich je zu unterwerfen hätte.*

4. Wenn man die Interpretationsgewandtheit der italienischen Juristen und Diplomaten in den österreichisch-italienischen Beziehungen über Südtirol seit 1918 verfolgt und man erkennt, daß Italien heute ein geradezu entscheidendes Gewicht auf diesen Vertrag legt, so fällt dabei auf:

– daß der IGH-Vertrag gar nicht absolut notwendig wäre, um Streitigkeiten aus dem Pariser Abkommen vor den IGH zu bringen; der oben genannte Art. 27 läßt sich nach internationaler Praxis ohne weiteres so interpretieren, daß die Streitigkeiten aus dem Pariser Abkommen, auch wenn dieses aus dem Jahre 1946 stammt, so kontinuierlich fortwirkten, daß damit die Zuständigkeit des IGH ohne weiteres gegeben ist;

– daß der IGH gerade jenes Mittel gewesen ist, das anzuwenden sich die österreichischen und Südtiroler Politiker im Zuge der UN-Verhandlungen heftig gesträubt haben; daß durch die Anerkennung des IGH im OK, – der IGH-Vertrag mag paraphiert, unterzeichnet oder ratifiziert sein, das ist gleichgültig, – die österreichische Bundesregierung, die sich zum OK bekennen wird, anerkennt, daß es unter den im Art. 33 der UNO-Satzung erwähnten friedlichen Mitteln, auf die die Resolution 1497 verweist (§ 2), nur mehr ein Mittel gibt, das künftige Streitigkeiten aus dem Pariser Abkommen (dazu gehört nach österreichischer Version auch die Durchführung oder Nichtdurchführung des ‚Pakets') schlichten kann: den IGH.

5. Das alles würde, wenn das ‚Paket' ein echter Vertrag wäre und zudem inhaltlich voll und ganz befriedigen würde, nicht das Schlimmste sein, weil man dann mit dem IGH tatsächlich eine echte Garantie hätte, daß das im ‚Paket' Anerkannte auch völkerrechtlich durchsetzbar wäre. Nun aber kann das ‚Paket' nicht als Vertrag angesehen werden, da Italien sich seinen Rechtsstandpunkt vorbehält. Ein Vertrag kommt aber nur bei Übereinstimmung der Willenserklärung zustande. Der IGH-Vertrag kann daher nur eine andere Bedeutung und Funktion haben.

6. Unter der österreichischen These, daß das ‚Paket' eine Durchführung des Pariser Abkommens ist, gibt man mit dem Ja zum OK zu erkennen, daß man jede Streitigkeit aus dem Pariser Abkommen vor den IGH bringen will und daß man damit darauf verzichtet, mit einer sol-

chen Streitigkeit politische Instanzen – sei es des Europarates, sei es der UNO – zu befassen.
7. Das Ja zum OK selbst ist von entscheidender Bedeutung; gleichgültig ist es, in welchem Stadium die Paraphierung, Unterzeichnung und Ratifizierung des IGH-Vertrages vorgenommen wird. Gemessen an der Position der österreichischen Außenpolitik ist das Ja zum OK die prinzipielle Zustimmung zum IGH und damit zugleich die prinzipielle Zustimmung dazu als friedliches Mittel zu jeder Beilegung einer Streitigkeit aus dem Pariser Abkommen. Es spielt also überhaupt keine Rolle, wo im OK die Paraphierung, Ratifizierung und der Abschluß des IGH-Vertrages zu stehen kommen, es spielt überhaupt keine Rolle, wann die Streitbeendigungserklärung abzugeben ist oder ob sie abzugeben ist; entscheidend ist das Ja zum OK.
8. Der italienische Jurist und Diplomat sowie Politiker wird dieses Ja so auszulegen wissen, daß jeder Versuch, die Südtirolfrage (sieht man vom Selbstbestimmungsrecht oder von Anträgen wegen Gefährdung des internationalen Friedens ab) vor die Vereinten Nationen zu bringen, nach menschlichem Ermessen von vornherein scheitern muß.
9. Durch das Ja zum ‚Operationskalender' wird bei Annahme des ‚Pakets' durch die Südtiroler das Ja dazu gegeben, daß mit dem ‚Paket' die Forderung auf eine weitergehende Autonomie, als sie jetzt im ‚Paket' festgelegt ist, erschöpft ist. Mit dem Ja zum OK hat man bestätigt, daß alles weitere eine juristische Frage sein soll.
10. Es ist zudem zu erkennen, daß die These von den konkludenten Handlungen, auf die sich Verdroß und andere Juristen unter Berufung auf den Entwurf von Bestimmungen über die UN-Vertragsrechtskonvention stützen, hinfällig geworden ist. Das vor allem, weil man jene Bestimmungen des Konventionsentwurfes, auf die sich Verdroß vor allem stützte, bei den endgültigen Verhandlungen über den Entwurf aus ihm gestrichen hat. Damit wird deutlich, daß mit dem Argument der konkludenten Handlungen überhaupt nichts mehr in der Südtirol-Frage anzufangen ist. Es kann also gegen den Willen Italiens nichts dafür ins Treffen geführt werden, daß das ‚Paket' eine Durchführung des Pariser Abkommens ist.
11. Das Ja zum OK begründet auf Dauer gesehen für Italien eine ungleich größere Begünstigung als es Österreich und die Südtiroler begünstigt. Nur wenn man dieses Risiko einzugehen gewillt ist, kann man zum OK ja sagen.
12. Der OK hat nichts mit einer Garantie oder mit einer wirksamen internationalen Verankerung zu tun, von der noch im Jahre 1967 die Rede war, und wie sie von allen beteiligten österreichischen und Südtiroler Politikern verstanden wurde. Der OK ist nichts anderes als der Preis dafür, daß man ein ‚Paket' verspricht. Dieses Versprechen wird mit dem Zugeständnis Österreichs erkauft, die Angelegenheit Südtirol zu juridifizieren. Nach menschlichem Ermessen ist durch das Ja zum OK der Weg vor die politischen Organe dann, wenn das ‚Paket' nicht erfüllt werden würde und in Mitteleuropa die politische Situation dieselbe bliebe wie heute, absolut versperrt."

28. Oktober 1969
Information der Nordtiroler Abgeordneten: drei „Paket"-Fassungen
Sind die „Erläuterungen" verbindlich?
Am Grillhof zu Vill bei Innsbruck wurden die Nordtiroler Mandatare zum Nationalrat, zum Bundesrat und zum Nordtiroler Landtag nun in der letzten Minute mit dem Inhalt des „Paketes" vertraut gemacht. Die Ausgangslage dieser Tagung, an der auch Landeshauptmann Wallnöfer und die Leiterin der Südtirolabteilung der Landesregierung, Frau Dr. Stadlmayer, teilnahmen, schilderte F. Xaver Philipp im Wiener „Express" so: *„Mit der Zusammenkunft im Bildungsheim des Landes Tirol wurde eine formelle Landtagssitzung, gemäß dem Wunsch Magnagos, umgangen. Auch die Möglichkeit etwaiger Beschlüsse ist so ausgeschlossen. Die Schnüre lösen werden übrigens die beiden österreichischen Experten Landesamtsdirektor Doktor Kathrein, Innsbruck, und der Südtirolreferent des Ballhausplatzes Dr. Tschofen. Ihre Betrauung mit dieser Explikation dürfte aber auch schon sicherstellen, daß das ‚Paket' im Grillhof in freundlichem Licht erscheint. Haben doch die beiden Präsentatoren gemeinsam mit den italienischen Experten selbst die Endfassung der Autonomie-Kompetenzen für Südtirol ausgehandelt. Ein komplettes Bild der vorgeschlagenen Lösung wird heute im Grillhof*

also kaum gewonnen werden können. Fehlen doch jene Experten aus Südtirol, die ebenfalls das ‚Paket' in seiner italienischen und deutschen Fassung verglichen und abgelehnt haben. Grundsätzliche Probleme, von denen man sich wünschen möchte, daß sie am Grillhof auf jeden Fall authentisch geklärt werden, sind diese: Da so viele bisher bilateral vereinbart gewesenen Punkte in der italienischen ‚Paket'-Fassung abgeändert erscheinen, wäre eine neue Akkordierung der Texte zwischen Wien und Rom nötig. Wann soll das geschehen, oder will man tatsächlich allein die Südtiroler mit der Entscheidung über das ‚Paket' belasten? Trifft es zu, daß durch das Einspruchsrecht der Italiener in Südtirol diese aus der Rolle einer Minderheit in die einer Parität versetzt werden? Wenn ja, ist dies bei einer bilateralen Akkordierung zu ändern? Warum ist das ‚Paket' in ‚Maßnahmen zum Nutzen der Südtiroler Bevölkerung' und ‚Erläuterungen' geteilt? Werden diese Erläuterungen ebenso wie der ‚Paket'-Text zur Regierungserklärung im italienischen Parlament eingebracht und gleichwertig behandelt? Wenn nicht, können die Erläuterungen über eine neue Akkordierung einen verbindlichen Charakter erhalten? Nur eine authentische Klarstellung in diesem und in einer ganzen Anzahl weiterer Fälle, die sicher auch am Grillhof zur Sprache kommen werden, kann endlich einen Grad von Information herstellen, der eine eigenständige Beurteilung der Südtirol-Lösung durch die Nordtiroler erlaubt. Freilich sind damit aber noch lange nicht alle jene Verpflichtungen erfüllt, die der Idee der Einheit Tirols entspringen. Und es genügt wohl nicht, diese Einheit, die durch ‚Paket' und ‚Operationskalender' abgebaut zu werden droht, dadurch zu manifestieren, daß man am Nationalfeiertag zum Klang des Andreas Hofer-Liedes die Ehrenformation vor dem Innsbrucker Landhaus abschreitet."

Nunmehr drei „Paket"-Fassungen

Im Zuge der Sitzung bereitete das Eingeständnis Überraschung, daß es nunmehr drei „Paket"-Fassungen gab: 1) Die vom Wiener Außenamt hergestellte deutsche Fassung. 2) Eine deutsche Fassung mit zusätzlichen „Klärungen" bzw. „Fußnoten", die durch Landeshauptmann Dr. Magnago eingebracht worden waren. 3) Die amtliche italienische Fassung, bei der alle Magnago-„Klärungen" und „Fußnoten" fehlten. Die SVP-Fassung (Nr. 2) war erst am Wochenende in Innsbruck eingelangt, so daß eine genaue Prüfung noch nicht möglich gewesen war. Ein Überblick zeigte den Versammlungsteilnehmern jedoch, daß zwischen dem Bozner und dem Römischen „Paket" erhebliche Unterschiede bestanden. Die von dem Parteiausschuß der SVP der Landesversammlung zur Annahme empfohlene Version stimmte somit nicht mit dem amtlichen Text überein. Verwirrung stiftete nun die Erörterung der Tatsache, daß die Südtiroler allein die von ihnen zur Annahme empfohlene Version für verbindlich hielten, Österreich aber von Italien die abweichende italienische amtliche Ausfertigung erhalten hatte, so daß Österreich sich im Streitfall nur auf den amtlichen Text berufen könnte, nicht aber auf die im Auftrag Magnagos hinzugefügten „Klärungen" und „Fußnoten". Da die Versammlung keinerlei Beschlüsse fassen konnte, schloß sie nur mit einer informativen Pressekonferenz.

29. Oktober 1969

Dejaco unterstützt in Innsbruck Magnagos „Fußnoten"-Behauptungen

Der Fraktionsführer der SVP im Regionalrat und Landtag, Dr. Valerius Dejaco, hielt in Innsbruck eine Pressekonferenz ab, auf welcher er sich als „Paket"-Befürworter und Gefolgsmann von Landeshauptmann Dr. Magnago präsentierte. Bezüglich der von Magnago hinzugefügten Fußnoten sagt Dr. Dejaco, sie seien Bestandteile des „Paketes". Der Parteiobmann sei von Rom für diese Interpretationen schriftlich autorisiert worden. Der Beschluß des Parteiausschusses gelte einzig und allein für jenen „Paket"-Text, der von ihm in ein neues, besseres System gebracht und mit Fußnoten versehen wurde. Dieser Text werde auch der Landesversammlung vorgelegt werden.

4. November 1969

Nordtiroler Landtag: Südtirolsitzung verhindert

Der Nordtiroler Landtag trat in Innsbruck zur Eröffnung seiner Herbstsession zusammen.

Das Fernsehen hatte bereits alle Übertragungsgeräte aufgebaut, weil allgemein eine Debatte zur Südtirollösung erwartet wurde. Dies um so mehr, als nicht nur der Bozner Vizebürgermeister Dr. Hugo Gamper (siehe 19. 10. 1969), sondern auch alle Südtirolverbände eine klärende Stellungnahme aus Nordtirol erwartet hatten. Der Landtagspräsident DDr. Lugger teilte jedoch gleich zu Beginn der Sitzung mit, daß eine spätere Sondersitzung des Nordtiroler Landtages zur Südtirolfrage vorbereitet werde.

Magnago wollte keine Nordtiroler Landtagssitzung

Das Wiener Massenblatt „Express" berichtete am 27. Oktober über die verschobene Landtagssitzung: *„Magnago verbat sich jede ‚Einmischung' durch Nordtirol. Ja, er setzte schließlich sogar durch, daß der Landtag in Innsbruck bis zur Landesversammlung der SVP am 22. November keine ordentliche Sitzung in Sachen Südtirol durchführen wird. Ein Verhalten Nordtirols, das im Süden des Landes zweifellos die lähmende Stimmung verbreiten half, wieder einmal verlassen worden zu sein. Denn der Grund für das Schweigen in Innsbruck ist in Bozen bis zur Stunde unbekannt geblieben."*

Der wahre Grund: Der „Fußnoten"-Schwindel darf nicht auffliegen!

Wie erst nach der Landesversammlung der SVP am 22. November 1969 bekannt werden wird, hatte Magnago die Delegierten mit seiner so oft wiederholten Versicherung getäuscht, daß die Ergänzungen zum offiziellen „Paket"-Text in Form der „Fußnoten" durch Ministerpräsident Rumor autorisiert seien. Diese Behauptung entsprach nicht der Wahrheit, war aber wesentliche Voraussetzung dafür, daß Magnago seine knappe Mehrheit auf der Landesversammlung bekommen sollte. Seinen eigenen Landsleuten sollte es in der dramatischen Nacht des 22. November genügen, daß Magnago buchstäblich nur Minuten vor der Abstimmung, als die Liste der Redner erschöpft war und weder zusätzliche Fragen noch Widerspruch mehr möglich waren, vor die Delegierten trat und „klärend" bekanntgab, daß die „Fußnoten" durch Rumor autorisiert seien, wobei er ein Blatt Papier in der Luft schwenkte, ohne dieses zu verlesen. Vor dem Nordtiroler Landtag wäre eine solche Verfahrensweise nicht möglich gewesen. Hier hätte die sozialistische wie auch die freiheitliche Opposition – einig in der Ablehnung des „Paketes" – genauen Aufschluß über Inhalt und verbindlichen Text der „Autorisierung" Magnagos verlangt. Hier wäre das Täuschungsmanöver im Ansatz gescheitert und das Märchen von den „autorisierten Fußnoten" offenbar geworden. Wahrscheinlich wäre das Ergebnis der Landesversammlung dann anders ausgefallen. Dies war wohl der zwingende Grund *„für das Schweigen in Innsbruck"*, welches sich der „Express" nicht erklären konnte.

<u>5. November 1969</u>

Aufklärungsschrift: Die Argumente der „Paket"-Gegner

Senator Dr. Peter Brugger, Assessor Dr. Alfons Benedikter und Assessor Dr. Joachim Dalsass veröffentlichten eine Informationsschrift unter dem Titel *„Südtirol vor der Entscheidung. Fragen und Antworten zu ‚Paket' und ‚Operationskalender'."* In dieser Schrift stellten die drei Politiker eingangs fest: *„Nach unserer Auffassung darf der Verzicht nicht größer sein als der Gewinn' – dies ist der Fall, wenn aus dem Schutz der deutschen Volksgruppe laut Pariser Vertrag die paritätische Regierung' oder, mit anderen Worten, das friedliche Zusammenleben der Volksgruppen herauskommt."* Nach Meinung der drei Autoren versperre das „Paket" in Hinkunft den Weg, etwas Besseres zu erreichen. Hingegen könne das „Paket" der deutschen Volksgruppe keineswegs künftige Opfer ersparen: *„Eine volkliche Minderheit, welche sich erhalten will, muß immer bereit sein, für ihr gutes Recht Opfer zu bringen. Diese werden uns auch nicht erspart bleiben, wenn das ‚Paket' zur Verwirklichung kommt. Sie werden nicht geringer sein als die Opfer, die wir bringen müßten, falls das ‚Paket' nicht angenommen wird."*

Der Verzicht

Mit dem „Paket" in der vorliegenden Form würden, so stellten die drei Verfasser fest, die Südtiroler auf folgende lebenswichtige Forderungen verzichten: 1) *„Die Übertragung der Verantwortung für die öffentliche Ordnung und das volkliche Verhältnis bei den Polizeistreitkräften."* (Forderung des Parteiausschusses vom 4. 9. 1963.) 2) *„Die Gesetzgebung über:*

5. November 1969: Landesrat Dr. Alfons Benedikter (links) und Senator Dr. Peter Brugger (rechts) wandten sich zusammen mit Landesrat Dr. Joachim Dalsass in einer Denkschrift gegen die Paketlösung.

Die Landesversammlung der SVP am 22. November 1969. Blick in den Meraner Kursaal.

Heimatrecht, Arbeitsvermittlung, Handelskammer, Kreditwesen, eine echte Schulautonomie und die Verantwortung für die öffentliche Ordnung." (Forderung des Parteiausschusses vom 21. Mai 1964 als *„unabdingbare Notwendigkeit für die Gestaltung eines autonomen Lebens und die Sicherung der volklichen Existenz.*") Wie die Autoren weiter feststellten, bedeute dieser „Paket"-Abschluß *„einen Verzicht auf alle aufgeworfenen und nicht erfüllten Forderungen.*" Dies wurde auch von Dr. Magnago im Parteiausschuß zugegeben: *„ . . . Spätere Forderungen sind lediglich interne Bittgesuche, deren Annahme ausschließlich vom Willen der Italiener abhängt.*"

Weitere Zuwanderung möglich

Nach Meinung der Verfasser sei eine weitere Zuwanderung möglich, da *„gemäß staatlicher Handhabung des Gesetzes über das Meldewesen . . . die einfache Erklärung des Interessierten*" genügt, *„um in das Register der ständigen Bevölkerung eingetragen zu werden, ohne vorherige Feststellung des gewohnheitsmäßigen Aufenthaltes. Durch die Eintragung ins Bevölkerungsregister wird die Ansässigkeit erworben und damit auch die im ‚Paket' bekräftigte Bevorzugung als Einheimischer bei der Arbeitsvermittlung . . .*"

Österreichische Streitbeendigungserklärung gefährlich

Die Autoren kamen in der 61seitigen Informationsschrift zu dem Schluß, daß gemäß den Resolutionen des SVP-Parteiausschusses vom 21. 10. 1967 und vom 20. 10. 1969 auch die Durchführung des „Paketes" *„bei weitem nicht den Zustand einer echten Landesautonomie erreicht.*" Herbe Kritik üben die Autoren am „Operationskalender": *„Der ‚Operationskalender' bietet vor allem auch keine Garantie für die Südtiroler, wenn Italien die zur Verwirklichung des ‚Paketes' notwendigen Gesetze laut ‚Operationskalender' zwar erläßt, sie später jedoch nicht durchführt oder nicht sinngemäß anwendet oder durch andere Gesetze ihres Inhaltes beraubt. Österreich hat dann keine Möglichkeit zu intervenieren, weil es in der Streitbeendigungserklärung selber bescheinigt, daß die ‚Paket'-Maßnahmen mit dem Pariser Abkommen nichts zu tun haben.*"

Die Aufklärungsschrift kam zu spät!

So seriös und fundiert die Aufklärungsschrift auch war, so kam sie doch um vieles zu spät. In der kurzen Zeit zwischen 5. und 22. November (Datum der Landesversammlung) konnten Brugger, Benedikter und Dalsass keineswegs mehr allen Delegierten und Ortsobmännern ihre Argumente erläutern, während der offizielle SVP-Parteiapparat in der Hand Magnagos schon seit Monaten – kräftig unterstützt von Bischof Gargitter – für die „Paket"-Annahme trommelte.

8. November 1969

Kassationsverhandlung aus politischen Gründen vertagt

Um die Annahme des „Paketes" durch die SVP nicht durch drakonische Strafen zu erschweren, wurde in Rom der Termin für die Kassationsverhandlung zum zweiten Mailänder Südtirolprozeß, die am 14. 11. 1969 hätte beginnen sollen, ohne weitere Angabe von Gründen vertagt.

11. November 1969

Jörg Pircher kehrt aus der Haft heim

Als letzter der im ersten Mailänder Südtirolprozeß verurteilten Südtiroler kehrte der Obstbauer und Schützenmajor Jörg Pircher aus Lana in aller Stille aus dem Gefängnis heim. Die Reststrafe von einem Jahr wurde zur Bewährung ausgesetzt, um so vor der entscheidenden Landesversammlung der SVP die öffentliche Meinung für eine „Paket"-Annahme zu beeinflussen.

Kirche wird für „Paket"-Annahme eingespannt!

Der „Bundesherr" als „Paket"-Befürworter

Wie die Bozner Tageszeitung „Dolomiten" meldete, hatte vor einigen Tagen der Landessekretär der SVP, Atz, ein Rundschreiben an die Ortsobmänner, Ortsausschußmitglieder, Jugendreferenten und Frauenvertreterinnen ausgesandt, mit welchem die Beratungen über die „Paket"-Annahme in den Bezirksausschußsitzungen von kirchlicher Seite her beeinflußt werden sollten. In diesem Schreiben hieß es: *„Unser Bundesherr hat uns nicht im Stich gelassen! Auch jetzt müssen wir ihm vertrauen, und ich bitte Sie deshalb, mit dem Seelsorger Ihres Ortes Fühlung aufzunehmen, um die Abhaltung eines gemeinsamen Bittgottesdienstes der ganzen Ortsbevölkerung für eine richtige Entscheidung zu erreichen."* Atz durfte sicher sein, daß Bischof Gargitter nicht dagegen protestieren würde, daß der „Bundesherr" für die „Paket"-Propaganda Magnagos eingespannt wurde. Bereits im Dezember 1966 hatte Gargitter in einer Rede vor Katholiken dargelegt: *„Daher sind die Verhandlungen und der Wille zu einem positiven Abschluß auch dort zu ermuntern, wo nicht alle Wünsche der beiden Teile rechtlich und vollkommen zufriedengestellt werden können."* („Dolomiten" vom 15. Dezember 1966.) Mit Recht hatte die „Tiroler Tageszeitung" am 28. 5. 1966 bemerkt, daß der Brixener Kurie ein großer Einfluß auf die Politik in Südtirol zuzuschreiben sei. Am Jahresende von 1967 hatte Bischof Gargitter aufgerufen, die Südtirolfrage auf dem Verhandlungswege abzuschließen, wozu die Kirche *„einen Beitrag auf der religiös-moralischen Ebene"* leisten wolle. Zu Beginn des Jahres 1967 hatte in Brixen ein Gespräch Nordtiroler und Südtiroler Politiker mit dem Bischof stattgefunden. Gargitter war im Zuge seiner Bemühungen, einen „Paket"-Abschluß herbeizuführen, laut Kathpress (zitiert in „Kleine Zeitung", Graz, 10. 12. 1969) so weit gegangen, Südtirolkonferenzen auf kirchlicher Ebene mit Kardinal Urbani (Venedig) und Kardinal König (Wien) abzuhalten, wobei ein Einwirken der geistlichen Herren auf die jeweiligen christdemokratischen Regierungen und Personen wohl anzunehmen war. Ganz Südtirol wußte jedenfalls, in welche Richtung die Wünsche des Bischofs gingen, als nun in allen Orten die Bittgottesdienste begannen und zahlreiche Pfarrer zum Gebet für eine *„baldige Lösung der Südtirolfrage"* aufriefen. Wie die „Dolomiten" weiter meldeten, hatten die Bittgottesdienste schon in einer Reihe von Orten stattgefunden.

<u>13. November 1969</u>

Bundeskanzler Klaus setzt Südtiroler unter Druck

Auf dem ÖVP-Parteitag in Wien erklärte Bundeskanzler Dr. Klaus, daß das vorliegende „Paket" nebst „Operationskalender" keine *„ideale Regelung, wohl aber die unter den gegebenen Umständen bestmögliche ist."* Der Lösungsvorschlag stelle das Maximum des Erreichbaren dar, die Delegierten zur SVP-Landesversammlung sollten sich in ihren Bezirken und Tälern für ihn einsetzen. Im selben Atemzuge verlangte der Bundeskanzler von den Massenmedien, nicht gegen das „Paket" zu polemisieren und die *„unbeeinflußte Willensbildung der Südtiroler zu respektieren."* Klaus sprach in diesem Zusammenhang von *„Manipulation und Mißbrauch der Demokratie"*. Hier platzte am nächsten Tag selbst dem der ÖVP nahestehenden Wiener „KURIER" der Kragen. Er schrieb: *„Solange es zuständige Regierungsmitglieder fertigbringen, in einer Pressekonferenz 16 Minuten lang über ‚Paket' und ‚Operationskalender' zu sprechen, ohne den von Italien als Gegenleistung geforderten IGH-Vertrag auch nur zu erwähnen, solange ein Landeshauptmann vor 600 Delegierten kein Wort darüber sagt, daß dieser IGH-Vertrag die Position Österreichs als Anwalt der Südtiroler mindestens schwer erschüttert, sollte Dr. Klaus solche – an sich richtigen Mahnungen – besser an andere Adressen richten."*

<u>14. November 1969</u>

Kritik aus Wien an dem „Paket"

Unter dem Titel *„Wie eine Hammelherde?"* meldete Engelbert Washietl in der Wiener „Presse" Bedenken gegenüber Magnagos Gangart zur Durchsetzung des „Paketes" an: *„Der Lösungsplan ist ja von einer Art, daß er eine gute Portion Kritik geradezu heraufbeschwören muß. Da wäre das ‚Paket' zu nennen, das seit 1964 eine Menge von Präzisierungen und Umformulierungen erdulden mußte, so daß es im Endeffekt zwar besser, aber nicht vollkommen geworden ist. Die SVP leistete sich am Ende noch das Meisterstück, ihre private Ausgabe zu* *verfassen, Fußnoten des offiziellen italienischen Textes in den Haupttext einzubauen, dafür aber eigene Fußnoten anzubringen, von einer Fußnote auf die andere zu verweisen, kurz, alles zu tun, um im Streben nach Übersichtlichkeit die Übersicht zu verlieren.*" Was Washietl noch nicht wußte: Rom hatte die „Fußnoten" nicht nur nicht autorisiert, sondern sogar ausdrücklich als Grundlage der zu treffenden Entscheidung abgelehnt.

15. November 1969

Trientiner Tiroler Volkspartei lehnt das „Paket" ab

Bei nur einer Gegenstimme und einer Enthaltung hat das Präsidium der autonomistischen Trientiner Tiroler Volkspartei (PPTT) das „Paket" abgelehnt. Besonders wurden die nicht hinreichende finanzielle Sicherstellung der Provinzen und die ungenügende Regelung für die Ladiner des Trentino und für die Südtiroler hervorgehoben.

Ladiner protestieren gegen mangelnden Schutz ihres Volkstums

Die „Union de Ladins" protestierte in einem Aufruf gegen das „Paket", weil für die in der Provinz Trient und Belluno ansässigen Ladiner keinerlei Garantien zum Schutz ihres Volkstums vorgesehen waren.

Kreisky gegen „Paket"

Am Schluß des Tiroler Landesparteitages der Sozialistischen Partei gab SPÖ-Vorsitzender Dr. Kreisky eine Südtirolerklärung ab: *„Ob die Entscheidung in Südtirol so oder so fällt: Die Beurteilung des ‚Pakets' als die Summe der Selbstverwaltungsrechte ist Angelegenheit der Südtiroler. Unsere Sache dagegen ist die Frage der Verankerung. Es liegt in der Verantwortung Österreichs, daß von den Italienern auch alles eingehalten wird. Der ‚Operationskalender' ist hier jedoch wirklich nur ein Kalender, eine Absicherung ist er nicht. Er bietet keine Möglichkeit für Österreich, irgendwo oder bei irgend jemand Klage zu erheben, falls Regierung oder Behörden Italiens ihre Versprechen nicht halten. Wenn die Bundesregierung glaubt, daß der ‚Operationskalender' genügt, können wir sie nicht hindern. Aber wir werden uns nicht schuldig machen, etwas gutzuheißen, das wir nach reiflicher Überlegung für schlecht befunden haben. Wir wollen aus Südtirol keine Frage der Parteipolitik machen. Sollte die Bundesregierung meinen, die Südtirolverhandlungen im Wahlkampf verwenden zu können, wir werden hier nicht mittun. Wir werden nichts billigen, was die Stellung Österreichs und sein Recht, für Südtirol einzutreten, schwächt."*

19. November 1969

„Magnagos Märchenbuch"

Der Pressedienst des „Mondseer Arbeitskreises" berichtete, daß Außenminister Waldheims „rechte Hand" in Südtirolfragen, Legationsrat Dr. Tschofen, jene Version des „Paketes", welche vom Südtiroler Landeshauptmann Dr. Silvius Magnago dem Parteiausschuß der Südtiroler Volkspartei vorgelegt worden war, als *„Magnagos Märchenbuch 2. Auflage"* bezeichnet habe.

20. November 1969

Waldheim zur Streitbeendigungserklärung: keine klare Festlegung

Auf die Frage, ob nun der amtliche italienische „Paket"-Text gelte oder der von Magnago mit „Fußnoten" angereicherte SVP-Text, erklärte Außenminister Waldheim im Rahmen der Budgetdebatte des österreichischen Nationalrates: *„Offiziell gilt der italienische Text."* Beschönigend meinte Waldheim, daß der Unterschied „gering" sei.

Scrinzi: SVP-„Paket"-Text ist nicht authentisch

In der Budgetdebatte des österreichischen Nationalrates erklärte der FPÖ-Abgeordnete Dr. Scrinzi: Die FPÖ sei nicht bereit, ihren erhobenen Finger in der Südtirolfrage sinken zu lassen. Man könne die Entscheidung über das schicksalsschwere „Paket" nicht der *„unter moralischem Druck"* stehenden SVP allein überlassen, zumal der „Paket"-Text, über den die Südtiroler abstimmen werden, gar nicht authentisch sei. Die Abweichungen der beiden Texte seien aber keinesfalls so gering, wie Dr. Waldheim vorgebe, meinte Doktor Scrinzi. Er habe ein Verzeichnis über gravierende Abweichungen, das allein 20 Schreibmaschinenseiten umfasse.

Rücktrittsmeldungen: Magnago setzt Delegierte unter Druck
Die „Presse" meldete: *„Bei den stürmischen Versammlungen der SVP-Lokalorganisationen, in denen das Für und Wider zum ‚Paket' erörtert wurde – die letzte fand in Schlanders statt –, drohte Landeshauptmann Dr. Magnago wiederholt seinen Rücktritt für den Fall der Nichtannahme des ‚Pakets' durch die Landesversammlung, die bekanntlich am Wochenende stattfindet, an."* Unter dem Fußvolk der Partei herrschten Verwirrung und weitgehende Uninformiertheit über „Paket" und „Operationskalender", wie der Wiener „Kurier" am 22. November berichtete. Dies war die Situation, in der es nahelag, dem Landeshauptmann zu vertrauen, der *„es schon wissen müsse!"*

Offizieller „Paket"-Text stark unterschiedlich zu SVP-Text
Die Wiener „Arbeiter-Zeitung" meldete: *„Inzwischen wurde bekannt, daß zwischen der ‚Paket'-Fassung, die der SVP-Ausschuß der Landesversammlung zur Annahme empfohlen hat, und der italienischen Originalfassung nicht weniger als 53 unterschiedliche Textierungen, Weglassungen und Hinzufügungen bestehen."* Dieser Punkt war auch Anlaß zu Auseinandersetzungen auf den Informationsversammlungen der SVP. Der Wiener „Kurier" dazu am 22. November: *„Einen Hauptstreitpunkt bildete die Tatsache, daß der Parteiausschuß seine Entscheidung offensichtlich an Hand eines ‚Paket'-Textes getroffen hatte, der in wesentlichen Punkten von der maßgebenden italienischen Fassung abweicht. Dazu Abg. Dietl: ‚Wir sollen nun wiederum über einen Text abstimmen, den wir uns selbst gemacht haben, in den wir unsere eigenen Anliegen hineinschrieben. Jeder muß wissen, daß dieser Text nie von Rom bestätigt wurde. Es wäre falsch, zu glauben, daß wir intern oder international mit dieser Textfassung etwas anfangen könnten.'"*

Magnago: Ich bin autorisiert!
Dr. Magnago sah in dieser Frage keinen Konfliktstoff. In einem Gespräch mit dem „Kurier" wies er darauf hin, daß es bei den Fußnoten – mehr als ein Dutzend – bloß um Auslegungen des SVP-Textes gehe, der dem italienischen Text genau entspreche. *„Wenn dieser Text nicht im Sinn unserer Fußnoten ausgelegt wird"*, betonte Magnago, *„ist unser Ja weg. Ich möchte aber hinzufügen, daß ich von Rom autorisiert war, diese Auslegungen zu geben."*

21. November 1969
Rücktrittsdrohung: Magnago setzt Landesversammlung unter Druck und erweckt Hoffnungen
In einem Artikel in den „Dolomiten" hat Dr. Magnago nun unmittelbar vor der Landesversammlung angedroht, im Falle einer Ablehnung des „Paketes" durch die Landesversammlung zurückzutreten. Er sei, schrieb Magnago weiter in den „Dolomiten", überzeugt, daß in absehbarer Zeit keine Aussicht bestehe, etwas Besseres als das „Paket" zu erreichen. Die österreichische „Kronen Zeitung", das Massenblatt mit der höchsten Auflage in Österreich, schrieb, daß Magnago damit *„Druck auf die Landesversammlung"* ausgeübt habe.
Magnago gegen Annahme mit Bedingungen
In den „Dolomiten" wandte sich Magnago weiters gegen eine *„Annahme mit Bedingungen"*. Man müsse das „Paket" so annehmen, wie es vorliege, alles andere komme einer Ablehnung gleich.

22. November 1969
SVP nimmt „Paket" und „Operationskalender" an
Tricks und Unwahrheiten tragen zum Ergebnis bei
Unter dem Vorsitz von Dr. von Fioreschy begann in Meran um 10 Uhr 15 die über das „Paket"

entscheidende Landesversammlung der Südtiroler Volkspartei. Es lagen zwei Resolutionen zur Abstimmung vor: die des Parteiobmannes Dr. Magnago sowie seiner Freunde und jene des Obmannstellvertreters Dr. Brugger, der eine Annahme des „Paketes“ in der vorliegenden Form ablehnte.

Magnago zu „Paket“-Text: Alles von Rom genehmigt

In seinem Einführungsvortrag kam Magnago auf die Textunterschiede zwischen dem amtlichen italienischen Regierungstext des „Paketes“ und dem SVP-Text zu sprechen, welchen er in der Viererkommission mit angeblich von Rom autorisierten „Fußnoten“, doch in Wahrheit eigenmächtig angereichert hatte. Mit einer gewundenen Erklärung stiftete Magnago weitere Verwirrung und brachte in der Landesversammlung selbst noch Korrekturen am „Paket“-Text an: *„Wir stimmen über den deutschen Text ab. Dieser muß aber dem italienischen Regierungstext entsprechen; und dort, wo unser Text nicht eine wörtliche Übersetzung des italienischen ist, muß aber der gleiche Inhalt, das heißt die Substanz, gewahrt sein. Aus diesem Grunde wurden nachträglich noch einige Berichtigungen unseres Textes an alle übermittelt; bei einem weiteren Vergleich stellte sich heraus, daß noch einige Berichtigungen dazukommen müssen. Ich werde sie nun alle hier anführen, damit es später keine Mißverständnisse mehr geben kann. Es dreht sich hier entweder um Übersetzungs- oder Druckfehler.“* Parteiobmann Dr. Magnago verlas hierauf die am Text des „Paketes“ noch durchzuführenden Korrekturen. Zu den Fußnoten, *„die in unserem ‚Paket‘-Text aufscheinen und nicht im Regierungstext“*, sagte Dr. Magnago u. a.: *„14 Fußnoten, die in unserem Text aufscheinen und die zum größten Teil vom ‚Paket‘, Ausgabe 67, als Fußnoten übernommen wurden, gehören nunmehr in den Text eingebaut, weil sich diese nun bereits auch im italienischen Text befinden. Alle übrigen in unserem Text verbliebenen Fußnoten sind Auslegungsformeln, die von Rom genehmigt wurden. Sie scheinen im Regierungstext deswegen nicht auf, weil die Auslegung, die sie zum Ausdruck bringen, für die italienische Regierung eine Selbstverständlichkeit darstellt. Wir haben aber diese Auslegungsformeln in unseren ‚Paket‘-Text hineingegeben, zu unserer größeren Sicherheit und Beruhigung. Im übrigen verweise ich auf die Mehrheitsresolution des Parteiausschusses, in welchem klar zum Ausdruck kommt, daß unsere Zustimmung nur für das ‚Paket‘ gilt, dessen Text (zusammen mit den darin enthaltenen Auslegungsformeln) Gegenstand der Beschlußfassung gebildet hat.“*

Magnago: Zeitdruck um der „Einigkeit“ willen

Seinen Parforceritt zum „Paket“-Abschluß, der die Partei fast zur Spaltung gebracht hatte, rechtfertigte der Obmann so: *„Manche Redner haben in den Bezirksversammlungen hervorgehoben, daß wir unter einem großen Zeitdruck gestanden seien. Das stimmt. Wenn aber der Parteiausschuß einstimmig beschlossen hat, am 22. November die Landesversammlung abzuhalten, so auch deswegen, damit bald eine Entscheidung falle und wir dadurch von einer schweren Last befreit werden. Je früher wir entscheiden, desto besser ist es für die Partei, weil um so früher dann unter uns eine Entspannung erfolgen wird und muß, im Interesse einer dringend notwendigen besseren Zusammenarbeit in der Partei zum Wohle der Heimat. Wir müssen die Kraft aufbringen, die erforderliche Entscheidung zu treffen. Ich bin überzeugt, daß wenn wir das fest wollen, wir auch diese Kraft haben werden, um die Prüfung zu bestehen.“*

Die Argumente der „Paket“-Gegner: „Paket“ kein Schutz vor Unterwanderung

In der Debatte stellten die „Paket“-Gegner vier Punkte heraus, die ihnen Anlaß zu schwerer Besorgnis gaben: Erstens: Die Südtiroler hatten dem Verzicht auf eine eigene Region zugestimmt, falls die autonome Provinz Bozen alle entscheidenden Zuständigkeiten erhalten würde. Bis jetzt hatten die Italiener aber noch nicht einmal die sekundäre legislative Gewalt im Meldewesen und im Bereich des Arbeitsmarktes angeboten. Dies bedeutete, daß das „Paket“ keinen Schutz der Provinz gegen eine italienische Einwanderung bot. War auch im Punkt 82 eine Bevorzugung der ansässigen Bevölkerung bei der Arbeitsvermittlung vorgesehen, so konnte doch nach dem italienischen Gesetz jeder Italiener aus dem Süden einfach in die Provinz einreisen, sich in einem Hotel anmelden und ohne Rücksicht auf die Dauer der Ansässigkeit unmittelbar ein Mitglied der Wohnbevölkerung werden, womit er deren Bevorzugung genoß. Zweitens: Während die Neunzehner-Kommission den ethnischen Proporz für alle staatlichen und halbstaatlichen Stellen vorgeschlagen hatte, war dieser nach dem „Paket" nicht auf die höheren Posten in den Dienststellen der Ministerien für Inneres und Verteidigung mit Sitz in der Provinz, nicht auf die Polizei und auch nicht auf eine Reihe wichtiger halbstaatlicher Körperschaften, wie die FNEI, die RAI, die Banca d'Italia und die Banca Nazionale del Lavoro, das Rote Kreuz und den Automobilklub anzuwenden. Weiters gab es keine zeitliche Begrenzung für die Einführung des ethnischen Proporzes. Er folgte allein der normalen Freiwerdung von Arbeitsplätzen durch Pensionierung, freiwilligen Austritt oder Tod. Einen tatsächlichen ethnischen Proporz würde es daher auch in den nächsten 35 Jahren nicht geben, obwohl die Erklärung von seiten Österreichs, daß die bestehende Streitfrage beendet sei, lange bevor auch nur die Hälfte aller Posten besetzt wäre, erfolgen müßte. Drittens: Über die Möglichkeit, das Budget anzufechten (Punkt 85), konnte die italienische Gruppe politischen Druck ausüben (z.B. um mehr Geld für ihre Gruppe zu erhalten). Das würde jede wichtige Entscheidung von der Minorität der Italiener im Landtag abhängig machen. Außerdem war diese Budgetgarantie völlig unnötig, da alle Provinzgesetze ohnedies die Zustimmung des Staates benötigen und vor dem Verfassungsgerichtshof angefochten werden könnten. Viertens: Die Empfehlung in Teil 1 des „Paketes", den Art. 4, Paragraph 1 des Statuts für Trentino-Südtirol dahingehend zu modifizieren, daß darin eine Empfehlung zum *„Schutz der örtlichen Minderheiten"* aufzunehmen sei, konnte ebenso auf die italienische Minderheit in der Provinz Bozen bezogen werden. Schließlich: Die einzige wirklich internationale Garantie könne nur die Möglichkeit sein, vor ein internationales Gericht zu gehen, das die Macht hätte, darüber zu entscheiden, ob Italien das „Paket" erfüllt habe, ohne daß erst der Nachweis erbracht werden müßte, daß das „Paket" eine Erfüllung des Pariser Vertrags sei. Ein politisches Forum hingegen, an das sich Österreich wenden würde, falls Italien das „Paket" nicht erfüllen würde und Österreich den Kalender widerrufen müßte, würde sich in der Südtirolfrage für nicht zuständig erklären, da Österreich und Italien den IGH als friedliches Mittel zur Beilegung von Konflikten in den Punkten 1 und 8 des „Operationskalenders" anerkannt hätten. Das jetzige Angebot war nach Meinung der „Paket"-Gegner daher schlechter als jenes von 1964, in dem zumindest eine fünfjährige Schiedskommission vorgeschlagen worden war, die darüber entschieden hätte, ob Italien das „Paket" erfüllt habe, ohne den Nachweis erbringen zu müssen, daß dieses unter das Pariser Abkommen falle.

„Dafür haben sich die Häftlinge nicht geopfert!"

Oswald Ellecosta, Ortsobmann von Haslach, wies darauf hin, daß die politischen Häftlinge Freiheit und Existenz nicht für dieses „Paket" geopfert hätten, sondern für das Ziel einer echten Selbstregierung Südtirols durch die Tiroler. Spöttisch auf die vor der Landesversammlung durch Parteisekretär Atz angeregten Bittgottesdienste für die „Paket"-Lösung Stellung nehmend, sagte Ellecosta: *„Der Parteiausschuß hat den Beistand des Hl. Geistes für die arme Seele des ‚Paketes' wohl nicht gebraucht."*

„Magnago ist der Totengräber Südtirols"

Zu tumultartigen Szenen kam es, als ein Ortsobmann aus dem Vintschgau Magnago einen *„Totengräber Südtirols"* nannte und ihn mit Tolomei verglich, was ihm Pfui-Rufe und einen energischen Verweis von seiten des Vorsitzenden einbrachte. Der Ortsobmann von Mühlen i.T., Mittermair, verlas einen Brief, den er von einem der vier Pusterer Häftlinge erhalten hatte. Darin hieß es, daß die Häftlinge über das „Paket" enttäuscht seien; außerdem wurde Klage geführt, daß man zuwenig für Häftlinge tue. Walter Maier aus St. Michael/Eppan richtete an Magnago die Frage, warum er jetzt mit Rücktritt drohe, wo er doch erst kürzlich in einem Interview erklärt hatte, er werde die Abstimmung über das „Paket" nicht mit seiner Person in Verbindung bringen. Auch er bemängelte, daß im „Paket" von den Häftlingen nicht die Rede war.

Magnago: „Jetzt pack i aus!"

Mit diesen Worten trat Magnago an das Rednerpult und nahm zu den Vorwürfen Stellung, für die politischen Häftlinge werde zuwenig getan. Er verkündete der überraschten Landesversammlung, daß es ihm gelungen sei, die Versetzung von Südtiroler Häftlingen aus den Gefängnissen im Süden in das Bozner Gefängnis zu erreichen. Außerdem habe er im Juni erreicht, daß zwölf Häftlinge, die nach bereits erfolgter Entlassung aufgrund von strafverschärfenden Urteilen des Kassationsgerichtshofes in Rom wieder zur Strafverbüßung hätten einrücken müssen, den Rest ihrer Strafe nicht mehr verbüßen mußten. Donnernder Applaus belohnte diese Mitteilung und sicherte dem Parteiobmann fraglos wieder einige Ja-Stimmen zu dem „Paket".

Friedl Volgger: Parallele zu „Pariser Vertrag"

Senator Dr. Friedl Volgger, der an den Vorbereitungen für das Gruber-De Gasperi-Abkommen in Paris 1946 mitgewirkt hatte, wies in Verteidigung des „Paketes" darauf hin, daß man so wie damals zwischen etwas Unvollständigem und Nichts wählen müsse. Hätte es kein Gruber-De Gasperi-Abkommen gegeben, so würde jetzt kein „Paket" zur Debatte stehen. Daher müsse man annehmen.

Landesassessor Spögler begründet „Paket"-Annahme mit österreichischer Innenpolitik

Eine Zurückweisung des „Paketes" wäre eine Bankrott-Erklärung der SVP-Politik. Darüber würde sich Bruno Kreisky freuen. Bei den bevorstehenden Nationalratswahlen erwarte man in Österreich die Sozialisten als Gewinner. Diesen dürfe man nicht die Freude über eine auseinanderbrechende SVP gewähren. Diese Gefahr der Spaltung drohe aber bei einer „Paket"-Ablehnung.

Benedikter: Annahme nur mit Bedingungen

Landesassessor Dr. Benedikter zeigte einen Weg auf, wie man die Vorteile des „Paketes" nützen könne, ohne auf die Erfüllung der offenen Fragen zu verzichten: Die Landesversammlung solle erklären, daß sie bereit sei abzuschließen, wenn die Budgetanfechtung durch die italienische Volksgruppe ausgeschlossen werde und wenn in die österreichische Streitbeilegungserklärung eingefügt werde, daß mit dem „Paket" noch nicht alle Differenzen bereinigt seien und daß die Südtiroler weiterhin offene Fragen zur Forderung stellen könnten. Damit, so sagte Benedikter, sei der Bogen nicht überspannt, denn dies seien nur ganz vernünftige Forderungen.

Dietl: Sind Fußnoten von Italien genehmigt?

Mit der gewundenen und ausweichenden Antwort des Parteiobmannes über die Gültigkeit des „Paket"-Textes nicht zufriedengestellt, kam der Kammerabgeordnete Dietl nochmals auf die Fußnoten zu sprechen. Er richtete an Magnago die Frage, ob die zusätzlichen Fußnoten mit dem Ministerpräsidenten abgesprochen worden seien und ob *„auch ein Stück Papier vorhanden ist"*. Er kritisierte die Geheimhaltung in der Verhandlungspolitik: *„Wenn wenigstens in der Sache ein Fortschritt erzielt worden wäre, aber auch das war nicht der Fall. Jetzt kommt zur Geheimhaltung noch der Zeitdruck dazu. Warum? Weil es sich die italienische Regierung leisten konnte, uns im Glauben zu lassen, mit dem ‚Paket' wäre alles in Ordnung. Rumor hat Magnago sechs Monate auf die Antwort auf die zwölf Punkte warten lassen. Die Absicht Roms ist einleuchtend. Man sollte so nahe wie möglich an die österreichischen Nationalratswahlen herankommen."*

Die Schlußerklärung des „Paket"-Gegners Brugger

Minuten dauerte die Schlußerklärung, die Sen. Brugger im Namen seiner Gruppe abgab. *„Wir haben mündlich und schriftlich die Mängel aufgezeigt, als wir den Inhalt des ‚Paketes' nach der langen Zeit der Geheimpolitik endlich kannten"*, sagte Brugger. Dagegen hätten die Befürworter des „Paketes" immer versucht, die *„bitteren Mandeln"* zu versüßen. Nicht allein der Zeitdruck, sondern auch die indirekte Förderung der Zustimmung durch maßgebliche österreichische Stellen, die überbetonte Schwarzmalerei der Zukunft bei einer Ablehnung dieses Verhandlungsergebnisses und die versteckte Drohung einer Parteispaltung in diesem Falle hätten die Landesversammlung in eine nahezu unausstehliche Spannung versetzt. Dies alles, um von den versammelten Delegierten leichter eine Zustimmung zur sogenannten Globallösung zu erreichen. Man höre bei dieser Lage der Dinge doch endlich auf zu behaupten, die Südtiroler würden ihre Zustimmung frei und unbeeinflußt geben. Man höre doch auf, die negativen Folgen der Zustimmung für die Südtiroler ungerechtfertigt zu verniedlichen! Nach der Zustimmung könne man gegenüber Italien natürlich noch weiterhin die Rolle des unzufriedenen Staatsbürgers spielen, doch werde man auf die Zustimmung zu diesen Verhandlungsergebnissen stets auch dann verweisen, wenn der „Operationskalender" wegen Nichterfüllung des „Paketes" zusammenbreche.

Der abschließende „Fußnoten"-Trick: „Paket" für Magnago gerettet

Nur noch Magnagos Schlußerklärung stand aus, dann war die Rednerliste erschöpft, denn einem Antrag auf Schluß der Debatte war stattgegeben worden. Niemand konnte von da an noch widersprechen, niemand konnte mehr Fragen stellen. Anschließend kam nur noch die Abstimmung, die laut Beschluß sofort erfolgen sollte, damit auswärtige Delegierte heimfahren könnten. Somit war die Bühne perfekt vorbereitet, als Magnago knapp nach Mitternacht zu seinem Schlußwort an das Pult trat. Wenige Minuten vor der Abstimmung wartete Magnago nun mit seiner Sensation auf. Er teilte der Landesversammlung mit, daß er von Ministerpräsident Rumor selbst – und zwar schriftlich – zu jenen umstrittenen Fußnoten und Erläuterungen autorisiert worden sei, die den Text für die Südtiroler günstig auslegten: *„Ich habe absichtlich in meinem Bericht, der zu 1.000 Stück heute verteilt wurde, hineingeschrieben, daß diese Fußnoten bzw. Auslegungsformeln von Rom autorisiert sind, und jetzt kann ich Ihnen auch präzisieren, daß sie von Rumor selbst mir schriftlich autorisiert worden sind. Ich hoffe, daß das somit ein für allemal geklärt ist . . . Von dem Schreiben des Ministerpräsidenten darf ich aber nur Gebrauch machen, wenn das Autonomiepaket auch tatsächlich angenommen ist."* Da die Rednerliste geschlossen war, konnte kein Delegierter mehr die Frage nach dem Sinn einer solchen seltsamen Verschwiegenheitsverpflichtung an Magnago stellen. Da sofort abgestimmt werden mußte, konnte diese sonderbare Frage auch nicht mehr durch Erkundigungen geklärt werden. So kam Magnago zu seiner knappen „Paket"-Mehrheit. In Wahrheit hatte Magnago aber einen unfreundlichen Brief von Rumor in der Tasche, in welchem dieser Magnago aufforderte, lediglich den amtlichen italienischen „Paket"-Text abstimmen zu lassen, *„also weder mit Ergänzungen noch mit Abänderungen"*. Rumor hatte in seinem in barschem Tone gehaltenen Brief einige *„Auslegungen"* als selbstverständlich bezeichnet, andere als *„nicht korrekt formuliert"*. Die SVP, so Rumor weiter, sei aber lediglich zur Stellungnahme zum amtlichen Text aufgefordert. In Rumors Brief fand sich kein Wort darüber, daß Magnago diesen Brief vertraulich behandeln müsse. Beigefügt war dem Rumor-Brief noch ein nicht signiertes formloses Blatt, welches die elf *„selbstverständlichen"* und die neun *„nicht korrekt formulierten Fußnoten"* bezeichnete.

Das Ergebnis: „Paket" ganz knapp angenommen

Wahrscheinlich hat der „Fußnoten"-Trick das „Paket" um Haaresbreite für Magnago gerettet. Das Abstimmungsergebnis ging jedenfalls mehr als knapp zu Magnagos Gunsten, und es hätte leicht sein können, daß das Eingeständnis, die Fußnoten seien nur ein selbstgemachter und von Rom ausdrücklich nicht anerkannter Ergänzungstext ohne rechtliche Bedeutung, die knappe Mehrheit gekostet hätte. So wurde das „Paket" mit 583 Stimmen (52,9%) gegen 492 Stimmen (44,5%) angenommen. 15 Stimmzettel waren weiß abgegeben worden, 14 waren ungültig. Insgesamt waren 1.104 Stimmen von 1.111 möglichen abgegeben worden.

Wortlaut der Entschließung, mit der „Paket" und „Operationskalender" angenommen wurden

Die der Landesversammlung vom Parteiobmannstellvertreter, drei Parlamentariern, zehn Landtagsabgeordneten und vier Bezirksobmännern am 22. November vorgelegte und mit 52,9 Prozent genehmigte Entschließung, mit der somit das Ja zu „Paket" und „Operationskalender" ausgesprochen wurde, hatte folgenden Wortlaut:

„Die Landesversammlung der SVP hat die von der italienischen Regierung in Aussicht genommenen Maßnahmen (‚Paket'), betreffend die Neuordnung der Autonomie der Provinz Bozen, den besseren Schutz der Südtiroler Volksgruppe sowie das demokratische Zusammenleben in unserem Lande, unter Berücksichtigung der letzten Antwort der Regierung auf die von der SVP gewünschten Erläuterungen und Klärungen, trotz der Zeitnot, die durch die verspätete Antwort seitens der Regierung verursacht wurde, eingehend überprüft. Die Landesversammlung stellt fest, daß sie die angekündigten Maßnahmen als Akte in Durchführung des Pariser Abkommens betrachtet, das weiterhin eine der Grundlagen für die Sicherung unseres Volkes bildet, da dessen Zielsetzung einen dauernden besonderen Schutz der Tiroler Volksgruppe

beinhaltet. Die Landesversammlung ist der Auffassung, daß das ,Paket' nicht alle Befugnisse einer echten Selbstverwaltung enthält. Die Landesversammlung bekräftigt den Standpunkt, daß durch die Durchführung der einzelnen Maßnahmen auf allen Gebieten nur eine Besserung der heutigen tatsächlichen und rechtlichen Lage der Südtiroler Volksgruppe eintreten darf, um den Sinn und den Zweck des ,Paketes', das den Schutz und die Entwicklung des Südtiroler Volkes besser gewährleisten soll, nicht zu entfremden. Um Mißverständnissen vorzubeugen, wird festgehalten, daß alle Einnahmen sowie die Betriebs- und Pflichtausgaben nicht im Wege der in Land und Region vorgesehenen Bilanzgarantie angefochten werden können, da der Zweck dieser Garantie der Schutz aller Sprachgruppen gegen allfällige Übervorteilungen sein soll, aber nicht zu einem Instrument der Obstruktion werden darf, das die Verwaltungstätigkeit zum Schaden aller erschweren oder das die termingerechte Erfüllung der vom Gesetz vorgesehenen Bilanzverpflichtungen verzögern könnte. Die Landesversammlung pflichtet der Erklärung bei, die der Parteiobmann Doktor Silvius Magnago im Namen der Südtiroler Vertreter in der Neunzehner-Kommission nach Abschluß der Arbeiten gegeben hat und die heute anläßlich dieser Entschließung neuerdings bekräftigt wird und ihre volle Gültigkeit behält. Diese Erklärung lautet: ,Die Kommission hat die Probleme Südtirols, wie sie sich gegenwärtig dartun und bestehen, untersucht, wenn auch nicht immer alle Fragen und Gesichtspunkte einer Einzelprüfung unterzogen werden konnten. Dies auch im Hinblick auf die ständige Entwicklung sowohl der politischen Einrichtungen als auch im Zusammenhang mit den wirtschaftlichen und sozialen Gegebenheiten. Eine Entwicklung, die niemandem verborgen bleiben kann, die aber notwendigerweise neue Fragen aufwirft und neue Erfordernisse erheischt. Diese können jedoch heute weder vorausgesehen noch erkannt werden. Nichts ist im menschlichen Leben und in den menschlichen Beziehungen endgültig. Die ständige Entwicklung allen Daseins wird, auch in der Überwindung der starren Paragraphen, neue Erfordernisse schaffen, neue Gesichtspunkte und Probleme aufwerfen. Nur in einem Geiste der Verständigung können sie in Angriff genommen und einer Lösung zugeführt werden.' Die Landesversammlung spricht außerdem die Erwartung aus, daß nach der Durchführung des ,Paketes' in einem Klima des friedlichen Zusammenlebens und eines neuen Vertrauensverhältnisses zwischen dem Staat und der Volksgruppe es möglich werde, daß Italien auch den bisher unerfüllten Forderungen der Südtiroler Vertreter als weiteren Akt der Durchführung des Pariser Vertrages in einem europäischen Geist gebührend Rechnung trägt. Der Parteiausschuß der SVP hat in seinen Entschließungen vom 23. März und 21. Oktober 1967 die Regierungen Italiens und Österreichs mit allem Nachdruck ersucht, eine wirksame internationale Verankerung zur Durchführung des ,Paketes' zu vereinbaren und gleichzeitig festgestellt, daß die Erreichung einer solchen Verankerung Aufgabe der beiden Regierungen ist. Die Landesversammlung nimmt zur Kenntnis, daß die beiden Regierungen unter Wahrung ihrer gegensätzlichen Rechtsstandpunkte über die Erfüllung des Pariser Vertrages' einen sogenannten ,Operationskalender' ausgearbeitet haben, der die Durchführung der Maßnahmen des ,Paketes' gewährleisten soll. Die Landesversammlung hat den ,Operationskalender' eingehend überprüft und sieht darin ein System von Maßnahmen, das die Durchführung des ,Paketes' erwirken soll. Unter diesen Voraussetzungen beschließt die Landesversammlung: a) daß ihre Zustimmung nur für das ,Paket' gilt, dessen Text (zusammen mit den darin enthaltenen Auslegungsformeln) den Gegenstand der Beschlußfassung gebildet hat; b) daß es für sie selbstverständlich ist, daß Österreich die vorgesehene Streitbeilegungserklärung nur dann abgeben wird, wenn auch nach dem Gutachten der Südtiroler Vertreter das ,Paket' mit all seinen Maßnahmen durchgeführt ist und daß dabei in klarer Weise feststehen muß, daß damit keinerlei Verzicht auf das im Pariser Vertrag verbriefte Recht geleistet wird."

Die Resolution der „Paket"-Gegner

Nachstehend der Wortlaut der von Senator Brugger, Assessor Benedikter und Assessor Dalsass eingebrachten (und abgelehnten) Resolution: *„Die außerordentliche Landesversammlung der SVP ist am 22. November 1969 in Meran zusammengetreten, um über die von der Regierung Italiens als Ergebnis der zwischenstaatlichen Verhandlungen in Aussicht genommenen Maßnahmen zwecks Neuordnung der Landesautonomie – das sogenannte ,Paket' sowie* *den ‚Operationskalender' – zu beschließen. Im Bewußtsein der bei der großen Kundgebung von Sigmundskron am 17. November 1957 und der durch die darauf folgenden ordentlichen und außerordentlichen Landesversammlungen der SVP aufgestellten Mindestforderungen, deren Erfüllung die Voraussetzung für eine ‚echte Landesautonomie' für Südtirol bleibt, stellt die Landesversammlung fest:*

1. Der Zeitverlust seit dem Frühjahr 1967 zur Erreichung der vorliegenden Ergebnisse kann nicht der SVP angelastet werden. Der Zeitdruck, unter dem nun von den Organen der SVP über das ‚Paket' und über den ‚Operationskalender' entschieden werden muß, ist nicht gerechtfertigt.

2. Die vom Parteiausschuß am 20. Oktober 1969 empfohlenen Ergebnisse der zwischenstaatlichen Verhandlungen zusammen mit allen auch auf interner Ebene erreichten Resultaten sind noch nicht von der italienischen und österreichischen Regierung verbindlich festgehalten, d.h. akkordiert, wie dies in den Beschlüssen des Parteiausschusses vom 23. März 1967 und vom 21. Oktober 1967 sowie von der Landesversammlung der SVP am 4. Dezember 1967 ausdrücklich gefordert wurde.

3. Es ist unbestritten, daß im ‚Paket' wesentliche Befugnisse für eine echte Autonomie fehlen. Die während der Verhandlungen vorgebrachten Forderungen, die im ‚Paket' nicht oder nur unzulänglich erfüllt wurden, könnten wohl in Zukunft von uns wieder intern gestellt werden, sie können aber von Österreich nach Angabe der jetzt vorgesehenen Streitbeendigungserklärung nicht mehr vertreten werden. Dazu gehört unter anderem:

– die Forderung auf Übertragung der Gesetzesgebung über die Ansässigkeit und über die Arbeitsvermittlung einschließlich der Überführung der betreffenden Ämter, um der Landesbehörde eine wirksame Kontrolle über die Zuwanderung einzuräumen, wobei der EWG-Freizügigkeitsgrundsatz gewahrt werden soll;

– die Forderung auf Übertragung der Verantwortung für die öffentliche Ordnung (Polizei).

– Laut ‚Paket' fällt nicht einmal die Hälfte der Staatsstellen und nur rund ein Viertel der halbstaatlichen Stellen in Südtirol unter den Proporz, obwohl bereits die mehrheitlich italienisch zusammengesetzte Neunzehner-Kommission vorgeschlagen hatte, daß alle staatlichen und halbstaatlichen Stellen unter den Proporz fallen sollen. Mit der vorgeschlagenen Lösung eines verstümmelten Proporzes wird nicht das im Pariser Vertrag zugesicherte angemessenere Verhältnis bei Besetzung öffentlicher Stellen erreicht.

– Die Regelung der Schulfrage entspricht in keiner Weise der für die kulturelle Sicherung der deutschen und ladinischen Volksgruppe notwendigen Schulautonomie.

– Der Empfang des deutschen Fernsehens aus den Nachbarländern – eine heute als selbstverständlich empfundene kulturelle Forderung – wurde abgelehnt.

4. Durch die „Bilanzgarantie" wird ein undemokratischer Grundsatz in die Gesetzgebung und Verwaltung des Landes eingeführt und den Südtirolern die einer Mehrheit zustehende Entscheidungsgewalt genommen. Die Position der in der Provinz Bozen lebenden Italiener wird dadurch gesetzlich in zweifacher Form (Anfechtung durch Italiener im Landtag und durch Zentralregierung) geschützt, so daß die eigentliche Zweckbestimmung des Pariser Abkommens (Schutz der deutschsprachigen Südtiroler) ins Gegenteil verkehrt wird.

5. Im ‚Operationskalender' kann man nicht jenes System erkennen, das die Durchsetzung der im ‚Paket' vorgesehenen Maßnahmen gewährleistet. Die Nichtdurchführung der jeweils vorgesehenen Maßnahmen bringt den ‚Operationskalender' vorzeitig zum Stillstand. Führt sie Italien hingegen durch, unterwirft sich Österreich dem IGH und bescheinigt in der Streitbeilegungserklärung, daß die ‚Paket'-Maßnahmen die Durchführung des Pariser Abkommens bedeuten. Damit muß jede weitere Streitigkeit über Auslegung und Anwendung des Pariser Vertrages vor dem IGH ausgetragen werden. Aus den dargelegten schwerwiegenden Gründen sieht sich die außerordentliche Landesversammlung nicht in der Lage, dem vorgelegten Verhandlungsergebnis bedingungslos zuzustimmen. Um ihren guten Willen und den Wunsch nach gegenseitigem Vertrauen bei klaren Verhältnissen unter Beweis zu stellen, ist die Landesversammlung jedoch bereit, den gegenwärtigen Lösungsvorschlag nach Erfüllung folgender Voraussetzungen anzunehmen:

1. daß die im ‚Paket‘ vorgesehene undemokratische Bilanzgarantie wegfällt;
2. daß auf die derzeit im ‚Paket‘ nicht berücksichtigten Forderungen, insbesondere auf Gesetzgebung über Heimatrecht und Arbeitsvermittlung zur Sicherung der deutschen Volksgruppe in ihrer Heimat, nicht verzichtet wird.
In diesem Sinne muß die österreichische Streitbeendigungserklärung abgeändert werden. Die außerordentliche Landesversammlung vertraut auf eine künftige Regelung der Südtirolfrage im europäischen Geiste. Sie sieht die Garantie der Verwirklichung der Zielsetzung des Pariser Abkommens in einer Vereinbarung zwischen Italien und Österreich, wonach alle Auseinandersetzungen über den Status der Tiroler Minderheit in Italien von den europäischen Gremien bereinigt werden, welche in den Kapiteln II und III des europäischen Übereinkommens zur friedlichen Beilegung von Streitigkeiten vorgesehen sind.“

Die Täuschung mit den Fußnoten

Magnago war – dank geschickter Parteitagsregie – unbeschadet und unwiderlegt mit der Behauptung über die Runden gekommen, daß er zu den von ihm gelieferten „Fußnoten“-Auslegungen von Ministerpräsident Rumor ermächtigt gewesen sei. Mit Ausnahme einiger weniger Zweifler hatten die Parteitagsdelegierten den so entschiedenen und überzeugend klingenden Beteuerungen des Parteiobmannes geglaubt. Bald traten jedoch seltsame Widersprüchlichkeiten auf, die das Parteivolk verwirrten.

Moros Verwirrspiel: Fußnoten sind „in Substanz mit Text identisch“

Am 30. November 1969 trafen sich in Kopenhagen die Außenminister Waldheim und Moro, wo Moro den offiziellen italienischen „Paket“-Text (ohne „Fußnoten“) übergab. Bei dieser Gelegenheit sprach Waldheim Moro auch auf die von Magnago in die SVP-Fassung des „Paketes“ eingebrachten „Fußnoten“ und ihre von Magnago behauptete Verbindlichkeit für die italienische Regierung an. Hier ist es nützlich, aus Außenminister Waldheims Erinnerungen zu zitieren: *„Außenminister Moro erklärte nun hiezu, daß diese zum besseren Verständnis und zur Klärung verschiedener ‚Paket‘-Punkte erfolgten Interpretationen zum Teil nicht ganz korrekt formuliert erschienen, in der Substanz aber mit dem offiziellen ‚Paket‘ der italienischen Regierung identisch seien.“* (Waldheim, Kurt: „Der österreichische Weg“, Wien–München–Zürich 1971, S. 190.) Das hieß aber im Klartext : Nur der italienische Text des „Paketes“ galt, und in Auslegungsfragen hatte man sich an diesen zu halten.

„Bedeutung des Textes durch Fußnoten nicht betroffen“

Welch geschicktes Spiel hier getrieben wurde, erkennt man, wenn man die von der Wiener „Presse“ (1. 12. 69) ausführlicher als bei Waldheim wiedergegebene Erklärung Moros liest: *„Die vom Obmann der Südtiroler Volkspartei, Magnago, dem offiziellen und maßgeblichen italienischen Text hinzugefügten Fußnoten sind zum Teil evident, zum Teil in ihrer sprachlichen Formulierung nicht ganz entsprechend; auch in diesen Fällen sind jedoch die Substanz und die Bedeutung des Textes nicht betroffen.“* Der Wiener „Kurier“ konnte gar noch vermelden: *„Moro versicherte auch, daß man in Rom Verständnis für die in Bozen getroffenen Auslegungen habe – sie hätten den zahlreichen Mitgliedern der SVP-Gremien die Beurteilung des Textes erleichtert.“* Das war also die Wahrheit: Die Fußnoten betrafen weder Substanz noch Bedeutung des „Paket“-Textes. Schluß war es mit der Vorspiegelung, die „Fußnoten“ seien Teil des „Paketes“ und der Text könne anhand von ihnen interpretiert werden.

Waldheim und Klaus helfen Magnago bei der Vernebelung der Tatsachen

Nach der vorstehend dargelegten Auskunft Rumors zu der Gültigkeit der „Fußnoten“ kam Außenminister Waldheim mit der Jubelmeldung nach Österreich zurück: *„Es gibt nur noch einen ‚Paket‘-Text!“* Was in der Tat nicht gelogen war. Es gab nur noch den amtlichen italienischen – ganz ohne Fußnoten! Die Fußnoten hatten es ja laut Moro nur den Gremien der SVP erleichtert, die Bedeutung des Textes besser zu beurteilen. Es waren sozusagen private Anmerkungen zum internen Gebrauch gewesen.

Rumor legt römischem Parlament „Paket“-Text ohne Magnago-Fußnoten vor

Am 3. Dezember gab Ministerpräsident Rumor dem italienischen Parlament seine Südtirolerklärung ab, in welcher er Kammer und Senat über die beabsichtigten „autonomen Maßnahmen" Italiens unterrichtete. Als „Paket"-Text lag den Abgeordneten der amtliche italienische Text ohne die von Magnago in die SVP-Fassung eingebrachten Fußnoten vor. Nun wurde man auch in Südtirol stutzig. Die „Salzburger Nachrichten" (9. 12. 1969) meldeten: *„So hat es unter den SVP-Politikern neue Besorgnis ausgelöst, daß der in Rom zur Abstimmung gebrachte ‚Paket'-Text die 20 Fußnoten nicht enthielt, die laut Magnago kraft einer schriftlichen Zusage Rumors verpflichtender Bestandteil des ‚Pakets' seien. Nach dem Waldheim-Moro-Treffen in Kopenhagen war erneut lautstark versichert worden, daß es nun endgültig nur noch eine ‚Paket'-Version, nämlich die der SVP, gebe."*

22. November 1969

Dietl verlangt Aufklärung

In der Abgeordnetenkammer versuchte der SVP-Abgeordnete Hans Dietl nun eine endgültige Klärung. Er verlangte Aufklärung von Ministerpräsident Rumor (noch waren die Enthüllungen von „Südtirol-Interpress" nicht veröffentlicht). Dietl ersuchte den italienischen Ministerpräsidenten um Aufklärung darüber bzw. um Bestätigung der Versicherung Magnagos, daß die letzten Fußnoten, die im italienischen Text nicht aufscheinen, seine Zustimmung hätten. Rumor erklärte, daß lediglich der den italienischen Parteien vorgelegte offizielle Text, zu dem auch die Südtiroler durch die italienische Regierung konsultiert worden seien, Grundlage für die weiteren Maßnahmen der Durchführung des „Operationskalenders" darstelle. Auch Außenminister Moro bestätigte dies am 20. 12. 1969 in einem Interview mit der „Presse": **Die Presse:** *„Die Abgeordneten Almirante (MSI) und Dietl (SVP) haben beide in ihren Wortmeldungen auf die Existenz von 14 Fußnoten ergänzenden und erklärenden Charakters, zum ‚Paket' hingewiesen. Können Sie mir Ihre Meinung dazu sagen?"* **Moro:** *„Die Interpretationen in den Fußnoten, die in der deutsch-sprachigen Übersetzung des ‚Paket'-Textes enthalten sind, berühren nicht die Substanz des ‚Paketes'. Ich muß jedoch bestätigen, was Ministerpräsident Rumor im Parlament erklärt hat, nämlich, daß das ‚Paket', worüber die Vertreter der Bevölkerungen Südtirols konsultiert worden sind, den einzigen Text darstellt, auf den man sich zum Zwecke der Durchführung des ‚Operationskalenders' und der Endfertigungserklärung wird berufen können."* Noch konnte die Öffentlichkeit nicht ahnen, daß Moro mit dem Text, über welchen *„die Vertreter der Bevölkerungen Südtirols konsultiert worden sind"*, den amtlichen Text ohne Magnago-„Fußnoten" meinte. Nur dieser Text war nämlich von der italienischen Regierung der Südtiroler Volkspartei und den italienischen Parteien in Südtirol und im Trentino übermittelt worden, weswegen Moro auch von den *„Vertretern der Bevölkerungen"* gesprochen hatte. Noch war die Wahrheit nicht in aller Schärfe und Klarheit an das Tageslicht getreten.

Senator Brugger: Fußnoten haben nur „erklärenden Charakter"

Am 10. Dezember 1969 fand in Innsbruck eine Südtirolkonferenz in Gegenwart von Außenminister Waldheim statt. Dort fragte der Südtiroler Senator Brugger Waldheim direkt, ob nun bei dem Außenministertreffen in Kopenhagen Rumor tatsächlich die Magnago-Fußnoten zu verbindlichen Teilen des „Paketes" erklärt habe. Unangenehm berührt, mußte Waldheim verneinen. Nach der Konferenz erklärte Brugger resignierend gegenüber Journalisten, daß die im deutschen „Paket"-Text aufscheinenden Fußnoten nur *„erklärenden Charakter"* hätten. („Presse", 11. 12. 69.) Brugger forderte nun, daß die im italienischen „Paket" nicht enthaltenen „Fußnoten" inhaltlich Aufnahme in die Verfassungsgesetze, Gesetze und Durchführungsbestimmungen finden müßten.

Waldheim kaltblütig: „Fußnoten" sind mündlich anerkannt

Außenminister Waldheim hatte nach der Innsbrucker Konferenz die Kaltblütigkeit, in ein und demselben Atemzug den Journalisten folgende Stellungnahme abzugeben: 1) Trotz der Beteuerung Rumors, daß nur der italienische „Paket"-Text gelte, sei er, Waldheim, optimistisch bezüglich des weiteren Verlaufes des „Operationskalenders". („Salzburger Nachrichten", 11. 12. 1969.) 2) Die „Fußnoten" seien von Außenminister Moro mündlich anerkannt. *„Die Debatte über die Fußnoten können wir abschließen!"* („Kurier", 11. 12. 1969.)

Die Katze ist aus dem Sack: Italiener erkennen wichtige Magnago-„Fußnoten" nicht an

Die ersten Auseinandersetzungen über die „Fußnoten" begannen bereits im Dezember 1969, als die beiden SVP-Vertreter in der Neuner-Kommission, Roland Riz und Alfons Benedikter, in einer bestimmten Frage nach einer Magnago-„Fußnote" vorgehen wollten. Die Neuner-Kommission war dazu bestimmt, das neue Autonomiestatut auszuarbeiten. Sie war mehrheitlich italienisch besetzt. Es ging um Punkt I (1) des „Paketes", in welchem *„der Schutz der örtlichen Sprachminderheiten"* als *„nationales Interesse"* bezeichnet wurde. Dieser Punkt hatte insofern entscheidende Bedeutung, als Rom sich die Zurückweisung von Landesgesetzen durch den Staat vorbehielt, wenn diese *„nationalen Interessen"* widersprachen. Für die Präambel des Verfassungsgesetzes hatte Magnago nun in einer Fußnote vermerkt: *„Der Begriff ‚minoranze linguistiche locali' bedeutet deutsche und ladinische Volksgruppe"*. Entsprechend dieser Fußnote wollten nun Riz und Benedikter in den Verhandlungen der Neuner-Kommission darauf bestehen, daß diese Präzisierung (unter Berufung auf die Magnago-Fußnote als gültiger Bestandteil des „Paket"-Textes) erfolge. In der ersten Sitzung der Neuner-Kommission hatten die die Mehrheit bildenden italienischen Vertreter sich geweigert, das *„nationale Interesse"* auf den Schutz der deutschen und ladinischen Volksgruppe zu beziehen. Riz und Benedikter protestierten unter Berufung auf den SVP-„Paket"-Text (mit „Fußnote") und informierten Ende Dezember die Parteileitung, wo sie wider Erwarten peinliche Berührtheit und teilweises Verständnis für den italienischen Standpunkt vorfanden. Es kam zu erbitterten Auseinandersetzungen, wobei die die Parteileitung dominierende Gruppe um Magnago sich (mit gutem Grund) dagegen wandte, unter Berufung auf die „Fußnote" auf die Aufnahme der präzisierenden Bestimmung in das Autonomiestatut selbst zu bestehen. Magnago nahm zu dieser Frage in einem Telephoninterview („Presse", 8. 1. 1970.) Stellung: *„Der Obmann der Südtiroler Volkspartei, Magnago, erläuterte am Mittwoch in einem telephonischen Interview mit der ‚Presse' die Hintergründe der in der SVP bestehenden Meinungsverschiedenheiten bezüglich der Definition der ‚lokalen sprachlichen Minderheiten', wie sie im künftigen Autonomiestatut erwähnt sind. Magnago sagte, es sei bestätigt, daß nur die deutsche und ladinische Volksgruppe gemeint seien, und die SVP habe dies in einer Fußnote zum ‚Paket' eigens angeführt. Es ergebe sich nur die Frage, ob diese Erläuterung im Autonomiestatut selbst oder bloß in die Durchführungsbestimmungen zum Statut Aufnahme finden soll. Darüber seien in der SVP verschiedene Meinungen aufgetaucht, und der Parteiausschuß werde sich am 15. Jänner sicher auch mit diesem Problem befassen. Magnago betonte, daß die Definition, wie alle anderen Fußnoten des ‚Pakets', zumindest in den Durchführungsbestimmungen aufscheinen müßte."* Gegen diese Abschiebung in Durchführungsbestimmungen wandte sich Senator Brugger: *„Senator Brugger erklärte am selben Tag gegenüber der ‚Presse', es wäre bedenklich wenn die Definition der ‚lokalen sprachlichen Minderheiten' lediglich als Durchführungsbestimmung aufschiene. Sie könnte dann leicht abgeändert oder zurückgenommen, von den Höchstgerichten auch angefochten werden."* Da Riz und Benedikter auf ihrer „Fußnote" beharrten und nicht verstehen konnten, weshalb sie von der eigenen Partei keine Rückendeckung erhielten (obwohl doch laut Magnago die „Fußnoten" alle von Rom genehmigt und anerkannt waren), wurde die leidige Angelegenheit auf mehreren Sitzungen der Parteileitung weiter behandelt. Riz und Benedikter begründeten ihren Standpunkt mit der Befürchtung, daß bei Annahme des vorliegenden Textes Italien eines Tages argumentieren könnte, in Südtirol sei die italienische Volksgruppe in der Minderheit und deren Schutz stelle das *„nationale Interesse"* dar. Von der eigenen Partei nicht unterstützt, drangen Riz und Benedikter in Rom in der Kommission nicht durch, welche ganz und gar nichts von Magnago-Fußnoten wissen wollte und sich nur an den amtlichen Text hielt. Daher sieht auch heute Artikel 4, Abs. 1 des Autonomiestatuts für Trentino-Südtirol vor, daß der Schutz der *„örtlichen sprachlichen Minderheiten"* ein *„nationales Interesse"* darstellt, worunter auch die Italiener verstanden werden können, die in Südtirol eine Minderheit bilden.

Die Bombe platzt: Die Wahrheit über die „Fußnoten": Magnago ermächtigte sich selbst! Ministerpräsident Rumor verbat sich Auslegungsformeln

Am 16. Januar 1970 platzte die Bombe. Jemandem in der Parteileitung war der Kragen geplatzt, und so veröffentlichte an diesem denkwürdigen Tag der von dem „Mondseer Arbeitskreis" – einer Arbeitsgemeinschaft von Südtirolfreunden – herausgegebene Pressedienst „Südtirol-Interpress" jenen Briefwechsel zwischen Rumor und Magnago, von dem Magnago auf der Landesversammlung behauptet hatte, er bevollmächtige ihn zur Einbringung der von ihm diktierten „Fußnoten" in das „Paket". Diese „Bevollmächtigung" sah so aus:

Rumors Brief

„Der Ministerpräsident
200/7345 – 0. 9. 3.
Herr Präsident! *Rom, 5. 11. 1969*
Mit Bezug auf verschiedene Pressemitteilungen, denen zufolge mehrere Texte des sogenannten ‚Paketes' bestehen würden, wünsche ich zu bekräftigen, daß auch Ihre Partei aufgerufen ist, zum ***Regierungstext*** *Stellung zu nehmen, ohne daran Ergänzungen oder Abänderungen vorzunehmen.*
Herzlich Mariano Rumor e.h.

S. g. Herrn
Dr. Silvius Magnago
Präsident der SVP
Bozen"

Magnagos Antwort

„On. Mariano Rumor
Ministerpräsident
Rom
Ehrenwerter Präsident! *7. 11. 1969*
In Rückäußerung auf Ihr Schreiben vom 5. 11. 1969 drängt es mich festzustellen, daß es auch für meine Partei feststeht, daß die Stellungnahme zum Regierungstext zu erfolgen hat. Der Text, der Grundlage für die Beschlußfassung des Parteiausschusses bildete, ist nämlich – zwar mit anderer Einteilung – die deutsche Fassung des Regierungstextes. Andererseits ergab sich für mich im Laufe der Debatte die Notwendigkeit, Auslegungen zu liefern und diese gemäß Beilage den SVP-Unterlagen beizufügen; mit diesen Auslegungen sollte aber die Substanz der ‚Maßnahmen' weder erweitert noch abgeändert werden. Ich habe diese Auslegungen als zulässig gehalten, weil sie einleuchtend, manchmal geradezu selbstverständlich, jedenfalls aber nützlich waren, um Spitzen von Vertrauensmangel und von Mißtrauen zu begegnen, die sich im Laufe der eingehenden Debatte im Schoße meiner Partei gezeigt hatten; diese Auslegungen waren deshalb wichtig, um in vollem Bewußtsein der Tragweite auf einen positiven Abschluß hinzusteuern. Folglich sind diese von mir gelieferten ‚Auslegungen, (‚interpretazioni') nicht dazu bestimmt, den Regierungstext abzuändern, wohl aber – nach Meinung der SVP – die Wertungsunterlagen in Hinsicht auf die Vorbereitung der erforderlichen verbindlichen Texte zu vervollständigen. Mit achtungsvollen Grüßen!
Der Präsident der Südtiroler Volkspartei Dr. Silvius Magnago e. h."

Rumors Schlußwort

„Der Ministerpräsident
200/7455 – 0. 9. 3.
Herr Präsident! *Rom, 15. 11. 1969*
Ich habe zur Kenntnis genommen, daß es auch für die SVP eindeutig ist, daß die Stellungnahme zum Regierungsentwurf gefordert wird. Was die Auslegungen betrifft, die Sie im Laufe der in Ihrer Partei abgeführten Debatte abgegeben haben, so können einige als selbstverständlich betrachtet werden, während andere als nicht korrekt formuliert anzusehen sind. Es bleibt jedenfalls bestätigt, daß die Regierung die Stellungnahme zu jenem Text erwartet, der

Ihrer Partei wie den anderen politischen Kräften ausgefolgt wurde, also weder mit Ergänzungen noch mit Abänderungen.
Herzlich Mariano Rumor e. h.
S.G. Herrn
Dr. Silvius Magnago
Präsident der SVP
Bozen"

Seinem letzten Brief hatte Ministerpräsident Rumor noch ein unsigniertes Blatt beigefügt, in welchem er die elf „selbstverständlichen" Fußnoten und die neun „nicht korrekt formulierten" angefügt hatte. Diese Beilage, die jegliches amtlichen Charakters entbehrte, hatte „Südtirol-Interpress" nicht veröffentlicht. Sie gab Magnago Anlaß zu einer gewunden advokatischen Rechtfertigungsschrift. Der Wirbel in der Presse war groß. Auf einmal erklärten sich alle Ungereimtheiten: die seltsamen Erklärungen Waldheims, Moros und Rumors – das Scheitern von Riz und Benedikter in der Neuner-Kommission bei der Erstellung des Textes des Autonomiestatutes. Selbst die der SVP treu ergebenen „Dolomiten" veröffentlichten die Aufdeckung von „Südtirol-Interpress".

Der Parteisekretär ist empört, und Magnago „erklärt" alles

Parteisekretär Atz nannte das Auftauchen dieser bislang sorgsam geheimgehaltenen Briefe empört einen *„Versuch, Magnagos Glaubwürdigkeit zu erschüttern und die Kampagne gegen das ‚Paket' neu zu beleben."* Der Wiener „Kurier" sah die Sache freilich etwas anders. Arnold Klima schrieb unter dem Titel „Entweder – oder": *„Soll die angesichts der großen und neuen Aufgabe für die Südtiroler Politiker so notwendige Versöhnung in der SVP aber voll gelingen, muß noch eine Affäre bereinigt werden, in deren Mittelpunkt Parteiobmann Dr. Magnago selbst steht. Er hatte sich in der entscheidenden Phase der letzten Landesversammlung darauf berufen, daß seine zum Teil kühnen Auslegungen des ‚Paket'-Textes vom italienischen Ministerpräsidenten schriftlich gebilligt worden seien. Der Briefwechsel Rumor-Magnago wurde inzwischen unter der Hand veröffentlicht, und er zeigte, daß sich der italienische Regierungschef – im Gegensatz zur Behauptung Magnagos – alle Ergänzungen und Auslegungsformeln zum ‚Paket' ausdrücklich verbeten hatte. In der Resolution des SVP-Ausschusses verwahrte man sich Montag gegen diese ‚Verleumdung' des Parteiobmanns; gleichzeitig wurde bekannt, daß man genau untersuchen wolle, wer die vertraulichen Dokumente der Öffentlichkeit zugänglich gemacht habe. Er soll vor ein Schiedsgericht der Partei gestellt werden. Darin liegt ein grotesker Widerspruch: Entweder war es eine Verleumdung Dr. Magnagos mit Hilfe gefälschter Briefe gewesen. In diesem Fall erübrigt sich eine Untersuchung des ‚Vertrauensbruches'. Oder es wurden die echten Schreiben veröffentlicht. In diesem Fall war es nicht Verleumdung, sondern Wahrheit, daß Dr. Magnago vor den vielen hundert Delegierten unrichtige Behauptungen aufgestellt hatte. Was stimmt?"* („Kurier", 28. 1. 1970.)

Am 24. Januar 1970 nahm Magnago lang und gewunden in den „Dolomiten" Stellung, wobei er alles „erklärte":

„Wer den Inhalt der Briefe genau und aufmerksam durchgelesen hat, dem wird nicht entgangen sein, daß Ministerpräsident Rumor darauf bestanden hat, daß dem Text des ‚Paketes' keine Ergänzungen oder Änderungen hinzugefügt werden können, aber mit keinem Wort steht in dem Briefwechsel, daß es nicht gestattet sei, Auslegungsformeln (Fußnoten) zu einigen Formulierungen des Textes selbst zu geben. Ich setze voraus, daß die italienische Fassung des ‚Paketes' aus dem Text besteht und daß das ‚Paket', über das die Landesversammlung der Südtiroler Volkspartei abgestimmt hat, die Übersetzung dieses Textes ist, wobei in unserem ‚Paket' zu einigen Formulierungen desselben in Form von Fußnoten Auslegungen gegeben worden sind. Ministerpräsident Rumor hat sich in dem besagten Briefwechsel nur dagegen verwahrt, daß der Text des ‚Paketes' geändert wird, aber niemals, daß diesem Text oder einem Teil davon eine Auslegung gegeben wird. Also keine ‚aggiunte (Ergänzungen) o modifiche (Änderungen) al testo (zum Text)'. Die Auslegungsformeln hingegen werden im Brief Rumors nicht mit ‚aggiunte o modifiche' bezeichnet, sondern richtigerweise mit ‚interpretazioni' und

zu diesen Auslegungen (interpretazioni) sagt Rumor, daß einige Teile derselben ‚als selbstverständlich zu betrachten sind und andere nicht korrekt formuliert erscheinen'. Das bedeutet somit, daß ein Teil der Fußnoten angenommen ist, während der andere Teil auch angenommen ist, jedoch einer Präzisierung bedarf, weil die Formulierung nicht genau ist und somit zu verschiedenen Auslegungen Anlaß geben könnte. Mit keinem Wort erklärt Ministerpräsident Rumor, daß auch nur eine der Auslegungsformeln nicht akzeptiert ist, wie es die Südtirol Interpress hingegen für alle haben möchte. Also geht schon aus dem Schriftverkehr allein das Gegenteil von dem hervor, was die Südtirol-Interpress behauptet. Aber nicht genug damit: Wenn die Südtirol-Interpress schon meinen Brief vom 7. November 1969 an Rumor veröffentlicht (dabei ist ihr ein Übersetzungsfehler unterlaufen, denn es soll nicht ‚verbindliche Texte', sondern ‚Gesetzestexte' in der vorletzten Zeile heißen), dann hätte sie auch bei der Wiedergabe dieses Briefes das am Ende desselben befindliche Wort ‚eine Beilage' nicht auslassen dürfen. Das ist sicher absichtlich geschehen, weil dies wiederum nicht ins Konzept der Südtirol-Interpress passen konnte. In dieser Beilage wurde an Rumor der Text aller unserer Auslegungsformeln (Fußnoten) und Bemerkungen (deren gibt es zwei im SVP-‚Paket') angeführt. Die Antwort Rumors lautete hiezu, wie schon oben erwähnt, daß einige der in der Beilage angeführten Auslegungsformeln als selbstverständlich betrachtet werden und andere nicht exakt oder korrekt (ganz gleich, wie man es übersetzen will) formuliert erscheinen. In diesem Zusammenhang wurden mir von der römischen Regierung die Präzisierungen (die sicher auch der Südtirol-Interpress bekannt sind) über jene Fassungen der Fußnoten gegeben, die nicht als korrekt formuliert erscheinen. Diese Präzisierungen betreffen aber nicht einmal ein Viertel der Fußnoten, d. h. daß über drei Viertel (und diese sind die wichtigsten) ohne Kommentar angenommen wurden, während der Rest einer Präzisierung bedurfte. Diese Präzisierungen hat die Parteileitung zur Kenntnis genommen und festgestellt, daß sie die Substanz der betreffenden Fußnoten erhalten. In anderen Worten sind die gesamten Fußnoten genehmigt." Sodann kam Magnago auf die Vorwürfe von „Südtirol-Interpress" in bezug auf den im „Paket" vorgesehenen Schutz der *„örtlichen sprachlichen Minderheiten"* zu sprechen. In den Durchführungsbestimmungen, vertröstete Magnago, werde klargestellt werden, daß es sich – laut „Fußnote" – um die deutsche und ladinische Volksgruppe handle. Damit kündigte Magnago bereits an, daß der Inhalt der „Fußnote" nicht zur Aufnahme in den Text des Autonomiestatuts durchgesetzt werden konnte. Nur wenige Fachleute verstanden die Subtilität dieser Ausführungen. Mit seiner gewundenen Suada konnte Magnago gerade noch juristisch nicht gebildete kleine Parteimitglieder täuschen. International war seine Blamage fertig: von dem Märchen der rechtlich verbindlichen „Fußnoten", auf die man sich berufen konnte, war nichts übrig geblieben als blauer Dunst. Rom hatte keine „Fußnoten" „angenommen" und erkannte nichts an, was über den amtlichen „Paket"-Text hinausging.

Die Jagd nach der undichten Stelle

Der Offenbarungseid wird abgelegt: Magnago und die SVP stimmen bedenklichem Autonomiestatut zu

Am 26. Januar 1970 war der Parteiausschuß – wie immer – mit allem, was Magnago tat und sagte, sehr zufrieden und bedauerte *„die Verleumdungen, die von Südtirol-Interpress gegen den Parteiobmann der SVP gerichtet worden sind, und weist sie mit aller Entschiedenheit zurück."* Gleichzeitig wurde angekündigt, daß der Parteiausschuß versuchen werde, die „Schuldigen" zu finden, die den Magnago-Briefverkehr der Öffentlichkeit zugänglich gemacht hatten. Ihnen drohe ein Parteiverfahren. Magnago hatte bereits in seiner Rechtfertigungsschrift in den „Dolomiten" am 24. Januar darüber berichtet, wie sorgsam er diese Dokumente geheimgehalten hatte (warum eigentlich?): *„Der Briefwechsel Rumor – Magnago, zusammen mit den von der Südtirol-Interpress nicht erwähnten Unterlagen, wurde von mir dann Herrn Kammerabgeordneten Dr. Riz und Herrn Assessor Dr. Benedikter übergeben, damit sie in ihrer Eigenschaft als Mitglieder des Neuner-Komitees davon Gebrauch machen können. Bekanntlich muß das Neuner-Komitee die Formulierung für das neue Verfassungsgesetz und für die ordentlichen Gesetze zur Durchführung des ‚Paketes' der Regierung vorschlagen. Auf Wunsch der anderen Parteileitungsmitglieder wurden denselben vor mir immer unter dem Siegel der*

Vertraulichkeit alle Akten in Photokopie übergeben, wobei auf jedem Dokument noch mit Stempel das Wort ‚vertraulich' angebracht war. Mich interessiert es hier nicht, wer die Pflicht, das Amtsgeheimnis zu wahren, gebrochen hat – ich möchte aber feststellen, daß die, welche die besagten Dokumente der Südtirol-Interpress in die Hände gespielt haben, in jeder Hinsicht unkorrekt gehandelt und damit bewiesen haben, daß es für sie in der Politik keine Anständigkeit und Moral gibt." Mit dem letzten Satz hatte Magnago offenbar die von ihm namentlich angeführten Herren verdächtigt. Darüber hinaus muß die Anklage wegen mangelnder politischer Moral als heiteres Detail am Rande vermerkt werden. Dann befaßte sich der 60köpfige Parteiausschuß mit dem von der Neuner-Kommission erstellten Entwurf zum neuen Autonomiestatut für die Region Trentino-Südtirol. Dieser Entwurf bezeichnete in Artikel 4 den Schutz der „örtlichen sprachlichen Minderheiten" als *„nationales Interesse"*, mit welchem die Gesetze der Region und der Provinz Bozen übereinstimmen müßten. Die Regierung konnte Landesgesetze zurückweisen, wenn diese gegen dieses *„nationale Interesse"* verstießen. Die Magnago-„Fußnote" zum „Paket"-Text, wonach darunter die deutsche und ladinische Volksgruppe verstanden werden müßten, war unberücksichtigt geblieben, da sie keine Rechtsverbindlichkeit für Italien hatte. Fast einstimmig nahm der Magnago ergebene Parteiausschuß eine diesem Text zustimmende Resolution an. Damit hatte die SVP ihre Zustimmung zu einer Klausel gegeben, die eines Tages in eine Schutzbestimmung für die *„örtliche sprachliche Minderheit"* der Italiener in Südtirol umgedreht werden kann. Für die Annahme dieses Textes hatte sich insbesondere Magnago ausgesprochen. Ihm war gar keine andere Wahl geblieben. Jeder Streit mit den Italienern in diesem Punkt hätte die Offenlegung der mangelnden Rechtsverbindlichkeit der „Fußnoten" bewirkt. Nur durch Zustimmung entging Magnago dieser Peinlichkeit. Der Ausschuß sprach die Erwartung aus, daß nun auch das italienische Parlament zustimmen werde, was auch geschah. Nach der Ausschußsitzung stellte sich Magnago den Journalisten. Auf die Frage, ob auch Assessor Benedikter der Resolution zugestimmt habe, antwortete Magnago, er glaube schon, habe aber nicht genau hingeschaut. In der Debatte hätten sich *„verschiedene Schattierungen bei der Bewertung des Verfassungsentwurfes"* gezeigt, doch insgesamt könne man sagen, daß das Urteil positiv ausgefallen sei. Magnago teilte außerdem mit, daß der Ausschuß die von der Parteileitung vorgeschlagenen Richtlinien für Koalitionsverhandlungen auf Regionalebene gebilligt habe. Senator Brugger, Exponent der Opposition gegen Magnago, kam resigniert aus der Ausschußsitzung. Zu dem „Fußnotenstreit" befragt, erklärte er nur kurz, daß von einer echten Autorisierung Roms nicht gesprochen werden könne.

Magnagos Sieg: Einbindung Südtirols in die christlich-soziale Politik und in den italienischen Staat

Magnago hatte auf der ganzen Linie gesiegt. Das Autonomiestatut beinhaltete aber nun auch zweideutige Bestimmungen, die gegen die Südtiroler angewandt werden konnten – ein ständiges Druckmittel des Staates, um Wohlverhalten nahezulegen. Die regionale Gemeinschaft mit Trient, wenngleich ausgehöhlt, war erhalten geblieben, und bald sollte die SVP wieder in Koalition mit der DC stehen. Der Rest ist kurz erzählt: 1971 wurde der Magnago-Gegner Kammerabgeordneter Hans Dietl aus der SVP ausgeschlossen. Er war nicht bereit gewesen, in der römischen Kammer für das Autonomie-Statut zu stimmen. Bald war der „Fußnoten"-Streit, dessen Bedeutung ohnedies nur einige Fachleute begriffen hatten, wieder vergessen.

Kirchlicher Einfluß auf die Politik

Das vor der Öffentlichkeit jahrelang verborgen gebliebene Ausmaß der kirchlichen politischen Einflußnahme kam in der Freude des gelungenen „Paket"-Abschlusses zum Vorschein, als kirchliche Würdenträger sich vor der Presse offener zu äußern begannen. Am 10. Dezember schrieben die „Salzburger Nachrichten": *„Im übrigen wurde gestern durch eine Kathpress-Meldung bekannt, daß sowohl Papst Paul VI. als auch der Wiener Erzbischof Kardinal Franz König sich diskret zugunsten einer Einigung zwischen Italien und Österreich eingeschaltet hatten. Anläßlich einer Pfarrvisitation in Wien-Hietzing bemerkte Kardinal König, die Kirche versuche immer wieder, ihre Friedensaufgabe wahrzunehmen. So habe sie sich auch mit* *aller Diskretion in die Bemühungen um die Lösung der Südtirol-Frage eingeschaltet, um auch hier ihren Beitrag zum internationalen Frieden zu leisten. Der Papst selbst habe hier als Friedensstifter gewirkt. In den letzten Jahren hätten sehr konkrete Gespräche zwischen dem vor kurzem verstorbenen Patriarchen von Venedig, Kardinal Urban, Bischof Gargitter von Bozen-Brixen und ihm selbst, Kardinal König, stattgefunden. Diese hätten dazu beigetragen, auch von Südtiroler Seite manche Hindernisse für eine friedliche Lösung zu beseitigen."* Die „Beseitigung von Hindernissen" von Südtiroler Seite für eine „friedliche Lösung" kann nur so aufgefaßt werden, als daß der kirchliche Einfluß dazu benutzt worden ist, auf gläubige Südtiroler Mandatare und Delegierte Einfluß auszuüben, die Bedenken zurückzustellen und dem „Paket" die Zustimmung zu geben. Die Rolle des Kardinals König kann zwar nur vermutet werden, sein Einfluß aber erstreckte sich wohl auf österreichische Regierungsmitglieder und Nordtiroler Politiker.

Der Bischof als „Orientierungshilfe" für Politiker

Die „Wiener Kirchenzeitung" vom 11. Januar 1970 drückte den ausgeübten politischen Einfluß des Bischofs von Bozen – Brixen klar aus: *„Auch hätten sich jene, die an einer Lösung aus christlicher Sicht bemüht gewesen seien, an grundsätzlichen Äußerungen des Bischofs orientieren können."*

Das Lob des Nuntius

Beim Neujahrsempfang des Jahres 1970 durch Bundespräsident Jonas in den Räumen der Wiener Hofburg konnte der Doyen des diplomatischen Corps, der Apostolische Nuntius Rossi, den „Paket"-Abschluß freudig loben – ein Kapitel besonderer Geheimdiplomatie und Einflußnahme war zum Abschluß gebracht.

23. November 1969

Dietl: Österreich gibt Schutzmachtrolle auf

Die Wiener „Presse" veröffentlichte ein Interview mit dem Südtiroler Abg. Hans Dietl, in dem dieser erklärte: *„Ich bin bereit, Kompromisse zu schließen, aber ein Kompromiß muß tragbar sein. Dieser ist es nicht, denn die österreichische Regierung entläßt sich selbst aus der Rolle einer Schutzmacht Südtirols."*

Benedikter: Keine weiteren Forderungen mehr möglich

Über die Haltung des Assessors Benedikter berichtet der „Presse"-Berichterstatter: *„Die Mängel im ‚Paket' hätte man hinnehmen können, wenn nicht die im ‚Operationskalender' vorgesehene Streitbeendigungserklärung Österreichs seiner Ansicht nach den Weg zur Erfüllung der liegengebliebenen Wünsche versperrte und die Vertretung neuer Notwendigkeiten durch Österreich unmöglich machte. In der Streitbeilegungserklärung, deren genauer Wortlaut aus diplomatischer Rücksicht geheimgehalten wird, fänden sich nämlich zwei Fallstricke. Einmal werden, laut Benedikter, alle Differenzen dieser Streitphase als beigelegt erklärt, weshalb also die unerfüllten Forderungen unter den Tisch fielen. (Dietl zeigte zwei Stunden vor diesem Gespräch unter den Kaffeehaustisch und sagte: ‚Da liegen sie.') Zum anderen habe sich die österreichische Seite durch die Formulierung, die Maßnahmen dienten dem friedlichen Zusammenleben der Volksgruppen in Südtirol, den italienischen Rechtsstandpunkt zu eigen gemacht, wonach die ‚Paket'-Erfüllung als inneritalienische Maßnahme zu betrachten sei."*

25. November 1969

Italienisches Regierungskommissariat beunruhigt

Magnago gegen Aufhebung des Fraktionszwanges im Österreichischen Nationalrat

Wie die Deutsche Presseagentur (DPA) meldete, hatte die Meldung der „Tiroler Tageszeitung" vom Vortag, wonach die ÖVP erwäge, im Nationalrat ohne Klubzwang über das „Paket" abstimmen zu lassen, *„eine gewisse Alarmstimmung"* in Bozen ausgelöst. *„Wenn das der Fall ist, dann wird's gefährlich"*, äußerte laut DPA Dr. Magnago. Die Aufhebung des Fraktionszwanges beschwöre *„die Gefahr"* herauf, daß mehrere ÖVP-Abgeordnete gegen „Paket" und „Operationskalender" stimmen und damit ein Nein der österreichischen Volksvertretung herbeiführen würden. Er, Magnago, nehme jedoch an, daß die ÖVP-Regierung das „Paket" dem

Parlament aber nur vorlegen werde, wenn eine Mehrheit gesichert sei. Wie die „Salzburger Nachrichten" (am 26. 11. 1969) meldeten, zeigte auch das Vizekommissariat der italienischen Regierungsbehörde „ernste Besorgnis", der ÖVP-Parlamentsklub versicherte jedoch den „Salzburger Nachrichten" auf Anfrage, daß *„an einer geschlossenen Abstimmung der Volkspartei in dieser Frage nicht zu zweifeln"* sei.

„Paket" ist Verzicht auf Südtirol

Ermacora: Nur italienischer „Paket"-Text gültig

In einem Vortrag an der Wiener Universität über die juristischen Aspekte im gegenwärtigen Stand der Südtirolfrage erklärte der Südtirolexperte Prof. Dr. Ermacora, daß allein der italienische „Paket"-Text gültig sei (und nicht der deutsche Text mit den Magnago-„Fußnoten", der der Landesversammlung der SVP zur Abstimmung vorgelegen hatte).

Es ist fraglich, ob Österreich verantwortlich gehandelt hat

Die „Presse" in Wien schrieb: *„Es ist fraglich, ob die österreichische Regierung bei tatsächlicher Kenntnis aller aus dem ‚Paket' und dem ‚Operationskalender' entstehenden Probleme verantwortlich gehandelt hat, erklärte Universitätsprofessor Ermacora Dienstag anläßlich einer Veranstaltung des Forschungsinstituts für den Donauraum. Österreich verzichtet mit dem Ja trotz aller Vorbehalte der Rechtsstandpunkte auf alle Ziele, die der Südtirolpolitik kraft nicht widerrufener Beschlüsse aus dem Jahre 1919 und 1946 vorgegeben waren. Wie Ermacora meinte, werde der Radius der österreichischen Außenpolitik in der Südtirolfrage so erheblich beschränkt sein, daß ihr Erfolg allein vom guten Willen des italienischen Partners abhänge, sein Regierungsprogramm – denn nichts weiter sei ja das ‚Paket' – wirksam werden zu lassen."* Die von Ermacora erwähnten Beschlüsse bekräftigten den Anspruch Österreichs auf Südtirol.

Letzter „Pfunderer", Alois Ebner, begnadigt

Der letzte der noch in Haft befindlichen „Pfunderer Buam", Alois Ebner, wurde durch den italienischen Staatspräsident begnadigt und kehrte nach 13 Jahren Gefängnis in seine Heimat zurück.

<u>29. November 1969</u>

Gewissensfreiheit für ÖVP-Abgeordnete „zu gefährlich"

Der „Kurier" (Wien) meldete: *„Im Abgeordnetenklub der Volkspartei hat man die einen Tag lang diskutierte Idee, die Abstimmung über die Südtirollösung freizugeben, inzwischen wieder als ‚zu gefährlich' verworfen."*

<u>30. November 1969</u>

Italien übergibt Österreich offiziellen „Paket"-Text – „Operationskalender" läuft an „Paket" unter Dach und Fach – Italien hebt EWG-Veto auf

Außenminister Dr. Waldheim und Außenminister Moro trafen einander in Kopenhagen, um das definitive Anlaufen des „Operationskalenders" und den Text der österreichischen Schlußerklärung (siehe 25. Juli 1969) verbindlich zu vereinbaren. Hierbei wurde der österreichischen Delegation der offizielle Text des „Paketes" – ohne Magnago-Fußnoten – in demütigender Form übergeben: Die Italiener ließen die Papiere auf einem Tischchen beim Weggehen liegen, so als hätten sie sie vergessen. Die Österreicher nahmen dann die Texte an sich. Durch diese Vorgangsweise wollten die Italiener eine formelle und offizielle Übergabe vermeiden, die als italienische Anerkennung einer Parteistellung Österreichs in der Südtirolfrage hätte ausgelegt werden können. Moro bezeichnete die von Magnago in den SVP-„Paket"-Text eingebrachten „Fußnoten" als Erläuterungen, die sich die SVP selbst zum besseren Verständnis des „Paket"-Textes erstellt habe. Die Substanz und die Bedeutung des „Paket"-Textes seien dadurch nicht betroffen. Moro sagte den Österreichern zu, daß Italien sein Veto gegen eine Assoziierung Österreichs mit der EWG aufheben werde. Es wurde vereinbart, daß seitens der österreichischen Regierung eine öffentliche Erklärung abgegeben werde, in der Österreich den „Terror" verdamme. Italien werde dies zum Anlaß nehmen, das EWG-Veto aufzuheben. Diese Augenauswischerei diente dazu, vor der Öffentlichkeit zu verschleiern, daß das EWG-Veto in Wahrheit dazu gedient hatte, Österreich zu Wohlverhalten in der „Paket"-Frage zu bewegen. Nach dem Treffen gab Waldheim der Presse gegenüber bekannt, es gebe jetzt *„nur noch einen ‚Paket'-Text"*, ohne die Journalisten jedoch darüber aufzuklären, daß damit der amtliche italienische Text ohne die Magnago-„Fußnoten" gemeint war. Eine gleichlautende, die Öffentlichkeit irreführende Erklärung gab Bundeskanzler Dr. Klaus vor dem ÖVP-Parlamentsklub ab. (Siehe auch 22. November 1969.)

1. Dezember 1969
Täuschung der Öffentlichkeit
Bestellte Anfrage – vereinbarte Antwort: Aufhebung des EWG-Vetos
Wie am 30. November zwischen Außenminister Dr. Waldheim und dem italienischen Außenminister Aldo Moro in Kopenhagen vereinbart worden war, gab die österreichische Seite eine Proformaerklärung vor der Öffentlichkeit ab, in welcher die Gewaltanwendung in Südtirol durch die Freiheitskämpfer verurteilt und die Versicherung ausgesprochen wurde, die österreichischen Behörden würden dagegen vorgehen. *„In Beantwortung einer offenbar bestellten Anfrage von ÖVP-Abgeordneten betreffend den Standpunkt der Bundesregierung zu vergangenen Terrorakten in Südtirol"* (so die „Salzburger Nachrichten" vom 3. 12. 1969), erklärte Bundeskanzler Dr. Klaus unter anderem: *„Ich möchte betonen, daß die österreichische Bundesregierung und die österreichische Bevölkerung den aufrichtigen Wunsch haben, mit allen Ländern, vor allem mit den Nachbarstaaten, in Frieden und Freundschaft zu leben. In früheren Jahren wurden von unverantwortlicher Seite Gewaltakte im Zusammenhang mit dem Problem Südtirol gesetzt, die zu unserem tiefsten Bedauern Menschenleben gekostet und Sachschäden verursacht haben. Mit allem Nachdruck wiederhole ich, daß wir die Anwendung von Gewalt als Mittel zur Durchsetzung politischer Ziele verurteilen."* Die Abgabe dieser Erklärung war deshalb vereinbart worden, damit die italienische Regierung nun einen offiziellen Anlaß hatte, ihr Veto gegen die österreichische EWG-Assoziierung nach erfolgtem „Paket"-Abschluß zurückzunehmen, ohne von ihrer offiziellen Version abgehen zu müssen, daß dieses Veto lediglich von der österreichischen Haltung in der Frage der „Terror"-Bekämpfung abgehangen habe. Tatsächlich nahm die italienische Regierung diese Erklärung sowie *„die Tatsache zurückgegangener terroristischer Aktivitäten"* nun zum offiziellen Anlaß, den italienischen Vertreter auf dem bevorstehenden Ministertreffen der EWG anzuweisen, die im Juni 1967 erhobene Einwendung Italiens gegen eine Assoziierung Österreichs zurückzuziehen. (Siehe: 8. 12. 1969.)

2. Dezember 1969
IGH-Vertrag in Wien paraphiert: Nun IGH für „Pariser Vertrag" zuständig
In Wien wurde der IGH-Vertrag zwischen Österreich und Italien paraphiert, mit dem auch Streitigkeiten über die Auslegung von Verträgen, die vor dem Inkrafttreten des „Europäischen Übereinkommens zur friedlichen Beilegung von Streitigkeiten" vom 29. April 1957 geschlossen worden waren, der Jurisdiktion des Internationalen Gerichtshofes in Den Haag (IGH) unterstellt wurden. Mit der Paraphierung dieses Vertrages wurde der erste Punkt des „Operationskalenders" erfüllt.

3. Dezember 1969
Regierungserklärung Rumors: Italiens unverletzliche Grenze nun außer Diskussion!
Ministerpräsident Rumor gab in Kammer und Senat seine Regierungserklärung zur Südtirolfrage ab und erreichte einen zustimmenden Beschluß beider Kammern. Er übergab dem römischen Parlament das „Paket" als Annex zu seiner Regierungserklärung. Rumor gab einen detaillierten Bericht über die 137 „Paket"-Punkte und über den „Operationskalender". Er betonte den italienischen Rechtsstandpunkt und erklärte, daß Italien den „Pariser Vertrag"

bereits erfüllt habe, die von der Regierung beschlossenen Maßnahmen hätten autonomen Charakter. Es werde somit kein neues Abkommen geschlossen, um die „Paket"-Maßnahmen völkerrechtlich verpflichtend zu machen. Zu den Auswirkungen des „Pakets" führte Rumor aus: *„Die unverletzliche Natur unserer Grenzen ist außerhalb der Diskussion. Für denjenigen, der auf der These der Selbstbestimmung besteht, wiederholen wir, daß unsere Grenze der Brenner ist, geheiligt durch das Opfer von 600.000 Leben und durch die feierliche Anerkennung durch internationale Verträge. Die vorgeschlagenen Maßnahmen sind ein Ausdruck italienischer Souveränität und werden heimischen und unabhängigen Charakter haben."* Hinsichtlich des Zeitplanes der Autonomiedurchführung erklärte Rumor, daß die Verabschiedung der notwendigen Durchführungsbestimmungen innerhalb von zwei Jahren nach Erlassung des Autonomiestatutes mittels Verfassungsgesetzes erfolgen solle. In Wahrheit sollte dieser Prozeß unter endlosem Gefeilsche dann 20 Jahre dauern.

8. Dezember 1969
Der Lohn für das „Paket": EWG-Assoziierung
Während der Sitzung des Ministerrates der EWG-Länder, in der über den Eintritt Großbritanniens, Irlands, Norwegens und Dänemarks diskutiert wurde, wurde von italienischer Seite der früher angemeldete „Vorbehalt" gegen den von der österreichischen Regierung ausgesprochenen Wunsch nach Beginn von Verhandlungen über den Abschluß eines Präferenzabkommens mit der EWG zurückgenommen. Dies kündigte der Unterstaatssekretär im italienischen Außenministerium, Pedini, in einer Rede an. Pedini erklärte, Italien sei *„froh"*, daß das *„Phänomen des Terrorismus"* langsam verschwinde, und nehme diesbezüglich die entschiedene Verurteilung der Terrortätigkeit seitens der Wiener Regierung zur Kenntnis, die am 1. Dezember von Bundeskanzler Klaus neuerdings ausgesprochen worden sei. Italien *„freue sich"* überdies über die günstige Entwicklung der Beziehungen zwischen beiden Ländern in der letzten Zeit.

9. Dezember 1969
Saragat: „Paket" stärkt „Einheit des Vaterlandes in seinen unverletzlichen Grenzen"
Die „Salzburger Nachrichten" melden: *„Anläßlich der Annahme der Regierungserklärung zur Südtirolpolitik, die auch im Senat am späten Freitagabend mit großer Mehrheit erfolgte, hat Staatspräsident Giuseppe Saragat am Wochenende an Regierungschef Mariano Rumor eine Botschaft gerichtet, in der es unter anderem heißt: ‚Wir alle vertrauen darauf, daß unter den verschiedenen Sprachgruppen in unserer Grenzprovinz eine friedliche Atmosphäre hergestellt und eine Verständigung erreicht wird, weil sie die Einheit des Vaterlandes in seinen unverletzlichen Grenzen stärkt . . .' Ministerpräsident Rumor wies in einem Fernsehinterview darauf hin, daß die Verständigung mit Wien erreicht werden konnte, ohne daß es notwendig geworden war, nach dem Abkommen Gruber-De Gasperi noch andere Verträge abzuschließen."*

SVP beschließt Rückkehr in die Regionalregierung
Unter Berücksichtigung der erfolgten „Paket"-Lösung beschloß der Parteiausschuß der SVP, die Rückkehr von SVP-Vertretern in die Regionalregierung wieder in die Wege zu leiten.

Seltsame Geheimdienstmethoden
Ein Bozner Schwurgericht sprach nach zwei Tagen Verhandlungsdauer den aus der Meraner Gegend stammenden und in München ansässigen Arnold Thurner von der Anklage, einer *„Terroristenorganisation unter der Leitung von Dr. Norbert Burger"* anzugehören, frei. Thurner hatte in München mit Dr. Burger während dessen Aufenthalt in der bayrischen Landeshauptstadt viel verkehrt. In Abwesenheit waren neben Thurner auch Josef Höller aus Gargazon und Gerhard Puttan aus München angeklagt gewesen. Sie wurden ebenfalls mangels an Beweisen freigesprochen. Thurner, für den die Staatsanwaltschaft zehn Jahre Kerker beantragt hatte, war den italienischen Behörden schon 1965 aufgefallen, als er zusammen mit Puttan in Mün-

chen Flugzettel verteilt hatte, auf denen *„Freiheit und Gerechtigkeit für Südtirol“* gestanden hatte. Auch diesen Punkt lastete der Staatsanwalt Dr. Marchesiello dem Angeklagten Thurner in der Hauptverhandlung an. Verteidiger Dr. Gamper wunderte sich über die vielen *„Zufälle“*, die zur Rückkehr Thurners nach Südtirol und schließlich zu seiner Festnahme geführt hatten. So sei Thurner *„zufällig“* mit einem Mitglied des deutschen Geheimdienstes zusammen gewesen. *„Zufällig“* habe er den italienischen Polizeispitzel Helmut Kröss kennengelernt, der ihn dann nach Südtirol in die Hände der Carabinieri gelockt habe. *„Zufällig“* sei er dann mit dem in München lebenden Südtiroler Johann Zipperle zusammengetroffen, den Thurner angeblich zur Begehung von Straftaten aufgefordert habe und der in der Folge Thurner belastete. Der Staatsanwalt habe Zipperle als *„so überaus vertrauenswürdig“* bezeichnet. Er, Gamper, könne sich schon denken, in wessen Auftrag sich der Zipperle an Thurner herangemacht habe. Gamper hatte nur eine Erklärung für das Schicksal Thurners, der bis zur Verhandlung zehn Monate in Untersuchungshaft hatte verbringen müssen: Man habe gehofft, von ihm Einzelheiten über die Tätigkeit Dr. Burgers und dessen Freundeskreis in München zu erfahren. Deshalb sei Thurner mit Geheimdienstmethoden nach Südtirol in eine Falle gelockt worden. Der Freispruch erfolgte aus Mangel an Beweisen.

Mehrere italienische Spitzel waren auf Thurner angesetzt

Südtiroler Historiker: Auch Puttan war italienischer Agent

Der Südtiroler Historiker Christoph Franceschini konnte anhand italienischer Geheimdienstakten zahlreiche Geheimdienstaktionen aufklären. Er berichtete über den Fall Puttan: *„Ein anderer Spitzel, der den italienischen Geheimdienst zwischen 1965 und 1986 kontinuierlich mit Informationen versorgte, operierte unter dem Decknamen ‚Hartmuth‘. Er kann jetzt anhand der Akten enttarnt werden: ‚Hartmuth‘ ist Gerhard Puttan. Puttan, 1937 in Cilli/Slowenien geboren, machte sich Mitte der sechziger Jahre an den BAS heran. Schon damals im Dienste des Sifar. In einem Monico-Schreiben vom Dezember 1964 (Protokoll 17164) heißt es: ‚Beiliegend ein Bericht eines Spitzels im Versuchsstadium, dem der Deckname Hartmuth gegeben wurde.‘ Der in München wohnhafte Chauffeur Gerhard Puttan war in den sechzigerer und siebziger Jahren auf Klotz und Norbert Burger angesetzt. In den achtziger Jahren lieferte er vor allem Nachrichten über den Südtiroler Heimatbund. Dafür war Puttan besonders geeignet. Ende der siebziger Jahre wurde der ‚Andreas Hofer-Bund‘ (AHB) gegründet. Der Verein versteht sich als das politische Sprachrohr des Südtiroler Heimatbundes in Deutschland. Als Schriftführer des AHB fungierte bis 1985 Gerhard Puttan. Somit war der Sifar nicht nur bestens über die Interna des Heimatbundes informiert, sondern Puttan besuchte auch immer wieder Heimatbund-Funktionäre in Südtirol und lieferte über sie Berichte an den Sifar. Letztes Opfer seiner Bespitzelung war der Schennaer Heimatbund-Funktionär Paul Pichler. Über ihn liefert ‚Hartmuth‘ am 12. Juni 1985 seinen letzten Bericht an den Sifar. Wenig später verschwindet Gerhard Puttan plötzlich spurlos aus München. Selbst seine Frau weiß bis heute nicht wohin.“* (Franceschini, Christoph: „Die Spitzen der Spitzel“, in: „Südtirol-Profil“ Nr. 4/93.)

14. Dezember 1969

„Gentlemen's-Agreement“ ohne Sicherheiten

Univ. Prof. Dr. Felix Ermacora, Südtirolexperte und langjähriger Teilnehmer österreichischer Verhandlungsdelegationen in der Südtirolfrage, nannte im Österreichischen Rundfunk in der „Frage der Woche“ die ausgehandelte „Paket“-Lösung mit dem „Operationskalender“ ein „Gentlemen's-Agreement ohne Sicherheiten“.

„Paket“ ist Garantieschein für weitere Herrschaft Italiens

Der Bergisel-Bund Tirol richtete in einem „offenen Brief“ an die elf Nationalratsabgeordneten des Bundeslandes Tirol sowie an alle österreichischen Parlamentarier den *„beschwörenden Appell“*, wenigstens jetzt, bei der Behandlung der Regierungserklärung am 15. Dezember, schwerste Versäumnisse der Vergangenheit wettzumachen und von der Plattform des österreichischen Parlaments aus den italienischen „Paket“-Vorschlag als das zu demaskieren, was er wirklich ist: *„Der Garantieschein für die weitere Herrschaft Italiens in Südtirol, verpackt in eine Bonbonniere dritter Klasse."*

15. Dezember 1969

Regierungserklärung des österreichischen Bundeskanzlers: Österreichischer Rechtsstandpunkt betont

Zu Beginn der Nationalratssitzung lag den Abgeordneten das „Paket" in Form einer deutschen Übersetzung jenes Dokuments vor, welches an die italienischen Abgeordneten in Rom verteilt worden war und das den italienischen Maßnahmenkatalog sowie den „Operationskalender" enthielt. (Text des „Operationskalenders" und der österreichischen „Schlußerklärung": siehe 25. Juli 1969!) In Durchführung des Punktes 4 des „Operationskalenders" gab dann Bundeskanzler Dr. Klaus vor dem österreichischen Nationalrat die Regierungserklärung zum „Paket" ab. Hierbei betonte Klaus den österreichischen Rechtsstandpunkt, der dem italienischen wesentlich widersprach. Die österreichische Bundesregierung stimme der Auffassung Italiens, daß der Pariser Vertrag ein Instrument für die Schaffung und Förderung eines friedlichen Zusammenlebens unter der gesamten Bevölkerung sei, nicht zu. Der Sinn und Zweck des Pariser Abkommens von 1946 sei der dauerhafte Schutz der ethnischen und kulturellen Entwicklung der deutschsprachigen Südtiroler, die italienischen Maßnahmen seien Akte der Erfüllung des Pariser Abkommens, die Verwirklichung des „Paketes" falle in den Bereich der Verpflichtungen, die Italien durch das Gruber-De Gasperi-Abkommen übernommen habe. Zu dem weiteren „procedere" gab der Kanzler bekannt: Binnen 45 Tagen würde die italienische Regierung den Entwurf des Verfassungsgesetzes für die erweiterte Subautonomie der Provinz Bozen einbringen und innerhalb eines Jahres die Entwürfe der notwendigen einfachen Gesetze. Im beschleunigten Verfahren würden dieselben dann behandelt werden. Binnen zwei Jahren ab Veröffentlichung des Verfassungsgesetzes wolle die italienische Regierung dann die notwendigen Durchführungsbestimmungen erlassen.

„Streitbeilegungserklärung"

Sobald die angekündigten italienischen Maßnahmen einschließlich der Durchführungsbestimmungen des Verfassungsgesetzes erfolgt seien, werde die österreichische Bundesregierung die Erklärung abgeben, daß *„sie die zwischen Österreich und Italien bestehende Streitigkeit, welche Gegenstand der erwähnten Resolution der Generalversammlung der Vereinten Nationen war, als beendet betrachtet."* (Text der Schlußerklärung: siehe 25. Juli 1969!) Österreich habe mit Italien einen Vertrag verhandelt, welcher das „Pariser Abkommen" dem Internationalen Gerichtshof in Den Haag unterwerfe. Da Italien voraussichtlich vier Jahre zur Durchführung der beabsichtigten Maßnahmen benötige, werde Österreich davon absehen, das Südtirolproblem in dieser Zeit vor internationale Instanzen zu tragen.

Dr. Scrinzi erhebt schwere Vorwürfe

Für die Freiheitliche Partei Österreichs (FPÖ) ergriff der aus Südtirol stammende Abg. Dr. Otto Scrinzi das Wort: *„Herr Präsident! Meine Damen und Herren! Am Beginn der Tragödie Südtirol steht ein in einem geheimdiplomatischen Verfahren erarbeiteter Treue- und Vertragsbruch. Am Beginn dieser dank des Vorgehens der ÖVP von vornherein zu einer Minidebatte gestempelten Auseinandersetzung über eine Frage, die gewiß Herzensangelegenheit aller Österreicher ist, stehen eine ganze Reihe von Wortbrüchen, welche wir der ÖVP-Regierung und der Regierungspartei anzulasten haben. Es darf nicht übersehen werden, daß wir heute hier im Hause über eine Sache zu reden haben, die im Alleingang von der ÖVP-Regierung längst abgeschlossen wurde. Wenn der Abgeordnete Fiedler gemeint hat, das, was die ÖVP-Regierung und die Regierungspartei heute hier zu vollenden beabsichtigen, sei die logische Konsequenz einer langjährigen Entwicklung, so kann ich dazu nur sagen: Das bedeutet, daß ein über 50 Jahre gehendes Bemühen, daß zahlreiche feierliche Erklärungen dieses Hauses, des Tiroler Landtages, daß einstimmige Beschlüsse der österreichischen Volksvertretung auch in der Zweiten Republik mit einem Handstreich vom Tisch gewischt werden und wir total vor dem italienischen Standpunkt kapitulieren."*

Selbstbestimmung wäre nicht aussichtslos

Die FPÖ werde der *„endgültigen Kapitulation und Bankrotterklärung der österreichischen Südtirolpolitik"* nicht ihren Arm und ihre Stimme leihen. Zur Selbstbestimmungsfrage sagte der Abg. Dr. Scrinzi: *„Ich bin aber darüber hinaus in der Frage der Selbstbestimmung doch der Meinung, daß die Forderung nach Selbstbestimmung keineswegs so aussichtslos ist, wie man uns immer wieder in den vergangenen Jahren klarzumachen versucht hat. Ich darf vor allem erinnern, daß noch 1946, wenige Monate, ja wenige Wochen vor dem Gruber-De Gasperi-Abkommen – und wir können Ihnen das aus den Dokumenten, welche das amerikanische Außenamt veröffentlicht hat, belegen – die Amerikaner der Auffassung waren, daß zwar nach der damaligen Situation die Rückgliederung Südtirols, wie sie von diesem Hohen Haus ja auch in einer feierlichen Erklärung gefordert wurde, nicht möglich sei, daß es aber durchaus überlegenswert und möglich wäre, den Weg der Selbstbestimmung zu beschreiten. Aber wir haben in diesen Monaten vergeblich auf die laute und unüberhörbare Forderung nach Selbstbestimmung gewartet. Präsentiert wurde uns ein Abkommen, das sich in keiner Weise als geeignet erwiesen hat, selbst das wenige, das es zu bringen versprochen hat, zu verwirklichen. Ich sage noch einmal: Wenn es etwas gibt, was uns in dieser traurigen Stunde nicht ganz hoffnungslos macht, so ist es die Überzeugung, daß es nach dem Scheitern dieses Versuches nur mehr zwei Alternativen gibt: die eine ist die Europäisierung des Streitfalles und die europäische Lösung, und die andere ist die Verwirklichung des Selbstbestimmungsrechtes."*

Keine Absicherung des „Paketes" gegeben

Vernichtend fiel das Urteil Dr. Scrinzis über den „Operationskalender" aus: *„Was bislang vorliegt, ist eine unverbindliche Verwendungszusage der Italiener. Natürlich, wir können die Streitbeendigungserklärung als Druckmittel sozusagen bis an den St. Nimmerleinstag pendent halten und sagen: Das ist also unsere Sache, wir können eben die Italiener wieder vor die UNO bringen! Auch das trifft nicht mehr zu. Daß wir uns mit dem IGH-Vertrag diesen Weg sowohl zur UNO als auch zu den europäischen Instanzen wenn nicht unmöglich gemacht, so doch unerhört erschwert haben, ist für jeden Kundigen außer Frage; außer für jene, deren Aufgabe es ist, hier als Lakaien der ÖVP-Alleinregierung spät, im letzten Augenblick, fünf Minuten vor zwölf bei ihrem sonst wenig glückhaften Operieren noch einen großen außenpolitischen Scheinerfolg ins Haus zu liefern . . . Haben wir Grund, Italien zu vertrauen? Meine Damen und Herren! Worauf gründet sich Vertrauen? Im Leben und in der Politik als einem Teil des Lebens doch offensichtlich darauf, daß man Treue, daß man Standfestigkeit, daß man Worthalten erfahren hat. Kann man das gegenüber den Repräsentanten des italienischen Volkes, mit denen wir es in den letzten 50 Jahren zu tun hatten, behaupten?"*

Das „Paket" wird scheitern

Abschließend sagte Dr. Scrinzi: *„Wenn wir diesen Tag nicht zum Volkstrauertag machen müssen, so nur aus einem Grunde, für den Sie wirklich nichts können. Dies deswegen, weil wir überzeugt sind, daß dieses Vorhaben sehr bald an seiner inneren Unzulänglichkeit, an seiner völlig unrealistischen Einschätzung der inneritalienischen Wirklichkeit scheitern wird, und daß damit, wenngleich auf Umwegen und mit manchen Opfern, die erbracht werden müssen, eines Tages eine echte, eine europäische Lösung kommt."*

Kreisky: Selbstbestimmung wäre beste Lösung!

In der anschließenden Parlamentsdebatte sprach der Vorsitzende der Sozialistischen Partei Österreichs, Dr. Bruno Kreisky: *„Die beste Lösung, die es für eine Minderheit in einer gegebenen geographischen Situation geben kann, ist ohne Zweifel die Gewährung des Selbstbestimmungsrechtes. Ich sage dies nicht nur hier im österreichischen Nationalrat, sondern ich habe dies auch schon in aller Deutlichkeit seinerzeit dem italienischen Außenminister Segni bei der ersten österreichisch-italienischen Außenministerkonferenz in Mailand im Jänner 1961 gesagt. Aber, meine Damen und Herren, wir haben uns an die politische Realität zu halten: weder der Osten noch der Westen wünschen irgendwelche Grenzveränderungen in Europa. Weder der Osten noch der Westen sind daher bereit, solche Forderungen zu tolerieren, die innerhalb ihrer Ingerenz zu Grenzveränderungen führen könnten."* Deshalb müsse man sich derzeit mit der Forderung nach Selbstverwaltung begnügen. Ziel der SPÖ sei immer die Selbstverwaltung in einer eigenen Region Südtirol gewesen. *„Die nun vorliegende Regelung ist von dieser Forderung weit entfernt. Und dennoch: Das sogenannte ‚Paket' enthält ohne Zweifel eine Fülle von Selbstverwaltungsmöglichkeiten – wenn es eingehalten wird! Wenn es nicht restriktiv, sondern – und dies wäre ein Gebot politischer Klugheit – extensiv interpretiert wird. Der Standpunkt der SPÖ war immer: Die Südtiroler sollen das letzte Wort haben in der Entscheidung darüber, was für sie noch an Selbstverwaltungszusagen akzeptabel ist. Wir akzeptieren daher – wenn auch nicht ohne Vorbehalte – die Entscheidung der Parteiinstanzen der Südtiroler Volkspartei. Wenngleich diese Entscheidung knapp war, wird sie dennoch von uns zur Kenntnis genommen, gilt auch für uns das ‚Paket' als im wesentlichen approbiert. Wir werden hier keine Lizitationspolitik betreiben, wir werden nicht mehr verlangen, als die Südtiroler selbst glauben, verlangen zu müssen."*

„Operationskalender" ist keine Sicherheit

Dr. Kreisky fuhr fort: *„Ganz anders ist die Situation dann, wenn es sich um die Absicherung jener Zusagen handelt, die in diesem ‚Paket' gegeben werden: Hier hat Österreich die ganze Verantwortung zu tragen, und es wäre nur gut, wenn sich auch die Bundesregierung dieser Verantwortung im vollsten Ausmaße bewußt wäre. Der ‚Operationskalender' – um es gleich deutlich, jeden Zweifel ausschließend, festzustellen – stellt nach Auffassung der Sozialistischen Partei keine brauchbare Verankerung dar: weder international noch bilateral. Es ist in Wirklichkeit nur ein Kalender, und wenn die italienischen Behörden bei der Erfüllung der Zusagen, die das ‚Paket' enthält, wie immer in der Vergangenheit säumig werden, ist die Befürchtung berechtigt, daß auf Grund dieses ‚Operationskalenders' echte Lösungen ad calendas graecas verschoben werden."*

Die entscheidende Schwäche der „Lösung"

Pariser Vertrag: Armseliges Dokument österreichischer Schwäche

stellte nach Meinung Kreiskys die Tatsache dar, daß es keine zwischenstaatliche Vereinbarung in Schriftform darüber gebe, was denn nun eigentlich Gegenstand von mehr als 10 Jahren Verhandlungen gewesen war. *„Es ist irreführend, wenn der Eindruck erweckt werden sollte, daß wir schließlich und endlich einem Vertrag zustimmen sollten, der den Inhalt des ‚Paketes' legalisiert. Das ist nicht richtig. Durch den Punkt 1 des ‚Operationskalenders' geschieht etwas ganz anderes. Er bezieht sich auf den Pariser Vertrag, dieses in Wirklichkeit armselige Dokument österreichischer Schwäche – zum Teil begründet in der echten Schwäche unserer Republik in dieser Zeit, zum Teil auch begründet in der Hast, in der die damals Verantwortlichen glaubten, diesem Vertrag zustimmen zu müssen –, so daß nur dieses Abkommen dem Internationalen Gerichtshof unterworfen wird. Mit diesem Punkt 1 im ‚Operationskalender', meine Herren in der Bundesregierung, erfüllen Sie in Wirklichkeit einen alten und sehnlichen Wunsch der italienischen Regierung. Und das wird noch ernstere Folgen nach sich ziehen. Ich stelle noch einmal ausdrücklich fest, daß es zwischen den beiden Regierungen, der österreichischen und der italienischen, keinerlei schriftliche Vereinbarung über jene Fragen gibt, die nun Gegenstand von mehr als zehnjährigen Verhandlungen waren. Ohne Zweifel: ein sehr bemerkenswerter Umstand. Ohne Zweifel: die ernste Schwäche der Lösung, von der die Regierung am heutigen Tag den Nationalrat informiert."*

Abg. Horejs (SPÖ): Mehrheit der Südtiroler gegen „Paket"

Der Abg. Horejs wies in seiner Wortmeldung darauf hin, daß auf der Landesversammlung der Südtiroler Volkspartei die Ablehner des „Paketes" fast so stark gewesen seien wie die Befürworter. Rechne man nun noch die Anhänger der Sozialen Fortschrittspartei, die bei den letzten Wahlen 3,6 Prozent der Stimmen erhalten und sich ebenfalls gegen das „Paket" ausgesprochen hatte, dazu, so müsse man feststellen, daß das „Paket" keine Mehrheit in der Südtiroler Bevölkerung habe.

16. Dezember 1969

Bergisel-Bund-Obmann Kranebitter folgt der ÖVP-Parteidisziplin

In Fortsetzung der Debatte vom Vortag erklärte der Osttiroler ÖVP-Abgeordnete Kranebitter, Obmann des „Bergisel-Bundes" und der „Union für Südtirol" – von Verbänden, die sich zum

Selbstbestimmungsrecht bekannten –, daß er dem „Paket" samt „Operationskalender" seine Zustimmung geben werde, da er *„als Demokrat"* die gefallene Entscheidung der Südtiroler *„respektieren"* müsse. Der Südtiroler Abg. Hans Dietl schrieb dazu in den „Südtiroler Nachrichten": *„Wie zu erwarten, hat auch der ÖVP-Nationalrat Kranebitter, der sich in seiner Rede vor dem Nationalrat als Präsident des Bergisel-Bundes und als Vater der Union für Südtirol auswies, der von seiner Partei vorgelegten Südtirolregelung zugestimmt. Er hat es sich freilich nicht besonders schwer gemacht: Er berief sich auf das Ja der 52,9 Prozent der SVP-Landesversammlung und auf das mit vielen und schwerwiegenden Vorbehalten ausgesprochene Ja der SVP-Parlamentarier in Rom und leitete daraus seine demokratische Pflicht zum Ja im Nationalrat ab. Was wäre aber geschehen, wenn die Landesversammlung Nein gesagt hätte? Dann hätte Nationalrat Kranebitter, laut seinen Worten, ein Volksbegehren für die Ausrufung des Selbstbestimmungsrechtes – daran habe er, nach seinen Worten, tausende Stunden schon gearbeitet – eingeleitet! Mit dem hauchdünnen Ja der SVP-Landesversammlung wurde er jedoch dieser Mühen enthoben. Dieses hauchdünne Ja bot ihm den Anlaß, dieser Südtirolregelung zuzustimmen; einer Regelung, die vom Bergisel-Bund, dem Nationalrat Kranebitter als Präsident vorsteht, und von der Union für Südtirol, für die Nationalrat Kranebitter die Vaterschaft in Anspruch nimmt, mit aller Entschiedenheit abgelehnt wurde. In seinem Ja zu dieser Südtirolregelung sah er noch mehr: er beschwor daraus die Vision herauf von der Rückkehr Südtirols ins österreichische Vaterland. Ein etwas zu starker Tabak! Natürlich hat die Demokratie ihre Spielregeln, an die man sich als Demokrat zu halten hat. Es gehört aber gleichfalls zu den demokratischen Spielregeln, daß man zum gegebenen Zeitpunkt Unvereinbares nicht als vereinbar erklärt."*

Abg. Gratz: „Paket" nicht einklagbar!

Für die SPÖ verwies der Abg. Gratz noch darauf, daß das „Paket" nicht vor dem IGH einklagbar sei, sondern nur der „Pariser Vertrag", der *„mit seinen vagen Formulierungen"* für die Judikatur des IGH nicht geeignet sei.

Die Abstimmung

Mit 83 gegen 79 Stimmen stimmte der österreichische Nationalrat für die österreichische Regierungserklärung und beauftragte die Regierung damit, im Sinne des „Operationskalenders" fortzufahren. Geschlossen hatten die ÖVP-Abgeordneten – auch die aus Nordtirol und Osttirol – dafür gestimmt. Geschlossen waren SPÖ und FPÖ dagegen gewesen. Damit war Punkt 4 des „Operationskalenders" vollzogen.

Italienisches Presseecho: Österreich anerkennt die Brennergrenze

„Das günstige Votum des Nationalrats über das ‚Paket' und den ‚Operationskalender' stellt effektiv eine grundlegende Wende in der Haltung Wiens zur Südtirolfrage dar", kommentierte der Mailänder „Corriere della Sera" das Abstimmungsergebnis im Wiener Parlament. *„Man kann sagen, daß bis gestern auf dem Parlament der Zweiten Republik die mythische und feierliche Erklärung des Parlaments der Ersten Republik vom Jahre 1919 lastete, mit der die Nachkommen verpflichtet wurden, die Brennergrenze niemals anzuerkennen. Die Annahme des ‚Pakets' bricht mit einer nunmehr fünfzigjährigen Tradition und eröffnet neue, ohne weiteres positive Perspektiven hinsichtlich der Entwicklung der Beziehungen zwischen Italien und Österreich."*

Einsetzung der „Neuner-Kommission"

Durch Dekret des Präsidenten des Ministerrates wurde die „Kommission zur Vorbereitung der Maßnahmen für Südtirol" eingesetzt. In der Kommission waren vertreten: Dr. Roland Riz, Dr. Alfons Benedikter (beide SVP), Silvio Nicolodi (PSI), Dr. Bruno Kessler (DC), Attilio Tanas (PSU) und vier Vertreter aus zwei italienischen Ministerien. Damit wurde Punkt 5 des „Operationskalenders" durchgeführt.

29. Dezember 1969

Erster „Fußnoten"-Krach

Auf einer Sitzung der SVP-Parteileitung kam es zu einer Debatte über die Arbeiten des vorbereitenden Komitees für die Maßnahmen für Südtirol (Neuner-Komitee), in dem die SVP durch Dr. Riz und Dr. Benedikter vertreten war. In dieser Sitzung wurden besonders die Standpunkte der beiden Vertreter in der Sitzung des Neuner-Komitees vom 23. d. M. behandelt. Die Frage, wie und wo die Bestimmung einzufügen sei, daß der Schutz der lokalen sprachlichen Minderheiten ein nationales Interesse darstelle, mit den lokalen sprachlichen Minderheiten jedoch nur die deutsche und die ladinische Volksgruppe und nicht die Italiener gemeint seien, stand im Mittelpunkt. Dr. Benedikter trat für eine eindeutige Formulierung im Text des Autonomiestatutes ein. Dr. Riz, ein Vertreter der Magnago-Linie, trat dafür ein, daß diese „Präzisierung" später in eine Durchführungsbestimmung der Regierung eingebaut werden sollte. Die Mehrheit der Parteileitung schloß sich dem von Dr. Riz vertretenen Standpunkt an. Riz hatte natürlich gewußt, daß man sich in dieser Frage nicht auf die angeblich „autorisierte" Magnago-Fußnote im „Paket" hätte berufen können, da sich Rom nicht an Magnagos private „Fußnoten" gebunden fühlte.

QUELLEN UND LITERATUR ZUR CHRONOLOGISCHEN DOKUMENTATION

Als Grundlage für den Aufbau der chronologischen Dokumentation diente die tägliche Berichterstattung der Bozener Tageszeitung „Dolomiten". Berichte, die aus dieser Quelle stammen, sind zumeist nicht besonders gekennzeichnet. Ergänzend wurde noch die Berichterstattung österreichischer, deutscher und italienischer Zeitungen und Zeitschriften herangezogen, die hier im Quellenverzeichnis nicht alle einzeln angeführt sind. Dort, wo es sinnvoll schien, wurden diese Quellen im Text angegeben.
Hervorzuheben sind auch folgende Publikationen, die aus reichem Quellenmaterial schöpften und die insbesondere das verdeckte Geschehen im Bereich der italienischen Geheimdienste an das Tageslicht gezogen haben:

Baumgartner, Elisabeth / Mayr, Hans / Mumelter, Gerhard: „Feuernacht. Südtirols Bombenjahre. Ein zeitgeschichtliches Lesebuch", Bozen 1992.
Bertoldi, Lionello: „Bozza di relazione su ‚terrorismo in Alto Adige'", Senato della Repubblica, Rom 1992 („Entwurf eines Berichtes über den ‚Terrorismus in Südtirol'"). Es handelt sich um einen Bericht des Senators Bertoldi (PDS) über die Untersuchungsergebnisse der „Parlamentarischen Untersuchungskommission über den Terrorismus in Italien" und über die Gründe der Verhinderung der Aufdeckung der für die Blutbäder Verantwortlichen. Die Kommission untersuchte die Rolle der Geheimdienste und die Verwicklung militärischer und neofaschistischer Kreise in die „Politik der Spannung", welche mit provokatorischen Anschlägen, die zahlreiche Todesopfer verursachten, betrieben wurde. Der Bericht Bertoldis behandelt ausschließlich das Geschehen in Südtirol. Er wurde im April 1992 von der Kommission als offizieller Bericht genehmigt.
Boato, Marco: „Relazione prelimininare su episodi relativi all'attivita di corpi militari, di polizia o di sicurezza dello stato in connessione con le vicende del terrorismo in Alto Adige, Südtirol" („Vorläufiger Bericht über Ereignisse in bezug auf die Aktivität von militärischen, polizeilichen und Sicherheitseinheiten in Verbindung mit den Geschehnissen des Terrorismus in Südtirol"). Der ebenfalls von der Untersuchungskommission genehmigte Bericht des Senators Boato („Die Grünen") kommt weitgehend zu denselben Ergebnissen wie der Bericht des Senators Bertoldi und weist gesetzwidriges Verhalten und die Verstrickung der Geheimdienste in nie geahndete Verbrechen nach. Beide Berichte, der des Senators Bertoldi wie der des Senators Boato, beziehen sich auf beschlagnahmte Akten der Geheimdienste und auf Ermittlungsergebnisse der Justiz; sie schöpfen somit aus Quellen, die der Öffentlichkeit bislang verborgen waren.
Lojacono, Vittorio: „Alto Adige, Südtirol. Dal pangermanismo al terrorismo", Mailand 1968 („Alto Adige, Südtirol. Vom Pangermanismus zum Terrorismus"). Lojacono hatte gute Beziehungen zu den italienischen Geheimdiensten und bekam von ihnen zahlreiche Informationen, darunter auch gezielte Desinformationen, die er im Sinne der Dienste publizierte.
De Lutiis, Giuseppe: „Storia dei servizi segreti in Italia", Rom 1985 („Geschichte der Geheimdienste in Italien"). Der Autor schildert vor allem auch die Verstrickung der Dienste in die Machenschaften der Loge P 2, des neofaschistischen provokativen Terrors und der verschiedenen Staatsstreichversuche. Am Rande wird auch das Geschehen in Südtirol behandelt.
Aus Berichten von Zeitzeugen sowie aus 2.000 Seiten ihm vorliegenden Geheimdienstdokumenten schöpfte der Südtiroler Historiker *Christoph Franceschini*, der zahlreiche Enthüllungen vorgenommen hat, die vorher niemand für möglich gehalten hätte. Seine für die Erschließung der neueren Zeitgeschichte Tirols herausragend wichtigen und in der Chronik berücksichtigten Berichte sind:
„Der Aluminiumduce bei Kreisky", in: „FF Südtiroler Illustrierte", Nr. 14/1991
„Unsere Waffe ist der Sprengstoff und die Nacht", in: „FF Südtiroler Illustrierte", Nr. 24 bis 29/1991
„Im Auftrag des italienischen Staates", in: „Südtirol-Profil", Nr. 3/1993
„Die Mata Hari des Polizeichefs", in: „Südtirol-Profil", Nr. 4/1993
„Das ganze Magazin nachgeschossen", in: „Südtirol-Profil", Nr. 3/1993
„Die Spitzen der Spitzel", in: „Südtirol-Profil", Nr. 4/1993
„Der gestiefelte Kater", in: „Südtirol-Profil" Nr. 30/1993
„Die Welle der Sprengstoffanschläge in Südtirol", in: Pelinka / Maislinger (Hrsg.): „Handbuch zur neueren Geschichte Tirols", Band 2, Zeitgeschichte, Innsbruck 1993, S. 467ff)
In den parlamentarischen Untersuchungsberichten und in den Dokumenten, die Franceschini offenlegt, enthüllt sich eine düstere Unterwelt, in der die Gesetze der zivilisierten Welt und des Staates nicht mehr gelten. Bemerkenswert sind die zu Tage getretenen Methoden der Polizei und der Justiz. Diese waren um die Vertuschung der Folterungen und der Verbrechen der Geheimdienste bemüht, die von Anstiftung zum Verbrechen über Unterschiebung von Belastungsmaterial bis hin zum Mord reichten. Fest verschloß insbesonders die Bozener Justiz

ihre Augen vor den entsetzlichen Folterungen, denen die politischen Südtiroler Häftlinge in den sechziger Jahren unterworfen waren. Dies konnte ungestraft durchgehen, weil die Südtiroler Volkspartei (SVP) und die österreichische Bundesregierung sich in dieser Frage während laufender „Paket"-Verhandlungen einer leisen Sprache befleißigten. Die ehemaligen Häftlinge waren stets und sind heute noch der Meinung, daß ihre Leiden als Münze in einem politischen Geschäft eingesetzt wurden.
So haben sie nach den von ihnen verübten Protestanschlägen ein zweites Mal dazu beigetragen, daß Südtirol seine heutige Teilautonomie erhielt. Gedankt haben ihnen die Politiker jahrelang nur hinter vorgehaltener Hand und im geheimen. Erst relativ spät hat es die SVP überhaupt gewagt, öffentlich zu erklären, daß die Freiheitskämpfer einen wesentlichen Beitrag zur Erringung der Autonomie geleistet haben.
Wesentliche Beiträge lieferten die Berichte der Teilnehmer des Geschehens, die zum Teil als Gedächtnisprotokolle, als Gesprächsnotizen und in einigen Fällen in Buchform vorliegen:
Burger, Norbert: „Südtirol wohin. Ein politisches Problem unserer Zeit – und seine Lösung". 3. Aufl., Leoni 1969
Kienesberger, Peter und Euler, Alois: „Sie nannten uns Terroristen", Wien 1971
Schafferer, Karl und Euler, Alois: „Südtirol, erlebt, erlitten", Wien 1975

Weitere wesentliche Quellen und Literatur:

Alcock, Antony, Evelyn: „Geschichte der Südtirolfrage. Südtirol seit dem Paket 1970-1980", Wien 1982
Archiv David, München
Archiv Univ.-Prof. Dr. med. Hartung, Innsbruck
Archiv der Kameradschaft der ehemaligen Südtiroler Freiheitskämpfer, Nürnberg (Archiv Kienesberger)
Burger, Norbert: „Die Selbstverwaltung der Ålands-Inseln", Schriftenreihe des Mondseer Arbeitskreises, Bd. Nr. 4, Mondsee
De Lutiis, Giuseppe: „Storia di servizi segreti in Italia", Rom 1984
„Der Tiroler", Zeitschrift, Nürnberg
Drechsler, Robert H.: „Georg Klotz. Der Schicksalsweg des Südtiroler Schützenmajors 1919-1976", Wien 1976
Drechsler, Robert H. (Hrsg.): „Der Mailänder Südtirolprozeß", Wien 1964
Drechsler, Robert H. (Hrsg.): „Der Zweite Mailänder Südtirolprozeß (12. Jänner bis 20. April 1966)", Innsbruck
Drechsler, Robert H. (Hrsg.): „Der Bericht der 19er-Kommission", Südtirol-Dokumentation 12/1965
Ermacora, Felix: „Südtirol und das Vaterland Österreich", Wien 1984
Ermacora, Felix: „Südtirol. Die verhinderte Selbstbestimmung", Wien – München 1991
Euler, Alois: „Michael Gamper. Hirte und Herold von Südtirol", Wien 1976
Fontana, Josef – Haider, Peter W. – Leitner, Walter – Mühlberger, Georg – Palme, Rudolf – Parteli, Othmar – Riedmann, Josef: „Geschichte des Landes Tirol", Band 4/I (Othmar Parteli: Südtirol 1918-1970)
„Freiheit für Südtirol", Zeitschrift, Wien, Jahrgänge 1961-1970
Gschnitzer, Franz: „Tirol. Geschichtliche Einheit", Wien 1960
Gschnitzer, Franz: „Mißhandelte Ortsnamen in Südtirol", Schriftenreihe des Vereines „Muttersprache", Heft 6, Wien 1959
Gschnitzer, Franz: „Die Frage Südtirol", Sonderdruck aus den „Österreichischen Monatsheften", 1957
Huter, Franz: „Südtirol – eine Frage des europäischen Gewissens", Wien 1965
Klüber, Franz: „Moraltheologische und rechtliche Beurteilung aktiven Widerstandes im Kampf um Südtirol", Schriftenreihe des Mondseer Arbeitskreises, Bd. 2, Mondsee
Klüber, Franz: „Der Freiheitskampf Südtirols" (Vortrag vor der CSU in München im Sommer 1964), Südtirol-Dokumentation 8/1964, Wien
Mergen, Armand: „Der Pfunderer Prozeß", Bergisel-Bund-Schrift, Innsbruck 1958
Mumelter, Norbert: „Die Selbstbehauptung der Südtiroler", Eckartschrift Nr. 73, Wien 1980
Neuner, Herbert (Hrsg.): „Drama Südtirol. Italien auf der Anklagebank im Mailänder Prozeß", Innsbruck 1964
N.N.: „SVP Südtiroler Volkspartei 40, 1945-1985", Hrsg.: SVP, Bozen 1985
N.N: „Der große Grazer Südtirolprozeß vor Schöffen und Geschworenen", Südtirol – Berichte und Dokumente, Schriftenreihe des Bergisel-Bundes, Innsbruck, Folge 2-3/1965
N.N.: „Der Linzer Südtirolprozeß 1967", Schriftenreihe „Freiheit für Südtirol", Wien 1967
Peterlini, Hans, Karl: „Bomben aus zweiter Hand. Zwischen Gladio und Stasi: Südtirols mißbrauchter Terrorismus", Bozen 1992
Pfaundler, Wolfgang (Hrsg.): „Südtirol. Versprechen und Wirklichkeit", Wien 1960
Punt, Kassian – Moroder, Virgil: „Italien in Südtirol", München 1959
Rainer, Peter Paul (Hrsg.): „. . . grüß mir die Heimat, die ich mehr als mein Leben geliebt. 1964-1994. Zum 30. Todestag von Sepp Kerschbaumer und Luis Amplatz", Eppan 1994
Ritschel, Karl Heinz: „Südtirol. Ein europäisches Unrecht", Graz – Wien – Köln 1959
Ritschel, Karl Heinz: „Diplomatie um Südtirol", Stuttgart 1966
Scrinzi, Otto: „Südtirol – ein zweites Elsaß?", Eckartschrift, Wien 1994
„SID Südtirol Information Dokumentation", Innsbruck
Siegler, Heinrich: „Das Problem Südtirol", Wien – Zürich 1960

Springenschmid, Karl: „Der Jörg. Aus dem Leben des Südtiroler Freiheitskämpfers Georg Klotz", Pr. Oldendorf 1980
Stadlmayer, Viktoria: „Die Südtirolpolitik Österreichs seit dem Abschluß des Pariser Abkommens", in: Huter, F. (Hrsg.): „Südtirol, Eine Frage des europäischen Gewissens", Wien 1965, S. 474 ff
Stadlmayer, Viktoria: „40 Jahre Pariser Abkommen über Südtirol", in: „Der Donauraum", 1986, S. 111 ff
Stadlmayer, Viktoria: „Südtirols Weg", in: Huter, Franz, a.a.O., S. 587ff
„Südtirol in Wort und Bild", Quartalsschrift, Innsbruck 1959-1970 (mit der Beilage „Es geschah in Südtirol")
Stenographische Protokolle des Deutschen Bundestages
Stenographische Protokolle des Österreichischen Nationalrates
„Südtiroler Nachrichten", Bozen (herausgegeben von Hans Dietl)
„Südtiroler Ruf", Zeitschrift des Bergisel-Bundes
„Südtirol-Press, Südtirol-Informations- und Pressedienst", Wien
Toscano, Mario: „Alto Adige – South Tyrol" (Erstausgabe Bari 1968), Baltimore – London 1975
Volgger, Friedl: „Mit Südtirol am Scheideweg", Innsbruck 1984
Walla, Max (Hrsg.): „Die Schändung der Menschenwürde in Südtirol". Eine Dokumentation über die Folterung der Südtiroler politischen Gefangenen durch italienische Polizei. Schriftenreihe des Mondseer Arbeitskreises, Bd. 3, Mondsee (Nachdruck durch die „Kameradschaft der ehemaligen Südtiroler Freiheitskämpfer", verlegt im Buchdienst Südtirol, Nürnberg. Es handelt sich hier um eine authentische Sammlung von Folterberichten, eidesstattlichen Erklärungen, Zeugenaussagen etc., die der Südtiroler Volkspartei von den gefolterten Häftlingen zugesandt worden war und die der Südtiroler Landtagsabgeordnete Plaikner im Sommer 1961 nach Österreich gebracht hatte. Diese Sammlung wurde noch durch eine Chronologie, Resolutionen, Stellungnahmen, Zeitungsmeldungen und später eingelangte weitere Berichte über schwerste Menschenrechtsverletzungen ergänzt. Es ist *das* Standardwerk zur Frage der Folterungen an Südtirolern und wurde mit Unterstützung der Tiroler Landesregierung herausgegeben).
Widmoser, Eduard: „Autonomie für Südtirol. Der lange Weg", Südtirol-Verlag Innsbruck 1970
Widmoser, Eduard: „Südtirol-Brevier von A bis Z", München – Innsbruck 1966
Widmoser, Eduard: „Südtirol A-Z", München – Innsbruck 1982
Widmoser, Eduard: „Justiz in Südtirol", Innsbruck 1958, Schriftenreihe der „Österreichischen Liga für Menschenrechte", Sektion Tirol
Wolf, Werner: „Südtirol in Österreich", Würzburg 1972

TEIL 4:
VOM „ZWEITEN AUTONOMIESTATUT“ ZUR „STREITBEILEGUNG“

Der sogenannte „Paketabschluß“ darf getrost als zäsurales Ereignis gewertet werden. Dies unter mehrerlei Gesichtspunkten: Er milderte die Spannungen im Verhältnis Italiens zu Österreich ebenso wie zwischen Rom und Bozen, zumal da fortan eine zumindest nach außen projizierte Bereitschaft zum Mit- statt Gegeneinander verzeichnet werden konnte, wenngleich die Grundkonstellation, „sich gegen Rom wehren zu müssen“, fortwirkte. Aufgrund der historisch-politischen Erfahrungen seit Kriegsende und insbesondere infolge der Verschlagenheit und des „Sacro egoismo“ italienischer Nachkriegspolitik(er), welche den Mehrheitssüdtirolern deutscher und ladinischer Zunge äußerst schmerzlich im Bewußtsein verankert war, wurden alle Schritte auf den zu beschreitenden neuen Pfaden mit Argwohn und oft auch angebrachtem Mißtrauen verfolgt.

Zäsuren

Eine Zäsur war die im November 1969 zu Meran getroffene SVP-Mehrheitsentscheidung zu „Paket und Operationskalender“ auch für die Freiheitskämpfer des BAS, soweit sie nicht ohnehin noch ihre Strafen zufolge der in den Mailänder Prozessen 1964 und 1966 ergangenen Urteile absaßen, sondern sich – in der Regel außerhalb des Südtiroler Landesteils – in Freiheit befanden. Anschläge auf italienische Einrichtungen bzw. sonstige destruktive Aktionen brachen mehr oder weniger abrupt ab; vereinzelte Nachahmer-Taten wie etwa die eher dilettantisch ausgeführten Versuche der ominösen Gruppe „Ein Tirol“ waren nicht einmal mehr ein Abklatsch dessen, was die BAS-Kämpfer einst zuwege gebracht hatten, und sind daher nicht wirklich chronikal nennenswert, weil ohne politisch-gesellschaftliches Gewicht. Wenngleich der BAS aufgrund der eingetretenen politischen Entwicklung seiner eigentlichen Wirkkraft verlustig gegangen war, welche ohnedies schon mit der Verhaftung und Aburteilung der „Feuernacht“-Kämpfer und dem Rückzug österreichischer (insbesondere Nordtiroler) Aktivisten vorwiegend auf die Zuschauerrolle bereits nachgelassen hatte, sollte seine politische Fernwirkung, die anfangs unterschätzt worden ist, nicht nur erhalten bleiben, sondern sogar Früchte tragen. So schlossen sich einstige BAS-Aktivisten in der „Vereinigung ehemaliger Südtiroler Freiheitskämpfer e. V.“ zusammen, woraus schließlich der insbesondere von den ehemaligen politischen Häftlingen getragene, nach wie vor aktive Südtiroler Heimatbund (SHB) hervorging.

Für den SHB zog Eva Klotz, Tochter des legendären BAS-Kämpfers und Schützen-Majors Georg Klotz, in der Wahl im Herbst 1983 erstmals als Abgeordnete in den Südtiroler Landtag ein. 1989 gründete der SHB zusammen mit dem Landtagsabgeordneten der Partei der Unabhängigen (PDU), Gerold Meraner, und dem bis dahin SVP-Abgeordneten Alfons Benedikter – ehedem das „Alter Ego“ (1) des Landeshauptmanns Silvius Magnago, insbesondere in den bisweilen fahrigen und zähen Auseinandersetzungen und Verhandlungen über die Ausgestaltung von Autonomie und Selbstverwaltung, wofür er zwischen 1972 und 1988 unzählige Male zwischen Bozen und Rom pendelte – die Union für Südtirol (UfS). Nach einem als Vertrauensbruch verstandenen Verhalten des Vorstandsmitglieds Andreas Pöder verließen Eva Klotz und ihre Getreuen 2007 die UfS und gründeten die Partei Süd-Tiroler Freiheit (STF). Diese blieb ihren Grundsätzen, wozu die Selbstbestimmung ebenso gehört wie das Bekenntnis der Loslösung von Italien und der Wiedervereinigung mit Tirol und Österreich, treu und errang als beständige deutschtiroler Oppositionskraft in der Landtagswahl 2023 vier Abgeordnetensitze. Damit mauserte sie sich zu einem erstmals wirklich ernstzunehmenden Machtfaktor.

Für die SVP selbst hatte die Entscheidung von Meran im November 1969 die Folge, daß sich einige der deklarierten „Paket"-Gegner von der Partei lösten, wie etwa der schon genannte Hans Dietl. Dietl war schon 1967 als Magnagos Stellvertreter im SVP-Vorsitz zurückgetreten, weil er das seiner Meinung nach politisch unzureichende „Paket" ablehnte. Als einziger SVP-Abgeordneter stimmte er 1971 im römischen Parlament gegen dessen verfassungsrechtliche Verankerung, woraufhin man ihn aus der Partei ausschloß. Nach seiner erfolglosen Kandidatur 1972 für den römischen Senat gründete er die Sozialdemokratische Partei Südtirols (SPS), mit der er bei der Landtagswahl 1973 auf Anhieb zwei Mandate erringen konnte. 1975 mußte er sich allerdings aus gesundheitlichen Gründen gänzlich aus der Politik zurückziehen, zwei Jahre später verstarb Dietl.

Andere ehemalige Mitstreiter Magnagos, die sich kritisch zu den Verhandlungsergebnissen geäußert hatten, nahmen hingegen die knappe Mehrheitsentscheidung als Faktum zur Kenntnis, ordneten sich Magnago unter und vertraten die „Paketpolitik" sodann auch nach innen wie nach außen. Ihrer Partei blieben sie treu und dienten ihr und dem Land in unterschiedlichen Funktionen respektive Ämtern: So beispielsweise Peter Brugger, der über mehrere Wahlperioden hinweg dem Senat in Rom und dazwischen von 1972 bis 1976 dem Europäischen Parlament angehörte. So auch Joachim Dalsass, der, um nach der Meraner Entscheidung die Spaltung der Partei zu verhindern, zum stellvertretenden Vorsitzenden gewählt worden war, was er bis 1984 blieb. 1974 übernahm er, widerwillig zwar, aber immerhin, das Amt des Ressortchefs für die Landwirtschaft unter Magnago, von 1978 bis 1979 war er Landtagspräsident und von da an bis 1994 Europaparlamentarier der SVP. Und so nicht zuletzt auch der 1969 noch junge Luis Durnwalder, damals Bürgermeister seiner Heimatgemeinde Pfalzen, seit 1972 Mitglied des Landtags, der sich, nach Jahren als Landwirtschaftslandesrat (Minister), ab 1989 in Nachfolge Magnagos als Landeshauptmann bis 2014 zum erfolgreichen und äußerst machtbewußten Verwalter und Gestalter entwickelte und sich dabei, ohne Parteiobmann zu sein, als SVP-Wahlmagnet erwies.

Wirtschaftliche Entwicklung seit Paket und Statut

Das Zweite Autonomiestatut – ein italienisches Verfassungsgesetz – übertrug die meisten Gesetzgebungs- und Verwaltungsbefugnisse von der Region Trentino-Alto Adige – wie aufgrund von De Gasperis faktisch verfälschendem Zuschnitt im Ersten Statut 1948 verabschiedet und sodann bis zur „Paketlösung" 1969 heftig umfehdet – auf die Autonome Provinz Bozen-Südtirol. Daraus ergaben sich nicht nur erheblich erweiterte Minderheitenschutzrechte, sondern auch wesentliche Verbesserungen hinsichtlich politischer, finanzieller, wirtschaftlicher und kultureller Selbstverwaltung.

Zweifellos hat die wirtschaftliche Entwicklung Südtirols mit Inkrafttreten des Zweiten Statuts eine zuvor so nicht gekannte Dynamik gewonnen. Dazu konnten just auch die wirtschaftlichen Vorteile beitragen, welche der damit erheblich erstarkte grenzüberschreitende Regionalismus erbringt, in den das österreichische Bundesland Tirol, die italienischen Autonomen Provinzen Bozen-Südtirol sowie Trient als die drei Landesteile des „Alten Tirol" eingebunden sind. Die Provinz Bozen-Südtirol profitiert von ihrer geographischen Lage und ist ein wichtiger und vor allem zentraler Verkehrsknotenpunkt zwischen Nord- und Südeuropa. Dies hat dazu beigetragen, die regionale Wirtschaft anzukurbeln und die Handelsbeziehungen zu stärken.

Noch vor 60 Jahren war Südtirol ein vergleichsweise armes Land, mittlerweile liegt es an der Spitze der prosperierenden Provinzen Italiens. Die ökonomische und damit auch die soziale Entwicklung seit 1972 war und ist geprägt von starkem Wachstum und wirtschaftlicher Diversifizierung. Noch in den 1970er Jahren dominierte die Landwirtschaft. Sie ist trotz struktureller Veränderungen nach wie vor von großer Bedeutung, da sie nicht nur zur Ernährungssicherheit beiträgt, sondern auch einen wichtigen Beitrag zur Erhaltung der natürlichen Umwelt und der traditionellen Kultur Südtirols leistet. Es dominieren Obst- und Weinbau groß- wie kleinflächig, vielfach in kleinteiligen Einheiten, d. h. kleinen landwirtschaftlichen Betrieben. Der Schutz der Ressourcen, die Förderung der nachhaltigen Bewirtschaftung, insbesondere im Blick auf die zahlreichen Bergbauernhöfe mit ihrer (hand)arbeitsintensiven Bewirtschaftung, und die Wahrung der regionalen Vielfalt werden durch das Autonomiestatut unterstützt. Ohnedies spielt die traditionelle Berglandwirtschaft eine zentrale Rolle in Südtirol. Die Unterstützung von Familienbetrieben und die Erhaltung von traditionellen Arbeitsweisen und -techniken sind Ziele, um die volkliche Identität und die kulturelle Tirolität zu bewahren. Die Förderung von Hofläden und der Direktvermarktung der Erzeugnisse ermöglicht Bauern die Verbesserung der Produktqualität und den direkten Zugang zum Marktgeschehen. Die Förderung der biologischen Landwirtschaft und die Unterstützung von Umweltmaßnahmen ist insbesondere seit den 1990er Jahren programmatisch vorangetrieben worden.

Arbeiten des Trentiner Wirtschaftshistorikers Andrea Bonoldi ist ein genauerer Einblick in die strukturelle Entwicklung der einzelnen Wirtschaftszweige für die beiden „Alttiroler" Provinzen zu verdanken. So geht aus den statistischen Daten (s. folgende Tabelle) hervor, daß der Anteil der Landwirtschaft an der Gesamtwertschöpfung vergleichsweise bedeutend ist, und daß auf die Industrie in Südtirol 22,2 Prozent des gesamten Mehrwerts entfallen, wobei dieser Anteil nur geringfügig niedriger ausfällt als der gesamtitalienische Durchschnitt. Dabei, so Bonoldi, müsse aber *„berücksichtigt werden, dass das Baugewerbe in Südtirol innerhalb des Industriesektors mit circa 5,6 Prozent eine wichtige Rolle"* spiele und sich *„der Anteil des verarbeitenden Gewerbes, also der Industrie im eigentlichen Sinn, auf 16,6 Prozent"* beschränke. Im Trentino sei dies ähnlich, mit Ausnahme des geringeren Gewichts landwirtschaftlicher Wertschöpfung, das sich in einer größeren Bedeutung des Dienstleistungssektors widerspiegle. (2) Die Südtiroler Landwirtschaft profitiert insbesondere von den Maßnahmen des Entwicklungsprogramms der Provinz für den ländlichen Raum, dessen Mittel im Zeitraum 2014–2020 (362 Millionen EUR) zum überwiegenden Teil zur Subventionierung für Gebiete eingesetzt wurden, in denen unter arbeitstechnischen und umweltspezifischen Einschränkungen gewirtschaftet werden muß. (3)

Struktur der Bruttowertschöpfung 2017 (in %)

	Landwirtschaft	Industrie	Dienstleistungen
Autonome Provinz Bozen	4,8	22,2	73,0
Autonome Provinz Trient	3,3	22,5	74,2

Quelle: Istat, http://dati.istat.it/Index.aspx?QueryId=11479

Handel, Industrie und Dienstleistungssektor nahmen einen enormen Aufschwung. Seit den 1980er Jahren war das insbesondere im Tourismus zu verzeichnen, was zu einem Anstieg der Beschäftigung und des Einkommens führte. Zugleich steigerten massive Investitionen in die gastronomische Infrastruktur, wie zum Beispiel in Hotels, Wanderwege, Skigebiete und Wellness-Einrichtungen, die Attraktivität, was die Zahl touristischer Nächtigungen und infolgedessen die strukturelle Ausweitung des Beherbungsgewerbes rapide zu steigern vermochte und Gäste aus aller Welt anzog. Innerhalb des Alpenraumes zeichnet sich Südtirol durch besondere Attraktivität aus: Die Anzahl der Übernachtungen pro Einwohner betrug 60,1 in Südtirol gegenüber 7,2 im alpinen Durchschnitt. Im Zeitraum 2010–2016 verzeichnete die Provinz Bozen eine durchschnittliche Steigerung um 4,9 Prozent. Seit Beginn des Jahrzehnts war der Tourismus eine der dynamischsten Branchen des Dienstleistungssektors.

Die seit den 1990er Jahren vorangeschrittene wirtschaftliche Diversifizierung stärkte die Bedeutung von Industrie und Handwerk. Südtirol entwickelte sich zu einem Standort mit merklichem Wachstumspotential für Unternehmen des Maschinenbaus, der Elektrik und Elektronik sowie der Veredelung landwirtschaftlicher Erzeugnisse und Nahrungsmittel. Die

Wachstumsraten zeigten Jahr für Jahr nach oben. Erst 2018 schwächte sich der Zuwachs in der Industrie ab, da sie weniger stark von der Auslandsnachfrage gestützt wurde. Dennoch war laut Handelskammer Bozen der Saldo zwischen Unternehmen, die eine Umsatzsteigerung meldeten, und jenen, die einen Umsatzrückgang angaben, mit fast 20 Prozentpunkten positiv. Die Südtiroler Industrieexporte werden vornehmlich vom Absatz in die deutschsprachigen Länder, insbesondere nach Deutschland, gespeist. Die höchsten Wachstumsraten wurden in Spezialbranchen wie Transportmittel, Maschinen und Geräte erzielt.

Betrachtet man die Bevölkerung im Alter zwischen 15 und 64 Jahren, so liegt die Beschäftigungsquote in Südtirol bei 73,5 Prozent. Im Vergleich zum Trentino (68,2) und zu Gesamtitalien (58,5) ist das ein Spitzenwert. Ähnliches gilt für die Arbeitsproduktivität. In der Provinz Trient entsprechen die Gemeinden mit der höchsten Produktivität den größeren Stadtgebieten, die sich nicht nur durch wissensintensive Dienstleistungen, sondern auch durch große touristische Attraktivität auszeichnen. In der Provinz Bozen-Südtirol hingegen sind die Gemeinden mit hoher Produktivität mehr und gleichmäßiger im Landesgebiet verteilt, es sind sowohl die Städte Bozen und Meran, als auch mittlere und kleinere Ortschaften dabei. Fast zwei Drittel der Südtiroler Gemeinden weisen eine Arbeitsproduktivität über dem gesamtitalienischen Durchschnitt auf. Statistische Daten des italienischen Statistikamts ISTAT (Istituto nazionale di statistica) zeigen für die Jahre 2014–2017 einen weit über dem Durchschnitt Italiens liegenden Südtiroler Wirtschaftsleistungsstand. (4)

Zu den Vorzügen der zufolge der Autonomieregelungen von 1972 erheblich ausgebauten Selbstverwaltung des Landes gehört die eigenständige Finanz- und Budgetpolitik. Der gänzlich eigenfinanzierte Haushalt Südtirols belief sich 2023 auf 6,7 Milliarden Euro – bei einer Bevölkerung von 533.000 Menschen auf 7.400 Quadratkilometern Fläche, von der wegen der zentralalpinen Bedingtheiten des Raumes überhaupt nur 15 Prozent bewirtschaftungsfähig sind. Seit dem von Landeshauptmann Luis Durnwalder (Amtszeit 1989–2014) ausgehandelten Mailänder Abkommen (2009), das formell eine wesentliche punktuelle Ausweitung des Autonomiestatuts von 1972 bedeutete, verbleiben 90 Prozent des Steuer- und Abgabenaufkommens in der Provinz, zehn Prozent sind an das italienische Staatsbudget abzuführen. Mit dieser vertraglichen Regelung, welche den vorherigen Zustand – alle in Südtirol eingehobenen Steuern flossen nach Rom und für die jeweiligen Landesaufgaben gemäß Autonomiestatut mußten Jahr für Jahr Verhandlungen über die dafür notwendigen Zuweisungen geführt werden – ablösen und somit für Planungssicherheit sorgen sollte, übernahm das Land einige der gesamtstaatlichen Aufgaben, die somit den stets überforderten und immer wieder mit Verschuldung befrachteten italienischen Staatshaushalt entlasteten.

Indes war der Eingriff Mario Montis – vormals EU-Kommissar, ehedem italienischer Finanzminister und Notenbankchef – als Regierungschef des Übergangs (2011–2013), mittels per Regierungsdekreten verordneten Sparmaßnahmen im Umfang von 30 Milliarden Euro das völlig überschuldete Land aus der notorischen Finanzkrise zu führen, faktisch ein Bruch des ohnedies damals noch der gänzlichen Umsetzung harrenden Mailänder Abkommens und ging daher auch am Südtiroler Landeshaushalt nicht spurlos vorüber. Die größten Einschnitte in die Vertragsvereinbarungen gab es daher in dieser Zeit, weshalb Durnwalder in den letzten Jahren seiner ein Vierteljahrhundert währenden Amtszeit immer wieder mit Forderungen nach Rückkehr zu den autonomiepolitisch verbrieften Zusagen in Rom vorstellig werden mußte, jedoch ohne daß diese Einbußen wirklich ausgeglichen worden wären.

Arno Kompatscher, Durnwalders Nachfolger im Amt des Landeshauptmanns, schloß 2014 ein neues Abkommen mit Rom, das zwar mehr Planungssicherheit gewährleistete, dafür aber auch eine festgelegte Beteiligung Südtirols an der gesamtstaatlichen Verschuldung festschrieb. Gleichwohl änderte sich an den kategorialen autonomievertragsrechtlichen Verhältnissen, die der langwierige Streit um die finanzielle Ausgestaltung des Autonomiestatuts für die Provinz Bozen-Südtirol erbracht hatte, nichts Grundlegendes. Zwischen Brenner und Salurner Klause, zwischen Reschenpaß und Sella-Gebirgsstock in den Dolomiten gehört die Wirtschaftsleistung zur höchsten Italiens, das Pro-Kopf-Einkommen liegt in Südtirol stets zwischen 15 und 20 Prozent über dem Durchschnitt Italiens, und die Arbeitslosenrate war

2023 in Südtirol mit 1,8 Prozent (das entspricht quasi der „Vollbeschäftigung“) weit unter der gesamtstaatlich italienischen, die 7,5 Prozent betrug.

Die regionale Selbstverwaltung führte also zu Wohlstand und Stabilität, beides liegt im Interesse der Staatsnation – in Südtirol also der italienischen Volksgruppe – und der beiden Minderheiten, der altösterreichisch-deutschen sowie der ladinischen. Woraus sich wiederum ableiten läßt, *„dass Staatsverwaltung und regionale Selbstverwaltung keine unvereinbaren Gegensätze sein müssen, sondern sich im Gegenteil sogar befruchten und arbeitsteilig wirken können“*, wie Christoph Pan, ehedem langjähriger Leiter des Südtiroler Volksgruppen-Instituts und einer der führenden europäischen Minderheiten-Fachleute sowie Kenner der wirtschaftlichen und sozialen Verhältnisse des Landes, als Fazit aus einer Reihe von Studien, die er dazu publizierte, festhielt. (5)

Schleppende Implementierung autonomer Zuständigkeiten

Anders als das zu konstatierende Gesamtergebnis der erfreulichen wirtschaftlichen Entwicklung, die Südtirol mit und seit dem Zweiten Autonomiestatut alles in allem genommen hat, weist die tatsächliche Ausgestaltung der statutarisch konzedierten sowie fixierten und eigentlich in sukzessiven Schritten (Stichworte: Maßnahmen; Operationskalender) zu gewährleistenden autonomen Selbstverwaltung weit weniger günstige Befunde auf. Sie sollen im folgenden aufgegriffen, knapp beschrieben – die Materien sind detailreich und erschöpfend – sowie nach den allgemeingültigen Kriterien Anspruch und Wirklichkeit bewertet werden.

Alle politisch-rechtlichen Verfahrensschritte, welche der Südtiroler Landtag, in erster Linie aber die Landesregierung, und die zuständigen italienischen Staatsorgane – zuvorderst naturgemäß beide Parlamentskammern und die Regierung in Rom –, bisweilen auch die österreichische(n) Regierung(en) gemäß beanspruchter und mit der Befassung durch die UN letztlich auch zugestandener „Schutz(macht)funktion“ sowie in quasi halbparalleler Befassung die Gremien Sechser- und Zwölferkommission, darüber hinaus schließlich natürlich auch der (eigentlich obsolete, aber auch heute noch immer existente) Regionalrat zu setzen hatten, um statutarisch vereinbarte Zuständigkeiten auf Südtirol zu übertragen, wurden in den zwischen neuem Statut (1972) und (UN-Resolutionen erfüllender) Streitbeilegung(serklärung 1992) verstreichenden beiden Jahrzehnten von einer fundamentalen Krux beeinträchtigt: den in Rom nahezu in Jahresschritten einander abwechselnden Regierung(skris)en.

Römische Instabilität

Zwischen 1972 und 1992 gab es in Rom – ebenso wie zwischen Kriegsende 1945 und Zweitem Südtirol-Autonomiestatut 1972 – eine Vielzahl an Regierungen. Die Democrazia Cristiana (DC; Christdemokraten) fungierte stets als dominante Regierungspartei. Während dieser Zeit bildete sie Koalitionen; die wichtigsten Regierungs- bzw. Koalitionspartner waren der Partito Socialista Italiano (PSI), die Sozialisten. Diese Mitte-links-Koalitionen gehörten summa summarum zu den stabilsten. Auch der minderbedeutende Partito Socialdemocratico Italiano (PSDI), die Sozialdemokraten also, trugen mitunter zur politischen Stabilität von Mitte-links-Bündnissen bei. Mitte-rechts-Koalitionen kamen unter Einbindung der nicht sonderlich starken Republikaner, des Partito Repubblicano Italiano (PRI), zustande. Schließlich ergaben sich noch Koalitionen unter Beteiligung der ebenso schmalbrüstigen Liberalen des Partito Liberale Italiano (PLI).

Bild: Fototeca Gilardi / Getty Images

Alcide De Gasperi

Im Mai 1947 hatte Ministerpräsident Alcide De Gasperi unter dem Druck des amerikanischen Präsidenten Harry S. Truman die zuvor unter Führung der DC stehenden „Allparteienregierung“ beendet, die linken Koalitionsparteien PCI (damals moskautreue Kommunisten) und PSI entfernt und eine „zentristische

Koalition“ unter Einschluß von PLI, PRI und PSLI (Sozialistische Arbeiterpartei Italiens, eine Abspaltung von der PSI) gebildet. Diese führte er trotz seines DC-Wahlsiegs von 1948 (48,5 Prozent der Stimmen und damit faktisch absolute Mehrheit in der Abgeordnetenkammer) bis 1953 fort.

De Gasperi war bis 1953 Premierminister – die längste Regierungszeit eines italienischen Ministerratspräsidenten, wie die offizielle Bezeichnung des Amtsinhabers lautet – und starb ein Jahr später. Sein Nachfolger Giuseppe Pella konnte sich – wie die meisten italienischen Regierungschefs seitdem – nur ein Jahr im Amt halten und wurde 1954 von Amintore Fanfani abgelöst, der, neben Aldo Moro und anderen, zum „progressiven“ DC-Flügel gehörte und daher wieder eine Mitte-links-Koalition bildete. In den für Südtirol politisch verhängnisvollen 1950er Jahren bildete die DC – je nach innerparteilicher Flügelstärke – zentristische (eher) Mitte-rechts- oder gemäßigte Mitte-links-Koalitionen. Sogar eine allerdings nur vier Monate im Amt befindliche Regierung unter Führung des DC-Politikers Fernando Tambroni mit parlamentarischer Unterstützung des neo-faschistischen Movimento Sociale Italiano (MSI; „Italienische Sozialbewegung“) war zwischen März und Juli 1960 zustandegekommen.

In den 1960er und 1970er Jahren waren „organische Mitte-links-Regierungen“ üblich. So auch unter Aldo Moro von 1963 bis 1968 sowie von 1974 bis 1976 bei Beteiligung von PSI, PSDI und PRI. Sodann regierte die DC bis 1979 mit externer Unterstützung, d. h. bei parlamentarischer Duldung durch den Partito Comunista Italiano (PCI), die Kommunisten, die sich unter Parteichef Enrico Berlinguer von Moskau abgewandt und einen „eurokommunistischen“ Anstrich gegeben hatten. Auf Seiten der DC war der 1978 (offiziell) von den Brigate Rosse („Rote Brigaden“) entführte und ermordete DC-Chef Aldo Moro Hauptbefürworter des von Berlinguer konzipierten „Compromesso storico“ (des Historischen Kompromisses). Profitiert hat davon vor allem Giulio Andreotti in äußerst fragilen und oftmals durch Austritts(droh)-gebärden gelähmten Koalitionsregierungen zwischen 1976 und 1979.

Anfang der 1980er Jahre hatte die DC einen Teil ihrer Unterstützung unter den Wählern eingebüßt, weshalb – nach zwei kurzlebigen Kabinetten unter Francesco Cossiga (1979–1980) sowie einem unter Forlani (1980–1981) – Giovanni Spadolini (PRI) als erster Nicht-Christdemokrat einer „Pentapartito“-Koalitionsregierung aus DC, PSI, PSDI, PRI und PLI vorstand. Ihn löste Amintore Fanfani (DC) und diesen Bettino Craxi (PSI) an der Spitze der Pentapartito-Regierung ab, die im Grunde bis zum Zusammenbruch des herkömmlichen „Altparteien“-Systems 1993 infolge immenser Korruptionsskandale, des Amtsmißbrauchs und der illegalen Parteifinanzierung sowie der Verquickung in mafiose Verwicklungen, insbesondere der DC sowie der PSI, Bestand hatte. Unter den in die italienische (Staats- und Kriminalitäts-) Geschichte eingegangenen Skandalen, für welche die Chiffren „Mani-Pulite“ („saubere Hände“) und „Tangentopoli“ („Schmiergeld-Stadt“; bezogen auf Mailand) stehen, endete sozusagen auch die „Erste Republik“.

Aldo Moro als Gefangener

Letzter DC-Ministerpräsident war Giulio Andreotti, der zwischen 1946 und 1992 insgesamt 33 Regierungen angehört und selbst siebenmal Regierungskoalitionen vorgestanden hatte. Eine seiner letzten Amtshandlungen 1992 war der im Zusammenwirken mit dem österreichischen Außenminister Alois Mock völkerrechtlich formell beendete Südtirol-Konflikt, wofür die gemäß Resolutionen der Vereinten Nationen (s. o.) am UN-Sitz in New York hinterlegte beiderseitige Streitbeilegungserklärung vom 11. Juni 1992 gilt.

Bild: The History Collection / Alamy

Giulio Andreotti und Bettino Craxi (PSI)

Diese Gemengelage, gekennzeichnet vor allem durch ständig wechselnde politische Administrationen in Rom, läßt erahnen, auf welche Schwierigkeiten die aus Bozen entsandten Verhandl(ungsführ)er stießen, um den notwendigen Vereinbarungen und Fixierungen zur Implementierung sowie Ausgestaltung der gemäß „Paket“ und „Maßnahmenkatalog“ getroffenen statutarischen Übertragungen von bis dato der Autonomen Region Bolzano-Alto Adige obliegenden Kompetenzen auf die fortan der Provinz Bozen-Südtirol zustehende autonome Selbstverwaltung tatsächlich politisch, rechtlich und verwaltungstechnisch wie -organisatorisch verbrieft Geltung zu verschaffen.

Die folgende Aufstellung verzeichnet alle Regierungskabinette samt Ministerpräsidenten, die zwischen Inkrafttreten des Zweiten Autonomiestatuts 1972 und Abgabe der Streibeilegungserklärung vor den UN 1992 in Rom im Amt waren (Graphik erstellt R.O.)

- Kabinett Giulio Andreotti I 18.02.1972–26.02.1972
- Kabinett Giulio Andreotti II 26.06.1972–08.07.1973
- Kabinett Mariano Rumor IV 08.07.1973–15.03.1974
- Kabinett Mariano Rumor V 15.03.1974–23.11.1974
- Kabinett Aldo Moro IV 23.11.1974–12.02.1976
- Kabinett Aldo Moro V 12.02.1976–29.07.1976
- Kabinett Giulio Andreotti III 29.07.1976–10.03.1978
- Kabinett Giulio Andreotti IV 11.03.1978-19.03.1979
- Kabinett Giulio Andreotti V 20.03.1979–03.08.1979
- Kabinett Francesco Cossiga I 04.08.1979–04.04.1980
- Kabinett Francesco Cossiga II 04.04.1980–18.10.1980
- Kabinett Arnaldo Forlani 18.10.1980–28.06.1981
- Kabinett Giovanni Spadolini I 28.01.1981–23.08.1982
- Kabinett Giovanni Spadolini II 23.08.1982–01.12.1982
- Kabinett Amintore Fanfani V 01.12.1982–04.08.1983
- Kabinett Bettino Craxi I 04.08.1983–01.08.1986
- Kabinett Bettino Craxi II 01.08.1986–18.04.1987

- Kabinett Amintore Fanfani VI 18.04.1987–29.07.1987
- Kabinett Giovanni Goria 28.07.1987–13.04.1988
- Kabinett Luigi Ciriaco De Mita 13.04.1988–22.07.1989
- Kabinett Giulio Andreotti VI 22.07.1989–11.04.1991
- Kabinett Giulio Andreotti VII 12.04.1991–27.06.1992

Die wichtigsten Politikfelder, die bezüglich Umsetzung von „Paket“ und „Operationskalender“, somit für die statutarische Implementierung der Südtirol-Autonomie, eine Rolle spielten, waren

- Sprachgruppenzugehörigkeit
- Finanzautonomie
- Erlangen primärer und sekundärer Gesetzgebungskompetenzen
- Organisationelle Ausgestaltung autonomer Verwaltungzuständigkeiten
- Verankerung der Schutzfunktion Österreichs sowie der internationalen Anerkennung respektive Absicherung der Autonomie generell

Ziel war, die kulturelle, soziale und wirtschaftliche Entwicklung Südtirols zu fördern und die Rechte der deutsch(sprachig)en und ladinisch(sprachig)en Minderheit wirksam zu schützen.

Zwischen 1972 und 1992 waren vornehmlich für das gesamte Erziehungswesen, mithin für Kindergärten und Schulen, zielführende Maßnahmen zu ergreifen, um sozusagen die Zuständigkeit der Region, vor allem aber die stets auf „ewige Italianità“ zielende zentralstaatlich-allumfassende römische Anordnungs- und Regelungskompetenz wenn schon nicht gänzlich zu unterbinden, so doch erheblich zu reduzieren und damit in ihrer Gültigkeit für Südtirol einzuschränken, folglich die minderheitenrechtlich zweckdienliche autonome Selbstverwaltung gewährleistend zu stärken. Die Gesetzgebungskompetenz für das gesamte Schulwesen sollte an die Provinz Bozen übertragen werden, die somit die Möglichkeit erhalten sollte, eigene Lehrpläne, Lehrbücher und Prüfungen zu gestalten. Grundlegend war, die muttersprachliche Erziehung und schulische Ausbildung methodisch und unterrichtspraktisch zu gewährleisten, bevor dann von einer gewissen Schul- und Jahrgangsstufe an tatsächlich zur (auch für die Provinz Bozen-Südtirol bestehenden) verpflichtenden Zwei- (für Kinder mit ladinischer Muttersprache Drei-)Sprachigkeit übergegangen werden konnte. Für all das war die Errichtung von Kindergärten sowie Grundschulen in allen Gemeinden mit deutsch(sprachig)er respektive ladinisch(sprachig)er Bevölkerung substantiell, die den Kindern eine frühzeitige und angemessene Förderung ihrer Muttersprache boten. Zwingend war daher die Einrichtung von Schulämtern für jede Sprachgruppe, die für die Organisation und Verwaltung des Schulwesens zuständig sein sollten.

Was für die Gewährleistung der Parität zwischen den Sprachgruppen bei der Besetzung von Lehrerstellen, Schulleitungen und Schulräten gelten sollte, nämlich der *Proporz*, gehörte zu den Fundamenten der Autonomie, zumal da für den Zugang zu Ämtern, Institutionen und öffentlichen Einrichtungen auf dem Territorium, für das die Autonomie Gültigkeit besaß. Grundlegend war daher die Implementierung einer bindenden Sprachgruppenzugehörigkeitserklärung, welche den Zugang zu den öffentlichen Diensten und Einrichtungen, aber auch die Zuweisung ins staatliche oder kommunale Sozialwohnungswesen regeln sollte.

Der wichtigste Verhandler der Südtiroler Volkspartei (SVP) mit den italienischen Regierungen zwischen 1970 und 1992 war Silvius Magnago, der damalige Obmann der SVP und Landeshauptmann (LH) von Südtirol. Er war maßgeblich an der Ausarbeitung und Umsetzung des „Pakets“ beteiligt und gilt daher als „Vater der Südtirol-Autonomie“. Nicht minder wichtig war Alfons Benedikter, „Alter Ego“ oder auch „rechte Hand Magnagos“. Von 1959 bis 1989 bekleidete er das Amt des Landesrats für geförderten Wohnbau, Raumordnung und Wirtschaftsprogrammierung (bis 1970 auch für Landschaftsschutz) in den Kabinetten (des Ladiners) Alois Pupp und Magnago I bis VI. Währenddessen war er auch LH-Stellvertreter und nahm an allen Verhandlungen zur Südtirol-Autonomie auf nationaler wie internationaler Ebene teil. Als Mitglied der wichtigsten Kommissionen zu deren Umsetzung war Benedikter von 1972 bis 1989 wesentlich an der Ausarbeitung der Durchführungsbestimmungen zum Zweiten Statut – insbesondere der Einrichtung des grundlegenden ethnischen Proporz-Systems (s. o.) – beteiligt und nahm in dieser Zeit an ca. 60 Ministerratssitzungen in Rom teil, um dort den Anliegen Südtirols Geltung zu verschaffen. Zugleich war er auch Vorsitzender der SVP-Fraktion im Regionalrat Trentino-Südtirol, jenem Gebilde, dem die seit dem Ersten Autonomie-Statut von 1948 geltenden Bestimmungen weitestgehend entzogen und in die alleinige Zuständigkeit der Provinz Bozen-Südtirol überführt werden sollten. Benedikter, dem daher auch zurecht das Epitheton ornans „Vater der Durchführungsbestimmungen" gebührt, zeichnete sich – neben seiner Rolle als einer der Architekten der Autonomie – durch beharrlichen Einsatz für den Erhalt der Natur- und Kulturlandschaft Südtirols aus und erwirkte für das relativ kleine Gebiet, auf dem lediglich 15 Prozent der Bodenoberfläche bebaubar und bewirtschaftungsfähig sind, eine strenge Raumordnung, die sich auf vielfache Weise – und

Bild: ÖNB-Bildarchiv / picturedesk.com

Alfons Benedikter (links) und Silvius Magnago (mittig) sowie Hans Dietl (rechts)

nicht immer zur Freude Wirtschaftstreibender – bewähren sollte.

Der wichtigste SVP-Politiker in den Verhandlungen zur Ausgestaltung des Erziehungs- und Schulwesens war Anton Zelger, der von 1969 bis 1989 Landesrat für deutsche Schule und Kultur war. Er handelte auf diesem Politiksektor nach seiner Maxime „Je klarer wir trennen, desto besser verstehen wir uns", womit seine kultur- und bildungspolitische Haltung Ausdruck fand, die auf eine klare Trennung zwischen den verschiedenen Sprachgruppen in Südtirol abzielte. Er war der Auffassung, daß eine solche Trennung das Verständnis und den Frieden zwischen

Bild: Archiv Golowitsch

Dr. Bruno Hosp

den Volksgruppen fördern würde und verfolgte daher eine eher konservative, „volkstumspolitische“ Kulturpolitik, die vor allem die altösterreichisch-deutsche Minderheit und ihre Traditionen schützen und stärken sollte.

Bruno Hosp, sein unmittelbarer Nachfolger, von 1989 bis 2003 Landesrat für deutsche und ladinische Kultur sowie Denkmalpflege, nahm an Zelgers Konzeption behutsame Veränderungen vor, die nach Abgabe der Streitbeilegungserklärung 1992 und eingebunden in Maßgaben der Kabinette des Magnago-Nachfolgers Durnwalder (LH von 1989 bis 2014) das kulturelle Leben und die Autonomie der Region bereichern sollten. Schon an dieser Stelle seien auf die Schwerpunkte des kulturpolitischen Wirkens des Gespanns Durnwalder-Hosp hingewiesen:

- Gründung des Forschungszentrums Eurac Research, das sich mit verschiedenen wissenschaftlichen Themen wie Minderheiten(schutz), Mehrsprachigkeit, Umwelt und Gesundheit befaßt.
- Einrichtung der Freien Universität Bozen – eines Prestigeprojekts insbesondere Durnwalders – und deren Zusammenarbeit mit der Universität Innsbruck – nach Magnagos (gesamttiroler) Diktion „d i e Landesuniversität“ – was die akademische Bildung und Forschung in Südtirol fördern sollte.
- Die (maßgeblich von Bruno Hosp betriebene) Rückkehr des Laurin-Denkmals (vom italienischen Kriegsmuseum in Rovereto) nach Bozen und dessen Wiederaufstellung auf dem Landhaus-Platz (seit 2010 „Silvius-Magnago-Platz“; das Denkmal ist eines der Symbole für Rückgewinnung und Erhalt der kulturellen Identität von Deutschsüdtirolern und Ladinern durch die Autonomie Südtirols).

Bild: Unsertirol24.com

Eurac Resarch in Bozen

Bild: Unsertirol24.com

Freie Universität Bozen

Auf italienischer Seite war in den Verhandlungen zum Schul- und Erziehungswesen in Südtirol mit Rom anfangs Giuseppe Dossetti zuständig, der von 1968 bis 1974 die Funktion eines Unterstaatssekretärs für öffentliche Bildung innehatte. Der katholische Theologe, Jurist und DC-Politiker, der sich für eine Reform des italienischen Schulsystems überhaupt und im Rahmen dessen für Anerkennung und Ausbau der Minderheitenrechte in Südtirol einsetzte, galt seinerzeit als einer der wenigen römischen Politiker, die das Vertrauen der Südtiroler gewinnen konnten.

Laurin-Brunnendenkmal auf dem Silvius-Magnago-Platz vor dem Amtsgebäude des Landeshauptmanns

In Bozen bekleidete Giuseppe Sfondrini (PSI) von 1970 bis 1976 in den Kabinetten Magnago III und IV das Amt des Landesrats für italienische Schule und Kultur in Südtirol. Er setzte sich generell für eine Reform des italienischen Schulsystems, für die Stärkung der Zusammenarbeit zwischen Schule und Wirtschaft sowie die Förderung der Mehrsprachigkeit ein.

Ihm folgte, nach dem Austritt der PSI aus der Landesregierung, der DC-Politiker Gaetano Marcon und ab 1978 in den Kabinetten Magnago V, Magnago VI und Durnwalder I Remo Ferretti (DC) als Landesrat sowie ab 1984 als LH-Stellvertreter für die Ressorts italienische Schule und Kultur, Handel, Fürsorge und Wohlfahrt. Der Lehrer und Schuldirektor war einer der Hauptverhandlungspartner der Südtiroler Volkspartei (SVP) bei der Umsetzung der Autonomie im Schulwesen und galt als einer der einflußreichsten und beliebtesten Politiker der italienischen Minderheit in Südtirol. „Tangentopoli" und „Mani pulite" beendeten auch seine Karriere.

Entwicklung und Ausbau der Schulautonomie

Was erbrachten nun die Verhandlungen über die Durchführungsbestimmungen zur statutarischen Ausgestaltung der schulischen Autonomie? Sie eröffneten eine schrittweise Entkoppelung des Südtiroler Schulwesens von den staatlichen Vorgaben, welche zuvor den alleinigen Rahmen für das gesamte Erziehungswesen gebildet hatten. Mehr und mehr erhielt Südtirol Gestaltungsfreiraum hinsichtlich Kindergärten, Schulfürsorge und -organisation, Schulbau und Berufsbildung; zuvor war der Staat für die gesamte Schulverwaltung sowie das Personal und die Liegenschaften zuständig gewesen. Ab 1975 gab es die Schulämter des Landes für die deutschen und italienischen Schulen, ab 1987 wurden für Fortbildung, pädagogische Forschung und Schulentwicklung zuständige Pädagogische Institute errichtet, heute Pädagogische Abteilungen genannt. Die Bestallung des Landesschulrats oblag fortan der Landesregierung, die im Einvernehmen mit dem zuständigen Ministerium in Rom über das Errichten oder Schließen von Schulen befindet.

Vier Jahre nach der Streitbeilegungserklärung von 1992 – das sei an dieser Stelle bereits festgehalten – ging unter der von Durnwalder inspirierten SVP-Maxime „Dynamische Autonomie" mittels einer eigens ausgearbeiteten Durchführungsbestimmung mit der Losung „Schule zum Land" die Zuständigkeit für das gesamte Lehrpersonal an deutschen, italienischen und ladinischen Schulen an die Autonome Provinz Bozen-Südtirol über. Seitdem handelt das Land eigene Kollektivverträge für die Bediensteten des gesamten Erziehungswesens aus und regelt – konditioniert mit Zustimmungspflicht des römischen Ministeriums – mehr oder minder eigenständig Besoldungs- und Dienstrechtsangelegenheiten. Ohne Mitsprache des Ministeriums kann es mittels Landesgesetz über Lehr- und Prüfungspläne sowie Unterrichtszeiten befinden. Schließlich kann das Land Südtirol seit 2018 (im Einvernehmen mit Durnwalders 1997 gegründetem Prestigeobjekt Freie Universität Bozen-Brixen und der Hochschule für Musik/Konservatorium „Claudio Monteverdi") die Ausbildung des Lehrpersonals für alle Schulstufen und Sprachgruppen selbst regeln sowie Immatrikulation und Studienplätze festlegen. Die jeweils ordnungsgemäß erlangten Abschlüsse respektive Studientitel/akademischen Grade sind weiterhin über Südtirol hinaus gültig bzw. anerkannt. (6)

„Ethnischer Proporz" und „Sprachgruppenzugehörigkeit"

Zu den fundamentalen Belangen, welche im Rahmen der gemäß „Paket" und „Operationskalender" für die Ausarbeitung und Genehmigung der Durchführungsbestimmungen zum Autonomiestatut vorgesehenen Sechser-Kommission (jeweils drei Vertreter Roms und Südtirols) und Zwölfer-Kommission (jeweils sechs Vertreter Roms und der Region Trentino-Südtirol) auszuhandeln waren, gehört der „ethnische Proporz". Das Proporzsystem regelt die Vergabe von Arbeitsplätzen im öffentlichen Dienst sowie die Verteilung öffentlicher Sozialleistungen und von Budgetmitteln der Landesverwaltung und garantiert eine proportionale Berücksichtigung der drei gesetzlich anerkannten Sprachgruppen (deutsch, italienisch, ladinisch) gemäß der in Volkszählungen erhobenen Stärke. Diese Volkszählungen werden in Intervallen von zehn Jahren durchgeführt.

Bei der Vergabe von Arbeitsplätzen im öffentlichen Dienst in Südtirol wird das Proporzsystem nach der Sprachgruppenzugehörigkeit der Bewerber angewendet. Für Bewerber sind persönliche Sprachgruppenzugehörigkeitserklärungen zwingend. Die Stellen werden dann gemäß Sprachgruppenanteil an der Gesamtbevölkerung, der jeweils in Volkszählung erhoben wird, verteilt. Auch bei der Gewährung **öffentlicher Sozialleistungen** und der Verwendung der Budgetmittel der Landesverwaltung wird das Proporzsystem nach Sprachgruppenzugehörigkeit angewandt. Bei den Volkszählungen sind Fragen nach Muttersprache und Sprachgruppenzugehörigkeit zwingend zu beantworten.

Der ethnische Proporz ist auch für andere öffentliche Angelegenheit von Bedeutung, so für das Erziehungswesen, da es jeder Sprachgruppe (deutsch, italienisch, ladinisch) auf deren Bedürfnisse und Besonderheiten zugeschnittene eigene Schul(verwaltung)en, Lehrpersonen sowie Lehr- und Lernmittel ermöglicht.

Gemäß Zweitem Autonomiestatut, verfassungsgesetzlich fixiert und mit Dekret des Präsidenten der Republik Nr. 670 vom 31. August 1972 in Kraft gesetzt, schrieb das Sonderstatut für Trentino-Südtirol in Art. 89 vor:

„(1) *Für die Provinz Bozen werden, getrennt nach Laufbahnen, Stellenpläne für die Zivilbediensteten der staatlichen Verwaltungen geschaffen, die Ämter in der Provinz haben. Diese Stellenpläne werden aufgrund des vorgesehenen Personalstandes der einzelnen Ämter aufgestellt, so wie es – falls erforderlich – mit eigenen Bestimmungen festgelegt wird.*

(2) *Der vorhergehende Absatz wird nicht angewandt für die Laufbahnen des höheren Dienstes der Zivilverwaltung des Inneren, für die Bediensteten der Sicherheitspolizei und für die Verwaltungsbediensteten des Verteidigungsministeriums.*

(3) *Die Stellen in den Stellenplänen nach Absatz 1 werden, nach Verwaltung und Laufbahn gegliedert, Bürgern jeder der drei Sprachgruppen vorbehalten, und zwar im Verhältnis zur Stärke der Sprachgruppen, wie sie aus den bei der amtlichen Volkszählung abgegebenen Zugehörigkeitserklärungen hervorgeht.*

(4) *Die Zuteilung der für Bürger deutscher und ladinischer Sprache vorbehaltenen Stellen erfolgt schrittweise bis zum Erreichen der Anteile gemäß vorhergehendem Absatz*

durch Neueinstellung in jene Stellen, die in den einzelnen Stellenplänen aus irgendeinem Grunde frei werden.

(5) Den Bediensteten der Stellenpläne gemäß Absatz 1 wird die Beständigkeit des Dienstsitzes in der Provinz gewährleistet mit Ausnahme der Angehörigen von Verwaltungen oder Laufbahnen, für die Versetzungen aus dienstlichen Erfordernissen und zur Weiterbildung des Personals sich als notwendig ergeben.

(6) Die Versetzungen der Bediensteten deutscher und ladinischer Sprache werden jedenfalls den Umfang von zehn Prozent der von ihnen insgesamt besetzten Stellen nicht überschreiten.

(7) Die Bestimmungen, wonach die in der Provinz Bozen bestehenden Stellen vorbehalten und unter der italienischen, deutschen und ladinischen Sprachgruppe im Verhältnis zu ihrer Stärke aufzuteilen sind, werden auf die Bediensteten der rechtsprechenden und untersuchenden Gerichtsbehörde ausgedehnt. Den Richtern, die der deutschen Sprachgruppe und der ladinischen Sprachgruppe angehören, wird die Beständigkeit des Dienstsitzes in der Provinz gewährleistet, vorbehaltlich der Bestimmungen der Gerichtsordnung über die Unvereinbarkeiten. Die im vierten Absatz dieses Artikels festgelegten Richtlinien für die Zuteilung der den Bürgern deutscher Sprache und den Bürgern ladinischer Sprache vorbehaltenen Stellen werden auch auf die Gerichtsbediensteten in der Provinz Bozen angewandt.“

Landesrat und LH-Stellvertreter Alfons Benedikter war als Südtiroler Mitglied in Sechser- wie Zwölferkommission einer der maßgeblichen Promotoren und Regulatoren der Durchführungsbestimmungen zum Zweiten Autonomiestatut und trug als solcher wesentlich zum vier Jahre später – am 30. 1. 1976 – in Kraft getretenen Proporzdekret 752 des Staatspräsidenten vom 26. 7. 1976 bei. Er hoffe, schrieb Benedikter, daß des SVP-Abgeordneten und späteren Senators Oskar Peterlini (s. u.) „*Aufklärungswerk mithilft, außerhalb Südtirols, in Italien und weltweit das Verständnis für die im Pariser Vertrag vorgesehenen und erst jetzt nach und nach durchgeführten Maßnahmen zur Wiedergutmachung der faschistischen Unterdrückungsmaßnahmen zu vertiefen.*“ Denn mit dem Proporzdekret werde „*30 Jahre nach Abschluß des Pariser Abkommens zwischen Italien und Österreich am 5. September 1946 die Verwirklichung des im § 1 dieses Abkommens enthaltenen Grundsatzes der verhältnismäßigen Besetzung des öffentlichen Dienstes, was den staatlichen und halbstaatlichen Bereich betrifft, in Gang gesetzt. Die Entlassung der deutschen Beamten bzw. deren Versetzung nach Altitalien war einer der am 15. Juli 1923 von Sen. Ettore Tolomei verkündeten 32 Punkte zur Italienisierung Südtirols. Die Verdrängung der deutschen Beamten aus dem öffentlichen Dienst in Südtirol ging einher mit dem Verbot, die deutsche Sprache in den Ämtern überhaupt zu gebrauchen. Die Südtiroler gewöhnten sich seit 1928 daran, aus dem Staatsdienst durch das vom Faschismus eingeführte System ausgeschlossen zu sein. Dieses System änderte sich grundsätzlich auch nicht in den ersten 30 Jahren der Nachkriegszeit, denn der sporadische Vorbehalt gewisser Stellen für Personen, welche bei gesamtstaatlichen Ausschreibungen eine Deutschprüfung bestehen würden, ohne Gewähr für ein Verbleiben in Südtirol, war nicht dazu angetan, einen Umschwung in der inzwischen verfestigten Mentalität der Südtiroler herbeizuführen, angesichts der nach wie vor – trotz Pariser Abkommen und Autonomiestatut vom Jahre 1948 – rein italienisch geführten Staatsverwaltung*“.

Mit Inkrafttreten der Durchführungsbestimmungen wurde eine der zentralen Materien geregelt, welche in Magnagos Maxime der „positiven Diskriminierung“ einer bis dahin entrechtete Volksgruppe dienen sollte. Dies bedeutete, daß die altösterreichisch-deutsch(sprachig)e ebenso wie die altösterreichisch-ladinisch(sprachig)e Minderheit in Südtirol besondere Rechte und Schutzmaßnahmen erhalten sollten, um ihre volkliche und kulturelle Identität inmitten historisch-politisch erzwungener fremdnationaler Umgebung zu bewahren. Proporz und Sprachgruppenzuordnung eröffneten daher den Angehörigen dieser beiden Ethnien den autonomiegesetzlich geregelten Zugang zum Staatsdienst und zu Institutionen der öffentlichen Verwaltung sowie in Unternehmen in den Händen von Staat, Region oder Provinz.

Ein halbes Jahrhundert lang, seit der Aussperrung der Südtiroler aus dem öffentlichen Dienst durch den Faschismus, waren im Staatsdienst in Südtirol fast ausnahmslos Italiener beschäftigt. Seit Juni 1977 wurden aber alle freien Stellen in den Staatsämtern Südtirols ausgeschrieben und gemäß den Proporzbestimmungen besetzt. Die gesetzliche Regelung bestimmte darüber hinaus ein Vorrecht für Kandidaten, die bereits seit mindestens zwei Jahren in Südtirol ansässig waren, und verknüpfte Neueinstellungen mit einem zuvor erlangten Zwei- oder gar Dreisprachigkeitsnachweis. Rund 7000 staatliche und halbstaatliche Stellen fielen unter den ethnischen Proporz. Dadurch sollte in der vorgesehenen Zeitspanne (bis 30 Jahre nach Inkrafttreten des Zweiten Autonomiestatuts, mithin bis 2002) der Proporz, also die Besetzung solcher Dienstposten im Verhältnis zu den in Südtirol lebenden Sprachgruppen, erreicht werden. Dies hat sich im Wesentlichen erfüllt.

Der Proporz gilt für alle Bediensteten öffentlicher Körperschaften in Südtirol, also der Gemeinden, Bezirksgemeinschaften und der Südtiroler Landesverwaltung, aber auch für Angestellte der Region Trentino-Südtirol und des italienischen Staates, die ihren Arbeitsplatz in Südtirol haben. Auch bei Konzessionsunternehmen, die Dienstleistungen von zentraler Bedeutung ausüben, kommt der ethnische Proporz zur Anwendung, so bei Post und Bahn.

Sonderregelungen gelten für spezielle Berufs- bzw. Dienstgruppen. So ist das Bozner Verwaltungsgericht von der Proporzregelung dahingehend ausgenommen, als daß es paritätisch (50/50) von Angehörigen der deutschen und der italienischen Sprachgruppe besetzt wird. Vom ethnischen Proporz gänzlich ausgenommen sind alle Beamtenstellen des Innen- und Verteidigungsministeriums in Südtirol, zu denen das Regierungskommissariat, das Polizeipräsidium (die Quästur) und sonstige spezielle Polizei- und Militäreinrichtungen zählen.

Auch politische Ämter in den Exekutivorganen der Provinz Bozen-Südtirol und der Region Trentino-Südtirol sind proportionalen Verteilungsschlüsseln unterworfen. Die Besetzung von Ministerposten (Landesräten) in der Südtiroler Landesregierung und der Regionalregierung von Trentino-Südtirol mit Mitgliedern der verschiedenen Sprachgruppen ist indes nicht von Volkszählungsergebnissen abhängig, sondern von den Sprachgruppenzugehörigkeits- bzw. -zuordnungserklärungen der in der jeweiligen Legislaturperiode gewählten Abgeordneten. Sind 70 Prozent aller Südtiroler Landtagsabgeordneten einer Legislaturperiode deutschsprachig, dann müssen auch 70 Prozent der Landesräte deutschsprachig sein. Ursprünglich galt dieser Verteilungsschlüssel für die deutsche, italienische und ladinische Sprachgruppe. Da jedoch die ladinische Sprachgruppe nur über ein verhältnismäßig geringes Wählerpotential verfügt, verfehlte sie meist die nötige Zahl an Abgeordneten, um eine Vertretung in der Landesregierung und der Regionalregierung beanspruchen zu können. Dies änderte sich mit Inkrafttreten des Verfassungsgesetzes Nr. 2/2001, welches die Vertretung der Ladiner abweichend von ihrer proportionalen Stärke unter den Abgeordneten in der Landesregierung möglich und in der Regionalregierung zur Pflicht machte.

Nach ebendemselben Prinzip werden auch auf der kommunalen Ebene proportionale Verteilungsschlüssel angewendet. Für die Bildung von Gemeindeausschüssen bzw. Stadträten ist die Verteilung der Sprachgruppenzugehörigkeits- bzw. -zuordnungserklärungen der in der jeweiligen Amtsperiode gewählten Gemeinderäte zu berücksichtigen. Dabei hat jede Sprachgruppe, die in einem Kommunalparlament mit mindestens zwei Mitgliedern vertreten ist, ein Anrecht auf Sitz in Gemeindeausschuß bzw. Stadtrat. (8)

Die zwischen Bozen, Trient und Rom bis zur Streitbeilegungserklärung auszuverhandelnden Materien umfaßten unter anderem, aber zuvörderst:

- Die Zuständigkeiten und Befugnisse der Provinz in Bereichen wie Bildung, Gesundheit, Kultur, Umwelt, Verkehr, Handel, Tourismus, Landwirtschaft, Forstwirtschaft, Energie, Arbeit, Soziales, Sport und öffentliche Sicherheit.
- Die sprachliche Gleichstellung und den Schutz der deutschen und ladinischen Minderheiten, insbesondere in der öffentlichen Verwaltung, im Justizwesen, im Schulwesen, in den Medien und bei den öffentlichen Aufträgen.

- Die institutionelle Zusammenarbeit und Koordination zwischen dem Staat, der Region, der Provinz und den Gemeinden sowie die Rolle des Verfassungsgerichts.
- Die Finanzautonomie und die Steuerverteilung zwischen dem Staat, der Region und der Provinz.

Diese sowie weitere Materien wurden in den Durchführungsbestimmungen zum Autonomiestatut geregelt und nach vorausgegangener jeweiliger parlamentarischer Zustimmung in veröffentlichten Dekreten des Staatspräsidenten rechtsverbindlich in Kraft gesetzt. Ursprünglich vorgesehen war die mittels parlamentarischer Zustimmung ermöglichte Verabschiedung zwischen 1972 und 1992.

Exkurs: Ausgespähte Verhandlungsschritte der Südtiroler

Um die Übertragung vordem der nahezu alleinzuständigen Region Trentino-Alto Adige vorbehaltener Belange, Regelungen und Rechtsnormen autonomer Selbstverwaltung gemäß Maßnahmenkatalog und Operationskalender sowie deren politisch-gesetzliche und organisationstechnische Umsetzung auf die Provinz Bozen-Südtirol festzulegen, mußten viele Verhandlungen geführt werden. Es muß an dieser Stelle auf ein in seiner Dimension allenfalls erahnbares Momentum hingewiesen werden, das dennoch im Zusammenhang mit allen Verhandlungen realpolitisch wirksam war, welche die von Südtiroler Seite aufgebotenen Granden mit ihren häufig wechselnden römischen „Partnern“ – besser: Kontrahenten – führten. Diese Verhandlungen waren, wie sich heute zumindest punktuell und personell belegen läßt, wenn nicht ohnedies von geheimdienstlichen Überwachungs-, so doch zumindest von „begleitenden“ Ausspähmaßnahmen durchsetzt.

Als Aktionsfeld von Geheimdiensten und Spionen gelten normalerweise Großstädte und nicht ländliche Gegenden. Eine Ausnahme bildet das Südtirol der Nachkriegszeit. Zwischen Brenner und Salurn tummelten sich Nachrichtendienste, durchdrangen sich Spionage und Gegenspionage, entfaltete sich ein Kaleidoskop geheimdienstlicher Aktivitäten. Die CIA traf hier auf kommunistische Umtriebe; das sowjetische KGB richtete selbst sowie über den tschechoslowakischen ŠtB und die besonders aktive DDR-Stasi den Blick auf „den Unruheherd Südtirol“; der westdeutsche BND, personell nicht selten eng verquickt mit italienischen Diensten, beackerte ebenfalls den Raum, und sozusagen „naturgemäß“ saßen Roms Geheimdienstler dort wie die Maden im Speck. Jede Phase der Südtiroler Nachkriegsentwicklung, jedwede Partei und deren Personal, alle Organisationen wirtschaftlicher und sozialer Art wurden von „Geheimen“ unablässig auf spezielle Weise durchleuchtet.

So ist es nur allzu verständlich, daß insbesondere die Agenten der italienischen Staatsmacht BAS-Aktivitäten ebenso wie das Innenleben der politisch damals maßgebenden SVP sowie das Tun und Lassen von Persönlichkeiten, mit denen sie Landesregierung, Landtag sowie die Gremien der Region beschickte, und selbstverständlich alle Vorgänge, welche sich auf der Politschiene Bozen-Trient-Rom genauso wie im Dreieck Wien-Bozen-Rom abspielten, auszuspähen trachteten, was, wie wir heute wissen, meist von Erfolg gekrönt war. Daß wir es wissen, verdanken wir den umfänglichen Recherchen des Südtiroler Publizisten Christoph Franceschini, welche er auf mustergültige Weise und in ansprechender Form in zwei voluminösen Buchbänden darbietet und damit den düsteren Grauzonenteil der Südtiroler Zeitgeschichte im Licht erstrahlen läßt. Was der österreichische Historiker Hubert Speckner in Bezug auf die Neubeschreibung und -bewertung der BAS-Aktivitäten leistete, insbesondere mit Blick auf von Rom doktrinär allein dem Südtiroler Freiheitskampf in die Schuhe geschobene „Terroranschläge“, das leistete Christoph Franceschini hinsichtlich der geheimdienstlichen Verwicklungen und Verstrickungen – vornehmlich römischer Provenienz – in die politischen und gesellschaftlichen Geschehnisse Nachkriegssüdtirols.

„Professore Zanetti“, Magnagos langjähriger Übersetzer – Agent des UAR

Franceschini schöpfte aus einem reichhaltigen Fundus von Primärquellen, er kennt die Personalakten der Dienste, die übermittelten Berichte sowie die Akten der befaßten Behörden. Auf einen gänzlich herausragenden Fall soll daher im Rahmen dieser Dokumentation ein genauerer Blick geworfen werden. Es geht um die Rolle jenes Agenten von immenser Bedeutung, der als „Magnagos Übersetzer“ – gleichlautend auch der Titel des entsprechenden Kapitels im ersten Band von Franceschinis luzidem Werk – die meisten entworfenen bzw. abgeänderten und letztlich erstellten Papiere vor Augen gehabt habe, welche die Seiten wechselten, und bei vielen der geführten Gespräche Augen- und vor allem Ohrenzeuge gewesen sei: Carlo Bernardo Zanetti. (9)

Zanetti erblickte am 16. Oktober 1908 in Unterliederbach das Licht der Welt, einem Dorf im Taunusvorland, das 1928 Bestandteil des Stadtteils Frankfurt-Höchst wurde, wo seine aus der Provinz Belluno stammenden Eltern als Kleingewerbetreibende wirkten. Der Sohn schloß die schulische Ausbildung mit dem Abitur ab und verdingte sich als Handelsvertreter. 1937/38 geriet er, der seit 1933 Mitglied der deutschen Kommunisten (KPD) gewesen war, unter Umtriebsverdacht, wurde verhaftet, verurteilt und nach Absitzen der Strafe über den Brenner abgeschoben. In Italien überwachte ihn die OVRA, die politische Polizei des faschistischen Staates, und führte ihn in ihrem Zentralregister ebenfalls als Kommunisten – tatsächlich war er dem PCI schon 1942 beigetreten. Zunächst hielt er sich im Belluneser Dorf seiner Eltern auf, und nach vorübergehender Handelstätigkeit in Mailand, Einzug zum Heer und Desertion gehörte er bis Kriegsende zu den Partisanen, entwich in die Schweiz und eröffnete nach 1945 sein Betätigungsfeld in Südtirol, wo er sich als „Professore Carlo Bernardo Zanetti“ in der Landarbeiter-Kammer sowie der Gewerkschaft CGIL betätigte und sich alsbald zum politischen Sekretär des Landesverbandes Bozen der Kommunistischen Partei Italiens (PCI/KPI) aufschwang. Offiziell legte Zanetti 1952 alle Funktionen im PCI nieder.

Über – nennen wir es – „Häutungen“ oder „Wandlungen“ stößt der falsche „Professore“ in die Verwaltung der Region Trentino-Alto Adige vor, wo er infolge seiner doppelten Sprachkompetenz zum Dolmetscher im Dienste des Regionalrats und alsbald zum Chefübersetzer der Region aufsteigt und parallel dazu zu einem der am besten bezahlten Spitzel des römischen Innenministeriums avanciert. *„Er liefert 40 Jahre lang Informationen, Dokumente und politische Analysen nach Rom. Vor allem über die SVP“*, befindet Franceschini, der sie studiert und für sein Buch aufbereitet hat. Es sind *„Porträts einzelner Personen, Protokolle der Sitzungen der Parteileitung, Abhandlungen über Südtiroler Wirtschaft oder Kirche. Minutiös werden SVP-interne Streitigkeiten und Differenzen nachgezeichnet. Wöchentlich schreibt der Verfasser solche Berichte. […] Der Autor hat Insiderinformationen. So werden Wortmeldungen in internen SVP-Sitzungen wiedergegeben, es werden die Grabenkämpfe innerhalb der Südtiroler Politik nachgezeichnet und analysiert. Beim Lesen wird schnell klar, der Autor ist nahe am Geschehen dran. Hier schreibt einer, der sein Wissen aus erster Hand bezieht“*, so Franceschini weiter. Über die postalische Deckadresse *„Luciano Francesconi, Postfach 254, Roma Centro“*, welche man *„dem Konfidenten Nr. 98 für die Korrespondenz gegeben“* hatte, gingen die Berichte an Silvano Russomanno, Fachmann des „Ufficio Affari Riservati“ (UAR) im römischen Innenministerium und Verbindungsmann zu deutschen wie österreichischen Behörden sowie zugleich Führungsoffizier der Spitzenquelle „Agent 98“ bzw. Mumelter“. 1978 wurde Russomanno zum stellvertretenden Direktor des Inlandsgeheimdienstes „Servizio per le Informazioni e la Sicurezza Democratica“ (SISDE) berufen. (10)

Aus den Akten geht laut Franceschini hervor, daß „Mumelter“ bereits in den 1950er Jahren für das UAR als bezahlter Informant tätig gewesen sei, es spreche einiges dafür, daß man ihn bereits Anfang der 1950er Jahre als Spitzel angeworben habe.

Das 1948 erlassene Erste Autonomiestatut machte den Regionalrat von Trentino-Südtirol zur zentralen politischen Entscheidungsplattform, und auf die Bretter dieser Bühne setzte Zanetti Schritt für Schritt seines Karriereweges. Zanetti leitete nicht nur das Übersetzerbüro des Regionalrats, er baute auch die Simultanübersetzung für die Sitzungen auf. Jede politische

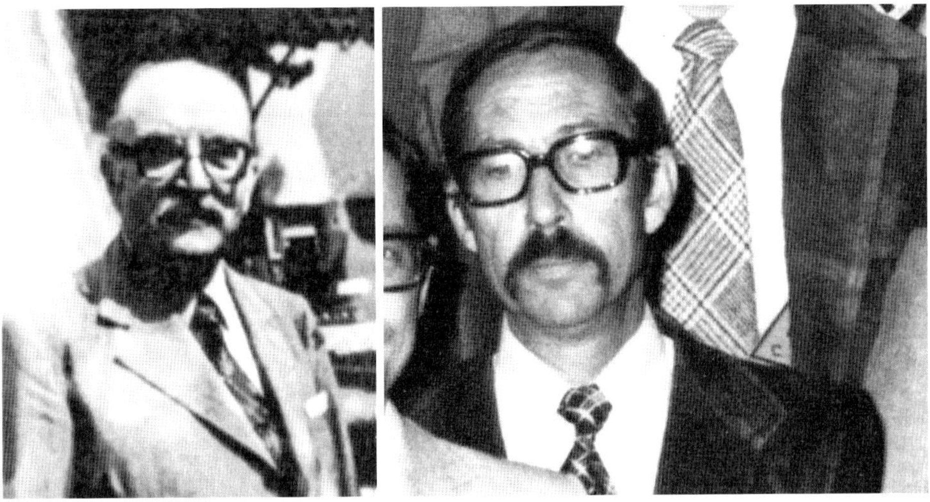

Carlo Bernardo Zanetti (links) und Silvano Russomanno (rechts). Bild links entnommen dem Buch von Christoph Franceschini, Segretissimo – Streng geheim! Südtirol im Fadenkreuz fremder Mächte, Bozen 2021, S. 223, Bild rechts: Verlagsarchiv

Initiative ging damit durch seine Hände. Er übersetzte vorab Gesetzesvorschläge, Anfragen und Reden der SVP-Abgeordneten. Silvius Magnago war mehrmals Präsident des Regionalrates und Zanetti einer seiner wichtigsten Mitarbeiter – zumal da er auch für den Südtiroler Landtag arbeitete. Bis zum Eintritt in den Ruhestand im Juni 1975 war der UAR-Informant tagtäglich mit jenen Politikern in Kontakt, die Südtirols Geschicke bestimmten und mithin in der Lage, Nachrichten nicht nur zu beschaffen, sondern seinen Auftraggebern auch eine Analyse der Fakten und Ereignisse mitzuliefern.

„Mumelter" übermittelte vorab interne SVP-Dokumente nach Rom, so etwa Resolutionen für die entscheidende Landesversammlung zum Paket am 21./22. November 1969 im Meraner Kursaal. Auch danach lieferte „Agent 98" Analysen von Sitzungen der SVP-Parteileitung und des Parteiausschusses, somit über das Innenleben der SVP, berichtete über halbprivate Vorgänge im politischen und familiären Umfeld, stellte faktengesättigte Dokumentationen und Befunde zu Gruppierungen, Flügeln und Interessengruppen der Partei zusammen und „kartierte" sozusagen die gesamte politische, wirtschaftliche und gesellschaftliche Entwicklung im Lande. 1978 kam es zu einer Geheimdienstreform, wobei das UAR aufgelöst wurde und die Bediensteten im neuen Inlandsgeheimdienst SISDE, zu dessen Vizedirektor Russomanno aufstieg, ihren alten Betätigungen unter anderem Zuschnitt nachgingen. Carlo Bernardo Zanetti wurde nicht mehr vom SISDE übernommen, Franceschinis Vermutung, wonach „Alter und eine fortschreitende Augenkrankheit" dafür ursächlich gewesen sein könnten, dürfte zutreffen. Zanetti starb im 74. Lebensjahr; auf seinem Grabstein am Bozner Friedhof steht schlicht: „Carlo Zanetti 16. 10. 1908–31. 10. 1981."

Materien zur Ausgestaltung der Autonomie

Nach diesem Exkurs folgt die Betrachtung einer Reihe von ausgehandelten, parlamentarisch genehmigten und vom Staatspräsidenten formell in Kraft gesetzten Materien zur Ausgestaltung der Autonomie. (11)

Am 20. Januar 1972 trat das Zweite Autonomiestatut in Kraft. Damit gingen in der Folge Zuständigkeiten von der Region auf die beiden autonomen Provinzen Bozen und Trient über. War in den Verhandlungen zwischen Bozen-Trient und Rom, insbesondere auch mittels steter Befassung der beiden gewichtigen Sechser- und Zwölferkommission mit den Materien Übereinkünfte erzielt worden, hatten ggf. auch notwendige parlamentarische Gremien ihr Plazet erteilt, so unterfertigte das italienische Staatsoberhaupt die jeweiligen Dekrete, und mit der Veröffentlichung im Staatsanzeiger traten sie in Kraft. Zu den wichtigsten zählen geförderter Wohnbau, das Straßen-, Kommunikations- und Transportwesen, die Übernahme der Zuständigkeiten für die öffentlichen Dienste, des Fremdenverkehrs und Gastgewerbes, der Land- und Forstwirtschaft, der Wasserbauten sowie des Kindergarten- und Schulbaus und -betriebs. Die Umsetzung des Zweiten Autonomiestatutes dauerte rund zwei Jahrzehnte, manche Maßnahmen standen vornehmlich wegen der häufigen Regierungswechsel, womit nicht selten neu verhandelt werden mußte, in Streit; und schließlich blieben äußerst strittige Materien, wie der Sprachgebrauch in juristischen Instanzen, sozusagen „bis zur letzten Minute" offen, worauf noch eingegangen wird (s. u.).

„Übertragung öffentlichen Gutes" – Befugnisse der Organe

Die ersten Durchführungsbestimmungen zum Autonomiestatut galten der „Übertragung öffentlichen Gutes und des Vermögens des Staates der Region sowie des gesamten Schul- und Unterrichtswesens auf die autonomen Provinzen Bozen und Trient". Das „Dekret des Präsidenten der Republik" Nr. 115 vom 20. Januar 1973, eine der ersten nach Inkrafttreten des zweiten Autonomiestatuts getroffenen Verfügungen, regelte die Übertragung aller in den im Dekret enthaltenen Verzeichnissen aufgeführten Güter und Liegenschaften des Staates in der Region Bolzano-Alto Adige ebenso wie der regionseigenen Güter und Liegenschaften auf die Provinzen Bozen und Trient. Das Präsidialdekret Nr. 49 vom 1. Februar 1973 hatte die Bestimmungen über die der Region verbleibenden Befugnisse und Organe sowie jene, die den jeweiligen Provinzen zukam, festgelegt. Darüber hinaus hatte es geregelt, wer die gesamtstaatliche Regierung jeweils in der Region sowie in den Provinzen vertritt, nämlich ein auf Vorschlag des Ministerpräsidenten im Einvernehmen mit dem Innenminister nominierter und mit Regierungsbeschluß sowie Ernennungsdekret des Staatspräsidenten versehener Regierungskommissar, dem, ausgestattet mit erheblichen personellen Ressourcen, die Aufsicht über Rechts- und Verwaltungsakte obliegt, welche von Bozen bzw. Trient getroffen werden.

Öffentliche Sicherheit und Schulwesen

Des weiteren wurde beispielsweise per Dekret Nr. 686 vom 1. November 1973 verfügt, daß die autonomen Provinzen Trient und Bozen auf den Sachgebieten „öffentliche Vorführungen" (alle in der Öffentlichkeit wirkenden Institutionen und Darbietungen) und „öffentliche Betriebe" jene Befugnisse ausüben, welche zuvor allein den Zentral- und Außenstellen des Staates oblagen. Dem jeweiligen Landeshauptmann kam nunmehr die Funktion zu, alle Maßnahmen zur Gewährleistung der öffentlichen Sicherheit zu treffen, die gemäß Gesetz fortan der jeweiligen Provinz zustehen. Alle Befugnisse auf dem Sachgebiet „öffentliche Sicherheit" blieben jedoch unter Aufsicht des römischen Regierungskommissars mit jeweiligem Sitz in Bozen bzw. Trient; davon ausgenommen wurden indes die den Provinzen übertragenen Zuständigkeiten auf dem Sachgebiet „öffentliche Vorführungen".

Das ebenfalls für die autonome Selbstverwaltung enorm wichtige Präsidialdekret Nr. 687 vom 1. November 1973 bestimmte, daß *„die Aufgaben der Staatsverwaltung auf dem Sachgebiet der Schulfürsorge zugunsten der Schüler der Grund- und Sekundarschulen, sowohl der staatlichen als auch jener, die ermächtigt sind, vom Staate anerkannte Studientitel auszustellen (Mittelschulen, humanistische Gymnasien, Realgymnasien, pädagogische Bildungsanstalten, Fachoberschulen, Fachlehranstalten und Kunstschulen) sowie zugunsten der Kinder der Kindergärten, und zwar sowohl jene, die unmittelbar von den Zentral- und Außenstellen des Staates ausgeübt wurden, als auch jene, die durch gesamtstaatliche oder überprovinziale öffentliche Anstalten und Institute wahrgenommen wurden, […] von den Provinzen Trient und Bozen […] unter Beachtung der Bestimmungen dieses Dekretes ausgeübt"* werden. Mittels Landesgesetzes konnten infolgedessen die zuvor zuständigen staatlichen Körperschaften aufgelöst und deren Personal bei Erhalt erreichter dienst- und besoldungsrechtlicher Stellung übernommen werden. Dasselbe galt auch für Gebäude, Mobiliar und Sachausstattungen.

Nach und nach wurden vom Präsidenten der Republik Italien – je nach Verhandlungsfortschritten und Übereinkünften in den zuständigen Kommissionen und parlamentarischen Gremien zur Inkraftsetzung von Durchführungsbestimmungen – weitere Verfügungen erlassen. Dekret Nr. 301 vom 5. Juli 1988 machte hinsichtlich der Einschreibung von Schülern in Schulen mit einer von der Muttersprache des Schülers verschiedenen Unterrichtssprache ergänzende Durchführungsbestimmungen notwendig. Sollte nämlich in Fällen dadurch *„die Leistungsfähigkeit der Schule beeinträchtigt werden"* können, daß *„diese Schüler nicht eine angemessene Kenntnis der für die besuchte Schule vorgesehenen Unterrichtssprache besitzen, um am Unterricht in der Klasse, in der sie eingeschrieben sind, mit Erfolg teilzunehmen"*, so mußten darüber Lehrer, Direktoren (nach Anhörung des Elternteils, der das Einschreibungsrecht ausgeübt hat) oder – insbesondere hinsichtlich volljähriger Schüler (maturabefähigender höherer Schulen) – paritätische Kommissionen befinden.

Öffentliche Arbeiten

Eine ebenso wichtige Neuregelung hinsichtlich autonomer Zuständigkeiten galt der Raumordnung und den öffentlichen Arbeiten. So bestimmte das Präsidialdekret Nr. 381 vom 22. März 1974, daß alle damit zusammenhängenden Befugnisse der Staatsverwaltung ebenso wie die bisher der Region Trentino-Südtirol auf diesen Sachgebieten zustehenden Befugnisse – insbesondere *„des wie auch immer geförderten Wohnbaus, der Nutzung der öffentlichen Gewässer, der Wasserbauten, der Maßnahmen zur Katastrophenvorbeugung und -soforthilfe, der Enteignungen aus Gründen der Gemeinnützigkeit, des Straßenwesens, der Wasserleitungen und öffentlichen Arbeiten im Interessenbereich der Provinz, die sowohl unmittelbar von den Zentral- und Außenstellen des Staates als auch durch gesamtstaatliche oder überprovinziale öffentliche Anstalten und Institute ausgeübt wurden"* – künftig von den Provinzen Trient und Bozen verwaltet werden.

Land- und Forstwirtschaft, Jagd und Fischerei

Für Südtirol und dessen Beschaffenheit war zudem das tagesgleich erlassene Dekret des Präsidenten der Republik Nr. 279 von Gewicht, worin die Durchführungsbestimmungen bezüglich Land- und Forstwirtschaft, Jagd und Fischerei festgelegt wurden. Seitdem liegen bei den Provinzen Bozen und Trient alle *bisher* der Staatsverwaltung ebenso wie die bisher der Region Trentino-Südtirol auf denselben Sachgebieten obliegenden Zuständigkeiten hinsichtlich *„der Ordnung der Mindestbewirtschaftungseinheiten, der Ordnung der geschlossenen Höfe und der auf alten Satzungen oder Gepflogenheiten beruhenden Familiengemeinschaften, der Jagd und Fischerei, der Almwirtschaft sowie der Pflanzen- und Tierschutzparke, der Landwirtschaft, der Forstwirtschaft und des Forstpersonals, des Vieh- und Fischbestandes, der Pflanzenschutzanstalten, der landwirtschaftlichen Konsortien und landwirtschaftlichen Versuchsanstalten, der Hagelabwehr, der Bodenverbesserung, die sowohl unmittelbar von den Zentral- und Außenstellen des Staates als auch durch gesamtstaatliche oder überprovinziale öffentliche Anstalten und Institute ausgeübt wurden"*.

Tourismus, Handwerk, Handel, Genossenschaften, Kreditanstalten

Dasselbe trifft gemäß selbigentags erlassenen Dekrets Nr. 278 auf Fremdenverkehr und Gastgewerbe *„einschließlich der Führer, der Bergträger, der Schilehrer und der Schischulen"* zu, *„die sowohl unmittelbar von den Zentral- und Außenstellen des Staates als auch durch gesamtstaatliche oder überprovinziale öffentliche Anstalten und Institute ausgeübt"* worden waren. Hinsichtlich Land- und Forstwirtschaft verfügte das ergänzende Dekret Nr. 511 (19. November 1987) die *„Förderung und Lenkung des Lebensmittelverbrauches, die Erhebung und*

Überprüfung der Daten über den Lebensmittelbedarf und die Bekämpfung der Fälschungen bei der Verarbeitung von landwirtschaftlichen Erzeugnissen und dem Handel damit".

Dekret 101 (31. Juli 1978) übertrug den beiden Provinzen die Zuständigkeit für Handwerk, Handel, Messen, Märkte, Steinbrüche, Gruben und Torfstiche sowie für die Förderung der jeweils angesiedelten Industrie. Dekret Nr. 235 (25. März 1977) regelte die Zuständigkeit für die *„Suche nach und die Erzeugung, Speicherung, Erhaltung, den Transport und die Verteilung jedweder Art von Energie"*. Dekret Nr. 472 (28. März 1975) übertrug den Provinzen *„die Entfaltung des Genossenschaftswesens und die Aufsicht über die Genossenschaften"*.

Dekret Nr. 234 (26. März 1977) wies der Region Trentino-Alto Adige – also nicht den beiden Provinzen – die *„Ordnung der Kreditanstalten regionalen Charakters"* zu, wobei die Oberaufsicht bei der zentralen Banca d'Italia verblieb. Indes übertrug Dekret Nr. 473 (28. März 1975) den Provinzen die Zuständigkeit für die Lokalfinanzen, d. h., sie hatten fortan die Bürgschaften zu übernehmen, welche zuvor der Staat für Gemeinden, Institute und Anstalten des geförderten Wohnbaus, von Krankenhäusern und anderen Körperschaften hinsichtlich aufgenommener Darlehen bei ermächtigten Krediteuren geleistet hatte. Dekret Nr. 475 (28. März 1975) übertrug alle dem Sport und der Freizeitgestaltung (einschließlich Anlagen und Einrichtungen) geltenden Bestimmungen ebenfalls den beiden Provinzen. Allerdings blieb die Zuständigkeit des Nationalen Olympischen Komitees Italiens (CONI) und von Sportverbänden, die internationalen Verbänden angeschlossen sind, hinsichtlich Wettkampftätigkeiten, die in den internationalen Sportvorschriften geregelt sind, aufrecht. Zudem hatten sich die Provinzen auch hinsichtlich der Finanzierung von Anlagen und Einrichtungen mit dem CONI ins Benehmen zu setzen.

Gesundheitswesen

Zentrale Bedeutung erlangte das Dekret Nr. 474 vom 28. März 1975 in Verbindung mit dem ergänzenden Dekret Nr. 197 vom 26. Januar 1980, worin die Bestimmungen hinsichtlich des Gesundheitswesens festgelegt wurden: Alle bisher dem Staat vorbehalten gewesenen *Befugnisse über die gesamte Gesundheits- und Krankenhausfürsorge* gingen damit auf das Trentino und auf Südtirol über. Dies schloß fortan auch die Materien *Arbeitshygiene und Arbeitsmedizin sowie die Verhütung von Arbeitsunfällen und Berufskrankheiten* ein. Den beiden Provinzen standen fortan *„die Gesetzgebungs- und Verwaltungsbefugnisse für den Betrieb und die Führung der Einrichtungen im Gesundheitswesen zu; in der Ausübung dieser Befugnisse müssen sie die gesundheitliche Betreuung und die Krankenhausfürsorge unter Wahrung der gesamtstaatlichen Mindeststandards gewährleisten"*. Die Provinzen erhielten auch die Zuständigkeit hinsichtlich der dienst- und besoldungsrechtlichen Stellung der Bediensteten der Einrichtungen „in den vom Statut vorgesehenen Grenzen". Lediglich *„die Zuständigkeiten der staatlichen Organe für die Gewährleistung der Sicherheit in den Gesundheitseinrichtungen in Strafanstalten und externen Pflegeeinrichtungen, in denen die inhaftierten und die eingewiesenen Personen betreut werden, bleiben davon unberührt. Zur Gewährleistung der notwendigen Koordinierung zwischen den Gesundheitsdiensten, der Gefängnisverwaltung und der Jugendstrafrechtspflege werden zwischen den zuständigen Landes- und Staatsorganen spezielle Vereinbarungen getroffen"*.

Arbeitsverwaltung und Beschäftigungswesen

Darüber hinaus entfalteten die Präsidialdekrete Nr. 689 vom 1. November 1973 hinsichtlich „Berufsertüchtigung und Berufsausbildung", Nr. 280 vom 22. März 1974 hinsichtlich Beschäftigung von Arbeitnehmern allgemein sowie Nr. 471 vom 28. März 1975 über „Lehrlingswesen, Arbeitsbücher, Berufsgruppen und berufliche Qualifikation der Arbeitnehmer" für Südtirol insbesondere unter den historisch bedingten gesellschafts- und bevölkerungspolitischen Bedingungen ihre Wirkung. Fortan konnten die Beschäftigungsverhältnisse mittels Regelungen für die Arbeitsvermittlung über Landes- und Gemeindekommissionen beeinflußt und gestaltet werden. So befand künftig die installierte Landeskommission über die berufliche Einstufung von Arbeitnehmern sowie deren *„Wechsel von einem Produktionszweig in einen anderen und von einer Kategorie in eine andere desselben Produktionszweiges“*. In allen Fällen gesetzlich geregelter Arbeitsvermittlung gingen *„die in der Provinz Bozen ansässigen Arbeitnehmer den anderen in die Arbeitsvermittlungsverzeichnisse eingetragenen Arbeitnehmern“* infolgedessen vor. Die in der Provinz Bozen-Südtirol tätigen Arbeitgeber waren verpflichtet, in der Provinz ansässige Arbeitnehmer einzustellen. Allerdings wurde ihnen für den Fall, daß *„in der Provinz ansässige Arbeitnehmer [...] nicht verfügbar sind“*, die *„namentliche Anforderung von Arbeitnehmern“* zugestanden, *„die in die Arbeitsvermittlungsverzeichnisse anderer Provinzen eingetragen sind“*.

An dieser Stelle sei bereits darauf hingewiesen, daß vier Jahre nach Abgabe der Streitbeilegungserklärung, mithin ab 1. Januar 1996, den beiden Provinzen „zur Verwirklichung umfassender Dienstleistungen auf dem Gebiet der Beschäftigung“, die bis dahin gemäß Zweitem Autonomiestatut *„vom Regionalamt bzw. von den Provinzialämtern für Arbeit und Vollbeschäftigung Trient und Bozen sowie den dezentralen Arbeitsvermittlungsstellen der jeweiligen Gebiete ausgeübten Verwaltungsbefugnisse“* ebenso wie *„die dezentralen Arbeitsvermittlungsstellen übertragen“* worden sind. Infolgedessen war das Regionalamt für Arbeit und Vollbeschäftigung funktionslos und wurde abgeschafft.

Sozialfürsorge

Das Dekret Nr. 58 vom 6. Januar 1978 legte die Bestimmungen über die Zuständigkeit für die Sozialversicherungen und die Sozialfürsorge fest. So stand der Region Trentino-Alto Adige fortan das Recht zu, bezüglich *„des Schutzes der unselbständigen und der selbständigen Erwerbstätigen bei Unfall, Krankheit, Arbeitsunfähigkeit und Alter, unfreiwilliger Arbeitslosigkeit und bei Mutterschaft [...] die Gesetzgebung des Staates zu ergänzen und eigene autonome Institute zu gründen oder deren Errichtung zu fördern“*. Die Region erhielt daher die Möglichkeit, eigenständig entsprechende Fonds einzurichten, wobei sämtliche in den Gemeinden der Region wohnhaften Personen, selbst wenn sie nicht in den in der Region vorhandenen Unternehmen oder Diensten beschäftigt sind, die Vergünstigungen in Anspruch nehmen können, welche die Region eigengesetzlich und eigenverantwortlich festlegt. Diffizile Verwaltungsvorschriften, deren umfängliche Einzelbestimmungen hier nicht aufgeführt werden sollen, welche aber im Einzelnen über https://assets-eu-01.kc-usercontent.com/61233281-10ab-0155-b35b-4a79363b5ead/a2157b31-20a8-4f4f-8864-60a5f20ef3be/publ_93806-115389_dprd-1978-58.pdf abrufbar sind, regeln die sozial- und steuerrechtlichen Voraussetzungen für Arbeitnehmer, Unternehmer, Gewerkschaften und Kollektivverträge.

Kultureinrichtungen

Das Dekret Nr. 691 (1. November 1973) bestimmte, daß den beiden Provinzen künftig die alleinige Verfügungsgewalt über *„örtliche Sitten und Bräuche sowie kulturelle Einrichtungen (Bibliotheken, Akademien, Institute, Museen) provinzialen Charakters“* als auch über *„örtliche künstlerische, kulturelle und bildende Veranstaltungen und Tätigkeiten“* oblag. Dasselbe galt auch hinsichtlich der Zuständigkeit für Rundfunk und Fernsehen. Allerdings war es gemäß Bestimmung 7.3 des Dekrets der Provinz Bozen-Südtirol *„verboten, Rundfunk- und Fernsehstationen zur Ausstrahlung eigener Programme zu errichten“*. Von besonderer Wichtigkeit hinsichtlich der Wahrung der Tirolität war Dekret Nr. 690 (1. November 1973) über *„Schutz und Pflege der geschichtlichen, künstlerischen und volklichen Werte“*.

Verwaltungsgerichtsbarkeit und Rechnungshöfe

In Dekret Nr. 426 vom 6. April 1984 wurden dem mit Dekret Nr. 670 (31. August 1972) eingerichteten regionalen Verwaltungsgericht in Trient sowie dessen autonomer Gerichtssektion in Bozen ausführliche Modifikationen über beider Zuständigkeiten sowie die jeweilige stellenplanmäßige Zusammensetzung (Vorsitzende, Richterschaft, Verwaltungspersonal) zugeschrieben. Der Autonomen Sektion Bozen wurden acht Richter im Range eines Rates des Regionalen Verwaltungsgerichtes zugewiesen, von denen vier der italienischen und vier der deutschen Sprachgruppe angehören mußten.

Und in Dekret Nr. 305 (15. Juli 1988) wurde den autonomen Provinzen Trient und Bozen auch jeweils eine Kontrollsektion des staatlichen Rechnungshofes überantwortet sowie der zur Erfüllung der Aufgaben erforderliche Stellenplan – bestehend aus Leitern, Richtern, Staatsanwälten, Sachbearbeitern, Verwaltungsbediensteten – fixiert. Den beiden Filialen des Rechnungshofes oblag nicht allein die Überprüfung und gegebenenfalls Ahndung des Haushaltsgebarens der beiden autonomen Provinzen sowie der autonomen Region, die ja trotz aller ihr entzogenen und dem Trentino und Südtirol jeweils übertragenen Kompetenzen und Zuständigkeiten fortbestand. Sondern sie waren auch bevollmächtigt, die Rechnungslegung aller öffentlichen Einrichtungen sowie Unternehmen mit Beteiligung der öffentlichen Hand zu kontrollieren und justiziell zu ahnden.

Studienbeihilfen

Für die Südtiroler Hochschülerschaft war das am 15. Juli 1988 erlassene Dekret Nr. 575 von enormer Bedeutung. Es ermöglichte nämlich der Landesregierung, losgelöst vom gesamtstaatlich-italienischen Usus eigenständig Studienbeihilfen zu leisten – und zwar nicht nur für Studenten, die an italienischen, sondern auch die an Hochschulen außerhalb Italiens immatrikuliert waren. So heißt es in der entsprechenden Bestimmung: *„Zu diesem Zweck kann die Provinz durch den Abschluß eigener Vereinbarungen mit zuständigen Organismen oder geeigneten Rechtsträgern in vollständiger oder teilweiser Ersetzung der Studienbeihilfen Fürsorgedienste zugunsten der Hochschüler leisten, die bei auf dem Staatsgebiet oder in den Ländern des deutschsprachigen Kulturraumes tätigen Hochschuleinrichtungen eingeschrieben sind."* Sie begünstigte insbesondere die an österreichischen und/oder deutschen Hochschulen Studierenden – damals die meisten, die bevorzugt an der „Landesuniversität Innsbruck" oder in Wien, nicht selten auch in München eingeschrieben waren –, denn sie waren zuvor aus der gesamtstaatlich-italienischen Studienförderung ausgeschlossen und auf (nicht selten als „Almosen" empfundene) Beihilfen aus Einrichtungen ihrer „Wirtsländer" angewiesen und wurden von dortigen Kommilitonen ob ihrer „Privilegien" mitunter unflätig-mißgünstig betrachtet, bisweilen sogar stigmatisiert.

Proporz- und Sprachbestimmungen

Die Verwirklichung, rechtliche Ausgestaltung, Umsetzung und Anwendung der Durchführungsbestimmungen zu den komplexen Materien Proporz und jeweiligem Sprachgebrauch nach dem Zweisprachigkeitsgebot gemäß Pariser Vertrag sowie Zweitem Autonomiestatut erwies sich als nicht nur komplexe, sondern vor allem auch umstrittenste Angelegenheit. Sowohl in den direkten Verhandlungen darüber als auch in den parlamentarischen Auseinandersetzungen darob im Südtiroler wie im Tiroler Landtag, in den römischen Kammern und nicht zuletzt im Nationalrat zu Wien wurde mannigfach und kontrovers debattiert. Schlaglichtartig mögen dies die folgenden beiden (von nach Hunderten zählenden) sachbezogenen Wortmeldungen beleuchten, welche in dem von Hubert Speckner herausgegebenen Monumentalwerk „Herzensangelegenheit Südtirol" exemplarisch von der Harzigkeit des Realisierungsprozesses zeugen. So erinnerte der damalige Nationalratsabgeordnete Norbert Steger (FPÖ; von 1983–1986 Vizekanzler in der SPÖ-FPÖ-Koalitionsregierung Sinowatz/Steger) in der Nationalratssitzung am 1. Juli 1980 an Aussagen des Südtiroler Landeshauptmanns Silvius Magnago, *„Österreich anzurufen"*, falls es *„im Jahr 1980 wieder nicht zur Verabschiedung der wesentlichen und dringendsten Durchführungsbestimmungen zum Südtirol-Paket"* komme. Steger nannte im Zusammenhang damit vor allem die *„Dekrete zur Gleichberechtigung der* *deutschen Sprache"* und kritisierte unverblümt den *„Chauvinismus in Italien"* als Ursache. Und Ludwig Steiner (ÖVP; ehedem Staatssekretär im Außenministerium) übte unter Hinweis auf die „nach wie vor ausständigen Regelungen des Südtirol-Pakets, vor allem die Gleichstellung der Sprache", Kritik an Bundeskanzler Kreisky (SPÖ). (12)

Am 19. Oktober 1977 erließ der italienische Staatspräsident das Dekret Nr. 846, wonach für die nach den statutarischen Proporzkriterien in staatlichen Ämtern der Provinz Bozen-Südtirol Beschäftigten „die Kenntnis der beiden Sprachen" zu gelten hatte. Daß die Kenntnis beider Sprachen mittels Prüfungen nachzuweisen war – was insbesondere die ethnischen Italiener unter Nachweispflichtdruck setzte –, galt ohnedies bereits als Voraussetzung, da der prüfungspflichtige Nachweis bereits mit Dekret Nr. 116 vom 20. Januar 1973 vorgeschrieben war. Die Ausdehnung der Vorschriften über die Sprachkenntnisnachweise und Anwendung auf „öffentliche Körperschaften und Anstalten, die durch Gesetz oder durch mit Gesetzeskraft ausgestattete Rechtsakte errichtet oder geregelt wurden", legte das Präsidialdekret Nr. 31 vom Juli 1978 fest. Ausgeschlossen davon blieben „Unternehmen öffentlich-rechtlichen Charakters, die im freien Wettbewerb tätig" waren. Ergänzungen und Modifikationen bis hin zu detaillierten Stellenplänen und Personalstrukturen für die einzelnen Dienststellen staatlicher Ämter und Unternehmen mit Öffentlichkeitscharakter, für welche die statutarische Personalproporzpflicht sowie infolgedessen die Sprachdekrete galten, regelte das am 29. April 1982 in Kraft gesetzte Dekret Nr. 327 des Präsidenten der Republik.

Sprachdekrete

Indes stellt das vom Präsidenten der Republik Italien im Rahmen der Anwendungs- und Ausgestaltungsvorschriften betreffend die Durchführungsbestimmungen zum Zweiten Autonomiestatut erlassene Dekret Nr. 574 vom 15. Juli 1988, veröffentlicht am 8. Mai 1989 im italienischen Gesetzblatt Nr. 105, alle zuvor in Kraft gesetzten Sprachdekrete an Umfang, Geltungsbreite, Regelungsdichte und -klarheit weit in den Schatten. In sechs Kapiteln mit insgesamt 39 Artikeln regelt es detailliert den Gebrauch der deutschen, italienischen und der (bis dahin unberücksichtigt gebliebenen) ladinischen Sprache in allen Beziehungen zwischen natürlichen und juristischen Personen zur öffentlichen Verwaltung jeder Ebene (Gemeinden, Land/Provinz/Region und Staat) sowie in Unternehmungen mit Öffentlichkeitscharakter. Zudem enthält es nunmehr auch die jahrelang heftigst umstrittenen Sprachbestimmungen für Angelegenheiten der Justiz, insbesondere Vorschriften zum Sprachgebrauch in Gerichtsverfahren, weshalb hier einige der wichtigsten herausgegriffen seien:

Art. 13: Die Gerichtsämter und Gerichtsorgane müssen (...) in den Beziehungen zu den betroffenen Personen und in den entsprechenden Akten die vom Antragsteller verwendete Sprache verwenden.

Art. 14: (1) Bei Anhaltung auf frischer Tat, Festnahme oder vorbeugender Maßnahme, die sich auf die Person bezieht, bzw. bei Ausführung einer anderen Handlung gegenüber einer anwesenden Person müssen sich die handelnden höheren und einfachen Amtsträger der Gerichtspolizei, nicht nur den in den Artikel 386 bzw. 293 der Strafprozessordnung vorgesehenen Pflichten anpassen, sondern sie müssen die Person, die von der vorbeugenden Maßnahme bzw. von jeder weiteren Handlung betroffen ist, fragen, ob sie italienischer oder deutscher Muttersprache ist. Gibt die Person die verlangte Erklärung ab, so werden die Akte in der angegebenen Sprache abgefasst.

(2) Sollte sich die betroffene Person weigern zu antworten, so wird die mutmaßliche Muttersprache verwendet bzw. weiterhin verwendet, welche aufgrund der offenkundigen Sprachgruppenzugehörigkeit der Person bzw. aufgrund anderer bereits ermittelter Elemente festzusetzen ist.

(3) Sämtliche bereits anlässlich der Vorerhebungen verfassten Akte, die zur Akte der Staatsanwaltschaft gehören und in einer anderen Sprache verfasst sind als derjenigen, die

laut Absatz 2 erklärt wurde, werden in die angegebene Muttersprache übersetzt, sofern sie der den Erhebungen unterworfenen Person zur Verfügung zu stellen sind.

Art. 15: (1) Die Staatsanwaltschaft erstellt die Akte in der aufgrund der Kriterien gemäß Artikel 14 Absatz 2 festzustellenden mutmaßlichen italienischen oder deutschen Muttersprache der von den Erhebungen betroffenen Person, und zwar nachdem sie den Namen der Person, welcher die strafbare Handlung zugeschrieben ist, in das Register laut Artikel 335 der Strafprozessordnung eingetragen hat.

(4) Wenn die Ermittlungen in einer anderen Sprache als der vorhergehend verwendeten fortgesetzt werden, so verfügt die Staatsanwaltschaft die Übersetzung der bis dahin verfassten Akte. Die in der Akte der Staatsanwaltschaft enthaltenen Dokumente sowie die Gutachten der Sachverständigen und der Amtssachverständigen, die in einer anderen Sprache als der Verfahrenssprache abgefasst sind, werden auf Antrag einer Partei übersetzt.

Art. 16: (1) Die Vorverhandlung und das Verfahren, und zwar auch das abgekürzte Verfahren, sind in der Sprache abzuhalten, die gemäß der in den Artikeln 14 und 15 enthaltenen Regelung festgestellt wurde.

(2) Sofern Vertrauensverteidiger, deren Muttersprache nicht mit der Prozesssprache übereinstimmt, mit Wortmeldungen verfahrensrechtliche Vorfragen aufwerfen oder Verteidigungen vorbringen, können diese in der genannten Muttersprache erfolgen und werden unmittelbar übersetzt sowie in der Verfahrenssprache protokolliert.

(3) Die Einvernahme oder die Vernehmung des Angeklagten erfolgt auf dessen Antrag in der gemäß Artikel 14 Absatz 1 angegebenen Sprache, wenn diese nicht mit der Verfahrenssprache übereinstimmt, und wird unmittelbar übersetzt sowie in der Verfahrenssprache protokolliert.

(4) Die Vernehmung der Zeugen, der Sachverständigen und der Amtssachverständigen erfolgt in der von ihnen gewählten Sprache und wird unmittelbar übersetzt sowie in der Verfahrenssprache protokolliert.

(5) Die verletzte Person und die Parteien, die nicht die angeklagte Partei und die Zivilpartei sind, sind für die Zwecke der Feststellung der Verfahrenssprache nicht zu berücksichtigen. Ihre Vernehmung erfolgt in der gewählten Sprache und wird unmittelbar übersetzt sowie in der Verfahrenssprache protokolliert.

(6) In den Fällen laut den Absätzen 2, 3, 4 und 5 wird das Protokoll nur in der verwendeten Sprache abgefasst, falls die Partei, die Interesse an der Übersetzung hat, darauf verzichtet.

(7) Die von den Parteien im Verfahren vorgelegten Dokumente sowie die Gutachten der Sachverständigen und der Amtssachverständigen, die in einer anderen Sprache als der Verfahrenssprache abgefasst sind, werden auf Antrag einer Partei übersetzt.

Art. 17: (1) Die den Erhebungen unterworfene Person oder der Angeklagte kann mit einer entweder persönlich vor der mit dem Verfahren betrauten Gerichtsbehörde abzugebenden Erklärung oder bei dieser mittels einem auch durch den Verteidiger zugestellten schriftlichen Antrag beantragen, dass das Verfahren in der anderen Sprache fortgesetzt wird. Diese Erklärung kann erst 24 Stunden nach Abschluss der Einvernahme – im Falle der Anhaltung auf frischer Tat, der Festnahme oder einer vorbeugenden Maßnahme, die sich auf die Person bezieht – oder 24 Stunden nach der Durchführung der anderen Handlungen gemäß Artikel 14 Absatz 1 abgegeben werden.

(2) Diese Erklärung ist nur einmal im Laufe des Verfahrens erster Instanz gestattet und muss vor der Eröffnung der Hauptverhandlung abgegeben werden bzw. im Falle eines Antrages auf ein abgekürztes Verfahren vor der Formulierung desselben.

Art. 18: (1) Das Verfahren, in dem die Angeklagten oder die Zivilpartei eine andere Sprache verwenden, ist zweisprachig.

(2) Das Verfahren wird einsprachig geführt, wenn alle Parteien erklären, dieselbe Sprache zu wählen.

(3) Im zweisprachigen Verfahren verwendet jede Partei die im Sinne der vorstehenden Artikel festgestellte Sprache. Sofern die Parteien nicht darauf verzichten,

a) sind die mündlichen Äußerungen der Parteien unmittelbar zu übersetzen;
b) sind die Äußerungen und die Anträge sowie die Anklagereden oder die Anklageschriften der Staatsanwaltschaft in beiden Sprachen vorzubringen oder abzufassen;
c) sind die Zeugen, die Amtsachverständigen und die Sachverständigen in der von ihnen gewählten Sprache mit unmittelbarer Übersetzung zu vernehmen;
d) hat die Einvernahme oder die Vernehmung des Angeklagten und der weiteren privaten Parteien in der von ihnen gewählten Sprache mit unmittelbarer Übersetzung zu erfolgen;
e) sind die von den Parteien vorgelegten Dokumente und Akte, die Gutachten der Sachverständigen und die Berichte der Amtssachverständigen in die andere Sprache zu übersetzen;
f) ist das Protokoll zweisprachig abzufassen;
g) sind die gerichtlichen Verfügungen in beiden Sprachen abzufassen.

Art. 20: (1) Im Zivilverfahren hat jede Partei das Recht, die Sprache zu wählen, in der sie ihre Verfahrensakte abfasst. Die Wahl ergibt sich aus der Abfassung in der einen oder in der anderen Sprache der verfahrenseinleitenden Schrift oder der Klagebeantwortung oder der gleichwertigen Akte.

(2) Sollten die verfahrenseinleitende Schrift und die Klagebeantwortung oder die gleichwertigen Akte in derselben Sprache abgefasst sein, so ist das Verfahren einsprachig. Andernfalls ist das Verfahren zweisprachig.

(3) Im zweisprachigen Verfahren verwendet jede Partei die von ihr gewählte Sprache.

Art. 23: (1) Die Verletzung der Bestimmungen (...) welche die Wahl und die Verwendung der Sprache betreffen bzw. damit zusammenhängen, bewirkt die von Amts wegen wahrzunehmende Nichtigkeit sämtlicher – auch nachfolgenden – in der anderen Sprache abgefassten Akte, unbeschadet der Bestimmungen des Artikels 161 Absatz 1 der Zivilprozessordnung. Nur die Partei, gegenüber welcher die Verwendung der vorgeschriebenen Sprache unterlassen wurde, kann das Urteil anfechten, um obgenannte Nichtigkeit geltend zu machen.

Art. 28: (1) Die Karteiblätter des Strafregisters Bozen sind von dem dafür eingerichteten Amt bei der Staatsanwaltschaft Bozen zugleich in italienischer und in deutscher Sprache auszufüllen.

(2) Die Auszüge aus dem Strafregister Bozen sind in der vom Betroffenen verlangten Sprache auszustellen.

(3) Die betroffenen Personen können den Strafauszug im Strafregisteramt bei der Staatsanwaltschaft Bozen verlangen, auch wenn andere Staatsanwaltschaften dafür zuständig sind. In diesem Fall hat das Amt in Bozen den Strafauszug bei der zuständigen Staatsanwaltschaft anzufordern und ihn in der vom Betroffenen verlangten Sprache auszustellen.

Schließlich wurde, um die leidige Angelegenheit Sprachgebrauch noch einigermaßen rechtzeitig einer Lösung näherzubringen, damit endlich die Voraussetzungen zur Abgabe der Streitbeilegungserklärung erfüllt sein sollten, im Legislativdekret Nr. 265 vom 16. März 1992 der „Gebrauch der deutschen Sprache am Bozner Konservatorium" geregelt und im Legislativdekret Nr. 267 (ebenfalls vom 16. März 1992) „Änderungen an bereits erlassenen Durchführungsbestimmungen" vorgenommen. (13)

An dieser Stelle schon muß kritisch angemerkt werden, daß die bereits im Pariser Abkommen vereinbarte Gleichstellung der deutschen mit der italienischen Sprache sowie die in den einschlägigen Durchführungsbestimmungen zum Autonomie-Paket, welche letztlich in dafür zentralen staatspräsidentiellen Dekreten, die mit der Veröffentlichung im italienischen Gesetzblatt formelle Rechtskraft erlangten (s. o.) festgelegte und für den gesamten öffentlichen Raum geltende Zweisprachigkeitspflicht nicht nur nicht durchgängig eingehalten wird, sondern vielfach grob fahrlässig ebenso wie in Siamo-in-Italia-Mentalität bewußt verletzt wurde und wird. Das geht aus einer Antwort von Landeshauptmann Arno Kompatscher (SVP) vom 15. April 2024 auf die von den Abgeordneten Hannes Rabensteiner, Sven Knoll, Bernhard

AUTONOME PROVINZ BOZEN - SÜDTIROL
Landeshauptmann

PROVINCIA AUTONOMA DI BOLZANO - ALTO ADIGE
Presidente della Provincia

Bozen, 15.04.2024

Bearbeitet von:

Herr L.-Abg.
Hannes Rabensteiner

Herr L.-Abg.
Sven Knoll

Herr L.Abg.
Bernhard Zimmerhofer

Frau L.-Abg.
Myriam Atz Tammerle

Südtiroler Landtag
Im Hause

Zur Kenntnis: Herrn Präsidenten
Arnold Schuler
Südtiroler Landtag
Im Hause

Antwort auf die schriftliche Anfrage Nr. 105/24 vom 11.03.23(24)

Sehr geehrte Landtagsabgeordnete,

ich nehme hiermit Bezug auf die vorliegende Anfrage und teile Folgendes mit:

1. **Wie viele und welche Arten von Verletzungen der Zweisprachigkeitspflicht gab es seit der Einrichtung des Amtes für Bürgerrechte und Landessprachen? Bitte um Nennung der jeweiligen Bereiche bzw. Einrichtungen, in denen die Zweisprachigkeitspflicht verletzt wurde, sowie der jeweils betroffenen Sprache, deren Gebrauch missachtet wurde. Es wird um eine Auflistung ersucht.**
   In Beantwortung der Frage 1 wird auf die beiliegende Auflistung in der Anlage verwiesen.

2. **Wie viele Strafen auf Grund von Verletzungen der Zweisprachigkeitspflicht wurden in den letzten fünf Jahren vom Regierungskommissär verhängt? Bitte um Nennung der jeweiligen Bereiche bzw. Einrichtungen, in denen die Zweisprachigkeitspflicht verletzt wurde, der jeweils betroffenen Sprache, deren Gebrauch missachtet wurde, sowie der jeweiligen Höhe der Strafe. Es wird um eine Auflistung ersucht.**
   Laut Rückmeldung des zuständigen Regierungskommissariats wurden in den letzten fünf Jahren, nach detaillierter Überprüfung der einzelnen Fälle unter rechtliches Gehör mit der betroffenen Körperschaft, keine Strafen wegen der Verletzung der Zweisprachigkeitspflicht ausgestellt.

Mit freundlichen Grüßen

Der Landeshauptmann
Arno Kompatscher
(mit digitaler Unterschrift unterzeichnet)

Firmato digitalmente da: Arno Kompatscher
Data: 15/04/2024 12:11:00

Landhaus 1, Silvius-Magnago-Platz 1 - 39100 Bozen
Tel. 0471 41 22 22 - Fax 0471 41 22 99
http://www.provinz.bz.it/landeshauptmann
Landeshauptmann@provinz.bz.it
Steuernr./Mwst.Nr. 00390090215

Palazzo 1, Piazza Silvius Magnago 1 - 39100 Bolzano
Tel. 0471 41 22 22 - Fax 0471 41 22 99
http://www.provincia.bz.it/presidente
presidente@provincia.bz.it
Codice fiscale/Partita Iva 00390090215

Zimmerhofer und Myriam Atz Tammerle (alle von der Oppositionspartei STF) im Südtiroler Landtag eingebrachte schriftliche Anfrage Nr. 105/24 unzweifelhaft hervor, worin in einer fünfseitigen Anlage alle für die Jahre 2020–2024 aufgelisteten Fälle von Verletzungen der Zweisprachigkeitspflicht detailliert verzeichnet sind.

Jahr 2020

Nr.	*Gegenstand der Beschwerde*	*Einrichtung*	*Sprache, auf die sich die Meldung bezieht*
1	obligatorisches Mediations-verfahren	Rechtsanwaltskammer Bozen	DEUTSCH
2	Telefonische Kommunikation mit Bürger	Sozialsprengel Eggental-Schlern	DEUTSCH
3	Anfrage zur Beschilderung Schigebiet Ritten	—	—
4	Anfrage zur Beschilderung Schigebiet Obereggen	—	—
5	Anfrage zur Sprachgruppen-zugehörigkeitserklarung	—	—
6	Einsprachiges Online-Portal zur Meldung von Covid-19-Fällen	Südtiroler Sanitätsbetrieb	DEUTSCH
7	Anfrage zur Staatsbürgerschaft	—	—
8	Sprachgebrauch Busfahrer	SAD	DEUTSCH
9	Internetseite	Meranarena GmbH	DEUTSCH
10	Sprachgebrauch bei konfektio-nierten Leistungen	Sant'Anna Privatklinik	DEUTSCH
11	Kommunikation mit Bürger	Carabinieri Abtei	DEUTSCH
12	Anfrage zur Sprachgruppen-zugehörigkeitserklärung	—	—
13	Beschriftung von Rettungswagen	Weißes Kreuz Bozen	DEUTSCH
14	Dienstsitz und Versetzung	Carabinieri	DEUTSCH
15	Anfrage zur Sprachgruppen-zugehörigkeitserklärung	—	—
16	Kommunikation mit Bürger	Südtiroler Sanitätsbetrieb	DEUTSCH
17	Mitteilungen an die Bürger	Zoll- und Monopol-agentur	DEUTSCH
18	Telefonische Kommunikation mit Bürger	Finanzwache Schlanders	DEUTSCH
19	Steuerbescheid	Agentur der Einnahmen	DEUTSCH
20	Informationen auf Internetseite	Rechtsanwaltskammer Bozen	DEUTSCH
21	Anfrage zur Sprachgruppen-zugehörigkeitserklärung	—	—
22	Anfrage zur Sprachgruppen-zugehörigkeitserklärung	—	—

23	Kommunikation mit Bürger	Handelskammer Bozen	DEUTSCH
24	Abschlussprüfung	Sommeliervereinigung Südtirol	DEUTSCH
25	Beschilderung Gemeinschaftspraxis	Gemeinschaftspraxis Ärzte	DEUTSCH
26	Online-Portal	SIAE	—
27	Beschilderung	Landhausbar	—
28	Hinweisschilder	Italienische Post AG	DEUTSCH

Jahr 2021

Nr.	*Gegenstand der Beschwerde*	*Einrichtung*	*Sprache, auf die sich die Meldung bezieht*
1	Mitteilungen an die Mieter	Institut für den sozialen Wohnbau des Landes Süd-tirol – Mieterservicestelle Bozen	DEUTSCH
2	Beschriftung von Lebensmitteln	Handelskammer Bozen	DEUTSCH
3	Kommunikation Bürger	INAIL	DEUTSCH
4	Strafbescheid	Stadtpolizei Bozen	DEUTSCH
5	Sprachgebrauch Hausarzt	SABES	DEUTSCH
6	Einsprachiges Baustellenschild	Amt für Straßenbau Nord-Ost	DEUTSCH
7	Anfrage zum Sprachgebrauch für Nicht-EU-Bürger	—	—
8	Sprachgebrauch bei Coronapass	Südtiroler Sanitätsbetrieb	DEUTSCH
9	Sprachgebrauch Grüner Pass	Gesundheitsministerium	DEUTSCH
10	Sprachgebrauch Grüner Pass	Gesundheitsministerium	DEUTSCH
11	Sprachgebrauch Grüner Pass	SABES	DEUTSCH
12	Sprachgebrauch Einreiseregeln	Gesundheitsministerium	DEUTSCH
13	Presseaussendung aktuelle Corona-Zahlen	Südtiroler Sanitätsbetrieb	DEUTSCH
14	Sprachgebrauch	Patronat München	DEUTSCH
15	Sprachgebrauch Kurznachricht	Südtiroler Sanitätsbetrieb	DEUTSCH
16	Sprachgebrauch Sanibook	Südtiroler Sanitätsbetrieb	DEUTSCH
17	Schriftliche Anfrage eines Bürgers	Südtiroler Sanitätsbetrieb	DEUTSCH
18	Sprachgebrauch Arzt	Südtiroter Sanitätsbetrieb	DEUTSCH
19	Sprachgebrauch Hausarzt	SABES	DEUTSCH
20	Sprachgebrauch bei Paket-zustellung	Italienische Post	DEUTSCH
21	Einsprachige Information	Gemeinde Bozen	DEUTSCH
22	Online-Portal und Formulare	Fahrzeugregisteramt	DEUTSCH

23	Anfrage zur Zweisprachigkeitsprüfung	—	—
24	Zahlungsaufforderung	Agentur der Einnahmen	DEUTSCH
25	Online-Beschaffungssystem	Agentur für öffentliche Verträge	DEUTSCH
26	Anfrage zur Sprachgruppenzugehörigkeitserklärung	—	—
27	Mitteilungen über das Online-Beschaffungssystem	AOV – Agentur für die Verfahren und die Aufsicht im Bereich öffentliche Bau-, Dienstleistungs- und Lieferaufträge	DEUTSCH
28	Kommunikation mit Bürger	Postamt Bruneck	DEUTSCH
29	Sprachgebrauch Coronapass	Gesundheitsministerium	DEUTSCH

Jahr 2022

Nr.	*Gegenstand der Beschwerde*	*Einrichtung*	*Sprache, auf die sich die Meldung bezieht*
1	Anfrage zu mycivis	Abteilung Informationstechnik	—
2	Sprachgebrauch Ärzte	Südtiroler Sanitätsbetrieb	DEUTSCH
3	Einsprachige Hausärzte	Südtiroler Sanitätsbetrieb	DEUTSCH
4	Sprachgebrauch konventionierte Leistungen	Südtiroler Sanitätsbetrieb	DEUTSCH
5	Notrufnummer	Südtiroler Sanitätsbetrieb	DEUTSCH
6	Vormerkung Hausarzt	Südtiroler Sanitätsbetrieb	DEUTSCH
7	Sprachgebrauch bei Versteigerung	Landesgericht Bozen	DEUTSCH
8	Kommunikation mit Bürger	Agentur der Einnahmen	DEUTSCH
9	Online-Vormerkdienst	Agentur der Einnahmen	DEUTSCH
10	Überprüfungsgerät Grüner Pass	Gemeinde Brixen	DEUTSCH
11	Kommunikation mit Bürger	Südtiroler Sanitätsbetrieb	DEUTSCH
12	Anfrage zu Sprachgebrauch Sprechstunde in der Schule	—	—
13	Durchsagen in Bahnhöfen und Zügen	Trenitalia AG	DEUTSCH
14	Anfrage zu den Zweisprachigkeitsprüfungen	—	—
15	Anfrage zu Zweisprachigkeitszulage und Zulassung zu Wettbewerben	—	—
16	Anfrage zu Stellenvorbehalt für zweisprachiges Personal	—	—

17	Sprachgebrauch Sachwalter	Landesgericht Bozen	DEUTSCH
18	Mitteilungen an Kunden	Alperia AG	DEUTSCH
19	Durchsagen in Bahnhöfen und Zügen	Trenitalia AG	DEUTSCH
20	Online-Vormerkdienst	Agentur der Einnahmen	DEUTSCH
21	Telefonische Kommunikation mit Bürger	Agentur der Einnahmen	DEUTSCH
22	Kommunikation mit Bürger	Südtiroler Einzugsdienste AG	DEUTSCH
23	Kommunikation mit Bürger	Staatspolizei	DEUTSCH
24	Online-Portal Führerschein	Ministero delle Infrastrutture e dei Trasporti	DEUTSCH
25	Sprachgebrauch Akte	Fahrzeugregisteramt	DEUTSCH
26	Anfrage zur Zweisprachigkeitsprüfung	—	—
27	Sprachgebrauch Busfahrer	SAD	DEUTSCH
28	Sprachgebrauch Carabinieri Ritten	Carabinieri Ritten	DEUTSCH
29	Ausstellung italienischsprachiger Befund	Südtiroler Sanitätsbetrieb	DEUTSCH
30	Führerscheinkommission	Südtiroler Sanitätsbetrieb	DEUTSCH
31	Ausstellung italienischsprachiger Befund	Südtiroler Sanitätsbetrieb	DEUTSCH
32	Mitteilungen an Mitglieder	Journalistenkammer	DEUTSCH
33	Einsprachiges Baustellenschild	Ortspolizei Brixen	DEUTSCH
34	Zivilprozessordnung nur in italienischer Sprache	—	—

Jahr 2023

Nr.	*Gegenstand der Beschwerde*	*Einrichtung*	*Sprache, auf die sich die Meldung bezieht*
1	Sprachgebrauch Arzt	Südtiroler Sanitätsbetrieb	DEUTSCH
2	Ausstellung Rechnung in deutscher Sprache	Telecom Italia AG	DEUTSCH
3	Online-Portal SIAE	SIAE	DEUTSCH
4	Kommunikation mit Bürger	Amt für Sprachgruppenzugehörigkeit. Landesgericht Bozen	DEUTSCH
5	Beschilderung Unfallstelle	Carabinieri Meran	DEUTSCHE
6	Beschilderung Baustelle	Brennerautobahn AG	DEUTSCH
7	Beschilderung Baustelle Percha		DEUTSCH
8	Kommunikation mit Bürger	Gemeinde Bozen	DEUTSCH

9	Ausbildungskurs für Präsidenten einer Wahlsektion	Amt für institutionelle Angelegenheiten, Landesverwaltung	DEUTSCH
10	Verträge mit Postemobile	Italienische Post AG	DEUTSCH
11	Kommunikation mit Bürger	Handelskammer Bozen	DEUTSCH
12	Personal in den Zügen	Trenitalia AG	DEUTSCH
13	Mitteilungen von mycivis	Abteilung Informations-technik	DEUTSCH
14	Beschilderung Baustelle	Abteilung Vermögen. Amt für Bauerhaltung	DEUTSCH
15	Postzusendung LP	Agentur für Presse und Kommunikation	DEUTSCH
16	Personal in Bussen	SASA	DEUTSCH
17	Informationen zum Videoüberwachungssystem	SASA	DEUTSCH
18	Anfrage zum Datenschutz	—	
19	Beschilderung KH Sterzing	Südtiroler Sanitätsbetrieb	DEUTSCH
20	Personal in Zügen	Trenitalia AG	DEUTSCH
21	Sprachgebrauch und Ausstellung einsprachiges Übertretungsproto-koll	Carabinieri	DEUTSCH
22	Beschriftung von Lebensmittel	Handelskammer Bozen	DEUTSCH
23	Notrufnummer 112	Carabinieri	DEUTSCH
24	Beschilderung Baustelle	Gemeinde Vilnöß	DEUTSCH
25	Übertretungsprotokoll	ISTAT	DEUTSCH
26	Veröffentlichung Informationen online	SASA	DEUTSCH
27	Beschilderung Baustelle	Brennerautobahn AG	DEUTSCH
28	Kommunikation mit Bürger	Alperia AG	DEUTSCH
29	Sprachgebrauch Hausarzt	Südtiroler Sanitätsbetrieb	DEUTSCH
30	Veröffentlichung Homepage	SASA	DEUTSCH
31	Formular nur in italienischer Sprache	SASA	DEUTSCH
32	Durchsage in Zügen	Trenitalia AG	DEUTSCH
33	Kommunikation mit Bürger	Gebietsinspektorat des Ministeriums für Unter-nehmen und des Made in Italy	DEUTSCH
34	Tickets	Italienische Post AG	DEUTSCH
35	Kommunikation mit Bürger	ItalferGmbH	DEUTSCH
36	Sprachgebrauch Sanitätspersonal	INAIL Bozen	DEUTSCH
37	Formulare	Generaldirektion Motorisierung	DEUTSCH

38	Anfrage zu Aufnahme von Personal	—	—
39	Kommunikation mit Bürger	Gemeinde Naturns	DEUTSCH
40	Durchsage in Zügen	Trenitalia AG	DEUTSCH
41	Anfrage zur Zweisprachigkeitszulage	—	—
42	Online-Kundenportal	EDYNA GmbH	DEUTSCH
43	Kommunikation mit Bürger	Agentur der Einnahmen	DEUTSCH
44	Kommunikation mit Bürger	Quästur Bozen	DEUTSCH
45	Sprachgebrauch Ärzte	Südtiroler Sanitätsbetrieb	DEUTSCH
46	Beschilderung Bahnhöfe Brixen und Bozen	Trenitalia AG	DEUTSCH
47	Kommunikation mit Bürger	Landwirtschaftsministerium	DEUTSCH
48	Kommunikation mit Bürger	Gemeinde Bozen	DEUTSCH
49	Beschilderung Bahnhof Brixen	Trenitalia AG	DEUTSCH
50	Beschilderung Bahnhof Brixen	Trenitalia AG	DEUTSCH
51	Beschilderung am Bahnhof Brenner	Trenitalia AG	DEUTSCH
52	Online-Portal zur Bezahlung	Brennerautobahn AG	DEUTSCH
53	Einheitsschalter für das Bauwesen – Onlineportal	Gemeindeverband Südtirol und Handelskammer Bozen	DEUTSCH
54	Sprachgebrauch bei Schlichtungsverfahren	ARERA	DEUTSCH
55	Assistenzdienst RUNTS	Arbeits- und Sozialministerium	DEUTSCH
56	Kommunikation mit Bürger	NIFS Bozen	DEUTSCH
57	Onlineportal für die Erstellung des CUP	Ministerium für Wirtschaft und Finanzen	DEUTSCH

Jahr 2024

Nr.	*Gegenstand der Beschwerde*	*Einrichtung*	*Sprache, auf die sich die Meldung bezieht*
1	Online-Datenbank ANPR Nationales Meldeamt der ansässigen Bevölkerung	Innenministerium	DEUTSCH
2	Sprachgebrauch Identitätskarte	Gemeinde Meran	DEUTSCH
3	Kommunikation mit Bürger	Forstinspektorat	DEUTSCH
4	Notruf 112	Carabinieri	DEUTSCH
5	Hinweisschilder	Gemeinde Meran	DEUTSCH
6	Anfrage zu Sprachgebrauch bei Versicherungsunterlagen	—	—

7	Sprachgebrauch Hausarzt	Südtiroler Sanitätsbetrieb	DEUTSCH
8	Kommunikation mit Bürger	Carabinieri	DEUTSCH
9	Hinweisschilder Feuerlöscher	Südtiroler Sanitätsbetrieb	DEUTSCH
10	Personal Krankenhaus	Südtiroler Sanitätsbetrieb	DEUTSCH

Demnach wurden seit Einrichtung eines eigens dafür geschaffenen „Amtes für Landessprachen und Bürgerrechte", der „ersten Anlaufstelle für Bürger bei Zweisprachigkeitsverletzungen", 158 Verstöße gegen die Zweisprachigkeitspflicht gemeldet. In 134 Fällen bezogen sich die Meldungen auf die deutsche Sprache. Auch für die anderen 24 Fälle, in denen keine Sprache angegeben war, liegt die begründete Vermutung nahe, daß sie sich ebenso auf die deutsche Sprache beziehen. Am häufigsten wird in Einrichtungen des Sanitätswesens, bei der Eisenbahngesellschaft Trenitalia AG und den Carabinieri (kasernierte Polizei) sowie in Postämtern und den Steuerbehörden gegen die Zweisprachigkeitspflicht verstoßen. Zudem wurde vom Regierungskommissariat – der höchsten staatlichen Vertretungsinstanz in Bozen – seit Inkrafttreten der Zweisprachigkeitsbestimmungen 1988 (s. o.) noch nie eine Verwaltungsstrafe wegen Mißachtung der deutschen Sprache ausgestellt.

Irrungen und Wirrungen zwischen Bozen und Rom

Die größte Schwierigkeit bereitet(e) die Gleichstellung der deutschen mit der italienischen Sprache tatsächlich vor Gericht, in der Verwaltung und insbesondere bei in Südtirol ansässigen Organen des Zentralstaats. Infolge der z. T. diametral gegenläufigen Interessen ist dies kaum verwunderlich. Im März 1987 – Optimisten in Bozen wähnten schon die Paketverwirklichung am politischen Firmament – sah sich Landeshauptmann und SVP-Obmann Magnago veranlaßt, Österreich um die Ausübung seiner Funktion als „Schutzmacht" zu ersuchen. Die römische Abgeordnetenkammer hatte im Februar in seltener Einmütigkeit einen Entschließungsantrag angenommen, welcher den Verlautbarungen zufolge und dem Vernehmen nach auf eine „rasche Beilegung des Autonomiestreits" in Südtirol zielte. Gegen den Antrag, der von den Christlichen Demokraten (DC), den Sozialisten (PSI), den Republikanern (PRI), den Liberalen (PLI) und den Sozialdemokraten (PSDI) gemeinsam eingebracht worden war, hatten die drei Abgeordneten der SVP votiert, während die Neofaschisten (MSI) einigen Antragspassagen zustimmten und die Kommunisten (PCI) sich der Stimme enthielten. Die Regierung war darin verpflichtet worden, die noch ausstehenden Autonomiebestimmungen für Südtirol alsbald zu verabschieden, dabei aber *„die Rechte aller Bürger der Region ohne Rücksicht auf ihre Volksgruppenzugehörigkeit zu berücksichtigen"*. Insbesondere die enthaltene Empfehlung, zumindest versuchsweise gemischtsprachige Schulen einzuführen, mußte die Südtiroler Politik als inakzeptablen Verstoß gegen den Grundsatz des Unterrichts in der Muttersprache benennen. Zudem kritisierten sie, daß 40 Jahre nach Abschluß des Vertrages von Paris einige der wichtigsten Punkte nicht erfüllt worden seien, auch und vor allem *„die Anerkennung der deutschen Sprache vor Gericht und in den öffentlichen Diensten, etwa bei der Polizei und bei Post und Bahn"*. Wenn, wie es eigentlich im Statut intendiert sei, die „volle Zweisprachigkeit" Recht und Gesetz würde, müßten alle öffentlich Bediensteten Italienisch und Deutsch beherrschen.

Der Entschließungsantrag in der römischen Abgeordnetenkammer verpflichtete die Regierung, die Streitbeilegungserklärung Österreichs von Wien zu verlangen. Alle österreichischen Regierungen haben insbesondere nach Wiedererlangen der Souveränität des Landes gemäß Staatsvertrag von 1955 ihre Südtirol-Politik vom Verhalten der SVP und der von ihr gestellten Provinzregierung unter Magnago abhängig gemacht; alle Kontakte zu Rom sind von Wien vorher mit dem Bozner Landhaus abgestimmt worden. Den wegen des Verlangens nach Ausübung der Schutz(macht)funktion folgenden Besprechungen im Wiener Außenministerium war ein Beschluß der SVP vorausgegangen, mit den italienischen Parteien im Landhaus nur noch zusammenzuarbeiten, wenn diese sich ausdrücklich zur Autonomie bekennten.

Österreichs Außenminister Alois Mock hatte zuvor dem italienischen Botschafter in Wien eine Verbalnote übergeben, in der die österreichische Besorgnis über die Entwicklung in Südtirol ausgedrückt wurde. In der Antwort versicherte die italienische Regierung, daß sie die noch ausstehenden Maßnahmen zur Erfüllung des Südtirolpakets rasch, möglichst noch bis Jahresende verabschieden wolle und daß sie dabei um einen „möglichst großen Konsens" bemüht sein werde. Mock wertete diese Antwort positiv. Der Südtiroler Landeshauptmann Magnago hatte Wien ersucht, „nur im Einvernehmen mit den Südtirolern eine Streitbeilegungserklärung gegenüber Italien abzugeben", was in Wien grundsätzlich auf Verständnis stieß. Mock hatte im Verlauf der von der SVP verlangten Südtirolbesprechung versichert, Österreich werde „auch in Zukunft alle wichtigen Schritte zum Südtirolpaket nur im Einvernehmen mit den gewählten Südtiroler Politikern setzen". Mock hatte allerdings auch verlautbaren lassen, daß es sich „bei der gegenwärtig nicht aktuellen Streitbeilegungserklärung um einen souveränen Akt Österreichs" handle. Die Formulierung in der SVP-Entschließung, eine solche österreichische Erklärung müsse an die Zustimmung der Südtiroler gebunden sein, schien manchen in Wien denn doch zu weit zu gehen. Gleichwohl hatte Magnago nach der Sitzung des Nord- und Südtirol-Kontaktkomitees bekundet, er sei mit dem Ergebnis der Wiener Besprechungen „voll zufrieden" und fühle sich durch die Haltung der österreichischen Regierung „gestärkt".

Im Urteil über die Wirkung der römischen Parlamentsbeschlüsse auf die Südtirolpolitik war man in Wien offenbar optimistischer als in Bozen. Im österreichischen Außenministerium glaubte man damals nicht, daß es zu einer wesentlichen Änderung der italienischen Südtirolpolitik kommen werde. Bozen befürchtete hingegen, Rom wolle die noch ausstehenden Ausführungsbestimmungen zum Autonomiestatut aus innenpolitischen Rücksichten nicht mehr im Konsenswege erarbeiten. Zudem könnten, wie die SVP befürchtete, bereits bestehende Abmachungen rückgängig gemacht werden. So hatte der neofaschistische MSI unter Bozner Führung der altfaschistischen Gebrüder Andrea und Pietro Mitolo 1985 ausdrücklich die Abschaffung des ethnischen Proporzes bei der Besetzung von Staatsstellen sowie des Erfordernisses der Zweisprachigkeit für Stellen im öffentlichen Dienst gefordert. Und just in Südtirol plädierte die in Opposition zur SVP stehende, eher links angesiedelte „Alternative Liste für ein anderes Südtirol" (ALfaS) unter ihren Leitfiguren Reinhold Messner und Alexander Langer für die formelle Anerkennung einer Gruppe der Gemischtsprachigen beim Proporz, was den Bestrebungen römischer Politiker, die der Südtirol-Autonomie ablehnend gegenüberstanden, den Proporz zumindest auszuhöhlen, entgegenkam.

Die Stimmung in der Provinz Bozen hatte sich seit Ende der 1970er Jahre verschlechtert, da es der deutschen Volksgruppe viel zu lange dauerte, bis die Durchführungsbestimmungen in Präsidialdekrete gekleidet in Kraft traten. Und die Italiener fühlten sich als Minderheit im eigenen Lande; ihnen gingen die vorgesehenen Bestimmungen zu weit. Es waren besonders die italienischen Rechtsanwälte, die, da „nur einsprachig" aufgewachsen und ausgebildet, um einen beträchtlichen, den „deutschen Teil" ihrer Klientel bangten und in der Annahme dagegen sturmliefen, dieser nehme nach Zulassung des Deutschen als Prozeßsprache „deutsche" Advokaten zur Wahrung seiner Interessen vor Gericht. Die Südtiroler MSI-Organisation machte sich die Unzufriedenheit unter den Italienern am Eisack und an der Etsch zunutze. Bei den Kommunalwahlen 1985 gewann sie stark an Stimmen – im Durchschnitt kam sie auf 15 Prozent – und führte, da ihr Stimmengewinn zu Lasten der eher „autonomiefreundlichen" italienischen Parteien ging, im ganzen Lande, besonders aber in Bozen und Meran kommunale Regierungskrisen herbei. Diese konnten nur unter Mühen beigelegt werden, da alle Versuche, Koalitionen unter Demokraten zu schmieden, auch in den Gemeinden von der Frage abhängig gemacht wurden, wie man es denn mit Autonomie und Proporz halte. Magnago hatte deshalb den Versuch unternommen, die Paketparteien DC und PSI, zudem die oppositionellen PCI-Kommunisten zu einem „Pakt der Vernunft" zu bewegen und ein gemeinsames „Papier" über die abschließende Gestaltung des Autonomieabkommens zustande zu bringen. Das war ihm zwar nach diversen Bemühungen gelungen, doch blieb man in der SVP von vornherein skeptisch, ob denn die römischen Parteizentralen auch ihren Südtiroler Untergliederungen folgen würden. (14)

Tatsächlich wollten die römischen Vertragspartner der SVP plötzlich neu verhandeln und legten einen „Kompromiß" in der Sprachen-Frage vor.

Eine Verhandlungsdelegation der SVP, bestehend aus dem Parteiobmann und Landeshauptmann Silvius Magnago, seinem Stellvertreter im Parteivorsitz, Senator Roland Riz, und seinem Stellvertreter im Amt des Regierungschefs, Alfons Benedikter, traf mit dem neuen Regionenminister Aristide Gunnella (PRI) zusammen, um abermals über das strittigste unter den zur Verhandlung stehenden Themen, die Prozeßsprache, zu reden. Die römische Regierung war inzwischen bedrängt worden von Vertretern italienischer Anwälte in den Pentopartito-Koalitionsparteien DC, PSI, PSDI, PLI und PRI. Sie schlug vor, die Entscheidung über die während eines Prozesses gewählte Sprache an den vom Angeklagten gewählten Anwalt zu binden. Das, argwöhnte die SVP, liefe in aller Regel darauf hinaus, daß die Prozeßsprache das Italienische wäre, da die meisten italienischen Anwälte in Südtirol des Deutschen nicht mächtig sind. Benedikter nannte dies im und nach dem Gespräch mit Gunnella unannehmbar. Die römischen Vorschläge seien eine „Verschlechterung" gegenüber dem, was man in der SVP bisher für unabdingbar gehalten habe. Benedikter war der Ansicht, seine Partei solle an ihrem Anspruch, „deutscher Prozeß ohne Wenn und Aber", festhalten. Einen derartigen römischen „Kompromiß" hätte man vor Jahren schon haben können, des Ringens um die Durchsetzung der bisherigen Forderungen hätte es dann gar nicht bedurft. Die Zustimmung der Partei sollte nach Auffassung Benedikters nur dann gegeben werden, wenn die italienische Regierung ein über ihren Vorschlag hinausgehendes großzügiges Angebot mache, das den Vorstellungen der Vertretung der deutsch- und ladinischsprachigen Südtiroler Rechnung trage.

SVP-Vorstandsmitglied Riz, als langjähriger Senator und renommierter Anwalt sowie Rechtswissenschaftler an diversen Universitäten einer der Partei-„Granden", lehnte zwar ebenfalls einzelne Regierungsvorschläge im Zusammenhang mit der Sprachenregelung ab, widerriet aber dem „harten Konfrontationskurs Benedikters". Wenn eine Entscheidung weiter hinausgezögert, wenn immer mehr und immer neue Aspekte in die Verhandlungen getragen würden, könne es leicht zu einem Bruch mit Rom kommen, argumentierte Riz. Für einen Kompromiß setzte sich indes auch Magnago ein. Der Parteiausschuß der SVP – das erweiterte Gremium aus Vorstand, Bezirks- und Ortsobleuten – stimmte mit Dreiviertelmehrheit der Kompromißsuche zu, damit der langjährige Streitpunkt „endlich zur beiderseitigen Zufriedenheit geregelt werden" könne. Und so zeigte sich, wie später noch oft, daß zusehends das Kompromißlerische in der SVP über die zuvor propagierten Grundsätze Platz griff. Viele in der SVP neigten mehr und mehr zu Behäbigkeit, und die Partei vermittelte sodann nicht selten den Eindruck, ihre Ideale zu opfern. (15)

Nach abermaliger Verhandlung einigte sich eine SVP-Delegation mit der Kurzzeitregierung des DC-Politikers Giovanni Goria auf einen (Sprachen-)Kompromiß. Wäre die Regierung Goria noch eine Zeitlang im Amt geblieben, so hätte die Streitbeilegung vor den UN vielleicht alsbald formell hinterlegt werden können. Doch der Rücktritt der Regierung machte über Nacht alles zunichte. Die Südtiroler Verhandler waren enttäuscht. Mit einem neuen Kabinett in einer vielleicht anderen Parteienkonstellation mußte alles Vereinbarte höchstwahrscheinlich wieder von neuem aufgerollt werden, das lehrte die über die Jahre gewonnene Erfahrung. Magnago äußerte in Innsbruck während einer gemeinsamen Sitzung der Landtage Südtirols und Tirols die Befürchtung, daß es „mindestens wieder ein Jahr dauern" werde, ehe die Verhandlungen in der Sprachen-Frage bis zur Abschlußreife gediehen. Er forderte deshalb Rom auf, nach der Regierungsbildung sofort wieder das Gespräch über Südtirol aufzunehmen. Der damals weit im achten Lebensjahrzehnt vorangerückte Landeshauptmann und SVP-Vorsitzende hatte zuvor auf der entscheidenden Sitzung seiner Partei die Ausschußmitglieder zu Konzessionen gegenüber den italienischsprachigen Bewohnern der nördlichsten Provinz Italiens vor allem mit dem Argument gewinnen können, daß damit die Frage der Südtirol-Autonomie rechtzeitig vor dem bevorstehenden Landtagswahlkampf erledigt sein werde und die Neofaschisten somit nicht Kapital daraus schlagen könnten. Am Eisack und an der Etsch, aber auch am Tiber rechnete man nämlich damit, daß die Radikalisierung der italienischsprachigen Bevölkerung und der seit einigen Jahren anhaltende Trend zugunsten des MSI, vornehmlich dessen Bozner Zweiges, der aus seiner Verehrung für Mussolini keinen Hehl machte, so lange anhalten könnte, wie die Südtirol-Autonomie nicht vollends verwirklicht sei. (16)

Doch Gorias Nachfolger Ciriaco De Mita (DC) übernahm dessen Fünf-Parteien-Koalition (Pentapartito) aus DC, PSI, PRI, PSDI und PLI ebenso wie tatsächlich auch den ausgehandelten (Sprachen-)Kompromiß. Und selbst unter Giulio Andreotti, der die letzte DC-Regierung als siebtes von ihm gebildetes und geleitetes Kabinett als Ministerpräsident führte, wich man nicht wesentlich davon ab. Nach einer diesbezüglichen Südtirol-Debatte im italienischen Parlament erhielt die Übereinkunft eine Mehrheit.

Allerdings taten sich neue Probleme auf. Rom beharrte auf seiner gesamtstaatlichen Ausrichtungs- und Koordinierungsbefugnis (AKB). Bozen sah darin eine Möglichkeit zur essentiellen Aushöhlung der Autonomie und verlangte demzufolge vor dem Signal der SVP an Wien zur Abgabe der Streitbeilegungserklärung deren Beseitigung oder Milderung. (Dies sollte sich in folgenden Jahren vielfach erweisen.) Sodann wollte die SVP die internationale Verankerung des Autonomiepakets und dessen Einklagbarkeit vor dem Internationalen Gerichtshof in Den Haag gesichert wissen. Mit der österreichischen Regierung, in Sonderheit mit Außenminister Mock, wurden daher Bedingungen für die Streitbeilegungserklärung festgelegt. Über den Paketabschluß sollte die SVP letztgültig befinden.

Nach den grundstürzenden Veränderungen in Osteuropa und nach der Vereinigung der beiden deutschen Staaten flammte in Tirol die Selbstbestimmungsdiskussion wieder auf, von der auch die SVP erfaßt wurde. Roland Riz, der Nachfolger Magnagos im SVP-Vorsitz, stellte daraufhin der Regierung Andreotti eine Art „Ultimatum", bis zur Landesversammlung seiner Partei die noch ausstehenden Paketbestimmungen einvernehmlich zu erlassen. Im Meraner Kurhaus billigten sodann die SVP-Delegierten im November 1991 eine Kompromißlösung hinsichtlich der besagten, von Rom beanspruchten „staatlichen Ausrichtungs- und Koordinierungsbefugnis", welche ebenso wie das Legislativdekret Nr. 268 zum „Finanzwesen auf regionaler und provinzialer Ebene" sowie die Regelung der „Beziehung zwischen staatlichen Gesetzgebungsakten und Regional- und Landesgesetzen" (Dekret Nr. 266) am 16. März 1992 in Kraft gesetzt wurde, aber später immer wieder zu anwendungsbezogenen Konflikten zwischen Bozen und Rom führen sollte. Darauf und auf die AKB selbst wird bei der Betrachtung der österreichischen Südtirolpolitik nach 1945 eigens noch einmal einzugehen sein (s. u.).

Magnagos Abschied vor der Vollendung

1991 zog sich Silvius Magnago gänzlich aus der Politik zurück. Schon zwei Jahre davor hatte er das Amt des Landeshauptmanns an Luis Durnwalder abgegeben. Auf der Landesversammlung (Parteitag) der SVP im April 1991 in Meran folgte der Rechtsprofessor und Anwalt Roland Riz, zuvor Vizeobmann der Partei, als SVP-Vorsitzender. Ferdinand Willeit, von der innerparteilichen Gruppierung „Neue Mitte" zum Gegenkandidaten aufgestellt, hatte gegen Riz keine Chance.

Mit dem Abgang Magnagos endete eine mehr als vier Jahrzehnte währende Ära sowohl der SVP als auch der Geschichte Südtirols, welche nicht nur maßgeblich, sondern geradezu entscheidend von ihm geprägt worden ist. 34 Jahre, von 1957 bis 1991, hatte er die SVP geführt, 29 Jahre, zwischen 1960 und 1989, das Amt des Landeshauptmanns bekleidet. Und bevor er Obmann der SVP geworden war, hatte er schon das Amt des Landtagspräsidenten innegehabt.

Mit dem Leitspruch „Los von Trient", proklamiert auf jener legendären Massenkundgebung von 35.000 Südtirolern auf Sigmundskron 1957, hatte Magnago eine härtere Politik der SVP gegenüber der italienischen Staatsmacht eingeleitet, die darauf zielte, eine rechtlich verankerte und international anerkannte Autonomie für den nach dem Ersten Weltkrieg an Italien gefallenen Südteil Tirols zu verwirklichen. Vorausgegangen war die Verwässerung des

1946 zwischen Österreich und Italien geschlossenen Pariser Vertrags, dessen Bestimmungen und Geltung die italienische Regierung auf die Region Trentino-Alto Adige ausgedehnt hatte, zu der Süd- und Welschtirol zusammengeschlossen worden waren und worin die altösterreichisch-deutsche Volksgruppe sowie die ladinische Minorität, sozusagen die Minderheit in der Minderheit, von der mehrheitlich die Staatsnation repräsentierenden italienischen Volksgruppe majorisiert wurde. Zudem hatte Rom Gelder für den Bau von Wohnungen in Bozen bereitgestellt, in die Italiener aus dem Süden des Landes eingewiesen werden sollten. Die SVP, die damals noch zurecht den Anspruch erheben konnte, „Sammelpartei der Südtiroler" zu sein, sah darin die Fortsetzung der faschistischen Italianisierungspolitik, wie sie Mussolini, Senator Tolomei und Präfekt Mastromattei zwischen 1923 und 1943 betrieben hatten.

Bild: SVP

Roland Riz (links) und Silvius Magnago

Am Ende der Ära Magnago in Südtirol war die Autonomie immer noch nicht zur Zufriedenheit verwirklicht. Die damit verbundene politische und kulturelle Selbstverwaltung des auch nach dem Zweiten Weltkrieg bei Italien verbliebenen südlichen Teils Tirols, die in der Übereinkunft zwischen dem italienischen Ministerpräsidenten De Gasperi und dem österreichischen Außenminister Gruber 1946 zugesichert worden war, stand 1991 noch ein großes, aber durchaus überschaubares Stück vor der Vollendung. Bis 1974 hätten eigentlich jene 137 Durchführungsbestimmungen, welche zuvor nach jahrelangem Mühen im 1969 vereinbarten „Südtirol-Paket" vereinbart und von Rom 1972 im Zweiten Autonomiestatut verankert worden waren, vom italienischen Parlament verabschiedet werden sollen. Deren sieben standen beim Abgang des „Vaters der Autonomie", wie er im historischen Rückblick zurecht genannt werden darf, noch aus:

- Ausrichtungs- und Koordinierungsbefugnis (AKB) der römischen Regierung. Sie greift punktuell, aber drastisch wirksam in die Autonomie ein. Die SVP forderte die völlige Beseitigung, gab sich schließlich aber mit einer substantiellen Einschränkung zufrieden;
- Errichtung einer Sektion Bozen des Trientiner Oberlandesgerichts;
- Neueinteilung der Senatswahlkreise, die dazu führen sollte, daß Bozen und Trient jeweils drei Senatoren stellten und der siebte Sitz je nach Legislaturperiode „fluktuierte";
- Gewährung der Finanzautonomie. Bozen beanspruchte alle Steuererträge, die in Südtirol, und solche, die außerhalb des Landes anfallen, aber auf Geschäfte mit Südtiroler Firmen und Personen zurückgehen;
- Erteilung muttersprachlichen Unterrichts im staatlichen Bozner Musikkonservatorium;
- endgültige Klärung der Rechtsstellung ehemaliger Optanten hinsichtlich Sozialversicherung und Rentenfragen; schließlich
- bindende Erklärung des italienischen Staates, daß ohne Zustimmung der deutschen und der ladinischen Volksgruppe Änderungen an den Autonomiebestimmungen nicht vorgenommen werden dürfen.

Ursprünglich wollte sich Magnago erst aus der Politik zurückziehen, wenn alle Punkte des Pakets erfüllt wären. In der SVP hatte man damit gerechnet, daß unter dem Ministerpräsidenten Andreotti die verbliebenen Fragen geklärt würden und Wien in die Lage versetzt werden könnte, die Streitbeilegungserklärung vor den UN abzugeben. Die zur Paket-Erfüllung notwendigen Punkte der Durchführungsbestimmungen, gekleidet in entsprechende Präsidialdekrete, mit Rom in Verhandlungen und Übereinkünften zu erledigen, sollte damit Roland Riz zukommen. (17)

Dem deutschen Kulturkreis die Tiroler Identität erhalten

Erlebt hatte Magnago all dies tatsächlich noch, und die Erfüllung der letzten ausstehenden Punkte sowie dann die Abgabe der Streitbeilegungserklärung im Jahr nach seinem Rücktritt begleitete er „von außen". Dem „Ehrenobmann" der SVP waren damals noch 19 weitere und erfüllte Lebensjahre bis zum Tode 2010 vergönnt. Niemand hatte in den Nachkriegsjahrzehnten realpolitisch-beharrlicher für die Rechte seiner Landsleute gestritten, niemand war dazu auch mehr prädestiniert als er. Denn der Lebensweg des 1914 in Meran Geborenen überspannte die ganze Zwittrigkeit des südlichen Teils Tirols und die jahrzehntelange Kujonierung jenes Teils seiner Bevölkerung, der in fremdstaatliche und fremdnationale Umgebung gepresst worden war.

Magnagos Vater, ein k. u. k. Oberlandesgerichtsrat, war Welschtiroler (Trientiner) und eher dem Italienischen, die Mutter Vorarlbergerin, somit mehr dem Deutschtum verbunden. In Bologna studierte Magnago, seit 1918 italienischer Staatsbürger, Rechts- und Staatswissenschaften, 1936 wurde er zum Militärdienst einberufen; die Reserveoffiziersschule des italienischen Heeres verließ er im Range eines Leutnants. Vor dem Krieg stand die Perfidie zweier Diktatoren. Die Südtiroler hatten sich zwischen Deutschland und Italien zu entscheiden: Das Optionsabkommen zwischen Hitler und Mussolini übertrug ihre Heimat endgültig Italien. Magnago „optierte" für Deutschland, als Kompaniechef einer Gebirgsjägereinheit verlor er 1943 im Kaukasus ein Bein. Noch in demselben Jahr heiratete er jene Rotkreuz-Schwester Anna-Sofia Cornelissen aus Essen, die ihn gepflegt hatte; sie starb 2003.

1945 schloß sich Magnago der von „Optanten" und „Dableibern" gegründeten SVP an, 1948 wurde er Vizebürgermeister von Bozen, 1949 Präsident des Provinzialrats der Provinz Bozen-Südtirol und 1951 Präsident des Regionalrats der gemäß Erstem Autonomiestatut von 1948 entstandenen Region Trentino-Alto Adige. Darin verfügten die Italiener über die Zweidrittelmehrheit – ein Schachzug des Trientiners Alcide De Gasperi. Es war daher nur konsequent, daß Magnago, gerade zum SVP-Obmann gewählt, 1957 vor 35.000 Südtirolern auf der einstigen Festung Sigmundskron das Leitwort „Los von Trient" ausgab. Ein „Los von Rom" hielt er im Gegensatz zu vielen seiner späteren Mitstreiter für abwegig, die damals noch für die Selbstbestimmung und die Wiedervereinigung mit Tirol und Österreich eintraten und bis 1969 zu den Paket-Gegnern gehörten.

In Magnagos Amtszeit als Landeshauptmann und SVP-Chef entbrannte der heute kaum noch bekannte Konflikt um Südtirol in aller Schärfe. 1961 beorderte Rom 20.000 Soldaten an die „Nordprovinz", um den Belagerungszustand durchzusetzen. Anschläge der BAS-Freiheitskämpfer ließen nicht nur Lichter ausgehen: Es kam zu Massenverhaftungen, zu Folter und Tod in Carabinieri-Kasernen und zu spektakulären Prozessen. Und es folgten die zähen und von Italien immer wieder hintertriebenen Verhandlungen vor den Vereinten Nationen sowie zwischen Wien, Bozen und Rom. Ein Großteil der Vorkommnisse war, wie heute zweifelsfrei erwiesen, aber von der römischen Politik nach wie vor geleugnet oder ignoriert, den Umtrieben der italienischen Geheimdienste zuzuschreiben: Die Südtiroler sollten eingeschüchtert werden.

Doch Magnago hielt an seiner Überzeugung fest, daß es im leidgeprüften 20. Jahrhundert möglich sein mußte, durch Standfestigkeit und Kompromißfähigkeit zu tragfähigen Regelungen zu gelangen. Die Geschichte hat ihm recht gegeben. Bis es jedoch 1972 zum Zweiten Autonomiestatut und schließlich 1992 zur Streitbeilegung, damit zum gemäß Völkerrecht formell beendeten Südtirol-Konflikt kam, somit zur Vollendung seines Lebenswerks, waren Tiefen – für die er zum Teil, wie bei der Zurückhaltung und dem Beschweigen der ihm bekannten Briefe der Gefolterten, Mitschuld trug, worunter er aber auch litt – und Höhen, die er zum großen Teil mitherbeiführte und die ihn mit stolzer Genugtuung erfüllten, zu durchmes-

Bild: Unsertirol24.com

Denkmal Walthers von der Vogelweide auf dem gleichnamigen Platz im Zentrum Bozens

sen. Der wegbereitende, von Magnago eingefädelte und ausgefochtene Kompromiß von 1969 hatte in seiner Partei zur Zerreißprobe geführt, die sie überstand.

Magnago ist es bei aller berechtigten Kritik an seiner bisweilen in sturer Haltung verfolgten Politik und seiner prinzipiellen Ablehnung von zum Erreichen bestimmter Ziele einzusetzender Gewalt, daher seines öffentlich bekundeten Widerspruchs gegen Aktionen des BAS, dennoch hoch anzurechnen, daß er später, aber nicht zu spät, bei mehreren Gelegenheiten bekannte, daß es ohne den Idealismus und die bis zur Selbstverleugnung und Inkaufnahme des Todes für ihre Heimat kämpfenden Aktivisten zur Verwirklichung der Südtirol-Autonomie nicht gekommen wäre: „*Und dann kam es zur Feuernacht. Ich muß hier ganz klar sagen, daß diese Sprengstoffanschläge zu friedlichen Verhandlungen geführt haben und letztendlich zum neuen Autonomiestatut. Hätte es diese Anschläge nicht gegeben, wäre keine 19er Kommission gebildet worden, die die Aufgabe bekommen hat, sich mit der ganzen Autonomieproblematik, sagen wir, zu befassen und der Regierung neue Vorschläge zu unterbreiten*" (Originalton Magnago im „Dolomiten"-Interview vom 7. August 1991).

Schon 1976 hatte er in einem mit „*Bedeutender Beitrag zur Erlangung der Autonomie*" betitelten Artikel in der am 8. April erschienenen Ausgabe der Parteizeitung „Volksbote" bekannt: „*Die Anschläge von damals und die darauffolgenden Prozesse gehören, genau wie vieles andere, zur Nachkriegsgeschichte Südtirols und stellen einen bedeutenden Beitrag zu dieser Geschichte und zur Erreichung einer besseren Autonomie für Südtirol dar.*" Und auf der SVP-Landesversammlung führte er in seinem Eröffnungsreferat am 24. März 1976 aus, das Tun der Freiheitskämpfer sei „*menschlich gerechtfertigt*" gewesen und habe sich als „*ein guter und notwendiger Dienst für die Heimat*" erwiesen. Wörtlich sagte er: „*Die Einsetzung der 19er-Kommission ist sicher unter dem Eindruck des damals Geschehenen erfolgt; es ist nur traurig, feststellen zu müssen, wie so oft auf dieser Welt, daß Staaten sich erst dann rühren, nachdem Gewalt angewendet wurde, anstatt daß diese zeitgerecht und in Ausübung ihrer demokratischen Befugnisse und Pflichten zum Rechten sehen.*"

Mit Silvius Magnagos Namen sind die aufeinander bezogenen historisch-politischen Begriffe „Paket-Politik" und „Südtirol-Autonomie" verbunden. Und nicht zuletzt ist ihm, der am 25. Mai 2010 im biblisch-methusalemischen Alter von 96 Jahren verstarb und unter großer Beteiligung der Südtiroler Bevölkerung zu Grabe getragen ward, zu verdanken, daß das mutmaßliche Herkunftsland Walthers von der Vogelweide, des „Sängers der Deutschen", das nicht allein gemäß Hoffmann von Fallerslebens „Lied der Deutschen" („... von der Etsch bis an den Belt ..."), sondern nachgewiesenermaßen sprachlich seit dem frühen 9. Jahrhundert der Germania angehört, trotz massiver Italianisierungspolitik Roms nach der gewaltsamen Loslösung von Österreich dem deutschen Kulturkreis für mehr als ein Jahrhundert erhalten geblieben ist. (18)

Die Abgabe der Streitbeilegungserklärung

Am 30. Januar 1992 – nach weiteren intensiven Verhandlungen mit Bozen – gab Ministerpräsident Giulio Andreotti vor dem danach aufgelösten italienischen Parlament eine Südtirol-Erklärung ab und bezeichnete darin den Streit für beendet. Die SVP-Führung gab sich jedoch mit modifizierenden Passagen der Erklärung nicht zufrieden und beharrte besonders auf der „internationalen Verankerung des Südtirol-Pakets". Dem kam Giulio Andreotti am Tag seines Rücktritts (22. April) in einer diplomatischen Note an Wien nach, in der das Autonomiepaket von 1969 als auf dem Abkommen von 1946 fußend bezeichnet wurde – darin sahen Wien und Bozen das Paket verankert, weil Rom von dem bis dahin vertretenen Standpunkt abwich, bei dem Streit handelte es sich um eine inneritalienische Angelegenheit. Auf einer außerordentlichen SVP-Landesversammlung am 30. Mai 1992 in Meran stimmten 83 Prozent der SVP-Delegierten dem Paketabschluß zu. Nach mehrheitlich befürwortender Kenntnisnahme des (Nord-)Tiroler Landtags und nach vom österreichischen Nationalrat (mit Ausnahme der geschlossen dagegen stimmenden FPÖ-Fraktion) am 5. Juni getragener Zustimmung war der Weg zur Abgabe der Streitbeilegungserklärung gegenüber Italien und den Vereinten Nationen frei.

Die Streitbeilegungserklärung Österreichs, durch Außenminister Alois Mock in einer Note an Italien vom 16. Juni 1992 förmlich übermittelt, lautet:

„Im Hinblick darauf, daß zwischen Österreich und Italien eine Streitigkeit über die Durchführung des Pariser Abkommens vom 5. September 1946 entstanden ist; im Hinblick darauf, daß diese Streitigkeit Gegenstand der Resolutionen 1497 (XV) und 1661 (XVI) der Vollversammlung der Vereinten Nationen war; unter Bedachtnahme darauf, daß die Vollversammlung der Vereinten Nationen Österreich und Italien in den erwähnten Resolutionen empfohlen hat, die Verhandlungen mit dem Ziel wieder aufzunehmen, eine Lösung aller Differenzen hinsichtlich der Durchführung des obengenannten Abkommens zu finden; in Anbetracht der Tatsache, daß die Wiederaufnahme der Verhandlungen stattgefunden und zur Annahme einer Methode der Beratungen geführt hat, welche geeignet war, die Beilegung der Streitigkeit ohne Präjudiz für die jeweiligen Rechtsstandpunkte der beiden Seiten herbeizuführen; mit Rücksicht darauf, daß die italienische Regierung in ihrer Regierungserklärung vom 3. Dezember 1969 detailliert aufgezählte Maßnahmen angekündigt hat, die in dauerhafter Weise die Interessen der deutschsprachigen Bevölkerung Südtirols, das friedliche Zusammenleben und die Entwicklung der Sprachgruppen Südtirols zu gewährleisten bestimmt sind; angesichts der Tatsache, daß die italienische Regierung diese in der Regierungserklärung vom 3. Dezember 1969 angekündigten Maßnahmen nunmehr verwirklicht und mit Note vom 22. April 1992 mitgeteilt hat, erklärt die österreichische Bundesregierung, daß sie die zwischen Österreich und Italien bestehende Streitigkeit, welche Gegenstand der erwähnten Resolutionen der Generalversammlung der Vereinten Nationen war und den Status des deutschsprachigen Elements der Provinz Bozen (Bolzano) – Durchführung des Pariser Abkommens vom 5. September 1946 – betrifft, als beendet erachtet." (19)

Damit war der seit 1946 währende Konflikt 64 Jahre später formell insoweit beendet, als die beiden völkerrechtlichen Konfliktparteien den UN-Vorgaben von 1960/61 entsprochen hatten. Im Lichte der von maßgeblichen rechtswissenschaftlichen Experten entsprechend ausgelegten

Interpretation des Selbstbestimmungsrechts ist die Südtirol-Frage dagegen weiterhin unbeantwortet, mithin also offen.

Anmerkungen zu Teil 4

1 Olt, Reinhard, Zum Tode von Alfons Benedikter. Im Kampf um die Südtirol-Autonomie – das Alter Ego Magnagos und der „Vater der Durchführungsbestimmungen", in: Europäisches Journal für Minderheitenfragen (EJM) 3 (2010), S. 251–254.

2 Bonoldi, Andrea: Die wirtschaftliche Entwicklung Trentino-Südtirols – Eine Erfolgsstory. Und nun?, in: Iber, Walter M./Thomas Krautzer (Hg.), Wirtschaft und Region – Transformationsprozesse im internationalen Vergleich, Wien (LIT-Verlag) 2021, S. 105–135, hier insbesondere S. 105. Den Hinweis auf Bonoldis Arbeit verdanke ich Hans Heiss und Reinhold Marsoner. Eine konzise und eingängige Betrachtung zum Thema bietet zudem Thomas Benedikter, Südtirol: 48 Jahre autonome Wirtschaftspolitik (siehe: https://www.academia.edu/44591868/S%C3%BCdtirol_48_Jahre_autonome_Wirtschaftspolitik).

3 Angaben nach: Banca d'Italia (Hg.), Die Wirtschaft der Autonomen Provinzen Trient und Bozen (versione in tedesco), Rapporto annuale Nr. 4 (2019), S. 16.

4 ebd., a.a.O., S. 8–13; die eigentlich für dieses Buch vorgesehen gewesene Tabelle von S. 57 konnte leider aus rechtlichen Gründen nicht für den Abdruck verwendet werden.

5 Pan, Christoph: Sozialer Wandel in Südtirol 1960–1985. Festschrift zum 25jährigen Bestehen des Südtiroler Wirtschafts- und Sozialinstituts, Bozen: Schriftenreihe des Südtiroler Wirtschafts- und Sozialinstituts, Bd. 74, 1985.

6 Die Darlegungen zum autonomen Erziehungswesen nach dem zweiten Statut orientieren sich an der von Johanna Wörndle verfaßten Darstellung „Die Verantwortung für Schule und Ausbildung" (https://lp.provinz.bz.it/de/issues/autonomiae-50/index.html; eingesehen am 17. 2. 2014).

7 Eine stichhaltige Begründung des Proporzes findet sich in Benedikters Vorwort zu Oskar Peterlinis ausführlicher Darstellung (s. Anm. 8).

8 Die Betrachtung zu Proporz und Sprachgruppenzuordnung folgt im wesentlichen den Ausführungen Oskar Peterlinis in dessen einschlägiger Publikation; vgl. Peterlini, Oskar, Der ethnische Proporz in Südtirol, Bozen (Athesia) 1980.

9 Franceschini, Christoph: Geheimdienste, Agenten, Spione. Südtirol im Fadenkreuz fremder Mächte, Bozen (Raetia), 2020, insbes. Kapitel Magnagos Übersetzer, S. 204–245.

10 ebda., a.a.O. S. 219.

11 Die Übertragung von Kompetenzen des Zentralstaats und der 1948 verfassungsrechtlich per Erstem Autonomiestatut festgelegten Regione Autonoma Trentino-Alto Adige gemäß Zweitem Autonomiestatut von 1972 auf die Provincia autonoma di Trento sowie die Autonome Provinz Bozen-Südtirol, in den nach und nach rechtswirksam gewordenen Fassungen einzelner Dekrete des Präsidenten der Republik, wurden in dem von der Landesregierung herausgegebenen „Südtirol Handbuch mit Autonomiestatut" Bozen 2023 publiziert und können in ihren geltenden Textfassungen über http://lexbrowser.provinz.bz.it/doc/de/dpr-1988-574/dekret_des_pr_sidenten_der_republik_vom_15_juli_1988_nr_574.aspx?view=1 abgerufen werden.

12 Speckner, Hubert (Hg.): „Herzenssache" Südtirol. Südtirol in den Nationalratssitzungen der Zweiten Republik Österreich 1945 bis 2020, Bd. 3 (1979 bis 1996), S. 1617–1621.

13 Alle Dekrete – die in diesem Teil abgehandelten ebenso wie die nicht ausdrücklich darin berücksichtigten – können im Ganzen mittels des in Anm. 11 angeführten Links abgerufen werden.

14 siehe „Österreich ist als Schutzmacht gefordert", in: F.A.Z., Zeitgeschehen, Ausgabe vom 14. 3. 1987, S. 12.

15 siehe „Ringen um die Gleichstellung der deutschen Sprache", in: F.A.Z., Politik, Ausgabe vom 15. 1. 1988, S. 5.

16 siehe „Die Chance verpaßt, Geschichte zu machen" in: F.A.Z., Zeitgeschehen, Ausgabe vom 21. 3. 1988, S. 12.

17 Die Darstellung folgt im Wesentlichen meinem damaligen Artikel „Abschied vor der Vollendung", siehe: F.A.Z., Zeitgeschehen, Ausgabe vom 8. 1. 1991, S. 8.

18 siehe dazu mein damaliger Nachruf „Zum Tode von Silvius Magnago. Wahrer der Tiroler Identität unter dem Brenner", in: F.A.Z., Politik, Ausgabe vom 26. 5. 2010, S. 4.

19 Wiedergegeben auf https://www.uibk.ac.at/zeitgeschichte/zis/library/19920611.html; zum wiederholten Male eingesehen am 19. 8. 2023).

TEIL 5: VON DER „STREITBEILEGUNG“ ZUR ILLUSION EINER „VOLLAUTONOMIE“

Die Ära Durnwalder

Mit dem der Streitbeilegung vorausgegangenen Abgang Silvius Magnagos endete eine mehr als vier Jahrzehnte währende Ära sowohl für die SVP als auch für die Nachkriegsgeschichte Südtirols, welche nicht nur maßgeblich, sondern geradezu entscheidend von ihm geprägt worden ist. Der epochenumgrenzende Begriff „Ära“ ist in der historisch-politischen Zuschreibung auch für die Zeit seines Nachfolgers Luis Durnwalder im Amt des Landeshauptmanns angemessen. Die Funktion des SVP-Obmanns lehnte er wider Begehr des Großteils der Parteigranden, -funktionäre und sehr wohl auch der -mitglieder stets mit dem Hinweis darauf ab, daß er der Regierungschef der Gesamtbevölkerung Südtirols sein und auch von Angehörigen

Bild links: Markus Perwanger Bild rechts: stol.it

Luis Durnwalder bei Amtsantritt und als (Un-)Ruheständler

der ethnischen Italiener gewählt werden wolle (was sich zu seinen Glanzzeiten durchaus bewahrheitete). Durnwalder ist in die Historiographie als „der Macher“ eingegangen. In seiner Beurteilung geht man gewiß nicht fehl anzunehmen, daß der Bauernbub aus Pfalzen im Pustertal, der in die Fußstapfen eines großen Vorgängers trat, stark von Intuition und der Motivation geleitet worden sein dürfte, über jenen Vorgänger hinauszuwachsen und noch markantere Spuren zu hinterlassen. Unter der Ägide seines Wirkens hat Südtirol zweifellos in jedweder Hinsicht sein Gesicht verändert.

Tatmensch „Durni“

Die Landtagswahl vom 20. November 1988 gab der SVP, die damals 60,4 Stimmenprozente erzielte, sozusagen ihr Selbstvertrauen zurück. Dieses drohte in den Zwistigkeiten zwischen den Anhängern Silvius Magnagos und Alfons Benedikters zerrieben zu werden. Bei den Parteimitgliedern, die ob des Haders zwischen (des „Verrats" bezichtigten) „Kompromißlern" und „Beharrern" in der Parteiführung düster in die Zukunft blickten, kehrte wieder Zuversicht ein, da das Zagen wich, das sich vieler SVP-Stammwähler bemächtigt hatte. Den Wahlerfolg durfte sich zu einem Gutteil der Politiker aufs Panier schreiben, der Magnago, dem „großen alten Mann Südtirols", im Amte des Landeshauptmanns folgen sollte: Luis Durnwalder.

Der damals 47 Jahre alte Landesrat für Landwirtschaft und Forsten hatte nach der Wahl gut lachen. Es stellte sich nämlich heraus, daß ihn die Wähler zu ihrem neuen „Liebling" erkoren hatten. Denn der „Durnwalder Luis", wie ihn der landesübliche Sprachbrauch nennt, bzw. „Durni", wie ihn Gleichaltrige oder Jüngere jovial zu rufen pflegten, hatte weit mehr Vorzugsstimmen bekommen als der charismatische Magnago, der nur mehr symbolisch auf einem hintersten Platz der Landesliste aufschien. Dieses „Traumergebnis" hatte Durnwalder auch weit über Benedikter, den innerparteilichen Führer der Frondeure gegen den „Paket-Abschluß", gerückt.

Wer in Südtirols Politik zu Höherem avancieren will, muß den „richtigen Stallgeruch" mitbringen. Durnwalder entstammt einem auf 1200 Metern Höhe oberhalb der Gemeinde Pfalzen (nahe Bruneck) gelegenen Bergbauernhof. Sieben Kühe gaben gerade so viel her, daß sich die Familie, wie Durnwalder mit einem Anflug von Stolz gelegentlich bemerkte, mehr recht als schlecht nähren und kleiden konnte. „Der Luis", das sechste von elf Kindern, durfte das Lyzeum im Kloster Neustift unweit der alten Bischofsstadt Brixen besuchen, in dem er den prägenden benediktinischen Geist weltläufiger Gelehrsamkeit atmete. Nach der Matura 1961 studierte der zum Sprecher der Südtiroler Hochschülerschaft Gewählte in Wien Agrarwissenschaften, wurde zum Dr. promoviert und schloß – ganz nebenbei (er hatte mittlerweile den Posten eines Direktors des Südtiroler Bauernbunds angenommen) – in Padua ein juristisches Zweitstudium ab. Bald wurde Landesvater Magnago auf den wegen seiner unkonventionellen Art des Amtswaltens bekannt gewordenen Bürgermeister seiner Pustertaler Heimatgemeinde aufmerksam und holte ihn nach Bozen, wo das schlagfertige und bauernschlaue „Energiebündel Durnwalder" alsbald den Ruf eines „knallharten Managers" erwarb, eines „Tatmenschen", der überrollte, was sich ihm in den Weg stellte. (1)

Wenn es einer untrennbar mit dem Namen Durnwalder verbundenen symbolhaften Entscheidung bedarf, die die kontrapunktische Gestaltung seiner Politik gegenüber der Magnago'schen besonders deutlich werden ließ, so ist es jene hinsichtlich der Errichtung der Universität Bozen. (Man sehe mir dabei folgende Einschränkung nach: Da sie nur aus wenigen spezifischen Fakultäten besteht, handelt es sich genau besehen und im nomenklatorisch strengen Sinne lediglich um eine Hochschule, denn zur „Universitas", einer (Voll-)Universität, gebricht es ihr an dem, was eine solche in der Regel ausmacht, nämlich an einigen nach Humboldtschen Maximen „klassischen" Forschungs- und Lehrdisziplinen. Doch sie wurde Universität genannt und ist, wenngleich sich nicht unwesentliche Teile in Brixen befinden, als Freie Universität Bozen amtlich registriert, weshalb ich es auch dabei belasse.)

Seit den 1950er Jahren war bisweilen über eine Hochschuleinrichtung in Bozen gestritten worden, deren Errichtung die römische Zentralgewalt naturgemäß nicht ohne Hintersinn wortreich in Aussicht gestellt hatte. Nicht nur Südtiroler Politikern waren die immer wiederkehrenden Verlockungen mehr als suspekt, wußten sie doch aufgrund leidvoller Erfahrungen, daß der italienische Staat auch in demokratischem Gewande nicht von geradezu kolonialistischen Assimilationsversuchen abließ. Sie fürchteten, eine Hochschule könnte sich als „Trojanisches Pferd" entpuppen, aus dessen Bauch kulturpolitische Krieger kämen, um den über Jahrhunderte deutsch geprägten Charakter des Landes auf längere Sicht der „ewigen Italianità" anzuverwandeln. Daher lehnte die SVP – und insbesondere deren vier Jahrzehnte prägende politische Figur Magnago – eine eigene Hochschule stets auch mit dem Bekenntnis zur Gesamttiroler „Landesuniversität" in Innsbruck, der Universitas Leopoldino-Franciscea Oenipontana, und damit zur wenigstens proklamierten „Wahrung der (geistigen) Landeseinheit", ab.

Mit der sukzessive, aber langwierig und mühselig erfolgten Verwirklichung der „Autonomie-Paket"-Lösung des Südtirol-Konflikts zerstreuten sich insbesondere nach der Streitbeilegungserklärung Österreichs gegenüber Italien derlei Befürchtungen. Erfordernisse der Wirtschaft, gewandelte Berufsbilder, ein höheres Maß an Akademisierungerfordernis und neue rechtliche Bestimmungen, mit denen die italienische Gesetzgebung darauf reagierte, ließen eine punktuelle Revision gewisser Parteipositionen trotz der von Rom meist unnachgiebig beanspruchten Ausrichtungs- und Koordinierungsbefugnis (AKB) geboten erscheinen. Schließlich stimmte die SVP der „Errichtung universitärer Strukturen" mit der Maßgabe zu, das Studienangebot auf Fächer und Abschlüsse zu beschränken, die entweder in Innsbruck nicht angeboten würden oder mit denen man überhaupt Neuland beträte.

Daraufhin wurde das Statut für besagte „Freie Universität Bozen" fixiert, ihr Verwaltungsrat mit Luis Durnwalder als Gründungspräsident (bis 2002, seitdem Ehrenpräsident auf Lebenszeit) konstituierte sich, die Bischofsstadt Brixen erhielt eine Expositur der nicht vom italienischen Staat, sondern von der Autonomen Provinz Bozen-Südtirol finanzierten Hochschule, an beiden Standorten wurden erlesene Räumlichkeiten für den Forschungs-, Studien- und Vorlesungsbetrieb hergerichtet, die Verwaltung wurde organisiert sowie – mit am wichtigsten – das Forschungs- und Lehrpersonal berufen.

Daß die SVP in diesem Zusammenhang alle früheren Einwände außer acht ließ, ist dem festen Willen Luis Durnwalders zuzuschreiben. Er verfolgte maßgeblich den Plan dafür und betrieb die Hochschulgründung gegen nicht unerhebliche Widerstände. Als er im März 1989 als Nachfolger Magnagos ins Amt gelangte, bewies er besonders in der „Causa Uni Bozen" Gestaltungswillen wie Durchsetzungskraft. Just als (Hochschul-)Stifter setzte er sich eines seiner wohl markantesten Denkmäler und gebärdete sich auch fortan nicht als wolkiger Ideenspender, sondern als pragmatisch handelnder, wirkmächtiger Landesverwalter, der politisch stets die Fäden in der Hand hielt sowie in Wort und Tat nie den Faden verlor und die Dinge vorantrieb. (2) In die Dokumentation sind daher in dem Bemühen, die Durnwalder'sche Regierungszeit angemessen abzubilden, akzentuiert ausgewählte Ereignisse und episodische Geschehensabläufe eingeflossen. Aus deren Abfolge möge daher ein einigermaßen konturiertes und farblich abgestimmtes Gesamtbild entstehen.

Mißtöne im Spannungsdreieck

Eine die Verfolgung Südtiroler Interessen gegenüber Italien erschwerende Konstante der Ära Magnago war auch in der Amtszeit Durnwalders erhalten geblieben, nämlich die überaus häufig wechselnden Regierung(skonstellation)en in Rom. Lediglich die Kabinette Berlusconi II und III (s. u. Graphik) zeitigten eine gewisse „Berechenbarkeit" (im Positiven wie im Negativen) hinsichtlich Form und Inhalt, vor allem auch des Betonens von „Siamo in Italia", wobei insbesondere die unternehmerischen Interessen der Südtiroler Wirtschaftstreibenden bei dem in Italien wie überall auf der Welt in Strahlemann-Allüren auftretenden Selfmade-Medienunternehmer Silvio Berlusconi auf fruchtbaren Boden stießen.

Im November 1994 sorgte man sich, ohne dies eigens öffentlich kundzutun, im österreichischen Außenministerium um Südtirol. Am Ballhausplatz kamen derhalben führende Vertreter der SVP mit Außenminister Alois Mock (ÖVP) zu einer „Krisensitzung" zusammen. Es ging um angemessene Reaktionen auf Maßnahmen der italienischen Zentralregierung, die man in Bozen als Provokationen empfand und die Landeshauptmann Durnwalder sowie SVP-Obmann Siegfried Brugger als Angriff auf den Status Südtirols als einer autonomen Provinz werteten. Die SVP und die Regierung in Bozen – in der auch Vertreter der im Lande lebenden Italiener sitzen – riefen die Schutzmacht Österreich an, als sich zeigte, daß Rom darauf beharren würde, Zuweisungen an Bozen zu kürzen. Lamberto Dini, zuvor von 1979 bis 1994 Generaldirektor der italienischen Zentralbank Banca d'Italia und von Mai bis November 1994 Kurzzeitschatzminister im kurzlebigen Kabinett Berlusconi I, hatte Landeshauptmann Durnwalder zwar zugesagt, von Mittelkürzungen abzusehen. Im Haushaltsausschuß des römischen Parlaments verwarfen die Vertreter der Regierungsfraktionen Forza Italia und Alleanza Na-

Die folgende Aufstellung verzeichnet alle Regierungskabinette samt Ministerpräsidenten, die seit Abgabe der Streitbeilegungserklärung 1992 in Rom im Amt waren (Graphik erstellt R. O.)

• Kabinett Amato I	28. 06. 1992–28. 04. 1993
• Kabinett Ciampi	28. 04. 1993–09. 05. 1994
• Kabinett Berlusconi I	10. 05. 1994–17. 01. 1995
• Kabinett Dini	17. 01. 1995–17. 05. 1996
• Kabinett Prodi I	17. 05. 1996–20. 10. 1998
• Kabinett D'Alema I	21. 10. 1998–22. 12. 1999
• Kabinett D'Alema II	22. 12. 1999–19. 04. 2000
• Kabinett Amato II	25. 04. 2000–11. 06. 2001
• Kabinett Berlusconi II	11. 06. 2001–23. 04. 2005
• Kabinett Berlusconi III	23. 04. 2005–17. 05. 2006
• Kabinett Prodi II	17. 05. 2006–08. 05. 2008
• Kabinett Berlusconi IV	08. 05. 2008–16. 11. 2011
• Kabinett Monti	16. 11. 2011–28. 04. 2013
• Kabinett Letta	28. 04. 2013–22. 02. 2014
• Kabinett Renzi	22. 02. 2014–12. 12. 2016
• Kabinett Gentiloni	12. 12. 2016–24. 03. 2018
• Kabinett Conte I	01. 06. 2018–05. 09. 2019
• Kabinett Conte II	05. 09. 2019–13. 02. 2021
• Kabinett Draghi	13. 02. 2021–21. 07. 2022
• Kabinett Meloni	22. 10. 2022–

zionale diese Zusage jedoch wieder. Es handelte sich um etwa eine Milliarde Euro, die gemäß Autonomiestatut aus dem italienischen Staatshaushalt an Bozen hätten zurückerstattet werden müssen, da sie aus Steuereinnahmen Südtirols nach Rom geflossen waren. Die Landesregierung argumentierte, ohne die Mittel, die Rom ohnedies schon seit drei Jahren zum Teil schuldig geblieben war, sei die in international anerkannten Verträgen verankerte Selbstverwaltung Südtirols das Papier nicht wert, auf dem sie verbürgt ist; Bozen war aber bereit, den gewünschten Spareffekt dadurch zu gewährleisten, daß das Land aus eigenen Mitteln Aufgaben finanzieren wolle, für die eigentlich Rom zuständig war.

Doch Wien waren hinsichtlich seiner „Schutzmachtfunktion" die Hände gebunden. Österreich stand vor der Aufnahme in die EU und brauchte dafür auch die Zustimmung Italiens. Daher wurde der Südtiroler Delegation nahegelegt, „vorerst alle Mittel im Rahmen der italienischen Verfassung und des Autonomiestatuts bis hin zur Anrufung des Verfassungsgerichts auszuschöpfen", bevor Wien (nach Erreichen förmlicher EU-Mitgliedschaft) internationale Instanzen, etwa den Europäischen Gerichtshof, den Internationalen Gerichtshof, nötigenfalls sogar die Vereinten Nationen, anrufen könne. Über diskrete Kanäle der Diplomatie habe Wien allerdings in Rom interveniert, hieß es später. Dafür sprach, daß Staatspräsident Oscar Luigi Scalfaro gegenüber der Regierung Berlusconi im Sinne des Bozner Begehrs tätig gewesen ist, worauf sein entsprechender Brief an Landeshauptmann Durnwalder hinwies. Zudem folgte die römische Kammer letztlich Dinis Vorschlägen und verschonte Südtirol mit Kürzungen.

Eine ebenso schwerwiegende Provokation seitens der römischen Regierung, um die es in den Gesprächen in Wien ging, sah die SVP in einem Eklat aus Anlaß des „Tages der Streitkräfte". Trotz der Zusage, daß es vor dem faschistischen „Siegesdenkmal" in Bozen keine staatliche Gedenkfeier mehr geben solle, hatte der Kommandeur des IV. Armeekorps, General Luigi Manfredi, dort im Rahmen einer militärischen Parade einen Kranz niedergelegt. Die Landesregierung und die SVP protestierten. Der Vorgang gewann besondere Pikanterie dadurch, daß das Verteidigungsministerium ihn als „private Feier" des Generals deklarierte. Der Zeremonie wohnten Abordnungen ehemaliger Frontkämpfer sowie örtliche Vertreter der Regierungsparteien Forza Italia (FI) und Alleanza Nazionale (AN) bei. Letztere trat in Südtirol zumeist unter Fahnen der neo-faschistischen „Sozialbewegung“ MSI, ihres Vorgängers, auf. Damit sei, so Landeshauptmann Durnwalder, die „deutsche Volksgruppe beleidigt“ worden. Die SVP sah darin nach Aussage Bruggers „einen gewollten Akt der politischen Spannungen“. (3)

Der Geist klebt an der Flasche

Man stelle sich vor: Adolf Hitlers GröFaZ-Pose prange als sinnstiftendes „Markenzeichen“ eines deutschen Weinabfüllers auf Flaschen mit edlem Rebengewächs. Wäre dem so, ein Sturm der Entrüstung bräche los. Geschieht dergleichen hingegen in Italien mit Hitlers zeitgenössischem Pendant, wird davon kaum Notiz genommen. Spielt sich der Vorgang zudem in einem jener 1919/20 von Italien annektierten Landstriche ab, die, als „natürliche Grenze“ vorgegeben, Eroberungsziel glühender Erlöser unerlöster Gebiete waren, wendet sich gar, wie 1994 geschehen, einer jener „Erlösten“ dagegen, so tut das die dortige Justiz als „Blödsinn“ ab.

So in Bozen, Hauptstadt der Autonomen Provinz Bozen-Südtirol, in der man die unheilvolle Vergangenheit vergangen glaubte, wo ein Signore Luciano Guiato offenbar Hitlers „Achsenpartner“ so sehr verehrte, daß er alle Scheu überwand, ihn wieder ans Licht zu holen. Der Gastwirt schenkte einen Tafelwein aus, der in Flaschen abgefüllt war, deren Etiketten den Duce mal in Heldenpose, mal als Konterfei abbildete und dessen Gesichtszüge so recht den ihm als eigen vorgegebenen „stählernen Kampfeswillen“ ausstrahlen. Schnell sprach sich das in jener Stadt herum, wo die Schwarzhemden einst ihren „Marsch auf Rom“ geprobt hatten.

Nicht nur in Südtirol beheimatete Mussolini-Jünger ließen sich in Bozen gelegentlich ein Gläschen kredenzen und prosteten einander zu; im übrigen Inland und sogar im Ausland stellte sich allmählich Nachfrage nach Flaschen der Marke „Il Camerata“ ein. Allein – im klassischen Weinland Südtirol, einem politischen Gebilde besonderer Sensibilität, konnte derlei Anpreisung des „Kameraden“ auf Dauer nicht verborgen bleiben. Kritik wurde laut, und Herr Guiato stellte den Verkauf ein. Trotzdem blieb ihm unverständlich, warum er sich mit seinen öffentlich bekundeten Sympathien für Benito Mussolini ins Unrecht gesetzt haben sollte – hatte nicht Gianfranco Fini, der erfolgreiche Chef der Regierungspartei „Nationale Allianz“, die just unter den in Südtirol beheimateten Italienern mehr und mehr an Zulauf gewann, deren Ahnherrn unbekümmert „einen der größten Staatsmänner dieses Jahrhunderts“ genannt?

Die Bozner Staatsanwaltschaft folgte dem empörten SVP-Landtags- und Regionalratsabgeordneten Franz Pahl nicht, der den strammen Getreuen des einstigen Peinigers seiner Landsleute wegen „Verherrlichung des Faschismus“ belangt sehen wollte. Untersuchungsrichter Edoardo Mori gelangte zu dem Schluß, es handele sich in Pahls „blödsinniger Anzeige“ um ein Begehr, mit welchem die Justiz, verfolgte sie es, nur Zeit verlöre, und stellte das Verfahren ein. Die SVP hielt dies für einen Skandal, die Jüdische Gemeinde zu Meran zeigte sich „zutiefst befremdet“.

Alle Verbotsverlangen gegen derartige Artikel waren stets unter Berufung auf die „freie Meinungsäußerung“ gerichtlich abgewiesen worden. Dasselbe gilt auch für in ganz Italien erhältliche Weinflaschen mit Etiketten, auf denen die Konterfeis Hitlers und Mussolinis prangen. Einmal, es war im Herbst 2007, hatte der Bozner Staatsanwalt Cuno Tarfusser tatsächlich Etiketten der Kellerei Lunardelli aus Pasian di Prato (Provinz Udine) beschlagnahmen lassen, auf denen Adolf Hitler, Benito Mussolini, Heinrich Himmler und Rudolf Heß abgebildet waren. Sie mußten mitsamt dazugehörigen Matrizen dem Friulaner Weinhändler wieder zurückgegeben werden, da der zuständige Bozner Richter Edoardo Mori – „Die Justiz ist wie eine Waffe. Es kommt darauf an, wer sie in der Hand hält.“ (Südtiroler Magazin „FF“, Ausgabe Nr. 39/2010) – die Aufhebung der Beschlagnahme verfügt hatte.

In Österreich trügen derartige „Verkaufsschlager“ Strafverfahren wegen des Delikts der „nationalsozialistischen Wiederbetätigung“ ein. Auch in Deutschland würde man wegen öffentlichen Gebrauchs nationalsozialistischer Symbole belangt, zudem stünde man unter Beobachtung des Verfassungsschutzes. In Italien dagegen ist nicht strafbar, daß die Lunardelli

Bild: STF

„Führer"- und „Duce"-Weine sind nicht nur in Bozen oder Meran, sondern überall in der Regione Autonoma Trentino Alto-Adige erhältlich.

und ihresgleichen ihre Weinflaschen mit faschistischen und nationalsozialistischen Figuren etikettier(t)en. In der Urteilsbegründung für den Freispruch hieß es, der Verkauf derartig etikettierter Weine verstoße nicht gegen geltende Gesetze.

Im Wein ist Wahrheit? Zumindest dort, wo derlei Geschmacklosigkeit nach wie vor nicht für justitiabel gehalten wird, verbirgt sich der Geist nicht in der Flasche, sondern klebt als Tabu-Bruch auf dem Etikett. (4)

Bizarre Schlachtordnung wegen eines EU-Büros

Wann immer im römischen Kessel der Druck stieg, war das am Scharnier zwischen Italien und Österreich, nämlich unterm Brenner und entlang der Etsch, besonders zu spüren. Anfang 1996 befand man sich zwischen Rom, Trient, Bozen, Innsbruck und Wien wieder einmal auf schwankendem Boden, und die politischen Erdstöße waren sogar in Brüssel und Straßburg zu spüren. Anlaß für die seismopolitische Erschütterung: die Errichtung eines gemeinsamen Büros der beiden italienischen Provinzen Trient und Bozen-Südtirol – seit 1948 zwangsvereint in der Region Trentino-Südtirol – sowie des österreichischen Bundeslandes Tirol in Brüssel, nachdem Österreich am 1. Januar 1995 Mitglied der EU geworden war.

Die daran Beteiligten sahen in Übereinstimmung mit den geltenden europäischen Bestimmungen darin ihr gutes Recht, gemeinsame Interessen gegenüber den Institutionen der Union wahrzunehmen, wie es Grafschaften, Distrikte, Departements, Bundesländer, Regionen, ja selbst größere Städte und Kommunalverbände der Mitgliedstaaten tun. Nur dem römischen Zentralstaat ging das „unbotmäßige" Verhalten seiner Trientiner und Bozner Vasallen gegen den Strich. Nicht allein, daß Heißspornen der politischen Rechten das Tun der beiden Landesregierungen in Trient und Bozen ein Dorn im Auge gewesen wäre. Sogar Kommandos der „Digos", der politischen Polizei Italiens, fuhren bei den Landeshauptleuten Durnwalder (Bozen) und Carlo Andreotti (Trient) vor, beschlagnahmten Akten und forderten auch die beiden Landtagspräsidenten auf, Sitzungsprotokolle mit einschlägigen Beiträgen einzelner Abgeordneter zu diesem Thema herauszugeben, was im Falle Südtirols unter mannigfachem Protest auch geschah.

Die zuständigen Staatsanwaltschaften waren von Rom angehalten worden, Anzeigen rechtsstehender Parteien nachzugehen, die von der „Zerstörung der Einheit Italiens" fabulierten und „separatistische Tendenzen mit dem Ziel“ sahen, „die Rückgliederung Südtirols nach Österreich“ zu betreiben. Der Generalstaatsanwalt von Trient, Sebastiano Cossu, ließ sich in seinem Tätigkeitsbericht sogar dazu hinreißen, zu behaupten, in Südtirol sei eine „zunehmende Staatsfeindlichkeit“ zu verzeichnen, und in Bozen habe man sich auf „die psychologische Kriegsführung“ verlegt.

Das Treiben staatlicher Organe als Reaktion auf wieder und wieder zu registrierende Ausfälle der neofaschistischen „Alleanza Nazionale“ kam indes nicht von ungefähr. Man sah sich offenbar durch publizistisches Feuer bestimmter Medien im oberitalienischen Raum bestärkt. Eine „Glanzleistung“ erlaubte sich die in Turin erscheinende Tageszeitung „La Stampa“. Sie schrieb unmittelbar bevor die Ermittlungen gegen die Errichtung des EU-Büros begannen, in Südtirol stehe „ein Sezessionsheer von 25.000 Mann“ bereit, und es fänden schon heimlich Wehrübungen statt, die Loslösung militärisch abzusichern.

Selbst in höchsten römischen Regierungsämtern mußten derlei Verzerrungen Spuren hinterlassen. Das Staatsoberhaupt sah sich zu ernsten Worten veranlaßt, als es der Provinzialregierung des Trentino seine Aufwartung machte. Scalfaro warnte sie unverblümt vor den Konsequenzen eines Verfassungsbruchs, sollte sie sich weiter am EU-Büro und – was der „ewigen Italianità der 1919 erlösten Gebiete“ besonders abträglich wäre – an dem Projekt „Europa-Region Tirol“ beteiligen. Schrecken ließen sich davon weder Trient noch Bozen, so daß sie fortfuhren, zusammen mit Innsbruck weitere (eher symbolischen Charakter tragende) gemeinsame Landtagssitzungen abzuhalten. Und in Sachen EU-Büro ließ Landeshauptmann Durnwalder verlauten, notfalls werde man bis zum Europäischen Gerichtshof gehen.

Der Konflikt kulminierte, als die amtierende Außenministerin Susanna Agnelli das EU-Programm ihrer Regierung für die am 1. Januar angelaufene Ratspräsidentschaft Italiens vorstellte und als Ziele „Bürgernähe, Beschäftigungssicherung und Maastricht-Reform“ nannte. In der Straßburger Parlamentsdebatte wurde sie vor allem von österreichischen Abgeordneten unterschiedlicher Couleur sowie von dem EU-Parlamentarier der Südtiroler Volkspartei (SVP), Michl Ebner, in Verlegenheit gebracht. Diese verschworenen Mandatare warfen dem EWG-Gründungsmitglied Italien vor, es verstehe „offensichtlich den Geist der Gemeinschaft“ nicht. Rom wurde aufgefordert, „Verfolgungshandlungen gegen eine so positive, grenzüberschreitende regionale Zusammenarbeit“ zu unterlassen. Frau Agnelli beharrte aber mit Blickrichtung Wien auf dem Standpunkt, Rom akzeptiere nicht, „daß Teile Italiens sich einem anderen Land anschließen“. Das Brüsseler Gesamttirol-Büro könne nicht hingenommen werden.

Infolge der Vorgänge sah sich der österreichische Bundespräsident Thomas Klestil offenbar genötigt, seinem italienischen Pendant Scalfaro, mit dem er regelmäßig Kontakt pflegte, gelegentlich eines Briefwechsels ins Gewissen zu reden und ihn zu ersuchen, auf eine Beilegung des Konflikts im Geiste guter Nachbarschaft hinzuwirken. Wiewohl der Inhalt des Schriftwechsels in Wien unter Verschluß gehalten wurde, schien sich doch eine Entspannung anzudeuten. Aus Bozen wurde nämlich bekannt, daß sich Rom zu einer Änderung der rechtlichen Bestimmungen hin zur Akzeptierung des Brüsseler Büros bereit finden könnte. Jedenfalls wurde ein entsprechender Antrag der SVP-Kammerabgeordneten auf Änderung des italienischen EU-Gesetzes in Übereinstimmung mit einer Entscheidung des italienischen Verfassungsgerichtshofs vom September 1995 mit großer Mehrheit (gegen die Stimmen der „Alleanza Nazionale“) gebilligt. So konnte die Digos in Bozen und Trient ihre wegen „subversiver Tätigkeit“ in die Schlachten der „psychologischen Kriegsführung“ geworfenen Einheiten wieder zurückziehen. (5)

„Zeichen der Aussöhnung“

Der Beifall tat den Akteuren ersichtlich wohl. In vertraulichen Kontakten Siegfried Bruggers, des SVP-Obmanns (Vorsitzenden) und Kammerabgeordneten zu Rom, mit der römischen Präsidialkanzlei, von Wien diskret unterstützt, war das italienische Staatsoberhaupt dazu gebracht worden, einen dem erstrebten Freundschaftsvertrag zwischen Italien und Österreich im Wege stehenden Graben zwischen Rom und Bozen wenn auch nicht gänzlich zuzuschütten, so doch tragfähig zu überbrücken. Scalfaro begnadigte und rehabilitierte im August 1996 24 Südtiroler, die wegen Beteiligung an Anschlägen 35 Jahre zuvor in der „Feuernacht“ im Juni 1961 ihre bürgerlichen Rechte und politischen Ehrenrechte verloren und auch nach Verbüßung von Haftstrafen nicht wiedererhalten hatten, zudem hatte ihr Besitz seitdem römischer Verwaltung unterstanden. Zweifellos durfte Scalfaros Dekret als, wie Brugger sagte, „Zeichen der Aussöhnung“ gewertet werden, und in erster Linie war es ein Erfolg des SVP-Obmanns, der denn auch – nicht ohne tieferen Hintersinn – davon sprach, soeben den „erfreulichsten Tag“ seiner bisherigen politischen Arbeit erlebt zu haben.

Dabei konnten unmittelbar vorher ebenfalls erstaunliche Fortschritte im Verhältnis Bozens zu Rom verzeichnet werden. Nach langwierigem Hin und Her hatte der römische Ministerrat genehmigt, was seine Vorgänger verschleppt, bekämpft, verwässert oder gänzlich verworfen hatten, so daß die Vertreter der Autonomen Provinz Bozen-Südtirol über eigentlich abgehakt geglaubte Materien jedesmal wieder von neuem zäh hatten verhandeln müssen.

Im Zusammenwirken zwischen der von der SVP dominierten Landesregierung, ihren in Kammer und Senat entsandten Abgeordneten, den gemäß Autonomiestatut maßgeblichen gemischten Kommissionen und den zuständigen römischen Kabinettsmitgliedern waren drei für die Selbstverwaltung Südtirols fundamentale Bestimmungen vom Ministerrat erlassen worden. Alle Schulen zwischen Brenner und Salurner Klause, Reschen und Rosengarten unterstanden fortan der organisatorischen und dienstrechtlichen Zuständigkeit Südtirols. Angesichts des Umstands, daß Italien ein Zentralstaat ist, war es gar nicht hoch genug einzuschätzen, daß das Dienst- und Besoldungsrecht für die Südtiroler Lehrer künftighin von Bozen gestaltet und die Lehrerfortbildung ebenso wie etwa Schulordnungen, Abiturthemen und Prüfungskommissionen autonomer Südtiroler Kompetenz unterworfen sein durften.

Für die Behauptung der altösterreichisch-deutschen und -ladinischen Südtiroler in fremdnationaler Umgebung waren diese erkämpften Neuerungen ebenso lebensnotwendig wie die Zweisprachigkeits- und die Finanzbestimmungen, die Rom genehmigte. So durfte das Land Südtirol von da an in eigener Finanzhoheit sogar Steuern und Abgaben erheben und den Ertrag daraus zu 90 Prozent behalten. Zuvor hatten alle Gelder nach Rom abgeführt werden müssen, von wo aus sie merklich geschröpft und in unverläßlichen Erstattungszeitspannen nach Bozen zurückflossen, was dort alle Haushaltsplanungssicherheit zunichte machte.

Verständlich also, daß die SVP-Führung mit dem Erreichten zufrieden sein konnte. Allerdings durfte sie aus langjähriger Erfahrung mit Rom gewiß sein, daß die zentralistische Bürokratie am Tiber genügend Fallstricke einbaute, sodaß sich bei der konkreten Handhabung nicht nur zwangsläufig die gewohnten Reibereien einstellen konnten, sondern sich daraus auch Möglichkeiten zur Anwendung jener höchst umstrittenen und parlamentarisch umfehdeten gesamtstaatlichen „Ausrichtungs- und Koordinierungsbefugnis“ (AKB) ergeben konnten, auf die Rom vor der Streitbeilegungserklärung 1992 bestand und seitdem immer wieder beharrte.

Trotz des Umstands, daß alle Zugeständnisse über (teils faule) Kompromisse erkauft wurden, durfte Brugger zurecht stolz sein, Durnwalder gar von einem über das Autonomiepaket hinausreichenden „kloanen Paketl“ sprechen, das man geschnürt habe, so denn auch die vier noch ausstehenden Durchführungsbestimmungen erst einmal erlassen worden seien. Diese sahen die Übernahme der Staatsstraßen in Landesverwaltung, die Gewährung der Zuständigkeit für den gesamten Südtiroler Energiesektor, die Abtretung von Staatsvermögen wie etwa aufgelassene Kasernen oder stillgelegte Bahnhöfe an das Land und die Errichtung der Universität in Bozen bzw. Brixen vor und sollten den Ausbau der „dynamischen Autonomie“ voranbringen. Die SVP-Exponenten schrieben das Erzielte auch dem veränderten Klima zu, das zwischen Bozen und Rom herrschte, seit dort die „autonomiefreundlichere Mitte-Links-Regierung Prodi“ bestimme.

Daß Durnwalder und Brugger Erfolg vorweisen mußten, war klar, hatte doch die SVP seit der empfindlichen Wahlschlappe vom April 1996 Auseinandersetzungen zu verkraften, welche Zusammenhalt und Bestand ernstlich zu gefährden drohten. Bei der italienischen Parlamentswahl war es ihr entgegen raffiniert scheinenden Taktierens nicht gelungen, den nationalistisch-autonomiefeindlichen Kräften unter den Italienern Südtirols den Mandatsgewinn streitig zu machen.

Mehr als 50.000 vormalige SVP-Stammwähler waren zudem zur (von der SVP abgespaltenen) Union für Südtirol (UfS), respektive zu den Freiheitlichen, einem Ableger von Haiders FPÖ, übergelaufen. Die daraus ersichtlich gewordene Unzufriedenheit mit der SVP speiste sich aus vielerlei innerparteilichen Zwistigkeiten, aus Flügelkämpfen, aus präpotenter Selbstgefälligkeit führender Exponenten, aus Ungeschicklichkeiten im Umgang mit oder dem Niedermachen von Vertretern anderer Auffassungen. Zum Unmut trug viel auch das verbreitete Gefühl bei, die Oberen ließen es an Fühlungnahme mit dem Volk fehlen.

Allem Anschein nach hatte auch die Kompromißsuche mit Rom den Eindruck entstehen lassen, als ob kompromißlerisches Andienen geradezu Selbstzweck werde und SVP-Politik in ständiger Wiederkehr ewiggleicher tagespolitischer Niederungen die übergeordneten Ziele vergesse. Dies mochte ein unsicherer Befund, ein Gefühl sein. Es erhielt aber auch künftighin immer wieder daraus Nahrung, daß gerade im Alltagsleben so etwas wie schleichende Italianisierung um sich griff in Worten und Schrift, Gesten und Gebräuchen – wogegen sich die Vorfahren seit 1919 erbittert zur Wehr gesetzt hatten und es just die SVP gewesen war, die von 1945 bis zum „Paket"-Abschluß 1992 für die Verwirklichung der Autonomie, die Errichtung der Selbstverwaltung und gegen den römischen „Sieg der ewigen Italianità" focht.

Beispiele für schleichende Italianisierung waren schnell parat: man brauche nur in Geschäfte zu gehen in den Zentren Bozen, Meran, Leifers, Brixen oder Bruneck, Radio zu hören und fernzusehen, um der umsichgreifenden Mischkultur gewahr und des alltäglichen Verkaufs der Südtiroler Seele teilhaftig zu werden, sagten Kritiker. Diejenigen, die derlei nicht allein registrierten, sondern Mißstände beim Namen nannten und Unterlassungen anprangerten, wurden – und werden nach wie vor, auch von SVP-Führungskräften und -Funktionären – als rückwärtsgewandt, als ewiggestrig abgestempelt. Dabei spricht einiges dafür, daß es solche Kritiker sind, die letztlich den Sauerteig sowohl in der SVP als auch im ganzen Land ausmachen, der nötig ist, damit über der tagespolitischen Arrangementsuche mit Rom nicht die großen Ziele aus den Augen verloren werden und der sich einstellenden Schläfrigkeit begegnet werden kann, welche die Wachsamkeit nachlassen macht.

Die SVP vernachlässigt(e) seitdem zusehends ihre Wurzeln, sie ließ und läßt auch den Verbindungsstrang nach Tirol und Österreich dünner werden. Was Südtirol braucht, ist die längerfristige Perspektive. Sich der römischen Einlullung zu widersetzen und den Selbstbehauptungswillen zu stärken, der das Überleben als Volksgruppe sichert, sollte Richtschnur sein. Werden nicht Ecken und Kanten gezeigt, ist lautloses Verschmelzen der Südtiroler mit dem italienischen Volkskörper kaum aufzuhalten. Besinnt man sich nicht auf die historischen Triebfedern, auch auf die Geschichte des Landes Tirol als Ganzes, wird selbstsüchtigen Interessen nicht Einhalt geboten, so laufen die Südtiroler Gefahr, trotz des Geleisteten und insbesondere auch in der „Ära Durnwalder" Erzielten zu verschwinden und im Buch der Universalgeschichte allenfalls als Fußnote zurückzubleiben. (6)

Unter der Last der Geschichte – Scalfaros Südtirol-Besuch

Bozen lag am 21. März 1997 bei strahlendem Sonnenschein unter stahlblauem Himmel. Touristen promenierten über den Waltherplatz oder saßen vor Cafés im Freien und blinzelten in die Sonne. Wären nicht außergewöhnlich viele Straßenpolizisten und Carabinieri zu sehen gewesen und hätten nicht an Häuserecken, in Gassenwinkeln und auf freien Plätzen der Stadt unauffällig-auffällig gekleidete Herren mit Sonnenbrillen herumgestanden, die Szenerie wachsam beäugend, so hätte man glauben mögen, alles sei wie sonst. Doch Bozen stand unter dem Eindruck des Besuchs des italienischen Staatspräsidenten. Aber außer etwa 2000 Schaulustigen hinter Absperrgittern bei der Begrüßung mit militärischen Ehren am Bahnhof sowie den bei offiziellen Begegnungen anwesenden Notabeln des Landes und der ungeliebten Region Trentino-Alto Adige nahm kaum jemand davon Notiz, wenngleich hitzige Wortgefechte zuvor auf die die Visite überlagernde Spannungen hingedeutet hatten.

Oscar Luigi Scalfaro kam auf Einladung Luis Durnwalders für eineinhalb Tage nach Bozen, Brixen und Neustift. Der Südtiroler Landeshauptmann hatte den Präsidenten der Republik Italien aufgefordert, er möge sich selbst ein Bild machen von dieser prosperierenden Provinz und sich vom friedlichen Zusammenleben seiner aus drei Ethnien bestehenden Bevölkerung überzeugen, da einige Hitzköpfe dies immer wieder in Frage stellten. Böses Blut machten insbesondere die sich gegenseitig hochschaukelnden Verbalattacken des Südtiroler Zweigs von Alleanza Nazionale (AN), in die sich die früheren Neofaschisten (MSI) umbenannt hatten, und einer Splittergruppe des MSI, die weder den Weg in die AN beschritten noch Zeichen der Läuterung hatte erkennen lassen. Unter der Benennung „Unitalia" suchte sie sich als Sammelbewegung für das zersplitterte italienische Lager in Südtirol zu gerieren und redete einem diffusen „Unbehagen" das Wort, das die Italiener der Provinz befallen habe.

„Unitalia" wußte den Kammerabgeordneten Franco Frattini auf ihrer Seite, eigentlich Gefolgsmann Silvio Berlusconis (FI) und Minister in dessen Koalitionsregierung mit Umberto Bossis Lega und Gianfranco Finis AN. Manch markige Losung lieferte Frattini, brachte damit das angebliche Unbehagen zum Ausdruck und fungierte damit als Gleitmittel der „Unitalia"-Bewegung. Da konnte die AN, die es eigentlich in die gemäß Autonomiestatut von der SVP dominierte Südtiroler Landesregierung drängte, ebensowenig hinterm Berg halten wie andere rechte Gruppierungen, die um die alleinige Sachwalterposition für die Interessen der Italiener buhlten und deren Vertreter gelegentlich ins gleiche Horn bliesen. Da Frattini dem Staatspräsidenten einen Brief geschrieben hatte, worin er allen Ernstes den „Todesmarsch der Italiener Südtirols" an die Wand malte, lud der sonst kaum die Fassung verlierende Landeshauptmann Scalfaro ein.

Bild: „Dolomiten"-Archiv/Otto Ebner/www.dolomiten.it

Scalfaro in Bozen mit Durnwalder

In der SVP, deren eigentlich mächtiger Mann Durnwalder seit Amtsantritt als Landeshauptmann stets gewesen ist, war die Visite nicht unumstritten. Vor allem aus der Parteijugend waren reservierte Töne zu hören: das italienische Staatsoberhaupt sei nicht der Präsident der deutschen Volksgruppe Südtirols. Noch unerbittlicher die erstarkte oppositionelle Union für Südtirol (UfS) der Eva Klotz, welche, ihrer Haltung gemäß, wonach Scalfaro wie ein Kolonialherr komme, um als „altbekannter Vertreter des römischen Zentralismus" ein Zeichen der Italianità zu setzen, dem Besuch demonstrativ fernblieb. Nicht nur die UfS drückte schmerzliche Empfindungen aus, die vor allem in der Erlebnisgeneration und unter Geschichtsbewußten latent waren und sind: Scalfaro war in jenen schlimmen Jahren Staatssekretär im Innenministerium, als Minister Mario Scelba nach Anschlägen idealistischer Freiheitskämpfer das Land in Belagerungszustand versetzen und BAS-Aktivisten in Carabinieri-Kasernen foltern ließ – er kam somit nicht zum ersten Mal in Italiens Norden, verschwieg dies aber auch nicht.

Verschiedentliche Äußerungen des Staatsoberhaupts etwa auf dem Forum Alpbach in Nordtirol oder beim Staatsbesuch in Österreich gegenüber Bundespräsident Klestil, wonach „Dynamit Dynamit ist, Bomben Bomben sind und Terroristen Terroristen bleiben“, waren und sind in Südtirol nicht vergessen. Auch sein Auftritt in der Nachbarprovinz Trient, wo sich Scalfaro gegen „Separatismus“ wandte und das gemeinsame Büro der „Euregio Tirol“ (Nord- und Südtirol sowie Trentino) in Brüssel als „wider die Einheit Italiens gerichtet“ hinstellte, mochten solche Empfindlichkeiten eher verstärken denn dämpfen.

Allerdings zeigte sein Südtirol-Besuch einen sichtlich um Mäßigung bemühten und auf Ausgleich bedachten Präsidenten. Die Hoffnungen der italienischen Rechten erfüllten sich nicht, wenngleich ihnen Scalfaro gewährte, wonach sie dürsteten, da sie ihn mit „Viva Italia“-Rufen begrüßten – nach der zündenden Sentenz: „Dieses Land ist Teil Italiens“. Im gleichen Atemzug fügte er allerdings hinzu, es gehöre allen, die darin lebten, pries Südtirol als Modell dafür, wie man nicht nur in Europa vorbildlich Minderheiten-Konflikte mit Geduld, gegenseitigem Verständnis und durch friedliches Zusammenwirken aller löse sowie Geschichte, Kultur, Identität und Rechte der jeweiligen Sprachgruppen wahre. Zudem unterstrich er das nachbarschaftliche Verhältnis zu Österreich.

Wer die Symbolik seines Besuchs „an den Grenzen des Vaterlandes“, das für die Mehrheit der Südtiroler keines ist, recht zu deuten wußte, erkannte, daß auch Scalfaro den immer wieder bemühten annexionistischen Anspruch Italiens im zusammenwachsenden Europa für überkommen hielt, wofür das faschistische Siegesdenkmal im Zentrum Bozens mit seinen abgestandenen Zeichen und der provokativen Inschrift Zeugnis ist, wonach Rom „von hier aus den anderen Sprache, Kultur und Gesetze gebracht“ habe. Die demonstrative Hinwendung und respektvolle Verbeugung Scalfaros vor dem greisen Silvius Magnago, dem „Vater der Autonomie“, dem er das Großkreuz des Verdienstordens der italienischen Republik, die schon von Vorgänger Cossiga verliehene höchste Auszeichnung Italiens, überbrachte, machte die neue Gewichtung augenfällig.

Dem Häuflein Aktivisten, die, geschart um den von Scalfaro begrüßten Altfaschisten und Langzeitabgeordneten Pietro Mitolo (AN, zuvor Galionsfigur des MSI), vor dem Bozner Landhaus aufmarschierte, blieb der erhoffte Zulauf des italienischen Bevölkerungsteils versagt. Auf mitgeführten Spruchbändern wetterten sie gegen die „Europaregion Tirol“, hetzten gegen die „Bewaffnung der Schützen“, demonstrierten für das „einige und unteilbare Italien“ und beharrten auf den umstrittenen italienischen Ortsnamen des Tolomei (s. o.) in Südtirol. Dem stellte sich Durnwalder, der unterstrich, Landeshauptmann aller Südtiroler zu sein, in unmißverständlichen Worten entgegen. Er antworte jenen, die der Bevölkerung „Unbehagen“ einreden wollten: Keine Volksgruppe werde „aus unserem Land gedrängt, Alarmstimmen in diese Richtung sind Ausdruck einer billigen politischen Aufwiegelei, welche von der Wirklichkeit restlos widerlegt wird“. (7)

Etappen der „Wiedervereinigung Tirols“?

Die „Wiedervereinigung Tirols“ bedurfte dreier Etappen. Der erste Etappenschritt fand am 1. Januar 1995 statt, als Österreich Mitglied der Europäischen Gemeinschaft (EG) geworden war. Den zweiten bildete die mit dem Schengen-Beitritt Österreichs, damit dem Wegfall der Personenkontrollen, verbundene markierende gemeinsame Öffnung des Schlagbaums am Brenner durch die Landeshauptleute Durnwalder (italienische Autonome Provinz Bozen-Südtirol) und Wendelin Weingartner (österreichisches Bundesland Tirol) am 1. April 1998. Zusammen mit Bewohnern aus Gemeinden diesseits und jenseits des Brenner-Passes überschritten sie symbolisch die 1918 aufgerichtete und lediglich zwischen 1943 und 1945 aufgehobene Staatsgrenze. Sodann nahmen die beiden Landeshälften Anlauf zur „dritten Etappe der Wiedervereinigung“. Denn ähnlich dem Beispiel Deutschland sollte fortan auch für die

Bild: Tiroler Tageszeitung (TT)

Lupfen den Grenzbalken: Durnwalder (li) und Weingartner (re) am 1. 4. 1998

von der „Unrechts-“ oder „Schandgrenze“ am Brenner getrennten Teile Tirols gelten, daß „zusammenwachsen muß, was zusammengehört“.

Wie die Wiederherstellung der Einheit Deutschlands in den europäischen Einigungsprozeß eingebettet wurde, sei auch der „historische Tag und der denkwürdige Akt“, von dem Durnwalder sprach, ohne Europäisierung nur schwer möglich gewesen. SVP-Obmann Siegfried Brugger bekräftigt dies: Die SVP habe „im Unterschied zu den Ewiggestrigen“ immer auf die europäische Karte gesetzt. Was Motto eines Volksfestes im früheren „Niemandsland“ zwischen österreichischer und italienischer Grenzstation am Brenner war, nämlich „Tirol kommt sich näher“, sei in die Praxis umzusetzen. „Jahrelang haben wir mit Worten die Tiroler Gemeinsamkeit beschworen“, jetzt müßten Taten folgen, die „das faktische Auseinanderleben der vergangenen achtzig Jahre in ein Miteinander verwandeln“ sollten. Die maßgeblichen Politiker im Süden wie im Norden wollten daher ihr Handeln daran ausrichten, die beschrittene Etappe in eine „Euroregion Tirol“ münden zu lassen, die ihrer Gestalt und Verwirklichung harre.

Die pathosgeladenen Wortspenden über den mit dem Abbau von Grenzhindernissen am Brenner als Beginn des Zusammenwachsens ausgegebenen Weg zur Vereinigung der Landesteile Tirols wurden allerdings durch die Auswirkungen der europäischen Verkehrspolitik getrübt. Denn das in „Schengen-Land“ weitgehend ungehinderte Queren des Kontinents auf der Nord-Süd-Achse brachte für die Bewohner entlang der maßgeblichen Transitroute eine beträchtliche Einbuße an Lebensqualität mit sich, verursacht durch eine quasi exponentielle Zunahme des Reiseverkehrs und Gütertransports. Zudem wurde die Beseitigung der Grenzbalken und das kontrollfreie Passieren dadurch beeinträchtigt, daß sich, wie sich alsbald zeigte, Schlepper, Flüchtlinge, Rauschgifthändler und lichtscheues Gesindel ebenfalls die grenzenlosen Freiheiten zunutze machten sowie die grenzüberschreitend organisierte Kriminalität begünstigt wurde. Die lange italienische Küste und eine zunächst über viele Jahre allzu lokkere römische Asylpraxis verlockten im Verein mit mafiosen Geschäftemachern Mühselige und Beladene aus aller Welt – und ganz besonders aus Nordafrika – geradezu zum Stranden und Weiterziehen gen Norden. Die Praxis zeigt(e), daß trotz der Möglichkeiten, welche das Schengen-Abkommen eröffnete, nämlich daß bei der Verfolgung Verdächtiger die italienischen Carabinieri auch auf österreichisches, die österreichischen Gendarmen auf italienisches Territorium vorstoßen und amtshandelnd tätig werden konnten und können, am grundständigen Übel wenig änderte. (8)

Irritationen unter den „Schwesterparteien" ÖVP und SVP

Umstände, Ergebnisse und Folgen der Parlamentswahl in Italien riefen im Frühjahr 2001 im benachbarten Österreich die wenig erbaulichen Geschehnisse vom Vorjahr in Erinnerung. In den Mitgliedstaaten der Europäischen Union (EU) angestellte politische Betrachtungen, zuvörderst aber die publizistische Kommentierung der möglichen Aus- und Nebenwirkungen des Sieges Berlusconis und seiner Forza Italia (FI) entrissen jene Vorkommnisse von Anfang Februar 2000 dem Vergessen, da vierzehn Staats- und Regierungschefs der EU gegen die seinerzeit im Entstehen begriffene ÖVP-FPÖ-Regierung in Wien „besondere Maßnahmen" verhängt hatten. Diese gingen unter dem griffigen Fremdwort „Sanktionen" in die Annalen ein, zielten ihrem Charakter nach auf die politische Isolierung der Regierung Schüssel/Riess-Passer, richteten sich aber – allen anderslautenden Bekundungen und Begründungen ihrer Erfinder zum Trotz – gegen das fünfzehnte EU-Mitglied Österreich als Ganzes und berührten dessen Bevölkerung auf mancherlei Weise.

Im Falle Italiens, wo der alles andere als unumstrittene Berlusconi zusammen mit seinen noch umstritteneren Partnern Bossi (Lega Nord) und Fini (AN) wiederum die Regierung stellte, verzichteten die EUropäer wohlweislich auf Sanktionen. Nicht einmal deren leiseste Androhung ist ernstlich erwogen worden. Was Wunder, wenn derlei „Ungleichbehandlung" in Österreich den Vorwurf der Doppelzüngigkeit, wenn nicht gar der Heuchelei nach sich zog. Wie tief die zugefügten Wunden reichten, daß man gegenüber einem großen Land und EWG-Mitbegründer wie Italien unterließ, womit der kleine EU-Partner Österreich kujoniert ward, dessen Regierungspartner man seinerzeit gleichsam über Nacht im Sinne der „political correctness" und vorgegebener „europäischer Werte", die nirgendwo niedergeschrieben sind, auf die eine oder andere Weise gefügig zu machen trachtete, zeigte sich an der Reaktion eines gänzlich Unverdächtigen.

Der Abgeordnete der österreichischen Grünen im Europäischen Parlament, Voggenhuber, einer der scharfzüngigsten Kritiker der schwarz-blauen Regierung in Wien und daher im Vorjahr glühender Verfechter der Sanktionen gegen den Ballhausplatz, redete sich wegen der alles andere als überzeugenden „Analyse" in Rage, welche der französische Europa-Minister Pierre Moscovici angestellt hatte, um einen Unterschied zwischen der („bösen", weil „nazistischen") „Haider"-FPÖ – der freilich nicht mehr Parteichef war – und der („guten", weil längst dem „Faschismus abgeschworen" habenden) AN Finis sowie der („minder gefährlichen", weil allenfalls „regionalistischen" und somit „unvergleichlichen") Lega Bossis zu konstruieren. Zu allem Überfluß hatte sich der Fernanalytiker in Paris auch noch dazu verstiegen, die Demokratie in Österreich in Zweifel zu ziehen.

In Wien ließen es indes führende Politiker der ÖVP-FPÖ-Koalition nicht daran fehlen, ihrer Genugtuung über den Wahlausgang in Italien Ausdruck zu verleihen. Namens der FPÖ nannte Parteichefin und Vizekanzlerin Susanne Riess-Passer das „anzuerkennende und zu respektierende" Ergebnis eine „demokratische Entscheidung" der italienischen Bevölkerung, für die es kein Geheimnis gewesen sei, „daß der künftige Regierungschef ein Unternehmer der Medienbranche ist". Ihr Vorgänger, der Kärntner Landeshauptmann Jörg Haider, bekundete im „Corriere della Serra", er habe mit dem Sieg Berlusconis gerechnet, „weil Italien einen Wechsel braucht". Einer der ersten, der „Silvio Berlusconi zu seinem klaren Sieg" gratulierte, war Bundeskanzler Schüssel. Österreich und Italien verbänden „zahlreiche gemeinsame Interessen", die „ausgezeichneten bilateralen Beziehungen sollen fortgeführt und vertieft werden", ließ sich Schüssel vernehmen, dessen ÖVP ebenso wie (seit Anfang Dezember 1999) Berlusconis FI Mitglied in der Europäischen Volkspartei (EVP) ist.

Über Schüssels Gratulation war irritiert, wer sich dessen erinnerte, daß es – unter anderen – ausgerechnet Berlusconi war, der zwei Tage vor „Angelobung" (Vereidigung) der neuen österreichischen Regierung wegen der Beteiligung der „Haider-FPÖ" daran öffentlich die Forderung nach Suspendierung der ÖVP-Mitgliedschaft in der EVP erhoben hatte. Umso mehr, als Schüssel für sein ausgezeichnetes Gedächtnis bekannt war.

„Erfreut" über den Wahlausgang in Italien gab sich auch ÖVP-Generalsekretärin Rauch-Kallat: „Ich möchte dem Mitte-rechts-Bündnis Berlusconis herzlich gratulieren"; ein FI-Wahlsieg werde auch einen „positiven Effekt für die bürgerlichen Parteien in derzeit sozialistisch regierten Staaten" der EU haben. Im Gegensatz zu gleichlautenden FI-freundlichen Bekundungen gegenüber einer italienischen Zeitung vor der Wahl beeilte sie sich nun aber hinzuzufügen, daß „die Unterstützung der ÖVP für die Forza Italia keinerlei Einfluß auf unsere traditionellen Beziehungen zur Südtiroler Volkspartei" (SVP) habe. Begütigende Versicherungen, wonach das seit 1918 zu Italien gehörende Südtirol „eine Herzensangelegenheit" und Österreich nach wie vor dessen „Schutzmacht" sei, sahen sich auch Kanzler Schüssel und Außenministerin Ferrero-Waldner nachzureichen gezwungen, da die Führung der SVP irritiert und verstimmt war.

Während in Innsbruck der (Nord-)Tiroler Landeshauptmann Weingartner (ÖVP) die möglichen Auswirkungen des Sieges Berlusconis auf die in Jahrzehnten mühsam erkämpfte Südtirol-Autonomie in mahnende Worte kleidete, hatte sich die Bundes-ÖVP in ihren Italien-Betrachtungen somit offenkundig den Interessen der Schwesterpartei SVP gegenüber wenig rücksichtsvoll und mit der Lage wenig vertraut gezeigt. Zumindest schienen der ÖVP in Wien die Warnungen des SVP-Vorsitzenden Brugger und des Landeshauptmanns Durnwalder über verbale Ausfälle des Bozner Berlusconi-Statthalters Frattini (s.o.) wider die aufgrund der SVP-Dominanz angeblich gegen die Italiener im Lande gerichtete Autonomiepraxis entgangen zu sein, weshalb die SVP Frattini und die regionale FI sogar als „erheblich nationalistischer und autonomiefeindlicher" als die AN eingestuft und erstmals in ihrer Parteigeschichte ein Wahlbündnis mit den italienischen Linksparteien in Südtirol eingegangen war, um einen Sieg der dortigen Rechtskräfte zu verhindern. Das war ihr umso wirkungsvoller gelungen, als sich selbst der greise „Vater der Südtirol-Autonomie" Magnago noch einmal als Wahlkämpfer reaktivieren ließ und somit als solcher mehr als 200.000 Stimmen für die SVP einfuhr.

Es kam daher nicht von ungefähr, daß Kanzler und ÖVP-Obmann Wolfgang Schüssel ein Schreiben an SVP-Chef Siegfried Brugger richtete, in welchem er das mit dem von Romano Prodi initiierten, politisch weit links der Mitte angesiedelten „Ulivo"-Parteienbündnis geschlossene Zweckbündnis eine „kluge und richtige" Entscheidung nannte. Dies trug dazu bei, daß der – schon lange vor den italienischen Wahlen verabredete – Besuch der österreichischen Außenministerin Benita Ferrero-Waldner (ÖVP) in Bozen und insbesondere ihre Zusammenkunft mit den SVP-„Granden" deren Irritation und Konsterniertheit ob der Eskapaden ihrer Partei schwinden ließ und sich in den schwesterparteilichen Beziehungen wieder „Business as usual" einstellte. (9)

Sieg oder Frieden – Denkmal und Platz

Zu den markantesten ethnischen Aufwallungen während der Amtszeit Durnwalders zählten die Auseinandersetzungen über das faschistische Siegesdenkmal und den Konflikt um die Umbenennung des unmittelbar damit verquickten „Siegesplatzes" in „Friedensplatz" im Jahre 2002. Siegesplätze kennt man in Warschau wie in Калининград (Kaliningrad), dem früheren Königsberg. Chişinău, zuvor eher unter ihrem russifizierten Namen Кишинёв (Kischinjow) als Hauptstadt Moldovas bekannt, ziert ebenso ein „Platz des Sieges" wie Bukarest und Temeschburg (Temesvár/Timişoara). Was den einen „sozialistischer Realismus" der Form – und Sowjetpatriotismus dem Inhalt – nach ist, das war anderen „ewige Italianità". In Bozen, Hauptstadt des von Italien nach dem Ersten Weltkrieg als Kriegsbeute erhaltenen und 1920 formell annektierten südlichen Teils Tirols, übertrifft das dem Faschismus geweihte Siegesdenkmal indes seine Gegenstücke in Osteuropa.

Niemand wollte nach 1945 im demokratischen Italien dieses Monument der Entnationalisierung, dies Zeugnis der Unterjochung Südtirols, schleifen. Keiner seiner führenden Politiker hatte sich die Entfernung der Liktorenbündel, der Beile, stilisierten Heroen, „Frontkämpfer“-Häupter, der Büsten von Cesare Battisti, Damiano Chiesa und Fabio Filzi sowie der Siegesgöttin zum Ziel gesetzt. Und schon gar nicht schlug man die geschichtsfälschende lateinische Inschrift an der Stirnseite „HIC PATRIAE FINES SISTE SIGNA // HINC CETEROS EXCOLVIMVS LINGVA LEGIBVS ARTIBVS“ („Hier an den Grenzen des Vaterlandes setze die Zeichen. Von hier aus bildeten wir die Anderen durch Sprache, Gesetze und Künste“) ab, welche die altösterreichisch-deutsche und -ladinische Minderheit seit der Denkmalserrichtung 1928 empört.

Obwohl Italien die nach konfliktreichen Jahrzehnten erkämpfte Autonomie allzugern als „Modell“ zur Lösung von Minderheitenkonflikten preist, marschierten stets Mussolinis Jünger vom Movimento Sociale Italiano (MSI) vor dem Faschistentempel auf. Kreidefressend hatten sie sich in der rechtsnationalen Alleanza Nazionale (AN) „finisiert“, seit Gianfranco Fini, ihr damaliger postfaschistischer Vorsitzender, Benito Mussolini nicht mehr für den größten Politiker des 20. Jahrhunderts hielt. Und weil selbst das italienische Heer seinen Kranz zu Ehren der Gefallenen am „Tag des Sieges“ andernorts niederlegte, blieb es Getreuen des Bozner Altpolitikers Pietro Mitolo (AN, zuvor naturgemäß MSI), sowie der „Unitalia“ des Marco Bolzonello – einer wegen „Verrats an der Sache“ von der AN abgespaltenen Gruppierung – vorbehalten, den weitläufigen Platz vor der metallvergitterten und ultraschallgesicherten Weihestätte ihres Ahnherrn zu frequentieren.

Dem „Stachel im Fleisch“ der deutsch- und ladinischsprachigen Bevölkerungsmehrheit Südtirols, die unter der Einwohnerschaft Bozens (knapp 100.000) bei einem Anteil von nur 25 Prozent in der Minderheit ist, das Gift zu entziehen, hatte sich der von italienischen Mittelinks-Parteien und der SVP getragene Bürgermeister Giovanni Salghetti-Drioli vorgenommen. Er wollte das Siegesdenkmal nicht nur mit einer Mahntafel „entschärfen“, sondern plädierte auch dafür, den „nationalistischen Siegesplatz“ in einen „europäischen Friedensplatz“ umzubenennen, wofür es in den städtischen Beschlußgremien tatsächlich eine Mehrheit gab. Doch kaum waren die Hinweisschilder ausgetauscht, trugen AN und Unitalia Unterschriften für eine Rückbenennung zusammen, weshalb ein Referendum stattfinden mußte. Dabei mobilisierten keineswegs nur AN sowie Unitalia für die „Piazza della Vittoria“, sondern Regierungschef Berlusconi (FI) schickte Franco Frattini, seinen Minister für die öffentliche Verwaltung und zugleich Bozner Statthalter, zum Trommeln, um, so dessen Losung, „die kontinuierliche Verdeutschung Südtirols“ zu stoppen. Und als Höhepunkt vor dem Referendum trat AN-Chef Fini in Bozen auf, Berlusconis Stellvertreter in der Koalitionsregierung, und erwies der von seinen Parteigängern angeführten „Sammlungsbewegung“ die Reverenz auf einer Großkundgebung.

Das am 6. Oktober 2002 abgehaltene Referendum fiel unerwartet klar aus: 61,9 Prozent stimmten für „Ja“, die Beteiligung der abstimmungsberechtigten Bozner war mit 61,7 Prozent für eine derartige Volksbefragung ungewöhnlich hoch. Damit stimmte die große Mehrheit des italienischen Bevölkerungsteils der Stadt für die Wiedereinführung des faschistischen Namens „Siegesplatz“, während der andere Teil der abstimmungsberechtigten Bewohner dagegen war oder gar nicht erst an der Abstimmung teilgenommen hatte.

Damit waren Denkmal und Standort ebensowenig aus der Welt wie sich der gesamte thematische Komplex, der sich um die Relikte des Faschismus spann, die ja nicht nur in Bozen, sondern auch an weiteren Standorten anzutreffen sind, aus dem öffentlichen Raum verbannen ließ. Im Gegenteil, die Auseinandersetzungen darob erhielten infolge aufwendiger, in der Südtiroler Mehrheitsbevölkerung auf Unverständnis stoßender Restaurierungen immer wieder aufs Neue Impulse. So im Herbst 2004, als nicht nur das Verhüllen von Ossuarien in Burgeis am Reschenpaß, in Gossensaß unterm Brenner sowie in Innichen, am Weg nach Osttirol, durch Südtiroler Aktivisten auf deren gefälschten historischen Impetus aufmerksam machten und es Kundgebungen italienischer Bewohner der Provinz für das Alpini-Denkmal (https://www.youtube.com/watch?v=p-qjMH0cfvs) und Demonstrationen gab, wie jene machtvolle des Schützenbundes (https://www.youtube.com/watch?v=p-qjMH0cfvs) gegen den in der Bevölkerung geringschätzig „Kapuzinerwastl“ genannten Denkmal-Torso, sondern der italienische Staat überdies enorme Mittel für Instandsetzungsmaßnahmen solcher Denkmäler, insbesondere natürlich für das Bozner Siegesdenkmal, bereitstellte. Die Ossuarien, Gebein- oder Beinhäuser, in denen beigesetzt wurde, was man an sterblichen Überresten von weiter im Süden gefallenen italienischen Soldaten herbeigeschafft hatte, sollten suggerieren, die Umgebetteten hätten dort ihren Blutzoll quasi auf heimatlichem Boden entrichtet. Zugleich suchte man damit die geschichtsfälschende Behauptung von der vormaligen Italianità des südlichen Teils Tirols zu stützen, mit der dessen Einverleibung in den italienischen Staatskörper legitimiert wurde.

Bild: SSB

Bild: SSB

Ossuarien in Innichen (oben) und Gossensaß (unten)

Wäre das höchst umstrittene Alpini-Denkmal vulgo „Kapuzinerwastl" gleich dem einst in Waidbruck im Eisacktal thronenden imposanten Mussolini-Reiterstandbild Il Genio del Fascismo vulgo „Aluminium-Duce", welches Ende Januar 1961 von Männern des BAS angebrachte Dynamitladungen vom Sockel riß, dem darauf verübten Sprengstoffanschlag im Jahre 1979 gänzlich zum Opfer gefallen (und nicht nur beschädigt worden), so hätte es gar nicht erst der staatlich veranlassten Restaurierung bedurft. Kein italienischer Armeeangehöriger war während des Ersten Weltkriegs bis Bruneck gekommen, keiner hatte über Etsch, Eisack oder

Rienz übergesetzt. Denn die italienische Armee war überhaupt nicht bis Südtirol gekommen, selbst die Dolomitenfront verlief weiter südlich. Der „Sieg“ über Österreich-Ungarn am 4. November 1918 ist dem Umstand zuzuschreiben, daß man in Wien, aber auch an der Front glaubte, mit der Unterzeichnung des Waffenstillstands am 3. November 1918 in der Villa Giusti bei Padua trete dieser, wie üblich, sofort in Kraft: Während also die Österreicher die Waffen niederlegten, führte Italien noch einen Tag länger Krieg und ließ seine Armee gen Norden durchmarschieren. Den Verbündeten Italiens, das erst dem Dreibund angehört, 1915 aber die Seiten gewechselt hatte, kam dieser „Sieg“ stets als Farce vor. Das hindert Italien bis heute nicht, alljährlich am 4. November den „Tag des Sieges“ zu begehen und an Siegesdenkmälern und -plätzen Militär aufmarschieren zu lassen. Dort wo – nach langen Auseinandersetzungen – keine Heeresabordnung mehr zum Appell antritt wie in Bozen auf dem Siegesplatz, legen indes Faschismus-Verherrlicher der angeblich zu „Rechtsnationalen“ Gewandelten Kränze nieder.

Bild: SSB

Das provokante Alpini-Denkmal in Bruneck vulgo „Kapuzinerwastl“

Bild: Roland Lang (SHB)

Das faschistische Siegesdenkmal in Bozen

Von all diesen zweifelhaften Relikten aus der faschistischen Ära, die das demokratische Italien nicht nur nicht beseitigte, sondern für die das zuständige staatliche Denkmalamt in Verona die Renovierung angeordnet hatte, bringt das „Siegesdenkmal“ auf besagtem „Siegesplatz“ zu Bozen als deren monumentalstes die Südtiroler deutscher und ladinischer Zunge nach wie vor am ärgsten in Rage. Die Instandsetzung zog sich über drei Jahre hin und sollte „eine bessere Nutzung des Areals und der Krypta“ ermöglichen. Kulturminister Giuliano Urbani stand seinerzeit aus Lottogeldern (456 Millionen Euro) und Kulturfondsmitteln (111 Millionen Euro) genügend Mittel zur Verfügung, „um alle Notfälle unter den Kulturzeugnissen zu sanieren“.

Wer stur an der Instandsetzung eines faschistischen Denkmals mit beleidigender Inschrift festhalte, dem mangele es an Gespür für die Südtiroler Bevölkerung, befand der damalige SVP-Obmann Elmar Pichler-Rolle: „Die Arbeiten am Denkmal mögen zwar aus statischen und baulichen Gründen erforderlich sein, doch die römische Regierung und der zuständige Minister Urbani gehen ans Werk, als handle es sich um irgendein beliebiges denkmalgeschütztes Gebäude“. Rom wolle nicht zur Kenntnis nehmen, „daß dieses Verhalten für viele Menschen in Südtirol einfach nicht nachvollziehbar ist und immer wieder zu Spannungen unter den Volksgruppen führt“. Noch schärfer gingen die Schützen damit ins Gericht. In einer Stellungnahme der Landeskommandanten Paul Bacher (Südtiroler Schützenbund SSB), Otto Graf von Sarnthein (Bund der Tiroler Schützenkompanien BTSK), Carlo Cadrobbi (Welschtiroler Schützenbund WSB) und Karl Steininger (Bund der Bayerischen Gebirgsschützen BBGS) hieß es: „Diese Sanierung wird von Parteien betrieben, die den faschistischen Geist nicht überwunden haben, sondern ideologisch und wählermäßig davon leben, denn dieses Denkmal stellt nach wie vor den Nährboden für nationalfaschistisches Gedankengut in Südtirol und in Italien dar." Die Inschrift provoziere und beleidige die angestammte Bevölkerung. Der SSB protestierte zudem gegen die Sanierung des Alpini-Denkmals in Bruneck: Bestimmte Kräfte versuchten weiterhin, „das südliche Tirol zu einer in jeder Hinsicht rein italienischen Provinz zu machen".

All das nützte nichts und wurde von Rom gänzlich ignoriert. Vier Millionen Euro wendete man allein für die Renovierung des „Faschistentempels" Siegesdenkmal auf. Enorme Summen verschlang – unter dem wohlfeilen zeitgeistigen Sujet der „Historisierung" – zudem die nachfolgende Umgestaltung der Krypta sowie der angrenzenden Räume unter dem Denkmal in ein mit hohem technisch-medialen Aufwand umfunktioniertes Ausstellungs- bzw. „Dokumentationszentrum zur Geschichte Bozens und Südtirols während der faschistischen und nationalsozialistischen Herrschaft".

Schließlich das Duce-Relief (im Volksmund „Mussolini-Fries") an der Stirnseite des Bozner Finanzamts. „Ich habe einen Brief in der Hand, der sogar über das hinausgeht, was wir gefordert hatten" – was Luis Durnwalder mitteilte, verschlug manchem seiner Zuhörer die Sprache. Sollte Rom nach Jahrzehnten strikter Weigerung bereit sein, den Relikten des Faschismus die Anziehungskraft zu nehmen – bis hin zu ihrer Demontage? In dem Schreiben von Anfang 2011 hatte der vormalige Kulturminister Sandro Bondi dem Südtiroler Landeshauptmann mitgeteilt, er lege die Zukunft aller in Südtirol vorhandenen Zeugnisse der Herrschaft Mussolinis in die Verantwortung der Autonomen Provinz. Der Grund für das überraschende Einlenken: Siegfried Brugger und Karl Zeller, Abgeordnete der SVP in der römischen Parlamentskammer, hatten sich beim Misstrauensantrag gegen den mittlerweile durch Berlusconis Parteigänger Giancarlo Galan ersetzten Bondi der Stimme enthalten und dafür im Gegenzug jene Zusagen erhalten, welche Durnwalder trotz Ministerwechsels für fortgeltend erachtete.

Die italienischen Rechtsparteien in Südtirol waren entrüstet. Sie machten Front gegen den „Verrat an Italien". Jetzt bildete vor allem das monumentale Relief am Finanzamt – dem einstigen „Haus des Faschismus" – den Reibepunkt. Im Zentrum des von Hans Piffrader geschaffenen Bilderfrieses tut der Duce in Reiterpose, den Arm zum Faschistengruß erhoben, den Leitspruch der Bewegung kund: „Credere, obbedire, combattere" („Glauben, gehorchen, kämpfen"). Das Monstrum von 36 Metern Länge und fünfeinhalb Metern Höhe besteht aus 57 Travertin-Platten, die zusammen 95 Tonnen wiegen. Als der abgesetzte Mussolini 1943 als Hitlers Satrap in der „Republik von Salò" „regierte" und die deutsche Wehrmacht einrückte, fehlten an Piffraders Werk noch drei Platten. Das demokratische Italien ließ sie 1957 montieren, als Staatspräsident Giovanni Gronchi dem „Alto Adige und Bolzano" einen Besuch abstattete.

UE SÜDTIROLER • eszeitung

„Das Relief kommt weg"

SEITE 2

Landeshauptmann Luis Durnwalder spricht Klartext, was den Brief von Minister Sandro Bondi anbelangt: Das Relief wird entfernt. Über den plötzlichen Durchbruch, die persönliche Genugtuung und warum es für die Volkspartei ein wichtiges, volkstumspolitisches Zeichen sei.

In ersten Reaktionen Durnwalders und anderer SVP-Politiker auf Bondis Brief war tatsächlich von der Entfernung des Duce-Reliefs, des Alpini-Denkmals sowie vom Anbringen einiger „erklärender Tafeln" am Siegesdenkmal die Rede. Doch als bei den italienischen Parteien die Wogen hochgingen, schlug Durnwalder vor, statt den Duce hoch zu Roß aufwendig abzutragen, könne man den Fries „einfach verdecken". Brugger und Zeller regten einen Künstlerwettbewerb an, „um dem Relief seine faschistische Symbolkraft zu nehmen". Die Südtiroler Landesregierung griff den Vorschlag auf und beschloß einen „Ideenwettbewerb". Eine

Bilder: SSB/SHB

Von der „Beseitigung" zur „Entschärfung" bzw. „Historisierung"

Kommission aus jeweils zwei Vertretern der deutschen und der italienischen sowie einem der ladinischen Volksgruppe kürte aus den 486 eingegangenen Vorschlägen „nach künstlerischen und technischen Kriterien" die fünf besten Projekte. Unter Einbindung des Bozner Bürgermeisters Luigi Spagnolli bestimmte die Landesregierung das Siegerprojekt; die Entwürfe für die Erklärungstafeln vor den Beinhäusern in Gossensaß, Burgeis und Innichen hatte sie bereits genehmigt. Vom „Ideenwettbewerb" 2011 bis zur Umsetzung, dem Anbringen einer Sentenz der jüdischen politischen Publizistin Hannah Arendt, vergingen sechs Jahre. Seitdem erscheint über dem erhalten gebliebenen Monumentalrelief in installierter Leuchtschrift der aus einem Radiointerview Hannah Arendts von 1964 unvollständig zitierte Satz *„Kein Mensch hat* [bei Kant; Auslassung] *das Recht zu gehorchen"* in deutscher, italienischer und ladinischer Sprache. Infolge des ursprünglich vollmundig verkündeten Versprechens, wonach das Duce-Relief entfernt werde, handelten sich Durnwalder und andere SVP-Politiker damit den Vorwurf des „Wortbruchs" ein. (10)

Bedeutungsverlust der SVP

Dieser Vorwurf kam nicht von ungefähr, zumal in praktisch allen Fällen, in denen es um die Auseinandersetzung über den Umgang mit den steinernen Zeugnissen der faschistischen Geschichtsepoche ging, der Eindruck entstehen mußte, daß sich die SVP wenn nicht letztlich beugte, so doch kompromißlerisch klein beigab und damit das Abweichen von zuvor für sakrosankt erklärten Positionen und/oder Zielen politischen Handelns öffentlich wahrgenommen werden konnte. Damit sowie mit anderen Erscheinungen – etwa dem Nachlassen der Bindekraft, dem allmählichen Verlust des „Sammelpartei"-Charakters sowie allgemeinen gesellschaftspolitischen Veränderungen – ging auch ihr im ersten Jahrzehnt nach der Jahrtausendwende merklich einsetzender Bedeutungsverlust einher.

Markant zeigte sich dies zwischen 2003 und 2008, als die SVP die absolute Stimmenmehrheit verlor. Hatte sie in der Landtagswahl vom 26. Oktober 2003 noch ein „sattes Ergebnis" von 55,6 Stimmenprozenten eingefahren und 21 (von 35) Mandataren ins Landhaus entsenden können, so mußte die zwischen Brenner und Salurner Klause, zwischen Reschenpaß und Dolomiten dominante, seit 1948 in Bozen stets mit absoluter Mehrheit regierende SVP fünf Jahre später um ihre komfortable Majorität bangen, verhießen ihr doch die Demoskopen unmittelbar vor dem Wahltermin einen spürbaren Einbruch, nämlich den „Absturz auf unter 50 Prozent der Stimmen". Schon im April 2008 war die Partei bei der Wahl zum italienischen Parlament auf ein „historisches Tief" gestürzt. Dennoch gab sich die Parteiführung noch der Hoffnung hin, bis zur Landtagswahl am 26. Oktober werde sich diese Scharte auswetzen lassen. Denn die Wähler hätten „noch immer zwischen Rom und Bozen zu gewichten gewußt und dabei stets der SVP als Sammelpartei die nötige Stärke verschafft". Schließlich sei ja der allseits beliebte Landeshauptmann, der 2003 mehr als 110.000 Vorzugsstimmen erhalten hatte, das Pfund, mit dem man wuchere.

Dagegen zeichneten die Ergebnisse der Landtagswahlen im österreichischen Bundesland Tirol, wo die „Schwesterpartei" ÖVP, und in Bayern, wo sogar die engverbündete CSU ihre traditionellen absoluten Mehrheiten verloren, auch für Südtirol den Trend im Wählerverhalten vor: weg von der SVP, hin zu den Oppositionsparteien. Das Wort von der „Denkzettelwahl" machte die Runde.

Von dieser Entwicklung profitierten allen voran die rechts der Mitte angesiedelten Freiheitlichen (FPS) und die konkurrierende Süd-Tiroler Freiheit (STF), weniger hingegen die Union für Südtirol (UfS), aus der die STF nach innerparteilicher Zwietracht sich herausgelöst und etabliert hatte. Die SVP erhielt nurmehr 48,1 Stimmenprozente, konnte allerdings mit 18 (von 35) die Mandatsmehrheit halten. Die FPS indes erzielte mit 14,3 Prozent der gültigen Stimmen und fünf Mandaten einen enormen Erfolg, den sie fünf Jahre danach sogar noch ein letztes Mal auf 17,9 Prozent (und sechs Mandate) steigern konnte, während die SVP – mit dem Führungsgespann Philipp Achammer (Parteiobmann) und Durnwalders Nachfolger Arno Kompatscher (im Amt des Landeshauptmanns) auf 45,7 Stimmenprozente abrutschte und mit 17 (von 35) Abgeordnetensitzen auch die Mandatsmehrheit einbüßte. Bei der Landtagswahl 2018 verlor die SVP weitere 3,7 Prozentpunkte und zwei Abgeordnetensitze, während die Freiheitlichen drastisch auf 6,8 Stimmenprozente absackten. Schließlich war das Landtagswahlergebnis vom Oktober 2023 vom drastischen Absturz der SVP auf ihr schlechtestes jemals erreichtes Ergebnis von 34,5 Stimmenprozenten und nur noch 13 Abgeordnetensitzen gekennzeichnet, was schließlich zu einer bizzaren Regierungsbildung aus fünf Parteien unter Einschluß der Postfaschisten – SVP, FdI, (der auf 4,9 Stimmenprozente gesunkenen) FPS, Lega, La Civica – führte und aus historischer Perspektive als „Sündenfall der SVP par excellence" gelten kann. (11)

Ergebnisse der Landtagswahlen vom 26. 10. 2008

Parteien	Stimmen	Prozent	Sitze
Südtiroler Volkspartei	146.545	48,1%	18
Die Freiheitlichen	43.614	14,3%	5
Il Popolo della Libertà Berlusconi	25.294	8,3%	3
Demokratische Partei – Partito Democratico	18.139	6,0%	2
Verdi Grüne Verc Bürger Liste Civiche	17.743	5,8%	2
Süd-Tiroler Freiheit	14.888	4,9%	2
Union für Südtirol	7.048	2,3%	1
Lega Nord Südtirol	6.411	2,1%	1
Unitalia Movimento Iniziativa Sociale	5.688	1,9%	1

Dipietro Italia dei Valori	5.009	1,6%	-
Casini UDC	3.792	1,2%	-
Bürgerbewegung	3.622	1,2%	-
Ladins Dolomites	3.334	1,1%	-
Sinistra dell'Alto Adige/Linke für Südtirol	2.226	0,7%	-
Südtiroler Kommunisten/Comunisti Italiani	1.262	0,4%	-
Insgesamt	*304.615*	100,00%	*35*

Ergebnisse der Landtagswahlen vom 27. 10. 2013

Parteien	*Stimmen*	*Prozent*	*Sitze*
Südtiroler Volkspartei	131.255	45.7%	17
Die Freiheitlichen	51.510	17,9%	6
Verdi – Grüne – Verc – SEL	25.070	8.7%	3
Süd-Tiroler Freiheit	20.743	7.2%	3
Partito Democratico – Demokratische Partei	19.210	6,7%	2
Forza Alto Adige – Lega Nord – Team Autonomie	7.120	2,5%	1
Movimento Cinque Stelle	7.100	2,5%	1
Bündnis Bürgerunion – Ladins Dolomites – Wir Südtiroler	6.065	2,1%	1
L'Alto Adige nel cuore	6.061	2,1%	1
Unitalia Movimento per l'Alto Adige	4.832	1,7%	—
Scelta civica per l'Alto Adige-Südtirol	4.525	1,6%	—
La Destra Minniti	1.655	0,6%	—
Partito della Rifondazione Comunista	1.134	0,4%	—
Partito dei Comunisti Italiani – Südtiroler Kommunisten	730	0,3%	—
Insgesamt	*287.010*	100,00%	*35*

Ergebnisse der Landtagswahlen vom 21. 10. 2018

Parteien	*Stimmen*	*Prozent*	*Sitze*
Südtiroler Volkspartei	119.109	41,9%	15
Team Köllensperger	43.315	15,2%	6
Lega	31.515	11,1%	4
Verdi – Grüne – Verc	19.392	6,8%	3
Die Freiheitlichen	17.620	6,2%	2
Süd-Tiroler Freiheit	16.927	6,0%	2
Partito democratico – Demokratische Partei	10.808	3,8%	1
Movimento 5 Stelle	6.670	2,4%	1
L'Alto Adige nel cuore Fratelli D'ltalia Uniti	4.882	1,7%	1
Bürgerunion für Südtirol	3.665	1,3%	—
Noi per L'Alto Adige – Für Südtirol	3.428	1,2%	—

Forza Italia	2.826	1,0%	-
Casapound Italia	2.451	0,9%	-
Vereinte Linke Sinistra Unita	1.753	0,6%	-
Insgesamt	*284.361*	100,00%	*35*

Ergebnisse der Landtagswahlen vom 22. 10. 2023

Parteien	*Stimmen*	*Prozent*	*Sitze*
Südtiroler Volkspartei	97.099	34.5	13
Team K	31.203	11.1	4
Süd-Tiroler Freiheit	30.585	10.9	4
Verdi Grüne Verc	25.444	9.0	3
Fratelli d'Italia	16.751	6.0	2
JWA	16.597	5.9	2
Die Freiheitlichen	13.838	4.9	2
PD	9.707	3,5	1
Für Südtirol mit Widmann	9.647	3.4	1
Lega	8.545	3.0	1
La Civica	7.301	2.6	1
VITA	7,223	2.6	1
MoVimento 5 Stelle	2.087	0.7	
ENZIAN	1.990	0.7	
Forza Italia	1.627	0.6	
Centro Destra	1.601	0.6	
Insgesamt	*281.245*	100,0	*35*

Alle Ergebnisse entnommen aus:
https://www.landtag-bz.org/de/ergebnisse-der-landtagswahlen-seit-1948

Was ist des Südtirolers Vaterland?

Die immer deutlicher erkennbaren Schwächen der seit 1945 dominanten SVP waren neben Abnutzungserscheinungen, wie sie jede lange an der Macht befindliche politische Kraft im demokratischen System zeigt, auch mit der immer wieder virulenten Frage nach der Zukunft des Landes in Zusammenhang mit der Einstellung zur Landeseinheit und dem patriotischen Bekenntnis seiner Bewohner sowie naturgemäß auch der wahlwerbenden Parteien verbunden. Sie spielte entgegen der Erwartung von Politologen, Soziologen und Publizisten, wonach mit der Erfüllung der „Paket"-Politik durch das Zweite Autonomiestatut und dem von der SVP insbesondere unter Durnwalder vorangetriebenen Ausbau der „dynamischen Autonomie" bis hin zur propagierten „Vollautonomie" und überhaupt der voranschreitenden Europäisierung im Allgemeinen nationales Bewußtsein und patriotische Haltung immer mehr im Schwinden begriffen seien, just in Südtirol nach wie vor eine Rolle und sind in politischen Auseinandersetzungen oft präsent, was besonders die jüngeren Wahlkämpfe und Wahlergebnisse zeig(t)en.

So entspann sich beispielsweise schon im Landtagswahlkampf 2008 ein erbitterter Streit darüber, ob im „Andreas-Hofer-Gedenkjahr 2009" – 1809 war der Tiroler Volksheld, der die Fronde wider französische Okkupatoren und bajuwarische Nutznießer anführte, in Mantua füsiliert worden – auf der Landesgedenkfeier in Innsbruck die „Dornenkrone" als Symbol

Bild: Wolfgang Angerer, mit freundlicher Genehmigung des effect!-Verlags (Neumark a. d. Etsch), dem Buch „Standhaft im Gegenwind“ entnommen

der Zerrissenheit des Landes im Festzug mitgeführt werden sollte (was die Landeshauptleute Durnwalder und Günther Platter rundheraus ablehnten).

Dies sollte sich dann eigens vor, auf und nach dem Landesfestumzug in Innsbruck zeigen. Was angesichts dieser festlichen, weit über Innsbruck und Tirol hinaus wirkenden Gesamttiroler Feierlichkeit schon im Vorhinein die Diskussion beherrschte, war einer ihrer Kulminationspunkte. Diesbezüglich führten fundamentale Auffassungs- und Haltungsunterschiede über die Auferlegung von Beschränkungen zur Teilnahme am Festumzug zu scharfen Auseinandersetzungen: vornehmlich zwischen maßgeblichen Vertretern der Traditionsverbände, in Sonderheit des SSB, sowie Oppositionspolitikern auf der einen und dem als Koordinator des Landesfestzugs fungierenden österreichischen Nationalratspräsidenten, dem Tiroler Andreas Khol (ÖVP), sowie dem Regierungschef des ausrichtenden österreichischen Bundeslandes Tirol, LH Platter, auf der anderen Seite. Damit zusammenhängend warf just die Frage, ob und unter welcher „Gestalt“ die berühmt(-berüchtigt)e „Dornenkrone“ mitgeführt werden durfte/sollte, ihre Schatten voraus. Die „Dornenkronen“-Fehde war indes nur ein Teil der Problematik um die Organisation eines „zeitgemäßen Landesfestzugs im Gedenken an 200 Jahre Tiroler Volksaufstand“. Der andere, damit unmittelbar zusammenhängende, mitunter als noch gewichtiger anzusehende Teil bestand darin, daß sowohl die Tiroler Landesregierung unter LH Günther Platter (ÖVP) als auch der mit ihm zusammenwirkende Koordinator Khol (ÖVP) sowie deren Partner von der „geschwisterlichen“ SVP offensichtlich alles unternahmen, um die im Innern wie von außen stark beachtete Gedenkfestivität nur ja nicht zu einer Selbstbestimmungskundgebung für Südtirol geraten zu lassen, wie dies beim Landesfestzug des Jahres 1984 unter der Schirmherrschaft des damaligen LH Eduard Wallnöfer (1913–1989) der Fall gewesen war, der von 1963 bis 1987 an der Spitze Tirols stand.

Anno 2009 waren Landespolitiker anderen Zuschnittes am Ruder, und entsprechend sahen die Planungen aus. Der „Aufbruch des Willens zur Landeseinheit" sorgte sie, und so unternahm man alles, um ihn nicht – oder allenfalls nur marginal – laut und sichtbar werden zu lassen. Keinesfalls sollte Rom – wie 1959 und 1984 geschehen – „verärgert" werden. In Andreas Khol sah man den idealen Koordinator dessen, was am 20. September zu sehen und zu hören sein sollte. Mit seiner seit Österreichs EU-Beitritt, damit dem Abbau der Grenzanlage am Brenner 1998, stets wiederholten Aussage, daß damit die Tiroler Landeseinheit faktisch erreicht sei, bot er dafür die beste Gewähr.

Khol sah sich damit konfrontiert, daß der SSB die Auffassung von der „bereits beantworteten Südtirolfrage" nicht teilt(e) und auf Kundgebungen in Südtirol unverhohlen in Reden und auf Transparenten die Selbstbestimmung verlangt(e). Gemäß Vorgaben und Planungen Khols und der hinter ihm stehenden Regierungspolitiker in Innsbruck, Bozen und Wien sollte der Landesfestzug eher als unpolitische folkloristische Trachtenveranstaltung denn als bekundungsfreudiges Einheitsverlangen stattfinden; keinesfalls sollten Selbstbestimmungstransparente und unerwünschte Symbole mitgeführt werden. Insofern konnte es hinsichtlich Dornenkrone letztlich nur zu der mit Rosen verzierten Mitführungsform kommen. Dies war für die Veranstaltungsverantwortlichen insofern erträglich, als damit nicht mehr wie 1984 der Schmerz über die Teilung des Landes symbolisiert wurde, sondern man die Interpretation daraus ableiten konnte, wonach Jahrzehnte des Schmerzes nunmehr der angebrochenen Phase der Zufriedenheit gewichen seien.

Die Diskrepanz in den Auffassungen zwischen 1984 und 2009 ging so weit, daß unbotmäßigen Schützen(einheiten) sogar mit Teilnahmeausschluß gedroht wurde. Frühzeitig bekundeten LH Platter und Koordinator Khol gegenüber der „Tiroler Tageszeitung" (Ausgabe vom 22. Mai 2009): „Um einen unseren Vorstellungen entsprechenden Ablauf des Festumzugs garantieren zu können, sind bestimmte Vorgaben für die Teilnehmer erforderlich. Nur für Gruppierungen, die diese Vorgaben akzeptieren, ist eine Teilnahme möglich." (Platter) „Die überwiegende Mehrheit der Tiroler Bevölkerung" habe „kein Verständnis für die Haltung der Südtiroler Schützen", betonte Khol und versprach „einen würdigen Umzug und ein fröhliches Fest". Niemand wolle ein „Politspektakel beim Festumzug". In einem Fragebogen mußten die Schützenverbände auf die Frage antworten: „Sind besondere Aktivitäten beim Festumzug geplant?"

Den teilnehmenden Verbänden wurden detaillierte Verhaltensanweisungen erteilt. Die einzelnen Marschblöcke erhielten „zugeteilte Begleiter" als Aufpasser. Damit dies nicht in die Öffentlichkeit gelangen sollte, hieß es in einer schriftlichen Anweisung des Landes Tirol: „Diese Übersicht dient als Vorinformation für Ihren Block und ist für die Weitergabe an die Presse nicht geeignet." Wie später bekannt wurde, war an die österreichische Staatspolizei (StaPo; faktisch ein Inlandsgeheimdienst) das Ersuchen gerichtet worden, „Querverbindungen und Kontakte des Südtiroler Schützenbundes zu österreichischen und deutschen Rechtsextremisten auszuforschen und zu dokumentieren". Beim großen Festzug waren dann auch der italienische Geheimdienst und die Polizeisondereinheit Digos mit namhaften „Beobachtern", wie etwa Walter Delpero, vor Ort, um die Aktionen des SSB direkt ans italienische Innenministerium weiterzuleiten.

Als schließlich nach weiteren Vorwürfen, Streitereien und öffentlich ausgetragenen Debatten der Pulverdampf einigermaßen verraucht war und am 20. September, einem strahlend blauen Sonntag, Vereine, Verbände, Trachtengruppen und Schützenkompanien aus allen Landesteilen Tirols an der Ehrentribüne vorbeizogen und die hohe Politik durch Kopfwendung und Hinblicken grüßten, winkte ihnen dieselbe huldvoll von oben her zu. Eine Ausnahme machten die Burggräfler Schützen aus Südtirol. Dem Marschblock ihres Schützenbezirks zogen junge Schützen mit einem großen Transparent voran, auf welchem geschrieben stand: „Wir blicken in Richtung Zukunft!"

Zur Begründung hatte man zuvor eine Pressemitteilung folgenden Wortlauts an die Medien geleitet: *„Landesfestzug – Marschieren in Richtung Zukunft. Auf der Ehrentribüne vor der Innsbrucker Hofburg stehen heute einige hochrangige Nord- und Südtiroler Politiker, die die*

Forderung nach Selbstbestimmung für Südtirol als Provokation empfinden und all jene, die über mögliche Zukunftsperspektiven nachdenken, zu ‚Ewiggestrigen' oder ‚Zündlern' abstempeln. Anstatt gemäß dem Motto ‚Geschichte trifft Zukunft', über Zukunftsmodelle für Südtirol zu diskutieren, wird die inzwischen erstarrte Südtirol-Autonomie unreflektiert verherrlicht. Die Burggräfler Schützen und viele andere Südtiroler sehen im Verbleib Südtirols bei Italien, mit dieser so genannten ‚Modellautonomie', keine Perspektiven mehr. Gerade deshalb blicken die Burggräfler beim Tiroler Landesfestzug in Richtung Zukunft, und nicht auf die Ehrentribüne, denn einige der Ehrengäste haben sich mit ihren rückständigen Aussagen selbst in die Vergangenheit gestellt."

Bild: Efrem Oberlechner, SSB

Naturgemäß blieb die politisch-publizistische Empörung darob nicht aus. So titelte die „Tiroler Tageszeitung" am 22. September: „Gäste beleidigt, sich selbst blamiert" und hielt den Burggräflern vor, durch ihre Salutverweigerung vor allem den österreichischen Bundespräsidenten Heinz Fischer und Bundeskanzler Werner Faymann beleidigt zu haben. Südtirols LH Durnwalder ließ sich mit den Worten vernehmen: „Die Höflichkeit hätte es verlangt, bei dieser Veranstaltung nicht gerade zu provozieren", und SVP-Parteiobmann Richard Theiner sprach von „Unverbesserlichen, die ohne zu salutieren an der Ehrentribüne vorbeizogen".

Dr. Stephan Gutweniger, Hauptmann der Schützenkompanie Algund, der den 300 Mann starken Burggräfler Block kommandierte, nahm in einem am 23. September 2009 unter dem Titel „In unserer Ehre verletzt" in der „Neuen Südtiroler Tageszeitung" erschienenen Interview dazu Stellung: *„Es liegt nun einmal im Ermessen jener Person, die eine Ehrenbezeugung gibt, ob man sie gibt und wem man sie gibt. Es gibt die, die eine Ehrenbezeugung verdienen, und es gibt die, die sie nicht verdienen."* Auf die Frage, wer sie nicht verdient habe, antwortete er: *„All jene, die uns, die wir ehrenamtlich gearbeitet haben, ein halbes Jahr lang durch den Kakao gezogen und uns als Ewiggestrige, Rechtsradikale und Zündler tituliert haben* […] *Wir haben uns entschieden, nicht zu defilieren, weil die Politiker nicht mit uns so umgehen können. Unser Verhalten hat auch etwas mit Selbstachtung und mit Ehre zu tun. Wir wurden in unserer Ehre gewaltig verletzt."* Und auf die Frage, ob er das Ganze nicht als Respektlosigkeit erachte, befand Gutweniger: *„Schauen Sie: Den Respekt muss man sich verdienen, und es liegt immer noch in unserem Ermessen zu entscheiden, ob sich jemand unseren Respekt verdient."*

Höchst bemerkenswert war in diesem Zusammenhang der am 25. September 2009 in den „Dolomiten" veröffentlichte Leserbrief des vormaligen österreichischen Justizministers (von

1966 bis 1970 als Parteiloser in der ÖVP-Alleinregierung des Josef Klaus) Univ.-Prof. Dr. Hans Richard Klecatsky: *„Als Österreicher in Nordtirol habe ich vor der Innsbrucker Hofburg den prachtvollen Vorbeimarsch der Schützen aus allen Teilen des großen, alten Tirols in Ergriffenheit miterlebt. Die Schützen des Burggrafenamts, die der Ehrentribüne die Ehrenbezeigung verweigerten, haben dies mit gutem Recht und Anstand getan. Ich solidarisiere mich voll mit der treffenden Erklärung, die Helmut Gaidaldi dazu abgegeben hat. Selbstbestimmung ist und bleibt das Schlüsselwort unserer Zeit, auch in und gegenüber der EU."*

Helmut Gaidaldi, Bezirksmajor des Schützenbezirks Burggrafenamt/Passeier und beim Landesfestzug Kommandeur jener aus 18 Tiroler, 18 Südtiroler und 4 Welschtiroler Schützen bestehenden Formation, welche die Dornenkrone trug, hatte schon im Vorfeld des Umzugs „Spannungen zwischen den Südtiroler Schützen und den Organisatoren" (Land Tirol und Koordinator Khol) öffentlich gemacht. Er hielt auch nicht hinterm Berg mit seiner und der Auffassung seines Bezirks, wonach *„der Streit um die Dornenkrone und die zensurierten Plakate für die Burggräfler Schützen Grund genug waren, gewissen Ehrengästen die Ehrerbietung bei der Defilierung zu verweigern"*.

Bild: Efrem Oberlechner, SSB

Der Vorgang hatte auch intern ein Nachspiel. SSB-LKdt. Paul Bacher bedauerte in einem nur an den österreichischen Bundespräsidenten Fischer gerichteten persönlichen Schreiben die unterbliebene Ehrerbietung ihm gegenüber. Bacher legte die erläuternde Erklärung der Burggräfler Schützen bei, welche aufgrund eines Beschlusses auf der Bundesleitungssitzung vom 2. Oktober 2009, die Burggräfler müßten in einer weiteren Pressemitteilung klarstellen, wem bei dieser Aktion die Ehrenbezeugung verwehrt worden sei, zustande gekommen war. Dem hatte sich sogleich die Bezirksleitung Burggrafenamt/Passeier mittels einer am 7. Oktober herausgegebenen „Medienmitteilung" unterzogen. Sie trug die Überschrift „Über den Blick nach vorne beim Landesfestzug" und hatte folgenden Wortlaut: *„Mit Freude nehmen wir zur Kenntnis, dass unser Nicht-Defilieren beim Landesfestzug in Innsbruck in Verbindung mit dem Transparent ‚Wir blicken in Richtung Zukunft' von weiten Teilen der Bevölkerung verstanden und gutgeheißen wurde. Die Beweggründe für unsere konsequente Haltung haben wir zwar bereits am Tag des Festumzugs veröffentlicht, jedoch um mögliche Missdeutungen auszuschließen, erklären wir unser Nicht-Defilieren gern ausführlicher. Im Vorfeld des Landesfestzugs wurden Schützen und all jene Teile der Bevölkerung, die Zukunftsvisionen für Süd-*

tirol aufzeigen, die über die jetzige Autonomie hinausgehen, von einigen Nord- und Südtiroler Politikern als ‚Ewiggestrige', ‚Scharfmacher' und ‚Zündler' bezeichnet. Die Einschränkung der Meinungsfreiheit gipfelte anschließend in der Vorzensur der mitgeführten Transparente. Wir Burggräfler Schützen wollen niemandem unsere Meinung aufdrängen, jedoch möchten wir auch andere anregen, sich über die Zukunft unseres Landes Gedanken zu machen. Denn der Fleiß und die Leistungen der Südtiroler aller drei Sprachgruppen zeigen, dass eine Zukunft Südtirols ohne den Staat Italien möglich ist. Deshalb blickten wir beim Landesfestzug in Richtung Zukunft und nicht auf die Ehrentribüne. Den hohen geistlichen Würdenträgern, dem Bundespräsidenten und dem Bundeskanzler unseres Vaterlandes Österreich, sowie unserem LKdt. Paul Bacher gilt nach wie vor unsere Ehrerbietung, ebenso all jenen, die nicht in den Chor derer einstimmen, die unseren Einsatz für die Zukunft Tirols verächtlich machen und das Streben nach Selbstbestimmung kriminalisieren." (12)

Bild: Efrem Oberlechner, SSB

Die Selbstbestimmung stand ebenso wie die Landeseinheit auch im Mittelpunkt eines Festkommerses in Innsbruck. Etwa tausend Angehörige „wehrhafter Korporationen" aus dem gesamten deutschen Sprachraum waren dort am 20. Juni 2009 zusammengekommen, und die Sicherheitsmaßnahmen, welche ergriffen worden waren, um das Aufeinanderstoßen von 1500 Burschenschaftern schlagender Verbindungen sowie Mitgliedern von Sängerschaften und Turnverbänden mit 2000 Gegendemonstranten zu verhindern, legten die Stadt nahezu lahm. Martin Graf, Vizepräsident des Österreichischen Nationalrats, beklagte, daß dem Südteil Tirols „das Recht auf Selbstbestimmung bis heute verwehrt geblieben" ist. Der FPÖ-Politiker, der der Wiener schlagenden Verbindung „Olympia" als „Alter Herr" angehört, bekundete vor jubelnder Zuhörerschaft: „Für Südtirol kann es keinen Kompromiß geben, sondern nur eine Lösung." Was er damit meinte, war offenkundig: die Ausübung des (auch unter Mittun der SVP) verwehrten Selbstbestimmungsrechts, und nach Grafs Auffassung konnte das nur heißen: „Rückgliederung nach Österreich." Davon träumt nicht allein Graf. Am Andreas-Hofer-Denkmal unterm Bergisel unweit Innsbrucks sprach auch die Bozner Landtagsabgeordnete Eva Klotz vor den Kommersteilnehmern. Jörg Klotz' Tochter, Galionsfigur der oppositionellen STF, der schärfsten nichtitalienischen Widersacherin der SVP, wurde dieser von Wahl zu Wahl zusehends gefährlicher. Frau Klotz plädierte selbstverständlich auch für eine Rückgliederung an „das Vaterland Österreich", während Grafs Südtiroler Parteifreunde von der vom legendären FPÖ-Chef Jörg Haider mit aus der Taufe gehobenen FPS sich auch einen „Freistaat Südtirol" vorstellen konnten (und können).

Bild: Robert Parigger / APA / picturedesk.com

Die Südtiroler selbst sind diesbezüglich gespalten. Zwar votierten in einer zuvor bekanntgewordenen Umfrage 45,3 Prozent der deutschen und ladinischen Südtiroler für den Verbleib bei Italien. Doch etwas mehr als 21 Prozent der Befragten wünschten sich eine Wiedervereinigung mit dem österreichischen Bundesland Tirol und mehr als 33 Prozent die staatliche Eigenständigkeit. Somit befürworteten damals fast 55 Prozent die Loslösung von Italien, zumindest konnte man festhalten, daß sie sich im Stiefelstaat unwohl fühlten.

Heimatbund und Süd-Tiroler Freiheit sprachen sich umso nachdrücklicher für ein Referendum aus, als Francesco Cossiga, ein Sarde, als vormaliger Staatspräsident (1985–1992) Senator auf Lebenszeit, im römischen Parlament 2006 und 2008 Anträge eingebracht hatte, wonach den Südtirolern das Selbstbestimmungsrecht zuerkannt werden sollte und dafür vier zur Abstimmung zu stellende Möglichkeiten vorgesehen hatte: Verbleib bei Italien, unabhängiger Staat Südtirol, Rückkehr zu Österreich, Anschluß an Deutschland. Er sei immer „ein Freund Südtirols" gewesen und wolle, daß dessen „besondere ethnische Situation" endlich anerkannt werde. Überdies hatte er im August 2005 in einem Interview mit dem Südtiroler Magazin FF wörtlich bekundet: „Und jetzt sage ich euch etwas, was euch Südtirolern ganz sicher nicht gefällt: Die Österreicher sind Deutsche. In diesem Punkt hatte Hitler Recht. Die österreichische Nation gibt es nicht. Oder gibt es etwa eine österreichische Musik, eine österreichische Literatur?" Österreich gebe es als Staat, nicht aber als Nation. Die österreichische Nation sei „eine Erfindung der Austrofaschisten von Engelbert Dollfuß. Karl Renner, der große Sozialist und später erster österreichischer Bundespräsident (der Zweiten Republik, Anm.), hatte für den Anschluß gestimmt". Die Südtiroler seien daher „eine deutsche Minderheit", wurde Cossiga zitiert.

Sein Vorstoß, sozusagen „Wasser auf die Mühlen" von STF und FPS, ließ in Wien und Rom manche den Kopf schütteln; in Bozen führte sie zu politischen Turbulenzen. „Dieses Ansinnen steht zwischen Ernst und Wohlwollen, obwohl jeder weiß, daß dies heute nicht drinnen ist", beschied Landeshauptmann Durnwalder dem vielfachen Südtirol-Urlauber Cossiga. Das Selbstbestimmungsrecht sei kein Spielzeug. In Wien stiftete der Vorgang Verwirrung. Aus der SPÖ verlautete, er sei irritierend „angesichts der Tatsache, daß wir alle in der EU sind". Die ÖVP befand, die Frage einer Rückkehr Südtirols zu Österreich stelle sich „sicher nicht".

Darüber echauffierte sich FPÖ-Chef Heinz-Christian Strache: Es sei „ungeheuerlich, wenn österreichische Spitzenpolitiker nicht jedwede Initiative zur Selbstbestimmung Südtirols aktiv unterstützen". Was ihm insofern den Vorwurf der Heuchelei eintrug, als der Südtiroler Öffentlichkeit durchaus nicht entgangen war, daß FPÖ-„Urgestein" Andreas Mölzer in seinen damaligen Bemühungen als Abgeordneter, eine Rechtsfraktion im Europäischen Parlament zustande zu bringen, um die Gunst der Neofaschistin Alessandra Mussolini geworben hatte. Die Enkelin des Duce war damals EP-Abgeordnete der Azione Sociale (Soziale Aktion), welche sie zusammen mit Getreuen 2003/2004 gegründet hatte, die wie sie aus der Alleanza Nazionale ausgetreten waren, als AN-Parteichef Fini ihren Großvater Benito Mussolini „Teil des absoluten Bösen des 20. Jahrhunderts" genannt hatte. (13)

„Los von Rom"

Im Jahr 2011, drei Jahre vor Durnwalders Ausscheiden aus dem Amt des Landeshauptmanns, ließen Krisen auf EU-Ebene und in Rom, wo das seit 1945 nicht gerade außergewöhnlich war, in Südtirol Rufe nach Selbstbestimmung und Loslösung von Italien wiederaufleben. Während die Staatsschuldenkrise in der EU außerhalb ihres Wirkungsgebiets in breiteren Bevölkerungskreisen noch kaum wahrgenommen wurde, gewann sozusagen im Schatten, den die Lichtquellen der europäischen Öffentlichkeit warfen, unterm Brenner eine Diskussion darüber an Breite, ob der südliche Landesteil Tirols im Stiefelstaat verbleiben oder seine Zukunft anderswo suchen sollte. Die deutsche Wiedervereinigung hatte eine große Ausstrahlungskraft auf Tiroler diesseits und jenseits des Brenners ausgeübt. Die historische Parallele war naheliegend, der italienische Regierungschef Giulio Andreotti hatte dies durchaus verstanden, wie aus seinen Warnungen vor „pangermanistischen Bestrebungen", aber auch seinem beschleunigten Hinwirken auf Paket-Erfüllung und Streitbeilegungserklärung ersichtlich ist.

Aus dieser Stimmung heraus hatte sich 1991 ein Promotorenkomitee für die Abhaltung einer Kundgebung auf dem Brenner unter dem Motto „Nachdenken über Tirol" gebildet, dem selbst bekannte SVP-Politiker wie Ferdinand Willeit angehörten, während andere wie Franz Pahl mit deren Vorstellungen sympathisierten, respektive sie politisch und publizistisch unterstützten. (14) An dieser Großkundgebung am 15. September 1991 beteiligten sich an die 10.000 Menschen. Es wehte mehr als ein „Selbstbestimmungslüftchen", Aufbruchstimmung breitete sich aus, die allerdings von der offiziellen Politik, wenn nicht erstickt, so doch unterdrückt wurde. Diesen Druck bekam auch Ferdinand Willeit, damals Obmann-Stellvertreter der SVP und Kammerabgeordneter, zu spüren. In einem später als „Willeit-Brief" bezeichneten Dokument stellte er die Frage, ob man nicht formell in Rom die Selbstbestimmung fordern sollte. Mehrere Promotoren der Brennerkundgebung, darunter der Obmann der Jungen Generation in der SVP, Christian Waldner, und Schützen-Landeskommandant (LKdt.) Pius Leitner (ehedem engagiertes SVP-Mitglied), gehörten 1992 zu den Gründern der Südtiroler Freiheitlichen/Freiheitliche Partei Südtirols (FPS), für die Leitner infolge der für seine Partei erfolgreichen Wahl 1993 in den Landtag einzog, die Funktion des SSB-LKdt. niederlegte und von 1994–2012 FPS-Obmann war.

Die mächtige Brenner-Kundgebung setzte trotz vehementer SVP-Ablehnung eine ernstzunehmende Debatte darüber in Gang, ob die Südtiroler – bei Wahrnehmung des Selbstbestimmungsrechts – darüber befinden können sollten, für ihr Land, das als Autonome Provinz Bozen-Südtirol auch nach dem Zweiten Weltkrieg bei Italien verblieb, (vorerst) nach einer Freistaatslösung zu streben und es (später oder sogleich) nach Österreich rückzugliedern und also mit Nordtirol zu vereinigen sei. Und mit den Andreas-Hofer-Feiern 2009, der symbolischen Gesamttiroler Feier im Gedenken an die Tiroler Volkserhebung 1809 (s. o.), erhielt sie abermals Auftrieb. Die damalige und seitdem immer wieder gegebene Antwort jener politischen Kräfte, die in Bozen, Innsbruck und Wien zu bestimmen hatten/haben – der römische Standpunkt war/ist, ohne ihn sonders zu erfragen, ohnedies klar – lautete: Mit der Erweiterung der EU durch die Mitgliedschaft Österreichs (1995) und dem mittels Schengen vollzogenen Entfernen der Schlagbäume (1998; s. o.) habe der Brenner seinen Charakter als „Unrechtsgrenze" verloren. Mit dem Wegfall von Grenzkontrollen sowie der grenzüberschreitenden Kooperation, mit gemeinsamen Landtags- sowie Regierungssitzungen und dergleichen mehr wachse wieder zusammen, was einst getrennt worden war. Die Landeseinheit erwachse daher gleichsam aus dem Prozeß der Europäisierung. Und die seit 1945 in Bozen regierende SVP sah/sieht statt in der Ausrufung des – nachgerade in ihrem Parteistatut verankerten – Selbstbestimmungsrechts sowie den Freistaats- und/oder Rückgliederungsgelüsten, wie sie vornehmlich die Opposition auch in Innsbruck und Wien propagiert/e, die Zukunft des Landes(teils) in der „Dynamisierung seiner Autonomie" bis hin zur „Vollautonomie".

Doch spätestens mit der Endphase der Ära Durnwalder war die Lage eine andere. Nicht daß die SVP ihre Haltung verändert hätte. Sie hatte aber merklich an Strahlkraft eingebüßt, und ihre Position im Südtiroler Landtag war seit der Landtagswahl 2008 geschwächt. Mitunter ließ sie sich auf fragwürdige politische Geschäfte mit italienischen Parteien ein, die ihr früher nicht in den Sinn gekommen wären und die geeignet waren, den Oppositionsparteien und deren Begehr weiteren Zulauf zu garantieren. Dieser wurde von einem Skandal im Landesenergieversorger SEL AG befördert, dessen personelle Verflechtungen mit der SVP der Partei und Durnwalder schadeten. In der Zukunftsfrage plädierten die „deutschen" Oppositionsparteien – Freiheitliche (damals fünf Sitze), Süd-Tiroler Freiheit (damals zwei Sitze) und Union für Südtirol (damals ein Sitz) – für einen „Freistaat Südtirol" oder für „Rückkehr zum Vaterland Österreich"; jedenfalls verband sie trotz Nuancen in der politischen Betrachtung und gelegentlicher (meist persönlicher) Reibereien das „Los von Rom".

Hinter derartige Forderungen stellte sich ein großer Teil der – parteipolitisch neutralen – Schützen, jener traditionsreichen Verbände, die in beiden Landesteilen verankert sind und ihre Heimattreue seit dem Maximilianischen Landlibell von 1511, in welchem die Freiheiten (der Stände) Tirols kodifiziert wurden, beweisen. Darauf berufen sich eigentlich auch alle Landtagsparteien – außer den italienischen und den „interethnischen" Grünen in Südtirol. Auch unter der Südtiroler Jugend fanden/finden separatistische Anwandlungen Gehör, und sogar in Verbänden Wirtschaftstreibender wurde seinerzeit die Option eines selbstbewußten, eigenständigen „Südtirol außerhalb Italiens" nicht (mehr) verworfen. Ganz offen sprachen Handeltreibende, Touristiker, Industrielle und Handwerker darüber, daß sie, je mehr sich die „Krise Italiens auswächst", ihre unternehmerische Zukunft „anders ausrichten". Nicht wenige investierten vermehrt in Österreich und Deutschland.

Das Ziel, „nicht in den Sog der Krise Italiens" zu geraten, drückte sich denn auch in einem im Herbst 2011 gefaßten Landtagsbeschluß aus, in dem es hieß, man werde sich jeder weiteren finanziellen Belastung und Beschneidung der erworbenen Rechte des Landes Südtirol durch Sparmaßnahmen der italienischen Regierung widersetzen. Für die Opposition war das aber entschieden zu wenig. Sie verlangte den generellen Befreiungsschlag. Und im Nationalrat zu Wien ließ die FPÖ verlauten, Österreich müsse „Südtirol die Möglichkeit geben, sich dem italienischen Abwärtsstrudel zu entziehen". Eine erste Möglichkeit sei die Gewährung der Staatsbürgerschaft für Südtiroler. In Wien wie in Bozen wurde von Seiten der Opposition auf das Beispiel Ungarns verwiesen: Budapest räumte mit Beginn der zweiten Periode der Regierung des Viktor Orbán (2010–2014) allen ethnischen Magyaren außerhalb des Landes, die sie beantrag(t)en und ihr Ungarntum nachweisen können/konnten, den Erwerb der ungarischen Staatsbürgerschaft ein. Das war/ist in der EU strittig, und in Wien hatten (bis auf die spätere kurzlebige ÖVP-FPÖ-Regierung Kurz/Strache) alle Bedenken. Doch in einem Gutachten des Innsbrucker Rechtswissenschaftlers Walter Obwexer – er war dazu sogar von der SVP beauftragt worden – und in Stellungnahmen des Verfassungsdienstes des österreichischen Bundeskanzleramts wurde die Möglichkeit der entsprechenden Gesetzesanpassung und also Erteilung der Staatsbürgerschaft, für die eine Bürgerinitiative 22.000 Unterschriften gesammelt und für die auch die SVP-Führung Sympathie signalisiert hatte, für rechtskonform gehalten. Insofern war „die doppelte Staatsbürgerschaft für Südtiroler nur noch eine Frage des politischen Willens", den aber SVP und österreichische Regierung „doch nicht aufzubringen gewillt" seien, ließen die Oppositionsparteien verlauten.

Am 14. April 2012 hallte Bozen wider von gleichem Schritt und Tritt. Trommelschlag bestimmte den Marsch von mehreren tausend Schützen. Kompanie für Kompanie war beim Schein von Fackeln in einem schier endlos scheinenden Zug vom Hauptplatz des Stadtteils

Gries über die Talferbrücke und durch die Laubengasse unterwegs. Die meisten Einheiten dieser traditionsreichen Verbände stammten aus Südtirol, Landeskommandant Elmar Thaler führte sie. Begleitet von zahlreichen Sympathisanten durchquerte die farbenprächtige Formation unter den Augen von Polizei und Carabinieri die Hauptstadt der Provinz Bozen-Südtirol. Nach zwei Stunden kamen gut 6000 Marschteilnehmer auf dem Platz vor dem Landhaus (Landtag) zur Abschlußkundgebung zusammen. Redner aus den einzelnen Bezirksorganisationen des Schützenbundes (SSB) faßten dort in Worte, was Ziel dieses Aufmarschs war: die „Ausübung des Selbstbestimmungsrechts" und die „Verabschiedung aus Italien". Diese Forderungen wurden sodann in einem „Freiheitsmanifest" zusammengefaßt und dem Regierungskommissar, dem Statthalter Roms in Bozen, übergeben. Auch den im Landtag vertretenen Parteien wurde damit das einmütig in der Kundgebung vor dem Landhaus akklamierte Bekenntnis vorgelegt.

Die Schützen und ihre (gewählten) Oberen wußten, daß sie damit politisch weithin auf Ablehnung stießen, nicht nur in Rom, sondern auch bei der etablierten politischen Kraft im Lande, der SVP. Gleichwohl wollten sie sich davon nicht länger beeindrucken oder beeinträchtigen lassen. Ihnen ging es mit dem Aufmarsch darum, den Anstoß zur Verwirklichung einer „Zukunftsvision" zu geben, wie es Elmar Thaler in seiner „Freiheitsrede" ausdrückte. „Wir sind zusammengekommen, um nach Jahrzehnten der Abhängigkeit von einem fremden Staat friedlich und im Geiste europäischer Einigkeit die nächsten Schritte für eine erfolgreiche und sichere Zukunft unseres Landes einzufordern", sagte Thaler. Die Schützen und alle, die sich deren Werten verbunden fühlten und also dem Land Tirol die Treue hielten, wollten nicht länger an einen Staat, der mit Südtirol nichts gemein habe, gebunden sein und im schlimmsten Fall mit ihm untergehen.

Thaler verwies darauf, daß der SSB keinem der in Diskussion stehenden Modelle der nicht-italienischen Parteien für die Zukunft Südtirols den Vorzug gebe: die SVP redete – damals in Gestalt ihres Obmanns Richard Theiner – einer „Vollautonomie als einzig gangbaren Weg" das Wort, gestand aber damit zugleich ein, daß es sich im stets gepriesenen „Modell Südtirol" allenfalls um eine Halb- oder Teilautonomie handelte. Die oppositionelle FPS befürwortet(e) eine „Freistaatslösung", während die ebenfalls in Opposition befindliche STF die „Rückkehr zu Österreich" proklamiert(e); die damals noch existente „Bürgerunion" trat für die „Wiedervereinigung Tirols" – also aller Teile des einstigen Habsburger-Kronlandes – im Rahmen einer „Europaregion Tirol" ein. Aus allem resultierte nach Thaler „unser Herzenswunsch, nämlich der Abschied von Italien".

Der „Freiheitsmarsch" führte zweifellos zur Entfremdung zwischen SSB und SVP. Sagte Parteichef Richard Theiner schon vor der Veranstaltung, man löse „mit Marschieren keine Probleme", so konterte Thaler, die SVP ignoriere die Sorgen der Bevölkerung. Unübersehbar sei der Abbau der Autonomie unter den Zwangsmaßnahmen, die Ministerpräsident Mario Monti quasi per ordre de Mufti erlasse. Monti, ehedem italienischer EU-Kommissar, war nach Berlusconis Rücktritt vom Staatspräsidenten mit der Bildung einer Fachleute-Regierung beauftragt worden, um das marode Italien aus der Gefahrenzone des Staatsbankrotts zu bringen. Gegen den „Freiheitsmarsch" hatten sich die Südtiroler Freiheitlichen ausgesprochen, wohingegen die FPÖ ihn nicht nur befürwortete, sondern in Gestalt ihres Nationalratsabgeordneten (und Mitgliedes der Schützenkompanie Bozen-Gries) Werner Neubauer sogar daran teilnahm, woran sich auch zeigte, daß das Verhältnis zwischen „Mutterpartei" FPÖ – sie plädiert für Selbstbestimmung und Rückkehr zu Österreich – und FPS, die sich eher für das Freistaatsmodell erwärmt, gestört ist. (15)

Im Ausnahmezustand – Menetekel der Italianità

„Mâze" ist ein Begriff aus der mittelhochdeutschen Epoche unserer deutschen Muttersprache und bedeutet „Maßhalten", auch „das rechte Maß finden". Was auf alle Situationen des Daseins zutreffen sollte, galt schon in der Antike als philosophische Maxime, in der Theologie als Kardinaltugend. Was sich indes in Bozen zutrug, wo mitten in der Stadt ein prächtiges

Denkmal Walthers von der Vogelweide vom einstigen deutsch-österreichischen Charakter der alten Handelsmetropole kündet, ließ jenes Maß vermissen, das der Dichter in seiner politischen Lyrik nicht allein seinen Zeitgenossen nahezubringen trachtete.

Die Hauptstadt Südtirols ertrank zwischen 12. und 15. Mai 2012 in einem Meer grün-weiß-roter Fahnen, Wimpel, Girlanden und Luftballons. Für drei volle Tage legte die Adunata Nazionale Alpini (ANA), das 85. Treffen der Gebirgsjäger-Truppe – Ehemalige und Aktive – der italienischen Streitkräfte, das Leben lahm. Nicht allein in Bozen mit seinen gut hunderttausend Einwohnern; eine Viertelmillion ANA-Teilnehmer – Aktive, Reservisten, Veteranen und Angehörige – paralysierte auch die umliegenden Gemeinden und Weiler – im Norden bis Brixen, im Westen bis Meran, im Süden bis zur Salurner Klause – und beeinträchtigte mithin weite Teile Südtirols.

Bild: Associazione Nazionale Alpini

Werbeplakat der ANA

Für gewöhnlich sind Politik, Wirtschaft sowie gesellschaftliche Organisationen der in der Autonomen Provinz Bozen-Südtirol (Provincia Autonoma di Bolzano – Alto Adige) beheimateten Volksgruppen (Deutsche, Ladiner, Italiener) stolz auf den nach dem Zweiten Weltkrieg in langem Ringen Rom abgetrotzten Minderheitenschutz und die weitgehende Selbstverwaltung. Nach der Annexion des südlichen Landesteils Tirols 1918, dem faschistischen Italienisierungszwang und römischen Finten, das 1946 in Paris zwischen Ministerpräsident De Gasperi und Österreichs Außenminister Gruber geschlossene Autonomie-Abkommen zu unterlaufen, war das, was nach unzähligen, von vielen national(istisch)en Aufwallungen begleiteten Verhandlungen in ein akzeptables Paket zum Schutz der Minderheiten gegossen werden konnte, die Voraussetzung für das friedliche Nebeneinander.

Das Alpini-Treffen hingegen gab sich wie ein Kontrastprogramm. Zwar suchten Bozens Bürgermeister Luigi Spagnolli sowie politische und publizistische Jubler den „kameradschaftlich-nachbarschaftlichen Charakter" zu beschwören und das martialische Massenspektakel in ein „buntes Volksfest" umzudeuten; doch nicht wenige empfanden es als „Wahnsinn", wie es ein des Zwietracht-Säens Unverdächtiger deutlich ausdrückte. Grandseigneur Roland Riz, einst in der entscheidenden Phase der Beilegung des Südtirol-Konflikts zwischen Österreich und Italien vor den Vereinten Nationen Vorsitzender Obmann der SVP, äußerte sich in den „Dolomiten" und zog sich damit wohl den Unmut des amtierenden Parteichefs Richard Theiner und des Landeshauptmanns Durnwalder zu, des mächtigsten, aber wegen der Kraftwerksaffäre des Landesenergieversorgers SEL angeschlagenen SVP-Politikers.

Was Riz vom „national-sozialen Stich" sprechen ließ und wovor laut Vertretern der Deutschtiroler Oppositionsparteien die SVP kapituliert hatte, war, wovon nicht nur in nahezu allen offiziellen Ansprachen von Alpini- und ANA-Führung die Rede war, sondern was auch in überschäumenden Äußerungen, mehr noch im Anstimmen der antiösterreichischen Mameli-Hymne zum Ausdruck kam: die Verherrlichung der Italianità, der offen zur Schau getragene und gestellte italienische Nationalismus.

Spagnolli suchte zwar die unmäßige Trikolore-Einfärbung abzumildern, indem er vereinzelt die in den Tiroler Landesfarben gehaltene rot-weiße Stadtfahne Bozens aufziehen ließ. Doch im grellen Lichte Hunderttausender über Straßen und Gassen gespannter sowie

Bild: Walter Donegà

Die Stadt war in ein Meer weiß-grün-roter Fahnen, Wimpel und Girlanden getaucht.

Bild: Walter Donegà

Bozen trikolorisiert

an Hausfassaden, Wohnungsbalkonen und Schaufenstern angebrachter italienischer Fahnen, Wimpel und trikoloresker Luftballone ging sie unter.

Besonders Durnwalder empörte einen Teil seiner Landsleute. War ihm Zustimmung sicher, als er sich im Vorjahr (2011) mit der Begründung, Südtirol habe damit nichts zu tun, geweigert hatte, an der 150-Jahr-Feier der Einheit Italiens teilzunehmen, so nahm man ihm jetzt übel, daß er sich am Abschlußtag des Alpini-Treffens mit Verteidigungsminister Giampaolo Di Paola sowie den höchsten Alpini-Offizieren und dem ANA-Präsidium auf die Ehrentribüne

LEITARTIKEL

Offener Brief an die Alpini

von Chefredakteur Toni Ebner

Liebe Alpini,

Ihr seid zu uns nach Südtirol gekommen, um ein Fest zu feiern. Euer Fest. Es ist uns Südtirolern nichts anderes übrig geblieben, als bei diesem Fest mitzumachen. Und wir waren anfangs mit wenig Begeisterung dabei. Ihr müsst wissen, dass es ein bisschen zu unserer Mentalität gehört, in unserem Tagesablauf nicht gestört werden zu wollen. Besonders die Bozner haben es nicht gerne, wenn sie fremdbestimmt werden; und überhaupt nicht am Muttertag.

Spätestens am Freitag haben aber die meisten gesehen, dass Ihr eine tolle Truppe seid und ganz anders als die militärischen Heerscharen, die 1918 unser Land besetzt haben. Und wer sich über Euch informiert hat, musste feststellen, dass auch für Euch dieses Kapitel in die Geschichtsbücher gehört. Euer oberster Chef, ANA-Präsident Corrado Perona, hat das sehr treffend festgehalten: „Wenn man nach Bozen gekommen wäre, um alte Geschichten aufzuwärmen, hätte ich das Treffen verhindert."

Die Befürchtungen vieler Südtiroler, dass Ihr in Hunderttausenderstärke zeigen wollt, dass unser Land „sacra terra italiana" ist, trat nicht ein. Ihr seid in Feierstimmung gekommen, habt friedlich und lustig unsere Städte und Dörfer bevölkert, Eure Zelte aufgeschlagen, Eure Feldküchen aufgestellt und habt Eure Gemeinschaft gepflegt, mit fröhlichen (und traurigen) Liedern, mit gutem Wein und Bier und ausgezeichneten Speisen. Bis spät in die Nacht habt Ihr in unseren Straßen gefeiert, gelacht und Spaß gehabt – dabei habe ich festgestellt, dass Ihr alte Angewohnheiten (die mich früher sehr gestört haben) nicht abgelegt habt; wie in jungen Jahren macht es Euch, in Ehren ergraut, immer noch Spaß, den Mädchen nachzupfeifen und Komplimente nachzuschicken – wenn das wohl Eure Frauen wüssten ...

Die Stadt habt Ihr in ein Fahnenmeer getaucht. Schade, dass die Dominanz der Tricolore so stark war. Zwar hat der Bozner Bürgermeister Gigi Spagnolli auch die Bozner (Tiroler) Farben dazugesellt, trotzdem war Grün-Weiß-Rot zu dominant.

Da hätte es gutgetan, wenn Ihr auch europäische Fahnen aufgehängt hättet. Dann wäre Euer Treffen auch optisch zu einer Begegnung im europäischen Geiste geworden. Denn genau das war es. Ihr habt mit Eurem 85. Treffen in Bozen einen großen Beitrag für den Frieden und die Versöhnung in diesem Land geleistet. Ihr habt den Beweis geliefert, dass 94 Jahre nach dem Ersten Weltkrieg keinerlei Feindschaft mehr besteht zwischen Euch – als Nachkommen der Alpini an der Südfront auf der Seite Italiens – und uns – als Nachkommen der Kaiserjäger und Standschützen auf der Seite der Habsburgermonarchie.

Ganz im Gegenteil – nun sind wir gemeinsam in Europa mit allen anderen Völkern vereint und können uns für dieselben Werte einsetzen: für Frieden, Eintracht und den Dienst am Nächsten – genau so wie Euer Chef Corrado Perona die Prinzipien der Alpini zusammengefasst hat: „Freunde, Brüder, respektvoll und verantwortungsbewusst dem Nächsten gegenüber."

Kommt wieder, Ihr wart besondere Gäste!
toni.ebner@athesia.it

„Wie beim Oktoberfest, aber im Mai" – auch die „Dolomiten" waren vom Spektakel angetan; Titelseite der Ausgabe vom 12./13. Mai 2012

Bild: Associazione Nazionale Alpini

Luis Durnwalder (Arm in Arm mit einem Alpini-Offizier) neben dem beschärpten Bozner Bürgermeister Luigi Spagnolli auf der ANA-Ehrentribüne

begab und den mehrstündigen Vorbeimarsch der Veteranen abnahm. Wobei sich die Tribüne ausgerechnet unter dem nach wie vor am Gebäude der Finanzverwaltung vorhandenen Mussolini-Fries befand. Von einem „traurigen Moment in der Geschichte Südtirols" sprach eine ältere Passantin, „unser Landeshauptmann fällt der Bevölkerung in den Rücken, indem er mit dem Sieger feiert". Andere nannten Durnwalders Verhalten „Verbrüderung mit dem Eroberer und der Besatzungsmacht". Vor allem Ältere haben nicht vergessen, daß die Abtretung Südtirols nach dem Ersten Weltkrieg mit dem Durchmarsch der Alpini-Truppe bis zum Brenner und darüber hinaus erzwungen wurde. Die Alpini hatten unter Ausnutzung des Waffenstillstands und der in Auflösung begriffenen k. u. k.-Armee Fakten dafür geschaffen, daß Italien die Belohnung für seinen 1915 vollzogenen Seitenwechsel einstreichen konnte.

Als fatal wurde von vielen – nicht allein Sympathisanten der Deutschtiroler Oppositionsparteien – die von Durnwalder erzeugte Symbolik auch deswegen empfunden, weil dem Krieg gegen Österreich-Ungarn und damit der Eroberung Südtirols für die Traditionspflege der Alpini-Truppen die zentrale identitätsstiftende Rolle zukommt. Unvergessen sind auch die 21.000 zusätzlich nach Südtirol beorderten Alpini, die nach den Strommastsprengungen, mit denen der „Befreiungsausschuss Südtirol" (BAS) im Juni 1961 die Weltöffentlichkeit auf die unhaltbare Situation im Land aufmerksam machen wollte, in die physischen und psychischen Gewaltmaßnahmen gegenüber der Bevölkerung bis hin zu Folter und Tod inhaftierter BAS-Leute in Carabinieri-Kasernen verstrickt waren. Auch mit Veteranen aus dieser Zeit ist gefeiert worden. Von schlechtem Stil zeugten die ANA-Veteranen überdies, als sie trotz Beteuerungen vor dem Massenspektakel, keinesfalls provozieren zu wollen, unter der Leitung ihres Präsidenten Corrado Perona einen Kranz vor dem Denkmal für die berüchtigte „Divisione Pusteria" in Bruneck niederlegten. Die 1935 aufgestellte Einheit setzte im Eroberungskrieg in Abessinien erstmals in großem Stil Giftgas ein, auch gegen die Zivilbevölkerung. Sie war an Massenerschießungen der äthiopischen Oberschicht und der Geistlichkeit sowie an Massakern in Mai Ceu und am Ashangi-See beteiligt. Allein in Debre Libanos waren damals 2.000 Priester, Mönche und Diakone füsiliert worden. 1938 hatte Mussolini angeordnet, die „Heldentaten" der Alpini-Division mit einem Denkmal in Bruneck zu ehren, an dem noch immer offizielle Gedenkfeiern wie jene der ANA stattfinden. Das zeige, daß die Alpini noch immer in ihrer faschistischen Vergangenheit verhaftet seien, kritisierte der Südtiroler Schützenbund und sprach von einer „Huldigung von Massenmördern".

Bild: Archiv SHB

Alpini-„Heldentat“ in Abessinien 1936

Die Zugehörigkeit zu einer Gemeinschaft wie den Alpini sorgt für ein starkes Gemeinschaftsgefühl. Derartige Massenzusammenkünfte festigen es zweifellos. Die Teilnehmer verhielten sich im großen und ganzen diszipliniert, außer nationalistischen Gemütsaufwallungen gab es keine nennenswerten Zwischenfälle. Doch Bozen, Südtirol überhaupt, ist für ein solches Treffen kaum der geeignete Ort. Anlage und Dimension des Spektakels widersprechen Tiroler Lebensart und Maßstäben. Weil für drei Tage der Eindruck bestimmend war, als sei Bozen eine von einer fremden Macht besetzte Stadt, mußte zwangsläufig die Erinnerung an die leidvolle Geschichte des südlichen Tirol wach werden. Das konnte man eigentlich voraussehen, weshalb mehr Einfühlungsvermögen und eben „das rechte Maß“ vonnöten gewesen wäre. Man pfeift aber nach wie vor darauf, denn die Alpini-Sektion Bozen offerierte für die Feier ihres 100-jährigen Bestehens 2028 ein weiteres Adunata-Treffen justament in Bozen.

Sie durften sich zurecht vom damaligen Chefredakteur des „Tagblatts der Südtiroler“ Dr. Toni Ebner dazu ermuntert fühlen, der sie anno 2012 in seinem Leitartikel „Offener Brief an die Alpini“ ja doch anlaßgemäß ausdrücklich zum Wiederkommen eingeladen hatte. (16)

Autonomiefort- und -rückschritte

Nach der gemäß UN-Resolutionen von 1960/61 erklärten Streitbeilegung zwischen Italien und Österreich 1992 ist sowohl unter österreichischen als auch unter Südtiroler Zeitgenossen befürchtet worden, es könne einen Stillstand in der Autonomiepolitik und sogar massive Rückschläge geben. Stellte man, wie in der Wirtschaft üblich, eine ungeschminkte „politische Gewinn- und Verlustrechnung“ auf, so wären erfreuliche Positiva und gravierende Negativa, demzufolge Fortschritte und Rückschläge zu konstatieren. Etwa schränkte der römische Verfassungsgerichtshof nach der 2001 parlamentarisch verabschiedeten Verfassungsreform verschiedene Zuständigkeiten Bozens ein. Dem steht gegenüber, daß justament infolge dieser Verfassungsreform, die eine gewisse Regionalisierung beförderte, der Provinz Bozen-Südtirol neue Zuständigkeiten zukamen, die noch bedeutend über die im „Paket“ festgelegten hinausreichten.

So erbrachte das Verfassungsgesetz 2/2001 beispielsweise eine erste Erweiterung des Autonomiestatuts insofern, als der Landtag aufgewertet wurde. Die seitdem mittels direkter Wahl bestimmten Landtage von Bozen-Südtirol und dem Trentino bilden gemeinsam den Regionalrat. Vorher hatte es Wahlen zum Regionalrat gegeben, und die Landtage waren lediglich Unterorganisationen desselben gewesen. Zudem wurde das Autonomiestatut stärker abgesichert. Zuvor war, sofern im römischen Zweikammern-Parlament keine Zweidrittel-, sondern „nur“ eine absolute Mehrheit dafür erreicht wurde, jede Änderung am Statut einem staatsweiten Referendum unterworfen. Aus historischer Perspektive: Hätte 1971, als es um die parlamentarische Genehmigung des (dann neuen) Zweiten Autonomiestatuts ging, nicht die damals starke Oppositionsfraktion der Kommunisten (KPI/PCI) dafür gestimmt, so wäre über die Südtirol-

Autonomie in einem italienweiten Referendum befunden worden, dessen Ausgang mehr als fraglich gewesen wäre. Seit besagter Verfassungsreform von 2001 ist ein solches staatsweites Referendum über die Südtirol-Autonomie ausgeschlossen.

Erstmals auch wurden der ladinischen Volksgruppe jeweils Spitzenpositionen im Südtiroler Landtag und im Regionalrat sowie in der Landes- und in der Regionalregierung eröffnet. Zudem erhielten die im Trentino beheimateten Ladiner einen eigens reservierten Sitz (Viril-Mandat) im Landtag zu Trient. Und die Angehörigen von seit dem Mittelalter auf dem Gebiet des Trentino ansässigen bajuwarisch-altdeutschen Minderheiten (in den „Sieben Gemeinden/Sette communi" auf der Hochebene von Asiago, sodann die Zimbern in Lusérn/Luserna, Vielgereut/Folgaria und Lafraun/Lavròu/Lavarone sowie die Mocheni/Fersentaler im Fersental bzw. dessen Ortschaften Eichleit/Roveda, Gereut/Frassilongo und Florutz/Fierozzo, mit den Fraktionen Sankt Franz/San Francesco, Sankt Felix/San Felice, und Palai/Palù di Fersina) wurden gesetzlich geschützt und gefördert. (17)

Das Verfassungs(reform)gesetz 3/2001 stärkte die Regionen, übertrug ihnen neue Befugnisse, eine Finanzautonomie und ermöglichte eigene Statuten. Die staatliche Kontrolle der Regionalgesetze wurde abgeschafft, die Möglichkeit der Zusammenarbeit der Regionen mit anderen Staaten und der Europäischen Union eröffnet, was vorher zur alleinigen Domäne der staatlichen Außenpolitik zählte. Prinzipiell stand fortan den Regionen zu, was nicht ausdrücklich dem Staat vorbehalten war. Mit der Besserstellungsklausel (nach Art. 10 VfG) gingen die enthaltenen „weitergehenden Formen" auch auf die Sonderautonomien über, was besagte, daß das, „was die ordentlichen Regionen mehr an Autonomie erhielten, auch für Südtirol gilt". Daher stehen einige neue Zuständigkeiten, die der Staat den Regionen übertrug, gar nicht im Autonomiestatut, sondern gehen darüber hinaus. Dies betrifft das Feld der internationalen Beziehungen, insbesondere die Beziehungen zur EU, den Außenhandel, die wissenschaftliche und technologische Forschung, den Zivilschutz, die großen Verkehrsnetze, die Koordinierung der öffentlichen Finanzen und des Steuersystems.

Zudem konnte die Autonome Provinz Bozen-Südtirol im Rahmen der Autonomen Region Trentino-Alto Adige eine eigenständige Zusatzvorsorge für seine Bevölkerung in Sachen Pension/Rente schaffen. Und hinsichtlich mancher Zuständigkeiten mußte man sich nicht mehr an die Grundsätze der Staatsgesetze halten, so bei der Arbeitsvermittlung, im Lehrlingswesen, in der Führung von Arbeitsbüchern und Berufsbezeichnungen, bei der Ortspolizei in Stadt und Land, sofern davon nicht die allgemeine öffentliche Sicherheit betroffen ist, sowie schließlich im Handel (Ausnahme: Außenhandel). Damit war es Südtirol ermöglicht, auf einigen wichtigen Feldern wesentlich selbständiger und eigenverantwortlicher – mithin autonomer – zu handeln denn zuvor.

Einschränkungen durch den Verfassungsgerichtshof (VfGH)

Die Grenzen der autonomen Gesetzgebung waren für die Region(en) auf drei Sachverhalte reduziert: Sie mußten sich dabei fortan nur an die italienische Verfassung, an die EU sowie an internationale Verpflichtungen halten. Die nationalen Interessen entfielen für sie. Allerdings ging all dies in Bezug auf Südtirol für den römischen Verfassungsgerichtshof (VfGH) zu weit, sodaß er – soweit es ihm möglich war – gewisse Grenzen zog. Er kam zwar nicht umhin, die rahmenrechtlichen Lockerungen auch den autonomen Regionen und Provinzen zuzugestehen. Doch sie galten nach VfGH-Festlegung nur für die neuen Zuständigkeiten, also für das, was Südtirol durch die Verfassungsreform dazubekommen hatte. Hingegen bestimmte der VfGH, daß für die „alten" Zuständigkeiten der autonomen Provinz die zuvor bestehenden Zuständigkeitsgrenzen wie nationale Interessen und staatliche Reformen fortzugelten hatten. Der Verfassungsgerichtshof schränkte somit die Reform erheblich ein und beschnitt damit auch einige autonome Zuständigkeiten Südtirols. Obwohl die Verfassungsreform gemäß Art. 114 VfG Regionen, Provinzen und Staat auf die gleiche Ebene gestellt hatte, wies er dem Staat eine übergeordnete Rolle zu. Der VfGH legte infolgedessen fest, daß Staatszuständigkeiten im Konfliktfall transversal zu überwiegen hätten: so beispielsweise Umweltschutz (Rom) versus Jagd (Bozen), Einwanderung (Rom) versus Arbeit(sbestimmungen) (Bozen), Vertragswesen (Rom) versus öffentliche Arbeit(svergab)en (Bozen). Zudem schuf der VfGH sogenannte „implizite staatliche Zuständigkeiten“: So beispielsweise hinsichtlich der Begrenzung der Aufnahme im öffentlichen Dienst und der Mobilität; Begründung: Nur der Staat könne Normen erlassen, die (im Interesse der Einheitlichkeit) für alle Verwaltungen zu gelten hätten. Die Besserstellungsklausel nach Art. 10 VfG könne demzufolge bei Überwiegen der Staatszuständigkeit nicht angewandt werden. (18)

Von Luis Durnwalder zu Arno Kompatscher

Am 16. Januar 2014 übergab Luis Durnwalder die Amtsgeschäfte sowie die Schlüssel zum Palais Widmann in Bozen, dem Amtssitz des Landeshauptmanns am Silvius-Magnago-Platz, an seinen Nachfolger Arno Kompatscher. Damit endete nach einem Vierteljahrhundert jene von vielen Hochs und einigen Tiefs geprägte politische Ära, die Südtirol veränderte und zweifellos als Epoche der Prosperität, der Konsolidierung und des Wohllebens, aber auch der dann unter Kompatscher und dem 2014 als Obmann an die SVP-Spitze gelangten Philipp Achammer verstärkten Ausrichtung nach Rom in die Annalen eingeht.

Bild: „Dolomiten"-Archiv/DLife/Daniele Agostini/www.dolomiten.it

Formelle Amtsübergabe am 10. Januar 2014

Während der 25 Jahre währenden Amtszeit Durnwalders wurden politische Entscheidungen getroffen, die Südtirol nachhaltig geprägt haben. So setzte er sich konsequent für die Stärkung und Ausgestaltung der Autonomie ein und konnte dabei Meilensteine bei der Übertragung von Kompetenzen vom Staat auf das Land setzen. Beim Aushandeln einer neuen Finanzregelung mit Rom, die Südtirol mehr finanzielle Eigenständigkeit sowie Möglichkeiten des Einsatzes der Gelder erbrachte, war er erfolgreich. Durnwalder setzte auf eine gezielte Förderung des Tourismus, der zu einem beständig stärker werdenden Wirtschaftsmotor für Südtirol wurde. „Der Luis“ setzte sich als Bauernbub stets für die Interessen der Landwirtschaft ein und förderte, neben gezielten Maßnahmen für die unter besonders arbeitsintensiven Bedingungen wirtschaftenden Bergbauern, insbesondere die Wein- und Obstbaukultur. Unter seiner Führung wurden umfangreiche Investitionen in die Verkehrsinfrastruktur getätigt, wovon der Straßen- und Wegebau (nicht selten bis hin zu entlegenen und hochgelegen Bergbauernhöfen) sowie der Ausbau des öffentlichen Verkehrs profitierten.

Durnwalders Wirtschaftspolitik setzte Schwerpunkte hinsichtlich Stabilität, Nachhaltigkeit und Erhalt der Identität von Land und Bevölkerung. Während seiner Amtszeit erlebte Südtirol ein stetiges Wirtschaftswachstum und konnte seine Position als eine der wohlhabendsten Provinzen Italiens festigen. Zu den besonderen Stärken gehören Tourismus, Landwirtschaft sowie Handwerk und Gewerbe. Der Tourismussektor florierte und wurde zu einem Eckpfeiler der Südtiroler Wirtschaft. Investitionen in Infrastruktur und Marketing trugen dazu bei, das Land als attraktives Reiseziel zu etablieren. Die landwirtschaftliche Prosperität beruht auf Erzeugung und Verarbeitung qualitativ hochwertiger Produkte und regionaler Spezialitäten. Kleine und mittlere Unternehmen tragen zur Schaffung von Arbeitsplätzen bei. Im Vergleich mit anderen Gebieten Italiens weist Südtirol eine niedrige Arbeitslosenquote auf. Die Autonomie ermöglicht(e) es, die finanziellen Ressourcen effizient zu verwalten und gezielt zu investieren. Wirtschaftliche Dynamik und ökonomische wie soziale Stabilität belegen die erfolgreiche Umsetzung ihrer Bestimmungen und tragen in einer Vielzahl von Belangen die Handschrift Durnwalders.

Geraume Zeit nach seinem Ausscheiden aus dem Amt warf ihm ein Staatsanwalt des Rechnungshofs dahingehend Amtsmißbrauch vor, daß er Mittel aus dem ihm zur Verfügung stehenden Sonderfonds nicht rechtmäßig verwendet habe, indem er Privatausgaben aus öffentlichen Geldmitteln getätigt habe. Der (nach Ruchbarwerden der Klage vom Landtag abgeschaffte) Sonderfonds war zuvor bezüglich der Verwendung der Gelder gesetzlich keiner Regelung unterworfen, es war auch keine Rechnungslegung vorgesehen. Die daraus eingeleiteten Gerichtsverfahren durchliefen mehrere Instanzen, in denen er mal freigesprochen, mal verurteilt wurde. Durnwalder beteuerte stets, „keinen Cent in die eigene Tasche gesteckt" zu haben. Er habe guten Glaubens gehandelt und den Sonderfonds stets so verwaltet, wie bereits sein Vorgänger Silvius Magnago. Jahrelang habe der Rechnungshof bei den jährlichen Kontrollen keine Beanstandungen gemacht. Er habe mit dem Geld Menschen in Notsituationen geholfen, „das tue ihm auch nicht leid", so Durnwalder. Die höchst umstrittene Causa trübt zwar das Bild, wenngleich sie weniger Licht auf Durnwalders Lauterkeit, die in der überwiegenden Mehrheit der Bewohner Südtirols und darüber hinaus nicht in Zweifel steht, als vielmehr auf spezifisch italienische Verhältnisse wirft, der die Bewohner zwischen Brenner und Salurn seit mehr als einem Jahrhundert wider den Willen ihrer Vorfahren unterworfen sind.

Nach dem Ausscheiden Durnwalders aus der gestalterisch-aktiven Politik und der Übernahme des Amtes des Landeshauptmanns durch den vormaligen Bürgermeister seiner Heimatgemeinde Völs und Präsident des Südtiroler Gemeindeverbandes Arno Kompatscher büßte die SVP, für die dieser in der LT-Wahl 2013 als Spitzenkandidat angetreten war, auch ihre absolute Mandatsmehrheit ein; die absolute Stimmenmehrheit hatte sie schon 2008 verloren. Sie war daher gezwungen, sich seitdem stets um (einen) Koalitionspartner zu bemühen, die/der konzeptionell für die Mehrheits- sowie die Regierungsbildung paßte(n). Gemäß Autonomiestatut sind daran das ethnisch italienische Bevölkerungselement sowie die ladinische Volksgruppe (traditionell vertreten innerhalb fester Verbindung mit und in der SVP durch einen Ladiner im Parteivorstand) angemessen zu beteiligen. Als Koalitions- und Regierungspartner stand, wie zuvor unter Durnwalder, der linke PD (Partito Democratico) zur Verfügung, sodaß eine knappe Landtagsmehrheit von 19 (der 35) Abgeordneten durch die 17 Mandatare der SVP sowie die beiden der PD gesichert war.

Nach der LT-Wahl 2018 kam die Mehrheits- und Regierungsbildung im Zusammenwirken der SVP (15 Sitze) mit der in Südtirol (ebenso wie italienweit) erstarkten Lega Nord (LN; 4 Sitze) zustande, die ursprünglich als norditalienisch-padanische Unabhängigkeitsbewegung entstanden war und sich sodann als Autonomie- bzw. Föderalisierungspartei gebärdete – was für die SVP den Ausschlag gegeben hatte –, um nachmals schließlich zur gesamtitalienischen Nationalpartei zu mutieren.

Den Tiefpunkt des Niedergangs der SVP (nurmehr 13 Sitze) markierte(n) die LT-Wahl(ergebnisse) 2023 (s. Graphik).

Die Wahl hinterließ eine wie nie zuvor fragmentierte politische Landschaft und eine anschließend quälend zustande gekommene, sowohl parteiintern als auch über das südliche Tirol hinaus umstrittene Regierung, in der die SVP auf vier Koalitionspartner angewiesen war. Erstmals wurden daran die (seit Gründung stets oppositionellen) Freiheitlichen (FPS; 2 Sitze) so-

Endergebnis der LT-Wahl vom 22. Oktober 2023 mit Sitzverteilung im Landhaus zu Bozen im Vergleich zur LT-Wahl 2018 (Quelle: Info-Graphik der „Dolomiten“-Titelseite vom 24. 10. 2023)

wie – was die weitaus meisten Irritationen und Friktionen hervorrief und die Verabschiedung von einem der nachkriegsgeschichtlich „heiligsten“ Güter und dem politisch-ideologisch fundierten Selbstverständnis der SVP bedeutete – die (in großen Teilen der Partei und deren Wahlvolks faschismusaffinen Ideen und Verhaltensmustern verhafteten) „Brüder Italiens“/ Fratelli d'Italia (FdI; 2 Sitze) beteiligt. Zudem gehörten der vorherige (und infolge der Wahl stark dezimierte) Koalitionspartner Lega (1 Sitz) und der Parteineuling La Civica (1 Sitz) dazu. Die Mehrheit stellte sich als umso fragiler dar, als der Abgeordnete Andreas Leiter Reber – kurz nach der Regierungsbildung – die Koalition(spartei FPS) verließ und als „freier Mandatar“ auf die Oppositionsseite des Landtags überwechselte. Damit hielten die Koalitionsparteien bei gerade noch 18 (von 35) Mandaten, dem absoluten (Mehrheits-)Minimum.

Der angeschlagene Kompatscher und die auf 34,5 Stimmenprozente abgesackte SVP, deren Führungsgremien am 2. Dezember 2023 die Aufnahme von Koalitionsgesprächen mit den genannten Parteien ankündigten, ließen sich in ihrer Entscheidung von der (historisch vagen) Aussicht leiten, nur so erscheine das Ziel erreichbar, in Verhandlungen mit der Regierung Meloni-Salvini-Tajani (FdI/Lega/FI) Gesetzgebungsbefugnisse (s. o. die Abschnitte „Autonomiefort- und -rückschritte“ sowie „Einschränkungen durch den Verfassungsgerichtshof“) wiederzuerlangen. Dieses Ziel war schon mit von Durnwalder und den SVP-Parlamentariern in Rom immer wieder unternommenen Vorstößen verfolgt worden, nachdem infolge der italienischen Verfassungsreform von 2001 und der immer wieder vom Verfassungsgericht gegen die Südtirol-Autonomie getroffenen Entscheidungen diese Befugnisse eingeschränkt worden waren. Und da es Regierungsprogramm der FdI-Lega-FI-Koalition in Rom sei, im Rahmen von Autonomie-Verträgen mit den Regionen deren Befugnisse und Zuständigkeiten erheblich auszuweiten und Giorgia Meloni überdies die gänzliche Wiederherstellung des Sonderstatuts ausdrücklich mit der FdI-Regierungsbeteiligung in Bozen konditionierte, bestehe die Aussicht auf Erfolg von Verhandlungen in und mit Rom nur darin, daß die Meloni-Partei FdI fix in die Südtiroler Regierung eingebunden werde.

Entwicklungen unter Kompatschers Ägide

Zu Matteo Renzi, dem jungen, sich als zöpfeabschneidender Dynamiker gebärdenden Durchlauferhitzer im Palazzo Chigi zu Rom, hatte der Anfang 2014 ins Amt gekommene Kompatscher ein amikales Verhältnis aufbauen können, wovon man sich in Bozen wie in Wien, wo der Parteikarrierist und vormalige Wiener Wohnbaustadtrat Werner Faymann Kanzler einer Koalitionsregierung aus seiner SPÖ und der ÖVP war, einiges versprach. Geradezu euphorisch trafen die Genannten in Kompatschers Heimatgemeinde Völs zusammen, wohin der Südtiroler Landeshauptmann für den 5. Juli 2014 zu einer symbolpolitischen Europa-Konferenz auf Schloß Prösels geladen hatte, auf der die üblichen Stehsatzreden gehalten wurden.

Immerhin, das muß man anerkennend konzedieren, führte das Dreiertreffen Kompatscher-Renzi-Faymann nach initiierten Detailverhandlungen letztendlich dazu, ein neues Finanzabkommen herbeizuführen, welches jenes von 2009, das Durnwalder vereinbart hatte („Mailänder Abkommen"), das aber von Rom – letztlich unter der die autonomen Finanzbefugnisse Südtirols massiv einschränkenden Dekret-Politik Mario Montis – gänzlich mißachtet worden und unangewendet geblieben war, dadurch auf eine neue Grundlage stellte, daß es mit einem formellen Briefwechsel Renzi–Faymann besiegelt wurde und damit, wie Kompatscher und die SVP-Oberen vorgaben, auch „völkerrechtliche Verbindlichkeit erlangt" habe, was Franz Pahl, der langjährige SVP-Landtags- und Regionalratsabgeordnete, rundheraus bestritt. (19)

Bild: „Dolomiten"-Archiv/DLife/Tiberio Sorvillo/www.dolomiten.it

„Europa der Regionen" war Konferenzthema auf Prösels, wo (von links nach rechts) Arno Kompatscher, Werner Faymann und Matteo Renzi zusammenkamen und sich in einem „Sechsaugengespräch" über die Grundzüge einer neuen Finanzregelung Rom-Bozen verständigten.

Der auf Prösels gewinnend amikal aufgetretene Renzi zeigte indes ein Jahr später, daß auch er strikt die zur Begründung des Kriegseintritts 1915 geprägte politische Maxime des Antonio Salandra vom „heiligen Eigennutz" („sacro egoismo") anwendete, welche italienische Regierungen jedweder Couleur und Zusammensetzung stets ehern verfolgten. Zum 100. Jahrestag des Eintritts Italiens in „La Grande Guerra" (der „Große Krieg"; 24. Mai 1915) wurde die Beflaggung aller öffentlichen Gebäude mit der Trikolore angeordnet, was selbstredend auch im als Kriegsbeute zu Italien gekommenen Südteil Tirols zu vollziehen war. Eine merk- und denkwürdige Symbolik, denn nirgendwo sonst wurde bis dahin in staatlichem Rahmen ein Kriegseintritt gefeiert. Zwar fand sich die SVP häufig bereit, von Rom dekretierte Maßnahmen letztlich hinzunehmen, um den Anschein von „Convivenza/Zusammenleben" halbwegs aufrecht zu erhalten. Doch gegen einen Affront dieser Art, wie sie das Beflaggungsdekret des Matteo Renzi darstellte, welches dem Landtagspräsidenten, dem Landeshauptmann sowie den 116 Südtiroler Bürgermeistern von Regierungskommissarin Elisabetta Margiacchi statthalterisch zugestellt worden war, hätte man sich ersichtlich widersetzen müssen. Immerhin, das sei ausdrücklich vermerkt, widersetzte sich der Rom gegenüber zumeist samtpfötige Kompatscher wenigstens verbal und äußerte, dieses sei „eine Zumutung, der wir nicht Folge leisten werden", was ihm einmal die sonst eher seltene Zustimmung der politischen Gegner eintrug. Beflaggt wurde trotzdem.

Entsprechend national(istisch) hatte der Staatssender RAI die mediale Begleitmusik intoniert. Bruno Vespa, Moderator der italienweit ausgestrahlten Sendung „Porta a porta", schlug Kompatscher „*die angesichts der Staatsfinanzen nicht zu rechtfertigenden Privilegien der Südtirolautonomie*" um die Ohren. Und in der eigens dem 100. Jahrestag des Weltkriegseintritts Italiens gewidmeten Sendung schoß er sich auf Südtirol ein: „*Noch immer gibt es Teile Italiens, die sich in der Trikolore nicht wiederfinden. Da ist man fassungslos.*" Als ihm der Historiker Ernesto Galli della Loggia entgegenhielt, die Südtiroler und ihr Landeshauptmann fühlten sich als Österreicher und wollten daher nicht feiern, was in der Demokratie erlaubt sei, befand Moderator Vespa: „*In all den Jahren hätten die Südtiroler ja nach Österreich abhauen können. Darum haben sie sich aber nicht besonders bemüht.*" Diesem despektierlichen Verdikt schlossen sich in einer Sendung der Anstalt RAI-Bozen nicht nur rechtsextreme Italiener wie der Landtagsabgeordnete Alessandro Urzì und Mitglieder der offen neo-faschistischen Gruppe „Casa Pound" an; auch befragte Straßenpassanten forderten ungeniert „Südtiroler zur Auswanderung nach Österreich" auf.

Als ob Renzis den Südtirolern verordnete Flaggenparade nicht bereits geschmacklos genug gewesen wäre, legten die italienischen Streitkräfte dieser nationalistischen Posse noch eine weitere Schaufel Provokation auf, indem sie einen Staffellauf organisierten. Alpini, Soldaten der Gebirgsjäger-Truppe, trugen die Trikolore von Bozen aus zu einer pompösen Weltkriegsfeier nach Triest. Die Alpini lieferten mithin den Beweis, daß es Italien nicht um neutrales Gedenken an die Opfer des Ersten Weltkrieges ging, sondern um die Glorifizierung der Teilung Tirols und der Einverleibung Triests. Anhand von „Flaggen-Streit" und „Trikolore-Streik" erwies sich nicht zum ersten Mal der geschichtspolitisch motivierte Versuch national(istisch)en Einebnungsgebarens gegenüber den Südtirolern. Und daß in dieser Geschichtspolitik maßgebliche Politiker der italienischen Linken wie Matteo Renzi Vertretern der rechten Mitte sowie der extrem(istisch)en Rechten, von denen dies zufolge ihres Weltbildes geradezu zwingend zu erwarten ist, in nichts nachstanden, zeigte das Beispiel des Giorgio Napolitano.

Am 11. November 2014 sprach der damalige italienische Staatspräsident Giorgio Napolitano auf einer anläßlich des Besuchs des österreichischen Bundespräsidenten Heinz Fischer organisierten Pressekonferenz doch tatsächlich davon, Südtirol habe sich „*für die Zugehörigkeit zu Italien entschieden*" („*... il Sudtirolo-Alto Adige, che ha fatto la scelta dell'appartenenza statutale all'Italia ....*"). Weder Fischer noch irgendwer aus den Regierungsparteien SPÖ und ÖVP respektive aus der SVP widersprach dieser von Respektlosigkeit und Ignoranz gegenüber den Fakten gekennzeichneten Unwahrheit. Dies blieb oppositionellen Politikern in Wien und Bozen sowie SHB-Obmann Roland Lang und SSB-Landeskommandant Elmar Thaler vorbehalten.

Anders 2011, als ein Brief Napolitanos an den damaligen Landeshauptmann Luis Durnwalder für heftige Reaktionen sorgte. Napolitano hatte darin seinem Unmut über die bekundete Nichtteilnahme von Südtiroler Repräsentanten an den am 17. März 2011 stattfindenden Feierlichkeiten aus Anlass der 150 Jahre zuvor in Turin vollzogenen staatlichen Einheit Italiens freien Lauf gelassen, einem Tag, den die Regierung Berlusconi eigens zum Staatsfeiertag erhoben hatte. In besagtem Schreiben hatte der einstige Kommunist und Internationalist Napolitano, nun ganz die Personifizierung der einen, unteilbaren italienischen Nation, festgestellt: „*Auch die deutschsprachigen Südtiroler sind Italiener.*" Und er hat allen Ernstes hinzugefügt: „*Die große Mehrheit der deutschsprachigen Südtiroler fühlt sich auch so.*" Woraufhin Durnwalder, der Zustimmung seiner Landsleute gewiss, kurzerhand erwiderte, „*die österreichische Minderheit in Italien*" habe „*nichts zu feiern*". Denn bei der Gründung Italiens sei man nicht dabei gewesen, und am Ende des Ersten Weltkriegs habe man „*Südtirol nicht gefragt, ob es annektiert werden*" wolle.

SSB und SHB ebenso wie oppositionelle Landtagsabgeordnete wiesen die geschichtsklitternde Insinuation des damaligen italienischen Staatsoberhaupts „energisch" zurück: Napolitano wisse genau, „*dass Südtirol kulturell, geschichtlich und sprachlich mit Italien von Haus aus wenig gemeinsam*" habe. Der Reisepaß sei „*notgedrungen wohl das Einzige, was viele Südtiroler mit den Bewohnern Altitaliens wirklich gemeinsam haben*". Außerdem stehe es wohl keinem Staatspräsidenten auf der Welt zu, Bürgern vorzuschreiben, welchem Volk sie sich zugehörig zu fühlen hätten. Das heutige Südtirol sei *„lediglich italienische Kriegsbeute"*. Im Land an Eisack, Etsch und Rienz habe man *„jahrzehntelang unter großen Opfern der italienischen Majorisierung, die von Italien mit wechselnder Intensität betrieben worden ist, standhalten können"*. Wenn man das 150-Jahr-Jubiläum Italiens hernehme, *„um subtil jene Assimilierungspolitik fortzusetzen"*, so finde darin die zunehmende Ansicht ihre Bestätigung, wonach *„sich Südtirol eher heute als morgen von Italien verabschieden"* sollte, hatte es in der scharfen Erklärung des Schützenbundes geheißen.

Das alles sind keine Einzelfälle und kommt auch nicht von ungefähr. Mit der ihm eigenen Hinterfotzigkeit versucht das offizielle Italien die Geschichte umzuschreiben und also die unrechtmäßige Teilung Tirols zu legitimieren. Ohne Rücksicht auf historische Empfindlichkeiten setzt Rom – egal wer dort regiert, wie sich am Beispiel „des Südtirol-Freundes Renzi" (Originalton Kompatscher) offenbart – den Südtirolern das italienische Geschichtsbild vor und erwartet Akzeptanz. Es läßt nicht ab von seiner alle Herrschaftsformen seit der staatlichen Einheit überspannenden Politik der „ewigen Italianità" – entgegen allen Beteuerungen vom Walten des „Europäischen Geistes".

Doch die Beschöniger der Verhältnisse und politische Ignoranten diesseits und jenseits des Brenners sowie die Profiteure des Status quo geben sich offenbar damit zufrieden, anstatt den Selbstbehauptungswillen der Südtiroler zu stärken und alle Anstrengungen auf die Überwindung der Teilung von Land und Volk Tirols zu richten. Diese historische Untat harrt daher weiter der Beseitigung mittels Gewährung der 1919 und 1946 verweigerten Selbstbestimmung.

Den ob dieser Erfahrung aufgekommenen Groll schluckten Kompatscher und die Landesregierung ebenso wie die SVP-Parteiführung unter dem 2014 zum Obmann bestimmten juvenilen Philipp Achammer angesichts der von Renzi großsprecherisch angekündigten Föderalismusreform hinunter, welche das Kompetenzgefüge zwischen Zentralregierung und Regionen auf ein vollkommen neues Fundament stellen sollte. Alsbald wurde offenkundig, daß Renzis Vorhaben einer Totalrevision der italienischen Verfassungsreform von 2001 gleichkam und eine massive Zentralisierung der Verwaltungsstrukturen vorsah. Dies geriet in Südtirol zum alles dominierenden politischen Thema. Die zum Teil äußerst scharf geführten Debatten im Südtiroler Landtag prägten das politische Klima in Bozen im Laufe des Jahres. Besonderen Unmut erregten vor allem die intendierte Ausweitung der Ausrichtungs- und Koordinierungsbefugnis (AKB), die schon im Zusammenhang mit den parlamentarischen Debatten in Bozen, Innsbruck und Wien vor der Abgabe der Streitbeilegungserklärung höchst umstritten war, sowie die massive Verkleinerung der zweiten Parlamentskammer auf 100 Senatoren plus deren faktischer Entmachtung. Während die SVP die Zusammenarbeit mit Rom suchte, um die Föderalismusreform nach eigener Aussage zum Vorteil der Südtiroler – „zum Vorteil der SVP" argumentierte die Opposition – zu beeinflussen, erachteten nicht allein die Oppositionsparteien das Gebaren der Landesregierung im Hinblick auf die geplanten Reformen als fahrlässige Gefährdung der bestehenden Autonomie. Dies suchte die SVP dadurch zu entkräften, daß man mit der Verankerung einer sogenannten „Schutzklausel" im geplanten Föderalismusgesetz, welche die Zustimmungspflichtigkeit Bozens zur Abänderung des Autonomiestatuts konstituiere, einen unüberwindlichen Autonomieschutzmechanismus sicherstellen würde. Diese Begründung traf jedoch selbst innerhalb der eigenen Partei nicht auf ungeteilte Zustimmung. Alt-Landeshauptmann Luis Durnwalder, Alt-Parteiobmann Roland Riz sowie der ehemalige SVP-Kammerabgeordnete und Senator Oskar Peterlini waren nur einige der prominenten parteiinternen Kritiker, die offen ihre Sorge über das Vorgehen von Landesregierung und Parteiführung bekundeten. Trotz dieses omnipräsenten politischen Widerstands verfolgte die SVP ihr Vorhaben unbeirrt weiter: So stimmten ihre Vertreter in Rom schließlich der Föderalismusreform Renzis zu, die dieser mit Berlusconi verabredet hatte und die im Parlament tatsächlich auch eine Mehrheit fand. Da es sich aber um eine markante Verfassungsänderung handelte, war darüber auch ein italienweites Referendum notwendig. Es fand am 16. Dezember 2016 statt und endete mit zweidrittelmehrheitlicher Ablehnung, womit die Föderalismusreform gescheitert war und Renzi zurücktrat. (20)

Zu erkennen war Renzis prinzipiell der Maxime „Einheit der Nation“ verpflichtete Politik schon längst, denn in Norditalien regten sich Padanier (deren Ziele die Lega im Parlament vertrat) und Venezianer wider die römische Zentralisierung und propagierten z. T. das „Los von Rom“ gleich der Deutschtiroler Opposition in Südtirol. Doch die in Bozen damals zusammen mit Renzis PD als Koalitionspartner Regierenden verhielten sich so, als schlössen sie einfach die Augen davor oder als seien sie in Bangigkeit ob der von Renzi zugesagten „Schutzklausel für Südtirol“ erstarrt. Mit dieser Schutzklausel hatte der Polit-Jungstar an der Spitze der italienischen Regierung die Bozner Bedenken über eine zwangsläufige Aushebelung der Selbstverwaltungsrechte des Landes durch die von ihm mit Berlusconi verabredete Staats- und Verfassungsreform zu zerstreuen versucht. Renzis Verläßlichkeit (nicht allein in dieser Angelegenheit) war angesichts widerspenstiger Kräfte im Senat, der zweiten Parlamentskammer, welche er zu einer funktionslosen Versammlung lokaler und regionaler Honoratioren degradieren wollte, ohnedies mehr als fraglich.

Bild: SHB

Südtiroler Solidaritätsbekundung mit der Selbständigkeitsbewegung des Veneto bei deren Kundgebung am Markus-Tag in Venedig

„Matteo, ein Fürst aus Florenz“ hatte Andreas Pfeifer, der gebürtige Südtiroler in führender journalistisch-publizistischer Funktion beim ORF, in der „Presse am Sonntag“ den damaligen italienischen Regierungschef Renzi genannt. Die Anspielung auf „Il principe“ („Der Fürst“), jene von dem Florentiner Niccolò Macchiavelli vor 500 Jahren hinterlassene Handlungsanweisung für Regenten, war beabsichtigt. Zweifellos traf auch der zweite von dem ausgewiesenen Italien-Kenner des ORF-Fernsehens abgeschossene Pfeil, nämlich die Charakterisierung Renzis als „junger Wiedergänger Berlusconis“, ins Schwarze.

In Bozen, wo sich die vielfach gebeutelte Regierungspartei SVP – wider besseres Wissen um ihre nachkriegsgeschichtliche Erfahrung mit Rom – unbeirrt auf ihr Konzept von der „Vollautonomie“ versteifte, ignorierte man Einschätzungen wie die Pfeifers oder verdrängte sie. Einer tibetanischen Gebetsmühle gleich wiederholten SVP-Führung, deren Abgeordnete und Senatoren in Rom sowie der seit Jahreswechsel 2013/14 amtierende, neue Landeshauptmann Arno Kompatscher Renzis „Versprechen“: Südtirols Autonomie werde durch besagte

„Schutzklausel“ von der für Provinzen und Regionen geltenden Kompetenzbeschneidung ausgenommen.

„Ein kluger Machthaber kann und darf sein Wort nicht halten, wenn ihm dies zum Schaden gereicht“: Hätten die SVP-Granden diesen machiavellistischen Lehrsatz ins Kalkül einer realistischen Einschätzung des neuen Sterns am italienischen Polithimmel gezogen, so wären sie zu einer anderen Einschätzung gekommen, was dessen „Schutzklausel“-Zusage letzten Endes wert war. Auch aus Verhaltensweisen ihres Wunschkoalitionspartners PD im Bozner Landhaus hätte die SVP schon Schlußfolgerungen ziehen sollen. So schwiegen sich ihre PD-„Autonomiefreunde“ beredt aus, als in der italienweit ausgestrahlten RAI-Fernsehsendung „Porta a porta“ (s. o.) der römische Moderator Kompatscher hatte auflaufen lassen und Südtirols Autonomiestatut quasi mit einem Krebsgeschwür am italienischen Staatskörper verglich.

Seit er sich vom Bürgermeister der Stadt Florenz zum Herrn im Palazzo Chigi zu Rom aufgeschwungen hat, haftet an dem wie ein gestiefelter Kater daherkommenden Renzi das Stigma des Wortbruchs. So hatte er kurz vor dem von ihm betriebenen Sturz seines Parteifreundes Enrico Letta beteuert, das Amt des Ministerpräsidenten nicht anzustreben, schon gar nicht ohne Wahl-Mandat. Die SVP wußte daher eigentlich, daß er sie verschaukeln konnte, tat aber so, als ob dies ausgeschlossen sei. Von Letta hatte sie die Zusicherung erhalten, daß das einst mit Pier Luigi Bersani, dem glücklosen Vorgänger Renzis als Chef des linken Partito Democratico (PD), geschlossene – aber schon mehrmals gebrochene – Wahlabkommen weitergelte. Mit Letta hatte Kompatschers Vorgänger Luis Durnwalder ein Memorandum über autonomiepolitische Maßnahmen unterzeichnet, die aufgrund früherer Verpflichtungen Roms ohnehin längst hätten getroffen worden sein müssen; dennoch harrten einige weiter der Umsetzung. Stattdessen ging Renzi daran, die schon von Mario Monti links liegen gelassene, in den 1990er Jahren bejubelte und in der Verfassungsreform 2001 fixierte „Föderalisierung Italiens“ kurzerhand zu beseitigen und das seit dem 17. März 1861 „einheitlich“, will sagen: traditionell zentralistisch verfaßte Italien, unter der Vorgabe von Reformen noch weiter zu zentralisieren.

Eine Kostprobe davon, wie es die Zügel zu straffen gedachte, gab Rom unter dem neuen „Ersten Consul“ Renzi bereits. In abschreckender Weise wurden im Rahmen einer Razzia der Justizbehörden von Brescia 24 Personen festgenommen; gegen 27 andere wurden Ermittlungsverfahren eingeleitet. In mehreren Städten des Veneto fanden umfangreiche Hausdurchsuchungen statt. Die Verdächtigten wurden des Separatismus, Terrorismus und des Umsturzversuchs sowie der Herstellung und des Besitzes von Kriegswaffen beschuldigt. Man warf ihnen zudem vor, sie hätten gewalttätige Aktionen mit dem Ziel geplant, die Unabhängigkeit des Veneto und anderer norditalienischer Regionen zu erreichen und damit die Einheit des italienischen Staates zu unterminieren.

Bestrebungen, sich von Italien zu lösen, hatten besonders im Veneto an Boden gewonnen. In einem Online-Referendum zum Thema „Unabhängigkeit Venetiens“, an dem sich 2,36 Millionen Wahlberechtigte (73 Prozent der Wählerschaft der Region) beteiligten, antworteten deren 89 Prozent auf die Frage „Willst Du, daß die Region Veneto eine unabhängige und souveräne Republik wird?“, mit einem klaren „Ja“. Es nahm angesichts dieses massiv zum Ausdruck gekommenen Willens zur Selbstbestimmung kaum wunder, daß der Ex-Parlamentarier Franco Rocchetta, 1980 Gründer der „Liga Veneta“ – sie ging 1989 in der Lega Nord auf – und einer der Initiatoren des Online-Referendums, unter den Verhafteten war.

Fliehkräfte

Die politische Klasse in Rom befürchtete angesichts wachsender regionaler Erosionserscheinungen eine Art „Domino-Effekt“. In unmittelbarer Nachbarschaft zum Veneto ergriff die Lega Nord in der Lombardei eine ähnliche Initiative. Lega-Nord-Chef Matteo Salvini gab die Richtung vor. Man zielte auf „ein offizielles Unabhängigkeitsreferendum“; die von Salvinis Stellvertreter Roberto Maroni geführte Mitte-Rechts-Koalition im lombardischen Regionalparlament brachte zudem einen Gesetzesentwurf zur Umwandlung der Lombardei in eine Region mit Sonderautonomie ein. Diesen Status hat die Autonome Region Trentino-Alto Adige inne, worin die Provinzen Trient und Südtirol seit Ende des Zweiten Weltkriegs (zwangs)vereint sind. Just diese „Privilegien" sollten nach Renzis (Staats- und Verfassungs-) Reformplänen, für die er Berlusconis willige Forza Italia brauchte, beseitigt werden, womit die (Sonder-)Autonomien zwangsläufig gekappt würden.

Die in Italien wirkenden Erosionskräfte waren keine Rand- oder Einzelerscheinungen. Fliehkräfte wirk(t)en auch anderswo. In Brüssel fand 2014 eine machtvolle und farbenprächtige „Selbstbestimmungskundgebung der Völker und Regionen Europas" statt. Wenngleich mainstreammedial gänzlich verschwiegen, nahmen daran gut 25.000 Menschen teil und unterstrichen den Willen von Flamen, Katalanen, Schotten, Basken, Venetern, Lombarden und Südtirolern zur Selbstbestimmung. Ihr Marsch quer durch Brüssel unter der Losung „Europe, we will vote!" signalisierte, daß auf nicht zu unterschätzenden Terrains EUropas Umbrüche hin zu freien, selbstbestimmten und selbstverwalteten neuen Gemeinwesen im Gange waren und sind, organisiert von Repräsentanten volklicher Entitäten, die sich nicht mehr mit Halbfreiheiten abspeisen lassen und also ihr Schicksal selbst in die Hand nehmen woll(t)en. In Bozen allerdings träumte die SVP-Führung damals von einer machbaren Entwicklung hin zur „Vollautonomie", anstatt die Initiative für die in ihren Parteistatuten verankerte Selbstbestimmung für Südtirol zu ergreifen. (21)

Gefährdungen

Vor allem die für Selbstbestimmung eintretenden und aus den Landtagswahlen seit 2013 (und insbesondere 2023) gestärkt hervorgegangenen Deutschtiroler Oppositionsparteien stell(t)en eine „Gefahr für die Republik Italien" und die verfassungsrechtlich determinierte „Einheit der Nation" dar. Weshalb sie unter besonderer Beobachtung von Diensten und regionalen Statthaltern der italienischen Staatsmacht standen/stehen und sich ihre Funktionäre respektive Abgeordneten bisweilen Anzeigen von Vertretern des „Siamo in Italia" („Wir sind hier in Italien") und demzufolge staatsanwaltschaftlichen Ermittlungen wegen „verfassungsfeindlicher Aktivitäten" ausgesetzt sahen/sehen.

Strafrechtlich gefährdet ist in Südtirol prinzipiell, wer die Ansicht vertritt, daß die von Italien nur äußerst widerwillig gewährte, in bitteren Kämpfen erwirkte – und in den 1960er Jahren auch durch Einsatz von Gewalt erfochtene – Autonomie der Provinz Bozen-Südtirol, welche, nicht erst seit massive wirtschafts- und finanzpolitische Krisenerscheinungen in Italien zutage traten, mittels Beschränkungen durch die gesamtstaatliche „Ausrichtungs- und Koordinierungsbefugnis" Roms entwertet wurde, nicht das letzte Wort der Geschichte sein könne. Wer in besagter Autonomie nur eine (durchaus nicht gering zu schätzende) Etappe auf dem Weg in die mittels Volksabstimmung herbeizuführende Entscheidung über die Zukunft des Landes zwischen Brenner und Salurner Klause sieht, wer daher in Wort, Schrift und Tat dafür kämpft, daß der dortigen Bevölkerung die Ausübung des Selbstbestimmungsrechts ermöglicht wird, befindet sich aus der Perspektive der in Bozen, Innsbruck und Wien Regierenden und der sie tragenden Parteien sowie aller Mainstream-Medien in der Position (wenn nicht des Ewiggestrigen und Revisionisten, so doch zumindest) des Unruhestifters – und aus römischer Sicht in der des Staatsfeindes.

„Gewöhnliche italienische Provinz"?

Für die Republik Italien ist die Gefahr der Sezession von Teilen ihres prosperierenden Nordens latent, aber, im Gegensatz beispielsweise zu den im Nordosten des Königreichs Spanien dräuenden abspalterischen Umtrieben der Führung Kataloniens, realpolitisch auf absehbare Zeit wenig wahrscheinlich. Dies gilt insbesondere für das südliche Tirol. Solange in Bozen die seit 1945 regierende SVP maßgeblich die Landespolitik bestimmt, wird sie das von ihr stets verfolgte und aus Innsbruck, vor allem aber aus Wien gebilligte Arrangement mit Rom fortführen – sozusagen um (nahezu) jeden Preis, wie besonders in den letzten Jahren geschehen. Unter dem Führungsduo aus Philipp Achammer (Parteiobmann 2014 bis 2024) und Arno Kompatscher (Landeshauptmann seit 2014) mißachtete sie selbst Warnrufe ihrer ehedem führenden Politiker – beispielsweise des einstigen Parteiobmanns Roland Riz und des vormaligen Landeshauptmanns Luis Durnwalder – wonach das Land in Gefahr gerate, zu einer „gewöhnlichen italienischen Provinz" abzusinken. Im Mentalen ist die Assimilation fortgeschritten. Die SVP ist weit davon entfernt, ihre Machtposition in der Provinz, der Wirtschaft sowie den gesellschaftlichen Organisationen, damit die Pfründen ihrer Politiker und Funktionsträger, gegen die (das) in ihrem Parteistatut verankerte, aber nie praktizierte Selbstbestimmung(srecht) einzutauschen.

Österreichs fatale Kehrtwende

Sie sah und sieht sich umso weniger veranlasst, sich dem Verlangen der Deutschtiroler Oppositionsparteien Freiheitliche (FPS) und Süd-Tiroler Freiheit (STF), es möge die Bevölkerung in einem Referendum über die Zukunft des Landes befinden – Verbleib bei Italien in „Vollautonomie" (SVP); Eigenstaatlichkeit wie Luxemburg und Liechtenstein (FPS); Rückgliederung nach Österreich und Wiedervereinigung mit Tirol (STF) –, zu öffnen, ja ihm vielleicht sogar zu willfahren, als sich Wien anschickt(e), auf das/die Selbstbestimmung(srecht) für die Südtiroler ein für allemal zu verzichten. Begründung: sie/es sei mit der Autonomie – gemäß Völkerrechtsauslegung, „innerer Selbstbestimmung" als einer „besonderen Form der Selbstbestimmung" – bereits verwirklicht. So jedenfalls durfte man eine still, heimlich, leise und ohne mediale Beachtung gefaßte Südtirol-Entschließung des österreichischen Nationalrats vom 8. Juli 2015 werten, welcher eine Mehrheitsentscheidung (im Unterausschuß Südtirol) des Auswärtigen Parlamentsausschusses vorausgegangen war, gegen die letztlich allein die Freiheitlichen (FPÖ) gestimmt hatten. (22)

Nicht zu Unrecht vermuteten patriotische Kräfte diesseits und jenseits des Alpenhauptkamms dahinter eine fundamentale Kehrtwende der österreichischen Südtirol-Politik, fußend auf offen zutage getretenen Absprachen zwischen bedrängter SPÖVP und SVP mit dem erwünschten Effekt politisch und ideologisch motivierten Entgegenkommens gegenüber der „Sammelpartei". Dieses „Arrangement" ließ sich personell unschwer auf den juvenilitätskultisch verbrämten Gleichklang zwischen dem damals gerade den 30. Geburtstag begehenden SVP-Obmann Achammer und dem seinerzeit noch jüngeren österreichischen Außenminister Sebastian Kurz (im zarten Alter von 29 Lenzen) zurückführen. Und der studierte Jurist Kompatscher folgte wider besseres Wissen und wider einschlägige Gutachten (beispielsweise jenem des Innsbrucker Rechtswissenschaftlers Peter Pernthaler zum Selbstbestimmungsrecht der Sütiroler) erwartungsgemäß der fragwürdigen Völkerrechtsauslegung der beiden Ex-Ius-Studenten (ohne Abschlüsse) Achammer und Kurz, welche quasi zum Fundament der SVP-Chimäre „Vollautonomie" avancierte.

Kurz' (damit damals auch der ÖVP) Paradigmenwechsel wurde nach dem SVP-Parteitag 2014, auf dem er – aus Anlaß der Wahl Achammers zum neuen SVP-Obmann – Gast(redner) war und wo er, wie tags zuvor in einem der SVP-nahen Südtiroler Tageszeitung „Dolomiten" gegebenen Interview, wider „die Ewiggestrigen" wetterte, in einem Brief (BMeiA-XX.2.1 3.33/0027-11.2/2014) vom 17. Juni 2014 an Roland Lang, den Obmann des Südtiroler Heimatbundes (SHB), an den ehemaligen Freiheitskämpfer und SHB-Obmann Sepp Mitterhofer und an Univ.-Prof. Dr. Erhard Hartung, Sprecher der „Kameradschaft ehemaliger Südtiroler Freiheitskämpfer", dargelegt. Da hieß es: *„Träger des Selbstbestimmungsrechts sind die Südtiroler selbst. Politisch handeln sie durch ihre demokratisch legitimierte Führung. Die Bundesregierung ist mit der Südtiroler Landesregierung in laufendem Kontakt. Letztere setzt sich stark für die Festigung und Weiterentwicklung dieser Autonomie ein und wird darin von Österreich mit Überzeugung unterstützt.* ***Die Südtirol-Autonomie ist damit ein konkreter Ausdruck des Gedankens der Selbstbestimmung.*** [Hervorhebung d. Verfassers R. O.] *Basierend auf dem gemeinsam mit den Südtirolern ausverhandelten Südtirol-Autonomiestatut von 1972 enthält sie ein hohes Maß an Selbstgesetzgebung und Selbstverwaltung und ermöglicht* *es somit den Südtirolern, ihre eigenen Angelegenheiten selbst zu regeln.* ***Es handelt sich um eine konkret wirksame und praktisch ausbaufähige Selbstbestimmung.*** *"* [Hervorhebung d. Verfassers R. O.]

Paradigmenwechsel

Gemäß 85. Nationalratssitzung vom 8. Juli 2015 lautete die neue Südtirol-Formel nunmehr wie folgt: *„Selbstbestimmung kann auf verschiedene Weise verwirklicht werden. Für Österreich besteht kein Zweifel, dass die Südtirol-Autonomie völkerrechtlich auf dem Selbstbestimmungsrecht beruht, das als fortbestehendes Recht von Südtirol in Form weitgehender Autonomie ausgeübt wird. Die Südtirol-Autonomie mit hohem Maß an Selbstgesetzgebung und Selbstverwaltung ist eine besonders gelungene Form der Selbstbestimmung."* (Außen- und Europapolitischer Bericht der österr. Bundesregierung 2013, S. 74)

Damit hat Österreich nicht nur seinen seit Jahrzehnten stets beibehaltenen Rechtsstandpunkt aufgegeben und sich damit – selbst und ohne Not – der Verpflichtung zur Wahrung des Selbstbestimmungsrechts begeben, wie sie seit der Geburtsstunde der Zweiten Republik als mehr oder weniger parteiübergreifender Konsens bestand. Österreich hat damit auch formell dem Rechtsanspruch der Südtiroler auf Gewährung und Ausübung des Selbstbestimmungsrechts entsagt, indem die Südtirol-Autonomie gleichsetzend mit Selbstbestimmung verknüpft und damit für bereits verwirklicht erklärt wird. Schlußendlich hat es sich damit auch faktisch seiner „Schutzmacht"-Rolle (bzw. seiner „Schutzfunktion", wie der Terminus in den politamtlichen Verlautbarungen neuerdings lautet) entledigt, welche es seit der mit dem Staatsvertrag wiedergewonnenen Souveränität 1955 eingenommen hatte, die aber von den in Wien Regierenden seit der Streitbeilegungserklärung gegenüber den Vereinten Nationen (1992) immer mehr als Belastung für das österreichisch-italienische Verhältnis empfunden worden war.

Darob frohlock(t)en italienische Politiker jedweder Couleur. Der Stiefelstaat ist seit 1861 ein nur durch rigiden Zentralismus zusammengehaltenes fragiles Gebilde, das 1918/19 den Südteil Tirols erst waffenstillstandswidrig besetzte und diesen dann infolge eines Pariser Vorortvertrags, welcher seinen Seitenwechsel von 1915 belohnte, als Kriegsbeute einverleiben und – unter der Fuchtel von Mussolinis Schwarzhemden – der Italianità unterwerfen durfte. 1945 wurde den Südtirolern die Selbstbestimmung abermals verwehrt; stattdessen „gewährten" ihnen – wiederum in Paris – die Siegermächte, wozu Italien seit seinem abermaligen Seitenwechsel 1943 aufs Neue gehörte, im Gruber-De Gasperi-Abkommen eine stets anfällige Autonomie. Man mache sich nichts vor: In zentralistischen Staaten wie Spanien und Italien – man kann fortsetzen: Frankreich, Rumänien et alii –, in denen die „Einheit der Nation" über allem rangiert, sind Autonomien Fremdkörper. Sie im transalpinen Teil Tirols auszuhöhlen, setzt(e) Rom trotz der austro-italienischen Beschwichtigungsformel vom „europäischen Modellfall" stets tatkräftig ins Werk. Daß dies nicht wenige Südtiroler mit Blick auf das beschämende Verhalten Wiens erzürnt von Verrat sprechen läßt, ist daher nur allzu verständlich. (23)

Demoskopisches zur Selbstbestimmung(sfrage)

Der von der österreichischen Regierung eingenommenen und im Europa- und Außenpolitischen Bericht 2013 auch offiziell dargelegten Haltung/Position, welche seitdem beibehalten wird, standen demoskopische Befunde diametral entgegen. In Südtirol fühlt(e) sich aufgrund der Wiener Position die SVP in ihrer eigenen Haltung mehr als bestärkt und verabsolutiert(e) die Autonomie(politik) sozusagen als ultima ratio. Die erheblich erstarkte Opposition im Bozner Landhaus verfolgt hingegen zusammen mit allen patriotisch gesinnten Kräften Gesamttirols und darüber hinaus nach wie vor das „Los von Rom", während die im österreichischen Bundesland Tirol ebenso wie auf Bundesebene bestimmenden und (mit)regierenden Kräfte signalisieren, mit der Autonomie, welche Wien ja offiziell als besondere Form ausgeübter Selbstbestimmung interpretiert, sei die Endstufe des Möglichen erreicht. Sie ließen/lassen verlauten, die Südtirol-Frage sei durch Europäisierung beantwortet, weshalb sie nicht (mehr) auf der Agenda stehe. Und sie geben vor, die Bevölkerung interessiere sich kaum mehr dafür, weshalb insbesondere die Regierung(sparteien) nurmehr den Anschein erweckt/erwecken, als wollte(n) sie in puncto Südtirol möglichst in Ruhe gelassen werden.

89 Prozent für Selbstbestimmung und Wiedervereinigung

Höchst aufschlußreiche Ergebnisse einer Umfrage des vom „Südtiroler Heimatbund" (SHB) beauftragten Linzer Meinungsforschungsinstituts „Spectra" zeigten Gegenteiliges. Die 2015 getätigte Umfrage wies aus, daß mehr als der Hälfte aller 1000 repräsentativ Befragten zwischen Burgenland und Vorarlberg bekannt ist, daß das Selbstbestimmungsrecht der Völker in Artikel 1 der UN-Menschenrechtspakte verankert und von den meisten Staaten, darunter auch Österreich, anerkannt ist. 82 % aller Befragten wußten, daß Südtirol nach dem Ersten Weltkrieg von Österreich abgetrennt und gegen den Willen der angestammten Bevölkerung von Italien annektiert wurde. 83 % der Befragten, also mehr als vier Fünftel, wären prinzipiell damit einverstanden, den Südtirolern die österreichische Staatsbürgerschaft zu gewähren, um deren Bindung an Österreich zu stärken.

Überdeutlich wurde die Diskrepanz zwischen Volksmeinung und Regierungshaltung bezüglich der Selbstbestimmungsfrage. Die entsprechende Frage des Instituts „Spectra" lautete: *„In Südtirol wird immer wieder der Wunsch nach Ausübung des Selbstbestimmungsrechts geäußert. Würden Sie es begrüßen, wenn die Bevölkerung Südtirols in einem Referendum auf friedliche und demokratische Weise über die staatliche Zugehörigkeit des Landes entscheidet, oder würden Sie das nicht begrüßen?"* Hinsichtlich Gewährung und Ausübung des den Südtirolern 1918/19 und 1945/46 verweigerten Selbstbestimmungsrechts mittels Volksabstimmung ist der Grad der Zustimmung von knapp neun Zehnteln (89 %) aller befragten Österreicher signifikant hoch. Markant dabei ist der Zustimmungsgrad von 93 % in der Altersgruppe zwischen 15 und 29 Jahren sowie daß in Wien (92 %) und in Oberösterreich (93 %) dies sogar mehr als der Durchschnitt begrüßen würde. Mithin würden es neun von zehn Österreichern befürworten, wenn die Südtiroler über ihre staatliche Zugehörigkeit abstimmen dürften. Der enorm hohe Zustimmungsgrad in allen Alters- und Bildungsgruppen legte offen, daß Gewährung und Ausübung des Selbstbestimmungsrechts wirkliche politische Anliegen der Österreicher sind. Die Umfrage zeigte in aller Klarheit, daß das historische, somit „alte" Anliegen nichts an Bedeutung eingebüßt hat, sondern vielmehr ein aktuelles, ein „junges" geblieben ist. Die Politik hingegen bleibt auch in diesem Punkt weit hinter den Wünschen von neun Zehnteln aller Österreicher zurück.

Ebenso deutlich ist die Zustimmung von knapp neun Zehnteln aller Österreicher zur Wiedervereinigung des südlichen Teils Tirols mit Österreich für den Fall, daß sich die Südtiroler in einer Volksabstimmung für diesen Weg aussprächen. Damit, daß 89 % der Österreicher die Wiedervereinigung begrüßen würden, wird offenkundig, daß sich die politische Wahrnehmung der Österreicher aller Alters- und Bildungsgruppen hinsichtlich Südtirols als verläßlicher Faktor für die Südtiroler erweist. Es erweist sich damit auch, daß sich das Gefühl der Zusammengehörigkeit eher aus nationaler Bindekraft denn aus einem diffusen – von maßgeblicher politischer Seite aber als allein zukunftsträchtig vorgegebenen – „Europäer-Bewußtsein" speist. Es erweist sich zudem, daß die politischen Stereotypien von den „gefallenen" oder „nicht mehr wahrnehmbaren" Grenzen in der österreichischen Bevölkerung ebensowenig nennenswert Widerhall finden wie der ähnlich lautende politische Stehsatz, wonach „EUropäisierung" und „Regionalisierung" die „Grenzen überwinden" würden, deren Verschiebung/Veränderung nicht (mehr) nötig respektive gewollt sei.

Die Südtirol-Thematik ist also ausweislich dieser Umfrageergebnisse rechtlich und emotional so stark präsent, daß sich daraus der politische Wille der Österreicher ableiten läßt. Diesen zu verwirklichen, wäre Aufgabe der Politik.

Mit dieser Haltung, daß die Selbstbestimmung der Südtiroler faktisch verwirklicht sei – ohne daß es je zur Gewährung bzw. Ausübung des Selbstbestimmungsrechts gekommen wäre – stell(t)en sich spätestens seit Sebastian Kurz' Einlassungen im Europa- und Außen-

Präsentation der Ergebnisse des vom Südtiroler Heimatbund (SHB) beauftragten Linzer Instituts „Spectra" 2015 in Wien

Bild: SHB

politischen Bericht 2013 alle Bundesregierungen faktisch gegen alle zuvor je ergangenen einschlägigen Beschlüsse bzw. Resolutionen des Österreichischen Nationalrats ebenso wie gegen solche der Landtage beider Tirol. Die Genannten mißachten damit zugleich einschlägige Expertisen und Gutachten führender Verfassungs- und Völkerrechtsjuristen von Felix Ermacora († 24. Februar 1995) bis Peter Pernthaler ; ganz zu schweigen von dem kanadischen Völkerrechtler Daniel Turp (Universität Montreal), der unter Hinweis auf das Kosovo-Urteil des IGH, wonach *„die einseitige Unabhängigkeitserklärung nicht als Verstoß gegen das Völkerrecht anzusehen ist"*, feststellte: *„Obwohl Artikel 5 der italienischen Verfassung besagt, daß die Republik ‚eins und unteilbar' ist und damit signalisiert, daß das Südtiroler Volk die territoriale Integrität Italiens nicht in Frage stellen darf, ist das Südtiroler Volk ‚Inhaber des Rechts auf Selbstbestimmung' und darf, in Anwendung dieses Rechts, sogar ein souveräner und unabhängiger Staat werden."* (24)

Was die Tiroler diesseits und jenseits des Brenners woll(t)en …

… haben demoskopische Ergebnisse längst offengelegt. Laut einer Umfrage der „Tiroler Tageszeitung" aus Anlaß des Andreas-Hofer-Gedenkjahres 2009 wünschte jeder zweite Befragte im Bundesland Tirol die Wiedervereinigung von Nord-, Ost- und Südtirol. In Südtirol ließ der SHB 2011 vom Bozner Institut „apollis" unter Angehörigen der deutschen und ladinischen Sprachgruppe die Einstellung zur Selbstbestimmung erheben. Dabei sprachen sich 56 % für die Unabhängigkeit und 44 % für Verbleib bei Italien aus. Ähnlich das Ergebnis einer Umfrage des Wiener Instituts Karmasin von 2013: für die Loslösung von Italien waren 54 % der Befragten, für Verbleib bei Italien 26 %; 20 % machten dazu keine Angabe. (Schon 2008 hatte „apollis" im Auftrag der (überparteilichen) „Arbeitsgruppe Selbstbestimmung" (AGS) insbesondere die Einstellung der Italiener Südtirols ergründet. Insgesamt hielten seinerzeit 41 % der Befragten ein Selbstbestimmungsreferendum in der Provinz Bozen für gerechtfertigt, während 59 % dem ablehnend gegenüberstanden, was allerdings angesichts der damals starken Anhängerschaft von weit rechtsstehenden bis klar neo-faschistischen italienischen Parteien Südtirols kaum verwundern konnte.)

Auch die Haltung der Italiener ganz Italiens zum Fragenkreis rund um die Selbstbestimmung hatte der SHB im März 2014 durch das in Mestre (bei Venedig) ansässige Institut „DEMETRA" ergründen lassen. Dabei antworteten 74,2 % der 1012 italienweit repräsentativ Befragten auf die Frage *„Ist es Ihrer Meinung nach richtig, dass die Bevölkerung eines Gebietes das Recht auf Selbstbestimmung ausübt, um so zu entscheiden, zu welchem Staat sie gehören will?"* mit „Ja" und 23,7 % mit „Nein"; die restlichen 2,1 % hatten dazu keine Meinung (oder taten sie nicht kund). 63,4 % der Befragten war demnach auch bekannt, *„dass die Provinz Bozen nach dem Ersten Weltkrieg gegen den Willen der Bevölkerung von ihrem Vaterland Österreich abgetrennt und von Italien annektiert wurde"*; 36,5 % wußten davon nichts, und nur ein Befragter (0,1 %) gab darauf keine Antwort. Höchst bemerkenswert war indes das Ergebnis auf die Frage *„Sind Sie damit einverstanden, dass die Bevölkerung der Provinz*

Bozen mit einem Referendum auf friedliche und demokratische Weise über ihre Selbstbestimmung entscheiden kann". 71,8 % Prozent der Befragten bejahten sie nämlich, während sie nur 27,1 % verneinten und 1,1 % keine Antwort darauf gaben.

Präsentation der italienweiten Umfrageergebnisse des von der überparteilichen Arbeitsgemeinschaft Selbstbestimmung (AGS) beauftragten Instituts DEMETRA im Mai 2015 in Bozen. Auf der damaligen Pressekonferenz waren von den AGS-Mitgliedern anwesend (von links nach rechts): Hermann Unterkircher (AHB-Deutschland), Pius Leitner (FPS), Dr. Eva Klotz (STF), AGS-Vorsitzender Roland Lang (stehend; SHB), Dr. Dr. h. c. Franz Pahl (SVP), Sven Knoll (STF), Ing. Winfried Matuella (AHB-Tirol), Peter Ploner (Südtiroler Hilfs- und Schulverein SHS)

MEINUNG

MEINUNG

ZUM NACHDENKEN

Was bedeutet Selbstbestimmung?

Wendelin Weingartner
Ehemaliger Landeshauptmann Tirols

In den vergangenen Tagen gab es in der Wiener Tageszeitung „Die Presse" einen interessanten Schlagabtausch zum Thema der Selbstbestimmung in Südtirol.

Der ehemalige Korrespondent der „Frankfurter Allgemeinen Zeitung" in Wien, Prof. Dr. Dr. hc Reinhard Olt, verfasste einen eingehenden Gastkommentar mit dem Titel: Kehrtwende in Österreichs Südtirol-Politik. Dem widersprach der langjährige Südtirol-Sprecher im Nationalrat, Andreas Khol, in einer ausführlichen Replik energisch.

Olt ist ein besonderer Freund Südtirols, ja Tirols als Ganzes, ein Kenner der politischen Situation im Lande und Träger des Südtiroler Verdienstordens. Die Kehrtwende sieht Olt im Beschluss des österreichischen Nationalrats vom 8. Juli 2015, dessen Begründung lautet: „Selbstbestimmung kann auf verschiedene Weise verwirklicht werden. Für Österreich besteht kein Zweifel, dass die Südtirol-Autonomie völkerrechtlich auch auf dem Selbstbestimmungsrecht beruht, das als fortbestehendes Recht von Südtirol in Form weitgehender Autonomie ausgeübt wird. Die Südtirol-Autonomie mit hohem Maß an Selbstgesetzgebung und Selbstverwaltung ist eine besonders gelungene Form der Selbstbestimmung."

Olt vermeint nun, dass sich Wien mit dieser Formulierung anschicke, auf das Selbstbestimmungsrecht für die Südtiroler zu verzichten. Er meint, wenn Österreich feststelle, dass die Südtirol-Autonomie eine besondere Form der Selbstbestimmung sei, dann sei die Selbstbestimmung bereits verwirklicht und könne daher nicht mehr gefordert werden.

Dieser Argumentation hält Khol in seiner Replik entgegen, dass das Selbstbestimmungsrecht dem Volk der Südtiroler zustehe und Österreich nicht für die Südtiroler darauf verzichten könne. Diese Argumentation ist an sich richtig. Trotzdem ist die Kritik am Beschluss des Nationalrates angebracht.

Das Völkerrecht kennt eine „äußere" und eine „innere" Selbstbestimmung. Die äußere Selbstbestimmung bedeutet, dass ein eigenständiges Volk das Recht hat, zu bestimmen, ob es in einem anderen Staat leben, oder selbst einen eigenen Staat bilden will. Die innere Selbstbestimmung wiederum beinhaltet das Recht, sich – ohne Änderung der Staatsgrenzen – für eine weitgehend eigene Gesetzgebung und Verwaltung zu entscheiden.

Wenn nach dem Ersten und Zweiten Weltkrieg für Südtirol die Selbstbestimmung gefordert wurde, dann ging es immer darum, die gewaltsame Trennung des Landes aufzuheben. Erst als dies nicht erreichbar war, wählte man den Weg der Autonomie, um die deutsche und ladinische Sprache und Kultur zu schützen. Nach zähen Verhandlungen wurde mit dem zweiten Autonomiestatut ein Kompromiss gefunden, der von Südtirol angenommen wurde.

Die Zustimmung zum Autonomiestatut war kein Akt der inneren Selbstbestimmung, sondern die Annahme eines Verhandlungsergebnisses. Wäre den Südtirolern das Recht auf eine innere Selbstbestimmung zugestanden worden, hätten sie sich sicher für ein ganz anderes Maß an Eigenständigkeit entschieden. Und sie müssten nicht immer um ihre Zuständigkeiten und die Finanzen streiten. Sie müssten auch nicht Sorge haben, dass eine neue zentralistische Staatsverfassung ihre Positionen schmälere.

Die Feststellung in der Begründung des Beschlusses des Österreichischen Nationalrates, dass die Südtirol-Autonomie eine besonders gelungene Form der Selbstbestimmung sei, ist irreführend. Die Autonomie beruht auf dem Pariser Vertrag und ist nicht Ergebnis der Ausübung des Selbstbestimmungsrechtes. Der Pariser Vertrag wiederum ist die Grundlage der Schutzmachtfunktion Österreichs. Für die Ausübung der Schutzmachtfunktion ist diese klare Position notwendig.

Das bedeutet aber nicht, dass der eingeschlagene Weg der Autonomie bisher für Südtirol kein guter gewesen wäre. Aber das Autonomiestatut hat bei weitem nicht die Qualität und Sicherheit, dass es als Ausfluss einer inneren Selbstbestimmung gesehen werden kann. Dazu kann heute niemand ausschließen, dass sich einmal für die Bewohner Südtirols – für alle Bewohner – das historische Fenster einer echten Selbstbestimmung öffnen wird.

wendelin.weingartner@athesia.it

Im Jahr 2009 marschierten Schützen beim Landesfestumzug mit – und forderten „Selbstbestimmung". Sechs Jahre später ist das Thema vor dem Hintergrund der Diskussionen um Euregio, Autonomiekonvent und Doppelstaatsbürgerschaft aktueller denn je.

Faksimile Südtiroler Sonntagszeitung „Zett"
(erscheint wie die „Dolomiten" im Verlag Athesia)

OHNE FRAGEZEICHEN

Die Autonomie ist ein Provisorium

von Prof. Dr. Dr. hc Reinhard Olt, Wien

Die „Dolomiten"-Redaktion hat die (übrigens von ihr selbst gewählte) Überschrift zu meinem in der Ausgabe vom 21. Juni freundlicherweise abgedruckten Leserbrief in Frageform gekleidet: „Südtirols Autonomie - Lediglich ein Provisorium?" Dies entspricht nicht dem Inhalt dessen, was ich zum Ausdruck gebracht habe. Es handelte sich nämlich nicht um einen fraglichen oder fragwürdigen Sachverhalt, sondern um eine Feststellung. Weshalb das Fragezeichen fehl am Platze war und ist; denn: Die Südtirol-Autonomie ist ein Provisorium. Primat der Politik in (Süd-)Tirol und nicht zuletzt in Österreich hat die Verwirklichung der Selbstbestimmung zu sein. Denn sie ist dem Tiroler Volk und insbesondere dessen Südtiroler Bevölkerungsteil stets verweigert worden. Des österreichischen Außenministers Sebastian Kurz Ansicht, wonach die Südtirol-Autonomie ... ein konkreter Ausdruck des Gedankens der Selbstbestimmung sei, der sich seine Adepten dies- und jenseits des Brenners aus durchsichtigen Motiven allzu bereitwillig anschließen, ist interpretatorische Rabulistik (eines Ius-Studienabbrechers) und weder von der Menschenrechtsdeklaration noch vom Völkerrecht gedeckt.

Faksimile aus „Dolomiten", Freitag, 23. Juni 2017

All das sollte doch politische Verantwortungsträger an Donau, Inn sowie Eisack und Etsch zum Nachdenken und Handeln bewegen. Dies umso mehr, als auch und gerade das „Spectra"-Ergebnis klar zutage gefördert hat, daß die österreichische Bevölkerung hinsichtlich der Selbstbestimmung ihrer Südtiroler Landsleute jene Lügen straft, die das Thema unter Chiffren wie *„nicht mehr spürbare Grenze seit der EU-Mitgliedschaft Österreichs"* und *„dadurch überwundene Schandgrenze"* oder vergleichsweise inhaltsleerer, weil EUroparechtlich virtueller Gebilde wie „EUregio Tirol" oder „Europaregion Tirol, Südtirol und Trentino im Europäischen Verbund für Territoriale Zusammenarbeit (EVTZ)" für *„abgehakt"*, *„überholt"* und *„überwunden"* halten. Diese Umfrageergebnisse konterkarieren darüber hinaus Position und Haltung der damaligen und nachfolgenden Bundesregierungen. Anders ausgedrückt: Weil ausweislich dieser Umfrage offenkundig ist, daß Wien (als Chiffre für das regierungsamtliche Österreich) in der Selbstbestimmungsfrage hinsichtlich Südtirols meilenweit von den Ansichten der übergroßen Mehrheit der Österreicher beiderlei Geschlechts entfernt ist. (26)

Im Gefolge dessen ergaben sich gewisse Weiterungen, welche insbesondere in einem hinsichtlich der Feststellungen im Europa- und Außenpolitischen Bericht 2013 sowie der im Nationalrat geführten Debatte von 2015 (s. o.) vom vormaligen Tiroler Landeshauptmann Dr. Wendelin Weingartner dezidiert formulierten Artikel in der Südtiroler Sonntagszeitung „Zett" vom 1. November 2015 ersichtlich wurden.

Eiertänze um die (Doppel-)Staatsbürgerschaft

Edit(h) Miklós ist rumänische Staatsbürgerin. Als Angehörige der siebenbürgischen Minderheit der Székler ist sie ethnische Magyarin. 2011 startete sie beim Kombinationsslalom in Garmisch-Partenkirchen in den rot-weiß-grünen Trikolore-Farben ihres Vaterlandes Ungarn. Warum? Die begnadete Schifahrerin war vor der 41. Alpinen Skiweltmeisterschaft von der rumänischen zur ungarischen Nationalmannschaft gewechselt. Denn Ende 2010 hatte sie als rumänische Staatsbürgerin zusätzlich die ungarische Staatsbürgerschaft erworben. Sie war ihr erteilt worden, nachdem dies die seit den Parlamentswahlen im Frühjahr 2010 im Amt befindliche nationalkonservative Regierung Viktor Orbáns für alle Magyaren ermöglichte, die außerhalb Ungarns leben (müssen). Davon haben bisher mehrere Hunderttausend Angehörige der in Rumänien, der Slowakei, Ukraine, Serbien, Kroatien und Slowenien beheimateten ungarischen Volksgruppen sowie ethnische Ungarn, wo immer sie in der Diaspora auf der ganzen Welt daheim sind, Gebrauch gemacht. Zum größten Teil sind es jedoch die Nachfahren jener Magyaren, die sich nach der vom Vertrag von Trianon (1920) erzwungenen Amputation von zwei Dritteln des vormaligen ungarischen Territoriums plötzlich in anderen, zum Teil neu entstandenen Nationalstaaten der Nachbarschaft wiederfanden.

Außer der Slowakei, die selbstverständlich außerhalb des Landes lebenden Angehörigen slowakischer Volksgruppen (in Tschechien, in der Ukraine, in Polen, auch in Ungarn) die ihre erteilt, aber slowakischen Magyaren, die die ungarische annehmen, die slowakische entzieht, hatte keiner der genannten Staaten Einwände gegen die Doppelstaatsbürgerschaft ihrer Staatsbürger. Selbstverständlich erteilt Rumänien ethnischen Rumänen in der Nachbarrepublik Moldova die rumänische Staatsbürgerschaft; ebenso verfährt Serbien mit ethnischen Serben in Kroatien, Bosnien-Herzegowina, Montenegro und selbst im Kosovo; dasselbe gilt für Kroatien und Slowenien.

Bild: APA

Mit Ausnahme Serbiens sind alle anderen der genannten Länder, die Doppelstaatsbürgerschaften zulassen, EU-Mitglieder. Nun weiß man zwar, daß in der EU der Grundsatz gilt, wonach Doppelstaatsbürgerschaften tunlichst untersagt bleiben sollen. Doch die genannten Länder entziehen sich bewußt dem längst verwässerten Grundsatz. Warum? Weil ihn selbst Erstunterzeichner der „Römischen Verträge“, mithin Gründungsmitglieder der EWG/EU – wie beispielsweise Deutschland und Italien –, nicht strikt einhalten. So läßt Berlin seit der rot-grünen Regierung Schröder/Fischer faktisch Doppelstaatsbürgerschaften sogenannter „Deutsch-Türken“ zu. Und von Italien weiß man, daß es nicht nur ethnische Italiener in Istrien – im slowenischen wie im kroatischen Teil –, sondern auch in Süd- und Nordamerika mit seiner Staatsbürgerschaft beglückt.

„Italien nicht verärgern“

Österreich hingegen gibt nicht nur im Rahmen der EU in der Staatsbürgerschaftsfrage den „Grundsatztreuen“ – ansonsten eine eher „unösterreichische“ Haltung. Das erfuhren die Nachfahren jener Tiroler zwischen Brenner und Salurner Klause, die sich – wie seinerzeit die Magyaren – aufgrund der für die weitere politische Entwicklung im Europa des 20. Jahrhunderts verheerenden Pariser Vororteverträge – für Österreich galt jener von St. Germain-en-Laye – in einem anderen Staat in fremdnationaler Umgebung wiederfanden, nämlich in Italien. Wien schmetterte sämtliche seit 2006 unternommenen – und vereinzelt aus den Reihen von Länderparlaments- wie Nationalratsabgeordneten unterstützten – Südtiroler Vorstöße ab.

Dabei taten sich ÖVP-Exponenten besonders hervor. Während nämlich sowohl Expertisen aus dem Wiener Bundeskanzleramt (Verfassungsdienst) als auch aus der Jurisprudenz (so beispielsweise des Innsbrucker Rechtswissenschaftlers Walter Obwexer) die unproblematische Zulässigkeit der Erteilung der österreichischen Staatsbürgerschaft an Südtiroler untermauerten, traten ranghohe ÖVP-Amtswalter meist als Bremser auf.

Es war insbesondere die Verhaltensweise des damaligen Außenministers (und ÖVP-Obmanns) Michael Spindelegger, welche die oppositionellen Freiheitlichen veranlaßte, die ÖVP der „Komplizenschaft mit Rom gegen Südtirol“ zu bezichtigen. Der FPÖ-Nationalratsabgeordnete und Südtirolsprecher Werner Neubauer untermauerte diesen Vorwurf seinerzeit, indem er sich auf ein persönliches Gespräch mit dem Minister und dessen „verblüffend offene Antwort“ bezog: *„Spindelegger erklärte mir unverblümt, dass es für ihn nicht in Frage komme, Italien zu verärgern. Die EU kritisiere Rumänien in Bezug auf eine Doppelstaatsbürgerschaft für rumänische Moldawier und daher könne Österreich nicht dasselbe für die Südtiroler tun. Und auf die von der Südtiroler Volkspartei angekündigte große Unterschriftenpetition für den Erhalt einer zusätzlichen österreichischen Staatsbürgerschaft für ladinische und deutsche*

Südtiroler hat mir Außenminister Spindelegger offen ins Gesicht gesagt, dass er auch diese Vorgangsweise für blanken Populismus halte und nicht im Entferntesten daran denke, diesem Wunsch der Südtiroler zu entsprechen."

Das war Anfang 2010. Die SVP klopfte – damals unter Parteichef Siegfried Brugger und Landeshauptmann Luis Durnwalder – in Wien an, trug ihr diesbezügliches Begehr vor und stieß alles andere denn auf offene Ohren. Dann aber ließ Durnwalder erkennen, daß er einen von Politikern seiner SVP – wie den römischen Parlamentariern Siegfried Brugger und Karl Zeller – unterstützten formellen Südtiroler Landtagsbeschluß, wonach Österreich seine „Schutzmachtrolle" in eine Verfassungspräambel kleiden und den Südtirolern deutscher und ladinischer Zunge die Staatsbürgerschaft gewähren sollte, nicht für opportun hielt. *„Während die Südtiroler SVP-Parlamentsabgeordneten Siegfried Brugger und der Autonomieexperte Karl Zeller sich offenbar aufrichtig um die Anliegen der Schutzmachtrolle und der Doppelstaatsbürgerschaft annehmen, hat der Südtiroler Landeshauptmann Durnwalder einen diesbezüglichen Beschluß des Südtiroler Landtages verhindert. Er weiß genau, daß sich Spindelegger in Wien mit der Ablehnung dieser Wünsche leichter tut, wenn keine offizielle Forderung des Landtages vorliegt"*, so Neubauer in einer Presseaussendung. (27)

Die außenamtliche und ÖVP-affine Zurückhaltung bis Weigerung in der Doppelstaatsbürgerschaftsfrage trat im Sommer 2013 in der formellen Ablehnung eines diesbezüglichen FPÖ-Antrags im Nationalrat erneut deutlich hervor. So hieß es im „Bericht des Bundesministers für europäische und internationale Angelegenheiten an den Nationalrat betreffend Südtirol Autonomieentwicklung 2009–2013" unter Punkt „7. Erwerb der österreichischen Staatsbürgerschaft für SüdtirolerInnen": *„Die österreichische Bundesregierung ist der Ansicht, dass die Einführung eines vereinfachten Erwerbs der österreichischen Staatsbürgerschaft für SüdtirolerInnen ohne Niederlassungserfordernis und bei gleichzeitiger Beibehaltung der italienischen Staatsbürgerschaft mit einer Reihe von völkerrechtlichen und verfassungsrechtlichen Hürden sowie praktischen Schwierigkeiten und einem grundlegenden Systemwandel des österreichischen Staatsbürgerschaftsrechts verbunden wäre."* (28)

Ein nicht zu unterschätzender Grund für den Wiener Eiertanz war/ist eine unausgesprochene – oder allenfalls hinter vorgehaltener Hand geäußerte – Sorge: Wenn man den Südtirolern die österreichische Staatsangehörigkeit zugestehe, öffne man die rechtliche Schleuse auch für die Ermöglichung von Doppelstaatsbürgerschaften für in Österreich lebende Türken. Diese Sorge ist zwar nicht gänzlich zu entkräften, dennoch ist die Realität von anderen Fakten bestimmt. So haben Austro-Türken zwar ihre türkische Staatsbürgerschaft vor einer formellen Einbürgerung in Österreich zurückzulegen. Doch jeder halbwegs Eingeweihte weiß, daß sie sich unverzüglich nach Empfang ihres österreichischen Passes entweder auf der türkischen Botschaft in Wien oder spätestens beim „Heimaturlaub" in der Türkei ihren türkischen Paß wieder aushändigen lassen. Mithin grenzt die Angelegenheit an absurdes Theater.

Daß nicht nur in Wien, sondern auch in Bozen offensichtlich mit gezinkten Karten gespielt zu werden scheint, zeigte der Umgang mit der Causa unter der ÖVP-FPÖ-Regierung Kurz/Strache. Schon zuvor kamen aber die bekannt abweisenden stereotypen Äußerungen aus berufenem Munde. So hatte sich Spindeleggers jugendlicher Nachfolger Sebastian Kurz selbstredend den Vorsichtsappellen von Durnwalders Nachfolger Arno Kompatscher angeschlossen, wonach man *„bei diesem Thema sehr vorsichtig und behutsam vorgehen* [müsse], *um nicht mehr Schaden als Nutzen anzurichten"*. Kompatscher hatte in einem Interview mit der „Tiroler Tageszeitung", das in den Kernpunkten auch von mehreren anderen Tageszeitungen wiedergegeben worden ist, geäußert, es bestehe *„die Gefahr, dass uns die Debatte mehr schaden könnte, als sie uns Nutzen bringt"*, denn es sei bekannt, *„dass sich in Wien und Tirol die Begeisterung in Grenzen hält, weil viele Fragen der praktischen Anwendung unklar"* seien. (29) Das konnte man getrost unter dem Stichwort „Eiertanz" rubrizieren, denn die rechtlichen Rahmenbedingungen, die Kompatscher zurecht ins Spiel brachte, waren doch längst durch Gutachten und (Verfassungsdienst-)Expertisen aus dem Wiener Kanzleramt aufgezeigt und geklärt worden. Demnach verstieße die Doppelstaatsbürgerschaft weder gegen den 1919 in Kraft getretenen Friedensvertrag noch gegen das in Paris geschlossene Gruber-De Gasperi-

Abkommen von 1946, wie dies von offenbar „interessierter Seite" in geradezu hasenfüßiger Willfährigkeit gegenüber („dem guten Verhältnis" zu) Italien fälschlicherweise immer wieder kolportiert wurde/wird. (30)

Wie es um den Doppelpaß für Südiroler steht

Im Spätherbst 2017 deutete sich im Rahmen von Koalitionsverhandlungen der aus der Nationalratswahl erheblich gestärkt hervorgegangenen ÖVP unter Sebastian Kurz und der FPÖ unter Heinz-Christian Strache eine neue Koalition an, die schließlich am 18. Dezember zur Regierungsbildung und Angelobung (Vereidigung) der schwarz/türkis-blauen österreichischen Bundesregierung führen sollten, für einen Teil der sogenannten Altösterreicher eine politische Großtat an. Erstmals schien es, als könnten hundert Jahre nach Besetzung und Übernahme des südlichen Tiroler Landesteils durch Italien (1918) Südtiroler die Chance auf Wiedererlangung der österreichischen Staatsbürgerschaft erhalten, derer ihre Vorfahren mit der in St. Germain-en-Laye vollzogenen diktatfriedensvertraglichen Übereignung ihrer Heimat an den Stiefelstaat verlustig gegangen waren. Zum ersten Mal seit Ende des Zweiten Weltkriegs hatte sich eine österreichische Bundesregierung dazu entschlossen, dem schon seit der Jahrtausendwende immer wieder vernehmlichen, aber meist durch unwillige politische Kräfte in Wien mittels allerlei Ausflüchten zurückgewiesenen, entsagten oder zerredeten Begehr endlich zum Durchbruch zu verhelfen.

So stellte die Koalition die Möglichkeit des Erwerbs der österreichischen Staatsbürgerschaft für Südtiroler – und andere Altösterreicher – in Aussicht. Im Koalitionsabkommen respektive Regierungsübereinkommen wurde dies unter Punkt „Doppelstaatsbürgerschaft neu denken" näher ausgeführt: *„Doppelstaatsbürgerschaft Südtirol und Alt-Österreicher: Im Geiste der europäischen Integration und zur Förderung einer immer engeren Union der Bürgerinnen und Bürger der Mitgliedstaaten wird in Aussicht genommen, den Angehörigen der Volksgruppen deutscher und ladinischer Muttersprache in Südtirol, für die Österreich auf der Grundlage des Pariser Vertrages und der nachfolgenden späteren Praxis die Schutzfunktion ausübt, die Möglichkeit einzuräumen, zusätzlich zur italienischen Staatsbürgerschaft die österreichische Staatsbürgerschaft zu erwerben."*

Daß es überhaupt zu dieser Festlegung kam, war maßgeblich der Initiative der FPÖ zuzuschreiben, vor allem Werner Neubauers. Der Nationalratsabgeordnete und Südtirolsprecher seiner Partei hatte das Thema seit Jahren in Parlament und Öffentlichkeit lanciert und seinen Einfluß geltend gemacht, damit es die damalige Parteiführung in den Verhandlungen mit der ÖVP als Koalitionsbedingung reklamierte.

Die „türkise" Kanzlerpartei stand dieser Frage reserviert bis ablehnend gegenüber. Gewisse „Granden" aus dem „schwarzen" Teil der Volkspartei suchten unter Berufung auf das Risiko einer klimatischen Störung des bilateralen Verhältnisses mit Italien das Vorhaben offen zu hintertreiben. Ablehner und Skeptiker sahen, begünstigt vom ambivalenten Verhalten der (damals neuen und oft den Eindruck einer gewissen „Italianità" hervorrufenden) Führung der (seit 1945 regierenden und unter erkennbarer Abnutzung leidenden) Südtiroler ÖVP-„Schwester" SVP Gefahren für das ethnische Neben- und Miteinander und sagten eilfertig eine „Spaltung der Gesellschaft" voraus. Amtsträger wie (nicht allein) die Landeshauptleute Tirols (Günter Platter) und der italienischen Provincia Autonoma di Bolzano Alto Adige (Arno Kompatscher) glichen in ihren Äußerungen gegenüber Medien oder in formellen Verlautbarungen bisweilen dem je nach Lage und Situation die Farben wechselnden Chamäleon.

In Österreich waren die Oppositionsparteien und der größte Teil der für die veröffentlichte Meinung sorgenden Medien gegen die Doppelstaatsbürgerschaft, in Südtirol die „interethnischen" Grünen sowie die italienischen Landtagsparteien. Und in Rom sprachen sich vom Staatspräsidenten über gewichtige Vertreter der – einander nach den Kammer- und Senatswahlen im Frühjahr 2018 ablösenden – Regierungen und Parteien, einschließlich der erstarkten Lega, auf die in Wien hauptsächlich die FPÖ setzte, in zum Teil drastischen Stellungnahmen gegen das Vorhaben aus.

Ungeachtet dessen hatte der Südtiroler Landtag mehrheitlich für den hauptsächlich von den drei Deutschtiroler Oppositionsparteien getragenen formellen Antrag an Nationalrat und Regierung in Wien auf Schaffung der Möglichkeit zur Erteilung der österreichischen Staatsbürgerschaft für anspruchsberechtigte und beantragungswillige Südtiroler gestimmt. Darüber hinaus verschafften 27 sogenannte „Altmandatare" der SVP – u. a. der langjährige Landeshauptmann a. D. Luis Durnwalder, der vormalige Kulturlandesrat Bruno Hosp, der frühere Parteiobmann Siegfried Brugger, und nicht zuletzt der exponierte, überaus engagierte und mit seiner Partei nicht selten überkreuz liegende Ex-Landtagsabgeordnete und Regionalratspräsident Franz Pahl – als Unterzeichner eines an Kanzler (und ÖVP-Obmann) Kurz sowie Vizekanzler (und FPÖ-Obmann) Strache gerichteten gleichlautenden Schreibens dem formellen Südtiroler Begehr ein zusätzliches Gewicht.

Bild: Archiv Neubauer

AzNR Werner Neubauer (FPÖ

Damit konnte der negative Eindruck geglättet werden, den die SVP-Fraktion im Bozner Landhaus hinterlassen hatte, weil ihr italophiler Teil um Landeshauptmann Arno Kompatscher sich dem mehrheitlich zustande gekommenen und als formelles Ersuchen Südtirols nach Wien übermittelten Beschluß versagt hatte. Zudem erklärten reihum die Oberen gesellschaftlicher Gruppierungen – des Autonomen Gewerkschaftsbundes, des Bauernbunds, des Heimatbunds, des Schützenbunds und anderer mehr – ihr Einverständnis und bekundeten den Wunsch nach Ermöglichung der Doppelstaatsbürgerschaft. Bemerkenswerterweise schalt Landeshauptmann Kompatscher öffentlich die Aktivisten aus seiner Partei, mithin die genannten „Altmandatare", Entscheidungen in dieser Causa würden „nicht per Brieflein getroffen".

Daß sich Rom nicht nur querlegte, sondern geradezu ein Getöse entfachte, welches über den Alpenhauptkamm hinweg bis an die Donau Wellen schlug, war nach anfänglich eher moderater Zurückhaltung nicht in dieser Dimension zu erwarten gewesen. Doch alsbald gewannen die altbekannten Reflexe die Oberhand, woraus im Grunde der von links bis rechts des Tibers stets vernehmbare doktrinäre, aber historisch-politisch verfehlte Anspruch wieder durchschlug, wonach alles, was Südtirol angehe, eine „rein italienische Angelegenheit" sei. Dies trotz Pariser Abkommens, trotz Autonomie-Statuten, verbriefter Kommissionen und – UN-begünstigter sowie vertragsrechtlich anerkannter – Schutz(macht)funktion Österreichs für Südtirol(er).

Die römische Ablehnung des Wiener Vorhabens fand ihren Gipfelpunkt in einem Interview des „starken Mannes" der damaligen italienischen Regierung, Innenminister Matteo Salvini. Kurzerhand befand der Lega-Chef seinerzeit: *„Sie können nicht ohne unsere Zustimmung Pässe ausgeben"*, und machte mit dem Zusatz *„Eine doppelte Staatsbürgerschaft wird es nicht geben"* seine Konzilianz zunichte, die er Wochen zuvor nach einem Treffen mit dem damaligen Vizekanzler und FPÖ-Obmann Strache gezeigt hatte, als er in der anschließenden Pressekonferenz sagte *„Wir werden schon eine gemeinsame Lösung finden"*.

Zu diesem Kladderadatsch (auf „Österreichisch" Palawatsch) trug auch eine gewisse Selbstfesselung bei, welche durch Äußerungen von Kanzler Kurz und Stellungnahmen der – auf FPÖ-Vorschlag zur Ressortchefin avancierten – parteilosen Außenministerin Karin Kneissl hervorgerufen worden war, wonach das Projekt Staatsbürgerschaft für Südtiroler „im Einvernehmen mit Italien" realisiert werden solle. Es hätte beiden klar sein müssen, daß sich Österreich damit seiner von niemandem beeinspruchbaren, absolut souveränen Entscheidung darüber begab. Alle Rechtsgutachten wiesen/weisen aus, daß allein Österreich für diese Angelegenheit Zuständigkeit beanspruchen kann; es ist dazu nicht einmal eine Verfassungsänderung notwendig, sondern es genügt eine durch einfachen mehrheitlichen Nationalratsbeschluß herbeigeführte Novellierung/Ergänzung des geltenden Staatsbürgerschaftsgesetzes.

Gerade Italien hätte am wenigsten Grund zum Einspruch gehabt, erteilt(e) es doch schon seit den 1990er Jahren italienischstämmigen Bürgern überall in der Welt auf Antrag seine Staatsbürgerschaft. Davon machten infolgedessen mehr als eine Million Menschen (insbesondere in Süd- und Nordamerika) Gebrauch. Italien hatte übrigens das 1975 getroffene Europaratsabkommen zur „Verringerung von Fällen mehrfacher Staatsangehörigkeit" eigens aufgekündigt und mit dem Gesetz Nr. 91 (1992) nicht nur sein (aus dem Jahre 1912 stammendes) Staatsbürgerschaftsgesetz entsprechend geändert, sondern mit Gesetz Nr. 124 (2006) den im slowenischen Küstenland sowie in Kroatien (Istrien, Fiume, Dalmatien) ansässigen ethnischen Italienern die Möglichkeit des Erwerbs seiner Staatsbürgerschaft eröffnet. Davon wiederum machten 37.000 Personen Gebrauch. Rom hat(te) zudem allen Auslandsitalienern auch das aktive und passive Wahlrecht sowie feste Parlamentssitze (12 Vertreter in der Abgeordnetenkammer und 6 Vertreter im Senat) zugestanden. Kein anderer Staat, um dessen primäre Staatsbürger es dabei ja geht, wurde/wird um sein „Einvernehmen" ersucht; die betroffenen Regierungen wurden bestenfalls davon in Kenntnis gesetzt. Italien hatte also in seinem nationalen Interesse – stets handelnd nach der vom einstigen Ministerpräsidenten Antonio Salandra (1853–1931) geprägten national(istisch)en Maxime vom „heiligen Eigennutz" („sacro egoismo") – kraft eigener Souveränität die rechtlichen Grundlagen dafür geschaffen.

Österreich hingegen sollte nicht Gleichartiges für den deutsch-österreichischen und ladinisch-österreichischen Bevölkerungsteil Südtirols tun dürfen, dessen Vorfahren Staatsbürger Österreichs waren wie die Istrianer, Fiumener und Dalmatiner (respektive die Nachfahren der nach Brasilien, Argentinien bzw. in die Vereinigten Staaten ausgewanderten Italiener) Staatsbürger Italiens? Niemand, Rom schon gar nicht, hätte demzufolge Wien untersagen können, im eigenen nationalen Interesse zu handeln und kraft eigener Souveränität jemandem seine Staatsbürgerschaft zu erteilen. Der Personenkreis, der seinerzeit infrage gekommen wäre, sofern von den 528.379 Südtirolern (Wohnbevölkerung im 1. Quartal 2018 laut Landesstatistik-Institut ASTA) alle gemäß bereits vorliegendem (aber von der neuen türkis-grünen Regierung „schubladisierten", d. h. nicht weiter verfolgten) Gesetzesentwurf Anspruchsberechtigten (62,3 % deutschösterreichischer Ethnizität = 329.180 Personen; 4,1 % ladinisch-österreichischer Ethnizität = 21.663 Personen) tatsächlich den österreichischen Pass beantragt hätten, wäre weit unter der Zahl der gut 1,2 Millionen Auslandsitaliener geblieben, denen Rom aufgrund seines Staatsbürgerschaftsrecht den italienischen Pass zuerkannt hatte.

Nicht zu Unrecht hatte SVP-„Altmandatar" Oskar Peterlini in einer luziden Analyse dargelegt, daß eine Modifikation des österreichischen Vorhabens im Sinne der Abkehr vom ethnischen Prinzip die grundsätzliche Ablehnung durch Italien hätte gegenstandslos machen können. *„Im Kreuzfeuer"* habe, so Peterlini, *„vor allem die Verleihung nur an die deutsch- und ladinischsprachigen Bürger* [gestanden], *weil damit eine ethnische Trennlinie gezogen"* werde. Und er fuhr fort: *„Mit einer historisch begründeten statt einer ethnischen Lösung könnte man viel Kritik aus den Segeln nehmen. Auch könnte man die ethnische Diskussion entspannen, was die Realisierbarkeit wesentlich erleichtern und die Diskussion auf eine sachlichere Ebene heben könnte."* (31)

Doch für die Betrachtungs- und juristisch-politische Vorgehensweise der in Wien zum Zwecke der Erarbeitung eines Gesetzesentwurfs eingesetzten Experten kam dies zu spät, und davon abgesehen arbeiteten sie ja auf Grundlage der Vorgabe, wie sie im ÖVP-FPÖ-Regierungsübereinkommen festgelegt war. Ihren Auftraggebern hatten sie schon im September 2018 – nach drei Kommissionssitzungen – ihre Vorschläge unterbreitet. Doch während des seit 1. Juli laufenden österreichischen Halbjahres-EU-Ratsvorsitzes, bei dem das britische EU-Austrittsverfahren „Brexit" mehr oder weniger im Mittelpunkt stand, wollte Wien – wie es vorgab dem Usus als „ehrlicher Makler aufzutreten" folgend, was aller Erfahrung nach lediglich eine Ausrede war, die in dieser Causa wie in anderen austro-italienischen Angelegenheiten Hasenfüßigkeit zu verschleiern – die Sache nicht mit (dem EU-Gründungsmitglied) Italien erörtern. Zudem wählten die Südtiroler im Herbst einen neuen Landtag; aus dem Wahlkampf hielten die Parteien das Thema weitgehend heraus. Auch danach blieb die „Causa Doppelstaatsbürgerschaft“ in Wien unter Verschluß und die Gesetzesexpertise der Kommission in der Schublade. Schließlich ließen die Wirbel um „Ibiza“, Kurz' (fragwürdige, weil ohne wirkliche Not getroffene Entscheidung zur) Aufkündigung der Koalition, seine kürzestlebige Wochenend-Übergangsregierung, deren parlamentarische Abwahl sowie das bis nach der folgenden Nationalratswahl bestehende politische Interregnum der von Bundespräsident Alexander Van der Bellen (ehedem Ex-Grünen-Obmann) eingesetzten Beamtenregierung unter der vormaligen Präsidentin des Verfassungsgerichtshofs Brigitte Bierlein das Thema von der Agenda verschwinden. Und in den Koalitionsübereinkünften der nachfolgenden schwarz-grünen Regierungen Kurz/Kogler sowie Nehammer/Kogler fehlte vom Doppelpass für Südtiroler jede Spur. (32)

Menetekel „Los von Rom“

Angesichts der jüngeren politischen Entwicklungen in Südtirol kann es kaum verwundern, daß sich „Fliehkräfte“ immer stärker Gehör verschaff(t)en. Im Jahre 2020 wurde dies augenfälliger denn je, zumal die Unzufriedenheit über das Agieren der italienischen Zentralregierung während der Corona-Pandemie wuchs und es im Lande an Eisack und Etsch gärte. Feuerschriften leuchteten auf. „Jetzt reicht's“ verkündeten brennende Fackel-Schriftzüge zwischen Pustertal, Burggrafenamt und Vinschgau. „Freistaat“ hieß ein Verlangen auf Spruchbändern. „Kurz, hol uns heim“ forderten Aufschriften auf an Brücken befestigten Tüchern als Wunsch an den österreichischen Bundeskanzler. Und in Weinbergen, an Felswänden, Heustadeln und Gartenzäunen prangte auf Spruchtafeln, was des Nachts Flammenschriften an Bergrücken bekundeten: „Los von Rom“. (33)

Die Folgen der Corona-Krise zeitigten im südlichen Teil Tirols einen merklichen Stimmungsumschwung in der Bevölkerung. Der öffentlich vernehmliche Unmut gegen das Dasein im fremdnationalen Staat, und der Rückgriff auf das „Los von Rom“, einer Losung, welche die 1950er bis 1970er Jahre beherrschte, dann aber infolge der Autonomie- und „Paket“-Politik, in welcher das „Los von Trient“ dominierte, eher schwand und allenfalls noch von austro-patriotischen, in ganz geringem Maße auch von deutschnationalen Kräften als Ziel hochgehalten wurde, hatte in den „Corona-Wochen“ durch Maßnahmen, wie sie dem typischen römischen Zentralismus eigen sind, einen enormen Auftrieb erhalten.

Unübersehbar war, daß selbst die SVP, seit 1945 dominante und mehr oder weniger unangefochtene politische Kraft, von diesem demoskopisch greifbaren und allerorten zu vernehmenden Umschwung erfaßt zu sein schien; eine Partei, deren (seit Abgang der „Alten Garde“) janusköpfige Führung – hie Parteiobmann Philipp Achammer, da Landeshauptmann Arno Kompatscher – seit Amtsantritt 2014 stets mehr Italophilie zeigte denn von historisch gebotener Österreich-Empathie berührt war. Die Auswirkungen der Corona-Krise, insbesondere das notorisch zu nennende zentralstaatliche Gebaren Roms, das der – von der SVP bisweilen verabsolutierten – Autonomie Hohn sprach und die Südtiroler „Selbstverwaltung“ ad absurdum führt(e), setzten quasi über Nacht eine Trendwende in Gang. So beschloß die SVP-Parteiführung, als sie gewahrte, daß sich der Stimmungsumschwung in Wirtschaft und Gesellschaft Südtirols letztlich auch zu ihren machtpolitischen Ungunsten auswirken könnte, eine „Kehrtwende“. Sie bekundete, die von ihr geführte Landesregierung werde nicht einfach mehr die als abschnürend empfundenen Dekrete von Ministerpräsident Giuseppe Conte (Regierungschef von Juni 2018 bis Februar 2021) in vom Landeshauptmann quasi übersetzte Anordnungen kleiden, sondern durch ein eigenes – in autonomer Zuständigkeit aufgrund primärer Zuständigkeit vom Landtag zu verabschiedendes – Landesgesetz ersetzen, welches den Bedürfnissen der Bevölkerung zwischen Brenner und Salurner Klause Rechnung trage.

„Für uns ist es nicht akzeptabel, daß unsere Autonomie weiter eingeschränkt wird“, hatte Kompatscher nach einer Videokonferenz des Regionenministers Francesco Boccia mit den Regierungschefs der Regionen und autonomen Provinzen sowie mit Zivilschutz-Chef Angelo Borrelli und dem außerordentlichen Covid-19-Notstandskommissar Domenico Arcuri darge-

Bild: Schützenkompanie Johann Jaeger Niederdorf

„Los von Rom"-Schriftzüge erleuchten die Nacht im Eisacktal.

legt. Boccia hatte bekräftigt, daß Sonderwege für Gebietskörperschaften erst vom 18. Mai 2020 an zulässig seien. Daher, so Kompatscher, werde Südtirol nicht nur den „schwierigen gesetzgeberischen Weg gehen, um Schritt für Schritt das wirtschaftliche Leben wieder in Gang zu bringen“, sondern gemäß dem einmütigen Beschluß des SVP-Führungsgremiums auch die römischen Parlamentarier der Partei veranlassen, die (ohnehin labile) Regierung Contes – nach Hinauswurf von Matteo Salvini und dessen Lega von den im linken Spektrum angesiedelten Parteien Partito Democratico (PD) und Movimento 5 Stelle (M5S; „Bewegung 5 Sterne“) sowie einer PD-Abspaltung unter dem vormaligen Ministerpräsidenten Renzi mehr schlecht als recht getragen – nicht länger zu unterstützen.

Die SVP – in der Anfang 2019 gebildeten Landesregierung auf die Südtiroler Provinzorganisation der starken Lega angewiesen – hatte dabei nicht allein ihren Koalitionspartner an der Seite; die Lega war seit dem „Hinauswurf“ ihres damals demoskopisch erfolgsverwöhnten Vormanns Salvini mit der römischen Regierung ohnedies auf striktem Konfliktkurs. Auch auf die Deutschtiroler Oppositionskräfte im Landtag, Freiheitliche Partei (FPS) und Süd-Tiroler Freiheit (STF), konnte sie in dieser Sache zählen, Hauptsache man setzte Zeichen für ein gemeinsames Aufbäumen gegen Rom und dessen scheibchenweise Aushöhlung der autonomen Zuständigkeiten Südtirols. Diese beeinträchtigten die seit 1992 von der SVP erstrebte „dynamische Autonomie“, ganz zu schweigen von der von ihr einst als hehres Ziel proklamierten „Vollautonomie“.

Daß die SVP sozusagen „in letzter Minute“ die (nicht allein in Feuerschriften aufflammenden und auf Transparenten ersichtlich gewesenen) „Zeichen der Zeit“ erkannte – und allem Anschein nach damit zudem einen an die Öffentlichkeit drängenden Rivalitätskonflikt Achammer–Kompatscher einzuhegen trachtete –, war unverkennbar auf vernehmliches innerparteiliches Rumoren zurückzuführen. Die (laut)stärkste Stimme in dieser Situation war die der Wirtschaft, die in der von Interessenbünden geprägten SVP – Wirtschaft, Bauern, Arbeitnehmer – als der gewichtigsten die Melodie vorgab, verstärkt durch die Tageszeitung „Dolomiten“, die sich stets als SVP-„Wegweiser“ gerierte, wenn nicht bisweilen gar als deren Quasi-Parteiorgan fungiert. Markant der Mahnruf Christoph Mastens, eines langjährigen SVP-Wirtschaftsfunktionärs; er bediente sich seines Internet-Organs „VOX-News Südtirol“, um der Parteiführung und insbesondere dem Landeshauptmann sowie den SVP-Landesräten (Ministern) in griffigen Anklagen nicht nur fehlendes Führungsmanagement, Mißwirtschaft und Versagen vorzuhalten, sondern auch „gewissenlosen Verrat an der Südtirol-Autonomie und am Südtiroler Volk“ zu unterstellen – gipfelnd in zündenden VOX-Losungen wie „Jetzt Vollautonomie oder Freistaat“.

Daß solche Stimmen nicht nur in austro-patriotischen Verbänden wie dem Südtiroler Heimatbund (SHB), der Vereinigung ehemaliger Freiheitskämpfer der 1960er bis 1980er Jahre und dem Südtiroler Schützenbund (SSB) Resonanz fanden – SSB-Kompanien waren maßgeblich an der Organisation der weithin ersichtlichen und Rom, wo natürlich reflexartig von Separatismus-Bestrebungen die Rede war, erzürnenden Parolen und Leuchtfeuer beteiligt – sondern in einer allgemeinen „Los von Rom“-Stimmung mündeten, liegt auf der Hand. Ebenso ließen und lassen gleichlautende Flammenschriften bzw. der aus weithin im Lande lodernden Fackeln konfigurierte Tiroler Adler bei vielen Leuten „Gänsehaut“ entstehen – just eingedenk signifikanter Parallelität zum Tiroler Freiheitskampf des Andreas Hofer wider französische und bayerische Fremdherrschaft bis hin zu den 1960er und 1970er Jahren, da sich in Gestalt der Freiheitskämpfer des BAS (Befreiungsausschuß Südtirol) der „Tiroler Adler gegen den italienischen Staat“ erhob.

Es waren daher nicht mehr nur wie davor eher die Oppositionsanhänger, wenige Südtiroler, die vom römischen Zentralismus, ja von der nicht selten unter dem Gebot des „friedlichen Miteinanders“ erzwungenen Unterwerfung unter die Lupa Romana genug hatten/haben. Mehr und mehr Bewohner des Landes zwischen Dolomiten und Reschen halten die praktizierte Form der Südtirol-Autonomie für gescheitert, sehen im politkommunikativen Gesäusele von der die Teilung Tirols überwindenden „Zukunft durch EUropäisierung“, praktiziert in einem mehr oder weniger papierenen Gebilde namens „Europaregion Tirol“, nurmehr Augenauswischerei. Der latente Krisenzustand der EU, wie er besonders während der „Coronitis" dadurch augenfällig wurde, daß der Rückfall in nationalstaatliches Gebaren als Überlebensnotwendigkeit erachtet und vor aller Augen sichtbar wurde, verstärkte dies Empfinden.

Der verständliche Gedanke, sich nicht nur „stärker von Rom zu lösen", sondern sich nach mehr als 100 Jahren der Zwangseinverleibung, zweimal verweigerter Ausübung des Selbstbestimmungsrechts und nach wie vor identitätszerstörendem Assimilationsdruck tatsächlich in aller Form und Konsequenz von Italien zu verabschieden, für das namhafte Gesellschaftswissenschaftler ohnedies prognostizier(t)en, seine Auflösung sei kaum mehr aufzuhalten und für die EU eine „Zeitbombe" (34), ist aber in der SVP nie wirklich zu Ende gedacht worden. Im Gegensatz zu den austro-patriotischen politischen und gesellschaftlichen Kräften des Landes, wozu, trotz Wegsterbens von Angehörigen der Erlebnisgeneration, durchaus auch noch einzelne verbliebene volkstumspolitisch orientierte SVP-Leute zu zählen sind, hat sich die Partei mit dem Erreichten mehr oder weniger zufriedengegeben und sich der Zielbestimmung „Bewahrung (und Mehrung) des Wohlstands", selbstredend verbunden mit „Erhalt der Macht", verpflichtet. Gekleidet wird dies in die Narratio (Erzählung) von der „weltbesten Autonomie" und der „friedlichen gutnachbarschaftlichen Lösung der Südtirolfrage" als „vorbildliches Modell zur Befriedung von nationalitätenpolitischen Konflikten in Europa und darüber hinaus" – lobhudlerische Formeln, mit denen selbstredend auch Rom und Wien hausieren gehen und einander beweihräuchern.

Allem Anschein nach ist „Arrangement mit Rom", quasi um nahezu jeden Preis, seit Kompatschers Amtsantritt oberste Maxime politischen Handelns und wird von seiner Partei offenkundig weitestgehend goutiert, was für den Machterhalt unabdingbar zu sein scheint. Vorgänger Luis Durnwalder, der sich ansonsten seit Ausscheiden aus der aktiven Politik mit öffentlichen Stellungnahmen bewußt zurückhielt, bekundete seine Haltung resümierend sinngemäß, man müsse in Rom auch einmal auf den Tisch hauen. Seine diesbezüglichen Ausführungen in einem Interview mit Arnold Sorg, dem stellvertretenden Chefredakteur der zur Athesia-Holding gehörenden und mit der Tageszeitung „Dolomiten" redaktionell verschränkten Nachrichtenwebsite „Südtirol Online" (stol.it), vom 9. Oktober 2022 seien daher etwas ausführlicher wiedergegeben: „*... Südtirol gehört heute zu einer der wohlhabendsten und fortschrittlichsten Regionen Europas. Wir dürfen aber nicht nur daran arbeiten, das zu bewahren, wir müssen auch Fortschritte machen. Wir brauchen noch eine ganze Menge von Dingen, die wir heute nicht haben und die mit der Autonomie verbunden sind. Deswegen müssen wir auch Rom gegenüber den Mut haben, ab und zu hart aufzutreten, denn nur mit Schmusekurs geht's auch nicht. Wir (...) müssen hergehen und sagen: Bis hierher, aber nicht weiter, da sonst unsere Rechte in Gefahr sind. (...) Mich hat geärgert, dass gesagt wird, dass es gegenüber Rom weniger ‚Hartgenagelte' sondern mehr Diplomatie brauche. Ich habe schon auch Diplomatie walten lassen. Aber ich konnte auch hart und stur sein, wenn es um unsere Sache ging. Ich habe mich nicht jedes Mal vorab, wenn wir ein Landesgesetz verabschiedet haben, abgesichert, ob das für Rom gutgeht. (...) Man muss hart bleiben, vor allem bei den Grundsätzen der Autonomie, beim Proporz und bei der Sprache. Da darf es kein Nachgeben geben. In der Praxis kann man natürlich je nach Gegebenheit ein wenig Flexibilität walten lassen, aber auf die Grundsätze dürfen wir niemals verzichten. Und es braucht Konsequenz. (...) Man hat den Autonomie-Konvent einberufen, um zu sehen, wie sich die Autonomie weiterentwickeln soll. Es hat viele Ansätze und Vorschläge gegeben, aber weiterverfolgt wurde schlussendlich nichts, das ist schade. Nichtsdestotrotz muss ich sagen, dass es nicht so ist, dass ich mich mit Arno Kompatscher nicht verstehe. Ich schätze ihn sehr, er ist ein sehr intelligenter Mensch und er bemüht sich. Er hat halt andere Umgangsformen als ich, ich denke eine Mischung zwischen uns beiden wäre ideal. Ich war vielleicht ab und zu etwas zu radikal, zu stur und zu bürgernah. Arno Kompatscher ist hingegen manches Mal etwas zu brav.*" (35)

Das spricht Bände. Das von Durnwalder genannte Beispiel „Autonomie-Konvent" paßt prägnant ins Bild. An die 2000 Südtiroler aus allen Schichten der Bevölkerung hatten daran in sogenannten „Open-Space-Veranstaltungen" mitgewirkt. Ziel des Anfang 2016 breit angelegten, d. h. bei weitgehender Partizipation organisierten und mit Landesgesetz Nr. 3/2015

Bild dem STOL-Interview entnommen

installierten, Konvents war es, in einem partizipativen Verfahren Vorschläge zur Reform des Autonomiestatuts von 1972 zu unterbreiten, d. h., konsensfähige Leitlinien und Eckpunkte zu dessen zukunftsfähiger Entwicklung und Ausgestaltung zu fixieren, um in letzter Konsequenz quasi das Zweite in ein Drittes Statut zu überführen. In den vielen Zusammenkünften im ganzen Land hatten sich die Teilnehmer u. a. für die Abschaffung sowohl der Region Trentino-Südtirol als auch des italienischen Regierungskommissariats ausgesprochen und die Beibehaltung des ethnischen Proporzes sowie des Unterrichts in der Muttersprache gefordert. Große Zustimmung gab es im Konvent auch für die Forderung nach einer echten Finanz- und Steuerautonomie. Und der „Konvent der 33" hatte im September 2017 einen Abschlußbericht zum Ausbau der Autonomie vorgelegt. Die mit enormem materiellem respektive finanziellem Aufwand und hohem persönlichem Engagement sowie zeitlicher Beanspruchung der Beteiligten erzielten Ergebnisse wurden jedoch schlicht und ergreifend schubladisiert. Auf aus den Reihen der oppositionellen Landtagsabgeordneten an den Landeshauptmann, der zu Beginn geradezu euphorisch über die Zielsetzungen gesprochen hatte, an ihn gerichtete Aufforderungen, die Transformation der Ergebnisse anzugehen, hatte Kompatscher geantwortet, man wolle „nach eingehender Befassung des Landtags anstatt Einzelmaßnahmen das Gesamtkonzept umsetzen". Geschehen ist nichts.

Kompatscher mußte für seine These, wonach es „mehr Diplomatie" und „weniger Hartgenagelte" im Umgang mit Rom bedürfe, im Rahmen der nach dem (auch für ihn persönlichen) Landtagswahldesaster vom Oktober 2023 folgenden Regierungsbildung den Wahrheitsbeweis antreten. Am vorgeblichen Hauptzweck, nämlich ausgerechnet durch die Hereinnahme von Bozner Statthaltern der Giorgia Meloni in die Landesregierung am ehesten in Verhandlungen mit Rom gewährleisten zu können, was unter vorigen italienischen Regierungen nie wirklich zustande kam, nämlich alle Verwässerungen der Südtirol-Autonomie seit der italienischen Verfassungsreform von 2001 und der von Mario Monti dekretierten Beschneidungen (s. o.) zu makulieren und damit den einstigen politisch-rechtlichen Selbstverwaltungsgrad wiederzuerlangen und vielleicht sogar die von der SVP in vielen Wahl(kämpf)en propagierte „Vollautonomie", welche sich stets als illusorisches Ansinnen erwies, erreichen zu können, ließ sich schließlich der Sinngehalt dieser These verifizieren.

Aus Beispielen, wie biegsam sich im Sinne seiner „Diplomatie"-These der Italophilie-geneigte Landeshauptmann erweisen konnte, ragte die an demonstrativer geschichtsmythologischer und gesellschaftlicher Reverenz vor der institutionalisierten „Befreiung vom Faschismus" kaum zu übertreffende Teilnahme am „Tag der Befreiung" und gemeinsames Singen

ALTO ADIGE

Leggi / Abbonati Alto Adige — mercoledì, 23 luglio 2025

Comuni: Bolzano Merano Laives Bressanone Altre località

Cronaca | Italia-Mondo | Economia | Sport | Cultura e Spettacoli | Foto | Video | Prima pagina | Altre

Salute e Benessere | Viaggiart | Scienza e Tecnica | Ambiente ed Energia | Terra e Gusto | Qui Europa | Immobiliare

Locale

Festa della Liberazione, Caramaschi e Kompatscher cantano assieme "Bella Ciao"

Scrosciante applauso dei partecipanti alla cerimonia per il 25 aprile. Presenti i rappresentanti istituzionali e le autorità civili e militari, con in prima fila l'Anpi. Tra il pubblico anche chi ha gridato: "Fuori i fascisti dalla giunta" *(video Danny Fiorentino / DLife)*

25 aprile 2024

Foto und Video eingesehen und entnommen am 19. 7. 2024: https://www.altoadige.it/video/locale/festa-della-liberazione-caramaschi-e-kompatscher-cantano-assieme-bella-ciao-1.376713

des „Partisanenlieds ‚Ciao bella ciao, ciao, ciao'" zusammen mit Bürgermeister Renzo Caramaschi am 25. April 2024 in Bozen heraus, was Arno Kompatscher einen geradezu hymnischen Berichtslobpreis des italienischsprachigen (und über gut drei Jahrzehnte seit Gründung 1945 streng antiautonomistischen) „Alto Adige" (gehört wie die deutschsprachigen „Dolomiten" seit längerem ebenfalls zur Athesia AG) bescherte.

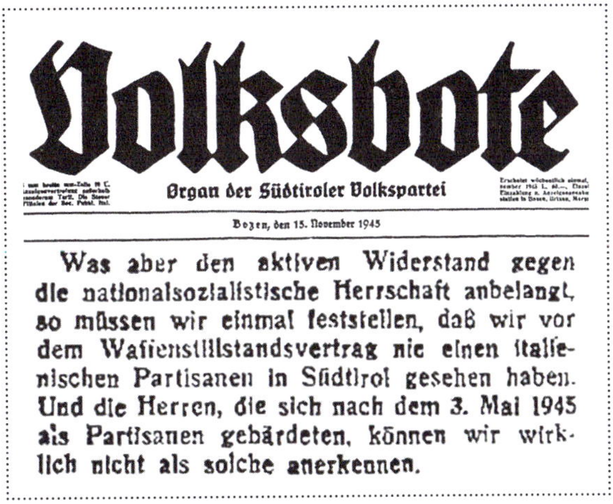

Volksbote

Organ der Südtiroler Volkspartei

Bozen, den 15. November 1945

Was aber den aktiven Widerstand gegen die nationalsozialistische Herrschaft anbelangt, so müssen wir einmal feststellen, daß wir vor dem Waffenstillstandsvertrag nie einen italienischen Partisanen in Südtirol gesehen haben. Und die Herren, die sich nach dem 3. Mai 1945 als Partisanen gebärdeten, können wir wirklich nicht als solche anerkennen.

Bild: SID/Archiv Golowitsch

Der Vorgang legt zugleich offen, wie weit er sich als der SVP verpflichteter Repräsentant mitsamt Entourage von der einstigen Einschätzung und Betrachtung des „Widerstands“ und der „Befreiung“ entfernte. So hieß es im SVP-Organ „Volksbote“ (Ausgabe vom 15. November 1945):

„Was aber den aktiven Widerstand gegen die nationalsozialistische Herrschaft anbelangt, so müssen wir einmal feststellen, daß wir vor dem Waffenstillstandsvertrag nie einen italienischen Partisanen in Südtirol gesehen haben. Und die Herren, die sich nach dem 3. Mai 1945 als Partisanen gebärdeten, können wir wirklich nicht als solche anerkennen.“ (36)

Anmerkungen zu Teil 5

1 Vgl. Olt, Reinhard, „Mit dem richtigen Stallgeruch“ (F.A.Z, Zeitgeschehen, 1. 12. 1988, S. 12). Ein treffendes, wenngleich an manchen Stellen ein wenig hagiographisches Porträt Durnwalders im Rückblick auf seine prägende Amtszeit lieferte das ORF-Fernsehen (https://on.orf.at/video/12264626/das-politische-leben-von-luis-durnwalder).

2 Vgl. Ders., Ecken und Kanten, in: Karl Mittermeier (Hrsg.), Luis Durnwalder und die Anderen. 155 Stimmen zum Achtzigsten, Vahrn bei Brixen (Suedmedia-Verlag) 2021, S. 349–353.

3 Die „Frankfurter Allgemeine Zeitung“ berichtete seinerzeit ausführlich über die Vorgänge in dem Artikel „Mißtöne im Spannungsdreieck Wien – Rom – Laibach“ (F.A.Z. Nr. 266 vom 15. 11. 1994, S. 7).

4 Vgl. F.A.Z. Nr. 76 vom 30. 3. 1995, S. 14.

5 Vgl. Olt, Reinhard, Psychologische Kriegsführung entlang der Etsch (F.A.Z. Nr. 22 vom 26. 1. 1996, S. 9).

6 Man vergleiche Beobachtungen des Herausgebers und Autors, wie er sie in einem damaligen Beitrag wiedergab: Olt, Reinhard, „Wider wohlige Schläfrigkeit. Laufen die Südtiroler Gefahr, durch schleichende Italianisierung die Eigenständigkeit zu verlieren?“ (F.A.Z. Nr. 185, Zeitgeschehen, 10. 8. 1996, S. 10).

7 Dasselbe gilt für den Beitrag „Wachsame Carabinieri, einige Demonstranten und wenig Volk“ (F.A.Z. vom 24. 3. 1997, S. 8).

8 Vgl. dazu den einschlägigen Bericht „Ist das jetzt die Wiedervereinigung Tirols oder die Wiederherstellung des Eisernen Vorhangs?“ (F.A.Z. Nr. 78 vom 2. 4. 1998, S. 3).

9 Vgl. Bericht in der FAZ-Sonntagszeitung „Tun zwei das gleiche, so ist es noch lange nicht dasselbe. Die EU-Sanktionen gegen Österreich und der Wahlausgang in Italien. Irritationen zwischen ÖVP und SVP“ (F.A.S. Nr. 20 vom 20. 5. 2001, S. 4).

10 Die Darlegungen lehnen sich an Berichte der F.A.S. vom 29. 9. 2002, S. 8 – Titel „Sieg oder Frieden“ – und der F.A.Z. vom 5. 11. 2004, S. 11 – Titel „Eine Farce in Marmor“ – sowie in der F.A.Z. vom 23. 4. 2011, S. 5 – Titel „Geschichte die nicht vergehen will“ – an.

11 Wahlergebnisse und Tabellen sind dem Internetauftritt der Südtiroler Landesregierung entnommen (https://www.landtag-bz.org/de/ergebnisse-der-landtagswahlen-seit-1948), eingesehen am 7. 6. 2024.

12 Vgl. dazu „Was ist des Südtirolers Vaterland? 200 Jahre Andreas Hofer: Zum Jubiläum wird bei manchen seiner Landsleute die Sehnsucht nach Österreich noch heftiger“, in: F.A.S. vom 28. 6. 2009, S. 9; sowie zur „Landesgedenkfeier in Innsbruck“ das gleichnamige Kapitel in: Reinhard Olt, Standhaft im Gegenwind. Der Südtiroler Schützenbund und sein Wirken für Tirol als Ganzes, Neumarkt a. d. Etsch (effekt!-Verlag) 2017, S. 276–292. Die einschlägigen Abbildungen sind mit freundlicher Genehmigung des Verlegers Elmar Thaler dem genannten Buch entnommen.

13 Über Cossigas Aussagen zur Identität der (Süd-)Tiroler und Österreicher ausführlicher in: Reinhard Olt, Standhaft im Gegenwind. Der Südtiroler Schützenbund und sein Wirken für Tirol als Ganzes, Neumarkt a. d. Etsch (effekt!-Verlag) 2017, S. 179. Und zum Vorstoß Cossigas in Sachen Selbstbestimmung bzw. Referendum sowie der Reaktion der SVP vgl. in besagtem Buch das Kapitel „Abfuhr für Francesco Cossiga“, S. 203 ff. sowie, noch einmal aufgegriffen, a.a.O., S. 216–217 sowie S. 249–250.

14 Pahl hatte seine Vorstellungen in einem 255-Seiten-Buch veröffentlicht: Pahl, Franz, Tiroler Einheit, jetzt! Der Plan zur Wiedervereinigung Südtirols mit Österreich, Kiel 1991.

15 Die Darstellung stützt sich auf die ausführlichen Berichte „Los von Rom? Euro- und Italien-Krise lassen in Südtirol die Selbstbestimmungs-Debatte wiederaufleben“, in: F.A.Z. vom 16. 12. 2011, S. 10; und: „Kein Weg führt sie nach Rom. In ihrem ‚Freiheitsmarsch‘ durch Bozen verlangen Tausende Tiroler Schützen die Loslösung von Italien“, in: F.A.Z. vom 16. 4. 2012, S. 5. Zu den finanziellen Einschränkungen, welche Mario Monti gegen Südtirol verordnete, siehe Teil 4, insbesondere die diesbezüglichen Ausführungen in Abschnitt „Wirtschaftliche Entwicklung seit Paket und Statut“.

16 Bericht und Analyse folgt dem Beitrag „Im Ausnahmezustand. Menetekel der Italianità

Südtirols – 250000 Alpini legten Bozen lahm", in: F.A.Z., Zeitgeschehen, 6. 6. 2012, S. 8.

17 Die Darlegung fußt auf meinem Aufsatz „Deutsche und ladinische Sprachenreste in Norditalien ohne Zukunft? Mit einer Abbildung", in: Beiträge zur Namenforschung. Neue Folge, hgg. von Rolf Bergmann, Ulrich Obst, Rudolf Schützeichel, Jürgen Untermann, (Heidelberg [Univ.-Verlag C. Winter]) Bd. 28 (1993), Heft 3/4, S. 340–350; dazu ergänzend: Filippi, Laura, Der romanische Einfluss im zimbrischen Wortschatz von Lusérn, Bozen, Freie Universität (https://www.zimbrisch.de/akademische-arbeiten.html#Filippi23), Akademisches Jahr 2022–2023.

18 Ich fasse in den Abschnitten „Autonomiefort- und -rückschritte" sowie „Einschränkungen durch den Verfassungsgerichtshof (VfGH)" zusammen, was Oskar Peterlini aus Anlaß von 50 Jahren Streitbeilegungserklärung einer ausführlichen und durchdringenden Betrachtung unterzogen hat; vgl. Peterlini, Oskar: Südtirols Autonomie im Spannungsfeld zwischen VfGH und neuen Zuständigkeiten, Fort- oder Rückschritte?; in: europa ethnica, hgg. von Michael Geistlinger, Peter Hilpold, Georg Kremnitz, 79 Jg. H. 3/4 2022, S. 202–219.

19 Zum Zustandekommen der neuen Finanzregelung für Südtirol vgl. Campidell, Germar: Die Schutzfunktion Österreichs zugunsten der deutschen und ladinischen Volksgruppe in Südtirol im Lichte aktueller Entwicklungen im Autonomierecht; unveröffentl. Dipl.-Arbeit LFU Innsbruck 2015, S. 51–56. Franz Pahl befindet: „Der Briefwechsel Renzi-Faymann wird ohne glaubhafte juristische Grundlage als eine Art völkerrechtliche Absicherung ausgegeben – ein Wunschdenken gegen besseres Wissen." (https://suedtirol-info.at/italien-im-politischen-chaos-auswirkungen-auf-suedtirol/ [neuerlich eingesehen am 4. 7. 2024]).

20 „Der Wind bläst in Richtung Zentralismus" und „Die Verfassungsreform zentralisiert Italien, entmachtet die Regionen, wandelt den Senat in eine ohnmächtige Regionalkammer um": Zu diesen Befunden gelangte seinerzeit der Ex-Kammerabgeordnete und -Senator Oskar Peterlini, sein Aufsatz „Südtirols Autonomie im neuen Zentralismus" ist enthalten in: Raffeiner, Andreas (Hrsg.), 70 Jahre Pariser Vertrag – Vorgeschichte, Vertragswerk, Zukunftsaussichten (= Studien zum Völker- und Europarecht Bd. 143) Hamburg (Dr. Kovač-Verlag) 2016, S. 195–210.

21 Die Darlegung folgt meiner Betrachtung „Erosion in Italien und Fliehkräfte in EUropa" auf http://www.eu-infothek.com/article/erosion-italien-und-fliehkraefte-europa vom 7. 4. 2014.

22 In der Sitzung des Nationalrats am 8. Juli 2015 wurde über den *„Bericht über den Antrag 820/A(E) der Abgeordneten Werner Neubauer, Kolleginnen und Kollegen betreffend Selbstbestimmungsrecht der Südtiroler"* debattiert, der am 20. November 2014 in die Nationalratssitzung eingebracht worden war. Die von Neubauer sowie „Kolleginnen und Kollegen" (alle FPÖ) an Außenminister Kurz gerichtete schriftliche Anfrage (3158/J) „betreffend Selbstbestimmungsrecht der Südtiroler", worin das Selbstbestimmungsrecht aufgrund eines wissenschaftlichen Gutachtens des Innsbrucker Völkerrechtlers Univ.-Prof. Dr. Peter Pernthaler umfassend thematisiert worden ist, beantwortete der Minister am 23. Januar (3038/AB) überaus kurz, ohne dabei auf die in der Anfrage angeführten Kritikpunkte einzugehen. Der Vorgang selbst ging auf jene Beantragung eines Entschließungsantrags „betreffend Selbstbestimmungsrecht der Südtiroler (820/A)(E)" durch Neubauer und andere (ausschließlich) FPÖ-Abgeordneten vom 20. 11. 2014 ein, welcher zunächst dem Außenpolitischen Ausschuß zugewiesen und schließlich am 8. Juli 2015 behandelt und abgelehnt wurde. Zurecht hatte Neubauer in der Sitzung den „Außen- und Europapolitischen Bericht 2013" mit Bezug auf die darin enthaltene Aussage, die *„Südtirol-Autonomie beruht völkerrechtlich auch auf dem Selbstbestimmungsrecht"* als *„Wende in der Südtirolpolitik der österreichischen Bundesregierung"* kritisiert. Dies alles ist minutiös dokumentiert in: Speckner, Hubert (Hrsg.), „Herzenssache" Südtirol … Südtirol in den Nationalratssitzungen der Zweiten Republik Österreich 1945 bis 2020, Wien (Verlag Gra&Wis)/Neumarkt (Südtirol; Effekt!-Buch), Bd. 4, 1996 bis 2020; darin insbesondere: XXV. Gesetzgebungsperiode 29. Oktober 2013 bis 8. November 2017, S. 2813–2903, worin auch alles Wesentliche zur Debatte über das Treffen Kompatscher/Renzi/Faymann auf Prösels sowie das davon beeinflußte nachmalige Finanzierungsabkommen enthalten ist.

23 Für die hierin beschriebenen Vorgänge bietet der Aufsatz „Das Selbstbestimmungsbegehr von Katalanen und (Süd-)Tirolern" vom 13. 8. 2015 die Grundlage; vgl. https://www.eu-infothek.com/das-selbstbestimmungsbegehr-von-katalanen-und-sued-tirolern/.

24 Dagegen in extensio der Innsbrucker Rechtswissenschaftler Peter Hilpold, der in puncto Südtirol offensichtlich die sogenannte „innere Selbstbestimmung" zu favorisieren scheint; vgl. Hilpold Peter, Von der Utopie zur Realität – das Selbstbestimmungsrecht der Völker im Europa der Gegenwart; in: Juristen Zeitung, 68. Jahrgang (2013), S. 1061–1116.

25 Über die Ergebnisse der im Auftrag der überparteilichen Arbeitsgemeinschaft Selbstbestimmung (AGS) italienweit durchgeführten DEMETRA-Umfrage hatte nach der AGS-Pressekonferenz die Internetplattform „Buongiornosuedtirol" berichtet; vgl. (https://www.buongiornosuedtirol.it/2014/05/umfrage-7

18-der-italiener-befurworten-selbstbestimmung-fur-sudtirol/).

26 Olt, Reinhard, Wien und die Selbstbestimmung der Tiroler südlich des Brenners; in: https://www.eu-infothek.com/wien-und-die-selbstbestimmung-der-tiroler-suedlich-des-brenners/ vom 29. 1. 2015.

27 Quelle: https://www.ots.at/presseaussendung/OTS_20100118_OTS0030/fpoe-neubauer-oevp-in-komplizenschaft-mit-rom-gegen-suedtirol (neuerlich eingesehen am 14. 7. 2024).

28 Quelle: https://www.parlament.gv.at/dokument/XXV/III/59/fnameorig_342469.html (neuerlich eingesehen am 14. 7. 2024).

29 Quelle: https://www.tageszeitung.it/2015/02/18/mehr-schaden-als-nutzen/.

30 Vgl. Olt, Reinhard, Vom Umgang mit Doppelstaatsbürgerschaften, in: https://www.eu-infothek.com/vom-umgang-mit-doppelstaatsbuergerschaften/ vom 26. 2. 2015.

31 Peterlini Oskar, Ein Pass für Nachfahren österreichischer Staatsbürger. Statt ethnischer Trennung eine historische Lösung nach dem Muster der Italiener im Ausland, in: europa ethnica, hgg. von M. Geistlinger, P. Hilpold, G. Kremnitz; Wien (Facultas-Verlag) 2019; 76 Jg. H. 1/2, S. 23–30, hier S. 27.

32 Vgl. Olt, Reinhard, In Österreichs staats(bürgerschafts)rechtlicher Souveränität, (https://www.unsertirol24.com/blog/in-oesterreichs-staatsbuergerschaftsrechtlicher-souveraenitaet/) vom 4. 9. 2019. In der FAZ vom 17. 1. 2020 lautete die Überschrift eines erkennbar mit der Absicht, darob Genugtuung zum Ausdruck zu bringen, verfaßten Artikels von Anna-Lena Ripperger: „Die Südtiroler bleiben Italiener". Ein vom Herausgeber und Autor dieses Buches am 19. 1. 2020 verfaßter und an die FAZ-Herausgeber gerichteter Leserbrief, womit beabsichtigt war, einige im FAZ-Artikel „enthaltene Angaben ein wenig geradezurücken", erschien nicht.

33 Die Betrachtung folgt im Wesentlichen meinem Artikel „Das Menetekel ‚Los von Rom'", in: Preußische Allgemeine Zeitung Nr. 20 vom 15. 5. 2020, S. 3.

34 „Die Zeitbombe ist der Zerfall Italiens" – so der Titel des Interviews mit dem emeritierten Direktor des Max-Planck-Instituts für Gesellschaftsforschung in Köln, dem Soziologen Wolfgang Streeck, in der FAZ vom 6. 5. 2020.

35 https://www.stol.it/artikel/politik/ich-fuehle-mich-als-politisches-opfer-das-grosse-durnwalder-interview (STOL vom 9. 10. 2022; neuerlich eigens eingesehen am 18. 7. 2024)

36 Der Hinweis darauf ist dem Südtirol Informations-Dienst (SID) zu danken: „ciao! bella, ciao, ciao, ciao!" – „Lebe wohl, Schöne, lebe wohl, lebe wohl" – Südtirol Informations-Dienst (https://suedtirol-info.at/ciao-bella-ciao-ciao-ciao-lebe-wohl-schoene-lebe-wohl-lebe-wohl/#more-4207).

TEIL 6: BRÜCHE IN DER SÜDTIROLPOLITIK

Aus den Fugen geratener Konsens

Wenden wir nun den Blick auf eine Betrachtung der jüngeren österreichischen Südtirolpolitik. Grundsätzlich haben die drei traditionellen Nationalratsparteien (SPÖ, ÖVP, VdU/FPÖ) in der Südtirol-Politik – zufolge der nach dem Zweiten Weltkrieg durch die am 5. September 1946 in Paris von Außenminister Karl Gruber und Ministerpräsident Alcide De Gasperi getroffenen vertraglichen Übereinkunft („Pariser Vertrag") – im Großen und Ganzen lange Zeit weitgehend an einem Strang gezogen. Infolgedessen pflegten sie, wenngleich aufgrund Stärke, Einfluß und ideologischer Ausrichtung differierend, unterschiedlich enge/intensive Beziehungen zu der seit 1945 zwischen Brenner und Salurner Klause dominanten Südtiroler Volkspartei (SVP), die ihrem Sammelpartei-Anspruch gemäß christlich-soziale, katholisch-konservativ-bäuerliche, bürgerlich-liberale und sozialistisch/sozialdemokratische Strömungen unter ihrem Dach vereinte.

Diese konsensuale Südtirol-Politik geriet vermittels der Wiedervereinigung Deutschlands, insbesondere mit der damit im Zusammenhang stehenden Abgabe der Streitbeilegungserklärung Österreichs – gemäß UN-Resolutionen 1497/XV (31. Oktober 1960) und 1661 (28. November 1961) sowie zweitem Autonomiestatut, fußend auf Maßnahmenkatalog und Operationskalender (20. Januar 1972) – gegenüber Italien (und beider Staaten gegenüber den UN) am 11. Juni 1992 aus den Fugen, was in der Zeitgeschichtsschreibung respektive politikwissenschaftlichen Bewertung/Einordnung bisher ziemlich unterbelichtet geblieben ist. Während SPÖ, ÖVP und die (seit 1986 im Nationalrat vertretenen) Grünen mit Abgabe der Erklärung die Südtirol-Frage faktisch für beantwortet erachte(te)n, leg(t)en insbesondere FPÖ-Parlamentarier immer wieder den Finger in die Wunde der weder nach dem Ersten, noch nach dem Zweiten Weltkrieg gewährten Ausübung des Selbstbestimmungsrechts und die damit korrespondierende Zukunftsperspektive für die Südtiroler. (1)

Die Parteibeziehungen

Dies zeitigt(e) auch Folgen für die Beziehungen zur SVP; umso mehr, als sich die „Sammelpartei der deutsch- und ladinischsprachigen Südtiroler" mehr und mehr vom – in ihrem Parteistatut verankerten – Selbstbestimmungsgebot zugunsten einer eher im Ungefähren und Nebulösen verbleibenden „Europäisierungslösung", Stichworte: „Europaregion Tirol"; „(kulturelle) Landeseinheit durch Wegfall der Grenzen" – verabschiedete. Die FPÖ intensivierte demzufolge ihre Beziehungen exponentiell zu den beiden maßgeblichen politischen Kräften Südtirols, die zur SVP nahezu in Fundamentalopposition standen:

- Zur Süd-Tiroler Freiheit (STF; einer Abspaltung von der seit 1989 bestehenden Union für Südtirol (UfS)), die aus dem austro-patriotischen Südtiroler Heimatbund (SHB, gegründet von BAS-Aktivisten) sowie aus aus der SVP ausgetretenen Opponenten hervorgegangen ist und vorbehaltlos für das „Los von Rom" und die Wiedervereinigung mit Tirol/Österreich eintritt;

- Und zur Freiheitlichen Partei Südtirols (FPS), einer Gründung (1992) unter der „Patenschaft" der damaligen FPÖ-Bundesparteiführung (Haider, Meischberger et alii), die sich als vorübergehend stärkste Oppositionskraft etablierte und vorbehaltlos für das „Los von Rom" sowie für eine Freistaatslösung (ggf. als Zwischenschritt auf dem Weg zurück zu Tirol/Österreich) eintritt.

Indes erkalteten die ohnehin nicht durchweg friktionsfreien Beziehungen zwischen FPÖ – insbesondere des Nordtiroler Landesverbands – und FPS merklich aufgrund deren nach der Landtagswahl im Oktober 2023 unter parteiinternen Querelen vollzogenen Eintritts in die unter Landeshauptmann Arno Kompatscher nunmehr aus (stark dezimierter) SVP, der italienisch-national(istisch)en (vielfach gehäuteten MSI-Nachnachfolge-)Partei FdI („Brüder Italiens") und eben der FPS zum Jahresbeginn 2024 gefügten Südtiroler Landesregierung. Dadurch erhielten die ohnedies engen Beziehungen der Nordtiroler FPÖ, für die Gudrun Kofler, Enkelin des legendären Freiheitskämpfers Georg („Jörg") Klotz und somit Nichte der maßgeblichen STF-Gründerin Eva Klotz, als Abgeordnete im Landtag zu Innsbruck sitzt, mit der STF einen zusätzlichen Schub.

Diesseits und jenseits des Brenners

Seit Ende des Zweiten Weltkriegs gibt es daher unter allen politischen Formationen diesseits und jenseits des Brenners faktisch lediglich zwei Bewegungen, welche sich konzeptionell respektive programmatisch vorbehaltlos und uneingeschränkt für eine Zukunft des südlichen Landesteils Tirols „ohne Italien" (respektive „außerhalb Italiens") einsetz(t)en. Was sie zugleich von den beiden etablierten und in längeren Perioden zu großen Koalitionen verbundenen (1946–1966; 1986–1999; 2007–2017) parlamentarischen Kräften Österreichs, nämlich Sozialisten/Sozialdemokraten (SPÖ) und Volkspartei (ÖVP), sowie insbesondere von der seit 1946 in der (eigentlich erst seit dem sogenannten „Zweiten Statut" 1972 formalrechtlich zutreffend als solche bezeichnungswürdigen) Autonomen Provinz Bozen-Südtirol regierenden „Sammelpartei" SVP insofern unterscheidet, als diese sich seit den späten 1950er Jahren (und insbesondere seit 1969, der SVP-Zustimmung zu „Paket" und „Operationskalender") de facto vom ursprünglich allen gemeinsamen Merkmal des Selbstbestimmungsverlangens für die nach dem Ersten wie dem Zweiten Weltkrieg von den Siegermächten Italien überantworteten Südtiroler verabschiedeten.

Was die FPS sowohl von der FPÖ als auch von deren Tiroler Landesverband/Landesorganisation unterscheidet, ist der Umstand, daß ihre Gründung eine quasi zwingende Folge der – in Österreich von ÖVP, SPÖ, Liberalem Forum (LiF; einer FPÖ-Abspaltung) und Grün(-Alternativ)en wohlgefällig gutgeheißenen, in Südtirol von der zwischen 1946 und 2013 mit absoluter Mehrheit (meist der Stimmen; seit 2008 nur der Landtagssitze; seit 2013 in Koalitionen) regierenden „Sammelpartei" SVP als alleinseligmachend propagierten und gegenüber Rom meist nachgiebig-kompromisslerisch verfochtenen – „Paketabschluß"-Politik war. Die Gründung der FPS wurde nach der formellen SVP-Zustimmung – als Voraussetzung für die Abgabe der auf UN-Resolutionen beruhenden völkerrechtlich bindenden „Streitbeilegungserklärung" durch Wien (Frühjahr 1992) – im Dezember 1992 vollzogen. Die FPÖ hatte im Nationalrat die Südtirol-Politik zuvor weitgehend mitgetragen, traf sich fortan aber (volkstums)politisch mit den Proponenten der Neugründung FPS. Deren „Gründungsväter" waren vordem in der SVP „beheimatet" gewesen und verließen diese, weil sie Paketabschluß und Streitbeilegung sowohl für verfrüht und rechtlich auf tönernen Füßen stehend als auch sozusagen als faktischen Selbstbestimmungsverzicht erachteten und daher grundsätzlich ablehnten.

Weil die FPÖ auch während der („Bomben"-)Jahre des Südtiroler Freiheitskampfes (Mitte/Ende der 1950er bis zu Paketabschluß 1969 bzw. zweitem Autonomiestatut 1972) weitestgehend an der konsensualen Südtirol-Politik der Nationalratsparteien festgehalten hatte, war ihr in der von (dem damals an der Innsbrucker Universität als Assistent tätigen Dr. Norbert Burger gegründeten) NDP eine ernstzunehmende Konkurrenz erwachsen. NDP-Proponenten, zu denen wegen und über Burger nicht wenige Burschenschafter stießen, lehnten die damals als südtirolpolitisch „anpasserisch" erachtete Haltung der FPÖ (und naturgemäß auch der ÖVP und der SPÖ) als „leisetreterisch und viel zu lasch" ab. Sie führten – nach Inhaftierung der meisten Aktivisten des „Befreiungsausschusses Südtirol" (BAS) – bisweilen Anschläge auf italienische Einrichtungen fort.

Im Lichte insbesondere der Auswertung sicherheitspolizeilicher Akten des Österreichischen Staatsarchivs sowie der zeitzeugenschaftlichen Befragung damals beteiligter Burschenschafter ergab sich ein von bisherigen zeitgeschichtlichen Darstellungen wie etwa dem einschlägigen Abschnitt „Burschenschaftliche Südtirol-Politik" in der Publikation von Bernhard Weidinger, Im nationalen Abwehrkampf der Grenzlanddeutschen. Akademische Burschenschaften und Politik in Österreich nach 1945, Wien-Köln-Weimar (Böhlau) 2015, S. 416–441, abweichendes Bild. So muss für die in der Südtirol-Problematik, insbesondere in den 1960er („Bomben"-)Jahren, außerordentlich engagierten Innsbrucker „Brixia" nicht der damit in der zeitgeschichtlichen und politologischen Forschung in Zusammenhang gebrachte Norbert Burger, sondern vielmehr der in der „Brixia" aktive Jesuitenpater (und als solcher spätere Hochschullehrer) Herwig Büchele als Spiritus rector dieses besonderen Aktivismus namhaft gemacht werden. Und: Wider eher „links" zu verortende Historiker und Politologen, für die jene quasi als Lehrmeinung verbreitete Opinio communis gilt, daß es die (rechtsextremen bis rechtsradikalen) Burschenschaften gewesen seien, ist festzuhalten, daß es einzelne Mitglieder von Brixia, Olympia und anderen (vereinzelt auch bundesdeutschen) Korporationen waren, die sich schon vor, vor allem aber nach der auf die „Feuernacht" 1961 folgenden „zweiten Phase des Südtirol-Terrorismus" (gemäß Rolf Steiningers Terminus) als besonders engagierte Südtirol-Aktivisten beteiligten. Das ging bis hin zur Teilnahme an gegen italienische Einrichtungen gerichtete Anschläge, wofür einige in italienischen Haftanstalten – ebenso wie zahlreiche zufolge der „Feuernacht" verhaftete Südtiroler BAS-Aktivisten – gefoltert wurden. Nicht nur nebenbei bemerkt: Dieses „Zwei-Phasen-Modell" ist vor allem bei strikt archivalienbezogener Forschung, respektive unter Einbeziehung der „oral-history"-Methode, – beides auch Grundlage für die vorliegenden Erörterungen – nicht aufrecht zu erhalten.

Exkurs: Burger, die NDP und Südtirol

Notwendig zu erwähnen ist die während der konsensualen Phase der Nationalratsparteien relativ moderate (und nicht zuletzt konsensuale) Haltung der „Liberalen" in der Südtirol-Frage. So standen sie in den 1960er Jahren ÖVP und SPÖ nahe, als sie wie diese prinzipiell das Gruber-De Gasperi-Abkommen als Fundament betrachteten und mehr oder weniger leidenschaftlich für eine prinzipielle Verhandlungslösung plädierten. Doch für viele insbesondere vom Verbindungsstudententum geprägte Angehörige des deutschnationalen FPÖ-Flügels erschien dies inakzeptabel: Sie verließen die FPÖ in Richtung der formell 1967 gegründeten Nationaldemokratischen Partei (NDP) des Innsbrucker Universitätsassistenten Dr. Norbert Burger, dem sie über den von ihm mitbegründeten und als Obmann geleiteten Ring Freiheitlicher Studenten (RFS), einer FPÖ-Vorfeldorganisation im studentischen Milieu, ohnedies verbunden waren. Burger, der sich später sogar vom Ring Freiheitlicher Studenten (RFS) distanzierte, war – unter anderem wegen der in seinen Kreisen als „zu gemäßigt", wie er es nannte, erachteten Haltung der Partei – 1963 aus der FPÖ ausgetreten, deren Südtirol-Referent er zuvor gewesen war.

Mit der Südtirol-Frage hatte sich Burger schon während seines Studiums intensiv auseinandergesetzt, sodaß das Thema seiner (von dem Volkswirtschaftler Ferdinand Ulmer sowie dem Völkerrechtler und Rechtsphilosophen Eduard Reut-Nicolussi betreuten) Innsbrucker Dissertation von 1956 folgerichtigerweise „Die italienische Unterwanderung Deutschsüdtirols" lautete. (Weitere Südtirol-Buchpublikationen aus Burgers Feder waren „Südtirol, ein deutsches Schicksal", Wien 1959 (= Eckartschriften 3); „Die Selbstverwaltung der Ålands-Inseln: eine Studie über die Lösung einer Minderheitenfrage durch eine wirkliche Autonomie – mit Vergleichen zur Südtirolfrage", Walla (Mondsee-Verlag) 1965 (= Schriftenreihe des

Mondseer Arbeitskreises 4) und „Südtirol wohin? Ein politisches Problem unserer Zeit – und seine Lösung", Freising (Druffel-Verlag) 1966.) Nach erfolgreicher Promotion war er in die FPÖ eingetreten und wirkte eine Zeitlang in deren Tiroler Landesverband mit.

Burger war schon recht früh an Südtirol-Aktivitäten beteiligt und sowohl im als auch außerhalb des BAS an Anschlägen – meist indirekt – beteiligt. Er rekrutierte aktive Mitstreiter vorwiegend aus burschenschaftlichen Kreisen, vornehmlich der Universität Innsbruck, wo er anfangs als Assistent am Institut für Volkswirtschaftslehre tätig war, die meisten aus der Burschenschaft (B!) Brixia, aber auch aus der B! Alania bzw. der B! Bruna Sudetia. In der sogenannten „Feuernacht", der Nacht vom 11. auf den 12. Juni 1961, gelang dem BAS der „große Schlag", die Sprengung von gut 40 Strommasten rund um Bozen, mithin im Zentrum der (schon während des Faschismus, aber auch nach 1945) konzentriert errichteten italienischen Energie- und Industrieanlagen. Burger wurde noch im Juni 1961 in Klagenfurt gefaßt, konnte sich jedoch nach Augsburg und später nach München absetzen, von wo aus er weitere Aktionen in Südtirol und ganz Norditalien plante und mitunter selbst leitete.

1963 wurde Norbert Burger in Deutschland festgenommen und „als unerwünschter Ausländer" an Österreich ausgeliefert. Im Grazer Südtirol-Prozess 1965 sah sich das Schöffengericht nicht befugt, über Burger und 21 Mitangeklagte zu befinden. Der Prozess wurde sodann nach Linz abgegeben, wo das nunmehr aufgrund infrage stehenden politisch relevanten Sachverhalts zuständige Geschworenengericht alle Angeklagten freisprach, da die Mehrheit der Geschworenen laut Aussage von Anwälten „den Strafausschließungsgrund eines Notstands in Südtirol annahm und den Angeklagten zubilligte, kein Verbrechen nach dem Sprengstoffgesetz begangen zu haben". In Italien hingegen wurde Burger in Abwesenheit zu insgesamt lebenslänglicher und zudem zu weiteren 28 Jahren Haft verurteilt, was, sofern er in die Hände der italienischen Justiz oder Sicherheitsorgane geraten wäre, Inhaftierung bis zum Ende seiner Tage bedeutet hätte.

Diese exkursiven Ausführungen mögen vorerst genügen, um deutlich werden zu lassen, daß die FPÖ während der gesamten 1960er Jahre – mithin der eigentlichen „Bombenjahre" – wegen ihrer politischen Zurückhaltung von den von ihr Enttäuschten und sich hinter Burger Scharenden, aber auch von den nicht nur in, sondern auch außerhalb der NDP für die Südtirol-Sache aktiv Eintretenden, als inaktiv, schwach und „untreu" galt. (An anderer Stelle soll im Zusammenhang mit der Frage der Beteiligung von Burschenschaftern an Südtirol-Aktivitäten und -Anschlägen, soweit sie ihren nachweislichen Niederschlag in sicherheitspolizeilichen österreichischen Akten gefunden haben, noch einmal auf das Verhältnis Burger/Burschenschafter/NDP/FPÖ eingegangen werden (so im Punkt „Burschenschaften und Südtirol-Konflikt", maßgeblich entstanden aus Hubert Speckners Studien).

Der durch die NDP, als der neuen und wahren „Deutsch-Südtirol"- und Deutschtums"-Partei, herbeigeführte FPÖ-„Aderlaß" ging so weit, daß Burger, maßgeblich unterstützt durch das Komitee „Waffenstudenten für Norbert Burger" in der Bundespräsidentschaftswahl 1980 sogar gegen den FPÖ-Kandidaten Willfried Gredler kandidierte. (Burger unterlag mit 3,2 Stimmenprozenten Gredler, auf den 16,9, und Rudolf Kirchschläger, auf den 79,9 Prozent der gültigen Stimmen von 4.779.054 Wahlberechtigten entfallen waren.)

Erst der „Putsch der Burschenschafter", wie es Norbert Steger, einer der Proponenten des „liberalen" FPÖ-Flügels, empfand, auf dem Innsbrucker Bundesparteitag 1986 mit Wahl und Inthronisierung Jörg Haiders (Wiener aB!/aJ! Silvania) zum neuen Obmann (Vorsitzenden) und die damit verbundene Rückorientierung der FPÖ-Führung zur deutsch- (später eher austro-)nationalen Programmatik – sowie die aussichtslose Unterstützung des Otto Scrinzi durch die NDP in der Bundespräsidentenwahl 1986 – „versöhnte" viele ehedem Abgewanderte und ließ sie großteils in die Mutterpartei zurückkehren. Zwei Jahre später wurde die NDP behördlich aufgelöst, nachdem ihr zuvor der österreichische Verfassungsgerichtshof gemäß Verbotsgesetz die Rechtspersönlichkeit als politische Partei aberkannt hatte, da ihr „Grundsatz- und Forderungsprogramm" auf einem „biologisch-rassistischen Volksbegriff" basiere und zudem durch „großdeutsche Propaganda (...) in Kernpunkten mit Zielen der NSDAP" übereinstimme.

Die FPÖ hatte sich hinsichtlich der Südtirol-Frage mit den anderen Nationalratsparteien auf eine „Verhandlungslösung" festgelegt. Doch viele ihrer Mitglieder und Funktionäre blickten, wie auch nicht wenige Führungspersönlichkeiten – so wie übrigens auch in der SPÖ, wie bezeugtermaßen Kreisky selbst, und in der ÖVP, beispielsweise in Gestalt des Tiroler Landeshauptmanns Eduard Wallnöfer – mit unverhohlener Sympathie auf die Aktivitäten des (von Nord- und Südtirolern initiierten) Befreiungsausschusses Südtirol (BAS) und dessen auf die Aufmerksamkeit der Weltöffentlichkeit gerichtete punktuelle Anschläge auf italienische Einrichtungen im Lande.

Die Haider-FPÖ zu(r) Südtirol(politik)

Haider führte die Partei bis 1999 in lichte Höhen von 27 Prozent Wählerstimmenanteil und – zur Überraschung mancher Funktionäre – Anfang 2000 in die Koalition mit der ÖVP des Wolfgang Schüssel. Das Aufbegehren der „Knittelfelder" und der damit einhergehende Koalitionsbruch sowie die Spaltung 2005 – Haider gründete im April das „Bündnis Zukunft Österreich" (BZÖ), was die in der Nationalratswahl vom 24. November 2002 ohnehin auf nurmehr 10,1 Stimmenprozente abgesackten Freiheitlichen an den Rand der Existenzkrise brachte – schüttelten die Partei kräftig durch. Im FPÖ-„Stammland" Kärnten wurde die Landespartei nahezu komplett Teil des BZÖ; die nicht minder bedeutende FPÖ in Oberösterreich beschloss anfangs ihre Eigenständigkeit als „FPOÖ", kehrte aber nach Wiedereingliederungsverhandlungen 2006 in die Bundes-FPÖ zurück. Dieselbe Entwicklung war für die Vorarlberger FPÖ zu verzeichnen, während in Salzburg, Niederösterreich und im Burgenland die jeweilige Landesparteiführung im Schoße der Bundes-FPÖ verblieb. Die FPÖ-Landtagsklubs in Wien sowie in der Steiermark konnten sich trotz spürbarer Spaltung allmählich wieder konsolidieren. Unter der Obmannschaft von Heinz-Christian Strache (seit 2005) gelangten die Freiheitlichen sodann nach und nach wieder in „ruhigere Fahrwasser" und konnten als schlagkräftig-vernehmliche Oppositionspartei bis zur Nationalratswahl 2017 „zu alter Stärke" aufsteigen, was sie in eine neuerliche Koalition mit der ÖVP unter deren juvenilem Obmann Sebastian Kurz führte.

Die jeweilige „Kurs(neu)bestimmung" der Bundes-FPÖ machte auch vor deren Tiroler Landespartei(organisation) nicht halt und zeitigte naturgemäß Auswirkungen auf das Verhältnis zu Südtirol und den dortigen Freiheitlichen. Die beiden Landtagsabgeordneten Erich Rappold und Willi Tilg traten zum BZÖ über, gründeten sodann jedoch einen von FPÖ und BZÖ gleichermaßen unabhängigen „Landtagsklub der Freien Abgeordneten" sowie die „Freie Partei Tirols" (FPT) und behielten ihr Landtagsmandat bis zur Landtagswahl 2008 bei, zu der die FPT indes nicht mehr antrat. Tilg hatte zur Wahl 2008 seine Anhänger sogar dazu aufgefordert, „den vertrauenswürdigsten Politiker Tirols zu wählen, das ist der Landeshauptmann Herwig van Staa" (ÖVP). Rappold hatte formell seinen Austritt aus der FPÖ erklärt, fand aber später wieder zu ihr zurück; Tilg, der die Landes-FPÖ von Ende 2001 bis September 2004 sogar als Obmann geführt hatte, war hingegen ausgeschlossen worden, konzentrierte sich auf seine Tätigkeit als Oberst des Bundesheeres und Präsident der Tiroler Offiziersgesellschaft.

Von der damaligen FPÖ-Bundesvorsitzenden (und Vizekanzlerin) Riess-Passer war auch Tilgs Vorgänger als Landesparteiobmann, Christian Eberharter, ausgeschlossen worden. Zu Friktionen in dem an innerparteilichen Turbulenzen nicht armen Tiroler FPÖ-Landesverband war es zuvor schon unter den Obleuten Hermann Eigentler (1985–1988) sowie Franz Linser (1999–2003) gekommen, woran wiederum die Vorgänge an der Spitze der Bundes-FPÖ (Wechsel von Steger zu Haider; die von diesem präferierte Art, Politik, auch Parteipolitik, zu machen; Spaltung und Konsolidierung als erfolgreiche Oppositionspartei, die alle bis dato in Österreich üblichen Gepflogenheiten in den Schatten stellte) ebenso eine Rolle spielten wie landesparteiinterne Machtkämpfe, Eitelkeiten, bisweilen auch charakterliche Schwächen und personelle Unzulänglichkeiten. Im Vergleich dazu sind andere Phasen in der Entwicklung der FPÖ Tirol als eher „friedlich", will sagen relativ friktionsfrei zu bezeichnen. Hierzu zählt zweifellos die Obmannschaft des Gerulf Stix (1973–1985), hierzu zählt zweifellos auch das kontinuierliche und immer wieder stabilisierend wirkende politische Engagement Siegfried Dillersbergers in Ämtern und Funktionen auf kommunaler, Landes- und Bundesebene sowie insbesondere im Hinblick auf die Haltung von Tiroler wie Bundes-FPÖ in puncto Südtirol (-Politik; s. u.).

Eine „neue" FPS in Südtirol

Die österreichische Südtirol-Politik, insbesondere das von der Wiedervereinigung Deutschlands massiv beeinflusste zäsurale Ereignis von Paket-Abschluß und Streitbeilegung(serklärung), darf mit Fug und Recht als „Initialzündung" für die formelle Gründung der „neuen" FPS – die „alte" war namentlich mit dem bereits genannten Landtagsabgeordneten Gerold Meraner verbunden – am 7. Dezember 1992 erachtet werden. Das Gros jener Personen, die im „Reichrieglerhof" oberhalb Bozens im Beisein des damaligen FPÖ-Bundesparteiobmanns Jörg Haider, des Bundesgeschäftsführers Gernot Rumpold sowie des Generalsekretärs Walter Meischberger (eines Tirolers) den Gründungsakt unterzeichneten, war von der SVP – insbesondere von deren (nicht selten ÖVP-Wünschen folgenden) „kompromisslerischen" bis „liebedienerischen" Haltung gegenüber Rom geprägten Politik – maßlos enttäuscht und formierte sich demzufolge in einer ihnen und ihren Ansichten gemäßen neuen Gesinnungsgemeinschaft. Was lag also näher, als diese neue oppositionelle Kraft im südlichen Tirol – just über die Verbindung zur weltanschaulich nahestehenden FPÖ, zu deren maßgeblichen Leuten (nicht nur in Tirol) man Verbindung hatte oder herstellte und hielt – politisch-ideologisch dort zu verorten, wo möglichst weitgehende Übereinstimmung bezüglich Interessen(lage) und Gleichklang der Anschauungen in den kommunikativ auf Verbreiterung der Wählerschaft zielenden Aktivitäten zu finden waren und (abgesehen von gewissen Irritationen, die es auch gab/gibt) bis heute sind.

Die SVP, aus deren Reihen die meisten „Abtrünnigen" kamen, hatte die sich andeutende Entwicklung hin zur freiheitlichen Parteigründung dadurch zu unterlaufen versucht, daß sich ihre Führung – Parteiobmann Siegfried Brugger, Landeshauptmann Luis Durnwalder, Parteisekretär Hartmann Gallmetzer und Bezirksobleute-Chef Franz Griesmeier – nach Nordtirol begab, um Haider und Meischberger dazu zu bewegen, dem Vorhaben die Unterstützung zu versagen. Wenngleich sie spätestens seit der Nationalratsdebatte in Wien über Paket-Ende und Streitbeilegung wissen konnten, daß es damit vorbei war, da die FPÖ aus noch darzulegenden Gründen ihre Zustimmung verweigerte (s. u.), beschworen die SVP-Granden anläßlich der Zusammenkunft in Meischbergers Haus in Kematen bei Innsbruck die „traditionelle Einheit der österreichischen Parteien in der Südtirol-Politik" – vergeblich. (2)

Die Haltung der FPÖ zu Paketabschluß und Streitbeilegung

Es gibt Anhaltspunkte dafür, daß der maßgeblich von der Vereinigung der beiden deutschen Teilstaaten beeinflusste Paketabschluß 1992 von (vornehmlich Tiroler) FPÖ-Politikern – just auch im Blick auf die gemäß UN-Resolutionen gebotene Streitbeilegung(serklärung) – am gründlichsten auf mögliche negative Folgen für die Tiroler des südlichen Landesteils sowie für das hehre Fernziel der Landeseinheit durchleuchtet und demzufolge sachorientiert-kritisch kommentiert worden ist. Wenngleich naturgemäß auch FPÖ-Bundesparteiobmann Haider sich bisweilen wortgewaltig zur Sache äußerte, sind in diesem Zusammenhang in erster Linie zu nennen: Walter Meischberger (1988–1991 Landesgeneralsekretär der FPÖ, 1991–1995 Landesparteiobmannstellvertreter; in der Bundespartei von 1989–1990 Bundesgeschäftsführer, von 1990–1995 Generalsekretär), auch in seinen Ämtern als Tiroler Mitglied des Österreichischen Bundesrats (1989–1990) und des Nationalrats (1990–1999), sowie Siegfried Dillersberger (Bürgermeister von Kufstein 1974–1987; Tiroler Landtagsabgeordneter von 1979–1986 sowie von 1994–1997; 1988/89 Parteiobmann der FPÖ Tirol; 1986–1990 sowie 1993–1994 Mitglied des FPÖ Bundesparteivorstands), auch in seinen Ämtern als Nationalratsabgeordneter (1986–1990) sowie Bundesratsmitglied (1993/1994) und zeitweiliger

(Dritter) Nationalratspräsident (1990). Der Jurist Dillersberger hatte sich in der bezüglich Paketabschluß entscheidenden Zeit am prägnantesten mit der seinerzeit maßgeblich von den „ewigkoalitionären" Regierungsparteien SPÖ und ÖVP bestimmten österreichischen Südtirol-Politik auseinandergesetzt. Dies tat er weitgehend in Übereinstimmung mit einem ÖVP-Abweichler, nämlich dem nicht minder warnend argumentierenden Staats- und Verfassungsrechtler sowie Minderheiten-Experten Felix Ermacora, der einst von 1967–1971 der Verhandlungsdelegation für Südtirol angehört hatte und von 1971 bis 1990 für die ÖVP im Nationalrat saß.

Aus der Fülle von Einlassungen Dillersbergers zur Südtirol-Politik seien im folgenden schlaglichtartig die markantesten herausgehoben. So verlangte er als seinerzeitiger FPÖ-Spitzenkandidat für die Tiroler Landtagswahl beispielsweise im Sommer 1984 namens der Tiroler Landespartei von FPÖ-Bundesparteiobmann Norbert Steger und der „gesamten Führungsspitze der Partei" bezüglich einer Aussage des amtierenden Verteidigungsministers der SPÖ-FPÖ-Regierung Friedhelm Frischenschlager (FPÖ), eine „unverzügliche Klarstellung". Die Forderung nach Selbstbestimmung sei „kein ‚Herumwerkeln an Staatsgrenzen'", wie dies Frischenschlager in einer Fernsehdiskussion mit jungen Südtirolern geäußert hatte. „Für die gesamte FPÖ ist das Selbstbestimmungsrecht der Tiroler im Süden unseres Landes ein unverzichtbarer Anspruch." Sollte die Forderung nach Selbstbestimmung von den Südtirolern „tatsächlich nach den Grundsätzen des Rechtsstaates und des Völkerrechtes erhoben werden, so ist Österreich verpflichtet, als Schutzmacht der Tiroler im Süden unseres Landes, diese Forderung entsprechend zu unterstützen". Frischenschlagers Äußerung sei „auf alle Fälle mißverständlich" gewesen, weshalb eine Klarstellung notwendig sei.

Ebenso markant Dillersbergers Kritik vom 21. August 1987 an Außenminister Alois Mock (ÖVP) im Zusammenhang mit der Festnahme Südtiroler Selbstbestimmungsaktivisten in Bozen, die im November 1986 anläßlich der Eröffnung der Folgekonferenz für Sicherheit und Zusammenarbeit in Europa (KSZE) in Wien demonstriert hatten. (3) Die Festnahme von 14 der insgesamt 16 Teilnehmer durch die italienische Polizei fußte auf dem aus der Zeit des Faschismus stammenden Paragraphen 269 („staatsfeindliche Tätigkeit im Ausland") des italienischen Strafgesetzbuchs (des „Codice Rocco"). In Österreich protestierten vornehmlich FPÖ-Politiker, so die Nationalratsabgeordneten Horst Schender und Helmut Haigermoser sowie der damalige Tiroler Landtagsabgeordnete Siegfried Dillersberger, scharf gegen das Vorgehen der italienischen Justiz und kritisierten vor allem das doch eher als wachsweich zu charakterisierende Verhalten der SPÖ-ÖVP-Bundesregierung, namentlich des Außenministers, aber auch die wenig couragierte Haltung der SVP-Führung in Bozen. Mock hatte über die Botschaft in Rom dem italienischen Außenministerium eine Erklärung zukommen lassen, worin es lediglich hieß, Österreich bedauere „die Zwangsmaßnahmen gegen Personen, die von den ihnen in der KSZE-Schlußakte und internationalen Menschenrechtsinstrumenten garantierten Rechten Gebrauch gemacht" hätten; die Bundesregierung bringe daher „mit allem Nachdruck ihr Befremden zum Ausdruck".

Dillersberger ließ dazu über den FPÖ-Pressedienst verlauten: „Es ist unverständlich, warum Außenminister Mock bis dato keine wie immer gearteten Initiativen auf internationaler Ebene gesetzt hat und es so der italienischen Regierung ermöglichte, gegen die Repräsentanten der deutschen Volksgruppen in Südtirol derartig massiv vorzugehen. Der Außenminister wie die ganze Bundesregierung machen sich somit mitschuldig am Terror Italiens gegen die deutsche Minderheit." Es müsse Mock doch bekannt sein, daß der faschistische Justizminister Alfredo Rocco 1930 erklärt habe, das nun wieder angewendete Gesetz drücke „nichts anderes als die generelle Rechtsphilosophie des Faschismus" aus. Der FPÖ-Südtirol-Sprecher forderte Mock auf, „alle internationalen Möglichkeiten vom Europarat bis zu den Vereinten Nationen auszuschöpfen, um diese klassisch faschistischen Unterdrückungsparagraphen, die nun völlig unpassend und jeglicher demokratischer Tradition höhnend auf die Südtiroler Demonstranten in Wien angewendet wurden, zu Fall zu bringen". Dies würde einen echten Beitrag zur Schutzfunktion Österreichs für die deutsche Volksgruppe in Südtirol darstellen. Es sei überdies völlig unverständlich, wie sich „ein scheinbar demokratisch legitimierter Staat" auf diese

Bestimmungen berufen könne, die in der Zeit Mussolinis zur Niederhaltung der Gegner des Faschismus dienten. Der italienische Staat habe sowohl die KSZE-Schlußakte, als auch die Europäische Menschenrechtskonvention (EMRK) unterzeichnet, wogegen seine gesetzlichen Bestimmungen in krassem Gegensatz stünden.

IGH-Vertrag und Südtirol-Vorbehalt

Am 9. Juni 1988 ratifizierte der österreichische Nationalrat den von der SPÖ-ÖVP-Regierung unterzeichneten Vertrag über den Internationalen Gerichtshof (IGH-Vertrag). Damit wurde rückwirkend der 1946 geschlossene „Pariser Vertrag" – das sogenannte Gruber-De Gasperi-Abkommen – zwar vor dem IGH einklagbar gemacht, nicht jedoch das Autonomiepaket von 1969/1972 selbst. In der Debatte des Nationalrats hatte Dillersberger vergeblich davor gewarnt, den Vertrag zu ratifizieren, bevor nicht auf dem Verhandlungswege mit Rom eine eindeutige Einklagbarkeit des Pakets vor dem IGH sichergestellt sei. Italien stehe bekanntlich auf dem Rechtsstandpunkt, daß das Paket zum Großteil aus freiwilligen Mehrleistungen Italiens bestehe, die weit über die Erfüllung des Pariser Vertrages hinausgingen und somit nicht einklagbar seien. Auch hierin bestand weitgehende Übereinstimmung mit der Haltung des ÖVP-Abweichlers Ermacora.

In einer bisweilen emotionalen Rede legte Dillersberger dar, warum die FPÖ den Vertrag ablehne, ja zwingend ablehnen müsse. Die zentrale Begründung sei hier ausdrücklich wiedergegeben: *„(...) Wenn wir nun im grundsätzlichen übereinstimmen, nämlich dass erstens der IGH-Vertrag an sich und für sich genommen eine Stärkung der Schutzmachtstellung Österreichs bedeutet und zweitens Paket und Operationskalender aus dem Jahre 1969 internationale Vereinbarungen sind, die von uns selbstverständlich – und mit ‚uns' meine ich die Republik Österreich – vor dem IGH eingeklagt werden können, in der weiteren Vorgangsweise aber einen anderen Weg als die Regierungsparteien vorschlagen, dann tun wir das unter dem Gesichtspunkt, dass wir Österreich und den Südtirolerinnen und Südtirolern einen Zuständigkeitsstreit vor dem Internationalen Gerichtshof durch eine entsprechende, vorher vorliegende italienische Erklärung ersparen wollen. Wir dürfen unter gar keinen Umständen zulassen, dass auch nur einzelne Bestimmungen des Pakets fallengelassen werden, und es ist unsere gemeinsame Aufgabe, die historischen Positionen auch und gerade anlässlich dieser Debatte hier im Parlament klarzustellen. Genauso wie ich hoffe, dass das Zusammenrücken in einem gemeinsamen Europa letztlich zu einer endgültigen Lösung der Südtirol-Frage führt (...). Der von der Regierung vorgeschlagenen Genehmigung der Ergänzung des IGH-Vertrages, wie er heute zur Diskussion steht, können wir in der derzeitigen Situation unsere Zustimmung nicht geben."* (4) Diesen Bedenken trugen weder ÖVP noch SPÖ Rechnung.

Die österreichische Europapolitik und Südtirol

„Die Freiheitliche Partei vertritt eine Europapolitik, die realistisches Augenmaß für die nächsten möglichen Schritte mit dem Mut zu Visionen verbindet", stellte Dillersberger am 29. Juni 1989 als Südtirol-Sprecher seiner Partei im Zuge der EG-Debatte im Nationalrat fest. Das realistische Augenmaß liege in der Aufnahme von Verhandlungen mit der Europäischen Gemeinschaft über eine Mitgliedschaft, an deren Ende die Volksabstimmung über diesen entscheidenden Schritt stehen müsse. Der Mut zur Vision liege in der Schaffung einer europäischen Konföderation, in der jedes Volk auf der Grundlage der Selbstbestimmung seine Eigenart bewahren können müsse. Man dürfe *„in dieser Frage jedoch nicht am Problem Südtirol vorbeigehen, das den beiden Koalitionsparteien in ihrem Parteienübereinkommen keine Erwähnung wert gewesen"* sei. Man wisse, *„dass Italien die Lösung des Südtirol-Problems in seinem Sinne zwar nicht offiziell, aber doch ganz sicher informell zur Voraussetzung seines Wohlwollens hinsichtlich des österreichischen Beitrittsansuchens gemacht"* habe.

„Ich bin der Meinung", so Dillersberger, *„dass das österreichische Parlament hiezu klar und eindeutig feststellen sollte, dass Südtirol für Österreich niemals ein Faustpfand im eu-*

ropäischen Integrationsprozess sein kann." Das Zusammenrücken Europas sei jedoch auch eine große Chance, und *„es gelte das, was die FPÖ sich für die deutsche und ladinische Minderheit in Italien vorstellt, als Grundsatz einer unbedingt notwendigen europäischen Minderheitenpolitik. Für den Schutz ethnischer Minderheiten und zur Lösung von Minderheitenfragen muss im Zuge der europäischen Integration ein europäisches Volksgruppenrecht auf der Grundlage des Selbstbestimmungsrechts und des Heimatrechtes geschaffen werden.*" Bis zu dessen Verwirklichung sei es die *„historische Aufgabe Österreichs, den Bestand der deutschen und ladinischen Volksgruppe in Südtirol mit allen verfügbaren friedlichen Mitteln zu sichern*". Das Selbstbestimmungsrecht der Südtiroler sei *„unverzichtbar und von Österreich als Schutzmacht zu vertreten, wenn eine legitime Mehrheit der deutschen und ladinischen Südtiroler dies fordert*". Dies klarzumachen, sei nicht nur eine moralische, sondern auch eine historische Verpflichtung, schloß Dillersberger seinen Debattenbeitrag.

Auf dem 20. ordentlichen Tiroler FPÖ-Landesparteitag sagte der dann scheidende Obmann Dillersberger am 19. November 1989 in Jenbach – er hatte auf Wunsch Haiders die Landespartei nach heftigen Streitigkeiten auf einem außerordentlichen „Wahlparteitag" am 4. Dezember 1988 von Vorgänger Hermann Eigentler übernommen und übergab sie schon im Jahr darauf an Hannes Lugger, der ohnedies bereits als geschäftsführender Landesobmann fungierte –, die Südtiroler sollten sich *„angesichts der Entwicklungen in Osteuropa ernsthaft fragen, ob sie, in welcher Form auch immer, die derzeit europaweit laufende Diskussion nicht dazu nutzen sollten, das Selbstbestimmungsrecht zu fordern. Nie seit Saint Germain ist die politische Gelegenheit so günstig gewesen wie jetzt. Unsere Landsleute südlich des Brenners sollten bei ihren Überlegungen auch berücksichtigen, ob ein Schweigen in dieser Situation, da sich ganz Europa neu orientiert, nicht als eine Zustimmung zur derzeitigen Staatszugehörigkeit der in Südtirol lebenden Minderheiten deutscher und ladinischer Volksgruppenzugehörigkeit gewertet werden könnte*", gab Dillersberger zu bedenken.

Walter Ebenberger, Tiroler FPÖ-Landtagsabgeordneter und Südtirol-Sprecher, nannte am 9. November 1990, dem Jahrestag des Mauerfalls in Berlin und fünf Wochen nach dem Beitritt der DDR zur BRD, mithin der Wiedervereinigung Deutschlands (3. Oktober 1990), die *„Wiederherstellung der Landeseinheit mit friedlichen, demokratischen Mitteln*" ein *„unverrückbares Ziel*" seiner Partei. Ebenberger rückte damit, wie er in einer Parteiaussendung schrieb, *„mißverständlich wiedergegebene Äußerungen Haiders*" zurecht. Die grundsätzliche Position der FPÖ in der Südtirol-Politik sei von des Bundesparteiobmanns Aussage im Zusammenhang mit der Diskussion über die Paketlösung nicht infrage gestellt gewesen. Haider habe lediglich darauf hinweisen wollen, daß *„die Paketlösung im Hinblick auf die europaweiten, aber auch inneritalienischen Regionalisierungsbestrebungen keineswegs eine günstige sei*", zumal da es in Südtirol selbst *„offensichtlich aufgrund der Unzufriedenheit mit dem bisher Erreichten Ideen einer Weiterentwicklung der Autonomie*" gebe. Dies sei nach Ansicht Haiders und der FPÖ *„etwa in Form eines Freistaates möglich*". (5)

Nur wenig später vernahm Walter Meischberger, Tiroler FPÖ-Nationalratsabgeordneter, Generalsekretär und Südtirol-Sprecher seiner Partei, *„den immer lauter werdenden Ruf nach Selbstbestimmung und nach dem Vaterland Österreich in Südtirol*". Meischberger bezog sich auf die legendäre Protestkundgebung des Südtiroler Schützenbundes gegen die Renovierung des faschistischen Siegesdenkmals in Bozen am Pfingstmontag 1991, bei der er als *„einziger parlamentarischer Vertreter der Schutzmacht Österreich*" anwesend und *„bei der die rund 5000 Teilnehmer wüsten Beschimpfungen und Provokationen der Neofaschisten ausgesetzt*" gewesen seien. Seine Partei wolle *„alles unternehmen, um einen Verkauf Südtirols für die EG-Interessen Österreichs*" zu verhindern; Südtirol dürfe *„nicht Kaufpreis für die Unterstützung Italiens bei den österreichischen EG-Bemühungen sein*", sagte Meischberger auf einer Pressekonferenz am 23. Mai 1991 in Innsbruck. Angesichts der Veränderungen in Europa müsse man die Frage stellen, *„warum nicht offen und laut über die Unrechtsgrenze am Brenner diskutiert*" werde; jeder, der von einer *„Region Tirol in Europa*" rede, müsse sich diese Frage stellen.

Wenig später präsentierte Meischberger dann auch in Wien „Grundlinien zur freiheitlichen Südtirol-Politik im Lichte der neuen Entwicklung in Europa“. Diese Grundlinien sind umso bemerkenswerter, als damit noch einmal markant die Zäsur des Ausscherens der FPÖ aus der – ohnedies schon 1969, als sich die FPÖ gegen die von der SVP auf ihrem legendären Parteitag in Meran gutgeheißenen „Paket-Lösung“ aussprach – nirgendwo schriftlich festgehaltenen, sondern allenfalls punktuell praktizierten „Konsensgemeinschaft“ der Nationalratsparteien unterstrichen ist. Vom Baltikum (6) über die Wiedervereinigung Deutschlands bis Slowenien und Kroatien (7) setze sich das Selbstbestimmungsrecht durch, begründete Meischberger diese Einlassungen der Tiroler FPÖ zur am 10. November 1991 verabschiedeten Südtirol-Resolution seiner Partei, in der es hieß, die Südtirol-Frage sei bereits zu *„einer Tiroler Frage“* geworden, zumal *„Südtirol nicht den österreichischen EG-Interessen geopfert werden“* dürfe. Meischberger unterbreitete anläßlich des Parteitags auch den – von Bundesparteiobmann Haider befürworteten – Vorschlag, „in Südtirol freiheitliche Kräfte in verschiedensten Organisationen und Gremien zu sammeln und organisatorisch zu unterstützen sowie aus diesem Kreis sodann einen Delegierten in die Spitzengremien der FPÖ zu entsenden, der in allen Südtirol betreffenden Fragen mit Sitz und Stimme die Anliegen des Landes vertreten könnte“. Dieser von den Delegierten gebilligte Vorschlag nahm sozusagen die Aufnahme des nachmaligen FPS-Obmanns Pius Leitner in den FPÖ-Bundesvorstand vorweg. Die Tiroler FPÖ beschloß auf ihrem Parteitag am 24. März 1996 die Aufnahme Leitners in ihren Landesvorstand, in dem er Antrags- und Stimmrecht erhielt. Dillersberger, damals wieder FPÖ-Landtagsabgeordneter, nannte dies einen *„ersten Schritt zur Schaffung einer freiheitlichen Partei nördlich und südlich des Brenners“*. Leitner kündigte im Gegenzug an, auch der Tiroler FPÖ-Obmann solle in den Vorstand der FPS aufgenommen werden.

FPÖ lehnt Streitbeilegungserklärung ab und beharrt auf dem Selbstbestimmungsrecht

Die FPÖ unterstützte auch die Resolution des „Berg-Isel-Bundes“ vom 28. März 1992, wonach *„die österreichische Bundesregierung und der Nationalrat keinem Südtirol-Paketabschluss ohne Volksabstimmung in Südtirol und ohne einklagbare vertragliche Absicherung der Rechte der Südtiroler zustimmen“* dürften. Ein Paketabschluß könne „nur ein Zwischenschritt in der Südtirolfrage sein, Hauptziel ist und bleibt die Selbstbestimmung der Südtiroler“. Eindeutig lehnte die Tiroler FPÖ den am 30. Mai 1992 von der SVP auf ihrem Sonderparteitag in Meran mit großer Mehrheit gebilligten Paketabschluß, Voraussetzung für die Abgabe der Streitbeilegungserklärung Österreichs, ab. FPÖ-Landesobmann Johannes Lugger begründete dies damit, daß *„die Forderung der Bundes- und Landes-FPÖ nach einer umfassenden internationalen Klagbarkeit in keiner Weise erfüllt“* sei, *„sodass eine Streitbeilegungserklärung derzeit nicht in Frage kommen“* könne. Es sei *„unverständlich, dass die SVP die Ausrichtungs- und Koordinierungsbefugnis (AKB) Roms akzeptiert“* habe, die zu einer *„Aushöhlung der Autonomie“* führen müsse.

Entgegen allen Warnungen und Einwänden, auch aus den eigenen Reihen, wie beispielsweise durch den Verfassungsrechtler Felix Ermacora, der damals nicht mehr Mitglied des Nationalrats war, aber seine Stimme von außen erhob und mitunter sogar als Referent auf Veranstaltungen der Oppositionsparteien in Wien, Innsbruck und Bozen auftrat, stimmten SPÖ, ÖVP und Grüne einer der Abgabe der Streitbeilegungserklärung (8) durch Außenminister Mock – sie erfolgte am 11. Juni 1992 – vorausgehenden Nationalratsentschließung zu. Die maßgeblich von Dillersberger initiierten, nachfolgend wiedergegebenen FPÖ-Anträge hatten besagte Parteien abgelehnt, woraufhin die FPÖ die Zustimmung zur Streitbeilegungserklärung verweigerte. Die Anträge lauteten:

1.) Die Bundesregierung wird aufgefordert, die Verhandlungen mit Italien mit dem Ziel fortzusetzen, zumindest die Verschlechterung, die die Autonomiesituation Südtirols seit 1969 – durch Aushöhlungen der Paketbestimmungen einerseits und durch Einführung der AKB (Ausrichtungs- und Koordinierungsbefugnis) als Eingriffsinstrument des italienischen Zentralstaates andererseits – erfahren hat, rückgängig zu machen.

2.) Der Nationalrat vertritt die Auffassung, dass die bevorstehende Beilegung der Streitigkeit über die Auslegung des Pariser Vertrages sich – über den rechtlichen Bereich hinaus – auf alle Aspekte beziehen sollte, die mit dieser Streitigkeit in einem politischen Zusammenhang gestanden sind. Die unterfertigten Abgeordneten stellen nachstehenden Entschließungsantrag: Die Bundesregierung wird daher ersucht, der italienischen Regierung in geeigneter Weise mitzuteilen, dass Österreich im Sinne der von Außenminister Aldo Moro am 30. November 1969 in Kopenhagen gegebenen Zusage davon ausgeht, dass strafrechtliche und zivilrechtliche Verfolgungshandlungen Italiens gegen Südtirol-Aktivisten spätestens drei Monate nach Abgabe der Streitbeendigungserklärung (Ziffer 15 des Operationskalenders) eingestellt werden. Bis zu diesem Zeitpunkt sollen auch die Verwaltungspraxis mit den „schwarzen Listen" sowie anhängige Strafverfahren nachweislich eingestellt oder aboliert werden; Fahndungsmaßnahmen sowie der Versuch auf die weitere Eintreibung von Prozesskosten sollen unterlassen werden.

3.) Die Bundesregierung wird aufgefordert, eine mit Italien akkordierte Verwahrungsnote in Form einer interpretativen Erklärung an die Vereinten Nationen zu richten, in welcher festgehalten wird, dass die von Italien ausgeübte Ausrichtungs- und Koordinierungsbefugnis zur Liste der vorgesehenen Paketmaßnahmen vom 3. 12. 1969 gehört hat und ihre Aufnahme in das Dekret vom 16. 3. 1992, Nr. 262, daher auch nicht als Durchführung des ‚Pachetto' angesehen werden und daher diese Maßnahme auch nicht zur Verwirklichung der ‚angekündigten' Maßnahmen im Sinne der Streitbeilegungserklärung gerechnet werden kann und sie von ihr deshalb auch nicht miterfasst wird."

Und wenngleich der Tiroler Landtag am 1. Juni 1992 der Erklärung der Landesregierung (9) – *„Die Tiroler Landesregierung betont, dass durch den Abschluss des bei den Vereinten Nationen anhängigen Streites über die Durchführung des Pariser Vertrages das im Jahre 1919 mit der Grenzziehung mitten durch Tirol gesetzte Unrecht nicht beseitigt ist, und dass das völkerrechtlich verankerte Recht auf Selbstbestimmung in vollem Umfang aufrecht bleibt"* – zugestimmt hatte, scheiterten am 12. Juni 1992 auch im Bundesrat Einlassungen der FPÖ-Mitglieder, in denen vor den möglichen Folgen einer ohne Rechtssicherheitsgewähr abgegebenen Streitbeilegungserklärung gewarnt wurde, an den gegebenen Mehrheitsverhältnissen.

Als FPÖ-Bundesratsmitglied forderte Dillersberger dann am 4. August 1993 die Bundesregierung auf, in den laufenden Integrationsverhandlungen mit der EG *„die Interessen Österreichs mit mehr Nachdruck zu verfolgen"* und nannte in diesem Zusammenhang insbesondere die Südtirol-Frage. *„Ohne zufriedenstellende Verankerung und internationale Absicherung des Autonomiepakets sowie der Schutzmachtfunktion Österreichs"* werde es *„sicher keine Zustimmung seiner Partei für ein ‚Ja' bei der Volksabstimmung über den EG-Beitritt"* geben. Die römischen Höchstgerichte hätten „eine Entwicklung eingeleitet, durch die die Autonomie schrittweise aufgehoben" werde. Dillersberger sprach von einem *„perfiden Spiel"* und verlangte außerdem eine *„grundsätzliche Aussage zur Europaregion Tirol"*, die im österreichischen Beitrittsvertrag enthalten sein müsse.

In Tirol Vorbehaltserklärung zu Landeseinheit und Selbstbestimmung

Just im Blick auf die Volksabstimmung anläßlich des vorgesehenen EU-Beitritts Österreichs gelang es der FPÖ aber immerhin im darauffolgenden Jahr, eine einstimmig verabschiedete Vorbehaltserklärung über Landeseinheit und Selbstbestimmungsrecht für Südtiroler im Tiroler Landtag herbeizuführen. Zwar sei dieser Vorbehalt Tirols, wie Dillersberger später bemerkte, *„bedauerlicherweise nicht in den österreichischen EU-Beitrittsvertrag aufgenommen"* worden, aber *„dennoch rechtswirksam"*. Die am 24. November 1994 beschlossene Erklärung lautete: *„In der Präambel zur Tiroler Landesordnung 1989 bekennt sich der Tiroler Land-*

tag zur geistigen und kulturellen Einheit des ganzen Landes. Der Tiroler Landtag stellt dazu fest, dass sich demnach die geistige und kulturelle Einheit auf Nord-, Ost- und Südtirol bezieht. Der Tiroler Landtag bekennt sich unter ausdrücklicher Bezugnahme auf die Entschließung des Nationalrates vom 5. 6. 1992 (StenProtNr. XVIII, GP.S7856, 542 BlgNr. XVIII GP) zur Wahrung und Entfaltung des fundamentalen und unveräußerlichen Menschenrechts der Selbstbestimmung wie dies im jeweiligen Art. 1 Abs. 1 der Menschenrechtspakte sowie der KSZE-Schlussakte von Helsinki zum Ausdruck kommt. Der Tiroler Landtag geht davon aus, dass die völkerrechtliche Schutzfunktion Österreichs in Bezug auf Südtirol in ihrem gesamten Umfang durch den EU-Beitritt Österreichs nicht berührt wird.“ (10)

Kontinuität trotz partieller Irritation

An den südtirolpolitischen Positionen der FPÖ im Bund wie im Lande Tirol hatte sich über Jahre und Jahrzehnte hin im Grundsatz wenig verändert. Aus Anlaß eines insbesondere auch die Beziehungen zu den Südtiroler Freiheitlichen ernstlich gefährdenden Konflikts sah sich FPÖ-Bundesobmann Heinz-Christian Strache seinerzeit jedoch auch im Blick auf Kritik des BZÖ und vor allem der Südtiroler Freiheitlichen am 18. Januar 2007 veranlaßt, auf das geltende Parteiprogramm zu verweisen, in dem es damals hieß: *„Österreich bleibt Schutzmacht der deutschen und ladinischen Südtiroler. Dem Land Südtirol ist die Möglichkeit des Beitrittes zur Republik Österreich in freier Ausübung des Selbstbestimmungsrechtes der Südtiroler offen zu halten.“* Und bis zur Ausübung/Verwirklichung des Selbstbestimmungsrechts sei es *„die historische Aufgabe Österreichs, den Bestand der deutschen und ladinischen Volksgruppen in Südtirol sowie den international abgesicherten rechtlichen Status mit allen verfügbaren friedlichen Mitteln zu sichern“.*

Besagter Konflikt hatte sich aus dem Bemühen des damaligen FPÖ-Abgeordneten im Europäischen Parlament, Andreas Mölzer, ergeben, während der Legislaturperiode 2004–2009 eine aus Abgeordneten politisch rechts bis weit rechts angesiedelter Parteien bestehende Parlamentsfraktion namens „Identität – Tradition – Souveränität“ (ITS) zu schmieden. Der „Casus belli“ entstand, weil dieser Formation auch die beiden italienischen EU-Parlamentarier Alessandra Mussolini vom rechtsextremen Parteienbündnis „Azione Sociale“ (AS; „Soziale Aktion“) und Luca Romagnoli von der neofaschistischen MSI-Nachfolgepartei „Fiamma Tricolore“ (FT; „Dreifarbige Flamme“) angehören sollten, welche in der Südtirol-Frage nicht nur die (nicht allein) für alle italienischen Neo-Faschisten und Nationalisten traditionelle, grundsätzlich ablehnende Haltung zu Selbstbestimmung, Selbstverwaltung und Autonomie (-Paket) einnehmen, sondern, mehr noch, das Südtirol-Problem überhaupt (seit der Annexion 1918 und dem Vertrag von Saint Germain 1919) für nicht (mehr) existent erachten.

Die FPS legte damals ihre Verbindungen zur Bundes-FPÖ *„so lange auf Eis, bis dieses Zusammengehen mit italienischen Neofaschisten beendet“* sei. FPS-Obmann Pius Leitner und Generalsekretärin Ulli Mair zogen sich aus ihren Funktionen/Positionen in FPÖ-Bundesgremien zurück. In einem Interview mit dem Südtiroler Wochenmganzin „ff“ begründete Frau Mair im Mai 2008 – da gab es die Mölzer'sche ITS-Initiative schon nicht mehr – den Schritt: *„Nachdem die FPÖ in Brüssel eine Fraktion gebildet hatte, in der auch Alessandra Mussolini vertreten war, bin ich ausgetreten. Man kann nicht glaubwürdig Südtirol-Politik machen, wenn man mit Neofaschisten zusammenarbeitet. (...) Im vergangenen Jahr bin ich aus dem Bundesparteivorstand ausgetreten. Zuvor habe ich einige Male Kritik an der Führung geübt, was nicht so gut ankam. Die Retourkutsche kam prompt seitens Andreas Mölzers, der das berüchtigte Foto von Alessandra Mussolini und mir der Athesia zuspielte. Das Thema FPÖ ist für mich seitdem endgültig erledigt.“* (11) Ungeachtet dessen behielt Pius Leitner, dem Ulli Mair im FPS-Vorsitz (2012–2014) folgte, seine Mitgliedschaft im Vorstand der Tiroler FPÖ bei.

Dieser Konflikt irritierte seinerzeit patriotisch Gesinnte in beiden Teilen Tirols. So ließ, um an dieser Stelle exemplarisch darauf einzugehen, der Tirol-Informations-Dienst (TID) schon bei Bekanntwerden einer Selbstbestimmungsinitiative Mölzers verlauten, dieser schade mit einem *„sinnlosen Antrag im Europaparlament dem Südtiroler Selbstbestimmungsgedanken"* und wolle mit diesem *„Alleingang (...) von seiner Fraktionsgemeinschaft mit italienischen Neofaschisten ablenken"*. Dem TID-Verdikt war eine österreichische Pressemeldung vorausgegangen, welche die Südtiroler Tageszeitung „Dolomiten" übernommen hatte, wonach Mölzer *„im Europaparlament einen Antrag zur Durchführung einer Volksabstimmung zur Verwirklichung des Selbstbestimmungsrechts für Südtirol einbringen"* werde. Die Sache habe keinerlei Aussicht auf Erfolg, schrieb dazu der Südtirol Informations-Dienst (SID), und werde sich als schädliche *„Minderheitenfeststellung in der Selbstbestimmungsfrage"* erweisen. Mit Häme und Schadenfreude würden dies die Medien in Italien kommentieren und darauf hinweisen, daß sogar alle anderen österreichischen EU-Abgeordneten sich dem Antrag verweigert hätten. Dadurch sei *„eine Demoralisierung jener begeisterten jungen Kräfte in Südtirol zu befürchten, die den Gedanken der Rückkehr zum angestammten Vaterland in idealistischer Weise mit zahlreichen Aktionen, in Diskussionsabenden und in lokalen Publikationen in Südtirol verbreiten. Es handelt sich vor allem um die rund 4.000 Südtiroler Schützen (Durchschnittsalter der Kompanien 39 Jahre) und um die Jugendgruppen des Alpenvereins Südtirol, der ‚Freiheitlichen', der ‚Süd-Tiroler Freiheit – Freies Bündnis für Tirol' und der ‚Union für Südtirol'. Geschwächt werden aber auch die Selbstbestimmungsbefürworter in der ‚Südtiroler Volkspartei (SVP)', die angesichts der Machtposition des opportunistischen bis italophilen Wirtschaftsflügels in ihrer Partei ohnedies einen schweren Stand haben"*. Der freiheitliche EU-Abgeordnete habe, so SID weiter, *„die eigentlich Betroffenen – die Südtiroler – einfach übergangen. Er hat sein Vorhaben weder mit den Südtiroler ‚Freiheitlichen' (was eigentlich selbstverständlich gewesen wäre), noch mit der ‚Süd-Tiroler Freiheit – Freies Bündnis für Tirol', der ‚Union für Südtirol', dem ‚Südtiroler Heimatbund' oder der vor kurzem gegründeten Südtiroler ‚Arbeitsgruppe für Selbstbestimmung', welcher namhafte Fachleute aus Südtirol und Österreich angehören, akkordiert"*. Angesichts erwartbarer negativer Auswirkungen der geplanten Antragstellung bleibe *„als einziger Nutznießer nur der Abgeordnete Mölzer selbst übrig"*, heißt es in der SID-Meldung weiter. Mölzer sei *„wegen seiner EU-Fraktionsgemeinschaft mit den italienischen neofaschistischen Abgeordneten wachsender Kritik in den eigenen politischen Reihen ausgesetzt"*. Die Südtiroler Freiheitlichen hätten sich öffentlich von Mölzers Partnerschaft mit den Neofaschisten distanziert und sich auch unter Protest aus der Bundesparteileitung der FPÖ zurückgezogen; weshalb *„der EU-Abgeordnete Mölzer nun mit seiner Selbstdarstellung als patriotischer Vorkämpfer für die Selbstbestimmung Südtirols kontert"*, befand SID abschließend.

Festzuhalten bleibt indes, daß Mölzer einen solchen Antrag nie einbrachte. Überdies zerschlug sich sein Projekt, da sich die am 15. Januar 2007 auf der Grundlage der „Wiener Erklärung der europäischen patriotischen und nationalen Parteien und Bewegungen" von 2005 zustande gekommene ITS-Fraktion bereits im November selbigen Jahres wieder auflöste, weil die fünf Abgeordneten der Partidul România Mare (PRM; „Partei Großrumänien") wegen abfälliger Äußerungen Alessandra Mussolinis über Rumänen wieder austraten. Gegenüber der Zeitung „Die Presse" (Bericht vom 16. 7. 2010) nannte er als Gründe für das Scheitern der ITS-Bemühungen unter anderem: *„Da sind nicht nur alte nationale Antagonismen, die uns trennen. Wir können als FPÖ wegen der Beneš-Dekrete nicht mit der tschechischen ODS zusammenarbeiten. Das ist auch emotional gegenüber unseren Wählern unmöglich. Das steht man nicht durch."* Sodann habe sich die Zusammenarbeit mit den italienischen Neofaschisten zerschlagen: *„Wir hatten Riesenprobleme mit unseren Wählern wegen Südtirol."*

Auf Vorhaltungen des damaligen stellvertretenden BZÖ-Klubchefs im Nationalrat, Herbert Scheibner (ehedem FPÖ), entgegnete FPÖ-Obmann Strache zudem, seine Partei befinde sich nicht in einem Erklärungsnotstand: *„Neben dem Umstand, dass die Südtirolfrage innerhalb der EU-Fraktion in keinster Weise behandelt wird, werden wir wegen zweier Fraktionsmitglieder, welche eine Wählerschaft von 0,517 bzw. 0,558 Prozent in Italien repräsentieren, unsere langjährigen und zentralen Forderungen in der Südtirolsache nicht über Bord werfen. Wir werden in Zukunft natürlich genau beobachten und selbstverständlich auch reagieren,* *wenn faschistische Kräfte die Institutionen Südtirols – insbesondere unter anderem die Schützen – bei öffentlichen Auftritten ungestraft beleidigen oder bedrohen sollten.“*

Bleibt abschließend festzuhalten, daß es im geltenden, am 18. Juni 2011 vom FPÖ-Bundesparteitag in Graz verabschiedeten Parteiprogramm unter Punkt *„9) Weltoffenheit und Eigenständigkeit“* – dies ist der abschließende Programmpunkt – auf Südtirol bezogen lapidar heißt: *„Österreich ist Anwalt der deutschen und ladinischen Südtiroler und vertritt die Interessen für alle Altösterreicher deutscher Muttersprache aus dem Bereich der ehemaligen k.u.k. Monarchie. Wir streben die Einheit Tirols an und bekennen uns zum Selbstbestimmungsrecht Südtirols und zur Unterstützung der Heimatvertriebenen-Verbände.“* Im Vergleich mit früheren Südtirol-Programmaussagen ist man geneigt, diesen Punkt im aktuellen FPÖ-Parteiprogramm als Reduktions- oder Schwundstufe zu bezeichnen.

Enge Kooperation

Die FPÖ gehört in Österreich zu den etablierten Parteien; mittlerweile war sie, wenn auch nur kurz, zum dritten Mal an einer Koalitionsregierung beteiligt. Die FPS darf nach mehr als einem Vierteljahrhundert ihrer Existenz auch als etabliert bezeichnet werden, wenngleich ihr in Südtirol der Wunsch nach Regierungsbeteiligung von der dominanten SVP aus Gründen, die vorwiegend in deren ideologischem Selbstbild, ihrer Verabsolutierung der Autonomie(politik) und aufgrund sich anbietender bequemerer Koalitionspartner zu suchen sind, bis 2024, da sie gebraucht wurde, abgeschlagen worden war. Die FPS hat stets Wert auf die Feststellung gelegt, eine eigenständige politische Kraft zu sein. Das hielt sie – abgesehen von der „Causa Mölzer-ITS“ von engster Zusammenarbeit mit der politisch-weltanschaulich nächstverwandten FPÖ nicht ab. Im Gegenteil: Schon unter dem Tiroler FPÖ-Landesobmann Gerulf Stix gab es in den 1970er Jahren rege Kontakte zur „Schwesterpartei“ PDU (später FPS) und zu Gerold Meraner, deren Abgeordneten im Südtiroler Landtag. Dasselbe gilt insbesondere für die (seit 1992) „neue“ FPS, zu der vom Tag ihrer Gründung an die Tiroler FPÖ-Politiker Walter Meischberger, Siegfried Dillersberger, Franz Linser, Edith Haller, Hans Kutscherer, Gerald Hauser, um nur einige zu nennen, sowie Spitzenfunktionäre aus anderen Bundesländern, wie beispielsweise der Linzer FPÖ-Nationalratsabgeordnete Werner Neubauer, sowie die FPÖ-Bundesparteispitze engste Kontakte hielten und halten.

Vice versa: Andreas Leiter Reber, FPS-Obmann von 2017–2023, gehörte mit Sitz und Stimme dem Bundesparteivorstand der FPÖ an, so wie es jenseits besagter Irritationen (s. o.) stets Brauch war. Und es galt nicht zuletzt für die Parteiführungen beidseits des Brenners: *„Wir Tiroler Freiheitliche stehen uneingeschränkt zu unseren südlichen Landsleuten“* (Tirols FPÖ-Obmann Markus Abwerzger); *„Es ist die FPÖ Tirol, die stets das Südtiroler Streben nach Ausbau der Autonomie bis hin zur Selbstbestimmung uneingeschränkt und konsequent unterstützt hat.“* (Leiter Reber)

KSZE-Demonstration und Arrestierung der Teilnehmer 1987

Einen Schub an Entfremdung zwischen (der gerade aus der Regierungskoalition mit der SPÖ entfernten) FPÖ und der neuerlichen Großen Koalition SPÖ/ÖVP brachten die Geschehnisse rund um die Demonstration des überparteilichen „Südtiroler Komitees KSZE Wien“ aus Anlass der KSZE-Folgekonferenz in der österreichischen Hauptstadt im Oktober 1986. Das Komitee hatte auf dem Wiener Heldenplatz – dahinter in der Hofburg tagte die KSZE-Folgekonferenz – eine Kundgebung abgehalten, dabei auf die deutliche Formulierung des Selbstbestimmungsrechts der Völker in der Schlußakte von Helsinki (Unterzeichnung am 1. August 1975) hingewiesen und damit die Forderung verbunden, daß dieses Recht auch auf Südtirol Anwendung finden müsse. In Bozen stellte daraufhin das SVP-Präsidium in einer Erklärung vom 4. November 1986 fest, wiewohl sich einige ihrer Funktionäre daran beteiligt hätten, sei die Aktion nicht von der Partei mitgetragen gewesen; es bedaure *„diese eigenmächtige Vorgangsweise einiger Parteiexponenten“*, die *„ohne Absprache und Zustimmung der Partei* *gehandelt und somit ihre Parteifunktionen missbräuchlich verwendet"* hätten, und sei darob *„befremdet"*. Die von den Demonstranten erhobene Forderung nach Selbstbestimmung kritisierte die SVP indes nicht.

Monate später waren 14 von 16 Mitgliedern besagten Komitees in Südtirol von der italienischen Polizei verhaftet worden. Stephan Gutweniger, einer der beiden Mitinitiatoren, die wegen eines Auslandaufenthalts – er studierte an der Tiroler Landesuniversität Innsbruck Bauingenieurwesen – nicht verhaftet werden konnten, appellierte von dort aus an die Führung der SVP, sie möge sich hinter die Verhafteten stellen und sich mit ihnen solidarisieren. *„Wenn die SVP für sich in Anspruch nimmt, die politische Vertretung aller Südtiroler zu sein, muss jeder Südtiroler, der für seine Heimat eintritt, für die SVP nun wichtiger sein als Absprachen mit italienischen Parteien"*, sagte er. Gutweniger, damals BMjr. des SSB und (seinerzeit noch immer) SVP-Mitglied, kritisierte unter anderem, daß sich seine Partei *„von den Wiener KSZE-Demonstranten, die mehrheitlich aus der SVP und vom Schützenbund gekommen"* seien, distanziert habe. Diese Haltung habe die italienische Justiz erst ermuntert, gegen die Demonstrationsteilnehmer nach fast einem Jahr auf diese Art und Weise vorzugehen. Ähnlich argumentierten Dr. Christian Waldner und Pius Leitner, der spätere FPS-Obmann. Waldner rief alle demokratischen Parteien auf, sich dafür einzusetzen, daß der umstrittene, weil aus der Zeit des Faschismus stammende Paragraph 269 des italienischen Strafgesetzbuchs („staatsfeindliche Tätigkeit im Ausland") abgeschafft werde. Auf dessen Grundlage hatte Staatsanwalt Cuno Tarfusser nämlich bei Untersuchungsrichter Eduardo Mori die Haftbefehle erwirkt, wozu Justizminister Virginio Rognoni die – vorher einzuholende – Zustimmung erteilt hatte. Die Landtagsabgeordnete Dr. Eva Klotz teilte von ihrem französischen Urlaubsdomizil auf Korsika aus via Tageszeitung „Dolomiten" den italienischen Strafverfolgungsbehörden mit, wann sie quasi „zur Verhaftung" zur Verfügung stehe. Sie wurde dann tatsächlich bei der Einreise festgenommen und wie einige andere Inhaftierte Tage später „in Hausarrest" entlassen.

In Österreich protestierten vornehmlich FPÖ-Politiker scharf gegen das Vorgehen der italienischen Justiz und kritisierten vor allem das doch eher als wachsweich zu charakterisierende Verhalten der SPÖ-ÖVP-Bundesregierung, namentlich ihres Außenministers Alois Mock, aber auch die wenig couragierte Haltung der SVP-Führung. Mock (ÖVP) hatte über die Botschaft in Rom dem italienischen Außenministerium eine Erklärung zukommen lassen, worin es lediglich hieß, Österreich *„bedauert die Zwangsmaßnahmen gegen Personen, die von den ihnen in der KSZE-Schlußakte und internationalen Menschenrechtsinstrumenten garantierten Rechten Gebrauch"* gemacht hätten. Die Bundesregierung bringe daher *„mit allem Nachdruck ihr Befremden zum Ausdruck"*. Dagegen war es für die FPÖ *„geradezu grotesk, dass die italienischen Stellen unter Berufung auf ein Gesetz aus der faschistischen Ära das in der freien Welt selbstverständliche Demonstrationsrecht missachteten und die Südtiroler in neofaschistischer Manier unter Druck setzen"*. Während die Krimtataren für ihr Recht auf Heimat demonstrieren könnten, reagiere Italien mit Verhaftung auf das, was Gorbatschow in der Sowjetunion toleriere, ließen die Nationalratsabgeordneten Horst Schender und Helmut Haigermoser sowie der Tiroler Landtagsabgeordnete Siegfried Dillersberger verlauten. Für die ÖVP äußerte ihr außenpolitischer Sprecher Dr. Ludwig Steiner immerhin, die Verhaftung der 14 Südtiroler verstoße gegen Buchstaben und Geist der Schlußakte von Helsinki und müsse mit aller Schärfe zurückgewiesen werden. Und der ÖVP-Abgeordnete Univ.-Prof. Dr. Felix Ermacora stufte die Haftbefehle gegen insgesamt 17 Südtiroler als *„Verstoß gegen die europäische Rechtsstaatlichkeit"* ein. Der Staats- und Völkerrechtler, Gutachter des UN-Menschenrechtsausschusses, vertrat den Standpunkt, daß die Bestimmung des § 269 des italienischen Strafgesetzbuchs, soweit sie auf die Meinungsäußerung angewendet wird, *„eindeutig der Europäischen Menschenrechtskonvention (EMRK) widerspricht, deren Mitglied Italien ist"*. Gemäß Artikel 10 EMRK könne *„eine freie Meinungsäußerung, die noch dazu auf Richtigkeit der Tatsachen beruht, niemals dem Ansehen eines europäischen Staates noch seinen nationalen Interessen widersprechen, vor allem, wenn faschistisches Unrecht angeprangert wird"*.

Für die SPÖ äußerte Zentralsekretär Fritz Marsch in der „Sozialistischen Korrespondenz" (SK; Parteipressedienst), man erwarte von der neuen italienischen Regierung, daß die Verhafteten *„unverzüglich freigelassen werden"* bzw. der über sie verhängte Hausarrest aufgehoben werde. Immerhin setzten der SPÖ-Abgeordnete Dr. Peter Jankowitsch, Vorsitzender des Außenpolitischen Ausschusses des Nationalrates, sowie die vier Tiroler SPÖ-Abgeordneten Walter Guggenberger, Dr. Lothar Müller, Robert Strobel und Helmut Weinberger, dadurch ein Zeichen, daß sie eine Solidaritätserklärung zugunsten des Südtiroler KSZE-Komitees abgaben.

In Südtirol jubelten die Neofaschisten über die Verhaftungen. MSI-Kammerabgeordneter Andrea Mitolo, der in seiner ersten Parlamentsrede die *„staatsfeindlichen Aktionen im In- und Ausland"* angeprangert hatte, bekundete gegenüber der Nachrichtenagentur ANSA seine Befriedigung über das Vorgehen der Justiz. Es sei das erste Mal, daß ein Delikt geahndet werde, für dessen Verfolgung es der Genehmigung des Justizministers bedürfe. Mitolo lobte die Vorgangsweise Rognonis, Martins und Moris. Die Aktion der Justiz sei „die würdige Antwort auf die anti-italienischen Aussagen" des SVP-Abgeordneten Hans Benedikter in der Kammer. Benedikter hatte ausgeführt, für einen Rechtsstaat, als den Italien sich bezeichne, sei es beschämend, auf ein Unrechtsgesetz zurückgreifen zu müssen, um Staatsbürger mundtot zu machen, weil diese *„nicht eine einheitliche ‚Staatsmeinung'"* verträten.

Dagegen zeigte sich Pius Leitner, damals noch Mitglied des Parteiausschusses, des zweithöchsten Gremiums der SVP, *„tief enttäuscht"* darüber, daß sie sich *„erst lange nach den Stellungnahmen österreichischer Politiker aus allen Lagern mit den unter Hausarrest Gestellten solidarisch erklärt"* habe. Aus dieser Enttäuschung erwuchs für Leitner wohl auch der Entschluß, sich schließlich gänzlich von der SVP abzuwenden. Ähnliches gilt für Stephan Gutweniger. Und wohl auch für Dr. Waldner, Exponent der SVP-Parteijugendorganisation „Junge Generation" (JG), der *„mit Bedauern"* feststellte, daß *„die Grün-Alternativen unter Alexander Langer es verstanden haben, den größten politischen Profit aus dieser Affäre zu ziehen"*. Eine ähnliche Demonstration wie jene in Innsbruck – wo Langer und 20 seiner Anhänger gegen das Vorgehen der italienischen Justiz gegenüber Südtirolern, die den „inter-ethnischen" Grün-Alternativen politisch-ideologisch ferner stehen als alle anderen Partei(ung)en (Ausnahme MSI), in einer unangemeldeten Aktion unter dem „Goldenen Dachl" protestierten und damit *„bewusst eine ‚staatsfeindliche Aktion' im Ausland"* begingen –, wäre für die JG-Führung angebracht gewesen, bekundete er. Schließlich vertiefte sich damit auch der Graben zwischen dem austro-patriotischen Südtiroler Heimatbund (SHB) und der SVP. SHB-Wahlverbandsobmann Hans Mair warf der SVP-Führung vor, *„mit Chloroformpolitik das Südtiroler Volk einschläfern"* zu wollen. Die SVP-Spitze möge außerdem *„das Geschwafel von geistig-kultureller Einheit zwischen den beiden Tiroler Landesteilen aufgeben, wenn sie nicht auch für die politische Einheit Tirols"* sei. Schließlich: Die SVP sage zwar immer, *„dass das Selbstbestimmungsrecht unverzichtbar"* sei, gehe aber auf Distanz, wenn Südtiroler, wie in Wien geschehen, dafür einträten.

Die 17 Südtiroler wurden übrigens letztlich am 21. Juni 1988 von Untersuchungsrichter Edoardo Mori freigesprochen. Im April schon hatte der Oberste Gerichtshof in Rom (Kassationsgerichtshof) die Haftbefehle aufgehoben. (12)

Paket-Abschluß und Streitbeilegung

In der österreichischen Südtirol-Politik war das Jahr 1992 erfüllt vom Geschehen rund um die formelle Beendigung dessen, was in der politisch-historischen Literatur unter „Paket-Abschluß" und „Streitbeilegung" bekannt ist. Im südlichen Teil Tirols selbst waren die Ereignisse vornehmlich von der außerordentlichen SVP-Landesversammlung in Meran bestimmt, welcher – wie jener des Jahres 1969 an ebendemselben Ort – in aufbereitenden politisch-publizistischen Darstellungen alsbald das Epitheton ornans (schmückendes Beiwerk) „historisch" zugeordnet ward. Noch bevor es am 30. Mai 1992 dazu kam, entbrannte die grundsätzliche Auseinandersetzung nicht nur darüber, welche Voraussetzungen von Seiten Roms erfüllt zu sein hätten, damit die SVP der von Wien abzugebenden „Streitbeilegungserklärung" zustimmen konnte, sondern ob es überhaupt (schon) geboten sei, die Beendigung des Streits zu erklären.

In der Hauptresolution, die den SVP-Delegierten zur Abstimmung vorgelegt wurde, verlangte die Partei sowohl für die Schlußerklärung als auch für den Notifizierungsakt der Streitbeilegung Österreichs die Feststellung, daß *„die Paketmaßnahmen Akte in Durchführung des Pariser Vertrags"* (von 1946) seien. Erst nach deren Erfüllung könne der seit den 1960er Jahren vor den UN anhängige Konflikt zwischen Österreich und Italien für beendet erklärt werden. Nach Ansicht des amtierenden Parteiobmanns, Senator Univ.-Prof. Dr. Roland Riz, reichte diese Feststellung für die internationale Absicherung des Autonomiestatus, verbunden damit auch dessen Einklagbarkeit vor dem Internationalen Gerichtshof (IGH) in Den Haag, aus, sollte es zu Verletzungen seiner Bestimmungen durch Rom kommen. Bis unmittelbar vor der SVP-Landesversammlung war unklar, ob Italien eine derartige Modifizierung der Streitbeilegungserklärung durch Österreich akzeptieren würde. Zwei weitere Resolutionen hatten die Wiederherstellung der bürgerlichen Rechte verurteilter Südtirol-Aktivisten sowie das Verlangen nach „Vollautonomie" zum Inhalt, die SVP-Funktionäre um Landesrat Dr. Bruno Hosp und den Landtagsabgeordneten Dr. Franz Pahl seinerzeit schon gefordert hatten.

Massive Bedenken gegen den Paket-Abschluß und die Abgabe der Streitbeilegungserklärung erhoben indes nicht nur die FPÖ sowie die (aus dem Zusammengehen des Landtagsabgeordneten Gerold Meraner der vormaligen – „alten" – FPS und der Landtagsabgeordneten Dr. Eva Klotz vom SHB-Wahlverband entstandenen) UfS, für die auch der vormals langjährige SVP-Landesrat Dr. Alfons Benedikter im Bozner Landhaus saß, sondern auch der ÖVP-Nationalratsabgeordnete Univ.-Prof. Dr. Felix Ermacora, der die römische *„Ausrichtungs- und Koordinierungsbefugnis (AKB) das Damoklesschwert über der Autonomie"* nannte. Benedikter war bis zu seinem Austritt aus der SVP nach heftigen Kontroversen im Jahr 1989 just wegen der Paket-Politik, welche er für von Rom unterminiert hielt, jahrzehntelang Mitstreiter des „Paket-Vaters" und langjährigen Landeshauptmanns sowie SVP-Obmanns Magnago.

Die UfS warnte ebenso wie in Wien und Innsbruck die FPÖ eindringlich vor einer Streitbeilegungserklärung Österreichs gegenüber Italien vor der UN. *„Eine Streitbeilegungserklärung wäre ein völkerrechtlicher Selbstmord"*, sagte die damalige UfS-Fraktionsobfrau Eva Klotz, die eigens dazu in Wien eine Pressekonferenz abhielt. Durch diese Erklärung würde die Position Italiens vor dem IGH in Den Haag gestärkt. Sie forderte von Österreich einen „Südtirol-Vorbehalt" für den Fall des zu erwartenden EG-Beitritts Wiens und fügte hinzu, das Selbstbestimmungsverlangen bleibe für Südtirol auch in einem vereinten Europa bestehen. Ihr Parteifreund Alfons Benedikter warf dem österreichischen Außenminister Mock (ÖVP) vor, eine dringliche Anfrage der FPÖ zum Südtirol-Paket unrichtig beantwortet zu haben. Im Gegensatz zu den Äußerungen Mocks stünden der Mindererfüllung von Paketbestimmungen keine Übererfüllung in anderen Punkten gegenüber, sagte Benedikter. UfS-Obmann Martin Wenter führte aus, das Südtirol-Paket sei in seiner jetzigen Form inakzeptabel, da durch den Weiterbestand der AKB die Autonomie jederzeit ausgehöhlt werden könne. Im übrigen sei das Paket *„ohnedies nur eine Übergangslösung bis zur Verwirklichung des Selbstbestimmungsrechts"*. Die Südtiroler Vorbehalte deckten sich vollinhaltlich mit allen von der FPÖ – und insbesondere von deren Tiroler Abgeordneten Dr. Siegfried Dillersberger leidenschaftlich (s. o.) – vorgetragenen Bedenken im Grundsätzlichen. (13)

Ermacora hatte seine Warnung vor einem Abschluß des Autonomiepakets ohne Eliminierung der umstrittenen AKB vor etwa 1500 Schützen vorgetragen, die am 29. März 1992 im Meraner Kurhaus zu einer außerordentlichen Bundesgeneralversammlung des SSB unter dem – von der SVP heftig kritisierten – Motto *„Südtirol am Scheideweg: Selbstbestimmung oder italienische Provinz?"* zusammengekommen waren. Die AKB, mit der Rom wiederholt ins Autonomiestatut eingegriffen habe, stehe *„zum Geist des Pariser Abkommens in vollem Widerspruch"*, sagte Ermacora. Der Wert des Pakets stehe und falle mit der AKB, und die Selbstbestimmung laufe den Südtirolern davon, wenn es zu einem Paketabschluß ohne entsprechende Aufklärung der Bevölkerung komme. Ermacora gab sich auch davon überzeugt, daß die Brennergrenze durch einen EG-Beitritt nicht verschwinden werde: Sie werde *„vielleicht für Touristen durchlässiger, nicht aber für alle, die noch immer auf den von Italien geführten ‚Schwarzen Listen' stehen"*. Die Bindung an die römische Gesetzgebung bleibe ebenso bestehen wie die *„Gefahr der Verelsässerung, die landauf landab spürbar ist"*. Nach seiner Ansicht gehe es darum, ob Südtirol als kulturelle und sprachliche Gemeinschaft erhalten werden könne, oder ob es im „Europa der Vaterländer" aufgehe. Ziel müsse die *„Erhaltung der Südtiroler Gemeinschaft"* sein. Ermacora verwies auf eine Entschließung des Österreichischen Nationalrats aus dem Jahre 1946, wonach Österreich nicht auf Südtirol verzichten und bei geänderter Weltlage die Situation bereinigen werde; sie habe ihre Gültigkeit nicht verloren. Zudem trat er für eine *„Entmilitarisierung aller Tiroler Landesteile"* ein: Das Zurückziehen der Militärs aus dem österreichischen und dem italienischen Teil Tirols solle Teil eines nach der Streitbeilegungserklärung zu unterzeichnenden Freundschaftsvertrags zwischen Wien und Rom sein, der gemeinsam unterschrieben werden möge. Für alle künftigen Entwicklungen gelte, daß die Italiener in Südtirol sicher sein dürften, daß ihnen Österreich demokratische Rechte sowie die Menschenrechte garantieren werde, sagte Ermacora.

Trotz der Kritik aus der SVP-Führung hielt der SSB an dieser „Anti-Paket-Veranstaltung" fest. Den Vorwurf der Parteilichkeit im Zusammenhang mit der Veranstaltung wies er zurück. *„Es liegt uns fern, irgendeine Wahlhilfe zu leisten"*, betonte BMjr. Stephan Gutweniger. Es gehe daum, die Mitglieder des Schützenbunds *„über diese Form des Pakets"* zu informieren. LKdt. Pius Leitner unterstrich die Haltung des SSB: *„Wir sind nicht gegen das Paket, aber gegen einen Paketabschluss, der uns Italien ausliefert, ohne dass wir nachher etwas tun können."* Eine Entscheidungsbefugnis beim Paketabschluß hätten die Schützen zwar nicht, doch *„das Recht, die eigenen Mitglieder zu informieren"*, sagte Gutweniger.

Die Bundesleitung der Schützen teile nicht die Auffassung der SVP, wonach die politische Meinungsbildung in Südtirol allein Politikern und/oder Parteifunktionären vorbehalten sei. Die Schützen hätten einen klar definierten volkstumspolitischen Auftrag zu erfüllen. Zu den wichtigsten Zielsetzungen des SSB gehöre die Erhaltung der Tiroler Wesensart und die Existenzsicherung der deutschen und ladinischen Volksgruppe. Das Paket aber, das von der SVP mit der italienischen Regierung ausgehandelt worden sei, könne *„nie ein Garant für den Fortbestand des Südtiroler Volkes sein"*. SVP-Politiker hätten die Schützen nach dem Protestmarsch gegen das faschistische Siegesdenkmal in Bozen *„zum Gewissen des Südtiroler Volkes hochstilisiert; jetzt, da sich das ‚Gewissen' regt, möchte man ihm einen Maulkorb umhängen"*, ließ BMjr. Dr. Stephan Gutweniger vor der außerordentlichen SSB-Bundesgeneralversammlung verlauten. LKdt Pius Leitner hatte vor den versammelten Delegierten der 137 Südtiroler Kompanien sowie vor Abordnungen aus Nord-, Ost- und Welschtirol nachdrücklich davor gewarnt, daß Südtirol durch den Paketabschluß zu den seinerzeit gegebenen Bedingungen zwangsläufig *„zu einer ganz gewöhnlichen italienischen Provinz"* werden müsse. Nach seiner Ansicht sei *„jetzt der günstigste Moment, den Südtirolern die Selbstbestimmung zu geben"*. Es gehe *„letztlich darum, ob wir als Tiroler in diesem Land leben können"*, sagte Leitner, der die Überparteilichkeit des SSB betonte: *„Die Schützen sind weder für noch gegen eine Partei"*, sie führten nur *„aus Sorge um die Heimat"* Aktionen durch, um meinungsbildend zu wirken und auf die offizielle Politik Einfluss zu nehmen.

In der schließlich verabschiedeten Resolution sprach sich der SSB uneingeschränkt für die Ausübung des Selbstbestimmungsrechts aus. Es müsse als gemeinsames Anliegen die Basis jeder künftigen Südtirol-Politik sein, zumal die UN-Resolutionen ebenso wie die Menschenrechtsakte *„sogar vom italienischen Verfassungsgerichtshof als zwingendes Völkerrecht erachtet"* würden. Es sei Italien klarzumachen, *„dass wir das Paket lediglich als Interpretation des Pariser Vertrages ansehen, als Zwischenlösung im Sinne der Entschließung des Außenpolitischen Ausschusses des Österreichischen Nationalrates vom 1. Oktober 1946"*. Alldem liege die Überzeugung zugrunde, *„dass die Südtirolfrage letztlich nur durch Selbstbestimmung gelöst"* werden könne, hieß es in der Resolution, in der sich die Schützen für eine *„echte internationale Verankerung des Paketes als Durchführung des Pariser Vertrages"* und – wie schon erwähnt – für die vollkommene Abschaffung der AKB aussprachen. (Auf die Forderung nach Abschaffung der AKB verzichtete die SVP dann auf ihrer Landesversammlung, nachdem Riz eine *„Durchführungsbestimmung zur Einschränkung der AKB“* für ausreichend vorgab.) Die Südtiroler Schützen hätten weiterhin *„großes Vertrauen ins Vaterland Österreich“*, obwohl es Spekulationen darüber gebe, daß Wien den Streit mit Rom über die Südtirolfrage wegen des angestrebten österreichischen EG-Beitritts beilegen wolle.

All dem hielt SVP-Obmann Riz entgegen, es sei Zeit, einen *„Schlussstrich zu ziehen und etwas anderes zu machen“*. Für ihn sei *„aus der Paketpolitik nichts mehr herauszuholen“*. Südtirol müsse sich „dynamisch weiterentwickeln“, wolle es nicht zu einem „Indianerreservat“ werden. Seine Partei werde nach dem Paketabschluß entsprechende Vorschläge für eine Weiterentwicklung der Südtirol-Autonomie unterbreiten. Die internationale Absicherung sei sowohl notwendig, um neue Wege einschlagen zu können, als auch im Hinblick darauf, daß es in Italien zu Verfassungsänderungen komme. Der *„Verbleib bei Italien“* sei *„derzeit nicht abänderbar“*, meinte Riz, und die Schutzmachtfunktion Österreichs werde durch den Abschluß nicht genommen, sondern bestätigt. Seine *„ganz große Sorge“* gelte indes dem Bestand der Autonomie im Blick auf die EG. So stünden einige ihrer Bestimmungen *„in krassem Widerspruch zur EG“*, beispielsweise der Proporz, insbesondere die Vergabe von Stellen in der öffentlichen Verwaltung sowie in staatsnahen Betrieben entsprechend der Stärke der drei Sprachgruppen. Von Rom habe er jedoch bereits *„die Zusicherung, dass die Autonomiebestimmungen in Brüssel hinterlegt“* würden. Und er werde Wien ersuchen, im Zuge des EG-Beitritts Österreichs auf dessen besondere Verpflichtungen für Südtirol hinzuweisen. Die von mehreren Seiten kritisierte AKB bezeichnete Riz zwar als *„schmerzlichen Punkt“*, der *„Gegenstand von Interventionen“* sein werde; jedoch sei die mit Rom ausgehandelte *„Durchführungsbestimmung zur Einschränkung der AKB“* als *„Schutz für die Autonomie zu sehen“*. Nichtsdestotrotz ließ sich Riz in einer Pressekonferenz vor der SVP-Landesversammlung zu heftiger Kritik an der SSB-Führung hinreißen, der er *„politische Einmischung“* vorwarf: Die Schützen sollten sich *„vielmehr um kulturelle Belange kümmern“*, empfahl er.

Zuvor schon hatte die SVP-Führung in einer Verlautbarung die Feststellung getroffen, mit der „Anti-Paket“-Veranstaltung des SSB in Meran hätten die Schützen *„den bisherigen Weg der Überparteilichkeit verlassen“*. Nach Ansicht der SVP gehe eine einseitige Ausrichtung der Einstellung des SSB in grundlegenden Fragen der Südtirol-Politik an den Zielen und Aufgaben des Schützenwesens vorbei. Die politischen Entscheidungen für Südtirol stünden allein den von der Bevölkerung gewählten politischen Vertretern und den politischen Parteien zu, nicht aber dem SSB.

Ganz anders, das sei an dieser Stelle ausdrücklich vermerkt, um den Kontrast aufzuzeigen, sah das der damalige Nordtiroler FPÖ-Nationalratsabgeordnete und „einfache Gewehrschütze der Kompanie Kematen“, Walter Meischberger. Der Schützenbund – er nannte den (Nord- und Ost-)Tiroler – sollte „wieder zu einem Gewissen der Parteien“ werden und dürfe sich weder von der einen noch von der (oder den) anderen vereinnahmen lassen. Andernfalls verlören die Schützen an Glaubwürdigkeit und reduzierten ihr Tun auf das von Trachtenvereinen, womit sie zur Faschingsattraktion verkümmerten, sagte Meischberger. Heftige Kritik übte er in diesem Zusammenhang an Hofrat Walter Zebisch, dem damaligen Landeskommandanten (LKdt.) der Nord- und Osttiroler Schützen. Wegen der Nicht-Teilnahme am Protestmarsch gegen das faschistische Siegesdenkmal in Bozen, des Trachtenverbots für die Veranstaltung „Nachdenken über Tirol“ am Brenner und der Absage an die vom SSB angeregte Wiedervereinigung der beiden Schützenbünde möge der dafür verantwortliche Zebisch zurücktreten, verlangte Meischberger. (Zum Führungswechsel im „Bund Tiroler Schützenkompanien (BTSK)“, dem damals 229 Kompanien angehörten, kam es dann tatsächlich im Frühjahr 1993: Mjr. Walter Zebisch trat nach 22 Jahren an der Spitze als LKdt. zurück. Zum Nachfolger wurde Mjr. Emmerich Steinwender, Kommandant des Oberinntaler Schützenregiments, gewählt. Steinwender nannte als eines seiner Ziele „die Zusammenarbeit mit anderen Bünden der Tiroler Heimat und der Alpenregion der Schützen“.)

In seiner Funktion als freiheitlicher Südtirol-Sprecher im Nationalrat sprach sich Meischberger – im Gegensatz zu Dillersberger und anderen FPÖ-Politikern – für den Abschluß des von ihm „als Zwischenschritt" erachteten Südtirol-Pakets aus. Danach sei allerdings *„die Wiedervereinigung der Landesteile als politisch effizienteste Lösung"* anzustreben. Die (vornehmlich von ÖVP und SVP propagierte) „Europaregion Tirol" sollte „nicht nur in kultureller und geistiger Hinsicht bestehen, sondern eine Verwaltungseinheit beinhalten". Die in Südtirol lebenden Italiener sollten in einer „Europaregion Tirol" sofort „jene Rechte erhalten, um die die Südtiroler bis heute noch kämpfen", sagte Meischberger. Ein starkes Europa brauche „Regionen, in denen absoluter ethnischer Friede herrscht". Meischberger befürwortete – „nach umfassender vorheriger Information der dortigen Bevölkerung" – die Abhaltung einer Volksbefragung in Südtirol. Dabei sollte über die Möglichkeit des „Verbleibs bei Italien", der „Rückkehr zu Tirol" oder der „Eigenständigkeit" befunden werden können.

Weil die SVP am 30. Mai 1992 bei 82,9 Prozent der Delegiertenstimmen ihr Ja zum Paketabschluß – als Voraussetzung für die Streitbeilegungserklärung Österreichs – bekundete, kündigte SSB-LKdt. Pius Leitner tags darauf seinen Austritt aus der Sammelpartei an. In seiner Festansprache auf der Gründungsveranstaltung des Schützenbezirks Unterland sagte Leitner am 31. Mai in Tramin, er wolle *„mit diesem Schritt die Überparteilichkeit des Schützenbundes noch stärker unterstreichen"*. Leitner wies auf die unberücksichtigt gebliebenen Forderungen der Schützen nach *„vollständiger Abschaffung der Ausrichtungs- und Koordinierungsbefugnis"* hin, womit *„dem italienischen Staat das Instrument des Eingriffs in unsere Autonomie genommen worden wäre"*. Die Schützen seien zudem *„nicht so gutgläubig"* (wie die SVP-Delegierten), *„daß sie aufgrund einer mündlichen Zusage"* (wie sie SVP-Obmann Roland Riz von Rom erhalten hatte) *„eine derartige Entscheidung treffen"* würden. Ihr Ziel bleibe die Tiroler Landeseinheit, große Hoffnungen setze man dabei auf ein *„Europa der Regionen, in dem die Wiedervereinigung der Tiroler Landesteile möglich sein muß"*, so Leitner, der alsbald zu den Gründern der Freiheitlichen Partei Südtirols gehören und auch deren langjähriger Obmann sein sollte. (14)

Österreichische Orden für italienische Neofaschisten

Zu den Tiefpunkten österreichischer Südtirol-Politik gehörte ein Vorgang auf der diplomatisch-formellen Ebene, welcher ein Schlaglicht auch auf Verfehlungen wirft, an denen Exponenten der damaligen FPÖ mitwirkten. Denn wie sich seinerzeit das „Vaterland Österreich" während der schwarz-blauen Koalitionsregierung unter Kanzler Wolfgang Schüssel (ÖVP) und Vizekanzlerin Susanne Rieß-Passer (FPÖ) verhielt, verdeutlicht das Beispiel *„Orden-Affäre"*, das zwischen Brenner und Salurner Klause nicht anders denn als *„Schlag ins Gesicht der Südtiroler"* empfunden werden konnte. Dazu kam es, als der österreichische Bundespräsident Thomas Klestil aus Anlaß seines Staatsbesuchs in Italien dem stellvertretenden Regierungschef Gianfranco Fini von der aus dem neofaschistischen Movimento Sociale Italiano (MSI) hervorgegangenen Alleanza Nazionale (AN) den zweithöchsten Orden verlieh, den die Republik Österreich vergibt: *„Der Bundespräsident der Republik Österreich beurkundet hiermit, dass er in Ausübung der ihm verfassungsmäßig zustehenden Befugnisse mit Entschließung vom 19. September 2002 Seiner Exzellenz dem stellvertretenden Ministerpräsidenten der italienischen Republik Gianfranco Fini das Große Goldene Ehrenzeichen am Bande für Verdienste um die Republik Österreich verliehen hat."* Dieser Text in aller Unschuld, leicht erhaben auf versteiftes Papier gedruckt und handschriftlich von Klestil „unterfertigt", entfaltete kataraktische Wirkung.

„Ich möchte mich jedes Kommentars enthalten", sagte der verärgerte SVP-Vorsitzende Brugger; Österreich habe Südtirol sehr oft geholfen, dennoch sei er *„verwundert und sprachlos"*. Bruggers Stellvertreter, Landeshauptmann Luis Durnwalder, Regierungschef der Autonomen Provinz Bozen-Südtirol, protestierte *„auf allen Ebenen gegen die Auszeichnung Finis"* und sprach, wie der Nordtiroler Landeshauptmann Wendelin Weingartner (ÖVP), von *„mangelnder Sensibilität"*. Silvius Magnago, „Vater der Autonomie" und wie Durnwalder

Träger desselben hohen österreichischen Ehrenzeichens, nannte die Auszeichnung Finis einen *„Fehlgriff"*. Bozens Vizebürgermeister Elmar Pichler-Rolle (SVP) machte, wohlwissend, daß dieser derlei nur auf Vorschlag der Regierung tun konnte, Klestil als Verursacher des *„Schlags ins Gesicht aller Südtiroler"* verantwortlich. Für die oppositionelle UfS sprach die Abgeordnete Eva Klotz vom *„Höhepunkt in der Anbiederungspolitik Österreichs"*. Der Südtiroler Heimatbund (SHB), die Vereinigung der ehemaligen Südtirol-Aktivisten, reagierte empört: *„Einen Dolchstoß dieser Art hätten wir nicht erwartet."*

Sogleich war allerorten die Vermutung laut geworden, die FPÖ könnte sich für Fini stark gemacht haben. Das stellt diese in Abrede; gleichwohl begleiteten Vizekanzlerin Riess-Passer sowie die Minister Herbert Scheibner und Mathias Reichhold Klestil nach Rom. Von Reichholds Vorgängerin im FPÖ-Vorsitz war bekannt, daß sie – schon um Haiders Kontakte zur Lega Nord Umberto Bossis zu konterkarieren – mit Fini auf vertrautem Fuß stand: Beide konnten sich eine Schrittmacherrolle von FPÖ und AN bei der Verwirklichung eines europäischen Verbunds recht(spopulistisch)er Parteien vorstellen, wie sie ja ohnedies Intention prominenter Parteiexponenten wie Andreas Mölzer (s. o.) war. Südtiroler Politiker äußerten aber auch unverhohlen die Befürchtung, ihr *„natürlicher"* Partner ÖVP – mit dessen Vorliebe für Berlusconis Forza Italia (FI) – sowie die von dieser geprägten Wiener Außenpolitik *„opferten Südtirol parteipolitischen Freundschaften"*. Man erinnert(e) sich historischer Reminiszenzen: Kanzler Engelbert Dollfuß, den man in der ÖVP, wo in deren Nationalratsklubraum lange Zeit sein Konterfei hing, irgendwie als Ahnen sah, und Kurt von Schuschnigg sympathisierten zunächst mit Mussolini gegen Hitler, bis österreichische illegale Nazis Dollfuß töteten und die Achsenpartnerschaft Berlin–Rom Schuschnigg aus seinen Träumen riß. (Und just nach 1945 sollte sich zeigen, daß die ÖVP-Führung mit der ihr weltanschaulich-katholisch verbundenen, über Nachkriegsjahrzehnte dominanten Democrazia Christiana insgeheim mehr konform ging, als sich konsequent für die „Herzensangelegenheit Südtirol" stark zu machen, wie der Publizist Helmut Golowitsch in seinen beispiellosen Studien „Südtirol – Opfer für das westliche Bündnis" [Graz 2017], „Südtirol – Opfer geheimer Parteipolitik" und „Südtirol – Opfer politischer Erpressung" [beide Graz 2019] herausarbeitet.)

SVP, UfS und Grüne sahen ebenso wie SPÖ und Grüne in Österreich den *„Gipfel der Anbiederungspolitik der schwarz-blauen Regierung an die Rechtskoalition in Rom"* erreicht. Die Wiener Außenpolitik gegenüber Italien sei „dilettantisch, ignorant und peinlich" wie seinerzeit, als die damalige Staatssekretärin Ferrero-Waldner von ihrer ersten offiziellen *„Reise nach ‚Bolzano'"* sprach. Gar mancher Südtiroler machte aus seiner Böswilligkeit kein Hehl, neben einem Akt der außenpolitischen Dankbarkeit für das baldige römische Ausscheren aus der EU-Sanktionsfront sogar eine Art nomineller Affinität darin zu sehen, daß die Wiener Außenamtschefin den Vornamen Benita trug, die weibliche Form von Benito.

Unter diesen Umständen suchte man in Wien fieberhaft den Schwarzen Peter für die verfehlte Ehrbezeugung für Fini hin- und herzuschieben oder deren verheerende Wirkung dadurch zu minimieren, daß man sie als Formalie und *„diplomatische Usance"* hinstellte, die nicht der Person, sondern dem Amt gegolten habe. Aus der Präsidentschaftskanzlei, die vor Bekanntwerden der Ehrung dieselbe zunächst dementiert hatte, verlautete, es entspreche internationalen Gepflogenheiten, daß bei Staatsbesuchen ein *„Ordensaustausch"* stattfinde: Da der letzte 1971 stattgefunden habe, seien 56 österreichische Orden vergeben worden; rot-weiß-rote Ordensgaben demnach in einem Umfang, daß sich wiederum nicht nur aus Bozner Sicht die Frage stellte, wer angesichts der zwiespältigen Haltung der zentralistischen AN zu Minderheiten, Autonomiepaket und Selbstverwaltung den Mut nicht hatte, Fini und seinesgleichen von der Liste zu nehmen.

Das Außenministerium behauptete indes, es habe die römische Vorschlagsliste lediglich an die Hofburg weitergeleitet; diese entgegnete, es sei dem Staatsoberhaupt lediglich zugekommen, die nach formellem Ministerratsbeschluß über das Außenamt eingegangene Namensliste der Reihe nach zu beurkunden. Das deckt(e) sich zwar mit dem Text der Verleihungsurkunde für den stellvertretenden italienischen Ministerpräsidenten. Aber sowohl die eine als auch die andere Version hinterließen in der jeweils dargebotenen Naivität eine breite Spur der Heuchelei. Und sie erwiesen sich angesichts des maßgeblich von Finis Auftritt mitbewirkten negativen und allen SVP- (und Grünen/Verdi-)Parolen, wonach die ethnischen Italiener Südtirols längst die Autonomie akzeptierten und deren Vorzüge genössen, zuwiderlaufenden Abstimmungsergebnisses in Sachen der Umbenennung des Bozner „Siegesplatzes" (mit dem unsäglichen, Tiroler und Österreicher herabwürdigenden „Siegesdenkmal") in „Friedensplatz" als typischer Wiener Schmäh. (15)

Die Bürgermeister- und Schützen-Petition

Ähnlich konfliktträchtig, aber gemäß politischer Couleur auf herkömmliche Weise kontrastierend eingefärbt, trug sich die Bürgermeister- und Schützen-Petition zu. Ende 2005 hatten die Bürgermeister von 114 der 116 Gemeinden Südtirols im Verein mit Bürgermeistern des Bundeslandes Tirol sowie den Oberen der traditionsreichen Schützenverbände beider Landesteile eine an das österreichische Parlament gerichtete Petition unterzeichnet und sie dem damaligen Nationalratspräsidenten Andreas Khol übergeben. Darin hieß es: „Die unterzeichneten Schützenkompanien und Bürgermeister aus allen Teilen des historischen, großen Tirol ersuchen den Nationalrat, bei den derzeit laufenden Beratungen über eine neue österreichische Bundesverfassung auf der Grundlage der Beratungen des Österreich-Konvents in der Präambel einer solchen Verfassung folgende Worte aufzunehmen: ‚1. Die Republik Österreich anerkennt die historisch gewachsenen Volksgruppen in Österreich und setzt sich für Schutz und Förderung der mit Österreich geschichtlich verbundenen deutschsprachigen Minderheiten, insbesondere auch der Südtiroler, ein. 2. Die Republik Österreich bekennt sich zur Wahrung des Selbstbestimmungsrechtes des vom Land Tirol abgetrennten Tiroler Volkes deutscher und ladinischer Sprache und zum besonderen Schutz der Rechte der Südtiroler auf der Grundlage des Völkerrechtes'."

Starker Tobak, der offenbarte, wie gering das Vertrauen von Amtsträgern zwischen Brenner und Salurner Klause in die Verläßlichkeit römischer Politik war, zumindest in die damalige italienische Regierung unter Silvio Berlusconi.

Diese reagierte empört. Regionenminister Enrico La Loggia befand, die Südtirol-Autonomie sei eine *„Sache des italienischen Staates, andere Staaten haben sich nicht einzumischen"*. Innenminister Giuseppe Pisanu sprach gar von einer *„ernsthaften Bedrohung"* und schloß *„Initiativen zur Verteidigung der nationalen Einheit"* nicht aus. Andere Politiker der regierenden Forza Italia (FI) Berlusconis und der Alleanza Nazionale (AN) Finis bliesen noch kräftiger ins national(istisch)e Horn. Das klang sehr nach den berüchtigten Paragraphen des aus faschistischer Zeit stammenden und nach wie vor gültigen „Codice Rocco", die den Südtirolern stets in übler Erinnerung bleiben: *„Angriff auf die Einheit des Staates"* (Strafbewehrung: lebenslängliche Haft) respektive *„Anschlag auf die Verfassung"* (Strafbewehrung: zwölf Jahre Haft).

Italienischen Medienberichten zufolge sollen *„Österreichs Pläne für einen Südtirol-Passus in der neuen Verfassung auch der Grund dafür gewesen"* sein, daß der italienische Staatspräsident Carlo Azeglio Ciampi seinen für März 2006 geplanten Staatsbesuch in Wien verschob. Regionenminister und Innenminister erhielten vom Ministerrat den Auftrag, den Vorgang zu überprüfen und eventuelle Maßnahmen zu ergreifen. Die Alleanza Nazionale (AN), Koalitionspartner von Berlusconis Forza Italia (FI), protestierte gegen die Petition. In Südtirol verlangte der AN-Landtagsabgeordnete Pietro Mitolo von Außenminister (und AN-Chef) Gianfranco Fini, er möge sich mit dem Fall befassen: *„Die Schützen und Bürgermeister beleidigen den italienischen Staat."* Österreich könne als EU-Mitglied keine Schutzfunktion über einen anderen Staat innehaben. Berlusconis FI nannte die Schützen- und Bürgermeister-Petition *„verantwortungslos und unbegründet"*. Sie verlangte das Eingreifen des Staatspräsident Carlo Azeglio Ciampi als des *„Garanten der nationalen Einheit"*. Die Bozner FI-Koordinatorin Michaela Biancofiore verlangte *„strenge Maßnahmen gegen die Südtiroler Schützen und die Bürgermeister, die die Petition unterschrieben haben"*, und forderte, deren Gemeinden unter Aufsicht eines von Rom ernannten Kommissars zu stellen: *„Man muß die Würde des italie-*

nischen Staates und den Respekt für die nationalen Grenzen verteidigen", hieß es in Biancofiores Stellungnahme. Sie lobte *„Bundespräsident Heinz Fischer dafür, daß er die Petition der Schützen und Bürgermeister zurückgewiesen"* habe.

Die Führung der Südtiroler Volkspartei (SVP) stand hinter besagter Petition, die sie unterzeichnenden Bürgermeister gehörten ihr nahezu ausnahmslos an. Die Südtiroler Schützen neig(t)en teils der SVP, teils der Union für Südtirol (UfS; heute Süd-Tiroler Freiheit STF) und teils den Freiheitlichen (FPS) zu, den damaligen deutschtirolischen (Landtags-)Oppositionsparteien. Die SVP-Kammerabgeordneten Siegfried Brugger, Karl Zeller und Hans Widmann warnten indes vor *„einem ethnisch geführten Wahlkampf"*; in Italien standen Parlamentswahlen bevor. Den *„von einigen Kreisen angezettelten Polemiken"* rund um die Schützen- und Bürgermeisterpetition zur Verankerung der Schutzmachtfunktion in der österreichischen Verfassung erteilten sie eine *„klare Absage": „Es handelt sich ausschließlich um gezielte Wahlkampfmanöver, um die Stimmung im Lande unnötigerweise anzuheizen"*. Als *„verantwortungslos"* bezeichneten sie *„die Haltung einiger italienischer Gruppen, denen jedes Mittel recht ist, um sich bei den anstehenden Parlamentswahlen einen vermeintlichen Vorteil zu verschaffen. Die Polemiken schaden in jedem Fall ganz Südtirol und dem friedlichen Zusammenleben aller Sprachgruppen im Lande"*, ließen die SVP-Kammerabgeordneten verlauten. Der freiheitliche Südtiroler Landtagsabgeordnete Pius Leitner hielt die in der Petition verlangte Schutzmacht-Verankerung *„nicht nur für richtig, sondern für notwendig"*. Leitner führte in einer Pressemitteilung aus: *„Die Reaktionen aus den Reihen der italienischen Parteien in Südtirol und von römischen Politikern sind mehr Ausdruck von schlechtem Gewissen als wirkliche Besorgnis."* Als *„beinahe schon verrückt"* müsse die Anregung von Regionenminister La Loggia bezeichnet werden, das italienische Regierungskommissariat in Bozen habe *„die Petition zu prüfen und die sie unterzeichnenden Bürgermeister gegebenenfalls abzusetzen. Wenn hier etwas abzusetzen oder abzuschaffen ist, dann ist es das Regierungskommissariat als römischer Wachhund"*. Diese Institution sei mit föderalistischen Prinzipien unvereinbar: *„Es wäre ja noch schöner, wenn die Schützen und die Bürgermeister unseres Landes in Rom nachfragen müssten, ob sie die Rolle Österreichs als Schutzmacht anerkennen und für das Selbstbestimmungsrecht der Südtiroler eintreten dürfen"*, ließ der FPS-Vorsitzende und vormalige SSB-LKdt. verlauten.

In Wien verteidigte Nationalratspräsident Andreas Khol (ÖVP), dem seinerzeit die Petition übergeben worden war, den für die Verfassung vorgesehenen Südtirol-Passus und bekannte sich ausdrücklich zu dessen Wortlaut im Entwurf, der hinsichtlich des „Schutzmacht"-Terminus vom Petitionstext abwich: *„1. Die Republik Österreich anerkennt die historisch gewachsenen Volksgruppen in Österreich und setzt sich für Schutz und Förderung der mit Österreich geschichtlich verbundenen deutschsprachigen Minderheiten, insbesondere auch der Südtiroler, ein. 2. Die Republik Österreich bekennt sich zur Wahrung des Selbstbestimmungsrechtes des vom Land Tirol abgetrennten Tiroler Volkes deutscher und ladinischer Sprache und zum besonderen Schutz der Rechte der Südtiroler auf der Grundlage des Völkerrechtes."* Das sei im übrigen nichts Neues, versicherte Khol, sondern entspreche dem *„derzeitigen Stand der sehr guten Beziehungen zwischen Österreich und Italien"*. Khol betonte: *„Wir reden nicht von Schutzmacht, sondern vom Schutz unserer Volksgruppen."* Die Schutzfunktion Österreichs beruhe auf dem Gruber-De Gasperi-Abkommen (5. September 1946) und sei von Italien anerkannt worden. Die Idee, die Schutzfunktion in die Verfassungspräambel aufzunehmen, habe die ÖVP im Österreich-Konvent eingebracht. Die FPÖ habe dem zugestimmt, die SPÖ namens ihres Klubobmanns Josef Cap Zustimmung signalisiert. Die Tiroler SPÖ sei ebenfalls für eine solche Verankerung. Denn, so Khol: *„Das ist ein nationales Tiroler Anliegen"*, und *„so sehe ich als Tiroler Abgeordneter das auch"*.

Den Einlassungen des Nationalratspräsidenten hielt indes der damalige FPÖ-Bundesparteiobmann Heinz-Christian Strache entgegen: *„Würde Khol die Sache der Südtiroler wirklich ernsthaft verfolgen, dürfte er es nicht bei der feierlichen Übergabe der Tiroler Schützen- und Bürgermeister-Petition und bloß bei Passagen im Zuge der Verfassungsreform belassen, sondern müsste vielmehr seine mit Rom bestens arrangierten SVP-Parteifreunde auffordern,* *echte Fortschritte des jetzigen Status quo herbeizuführen.*" Dies liege nicht, wie Khol meine, an den „Rechten" in Italien, sondern „*einerseits an der SVP, die weder links noch rechts ist, sondern selbstherrlich und saturiert im Nirwana der prinzipienlosen Mitte sitzt und andererseits an deren Schwesterpartei ÖVP, die es wieder einmal bei feierlichen Worten bewenden lässt*". Sowohl die FPÖ als auch die Freiheitlichen in Südtirol seien „*stets an vorderster Front, wenn es um eine echte und tiefgreifende Umsetzung der Südtiroler Autonomie geht. Dabei besteht sehr wohl noch die Notwendigkeit, Österreich in seiner Schutzfunktion hinsichtlich der deutschen und ladinischen Südtiroler standfest zu positionieren, da von echtem Föderalismus und gründlicher Umsetzung der Autonomie noch keine Rede sein kann*", so Strache, der zusammen mit der FPS-Landtagsabgeordneten Ulli Mair die Stellungnahme verfaßt hatte. Sie nannte als „*exemplarisches Beispiel anachronistischer, kolonialer Realität*" das Bozner Regierungskommissariat, welches „*als römischer Wachhund noch immer über den Institutionen der Teilautonomie schwebt*".

Romano Prodi, von 1996 bis 1998 italienischer Ministerpräsident, von 1999 bis 2004 EU-Kommissionspräsident und danach Oppositionsführer gegen die Regierung Berlusconi, den er nach den Parlamentswahlen im April 2006 ablöste (und bis 2008 als Regierungschef einer Mitte-links-Koalition amtierte, die auch von der SVP punktuell unterstützt wurde), nannte die Petition der Schützen und Bürgermeister „*sinnlos*": „*Die Idee, dass die Verfassung eines Landes Klauseln beinhalten könnte, die direkte Auswirkungen im Leben einer anderen Nation haben, hat weder juristischen noch politischen Sinn*", sagte Prodi nach Angaben der italienischen Nachrichtenagentur ANSA. Und: „*Die Selbstbestimmung ist eine mögliche Wahl für ein Volk, sie würde jedoch unvermeidlich den Bruch mit der gegenwärtigen und vergangenen Geschichte bedeuten. Die Selbstbestimmung zu fordern bedeutet für Südtirol, die Geschichte und die Politik der letzten 60 Jahren zu leugnen. Das wahre Thema, über das man diskutieren sollte, ist die Bewertung der eigenen Identität, den Reichtum einer Zugehörigkeit, die man mit Recht verteidigen will*", so Prodi.

Im Hinblick auf die italienische Parlamentswahl verabschiedete die SVP-Parteiführung eine Erklärung, worin es hieß, „*das Selbstbestimmungsrecht ist unverzichtbar, seine Ausübung steht aber derzeit nicht zur Debatte*". Ziel der Partei sei es, die Autonomie abzusichern und möglichst auszubauen. Dafür benötige man den richtigen Rahmen, und deshalb wolle die SVP den Spitzenkandidaten von Mitte-Links, Romano Prodi, unterstützen: „*So können wir konstruktiv arbeiten und uns auch mit den Partnern der italienischen Volksgruppe über alle wichtigen Zukunftsfragen der Autonomie austauschen. Wir müssen eine Grundvoraussetzung für diese Debatte um die Weiterentwicklung der Autonomie schaffen*", so der damalige SVP-Obmann Elmar Pichler-Rolle. „*In der Sache selbst gab es keine Debatte, über den Zeitpunkt und die Begleitmusik sind wir weniger glücklich*", faßte er die Stellungnahme der Parteileitung zur „*Absicherung der Schutzfunktion*" Österreichs zusammen.

In Innsbruck äußerte sich LH Herwig van Staa. Das Bundesland Tirol stehe vollinhaltlich hinter der von Schützen und Bürgermeistern eingereichten Petition. Ob allerdings der Zeitpunkt unmittelbar vor den italienischen Parlamentswahlen klug gewählt gewesen sei, sei fraglich. Doch es müsse jedem freistehen, eine derartige Erklärung zu überbringen, sagte van Staa. Eine Änderung der politischen Situation durch das Einbringen der Petition sehe er nicht. Am „Ist-Zustand der Autonomie" habe sich nichts geändert. Es habe jedoch viele Bestimmungen für Südtiroler gegeben, die zu einer „allgemeinen Verbesserung der Autonomie" geführt haben, sagte der Tiroler LH. Die Südtirol-Autonomie sei ein „*Musterbeispiel, das als Vorbild für den Umgang mit anderen Minderheiten genommen werden sollte*".

Dagegen verteidigten die Südtiroler Freiheitlichen (FPS) den Zeitpunkt der Petition zur Verankerung Südtirols in der neuen österreichischen Verfassung. Die Landtagsabgeordnete Ulli Mair ließ verlauten, man sage vor Wahlen, wofür man stehe und was man wolle. Aber es scheine, „*als würden es einige Herren in diesem Land mit der Ehrlichkeit nicht so genau nehmen und gar nicht zum Inhalt der Petition stehen. Anders kann ich mir die unehrenhafte Haltung einiger SVP-Bürgermeister, die plötzlich die Petition nicht unterschrieben haben wollen, nicht erklären. Das sind keine Männer, sondern Memmen, bei denen die Frage erlaubt sein muß, ob sie immer im Besitz ihrer geistigen Kräfte sind, wenn sie etwas unterzeichnen"*. Es könne *„nicht angehen, daß bei jedem Lüftchen, welches uns von Seiten der Italiener entgegenweht, die gesamte Riege einer Partei umfällt, die sich zudem noch das Recht herausnimmt, Alleinvertretung der deutschen und ladinischen Minderheit zu sein"*. Damit werde weder dem Land Südtirol ein guter Dienst erwiesen, noch der Sache, um die es wirklich gehe. So habe *„LH Luis Durnwalder in den letzten Jahren immer wieder eindrucksvoll unter Beweis gestellt, daß er lieber einen italophilen Kurs fährt und, um die Macht der SVP zu erhalten, mit allen Italienern, ob links oder rechts, ins Bett steigt, als nach Eigenständigkeit zu streben"*, ließ Mair verlauten.

In die Auseinandersetzungen schalteten sich auch der italienische EU-Justizkommissar und vormalige (2002–2004) sowie nachmalige (2008–2010) Außenminister (der Regierungen Berlusconis) Franco Frattini sowie der amtierende Außenminister und AN-Chef Gianfranco Fini ein. Frattini, im Wahlkreis Bozen-Leifers einst für FI in die römische Kammer gewählt, bemerkte in einem Interview mit der in Bozen erscheinenden italienischen Tageszeitung „Alto Adige": *„Die Schutzmacht-Funktion und das Selbstbestimmungsrecht fordert man für unterdrückte Völker, nicht für die am besten geschützte Minderheit in Europa."* Und in Rom befand Fini gegenüber Auslandskorrespondenten: *„Es ist inakzeptabel, daß Schützen und Bürgermeister, die Italiener sind, auch wenn sie deutschsprachig sind, eine derartige Petition in die Wege geleitet haben."* Eine Schutzmacht-Funktion für Südtirol habe keinen Sinn mehr. Zwischen Italien und Österreich seien die Beziehungen immer enger, es gebe auch keine Grenze zwischen den beiden Ländern mehr. Und *„niemand in Österreich"* denke *„ernsthaft darüber nach, in die neue Verfassung einen Passus zur Schutzmacht-Funktion für Südtirol festzuschreiben"*, wurde Fini zitiert.

Nach der Wahl, die am 9. und 10. April 2006 eine hauchdünne, fragile Mehrheit für Romano Prodi und dessen „Ulivo"-Bündnis erbrachte, kündigte in Wien Nationalratspräsident Khol am 22. April 2006 laut Parlamentskorrespondenz an, daß die Schutzfunktion Österreichs gegenüber Südtirol im Zuge der geplanten Verfassungsreform in die Präambel einer neuen Verfassung Eingang finden werde. Khol sagte, auch die (seinerzeit noch oppositionelle) SPÖ habe sich zu dieser Schutzfunktion bekannt. Doch zuvor hatte der Tiroler SPÖ-Nationalratsabgeordnete Erwin Niederwieser aufgrund einer kontroversen Abstimmung im Südtirol-Unterausschuß des Nationalrates, dem Khol vorstand und in dem die Vertreter der Regierungskoalition aus ÖVP und (dem von Jörg Haider im April 2005 von der FPÖ abgespaltenen) BZÖ SPÖ und Grüne überstimmt hatten, davon gesprochen, daß der Parteienkonsens brüchig (geworden) sei.

Mit dieser – angesichts der Mehrheitsverhältnisse quasi aussichtslosen Verfassungsdiskussion – bewußt vage gehaltenen Zeitangabe Khols war die Angelegenheit faktisch auf den Sanktnimmerleinstag verschoben. Zudem versandete sie, da es nach Ablauf der Legislaturperiode in der darauffolgenden Parlamentsperiode neuerlich zu einer entsprechenden Gesetzesinitiative hätte kommen müssen. Da dies nicht der Fall war, weil es dazu unter der nach der Nationalratswahl 2006 wiederaufgelegten großen Koalition aus SPÖ und ÖVP nicht kam, verschwand das Thema mehr oder weniger sang- und klanglos.

Francesco Cossigas „Selbstbestimmung"-Episode

Zuvor war es zu einer nicht zu vernachlässigenden „Selbstbestimmung"-Episode gekommen, welche in einem für die Südtirol-Frage sowie für die österreichische Südtirol-Politik bedeutungstragenden Exkurs wie folgt umrissen werden muß. Denn zu heftigen Turbulenzen hatte das Vorpreschen für die Gewährung des Selbstbestimmungsrechts von einer Seite gesorgt, mit der bis dahin niemand jemals gerechnet hatte: Der ehemalige italienische Staatspräsident Francesco Cossiga, Senator auf Lebenszeit, der schon mit seiner Bemerkung gegenüber dem Südtiroler Wochenmagazin „ff" (Ausgabe vom 11. 8. 2005) – *„Die Österreicher sind Deutsche, Österreich ist ein Staat, aber keine Nation. In diesem Punkt hatte Hitler recht"* – Pfeile auf sich gelenkt hatte, unterbreitete tatsächlich auch den ernstgemeinten Vorschlag, man möge die Südtiroler selbst über ihre Zukunft und also über ihren Verbleib oder Nichtverbleib bei Italien entscheiden lassen. Sie sollten, so Cossigas Antrag im römischen Senat, darüber abstimmen, ob sie künftig unabhängig sein oder zu Österreich oder gar zu Deutschland gehören wollten. Da die Südtiroler Landesregierung auffällig zurückhaltend darauf reagierte, zog Cossiga seinen Antrag zurück und daraus den polemischen Schluß, die *„Bozner Bande von Landeshauptmann Durnwalder & Co"* sei *„mehr am Geld aus Rom als an der nationalen Frage interessiert"*.

Doch eines hatte Cossiga erreicht: In Südtirol entbrannte eine heftige Debatte über das Selbstbestimmungsrecht. Es sei *„eine Provokation"*, daß Cossiga seinen Vorstoß nicht mit den Südtirolern abgesprochen habe, wurde Kammerabgeordneter Siegfried Brugger (SVP) von der Zeitung „Die Presse" (Ausgabe 28. 5. 2006) zitiert: *„Das Selbstbestimmungsrecht steht uns sowieso zu, das brauchen wir uns nicht von Cossiga sagen lassen"*. Zudem bestehe *„derzeit nicht die Notwendigkeit, das Selbstbestimmungsrecht zu fordern"*. Sowohl LH Durnwalder, als auch SVP-Obmann Pichler-Rolle wiesen Cossigas Initiative umgehend zurück. Die FPS nutzte dies, um Durnwalder zum Rücktritt aufzufordern und sich *„bei Cossiga im Namen jener Südtiroler, denen die Eigenständigkeit vor Geld und Glimmer geht"*, zu entschuldigen.

In Österreich nannte FPÖ-Chef Strache Cossigas Initiative einen *„mutigen, völkerrechtlich richtigen Schritt"*. Den Südtirolern sei die Möglichkeit zu geben, über ihre Zukunft abzustimmen, *„eine Entscheidung für Österreich würde mich persönlich sehr freuen"*. *„Cossiga ist ein alter Fuchs und weiß, dass der Vorschlag nicht die leiseste Chance hatte"*, meinte dagegen Erwin Niederwieser. Nationalratspräsident Andreas Khol (ÖVP) wollte sich nicht zu Cossiga äußern. Dies griff wiederum Strache auf und befand, Cossigas Vorschlag sei auf *„betretene Ablehnung der ÖVP-Schwesterpartei SVP sowie des selbsternannten Scheinhüters Südtirols, Dr. Andreas Khol, gestoßen"*. Der *„oberste Sittenwächter der ÖVP und Hüter diverser Petitionen sowie nebuloser Schutzmachtformulierer schweigt"*, sagte Strache und verdammte *„das patriotische Totalversagen der schwarzen Trans-Brenner-Achse"*. Es sei *„ungeheuerlich, dass österreichische Spitzenpolitiker im Jahre 2006 nicht jedwede Initiative zur Selbstbestimmung Südtirols tatkräftig begrüßen und aktiv unterstützen"*. Von der SVP, welche als Teil des Linksbündnisses bei den italienischen Wahlen mit Sozialisten, Grünen und Kommunisten antrat, sei längst nicht mehr als Postenschacher und Erhalt des Status quo zu erwarten, sagte Strache und befand, es zeige sich, daß die einzigen Verfechter einer echten Selbstbestimmung in Südtirol die Freiheitlichen Südtirols seien, die sich umgehend für die blamablen Aussagen der SVP-Spitze bei Cossiga entschuldigt hätten.

Das Gewürge um die „Schutz(macht)funktion"

Der von Strache attackierte Khol begrüßte indes am 5. Juli 2006 in seiner Funktion sowohl des Nationalratspräsidenten als auch des Obmanns des Südtirol-Unterausschusses die *„Entschließung des Außenpolitischen Ausschusses betreffend die Verankerung der Schutzfunktion für die österreichische Volksgruppe in Südtirol in der österreichischen Bundesverfassung"*, welche von den Abgeordneten Dr. Michael Spindelegger (ÖVP), DDr. Erwin Niederwieser (SPÖ) und Klaus Wittauer (BZÖ) eingebracht worden war. Sie war von den Klubs (Fraktionen) der ÖVP, der SPÖ und des BZÖ mit breiter Mehrheit angenommen worden; dagegen votierten alle Abgeordneten der Grünen sowie jene freiheitlichen Abgeordneten, die sich nicht dem von Jörg Haider im April 2005 von der FPÖ abgespaltenen BZÖ (das seitdem formeller Koalitionspartner der ÖVP war), sondern nach wie vor der FPÖ zugehörig fühlten.

Der parlamentarische Entschließungsantrag fußte auf den im „Österreich-Konvent" – er sollte Vorschläge zur Verfassungsreform ausarbeiten – eingebrachten sowie im Unterausschuß diskutierten Textvorschlägen und berücksichtigte dabei die beim Verfassungsdienst des Bundeskanzleramtes, beim Völkerrechtsbüro des Außenministeriums, bei der Tiroler Landesregierung und beim Tiroler Landtag eingeholten Stellungnahmen zur Schützen- und Bürgermeister-Petition.

Der Entschließungsantrag hatte folgenden Wortlaut: *„Der Nationalrat unterstützt bei einer Verfassungsreform die Aufnahme einer Bestimmung in die österreichische Bundesverfassung, welche die Schutzfunktion für die österreichische Volksgruppe in Südtirol verankert. Die Beachtung der Schutzfunktion anderer Staaten für ihre in Österreich lebenden Volksgruppen (Art. 8 Abs. 2 B-VG) soll gleichermaßen in die Verfassung aufgenommen werden. Die Bundesregierung wird ersucht, in diesem Sinne vorzugehen.“* In seiner Erklärung ließ Khol verlauten, er freue sich *„sehr, dass dieser wichtige Schritt zur Verankerung der Schutzfunktion Österreichs für Südtirol in der österreichischen Bundesverfassung gesetzt wurde. Die breite Zustimmung zeigt, dass Südtirol ein parteienübergreifendes Anliegen der Österreicherinnen und Österreicher ist und bleibt“*. Erfreuliche Tiroler Worte des damaligen Nationalratspräsidenten, welche allerdings wiederum folgenlos bleiben sollten.

Zwar nahm der Nationalrat in seiner letzten Sitzung vor der Neuwahl den Entschließungsantrag mit den Stimmen von ÖVP, SPÖ und BZÖ an. Woraufhin in Südtirol der damalige SVP-Obmann Elmar Pichler-Rolle dies als *„Weichenstellung“* bezeichnete und sich als Initiator der Unterzeichnung der Petition durch die Bürgermeister zu erkennen gab: *„Wir sind erfreut, dass der Nationalrat die von den Bürgermeistern Südtirols auf meine Empfehlung hin unterzeichnete und vom Südtiroler Schützenbund getragene Petition rasch behandelt und in ein parlamentarisches Dokument umgewandelt“* und damit *„absolut im europäischen Geiste“* gehandelt habe. Keinesfalls wolle die SVP, daß die Beziehungen zwischen Rom und Wien Belastungen ausgesetzt würden, *„wir wollen lediglich, dass endlich realisiert wird, daß wir ein Sonderfall sind und international geschlossene und verankerte Verträge dies belegen“*; denn Österreich habe seit der Unterzeichnung des Pariser Vertrages zwischen Karl Gruber und Alcide De Gasperi *„das Recht und die Pflicht, sich um Südtirol zu kümmern“*. Einen *„Tag der Freude für unser Land“* wollte auch der Mitinitiator SSB sehen und ließ verlauten, *„die geplante Verankerung der Schutzfunktion Österreichs für Südtirol in der neuen österreichischen Verfassung unterstreicht einmal mehr die Verbundenheit ganz Österreichs mit Südtirol“*. Die italienischen Reaktionen hätten klar gezeigt, wie *„wenig ernst es Rom mit dem wirklichen und dauerhaften Schutz der Südtiroler“* meine, die Statthalter Roms in Bozen seien *„zum Rapport gerufen“* und die *„Absetzung der Bürgermeister angedroht“* worden. Und just auch deshalb bewerteten die Schützen die Zustimmung zum Entschließungsantrag als von *„immenser Wichtigkeit für Südtirol“*.

Doch weder kam es seitdem zur Umsetzung der Verfassungsreformvorschläge des „Österreich-Konvents“ (als Voraussetzung dafür) noch zur Verankerung der „Schutzfunktion für die österreichische Volksgruppe in Südtirol“. Das hat Gründe. Einer der entscheidenden hängt mit dem Umstand zusammen, daß im Nationalrat die Petition nicht in einen parlamentarischen Initiativ-, sondern „nur“ in einen Entschließungsantrag mündete. An Entschließungsanträge sind Parlament und – vor allem – Bundesregierung nur in der laufenden Legislaturperiode gebunden; Initiativanträge wirken dagegen auch in weiteren Legislaturperioden fort (man beachte daher die durchaus wohlbegründete Kritik des FPÖ-Abgeordneten Neubauer an der „Südtirol-Partei“ ÖVP, überdies auch speziell an Khol; s. u.). Ein anderer Grund liegt im Regierungswechsel nach der Nationalratswahl im Herbst 2006: Zwar bildeten seitdem (und bis 2017) SPÖ und ÖVP nach althergebrachtem Muster wieder große Koalitionen; doch sie kamen zusammen nicht mehr – wie früher – auf eine Zweidrittelmehrheit der Mandate und brauch(t)en daher für Verfassungsänderungen zustimmungswillige Oppositionsparteien (oder wenigstens -abgeordnete, was wegen des faktischen Klubzwangs nur schwer zu erreichen ist).

In der vorgezogenen Nationalratswahl 2008 erhielt das die Entschließung billigende „Bündnis Zukunft Österreich“ (BZÖ; die von Haider initiierte Abspaltung von der FPÖ) 10,7 Prozent der Stimmen (21 Mandate), die SPÖ (29,3 Prozent, 57 Mandate) sowie die ÖVP (26,0 Prozent, 51 Mandate). Zusammen mit dem BZÖ hätten die Koalitionspartner (rein mathematisch betrachtet) über weit mehr als die verfassungsändernde Zweidrittelmehrheit – sie lag bei 122 (von 183) Nationalratsabgeordneten – verfügt: Nicht einmal zu einem ernstlichen Versuch ist es diesbezüglich gekommen. Wobei festzuhalten ist, daß das BZÖ nach Haiders Unfalltod (drei Wochen nach der Nationalratswahl 2008) seine Geschlossenheit verlor, da immer mehr seiner Abgeordneten – vor allem in Kärnten und Ober- wie Niederösterreich – wieder *„in den Schoß der FPÖ"* zurückkehrten und damit bis zum gänzlichen parlamentarischen Verschwinden (nach der Nationalratswahl 2012) in dieser Frage die Zustimmung der FPÖ erforderlich (und bei gewissen Zugeständnissen wohl zu gewinnen) gewesen wäre. Aber so etwas sahen die (nicht mehr ganz so großen) Koalitionäre von SPÖ und ÖVP nicht vor.

Auch die weitere politische Entwicklung verunmöglichte die Erhebung der Schutz(macht)-funktion Österreichs für Südtirol in Verfassungsrang. Was den FPÖ-Abgeordneten Werner Neubauer am 21. Oktober 2009 zu folgender Feststellung veranlaßte: *„In der heutigen Sitzung des Nationalrats kam es zu einem ungeheuerlichen Vorfall"*, so Neubauer im Pressedienst seiner Partei. *„Die ÖVP, die sich in der tagespolitischen Diskussion so gerne als Schirmherr Südtiroler Interessen aufspielt und bei Veranstaltungen gerade in Südtirol so gerne die Verdienste der ÖVP um die Autonomie hervorhebt, hat einen Antrag der FPÖ, die Schutzmachtfunktion Österreichs in der Präambel der österreichischen Verfassung zu verankern, mit fadenscheinigen Argumenten abgelehnt."* Hintergrund des Antrags, den Neubauer als freiheitlicher Südtirolsprecher referierte, sei *„das Versäumnis der Bundesregierung, einen seit Jahren existenten Beschluss des Nationalrates (...) endlich auch umzusetzen"*. Umgesetzt worden sei der Antrag nie, was (nicht nur) *„eine Bankotterklärung für die österreichische Bundesregierung"* sei.

Am 10. Dezember 2009 übergab Massimo Spinetti, italienischer Botschafter in Wien, im österreichischen Außenministerium ein Protestschreiben, in welchem sich Rom gegen den Wunsch nach verfassungsrechtlicher österreichischer Schutzfunktionsverankerung für Südtirol aussprach. Hermann Gahr (ÖVP), Vorsitzender des Südtirol-Unterausschusses im Außenpolitischen Ausschuß des Nationalrats, bestätigte gegenüber der Agentur APA einen dementsprechenden Bericht der Bozner Tageszeitung „Dolomiten". Italien habe *„mit dem Wunsch der Südtiroler ein Problem"*, sagte Gahr beschönigend zur APA. Spinetti habe argumentiert, daß Südtirol *„durch die Autonomie und die Realisierung der Europaregion ausreichend Schutz"* habe und daher ein solcher Schritt *„anachronistisch"* sei. Ein weiterer Stein des Anstoßes sei *„Kritik an der Pflege und Beibehaltung faschistischer Denkmäler in Südtirol"*. Spinetti habe sich gegen deren „Abwertung" gewandt und argumentiert, Rom verhalte sich in dieser Frage wie andere Länder. Gahr sagte, er rechne damit, *„dass bis Anfang Februar 2010 klar sein wird, ob die Verankerung kommt"*.

Unmittelbar davor, nämlich am 18. Januar 2010, sah sich der FPÖ-Abgeordnete Werner Neubauer veranlaßt, namens seiner Partei der ÖVP *„Komplizenschaft mit Rom gegen Südtirol"* zu unterstellen und begründete dies ausführlich wie folgt: *„Die Südtirol-Politik des von der ÖVP besetzten österreichischen Außenministeriums besteht darin, in Komplizenschaft mit dem italienischen Außenminister Frattini jegliche Bewegung in der Südtirolfrage zu verhindern, die Rom unangenehm ist."* Und fuhr fort: *„Als ich am 13. Jänner 2010 auf der großartigen Veranstaltung ‚Südtirol ohne Italien?' der Schützenkompanie Villanders an der Podiumsdiskussion teilnahm, verkündete der ehemalige SVP-Obmann Pichler-Rolle, dass in den nächsten Tagen eine hochrangige SVP-Delegation nach Wien reisen werde. Diese werde mit dem österreichischen Außenminister Spindelegger die Fragen der Verankerung der Schutzmachtrolle Österreichs für Südtirol in der österreichischen Bundesverfassung und der Doppelstaatsbürgerschaft für Südtiroler besprechen."*

Er habe der Delegation viel Glück gewünscht, aber aus gutem Grunde befürchtet, daß das Treffen nur als Augenauswischerei enden werde. Denn er, Neubauer, habe Spindelegger persönlich auf diese Fragen angesprochen und eine verblüffende Antwort erhalten: *„Spindelegger erklärte mir unverblümt, dass es für ihn nicht in Frage komme, Italien zu verärgern. Die EU kritisiere Rumänien in Bezug auf eine Doppelstaatsbürgerschaft für rumänische Moldawier und daher könne Österreich nicht dasselbe für die Südtiroler tun."* Und, fuhr Neubauer fort: *„Auf die von der SVP angekündigte große Unterschriftenpetition für den Erhalt einer zusätzlichen österreichischen Staatsbürgerschaft für ladinische und deutsche Südtiroler hat mir Außenminister Spindelegger offen ins Gesicht gesagt, dass er auch diese Vorgangsweise* *für blanken Populismus halte und nicht im Entferntesten daran denke, diesem Wunsch der Südtiroler zu entsprechen.“*

Neubauer fuhr fort, er habe den Eindruck, daß *„sowohl von ÖVP-Seite wie auch von einigen SVP-Politikern ein unehrliches Spiel gespielt“* werde, um *„der Bevölkerung Sand in die Augen zu streuen“*: *„Während die Südtiroler SVP-Parlamentsabgeordneten Siegfried Brugger und der Autonomieexperte Karl Zeller sich offenbar aufrichtig um die Anliegen der Schutzmachtrolle und der Doppelstaatsbürgerschaft annehmen, hat der Südtiroler Landeshauptmann Durnwalder einen diesbezüglichen Beschluß des Südtiroler Landtages verhindert. Er weiß genau, daß sich Spindelegger in Wien mit der Ablehnung dieser Wünsche leichter tut, wenn keine offizielle Forderung des Landtages vorliegt“*, so Neubauer. Auf österreichischer Seite spiele *„in diesem unredlichen Spiel neben dem Nordtiroler Landeshauptmann und erklärten Frattini-Freund Platter vor allem der ÖVP-Seniorenobmann Khol mit, der schon als Koordinator des Tiroler Landesfestzugs von 2009 vergeblich versucht hatte, Selbstbestimmungstransparente der Schützen zu verhindern. Khol, der bis vor kurzem noch fröhlich behauptet hatte, durch die Mitgliedschaft Österreichs und Italiens in der EU sei die Grenze am Brenner gefallen und die Tiroler Landeseinheit ohnehin erreicht, hat derzeit nichts Wichtigeres zu tun, als vorsorglich durch öffentliche Erklärungen gegen die geplante Doppelstaatsbürgerschaft für Südtiroler aufzutreten. Er malt dabei ein Horrorszenario an die Wand, dass Italien dadurch einen Bruch des Pariser Autonomievertrages durch Österreich sehen und unberechenbar und gefährlich reagieren könnte“*.

Damit gebe Khol der römischen Politik Argumente gegen Österreich und Südtirol in die Hand, statt für die legitimen Anliegen Südtirols einzutreten, ließ Neubauer verlauten und warf Khol vor, er habe *„die Entschließung zur Schutzmachtrolle listig zu Fall gebracht“*. Indem Khol nämlich *„als Nationalratspräsident am 12. Juli 2006 die vorzeitige Beendigung der laufenden Gesetzgebungsperiode unterzeichnete, wurde der Antrag gegenstandslos. In der nächsten Legislaturperiode war die neue Bundesregierung nicht mehr an den Entschließungsantrag gebunden, weil ein solcher nur für die jeweils laufende Legislaturperiode gilt“*. Hätte es sich stattdessen um einen Initiativantrag gehandelt, so hätte dieser auch eine Bindung und Verpflichtung zur Umsetzung des Beschlusses für die nächste Regierung bedeutet. *„Es ist völlig auszuschließen, dass Khol, einem hervorragenden Kenner der Geschäftsordnung, das entgangen sein sollte. Er hat jedenfalls wohlweislich keinen Initiativantrag geplant gehabt. Es war von Anfang nur an eine üble Inszenierung von Theaterdonner geplant gewesen“*, donnerte Neubauer im FPÖ-Pressedienst und sah *„alle Südtiroler Bürgermeister und Persönlichkeiten, welche die Petition in ernster Sorge um die Zukunft ihres Landes unterfertigt hatten, dadurch in übler Weise hintergangen“*.

Gut 10 Jahre später sollte indes die SVP wieder ansatzweise zur Idee der Festschreibung der Schutzmachtfunktion zurückkehren. Allerdings der offenkundigen Intention nach eher als Ablenkungsmanöver zur vielfach von patriotischen Kreisen Südtirols – SSB, SHB, Arbeitskreis für Selbstbestimmung, Kameradschaft ehemaliger Freiheitskämpfer, Bergisel-Bund, FPS und STF –, aber auch und vor allem von der FPÖ im Nationalrat sowie in den österreichischen Länderparlamenten geforderten österreichischen Staatsbürgerschaft für Südtiroler. Der darob entstandene Streit entzweite sogar die SVP, in der „Altmandatare“ wie Dr. Luis Durnwalder, Dr. Bruno Hosp und Dr. Dr. h. c. Franz Pahl – um nur einige zu nennen – wider die das Verlangen ablehnende neue Generation in der Partei(führung) unter Obmann Philipp Achammer und LH Arno Kompatscher standen. Dasselbe galt für die Tiroler ÖVP ebenso wie für die Bundes-ÖVP; in beiden Parteigremien standen sich Befürworter und Gegner gegenüber. SPÖ, Grüne und Neos lehnten das Verlangen durchweg ab.

Einzig die FPÖ sowie in Südtirol die austro-patriotischen Kräfte – nebst den genannten SVP-„Altmandataren“ – setzten sich unablässig für die Gewährung der österreichischen Staatsbürgerschaft für Südtiroler ein, die sie überhaupt (beantragen) wollten. So hielt beispielsweise der damalige Dritte Nationalratspräsident Norbert Hofer (FPÖ) am 22. Februar 2015 vor dem zuvor von der Meraner Schützenkompanie renovierten und auf Hochglanz gebrachten Andreas-Hofer-Denkmal in Meran die Gedenkrede aus Anlaß der traditionellen

Landesgedenkfeier für den Tiroler Volkshelden, woran neben zahlreichen Vertretern aus Politik und Gesellschaft Schützenkompanien aus allen Landesteilen teilnahmen. Hofer sagte, die Trennung Südtirols vom Vaterland Österreich sei und bleibe Unrecht. Der FPÖ-Politiker äußerte sich selbstverständlich auch zur Frage der österreichischen Staatsbürgerschaft für Südtiroler: *„Ich habe kein Verständnis für jene Stimmen, die behaupten, dass die Forderung danach den Anliegen Südtirols schädlich wäre."* Er und die Mitstreiter seiner Gesinnungsgemeinschaft seien dafür, die Staatsbürgerschaft all jenen zu gewähren und ihnen den Doppelpaß auszuhändigen, deren Vorfahren ihre österreichische Staatsbürgerschaft nach dem Losreißen ihres Tiroler Landesteils vom Vaterland verloren hätten. Diese Aussage schloß, was Hofer bewußt gewesen sein mußte, auch Trientiner als Nachfahren der ehedem Welschtiroler Staatsangehörigen Österreichs mit ein.

Doch auch dieses „Projekt", für das sich – neben vielen anderen – insbesondere der oberösterreichische FPÖ-Nationalratsabgeordnete (mit Südtiroler Wurzeln) Werner Neubauer engagierte und für das es – festgeschrieben im Koalitionsvertrag zwischen „türkiser" ÖVP (unter Parteiobmann und Kanzler Sebastian Kurz) und „blauer" FPÖ (unter Parteiobmann und Vizekanzler Heinz-Christian Strache) sowie ausgearbeitet von juristischen Fachleuten – bereits einen fertiggestellten Entwurf für die Novellierung des österreichischen Staatsbürgerschaftsgesetzes gab, wogegen Rom Sturm lief, war mit dem abrupten Ende von Regierung und Koalition infolge der höchst fragwürdigen „Ibiza-Affäre" Makulatur. (16)

„Aufbruch zur Autonomie"

Auf der vom SSB am 17. November 2007 ausgerichteten Kundgebung im Gedenken an den „Marsch auf Sigmundskron" anno 1957 hatte sich der Tiroler Alt-LH Wendelin Weingartner, der als Hauptgedenkredner auftrat, für eine *„Weiterentwicklung des Südtirol-Modells im europäischen Sinne"* ausgesprochen. Möglich werden sollte nach seiner Auffassung *„eine Landeseinheit, die nicht Staatsgrenzen verändert, faktisch aber Heimat schafft".* Künftige Generationen würden Politiker daran messen, wieviel Heimat und nicht wie viele Straßen, Flughäfen oder Einkaufszentren sie geschaffen hätten. Trotz seiner Autonomie müsse Südtirol in die Zukunft sehen. Dabei sei zu beachten, daß eine Veränderung *„nicht rückwärtsgewandt, sondern im europäischen Geist"* zu verwirklichen sei. Indem Weingartner sowohl auf die Unterdrückung sowie Entnationalisierung während der Epoche des italienischen Faschismus als auch auf die Unterwanderungsversuche und die Fortsetzung der Entnationalisierungspolitik durch das demokratische Italien nach dem Zweiten Weltkrieg Bezug nahm, wies er darauf hin, daß *„Südtirol auch ein Modellfall dafür gewesen ist, wie man nicht mit Minderheiten umgeht".*

Der langjährige SVP-Landessekretär, Landesrat und Ehren-Major der Schützen Bruno Hosp sagte vor den mehr als 1.500 Kundgebungsteilnehmern, zu denen auch Landtagsabgeordnete von SVP, UfS und FPS sowie aus Österreich der vormalige Nationalratspräsident Andreas Khol und der FPÖ-Nationalratsabgeordnete Werner Neubauer gehörten, von Sigmundskron müsse *„die Verpflichtung zur Tiroler Landeseinheit mitgenommen werden".* Neubauer indes kritisierte nicht allein das Fernbleiben der beiden Landeshauptleute Luis Durnwalder (Südtirol) und Herwig van Staa (Tirol), sondern auch die *„Verunglimpfung und Beleidigung der Südtiroler Freiheitskämpfer"* in einer von der SVP-geführten Landesregierung herausgegebenen Broschüre mit dem Titel „Aufbruch zur Autonomie". Es sei *„ein besonderer Affront, diejenigen Aktivisten zu beschimpfen, die unter Einsatz ihres Lebens dazu beigetragen haben, dass die deutsche Bevölkerung Südtirols heute als Zwischenlösung jene Annehmlichkeiten vorfindet, die ihnen das Autonomiestatut bietet"*, ließ Neubauer verlauten und fuhr fort: *„Wenn sich die SVP soweit selbst erniedrigt, dass sie in der Broschüre Aktivitäten der 60er-Jahre als schädlich bezeichnet, verleugnet sie die historischen Tatsachen und reiht sich damit nahtlos in die Reihe konservativer Aussagen à la van Staa und Khol ein, die erst vor einigen Tagen wieder die Behauptung aufgestellt hatten, die Grenzen zu Südtirol seien längst gefallen."* Ausdrücklich lobte Neubauer dagegen Weingartner, der *„in seiner vielbeachteten*

Ansprache eindeutige Worte gefunden" habe, nämlich: *„Ohne diese Patrioten hätten wir den Weg zur Autonomie niemals geschafft."* (Dies entspricht dem Grundtenor einer Publikation, die der Südtiroler Schützenbund bereits vor der eigentlichen Gedenkveranstaltung auf Sigmundskron herausgegeben hatte; sie stammt aus der Feder der Historikerin und späteren Kulturreferentin des SSB Dr. Margareth Lun und trägt den Titel: „Der Tag von Sigmundskron. Eine Kundgebung macht Geschichte. 17. November 1957".) (17)

Willfährige Gleichsetzung von BAS-Kämpfern und Terroristen

Wie nicht nur, aber vor allem die „Causa Porzescharte" zeigte, hat sich die österreichische Politik leichtfertig-willfährig gegenüber der prinzipiellen italienischen Kategorisierung bzw. Rubrizierung des BAS als Terror-Organisation gezeigt. Dasselbe gilt auch für die journalistische wie historisch-politische Publizistik, wenngleich unter einigen Zeitgeschichtlern eine kategoriale Differenzierung üblich ist, die von Rolf Steininger, einem der zeitgenössischen Nestoren der Südtirol-Historiographie, geprägt worden zu sein scheint: Auf der einen Seite die „relativ guten" BAS-Aktivisten vornehmlich aus Südtirol um den zentralen BAS-Gründer Sepp Kerschbaumer, auf der anderen Seite das „Rechtsspektrum" (für Steininger von „rechts" bis „rechtsextrem" reichend), das aber erst in einer „zweiten Phase" des Südtirol-Aktivismus auf den Plan getreten sein soll.

Im Lichte insbesondere der Auswertung sicherheitspolizeilicher Akten des Österreichischen Staatsarchivs sowie der zeitzeugenschaftlichen Befragung damals beteiligter Burschenschafter hat sich, wie schon dargelegt, ein differenzierteres Bild gezeigt. Die Burschenschafter waren auch nicht durchweg NDP-Mitglieder; viele hielten Burgers Parteigründung just im Blick auf die Südtirol-Problematik sogar für ausgesprochen schädlich. Dennoch lagen ihrem ideologisch motivierten Ansporn für aktives Südtirol-Engagement zweifellos Topoi wie „Kampf für das Deutschtum und dessen Erhalt" oder „Schutz der Volksgemeinschaft" u. dgl. mehr zugrunde, welche vornehmlich in deutschnationalen studentischen Verbindungen hoch im Kurs standen. Hierbei ist jedoch zu konzedieren – und das gilt naturgemäß auch und vor allem für Burgers NDP und für dortselbst zu verortende oder der Partei (ohne formelle Mitgliedschaft) nahestehende Burschenschafter –, daß zutreffen mag, was man im Zusammenhang mit südtirolpolitischem Engagement und Aktivismus als „Nähe zu NS-Gedankengut" bezeichnet, was aber – und dies ist in unserem Zusammenhang von Wichtigkeit – im Gegensatz dazu auf die FPÖ als Partei und südtirolpolitischer Akteur nicht zutrifft. Demzufolge ist die in der wissenschaftlichen und journalistischen Publizistik und infolgedessen auch in der Öffentlichkeit gängige Zuordnung, ja mitunter Projektion dieses Sachverhalts auf die FPÖ nicht nur nicht angebracht, weil unredlich, sondern unzutreffend.

In Italien wurden – bereits unmittelbar nach dem Zweiten Weltkrieg – zunächst alle Südtiroler und in den 1960er Jahren grundsätzlich alle BAS-Aktivisten des „Nazismo" bezichtigt und als „Nazisti" gebrandmarkt, bemerkenswerterweise vor allem von den damals nicht unbedeutenden und insbesondere in Südtirol stark verankerten Neofaschisten des „Movimento Sociale Italiano" (MSI). Dies galt (und gilt mitunter bis heute) auch für politische Kräfte, die sich für die Sache Südtirols einsetz(t)en. Das wirkt praktisch bis heute, läßt sich italienischerseits bei Bedarf instrumentalisieren und schlägt durchweg auf die PC-fromme „linke" Historiographie durch, vor allem in Österreich sowie in Deutschland und wird nach wie vor gegen alle patriotischen Kräfte, somit auch gegen Freiheitliche diesseits und jenseits des Brenners ausgespielt.

Es läßt sich generell festhalten, daß weder die Innsbrucker „Brixia" noch die Wiener „Olympia" oder andere Burschenschaften als Verbindung an sich in Aktionen des „Befreiungsausschusses Südtirol" involviert waren, sondern grundsätzlich nur einzelne Mitglieder von Burschenschaften, wobei viele junge „Brixia"-Farbentragende etwa ab Mitte der 1960er Jahre bis 1967 in Aktivitäten des BAS involviert waren, teilweise aber auch völlig eigenständig Südtirol-Aktionen durchführten. Das gilt auch für Aktionen der „Olympen", die seit 1961 aktenkundig sind.

Unter Nordtiroler BAS-Aktivisten herrschte darüber hinaus eine gewisse Reservation gegenüber Burschenschaftern vor – nicht zuletzt aufgrund deren Auftretens in der Öffentlichkeit –, während Südtiroler BAS-Aktivisten außer zu Norbert Burger praktisch kaum Kontakt zu Burschenschaftern hatten. Die „Pusterer Buam", eine der von 1961 bis 1966/67 aktivsten Gruppierungen innerhalb des BAS, agierten weitestgehend autonom bzw. unter Abstützung auf ihre Freunde und Familien im Südtiroler Ahrntal sowie in Österreich und Deutschland. Burschenschafter spielten im Zusammenhang mit den „Pusterern" höchstens eine unterstützende Rolle wie zur Lieferung und/oder dem Verwahren/Verbergen von Sprengmitteln. Lediglich die BAS-Gruppierung um Georg „Jörg" Klotz hielt direkten Kontakt zu Burschenschaftern, und einige Burschenschafter waren bereits ab 1961 in Aktionen von Jörg Klotz und seiner Gruppierung involviert.

Nicht haltbar ist aufgrund der analysierenden Auswertung des vorliegenden Archivmaterials allerdings die häufig vertretene These, daß Burschenschafter und „rechtsextreme Kreise" mit neonazistischem Hintergrund in einer zweiten Phase der Anschläge ab etwa 1964 sozusagen das „Kommando" im BAS übernommen hätten. Nachdem nach der „Feuernacht" 1961 die meisten Südtiroler BAS-Aktivisten in Italien inhaftiert oder im Asyl in Österreich und Deutschland waren, stieg die Bedeutung von Burschenschaftern aus Österreich und Deutschland im Südtirol-Konflikt zwar an; die vorliegenden Daten zeigen allerdings schon durch die relativ geringe Anzahl aktiv involvierter Burschenschafter zweifelsfrei an, daß diese keine dominierende Rolle innehatten. Dem steht die „Propaganda" italienischer Medien gegenüber. Sie schoben (und schieben allem Anschein nach auch heute noch) sämtliche Südtirol-Aktivisten und grundsätzlich alle Südtiroler ins „rechtsextreme Eck".

Diese italo-propagandistische Darstellung setzte zwar lange vor der Entstehung des BAS (1956) ein, trotzdem wird sie nach wie vor von zahlreichen Historikern und vor allem Politologen unkritisch übernommen und – teilweise vehement – vertreten. So etwa bezeichnete Gaetano Martino, der italienische Delegationsleiter bei der XV. Generalversammlung der Vereinten Nationen, im Zusammenhang mit der Vorbringung des Südtirol-Problems unter dem österreichischen Außenminister Bruno Kreisky Südtiroler Politiker, beispielsweise Toni Ebner, Friedl Volgger und andere, als *„Extremisten der Südtiroler Volkspartei"* und bezichtigte sie und ihre Partei der *„rassische[n] Intoleranz"* gegenüber Italienern. In und für Italien spielt(e) die terminologische Scheidung Südtirol-Aktivisten/Freiheitskämpfer versus Terroristen zu keinem Zeitpunkt eine Rolle – alle waren/sind Terroristen. (19)

Besonders deutlich wurde dies anhand eines Falles aus jüngerer Zeit. Kurz vor Weihnachten 2018 hatten die Kinder Heinrich Oberleiters, eines im fränkischen Teil Bayerns lebenden BAS-Kämpfers, über einen Anwalt ein Gnadengesuch für ihren Vater an den italienischen Staatspräsidenten Sergio Mattarella gestellt. Oberleiter war einer der „Pusterer Buben" (im Dialekt „Puschtra Buibm") und gehörte wie Sepp Forer, Siegfried Steger und ihr bereits verstorbener Kamerad Heinrich Oberlechner zu denen, die nach der berühmten „Feuernacht" 1961 nach Österreich entkommen konnten, als der BAS, um die Weltöffentlichkeit auf das Südtirol-Problem aufmerksam zu machen, rund um Bozen zahlreiche Strommasten gesprengt hatte. In Italien waren sie, wie die meisten ihrer mehr als 100 festgenommenen BAS-Kameraden, in Abwesenheit zu langjährigen Haftstrafen verurteilt worden. Alle BAS-Leute galten und gelten dort als Terroristen. (Heinrich Oberleiter hat bewegend über die turbulenten 1960er Jahre in Südtirol, seine Einsätze im Rahmen der BAS-Gruppe „Pusterer Buben" sowie über sein spektakuläres Entkommen aus den Fängen der italienischen Sicherheitskräfte berichtet. https://www.tirolerland.tv/oberleiter/ und https://www.tirolerland.tv/heinrich-oberleiter-2-teil-zeitzeugen-der-1960er-jahre-in-suedtirol/)

Dies zeigte sich etwa daran, daß nach Überstellung des einstigen Kopfes der linksextremistischen Organisation „Bewaffnete Proletarier für den Kommunismus" (Proletari Armati per il Comunismo, PAC) Cesare Battisti von Bolivien nach Italien der Abgeordnete Luca De Carlo an Mattarella appellierte, er möge Oberleiters Begnadigung verweigern und stattdessen *„Druck auf die Regierung in Wien zur Auslieferung all jener ehemaligen Südtiroler Terroristen ausüben, die sich für Verbrechen verantwortlich gemacht und in Österreich*

Zuflucht gefunden" hätten. De Carlo gehörte 2018 wie 16 Kammerabgeordnete und 7 Senatoren den „Brüdern Italiens" (Fratelli d'Italia; FdI) an, einer neofaschistischen Partei, die sich in der Hervorkehrung ihrer an Mussolini gemahnenden Propaganda von der „ewigen Italianità" (Südtirols) vielleicht nur noch von der im Bozner Kommunalparlament vertretenen „Casa Pound"-Partei übertreffen läßt, sich aber unter ihrer Galionsfigur Giorgia Meloni, der späteren Regierungschefin, ein gemäßigte(re)s politisches Image zuzulegen trachtet(e), was nicht durchweg gelangte/gelingt. In beide Parlamentskammern hatten FdI-Mandatsträger im März 2018 einziehen können, da ihre Partei Teil des Mitte-rechts-Wahlbündnisses um Silvio Berlusconis Forza Italia (FI) und Matteo Salvinis Lega war.

Salvinis damaliger Bozner Statthalter Massimo Bessone hatte zwar sogleich klargestellt, daß sich die Lega – im Landtag Koalitionspartner der SVP – keinesfalls das Verlangen der FdI zu eigen machen werde. Dennoch gilt bis zum Beweis des Gegenteils, daß sich, egal wer in Rom regiert(e), Italiens Betrachtungsweise um keinen Deut verändert(e), wonach es sich bei BAS-Kämpfern wie bei den anarchomarxistischen Gruppierungen und linksextremistischen Organisationen – PAC, Lotta Continua („Der Kampf geht weiter"), Potere Operaio („Arbeiter-Macht"), Nuclei Armati Proletari (NAP; „Bewaffnete Proletarische Zellen") sowie den streng marxistisch-leninistischen Brigate Rosse („Roten Brigaden", BR) und zahlreichen Splittergruppen ebenso um Terroristen handele wie bei der rechtsextremistischen Ordine Nuovo (ON; „Neue Ordnung") und der Avanguardia Nazionale („Nationalen Avantgarde") mitsamt Ablegern wie etwa den Nuclei Armati Rivoluzionari („Bewaffneten Revolutionären Zellen").

Diese gleichmacherische Betrachtungsweise beschränkt sich leider nicht auf Italien. Doch wer sie betreibt oder ihr unhinterfragt folgt, übersieht oder negiert die prinzipiellen Unterschiede nach Zielsetzung, Gewaltpotential und -ausmaß. Während sich sowohl die genannten links- als auch die rechtsextremistischen Gruppen die Beseitigung der demokratischen Ordnung in Italien mittels bewaffneten Kampfes bzw. Putschens und deren Ersatz durch eine Diktatur des Proletariats bzw. ein autoritäres (Militär-)Regime zum Ziel setz(t)en, strebte der BAS nie den gesellschaftlichen Umsturz oder anti-demokratische Verhältnisse an. Der BAS verlangte vielmehr die zweimal verweigerte Selbstbestimmung der Südtiroler, zumindest aber die Einlösung der von Italien 1946 vertraglich zugesicherten, aber verwässerten Autonomie. Und er kämpfte in Wort und Tat gegen Entrechtung und Entnationalisierung, d.h. gegen die auch vom „demokratischen" Italien praktizierte Zurücksetzung seiner Landsleute sowie die massive Ansiedlung von Italienern zum Zwecke der Umstülpung der ethnisch-kulturellen Verhältnisse. Die der existentiellen Notlage ihrer von Italien wie ein Kolonialvolk gehaltenen Landsleute geschuldeten Gewalttaten, zunächst das Sprengen von Strommasten wie in der legendären „Feuernacht" 1961, richteten die BAS-Aktivisten ausschließlich gegen Sachen, nicht gegen Menschen. Hingegen machten links- wie rechtsextremistische Gruppen dabei keine Unterschiede. So gingen beispielsweise allein auf das Konto der Rotbrigadisten 73 Mordanschläge und zahlreiche Entführungen sowie Banküberfälle. Der Bombenanschlag von Rechtsextremisten auf der Piazza Fontana in Mailand forderte 14 Todesopfer, und bei jenem auf den Hauptbahnhof von Bologna 1980 waren 85 Personen getötet und mehr als doppelt so viele verletzt worden.

Die meisten der nach der „Feuernacht" verhafteten BAS-Kämpfer haben, sofern sie Folter und Haft überlebten, ihre Strafen verbüßt. Die entkommenen, wie die „Pusterer Buben", konnten/können wegen der (in Abwesenheit von italienischen Gerichten) gegen sie ergangenen Urteile nicht wieder in ihre Südtiroler Heimat zurück. Es ist menschlich allzu verständlich, daß Oberleiters Kinder um Begnadigung für ihren Vater baten, der 2016 mit den Worten zitiert worden war, *„ein Gnadengesuch bei Italiens Staatspräsident kommt für mich nicht infrage, da ich mich nicht im Unrecht sehe und der Meinung bin und schon immer war, dass man mit Aufrechtgehen weiter kommt als mit Kriechen"*. Ebenso verständlich ist aber auch, daß Sepp Forer und Siegfried Steger ein Gnadengesuch für sich mit der Begründung ausschließen, damit sei eine – von ihnen strikt abgelehnte – Schuldanerkenntnis verbunden. Und absolut nachvollziehbar ist die vom Sprecher der „Kameradschaft ehemaliger Südtiroler Freiheitskämpfer" eingenommene Position: Univ.-Prof. i.R. Dr. med. Erhard Hartung lehnt für sich und seinen Fall einen derartigen Schritt mit der ebenso stichhaltigen Begründung ab, er habe die ihm – er war damals junger Arzt – im Zusammenhang mit dem „Attentat auf der Porzescharte" (1967) zur Last gelegte Tat ebensowenig begangen wie seine Mitstreiter Egon Kufner – damals Unteroffizier des österreichischen Bundesheeres – und (der 2015 verstorbene, damalige Elektriker) Peter Kienesberger.

Der (Militär-)Historiker Hubert Speckner wies in seinen auf gründlichster Auswertung bisher verschlossener oder unbeachtet gebliebener Akten fußenden und in voluminösen Publikationen veröffentlichten Forschungen schlüssig nach, daß sich viele jener Geschehnisse und Vorfälle, welche Italien prinzipiell den „BAS-Terroristen" zuschrieb, was Österreichs Regierungspolitik mehr oder weniger durchweg hinnahm, keinesfalls so ereignete, wie sie Italien darstellte. Insgesamt 48 „Attentate" bzw. „Anschläge" unterzog Speckner gründlichen Analysen. Dabei erwies sich, daß die meisten entweder überhaupt nicht (so) stattfanden (wie von Italien dargestellt) oder unter „falscher Flagge" verübt wurden, um den BAS dafür verantwortlich zu machen, seine Aktivisten als Terroristen zu verunglimpfen und damit den Südtiroler Freiheitskampf insgesamt zu diskreditieren. Andere Vorfälle dieser Art erwiesen sich schlicht als Unfälle. Immerhin, und darauf muß neuerlich und nachdrücklich hingewiesen werden: Der damalige österreichische Justizminister Hans Richard Klecatsky hatte eine „rein inneritalienische Manipulation" genannt, was sich in der Nacht vom 24./25. Juni 1967 an besagtem (Grenz-)Übergang von Osttirol zur italienischen Provinz Belluno auf der Porzescharte abgespielt und was Österreich politisch – nicht juristisch – geschluckt hatte, was aber Bundeskanzler Josef Klaus (ÖVP) weder in der Substanz noch in der Konsequenz aufgriff, sondern wider besseres Wissen ignorierte und aus (mutmaßlich vorgeblichem) „Staatsinteresse" negierte.

Hartung war und ist es verständlicherweise um seine völlige Rehabilitation zu tun. Nach Jahrzehnten des gegen ihn ergangenen (Fehl-)Urteils und demzufolge auch der Fernhaltung von Wurzeln und Wirkungsstätte seiner medizinisch-homöopathisch bedeutenden familiären Vorfahren – diese betrieben in Riva am (vor dem Ersten Weltkrieg österreichischen) Gardasee ein von der Crème der Gesellschaft sowie den Größen der europäischen Literatur gerühmtes Sanatorium (http://www.tirolerland.tv/das-sanatorium-dr-von-hartungen-in-riva-am-gardasee/) – wollte er Speckners grundstürzende (militär)historische Forschungserträge zusätzlich von Spreng(stoff)experten abgesichert wissen. Die drei von Hartungs eingeschalteter Wiener *Kanzlei Grama Schwaighofer Vondrak Rechtsanwälte GmbH* unabhängig voneinander beauftragten Sachverständigen untermauern denn auch in ihren Privatgutachten mittels naturwissenschaftlich-technischer Expertisen Speckners Untersuchungsergebnisse:

- So kam der international anerkannte deutsche Gutachter Dr.-Ing. Rainer Melzer (öffentlich bestellter und vereidigter Sachverständiger für Einsturzverhalten, Erschütterungen und Schäden beim Abbruch von Bauwerken; Dresden) 2015 zu dem unumstößlichen Befund, daß an dem in der Causa infrage stehenden Strom-Mast Nr. 119 auf der Porzescharte am 25. 6. 1967 zwei Sprengungen vorgenommen worden seien. Bei Betrachtung aller vorliegenden Daten und Sachverhalte sei eine Täterschaft Hartungs, Kienesbergers und Kufners infolgedessen auszuschließen.
- Der gerichtlich zertifizierte österreichische Sprengstoff-Fachmann Mag. Maximilian Ruspeckhofer, der den angeblichen Tatort mehrmals untersuchte, hielt in seiner sprengtechnischen Analyse zweifelsfrei fest, daß die Genannten unmöglich die Täter gewesen sein konnten. So heißt es in seinem umfangreichen Gutachten abschließend: *„Es besteht eine sehr hohe Wahrscheinlichkeit, dass der Mast in zwei Etappen gesprengt wurde. Und das schließt die Täterschaft der damals beschuldigten Personen aus. Es besteht darüber hinaus der dringende Verdacht, dass eine ursprünglich nicht detonierte Ladung erst am nächsten Tag bzw. in den nächsten Tagen entfernt oder gezündet wurde."* (Das Wesentliche ist auf Ruspeckhofers Website https://www.ruspeckhofer.at/fachwissen/cold_case_porzescharte-8 enthalten.)
- Und die Kernaussage in dem vom dritten hinzugezogenen Experten 2018 erstellten (mit 120 Seiten umfangreichsten) Gutachten lautet: *„Im Rahmen der Gutachtener-*

stellung und aufgrund der sehr umfangreichen Befundaufnahme, der Rekonstruktion sowie Detailanalysen der einzelnen Sachverhalte zu den aktenkundigen Angaben der Ereignisse vom 25. Juni 1967 auf der Porzescharte, kann durch den gerichtlich beeideten und zertifizierten Sachverständigen Ing. Harald Hasler BSc MSc mit an SICHERHEIT GRENZENDER WAHRSCHEINLICHKEIT gesagt werden, dass sich die Ereignisse so NICHT ereignet haben können."

Welche Schlüsse sind aus alldem zu ziehen? Das Unrechtsurteil von Florenz (1971) wäre zu annullieren. Mit den Untersuchungsergebnissen sowie den Gutachten dürften genügend neue Beweismittel vorliegen, um gegebenenfalls sogar eine dazu erforderliche Verfahrenswiederaufnahme zu begründen. Und nicht zuletzt sind die trotz Freispruchs in Österreich bis zur Stunde mit dem Makel der Täterschaft behafteten Personen höchstamtlich und überdies öffentlichkeitsvernehmlich zu rehabilitieren.

Bild: Richard Andergassen, SSB

Im Juli 2022 wurde der an der Seite einer seiner Töchter ins heimatliche Ahrntal heimgekehrte Heinrich Oberleiter (Bildmitte, links daneben SSB-LKdt Roland Seppi) von der Bevölkerung gefeiert. Der SSB würdigte Oberleiters Rückkehr als „Akt der Gerechtigkeit für alle Freiheitskämpfer".

Es ist daher dringend und zwingend geboten, die zentralen amtlichen italienischen Darstellungen zum damaligen Geschehen als das zu begreifen, was sie sind, nämlich Manipulationen und als solche Geschichtsfälschung. Italien, das dafür die Hauptverantwortung trägt, hat in den letzten Jahren unzählige Schwerverbrecher und linke wie rechte ideologisch-terroristische Gesinnungstäter begnadigt. Seinem jetzigen Staatsoberhaupt Sergio Mattarella stünde es daher gut an, nach Heinrich Oberleiter, den er am 9. Dezember 2021 tatsächlich begnadigte (20), hinsichtlich all jener wenigen noch lebenden BAS-Leute, die fortgeschrittenen Alters sind und für niemanden eine Gefahr darstellen, zumindest aus Gründen der Menschlichkeit einen sauberen Schlußstrich zu ziehen.

Die Landeseinheit als „Europaregion“?

Zu den immer wiederkehrenden, ja geradezu standardisierten politischen Leitsätzen in Stellungnahmen zu(r) Südtirol(politik) gehört die seit „Paketabschluß“ und „Streitbeilegung“ von allen österreichischen Parteien und Politikern im Nationalrat sowie in den Länderparlamenten (mit Ausnahme jener der FPÖ) geäußerte/verlautbarte Formel von der die Tiroler Landeseinheit verwirklichenden „Europaregion Tirol“ (auch „Euregio Tirol“). Es versteht sich quasi von selbst, daß sie auch in Südtirol von der dort maßgeblichen Regierungspartei SVP sowie ihrer Politik nahestehenden politischen und gesellschaftlichen Derivaten verwendet wird.

Wie es um die Wirklichkeit bestellt ist, zeigt(e) sich mitunter in diesen Verlautbarungen hohnsprechenden Geschehnissen. Im Winter 2018/19 hatten gewaltige Neuschneemengen und einige Lawinen den Verkehr über den Brenner lahmgelegt, sodaß zwischen Innsbruck und Trient (vice versa) für nahezu 30 Stunden so gut wie nichts mehr ging. Jeder, egal ob in Nord- oder Südtirol, gab dem anderen die Schuld. Zurecht konnte man sich fragen, wo denn in derartigen winterlichen Notsituationen, die ja keine singulären, sondern immer wiederkehrende Ereignisse sind, die angeblichen Segnungen der in Sonntagsreden vielbeschworenen „Europaregion Tirol“ ihren Niederschlag gefunden hätten. Fehlanzeige – für den gewöhnlichen Betrachter existiert dieses Gebilde vornehmlich auf dem Papier, in Verlautbarungen aus Amtsstuben, bei den Politikern, die stets davon sprechen, ist nichts wirklich angekommen, und bei der Bevölkerung schon gar nicht.

Der Befund dürfte von der überwiegenden Mehrheit aller Tiroler zwischen Kufstein und Salurn und auch aller Welschtiroler (Bewohner des Trentino) zwischen Kronmetz (Mezzocorona) und Borghetto geteilt werden, sofern diese Tiroler überhaupt etwas mit diesem Begriff respektive dessen schlagwortartiger Verkürzung „Euregio Tirol“ anzufangen wissen. Diese Skepsis sieht sich in einer Umfrage „Jugend und Politik“ des Südtiroler Statistik-Instituts ASTAT vom August 2017 bestätigt, welche ergab, daß sich lediglich 17,1 Prozent der Personen im Alter bis zum 30. Lebensjahr für die „Euregio-Ebene“ interessier(t)en. Dies wiederum ist Beleg genug dafür, daß besagtes Gebilde ohne inhaltliche Tiefe ist und offenkundig weit unter dem bleibt, wofür es stehen und was es eigentlich erbringen soll(te).

Am 1. Januar 1995 war Österreich der Europäischen Union (EU) beigetreten. Damit eröffneten sich neue Chancen und Möglichkeiten in der Südtirol-Politik. Die Teilhabe am EU-Binnenmarkt sowie der 1997 vollzogene Beitritt zum Schengener Abkommen beendeten trotz formellen Erhalts der Staatsgrenze zwischen den beiden Tiroler Landesteilen das zuvor gängige Grenzregime. Damit verlor die historisch stets als „Schandgrenze“ empfundene Teilungskonsequenz der aus dem italienischen Seitenwechsel im Ersten Weltkrieg erlangten Kriegsbeute in ihrer Wirkung erheblich an Trennschärfe. Wenngleich der institutionelle Abbau der Grenze eine nicht zu leugnende Erleichterung des Alltagslebens auf beiden Seiten sowie eine Intensivierung des grenzüberschreitenden Verkehrs zur Folge hatte, ist das damit von der Politik beidseits des Brenners wie im Mantra beschworene „Zusammenwachsen“ der Landesteile bisher allenfalls ein frommer Wunsch geblieben.

Zusammenwachsen der Landesteile?

Parallel zu den grundstürzenden Veränderungen, welche nach dem Kollaps des Kommunismus, dem Fall der Mauer in Berlin und der Beseitigung des Drahtverhaus quer durch Europa sowie dem Untergang der Sowjetunion und der Auflösung Jugoslawiens die politische Geographie neu zeichneten, stellte man in den Landtagen Tirols und Vorarlbergs sowie Südtirols und des Trentino Überlegungen an, wie man sich möglichst in institutionalisierter Form zunutze machen könnte, was sich – über die nach dem Pariser Vertrag von 1946 zwischen Österreich und Italien mühsamen errungenen sogenannten Accordino-Vereinbarungen (geltend für Tirol, Süd- und Welschtirol) hinaus – an „regionaler Subsidiarität“ bot, wie sie schon EG-Europa begrenzt zuließ. Insbesondere der 1992 errichtete Vertrag von Maastricht (aus der EG wurde die EU) schuf mit seinem inkorporierten – aber nie politisch konsequent verwirklichten – Konzept eines „Europas der Regionen" die Voraussetzungen für das inhaltlich und institutionell nur rudimentär ausgefüllte Projekt der „Euregio Tirol".

Die Idee dazu war am 21. Mai 1991 im Rahmen einer gemeinsamen Sitzung der Landtage der Bundesländer Tirol und Vorarlberg sowie der beiden seit De Gasperis Verwässerung des Pariser Vertrags von 1946 im 1. Autonomiestatut 1948 in einer Region zwangsvereinigten italienischen Provinzen Südtirol und Trient geboren worden. Obwohl sich Vorarlberg nach der zweiten gemeinsamen Sitzung am 2. Juni 1993 daraus zurückzog, begannen die entsandten Delegierten, das Konzept sukzessiv weiterzuentwickeln. Im Mittelpunkt stand dabei insbesondere die weitere Ausgestaltung der grenzüberschreitenden Zusammenarbeit. Dies schlug sich im 1996 vorgestellten Statut über die künftige politische Marschroute sowie die institutionelle Ausgestaltung der Europaregion Tirol nieder.

Rom legt sich quer

Um den von Beginn an vorherrschenden römischen Vorwurf der Sezession zu entkräften, bewegte sich die institutionelle Ausgestaltung strikt innerhalb geltender verfassungsrechtlicher Rahmenbedingungen sowie auf dem völkerrechtlichen Grundsatz des am 21. Mai 1980 getroffenen Madrider Rahmenübereinkommens bezüglich grenzüberschreitender Zusammenarbeit von Gebietskörperschaften. Zur Vermeidung von Problemen mit der italienischen Regierung nahm man – zunächst – Abstand von der ursprünglichen Idee, die Europaregion als öffentliche Körperschaft mit eigener finanzieller Ausstattung und Völkerrechtssubjektivität einzurichten.

Die Initiatoren erhofften, daß durch die grenzüberschreitende Zusammenarbeit in Wirtschaft und Politik nicht nur die wirtschaftliche Prosperität der Regionen, sondern damit auch eine Stärkung des Autonomie- und Föderalismusprinzips auf nationaler und EU-Ebene einhergehen würde. Und insbesondere in Innsbruck und Bozen verband man mit der Europaregion die Hoffnung, daß die Kooperation nicht nur dem soziokulturellen „Auseinanderdriften" der Landesteile Einhalt gebieten würde, sondern sogar das Gefühl der gemeinsamen Identität wiederaufleben ließe. So beriefen sich führende Politiker beider Landesteile verstärkt auf gemeinsame Herkunft sowie Identität und begrüßten zugleich den faktischen Abbau der trennenden „Unrechtsgrenze" im Rahmen der Europaregion.

„Sezessionismus, Irredentismus, Pangermanismus"

Dies führte sogleich dazu, daß von den damaligen italienischen Regierungsparteien nicht etwa nur die – aus dem neofaschistischen MSI hervorgegangene – Alleanza Nazionale (AN) unter Fini, sondern auch die von Ministerpräsident Silvio Berlusconi geführte Forza Italia (FI) immer wieder den reflexartigen Vorwurf des Sezessionismus/Irredentismus erhoben. Aus anfangs vereinzelten Vorwürfen entwickelte sich ein breiter Proteststurm in Rom, der 1995 in einen handfesten politischen Konflikt mündete. Auslöser war die Absicht der drei Europa-Regionisten, ein gemeinsames Verbindungsbüro in Brüssel einzurichten, um selbständig und überzeugtermaßen effektiver die eigenen regionalen Interessen gegenüber den EU-Institutionen vertreten zu können. Obwohl Innsbruck ebenso wie Bozen und Trient versicherten, daß man allein föderalistische Absichten verfolge, da das Büro auf ausschließlicher Grundlage von EU-Rechtsbestimmungen geschaffen werde, geriet insbesondere die Südtiroler Landesregierung ins Kreuzfeuer Roms.

Selbst von höchster Ebene wurden offene Vorwürfe oder gar Drohungen gegenüber der Landesregierung geäußert. So etwa von der Generalstaatsanwaltschaft in Trient, die die Südtiroler der „zunehmenden Staatsfeindlichkeit" bezichtigte. Auch Staatspräsident Luigi Scalfaro drohte Bozen offen an, etwaige Sezessionsabsichten stellten einen evidenten Verstoß gegen die Verfassung dar und zögen schwerwiegende Konsequenzen nach sich (s.o., Teil 5). Im internen Jahresbericht des italienischen Innenministeriums wurde das Verbindungsbüro als „provozierend" und „subversiv" eingestuft, und infolge von Anzeigen mehrerer rechter italienischer Parteien, besonders aus deren Südtiroler Dependancen, wonach mit der Europaregion die „Zerstörung der Einheit Italiens“ oder „die Rückgliederung Südtirols nach Österreich“ angestrebt werde, wies Ministerpräsident Lamberto Dini die Staatsanwaltschaft in Rom an, den Vorwürfen nachzugehen. Wenngleich selbst Büros von SVP-Abgeordneten durchsucht wurden, konnten die ermittelnden Staatsanwälte keine Indizien für den Vorwurf des Sezessionismus finden. Schließlich mußte der italienische Verfassungsgerichtshof anno 1997 die Rechtmäßigkeit des Büros anerkennen.

Wien verharrt in Passivität

Trotz dieses zwischen 1995 und 1997 das politische Klima zwischen Rom, Trient, Bozen und Innsbruck vergiftenden Konflikts vermied es die österreichische Regierung, zugunsten der Europaregion Tirol Partei zu ergreifen, sondern verharrte in Passivität. In internen Aktenvermerken der Regierungen Vranitzky/Mock bzw. Vranitzky/Schüssel wurde kritisiert, Bozen und Innsbruck hätten es verabsäumt, Wien in ausreichendem Maße über das Vorhaben in Kenntnis zu setzen. Außenminister Alois Mock sowie sein Nachfolger Wolfgang Schüssel vermieden es, öffentlich Stellung zu nehmen. Ihre Partei ÖVP befleißigte sich der Zurückhaltung, wohingegen Grüne und Teile der in großer Koalition mit der ÖVP verbundenen Kanzlerpartei SPÖ sogar offen vor angeblichen Gefahren eines Wiedererstarkens des „pangermanistischen Nationalismus“ warnen zu müssen glaubten. Lediglich die FPÖ sowie die Schützenverbände Tirols, Südtirols und Welschtirols sprachen sich geschlossen und eindeutig zugunsten der Europaregion aus. Die österreichischen Parteien spielten Italien faktisch in die Hände, indem Rom das Projekt mit dem Hinweis darauf, daß FPÖ wie Schützen zuvor offen das Recht auf Selbstbestimmung für Südtirol eingefordert hätten, als „Föderalismusprojekt von Rechtsaußen“ zu stigmatisieren trachtete, das dem „sezessionistischen Pangermanismus“ diene.

Da es seit der Initiierung eher durch Konflikte mit Rom denn durch signifikante politische Erfolge aufgefallen war, erlangte das Projekt erst mit der nomenklatorischen Prägung „Europaregion Tirol Südtirol Trentino” wieder ein wenig Auftrieb, zumal sich die drei Landesregierungen verstärkt seiner Erweckung aus dem „Dornröschenschlaf” widmeten. Ziel war die Stärkung der „Achse Innsbruck-Bozen-Trient“ auf kultureller Ebene sowie der grenzüberschreitenden Zusammenarbeit in Politik und Wirtschaft. Im Kulturellen erhoffte man sich, den seit Jahrzehnten doch zu registrierenden Entfremdungsprozeß südlich und nördlich des Brenners zu stoppen. Obwohl das postulierte Ziel eines „Aufstands gegen die Gleichgültigkeit“ – am 21. Februar 2009 auf Schloß Tirol begrifflich geprägt vom damaligen Trentiner Landeshauptmann Lorenzo Dellai während einer gemeinsamen Sitzung der Landeshauptleute – an sich nicht neu war, erfuhr es in Bozen eine besondere Ausformung. In Anbetracht des Wählerzulaufs zum oppositionellen Lager der Selbstbestimmungsbefürworter, welcher sich nicht allein in Wahlerfolgen von Süd-Tiroler Freiheit (STF) und Freiheitlicher Partei Südtirols (FPS) abzeichnete, wollte man mit dem Ausbau der Euregio ein alternatives Modell schaffen und möglichst attraktiv machen. So gaben insbesondere SVP und Nordtiroler ÖVP vor, mit der Intensivierung der grenzüberschreitenden Zusammenarbeit werde die politische Unabhängigkeit der Landesteile gegenüber Rom, Wien und Brüssel gestärkt, was dazu beitrage, daß die Teilung Tirols im „europäischen Geiste“ überwunden werde.

„Ewiggestrige“

Das Werben mit der politischen „Nord-Süd-Achse“ postulierten die Regierungsparteien in Bozen (SVP), Innsbruck (ÖVP) und Wien als „einzige realpolitische Alternative“ zur Freistaatslösung, wie sie die oppositionelle FPS vertritt, und zur Wiedervereinigung mit Tirol, mithin der Rückgliederung zu Österreich nach erfolgreicher Ausübung des Selbstbestimmungsrechts, wie sie die ebenfalls oppositionelle STF auf ihre Fahnen geschrieben hat. Zugleich erhoben die Regierungsvertreter gegenüber den Selbstbestimmungsparteien und -befürwortern scharfe Kritik. Diese nannte der damalige österreichische Außenminister Sebastian Kurz (ÖVP) „Ewiggestrige“, die vom „Aufziehen neuer Grenzen“ träumten. Zugleich verstörten er und seine ÖVP mit der faktisch die Aufgabe des Selbstbestimmungsverlangens markierenden (und von der neuen SVP-Führung unter Philipp Achammer sowie Landeshauptmann Arno Kompatscher stillschweigend-freudig gutgeheißenen) Position alle patriotischen Kräfte, wonach mit der Südtirol-Autonomie „eine besondere Form der Selbstbestimmung verwirklicht" sei.

Hinsichtlich einer besseren funktionellen Zusammenarbeit in der „Euregio" vereinbarten nunmehr die drei Landesregierungen, die bis dato als ohnedies „träge" geltenden Entscheidungsprozesse, wie sie etwa im Rahmen der Dreierlandtage gang und gäbe waren, durch neue effektivere und stärker institutionalisierte Mechanismen zu ersetzen. Wenngleich die Treffen der Landtage – trotz ihres gemeinsamen Zusammentretens im Zwei-Jahres-Rhythmus – durchaus einen politischen Fortschritt darstellten, war durch das dort geltende Einstimmigkeitsprinzip die Entscheidungsfindung erschwert. Daher vermied man es im Rahmen dieses Gremiums strikt, politisch heikle Themen auf die Tagesordnung zu setzen. Dies wiederum führte dazu, daß die realpolitische Bedeutung der gemeinsamen Landtagssitzungen als sehr gering einzuschätzen war und lediglich einen symbolischen Zweck erfüllte. Daher entschieden sich die Landesregierungen am 15. Oktober 2009 zur Einrichtung des sogenannten „Europäischen Verbunds territorialer Zusammenarbeit" (EVTZ), um die Europaregion mit eigener Rechtspersönlichkeit und damit auch größerer politischer Selbständigkeit auszustatten.

Bild: „Dolomiten"-Archiv/DLife/www.dolomiten.it

Von links: Ugo Rossi (LH Trentino), Sebastian Kurz (damals Außenminister), Arno Kompatscher (LH Südtirol), Günther Platter (LH Tirol)

Die „Euregio" als „EVTZ"

Das Konzept fußt auf der Verordnung 1082/2006 des Europäischen Parlaments und verfolgt dabei Ziel und Zweck, „[…] regionalen und kommunalen Behörden (und auch nationalen Behörden in kleineren oder zentralisierten Ländern) sowie öffentlichen Unternehmen aus unterschiedlichen Mitgliedstaaten die Einrichtung von Verbünden mit eigener Rechtspersönlichkeit zur Lieferung gemeinsamer Leistungen" im Rahmen der grenzüberschreitenden Zusammenarbeit zu ermöglichen. Die Gründung eines EVTZ rief zwar neuerlich Einspruch seitens der italienischen Regierung hervor; der Protest fiel jedoch weitaus „gemäßigter" aus als beim ersten Anlauf (s. o.). So trug Rom jetzt lediglich „formelle Bedenken" vor und zeigte sich zudem bereit, über das Projekt am Verhandlungstisch zu diskutieren. Bereits nach einigen Konsultationen zog es die anfänglichen Vorbehalte zurück und stimmte schlußendlich zu, so daß der Eröffnung des EVTZ-Büros in Bozen nichts mehr im Wege stand.

Die Aufgabenfelder der Europaregion à la EVTZ sollten nunmehr eine umfassende politische, wirtschaftliche und soziale Bandbreite abdecken. Daher stufte die Südtiroler Landesregierung die EVTZ als „Projekt herausgehobener politischer Priorität" ein und stellte dafür zusätzliche Mittel bereit.

Nationalstaatliche Interessen

Nichtsdestotrotz bleibt abzuwarten, welche Entwicklung die Euregio Tirol-Südtirol-Trentino in Zukunft tatsächlich nimmt, und es muß sich auch erst noch herausstellen, ob damit tatsächlich das Wiederzusammenwachsen der seit hundert Jahren getrennten Landesteile begünstigt werden kann. Skepsis ist angesichts des eingangs (mit Bezug auf das winterlich bedingte Verkehrschaos) geschilderten Zuständigkeitsproblems schon im kleinen angebracht. Und wenn es um größere Bedürfnisse geht, welche nationalstaatliche Interessen unmittelbar berühren, bleibt von der hehren Euregio wenig mehr als ein matter Schein.

Das zeigte sich 2016 in aller Deutlichkeit, als Österreich im Zuge der sogenannten „Flüchtlingskrise", die infolge politischen Fehlverhaltens und selbstzerstörerischer Willkommenssignale in Wahrheit einer Masseninvasion überwiegend junger Männer aus muslimisch geprägten nah- und fernöstlichen sowie afrikanischen Ländern glich, ernstlich erwog, nach der vom damaligen Außenminister Kurz maßgeblich zustande gebrachten Unterbindung des Zustroms über die Balkan-Route auch jenen über die stark frequentierte Italien-Route durch Wiedereinführung von (auch mit militärischen Mitteln unterstützten) Brenner-Kontrollen zu stoppen. Was jedoch unterbleiben konnte, da sich Rom tatsächlich zur Abkehr von zuvor eher laxem „Durchwinkeverhalten" bequemte. Und nicht erst seit dem mit der vorgezogenen Parlamentswahl 2018 vollzogenen Machtwechsel hin zu der von der Fünf-Sterne-Bewegung und Lega Nord gebildeten Regierung, respektive dem abermaligen Machtwechsel hin zu der von Giorgia Meloni dominierten Dreierkoalition aus FdI, Lega und FI betreibt Rom – eben im nationalen Interesse des vom einstigen königlichen Regierungschef Antonio Salandra 1915 beim Kriegseintritt Italiens auf der Seite der Entente-Mächte Frankreich und Großbritannien geprägten Prinzips des „Sacro egoismo" – im Rahmen der EU stets das, was dem römischen Interesse am besten dient.

Institutionell funktionierende „Euregios", jeweils ausgestattet mit politischer Selbstverwaltung, Regionalparlament und -regierung, welche tatsächlich die vielen (ursächlich von der ohne Beachtung der historisch-kulturellen Identität und Volkszusammengehörigkeit sowie der Verweigerung des Selbstbestimmungsrechts gezogenen) Grenzen verschwinden ließen und damit auch die dadurch erst entstandenen und bis heute fortwirkenden Probleme nationaler Minderheiten auf einen Schlag beseitigten, würden wohl nur durch Aufhebung des Nationalstaatsprinzips und demzufolge mit der herbeizuführenden Metamorphose der Nationalstaaten zu einer wirklich politischen Union möglich. Deren Parlament müßte sich, da es weder Nationalstaaten noch nationalstaatliche Parlamente mehr gäbe, aus den gewählten Abgeordneten aller Europaregionen konstituieren und aus dessen Mitte die EU-Regierung hervorgehen. Derartigen Träumen, wie sie vielleicht in den 1990er Jahren von einigen in der Minderheiten- und Volksgruppenpolitik Engagierten geträumt worden sein mochten, stehen Entwicklung, Zustand und Lage, in der/dem sich EU-Europa befindet, diametral entgegen. Es dominieren nationalstaatliche Interessen, um nicht zu sagen Egoismen, und es gewinnen auf Loslösung und Eigenstaatlichkeit bedachte Fliehkräfte – just auch innerhalb der Nationalstaaten (beispielsweise in Spanien, Italien, Belgien, Großbritannien) – ebenso an Attraktivität wie politisches Handeln in nationalstaatlicher Fasson.

Schimäre Euregio-Landeseinheit

Wider den in der Europa-Frage gleichsam missionarisch agierenden österreichischen Schriftsteller Robert Menasse ruft der türkisch-deutsche Literat Zafer Şenocak ernüchternd den „Abschied vom Fetisch eines politisch vereinten Europa" aus und stellt fest, Europas Zukunft könne nur in der wertgebundenen Zusammenarbeit souveräner Nationalstaaten liegen. Allen Ernstes vertraten österreichische Amtswalter schon die These, Andreas Hofer sei ein „früher Vertreter der Europaregion Tirol-Südtirol-Trentino" gewesen, die heute gut funktioniere. Wie dem auch sei – unter dem Aspekt der Aufhebung der Teilung des Landes und des nach wie vor nicht aus den Augen zu verlierenden Ziels des Wiedergewinnens seiner Einheit reicht sie kaum über ein Wunschbild hinaus.

Dem schönen Gedanken, wonach „Südtirol eine ‚Region Europas ohne national(staatlich)e Bevormundung' sein" könne, hing auch der Verfasser dieser Dokumentation an, seit er einst begann, sich (auch) mit der Geschichte Österreich(-Ungarn)s zu befassen. Die Entwicklung, die E(W)G-bzw. EU-Europa – und nicht zuletzt Italien – allerdings in den vergangenen drei Jahrzehnten genommen hat, zeigt leider überdeutlich, daß das vielfach litaneihaft beschworene Konstrukt „Europa der Regionen" nur Etikettierung ist und zu einer Schimäre verkommt. Nüchtern betrachtet ist die politische Union auf vorerst unabsehbare Zeit nicht zu verwirklichen, weshalb das Gewicht der Nation(alstaat)en bleibt und sich die Tiroler unterm Brenner angesichts ihrer leidvollen Geschichte sowie ihrer zwittrigen Lage in einem unsicheren Staat endlich dorthin wenden und schließlich auch begeben sollten, woher sie kommen. (21)

Anmerkungen zu Teil 6

1 Die Darlegungen in Teil 6 sind zum überwiegenden Teil jenen Betrachtungen entnommen, welche der Herausgeber dieses Buches im Zuge seiner einstigen Mitwirkung in der sogenannten FPÖ-Historikerkommission anstellte und in den zusammen mit Hubert Speckner erarbeiteten umfänglichen Beitrag einflossen, der im voluminösen Kommissionsbericht erschien (vgl. Olt, Reinhard/Hubert Speckner, Die FPÖ und Österreichs Südtirol-Politik seit 1945, in: Bericht der HISTORIKERKOMMISSION – Analysen und Materialien zur Geschichte des Dritten Lagers und der FPÖ, hgg. vom Freiheitlichen Bildungsinstitut-Gesellschaft für Politik, Kultur und Meinungsfreiheit, Wien (Edition K3-Gesellschaft für Sozialpolitische Studien) 2019, S. 171–231. Ich danke dem Freiheitlichen Bildungsinsitut (FBI), insbesondere dessen Geschäftsführer Dr. Klaus Nittmann MSc., ausdrücklich für die am 13. 6. 2023 schriftlich erteilte Genehmigung zur Übernahme in das vorliegende Buch. Und ich danke Hubert Speckner für die Erlaubnis, auch seinen Teil unseres gemeinsamen Beitrags für die Kommissionspublikation mitverwenden zu dürfen.

2 Walter Maischberger war nicht nur maßgeblich am Gründungsakt beteiligt, sondern unterhielt als Nordtiroler schon zuvor engste Kontakte mit weltanschaulich ähnlich- oder gleichgesinnten Südtirolern. Nachgerade demonstrativ – und in Schützentracht seiner Kematener Kompanie – hatte der FPÖ-Generalsekretär und Nationalratsabgeordnete an der heftig umfehdeten Schützen-Protestkundgebung wider das faschistische Siegesdenkmal in Bozen teilgenommen, die zu Pfingstmontag 1991 unter Führung des Landeskommandanten des Südtiroler Schützenbundes (SSB), Pius Leitner, stattfand. Leitner, seinerzeit noch SVP-Mitglied, gehörte im Jahr darauf zu den Gründungsmitgliedern der FPS. (Der Gründungsakt ist detailliert beschrieben in: Angerer, Oswald, Die Freiheitlichen Südtirols. Entstehung, Programm, Organisationsstruktur, Akzeptanz unter besonderer Berücksichtigung ihrer Zusammenarbeit mit der Freiheitlichen Partei Österreichs und ihres Standpunktes in der Südtirol-Frage; ungedr. Diplomarbeit, Universität Innsbruck 2000.) Ebenso engagiert war Maischberger anläßlich des von der italienischen Quästur eigentlich untersagten SSB-Protestmarschs gegen das Siegesdenkmal am 24. April 1996 bei der Sache.

3 Dem überparteilichen „Südtiroler Komitee KSZE Wien" hatten neben Dr. Eduard Stoll (Europa-Union Tirol), Hans Stieler (Obmann des Südtiroler Heimatbundes SHB), Dr. Eva Klotz (Landtagsabgeordnete des damaligen SHB-Wahlverbands), Hans Mair (Obmann des SHB-Wahlverbands), Pius Leitner (damals Parteiausschussmitglied der SVP), Dr. Christian Waldner (Bozner SVP-Ortsjugendreferent), Werner Micheli (Mitglied des Ortsjugendausschusses der SVP Tramin), Sepp Michaeler (Mitglied der Eisacktaler SVP-Bezirksjugendleitung), Alfred Oberhofer (Ortsjugendreferent-Stellvertreter der SVP Vals), Sepp Huber (Pustertaler Bezirksjugendreferent der SVP), auch der Schützen-Hptm. von Eppan, Reinhard Gaiser, und der von Gais, Alois Oberhammer, sowie der Pressereferent des SSB-Bezirks Burggrafenamt-Passeier, Stephan Gutweniger, angehört. Sie verlangten, die deutliche Formulierung des Selbstbestimmungsrechts der Völker in der Schlußakte von Helsinki (Unterzeichnung 1. August 1975) müsse auch auf Südtirol Anwendung finden. Einige der Genannten, vor allem Christian Waldner, Pius Leitner und Stefan Gutweniger, sollten später zu den führenden Gründern bzw. tragenden Funktionären der „neuen" FPS gehören.

4 NR XVII. GP Stenographisches Protokoll 66. Sitzung 9. Juni 1988; in: Speckner, Hubert (Hg.): „Herzenssache" Südtirol . Südtirol in den Nationalratssitzungen der Zweiten Republik Österreich 1945 bis 2020, Bd. 3 (1979 bis 1996), S. 7531–7542.

5 Hieraus ist bereits erkenntlich, daß die von den Freiheitlichen des südlichen Landesteils

im Grunde bis heute als anzustrebende selbstbestimmte Möglichkeit des „Los von Rom" erachtete Freistaats-Lösung schon damals in Rede stand und nach der formellen Neugründung der FPS Ende 1992 nur mehr programmatisch fixiert und in der öffentlichen Debatte über die Zukunft der „Autonomen Provinz Bozen-Südtirol" kommunikativ vertreten werden mußte.

6 Lettlands Parlament hatte am 4. Mai 1990 seine Unabhängigkeit erklärt und sich ebenso wie – mittels Selbstbestimmungsreferenden – Estland am 3. März 1991 sowie Litauen am 9. Februar 1991 – von der untergehenden Sowjetunion losgelöst und wurden unabhängig, somit souverän wie in der Zwischenkriegszeit.

7 Die beiden vormaligen jugoslawischen Teilrepubliken erklärten nach vorausgegangenen Volksabstimmungen am 25. Juni 1991 ihre Unabhängigkeit (und wurden von der EG am 15. Januar 1992 anerkannt), was die serbisch dominierte „Jugoslawische Volksarmee" (JVA) aber militärisch unterbinden wollte. Deren Krieg gegen Slowenien (26. Juni bis 7. Juli 1991) endete mit dem Abzug der JVA, wohingegen der Krieg mit und in Kroatien (und von 1992 an in Bosnien-Herzegowina) bis 1995 dauern sollte. Bis zur Jahrtausendwende löste sich Jugoslawien unter weiteren kriegerischen Konflikten, insbesondere im Kosovo, gänzlich auf.

8 Der Wortlaut der Streitbeilegungserklärung Österreichs, durch Außenminister Alois Mock in einer Note an Italien vom 16. Juni 1992 förmlich übermittelt, findet sich in TEIL 4: Vom „Zweiten Autonomiestatut" zur „Streitbeilegung" und kann über https://www.uibk.ac.at/zeitgeschichte/zis/library/19920611.html (eingesehen am 1. 9. 2018) aufgerufen werden.

9 Dillersberger, Siegfried: 25 Jahre Streitbeilegungserklärung – ein entbehrliches „Jubiläum"; vgl.: http://www.genius.co.at/index.php?id=900 (eingesehen am 2. 9. 2018).

10 Zitiert nach Dillersberger, siehe Anm. 9.

11 Zitiert nach https://dolomitengeistblog.wordpress.com/2008/05/06/%E2%80%9Eich-war-die-rampensau (eingesehen am 3. 9. 2018; indes erscheint mittlerweile nach Aufruf dort: „dolomitengeistblog.wordpress.com is no longer available. The authors have deleted this site." An Ulli Mairs verbürgter Aussage ändert dies jedoch nichts.

12 Die Vorgänge sind ausgiebig beleuchtet in: Olt, Reinhard, Standhaft im Gegenwind. Der Südtiroler Schützenbund und sein Wirken für Tirol als Ganzes; Neumarkt a. d. Etsch (Verlag Effekt!, www.effekt.it) 2017, S. 44–46.

13 Auch überparteiliche Organisationen, die damals dennoch zum Teil (oder in Teilen) unter dem Einfluß der Sammelpartei SVP standen – wie der Südtiroler Schützenbund (SSB), der Autonome Südtiroler Gewerkschaftsbund (ASGB), die Föderalistenorganisation „Europa-Union" sowie die „Union de Ladins", der Dachverband der Ladiner –, sprachen sich strikt gegen den Abschluß aus. Während der ASGB kritisierte, daß er noch immer nicht den italienischen Gewerkschaften gleichgestellt sei und die Ladiner eine eindeutige Verankerung ihrer Rechte verlangten, richtete sich die Kritik der „Europa-Union" und des SSB – gleich Ermacora – vor allem gegen die AKB: diese werde mit dem von der SVP-Führung angestrebten Abschluß festgeschrieben, womit der Aushöhlung der Autonomie praktisch Tür und Tor offen stünden. Führende SSB-Funktionäre verbanden mit ihrer Kritik sogar die Drohung, aus der SVP auszutreten, sollte dennoch abgeschlossen und die Streitbeilegung erklärt werden. (siehe Olt, Standhaft im Gegenwind, a.a.O., S. 76–80).

14 Ders.: ebda., S. 76–80 Democrazia Cristiana (DC)

15 Nicht zuletzt das damalige deutsche „Leitmedium" delektierte sich daran; siehe: „Rot-weiß-rote Bande. Alpiner Klimasturz nach Wiener Ehrbezeugung für Gianfranco Fini", in: F.A.Z. vom 8. 10. 2002.

16 „Bürgermeister und Schützen. Eine Petition aus Bozen führt zu einem Temperatursturz zwischen Wien und Rom" (F.A.Z. vom 31. 1. 2006); siehe auch: Olt, Reinhard, Standhaft im Gegenwind, a.a.O., S. 190–210 sowie ergänzend S. 323.

17 Ders., Standhaft im Gegenwind, a.a.O., S. 218 f.

18 Weidinger, Bernhard, Im nationalen Abwehrkampf der Grenzlanddeutschen. Akademische Burschenschaften und Politik in Österreich nach 1945; Wien-Köln-Weimar (Böhlau) 2015, S. 416–441.

19 Olt, Reinhard, Südtirol – Freiheitskämpfer versus Terroristen. Wer BAS-Aktivisten mit mordenden leninistischen Rotbrigadisten und anarchomarxistischen Gesinnungsgenossen gleichsetzt, betreibt Geschichtsklitterung (siehe https://www.academia.edu/38439807/Pusterer_und_andere.doc).

20 Oberleiter verstarb am 4. Januar 2023 infolge eines tragischen Verkehrsunfalls, ein Jahr nach seiner erstmaligen Wiederkehr in die Heimat, aus der er 1968 trotz kurzfristiger Verhaftung, der er entkommen hatte können, geflohen war (https://trauer.bz/traueranzeige/heinrich-sebastian-oberleiter).

21 Die Ausführungen zur Euregio Tirol beruhen vornehmlich auf meinem Blog-Beitrag auf der genossenschaftlich organisierten Internet-Plattform „Unser Tirol" (https://www.unsertirol24.com/blog/vereintes-tirol-als-europaregion-eine-schimaere/).

SCHLUSSBETRACHTUNG UND EPILOG

Eine Erfolgsgeschichte ...

Zweifellos ist aus historisch-politischer Perspektive die Entwicklung, welche der nach dem Ersten Weltkrieg von Italien annektierte südliche Teil Tirols bis heute genommen hat, eine Erfolgsgeschichte. Dies insbesondere aus dem Blickwinkel eines einläßlichen Vergleichs mit der Lage anderer nationaler Minderheiten in Europa, die – wie die altösterreichisch-deutsche und die -ladinische Volksgruppe – ebenfalls aufgrund rigider Grenzziehung der Siegermächte zu Minoritäten in fremdnationalem Umfeld wurden. (1)

Die Südtiroler Landesverwaltung ist zwar strukturell sowie personell aufgebläht und von nahezu überbordender Bürokratie, was indes auch mit institutionellen römischen (Kontroll-) Organen zu tun hat, deren Vorgaben zusätzliche und über das erforderliche Maß hinausgehende Erfordernisse erzwingen. Überdies verlangt auch das nach wie vor bestehende Eingezwängtsein in die eigentlich überflüssige und zudem ungeliebte Region zusätzlichen bürokratischen Aufwand. Trotz dieser Einschränkungen ist die Landesverwaltung übersichtlich und funktioniert hinreichend gut sowie insbesondere im Vergleich mit anderen Provinzen Italiens geradezu vorbildlich.

Das südliche Tirol hat just in der Ära Durnwalder einen beeindruckenden Entwicklungsprozeß erlebt, der ein wirtschaftlich schwaches Gebiet in ein wohlhabendes mit stabiler Wirtschaft verwandelte. Südtirol nimmt heute einen Spitzenplatz in zahlreichen italienischen und europäischen Rankings ein, darunter bei der Beschäftigung, der Lebensqualität und dem BIP pro Kopf. Im Bereich der Bildung hat das duale Ausbildungssystem ein hohes qualitatives Niveau erreicht. Außerdem sind die allgemeinen Bedingungen für die Unternehmen relativ günstig. Dies liegt auch an der vorteilhaften geographischen Lage, die es ermöglicht, die Brückenfunktion zwischen Germania und Romania des Stiefels auszuüben.

... mit Einschränkungen

Gleichwohl ist wider den farbenreichen Schein, welcher das südliche Tirol umgibt, doch einiges in den Blick zu nehmen, was bisweilen ausgeblendet oder gänzlich negiert wird, weil es stört, weil es Kratzer am schönen Bild hinterläßt.

Unbestritten ist, daß es seit der Streitbeilegung von 1992 in ungefähr 50 Prozent der autonomen Landeskompetenzen Einschränkungen gegeben hat. (2)

So liegt gerade die Einhaltung der Sprachbestimmungen gehörig im Argen:

- 1993 war die Gleichstellung der deutschen mit der italienischen Sprache bei Gericht in Kraft getreten. 2005 wurde diese Regelung durch eine Beschränkung der Übersetzungen bei zweisprachigen Prozessen wieder ausgehöhlt. Ebenfalls 2005 untersagte Rom dem Land Südtirol die Verwendung einsprachiger Werbung.
- Den Südtirolern steht gesetzlich der Gebrauch ihrer Muttersprache im Verkehr mit den Behörden zu. Immer wieder werden indes Südtiroler von Vertretern der Staatsgewalt, insbesondere von Polizei und Carabinieri, eingeschüchtert und nicht selten bestraft, wenn sie nicht Italienisch, sondern, was ihnen eigentlich zusteht, Deutsch sprechen. Nicht selten werden Anzeigen von Südtirolern deutscher Zunge wegen Mißachtung

der Zweisprachigkeitspflicht durch Staatsorgane von der Staatsanwaltschaft zurückgewiesen. Es kommt neuerdings aber auch vor, daß Bürger verhöhnt werden, wenn sie sich bei Landesbehörden beschweren.

Es kommt indes nicht allein durch römische Autonomieeinschränkungen zu derartigen Fehlentwicklungen, sondern auch zu eigenverantwortlicher Selbstbeschneidung von Kompetenzen. So wurde unter Durnwalder 2003 der Italienischunterricht in den deutschen Volksschulen von der zweiten auf die erste Klasse vorverlegt, was klar im Widerspruch zum Autonomiestatut stand. In Kompatschers Amtszeit schossen gemischtsprachige Schulexperimente, die natürlich auf Kosten des Deutschunterrichts gehen, wie Pilze aus dem Boden. Die Anstellung von Ärzten und/oder sonstigen Beamten in der Landesverwaltung, ohne daß diese über Deutschkenntnisse verfügen müssen, geschieht neuerdings ganz offiziell auf der Grundlage von Beschlüssen der Landesregierung. Die amtliche Zulassung von „Sudtirolo" als italienische Bezeichnung für Südtirol zumindest als alternative Bezeichnung zum faschistischen Begriff „Alto Adige" hat Kompatscher abgelehnt. Unter Durnwalder sprach sich der Südtiroler Landtag mit einem Beschluß gegen die Verwendung der faschistischen Berghütten-Namen und gegen das Hissen der Trikolore aus. Über diesen Beschluß setzt(e) sich Kompatscher einfach hinweg. Die Ergebnisse des sogenannten Südtirol-Konvents entsprachen offensichtlich nicht Kompatschers Vorstellungen oder Wünschen, weshalb sie schubladisiert wurden. An den wohlorganisierten Bürgergesprächen zur Überarbeitung der Autonomie hatten sich nämlich mehrheitlich patriotisch Gesinnte beteiligt, weshalb der Schlußbericht klare Forderungen nach einem deutlichen Bekenntnis zum muttersprachlichen Schulwesen und zum ethnischen Proporz, mithin einer Verbesserung (und nicht Verwässerung) der Autonomie enthielt. Die Umsetzung des umfangreichen Programms des Autonomiekonvents für die Wiederherstellung der Südtirol-Autonomie hätte für Kompatscher zur Folge gehabt, gegenüber Rom energischer auftreten zu müssen. Dies widerspricht aber, wie seine bisherige diesbezügliche Amtsführung offenbarte, allem Anschein nach seinem Naturell.

Dies alles mag verdeutlichen, daß die über Jahrzehnte dominante und insbesondere hinsichtlich der Erringung und Ausgestaltung von Autonomie und Selbstverwaltung über Jahrzehnte verdienstvolle SVP aus Gründen, die hinreichend dargelegt worden sind, längst nicht mehr das politische Kraftpaket ist, das sie einmal war. Es wurde sehr deutlich, wohin sich die SVP und Südtirol in den letzten zehn Jahren entwickelt haben. Mehr denn je ist der Blick der Partei(führung) nach Rom gerichtet, mehr denn je auf sich selbst, weniger denn je auf Tirol und Südtirol und noch weniger auf Österreich. Dieser Bedeutungsverlust ließ ein gewisses Machtvakuum entstehen, in das zu stoßen für Rom ein Leichtes ist, zumal an der Spitze der Schutzmacht Österreich eher kleinlaut bis hasenfüßig reagiert wird und „die Herzenssache Südtirol" mehr und mehr zur Floskel verkommt. (3)

Für Österreich sei Südtirol „kein Politikum, sondern eine Herzenssache", und des 1918/19 von Tirol abgetrennten und Italien als Kriegsbeute zugeschlagenen südlichen Landesteils „Rückkehr nach Österreich ein Gebet jedes Österreichers": Mit dieser gefühlig-patriotischen Festlegung aus Anlaß seiner ersten Regierungserklärung hatte einst Leopold Figl, der aus der ersten Nachkriegsnationalratswahl hervorgegangene Bundeskanzler, am 21. Dezember 1945 sozusagen den förmlichen Anspruchs- und Betrachtungsmaßstab in der Südtirol-Frage gesetzt. Figls „Herzenssache" war, ebenso wie die spätere Abwandlung „Herzensangelegenheit", zum geflügelten Wort avanciert und ist als solches nach wie vor Bestandteil des Politvokabulars in Österreich bzw. seinen Parteien, wenngleich es längst seine rhetorische Kraft und magnetisierende Wirkung einbüßte, da es leider nurmehr als stereotyp gebrauchte Floskel in standardisierten Sonntagsreden vorkommt und keine greifbare politische Agenda mehr dahintersteht.

Zieht man die Floskel „Herzensangelegenheit Südtirol" heran und legt sie sozusagen als Folie beispielsweise über das den Südtirolern verweigerte Selbstbestimmungsrecht, so führt dies untrüglich vor Augen, wie sich die politischen Akzente zuungunsten des legitimen Verlangens nach dessen Gewährung und Ausübung verschoben haben. So hieß es in dem vom Wiener Außenministerium vorgelegten „Außen- und Europapolitischen Bericht 2013", es bestehe *„für Österreich kein Zweifel, dass die Südtirol-Autonomie völkerrechtlich auch auf dem Selbstbestimmungsrecht beruht, das als fortbestehendes Recht von Südtirol in Form weitgehender Autonomie ausgeübt werde"*. Dieser Interpretation stehen Gutachten entgegen, worin, wie etwa in jenem des renommierten Innsbrucker Völkerrechtlers Peter Pernthaler, klar zum Ausdruck kommt, *„dass das Recht auf Selbstbestimmung nicht nur den Staatsnationen, sondern ‚jedem Volk und jeder Volksgruppe' zukommt und dass weder das ‚innere' noch das ‚äußere Selbstbestimmungsrecht' Südtirols durch die Autonomie aufgehoben oder verbraucht worden"* sei. Der Südtiroler Landtag hatte sich überdies in einem förmlichen Beschluß 2014 zu den UN-Menschenrechtspakten bekannt und das in Artikel 1 verankerte Selbstbestimmungsrecht der Völker auch für Südtirol bekräftigt, was ja ganz offensichtlich im Gegensatz zur Interpretation von Autonomie und Selbstbestimmungsrecht der österreichischen Bundesregierung steht. Doch an dieser Interpretation, wie sie im Bericht des Außenministeriums von 2013 niedergelegt war, änderte sich nicht das geringste.

Last der Geschichte

Die italienischen Parteien Südtirols und Italiens suchen die Situation mehr oder minder legitimerweise zu ihren Gunsten zu nutzen. Eine nicht zu unterschätzende Rolle spielen in diesen Zusammenhängen immer noch und immer wieder die durch die Last der Geschichte symbolisch aufgeladenen bzw. unzulänglich aufgearbeiteten oder unbewältigten Themen. Eines der gewichtigsten – und trotz Durnwalders Versuch gegen Ende seiner Amtszeit – unbewältigten ist jenes der Regelung des amtlichen Gebrauchs geographischer Namen, politisch rubriziert unter dem Begriff Toponomastik.

Toponyme sind Oberflächen-Benennungen, Namen für Siedlungen, Ortschaften, Fluren, Wasserläufe, Berge. Italien gab sich einst nicht damit zufrieden, daß ihm der annektierte Südteil Tirols friedensvertraglich zugeschlagen wurde, er sollte auch rigoros dem italienischen Sprach- und Kulturraum anverwandelt werden. Um das zu verwirklichen, mußte ein möglichst dichtes Geflecht von Toponymen aus der italienischen Sprachsphäre konstruiert werden. Dieses Namennetz hatte der in Diensten des Faschismus stehende Senator Ettore Tolomei konstruiert, der ganz offen seine Absicht erklärt hatte: Die Italianität der Orts- und Flurnamen sollte zeigen, daß Südtirol ein ur-italienisches Land gewesen war, dessen wahrer Charakter unter einer nur dünnen deutschen Tünche verborgen gewesen sei. Mittels im faschistischen Geiste erlassener königlicher Namendekrete aus den Jahren 1923 und 1940 wurde das „Prontuario" Tolomeis, das für rund 9000 geographische Örtlichkeiten Südtirols eine italienische Bezeichnung festlegte, zum amtlichen Toponymie-Buch Südtirols. Verbunden damit war das Verbot des Gebrauchs der althergebrachten und in einem langen sprachhistorisch-lautgeschichtlichen Entwicklungsprozeß bodenständig gewordenen geographischen Namen deutschen respektive ladinischen Ursprungs. Da die faschistischen Dekrete nie außer Kraft gesetzt wurden, auch nicht vom demokratischen Nachkriegsitalien, gibt es in Südtirol auch heute noch ausschließlich amtliche italienische Namen, d.h. ge- und verfälschte Namen.

Der Pariser Vertrag von 1946 sieht zwar die Verpflichtung zur „zweisprachigen Ortsnamengebung" vor, gibt aber nicht an, wie weit diese reichen soll. Auch die einschlägige Bestimmung des Ersten Autonomiestatuts von 1948, die wortwörtlich in das verbesserte Zweite Autonomiestatut von 1972 Eingang gefunden hat, ist keineswegs eindeutig und klar: *„In der Provinz Bozen müssen die öffentlichen Verwaltungen gegenüber den deutschsprachigen Bürgern auch die deutschen Ortsnamen verwenden, wenn ein Landesgesetz ihr Vorhandensein festgestellt und die Bezeichnung genehmigt hat."* Es ist unbegreiflich, daß diese Bestimmung unverändert in das verbesserte Autonomiestatut von 1972 aufgenommen wurde.

Weil die Toponomastik-Frage über Jahrzehnte unbeantwortet geblieben war, hatten die SVP und ihr damaliger italienischer Regierungspartner PD 2012 in einer taktisch geschickt angelegten Nachtsitzung des Landtags ein neues Namenrecht verabschiedet. Wogegen sowohl Deutschsüdtiroler wie italienische Oppositionsparteien aus jeweils entgegengesetzter

Motivlage Sturm liefen. Und wogegen die Regierung Monti Rekurs beim Verfassungsgericht einlegte, wodurch es verworfen wurde und blieb. Die italienischen Oppositionsparteien sahen in dem zwischen SVP und PD eingegangenen Kompromiß die italienische Volksgruppe benachteiligt, weil dadurch, daß nach Inkrafttreten des Gesetzes zwar allen bodenständigen Namen amtlich Gültigkeit verschafft worden wäre, dafür aber nur ungefähr 600 italienische Bezeichnungen (für Gemeinden, Ortschaften, Täler, Flüsse und Seen, Gebirgszüge und markante Berggipfel) aus dem „Prontuario" Tolomeis amtlich verblieben wären. Dies wiederum war für die deutschsüdtiroler Opposition entschieden zu viel.

Sie verlangte als Regelung, was international, d. h. durch UN-Empfehlungen abgesichert, gültig ist. Demnach sollten für den amtlichen Gebrauch nur

1. die *Endonyme,* also die aus dem Stoff der bodenständigen Sprachformen aus vordeutscher und deutscher Zeit nach sprachimmanenten Lautgesetzen gebildeten Namen;
2. jene italienischen *Exonyme,* die ebenfalls nach alpenromanischen Lautgesetzen aus den *Endonymen* entwickelt und bereits im Mittelalter der italienischen Hochsprache lautlich angeglichen wurden,

Berücksichtigung finden. Alle künstlich erzeugten Namenkonstrukte sollten hingegen amtlich keine Berechtigung und Geltung haben.

Das Grundproblem besteht darin, daß nach wie vor jene faschistischen Ortsnamendekrete in Kraft sind, die die ausschließliche Amtlichkeit der sogenannten italienischen Orts- und Flurnamen festlegen. Die Abschaffung der Ortsnamendekrete ist zwar längst überfällig, doch solange diese aussteht, können sich interessegeleitete „Siamo in Italia"-Politiker immer wieder auf die Gesetzeslage berufen. Diese besagt, daß in Südtirol nur die italienische Toponomastik amtliche Gültigkeit besitzt. Doch dies ist mehr als zweifelhaft. Die historisch fundierte Toponomastik Südtirols läßt sich unzweifelhaft mehrheitlich der Sphäre des Deutschen zuordnen. Den zweitgrößten Anteil nehmen die ladinischen Namen ein, wohingegen die italienischen Namen – und zwar jene historisch gewachsenen in Gebieten, in denen schon vor der Annexion ein größerer Anteil Italiener lebten, insbesondere an der Grenze zum italienischen Sprachraum – die drittgrößte Gruppe bilden. Insgesamt sind für Orte und Fluren auf dem Gebiet des heutigen Südtirols allenfalls ca. 200 echte, also historisch nachweisbare italienische Namen überliefert, darunter 55 Gemeindenamen.

Die Ablehnung einer historisch begründeten Lösung der Ortsnamenfrage wurde und wird meist damit begründet, daß laut Pariser Vertrag und dem Autonomiestatut die Zweisprachigkeit in der Toponomastik verpflichtend sei. Doch ist weder im Pariser Vertrag noch im Autonomiestatut auf die faschistischen Ortsnamendekrete Bezug genommen. Kein Gesetz schreibt vor, daß Namen übersetzt werden müssen. Und nirgends ist definiert, was mit Zweisprachigkeit in der Ortsnamengebung konkret gemeint ist. (Sprach-)Wissenschaftlich zu unterscheiden ist nämlich zwischen Zweisprachigkeit von Namen und Zweisprachigkeit von Wörtern. Eine Übersetzung von Namen ist aus sprachwissenschaftlich zulässiger synchroner Sicht gar nicht möglich. Die Lösung der Ortsnamenfrage in Südtirol kann nur unter sprachgeschichtlich gerechtfertigten Vorgaben gelingen. Die Toponomastik-Frage, welche einzig und allein vom Südtiroler Landtag und der Landesregierung zu beantworten ist, harrt daher weiter auf eine ausschließlich nach international gültigen Bestimmungen auf Wissenschaftlichkeit fußende Regelung, wonach den gewachsenen deutschen und ladinischen Orts- und Flurnamen die alleinige amtliche Geltung gesetzlich zuzusprechen ist.

Neben der somit nach wie vor ungeklärten Toponomastik-Frage gibt es weitere aus der Zeit des Faschismus in die Gegenwart hineinragende und -wirkende Relikte, welche immer wieder für heftige polemische Schlagabtausche sorgen. Dies trifft prinzipiell auf alle Zeugnisse der Mussolini-Herrschaft zu, wenngleich sie, wie im Falle des Siegesdenkmals sowie des Mussolini-Reliefs am Finanzgebäude in Bozen respektive der Beinhäuser in Burgeis, Gossensaß und Innichen, durch „erklärende Tafeln" sozusagen „historisiert" anstatt einfach entfernt worden sind. Die immer wieder aufflammende emotionale Debatte über die sichtbare Hinterlassenschaft des italienischen Faschismus ist ein Beispiel dafür, daß Geschichte bisweilen einfach nicht vergehen will.

In engem Zusammenhang damit stehen Vorgänge, die belegen, was man durchaus unter dem Rubrum „Alltagsfaschismus in Südtirol" fassen kann. Alljährlich feiert das offizielle Italien am 4. November seinen angeblichen „Sieg" des Jahres 1918 über Österreich-Ungarn. Was bei diesen Feiern zumeist unerwähnt bleibt, ist der wenig ruhmreiche Verrat, den das mit Österreich-Ungarn und mit dem Deutschen Reich ursprünglich verbündete Italien 1915 begangen hatte, als es aus „heiligem Eigennutz" („Sacro egoismo"; Regierungschef Antonio Salandra) zur Entente übergewechselt war. In Südtirol werden seit Jahrzehnten am 4. November von Neofaschisten und Alpini-Abordnungen mit Kranzniederlegungen vor dem Bozner „Siegesdenkmal" stets unverfrorene Bekenntnisse zum Faschismus abgelegt. Dasselbe geschieht am „Kapuzinerwastl" und an anderen Relikten.

Notwendige Revision der Geschichtsschreibung

Historiographie (Geschichtsschreibung) bedarf bisweilen der Revision. Revision meint, Geschehnisse aufs Neue in den Blick zu nehmen. Erstmals aufgefundene oder unterbelichtet gebliebene, mitunter auch bisher gänzlich unbeachtete oder dem freien Zugang entzogene Dokumente zeitigen meist erhellende Einblicke und nicht selten ertragreiche Befunde. Wobei die akribische Auswertung und sorgfältige Analyse von ans Licht geholten Fakten jene „Erkenntnisse" grundlegend zu erschüttern vermögen, worauf die bis dato für sakrosankt erachteten, historiographisch festgeschriebenen wie massenmedial verbreiteten „Wahrheiten" und/oder Meinungen respektive „Überzeugungen" beruhten.

Eine derart „revisionistische" Umschreibung bisheriger zeitgeschichtlicher Gewißheiten war aufgrund der neuerlichen Inaugenscheinnahme des an Spannungen reichsten Kapitels der jüngeren österreichisch-italienischen Beziehungen zwingend geboten. Im Allgemeinen ist dieses Kapitel vom Tun mutiger Idealisten geprägt gewesen. Jüngste Forschungen – insbesondere die Ergebnisse aus Studien des österreichischen Militärhistorikers Hubert Speckner, der sich wie nie jemand zuvor intensiv mit den brisantesten Akten seines Landes über Geschehnisse während der als „Bombenjahre" in die Historiographie eingegangenen 1960er Jahre befaßte – legten offen, daß manches zuvor für sicher, weil für „wahr" Gehaltene völlig neu zu bewerten ist, wie aus unserer nunmehr vorliegenden Dokumentation hinreichend deutlich geworden ist.

In besagten „Bombenjahren" stand Österreich unter wachsendem Druck Italiens. Wir wissen heute, daß die jeweiligen offiziellen italienischen Darstellungen einzelner damaliger Geschehnisse massiv von den tatsächlichen Begebenheiten abwichen und Rom alles tat, um die wahren Sachverhalte zu vertuschen. So hatte Italien mittels einer „diplomatischen Note" unverzüglich die angebliche „Untätigkeit der österreichischen Sicherheitsbehörden gegen die Terroristen, die von Österreich aus operieren" angeprangert, als es in der Nacht vom 12. auf den 13. September 1965 am Reschenpaß angeblich zu einem „Angriff von BAS-Aktivisten gegen eine Alpini-Kaserne" gekommen sei. Indes ergaben die Nachforschungen der österreichischen Staatspolizei StaPo, daß es sich lediglich um eine in der „Manuela-Bar" in Reschen unter angetrunkenen italienischen Soldaten ausgebrochene Streiterei wegen anwesender deutscher Urlauberinnen gehandelt hatte. Einige Soldaten verließen demnach die Bar, holten in der Kaserne ihre Waffen und eröffneten das Feuer auf die im Lokal Verbliebenen. Dagegen waren laut StaPo nirgendwo Einschläge oder Schäden durch angeblich von BAS-Leuten geworfene Handgranaten zu registrieren gewesen. Stattdessen hatte der ebenfalls anwesende und ebenfalls alkoholisierte Kasernenkommandant am nächsten Morgen einen „Terroristenüberfall" gemeldet, um den wahren Sachverhalt zu vertuschen. Und Italien überzog Österreich mit Anschuldigungen. Die Schüsse am Reschenpaß wurden fortan und werden bis heute wahrheitswidrig als „BAS-Anschlag" dargestellt.

Ähnlich verhält es sich hinsichtlich jenes Vorfalls, der sich am 23. Mai 1966 am Pfitscherjoch – am Grenzverlauf zwischen Südtiroler Pfitschtal und Nordtiroler Zillertal – zutrug. Laut offizieller italienischer Darstellung löste Bruno Bolognesi, Angehöriger der Guardia di Finanza (Finanzwache), beim Betreten der Schutzhütte nahe der Grenze eine 50-kg-Sprengladung aus, die ihm das Leben gekostet habe. Italien verdächtigte sofort die „Pusterer", vier BAS-Aktivisten aus dem Ahrntal, und führte ohne Beiziehung österreichischer Sicherheitsbehörden im Zillertal Erhebungen durch. Allerdings existiert eine vom Bozner Kommando der Guardia di Finanza zu dem Vorfall angelegte Bilddokumentation, derer die österreichischen Behörden habhaft wurden. Laut unabhängig voneinander vorgenommenen Expertisen von Spreng(stoff)-sachverständigen belegen die Aufnahmen – ebenso wie das Foto, welches den toten Finanzer zeigt – allerdings keinesfalls die Explosion von 50 kg Sprengstoff, sondern vielmehr eine Gasexplosion in der Schutzhütte. Doch nach wie vor beschuldigt Italien besagte BAS-Aktivisten aus dem Ahrntal, weshalb Rom deren Rehabilitierung stets strikt ablehnt(e). Wohingegen die „Strafverfolgung" für jene italienischen Neofaschisten ans Lächerliche grenzt, die für zweifelsfrei erwiesene Sprengstoffanschläge auf österreichische Einrichtungen – wie am 1. Oktober 1961 auf das Andreas-Hofer-Denkmal in Innsbruck oder am 18. August 1962 auf das „Russendenkmal" in Wien respektive den für einen österreichischen Polizisten tödlichen Anschlag vom 23. September 1963 in Ebensee – verantwortlich waren.

Der spektakulärste und für die damaligen österreichisch-italienischen Beziehungen folgenschwerste Vorfall, die „Causa Porzescharte", trug sich, wie in Teil 3 dieser Dokumentation in einem umfänglichen Exkurs ausführlich dargelegt, am 25./26. Juni 1967 am Gebirgsgrenzübergang zwischen Osttirol und der italienischen Provinz Belluno, zu. Die vorliegenden österreichischen Akten beweisen zweifelsfrei, daß die offizielle italienische Version, wonach die angeblich von drei „Terroristi" aus Österreich begangene Tat – Sprengung eines Strommastes und Verlegen einer Sprengfalle, bei deren Detonation vier Soldaten getötet und einer schwer verletzt worden sein sollen – so nicht stimmen konnte. Darüber hinaus ging aus mehreren neuerdings initiierten Geländebegehungen, umfänglichen Feldstudien, nachgestellten Sprengvorgängen und daraus resultierenden Expertisen respektive Gutachten ausgewiesener und gerichtlich beeideter Sachverständiger die sprengtechnische Unmöglichkeit dieses bis heute von Italien offiziell behaupteten und amtlich verbreiteten Tathergangs hervor, was es bis zur Stunde ignoriert. Und es zeigt(e) sich mit einiger Deutlichkeit, daß Angehörige der italienischen „Stay behind"-Organisation „Gladio" im Zuge der von staatsstreichbeseelten Militärgeheimdienstoffizieren verfolgten „Strategie der Spannung" als wahre Verursacher der Geschehnisse gelten müssen, deren Machenschaften in Italien erst zu Beginn der 1990er Jahre publik werden sollten. Was allerdings für die 1971 in Florenz zu Unrecht – weil für eine nicht begangene Tat – und darüber hinaus wider die Europäische Menschenrechtskonvention – weil in Abwesenheit – zu lebenslanger Haft verurteilten drei Österreicher, von denen noch zwei am Leben sind, bislang folgenlos geblieben ist.

Was sich anhand all dessen gezeigt hat, ist geeignet genug, daraus resümierend einige revisionistische Schlüsse zu ziehen. So fanden Aktionen des BAS ungefähr zeitgleich eine gewisse Parallelität durch italienische Neofaschisten. Umgehend instrumentalisierte Italien vor allem jene Vorfälle mit bis heute nicht einwandfrei geklärten Hintergründen und nutzte sie politisch wie medial gegen Österreich. Hatte Italien nach dem Zweiten Weltkrieg alles versucht, um die Südtiroler – mit Hinweis auf die zwischen Hitler und Mussolini 1939 vereinbarte, aber infolge Kriegsverlaufs verringerte und schließlich zum Stillstand gekommene „Option" – zu Nazis zu stempeln, so stellt(e) es seit Ende der 1950er Jahre alle BAS-Aktivisten in die rechte Ecke und politisch wie publizistisch unter Generalverdacht des N(eon)azismus. Was in politischen Milieus Österreichs und Deutschlands von ganz links bis zur Mitte verfing und bis heute anhält. Und womit den Aktivisten, die aus Verzweiflung ob der kolonialistischen Unterwerfungspolitik – auch des „demokratischen" Nachkriegsitaliens – handelten, bis zur Stunde Unrecht geschieht.

Der BAS-Grundsatz, wonach „bei Anschlägen keine Menschen zu Schaden kommen dürfen", wurde trotz Eskalation der Gewalt zwischen 1961 („Feuernacht") und 1969 (mehrheitliche Annahme des Südtirol-„Pakets" durch die Südtiroler Volkspartei) weitestgehend eingehalten. Der Tod nahezu aller während dieser Jahre gewaltsam ums Leben gekommenen Personen ist nicht pauschal dem BAS als solchem anzulasten, wie dies fälschlicherweise von der italienischen Justiz und diversen Medien sowie einigen Historikern wahrheitswidrig festgestellt sowie verbreitet wurde und noch heute behauptet wird.

Der Südtiroler Freiheitskampf der 1960er Jahre war letztendlich erfolgreich und hat entscheidend zur politischen Lösung des Konflikts („Paket") beigetragen. Auf italienischen Druck hin und aus angeblicher Staatsräson hat Wien damals wider besseres Wissen in vielen Angelegenheiten den römischen Forderungen nachgegeben. Und zum Nachteil von Südtirol-Aktivisten war seinerzeit von beteiligten österreichischen Stellen sozusagen aus vorauseilendem Gehorsam, mitunter aber auch aus bestimmten Interessenlagen, Recht gebeugt worden. Es wäre daher nur recht und billig, daß Österreich alles unternähme, um auf die völlige Rehabilitation der in Italien zu Unrecht Verurteilten und in aller Öffentlichkeit Stigmatisierten hinzuwirken. Wien sollte zudem offensiv gegenüber Rom auftreten, damit Italien seine diese Zeit betreffenden Archivalien freigibt und seiner moralischen Verpflichtung nachkommt, der Forschung die Möglichkeit zur Revision dieses von ihm unsäglich geklitterten Kapitels auch seiner eigenen politischen Geschichte zu gewähren. Schuldig wäre es dies sowohl den fremden wie den eigenen Opfern.

„Wenn Unrecht Recht wird, wird Widerstand Pflicht!"

Die unmittelbar aktiven BAS-Leute sowie alle, die in Wort, Schrift und Tat im Freiheitskampf der (Süd-)Tiroler mitwirkten, ließen sich von der Maxime leiten: „Wenn Unrecht Recht wird, wird Widerstand Pflicht!". Es ist dies ein kraftvoller Satz, eine Sentenz von enormer Wucht, die die strikte Aufforderung zur Tat enthält. In ihrer Überzeugung, für die Heimat aufs Äußerste zu gehen und selbst den Tod in Kauf zu nehmen, konnten sie sich guten Gewissens auf diese Aufforderung berufen. Sie stammt von Papst Leo XIII., findet sich in dessen Enzyklika „Sapientiae Christianae" („Christliche Weisheiten") vom 10. Januar 1890 und ist die Kurzform der darin enthaltenen längeren päpstlichen Aussage darüber, daß Gesetze eines Staates im Widerspruch zum (göttlichen und weltlichen) Recht stehen können. Die BAS-Aktivisten, deren Idealismus und Heldenmut von manchen Nachgeborenen in Zweifel, ja bisweilen sogar in den Dreck gezogen oder mit einem verächtlichen Lächeln bedacht wurden und werden, wußten sich in ihrem Tun damit moralisch auf der sicheren Seite. Zumal da just auch der 1946 formulierte Lehrsatz des Rechtsphilosphen und Jutizministers der Weimarer Republik Gustav Radbruch (SPD) schlagend wird: „Wo das gesetzte Recht dazu benutzt wird, menschenverachtendes Unrecht auszuüben, wird der Widerstand für Jedermann zur Pflicht!" Und bezogen auf Italien, auf dessen territorialem Rechtsgebiet der BAS agierte, muß schon unter Hinweis auf das römische Recht der Antike die fundamentale Rechtsformel „Ex iniuria ius non oritur" herangezogen werden, nämlich „Aus Unrecht entsteht kein Recht". Die Formel besagt, daß durch Gewalt oder unter Bruch von Rechtsnormen erzielte Entwicklungen und Veränderungen kein Recht begründen können.

Wer wollte bestreiten, daß Italien damals Unrecht für Recht setzte respektive faschistisches Recht beibehielt; und daß die Aktionen aller Freiheitskämpfer deshalb als sittlich, moralisch und juristisch gerechtfertigte Widerstandshandlungen gewertet werden müssen. Der katholische Theologe Franz Klüber (1913–1989), hat dies in seiner aufschlußreichen und nach wie vor empfehlenswerten Schrift „Moraltheologische und rechtliche Beurteilung aktiven Widerstandes im Kampf um Südtirol" bereits 1963 ausdrücklich festgehalten. Widerstand zu leisten gegen eine als Unrechtssystem empfundene Ordnung oder Herrschaft ist demzufolge nicht nur theologisch, sondern just auch juristisch begründet.

Daß der Verfasser dieser Dokumentation auf die ausdrückliche Feststellung „aller Freiheitskämpfer" Wert legt, hat Gründe. Bekannt ist, daß Handlungen und Taten von BAS-Leuten in Zweifel gezogen wurden und werden. Zudem hat man sie segregiert, getrennt, wissenschaftlich und allzugerne auch politisch zweckdienlich unterteilt:

- *Nämlich in eine erste Phase, die aus Sicht absoluter Gewaltlosigkeit zwar als moralisch verwerflich deklariert, nolens volens später aber als politisch hilfreich anerkannt wurde, weil sie den Weg zum Autonomiepaket mitbereitet habe.*

- *Sodann in eine zweite Phase, in welcher die Aktivisten angeblich ohne Rücksicht auf Verluste gehandelt und angeblich nicht mehr wie in Phase eins Gewalt nur gegen Sachen, sondern auch gegen Menschen verübt hätten. Zudem trügen dabei ideologisch bornierte Rechtsextremisten bzw. Nazi-Adepten für die Gewalttaten Verantwortung. Diese Phase wird in Wissenschaft, Publizistik und Politik für gänzlich verwerflich und unentschuldbar erklärt, und alle Beteiligten werden als niederträchtige Parias stigmatisiert.*

Es muß füglich konsternieren, wenn Betrachter aus Politik, Kultur, Publizistik und aus der Wissenschaft – auch im Südteil Tirols – völlig unkritisch und in manchen Fällen in einer Art vorauseilenden Gehorsams dennoch der herkömmlichen, man ist fast zu sagen geneigt, geschichtspolitisch in Italien wie in Österreich sanktionierten Betrachtungsweise folgten und folgen. Und daß tiefschürfende jüngere Studien von maßgeblichen gesellschaftlichen Verantwortungsträgern nicht nur nicht zur Kenntnis genommen, sondern geradezu verschwiegen und mitunter sogar bekämpft werden. Hieran wird ein Wort des Physikers und Nobelpreisträgers Max Planck überdeutlich: „Immer wieder stoßen bahnbrechende Entwicklungen auf Widerstände, die von kommerziellen und politischen Interessen diktiert werden."

Angebracht ist auch die Überlegung, worin das zeitgemäße Erbe des Freiheitskampfes besteht. Für den Verfasser dieser Dokumentation – und hoffentlich nicht allein für ihn – besteht es im Widerstand gegen Entwicklungen, die, sollten sie nicht korrigiert werden, zunächst zur schleichenden Verelsässerung und im weiteren Fortgang allmählich zur Assimilation und tatsächlichen Italianità des südlichen Teils Tirols führen. Widerstand heute heißt natürlich nicht, mit der Waffe in der Hand oder mit Sprengstoff im Rucksack gegen eine auf nationalkulturelle Deformation hinauslaufende Fehlentwicklung Sturm zu laufen. Widerstand heute heißt vielmehr Widerspruch einlegen gegen mißliebige und für den Bestand und Erhalt der deutsch-österreichischen sowie der ladinischen Volksgruppe Tirols abträgliche gesellschaftliche und politische Erscheinungen und kulturpolitische Entscheidungen. Widerstand heute heißt auch, immer wieder auf den wahren Kern freiheitskämpferischer Aktionen und Aktivitäten hinzuweisen: nämlich

- *auf das Ziel Verwirklichung der zweimal verweigerten Selbstbestimmung.*
- *trotz anzuerkennenden beispielhaften Charakters der Südtirol-Autonomie im Vergleich mit der prekären Lage anderer nationaler Minderheiten Europas den Finger in die schwärende Wunde der unerfüllt gebliebenen Ausübung des Selbstbestimmungsrechts zu legen.*

Diese Wunde mögen manche Zeitgenossen ob des subjektiv als „gesichert" empfundenen ökonomisch-sozialen Daseins vielleicht als schon verheilt erachten. Doch schlaftrunken-besänftigt vom politisch-medial bestärkten Gefühl „Es geht mir ja doch gut" vergessen sie, daß die von interessierter politischer wie publizistischer Seite verabsolutierte Autonomie lediglich ein Provisorium auf dem Weg zur Selbstbestimmung darstellt. Wer die Selbstbestimmung nicht mehr als verwirklichungsfähiges politisch-juristisches Ziel anstrebt, verwirkt Auftrag und Anspruch, für Volk (des ganzen Tirol) und Bevölkerung (zwischen Brenner und Salurner Klause) zu sprechen, zu wirken und es zu vertreten.

Es gilt daher, Stachel zu sein im Fleische des Teils der Politik, der sich allenfalls mit der Verwaltung tagespolitischer Mängel sowie der Mehrung von Pfründen zu befassen und nicht willens zu sein scheint, über den Tag hinaus zu denken. Darüber hinaus sind Initiativen und Organisationen der unbedingten Unterstützung wert, die den Schneid besitzen, aus Kenntnis einer unverfälschten oder einseitig interpretierten Geschichte heraus über die Zukunft des ganzen Tirols nachzudenken und Anstöße für die Wiedergewinnung der Landeseinheit zu vermitteln. Geradezu vortrefflich ein Aphorismus aus Goethes „Faust": „Wer das Recht hat und Geduld, für den kommt auch die Zeit." (4)

Selbstbestimmung

„Es gärt in Südtirol“ war vor nicht allzulanger Zeit ein Artikel in dem in Bozen erscheinenden Wochenmagazin „ff“ betitelt. Kaleidoskopartig war das Presseecho über Geschehnisse und Vorgänge in Südtirol zusammengestellt, welche – wie selten zuvor seit der österreichisch-italienischen Streitbeilegung anno 1992 – über die Grenzen des Landes hinaus Aufmerksamkeit weckten. Es waren keine Regionalblätter aus Österreich, um die es da ging – diese interessieren sich ohnedies vergleichsweise selten für Südtirol und werden eigentlich erst mit Erscheinen von Artikeln in auswärtigen Organen aufgeschreckt –, sondern um Beiträge in der Weltpresse. Den Anfang machte die „Frankfurter Allgemeine Zeitung“ (F.A.Z.), es folgten „Neue Zürcher Zeitung“ (NZZ), „Süddeutsche Zeitung“ (SZ), „Der Spiegel“ (in zwei umfangreichen Beiträgen), die BBC, der russische Sender „Russia today“, ja selbst die „Chicago Tribune“ mit Reportagen über die sich ausbreitende „Los von Rom“-Stimmung in Südtirol. Ähnliche Berichte fanden sich bei Bloomsberg Businessweek, in der „Welt“, im „Tagesspiegel“, in der „Financial Times“ sowie im Redaktionsblog des „Wall Street Journal“. Und der umfangreiche F.A.Z.-Artikel war unter dem Titel „Le séparatisme des Tyroliens est de retour“ (Der Separatismus der Tiroler ist zurück) von der französischen Wochenzeitschrift „Courrier International“ abgedruckt und mit einer geographischen Karte illustriert worden.

Was hat(te) dazu geführt, daß Südtirol, um das es jahrelang eher still war, plötzlich ein politisch-publizistisches Echo hervorrief, das nahezu an jenes des Fundes des frühgeschichtlichen Unikats „Ötzi“ heranreichte? Es war und ist die Staatsschuldenkrise in der EU und also in Italien, welche unterm Brenner eine Diskussion darüber an Breite gewinnen ließ, ob der südliche Landesteil Tirols im Stiefelstaat verbleiben oder seine Zukunft anderswo suchen sollte. Gänzlich neu war dies nicht. Schon einmal, im Zuge der Wiedervereinigung Deutschlands, war eine ernstzunehmende Debatte darüber in Gang gekommen, ob die Südtiroler – bei Wahrnehmung des Selbstbestimmungsrechts – darüber befinden können sollten, für ihr Land nach einer Freistaatslösung zu streben und dieses später oder sogleich nach Österreich rückgegliedert und also mit Nord- und Osttirol – mithin dem Bundesland Tirol – zu vereinigen sei. Und mit den Andreas-Hofer-Feiern 2009, im Gedenken an die Tiroler Volkserhebung 1809, hatte sie abermals einen gewissen Auftrieb erhalten.

Die damaligen Antworten, gegeben von den politischen Kräften, die in Bozen, Innsbruck und Wien das Sagen haben – der römische Standpunkt war und ist, ohne ihn sonders zu erfragen, ohnedies klar – lautete: mit der Erweiterung der EU durch Mitgliedschaft Österreichs (1995) und dem mittels Schengen-Regimes vollzogenen Entfernen der Schlagbäume verliere der Brenner seinen Charakter als „Unrechtsgrenze“. Mit dem Entfall von Grenzkontrollen, der angeblich zunehmenden „Europäisierung“, mit grenzüberschreitender Kooperation, mit gemeinsamen Landtags- sowie Regierungssitzungen und dergleichen mehr wachse zusammen, was einst getrennt worden war. Die Landeseinheit erwachse daher gleichsam aus dem Prozeß der Europäisierung. Und die seit 1945 in Bozen regierende Sammelpartei SVP sah statt in der Ausrufung des – just auch in ihrem Parteistatut verankerten – Selbstbestimmungsrechts sowie den Freistaats- und/oder Rückgliederungsgelüsten, wie sie vornehmlich die Opposition propagiert(e) – auch in Innsbruck und Wien – die Zukunft des Landes(teils) in der „Dynamisierung seiner Autonomie“ respektive der „Vollautonomie“ (5), die, nach allem, was Italien seit 1945 geboten hat, so realitätsfremd ist wie die „Euregio Tirol“ blutleer.

Die Lage ist längst eine andere. Die SVP hat an Strahlkraft eingebüßt, und ihre Position im Südtiroler Landtag ist schwächer denn je. Das zuvor für undenkbar Geltende und Gehaltene, nämlich die Bildung einer Landesregierung mit Beteiligung jener politischen Kraft Italiens, die ihre politisch-moralische und vor allem ideologische Substanz aus dem Geiste des Faschismus bezieht, dürfte kaum der letzte „Sündenfall“ bleiben, der am Namen Arno Kompatscher haftet. Es wäre seltsam, wenn diese politische Rückgratlosigkeit, für die aber auch den SVP-Parteioberen die Mitverantwortung nicht abzusprechen ist, den Oppositionsparteien und deren Begehr nicht weiteren Zulauf garantierte. Diese ganze innerparteiliche Entwicklung, welche sich zwangsläufig auf die Landespolitik auswirkt, läßt altgediente SVP-Granden – wie beispielsweise den langjährigen Landtags- und Regionalratsabgeordneten sowie zeitweiliger Regionalratspräsidenten Dr. Dr. h. c. Franz Pahl, einen prononcierten Verfechter der Tirolität, des Austropatriotismus und des volkstumspolitischen Bekenntnisses zur deutschen Kulturnation – mit mehr als nur Kopfschütteln zurück.

Pahls schon 2018 getroffener urteilender Befund über die „gezielte Umformung der SVP und der Landespolitik" spricht Bände: Es seien *„wesentliche Grundsätze der Südtirol-Politik und der Volkstumspolitik längst aufgegeben worden. Diese Entwicklung hat mit dem Amtsantritt von Landeshauptmann Arno Kompatscher begonnen und ist inzwischen unter seiner Führung zum System geworden. (…) Ich blicke mit größter Sorge auf die Zukunft des Landes, weil wesentliche Grundlagen der Südtirol-Politik nicht mehr existent sind und sogar ins Gegenteil verdreht wurden. Und das ist die Politik von Landeshauptmann Arno Kompatscher. (…) Somit kann ich nur mit großer Sorge auf die Partei und das Land blicken. Denn es geht letztlich um die Existenz der Südtiroler als Deutsche und Ladiner im fremden Staat Italien".* (6)

Bild: privat

Franz Pahl

Hinter die Separations- und Wiederangliederungsgelüste der Oppositionskräfte in (Süd-)Tirol und Österreich stellt sich ein großer Teil der – parteipolitisch formell neutralen – Schützen, jener traditionsreichen Verbände, die in beiden Landesteilen verankert sind und ihre Heimattreue seit dem Maximilianischen Landlibell von 1511, in welchem die Freiheiten (der Stände) Tirols kodifiziert wurden, mannigfach unter Beweis stellten. Oft schon haben die Schützenverbände Tirols, Südtirols und Welschtirols (Trentino) unter demonstrativer gemeinsamer Führung ihrer Kommandanten in Aufmärschen unter der Losung „Los von Rom" eine „Zukunft ohne Italien" proklamiert. Sie verlangen ebenso wie der Südtiroler Heimatbund (SHB), Österreich müsse „Südtirol die Möglichkeit geben, sich dem italienischen Abwärtsstrudel zu entziehen", und haben dafür nicht nur die patriotischen Kräfte beidseits des Alpenhauptkamms auf ihrer Seite.

Auf separatistisch-sezessionistische Lösungen sinnenden politischen Bewegungen und Parteien wird stets entgegengehalten, ihr Begehr laufe auf Grenzverschiebung hinaus und ende meist in Gewalt und Krieg. Das Völkerrecht stehe für die territoriale Integrität eines Staates, lasse mithin die Sezession nicht zu. Das ist mit der IGH-Entscheidung vom 21. Oktober 2010 überholt, wonach die Deklaration der Unabhängigkeit des Kosovo vom 17. Februar 2008 „das allgemeine internationale Recht nicht verletzt" habe.

Das Selbstbestimmungsrecht der Völker ist ein unverzichtbares Recht, das sowohl von der UNO als auch von Italien (z. B. 1954 in der Triest-Frage) anerkannt wurde. Das Selbstbestimmungsrecht steht Völkern, aber auch Volksgruppen zu, wie die Beispiele Triest (1954), Saarland (1957), Oberschlesien (1921), Ostpreußen (1920) und Kärnten (1920) belegen. Für die Ausübung des Selbstbestimmungsrechts bedarf es – anders als vielfach behauptet – keiner Menschenrechtsverstöße: weder bei der Auflösung der Tschechoslowakei noch Jugoslawiens wurde dies als Ursache angegeben (im Falle Jugoslawiens kam es erst nach den jeweiligen Abstimmungen zu Menschenrechtsverstößen). Wie das Selbstbestimmungsrecht ausgeübt wird, ist ebenfalls bereits beantwortet: durch eine freie Volksabstimmung wie zuletzt im Kosovo. Die Frage, ob es „utopisch" sei, das Selbstbestimmungsrecht für Südtirol einzufordern, ist aber vor allem eine politische Frage, denn „Recht haben" ist nicht gleich „Recht bekommen". Das Selbstbestimmungsrecht deshalb als „utopisch" abzutun, greift indes zu kurz. Auch eine zuvor ungünstige politische Situation kann sich (wie bei der deutschen Wiedervereinigung) ändern und die Ausübung des Selbstbestimmungsrechts ermöglichen. Manchmal ist gar keine Änderung der äußeren Situation erforderlich, es genügt eine gemeinsame Willensanstrengung des Volkes, wie z. B. im Baltikum und der Slowakei, die ohne Unterstützung aus dem Ausland Erfolg hatten. Die Frage, ob das Selbstbestimmungsrecht für Südtirol realistisch ist, können daher allein Südtiroler beantworten.

Auch die völkerrechtliche „Unverletzlichkeit der Grenzen", mithin die angeblich unerlaubte Grenzverschiebung, die immer wieder gegen Selbstbestimmungs- und Loslösungsgelüste in Südtirol und anderswo ins Feld geführt werden, ist letztlich nicht stichhaltig. Grenzverschiebungen hat es nach 1945 ebenso gegeben wie nach 1989, Sezessionen – auch kriegerische – und neue Staaten ebenso. In den vergangenen hundert Jahren hat die Zahl der Staaten durch Sezessionen, Aufspaltungen und Unabhängigkeitserklärungen enorm zugenommen. Im Jahre 1914 gab es 57 Staaten auf der Welt, Mitte des 20. Jahrhunderts waren es knapp 100. Heute – nach der Entkolonialisierung und nach dem Zerfall der Sowjetunion und der Sezession Jugoslawiens – sind 193 Staaten Mitglied der Vereinten Nationen. Nicht selten ging die Unabhängigkeit einher mit blutigen Kämpfen. Ein positives Beispiel für eine friedliche, einvernehmliche Trennung lieferten Tschechen und Slowaken zum Jahreswechsel 1992/1993. In einer „samtenen Revolution" ohne Gewalt erkämpften 1989 Tschechen und Slowaken noch gemeinsam die Freiheit. Nach den ersten freien Wahlen 1990 waren in der Slowakei massive Forderungen nach Auflösung der „Tschechischen und Slowakischen Föderativen Republik" zu hören. Nach Verhandlungen zwischen den damaligen Ministerpräsidenten Václav Klaus und Vladimír Mečiar proklamierte dann im Juli 1992 der slowakische Landesteil die Trennung vom tschechischen. Und zum 1. Januar 1993 trat die Unabhängigkeit der Slowakei in Kraft, womit die „samtene Scheidung" vollzogen war.

Die Charta der Vereinten Nationen betont zwar das Selbstbestimmungsrecht der Völker, andererseits steht dem der völkerrechtliche Passus von der territorialen Integrität von Staaten gegenüber. Doch insbesondere aus liberaler Perspektive sollte eine Sezession möglich sein, sozusagen als letzte Möglichkeit, wenn ein Volk oder ein Volksteil, insbesondere in fremdnationaler, fremdethnischer Umgebung, nach reiflicher Überlegung unter Anwendung der dafür vorgesehenen juristisch-politischen Instrumentarien die Unabhängigkeit beansprucht. D. h., der Unabhängigkeitswille muß in einer freien, fairen (Volks-) Abstimmung bei hinreichender Beteiligung mit qualifizierter Mehrheit festgestellt werden. Im Zusammenhang damit gilt ein nachgerade berühmtes Wort des Jahrzehnte für die Vereinten Nationen tätig gewesenen österreichischen Völkerrechtlers Felix Ermacora (1923–1995): „Kein Staat der Erde kann auf die Dauer einem Volk die Selbstbestimmung vorenthalten, auch Italien den Südtirolern nicht, aber wollen und fordern muß man sie!"

In einer demoskopischen Erhebung zum Identitätsempfinden der Südtiroler, welche die überparteiliche „Arbeitsgruppe Selbstbestimmung" 2010 durchführen ließ, kam heraus, daß 95 Prozent der Befragten angaben, sich nicht als Italiener zu fühlen und von anderen/von außen auch nicht mit Italien identifiziert werden zu wollen. Weitere demoskopische Befunde bestätig(t)en, wie in der Dokumentation ausgeführt, den nach wie vor vorhandenen weit überwiegenden Willen zur Ausübung des Selbstbestimmungsrechts ebenso wie das Faktum, daß – wenngleich sie die italienische Staatsbürgerschaft haben – Südtiroler keinesfalls Italiener im ethnischen wie im nationalen Sinne sein wollen.

Bild: Hopi-Media

Der von ÖVP-Klub und Politischer Akademie 2005 ins Leben gerufene Felix-Ermacora-Menschenrechtspreis, der Personen und Institutionen würdigt, die sich in besonderer Weise für die Menschenrechte einsetzen, erinnert an den bedeutenden Völkerrechtler und Menschenrechtsexperten Felix Ermacora. (Quelle: ÖVP Parlamentsklub – Presseaussendung vom 23. Februar 2005).

Alles in allem gilt es daher festzuhalten: Die Südtirol-Frage ist nach wie vor offen. Denn die Südtirol-Autonomie war und bleibt so lange ein Provisorium, bis auf die offene Südtirol-Frage eine dem Willen des Tiroler Volkes entsprechende Antwort gefunden worden ist. Primat der Politik in (Süd-)Tirol und nicht zuletzt in Österreich hat daher die Verwirklichung der Selbstbestimmung zu sein. Denn sie ist dem Tiroler Volk, insbesondere jenem im südlichen Landesteil, stets verweigert worden. Punktum!

Anmerkungen

1 Der Verfasser hat in der Einleitung zu seinem 2020 in Budapest im Verlag Freunde-von-Ungarn-Stiftung erschienenen Buch „Im Karpatenbogen. Ungarn und die Diaspora der Magyaren – Reportagen und Analysen" die grundlegenden minderheitenpolitischen und -historischen Verhältnisse und Versäumnisse sowie das Nichtvorhandensein einer EU-Minderheitenpolitik ausgiebig dargelegt.

2 Zu diesem ernüchternden Ergebnis kam der mehrfach ausgezeichnete Jurist Matthias Haller in seiner umfänglichen Dissertation, worin er die Einschränkungen der Autonomie intensiv beleuchtete; vgl. Haller, Matthias, Südtirols Minderheitenschutzsystem. Grundlagen, Entwicklungen und aktuelle Herausforderungen aus völker- und verfassungsrechtlicher Sicht; Berlin (Duncker&Humblot) 2021 (= Schriften zum Völkerrecht, Band 244).

3 Vgl. Speckner, Hubert (Hrsg.), „Herzenssache" Südtirol … Südtirol in den Nationalratssitzungen der Zweiten Republik Österreich 1945 bis 2020; Bd. 1: 1945 bis 1966; Bd, 2: 1966 bis 1979; Bd.3: 1979 bis 1996; Bd. 4: 1996 bis 2020; Wien (Gra&Wis) und Neumarkt a. d. Etsch/Südtirol (Effekt! Buch) 2022.

4 Auf die hier wiedergegebenen Werturteile zum Südtiroler Freiheitskampf sowie zum Widerstand beherzter Aktivisten des Befreiungsausschusses Südtirol (BAS) und anderer politischer Idealisten, die sich gleich ihnen in Wort, Schrift und Tat engagierten, auf die Wertmaßstäbe, von denen sie sich leiten ließen in ihrem Aufbegehren gegen die Entrechtung und faktische Unterjochung der Bevölkerung zwischen Brenner und Salurn und die Nichteinhaltung respektive Verfälschung vertraglicher Vereinbarungen und Zusicherungen durch das „demokratische Italien", hat der Herausgeber und Verfasser dieser Dokumentation schon in seiner Ansprache am 8. Dezember 2017 in St. Pauls auf der alljährlich stattfindenden und von Schützenbund (SSB) mit Heimatbund (SHB) gemeinsam veranstalteten „Kerschbaumer-Gedenkfeier" ausgiebig hingewiesen. (Der RAI-Fernsebericht über die Gedenkfeier und Berichte mit Verschriftung der gesamten Ansprache auf: https://www.suedtiroler-freiheitskampf.net/wenn-unrecht-recht-wird-wird-widerstand-pflicht-gedenkrede-von-prof-dr-dr-h-c-reinhard-olt-videobericht-online/ sowie https://schuetzen.com/2017/12/08/kerschbaumer-gedenkfeier-wenn-unrecht-recht-wird-wird-widerstand-pflicht/.

5 Zur „Vollautonomie" sei hier kurz eine eher randständige Episode erwähnt: Der damalige Landesrat Thomas Widmann (ehedem SVP; nach späterem Zerwürfnis mit LH Kompatscher trat er mit eigener Liste „Für Südtirol mit Widmann" zur Landtagswahl 2023 an, erhielt 3,4 Stimmenprozente und nahm den einzigen seiner Liste zustehenden Abgeordnetensitz selbst ein) gedachte einst, Rom die „Vollautonomie" für ein Linsengericht von 15 Milliarden Euro abzukaufen. Damit wurde zugleich sein und seiner damaligen Partei Eingeständnis deutlich, daß es sich im stets gepriesenen „Modell Südtirol" allenfalls um eine Halb- oder Teilautonomie handelt.

6 Das vollständige Interview mit Pahl findet sich in https://salto.bz/en/article/24052018/pahls-abrechnung (eingesehen am 21. 8. 2024).

LITERATUR ZU SÜDTIROL
(IN AUSWAHL)

Albrich, Thomas/Klaus Eisterer/Rolf Steininger (Hrsg.): Tirol und der Anschluß. Voraussetzungen, Entwicklungen, Rahmenbedingungen 1918–1938; Innsbruck 1988

Corsini, Umberto/Rudolf Lill: Südtirol 1918–1946; Bozen 1988

Die gefürstete Grafschaft Tirol und Vorarlberg. Geschildert von Dr. J. W. Jüttner; Wien o. J. (= Die Länder Oesterreich-Ungarns in Wort und Bild, hrsgg. von Prof. Dr. Friedrich Umlauft; Reprint 1998 Archiv Verlag Wien)

Eisterer, Klaus/Rolf Steininger (Hrsg.): Die Option. Südtirol zwischen Faschismus und Nationalsozialismus; Innsbruck 1989

Ermacora, Felix (Hrsg.): Geheimbericht der Südtiroler Delegation zur Pariser Konferenz 1946. Mit einer historischen und aktuellen Standortbestimmung, Wien/München 1987

Ermacora, Felix: Südtirol und das Vaterland Österreich, Wien/München 1984

Euler, Alois/Peter Kienesberger: Sie nannten uns Terroristen. Freiheitskampf in Südtirol, Wien 1971

Fontana, Josef: Geschichte des Landes Tirol, Bd. 3: Vom Neubau bis zum Untergang der Habsburgermonarchie (1848–1918), Bozen/Innsbruck/Wien 1987

Fontana, Josef/Hans Mayr: Sepp Kerschbaumer. Eine Biographie. Bozen 2000

Forcher, Michael: Kleine Geschichte Tirols, Innsbruck 2012

Forcher, Michael: Tirol und der Erste Weltkrieg. Ereignisse, Hintergründe, Schicksale; Innsbruck 2014

Forcher, Michael/Hans Karl Peterlini: Südtirol in Geschichte und Gegenwart. Mit einem Essay von Inga Hosp; Innsbruck 2010

Frasnelli, Hubert: Die Herrschaft der Fürsten. Macht, Zivilcourage und Demokratie in Südtirol, Klagenfurt 2000

Freiberg, Walter: Südtirol und der italienische Nationalismus. Entstehung und Entwicklung einer europäischen Minderheitenfrage, Innsbruck 1989/1990 (= Schlern-Schriften 282/1 und 2) Teil 1: Darstellung; Teil 2: Dokumente

Gehler, Michael: Eduard Reut-Nicolussi und die Südtirolfrage 1918–1958. Streiter für die Freiheit und die Einheit Tirols, Teil 1: Biographie und Darstellung (Schlern-Schriften 333/1), Innsbruck 2007

Gehler, Michael (Hrsg.): Karl Gruber. Reden und Dokumente 1945–1953, Wien/Köln/Weimar 1994

Gehler, Michael (Hrsg.): Tirol „Land im Gebirge“: Zwischen Tradition und Moderne, Wien/Köln/Weimar 1999 (= Geschichte der österreichischen Bundesländer seit 1945, Bd. 6/3)

Gehler, Michael (Hrsg.): Verspielte Selbstbestimmung? Die Südtirolfrage 1945/46 in US-Geheimdienstberichten und österreichischen Akten. Eine Dokumentation; Innsbruck 1996

Gatterer, Claus: Erbfeindschaft Italien – Österreich, Wien 1972

Golowitsch, Helmut: Für die Heimat kein Opfer zu schwer. Folter, Tod, Erniedrigung. Südtirol 1961–1969, [2]Nürnberg 2012

Golowitsch, Helmut/Walter Fierlinger: Kapitulation in Paris. Ursachen und Hintergründe des Pariser Vertrags 1946; Graz 1989

Gruber, Alfons: Gegen die Avantgarde des Vergessens. Der Faschismus in Südtirol. Streiflichter, Bozen 1995

Gruber, Alfons: Südtirol unter dem Faschismus, Bozen 1974 u. ö.

Gschnitzer, Franz: Tirol. Geschichtliche Einheit, Wien 1957

Happacher-Brezinka, Esther/Walter Obwexer (Hrsg.): 40 Jahre Zweites Autonomiestatut: Südtirols Sonderautonomie im Kontext der europäischen Integration, Wien 2013

Holzer, Anton: Die Südtiroler Volkspartei, Thaur 1991
Hosp, Bruno: Bewegte Zeiten. 1957–1964. Fragmente aus meiner politischen Jugend, Neumarkt a. d. Etsch 2024
Hosp, Inga: Südtirol von außen. Lebensbilder zwischen Heimat und Ferne, Bozen 1986
Huter, Franz (Hrsg.): Südtirol. Eine Frage des europäischen Gewissens. Wien 1965

Kofler, Astrid: Zersprengtes Leben. Frauen in den Südtiroler Bombenjahren, Bozen 2003
Kühebacher, Egon: Das „Prontuario dei nomi locali dell'Alto Adige" von Ettore Tolomei, in: Der Schlern 52. Jg, 1978, S. 191–207
Kühebacher, Egon: Die Ortsnamen Südtirols und ihre Geschichte, Bd 1: Die geschichtlich gewachsenen Namen der Gemeinden, Fraktionen und Weiler, Bozen 1995; Bd 2: Die geschichtlich gewachsenen Namen der Täler, Flüsse, Bäche und Seen, Bozen 1995; Bd 3: Die Namen der Gebirgszüge, Gipfelgruppen und Einzelgipfel Südtirols. Gesamtregister; Bozen 2000

Lun, Margareth: Der Zusammenbruch 1945. In: 8. Mai 1945. Der Faschismus überlebt in Südtirol, hgg. vom Südtiroler Schützenbund. Bozen 1995
Lun, Margareth: Die Militärverwaltung in der Operationszone Alpenvorland; in: Südtirol im Dritten Reich. L'Alto Adige nel Terzo Regno 1943–1945; hgg. v. Gerald Steinacher. Wien, Innsbruck, München, Bozen 2003
Lun, Margareth: Südtirol 1943–1945. In: Der Schlern 68/1994, Heft 8/9
Lun, Margareth: NS-Herrschaft in Südtirol. Die Operationszone Alpenvorland 1943–1945, Wien, Innsbruck, München, Bozen (= Innsbrucker Forschungen zur Zeitgeschichte, Bd. 22) 2004

Marzini, Walter: Kanonikus Michael Gamper. Ein Kämpfer für Glauben und Heimat gegen Faschistenbeil und Hakenkreuz in Südtirol, Wien 1974
Mangold, Guido/Inga Hosp: Südtirol. Porträt eines Landes und seiner Menschen; Bozen 1991
Mazohl, Brigitte/Rolf Steininger [Unter Mitarbeit von Alexander Piff]: Geschichte Südtirols, München 2020
Mitterhofer, Sepp/Günther Obwegs (Hrsg.): Es blieb kein anderer Weg … Zeitzeugenberichte und Dokumente aus dem Südtiroler Freiheitskampf, o. O. (Arkadia Edition) 2000
Mittermeier, Karl: Südtirol. Geschichte, Politik und Gesellschaft; Wien 1986
Molling, Herlinde: So planten wir die Feuernacht. Protokolle, Skizzen und Strategiepapiere aus dem BAS-Archiv, Bozen 2011
Mosser-Schuöcker, Birgit/Gerhard Jelinek: Herz Jesu Feuernacht. Südtirol 1961, Innsbruck/Wien 2011
Mosser-Schuöcker, Birgit: „Das vergisst man nie". Zeitzeugen berichten über den Südtirol-Konflikt, Neumarkt/Etsch 2013
Mumelter, Hubert: Die Selbstbehauptung der Südtiroler, Wien 1980

Neubauer, Werner: Luis Amplatz 1926–1964. Kampf und Leben für Tirol (= Gedenkschrift zum 50. Todestag unseres Schützenkameraden und Freiheitskämpfers; hgg. von der Schützenkompanie „Major Josef Eisenstecken" Gries), Neumarkt/Etsch 2014

Oberlechner, Efrem (Hrsg.): Als Tirol geteilt wurde – Die Grenzziehung nach 1920, Neumarkt a. d. Etsch 2024
Obwegs, Günther: Freund, der du die Sonne noch schaust. Luis Amplatz. Ein Leben für Tirol. Bozen 2004.
Olt, Reinhard: Autonomie für die Südtiroler. Die Lebensleistung des Silvius Magnago, in; Globus 23, 1991, H. 2, S. 6 f. und 16
Olt, Reinhard: König Laurin, Dietrich von Bern und der Rosengarten. Die philologischen Ursachen eines politischen Konflikts in Südtirol, in: Sprache und Literatur in Wissenschaft und Unterricht 61, 1988, S. 88–96
Olt, Reinhard: Nationale Verzerrungen in der Berichterstattung. Weswegen Journalismus schwerlich ohne Geschichte auskommt. Ein Fallbeispiel; in: Kronenburg, Stephan/Horst Schichtel (Hrsg.), Die Aktualität der Geschichte. Historische Orientierung in der Mediengesellschaft. Siegfried Quandt zum 60. Geburtstag, Gießen 1996, S. 57–82
Olt, Reinhard: Südtirol als Modell – Zäsur in der SVP, in: Europa Ethnica, 1993/1–2, S. 55–59
Olt, Reinhard: Zeugen einer Farce – faschistische Denkmäler in Südtirol; in: Academia. Zeitschrift für Politik, Wirtschaft, Religion, Kultur; 56. Jg., Heft 2, 2005, S. 18 ff.

Pahl, Franz: Die Südtiroler Volkspartei und ihr Ringen um Autonomie, (Diss.) Padua 1979

Pan, Christoph: Südtirol als volkliches Problem. Grundriß einer Südtiroler Ethno-Soziologie, Wien/Stuttgart 1971
Parteli, Othmar: Die Katakombenschullehrerin Angela Nikoletti 1905–1930. Bozen 2002
Parteli, Othmar: Rudolf Riedl. In Ketten zur Verbrecherinsel. Bozen 2010
Peterlini, Oskar: Der ethnische Proporz in Südtirol, Bozen 1980
Peterlini, Oskar: Autonomie und Minderheitenschutz in Trentino-Südtirol. Überblick über Geschichte, Recht und Politik; Bozen 1996
Peterlini, Hans Karl: Bomben aus zweiter Hand. Zwischen Gladio und Stasi – Südtirols mißbrauchter Terrorismus, Bozen 1992

Riz, Roland: Ethnische Minderheit, Sammelpartei, Pluralismus, in: Europa Ethnica, 1977/3, S. 114–123
Rosenbaum, Petra: Neofaschismus in Italien, Frankfurt/Köln 1975

Schmidl, Herwig/Roland Bauer: Mein Leben für Tirol. Eduard Wallnöfer, Wien 1987
Schreiber, Horst: Nationalsozialismus und Faschismus in Tirol und Südtirol. Opfer, Täter, Gegner, Wien 2008
Scrinzi, Otto (Hrsg.): Chronik Südtirol 1959–1969. Von der Kolonie Alto Adige zur Autonomen Provinz Bozen, Graz – Stuttgart 1996
Solderer, Gottfried (Hrsg.): Das 20. Jahrhundert in Südtirol, 5 Bände, Bozen 1999–2003
Steinacher, Gerald: Giangiacomo Feltrinelli, ein Flugblatt und Südtirols Bombenjahre; Faculty Publications, Department of History University of Nebraska, Lincoln 2003
Steinacher, Gerald (Hrsg.): Im Schatten der Geheimdienste. Südtirol 1918 bis zur Gegenwart, Innsbruck 2003
Steinacher, Gerald (Hrsg.): Südtirol im Dritten Reich, Innsbruck 2003
Steininger, Rolf (Hrsg.): Akten zur Südtirol-Politik. Eine Aktenedition in sieben Bänden, Innsbruck 2005–2012
Steininger, Rolf: Südtirol zwischen Diplomatie und Terror 1947–1969. Darstellung in drei Bänden (= Veröffentlichungen des Südtiroler Landesarchivs 6–8), Bozen (Athesia) 1999
Steiniger, Rolf: Los von Rom? Die Südtirolfrage 1945/46 und das Gruber-De-Gasperi-Abkommen, Innsbruck 1987
Stuhlpfarrer, Karl: Umsiedlung Südtirol. 1939–1940, Wien/München 1984
Südtiroler Heimatbund (Hrsg.): Die gewaltsame Italianisierung der Familiennamen in Südtirol. Originaldokument von Ettore Tolomei, Meran 2003
Südtiroler Schützenbund (Hrsg.): 8. Mai 1945. Der Faschismus überlebt in Südtirol, Bozen 1995
Südtiroler Schützenbund (Hrsg.): Der Tag von Sigmundskron. Eine Kundgebung macht Geschichte. 17. November 1957, Bozen/Neumarkt 2007
Südtiroler Schützenbund (Hrsg.): Es gibt immer einen Weg. Heinrich Oberleiter. Einer der Puschterer Buibm. Autobiografie. o. O. 2011

Unterkircher, Martin: „Unauslöschlich …“. Südtirolaktivisten berichten über ihren Umgang mit Folter- und Hafterfahrungen, Innsbruck 2006

Volgger, Friedl: Mit Südtirol am Scheideweg. Erlebte Geschichte, Innsbruck 1984

Watschinger, Franz: Bomben und Justiz. Der erste Grazer Südtirolprozeß 1961. Innsbruck 2003 (= Innsbrucker Forschungen zur Zeitgeschichte, Band 20)
Widmann, Franz: Es stand nicht gut um Südtirol 1945–1972. Von der Resignation zur Selbstbehauptung. Aufzeichnungen der politischen Wende, Bozen 1998
Wolf, Werner: Südtirol in Österreich. Die Südtirolfrage in der österreichischen Diskussion von 1945 bis 1969, Würzburg 1972

VERZEICHNIS DER FÜR DIE NEUAUSGABE HERANGEZOGENEN LITERATUR

Angerer, Oswald, Die Freiheitlichen Südtirols. Entstehung, Programm, Organisationsstruktur, Akzeptanz unter besonderer Berücksichtigung ihrer Zusammenarbeit mit der Freiheitlichen Partei Österreichs und ihres Standpunktes in der Südtirol-Frage (Ungedruckte Diplomarbeit, Universität Innsbruck) 2000

Banca d'Italia (Hg.), Die Wirtschaft der Autonomen Provinzen Trient und Bozen (versione in tedesco) Rapporto annuale Nr. 4 (2019)
BAS. Die geheimen Mitwisser und Förderer. Wissen und Förderung durch die politischen Kräfte in Südtirol und Österreich; Text Helmut Golowitsch, Neumarkt a. d. Etsch (Effekt!-Buch) 2023
Biondo, Nicola/Giuseppe Gulotta: Alkamar. La mia vita in carcere da innocente, Mailand (Chiarelettere) ²2015
Bonoldi, Andrea: Die wirtschaftliche Entwicklung Trentino-Südtirols – Eine Erfolgsstory. Und nun?, in: Iber, Walter M./Thomas Krautzer (Hg.), Wirtschaft und Region – Transformationsprozesse im internationalen Vergleich, Wien (LIT-Verlag) 2021, S. 105–135

Campidell, Germar: Die Schutzfunktion Österreichs zugunsten der deutschen und ladinischen Volksgruppe in Südtirol im Lichte aktueller Entwicklungen im Autonomierecht (unveröffentl. Dipl.-Arbeit Universität Innsbruck 2015)
Casson. Felice, Lo Stato violato. Un magistrato scomodo nell'Italia delle congiure [Der vergewaltigte Staat. Ein unbequemer Untersuchungsrichter im Italien der Verschwörungen], Venedig (Il cardo) 1994.
Coglitore, Mario/Sandro Scarso (Hgg.) La notte dei gladiatori. Omissioni e silenzi della Repubblica [Die Nacht der Gladiatoren. Unterlassungen und Schweigen der Republik], Padua (Calusca Edizioni) 1992
Cosetto, Milena, 1900–2000 – Bozen. Schulgeschichten, Bozen (Semirurali e dintorni) 2004

Framke, Gisela, Im Kampf um Südtirol. Ettore Tolomei (1865–1952) und das „Archivio per l'Alto Adige", Tübingen (Max Niemeyer Verlag) 1987
Franceschini Christoph, Südtirol im Fadenkreuz fremder Mächte; Band 1: Geheimdienste, Agenten, Spione; Band 2: Segretissimo, streng geheim!, Bozen (Edition Raetia) 2020 und 2021

Gatterer, Claus, Im Kampf gegen Rom. Bürger, Minderheiten und Autonomien in Italien, Wien/Frankfurt/Zürich (Europa Verlag) 1968
Gehler, Michael, Verspielte Selbstbestimmung und verweigerte Autonomie 1945–1948: Das Pariser Abkommen – keine Magna Charta für Südtirol!, in: Obwexer, Walter/Eva Pfanzelter (Hgg.), 70 Jahre Pariser Vertrag. Handbuch, Wien (Verlag Österreich) 2017
Ganser, Daniele, Nato-Geheimarmeen in Europa. Inszenierter Terror und verdeckte Kriegsführung. Mit einem Vorwort von Georg Kreis, aus dem Englischen übersetzt von Carsten Roth, Frankfurt/M. (Westend Verlag) 2022
Golowitsch, Helmut, An der Seite des Volkes. Südtiroler Geistliche unter dem Faschismus 1918–1939; Neumarkt a. d. Etsch (Effekt-Verlag) 2022
Golowitsch, Helmut, Repression. Wie Südtirol 1945/46 wieder unter das Joch gezwungen wurde, Neumarkt a. d. Etsch (Effekt! Buch) 2020
Golowitsch, Helmut, Südtirol – Opfer für das westliche Bündnis. Wie sich die österreichische Politik ein unliebsames Problem vom Hals schaffte, Graz (Leopold Stocker Verlag) 2017

Haller, Matthias, Südtirols Minderheitenschutzsystem. Grundlagen, Entwicklungen und aktuelle Herausforderungen aus völker- und verfassungsrechtlicher Sicht; Berlin (Duncker&Humblot) 2021 (= Schriften zum Völkerrecht, Band 244)
Hartung, Erhard: Zankapfel Südtirol – Ein Freiheitskampf in unserer Zeit, in: Neue Ordnung IV/2009, S. 24–29
Hasler, Harald, Wissenschaftliche Neubeurteilung in der Rechtssache „Porzescharte 25. Juni 1967": qualifizierte Sachverständigen-Untersuchung und Prüfung: experimentelle forensische Rekonstruktion und Plausibilitätsprüfung eines bedeutenden historischen Vorfalles im österreichisch-italienischen Grenzgebiet aus dem Jahr 1967, Wien (Fachverlag Hohe Warte) 2021
Hilpold, Peter, Von der Utopie zur Realität – das Selbstbestimmungsrecht der Völker im Europa der Gegenwart; in: Juristen Zeitung, 68. Jahrgang (2013), S. 1061–1116

Klotz, Eva, Rosa Pöll: Die Frau des Freiheitskämpfers, Neumarkt a. d. Etsch 2022
Klotz, Eva, Georg Klotz. Freiheitskämpfer für die Einheit Tirols, Neumarkt a. d. Etsch (Effekt! Buch) 2010
Kofler, Sabine Viktoria, Adolf Hitler entlarvt! Die Südtirolfrage im öffentlichen Diskurs 1920 bis 1928, Bozen (Raetia) 2023

Kollmann, Cristian, Südtirol – Alto Adige – Sudtirolo. Historische, linguistische und namenspolitische Überlegungen anlässlich der Wiederbelebung des Namenstreits durch die Autonomiereform, in: europa ethnica – Zeitschrift für Minderheitenfragen 1–2/2025, S. 35–43

Kollmann, Cristian/Egon Kühebacher, Südtirol – Alto Adige – Sudtirolo. Beiträge zur Tiroler Identität, Wien 2003 (= Eckartschrift 167)

Lang, Roland, Feuernacht. Die Notwehr eines Volkes, Bozen/Neumarkt a.d. Etsch (Effekt-Verlag) 2021

Lechner, Stefan, Die Eroberung der Fremdstämmigen. Provinzfaschismus in Südtirol 1921–1926 (= Veröffentlichungen des Südtiroler Landesarchivs 20), Innsbruck 2005

Lun, Margareth: Der Tag von Sigmundskron. Eine Kundgebung macht Geschichte. 17. November 1957, Bozen/Neumarkt a. d. Etsch (Effekt-Buch) 2007

Lun, Margareth, Der Zusammenbruch 1945 – Das Vorspiel zum Ende in Italien, in: Der Schlern, Jg. 68, Heft 8/9,1994

Mittermeier, Karl (Hrsg.), Luis Durnwalder und die Anderen. 155 Stimmen zum Achtzigsten, Vahrn bei Brixen (Suedmedia-Verlag) 2021

Oberleiter, Heinrich: Es gibt immer einen Weg. Einer der Puschtra Buibm. Autobiografie; Bozen/Neumarkt 2011

Olt, Reinhard, „Das Schicksal der Deutschtiroler sei auch unser Schicksal". Die Ladiner – ein historisch-politisch-sprachlicher Essay, in: Augst, Gerhard/Otfrid Ehrismann/Hans Ramge, (Hgg.), Festschrift für Heinz Engels zum 65. Geburtstag, Göppingen 1991, S. 241–253

Olt, Reinhard, Deutsche und ladinische Sprachenreste in Norditalien ohne Zukunft? Mit einer Abbildung, in: Beiträge zur Namenforschung. Neue Folge, hgg. von Rolf Bergmann, Ulrich Obst, Rudolf Schützeichel, Jürgen Untermann, Bd. 28 (1993), Heft 3/4, S. 340–350, Heidelberg (Univ.-Verlag C. Winter) 1993

Olt, Reinhard/Hubert Speckner, Die FPÖ und Österreichs Südtirol-Politik seit 1945, in: BERICHT DER HISTORIKERKOMMISSION – Analysen und Materialien zur Geschichte des Dritten Lagers und der FPÖ, Wien (Edition K3-Gesellschaft für Sozialpolitische Studien, Verlags- und Beratungs-Ges.m.b.H.) 2019, S.171–232

Olt, Reinhard, Porzescharte. Ungereimtheiten bei der politisch-historisch-justitiellen Zuordnung einer folgenreichen Causa der Südtiroler Bombenjahre; in: Wirtschaft. Macht. Geschichte. Brüche und Kontinuitäten im 20. Jahrhundert; Festschrift Stefan Karner, hgg. von Schöpfer, Gerald/Barbara Stelzl-Marx, Graz 2012, S. 535–552

Olt, Reinhard, Römische nachrichtendienstliche Denkwürdigkeiten, in: Speckner, Hubert, Pfitscherjoch Steinalm Porzescharte. Die drei „merkwürdigen Vorfälle" des Höhepunktes der Südtiroler Bombenjahre in den Jahren 1966 und 1967, Neumarkt/Etsch (Effekt!-Verlag) 2022, S. 260–273.

Olt, Reinhard, Standhaft im Gegenwind. Der Südtiroler Schützenbund und sein Wirken für Tirol als Ganzes, Neumarkt a. d. Etsch (effekt!-Verlag) 2017

Olt, Reinhard, Zum Tode von Alfons Benedikter. Im Kampf um die Südtirol-Autonomie das Alter Ego Magnagos und der „Vater der Durchführungsbestimmungen", in: Europäisches Journal für Minderheitenfragen (EJM) 3 (2010), S. 251–254

Pahl Franz, Tiroler Einheit, jetzt! Der Plan zur Wiedervereinigung Südtirols mit Österreich, Kiel 1991

Pan, Christoph, Sozialer Wandel in Südtirol 1960–1985. Festschrift zum 25jährigen Bestehen des Südtiroler Wirtschafts- und Sozialinstituts, Bozen 1985 (= Schriftenreihe des Südtiroler Wirtschafts- und Sozialinstituts, Bd. 74)

Parteli, Othmar: Südtirol 1918 bis 1970. Band 4/I der Geschichte des Landes Tirol. Hrsg. von Josef Fontana u. a. Bozen (Athesia) 1988

Perkmann, Josef/Günther Rauch, Vergessene Geschichte. Die Zerschlagung der Südtiroler Arbeiterbewegung nach dem Ersten Weltkrieg, Bozen (Athesia) 2020

Peterlini Hans Karl, Bomben aus zweiter Hand. Zwischen Gladio und Stasi: Südtirols mißbrauchter Terrorismus, Bozen (Edition Raetia) 1992

Peterlini, Hans Karl, Feuernacht. Südtirols Bombenjahre. Hintergründe, Schicksale, Bewertungen, Bozen (Raetia-Verlag) 1992

Peterlini, Hans Karl, Südtiroler Bombenjahre: Von Blut und Tränen zum Happy End?, Bozen (Raetia) 2005

Peterlini, Oskar, Der ethnische Proporz in Südtirol, Bozen (Athesia) 1980

Peterlini, Oskar, Ein Pass für Nachfahren österreichischer Staatsbürger. Statt ethnischer Trennung eine historische Lösung nach dem Muster der Italiener im Ausland, in: europa ethnica, hgg. von M. Geistlinger, P. Hilpold, G. Kremnitz; Wien (Facultas-Verlag) 2019; 76 Jg. H. 1/2, S. 23–30
Peterlini, Oskar, Südtirols Autonomie im Spannungsfeld zwischen VfGH und neuen Zuständigkeiten, Fort- oder Rückschritte?; in: europa ethnica, hgg. von Michael Geistlinger, Peter Hilpold, Georg Kremnitz, 79 Jg. H. 3/4 2022, S. 202–219
Peterlini, Oskar, Südtirols Autonomie – Rückbau, Instandhaltung – Ausbau? Analyse der Einschränkungen durch den Verfassungsgerichtshof und des neuen Regierungsentwurfs 2025 zur Wiedergutmachung, in: europa ethnica – Zeitschrift für Minderheitenfragen 1–2/2025, S. 17–27
Peterlini, Oskar, The Structure of the State – an Instrument of Peace?, Bozen (Prokop& Hechensteiner) 2012

Raffeiner, Andreas (Hrsg.), 70 Jahre Pariser Vertrag – Vorgeschichte, Vertragswerk, Zukunftsaussichten (= Studien zum Völker- und Europarecht Bd.143) Hamburg (Dr. Kovač-Verlag) 2016
Rauch, Günther, Der Marsch auf Bozen. Wie der Fall Südtirol Mussolini und Hitler Lust auf mehr machte, Neumarkt a. d. Etsch (Effekt!-Buch) 2022
Riegler, Thomas, „Wir setzen uns rein und mischen da richtig mit". Die DDR-Staatssicherheit und der Südtirolkonflikt; in: zeitgeschichte, 40. Jahrgang, Mai/Juni 2013, Heft 3, S. 166–180
Ritschel, Karl Heinz, Diplomatie um Südtirol. Politische Hintergründe eines europäischen Versagens. Stuttgart 1966
Ritschel, Karl Heinz: Südtirol. Ein europäisches Unrecht. Graz–Wien–Köln 1959.

Speckner, Hubert (Hrsg.), „Herzenssache" Südtirol … Südtirol in den Nationalratssitzungen der Zweiten Republik Österreich 1945 bis 2020; Bd. 1: 1945 bis 1966; Bd, 2: 1966 bis 1979; Bd. 3: 1979 bis 1996; Bd. 4: 1996 bis 2020; Wien (Gra&Wis) und Neumarkt a. d. Etsch/Südtirol (Effekt! Buch) 2022
Speckner, Hubert, Pfitscherjoch, Steinalm, Porzescharte: Die drei „merkwürdigen Vorfälle" des Höhepunktes der Südtiroler Bombenjahre in den Jahren 1966 und 1967, Neumarkt a. d. Etsch (Effekt!-Verlag) 2022
Speckner, Hubert, Von der „Feuernacht" zur „Porzescharte". Das „Südtirolproblem" der 1960er Jahre in den österreichischen sicherheitsdienstlichen Akten, Wien (Verlag Gra&Wis) 2016
Speckner, Hubert, „Zwischen Porze und Roßkarspitz …": Der „Vorfall" vom 25. Juni 1967 in den österreichischen sicherheitsdienstlichen Akten, Wien (Verlag Gra&Wis) 2013
Springenschmid, Karl, Der Jörg. Aus dem Leben des Südtiroler Freiheitskämpfers Georg Klotz, Preußisch Oldendorf 1980
Steininger, Rolf, Österreichs Südtirolpolitik nach dem Zweiten Weltkrieg, in: Pfeifer, Gustav/Maria Steiner (Hgg.), Bruno Kreisky und die Südtirolfrage (= Veröffentlichungen des Südtiroler Landesarchivs, Sonderband 4), Bozen (Edition Raetia) 2016
Steininger, Rolf, Südtirol. Vom Ersten Weltkrieg bis zur Gegenwart, Innsbruck (Haymon) 2014 u. ö.
Steininger, Rolf, Südtirol im 20. Jahrhundert. Vom Leben und Überleben einer Minderheit, Innsbruck/Wien (Studien-Verlag) ^{3}2004
Strobl, Wolfgang, DRUSUS PATER? Ettore Tolomeis rastloser Kampf für die Apotheose des römischen Feldherrn Drusus durch das faschistische Regime in Italien (1922–1943); in: Quellen und Forschungen aus italienischen Archiven und Bibliotheken, hgg. vom Deutschen Historischen Institut in Rom, Bd. 93 (2013), S. 303–362

Verein Südtiroler Geschichte (Hrsg.), Die Deutschen brauchen keine Schulen. Mit Beiträgen von Karl Saxer, Günther Rauch, Othmar Parteli, Karl Pfeifhofer, Margareth Lun, Miriam Brunner, Eva Klotz, Efrem Oberlechner, Verena Geier, Bernard Wittmann, Johannes Ausserladscheiter, Neumarkt a. d. Etsch (effekt-Verlag) 2020
Videsott, Paul, Die Ladiner nach dem Ersten Weltkrieg – statt Selbstbestimmung Dreiteilung, in: Europäisches Journal für Minderheitenfragen (EJM) 2019, Heft 3-4, S. 312–326.
Villgrater, Maria, Katakombenschule. Faschismus und Schule in Südtirol, Bozen (Athesia) 1984

Weidinger, Bernhard, Im nationalen Abwehrkampf der Grenzlanddeutschen. Akademische Burschenschaften und Politik in Österreich nach 1945, Wien–Köln–Weimar (Böhlau) 2015

PERSONENREGISTER